Teologia Bíblica do Novo Testamento

Dados Internacionais de Catalogação na Publicação (CIP)
Angélica Ilacqua CRB-8/7057

Beale, G. K.

    Teologia bíblica do Novo Testamento: a continuidade teológica do Antigo Testamento no Novo / G. K. Beale; tradução de Robinson Malkomes, Marcus Throup.-São Paulo: Vida Nova, 2018.
    896 p.

ISBN 978-85-275-0826-1

Título original: New Testament biblical theology: the unfolding of the Old Testament in the New

    1. Bíblia N.T. – Teologia 2. Bíblia N.T. – relações com o Antigo Testamento I. Título II. Malkomes, Robinson III. Throup, Marcus

18-0773   CDD – 230

Índice para catálogo sistemático:

1. Bíblia NT – Teologia

Teologia Bíblica do Novo Testamento

A continuidade teológica do Antigo Testamento no Novo

G. K. Beale

Tradução
Robinson Malkomes
(Introdução e caps. 1-7 e 23-26)

Marcus Throup
(caps. 8-22 e 27)

©2011, de G. K. Beale
Título do original: *A New Testament biblical theology: the unfolding of the Old Testament in the New*,
edição publicada por BAKER ACADEMIC,
uma divisão do BAKER PUBLISHING GROUP (Grand Rapids, Michigan, EUA).

Todos os direitos em língua portuguesa reservados por
SOCIEDADE RELIGIOSA EDIÇÕES VIDA NOVA,
Rua Antônio Carlos Tacconi, 63, São Paulo, SP, 04810-020
vidanova.com.br | vidanova@vidanova.com.br

1.ª edição: 2018
Reimpressão: 2022

Proibida a reprodução por quaisquer meios,
salvo em citações breves, com indicação de fonte.

Impresso no Brasil / *Printed in Brazil*

Todas as citações bíblicas sem indicação da versão foram extraídas da New American Standard Bible. As citações bíblicas com indicação da versão *in loco* foram traduzidas diretamente de versões em inglês ou extraídas de versões em português especificadas na lista "Versões modernas", da seção "Reduções Gráficas" (p.15). Citações bíblicas com a sigla TA se referem a traduções feitas pelo autor a partir do original grego/hebraico.

DIREÇÃO EXECUTIVA
Kenneth Lee Davis

GERÊNCIA EDITORIAL
Fabiano Silveira Medeiros

EDIÇÃO DE TEXTO
Tiago Abdalla Teixeira Neto
Lenita Ananias

PREPARAÇÃO DE TEXTO
Caio Medeiros
Marcia B. Medeiros
Danny Charão
Ingrid Neufeld de Lima

REVISÃO DE PROVAS
Josemar de Souza Pinto

GERÊNCIA DE PRODUÇÃO
Sérgio Siqueira Moura

DIAGRAMAÇÃO
Luciana Di Iorio

IMAGEM DA CAPA
Entry of Christ into Jerusalem [Entrada de Cristo em Jerusalém],
de Charles Le Brun. Crédito: DeAgostini / G. Dagli Orti,
Diomedia Albatroz, Brasil.

Para

MEREDITH G. KLINE e GORDON P. HUGENBERGER,

que me ajudaram a entender melhor
os aspectos valiosos da teologia bíblica
do Antigo Testamento, e

DAVID F. WELLS,

que me ajudou a compreender melhor a
cristologia em uma estrutura "já e ainda não".

Sumário

Prefácio 11

Reduções gráficas 15

Introdução 25

Primeira parte
O enredo bíblico-teológico das Escrituras

1. O enredo histórico-redentor do Antigo Testamento 47
2. O enredo escatológico do Antigo Testamento: o foco veterotestamentário nos últimos dias 94
3. O enredo escatológico do Antigo Testamento em relação ao judaísmo: o foco judaico nos últimos dias 117
4. O enredo escatológico do Antigo Testamento em relação ao Novo Testamento: o foco neotestamentário nos últimos dias 127
5. Outras reflexões sobre a natureza do enredo escatológico do Novo Testamento 152

Segunda parte
A narrativa da tribulação inaugurada dos últimos tempos

6. A grande tribulação escatológica iniciada em Jesus e na igreja 173

Terceira parte
A narrativa da ressurreição inaugurada e do reino da nova criação inaugurados dos últimos tempos: a estrutura para a teologia do Novo Testamento

7. A visão judaica e veterotestamentária da ressurreição e da ressurreição como nova criação e reino inaugurados dos últimos tempos nos Evangelhos e em Atos 205
8. A ressurreição como nova criação e reino inaugurados dos últimos tempos nos escritos de Paulo 223
9. Expressões paulinas mais explícitas sobre a ressurreição como nova criação e reino inaugurados dos últimos tempos 263
10. A ressurreição como nova criação e reino inaugurados dos últimos tempos nas Epístolas Gerais e em Apocalipse 279

Quarta parte
A narrativa da idolatria e da restauração da imagem de Deus na nova criação inaugurada dos últimos tempos

11. O pecado como idolatria — o processo de assemelhar-se à imagem adorada, seja para ruína, seja para restauração do adorador 313
12. A restauração inaugurada dos últimos tempos da imagem de Deus na humanidade: o Antigo Testamento e os Evangelhos Sinóticos 333
13. A restauração inaugurada dos últimos tempos da imagem de Deus na humanidade: Paulo, Hebreus e Apocalipse 379

Quinta parte
A narrativa da salvação como nova criação inaugurada dos últimos tempos

14. A justificação inaugurada dos últimos dias 405
15. A reconciliação inaugurada dos últimos dias como nova criação e restauração a partir do exílio 451

Sexta parte
A narrativa da obra do Espírito na nova criação inaugurada dos últimos tempos

16. O Espírito como agente de transformação da nova criação escatológica inaugurada 477
17. O início da edificação dos crentes pelo Espírito no templo transformado da nova criação dos últimos tempos 503
18. A história do santuário do Éden, do templo de Israel, e de Cristo e a igreja como templo escatológico do Espírito transformado continuamente no reino da nova criação 521

Sétima parte
A igreja como o Israel dos últimos tempos na nova criação inaugurada

19. A igreja como o Israel escatológico transformado e restaurado 551
20. A igreja como o Israel escatológico transformado e restaurado (continuação) 594
21. A relação das promessas da terra de Israel com o cumprimento das profecias de nova criação e de restauração de Israel em Cristo e na igreja 631

Oitava parte
As marcas características da igreja como aspectos do enredo da nova criação inaugurada dos últimos tempos

22. A transformação de nova criação da igreja das marcas características de Israel: a guarda do domingo como *Sabbath* pela igreja como realidade "já e ainda não" da nova criação dos últimos tempos 653
23. A transformação de nova criação da igreja das marcas características de Israel: o batismo, a ceia do Senhor, o ofício eclesiástico e o cânon do Novo Testamento 675

Nona parte
A vida cristã como a vida da nova criação inaugurada dos últimos tempos

24. A vida cristã como início da vida transformada da nova criação: o padrão indicativo-imperativo dos últimos tempos e o retorno progressivo do exílio 701
25. A vida cristã como início da vida transformada da nova criação: o papel da Lei e do casamento 730

Décima parte
Conclusão

26. A relação das realidades escatológicas inauguradas e consumadas com as realidades análogas vivenciadas pelos santos do Antigo Testamento 743
27. O propósito da narrativa histórico-redentora e as implicações para a vida cristã na era escatológica "já e ainda não" da nova criação 798

Bibliografia 803

Índice de autores 831

Índice de passagens bíblicas 837

Índice de fontes antigas 871

Índice de assuntos 881

Prefácio

Este livro teve origem na disciplina de Teologia do Novo Testamento, que comecei a ministrar em 1989 no Gordon-Conwell Theological Seminary. No segundo semestre de 1997, apresentei um trabalho intitulado "The eschatological conception of New Testament theology" [A concepção escatológica da teologia do Novo Testamento], na terceira grande conferência trienal da Tyndale Fellowship, em Swanwick, Derbyshire, Inglaterra. Essa pesquisa era um resumo do curso que comecei a lecionar em 1989 e foi publicada posteriormente com o mesmo título em *The reader must understand: eschatology in Bible and theology* [O leitor precisa entender: a escatologia na Bíblia e na teologia] (Leicester: Apollos, 1997) e em *Eschatology in Bible and theology: evangelical essays at the dawn of a new millennium* [A escatologia na Bíblia e na teologia: ensaios evangélicos no início de um novo milênio](Downers Grove: InterVarsity, 1997), ambos organizados por Kent Brower e Mark Elliott. Sou grato aos organizadores da Tyndale Fellowship Conference por me darem a oportunidade de apresentar esse trabalho e o terem incluído no livro publicado com pesquisas da conferência.

O mesmo trabalho foi apresentado na Wheaton Conference em 2000, em Wheaton, Illinois, e uma versão abreviada e revista desse trabalho e artigo anterior foi publicada em *Biblical theology: retrospect and prospect* [Teologia bíblica: retrospecto e perspectiva] (Downers Grove: InterVarsity, 2002), organizado por Scott Hafemann.

A partir desse momento, publiquei vários artigos que seriam revisados e integrados em partes deste livro. Continuei desenvolvendo minhas reflexões nesse campo enquanto lecionava a disciplina de Teologia do Novo Testamento no curso do Wheaton College Graduate School, iniciado em 2002. Em 2005, comecei a me dedicar exclusivamente a este projeto. Contudo, outros projetos foram se acumulando e me impediram de finalizar este livro, embora eu tenha continuado a trabalhar nele quando era possível. No segundo semestre de 2008, voltei a me dedicar exclusivamente ao projeto e finalmente apresentei o manuscrito à Baker no fim do terceiro trimestre de 2010.

Portanto, esta teologia bíblica do Novo Testamento é uma ampliação do artigo mencionado anteriormente e do curso de Teologia do Novo Testamento que lecionei. Ao longo do caminho, percebi que alguns capítulos merecem a análise de um livro completo e necessitam de mais elaboração, mas em algum ponto preciso parar. (Deixo para outros a tarefa de desenvolver algumas das ideias aqui propostas.) Cheguei à conclusão de que é impossível escrever uma teologia bíblica do Novo Testamento que abranja tudo o que se deseja tratar. Em sua forma final, este livro já é extenso. No capítulo 26, não só faço um resumo do livro, mas também apresento assuntos não desenvolvidos explicitamente aqui a fim de indicar a direção que eu lhes daria. Mesmo assim, tenho certeza de que alguns tópicos ficaram de fora. Se o leitor quiser uma visão geral mais aprofundada desta obra depois de examinar com atenção o sumário, recomendo que leia a introdução e os dois capítulos da Conclusão (26 e 27). Este livro também serve de fonte de consulta ou enciclopédia, uma vez que escrevi cada capítulo acerca de um único tema geral, que pode ser bem compreendido independentemente do restante do livro. É claro que a leitura do livro inteiro reforçará o entendimento de cada capítulo.

O trabalho neste livro abriu-me os olhos para temas que antes eu só enxergava de modo vago. Particularmente, percebi com mais clareza do que nunca que a nova criação e o reino "já e ainda não" dos últimos tempos são lentes que dão mais clareza às Escrituras e permitem que o leitor enxergue melhor os aspectos valiosos mais profundos das principais ideias teológicas do Novo Testamento. Além disso, essa abordagem do Novo Testamento me ajudou a valorizar mais o papel dos crentes e da missão da igreja na narrativa histórico-redentora das Escrituras. Espero que a perspectiva bíblico-teológica do livro acrescente mais combustível ao fogo da motivação da igreja para que ela entenda sua identidade à luz do período atual da história da redenção e cumpra sua missão ao mundo.

Sou imensamente grato a Dorinda, minha esposa, que estudou comigo a teologia deste livro durante os últimos anos e continua tão interessada no assunto quanto eu. Ela tem me ajudado muito a me aprofundar e compreender melhor esse tema.

Agradeço muito o trabalho editorial realizado pela equipe da Baker Academic, especialmente o de Brian Bolger. Minha gratidão a Jim Weaver por aceitar, desde o princípio, publicar este livro, e a Jim Kinney pela flexibilidade e pelo trabalho contínuo comigo à medida que o projeto se desenvolvia e amadurecia.

Sou grato a muitas igrejas que há vários anos me convidam para falar em conferências sobre os temas deste livro. Da mesma forma, agradeço a muitos alunos do Gordon-Conwell Theological Seminary e do Wheaton College Graduate School, que me fizeram perguntas perspicazes sobre o assunto, obrigando-me a refletir de modo mais aprofundado nele e a esclarecer minhas perspectivas. Também sou grato ao Greek Bible School de Atenas, Grécia, e ao Evangelical Theological College em Adis-Abeba, Etiópia, por me convidarem para lecionar a disciplina de Teologia do Novo Testamento e me ajudarem a explicar melhor minhas perspectivas em contextos culturais diferentes.

Também expresso minha gratidão aos seguintes alunos, que me auxiliaram na pesquisa ou conferiram e revisaram o manuscrito do livro: Stefanos Mihalios, Mike Daling, Ben Gladd, Mitch Kim, Matt Newkirk, Matt Dudreck e, em especial, Dan Brendsel, que trabalhou muito além do que pedi (entre muitas outras coisas, compilou o Excurso 1 no final do cap. 19). No primeiro semestre de 2010, vários alunos de pós-graduação do Wheaton College da minha disciplina de Teologia do Novo Testamento e Interpretação Bíblica Canônica também me ajudaram em diversos aspectos da preparação do texto e conferência das fontes de referência primárias.

Acima de tudo, sou grato a Deus por me capacitar a conceber a ideia deste livro, elaborando sobre os ombros dos que me antecederam, e por ter me dado a energia e a disciplina para redigi-lo. Minha oração é que, de alguma forma, ele sirva para manifestar ainda mais a glória de Deus.

Agradeço também a Daniel Bailey, que me enviou a maior parte da sua tradução para o inglês de *Biblische Theologie des Neuen Testaments* [Teologia bíblica do Novo Testamento] (Göttingen: Vandenhoeck & Ruprecht, 1992-1999), 2 vols., de Peter Stuhlmacher, obra que será lançada em breve pela Eerdmans. Acredito que seja uma obra importante, sobretudo em relação à influência do contexto veterotestamentário e judaico na teologia bíblica do NT. Faço muitas referências à obra de Stuhlmacher ao longo do meu livro, embora elas digam respeito à edição alemã, uma vez que a tradução inglesa ainda não foi publicada.

Alguns comentários sobre os aspectos estilísticos são apropriados. As traduções em língua inglesa seguem a versão New American Standard Bible (NASB) (às vezes utilizando as leituras das notas, e com alguma variação no uso de letras maiúsculas, itálico e aspas). No que diz respeito às obras antigas, em que a tradução está diferente das edições padrão geralmente citadas, trata-se de tradução minha ou de outra pessoa (neste caso, indico o nome do tradutor).

Em vários trechos das citações das Escrituras, utilizo itálico ou sublinha em palavras ou expressões. Na tradução padrão que uso na maior parte desta obra (NASB), os tradutores da versão deixam em itálico as palavras que não estão no hebraico ou no grego. A sublinha foi usada para indicar palavras e expressões importantes paralelas, normalmente quando duas ou mais passagens são comparadas. Em geral, esses paralelos lexicais ou cognatos indicam que o texto mais recente faz alusão ao texto mais antigo (p. ex., o AT no NT) ou tem algum tipo de relação organicamente paralela com ele. Às vezes o pontilhado é utilizado para indicar paralelos conceituais que provavelmente indicam uma alusão.

As referências ao Novo Testamento Grego são do *Novum Testamentum Graece*, 27. ed., e ao Antigo Testamento Hebraico, da *Biblia Hebraica Stuttgartensia*. Para a Septuaginta, minha fonte de consulta foi o texto grego de *The Septuagint version of the Old Testament and Apocrypha with an English translation* (Grand Rapids: Zondervan, 1972), que se baseia no Códice B, publicado com licença de Samuel Bagster and Sons, Londres. Isso vai permitir aos que não sabem grego acompanhar a Septuaginta em uma versão inglesa facilmente acessível.

As referências aos Manuscritos do Mar Morto são extraídas sobretudo da edição de Florentino García Martínez, *The Dead Sea Scrolls translated* (Leiden: Brill, 1994); às vezes, faço referência à obra em dois volumes *Dead Sea Scrolls study edition*, edição de Florentino García Martínez e Eibert J. C. Tigchelaar (Leiden: Brill, 2000). Além disso, outras traduções dos Manuscritos do Mar Morto foram consultadas e às vezes preferidas nas citações (A. Dupont-Sommer, *The Essene writings from Qumran*, traducão para o inglês de G. Vermes [Oxford: Basil Blackwell, 1961]). Às vezes, as variações da tradução do texto primário de García Martínez se devem à minha própria tradução.

As fontes primárias para referências e citações de várias fontes judaicas são as seguintes edições inglesas: *The Babylonian Talmud*, edição de I. Epstein (London: Soncino, 1948); *The Talmud of the land of Israel: a preliminary translation and explanation* (the Jerusalem Talmud), edição de Jacob Neusner (Chicago: University of Chicago Press, 1982-); *Mekilta de Rabbi Ishmael*, tradução para o inglês e edição de Jacob Lauterbach (Philadelphia: Jewish Publication Society of America, 1976); *The Midrash on Proverbs*, tradução para o inglês de Burton Visotzky (New Haven: Yale University Press, 1992); *The Midrash on Psalms*, tradução para o inglês e edição de William Braude (New Haven: Yale University Press, 1976); *Midrash Rabbah*, edição de H. Freedman e Maurice Simon (London: Soncino, 1961); *Midrash Sifre on Numbers*, tradução para o inglês e edição de Paul Levertoff (London: SPCK, 1926); *Midrash Tanhuma*, tradução para o inglês e edição de John Townsend (Hoboken: KTAV, 1989); *Midrash Tanhuma-Yelammedenu: an English translation of Genesis and Exodus from the printed version of Tanhuma-Yehammedenu with introduction, notes, and indexes*, tradução para o inglês de Samuel Berman (Hoboken: KTAV, 1996); *The minor tractates of the Talmud*, edição de A. Cohen (London: Soncino, 1965); *The Mishnah*, tradução para o inglês e edição de Herbert Danby (Oxford: Oxford University Press, 1980); *The Old Testament Pseudepigrapha*, edição de James Charlesworth (Garden City: Doubleday, 1983) (embora às vezes eu faça referências ao vol. 2 de *The Apocrypha and Pseudepigrapha of the Old Testament*, edição de R. H. Charles [Oxford: Clarendon, 1977]); *The Pesikta de-Rab Kahana*, tradução para o inglês e edição de William Braude e Israel Kapstein (Philadelphia: Jewish Publication Society of America, 1975); *Pesikta Rabbati*, tradução para o inglês e edição de William Braude (New Haven: Yale University Press, 1968); *Pirke de Rabbi Eliezer*, tradução para o inglês e edição de Gerald

Friedlander (New York: Hermon Press, 1916); *Sifre: a tannaitic commentary on the Book of Deuteronomy*, tradução para o inglês e edição de Reuven Hammer (New Haven: Yale University Press, 1986); *Tanna debe Eliyyahu*, tradução para o inglês e edição de William Braude e Israel Kapstein (Philadelphia: Jewish Publication Society of America, 1981); *The Targums of Onkelos and Jonathan Ben Uzziel on the Pentateuch, with the fragments of the Jerusalem Targum, on Genesis and Exodus*, tradução para o inglês e edição de J. W. Etheridge (New York: KTAV, 1968); os volumes publicados disponíveis de *The Aramaic Bible: the targums*, edição de Martin McNamara et al. (Collegeville: Liturgical Press, 1987).

As referências a obras gregas antigas, especialmente as de Filo e Josefo (incluindo as traduções inglesas), são da Loeb Classical Library. As referências e algumas traduções inglesas dos pais apostólicos são da segunda edição de *The apostolic fathers: Greek texts and English translations of their writings*, tradução para o inglês de J. B. Lightfoot e J. R. Harmer, edição e revisão de Michael Holmes (Grand Rapids: Baker Academic, 1992).

G. K. B.

Reduções gráficas

Gerais

aram.	aramaico	hebr.	hebraico
cap(s).	capítulo(s)	ibidem	a mesma obra, na mesma obra
cf.	confira	lit.	literalmente
col(s).	coluna(s)	p.	página(s)
cp.	compare	reimpr.	reimpressão
esp.	especialmente	rev.	revisado
frag(s).	fragmento(s)	seç.	seção(ões)
gr.	grego	v.	versículo(s)

Divisões do cânon

NT	Novo Testamento	AT	Antigo Testamento

Textos antigos, tipos de textos e versões

Aq.	Áquila	GA	grego antigo
MMM	Manuscritos do Mar Morto	Sym	Symmachus
LXX	Septuaginta	*Tg.*	*Targum*
TM	Texto Massorético	Θ	Teodócio

Edições modernas

NA^{27}	*Novum Testamentum Graece*. Edição de [E. e E. Nestle]; B. Aland; K. Aland; J. Karavidopoulos; C. M. Martini; B. M. Metzger. 27. ed. rev. (Stuttgart: Deutsche Bibelgesellschaft, 1993)

Versões modernas

A21	Almeida Século 21
ARA	Almeida Revista e Atualizada

ESV	English Standard Version
GNB	Good News Bible
HCSB	Holman Christian Standard Bible
JB	Jerusalem Bible
KJV	King James Version
Moffatt	*The New Testament: a new translation*, James Moffatt
NAB	New American Bible
NASB	New American Standard Bible
NEB	New English Bible
NET	New English Translation (The NET Bible)
NIV	New International Version
NJB	New Jerusalem Bible
NJPS	*Tanakh: the Holy Scriptures: the new JPS translation according to the traditional Hebrew text*
NLT	New Living Translation
NRSV	New Revised Standard Version
NVI	Nova Versão Internacional
NTLH	Nova Tradução na Linguagem de Hoje
REB	Revised English Bible
RSV	Revised Standard Version
RSVA	Revised Standard Version Apocrypha
TNIV	Today's New International Version

Bíblia hebraica/Antigo Testamento

Gn	Gênesis	Ct	Cântico dos Cânticos
Êx	Êxodo	Is	Isaías
Lv	Levítico	Jr	Jeremias
Nm	Números	Lm	Lamentações de Jeremias
Dt	Deuteronômio	Ez	Ezequiel
Js	Josué	Dn	Daniel
Jz	Juízes	Os	Oseias
Rt	Rute	Jl	Joel
1 e 2Sm	1 e 2Samuel	Am	Amós
1 e 2Rs	1 e 2Reis	Ob	Obadias
1 e 2Cr	1 e 2Crônicas	Jn	Jonas
Ed	Esdras	Mq	Miqueias
Ne	Neemias	Na	Naum
Et	Ester	Hc	Habacuque
Jó	Jó	Sf	Sofonias
Sl	Salmos	Ag	Ageu
Pv	Provérbios	Zc	Zacarias
Ec	Eclesiastes	Ml	Malaquias

Novo Testamento

Mt	Mateus	Jo	João
Mc	Marcos	At	Atos dos Apóstolos
Lc	Lucas	Rm	Romanos

1 e 2Co	1 e 2Coríntios	Fm	Filemom
Gl	Gálatas	Hb	Hebreus
Ef	Efésios	Tg	Tiago
Fp	Filipenses	1 e 2Pe	1 e 2Pedro
Cl	Colossenses	1, 2 e 3Jo	1, 2 e 3João
1 e 2Ts	1 e 2Tessalonicenses	Jd	Judas
1 e 2Tm	1 e 2Timóteo	Ap	Apocalipse
Tt	Tito		

Apócrifos e Septuaginta

Br	Baruque	Jt	Judite
Eo	Eclesiástico (ou Sirácida)	1-4Mc	1-4Macabeus
1 e 2Ed	1 e 2Esdras	Tb	Tobias
Ac Et	Acréscimos a Ester	Sb	Sabedoria de Salomão

Pseudepígrafes do Antigo Testamento

Apoc. Ab.	*Apocalipse de Abraão*	*Mart. Is.*	*Martírio e Ascensão de Isaías*
Apoc. El.	*Apocalipse de Elias*		
Apoc. Ez.	*Apocalipse de Ezequiel*	*Odes Sal.*	*Odes de Salomão*
Apoc. Gr. Ed.	*Apocalipse Grego de Esdras*	*Or. Hel. Sinag.*	*Orações Helenísticas da Sinagoga*
Apoc. Mois.	*Apocalipse de Moisés*		
Apoc. Sf.	*Apocalipse de Sofonias*	*Or. Sib.*	*Oráculos Sibilinos*
Asc. Mois.	*Ascensão de Moisés*	*Ps.-Foc.*	*Pseudo-Focílides*
2Br	*2Baruque (Apocalipse Siríaco)*	*Sl. Sal.*	*Salmos de Salomão*
		T. Ab.	*Testamento de Abraão*
Car. Arís.	*Carta de Arísteas*	*T. Adão*	*Testamento de Adão*
1En	*1Enoque (Apocalipse Etíope)*	*T. Benj.*	*Testamento de Benjamim*
		T. Dã	*Testamento de Dã*
2En	*2Enoque (Apocalipse Eslavônico)*	*T. Gade*	*Testamento de Gade*
		T. Iss.	*Testamento de Issacar*
3En	*3Enoque (Apocalipse Hebraico)*	*T. Jó*	*Testamento de Jó*
		T. José	*Testamento de José*
4Ed	*4Esdras*	*T. Judá*	*Testamento de Judá*
Esc. Jac.	*Escada de Jacó*	*T. Levi*	*Testamento de Levi*
Hist. dos Rec.	*História dos Recabitas*	*T. Mois.*	*Testamento de Moisés*
Jos. Asen.	*José e Asenate*	*T. Naf.*	*Testamento de Naftali*
Jub.	*Jubileus*	*T. Rúb.*	*Testamento de Rúben*
L.A.B.	*Liber antiquitatum biblicarum (Pseudo-Filo)*	*T. Sim.*	*Testamento de Simeão*
		T. Zeb.	*Testamento de Zebulom*
		V.A.E.	*Vida de Adão e Eva*
		Vida. Pro.	*Vida dos Profetas*

Manuscritos do Mar Morto

CD-A	*Documento de Damasco*[a]
CD-B	*Documento de Damasco*[b]
1QH[a]	*1QHodayot*[a]

1QIsa^a   1QIsaías^a
1QIsa^b   1QIsaías^b
1QM   1QRolo da Guerra
1QpHab   1QPesher de Habacuque
1QS   1QRegra da Comunidade
1Q28a (1QSa)   1QRegra da Congregação
1Q29   1QLiturgia das Três Línguas de Fogo
4Q58   4QIsaías^d
4Q162 (4QpIsa^b) 4QPesher de Isaías^b
4Q163 (4Qpap pIsa^c) 4QPesher de Isaías^c
4Q169 (4QpNah)   4QPesher de Naum
4Q174 (4QFlor)   4QFlorilégio
4Q177   4QCatena A
4Q213b (4QLevi^c ar) 4QLevi^c Aramaico
4Q246   4QApocalipse Aramaico
4Q252 (4QcommGen A)   4QComentário de Gênesis A
4Q266 (4QD^a)   4QDocumento de Damasco^a
4Q376 (4QapocrMoses^b?) 4QApócrifo de Moisés^b?
4Q418   4QInstrução^d
4Q423   4QInstrução^g
4Q444   4QEncantamento
4Q475   4QTerra Renovada
4Q504 (4QDibHam^a) 4QPalavras dos Luminares^a
4Q511 (4QShir^b) 4QCânticos do Sábio^b
4Q521   4QApocalipse Messiânico
11Q13 (11QMelch)   11QMelquisedeque

Material targúmico

Tg. de Is	Targum de Isaías	Tg. Onq.	Targum Onqelos
Tg. de Mq	Targum de Miqueias		
Tg. Neof.	Targum Neofiti	Tg. de Ps.-J.	Targum de Pseudo-Jônatas

Tratados da *Mishná* [Repetição/Explicação] e do *Talmude* [Instrução]

b.	Talmude Babilônico	Šabb.	Shabbat [Sábado]
m.	Mishná	Sanh.	Sanhedrin [Sinédrio]
y.	Talmude de Jerusalém	Šeqal.	Sheqalim [Siclos Pagáveis]
ʿAbod. Zar.	ʿAbodah Zarah [Idolatria]		
ʿArak.	ʿArakin [Votos de Avaliação]	Soṭah	Soṭah [A Adúltera Suspeita]
B. Bat.	Baba Batra [Último Portão]		
Ber.	Berakot [Bênçãos]	Sukkah	Sukkah [Festa dos Tabernáculos]
Ḥag.	Ḥagigah [Oferta Festiva]		
Mek.	Mekilta [Comentário]	Taʿan.	Taʿanit [Jejum]
Ned.	Nedarim [Votos]	Tamid	Tamid [O Holocausto Diário]
Pesaḥ.	Pesaḥim [Festa da Páscoa]		
Qidd.	Qiddushin [Noivados]	Yebam.	Yebamot [Cunhadas]
Roš Haš.	Rosh Hashshanah [Ano Novo]	Yoma	Yoma (= Kippurim) [Dia da Expiação]

Outras obras rabínicas

'Abot R. Nat.	'Abot de Rabbi Nathan [Pais do Rabino Natā]
Mek.	Mekilta
Midr. de (+ livro da Bíblia)	Midrash [estudo textual] de (+ livro da Bíblia)
Midr. Rab.	Midrash Rabá
Pesiq. Rab.	Pesiqta [Homilia] Rabbati
Pesiq. Rab Kah.	Pesiqta [Homilia] de Rab Kahana
Pirqe R. El.	Pirqe de Rabino Eliézer
Rab. de (+ livro da Bíblia)	Rabá de (+ livro da Bíblia)
S. Eli. Rab.	Seder Eliyahu Rabbah
Tanḥ.	Tanḥuma

Pais apostólicos

Barn.	Barnabé	In. Ef.	Inácio, Aos efésios
1 e 2Clem.	1 e 2Clemente	In. Mg.	Inácio, Aos magnésios
Did.	Didaquê	In. Fil.	Inácio, Aos filadelfenos
Diogn.	Diogneto	In. Tr.	Inácio, Aos tralianos
Frag. Papias	Fragmentos de Papias	Mart. Pol.	Martírio de Policarpo
Herm.	O pastor, de Hermas	Pol. Fp.	Policarpo, Aos filipenses

Códices de Nag Hammadi

Ev. Verd.	O evangelho da verdade

Apócrifos e Pseudepígrafes do Novo Testamento

Con. Apos.	Constituições e Cânones Apostólicos
Evang. Tomé.	Evangelho de Tomé
Mart. de Pe. e Paulo	Martírio de Pedro e Paulo

Textos gregos e latinos

Agostinho

Conf.	Confessionum libri XIII [Confissões]
Quaest. Hept.	Quaestiones in Heptateuchum [Questões sobre o Heptateuco]

Clemente de Alexandria

Strom.	Stromata [Miscelâneas]

Epifânio

Pan.	Panarion [Refutação de todas as heresias]

Hipólito

Comm. Dan.	Commentarium in Danielem [Comentário de Daniel]

Ireneu

Haer.	*Contra heresias*

Josefo

C. Ap.	*Contra Ápio*
Ant.	*Antiguidades dos judeus*
G. J.	*Guerra dos judeus*

Justino

1Apol.	*Primeira apologia*
Dial.	*Diálogo com Trifo*

Filo

Aet.	*De aeternitate* [Da eternidade do mundo]
Agricultura	*Da agricultura*
Querubins	*Dos querubins*
Confusão	*Da confusão das línguas*
Decálogo	*Do decálogo*
Pior	*Que o pior ataca o melhor*
Fuga	*Da fuga e do achar*
Gigantes	*Dos gigantes*
Herdeiro	*Quem é o herdeiro?*
Interp. Aleg.	*Interpretação alegórica*
Embaixada	*Da embaixada a Gaio*
Migração	*Da migração de Abraão*
Moisés	*Da vida de Moisés*
Nomes	*Da mudança de nomes*
Criação	*Da criação do mundo*
Plantio	*Do plantio*
Posteridade	*Da posteridade de Caim*
PE	*Perguntas e respostas sobre Êxodo*
Sonhos	*Dos sonhos*
Leis Esp.	*Das leis especiais*

Plutarco

Mor.	*Moralia*
Supers.	*De superstitione* [Da superstição]

Obras modernas

AB	Anchor Bible
ABD	Anchor Bible Dictionary. Edição de D. N. Freedman (New York, 1992). 6 vols.
ABR	*Australian Biblical Review*
AnBib	Analecta biblica
ANTC	Abingdon New Testament Commentaries
ANTJ	Arbeiten zum Neuen Testament und Judentum
AOTC	Apollos Old Testament Commentary
ArBib	The Aramaic Bible

AUMSR	Andrews University Monographs: Studies in Religion
AUSDDS	Andrews University Seminary Doctoral Dissertation Series
AYBRL	Anchor Yale Bible Reference Library
BAGD	Bauer, W.; Arndt, W. F.; Gingrich, F. W.; Danker, F. W. *Greek-English Lexicon of the New Testament and Other Early Christian Literature*. 2. ed. (Chicago, 1979)
BBR	*Bulletin for Biblical Research*
BCOTWP	Baker Commentary on the Old Testament Wisdom and Psalms
BDAG	Bauer, W.; Danker, F. W; Arndt, W. F.; Gingrich, F. W. *Greek-English Lexicon of the New Testament and Other Early Christian Literature*. 3. ed. (Chicago, 1999)
BDB	Brown, F.; Driver, S. R.; Briggs, C. A. *A Hebrew and English Lexicon of the Old Testament* (Oxford, 1907)
BDF	Blass, F.; Debrunner, A.; Funk, R. W. *A Greek Grammar of the New Testament and Other Early Christian Literature* (Chicago, 1961)
BECNT	Baker Exegetical Commentary on the New Testament
Bib	*Biblica*
BIS	Biblical Interpretation Series
BJS	Biblical and Judaic Studies
BLS	Bible and Literature Series
BNTC	Black's New Testament Commentaries
BSac	*Bibliotheca sacra*
BTB	*Biblical Theology Bulletin*
BTCB	Brazos Theological Commentary on the Bible
BZ	*Biblische Zeitschrift*
BZNW	Beihefte zur Zeitschrift für die neutestamentliche Wissenschaft
CBET	Contributions to Biblical Exegesis and Theology
CBQ	*Catholic Biblical Quarterly*
CBQMS	Catholic Biblical Quarterly Monograph Series
CC	Continental Commentaries
CCL	Classic Commentary Library
CEB	Commentaire évangélique de la Bible
CGTC	Cambridge Greek Testament Commentary
ConBNT	Coniectanea biblica: New Testament Series
CTJ	*Calvin Theological Journal*
CTM	*Concordia Theological Monthly*
DJG	*Dictionary of Jesus and the Gospels*. Organização de J. B. Green; S. McKnight (Downers Grove, 1992)
DLNTD	*Dictionary of the Later New Testament and Its Developments*. Organização de R. P. Martin; Peter H. Davids (Downers Grove, 1997)
DPL	*Dictionary of Paul and His Letters*. Organização de G. F. Hawthorne; R. P. Martin (Downers Grove, 1993)
EBC	Expositor's Bible Commentary
EBib	Etudes bibliques
ECC	Eerdmans Critical Commentary
EncJud	*Encyclopedia Judaica* (Jerusalem, 1972). 16 vols.
EvQ	*Evangelical Quarterly*
EvT	*Evangelische Theologie*
ExpTim	*Expository Times*
FB	Forschung zur Bibel

GKC	*Gesenius' Hebrew Grammar*. Edição de E. Kautzsch. Tradução para o inglês de A. E. Cowley. 2. ed. (Oxford, 1910)
GNC	Good News Commentary
GTJ	*Grace Theological Journal*
HBM	Hebrew Bible Monographs
HBS	Herders biblische Studien
HCOT	Historical Commentary on the Old Testament
HNT	Handbuch zum Neuen Testament
HSM	Harvard Semitic Monographs
HSS	Harvard Semitic Studies
HTKAT	Herders theologischer Kommentar zum Alten Testament
HTKNT	Herders theologischer Kommentar zum Neuen Testament
IBC	Interpretation: A Bible Commentary for Teaching and Preaching
IBS	*Irish Biblical Studies*
ICC	International Critical Commentary
Int	*Interpretation*
IVPNTC	IVP New Testament Commentary
JAAR	*Journal of the American Academy of Religion*
JBL	*Journal of Biblical Literature*
JETS	*Journal of the Evangelical Theological Society*
JNES	*Journal of Near Eastern Studies*
JPSTC	Jewish Publication Society Torah Commentary
JPTSup	Journal of Pentecostal Theology: Supplement Series
JSNT	*Journal for the Study of the New Testament*
JSNTSup	Journal for the Study of the New Testament: Supplement Series
JSOT	*Journal for the Study of the Old Testament*
JSOTSup	Journal for the Study of the Old Testament: Supplement Series
JTI	*Journal of Theological Interpretation*
JTS	*Journal of Theological Studies*
K&D	Keil, C. F.; Delitzsch, F. *Biblical Commentary on the Old Testament*. Tradução para o inglês de J. Martin et al. (reimpr., Grand Rapids, 1949-1971). 10 vols.
KEK	Kritisch-exegetischer Kommentar über das Neue Testament (Meyer-Kommentar)
LCL	Loeb Classical Library
LNTS	Library of New Testament Studies
LSJ	Liddell, H. G.; Scott, R.; Jones, H. S. *A Greek-English Lexicon*. 9. ed. com suplemento revisado (Oxford, 1996)
LW	Luther's Works
MM	Moulton, J. H.; Milligan, G. *The Vocabulary of the Greek New Testament: Illustrated from the Papyri and Other Non-literary Sources* (Grand Rapids, 1972)
MNTC	Moffatt New Testament Commentary
NAC	New American Commentary
NCB	New Century Bible
NClarB	New Clarendon Bible
NDBT	*New Dictionary of Biblical Theology*. Organização de T. D. Alexander; B. S. Rosner (Downers Grove, 2000)
NIB	*The New Interpreter' Bible*. Organização de Leander E. Keck (Nashville, 1994-2004). 12 vols.
NIBC	New International Bible Commentary
NICNT	New International Commentary on the New Testament

NICOT	New International Commentary on the Old Testament
NIDNTT	*New International Dictionary of New Testament Theology*. Organização de Colin Brown (Grand Rapids, 1975-1985). 4 vols.
NIGTC	New International Greek Testament Commentary
NIVAC	NIV Application Commentary
NovT	*Novum Testamentum*
NovTSup	Novum Testamentum Supplements
NSBT	New Studies in Biblical Theology
NSKAT	Neuer Stuttgarter Kommentar: Altes Testament
NTG	New Testament Guides
NTL	New Testament Library
NTS	*New Testament Studies*
ÖTK	Ökumenischer Taschenbuch-Kommentar
OTL	Old Testament Library
OtSt	Oudtestamentische Studiën
PFES	Publications of the Finnish Exegetical Society
PNTC	Pillar New Testament Commentary
PS	Pauline Studies
PTMS	Princeton Theological Monograph Series
ResQ	*Restoration Quarterly*
RevQ	*Revue de Qumran*
RIMA	The Royal Inscriptions of Mesopotamia, Assyrian Periods
RTR	*Reformed Theological Review*
SBL	Studies in Biblical Literature
SBLDS	Society of Biblical Literature Dissertation Series
SBLMS	Society of Biblical Literature Monograph Series
SBLSP	*Society of Biblical Literature Seminar Papers*
SBS	Stuttgarter Bibelstudien
SBT	Studies in Biblical Theology
SHBC	Smith & Helwys Bible Commentary
SJT	*Scottish Journal of Theology*
SJTOP	Scottish Journal of Theology Occasional Papers
SM	*Studia Missionalia*
SNTSMS	Society for New Testament Studies Monograph Series
SNTW	Studies of the New Testament and Its World
SP	Sacra pagina
ST	*Studia theologica*
StPB	Studia post-biblica
StudBT	*Studia Biblica et Theologica*
SubBi	Subsidia biblica
TANZ	Texte und Arbeiten zum neutestamentlichen Zeitalter
TDNT	*Theological Dictionary of the New Testament*. Organização de G. Kittel; G. Friedrich. Tradução para o inglês de G. W. Bromiley (Grand Rapids, 1964-1976). 10 vols.
TDOT	*Theological Dictionary of the Old Testament*. Organização de G. J. Botterweck; H. Ringgren. Tradução para o inglês de J. T. Willis; G. W. Bromiley; D. E. Green; Douglas W. Stott (Grand Rapids, 1974-). 8 vols.
TJ	*Trinity Journal*
TNTC	Tyndale New Testament Commentaries

TOTC	Tyndale Old Testament Commentaries
TQ	*Theologische Quartalschrift*
TSAJ	Texte und Studien zum antiken Judentum
TTE	*The Theological Educator*
TUGAL	Texte und Untersuchungen zur Geschichte der altchristlichen Literatur
TynBul	*Tyndale Bulletin*
VT	*Vetus Testamentum*
VTSup	Vetus Testamentum Supplements
WBC	Word Biblical Commentary
WEC	Wycliffe Exegetical Commentary
WestBC	Westminster Bible Companion
WMANT	Wissenschaftliche Monographien zum Alten und Neuen Testament
WTJ	*Westminster Theological Journal*
WUNT	Wissenschaftliche Untersuchungen zum Neuen Testament
ZNW	*Zeitschrift für die neutestamentliche Wissenschaft und die Kunde der älteren Kirche*
ZTK	*Zeitschrift für Theologie und Kirche*

Introdução

Parece não haver fim para a produção de teologias do Novo Testamento. Quando leciono essa disciplina, distribuo uma bibliografia de três páginas contendo apenas teologias do NT, das quais a maioria foi escrita no século 20. Neste livro, procuro escrever não uma teologia do NT, mas uma teologia *bíblica* do NT. Para alguns, isso talvez não pareça muito uma distinção. Todavia, este capítulo introdutório e o restante do livro mostrarão em que aspectos meu projeto se diferencia do gênero conhecido como teologia do NT.

Princípios e definição de uma teologia bíblica do Novo Testamento

A primeira tarefa é definir especificamente a disciplina de teologia bíblica do NT a ser adotada neste livro, a qual até certo ponto, sobrepõe-se não só às teologias bíblicas das Escrituras como um todo, mas também com às teologias bíblicas do AT. Cada vez mais me concentrarei nos aspectos singulares da tarefa de elaborar uma teologia bíblica do NT. Algumas partes dessa descrição vão se misturar à tarefa de elaboração de uma teologia do gênero da teologia do NT, mas as diferenças ficarão cada vez mais visíveis.

Em primeiro lugar, várias teologias do NT dedicam muito tempo discutindo a questão do Jesus histórico e se uma teologia do NT pode começar com o estudo da vida e dos ensinamentos de Jesus. Alguns estudiosos concluem que não (p. ex., Rudolf Bultmann), enquanto outros mais conservadores fundamentam o início de suas teologias no Jesus apresentado pelos Evangelhos. Não gastarei tempo analisando essa questão, mas partirei da premissa dos estudiosos conservadores, entre eles os teólogos do NT, que entendem que os Evangelhos apresentam um retrato historicamente confiável do ministério de Jesus e, portanto, começam seu estudo do NT com base nessa premissa.[1]

---

[1] Veja, p. ex., I. Howard Marshall, *New Testament theology: many witnesses, one gospel* (Downers Grove: Inter-Varsity, 2004) [edição em português: *Teologia do Novo Testamento: diversos testemunhos, um só evangelho* (São Paulo: Vida Nova, 2007)]; Frank Thielman, *Theology of the New Testament: a canonical and synthetic approach* (Grand Rapids: Zondervan, 2005) [edição em português: *Teologia do Novo Testamento: uma abordagem canônica e sintética* (São Paulo: Shedd, 2007)]. Veja a importantíssima análise de Peter Stuhlmacher, *Biblische Theologie des Neuen Testaments* (Göttingen: Vandenhoeck & Ruprecht, 1992), vol. 1, caps. 2-13 (e em várias outras partes do vol. 1), que demonstra claramente e de modo equilibrado a credibilidade histórica dos Evangelhos com base em uma perspectiva bíblico-teológica, especialmente à luz dos contextos judaico e veterotestamentário. Esse trecho do livro de Stuhlmacher é basicamente uma resposta ao seu reconhecimento dos problemas críticos implicados em fundamentar uma teologia bíblica de Jesus na descrição de sua vida terrena apresentada nos Evangelhos (no cap. 2 de seu livro).

Em segundo lugar, as teologias do NT mais recentes tratam diretamente da questão da hermenêutica pós-moderna, discutindo se é possível interpretar textos das Escrituras sem que os pressupostos do intérprete afetem de modo prejudicial a interpretação.[2] Este livro não tratará dessa questão, mas é bom tecer aqui alguns comentários. No século 20, tanto os críticos históricos liberais quanto muitos estudiosos conservadores acreditavam que os leitores poderiam interpretar textos com "objetividade", sem que seus pressupostos influenciassem a interpretação. Conservadores ou liberais, hoje são poucos os que sustentam essa posição. Atualmente, a questão é se os pressupostos implicam a distorção do sentido original de um texto e se os intérpretes têm condições de evitar conclusões hermenêuticas que reflitam apenas as próprias inclinações teológicas. Esse assunto pode ser tema de livros inteiros e de fato tem sido.[3] Minha premissa nesta obra é que todos os intérpretes têm pressupostos, e alguns deles são negativos e distorcem o sentido originalmente pretendido em textos antigos, enquanto outros pressupostos são positivos e realmente conduzem o intérprete à verdade dos textos. Os pressupostos dos próprios escritores bíblicos manifestos nas Escrituras são capazes de corrigir, por meio da atuação do Espírito Santo, as lentes dos pressupostos de seus leitores.

Uma dessas pressuposições, por exemplo, é a de que o cânon protestante do AT e do NT forma o material divinamente inspirado e imbuído de autoridade para a elaboração de uma teologia bíblica. Essa visão diverge de alguns estudiosos que não querem limitar a teologia do NT a essa base de dados e preferem incluir os apócrifos, os Pseudepígrafes e outros textos judaicos antigos como parte da estrutura de textos imbuídos de autoridade.[4] Essas fontes extracanônicas precisam ser levadas em consideração na interpretação dos textos do NT, mas parto da premissa de que elas não têm o mesmo nível de autoridade que os textos canônicos. Também tenho a mesma premissa no que diz respeito à relação da LXX com o texto hebraico do AT; considero o segundo imbuído de autoridade.[5] É claro que poderíamos discutir bastante o complicado tema do cânon, mas o escopo desta obra não permite tal análise; portanto, simplesmente tomarei o cânon protestante como minha premissa.

Outro pressuposto diz respeito a uma definição específica de "intertextualidade". Entendo que citações e alusões bíblicas de textos mais antigos revelam o sentido dessas Escrituras anteriores, enquanto estas esclarecem os textos que as citam.[6] É assim que entendo a famosa

---

[2]Veja Thomas R. Schreiner, *New Testament theology: magnifying God in Christ* (Grand Rapids: Baker Academic, 2008), p. 882-8; Thielman, *Theology of the New Testament*, p. 30-3.

[3]Veja, p. ex., E. D. Hirsch, *Validity in interpretation* (New Haven: Yale University Press, 1967); Kevin Vanhoozer, *Is there a meaning in this text? The Bible, the reader, and the morality of literary knowledge* (Grand Rapids: Zondervan, 1998) [edição em português: *Há um significado neste texto? — interpretação bíblica, os enfoques contemporâneos* (São Paulo: Vida, 2010)]. Esses dois estudiosos são otimistas quanto à capacidade dos leitores de discernir, ainda que não totalmente, as intenções autorais. Veja o texto de Vanhoozer para uma interação com os céticos quanto a essa possibilidade.

[4]Essa era a abordagem comum da escola de Tübingen na segunda metade do século 20, representada especialmente por Hartmut Gese e Peter Stuhlmacher (sobre essa questão, veja uma análise mais detalhada sobre Gese e Stuhlmacher a seguir). Entretanto, concordo com Stuhlmacher quando diz que, por ser o NT inspirado pelo Espírito, quem faz teologia bíblica dos documentos do NT deve ler e interpretá-los "do modo pelo qual esses documentos esperam ser interpretados, a saber, como testemunho inspirado do curso que Deus, em Cristo e por meio de Cristo, tomou para chegar à humanidade e conduzi-la a si mesmo e, desse modo, à salvação" (*How to do biblical theology*, PTMS 38 [Allison Park: Pickwick, 1995], p. 88).

[5]Embora, sem dúvida, seja fato que os escritores do NT citam a LXX como Escrituras (veja, p. ex., o autor de Hebreus). No entanto, essa prática se assemelha a um pregador dos nossos dias que cita uma passagem do AT usando uma tradução da Bíblia em linguagem moderna e a chamando de Escrituras, mesmo que esse pregador faça distinção entre o texto bíblico hebraico original inspirado e a versão que ele utiliza.

[6]Outro pressuposto sobre esse assunto é que adoto uma postura basicamente conservadora quanto à datação e à autoria dos livros do AT e do NT. No entanto, quando opiniões críticas sobre as datas dos livros divergem das minhas, isso significa tão somente que a relação intertextual será invertida, mas, nesses casos, ainda se poderá adotar uma posição hermenêutica que favorece a relação interpretativa mútua dos textos.

máxima: "a Bíblia interpreta a própria Bíblia". Ou, nas palavras de Agostinho: "o Novo Testamento está oculto no Antigo, e o Antigo se revela no Novo" (*Quaest. Hept.* 2.73). Não concordo com algumas ideias pós-modernas de intertextualidade que afirmam, por exemplo, que referências posteriores a textos mais antigos interagem de tal modo que produzem novos significados sem relação alguma com o sentido original pretendido.[7] É com esses pressupostos que estudo citações e alusões de passagens bíblicas mais antigas em textos bíblicos mais recentes. Há muito debate quanto aos critérios para determinar se uma referência específica é de fato uma provável alusão. Nos últimos anos, analisei esses critérios em diversas partes de meus textos.[8] O critério mais importante é o reconhecimento de paralelos verbais e temáticos suficientes, embora os intérpretes também discutam até a existência desses paralelos em alguns casos.

Assim, os leitores terão opiniões diferentes com base nas mesmas evidências, de modo que alguns concluirão que certas referências são "prováveis", e outros classificarão as mesmas referências como apenas "possíveis" ou tão vagas a ponto de não merecerem análise. Tenho tentado incluir na análise deste livro as alusões do AT cuja legitimidade é atestada por evidências suficientes e que considero prováveis (isso abrange não só as referências feitas por autores do NT, mas também as que autores de épocas posteriores do AT fazem de textos mais antigos do próprio AT). No entanto, tenho certeza de que alguns intérpretes farão objeções à legitimidade de algumas referências analisadas por mim.

Nessa perspectiva, Richard Hays analisa a questão delicada sobre quanto um autor do NT (eu incluiria autores do AT) pode desenvolver um texto mais antigo do AT e em que medida esse desenvolvimento criativo preserva os contornos conceituais originais do contexto do AT. Hays fala sobre o "poder que os textos têm de produzir interpretações imprevisíveis capazes de transcender a intenção do autor original e de seu contexto histórico".[9] Isso deve ser considerado não uma defesa do método radical conhecido como resposta do leitor (que não se preocupa com a intenção do autor), mas como uma interpretação em que ainda se observa de que modo um texto do AT mantém seu sentido original no texto do autor posterior (embora às vezes de forma implícita), mesmo que este autor esteja desenvolvendo de modo criativo o sentido original além do que seria o "sentido aparente" do texto do AT.[10] No meio acadêmico, há debates se os autores do NT fazem referência aos textos do AT tendo em mente o contexto mais abrangente. Minha perspectiva segue a abordagem de Hays e a anterior de C. H. Dodd.[11]

Assim, Paulo e os autores mais recentes do AT elaboram com base em textos mais antigos do AT, que interpretam e desenvolvem de maneira criativa. Essa criatividade deve ser considerada na interpretação desses textos mais antigos pela luz de outros desenvolvimentos da época da trama histórico-redentora em que o autor vive. Por exemplo, os autores do NT

---

[7] Veja outras referências a esse debate hermenêutico em G. K. Beale, *We become what we worship: a biblical theology of idolatry* (Downers Grove: IVP Academic, 2008), p. 23, nota 23 [edição em português: *Você se torna aquilo que adora: uma teologia bíblica da idolatria* (São Paulo: Vida Nova, 2014)].

[8] Em relação a questões de intertextualidade, veja ibidem, p. 22-34.

[9] Richard B. Hays, *The conversion of the imagination: Paul as interpreter of Israel's Scripture* (Grand Rapids: Eerdmans, 2005), p. 169.

[10] Ibidem, p. 173-6.

[11] C. H. Dodd, *According to the Scriptures: the sub-structure of New Testament theology* (London: Nisbet, 1952). Veja um exemplo do debate entre acadêmicos de ambos os lados dessa questão em G. K. Beale, org., *The right doctrine from the wrong texts? Essays on the use of the Old Testament in the New* (Grand Rapids: Baker Academic, 1984). Veja o ensaio em que defendo passo a passo o uso contextual do AT no NT, em G. K. Beale, "Did Jesus and his followers preach the right doctrine from the wrong texts? An examination of the presuppositions of the apostles' exegetical method", *Themelios* 14 (1989): p. 89-96.

interpretam o AT da perspectiva dos acontecimentos da vinda de Cristo e de sua obra. Nesse sentido, parte do desenvolvimento hermenêutico criativo está meramente no fato de que o cumprimento sempre esclarece profecias anteriores de uma forma que, até certo ponto, não foi prevista pelos profetas do AT. Outra forma de dizer isso é que a revelação progressiva sempre revela coisas que antes não foram vistas com clareza. Geerhardus Vos usa a seguinte metáfora para explicar o desenvolvimento criativo entre os dois Testamentos: as profecias e outros textos mais antigos do AT são como sementes, e os textos posteriores do AT fazem com que as sementes se desenvolvam e se tornem as raízes das quais o caule e as folhas crescem de modo imperceptível; então, surge no NT o botão que começa a florescer. De uma perspectiva, a planta cheia de flores pode não se parecer com a semente ou com a raiz (como nas comparações da botânica), mas uma exegese atenta ao contexto do AT e do NT pode revelar ao menos alguns vínculos orgânicos.[12]

Outra importante premissa deste livro é que as intenções autorais divinas transmitidas por meio de autores humanos são acessíveis aos leitores atuais. Essas intenções não podem ser entendidas de forma exaustiva, mas podem ser compreendidas de modo suficiente, em especial para os propósitos de salvação, santificação e glorificação de Deus.

Esses três pressupostos sobre cânon, intertextualidade e intenção autoral acessíveis aos leitores contemporâneos se sobrepõem em graus variados à abordagem das teologias conservadoras clássicas do NT mais recentes.[13]

Além disso, o entendimento e o desenvolvimento adequados da teologia do AT e do NT revelam que a teologia não é apenas descritiva, mas também normativa. Ou seja, o simples desenvolvimento de uma teologia do AT ou do NT é uma tarefa descritiva, mas o conteúdo dessa teologia revela um imperativo que o povo de Deus deve seguir e obedecer. Por exemplo, veremos que uma das importantes ideias bíblico-teológicas formuladas neste livro exige que os cristãos participem da expansão do reino da nova criação de Deus e o glorifiquem. No entanto, esse tipo de elemento normativo aparece em diferentes graus em outras teologias do NT.

A exposição anterior revela algumas pequenas diferenças, mas também, primariamente, pontos em comum entre este projeto e outras teologias do NT já publicadas. A seguir, apresento as características singulares de minha abordagem de uma teologia bíblica do NT que se distinguem das de outras teologias do NT.

(1) A abordagem deste livro se sobrepõe à de uma teologia bíblica das Escrituras como um todo por tratar de modo mais direto do enredo teológico do AT. Logo no início do livro, explicarei exatamente o que quero dizer com "enredo".[14] Nesse sentido, minha obra começa, formalmente, no próximo capítulo, com o foco apenas em um breve resumo do desenvolvimento do enredo que começa em Gênesis e se desenvolve ao longo de todo o AT. Esse enredo consiste em uma formulação sintética dos propósitos de Deus na Criação, Queda, redenção e consumação. De modo diferente, as teologias clássicas do NT se limitam formalmente ao cânon do NT. É lógico que se poderia escrever um extenso volume sobre o desenrolar desse enredo do AT, de modo que terei de me satisfazer com a tentativa de identificar os principais elementos desse enredo em dois capítulos introdutórios substanciais (veja caps. 1-2). Portanto, o enredo do AT elaborado neste livro se baseia em um estudo da teologia do AT e sobretudo

---

[12]Veja Geerhardus Vos, "The idea of biblical theology as a science and a theological discipline", in: Richard B. Gaffin Jr., org., *Redemptive history and biblical interpretation: the shorter writings of Geerhardus Vos* (Phillipsburg: P&R, 1980), p. 11-15.

[13]Marshall, *New Testament theology*; Thielman, *Theology of the New Testament*; Schreiner, *New Testament theology*.

[14]Para uma análise mais completa do que quero dizer por "enredo", veja o subtítulo do cap. 1: "Os episódios de juízo cósmico e de nova criação repetidos no Antigo Testamento", e principalmente o cap. 5.

no modo em que os fios teológicos de Gênesis 1—3 se desenvolvem ao longo do restante do AT. Muitos podem duvidar de que seja possível haver um enredo unificador do AT,[15] e outros podem dizer que é difícil fazer isso em um ou dois capítulos (veja caps. 1-2). Mas nossa esperança é que a estrutura principal desse tipo de estudo seja suficientemente desenvolvida na direção correta a ponto de ter potencial para ser ampliada e ratificada por pesquisas substanciais de outros estudiosos.

(2) As principais facetas da narrativa do AT são delineadas em todo o NT. Os elementos mais importantes da trama do AT se tornam a base para a formulação do enredo do NT. Sem dúvida, à medida que a trama do AT for, de algum modo, provisória, sua base para o enredo narrativo do NT também o será. Mas esse é um problema inerente a um projeto que se concentra no NT, mesmo sendo uma teologia bíblica do NT. Para confirmar tanto o enredo do AT quanto o do NT aqui propostos, seria necessário escrever um livro maior que este.

Portanto, o enredo do NT será uma transformação do enredo do AT à medida que o NT é considerado um desenrolar do AT, sobretudo por meio do cumprimento do AT. Assim, as principais categorias teológicas para a estruturação de uma teologia do AT e do NT resultam, em princípio, não da observação das categorias da teologia sistemática, mas da busca dos respectivos enredos canônicos nos dois Testamentos. Tentarei indicar como o NT desenvolve a trama do AT e, em seguida, deixar que as principais partes do enredo neotestamentário transformado estabeleçam os principais temas a ser analisados na teologia bíblica do NT.[16]

Por isso, são as principais categorias do enredo neotestamentário que passam a ser as principais categorias conceituais para a organização ou estruturação da teologia bíblica do NT (desenvolvida neste livro nos caps. 4-27).

(3) O núcleo central da análise desta teologia bíblica do NT consiste em tentativas de explicar as principais categorias de pensamento do enredo, pesquisando os trechos do NT em que esse pensamento é expresso. Tal pesquisa ocorre mediante o estudo do uso de palavras e conceitos centrais que são relevantes para a principal categoria em foco. Além disso, o estudo de cada categoria se dará pela análise exegética de passagens fundamentais e de citações, alusões e, às vezes, temas perceptíveis do AT. Esses estudos concentrados, sobretudo do uso que o NT faz do AT, não são característicos da maior parte das teologias do NT. Muitos duvidam de que seja possível descobrir uma unidade teológica entre os textos neotestamentários,[17] mas sou mais otimista e espero que o enredo que proponho ajude outros a perceber um pouco da unidade do NT.

Algumas teologias do NT, ao contrário, tentam organizar os documentos em ordem cronológica e procuram traçar um desenvolvimento de conceitos segundo uma ordem histórico-genealógica. Isso envolve muitas vezes estudar também o que está por trás desses documentos, de modo que todo o suposto processo de desdobramento histórico seja reconstruído com

---

[15]Veja, p. ex., James Barr, *The concept of biblical theology: an Old Testament perspective* (Minneapolis: Fortress, 1999), p. 375-6.

[16]Os assuntos escolhidos de alguns capítulos se sobrepõem às categorias sistemáticas — p. ex., o cap. 14, sobre a justificação, e o cap. 15, sobre a reconciliação. As coincidências de fato existem, mas argumento que se trata de conceitos bíblico-teológicos e que serão desenvolvidos como tais. Da mesma forma, os caps. 22-23 sobre "A transformação de nova criação das características distintivas de Israel na igreja" discutem temas como o sábado, o batismo, a ceia do Senhor, o ofício dos presbíteros e o cânon do NT. Ademais, os caps. 12-13 tratam diretamente da questão da imagem de Deus, mas o foco desse tema passa pela lente bíblico-teológica de Gênesis 1—3 e da relação que Cristo tem com a restauração da imagem divina, distorcida no primeiro Adão. Todos esses assuntos são tratados em teologias sistemáticas, mas tentarei analisá-los como conceitos bíblico-teológicos. Assim, os temas da sistemática encaixam-se naturalmente em vários elementos do enredo bíblico-teológico proposto neste livro.

[17]Veja, p. ex., G. B. Caird; L. D. Hurst, *New Testament theology* (Oxford: Clarendon, 1994), p. 15-7.

mais exatidão. Consequentemente, isso implica especular sobre a teologia das fontes dos documentos escritos (p. ex., nos Evangelhos), que certamente não existem mais em forma de texto. A fragilidade dessa abordagem é que ela está obrigada a fazer conjecturas sobre as fontes hipotéticas e se torna muito mais um estudo da teologia dessas supostas fontes do que uma análise da teologia dos textos do próprio NT.[18] Além do problema das supostas fontes, há, entre outros, a dificuldade de datar os documentos do NT com segurança suficiente para traçar, de forma cronológica, um desenvolvimento entre eles.[19]

As teologias do NT estão organizadas de diversas formas,[20] mas várias teologias clássicas do NT têm por hábito fazer uma análise teológica sequencial de cada livro do NT,[21] geralmente na ordem canônica de cada grupo de textos,[22] e concluir com uma comparação entre as ênfases teológicas de cada livro.[23] Esses volumes às vezes terminam com uma tentativa de descobrir uma ênfase teológica dominante no NT.[24] Outros autores de teologias do NT fazem um levantamento de alguns temas principais de todo o NT e depois os analisam de forma sequencial, livro por livro, normalmente na sequência do cânon.[25] O desafio para esses métodos temáticos está em confirmar a probabilidade de que os principais temas escolhidos são de fato os principais temas do NT. Os temas selecionados de acordo com essa abordagem são às vezes originários da teologia sistemática.[26] A teologia bíblica de todas as Escrituras da obra de Charles H. H. Scobie está bem próxima de minha abordagem nesse aspecto, considerando que ele é muito mais sintético e não segue os temas do AT ou do NT livro por livro ou conjunto de livros por conjunto de livros. No entanto, sua obra se distingue por ser estruturada segundo temas, e

---

[18] Neste aspecto, sigo Marshall, *New Testament theology*, p. 25-7.

[19] Sobre essa questão, veja tb. a crítica de Caird; Hurst, *New Testament theology*, p. 8-15, que expõe várias dificuldades inerentes à abordagem do desenvolvimento dos textos.

[20] Sobre essa questão, veja D. A. Carson, "New Testament theology", in: *DLNTD*, p. 799-804.

[21] Em geral, os livros de cada *corpus* literário são organizados por data.

[22] P. ex., veja Frank J. Matera, *New Testament theology: exploring diversity and unity* (Louisville: Westminster John Knox, 2007), que, no entanto, analisa o Evangelho de João em conjunto com as epístolas joaninas e os coloca depois do estudo dos Sinóticos e das epístolas de Paulo (que estuda em ordem de datas), e também analisa Atos em conjunto com o Evangelho de Lucas. Na área evangélica, veja, p. ex., Roy B. Zuck; Darrell Bock, orgs., *A biblical theology of the New Testament* (Chicago: Moody, 1994) [edição em português: *Teologia do Novo Testamento* (Rio de Janeiro: CPAD, 2008)], que seguem a ordem de Matera, exceto pela diferença principal: agrupam o Evangelho de João, as epístolas joaninas e o Apocalipse logo depois dos Evangelhos Sinóticos. A obra apresenta um amplo panorama de vários temas de cada livro e de cada *corpus* literário do NT.

[23] P. ex., Marshall, *New Testament theology*; Thielman, *Theology of the New Testament*.

[24] P. ex., Marshall (em *New Testament theology*) declara que a principal ênfase da teologia do NT é a missão, o que considero positivo, mas não abrangente.

[25] P. ex., George Eldon Ladd, *A theology of the New Testament* (Grand Rapids: Eerdmans, 1974) [edição em português: *Teologia do Novo Testamento* (São Paulo: Hagnos, 2003)], embora faça um levantamento de temas relativamente distintos para cada *corpus* literário principal do NT, entre eles Atos e Apocalipse, e apresente apenas uma análise geral das epístolas joaninas sem estabelecer temas; Schreiner, *New Testament theology*. Esse também é o procedimento das teologias bíblicas de Brevard S. Childs, *Biblical theology of the Old and New Testaments: theological reflection on the Christian Bible* (Minneapolis: Fortress, 1993), e Charles H. H. Scobie, *The ways of our God: an approach to biblical theology* (Grand Rapids: Eerdmans, 2003), embora ele não siga livro por livro nem *corpus* literário por *corpus* literário.

[26] P. ex., Donald Guthrie, *New Testament theology* (Downers Grove: InterVarsity, 1981), embora o autor integre os tópicos bíblico-teológicos a seu amplo esquema sistemático e forneça breves seções introdutórias sobre contextos históricos do AT e do judaísmo para vários dos principais temas que estuda, o que dá ao livro uma ênfase bíblico-teológica; da mesma forma, Leon Morris (em *New Testament theology* [Grand Rapids: Zondervan, 1986]), apesar da estrutura de *corpus* literário por *corpus* literário (começando com Paulo), tende a organizar, em certo grau, os temas em cada *corpus* literário segundo as categorias sistemáticas, embora também haja integração de temas bíblico-teológicos à organização.

não de acordo com os elementos de um enredo proposto formalmente, embora eu acredite que ele diria que, em última análise, seus temas são originários de um enredo bíblico.[27]

(4) Outra característica exclusiva desta teologia bíblica do NT, em comparação com a maioria das outras teologias do NT, é que ela se preocupa com o modo pelo qual o judaísmo entendia e desenvolvia elementos importantes do enredo do AT.[28] Isso é significativo porque é importante saber como as principais noções bíblico-teológicas no NT desenvolvem esses mesmos elementos do AT e se elas fazem isso em uma relação de dependência do judaísmo, alinhadas com ele ou em oposição. Os resultados dessa comparação devem lançar luz interpretativa sobre o desenvolvimento do NT. Por isso, a maioria dos capítulos deste livro tem breves seções analisando como o judaísmo desenvolveu uma ideia específica do AT.[29] Essa pesquisa também revelará as raízes históricas da teologia do NT.

(5) Esta abordagem da teologia bíblica do NT concentra-se mais na unidade do que na diversidade do Testamento. A razão para isso é que uma teologia assim tenta estabelecer a maneira em que o enredo geral do NT se desenvolve com base no AT e ao longo de todo o material literário neotestamentário. Nesse sentido, as teologias do NT clássicas têm oportunidade de revelar mais essa diversidade e particularidade histórica do que uma teologia bíblica como a que desenvolvemos aqui. Essa é uma limitação deste projeto. No entanto, tal diversidade poderia ser analisada suficientemente se o livro tivesse o dobro de sua extensão. Todavia, as descontinuidades entre os principais temas do AT e do NT serão apresentadas, sobretudo em relação a como o NT transforma essas ideias.[30]

(6) Não é fácil encontrar uma definição concisa do que vem a ser uma teologia clássica do NT. No entanto, a definição de teologia bíblica do NT com a qual trabalho é a seguinte (de acordo com a definição proposta por Geerhardus Vos para uma teologia bíblica de todas as Escrituras): "Teologia bíblica, corretamente definida, não é nada mais que *a apresentação do desenvolvimento orgânico da revelação sobrenatural em sua continuidade histórica e em sua pluralidade de formas*".[31] Dessa perspectiva, uma abordagem bíblico-teológica de um texto em particular busca, em primeiro lugar, expor sua interpretação em seu próprio contexto literário e, basicamente, em relação com a própria época no plano histórico-redentor e, depois, conforme a época ou as épocas que o precedem ou o sucedem. Essa definição, embora válida para uma teologia bíblica das Escrituras como um todo, também serve para a formulação de uma teologia bíblica do NT e distingue-se da abordagem comum das teologias do NT padrão. Particularmente, este projeto situa a interpretação dos textos neotestamentários em sua relação com as épocas no

---

[27]Veja Scobie, *Ways of our God*, p. 91-9, em que o autor propõe a estrutura quádrupla abrangente de proclamação, promessa, cumprimento e consumação, embora os temas específicos que ele delineia mediante cada uma dessas quatro categorias sejam originários "de um longo estudo das muitas propostas feitas por estudiosos da Bíblia, sobretudo para um chamado centro, ou foco, da TB" (p. 93). Veja tb. a teologia bíblica do AT e do NT de Keith A. Mathison, *From age to age: the unfolding of biblical eschatology* (Phillipsburg: P&R, 2009), que analisa cada livro e cada *corpus* literário de forma sequencial na ordem canônica geral (com poucas exceções) no AT e, depois, no NT, e tenta estabelecer conceitualmente o desenvolvimento do tema da escatologia ao longo das Escrituras.

[28]Entretanto, como veremos neste capítulo, as teologias do NT de Hans Hübner e Peter Stuhlmacher fazem importantes referências ao judaísmo ao longo de toda a sua obra.

[29]A maior parte dos capítulos sobre o NT (caps. 2-25) tem essas seções, mas alguns, não, pois sua importância é menor nesses capítulos (i.e., caps. 19-20, sobre a igreja como o Israel escatológico, e o cap. 24, sobre a vida cristã). Entretanto, há capítulos em que seções sobre a interpretação judaica teriam sido úteis, mas a falta de espaço, entre outros fatores, não nos permitiu isso (veja cap. 14, sobre a justificação, cap. 15, sobre reconciliação, cap. 21, sobre as promessas da terra, cap. 22, sobre o sábado relacionado à igreja, os trechos do cap. 23 sobre batismo e ceia do Senhor, e o cap. 25, sobre Lei e casamento).

[30]Veja, p. ex., cap. 26.

[31]Vos, "Idea of biblical theology", p. 15. Carson ("New Testament theology", p. 807-8) concorda com a definição de Vos e a desenvolve muito bem.

AT, e isso quase sempre ocorre por meio da análise do uso de passagens específicas do AT no NT. Também buscarei manter-me atento à maneira com que trechos do NT estão relacionados entre si no desenvolvimento de um enredo, bem como ao cumprimento inaugurado do AT na era do NT em sua relação com a era de consumação da história.[32] Aliás, o capítulo 26 tenta sintetizar os principais elementos temáticos do enredo analisados no livro, ao mostrar como o tema do NT se relaciona com o AT, observando os vários cumprimentos inaugurados do AT no NT e como esses cumprimentos se relacionam com a época de sua consumação.

(7) O plano deste livro aproxima-se de modo geral de duas obras que também têm o estilo de teologias bíblicas do NT: tanto Hans Hübner[33] quanto Peter Stuhlmacher[34] escreveram livros com títulos idênticos: *Biblische Theologie des Neuen Testaments* [Teologia bíblica do Novo Testamento]. Hübner entende que o ponto de partida essencial para sua obra é determinar como os autores do NT interpretam citações e alusões do AT. Essa é uma abordagem promissora. Ele apresenta diversas referências que o NT faz do AT e discussões interessantes sobre elas. No entanto, o foco de Hübner está no modo com que o AT é "recebido" no NT, e não como o próprio AT se relaciona com o NT e lhe serve de base de informação. Embora mostre alguma continuidade entre os dois Testamentos, ressalta mais a descontinuidade.[35] Hübner entende que entre o sentido original de passagens do AT e o sentido que os autores do NT lhe atribuem há mais distinção ou lacunas do que um vínculo conceitual. Nesse aspecto, seus estudos podem ser definidos como a "apropriação (*in novo receptum*) que o Novo Testamento faz do Antigo".[36] A perspectiva "em Cristo" dos autores neotestamentários prevalece sobre os significados do contexto original dos textos do AT mencionados no NT.[37]

Seguindo Brevard S. Childs, Stuhlmacher tece críticas ao projeto de Hübner. Stuhlmacher afirma que fazer uso unicamente de citações e alusões do AT como ponto de partida para uma teologia do NT não produz nenhum entendimento mais profundo e mais abrangente de como os dois Testamentos se relacionam. Cada Testamento merece que seus testemunhos sejam ouvidos separadamente, de acordo com suas condições, para que, depois e com base nisso, se estabeleça uma relação entre ambos.[38] Eu também acrescentaria que o uso de passagens do AT no NT é significativamente influenciado pelo contexto do AT dessas citações e alusões,

---

[32]A definição de teologia bíblica apresentada até este parágrafo está de acordo com os ensaios programáticos de D. A. Carson, "Current issues in biblical theology: a New Testament perspective", *BBR* 5 (1995): 17-41; ibidem, "New Testament theology", p. 798-814. O segundo texto, em especial, deve ser consultado para o entendimento da história das questões principais envolvidas na teologia bíblica (sobretudo na teologia do NT) e para acesso a um grande volume de literatura pertinente à teologia do NT e às diversas perspectivas sobre o tema, sobretudo do que se produziu desde a primeira década do século 20 até início da década de 1990. Brian S. Rosner, "Biblical theology", in: *NDBT*, p. 3-11; Stuhlmacher, *Biblische Theologie*, 1:13-28 também são bastante úteis.

[33]Hans Hübner, *Biblische Theologie des Neuen Testaments* (Göttingen: Vandenhoeck & Ruprecht, 1990-1995), 3 vols.

[34]Stuhlmacher, *Biblische Theologie*.

[35]Sobre esse aspecto, veja a crítica de Carson em "New Testament theology", p. 802. Hübner (*Biblische Theologie*, 1:258-9), porém, diz acertadamente que a metodologia exegética do judaísmo não deve ser considerada a solução para entender a interpretação que Paulo faz do AT, mas o método paulino precisa basear-se sobretudo em uma análise das próprias epístolas.

[36]Carson, "New Testament theology", p. 802.

[37]Para uma síntese da análise programática de Hübner de sua perspectiva sobre "Vetus Testamentum in novo receptum", veja *Biblische Theologie*, 1:64-70, 2:344.

[38]Stuhlmacher, *How to do biblical theology*, p. 77, seguindo Childs, *Biblical theology*, p. 77-8, 225-7. Nesta seção introdutória, vou me concentrar na tradução para o inglês do livro de Stuhlmacher, pois ela resume o método do autor em sua teologia bíblica do NT em alemão e por isso é mais acessível aos que leem inglês. Também li uma pré-publicação da tradução para o inglês da obra de Stuhlmacher em dois volumes, *Biblische Theologie des Neuen Testaments* (tradução para o inglês de Daniel Bailey, a ser lançada pela Eerdmans); no entanto, depois desta seção introdutória, farei referência à edição alemã.

embora haja um desenvolvimento do sentido delas no NT. O método de Stuhlmacher é o começo de uma tendência recente entre as teologias do NT que procuram, em diferentes níveis, entender a importância de Cristo e de sua obra de redenção da perspectiva das categorias conceituais do AT.[39]

Portanto, de forma distinta da abordagem de Hübner, Stuhlmacher quer focalizar não somente o uso específico de textos do AT no NT, mas também a estrutura teológica mais ampla do AT.[40] Ele entende que o AT de fato esclarece o NT e vice-versa.[41] Consequentemente, o AT não é, como a posição de Hübner implica, "um estágio preliminar do Novo, cuja importância será definida apenas com base na revelação neotestamentária".[42] Nesse aspecto, segundo a perspectiva de Stuhlmacher, a estratégia hermenêutica de Hübner enfrenta uma questão fundamental e difícil: o Deus de Israel é o mesmo Deus que se apresenta como Pai de Jesus e Senhor da humanidade?[43]

No mundo de língua inglesa, o pequeno, mas profundo livro *According to the Scriptures* [Segundo as Escrituras], de C. H. Dodd, defende duas ideias principais alinhadas com a abordagem geral de Stuhlmacher e anteriores a este. Dodd afirma que as citações e alusões do AT no NT levam em conta o contexto mais amplo da passagem do AT em que estão inseridas. Além disso, ele argumenta que o AT formou a "subestrutura" da teologia do NT, fornecendo aos autores neotestamentários as principais categorias teológicas e uma estrutura de pensamento, que são finalmente interpretadas pelo acontecimento salvador da vinda de Jesus.[44]

A abordagem deste livro está em grande parte alinhada com a teoria de Stuhlmacher e de Dodd sobre a teologia bíblica do NT (embora Stuhlmacher tenha um entendimento diferente sobre a questão do cânon).[45] Este livro, contudo, toma um rumo diferente na forma de lidar com a relação entre o AT e o NT. A primeira grande divisão desta teologia procura sintetizar o

---

[39]Veja Marshall, *New Testament theology*; Thielman, *Theology of the New Testament*; Schreiner, *New Testament theology*; sobre a última obra, veja a análise panorâmica dela em D. A. Carson, "Locating Udo Schnelle's *Theology of the New Testament* in the contemporary discussion", *JETS* 53 (2010): 133-4, que também resume algumas teologias alemãs do NT que fazem parte dessa tendência atual. Veja, p. ex., Ulrich Wilckens, *Theologie des Neuen Testaments* (Neukirchen-Vluyn: Neukirchener Verlag, 2002-2005), 5 vols., que apresenta, especialmente no primeiro volume, análises significativas do AT e do judaísmo como contextos importantes para o estudo subsequente da teologia do NT. Já na década de 1970, Leonhard Goppelt, ao apresentar sua teologia paulina, afirmava que o AT fornece uma estrutura de "promessa e tipologia" com base na qual Paulo interpretava o AT e o aplicava a Cristo e à igreja (*Theology of the New Testament*, tradução para o inglês de John E. Alsup, edição de Jürgen Roloff [Grand Rapids: Eerdmans, 1981-1982], 2 vols., 2:52-62) [edição em português: *Teologia do Novo Testamento* (São Leopoldo/Petrópolis: Sinodal/Vozes, 1982)].

[40]Veja, p. ex, Stuhlmacher, *How to do biblical theology*, p. 79.

[41]Ibidem, p. 2-12.

[42]Ibidem, p. 79.

[43]Ibidem. Veja Stuhlmacher, *Biblische Theologie*, 1:37-8, para uma crítica semelhante da posição de Hübner.

[44]Concordo com Marshall (em *New Testament theology*, p. 39-40) sobre a importância da obra de Dodd.

[45]Stuhlmacher afirma que "*se deve falar de um processo canônico do qual procedem a Bíblia hebraica, a Septuaginta [inclusive os livros apócrifos] e o Novo Testamento, os quais, apesar dos múltiplos níveis, representam um continuum*" (*How to do biblical theology*, p. 78). Esse "processo termina com a formação do cânon cristão de duas partes no século 4 da era cristã" (ibidem, p. 81). Hartmut Gese defende que os autores do NT aceitavam como Escrituras os Apócrifos, os textos de Qumran e outros escritos do judaísmo antigo, e que o NT era responsável pelo encerramento do cânon do AT (veja Gese, "Tradition and biblical theology", in: Douglas A. Knight, org., *Tradition and theology in the Old Testament* [Philadelphia: Fortress, 1977], p. 317-26; veja Barr, *Concept of biblical theology*, p. 362-77, para uma avaliação crítica resumida da posição de Gese). Minha opinião é que houve um processo distinto de formação do cânon do AT e depois do cânon do NT, mas é melhor falar de reconhecimento da autoridade canônica divina dos livros, e não de um processo em que a igreja criou um cânon, segundo defendem alguns estudiosos. Sobre isso, conforme referência anterior, não creio que a LXX tenha sido divinamente inspirada em sua origem como o texto hebraico, mas que se trata de uma tradução não inspirada.

principal enredo do AT (caps. 1-2), ao passo que Dodd e Stuhlmacher, entre outros, não tomam nenhuma iniciativa nesse sentido. A primeira divisão de Stuhlmacher começa com Jesus. Ademais, que se perceba, nem Dodd nem Stuhlmacher procuram discernir como o enredo amplo do AT se relaciona com o do NT. De modo geral — e esta é a principal diferença entre suas respectivas obras e o meu presente projeto —, eles não procuram fazer uma análise profunda de como o AT influencia cada um dos grandes conceitos teológicos do NT. O livro de Dodd é particularmente modesto nesse ponto (e é bom que se diga que seu objetivo não era fazer um estudo muito abrangente). Stuhlmacher escolhe a justiça de Deus e a justificação como ideias centrais do AT e, sobretudo, do NT.[46] A bem da verdade, porém, Stuhlmacher consideraria seu "ponto central" (a justiça de Deus e a justificação) a essência da narrativa bíblica.[47]

Howard Marshall afirmou que Hübner e Stuhlmacher "demonstraram de forma tão cabal" que o AT funciona como contexto para uma teologia bíblica do NT que "não é preciso provar mais nada", e que ele "está satisfeito em aceitar essa abordagem em vez de justificá-la".[48] Penso que a avaliação de Marshall precisa de alguma modificação. Na verdade, em 1999, James Barr podia dizer que as teologias clássicas do NT tinham estado "muito menos dispostas a estabelecer ligações com o AT" do que as tentativas feitas por teologias do AT para estabelecer vínculos com o NT.[49] Talvez Barr esteja exagerando, uma vez que Hübner e, especialmente, Stuhlmacher e Dodd fizeram importantes avanços ao demonstrar o vínculo entre a teologia do AT e a do NT. Aliás, o projeto de Stuhlmacher deve ser considerado a melhor tentativa de mostrar com coerência a continuidade entre AT e NT no campo da teologia do NT. Todavia, a crítica de Barr ainda teve alguma validade até o início do século 21. Ainda não havia sido produzida uma demonstração mais completa da relação do AT com a teologia do NT.

A necessidade de demonstrar a presença de antecedentes do AT na teologia do NT começou a ser suprida com a publicação do *Comentário do uso do Antigo Testamento no Novo Testamento*,[50] em que dezenove especialistas em NT analisaram todas as principais citações e as alusões mais importantes do AT no NT. Essa é a primeira vez na história da erudição bíblica que esse tipo de material é reunido em um só volume. Trata-se de um avanço importante no entendimento da teologia bíblica do NT, pois todos os colaboradores de algum modo afirmam que os dois Testamentos estão teologicamente relacionados e que os autores do NT fazem referências, de forma variada, a passagens do AT com o contexto veterotestamentário mais amplo em mente. No entanto, esse projeto não procurou sintetizar os resultados da obra interpretativa de cada colaborador acerca do uso do AT no NT. Consequentemente, os fios unificadores do NT que advêm de seu uso do AT não são analisados e discutidos. Além disso, conforme a já mencionada afirmação de Stuhlmacher, concentrar-se unicamente em citações do AT e alusões a ele não produz o entendimento suficientemente profundo e abrangente de como os

---

[46]Stuhlmacher, *How to do biblical theology*, p. 26-7, 33, 36-8, 63 (em que ele parece usar o termo "salvação" como sinônimo de justificação; veja tb. p. 81). Veja Scott J. Hafemann, "'The righteousness of God': an introduction to the theological and historical foundation of Peter Stuhlmacher's biblical theology of the New Testament", in: Stuhlmacher, *How to do biblical theology*, p. xv-xli. Hafemann explica que Stuhlmacher considera a justiça de Deus e a justificação conceitos centrais no AT e sobretudo no NT, e que este os desenvolve com base no AT. A obra de Hübner também ressalta a justificação no NT (sobre isso, veja Stuhlmacher, *How to do biblical theology*, p. 79).

[47]Veja Stuhlmacher, *How to do biblical theology*, p. 63, em que o autor apresenta uma breve formulação de um enredo, mas com ênfase no papel do NT nesse enredo; veja tb. p. 81.

[48]Marshall, *New Testament theology*, p. 708-9.

[49]Barr, *Concept of biblical theology*, p. 183.

[50]G. K. Beale; D. A. Carson, orgs., *Commentary on the New Testament use of the Old Testament* (Grand Rapids: Baker Academic, 2007) [edição em português: *Comentário do uso do Antigo Testamento no Novo Testamento* (São Paulo: Vida Nova, 2014)].

dois Testamentos se relacionam nem de como isso está ligado à teologia bíblica do NT. Cada Testamento deve ser examinado separadamente para que, então, seja possível concentrar-se na relação entre ambos. Particularmente, o enredo de cada Testamento tem de ser objeto de reflexão para que, depois, tente-se determinar como esses enredos se relacionam entre si.

Por isso, acredito que mais pesquisa deve ser feita para confirmar a tese de Stuhlmacher, de Dodd e de outros que expressaram perspectivas semelhantes às deles. Consequentemente, um dos principais objetivos deste livro é demonstrar de modo mais aprofundado o contexto do AT para a teologia do NT. Espera-se que outros também contribuam para esse objetivo de diferentes ângulos.[51] Certamente, em um projeto de teologia bíblica do NT como este, a análise do AT precisa ser reduzida em comparação com a do NT, e isso representa uma limitação. Mas essa limitação sempre existirá nas teologias do NT, mesmo naquelas do gênero que chamo de teologia bíblica do NT.

Antes de concluir este ponto, quero mais uma vez expressar minha apreciação pela teologia bíblica de todas as Escrituras, de Charles H. H. Scobie, cujo trabalho procurou relacionar de modo coerente e em larga escala o contexto temático do AT com os grandes temas do NT, algo sem igual em outras obras que conheço.[52] Meu projeto tenta fazer isso com um pouco mais de profundidade, embora alguns estudiosos achem impossível provar, em um plano exegético ou bíblico-teológico, a unidade e a coesão dos dois Testamentos.[53]

(8) Conforme já mencionei brevemente, outra distinção entre algumas teologias do NT e o método deste projeto é que elas geralmente organizam as análises de acordo com cada *corpus* literário.[54] Esse é o caso, por exemplo, das teologias de Marshall, Thielman e Schreiner, bem como de Hübner e Stuhlmacher.[55] De modo diferente, como observado anteriormente, minha abordagem se organiza segundo os principais elementos de minha formulação do enredo do NT.[56] Assim, este projeto tenta começar a suprir a necessidade, reconhecida por outros estudiosos, de atenção que as teologias do NT precisam dar à trama narrativa do testemunho bíblico.[57] Outro contraste com muitas dessas teologias do NT é que nem sempre farei um panorama de cada livro do NT ou de algum *corpus* literário na análise de cada tema. Na verdade, em

---

[51] Mesmo o livro já mencionado organizado por Zuck e Bock se chama *A biblical theology of the New Testament* [Teologia bíblica do Novo Testamento], mas ele não contém muita análise de como o enredo (ou os temas mais amplos) do AT se relaciona com o NT nem de como textos específicos do AT são usados no NT (apesar de haver algumas exceções com respeito ao último). Um título melhor seria *A New Testament theology* [Teologia do Novo Testamento], uma vez que trata de forma mais ampla apenas dos temas dos livros do NT.

[52] Scobie, *Ways of our God*.

[53] Veja, p. ex., Barr, *Concept of biblical theology*, p. 375-6.

[54] E em cada *corpus* literário se apresenta um panorama de cada livro.

[55] Neste ponto também se deve mencionar Wilckens, *Theologie des Neuen Testaments*, que, depois de uma longa discussão das questões introdutórias, trata de cada *corpus* literário, embora o último volume analise novamente os Evangelhos, depois Atos, as epístolas joaninas, Apocalipse e, por fim, questões relacionadas ao cânon.

[56] Isso não significa que falte a algumas teologias do NT referência à importância de um enredo, mas elas não o formulam com muita clareza, e este também não tem função na organização de seus projetos, mas surge como resultado de seus estudos indutivos. Thielman, por exemplo (*Theology of the New Testament*, p. 681-725), vê os cinco elementos a seguir como resumo dos temas principais do NT, os quais compõem um enredo geral, cujo centro é Jesus: (1) Jesus e o pecado; (2) a resposta de fé; (3) O Espírito como a presença de Deus; (4) a igreja como povo de Deus; (5) a consumação. De modo semelhante, Marshall (*New Testament theology*, p. 709-31) menciona praticamente os mesmos cinco elementos, embora ressalte que a melhor estrutura para entendê-los seja a da "missão", que realça a natureza narrativa desses elementos juntos.

[57] Veja Richard B. Hays, "Can narrative criticism recover the theological unity of Scripture?", *JTI* 2 (2008): 205; observe-se em todo o artigo sua tentativa de apresentar uma estrutura concisa de como uma visão das Escrituras como narrativa dramática coesa e unificada pode contribuir para a elaboração de uma teologia do NT.

alguns capítulos deste livro não seguirei uma estrutura de acordo com cada *corpus* literário ou cada livro na seção que trata do NT.[58]

Assim, este projeto não é uma tentativa de focar direta e separadamente como cada livro do NT[59] contribui para a teologia do NT, mas de concentrar-me nas partes do NT que mais desenvolvem o enredo formulado por mim, pois acredito serem elas os fios de ligação essenciais do NT. Além disso, meus estudos dos grandes temas costumam ser exegeticamente mais densos, embora isso signifique que não consigo tratar de tantos subtemas como outras teologias do NT padrão.

(9) Diante do que expus até aqui, classifico minha abordagem bíblico-teológica como canônica, genético-progressiva (ou de desenvolvimento orgânico, a exemplo de uma flor que se desenvolve a partir da semente e do botão), exegética e intertextual. Essa abordagem pode ser resumida como uma "exegese de orientação bíblico-teológica".[60] Minha metodologia não aponta para nenhum ponto fraco em teologias do NT como as de Stuhlmacher, Ladd, Guthrie, Marshall, Thielman e Schreiner, mas apenas a natureza distinta de meu trabalho.[61]

O conteúdo específico desta teologia bíblica do Novo Testamento

Conforme nossa breve análise anterior, esta teologia bíblica do NT procura, em primeiro lugar, delinear o enredo canônico do AT e, então, extrair desse enredo a essência dos principais temas bíblico-teológicos (cap. 1). Se, como veremos, um dos principais temas do enredo do AT é o "movimento em direção a um alvo escatológico", os capítulos 2-4 tratam respectivamente da escatologia do AT, em seguida, do judaísmo e, por fim, do NT. Os temas que formam o enredo do AT são analisados nos capítulos 1 e 2 e formam a base para o enredo do NT, que é apresentado no capítulo 5. A trama do NT é a transformação do enredo do AT por meio do desenvolvimento dele e do cumprimento de seus aspectos proféticos.

Em seguida, o capítulo 5 tratará dos problemas metodológicos envolvidos na busca de "centros" do AT e do NT e de como isso se assemelha, apesar das diferenças, à busca de um enredo, sendo este a preferência de nosso projeto. No capítulo 1 (seção "Os episódios de juízo cósmico e de nova criação repetidos no Antigo Testamento") e sobretudo no capítulo 5, explico o que quero dizer com o termo "enredo". A ideia é que um enredo revela um relato unificado, mas contém diversos temas envoltos em uma trama narrativa canônica.[62]

Assim, conforme observamos, os elementos do enredo do NT servem de estrutura que organiza o restante do livro (caps. 6-27). Cada capítulo analisa e estabelece ao longo do NT um elemento temático do enredo (com subtemas subordinados a cada elemento temático principal). Essa seção do NT é a parte central do livro. Cada tema estudado na seção do NT é visto da perspectiva de sua origem no AT, de seu desenvolvimento no judaísmo e por meio das lentes do "cumprimento já e ainda não dos últimos tempos" no NT. Portanto, geralmente os capítulos são estruturados, em diferentes graus, por um estudo dos antecedentes relevantes do AT, depois pelo desenvolvimento no judaísmo, seguidos por uma análise dos dados do NT (às

---

[58]P. ex., nos caps. 11, 14-15, 17-19, 21-23, 25.
[59]Refiro-me sobretudo às epístolas mais breves, como Judas e 2 e 3 João.
[60]Veja Carson, "New Testament theology", p. 807.
[61]P. ex., Marshall diz que sua obra "busca o objetivo mais limitado de demonstrar que existe uma teologia comum e básica que pode ser identificada em todos os nossos testemunhos, mas sem desenvolver essa teologia de forma detalhada" (*New Testament theology*, p. 726). Minha obra procura alcançar este objetivo, expondo, a princípio, o enredo central à luz do enredo do AT, e, depois, desenvolvendo de modo mais aprofundado os elementos teológico-temáticos dessa narrativa. Nesse aspecto, minha declaração do enredo tem o apoio geral não somente da linha narrativa do AT, mas também das conclusões de teologias como as de Marshall e Thielman, que, ao tratarem dos elementos centrais do NT, são coerentes com os principais elementos do enredo do NT que proponho.
[62]No cap. 5, também há um estudo sobre como o conceito de enredo se relaciona com a história e com a teologia.

vezes, mas não sempre, na ordem de Evangelhos, Atos, Paulo, Epístolas Gerais e Apocalipse). Em alguns casos, quando os dados relevantes se concentram apenas em partes específicas do NT, estas recebem maior atenção que as demais, como indicamos anteriormente.

O enredo do AT que proponho como base para o enredo do NT é este: *O Antigo Testamento é o registro da ação de Deus, o qual restaura progressivamente do caos seu reino de nova criação sobre um povo pecador por sua palavra e seu Espírito, mediante promessa, aliança e redenção, o que resulta em uma comissão mundial dos fiéis para que promovam esse reino e o juízo (derrota ou exílio) aos infiéis para a glória de Deus.* A base indutiva para a formulação dessa declaração está nos capítulos 1 e 2.

A transformação neotestamentária do enredo do AT que proponho é a seguinte: *A vida de Jesus, suas provações, sua morte pelos pecadores e principalmente sua ressurreição pelo Espírito deram início ao cumprimento do reino escatológico "já e ainda não" da nova criação, que é concedido pela graça por meio da fé, resultando em uma comissão universal para que os fiéis promovam esse reino de nova criação, bem como em juízo para os descrentes, tudo isso para a glória do Deus trino e uno.* À primeira vista, pode parecer que algumas categorias conceituais de diversos capítulos não têm origem nos elementos precedentes do enredo, mas vou demonstrar que elas realmente se originam desses elementos.[63]

Defendo que o objetivo do enredo do NT é a glória de Deus e que o grande passo para esse objetivo é a instituição e a expansão de um reino escatológico da nova criação realizadas por Cristo. O foco principal deste livro é o desenvolvimento desse reino da nova criação e sua expansão como o penúltimo passo para a glória divina. Outros estudiosos têm defendido bem a ideia de que a glória de Deus é o alvo supremo das Escrituras;[64] portanto, concentro minhas energias nesse ponto, ou seja, na principal instrumentação que realiza esse objetivo.

O cumprimento "escatológico já e ainda não" no NT é um elemento essencial para o enredo mencionado anteriormente. Outros também ressaltam de diferentes maneiras o foco escatológico da teologia do NT. De modo geral, minha tese é que, para entender o NT em toda a sua riqueza, precisamos ter um considerável conhecimento de como os autores bíblicos concebiam o "fim dos tempos",[65] sobretudo como esse conceito constitui uma parte essencial da narrativa do NT. Essa proposta pode parecer extremista para os cristãos que não fazem parte dos círculos acadêmicos, uma vez que muita gente da igreja pensa no fim dos tempos, ou últimos dias, como um período que ocorrerá somente no próprio desfecho da história. Afinal, não podemos ter uma excelente compreensão do NT sem saber como exatamente o mundo vai acabar.

A ideia popular de que os últimos dias são uma referência apenas ao fim do mundo precisa de um profundo ajuste. No plano acadêmico, a pesquisa do NT das últimas décadas prestou grande ajuda para ampliar nossa compreensão de que o início da história cristã era entendida pelos primeiros cristãos como o início dos tempos finais, mas não sua consumação.[66] No

---

[63]P. ex., pode parecer que os caps. 14-15, respectivamente sobre justificação e reconciliação, não têm vínculo formal com o texto dessa narrativa, mas são explicações conceituais dela; i.e., desenvolvem aquela parte do enredo que trata da morte de Jesus pelos pecadores e da ressurreição dele. De modo semelhante, os caps. 19-23, referentes à igreja, são desenvolvimentos conceituais de vários aspectos dos fiéis que promovem o reino da nova criação.

[64]Farei referência a esses comentaristas à medida que este livro se desenrola, particularmente no cap. 27.

[65]Dependendo, do contexto, termos como end-time e end times foram traduzidos por "últimos tempos", "fim dos tempos" e "tempo (s) do fim". (N. do E.)

[66]Para artigos e bibliografias pertinentes sobre a escatologia dos Evangelhos, de Paulo e do restante do NT, veja respectivamente Dale C. Allison Jr., "Eschatology", in: *DJG*, p. 206-9; Larry J. Kreitzer, "Eschatology", in: *DPL*, p. 253-69; G. K. Beale, "Eschatology", in: *DLNTD*, p. 330-45. Veja tb. David E. Aune, "Early Christian eschatology", in: *ABD* 2:594-609.

entanto, ainda é preciso fazer muitos estudos para sintetizar essa pesquisa, elaborar uma teologia do NT da perspectiva dessa mesma pesquisa e concentrar o foco da escatologia em sua relação com a teologia do NT. Os estudos acadêmicos na área de NT ainda são muito dispersos, o que dificulta uma reflexão teológica séria e ampla sobre a perspectiva escatológica "já e ainda não" de todo o *corpus* literário do NT (embora haja exceções significativas, como a pesquisa de N. T. Wright). Nesse sentido, em um período tão recente quanto meados da década de 1980, Dale Allison podia se queixar de que a história da teologia do NT era responsável por influenciar os estudiosos a se concentrarem especificamente na natureza expiatória da morte de Cristo e a prestarem pouca atenção em seus desdobramentos escatológicos. Ele continua ao dizer:

> A teologia cristã raras vezes tem interagido seriamente com os pressupostos escatológicos que dominam o Novo Testamento, e, embora o século 20 seja o século de Albert Schweitzer, os estudiosos atuais do Novo Testamento ainda têm de analisar de forma *completa* a importância do discurso escatológico dos primeiros seguidores de Jesus.[67]

Os autores do NT afirmam que os cristãos experimentam apenas uma parte do que será vivenciado por completo na forma definitiva do novo céu e da nova terra. Existe o que tem se tornado muito conhecido como o aspecto "já e ainda não" do fim dos tempos. Nesse sentido, Oscar Cullmann define metaforicamente a primeira vinda de Jesus como o "Dia D", pois é o dia em que Satanás foi derrotado de forma decisiva. O "Dia V" é a segunda vinda, quando os inimigos de Jesus se renderão totalmente e se curvarão diante dele. Cullmann diz o seguinte: "A esperança da vitória final é muito mais vívida por causa da convicção inabalável de que a batalha que define a vitória já ocorreu".[68]

A ideia da presente análise, entretanto, é que as grandiosas predições do fim dos tempos já estão no processo de cumprimento. William Manson declarou, de forma acertada, o seguinte:

> Quando nos voltamos para o Novo Testamento, passamos da atmosfera da predição para a do cumprimento. As coisas que Deus havia predito pela boca de seus santos profetas agora atingiram, ao menos em parte, seu cumprimento. [...] O sinal supremo do *escathon* é a ressurreição de Jesus e a descida do Espírito Santo sobre a igreja. A ressurreição de Jesus não é simplesmente um sinal que Deus concedeu em favor de seu Filho, mas é a inauguração, a entrada na história, *dos tempos do fim.*
>
> Portanto, os cristãos foram introduzidos na nova era por meio de Cristo [...] O que havia sido previsto nas Escrituras Sagradas para ocorrer com Israel ou com o homem no *escathon* aconteceu com Jesus e em Jesus. *A pedra fundamental da nova criação foi lançada.*[69]

Assim, os apóstolos entendiam escatologia não como mera futurologia, mas como o modo de pensar para o entendimento do presente no contexto do apogeu da história da redenção. Isso significa que os apóstolos sabiam que já estavam vivendo nos últimos dias e tinham de entender sua salvação presente em Cristo já como uma realidade do fim dos tempos. *Todos os aspectos da salvação deles deveriam ser concebidos como escatológicos por natureza.* Em

---

[67]Dale C. Allison Jr., *The end of the ages has come: an early interpretation of the passion and resurrection of Jesus* (Philadelphia: Fortress, 1985), p. 169 (grifo do autor).

[68]Oscar Cullmann, *Christ and time: the primitive Christian conception of time and history*, tradução para o inglês de Floyd V. Filson (Philadelphia: Westminster, 1950), p. 87.

[69]William Manson, "Eschatology in the New Testament", in: *Eschatology: four papers read to the society for the study of theology*, SJTOP 2 (Edinburgh: Oliver & Boyd, 1953), p. 6 (grifo do autor). Embora isso pareça uma "escatologia super-realizada", Manson a esclarece dizendo: "O fim chegou! O fim não chegou!" (ibidem, p. 7).

outras palavras, as doutrinas centrais da fé cristã são carregadas com energia escatológica. Assim como enxergamos tudo verde quando usamos óculos com lentes verdes, da mesma forma Cristo, por meio do Espírito, colocou óculos escatológicos nos discípulos para que tudo o que observassem na fé cristã tivesse matiz de fim dos tempos. Isso significa que a doutrina da escatologia nos livros didáticos de teologia não deveria ser apenas uma entre muitas outras doutrinas analisadas, mas, sim, a lente pela qual todas as doutrinas são mais bem entendidas. Além disso, a escatologia não deveria ser estudada no fim dos livros de teologia do NT nem no fim dos capítulos que tratam de diferentes *corpus* literários neotestamentários por supostamente descrever apenas o fim do mundo como conhecemos. Ao contrário, a doutrina da escatologia pode fazer parte do título de um livro didático como os que citei, pois todos os grandes conceitos teológicos respiram o ar de uma atmosfera dos últimos dias. Pela mesma razão, os textos de teologia sistemática devem integrar mais o aspecto já inaugurado da escatologia ao estudo de outras doutrinas do NT, mesmo que ainda incluam uma seção de escatologia da consumação como capítulo final.

É importante dizer que nosso entendimento sobre a maioria das doutrinas tradicionais não se altera tanto, mas é extraordinariamente enriquecido quando enxergamos essas doutrinas através das lentes do fim dos tempos. No entanto, como algumas doutrinas centrais de nossa fé são assim enriquecidas quando vistas como doutrinas escatológicas? Em outras palavras, como nossas lentes hermenêuticas podem ser reajustadas para enxergarmos melhor a realidade do fim dos tempos do NT? Acredito que a última parte da citação anterior de William Manson seja um bom ponto de partida para responder a essa pergunta. Manson diz que o Cristo *ressurreto* é a "pedra fundamental da nova criação [que] foi lançada".[70]

Devemos pensar na vida de Cristo, em suas provações e sobretudo em sua morte e ressurreição como os acontecimentos centrais que inauguraram os últimos dias. Esses acontecimentos fundamentais da vida de Cristo, suas provações, morte e ressurreição são particularmente escatológicos, pois deram início à nova criação e ao novo reino. A importância fundamental do reino da nova criação do final dos tempos para uma teologia bíblica do NT ainda não foi plenamente reconhecida, e é esse conceito que acredito ter o potencial para aprimorar de modo significativo a visão acadêmica geral sobre o "já e ainda não" escatológico.

É exatamente neste ponto que espero edificar sobre o alicerce lançado por teólogos como Geerhardus Vos,[71] Oscar Cullmann,[72] Herman Ridderbos[73] e George Eldon Ladd,[74] entre outros.[75] Teólogos mais recentes têm percebido cada vez mais que alguns aspectos importantes

---

[70]Ibidem, p. 6.

[71]Geerhardus Vos, *The Pauline eschatology* (1930; reimpr., Grand Rapids: Baker Academic, 1979); veja tb. ibidem, *Redemptive history and biblical interpretation*, passim; ibidem, *Biblical theology: Old and New Testaments* (Grand Rapids: Eerdmans, 1948).

[72]Cullmann, *Christ and time*.

[73]Herman Ridderbos, *The coming of the kingdom*, tradução para o inglês de H. de Jongste, edição de Raymond O. Zorn (Philadelphia: P&R, 1962); ibidem, *Paul: an outline of his theology* (Grand Rapids: Eerdmans, 1975).

[74]George Eldon Ladd, *The presence of the future: the eschatology of biblical realism* (Grand Rapids: Eerdmans, 1974).

[75]Veja, p. ex., Rudolf Bultmann, *Theology of the New Testament*, tradução para o inglês de Kendrick Grobel (London: SCM, 1952-1955), 2 vols. No primeiro volume, Bultmann integra a escatologia do "já e ainda não" com temas como a mensagem de Cristo, a justificação, a reconciliação, o Espírito e a existência da igreja; no entanto, não se aprofunda no estudo da natureza escatológica dessas ideias (embora, com certeza, demitologize seus aspectos sobrenaturais). Veja tb. a observação de Werner Georg Kümmel de que "Deus fez que sua salvação prometida para o fim do mundo começasse em Jesus Cristo" (*The theology of the New Testament according to its major witnesses*, tradução para o inglês de John E. Steely [Nashville: Abingdon, 1973], p. 332).

da teologia do NT têm um matiz escatológico,⁷⁶ mas os estudiosos mais antigos percebiam de maneira mais consistente que a obra de redenção realizada por Cristo inaugurava os últimos dias e que o período escatológico seria consumado em algum momento no futuro.⁷⁷ Esses estudiosos perceberam que a escatologia teve influência decisiva sobre o pensamento dos autores neotestamentários.

Geerhardus Vos lecionou no Seminário Teológico de Princeton de 1892 a 1932 e antecipou a teologia bíblica e os estudos acadêmicos do NT do final do século 20 que enfatizavam a escatologia inaugurada e a abordagem histórico-redentora. Ele ressaltou mais que outros a ideia da nova criação como a grande ideia central da teologia do NT.⁷⁸ A ressurreição de Cristo é interpretada por Vos como o início da nova criação e vista como o principal foco do NT.⁷⁹ A razão disso é que ela representava a progressão histórico-redentora desde a morte de Cristo e porque foi nesse estado ressurreto que ele concedeu o Espírito, que traz os crentes à união com Cristo e os leva a participar dos benefícios escatológicos da era da nova criação futura. Este livro representa minha tentativa de desenvolver o pensamento de Vos, uma vez que ele acabou não escrevendo uma teologia bíblica do NT completa.⁸⁰

---

⁷⁶Veja, p. ex., Thielman, *Theology of the New Testament*, p. 692-4, 698-714; Schreiner, *New Testament theology*. Schreiner dedica a primeira parte de seu livro à "escatologia do já e ainda não" (p. 41-116) e, mesmo referindo-se a esse tema ao longo do restante do livro, parece que não pretendia desenvolver com mais profundidade o assunto. Veja tb. a teologia bíblica das Escrituras como um todo de autoria de Scobie, *Ways of our God*. Scobie, como já observamos, estabelece o seguinte plano de quatro partes para cada um dos grandes temas que estruturam sua obra: proclamação no AT, promessa no AT, cumprimento no NT e consumação. No entanto, em suas discussões sobre o NT, ele geralmente ressalta o cumprimento mais do que a ideia de que a natureza desse cumprimento é escatológica, embora trate brevemente do elemento escatológico de cumprimento inaugurado em importantes trechos ao longo do livro (p. ex., veja sua declaração programática sobre o último aspecto na p. 93).

⁷⁷Embora houvesse outros que sustentassem essa ideia. Esses acadêmicos reuniram as posições polarizadas de Albert Schweitzer e C. H. Dodd, que acreditavam respectivamente que o tempo do fim era iminente, mas não havia se cumprido ainda, e que os últimos dias haviam chegado em plenitude na vinda de Jesus (veja um breve panorama dessas duas posições em Aune, "Early Christian eschatology", p. 599-600, artigo em que ele também cita Joachim Jeremias e Werner Kummel como exemplos de síntese das duas perspectivas). O interessante é que, entre os acadêmicos americanos e os europeus, Vos parece ter sido o primeiro a defender uma escatologia do "já e ainda não" como uma importante abordagem teológica no estudo de Paulo! Veja Henry M. Shires, *The eschatology of Paul in the light of modern scholarship* (Philadelphia: Westminster Press, 1966), que é uma obra útil, embora tenha afinidades com o método de Bultmann e pareça desconhecer a obra de Vos. Recentemente, C. Marvin Pate desenvolveu a visão escatológica de Vos como estrutura em que se pode ter melhor compreensão da teologia paulina e de um modo mais completo que antes, embora, curiosamente, ele não interaja com Vos (*The end of the age has come: the theology of Paul* [Grand Rapids: Zondervan, 1995]). Veja ainda a seção do NT na teologia bíblica de todas as Escrituras de Mathison (*From age to age*, p. 337-698), que também segue Vos, Ridderbos e Dumbrell ao tentar estabelecer uma perspectiva escatológica do "já e ainda não" ao longo do NT. O livro de Mathison é útil, mas trabalha em nível geral e amplo, com um breve panorama da escatologia de cada livro do NT, sem revelar profundidade exegética (sobretudo em relação ao uso do AT no NT e às interpretações judaicas desses usos do AT), embora isso pareça não ter sido parte de seu propósito.

⁷⁸Neste ponto devemos citar ainda Graeme Goldsworthy, *According to plan: the unfolding revelation of God in the Bible* (Leicester: Inter-Varsity, 1991) [edição em português: *Introdução à teologia bíblica: o desenvolvimento do evangelho em toda a Escritura* (São Paulo: Vida Nova, 2018)], que também considera a nova criação e o reino as ideias centrais do desenvolvimento escatológico e histórico-redentor da Bíblia, mas escreve claramente em um nível popular para as pessoas na igreja.

⁷⁹Sobre esse aspecto, veja Bradley J. Bitner, *The biblical theology of Geerhardus Vos*, dissertação de mestrado (Gordon-Conwell Theological Seminary, 2000). Veja esp., p. ex., Vos, "Idea of biblical theology", p. 11-2.

⁸⁰Observe-se que a obra *Biblical theology*, de Vos, contém apenas uma seção sobre os Evangelhos na divisão dedicada ao NT (em cerca de cem páginas), mas o autor desenvolveu um importante material sobre Paulo na área bíblico-teológica em *Pauline eschatology* e em outros artigos de *Redemptive history and Biblical interpretation* (p. ex., cap. 4, "The eschatological aspect of the Pauline conception of the Spirit").

Richard Gaffin, em *The centrality of the resurrection*,[81] seguindo o mesmo caminho de Vos, afirma que a ressurreição como fato do fim dos tempos é a ideia que para Paulo abrange todas as coisas. Seyoon Kim, em *The origin of Paul's gospel*,[82] explica por que a ressurreição dominou o pensamento paulino: o encontro do Cristo ressurreto com Paulo na estrada de Damasco impactou o apóstolo de forma tão profunda e indelével que continuou predominante no pensamento dele enquanto escrevia suas cartas.

No entanto, esses estudiosos, apesar de terem feito sugestões e contribuições para a área do NT, não procuraram explicar de modo sistemático como a escatologia inaugurada se relaciona com as grandes doutrinas do NT nem como as esclarece, embora Vos e Pate tenham chegado mais perto disso do que os outros.[83] Os estudiosos também não perceberam de modo significativo que o conceito dominante da escatologia é o reino da nova criação. William Dumbrell é a única exceção que elaborou sua teologia de forma coerente, uma vez que interpreta a criação como tema central de ambos os Testamentos: todo o AT caminha em direção ao alvo da nova criação, e o NT começa a cumprir esse alvo principal.[84]

Dumbrell identifica cinco temas associados, que se inter-relacionam em sobreposição com o conceito mais amplo das Escrituras de governo e reino de Deus.[85] De modo interessante, Scobie examina as propostas anteriores de "centros" para o AT, para o NT e para o cânon como um todo,[86] criticando todas elas, exceto a proposta de Dumbrell, embora ele diga que esta não é uma "teologia bíblica totalmente madura".[87] O próprio Scobie apresenta um plano bíblico-teológico de todo o cânon não muito distinto da proposta de Dumbrell. O que ele faz é combinar as diversas sugestões de um "centro único" e organizá-las de modo geral em quatro grupos que constituem a base de sua abordagem multitemática: (1) a ordem criativa de Deus; (2) o servo de Deus (Cristo); (3) o povo de Deus; (4) a conduta de Deus (ética).[88]

Ao que tudo indica, Scobie é atraído pela visão de Dumbrell porque ela também parece ser multiperspectivista; Dumbrell delineia cinco grandes temas ao longo dos dois Testamentos: (1) nova criação; (2) nova aliança; (3) novo templo; (4) novo Israel; (5) nova Jerusalém.[89] Esses cinco temas não têm todos a mesma importância, mas são os mais importantes na Bíblia da perspectiva de Dumbrell. A Nova Jerusalém é o símbolo do governo (= o reino) e dos governados; o novo templo é a sede do governo; a nova aliança é o instrumento de governo; o novo Israel revela os governados e o papel que desempenham; e a nova criação é a apresentação definitiva e abrangente tanto dos governados quanto do governante.

---

[81]*The centrality of the resurrection: a study in Paul's soteriology* (Grand Rapids: Baker Academic, 1978).

[82]Seyoon Kim, *The origin of Paul's gospel* (Grand Rapids: Eerdmans, 1982).

[83]Veja Pate, *End of the age*. Juntamente com Vos, ele elaborou melhor do que outros uma tese sobre a escatologia inaugurada em Paulo.

[84]Veja William J. Dumbrell, *The search for order: biblical eschatology in focus* (Grand Rapids: Baker Academic, 1994); ibidem, *The end of the beginning: Revelation 21—22 and the Old Testament* (Homebush West: Lancer, 1985); veja tb. sua teologia do AT, *Covenant and creation: a theology of the Old Testament covenants* (Nashville: Thomas Nelson, 1984).

[85]Dumbrell, *End of the beginning*, "Introduction".

[86]Charles H. H. Scobie, "The structure of biblical theology", *TynBul* 42, n. 2 (1991): 173-9. O autor analisa os "centros" mais significativos para uma teologia bíblico-canônica, como "aliança", "reino" e "vida"; em relação ao NT, analisa "centros" como "o evento Cristo", "cristologia", "justificação" e "reconciliação".

[87]Ibidem, p. 180-1.

[88]Ibidem, p. 187-94. Veja Scobie, *Ways of our God*, obra em que desenvolve essa estrutura com mais detalhes que em seu artigo do *Tyndale Bulletin*.

[89]Veja minha resenha da obra *The end of the beginning*, de William J. Dumbrell, *Themelios* 15 (1990): 69-70, para uma análise mais extensa do resumo a seguir da obra de Dumbrell.

Dumbrell escolhe, de forma acertada (creio eu), a nova criação como a apresentação abrangente do governo (= reino) de Deus e, portanto, como a ideia mais abrangente da Bíblia, uma síntese das quatro outras ideias (um aspecto que Scobie parece não perceber, vendo Dumbrell apenas como um multiperspectivista bíblico-teológico). Observe, entretanto, que a *nova criação* e *o reino* parecem ser praticamente sobrepostos, de modo que a ideia central de Dumbrell é de fato a de um reino de nova criação, e não apenas uma nova criação. Todo o plano da Bíblia está estruturado em torno do movimento "de criação para uma nova criação por meio de intervenções redentoras de Deus", culminando na morte, ressurreição, entronização e segunda vinda de Cristo, o que consuma todas as coisas.[90] Dumbrell afirma que a redenção está sempre subordinada à criação porque a redenção é o meio de reintroduzir as condições da nova criação.[91] Desde a queda do homem, todos os acontecimentos devem ser considerados um processo que conduz à reintrodução da criação original. Acredito que Dumbrell está correto ao entender que o reino da nova criação é de importância fundamental para a teologia bíblica, pois a nova criação é o principal instrumento do plano histórico-redentor de Deus para atingir o objetivo supremo da glória divina. Conforme já propusemos, o reino da nova criação é o penúltimo grande ponto lógico (que leva à glória divina) do enredo bíblico, o que aponta mais adiante para o reino da nova criação como a principal lente de uma teologia bíblico-canônica, algo que tentarei demonstrar nos capítulos restantes deste livro.

Há, contudo, deficiências na abordagem de Dumbrell, mas, justiça seja feita, ele não pretendia abordar essas áreas. Sua obra é um breve panorama que analisa temas amplos (com breves resumos de passagens importantes) sem desenvolver de forma profunda os aspectos exegéticos,[92] sem tentar relacionar organicamente as principais doutrinas do NT com a vida, a morte e a ressurreição de Cristo ou explicar especificamente como as ideias de nova criação e reino estão organicamente relacionadas com as principais ideias e doutrinas do NT. Em nenhuma parte de sua obra há uma exposição exata sobre como a vida, a morte e a ressurreição de Cristo se relacionam com a nova criação ou a inauguram. Além disso, Dumbrell não escreve de modo satisfatório no nível exegético acadêmico, nem interage muito com especialistas contemporâneos (embora, repito, seus objetivos não fossem esses). Por isso, sua obra não obteve o reconhecimento merecido nos livros acadêmicos de teologia bíblica, incluindo os de teologia do NT.

Apesar desses pontos fracos, o livro de Dumbrell está entre as melhores teologias bíblico-canônicas que já li, e sua obra é muito importante e instrutiva para a pesquisa da teologia do NT. Dumbrell não apresenta uma resposta específica, mas sua tese exige que a pergunta sobre como a morte e a ressurreição de Cristo se relacionam com o reino da nova criação seja respondida de maneira plena e clara. Portanto, embora Dumbrell não estivesse escrevendo uma teologia do NT, mas, sim, uma teologia bíblica mais ampla, sua obra representa uma estrutura temática abrangente que sustenta minha proposta de que o movimento rumo à nova criação e ao reino é a grande ideia central do enredo do NT. A falta de profundidade exegética em Dumbrell é suprida por Vos, mesmo que este não seja consistente ao delinear o tema do reino da nova criação ao longo das Escrituras.

Assim, minha visão é muito semelhante às propostas de Dumbrell, Vos e Gaffin, mas procuro demonstrar o papel fundamental do reino da nova criação de uma forma exegética mais coerente e claramente teológica. Minha tese é que as principais ideias teológicas do NT se originam do

---

[90]Dumbrell, *End of the beginning*, p. 166, 196.

[91]Ibidem, p. 184-5, 191, 194.

[92]P. ex., seria necessário analisar textos do NT que de fato associam Cristo à linguagem da nova criação (esp. 2Co 5.14-17; Gl 6.14-18; Ef 2.13-22 [cf. 1.20-23; 2.10]; Cl 1.15-18; Ap 3.14 [cp. com 1.5]).

seguinte enredo narrativo do NT (que repito das páginas anteriores), do qual o reino da nova criação e sua expansão constituem o elemento central (sublinhado na definição a seguir) que leva à glória de Deus: *A vida de Jesus, suas provações, <u>sua morte pelos pecadores e principalmente sua ressurreição pelo Espírito deram início ao cumprimento do reino escatológico "já e ainda não" da nova criação</u>, que é concedido pela graça por meio da fé, <u>resultando em uma comissão universal para que os fiéis promovam esse reino de nova criação</u>, bem como em juízo para os descrentes, tudo isso para a glória do Deus trino e uno.*

De fato, meu argumento é que a definição de *escatologia* deve ser aperfeiçoada como o movimento em direção do reino da nova criação, e outros conceitos escatológicos associados devem ser considerados subcategorias. Esse reino escatológico da nova criação é um movimento em direção ao resgate do que existia no Éden antes do pecado. Consequentemente, as subcategorias temáticas nos capítulos 2-27 deste livro não foram escolhidas de modo totalmente subjetivo, mas de forma bastante dirigida pela percepção de que se tratam de temas que consistem em aspectos dominantes de Gênesis 1—3 e também da visão final do resgate consumado do Éden e do reino escatológico da nova criação de Apocalipse 21 e 22. Bem no final do capítulo 5, analisarei em mais detalhes a lógica que motivou a escolha de alguns temas de capítulos e a exclusão de outros.

Portanto, as principais ideias teológicas no NT adquirem seu sentido pleno na estrutura dessa ideia central preponderante do enredo da nova criação e do reino e não são nada mais que aspectos dele. Nesse sentido, o que Vos afirma sobre a ideia dominante da escatologia de Paulo se aplica, como defenderei, ao NT como um todo:[93]

> A escatologia [de Paulo] [...] já não constitui um elemento da soma total dos ensinamentos revelados, mas concentra em seu âmbito praticamente todos os princípios fundamentais do cristianismo paulino como partes correlacionadas e de matizes escatológicos [...], [e] desvendar a escatologia do apóstolo implica estabelecer toda a sua teologia.[94]

Embora seja verdade que ideias que outros julguem importantes na teologia do NT talvez não estejam incluídas neste livro, procuro me concentrar naquelas que acredito serem as de maior importância. Outras teologias do NT talvez também incluam mais temas. Este projeto, porém, apesar de ter menos estudos temáticos que outros, apresenta uma análise mais aprofundada de cada tópico teológico a ser estudado.

Assim, podemos pensar na vida de Cristo, particularmente em sua morte e seu reinado ressurreto, como um diamante que representa o reino da nova criação. As diversas ideias teológicas são as facetas do diamante, inseparáveis dele. Este livro tenta oferecer alguns dos exemplos mais significativos de como isso ocorre e como a ênfase escatológica das várias doutrinas também oferece percepções da aplicação dessas doutrinas na vida dos cristãos. Não tenho dúvida de que muitos leitores não concordarão com minha proposta do reino da nova criação e sua expansão como grande degrau para a glória de Deus e como a grande ideia central do enredo do NT. Todavia, tenho esperança de que as lentes escatológicas que

---

[93]Devemos lembrar que Vos entendia que o aspecto central da escatologia paulina consistia no Cristo ressurreto e elevado ao céu (sobre isso, veja tb., p. ex., Vos, *Pauline eschatology*, p. 151).

[94]Vos, *Pauline eschatology*, p. 11. Veja tb., de modo semelhante, Herman Ridderbos, *Paul: an outline of his theology*, p. 44, que, possivelmente inspirado pela tradição holandesa mais antiga de Vos, afirma: "Todo o conteúdo dessa pregação [de Paulo] pode ser resumido na proclamação e explicação do tempo escatológico da salvação inaugurado com o advento de Cristo, sua morte e ressurreição. É a partir desse ponto de vista principal e com esse denominador que podemos entender todos os elementos isolados da pregação de Paulo e compreender sua unidade e a relação de uns com os outros". De modo semelhante, ibidem, p. 57, em que ele diz que o centro da escatologia paulina está na morte e, sobretudo, na ressurreição de Cristo.

apresento gerem, ao menos, percepções que ainda assim possam ser apreciadas. Este livro representa o pensamento bíblico-teológico que tenho formulado há cerca de trinta anos em vários artigos e livros, cuja forma "embrionária" apareceu nas aulas de Teologia do NT que tenho lecionado desde o final da década de 1980.

Conclusão

Cada tópico analisado nesta introdução poderia receber, de forma válida, o tratamento de um livro inteiro. O propósito desta introdução não é aprofundar-se na análise dessas questões, mas, sim, revelar os pressupostos e a singularidade desta teologia bíblica do NT, bem como indicar a direção que o livro seguirá. Outros livros de teologia do NT aprofundam-se bem mais do que este em assuntos como história da disciplina, questões introdutórias, problemas fundamentais quanto à história em sua relação com a revelação e a teologia, e visão geral de diversos livros importantes, sobretudo sobre o florescimento da disciplina no século 20.[95] Remeto o leitor a essas obras. Meu objetivo e esperança é que a própria essência do livro demonstre a viabilidade deste projeto. O alvo é que ele se comprove por si mesmo. O alvo supremo, porém, é que promova a adoração e a glorificação do Deus trino e uno, pois, como veremos adiante, esse é o alvo descritivo e normativo do enredo do NT.

É importante apresentar, aqui, uma palavra final sobre o público a que o livro se destina. Assim como meus livros sobre o templo[96] e sobre a idolatria,[97] este se dirige a leitores cristãos sérios, quer sejam membros não especialistas de igreja local, quer sejam alunos de seminários bíblicos de graduação ou pós-graduação. Minha esperança, porém, é que o livro preste alguma contribuição para os estudos acadêmicos da Bíblia, sobretudo na área da teologia *bíblica* do NT. Tentar escrever para um público leigo sério e também para alunos e especialistas em teologia é mais ou menos como andar numa corda bamba: a falta de argumentação acadêmica em algumas áreas pode deixar os especialistas insatisfeitos, mas desenvolver os dados visando aos acadêmicos pode levar os leitores leigos interessados se sentirem sobrecarregados. Por isso, vou tentar caminhar sobre essa corda bamba da melhor maneira possível, mas destinarei o livro aos leitores que desejam se aprofundar mais nas Escrituras e na teologia. Sugiro que os leitores menos técnicos desprezem as notas de rodapé (ou as leiam depois do conteúdo principal do capítulo). Devo frisar que o livro se concentra em interpretação e teologia bíblicas, não tanto em aplicação prática dessas verdades no mundo atual (embora este último tópico esteja incluído em diversas partes e no próprio fim do livro, no último ponto do cap. 27). Entretanto, minha esperança é que os leitores venham a observar os princípios teológicos com o objetivo de viver como cristãos fiéis que têm um pé no velho mundo e o outro no novo mundo que está surgindo.

---

[95]Veja, novamente, Carson, "New Testament theology", bem como o panorama anterior que avalia essas questões de Gerhard F. Hasel, *New Testament theology: basic issues in the current debate* (Grand Rapids: Eerdmans, 1978) [edição em português: *Teologia do Novo Testamento: questões fundamentais no debate atual*, tradução de Jussara Marindir Pinto Simões Árias (Rio de Janeiro: JUERP, 1988)]. Veja tb. o breve, porém útil, esboço da história dos principais problemas em torno da teologia bíblica do NT em Thielman, *Theology of the New Testament*, p. 19-42, e Schreiner, *New Testament theology*, p. 867-88, especialmente em relação aos problemas em torno de questões como o cânon, a diversidade e os pressupostos hermenêuticos. Quanto às teologias do NT na Alemanha que Stuhlmacher considera as mais importantes, entre as quais inclui as obras de Ladd e Childs, veja *How to do biblical theology*, p. 74-5. Veja tb. Matera, *New Testament theology*, p. xix-xxviii, para uma breve, porém proveitosa, análise das grandes teologias do NT publicadas nos séculos 20 e 21.

[96]G. K. Beale, *The temple and the church's mission: a biblical theology of the dwelling place of God*, NSBT 17 (Downers Grove: InterVarsity, 2004).

[97]Beale, *We become what we worship* [edição em português: *Você se torna aquilo que adora* (São Paulo: Vida Nova, 2014)]

PRIMEIRA PARTE

O ENREDO BÍBLICO-TEOLÓGICO DAS ESCRITURAS

1

O enredo histórico-redentor do Antigo Testamento

A premissa deste livro é que o NT é a continuação do enredo do AT, mas tentarei demonstrá-la de forma indutiva ao longo de toda a obra. Portanto, é adequado resumir neste capítulo o desenvolvimento do enredo do AT antes de explicar como os vários aspectos da teologia do NT se relacionam com esse enredo. Certamente, essa tarefa inicial merece a produção de uma teologia bíblica do AT completa, mas o escopo de nosso projeto não pode se dar a esse luxo. Espero que o conteúdo aqui apresentado tenha o potencial de fornecer uma estrutura para uma teologia bíblica do AT a ser desenvolvida de forma viável e mais detalhada. A análise será feita de uma perspectiva canônica, uma vez que acredito que essa também foi a dos autores do NT, embora ela tenha se tornado cada vez mais popular entre alguns setores da erudição bíblica moderna.[1]

Defendo a tese de que Gênesis 1—3 apresenta os temas básicos para o restante do AT, os quais, conforme veremos, são basicamente escatológicos. Esses temas são, então, desenvolvidos no NT. As obras que procuram fazer essa mesma afirmação demonstram meros vínculos temáticos gerais entre os três primeiros capítulos da Bíblia e o restante de Gênesis e do AT.[2] Não tenho conhecimento de que outros autores tenham tentado fazer isso, concentrando-se em alusões literárias específicas a Gênesis 1—3 em outras partes das Escrituras (apesar de Stephen Dempster ter chegado bem próximo disso).[3] Assim, este capítulo divide-se em quatro partes:

1. esboço da ideia em Gênesis 1—3;
2. alusões a Gênesis 1—3 em outros trechos do AT e como elas desenvolvem a narrativa inicial;
3. observação dos temas de Gênesis 1—3 em outras partes do AT e como elas desenvolvem a narrativa inicial;

---

[1]Meus próprios métodos e perspectivas estão muito próximos dos de Stephen G. Dempster, *Dominion and dynasty: a theology of the Hebrew Bible*, NSBT 15 (Downers Grove: InterVarsity, 2003), bem como de Geerhardus Vos, *Biblical theology: Old and New Testaments* (Grand Rapids: Eerdmans, 1948), e de várias outras obras de William J. Dumbrell, em especial *The end of the beginning: Revelation 21—22 and the Old Testament* (Homebush West: Lancer, 1985); ibidem, *The search for order: biblical eschatology in focus* (Grand Rapids: Baker Academic, 1994); ibidem, *The faith of Israel: a theological survey of the Old Testament*, 2. ed. (Grand Rapids: Baker Academic, 2002).

[2]Veja, p. ex., Dumbrell, *Search for order*, p. 9-12. Ele é o único outro autor que parece ressaltar que as principais ideias de Gênesis 1—3 são de natureza escatológica.

[3]Dempster, *Dominion and dynasty*.

4. a relação do enredo adâmico resultante da análise dos pontos 1 a 3 com as propostas de "centro" do AT feitas por obras anteriores.

A comissão de Adão na primeira criação e a transferência dessa responsabilidade a outros personagens semelhantes a ele

A comissão de Gênesis 1.26-28 implica os seguintes elementos, sobretudo na sua forma resumida em 1.28: (1) "Deus os abençoou"; (2) "frutificai e multiplicai-vos"; (3) "enchei a terra"; (4) "sujeitai" a "terra"; (5) "dominai [...] sobre a terra".

Parece também que o fato de Deus haver criado Adão à sua "imagem e semelhança" é o que dá a este condições de realizar as partes específicas da missão. A criação de Adão por Deus à imagem divina como coroa da criação provavelmente deve ser considerada o conteúdo da "bênção" no início do versículo 28. A ordem para "sujeitar" e "dominar" "sobre toda a terra" manifesta a realeza de Adão[4] e provavelmente faz parte da definição funcional da imagem divina segundo a qual ele foi criado. Esse aspecto funcional é talvez o ponto central do que significa Adão e Eva terem sido criados à imagem de Deus. Esse conceito funcional da imagem é subentendido em imagens de deuses no antigo Oriente Próximo, as quais não representavam a forma real da divindade nem davam indicações essenciais de seus atributos (embora isso às vezes estivesse incluído), mas eram o elemento por meio do qual a divindade manifestava sua presença e transmitia suas bênçãos. Quando reis do antigo Oriente Próximo eram considerados imagens de um deus, a ideia de sujeição e domínio da divindade por meio deles estava presente, e isso parece ser o melhor contexto para entendermos Adão como rei e imagem de Deus em Gênesis 1.26-28.[5] Por exemplo, o rei Adad-Nirari II da Assíria (911-891 a.C.) dizia acerca dos deuses: "Intervieram para mudar minha aparência para uma aparência nobre [e] estabeleceram/determinaram e aperfeiçoaram minhas feições", o que resultou em um rei "apto para governar".[6] O rei Assurbanipal afirma que os deuses "deram-me uma aparência esplêndida e aumentaram minha força".[7] Além disso, ser à imagem de um deus significava que o rei refletia a glória da divindade.[8] Portanto, os reis do antigo Oriente Próximo considerados a imagem de seus deuses eram parte da *própria instituição da realeza, dando forma concreta a conceitos implícitos de governo divinamente sancionado e de qualidades ideais do governante*.[9] Portanto, o rei como a imagem de Deus era considerado uma figura régia que "*representa* o deus em virtude de seu ofício real e é retratado como alguém que *age como* o deus em modos específicos de conduta".[10]

---

[4]Observe o emprego de *rādâ* ("dominar") aqui e em outros trechos do AT, dos quais ao menos metade se refere ao domínio exercido por um rei (seguindo Dumbrell).

[5]Edward M. Curtis, "Image of God (OT)", in: *ABD* 3:390-1.

[6]Irene J. Winter, "Art in empire: the royal image and the visual dimensions of Assyrian ideology", in: S. Parpola; R. M. Whiting, orgs., *Assyria 1995: proceedings of the 10th anniversary symposium of the Neo-Assyrian Text Corpus Project, Helsinki, September 7-11, 1995* (Helsinki: The Neo-Assyrian Text Corpus Project, 1997), p. 372; sobre esse rei, veja A. Kirk Grayson, *Assyrian rulers of the third and second millennia BC (1114-859 BC)*, RIMA 2 (Toronto: University of Toronto Press, 1991), p. 147.

[7]Winter, "Art in empire", p. 372. Veja em ibidem, p. 374-5, outras referências a reis assírios como "a própria imagem" de diversos deuses ou "em perfeita semelhança" deles.

[8]Veja exemplos em ibidem, p. 380, nota 52. Nessa mesma perspectiva, veja J. Richard Middleton, *The liberating image: the Imago Dei in Genesis 1* (Grand Rapids: Brazos, 2005), p. 108-11. Middleton apresenta diversos exemplos de faraós dos quais se dizia serem à imagem de um deus, de modo que a presença da divindade se manifestava por meio da imagem do rei humano. Essa informação pode servir para apoiar uma visão ontológica ou funcional.

[9]Winter, "Art in empire", p. 377.

[10]Middleton, *Liberating image*, p. 121.

J. Richard Middleton conclui:

> A descrição de um rei do antigo Oriente Próximo como a imagem de um deus, quando entendida como elemento integrante da ideologia real egípcia e/ou mesopotâmica, fornece o conjunto mais provável de analogias para interpretar a *imago Dei* em Gênesis 1. Se esses textos [...] influenciaram a *imago Dei* da Bíblia, isso indica que a humanidade é honrada com status e papel em relação à criação não humana que são análogos à condição e ao papel de reis no antigo Oriente Próximo em relação a seus súditos. Gênesis 1 [...] constitui, portanto, uma genuína democratização da ideologia de realeza do antigo Oriente Próximo. Portanto, como *imago Dei*, a humanidade em Gênesis 1 é chamada a ser representante e intermediária do poder e da bênção de Deus na terra.[11]

De modo semelhante, quando os reis do antigo Oriente Próximo edificavam imagens de si mesmos em diversas partes de seus territórios, essas imagens geralmente representavam a presença soberana deles e o domínio exercido sobre aquela região específica. É provável que isso ajude a entender o fato de Deus formar Adão como sua imagem sobre o território da terra: Adão representa a presença soberana e o governo de Deus sobre a terra.[12]

Todavia, é provável que haja mais um aspecto ontológico da "imagem" pela qual a humanidade recebeu a capacidade de refletir a imagem funcional.[13] Por exemplo, Adão foi feito à imagem de Deus nos aspectos volitivo, racional e moral; portanto, com relação ao último aspecto, ele devia refletir atributos morais como retidão, sabedoria, santidade, justiça, amor, fidelidade e integridade (acerca dos três primeiros atributos como partes da imagem divina, veja Ef 4.24; Cl 3.10), mas acima de tudo ele devia refletir a glória de Deus.

Alguns comentaristas observam que o papel de Adão no Éden faz parte do cumprimento inicial da responsabilidade dada a ele em Gênesis 1.26-28. Assim como Deus, depois de sua obra inicial de criação, subjugou o caos, dominou sobre ele e ainda criou e encheu a terra com toda espécie de seres vivos, do mesmo modo Adão e Eva, vivendo no jardim, deviam refletir as ações de Deus em Gênesis 1, cumprindo a comissão: "sujeitai" e "dominai sobre toda a terra" e de "frutificai e multiplicai-vos" (Gn 1.26,28).[14] Assim, o foco da imagem divina em Adão, descrito em Gênesis 1 e 2, concentra-se no modo em que as ações de Adão reproduzem as de Deus, embora esteja subentendido que Adão foi criado com atributos que refletiam os atributos divinos. A incumbência que Adão recebeu para "cultivar" (com conotações de "servir") e "guardar" em Gênesis 2.15 como rei-sacerdote é provavelmente parte da comissão de 1.26-28.[15]

---

[11]Ibidem. Middleton também conclui que o contexto mesopotâmico é mais provável que o egípcio, embora admita a possível influência do segundo (veja tb. ibidem, p. 122-45).

[12]A esse respeito, veja ibidem, p. 104-8, em que Middleton apresenta uma argumentação bem convincente.

[13]Para a evidência de que a "imagem" de Deus em Gênesis 1.26a,27 tem aspectos tanto ontológicos quanto funcionais, veja Jeremy Cohen, *"Be fertile and increase, fill the earth and master it": the ancient and medieval career of a biblical text* (Ithaca: Cornell University Press, 1989), p. 22-3. No entanto, é provável que os aspectos funcionais sejam enfatizados em Gênesis 1, e essa também é a ênfase de John H. Walton, *Genesis*, NIVAC (Grand Rapids: Zondervan), p. 130-1. Veja ainda o resumo e a análise úteis, bem como a definição razoavelmente ampla com lógica bíblica apresentados por John Piper, "The image of God: an approach from biblical and systematic theology", *StudBT* 1 (1971): 15-32. Piper analisa os pontos fortes e as deficiências das perspectivas funcional e ontológica, dando preferência à última.

[14]Conforme Warren Austin Gage, *The gospel of Genesis: studies in protology and eschatology* (Winona Lake: Carpenter Books, 1984), p. 27-36. A discussão é se em Gênesis 1 Deus cria primeiro o caos do nada ou se este já estava presente antes de sua obra de criação. Adoto aqui a primeira opção, mais tradicional, mas não posso apresentar os argumentos por falta de espaço.

[15]Tenho encontrado base para esse vínculo em Cohen, *"Be fertile and increase"*, p. 18, que também cita James Barr e Claus Westermann para apoiar sua posição.

Por isso, Gênesis 2.15 dá continuidade ao tema da terra subjugada e povoada pela humanidade criada à imagem de Deus, imagem que foi colocada no primeiro templo.[16]

Adão devia ser o servo obediente a Deus ao manter o bem-estar tanto físico quanto espiritual do jardim em que habitavam, e isso incluía a obrigação de evitar que más influências invadissem o santuário arborizado. Na verdade, as dimensões física e espiritual das responsabilidades de Adão em relação a Gênesis 1 ficam evidentes quando se reconhece que ele era semelhante a um sacerdote primordial que ministrava em um templo primevo. Adão devia ser semelhante aos sacerdotes do futuro Israel, que não só protegiam o templo fisicamente, mas também exerciam sua função espiritual como especialistas em recordar, interpretar e aplicar a palavra de Deus na Torá.[17] Em conformidade com essa ideia, era essencial que Adão e Eva criassem seus filhos em instrução espiritual na palavra de Deus, que os próprios pais deviam lembrar e transmitir.

Nesse aspecto, fica evidente que conhecer a palavra de Deus e ser obediente a ela era fundamental para desempenhar a tarefa de Gênesis 1.26,28 (e a desobediência levaria ao fracasso [cp. Gn 2.16,17 com 3.1-7]). Assim, conhecer a vontade de Deus manifestada em seu mandamento (Gn 2.16,17) faz parte do modo funcional em que a humanidade deveria refletir a imagem divina (Gn 1.26,28), o que presume que Adão foi criado com capacidade racional e moral para entender e cumprir esse mandamento. Os dois primeiros seres humanos deviam pensar como Deus. Portanto, o "conhecimento" de Deus que Adão e sua esposa tinham envolvia a lembrança do que Deus havia dito a Adão em Gênesis 2.16,17, mas a mulher não se lembrou disso em 3.2,3. Depois de colocar Adão no jardim em Gênesis 2.15 para que este o servisse, Deus apresenta uma ordem afirmativa, uma ordem negativa e uma advertência para que ele não se esquecesse: "De qualquer árvore do jardim poderás comer livremente, mas não comerás da árvore do conhecimento [na LXX: infinitivo de *ginōskō*] do bem e do mal; porque no dia em que dela comeres, com certeza morrerás" (Gn 2.16,17).

Ao ser confrontada pela serpente satânica, a mulher de Adão responde citando o texto de Gênesis 2.16,17, mas o modifica ao menos em três pontos principais (Gn 3.2,3). É possível que as mudanças não sejam propositais e constituam uma mera paráfrase que ainda preserva o sentido de 2.16,17. No entanto, é mais provável que ela não tenha conseguido se lembrar de forma exata da palavra de Deus ou a tenha mudado de propósito visando a seus interesses.[18] Os indícios dessa última hipótese estão no fato de que cada alteração parece ter importância teológica. Em primeiro lugar, ela reduz os privilégios que lhes foram dados, dizendo apenas: "... podemos comer", enquanto Deus dissera: "Poderás comer livremente"; em segundo lugar, ela atenua os efeitos do castigo, ao dizer: "... morrereis", ao passo que Deus havia dito: "... com certeza morrerás"; em terceiro lugar, ela amplia a proibição, declarando: "... nem nele tocareis", mas Deus havia dito apenas "... não comerás".

O plano de ampliação das bênçãos para Adão em seu estado anterior à Queda

Em Gênesis 1—3, há indícios de que, se Adão tivesse sido fiel e obediente, ele teria experimentado bênçãos ainda maiores que as recebidas antes de seu pecado. Em especial, a passagem de Gênesis 1.28, por exemplo, é mais bem interpretada como um mandamento,

---

[16]Veja tb. Dumbrell, *Search for order*, p. 24-6.

[17]Veja o argumento de que Adão era um rei-sacerdote que ministrava no templo edênico em G. K. Beale, *The temple and the church's mission: a biblical theology of the dwelling place of God*, NSBT 17 (Downers Grove: InterVarsity, 2004), p. 66-70, bem como nas fontes secundárias citadas ali.

[18]Veja tb. Allen P. Ross, *Creation and blessing: a guide to the study and exposition of the book of Genesis* (Grand Rapids: Baker Academic, 1988), p. 134-5. Ross observa três mudanças nas palavras de Gênesis 2.16,17 citadas em 3.2,3.

possivelmente com a promessa implícita de que Deus daria à humanidade a capacidade de obedecer a esse mandamento.[19] Parece que Adão recebe a promessa de algum tipo de bênção maior caso permanecesse fiel. Ele foi estabelecido na primeira criação imaculada e recebeu a ordem de ser obediente com a promessa de bênçãos mais elevadas. Os pontos mencionados a seguir fundamentam a conclusão da ampliação de bênçãos como recompensa à obediência fiel de Adão.

(1) Em primeiro lugar, incluído no cumprimento da ordem de Gênesis 1.28 estava provavelmente o dever de derrotar a serpente maligna e dominar sobre ela, em parte, lembrando-se do mandamento de Deus em 2.16,17 e confiando nele (observe-se a ênfase em Deus "disse" ou "dizendo" em referência a Gn 2.16,17 nos trechos de 2.15; 3.1a,1b,3). Como rei-sacerdote com a responsabilidade de impedir a introdução de coisas impuras no templo, Adão devia ter notado a citação errada que Eva fez da palavra de Deus, da qual a serpente se aproveitou. Aqui, é importante lembrar que, muito tempo depois, os sacerdotes do templo de Israel tinham de ser guardiães responsáveis por matar todo animal ou pessoa impura que entrasse nos recintos do templo. Adão devia fazer o mesmo.[20] Além disso, Adão tinha de matar e subjugar a Serpente, cumprindo assim a ordem de Gênesis 1.28 para "sujeitar e dominar". Portanto, ele devia dominar e sujeitar a Serpente, refletindo a ação do próprio Deus em Gênesis 1, que sujeitou as trevas do caos da criação e dominou sobre elas mediante sua palavra.

Diante disso, parece que a árvore do Éden havia sido símbolo de um lugar em que julgamentos deviam ser executados (assim como muitos tribunais são decorados com a estátua da deusa Têmis ou Justitia). O nome da árvore — "árvore do conhecimento do bem e do mal" —, de cujo fruto Adão não deveria comer, era indicador de seus deveres de magistrado. "Conhecer o bem e o mal" é uma expressão hebraica que remete a reis ou a figuras de autoridade capazes de julgar com justiça. Em outros textos, a expressão geralmente se refere a personagens

---

[19]Não posso aqui entrar na discussão se Gênesis 1.28 trata-se apenas de "uma bênção [...] que vislumbra um privilégio" (Walton, *Genesis*, p. 134) ou uma bênção que inclui um mandamento ou uma ordem. Tradicionalmente, o texto tem sido chamado de "mandato da criação", e concordo basicamente com a ideia. Paul Joüon conclui que em Gênesis 1.28 os "cinco imperativos são imperativos diretos", com o claro sentido de mandamento direto (*A grammar of biblical Hebrew*, tradução para o inglês e revisão de T. Muraoka, SubBi 14 [Rome: Editrice Pontificio Istituto Biblico, 1991-1993], 2 vols., 2:373). Gesenius entende Gênesis 1.28 como um mandamento, "cujo cumprimento está inteiramente dentro da capacidade daquele a quem é dirigido" e tem a força de uma "garantia" ou "promessa" (GKC 324). Gordon Wenham faz uma combinação das duas posições anteriores: "Este mandamento [...] é acompanhado de uma promessa implícita de que Deus capacitará o homem para cumpri-lo" (*Genesis 1—15*, WBC 1 [Waco: Word, 1987], p. 33). A conclusão de Wenham é amparada pela observação de que imperativos são usados como mandamentos na nova declaração de Gênesis 1.28 feita a Abraão (Gn 12.1,2: "Sai da tua terra [...] e tu serás uma bênção") e a Jacó (Gn 35.11: "Frutifica e multiplica-te"). Alguns entendem o verbo "abençoar" em Gênesis 12.2 como um imperativo básico (como M. Daniel Carroll R., "Blessing the nations: toward a biblical theology of mission from Genesis", *BBR* 10 [2000]: 22, que cita outros estudiosos para apoiar sua afirmação). Alguns gramáticos acham que Gênesis 12.2 faz parte de uma promessa (veja, p. ex., GKC 325), ao passo que outros veem no texto um "imperativo indireto" que expressa propósito ou resultado (Joüon, *Grammar of biblical Hebrew*, p. 385; cf. Carroll R., "Blessing the nations", p. 22, citando outros eruditos que entendem a construção com o sentido de consequência ou propósito). Mas o contexto desses usos "indiretos" do imperativo podem indicar que eles contêm uma ideia de "mandamento" (p. ex., Êx 3.10, um exemplo citado em GKC 325: "Agora, portanto, vai. Eu te enviarei ao faraó, *para que tires meu povo*"; cf. à luz de Êx 3.11; 4.21-23; 6.10-13). Parece que, com base nisso, Ross (*Creation and blessing*, p. 263) entende que o último imperativo de Gênesis 12.2 ressalta o propósito da bênção divina, mas ainda "conserva um sentido imperativo" (a análise de Carrol R. se aproxima da mesma conclusão).

[20]Veja Beale, *Temple*, sobre a ideia do Éden como um templo e de que a tarefa de Adão como rei-sacerdote era expandi-lo até que abrangesse toda a criação.

em condições de julgar ou de dominar sobre outros (2Sm 14.17; 19.35; 1Rs 3.9; Is 7.15,16).[21] Nesse aspecto, Salomão ora pedindo "entendimento para julgar [...], para discernir com sabedoria entre o bem e o mal" (1Rs 3.9 [cf. 3.28]), e isso não só reflete sua grande sabedoria, mas também parece remeter à "árvore do conhecimento [ou discernimento] do bem e do mal" (Gn 2.9), da qual Adão e Eva não tinham permissão para comer (Gn 2.17; 3.5,22). Os comentaristas divergem quanto ao significado dessa árvore no jardim do Éden, mas a melhor abordagem é a que a explica de acordo com o uso de "conhecer/discernir o bem e o mal" em outras passagens do AT. Nesse sentido, parece que a árvore do Éden tinha uma função ligada a julgamento, o lugar aonde Adão devia se dirigir a fim de "discernir entre o bem e o mal" e, portanto, onde devia ter julgado a Serpente como má e pronunciado a sentença contra ela por ter entrado no jardim.[22] As árvores também eram locais em que as sentenças eram proferidas em outras passagens do AT (Jz 4.5; 1Sm 22.6-19; cf. 1Sm 14.2) e, portanto, eram símbolos de juízo, geralmente pronunciado por um profeta. Assim, Adão devia ter percebido que a Serpente era má e devia tê-la julgado em nome de Deus no local da árvore do julgamento.[23]

Contudo, a serpente acabou dominando Adão e Eva, convencendo-os mediante suas palavras enganosas.

No que diz respeito à condição de realeza de Adão, Gênesis 1.26 declara especificamente que ele deveria "dominar" não apenas sobre os animais do Éden, mas também "sobre toda a terra", e 1.28 afirma que ele deveria "sujeitar" toda a "terra", tarefa esta que não se realizaria caso ficasse limitado ao jardim. Ele começaria a exercer domínio sobre o espaço arbóreo sagrado, em parte subjugando a Serpente, e, depois, continuaria a cumprir o objetivo, movendo-se para fora e reinando até que seu domínio se estendesse sobre toda a terra. Isso significa que haveria uma fase de domínio mais intenso e um ponto culminante em que ele cumpriria o objetivo do domínio universal.

Há referências a uma figura adâmica escatológica que dominará sobre toda forma de oposição (Sl 72.4,8-14; 89.19-27) para sempre (Sl 72.5-7,17 em comparação com 72.19 [sobre esta passagem, veja a análise a seguir neste capítulo]), cujo trono permanece eternamente (Sl 89.27-29,33-37 [veja a seguir um estudo sobre essa passagem, que inclui referências a 2Sm 7.12-19, em que várias vezes se afirma que o trono de Davi permanecerá "para sempre"]). Esse domínio implica vitória sobre os opositores. De modo semelhante, Daniel 7 profetiza sobre o "Filho do Homem" que substituirá o domínio dos reinos ímpios deste mundo e governará eternamente em um reino incorruptível (v. 13,14), com a clara implicação de que ele e

---

[21]A passagem de Isaías deve ser considerada não uma referência à idade da responsabilidade, mas ao início do exercício do domínio, se, como pensam diversos comentaristas, Isaías 9.6,7 fizer parte do cumprimento de Isaías 7.14,15, sendo a primeira dirigida ao domínio governamental e ao exercício da justiça. De modo semelhante, Deuteronômio 1.39 menciona jovens que "não conhecem a diferença entre o bem e o mal", mas entrarão na Terra Prometida e "dela tomarão posse". Essa passagem talvez seja uma referência àqueles que ainda não são capazes de distinguir entre o bem e o mal e, por isso, não podem recompensar nem punir, algo que precisariam fazer ao conquistar a terra que tivesse inimigos. Observe-se também o uso de "mal" e "bem" em referência aos que estão capacitados a executar juízos legais, mas fazem mau uso dessa condição (Is 5.20-23; Mq 3.1,2; Ml 2.17).

[22]Veja Meredith G. Kline, *Kingdom prologue: Genesis foundations for a covenantal worldview* (Overland Park: Two Age Press, 2000), p. 103-7.

[23]Parágrafo adaptado de G. K. Beale, *We become what we worship: a biblical theology of idolatry* (Downers Grove: IVP Academic, 2008), p. 128-9 [edição em português: *Você se torna aquilo que adora: uma teologia bíblica da idolatria* (São Paulo: Vida Nova, 2014)]. Minha conclusão sobre a árvore como símbolo não é exclusiva da linha de interpretação tradicional de que Deus é o único árbitro autônomo do que é bom ou mau, a quem Adão devia se submeter e reconhecer, mas está de acordo com essa linha hermenêutica (veja, p. ex., Henri Blocher, *In the beginning: the opening chapters of Genesis*, tradução para o inglês de David G. Preston [Downers Grove: InterVarsity, 1984], p. 126-34).

seu povo se assentarão para julgar os reinos do mal (v. 16-27). Essas profecias predizem um reino do fim dos tempos que nunca deixará de existir, assim como suas condições de bênção e vitória jamais serão revogadas.

Será que essas condições de bênção são exclusivamente uma resposta à oposição pecaminosa posterior à Queda? Ou os objetivos dos salmos 72 e 89 e de Daniel 7 refletem o plano original presente em Gênesis 1—3? A segunda alternativa parece mais provável. O reinado inaugurado, mas passível de ser perdido, de Adão no jardim estava originariamente planejado para atingir um ponto culminante e irreversível, de modo que jamais fosse perdido. Desse modo, a própria existência de um reinado de Adão *que poderia* se corromper alcançaria um ponto de transformação irreversível e incorruptível. Se Adão tivesse sido fiel a sua missão real e sacerdotal, derrotando a Serpente, o mal que estava no meio da criação, que era boa, teria sido julgado de forma definitiva, e, daquele ponto em diante, Adão e sua descendência teriam desfrutado a segurança eterna contra a ameaça mortal do mal. Essa segurança implicaria uma existência régia irreversível e sem fim para Adão. Parece que a derrota do mal e a consequente segurança refletem um plano de ampliação de bênçãos na própria narrativa de Gênesis 1—3.

(2) Outro estágio de bênçãos intensificadas em recompensa à obediência de Adão parece estar intimamente associado ao fato de que Adão, como portador da imagem, devia refletir o caráter de Deus, o que incluía o reflexo da glória divina. Assim como o filho de Adão, gerado à sua "semelhança" e conforme sua "imagem" (Gn 5.1-3), devia se parecer com seu pai humano em caráter e aparência, também Adão era filho de Deus e devia refletir seu Pai por ser à "imagem" e "semelhança" de Deus (Gn 1.26). Isso significa que a ordem para Adão "sujeitar, dominar e encher a terra" envolvia, acima de tudo, a obrigação de, como rei cuja função era povoar o mundo, não apenas enchê-la com sua prole, mas com uma descendência portadora da imagem que refletiria a glória divina e sua presença reveladora especial. Os reis do antigo Oriente Próximo eram considerados "filhos" de seus deuses, cuja imagem era representada no governo desses monarcas, sobretudo refletindo a glória[24] dessas divindades e, assim, a manifestação de sua presença. De fato, as imagens de deuses na Mesopotâmia e no Egito tinham a intenção de representar a divindade e manifestar a presença dela.[25] A palavra "glória" não está presente em Gênesis 1—3, mas é provável que esteja conceitualmente incluída na ideia de Adão e Eva como portadores da imagem dos atributos de Deus, o que fica evidente nos comentários a seguir.

A inclusão da ordem de sujeitar ao lado de "encher a terra" com glória é uma ideia bem expressa no salmo 8, que faz alusão a Gênesis 1.26-28 e diz respeito ao Adão escatológico ideal. O salmista, comentando sobre o propósito de Adão e da humanidade, também indica que o objetivo supremo e ideal dos seres humanos, mesmo antes da Queda, era encher toda a terra com a glória de Deus. O salmo 8 começa no versículo 1 e termina no 9 com a declaração do mesmo objetivo: "Ó Senhor, nosso Senhor, como teu nome é majestoso em toda a terra!". Essa "majestade" é o glorioso "esplendor" de Deus (cf. v. 1). O alvo do esplendor divino deve ser alcançado "em toda a terra" pela humanidade, à qual Deus coroou com "glória e majestade", criando o homem à sua imagem (v. 5). O salmo 8, em particular, declara que a glória de Deus tem de ser disseminada por toda a terra por meio do "domínio" sobre todas "as obras de tuas mãos" (v. 6-8). Esse domínio implica fazer o "inimigo e vingador cessar" (v. 2), que a tradução aramaica do salmo identifica como "o inimigo e o homem violento", o que poderia incluir os poderes satânicos.

---

[24]Veja uma análise mais aprofundada da realeza de Adão, sobretudo em comparação com exemplos do Oriente Próximo, em Beale, *Temple*, p. 81-93.

[25]Curtis, "Image of God", p. 390.

Frutificar e multiplicar-se, em Gênesis 1.28, é uma referência ao aumento da descendência de Adão e Eva, que também deveria refletir a imagem gloriosa de Deus e fazer parte do movimento de vanguarda, espalhando-se sobre a terra com o objetivo de enchê-la com a glória divina. Assim, Adão e Eva e seus descendentes diretos tinham de ser vice-regentes que agiriam como filhos obedientes de Deus, refletindo sobre a terra o supremo e glorioso reinado de Deus. A tarefa de gerar descendentes com o objetivo de "encher a terra" refletia a própria obra de criação de Deus em Gênesis 1, que também deveria culminar no objetivo de encher a terra com sua criação.

De modo interessante, Isaías 45.18 fala até sobre o plano de Criação anterior à Queda: Deus "formou a terra e a fez; [...] e não a criou para ser um lugar vazio [alusão a Gn 1.2], mas a formou para ser habitada". Esse versículo aparece como base para o versículo anterior, que profetiza a futura "salvação eterna" de Deus em favor de seu povo, cujos membros "não serão envergonhados nem humilhados por toda a eternidade". Isso também demonstra que, desde o princípio, a intenção original de Deus para sua criação era que a humanidade, como portadora da imagem da glória divina, enchesse a terra (Gn 1.28) e a habitasse para sempre, de modo que toda a terra ficasse repleta de portadores da imagem gloriosa de Deus (e, portanto, da própria presença gloriosa de Deus) para sempre. De natureza escatológica, o salmo 72 termina com o mesmo objetivo do domínio do rei do fim dos tempos: "... e toda a terra seja cheia de sua glória" (v. 19b).

Adão não foi fiel, de modo que essa condição irreversível da humanidade de encher e habitar toda a terra e refletir de modo consumado a glória divina não foi alcançada com ele. Outra pessoa teve de realizar o plano de Deus. O cumprimento desse objetivo teria representado bênçãos ainda maiores para a humanidade a partir do mesmo jardim-templo. Na realidade, o alvo de disseminar a glória de Deus por todo o mundo por meio dos gloriosos portadores da imagem deve ser entendido de modo mais específico como a ampliação das fronteiras do templo do Éden (que continha a glória divina) por toda a terra.[26]

(3) A implicação de Gênesis 3.22,23a indica outro objetivo mais elevado de bênção como recompensa pela fidelidade de Adão: "Então disse o Senhor Deus: 'Eis que o homem tornou-se como um de nós, conhecendo o bem e o mal; agora, não suceda que estenda a mão e tome também da árvore da vida, coma e viva para sempre.' Por isso, o Senhor Deus o expulsou do jardim do Éden". Alguns estudiosos acreditam que essas palavras significam que Adão e sua mulher foram proibidos de comer da árvore da vida e que, se fossem fiéis por um período, Adão seria recompensado comendo dessa árvore e experimentando a vida eterna. Outros acreditam que Adão e Eva sempre comeram dessa árvore, pois Gênesis 2.16,17 afirma: "De qualquer árvore do jardim poderás comer livremente", exceto "da árvore do conhecimento do bem e do mal". Isso parece indicar que a árvore da vida estava entre as árvores de que o primeiro casal poderia comer.[27]

Quer Adão pudesse comer da árvore da vida antes de pecar, quer não, é provável que em Gênesis 3.22 haja uma referência ao que pode ser chamado de "consumação do ato de comer". A palavra "também" é o primeiro indício de que se tratava de uma ação decisiva e praticada uma única vez: "Agora, não suceda que estenda a mão e tome também [*gam*] da árvore da vida, coma...". Esse "também" parece colocar no mesmo nível o ato de comer da "árvore da vida" e o ato imediatamente anterior e decisivo de comer da "árvore do conhecimento do bem e do mal", que havia acabado de ocorrer de forma trágica (Gn 3.6). Portanto, mesmo que Adão já estivesse comendo anteriormente da árvore da vida, o ato de comer dessa árvore

---

[26] Mais uma vez, veja em Beale, *Temple* (resumido adiante no cap. 18), a ideia do Éden como um templo e a de que Adão, como rei-sacerdote, devia expandi-lo até abranger toda a criação.

[27] Assim, p. ex., Blocher, *In the beginning*, p. 122-3.

depois da Queda seria um ato mais definitivo que qualquer outro anterior. Comer da árvore da vida também parece ser uma participação decisiva, uma vez que 3.22 afirma que, daquele momento em diante, Adão viveria eternamente. Não que ele continuaria vivendo o tipo de vida que teve anteriormente, mas teria conquistado uma longevidade que não lhe havia sido garantida e que muitas versões traduzem por vida "eterna" (lit., "para sempre").[28] A referência é a uma garantia de "viver para sempre" caso comesse, de forma definitiva, dessa árvore. Esse ato teria como consequência irreversível a posse da vida. Essa certeza não havia sido expressa antes. Todavia, mesmo que essas palavras não devam ser entendidas como referência a um estado de infinita duração, certamente indicam um período de tempo muito longo. Embora seja provável a noção de uma vida sem fim, ambos os sentidos indicam com veemência um aumento da segurança da vida de Adão. Sua exclusão do jardim e da possibilidade de partilhar da árvore indica que ele seria proibido definitivamente de comer da árvore da vida e de desfrutar da consequente bênção mais intensa de vida eterna.[29]

Outras possibilidades de ampliação das bênçãos para Adão em seu estado anterior à Queda

Até aqui, procurei identificar no trecho de Gênesis 1—3 três objetivos perceptíveis que Adão deveria cumprir, os quais também são indicados em algumas passagens subsequentes do AT (Sl 8; Is 45). Talvez houvesse outras condições elevadas que ele poderia ter experimentado, mas elas não são claramente identificáveis em Gênesis 1—3.

(1) Em primeiro lugar, é razoável supor que, se Adão tivesse imposto uma derrota definitiva à força do mal no perímetro do jardim, ele teria experimentado um "descanso" escatológico sem fim.[30] É claro que em Gênesis 1—3 não há uma referência explícita a uma ordenança do descanso do sábado para os seres humanos, mas pode se inferir isso das considerações a seguir. Não há dúvida de que Deus desfrutou o "descanso" (*shbt*) no sétimo dia, depois de dominar o caos e estabelecer a ordem da criação (Gn 2.2). O próprio Adão foi colocado "para descansar" (*yanniḥêhû*, "o fez descansar") no Éden (Gn 2.15). Tanto a criação de Deus quanto o jardim onde Adão foi colocado devem ser considerados templos, embora não estivessem sido completamente aperfeiçoados para a eternidade, conforme indicam os três pontos anteriores sobre as condições ampliadas para a criação que ainda não haviam se concretizado. Se este for o caso,[31] o descanso de Adão tinha caráter inaugural, e não consumado. A provável intenção de Gênesis 2.3 é que Adão observasse o descanso do sábado todo sétimo dia como sinal da vida e do descanso eterno e escatológico que ainda viriam.[32]

---

[28] A palavra hebraica traduzida por "para sempre" é '*ōlām*, tradução que aparece em todas as diversas traduções que consultei, indicando um período sem fim, e não um longo período com fim (este pode ser o sentido do termo hebraico [com várias preposições] em alguns contextos em que é usado). Os doze casos restantes em que a palavra é empregada em Gênesis quase sempre indicam o sentido de algo com duração sem limite determinado, embora em um dos textos a palavra seja usada em sentido figurado de "antiguidade" (6.4).

[29] Algumas vezes o judaísmo reflete a mesma ideia da possibilidade de bênçãos maiores de imortalidade para Adão. Por exemplo, veja *Or. Hel. Sinag.* 12.43-45, em que se lê que Deus "lhe dera [a Adão] uma lei fixa para cumprir. [...] Mas de uma única coisa tu [Deus] lhe impediste de provar; na esperança de coisas superiores, a fim de que, se ele tivesse guardado o mandamento, recebesse imortalidade por recompensa". Outras bênçãos maiores para Adão são mencionadas em *L.A.B.* 13.8; *Tg. Neof.* de Gn 3.23.

[30] Sobre essa ideia, veja Dumbrell, *Search for order*, p. 48-9, 68-72, 323-4.

[31] Não tenho condições de apresentar um argumento completo aqui. Veja Beale, *Temple*, p. 31-50, 66-80, e o cap. 18 sobre o santuário do Éden, o templo de Israel e a igreja como templo, texto em que cito outras fontes secundárias para sustentar meu argumento.

[32] Mais uma vez, não há condições de apresentar aqui um argumento completo para defender o sábado como ordenança da Criação para a humanidade com implicações escatológicas, mas essa ideia pode ser vista com mais detalhes no cap. 22.

A legitimidade do sábado como mandamento da criação para a humanidade é inferida quando se lembra que Gênesis 2.2,3 é apresentado como razão por que os israelitas mais tarde deveriam interromper o trabalho no sábado (Êx 20.8-11). Tendo sido criado à imagem de Deus, Adão também deveria descansar de seu trabalho, uma vez que Deus também havia descansado.[33] Assim como Deus havia alcançado o descanso celestial depois de vencer o caos da criação e dar início ao templo de sua criação, também Adão supostamente alcançaria descanso sem fim depois de vencer a oposição da serpente e a tentação para pecar, estendendo por toda a terra as fronteiras do glorioso templo do Éden.[34] Mais tarde, essa ideia também encontra uma importante analogia em Davi, que não teve permissão de construir o templo, pois, embora tivesse alcançado descanso vencendo os inimigos de fora, ainda havia forças internas de oposição, que foram superadas somente depois de sua morte. Assim, Salomão construiu o templo, pois todos os inimigos, tanto os de fora quanto os de dentro de Israel, foram vencidos por certo tempo. Nessa época, é dito que Deus encontrou descanso no Santo dos Santos do templo, pois todos os seus inimigos terrenos, que também o eram de Israel, haviam sido derrotados.[35] O antigo Oriente Próximo também reflete o mesmo padrão de derrota da oposição que resulta em "descanso", algo que fica evidente na construção de um templo.[36]

Seria possível que esse descanso implicasse uma segurança definitiva não apenas em relação ao mal externo, mas também contra a possibilidade do mal interno? Adão tinha a possibilidade de pecar, mas será que chegaria uma hora em que essa possibilidade se esgotaria? Se Adão estivesse eternamente sujeito à possibilidade de pecar a qualquer momento, como poderia alcançar o descanso pleno? Se, em algum momento, pudesse pecar e lançar-se, juntamente com a humanidade, em um estado de corrupção, como poderia ter desfrutado de verdadeiro descanso? É possível responder a essas perguntas declarando que, embora Adão tivesse o potencial de desobedecer, ele não tinha consciência dessa possibilidade e, portanto, teria condições de gozar de descanso psicológico. Mas essa resposta parece insatisfatória, pois o próprio mandamento que traz a ameaça da possibilidade de morte teria imposto sobre ele a consciência desse potencial decisivo. É improvável que ele pudesse descansar plenamente diante da possibilidade de morrer em consequência do castigo que lhe poderia sobrevir a qualquer momento. O espírito ou a alma de Adão teria de tornar-se moralmente incorruptível (i.e., incapaz de pecar outra vez), o que lhe traria verdadeiro descanso.

(2) A mesma ideia parece se aplicar também a seu corpo: se poderia pecar e sofrer juízo, este seria não somente espiritual, mas também uma punição com a morte física. Assim como não poderia existir descanso moral ou espiritual com a ameaça de morte espiritual, também não poderia haver descanso físico sem a remoção do risco de morte física. O inverso é que parece haver o objetivo de que o corpo de Adão permanecesse sempre protegido da deterioração (i.e., talvez ao ser transformado em um corpo incorruptível, glorificado). Mais adiante comento sobre as evidências do NT que sustentam essa tese (veja neste capítulo o excurso "Sobre o possível objetivo de Adão antes da Queda de experimentar plena proteção da morte").

(3) Outra consequência do suposto propósito de Adão obter proteção definitiva da morte e da deterioração é a ideia de que a própria terra também estaria segura para sempre (sobre

---

[33]Segundo Wenham, que diz: "Se os outros elementos da criação foram planejados para o benefício do homem, então, isso também se aplica ao sábado" (*Genesis 1—15*, p. 38).

[34]Sobre a relação entre o descanso de Deus depois de sua obra criadora e o descanso semelhante que Adão foi designado para alcançar, veja Beale, *Temple*, p. 60-6, e o cap. 22 adiante. Quanto à natureza do "descanso" de Deus como a capacidade de exercer seu domínio depois de vencer as forças do caos, veja John H. Walton, *The lost world of Genesis one: ancient cosmology and the origins debate* (Downers Grove: IVP Academic, 2009), p. 72-9.

[35]Para as várias referências em apoio a essas ideias em Samuel, Reis, Crônicas e outros textos, veja Beale, *Temple*, p. 61-3; Dumbrell, *Search for order*, p. 68-72.

[36]Beale, *Temple*, p. 63-4.

isso, veja *2Br* 44.12; 74.2-4; *2En* [J] 65.6-11; Ap 21.1—22.5). De novo surge a pergunta: Como seria possível Adão desfrutar descanso pleno se soubesse que o lugar onde vivia poderia ser destruído a qualquer momento?

(4) Parece que o relacionamento conjugal entre Adão e Eva e o relacionamento entre todos os seus descendentes foram estabelecidos como um tipo de sombra para indicar a relação consumada do fim dos tempos entre Deus e seu povo/sua noiva (cf. Is 54.1-6; 62.2-5; Ef 5.29-32).[37] Ou seja, o casamento humano foi planejado mesmo antes da Queda para que o relacionamento de Deus com seu povo o transcendesse (isso parece indicar que o casamento humano não mais terá como objetivo a procriação nem supostamente envolverá relações sexuais, o que parece ser a implicação de Mateus 22.30).

(5) Também parece provável que a nudez de Adão e Eva no final de Gênesis 2 tem como propósito apontar para a necessidade de roupas, que teriam sido fornecidas como parte da ampliação posterior da bênção ao casal. Os dois se apegam à recompensa do modo errado e na hora errada. Tentam desajeitadamente providenciar roupas para se cobrirem (Gn 3.7), mas, em seguida, Deus os veste, indicando assim o início da restauração dos dois para ele (Gn 3.21). Esse segundo conjunto de vestes não era toda a roupa concebida originariamente para eles; era símbolo da futura herança consumada deles como reis da terra. Portanto, o segundo conjunto de vestes simbolizava uma herança permanente que haveriam de receber em algum momento de consumação no futuro, o que lhes garantiria uma investidura com roupa superior, real e gloriosa se cumprissem plenamente o mandato de governar como reis sobre a terra.[38]

À luz dessas observações, podemos nos referir às condições anteriores à Queda como a "primeira criação inicial" e às condições ampliadas da criação ainda por vir como um estágio "escatologicamente" consumado e intensificado de bem-aventurança definitiva. O período que culmina no recebimento dessas condições ampliadas é o momento em que seria decidido se Adão obedeceria ou desobedeceria. Essas condições ampliadas indicam que Adão estava em uma relação de aliança com Deus. A palavra "aliança" não é usada para designar a relação entre Deus e Adão, mas a ideia está presente. Deus decide iniciar um relacionamento com Adão impondo-lhe uma obrigação (Gn 2.16,17). Essa obrigação fazia parte da tarefa maior de que Adão havia sido incumbido em Gênesis 1.28, ou seja, "dominar" e "sujeitar" a criação, ao mesmo tempo que devia "frutificar", "multiplicar" e "encher toda a terra". A comissão de "dominar e sujeitar" incluía guardar o jardim de toda ameaça à paz. De acordo com Gênesis 2.16,17 e 3.22, Adão receberia bênçãos irreversíveis de vida eterna sob a condição de fé e obediência perfeitas, mas receberia a maldição definitiva da morte se fosse infiel e desobediente.[39] Portanto, a identificação de condições mais elevadas e irreversíveis da criação analisadas anteriormente é o melhor argumento para essa noção de aliança.

---

[37]Para uma análise dessa ideia de Efésios 5.29-32, veja a seção "O casamento como instituição transformada da nova criação em Efésios 5" do cap. 25.

[38]Para uma argumentação mais completa, veja William N. Wilder, "Illumination and investiture: the royal significance of the Tree of Wisdom", *WTJ* 68 (2006): 56-69, que aponta para a importância da investidura com roupas e de roupas como símbolo de herança para Adão e Eva, argumento que acho compatível com minha análise (cap. 13, seção "A imagem do Último Adão em Colossenses 1.15-18; 3.9,10") da importância das roupas em Colossenses 3 e Gênesis 3. (Wilder apresenta diversas fontes secundárias em que baseia parcialmente sua discussão.) Veja em ibidem, p. 51-6, outras possíveis ampliações das bênçãos que talvez sejam indicadas em Gênesis 1—3, incluindo referências a comentaristas da igreja antiga e a outros estudiosos posteriores, que sustentam a ideia de que Adão foi criado para receber bênçãos maiores do que aquelas com as quais foi gerado.

[39]Sobre esse aspecto, veja a Confissão de Fé de Westminster, VII.2. Uma aliança na Bíblia pode ser mais bem definida como "uma relação eleita de obrigações estabelecidas sob sanção divina e indicada por um compromisso com juramento" (muitas vezes com maldições pela desobediência e bênçãos para os que obedecem). Veja essa definição em Gordon P. Hugenberger, *Marriage as a covenant: biblical law and ethics as developed from Malachi*, VTSup 52 (Leiden: Brill, 1994), p. 168-215; veja tb. Scott W. Hahn, *Kinship by covenant: a canonical approach to the fulfillment of God's saving promises*, AYBRL (New Haven: Yale University Press, 2009), p. 1-216; Kline, *Kingdom prologue*, p. 1-7.

Por isso, o argumento de que a palavra "aliança" não é empregada em Gênesis 2 e 3 não comprova a inexistência da relação de aliança,[40] assim como a relação conjugal de Adão e Eva não é chamada de "aliança" em Gênesis 2.21-24, mas expressa conceitos pactuais[41] e, de fato, é identificada como uma aliança em outras passagens.[42] Do mesmo modo, é provável que a aliança de Deus com Adão[43] seja mencionada como aliança em outros textos do AT.[44] Na narrativa de Gênesis 1—3 estão presentes os elementos básicos de uma aliança: (1) as duas partes são identificadas; (2) uma condição, ou cláusula, de obediência é estabelecida; (3) existe a ameaça de maldição em caso de transgressão; (4) uma clara implicação de bênção pela obediência é prometida.[45] Pode-se contestar dizendo que não há menção de nenhuma das partes fazendo um acordo claro ou, principalmente, nenhuma menção de que Adão tenha aceitado as condições apresentadas nessa suposta aliança. No entanto, isso também não ocorre com Noé nem com Abraão, com os quais Deus estabeleceu alianças explícitas.[46]

---

[40]Hugenberger observa o surgimento de "um consenso acadêmico que adverte contra o erro comum de negar a presença de uma aliança meramente com base na ausência do termo" (*Marriage as a covenant*, p. 157, nota 133). Sobre isso, veja E. P. Sanders, *Paul and Palestinian Judaism* (Philadelphia: Fortress, 1977), p. 420-1.

[41]Segundo Hugenberger, *Marriage as a covenant*, p. 156-67. Hugenberger observa que as seguintes ideias em Gênesis 2.23,24 têm paralelos com conceitos da aliança: (1) estabelecer uma relação unificada entre pessoas que não são parentes; (2) "deixar" e "unir" são termos muitas vezes associados a outros contextos de aliança; (3) a expressão "osso dos meus ossos e carne da minha carne" estreitamente relacionada a uma "fórmula de ratificação de aliança" em outras passagens (2Sm 5.1; 1Cr 11.1). Consequentemente, ele conclui que em Gênesis 2.23,24 o casamento é uma aliança.

[42]Veja Malaquias 2.14 (sobre essa questão, veja Hugenberger, *Marriage as a covenant*, esp. p. 124-67).

[43]Às vezes chamada "aliança das obras" ou "aliança da criação".

[44]Observe-se Oseias 6.7: "Mas, assim como Adão, transgrediram a aliança; nisso agiram de forma traiçoeira contra mim". Veja Byron G. Curtis, "Hosea 6:7 and the covenant-breaking like/at Adam", in: Bryan D. Estelle; J. V. Fesko; David VanDrunen, orgs., *The law is not of faith: essays on works and grace in the Mosaic covenant* (Phillipsburg: P&R, 2009), p. 170-209. Curtis argumenta a favor de uma alusão à aliança com Adão e apresenta uma visão hermenêutica geral do debate sobre essa passagem. Além dos que sustentam uma alusão à aliança com Adão, veja tb. Duane Garrett, *Hosea, Joel*, NAC 19A (Nashville: Broadman & Holman, 1997), p. 163-4; Derek Drummond Bass, *Hosea's use of Scripture: an analysis of his hermeneutics*, tese de doutorado (Southern Baptist Theological Seminary, 2008), p. 186-7. Veja ainda *Selected shorter writings of Benjamin B. Warfield*, organização de John E. Meeter (Nutley: P&R, 1970-1973), 1:116-29, em que Warfield apresenta um panorama das primeiras interpretações até o fim do século 19 e argumenta a favor de uma alusão a Adão em Gênesis 3. As duas principais objeções de uma alusão a Adão em Oseias 6.7 são: (1) "Adão" é mais bem traduzido pela forma genérica "homens" ou "humanidade" (em referência às gerações passadas de Israel ou à humanidade de modo geral), ou (2) trata-se de uma referência ao nome de um local onde se cometeu um pecado grave (esta objeção se deve à palavra there (NASB) no início da frase do v. 7b, que corresponderia melhor a uma referência geográfica no v. 7a). A dificuldade da primeira alternativa é que ela não tem correspondência com essa referência geográfica no v. 7b, ao passo que a segunda opção de tradução impõe uma emenda do texto hebraico de 7a sem evidências de nenhum manuscrito, modificando a preposição *k*, que se traduz por "assim como Adão", para *b*, que se traduz por "em Adão", como nome de um lugar. Por isso, a forma hebraica atestada por manuscritos e que justifica a leitura "assim como Adão" favorece bastante uma alusão a Adão em Gênesis 3, embora não possamos nos alongar nesta discussão por falta de espaço aqui. Veja nas discussões de Curtis, Garrett e Warfield já mencionadas para entender como a forma singular "Adão" pode ter correspondência com a referência geográfica no v. 7b.

[45]Segundo Louis Berkhof, *Systematic theology* (Grand Rapids: Eerdmans, 1976), p. 213 [edição em português: *Teologia sistemática* (Ribeirão Preto: Luz para o Caminho, 1990)].

[46]Ibidem. Às vezes o judaísmo sustenta a ideia de um acordo com base em uma aliança no Éden: *2En* 31.1 diz que Deus "criou um jardim no Éden, no Leste, de modo que ele [Adão] pudesse manter o acordo e preservar o mandamento". Dois outros textos do judaísmo mencionam uma "aliança" real com Adão: *V.A.E.* [*Apocalipse*] 8.1,2; Eo 17.11,12; 1QS IV:22-23; cf. Filo, *Leis Esp.* 3.246: Adão "fez uma aliança com a perversidade" (veja *The works of Philo: complete and unabridged*, tradução para o inglês de C. D. Yonge [Peabody: Hendrickson, 1993], e o texto grego de Filo).

Excurso Sobre o possível objetivo de Adão antes da Queda de experimentar plena proteção da morte

No que diz respeito a Adão receber proteção absoluta da morte, não há nenhuma referência explícita em Gênesis 1—3, bem como em nenhum outro texto do AT de que sua fidelidade seria recompensada com uma condição assim. No entanto, 1Coríntios 15.45 talvez seja o texto bíblico que mais confirme a existência ampliada escatologicamente como o grande objetivo para Adão antes da Queda: "Assim, também está escrito: 'Adão, o primeiro homem, tornou-se alma vivente'. O Último Adão se tornou espírito que dá vida". Nesta passagem, o primeiro Adão no estado de pureza anterior à Queda é contrastado com o Último Adão no estado ressurreto glorioso. Chama-nos atenção que Paulo estabelece o contraste não com o primeiro Adão na condição pecaminosa e corruptível, mas na sua condição imaculada anterior à Queda, conforme se registra em Gênesis 2.7 (Adão "tornou-se alma vivente"), e conclui que mesmo esse estado anterior à Queda não o qualificava para "herdar o reino de Deus" (1Co 15.50). O versículo 45 faz um contraste entre estados gloriosos inferiores e superiores. De fato, o argumento de Paulo em 1Coríntios 15.39-53 parece implicar contrastes entre glórias inferiores e superiores, além dos contrastes entre realidades pecaminosas e não pecaminosas ou entre a vida de pecado e morte e a vida da ressurreição. Paulo usa ilustrações para comparar diferentes tipos de sementes, animais e luzeiros celestes (sol, lua e estrelas), cada um com um nível distinto de glória. Essas ilustrações também são tiradas da descrição de Gênesis 1[47] do estado anterior à Queda para demonstrar um contraste entre o corpo "terreno" perecível e corruptível dos crentes, que tem um nível de glória, e o corpo "celeste" imperecível e incorruptível que lhes está destinado, com sua glória superior (15.38-41).

Em seguida Paulo diz que "da mesma maneira" (*houtōs*)[48] que se podem observar glórias inferiores e superiores no céu e na terra, isso também se aplica à ressurreição dos mortos. "Semeia-se um corpo perecível [corruptível] e ressuscita um corpo imperecível; semeia-se em desonra [corruptibilidade],[49] e é ressuscitado em glória; semeia-se em fraqueza, e é ressuscitado em poder. Semeia-se um corpo natural, e é ressuscitado um corpo espiritual. Se há corpo natural,[50] há também corpo espiritual" (1Co 15.42-44). Já que esse contraste entre glórias relativas não implica polarizações, "da mesma maneira" ocorre no contraste entre o corpo humano antes da consumação e o corpo ressurreto e consumado. O versículo 45 diz que "da mesma maneira" o corpo de Adão antes da Queda tinha um grau de glória (na realidade, fazia parte de toda a criação, e Deus declarou que tudo o que havia sido criado era "muito bom" [Gn 1.31]).

Explicando o contraste entre o primeiro Adão e o último, Paulo faz referência ao "natural", ou "físico" (não pecaminoso), em contraste ao "espiritual" (v. 46); "o primeiro homem feito do pó [*choikös*] da terra" em contraste com "o segundo homem [...] do céu" (v. 47,48a). Na verdade, os versículos 46-48 dão continuidade ao contraste do versículo 45, contrapondo o Adão em estado de pureza anterior à Queda ao Último Adão ressurreto. O versículo 47 continua a alusão a Gênesis 2.7, dessa vez ao remeter à primeira parte do versículo: "O primeiro homem foi feito da terra, do pó da terra" (Gn 2.7: "Deus formou o homem do pó da terra"). Concluindo o raciocínio, Paulo diz que existe o homem "feito do pó da terra" e portador "[d]a imagem daquele

---

[47]Veja a nota lateral em NA²⁷, que apresenta uma lista de alusões a Gênesis 1.11,12,20,24; 8.17 para 1Coríntios 15.38,39.

[48]A NASB traduz essa expressão pela conjunção inglês *so* ("portanto").

[49]A palavra grega *atimia* pode significar "desonra" (Rm 1.26; 1Co 11.14; 2Co 6.8), mas pode transmitir também a ideia de vasos de barro para uso "comum" e vasos de metal precioso para uso mais nobre (Rm 9.21; 2Tm 2.20; embora a aplicação da metáfora a pessoas tenha que ver, no contexto, com "honra" e "desonra"). A ideia em 15.43 pode estar expressa em 12.23: "E aos membros do corpo que consideramos menos honrados conferimos maior honra, e os nossos membros menos apresentáveis tratamos com dignidade muito maior". Assim, em 15.42,43, a oposição entre "desonra" e "glória" pode ser uma sequência da ideia de graus de honra dos luminares de 15.40,41.

[50]Veja em BDAG 1100a o sentido de *psychikos*.

que foi feito do pó da terra", assim como há homens que se tornarão "celestiais" e aqueles que serão "portadores da imagem do homem celestial" (v. 48b,49).[51] Paulo chega à conclusão de que "carne e sangue", "o que é perecível" e "o que é mortal" não podem "herdar o reino de Deus", mas apenas o "imperecível" e "imortal" herdarão o reino (v. 50-53). Retomando a ideia da morte do versículo 36, parece que nos versículos 54-57 ressurge no pensamento de Paulo a ideia de que o corpo atual não apenas é mortal como o corpo de Adão anterior à Queda (uma vez que nenhum deles tinha condições de entrar no reino eterno), mas que também morrerá por causa do pecado; Cristo, porém, dará a seu povo a vitória sobre a morte.

Contudo, ainda que os versículos 39-44 e 49-53 tratem dos contrastes entre a realidade humana terrena e pecaminosa depois da Queda e a realidade sem pecado da ressurreição, parece no mínimo provável que os versículos 45-48 retrocedem além da Queda de Adão, em seu estado de inocência, e estabelecem um contraste entre essa realidade adâmica e a realidade humana da ressurreição. Portanto, no entendimento de Paulo, mesmo que Adão nunca tivesse pecado, sua existência anterior à Queda ainda precisaria ser transformada em algum momento culminante em uma existência gloriosa irreversível, que Paulo identifica como a existência da ressurreição. Por isso, Paulo entendia que Adão seria recompensado com um corpo transformado e incorruptível caso tivesse permanecido fiel. É claro que uma transformação como essa exigiria que o espírito, ou a alma, de Adão se tornasse moralmente incorruptível (i.e., ele seria incapaz de pecar outra vez).

Resumo da ampliação das bênçãos de Adão em seu estado anterior à Queda

Creio que a discussão anterior apresenta evidências cumulativas de diversos ângulos de que Adão teria usufruído condições aperfeiçoadas de natureza permanente e irreversível se tivesse sido fiel às obrigações da aliança impostas a ele por Deus.

A falha de Adão em não cumprir a tarefa de que foi comissionado envolveu sua permissão de que um ser impuro e antagônico entrasse no jardim. Gênesis 2 e 3 não afirma com todas as letras que a tarefa de "dominar e sujeitar" incluía proteger o jardim da serpente satânica, mas da perspectiva conceitual é provável que isso estivesse em mente à luz das seguintes considerações: (1) a comissão em Gênesis 1.26,28 para que ele dominasse e sujeitasse todo animal "que rasteja sobre a terra";[52] (2) o Éden era o templo em que Adão foi colocado como imagem viva de Deus e como seu sacerdote, que deveria guardar o santuário contra a presença de criaturas impuras. Adão não exerceu corretamente seu domínio, pois não guardou o jardim e permitiu a entrada de uma serpente repugnante que levou o pecado, o caos e a desordem para dentro do santuário e para a vida de Adão e Eva. Ele permitiu que a serpente o "dominasse", em vez de "dominá-la" e expulsá-la do jardim como sacerdote obediente.

Em vez de irradiar a gloriosa presença divina do jardim-santuário, Adão e Eva foram expulsos dali e excluídos da vida eterna para a qual haviam sido planejados. Consequentemente, Adão e Eva desobedeceram à ordem de Deus registrada em Gênesis 1.28 e não herdaram a etapa mais intensa das bênçãos que a plena fidelidade teria ocasionado.[53]

---

[51] Alguns comentaristas e as notas de rodapé de algumas traduções, assim como a nota lateral de NA[27], propõem que em 1Coríntios 15.49 existe uma alusão a Gênesis 5.3, embora a única palavra comum aos dois textos seja "imagem", uma palavra que também aparece duas vezes em Gênesis 1.26,27, de modo que a alusão também pode ser a esse texto da realidade pré-Queda.

[52] A esse respeito, veja tb. Kline, *Kingdom prologue*, p. 54-5, 65-7; Beale, *Temple*, p. 66-87.

[53] Na verdade, eles passaram a experimentar a morte escatológica por meio da morte do corpo em cumprimento de Gênesis 2.17, ainda que a consumação dessa morte também fosse espiritual; Deus, porém, interveio (Gn 3.20,21) e retirou Adão e Eva daquele estado de morte espiritual que ainda não havia se consumado e os colocou em uma inaugurada relação viva e espiritual com ele no que ainda virá a se consumar na vida da ressurreição física, o que reverteria o estado deles de morte física inevitável.

Conforme veremos adiante, depois de Adão não cumprir a ordem divina, Deus levantou outras personagens semelhantes a Adão a quem transferiu a comissão régia e sacerdotal. Veremos que, em consequência da entrada do pecado no mundo, ocorreram algumas mudanças na comissão. No entanto, à semelhança de Adão, seus descendentes também fracassaram. O fracasso persistiria até que surgisse o "Último Adão", que finalmente cumpriria a comissão em nome da humanidade.

A transmissão da comissão de Adão a seus descendentes[54]

Alguns comentaristas observam que a comissão de Adão foi repassada a Noé, a Abraão e aos descendentes deste. As observações logo a seguir das repetidas aplicações do mandato têm como base as alusões diretas a Gênesis 1.28 ou a alguma reformulação posterior desse texto:

Gênesis 1.28: "Deus os abençoou e lhes disse: 'Frutificai e multiplicai-vos; enchei a terra e sujeitai-a; dominai sobre os peixes do mar, sobre as aves do céu e sobre todos os animais que rastejam sobre a terra'".

Gênesis 9.1,7: "E Deus abençoou Noé e seus filhos e lhes disse: 'Frutificai, multiplicai-vos e enchei a terra [...] frutificai e multiplicai-vos; povoai plenamente a terra e multiplicai-vos nela'".

Gênesis 12.2,3: "E farei de ti uma grande nação, te abençoarei e engrandecerei o teu nome; e assim serás uma bênção. Abençoarei os que te abençoarem e amaldiçoarei quem te amaldiçoar; e todas as famílias da terra serão abençoadas em ti".

Gênesis 17.2,6,8: "Estabelecerei minha aliança contigo e te farei multiplicar excessivamente [...] eu te farei frutificar imensamente [...] Darei a terra das tuas peregrinações, toda a terra de Canaã, a ti e aos teus descendentes depois de ti".

Gênesis 22.17,18: "Certamente, eu te abençoarei grandemente e multiplicarei grandemente a tua descendência, como as estrelas do céu e como a areia na praia do mar, e a tua descendência possuirá o portão dos inimigos dela [pronome singular]; em tua descendência todas as nações da terra serão abençoadas, pois obedeceste à minha voz".

Gênesis 26.3: "Resida nesta terra, e serei contigo e te abençoarei, porque darei todas estas terras a ti e aos teus descendentes; e confirmarei o juramento que fiz a teu pai Abraão".

Gênesis 26.4: "Multiplicarei os teus descendentes como as estrelas do céu, e a eles darei todas estas terras; e todas as nações da terra serão abençoadas por meio deles".

Gênesis 26.24: "'E o S_ENHOR_ lhe apareceu na mesma noite e disse: Eu sou o Deus de teu pai Abraão; não temas, porque estou contigo. 'Eu te abençoarei e multiplicarei os teus descendentes por amor do meu servo Abraão'".

Gênesis 28.3,4: "O Deus todo-poderoso te abençoe, te faça frutificar e te multiplique para que te tornes uma multidão de povos. Que ele te dê a bênção de Abraão, a ti e à tua descendência, para que venhas a herdar a terra de tuas peregrinações, que Deus concedeu a Abraão".

Gênesis 28.13,14: "Eu a [a terra] darei a ti e à tua descendência; e a tua descendência será como o pó da terra. Tu te espalharás para o ocidente e para o oriente [...] todas as famílias da terra serão abençoadas em ti e na tua descendência".

Gênesis 35.11,12: "Disse-lhe mais: 'Eu sou o Deus todo-poderoso; frutifica e multiplica-te; uma nação e uma multidão de nações sairão de ti, e reis procederão da tua linhagem; e darei a ti a terra que dei a Abraão e a Isaque; também a darei à tua futura descendência'".

---

[54]As seções a seguir, "A transmissão da comissão de Adão a seus descendentes", "As diferenças entre a comissão de Adão e o que foi transmitido a seus descendentes" e "Conclusão", constituem uma revisão abreviada de minha análise mais completa desse tema em *Temple*, p. 93-121.

A mesma ordem repetida diversas vezes aos patriarcas é reiterada muitas vezes em outros livros do AT para Israel e para o Israel escatológico. Assim como Adão, Noé e seus filhos também não conseguiram cumprir essa missão. Deus então transfere a essência da comissão de Gênesis 1.28 a Abraão (Gn 12.2; 17.2,6,8,16; 22.18), Isaque (Gn 26.3,4,24), Jacó (Gn 28.3,4,14; 35.11,12; 48.3,15,16) e a Israel (veja Dt 7.13 e Gn 47.27; Êx 1.7; Sl 107.38; Is 51.2, as quatro últimas passagens declaram o início do cumprimento da promessa a Abraão em Israel).[55] Lembre-se de que a comissão de Gênesis 1.26-28 envolve os seguintes elementos, resumidos principalmente em 1.28: (1) "Deus os abençoou"; (2) "frutificai e multiplicai-vos"; (3) "enchei a terra"; (4) "sujeitai" a "terra"; (5) "dominai sobre [...] toda a terra".

A ordem é repetida, por exemplo, a Abraão: "Eu *te abençoarei* grandemente e *multiplicarei* grandemente *a tua descendência* [...] e a *tua descendência possuirá o portão dos inimigos dela* [= 'sujeitar e dominar']; em tua descendência todas as nações *da terra* serão *abençoadas*" (Gn 22.17,18).[56] Deus colocou Adão em um jardim e prometeu a Abraão uma terra fértil. Ele expressa o alcance universal da missão ao enfatizar que o objetivo é "abençoar" "todas as nações da terra".[57] Portanto, é natural que, na primeira vez em que a ordem é dada em Gênesis 12.1-3, Deus diga a Abraão: "Sai da tua terra, [...] para que sejas uma bênção [...] e todas as famílias da terra serão abençoadas em ti". Sobre isso, Gordon Wenham observa que "as promessas feitas a Abraão renovam a perspectiva para a humanidade apresentada em Gênesis 1 e 2", de modo que "ele, assim como Noé, que o antecedeu, é uma segunda figura de Adão"[58] ou um "novo Adão".[59]

Depois que a maior parte do livro de Gênesis reitera a aplicação da promessa da comissão de Gênesis 1.28 aos patriarcas, o início de seu cumprimento é retratado na nação de Israel no Egito:

> **Gênesis 47.27**: "Agora, Israel habitava na terra do Egito, em Gósen; nela adquiriram propriedades, <u>frutificaram e se tornaram muito numerosos</u>".
> **Gênesis 48.3,4**: "Deus [...] me abençoou; e me disse: 'Eis que <u>eu te farei frutificar e crescer em número</u>; farei de ti uma multidão de povos e darei esta terra aos teus descendentes depois de ti como <u>propriedade</u> perpétua'" [parcialmente aplicada aos filhos de José].
> **Êxodo 1.7**: "Mas os israelitas <u>frutificaram e aumentaram muito, multiplicaram-se</u>, tornaram-se muito fortes de modo que <u>a terra ficou cheia</u> deles".
> **Êxodo 1.12**: "Mais eles <u>se multiplicavam</u> e <u>se espalhavam</u>".

---

[55] A primeira vez que percebi isso foi em N. T. Wright, *The climax of the covenant: Christ and the law in Pauline theology* (Minneapolis: Fortress, 1992), p. 21-6, em que a lista de referências de Gênesis acima se baseia. Wright observa que a ordem a Adão em Gênesis 1.26-28 havia sido aplicada aos patriarcas e a Israel; ele também cita outras passagens em que vê Gênesis 1.28 aplicado a Israel (Êx 32.13; Lv 26.9; Dt 1.10,11; 7.13,14; 8.1; 28.63; 30.5,16). Mais tarde também descobri que Cohen (*"Be fertile and increase"*, p. 28-31, 39) faz a mesma observação com base em Gary Smith, "Structure and purpose in Genesis 1—11", *JETS* 20 (1977): 307-19, e ambos os autores incluem Noé. Veja em Dumbrell, *Search for order*, p. 29-30, 37, 72-3, 143, a ideia de que as bênçãos condicionais prometidas a Adão são concedidas a Israel. Assim também Gage afirma, apenas de modo geral, que a "ordem divina (ou mandato da criação) dirigida originariamente a Adão [...] (Gn 1.28) é formalizada em aliança mediante três administrações (i.e., três mediadores: Noé, Abraão e Davi)" (*Gospel of Genesis*, p. 29). Veja tb. Carroll R., "Blessing the nations", p. 27, que diz em poucas palavras que a intenção divina de abençoar a humanidade é reafirmada em Gênesis 12.1-3. Veja, na mesma linha de argumentação, Michael Fishbane, *Text and texture: close readings of selected biblical texts* (New York: Schocken, 1979), p. 112-3. A tradição judaica aplica a Noé e a Abraão a comissão dada em Gênesis 1.28 (*Midr. Tanḥ.* de Gn 3.5; do mesmo modo, *Midr. Tanḥ. Yelammedenu* de Gn 2.12).

[56] Observe-se que o aspecto de domínio da comissão é apresentado em outra passagem a Abraão como uma função de "realeza" (Gn 17.6,16), e o mesmo ocorre em relação a Jacó (Gn 35.11).

[57] Veja Gordon J. Wenham, *Story as Torah: reading the Old Testament ethically* (Edinburgh: T&T Clark, 2000), p. 37.
[58] Ibidem; assim tb. Dumbrell, *Search for order*, p. 29-30.
[59] Fishbane, *Text and texture*, p. 112.

Êxodo 1.20: "E o povo se multiplicou e se tornou muito forte".
Números 23.10,11: "'Quem poderia contar o pó de Jacó e o número da quarta parte de Israel?' [...] Então Balaque disse a Balaão: '[...] Eis que tu, na verdade, os abençoaste'".

Entretanto, depois da rebeldia de Israel no Egito e no episódio do bezerro de ouro, fica claro que a promessa não se consumaria na primeira geração de Israel, uma vez que a nação não obedece plenamente à ordem. Moisés ora e pede que Deus, apesar disso, cumpra a promessa (Êx 32.13). Assim a promessa de que a nação cumpriria a comissão em algum momento no futuro é reiterada, como ocorreu com os patriarcas em Gênesis:

Levítico 26.9: "Eu me voltarei para vós e vos farei frutificar e vos multiplicarei, e confirmarei a minha aliança convosco".
Deuteronômio 7.13: "Ele te amará, te abençoará e te multiplicará; também abençoará o fruto do teu ventre [...] na terra que prometeu com juramento a teus pais dar a ti". [Cf. Dt 6.3; 8.1.]
Deuteronômio 15.4,6: "O Senhor certamente te abençoará na terra que o Senhor, teu Deus, te dá por herança para possuíres) [...] Porque o Senhor, teu Deus, te abençoará, como te prometeu. [...] e dominarás muitas nações".
Deuteronômio 28.11,12 (LXX): "E o Senhor, teu Deus, te multiplicará com respeito às coisas boas relacionadas à descendência do teu ventre [...] para abençoar todas as obras das tuas mãos. [...] E dominarás sobre muitas nações".
Deuteronômio 30.16: "Hoje te ordeno a amar o Senhor, teu Deus, [...] a andar em seus caminhos e [...] a guardar seus mandamentos, estatutos e juízos, então viverás e te multiplicarás, e o Senhor, teu Deus, te abençoará na terra em que estás entrando para possuir". [Cf. Dt 30.5.]
2Samuel 7.29 (LXX): "Agora domina e abençoa a família do teu servo [...] e com a tua bênção a família do teu servo será abençoada para sempre".

Apesar da promessa de bênção futura, em diversos momentos ao longo da história subsequente de Israel as palavras da comissão de Gênesis 1.28 são reaplicadas a indivíduos israelitas ou à nação para indicar algum grau de cumprimento inicial:

1Crônicas 4.10: "Jabes invocou o Deus de Israel, dizendo: 'Que tu me abençoes e aumentes minhas fronteiras, que a tua mão esteja comigo e não permitas que eu seja afligido pelo mal!' E Deus lhe concedeu o que pediu".
1Crônicas 17.9-11,27: [Deus fala por meio de Natã.] "Eu [...] os [Israel] plantarei [...] E subjugarei todos os teus inimigos [a LXX acrescenta 'farei com que aumentes'] [...] e estabelecerei o seu reino". [Davi confirma o cumprimento inicial.] "Agora, conforme a tua vontade, abençoa a família do teu servo, para que subsista para sempre diante de ti. Porque o que tu abençoas será abençoado para sempre, ó Senhor."
Salmos 8.5-8: "Tu o fizeste um pouco menor que Deus e o coroaste de glória e majestade! Deste-lhe domínio sobre as obras das tuas mãos; tudo pusete debaixo de seus pés: todas as ovelhas e os bois, assim como os animais selvagens, as aves do céu, os peixes do mar e tudo o que percorre as veredas dos mares". [Alguns comentaristas classificam o salmo 8 nesse grupo, o que é possível, mas ele se encaixa melhor em uma categoria explicitamente escatológica logo a seguir.]
Salmos 107.37,38: "E semeiam campos e plantam vinhas, e reúnem uma colheita frutífera. Ele os abençoa, e eles se multiplicam muito; e não permite que seu gado diminua".
Isaías 51.2,3: "'Então, eu o [Abraão] abençoei e o multipliquei'. [...] Fará o seu deserto [de Israel] como o Éden, e seu deserto como o jardim do Senhor". [Observe-se que as últimas palavras são uma promessa para o futuro, que se repete abaixo.]

Contudo, os acontecimentos pecaminosos ocorridos deixam claro que o rei e a nação cumpriram a missão apenas em parte. No fim, também não conseguem fazer o que Adão e seus ancestrais também deixaram de fazer. Portanto, há uma reiteração da promessa de que o Israel escatológico e seu rei do fim dos tempos acabarão conseguindo cumprir por completo a comissão adâmica:

Salmos 8.5-8: "Tu o fizeste um pouco menor que Deus e o coroaste de glória e majestade! Deste-lhe domínio sobre as obras das tuas mãos; tudo puseste debaixo de seus pés: todas as ovelhas e os bois, assim como os animais selvagens, as aves do céu, os peixes do mar e tudo o que percorre as veredas dos mares".

Salmos 72.8,17,19: "Domine ele [o rei do fim dos tempos] de mar a mar, desde o Rio até as extremidades da terra. [...] nele sejam abençoados os homens; todas as nações o chamem bem-aventurado [possível alusão a Gn 12.2,3; 28.14 e, acima de tudo, a Gn 22.18]. [...] e toda a terra seja cheia da sua glória".

Isaías 51.2,3: "'Então, eu o [Abraão] abençoei e o multipliquei'. [...] Fará o seu deserto [de Israel] como o Éden, e seu deserto como o jardim do Senhor".

Isaías 54.1-3: "Os filhos da desamparada serão mais numerosos [...] Amplia o lugar da tua tenda, e estendam-se as cortinas das tuas habitações [...] estica as tuas cordas e firma as tuas estacas. Porque transbordarás para a direita e para a esquerda; e os teus descendentes possuirão as nações". (As duas últimas orações fazem alusão a Gn 28.4,13,14, que são parte da rede intertextual de alusões a Gn 1.28 e 12.2,3.)

Jeremias 3.16,18: "E, naqueles dias, quando vos tiverdes multiplicado e aumentado na terra [...] a terra que dei como herança a vossos pais".

Jeremias 23.3: "Eu mesmo reunirei o remanescente das minhas ovelhas de todas as nações para onde as tiver expulsado e as levarei de volta à sua pastagem; então elas se tornarão frutíferas e se multiplicarão". [Cf. Jr 29.6; 30.19; 33.22.]

Ezequiel 36.9-12: "Tu [a Terra Prometida] serás lavrada e semeada; e multiplicarei homens em ti [a terra] [...] Também multiplicarei homens [Israel] e animais em ti [a terra]; e eles se multiplicarão e frutificarão [...] e te possuirão". [Cf. Ez 36.27.]

Daniel 7.13,14: "Alguém parecido com filho de homem vinha com as nuvens do céu. [...] E foi-lhe dado domínio [...] para que todos os povos, nações e homens de toda língua[60] [...] o servissem". [Seu governo substituirá o dos "animais".]

Oseias 1.10: "Porém o número dos israelitas será como a areia do mar, que não pode ser medida nem contada. [...] 'Vós sois filhos do Deus vivo'".

De modo interessante, a comunidade de Qumran também acreditava que era o início do cumprimento escatológico dessas promessas. Em 4Q418, frag. 81 (= 4Q423 8 + 24), afirma-se

---

[60]Isso parece confirmar que Daniel 7.13,14 é uma alusão a Gênesis 22.17, principalmente porque este texto é a única promessa reiterada que também tem a expressão "possuirá os portões dos seus inimigos", um tema muito importante em Daniel 7 referente ao "Filho do Homem" e aos santos israelitas. Além disso, o domínio que o Filho do Homem exerce sobre os animais marinhos (que representam os inimigos) reflete a comissão original a Adão de fazer o mesmo. A alusão às comissões adâmicas, esp. Gênesis 22.18, confirma-se mais uma vez em Daniel 7 ao observar-se que a mesma expressão (LXX) "todas as nações da terra" (*panta ta ethnē tēs gēs*) ocorre somente mais cinco vezes no AT, duas delas em Gênesis 22.18; 26.4, passagens que estão entre as repetições da ordem recebida por Adão, e mais duas em Deuteronômio 28.10; Josué 4.24, provavelmente também como parte das alusões às expressões anteriores em Gênesis (embora Zc 12.3 não pareça ser uma alusão). Outras formas da expressão também ocorrem em Deuteronômio 28.1, que juntamente com a mesma expressão em Deuteronômio 28.10, logo após uma menção das bênçãos repetidas, e a frase "o Senhor te multiplicará para o bem em tua descendência", em Deuteronômio 28.11, reforçaria as duas expressões de Deuteronômio 28 como alusões a textos de Gênesis. A expressão se repete também em Jeremias 33.6; 51.8, passagens que não parecem ser alusões a Gênesis.

que Deus é "tua porção e tua herança entre os filhos de Adão, [e sobre] sua herança ele lhes deu autoridade" (linha 3). Assim, os membros da comunidade de Qumran é que são os verdadeiros "filhos de Adão" a quem Deus concedeu autoridade sobre uma "herança". Aqueles que "herdam a terra" vão "caminhar" em uma "fazenda eter[na] (linhas 13-14), o que provavelmente se refere a toda a terra como um grande Éden.[61] Eles "encherão [ao que tudo indica, a terra] e [...] se fartarão com abundância de bens" (linha 19). Até aqui, a descrição da comunidade ecoa a ordem de Gênesis 1.26,28, que eles haviam começado a cumprir. Eles também recebem a ordem de "honrar" a Deus "ao consagrar-te a ele, de acordo com o fato de que ele te pôs como santo dos santos [sobre toda][62] a terra" (linha 4 [veja tb. 1QH^a XIV:12-19; XVI:20-22]). Há outros mandamentos espalhados pela passagem: "em fidelidade a ele anda continuamente" (linha 6) e "ama-o" (linha 8).

De modo semelhante, a passagem de *Oráculos Sibilinos* 5.414-416 afirma a mesma ideia: "Pois dos lugares planos do céu tem vindo um homem bendito com o cetro em sua mão que Deus confiou ao seu controle: e ele obteve justo domínio sobre tudo". Da mesma forma, Isaque profere as seguintes bênçãos a Jacó em *Jubileus* 22.13: "Que o Deus Altíssimo te conceda todas as bênçãos com as quais ele me abençoou e com as quais abençoou Noé e Adão; que eles descansem sobre a cabeça sagrada da tua semente de geração em geração para todo o sempre" (tb. *Jub.* 19.27).[63]

Depois do saque de Jerusalém em 70 d.C. e da devastação da comunidade de Qumran mais ou menos na mesma época, ficou claro que nem Qumran nem alguma outra parte de Israel representavam o cumprimento da promessa escatológica relacionada à comissão adâmica.

As diferenças entre a comissão de Adão e o que foi transmitido a seus descendentes

Apesar das muitas semelhanças entre a comissão original de Gênesis 1 (e aquela repetida a Noé) e a que foi dada à Abraão e sua descendência israelita, existem algumas diferenças. Antes da desobediência de Adão, ele deveria ter cumprido parte da comissão de "dominar e sujeitar" ao demonstrar soberania no cultivo da terra e no exercício do domínio sobre todas as criaturas da terra, incluindo a "serpente" satânica, que estava do lado de fora do jardim e depois ali entraria. Após o pecado de Adão, a comissão seria expandida e passaria a incluir o domínio da humanidade renovada sobre as forças humanas não regeneradas que se arregimentavam contra ela. Portanto, há o acréscimo da expressão "possuir o portão de seus inimigos", que em outras passagens é definida como "subjugar a terra" (observe-se aqui Nm 32.22: "... e a terra seja subjugada diante do Senhor", em que a palavra traduzida por "subjugar" (*kbsh*) é a mesma empregada em Gn 1.28).[64]

Desse modo, na repetição da ordem aos patriarcas mencionada anteriormente, a menção de "todas as nações da terra" serem "abençoadas" pela "descendência" de Abraão é uma alusão à comunidade humana renovada, que é portadora da imagem de Deus e "enche a terra" com uma descendência regenerada, que também reflete a imagem divina e faz resplandecer sua

---

[61] Um trecho muito próximo de 4Q475 parece ser o de Qumran que afirma mais explicitamente que a terra se tornará o Éden: depois que todo pecado for extinto da terra, "todo o mundo será como o Éden, e toda [...] a terra estará em paz para sempre, e [...] um filho amado [...] a [...] herdará inteira" (linhas 5-6).

[62] A edição interlinear hebraico-inglês de Martínez e Tigchelaar está correta ao preencher a lacuna com "sobre toda" por causa do paralelismo seguinte com "sobre todos os anjos" (lit., "deuses"), embora na edição anterior em inglês de Martínez ele não tenha feito isso, optando por uma tradução bem diferente, que não reflete o hebraico tão bem quanto a tradução posterior.

[63] Observe-se tb. *Pesiq. Rab Kah.* Piska 15.1: "Assim como foi com Adão, disse Deus, também será com seus filhos: eu os levei para a Terra de Israel, dei-lhes mandamentos, mas eles transgrediram meus mandamentos".

[64] Veja tb. Wright, *Climax of the covenant*, p. 23.

luminosidade aos outros na "cidade do homem", que não se revolta e ainda passa a refletir Deus. Assim, esses novos convertidos são "abençoados" com o favor da presença gloriosa de Deus e tornam-se parte do reino e do domínio divino cada vez mais abrangentes, que haviam sido privados do primeiro Adão. Portanto, o "sujeitar e dominar" de Gênesis 1.28 envolve agora vencer *espiritualmente* a influência do mal no coração da humanidade não regenerada que se multiplicou sobre a terra. A implicação aqui é que a ideia de crianças recém-nascidas fisicamente, "crescendo e se multiplicando" segundo a ordem inicial de Gênesis 1.28, agora inclui também pessoas que abandonaram o velho modo de vida, tornaram-se recém-nascidas espiritualmente e passaram a refletir a imagem da presença gloriosa de Deus e a participar da expansão da comissão de Gênesis 1.26-28.

Os descendentes de Abraão tinham de ser uma humanidade renovada. Deveriam ser portadores da imagem de Deus e "encher a terra" com filhos que também portariam a mesma imagem como luzeiros para outros vivendo em trevas espirituais. Deviam ser instrumentos divinos pelos quais Deus faria a luz de sua presença brilhar nos corações em trevas, de modo que eles também passassem a participar da expansão da presença gloriosa de Deus e de seu reino. Isso não é outra coisa senão o cumprimento do papel de "testemunha" de Deus por toda a terra.

Em tese, parte da ideia das referências repetidas ao "tabernáculo do testemunho" e à "arca do testemunho" é que o próprio Israel deveria aceitar o "testemunho" que Deus dá de sua presença e então testemunhar da presença salvadora de Deus no passado e no presente ao declarar o "testemunho" do próprio Deus a respeito de sua Lei e dos diversos atos de redenção realizados em favor de Israel. Além disso, a nação devia ser um "testemunho" ao obedecer à Lei. Tudo isso testemunharia da verdade da presença de Deus.

Deus ordenou aos israelitas que, logo após sua restauração, eles deviam ser "testemunhas"[65] da "fé" e do "conhecimento" de que ele é o único e verdadeiro Deus. Dessa vez, também deviam testemunhar que Deus havia manifestado sua divina onipotência libertando novamente Israel de uma segunda escravidão e efetuando um segundo êxodo para a Terra Prometida (Is 43.10-12; 44.6-8). Em vários pontos, fica subentendido que Israel tinha de ser testemunha para as nações (cf. Is 43.9), mas isso fica explícito em Isaías 55.4, em que Deus afirma ter feito de Davi uma "testemunha aos povos", comissão de que Israel devia participar. Os reis de Israel deviam ser líderes que davam esse "testemunho".[66] Tal comissão de Israel consistia na tarefa de "chamar" as nações para Deus (Is 55.5). A fim de cumpri-la, Israel devia, em primeiro lugar, "buscar o Senhor enquanto se pode achar" e "invocá-lo enquanto está perto" (Is 55.6).

Outra diferença na reiteração da ordem de Gênesis 1 é que, enquanto Gênesis 1.28 e 9.1,6,7 são expressos apenas como mandamentos, as repetições que começam com os patriarcas são agora apresentadas como promessa.[67] Contudo, mesmo nessas repetições, partes da ordem são em geral conservadas e explicitamente reiteradas de modo indissociável da promessa reafirmada. O fato de que o aspecto da comissão é mantido fica evidente pelos imperativos que a iniciam em Gênesis 12.1-3: "Sai da tua terra [...] Sê tu uma bênção!". Assim também, a promessa de Gênesis 35.11,12 envolve a declaração com imperativos: "Eu sou o Deus todo-poderoso; frutifica e multiplica-te". Neste trecho, a implicação é que a humanidade não

---

[65]Cf. o uso aqui do cognato '*ēd*; na LXX, *martys*.

[66]P. ex., 2Crônicas 23.11 registra que, quando Joás foi coroado rei, colocaram o "testemunho" nas mãos dele, indicando que ele deveria preservar a Lei e tudo o que ela representava; veja tb. 2Crônicas 34.29-33.

[67]Wright (*Climax of the covenant*, p. 22) considera que apenas o aspecto de "frutificar" é transformado em promessa.

pode cumprir essa comissão sozinha, mas Deus lhe dará capacidade para realizá-la, e isso é feito com a promessa.

A maior parte das repetições das promessas feitas a Adão e a Noé também é introduzida com mandamentos, não somente a um patriarca,[68] mas também à sua prometida descendência escatológica. Observe, por exemplo, Gênesis 17: "Anda na minha presença e sê íntegro. Estabelecerei minha aliança contigo e te multiplicarei excessivamente" (v. 1,2); "Eu te farei frutificar imensamente"; "Estabelecerei minha aliança contigo e com tua descendência"; "Darei [...] a terra [...] à tua descendência [...] como propriedade perpétua" e "guardarás minha aliança, tu e tua descendência pelas suas gerações. Esta é minha aliança, que guardareis entre mim, vós e tua futura descendência depois de ti [i.e., a descendência prometida] por todas as suas gerações" (v. 6-10). Do mesmo modo, note também a promessa combinada com mandamentos feitas ao Israel dos últimos dias, em Isaías 54.1-3: "Os filhos da desamparada serão mais numerosos [...] Amplia o lugar da tua tenda, e estendam-se as cortinas das tuas habitações [...] estica as tuas cordas e firma as tuas estacas. Porque transbordarás para a direita e para a esquerda; e os teus descendentes possuirão as nações" (observe aqui a alusão à promessa abraâmica de Gn 28.4,13,14). Podemos achar outros exemplos do mesmo fenômeno no que diz respeito às confirmações da promessa ao Israel do fim dos tempos.[69]

Outras ordens com essas promessas são dirigidas aos patriarcas e posteriormente a Israel, o que nos dá mais indícios de que as expectativas quanto à comissão adâmica inicial ainda vigoravam; agora, porém, com a promessa de Deus de que ele capacitaria a descendência abraâmica para cumprir cabalmente a comissão.

A garantia de Deus nas palavras "eu estou contigo" não se aplicava a Adão nem a Noé, e só foi proferida quando a promessa se repetiu para Isaque. Essa garantia é a base da promessa e da ordem de Deus para se espalharem a fim de que a presença dele também se espalhasse (veja a respeito de Isaque [Gn 26.24], Jacó [Gn 28.15] e Moisés [Êx 3.12]). É exatamente essa presença que tornava a tarefa exequível e garantia o cumprimento da promessa.[70] Em resposta à presença de Deus, Israel devia "andar nos seus caminhos [isto é, os caminhos de Deus] e guardar os seus mandamentos" para que se cumprisse a missão adâmica inicial: "... viverás e te multiplicarás, e o Senhor, teu Deus, te abençoará na terra em que estás entrando para possuir" (Dt 30.16). Em última instância, somente se Deus lhes "circuncidasse o coração" eles seriam capazes de amá-lo e prestar-lhe obediência, continuar em sua presença e herdar a promessa de "viver" verdadeiramente (Dt 30.5,6,16).

Em essência, a mesma fórmula é repetida para Salomão. Davi diz a seu filho: "... o Senhor seja contigo para que tenhas sucesso em edificar o templo do Senhor, teu Deus, como ele

---

[68] Veja, p. ex., as passagens a seguir, que aparecem logo antes ou depois das reedições das promessas adâmicas já registradas aqui: "Porque eu o [Abraão] escolhi, a fim de que ele ordene a seus filhos [...] que guardem o caminho do Senhor ao praticar retidão e justiça, a fim de que o Senhor realize em Abraão o que disse a respeito dele" (Gn 18.19). Em Gênesis 22.16-18, a obediência de Abraão em sacrificar Isaque é considerada o fundamento da promessa de Deus de que a comissão adâmica reiterada seria cumprida no futuro. Veja tb. Gênesis 26.3-5; 26.24 (observe o imperativo "não temas"); 28.1-4 (veja a ordem nos v. 1,2 para que Jacó se case de modo fiel com Deus).

[69] Veja tb. Levítico 26.9-16 (o Israel escatológico receberá a promessa se também for obediente); cf. Isaías 51.1,2a (o Israel do fim dos tempos recebe ordens: "Olhai para a rocha de onde fostes cortados e para a caverna do poço de onde fostes cavados. Olhai para Abraão, vosso pai, e para Sara, que vos deu à luz", palavras estas seguidas por uma nova declaração da promessa abraâmica nos v. 2b,3); Jeremias 3.16,18 tem como antecedente direto esta ordem ao Israel do fim dos tempos: "Voltai, ó filhos rebeldes, [...] pois sou como o vosso dono" (v. 14).

[70] A mesma promessa poderia ser feita a outros israelitas além dos patriarcas; veja, p. ex., 1Crônicas 4.10: "Jabes invocou o Deus de Israel, dizendo: 'Que tu me abençoes e aumentes minhas fronteiras, que a tua mão esteja comigo, e não permitas que eu seja afligido pelo mal!' E Deus lhe concedeu o que pediu".

falou a teu respeito. Que o Senhor te conceda [...] entendimento [...] para obedeceres à lei do Senhor, teu Deus" (1Cr 22.11,12).

Deus profere as mesmas palavras no livro de Jeremias, quando convoca o profeta e o capacita para ser "profeta às nações" (1.5) e "para arruinar e destruir; para edificar e plantar" (1.10 [veja a fórmula em 1.8,19]). Deus fala ao povo de Israel usando a mesma fórmula quando lhe diz que seu propósito ao reuni-los e trazê-los de volta do Exílio é renovar a comissão dada a eles de serem "testemunhas" para as nações acerca de seu propósito de criar "coisas novas" (Is 43.5-21). Essas "fórmulas divinas adjuntas" dirigidas a Salomão, Jeremias e Israel podem estar alicerçadas na reaplicação da promessa de Gênesis 1.28 aos patriarcas, passagem em que ocorre pela primeira vez.

Sem dúvida, a obediência de Adão no jardim-santuário era fundamental para ele cumprir o mandato mediante a presença de Deus com ele (lembre-se da presença divina no jardim: "Deus andava no jardim" [Gn 3.8]). Mas não há nenhum registro nas Escrituras de que Deus houvesse prometido a Adão estar sempre presente com ele no cumprimento de seu mandato. O fato é que Deus retirou sua presença de Adão. Em consequência do pecado, Adão foi expulso do santuário da presença gloriosa de Deus e perdeu a capacidade de cumprir a comissão divina.

Assim como no caso de Adão, a obediência de Israel dentro de seu "jardim do Éden" às leis que regiam o Templo fazia parte do cumprimento de seu compromisso renovado como um Adão coletivo. O templo[71] e a terra de Israel são explicitamente comparados ao jardim do Éden (quanto à terra, veja Is 51.3; Ez 36.35; Jl 2.3; cf. Gn 13.10; Ez 47.12) e retratados como muito férteis e produtivos a fim de realçar a correspondência com o Éden (cf. Dt 8.7-10; 11.8-17; Ez 47.1-12).[72] A própria terra prometida é chamada de "terra santa" de Deus (Sl 78.54; Zc 2.12), pois devia ser um jardim do Éden em escala mais ampla.[73] A comissão para ter domínio cósmico (Gn 1.26-28), expressa pela primeira vez no papel de Adão no Éden, agora é dirigida a Israel, que, ao que tudo indica, é concebido como um Adão coletivo.[74]

Essa comissão é claramente afirmada em Êxodo 19.6, passagem em que Deus diz a toda a nação: "Vós sereis para mim reino de sacerdotes e nação santa". Eles deviam ser mediadores para propagar a luz da presença tabernacular de Deus para o restante do mundo escuro. Essa associação de Gênesis 1.28 com o Éden e o Templo pode ter inspirado o seguinte pensamento do *Rolo do Hino* de Qumran: "Meu domínio será sobre os filhos da terra. [...] Brilharei com sete lu[zes] no É[den, que][75] tu fizeste para tua glória" (1QH^{a}XV:23-24, em que provavelmente o candelabro de sete lâmpadas do templo esteja por trás da figura das "sete luzes").

Israel pecou e foi expulso da presença de Deus e da terra. Ao mesmo tempo, Deus retirou sua presença do templo (Ez 9.3; 10.4,18,19; 11.22,23). Isso também ocorreu com o Israel

---

[71]Sobre isso, veja Beale, *Temple*, p. 66-80.

[72]Sobre esse último argumento, veja William J. Dumbrell, "Genesis 2:1-17: a foreshadowing of the new creation", in: Scott J. Hafemann, org., *Biblical theology: retrospect and prospect* (Downers Grove: InterVarsity, 2002), p. 58-9.

[73]Ibidem, p. 58-61.

[74]O templo de Israel também está relacionado ao cumprimento da comissão de Gênesis 1.28 pela nação. Assim tb. R. E. Clements, *God and temple* (Philadelphia: Fortress, 1965), p. 67-73. As exegeses midráshicas posteriores sobre o Templo talvez em parte se baseiem em Gênesis 1.26-28 no entendimento de que o templo trouxe a bênção da fertilidade, mesmo de filhos (*Midrash Tanḥuma Numbers* [edição de Buber, p. 33]; *y. Yebam.* 6b, citado em Raphael Patai, *Man and temple in ancient Jewish myth and ritual*, 2. ed. [New York: KTAV, 1967], p. 90; cf. *b. Ber.* 63b,64a; *Rab.* de Nm 4.20; 11.3; *Rab.* de Ct 2.5; *b. Yoma* 39b, para os quais Patai chamou minha atenção). Da mesma forma, a existência do templo e dos rituais ali celebrados buscavam bênçãos e fertilidade para Israel (e implicitamente para a terra em geral) (segundo Patai, *Man and temple*, p. 122-8, que cita, p. ex., *The fathers according to Rabbi Nathan* 4).

[75]Tradução de acordo com A. Dupont-Sommer, *The Essene writings from Qumran*, tradução para o inglês de G. Vermes (Oxford: Blackwell, 1961), embora esta seja a única tradução que preenche a lacuna com "Éden". Veja em Beale, *Temple*, p. 79, nota 125, uma análise dessa tradução tão debatida.

restaurado em 70 d.C., quando os romanos destruíram Jerusalém e o Templo, embora já fizesse muito tempo que a presença de Deus havia deixado o santuário.[76] Portanto, a promessa da companhia divina para capacitar o cumprimento do mandato de Gênesis 1 não teve pleno cumprimento em Abraão nem em nenhum de seus descendentes físicos, nem em Israel, nem no templo, mas ainda aguardava sua plena realização.

Assim como Adão se escondeu "da presença do SENHOR" (Gn 3.8), tornando inviável o cumprimento de sua missão, Noé e Israel, como representantes da verdadeira humanidade criada por Deus, também se afastaram da presença divina e não levaram a cabo a missão. Logo, não é exagero dizermos que Noé foi comissionado em uma nova criação para ser outra figura adâmica individual, e Israel, um "Adão coletivo". A tarefa da nação era fazer o que Adão inicialmente havia sido comissionado a realizar. Noé e seus descendentes, bem como Israel e sua descendência, falharam à semelhança de Adão. E assim como Adão, a descendência de Noé e Israel foram exilados, e a nação de Israel foi expulsa de seu jardim ou "terra paradisíaca". A história se repete duas vezes na trajetória de Israel, a primeira com início no Egito e a segunda na Babilônia. Apesar de um remanescente de Israel ter retornado do Exílio babilônico, a não realização da tarefa adâmica continuou até o início do século 1 d.C.

Conclusão

Podemos nos referir a Gênesis 1.28 como a primeira "grande comissão", que foi dada à humanidade reiteradas vezes. A comissão consistia em ser uma bênção para a terra, e parte da essência dessa bênção era a presença salvadora de Deus. Antes da Queda, Adão e Eva deviam gerar descendentes que enchessem a terra com a glória de Deus refletida em cada um deles, feitos à imagem de Deus. Depois da Queda, um remanescente, criado por Deus à sua imagem restaurada, devia sair e difundir a gloriosa presença divina entre o restante da humanidade em trevas. Esse testemunho devia ser dado até que todo o mundo se enchesse da glória de Deus. Desse modo, o testemunho de Israel era reflexo de seu papel de Adão coletivo, o que realça o conceito de missões no AT.[77]

Sem exceção, as reaplicações da missão adâmica são declaradas de modo positivo da perspectiva do que Noé, os patriarcas, Israel e o Israel escatológico ou seu rei deviam fazer ou do que lhes havia sido prometido que fariam. As declarações sempre são de uma genuína conquista da terra, aumento e multiplicação da população e de povoamento da Terra Prometida e do mundo com gente que refletiria a glória de Deus. Em nenhum momento há indicação de que a comissão deveria ser cumprida pelo que podemos chamar de ato negativo, isto é, pela morte. Não há dúvida de que Isaías 53, Daniel 9 e Zacarias 12 (e alguns outros textos davídicos tipológicos como o salmo 22) profetizam a morte do Messias como acontecimento fundamental para a restauração de Israel, mas essas passagens são raras e nunca estão diretamente associadas às reafirmações da comissão adâmica. Portanto, as expectativas e promessas de obediência adâmicas para os patriarcas de Israel, para a nação e seu rei são sempre declaradas em termos afirmativos, mencionando o que eles deviam fazer ou o que lhes havia sido prometido que fariam.

Com base na análise que fizemos até aqui neste capítulo, podemos fazer um comentário importante: Gênesis 1.28 tem mais associações intertextuais com o restante do livro de Gênesis e com os outros livros do AT do que com qualquer outra passagem de Gênesis 1—11,

---

[76]A presença de Deus havia deixado o Templo ao menos na época da vinda de Cristo, uma vez que ele mesmo se tornou o lugar da presença divina especial no meio da nação, em vez de ser o templo, em cumprimento definitivo de Ageu 2.5. É muito possível que a presença divina não tenha retornado ao templo do período pós-exílico.

[77]Veja uma análise mais ampla dessa ideia em Beale, *Temple*.

e esse é o primeiro indicador de que esta é a linha de pensamento mais clara da seção inicial de Gênesis a ser desenvolvida posteriormente em outros trechos do AT.

Os episódios do juízo cósmico e da nova criação repetidos no Antigo Testamento

No enredo formulado até aqui, a ideia essencial é o reino de uma nova criação. O padrão de juízo na forma de (1) caos cósmico seguido de (2) nova criação, (3) comissão de realeza para a glória divina, (4) queda em pecado e (5) exílio formam os principais acontecimentos da história da redenção. As tabelas a seguir (1.1, 1.2, 1.3) são uma tentativa de mostrar como esse padrão se repete, embora qualquer tabela desse tipo seja muito simplista, visto serem necessárias mais explicações para complementá-la (tento fazer isso no restante do capítulo). Os padrões no NT são incluídos para apresentar um panorama canônico completo, embora a discussão mais ampla da parte do NT seja apresentada somente nos últimos capítulos.

O início da história em Gênesis 1—3 e seu término em Apocalipse 22 são como suportes à história canônica mundial. Richard Hooker (*Of the laws of ecclesiastical politie* [Sobre as leis de políticas eclesiásticas] [1593]) perguntava: "Existe algo que possa ser plenamente compreendido ou julgado sensatamente, sem que antes se manifestem a primeiríssima causa e os princípios dos quais esse objeto se originou?".[78] Assim, os diversos livros do AT e sua história pós-diluviana são mais bem compreendidos como procedentes de Gênesis 1—3 e, por isso, de um modo ou de outro e em última instância, relacionados com os três primeiros capítulos da Bíblia.

Tabela 1.1
O início da história como monarquia inaugurada da primeira criação em Gênesis 1—3

primeiro caos da terra e das águas[a]
primeira criação
primeira comissão do primeiro Adão como rei para a glória divina
pecado do primeiro Adão
juízo[b] e exílio do primeiro Adão

[a]Um assunto em questão é se a terra "sem forma e vazia" transmite a ideia de algum tipo de juízo primevo, mas não temos espaço para nos aprofundar nessa discussão.

[b]Veja Jeffrey J. Niehaus, "In the wind of the storm: another look at Genesis III 8", *VT* 46 (1994): 263-7. Niehaus traduz a expressão hebraica *rûaḥ hayyôm* por "o vento da tempestade", não seguindo a tradução tradicional "quando soprava a brisa do dia"; de forma correspondente, ele traduz o versículo inteiro assim: "Então o homem e sua mulher ouviram o trovão (*qwl*) de Deus Yahweh enquanto ia e voltava (*mthlk*) no jardim, no vento da tempestade (*lrwḥ hywm*), e eles se esconderam de Deus Yahweh entre as árvores do jardim". Se Niehaus estiver correto, essa é a primeira teofania de juízo de Deus, prefiguração da teofania escatológica no juízo (p. ex., Ap 6.15-17).

Entretanto, é preciso dizer mais. Com base na premissa de que o cânon inteiro é o banco de dados inspirado da revelação de Deus, os dois suportes de livros representados por Gênesis 1—3 e Apocalipse 21 interpretam tudo o que existe entre eles. Isso significa que os

---

[78]Citado em Norman Cohn, *Cosmos, chaos, and the world to come: the ancient roots of apocalyptic faith* (New Haven: Yale University Press, 1993), p. v.

dados bíblicos entre esses dois polos devem ser lidos não apenas da perspectiva de sua origem, em Gênesis 1—3, mas também à luz de seu alvo, em Apocalipse. Por isso, as evidências precedentes dão ampla sustentação à ideia de que tudo no cânon bíblico tem origem em Gênesis 1—3 e avança em direção a seu objetivo final, em Apocalipse 21. Além disso, os dados e os acontecimentos de cada ciclo dentro das molduras canônicas de Gênesis 1—3 e Apocalipse 21 também devem ser considerados da perspectiva do ciclo que os antecede e que os segue. Essa perspectiva interpretativa se justifica com base no fato de que as Escrituras têm, em última instância, um único autor divino, o qual intencionalmente moldou esses ciclos conforme um padrão básico de "caos seguido de nova criação" de Gênesis 1, que foram postos um após o outro em uma relação interpretativa mútua.[79] A análise do AT a seguir se apoia em grande parte nessa premissa representada por essa conclusão.

Tabela 1.2
Ciclos da escatologia inaugurada na narrativa bíblica

caos da terra e das águas no Dilúvio	caos de opressão e pragas do Egito[a]	caos do exílio no deserto para a segunda geração	caos de opressão e destruição na terra de Israel e Exílio[b]	caos de opressão e destruição na terra de Israel como exílio contínuo[c]
nova criação	Êxodo e nova criação através do mar Vermelho[d]	êxodo e nova criação através do pequeno mar Vermelho (Jordão)	êxodo e nova criação por meio da volta do Exílio babilônico	nova criação ampliada na vida de Cristo (e depois em sua morte e ressurreição)
comissão de Noé como novo Adão para a glória divina[e]	comissão de Israel como Adão coletivo para a glória divina	comissão de Israel como Adão coletivo para a glória divina (repetição)	comissão de Israel prometida como Adão escatológico coletivo para a glória divina	comissão de Cristo como Israel/Filho do Homem ("Adão") escatológico para a glória de Deus
pecado do novo Adão	pecado de Israel (Adão coletivo) no episódio do "bezerro de ouro" e no deserto	repetição do pecado de Israel de Juízes até a destruição na terra[f] e o exílio na Babilônia	pecado de Israel na terra e perda do papel escatológico	Cristo como Israel escatológico e Último Adão resiste ao pecado

---

[79]Talvez a tabela acima devesse incluir mais ciclos, mas os que estão aí representados são os principais e mais completos. Quem sabe, um exemplo do padrão seja o episódio da torre de Babel seguido pela saída de Abraão do cativeiro idólatra em Ur e pela nova declaração da comissão adâmica (p. ex., em Gn 12.1,2). O judaísmo posterior também entende que a comissão de Abraão em Gênesis 12.1,2 representa o ato de Deus fazendo do patriarca uma nova criação semelhante à iniciada em Gênesis 1 (p. ex., veja *Midr. Tanḥ.* de Gn 3.5; 5.5; provavelmente também Rabá de Gn. 39.11; cf. *Midr. Tanḥ.* de Gn. 5.1). Isso se explica pelo fato de Gênesis 12.1-3 ser a reedição da ordem de Gênesis 1.28, agora dirigida a Abraão.

juízo e exílio pela terra em Babel	juízo e exílio no deserto para a primeira geração	juízo na terra e Exílio na Babilônia	juízo de exílio contínuo, embora Israel tivesse voltado à terra	exílio físico contínuo para o povo de Deus no mundo, apesar de já iniciada sua restauração espiritual

[a]Sobre esse assunto, veja Archie Lee, "Gen. 1 and the plagues tradition in Ps. 105", *VT* 40 (1990): 257-63. Lee defende que as pragas do Êxodo repetidas no salmo 105 representam uma descrição ou reversão dos elementos da Criação em Gênesis 1.

[b]Também Jeremias 4.23-28, em que se declara que a terra de Israel "era sem forma e vazia; também [...] o céu [...] não tinha luz", lugar onde habitavam as criaturas, "um deserto", uma "desolação" e "o céu [...] escurecido". Assim também Isaías 45.18,19 descreve a terra de Israel ou seu Exílio na Babilônia.

[c]Perceba que o "caos do exílio de Israel" se repete tanto como o último estágio de cada ciclo referente a Israel quanto como o primeiro estágio do ciclo seguinte de Israel, uma vez que ele consiste em juízo e contexto de onde surge a nova criação, seguindo o padrão de Gênesis 1.

[d]Veja em Dumbrell, *End of the beginning*, p. 167-71, uma análise dos temas da nova criação do primeiro Êxodo (p. ex., em Êx 15); veja Sabedoria 19.6; observe-se também *Pesiq. Rab Kah.* Piska 12.19, que retrata Deus dizendo a Israel no Sinai: "Eis que vos faço novos e vos mostro um tipo de garantia do mundo vindouro".

[e]Sobre os paralelos entre as águas do caos, a nova criação e Noé como novo Adão na narrativa do dilúvio de Noé em Gênesis 6—9 e Gênesis 1—3, veja, p. ex. Gage, *Gospel of Genesis*, p. 7-16. O judaísmo antigo também entendia como nova criação o novo mundo resultante do Dilúvio (*1En* 106.13; Filo, *Moisés* 2.64,65; cf. *Jub.* 5.12).

[f]Aqui está incluído o grave pecado de Jeroboão, que fez os bezerros de ouro em uma reprodução tipológica da primeira adoração do bezerro de ouro no Sinai; os dois atos são pecados coletivos que afetaram as gerações seguintes de Israel. Isso culmina, de forma definitiva, no juízo e Exílio do Israel do norte. O Israel do sul mais tarde seguiu a idolatria do povo do norte, o que também resultou em juízo e Exílio.

Esses padrões cíclicos mostram que houve movimentos do reino de Deus claramente inaugurados por uma nova criação seguidos de momentos críticos de caos em vários estágios no AT que, da perspectiva humana, poderiam ter atingido condições de consumação escatológica. Entretanto, essas condições definitivas e irreversíveis não se concretizaram por causa do pecado. Além disso, quando nos lembramos de que o caos da primeira criação teve fim quando Deus produziu uma criação ordenada, os posteriores juízos do Dilúvio, das pragas do Egito e da terra desolada de Israel podem ser entendidos como recapitulações do caos primordial que precede a nova criação.[80] Essa ordem não é apenas a organização adequada de realidades cósmicas criadas, mas também a ordem individual e social dos seres humanos.[81] A incapacidade do povo de Deus de cumprir o mandato adâmico nessas claras iniciativas de nova criação passou a ser, no registro bíblico, tipológica de uma nova criação que ainda viria, quando um Adão escatológico finalmente faria o que o primeiro Adão deveria ter feito.

---

[80]Sobre isso, veja Patrick D. Miller, "Creation and covenant", in: Steven J. Kraftchick; Charles D. Myers Jr.; Ben C. Ollenburger, orgs., *Biblical theology: problems and perspectives* (Nashville: Abingdon, 1995), p. 155-68; Robert R. Wilson, "Creation and new creation: the role of creation imagery in the book of Daniel", in: William P. Brown; S. Dean McBride Jr., orgs., *God who creates: essays in honor of W. Sibley Towner* (Grand Rapids: Eerdmans, 2000), p. 190-203. Observem-se também as descrições da Babilônia em Isaías 13.1-13 e de Edom em Isaías 34.1-15 como exemplos de juízo na forma de "descriação", que podem ser vistos também em outras passagens dirigidas a outras nações, incluindo Israel.

[81]Dumbrell, *Search for order*, p. 11.

Tabela 1.3
Fim da história como escatologia consumadora em Apocalipse 21

caos da destruição final dos céus e da terra
última nova criação
última comissão dos santos como Adão coletivo
último ato de resistência ao pecado pelos santos
última libertação do exílio para os santos

Portanto, não estou propondo um tema único ou central como a solução para a teologia do AT, mas, sim, um enredo em torno do qual concentram-se as principais linhas temáticas das narrativas e dos textos veterotestamentários. Embora essa abordagem hermenêutica para a literatura bíblica tenha se tornado popular entre os acadêmicos dos estudos bíblicos[82] e, consequentemente, tem sido até aplicada à elaboração de teologias bíblicas inteiras,[83] os antigos eruditos holandeses reformados já usavam a ideia de delinear a "narrativa histórico-redentora" de "Criação-Queda-restauração".[84] Também é importante lembrar que todos os credos e confissões antigos tinham uma trama estrutural básica de Criação, Queda, redenção e consumação. O modelo baseado em três aspectos, "pecado-exílio-restauração" de Israel, tem sido proposto mais recentemente como a estrutura de uma teologia bíblica,[85] bem como uma estrutura da Bíblia como drama em seis atos, cujo tema abrangente é o reino: (1) o estabelecimento do reino; (2) a rebelião; (3) o rei escolhe Israel — interlúdio: a história do reino aguarda o fim durante o período intertestamentário —; (4) a vinda do rei; (5) missão da mensagem do rei; (6) a volta do rei.[86] Como já ficou evidente pelo que expusemos antes, tanto o modelo de três partes quanto o de seis estão incluídos em nossa proposta, mas formam apenas alguns elementos de um padrão cíclico geral e maior da narrativa sagrada.

À luz do que acabamos de expor, minha formulação do enredo do Antigo Testamento é a seguinte: *O Antigo Testamento é o registro da ação de Deus, que restaura progressivamente*

---

[82]Veja as fontes citadas em Craig G. Bartholomew; Michael W. Goheen, orgs., *The drama of Scripture: finding our place in the biblical story* (Grand Rapids: Baker Academic, 2004), p. 215-6. Essa abordagem é usada, por exemplo, por N. T. Wright.

[83]Bartholomew; Goheen, *Drama of Scripture*; C. Marvin Pate et al., *The story of Israel: a biblical theology* (Downers Grove: InterVarsity, 2004).

[84]Veja, p. ex., Geerhardus Vos, *Biblical theology: Old and New Testaments* (Grand Rapids: Eerdmans, 1948). "História" não é um de seus termos favoritos, mas a noção de um "desenvolvimento orgânico e progressivo da revelação de Deus" é fundamental e está muito perto da ideia de um drama ou de uma narrativa que se desenrola. Veja tb. Vos, "The idea of biblical theology as a science and a theological discipline", in: Richard B. Gaffin Jr., org., *Redemptive history and biblical interpretation: the shorter writings of Geerhardus Vos* (Phillipsburg: P&R, 1980), p. 23, em que o autor se refere às Escrituras como "um livro de história, sem paralelos no interesse dramático e no estilo simples". Do mesmo modo, veja Vos, *The Pauline eschatology* (1930; reimpr., Grand Rapids: Baker Academic, 1979), p. 26, livro em que ele se refere à perspectiva escatológica dos textos de Paulo como um "drama". Veja uma avaliação da posição de Vos a esse respeito em Michael S. Horton, *Covenant and eschatology: the divine drama* (Louisville: Westminster John Knox, 2002), p. 237-8, 241-2. Veja uma aplicação mais prática desses conceitos na tradição holandesa reformada em S. G. de Graaf, *Promise and deliverance*, tradução para o inglês de H. Evan Runner; Elisabeth Wichers Runner (St. Catherines: Paideia, 1977-1981), 4 vols., vols. 1 e 2.

[85]Pate et al., *Story of Israel*. Nesse padrão triplo também se concentram as fontes citadas em J. Ross Wagner, *Heralds of the good news: Isaiah and Paul in concert in the Letter to the Romans*, NovTSup 101 (Leiden: Brill, 2001), p. 355, nota 39.

[86]Bartholomew; Goheen, *Drama of Scripture*.

do caos seu reino de nova criação sobre um povo pecador por sua palavra e seu Espírito, mediante promessa, aliança e redenção, o que resulta em uma comissão mundial dos fiéis para que promovam esse reino e o juízo (derrota ou exílio) aos infiéis para a glória de Deus. Em vez de me referir a essa definição como o "centro" do AT, prefiro considerá-la como a linha principal do enredo bíblico, composto de outras linhas secundárias unidas pela principal.

O reino da nova criação e sua expansão missionária formam provavelmente a principal plataforma para a realização da glória divina.[87] Por isso, na clássica divisão de quatro partes da narrativa bíblica como Criação, Queda, redenção e consumação, os últimos dois elementos são melhor reconsiderados como redenção por meio da nova criação e consumação dessa nova criação. Portanto, de acordo com essa formulação, a narrativa da Bíblia começa com a criação e termina com a restauração da criação. A última expressão do enredo, "para sua glória", é o objetivo e precisa ser examinada um pouco mais. Já vimos que o papel do primeiro Adão como rei à imagem de Deus tinha o propósito de refletir a gloriosa imagem divina por toda a terra — isto é, sua glória. Do mesmo modo, talvez devamos entender que a comissão de Noé como segundo Adão à imagem de Deus (Gn 9.6,7) tinha o mesmo propósito glorioso. Outros acontecimentos histórico-redentores importantes também têm como alvo a glória de Deus.

1. A libertação do povo de Israel do Egito devia redundar na gloriosa presença de Deus habitando entre esse povo no Tabernáculo (Êx 40.34-38).
2. Nos primórdios da monarquia pecaminosa de Israel ainda se exaltava o "grande nome" de Deus (1Sm 12.22).
3. A conquista definitiva de Canaã (2Sm 7.1-11), a confirmação do reino de Israel (2Sm 7.12-16) e a construção do Templo (2Sm 7.13,27) tinham como propósito "engrandecer o nome [de Deus] para sempre" (2Sm 7.26; com referência específica apenas ao templo, veja 1Rs 8.10-13,41-45).
4. O Exílio de Israel e a restauração prometida visavam ao "nome" e à "glória" de Deus (cf. Is 48.11 no contexto de 48.5-19).
5. A reconstrução de Jerusalém e do templo deviam ocorrer para a glória de Deus (Ag 1.8; 2.7-9; Zc 2.5,8-11).[88]

Por isso, o objetivo final dos vários episódios histórico-redentores significativos por toda a narrativa bíblica era a glória de Deus. Todos esses acontecimentos com objetivos gloriosos apontam para o glorioso objetivo dos últimos acontecimentos da história, em que Deus executará o juízo, efetuará a redenção e estabelecerá a nova criação eterna de modo definitivo. Nesse momento, a gloriosa presença de Deus dominará todas as partes do novo céu e da nova terra, e tudo o exaltará e o glorificará por seus atributos gloriosos manifestados por seus atos apoteóticos no *escathon*.

A expectativa reiterada da nova criação de um rei adâmico ao longo de todo o Antigo Testamento

Minha intenção aqui é apresentar um breve esboço de como entendo a ideia do rei adâmico da nova criação de Gênesis 1.26-28 formando o enredo central que é desenvolvido ao longo dos diversos livros do AT em diferentes graus de importância. Em várias etapas do AT, a máquina da nova criação é acionada mais uma vez, e sua expansão missionária parece ter

---

[87]Sobre esse aspecto, veja a seguir, no cap. 5, elaborações mais detalhadas sobre a natureza de um "enredo".
[88]Este panorama da glória divina se baseia em John Piper, *Desiring God: meditations of a Christian hedonist* (Portland: Multnomah, 1986), p. 227-35.

início, mas essa máquina enguiça e acaba quebrando definitivamente por causa do pecado. O que vem a seguir é apenas a direção para a qual creio que apontam as várias evidências dos livros do AT. O principal propósito desta seção é expor como entendo que o AT desenvolve o enredo cíclico, mas progressivo, que acabei de formular, a fim de compreendermos como ele se relaciona com o NT e seu desenvolvimento do mesmo enredo.

Pentateuco

Como vimos, o versículo de Gênesis mais reutilizado é a aplicação recorrente da comissão adâmica de Gênesis 1.28. A transmissão dessa expectativa é o principal fio de todo o livro. Apesar da oposição e desobediência da descendência fiel, continua viva a esperança de que uma futura descendência de Adão e dos patriarcas finalmente conseguirá cumprir o mandato de Gênesis 1.28.

Os demais livros do Pentateuco revelam que a primeira geração de Israel não foi fiel suficiente para cumprir a comissão. Êxodo narra a história de Deus tirando Israel do Egito para que esse povo fosse um "reino de sacerdotes" (Êx 19.6); no Sinai, Deus lhe dá um estatuto que estabelece as outras condições da comissão adâmica, mas Israel violou imediatamente esse estatuto, cometendo idolatria. O objetivo do livro de Êxodo era que a gloriosa presença de Deus habitasse no meio da nação, no Tabernáculo. Esse objetivo é atingido de forma imperfeita, uma vez que Moisés precisa usar um véu sobre o rosto para que a glória divina irradiada dele não atingisse o coração endurecido da maioria dos israelitas.[89] Apesar da realização do objetivo em Êxodo, Levítico explica as leis que Israel deve guardar a fim de ser puro e qualificado para adentrar o tabernáculo e aproximar-se da presença de Deus, portanto, em condições de ser um "reino de sacerdotes". Números menciona os diversos obstáculos que Israel precisou superar para chegar à Terra Prometida, onde a nação deveria agir como um Adão coletivo em um novo jardim do Éden. Deuteronômio dirige-se à segunda geração com as mesmas obrigações da primeira, e são os integrantes dessa geração que entram na terra da promessa, o novo Éden, de onde fluíam leite e mel. Como já observamos, vários textos do AT referem-se à Terra Prometida como "Éden" ou "jardim" porque Israel foi planejado para ser um Adão coletivo, que recebeu a ordem de cumprir a missão de Adão.

Josué, Juízes e Rute

Josué relata como a segunda geração entrou na terra e dela tomou posse. A posse da terra ou o juízo mediante opressão ainda na terra devidos, respectivamente, à obediência ou à desobediência torna-se o tema predominante, não somente em Josué, mas também no restante do AT (em que o juízo se manifesta como exílio). Nesse aspecto, a promessa aos patriarcas é muitas vezes mencionada, mas deve-se lembrar que isso faz parte do desenvolvimento da comissão de Gênesis 1.28 de dominar e sujeitar a terra.

O livro de Josué retrata Israel vivendo um êxodo em pequena escala (Js 3) e depois expulsando, de forma progressiva, os povos inimigos que viviam na terra. O livro termina com um tom bem positivo, reafirmando que "o Senhor lhes deu descanso [dos inimigos] de todos os lados" (21.44; 3.1) e que "nenhuma palavra falhou de todas as boas promessas que o Senhor havia feito à casa de Israel. Tudo se cumpriu!" (21.45 [23.14,15]). No entanto, é evidente que essas declarações têm de ser entendidas como indicadores não do cumprimento pleno das promessas, mas de que todas as promessas haviam começado a se cumprir. Isso pode

---

[89]Veja Scott J. Hafemann, *Paul, Moses, and the history of Israel: the letter/Spirit contrast and the argument from Scripture in 2 Corinthians 3*, WUNT 81 (Tübingen: Mohr Siebeck, 1995).

ser constatado quando se observa que nações inimigas ainda habitavam a Terra Prometida e representavam uma ameaça à completa posse dessa terra por Israel (23.12-16). Por isso, Josué adverte que, se Israel não fosse fiel, eles "perecerão rapidamente na boa terra que ele [o Senhor] tem vos dado" (23.16).

Em Êxodo, Levítico, Números, Deuteronômio e Josué há referências inequívocas ao início do cumprimento das promessas do fim dos tempos feitas aos patriarcas, sobretudo em relação à posse da terra, mas o cumprimento jamais atinge sua forma escatológica consumada por causa da desobediência da nação, já manifesta de modo incipiente no pecado de Acã e na incapacidade de Israel de expulsar todas as nações inimigas. Esse não cumprimento reflete o mesmo padrão de Gênesis 1—3, passagem em que Adão foi formado na primeira criação, recebeu a ordem de ser fiel, mas desobedeceu e não herdou as condições da bênção escatológica plena em um novo cosmo "completamente glorificado".

O livro de Juízes mostra o pecado embrionário, indicado brevemente em Josué, saindo de controle. O livro narra um padrão cíclico e recorrente de Israel: (1) pecar, (2) ser castigado com a opressão de uma potência inimiga da região e, em seguida, (3) ser libertado pelas mãos de um juiz levantado por Deus. O livro de Rute apresenta um retrato pessoal da vida em Israel nessa época: períodos eventuais de fome, exílio e bênção em que é preservada a linhagem que conduz à monarquia davídica.

O livro de Rute revela que, durante a última fase do período dos juízes, Deus estava supervisionando os acontecimentos para que seu plano de reinado davídico se concretizasse (veja Rt 4). Sua posição no cânon hebraico entre os "Escritos" posteriores ao retorno do Exílio pode indicar que a história de Rute era entendida como uma previsão de que Deus enviaria Israel para o Exílio, depois o libertaria e o restauraria de volta à terra, preservando também a linhagem de Davi a fim de estabelecer o novo rei davídico sobre Israel após a volta do Exílio.

Estabelecimento da monarquia em Israel em relação a Gênesis 1—3 (1 e 2Samuel e 1Reis)

O livro de 1Samuel narra a transição do governo dos juízes, que termina com Samuel e seus filhos, para a monarquia em Israel. A monarquia em si não era um mal (de acordo com Dt 17.14-20), principalmente porque, como já observamos, Deus havia colocado Adão como rei sobre a criação. Por isso, em face dos primeiros capítulos de Gênesis, podemos entender a monarquia como um passo de volta ao cumprimento da comissão de Gênesis 1.28. À semelhança de Adão, primeiro rei humano, Saul, o primeiro monarca, também foi desobediente. Seu reinado lhe foi tirado e entregue a Davi, a quem ele perseguiu. No início, Davi demonstrou as características de um rei fiel, esperando que Deus o estabelecesse no momento certo, embora tivesse tido várias oportunidades para matar Saul.

Depois da morte do rei Saul, o início promissor de um reinado bem-sucedido de Davi não se firmou, conforme os tristes relatos de 2Samuel (e 1Crônicas). O adultério com Bate-Seba e o assassinato de Urias indicam o início de sua derrocada, que começou com a rebelião de seu filho Absalão. Embora Davi tenha reconquistado seu reino, 1Reis 1 e 2 relata que Salomão, seu herdeiro eleito, iniciou o reinado apenas depois de uma tentativa de golpe para substituí-lo. Então, o reino de Israel chegou ao auge com Salomão, que conseguiu construir o templo profetizado e estabelecer as fronteiras de seu reino de modo mais amplo que os dois reis anteriores (1Rs 3—10 // 2Cr 1—9). A descrição da grandeza do reinado de Salomão tem mais paralelos literários com Gênesis 1.26-28 e seu contexto imediato do que com qualquer outra narrativa sobre reis israelitas. As afinidades entre o reino de Salomão e Gênesis 1—3 ocorrem provavelmente porque Salomão representa o ápice da monarquia israelita no AT, e assim também representa um paradigma do cumprimento das promessas e esperanças de Israel da repetida comissão registrada em Gênesis 1.28. Apenas alguns poucos paralelos não bastariam para estabelecer uma associação com Gênesis 1.26-28, mas o efeito cumulativo dos pontos de correspondência a seguir mostram esse vínculo.

(1) "A sabedoria [de Salomão] era maior que a de todos", mesmo que a de "todos os reis da terra" (1Rs 4.30,34) e é mencionada diversas vezes (14 vezes em 1Reis 2—11), sendo aplicada a ele mais do que a qualquer outro rei israelita. Assim, ele é considerado um tipo de rei adâmico, uma vez que Adão deveria ter sido perfeitamente sábio. Embora Gênesis 1 e 2 não seja explícito neste aspecto, Jó 15.7,8 é mais claro sobre a sabedoria de Adão: "Por acaso tu [Jó] és o primeiro homem a nascer? Foste criado antes dos montes? Ou ouviste o conselho secreto de Deus [como Adão ouviu]? E reservas a sabedoria só para ti [reservada a Adão nos limites do primeiro jardim]?"[90] De modo semelhante, Ezequiel 28.12,13 afirma que o Éden foi o primeiro lugar onde se achou sabedoria ("Tu eras o selo da perfeição, cheio de sabedoria e perfeito em beleza. Estiveste no Éden, jardim de Deus), mas tal sabedoria foi corrompida (Ez 28.17).[91] Chama atenção o fato de que, não por coincidência, o paralelo mais próximo de Ezequiel 28.12 ("cheio de sabedoria") seja 1Reis 7.14, texto em que Hirão foi contratado pelo sábio Salomão para ajudar na construção do Templo (Hirão era "cheio de conhecimento", embora observe-se os paralelos mais próximos, a maioria associada à construção do Tabernáculo: Êx 28.3; 31.3; 35.31,35; Dt 34.9).

Segundo Enoque [J] 30.11,12 parafraseia Gênesis 1.26,28 de modo surpreendente, aplicando a Adão o atributo da sabedoria: "E sobre a terra eu [Deus] designei-o [Adão] para ser um segundo anjo, honrado, grandioso e glorioso. E eu o designei para ser rei, para reinar [sobre] a terra, [e] para ter minha sabedoria" (assim tb. 4Q504, frag. 8, I:4-6). O judaísmo mais antigo atribui claramente a sabedoria a Adão em comparação com a realeza ou o reinado de Salomão. Filo afirma que a nomeação de todas as criaturas por Adão era sinal de "sabedoria e realeza", uma vez que "o primeiro homem era sábio com [...] sabedoria", e "acima de tudo, era rei" (*Criação* 148). No comentário do livro da Sabedoria acerca de 1Reis 3, Salomão é representado como alguém a quem Deus deu sabedoria (7.7), e isso é "uma imagem de sua bondade" (7.26). O rei havia recebido essa sabedoria em resposta à sua oração para que Deus lhe desse a sabedoria com a qual havia "formado o homem para ter domínio sobre as criaturas que criaste" (9.2-4) e pela qual ele poderia ser "orientado" para "julgar [...] e [...] ser digno do trono" de seu pai (9.10-12). Embora "o primeiro homem não a [sabedoria] conhecesse perfeitamente" (Eo 24.28), foi exatamente essa sabedoria que "protegeu o primeiro pai formado do mundo, quando somente ele havia sido criado; ela o livrou de sua transgressão e deu-lhe forças para dominar todas as coisas" (Sb 10.1,2). Então, segundo Sabedoria de Salomão, essa mesma sabedoria guiou Noé (10.4), Abraão (10.6), Jacó (10.10-12 [em associação com o "reino" de Deus e com a "vitória" do patriarca]), José (10.13,14 [a sabedoria "lhe trouxe o cetro de um reino e de autoridade"]) e Israel no Êxodo do Egito e na peregrinação pelo deserto (10.15—11.14).

Essas antigas ideias judaicas provavelmente formavam parte da matriz para entender Adão no início do cristianismo e parecem ser interpretações possíveis do próprio trecho de Gênesis 1—3. "A árvore do conhecimento [ou 'discernimento'] do bem e do mal" (Gn 2.17) parece

---

[90]Veja a discussão desse texto em seu contexto em Dexter E. Callender Jr., *Adam in myth and history: ancient Israelite perspectives on the primal human*, HSS 48 (Winona Lake: Eisenbrauns, 2000), p. 137-76.

[91]É muito provável que a versão de Ezequiel 28.14,16 na LXX considere Adão o ser glorioso que havia "caído": "Desde o dia em que foste criado estiveste com o querubim" (v. 14 [assim como a Peshitta siríaca]); "tu pecaste; portanto, foste lançado ferido do monte de Deus [onde estava o Éden]" (v. 16). Para a ideia de que o texto hebraico de Ezequiel 28.14 se refere a Adão (i.e., "tu estavas com o querubim ungido que cobre"), veja Callender, *Adam in myth and history*, p. 87-135, e veja tb. a seguir caps. 11 (na seção "Gênesis 1—3 e a idolatria") e 18 (na seção "A comissão de Adão como rei-sacerdote para governar e expandir o templo é transmitida aos patriarcas"). Veja tb. logo a seguir *2En* [J] 30.11,12, que também se refere a Adão como "anjo".

estar associada com a sabedoria, o que é confirmado explicitamente por Gênesis 3.6 ("a árvore era desejável para dar entendimento" [veja tb. 3.5,22]). Assim, a sabedoria está diretamente ligada a Adão e Eva no jardim. A sabedoria atribuída a Salomão parece semelhante à que Adão teve, uma vez que ela estava relacionada ao conhecimento da maneira que a criação funciona: "como o mundo foi feito, e o funcionamento dos elementos [...] as alterações dos movimentos solares e a mudança das estações [...] posição das estrelas; a natureza dos seres vivos [...] a violência dos ventos [...] a diversidade das plantas e as virtudes das raízes; e todas as coisas como essas, secretas ou manifestas" (Sb 7.17-21).

(2) A sabedoria em 1Reis está diretamente associada ao conhecimento que Salomão tinha sobre "plantas, desde o cedro [...] até o hissopo" (4.33). Seria isso reminiscente da atmosfera do jardim do Éden, do qual Adão teria profundo conhecimento? Isso é indicado quando se observa que, apenas dois capítulos adiante, há repetidos registros de que Salomão construiu todo o Templo (6.2,9,12,14), e se diz várias vezes que ele construiu algumas partes específicas do templo como um jardim, incluindo "botões [...] e flores abertas" esculpidos nas paredes de "cedro" do Lugar Santo (6.18).[92] Do mesmo modo, afirma-se que ele "entalhou todas as paredes ao redor do templo com querubins, palmeiras e flores abertas" (6.29) e fez "portas de madeira de oliveira" e "duas portas eram de madeira de cipreste" com as mesmas figuras entalhadas (6.31-35).

É provável que essas figuras de árvores e plantas tivessem o propósito de remeter às mesmas imagens do jardim do Éden, associando, portanto, a menção do vasto conhecimento botânico de Salomão com o conhecimento de Adão e com as árvores do Éden (bem como com o querubim que ficava na entrada do Éden [Gn 3.24]). De fato, muitos outros aspectos do Templo de Salomão remetiam a aspectos do Éden (que aqui não podem ser analisados em detalhes por causa das limitações de espaço). Por exemplo, observe-se que, em 1Reis 7, as imagens relacionadas ao jardim dos lírios e das romãs são projetadas no alto das colunas do templo (v. 18,19,22), as flores de lírio na borda do mar de bronze e os botões abaixo da borda (v. 24-26), entalhes de "querubins, leões e palmeiras" nos dez suportes (v. 36) e nos dez castiçais (v. 49 [feitos de acordo com o modelo de flores de amêndoas, de acordo com Êx 25.31-40]); veja também 1Reis 10.12 e 2Crônicas 9.11 sobre a madeira de sândalo usada nas fundações do templo.[93]

O conhecimento botânico de Salomão e a sabedoria para aplicá-lo iam além do Templo. Ele também era um exímio jardineiro e tornou "os cedros" tão comuns "quanto os sicômoros" (1Rs 10.27). Salomão escreve: "... plantei vinhas [...] fiz jardins e pomares, e plantei neles árvores frutíferas de todas as espécies" e fiz "reservatórios de água [...] para irrigar os bosques verdejantes" (Ec 2.4-6).[94] Durante o reinado de Salomão, todo o Israel "habitava seguro, cada um sob a sua videira e a sua figueira" (1Rs 4.25), e isso traz à memória a segurança do jardim do Éden. A primeira ocorrência de "figueira" é em Gênesis 3.7, e o crescimento saudável da "videira e da figueira" é indicador de bênção (2Rs 18.31; Jl 2.22), sobretudo de natureza escatológica, quando se diz que cada um "se assentará debaixo de sua videira e de sua figueira" (Mq 4.4; Zc 3.10).

Será que a menção de ouro e pedras preciosas em associação com a grandeza e a majestade do reino de Salomão poderia ser um eco de "ouro [...] bdélio e o ônix" do Éden (Gn 2.11,12)? A repetição da menção ao ouro no reinado de Salomão (mais de trinta vezes) é maior que em

---

[92]É claro que foi de fato Hirão de Tiro, cheio de "conhecimento, habilidade e competência", quem fez toda a obra em "bronze" (1Rs 7.13,14) e é possível que ele ou também outros tenham esculpido outros materiais (à luz de 2Cr 2.13,14 e em analogia com Êx 28.3; 31.3; 35.31). Entretanto, a obra como um todo é atribuída a Salomão no sentido de que ele foi o principal supervisor que dirigiu sabiamente a construção de todo o complexo do Templo.

[93]Sobre isso, veja mais em Beale, *Temple*, p. 66-80.

[94]Com base na premissa de que Salomão é o narrador.

qualquer outra narrativa do AT, com exceção de Êxodo. Isso é compreensível, uma vez que Êxodo 25—40 (a exemplo de Nm 7 e 8) e 1Reis 6—10 (// 2Cr 2—9)⁹⁵ registram respectivamente a construção do Tabernáculo e do Templo, e alguns estudiosos veem nessas passagens desenvolvimentos alusivos da concepção que Gênesis apresenta do Éden como o primeiro santuário,⁹⁶ onde também se achavam ouro e pedras preciosas. O fato de Salomão ter revestido de ouro as duas portas de madeira entalhadas de "querubins, de palmas e de flores abertas" associa de modo mais direto o ouro com aspectos claramente edênicos (1Rs 6.32; também 6.35). Os dez castiçais também foram revestidos de ouro (1Rs 7.49) juntamente com suas flores (2Cr 4.20,21), o que alguns estudiosos também consideram ser uma evocação da árvore da vida do Éden.⁹⁷ A repetição da referência ao ouro vai além da descrição do templo e se aplica a outros aspectos do reino de Salomão. A prata era tão comum naquela época que "não tinha valor algum" (1Rs 10.21 // 2Cr 9.20 [cf. 1Cr 22.14]); na realidade, Salomão "tornou o ouro e a prata tão comuns [...] como as pedras" (2Cr 1.15).

(3) Salomão ora pedindo "um coração entendido para julgar [...] para discernir com sabedoria entre o bem e o mal" (1Rs 3.9 [cf. 3.28]), o que não só reflete sua grande sabedoria, mas também parece remeter à "árvore do conhecimento [ou discernimento] do bem e do mal" (Gn 2.9), da qual Adão e Eva foram proibidos de comer (Gn 2.17; 3.5,22). Os comentaristas não são unânimes quanto ao significado dessa árvore, mas a abordagem mais promissora explica o sentido da árvore definindo o uso da expressão "conhecer/discernir o bem e o mal" em outras passagens do AT. Em outros textos, a expressão se aplica a personagens em posições de juízo ou governo (2Sm 14.17; 19.35; 1Rs 3.9; Is 7.15,16).⁹⁸ Nesse sentido, parece que a árvore do Éden funcionou como árvore de julgamento, o lugar para onde Adão deveria ter ido para discernir entre o bem e o mal, portanto onde deveria ter julgado e considerado a serpente má e pronunciado condenação sobre ela assim que ela entrou no jardim.⁹⁹ Em outras passagens do AT, árvores também eram lugares em que se enunciavam sentenças (Jz 4.5; 1Sm 22.6-19; cf. 1Sm 14.2). Por isso, é provável que 1Reis 3.9 seja mais uma forma de representar Salomão como personagem adâmico.

(4) Adão tinha habilidade para designar nomes que definissem os animais: "O nome que o homem desse a cada ser vivo, esse seria o nome deles. Assim o homem deu nomes a todo o gado, às aves do céu e a todos os animais do campo" (Gn 2.19,20). Da mesma forma, Salomão foi um mestre sábio na definição proverbial de "animais, aves, répteis e os peixes" (1Rs 4.33). Essa expressão de quatro partes dos seres viventes da terra aparece no AT somente em Gênesis 1.26; Deuteronômio 4.17,18; 1Reis 4.33.¹⁰⁰ Na realidade, é provável que 1Reis 4.33 seja alusão a Gênesis 1.26 (talvez também a Gn 2.19,20), uma vez que o texto de Deuteronômio diz respeito a determinadas partes da criação que são transformadas em objetos de idolatria, e Gênesis 1.26 é mais bem comparado a 1Reis, referindo-se a Adão como rei que domina sobre a criação. (Mas é provável que o texto de Deuteronômio faça alusão a Gn 1.26: os seres humanos foram criados para refletir a imagem de Deus e adorá-lo, mas pecaram criando deuses

---

⁹⁵Veja tb. 1Crônicas 28 e 29, em que a palavra "ouro" se repete em associação com Davi, que preparou o material para o templo a ser construído por Salomão.

⁹⁶Sobre isso, veja mais em Beale, *Temple*, p. 66-80.

⁹⁷A esse respeito, veja ibidem, p. 70.

⁹⁸Veja uma discussão desses usos em minha análise de Gênesis 1—3 no início deste capítulo (em "O plano de ampliação das bênçãos para Adão em seu estado anterior à Queda").

⁹⁹Veja esp. Kline, *Kingdom prologue*, p. 103-7, e minha discussão anterior em "O plano de ampliação das bênçãos para Adão em seu estado anterior à Queda".

¹⁰⁰Veja tb. Gênesis 1.28 na LXX. Compare as passagens de Gênesis 9.2; Ezequiel 38.20 (embora o texto hebraico traga "seres viventes" [$ḥayyâ$], em lugar de "fera" [$bĕhēmâ$]); Gênesis 7.14,21.

segundo a imagem de coisas criadas.) A informação de que "macacos e pavões" (1Rs 10.22; 2Cr 9.21) eram produtos cada vez mais comuns importados por Israel pode também reforçar a associação zoológica com o Éden, bem como a menção de "cavalos e mulas" em grande número (1Rs 10.25; 2Cr 9.24). Isso é corroborado pela informação de que muitos "bois engordados [...] ovelhas, além de veados, gazelas, cabras selvagens e aves engordadas" faziam parte da alimentação diária da mesa real de Salomão (1Rs 4.23), indicando que esses animais eram comuns em Israel naquele tempo.

(5) Essas características adâmicas são assimiladas por Salomão mais do que qualquer outro rei israelita provavelmente porque, durante um tempo, ele esteve na condição de maior rei de Israel (1Rs 4.21,24; cf. 1.47) e maior que os reis da terra (1Rs 4.34; 10.23). Também é possível ver um eco de Gênesis 1.26 ("domine [...] sobre a terra") na descrição da sabedoria e do domínio de Salomão: "Assim, o rei Salomão excedeu a todos os reis da terra [...] Todo o mundo procurava visitar Salomão" (1Rs 10.23,24).[101] Apesar da restrição geográfica, também se lê que "Salomão governava sobre todos os reinos" e "governava [*rdh*, como em Gn 1.26,28] sobre toda a região" (1Rs 4.21,24). Em correlação com o domínio em grande escala de Salomão, no mesmo contexto imediato, observa-se o tamanho em grande escala de Israel: "O povo de Judá e de Israel era tão numeroso como a areia da praia" (1Rs 4.20), uma alusão à promessa feita a Abraão, a qual, como já vimos, desenvolve a comissão de Gênesis 1.28.[102] Do mesmo modo, 1Reis 3.8 (uma alusão a Gn 15.5; 22.17) refere-se a Israel como "povo grande, que nem se pode contar, nem numerar, de tão grande que é". Juntamente com a cooperação mundial de seu reino, Salomão é "abençoado" (1Rs 2.45; 8.66; implícito em 10.9), um aspecto linguístico igualmente central em Gênesis 1.26-28.

Existem também vínculos com Gênesis 1.28 na narrativa davídica de Crônicas e dos textos paralelos de 2Samuel, embora de modo menos explícito. Em relação direta com os preparativos para a construção do templo por Salomão em 1Crônicas 29.10-12, Davi louva a Deus:

> Ó Senhor [...] bendito és tu [...] tua é a grandeza, o poder, a glória, a vitória e a majestade, porque tudo quanto há no céu e na terra é teu. Ó Senhor, o reino é teu [...] tu te exaltaste como chefe sobre todos [...] na tua mão está a exaltação e o fortalecimento.

Davi usa termos sinônimos aos de Gênesis 1.28 para louvar a Deus, pois é ele quem "exalta e fortalece" para que seus vice-regentes humanos governem sob o comando dele. Depois, Salomão é designado nos versículos seguintes como exemplo *par excellence* de vice-regente: "Assim, Salomão se assentou como rei no trono do Senhor. [...] O Senhor exaltou muito a Salomão [...] e deu-lhe tal majestade real como nenhum rei teve antes dele em Israel" (1Cr 29.23-25). Talvez não seja por acaso que, alguns versículos antes, Davi se refira de modo explícito à identificação da nação com os patriarcas: ele pede ao "Deus de nossos pais Abraão, Isaque e Israel" que preserve santos os desejos do povo e que dê "a meu filho Salomão um coração íntegro para guardar os teus mandamentos [...] e construir o templo para o qual tudo preparei" (1Cr 29.18,19).

Salomão concluiu as atividades de preparação dos alicerces iniciadas por seu pai: "Então Salomão começou a construir a casa do Senhor em Jerusalém, no monte Moriá" (2Cr 3.1). Em 2Samuel 7 (// 1Cr 17), a necessidade de construir um templo (v. 2-13) está intimamente ligada aos seguintes aspectos de Gênesis 1.28: (1) dominar e sujeitar (v. 9-16) e (2) uma bênção ao rei vice-regente de Deus (v. 29). Portanto, também não seria inesperado que 2Samuel 7.9,

---

[101] A primeira expressão de 10.23 repete a de 4.34, que, como vimos, está claramente relacionada à alusão de Gênesis 1.26 dos quatro tipos de seres criados em 4.33.

[102] Gênesis 22.17,18; 32.12; Jeremias 33.22; a última passagem associa a promessa patriarcal ao reinado de Davi (assim como faz 2Cr 1.9); cf. 2Samuel 17.11; Isaías 10.22, que são descrições mais breves, embora provavelmente remetam a Gênesis 22.17.

"tornarei tão famoso", fosse uma alusão a Gênesis 12.2: "Engrandecerei teu nome", texto que faz parte do desenvolvimento de Gênesis 1.28. Por isso, é natural que o propósito geral esteja vinculado ao "descanso" dos inimigos que Deus daria ao rei de Israel (2Sm 7.1,11). Em relação a Gênesis 1.28, 1Crônicas 17.9-11 é mais explícito ainda: "... e ali os [Israel] plantarei. [...] E subjugarei todos os teus inimigos [a LXX acrescenta 'Farei com que aumentes'] [...] e estabelecerei o seu reino", seguido pela bênção que se repete: "Agora, conforme a tua vontade, abençoa a família do teu servo, para que subsista para sempre diante de ti. Porque o que tu abençoas será abençoado para sempre" (1Cr 17.27).

(6) Por último, Salomão, mais do que qualquer outro rei (exceto talvez Davi), é retratado em função sacerdotal, o que remete ao retrato de Adão como rei-sacerdote.[103] Ele ordena aos sacerdotes que levem a arca para o novo templo (1Rs 8.1-6), abençoa todo o Israel no átrio do templo (1Rs 8.14,55) e ora "diante do altar" (1Rs 8.22-54) em favor de todo o povo como um mediador representativo (2Cr 6.13,21-42). O supremo propósito de sua oração de dedicação do Templo é que ele, na condição de rei, e Israel, como nação, fossem mediadores sacerdotais (cf. Êx 19.6), "para que todos os povos da terra saibam que o Senhor é Deus; não há outro" (1Rs 8.60). Suas numerosas ofertas sacrificiais se destacam entre todas as outras (1Rs 8.62-64; 9.25) talvez porque também reforçavam sua aura sacerdotal. O fato de ele também ter designado "os turnos dos sacerdotes para o seu serviço" e "os levitas para [...] ministrarem" no templo intensifica ainda mais sua associação com o sacerdócio (2Cr 8.14,15).

Salomão estava seguindo a tradição de Davi, que atuou essencialmente como sacerdote, apesar de jamais ter sido identificado assim. Quando levou a arca para Jerusalém, ele estava "vestindo um colete de linho" (2Sm 6.14), peça do vestuário cerimonial exclusiva dos sacerdotes (1Sm 2.18,28; 14.3; 22.18; 1Cr 15.27).[104] Ele também oferecia sacrifícios (2Sm 6.13,17; 24.25). Além disso, no auge de seu reinado, os mais altos oficiais do reino são mencionados, entre eles Zadoque e Aimeleque, que eram "sacerdotes" (kōhănîm), e os filhos de Davi, que eram "ministros principais" (kōhănîm) (2Sm 8.15-18).[105] Apesar de Salomão ainda não ter nascido, parece que algum aspecto importante da função sacerdotal fazia parte do reinado davídico e salomônico. Isso era comum no antigo Oriente Próximo, em que reis egípcios e assírios também eram considerados sacerdotes de seus deuses.[106]

Assim como no caso da conquista da terra por Israel em Josué, também no fim do relato do auge da monarquia israelita com Salomão, 1Reis 8.56 afirma que o reinado de Salomão e a construção do Templo se deram "segundo tudo o que ele [Deus] prometeu; não falhou nenhuma de todas as suas boas promessas que anunciou por meio de Moisés, seu servo".[107]

---

[103]Veja em Beale, *Temple*, p. 66-93, o argumento de que Adão era um rei-sacerdote, além de outras evidências do antigo Oriente Próximo que confirmam essa ideia. Mais tarde descobri que John A. Davies (em "Solomon as a new Adam in 1 Kings", *WTJ* 73 [2011], p. 39-57) também argumenta que Salomão é retratado em 1Reis como uma figura adâmica, a exemplo do que faço aqui e anteriormente.

[104]"Colete de linho" é uma expressão que aparece mais 29 vezes no AT, além da ocorrência em 2Samuel 6.14, e está sempre associada ao vestuário sacerdotal.

[105]Algumas traduções referem-se aos filhos de Davi como "ministros principais", em um provável sentido político, mas a palavra hebraica que os define é *kōhēn*, que ocorre cerca de 770 vezes no AT e sempre se refere a sacerdotes. É quase provável que aqui o sentido seja o mesmo (agradeço a meu aluno D. Lincicum a pesquisa sobre esse aspecto e sobre o colete sacerdotal).

[106]Veja Henri Cazelles, "Sacral kingship", in: *ABD* 5:863-4; Jeremy Black, "Ashur (god)", in: Piotr Bienkowski; Alan Millard, orgs., *Dictionary of the ancient Near East* (Philadelphia: University of Pennsylvania Press, 2000), p. 36. Agradeço a Christopher A. Beetham por indicar essas fontes e pelas observações sobre as funções sacerdotais de Davi e de seus filhos (a esse respeito, veja, de sua autoria, *Echoes of Scripture in the Letter of Paul to the Colossians*, BIS 96 [Leiden: Brill, 2008], p. 223).

[107]Também 1Reis 8.20,24,56. As promessas incluíam a posse da terra, a segurança nela e o culto no Templo (Dt 12.9-11), cuja construção também foi profetizada (Êx 15.17,18).

Não se trata de mero cumprimento de profecias sobre um reino e um templo; à luz dos vínculos com Gênesis 1 e 2, isso também é a concretização de um reino e de um templo no que parecia ser uma nova criação que surgia. E, como em Josué, embora tenha havido uma ampliação do cumprimento de profecias do reinado e do templo israelita (ainda mais com Salomão), esses cumprimentos não se consumaram. A história posterior revela a ausência de consumação porque tanto Salomão quanto Israel pecaram, o que trouxe não a melhoria das condições para uma nova criação onde habita a justiça perfeita, mas as consequências danosas da divisão do reino e do reinado israelita, da destruição do Templo e do esfacelamento da nação no Exílio. Além disso, tanto a profecia de Moisés em Êxodo 15.17,18 quanto a promessa de Deus em 2Samuel 7.10-16 (desenvolvimento que alude à passagem de Êx 15) afirmam que o reino e o templo serão estabelecidos "para sempre",[108] o que não aconteceu com Salomão. O não cumprimento pleno é indicado também pelo modo condicional com que ele é expresso (1Rs 2.4; 8.25; 9.1-9), bem como pela observação, semelhante à de Josué, de que em Israel ainda havia gente remanescente das nações inimigas, "que os israelitas não haviam conseguido destruir totalmente" (1Rs 9.21). Por isso, o propósito de enfatizar que Deus havia cumprido todas as promessas é ressaltar que o cumprimento inicial dessas promessas havia começado, mas não sua consumação. Essa ausência de consumação no reinado de Salomão significa que ele se torna um protótipo do verdadeiro rei escatológico que viria, aquele que obteria as bênçãos mais amplas e consumadas que Salomão não conseguiu obter (cf. Mt 12.42).

Desintegração e corrupção da monarquia em Israel (1 e 2Reis)

De 1Reis 11 até 2Reis (// basicamente de 2Cr 10—36) temos a narrativa da desintegração imediata da monarquia de Israel. A derrocada pecaminosa de Salomão dá início ao relato de 1Reis 11, embora o começo dela ocorra provavelmente no capítulo 10, que menciona a proliferação de prata, ouro e cavalos, o que contrariava a descrição do rei israelita ideal de Deuteronômio 17. A deterioração aumenta com a divisão da monarquia entre o sul e o norte de Israel e o comportamento pecaminoso dos monarcas, muitas vezes seguido de juízo. O governo justo dos reis durante esse período era exceção, e não a regra.[109]

A literatura de sabedoria de Israel em relação à monarquia e à nova criação

Parece que a chamada literatura de sabedoria do AT se harmoniza melhor, em diferentes graus, com o paradigma de Salomão como uma espécie de sábio ideal e figura real adâmica.[110] A maior parte de Provérbios é atribuída a Salomão, o que reforça sua importância como símbolo do homem sábio na tradição de Adão. Outros também escreveram partes de

---

[108]Às vezes a palavra hebraica 'ôlām tem o sentido de um longo tempo ou um período "eterno". Apesar das divergências, a palavra em 2Samuel 7.13,16 refere-se mais a uma época eterna por causa de seus vínculos com os propósitos escatológicos do Éden desenvolvidos com os patriarcas e dos vínculos com o templo e o reino escatológicos posteriormente no AT e no NT (veja, p. ex., Hb 1.5; de modo semelhante, At 2.30; 13.23); a esse respeito, veja mais em Beale, *Temple*, p. 66-121.

[109]P. ex., Asa (1Rs 15.11-15), Josafá (1Rs 22.41-44), Ezequias (2Rs 18—20) e Josias (2Rs 22 e 23); este foi maior que Salomão no exercício da justiça.

[110]Veja Christopher B. Ansberry, *Be wise, my Son, and make my heart glad: an exploration of the courtly nature of Proverbs*, tese de doutorado (Wheaton College Graduate School, 2009). Ansberry sustenta que Provérbios é basicamente um documento "palaciano" dirigido ao rei israelita e aos membros da corte, ressaltando em especial que o rei e outros líderes de sua corte deviam ser modelos da vida segundo a Torá e representantes ideais de Yahweh para o povo. Essa proposta se harmoniza bem com minha afirmação de que Salomão é retratado em Provérbios como um personagem régio ideal e sábio.

Provérbios e manifestam a ideia de que o próprio Israel deve ter desempenhado sua função como um Adão sábio e coletivo.

Cântico dos Cânticos, também atribuído a Salomão ou escrito para ele (Ct 1.1; 3.7-11), harmoniza-se muito bem com a ideia de que o livro retrata o relacionamento conjugal ideal e a unidade que Adão e Eva deveriam ter vivenciado no primeiro jardim como rei e rainha da terra. As repetidas figuras hiperbólicas do Éden e as alusões específicas a Gênesis 1—3 constituem uma forma atraente de considerar o livro. Entre essas alusões em Cântico dos Cântico dos Cânticos estão "o desejo dele [do marido] é por mim", em 7.10, que remete a uma parte da maldição de Gênesis 3.16, onde "o teu [da mulher] desejo será para o teu marido" (veja tb. Gn 4.7), e pode ser retratada aqui como uma reversão; "quando sopra a brisa do dia" em Cantares 2.17; 4.6 (= Gn 3.8); correntes de água que descem de um jardim sobre uma colina ou montanha em 4.15 (= Gn 2.10 // Ez 28.13,14; 40.2; 47.1-12); o corpo do rei revestido de pedras preciosas, ouro, berilo e lápis-lazúli em 5.14,15 corresponde de maneira singular à descrição de outro rei no AT que aparece no jardim do Éden (Ez 28.13), talvez Adão, assim identificado de forma explícita na LXX em Ezequiel 28.14.[111] As figuras de um jardim relacionadas ao ambiente do livro e ao próprio casal de protagonistas pode ser fruto de uma simples associação do amor com a fertilidade da estação da primavera, a exemplo do que pode ser visto em outros gêneros românticos do antigo Oriente Próximo, mas as imagens de Cântico dos Cânticos podem também refletir a intenção do autor de estabelecer ligações com o amor do primeiro casal de marido e mulher do primeiro jardim.[112]

O livro de Eclesiastes reflete acerca da natureza fragmentada da realidade terrena, o que às vezes frustra os esforços dos justos, que procuram cumprir seu chamado adâmico, e recompensa as ações pecaminosas dos ímpios, que assim conseguem prosperar. O livro chama essa condição de "vaidade", uma consequência da Queda (cp. 3.20; 12.7 com Gn 3.19). Embora Deus tenha criado os seres humanos "justos", as inclinações pecaminosas deles introduziram a vaidade no mundo (cp. 7.29 com Gn 1.27). Salomão é apresentado como o homem mais sábio de sua época, o rei por excelência, mas ele conclui que até essa sabedoria régia no fim das contas é ilusória (1.16-18; 2.9-11). Desse modo, a Queda continuou frustrando o empenho dos reis humanos em cumprir o mandato dado ao primeiro homem no Éden. O livro, entretanto, afirma que o trabalho, a comida e o casamento são boas dádivas de Deus, que podem ser desfrutadas em meio à ilusão da vida (2.24,25; 5.18-20; 8.15—9.1; 9.9). Ademais, o livro afirma que Deus é soberano sobre todos os acontecimentos (sejam bons ou maus da perspectiva humana), e a suprema esperança se expressa como recompensa para os que temem a Deus e como juízo para os que não o temem (3.1-18; 12.11-14).

Jó e Eclesiastes desenvolvem uma polêmica contra a sabedoria popular sobre como o cosmo funciona: em oposição à ideia de que o sofrimento sempre é indicador de punição pelo pecado, o plano soberano de Deus pode causar sofrimento por outras razões, como pôr à prova os fiéis e justificar o próprio caráter de Deus, ao mostrar que os verdadeiros crentes

---

[111] A respeito dessa questão, veja a nota anterior sobre Ezequiel 28 na seção "Estabelecimento da monarquia em Israel em relação a Gênesis 1—3 (1 e 2Samuel e 1Reis)". Contudo, as passagens de Êxodo 28.17-20; 39.10-13 também mencionam pedras preciosas no peitoral do sumo sacerdote, o que pode indicar que a figura em Ezequiel 28 também é de natureza sacerdotal.

[112] Sobre esse tema, veja ainda Dumbrell, *Faith of Israel*, p. 282-3; de modo semelhante, Albert H. Baylis, *From creation to the cross: understanding the first half of the Bible* (Grand Rapids: Zondervan, 1996), p. 265; Francis Landy, "The Song of Songs", in: Robert Alter; Frank Kermode, orgs., *The literary guide to the Bible* (London: Collins, 1987), p. 318 [edição em português: *Guia literário da Bíblia* (São Paulo: Unesp, 1997)]; ibidem, *Paradoxes of paradise: identity and difference in the Song of Songs*, BLS 7 (Sheffield: Almond, 1983), apesar de muitos dos argumentos favoráveis à existência de paralelos serem apenas sugestões que não convencem plenamente.

continuam confiando em Deus mesmo quando não recebem bênçãos deste mundo.[113] Os dois livros também se concentram na sabedoria como o conhecimento acerca da maneira que o cosmo funciona sob a direção da providência divina. Sobre isso, Jó é indagado várias vezes se conhece, assim como Deus, as operações internas do cosmo, o que ressalta a incapacidade da sabedoria humana em contraste com a de Deus (Jó 36.24—42.6).

De modo geral, não há temas histórico-redentores na literatura de sabedoria (exceto em Salmos), uma vez que esse gênero reflete acerca da harmonização que deveria ser visível nas ordens das estruturas criadas, tanto vivas quanto inanimadas. Usando ao máximo a capacidade que Deus lhes deu, os seres humanos precisam adquirir sabedoria suficiente sobre essas estruturas para viver da maneira mais harmoniosa possível com elas.[114]

Os salmos são geralmente classificados como parte da literatura de sabedoria, mas se distinguem porque falam muitas e reiteradas vezes sobre as libertações e os juízos histórico-salvíficos específicos na história de Israel, bem como de libertações e juízos escatológicos. O livro de Salmos está dividido em cinco livros menores (Sl 1—41; 42—72; 73—89; 90—106; 107—150).[115] As principais ênfases temáticas do fim e do início de cada livro fornecem o principal indicador do tema central de cada um e, quando vistas em conjunto, de todo o Saltério.

A primeira observação é que a maioria desses salmos de início ou de fim trata do governo de Deus por meio dos reis de Israel. Os salmos 1 e 2 são, provavelmente, mais bem analisados como uma introdução não somente dos primeiros livros, mas também de todo o Saltério. Eles focalizam temas distintos, mas entre eles há paralelos que revelam uma unidade clara (a falta de uma epígrafe antes do salmo 2 talvez reforce essa característica). O salmo 1 fala da relação do indivíduo com Deus, e o salmo 2 discorre sobre o plano histórico-redentor de Deus para estabelecer seu "filho" como rei sobre a terra; ambos concluem ressaltando o juízo do indivíduo (1.6b; 2.12). A tabela 1.4 apresenta os paralelos não só linguísticos, mas também conceituais.

Tabela 1.4

Salmo 1	Salmo 2
1.1,2: "Bem-aventurado o homem [cujo] [...] prazer está na lei do Senhor".	2.12c: "Bem-aventurados todos os que se refugiam nele".

O salmo 2 termina de modo semelhante ao início do salmo 1, formando assim uma bela *inclusio* literária como introdução geral para todo o Saltério, concentrando-se na bênção dos que temem a Deus. Essa *inclusio* é reforçada por outro paralelo: aquele que "se detém no caminho dos pecadores" (1.1b) "perecerá" nesse "caminho" (1.6b); essa ideia é reiterada em 2.12b: os que provocam a ira do "filho" "perecerão no caminho". Assim, os salmos 1 e 2 terminam da mesma forma. Aquele que "anda no conselho dos ímpios" e "se detém no caminho dos pecadores" (1.1) será identificado com "os reis da terra" que "se levantam e [...] tomam conselho unidos contra o Senhor e seu ungido" (2.2 [embora as palavras no hebraico não sejam as mesmas]). Em contraste com o homem consagrado, que medita na lei de Deus (1.2b), o ímpio medita em coisas vãs (2.1b). O justo tem prazer em se submeter à lei de

---

[113]Dumbrell, *Faith of Israel*, p. 284-94.

[114]Ibidem, p. 253.

[115]Essa divisão em cinco livros não é indicada no AT, mas pode ser encontrada na literatura judaica e nas traduções modernas. Essas divisões formais são, no mínimo, uma interpretação que procura esclarecer as divisões literárias originais de Salmos. Veja C. Hassell Bullock, *Encountering the book of Psalms: a literary and theological introduction* (Grand Rapids: Baker Academic, 2001), p. 57-71, em que se baseiam os comentários que faço a seguir sobre a estrutura.

Deus (1.2a), mas o ímpio revolta-se contra a Lei, como se ela fosse uma corrente em volta do pescoço (2.3). A condição do ímpio sob juízo é ilustrada de forma impactante: ele é como a palha (1.4) e o vaso de barro despedaçado (2.9b).

Os dois salmos não apenas se aproximam ao tratarem do ponto culminante de juízo escatológico, mas também há algumas referências intertextuais no salmo 1 que indicam um vínculo entre a descrição do indivíduo israelita consagrado e as realidades histórico-redentoras do passado e do futuro. A passagem de Salmos 1.2,3 faz alusão a Josué 1.8, em que "meditar" na Lei "dia e noite" leva à "prosperidade", definida como tomar "posse da terra" que Deus "jurou dar a seus pais" (Js 1.6; veja tb. 1.2,11). De acordo com o salmo, isso também se aplica às futuras gerações de Israel. Além disso, a descrição que o salmo faz do indivíduo que medita como uma árvore "cuja folhagem não murcha" encontra-se somente em mais uma passagem do AT, Ezequiel 47.12. Neste trecho, as folhas imarcescíveis pertencem às árvores de um jardim do Éden ampliado em uma criação renovada, cuja fertilidade vem do curso d'água que flui do templo escatológico, um desenvolvimento de Ezequiel 36.35 (veja Ez 47.1-11, texto a que Ap 22.1,2 faz alusão). Talvez não por coincidência, a descrição de Ezequiel 47.12 é seguida imediatamente por uma descrição da "herança" de Israel na terra que Deus "jurou dar [...] a vossos pais" (Ez 47.13,14 [veja tb. 47.14-23]), praticamente idêntica à expressão de Josué 1.6 (Sl 2.8 tb. ressalta a herança da terra pelo rei escatológico, o que provavelmente está associado a essas ideias). Por fim, Jeremias 17.7,8 faz alusão a Salmos 1.1-3 para descrever o indivíduo fiel em contraposição aos pecadores, que serão a causa do Exílio da nação. Essas três ligações intertextuais[116] mostram que o salmo 1 está associado com a posse da terra por Israel e à nova criação, ambas as ideias com origem em Gênesis 1.28 e em suas repetições ao longo do livro.

Esses vínculos literários indicam também a relação do salmo 1 com o foco do salmo 2 nas principais realidades histórico-redentoras, em especial o reino do rei escatológico de Israel sobre toda a criação ("as extremidades da terra") e o juízo do inimigo dos últimos dias. A função introdutória dos salmos 1 e 2 indica que os temas do reinado escatológico sobre toda a criação e do juízo serão o centro de todo o Saltério e que a conduta do indivíduo está indissociavelmente ligada a esse tema cósmico. O fato de que a maior parte dos salmos foi escrita pelo rei Davi (ao menos 84 deles)[117] também realça o tema do reinado por todo o livro. O salmo 41 conclui com bastante propriedade o Livro 1, uma vez que foi escrito pelo rei Davi e constitui uma oração em que pede vitória sobre os inimigos (observe-se o uso de Sl 41.9 em Jo 13.18 em referência à traição de Judas).

O salmo 42 inicia o Livro 2 do Saltério e dá continuidade ao tema do salmo 41, apesar de se concentrar mais no elemento da aflição (mais uma vez, provavelmente vivida por Davi) por causa da opressão do inimigo. A conclusão do Livro 2, o salmo 72, é atribuída ao rei Salomão, um dos dois salmos supostamente escritos por (ou para) ele. A primeira parte do salmo parece ser uma descrição majestosa do reinado de Salomão, mas algumas descrições vão além de qualquer acontecimento em seu reinado.[118] As alusões a Isaías 11.2-5 nos versículos 2 e 4 também reforçam a natureza ou o ideal messiânico da figura régia do salmo. O salmo 72 (v. 8,17,19) é também uma das passagens centrais do AT que, conforme já observamos, contém a reiteração da promessa de que o Israel escatológico e seu rei dos

---

[116]É provável que tanto Ezequiel 47.12 quanto Jeremias 17 façam alusão a Salmos 1.3, embora seja possível que o salmo é que faça alusão a eles.

[117]Bullock, *Book of Psalms*, p. 72.

[118]P. ex., observe-se o alcance mundial do governo (v. 8-11) e sua duração eterna (v. 7,17,19). O último aspecto já foi observado com respeito à razão por que não se considera que Salomão cumpriu plenamente a profecia de um reino eterno de 2Samuel 7.

últimos dias finalmente conseguirão cumprir plenamente a comissão adâmica apresentada pela primeira vez em Gênesis 1.28:

> <u>Domine</u> ele [o rei do fim dos tempos] de mar a mar, desde o Rio até as extremidades da terra. [...] <u>nele sejam abençoados as nações; todas as nações o chamem bem-aventurado</u> [possível alusão a Gn 12.2,3; 28.14 e, acima de tudo, a Gn 22.18]. [...] e <u>toda a terra seja cheia</u> da sua glória.

O que também impressiona no salmo 72 são as referências à grande fertilidade (v. 16a) e as descrições do justo com metáforas da água fazendo florescer a vegetação (v. 6,16b), muito semelhante à imagem de Salmos 1.3. Até a referência à duração eterna do sol e da lua (v. 5) talvez contribua para a ideia de uma criação renovada que não se pode deteriorar. Portanto, vemos mais uma vez os temas do governo adâmico universal com as imagens de uma nova criação. Também é importante observar que a conclusão e o alvo do salmo são que "toda a terra seja cheia da sua glória", um alvo importante também do salmo 8, a mais clara e mais elaborada reflexão interpretativa de Gênesis 1.26-28 de todo o AT. O salmo 72 remete à própria ideia implícita em Gênesis 1.26-28 de que o rei e sua descendência deviam ser imagens de Deus, portadores de sua gloriosa imagem em toda a criação. Esse salmo encerra o Livro 2, o que novamente ressalta no Saltério os temas do reinado em uma nova criação.

O salmo 73, que começa o Livro 3 do Saltério, não corresponde facilmente aos salmos típicos. Talvez seja mais bem classificado como um salmo de sabedoria individual (com preocupações semelhantes às de Jó e Eclesiastes), uma vez que trata de problemas de justiça em um mundo onde o perverso prospera e o justo pode sofrer (v. 2-16).[119] Entretanto, assim como acontece em Jó e Eclesiastes, existe a segurança de que Deus haverá de recompensar os fiéis e julgar os perversos (v. 1,17-28). Essa ideia de justiça final talvez dê continuidade ao tema do salmo 72, da justiça que será executada pelo rei ideal de Israel no fim dos tempos (veja Sl 72.1-4,7,12-14). A perspectiva individual do salmo 73 assemelha-se à do salmo 1 e, mais uma vez, reflete a crença de que os indivíduos fiéis e sua conduta fazem parte de estruturas maiores de movimentos histórico-redentores, como juízo e recompensa finais (v. 24-27).

A constatação de que o salmo 89 encerra o Livro 3 reforça mais uma vez o tema do reinado, não apenas no paralelismo com o salmo 72 (p. ex., cp. 72.8 com 89.25; e 72.5,7 com 89.36,37), que forma uma *inclusio* do Livro 3,[120] mas também por formar uma *inclusio* maior dos Livros 1—3 graças a seu paralelismo com o salmo 2. O salmo 89 acrescenta ideias aos salmos 2 e 72 ao manifestar esperança no cumprimento da promessa de Deus a Davi de que um descendente seu reinaria em seu trono para sempre (v. 1-4,19-37).[121] E, assim como em Salmos 72.5, a duração eterna da monarquia do rei estabelece um paralelo com a duração eterna da criação em que essa monarquia existirá (em 89.36,37 subentende-se que a existência do sol e da lua será eterna, uma vez que são comparados ao estabelecimento eterno do trono do rei). A referência ao rei ideal como "primogênito" (89.27) indica que ele será uma figura adâmica que representa Israel.[122] O salmo 89 termina expressando ansiedade por causa da

---

[119]Bullock, *Book of Psalms*, p. 64.

[120]A menos que o salmo 73 seja considerado sequência dos temas do salmo 72, pode ser um problema o fato de essa *inclusio* ser formada, tecnicamente, não pelo primeiro e pelo último salmo do Livro 3, mas, sim, pelo último salmo do Livro 2 e pelo último salmo do Livro 3.

[121]Observem-se até as alusões a 2Samuel 7 em Salmos 89.4,22-24,29-33, respectivamente aos aspectos eternos e vitoriosos do governo e à possibilidade de que os descendentes sucessivos, no entanto, serão desobedientes.

[122]Algumas vezes Israel foi chamado de "primogênito" (veja Êx 4.22; Jr 31.9), o que o judaísmo posterior projeta de volta sobre Adão, que foi o rei primogênito de toda a criação. Veja ainda G. K. Beale, "Colossians", in: G. K. Beale; D. A. Carson, orgs., *Commentary on the New Testament use of the Old Testament* (Grand Rapids: Baker Academic, 2007), p. 853-5 [edição em português: *Comentário do uso do Antigo Testamento no Novo Testamento* (São Paulo: Vida Nova, 2014)].

falta de cumprimento dessa promessa e da presente derrota nas mãos dos inimigos (v. 38-48), mas assim mesmo reafirmando a confiança de que Deus cumprirá suas promessas (v. 49-52). Mais uma vez, o salmo afirma que a esperança pelo reinado está no contexto de uma criação renovada. Essa indicação é esclarecida pelo NT, que mais tarde entende que essa referência tem seu cumprimento pleno em Cristo como o rei adâmico ressurreto e recém-nascido da nova criação (veja Cl 1.15-18[123] e Ap 1.5 com 3.14).[124]

O salmo 90, que começa o Livro 4, fala do povo de Deus vivendo coletivamente sem a bênção de Deus (v. 3-6) e sob juízo (v. 7-11) e termina com a esperança de que Deus "voltará" a abençoar a nação (v. 13-17). As condições do salmo refletem a maldição da primeira geração de israelitas, que não entrou na Terra Prometida (cf. Sl 95.8-11), maldição que provavelmente também se aplicou à geração posterior de israelitas que foram para o Exílio e até ao remanescente que retornou, mas sem experimentar as bênçãos prometidas para essa volta.

A conclusão do Livro 4 com o salmo 106 dá continuidade ao tema do salmo 90: uma futura geração de israelitas lamenta o fato de ser tão pecaminosa quanto a primeira geração (v. 6) e, assim como esta, também é submetida a juízo. A descrição do pecado da primeira geração e de seu juízo é ampliada com elementos mais concretos (v. 7-33), bem como o relato do pecado e do juízo das gerações seguintes (v. 34-43). No entanto, apesar do pecado que cometiam, Deus os livrava da opressão (v. 10,44,45), mas Israel sempre caía novamente em pecado. Todavia, a geração do salmista, que também vive em condições de juízo, manifesta esperança de que Deus a livrará, supostamente do Exílio ou dos opressores do remanescente depois da volta do Exílio (v. 1-5,47,48).

Dando início ao Livro 5, o salmo 107 é a resposta ao clamor e à esperança de livramento do juízo do Exílio expresso nos salmos 90 e 106. O salmo 107 provavelmente celebra a libertação que Deus deu a seu povo, tirando-o do Exílio babilônico (p. ex., v. 2,3,6,7,36). Essa libertação permitiu que produzissem "muitos frutos" (v. 37), e Deus os "abençoa", de modo que se "multiplicam grandemente" (v. 38), uma alusão a Gênesis 1.28 e suas repetições.[125] Essa libertação associada a esses temas de Gênesis 1 encontrados mais adiante no salmo 107 pode ser prevista no versículo 3 do salmo: os israelitas têm sido reunidos "dentre as terras, do oriente e do ocidente, do norte e do sul", um trecho que também faz alusão a Gênesis 28.14,15: "Tu te espalharás para o ocidente e para o oriente, para o norte e para o sul [...] e te [Jacó] farei voltar a esta terra". Assim, a libertação do Exílio é considerada um acontecimento que novamente coloca Israel em condições de cumprir o mandato que Adão recebeu de dominar, multiplicar-se e encher a terra, mas que ele, Noé, os patriarcas e as gerações seguintes de israelitas não cumpriram. Também indicando uma alusão a Gênesis 1.28 estão as condições da nova criação, de acordo com a renovação do mandato original, que devia ser cumprido em uma nova criação: "Transforma o deserto em lagos, e a terra seca, em nascentes. [...] [eles] semeiam campos e plantam vinhas, e reúnem uma colheita frutífera" (Sl 107.35,37).[126] A ligação com a nova criação e a grande fertilidade juntamente com a alusão a Gênesis 1.28 e seus desenvolvimentos posteriores em Gênesis harmonizam-se com temas identificados nos marcadores de *inclusio* dos primeiros livros de Salmos, confirmando assim que o reinado, a

---

[123]Para mais informações, veja ibidem.

[124]Veja mais informações em G. K. Beale, *The book of Revelation: a commentary on the Greek text*, NIGTC (Grand Rapids: Eerdmans, 1999), p. 190-2, 297-301.

[125]Veja Gênesis 1.28 e a lista das referências recorrentes acima, esp. Gênesis 9.1,6,7; 28.3,4; 48.3,4, todas as quais se referem a "abençoar", "multiplicar" e produzir "frutos"; cp. tb. Salmos 107.41b, em que Deus dá a Israel "descendentes como um rebanho", com Jeremias 23.2, uma das reafirmações de Gênesis 1.28.

[126]O vocabulário está muito próximo da nova criação e do novo êxodo esperados por Isaías (p. ex., Is 35.6,7; 41.18; 65.21).

nova criação, a vitória escatológica e o juízo relacionados ao cumprimento de Gênesis 1.28 são a principal ênfase temática do Saltério.

A transição temática entre o salmo 89 e os salmos 90, 106 e 107 pode parecer abrupta. Os focos no pecado nacional e coletivo nos salmos 90 e 106 e na restauração coletiva no 107 não estão dissociados das linhas de reinado individual e nova criação discutidas nos salmos anteriores. Os temas de reinado, nova criação, justificação final e juízo são linhas diversas mais ou menos relacionadas que podem remontar a Gênesis 1.28, mas não estão necessariamente sempre ligadas nem se desenvolvem uma a partir de outra. Todavia, não deixa de causar estranheza que certos elementos desse tecido temático (p. ex., reinado) parecem ficar de fora desses últimos livros de Salmos.

O salmo 150 encerra o Livro 5 e todo o Saltério, sendo uma peça de louvor repetido a Deus em treze partes. O salmo conclui com uma exortação a que todas as criaturas vivas louvem a Deus. É um crescendo dos quatro salmos de "louvor" anteriores, que convidam todos os elementos da criação a engrandecer a Deus (148.1-14), pois ele (1) é o Criador (146.6) e (2) sustentador da criação (147.4,8,9,14-18); (3) reinará para sempre (146.10) e (4) executa justiça (146.7,9); (5) livra seu povo do exílio (146.8; 147.2-6); (6) restaura-o (147.12-14) e (7) lhe dá salvação, vitória sobre os inimigos e o direito de executar juízo contra eles (149.1-9). Imagens de Deus como Criador e sustentador de sua criação se intercalam repetidas vezes com aclamações da soberania divina, que sustenta seu povo mediante a libertação do exílio, a restauração e a vitória sobre o inimigo (cf. Sl 146.5-7; Sl 147—148). O propósito dessa combinação de ideias é indicar que, se Deus tem o compromisso de preservar sua criação, certamente ele também se compromete a preservar a coroa dessa criação, seu povo Israel, o Adão coletivo. O fato de estar escrito que ele estabeleceu sua criação "para todo o sempre" (Sl 148.6) e que seu reinado não terá fim indica que Deus há de governar sobre seu povo restaurado em uma criação renovada.

Todos os temas dos salmos anteriores estão reunidos nesses salmos finais, embora não se mencione nenhum personagem régio israelita. Observar que o salmo 145 é o último salmo "de Davi" pode nos ajudar a entender a ausência de menção a um rei específico. No salmo 145, Davi também "louva" a Deus no início e no fim (v. 2,21: "louvarei [...] seu santo nome para todo o sempre"), o que na verdade parece funcionar como uma transição para os quatro últimos salmos, que têm uma *inclusio* formal de "louvor" ("Aleluia!") no primeiro e no último versículos. Davi se concentra claramente não no que Deus fez por seu intermédio como rei, mas apenas no que Deus fez de modo geral. Ele se expressa de modo transcendente ao tempo, sobretudo com respeito à bondade de Deus para com a criação (v. 9,10,15,16) e a seus maravilhosos atos na história em favor de seu povo (v. 1-8,11,12a), particularmente o de libertá-lo (v. 14,18-20a) e julgar seus inimigos (v. 20b), atos esses que conduzirão ao reinado eterno de Deus (v. 12b,13). Por isso, atos históricos particularmente identificáveis são generalizados para tirar o foco de indivíduos libertadores e dirigi-lo a Deus, o supremo libertador e preservador de sua criação, o único a quem se deve louvar.

Os profetas maiores em relação à monarquia e à nova criação

Os profetas maiores (Isaías, Jeremias e Ezequiel) concentram o foco no pecado de Israel (sobretudo a idolatria), razão pela qual é profetizado que a nação será levada para o cativeiro. O livro de Lamentações lamenta a desolação de Jerusalém, fruto do Exílio da maioria dos habitantes da terra; essa tristeza se combina com as orações pela misericórdia de Deus. Isaías 40—66 e Ezequiel 36—48 predizem a libertação do Exílio para Israel e sua restauração em uma nova criação, embora esses temas ocorram também em trechos anteriores desses livros.[127]

---

[127] P. ex., Is 2; 4; 9; 11 e 12; 14; 24—27; 32.15-20; 35; Ez 11.16-19; 20.33-44; 28.25,26; 34.23-31; veja tb. Jr 29.10-14; 30.9-11,18-24; 31.1-15,21-40; 32.37-44; 33.6-26.

As esperanças mais evidentes pela nova criação são reveladas nesses profetas maiores, principalmente em Isaías. A volta do Exílio é profetizada como um período escatológico em que haverá condições próprias da nova criação sobre a terra. A ideia de uma nova criação do fim dos tempos não é estranha ao livro, mas faz parte natural de um tema mais amplo da nova criação entretecido ao longo dos capítulos 40—66, cujos textos mais claros são 43.18,19; 65.17; 66.22. A passagem de 43.18-20 nada mais é que parte de uma série de perícopes do chamado Livro da Consolação (caps. 40—55) que explicam a restauração do Israel exilado como nova criação ou, ao menos, associam integralmente os dois conceitos de restauração e criação.[128] A mesma ênfase temática continua em 57.15-19;[129] 60.15-22; 65.17-25; 66.19-24. A obra que o Espírito realizará nos últimos dias faz parte de uma introdução a duas dessas perícopes (42.1; 44.3). Essa introdução dá continuidade a um tema anterior da nova criação pelo Espírito em 32.15-18 (e possivelmente 30.23-28).[130] O ato divino de nova criação como restauração também é mencionado fora do capítulo 43 como a "redenção" divina de Israel (p. ex., 44.1-8; 44.24—45.7; 54.1-10)[131] e um novo êxodo (veja 40.3-11; 41.17-20; 44.24-28; 51.1-13; 52.7-10; tb. 43.16-21).[132] Em Isaías, alguns vínculos específicos entre o "Espírito" e o "fruto", que fazem parte do tema da nova criação, provavelmente refletem o mesmo vínculo inicial na primeira criação, quando o "Espírito" (*pneuma* [Gn 1.2, LXX]) foi o agente da criação, incluindo a criação de árvores frutíferas (*karpos* [Gn 1.11,12,29, LXX]).

Por isso, Isaías 51.3 contém a promessa de que Deus tornará a terra de Israel como "o Éden [...] o jardim do Senhor" (cf. Ez 36.35; 47.1-12; é à luz disso que se deve entender a descrição do Israel restaurado "como um jardim irrigado" [Is 58.11; Jr 31.12]). Como vimos anteriormente, Isaías associa, de forma muito próxima, a restauração com o desenvolvimento de Gênesis 1.28 (Is 51.2,3; 54.2,3; tb. Jr 3.16; 23.3; Ez 36.10-12), algumas vezes em uma combinação específica com promessas de restauração do Éden (Is 51.2,3; cp. Ez 36.10 com 36.8,9,34,35). O tema principal de Isaías 1—39 oferece uma visão prévia da última parte do livro: o santo Yahweh julga a humanidade ímpia (inclusive Israel) com a finalidade de executar justiça, purificar um remanescente (para ser exilado e voltar) e restabelecer um reino davídico.

Seria possível dizer muito mais sobre reinado e nova criação, principalmente em Jeremias e Ezequiel, mas as limitações deste livro impedem uma análise mais aprofundada.

Os profetas menores, Daniel e Esdras-Neemias em relação à monarquia e à nova criação

Outros profetas pré-exílicos desenvolvem temas que se sobrepõem àqueles de Isaías, Jeremias e Ezequiel. Oseias relata a história do pecado de Israel e sua infidelidade a Deus, mas afirma que no fim Deus permanecerá fiel às promessas patriarcais (p. ex., 1.10), de modo que Israel, tanto do sul quanto do norte, será restaurado no futuro; tudo isso é descrito com metáforas próprias da nova criação (2.14-23; 6.1-3; 14.4-8). Amós registra o juízo dos inimigos de Israel

---

[128]Isaías 40.28-31; 41.17-20; 42.5-9; 44.21-23,24-28; 45.1-8,9-13,18-20; 49.8-13; 51.1-3,9,10,11,12; 54.1-10 (cf. v. 5); 55.6-13; a respeito disso, veja Carroll Stuhlmueller, *Creative redemption in Deutero-Isaiah*, AnBib 43 (Rome: Biblical Institute Press, 1970), p. 66-98, 109-61, 193-208; Dumbrell, *End of the beginning*, p. 97-100.

[129]Para uma explicação do conceito de nova criação próprio deste trecho, veja G. K. Beale, "The Old Testament background of Paul's reference to the 'fruit of the Spirit' in Gal. 5:22", *BBR* 15 (2005): 1-38.

[130]Na LXX, Isaías 30.27,28 interpreta a suposta referência do TM à "respiração" (*rûah*) de Deus como sendo o Espírito de Deus, uma vez que também interpreta a referência do TM a "lábios" e "língua" como a "palavra" de Deus: "E seu Espírito, como águas que correm num vale, chegará [*hēxei*] até o pescoço e será dividido para confundir as nações por um erro vão". O TM de Isaías 30.27 também afirma que Deus "vem de longe" (ou seja, dos altos céus). Veja tb. Isaías 26.18,19, embora aqui estejam em mente apenas a ressurreição e a nova criação.

[131]Stuhlmueller, *Creative redemption*, p. 112-34, 196-208.

[132]Dumbrell, *End of the beginning*, p. 15-8, 97; Stuhlmueller, *Creative redemption*, p. 66-73, 82-94.

e em seguida prediz que a nação também será julgada porque não é melhor que eles. Somente nos últimos versículos do livro há um raio de esperança para Israel: seus inimigos serão vencidos, o reino davídico será restaurado e a própria nação será reconduzida à terra, que será renovada como um jardim aprazível (9.11-15). Miqueias bate na mesma tecla que Amós, mas não menciona tanto as nações sob juízo, e sim sua redenção (4.1-8; 5; 7). Sofonias também combina o juízo de Judá e das nações com suas respectivas restaurações. Joel concentra-se no juízo iminente sobre Israel (1.1—2.17) e na promessa divina de bênçãos futuras ao povo, bem como de juízo sobre as nações (2.18—3.21). A exemplo do que se enfatiza na conclusão de Amós, Joel ressalta que a bênção escatológica de Israel incluirá a restauração das condições edênicas (cp. 2.3 com 3.18-20). Obadias enfatiza o juízo sobre Edom e o livramento de Israel; Naum faz o mesmo em relação a Nínive e a Israel. Habacuque profetiza apenas o juízo iminente que sobreviria a Judá por meio dos babilônios e, em seguida, exorta o povo a confiar em Deus diante desse juízo. Embora seja difícil datar o livro de Jonas, parece que ele foi escrito antes do exílio de Israel do norte ou do sul. A ideia principal de Jonas é que Israel tinha uma missão profética de testemunhar de Deus às nações, e, mesmo quando essa ordem não era obedecida, Deus, por sua compaixão, levava Israel a cumprir sua missão.

Daniel, um profeta do Exílio, chama a atenção para os acontecimentos da história mundial antiga mais do que qualquer outro livro do AT. A maior parte da primeira metade do livro narra episódios de Daniel e seus amigos, que perseveraram em meio à perseguição do Exílio e, por fim, tiveram êxito como israelitas fiéis em uma sociedade pagã,[133] mas o capítulo 2 e a segunda metade do livro (caps. 7-12) predizem a ascensão e a queda de impérios mundiais antagônicos e a restauração de Israel à terra e seu domínio definitivo sobre todo o mundo no fim da história. As duas mais famosas profecias do juízo escatológico de Israel sobre os reinos do mal e seu domínio mundial são Daniel 2 e 7, e ambos utilizam bastantes alusões a Gênesis 1 e 2. O retrato da Babilônia em Daniel 2 faz alusão a Gênesis 1.26-28[134] a fim de introduzi-la como a pseudoduplicata do reino de Israel no final dos tempos, liderado pelo Filho do Homem, escrito como uma figura adâmica dos últimos dias ("o filho de Adão"), que reina sobre todos os animais e povos da terra (a figura é provavelmente individual e coletiva, exemplo do conceito de "um e muitos" do AT). A imagem é de um rei escatológico que representa Israel. Anteriormente, vimos que Daniel 7.13,14 é um dos textos do AT que desenvolvem Gênesis 1.28, especialmente por meio da alusão a Gênesis 22.18 (veja nota 60).[135] O contexto de Gênesis 1 fica em evidência quando se observa que Daniel 7.2 ("os quatro ventos do céu agitavam o grande mar") remete a Gênesis 1.2 ("a terra era sem forma e vazia, e [...] o Espírito [vento] de Deus pairava sobre a face das águas"), expressando assim a soberania divina sobre a ascensão e a queda dos reinos mundiais narradas nos versículos imediatamente seguintes.[136] O mar caótico e os animais híbridos e mutantes que dele surgiam transmitem a ideia de "descriação", o que implica um movimento para uma nova criação com ordem no governo do Filho do Homem (Dn 7.13,14) e dos santos (Dn 7.18,22,27).[137] O salmo 8, outro desenvolvimento de Gênesis 1.26-28, também pode estar por trás de Daniel 7 à luz dos seguintes temas comuns a ambos os textos: (1) a derrota ou juízo dos inimigos de Deus; (2) o governo do Filho do Homem; (3) o domínio sobre as criaturas do mar (o *Tg.*

---

[133] O livro de Ester registra praticamente a mesma cena, mas a ameaça de perseguição tem alcance nacional mais explícito.

[134] Sobre a alusão a Gênesis 1 em Daniel 2, veja Beale, *Temple*, p. 144-5.

[135] Veja tb. John E. Goldingay, *Daniel*, WBC 30 (Dallas: Word, 1989), p. 150, 190. Goldingay vê uma relação com Gênesis 1 e 2.

[136] Veja ibidem, p. 160, 185.

[137] A respeito disso, veja Wilson, "Creation and new creation", p. 200-3.

de Sl 8 identifica a criatura marinha com o Leviatã); (4) a glória do Filho do Homem; (5) a alusão a Gênesis 1.28 em Salmos 8 e em Daniel 7.13,14.

Esdras narra a fase inicial da reconstrução do Templo, e Neemias, o início da reconstrução de Jerusalém. Os profetas pós-exílicos falam sobre as condições próprias desse período e as expectativas para o futuro. Logo após as primeiras ações de reconstrução do templo narradas em Esdras, Ageu exorta os que voltaram do exílio a manter o empenho nas primeiras fases de reconstrução do templo e promete que Deus estará com eles nessa obra. Além disso, Deus promete derrotar todas as nações da terra que lhes fizessem oposição. Portanto, apesar de Israel já haver retornado do exílio, está claro que todas as promessas envolvendo esse retorno (p. ex., um templo ainda mais grandioso e a derrota completa dos inimigos de Israel) ainda não haviam se cumprido. Zacarias 1—6, escrito mais ou menos na mesma época de Ageu, também incentiva a liderança a continuar com o projeto do Templo, além de ser uma profecia de que Deus construirá o templo por meio dos líderes em algum momento do futuro, quando sua presença tabernacular procederá do templo e cobrirá Jerusalém e, ao que tudo indica, toda a terra (sobre essa última ideia, veja Zc 14.20,21). No entanto, a desobediência dos exilados que voltaram impedirá as promessas do templo de se concretizarem naquele período (Zc 6.15—7.14). Além da provável expectativa de que a efetiva reconstrução escatológica do templo não ocorrerá na geração do profeta, Zacarias prediz que haverá um tempo em que a reconstrução será realizada de forma definitiva, juntamente com um retorno maior de Israel do Exílio, com o arrependimento e a salvação de Israel, a vinda de um líder messiânico (em parte uma alusão a Sl 72.8 em Zc 9.10), a conversão de alguns entre as nações e a derrota dos povos inimigos (Zc 8; 9—14). Em algumas partes do livro, as condições de restauração são descritas da perspectiva de muita fertilidade (Zc 3.10; 8.12; 9.17; 14.4-11).

Malaquias mostra que, apesar da misericórdia de Deus na escolha de Israel, e não de Edom (1.1-5), a resposta de Israel às exortações à fidelidade foi negativa. Os sacerdotes apresentavam sacrifícios impuros (1.6-14) e violavam sua aliança de sacerdotes levíticos (2.1-13), assim como muitos homens israelitas (sobretudo sacerdotes, ao que parece) tinham feito, violando a aliança com suas respectivas esposas (2.14-17). Em reação a essas posturas, Deus promete que "virá ao seu templo" e o purificará juntamente com os sacerdotes que ali ministram (3.1-4). Se Israel se arrepender de seus muitos pecados, Deus abençoará o povo novamente no futuro (3.5-18). O juízo está a caminho, mas os fiéis serão poupados (4.1-6).

Conclusão

As principais linhas da narrativa bíblica que estabeleci nos livros do AT referem-se ao chamado de Israel (e seu rei) para cumprir a comissão adâmica de reinar sobre uma terra renovada, mas que não foi cumprido reiteradas vezes pelo povo de Deus.[138] Em consequência dessa falha, Israel sofre juízo e exílio, e esse modelo de renovação e fracasso torna-se tipológico do governo escatológico verdadeiro e definitivo em uma nova criação que inevitavelmente virá. Assim, promessas de restauração futura em uma nova criação continuam sendo reiteradas nas narrativas do AT.

Outro aspecto importante da narrativa bíblica que também começa em Gênesis 1—3, mas não muito observado no resumo anterior, diz respeito à gloriosa presença tabernacular de Deus com seu povo sacerdotal em um santuário como objetivo da obra redentora de Deus. No estudo de Gênesis 1—3, vimos que Adão não era somente rei, mas também sacerdote no

---

[138]Para um panorama abrangente e sucinto dessa ideia, veja T. Desmond Alexander, *From Eden to the New Jerusalem: an introduction to biblical theology* (Grand Rapids: Kregel, 2008), p. 74-89.

Éden, que era um santuário primordial. O exercício da função sacerdotal no templo do Éden era indispensável ao cumprimento da comissão de Gênesis 1.26-28. O mandato adâmico é muitas vezes combinado com a ideia de serviço sacerdotal em um templo quando é repetido a Noé, aos patriarcas, a Israel e nas promessas feitas ao Israel do fim dos tempos. Isso será analisado com mais profundidade em um capítulo sobre o papel do templo na teologia bíblica.

A relação do enredo adâmico de nova criação com as propostas anteriores acerca do "centro" do Antigo Testamento

A proposta anterior do grande enredo, ou narrativa, do AT consiste em que Israel (e seu rei) foi chamado para cumprir a comissão adâmica de reinar sobre uma terra renovada, mas fracassou muitas vezes e por isso sofreu juízo e exílio. Entretanto, a promessa de restauração futura a uma criação renovada continuou sendo reiterada. Como essa proposta se relaciona com a pesquisa de estudiosos anteriores do AT, que apresentaram o que consideravam ser temas centrais do AT?

Outros já nos forneceram um panorama dos vários "centros", de modo que o propósito aqui é apenas resumir as diferentes propostas anteriores e depois relacioná-las com a tese deste livro. Algumas das principais ideias centrais do AT que têm sido apresentadas são as seguintes: (1) Deus ou a presença de Deus; (2) Israel; (3) a relação entre Deus e Israel; (4) a Lei; (5) eleição; (6) promessa; (7) aliança; (8) o reino ou governo de Deus; (9) a exigência de Deus de adoração exclusiva; (10) a revelação da atividade redentora de Deus por meio de sua palavra, levando a história da salvação a seu alvo; (11) a experiência de Deus vivenciada por Israel na história.[139]

É preciso que se faça logo uma ressalva. Talvez seja melhor não falar de "centros" porque, como veremos, essas propostas costumam ser reducionistas. Esse tipo de esquema sugerido para o AT tem os mesmos problemas que as propostas semelhantes para o NT. O foco em um único tema pode levar à negligência de outras ideias importantes, que às vezes pode acontecer quando se recorre a categorias de teologia sistemática. Alguns estudiosos que não gostam de se referir a centros, entretanto, acabam propondo seu próprio centro ou princípio fundamental. Em vez disso, o melhor e mais adequado para a Bíblia como narrativa e literatura é falar de um "enredo" que percorre todos os diversos gêneros do AT (histórico-narrativo, profético, poético, sapiencial, entre outros), do qual se origina a maior parte das outras ideias importantes e que devem ser vistas como subordinadas e explicativas de partes do enredo.[140]

Charles Scobie tem razão quando diz que muitos centros propostos podem ser resumidos e reunidos em uma abordagem multiperspectivista do AT, em que podem ser discutidos os temas principais da ordem de Deus, do servo de Deus (líderes), do povo de Deus e dos meios (ética) de Deus; cada um com diversos subtemas, os quais devem ser entendidos nas categorias de proclamação (acerca do que Deus fez em cada uma dessas quatro áreas) e promessa (o que Deus fará em cada uma dessas quatro áreas).[141] Scobie entende que falar de um "enredo" é

---

[139]Para um bom panorama, porém um pouco obsoleto, veja Gerhard F. Hasel, *Old Testament theology: basic issues in the current debate* (Grand Rapids: Eerdmans, 1972), p. 49-63 [edição em português: *Teologia do Antigo Testamento: questões fundamentais no debate atual*, tradução de Jussara Marindir Pinto Simões Árias (Rio de Janeiro: JUERP, 1988)]. Para um tratamento mais recente, veja Charles H. H. Scobie, *The ways of our God: an approach to biblical theology* (Grand Rapids: Eerdmans, 2003), p. 93-102, embora estejam incluídas algumas propostas para a Bíblia "como um todo".

[140]Neste parágrafo eu me beneficiei da discussão de Frank Thielman, *Theology of the New Testament: a canonical and synthetic approach* (Grand Rapids: Zondervan, 2005), p. 230-3, em relação ao problema dos centros propostos para a teologia paulina.

[141]Scobie, *Ways of our God*, p. 90. Hasel (*Old Testament theology*, p. 91) também adota a abordagem de temas múltiplos, mas afirma que "Deus é o centro do Antigo Testamento, seu tema central".

menos abrangente do que sua proposta, porque acredita que, da forma que são tradicionalmente apresentados, os "enredos histórico-salvíficos se preocupam apenas com Deus e seu povo, e não com todos os povos ou com todo o cosmo".[142] No entanto, esses temas estão de fato incluídos no enredo que procurei formular, e a visão do próprio Scobie pode ser naturalmente expressa e incorporada à forma do enredo que já propus: *O Antigo Testamento é o registro da ação de Deus, que restaura progressivamente do caos seu reino de nova criação sobre um povo pecador por sua palavra e seu Espírito, mediante promessa, aliança e redenção, o que resulta em uma comissão mundial dos fiéis para que promovam esse reino e o juízo (derrota ou exílio) aos infiéis para a glória de Deus.* Apesar de haver muitas tramas secundárias, esse enredo dominante parece ser o principal, que é narrado ao longo de todo o AT; alguns temas apresentados anteriormente servem de ideias importantes do AT em torno das quais esse enredo básico e essa mensagem podem ser organizados.[143] Alguns poderão contestar dizendo que esse enredo é um canônico centro, mas acredito que ele se distingue dos centros anteriormente apresentados. Por isso, é melhor referir-se a ele como um "enredo" ou "trama" canônico do AT.

A confirmação da probabilidade de que esse enredo supere outros enredos propostos ou mesmo centros sugeridos é sua força heurística: ele explica mais dados e dificuldades do AT que as outras propostas? É claro que a força heurística de várias propostas pode ser discutida. Creio que a proposta que acabei de apresentar tem mais força heurística do que qualquer outra. Seria necessário um trabalho monumental para estabelecer uma comparação detalhada de minha proposta com as demais (incluindo outros centros propostos) no que se refere ao efeito heurístico. Afirmo que o enredo aqui apresentado não é amplo demais a ponto de deixar de ser útil nem estreito demais a ponto de excluir outras ideias importantes, porém subordinadas, embora, é lógico, os próprios leitores julgarão tudo isso.[144] Ficarei satisfeito se os leitores ao menos enxergarem a viabilidade do enredo que proponho e o considerarem útil como uma lente que contribui para o entendimento do AT. No final das contas, é melhor considerar o enredo que proponho não como centro do AT, mas como o fio mais importante da meada da narrativa bíblica, em volta do qual se encontram ou se entrelaçam outros fios narrativos e conceituais secundários ou mais finos. Desse modo, os outros fios da trama (que alguns poderão chamar de "centros") não competem uns com os outros, mas se complementam, e alguns podem ser quase tão espessos quanto o fio principal que defendo.

No entanto, é complicado falar de "centro" ou "centros" do AT ou, conforme minha preferência, de um "enredo" sem incluir considerações sobre seu equivalente do NT. Pois, com base na premissa da validade de um cânon protestante para formular uma teologia bíblica, a consideração do AT precisa incluir sua complementação no NT.[145] É para esse estudo que nos voltamos nos próximos capítulos, que analisam a importância do papel conceitual do discurso sobre os "últimos dias" nas Escrituras. Neles também tentarei aprofundar-me na validade da busca de um enredo nas Escrituras e discutir se ele é tão diferente da busca por um centro das Escrituras.

---

[142]Scobie, *Ways of our God*, p. 90.

[143]Para essa formulação de enredo, achei útil a discussão metodológica de Brian S. Rosner, "Biblical theology", in: *NDBT*, p. 9.

[144]Sobre essa maneira de definir um dos critérios para validação, veja Thielman, *Theology of the New Testament*, p. 232.

[145]Em acordo com Hasel, *Old Testament theology*, p. 62-3.

2

O enredo escatológico do Antigo Testamento
O foco veterotestamentário nos últimos dias

No capítulo anterior, buscamos estabelecer os principais temas de Gênesis 1—3 em todo o AT, especialmente a monarquia em uma renovada criação inaugurada que aponta para uma criação consumada. Os temas estudados foram basicamente de natureza escatológica. Isto é, Adão foi colocado como rei-sacerdote em uma criação primeva imaculada, mas seu reinado e a própria criação não alcançaram o objetivo que lhes havia sido designado de vencer o mal e garantir segurança absoluta contra o pecado, contra a corrupção do corpo e a da própria criação. Esse alvo era de natureza escatológica, uma vez que é evidente que o estado eterno teria iniciado para Adão e a criação assim que o objetivo fosse alcançado e o juízo final pronunciado e executado sobre o adversário primordial. Portanto, o Éden era o início de uma primeira ordem mundial livre de pecado, mas que ainda precisava de consumação. No capítulo anterior, fiz algumas referências à ideia de que o objetivo de Adão como rei-sacerdote era governar uma criação escatológica consumada em que as bênçãos do Éden alcançariam o nível supremo. Assim, gostaria de refletir, neste capítulo, um pouco mais sobre o significado da escatologia no que diz respeito ao objetivo de Adão.

Ao afirmar que o estabelecimento de Adão no templo do Éden como rei-sacerdote refletindo a glória de Deus foi o início da primeira ordem criada, será que não poderíamos dizer que também foi o início de um processo que jamais se completou da perspectiva escatológica? Gênesis 1 e 2 representava um estado subescatológico da criação ou mesmo contido na semente que brotaria de forma escatológica. Portanto, no Éden houve o estabelecimento inicial de um rei-sacerdote em uma ordem mundial livre de pecado, o qual deveria ser fiel e obediente a Deus *até que essa primeira criação se consumasse*. O início da primeira criação não corrompida pelo pecado seria o início de um processo a ser completado escatologicamente mediante a glorificação definitiva em incorruptibilidade. Por outro lado, depois do Éden e do pecado da humanidade, a escatologia seria de natureza redentora, consistindo em restauração do estado pecaminoso e consumação.[1] Nesse aspecto, o início da restauração do estado pecaminoso é muitas vezes retratado, posteriormente, como restauração do Éden e o começo de uma nova criação, o que

---

[1]Neste aspecto, sigo Geerhardus Vos, *The eschatology of the Old Testament* (Phillipsburg: P&R, 2001), p. 74-5.

se torna uma ideia escatológica, como, por exemplo, em Isaías 65.17; 66.22, bem como em Apocalipse 21.1—22.5. Essa restauração do Éden não é um simples retorno às condições do estado anterior à Queda, mas, sim, a inauguração das condições ampliadas de incorruptibilidade consumadas eternamente. O mesmo fenômeno pode ser visto na literatura apocalíptica judaica e no NT.[2] Examinar Gênesis 1 e 2 sob a luz dessa última ideia bíblica de início e consumação de uma nova criação nos permite observar que a escatologia de consumação era um alvo a ser atingido por Adão nos dois primeiros capítulos de Gênesis. Nesse sentido, podemos dizer que originariamente a escatologia antecedia a soteriologia, mas, com a Queda, ela passa a ser a cura do estado pecaminoso seguida pela consumação de uma nova criação eterna.

Embora seja melhor não fazer referência ao Éden anterior à Queda como "semiescatológico" ou como uma condição "escatológica inaugurada", trata-se de uma condição que deve ser completada escatologicamente por Deus, que ampliará as condições e bênçãos do estado pré-Queda, transformando-o em uma criação permanente e indestrutível. Assim, o estado original de bem-aventurança de Adão e Eva no Éden antes do pecado tinha "potencial escatológico"[3] ou uma "antecipação não criada de plenitude [escatológica]"[4] planejada para se concretizar ao confirmá-los de modo definitivo nessa condição de bem-aventurança.[5] Sobretudo, a imagem de Deus, segundo a qual Adão e Eva foram criados, tinha um estado escatológico latente que devia ser concretizado.[6] A vida inicial dos dois, sem pecado mas passível de pecar, devia ser confirmada na vida eterna.[7] O reinado inicial e original de Adão e o primeiro reflexo da glória de Deus haveriam de experimentar "um progresso escatológico na glória do reino".[8] Pode-se dizer o mesmo sobre o ambiente do Éden e a terra antes do começo da desobediência. O objetivo do Éden original e da ordem pactual de Adão e Eva ali era que esse estado de bem-aventurança fosse aperfeiçoado escatologicamente em bênçãos ainda maiores.[9] Os diversos aspectos dessa consumação escatológica foram estabelecidos na primeira parte do capítulo anterior.

Isso significa que a protologia pressupõe a escatologia, um início implica um fim.[10] Por causa de sua infidelidade, Adão e Eva jamais chegaram ao fim. Nos textos bíblicos a seguir, veremos que a volta e o início da ampliação do Éden anterior à Queda podem ser legitimamente chamados de "escatologia inaugurada", e a realização definitiva dessa condição é a escatologia consumada, quando a antiga criação é destruída e a nova é estabelecida eternamente. Dessa visão retrospectiva, o estado original de Adão e do Éden torna-se um protótipo das condições ampliadas da nova criação que parecem ser apresentadas em trechos recorrentes de determinados relatos históricos posteriores do período do AT.[11] Esses claros episódios escatológicos inaugurados não se materializam em um estado consumado do fim

---

[2]Sobre isso, veja a seção sobre Apocalipse 21 no cap. 18.
[3]De acordo com Meredith G. Kline, *Kingdom prologue: Genesis foundations for a covenantal worldview* (Overland Park: Two Age Press, 2000), p. 113.
[4]Ibidem, p. 111 (a redação entre colchetes é de minha autoria).
[5]Ibidem, p. 104.
[6]Ibidem, p. 101; veja tb. p. 96, 98, 111.
[7]Ibidem, p. 114.
[8]Ibidem, p. 104.
[9]Ibidem, p. 101.
[10]Veja Walther Eichrodt, *Theology of the Old Testament*, tradução para o inglês de J. A. Baker, OTL (Philadelphia: Westminster, 1961-1967), 2 vols., 2:110 [edição em português: *Teologia do Antigo Testamento* (São Paulo: Hagnos, 2005)]. Eichrodt afirma que a comissão "frutificai e multiplicai-vos" em Gênesis 1.28 "submete o homem ao poderoso movimento teleológico mundial" e que possivelmente até "*berēšīt*, no princípio", já transmite a ideia de um "alvo distante do processo do mundo, *o'aḥarît hayyāmîm*, o final dos dias".
[11]Sobre esses episódios reiterados, veja tabela 1.2 no cap. 1.

dos tempos e passam eles mesmos a ser considerados protótipos escatológicos por autores posteriores do AT. Conforme demonstrarei mais adiante, na primeira vinda de Cristo há um estado inaugurado do fim dos tempos que culminará de fato em seu último advento em um reino permanentemente glorioso da nova criação. Por isso, a falha de Adão no Éden e os outros modelos de iniciativas e fracassos da nova criação no AT acabam tornando-se prefigurações tipológicas do que finalmente se realiza com pleno êxito em Cristo (veja, p. ex., Rm 5.14; 1Co 15.45).

A pergunta sobre a viabilidade da descrição anterior do Éden é se em Gênesis 1—3 pode se identificar um movimento que leva a um auge escatológico ou a um progresso nas condições, ou se Adão e Eva teriam apenas continuado a viver eternamente nas mesmas circunstâncias caso permanecessem fiéis. Sustento que a primeira hipótese é a mais provável.[12]

Alguns definem escatologia de modo restrito como "o fim do tempo deste mundo [...] a consumação do processo histórico em acontecimentos que transcendem o âmbito da história mundial".[13] Como veremos, a maioria das definições de escatologia do AT concentra-se em condições de grandes, decisivas e irreversíveis descontinuidades com o curso anterior da história pós-Queda, em que haverá pessoas (perdoadas e transformadas em nova criação), sociedades (Israel restaurado e as nações conduzidas por uma figura messiânica e centralizadas em Sião) e natureza (criação renovada) radicalmente transformadas.[14] Essa definição tem sua utilidade, mas significa que a escatologia está relacionada apenas com condições futuras, ao passo que sugiro a possibilidade da existência no próprio AT de um sentido temporário de escatologia inaugurada ou condições semiescatológicas que podem existir antes de sua forma futura e consumada. Embora eu pense assim, essas condições escatológicas evidentes nunca se concretizam em condições reais, decisivas e irreversíveis antes da primeira vinda de Cristo.

Por isso, no capítulo anterior, esforcei-me para mostrar que essa evidente ideia "já e ainda não" do fim dos tempos desenvolve-se em pontos específicos ao longo do AT. Por exemplo, os grandes episódios do AT são considerados repetições, em vários e importantes graus, do modelo do reinado inicial em uma nova criação inicial. Assim, esses episódios posteriores do AT representam acontecimentos que parecem começar um processo do fim dos tempos que jamais se completa. No cosmo posterior à Queda, ao contrário do Éden pré--Queda, parece que faz mais sentido um processo inicial de restauração do estado pecaminoso estar cheio de ideias de um começo que caminha para uma consumação escatológica. Como vimos no capítulo anterior, esse é o caso da profecia de Isaías de uma nova criação, retratada como parte da volta de Israel do Exílio (embora o profeta a retrate como um acontecimento único, e não como um extenso processo da nova criação).[15] Veremos logo adiante que as profecias acerca do livramento de Israel do exílio são explícitas ao dizer que isso ocorrerá nos "últimos dias" (Dt 4.30; 31.29; Os 3.5; e possivelmente Jr 23.20; 30.24, a última sobretudo à luz de 31.1-40).

Todavia, a definição de escatologia como um período posterior com importantes e irreversíveis descontinuidades em relação a um período anterior se harmoniza com minha definição de escatologia primeva no Éden. Ainda que a etapa pré-consumação no Éden não tivesse a contaminação do pecado, ela deveria atingir um estágio completo e irreversível bem diferente,

---

[12]Veja a parte inicial do cap. 1 sobre Gênesis 1—3.

[13]Gerhard von Rad, *Old Testament theology*, tradução para o inglês de D. M. G. Stalker, OTL (New York: Harper, 1962-1965), 2 vols., 2:114 [edição em português: *Teologia do Antigo Testamento*, 2. ed., tradução de Francisco Catão (São Paulo: ASTE/Targumim, 2006)]. Von Rad cita nomes de alguns defensores dessa posição.

[14]Veja, p. ex., Donald E. Gowan, *Eschatology in the Old Testament* (Philadelphia: Fortress, 1986).

[15]Sobre essa questão, veja a análise do cap. 15 sobre a nova criação e a reconciliação.

em virtude das condições intensificadas apresentadas a seguir, que foram examinadas mais a fundo na primeira parte do capítulo anterior:

1. vitória sobre o mal;
2. segurança absoluta contra a prática do pecado;
3. proteção da corrupção do corpo;
4. proteção da corrupção da criação;
5. conforme argumentarei mais adiante, até o casamento deveria ser transcendido, porque ele era a prefiguração da unidade que o ser humano devia ter com Deus no estado eterno.[16]

Outros episódios posteriores ao Éden no AT parecem restabelecer as condições do jardim e dar início a uma consumação, mas jamais chegam a alcançá-la. Essas potenciais, porém malogradas, narrativas com características escatológicas passam a ser vistas pelos autores posteriores do AT e do NT como modelos que prefiguram o *escathon* que ocorrerá de fato em algum momento futuro.

Este capítulo também se concentra em aspectos centrais da escatologia no AT, mas seu foco são as expectativas escatológicas quanto ao futuro, sobretudo as que se expressam com a locução "últimos dias" e seus diversos sinônimos. À semelhança do capítulo anterior, não há intenção de se esgotar o assunto; antes, examino apenas as expressões claramente escatológicas. Isso significa que as passagens do AT que têm *conceitos* do fim dos tempos, mas não empregam exatamente essa linguagem, não serão aqui examinadas.[17] O propósito deste capítulo e dos dois seguintes é observar o vocabulário explícito referente aos "últimos dias" para ver como ele é aludido e desenvolvido no judaísmo e no NT. Perceberemos que há relações intertextuais entre a formulação dessas expressões no próprio AT. O estudo proposto neste capítulo é seletivo e limitado, mas veremos que a análise dos textos que têm um claro vocabulário escatológico trata praticamente de todas as promessas futuras do AT, expressas de modo conceitual em outras passagens, mas sem os termos técnicos da escatologia.

As passagens que nos interessam são estudadas na ordem em que foram escritas da perspectiva dos autores do NT, uma vez que é a principal preocupação deste livro.

Os últimos dias no Antigo Testamento
Gênesis 49.1

A primeira passagem em que ocorre uma expressão evidente de "últimos dias" é Gênesis 49.1, em que a profecia de Jacó sobre o destino de seus doze filhos e de seus descendentes é introduzida por ele ao dizer: "Reuni-vos para que eu vos anuncie o que vos acontecerá nos últimos dias [*bĕ’aḥărît hayyāmîm*]". Grande parte do que ele prediz parece não ser claramente escatológico, mas apenas descrição do futuro das tribos de Israel. Os anúncios proféticos podem se cumprir em diferentes estágios da história das doze tribos na época do próprio AT. Por causa dessa observação, as versões bíblicas traduzem a última expressão por "nos dias vindouros",

---

[16]Quanto a essa questão, veja a análise sobre nova criação e casamento no cap. 25.
[17]P. ex., poderíamos analisar as muitas referências escatológicas ao "dia" nos Profetas (em geral relacionadas com algum momento de juízo), mas essa análise do vocabulário escatológico mais categórico será suficiente para abranger o espectro básico de conceitos escatológicos que se encontram no AT, embora diversas subcategorias desse espectro não sejam aqui tratadas com mais profundidade.

por isso alguns acadêmicos concluem que ela indica apenas o futuro indefinido, sem relação alguma com uma ideia claramente escatológica.[18]

Afirmei que Gênesis 1—3 já apresenta uma expectativa de noções escatológicas consumadas, embora nesses capítulos não apareçam termos técnicos da escatologia. Esse talvez seja o caso de Gênesis 49, embora nessa passagem exista uma expressão claramente escatológica.

Entretanto, precisamos nos lembrar, aqui, do enredo de Gênesis e Êxodo para termos o sentido contextual pleno do que significa "últimos dias": (1) Antes de pecar, Adão e Eva faziam parte de uma criação original e imaculada no Éden concebida para "terminar" em um estado consumado, eterno e glorificado de nova criação; (2) Noé foi um segundo Adão, que saiu do caos do Dilúvio e recebeu a mesma comissão do primeiro Adão no início de uma criação renovada e concebida para "terminar" em uma condição consumada, eterna e glorificada de nova criação; (3) Israel foi designado para ser um Adão coletivo, que saiu do caos da praga do Egito no início de uma nova criação do Êxodo, estabeleceu-se novamente em outro jardim do Éden (a Terra Prometida) e também tinha de obedecer ao mandato que o primeiro Adão deveria ter cumprido para, finalmente, alcançar o descanso eterno e pleno na nova criação glorificada.[19] Desse modo, Gênesis e Êxodo retratam a história como um ciclo repetido de começos da nova criação que jamais atingem seus objetivos escatológicos de condições completas irreversíveis e incorruptíveis. Por isso, a primeira criação é um processo planejado para "terminar" com a obediência bem-sucedida dessa figura, que recebe a recompensa de viver em um estado glorificado e incorruptível de nova criação.

Gênesis 49 deve ser analisado no contexto desses movimentos cíclicos com características escatológicas, sobretudo como a primeira profecia ampliada do terceiro ciclo (depois dos ciclos de Adão e de Noé), que envolvem a nação de Israel. Alguns trechos do discurso de Jacó são obscuros e, ao mesmo tempo, positivos (p. ex., v. 13,19-21,27), mas fica claro que ele narra profeticamente como alguns de seus filhos e descendentes fracassariam ao não cumprir esse mandato. Do contexto mais amplo da narrativa é possível inferir que todas as tribos de Israel, exceto a de Judá, deixam de cumprir coletivamente a comissão original, e isso ocorre, em alguma medida, do mesmo modo que Adão. Esse fato indica que, enquanto o fracasso não ocorre, elas estavam participando de um claro processo de restauração da nova criação e de domínio que devia culminar com êxito em um ápice escatológico.[20] Esse processo de restauração, porém, é interrompido quando acontece o pecado coletivo e vem o juízo sobre a nação, embora a etapa de juízo[21] anteveja um juízo definitivo e apoteótico no fim da história.[22]

---

[18]Para uma defesa dessa mesma ideia, veja G. W. Buchanan, "Eschatology and the 'end of days'", *JNES* 20 (1961): 188-93, esp. p. 189; J. P. M. Van Der Ploeg, "Eschatology in the Old Testament", in: A. S. Van Der Woude, org., *The witness of tradition: papers read at the Joint British-Dutch Old Testament Conference held at Woudschoten, 1970*, OtSt 17 (Leiden: Brill, 1972), p. 89-99; A. D. H. Mayes, *Deuteronomy*, NCB (Grand Rapids: Eerdmans, 1979), p. 156-7. S. R. Driver defende a mesma perspectiva, mas é um pouco mais genérico e afirma que o uso da locução denota "o período final do futuro que estava dentro da perspectiva de quem a empregava", de modo que o contexto define o uso em cada ocorrência (*A critical and exegetical commentary on Deuteronomy*, ICC [1895; reimpr., Edinburgh: T&T Clark, 1996], p. 74).

[19]Imediatamente antes da saída de Noé da arca e da saída de Israel do Egito, as condições eram de "caos" propositadamente comparáveis ao caos inicial de Gênesis 1.2. Por exemplo, cada praga do Egito é uma antítese correspondente a alguma coisa criada em Gênesis 1, de modo que o caos é um estado de descriação (sobre isso, veja a seção do cap. 1: "Os episódios de juízo cósmico e de nova criação repetidos no Antigo Testamento").

[20]Sobre esse aspecto, p. ex., observem-se sobretudo as profecias acerca de Zebulom, Gade, Aser e José, embora também sejam ambíguas.

[21]A vaga referência ao juízo de Simeão e Levi pode ser abrangente a ponto de incluir o juízo definitivo do fim dos tempos dessa nação, que Mateus 23.29-39 narra como tendo ocorrido na geração responsável por condenar Jesus à morte.

[22]A esse respeito, o juízo de Adão, o Dilúvio de Gênesis e o juízo de Israel são aplicados por analogia, e talvez também tipologicamente, pelo NT às profecias do juízo final. Sobre o juízo de Adão, veja, p. ex., o "escondei-nos" de Apocalipse 6.16b como alusão a Gênesis 3.8; quanto ao Dilúvio de Gênesis, veja Mateus 24.35-39; 2Pedro 3.5-7; observe-se tb. Apocalipse 17.16 como alusão ao juízo de Israel em Ezequiel 16.39; 23.29.

Um dos descendentes de Jacó, entretanto, certamente cumprirá esse mandato de estender o reino divino sobre a terra. De acordo com a profecia de Gênesis 49, Judá será vitorioso sobre todos os seus inimigos (v. 8a,11,12)[23] e será a principal tribo de Israel (v. 8b). Será forte como um leão (v. 9) e dominará *até que todas as nações se tornem obedientes* a ele (v. 10). Não se trata de uma simples vitória em algumas poucas batalhas locais em Canaã, mas de uma vitória decisiva e final sobre todos os possíveis inimigos de Israel. Que essa profecia não diz respeito apenas a dominar sobre todas as nações que vivem em Canaã, mas é provavelmente uma referência definitivamente universal, fica evidente quando nos lembramos de que Israel era para ser um Adão coletivo que cumpriria o mandato universal terreno de Gênesis 1.28.

Portanto, isso indica um ponto culminante e irreversível da história e assim representa o auge escatológico da profecia de Jacó.[24] De acordo com Gênesis 49, o rei de Judá profetizado haverá de levar toda a nação a fazer enfim o que Adão devia ter feito (v. 9,10), em especial derrotar o inimigo satânico escatológico[25] e ser recompensado com uma vida no auge das condições de uma criação renovada (v. 11,12). É esse ponto "final" da história que a profecia de Jacó focaliza. As descrições do destino das outras tribos talvez parecessem reduzidas ou condensadas da perspectiva de Jacó, de modo que podem ter sido consideradas acontecimentos ocorridos imediatamente antes do auge de domínio de Judá e que a ele conduziram; portanto, estariam associados a esse período culminante. Nesse aspecto, o destino escatológico definitivo das outras tribos está em Judá: "Judá, teus irmãos te louvarão [...] os filhos de teu pai se prostrarão diante de ti" (v. 8). Isso pode ser ilustrado pela profecia aparentemente negativa sobre o futuro pecado de Dã ("Dã será uma serpente junto ao caminho [...] que morde"), que termina com "Ó Senhor, tenho esperado tua salvação!" (v. 17,18). A "espera" do fim dos tempos parece referir-se à expectativa em torno da vitória definitiva da tribo de Judá (v. 9-12). Portanto, a referência inicial aos "dias vindouros" remete a todas as tribos, pelo menos no aspecto de que o êxito definitivo das outras onze tribos nos últimos dias está associado ao sucesso de Judá.

O ápice da história harmoniza-se com a definição de escatologia proposta anteriormente, em que as condições que estabelecerão uma ruptura importante com a era anterior são alcançadas, e tais condições parecem irreversíveis: embora Israel tenha sido pressionado pela oposição das nações inimigas durante a maior parte de sua história, Gênesis 49.8-12 retrata um período em que Judá derrotará todos os inimigos e terá a "obediência" deles. Nesse sentido, todos os acontecimentos profetizados em Gênesis 49 se harmonizam de modo geral com o padrão da perspectiva de Gênesis 1—3, capítulos em que ocorre um processo com início e auge escatológico pretendidos. Muitos estudiosos citam a definição que Brown, Driver e Briggs apresentam de "no final dos dias" em apoio à referência a um "futuro não escatológico indefinido" em Gênesis 49.1, mas essa definição corresponderia bem às linhas da abordagem

---

[23]Ao que tudo indica, Gênesis 49.11,12 também apresenta a fertilidade na esfera de uma criação renovada e pacífica regida pelo rei de Judá do fim dos tempos (veja figuras semelhantes em 49.22,25,26). Isaías 63.1-3 faz alusão a Gênesis 49.11c, d, e o considera figura de linguagem referente a Deus, como um guerreiro que derrota as nações inimigas (sobre isso, veja ainda G. K. Beale, *The book of Revelation: a commentary on the Greek text*, NIGTC [Grand Rapids: Eerdmans, 1999], p. 958-60).

[24]John Walton observa que a expressão normalmente traduzida por "até" no terceiro verso da estrofe de Gênesis 49.10 não é a que geralmente se traduz por "até" (*'ad*), mas, sim, uma expressão (*'ad kî*) que implica clímax e poderia ser traduzida por <u>finalmente</u>, virá Siló" (*Genesis*, NIVAC [Grand Rapids: Zondervan], p. 714-5); assim também pensa Vos, *Eschatology of the Old Testament*, p. 92, 103.

[25]Aplicada contextualmente a Caim, quando este é derrotado pelo mal, a expressão de Gênesis 4.7, "... serás restabelecido [...] o pecado <u>está rastejando</u> [*rābaṣ*] à porta, e o desejo dele será contra ti; mas tu deves dominá-lo", parece aplicado novamente em 49.9 ao rei de Judá ("... subiste. Ele se reclina e <u>se deita</u> [*rābaṣ*] como um leão e como uma leoa. Quem o despertará?"), que derrota toda a oposição em 49.8-12.

proposta aqui: "uma expressão profética que denota o período final da história de acordo com o alcance da perspectiva de quem está falando; o sentido, portanto, varia com o contexto, mas corresponde quase sempre ao futuro ideal ou messiânico".[26] Da mesma forma, Driver acrescenta, em outra parte de sua obra, que a expressão denota "o período final do futuro à medida que esteja de acordo com o alcance da perspectiva de quem está falando", de modo que o contexto determina o uso em cada caso.[27] Essas duas definições harmonizam-se, de maneira formidável, com nossa perspectiva, pois sem dificuldade podem ser consideradas boas descrições de profecias antigas de vários aspectos do *escathon* em um estágio inicial da história da redenção e da revelação progressiva, apesar de ser pouco provável que Brown, Driver e Briggs vissem seus comentários em uma estrutura bíblico-teológica mais clara.

Por isso, em certo sentido, a profecia de Jacó se assemelha aos habitantes de outro planeta em uma espaçonave a alguma distância da Terra. Eles conseguem enxergar a olho nu a Terra e seus vários tons de branco, azul, verde e marrom (que representam nuvens, superfícies aquáticas e extensões de terra). Esses seres se comunicam com seu planeta de origem e descrevem o que enxergam dessa distância. A olho nu, não parece que entre a espaçonave e seu destino final na Terra existe uma grande distância, apenas o espaço e alguns poucos planetas e estrelas no meio do caminho. Porém, quando a espaçonave se aproxima mais da Terra, percebem melhor que as estrelas e os planetas na realidade estão distantes de nosso planeta. Em seguida, ao chegar à Terra e entrar na atmosfera, digamos, sobre Nova York, os tripulantes conseguem discernir os rios, florestas, vales e em especial a cidade com seus prédios, casas, ruas, carros e pessoas. Tanto a visão de longe quanto a mais próxima são "reais". A observação de perto revela detalhes que não poderiam ser percebidos por alguém que estivesse a uma grande distância. Essa visão mais próxima permite até enxergar uma realidade diferente da que se vê à distância. No entanto, ambas são descrições literais do que de fato há nesse planeta. O foco de Jacó sobre o destino distante, profético e culminante do reinado de Judá é unido a outros acontecimentos das outras tribos que talvez lhe pareçam próximos do ápice do fim dos tempos e conduzam diretamente a eles, mas, à medida que se desenrola a revelação histórico-redentora, esses outros acontecimentos ocorrem muito antes que se atinja o ponto culminante em Judá (assim como os planetas e as estrelas são, finalmente, vistos como bem mais distantes da Terra do que a princípio se pensava).

O quadro da profecia de Jacó apresenta acontecimentos que avançam para uma consumação histórica e definitiva, e talvez seja esse o motivo de sua inclusão, com a profecia de Judá, na explicação do que acontecerá nos "dias vindouros". O retrato profético de Jacó é ampliado pelos diversos desenvolvimentos intertextuais dos autores do AT de épocas posteriores (o que estudaremos mais adiante), e isso aumenta a visão dos detalhes do retrato profético "denso" do que "acontecerá" às tribos de Israel "nos últimos dias" (Gn 49.1). A perspectiva de Jacó fica mais definida, e os detalhes são esclarecidos, na verdade, ampliados. Conforme logo veremos, a revelação do NT amplia ainda mais o retrato veterotestamentário da profecia de Judá e esclarece que ela se cumpriu especificamente em Cristo[28] (algo comparável aos viajantes espaciais enxergando com total clareza a cidade de Nova York). É por isso que Jacó pode dizer que a visão toda está relacionada a acontecimentos que ocorrerão "nos dias vindouros". De fato, não só algumas partes da profecia de Jacó começam a ser cumpridas no fim dos tempos

---

[26]BDB 31a.

[27]Driver, *Deuteronomy*, p. 74, traz praticamente a mesma definição.

[28]Bruce K. Waltke vê na expressão "os últimos dias" de Gênesis 49.1 uma "densidade" que "abrange toda a história de Israel, desde a conquista e a divisão da terra até o reinado consumado de Jesus Cristo" (*Genesis* [Grand Rapids: Zondervan, 2001], p. 605). Veja tb. Allen P. Ross, *Creation and blessing: a guide to the study and exposition of the book of Genesis* (Grand Rapids: Baker Academic, 1988), p. 700.

pelo "Leão de Judá" do NT, mas também o AT já se refere ao futuro de algumas tribos de Israel "nos últimos dias", como logo poderemos observar neste mesmo capítulo. Assim, a forma plural "últimos dias" pode referir-se em certa medida a um período escatológico mais amplo, composto de vários acontecimentos, ao passo que a forma singular "fim" ou "último" corresponde mais a um fim definitivo (p. ex., veja Jó 19.25; Is 46.10), distinção que também pode ser vista no uso que o NT faz das duas expressões (embora haja exceções em ambos os Testamentos).[29]

Outro aspecto escatológico da profecia de Jacó diz respeito a José, apesar de ser mais vago que a predição acerca de Judá. Com imagens da nova criação originárias provavelmente de análises sobre Gênesis 1.28 e sobre o jardim do Éden em Gênesis 2, a trajetória de José e o destino de seus descendentes são descritos em Gênesis 49.22,25,26:

> José é um ramo frutífero,
> ramo frutífero junto à fonte;
> seus raminhos se estendem sobre o muro. [...]
> pelo Deus de teu pai, que te ajuda,
> e pelo Todo-Poderoso, que te abençoa
> com bênçãos dos altos céus,
> com bênçãos do abismo profundo,
> com bênçãos dos seios e do ventre.
> As bênçãos de teu pai
> excedem as bênçãos de meus antepassados
> até o mais elevado topo dos montes antigos;
> que elas estejam sobre a cabeça de José,
> e sobre a coroa da cabeça do que foi separado de seus irmãos.

O retrato de José como "ramo frutífero junto à fonte" remete às árvores que dão fruto no Éden e são regadas pela fonte no meio do jardim. A fecundidade do primeiro jardim se aplica à fertilidade e à prosperidade de José e de seus filhos (antecedente de Sl 1.3). As seis bênçãos pronunciadas a respeito de José nos versículos 25 e 26 confirmam que estão em mente tanto a fecundidade do ventre quanto a prosperidade em geral, o que também parece ser um desenvolvimento da bênção inicial de Gênesis 1.28:[30]

> Deus os abençoou e lhes disse: "Frutificai e multiplicai-vos; enchei a terra e sujeitai-a; dominai sobre os peixes do mar, sobre as aves do céu e sobre todos os animais que rastejam sobre a terra".

Os dois usos da forma participial de "frutificar" (*pārâ*) no versículo 22[31] seguidos pelas repetições de "bênção" nos versículos 25 e 26 também remetem à disposição próxima de "abençoar" e "frutificar" em Gênesis 1.28. Há inclusive uma alusão a "encher a terra" com prosperidade na menção de que "as bênçãos de teu pai [de Jacó a José] excedem as bênçãos de meus [de Jacó] antepassados [começando com Adão] até o mais elevado topo dos montes antigos". Adão não conseguiu obter as bênçãos plenas do fim dos tempos, mas José as recebeu em algum momento no futuro. Na profecia de José, não se percebe com tanta clareza quanto na profecia de Judá um ápice do fim dos tempos, mas o cumprimento da profecia de José pode se sobrepor à profecia de Judá, pois está cheia de temas da nova criação que se relacionam

---

[29]Veja, p. ex., Daniel 12.13.
[30]Assim tb. Waltke, *Genesis*, p. 614.
[31]Entretanto, veja Victor P. Hamilton, *The book of Genesis: chapters 18—50*, NICOT (Grand Rapids: Eerdmans, 1995), p. 678-9, 683. Hamilton entende que a palavra hebraica que muitos consideram estar por trás de "fruto" é *pere'*, "jumento selvagem". Acho que seu raciocínio, apesar de plausível, não é convincente.

também com os descendentes de José, de modo que é provável haver aqui referência à ideia escatológica do auge de uma criação renovada. Além disso, a referência às "bênçãos [...] [que] excedem [...] até o mais elevado topo dos montes antigos" pode indicar não uma vaga condição futura figurada, mas o ponto mais alto das bênçãos, irreversível e além do qual não há bênçãos maiores.

Consequentemente, a expressão *bĕ'aḥărît hayyāmîm* em Gênesis 49.1 deve ser traduzida por "nos últimos dias" em referência ao movimento que por fim levará Israel a cumprir o que foi ordenado a Adão[32] em um Éden renovado e escatologicamente consumado (o *Tg. Neof.* de Gn 49.1 acrescenta que os últimos dias profetizados por Jacó incluíam "aquilo que é a felicidade do Éden"; assim tb. *Tg. de Ps.-J.* de Gn 49.1). Essa história será marcada pelas malsucedidas tentativas de algumas tribos de cumprir a comissão adâmica, o que não terá plena realização escatológica até que o soberano "venha para quem ele [o reino] pertence,[33] e para ele será a obediência dos povos" (Gn 49.10c,d [TA]).[34] Nesse aspecto, o destino das outras tribos israelitas que não conseguirem cumprir seu mandato adâmico continua aguardando a necessidade de cumprimento e, assim, passa a indicar tipologicamente aquele tempo escatológico em que esse mandato enfim será cumprido. Portanto, a expressão "os últimos dias" refere-se não ao futuro em geral, mas ao desfecho definitivo dos acontecimentos futuros, que envolvem todas as tribos de Israel, o que se justapõe à Judá.[35]

Veremos adiante que Números 24.14-19, a mais antiga interpretação de Gênesis 49.10, entende este trecho como um acontecimento escatológico em que um rei israelita derrota seus inimigos. O sentido escatológico de Gênesis 49.1 é confirmado não apenas no judaísmo, mas também no NT, que interpreta partes da profecia seguinte de Jacó em Gênesis 49 como escatológicas, cujo cumprimento inicial está na primeira vinda de Cristo. Romanos 1.4,5; 16.25,26 fazem alusão a Gênesis 49.10 (veja tabela 2.1).[36]

---

[32]Veja C. F. Keil; F. Delitzsch, *Biblical commentary on the Old Testament* (reimpr., Grand Rapids: Eerdmans, 1971), vol. 1: *The Pentateuch*, p. 387. Os autores assumem uma abordagem semelhante e consideram que o conceito de escatologia em Gênesis 49.1-27 se refere ao "futuro no sentido de conclusão definitiva da obra de Deus, apesar de modificado pelo período específico ao qual a obra de Deus havia progredido em qualquer período específico". Veja tb., de forma semelhante, Waltke, *Genesis*, p. 605; H. C. Leupold, *Exposition of Genesis* (Grand Rapids: Baker Academic, 1942), 2 vols., 2:1167.

[33]Em consonância com a tradução parafraseada de Qumran (4Q252 V:1-5) e com o modo pelo qual a LXX traduz o hebraico ("até que venham as coisas para ele reservadas").

[34]Gênesis 49.10c, uma das expressões hebraicas mais debatidas em toda a história da interpretação do livro, também pode ser traduzida por "até que lhe venha tributo", ou "até que venha Siló", ou, menos provável, "até que ele venha a Siló" (veja uma análise das opções em Hamilton, *Genesis*, p. 658-61; Walton, *Genesis*, p. 714-6). Para uma análise das diversas interpretações, veja Vos, *Eschatology of the Old Testament*, p. 89-104. Vos interpreta essa passagem como uma profecia messiânica escatológica, conforme minha conclusão, à semelhança do que também fazem, p. ex., Waltke (*Genesis*, p. 609) e Ross (*Creation and blessing*, p. 703-4). Os três comentaristas também se posicionam a favor da tradução "ele vem a quem ele [o reino] pertence", embora, como acabamos de ver, haja outras possibilidades de tradução que não excluem uma interpretação fundamentalmente messiânica e escatológica. Qualquer uma das traduções, nesse contexto, tem o sentido de vinda de um personagem régio que vem para governar. A LXX interpreta Gênesis 49.10d como um trecho messiânico: "ele é a expectativa das nações". Como observamos acima, o *Tg. Onq.* de Gn 49.9-11 associa o texto ao Messias do fim dos tempos e a seu domínio universal.

[35]Veja tb. Geerhardus Vos, *The Pauline eschatology* (1930; reimpr., Grand Rapids: Baker Academic, 1979), p. 2-3. Veja H. Seebass, "אַחֲרִית", in: *TDOT* 1:211; a conclusão a que cheguei aqui foi influenciada pela mesma conclusão de seu estudo de Daniel 2.28.

[36]Para um estudo sobre a legitimidade e o uso dessa alusão, veja G. K. Beale, *John's use of the Old Testament in Revelation*, JSNTSup 166 (Sheffield: Sheffield Academic Press, 1998), p. 238-42.

Tabela 2.1

Gênesis 49.10	Romanos 1.4,5 (cf. quase idêntico a 16.25,26)
"E a ele [o conquistador israelita que virá] <u>as nações</u> serão <u>obedientes</u>."	"<u>Jesus Cristo</u> [...] por meio de quem recebemos graça e apostolado, [...] <u>para a obediência</u> da fé entre todas <u>as nações</u>."

Da mesma forma, Apocalipse 5.5 ("o Leão da tribo de Judá [...] venceu") aplica Gênesis 49.9 à ressurreição de Jesus, o que inaugura a profecia dos últimos dias sobre a ressurreição final.

Números 24.14

A segunda ocorrência da expressão "nos últimos dias" está em Números 24.14: "E agora, eis que estou [Balaão] voltando para o meu povo. Vem cá, e eu te direi o que este povo fará ao teu povo nos últimos dias que virão [*bĕ'aḥărît hayyāmîm*]". À semelhança de Gênesis 49.1, a expressão aqui não é apenas uma vaga referência ao futuro, mas uma referência escatológica, indicada por sua ligação com Gênesis 49, pelo contexto da expressão em Números 24 e pelo seu uso posterior na literatura bíblica e extrabíblica. Conforme já dissemos, essa passagem e seu contexto imediato fazem alusão a Gênesis 49.1, o que fica evidente em virtude dos pontos a seguir:

1. Praticamente as mesmas palavras de Gênesis 49.9 ocorrem em Números 24.9: "Agachou-se, deitou-se como leão e como leoa. Quem o despertará?".
2. O termo "cetro" é usado em Gênesis 49.10 e Números 24.17.
3. Tanto o texto de Gênesis quanto o de Números associam suas respectivas profecias com "os últimos dias" (cf. Nm 24.14).
4. Números 24.8, a exemplo de Gênesis 49, refere-se de forma inequívoca às "nações" como inimigos de Israel a ser derrotados.
5. Assim como a profecia sobre o futuro vitorioso de Israel em Gênesis 49 está diretamente relacionada a imagens da nova criação (v. 11,12, bem como v. 22,25,26), Números 24 (cp. v. 7b-9 com v. 5-7a) também está. Números 24.5-7a diz:

    > Ó Jacó, como são formosas as tuas tendas![37]
    > As tuas moradas, ó Israel![38]
    > Elas se estendem como vales;
    > são como jardins à beira do rio,

---

[37] O *Targum Neofiti* e o *Targum de Pseudo-Jônatas* traduzem o texto hebraico desse verso parcialmente por "Como é bela *a tenda do encontro*", fazendo assim uma clara identificação das "tendas" com o Tabernáculo de Israel.

[38] Por analogia com textos posteriores do AT que se referem ao templo no plural, pode muito bem ser o caso em Números 24.5. Ademais, quando essas duas palavras hebraicas traduzidas por "tenda" e "morada" aparecem juntas em todas as outras ocorrências do Pentateuco (25 vezes até Nm 24), em apenas uma (Nm 16.27, no plural) elas se referem de modo geral às moradas de Israel em volta do Tabernáculo e 24 vezes se referem ao Tabernáculo. Se, em Números 24.5, "tendas" e "moradas" são referências na forma plural ao Tabernáculo, então esta é uma passagem que explica a tarefa de Israel, associando um retrato de Israel como tabernáculo com a figura da vegetação e das águas que se estendem sobre a terra, e é provável que isso tenha origem no retrato que Gênesis 2 apresenta do Éden como jardim-santuário. Sobre isso, veja tb. G. K. Beale, *The temple and the church's mission: a biblical theology of the dwelling place of God*, NSBT 17 (Downers Grove: InterVarsity, 2004), p. 66-126.

> como árvores de aloés plantadas pelo Senhor,[39]
> como cedros junto às águas.
> Correrá água de seus baldes,
> e a sua semente será regada por muitas águas.

A descrição de Números 24.5-8 também está relacionada à promessa abraâmica (cf. um aumento da "semente" no v. 7; a promessa de "bênção e maldição" do v. 9 repete Gn 12.3b). É possível que também haja um eco da comissão adâmica original (observe-se a presença de "rei" e "reino" no v. 7, e "domínio", no v. 19) e do modo pelo qual a semente prometida em Gênesis 3.15 ("ela te ferirá a cabeça") há de derrotar o inimigo de Deus (cf. "um cetro [...] ferirá as frontes de Moabe" em Nm 24.17).

O clímax do discurso de Balaão a Balaque ocorre em Números 24.17-19, em que um rei messiânico de Israel vencerá os inimigos desta nação:

> Eu o vejo, mas não agora.
> Eu o contemplo, mas não de perto.
> Uma estrela virá de Jacó,
> um cetro se levantará de Israel,
> e ferirá as frontes de Moabe,
> despedaçará todos os filhos de Sete.
> Edom será sua propriedade,
> Seir, seus inimigos, também será sua propriedade,
> enquanto Israel agirá com valentia.
> De Jacó virá um que dominará
> e destruirá os sobreviventes da cidade.

Há uma alusão de parte dessa profecia ("Edom será sua propriedade") em Amós 9.12a ("para que eles [Israel] possuam o restante de Edom"), que profetiza a derrota que o Israel do fim dos tempos imporá às nações na época da restauração de Israel (Am 9.11) à terra, uma cena descrita com linguagem relacionada ao paraíso, bem semelhante à de Gênesis 49.11,12 e Números 24.6,7.[40] Amós 9.11,12 é citado em Atos 15.16-18 para explicar a relação do evangelho com os gentios e de que modo Amós 9 começa a se cumprir.

Tanto no judaísmo quanto no NT essa figura é identificada como o Messias e sua vitória escatológica sobre o inimigo de Deus.[41] Apocalipse 2.28 ("e eu lhe [ao vencedor] darei a estrela da manhã") e 22.16 ("Eu sou [...] a resplandecente estrela da manhã") fazem alusão a Números 24.17, aplicando esse texto a Cristo (assim como 2Pe 1.19 possivelmente faz).[42] Isso revela que a comunidade cristã primitiva entendia que "os últimos dias" da profecia de Números 24 começavam a se cumprir com a primeira vinda de Cristo.[43]

---

[39]A LXX traduz esse trecho por "como tabernáculos [ou 'tendas'] erguidos pelo Senhor"; sobre isso, veja mais adiante.

[40]Cf. Amós 9.13-15: "As montanhas destilarão vinho doce [...] Eles [Israel] plantarão vinhas e beberão o seu vinho; cultivarão pomares e comerão do seu fruto. [...] Não mais serão arrancados da sua terra".

[41]Veja, p. ex., 4Q266, frag. 3, III:18-21; *Tg. Onq.* de Nm 24.17; *Tg. de Ps.-J.* de Nm 24.14. Números 24.17 em particular era interpretado de maneira messiânica nos escritos do judaísmo antigo: *T. Levi* 18.3; *T. Judá* 24.1; CD-A VII:18-21; 1QM XI:6-7; no judaísmo posterior, veja y. *Ta'an.* 4.5. Sabe-se que "Bar Kokhba" ("Filho da Estrela") era o nome de uma figura messiânica na revolta final dos judeus contra Roma no início do segundo século da era cristã, mas seu movimento foi derrotado.

[42]Veja mais sobre isso em Beale, *Revelation*, p. 268-9.

[43]Números 24.17 é interpretado da mesma forma por Justino Mártir (*Dial.* 106) e Ireneu (*Haer.* 3.9.2).

Deuteronômio 4.30; 31.29

As próximas ocorrências da expressão "últimos dias" estão em Deuteronômio. Depois de Israel praticar a idolatria, Deus haveria de expulsá-los da terra e dispersá-los pelas nações, de onde o buscariam (4.25-29). Naquele tempo, "quando estiverdes em angústia, e todas essas coisas acontecerem, então voltareis para o Senhor, vosso Deus, e ouvireis sua voz, nos últimos dias [*bĕ'aḥărît hayyāmîm*]" (4.30). Nesta passagem, "últimos dias" envolve a angústia que sobreviria a Israel e também a volta do povo para Deus em consequência dessa angústia. O fundamento da volta de Israel para Deus está na promessa de que ele não "se esquecerá da aliança que jurou a vossos pais" (4.31). A aliança, sem dúvida, é a que havia sido feita com os patriarcas, cuja essência, como já sustentei antes, é uma repetição de Gênesis 1.28. Portanto, essa aliança envolve uma ordem aos patriarcas e a Israel para que fizessem o que Adão deveria ter feito, e uma promessa de que a descendência deles finalmente cumpriria essa missão de abençoar o mundo e difundir a glória de Deus por toda a terra. Além disso, como já defendi, o cumprimento definitivo desse mandato de Gênesis 1.28 tem natureza escatológica, o que é indicado em 4.30, uma vez que menciona a "volta" de Israel movido pela fé para cumprir a aliança.

Nem todos os comentaristas consideram Deuteronômio 4.30 uma passagem "escatológica".[44] Entretanto, se eu tiver razão em relacionar esse versículo com o padrão iniciado nos primeiros capítulos de Gênesis e repetido depois, e se esse padrão for escatológico, então Deuteronômio 4.30 também pode ser assim considerado. Outros comentaristas acham que a restauração de Israel à terra por causa do arrependimento[45] é escatológica porque as condições intimamente associadas a essa restauração constituem uma ruptura radical com as condições anteriores.[46]

Consequentemente, Deuteronômio 4.30 pressupõe que o juízo e o Exílio de Israel por não cumprir sua parte na aliança e seu retorno para começar a cumprir suas obrigações pactuais mais uma vez são escatológicos. É por isso que a repetição posterior em Deuteronômio 31.29 deve ser entendida como parte de um processo dos últimos dias: "Porque eu sei que, depois da minha morte (de Moisés), certamente vos corrompereis e vos desviareis do caminho que vos ordenei. Então, o mal vos atingirá nos últimos dias [*bĕ'aḥărît hayyāmîm*], pois fareis o que é mau aos olhos do Senhor, provocando sua ira com a obra das vossas mãos". Embora, mais precisamente, o Exílio seja interpretado como parte de um modelo de descriação, ele também pode ser considerado juízo de caráter escatológico pela violação do mandato adâmico ou como juízo que prevê o juízo final do exílio da presença de Deus e da forma consumada do cosmo. É essa a ideia em Deuteronômio 31.29, mas é provável que o foco principal esteja em um intenso período de tribulação até o fim do exílio, de modo que os "últimos dias" podem coincidir com o término do período exílico, quando começa a "volta" de Deuteronômio 4.30 (cf. Sl 107.6,13).[47] No entanto, uma vez que a libertação de Israel do Cativeiro Babilônico,

---

[44]Veja, p. ex., Peter C. Craigie, *Deuteronomy*, NICOT (Grand Rapids: Eerdmans, 1976), p. 140; J. G. McConville, *Deuteronomy*, AOTC 5 (Leicester: Apollos, 2002), p. 111.

[45]O uso de "voltar" (*šûb*) em Deuteronômio 4.30 subentende, neste contexto, provavelmente a ideia de volta física à terra e volta espiritual para Deus, assim como acontece em contextos semelhantes, sobretudo nos profetas. Se arrependimento é a ideia principal que está em mente, o retorno físico está implícito, pois a terra representa bênçãos para Israel; se o retorno físico é o foco primário, então o que está implícito é o arrependimento, uma vez que Israel poderia de fato voltar à terra somente arrependendo-se.

[46]Veja, p. ex., Gowan, *Eschatology*, p. 21-7. Observe-se que *Tg. Neof.* de Dt 4.30 especifica que o que está em mente aqui é o "*próprio* fim dos dias".

[47]Josué 24.27 diz: "E disse Josué a todo o povo: 'Eis que esta pedra será um testemunho contra nós, pois ela ouviu todas as palavras que o Senhor nos falou. Portanto, ela será um testemunho contra vós para que não negueis o vosso Deus'". A versão grega faz uma paráfrase dessa conclusão: "E esta [pedra] estará entre vós como testemunha nos últimos dias [*ep' eschatōn tōn hēmerōn*], quando agirdes com falsidade com o Senhor meu Deus", interpretando, ao que tudo indica, esse texto de acordo com Deuteronômio 31.29 e aplicando "últimos dias" à época da apostasia escatológica de Israel.

depois de setenta anos de exílio, não se concretizou em condições realmente definitivas, irreversíveis e escatológicas de uma nova criação, a profecia do fim dos tempos de Deuteronômio 4 e 31 ainda aguarda um tempo futuro em que Israel haverá de cometer de novo o mal escatológico, arrepender-se e voltar para Deus. Por isso, o pecado, o exílio e a restauração de Israel passariam a ser um padrão histórico que aponta para o verdadeiro *escathon*, uma perspectiva que, como veremos, é adotada pelos autores do NT.

Oseias 3.5

Oseias 3.4 fala de um tempo em que o povo de Israel sofrerá um período de cativeiro, quando não haverá rei israelita governando a nação (ficarão "sem rei ou príncipe"); os israelitas não terão os benefícios do templo (ficarão "sem sacrifício") ou das funções de um sacerdote (ficarão "sem colete sacerdotal"), provavelmente por causa da destruição do templo. Assim, não terão oportunidade nem sequer de profanar seu local de adoração, o templo, como antes haviam feito (ficarão "sem coluna sagrada", provavelmente algum objeto idólatra, e "sem ídolos do lar"). O versículo seguinte, porém, declara que "depois os israelitas voltarão e buscarão o Senhor, seu Deus, e Davi, seu rei; e, nos últimos dias [*bĕ'aḥărît hayyāmîm*], eles virão tremendo até o Senhor e a sua bondade" (Os 3.5). Virá um período escatológico em que Deus restaurará Israel do cativeiro e restabelecerá o reino davídico, e a nação confiará em Deus (veja tb. Os 1.10,11; 2.21-23).[48] A implicação de 3.4 é que Deus também restabelecerá o templo para adoração (observe-se que o "depois" ['*aḥar*] introdutório em 3.5 forma um paralelismo com "nos últimos dias" [*bĕ'aḥărît hayyāmîm*], o que indica que "depois" e expressões sinônimas em outras passagens dos Profetas têm nuances escatológicas; cf., p. ex., '*aḥărê-kēn* em Jl 2.28 [3.1, TM]).[49]

Em outras passagens de Oseias, há associações bem próximas com as bênçãos e as maldições da aliança de Deuteronômio, e a referência aos "últimos dias" em Oseias 3.5 parece retomar e desenvolver a referência idêntica e anterior de Deuteronômio 4.30 (cf. 30.29), que prediz as bênçãos para Israel no fim dos tempos.[50] De fato, a legitimidade da alusão de Oseias a Deuteronômio 4.30 fica evidente quando se observa que a junção das palavras hebraicas correspondentes a "voltarão para o Senhor, seu [ou vosso] Deus" e "nos últimos dias" não ocorre em nenhum outro texto do AT, exceto nessas duas passagens.

Isaías

Isaías 2.2 contém a mesma expressão "nos últimos dias" dos versículos do AT mencionados anteriormente. Em consonância com Oseias, e possivelmente por sua influência, Isaías concentra a atenção no reinado de Deus e no templo que será estabelecido "nos últimos dias". Apesar de não estar claro se os textos de Deuteronômio fazem alusão ao texto mais antigo de Gênesis ou ao texto de Números, ou ao de Oseias, parece que Isaías 2.2 desenvolve Gênesis 49.1,10, em que, no auge escatológico dos "últimos dias", "a obediência dos povos ['*ammîm*]" será oferecida ao rei de Israel. Isaías 2.2,3 também vê "as nações ['*ammîm*]" vindo a Jerusalém submissas a Deus e à sua Lei. As únicas passagens do AT em que a submissão dos "povos" ('*ammîm*) aparece junto à expressão "últimos dias" (*bĕ'aḥărît hayyāmîm*) são

---

[48]Para uma conclusão semelhante, veja Duane Garrett, *Hosea, Joel*, NAC 19A (Nashville: Broadman & Holman, 1997), p. 104.

[49]Penso, aqui, em expressões que têm, igualmente, nuances escatológicas, como Isaías 1.26; Jeremias 49.6 (cp. com Jr 48.47); assim tb. Jeremias 31.33; Daniel 2.28,29.

[50]Tb. Douglas Stuart, *Hosea-Jonah*, WBC 31 (Waco: Word, 1987), p. 68. Stuart também considera Oseias 3.5 uma clássica profecia messiânica do fim dos tempos cujo cumprimento teve início em Cristo.

Gênesis 49.1,10; Isaías 2.2,3; e Miqueias 4.1 (de que falaremos mais adiante). Isaías também descreve "o monte da casa do Senhor" sendo "estabelecido como o mais alto dos montes", o que faz parte de uma esperança escatológica de que o templo de Israel começará a ser expandido no *escathon*.[51] Outra característica escatológica bem clara é que não mais haverá guerras na Terra (Is 2.4). Diante dessa passagem, que prediz o fim definitivo dos conflitos entre as nações, é difícil entender por que alguns comentaristas veem aqui uma referência a um futuro indeterminado, sem nenhum sentido escatológico.[52] Parece que essa profecia do fim dos tempos começou a se cumprir com a restauração de Israel do Cativeiro Babilônico, mas não teve cumprimento nas outras promessas a ela associadas (templo escatológico, peregrinação dos gentios a Jerusalém etc.). Portanto, essa profecia ainda aguardava o cumprimento inaugural verdadeiro e irreversível com os acontecimentos da vinda de Cristo.[53]

Atos 2.17 faz alusão aos "últimos dias" de Isaías 2.2 (ambas as passagens trazem *estai en tais eschatais hēmerais*, expressão que não ocorre em nenhum outro trecho da LXX nem do NT). Atos interpreta Joel 2.28-32, que é seu texto focal principal, por meio de Isaías 2.2.[54] Ao que tudo indica, a promessa do Espírito para Israel em Joel está sendo prevista como uma promessa a se cumprir entre os gentios, um tema narrado no restante do relato de Atos (p. ex., At 10.44-47). Além disso, a promessa de expansão do templo em Isaías é vista como o cumprimento inicial com o derramamento e a propagação do Espírito divino.[55] Apocalipse 15.4 descreve o cumprimento definitivo da profecia de Isaías 2.2 sobre as nações indo até o Senhor em associação também com a revelação do templo escatológico (Ap 15.5: "Depois disso, olhei, e o templo do tabernáculo do testemunho no céu estava aberto").[56]

Há outros textos claramente escatológicos em Isaías. Entre eles está Isaías 41.22,23, que descreve os ídolos como incapazes de anunciar o "fim" (TM: 'aḥărîtān; LXX: *ta eschata*),[57] ao contrário do Deus de Israel, que é o único que anuncia "o fim [TM: 'aḥărît; LXX: *ta eschata*, 'últimos acontecimentos'] desde o início" (Is 46.10). Nesses contextos, o "fim" refere-se à prometida restauração de Israel à terra em uma nova criação,[58] especialmente à luz do contexto imediatamente anterior estabelecido por Isaías 41.18-20:

> Abrirei rios nas colinas secas
> e fontes no meio dos vales.
> Tornarei o deserto em um reservatório de água,

---

[51] Veja Beale, *Temple*, p. 81-167.

[52] Como faz, p. ex., Otto Kaiser, *Isaiah 1—12*, tradução para o inglês de John Bowden, 2. ed., OTL (Philadelphia: Westminster, 1983), p. 53.

[53] Bruce K. Waltke defende essa tese em relação à profecia de Miqueias 4.1, texto paralelo a Isaías 2.2 ("Micah", in: Thomas Edward McComiskey, org., *The Minor Prophets: an exegetical and expository commentary* [Grand Rapids: Baker Academic, 1993], vol. 2, p. 679).

[54] Alguns manuscritos gregos de Joel 2.28 também registram *en tais eschatais hēmerais*, provavelmente por causa da influência de Isaías 2.2 (Teodoreto Ii. 183 et al. [segundo o aparato crítico da LXX de Holmes e Parsons]), o que revela que o passo interpretativo em Atos 2.17 já tinha sido dado por alguns escribas que copiaram o texto grego de Joel (mas tb. é possível que a variante tenha surgido de escribas cristãos que copiaram Joel sob a influência de At 2.17).

[55] A esse respeito, veja tb. G. K. Beale, "The descent of the eschatological temple in the form of the Spirit at Pentecost: part I", *TynBul* 56, n. 1 (2005): 73-102; ibidem, "The descent of the eschatological temple in the form of the Spirit at Pentecost: part II", *TynBul* 56, n. 2 (2005): 63-90.

[56] Sobre isso, veja tb. Beale, *Revelation*, p. 797, em que Isaías 2.2 aparece inserido na alusão mais ampla a Salmos 86.9,10.

[57] De modo semelhante, Isaías 41.23 traz "posteriormente" (*lĕ'āḥôr*), que a LXX traduz por "no fim" (*ep' eschatou*).

[58] Veja uma análise mais profunda desse contexto de restauração e nova criação como conteúdo das declarações escatológicas de Isaías 40—66 no cap. 15, seção "A visão paulina da reconciliação como nova criação e restauração do exílio".

e a terra seca, em mananciais.
Plantarei o cedro no deserto,
a acácia, murta e a oliveira;
porei o junípero no ermo
com o álamo e o cipreste,
para que todos vejam e saibam,
considerem e também entendam
que a mão do Senhor fez isso,
e o Santo de Israel o criou.

Miqueias

O texto de Miqueias 4.1-4 é idêntico ao de Isaías 2.1b-4 (veja a análise anterior), mas acrescenta imagens da nova criação (4.4: "Cada um deles se assentará debaixo da sua videira e da sua figueira, e ninguém mais os amedrontará") e ressalta que Deus será o governante em Sião. As imagens do jardim paradisíaco em 4.4 são previsíveis em uma passagem que acaba de retratar um monte do templo dos últimos dias, sobretudo porque o Éden era um jardim sobre uma montanha (veja Ez 28.14,16,18, para comparar com Mq 4.4). Assim, a história primeva se repete na história escatológica (*Barn.* 6.13 diz: "Vede, faço as últimas coisas como as primeiras"). Isaías também apresenta a atmosfera de um templo arbóreo escatológico: "A glória do Líbano virá a ti; o junípero, o álamo e o cipreste virão juntos para enfeitar o lugar do meu santuário; e farei com que o lugar dos meus pés [a Arca da Aliança] seja glorioso" (Is 60.13).

Jeremias

A expressão "nos últimos dias" aparece quatro vezes em Jeremias. Em 23.20 se lê: "A ira do Senhor não recuará até que ele tenha executado e cumprido os propósitos de seu coração. Nos últimos dias [*běʾaḥărît hayyāmîm*] entendereis isso claramente". No texto hebraico, a expressão "nos últimos dias" é idêntica em todas as passagens estudadas anteriormente, mas aqui parece referir-se a Deuteronômio 31.27-29, em que a "teimosia" de Israel é mencionada juntamente com a "ira" do "Senhor" (veja tb. Jr 23.17-20). Por isso, à luz do paralelo anterior em Deuteronômio 4.30, talvez Jeremias se refira à tribulação do fim dos tempos que sobrevirá aos israelitas por causa do pecado deles, em que, no fim, Deus os fará voltar para ele e os livrará da angústia. Não importa quanto o texto de Deuteronômio esteja em mente, a ênfase aqui é a mesma de Deuteronômio 4.30, em que o foco é a libertação da angústia nos últimos dias. Particularmente, Jeremias 23.20 ressalta que "nos últimos dias", quando houver ocorrido a restauração, a profecia dos falsos profetas não cegará o povo de Deus, que passará a ter "entendimento" histórico-redentor pleno sobre o motivo por que Deus manifestou sua ira contra Israel.

A perspectiva escatológica de Jeremias 23.20 é indicada também em 30.24 (37.24, LXX), que reitera a declaração da primeira passagem e a estabelece mais claramente em um contexto de restauração escatológica, conforme se pode entender pelo contexto anterior tanto de 30.17-22 quanto de 31.1-40.[59] Os "últimos dias" de 30.24 são equivalentes a "naquele tempo" (31.1),

---

[59] Veja, p. ex., F. B. Huey Jr., *Jeremiah, Lamentations*, NAC 16 (Nashville: Broadman, 1993), p. 216; Charles L. Feinberg, "Jeremiah", in: Frank E. Gaebelein, org., *The expositor's Bible commentary* (Grand Rapids: Zondervan, 1986), vol. 6, p. 523. Nenhum desses comentaristas considera Jeremias 23.20 um texto escatológico, mas Feinberg (p. 663, 671) entende que exatamente a mesma expressão de Jeremias 48.47; 49.39 se refere aos tempos messiânicos escatológicos. De modo geral, os comentaristas também não consideram Jeremias 30.24 uma passagem escatológica.

"os dias que virão" (31.27,31,38), "naqueles dias" (31.29) e "depois daqueles dias" (31.33), todos indicadores da restauração do fim dos tempos. Trata-se de um período em que Israel começará a cumprir o mandato e a promessa de Gênesis 1.28 reiterada posteriormente ("E eu os multiplicarei, e não serão diminuídos; eu os glorificarei, e não serão desprezados" [Jr 30.19]). O contexto seguinte revela que isso ocorrerá em uma criação renovada (31.12-14). Acima de tudo, porém, o contexto seguinte amplia o "entendimento" escatológico de 30.24, explicando que Deus fará uma "nova aliança" com Israel na restauração do fim dos tempos, em que perdoará o pecado do povo, o qual passará a ter mais entendimento da lei de Deus e do próprio Deus do que as gerações anteriores (31.31-34).[60] Pode-se supor que esse "entendimento" dos últimos dias capacitará Israel a compreender que seu sofrimento fazia parte do justo juízo de Deus sobre a nação, que ele havia ordenado a geração de um remanescente fiel a ser refinado pelo fogo do juízo, que o livramento divino dos fiéis desse sofrimento era uma manifestação de sua graça e que ele perdoaria "sua maldade" (sobre esse tema, veja tb. Jr 32.37-43).

"Nos últimos dias" ocorre mais duas vezes em Jeremias: 48.47; 49.39 (25.19, LXX). De modo interessante, a expressão se refere, nessas passagens, às nações gentias (Moabe e Elão, respectivamente) restauradas por Deus no fim dos tempos. Assim como Israel, essas nações serão punidas pela mão judicial de Deus e até irão para o exílio (veja 48.46), mas "nos últimos dias" Deus mudará o destino desses povos (também no caso de Amom; veja 49.6). A restauração dos fiéis dentre essas nações parece coincidir com a restauração do remanescente de Israel, como também ocorre em Isaías 40—66. Esse uso de "nos últimos dias" juntamente com nações (embora 'ammîm não esteja presente em Isaías e Miqueias) relacionadas com Deus de forma positiva pode ser um desenvolvimento de Gênesis 49.1,10 e Isaías 2.2-4, em que ocorre a mesma ideia escatológica.

Ezequiel

Ezequiel 38.14-16 declara que Deus levantará um inimigo (chamado "Gogue") contra Israel para oprimi-lo "naquele dia", de modo que temos mais uma referência à tribulação de Israel no fim dos tempos, como já vimos em Deuteronômio 31.29 e possivelmente também em Deuteronômio 4.30. Deus promete que, depois desse tempo de opressão, ele derramará seu Espírito sobre o povo de Israel (Ez 39.28,29) e estabelecerá seu templo escatológico entre eles (Ez 40—47).

Daniel

Daniel 2 e o monte de pedra dos últimos dias

O livro de Daniel tem diversas referências aos "últimos dias". A primeira aparece em Daniel 2.28,29,45:

> Mas há um Deus no céu que revela os mistérios. Ele revelou ao rei Nabucodonosor o que acontecerá nos últimos dias [*bĕ'aḥărit yômayyā'*]. O sonho e as visões que tiveste quando estavas deitado são estes: Ó rei, quando estavas deitado, o teu pensamento se voltou às coisas futuras ['*aḥărê*]. Aquele que revela os mistérios te revelou o que acontecerá. [...]

---

[60]Fica claro que Jeremias 31.31-34 é um desenvolvimento de 30.24 não apenas pelas expressões sinônimas equivalentes a "últimos dias" (veja acima) e pelo foco no entendimento escatológico, mas também pela repetição do período "Eu serei o seu Deus, e eles serão o meu povo", em 31.33 (sobre isso, veja 30.22; 31.1; veja em Beale, *Revelation*, p. 1046-8, uma análise dessa fórmula escatológica de comunhão).

Como viste que uma pedra foi removida do monte sem auxílio de mãos e esmagou o ferro, o bronze, o barro, a prata e o ouro, o grande Deus revela ao rei o que acontecerá no futuro [*'aḥărê*]. Portanto, certo é o sonho, e fiel a sua interpretação.

O texto grego antigo de Daniel traduz "coisas futuras" e "futuro" (v. 29,45) por "nos últimos dias", muito provavelmente porque estão em paralelismo com "nos últimos dias" do versículo 28. A visão era a de uma estátua muito grande composta de quatro partes, cada uma representando um império mundial. O auge da visão retrata uma pedra que se solta do monte sem auxílio de mão alguma, esmaga a estátua, cresce e enche o mundo todo. Daniel explica que a pedra esmigalhando a estátua representa a derrota que o reino de Deus impõe aos impérios do mal no fim dos tempos e a consolidação eterna do reino de Deus na terra (v. 44,45). Daniel 2.28 e os versículos seguintes têm tantas correspondências únicas com Isaías 2.2 (// Mq 4.1) que provavelmente essa passagem tenha sido influenciada pelo texto de Isaías.

Há indicações de que o monte de pedra escatológico de Daniel pode estar intimamente associado ao gigantesco templo do fim dos tempos de Isaías 2, o que confirma ainda mais sua natureza escatológica. Em primeiro lugar, Isaías 2.2,3 não apenas utiliza um monte como símbolo de Israel, mas também a imagem está totalmente ligada ao templo, "o monte da casa do Senhor". Em todo o AT existe essa ligação estreita entre monte e templo, de modo que às vezes o monte Sião é mencionado simplesmente como "monte", "montanha" ou algo semelhante. Essas maneiras de se referir ao monte Sião o associam intimamente com o templo ou praticamente o tornam equivalente ao templo, como uma sinédoque em que o todo é representado pela parte (o monte é representado por seu cume, onde o templo se localiza).[61] Por exemplo, entre as expressões recorrentes estão "monte da casa" (Jr 26.18; Mq 4.1), "montanha sagrada" (cerca de vinte vezes no AT), "santo monte" (Sl 15.1; 43.3; 99.9; Jr 31.23) e "monte do templo" (1Mc 13.52; 16.20). Às vezes essas referências equivalem ao próprio templo, como, por exemplo, nos seguintes contextos: em Isaías 66.20, "montanha sagrada" = "casa do Senhor"; em Salmos 15.1, "santo monte" = "tua tenda"; em Salmos 24.3, "monte do Senhor" = "seu santo lugar" (cf. Sl 43.3).

Assim, "monte", quando se refere a Sião, muitas vezes inclui referência ao templo.[62] Entre os melhores exemplos desse uso estão Isaías 2.2,3 e Miqueias 4.1,2, que equiparam "o monte da casa do Senhor" ao "monte do Senhor [...] casa do Deus de Jacó". A descrição da montanha em Daniel 2 tem as mesmas nuances das descrições de Isaías e Miqueias.

Em segundo lugar, o que é ainda mais atraente na associação entre Daniel 2 e Isaías 2.2,3 (// Mq 4.1,2) com textos do "templo escatológico" é que ambos se apresentam mencionando fatos que devem acontecer "nos últimos dias" (Dn 2.28 [veja tb. Dn 2.29, LXX]; Is 2.2; Mq 4.1). Miqueias chega a equiparar "a montanha da casa do Senhor" (4.1) com o reino eterno de Deus, sendo este um elemento explícito da montanha de Daniel 2: "E o Senhor reinará sobre eles no monte Sião [...] para sempre" (Mq 4.7). Êxodo 15.17,18 também equipara "monte da tua herança" com "o lugar, ó Senhor, que preparaste para a tua habitação, o santuário", de onde "o Senhor reinará para sempre e sempre". Ademais, fica claro que o templo escatológico deverá situar-se em um monte (Ez 40.2; Ap 21.10).

Em terceiro lugar, Isaías 2.2,3 e Miqueias 4.1,2 retratam o monte sobre o qual o templo se situa como grande: ele "se elevará sobre as montanhas". Embora esses textos não sejam tão claros quanto à pedra de Daniel, que se transforma em uma montanha e enche a terra, eles não estão longe dessa imagem. Ambos referem-se a um monte do templo que está se elevando. As passagens de Daniel e Isaías/Miqueias, com foco escatológico, reverberam ecos

---

[61] Sinédoque é uma figura de linguagem em que o todo representa a parte, ou a parte, o todo.
[62] Em *4Esdras* 13.6,7,35,36, a montanha de Daniel 2 equivale ao "monte Sião" e "Sião".

da nova criação. A imagem de uma nova criação que está surgindo pode ser percebida no retrato de um monte santo que se eleva, pois o surgimento das montanhas foi certamente um aspecto da criação original.

Em quarto lugar, Isaías 2 e Daniel 2 têm em comum o antecedente da descrição que o antigo Oriente Próximo faz de templos elevando-se como uma montanha a partir de uma pedra, ideia ligada ao domínio do reino em que o templo começou a crescer. Um bom exemplo disso são os cilindros sumérios de Gudea, que celebram a construção e a dedicação de um templo pelo rei Gudea ao deus Ningirsu em Lagash.[63] A narrativa sobre o rei Gudea diz até que "desde o horizonte reúnem-se todas as terras estrangeiras" em direção a esse templo gigantesco (Cilindro A ix. 15), e daquele templo o rei estabeleceria "leis" durante "um dia de justiça majestosa" (Cilindro B xvii. 15).[64]

Essas quatro observações indicam a probabilidade de que Daniel 2.28 e seu contexto da pedra que se eleva sejam desenvolvimentos do quadro escatológico de Isaías 2.2 (// Mq 4.1).[65]

C. F. Keil afirma que entre os acontecimentos "que devem ocorrer em seguida", em Daniel 2.29, estão o futuro imediato de Nabucodonosor, rei naquela época, portanto o futuro imediato do próprio autor.[66] Mas até mesmo em contraste com Keil, estritamente falando, a locução "últimos dias" de Daniel 2.28 (= "coisas futuras/futuro" [Dn 2.29,45]), a que se referem o sonho e sua interpretação segundo a passagem, inclui não apenas o futuro imediato e o distante, mas também o presente e o passado imediato. Isso fica claro quando se observa que a cabeça de ouro em Daniel 2.37,38 representa Nabucodonosor em sua condição atual de rei ("Tu *és* a cabeça de ouro"). Contudo, a descrição de seu reinado nos versículos 37 e 38 é abrangente, de modo que a identificação não se limita apenas ao futuro imediato, mas também ao passado recente.

Assim como em Gênesis 49.1, aqui também os comentaristas entendem que não se tem em mente uma ideia de "escatologia", mas apenas de um futuro indefinido. De outro modo, isso poderia dar mais apoio à minha conclusão acima de que "últimos dias" em Gênesis 49.1 (em relação com 49.2-27) se refere a acontecimentos planejados para progredir na direção de um auge escatológico final, acontecimentos esses, portanto, inseparavelmente ligados a esse clímax; essa talvez seja a única razão por que até eles podem ser vagamente incluídos, ao lado da profecia de Judá, na categoria dos acontecimentos futuros "nos últimos dias". Especificamente em Gênesis 49, a incapacidade das outras tribos israelitas de obter sucesso no fim dos tempos indica o triunfo final de Judá, e as tribos descobrem seu vitorioso destino final no destino de Judá.

Da mesma forma, o foco dos "últimos dias" em Daniel está no estabelecimento do reino de Deus no futuro, o que, conforme defenderei, vários autores do NT consideram ter tido início no tempo em que eles próprios viviam. O curioso é que a descrição de Daniel da derrota que Deus imporá ao reino do mal do fim dos tempos revela a derrota não apenas do quarto e último reino, mas também dos três reinos anteriores, o que faz com que todos sejam destruídos "como se fossem um só" (Dn 2.35; cf. 2.45). Essa pode ser outra forma de mostrar que o foco dos "últimos dias" está na derrota definitiva do reino inimigo no fim da história, mas os

---

[63]Veja uma análise mais ampla dessa ideia em Beale, *Temple*, p. 148-52.

[64]Veja Hans Wildberger, *Isaiah 1—12*, tradução para o inglês de Thomas H. Trapp, CC (Minneapolis: Fortress, 1991), p. 89-90. Wildberger chama a atenção para esses dois outros paralelos com Isaías 2. Veja o texto completo dos cilindros sumérios de Gudea em Richard E. Averbeck, "The cylinders of Gudea (2.155)", in: William. W. Hallo; K. Lawson Younger Jr., orgs., *The context of Scripture: archival documents from the biblical world* (Leiden: Brill, 2000), vol. 2: *Monumental inscriptions from the biblical world*, p. 418-33.

[65]O estudo de Daniel 2 até aqui foi uma revisão abreviada de Beale, *Temple*, p. 145-52.

[66]C. F. Keil, *Biblical commentary on the book of Daniel*, tradução para o inglês de M. G. Easton, K&D (reimpr., Grand Rapids: Eerdmans, 1971), p. 111-2.

acontecimentos anteriores fazem parte de um movimento histórico soberanamente planejado, bem como de um processo escatológico vinculado de maneira indissolúvel com o "fim" desse processo, culminando no juízo final.[67] Talvez outro modo de expressar essa ideia seja dizer que os três primeiros reinos fazem parte de padrões escatológicos, sobretudo em sua destruição causada pelo juízo divino, de modo que são precursores prototípicos, prefigurando a destruição definitiva retratada em Daniel 2.34,35,44,45. Fica evidente que os três primeiros reinos fazem parte de um cenário escatológico quando se lembra de que todos são submetidos ao juízo do fim dos tempos *juntamente* com o quarto e último reino (Dn 2.34,35,44,45). A razão teológica para a identificação do juízo dos três primeiros reinos com o juízo do quarto é que eles eram representados coletivamente por esse último reino. Assim, a própria existência pecaminosa e histórica desses reinos é o que justifica o castigo inevitável deles no futuro. Assim como o judaísmo e o NT consideram a humanidade pecadora representada coletivamente pelo pecado de Adão no início da história, também Daniel 2 considera os reinos pecadores que culminam no último reino representados de modo coletivo pelo juízo final do fim dos tempos. Portanto, em Daniel 2 a locução "nos últimos dias" refere-se ao "desfecho do futuro, e não ao futuro de modo geral".[68]

A descrição de um dos reis do primeiro reino (Babilônia) como figura adâmica sustenta a ideia ampliada de que os três primeiros reinos fazem parte de uma escatologia prototípica. Em Daniel 2.38 (LXX), há uma clara alusão a Gênesis 1.28, pois Daniel afirma que Deus entregou o domínio do rei babilônio às "aves do céu e aos peixes do mar", uma referência quase literal da LXX de Gênesis 1.28[69] (a mesma observação pode ser feita dos reinos universais pervertidos da Assíria e do Egito descritos por Ez 31 com a mesma linguagem de Gn 1 e 2).[70] Isso pode indicar que outros reinos humanos, além dos de Israel, também estavam envolvidos no processo do que parecem ser "iniciativas" escatológicas, quando um rei é chamado por Deus para fazer o que Adão devia ter feito, mas, assim como este, também não consegue realizar isso, e o motor escatológico enguiça e acaba quebrando. Outro indício de que Daniel faz alusão a Gênesis 1.28 é que ele entende que o reino de Deus dominará toda a terra: a "pedra" que se tornou uma "grande montanha [...] encheu toda a terra". A ideia do reino de Deus "enchendo toda a terra" remete a Gênesis 1.26,28, passagem em que Deus ordena a Adão "encher a terra" e "dominar [...] sobre toda a terra". Aquilo que Adão, bem como os reis babilônios e assírios, tentaram cumprir[71] será cumprido somente pelo agente de Deus no fim dos tempos (Dn 7.13,14 identifica esse agente divino com o "Filho do Homem").

OUTRAS REFERÊNCIAS AOS ÚLTIMOS DIAS EM DANIEL

A próxima referência à expressão "nos últimos dias" está em Daniel 10.14, em que um ser celestial se aproxima de Daniel para lhe dar "entendimento do que acontecerá ao teu povo nos

---

[67]Veja uma avaliação semelhante em Norman W. Porteous, *Daniel*, OTL (Philadelphia: Westminster, 1965), p. 44. O mesmo tipo de fenômeno pode ser observado em Daniel 11.1—12.13 como uma elaboração do conteúdo dos "últimos dias" em Daniel 10.14.

[68]H. Seebass, "אַחֲרִית", in: *TDOT* 1:211.

[69]De acordo com André Lacocque, *The book of Daniel*, tradução para o inglês de David Pellauer (London: SPCK, 1979), p. 50. Lacocque observa também o mesmo paralelo com Salmos 8.8. Em correspondência semelhante com a LXX de Gênesis 1.28 está a menção de que o segundo reino "terá domínio sobre toda a terra" (Dn 2.39).

[70]Veja mais sobre esse tema em Beale, *Temple*, p. 126-9.

[71]Certamente, os reis pagãos não estavam conscientemente tentando cumprir um mandato adâmico, mas dominar a terra; portanto, pode se dizer que, por causa da graça comum, o desejo deles de dominar era um reflexo do mandato original. No entanto, no caso de Nabucodonosor, esse mandato adâmico foi revelado por Deus ao rei mediante Daniel (Dn 2.37,38).

últimos dias [bĕ'aḥărît hayyāmîm]". O conteúdo dessa revelação escatológica está registrado nos capítulos 11 e 12, que se concentram no ápice da história, a última tribulação para Israel e uma ressurreição subsequente de justos e injustos (11.28—12.13). A tribulação final já havia sido mencionada em 7.21,23,25; 8.17-26, e a última passagem refere-se a esse período de angústia e engano causado pelo inimigo do fim dos tempos como algo relacionado "aos tempos do fim" (lĕ'et-qēṣ [8.17]) e "ao tempo determinado do fim" (lĕmô'ēd qēṣ [8.19]). Assim também, os capítulos 11 e 12 usam vários tipos de expressões associadas aos "últimos dias"[72] para indicar as facetas de angústia e engano finais de Israel e a perseguição instigada pelo adversário escatológico. No "fim", o oponente antiteocrático tentará "fazer mal" (11.27), perseguirá os santos e tentará enganá-los (11.32-35,40,41), mas estes não farão concessões por causa de sua sabedoria (veja aqui tb. 12.3,4,9,10). O que chama a atenção é que as atividades desse último inimigo estão misteriosamente ligadas aos "navios de Quitim" (11.30), que virão contra ele. Da mesma forma, em Números 24.24, os "navios de Quitim" virão contra o inimigo de Israel "nos dias futuros" (Nm 24.14), a única outra ocorrência da expressão "navios de Quitim" na literatura bíblica. Isso indica que, de alguma forma, Daniel 11 está desenvolvendo o retrato dos últimos dias apresentado em Números 24, uma vez que diz respeito aos adversários de Israel. Depois do tempo de tribulação e engano (Dn 12.1,10), os santos ressuscitarão dos mortos (12.2,13). Daniel declara mais uma vez que esses acontecimentos se darão no "tempo do fim" ('ēt qēṣ [12.4]) e "no final dos dias" (lĕqēṣ hayyāmîn [12.13]).

Conclusão

G. B. Caird escreveu um ótimo capítulo sobre "O vocabulário da escatologia",[73] em que resume as principais definições do termo "escatologia":

1. as últimas coisas da morte, do juízo, do céu e do inferno;
2. o destino final de Israel como nação (com o aspecto individual apenas em segundo plano) e a vitória universal do Deus de Israel;
3. o fim do cosmo, cuja iminência é esperada;
4. a vinda "inaugurada" ou "já e ainda não" do fim do mundo;
5. o fim que se estende do passado e leva as pessoas a tomarem uma decisão existencial e, portanto, a terem um encontro com Deus;
6. algumas definições importantes do AT veem a essência da escatologia não como "natureza final", mas como "novidade" ou
7. "propósito", este considerado da perspectiva da elaboração divina de um propósito na história para atingir um objetivo.

Essas definições não se excluem mutuamente, a menos que sejam interpretadas de forma muito reducionista, como ocorre muitas vezes. Isso pode ser facilmente visto nas duas primeiras definições. A terceira e a quarta são compatíveis à medida que o fim iminente da terceira seja considerado algo que pode acontecer a qualquer tempo, sem uma data estabelecida. Por isso, o segundo par de definições não é incompatível com o primeiro. A sexta e a sétima excluiriam as cinco primeiras se a ideia de "não finalidade" estivesse presente, mas, por ser descartada, ambas podem se harmonizar facilmente com um conceito escatológico

---

[72]Todas elas trazem "fim" (qēṣ) como parte da expressão, a exemplo das que se encontram em Daniel 8. Veja no cap. 4, seção "Referências escatológicas nas Epístolas Gerais", traduções interpretativas em Θ e em GA das orações hebraicas com "últimos dias" em Daniel 8; 10; 11 e 12.

[73]G. B. Caird, *The language and imagery of the Bible* (Philadelphia: Westminster, 1980), p. 243-71.

tradicional, sobretudo se for visto como um processo histórico desenvolvido ao longo do tempo que resulta em um auge histórico definitivo e irreversível. A quinta definição (de Rudolf Bultmann) é realmente incompatível, uma vez que entende que o ensino de Jesus sobre o fim abrange o passado até o presente e resulta em uma decisão existencial. No entanto, isso não diz respeito às verdadeiras realidades escatológicas que fazem parte da verdadeira história, uma vez que na "demitologização" a escatologia é puramente metafórica. Se Bultmann sustenta que Jesus estava enganado sobre quando o "fim" viria, os ensinamentos de Jesus sobre a escatologia precisam ser demitologizados e interpretados de maneira completamente metafórica. Entretanto, se essa definição for reformulada como "o fim real de um futuro literal que remonta ao presente e resulta em uma decisão existencial", então, ela será bastante consistente com a escatologia inaugurada que acontece na história do espaço-tempo.

Portanto, a maioria das definições é compatível, e as outras representam importantes complementos quando modificadas, a exemplo do que fizemos acima. Por isso, essas definições não são incoerentes com os diversos aspectos da escatologia do AT observados na essência deste capítulo (eu acrescentaria que elas não são incoerentes nem mesmo com a escatologia do NT, que será analisada adiante).

Depois de aprofundar-se nessas definições, Caird apresenta sua própria definição de escatologia em três partes:

1. Os autores bíblicos acreditavam realmente que o mundo teve um começo no passado e terá um fim no futuro.
2. Esses autores empregam com frequência a expressão metafórica "fim do mundo" para se referir ao que sabiam muito bem que não é o fim do mundo.
3. A exemplo de todos os outros usos de metáforas, temos de reconhecer a possibilidade de algumas interpretações literalistas e errôneas do ouvinte, bem como a possibilidade de uma área cinzenta em torno dos limites entre o veículo e o conteúdo da mensagem do falante.[74]

A terceira categoria de Caird reconhece que às vezes os usos metafóricos do vocabulário escatológico podem obscurecer a referência literal com a imagem incluindo certos níveis de referências literais ao *escathon*. Além disso, às vezes Caird afirma que as referências da segunda categoria são puras metáforas (do mesmo modo que no salmo 23 o salmista se descreve como uma ovelha), mas em outras ocasiões ele se refere a tais usos "como uma antevisão e representação concreta do juízo universal vindouro".[75] Ele oferece um exemplo que se harmoniza bem com essa ideia: os profetas tinham "visão bifocal", de modo que, com as lentes para perto, enxergavam acontecimentos históricos iminentes e, com as lentes para longe, viam o fim definitivo da história.[76] Essa ideia é bem próxima da definição de tipologia apresentada por muitos estudiosos, em que as pessoas, instituições e acontecimentos do AT têm correspondência análoga a um acontecimento posterior da era neotestamentária e do qual são prefigurações. Embora seja possível e até provável que haja usos puramente metafóricos de vocabulário escatológico, os casos de expressões escatológicas que estudamos (p. ex., "últimos dias") muito provavelmente se enquadram em qualquer uma das três categorias de Caird, sendo as duas últimas "antevisões e representações concretas" do fim. Na realidade, Caird cita a definição da locução "nos últimos dias" ($b\check{e}\:ah\check{a}r\hat{\imath}t\:hayy\bar{a}m\hat{\imath}m$) de Brown, Driver e Briggs, que, conforme vimos, harmoniza-se bem com a abordagem deste capítulo: "uma

---

[74]Ibidem, p. 256.
[75]Ibidem, p. 260.
[76]Ibidem, p. 258.

expressão profética que designa o período final da história de acordo com a abrangência da perspectiva do locutor". Caird resume a ideia como "o equivalente da expressão vernácula 'no fim' ou 'de modo definitivo' quando usadas no sentido de 'mais cedo ou mais tarde' ou 'no futuro'; e existe mesmo algo de vago nessas expressões, o que explica os limites não muito claros mencionados na terceira proposição".[77] Isso é perfeitamente compatível com o conceito de revelação progressiva em todo o processo de redação dos livros bíblicos canônicos, como já observamos antes.

Vimos que a locução "últimos dias" ocorre em alguns trechos ao longo do AT referindo-se não a um mero futuro indefinido,[78] mas ao ápice da história das perspectivas dos vários autores. Os primeiros autores do AT apresentam retratos proféticos dos "últimos dias" mais vagos ou mais "densos", alguns dos quais já estudamos neste capítulo, mas todos eles contêm, de vários modos, referências a um período futuro que representa *uma ruptura radical e irreversível com o período anterior*. Chamo esses usos de "últimos dias" de claramente escatológicos, visto que todos se referem a uma ruptura permanente e radical com a época histórica precedente. À medida que os escritos do AT se desenrolam e a revelação progride, ocorre um preenchimento da noção de "últimos dias". Esse processo se assemelha a uma semente que germina, brota e depois cresce, transformando-se primeiro em uma plantinha e, depois, em uma planta completa. Já observei neste capítulo que a expressão "nos últimos dias" é empregada ao longo do AT quase sempre em um desenvolvimento intertextual de usos anteriores da mesma expressão, o que indica uma perspectiva escatológica orgânica e progressiva.[79]

As condições escatológicas a seguir representam vários aspectos da descontinuidade escatológica:

1. um período de tribulação final sem precedentes para o povo de Deus causado por um adversário do fim dos tempos que engana e persegue; diante dessa tribulação, o povo de Deus precisará de sabedoria para não fazer concessões, e, então, será
2. libertado,
3. ressuscitado, e seu reino restabelecido;
4. nesse tempo futuro, Deus reinará sobre a terra
5. por meio de um futuro rei davídico, derrotará toda oposição e reinará em paz em uma nova criação sobre
6. as nações e
7. sobre o Israel restaurado,
8. com o qual Deus fará uma nova aliança e
9. sobre ele derramará seu Espírito, e
10. o templo será reconstruído no meio de Israel.

---

[77]Ibidem, p. 257-8.
[78]Veja John T. Willis, "The expression *be'acharith hayyamim* in the Old Testament", *ResQ* 22 (1979): 54-71. Willis afirma, de modo não muito convincente em minha opinião, que todos os usos de "últimos dias" no AT, nos MMM e no NT são referências a um mero futuro indefinido. Entre as obras que consultei, não encontrei nenhum outro autor que defenda essa opinião.
[79]Alguns talvez contestem que o simples fato de um autor mais recente do AT entender que passagens mais antigas são escatológicas não significa necessariamente que elas sejam escatológicas. Alguns talvez digam isso porque o autor mais recente pode apenas e tão somente usar analogicamente ou de alguma outra forma palavras que já haviam sido usadas sem prestar atenção ao sentido do contexto anterior. O pressuposto deste livro é que os autores bíblicos mais recentes fazem referência a textos mais antigos revelando diversos graus de uma consciência contextual importante e proporcional dos textos antigos, de modo que há uma ligação conceitual orgânica e digna de nota entre os dois textos. Um dos elementos que valida essa abordagem é que sempre há enriquecimento interpretativo que esclarece o texto mais antigo, bem como o texto posterior que a ele faz alusão.

Essas dez ideias formam em diversos contextos do AT o conteúdo de "os últimos dias" (e seus equivalentes próximos em Daniel). As ideias de reino, rei e domínio sobre as nações se desenvolvem às vezes em associação com o cumprimento das promessas de bênção adâmico-patriarcais. Nessa relação, os capítulos protológicos iniciais de Gênesis 1—3 revelam a expectativa de que Adão reinasse como um rei-sacerdote consumado à imagem perfeita de Deus. Sua incapacidade em cumprir o mandato produziu a necessidade de que outra figura adâmica realizasse a missão originariamente entregue a ele. Os capítulos seguintes de Gênesis e, na verdade, de todo o AT mostram alusões recorrentes a Gênesis 1.28 e a esperança em relação a essa figura, mas não acontece nenhum cumprimento importante. Seria necessário aguardar outro que viria após o encerramento formal do período de expectativa do AT.

De fato, existem diversas outras passagens escatológicas do AT em que não aparece o termo técnico "últimos dias" ou algum sinônimo, mas os textos analisados até aqui abrangem todos os grandes temas da escatologia em outras passagens do AT (embora haja subcategorias desses temas principais). Vimos que alguns estudiosos consideram a expressão "nos últimos dias" uma referência a um futuro indefinido, enquanto outros, ainda que reconheçam esse sentido de indefinição em alguns casos, também identificam nuances claramente escatológicas em outros casos.[80] O foco da locução "nos últimos dias" diz respeito a um período no fim da história, mas também inclui em segundo plano o que poderíamos chamar de acontecimentos "protoescatológicos" ou "semiescatológicos" evidentes (p. ex., tribulação, volta do exílio) que ocorrem em certos momentos do período do AT antes dos acontecimentos apoteóticos do fim do mundo e estão profundamente ligados a eles e levam a esses últimos acontecimentos. O enredo principal do AT foi desenvolvido no final do capítulo anterior. Este capítulo revelou que a escatologia é parte da essência desse enredo, que já estava implícito na própria narrativa de Gênesis 1—3. Portanto, podemos complementar um pouco a formulação do enredo do AT apresentado no final do capítulo 1: *O Antigo Testamento é o registro da ação de Deus, que restaura progressivamente do caos seu reino <u>escatológico</u> de nova criação sobre um povo pecador por sua palavra e seu Espírito, mediante promessa, aliança e redenção, o que resulta em uma comissão mundial dos fiéis para que promovam esse reino e o juízo (derrota ou exílio) aos infiéis para a glória de Deus.*

---

[80]P. ex., BDB 31; H. Seebass, "אַחֲרִית", in: *TDOT* 1:207-12; Jack R. Lundbom, *Jeremiah 21—36*, AB 21B (New York: Doubleday, 2004), p. 197. Lundbom entende que este é o consenso entre os comentaristas.

3

O enredo escatológico do Antigo Testamento em relação ao judaísmo
O foco judaico nos últimos dias

A escatologia é um tema importante no enredo do AT, por isso, não é de admirar que também esteja presente nos textos judaicos mais antigos.

Alusões no judaísmo a textos do AT que têm vocabulário escatológico

Em primeiro lugar, é válido estudar como o judaísmo interpretava as passagens do AT que têm a expressão "últimos dias", examinada no capítulo anterior. Em todas as passagens mencionadas, o AT grego traduz o hebraico *běʾaḥărît hayyāmîm* por *epʾ eschatōn tōn hēmerōn*, "nos últimos dias" (embora haja variações na preposição inicial e no caso dos substantivos e artigos).

Filo (*Herdeiro* 261) cita Gênesis 49.1 usando uma forma quase idêntica ao texto da LXX (*epʾ eschatō tōn hēmerōn*, "nos últimos dias"). Alguns textos midráshicos do judaísmo posterior (*Midr.* de Sl 31.7; *Rab.* de Gn 96; 99.5; *b. Pesaḥ.* 56a) aplicam Gênesis 49.1 à intenção de Jacó de revelar a redenção do fim dos tempos, embora esses textos também digam que Deus ocultou de Jacó os próprios acontecimentos escatológicos reservados para o futuro (*Midr. Tanḥ.* de Gn 12.9 também associa isso à intenção de Jacó de revelar o "fim" da história). Uma das traduções aramaicas de Gênesis 49.1 (*Targum Onqelos*) faz referência ao "fim dos dias", e Gênesis 49.9 desenvolve essa ideia acrescentando a interpretação de que "um rei será levantado *no fim*" (4Q252 V:1-7 interpreta Gn 49.10 como referência à vinda do "messias da justiça"). Outra tradução aramaica (*Targum de Pseudo-Jônatas*) faz uma paráfrase interpretativa de Gênesis 49.1 como referência ao tempo "da recompensa para os justos" e "tempo no qual estava designada a vinda do Rei Messias" (assim tb. 4Q252 V:1-7).

Em *Testamentos dos Doze Patriarcas*, texto que expande e interpreta a profecia de Jacó acerca de Israel em Gênesis 49, o aspecto escatológico da profecia abrange quase todas as tribos (veja a declaração geral em *T. Naf.* 8.1). De Levi sairá "um rei eterno" (*T. Rúb.* 6:8-12); "no fim das eras [*epi ta telei tōn aiōnōn*][1] agireis impiamente contra o Senhor, preparando vossas mãos para cometer todo ato mal", e isso resultará no exílio de Israel (*T. Levi* 14.1; veja 14.1-8; tb. *T. Dã* 5.4; *T. Gade* 8.1, este referindo-se apenas ao pecado de Israel); Judá fará

---

[1] Assim tb. nos manuscritos *c h i j*, ao passo que todos os outros trazem apenas "no fim".

"coisas más [...] nos últimos dias [*en eschatais hēmerais*]" (*T. Judá* 18.1-3), e isso o levará ao exílio e ao cativeiro (*T. Judá* 23). Ambas as referências associam o pecado e o exílio de Judá a ideias escatológicas clássicas, uma vez que fazem alusão a essas ideias em *1Enoque*.[2] O *Testamento de Judá* declara que, logo depois do exílio de Israel, o reino do Messias será estabelecido ("E surgirá para vós uma estrela de Jacó" [24.1]), referência à predição do fim dos tempos de Números 24.17. De modo semelhante, *Testamento de Issacar* 6.1-4 diz que o pecado de Israel será grande "nos últimos tempos" (*en eschatois kairois*) e terá como consequência o exílio, que precederá a restauração do fim dos tempos.[3] *Testamento de Zebulom* 9.5-9 diz praticamente o mesmo (veja "nos últimos dias" em 9.5), mas acrescenta que Israel se tornará perverso e será rejeitado por Deus "até o tempo do fim" (9.9), mesmo durante a época da restauração final. *Testamento de José* 19.1-12 provavelmente se refere à profecia do reinado escatológico de Gênesis 49.8-10 e o associa diretamente com o que acontecerá "nos últimos dias" (*T. José* 19.10).[4] *Testamento de Benjamim* também se refere à mesma profecia de Judá e afirma que acontecerá "nos últimos tempos" (11.2) e "na consumação das eras" (11.3).

Pseudo-Filo faz alusão a Jeremias 30.24 ("O furor da ira do Senhor não retrocederá [...]; nos dias vindouros entendereis isso"): "Pois eles saberão nos últimos dias que por causa de seus próprios pecados, sua descendência foi abandonada" (*L.A.B.* 13.10) (veja tb. a referência comum à promessa abraâmica na passagem de Pseudo-Filo e em Jr 30.19). Como ocorre em Jeremias 30, a referência aos "últimos dias" diz respeito à restauração escatológica, quando o povo de Deus será plenamente capaz de entender o propósito histórico-redentor dos sofrimentos pelos quais passou. *Segundo Baruque* 78.5-7 parece uma extensão interpretativa de Jeremias 23.20 ("A ira do Senhor não recuará [...]; nos últimos dias entendereis isso claramente"), texto praticamente idêntico a Jeremias 30.24. O propósito da passagem de *2Baruque* é explicar que o povo de Israel deve entender que os sofrimentos do Exílio a que foram submetidos por Deus visam em última instância ao "vosso bem", para "tornar-vos dignos de vossos pais nos últimos tempos" (observe-se tb. a ideia paralela de reunião do remanescente do Israel disperso em Jr 23.3 e *2Br* 78.7b).

O uso comum do vocabulário escatológico no judaísmo

Além de alusões aos textos do AT que utilizam o vocabulário escatológico, o judaísmo antigo também associa "os últimos dias" à maioria dos mesmos temas do AT. A exemplo do estudo

---

[2] É provável que *T. Levi* 14.1 seja, em parte, uma alusão a *1Enoque* (uma vez que alguns manuscritos introduzem a expressão escatológica da passagem com "Eu aprendi no escrito de Enoque"), em particular *1En* 91.6 e sobretudo 93.9, porque em todo o texto de *1Enoque* eles se aproximam muito de *T. Levi* 14.1 (veja R. H. Charles, *The Apocrypha and Pseudepigrapha of the Old Testament* [Oxford: Clarendon, 1913], 2 vols., 2:312). De modo bem semelhante a *T. Levi* 14.1, parte da tradição textual também introduz a expressão escatológica com "pois nos livros de Enoque, o Justo, eu li", em uma provável alusão às mesmas passagens escatológicas a que *Testamento de Levi* remete. A importância disso tudo é que as expressões de *1Enoque* fazem parte do contexto de predições escatológicas claras, conferindo às declarações de *Testamento de Levi* e *Testamento de Judá* sentido escatológico. Deuteronômio 4.30 e 31.29 podem ter exercido um pouco de influência sobre esses dois textos, considerando que eles também contêm a locução "nos últimos dias" juntamente com a predição de que Israel haveria de pecar nesse tempo.

[3] Isso parece uma alusão específica a Deuteronômio 4.30, em que o pecado, a aflição e a restauração de Israel estão associados com "os últimos dias". Assim também, 4Q163, frags. 4-6, II:8-13 interpreta Isaías 10.22 ("Porque ainda que o teu povo seja como a areia do mar, só um restante voltará, ó Israel") como uma referência aos "[dias ...] finais", quando "seguirão para o ca[tiveiro]", com a implicação de que virá uma restauração para Israel.

[4] Para saber sobre a natureza escatológica de *T. José* 19 (p. ex., a forte influência recebida de Dn 7—8), veja G. K. Beale, *The use of Daniel in Jewish apocalyptic literature and in the Revelation of St. John* (Lanham: University Press of America, 1984), p. 90-6.

anterior do AT, este aqui também se concentra na terminologia escatológica, e não em conceitos; uma análise conceitual sem dúvida ajudaria na visão do todo, mas os limites deste estudo não permitem um exame tão aprofundado. Todos os principais conceitos relacionados ao vocabulário formal do fim dos tempos também podem ser identificados em outras passagens que não empregam o mesmo vocabulário. Este método é abreviado e legítimo para o estudo da escatologia do judaísmo antigo, uma vez que as diversas passagens em que ocorre o vocabulário escatológico preciso estão enquadradas em quase todos os grandes temas escatológicos pertinentes que podem ser vistos em outras passagens que não fazem uso da mesma terminologia.

Algumas referências ao fim dos tempos não fazem nenhuma menção específica, no contexto imediato em que aparecem, aos fatos que marcarão o período; outras, porém, estão repletas de menções específicas de muitos tipos de acontecimentos que devem ocorrer. Os dois tipos de referências são bem gerais.

As passagens a seguir são exemplos de referências gerais sem menção de acontecimentos específicos: *4Esdras* 8.63 ("Tu me mostraste uma multidão de sinais que farás nos últimos tempos"); 10.59 ("O Altíssimo te mostrará [...] o que o Altíssimo fará aos que habitarem a terra nos últimos dias").[5]

Muitas passagens se concentram em uma descrição bem específica do que acontecerá no período escatológico.

O juízo escatológico

Os escritos apocalípticos do judaísmo mais antigo afirmam que o juízo final ocorrerá bem no fim dos tempos, que é geralmente indicado no singular: "o dia da grande conclusão [...] até que a grande era seja consumada" (*1En* 27.2 [veja tb. *2En* 65.6,7]); "o tempo da debulha" (*4Ed* 4.30); "o tormento acumulado para si mesmos nos últimos dias" (*4Ed* 7.84); "eles haverão de ser julgados nos últimos tempos" (*4Ed* 7.87); "o dia do juízo será o fim desta era" (*4Ed* 7.113); "o fim" se manifestará em "retribuição" (*4Ed* 9.6); "no fim do mundo, será exigida uma retribuição conforme a maldade dos que praticaram o mal" (*2Br* 54.21).[6] Os textos de Qumran testificam o mesmo princípio: os ímpios de Israel serão julgados "na última hora" (*lqṣ h' ḥrwn*) (4Q169, frags. 3,4, IV:3); o juízo dos que não buscam a verdade ocorre no "último tempo" (*qṣ 'ḥrwn*), e existe "o tempo designado para o juízo" (1QS IV:15-20 [veja tb. IV:25]).

---

[5]Veja ainda *4Ed* 12.9 (a Esdras foi "revelado o fim dos tempos"); 14.5,9,10 (a Esdras foi revelado o que acontecerá "no fim dos tempos"); *Apoc. Ab.* 23.2 ("nos últimos dias"); 24.2 ("nos últimos dias"); 32.5 ("nos últimos dias"); *Mart. Is.* 11.37,38 ("o fim deste mundo e de toda esta visão" inclui a primeira vinda de Cristo até sua segunda vinda [mas esta é uma obra formada de trechos escritos por mais de um autor]); *2Br* 10.2,3 ("Eu te mostrarei [...] o que acontecerá no fim dos dias"); 59.1-12 (59.4: "o fim do tempo", 59.8: "o fim das épocas"); 83.5 ("o que nos foi prometido a respeito do fim").

[6]A seguir, outras referências que afirmam que o juízo acontecerá no fim dos tempos: *2Br* 78.6 ("para que não sejais condenados no fim"); 82.2-4 (juízo das nações "no fim"); 83.7 (no "fim do mundo [...] todas as coisas serão julgadas"); *Or. Sib.* 3.741-744 ("este dia predestinado também alcança sua consumação"); *Apoc. El.* 4.25,26 (fonte cristã antiga); *L.A.B.* 3.10 ("quando os anos determinados para o mundo tiverem se cumprido"); *4Ed* 11.44 ("seus [do Altíssimo] tempos [...] chegaram ao fim [...] suas eras se completaram"); *Apoc. Ab.* 22.4 ("no fim da era"); *2Br* 13.2-6 ("os tempos do fim"); 30.3-5 ("o fim dos tempos"); 76.1-5 (v. 5a: "para que não morram nos últimos tempos"; "o fim dos tempos" também aparece no v. 2). Fato interessante é que o vocabulário escatológico é empregado para referir-se ao fim do primeiro mundo, que ocorreu nos tempos do dilúvio de Noé; p. ex., antes do Dilúvio, os tempos eram de "absoluta impiedade", o que indicava a "proximidade" do "fim" (*2En* [A] 71.24,25); veja tb. *1En* 108.1-3, uma referência aos que "guardam a lei nos últimos dias", o que resulta no grande dilúvio.

A certeza de que na era final o inimigo do povo de Deus será definitivamente derrotado é uma ideia bem semelhante à do juízo. Os MMM afirmam que os "filhos da luz" derrotarão os "filhos das trevas" no "fim de todos os períodos de trevas" (1QM I:8-16). O AT aramaico declara que os "filhos" da mulher de Gênesis 3.15 derrotarão a serpente "no fim" (*Tg. Neof.* de Gn 3.15).

A destruição do céus e da terra e uma nova criação

No último dia da história, Deus destruirá toda a ordem criada. De acordo com *2Baruque*, o fim do cosmo é "o tempo [que] é o fim do que é corruptível e o início do que é incorruptível" (74.1-4). O mesmo livro afirma antes que "o mundo da corrupção" será "concluído" quando "os tempos [...] tiverem se cumprido" (40.3).[7] Quando a velha terra passar e "o Poderoso renovar sua criação" (caps. 31-32), haverá fertilidade abundante em toda a terra (29.1-8; p. ex., 29.5a: "a terra também dará frutos a dezenas de milhares").[8] De acordo com os *Oráculos Sibilinos*, logo depois do juízo final na "consumação", "a terra que tudo produz dará sem limites os melhores frutos" para a humanidade (3.741-745)[9] durante um período de paz que durará "até o fim da era" (3.755,756).

O tempo da ressurreição

A ressurreição do corpo acontecerá apenas no fim da era, quando a corrupção de toda a criação terá fim e uma nova criação será iniciada. Na verdade, a ressurreição equivale à nova criação, uma vez que os seres humanos redimidos participam da nova criação por meio de seus corpos transformados e recém-criados. Em *Vida de Adão e Eva*, Deus promete a Adão: "Eu te ressuscitarei no último dia na ressurreição com todos os homens de sua descendência" ([*Apocalipse*] 41.3); ao filho de Adão é declarado que "o dia do sábado é um sinal da ressurreição, o descanso da era vindoura" ([*Vita*] 51.2). Em uma parte anterior do livro, o anjo Miguel também promete que "no fim dos tempos [*ep' eschatōn tōn hēmerōn*] [...] toda carne [...] ressuscitará" ([*Apocalipse*] 13.2,3).

A mesma esperança também é vista em declarações gerais de outros textos judaicos antigos. Segundo Pseudo-Filo, a ressurreição ocorrerá "quando os anos determinados para o mundo tiverem se cumprido" (*L.A.B.* 3.10 [veja tb. 19.12,13]). Em *4Esdras* existe a predição de que "o coração dos habitantes da terra será transformado e se converterá a um espírito diferente" e "a corrupção será vencida" no "fim do meu [de Deus] mundo" (6.25-28 [veja tb. 7.26-37]); por isso, os santos no estado intermediário no céu anseiam pela "glória que os aguarda nos últimos dias" (7.95 [cf. 7.96]). *Segundo Baruque* associa a esperança da ressurreição à vinda do Messias "no fim dos tempos": "Quando se cumprir o tempo da aparição do Ungido e ele voltar com glória, [...] então todos os que dormem e o esperam ressuscitarão" (30.1-4).[10]

---

[7] Veja a mesma ideia nas seguintes obras: *2En* [J] 18.6,7; 65.6; *L.A.B.* 3.10 ("quando os anos determinados para o mundo se cumprirem"); *2Br* 83.6 diz que todas as coisas "certamente passarão" nos "fins dos tempos", e *2Br* 85.10 afirma que isso acontecerá "no advento dos tempos". Atribui-se à chegada do dilúvio de Noé uma noção escatológica: *1En* 10.2 diz que Deus enviou um anjo "para revelar-lhe [ao filho de Lameque] o fim que se aproxima: toda a terra será destruída, e um dilúvio sobre toda a terra está prestes a chegar, que destruirá tudo o que nela existe".

[8] É possível que a grande fertilidade ocorra antes da nova criação, mas isso é improvável à luz do contexto geral de *2Br* 28—32, que começa perguntando onde os incorruptíveis viverão "na consumação do tempo" (cf. 28.5-7; 29.8).

[9] Uma série de descrições da fertilidade é registrada na sequência em *Or. Sib.* 3.745-750.

[10] Sobre a esperança da ressurreição "nos últimos tempos" e no "fim dos tempos", veja tb. *2Br* 76.1-5; do mesmo modo, *Vida. Pro.* 3.11,12 declara que a profecia de Ezequiel sobre os ossos secos se cumprirá "na era por vir"; *Testamento de Jó* associa "a ressurreição" com a "consumação da era".

De modo semelhante, a ressurreição final também é mencionada da perspectiva da "glória" que os santos receberão no último dia. "A glória plena não reside" no mundo presente, mas "no final desta era" sucederá imediatamente "o início da era imortal vindoura, em que a corrupção terá cessado", quando ninguém poderá "fazer mal àquele que é vitorioso" (*4Ed* 7.43[113]-45[115]). Os textos de Qumran afirmam que "a recompensa" dos "filhos da verdade" "será paz restauradora e abundante em uma vida longa, descendência prolífica com todas as bênçãos eternas, gozo eterno com vida infinita e uma coroa de glória com trajes majestosos na luz eterna" (1QS IV:6-8). Os santos recebem todas essas bênçãos porque "Deus os escolheu para uma aliança eterna, e a eles pertencerá toda a glória de Adão" (1QS IV:22-23). Com muitas palavras, isso se refere à ressurreição dos fiéis de Qumran, que acontecerá no "fim [*qṣ*] determinado e na nova criação" (1QS IV:25).

Considera-se que a ressurreição de Cristo mediante a intervenção de anjos ocorreu "nos últimos dias" (*Mart. Is.* 3.15-18).[11]

O recebimento de uma herança gloriosa

Os santos receberão uma herança escatológica. Por exemplo, a fidelidade resultará em uma "herança [...] da era sem fim que está por vir" (*2En* 50.2 [assim tb. *2En* [J] 66.6-8; cf. *1En* 108.1,2]). Da mesma forma, o tratado *Sanhedrin* 10.1 da *Mishná* afirma que "todos os israelitas têm participação no mundo vindouro", embora "todos", no contexto seguinte, seja uma referência apenas aos israelitas fiéis. Às vezes, essa herança é equiparada ao recebimento da vida imortal. Nesse aspecto, *4Esdras* 7.95-97 é condizente: os santos exaltados ao céu experimentam por antecipação "a glória que os aguarda nos últimos dias. [...] Eles escaparam do que é mortal e herdarão o que está por vir", sobretudo a "enorme liberdade que haverão de receber e desfrutar na imortalidade" (assim tb. *2Br* 48.48-50 e, de modo semelhante, *4Ed* 4.26-29). Os santos terão "paz em nome do mundo que está por vir [...] para sempre e sempre", e "moradas" e uma "porção" com o "Filho do Homem" (*1En* 71.15-17).

Nesse aspecto, *4Esdras* 8.51-55 é especialmente vívido ao se referir

> à glória dos que são como tu [Esdras], pois é para ti que o Paraíso está aberto, a árvore da vida é plantada, a era vindoura é preparada, a fartura é provida, uma cidade é edificada, o descanso está determinado, a bondade é estabelecida e a sabedoria é concedida de antemão. A raiz do mal está removida de ti, a doença é afastada de ti, a morte está oculta; o inferno fugiu e a corrupção foi esquecida; as tristezas se foram e no fim o tesouro da imortalidade se manifesta.

O cumprimento das promessas patriarcais

Entende-se que a promessa de Deus a Abraão, Isaque e Jacó de que Israel se multiplicaria, subjugaria seus inimigos, possuiria a terra e abençoaria as nações se cumprirá na época escatológica. A promessa patriarcal está profundamente associada à ideia de herança escatológica tanto no AT quanto no judaísmo antigo, e este foi examinado há pouco. Por exemplo, *Jubileus* 22.10 afirma que Isaque "chamou Jacó e disse: 'Meu filho Jacó, que o Deus de todos te abençoe e te fortaleça para praticares a justiça e sua vontade diante dele, e que escolha a ti e à tua descendência para te transformar em um povo da herança dele sempre segundo sua vontade'".[12] Em *Escada de Jacó* 1.9-11, declara-se que essa promessa patriarcal reiterada a Jacó

---

[11] Um acréscimo cristão a essa obra judaica.

[12] Veja tb. *Jub.* 22.9,15,29, versículos que se referem respectivamente ao tempo de cumprimento escatológico como "para todas as eras", "por todas as eras" e "até os dias da eternidade".

com base em Gênesis 28.11-19 se cumprirá "nos últimos tempos dos anos da consumação". Esse cumprimento está indicado em *L.A.B.* 19.2-4, em que a "lembrança" de Deus "da aliança que firmou com vossos pais" está diretamente ligada ao "Deus [que] revelou o fim do mundo a fim de poder estabelecer seus estatutos".[13]

A restauração de Israel

Haverá uma restauração do povo de Deus no fim da história, o que em última instância está provavelmente ligado às promessas patriarcais. Em *4Esdras* 13.46, a visão se refere à restauração das dez tribos de Israel levadas para o cativeiro assírio, e isso ocorrerá "nos últimos tempos". Por isso, Eclesiástico 48.24,25 refere-se a Isaías, que profetizou a restauração de Israel e "viu as últimas coisas [*ta eschata*], e consolou os que se lamentavam em Sião", dando-lhes a certeza da restauração vindoura.

A restauração do templo de Israel

Na época da restauração de Israel, também deverá ocorrer a restauração do templo. Tobias 14.4,5 é uma das passagens mais conhecidas que expressam essa esperança: os israelitas restaurados "edificarão um templo, mas não como o primeiro, até que se cumpra o tempo daquela era". De modo semelhante, os textos de Qumran também falam da "casa que [ele {Deus} estabelecerá] para [si] nos últimos dias [*b'ḥryt hymym*]" (4Q174, frags. 1, I,21,2.2,3). Ao narrar o futuro da perspectiva do cumprimento, *Oráculos Sibilinos* fala de um "homem abençoado [que] veio das vastas regiões do céu com um cetro nas mãos", claramente o Messias, "que edificou um templo santo, extremamente belo em seu santuário"; Deus também é considerado o "fundador" desse "templo magnífico" no "último tempo" (5.414-430).[14] E, de acordo com *2Baruque*, antes da destruição do templo, um anjo levou toda a mobília e os vasos do Santo dos Santos e do Santo Lugar e os escondeu para que fossem "restaurados" nos "últimos tempos" juntamente com a própria Jerusalém renovada (6.5-9).

Impiedade escatológica extrema, ensinamento falso e engano

Nos últimos dias, aumentarão os erros doutrinários e o engano que levam ao juízo definitivo do mal e à consumação do reino de Deus. A comunidade de Qumran, cujos membros acreditavam estar vivendo nos tempos do fim, pensava que os líderes religiosos de Jerusalém eram falsos mestres e que os verdadeiros santos deviam evitá-los e resistir à influência deles a fim de não pôr em risco a própria alma. "Nos últimos dias" (*l'ḥryt hymym*) e "no tempo final" (*b'ḥryt hqṣ*), "os que buscam interpretações fáceis" e "desviam" o povo serão revelados para todo o Israel e julgados (4Q169, frags. 3,4, II:2; frags. 3,4, III:3-5). De modo semelhante, "[os trai]dores dos últimos dias [...] são violado[res da alian]ça que não creem" na interpretação inspirada por Deus da profecia cumprida pelo Mestre da Justiça acerca da "última geração" (1QpHab II:3-10). A "última geração" são os que "se desviaram do caminho" e "procuraram interpretações fáceis" (CD-A I:12-19); reis de nações "tra[mam planos levianos contra] os eleitos de Israel nos últimos dias [*b'ḥryt hymym*]" (4Q174, frags. 1, I,21,2.18,19). A mesma ideia aparece

---

[13] Assim tb. *L.A.B.* 27.8; 28.1,2, que parecem situar "nos últimos dias" o cumprimento da "aliança" patriarcal prometida. Também é possível que *4Ed* 4.27 seja uma alusão à promessa patriarcal: "a era" que "avança rapidamente para seu fim" haverá de "trazer as coisas prometidas aos justos".

[14] Veja tb. *1En* 90.28-36 e a referência à construção de um templo imenso no *escathon*, embora não use um vocabulário temporal e escatológico claro.

em outros textos da literatura judaica antiga.¹⁵ Também haverá a "purificação do coração dos homens [da Comunidade] [...] nos últimos dias [ ]" por causa dos falsos ensinos dos líderes religiosos de Israel, que são, evidentemente, um meio de purificação para o povo da verdade (4Q177 II:7-13).

A sabedoria escatológica

Os que estiverem vivos "nos últimos dias" precisarão de "sabedoria" divina para discernir os sinais dos tempos e não serem enganados pela mentira e a vida de extremo pecado sem precedentes que ocorrerão no fim (*4Ed* 14.20-22; veja tb. *1En* 37.3, que se refere aos "últimos dias"). Alguns dos "que viverem sobre a terra naqueles dias não entenderão que é o fim dos tempos, mas todos os que entenderem serão sábios nessa ocasião" (*2Br* 27.15b—28.1a [assim como 25.1-4]. Para não serem enganados, os fiéis terão de conhecer a lei de Deus e "observar a lei nos últimos dias" (*1En* 108.1). Do mesmo modo, os que forem da tribo de Levi "conhecerão a lei de Deus e darão instruções acerca da justiça e do sacrifício a Israel até a consumação dos tempos" (*T. Rúb.* 6.8). Por isso, o verdadeiro povo de Deus deve ser fiel à lei em meio à iniquidade "nos últimos dias" (*b'ḥryt hymym*) a fim de não se amoldar aos ensinamentos ímpios e falsos (1Q28a I:1). Nos "últimos dias" será possível ser fiel dessa maneira porque "com forte [mão ele {Deus} me impediu de andar pela vereda de]sse povo" (4Q174, frags. 1, I,21,2.14-16).¹⁶

A vinda do Messias

Uma das esperanças mais comuns era a de que o Messias ou alguma personagem semelhante viria no fim dos tempos. Por exemplo, *4Esdras* 12.32-34 diz que o Messias julgaria os ímpios e livraria os santos no "fim dos dias" e no "fim". A vinda do Messias ocorreria "nos últimos dias" (*Apoc. Ab.* 29.9-11; 4Q174 frags. 1, I,21,2.11,12 [*b'ḥryt hymym*]), "na consumação do tempo" (*2Br* 29.3,8; 30.1), ou no "último tempo" (*Or. Sib.* 5.414-433 [veja esp. v. 432]]).¹⁷

O Mestre da Justiça, um mestre inspirado que foi muito importante na formação do entendimento que a comunidade tinha de si mesma como a verdadeira comunidade escatológica de Deus, era aquele "que ensina a justiça no fim dos dias [*b'ḥryt hymym*]" (CD-A VI:10-11). Como tal, ele era um personagem quase messiânico.

Alguns acréscimos cristãos à literatura judaica identificam a primeira vinda de Cristo como fato ocorrido no *escathon* (*Mart. Is.* 9.13, a encarnação de Cristo "nos últimos dias"; e *Or. Sib.* 8.456-459, a encarnação de Cristo "nos últimos tempos") ou que ocorrerá no "tempo do fim", quando ele será juiz (*Or. Sib.* 8.217-234).¹⁸

---

¹⁵Essa ideia de pessoas ensinando e praticando a impiedade no *escathon* é recorrente em *Testamentos dos Doze Patriarcas* (*T. Levi* 14.1 [veja 14.1-8]; *T. Judá* 18.1-3; *T. Iss.* 6.1,2; *T. Zeb.* 9.5-9; *T. Dã* 5.4; *T. Gade* 8.2, a respeito dos quais veja uma análise na primeira divisão deste capítulo), assim como em *T. Mois.* 7.1-10; *Apoc. El.* 1.13; 4.25,26 (cristão); *Mart. Is.* (3.30,31 ["nos últimos dias"]; 4.1-12; cf. 4.1: no tempo do "término do mundo"); *Apoc. Ab.* 29.1-13 (interpolação cristã).

¹⁶Sigo aqui a tradução da lacuna suprida por Florentino García Martínez e Eibert J. C. Tigchelaar, *The Dead Sea Scrolls study edition* (Grand Rapids: Eerdmans, 2000), 2 vols., 1:353. Nesse trecho, Salmos 1.1 e Isaías 8.11 se aplicam aos fiéis que vivem sem serem influenciados pelos ímpios "nos últimos dias" (*l'ḥryt [h]ymym*).

¹⁷Veja tb. *T. José* 19.1-12; *T. Benj.* 11.2,3, que são analisados na seção introdutória deste capítulo.

¹⁸Fato curioso é que *Oráculos Sibilinos* entende que a vinda de um soberano romano ocorrerá "na iminência do fim do tempo da era" (11.270-275). Esse personagem é retratado como "um príncipe" que "será rei, um homem semelhante a deus", o que, sem dúvida, revela uma perspectiva do paganismo.

O sofrimento e a tribulação do fim dos tempos

No período do fim dos tempos imediatamente anterior ao fim da história, o povo de Deus passará por um sofrimento extraordinário e será perseguido por causa da fé (veja, p. ex., *Or. Sib.* 5.73-79, em que ocorrem processos judiciais "nos tempos do fim").[19] A humanidade enfrentará todo tipo de juízos horríveis (*Or. Sib.* 5.447-482) que acontecerão "no último tempo" (5.447) e "no fim" (5.476), tais como um gigantesco "enxame de gafanhotos", "uma guerra sangrenta que lançará o mundo em confusão", e aves que "devorarão todos os mortais". "Muitas desgraças sobrevirão aos que habitarem o mundo nos últimos tempos" (*4Ed* 8.50).[20] Grande parte dessa aflição será causada pelos inimigos de Deus nos "últimos dias" (*4Ed* 12.23-26), e parte desse sofrimento será resultado de lutas de destruição mútua entre os inimigos de Deus "nos últimos dias" (*4Ed* 12.28). "No último tempo" surgirá um adversário escatológico que causará muito sofrimento (*Or. Sib.* 5.361-374 ["neste caso, o oponente é Nero, que volta de forma sobrenatural]). Por isso, o povo de Deus sofrerá "ais [...] perigos [...] aflições" nos "últimos dias" (*4Ed* 13.16-20). Na realidade, todos os habitantes da terra que estiverem vivos "no fim dos dias" e "no fim dos tempos" sofrerão "muitas tribulações" e tormentos severos (*2Br* 25.1—27.5). Do mesmo modo, a comunidade de Qumran prediz que haverá uma "devastação [da] terra pela seca e pela fome" nos "últimos dias" (4Q162 II:1). Até sacerdotes fiéis e verdadeiros sofrerão "no fim dos dias" (*b'ḥryt hymym*) (CD-A IV:4-5).[21]

Um acréscimo cristão a *Martírio e Ascensão de Isaías* (4.1-3) prediz a perseguição que o Anticristo perpetrará no tempo do "término do mundo".

Fim absoluto do pecado e do mal

O judaísmo acreditava que haverá um fim definitivo para o pecado. Por exemplo, *Testamento de Levi* afirma que haverá "transgressão" que as pessoas "poderão cometer até a consumação das eras", mas depois disso não se cometerão mais pecados (10.2). Em *4Esdras* 6.27 se lê que, na época da ressurreição final, "a maldade será eliminada, e o engano será extinto". Nessa mesma linha de pensamento, logo depois do "fim desta era" virá "o início da era imortal vindoura, em que a deterioração terá cessado, a indulgência pecaminosa terá chegado ao fim, e a incredulidade, extirpada"; nessa época ninguém conseguirá "causar dano àquele que é vitorioso" (*4Ed* 7.43[113]-45[115]).

Outras ideias relacionadas ao fim dos tempos

Entre outras ideias associadas aos acontecimentos do fim dos tempos estão:

1. "Nos últimos dias, Deus terá compaixão de toda a terra" (*T. Zeb.* 8.2).
2. O povo de Deus desfrutará o descanso eterno. De acordo com *4Esdras* 2.34, esse descanso virá no "fim da era", e *Vida de Adão e Eva* [*Vita*] 51.2 esclarece que "o sétimo dia é um sinal da ressurreição", que representa "o descanso da era vindoura".
3. O reino virá "no fim da era" (*4Ed* 2.34,35). "Nos últimos anos", Adão "se assentará no trono daquele que o depôs" (*V.A.E.* [*Vita*] 47.3).
4. A salvação plena alcançará os fiéis. Por exemplo, os que tiverem perseverado nas provações do fim dos tempos "serão salvos e verão minha salvação e o fim do meu mundo" (cp. *4Ed* 6.25 com 6.13-24).

---

[19]Embora seja possível conceber seu início na história do Egito em algum momento de sua longa decadência.

[20]Veja tb. *4Ed* 10.59 ("o que o Altíssimo fará àqueles que habitarem sobre a terra nos últimos dias") à luz dos dois capítulos seguintes.

[21]Curiosamente, afirma-se que o castigo de dispersão e conflitos da humanidade decorrente do julgamento de Babel aconteceu "nos últimos dias" do primeiro mundo (*L.A.B.* 6.1).

5. Haverá sinais específicos de que o fim do mundo está próximo. *Oráculos Sibilinos* 3.796-807 faz referência a sinais espetaculares no céu que ocorrerão "quando o fim de todas as coisas ocorrer". "Fome e guerra civil" também serão avisos de que "o fim do mundo e o último dia estão próximos" (*Or. Sib.* 8.88-94). A hostilidade entre parentes próximos também será um prenúncio pelo qual as pessoas deverão "saber que o fim está próximo" (*Apoc. Gr. Ed.* 3.11-15). *Oráculos Sibilinos* 2.154-171 apresenta uma lista de outros sinais que ocorrerão durante "a última geração".
6. O período escatológico terá longa duração. *Oráculos Sibilinos* 5.344-350 afirma que os "últimos tempos" e "aquele dia terão um longo tempo de duração". Ademais, 1QpHab VII:1-17 explica que "a consumação da era" e a "era final" (mencionada duas vezes) "serão prolongadas e ultrapassarão o que dizem os profetas, pois os mistérios de Deus são maravilhosos" (declaração que se repete poucas linhas depois).
7. A redenção do povo de Deus ocorrerá no *escathon*. Nesse sentido, por exemplo, 11Q13 II:4, 13 (veja o contexto de II:1-25) afirma que Melquisedeque, uma provável figura angelical, vai "livrá-los [os filhos da luz] da mão de Belial" "nos últimos dias" (*l'ḥryt hymym*).
8. "A última era" é uma referência à consumação do plano de Deus para toda a história (*2En* 33.1-11; veja esp. v. 11).

Conclusão

Essa análise panorâmica revela que quase todos os assuntos vistos anteriormente em associação com o uso do AT da expressão "últimos dias" ocorrem na literatura judaica antiga. A ideia do Espírito do fim dos tempos e a da nova aliança dos últimos dias não estão associadas com nenhuma das expressões dos últimos dias, como no AT, embora seja possível que um estudo mais profundo dos contextos mais amplos em que esse vocabulário aparece revele ligações indiretas com essa terminologia. No entanto, mesmo sem o vocabulário escatológico formal, os conceitos escatológicos do Espírito e da nova aliança estão presentes nessa literatura.[22]

Algumas ideias aparentemente novas associadas ao vocabulário técnico da escatologia são desenvolvidas no judaísmo antigo, mas também ocorrem em outros textos do judaísmo sem relação com o vocabulário precisamente escatológico. Na verdade, esses conceitos judaicos aparentemente "novos" estão até implícitos nos contextos do AT que contêm as fórmulas dos "últimos dias".

1. Haverá o recebimento de uma herança gloriosa, que é um aspecto das bênçãos adâmica e patriarcais; a necessidade de sabedoria escatológica, que faz parte do cenário escatológico de Daniel 11.32-35; 12.3,4,9,10.
2. O pecado e o mal terão um fim definitivo, o que está implícito nas profecias escatológicas do AT que predizem a derrota dos reinos do mal, talvez especialmente em Daniel 2.44,45; 8.25; 11.45.
3. O descanso eterno do fim dos tempos não está explícito no AT, mas já argumentei que é subentendido em Gênesis 1.28; 2.3.
4. A longa duração do período escatológico foi um aspecto indicado anteriormente em associação com outras passagens do AT já observadas por nós, em que os últimos dias têm início, pelo menos, no tempo da restauração de Israel da Babilônia. Esses últimos dias inaugurados não culminam no retorno inicial nem na construção do segundo templo, mas seguem por todo o período de existência do segundo templo. A compaixão

---

[22]Quanto à nova aliança, veja CD-A VI:19; VIII:21; CD-B XIX:33-34; XX:12; quanto ao Espírito, veja 1QS IV:3-11; 1QHᵃ VIII:1-13; veja tb. 1QHᵃ VI:13-19; *T. Judá* 24.1-6.

de Deus nos últimos dias será provavelmente análogo à "bondade" manifestada em favor de Israel em Oseias 3.5.

A ideia de que o fim definitivo se refere à conclusão do plano de Deus para toda a história e que certos sinais indicam que o fim do mundo está próximo parece mais nova do que as que acabamos de mencionar. Os sinais do fim iminente podem ser facilmente deduzidos de Daniel 11 e 12, em que a grande perseguição dos fiéis e o engano na comunidade da aliança antecedem imediatamente a ressurreição dos santos. Além disso, algumas passagens dos profetas acerca do "dia do Senhor" falam de sinais no céu que anunciam ou acompanham o juízo de Deus dirigido tanto às nações ímpias quanto a Israel (Is 13.10; 24.23; Ez 32.8; Jl 2.10,30,31; 3.15). Como consumação do decreto divino, é compreensível que o *escathon* também seja uma dedução bíblico-teológica de diversas passagens do AT (cp. Ec 3.1-17 com Is 41.4; 44.6-8; 48.12-14; Dn 7.10; 12.2).

Portanto, não há nada absolutamente novo no judaísmo antigo, apesar de haver alguns desenvolvimentos e ênfases diferentes.

4

O enredo escatológico do Antigo Testamento em relação ao Novo Testamento

O foco neotestamentário nos últimos dias

Como vimos no estudo do AT e do judaísmo antigo nos capítulos anteriores, a descoberta de que a escatologia é uma ideia dominante no NT não deveria nos surpreender. De fato, não estaremos exagerando se dissermos que, para entender a escatologia do NT, é necessário ter algum conhecimento de como seus autores entendiam a escatologia ou os "tempos do fim".[1] Essa declaração pode parecer inesperada, pois as pessoas na igreja geralmente pensam nos tempos do fim como um período que ocorrerá somente no auge da história. Muitos estudiosos da Bíblia não estão imunes a essa visão míope. Afinal, será que não é possível ter um ótimo entendimento do NT sem saber exatamente como o mundo vai acabar? Questões sobre o arrebatamento, a tribulação, a segunda vinda e o milênio não seriam secundárias em relação à salvação que Cristo realizou em sua morte na cruz e em sua ressurreição? Essas perguntas poderiam ser respondidas com um "sim" se os tempos do fim ocorressem apenas na última etapa da história. Infelizmente, muitos aceitam essa ideia como verdade; assim, a morte e a ressurreição de Cristo são fatos ocorridos em sua primeira vinda e, portanto, não têm natureza escatológica nem estão intimamente relacionados com os acontecimentos que conduzem à sua segunda vinda.

No entanto, esse entendimento dos últimos dias como o final da história precisa ser reavaliado. A expressão "últimos dias" (e outras semelhantes) ocorre muitas vezes no NT e em geral não se refere exclusivamente ao fim da história como normalmente concebemos. Ela é usada muitas vezes para descrever os tempos do fim inaugurados já no primeiro século. Por isso, um estudo dessas expressões escatológicas no NT e uma análise panorâmica do vocabulário utilizado no AT, no judaísmo[2] e nos pais apostólicos exigem uma reavaliação da visão popular,

---

[1] Sobre a imprecisão do termo "escatologia" e um esclarecimento de sua definição, veja I. Howard Marshall, "Slippery words I: eschatology", *ExpTim* 89 (1978): 264-9; sobre a relação do termo com a "apocalíptica", veja David E. Aune, "Apocalypticism", in: *DPL*, p. 25-35; veja tb. Larry J. Kreitzer, "Eschatology", in: *DPL*, p. 253-69.

[2] Os usos veterotestamentários e do judaísmo foram estudados nos capítulos anteriores a este.

muitas vezes sustentada até por acadêmicos. O que precisa mesmo ser reavaliado é o método usado na teologia do NT que considera a escatologia não o tema central, mas simplesmente um dos diversos temas de uma teologia geral do NT. Seria possível ampliar nosso estudo do NT e incluir outras referências conceituais à escatologia, mas esta análise dos termos escatológicos explícitos será suficiente para esclarecer nosso pensamento.[3]

O estudo do vocabulário escatológico neotestamentário a seguir modificou completamente minha perspectiva do NT, e espero que isso também aconteça com os leitores deste livro.

Referências escatológicas nos Evangelhos Sinóticos

Embora veremos em outro capítulo como a escatologia inaugurada está bastante presente nos Evangelhos Sinóticos, a terminologia escatológica não aparece com muita frequência e, quando ela ocorre, sempre se refere ao aspecto "ainda não", em geral com vocabulário da "era" (*aiōn*) final que se aproxima. A expressão "fim da era" (*synteleia tou aiōnos*) indica o juízo final e futuro que se aproxima (Mt 13.39,40,49; provavelmente tb. 24.3) ou a presença de Cristo que continuará com seu povo até o fim dos tempos (Mt 28.20). Os santos receberão "na era vindoura, a vida eterna" (Mc 10.30 // Lc 18.30), que também está diretamente relacionada com a "ressurreição dos mortos" (Lc 20.34,35). Há também a declaração de que o "reino" do Messias durará "por todas as eras" ou "para sempre", uma referência ao período escatológico sem fim (Lc 1.33). Eventualmente mencionam-se os sinais ou acontecimentos vindouros que antecedem o "fim" (*telos*) (Mt 24.6 [// Mc 13.7; Lc 21.9]; 24.13,14).

Referências escatológicas no Evangelho de João

Assim como os Evangelhos Sinóticos, o Evangelho de João fala do juízo final e da ressurreição definitiva do corpo como acontecimentos do futuro, embora use a expressão "último dia" (*tē eschatē hēmera*). Por exemplo, em 6.40, Jesus diz: "Porque esta é a vontade de meu Pai: que todo aquele que vê o Filho e nele crê tenha a vida eterna; e eu o ressuscitarei no último dia" (veja tb. 6.39,44,54; 11.24; sobre o juízo, veja 12.48). Da mesma forma, Jesus se refere à vida da ressurreição que continuará "para sempre" (*eis ton aiōna* ["para a eternidade"]) ou "para a vida eterna" (*eis zōēn aiōnion*) (4.14; 6.51,58). De modo semelhante, quando o Messias vier, ele permanecerá "para sempre" (*eis ton aiōna*) (12.34), assim como seu Espírito (14.16).

Diferentemente dos Sinóticos, o Evangelho de João apresenta uma linguagem formal que indica que os últimos dias tiveram início com a primeira vinda de Cristo. Particularmente, como acabamos de observar, embora Jesus afirme que a ressurreição ocorrerá no futuro, em 5.24-29 ele declara que a ressurreição tanto está vindo quanto já veio, de modo que a era escatológica sem fim já começou:

> Em verdade, em verdade vos digo que quem ouve minha palavra e crê naquele que me enviou <u>tem a vida eterna</u> e não vai a julgamento, mas já passou da morte <u>para a vida</u>. Em verdade,

---

[3]Aqui não vou sequer examinar as muitas referências escatológicas a "dia" em todo o NT, que se referem ao juízo final, tempo final da salvação ou, geralmente, à segunda vinda de Cristo (embora 1Ts 5.2-8 pareça retratar uma perspectiva do "dia" escatológico do tipo já e ainda não). Do mesmo modo, a expressão "dia do Senhor" é particularmente complexa, uma vez que ela aparece no AT ligada aos juízos anunciados contra Israel (Jl 1.15; 2.1,11,31; Am 5.18,20; Sf 1.7,14; cf. Ml 3.2,5) ou contra outras nações (Is 13.6,9; Ez 30.3; Jl 3.14; Ob 15) que ocorrem na época do AT, ao passo que no NT ela se refere ao dia do juízo final no futuro por meio de algum tipo de raciocínio tipológico (1Co 5.5; 1Ts 5.2; 2Ts 2.2; 2Pe 3.10; veja a expressão em At 2.20, que discute o momento de seu cumprimento).

em verdade vos digo que está vindo a hora, e já chegou, em que os mortos ouvirão a voz do Filho de Deus, e os que a ouvirem viverão. Pois assim como o Pai tem vida em si mesmo, assim também concedeu ao Filho ter vida em si mesmo; e deu-lhe autoridade para julgar, pois ele é o Filho do Homem. Não vos admireis disso, porque está vindo a hora em que todos os que estão nos sepulcros ouvirão sua voz e sairão; os que tiverem feito o bem, para a ressurreição da vida, e os que tiverem feito o mal, para a ressurreição da condenação.

As palavras de Jesus sobre a "hora" da ressurreição vêm da conhecida profecia de ressurreição de Daniel 12.1,2. Os versículos 28 e 29, em particular, citam Daniel 12.2 (veja tabela 4.1).

Tabela 4.1

Daniel 12.1,2 (GA)	João 5.24,25,28,29
12.1: "E naquela hora..."	5.24: "... quem ouve minha palavra e crê naquele que me enviou tem a vida eterna e não vai a julgamento, mas já passou da morte para a vida".
12.2: "... muitos dos que estiverem dormindo na extensão da terra ressuscitarão [anastēsontai] [...] alguns para a vida eterna e outros para condenação [...] e vergonha eterna".	5.25: "... está vindo a hora, e já chegou, em que os mortos ouvirão a voz do Filho de Deus, e os que a ouvirem viverão".
	5.28: "... porque está vindo a hora em que todos os que estão nos sepulcros ouvirão sua voz...".
	5.29: "... e sairão; os que tiverem feito o bem, para a ressurreição [anastasin] da vida, e os que tiverem feito o mal, para a ressurreição [anastasin] da condenação".

Observação: A sublinha indica alusões literárias diretas; o pontilhado, alusões conceituais.

Nos versículos 28 e 29, Jesus fala sobre como a futura ressurreição física ainda acontecerá, assim como Daniel profetizou. Observe-se, porém, que Jesus também se refere claramente à mesma profecia de Daniel nos versículos 24 e 25, aplicando-a aos que, no presente (ou de forma iminente), alcançam a vida ("virá a hora e *já chegou*"). Estaria ele dizendo que aqueles que entram na "vida eterna" no presente são apenas semelhantes aos seres ressurretos, mas não são de fato ressurretos porque sua ressurreição física, prevista nos versículos 28 e 29, ainda não ocorreu?

Novamente, fica evidente que uma profecia do AT é aplicada aos crentes atuais porque estão de fato começando a cumpri-la. Jesus entende que a profecia de Daniel 12 começou a ser cumprida. O sinal mais claro disso é a referência de Jesus à "hora". A "hora" (*hōra*) da ressurreição de Daniel (seguida pela tribulação) e a profecia de "vida eterna" não se cumprirão apenas no fim da história do mundo (Jo 5.28), mas já começaram a ser cumpridas na primeira vinda de Cristo (Jo 5.25). Uma pesquisa em toda a LXX revela que a expressão "vida eterna" ocorre apenas em Daniel 12.2;[4] portanto, a referência de João 5.24 à mesma expressão é uma alusão a esse texto. Também veremos logo a seguir que o uso joanino da palavra "hora" no sentido de fim dos tempos é originário do GA de Daniel 8; 11 e 12, em que equivale a expressões escatológicas hebraicas explícitas e se refere a acontecimentos do fim dos tempos (p. ex., Dn 8.17,19; 11.35,40). E, como acabamos de examinar, em Daniel 12.1,2

---

[4] A mesma expressão se encontra em 2Macabeus 7.9; 4Macabeus 15.3; e *Sl. Sal.* 3.12 (entre 125 a.C. e o primeiro século d.C.), passagens que provavelmente aludem a Daniel 12.2.

refere-se à hora da tribulação seguida pela ressurreição. Na realidade, a "hora" de Daniel 12.1 (GA), é ainda entendida como "a hora do fim" em Daniel 12.4, (GA).

A "hora" da ressurreição do fim dos tempos em Daniel já teve início, mas se completará no futuro. Como a ressurreição final teve início? Será que devemos "espiritualizar" ou "alegorizar" a profecia de Daniel para dizer que ela pode cumprir-se sem haver cumprimento "físico"? Na verdade, defendo que Jesus não só está dizendo que essa profecia está começando a se cumprir, mas também que ela está começando a se cumprir "literalmente". Daniel estava prevendo não apenas a ressurreição física, mas também a espiritual. Ele acreditava que, quando o corpo ressuscitar, o espírito renovado ressuscitará com ele. Assim, profetizou a ressurreição da pessoa completa.[5] O que é um pouco inesperado na maneira em que Jesus considera a profecia se cumprindo é somente o momento em que isso ocorre. Ela está se cumprindo de forma *gradual*: primeiro, nesta era, os crentes ressuscitam espiritualmente dentre os mortos, e, depois, começando na era vindoura e eterna, o corpo deles ressuscitará. Assim, a ressurreição espiritual dos santos é um cumprimento literal inicial da profecia escatológica de Daniel da ressurreição "físico-espiritual".

Diante do contexto danielino de João 5.25-28 e da inclusão joanina da referência ao "Filho do Homem" de Daniel 7.13, é provável que João 12.23 deva ser lido à luz do mesmo pano de fundo: "E Jesus lhes respondeu, dizendo: 'Chegou a hora de ser glorificado o Filho do Homem'". Daniel 7.13,14 profetiza que o "Filho do Homem" será rei eterno do fim dos tempos e receberá glória de todos. O contexto de João 12.23-34 indica que essa glória dos últimos dias ironicamente começará a ser recebida na crucificação de Jesus e depois em sua ressurreição (é provável que o mesmo uso de "hora" ocorra em Jo 17.1).

Em 1João há um caso de uso escatológico de "hora" (*hōra*) que será analisado quando estudarmos mais à frente as Epístolas Gerais, mas, por causa de sua importância no vocabulário do Evangelho, faço aqui um breve comentário.[6] Em 1João 2.18, o autor declara: "Filhinhos, esta é a última hora; e, conforme ouvistes, o anticristo está vindo, mesmo agora muitos anticristos têm surgido; por isso, sabemos que é a última hora". Como veremos em uma futura análise da passagem, esse é, à semelhança de João 5.25, mais um caso clássico do "já e ainda não" do fim dos tempos que afirma que a tribulação final já começou.

À luz dessa análise de João 5.24-29 e 1João 2.18, os usos de "hora" (*hōra*) em João 16 são mais bem compreendidos. As mesmas palavras, "virá a hora", de 5.25,28 e de 1João 2.18, ocorrem em 16.2,25 (assim tb. em 16.4,21). Na realidade, até a expressão mais completa com a ideia de "já e ainda não" de João 5.25 e 1João 2.18 (embora com formas distintas) também pode ser encontrada em 16.32: "Eis que a hora se aproxima, e já chegou, em que sereis dispersos cada um para seu lar e me deixareis só. Mas eu não estou só, pois o Pai está comigo". Os mesmos sintagmas unem os usos em João 16 aos de 5.25 e 5.28, bem como a 1João 2.18. Os cinco casos de João 16 estão ligados à tribulação sofrida pelos seguidores de Jesus e, por isso, se harmonizam bem com os usos de "hora" no GA de Daniel, em que se referem à "hora" escatológica de provações e perseguições do Israel fiel.

Mais um caso importante do uso escatológico de "hora" que se harmoniza com os anteriores está em João 4.21-24:

---

[5] O judaísmo menciona especificamente que a "alma" e o corpo participam da ressurreição final (p. ex., *4Ed* 7.97-101, uma alusão a Dn 12.3; assim tb. Ps.-Foc. 103-115; *Apoc. Ez.*, frag. 1, introdução, em alusão a Ez 37.1-14; Is 26.19, LXX; subentendida em *4Ed* 7.32, em alusão a Dn 12.2; veja tb. *4Ed* 7.75,88-101; veja outras referências em Josefo, *Ant.* 18.14; *G. J.* 3.374 [talvez tb. 2.163]; *Or. Sib.* 4.187-191 [provavelmente tb. 2.221-226]; *L.A.B.* 3.10; 23.13; *Hist. dos Rec.* 16.7a; *Pirqe R. El.* 31,34).

[6] Aqui, tenho como pressuposto a autoria em comum do Evangelho de João e de 1João (tb., p. ex., Colin G. Kruse, *The letters of John*, PNTC [Grand Rapids: Eerdmans, 2000], p. 9-15). Ainda que alguém defendesse a ideia de que 1João foi escrito por outra pessoa do círculo joanino, o argumento mesmo assim seria válido.

Então Jesus lhe disse: "Mulher, crê em mim, a hora vem em que nem neste monte nem em Jerusalém adorareis o Pai. Vós adorais o que não conheceis; nós adoramos o que conhecemos, porque a salvação vem dos judeus. Mas virá a hora, e de fato já chegou, em que os verdadeiros adoradores adorarão o Pai em espírito e em verdade; porque são esses os adoradores que o Pai procura. Deus é Espírito, e é necessário que aqueles que o adoram o façam em espírito e em verdade".

Esta é outra fórmula escatológica clássica "já e ainda não" que observamos em João 5.25; 16.32; 1João 2.18. Mas o que essa passagem tem de escatológico? Em primeiro lugar, Jesus está dizendo que o lugar para a verdadeira adoração agora e no futuro não se limita mais a um só local, como Jerusalém, mas é bem mais amplo. E até onde se estende? A verdadeira adoração se constitui em qualquer lugar onde o Espírito dos últimos dias está ou quando ela ocorre na esfera desse Espírito: o tempo é chegado e permanecerá quando os verdadeiros adoradores adorarem o Pai no âmbito do Espírito prometido e na verdade escatológica que chegou em Cristo (4.23; assim tb. 4.24). Portanto, adorar "em espírito e em verdade" não é uma referência aos adoradores "verdadeiramente sinceros" ou "sinceros no espírito quanto à verdade" (sem maiúsculas), mas uma referência ao Espírito, que chegou para cumprir as promessas do AT. Por isso, a primeira oração gramatical de 4.24 deve ser traduzida por "Deus é o Espírito", e não "Deus é espírito".[7] "Verdade" (*alētheia*) também tem uma nuance escatológica de cumprimento à luz do mesmo uso em outras passagens de João, sobretudo quando associada com realidades tipológicas do AT consideradas sombras do que se cumpriu em Cristo (observe-se *alēthinos* e *alēthēs* nas seguintes passagens: "verdadeira luz" [1.9]; "verdadeiro pão" [6.32]; "verdadeira comida" e "verdadeira bebida" [6.55]; "videira verdadeira" [15.1]). Aqui a presença de Deus no templo local de Israel é vista como sombra de sua presença "tabernacular" em Jesus durante o ministério terreno e com o seu povo depois da ressurreição de Cristo e do envio do Espírito.

Uma referência ao Espírito Santo em João 4.23b e 4.24b seria natural ou comum no caso de João, uma vez que, além de João 4, a palavra grega *pneuma* ocorre 21 vezes, das quais, pelo menos 17 em referência ao "Espírito" divino, duas vezes referindo-se ao "espírito" emocional de Jesus, e uma denotando o "espírito" humano (Jo 3.6).[8]

O que também indica uma referência ao "Espírito" divino em João 4.23,24 é o fato de que, no fluxo narrativo do capítulo, *pneuma* é representado de modo implícito pela "água viva" (4.10,11; assim tb. 4.14) que mata a "sede" espiritual, e seria natural que o uso de *pneuma* por Jesus na sequência da conversa com a samaritana indicasse o Espírito de Deus. O diálogo acerca da "água viva" e da "sede" espiritual mitigada em João 4 tem correspondência única com João 7.37-39, em que, mais uma vez, "água viva" é símbolo do "Espírito" que mata a "sede". João 7.38 é uma alusão a três profecias do AT (Ez 47.1-12; Jl 3.18; Zc 14.8) sobre o

---

[7]Para a segunda alternativa, veja D. A. Carson, *The Gospel according to John*, PNTC (Grand Rapids: Eerdmans, 1991), p. 224-6. Carson sustenta que 4.24a deve ser traduzido por "Deus é espírito", referindo-se ao aspecto espiritual do ser de Deus. Essa tradução é possível e não nega necessariamente meu argumento acerca da referência ao Espírito escatológico em 4.23b e 4.24b.

[8]É possível que 6.63 também seja referência ao espírito regenerado: "O Espírito é o que dá vida, a carne não serve para nada; as palavras que eu vos tenho falado são espírito e vida". Mais provável, porém, é que a última oração gramatical seja uma explicação da primeira, denotando a ideia de "Espírito que dá vida". O fato de não haver artigo definido ("o") antes de *pneuma* em 4.23,24 não inviabiliza sua identificação com o Espírito divino, uma vez que em quatro outras ocorrências em que é inequívoca a identificação com o Espírito, o artigo "o" também não aparece (1.33; 3.5; 7.39; 20.22), uma característica estilística presente em outras passagens do NT, bem como da LXX (observe-se que 1.33 tem o mesmo estilo de 4.23,24 e o acréscimo de "santo": *en pneumati hagiō* [lit., "no Espírito Santo"]).

templo do fim dos tempos, cujo cumprimento tem início em Jesus e seus seguidores. Uma dessas profecias, Zacarias 14.8, prediz que "águas vivas fluirão de Jerusalém", e depois é associada à cidade como um todo e a Judá, que se tornarão "santas" como o próprio templo (14.20,21). Da perspectiva de Joel 3.18 e Ezequiel 47.1-12, a água fluirá do templo e correrá por toda a terra de Israel e além dela. Curiosamente, a "água viva" de João 4.10,11,14 é provavelmente uma alusão a Zacarias 14.8;[9] portanto, essa passagem é desenvolvida ainda mais no texto sobre o templo em João 7.[10]

A ideia em João 4.23,24 de que o lugar do verdadeiro templo e da verdadeira adoração será territorialmente ampliado na nova era inaugurada é provavelmente uma continuação da narrativa anterior sobre as "águas vivas" de Zacarias 14 e faz parte da expectativa de João 7.37-39, por isso sua origem está na ideia do templo que se amplia e em sua santidade profetizada em Zacarias 14 e Ezequiel 47, bem como em outras passagens do AT.[11] De modo específico, a presença especial e reveladora de Deus na forma do Espírito não mais estará no Santo dos Santos do templo de Israel, mas romperá suas cadeias arquitetônicas no *escathon* e se disseminará por toda a terra. O verdadeiro templo, o verdadeiro lugar de adoração e os verdadeiros adoradores poderão ser encontrados onde quer que esteja a forma ampliada da presença divina do Santo dos Santos no Espírito e entre todos que estiverem em seu domínio.[12] Por consequência, onde quer que esteja um verdadeiro crente, ali também estará o Espírito, conforme a declaração de João 7.37-39.

Resumindo, João tem uma perspectiva "já e ainda não" sobre a escatologia em que vê a profecia da ressurreição, do Espírito, da tribulação e do templo dos últimos dias começando a se cumprir, embora esse cumprimento ainda será consumado.

As referências escatológicas em Atos[13]

Passado e presente

A primeira ocorrência de "últimos dias" no NT (na ordem canônica) está em Atos 2.17, passagem em que Pedro esclarece: "'E acontecerá nos últimos dias', Deus diz, 'que derramarei do meu Espírito sobre toda a humanidade; e os vossos filhos e as vossas filhas profetizarão'". Pedro percebe que as línguas faladas em Pentecostes são um cumprimento inicial da profecia de Joel sobre os tempos finais, quando o Espírito de Deus seria concedido não apenas a profetas, sacerdotes e reis: todos que fizessem parte da comunidade da aliança haveriam de "profetizar" (At 2.15-17a; cf. Jl 2.28,29). No começo da citação de Joel 2.28, Pedro usa a locução "nos últimos dias" (*en tais eschatais hēmerais*) em lugar do "depois dessas coisas" (*meta tauta*) do texto de Joel. A substituição procede de Isaías 2.2,3 (único trecho da LXX em que ocorre exatamente a mesma locução):[14]

---

[9] As referências cruzadas da margem de NA[27] em João 4.10,11 indicam uma alusão a Zacarias 14.8.

[10] Outro vínculo entre as duas passagens é a linguagem muito semelhante, "uma fonte de água a jorrar para a vida eterna" (4.14) e "rios de água viva fluirão de seu interior" (7.38).

[11] Veja mais sobre esse tema em G. K. Beale, *The temple and the church's mission: a biblical theology of the dwelling place of God*, NSBT 17 (Downers Grove: InterVarsity, 2004), p. 192-200, bem como nas passagens citadas de ambos os Testamentos sobre essa ideia.

[12] Se 4.23b e 4.24b de fato se referem ao "espírito" regenerado do crente, e não ao "Espírito" divino, o que é bem possível, mesmo assim continua válido meu argumento sobre o templo e a adoração estendidos no fim dos tempos. Carson (*John*, p. 224-5) considera a possibilidade de o "Espírito" divino ser o foco nesses dois versículos.

[13] As próximas seções sobre escatologia em Atos, Hebreus, Epístolas Gerais e nos pais apostólicos (mas não em Paulo) baseiam-se em G. K. Beale, "Eschatology", in: *DLNTD*, p. 332-7, 341-5, e também expandem esse texto.

[14] Sobre essa questão, veja a análise anterior acerca de Isaías 2.2; tb. David W. Pao, *Acts and the Isaianic new exodus*, WUNT 2/130 (Tübingen: Mohr Siebeck, 2000), p. 156-9.

Nos últimos dias,
o monte da casa do SENHOR
será estabelecido como o monte principal
e se levantará acima das montanhas,
e todas as nações correrão para ele.
Muitos povos irão e dirão:
"Vinde e subamos ao monte do SENHOR,
à casa do Deus de Jacó".

Assim, parece que Pedro interpreta a vinda do Espírito sobre a comunidade cristã em Pentecostes como cumprimento de Joel e também como cumprimento inicial da profecia de Isaías sobre o templo dos tempos finais, por cuja influência as nações viriam. Em parte, a associação dos dois textos se baseia no contexto de Joel que aparece em seguida, que focaliza a consolidação do templo dos tempos do fim (Jl 3.18).[15]

A ressurreição marcou o início do reinado messiânico de Jesus, e o Espírito em Pentecostes indicou a inauguração de seu domínio por meio da igreja (veja At 1.6-8; 2.1-43).

Em importantes trechos de transição em Atos, quando o evangelho se expande a novas regiões ou comunidades étnicas, o derramamento do Espírito é de novo mencionado para indicar os acontecimentos posteriores ao Pentecostes que seguiram o mesmo modelo, devendo talvez serem considerados "pequenos Pentecostes". Esses outros derramamentos continuam demonstrando o reinado exaltado de Cristo, mas também assinalam que os gentios, bem como os judeus, são admitidos pela fé e incluídos como súditos no novo reino do Messias. Esse pensamento está subentendido em Atos 2, em que judeus representantes de todas as partes do mundo gentílico conhecido estavam presentes no Pentecostes. O exemplo mais claro de um derramamento posterior do Espírito segundo o modelo de Atos 2 está em Atos 10.34-47, em que o soldado romano Cornélio e seus colegas gentios creram em Cristo, e "o dom do Espírito Santo [foi] [...] derramado sobre os gentios" (v. 45).

É improvável que Atos represente uma "desescatologização" ao substituir uma quase expectativa do fim por uma história da igreja.[16] Na realidade, Lucas interpreta o derramamento do Espírito como uma nova etapa do cumprimento escatológico, e isso torna o período da igreja uma era escatológica.[17]

A razão por que a vinda do Espírito é encarada de uma perspectiva intensamente escatológica é que um de seus propósitos era demonstrar a realeza exaltada, celestial e messiânica de Jesus como resultado de sua ressurreição. Isso é natural porque o Espírito estava associado com a futura esperança da vida de ressurreição no AT e no judaísmo, uma ligação que se vê também em outras passagens do NT (veja, p. ex., Rm 1.4; 1Tm 3.16).[18] Como consequência

---

[15] Sobre esse aspecto, veja ainda G. K. Beale, "The descent of the eschatological temple in the form of the Spirit at Pentecost: Part I", *TynBul* 56, n. 1 (2005): 93-9, bem como o cap. 17 deste livro, para conhecer toda a argumentação de que a descida do Espírito em Pentecostes foi a inauguração da igreja como o templo dos últimos dias. Curiosamente, alguns manuscritos da LXX de Joel 2.28 trazem *en tais eschatais hēmerais*, provavelmente por causa da interpretação que algum escriba judeu fez de Joel por meio de Isaías 2.2 ou da mesma atitude de algum escriba cristão, mas sob influência de Atos 2.17.

[16] Conforme representado, p. ex., por L. Sabourin, "The eschatology of Luke", *BTB* 12 (1982): 73-6.

[17] Para conhecer os dois lados do debate, veja Beverly R. Gaventa, "The eschatology of Luke-Acts revisited", *Encounter* 43 (1982): p. 27-42; sobre o problema da suposta demora da vinda final de Cristo, veja ainda Larry J. Kreitzer, "Parousia", in: *DLNTD*, p. 872-3.

[18] A esse respeito, veja Geerhardus Vos, "The eschatological aspect of the Pauline conception of the Spirit", in: Richard B. Gaffin Jr., org., *Redemptive history and biblical interpretation: the shorter writings of Geerhardus Vos* (Phillipsburg: P&R, 1980), p. 91-125.

da ressurreição de Jesus, o centro de gravidade escatológica havia passado de seu ministério sobre a terra para seu reinado no céu. A própria ideia de que Jesus havia ressuscitado dos mortos tinha um grande valor escatológico, cuja origem está no AT (Is 25.7,8; 26.18,19; Ez 37.1-14; Dn 12.1,2) e no judaísmo pós-bíblico (p. ex., 2Mc 7.9, 14; 1QH^a XIX:12; *1En* 51.1; *2Br* 30.1-3; 50.1-4; *T. Judá* 25.1; *V.A.E.* [*Apocalipse*] 41.3). Por isso, outras referências à ressurreição de Jesus em todo o livro, apesar de não formalmente vinculadas à terminologia técnica da escatologia como em Atos 2, não deixam de ter natureza escatológica, sobretudo por estarem muitas vezes contextualmente vinculadas a esperanças e promessas veterotestamentárias (veja At 1.3-11,22; 3.15,26; 4.2,10,33; 5.30,31; 7.55,56; 9.3-6; 10.40,41; 13.30-37; 17.31,32; 22.6-11; 25.19; 26.6-18,22,23). Do mesmo modo, a ressurreição de alguns cristãos provavelmente está associada à ressurreição escatológica de Jesus (At 9.37-41; 20.9-12; cf. Mt 27.52,53).

O fato de que o cumprimento de outras profecias do AT acerca dos últimos dias, além da profecia da ressurreição e do derramamento do Espírito, havia sido inaugurado certamente também era uma indicação de que os últimos tempos tinham começado (At 3.18,22-26; 4.25-28; 13.27-29,46-48; 15.14-18; 26.22,23).

Futuro

Em Atos 1.6, os discípulos perguntam a Jesus: "Senhor, é este o tempo em que restaurarás o reino para Israel?"; e Jesus responde: "Não vos compete saber os tempos ou as épocas que o Pai determinou por sua autoridade" (1.7), e em seguida promete que o Espírito desceria sobre eles e lhes daria poder para testemunhar (1.8). Alguns comentaristas entendem os versículos 7 e 8 como uma resposta explicando que haverá uma demora indefinida da vinda do reino restaurado de Israel em sua forma consumada, mas que durante esse intervalo o Espírito sustentará o testemunho dos seguidores de Jesus.[19] Por isso, o tempo da restauração do reino é equivalente ao tempo da vinda final de Jesus para consumar a história, ideia que é mencionada logo em seguida no contexto do versículo 11. Além disso, Atos 3.19-21 é visto como sequência do tema do futuro reino vindouro. Na mesma linha de pensamento, nesses versículos, os "tempos de refrigério" e o "tempo da restauração de todas as coisas" virão quando Jesus retornar para pôr fim à história, aparentemente da mesma forma que ele foi elevado ao céu (cf. 1.11).

Entretanto, outra perspectiva de Atos 1.6-8 é possível ou mesmo provável. Nos versículos 7 e 8, Jesus responde a três equívocos na pergunta dos apóstolos no versículo 6. Primeiro, o versículo 7 é uma resposta à falsa hipótese deles de que lhes era adequado saber o tempo exato (cf. 1Ts 5.1-11) em que o reino seria restaurado para Israel; esse conhecimento é reservado somente ao Pai.

Segundo, o versículo 8 parece ser uma resposta a uma pressuposição implícita na pergunta do versículo 6 de que as etapas futuras do reino se concretizariam apenas fisicamente. O versículo 8 contradiz essa pressuposição da pergunta dos apóstolos. Embora alguns entendam a continuação da resposta nesse versículo como uma referência à ideia de um período parentético caracterizado pela atuação do Espírito e que não faz parte do reino messiânico, é mais provável que o versículo afirme que uma forma de futuro próximo do reino deve ser de natureza "espiritual" ("recebereis *poder* [do reino] quando o Espírito Santo descer sobre vós"). Essa promessa, é claro, começa a se cumprir em Pentecostes, que Pedro interpreta como uma escalada dos "últimos dias" inaugurados por Jesus, quando o próprio Jesus começou a

---

[19]Veja Anthony Buzzard, "Acts 1:6 and the eclipse of the biblical kingdom", *EvQ* 66 (1994): 197-215.

receber o Espírito em seu batismo. Na verdade, os "últimos dias" não são apenas o tempo do aguardado derramamento do Espírito de Deus no AT e no judaísmo, mas a recorrente locução está relacionada indissociavelmente no AT com o reino profetizado, de modo que a referência de Pedro à locução em 2.17 transmite a ideia de cumprimento do reino previsto (p. ex., veja a discussão e as referências na primeira seção deste capítulo).

Em terceiro lugar, 1.8 parece ser uma resposta a um evidente pressuposto etnocêntrico em 1.6 de que a natureza do reino seria essencialmente israelita, tanto em aspecto étnico quanto nacional. A resposta de Jesus é que o reino terá súditos que vivem até nos "confins da terra", em alusão parcial a Isaías 49.6, uma referência à restauração de Israel e das nações (cf. At 13.47, que remete à conclusão de 1.8, trecho em que a referência a Is 49.6 é explícita). Além disso, em 1.8 a menção de "[quando] o Espírito Santo descer sobre vós" remete a Isaías 32.15, "até que o Espírito lá do alto seja derramado sobre nós", uma profecia da restauração de Israel.[20]

Por isso, Atos 1.8 assegura um cumprimento constante e progressivo da profecia do AT sobre o reino e a restauração de Israel, que já começou a se estabelecer no ministério terreno de Jesus.[21] Diante disso, a pergunta dos apóstolos em 1.6 pode revelar também um pressuposto escatológico incorreto: a restauração e o reino de Israel do fim dos tempos se cumpririam em um momento específico no fim da história. A resposta de Jesus é que o cumprimento é "já e ainda não", com a etapa inicial de cumprimento ocorrendo antes da consumação, conforme revelam Atos 2 e trechos seguintes, mas que os apóstolos ainda não entendiam em Atos 1.

Atos 3.20,21 refere-se claramente à consumação futura, quando Cristo virá pela segunda e última vez e efetuará "a restauração de todas as coisas". No entanto, Atos 3.19 pode abranger uma ideia já e ainda não, em especial porque vem imediatamente depois de uma afirmação de que Deus já havia "cumprido" a profecia do AT acerca do sofrimento de Cristo: "Arrependei-vos, pois, e convertei-vos, para que os vossos pecados sejam apagados, <u>a fim de que tempos de refrigério venham da presença do Senhor</u>". Esse versículo talvez esteja em paralelo com Atos 2.38: "Arrependei-vos, e cada um [...] seja batizado [...] para o perdão de vossos pecados; e recebereis o dom do Espírito Santo". Do mesmo modo, Atos 3.22-26 refere-se aos cumprimentos iniciais da profecia messiânica do AT.[22] Mesmo a referência "até o tempo de restauração de todas as coisas" em 3.21 tem uma ênfase já e ainda não, pois a "restauração" havia começado provavelmente com a vinda de Jesus, sua ressurreição e o derramamento do Espírito.[23]

Atos 17.30,31 é inegavelmente uma referência a um juízo futuro. Nessa passagem, Paulo afirma que as pessoas devem arrepender-se no presente, pois Deus "estabeleceu um dia"

---

[20]A alusão a Isaías 32.15 fica mais evidente quando se reconhece que o primeiro volume de Lucas termina com a mesma alusão: "Eu vos envio a promessa de meu Pai; mas ficai na cidade até que sejais revestidos do <u>poder do alto</u>" (Lc 24.49), que Atos 1.4,8 desenvolve de modo explícito.

[21]Veja David Hill, "The Spirit and the church's witness: observations on Acts 1:6-8", *IBS* 6 (1984): 16-26, em que a análise anterior de Atos 1.6-8 se baseia em parte, embora Hill negue que Lucas tenha uma perspectiva escatológica inaugurada. Veja uma posição equilibrada "já e ainda não" de Atos 1.6-8 e do livro como um todo em F. F. Bruce, "Eschatology in Acts", in: W. Hulitt Gloer, org., *Eschatology and the New Testament: essays in honor of George Raymond Beasley-Murray* (Peabody: Hendrickson, 1988), p. 51-63.

[22]Para mais argumentos em apoio a essa análise, veja W. S. Kurz, "Acts 3:19-26 as a test of the role of eschatology in Lukan Christology", *SBLSP* 11 (1977): 309-23, e as fontes citadas nesse artigo; veja ainda Hans F. Bayer, "Christ-centered eschatology in Acts 3:17-26", in: Joel B. Green; Max Turner, orgs., *Jesus of Nazareth: Lord and Christ* (Grand Rapids: Eerdmans, 1994), p. 236-50.

[23]De acordo com Bayer, "Christ-centered eschatology".

no fim da história em que "julgará o mundo com justiça" por meio de Jesus Cristo (assim como At 24.25).[24]

Paulo também afirma em Atos 26.6,7 uma "esperança da promessa" da ressurreição final para a nação de Israel, mas vemos em suas cartas que até isso foi inaugurado na ressurreição de Cristo, o verdadeiro Israel (conforme fica claro em At 13.32,33; 23.6,7; 26.22-24).

Referências escatológicas nos textos de Paulo

Presente e passado

Paulo diz aos cristãos de Corinto que o AT foi escrito para instruí-los a viver nos tempos do fim, uma vez que "o fim das eras já chegou" (1Co 10.11) para eles. O apóstolo se refere ao nascimento de Jesus, que ocorreu "quando a plenitude dos tempos veio" em cumprimento das profecias messiânicas (Gl 4.4). Assim também, "a plenitude dos tempos" é uma alusão ao tempo em que os crentes foram libertados das mãos de Satanás e do pecado por meio da morte e da ressurreição de Cristo (Ef 1.7-10; 1.20—2.6), o que deu início ao domínio de Cristo sobre toda a terra (Ef 1.19-23). A morte e a ressurreição de Cristo marcaram o começo da nova criação dos últimos dias profetizada por Isaías (cp. 2Co 5.17, "há uma nova criação; as coisas velhas já passaram; eis que surgiram coisas novas", com Is 43; 65—66); essa nova criação determina o momento central das eras, que Paulo chama de "agora" (2Co 5.16) e mais à frente define formalmente como o "tempo aceitável" e "dia da salvação" (2Co 6.2).[25] As profecias escatológicas concernentes à restauração de Israel do exílio começaram a se cumprir na ressurreição de Cristo, o verdadeiro Israel, e nos que estão na igreja e pela fé se identificam com ele (p. ex., 2Co 6.16-18).[26]

Além disso, a presença da tribulação na forma de ensinamentos falsos e enganosos na igreja de Éfeso também é um sinal de que os tão esperados últimos dias finalmente haviam chegado (1Tm 4.1; 2Tm 3.1). O texto de 2Timóteo 3.1 (*en eschatais hēmerais*) ecoa de modo geral as reiteradas locuções correspondentes a "nos últimos dias" da LXX.[27] Que essa ideia em 1 e 2Timóteo não diz respeito apenas a um tempo futuro distante fica evidente no

---

[24]Sobre os aspectos futuristas da escatologia em Atos, veja tb. Anders E. Nielsen, "The purpose of the Lucan writings with particular reference to eschatology", in: Petri Luomanen, org., *Luke-Acts: Scandinavian perspectives*, PFES 54 (Helsinki/Göttingen: Finnish Exegetical Society/Vandenhoeck & Ruprecht, 1991), p. 76-93; sobre a ideia de "já e ainda não" na escatologia de Atos com precedentes no Evangelho de Lucas, veja, p. ex., E. Earle Ellis, "Present and future eschatology in Luke", *NTS* 12 (1965): 27-41; veja ainda Henry J. Cadbury, "Acts and eschatology", in: W. D. Davies; D. Daube, orgs., *The background of the New Testament and its eschatology: studies in honour of C. H. Dodd* (Cambridge: Cambridge University Press, 1956), p. 300-21; Kevin Giles, "Present-future eschatology in the book of Acts (I)", *RTR* 40 (1981): 65-71; ibidem, "Present-future eschatology in the book of Acts (II)", *RTR* 41 (1982): 11-8; Eric Franklin, "The ascension and the eschatology of Luke-Acts", *SJT* 23 (1970): 191-200; Fred O. Francis, "Eschatology and history in Luke-Acts", *JAAR* 37 (1969): 49-63; Gaventa, "Eschatology of Luke-Acts" (que também apresenta um bom panorama da história do debate); veja tb., similarmente a Gaventa, Robert H. Smith, "The eschatology of Acts and contemporary exegesis", *CTM* 29 (1958): 641-3; ibidem, "History and eschatology in Luke-Acts", *CTM* 29 (1958): 881-901; John T. Carroll, *Response to the end of history: eschatology and situation in Luke-Acts*, SBLDS 92 (Atlanta: Scholars Press, 1988), p. 121-67 (mas veja a aparente incoerência na p. 137); veja tb. Andrew J. Mattill Jr., *Luke and the last things: a perspective for the understanding of Lukan thought* (Dillsboro: Western North Carolina Press, 1979), que, todavia, concentra-se na expectativa iminente e esperança do fim em Lucas.

[25]Veja em G. K. Beale, "The Old Testament background of reconciliation in 2 Corinthians 5—7 and its bearing on the literary problem of 2 Corinthians 4:14—7:1", *NTS* 35 (1989): 550-81.

[26]Ibidem.

[27]Embora todas elas, exceto Isaías 2.2 (*en tais eschatais hēmerais*), comecem com a preposição grega *ep'* em lugar de *en* e estejam no caso genitivo, a frase de 2Timóteo aproxima-se mais da passagem de Isaías.

reconhecimento de que a igreja dos efésios já estava passando pela tribulação dos últimos dias caracterizada por ensinamentos falsos e apostasia (veja 1Tm 1.3,4,6,7,19,20; 4.7; 5.13-15; 6.20,21; 2Tm 1.15; 2.16-19,25,26; 3.2-9). Esse entendimento de uma tribulação dos últimos dias caracterizada por falsos ensinamentos e incredulidade se harmoniza com a expectativa observada em Daniel 7—12 e no judaísmo antigo (principalmente nos MMM e em *Testamentos dos Doze Patriarcas*).

Futuro

Paulo faz referências gerais ao tempo escatológico eterno ("para sempre", *eis tous aiōnas*) com foco predominantemente futuro. Deus e o Messias serão "benditos eternamente" (Rm 1.25; 9.5) e receberão "a glória para sempre" (respectivamente Rm 11.36; 16.27; Gl 1.5; veja tb. 2Tm 4.18 com respeito ao "Senhor").

O apóstolo também faz referência ao cumprimento futuro dos últimos dias. Em 1Coríntios 15.24, ele diz que virá "o fim", quando Cristo "entregar o reino a Deus, o Pai, quando houver destruído todo domínio, toda autoridade e todo poder". E em 1Coríntios 1.8, declara que Deus também "confirmará" os crentes "até o fim [*telos*], irrepreensíveis no dia de nosso Senhor Jesus Cristo" (cf. o uso semelhante de *telos* em 2Co 1.13).

Referências escatológicas em Hebreus
Passado e presente

O livro de Hebreus começa afirmando que Deus "nestes últimos dias [*ep' eschatou tōn hēmerōn toutōn*] tem nos falado pelo Filho, a quem designou herdeiro de todas as coisas" (1.2). Isso talvez seja uma alusão coletiva às formas quase literais da mesma locução reiterada (16 vezes) e correspondente às passagens do AT em hebraico que contêm a expressão "nos últimos dias" (*bĕ'aḥărît hayyāmîm*), já estudadas no capítulo 2. A forma exata dessa locução em Hebreus 1.2 (mas sem o *toutōn* final ["nestes"]) ocorre quatro vezes no AT, e em todas elas traduz o hebraico "nos últimos dias" (*bĕ'aḥărît hayyāmîm*): Números 24.14; Jeremias 23.20; 25.19 (49.39, TM); e Daniel 10.14.[28] É bem possível que o texto de Hebreus 1.2 seja um eco da passagem messiânica de Números 24, caso a redação do final do versículo de Hebreus (pelo "Filho, a quem designou herdeiro de todas as coisas") seja uma alusão a Salmos 2.7,8 no que diz respeito ao "Filho" messiânico, que "herdará" as nações e as "extremidades da terra". De modo interessante, tanto Números 24.14-20 quanto Salmos 2.8,9[29] empregam "cetro" (*shēbeṭ* [Nm 24.17; Sl 2.9]) como figura do Messias, que "destruirá" as "nações" (Nm 24.17; Sl 2.9 [LXX: "dominar" sobre elas]) e as receberá por "herança" (Nm 24.18; Sl 2.8). Que Hebreus 1.2 está combinando os "últimos dias" de Números 24.14 com o salmo 2 também é sugerido por 2Pedro 1.17-19, em que uma alusão a Salmos 2.7 é seguida por outra a Números 24.17.[30]

Nesse aspecto, Hebreus 1.5-13 cita profecias do AT que têm a ver principalmente com o reinado messiânico do Filho, cujo cumprimento teve início no primeiro advento de Jesus (veja tb. 5.5; 8.1; 10.12,13; 12.2). Da mesma forma, o retrato do reinado do Adão ideal como "o Filho do Homem" no salmo 8, jamais realizado plenamente no período do AT, aplica-se a Cristo como aquele que finalmente começou a assumir o lugar dessa figura humana emblemática

---

[28]Daniel 10.14 (GA) contém *ep' eschatou tōn hēmerōn*; Dn 10.14 (Θ), é quase idêntico.

[29]Levando em consideração os textos hebraico e grego de Números 24 e Salmos 2.

[30]Entre os textos de Qumran, 4Q174, frags. 1, I,21,2.18-21 entende que Salmos 2.1-3 faz referência ao "fim dos dias", quando as nações oprimirão "o eleito de Israel".

(Hb 2.6-9). Cristo fez o que o primeiro Adão e Israel (o Adão coletivo) não conseguiram fazer.[31] É nesse sentido do "cumprimento" por Cristo da profecia do fim dos tempos que ele também deve ser entendido como um "filho" que "foi [escatologicamente] consumado" (não "aperfeiçoado") e começou a conduzir seu povo à salvação, obra que terminará nos últimos dias (veja ainda 2.10; 5.8,9,14; 6.1; 7.11,19,28; 9.9; 10.1,14; 11.40; 12.2).[32] Desse modo, Cristo derrotou definitivamente o poder do mal e da morte (2.14), uma realidade que não se espera que seja concretizada antes da nova criação escatológica. O autor de Hebreus até pode mencionar em 9.26 que a missão de Cristo de "aniquilar o pecado pelo sacrifício de si mesmo" ocorre na "consumação dos séculos" (cf. 10.10,12,14).

Consequentemente, conforme vimos em outras passagens dos Evangelhos, de Atos e de Paulo, a primeira vinda de Cristo marca o início do fim dos tempos, que havia sido profetizado pelo AT. É por isso que o autor se refere ao cumprimento inicial da profecia de Jeremias de uma nova aliança, que é concluída nos livros de Jeremias e Hebreus com ênfase no perdão de pecados: "Eu perdoarei sua iniquidade e não me lembrarei mais dos seus pecados" (cp. Jr 31.31-34 com Hb 8.8-12; 10.16,17). De acordo com a ênfase escatológica de Hebreus 9.26, a profecia de Jeremias também estava intrinsecamente ligada aos acontecimentos dos "últimos dias" (cp. Jr 30.24 ["nos dias vindouros"] com 31.31 ["dias estão vindo"], 31.33 ["depois daqueles dias"]). Jeremias 30.24 afirma que o povo de Israel "em dias vindouros entenderá" os "propósitos do seu [de Deus] coração", que manifestará contra a nação seu "ardente furor". Parece que isso é desenvolvido em Jeremias 31.31-34, em que se declara que Deus colocará a "lei dentro deles e no seu coração", ação que tem por base seu perdão da maldade de Israel. Isto é, Israel entenderia que a consequência do juízo de Deus não tem como objetivo a mera punição do povo, mas, em última análise, o oferecimento do perdão a ele.

O autor de Hebreus diz que os seguidores de Jesus também "experimentaram os poderes" do "mundo vindouro" (6.5), entre os quais estão, evidentemente, "o dom celestial [...] do Espírito Santo" (6.4).[33] Em nenhum outro trecho o NT chega tão perto de identificar formalmente o Espírito Santo como um sinal da chegada da era escatológica (mas veja tb. Rm 8.23; 2Co 1.21,22; Ef 1.13,14). Até a "esperança" dos cristãos de uma salvação futura consumada está fundamentada no fato de Cristo já ter iniciado a concretização dessa esperança (veja 6.17-20).[34] Na realidade, os cristãos já chegaram "ao monte Sião e à cidade do Deus vivo, à [nova] Jerusalém celestial" (12.22), por isso a aguardada cidade de Deus dos últimos dias chegou de modo invisível à presente era para que os santos consigam participar dela agora. Assim também, a obra sacerdotal de autossacrifício de Cristo inaugurou o templo escatológico (9.8,23).[35] Aqueles que desdenham o sacrifício de Cristo realizado "na consumação dos séculos" e "de uma vez por todas" (9.26) não podem ser "renovados para o arrependimento", uma vez que nenhum outro sacrifício será oferecido além daquele que desprezaram (6.4-6; 10.26-29).[36]

Uma característica notável da escatologia de Hebreus, embora seja também um aspecto da escatologia neotestamentária em outras passagens, é sua natureza bidimensional, que se caracteriza pelos planos vertical e horizontal, ou pelos elementos espacial e temporal.

---

[31]Sobre o conceito de Israel como Adão coletivo, veja N. T. Wright, *The climax of the covenant: Christ and the law in Pauline theology* (Minneapolis: Fortress, 1992), p. 21-6.

[32]Veja em Moisés Silva, "Perfection and eschatology in Hebrews", *WTJ* 39 (1976): 60-71.

[33]Veja Paul Ellingworth, *The Epistle to the Hebrews: a commentary on the Greek text*, NIGTC (Grand Rapids: Eerdmans, 1993), p. 320. Parece que "o dom celestial" é identificado na oração gramatical seguinte como o "Espírito Santo".

[34]Veja ainda William C. Robinson, "Eschatology of the Epistle to the Hebrews: a study in the Christian doctrine of hope", *Encounter* 22 (1961): 37-51.

[35]Veja L. D. Hurst, "Eschatology and 'Platonism' in the Epistle to the Hebrews", *SBLSP* 23 (1984): 41-74.

[36]Veja Charles E. Carlston, "Eschatology and repentance in the Epistle to the Hebrews", *JBL* 78 (1959): 296-302.

A análise anterior concentrou-se no aspecto temporal de que os "tempos do fim" haviam começado na obra anterior de Cristo, mas também que o "fim" definitivo ainda está no futuro. Da perspectiva espacial, o templo do fim dos tempos, por exemplo, pode ser considerado tanto uma realidade do tempo presente, que se estende espacialmente da dimensão celestial para a terrena, quanto uma dimensão espacial invisível distinta do aspecto material e terreno (Hb 9.1—10.26) graças à obra de Cristo.[37]

Futuro

Hebreus se refere ao período escatológico eterno ("para sempre", *eis ton aiōna*)[38] com um foco predominantemente futuro, embora seja possível contemplar o início presente desse período. O reinado escatológico de Jesus (1.8), seu sacerdócio (5.6; 7.17,21,24,28) e sua glória (13.21) são perpétuos.

Não há consenso se o "descanso" de Hebreus 3 e 4 foi inaugurado com a primeira vinda de Cristo[39] ou se será uma realidade apenas na consumação.[40] As duas posições são defendidas com bons argumentos, embora o conceito futurista do descanso talvez seja mais provável. A ênfase em todo o trecho de Hebreus 3 e 4, bem como de toda a epístola, está na perseverança até o fim, quando a recompensa final será recebida (3.6,14). Além disso, o "descanso" é mencionado como uma "promessa" que ainda "permanece", o que significa que ele ainda não se cumpriu (4.1,6,9). Embora seja verdade que o "descanso" é mencionado tanto como presente (4.3: "entramos no descanso") quanto no passado (4.10: "aquele que entrou no descanso de Deus"), esses usos temporais são mais bem entendidos se contemplados de uma perspectiva futura.[41] O tema dominante desses dois capítulos é que, ao contrário de Israel, que deixou de entrar no "descanso" da Terra Prometida depois de sua peregrinação no deserto e em seguida na sua história, os cristãos judeus, a quem o livro de Hebreus se dirige, são exortados a perseverar na peregrinação terrena para que entrem no "descanso" da "pátria celestial" antitípica (11.16), que a terra de Canaã prenunciava de forma tipológica. Somente então o pretendido descanso do sábado da nova criação poderá ser desfrutado.[42]

O juízo vindouro dos incrédulos e apóstatas no fim da era é tema recorrente em Hebreus (6.2; 9.27), sobretudo como advertência que visa incentivar a perseverança (10.26-31,36-38; 12.25-29; 13.4).[43] Os santos são exortados a perseverar "até o fim" (*telos* [3.14; 6.11]). Os que dão ouvidos às advertências de juízo e às exortações a continuar na fé vão receber na consumação da história a plena salvação (9.28), sua "recompensa" (10.35; 11.26) e a herança completa do que foi prometido (6.11,12,17,18; 9.15; 10.23,34,35; 11.39). A herança da Terra Prometida da nova

---

[37]Sobre essa ideia na teologia de Paulo, veja Kreitzer, "Eschatology".

[38]Bem como outras formas de casos da expressão.

[39]Segundo C. K. Barrett, "The eschatology of the Epistle to the Hebrews", in: Davies; Daube, orgs., *Background of the New Testament*, p. 366-73; Andrew T. Lincoln, "Sabbath, rest, and eschatology in the New Testament", in: D. A. Carson, org., *From Sabbath to Lord's Day: a biblical, historical, and theological investigation* (Grand Rapids: Zondervan, 1982), p. 197-220.

[40]Segundo Richard B. Gaffin Jr., "A Sabbath rest still awaits the people of God", in: Charles G. Dennison; Richard C. Gamble, orgs., *Pressing toward the Mark: essays commemorating fifty years of the Orthodox Presbyterian Church* (Philadelphia: Committee for the Historian of the Orthodox Presbyterian Church, 1986), p. 33-51.

[41]Hebreus 4.10, p. ex., pode ser facilmente entendido com o sentido de um perfeito profético do hebraico, uma referência à certeza de um evento futuro como se já tivesse acontecido.

[42]Conforme observado, discute-se se o "descanso" de Hebreus 3 e 4 é uma realidade já inaugurada ou situada no futuro. Veja uma discussão mais completa da posição aqui adotada no cap. 22, seção "O testemunho neotestamentário a respeito do sábado".

[43]Veja em Stanley D. Toussaint, "The eschatology of the warning passages in the book of Hebrews", *GTJ* 3 (1982): 67-80.

criação é a síntese irredutível do autor do que os crentes verdadeiros receberão no *escathon* (11.9-16; 13.14). Deus os ressuscitará dos mortos para poderem participar da herança (11.35; cf. 6.20). A herança definitiva será indestrutível (12.27,28) e eterna. Na nova terra, Deus será visto, e sua presença será mais plenamente experimentada (cf. 12.14). Os leitores devem ficar atentos a essas exortações e não descuidar, pois o "dia" final está "próximo" (10.25).[44]

Referências escatológicas nas Epístolas Gerais
Passado e presente
Tiago, 1 e 2Pedro, Judas

Em Tiago 1.18, temos uma indicação da forma inicial da nova criação: "Segundo a atuação de sua vontade, ele nos gerou pela palavra da verdade para que fôssemos como os primeiros frutos de suas criaturas". Em Tiago 5, há uma alusão completamente desenvolvida à verdadeira natureza temporal da época em que viviam o autor e seus leitores. Nessa passagem, Tiago critica os que vivem de modo ímpio e não aproveitam as oportunidades de praticar a justiça diante do importante período em que estão vivendo: "Tendes juntado tesouros nos últimos dias [*en eschatais hēmerais*]" (5.3). Eles já vivem no período final da história, por isso a última "vinda do Senhor" e o tempo de juízo para essas pessoas injustas são iminentes (veja 5.7-9).[45]

Assim como Tiago, 1Pedro começa com uma indicação de que a nova criação dos crentes nos últimos dias já ocorreu: Deus "nos regenerou para uma viva esperança mediante a ressurreição de Jesus Cristo dentre os mortos" (1.3). O novo nascimento e a consequente "viva esperança" estão integralmente vinculados ao fundamento da ressurreição de Cristo. Essa ideia de uma nova era é desenvolvida ainda mais em 1.20,21, em que a ressurreição de Cristo "dentre os mortos" é retratada como parte do "fim dos tempos" (*ep' eschatou tōn chronōn*), e é por meio do Cristo ressurreto que os leitores se tornaram crentes com uma esperança. É mediante essa mesma ressurreição que Jesus foi colocado à direita de Deus para começar a reinar (3.18,19,21,22). O Espírito dos últimos dias é o agente que efetua a ressurreição de Cristo (3.18), bem como a vida de ressurreição de seus seguidores (4.6 [fisicamente mortos ou vivos]) e sua conduta no âmbito dessa vida (1.2). À semelhança de Hebreus, 1Pedro também fala da morte de Cristo pelos pecados usando a expressão decisiva das eras "de uma vez por todas" (3.18). Não apenas isso, mas também o juízo final já começou com os sofrimentos que Deus ordena para a comunidade cristã, que servem para testar a fé desses crentes (4.12-19).

A epístola de 2Pedro faz referência mais abrangente ao reinado de Cristo, observando que começou bem no início de seu ministério terreno, quando Jesus foi batizado (1.16,17). Tanto 2Pedro quanto Judas lembram os cristãos de que Cristo e os apóstolos predisseram sobre falsos mestres que se infiltrariam na igreja "nos últimos dias" (*ep' eschatōn tōn hēmerōn* [2Pe 3.3]) ou "nos últimos tempos" (*ep' eschatou tou chronou* [Jd 18]). As duas cartas afirmam que essa tribulação esperada dos últimos dias envolvendo ensinamentos apóstatas se manifesta no surgimento de falsos mestres que procuram perverter a verdade no seio da comunidade cristã (cp. 2Pe 3.2,3 com 2.1-22; 3.16,17; cp. Jd 17,18 com 4,8,10-13). A forma exata da expressão "últimos dias" de 2Pedro ocorre onze vezes na LXX, por isso talvez seja

---

[44]Para uma análise mais aprofundada do conceito escatológico "já e ainda não" em Hebreus, veja Barrett, "Eschatology of the Epistle to the Hebrews"; George W. MacRae, "Heavenly temple and eschatology in the Letter to the Hebrews", *Semeia* 12 (1978): 179-99; Clyde Woods, "Eschatological motifs in the Epistle to the Hebrews", in: Jack P. Lewis, org., *The last things: essays presented by his students to Dr. W. B. West Jr. upon the occasion of his sixty-fifth birthday* (Austin: Sweet, 1972), p. 140-51.

[45]Leia sobre o problema da iminência mencionado aqui e em outros textos de Hebreus, das Epístolas Gerais e de Apocalipse em Kreitzer, "Parousia"; ibidem, "Eschatology".

eco desses usos. O emprego dos termos "falso ensino" e "perversão da verdade" harmoniza-se particularmente com minhas observações anteriores sobre o uso das expressões de fim dos tempos pela comunidade de Qumran e nas interpretações judaicas antigas acerca da profecia escatológica de Jacó para as tribos de Israel em Gênesis 49.1.

As epístolas joaninas
1João 2.18[46]

As epístolas joaninas revelam uma consciência vívida de que o *escathon* já havia invadido a história. A expressão mais evidente que indica essa realidade são as reiteradas referências ao "anticristo", sobretudo em 1João 2.18, que comentei de passagem no estudo anterior da escatologia do Evangelho de João: "Filhinhos, esta é a última hora; e, conforme ouvistes, o anticristo está vindo, mesmo agora muitos anticristos têm surgido; por isso, sabemos que é a última hora".

João identifica esses anticristos com aqueles que haviam cometido apostasia e saído da igreja verdadeira: "Eles saíram dentre nós, mas não eram de fato dos nossos, pois se fossem dos nossos teriam permanecido conosco; mas todos eles saíram, para que se manifestasse que não são dos nossos" (1Jo 2.19). Ele ainda os define como falsos mestres e pessoas que não são crentes verdadeiros: "Quem é o mentiroso senão aquele que nega que Jesus é o Cristo? Esse é o anticristo, que nega o Pai e o Filho. Todo o que nega o Filho também não tem o Pai; aquele que confessa o Filho, também tem o Pai" (1Jo 2.22,23).

O texto de 1João 2.18 remete mais diretamente à profecia de Jesus sobre os "falsos cristos": "Porque surgirão falsos cristos e falsos profetas, que realizarão grandes sinais e maravilhas, a tal ponto que, se fosse possível, enganariam até os escolhidos. Eu vos tenho dito essas coisas antes que aconteçam" (Mt 24.24,25 [// Mc 13.22]). Paulo também prediz a chegada do "homem da impiedade", que haverá de enganar o povo de Deus nos últimos dias da história (2Ts 2.3-10). Tanto a profecia de Jesus quanto a de Paulo remetem à profecia de Daniel sobre o opositor do fim dos tempos que tentará enganar o povo de Deus (Dn 7—9; 11—12):

Daniel 7.25: "Ele falará contra o Altíssimo e causará dano[47] aos santos do Altíssimo; pretenderá mudar os tempos e a lei; e eles lhe serão entregues na mão por um tempo, tempos e metade de um tempo".

Daniel 8.12: "Por causa da impiedade, o exército será entregue ao chifre juntamente com o sacrifício contínuo; e o chifre lançará a verdade por terra, fará o que desejar e prosperará".

Daniel 8.23-25: "Um rei insolente e astuto em intrigas se levantará. Ele terá grande poder, mas não de si mesmo; destruirá terrivelmente, prosperará, fará o que desejar; ele destruirá os poderosos e o povo santo. Fará o engano prosperar por meio de astúcia e sob sua influência; ele se engrandecerá em seu coração e destruirá muitos que vivem em segurança. E fará oposição até mesmo contra o Príncipe dos príncipes".

Daniel 11.30-34: "Assim, ele voltará e atenderá aos que tiverem abandonado a santa aliança. [...] Ele perverterá com lisonjas os que tiverem violado a aliança, mas o povo que conhece seu Deus se tornará forte e resistirá. Os sábios do povo darão entendimento a muitos. [...] Mas, quando forem feridos, serão ajudados com pequeno socorro; porém muitos se ajuntarão a eles em hipocrisia".

---

[46]Esta seção é um resumo de G. K. Beale, "The Old Testament background of the 'last hour' in 1 John 2:18", *Biblica* 92 (2011): 231-54.

[47]Diversos manuscritos e versões da LXX, bem como os pais da igreja, substituem "causará dano" (*katatribō* [GA], *palaioō* [Θ] = aram., *yĕballē'*) por *planaō* ("enganará"), de modo que o opositor do fim dos tempos é retratado aqui como alguém que "engana" os santos.

O fato de que Jesus está desenvolvendo a profecia de Daniel sobre o enganador dos últimos dias fica evidente pelo grande número de alusões a Daniel 7—12 em outros trechos de Mateus 24 com seus paralelos sinóticos.[48] Por exemplo, Mateus 24.15,21 cita as famosas passagens da "abominação da desolação" e da "grande tribulação" do livro de Daniel. Da mesma forma, a profecia de Paulo contém alusões específicas a Daniel 11.31,36.[49]

Portanto, 1João 2.18-23 está desenvolvendo as predições de Jesus e de Paulo de um opositor do fim dos tempos baseadas em uma predição anterior de Daniel.[50] Estaria João apenas comparando os falsos mestres que atuavam em sua igreja com os anticristos mencionados em Mateus, o "homem da impiedade" predito por Paulo e o enganador escatológico descrito em Daniel? Será que ele está apenas comparando sua "última hora" ao período do fim dos tempos mencionado em Daniel, ao qual Mateus e Paulo se referem? Se estiver, então os anticristos em 1João não são o cumprimento das profecias de Jesus, de Paulo e de Daniel, mas apenas personagens comparáveis com essas figuras em suas respectivas profecias. Como não há nenhuma fórmula de cumprimento explícita em trecho algum do contexto de 1João 2, pode-se concluir que João está apenas fazendo uma comparação. No entanto, se 1João 2 está descrevendo o cumprimento inicial das profecias de Jesus, de Paulo e de Daniel, como, então, pode se considerar que os falsos mestres da igreja à qual João escreve são exatamente o cumprimento da profecia, uma vez que o anticristo encarnado ainda não havia entrado em cena e a situação em 1João é de uma igreja composta de judeus e gentios que estão enfrentando o engano, e não de judeus fiéis da própria nação de Israel a respeito de quem Daniel profetiza?

Como devemos resolver essa dificuldade hermenêutica? João está apenas fazendo uma comparação ou está descrevendo o cumprimento inaugurado das profecias de Daniel e de Jesus? Minha primeira resposta leva em conta um pressuposto fundamentado em muitas exegeses de outros textos do AT em passagens do NT: aqueles que têm um alto conceito das Escrituras devem pressupor que o NT interpreta o AT contextualmente e com integridade hermenêutica (apesar de muitos acadêmicos discordarem dessa pressuposição). Por isso, se uma passagem do AT citada no NT é uma profecia em seu contexto original, será que um autor do NT como João não deveria também considerá-la profecia e entendê-la como cumprimento inicial, caso a identificasse com alguma realidade de sua época? Além disso, mesmo que não haja uma fórmula de cumprimento, ainda assim será que João não poderia interpretá-la como cumprimento? Possivelmente, ele usaria o AT de modo analógico, mas a ênfase do contexto profético da passagem do AT tende a uma noção de cumprimento, se não houver nenhuma evidência clara do contrário no contexto do NT (ou, se o contexto deixar claro, o autor do NT pode estar afirmando que uma profecia do AT ainda não se cumpriu, mas seguramente se cumprirá no futuro). Se essa abordagem hermenêutica estiver correta, então as profecias sobre o anticristo e seus emissários enganadores são, de algum modo real, cumprimentos iniciais.

Além disso, um estudo mais aprofundado de 1João 2 indica que João muito provavelmente entende que a profecia em Daniel 7—12, Mateus 24 e 2Tessalonicenses 2 está começando a se cumprir. Isso fica mais evidente na expressão introdutória "última hora" em 1João 2.18: "Filhinhos, esta é a <u>última hora</u>; e, conforme ouvistes, o anticristo está vindo, mesmo agora muitos anticristos têm surgido; por isso, sabemos que é a <u>última hora</u>". Os únicos usos escatológicos de "hora" ($h\bar{o}ra$) em todo o AT ocorrem no grego "antigo" (= GA, não Θ) de

---

[48]Sobre essa questão, veja Lars Hartman, *Prophecy interpreted: the formation of some Jewish apocalyptic texts and of the eschatological discourse Mark 13 par.*, ConBNT 1 (Lund: Gleerup, 1966), p. 145-74.

[49]A maioria dos comentaristas reconhece isso; veja, p. ex., G. K. Beale, *1-2 Thessalonians*, IVPNTC (Downers Grove: InterVarsity, 2003), p. 203-11.

[50]João talvez se baseie em uma tradição oral do evangelho que estava em circulação ou no Evangelho de Mateus, que poderia ter sido lido em voz alta para a igreja à qual ele estava escrevendo.

Daniel 8; 11; 12. Em cada uma dessas ocorrências, "hora" (*hōra*) não se refere geralmente ao *eschathon*, mas a um tempo escatológico específico em que o opositor do povo de Deus tentará enganá-lo. Podem-se encontrar exemplos em Daniel 8; 11; 12 (veja tabela 4.2).

Tabela 4.2

Daniel 8.17,19; 11.35,40; 12.1 (TM)	Daniel 8.17,19; 11.35,40; 12.1 (GA,não Θ)
8.17b: "Filho do homem, entende a visão pertence <u>ao tempo do fim</u> [*lĕ'et-qēṣ*]".	8.17b: "Filho do homem, entende, pois ainda <u>para a hora do tempo</u> [*eis hōran kairou*] é esta visão".
8.19: Ele disse: "Vê, te farei saber o que acontecerá no período final da indignação, pois isso pertence <u>ao tempo do fim designado</u> [*lĕmô'ēd qēṣ*]".	8.19: E ele me disse: "Vê, estou te anunciando o que ocorrerá no fim da ira dos filhos de teu povo; pois ainda <u>para as horas do tempo do fim isso permanece</u> [*eis hōras kairou synteleias menei*]".
11.35: "Alguns dos que têm entendimento cairão, a fim de que sejam refinados, purgados e purificados até <u>o tempo do fim</u> ['*ad-'ēt qēṣ*]; pois ainda está para vir <u>no tempo designado</u> [*lammô'ēd*]".	11.35: "Alguns dos sábios entenderão para se purificarem e para que sejam escolhidos e para que sejam purificados <u>no tempo do fim</u> [*heōs kairou synteleias*]; pois <u>o tempo é para uma hora</u> [*kairos eis hōras*]".
11.40: "<u>E no tempo do fim</u> [*ûbĕ'ēt qēṣ*] [...] ele invadirá as nações".	11.40: "<u>E na hora do fim</u> [*kai kath' hōran synteleias*] [...] ele invadirá a nação do Egito".
12.1: "<u>Ora, naquele tempo</u> [*ûbā'ēt hahî'*] [...] haverá um tempo de angústia".	12.1: "<u>E naquela hora</u> [*kai kata tēn hōran ekeinēn*] [...] haverá aquele dia de tribulação".
Veja também Daniel 10.14.[a]	

[a] O texto hebraico diz "o que acontecerá a teu povo nos últimos dias, pois a visão pertence aos dias ainda [por vir]". O GA e Θ contêm um grego literal equivalente ao texto hebraico, "pois a visão pertence aos dias ainda [por vir]", ainda que alguns manuscritos da LXX (967 e 88-Syh) tragam "pois a hora [grego] pertence aos dias ainda [por vir]". Isso pode significar que "hora" é um aposto, imediatamente anterior, de "últimos dias". A sublinha mostra como o GA traduz a expressão exata do hebraico.

Esses usos revelam que "hora" no GA de Daniel faz parte de expressões que são equivalentes ao "tempo do fim" ou "fim dos tempos" do hebraico, ou estão em paralelismo com essas locuções. As referências de João, que ocorrem duas vezes, à "última hora" (*eschatē hōra*) são equivalentes muito próximos desses usos do GA.[51] Talvez Daniel 11.40, em que lemos "a hora do fim", seja o texto mais próximo de 1João.

Por isso, o emprego equivalente em 1João de "hora" mais "última" baseia-se com mais probabilidade nos usos em Daniel e também é uma indicação de que aquilo que o profeta havia predito está começando a se cumprir entre os destinatários contemporâneos de João.

Outro indício que confirma essa ideia de cumprimento é o trecho: "o anticristo está vindo, mesmo agora muitos anticristos têm surgido" em 1João 2.18. Em seguida, no fim do versículo, João diz "por isso" (*hothen*) "sabemos que é a última hora". Ele declara que, de acordo com a expectativa profética, "o anticristo está vindo", mas o trecho abrupto "mesmo agora muitos

---

[51] Embora em Daniel 8.19; 11.35,40 se empregue *synteleia*, e não *hōra*, para referir-se ao "fim", *hōra* tem uma relação direta com ele. Todavia, na tradição textual de Daniel 10.14, "hora" vem logo depois de "últimos dias", e os dois são sinônimos.

anticristos têm surgido" indica muito provavelmente que essa expectativa profética começou a se realizar. As expressões quase idênticas que transmitem a ideia de "já e ainda não" no Evangelho de João dão apoio a essa conclusão, em especial João 5.25-29, que analisamos anteriormente.

João prossegue dizendo, alguns versículos mais à frente, que essa profecia do anticristo começou a se cumprir não apenas porque estão em cena seus falsos auxiliares proféticos já preditos, mas também porque há um sentido verdadeiro em que o próprio anticristo já está presente: "Quem é o mentiroso senão aquele que nega que Jesus é o Cristo? Esse é o anticristo, que nega o Pai e o Filho" (1Jo 2.22). Em que sentido João pode dizer que o próprio "anticristo" já está aqui? A passagem de 1João 4.2,3 ajuda a responder à pergunta: "Assim conheceis o Espírito de Deus: todo espírito que confessa que Jesus Cristo veio em carne é de Deus; e todo espírito que não confessa Jesus não é de Deus; este é o espírito do anticristo, a respeito do qual tendes ouvido que havia de vir, e agora já está no mundo". Portanto, apesar de o anticristo ainda não ter vindo em sua forma encarnada, seu espírito está aqui, inspirando seus falsos mestres em um paralelismo antitético à obra do Espírito de Cristo na vida de seu verdadeiro povo. Por isso, a profecia do anticristo começou a se cumprir porque seu espírito já chegou e está inspirando seus falsos mestres a realizarem sua obra de engano. A profecia já começou literalmente também no sentido de que os mestres enganadores profetizados estão atuando no meio da comunidade da aliança exatamente como foi anunciado.

Alguns argumentam que a profecia não pode ser literalmente, pois as profecias de Daniel afirmam que o anticristo e seus falsos mestres se infiltrarão em Israel e profanarão o templo israelita. Como é possível um cumprimento literal, se João se refere à igreja, e não a Israel, como o contexto em que ocorre o falso ensino? Será que isso necessariamente não torna a aplicação da expectativa profética uma analogia? De outro modo, não teríamos de interpretar o cumprimento alegoricamente? Também é possível fazer a objeção de que 1João 2.18 não está usando Daniel com sua ideia do contexto original em mente, ou seja, enquanto a profecia anuncia o opositor do fim dos tempos em Daniel 7—12 que perseguirá o povo de Deus, 1João não menciona essa perseguição. Tal objeção, porém, parece ter a premissa de que, para que uma alusão seja legítima, todos os aspectos de um contexto do AT devem estar necessariamente presentes na passagem do NT que a ele remete. Essa premissa exagera nas exigências. Os autores neotestamentários podem referir-se a partes de um contexto do AT sem mencionar tudo desse contexto e ainda assim pretenderem fazer alusão a tal contexto. Parece que esse é o caso em 1João 2.18 e seu contexto imediato em relação ao uso contextual de "hora" de Daniel.

Por isso, temos de fazer mais uma pergunta: Seria uma apropriação indevida das Escrituras aplicarmos à igreja uma profecia que deveria se cumprir na terra de Israel e entre israelitas? A resposta depende de considerarmos Jesus o verdadeiro Israel ou não. Caso ele seja, então os verdadeiros israelitas são aqueles que se identificam com Jesus. Esta não seria uma hermenêutica alegórica nem uma espiritualização sem limites, mas um reconhecimento do que se pode chamar de hermenêutica do "representante legal", segundo a qual os que são representados assumem a identidade jurídica de seu representante da mesma maneira que os filhos adotivos recebem o sobrenome da família que os adota, mesmo que não haja consanguinidade entre as partes.

Contudo, ainda que se aceite essa conclusão que identifica Jesus e a igreja como o verdadeiro Israel (sobre a qual falarei mais em outro capítulo), como as profecias de Daniel poderiam cumprir-se literalmente se elas mencionam o templo sendo danificado pelos falsos mestres? A igreja a que João escreve não é um templo arquitetônico material. Entretanto, será que ela poderia ser um verdadeiro templo em algum outro sentido? Em caso positivo, de que forma? Essa questão também será abordada mais adiante (caps. 17-18).

1João 3.4

Em 1João, há outros indícios de escatologia inaugurada da tribulação dos últimos dias profetizada em Daniel. Existem falsos mestres, pequenos "anticristos", que haviam saído de dentro da comunidade, mas continuavam ameaçando enganar os cristãos em relação à natureza da pessoa e dos mandamentos de Cristo (2.22,23,26; 4.1-6; cf. 2Jo 7-11). Observamos há pouco que esses enganadores, provavelmente sustentando uma forma de doutrina protognóstica, são a personificação coletiva do cumprimento inicial da profecia de Daniel 7—12. Conforme já argumentei, Jesus e Paulo também desenvolvem mais a profecia de Daniel (cf. Mc 13; Mt 24; Lc 21; 2Ts 2). O texto de 1João 3.4 até identifica esses falsos mestres com *a* "transgressão" da aliança, que Daniel profetizou que caracterizaria os enganadores que surgiriam dentre as fileiras dos fiéis: "Todo aquele que pratica *o* pecado também pratica *a* transgressão, e *o* pecado é *a* transgressão" (TA; nesta tradução ressaltei a presença dos artigos definidos no grego).

Alguns comentaristas entendem que a "impiedade" de 1João 2.18 é uma impiedade escatológica esperada, e manifestada em várias fontes, mas não originária de nenhuma delas.[52] Será mera coincidência que praticamente todas as passagens citadas como indicadores de um contexto mais amplo da esperada impiedade escatológica fazem parte da tradição de Daniel ou dos Evangelhos Sinóticos, e a segunda, como vimos, está repleta da escatologia de Daniel, além de ser o pano de fundo de 1João 2.18?[53] No entanto, o que faz de Daniel a influência mais notável de 1João 3.4 é que apenas na tradição da LXX de Daniel o "pecado" escatológico é equivalente à "transgressão" escatológica, como em 1João 3.4. Daniel 12.10 (Θ) assim descreve os ímpios do fim dos tempos: "Os ímpios [*anomoi*] praticarão a impiedade [*anomēsōsin*]; e nenhum dos ímpios [*anomoi*] entenderá"; mas a versão do GA diz: "Os pecadores [*hoi hamartōloi*] pecarão [*hamartōsin*]; e de modo algum os pecadores [*hoi hamartōloi*] entenderão". Além disso, essa atitude ímpia dos últimos dias em Daniel 12.10, que produz a falta de entendimento, foi mencionada antes em Daniel 11.32 (Θ): "Os que praticam a impiedade [*hoi anomountes*] firmarão uma aliança em caminhos enganosos"; mas a versão do GA diz: "Em pecados [*en hamartiais*] contra a aliança eles contaminarão um povo endurecido". Aqui, mais uma vez, a oração gramatical "os que praticam a impiedade" mantém paralelismo no GA com "os que pecam" (lit., "em pecados"). O que chama a atenção nas traduções da Septuaginta é que ambas interpretam o adversário pessoal do fim dos tempos do texto hebraico em sentido coletivo como os falsos mestres e tolerantes que sem dúvida estão em mente em outros trechos da narrativa de Daniel 11 (p. ex., veja v. 31,32,34). Isso é surpreendente à luz da perspectiva individual e coletiva do anticristo em 1João 2.18,19,22; 4.1-6.

---

[52]Veja I. Howard Marshall, *The Epistles of John*, NICNT (Grand Rapids: Eerdmans, 1978), p. 176-7; ibidem, *1 and 2 Thessalonians*, NCB (Grand Rapids: Eerdmans, 1983), p. 188-90; Stephen S. Smalley, *1, 2, 3 John*, WBC 51 (Waco: Word, 1984), p. 155; Raymond E. Brown, *The Epistles of John*, AB 30 (Garden City: Doubleday, 1982), p. 399-400.

[53]Brown (*Epistles of John*, p. 399-400) cita os seguintes textos que preveem essa impiedade escatológica vindoura: T. Dã 6.1-6; *Barn.* 4.1-4,9; 18.1,2; Mt 7.22; 13.41; 24.11,12; *Did.* 16.3,4; 2Ts 2.3-8. Entre eles, apenas T. Dã 6.1-6 e Mt 7.22; 13.41 não têm relação com a tradição de Daniel nem com a tradição sinótica (a respeito da influência de Daniel sobre a "atitude ímpia" em 2Ts 2.3, veja, p. ex., Beale, *1-2 Thessalonians*, p. 206-9). *Barnabé* e *Didaquê* podem ser da mesma época de 1João e, assim, estarem desenvolvendo, respectivamente, tradições de Daniel e dos Sinóticos. Existe ainda uma profecia sobre o opositor do fim dos tempos em *Or. Sib.* 3.63-74 (do final do primeiro século ou depois disso) em que os enganados por ele são chamados "ímpios" (*anomos*). *Apocalipse de Elias* (150-275 d.C.) refere-se à figura escatológica do mal como "filho da impiedade" (1.10; 3.1,5,13,18; 4.2,15,20,28,31; 5.6,10,32) e "o ímpio" (2.41), estando todas as passagens sob a provável influência de 2Tessalonicenses 2.3. O uso em *Apocalipse de Elias* também está diretamente ligado à "hora" do fim dos tempos (4.30).

Desse modo, a tradição da LXX equipara a profecia dos "ímpios que praticam a impiedade" com os "pecadores que pecam", da mesma forma que 1João 3.4 equipara os que cometem "o pecado" com os que praticam "a impiedade". Essa característica é única em toda a literatura grega do AT, do judaísmo antigo e do início do cristianismo, incluindo as outras expectativas paralelas de uma atitude ímpia que já observamos (como 2Ts 2.3,7).[54] Portanto, a "transgressão" em 1João 3.4 é a impiedade esperada do adversário e de seus pares do fim dos tempos (os pares são descritos profeticamente em Daniel 11.32; 12.10), que tem começado a se cumprir na comunidade de João, conforme argumentei, no caso de 1João 2.18. Observe-se que até os artigos definidos antes de "pecadores" no GA e antes de "ímpios" em Θ podem ser transferidos para 1João 3.4 (mesmo que isso pareça estranho à primeira vista) para reassaltar que não se trata de qualquer pecado ou impiedade, mas do pecado e da impiedade profetizados por Daniel. Se tudo isso estiver correto, então há um vínculo natural entre 1João 2.18 e 3.4, que é reforçado ainda mais no fato de que "agora" em 2.28 e, novamente, em 3.2 são provavelmente escatológicos, explicando ainda mais o "agora" que ocorre pela primeira vez na carta em 2.18, que é claramente escatológico (assim como o "agora" em 4.3). Nesse aspecto, a noção de "atitude ímpia" deve ser identificada com o pecado do fim dos tempos cometido pelo "ímpio" de 2Tessalonicenses 2, que provavelmente é originário de Daniel.

A conclusão é que os leitores precisam estar cientes de que estão vivendo no meio da "grande tribulação", que se manifesta entre eles na forma de falsos mestres, para que não sejam pegos de surpresa e enganados.[55] Em 1João 5.16, "o pecado para morte" é mais bem entendido pela ótica desse denso contexto dos últimos dias. Isto é, esse "pecado" em 5.16 diz respeito à apostasia da comunidade da aliança, gente que está enganando os outros ou permitindo enganar-se pelos falsos mestres, sinal de que jamais pertenceu à comunidade da fé e sempre esteve em condição de morte espiritual (cf. 2.19).[56]

O CONTEXTO MAIS AMPLO DE 1JOÃO

De outra perspectiva, a vida e a morte de Cristo têm um impacto cósmico sobre o mundo por meio de seus seguidores que é possível dizer que o mundo antigo e decaído das trevas "está passando" (1Jo 2.8,17 [cf. 2.2,12-14]). O fundamento para a revolta cósmica é que a obra redentora de Cristo aplicou um golpe mortal no governante maligno da antiga era (3.8). Os que se identificam com a obra redentora de Cristo também participam da vitória sobre o Maligno (2.13,14).

Por outro lado, embora o velho mundo tenha começado a se desintegrar espiritualmente, a morte e a ressurreição de Cristo também puseram em cena uma nova criação, de modo que o velho e o novo se sobrepõem: "As trevas estão passando e já brilha a verdadeira luz" (2.8). A vida da ressurreição da era eterna vindoura começou com a ressurreição de Jesus e com a ressurreição espiritual de seus seguidores, que se identificam com sua morte e ressurreição (veja 1.2; 2.17,25; 3.14; 4.9; 5.11-13,20, esp. à luz de Jo 5.21-29). É também o Espírito, cujo

---

[54]É verdade que *hamartia* e *anomia* estão em uma relação de justaposição muito próxima em toda a LXX, mas Daniel 11.32 é a única passagem em que a justaposição ocorre como parte de uma profecia sobre o "pecado" e a "impiedade" do tempo do fim (Is 27.9; 53.5 profetizam sobre o futuro, mas em referência ao perdão do "pecado" e da "impiedade" de Israel).

[55]Para uma análise mais detalhada das seções anteriores sobre 1João 2.18 e 3.4, veja Beale, "The Old Testament background of the 'last hour' in 1 John 2:18".

[56]Embora não analise o contexto escatológico, veja David M. Scholer, "Sins within and sins without: an interpretation of 1 John 5:16-17", in: Gerald F. Hawthorne, org., *Current issues in biblical and patristic interpretation: studies in honor of Merrill C. Tenney presented by his former students* (Grand Rapids: Eerdmans, 1975), p. 230-46. Scholer defende a ideia de que "o pecado que é para morte" é aquele cometido apenas por pseudocristãos.

derramamento na era escatológica foi profetizado (cf. Jl 2.28-32 em At 2.17,18; veja análise anterior), que garante que uma pessoa entre verdadeiramente na presença divina que caracteriza a nova era (3.24; 4.13).

Futuro

O juízo também é um tema importante em Tiago (2.13; 3.1). Por um lado, as pessoas serão julgadas por causa de seu egoísmo, sua ganância e sua perseguição aos justos (5.1-9). O dia do juízo final "está próximo" (5.8). Por outro lado, os que manifestam a fé verdadeira pelas boas obras receberão uma recompensa no último dia (1.12; 5.7).

O autor de 1Pedro afirma que virá o dia em que todos serão imparcialmente julgados por Deus segundo suas obras, quer tenham vivido em obediência santa, quer não (1.17; cf. 4.17: "chegou a hora de começar o julgamento"). Agora mesmo Deus "está pronto para julgar os vivos e os mortos" (4.5), pois "está próximo o fim de todas as coisas" (4.7). Diante da iminência desse juízo, os crentes são aconselhados a viver com prudência para que não sejam achados merecedores de juízo quando este sobrevier de modo inesperado. De forma intrigante, a declaração "chegou a hora de começar o julgamento pela casa de Deus" (4.17) indica que de alguma forma o juízo final remontou ao presente. Os que conseguirem perseverar em fidelidade receberão a definitiva "salvação preparada para ser revelada no último tempo" (1.5 [cf. 1.9]), quando Cristo virá novamente (1.13) e seus seguidores poderão alegrar-se plenamente na grandiosa manifestação de sua glória (4.13; cf. 5.1). Nesse "tempo apropriado" (5.6), os crentes receberão "a imperecível coroa da glória" (5.4), e Deus "aperfeiçoará, confirmará, fortalecerá e estabelecerá" (5.10) para sempre os que perseverarem até o fim (cf. 5.6). Outra figura dessa recompensa definitiva é o recebimento da "herança" que "não perecerá" (1.4 [cf. 3.9]). A "esperança" do crente está centrada nesse alvo (3.15). Quando vier o dia final, o "domínio" de Deus será manifestado definitivamente "para todo o sempre" (4.11; 5.11).

Tanto os aspectos do "já" quanto do "ainda não" dos últimos dias em 1Pedro fornecem uma estrutura teológica para entender melhor o dever ético do cristão.[57]

A ideia do juízo final vindouro é retomada em 2Pedro (2.3,9 ["dia do juízo"]; 3.7)[58] e em Judas (v. 6 ["o juízo do grande dia"], 14,15). Na época desse juízo, "a terra e as obras que nela há serão queimadas" (2Pe 3.10). É provável que isso seja a expectativa exata do autor. O objetivo de refletir sobre o incêndio cósmico é pastoral e ético: dar ânimo aos crentes para que sejam santos e possam "ser achados" fiéis quando chegar o aguardado dia do juízo (cf. 2Pe 3.11,12 ["o dia de Deus"], 14). Ao contrário dos ímpios, eles experimentarão misericórdia nesse dia terrível (Jd 21). A antiga criação, que haverá de ser destruída, será substituída por "novos céus e nova terra" (2Pe 3.13), termos que se assemelham aos de Apocalipse 21.1, embora ambos os textos se baseiem em uma profecia de nova criação de Isaías 65.17 e 66.22. Nessa época, o reino inaugurado na primeira vinda de Jesus será plenamente estabelecido (2Pe 1.11), e o povo de Deus estará na presença imediata de sua glória (Jd 24). O atributo da glória é uma característica divina eterna, pertencente tanto ao Pai (Jd 25) quanto ao Filho (2Pe 3.18) e será revelada claramente no fim dos tempos.

As passagens de 1João 2.28 e 4.17a juntas apresentam a possibilidade da "vinda" (*parousia*) final de Cristo ocorrer a qualquer momento, por isso os leitores devem perseverar ("permanecer") na fé, a fim de que, quando essa vinda de fato acontecer, eles tenham confiança

---

[57]Veja Ronald Russell, "Eschatology and ethics in 1 Peter", *EvQ* 47 (1975): 78-84; para um estudo da escatologia do "já e ainda não" em 1 Pedro, veja E. C. Selwyn, "Eschatology in 1 Peter", in: Davies; Daube, orgs., *Background of the New Testament*, p. 394-401.

[58]Veja J. Ramsey Michaels, "Eschatology in 1 Peter III.17", *NTS* 13 (1967): 394-401.

na salvação obtida, não sejam envergonhados nem se encontrem merecedores da ira "no dia do juízo". Essa perseverança lhes permitirá conformar-se plenamente à imagem de Cristo quando ele vier pela segunda e última vez, pois os fiéis terão enfim plenas condições de vê-lo "como ele é" (3.2). Os que nutrem essa "esperança" são motivados no presente a começar a se assemelhar à sua imagem santa (3.3; tb. 4.17b).

Referências escatológicas em Apocalipse

O vocabulário técnico referente ao período escatológico ("últimos dias" etc.) encontrado na maioria dos livros do NT não aparece em Apocalipse. Entretanto, empregam-se outros tipos de terminologia, e os conceitos de escatologia inaugurada e escatologia consumada estão entranhados no tecido do livro todo.

Em Apocalipse, espera-se que a vinda final de Cristo ocorra em algum momento no futuro próximo (p. ex., 16.15; 22.7,12,17,20). O cumprimento das profecias escatológicas está "próximo" (1.3; 22.10), embora os intérpretes debatam se isso se refere à inauguração ou a uma expectativa iminente. As visões do livro expressam de modo parabólico a expectativa da vinda de Cristo, sobretudo para julgar os ímpios.[59] Esse juízo punitivo dos ímpios haverá de durar para sempre (sobre isso, veja as variantes de *eis tous aiōnas tōn aiōnōn* em 14.11; 19.3; 20.10). Cristo, entretanto, virá também para recompensar e finalmente abençoar seu povo (11.18; 19.7-9; 21.1—22.5,12,14; cf. possivelmente 7.9-17). Nessa ocasião, ele firmará seu reino de modo definitivo, completo e eterno (*eis tous aiōnas tōn aiōnōn* em 11.15-17; 22.5; 7.9-17 [?]; cf. 19.1), embora esteja claro em outras partes que esse reinado sem fim já começou (*eis tous aiōnas tōn aiōnōn* em 1.6; 5.13; 7.12 [?]). Logo antes do julgamento final e da vinda plena do reino, haverá uma tribulação marcada por engano e perseguição do povo de Deus (p. ex., 11.7-10; 16.12-14; 20.7-9; cf. possivelmente 3.10; 6.11; 7.14; 13.5-18), além de um período final de tormento para os perseguidores (p. ex., 16.21; 17.16,17; cf. 3.10). Muitos desses mesmos conceitos futuros podem ser encontrados em outros pontos da literatura do NT.

O livro de Apocalipse também usa o termo *hōra* por influência dos usos escatológicos do mesmo termo em Daniel, como mencionado anteriormente (3.10; 14.7), bem como em Daniel 4.17a (LXX), que é utilizado em 17.12; 18.10,17,19 de modo tipológico em referência, respectivamente, ao tempo que conduz ao último julgamento e ao tempo do juízo final propriamente dito.[60] O uso do termo em 14.7 tem importância especial por estar implicitamente relacionado com a derrota da "besta" (veja 14.8-11), cuja descrição em 13.1-11 é elaborada com base em uma série de alusões ao retrato escatológico em Daniel 7.[61]

Vários problemas em Apocalipse dizem respeito a saber se uma série de temas e passagens centrais estão relacionados às realidades escatológicas inauguradas ou apenas ao cumprimento escatológico futuro no fim da era presente.[62] Muitos desses problemas são complexos demais e não podem ser tratados aqui, pois merecem estudo separado, ao qual me dediquei em outros textos.[63]

---

[59]P. ex., Ap 6.12-17; 11.15-19; 14.14-20; 17.14; 19.11-21; veja Cristo ou Deus como agente do juízo em 6.10,11; 11.11-13; 14.8-11; 16.17-21; 20.9-15; 21.8.

[60]Sobre esse tema, veja G. K. Beale, *The book of Revelation: a commentary on the Greek text*, NIGTC (Grand Rapids: Eerdmans, 1999), que analisa os textos acima.

[61]Sobre esse último ponto, veja ibidem, p. 728-30.

[62]Sobre o problema em geral, veja A. J. Bandstra, "History and eschatology in the Apocalypse", *CTJ* 5 (1970): 180-3.

[63]G. K. Beale, *John's use of the Old Testament in Revelation*, JSNTSup 166 (Sheffield: Sheffield Academic Press, 1998). P. ex., discute-se se as referências à "vinda" de Cristo em Apocalipse 1—3; 22 são inauguradas ou futuras. Para outros problemas desse tipo, veja Beale, "Eschatology", p. 337-41.

Referências escatológicas nos pais apostólicos
Passado e presente

Assim como o NT, os pais apostólicos entendem que as bênçãos da era vindoura já começaram, mas ainda não atingiram sua forma consumada. Não é rara a menção de que a era em que os autores estavam vivendo também era o tempo dos "últimos dias", que haviam começado com a primeira vinda de Cristo (p. ex., *2Clem*. 14.2; *Barn*. 12.9; 16.5). Por exemplo, é dito que "estes são os últimos tempos" (In. *Ef*. 11.1), que "Cristo [...] apareceu no fim dos tempos" (In. *Mg*. 6.1) ou "nos últimos dias" (*Herm*. 89.3) e que os cristãos têm um "antegozo das coisas por vir" (*Barn*. 1.7).

Da mesma forma que o NT, os pais apostólicos também sustentavam com vigor o aspecto inaugurado do fim dos tempos que até acreditavam que a nova criação prometida já havia começado a operar. *Barnabé* 6.13 afirma que Deus "fez uma segunda criação nos últimos dias" segundo o modelo da primeira: "Vede, eis que faço as últimas coisas como as primeiras". Assim, os cristãos haviam sido "renovados, criados novamente desde o início" (*Barn*. 16.8 [cf. 6.11,14]), provavelmente com base no fato de que Jesus Cristo, progenitor dos cristãos, era o "novo homem" representativo, de quem haviam recebido sua identidade (cf. In. *Ef*. 20). Esse tipo de raciocínio levou alguns escritores a afirmar que os crentes já estavam participando das bênçãos do jardim do Éden (*Diogn*. 12.1,2; *Frag. Papias*, Tradição dos Anciãos 2). Essa concepção tão elevada da escatologia inaugurada parece explicar a pergunta equivocada do vidente em *O pastor,* de Hermas, querendo saber se "a consumação já havia chegado" (16.9).

De novo, seguindo o exemplo dos autores do NT, os pais apostólicos veem um vínculo indissolúvel entre a fase inicial da nova criação dos últimos dias e a ressurreição dos santos. A ressurreição é o meio pelo qual os crentes se tornam parte da nova criação, primeiro espiritualmente, na conversão, depois fisicamente, no fim da era na ressurreição final. Cristo trouxe a "novidade de vida eterna" (In. *Ef*. 19.3) tornando-se ele mesmo um "novo homem" (In. *Ef* 20.1), em consequência de sua própria ressurreição. A ressurreição inaugurada e consumada dos cristãos ocorre graças à identificação deles com a ressurreição de Cristo (veja In. *Mg*. 9; In. *Tr*. 9.2; cf. *1Clem*. 24.1; Pol. *Fp*. 2.2; *Barn*. 5.6,7). Os que creem em Jesus "viverão para sempre" (*Barn*. 11.11). Do contrário, Deus também já começou a destruição da antiga criação "para seus eleitos" (*Herm*. 3.4), o que é provavelmente mais bem entendido como um processo iniciado por meio da própria morte de Cristo (i.e., a destruição de seu antigo corpo) e de sua ressurreição; a ressurreição pôs fim à maldição da morte para o povo de Deus (In. *Ef*. 19.3; *Barn*. 5.6), de modo que, mesmo quando os crentes morrem fisicamente, eles, por ironia, ingressam em uma fase superior de seu novo nascimento e de sua imortalidade (*Mart. Pol*. 19.2).

Há um vínculo não apenas entre a nova criação escatológica e a ressurreição, mas também entre a nova criação e a ideia de que a igreja se tornou o templo de Deus (In. *Ef*. 15.3; In. *Tr*. 7.2; In. *Fil*. 7.2; *Barn*. 4.11), embora essa relação apareça de modo explícito apenas em *Barnabé* (6.8-19; 16.1-10). O provável motivo para associar os dois conceitos é que o jardim do Éden da primeira criação era visto pelos autores posteriores do AT como uma espécie de santuário,[64] e se tornou natural para os autores do NT e os primeiros pais da igreja fazer a mesma associação entre a nova criação e o templo.

No AT, a cronologia dos acontecimentos preditos para o fim dos tempos estabelece a tribulação final antes da ressurreição dos mortos e da nova criação (p. ex., 11.35—12.12). Os pais apostólicos, porém, seguem, mais uma vez, o NT e estabelecem o início da tribulação final no mesmo tempo que a nova criação inaugurada e as bênçãos dela decorrentes (como tb., p. ex., em Ap 1.9). O autor de *Barnabé* entende que está vivendo nos "últimos dias", "a era

---
[64]Veja Meredith G. Kline, *Images of the Spirit* (Grand Rapids: Baker Academic, 1980), p. 35-56.

da impiedade" (4.9) e "o engano da presente era" (4.1 [cf. 18.2]), o princípio e sinal da profecia sobre o anticristo que logo será cumprida, conforme Daniel 7.7,8,24 (4.4-6; cf. 2Ts 2.3-7; 1Jo 2.18, que também usa "impiedade" e está fundamentado em Dn 12.10 Θ). Ao que parece, essa profecia deveria começar a ter cumprimento mais concreto e iminente, embora não necessariamente de forma consumada, pela infiltração de falsos mestres na igreja (cf. 4.1,9-11; 18.1,2). Do mesmo modo, *O pastor*, de Hermas, declara que "grandes tribulações" já foram suportadas (7.1), as quais parecem preparar os santos para a "grande tribulação vindoura".[65] Da mesma maneira, Hermas "escapou de uma grande tribulação" imposta por uma besta satânica, "um prenúncio da grande tribulação que está a caminho" (23.4,5).

Futuro

Existem duas eras: a era presente e a era vindoura; a primeira é imperfeita; a segunda, perfeita.[66] A consumação de todas as coisas acontecerá na "era por vir" (*Herm.* 24.5; 53.2; *2Clem.* 6.3-6). *Barnabé* declara que nesse momento de conclusão do tempo haverá uma nova criação completa: neste tempo "todas as coisas [haverão] de ser feitas novas" (*Barn.* 15.7); a "criação renovada" será extremamente fértil (*Frag. Papias* 14). Em associação com o contexto anterior de *Barnabé*, com base na declaração de que "mil anos são como um dia" (Sl 90.4), *2Enoque* 25—33 apela para os sete dias da Criação em Gênesis 1 e afirma que a história seguirá o mesmo padrão de sete partes, cálculo originário da era histórica de sete mil anos e um "oitavo dia" que virá logo depois; este, ao que tudo indica, é uma referência à eternidade.[67]

Assim como se observa uma relação estreita entre a nova criação inaugurada e a ressurreição, há também o mesmo vínculo entre a fase final de ambas: "Quando os justos ressurgirem dentre os mortos e reinarem, quando a criação também [for] renovada" (*Frag. Papias* 14). Este será o tempo da ressurreição consumada (*1Clem.* 50.4; *2Clem.* 19.3,4; Pol. *Fp.* 2.2; *Mart. Pol.* 14.2), da vida eterna (*Herm.* 24.5; cf. *Barn.* 11.11) e da imortalidade (*1Clem.* 35.1-4; *2Clem.* 14.5). Ser "salvo no final" é o mesmo que experimentar "o fruto da ressurreição" (*2Clem.* 19.3). É curioso que a tradição supostamente originária de Papias associe a ressurreição final dos justos com o início do reino milenar dos santos (*Frag. Papias* 3.12; 16).

Nesse tempo, os crentes entrarão na forma definitiva do reino de Deus (*2Clem.* 5.5; 11.7; 12.1,2,6; *Herm.* 89.5,8; 92.2) e reinarão com o Senhor (Pol. *Fp.* 5.2). Os crentes "trasladados" para o "paraíso" na ocasião de sua morte "ali permanecerão até o fim de todas as coisas, como um prelúdio para a imortalidade" (*Frag. Papias*, Tradição dos Anciãos 2 [Ireneu, *Haer.* 5.5.1]). Quando a igreja de todas as eras "acabar de ser edificada, então virá o fim" (*Herm.* 16.9). No entanto, antes que isso aconteça, os cristãos precisarão passar por uma tribulação final de engano e perseguição maior que as provações anteriores (*Did.* 16.3-5). Por exemplo, *Didaquê* 16.3 diz: "Porque nos últimos dias os falsos profetas e corruptores serão muitos, as ovelhas se transformarão em lobos, e o amor se transformará em ódio" (cf. tb. a ideia de "a grande tribulação vindoura" em *Herm.* 6.7; cf. 7.4).[68] Portanto, a locução "últimos dias" e seus

---

[65] Veja *Herm.* 6.7; cf. 7.4. Para uma correspondência semelhante entre uma "grande tribulação" presente e "a grande tribulação" vindoura, veja Apocalipse 2.22; 7.14.

[66] Observe-se *2Clem.* 6.3 ("esta era e a que está vindo"); 19.4 ("o tempo presente" e "um tempo de bem-aventurança"); *Barn.* 10.11 ("este mundo" e "a santa era vindoura").

[67] Para um estudo de como o salmo 90 e os dias da Criação influenciaram os pais da igreja do terceiro e quarto séculos com respeito à duração da história mundial e à questão do milênio, veja Alfred Wikenhauser, "Weltwoche und tausendjähriges Reich", *TQ* 127 (1947): 399-417.

[68] Sobre "grande tribulação" em *O pastor*, de Hermas, veja Richard Bauckham, "The great tribulation in the Shepherd of Hermas", *JTS* 25 (1974): 27-40.

sinônimos podem referir-se no contexto à escatologia inaugurada e a um tempo futuro, que é a consumação do período dos últimos dias.

Assim, a plena recompensa dos verdadeiros santos está no futuro e precisa ser aguardada no presente (*2Clem.* 20.2-4). Essa recompensa, que inclui a ressurreição definitiva do corpo, será dada pelo Filho de Deus quando vier para pôr fim à presente era (*Did.* 16.6-8), mas ninguém sabe quando essa vinda ocorrerá. Consequentemente, é necessário estar sempre pronto para a vinda dele (*Did.* 16.1; cf. *Herm.* 114.4). Por isso, "os que professam ser de Cristo serão reconhecidos por suas ações. Pois a obra [da fé verdadeira] não é uma questão do que se promete agora, mas de perseverar até o fim no poder da fé" (In. *Ef.* 14.2).

Haverá juízo final para os inimigos de Deus e para os infiéis que não estiverem preparados para a vinda de Cristo (*2Clem.* 18.2; In. *Ef.* 16.2; *Mart. Pol.* 11.2; *Barn.* 19.10). Esse juízo é iminente e na realidade já está a caminho (*2Clem.* 16.3). Estar sempre consciente do juízo vindouro serve de base de motivação para uma conduta reta do crente (*2Clem.* 18.2; *Barn.* 19.10). O próprio Cristo executará o juízo (Pol. *Fp* 2.1; 6.2).

Por isso, haverá tanto recompensa salvífica quanto juízo na conclusão da história (*2Clem.* 10.3-5; *Barn.* 4.12-14; 21.2,3,6; *Herm.* 53).[69] Certamente essa recompensa será concedida aos verdadeiros santos "se continuarem servindo o Senhor até o fim" (*Herm.* 104.3). "A possibilidade de arrependimento" continuará "até o último dia" (*Herm.* 6.5).

Como no NT, os pais apostólicos também declaram repetidas vezes que toda a glória será dada ao Pai e a Cristo "para todo o sempre" (com uso recorrente de *aiōn*; veja, p. ex., para o primeiro, *1Clem.* 32.4; 43.6; 45.7, e para o segundo, *1Clem.* 50.7; 58.2; 64.1). Essas afirmações apontam, antes de tudo, para o futuro sem fim.

Conclusão

A locução "últimos dias" e seus sinônimos no NT e nos pais apostólicos referem-se em diversos contextos à escatologia inaugurada e, em outros, a um período futuro de consumação dos últimos dias. Portanto, a conhecida expressão "já e ainda não" é uma descrição muito apropriada do modo pelo qual a escatologia era entendida pelos autores do NT e pelos primeiros pais da igreja. Como esse conceito escatológico dominante se relaciona com a narrativa geral das Escrituras? O capítulo a seguir tentará mostrar em mais detalhes como a escatologia está relacionada com o enredo geral da Bíblia.

---

[69]Para indicação de fontes que analisam a escatologia patrística, veja J. McRay, "Charismata in second-century eschatology", in: Lewis, org., *Last things*, p. 151-68.

5

Outras reflexões sobre a natureza do enredo escatológico do Novo Testamento

O NT utiliza reiteradas vezes exatamente a mesma expressão "últimos dias" das profecias do AT, embora também faça uso de outras expressões sinônimas. Muitos desses usos podem ser ecos da expressão do AT, porém, cheguei à conclusão de que alguns deles parecem ser alusões específicas a alguns textos veterotestamentários com a expressão "últimos dias". A nuance escatológica das expressões em geral é idêntica à do AT, a não ser por uma diferença: no NT, os dias do fim previstos pelo AT são vistos com seu cumprimento inicial na primeira vinda de Cristo e cumprimento consumado e definitivo no fim da história. Tudo o que o AT predisse que ocorreria no fim dos tempos já começou a se realizar no século 1 e assim continuará até a vinda definitiva de Cristo.[1] Isso significa que as expectativas veterotestamentárias do fim dos tempos como a grande tribulação, o domínio de Deus sobre os gentios, a libertação de Israel das mãos dos opressores, a restauração e a ressurreição de Israel, a nova aliança, o Espírito prometido, a nova criação, o novo templo, o rei messiânico e a consolidação do reino de Deus começaram a operar de modo irreversível mediante a morte e a ressurreição de Cristo e a formação da igreja cristã. É claro que serão discutidos outros temas da escatologia neste livro, mas são subconjuntos dos temas alistados anteriormente. O judaísmo antigo está em conformidade com os desenvolvimentos escatológicos dos autores do NT, embora haja poucos indícios de escatologia inaugurada, exceto no caso da comunidade de Qumran. Os pais apostólicos seguem o precedente do NT quanto à abordagem "já e ainda não" do cumprimento escatológico da profecia do AT.

Essa concepção escatológica "já e ainda não" pode ser descrita da seguinte maneira:[2]

---

[1] Embora antes eu tenha qualificado essa avaliação exclusivamente futurista do AT argumentando que algumas expressões veterotestamentárias têm, mais tarde, claro cumprimento inaugural ainda no próprio período do AT (p. ex., para Israel, a restauração do fim dos tempos começa com a volta do remanescente da Babilônia: veja Dt 4.30; 31.29), eles não eram cumprimentos escatológicos inaugurados "verdadeiros", pois não implicavam condições irreversíveis.

[2] Anthony A. Hoekema, *The Bible and the future* (Grand Rapids: Eerdmans, 1979), p. 20 [edição em português: *A Bíblia e o futuro* (São Paulo: Cultura Cristã, 2018)].

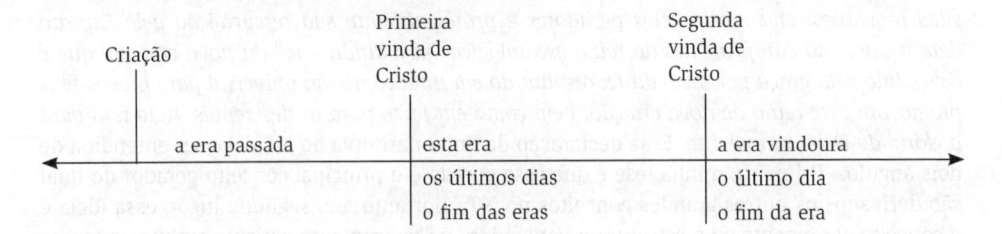

```
                    Primeira           Segunda
       Criação      vinda de          vinda de
                    Cristo            Cristo
                    │                 │
       a era passada │    esta era    │    a era vindoura
◄──────────────────┼─────────────────┼──────────────────►
                    │  os últimos dias│    o último dia
                    │  o fim das eras │    o fim da era
```

Os cristãos vivem entre o "Dia D" e o "Dia V". O Dia D foi a primeira vinda de Cristo, quando o adversário foi definitivamente derrotado; o Dia V é a vinda final de Cristo, quando o adversário se renderá definitiva e completamente.[3] "A esperança da vitória final é muito mais vívida por causa da convicção inabalável de que a batalha que define a vitória já ocorreu".[4] Anthony Hoekema conclui:

> A natureza da escatologia do Novo Testamento pode resumir-se em três observações: (1) o grande acontecimento escatológico previsto no Antigo Testamento já aconteceu; (2) o que os autores do Antigo Testamento parecem retratar como um movimento é visto agora em duas etapas: a era presente e a era futura; e (3) a relação entre essas duas etapas escatológicas está no fato de que as bênçãos da era [escatológica] presente são o penhor e a garantia de bênçãos maiores no porvir.[5]

Como as evidências do capítulo anterior sobre o predomínio da escatologia no NT e nos pais da igreja se relacionam com as propostas anteriores de "centros" do NT e de que modo contribuem para elas? Dentre as propostas que mais se destacam estão: (1) antropologia; (2) história da salvação; (3) aliança; (4) amor; (5) cristologia; (6) justificação; (7) reconciliação; (8) reino de Deus; (9) segundo êxodo/segunda restauração do Israel do fim dos tempos; (10) missões; (11) a glória de Deus. Contudo, como no caso dos "centros" do AT, assim também é possível combinar muitas dessas principais ideias do NT e formar um enredo temático.[6] Ao fazer isso, vou procurar mostrar como a escatologia se relaciona com esse enredo.

Minha revisão da proposta de um enredo principal do AT no fim do capítulo 2 ficou assim: *O Antigo Testamento é o registro da ação de Deus, que restaura progressivamente do caos seu reino <u>escatológico</u> de nova criação sobre um povo pecador por sua palavra e seu Espírito, mediante promessa, aliança e redenção, o que resulta em uma comissão mundial dos fiéis para que promovam esse reino e o juízo (derrota ou exílio) aos infiéis para a glória de Deus.* Como esse enredo do AT se relaciona com os "centros" do NT mencionados anteriormente e com o que descobrimos no capítulo anterior sobre a escatologia neotestamentária? Como o enredo do NT deve ser definido tendo em mente sua relação com o do AT? *A vida de Jesus,*

---

[3]Ibidem, p. 21.
[4]Oscar Cullmann, *Christ and time: the primitive Christian conception of time and history*, tradução para o inglês de Floyd V. Filson (Philadelphia: Westminster, 1950), p. 87.
[5]Hoekema, *Bible and the future*, p. 21-2.
[6]Para uma análise de muitos desses "centros", veja Gerhard F. Hasel, *New Testament theology: basic issues in the current debate* (Grand Rapids: Eerdmans, 1978) [edição em português: *Teologia do Novo Testamento: questões fundamentais no debate atual*, tradução de Jussara Marindir Pinto Simões Árias (Rio de Janeiro: JUERP, 1988)]. Hasel entende que muitos desses temas centrais devem ser reunidos em uma abordagem múltipla. Para análises mais recentes, veja Charles H. H. Scobie, *The ways of our God: an approach to biblical theology* (Grand Rapids: Eerdmans, 2003); Frank Thielman, *Theology of the New Testament: a canonical and synthetic approach* (Grand Rapids: Zondervan, 2005), p. 219-33, e esp. 681-725 [edição em português: *Teologia do Novo Testamento*. São Paulo: Shedd, 2007]; ambos apresentam uma perspectiva múltipla, mas o primeiro abrange uma visão de toda a Bíblia, e não apenas do NT.

suas provações, sua morte pelos pecadores e principalmente sua ressurreição pelo Espírito deram início ao cumprimento do reino escatológico "já e ainda não" da nova criação, que é concedido pela graça por meio da fé, resultando em uma comissão universal para que os fiéis promovam esse reino de nova criação, bem como em juízo para os descrentes, tudo isso para a glória do Deus trino e uno. Essa declaração da linha narrativa do NT deve ser entendida de dois ângulos. Primeiro, minha tese é que esse enredo é o principal conceito gerador do qual são derivados os outros grandes conceitos no NT;[7] portanto, em segundo lugar, essa ideia é o conceito abrangente ou a estrutura organizadora do pensamento em cujo âmbito os outros podem ser mais bem entendidos.

Já afirmei que, no caso da Bíblia como literatura, é preferível e mais razoável referir-se a um "enredo", e não a um único "centro". Assim como se pode debater diferentes propostas de centro, também pode se propor e debater enredos distintos. Assim, é útil explicar os critérios metodológicos pelos quais é possível avaliar se um enredo é mais provável que outro.

Questões metodológicas e problemas para a proposta de um enredo central para a teologia bíblica

Reflexões metodológicas gerais sobre a validade de formular centros ou enredos[8]

David Wenham indica duas razões por que é importante procurar um "centro" nas Escrituras:[9] (1) se for possível identificar uma "forma coerente e um centro no pensamento e no texto de um autor", teremos melhor entendimento tanto do livro como um todo quanto de suas partes (ou seja, um centro tem valor heurístico); (2) se as Escrituras consistem em livros que em última análise são unidos por um só autor divino, então pode se presumir que eles não terão "centros significativamente distintos".

Pode-se propor uma terceira razão em favor da busca de um "centro". Na verdade, trata-se mais de um pressuposto para a legitimidade dessa busca. Em Atos 20.26,27, Paulo diz aos presbíteros de Éfeso que é "inocente do sangue de todos", pois "não deixei de lhes declarar [...] todo o propósito de Deus". Paulo resume a atividade intencional de Deus na história da salvação ao longo de um período de três anos e a chama de "todo o propósito de Deus". Não está claro qual era exatamente seu resumo desse propósito, mas ele o chama de "útil" (At 20.20), "o evangelho da graça de Deus" (At 20.24) e "o reino" (At 20.25). Assim, parece que Paulo enxerga um repositório básico (um núcleo, um cerne, um centro?), que não invalida os outros vários detalhes da Bíblia, mas contribui para o entendimento deles. Esse repositório dá ordem e clareza aos diversos detalhes bíblicos. Por exemplo, quando Paulo parte, os efésios podem refletir mais sobre esses detalhes e entendê-los melhor pelas lentes do repositório resumido.[10]

---

[7]Thielman (*Theology of the New Testament*, p. 231-2) vê isso como um modo de entender um "centro".

[8]A primeira parte do excurso é um resumo revisado de uma pesquisa não publicada escrita por meu aluno de pesquisa Daniel J. Brendsel ("Centers, plots, themes, and biblical theology", trabalho apresentado no Seminário de Doutorado sobre Interpretação Teológica das Escrituras, Wheaton College, 18 de dezembro de 2008). Várias de suas ideias coincidem com as minhas (na verdade, ele resume algumas de minhas ideias previamente publicadas sobre o tema e interage com elas). Contudo, seu ensaio metodológico ajudou-me a cristalizar meu pensamento sobre a viabilidade de tentar resumir as Escrituras com uma ideia, uma multiplicidade de ideias ou com um enredo. Logo antes da publicação deste livro, o trabalho de Brendsel foi publicado com o título "Plots, themes, and responsibilities: the search for a center of biblical theology reexamined", *Themelios* 35, n. 3 (2010): p. 400-12.

[9]David Wenham, "Appendix: unity and diversity in the New Testament", in: George Eldon Ladd, *A theology of the New Testament*, ed. rev. (Grand Rapids: Eerdmans, 1993), p. 710 [edição em português: *Teologia do Novo Testamento* (São Paulo: Hagnos, 2003)].

[10]Veja Brendsel, "Centers, plots, themes".

Portanto, buscar um centro nas Escrituras é encontrar lentes heurísticas para o povo de Deus que o orientem a entender melhor os diversos detalhes do texto. Atos 20.26,27 é uma base bíblica lógica para procurar o conteúdo de um centro.

D. A. Carson faz uma pergunta pertinente sobre o que o termo "centro" significa exatamente: "Será que ele se refere ao tema mais comum, definido por uma contagem estatística, ou ao tema predominante, ou aos pressupostos teológicos fundamentais dos autores do Novo Testamento à medida que sejam discernidos?"[11] James Hamilton define "centro" como "o conceito que os autores bíblicos indicam como a razão suprema" de todas as obras de Deus e "o tema ao qual todos os outros temas da Bíblia servem para expor".[12] Um "centro" deve ser definido como núcleo, cerne, tema principal/controlador, propósito final, princípio unificador e assim por diante?

Referir-se a um "enredo" das Escrituras, e não a um "centro", contudo, é melhor para evitar a crítica de que se está impondo um sistema estranho aos dados bíblicos ou de que não se dá a mesma atenção a cada parte das Escrituras. Carson apresenta uma abordagem das Escrituras por meio de uma "trama narrativa": "O fato é que a Bíblia como documento integral narra uma história, e, corretamente usada, essa história pode servir de metanarrativa que dá forma à nossa compreensão de toda a fé cristã".[13] De modo semelhante, Craig Blomberg afirma:

> Não se costuma perguntar por que é necessário reduzir a um único tema ou proposição aquilo que é redigido em forma narrativa. Talvez seja mais adequado pensar em como a história poderia ser recontada em sua forma mais simples. Tratar a Bíblia como narrativa sugere um modelo para demonstrar em mais detalhes o desdobramento da unidade e da diversidade nas Escrituras.[14]

Por isso, a busca de um enredo ou de uma trama narrativa evita as dificuldades de dar importância a um único tema ou a um grupo de temas, apesar de, como veremos, não completamente.

Existem, porém, algumas objeções quanto ao resumo de uma trama narrativa da Bíblia. Os enredos resumidos também estão sujeitos à crítica de ser reducionistas pelas mesmas razões apontadas no caso dos centros: (1) pode se perguntar por que ideias ou acontecimentos específicos são escolhidos e considerados conceitualmente mais dominantes que outros; (2) além disso, a abordagem do enredo pode não ser muito representativa, uma vez que trechos importantes das Escrituras não são narrativos (p. ex., a literatura sapiencial, a apocalíptica e as epístolas); (3) qualquer que seja o tema escolhido, ele resulta do fato de que o intérprete vê apenas aquilo que sua cultura o tem condicionado a ver, uma vez que muitos acreditam que todo conhecimento é condicionado pela cultura.

Apesar de todas essas críticas, uma abordagem de trama narrativa ou enredo é melhor do que tentar isolar um único centro. Em relação às duas primeiras objeções, que são semelhantes, um enredo é composto de diversos temas. O fato de um enredo ser constituído de vários temas significa que uma abordagem multiperspectivista está incorporada no enfoque da linha narrativa, e isso revela uma das claras vantagens sobre o método de um único centro.

---

[11] D. A. Carson, "New Testament theology", in: *DLNTD*, p. 810.

[12] James Hamilton, "The glory of God in salvation through judgment: the center of biblical theology?", *TynBul* 57, n. 1 (2006): p. 61.

[13] D. A. Carson, *The gagging of God: Christianity confronts pluralism* (Grand Rapids: Zondervan, 1996), p. 194 [edição em português: *O Deus amordaçado: o cristianismo confronta o pluralismo* (São Paulo: Shedd, 2012)].

[14] Craig L. Blomberg, "The unity and diversity of Scripture", in: *NDBT*, p. 66. Veja tb. Richard B. Hays, "Can narrative criticism recover the theological unity of Scripture", *JTI* 2 (2008): 193-211. Hays tenta fazer um breve resumo de como enxergar as Escrituras como uma coerente e unificada narrativa dramática pode contribuir para a formulação de uma teologia do NT (observem-se nesse texto outras fontes secundárias que dão apoio à ideia defendida por ele).

Um enredo formado por vários temas é igualmente preferível a um método apenas multiperspectivista, pois este não procura ligar diretamente um tema ao outro, ao passo que o enredo os vincula de alguma forma lógica, histórico-redentora e narrativa. Todavia, ainda persiste a pergunta de por que escolher certos acontecimentos que transmitem determinados temas em vez de outros com seus respectivos assuntos.

Apesar de alguns dizerem que não há fundamento para subordinar alguns elementos das Escrituras a outras ideias supostamente mais abrangentes, as razões apresentadas a seguir talvez deem legitimidade à tentativa de enfatizar alguns temas, e não outros. Conforme já observado, a própria Bíblia faz isso, e Atos 20 é o exemplo clássico. Pode-se acrescentar a esse exemplo Mateus 23.23, em que Jesus critica os líderes religiosos por não conhecerem "o que há de mais importante na Lei". Assim também os profetas afirmam que Deus deseja lealdade, obediência e conhecimento mais do que sacrifícios. Miqueias também resume as exigências de Deus ao se referir à justiça, à misericórdia e à humildade; de modo semelhante, Jesus resume a Lei ao declarar que as pessoas devem amar a Deus e ao próximo. Assim, a própria Bíblia "resume extensos trechos de dados bíblicos, priorizando e 'hierarquizando' esse resumo, de modo que alguns elementos aparecem em primeiro plano, enquanto outros tornam-se periféricos".[15]

A objeção de que uma abordagem de enredo histórico pode não representar muito bem os principais gêneros das Escrituras (p. ex., literatura sapiencial) não reconhece corretamente que esses gêneros trazem em sua textura laços importantes com a trama histórica de toda a Bíblia.[16] A esse respeito, James Barr declara que, "de modo geral, embora nem tudo na Bíblia seja narrativa, o caráter narrativo dos elementos da história fornece uma estrutura em que as partes não narrativas podem ser encaixadas, e isso é melhor do que uma estrutura baseada nas partes não narrativas na qual os elementos das histórias tenham de ser encaixados".[17] Por exemplo, no capítulo 1, tentei demonstrar que a literatura de sabedoria corresponde ao aspecto de minha proposta de enredo acerca do governo sábio de um rei adâmico. O mesmo se poderia dizer sobre a glória de Deus nessa literatura. Vou buscar demonstrar como as ideias de realeza, nova criação e glória divina são linhas essenciais da literatura epistolar e apocalíptica do NT.

Outras observações nas Escrituras podem levar à distinção de quais elementos estão subordinados a outros, sobretudo em relação aos enredos dominantes ou mais abrangentes. Por exemplo, observar a repetição de narrativas e identificar seus trechos culminantes são pelo menos dois critérios que podem ajudar. Às vezes pode ser difícil decidir se uma ideia é subordinada a outra. É provável que as ideias que formam os elementos de propostas de enredo não sejam subordinadas umas às outras. Por exemplo, observe-se novamente minha proposta de enredo do AT: *O Antigo Testamento é o registro da ação de Deus, que restaura progressivamente do caos seu reino escatológico de nova criação sobre um povo pecador por sua palavra e seu Espírito, mediante promessa, aliança e redenção, o que resulta em uma comissão mundial dos fiéis para que promovam esse reino e o juízo (derrota ou exílio) aos infiéis para a glória de Deus.* Nessa declaração, "nova criação" e "reino" são dois lados da moeda histórico-redentora e provavelmente não devem subordinar-se um ao outro, assim como é o caso de "promessa" e "aliança", bem como de "palavra" e "Espírito". No entanto, é provável que "glória" de Deus seja o clímax lógico e o alvo de tudo o que antecede essa ideia; portanto, nesse sentido, ela talvez seja um conceito mais dominante que os outros elementos conceituais da declaração do enredo.

---

[15]Brendsel, "Centers, plots, themes".

[16]Para outros argumentos a favor dessa ideia, veja James Barr, *The concept of biblical theology: an Old Testament perspective* (Minneapolis: Fortress, 1999), p. 356. Contudo, discordo de Barr quando ele diz que "história" nas Escrituras implica a inclusão de "mitos" e "lendas" (sobre isso, veja ibidem, p. 345-61).

[17]Ibidem, p. 356.

Em resposta à segunda objeção, de que todas as interpretações, inclusive propostas de centros ou tramas narrativas, são condicionadas pela cultura, pode se observar que essas propostas, feitas em diferentes épocas da história da igreja, apresentam temas em comum.[18] É surpreendente como muitos centros propostos no último século se unem em torno de algumas ideias principais, ainda mais quando se levam em consideração as diferentes culturas e situações dos vários intérpretes.[19] Portanto, há "evidências externas [...] ressaltando que certos temas e dados das Escrituras não são arbitrários nem impostos",[20] tampouco apenas a expressão do conhecimento socialmente construído de um comentarista. Além disso, se reconhecemos que as Escrituras são a palavra viva e escrita de Deus, temos de admitir que o Espírito prevalece sobre nosso conhecimento socialmente adquirido. Por isso, essa ruptura nos leva a ajustar nossas lentes hermenêuticas conforme o sentido pretendido por Deus nas Escrituras a fim de que os intérpretes cristãos pensem cada vez mais os pensamentos de Deus, e não simplesmente repensem os pensamentos de outros intérpretes humanos.

É verdade que ainda não se propôs um centro, grupo de centros ou mesmo um enredo que tenha sido satisfatório para a maioria absoluta de estudiosos.[21] É provável que no futuro também não se chegue a uma proposta consensual. Todavia, vimos que as próprias Escrituras manifestam a tendência de hierarquizar seus diversos dados, e isso nos motiva a continuar fazendo o melhor nessa direção. À luz deste excurso, a melhor forma de tentar hierarquizar os temas nas Escrituras é procurar formular um enredo constituído de vários temas que possam ser considerados "temas centrais", porém organizados na forma de uma declaração do propósito histórico-redentor do cânon. O enredo proposto anteriormente é minha tentativa de fazer isso para o AT e, então, para o NT. Baseia-se principalmente em Gênesis 1—3, em que se observa um rei-sacerdote governando a criação original para refletir a glória de Deus; e a história posterior do AT é um processo de restauração do reino primitivo da criação, como defendi nos primeiros capítulos deste livro. Também já vimos que o livro de Apocalipse termina com a visão de um Éden escatológico restaurado e da nova criação, que será habitada por conquistadores régios. Assim, o processo que leva à restauração do primeiro reino da criação no AT se consuma no NT. De acordo com essa linha de pensamento, o cânon tem uma *inclusio*: começa com a criação imaculada sobre a qual reina um rei-sacerdote para a glória de Deus e termina com o reino da nova criação em que um rei-sacerdote reina com seus seguidores (reis e sacerdotes que lhe são subordinados) para a glória de Deus. O enredo com os principais elementos da restauração do reino da nova criação para a glória de Deus é fundamental em ambos os Testamentos.

Outras reflexões metodológicas específicas sobre a legitimidade de formular centros ou enredos em relação especial com o enredo proposto neste livro

Sempre que uma ideia específica é proposta como fundamento para uma teologia bíblica, deve se discutir a questão de sua legitimidade. Em outras palavras, como devemos julgar uma proposta de "centro" melhor que a outra? Conforme se observou no capítulo 1 e na

---

[18] P. ex., a "cidade de Deus" de Agostinho tem importantes pontos de sobreposição com o "reino de Deus" mencionado em alguns textos atuais no campo da teologia bíblica; existe afinidade entre a "visão beatífica" de Tomás de Aquino e a visão que Jonathan Edwards tem da beleza e da glória de Deus.

[19] Veja em Scobie, *Ways of our God*, p. 87.

[20] Brendsel, "Centers, plots, themes".

[21] Veja em Stanley E. Porter, "Is there a center to Paul's theology? An introduction to the study of Paul and his theology", in: Stanley E. Porter, org., *Paul and his theology*, PS 3 (Leiden: Brill, 2006), p. 1-19. Porter estuda várias abordagens para encontrar centros teológicos em Paulo e mostra que isso é um exemplo das mesmas dificuldades enfrentadas na tarefa mais ampla de produzir uma teologia do NT em que se procura uma unidade teológica.

seção anterior, a própria análise de centros não é apropriada, pois essas propostas podem ser reducionistas e não perceber outras ideias importantes.

Essa dificuldade não é tão espinhosa para os defensores de uma perspectiva de "lentes múltiplas", mas até eles têm de comprovar por que seus temas centrais são mais legítimos que outras propostas de temas múltiplos. Quando se apresenta um centro em detrimento de outros, o problema se intensifica, e o ônus da prova consiste em demonstrar a probabilidade dessa proposta. O centro mais abrangente deve ser considerado o mais provável. Como se discutiu antes, esta abordagem não propõe um tema central, mas a combinação de vários temas em um enredo central para o AT e depois para o NT (entendido à luz do AT). Essa abordagem procura ser mais sensível à Bíblia como literatura narrativa; ademais, embora haja outros gêneros além da narrativa nas Escrituras, esses outros ainda assim refletem, em maior ou menor grau de importância, um enredo literário.[22] Como, porém, se faz para demonstrar que um tema é mais abrangente que outro?

É óbvio que uma tarefa dessa envergadura exige um livro dedicado só a ela, mas aqui podemos estudar ao menos quatro testes de validação. Primeiro, o enredo proposto deve estar relacionado com todos os outros centros viáveis e enredos sugeridos; é necessário provar que o foco proposto é mais abrangente que os demais e que estes são subcategorias lógicas do primeiro. Pode-se fazer isso com análise lógica da natureza dos próprios centros e da relação que eles têm uns com os outros.

Segundo, a trama narrativa proposta deve ter base textual ao longo de todo o cânon do NT e estar relacionada com os vários grandes temas dos livros neotestamentários (que podem se sobrepor a alguns outros centros ou enredos concorrentes no teste de legitimidade anterior), a fim de que represente adequada e naturalmente a diversidade de todo o NT. Se as lentes ficarem embaçadas em alguns livros, isso é sinal de que talvez a proposta não seja abrangente o bastante; se elas continuarem acuradas e esclarecerem melhor que outras lentes os dados e o sentido dos livros, a proposta comprova a si mesma. Se uma ideia estiver em forte tensão com uma das principais ênfases dos livros do NT ou com algum de seus ensinamentos éticos, ela se tornará menos viável.[23] Se uma lente hermenêutica for um bom dispositivo heurístico, ela não resultará em pensamentos confusos nem em atomização reducionista que deixa de explicar a inter-relação e a complexidade dos conceitos.[24] Portanto, um enredo viável não pode ser amplo demais para ser útil, nem estreito demais a ponto de excluir outras ideias importantes, mas subordinadas.[25]

Em terceiro lugar, um enredo viável precisa estar totalmente relacionado com os grandes temas do AT,[26] respaldado por uma cosmovisão teológica ou conjunto de convicções sobre a relação de Deus com a humanidade[27] e fundamentado na morte e na ressurreição de Cristo.

---

[22]Os limites de espaço não permitem a comprovação desse ponto.

[23]Sobre esse modo de expressar a questão, veja Richard B. Hays, *The moral vision of the New Testament: community, cross, new creation; a contemporary introduction to New Testament ethics* (San Francisco: Harper-SanFrancisco, 1996), p. 195.

[24]Essa particular formulação de critério de legitimação foi mencionado por Philip Towner ("Response to Prof. Greg Beale's 'The eschatological conception of New Testament theology'", trabalho apresentado na Tyndale Fellowship Triennial Conference on Eschatology, Swanwick, Derbyshire, julho de 1997; a palestra de Beale foi depois publicada com o título "The eschatological conception of New Testament theology", in: K. E. Brower; M. W. Elliott, orgs., *"The reader must understand": eschatology in Bible and theology* [Leicester: Apollos, 1997], p. 11-52).

[25]Sobre esse modo de formular um dos critérios de validação, veja Thielman, *Theology of the New Testament*, p. 232.

[26]Isso pressupõe não apenas as raízes judaicas do cristianismo inicial, mas também a necessidade de que qualquer teologia do NT considerada boa seja corretamente vinculada à teologia do AT.

[27]O critério de "história" como essencial a uma teologia bíblica foi ressaltado por N. T. Wright, *The New Testament and the people of God* (Minneapolis: Fortress, 1992), esp. p. 31-80, 121-44, 215-24; bem como por Craig G. Bartholomew e Michael Goheen, "Story and biblical theology", in: Craig Bartholomew, et al., orgs., *Out*

Em quarto lugar, assim como se faz com o enredo central, cada centro ou enredo concorrente precisa ser plenamente analisado pelo critério de abrangência para que se confirme que é o mais abrangente de todos. Este último teste de legitimidade pode exigir o tempo de vida de muitas gerações; por isso, devemos nos satisfazer em ter como fundamento a obra de estudiosos que tentaram provar a viabilidade de alguns centros ou enredos concorrentes; do mesmo modo, devemos confiar também nas obras que estudaram e avaliaram alguns centros importantes.[28]

Podemos agora voltar a atenção para o primeiro, o segundo e o terceiro testes de legitimidade, embora, repito, seja apenas um esboço estrutural que precisará de mais aprofundamento posteriormente. Com relação ao terceiro critério, o enfoque deste livro é mostrar a raiz neotestamentária de cada aspecto da teologia do NT, sobretudo a narrativa do reino da nova criação como reedição da criação e do reino originais de Gênesis 1, porém em maior escala. O enredo que recapitula o tema do reino da nova criação foi apresentado em forma de tabela na introdução e aqui é resumido da seguinte forma: (1) caos do estado de pré-criação e Criação/comissionamento de Adão como rei, seguido pela Queda; (2) caos do Dilúvio e recriação/comissão de Noé, seguido por queda (pecados de Noé e de seus filhos); (3) caos do cativeiro egípcio e as pragas da descriação, seguido pela recriação (no Êxodo)/comissão[chamado] de Israel (predito no comissionamento dos patriarcas), seguido por queda (bezerro de ouro); (4) caos do Cativeiro Babilônico e na própria terra de Israel, seguido por recriação/comissão de Jesus, o verdadeiro Israel (em sua vida, morte e ressurreição), seguido pelo êxito, isto é, nenhuma queda, de Jesus como o Último Adão e pela consumação bem-sucedida da recriação inicial de novos céus e nova terra.[29] Esse enredo[30] expressa uma cosmovisão cheia de doutrinas teológicas.[31] E, como vimos, o conceito da nova criação também está fundamentado na vida, morte e ressurreição de Cristo.[32]

---

of Egypt: biblical theology and biblical interpretation, Hermeneutics Series 5 (Grand Rapids: Zondervan, 2004), p. 144-71 e a literatura ali citada.

[28]P. ex., Hasel (*New Testament theology*) e Scobie (*Ways of our God*) apresentam críticas à maioria dos centros concorrentes aqui estudados.

[29]A palavra *palingenesia* ("regeneração, renascimento"), que em Mateus 19.28 se refere à nova criação e ao reino que Cristo levará à consumação, é usada por Filo no sentido de retomada da vida (*Querubins* 114; *Posteridade* 124) e da renovação da terra depois do dilúvio cataclísmico (*Moisés* 2.65). Josefo utiliza a mesma palavra referindo-se à restauração de Israel após o Exílio babilônico (*Ant.* 11.66) (tb. David C. Sim, *Apocalyptic eschatology in the Gospel of Matthew*, SNTSMS 88 [Cambridge: Cambridge University Press, 1996], p. 112). Esses usos em Filo e Josefo indicam que os dois acontecimentos importantes na narrativa do AT eram concebidos no judaísmo antigo de acordo com o padrão da nova criação. Para saber como os temas da criação estão interligados com a narrativa do Êxodo israelita do Egito (esp. Êx 15), veja William J. Dumbrell, *Covenant and creation: a theology of the Old Testament covenants* (Nashville: Thomas Nelson, 1984), p. 100-4.

[30]Para uma comparação dessa análise de N. T. Wright, veja a breve discussão no final da seção de seus três níveis do propósito da aliança.

[31]Veja, p. ex., os dezesseis conceitos teológicos elaborados nos próximos parágrafos como propostas de centros já apresentadas, as quais podem ser consideradas aspectos da nova criação ou do enredo da nova recriação. Barr afirma que "história não é teologia, mas a 'matéria-prima' da teologia", de modo que "axiomas [teológicos] orientam os registros [p. ex.] sobre Abraão ou sobre Moisés" (*Concept of biblical theology*, p. 354, 361). Isso pode ser verdade no caso de diversas histórias na Bíblia, mas há outras que expressam com mais clareza ideias teológicas e podem ser formalmente resumidas dessa maneira. Minha formulação do enredo do AT anteriormente e, logo depois, do enredo do NT contém temas mais explicitamente teológicos. É importante ressaltar, porém, que essas ideias são bíblico-teológicas, e não sistemático-teológicas.

[32]Veja em Eugene E. Lemcio, "The unifying kerygma of the New Testament", *JSNT* 33 (1988): 3-17; ibidem, "The unifying kerygma of the New Testament (II)", *JSNT* 38 (1990): 3-11. Lemcio argumenta que o "centro querigmático unificador do testemunho diversificado do NT" tem seis partes: (1) Deus, que (2) enviou (segundo os Evangelhos) ou ressuscitou (segundo o restante do testemunho do NT) (3) Jesus, (4) seguido por uma resposta

O que ocorre com o enredo centrado no reino da nova criação quando é relacionado aos diversos temas principais dos livros do NT (o segundo critério de validação observado anteriormente)? Será que as lentes desse enredo ficam embaçadas em alguns livros ou permanecem precisas e os esclarecem ainda mais? Ao longo deste livro, estabeleço uma relação do enredo do reino e da nova criação com o tema de todos os principais conjuntos literários e livros do NT. Essa análise não é completa, mas delineia os contornos gerais de como a questão pode ser tratada com mais profundidade. O leitor terá de decidir se esse esboço geral mantém a promessa de desenvolver ainda mais o reino da nova criação como *o* recurso heurístico para entender a teologia do NT.

É necessário maior elaboração para responder adequadamente ao primeiro critério de validação: como alguns centros ou enredos propostos anteriormente estão relacionados no aspecto lógico com o núcleo do reino da nova criação do enredo que defendo e vice-versa? As seguintes sugestões de centros são as concorrentes mais viáveis, algumas delas já mencionadas: reino, aliança, promessa, salvação, redenção, história da redenção, novo êxodo, justificação, reconciliação, povo de Deus, novo templo,[33] vida, nova Jerusalém/Sião, presença de Deus, glória de Deus e missão.[34] Analisar essas sugestões, ainda que rapidamente, implica repetição necessária, mesmo que mínima, de algumas partes anteriores do livro e envolve a discussão do restante desta obra.

Será que a história do movimento em direção ao reino da nova criação é ampla o suficiente para abranger organicamente a rica diversidade das principais ideias e doutrinas do NT que formaram as bases desses outros centros concorrentes? Ao longo deste livro trato de algumas ideias centrais e procuro sempre mostrar que elas são aspectos do reino da nova criação. Devem ser julgadas conforme o mérito das análises limitadas elaboradas nesta obra. Entre as ideias centrais aqui examinadas, as principais concorrentes da ideia do reino da nova criação são o conceito de "reino" nos Evangelhos e o de justificação e reconciliação nas epístolas paulinas. O reino é um aspecto importante da nova criação, uma vez que Jesus foi considerado aquele que restaura a vice-regência que Adão deveria ter exercido com êxito na criação original. No entanto, à semelhança da primeira criação, o reino é tão indissociavelmente vinculado à nova criação, e não mais abrangente que ela, ou mesmo sinônimo dela, que ambos devem ser considerados coiguais. É por isso que sempre me refiro a essas duas realidades juntas como "reino da nova criação". Assim, é melhor unir nova criação e reino como o foco dominante de minha proposta de enredo.

As figuras da "nova Jerusalém/Sião" e do "novo templo" em ambos os Testamentos fazem alusão à presença de Deus no meio de seu reino vitorioso em uma nova criação,[35] por isso é melhor que sejam consideradas conceitualmente coiguais com o reino da nova criação. Contudo, a reconciliação é uma séria candidata a lugar de honra na teologia bíblica, uma vez que pode ser vista logicamente como o alvo do reino da nova criação: o propósito de restaurar a criação é que os pecadores sejam restaurados ao relacionamento com o Criador (aliás, em 2Co 5.17-21, a reconciliação surge logo após o anúncio da "nova criação" em Cristo). No

---

(5) a Deus, (6) que traz benefícios. É significativo que, de acordo com esse esquema, a ressurreição de Jesus seja o núcleo da mensagem posterior aos Evangelhos.

[33]Especialmente como apresentados em G. K. Beale, *The temple and the church's mission: a biblical theology of the dwelling place of God*, NSBT 17 (Downers Grove: InterVarsity, 2004).

[34]Especialmente como apresentados em I. Howard Marshall, *New Testament theology: many witnesses, one gospel* (Downers Grove: InterVarsity, 2004), p. 717-26 [edição em português: *Teologia do Novo Testamento: diversos testemunhos, um só evangelho* (São Paulo: Vida Nova, 2007)].

[35]Conforme William J. Dumbrell, *The end of the beginning: Revelation 21—22 and the Old Testament* (Homebush West: Lancer, 1985), p. 1-34.

entanto, as duas também podem ser consideradas praticamente sinônimas: o reino da nova criação implica reconciliação, e a condição de nova criação não deixa de existir uma vez que a reconciliação seja consumada, mas permanece juntamente com o estado de reconciliação. Todavia, refletindo um pouco mais, percebemos que a reconciliação é um aspecto do reino da nova criação, indissociavelmente ligada a ele como subcategoria (sobre isso, ver mais adiante). Portanto, o reino da nova criação é a referência abrangente da restauração do cosmo decaído, em que há a restauração da vice-regência da humanidade e a reconciliação entre Deus e os seres humanos afastados, e entre os próprios seres humanos igualmente afastados uns dos outros.

Richard Hays propõe três imagens centrais que ele acredita representarem o enredo implícito no NT e que esclarecem melhor todos os seus textos: "comunidade, cruz e nova criação". Seu enredo amplo pode ser assim resumido: Deus começou a resgatar um mundo perdido mediante a morte e a ressurreição de Cristo, gerando uma comunidade de testemunhas capacitada pelo Espírito para reencenar o testemunho de amor de Cristo como sinal dos propósitos redentores de Deus para o mundo até que estes sejam consumados.[36] Essa é uma excelente tentativa de reduzir os dados do NT a seus elementos mais básicos no contexto de um enredo, mas penso que ainda é muito vaga em relação à forma em que a nova criação se relaciona com a comunidade e com a cruz, ou do modo que as domina, e a como essas duas últimas realidades são de natureza escatológicas.[37]

O "novo êxodo" é um tema importante em partes do NT (esp. nos Evangelhos, as epístolas paulinas e o Apocalipse), mas é outra metáfora para o reino da nova criação. As pragas do Egito, que dão início ao processo do Êxodo, servem para indicar uma descriação e o estado de caos do qual Israel conseguiu sair mediante a divisão das águas e da terra como uma nova humanidade do outro lado do mar Vermelho.[38] A ideia de Israel como parte de uma nova criação também é sugerida por Deuteronômio 32.10,11, que descreve o Êxodo como o ato em que Deus encontra Israel em um deserto "vazio" (tōhû) e retrata o resgate divino como uma águia que "paira" (rāḥap) sobre os filhotes. Os dois termos também ocorrem na narrativa da criação original de Gênesis 1.2 referindo-se à terra "vazia" e ao Espírito que "pairava" sobre ela. Assim como Israel era um Adão coletivo, conforme já estudamos, também a herança de Israel da Terra Prometida não devia ser diferente do que Deus havia prometido a Adão se este lhe tivesse obedecido: plena posse do jardim do Éden e, por extensão, dos confins da terra. Por isso, a Terra Prometida a Israel é também chamada jardim do Éden (Is 51.3; Ez 36.35; Jl 2.3; cf. Is 65.21-23, LXX). Da mesma forma, se o povo de Israel houvesse obedecido como um Adão coletivo, teria herdado seu próprio jardim paradisíaco e, por fim, toda a terra. Mas o povo desobedeceu e, assim como Adão, ficou sem a herança. O episódio do bezerro de ouro foi o fato que recapitulou a queda de Adão.[39]

---

[36] Hays, *Moral vision of the New Testament*, p. 193-200.

[37] Os estudos exegéticos e bíblico-teológicos de Hays que se aprofundam na "nova criação" não são muitos, e o que se consegue achar é muito resumido (veja, p. ex., ibidem, p. 19-21, 198). Normalmente, as análises costumam refletir de modo mais geral sobre a tensão do "já e ainda não" e sobre as implicações dessa tensão para a ética do NT.

[38] Sabedoria 19.6 retrata o Êxodo como uma nova criação: "Pois toda a criação foi, mais uma vez, renovada [*dietypouto* = também "tecida, formada, estruturada"] conforme sua nova espécie" (19.18 acrescenta: "pois os elementos foram trocados entre si"). Acerca das nuances do verbo *diatypoō*, veja Richard M. Davidson, *Typology in Scripture: a study in hermeneutical τύπος structures*, AUSDDS 2 (Berrien Springs: Andrews University Press, 1981), p. 132.

[39] Quanto ao pecado, ao juízo e à restauração de Israel em Êxodo 32—34 serem uma recapitulação do pecado, da Queda e da restauração de Adão, veja Scott J. Hafemann, *Paul, Moses, and the history of Israel: the letter/Spirit contrast and the argument from Scripture in 2 Corinthians 3*, WUNT 81 (Tübingen: Mohr Siebeck, 1995), p. 227-31. Hafemann também mostra que essa era a visão do judaísmo em diferentes graus.

Tudo isso é recapitulado na história do Exílio de Israel, que se assemelha a um estado de caos criacional, e nas promessas da volta do povo do Exílio, que Isaías descreve como outro êxodo. A promessa de restauração parece começar a se cumprir na volta do Exílio babilônico, mas os aspectos mais importantes do cumprimento são adiados, uma vez que (1) apenas um remanescente retorna, e não toda a nação, e mesmo esse remanescente não é fiel; (2) o templo reconstruído não atende às expectativas do templo prometido em Ezequiel 40—48 (por ser menor e porque provavelmente a presença divina não estava ali); (3) Israel ainda está sob domínio estrangeiro, que se estende até o século 1 d.C.; (4) não existe nenhuma nova criação em que a terra é renovada nem há uma Sião restaurada com seu rei, para onde os redimidos retornariam, nem há paz entre judeus e gentios. Os principais aspectos irreversíveis da promessa de restauração começam a se cumprir na vinda de Cristo, como fica evidente quando Jesus e Paulo afirmam que as promessas de restauração feitas no AT têm cumprimento inicial no meio deles. Uma vez que as promessas de restauração foram formuladas com metáforas de um novo êxodo, Jesus é considerado aquele que dá início à concretização dessas profecias[40] e, como o novo êxodo não é nada mais do que o restabelecimento da criação primeva, o NT também se refere ao cumprimento das promessas de restauração do cativeiro como cumprimento da nova criação.[41]

Os centros propostos de "salvação", "redenção" e "justificação" têm um foco muito restrito comparado ao enredo do movimento em direção ao reino da nova criação. Os três fazem parte do meio empregado para atingir o objetivo do reino da nova criação: as pessoas são salvas de seu estado pecaminoso para que se livrem da ira de Deus, que as consumiria no juízo final, e entram na nova criação, onde Deus reina. Redenção é uma metáfora semelhante à salvação e cumpre o mesmo papel instrumental em relação à nova criação, mas denota a ideia de alguém tirado/comprado do estado de escravidão ao pecado e a Satanás. Da mesma forma, a justificação é um dos meios empregados para produzir o novo cosmo, mas tem nuances de uma metáfora jurídica, em que a penalidade pelo pecado é considerada paga por um representante dos pecadores no tribunal de Deus, que também lhes transfere o crédito da justiça/retidão de seu próprio Filho.[42] No caso dos três — salvação, redenção e justificação —, Cristo é o agente que pratica a ação em favor de seu povo pecador.

A proposta da "história da redenção" como centro bíblico-teológico tem diferentes interpretações. Sua definição geralmente aceita está relacionada aos atos salvadores de Deus para com seu povo ao longo de toda a história, desde a Queda de Adão até a consumação, relegando o juízo a um papel secundário. É bastante evidente que ela também se harmoniza bem com a penúltima posição referente ao reino da nova criação, conforme vimos no caso das ideias de salvação, redenção e justificação, uma vez que todas elas são soluções para o problema do pecado, que impede a concretização do reinado na nova criação.

"Aliança" é uma ideia importante e tem sido adotada por vários acadêmicos como o tema central de ambos os Testamentos. Todas as alianças, embora não tenham exatamente a mesma natureza, são um penúltimo meio para a realização de um governo na nova criação, seja a

---

[40]Além dos importantes trechos da obra de N. T. Wright já mencionados, veja Willard M. Swartley, *Israel's Scripture traditions and the Synoptic Gospels: story shaping story* (Peabody: Hendrickson, 1994), p. 44-153; Rikki E. Watts, *Isaiah's new exodus in Mark* (Grand Rapids: Baker Academic, 1997) — ambos os autores analisam os modelos do segundo êxodo nos Evangelhos Sinóticos.

[41]Sobre a ideia dupla da morte e da ressurreição de Cristo como fatos que cumprem as promessas da nova criação e as profecias da restauração de Israel, veja G. K. Beale, "The Old Testament background of reconciliation in 2 Corinthians 5—7 and its bearing on the literary problem of 2 Corinthians 4:14—7:1", *NTS* 35 (1989): p. 550-81; ibidem, "The Old Testament background of Rev 3.14", *NTS* 42 (1996): p. 133-52.

[42]Para um estudo da ideia de justificação, veja no cap. 14 uma discussão mais ampla.

chamada aliança da Criação, seja a aliança de obras com Adão, sejam as respectivas alianças firmadas com Noé, Abraão, Moisés e Davi e, depois, a nova aliança prometida em Jeremias e inaugurada no NT.[43] A aliança é o principal meio pelo qual Deus, o suserano, governa seu povo, o vassalo.

O conceito de "promessa" exerce o papel intermediário semelhante ao das alianças porque elas são formalizações de promessas salvíficas anteriores, mas as alianças são mais amplas porque estipulam cláusulas e também condenações. A promessa de redenção em Cristo e a nova aliança se cumprem completamente no novo céu e na nova terra, mas a condição de cumprimento permanece eternamente. A condição de realeza na nova criação também se mantém eternamente.

A proposta de "povo de Deus" ou "nova comunidade" como conceito central do NT é unilateral, pois não dá destaque suficiente a Deus, a Cristo e ao Espírito, além de ser muito geral, porque pode ser dito uma série de coisas relacionada ao povo de Deus.

Charles Scobie menciona que "vida" foi proposto como o tema dominante no cânon. Esse tema é mais bem entendido como praticamente sinônimo da ideia de ressurreição e regeneração de que trataremos mais adiante (caps. 7-10, 17). Da mesma forma, se entendemos que vida se refere ao modo de vida de uma pessoa, então o termo seria mais bem classificado como santificação, que também será analisada mais à frente (veja caps. 24-25). Em qualquer dos casos, o conceito não deixa de ser uma subcategoria de reino da nova criação, uma vez que não é suficientemente amplo para abranger todos os outros aspectos desse reino. Se, em última análise, a vida é considerada vida da ressurreição da humanidade redimida, ainda assim não será um conceito amplo o bastante para abranger a vida renovada da criação não humana em toda a nova criação consumada.

Do mesmo modo, a ideia central de "presença de Deus" é bem próxima de reconciliação, uma vez que as pessoas são reconciliadas com a presença de Deus, que, então, as reconcilia umas com as outras. Contudo, presença de Deus é um conceito mais amplo e não pode ser considerado apenas um aspecto da reconciliação. Na verdade, a presença divina é quase sinônimo de "glória de Deus", que pode se referir à essência de seus atributos e a seu próprio ser. A presença gloriosa de Deus não está em relação de igualdade com seu governo na nova criação. Deus, Cristo e o Espírito são os agentes soberanos que produzem a nova criação e reinam sobre ela. Como se observou antes, as figuras da nova Jerusalém/Sião e do novo templo transmitem a ideia da presença de Deus e de seu reinado ativo.[44] Assim, dessa perspectiva, a presença gloriosa de Deus faz parte do núcleo (reino da nova criação) do enredo que propus. A centralidade da missão da comunidade da aliança, conforme já argumentei, deve ser entendida basicamente pela ótica da extensão do templo da presença de Deus sobre a terra, de modo que o conceito de "missão" talvez seja subordinado à ideia histórico-redentora do templo. De acordo com o que veremos com mais clareza no fim desta discussão, a glória de Deus, tanto a própria essência divina, quanto o louvor glorioso oferecido a ele por quem é e pelo que fez, é o *alvo* do enredo geral que elaborei.

O reinado escatológico consumado da nova criação é a realidade abrangente integrada e composta, ao menos, dos seguintes elementos distintos que fizeram parte da primeira criação pré-Queda (Gn 1 e 2), mas vai além desses elementos iniciais, porque agora eles existem em forma escatológica *intensificada* quanto a sua natureza ou qualidade:[45] (1) a presença vivi-

---

[43]Sobre esse papel das alianças em relação à criação, veja Dumbrell, *Covenant and creation*; ibidem, *End of the beginning*.

[44]Sobre essa ideia dupla de templo, veja Dumbrell, *End of the beginning*, p. 35-76.

[45]Para um estudo dos elementos recapitulados e intensificados na forma final da nova criação, veja G. K. Beale, *The book of Revelation: a commentary on the Greek text*, NIGTC (Grand Rapids: Eerdmans, 1999), p. 1039-121, seção que analisa Ap 21.1—22.25.

ficante e sustentadora de Deus (mediante seu Espírito; caps. 16-18) e sua glória (veja esp. cap. 27); (2) em seu templo (caps. 17-18), que implica uma comissão mundial para a humanidade (cap. 18); (3) vida humana aperfeiçoada (o que implica a vida da ressurreição depois da Queda; veja caps. 7-10); (4) paz (envolvendo reconciliação após a Queda; veja cap. 15); (5) restauração do cosmo material (veja caps. 21, 26); (6) justiça (veja caps. 14, 24-25); (7) descanso sabático; e (8) a ordem original e primordial: "frutificai e multiplicai-vos", que Gênesis 12.1-3 (e repetições nos caps. seguintes) transformaram em promessa de multiplicação da descendência de Abraão, que se cumpre em Cristo como o verdadeiro rei e a verdadeira figura adâmica (cap. 12) e o verdadeiro Israel (cap. 19), e os muitos filhos criados por meio dele à imagem de Deus (cap. 12) e que formam o verdadeiro Israel (caps. 19-23), todos os quais serão finalmente aperfeiçoados no novo cosmo consumado (cap. 26). Os elementos da presença gloriosa de Deus,[46] a vida humana aperfeiçoada e justa e o descanso[47] são partes integrantes do reinado da nova criação, e é melhor não considerá-los ideias subordinadas a esse reinado. A paz e a descendência multiplicadora são conceitos subordinados, embora a paz possa ser considerada sinônimo do descanso régio. Na verdade, todos os outros tópicos dos capítulos são conceitos que se sobrepõem à ideia do reinado escatológico da nova criação ou representam aspectos dele, exceto, claro, os temas dos capítulos sobre tribulação e idolatria.

Devo fazer um comentário especial sobre os capítulos acerca da "tribulação" (cap. 6) e do "pecado como idolatria" (cap. 11). O motivo de incluir um capítulo inteiro sobre a tribulação escatológica baseia-se na ideia de que ela é uma recapitulação da primeira grande provação no Éden, quando Satanás atacou Adão e Eva com um bombardeio de mentiras e os fez "cair". Essa prova seria recapitulada na era escatológica com Cristo, o Último Adão, e com os que se identificam com ele, conforme profetizado, especialmente, em Daniel 7—12. O capítulo sobre idolatria foi incluído para mostrar que o grande pecado de Adão e Eva no Éden continua tendo efeito sobre a humanidade.

Os capítulos anteriores (1-5) estabelecem o fundamento sobre o qual esses outros capítulos são elaborados, bem como a sementeira da qual se desenvolvem. O capítulo 1 apresenta um esboço do pensamento de Gênesis 1—3 e de como ele se desenvolve no AT. O motivo de começar dessa forma é nossa convicção de que bem no início da Bíblia estão as grandes ideias embrionárias que se desenvolvem em todo o AT e no NT. Em seguida, os capítulos 2-4 desenvolvem primeiramente a ideia de escatologia no AT, no judaísmo e no NT. Esses três capítulos foram colocados no primeiro plano do livro porque representam o estágio temporal final e intensificado que Adão, Eva e seus descendentes teriam alcançado se tivessem sido fiéis. O presente capítulo (cap. 5) faz uma pausa para refletir mais uma vez sobre a natureza do enredo bíblico em sua relação com a escatologia.

Portanto, o que começa em Gênesis 1—3 e se desenvolve no restante do cânon bíblico atinge o auge em Apocalipse 21.1—22.5, que recapitula Gênesis 1—3 e retrata o alvo que o Último Adão e seu povo finalmente atingem. Assim, como dissemos no capítulo 1, os dados bíblicos entre as extremidades da criação e da nova criação devem ser lidos não apenas da ótica de sua origem em Gênesis 1—3, mas também da perspectiva de seu alvo em Apocalipse. Por isso, a tese deste livro é que tudo no cânon bíblico deve ser visto como originário de Gênesis 1—3, tendo como alvo final, para o qual se move, Apocalipse 21.

---

[46]Incluímos aqui as três pessoas da Trindade.
[47]Veja mais adiante o estudo sobre o "descanso" como aspecto essencial do exercício apoteótico do reinado absoluto do fim dos tempos (p. ex., veja o subtítulo do cap. 22: "A igreja deve guardar o sábado do mesmo modo que Israel guardava?").

É nessa perspectiva que nossa seleção de temas para estudo em cada capítulo não é uma escolha completamente subjetiva, mas, sim, uma ideia dominante já observada antes (veja cap. 1) em Gênesis 1—3 e que se mantém em destaque na visão final da nova criação consumada em Apocalipse 21 e 22. Portanto, os assuntos de cada capítulo são escolhidos porque também são aspectos importantes do reino "já e ainda não" da nova criação (embora a tribulação [cap. 6] anteceda a nova criação e seja uma preparação para ela, e o pecado da idolatria [cap. 11] seja o elemento que causou o processo de retorno visando a restauração da nova criação). Por fim, esses assuntos são escolhidos também porque parecem ser tratados pelo NT com mais atenção que outros tópicos, sobretudo pelo uso do AT do NT. Além disso, a maioria dos temas estudados em cada capítulo foi objeto de estudo de um ou outro acadêmico de destaque nos últimos duzentos anos (ou mais) por serem considerados temas bíblico-teológicos importantes no NT. Nesse sentido, tentamos nos apoiar em outros teólogos bíblicos do NT e reunir suas ideias ao escolher os assuntos de nossa análise.

Finalmente, a ordem desses temas de capítulos no livro (veja o Sumário) foi determinada segundo o que acreditamos ser a ordem dos elementos em nossa proposta de enredo histórico-redentor e no desenvolvimento dos conceitos desse enredo juntamente com a tentativa de organizá-los de forma lógica.

Portanto, o resultado de todo este livro é que, apesar de "escatologia" ser um termo empregado de várias maneiras, eu o defino aqui não apenas como o fim da história da redenção ou do cosmo nem como o alvo das esperanças de Israel, tampouco como o alvo das esperanças individuais dos santos, mas, sim, como "reinado 'já e ainda não' da nova criação em Cristo", e tudo o mais associado à escatologia deve ser entendido em relação indissociável com essa ideia.[48] O famoso ditado *Endzeit als Urzeit*[49] está correto, assim como *Barnabé* 6.13: "Vede, faço as últimas coisas como se fossem as primeiras". Escatologia é protologia, e isso significa que o alvo de toda a história da redenção é voltar ao estado original da criação, da qual a humanidade caiu,[50] e então ir além dele em direção a um estado mais elevado, que a primeira criação foi planejada para alcançar, porém não o alcançou. O alvo de retornar ao estado inicial do domínio de Adão na criação e a uma elevação dessa condição é o motor que faz todo o programa escatológico se mover. O fato de que todas as doutrinas ou conceitos de salvação/redenção são tematicamente subordinadas ao reino divino da nova criação por meio de um representante terreno fica evidente quando nos lembramos de que a *escatologia antecede a soteriologia em Gênesis 1—3*. Isto é, se Adão tivesse sido fiel no seu governo sobre a primeira criação, ele teria recebido bênçãos posteriores mais elevadas, que não seriam nada menos que as bênçãos eternas do fim dos tempos, o que resultaria na glória de Deus enchendo toda a terra. Creio que, até os dias atuais, a ideia de um enredo enfatizando o reino escatológico da nova criação ainda não foi devidamente reconhecida como a base de uma teologia bíblica do NT.

Apesar de desenvolver melhor o termo "escatologia" como "reinado da nova criação", ainda poderia se indagar em que sentido precisamente estou usando a expressão "reinado

---

[48] Veja I. Howard Marshall, "Slippery words I: eschatology", *ExpTim* 89 (1978): 264-9. Marshall resume nove maneiras em que o termo "*escatologia*" foi empregado. Conclui que a essência da definição deve incluir a ideia da consciência de que as promessas de Deus começaram a se cumprir no presente, mas seu cumprimento ainda não está consumado, portanto ainda existe o aspecto de expectativa.

[49] Traduzido literalmente por "tempo final como pré-história", com o sentido de que os últimos tempos são semelhantes ao começo dos tempos. Segundo as minhas informações, o primeiro a demonstrar a importância dessa ideia no meio acadêmico foi Hermann Gunkel em *Schöpfung und Chaos in Urzeit und Endzeit: Eine religionsgeschichtliche Untersuchung über Gen 1 und Ap Joh 12* (Göttingen: Vandenhoeck & Ruprecht, 1895), p. 367-70.

[50] Conforme Dale C. Allison Jr., *The end of the ages has come: an early interpretation of the passion and resurrection of Jesus* (Philadelphia: Fortress, 1985), p. 91.

da nova criação". (1) Seria ela utilizada com a ideia restrita da concepção apocalíptica da dissolução e recriação de todo o cosmo, incluindo a ressurreição de pessoas? (2) Ou estaria sendo usada como uma elaboração teológica em que todas as esperanças escatológicas estão envolvidas em um único pacote teológico? (3) Ou será que o termo é uma alusão à esperança futura geral, própria da cosmovisão de Israel, em que os objetos dessa esperança envolvem os seguintes acontecimentos: ressurreição, renovação do cosmo, vindicação de Israel, retorno do cativeiro, salvação dos crentes entre as nações, punição das nações perversas e, possivelmente, outros temas teológicos que precisam ser ligados uns aos outros? Minha resposta é que estou usando a expressão "reinado da nova criação" de modo amplo em três sentidos para me referir, portanto, a toda a combinação de ideias relacionadas à renovação do mundo inteiro, de Israel e do indivíduo. Diante de minha resposta, alguém poderia reagir perguntando que vantagem uma ideia evidentemente tão ampla pode ter sobre o centro geral da "salvação escatológica já e ainda não" (proposta por Caird e Hurst[51] e outros autores).[52]

Em continuação à minha resposta, acredito que uma definição mais apurada de "escatologia" como "reinado da nova criação" pode auxiliar nosso entendimento da "escatologia já e ainda não". Mas como isso ocorre? Parte da resposta está na visão de N. T. Wright sobre os três níveis das categorias humanas que envolvem o conceito de eleição: (1) o nível cósmico, ou mundial, em que o papel de Israel deveria ser de agente da restauração da criação caída; (2) o nível nacional, em que Israel sofreu por seu próprio pecado e precisou de restauração; (3) o nível individual, em que o israelita recebe perdão e restauração simbolicamente por meio do sistema de sacrifícios, como se fosse um modelo em pequena escala da restauração vindoura da nação.[53] Não apenas a eleição é a lente principal através da qual os seres humanos deviam perceber sua experiência no mundo, mas também os conceitos de monoteísmo e de escatologia constituem a estrutura fundamental da "fé basilar" veterotestamentária/judaica.[54] Essas ideias fundamentais de eleição, monoteísmo e escatologia eram um complexo tríplice de conceitos da aliança que "davam a Israel um entendimento particular de quem exatamente ele era como povo dentro dos propósitos do Deus criador".[55]

Esses três níveis da eleição, juntamente com o monoteísmo e a escatologia, são mais bem observados em um complexo de ideias do reino da nova criação, em que o conceito de aliança desempenha papel subsidiário. Isso é um aperfeiçoamento do entendimento que temos de "salvação escatológica" e explica mais precisamente como os conceitos escatológicos estão inter-relacionados. Quando se leva em conta que a escatologia precede a soteriologia em Gênesis 1—3, fica mais claro que a redenção é um conceito subordinado ao reino da nova criação, considerando que a redenção permite ao indivíduo recuperar no Último Adão a posição do primeiro Adão e também ultrapassá-lo ao receber as bênçãos ampliadas dos últimos dias no último Adão e perdidas pelo primeiro. Por isso, redenção é um conceito subordinado ao reinado da nova criação, uma vez que a redenção é o meio para alcançar a meta do reinado da nova criação.

Além disso, essa proposta aprimora de maneira útil o centro da "escatologia" geral, uma vez que o elemento central do reino inaugurado da nova criação é Jesus Cristo. Por um lado, isso é bem específico, embora seja suficientemente geral de acordo com o conceito bíblico

---

[51] G. B. Caird; L. D. Hurst, *New Testament theology* (Oxford: Clarendon, 1994).

[52] Essa pergunta foi feita por Philip Towner ("Response"), depois de indagar a qual dos três sentidos de "nova criação" eu me referia.

[53] Wright, *New Testament and the people of God*, p. 259-60.

[54] Ibidem, p. 262.

[55] Ibidem; veja tb. p. 263-8, 332.

de "um e muitos" ou de "representação coletiva".⁵⁶ O início do reinado da nova criação é entendido como a vida de Cristo, sobretudo sua morte, ressurreição e sua existência depois de ascender ao céu ressurreto, e seu governo, de modo que ele é um modelo microcósmico formativo que determina a natureza e o destino das pessoas, bem como do restante da criação em uma escala macrocósmica. O que aconteceu com Cristo em sua vida, morte e ressurreição tem padrões de coisas que não apenas recapitulam padrões históricos anteriores do AT, mas também personificam padrões de acontecimentos que ocorrerão com seu povo — por exemplo, seu sofrimento, sua ressurreição como primícias, sua identidade de Filho de Deus (os cristãos são filhos adotados) e Filho do Homem (i.e., Adão: os cristãos se tornam a verdadeira humanidade em Cristo), a condição de ser luz para as nações, o recebimento do Espírito Santo, a observância da Lei, a restauração da morte à presença de Deus, e a reconciliação com ele, e sua defesa tornando-se a justificação dos cristãos.⁵⁷ O reino da nova criação é o centro de gravidade hermenêutico e escatológico do NT.

Não estou afirmando que o enredo cujo centro é o reino da nova criação seja a única forma de explicar plenamente todos os aspectos do NT e a maneira em que aparecem ali. Há fatores culturais, linguísticos, sociológicos, políticos, entre outros, refletidos no NT que, ao que tudo indica, não têm relação alguma com o "reinado na nova criação". Por exemplo, o fato de o NT ter sido escrito em grego não é fruto de nenhuma estratégia teológica, mas da particularidade histórica em que os escritores naturalmente se encontravam. Além disso, nenhuma ideia teológica ajuda necessariamente a explicar por que um autor emprega o gênero epistolar, ou o Evangelho histórico ou o gênero apocalíptico (embora eu tenha apresentado anteriormente propostas nesse sentido e faça outros comentários um pouco adiante). Também não há conceitos teológicos que expliquem por que os autores do NT puderam expressar suas ideias através de lentes sociológicas próprias da época e normalmente aceitas (p. ex., a ideia greco-romana de um "código doméstico").⁵⁸ Refiro-me a vários aspectos do contexto social que os autores do NT utilizam para expressar naturalmente suas ideias, sejam elas judaicas, ou, principalmente, greco-romanas.⁵⁹

Por outro lado, não devemos ser relutantes em perguntar se certas ideias de contexto cultural foram escolhidas a fim de complementar e enriquecer a teologia de um autor específico. Por exemplo, o "livro" mencionado em Apocalipse 5 é retratado, em parte, por meio de uma alusão ao AT e, em parte, à luz do contexto romano de testamento ou de documento que declara a última vontade de um falecido. A alusão a Ezequiel 2 transmite ideias de juízo, ao passo que a referência à abertura de um testamento romano de sete selos remete à ideia de que Jesus

---

⁵⁶Para uma análise desse conceito, veja H. Wheeler Robinson, *Corporate personality in ancient Israel* (Philadelphia: Fortress, 1980) e a bibliografia que ele apresenta; veja tb. Aubrey R. Johnson, *The one and the many in the Israelite conception of God* (Cardiff: University of Wales Press, 1960). O conceito de personalidade coletiva foi corretamente visto com reservas por críticos mais recentes; é melhor falar de solidariedade e representação coletiva.

⁵⁷Nesse sentido, descobri, posteriormente, uma observação perspicaz de Wright: "Paulo está contando [...] toda a história de Deus, de Israel e do mundo, agora resumida na história de Jesus. [...] Seu uso recorrente do Antigo Testamento serve [...] para sugerir novas maneiras de ler relatos conhecidos e indicar que eles atingem um auge natural na vida de Jesus, mais do que em qualquer outro trecho das Escrituras" (*New Testament and the people of God*, p. 79). Concordo com a ênfase retrospectiva de Wright no AT, mas também existe um elemento que nos leva a olhar para o futuro conforme elaborei aqui.

⁵⁸Mencionado por Towner, "Response".

⁵⁹Veja, p. ex., as obras de Abraham J. Malherbe sobre diversos contextos culturais greco-romanos e o projeto em andamento conhecido como *New Wettstein* publicado pela editora de Gruyter.

conquistou para seu povo uma herança terrena que havia sido perdida pela humanidade.[60] Apocalipse desenvolve a ideia dessa herança como o recebimento de um lugar no novo céu e na nova terra (21.1—22.5). Do mesmo modo, é possível que a referência ao código doméstico em Efésios se deva à preocupação dominante na carta com a condição fragmentada da humanidade caída, que Cristo, como o "administrador doméstico" adâmico (1.10; 3.9), começou a restaurar, assim como ele tem feito com o restante da criação (1.10). Um exemplo em Efésios dessa fragmentação é a separação entre judeus e gentios, que foram unidos pela morte e ressurreição de Cristo (2.1—3.7); outro exemplo são os diferentes níveis de relações rompidas na família (= o lar), cuja cura também começou para os que estão em Cristo (caps. 5 e 6 [o código doméstico em Colossenses tem um papel semelhante]). Da mesma forma, é possível perguntar por que o NT contém gêneros como epístola, história, biografia e apocalíptica. Ou seja, qual é a relação da escolha dos gêneros com os interesses histórico-redentores dos autores? Acho que há uma relação bem profunda, mas os limites deste projeto não nos permitem examinar em mais detalhes essas questões interessantes e pertinentes.[61]

Será que os autores do NT estavam mesmo conscientes de que o reino da nova criação é o ponto central do enredo e da teologia deles? Acredito que a resposta a essa pergunta seja afirmativa em diferentes graus significativos, pois todos estavam imersos no mundo de pensamento judaico/veterotestamentário, cujo núcleo ideológico mais interno era o enredo recapitulativo de domínio sobre a criação; eles entendiam que Jesus era a personagem central do início do auge desse enredo histórico-redentor, embora tenham estabelecido essas associações de modos distintos e ressaltado aspectos diferentes dele (alguns enfatizando a tribulação; outros, a reconciliação; outros, o reino, ou a missão e assim por diante). Agora, porém, sou confrontado com a seguinte pergunta: Se eles tinham consciência desse enredo, por que não o deixaram mais explícito? Será que entre eles havia divergências sobre a centralidade do reino da nova criação? Em minha perspectiva, os autores do NT, como primeiros líderes judaico-cristãos, concordariam que Jesus tem o papel central no desenrolar inicial do objetivo do enredo do reino da criação, mas insistiram em manter as próprias expressões e os próprios enfoques ao formular cada um sua versão particular. Assim que forem claramente entendidas suas expressões singulares de como Cristo e a igreja se relacionam com o enredo da criação e do reino, creio que será possível ver que, na mente desses autores, o reino da nova criação funciona como eixo em torno do qual o enredo gira.

Além disso, não há dúvida de que nenhum autor do NT escreveu com o propósito evidente de produzir apenas uma visão teológica da fé; em vez disso, eles geralmente escreviam movidos por circunstâncias e problemas nas várias igrejas. Isso não significa que a teologia não era importante para eles. Eles tinham como objetivo solucionar esses problemas e para isso lançavam mão do que era mais pertinente de suas teologias, e os aspectos de uma teologia implícita mais ampla eram usados para tratar das circunstâncias particulares de cada situação. Isso significa que é preciso juntar as peças do quebra-cabeça teológico dos autores. Cremos que temos peças suficientes para montar quase todo o quebra-cabeça, mas temos de especular sobre algumas lacunas e peças que eles não deixaram à disposição. O problema circunstancial

---

[60] O "livro" mencionado em Apocalipse 5 tem outras conotações; veja uma discussão mais completa em Beale, *Revelation*, p. 337-49.

[61] P. ex., com relação à origem do gênero Evangelho, veja Meredith G. Kline, *The structure of biblical authority* (Grand Rapids: Eerdmans, 1972), p. 172-203. Kline propõe que o gênero Evangelho foi concebido para funcionar como testemunho legal da nova aliança introduzida por Cristo, em alguma medida semelhante a Êxodo, que foi um testemunho legal da antiga aliança no Sinai. Do mesmo modo, o aspecto profético-apocalíptico do gênero de Apocalipse tem origem no mesmo gênero de alguns livros do AT, e isso está indissociavelmente ligado à mensagem histórico-redentora desses livros (veja Beale, *Revelation*, p. 37-43).

é também a causa das ênfases e expressões teológicas exclusivas de cada autor. Essa é uma das principais razões por que os autores bíblicos não nos legaram uma teologia tão clara quanto gostaríamos, apesar de Romanos e Efésios chegarem mais perto da formulação de uma teologia da cruz e da ressurreição com suas implicações para a vida. Da mesma forma, uma das tendências atuais nos estudos acadêmicos dos Evangelhos é sustentar que eles foram escritos não motivados por circunstâncias ou problemas de comunidades cristãs específicas, mas, sim, para todos os cristãos.[62] Se isso estiver correto, então o propósito dos Evangelhos é apresentar uma biografia de Jesus e de seu lugar nos propósitos histórico-redentores de Deus. De igual modo, Atos, como livro que complementa Lucas, deve ser visto pela mesma ótica, mas com o foco voltado para o papel do Espírito de Jesus agindo por meio da igreja na terra na realização de sua missão de testemunhar a todo o mundo.

Resumindo, o conceito de reino da nova criação como núcleo da narrativa do NT pode ser entendido como um esqueleto temático de doutrinas que dá forma à pele, que consiste em diversos outros elementos não tão intimamente ligados, no aspecto orgânico ou temático, à estrutura do esqueleto bíblico-teológico.[63] À luz dessa metáfora de "esqueleto e pele",[64] minha análise defende que a ideia mais abrangente da teologia do NT é mais bem formulada conforme o enredo a seguir, mencionado anteriormente neste capítulo: *A vida de Jesus, suas provações, sua morte pelos pecadores e principalmente sua ressurreição pelo Espírito deram início ao cumprimento do reino escatológico "já e ainda não" da nova criação, que é concedido pela graça por meio da fé, resultando em uma comissão universal para que os fiéis promovam esse reino de nova criação, bem como em juízo para os descrentes, tudo isso para a glória do Deus trino e uno.*[65]

Examinei a glória de Deus antes, mas quero ser bem claro sobre qual é seu preciso papel no enredo que propus. A glória de Deus é o objetivo máximo mesmo no enredo, uma vez que todos os aspectos do reino consumado da nova criação têm como propósito manifestar a glória divina de forma completa diferentemente de sua manifestação parcial na terra durante a história no período anterior à consumação (veja Nm 14.21; Ap 21.1—22.5 [p. ex., 21.10,11,23]). É natural que a glória de Deus seja o ápice do reino da nova criação, porque ela já foi predita por outros episódios que recapitulam a quase nova criação do enredo histórico-redentor do AT.[66] Nesse aspecto, a glória de Deus deve ser considerada o ponto principal do enredo, visto

---

[62]Veja Richard Bauckham, org., *The Gospels for all Christians: rethinking the Gospel audiences* (Grand Rapids: Eerdmans, 1998).

[63]Ou pode se imaginar um guarda-chuva, cujas varetas de metal formam a estrutura básica, que é coberta pelo tecido.

[64]A natureza apropriada dessa analogia foi proposta por Towner, "Response".

[65]Veja Thielman, *Theology of the New Testament*, p. 681-725. Depois de um estudo indutivo dos livros do NT, *corpus* literário por *corpus* literário, Thielman identifica os seguintes elementos principais da mensagem neotestamentária: (1) Jesus como a solução para o pecado humano; (2) a resposta de fé à iniciativa da graça de Deus; (3) o Espírito como presença escatológica de Deus; (4) a igreja como o povo de Deus; (5) a consumação. Ele conclui que Cristo é central a esses cinco elementos. Marshall (*New Testament theology*, p. 717-26), depois de seu estudo indutivo dos livros do NT, conclui que a missão é o tema unificador do NT, sendo os principais agentes Deus, Jesus e sua obra de salvação em favor dos pecadores por meio do Espírito, e a resposta fiel da igreja como o Israel renovado; essa missão será plenamente consumada no fim da história.

[66]Nesse aspecto, a glória, ou o nome grandioso, de Deus é considerada o alvo de eventos como o Êxodo, a peregrinação pelo deserto, a conquista de Canaã, a construção do Templo, o Exílio e a restauração prometida, e a vida e a morte de Jesus (segundo John Piper, *Desiring God: meditations of a Christian hedonist* [Portland: Multnomah, 1986], p. 227-38) [edição em português: *Em busca de Deus* (São Paulo: Shedd, 2008)]; Piper comprova essa ideia com vários textos bíblicos e inclui em sua análise outros importantes acontecimentos do AT e do NT [p. ex., o relato da Criação em Gênesis 1], a fim de mostrar que eles também tinham por alvo a glória divina). Esse ponto é tão importante que mereceu uma seção à parte na conclusão deste livro.

que é seu objetivo essencial, e o reino da nova criação e sua expansão constituem os meios fundamentais na busca desse objetivo. Assim, o conteúdo deste livro se concentra no penúltimo eixo ou degrau do enredo: o movimento em direção ao reino da nova criação. Portanto, o objetivo último desse eixo do enredo é a glória de Deus. Outros livros tratam desse mesmo objetivo,[67] mas este aqui se concentra nos principais meios de alcançá-lo: o movimento na direção do reino da nova criação. Fica evidente que esse é o principal degrau para chegar à glória divina porque Gênesis 1—3 e a última visão de Apocalipse (21.1—22.5) formam uma moldura (*inclusio*) para toda a Bíblia (como argumentei no cap. 1, seção "Os episódios de juízo cósmico e de nova criação repetidos no Antigo Testamento"). Gênesis 1—3 concentra-se em Adão como um rei que devia expandir o reino da nova criação para a glória de Deus, mas não conseguiu, e Apocalipse 21 concentra-se em mostrar que o que Adão deveria ter feito tornou-se finalmente real. Sem dúvida, existem outras facetas teológicas entre o início e o fim dessa *inclusio* bíblica, mas, como defendo ao longo deste livro, o movimento na direção do reino da nova criação para a glória divina forma seus principais contornos.

Pode-se, com toda a razão, perguntar se eu estaria disfarçando a metáfora de um "centro" com a minha preferência pela terminologia de "enredo" ou "trama narrativa", de modo que em última análise as duas são em essência a mesma coisa. Se isso fosse verdade, minha crítica metodológica à procura de centros se aplicaria também a meu método de enredo. Acredito, porém, que a diferença entre as duas seja que o núcleo do enredo ("reino da nova criação") vem imediatamente antes da glória divina, e as outras ideias do enredo são essenciais para entender o movimento na direção do reino da nova criação. No entanto, é preciso manter em mente as outras partes do enredo para que não haja distorção de seu núcleo nem de seu alvo. Uma vez que é legítimo identificar um núcleo e um alvo do enredo, minha discussão sobre distinguir entre centros e enredos é ao menos plausível da perspectiva metodológica. Se ainda houvesse resistência a esse raciocínio, eu reagiria confirmando o enredo e deixando-o assim mesmo, sem a busca de um núcleo. Mesmo assim, este livro se concentra na parte do enredo relacionado ao movimento escatológico na direção do reino da nova criação. Mesmo que meu enredo não seja acolhido como central, espero que os leitores compreendam a perspectiva do "reino da nova criação 'já e ainda não' dos últimos tempos" e as ideias que ela tem a oferecer para o entendimento do NT.

---

[67]P. ex., em relação ao NT, veja Thomas R. Schreiner, *Paul, apostle of God's glory in Christ: a Pauline theology* (Downers Grove: InterVarsity, 2001); [edição em português: *Teologia de Paulo: o apóstolo da glória de Deus em Cristo* (São Paulo: Vida Nova, 2015)]. ibidem, *New Testament theology: magnifying God in Christ* (Grand Rapids: Baker Academic, 2008). Em relação à glória como foco central de ambos os Testamentos, veja Piper, *Desiring God*; Hamilton, "Glory of God in salvation", p. 57-84; ibidem, *God's glory in salvation through judgment: a biblical theology* (Wheaton: Crossway, 2010).

Segunda parte

A NARRATIVA DA TRIBULAÇÃO INAUGURADA DOS ÚLTIMOS TEMPOS

6

A grande tribulação escatológica iniciada em Jesus e na igreja

A última parte do capítulo 2 procurou demonstrar que as expressões relacionadas aos "últimos dias" no AT referem-se a condições escatológicas futuras não cumpridas no período do AT. Vimos nos capítulos 4 e 5 que as profecias dos últimos dias começaram a se cumprir com a primeira vinda do Messias e se consumarão em sua segunda vinda. No capítulo 2, as principais ideias escatológicas reveladas no estudo inicial das condições que ainda não se cumpriram foram as seguintes:

1. um período final de tribulação sem igual perpetrada contra o povo de Deus por um adversário dos últimos tempos que engana e persegue; em face dessa tribulação, os crentes precisarão de sabedoria para não fazer concessões; depois disso eles serão
2. libertados e
3. ressuscitados, e seu reino será restabelecido;
4. nesse tempo futuro, Deus governará a terra
5. por meio de um rei davídico futuro que derrotará toda oposição e reinará em paz em uma nova criação sobre
6. as nações e
7. sobre o Israel restaurado,
8. com o qual Deus fará uma nova aliança e
9. sobre o qual derramará seu Espírito, e
10. reconstruirá o templo entre os israelitas.

Também observamos que os conceitos de reino, rei e governo sobre as nações às vezes se desenvolvem em associação com o cumprimento das promessas de bênção adâmico-patriarcais. Nessa associação, Gênesis 1—3 revela que Adão devia ter reinado como um rei-sacerdote consumado à imagem perfeita de Deus. Sua incapacidade de realizar essa tarefa diante das provações e dos enganos satânicos criaram a necessidade de que outra figura adâmica viesse e cumprisse a comissão do primeiro Adão.

O propósito do restante deste livro é investigar esses conceitos escatológicos e bíblico-teológicos principais delineados nos capítulos 1 e 2, bem como de alguns temas vinculados e subordinados. Esse procedimento consiste em estabelecer os principais temas proféticos do AT e em seguida verificar como eles são desenvolvidos no NT com relação a seu cumprimento.

O pressuposto desse raciocínio é que os dois Testamentos são unificados por um único autor divino, embora seja inevitável, por causa da particularidade e do progresso da narrativa da redenção, haver certa diversidade que nem sempre é facilmente harmonizável. Entretanto, este projeto se chama *Teologia Bíblica do Novo Testamento* porque procura investigar a teologia do NT à luz de seu contexto veterotestamentário. Isso significa que minha interpretação da teologia do NT não se fundamenta apenas em um estudo do NT, mas é formulada também com base em minha análise anterior das ideias escatológicas e bíblico-teológicas do AT, e tal análise determina o que vou investigar no NT.

O tema da tribulação escatológica será tratado inicialmente neste capítulo que é o primeiro dos que formam a parte principal do livro e que analisa como as diferentes ideias teológicas principais do NT são aspectos de minha proposta de enredo do NT: *A vida de Jesus, suas provações, sua morte pelos pecadores e principalmente sua ressurreição pelo Espírito deram início ao cumprimento do reino escatológico "já e ainda não" da nova criação, que é concedido pela graça por meio da fé, resultando em uma comissão universal para que os fiéis promovam esse reino de nova criação, bem como em juízo para os descrentes, tudo isso para a glória do Deus trino e uno.* A discussão sobre o tema da tribulação do fim dos tempos neste capítulo é uma tentativa de desenvolver melhor o estudo dessa parte do enredo do NT que diz respeito às "provações" escatológicas de Jesus.

O tema da tribulação é o primeiro a ser estudado por ser o acontecimento inicial a sobrevir ao povo de Deus no período escatológico. Esse povo será libertado da tribulação e, depois, desfrutará todas as outras promessas proféticas dos últimos dias mencionadas anteriormente (conforme veremos, p. ex., segundo as profecias de Dn 7—12).[1] Normalmente, o AT e o judaísmo retratam a tribulação ocorrendo imediatamente antes dos outros aspectos multifacetados do cumprimento inicial do reino e da nova criação profetizados.

Essa tribulação escatológica profetizada talvez corresponda melhor ao padrão do AT de recapitulação do caos, conforme estudado no capítulo 1 (no subtítulo "Os episódios de juízo cósmico e de nova criação repetidos no Antigo Testamento") e formulado em meu enredo do AT assim: *O Antigo Testamento é o registro da ação de Deus, que restaura progressivamente do caos seu reino escatológico de nova criação sobre um povo pecador por sua palavra e seu Espírito, mediante promessa, aliança e redenção, o que resulta em uma comissão mundial dos fiéis para que promovam esse reino e o juízo (derrota ou exílio) aos infiéis para a glória de Deus.* Como vimos e ainda veremos, o elemento do caos no padrão de recapitulação do AT se manifesta na tribulação das pragas do Êxodo e nas provações que Israel experimentou quando foi para o Exílio na Babilônia (veja Is 45.18,19; Jr 4.23-28).[2] Portanto, o caos das pragas do Êxodo passa a ser visto depois como padrão da tribulação do fim dos tempos, que é retratada na série de pragas das trombetas e das taças no livro de Apocalipse. Esse modelo de provação do fim dos tempos também se revela nas provações inauguradas do ministério de Jesus e da igreja, como examinaremos neste capítulo.

Também veremos na última seção principal deste capítulo que o ataque diabólico com testes de engano que levaram o primeiro Adão a cair na primeira criação devem se repetir no

---

[1] É verdade, porém, que existe um sentido em que os opressores do Israel do fim dos tempos, conforme Daniel e Ezequiel 38 e 39, perseguem o povo *depois* que este havia sido restaurado do cativeiro à terra da promessa, algo que em si era considerado o início do cumprimento das profecias dos últimos dias para Israel, como vimos na análise anterior de Deuteronômio 4.27-31; 31.29. De modo interessante, Deuteronômio 4.29,30 também diz que a restauração "nos últimos dias" acontecerá em meio à "tribulação" (LXX: *thlipsis*). Portanto, parece que da perspectiva do AT existem duas fases de tribulação escatológica para Israel: (1) a provação da qual o povo é inicialmente libertado e (2) uma provação posterior que acontecerá algum tempo depois de sua libertação.

[2] Sobre essa questão, veja o cap. 26, seção "Engano, provações, perseguição e destruição cósmica como tribulação".

fim dos tempos. Portanto, o Adão futuro dos últimos tempos enfrentará a mesma tempestade de mentiras. Todavia, ao contrário do primeiro Adão, o Adão escatológico resistirá aos ataques e derrotará as forças do Maligno. Do mesmo modo, seus seguidores serão submetidos a essa tribulação recapitulada de mentiras e também a vencerão por meio da identificação com seu líder dos últimos dias, que lhes deixou o exemplo.

A tribulação do fim dos tempos no Antigo Testamento

O estudo do vocabulário relacionado ao "fim dos tempos" no AT feito no capítulo 2 e em parte do capítulo 4 revelou algumas referências à predição de uma tribulação vindoura para o povo de Deus. Ezequiel 38.10-16 profetiza que um inimigo vindo do norte invadirá e oprimirá Israel quando o povo estiver "tranquilo" e "vivendo em segurança" em sua terra depois de retornar do exílio. Daniel 7—12 identifica a provação do Israel dos últimos dias em uma época posterior à restauração inicial na terra, mas antes da consumação das diversas profecias associadas com a volta de Israel do Exílio (p. ex., ressurreição e nova criação). Mais especificamente, os comentaristas identificam a provação na época do último reino mundial (Daniel 2 também profetiza a derrota do quarto e último reino mundial antiteocrático).[3] A provação do fim dos tempos de Daniel 7—12 envolve os seguintes aspectos:

1. o período de engano do inimigo do fim dos tempos, isto é, a distorção da verdade de Deus promovida por esse inimigo ao influenciar o surgimento de falsos mestres que se infiltrarão na comunidade da aliança e ao encorajar a infidelidade à aliança;
2. a perseguição dos santos pelo inimigo,
3. a profanação do templo pelo inimigo,
4. a oposição do inimigo a Deus, e
5. o posterior juízo final do inimigo.

Posso resumir a discussão desse contexto veterotestamentário da tribulação escatológica, pois foi consideravelmente tratado no capítulo anterior. Por isso, vou incluir um pouco dessa análise na discussão a seguir sobre o judaísmo e particularmente sobre o NT.

A tribulação do fim dos tempos no judaísmo antigo

Vimos no capítulo 3 que o judaísmo prevê um aumento de erros doutrinários, falsos ensinos e engano nos últimos dias que levam ao juízo final do mal e à consumação do reino de Deus. Do mesmo modo, vimos as referências à prática do mal por Israel no período escatológico. Além disso, no período do fim dos tempos que precede a consumação da história, os santos experimentarão intenso sofrimento, incluindo perseguição por causa da fé, e a humanidade passará por todos os tipos de terríveis provações, que envolvem guerras e distúrbios do mundo natural.

Em *2Baruque* 25—27, lemos que as "grandes tribulações" do fim consistirão em distúrbios da natureza com um aumento significativo de pecado ou da atividade demoníaca.[4] O *Quarto Livro de Esdras* 5.1-19 declara a mesma coisa, mas com o acréscimo de que "o caminho da verdade será ocultado, e a terra não produzirá mais fé" em uma grande tribulação.[5] Alguns textos

---

[3] Os estudiosos debatem se esse quarto reino é a Grécia ou Roma, mas, para nossos propósitos aqui, não é necessário nos envolvermos com esse debate.

[4] Assim tb. *2Br* 70.2-8; *4Ed* 6.24; 15.3-19; 16.18-39,74. *Quarto Esdras* 15.3-19 inclui a perseguição dos santos, assim como *T. Mois.* 8.1-5; *Apoc. Gr. Ed.* 3.11-16.

[5] Os textos a seguir contêm as mesmas ideias, entre elas o declínio da verdade e da fé: *m. Soṭah* 9.15; *Or. Sib.* 2.154-174; *1En* 91.5-9; *4Ed* 14.14-18; *b. Sanh.* 97a.

enfatizam apenas os distúrbios do mundo natural (*4Ed* 9.2-4). A comunidade de Qumran previa uma batalha escatológica final entre "os filhos da luz" e os "filhos das trevas", "em um tempo de sofrimento para todo o povo redimido de Deus" (1QM I:11-12 [igualmente XV:1]), que será purificado por esse sofrimento (4Q174, frags. 1, II,3,24,5.1-4a).[6]

A tribulação "já e ainda não" do fim dos tempos no Novo Testamento

A provação dos últimos dias profetizada e cumprida inicialmente no NT concentra-se no ensino enganoso e na perseguição, em vez de focalizar o caos da destruição cósmica, contudo a forma consumada da tribulação terá todos esses aspectos.

O Filho do Homem e a grande tribulação

Vou tratar em mais detalhes do tema do "Filho do Homem" no AT e nos Evangelhos em uma seção posterior que analisa a cristologia. Mesmo assim, o assunto precisa ser parcialmente estudado aqui, pois é bem pertinente para o nosso tema da tribulação, principalmente o modo que Daniel 7 apresenta esse personagem.

A IDENTIFICAÇÃO DO FILHO DO HOMEM EM DANIEL 7

Quando leciono Daniel 7, antes de tudo, peço aos alunos que leiam os versículos 15-28 em silêncio e com muita atenção. Antes da leitura, porém, faço-lhes um resumo dos versículos 1-14. Daniel tem uma visão em que surgem, um após o outro, quatro animais do mar agitado pelo vento. A visão continua com uma descrição do "Ancião de Dias" assentado sobre seu trono (v. 9,10), depois com o último animal submetido a juízo (v. 11,12) e finalmente "alguém semelhante a Filho de Homem" que se aproxima do trono do Ancião de Dias e recebe domínio eterno sobre toda a terra (v. 13,14). Em seguida, explico a meus alunos que os versículos 15-28 são a interpretação formal da visão. Depois lhes digo algo aparentemente sem profundidade. Comento que a literatura visionária normalmente apresenta um modelo de visão seguido de interpretação, de modo que a parte interpretativa explica a visão; daí, digo-lhes que os versículos 15-28 tão somente interpretam a visão que aparece antes. Os alunos às vezes me olham como se eu estivesse falando para iniciantes. Então peço que comecem a ler o trecho interpretativo e me digam como Daniel interpreta a figura do "Filho do Homem", já que alguém tão importante na última parte da visão certamente seria identificado no trecho de interpretação.

Depois que os alunos terminam de ler, pergunto-lhes quem é identificado como o "Filho do Homem" de Daniel 7. É claro que nesse momento muitos alunos tiveram uma ansiedade teológica e hermenêutica, pois descobriram que a interpretação parece não identificar o "Filho do Homem" como uma figura messiânica individual. A expressão "Filho do Homem" nem sequer ocorre no trecho interpretativo. A ansiedade dos alunos é grande, pois sabem, claro, que Jesus mais de uma vez se identifica como o "Filho do Homem" nos quatro Evangelhos. Depois de uns minutos de reflexão, alguns alunos apresentam uma resposta sobre a identificação: tímidos e hesitantes, alguns propõem que o "Filho do Homem" é identificado com "os santos do Altíssimo", numa referência ao Israel fiel. Eles partem do raciocínio de que o "Filho do Homem", recebendo um "reino eterno", conforme mencionado na visão, nos versículos

---

[6]Veja Brant Pitre, *Jesus, the tribulation, and the end of the exile: restoration eschatology and the origin of the atonement*, WUNT 2/204 (Tübingen/Grand Rapids: Mohr Siebeck/Baker Academic, 2005). A análise de Pitre da ideia de tribulação escatológica no judaísmo antigo é compatível com a minha aqui e em partes anteriores deste livro, mas é bem mais extensa.

13 e 14 não é mencionado nos versículos 15-28, mas apenas os "santos" de Israel, citados várias vezes, que "receberão o reino para todo o sempre":

Daniel 7.18: "Mas os santos do Altíssimo receberão o reino e o possuirão para todo o sempre; sim, para todo o sempre".
Daniel 7.22: "... até que o Ancião de Dias veio e o juízo foi executado a favor dos santos do Altíssimo; e chegou o tempo em que os santos possuíram o reino".
Daniel 7.27: "Então, a soberania, o domínio e a grandeza de todos os reinos debaixo de todo o céu serão dados ao povo dos santos do Altíssimo. Seu reino será um reino eterno, e todos os domínios o servirão e lhe obedecerão".

Depois disso, declaro: "Sim, vocês estão certos. O 'Filho do Homem' são os santos de Israel". Claro que minha afirmação gera uma pergunta: "Como entender a alegação de Jesus nos Evangelhos de que ele é o Filho do Homem?". Respondo que, embora o trecho interpretativo em Daniel 7 de fato identifique o "Filho do Homem" com os santos de Israel, há indicadores na própria visão e na explicação que vem a seguir de que o "Filho do Homem" também é um personagem messiânico. Em primeiro lugar, o fato de que essa figura "vem com as nuvens do céu" é uma descrição que chama a atenção, considerando que em outros textos é sempre Deus que viaja nas nuvens[7] (de fato, os rabinos chegam algumas vezes a se referir a Deus como o "cavaleiro das nuvens"). Isso significa que o Filho do Homem é retratado como um ser divino quando se aproxima do trono do Ancião de Dias. Uma importante versão da LXX (GA) interpreta o texto da seguinte forma: "Nas nuvens do céu veio alguém como um Filho do Homem, e ele veio como o Ancião de Dias" (enquanto o aramaico e a LXX de Teodocião trazem "ele veio até o Ancião de Dias"). Portanto, a mais antiga tradução existente de Daniel 7.13 retrata o Filho do Homem como uma divindade semelhante ao Ancião de Dias.[8]

Uma parte da interpretação também indica que o "Filho do Homem" poderia ser tanto um rei messiânico quanto os santos israelitas. Os quatro animais são mencionados no versículo 17 como "reis" e no versículo 23 como "reinos", em uma evidente distinção entre os reis individuais e os reinos que eles governam e representam, apesar de também haver algum tipo de identificação desses reis com seus reinos. Alguns teólogos do AT têm se referido a esse tipo de relação como "o um e os muitos" ou "representação coletiva", pela qual um rei, sacerdote ou pai representam respectivamente um reino, uma nação, uma família. Embora, certamente, o rei, o sacerdote ou o pai sejam, a rigor, distintos do que eles representam, cada um é identificado coletivamente e representa o reino, a nação ou a família. Essa relação significa que o que se aplica ao representante também se aplica ao representado. No caso de Daniel 7, o trecho interpretativo refere-se ao Filho do Homem como a nação israelita fiel, provavelmente porque ele, como rei individual de Israel, representa em si tudo o que resume o povo. Por isso, determinadas ações dele podem representar o povo e vice-versa. A identidade geral de ambos também é a mesma. Tanto um quanto outro podem ser concebidos como Israel (assim como a batalha entre Davi e Golias pode ser considerada uma batalha entre Israel e os filisteus).

No final de Daniel 7.27 há um último indício possível sobre o Filho do Homem ser um indivíduo: "A soberania, o domínio e a grandeza de todos os reinos debaixo de todo o céu serão dados ao povo dos santos do Altíssimo. Seu reino será um reino eterno, e todos os domínios o servirão e lhe obedecerão". Com base nos versículos 13 e 14, alguns comentaristas consideram que os pronomes "seu", "o" e "lhe" na parte final do versículo 27 se referem ao

---

[7]P. ex., 2Sm 22.10-12; Jó 22.14; Sl 97.2-5; 104.3; Jr 4.13; Na 1.3.
[8]Outras interpretações antigas de Daniel 7.13 no judaísmo serão analisadas no cap. 12, que trata sobre cristologia.

Filho do Homem como se fosse um indivíduo. Entretanto, antes de tudo, essa identificação pressupõe que a figura dos versículos 13 e 14 é apenas um indivíduo. Embora isso seja possível, em especial à luz dos indicadores desse tal indivíduo já mencionados em Daniel 7, a última parte do versículo 27 é no mínimo ambígua. A identificação mais provável é que "seu", "o" e "lhe" se refiram diretamente ao termo antecedente, o "Altíssimo"; ou, de modo possível, os pronomes no singular refletem uma referência coletiva à palavra "santos" imediatamente anterior do versículo 27a (veja, p. ex., RSV, ESV). Desse modo, o "reino" no fim do versículo 27 é o reino do "Altíssimo" ou o reino dos "santos".

O Filho do Homem, os santos e a tribulação em Daniel 7

Depois de identificar o "Filho do Homem" em primeiro lugar com os santos e, em segundo lugar, com um rei individual, agora posso analisar a questão da tribulação retratada em Daniel 7. Vimos, anteriormente, que Daniel profetiza três vezes que os santos receberão um reino (v. 18,22,27). Os versículos 21 e 22 afirmam que Israel, imediatamente antes de tomar posse do reino, sofrerá uma provação intensa imposta pelo adversário do fim dos tempos: "Enquanto eu olhava, vi que o chifre fazia guerra contra os santos e prevalecia sobre eles, até que veio o Ancião de Dias e o juízo foi executado em favor dos santos do Altíssimo; e chegou o tempo em que os santos possuíram o reino". Os versículos 23-27 fazem a mesma declaração, como enfatiza o versículo 25: "Ele falará contra o Altíssimo e causará dano aos santos do Altíssimo; pretenderá mudar os tempos e a lei; e eles lhe serão entregues na mão por um tempo, tempos e metade de um tempo".[9] Os versículos 17 e 18 deixam subentendido o mesmo padrão de opressão dos santos seguido por seu recebimento do reino. Se, como já argumentei antes, os santos de Israel são a principal identificação interpretativa que os versículos 15-28 dão a "Filho do Homem" nos versículos 13 e 14, então os versículos 15-28 estão dizendo que Israel, como o Filho do Homem, deverá passar pela tribulação do tempo do fim antes de receber o reino. Ademais, se eu estiver certo em dizer que Daniel 7, ainda que sutilmente, também identifica o Filho do Homem com um rei do fim dos tempos, um indivíduo, que representa Israel, então parece provável que ele também passe pela provação final imposta pelo inimigo escatológico antes de receber o reino.[10]

A provação do Filho do Homem e o reino nos Evangelhos

Em um capítulo posterior, vamos estudar em mais detalhes o Filho do Homem nos Evangelhos e no judaísmo antigo. Aqui, focalizaremos apenas os textos dos Evangelhos que se referem ao sofrimento ou à vida aparentemente humilhante do Filho do Homem. Há dois tipos de textos: (1) os que estão ligados ao ministério de Jesus anterior à crucificação e os (2) que se referem à sua morte na cruz.

Referências ao ministério de Jesus anterior à crucificação

Em primeiro lugar, existem as referências concernentes ao ministério de Jesus anterior à crucificação. Alguns exemplos são as seguintes:

---

[9]Não se deve esquecer de que vários manuscritos e versões da LXX, bem como os pais da igreja, substituem "causará dano" (*katatribō* [GA], *palaioō* [Θ] = aram., *yĕballē*') por *planaō* ("enganará"), de modo que o opositor do fim dos tempos é retratado aqui como alguém que "engana" os santos. Veja o aparato textual em Joseph Ziegler, ed., *Septuaginta* (Göttingen: Vandenhoeck & Ruprecht, 1999), vol. 14.2: *Susanna, Daniel, Bel et Draco*.

[10]A primeira vez que deparei com essa interpretação do Filho do Homem em relação à provação dos santos foi em R. T. France, *Jesus and the Old Testament: his application of Old Testament passages to himself and his mission* (Downers Grove: InterVarsity, 1971), p. 128-30; contudo, na época em que escreveu, o próprio France não defendia essa interpretação.

Mateus 8.20: "Jesus lhe respondeu: 'As raposas têm tocas, e as aves do céu, ninhos; mas o Filho do Homem não tem onde repousar a cabeça'" (// Lc 9.58).

Mateus 11.19: "O Filho do Homem veio comendo e bebendo, e dizem: 'É um glutão e beberrão, amigo de cobradores de impostos e pecadores'. Mas a sabedoria é comprovada por suas obras" (// Lc 7.34).

Marcos 10.45: "Pois o próprio Filho do Homem não veio para ser servido, mas para servir e dar sua vida em resgate de muitos" (// Mt 20.28).

Lucas 19.10: "Porque o Filho do Homem veio buscar e salvar o que se havia perdido".

Cada uma dessas ocorrências de "Filho do Homem" tem algum grau de vínculo com Daniel 7.13. Algumas passagens têm ligações mais claras que outras, como se pode observar pelo uso da linguagem em comum com Daniel 7.13. Na tabela 6.1, observe-se a linguagem paralela entre Daniel 7.13 e algumas expressões dos Sinóticos relacionadas acima.

Tabela 6.1

Daniel 7.13 (GA)	Mc 10.45 (// Mt 20.28)
"Alguém como um filho de homem vinha [...], e todos [...] o estavam servindo."	"Pois o próprio Filho do Homem não veio para ser servido, mas para servir e dar sua vida em resgate de muitos."

Embora o foco dessa passagem seja provavelmente a morte de Jesus, a referência à sua "vinda" com toda probabilidade envolve seu ministério anterior quando começou a "servir", que tinha como alvo final seu sofrimento de morte. Enquanto a visão de Daniel retrata o Filho do Homem cercado por uma majestosa hoste de anjos (cf. Dn 7.9,10) aproximando-se do trono divino celestial para receber autoridade sobre um reino cósmico universal, Marcos 10.45 descreve Jesus dando início ao cumprimento da profecia de Daniel de um modo bem distinto do que havia sido profetizado. É provável que a passagem seja uma alusão a Daniel 7.13, embora seja discutível se o seu propósito é ser uma simples analogia à figura em Daniel 7 ou uma referência ao cumprimento inicial daquela visão profética. Não há nenhuma fórmula de cumprimento, e o vocabulário não parece indicar que Jesus está de fato recebendo um reino em seu ministério, mas, sim, que ele está "servindo", em vez de ser "servido"; e Jesus serve mediante o sofrimento, cujo ápice é a morte (evidentemente subentendida). Apesar desses dois fatores, talvez seja melhor considerar a expressão como indicadora de cumprimento inaugurado. A razão disso é que muitas referências a profecias do AT que indicam cumprimento não têm fórmulas de cumprimento. A menos que evidências do contexto demandem uma simples aplicação analógica de uma profecia do AT, o contexto profético da referência veterotestamentária deve ser trazido para o contexto do NT, de modo que o cumprimento esteja provavelmente em mente. Por isso, o sofrimento de Jesus em seu ministério e sua morte iminente seriam o início do cumprimento da profecia de Daniel.

Se, porém, essa passagem tem esse cumprimento em mente, como explicar o uso da vinda do Filho do Homem, que evidentemente é diferente daquele descrito em Daniel 7? Marcos 10.45 vê o cumprimento de Daniel ocorrendo de modo inesperado até aqui. Ou seja, Jesus começa a realizar a profecia exercendo, antes de tudo, autoridade para redimir e assim serve a seu povo sofrendo em favor deste para lhe garantir a redenção; em seguida, o povo servirá a Jesus. Por isso, a vinda de Jesus em seu ministério é o início de sua aproximação vitoriosa do trono descrita em Daniel 7. Nesse sentido, podemos dizer que ela é como um "irônico" cumprimento inaugurado de Daniel 7.13,14.

R. T. France rejeita as tentativas de considerar esse versículo uma alusão a Daniel 7.13. Ele menciona C. K. Barrett, que sustenta que, se os santos devem passar por sofrimento e opressão antes de receber um reino, o Filho do Homem também tem de passar, visto ser representante deles, devendo se identificar com seu povo. Portanto, também precisa sofrer antes de receber o reino.[11]

France apresenta argumentos contra essa posição. Em primeiro lugar, ele diz que em nenhuma passagem de Daniel se menciona que o Filho do Homem sofre ou se identifica com o sofrimento dos santos. Ele está associado apenas com um reino. Entretanto, como já observamos, apoiar a perspectiva de Barrett é ver em Daniel 7 algum grau de identificação representativa entre o Filho do Homem e os santos israelitas. Nesse caso, deve se reconhecer que a ideia do sofrimento do Filho do Homem está implícita no próprio texto de Daniel 7. Assim, a referência que Jesus faz a si mesmo como "Filho do Homem" sofredor talvez não seja tão inesperada como cumprimento inicial de Daniel 7 quanto pode parecer à primeira vista.

Em segundo lugar, France observa que, mesmo que se aceite o argumento de Barrett, o sofrimento substitutivo ou vicário do Filho do Homem não é declarado nem subentendido em Daniel 7. Isso é verdade, mas o padrão geral de sofrimento que conduz a um reino não deixa de ser viável, e o elemento vicário ainda deve ser visto como consequência da fusão do sofrimento redentor do Servo da profecia de Isaías (53.11,12) com a alusão de Daniel 7.13,14 (embora deva ser lembrado que o sofrimento do "Messias" é claramente predito em Daniel 9.26).

Por fim, France sustenta a ideia de que Jesus se refere com clareza ao Filho do Homem de Daniel 7.13,14 na forma de citações aplicadas apenas à sua exaltação triunfal pós-ressurreição (por isso, ele vê somente sete referências de Jesus a Daniel 7.13,14 nos Evangelhos Sinóticos). A maioria dos comentaristas não seria tão rigorosa quanto France em limitar o número de referências a Daniel 7.13 e afirmaria que há uma série de outras claras alusões. Deve-se acrescentar que é igualmente errado eliminar uma alusão a Isaías 53 em Marcos 10.45.

A maioria dos comentaristas não presta atenção suficiente à plena natureza daniélica de Marcos 10.45. A declaração surge em um contexto em que o tema da discussão é a hierarquia no reino escatológico (10.37,40). Jesus declara que o modelo de hierarquia de seu reino é o oposto do modelo dos reinos terrenos — ou seja, tem uma lei completamente contrária a deles (10.42-44). Tudo isso está inserido em um contexto mais amplo de "reino" (10.14,15,23-25; 11.9,10). Em 10.45, Jesus aplica esse conceito paradoxal de reino a si mesmo. A alusão a Daniel 7 não só é evidente nas palavras de Jesus sobre a "vinda" do Filho do Homem, mas também seu ato de "servir" aos outros, nesse contexto, parece um desenvolvimento paradoxal da profecia de Daniel 7.14 de que todas as nações haveriam de o "servir".[12]

Agora, voltamos à questão de como tudo isso se relaciona com a inauguração da grande tribulação do fim dos tempos. A profecia de Daniel 7 sobre o sofrimento de Israel e o reino do Filho do Homem começou a se cumprir no ministério de Jesus e culminou com sua

---

[11]C. K. Barrett, "The background of Mark 10:45", in: A. J. B. Higgins, org., *New Testament essays: studies in memory of Thomas Walter Manson, 1893-1958* (Manchester: Manchester University Press, 1959), p. 13-4. Veja outros estudiosos que defendem essa posição nas fontes citadas por France, *Jesus and the Old Testament*, p. 128, nota 187.

[12]Marcos usa *diakoneō*, ao passo que o GA traz *latreuō*, e Θ apresenta a leitura *douleuō*; mas, *diakoneō* pode muito bem ser uma boa tradução da palavra aramaica correspondente a "servir" (p. ex., veja o paralelismo comparativo de *diakonos* e *syndoulos* em Cl 1.7; 4.7). Para uma interação com outras posições sobre o contexto do AT de Marcos 10.45, veja France, *Jesus and the Old Testament*, p. 116-23. Apesar de France não estar convencido de que Marcos 10.45 é uma alusão a Daniel 7.13, em seu comentário de Marcos publicado décadas depois ele reconhece uma combinação de Daniel 7.13 com Isaías 53.10-12 (veja R. T. France, *The Gospel of Mark: a commentary on the Greek text*, NIGTC [Grand Rapids: Eerdmans, 2002], p. 419-21).

morte. Mas o sofrimento que Daniel prediz que antecederia o reino tem sido combinado com a própria inauguração do reino, de modo que Jesus deve ser visto como aquele que inicia o estabelecimento do reino em meio ao próprio sofrimento. Isso ressalta o elemento de cumprimento paradoxal, aludido anteriormente. Sem dúvida, hoje é praticamente um ponto pacífico entre os estudiosos reconhecer que Jesus inaugurou o reino em seu ministério terreno, mas não são muitos que têm consciência suficiente de que a tribulação escatológica também teve início durante seu ministério e implica níveis variados de sofrimento, e que, para Jesus, esse sofrimento se consumou na cruz.[13]

Lucas 19.10 é bem semelhante a Marcos 10.45, assim como Lucas 7.34 (veja tabela 6.2), embora a última passagem mereça ser estudada com mais profundidade.

Tabela 6.2

Daniel 7.13 (GA)	Lucas 7.34; 19.10
"Alguém como um filho de homem vinha..."	7.34: "O Filho do Homem veio comendo e bebendo, e dizeis: 'É um glutão e beberrão, amigo de cobradores de impostos e pecadores'".
	19.10: "Porque o Filho do Homem veio buscar e salvar o perdido".

Ao contrário de Daniel 7, que retrata o Filho do Homem cercado por uma hoste majestosa de anjos (cf. v. 9,10) ao aproximar-se do trono divino celestial para receber um reino, Lucas 7.34 descreve Jesus como aquele que começa a cumprir a profecia de Daniel de uma forma claramente distinta do que havia sido profetizado. A construção "O Filho do Homem veio" é suficiente para identificar uma alusão a Daniel e, como em Marcos 10.45, é melhor supor que Lucas tem em vista um cumprimento inicial, e não uma simples analogia com o Filho do Homem de Daniel. Chama a atenção que os que cercam o Filho do Homem não são anjos, como em Daniel 7, mas os acompanhantes de Jesus são cobradores de impostos e pecadores. Mais uma vez, parece que isso faz parte de sua vinda vitoriosa oculta para receber autoridade sobre um reino, o qual tem início de fato antes de sua morte e ressurreição. Apesar de não haver aqui menção explícita de sofrimento, sua aparência desprezível, sem nobreza alguma, é ridicularizada e condenada pelos líderes religiosos. Embora vários acadêmicos tenham achado que a frase sobre a "sabedoria" em Lucas 7.35 fosse uma informação de tradição desconexa, inserida aleatoriamente, a oração gramatical de fato tem tudo a ver: "Mas a sabedoria é comprovada por todos os seus filhos". Jesus é um dos sábios filhos de Deus (ele é o "Filho"), e a sabedoria de Deus ao inverter os valores do mundo de cabeça para baixo se exemplifica nele. A sabedoria do mundo julgou-o uma figura desprezível, mas na verdade ele era um filho fiel que perseverava em meio ao sofrimento e aos insultos e ao mesmo tempo inaugurava seu reino. A sábia maneira paradoxal de Deus introduzir o reino por meio de Jesus foi confirmada na ressurreição dele e ainda será no fim das eras na ressurreição que ele dará a todos os santos que seguiram o mesmo caminho paradoxal de Jesus.

Esse tratamento com desprezo faz parte da tribulação do fim dos tempos que Jesus começou a sofrer durante seu ministério em cumprimento parcial de Daniel, o que faz lembrar mais uma vez que o Filho do Homem se identifica com os santos de Israel, os quais, segundo a profecia, haveriam de sofrer.

---

[13]Uma das exceções importantes é o estudo de Pitre, *Jesus, the tribulation, and the end of the exile*, que também analisa obras anteriores importantes que o precederam no estudo desse assunto.

Referências à morte de Jesus na cruz

A tribulação escatológica que Jesus começou a experimentar durante seu ministério se consumou em sua morte na cruz. E o segundo grupo de passagens que falam do Filho do Homem sofredor se concentram neste último aspecto.

Mateus 12.40: "Pois, assim como Jonas esteve três dias e três noites no ventre do grande peixe, assim o Filho do Homem estará três dias e três noites no coração da terra".

Mateus 17.9: "Enquanto desciam do monte, Jesus lhes ordenou: 'A ninguém conteis a visão, até que o Filho do Homem seja ressuscitado dentre os mortos'" (// Mc 9.9).

Mateus 17.12: "Digo-vos, porém, que Elias já veio, e eles não o reconheceram; mas fizeram-lhe tudo o que quiseram. Assim também o Filho do Homem sofrerá nas mãos deles" (cf. Mc 9.12,13).

Mateus 17.22: "Reunindo-se eles na Galileia, Jesus lhes disse: 'O Filho do Homem está para ser entregue nas mãos dos homens'".

Mateus 20.18: "Eis que estamos subindo para Jerusalém, e o Filho do Homem será entregue aos principais sacerdotes e aos escribas, e eles o condenarão à morte".

Mateus 20.28: "Assim como o Filho do Homem não veio para ser servido, mas para servir e dar sua vida em resgate de muitos".

Mateus 26.2: "Sabeis que daqui a dois dias é a Páscoa; e o Filho do Homem será entregue para ser crucificado".

Mateus 26.24: "Na verdade o Filho do Homem vai, conforme está escrito a seu respeito; mas ai daquele por quem o Filho do Homem é traído! Para essa pessoa seria melhor que não tivesse nascido" (// Mc 14.21; Lc 22.22).

Mateus 26.45: "Então se aproximou dos discípulos e disse-lhes: 'Ainda dormis e descansais? Eis que chegou a hora, e o Filho do Homem está sendo entregue nas mãos dos pecadores'" (// Mc 14.41).

Marcos 8.31: "E começou a ensinar-lhes que era necessário que o Filho do Homem sofresse muitas coisas, fosse rejeitado pelos anciãos e principais sacerdotes e escribas, fosse morto e depois de três dias ressuscitasse".

Marcos 10.45: "Pois o próprio Filho do Homem não veio para ser servido, mas para servir e dar sua vida em resgate de muitos".

Lucas 9.22: "É necessário que o Filho do Homem sofra muitas coisas, seja rejeitado pelos anciãos, principais sacerdotes e escribas, seja morto e ressuscite ao terceiro dia".

Lucas 9.44: "Prestai muita atenção nestas palavras, pois o Filho do Homem está para ser entregue nas mãos dos homens".

Lucas 22.48: "Mas Jesus lhe disse: Judas, com um beijo trais o Filho do Homem?".

Lucas 24.7: "É necessário que o Filho do Homem seja entregue nas mãos de homens pecadores, seja crucificado e ressuscite ao terceiro dia".[14]

Assim como as referências anteriores ao ministério de sofrimento de Jesus, é provável que cada uma dessas passagens sobre o "Filho do Homem" tenha relação, em algum grau, com Daniel 7.13, embora alguns acadêmicos talvez discordem. Jesus representava e encarnava os santos de Israel como o Filho do Homem, e sua morte na cruz foi cumprimento da profecia de Daniel da grande provação do fim dos tempos, quando o inimigo escatológico oprimiria os israelitas fiéis e mataria muitos deles (profecia que, de modo implícito, inclui o Filho do

---

[14] A essa lista poderia ser acrescentada a referência ao "Filho do Homem" sendo "levantado" (Jo 3.14; 12.32,34), que tem provavelmente duplo sentido, fazendo alusão a seu levantamento na cruz e, logo depois, na ressurreição e na ascensão.

Homem como indivíduo).¹⁵ O fato é que o próprio Messias deve ser provavelmente incluído entre os que morreriam nessa perseguição dos últimos dias, uma vez que a "abominação assoladora", diretamente ligada em Daniel 9.26,27 à morte do Messias, acontece em outra passagem de Daniel nos dias da tribulação final, quando o opositor maligno persegue e mata os santos (Dn 11.30-35; 12.10,11; cf. 7.25).¹⁶

2Tessalonicenses 2 e a grande tribulação¹⁷

Ao que tudo indica, havia em Tessalônica, assim como em outros lugares, falsos mestres afirmando que o futuro advento de Jesus já havia ocorrido de algum modo espiritual, por sua vinda na pessoa do Espírito (talvez em Pentecostes) ou juntamente com a ressurreição final (espiritual) dos santos. Em resposta a essa situação, Paulo exorta a igreja a não se deixar atormentar por falsos ensinamentos (cf. 2Ts 2.1,2). Ele resume no versículo 3 o que havia acabado de dizer nos versículos 1 e 2: "Ninguém vos engane de modo algum" (v. 3a). A primeira razão por que eles não deviam deixar-se enganar é que Cristo não voltará enquanto não acontecer "primeiro" a "apostasia" ou "abandono da fé" (*apostasia*), primeiramente na igreja espalhada por todo o mundo, embora, sem dúvida, os que não creem também serão atingidos (v. 3c). Além do sinal da "apostasia", a segunda razão por que os leitores não devem deixar-se enganar crendo que Cristo já veio é que o aparecimento escatológico do anticristo também deve preceder o último advento do Messias: "o homem do pecado" precisa ser antes "revelado" (v. 3c). Portanto, não é possível que Cristo já tenha voltado, pois esses dois sinais ainda não aconteceram em sua forma plena.

No versículo 4, Paulo desenvolve a profecia de Daniel 11 (veja tabela 6.3) sobre o anticristo.¹⁸

Tabela 6.3

Daniel 11.31,36	2Tessalonicenses 2.3,4
11.31: "Forças da parte dele surgirão, que profanarão a fortaleza do <u>santuário</u> e eliminarão o sacrifício regular. Eles estabelecerão a abominação desoladora" (veja tb. 9.27; 12.11).	"... o homem da impiedade [...] que se opõe e exalta a si mesmo <u>acima de tudo</u> o que se chama <u>deus</u> ou é objeto de adoração, de modo que ele se assenta no <u>templo</u> de Deus, proclamando ser ele mesmo Deus"ᵃ (TA).
11.36: "Ele se exaltará e se engrandecerá <u>sobre todo deus</u> e dirá coisas terríveis contra o Deus dos deuses".	

ᵃPara os paralelos textuais, veja James E. Frame, *A critical and exegetical commentary on the Epistles of St. Paul to the Thessalonians*, ICC (New York: Scribner, 1912), p. 255.

---

¹⁵Que a morte dos santos está incluída na provação final fica evidente em Daniel 8.24; 11.33-35; 12.10; cf. 7.25.
¹⁶Com respeito a Jesus como o Filho do Homem representativo que sofre a grande tribulação profetizada em Daniel 7, estou de acordo com o estudo de Dale C. Allison Jr. em *The end of the ages has come: an early interpretation of the passion and resurrection of Jesus* (Philadelphia: Fortress, 1985), p. 128-41.
¹⁷Para uma análise mais completa desta seção, veja G. K. Beale, *1-2 Thessalonians*, IVPNTC (Downers Grove: InterVarsity, 2003), p. 199-221.
¹⁸Entre os que identificam algum grau de influência de Daniel em 2Tessalonicenses 2.4, estão Otto Betz, "Der Katechon", *NTS* 9 (1963): 282-4; F. F. Bruce, *1&2 Thessalonians*, WBC 45 (Waco: Word, 1982), p. 168; I. Howard Marshall, *1 and 2 Thessalonians*, NCB (Grand Rapids: Eerdmans, 1983), p. 190-1; Charles A. Wanamaker, *The Epistles to the Thessalonians: a commentary on the Greek text*, NIGTC (Grand Rapids: Eerdmans, 1990), p. 246-7; Lars Hartman, *Prophecy interpreted: the formation of some Jewish apocalyptic texts and of the eschatological discourse Mark 13 par.*, ConBNT 1 (Lund: Gleerup, 1966), p. 198-205.

Além disso, a expressão "homem da impiedade" (*anthrōpos tēs anomias*) é um eco de Daniel 12.10,11 (Θ), que tem uma incrível semelhança com Daniel 11.29-34 e se refere à aflição do tempo do fim como um período em que "os ímpios [*anomoi*] praticarão impiedade [*anomēsōsin*]; e nenhum dos ímpios [*anomoi*] entenderá" (i.e., eles desviarão ou serão desviados, ou ambos). A prática da impiedade em Daniel está diretamente ligada ao que diz Daniel 12.11 (cf. 11.31), se já não é explicada em parte por essa passagem: "o tempo em que o sacrifício regular é abolido, e a abominação desoladora for estabelecida" *no templo* pelo inimigo do fim dos tempos.[19]

Conforme já estudamos, de acordo com a profecia de Daniel 11.30-45, um último inimigo de Deus se levantará contra a comunidade da aliança. Além de perseguir, ele atacará também na forma de engano: o adversário do fim dos tempos empreenderá um ataque sutil de engano, influenciando com "palavras lisonjeiras" alguns de dentro da comunidade "que tiverem abandonado a santa aliança" (v. 30) e "tratado de forma ímpia a aliança" (v. 32), e tudo isso está por trás da referência de Paulo à "apostasia" no versículo 3.[20] O adversário diabólico influenciará essas pessoas para que elas mesmas se voltem para a "impiedade" (v. 32), façam concessões, promovam o engano e incentivem outros a fazerem concessões também. Daniel afirma que "muitos se ajuntarão a eles [os fiéis] com hipocrisia" (v. 34), alegando ser fiéis, sem que de fato sejam. Esse antagonista do fim dos tempos aparecerá abertamente diante da comunidade, "se exaltará e se engrandecerá sobre todo deus" (v. 36) e então chegará ao fim sob o juízo da mão de Deus (v. 45). Assim, Paulo está desenvolvendo a profecia de Daniel 11 e 12 nos versículos 3, 4 e seguintes.[21]

Nos versículos 3 e 4, o apóstolo disse que os leitores não deveriam deixar-se enganar pensando que a volta de Cristo já havia acontecido, pois os dois sinais da apostasia final na igreja e do aparecimento definitivo do anticristo ainda não haviam ocorrido.[22] Paulo ressalta no versículo 5 que a terceira razão por que eles não devem deixar-se enganar com essas coisas é que tudo o que acaba de lhes dizer não é novidade para os tessalonicenses. Paulo já lhes havia dito muitas vezes sobre a apostasia vindoura e o anticristo: "Não vos lembrais de que eu vos dizia essas coisas quando estava convosco?" (v. 5). Os versículos 3 e 4 são um lembrete do que já sabiam. A conclusão do lembrete é que Paulo havia percebido que os leitores estavam se tornando vulneráveis aos falsos ensinos, pois estavam no processo de se esquecer da verdade que lhes havia ensinado.

Embora tenha enfatizado a verdade de que a manifestação final do anticristo ocorrerá no futuro, nos versículos 6 e 7 Paulo avisa os destinatários da carta de que não podem relaxar e baixar a guarda contra o poder de engano do anticristo no presente. Na verdade, Paulo faz a declaração radical de que os leitores não estão mais protegidos da mentira agora do que quando o anticristo de fato chegar. Por consequência, os santos não devem supor que, só porque o anticristo ainda não veio em forma física, ele não os possa enganar no presente.

---

[19]Assim também Daniel 7.25 fala do perseguidor de Israel como aquele que se opõe à "lei" de Deus (veja William Hendriksen, *Exposition of I and II Thessalonians* [Grand Rapids: Baker Academic, 1979], p. 176).

[20]Geerhardus Vos, *The Pauline eschatology* (1930; reimpr., Grand Rapids: Baker Academic, 1979), p. 111.

[21]Não cabe aqui tentar responder se a figura satânica vai "assentar-se" em um templo de Deus no sentido literal nem se praticará os atos de engano e profanação em um templo físico, que será reconstruído em algum momento do futuro na época de Paulo. Trataremos desse assunto no cap. 18, analisando a figura do templo no NT, quando concluiremos que a igreja do tempo de Paulo e a do fim dos tempos formam o verdadeiro templo de Deus.

[22]Relacionar 2Tessalonicenses 2.1-4 com 1Tessalonicenses 5.1-8 gera um problema teológico, pois o primeiro texto afirma que há sinais que prenunciam a vinda de Cristo, e o segundo diz que não há sinais e que a volta de Cristo acontecerá de forma inesperada para todos. Veja uma solução possível para o problema em Beale, *1-2 Thessalonians*, p. 143-57, 199-211.

Vimos nos versículos 3 e 4 que Daniel 11.30-45 profetizou que um último inimigo de Deus atacaria a comunidade da aliança nos últimos dias. Essa investida assumirá três formas: perseguição, profanação do templo e engano mediante a subversão da verdade divina. Paulo diz primeiro no versículo 6 que esse adversário ainda não se manifestou em forma plena e consumada porque há algo "que o detém agora, para que seja revelado em seu tempo". O propósito da força que o restringe é impedir a manifestação do ímpio enquanto não fosse a hora certa de sua aparição. Os crentes tessalonicenses também deviam saber disso, pois essa informação faz parte das instruções que Paulo lhes dera nas visitas anteriores (v. 5). Há pelo menos sete identificações desse elemento "coibidor",[23] embora provavelmente se trate de uma força do bem, e não do mal.[24]

Apesar de dizer que o "homem da impiedade" profetizado por Daniel ainda não veio em forma encarnada plena, Paulo afirma que, em certo sentido, ele já está presente: "... o mistério [*mystērion*] da impiedade já está atuando" (v. 7). O que Paulo quer dizer com isso? Assim como a maioria dos usos que o NT faz da palavra "mistério" (*mystērion*), este também mantém estreita associação com uma referência do AT, dessa vez com Daniel 11.4. Em outras passagens, quando a palavra está assim relacionada com uma alusão ao AT, ela é empregada para indicar que a profecia está começando a se cumprir, mas de modo inesperado, ou seja, não da maneira que os leitores do AT poderiam ter esperado que a profecia se cumprisse.[25]

A razão de Paulo empregar a palavra "mistério" no versículo 7 é que ele entende que a profecia do anticristo em Daniel está começando a se cumprir na igreja tessalonicense de um modo enigmático não previsto claramente por Daniel. A palavra "mistério" (*mystērion*) ocorre com sentido escatológico somente em Daniel 2 (v. 18,19,27-30,47), e isso reforça a alusão ao livro, além do texto de Daniel 11.31,36, já analisado. Daniel diz que o último anticristo aparecerá com toda força e abertamente a todos os olhos ("ele se exaltará e se engrandecerá"), quando tentará enganar e perseguir. Paulo considera que esse inimigo ainda não chegou com toda a visibilidade que terá no fim da história, entretanto ele "já está atuando" na comunidade da aliança por intermédio de seus agentes da mentira, os falsos mestres. Com base na profecia de Daniel, esperaríamos que, quando esses enganadores do inimigo estivessem visivelmente em cena, o inimigo também estaria. O "mistério" revelado na igreja de Tessalônica é que a profecia de Daniel 11 está começando a se cumprir de forma inesperada, uma vez que o inimigo diabólico não chegou fisicamente, mas já está inspirando suas obras "ímpias" de engano por seu espírito mediante os falsos mestres (sobre isso, veja tb. 1Jo 4.1-3).

Paulo está dizendo que os falsos mestres profetizados por Daniel e Jesus (veja, p. ex., Mt 24.4,5,23,24) já estão entre seus leitores. Isso significa que a grande tribulação do tempo do fim profetizada em Daniel 11 já começou em parte. A profecia da "apostasia" e da chegada do "homem da impiedade" (no templo, como demonstrarei mais adiante)[26] na igreja da nova aliança começou a se cumprir.

Na verdade, o sinal da morte de Jesus, juntamente com as declarações de 1João 2.18 e 2Tessalonicenses 2.6,7, deixa claro que a grande tribulação, época em que o anticristo virá, já começou.[27] O anticristo profetizado já começou a infiltrar-se na comunidade da aliança e a

---

[23]Veja um excelente resumo e avaliação em Marshall, *1 and 2 Thessalonians*, p. 196-200.
[24]Para a posição de que "aquele que o detém" é o anjo Miguel, veja Beale, *1-2Thessalonians*, p. 213-21.
[25]Veja em G. K. Beale, *John's use of the Old Testament in Revelation*, JSNTSup 166 (Sheffield: Sheffield Academic Press, 1998), p. 215-72, que apresenta um panorama e uma discussão de todos os usos de *mystērion* no NT.
[26]Para uma defesa mais completa dessa ideia, veja G. K. Beale, *The temple and the church's mission: a biblical theology of the dwelling place of God*, NSBT 17 (Downers Grove: InterVarsity, 2004), p. 269-92.
[27]Esse tema foi discutido com um pouco mais de profundidade no capítulo anterior sobre escatologia do NT, mas será abordado de novo na seção a seguir sobre 1João 2.18.

profaná-la. Daniel predisse três sinais reveladores da grande tribulação: perseguição, profanação do templo e engano por meio de falsos mestres no templo e na comunidade da aliança. É evidente que a perseguição e o engano na comunidade eclesiástica começaram no primeiro século e continuam desde então. A profanação da comunidade da aliança é a entrada do espírito impuro e enganador do anticristo na comunidade sagrada da fé. O espírito impuro e enganador tenta modificar as leis de Deus. Portanto, a tribulação do fim dos tempos tem sido realidade por toda a era da igreja (sobre as perseguições em Tessalônica, veja At 17.5-8; 1Ts 1.6; 2.14; 3.3,4).

Sem dúvida, essa tribulação ainda não atingiu seu auge. Haverá um agravamento da tribulação presente quando o anticristo encarnado aparecer no fim da história (*Apoc. El.* 4.20-23 diz que o "filho da impiedade" perseguirá violentamente os santos nesse período de provação).[28] Nessa época, a perseguição e o engano, que até então tinham atingido apenas parte da igreja ao longo da história, estarão presentes na igreja em todo o mundo, momento da história em que Cristo voltará pela última vez (veja Ap 11.1-13; 20.1-10).

1João e a grande tribulação

Anteriormente, vimos que o uso de "hora" na versão GA de Daniel 8—12 traduz o vocabulário hebraico relacionado ao "fim dos tempos".[29] Minha conclusão foi que essa referência recorrente à "hora" de provação e engano do tempo do fim causada pelo adversário do fim dos tempos[30] serve de pano de fundo de 1João 2.18: "Filhinhos, esta é a última hora; e, conforme ouvistes, o anticristo está vindo, mesmo agora muitos anticristos têm surgido; por isso, sabemos que é a última hora". Assim, embora o anticristo não tenha ainda vindo em forma encarnada no fim das eras, seu "espírito" já está inspirando seus falsos mestres (1Jo 4.3). Por isso, a profecia do anticristo começou a se cumprir porque seu espírito começou a vir e influenciar seus falsos mestres a realizar sua obra de engano. A profecia começou a cumprir-se, literalmente, também no sentido de que os mestres enganadores estão atuando na comunidade da aliança, assim como Daniel profetizou que eles fariam literalmente.

Isso significa que a tribulação escatológica começou na igreja do século 1 e não é algo que acontecerá apenas em um ponto culminante do futuro.

Vimos no capítulo 4 que isso esclarece uma importante passagem de 1João: "Todo aquele que pratica o pecado também pratica a transgressão; e o pecado é a transgressão" (3.4). Alguns teólogos sistemáticos apresentam essa passagem como um bom resumo do que é o "pecado": ele é a transgressão da lei de Deus. Isso é verdade, mas o contexto dessa passagem enriquece nosso entendimento, sobretudo em relação ao início das profecias do anticristo segundo Jesus e Daniel. Observamos no capítulo 4 que Daniel 11.32 e 12.10 (GA) equiparam o "pecado" escatológico (palavras de mesma raiz que *hamartia*) à "impiedade" escatológica (palavras de mesma raiz que *anomia*) e que 1João 3.4 provavelmente reflete essa associação.[31] Portanto, o uso que João faz de "impiedade" (*anomia*) não se restringe a uma simples definição de "pecado". Antes, "pecado" é identificado como "a iniquidade", que é o estado profetizado e esperado de hostilidade nos últimos dias. Além da ideia profunda de "já e ainda não" associada à vinda do anticristo em 2.18,22, tanto 2.28 quanto 3.2,3 mantêm o foco nos temas de últimos dias, em especial a vinda futura e definitiva de Cristo. Portanto, o uso paralelo de "pecado" e "iniquidade" em 3.4 continua a soar as associações do tempo do fim.

---

[28] Veja tb. *Apoc. El.* 1.10; observe-se ainda 2.41, "o ímpio aparecerá nos lugares sagrados", o que reafirma a ideia de 2Tessalonicenses 2.3,4 (tb. *Apoc. El.* 3.5; 4.1,2).

[29] Veja a seção sobre 1João no cap. 4, com o título "Referências escatológicas nas Epístolas Gerais".

[30] Às vezes, ocorre até mesmo uma referência à "hora do fim" (*hōra synteleias*) (Dn 11.40).

[31] Veja a seção sobre 1João no cap. 4, com o título "Referências escatológicas nas Epístolas Gerais".

Nesse aspecto, Mateus 24.11,12 fala dos últimos dias como uma época em que a "impiedade" (*anomia*) se multiplicará: "o amor esfriará"[32] (Mt 7.22,23; 13.41 podem se referir à mesma coisa). A tradição judaica fala dos últimos dias como "o tempo da iniquidade de Israel", quando haverá uma luta entre o anjo da paz e Satanás (*T. Dã* 6). Assim também, de forma ainda mais clara, *Didaquê* 16.3,4 afirma:

> Pois nos últimos dias haverá muitos falsos profetas e corruptores, as ovelhas se transformarão em lobos, e o amor, em ódio. Quando a impiedade [*anomia*] aumentar, eles se odiarão, perseguirão e trairão uns aos outros. Então o enganador do mundo aparecerá como um filho de Deus e "realizará sinais e maravilhas", e a terra será entregue em suas mãos, e ele praticará abominações como nunca antes haviam acontecido.

Barnabé 4.1-6a associa as obras da "impiedade" (*anomia*) com o "engano da presente era" como elementos constituintes do quarto reino profetizado por Daniel:

> Devemos, portanto, investigar as circunstâncias presentes com muito cuidado e buscar as coisas que podem nos salvar. Portanto, abandonemos completamente todas as obras da impiedade para que elas não nos dominem, e odiemos o engano da presente era para que sejamos amados na era que há de vir. Não deixemos que nossa alma se associe com pecadores e homens do mal a fim de não nos tornarmos como eles. A última pedra de tropeço está à porta, a respeito da qual as Escrituras falam, como Enoque diz. Pois o Mestre abreviou os tempos e os dias por essa razão, que seus amados se apressem e recebam sua herança. E assim também fala o profeta: "Dez reinos dominarão sobre a terra, e depois deles se levantará um pequeno rei que subjugará três reis com um único golpe". Assim também diz Daniel sobre o mesmo rei: "E vi o quarto animal, perverso, poderoso e mais perigoso que todos os animais da terra, e vi como dez chifres dele brotaram, e destes um pequeno chifre, e como ele subjugou três chifres grandes com um único golpe". Portanto, deveis ter entendimento.

De acordo com Daniel 11 e 12 e a perspectiva de Jesus sobre isso, os últimos dias devem se caracterizar por rebeldia contra Deus na forma de apostasia da aliança ao rejeitar o verdadeiro Deus e ao praticar a injustiça. Jesus enfatiza isso mais de uma vez em Mateus 24.

Mateus 24.4: "E Jesus lhes respondeu: 'Vede que ninguém vos engane'".
Mateus 24.5: "Porque virão muitos em meu nome, dizendo: 'Eu sou o Cristo'; e enganarão a muitos".
Mateus 24.10: "Nesse tempo, muitos haverão de abandonar a fé, trair e odiar uns aos outros".
Mateus 24.11: "Surgirão muitos falsos profetas e enganarão a muitos".
Mateus 24.12: "Por se multiplicar a <u>impiedade</u>, o amor de muitos esfriará".
Mateus 24.13: "Mas quem perseverar até o fim será salvo".
Mateus 24.23: "Então, se alguém vos disser: 'Eis que o Cristo está aqui!', ou: 'Ele está ali', não acrediteis".
Mateus 24.24: "Porque surgirão falsos cristos e falsos profetas, que realizarão grandes sinais e milagres que, se fosse possível, enganariam até os eleitos".
Mateus 24.25: "Eis que eu vos tenho dito essas coisas antes que aconteçam".
Mateus 24.26: "Portanto, se vos disserem: 'Ele está no deserto', não saiais; ou: 'Eis que está dentro da casa', não acrediteis".

---

[32]Hartman (*Prophecy Interpreted*, p. 158, 207) alega que Marcos 13 (e paralelos) se baseia em uma exposição coerente ou meditação sobre Daniel 7—9, 11 e 12 (veja a discussão na íntegra nas p. 145-252). Ele também propõe que esse "*midrash*" de Daniel foi desenvolvido por Paulo em trechos de 1 e 2Tessalonicenses (p. 178-205) e em 1João (p. 237-8).

A própria previsão de Jesus se baseia em Daniel 7—12, em especial nos seguintes trechos:

Daniel 8.23: "Um rei insolente e muito habilidoso se levantará".
Daniel 8.25: "Fará o engano prosperar por meio de astúcia e sob sua influência; ele se engrandecerá em seu coração".
Daniel 11.30: "Ele será entristecido, por isso, voltará e se indignará contra a santa aliança e tomará ação. Assim, ele voltará e atenderá os que tiverem abandonado a santa aliança".
Daniel 11.32: "Ele perverterá com lisonjas os que tiverem violado a aliança, mas o povo que conhece seu Deus se tornará forte e resistirá".
Daniel 11.34: "Mas, quando forem feridos, serão ajudados com pequeno socorro; porém muitos se ajuntarão a eles em hipocrisia".
Daniel 12.10: "Muitos se purificarão, se embranquecerão e serão refinados; mas os ímpios agirão com impiedade; e nenhum deles entenderá; mas os sábios entenderão".

Parece que até o conceito de "impiedade" (Mt 24.12) de Jesus tem origem em Daniel 11 e 12. À luz dos paralelos observados e em vista de 1João 2.18,22, notamos que 1João 3.4 fala da "impiedade" que ocorrerá nos últimos dias, será influenciada pelo adversário dos últimos dias e difundida sobretudo por seus falsos mestres. João identifica os falsos mestres que está combatendo e particularmente o falso ensino deles sobre Cristo como parte do cumprimento inicial da impiedade profetizada que deve ocorrer na comunidade dos santos no *escathon*.

A relação de 1João 2 e 3 com 2Tessalonicenses 2

Ao relembrar as passagens sobre o anticristo em 1João 2.18,22; 3.4, vemos que 2Tessalonicenses 2 parece falar da mesma expectativa ao se referir à vinda futura do "homem da impiedade" (*anomia*) em 2.3, ou "o ímpio" (*ho anomos*) em 2.8, ou "o mistério da impiedade" (*anomia*) em 2.7. Os outros paralelos entre as duas passagens mostram que elas têm em mente a mesma expectativa escatológica:

1. ambas têm contexto escatológico,
2. em que há engano em relação à verdade (2Ts 2.3,10; 1Jo 2.26,27) e apostasia (2Ts 2.3; 1Jo 2.19);
3. uma figura do anticristo se opondo a Deus (2Ts 2.3; 1Jo 2.18; 4.3);
4. a palavra "vinda" (*parousia*) (1Jo 2.28) é usada para se referir tanto à vinda futura de Cristo quanto à do homem do pecado (2Ts 2.8,9),
5. ocasião em que Cristo o destruirá (2Ts 2.8), talvez uma alusão em parte a Daniel 11.45 (1Jo 3.8 refere-se à destruição "das obras do Diabo" inaugurada por Cristo).[33]

A ideia da grande tribulação no livro de Apocalipse[34]

A tão conhecida expressão "a grande tribulação" ocorre em Apocalipse 7.14. A passagem faz parte da sequência de uma visão dada a João que identifica de onde vêm os santos vestidos

---

[33] Observe-se até a exortação semelhante em 2Tessalonicenses 2.3 ("ninguém vos engane de modo algum") e 1João 3.7 ("ninguém vos engane"); observe-se também que em 2Tessalonicenses 2.2,3 é um "espírito" que "engana", como em 1João 4.1-4. Compare-se também a ênfase em "amor da verdade" em 2Tessalonicenses 2.10 com a de 1João 3.18 ("amemos [...] em verdade"); 2João 1; 3João 1. Para uma análise mais profunda de 2Tessalonicenses 2.1-12, veja Beale, *1-2 Thessalonians*, p. 198-224.

[34] As passagens de Apocalipse a seguir são analisadas em mais detalhes em G. K. Beale, *The book of Revelation: a commentary on the Greek text*, NIGTC (Grand Rapids: Eerdmans, 1999).

de branco: "Estes são os que vêm da grande tribulação [*tēs thlipseōs tēs megalēs*] e lavaram suas túnicas e as branquearam no sangue do Cordeiro". A passagem focaliza os crentes que haviam sido perseguidos por causa da fé durante a grande tribulação. Essa grande tribulação é na maioria das vezes identificada apenas com uma crise que virá bem no final da era, logo antes da última vinda de Cristo. Por isso, sem dúvida, alguns comentaristas não creem que a grande tribulação já começou. Entretanto, para entender melhor a natureza e o momento dessa grave provação, é importante examinar atentamente as referências à "tribulação" (*thlipsis*) e a outras ideias estreitamente relacionadas nos capítulos anteriores.

Apocalipse 1

Apocalipse 1 contém a primeira indicação de sofrimento e provação, implícita no versículo 5, em que se diz que Cristo é a "fiel testemunha" e "o primogênito dos mortos". A implicação é que seu testemunho sofreu resistência, e ele foi morto por perseverar nesse testemunho, depois do qual ressuscitou e se tornou "governante dos reis da terra". No versículo 9, ocorre a primeira menção de sofrimento do povo de Deus: "Eu, João, vosso irmão e companheiro na tribulação [*thlipsis*], no reino e na perseverança em Jesus, estava na ilha de Patmos por causa da palavra de Deus e do testemunho de Jesus".

O reinado desse reino começa e continua somente quando alguém suporta fielmente a tribulação. Essa é a fórmula para a realeza; a perseverança fiel durante a tribulação é o meio para reinar com Jesus no presente. Os crentes não são meros súditos no reino de Cristo. João usa a expressão "companheiro", e isso ressalta a participação ativa dos santos, não apenas ao perseverar na tribulação, mas também ao reinar em meio ao sofrimento que ela impõe.[35]

Esse exercício de governo contrário ao convencional segue o modelo de Cristo, que, antes de sua exaltação, demonstrou sua realeza oculta na terra suportando o sofrimento e a morte a fim de obter sua soberania celestial (cf. v. 5). Assim como Cristo reinou de modo oculto em meio ao sofrimento, os cristãos também reinam, o que contraria ainda mais a proposta de que os santos não exercem o reinado antes da volta definitiva de Cristo, quando serão exaltados sobre seus inimigos. Diante disso, a tríplice autodescrição no versículo 9a segue o modelo da descrição de Cristo no versículo 5a (testemunho perseverante, provação de morte, governo) porque João vê os cristãos identificados coletivamente com Jesus: a perseverança digna de um rei durante a provação se dá "em Jesus" (*en* pode designar tanto esfera quanto inclusão com respeito a Cristo). Essa identidade coletiva é a base para as provações que os confrontam, e também para a capacidade deles de resistir a tais provações e participar do reino como reis. Se Cristo passou pela tribulação do fim dos tempos, isso também deve acontecer com os que se identificam com ele.

O uso da figura do "Filho do Homem" aplicada a Jesus duas vezes no intervalo de apenas sete versículos em Apocalipse 1 (v. 7,13) é muito relevante à luz de meu estudo anterior de Daniel 7, considerando que nesse versículo o Filho do Homem é um representante coletivo dos santos no que diz respeito tanto a sofrer a provação escatológica quanto a reinar, e esse título foi usado exclusivamente por Jesus nos Evangelhos para indicar seu reinado oculto inaugurado em meio ao sofrimento inaugurado da provação do fim dos tempos.

Portanto, segundo Apocalipse, quando os cristãos perseveram na fé, afirma-se que eles "têm mantido a palavra da minha [de Cristo] perseverança" (3.10). Assim como o reinado inicial de Jesus, o domínio dos cristãos consiste em vencer sem comprometer seu testemunho diante das provações (p. ex., 2.9-11,13; 3.8; 12.11), dominar espiritualmente os poderes

---

[35] Para o argumento de que os santos não são apenas súditos no reino messiânico de Cristo, mas também começaram a reinar de fato, veja Beale, *Revelation*, p. 192-6.

do mal que os oprime fisicamente (p. ex., 6.8 em relação a 6.9-11), derrotar o pecado na vida deles (caps. 2 e 3), além de começar a dominar sobre a morte e Satanás mediante sua identificação com Jesus (1.5,6,18). A perseverança dos cristãos faz parte do processo de vitória (veja a promessa na conclusão de cada uma das cartas às sete igrejas). A tribulação é uma realidade presente (assim tb. 2.9) e continuará no meio das igrejas no futuro iminente (2.10,22). Se a realidade presente do reino é escatológica, a tribulação também é. Perseverar na fé é necessário para evitar que os falsos ensinos conquistem espaço nas igrejas ou para que as diversas formas de perseguição não seduzam os cristãos a fazer concessões em sua lealdade a Cristo.

APOCALIPSE 2

Apocalipse 2 contém a próxima referência à tribulação: "Conheço tua tribulação [*thlipsis*] e tua pobreza, apesar de seres rico, e a blasfêmia dos que dizem ser judeus, mas não são; ao contrário, são sinagoga de Satanás" (v. 9). Aqui não há espaço para explicarmos mais a fundo esse versículo, mas basta dizer que os crentes de Esmirna estavam sendo oprimidos politicamente por seus opositores judeus, que provavelmente os entregavam às autoridades pagãs como praticantes de uma religião ilegal. Essa opressão estava causando sofrimento aos cristãos, como fica claro no versículo 10: "Não temas o que estás prestes a sofrer. Eis que o Diabo está para lançar alguns de vós na prisão para que sejais provados; e passareis por uma tribulação [*thlipsis*] de dez dias. Sê fiel até a morte, e eu te darei a coroa da vida".

O conceito de tribulação é retomado no final de Apocalipse 2 (v. 20-23):

> Mas tenho contra ti que toleras Jezabel, mulher que se diz profetisa; ela seduz meus servos a se prostituírem e a comerem as coisas sacrificadas a ídolos. Dei-lhe tempo para que se arrependesse, mas ela não quer arrepender-se da sua prostituição. Farei que ela adoeça e enviarei uma <u>grande tribulação</u> aos que cometem adultério com ela, se não se arrependerem de suas práticas. Matarei os filhos dela com pestes, e todas as igrejas saberão que sou aquele que sonda as mentes e os corações; e retribuirei a cada um de vós segundo suas obras.

Se os partidários dos falsos ensinamentos de Jezabel não se arrependerem de suas práticas, Cristo trará sobre eles uma "grande tribulação" (*thlipsis megalē*), que ocorreria durante o tempo de vida deles. Portanto, assim como em 2.10, a provação é iminente, embora esteja condicionada ao arrependimento. Caso ocorresse, porém, seria parte da tribulação inaugurada que já havia começado. Todavia, essa é a primeira vez que esse sofrimento é considerado punição dos apóstatas ou incrédulos.

APOCALIPSE 3.10

Em Apocalipse 3.10, não temos exatamente a palavra "tribulação", mas a passagem é mais uma referência à mesma realidade: "Porque tens mantido a palavra da minha perseverança, eu também te guardarei da hora da provação [*peirasmos*] que virá sobre o mundo inteiro para pôr à prova [*peirazō*] os que habitam sobre a terra". Fica evidente que a punição dos ímpios é o foco da "hora da provação" quando reconhecemos que a expressão "os que habitam sobre a terra" é uma referência técnica em todo o livro de Apocalipse aos idólatras incrédulos, que sofrem com diversas formas de tribulação punitiva (veja 6.10; cf. 8.13; 11.10; 12.12; 13.8,12,14; 14.6; 17.2,8). É provável que a provação seja uma intensificação, em algum momento futuro, da tribulação do tempo do fim, que já estava em vigor (como em 1.9; 2.9,10,22).

João tem em mente uma proteção espiritual dos cristãos que passam pela tribulação, o que fica evidente também porque Apocalipse 3.10 pode perfeitamente ser uma alusão a Daniel 12.1,10 (GA), em que "aquela hora" (*hē hōra ekeinē*) é descrita imediatamente como "aquele dia de tribulação" (*ekeinē hē hēmera thlipseōs*), quando "muitos são provados [*peirazō*] e santificados, e os pecadores pecam". Isso dá a entender que a "provação" de Apocalipse 3.10 tem o duplo efeito de purificar e fortalecer os crentes, mas também de ser uma punição divina aos incrédulos.

Apocalipse 7

Retornamos à famosa passagem sobre a "grande tribulação" com a qual iniciamos esta seção: "Estes são os que vêm da grande tribulação [*tēs thlipseōs tēs megalēs*] e lavaram as suas túnicas e as branquearam no sangue do Cordeiro".

O texto de Daniel 12.1 é reconhecido como a provável fonte da ideia de "grande tribulação": "Haverá um tempo de tribulação como nunca houve desde que existiu nação sobre a terra até o presente" (Θ). Daniel é o texto que vem à mente também por outra evidência: no NT, o termo "grande tribulação" ocorre fora de Apocalipse apenas em Mateus 24.21 e Atos 7.11 (*thlipsis megalē*). Embora pareça não haver nenhuma alusão ao AT em Atos 7.11, a passagem de Mateus 24.21 faz parte de uma clara referência mais completa a Daniel 12.1.[36]

A tribulação em Daniel se caracteriza pelo adversário escatológico que persegue os santos por causa da lealdade deles à aliança que têm com Deus (veja Dn 11.30-39,44; 12.10). Alguns apostatarão e também perseguirão os que se mantiverem fiéis, tentando principalmente fazê-los abandonar sua lealdade.[37] A mesma ideia está presente na tribulação de Apocalipse 7, uma vez que as sete cartas revelam um significativo grupo da igreja que corre o risco de perder a própria identidade como representante do verdadeiro povo de Deus (Éfeso, Sardes, Laodiceia). Outras igrejas já estavam começando a fazer sérias concessões na lealdade a Cristo (Pérgamo e Tiatira). Uma ideia semelhante ocorre de novo em Apocalipse 7.3-8, em que apenas um remanescente da comunidade fiel à nova aliança na terra, a igreja, recebe um selo para manter-se fiel.

A metáfora de "branquear-se" ao perseverar na fé em meio a tribulação ocorre no AT somente em Daniel 11 e 12. Daniel 11.35 afirma que opressão e sofrimento ocorrem para "refiná-los, purificá-los e embranquecê-los até o tempo do fim".[38] O GA de Daniel 11.35 substitui a expressão do texto hebraico "para serem refinados, purificados e <u>embranquecidos</u> [*wĕlalbēn*] até o fim do tempo" por "<u>purificar</u>-se [*katharisai*] e para serem escolhidos, até mesmo <u>para serem purificados</u> [*eis to katharisthēnai*] até o tempo do fim", que também pode estar por trás do verbo "lavaram" em Apocalipse 7.14. Essa mudança em Daniel 11.35 retrata os santos purificando-se e sendo purificados pela provação do tempo do fim, que é parte do propósito divino da eleição.[39] Uma versão da LXX (Θ) traz "para testá-los pelo fogo, para eleger e para que fossem manifestados no tempo do fim" (o sujeito implícito dos dois primeiros infinitivos deve ser Deus por causa da natureza de decreto do versículo).

A referência em Apocalipse 7 é um cumprimento da visão prévia de Daniel 11 e 12 da tribulação dos últimos dias, quando os santos são "branqueados" pelo fogo da perseguição, que "refina", "purifica" e "lava", para que saiam imaculados e inculpáveis (cf. Ap 14.4,5).

---

[36]Veja tb. Marcos 13.19. 1QM I:11-17 profetiza que Deus protegerá os santos israelitas ao passarem pelo "tempo de aflição" iminente e sem precedentes profetizado em Daniel 12.1, depois do qual eles serão recompensados com bênção eterna (1QM I:8-9).

[37]Veja Daniel 11.32,34; 12.10. Daniel 11.32 (LXX) fala dos apóstatas judeus, não do rei pagão do mal, seduzindo o povo à prática da impiedade.

[38]Assim tb. Daniel 12.10; cf. *ekleukanthōsin* ("eles foram embranquecidos") em Daniel 12.10 (Θ) e *eleukanan* ("eles branquearam") em Apocalipse 7.14.

[39]Contudo, *eklegēnai* ("escolher, selecionar") pode bem ser uma metáfora para a purificação, no sentido de que foram "selecionados" como resultado de um processo de purificação.

Essa é outra forma da multidão de salvos das nações ser identificada como o Israel autêntico, pois são esses salvos que cumprem a profecia de Daniel relacionada à tribulação suportada pelo remanescente fiel de Israel. Por isso, as ideias dos santos se "lavando" ou se "purificando" e "sendo branqueados" estão presentes na expectativa de Daniel em relação à angústia final, e esse é o contexto mais provável para explicar a origem dessas mesmas duas ideias em Apocalipse 7.14. Isso confirma mais ainda o vínculo observado há pouco com o mesmo contexto de Daniel.[40]

Diante do fato de que João aplica as referências de *thlipsis* em Apocalipse 1 e 2 a realidades do primeiro século e de que todas estão relacionadas a Daniel, em especial a "grande tribulação" em 2.22, é provável que Apocalipse 7.14 se refira à "grande tribulação", que já começou e será consumada no futuro (mas é possível que se refira apenas ao estágio futuro daquilo que já se iniciou). Em outras passagens, o NT também considera que a tribulação do tempo do fim já teve início: João 16.33; Atos 14.22; Romanos 5.3; 8.35,36; 2Timóteo 3.12 (nas cartas de Paulo, das 23 ocorrências de *thlipsis* ["tribulação"], apenas duas não se referem à realidade presente).

A natureza inaugurada da provação é reforçada pelo fato de que, em outras passagens, João entende que as profecias do fim dos tempos em Daniel já estão começando a se cumprir.[41] O apoio para essa interpretação está em observar o artigo definido ("*a* grande tribulação") em Apocalipse 7.14 como anafórico, que remete em parte a "uma grande tribulação" que estava para ocorrer a qualquer momento na igreja de Tiatira no século 1 (cf. *thlipsin megalēn* em 2.22).[42] É provável que esse termo em 2.22 também seja uma alusão a Daniel 12.1, como em 7.14, pois, conforme vimos há pouco, nas duas vezes que a expressão "grande tribulação" (*thlipsis megalē*) ocorre no NT fora de Apocalipse, uma delas (Mt 24.21) faz parte de uma referência clara e mais ampla a Daniel 12.1. Como a expressão aparece em Apocalipse apenas em 2.22 e 7.14, "a grande tribulação" começou com os próprios sofrimentos de Jesus e seu sangue derramado, e todos os que o seguem também devem passar por ela.[43] Essa identificação coletiva dos crentes sofredores com Jesus se manifesta, como vimos, sobretudo na autoidentificação de João como "companheiro na tribulação [...] e na perseverança em Jesus", em 1.9, bem como em Colossenses 1.24; 1Pedro 4.1-7,12,13 (a referência de Cl 1.24 será estudada mais adiante neste capítulo).[44]

Outras referências à tribulação no Novo Testamento

Aqui faço uma lista e analiso brevemente outras passagens. Não me aprofundarei, pois a extensão deste projeto não me permite.

---

[40] Esse contexto do AT também está implícito em Apocalipse 3.4b,5a, em que o nome dos que recebem "vestes brancas" está escrito no "livro da vida", uma alusão parcial ao livro da vida em Daniel 12.1,2 (veja 3.4,5). Richard Bauckham (*The climax of prophecy: studies on the book of Revelation* [Edinburgh: T&T Clark, 1993] p. 227-8) confirma a presença de Daniel 11 e 12 em Apocalipse 7.14, destacando até o paralelo da nuance reflexiva dos verbos em Daniel 12.10 e no texto de Apocalipse.

[41] Veja 1.1,13,19. Observe-se que João 5.24-29 vê a ressurreição dos santos profetizada em Daniel 12.2 como inaugurada no ministério de Jesus.

[42] Robert L. Thomas (*Revelation 1—7: an exegetical commentary* [Chicago: Moody, 1992], p. 496) faz essa mesma relação, mas entende que ambas as passagens se referem a um estágio futuro e intenso da tribulação no fim da história.

[43] Hipólito, em *Comentário de Daniel*, frag. 3, explica o "tempo de tribulação" de Daniel 12.1 como uma perseguição intensa aos santos.

[44] Veja ainda Allison, *End of the ages*. Veja tb. H. Schlier, "θλίβω, θλῖψις", in: *TDNT* 3:145. Schlier considera Apocalipse 1.9 e 2.9 estágios iniciais da "grande tribulação" de Apocalipse 7.14.

O DISCURSO ESCATOLÓGICO DE JESUS (MT 24; MC 13; LC 21)

O discurso escatológico de Mateus 24, Marcos 13 e Lucas 21 prediz uma série de provações do tempo do fim. Os debates em torno dessas provações não são poucos, e discute-se se elas são uma referência exclusiva aos acontecimentos que culminam na destruição de Jerusalém em 70 d.C. ou se estão associadas a um ataque sobre Jerusalém imediatamente antes da vinda final de Cristo ou se têm que ver com os acontecimentos ligados ao desastre ocorrido em 70 d.C. em Jerusalém, que são tipológicos da crise que acontecerá imediatamente antes da segunda vinda de Cristo.[45]

Uma observação relevante para a discussão anterior neste capítulo é que o discurso de Jesus está repleto de referências a Daniel 7—12 (p. ex., Mt 24.15,30), incluindo alusões à tribulação profetizada.[46] Jesus sabe que esse período de sofrimento é inaugurado com o sofrimento dos próprios apóstolos, e isso é sugerido pela comparação de Marcos 13 e João 15 apresentada na tabela 6.4.

Aquilo que Jesus havia predito em Marcos 13 que ocorreria na aflição vindoura, ele diz, segundo João, que está prestes a acontecer na vida de seus seguidores. Nessa perspectiva, parece que não é por acaso que a conclusão de João 16 (v. 32,33) se refere à "hora" da tribulação escatológica de Daniel.

Eis que a hora [*hōra*] se aproxima, e já chegou, em que sereis dispersos cada um para o seu lar e me deixareis só. Mas eu não estou só, pois o Pai está comigo. Eu vos tenho dito essas coisas para que tenhais paz em mim. No mundo tereis tribulações [*thlipsis*], mas tenham coragem; eu venci o mundo.

Tabela 6.4

Marcos 13.5-13	João 15.18—16.11
13.13: "Sereis odiados por todos por causa do meu nome".	15.19: "Eu vos escolhi do mundo, por isso, o mundo vos odeia".
13.9: "Eles vos entregarão aos tribunais, e sereis espancados nas sinagogas. Também sereis colocados perante governadores e reis por minha causa".	15.20,21: "Eles vos perseguirão [...] por causa do meu nome".
13.11: "Não vos preocupeis com o que haveis de falar; mas dizei o que vos for dado naquela hora, porque não sois vós que falais, mas o Espírito Santo".	[15.26,27; 16.7: Jesus enviará o Espírito da verdade, e este dará testemunho de Jesus.]
[13.9,10: A perseguição dos cristãos é um testemunho (*martyrion*), e o evangelho deve ser antes pregado a todos os povos.]	15.27: "E vós também dareis testemunho [*martyreite*]".
13.5: "Cuidado para que ninguém vos engane". (Cf. 13.23: "Eu vos tenho dito tudo com antecedência".)	16.1: "Eu vos tenho falado essas coisas para livrá-los de tropeçar".
13.9: "Sereis espancados nas sinagogas".	16.2: "Eles vos expulsarão das sinagogas".
13.12: "Um irmão entregará à morte seu irmão; e um pai, seu filho. Filhos se levantarão contra os pais e os matarão".	16.2: "Quem vos matar pensará que está prestando serviço a Deus".

Observação: Tabela extraída de Allison, *End of the ages*, p. 60.

---

[45] Há ainda outras interpretações — por exemplo, a de que o discurso combina referências a 70 d.C. e a acontecimentos futuros distantes no fim das eras.

[46] Não temos espaço suficiente aqui para apresentar as evidências; veja uma argumentação convincente em Hartman, *Prophecy interpreted*, p. 145-77.

Conforme estudamos no capítulo anterior, João 16.32 combina uma fórmula "já e ainda não" com a "hora" (*hōra*) do tempo do fim de Daniel, como ocorre em outros casos na literatura joanina (Jo 4.23; 5.25; 1Jo 2.18). Além disso, a combinação de "hora" e "tribulação" talvez reflita a combinação em Daniel 12.1 (GA), que faz referência à grande tribulação. As cinco ocorrências em João 16 (v. 2,4,21,25,32) dizem respeito à tribulação para os seguidores de Jesus e por isso se harmonizam bem com os usos de "hora" no GA de Daniel, em que se referem à hora escatológica de provação e perseguição ao Israel fiel, mesmo até a morte (cp. Dn 11.30-35; 12.10,11 com Jo 16.2: "Uma hora está vindo em que todo o que vos matar pensará que está prestando serviço a Deus").

Outras passagens que fazem alusão a uma tribulação escatológica inaugurada

Já comentei sobre algumas passagens das Epístolas Pastorais e Gerais que usam o vocabulário dos "últimos dias" (ou sinônimos) ao explicar que a grande provação do *escathon* já começou (veja cap. 4), especialmente com relação ao ingresso da mentira satânica na comunidade da aliança (1Tm 4.1; 2Tm 3.1; 2Pe 3.2-7; Jd 18,19). Outras passagens poderiam ser estudadas, entre as quais se destacam Romanos 8.17; Filipenses 3.10; Colossenses 1.24; e Efésios 5.16 em relação a 6.13. Colossenses 1.24 refere-se às "tribulações do Messias", que alguns comentaristas entendem, provavelmente com razão, que se baseia no contexto dos sofrimentos do Messias esperados e profetizados em Daniel 7 e 9, bem como em Isaías 53 — ideia também desenvolvida em menor grau no judaísmo antigo (p. ex., *4Ed* 7.28,29). Paulo afirma que cumpre sua parte ao participar e completar "o que resta" dessas tribulações messiânicas, aspectos que o povo do Messias sofreria, segundo a profecia, ao seguir Jesus. Quando todos os que creem no Messias ao longo de toda a era da igreja tiverem completado sua cota de "tribulações", então nada mais faltará. O paralelo mais próximo dessa passagem está em Apocalipse 6.11.[47] É provável que a mesma realidade esteja em mente quando Romanos 8.17 se refere a "sofrer com" Cristo e quando Filipenses 3.10 faz alusão à "participação em seus sofrimentos".

Em Efésios 6.11-13, Paulo diz que os cristãos devem estar preparados para "resistir no dia mau" (v. 13) e enfrentar "as ciladas do Diabo" (v. 11). Efésios 4.14 faz alusão a essas "ciladas" perpetradas por falsos mestres na igreja. Já vimos na análise anterior da tribulação final no AT e no judaísmo antigo que os falsos ensinos, associados com a apostasia, eram um dos males que, segundo as profecias, prevaleceriam na comunidade dos santos dos últimos dias (p. ex., 1QpHab II:5-III:6; *Or. Sib.* 5.74-85; cf. 5.505-516). Por trás da exortação de Paulo em Efésios 5.16 aos crentes para "remi[r] o tempo porque os dias são maus" parece que estava o pressuposto de que os males das mentiras do fim dos tempos haviam começado em seus dias, e os crentes precisavam se precaver para não serem enganados e influenciados pelo mal.

Além dos poucos textos de Apocalipse já analisados, poderiam ser estudados vários outros, especialmente os das narrativas dos selos, das trombetas e das taças, bem como parte do interlúdio de Apocalipse 11—13. No entanto, considerando que há muito debate sobre essas tribulações já terem ou não sido inauguradas ou estarem ou não reservadas para o futuro, não tratarei desses dados.[48]

Qual é a diferença entre a tribulação "já e ainda não" dos últimos dias e a tribulação vivida pelos santos do Antigo Testamento?

Em que aspectos o sofrimento do povo de Deus anterior ao período do NT, sobretudo Israel, foi diferente da provação escatológica contra Jesus e a igreja, a qual culminará na sua vinda

---

[47]Apocalipse 6.11: "E lhes foi falado para que repousassem ainda por um pouco mais de tempo, até que se completasse o número de seus conservos que haveriam de ser mortos, assim como eles também haviam sido". Veja mais sobre esse texto em Beale, *Revelation*, p. 394-5.

[48]Para conhecer alguns detalhes sobre esse assunto, veja ibidem, passim. P. ex., minha conclusão é que as pragas dos sete selos, das trombetas e das taças representam uma escatologia "já e ainda não".

final? Israel, por exemplo, sofreu engano e perseguição ao longo de sua história. É verdade que, quando os santos do AT sofriam ou morriam por causa da fé, a dor do sofrimento deles não era menor que a dor sofrida pelos santos do NT, quer ao longo da presente era, quer no próprio fim dela. Do mesmo modo, o ensinamento corrupto dos falsos profetas de Israel era tão falacioso quanto o dos falsos profetas que atuavam na igreja do século 1. Por isso, é verdadeira a ideia de que os sofrimentos e os enganos das épocas mais antigas não foram diferentes da perspectiva da experiência dos cristãos na era da tribulação escatológica.

Entretanto, de acordo com Daniel 12.1, pelo menos o estágio final da tribulação será pior do que tudo o que já tiver ocorrido antes. Mas a pergunta central é como o estágio inicial da tribulação difere do sofrimento anterior do povo de Deus. É preciso lembrar que a morte de Cristo foi o auge da grande tribulação para ele como representante de Israel, que sofreu a grande tribulação profetizada em Daniel 7—12. Para a igreja, a tribulação inaugurada é comparável à tribulação iniciada no ministério de Jesus anterior ao grave sofrimento de sua morte. Então em que aspectos a tribulação inaugurada de Jesus antes de sua morte e a da igreja antes do fim é diferente das tribulações vividas pelo povo de Deus do período anterior? A resposta fundamental é que o contexto histórico-redentor do sofrimento inaugurado de Jesus e da igreja torna essa provação qualitativamente pior.

O NT afirma que as profecias da grande tribulação de Daniel 7—12 começaram a ser cumpridas com a vinda de Cristo e a criação da igreja. Isso significa que a tribulação escatológica iniciada com Cristo é pior que outras provações anteriores em Israel, uma vez que a própria profecia de Daniel declara que ela seria incomparavelmente pior do que o engano e a perseguição que aconteceram antes em Israel (Dn 12.1: "E haverá um tempo de angústia como nunca houve desde que existiu nação até agora").

Daniel 12.1 está dizendo que a perseguição e o engano serão piores do que antes. Porém, conforme estudamos, o NT relata que essa tribulação começa no ministério de Jesus e na era da igreja, logo depois da ressurreição de Jesus. Sobre isso, é suficiente recordar a análise anterior sobre a "grande tribulação" como alusão a Daniel 12.1 em Mateus 24.21; Apocalipse 2.22; 7.14: a primeira se aplica à destruição de Jerusalém em 70 d.C., a segunda, à era da igreja, e a última, ao início e ao fim da era atual.

Portanto, em que sentido a fase inicial dessa aflição pode ser pior que as anteriores?[49] Em primeiro lugar, uma vez que a profecia de Daniel começou a se cumprir, o contexto histórico-redentor das provações na era cristã é diferente do contexto da era pós-Queda do AT. Apesar

---

[49] 1Macabeus 9.27 faz alusão à "grande tribulação" de Daniel 12.1 e diz que seu cumprimento começou quando os gregos oprimiram Israel com sua força militar: "Então, uma grande tribulação veio sobre Israel, tal qual não houve desde o dia em que os profetas deixaram de aparecer" (cf. RSV: "Assim, houve grande aflição em Israel, como nunca houve desde o dia em que os profetas deixaram de aparecer"). Pode-se considerar isso um cumprimento inicial de Daniel 12.1, cujo padrão é reeditado em escala maior no ataque que dizimou Jerusalém em 70 d.C., na perseguição dos santos ao longo da era da igreja e no ataque universal final contra a comunidade da aliança imediatamente antes da última vinda de Cristo. O texto cristão antigo conhecido como *O pastor*, de Hermas, afirma que a tribulação profetizada por Daniel 12.1 que virá no futuro é nada mais que uma continuação do que já começara. Em 7.1, o próprio Hermas é descrito como alguém que já está suportando "grandes tribulações", assim como outros haviam suportado (10.1). E 7.4 declara que a "tribulação vem" sobre outros que negarem o Senhor. A mesma expressão "grande tribulação" de 6.7,8 ("Sois bem-aventurados, como muitos que suportarão a grande tribulação vindoura") e de 7.1 ocorre também em 24.4-6, referindo-se a uma realidade vivida por Hermas, que serve como "tipo da grande tribulação que está por vir". Esses versículos são uma alusão não apenas às descrições verbais de Daniel 11.35; 12.10, mas provavelmente também à "tribulação" incomparável de Daniel 12.1, o que indica a possibilidade de que as referências mais antigas em *O pastor*, de Hermas, à tribulação também se baseiem em Daniel 12.1, assim como em Apocalipse 7.14 (veja ainda Beale, *Revelation*, p. 435, sobretudo as expressões gregas encontradas em *O pastor*, de Hermas, que aludem a Dn 12.1).

de a profecia de Daniel ainda não ter atingido seu ápice, quando a provação será mais intensa, há um sentido em que Daniel 12.1 começou a se cumprir, de modo que mesmo a tribulação inicial associada com seu cumprimento deve ser considerada pior do que qualquer outra ocorrida em eras anteriores. Na realidade, a profecia de Daniel 7—12 de que Israel sofrerá as angústias do tempo do fim nas mãos da figura do anticristo escatológico começou a se cumprir na vida de Jesus e em sua igreja, consumou-se na morte de Jesus e ainda será definitivamente consumada no ataque final que a igreja sofrerá no fim da história (Ap 11.7-10; 20.7-9).

Portanto, as provações ocorridas no período anterior são qualitativamente diferentes das provações do período posterior. Em que consiste essa distinção qualitativa? O cumprimento da profecia messiânica pelo Messias ao entrar na história revela que Jesus foi um rei representante de seu povo mais importante que todos os outros reis israelitas. Por isso, o fato de o Diabo e suas forças terem travado guerra contra Cristo indica uma batalha qualitativamente maior que qualquer outra anterior por ter sido feita contra o rei supremo de Israel, o Deus-homem, Jesus Cristo. Além disso, o anticristo começou a entrar em conflito com os seguidores de Jesus (conforme vimos em 1Jo 2; 4; 2Ts 2), o que também indica um confronto mais importante que qualquer outro na história entre o povo de Deus e os incrédulos. De acordo com a profecia do AT, o anticristo deve surgir no tempo do fim e será a grande encarnação do mal satânico, maior que outras figuras anteriores da história (cf. Dn 7—12). Apesar de ainda não ter surgido na forma encarnada final, como acontecerá no fim das eras, o "espírito" dele está presente, influenciando os falsos mestres dentro da igreja. Sua presença mesmo em espírito indica que a batalha contra a igreja é mais intensa em comparação com as anteriores, uma vez que o anticristo é um adversário maior que todos os outros até então.

Apocalipse 12.7-17 indica mais uma forma em que o ataque atual de Satanás contra a comunidade dos crentes é maior que todos os ataques anteriores. Particularmente, os versículos 9,10,12 revelam que a ira de Satanás é direcionada contra a comunidade de crentes sobre a terra mais no intervalo entre os adventos do que nas eras anteriores:

Apocalipse 12.9: "E foi expulso o grande dragão, a antiga serpente, chamada Diabo e Satanás, que engana todo o mundo. Ele foi lançado à terra, e seus anjos foram lançados com ele".

Apocalipse 12.10: "... o acusador de nossos irmãos já foi expulso, aquele que os acusa diante do nosso Deus noite e dia".

Apocalipse 12.12: "Por isso, alegrai-vos, ó céus, e todos vós que neles habitais. Mas ai da terra e do mar! Pois o Diabo desceu até vós com grande ira, sabendo que pouco tempo lhe resta".

O "lugar" que o Diabo perdeu (Ap 12.8: "e não havia mais lugar para eles no céu") era até então seu lugar de acusação privilegiado, que Deus lhe havia concedido anteriormente. Suas acusações em toda a época anterior ao cristianismo eram incessantes. Com base no relato de Apocalipse 12.9-12 e na descrição de Satanás em Jó 1.6-11; 2.1-6 e Zacarias 3.1,2, pode se concluir que o Diabo recebeu permissão de Deus para apresentar "acusação" de pecado contra o povo de Deus como um advogado no tribunal celeste. Os textos do AT retratam Satanás acusando os santos de infidelidade, com a insinuação de que não merecem a salvação de Deus nem suas bênçãos generosas (Zc 3.1-5,9; cf. *Rab.* de Nm 18.21). Implícita nessas acusações também estava a imputação de que o próprio caráter de Deus era corrupto.

À luz de Apocalipse 12.11 ("Eles venceram o Diabo por causa do sangue do Cordeiro"), as acusações mencionadas no versículo 10 parecem dirigidas contra a ilegitimidade da participação dos santos na salvação. A acusação do Diabo baseia-se no pressuposto correto de que a penalidade do pecado exige a sentença de morte espiritual, e não uma recompensa de salvação. As acusações se dirigem contra todos os santos que não recebem a punição merecida. Antes da morte de Cristo, talvez parecesse que o Diabo tinha um bom argumento judicial, pois Deus introduzia em sua presença salvadora todos os santos que morreram no AT sem lhes impor a pena pelos pecados. Satanás havia recebido permissão para apresentar essas denúncias porque suas acusações tinham certa medida de verdade. Entretanto, a ação judicial do Diabo era improcedente mesmo antes de Cristo morrer, pois, em parte, os pecados de que ele acusava as pessoas e para os quais pleiteava punição haviam sido instigados por suas mentiras.

A morte e a ressurreição de Cristo baniram o Diabo desse lugar privilegiado e de sua função de promotor que Deus lhe havia concedido. Isso porque a morte de Cristo foi a pena que Deus impôs pelos pecados de todos os que foram salvos pela fé. Cristo, que jamais pecou, recebeu vicariamente sobre si a ira que ameaçava os santos para que estes fossem libertados da ira vindoura final. Isso significa que o Diabo não tinha mais base nenhuma para acusar os santos, uma vez que a pena que mereciam e que ele exigia que fosse paga tinha sido finalmente cumprida na morte de Cristo (veja tb. Rm 3.21-26).

Portanto, desde a morte e a ressurreição de Cristo, uma aflição se dirigiu ao domínio da terra porque o Diabo foi "lançado" nela. A aflição é anunciada porque o Diabo agora concentrará seus esforços em promover o caos entre os habitantes da terra, já que no céu ele não pode mais fazer ameaças de destruição. Agora, a fúria do Diabo se manifesta contra os cristãos, como está claro em Apocalipse 12.11,13-17. Sua obra destruidora na terra é alimentada por sua "grande ira" com a perda de sua posição no céu. Por isso, a posição que o Diabo perdeu no céu está entre as razões por que seu ataque contra os santos na terra é mais intenso agora na nova era do que na antiga.

Há também um sentido em que a tribulação de engano e perseguição dos últimos dias contra os membros da comunidade da aliança é quantitativamente superior à do período do AT. No AT, essa tribulação limitava-se à nação de Israel, no Oriente Médio; na era do NT, ela acontece na comunidade da aliança espalhada por todo o mundo.

Conclusão da reflexão bíblico-teológica sobre a tribulação inaugurada dos últimos dias

Vimos na seção anterior que, de fato, houve continuidade entre as provações sofridas pelos crentes da época do AT e pelos da era do NT. De várias maneiras, a tribulação do fim dos tempos não é novidade, mas uma reedição do sofrimento causado pela mentira com que Adão se deparou. A diferença agora, porém, é que Jesus, o Último Adão, e seus verdadeiros seguidores tiveram êxito, ao contrário do primeiro Adão, que fracassou e foi enganado pelo Diabo.

Como vimos, Jesus sofreu ao longo de seu ministério uma tribulação específica, cujo ápice foi a tribulação absoluta da morte na cruz, depois do que ele ressuscitou dos mortos. De modo semelhante, os discípulos de Cristo "seguem o Cordeiro aonde quer que vá" (Ap 14.4). O "corpo de Cristo" sofrerá tribulação específica durante o ministério da igreja no intervalo entre os adventos. Depois, no término desta era, os seguidores de Cristo enfrentarão uma tribulação universal (i.e., perseguição), em que muitos morrerão e outros terão de viver na clandestinidade para continuar cultuando como igreja. Assim, a grande tribulação foi inaugurada com Jesus e a igreja.

Na era presente, a provação e a tentação específicas que os crentes enfrentam é a constante influência enganosa contra eles para que não creiam em Cristo e em seus preceitos — isto é, para que cometam a "apostasia da comunidade da aliança". A Primeira Epístola de João testifica dessa tentação de desviar-se pela instrução dos falsos mestres (2.18—3.4). Com base nos alertas contra esses mestres corruptores, João novamente exorta a seu rebanho em 3.7 que "ninguém se engane" (cf. 2.26: "Eu vos escrevo essas coisas tendo em vista os que vos tentam enganar"). João ressalta o amor, que provém do conhecimento da pessoa de Jesus e de sua morte (4.1-18). É isso que João quer dizer quando afirma "amar em verdade" (2Jo 1; 3Jo 1; tb. 1Jo 3.18). Quando Jesus fala em Mateus 24.12 de um amor que esfria, ele está provavelmente pensando nos que perderam o amor por Deus e sua verdade e estão cometendo apostasia.[50]

Em outras palavras, a artimanha de Satanás contra Adão e Eva que caracterizou o início da história se reproduziu como tipo, de modo que a mentira original de Satanás passa a representar o fim da história, a era do Último Adão, não apenas o período imediatamente anterior à segunda vinda de Cristo, mas também os dias que se estendem desde a primeira vinda de Cristo até sua segunda e definitiva vinda. Isso reflete o modelo bíblico segundo o qual Deus designou que "as últimas coisas fossem como as primeiras" (cf. *Barn.* 6.13). Que esse padrão histórico-redentor está presente em partes do NT fica evidente, por exemplo, em 1João, em que aparecem juntas as seguintes ideias exclusivas de Gênesis 3:

1. menção do "Diabo", que "pecou desde o princípio", em associação direta com uma exortação para que os crentes não sejam "enganados" (3.7,8; cf. Gn 3.13);
2. menção dos "filhos do Diabo" em oposição aos "filhos de Deus" e à "descendência de Deus" (3.9,10; cf. Gn 3.15);
3. menção de "Caim, que era do Maligno e matou seu irmão" (3.12; cf. Gn 4.1-15).

Paulo também dá testemunho da recapitulação dessa mentira satânica inicial contra os primeiros seres humanos. Ele diz em Romanos 16.17-20:

> Irmãos, exorto-vos que tenhais cuidado com os que causam divisões e colocam obstáculos ao ensino que aprendestes; afastai-vos deles. Porque tais homens não são servos de Cristo, nosso Senhor, mas de seus próprios desejos; e enganam o coração dos ingênuos com bajulações e lisonjas. Pois a vossa obediência é conhecida por todos. Portanto, alegro-me em vós e quero que sejais sábios em relação ao bem, mas inocentes em relação ao mal. E o Deus de paz em breve esmagará Satanás debaixo dos vossos pés.

Como no caso da primeira comunidade da aliança no Éden, agora também na comunidade dos crentes em Roma existe "engano" e necessidade de que todos sejam "sábios em relação ao bem, mas inocentes em relação ao mal". Se os cristãos romanos permanecerem em "obediência" fiel (Rm 16.19,26) e prestarem atenção à exortação de Paulo para que não sejam enganados pelos falsos mestres no meio deles, então "o Deus de paz [...] esmagará Satanás debaixo de vossos pés", em uma clara referência ao cumprimento inicial de Gênesis 3.15. Esta passagem profetiza que a "semente" da mulher "ferirá a cabeça" da serpente. Sem dúvida, Paulo vê a morte e a ressurreição de Jesus como o golpe decisivo na cabeça da serpente, mas, uma vez que o Diabo ainda tem de ser destinado a seu castigo de prisão eterna, ele ainda "anda em derredor e ruge como leão, procurando a quem devorar" (1Pe 5.8). Assim, Jesus obteve sobre o Diabo uma vitória semelhante à do "Dia D", e o "corpo de Cristo" segue o mesmo caminho dessa vitória decisiva combatendo as últimas forças de resistência de Satanás e seus aliados, mas o desfecho do "Dia V" será inevitável na vinda definitiva de Cristo. Os cristãos romanos participarão dessas operações de conquista porque Jesus já derrotou Satanás, e nesse sentido também pode se considerar que estão cumprindo a profecia de Gênesis 3.15.

---

[50]Sobretudo porque Mateus 24 está repleto do contexto de Daniel 7—12, que tem como um dos grandes temas, conforme estudamos, o falso ensino e a apostasia (p. ex., Dn 11.30-35).

É nesse contexto da admoestação de Paulo à igreja de Roma que se entende melhor sua advertência aos coríntios: "Mas temo que, assim como a serpente enganou Eva com sua astúcia, vossa mente também seja seduzida e se afaste da simplicidade e da pureza da devoção a Cristo" (2Co 11.3 [à luz de 11.4,13-15]).

Apocalipse 12.17 também é um cumprimento parcial da promessa de Gênesis 3.15, em que Deus predisse que o descendente individual (messiânico) e coletivo da mulher feriria de morte a cabeça da serpente: "O dragão [cf. 12.9: 'a antiga serpente'] se enfureceu contra a mulher e saiu para atacar o restante de sua descendência, os que guardam os mandamentos de Deus e mantêm o testemunho de Jesus". Uma antiga versão em aramaico de Gênesis 3.15 (*Targum de Pseudo-Jônatas*) interpreta o "descendente [ARA]" em sentido coletivo: "Quando os filhos da mulher guardarem os mandamentos da lei [...] eles te ferirão na cabeça. Mas quando eles abandonarem os mandamentos da lei, tu [...] os ferirás no calcanhar. [...] Para eles, porém, haverá um remédio; e no fim eles alcançarão a paz, nos dias do Rei Messias".[51] Os versículos imediatamente seguintes referem-se a uma das cabeças da besta como "ferida de morte" (13.3), não só por causa da obra de Cristo, mas também pela fidelidade de seus seguidores à luz da ligação com 12.17 (bem como 12.11, secundariamente). A obra de Cristo de ferir definitivamente a serpente, como "descendente" individual da mulher (lit., a "criança" e o "filho"), é recontada primeiro em 12.4,5, passagem em que o confronto entre os dois resulta na vitória de Cristo sobre o dragão. A "descendência" da mulher em 12.17 [ARA] representa a "descendência" coletiva que, na linguagem de Paulo, forma o "corpo de Cristo". A "mulher" em 12.6,13-17 representa o sofrimento da "verdadeira" comunidade da aliança da perspectiva celestial, e a "descendência" da mulher em 12.17 representa o sofrimento da perspectiva "do povo de Deus sobre a terra". A mensagem dos versículos 13-17 é que a igreja celestial perseguida na terra não pode ser destruída, pois é celestial e, em última análise, é inviolável espiritualmente, mas muitos dos indivíduos que formam a igreja podem sofrer fisicamente com os perigos terrenos.[52] Sempre que se resiste à perseguição, à mentira e às concessões, o Diabo continua sendo derrotado (como em Ap 12.11; Rm 16.17-20). Entretanto, a alusão a Gênesis mostra que a perseguição à igreja é determinada profeticamente por Deus, uma vez que Gênesis 3.15 profetiza que a serpente "ferirá" a "descendência" da mulher. É uma profecia de que a primeira tentativa de enfrentar o Diabo no jardim seria repetida com o Último Adão e sua descendência. O contexto de Gênesis 3 confirma minha conclusão de que, em Apocalipse 12.15,16, a "serpente" se opõe novamente à "mulher" não somente pela perseguição, mas também pelo engano, como no jardim do Éden. Esse é outro exemplo do fim que segue o modelo do começo (veja Ap 12.9 de novo, em que "a antiga serpente" é basicamente originária de Gn 3).

Que diferença faz para a vida cristã a tribulação dos últimos dias já ter começado?

No final dos outros capítulos deste livro nem sempre comento sobre a aplicação do tema para os cristãos de hoje, mas aqui ela é particularmente justificada. Se é verdade que a era da igreja é uma recapitulação do sofrimento com as mentiras lançadas por Satanás contra Adão e Eva, então os padrões de conduta pecaminosa dessa primeira tribulação podem ser úteis como advertência para não repetirmos os mesmos erros. A que conduta pecaminosa no Éden a igreja deve prestar atenção a fim de evitá-la hoje? Observar a primeira mentira de Satanás e a reação de Eva a ela pode contribuir para entendermos a natureza da mentira escatológica do presente e do futuro.

---

[51] O *Targum Neofiti* é quase idêntico. Aqui estou seguindo J. P. M. Sweet, *Revelation* (London: SCM, 1979), p. 205. Veja tb. Beale, *Revelation*, p. 676-80.

[52] Veja ainda Beale, *Revelation*, p. 676-7.

1. Satanás enganou Adão e Eva e os levou a romper a relação de aliança deles com Deus.
2. Parte do método de engano de Satanás foi dizer a Eva que, se ela fizesse o que ele estava dizendo, ela poderia "ter conhecimento" muito mais profundo que antes e ser muito mais esclarecida (Gn 3.5).
3. Satanás os enganou a respeito do relacionamento conjugal de modo que não atuaram como "ajudadores" (Gn 2.18,20) para auxiliar um ao outro a se defender do ataque do Diabo. Isso aconteceu, por exemplo, quando deixaram de auxiliar um ao outro a se lembrarem da palavra de Deus que estava sendo questionada por Satanás, conforme veremos logo a seguir.
4. Satanás os enganou acerca do perigo mortal de sua proposta. Conseguiu persuadi-los a conversar com ele sem perceberem quanto esse diálogo aparentemente informal podia ser perigoso.
5. Satanás contestou a palavra de Deus em Gênesis 2.17, negando a realidade do juízo divino que viria e dizendo: "Com certeza, não morrereis" (Gn 3.4).
6. Satanás fez o mal parecer bem. Essa é uma característica do anticristo dos últimos dias. Em particular, ele se passou por uma criatura que não representava perigo algum e fez com que a desobediência à palavra de Deus parecesse um procedimento bom. Também retratou Deus como ciumento por lhes ter proibido comer da árvore (Gn 3.5).
7. Eva foi enganada porque não conhecia a palavra de Deus suficientemente bem ou não a valorizava o suficiente. Não se esqueça de que, depois de colocar Adão no jardim "para servir [cultivar][53] e guardá-lo" (Gn 2.15), Deus lhe deu uma orientação com três pontos a ser lembrada, que o ajudaria a "servir e guardar" o templo-jardim: "De qualquer árvore do jardim [1] poderás comer livremente, mas [2] não comerás da árvore do conhecimento do bem e do mal; [3] porque no dia em que dela comeres, com certeza morrerás" (Gn 2.16,17). Conforme examinamos em uma seção anterior, quando confrontada pela serpente satânica, Eva não conseguiu se lembrar exatamente da palavra de Deus ou a mudou intencionalmente de acordo com seus interesses. Primeiro, ela subestimou o privilégio do casal quando apenas disse: "Podemos comer", ao passo que Deus havia dito: "Poderás comer livremente". Segundo, Eva subestimou o castigo, dizendo: "Para que não morrais", mas Deus havia dito: "<u>Com certeza</u> morrerás". Terceiro, ela exagerou a proibição, dizendo: "... nem nele tocareis" (tornando-se a primeira legalista da história), ao passo que Deus tinha dito apenas "não comerás".[54] Se Adão se lembrava da palavra de Deus, não confiou nela, pois deixou de socorrer sua esposa, que, diante das acusações da serpente, teve dificuldade de lembrar-se corretamente da orientação divina. Adão e Eva não se lembraram de forma adequada da palavra de Deus e "caíram". Quando a proteção da palavra de Deus é removida, todo tipo de mentira satânica ocupa seu lugar, o desejo de resistir à tentação sucumbe, e o pecado é fatalmente praticado.

Jesus Cristo, porém, conhecia a palavra e, sendo obediente a ela, confirmou-se como o Último Adão verdadeiro e o verdadeiro Israel de Deus. Lembre-se de Mateus 4.1-11, quando o Diabo procurou tentar Jesus. A cada tentação, Jesus respondeu a Satanás citando o AT com passagens de Deuteronômio em que Moisés repreende Israel por não cumprir sua tarefa. Ao contrário de Adão e Eva, Jesus venceu as tentações por meio do conhecimento da Palavra

---
[53]Veja em Beale, *Temple*, p. 66-70, que a noção de "cultivar" em Gênesis 2.15 tem nuances de "serviço".
[54]Veja Allen P. Ross, *Creation and blessing: a guide to the study and exposition of the book of Genesis* (Grand Rapids: Baker Academic, 1988), p. 134-5. Ross observa essas três mudanças nas palavras originais de Gênesis 2.16,17.

de Deus e sua confiança nela. Essas tentações também refletiam as que Adão sofreu, como fica evidente no fim da genealogia registrada por Lucas: "filho de Adão, filho de Deus" (Lc 3.38), imediatamente seguida pela narrativa da tentação (que começa com "e Jesus"), portanto retratando Jesus como uma figura adâmica submetida à tentação. Do mesmo modo, as tentações são comparáveis às do Éden e envolvem, por exemplo, tentações relacionadas à comida (Gn 3.6; Lc 4.3) e ao autoengrandecimento (Gn 3.6; Lc 4.5-7). Jesus teve êxito ao enfrentar exatamente as tentações em que Adão e Israel fracassaram, porque ele se lembrava da Palavra de Deus e foi obediente a ela. Aqui vemos mais uma vez, no caso da tribulação escatológica, que a teologia bíblica do NT depende de Gênesis 1—3, trecho em que comecei esse estudo no capítulo 1.

Da mesma forma, os seguidores de Jesus "seguem o Cordeiro aonde quer que vá" (Ap 14.4), incluindo o caminho da resistência às tentações satânicas. O mesmo ataque de mentiras satânicas é dirigido contra a igreja assim como ocorreu com Adão, Eva e Jesus. O mesmo tipo de mentira que entrou no jardim (veja de novo as mentiras no Éden estudadas anteriormente) também adentra na igreja hoje. À semelhança de Jesus, seu "corpo de fiéis" passa pela provação escatológica da mentira em vários aspectos da verdade de Deus, tanto na família quanto na comunidade da aliança, bem como em outras áreas da vida. Por meio de todo tipo de engano, o Maligno tenta nos tirar da fé e nos afastar de nossa lealdade a Cristo. Nós, porém, temos de nos identificar com Jesus, o Messias, a "fiel testemunha" (Ap 1.5), na tribulação e até na morte.

A essência da questão é: os cristãos conhecem a Palavra de Deus, creem nela e a põem em prática? Se a resposta for não, as mentiras do Maligno entrarão com sutileza em nossa vida e em nossas igrejas. Quando esse processo ocorre e a pessoa não dá atenção a ele nem toma providência para corrigi-lo, as mentiras começam a fluir como a correnteza de um rio (cf. Ap 12.15: "E a serpente derramou água de sua boca como um rio atrás da mulher [a igreja] para que ela fosse arrastada pela corrente"). Será que as famílias cristãs estabelecem a Palavra de Deus no centro do lar? Será que cada pastor separa tempo suficiente para estudar a Palavra de Deus e se preparar para os sermões dominicais a fim de "ser diligente para se apresentar aprovado diante de Deus como obreiro que não tem do que se envergonhar, manejando de modo correto a palavra da verdade" (2Tm 2.15)? Se a resposta for não, os falsos ensinos daqueles que se "desviaram da verdade" penetrarão na igreja (2Tm 2.18).

Alguns anos atrás, marquei uma consulta com uma dentista para verificar o estado de meus dentes e fazer uma limpeza, pois já havia muito tempo que não fazia um exame completo. Sentado na cadeira da dentista, em um intervalo de dois minutos no procedimento, observei algumas fotos na parede à minha frente. Elas mostravam os estágios progressivos da gengivite, desde gengivas saudáveis até gengivas que pareciam podres. Quando a dentista voltou para dar continuidade, perguntei-lhe em que estágio das fotos eu me encontrava. Ela disse que minhas gengivas estavam caminhando para o grupo de fotos que mostravam as gengivas podres. Repliquei: "Mas não sinto nada de errado nas gengivas. Como é possível elas estarem assim se não doem?". Ela respondeu: "Esse é o problema da gengivite. A dor só aparece quando é tarde demais". As fotos dos estágios da gengivite e os comentários da dentista me deixaram chocado com a realidade de minha condição. Desde então, tenho escovado os dentes duas vezes por dia e passado fio dental diariamente. Fazendo assim, pude deter o avanço iminente da gengivite e manter as gengivas saudáveis. Às vezes, a mentira e o pecado que dela provém são como a gengivite: podemos não sentir a dor espiritual enquanto os danos não são expressivos. Precisamos da Palavra de Deus para ficar chocados e perceber a realidade de nosso engano e pecado a fim de sermos despertados novamente a uma relação saudável com Deus. A Palavra de Deus pode nos surpreender com a realidade de que já está inaugurada a tribulação do tempo do fim e de que a natureza enganosa dessa tribulação em nosso meio pode nos levar ao engano e a correr o risco de podridão espiritual com sérios danos.

Portanto, a Palavra de Deus pode nos chacoalhar para vermos a realidade de nossa relação com Deus sempre que estivermos caindo em um estado de sono espiritual e de engano. A proteção da Palavra manterá longe a enxurrada de mentiras do Maligno, mentiras que anestesiam espiritualmente as pessoas e as mantêm em um estado de torpor, levando-as a não sentir o poder de destruição do pecado.

É exatamente neste ponto que acreditar que "a grande tribulação" em parte já começou pode encorajar os crentes a estarem cada vez mais atentos para o perigo do pecado e do engano satânico. Se acreditarmos que o perigo do anticristo é uma realidade somente para uma geração futura de cristãos, ficamos mais vulneráveis à influência perigosa do anticristo, que já está atuando na era presente (p. ex., 2Ts 2.7; 1Jo 2.18). Se você não acredita na presença do inimigo, ainda que ela seja real, então não se preocupará em se proteger contra esse inimigo. A crença na tribulação e no anticristo do tempo do fim já inaugurado deve levar a igreja a estar mais vigilante para não ser afastada da confiança em Cristo e em sua Palavra. Portanto, embora nem sempre pareça verdade que a igreja atual está passando pela grande tribulação, sempre haverá partes da igreja que a sofrerão, enquanto outras estarão sempre debaixo de sua presença ameaçadora.

TERCEIRA PARTE

A narrativa da ressurreição inaugurada e do reino da nova criação inaugurado dos últimos tempos: a estrutura para a teologia do Novo Testamento

7

A visão judaica e veterotestamentária da ressurreição e da ressurreição como nova criação e reino inaugurados dos últimos tempos nos Evangelhos e em Atos

A esperança judaica e do AT afirmava que a ressurreição ocorreria no fim da história; portanto, a ressurreição de Cristo foi o começo do fim dos tempos. É preciso lembrar que a ressurreição do corpo ocorreria somente no fim das eras, quando a corrupção de toda criação cessaria e começaria uma nova criação. Da perspectiva conceitual, a ressurreição equivale à nova criação porque os seres humanos redimidos participam da nova criação com o corpo transformado, criado de novo. Neste capítulo e nos três seguintes, buscarei demonstrar exegética e teologicamente que essa ideia de ressurreição em todo o NT é equivalente à nova criação e ao reinado de Cristo escatológicos, envolvendo todos aqueles que se identificam com Jesus.[1] Esses capítulos são decisivos para o restante do livro, por isso vou examinar a ideia de ressurreição em detalhes. Na verdade, argumentei que a ressurreição de Jesus como o reino da nova criação é o núcleo do enredo narrativo neotestamentário que formulei nos capítulos anteriores.[2] É importante estabelecer esse conceito neste capítulo e nos próximos três, porque

---

[1] Veja Stefan Alkier, *Die Realität der Auferweckung in, nach und mit den Schriften des Neun Testaments*, Neuetestamentliche Entwürf zur Theologie 12 (Tübingen: Narr Francke Attempto Verlag GmbH & Co., 2009). Infelizmente, tomei conhecimento da existência dessa obra tarde demais para interagir com ela neste livro.

[2] Veja Peter Stuhlmacher, *Biblische Theologie des Neuen Testaments* (Göttingen: Vandenhoeck & Ruprecht, 1992), 1:175. Stuhlmacher afirma que a confissão da ressurreição do cristianismo primitivo é o fato central e "completamente decisivo" da teologia bíblica do NT, embora não a relacione com a nova criação nessa parte de sua análise. Nesse sentido, Stuhlmacher não desenvolve, em parte alguma de sua obra de dois volumes, essa afirmação acerca do aspecto "completamente decisivo" da ressurreição para a teologia bíblica, mas analisa muito mais a importância da obra expiatória de Cristo. Além disso, apesar de Stuhlmacher se referir, sem dúvida, à escatologia inaugurada em partes específicas de sua obra, não a considera a lente através da qual devem ser analisadas as várias facetas importantes da teologia do NT. Talvez presuma isso, mas jamais declara explicitamente algo a respeito.

todos os outros capítulos tentarão mostrar que as ideias mais importantes do NT são facetas do diamante desse "reino já e ainda não de nova criação do fim dos tempos".

A esperança da ressurreição e da nova criação dos últimos dias no Antigo Testamento

A primeira possível alusão à vida da ressurreição pode ser identificada em Gênesis 1—3. A promessa de morte por causa da desobediência em Gênesis 2.16,17 começa a ser cumprida em Gênesis 3, quando Adão e Eva desobedecem ao mandamento de Deus. A morte é inaugurada: primeiro, o casal se afasta de Deus, o que indica o início da morte espiritual, que é seguida mais tarde pela morte física. A promessa em Gênesis 3.15 de que a semente da mulher derrotaria a serpente de modo definitivo implica provavelmente a revogação implícita de sua obra que introduziu a morte.

Além disso, o ato subsequente de Deus de vestir o casal indica restauração do relacionamento de Adão e Eva com o Criador; assim, a separação da morte inaugurada já começou a ser vencida de alguma forma não visível (espiritualmente). As roupas, conforme estudaremos mais adiante, simbolizam a herança futura que Adão e Eva receberiam em algum momento (veja cap. 13). Na verdade, pesquisas importantes revelam que no antigo Oriente Próximo e no AT roupas indicavam herança e também mudança de status para a pessoa ou o objeto vestido, fossem ídolos (como imagens de deuses), fossem pessoas, em geral, fossem reis e sacerdotes, em particular. Os reis, em especial, eram vestidos em uma cerimônia de investidura como sinal de sua nova condição de autoridade real. Uma vez que os reis muitas vezes eram considerados imagem viva de seus deuses, é provável que suas roupas fossem consideradas o reflexo dessa imagem. Como Adão deveria ser um rei-sacerdote cumprindo o mandato de Gênesis 1.28, depois de seu pecado e da restauração inicial, seu destino era, provavelmente, receber roupas apropriadas a seu ofício régio. O fato de Deus tê-lo vestido com "roupas de pele" era uma garantia inicial simbólica de melhores vestes futuras. Neste caso, o texto "dá a entender que o motivo de mencionar a nudez de Adão e Eva no final de Gênesis 2 é criar no leitor a expectativa de uma investidura real de acordo com o status do homem como governador da terra à 'imagem de Deus' em Gênesis 1".[3]

Essa roupa simboliza não apenas o início da restauração do homem para Deus, mas também parece estar relacionada com o reflexo da glória de Deus.[4] Essas duas coisas devem implicar um relacionamento vivo com Deus, que será pleno em uma ocasião futura. Portanto, a morte espiritual e a física serão revogadas em algum momento futuro. O ato de Adão de dar nome à sua esposa de "Eva ['Vida'] porque ela foi a mãe de todos os viventes" (Gn 3.20) sugere ainda mais a ideia de que a maldição da morte está para ser eliminada. É provável que a transmissão da comissão de Gênesis 1.28 a várias figuras adâmicas, individuais e coletivas, que incluía dar à luz filhos de vida, implique a esperança e a promessa de vida e da revogação da maldição de morte que os impediria de cumprir essa ordem. Isso se aplica especialmente àquela "semente" escatológica final que cumpriria completa e definitivamente a promessa de Gênesis 3.15 derrotando a serpente, a responsável por introduzir a morte.

Nesta parte de nosso estudo, é importante observar as diversas expressões de esperança da ressurreição no AT, em que o conceito de "últimos tempos" está em mente, mas não é explicitamente mencionado: Deuteronômio 32.39 (cf. Êx 3.6); compare Jó 14.14 com 19.25,26;

---

[3]William N. Wilder, "Illumination and investiture: the royal significance of the Tree of Wisdom", *WTJ* 68 (2006): 66. Baseio-me no artigo de Wilder quando trato do significado da investidura com roupas, e das roupas como símbolo de herança. Achei o artigo compatível com minha análise no cap. 13 acerca do significado de vestir em Colossenses 3 (no subtítulo "A imagem do Último Adão em Colossenses 1.15-18; 3.9,10"). Wilder também indica muitas fontes secundárias em que ele baseia parcialmente sua pesquisa.

[4]Ibidem, p. 64-9. Wilder mostra a estreita associação de roupas com glória no antigo Oriente Próximo e no NT.

veja 1Samuel 2.6; Salmos 16.9,10; 22.28,29; 49.14-16; 73.24; Isaías 25.7-9; 26.19; 53.10,11; Ezequiel 37.1-14; Daniel 12.1,2; Oseias 6.1-3; 13.14.[5]

Os eruditos debatem qual seria a primeira vez em que a noção de ressurreição foi expressada no AT. Muitos consideram Daniel 12.2 a expressão mais clara de uma expectativa da ressurreição no AT: "Muitos dos que dormem no pó da terra ressuscitarão, uns para a vida eterna, e outros para vergonha e desprezo eterno". Esse acontecimento, juntamente com o tempo prévio de tribulação, ocorrerá "no fim dos tempos" ('ēt qēṣ [Dn 12.4]) e "no fim dos dias" (lĕqēṣ hayyāmín [Dn 12.13]). Porém, antes mesmo de Daniel, já havia a clara esperança da ressurreição futura no texto de Isaías 25.8: Deus "consumirá a morte para sempre, e assim o Senhor Deus enxugará as lágrimas de todos os rostos".

Do mesmo modo, Isaías 26.19 diz: "Os teus mortos viverão, os seus corpos ressuscitarão; despertai e exultai, vós que habitais no pó, pois teu orvalho é como o orvalho do amanhecer, e a terra dará à luz os mortos".[6] Muitos entendem que a visão de Ezequiel do "vale dos ossos secos" e dos ossos recebendo carne e ressuscitando é uma predição metafórica apenas do retorno de Israel do Exílio babilônico. Embora o judaísmo normalmente entendesse essa passagem como uma predição da ressurreição física dos santos israelitas mortos, parece que esse não é o foco principal. Contudo, ainda que a profecia seja uma referência metafórica ao retorno do Exílio, ela provavelmente inclui uma ideia real de ressurreição. O texto de Ezequiel 37.1-14 desenvolve a referência à renovação espiritual de 36.26,27 no tempo que Israel deve ser restabelecido na terra. A profecia de Ezequiel 36.26-35 diz:

> "Além disso, eu vos darei um coração novo e porei um espírito novo dentro de vós; tirarei de vós o coração de pedra e vos darei um coração de carne. Também porei o meu Espírito dentro de vós e farei com que andeis nos meus estatutos; e sereis cuidadosos em obedecer aos meus mandamentos. Então habitareis na terra que dei a vossos antepassados, e sereis o meu povo, e eu serei o vosso Deus. Além disso, eu vos salvarei de todas as vossas impurezas. Chamarei o trigo e o multiplicarei, e não trarei fome sobre vós; mas multiplicarei o fruto das árvores e a produção do campo para que não passeis mais pelo vexame da fome entre as nações. Então vos lembrareis dos vossos maus atos e das vossas obras que não foram boas; e vós mesmos tereis nojo dos vossos pecados e das vossas abominações. Sabei que não estou fazendo isso por vossa causa", diz o Senhor Deus. "Envergonhai-vos e humilhai-vos por causa dos vossos atos, ó casa de Israel!" Assim diz o Senhor Deus: "No dia em que eu vos purificar de todas as vossas iniquidades, farei com que as cidades sejam habitadas e as ruínas sejam edificadas. E a terra que estava deserta será lavrada e não continuará desolada à vista de todos os que passam. E dirão: 'Esta terra que estava assolada tem se tornado como o jardim do Éden; e as cidades solitárias, assoladas e destruídas estão agora fortalecidas e habitadas'".

Habitar "na terra" (v. 28) é consequência do ato de Deus dar a Israel "um coração de carne" e pôr o seu "Espírito" no povo (v. 27). Essa é uma referência a Israel voltando à terra e sendo regenerado espiritualmente. Pode-se ver que Ezequiel 37.1-14 se refere à mesma coisa pelas expressões que concluem essa parte da visão no versículo 14: "E porei em vós o meu Espírito, e vivereis; e vos porei na vossa terra"; a primeira expressão repete literalmente Ezequiel 36.27a, e a última é uma paráfrase de 36.28a ("e habitareis na terra"). O paralelismo com Ezequiel 36 indica que a profecia da ressurreição de Israel em Ezequiel 37 se refere, certamente, à nova criação, mas como ressurreição do espírito. A ressurreição do espírito

---

[5]Para uma análise da maioria dessas referências, veja Colin Brown, "Resurrection", in: *NIDNTT* 3:261-70, da qual dependo ao apresentar algumas referências de meu estudo.

[6]Embora os adeptos da crítica histórica entendam que esses dois textos de Isaías não sejam de autoria do profeta, mas, sim, inserções posteriores.

está ligada indissociavelmente à ressurreição do corpo, e a maioria do judaísmo entendia a profecia de Ezequiel 37 como ressurreição do corpo.[7]

Ainda antes, Oseias 13.14 anuncia: "Eu os resgatarei do poder do Sheol; eu os redimirei da morte. Ó morte, onde estão os teus espinhos? Ó Sheol, onde está o teu ferrão?" (TA).[8] Salmos 49.14,15 também diz: "Como ovelhas são designados para o Sheol, e a morte será o pastor deles; pela manhã, os justos governarão sobre eles; sua aparência será para o Sheol consumir, de modo que não terão habitação. Mas Deus resgatará minha alma do poder do Sheol, pois ele me receberá". De modo semelhante, 1Samuel 2.6 afirma: "O Senhor é quem mata e dá a vida; faz descer ao Sheol e dali faz ressurgir".

Talvez a primeira referência veterotestamentária explícita à ressurreição seja Deuteronômio 32.39: "Vede agora que eu, eu o sou, e não há outro deus além de mim. Eu faço morrer e faço viver. Eu firo e curo; e não há quem possa livrar da minha mão".

Parece que as profecias da nova criação em Isaías (43.18-21; 65.17; 66.22) também contêm a ideia da ressurreição na era vindoura. A profecia da nova criação em Isaías 43 começa com "Eis que faço uma coisa nova" (v. 19) e conclui com "O povo que formei para mim proclamará meu louvor" (v. 21). Os contextos imediatos das profecias de Isaías 43 e Isaías 63 implicam a noção de ressurreição (cf. Is 43.21). Em particular, a descrição das condições da nova criação em Isaías 65 sugere a mesma ideia (cf. v. 17-23), especialmente o versículo 22 na LXX: "Pois, conforme os dias da árvore da vida, assim serão os dias do meu povo; eles desfrutarão por muito tempo dos frutos de seu labor". A LXX entende que o hebraico "dias de uma árvore" seja a "árvore da vida" do Éden, que, segundo a convicção do judaísmo antigo e do cristianismo, garantia a vida eterna. Essa mesma ideia de vida infinita da nova criação para o povo de Deus é evidente no texto de Isaías 66.22: "'Pois assim como os novos céus e a nova terra que farei durarão diante de mim', diz o Senhor, 'assim a vossa descendência e o vosso nome durarão'". O período que a nova criação durar (e durará eternamente) é o tempo que a descendência humana da nova criação viverá.[9] Parece que a profecia de Isaías 66 retoma a profecia anterior de Isaías 26.19 (analisada anteriormente), que descreve a ressurreição com a figura da terra dando "à luz os mortos". Ao que tudo indica, a predição de Isaías 66 também retoma o quadro anterior do Servo Sofredor, que morrerá, porém, em Isaías 53.10b,11a, o Servo "verá sua descendência, Deus prolongará seus dias [...] verá o fruto da angústia de sua alma e ficará satisfeito".[10] A melhor interpretação desse trecho entende que ele se refere à ressurreição do Servo, e que a ressurreição deste envolverá a produção de uma "descendência", que segundo Isaías 66.22 é o novo povo de Deus, que viverá para sempre na nova criação.[11]

---

[7]Veja tb. N. T. Wright, *The New Testament and the people of God* (Minneapolis: Fortress, 1992), p. 332. Da mesma forma, Wright entende que a profecia de Ezequiel 37 da ressurreição de Israel como expressão metafórica da volta da nação do Exílio envolvia também a ideia literal de ressurreição da morte.

[8]Muitos comentaristas não consideram essa profecia uma promessa divina de redimir Israel da morte, mas uma passagem sobre juízo, apesar de muitos outros comentaristas a entenderem como uma promessa positiva. As duas primeiras orações de Oseias 13.14 às vezes são traduzidas como perguntas, mas prefiro entendê-las como declarações de promessas. Em 1Coríntios 15.54-57, Paulo também interpreta positivamente Oseias 13.14 como uma promessa de ressurreição.

[9]Será que o uso do tempo futuro do verbo grego *histēmi* ("tua semente *ficará de pé* [*stēsetai*]") na LXX como tradução do hebraico '*āmad* ("ficar de pé") sugere ainda mais a ideia de ressurreição? Nesse sentido, observe-se que a profecia de Isaías 29.16, que é explícita acerca da ressurreição, traduz o hebraico "seus mortos viverão" por "os mortos *ressuscitarão* [*anastēsontai*]", utilizando o tempo futuro de *anistēmi* de forma muito semelhante ao uso de *histēmi* em Isaías 66.22.

[10]A LXX traduz o texto hebraico "ele verá a descendência dele e prolongará seus dias" por "tua alma [a do Servo] verá uma descendência duradoura".

[11]Alguns até veem Isaías 43.10 como tendo sua referência suprema na ressurreição futura no fim das eras (*Rab.* de Gn 95.1; *Midr. Tanḥ.* de Gn 11.9). É importante lembrar aqui que, no judaísmo, Isaías 65.17 e 66.22 são entendidos como referências à ressurreição final (veja *S. Eli. Rab.* 86; *Pirqe R. El.* 31; *Midr.* de Sl 46.2).

Portanto, é provável que a ressurreição fosse um conceito de nova criação no AT. Como também estudaremos, as profecias da nova criação em Isaías 43; 65—66 (sobretudo para Paulo) formam a base para a ressurreição de Cristo ser o começo da nova criação, embora o NT também entenda que essas mesmas profecias serão cumpridas por completo na volta definitiva de Cristo.[12]

A esperança escatológica da ressurreição e do reino da nova criação no judaísmo

O judaísmo também reflete a esperança de ressurreição,[13] o que é, sem dúvida, um desenvolvimento da ideia do AT.[14] Os desdobramentos judaicos, porém, esclarecem e deixam explícito, reiteradamente, o que se expressa apenas como conceito no AT: a ressurreição ocorrerá no último dia ou no fim dos tempos. Vimos no capítulo 4 que a esperança da ressurreição é mencionada com o "fim dos tempos" ou referências equivalentes do tempo escatológico.[15] Da mesma forma, a promessa futura da herança gloriosa dos santos envolve a ressurreição no último dia ou muitas vezes é sinônimo dela (p. ex., "a glória que lhes espera nos últimos dias [...] eles agora têm escapado do que é mortal e herdarão o que está por vir" [4Ed 7.95,96]). Essa herança é muito mais do que um corpo ressurreto; ela implica nova vida no contexto de um novo céu e uma nova terra.

A última ideia de que a ressurreição faz parte de uma nova criação maior ocorre em outros trechos de obras do judaísmo antigo. Por exemplo, 2Baruque 44.12-15 se refere ao "novo mundo que não leva de volta à corrupção aqueles que ingressam em seu início [...] Pois esses são os que herdarão esse tempo [...] e para eles é a herança do tempo prometido [...] Pois o mundo vindouro lhes será dado". Jubileus 1.29 afirma que "o dia da nova criação" é o tempo "em que o céu e a terra, e todas as criaturas serão renovadas", o que inclui "os eleitos de Israel" (da mesma forma, provavelmente tb. Jub. 4.26; cf. 5.12). Já observamos que Qumran também afirma que "no final [qṣ] previsto e na nova criação" (1QS IV:25) os santos essênios seriam recompensados com "bênçãos perpétuas, alegria eterna e vida sem fim" (1QS IV:7), e "a eles pertencerá toda a glória de Adão" (1QS IV:23).[16] Dessa forma, Deus "levantará os vermes do morto do pó [...] para renová-lo com tudo o que existirá" (1QHᵃ XIX:11-14). Josefo também diz que aos judeus fiéis "Deus assegurou que sejam criados [ou 'nascidos', ginomai] de novo e recebam uma vida melhor na revolução das eras" (C. Ap. 2.218). Outros textos judaicos antigos poderiam ser analisados aqui (p. ex., Or. Sib. 4.180-190; 2Br 57.2, em que "o mundo será renovado" é praticamente equiparado à "vida que virá depois"; L.A.B. 3.10). Alguns grupos do judaísmo antigo também acreditavam que "Deus fará os mortos viverem" quando o Messias vier.[17]

---

[12]Veja cap. 9, seção "A concepção paulina de morte e ressurreição como o início da nova criação dos últimos tempos: Gálatas 5.22-25; 6.15-17", e cap. 15, seção "A visão paulina da reconciliação como nova criação e restauração do exílio".

[13]Veja tb. Stuhlmacher, Biblische Theologie, 1:175-6, para uma análise da esperança de ressurreição no judaísmo antigo.

[14]Para complementar a pesquisa apresentada aqui, veja J. R. Daniel Kirk, Unlocking Romans: resurrection and the justification of God (Grand Rapids: Eerdmans, 2008), p. 14-32. Kirk analisa a função da ressurreição no judaísmo e também cita outras pesquisas sobre a ressurreição na literatura judaica.

[15]P. ex., V.A.E. [Apocalipse] 13.2,3: "Eu [Deus] te levantarei [Adão] no último dia na ressurreição com cada homem da tua descendência"; V.A.E. [Vita] 51.2: "no fim dos tempos [...] toda carne [...] será levantada".

[16]Para mais informações sobre ressurreição no judaísmo antigo, veja Brown, "Resurrection", p. 272-4, e N. T. Wright, The resurrection of the Son of God (Minneapolis: Fortress, 2003), p. 129-206 [edição em português: A ressurreição do Filho de Deus (São Paulo: Paulus, 2013)].

[17]4Q521 frags. 2, II:12; veja tb. 2Br 30.1,2. O Messias poderia estar em mente em 4Q521 como aquele que ressuscita os mortos, uma vez que a expressão ocorre no meio de uma alusão a Isaías 61.1, uma descrição da tarefa do ungido.

O judaísmo posterior segue o exemplo. Por exemplo, *Midrash Tanḥuma Yelammedenu* de Gênesis 12.3 afirma que a profecia da ressurreição de Isaías 25.8 será cumprida na nova criação do fim dos tempos profetizada em Isaías 65.17.[18] Além disso, alguns desses textos posteriores dizem que a ressurreição ocorrerá no tempo do Messias.[19] As referências acima à vinda do Messias e à ressurreição sugerem que a nova criação ressurreta dos santos faz parte do reino vindouro do Messias.

O judaísmo antigo e posterior seguiram e desenvolveram a noção veterotestamentária do Espírito como o agente da ressurreição dos últimos tempos.[20] O texto de Isaías 57.15,16 da LXX, que parece ser diferente do texto hebraico, também afirma o papel de doador de vida do Espírito: "Isso é o que o Senhor diz, o Altíssimo que habita as alturas da eternidade, Santo dos santos é o nome dele, o Senhor Altíssimo que repousa nos santos, que dá paciência aos desanimados e vida aos quebrantados de coração:[21] [...] 'O Espírito sairá de mim, e ter[ei] criado todo fôlego'" da nova criação.[22]

Às vezes, elaborações a respeito da ressurreição dos últimos dias se desenvolveram em combinação com o jardim do Éden de acordo com o princípio de que "as últimas coisas serão como as primeiras" (p. ex. a análise anterior de Ez 36.26-35, além de *Barn*. 6.13: "Eis que faço as últimas coisas como as primeiras").[23]

A importância crescente da esperança judaica da ressurreição pode estar refletida em um ditado rabínico registrado no *Talmude Babilônico*:

R. Jacó [...] disse: Não há recompensa para os preceitos neste mundo. Pois foi ensinado:
R. Jacó disse: Não há um preceito sequer na Torá cujo prêmio seja [declarado] deste lado que não dependa da ressurreição dos mortos (*b. Qidd.* 39b).

A ressurreição já e ainda não dos últimos dias e o reino da nova criação nos Evangelhos

Os Evangelhos também associam de forma clara a ressurreição com os últimos dias. O Evangelho de João em particular associa o fim das eras com a ressurreição:

---

[18]Assim tb. *Tg. Neof.* de Dt 32.1; *Tg. de P.-J.* de Dt 32.1; *Pirqe R. El.* 34 equiparam a profecia de Isaías 26.19 ("seus mortos viverão") com a ação de Deus de "vivificar os mortos e renovar todas as coisas" (cf. *Tg. de Mq* 7.14).

[19]A respeito da profecia da ressurreição em Isaías 25.8, veja *Rab.* de Êx 20.3; *Rab.* de Ec 1.4.3; sobre o mesmo tipo de profecia em Isaías 26.19, veja *Midr.* de Sl 18.11; *Rab.* de Ec 1.7.7; *S. Eli. Rab.* 22. O texto de Isaías 25.8 é considerado uma profecia em que o próprio Messias vencerá Satanás e seus aliados, os quais anteriormente impuseram a morte à humanidade (*Pesiq. Rab.* 36.1; veja uma ideia quase idêntica em *S. Eli. Rab.* 21 [tb. citando Is 25.8]). Outros textos judaicos afirmam que a ressurreição acontecerá no tempo da vinda do Messias (p. ex., *Pesiq. Rab.* Piska 1.4).

[20]Veja acima o estudo de Ezequiel 36.26,27; 37.1-14 e compare-o, p. ex., com *1En* 61.5-7; *b. ʾAbo. Za.* 20b ("o espírito santo leva à vida eterna"); *Rab.* de Ct 1.1.9; *Midr. Tanh.* de Gn 2.12 (cf. *1En.* 49.3, que desenvolve Is 11.2).

[21]As duas locuções anteriores são uma tradução do TM: "vivificar o espírito do quebrantado e vivificar o espírito do caído", que enfatiza o dom de vida.

[22]A importância desse texto da LXX para o papel do Espírito na nova criação será desenvolvida de modo mais aprofundado no cap. 16, no subtítulo "O papel escatológico do Espírito no pensamento de Paulo" (análise de Gl 5.22,23), que é um resumo de um estudo mais completo de G. K. Beale, "The Old Testament background of Paul's reference to the 'fruit of the Spirit' in Gal. 5:22", *BBR* 15 (2005): 1-38.

[23]Sobre esse aspecto, o fragmento grego do *Testamento de Moisés* (c. século 1 d.C.) diz: "Pois [...] da presença de Deus seu Espírito saiu e o [primeiro] mundo veio a existir" (*gar* [...] *apo prosōpou tou theou exēlthe to pneuma autou kai ho kosmos egeneto*). O fragmento está preservado em Gelásio de Cízico (século 5 d.C.), *Coletânea dos atos do Concílio de Niceia* II.xxi. 7, parte do qual também está em Judas 9 ("Miguel, o arcanjo, ao disputar com o Diabo"). Também relevante é Salmos 103(104).30 da LXX: "Envias teu Espírito, eles são criados; renovas a face da terra", referindo-se à divina preservação da vida da primeira criação pelo Espírito. Igualmente, as referências anteriores de *1Enoque*, do Talmude, dos vários *midrashim* e da LXX indicam que o Espírito de Deus novamente criará novos seres na nova criação dos últimos tempos mediante a ressurreição.

João 6.39: "E a vontade daquele que me enviou é esta: que eu não perca nenhum de todos os que me deu, mas os ressuscite no último dia".

João 6.40: "Porque esta é a vontade de meu Pai: que todo aquele que vê o Filho e nele crê tenha a vida eterna; e eu mesmo o ressuscitarei no último dia".

João 6.44: "Ninguém pode vir a mim se o Pai que me enviou não o trouxer; e eu o ressuscitarei no último dia".

João 6.54: "Quem come a minha carne e bebe o meu sangue tem a vida eterna; e eu o ressuscitarei no último dia".

João 11.24: "Disse-lhe Marta: 'Sei que ele ressuscitará na ressurreição, no último dia'".

João 12.48: "Quem me rejeita e não aceita as minhas palavras, já tem seu juiz: a palavra que tenho pregado, essa o julgará no último dia".

Observamos anteriormente que em João 5.24-29 Jesus faz referência à última "hora" de Daniel 12.1,2, uma das conhecidas passagens do AT sobre a ressurreição. Jesus vê o início do cumprimento dela de forma espiritual em seu ministério e o pleno cumprimento no fim dos tempos, na ressurreição física de todas as pessoas.[24] Em reação à morte de Lázaro, Jesus diz a Marta: "Teu irmão ressuscitará". Marta responde: "Sei que ele ressuscitará na ressurreição do último dia", ao que Jesus replica: "Eu sou a ressurreição e a vida; quem crê em mim, mesmo que morra, viverá" (Jo 11.23-25). Por isso, o fato de Jesus se identificar naquele momento com a vida da ressurreição implica também a afirmação de que essa vida deve ser identificada com "a ressurreição do último dia", que, portanto, havia começado com ele. A ressurreição de Lázaro por Jesus mais adiante na narrativa (Jo 11.38-44) é outro indicador de que a "ressurreição do último dia" havia sido inaugurada de alguma forma, embora o papel da ressurreição de Lázaro no enredo completo de João seja uma antecipação da ressurreição do próprio Jesus, o que ocorre em escala maior (pois Lázaro certamente morreu em algum momento posterior).[25]

A ideia de ser "nascido de novo" em João 3 provavelmente está relacionada com o conceito veterotestamentário de ressurreição e, portanto, com a nova criação. Jesus diz a Nicodemos: "Ninguém pode ver o reino de Deus se não nascer de novo" (v. 3). Nicodemos pergunta como alguém pode "entrar no ventre de sua mãe e nascer pela segunda vez?", já antecipando uma resposta negativa de Jesus (v. 4). Jesus lhe explica que o significado de "nascer de novo" tem de ser entendido como o cumprimento da profecia de Ezequiel 36 (veja tabela 7.1).

Tabela 7.1

Ezequiel 36.25-27	João 3.5
36.25: "Então aspergirei <u>água</u> pura sobre vós, e ficareis limpos; eu vos purificarei de todas as vossas impurezas e de todos os vossos ídolos".	"Jesus respondeu: 'Em verdade, em verdade te digo que, se alguém não nascer da <u>água e do Espírito</u>, não pode entrar no reino de Deus'."
36.26: "Além disso, eu vos darei um coração novo e porei um <u>espírito</u> novo dentro de vós; tirarei de vós o coração de pedra e vos darei um coração de carne".	
36.27: "Também porei o meu <u>Espírito</u> dentro de vós e farei com que andeis nos meus estatutos; e sereis cuidadosos em obedecer aos meus mandamentos".	

---

[24] Veja cap. 4, seção "Referências escatológicas no Evangelho de João". A predição de Jesus de sua própria ressurreição em João 2.19-22, apesar de não se referir a Daniel 12, provavelmente deveria ser identificada em geral com as esperanças de ressurreição do AT.

[25] A ressurreição de Lázaro não apenas antecipa a ressurreição de Jesus, mas também a morte de Lázaro antevê a de Jesus, porque as duas mortes são manifestações da glória de Deus/Jesus (veja Jo 11.4,15,40).

A passagem de Ezequiel é o único texto do AT a profetizar que no fim dos tempos Deus vai derramar "água" e o "Espírito" em seu povo a fim de criá-lo de novo[26] (*Jub.* 1.23-25 e 1QS IV:21-24 também se baseiam nessa profecia da renovação dos últimos tempos). Conforme observamos na seção deste capítulo que trata do AT, Ezequiel 37.1-14 desenvolve a ideia da renovação espiritual de Ezequiel 36.26,27 que deveria ocorrer quando Israel fosse restabelecido na Terra Prometida (Ez 36.28-35). Isso é importante porque, assim como em João 3.8 o vento (*pneuma*) é interpretado como sendo o Espírito (*pneuma*), Ezequiel 37.9,14 também faz a mesma interpretação ("Ó Espírito [*pneuma*], vem dos quatro <u>ventos</u> [*pneumatōn*] e assopra sobre estes mortos para que vivam [...] porei em vós o meu <u>Espírito</u> [*pneuma*]").[27] Como observamos no início do capítulo, o paralelismo entre os capítulos 36 e 37 de Ezequiel indica que a profecia da purificação de Israel com água e sua nova criação pelo Espírito no capítulo 36 é praticamente equivalente à predição da ressurreição pelo Espírito no capítulo 37, o que, segundo examinamos, tinha de ser entendido tanto como uma representação vívida do retorno de Israel do Exílio quanto como a primeira fase da completa ressurreição dentre os mortos (sendo esta indissociavelmente ligada à ressurreição física).

De forma adequada, Jesus denomina a ressurreição/nova criação da profecia de Ezequiel 36 de "nascer de novo". Nicodemos pergunta: "Como pode ser isso?", ao que Jesus responde: "Tu és o mestre de Israel e não entendes essas coisas?" (v. 9,10). A pergunta de Jesus indica que Nicodemos deveria conhecer bem essa profecia por ser um dos mestres do AT em Israel. Em seguida, Jesus afirma que o que havia dito a Nicodemos fazia parte do seu testemunho fiel com base em um conhecimento seguro, mas que é compreensível Nicodemos não entender essas "coisas celestiais", pois tem dificuldade até de compreender as coisas terrenas que Jesus lhe declarou (v. 11,12). A explicação de Jesus das "coisas celestiais" sobre as quais vem falando desde o versículo 3 continua nos versículos 13-15:

> Ninguém subiu ao céu, senão aquele que de lá desceu, o Filho do Homem. Assim como Moisés levantou a serpente no deserto, também é necessário que o Filho do Homem seja levantado; para que todo aquele que nele crê tenha a vida eterna.

Jesus associa sua ressurreição e ascensão futuras com os que creem nele e, portanto, são identificados com ele e compartilham de sua "vida eterna".[28] "Vida eterna" é uma expressão que, como já estudamos, refere-se à vida da ressurreição profetizada em Daniel 12.2 (veja cap. 2). Entretanto, como ela seria a continuação da explicação das "coisas celestiais" que Jesus acabou de comentar, especialmente o conceito de "nascer de novo" à luz de seu contexto de Ezequiel 36? Assim como Ezequiel 37 interpretava a lavagem com água e a nova criação pelo Espírito como ressurreição pelo Espírito em Ezequiel 36, também Jesus, ao que parece, faz o mesmo: os que nele creem são identificados com ele e com sua ressurreição e compartilham de sua vida eterna da ressurreição, mais uma explicação do significado de "nascer de novo".

---

[26]Veja em Linda Belleville, "'Born of water and Spirit': John 3:5", *TJ* 1 (1980): 125-41. Belleville também reconhece a dependência de Ezequiel 36, e, a princípio, me influenciou na percepção da importância dessa passagem veterotestamentária; também do mesmo modo D. A. Carson, *The Gospel according to John*, PNTC (Grand Rapids Eerdmans, 1991), p. 191-6. O paralelo mais próximo, depois de Ezequiel 36, é Isaías 44.3, texto em que o derramamento de água no chão é uma figura de Deus "derramando meu [seu] Espírito sobre seus [de Israel] filhos".

[27]Talvez sejam importantes também para a combinação joanina de "água", "vento" e "Espírito" em João 3 as passagens do AT em que o "vento" (*rûaḥ/pneuma*) de Deus move as "águas" e aquelas em que o "vento" pode estar associado com o Espírito de Deus: Gn 8.1-3; Êx 15.10; 2Sm 22.16,17; Sl 18.15,16; 33.6,7; 147.18. Cf. Isaías 63.11,12, que descreve o primeiro Êxodo — quando Deus "os levantou do mar", "dividiu as águas" e "pôs seu Espírito no meio deles".

[28]O "levantar" do Filho do Homem tem duplo sentido e se refere tanto ao levantamento de Jesus na cruz quanto à sua ressurreição.

É significativo também que a ideia de nova criação e ressurreição em João 3.1-15 seja praticamente equiparada ao "reino de Deus" (v. 3,5), quase uma equivalência que já vimos em outras partes e ainda veremos novamente. Nesse sentido, as orações "ver o reino de Deus" e "entrar no reino de Deus" (Jo 3.3,5) devem ser interpretadas como a participação no reino de Deus do *eschaton* ao desfrutar da "vida eterna da ressurreição" (Jo 3.15).[29] Tudo isso é o outro lado da ideia de "regeneração", o conceito doutrinário tradicional de ser feito uma nova criatura. À luz da análise que realizamos até aqui, a regeneração deve ser considerada um conceito com sentido profundamente escatológico.

A ideia de ressurreição final passou a ser tão vinculada ao tempo do fim que em Mateus e Lucas a ressurreição representa o "tempo da ressurreição final" (p. ex., Mt 22.30: "Pois na ressurreição [isto é, 'no tempo da ressurreição'] não se casarão nem se darão em casamento, mas serão como os anjos no céu").

Nos quatro Evangelhos, Cristo (ou outras pessoas) fala de sua ressurreição[30] e ressuscita os mortos como uma antecipação de sua própria ressurreição (Jo 14.19) e como uma parábola encenada mostrando sua capacidade de dar vida verdadeira a todos os que nele creem.[31] O ápice literário e temático de cada um dos quatro Evangelhos é a ressurreição de Cristo, bem como a comissão do Cristo ressurreto aos discípulos para que continuem promovendo o reino por meio de sua presença constante com eles (embora esta comissão não esteja presente no final mais curto de Marcos). Portanto, a ideia de ressurreição domina os Evangelhos, incluindo a ressurreição de outras pessoas além de Jesus.[32] Apesar de não ocorrer em todos os Evangelhos a própria expressão "nova criação" ou termos equivalentes, o conceito é transmitido repetidas vezes pelas muitas referências à ressurreição. Fica claro que a ressurreição é um conceito de "nova criação" pelo simples fato de que um corpo ressurreto é um corpo criado de novo, e o corpo que os santos terão para fazer parte da nova criação eterna e consumada de todo o cosmo é um corpo ressurreto. Nesse sentido, o corpo ressurreto de Cristo foi o primeiro corpo novamente criado a passar para o outro lado da nova criação. A nova criação vindoura entrou de volta no velho mundo por meio do corpo ressurreto e novamente criado de Jesus.[33] Embora sua existência pós-ressurreição tenha estado nesta velha terra durante um tempo, ele ascendeu à dimensão invisível do início da nova criação, que por fim descerá de forma visível no fim dos tempos, quando o antigo cosmo se desintegrará (Ap 21.1—22.5).

A ressurreição já e ainda não dos últimos dias e o reino da nova criação em Atos

A ressurreição no livro de Atos

O final do Evangelho de Lucas na verdade prossegue em Atos 1.1-11 como introdução ao segundo volume de seu relato, o livro de Atos dos Apóstolos. Por isso, a narrativa das aparições

---

[29]Andreas J. Köstenberger, *John*, BECNT (Grand Rapids: Baker Academic, 2004), p. 122, seguindo as propostas de D. A. Carson e G. R. Beasley-Murray.

[30]As seguintes palavras, p. ex., são empregadas nesse sentido em todos os Evangelhos: *egeirō* (15 vezes) e *anistēmi* (8 vezes).

[31]P. ex., João 12.1,9,17. Veja N. T. Wright, *The resurrection of the Son of God* (Minneapolis: Fortress: 2003). Wright analisa detalhadamente o material do NT, inclusive os Evangelhos, tratando da ressurreição física de Cristo e da esperança da ressurreição física de todos os crentes.

[32]Essa ideia ocorre aproximadamente trinta vezes. Além disso, a expressão "vida eterna" (cerca de trinta vezes) no Evangelho de João também se refere à vida pós-ressurreição em seu sentido eterno (p. ex., Jo 5.24-29).

[33]Essa nova criação é representada com o início antes mesmo da ressurreição de Cristo, conforme João 5.24-29 (sobre essa passagem, veja a análise no cap. 4, no título "Referências escatológicas no Evangelho de João") e *Evang. Tomé* 51: "Os discípulos lhe disseram: 'Quando será o tempo do descanso dos mortos, e quando será o advento do novo mundo?'. Ele lhes disse: 'Aquilo que vocês esperam já chegou, mas vocês não o reconhecem'". Para o conceito de nova criação no Evangelho de João, veja J. K. Brown, "Creation's renewal in the Gospel of John", *CBQ* 72 (2010): 275-90.

pós-ressurreição de Cristo continua. Em especial, a seção introdutória de Atos 1 a respeito das palavras finais do Cristo ressurreto expande o texto de Lucas 24.46-51:

> E disse-lhes: Está escrito que o Cristo sofreria e ressuscitaria dentre os mortos ao terceiro dia; e que em seu nome se pregaria o arrependimento para perdão dos pecados a todas as nações, começando em Jerusalém. Vós sois testemunhas dessas coisas. Eis que envio sobre vós a promessa de meu Pai. Mas ficai na cidade até que sejais revestidos de poder do alto. Então os levou até Betânia, levantou as mãos e os abençoou. E, enquanto os abençoava, afastou-se deles e foi elevado ao céu.

Expandindo o final do Evangelho de Lucas, Atos 1 retrata o Cristo ressurreto "falando-lhes das coisas referentes ao reino de Deus" (At 1.3). Então, os discípulos perguntam a Jesus: "É este o tempo em que restaurarás o reino para Israel?" (v. 6). Como essa pergunta dos discípulos e a resposta de Jesus serão mais bem examinadas em um capítulo posterior, por ora basta indicar que a menção do "reino" está ligada diretamente ao ministério da ressurreição de Jesus. Fica evidente em Atos 2 que o reino mencionado no diálogo de Jesus com os apóstolos não é adiado para a vinda final de Cristo no futuro distante, pois o texto afirma que o reino estava sendo inaugurado em grau mais elevado do que no ministério de Jesus. Especificamente, a vinda do Espírito prometido em Pentecostes deve ser entendida como evidência testemunhal de que Jesus foi ressuscitado dos mortos (At 2.22-28). A ressurreição e a ascensão de Cristo indicam ao menos dois fatos. Primeiro, Deus "pôs fim à agonia da morte" (At 2.24), de modo que a ressurreição é, verdadeiramente, um processo de nova criação porque supera a condição de descriação caracterizada pela "deterioração" do corpo (At 2.27). Segundo, a ressurreição cumpre a promessa feita a Davi de que Deus faria "um dos seus descendentes assentar-se no seu trono" (At 2.30,31). Cristo já começou a assentar-se no trono do reino do fim dos tempos, o que ele não havia feito em seu ministério, embora nesse período estivesse inaugurando o reino. O contexto mais amplo de Atos 2.30-36 deixa isso mais claro:

> Por ser profeta e saber que Deus lhe havia prometido com juramento que faria um dos seus descendentes assentar-se em seu trono, Davi previu isso e falou da ressurreição de Cristo, que não foi deixado no túmulo nem sua carne sofreu deterioração. Foi a este Jesus que Deus ressuscitou; e todos somos testemunhas disso. Portanto, tendo sido exaltado à direita de Deus e tendo recebido do Pai a promessa do Espírito Santo, derramou o que agora vedes e ouvis. Porque Davi não subiu aos céus, mas ele próprio afirma:
>
> > "O Senhor disse ao meu Senhor:
> > 'Assenta-te à minha direita
> > até que eu faça de teus inimigos um estrado para teus pés'."
>
> Portanto, toda a casa de Israel fique absolutamente certa de que esse Jesus, a quem vós crucificastes, Deus o fez Senhor e Cristo.

A ideia principal é que a ressurreição e a ascensão de Jesus são o início de uma realeza ainda mais elevada que a iniciada no meio de seu ministério. Agora, Jesus já começou a cumprir a profecia messiânica de Salmos 110.1 (citado em At 2.34,35 para indicar seu cumprimento). O Espírito é derramado sobre os crentes a fim de capacitá-los a testemunhar essa grande realização histórico-redentora (At 1.8; cf. 1.22; 3.15; 4.33; 13.31). O sermão de Paulo em Atos 13 também ressalta que a ressurreição de Cristo cumpre a profecia veterotestamentária de que Deus estabeleceria seu Messias como rei: "Deus cumpriu essa promessa a nossos filhos ao ressuscitar Jesus, como também está escrito no segundo salmo: 'Tu és meu Filho. Hoje te gerei'" (At 13.33). Novamente, como no sermão de Pedro em Atos 2, a ressurreição de Jesus é também considerada o cumprimento de uma promessa a Davi, sobretudo no que se refere a transformar a morte e a deterioração do corpo (At 13.34-36) em uma condição irreversível de corpo criado de novo (citando Is 53.3 em At 13.34, e Sl 16.10 em At 13.35; veja tb. At 13.37,38).

Assim, nos dois sermões centrais da estrutura de Atos 2 e Atos 13, o conceito de nova criação mediante a ressurreição da descrição da morte e o do estabelecimento do reino pela ressurreição estão estreitamente ligados, o que é especialmente enfatizado pela menção repetida da ressurreição do Messias (isto é, o rei israelita escatológico) no relato de Atos 2. Portanto, a ideia do reino da nova criação é ressaltada pela explicação da ressurreição de Jesus dos mortos. O tema da ressurreição de Jesus é igualmente importante em vários trechos do livro de Atos (1.22; 3.15,26; 4.2,10,33; 5.30; 25.19).

A próxima seção a ter várias referências à linguagem da ressurreição é Atos 17. Em primeiro lugar, falando em Tessalônica, Paulo enfatiza que a ressurreição de Jesus é essencial para entender que ele é o Messias (At 17.3). Os oponentes de Paulo entendiam isso como uma declaração de que Jesus era "outro rei", o que seria "agir contra os decretos de César" (v. 7). Novamente, a ressurreição de Jesus está indissociavelmente ligada ao entendimento de que ele é rei de Israel. Depois, falando em Atenas, Paulo menciona a ressurreição de Jesus, mais uma vez associando claramente a função soberana de julgar com a ideia de ressurreição: "Pois determinou um dia em que julgará o mundo com justiça por meio de um homem que designou para isso, tendo demonstrado isso a todos ao ressuscitá-lo dos mortos" (At 17.31 [cf. as referências à pregação paulina da ressurreição de Jesus nos v. 18,32]).

Depois de Atos 17, há apenas uma referência explícita à ressurreição de Jesus no restante do livro (At 26.23). Há outras referências que provavelmente envolvem a ressurreição de Jesus, mas em geral são alusões à ressurreição de todos os mortos, incluindo a de Jesus (At 23.6; 24.21; 26.8; cf. 23.8). Há também uma referência exclusiva à ressurreição futura de todos os mortos (At 24.15). Além disso, Atos menciona uma pessoa que foi ressuscitada da morte, possivelmente como reflexo da ressurreição de Jesus e antecipação da ressurreição geral futura (At 9.40,41). Por fim, Atos relata três vezes que a fé dos gentios os leva a receber a "vida eterna" (*zōē aiōnios*).[34] Isso se refere à ressurreição, que é inaugurada no aspecto espiritual no início da experiência de fé (At 11.18 [menciona apenas "vida"]; 13.46 [ao contrário dos judeus incrédulos],48) e se consuma no aspecto físico.

Ao todo, são cerca de trinta menções à ressurreição no livro de Atos,[35] o que demonstra a importância do tema no desenvolvimento do movimento cristão antigo. Em particular, na maior parte das vezes, elas dizem respeito à ressurreição de Cristo, o que implica sua majestade e existência como uma nova criatura.

A cristofania do caminho de Damasco como uma aparição da ressurreição

A mais impressionante referência à ressurreição de todo o livro de Atos são as três menções da aparição do Cristo ressurreto a Paulo no caminho de Damasco (At 9; 22; 26). Apesar de não serem empregadas nos relatos dos capítulos 9 e 22 as palavras gregas para "ressurreição", essas

---

[34]Deve ser lembrado que, na seção anterior sobre escatologia em João (cap. 4), essa mesma expressão grega para "vida eterna" ocorre repetidas vezes em João referindo-se à ressurreição dos mortos e às vezes como alusão, em maior ou menor grau, ao texto de Daniel 12.2, em que se encontra exatamente a mesma locução. Ela ocorre 41 vezes no NT e, apesar de muitas delas talvez não serem alusões claras a Daniel, é provável que tenham origem em Daniel por causa da influência formativa do uso repetido no cristianismo antigo, explicitamente baseado em Daniel. A mesma locução "vida eterna" ocorre em outra parte na LXX apenas nos livros apocalípticos posteriores, provavelmente em alusões a Daniel 12.2 (2Mc 7.9; 4Mc 15.3; *Sl. Sal.* 3.12).

[35]Eles consistem em uma variedade de termos gregos, como, p. ex., *egeirō* ("levantar"), *anistēmi* ("levantar"), *anastasis* ("ressurreição"), *zaō* ("viver"), *zōē* ("vida") e *gennaō* ("gerar").

palavras são usadas para apresentar e resumir a narrativa do capítulo 26 (v. 8,22,23). A explicação de Paulo narrada em Atos 26 da aparição de Cristo a ele não pode ser entendida plenamente sem que se observe e analise o uso que o apóstolo faz do AT nesse texto (veja tabela 7.2).

Tabela 7.2

Atos 26	Antigo Testamento (LXX)
26.16a: "Põe-te em pé".	Ezequiel 2.1: "... fica em pé".
26.16,17: "... para te designar"; "... livrando-te"; "Eu te envio" (cf. tb. Gl 1).	Jeremias 1: "... eu te envio" (v. 7); "... para te livrar" (v. 8,19); veja tb. os v. 5, 10 (cf. tb. Gl 1.15: "Quando Deus, porém, que desde o ventre de minha mãe me separou", uma alusão a Jr 1.5 aplicada à experiência de Paulo no caminho de Damasco).
26.18: "... para lhes abrir os olhos a fim de que se convertam das trevas para a luz, e do poder de Satanás para Deus".	Isaías 42.6b,7: "... como luz para os gentios para abrir os olhos dos cegos, para tirar os presos e os que habitam em trevas da prisão e do cárcere". Isaías 42.16: "Guiarei os cegos por um caminho que não conheceram; eu os farei caminhar por veredas que não conheceram; farei as trevas se tornarem luz para eles".
26.23: "... para anunciar luz tanto aos judeus quanto aos gentios".	Isaías 49.6: "... para a aliança de uma raça, te porei para luz dos gentios, para seres a minha salvação até a extremidade da terra".
26.16: "... ministro e testemunha".	Isaías 43.10: "... testemunha [...] servo" (referindo-se a Israel).

Por que Lucas relata a experiência de Paulo fazendo alusão ao chamado dos profetas do AT Jeremias e Ezequiel e mediante o chamado do profético Servo de Yahweh anunciado por Isaías?[36] Ao que parece, há no mínimo três motivos. Primeiro, Lucas deseja retratar Cristo falando como o Senhor do AT, que deu aos profetas a vocação (sobre isso, observe-se que Jesus é chamado de "Senhor"). Segundo, Lucas quer destacar a autoridade profética de Paulo e que a autoridade dele é igual à dos profetas do AT. Isto é, o apóstolo também é porta-voz de Deus. Observe-se que todos os grandes profetas do AT começam seu ofício profético com o comissionamento divino por meio de uma teofania e uma comunicação verbal (embora Deus não apareça na visão de Jeremias, nem na comissão do Servo de Isaías). Terceiro, assim como esses profetas do AT, a função profética de Paulo era pregar a salvação e, sobretudo, o juízo (antes de tudo aqui, observe-se Jeremias e Ezequiel).

Considerando os paralelos apresentados na tabela anterior, é provável que Atos 26.13 ("Vi no caminho uma luz [phōs] do céu, que brilhava [perilampsan] mais do que o sol [lamprotēta tou hēliou]") seja uma alusão a Isaías 60.1-3, que enfatiza a luz de Deus não apenas para

---

[36]Todas as alusões em Atos 26 indicadas na tabela são normalmente reconhecidas. P. ex., a margem de NA[27] as registra, exceto Isaías 49.6 em Atos 26.23, que outros, todavia, reconheceram, como F. F. Bruce, *The book of the Acts*, NICNT (Grand Rapids: Eerdmans, 1954), p. 494. Bruce ainda cita os textos paralelos de Isaías 42.6 e 60.3, que também podem estar em mente em Atos 26.23, embora Isaías 49.6 esteja em mente em primeiro lugar como desenvolvimento de Atos 1.8; 13.47. Há um debate mais intenso quanto à alusão a Isaías 43.10 em Atos 26.16, mas, dadas as outras alusões a textos vizinhos em Isaías, ela se encaixa naturalmente na passagem.

os "filhos" de Jerusalém, mas também para reis e gentios (cf. At 9.15). No texto de Isaías 60.1-3, encontramos o seguinte vocabulário: "iluminar" (*phōtizou* [2x]), "luz" (*phōs* [2x]), "glória do Senhor" (*doxa kyriou* [2x]) e "luminosidade" (*lamprotēti* [1x]). Talvez possamos também acrescentar o paralelo entre Isaías 42.1 ("eleito" [*eklektos*]) e Atos 9.15 ("instrumento escolhido" [*skeuos eklogēs*]).

Portanto, tendo em vista o contexto de Isaías 42, 43 e 49, Paulo é visto desempenhando a tarefa do Servo profetizado em Isaías, iniciada por Cristo, com quem Paulo é identificado coletivamente e por quem é representado (ao fazer isso, é claro, Paulo é um assistente de ministério do Servo).[37] Assim como Cristo, Paulo "abre os olhos para que se convertam das trevas" e "anuncia luz aos gentios" (cp. esp. At 26.23 com 26.18). Cristo e Paulo lideram o segundo e novo êxodo e o retorno do exílio profetizado em Isaías 40—66.

Essa identificação de Paulo com o Servo profetizado em Isaías também é vista na comparação de Lucas 2.30-32; Atos 13.47; 26.18,23 com as passagens mais relevantes de Isaías (veja tabela 7.3).

Isso também significa que Cristo e os apóstolos foram o começo do novo Israel, uma vez que Isaías 49.3 afirma claramente o seguinte sobre o Servo de Isaías 49.6: "Tu és meu servo, Israel". É bem provável que até a identificação de Cristo com "glória" em Lucas 2.32 tenha origem em Isaías 49.3b ("em quem revelarei minha glória"). Em Atos 26.13-18, Jesus é tão identificado com "luz" que "luz" provavelmente o simbolize.[38] Tendo em vista o contexto de Isaías 60.1-3, Jesus é considerado Yahweh, cuja luz e cuja glória definem agora o novo Israel, por meio do qual a luz brilhará aos gentios:

Tabela 7.3

Isaías 42.6,7,16	Isaías 49.6
Isaías 42.6b,7: "... como luz para os gentios para abrir os olhos dos cegos, para tirar os presos e os que habitam em trevas da prisão e do cárcere".	"... para a aliança de uma raça, te porei para luz dos gentios, para seres a minha salvação até a extremidade da terra."
Isaías 42.16: "Guiarei os cegos por um caminho que não conheceram; eu os farei caminhar por veredas que não conheceram; farei as trevas se tornarem luz para eles".	

Lucas 2.30-32	Atos 13.47	Atos 26.18,23
"Pois os meus olhos já viram a tua salvação [i.e., Cristo], a qual preparaste diante de todos os povos, uma luz de revelação aos gentios, e a glória do teu povo Israel."	Atos 13.47: "Porque assim o Senhor nos ordenou: 'Eu te coloquei como luz para os gentios, a fim de trazeres salvação até os confins da terra'".	Atos 26.18: "... para lhes abrir os olhos a fim de que se convertam das trevas para a luz, e do poder de Satanás para Deus". Atos 26.23: "Como Cristo deveria [...] anunciar luz tanto aos judeus quanto aos gentios".

---

[37]Com isso, quero dizer que Paulo não é plenamente identificado com o Servo messiânico, Jesus, de todas as maneiras, mas continua a mediar a mensagem de restauração do exílio e do segundo êxodo, que começou a ser anunciada por Cristo.

[38]Também Lucas 2.30-32; observe-se igualmente Lucas 1.78b,79: "A aurora lá do alto [i.e., Cristo] nos visitará, para iluminar os que se assentam nas trevas e na sombra da morte", citando Isaías 9.2, que se aplica a Jesus em Mateus 4.16.

> Levanta-te, resplandece, porque é chegada a tua luz,
> e a glória do Senhor nasceu sobre ti.
> Pois as trevas cobrirão a terra,
> e a profunda escuridão cobrirá os povos;
> mas o Senhor resplandecerá sobre ti,
> e sua glória aparecerá sobre ti.
> Nações virão para a tua luz,
> e reis, para o resplendor de tua aurora.

Por isso, as passagens de Lucas-Atos a respeito de Jesus e de Paulo indicam o cumprimento inaugurado das profecias de Isaías. Por que, então, a luz é enfatizada em Isaías? A passagem de Isaías 60 talvez represente o que se quer dizer nas outras predições do profeta a respeito de luz. A menção de que "trevas cobrirão a terra, e a profunda escuridão cobrirá os povos" alude provavelmente a Gênesis 1.2-4: "E havia trevas sobre a face do abismo [...] Disse Deus: 'Haja luz'. E houve luz. Deus viu que a luz era boa; e Deus fez separação entre a luz e as trevas". Isaías 60.1-3 está retratando a restauração e a redenção vindouras de Israel no contexto de Gênesis 1.2-4. Isaías faz isso porque entende que a bênção futura para Israel e o mundo é a recapitulação da primeira criação, de modo que a salvação de Israel e das nações é retratada como nova criação e saída da escuridão espiritual. É provável que a mesma ideia de luz da nova criação esteja em mente nas alusões do NT a esses versículos de Isaías. A declaração paulina em 2Coríntios 4.6 — "Pois Deus, que disse: 'Das trevas brilhará a luz', foi ele mesmo quem brilhou em nosso coração para iluminar o conhecimento da glória de Deus na face de Cristo" — indica que a ideia de nova criação também é transmitida nos usos do NT. Em um capítulo posterior, sustentarei a tese de que em 2Coríntios 4.4-6 Paulo se baseia em parte em Atos 26.18,23, bem como na ideia intimamente associada de "glória" em Isaías 49.3; 60.1-3 (a que também Lucas 2.32 alude), e também Isaías 9.1,2, a única outra ocorrência do grego "luz brilhará". Como vimos e veremos uma vez mais nos escritos de Paulo, Isaías 40—66 combina profecias da nova criação com profecias da volta do Exílio porque a restauração também devia ser uma nova criação.

O reflexo das visões teofânicas do AT nos três relatos da cristofania do caminho de Damasco

Gerhard Lohfink identifica um padrão em várias visões do AT que também aparece nos relatos sobre o caminho a Damasco. Lohfink vê o seguinte padrão em Gênesis 46.1-4 (cf. esp. At 9.4-6); Gênesis 31.11-13 (At 26.14-16); Gênesis 22.1,2,11,12; Êxodo 3.2-13; e 1Samuel 3.4-14:[39]

1. o vocativo duplo;
2. a pergunta ou a reação do homem;
3. a autoapresentação daquele que aparece; e
4. a missão.

Por exemplo, essa estrutura é fácil de observar em Êxodo 3.2-10:[40]

1. o vocativo duplo: "Moisés, Moisés" (v. 4);
2. a reação ou a pergunta do homem: "Eis me aqui" (v. 4) e "Quando eles [Israel] me perguntarem: 'Qual é o nome dele?', que lhes direi?" (v. 13);

---

[39]Gerhard Lohfink, *Paulus vor Damaskus: Arbeitsweisen der neueren Bibelwissenschaft dargestellt an den Texten Apg 9:1-19, 22:3-21, 26:9-18*, SBS 4 (Stuttgart: Katholisches Bibelwerk, 1966), p. 53-60.
[40]Em alguns casos, o padrão não é tão fácil de ser identificado.

3. a autoapresentação daquele que aparece: "Eu sou o Deus de teu pai, o Deus de Abraão, o Deus de Isaque e o Deus de Jacó" (v. 6);
4. a comissão: "Portanto, agora venha, e eu te enviarei ao faraó para que tires do Egito o meu povo, os israelitas" (v. 10 [veja tb. v. 14-22]).[41]

O mesmo padrão ocorre no relato da aparição de Cristo a Paulo em Atos 26:

1. o vocativo duplo: "Saulo, Saulo" (v. 14);
2. a reação ou a pergunta do homem: "Quem és, Senhor?" (v. 15a);
3. a autoapresentação daquele que aparece: "Eu sou Jesus, a quem persegues" (v. 15b);
4. a comissão: "Mas levanta-te e põe-te em pé. Foi para isto que te apareci: para designá-lo ministro e testemunha não apenas das coisas que viste, mas também daquelas que te manifestarei. Eu te livrarei dos judeus e dos gentios para os quais te envio, para lhes abrir os olhos a fim de que se convertam das trevas para a luz, e do poder de Satanás para Deus, para que recebam o perdão dos pecados e herança entre os que são santificados pela fé em mim" (v. 16-18).

A importância do padrão observado é que Paulo está sendo comissionado como profeta. Na verdade, nos últimos trinta anos ou mais de estudos paulinos, o foco normalmente tem sido o comissionamento de Paulo, e tem havido rejeição da perspectiva sustentada anteriormente de que o apóstolo teve uma experiência de conversão no caminho de Damasco. Mas por que Paulo não poderia ter se convertido e ter sido comissionado como profeta ao mesmo tempo? Aliás, os padrões de comissionamento profético do AT talvez também incluíssem as duas ideias. Por exemplo, é possível que Moisés tenha se convertido e sido comissionado pela experiência teofânica na sarça ardente (não há evidências conclusivas de que ele fosse crente em Yahweh antes daquele momento). Igualmente, é ainda mais provável que o comissionamento profético de Isaías tenha ocorrido no momento de sua conversão. Em Isaías 6, Isaías diz: "Ai de mim! Estou perdido! Porque sou homem de lábios impuros [...] e os meus olhos viram o rei, o Senhor dos Exércitos!" (v. 5). Em seguida, um ser angelical lhe toca os lábios com uma brasa viva tirada do altar e anuncia: "O teu pecado é perdoado" (v. 6,7). Depois Isaías recebe sua comissão profética (v. 8-10). Essa terminologia é um forte indício de que se trate de conversão.

Outro aspecto importante do padrão dessas reiteradas narrativas de comissionamento teofânico-profético do AT é que quem se manifesta é sempre o Senhor ou o anjo do Senhor. Em Atos 26, o nome de Jesus substitui o de Deus na parte da "autoapresentação" ("Eu sou o Deus de..." [cf. esp. Gn 31.13; 46.3; Êx 3.6]): "O Senhor respondeu: 'Eu sou Jesus, a quem persegues'" (v. 15b). Isso ressalta a divindade de Jesus e sua autoridade divina no chamado de Paulo para profeta.

A importância do céu nas narrativas da conversão do caminho de Damasco

Em Atos, há três referências à origem celestial da revelação a Paulo no caminho de Damasco: "luz do céu" (*phōs ek tou ouranou* [9.3]); "do céu brilhou uma intensa luz ao meu redor" (*ek tou ouranou periastrapsai phōs hikanon peri eme* [22.6]); "uma luz do céu, mais brilhante que o sol, resplandecendo em torno de mim" (*ouranothen hyper tēn lamprotēta tou hēliou*

---

[41]Lohfink observa que o mesmo padrão ocorre nos escritos apocalípticos judaicos (p. ex., *Apoc. Ab.* 8.2-5; 9.1-5; *Jos. Asen.* 14.6-8; forma concisa; *Jub.* 18.1,2,10,11; *Apoc. Ab.* 11.4-6; 12.6,7; 14.1-3,9,10; 19.1-3; 20.1-3; *Apoc. Mois.* 41; *T. Jó* 3.1,2).

perilampsan me phōs [26.13]). "Céu" em Atos se refere ao âmbito do reinado escatológico inaugurado de Jesus (cp. At 2.30-36; 7.55,56 com 1.8-11). Em Atos 1.9, Jesus "foi levado às alturas [...] e uma nuvem o encobriu" juntamente com anjos celestiais explicando aos espectadores por que isso estava acontecendo. Isso parece um reflexo de Daniel 7.10,13,14,[42] passagem em que a visão profética prevê um tempo em que "alguém parecido com o Filho de Homem vinha com as nuvens do céu, e ele se aproximou do Ancião de Dias", cercado por anjos, "e foi-lhe dado domínio, e glória e reino". Que o texto de Daniel 7 serve de contexto de Atos 1.9 é também indicado pelas referências em Atos 2 e 7 ao céu associado com a habitação de Jesus. A "ascensão [de Jesus] ao céu" implicou ser ele "exaltado à direita de Deus" e "assentado no trono" para reinar como "Messias" (At 2.30-36). As menções em Atos 1.9; 2 são desenvolvidas, posteriormente, em Atos 7.55,56:

> Mas cheio do Espírito Santo, ele [Estêvão] fixou os olhos no céu e viu a glória de Deus, bem como Jesus em pé à direita de Deus, e disse: "Vejo o céu aberto e o Filho do Homem em pé à direita de Deus".

Observe-se a menção combinada de "céu", "glória" e "Filho do Homem", outros reflexos reveladores da famosa profecia de Daniel 7 do reinado profetizado do Filho do Homem, que foi inaugurado pela ressurreição e ascensão de Cristo, e tem seu centro de gravidade escatológico no âmbito celestial.[43]

As menções em Atos de que Cristo está no céu e a própria experiência de Paulo da revelação de Cristo desse céu talvez tenham feito Paulo também sustentar não apenas que Cristo se tornara celestial pela sua ressurreição (1Co 15.42-49), mas também que, em virtude da sua exaltação, agora Cristo estava no céu (Ef 2.6; Fp 3.20,21; Cl 3.1; 4.1). O centro de gravidade escatológico neotestamentário mudou da esfera terrena (nos Evangelhos) para a esfera celestial (em Atos e Paulo). Por exemplo, além de Atos 1, 2 e 7, esse tema aparece em Efésios. Entre as "bênçãos nas regiões celestiais em Cristo" (Ef 1.3) está a de começar a "fazer convergir em Cristo todas as coisas, tanto as que estão no céu como as que estão na terra" (Ef 1.10). Especificamente, a ressurreição de Cristo o fez assentar-se "à direita" de Deus "nos lugares celestiais", e consequentemente Deus "sujeitou todas as coisas debaixo dos seus pés" (Ef 1.20,22), sendo esta última oração gramatical uma alusão a Salmos 8.6 (cf. de modo semelhante, Fp 3.20,21; Cl 3.1, o primeiro dos quais considera "céu" a habitação do "Senhor Jesus, Messias"). Isso se resume em Deus fazendo Cristo "cabeça sobre todas as coisas" (Ef 1.22), provavelmente mais um desenrolar da referência de todas as coisas "convergirem" em Cristo em Efésios 1.10. O texto de Efésios 4.10 parece desenvolver o mesmo tema ("Aquele que subiu muito acima de todos os céus para preencher todas as coisas").

---

[42]Com base em Wright, *New Testament and the people of God*, p. 462.

[43]Essa ideia de que as realidades escatológicas inauguradas têm origem na esfera celestial é semelhante a certos escritos judaicos, pois em alguns apocalipses judaicos os profetas viram aspectos da salvação futura do fim dos tempos como realidades presentes no céu (veja *4Ed* 7.14,26,83; 13.18; *2Br* 21.12; 48.49; 52.7). A comunidade de Qumran acreditava que seus membros eram os eleitos na Terra e já tinham começado a viver o reino celestial (1QH^a XI:19-22; cf. tb. XIX:10-13; ambos os textos também sugerem que a ressurreição dos santos redimidos já havia começado de alguma forma, talvez espiritualmente). Observe-se outras referências nos textos judaicos apocalípticos aos benefícios futuros da salvação dos últimos tempos como realidades atuais no céu: *4Ed* 8.52; *2Br* 4.6; *1En* 46.3. Nesse aspecto, eu me baseio em Andrew T. Lincoln, *Paradise now and not yet: studies in the role of the heavenly dimension in Paul's thought with special reference to his eschatology*, SNTSMS 43 (Cambridge: Cambridge University Press, 1981), p. 101,149. Lincoln cita essas três referências e as citadas acima do gênero apocalíptico judaico e os MMM.

O pano de fundo de Daniel 7 e de Salmos 8 associado com o começo do reinado de Jesus no céu relembra o início do reinado de Adão no começo da nova criação em Gênesis 1 e 2.[44]

A conclusão desta seção é que Paulo, antes de tudo, experimentou no caminho de Damasco as realidades inauguradas do reino da nova criação no céu, onde o Cristo ressurreto já havia começado a reinar e de onde estava se revelando a Paulo.

Conclusão da análise da cristofania do caminho de Damasco

A aparição do Cristo ressurreto a Paulo no caminho de Damasco revelou que Cristo é o rei escatológico, e essa manifestação de Cristo fez de Paulo um profeta (apóstolo), um servo conforme Isaías (que participa como assistente profético identificado coletivamente com o Servo na liderança do segundo êxodo e da restauração do exílio), parte de Israel dos últimos tempos (cujo chamado foi para testemunhar), nova criatura, cristão e apocalipcista. Nos próximos capítulos que se concentram nos escritos de Paulo, vou tratar de cada uma dessas realidades que Paulo começou a viver para mostrar que a ideia de nova criação em relação ao reino é o núcleo integrador das outras realidades observadas aqui, embora seja importante entender que o segundo êxodo e o retorno do exílio estão essencialmente ligados à nova criação (o que para os seres humanos era a existência depois da ressurreição) e são os primeiros passos até ela.

Conclusão

Defendi a tese de que nos Evangelhos e Atos a ressurreição de Cristo está tão associada a seu reinado que ambos são os dois lados da mesma moeda. A ressurreição é claramente o começo da nova criação, o que fica evidente quando se considera que todos os seres humanos redimidos vão habitar os novos céus e a nova terra eternos ao serem ressuscitados como novas criaturas e participando assim do novo cosmo (para a mesma noção, veja os escritos cristãos *Odes Sal.* 22.7-12; semelhantemente, *Odes Sal.* 33.7-12; *T. Adão* 3.3,4). A ressurreição de Jesus fez dele o primeiro a tomar parte dessa nova criação, embora seja mais preciso dizer que ele foi o começo da nova criação dos últimos tempos, que começou a ocorrer no céu imediatamente depois de sua ascensão.

Uma vez que a ressurreição e a ascensão constituem o ápice de cada um dos quatro Evangelhos e o ponto de partida de Atos, também proponho que a ressurreição de Cristo como o começo do reino da nova criação não é apenas o objetivo dos Evangelhos e Atos, mas também a estrutura teológica dominante em que os outros grandes conceitos teológicos desses livros neotestamentários devem ser entendidos. Dizendo de outro modo: a ressurreição como expressão do reino da nova criação "já e ainda não" é o fio essencial do tecido do enredo bíblico histórico-redentor, pois está entretecido no testemunho do NT. Observe-se a repetição desse enredo e a função que a ressurreição como reino da nova criação tem nele (sublinhado): *A vida de Jesus, suas provações, sua morte pelos pecadores e principalmente sua <u>ressurreição</u> pelo Espírito <u>deram início ao cumprimento do reino escatológico "já e ainda não" da nova criação</u>,*

---

[44]Essa noção em Daniel 7 e Salmos 8 será mais desenvolvida no cap. 12. Em Daniel 7, o Israel fiel identificado coletivamente com o Filho do Homem é retratado como figura adâmica (i.e., como "filho de Adão") que reina sobre os reinos animais da terra, que oprimem os santos (veja tb. N. T. Wright, *The climax of the covenant: Christ and the law in Pauline theology* [Minneapolis: Fortress, 1992], p. 23). O fato de essa descrição ser precedida pelas águas do caos associa ainda mais Daniel 7 com Gênesis 1 e 2. De modo semelhante, a alusão ao salmo 8 em Efésios 1.22 fornece outro contexto do reinado escatológico adâmico ideal em uma nova criação (este mesmo texto faz alusão explícita a Gn 1.26-28). Quanto a Daniel 7.13,14 e Salmos 8 como desenvolvimentos de Gênesis 1.28, veja cap. 1.

que é concedido pela graça por meio da fé, resultando em uma comissão universal para que os fiéis promovam esse reino de nova criação, bem como em juízo para os descrentes, tudo isso para a glória do Deus trino e uno.

Isso precisa de alguma delimitação. Vamos ver nos capítulos seguintes que Jesus começa a introduzir o movimento rumo ao reino de nova criação desempenhando o papel do Adão dos últimos tempos, que começa a anular as maldições do primeiro Adão fazendo o que este deveria ter feito. Jesus dá início à sua vitória decisiva sobre o Diabo resistindo à tentação no deserto e, em seguida, sujeita os demônios ao seu governo real. Também realiza muitos milagres de cura, o que começa a desfazer as maldições da Queda. É claro que a anulação definitiva das maldições adâmicas é a ressurreição de Jesus, que Paulo entende como as "primícias" da ressurreição futura do povo de Deus. Para Paulo, a ressurreição de Jesus não apenas desfaz a maldição da morte, mas também derrota o Diabo definitivamente. Aliás, nos capítulos seguintes, observaremos que Paulo e os demais autores neotestamentários entendem que essa vitória sobre Satanás aconteceu de fato. Também veremos que os que se identificam com Jesus nesta vida começam a desfrutar da ressurreição verdadeira e literal no plano espiritual, que garante a ressurreição física no fim dos tempos, a qual será a consumação do retorno do exílio da morte e dos efeitos do velho e pecaminoso mundo.

8

A ressurreição como nova criação e reino inaugurados dos últimos tempos nos escritos de Paulo

O presente capítulo dará continuidade ao argumento de que a ressurreição de Cristo estabelece o reino inaugurado da nova criação dos últimos tempos. Veremos que esse núcleo do enredo do NT é dominante no pensamento de Paulo. O apóstolo se refere à ressurreição de Cristo e de todos os crentes em todos os seus escritos. Por exemplo, Paulo identifica a ressurreição do povo de Deus com o fim dos tempos em 1Coríntios 15.21-26:

> Porque, assim como a morte veio por um homem, também por um homem veio a ressurreição dos mortos. Pois, assim como em Adão todos morrem, do mesmo modo em Cristo todos serão vivificados. Cada um, porém, em sua vez: Cristo, que é as primícias, e depois os que lhe pertencem na sua vinda. Então virá o fim, quando ele entregar o reino a Deus, o Pai, quando houver destruído todo domínio, toda autoridade e todo poder. Porque é necessário que ele reine até que tenha posto todos os inimigos debaixo de seus pés. E o último inimigo a ser destruído é a morte.

Por que Paulo identifica a ressurreição dos crentes com o fim dos tempos? Já observamos que no judaísmo antigo e nos Evangelhos a ressurreição está tão associada com o fim do mundo que era quase equivalente ao fim, uma vez que era o último acontecimento a ocorrer juntamente com o juízo, e, depois disso, a nova criação eterna da era vindoura começaria.

Assim como nos Evangelhos, também nos escritos de Paulo em especial, a ressurreição de Cristo e dos crentes é mencionada com muita frequência e, à luz das associações no judaísmo e nos Evangelhos, Paulo também entende que a ressurreição é um conceito inerentemente relacionado à noção de fim dos tempos (as palavras que Paulo emprega quando fala de ressurreição são principalmente *egeirō* ["levantar"], *anistēmi* ["levantar"], *zaō* ["viver"], e *zōē* ["vida"]).

A ressurreição em Romanos

Em Romanos, Paulo escreve a respeito da ressurreição de Cristo várias vezes (Rm 4.24,25; 6.9). A introdução da carta fala do "evangelho [...] prometido de antemão por seus profetas nas sagradas Escrituras, acerca de seu Filho, que, segundo a carne, nasceu da descendência de Davi, e com poder foi declarado Filho de Deus pela ressurreição dos mortos" (Rm 1.1-4).

Portanto, a ressurreição é considerada parte do cumprimento da profecia do AT. J. R. Daniel Kirk chegou a entender a menção da ressurreição na introdução da epístola como um indicador de que o conteúdo da carta toda seja a ideia da ressurreição de Cristo e dos crentes.[1] É possível que essa tese seja exagerada, mas Kirk certamente está certo em perceber que a ressurreição é uma das preocupações de Paulo na Epístola aos Romanos.

Em Romanos, a ressurreição de Cristo é às vezes considerada a base para a existência ressurreta dos crentes que começa nesta vida (Rm 6.4,5,8,9, trecho que poderia ser interpretado como referência à ressurreição futura dos santos). Fica evidente que a existência da ressurreição atual está em mente porque, em Romanos 6.11,13, Paulo entende que as menções em 6.4-10 constituem a base para concluir que os crentes atualmente devem estar "vivos para Deus, em Cristo Jesus" (Rm 6.11) e devem apresentar-se "a Deus como vivificados dentre os mortos" (Rm 6.13).

Por isso, a declaração de Paulo de que os crentes têm a "vida eterna" (Rm 6.22,23) provavelmente está associada a uma realidade "já e ainda não". Por isso, os santos não são meramente semelhantes a seres ressurretos, mas já começaram a usufruir a ressurreição dos últimos tempos experimentada primeiramente por Cristo porque estão identificados com ele pela fé. Embora Paulo possa usar a terminologia de ser unido a Cristo "na semelhança da sua ressurreição" (preenchendo a elipse em Rm 6.5b), ele não transmite esse conceito de modo puramente metafórico, ao contrário do que alguns acadêmicos defendem.[2] Fica evidente que a intenção do apóstolo é referir-se literalmente à ressurreição quando se observa um paralelo intencional feito por Paulo entre ela e o ser/ter "a semelhança da morte" em Romanos 6.5a, referindo-se à identificação real com a morte de Cristo, de modo que "nosso velho homem foi crucificado com ele" (Rm 6.6), e os crentes de fato "morreram" (Rm 6.7,8). Paulo não se refere à identificação com a morte de Cristo de maneira metafórica. Assim também os crentes têm a "semelhança" da ressurreição de Cristo, porque de fato começaram a se identificar com ela e dela participar. É claro que eles não estão plenamente identificados com a ressurreição de Cristo, pois ele experimentou a vida ressurreta física plena, e os que se identificam com ele experimentaram apenas a vida da ressurreição inaugurada no plano espiritual. Entretanto, essa inauguração é o começo da verdadeira existência ressurreta e não é metafórica só por ser de natureza espiritual (como expliquei no cap. 4 em relação a João 5.25-29). Se a condição dos santos apenas se parece com a da ressurreição de Cristo, então a exortação de Paulo para que vivam como seres ressurretos não faz sentido; se os cristãos começaram a ser criaturas ressurretas dos últimos tempos, eles têm o poder da ressurreição para não deixar o pecado "reinar em [seus corpos mortais]", mas se apresentar "a Deus como vivificados dentre os mortos" (Rm 6.12,13).

A relação do "indicativo" com o "imperativo" nos textos paulinos tem sido uma questão bastante debatida. Porém, se a nossa análise sobre a vida ressurreta dos santos estiver correta, então a base de Paulo para dar ordens às pessoas é o fato de que essas pessoas têm a capacidade de obedecê-las porque foram ressuscitadas da morte, regeneradas e feitas novas criaturas com poder para obedecer. Na verdade, em Romanos 6.4, Paulo se refere a essa vida ressurreta usando a terminologia da nova criação: "novidade [*kainotēs*] de vida" (ou "vida nova"), um cognato da palavra *kainos* presente em 2Coríntios 5.17 e Gálatas 6.15 na conhecida expressão da escatologia inaugurada "nova criatura", duas ocorrências em que a

---

[1] J. R. Daniel Kirk, *Unlocking Romans: resurrection and the justification of God* (Grand Rapids: Eerdmans, 2008), p. 33-55. O livro de Kirk sustenta que a ressurreição perpassa toda a Epístola de Romanos (veja mais, p. ex., p. 34, 55, 206, 208).

[2] Veja, p. ex., N. T. Wright, *The resurrection of the Son of God* (Minneapolis: Fortress, 2003), p. 347 [edição em português: *A ressurreição do Filho de Deus* (São Paulo: Paulus, 2013)].

palavra se refere à vida ressurreta.³ Não é por coincidência que uma das primeiras referências à ressurreição em Romanos a associa diretamente com a criação: "Deus, que dá vida aos mortos e chama à existência as coisas que não existem" (Rm 4.17). Essa declaração não é um simples aforismo a respeito dos atributos de Deus, mas provavelmente um conjunto de palavras que ligam a ressurreição à nova criação (não apenas à primeira criação), uma vez que Romanos 4.17 prepara o leitor para a conclusão de que esse Deus é capaz não somente de trazer vida do ventre morto de Sara (Rm 4.18-21), mas também pode fazer, e fez, Jesus ressuscitar dos mortos (Rm 4.24,25).

Assim, Paulo não está mandando que os de fora da comunidade da fé vivam uma vida de justiça, pois esses indivíduos não têm o poder da era da nova criação já presente neste mundo, mas ainda fazem parte da velha era (o "velho homem" [Rm 6.6]), na qual são dominados pelo pecado, por Satanás e pela influência do mundo (tb. Ef 2.1-3).

Não dar a devida importância à terminologia da ressurreição aplicada à experiência atual do cristão para designar a real existência ressurreta escatológica, ainda que no plano espiritual, tem arrancado de forma involuntária o poder ético de ensinar e pregar da igreja, visto que os cristãos precisam estar conscientes de que já têm no presente o poder da ressurreição para agradar e obedecer a Deus. É por isso que, em Romanos 6 e em outras passagens, Paulo usa a ressurreição de Cristo dos últimos dias como base para a identidade dos crentes na ressurreição e para suas exortações a que subjuguem o pecado.

O AT e o judaísmo aguardavam com expectativa a nova era, quando o poder do pecado seria subjugado, e a ressurreição final ocorreria. Por exemplo, como observamos repetidas vezes antes no capítulo 7, Ezequiel 36.25-29; 37.12-14, por exemplo, afirma:

> Então aspergirei água pura sobre vós, e ficareis limpos; eu vos purificarei de todas as vossas impurezas e de todos os vossos ídolos. Além disso, eu vos darei um coração novo e porei um espírito novo dentro de vós; tirarei de vós o coração de pedra e vos darei um coração de carne. Também porei o meu Espírito dentro de vós e farei com que andeis nos meus estatutos; e sereis cuidadosos em obedecer aos meus mandamentos. Então habitareis na terra que dei a vossos antepassados, e sereis o meu povo, e eu serei o vosso Deus. Além disso, eu vos salvarei de todas as vossas impurezas. [...]
>
> Portanto, profetiza e dize-lhes: "Assim diz o Senhor Deus: 'Eu abrirei as vossas sepulturas e vos farei sair das vossas sepulturas, ó meu povo; e vos trarei à terra de Israel. Quando eu vos abrir as sepulturas e vos fizer sair, sabereis que eu sou o Senhor, ó meu povo. E porei em vós o meu Espírito, e vivereis; e vos porei na vossa terra. Então sabereis que eu, o Senhor, disse e cumpri isso', diz o Senhor".

Ezequiel 36 fala de uma renovação espiritual ("coração novo", "espírito novo"), retratado com a linguagem da ressurreição em Ezequiel 37 ("sair das vossas sepulturas", "vivereis"). Embora a maioria no judaísmo entendesse Ezequiel 37.12-14 literalmente em referência à ressurreição física, a grande parte dos comentaristas atuais entende que o capítulo 37 de Ezequiel fala da restauração de Israel para a sua terra após o Exílio por meio da metáfora da ressurreição, o que certamente abrangeria renovação espiritual. Na verdade, o texto de Ezequiel 36 e 37 fala da ressurreição do espírito humano morto, que é realizada pelo Espírito de Deus. Nesse sentido, a ressurreição propriamente dita é de fato o assunto, mas apenas a ressurreição literal do espírito

---

³Sobre essa questão, veja a análise mais adiante neste capítulo. A palavra *kainos* aparece também em Efésios 2.15; 4.24 em referência à nova criação (sobre isso, veja tb. a discussão mais à frente neste capítulo) e em 1Coríntios 11.25 e 2Coríntios 3.6 como parte da expressão "nova aliança", que também se refere ao começo da nova era em alusão a Jeremias 31.31-34.

está em foco. É importante lembrar que o AT e o judaísmo concebem a ressurreição da pessoa por inteiro — espírito (ou alma) e corpo.[4] O foco de Ezequiel é a ressurreição escatológica do espírito. A ressurreição do corpo teria sido entendida como um acontecimento simultâneo à ressurreição do espírito, e essa é provavelmente a perspectiva implícita de Ezequiel. Isso talvez porque o judaísmo entendia quase de modo unânime que Ezequiel 37.1-14 está falando da ressurreição física pela atuação do Espírito, uma vez que seria difícil conceber a ressurreição espiritual sem a física.

Paulo expressa o que boa parte do AT deixa implícito acerca da ressurreição e, em especial, acerca do foco de Ezequiel 36 e 37: o pecado é subjugado pelo poder da ressurreição atuante na pessoa interior, o que, segundo Paulo, será consumado posteriormente pela ressurreição corpórea (Rm 8.18-23). É possível que Paulo até mesmo tivesse esses capítulos de Ezequiel em mente, o que é indicado pelas observações a seguir:[5]

1. Paulo fala do batismo na água como o meio para o "velho homem" ser removido e substituído pela "novidade de vida" (Rm 6.3,4), assim como Ezequiel 36.25-28 é a única passagem da LXX que menciona o "aspergir de água limpa" sobre o povo nos últimos tempos, o que produz "novo coração e novo espírito".
2. Outro texto que aponta para Ezequiel 36.26 é Romanos 7.4-6. Depois de falar que os crentes foram "unidos" com "aquele que foi ressuscitado dentre os mortos" (Rm 7.4), Paulo diz que isso ocorreu "a fim de produzirmos fruto para Deus" e "servirmos em novidade de vida [*kainotēti pneumatos*]". O texto de Ezequiel 36 afirma que no final dos tempos Deus dará a seu povo um "espírito novo" (*pneuma kainon*) (v. 26, bem como Ez 11.19).[6]
3. O contexto de Ezequiel talvez fique ainda mais evidente em Romanos 8, capítulo em que Paulo retoma o tema da ressurreição e fala dela em uma ligação do "Espírito" com a "vida" (Rm 8.2 ["Espírito da vida", *pneumatos tēs zōēs*], 8.5,6 ["a mentalidade do Espírito é vida", *to phronēma tou pneumatos zōē*]).[7] Assim também Ezequiel 37.5 ("Espírito da vida", *pneuma zōēs*) é a única passagem na LXX que faz a mesma ligação em um contexto escatológico (de forma semelhante, Ez 37.6,14: "porei o espírito [*pneuma*] em vós, e vivereis [*zaō*]").[8]
4. Os únicos textos da literatura bíblica que contrastam a "carne" incrédula com o "espírito" humano renovado pelo Espírito divino são Romanos 8 e Ezequiel 36: observe-se

---

[4]Veja a análise de João 5.25-28 no cap. 4.
[5]Em Thomas R. Schreiner, *Romans*, BECNT(Grand Rapids: Baker Academic, 1998), p. 396, 400, 408, 415-6, encontrei a confirmação para algumas das seguintes observações que apoiam um contexto em Ezequiel 36 e 37 para a noção da ressurreição em Romanos 6—8. Veja tb. Hans Hübner, *Biblische Theologie des Neuen Testaments* (Göttingen: Vandenhoeck & Ruprecht, 1990-1995), 3 vols., 2:301-6. Hübner alista igualmente algumas continuidades, mas também observa descontinuidades entre Ezequiel 36 e 37 e Romanos 8.1-17.
[6]Do mesmo modo, *Jos. Asen.* 8.11 expressa a súplica para que Deus "a renove por seu Espírito", que é equiparada às frases "forma-a novamente por sua mão oculta" e "faze-a viver de novo pela tua vida", a primeira e a última orações gramaticais, ao que tudo indica, são alusões respectivamente a Ezequiel 36.26 e talvez a Ezequiel 37.5 (sobre o último trecho, veja a análise logo a seguir).
[7]À luz de Romanos 8.6, a locução "Espírito de vida" em 8.2 talvez seja mais bem interpretada como um genitivo de aposição ("Espírito que é vida"), embora possa ser um genitivo de direção ou de propósito ("Espírito que leva à vida").
[8]John W. Yates, *The Spirit and creation in Paul*, WUNT 2/251 (Tübingen: Mohr Siebeck, 2008), p. 145, faz a mesma observação. O sintagma "espírito de vida", referente ao espírito humano como simples parte da ordem criada pré-escatológica, aparece em Gênesis 6.17; 7.15; Judite 10.13; cf. 2Macabeus 7.22; a mesma expressão refere-se aos "seres vivos" ao redor do trono celestial de Deus (Ez 1.20,21; 10.17). Veja 2Macabeus 7.23; 14.46 para "vida e espírito" sendo devolvidos aos mártires macabeus no tempo de sua ressurreição.

Romanos 8.9,10: "não na carne [*sarx*], mas no Espírito [...] o espírito é vida [*pneuma zōē*]" (cf. Rm 8.4-8,11), e Ezequiel 36.26,27: "Eu vos darei [...] um espírito novo [...] tirarei de vós o coração de pedra [...] Também porei o meu Espírito dentro de vós" (cf. Ez 11.19).

5. Como o Espírito de Deus deveria ser o agente na ressurreição de seu povo da morte no fim dos tempos (Ez 37.1-14), conceito desenvolvido também no judaísmo, também é provável que essa ideia seja a inspiração da declaração de Paulo em Romanos 8.11: "Aquele que ressuscitou Cristo Jesus dos mortos dará vida também aos vossos corpos mortais por seu Espírito, que em vós habita", uma ressurreição que,[9] conforme estudamos, começa espiritualmente nesta vida também por meio da obra do Espírito (implícito em Rm 8.13,14). A vida dos crentes mediante a obra vivificadora do Espírito segue o modelo da vida do próprio Jesus: "segundo o Espírito de santidade, pela ressurreição dentre os mortos" (Rm 1.4). Isso faz sentido quando se recorda que a ressurreição de Jesus, que o "declarou" "Filho de Deus" (Rm 1.4), também é o modelo para que os cristãos sejam declarados "filhos de Deus" (Rm 8.14,19,23 à luz de Rm 1.4 com 8.29).

6. Por fim, Romanos 8.4 menciona o cumprimento da "exigência [*dikaiōma*] da lei" por aqueles que "andam [*peripateō*] [...] segundo o Espírito [*pneuma*]". De forma surpreendente, Ezequiel 36.27 se refere a Deus afirmando: "porei o meu Espírito [*pneuma*] dentro de vós e farei com que andeis [*poreuomai*][10] nos meus estatutos [*dikaiōma*]". A íntima associação desses três termos em ambos os textos torna ainda mais provável a existência de uma alusão a Ezequiel 36 e 37.[11]

Desse modo, em Romanos 6—8, Paulo vê os cristãos como o verdadeiro começo do cumprimento da ressurreição espiritual de Israel profetizada por Ezequiel, que aconteceria nos últimos dias na época da restauração dos israelitas do exílio. A intensidade das exortações de Paulo a seus leitores para que vençam o pecado tem o objetivo de assegurar-lhes de que fazem parte do povo escatológico de Deus que começou a ser espiritualmente ressuscitado da morte, realidade que faz parte e é garantia da própria ressurreição física vindoura. A ressurreição espiritual deles os restaurou do exílio espiritual e do afastamento de Deus e os trouxe de volta à presença divina. Paulo diria que, se os crentes não "produzem fruto", é porque talvez não tenham experimentado "novidade de Espírito" em seu interior (Rm 7.5,6). Entretanto, se "pelo Espírito" os santos "mortificam as práticas do corpo", podem ter certeza de que são "guiados pelo Espírito de Deus" e são "filhos de Deus" obedientes, algo que "o próprio Espírito dá testemunho" ao "espírito" deles (Rm 8.13-16).

Por isso, quando Paulo fala que o povo está usufruindo de "vida" (*zōē* [Rm 8.6,10]) e "vivendo" (*zaō* [Rm 8.13]), ele não está apenas referindo-se às pessoas que vivem como cristãs em oposição às que "vivem" como incrédulas; antes, ele se refere aos crentes como seres real e escatologicamente ressurretos.[12] Novamente, a razão de Paulo usar o modo imperativo

---

[9]Há um problema textual em Romanos 8.11. Para uma defesa do sentido conceitual da tradução acima de Romanos 8.11, veja o excurso no final desta seção.

[10]No tempo do NT, *peripateō* era o substituto e equivalente de *poreuomai* (sobre isso, veja Yates, *Spirit and creation*, p. 144).

[11]Sobre essa observação, veja ibidem.

[12]Isso talvez seja evidente também quando se observa Romanos 14.7-9, em que os crentes são ensinados que "nenhum de nós vive para si, nenhum de nós morre para si"; antes, "vivemos para o Senhor, ou [...] morremos para o Senhor", o que está diretamente ligado à ideia de que eles são "do Senhor", que "morreu e voltou a viver para que fosse Senhor dos mortos e dos vivos". Há uma impressionante semelhança entre essa passagem e 2Coríntios 5.14-17, em que a frase "os que vivem não vivam mais para si mesmos, mas para aquele que por eles morreu e ressuscitou" (v. 15) está ligada diretamente não apenas com a morte e a ressurreição de Cristo, mas também com a ressurreição de Cristo como "nova criação" (a respeito desse assunto, veja o próximo capítulo).

em suas cartas e esperar que seus destinatários cristãos obedeçam às suas ordens é que eles começaram a vivenciar a ressurreição dos últimos tempos e têm a capacitação moral dessa vida da nova criação para obedecer e agradar a seu Criador. Em capítulos posteriores que tratam sobre o Espírito e a justificação, voltaremos a examinar Romanos 8, mas o propósito aqui foi nos concentrarmos na ressurreição e mostrar que os crentes já começaram a viver de fato, não metaforicamente, a forma inicial da vida ressurreta dos últimos tempos. Esse vínculo indissociável entre a ressurreição inaugurada dos últimos dias e o poder para o "viver" cristão pode ser esclarecido quando se observa que Romanos 12.1,2 é um desenvolvimento de Romanos 6.13,16,19 (veja tabela 8.1).

Tabela 8.1

Romanos 6.13,16,19	Romanos 12.1
6.13: "E não apresenteis os membros do vosso corpo ao pecado como instrumentos de injustiça; mas apresentai-vos a Deus como vivificados dentre os mortos, e os vossos membros a Deus como instrumentos de justiça".	"Portanto, irmãos, exorto-vos pelas misericórdias de Deus que apresenteis os vossos corpos como sacrifício vivo, santo e agradável a Deus, que é o vosso culto espiritual."
6.16: "Não sabeis que, quando vos apresentais a alguém como escravos para a obediência, sois escravos daquele a quem obedeceis, seja do pecado para a morte, seja da obediência para a justiça?".	
6.19: "Pois assim como apresentastes os vossos membros como escravos para a impureza e para a impiedade cada vez maior, assim também apresentai agora os membros do vosso corpo como escravos à justiça para a santificação".	

O termo "portanto" de Romanos 12.1 indica que o que vem a seguir tem como base os temas gerais dos onze capítulos anteriores, dos quais Romanos 6 certamente faz parte. Assim, não deve surpreender a relação entre as passagens que acabei de mencionar. Se Romanos 12.1 é, em certa medida, um desenvolvimento de Romanos 6, o que parece provável, o trecho "apresenteis os vossos corpos como sacrifício vivo, santo" desenvolve a ideia anterior de que os crentes existem como seres escatologicamente ressurretos (Rm 6.13: "apresentai-vos a Deus como vivificados dentre os mortos"), que já começaram a provar "os poderes da era vindoura" (Hb 6.5). Presumindo que seus leitores partilham dessa realidade e têm infundido em si a capacitação moral dos que vivem na nova criação, Paulo os exorta nesses dois versículos introdutórios de Romanos 12 e nos capítulos seguintes a servir e obedecer a Deus. Que o "vivo" de Romanos 12.1 é a vida de nova criação também em desenvolvimento de Romanos 6.4 ("andemos nós também em novidade de vida" [*en kainotēti zōēs*]") fica evidente em Romanos 12.2: "E não vos conformeis a este mundo, mas sede transformados pela renovação da vossa mente [*tē anakainōsei tou noos*], para que experimenteis qual seja a boa, agradável e perfeita vontade de Deus". Mais precisamente, em Romanos 12.2, Paulo observa uma "transformação" progressiva da nova criação "pela renovação" dos crentes.

Assim como Paulo demonstra confiança em afirmar a realidade da vida da ressurreição inaugurada, ele é igualmente convicto ao enfatizar em Romanos 8.18-23 que essa vida e os sofrimentos que a acompanham devem resultar na plena vida da ressurreição física (ideia antecipada em Rm 8.11):

Pois considero que os sofrimentos do presente não são dignos de comparação com a glória que será revelada em nós. Porque a criação aguarda ansiosamente a revelação dos filhos de

Deus. Pois a criação foi sujeita à inutilidade, não por sua vontade, mas por causa daquele que a sujeitou, na esperança de que também a própria criação seja libertada do cativeiro da corrupção para a liberdade da glória dos filhos de Deus. Pois sabemos que toda a criação geme e sofre até agora, como se sofresse dores de parto. E não somente ela, mas também nós, que temos os primeiros frutos do Espírito, também gememos em nosso íntimo, aguardando ansiosamente nossa adoção, a redenção do nosso corpo.

Paulo entende que o começo da nova vida da ressurreição é criado nos cristãos pelo Espírito que neles habita para que sejam "os primeiros frutos do Espírito" (Rm 8.23), isto é, a fase inicial da vida da nova criação, que será consumada fisicamente como parte de um cosmo maior criado de novo.[13] No AT, ofereciam-se a Deus "os primeiros frutos" para indicar que o restante da oferta também pertencia a ele. Essas ofertas podiam ser animais, porém a imagem predominante no AT é a da oferta dos "primeiros frutos" para indicar que, no mínimo, o restante da colheita pertencia a Deus.[14] Em outros textos paulinos, o uso da expressão "primeiros frutos" indica a primeira parte de uma colheita maior que virá depois.[15] A passagem de 1Coríntios 15.20,23 é muito relevante para o nosso texto. Em 1Coríntios 15, a ressurreição de Cristo são "os primeiros frutos" das outras pessoas que serão ressuscitadas depois. Aqui em Romanos 8.23, o ser espiritual dos santos criado de novo ("os primeiros frutos do Espírito") é o início da existência vindoura de uma ressurreição física maior, que parece mesmo ter sido concebida como a forma inicial de todo o novo cosmo futuro. A ideia de 1Coríntios 15.20,23 é a mesma que a do contexto de Romanos 8, em que Cristo é a cabeça de ponte da nova criação, e sobretudo Cristo é definido como o "primogênito" dos demais filhos de Deus que serão ressuscitados posteriormente (Rm 8.29). A ressurreição de Cristo é a cabeça de ponte não apenas do seu povo ressurreto futuro, mas também de todo o novo cosmo vindouro, como vamos ver em Gálatas 6.15,16, 2Coríntios 5.14-17 e Colossenses 1.15-20.

De certo modo, a ressurreição do povo de Deus em Romanos 8.18-23 parece ser o catalisador para que o restante da nova criação venha à existência (cf. v. 19: "Pois a criação aguarda ansiosamente a revelação dos filhos de Deus"; tb. v. 20-22). Talvez parte da explicação para isso seja que a nova criação começa, primeiramente, com a humanidade e, depois, no momento em que se completar na humanidade — a coroa da criação —, os demais elementos serão renovados com o povo de Deus. Essa ideia tem sua origem em Gênesis 1—3, de forma que Romanos 8 aqui está se referindo à renovação da criação que foi corrompida em Gênesis 3.[16] Isso reforça a ideia mencionada anteriormente em relação ao judaísmo, aos Evangelhos e ao livro de Atos, de que a ressurreição dos santos faz parte da renovação mais ampla de toda a criação e, portanto, a própria ressurreição dos crentes é essencialmente nova criação. Essa renovação da ressurreição será uma anulação da criação corruptível em que a nova criação

---

[13] É bem possível que muitos estudiosos interpretem "os primeiros frutos do Espírito" em Romanos 8.23 como um genitivo apositivo ("os primeiros frutos, que são o Espírito"), uma interpretação apoiada ainda mais por Efésios 1.13,14: "o Espírito Santo da promessa, que é dado como garantia da nossa herança". Porém, o contexto anterior (Rm 8.5-14) que associa o Espírito diretamente com a vida ressurreta (provavelmente como o agente dela) aponta mais para um genitivo de produção ("os primeiros frutos produzidos pelo Espírito") ou, com menor probabilidade, para um genitivo de origem ("os primeiros frutos do Espírito"). Para a categoria do primeiro, veja Daniel B. Wallace, *Greek grammar beyond the basics* (Grand Rapids: Zondervan, 1996), p. 104-6, que dá como exemplo Efésios 4.3 ("a unidade do [gerada pelo] Espírito").

[14] Para mais apoio a essa ideia, veja James D. G. Dunn, *Romans 1—8*, WBC 38A (Dallas: Word, 1991), p. 473.

[15] P. ex., Romanos 16.5; 1Coríntios 16.15; 2Tessalonicenses 2.13, falando dos primeiros convertidos de uma região onde mais pessoas se converteriam; cf. Romanos 11.16, sobre o qual muitos acreditam que *aparchē* ("primeiros frutos") se refere às promessas aos patriarcas, que prevê a redenção de mais pessoas em Israel posteriormente.

[16] Para o contexto da nova criação de Gênesis 1—3, que Romanos 8 retrata como ocorrendo por meio do Espírito ao efetuar a ressurreição de Cristo e dos crentes, veja Kirk, *Unlocking Romans*, p. 134-53.

incorruptível durará para sempre, ideia que também já observamos em outros trechos do AT (p. ex. Dn 12.2,3), do judaísmo e do NT.

Paulo expressa a natureza eterna da ressurreição em Romanos 2.7: "àqueles que, por meio da perseverança [...] procuram [...] imortalidade, vida eterna". Nesse ínterim, antes da ressurreição consumada dos santos, Cristo, dada sua posição de ressurreto, "intercede" por seu povo que ainda passa por tribulações (Rm 8.34-39). Isso garante que os santos suportem as tribulações e triunfem sobre elas, que não devem ser consideradas castigo para os "eleitos", uma vez que Cristo tomou sobre si esse castigo e o venceu (Rm 8.31-34). Assim, parte do efeito salvífico da ressurreição de Cristo (Rm 5.10; 10.9) é que sua "intercessão" pelos santos e sua "intercessão do Espírito"garantem que todas as tribulações "concorram para o bem daqueles que amam a Deus" (cp. Rm 8.26-28 com 8.34-39). Isso também significa que tribulação nenhuma é capaz de separar os crentes "do amor de Deus, que está em Cristo Jesus", uma vez que eles se identificaram com a morte *e a ressurreição* de Cristo (Rm 8.33-39).

Quando se recorda a íntima associação entre a soberania real e a nova criação, não causa surpresa descobrir que Paulo faz a mesma associação em Romanos. A declaração introdutória de Paulo em Romanos 1.3,4 de que Cristo é "da descendência de Davi" e foi "declarado Filho de Deus com poder pela ressurreição dos mortos" identifica Jesus com o rei messiânico esperado. A clara relação com a promessa de Deus feita de "antemão por meio de seus profetas nas Escrituras Sagradas" (Rm 1.2) sugere que Paulo entende a filiação de Jesus como a realeza messiânica que cumpre as profecias do AT sobre um "filho" da linhagem de Davi (2Sm 7.12-16; Is 11.1-5; Jr 23.5; Ez 34.23,24; 37.24).[17] Próximo do final de Romanos, Paulo indica de forma mais explícita que o Messias "morreu e voltou a viver, para que seja Senhor tanto de mortos como de vivos" (Rm 14.9). Talvez pelo mesmo motivo Romanos 10.9 relacione "Jesus como Senhor" diretamente com "Deus o ressuscitou dentre os mortos". Com base no fato de que a ressurreição de Jesus deu início a uma fase avançada de seu governo messiânico, assim também seu povo "reinará em vida por meio de um só, Jesus Cristo" (Rm 5.17),[18] e mesmo em meio ao sofrimento esses crentes serão "mais que vencedores, por meio dele [Jesus]" (Rm 8.37).

Excurso   O Espírito é o agente da ressurreição "já e ainda não" de Romanos ou não?

Um dos textos de Romanos que descrevem o Espírito mais claramente como o agente da ressurreição é Romanos 8.11: "Mas, se o Espírito daquele que ressuscitou Jesus dentre os mortos habita em vós, aquele que ressuscitou Cristo Jesus dentre os mortos dará vida também aos vossos corpos mortais por seu Espírito, que em vós habita". Entretanto, existe um problema textual nesse versículo: alguns bons manuscritos apresentam a leitura "por causa do seu Espírito" (B D F G Ψ 33 1739 1881) em vez de "pelo seu Espírito" (ℵ A C), o que levou Gordon Fee, que prefere a primeira opção, a declarar que em nenhuma passagem Paulo considera o Espírito como o agente da vida ressurreta do cristão.[19] Outros especialistas preferem a leitura "pelo seu Espírito".[20]

---

[17]Com base em Schreiner, *Romans*, p. 39-40; veja igualmente, Dunn, *Romans 1—8*, p. 13-4.

[18]Se é uma referência a um "reino" inaugurado ou consumado futuro não está claro aqui, mas em outros textos paulinos e no NT é um conceito "já e ainda não". Assim também, a mesma pergunta pode ser feita a respeito de "vida da morte", assunto que será tratado no cap. 15 (seção "Romanos 11") sobre a relação da ressurreição e da nova criação com a reconciliação.

[19]Veja Gordon D. Fee, *God's empowering presence: the Holy Spirit in the letters of Paul* (Peabody: Hendrickson, 1994), p. 543, 552, 808-9.

[20]P. ex., Bruce M. Metzger, *A textual commentary on the Greek New Testament* (London: United Bible Societies, 1971), p. 517; as notas textuais da NET Bible em Romanos 8.11; Schreiner, *Romans*, p. 417. Schreiner, respondendo a Fee (*God's empowering presence*), identifica outras passagens nas cartas de Paulo em que o Espírito é considerado o agente da vida ressurreta.

Os argumentos interpretativos de Fee em defesa do sentido de "por causa de" podem muito bem ser invertidos e, desse modo, apoiar a redação "por meio de". No entanto, embora se trate de um problema textual difícil, em última análise as duas redações apoiam a ideia de ser o Espírito quem efetua a ressurreição, uma vez que "por causa do seu Espírito" poderia se referir à ressurreição futura dos crentes ocorrendo por causa da prévia presença do Espírito neles — o que indica apenas a condição para ser ressuscitado (de acordo com Fee), ou a ideia mais provável poderia ser a de que o Espírito é a causa da ressurreição no sentido de ser quem faz a ressurreição ocorrer.[21] Do mesmo modo, Romanos 1.4 pode ser interpretado de duas formas: "que foi declarado Filho de Deus com poder pela ressurreição dos mortos, Jesus Cristo, nosso Senhor". O entendimento de que o Espírito atua como agente da ressurreição em Romanos 8.11 é indicado pelo contexto mais amplo de Romanos 7.6 ("novidade do Espírito") e 8.13,14, e sobretudo o contexto de Ezequiel 37.1-14, que, como já declarei, é aludido em Romanos 6—8 e retrata claramente o Espírito como o agente da ressurreição dos últimos tempos em seu contexto do AT. Além do mais, se ser "guiados pelo Espírito de Deus" em Romanos 8.14 começa no início da vida ressurreta (que continua para sempre), então o Espírito deveria ser considerado aqui o "guia" do povo para fora "da morte" nesse momento inicial. Em Romanos 8.13, o período "Se pelo Espírito mortificardes as práticas do corpo, vivereis" vê o Espírito como o agente da vida ressurreta contínua. Portanto, inclui provavelmente o começo dessa vida. Porém, mesmo que Romanos 8.11 não afirme que o Espírito é o agente da ressurreição, os textos citados anteriormente de Romanos 8 o fazem. Igualmente, se "o Espírito de vida" é um genitivo de aposição ("Espírito que é vida") ou um genitivo de direção ou de finalidade ("o Espírito que produz vida"), o Espírito está ligado de modo indissociável à vida da ressurreição provavelmente como sua causa ou origem, o que se aproxima da ideia de agência. Essa hipótese tem o apoio também de outras passagens paulinas: 1Coríntios 15.45 ("Espírito que dá vida"); 2Coríntios 3.6 ("a letra mata, mas o Espírito dá vida" [começando a cumprir Ez 11.19; 36.26,27]); além de 2Coríntios 3.17,18, Gálatas 5.25 e Tito 3.5. É provável que Gálatas 6.8 também veja o Espírito como aquele que concede vida ressurreta (veja tb. 1Tm 3.16; Ap 11.11). Essa ideia também poderia ser discutida em 1Coríntios 15.45, 2Coríntios 3.17,18 e 1Timóteo 3.16, mas a minha análise a seguir argumenta que essas passagens também apoiam tal tese. É interessante que mais tarde o judaísmo venha a afirmar que "o Espírito Santo conduz à ressurreição" (*m. Soṭah* 9.15).[22]

A ressurreição em 1Coríntios

Com exceção de duas referências de Paulo à ressurreição em 1Coríntios, todas as outras estão no capítulo 15:[23]

1Coríntios 15.4: "E foi sepultado, e ressuscitou ao terceiro dia, segundo as Escrituras".
1Coríntios 15.12: "Se Cristo é pregado como ressurreto dentre os mortos, como dizem alguns dentre vós que não há ressurreição dos mortos?".
1Coríntios 15.13: "Mas se não há ressurreição dos mortos, também Cristo não ressuscitou".
1Coríntios 15.14: "E, se Cristo não ressuscitou, então a nossa pregação é inútil e também a vossa fé".

---

[21] Essa última perspectiva também é defendida por Geerhardus Vos, "The eschatological aspect of the Pauline conception of the Spirit", in: Richard B. Gaffin Jr., org., *Redemptive history and biblical interpretation: the shorter writings of Geerhardus Vos* (Phillipsburg: P&R, 1980), p. 102.

[22] Sobre essa questão, veja mais informações no cap. 16, em "O Espírito como agente de transformação da nova criação escatológica inaugurada", para as referências judaicas ao Espírito como o instrumento da ressurreição.

[23] Os dois textos são 1Coríntios 6.14 ("Deus não somente ressuscitou o Senhor, mas também nos ressuscitará pelo seu poder") e 1Coríntios 9.1 ("Não vi Jesus, nosso Senhor?").

1Coríntios 15.15: "Além disso, somos também considerados falsas testemunhas de Deus, porque testificamos contra Deus que ele ressuscitou a Cristo, a quem não ressuscitou, se de fato os mortos não ressuscitam".

1Coríntios 15.16: "Pois, se os mortos não ressuscitam, Cristo também não ressuscitou".

1Coríntios 15.17: "E, se Cristo não ressuscitou, a vossa fé é inútil e ainda estais nos vossos pecados".

1Coríntios 15.20: "Mas, na verdade, Cristo ressuscitou dentre os mortos, sendo as primícias dos que estão dormindo".

1Coríntios 15.21: "Porque, assim como a morte veio por um homem, também por um homem veio a ressurreição dos mortos".

1Coríntios 15.29: "De outra forma, que farão os que se batizam em favor dos mortos? Se, em absoluto, os mortos não ressuscitam, por que então se batizam em favor deles?".

1Coríntios 15.32: "Se, por razões humanas, lutei com feras em Éfeso, de que me adianta isso? Se os mortos não ressuscitam, 'comamos e bebamos, porque amanhã morreremos'".

1Coríntios 15.35: "Mas alguém dirá: Como ressuscitam os mortos? E com que espécie de corpo virão?".

1Coríntios 15.42: "Assim também é a ressurreição dos mortos. Semeia-se um corpo perecível, e é ressuscitado imperecível".

1Coríntios 15.43: "Semeia-se em desonra e ressuscita em glória; semeia-se em fraqueza e ressuscita em poder".

1Coríntios 15.44: "Semeia-se um corpo natural e ressuscita um corpo espiritual. Se há corpo natural, há também corpo espiritual".

1Coríntios 15.45: "Assim, também está escrito: 'Adão, o primeiro homem, tornou-se ser vivente'. O Último Adão se tornou espírito que dá vida".

1Coríntios 15.52: "Em um momento, no abrir e fechar de olhos, ao som da última trombeta. Porque a trombeta soará, e os mortos ressuscitarão imperecíveis, e nós seremos transformados".

A maioria das 23 referências à ressurreição em 1Coríntios 15 emprega a palavra grega *egeirō* ("levantar"), apesar de ocorrerem também os termos *anastasis* ("ressurreição" [v. 12,13,21]) e *zōopoieō* ("dar vida" [v. 22,36,45]). As ocorrências de ressurreição aqui podem ser divididas em cinco grandes etapas de pensamento, a seguir:

(1) A ressurreição de Cristo do túmulo (v. 3-11). Alguns comentaristas reconhecem que por trás da declaração "... e ressuscitou ao terceiro dia, segundo as Escrituras" está a passagem de Oseias 6.2: "Depois de dois dias, ele nos revivificará; no terceiro dia nos levantará, e viveremos diante dele". Se for esse o caso, e creio que é provável,[24] Paulo entende que a profecia da ressurreição aplicada a Israel tem seu início em Jesus, o que pode ser uma antecipação de seu comentário posterior, no versículo 23: "Cristo, que é as primícias, e depois os que lhe pertencem na sua vinda".

(2) A segunda etapa do pensamento é que a premissa da verdade da ressurreição de Cristo exige que se creia na ressurreição geral dos mortos, o que, se for negado, significa que a fé cristã é vã (v. 12-19).

(3) Terceira, apesar do ceticismo de alguns, a ressurreição de Cristo é um fato, o que torna inevitável a ressurreição de todos os que creem nele (v. 20-23). A ressurreição dele são "as

---

[24]É possível que Mateus 12.40 esteja incluído no contexto da declaração de Paulo: "Assim o Filho do Homem estará três dias e três noites no coração da terra". Porém, esse texto é uma predição da morte de Jesus, e não de sua ressurreição, tampouco faz parte das "Escrituras" do AT que Paulo tem em mente.

primícias" de todos os santos que serão ressuscitados no fim dos tempos. Como observamos antes em Romanos 8, no AT "os primeiros frutos" eram dados a Deus como símbolo de que o restante do que estava sendo ofertado também pertencia a ele e que essa primeira parte era apenas o começo de mais frutos que viriam. Assim também em 1Coríntios 15.20-23, a ressurreição de Cristo é chamada de "primícias" a fim de mostrar não apenas que é a primeira de muitas que virão, mas também que as ressurreições futuras deverão ocorrer porque estão ligadas de fato à própria ressurreição de Cristo. É isso que significa a declaração: "Cristo, que é as primícias, e depois os [i.e., os ressurretos que fazem parte do restante dos primeiros frutos da ressurreição de Cristo] que lhe pertencem na sua vinda" (v. 23).

Já estudamos em João 5.24-29 (no cap. 4) que o AT profetizava a última grande ressurreição como um só acontecimento, porém cumprido em estágios: a ressurreição espiritual dos crentes seguida pela ressurreição física. Agora, Paulo apresenta outra versão desse conceito de cumprimento "em etapas" da ressurreição: o Messias foi ressuscitado fisicamente primeiro e, depois, mais tarde, seu povo será ressuscitado fisicamente. Lembrando que o AT parecia profetizar que todo o povo de Deus seria ressuscitado coletivamente como parte de um só acontecimento, Paulo entende que a profecia da ressurreição dos últimos tempos começa a ser cumprida na ressurreição física de Cristo, o que torna necessária a posterior ressurreição física dos santos. Em outras palavras, o grande acontecimento da ressurreição final havia começado em Cristo, mas, uma vez que o acontecimento não se completou com a ressurreição dos outros, a conclusão do acontecimento profetizado tem de ocorrer em algum momento futuro.

(4) A quarta grande etapa de 1Coríntios 15 está nos versículos 24-28. Eles afirmam que duas coisas acontecerão no tempo "do fim", quando a ressurreição dos santos finalmente ocorrer. Em primeiro lugar, Cristo vai "entregar o reino a Deus Pai" (v. 24,28). Em segundo lugar, a morte "será abolida", o que indica que a ressurreição dos santos será uma condição imortal e irreversível (v. 26). Também há informações importantes nos versículos 25-27 sobre as condições que levam à ressurreição final: Cristo deve reinar "até que tenha posto todos os inimigos debaixo de seus pés". No contexto, esse reino tem início na ressurreição de Jesus e termina na época da ressurreição de seu povo. Esse é mais um exemplo em que Paulo associa claramente a ressurreição como nova criação à realeza (os v. 35-57 a seguir relacionam conceitualmente a ressurreição com a nova criação).

Paulo vê o reinado de Cristo durante o período entre os adventos como um cumprimento de Salmos 8.6: "Pois sujeitou todas as coisas debaixo de seus pés" (cf. 1Co 15.27). Já vimos que Salmos 8 fala do "Adão ideal" em um dos desenvolvimentos mais explícitos de Gênesis 1.26-28 de todo o AT (veja cap. 1). O próprio trecho de Salmos 8.6 é um desenvolvimento de Gênesis 1.28: "enchei a terra e sujeitai-a; dominai...". Assim como havia um inimigo (a serpente satânica capaz de trazer a "morte") para ser sujeitado no Éden como parte do cumprimento de Gênesis 1.28, Salmos 8.2 também relaciona o governo do Adão ideal com o ato de "fazer calar o inimigo e vingador". Do mesmo modo, é provável que Paulo tire sua declaração sobre "abolir a morte" como o "último inimigo" tanto de Gênesis 1—3 como de Salmos 8.2-8. À luz disso, Paulo já está antecipando sua explícita declaração posterior de Cristo como "o Último Adão" (v. 45). Nesse sentido, não precisamos esperar a análise conceitual da ressurreição como a nova criação dos versículos 36-57, pois a referência a Salmos 8.6 no versículo 27 já compara Cristo como rei adâmico escatológico da nova criação ao primeiro Adão, que deveria reinar na primeira criação.

(5) O último desenvolvimento importante de 1Coríntios 15 está nos versículos 36-57. Essa parte amplia as implicações da afirmação anterior de que a morte "será abolida" na época da ressurreição consumada (v. 26). Assim como há graus relativos de glória em outras partes da criação de Deus (v. 38-41), isso também se aplica à coroa da criação no que diz respeito ao corpo anterior à consumação comparado com as condições superiores do corpo posterior

à consumação (v. 42-54), que tem mais glória e poder e possui a vida imortal do mundo celestial. E assim como Cristo no fim completará seu governo em curso, também, no mesmo tempo, os crentes receberão "a vitória por meio de nosso Senhor Jesus Cristo" (v. 57), o que deve motivá-los a viver para o Senhor durante esse intervalo de tempo (v. 58).

Nessa última seção, o propósito de Paulo é comparar o corpo perecível com o corpo ressurreto imperecível, apesar de no versículo 45 citar Gênesis 2.7 e remontar além do corpo mortal e decaído do primeiro Adão, quando este ainda não havia pecado nem se tornado suscetível à morte: "Assim, também está escrito: 'Adão, o primeiro homem, tornou-se ser vivente', e o Último Adão se tornou espírito que dá vida". O que o apóstolo parece querer transmitir é que mesmo o primeiro homem não tinha um corpo glorioso e imortal como o de Jesus Cristo e o daqueles que serão ressuscitados à "imagem do homem celestial", Jesus. A questão evidente aqui é que o primeiro ser humano foi criado para alcançar esse corpo glorioso e imperecível, *se* tivesse obedecido a Deus e sido fiel em refletir sua imagem, cumprindo a comissão de Gênesis 1.28 (sobre a qual escrevi na parte inicial do cap. 1). Ao contrário do primeiro Adão, que fracassou por causa da desobediência infiel, Cristo se submeteu e obedeceu do modo que seu antepassado deveria ter obedecido. Por isso, Cristo herdou aquilo que havia sido originariamente planejado para a humanidade, mas que ela não conseguiu alcançar. O corpo de Jesus não foi apenas um corpo físico renovado, mas também se tornou um corpo transformado "celestial", "espiritual" e "imperecível".

Além disso, Cristo se tornou o "espírito que dá vida" (1Co 15.45b) — elaboração de uma declaração anterior semelhante de Paulo, no versículo 22: "Pois, assim como em Adão todos morrem, do mesmo modo em Cristo todos serão vivificados". Na condição de precursor, cabeça e "primícias" de seu povo escatológico, Cristo tem a capacidade de dar a esse povo a vida ressurreta semelhante à dele mesmo. O fato de Cristo ter se tornado o "espírito que dá vida" não significa que ele tenha se transformado apenas em um ser puramente espiritual ou se tornado, de alguma forma, o Espírito Santo. Antes, o foco está na ideia de que por sua ressurreição Cristo veio a ser identificado com a função de doador de vida do Espírito e, de modo recíproco, essa é a razão por que em outras partes Paulo pode referir-se ao Espírito como o "Espírito de Jesus". O Espírito é uma pessoa distinta de Jesus Cristo, mas também é o *alter ego* dele. Os dois têm uma unidade de função no que diz respeito a dar a vida escatológica, mas ainda são duas pessoas distintas. A declaração em 1Coríntios 15.45b: "O Último Adão [Cristo] se tornou espírito que dá vida", é provavelmente o equivalente de Atos 2.33, que afirma que Jesus foi "exaltado à direita de Deus e [...] recebeu do Pai a promessa do Espírito Santo" para, então, derramar seu Espírito sobre o seu povo em Pentecostes e depois sobre outras pessoas em Atos.[25] Vimos no capítulo 2 que a condição elevada da ressurreição de Cristo é apenas uma entre outras que Adão e o mundo teriam experimentado se Adão tivesse sido fiel. Por isso, Cristo não retorna simplesmente à condição pré-Queda de Adão; em vez disso, vai além dela e também capacita seu povo a transcendê-la.

As referências repetidas nos versículos 45-48 ao contraste entre o primeiro Adão na primeira criação pré-Queda e o Último Adão realçam a ideia de que o estado ressurreto de Cristo é um estado de nova criação que transcendeu o estado primordial anterior à Queda. Por isso, mais uma vez, entendemos que a ressurreição e a nova criação são dois lados da mesma moeda, ou que a primeira é um subconjunto da segunda.

---

[25]Embora 1Coríntios 15.45 necessite de mais explicações, não há espaço suficiente para fazer isso aqui. Para uma análise excelente desse versículo difícil, veja Richard B. Gaffin Jr., "The last Adam, the life-giving Spirit", in: Stephen Clark, org., *The forgotten Christ: exploring the majesty and mystery of God incarnate* (Nottingham: Apollos, 2007), p. 191-231, que tentei resumir acima.

Mais uma vez vemos que a ressurreição de Cristo como nova criação está tão intimamente ligada ao reino e a Adão como rei[26] que o conceito de ressurreição como nova criação e o conceito de reino são indissociavelmente relacionados.

A ressurreição em 2Coríntios

As referências à ressurreição estão espalhadas por toda essa carta.

Referências à ressurreição em 2Coríntios 1—3

A primeira menção da ressurreição ocorre em 2Coríntios 1.9,10: "Na verdade, tínhamos em nós a sentença de morte, para que não confiássemos em nós mesmos, mas em Deus, que ressuscita os mortos. Ele nos livrou de tão horrível perigo de morte e continuará nos livrando. É nele que esperamos, e ele ainda nos livrará". Deus havia libertado Paulo e seus companheiros da morte a fim de que confiassem não neles próprios, mas em Deus, que "ressuscita os mortos". De fato, nesse contexto, a "confiança" e a "esperança" deles em Deus estão especificamente concentradas na capacidade de Deus de ressuscitar os mortos no futuro, que será a maneira suprema e definitiva com que Deus "os libertará" fisicamente no futuro.

Paulo logo deixa bem claro que essa ressurreição futura do fim dos tempos já começou (2Co 2.14-16):

> Mas, graças a Deus, que em Cristo sempre nos conduz em triunfo, e por meio de nós manifesta o aroma suave do seu conhecimento em todo lugar; porque para Deus somos o bom aroma de Cristo tanto entre os que estão sendo salvos como entre os que estão perecendo. Para estes, somos cheiro de morte para morte, mas para aqueles, aroma de vida para vida. E quem está preparado para essas coisas?

O "triunfo" em que Deus "conduz" Paulo e que "manifesta o aroma do seu conhecimento" de Deus envolve "o bom aroma de Cristo [...] entre os que estão sendo salvos". Sobre esse aroma Paulo ainda diz que é "aroma de vida [$z\bar{o}\bar{e}$] para vida [$z\bar{o}\bar{e}$]", uma referência provável à vida ressurreta. Aqui observamos um provável vínculo, se não quase uma equiparação, entre "sendo salvos" e "vida" (pode até ser "de vida [ressurreta inaugurada] para vida [ressurreta consumada]"). Paulo pergunta sobre "quem está preparado" para ser um servo por meio de quem Deus manifesta essa "vida" — e ele mesmo responde à pergunta em 2Coríntios 3.5,6:

> Não que sejamos capazes em nós mesmos de pensar alguma coisa, como se viesse de nós, mas a nossa capacidade vem de Deus, que também nos capacitou para sermos servos de uma nova aliança, não da letra, mas do Espírito; porque a letra mata, mas o Espírito dá vida.

Somente Deus pode tornar seus servos "capazes" para esse ministério de doar vida, que só pode ser eficiente mediante "o Espírito", o "Espírito do Deus vivo" (2Co 3.3) que tira as pessoas "do ministério da morte" e os "faz viver" (2Co 3.6,7). Isso é o começo do cumprimento de Ezequiel 11.19; 36.26,27; 37.14, passagens que profetizam a vida espiritual ressurreta de Israel pelo Espírito de Deus (à qual 2Co 3.3 faz alusão), que os restauraria do exílio para a presença de Deus.[27] Em especial, está em mente o texto de Ezequiel 37.6,14 (LXX), em que

---

[26]Veja 1Coríntios 15.24-27 em conexão com "Cristo" (lembrando que o nome "Cristo" significa "o rei ungido") como o Último Adão (1Co 15.21,22), que também traz consigo o contexto da realeza em uma criação inicial de Gênesis 1.26-28 conforme o desenvolvimento em Salmos 8 que reaparece em 1Coríntios 15.50,54-57.

[27]Observe-se Ezequiel 11.19: "E lhes darei um só coração, e porei dentro deles um novo espírito; tirarei deles o coração de pedra e lhes darei um coração de carne"; e Ezequiel 36.26,27: "Além disso, eu vos darei um coração novo e porei um espírito novo dentro de vós; tirarei de vós o coração de pedra e vos darei um coração de carne. Também porei o meu Espírito dentro de vós".

Deus diz: "Porei meu Espírito em vós e vivereis" (veja tb. o hebraico de Ez 37.5,14).[28] A última declaração demonstra ainda mais que a "vida" de 2Coríntios 2.16 não é uma simples referência geral sobre estilo de vida para as pessoas que vivem no presente mundo, mas, sim, uma alusão específica à vida ressurreta que se inicia com a fé (i.e., "quando uma pessoa se converte ao Senhor" [2Co 3.16]). Essa "transformação" da ressurreição (*metamorphoō*) na "imagem" divina, que começa com a fé e ocorre mediante a obra do Espírito, continua ao longo da existência do cristão (2Co 3.17,18):

> O Senhor é o Espírito; e onde está o Espírito do Senhor aí há liberdade. Mas todos nós, com o rosto descoberto, refletindo como um espelho a glória do Senhor, somos transformados de glória em glória na mesma imagem, como do Senhor, o Espírito.

Que a existência ressurreta está em foco nesses dois versículos fica evidente porque a combinação do termo "transformação" com o uso de "imagem" (*eikōn*) também ocorre em 1Coríntios 15.49-54, passagem em que fica claro o foco na transformação da ressurreição, embora se trate na última da ressurreição no fim dos tempos. Além disso, a referência ao "Espírito" como condição essencial para a "liberdade" (*eleutheria*) também indica a ressurreição, uma vez que o Espírito é entendido do mesmo modo em Romanos como o agente da ressurreição, que conduz à "liberdade [*eleutheria*] da glória dos filhos de Deus" (Rm 8.21; cf. 8.11,22,23).

É importante lembrar que o propósito de discutir a passagem de 2Coríntios 2.14—3.18 é realçar a autoridade de Paulo como apóstolo verdadeiro de Deus. Paulo não necessita de "cartas de recomendação" de fontes humanas, quer de coríntios, quer de outros, para confirmar sua autoridade profética exclusiva (2Co 3.1). De fato, a própria existência dos coríntios como indivíduos que se tornaram cristãos por meio do ministério de Paulo era prova reveladora de tudo o que Deus já havia operado neles por meio de Paulo como profeta. Portanto, a própria existência deles como cristãos era a única "carta de Cristo" necessária para recomendar a autoridade divina de Paulo (2Co 3.2,3). E não é meramente a existência dos coríntios como cristãos que compõe a "carta"; o conteúdo dessa "carta" escatológica histórico-redentora de Cristo (e a "carta" é "de Cristo" [*Christou*, um genitivo de origem ou de agência] porque é o Espírito de Cristo que os ressuscitou dentre os mortos) é a essência do ser deles como pessoas que começaram a viver a vida da ressurreição.

Assim, no início de 2Coríntios, Paulo considera a vida ressurreta dos crentes uma base importante para sustentar a defesa de sua autoridade apostólica, ideia com que ele também conclui a epístola (sobre isso, veja a seguir). O questionamento dessa autoridade é o que o motiva a escrever a carta.

Referências à ressurreição em 2Coríntios 4

A transição da morte para a vida continua em 2Coríntios 4. Nesse capítulo, o "evangelho está encoberto [...] para os que estão perecendo", cujas "mentes" foram "cegadas [...] para que não lhes resplandeça a luz do evangelho da glória de Cristo, o qual é a imagem de Deus" (2Co 4.3,4). Ao contrário, os servos de Deus são aqueles que experimentaram a luz da nova criação: "Porque Deus, que disse: 'Das trevas brilhará a luz', é o mesmo que brilhou em nosso coração para iluminação do conhecimento da glória de Deus na face de Cristo" (2Co 4.6). Tendo em vista a posterior identificação dos crentes em 2Coríntios 5.14-17 com a ressurreição de Cristo como cumprimento inicial das profecias do AT sobre a nova criação, é bem provável que aqui Paulo também tenha em mente a nova criação como uma recapitulação da luz que

---

[28]Yates (*Spirit and creation*, p. 109-13) identifica a mesma alusão em 2Coríntios 3.18.

brilhou na primeira criação. A nova criação começa do mesmo modo que a primeira: a luz irresistível de Deus invade as trevas, o que antecipa a referência formal de Paulo à "nova criação" em 2Coríntios 5.17. É provável que Paulo considere o início da primeira criação uma prefiguração tipológica de como a nova criação começa.

O sintagma "para iluminação do conhecimento da glória de Deus" pode referir-se não ao conhecimento que os crentes têm da revelação de Cristo, mas, sim, aos crentes que tiveram a luz "brilhando no coração" de modo que eles mesmos se tornam agentes de "iluminação" para outras pessoas. Essa pode ser uma alusão autobiográfica à experiência que o próprio Paulo teve da ressurreição de Jesus no caminho de Damasco, quando Deus fez brilhar sua luz no coração dele, o que praticamente se tornou ao mesmo tempo uma comissão para que Paulo levasse essa luz para as nações. Se essa alusão for correta, trata-se, então, de outra característica que identifica 2Coríntios 4.4-6 como referência conceitual ao efeito revelador da ressurreição de Cristo como nova criação.[29] A referência à "glória de Cristo" como "a imagem de Deus" (2Co 4.4) desenvolve a ideia dos cristãos serem "transformados de glória em glória na mesma imagem" (2Co 3.18), o que, como vimos, está indissociavelmente ligado à existência ressurreta. Será que na oração gramatical "brilhará a luz", de 2Coríntios 4.6, existe alguma ligação com Isaías 9.1,2? A oração aparece apenas no grego de Isaías 9.1,2, não em Gênesis, nem no relato do encontro de Paulo no caminho de Damasco. As imagens são na maior parte de Gênesis, mas o próprio vocabulário é o de Isaías. Se há alguma alusão a Isaías aqui, pode ser mais um modo de associar 2Coríntios 4.6 com o texto de Isaías sobre a nova criação em 2Coríntios 5.17[30] (tema a ser analisado no próximo capítulo).

No texto de 2Coríntios 4.7-18, Paulo expõe o impacto que essa existência ressurreta da nova criação causa na vida atual dos santos. O povo de Deus tem esse "tesouro em vasos de barro". O provável antecedente desse "tesouro" é a posse da "glória do Cristo [ressurreto]" e sua "imagem" como precursor da humanidade criada de novo.[31] Deus planejou que o tesouro fosse contido em frágeis receptáculos humanos para que "a excelente grandeza do poder [*dynamis*] seja de Deus, e não nossa" (2Co 4.7). A referência a "poder" não é uma alusão imprecisa ao poder divino em geral, mas uma clara alusão ao poder de Deus manifestado na ressurreição de Cristo dentre os mortos. Isso fica evidente quando se observa que a mesma palavra que denota o "poder" (*dynamis*) divino juntamente com a ideia da fraqueza do corpo humano ocorre duas vezes mais adiante em 2Coríntios referindo-se ao poder da ressurreição de Cristo, que é designado para atuar por meio dos crentes, seres humanos frágeis:

> Mas ele me disse: "A minha graça te é suficiente, pois o meu poder se aperfeiçoa na fraqueza". Por isso, de muito boa vontade me gloriarei nas minhas fraquezas, a fim de que o poder de Cristo habite em mim (12.9).
>
> Porque, embora tenha sido crucificado em fraqueza, ele vive por causa do poder de Deus. Pois também somos fracos nele, mas viveremos com ele pelo poder de Deus para convosco (13.4).

É particularmente importante que 2Coríntios 13.4 explique com clareza que o "poder" mencionado em 2Coríntios 12.9 é o "vivo" "poder de Deus" da ressurreição em Cristo: a

---

[29] Como base e desenvolvimento das ideias desse parágrafo, veja Seyoon Kim, *The origin of Paul's gospel* (Grand Rapids: Eerdmans, 1982), p. 5-11, 231-3.

[30] Essa observação foi feita por meu aluno pesquisador da pós-graduação, Dan Brendsel.

[31] Veja 2Coríntios 4.4, que se repete no final de 2Coríntios 4.6; cf. Colossenses 2.3, a única outra ocorrência da palavra "tesouro" (*thesaurus*) nos escritos de Paulo, de que em Cristo "estão ocultos todos os tesouros da sabedoria e do conhecimento".

base para os crentes "viverem com Cristo".³² Portanto, o mesmo entendimento do "poder" de Deus é expresso em 2Coríntios 4.7.³³ Esse poder da ressurreição se demonstra na capacitação dos cristãos para não serem "arrasados", apesar de "afligidos", não ficarem "desesperados", embora "perplexos", não serem "destruídos", apesar de "abatidos" (2Co 4.8,9). Esse é mais um exemplo de que a ressurreição escatológica inaugurada transmite não apenas a verdade analógica, mas também uma realidade de que os cristãos participam e que é essencial para a vida prática por ser seu combustível.

Os cristãos não são aniquilados por essas tribulações porque nós trazemos "sempre no corpo o morrer de Jesus, para que também a sua vida se manifeste em nosso corpo" (2Co 4.10).³⁴ Aqui a comparação com o "morrer de Jesus" e à "sua [de Jesus] vida" não é uma simples analogia. Antes, os cristãos se identificam verdadeiramente com a morte e a ressurreição de Jesus, como argumentei em relação a Romanos 6 e 1Coríntios 15 e vou sustentar em minha análise de 2Coríntios 5.14-17.³⁵ Isso significa que os cristãos de fato começaram a morrer para o velho cosmos por meio de sua identificação com a morte de Cristo e começaram a viver na nova ordem mediante sua união com a ressurreição dele. Embora ainda não tenham morrido e ressuscitado fisicamente, eles já começaram a passar por isso no sentido literal, embora não material. E o paradoxal ministério apostólico pelo qual a vida ressurreta de Cristo se manifesta em meio ao sofrimento resulta em que outros compartilhem dessa vida "escatológica" ("De modo que em nós atua a morte, mas em vós, a vida" [2Co 4.12]). Paulo repete praticamente a mesma ideia em 5.14,15 ("todos morreram [...] para que [...] vivam"); 6.9 ("como quem está morrendo, mas de fato vivendo"); 7.3 ("já afirmei que estais em nosso coração para juntos morrermos ou vivermos") (veja tb. 3.2-6).

Em 2Coríntios 4.13, Paulo cita Salmos 116.10 da LXX ("Cri, portanto falei") e afirma que ele "tem o mesmo espírito da fé" que o salmista teve quando declarou isso. Seguindo o modelo do salmista, Paulo diz: "Também nós cremos, por isso também falamos" (4.13b). O que esse versículo e a referência ao salmo têm que ver com o foco de Paulo na seção anterior sobre identificação com a morte de Cristo e sua vida ressurreta, e em que isso influi na vida do crente? A resposta não é difícil de encontrar quando se observa o contexto do salmo. O conteúdo da fé ("eu cri") do salmista não é apenas o que ele disse: "estou muito aflito" (não era difícil acreditar nisso),³⁶ mas que Deus o libertaria em meio a suas terríveis tribulações, que estavam associadas com a morte, a principal linha temática que perpassa Salmos 116.1-9. Na verdade, assim como Paulo contrastou duas vezes "vida" ($z\bar{o}\bar{e}/za\bar{o}$) com "morte" (*thanatos*)

---

³²Em conformidade com Filipenses 3.10: "... para conhecer Cristo, e o poder da sua ressurreição, e a participação nos seus sofrimentos, conformando-me com ele na sua morte".

³³De fato, observe-se que Efésios 1.19,20 usa quase o mesmo grupo de palavras do grego (*to hyperballon megethos tēs dynameōs*) que 2Coríntios 4.7: "a [grandeza] extraordinária do poder" (*hē hyperbolē tēs dynameōs*) para se referir ao poder de Deus demonstrado na ressurreição de Cristo.

³⁴O v. 11 praticamente reitera a mesma ideia, como também é provavelmente o caso de 2Coríntios 6.9 ("como quem está morrendo, mas de fato vivendo").

³⁵Observe-se 2Coríntios 5.14,15: "se um morreu por todos, logo, todos morreram. E ele morreu por todos para que os que vivem não vivam mais para si mesmos, mas para aquele que por eles morreu e ressuscitou".

³⁶O texto hebraico de Salmos 116.10 traz: "Cri quando disse", acompanhado da seguinte oração gramatical: "Estou grandemente aflito" como o conteúdo da fala, enquanto a LXX (Sl 115.1) traz: "Cri, portanto falei", de modo que o conteúdo principal do que foi falado são os dois versículos anteriores: "Ele libertou minha alma da morte [...] Eu serei agradável ao Senhor na terra dos viventes" (Sl 114.8,9, LXX). Em última análise, a diferença de significado no contexto mais amplo é insignificante. (A LXX divide o salmo hebraico em dois salmos, mas a continuidade do contexto do salmo hebraico permanece.)

em 2Coríntios 4.11,12, o salmista também opõe duas vezes (na LXX) "vida" (*zōē/zaō*) e "morte" (*thanatos*) (v. 2-4,8,9).[37]

Desse modo, tanto o salmista quanto Paulo "creem" que em meio às aflições associadas à morte, Deus concede vida ou a preserva. Por causa da obra redentora de Cristo no "fim dos tempos" revelada de modo progressivo (cf. 1Co 10.11; 2Co 1.20), Paulo intensifica o objeto da fé do salmista para a fé na ressurreição de Cristo. Isto é, uma vez que o apóstolo acredita na existência da ressurreição inaugurada, ele fala a respeito dessa existência (2Co 4.7-12). A "fiel pregação" de Paulo sobre essa forma inicial da existência dos últimos tempos o leva a afirmar que "aquele que ressuscitou Jesus também nos ressuscitará com ele e nos apresentará convosco" (2Co 4.14).[38] A certeza de Paulo de que os crentes já estão participando verdadeiramente da vida da ressurreição de Cristo como seres regenerados o leva a concluir que essa vida será consumada no fim dos tempos na forma da regeneração física de todos os crentes. A razão de Paulo querer confirmar essa fé na ressurreição é que a divulgação dessa mensagem acerca da ressurreição e de sua realidade produzirá "ações de graças [...] para a glória de Deus" (4.15).

O apóstolo volta a falar da vida ressurreta inicial em 2Coríntios 4.16-18 e, como em 2Coríntios 3.18, chama-a de transformação:

> Por isso não desanimamos. Ainda que o nosso homem exterior esteja se desgastando, o nosso homem interior está sendo renovado a cada dia. Pois nossa tribulação leve e passageira está produzindo para nós uma glória incomparável e de valor eterno ao não fixarmos o olhar nas coisas visíveis, mas naquelas que não se veem; pois as coisas visíveis são temporárias, porém as que não se veem são eternas.

Com base no fato de que a ressurreição dos últimos dias dos crentes já teve início e será consumada corporalmente no futuro (4.7-15), Paulo conclui ("portanto") que "não desanimamos" e apresenta a razão dessa coragem: "Ainda que o nosso homem exterior esteja se desgastando, o nosso homem interior está sendo <u>renovado</u> [*anakainoō*] a cada dia" (4.16). Essa é a linguagem da transformação da nova criação que dá continuidade aos temas semelhantes não apenas de 2Coríntios 3.18, mas também de 2Coríntios 4.6, em que a terminologia da "luz criativa" de Gênesis 1.3 é aplicada aos santos.

O único outro uso do verbo grego para "renovar" (*anakainoō*) no NT ocorre em Colossenses 3.10, o que provavelmente esclareça seu significado: "E vos revestistes do novo homem que está sendo renovado [*anakainoō*] para o pleno conhecimento, segundo a imagem daquele que o criou". Esse versículo estabelece um contraste com o anterior, que afirma que os crentes já "se despiram do velho homem" (Cl 3.9). A ideia é a de não ser mais identificado com o velho Adão, mas, sim, com o novo Adão, Jesus Cristo. Paulo diz aos colossenses que eles apenas começaram a assumir essa identidade com o efeito de que "o novo homem [...] está sendo renovado [progressivamente] [...] segundo a imagem daquele que o criou [de novo]" até o dia final da consumação. O texto de Efésios 4.22-24 forma um paralelo quase idêntico com Colossenses 3.9,10 ("despindo-se do velho homem" e "revestindo-se do novo [*kainos*] homem, que tem sido criado segundo [a imagem de] Deus"). Do mesmo modo, Efésios 2.15, "para

---

[37]Os v. 8 e 9 do salmo (Sl 114, LXX) dizem: "Ele libertou minha alma da morte [*thanatos*] [...] Eu serei agradável [*euaresteō*] ao Senhor na terra dos viventes [*zaō*]", o que talvez antecipe a referência de Paulo a "agradar" (*euarestos*) o Senhor associada à vida da ressurreição em 2Coríntios 5.9.

[38]Interpreto o particípio adverbial grego *eidotes* ("sabendo") no início do v. 14 como indicador do resultado de "crer e falar" no v. 13, embora pudesse ser a causa ou mesmo a explicação do objeto da fé expressada no versículo anterior.

em si mesmo criar um novo homem nele [Cristo]", mostra que na Carta aos Efésios o "novo homem" existe coletivamente em Cristo, e o "velho homem" é provavelmente a antítese, o velho Adão. Da mesma forma também, observamos anteriormente que Romanos 6.4 se refere à vida ressurreta dos santos como "novidade de vida" e apresenta como sua antítese o "velho homem" que "foi crucificado" (Rm 6.6) (cf. Rm 7.6: "novidade do ['de' ou 'pelo'] Espírito").

À luz disso, a "renovação" do "homem interior" em 2Coríntios 4.16 é uma antecipação de 2Coríntios 5.14-17, passagem que afirma que a identificação dos crentes com a ressurreição de Jesus é uma "nova criação" (*kainē ktisis*), porém ainda não consumada (a mesma expressão é aplicada aos crentes em Gálatas 6.15).[39] De modo semelhante, é provável que 2Coríntios 4.16 tenha o mesmo foco, e minha proposta anterior de que essa passagem desenvolve 2Coríntios 3.18 e 4.4-6 é ainda mais confirmada pelo fato de que nesses dois textos "imagem" e "glória" são mencionados de forma sinônima, de modo que a menção de "glória" em 2Coríntios 4.17 dá continuidade à ideia.

No versículo 17 de 2Coríntios 4, Paulo apresenta um segundo fundamento para perseverar e "não desanimar", e este é uma interpretação do anterior, que aparece no fim de 2Coríntios 4.16 ("Ainda que o nosso homem exterior esteja se desgastando, o nosso homem interior está sendo renovado a cada dia"): "Pois nossa tribulação leve e passageira está produzindo para nós uma glória incomparável e de valor eterno" (v. 17). A "glória incomparável e de valor eterno" está sendo produzida e se refere à imagem gloriosa do "novo homem interior adâmico" que está sendo renovado até o fim definitivo da história. A renovação ocorre, de forma paradoxal, pela fé perseverante em meio às tribulações e à fraqueza do corpo. Paulo explica em 2Coríntios 4.18 que essa renovação eterna e contínua não pode ser vista com os olhos humanos, mas apenas com os olhos da fé.

Referências à ressurreição em 2Coríntios 5

No texto de 2Coríntios 5.1-10, Paulo continua com seu foco na ressurreição, mas volta mais uma vez à ressurreição corporal futura dos mortos e, em seguida, retorna para a realidade inaugurada dessa ressurreição escatológica:

> Pois sabemos que, se a tenda terrena que é nossa casa for destruída, temos um edifício da parte de Deus, uma casa eterna no céu, não feita por mãos humanas. Enquanto estamos na casa terrena, gememos, desejando ser revestidos da nossa habitação celestial, pois, se de fato estivermos vestidos, não seremos achados despidos. Porque, enquanto estamos nessa tenda, gememos e somos afligidos, pois não queremos ser despidos, mas, sim, revestidos, para que aquilo que é mortal seja absorvido pela vida. Foi Deus mesmo quem nos preparou para isso, e deu-nos o Espírito como garantia. Portanto, estamos sempre confiantes, sabendo que, enquanto presentes no corpo, estamos ausentes do Senhor, porque vivemos pela fé, e não pelo que vemos. Assim, estamos confiantes e preferimos estar ausentes do corpo e presentes com o Senhor. Por isso também temos o objetivo de agradá-lo, quer no corpo, quer fora dele. Pois é necessário que todos compareçamos diante do tribunal de Cristo, para que cada um seja recompensado por suas obras no corpo, de acordo com o que praticou, seja o bem, seja o mal.

A "tenda terrena" do versículo 1 se refere ao corpo mortal do crente, que acabará sofrendo a deterioração (será "destruída"). Depois da morte, porém, os cristãos vão receber "um edifício da parte de Deus, uma casa eterna no céu, não feita por mãos humanas" (v. 1). Isso se refere

---

[39] A análise desses dois textos da nova criação está reservada para os dois capítulos seguintes, pois são muito importantes para o nosso argumento.

à futura ressurreição deles e à transformação que os torna parte do novo "céu" e da nova terra, o que, como veremos, equipara-se a se tornar parte do templo de Deus. A ideia de que estar "vestido" é uma referência à ressurreição final fica bem clara com base no versículo 4. Fica evidente que Paulo tem em vista uma imagem do templo[40] pelo sintagma "não feita por mãos humanas", o que em quase todos os outros lugares é uma forma técnica de falar a respeito do novo templo escatológico.[41] Além disso, as referências a "edifício" (v. 1), "casa" (v. 1) e "habitação" (v. 2) ocorrem em outras partes do NT referindo-se ao templo de Israel ou à igreja como o templo.[42]

À primeira vista, essa introdução da ideia do templo como parte da explicação da ressurreição pode parecer surpreendente. Porém, veremos em um capítulo posterior que a ressurreição como nova criação corresponde muito bem à ideia do templo. Por exemplo, o templo do AT era simbólico e representava o cosmo, inclusive o novo cosmo vindouro, e, em parte por esse motivo, Cristo diz que sua própria ressurreição, que, como vimos, é o início da nova criação, é o estabelecimento desse templo dos últimos tempos. Por conseguinte, seria natural também identificar a ressurreição do crente como parte de um templo no texto de 2Coríntios 5. A representação da igreja como o templo de Deus dos últimos dias antecipa a descrição ainda mais explícita da mesma ideia logo mais adiante, em 2Coríntios 6.16-18 (sobre isso, veja o cap. 18).

Embora os leitores da carta só fossem ser "absorvidos pela vida [ressurreta]" no fim dos tempos (2Co 5.4), essa "vida" já estava "atuante" neles (2Co 4.12). Assim como o Espírito está ligado à origem da vida ressurreta de fé não apenas em Romanos 8, mas também em 2Coríntios 4.12,13, aqui o Espírito é a "garantia" da consumação futura da vida ressurreta (2Co 5.5).[43]

O próprio Espírito é a primeira evidência da nova criação, na qual está a existência ressurreta e a habitação do templo cósmico. Em 2Coríntios 5.5, Paulo diz que foi Deus "quem nos preparou para isso", isto é, para receber a vida da ressurreição e nos tornar parte do templo eterno, e "deu-nos o Espírito como garantia" dessas realidades. O Espírito não é apenas uma antecipação ou promessa dessas realidades, mas também a forma inicial delas, que é o sentido evidente do termo "garantia" tanto nos tempos antigos quanto nos modernos (um pagamento adiantado de parte de uma quantia maior, um sinal do que será pago depois).[44] Isso se torna mais claro em 2Coríntios 1.20-22: "... as promessas de Deus [do AT], nele [Cristo] [...] está o sim", o que significa que essas promessas começaram a ser cumpridas na primeira vinda de

---

[40]Veja, em E. Earle Ellis, "II Corinthians V.1-10 in Pauline eschatology", *NTS* 6 (1960): 217-8. Ellis é um dos principais defensores da visão de que Paulo tem em mente aqui a igreja como um templo, embora sua ideia de que em 2Coríntios 5.1-4 o templo é uma realidade presente seja questionável.

[41]Para uma análise dessa expressão e de outras semelhantes, veja G. K. Beale, *The temple and the church's mission: a biblical theology of the dwelling place of God*, NSBT 17 (Downers Grove: InterVarsity, 2004), p. 222-7. Os textos relevantes são Êx 15.17; Is 66.1,2; Dn 2.34,45 (LXX); Mc 14.58; At 7.48,49; 17.24; Hb 9.11,24; *Or. Sib.* 4.11; Eurípides, *Fragmento 968* (sobre essas passagens, veja F. F. Bruce, *The book of the Acts*, NICNT [Grand Rapids: Eerdmans, 1954], p. 357). Colossenses 2.11 se refere à "circuncisão feita sem mãos".

[42]"Edifício" (*oikodomē*) refere-se ao templo de Israel (Mt 24.1; Mc 13.1,2) ou à igreja como o templo (1Co 3.9; Ef 2.21); Paulo não emprega "casa" (*oikos*) em mais nenhum outro lugar para se referir ao templo, embora a palavra tenha essa conotação em outras partes do AT (p. ex., 2Sm 7.6,7,13) e do NT (p. ex., Lc 19.46; 1Pe 2.5); "habitação" (*oikētērion*) aparece fora de 2Coríntios somente em Judas, sem fazer referência ao templo, mas seu sinônimo (*katoikētērion*), usado apenas uma vez por Paulo, indica a igreja como o templo em Efésios 2.22.

[43]Assim tb. Scott J. Hafemann, *2 Corinthians*, NIVAC (Grand Rapids: Zondervan, 2000), p. 186-7.

[44]No grego helenístico, a palavra *arrabōn* pode se referir a "um 'sinal/penhor/garantia' ou uma parte dada com antecedência daquilo que será plenamente creditado depois" (MM 79); p. ex., a palavra pode se referir ao pagamento da primeira prestação para que alguém execute uma transação comercial e, depois de concluída a transação, o restante do valor prometido seja pago.

Cristo. Em seguida, Paulo afirma que é Deus "quem nos mantém firmes convosco em Cristo [...] e pôs o Espírito como garantia em nosso coração". Ou seja, o Espírito é a evidência inicial de que as promessas dos últimos dias já começaram a ser cumpridas em Cristo e em seu povo, porque o Espírito é o agente que leva os que confiam no Cristo ressurreto a se identificarem com ele existencialmente e assim também a se identificarem na participação do cumprimento inicial dessas mesmas promessas que Cristo começou a cumprir. O Espírito é "os primeiros frutos" da futura "redenção do nosso corpo" (Rm 8.23). Do mesmo modo, Efésios 1.13,14 declara que os crentes foram "selados" com o Espírito Santo da promessa, o qual é a "garantia" da plena "herança" que virá no fim dos tempos.

É apropriado que o processo de "renovação" da ressurreição (2Co 4.16) seja equiparado ao processo de desenvolvimento da glória (2Co 4.17), uma vez que ao longo da história o templo foi o lugar apropriado para a habitação da glória, onde também a imagem de Deus idealmente deveria habitar para refletir a glória divina (como era o caso originariamente de Adão no seu santuário do Éden).[45] Ora, a glória de Deus reside de forma adequada em Cristo, imagem de Deus e o Último Adão, que reflete com perfeição a glória divina no templo do fim dos tempos, e essa glória se reflete entre os que estão em Cristo, que agora também fazem parte do novo templo. Paulo diz isso em 1Coríntios 6.19,20: "Acaso, não sabeis que o vosso corpo é santuário do Espírito Santo [...]? Portanto, glorificai a Deus no vosso corpo". Essa glória há de ser refletida perfeitamente no templo da nova criação por toda a eternidade (p. ex., Ap 21.11; cf. 15.8). Uma vez que o novo templo, que já veio à existência, diferentemente do antigo, "não [foi] feito por mãos humanas", da mesma forma não pode ser visto como o antigo templo: "pois as coisas visíveis são temporárias, porém as que não se veem são eternas" (2Co 4.18; cf. 5.7).

Com base em que o Espírito é a garantia inicial ("portanto", *oun* [5.6]), os coríntios devem ter um "espírito corajoso" provavelmente no sentido de não se desanimarem ou "gemerem" (5.2,4) por causa da deterioração do corpo e das "tribulações" que têm de enfrentar (cf. 2Co 4.16,17). Isto é, apesar de sofrerem tribulações na terra, eles podem ter o consolo de saber que já estão desfrutando a vida da era vindoura. Não obstante, também é verdade que, enquanto estão "no corpo", ainda não estão "presentes" com o Senhor (estão "ausentes [ou 'exilados'] do Senhor") (5.6). Eles têm de andar "pela fé, e não por vista" a fim de agir com base na realidade invisível da forma inicial de sua vida ressurreta, que, conforme devem crer, será consumada fisicamente no futuro (5.7). A expressão dessa confiança nas coisas invisíveis resulta no fato de que estão "confiantes" (5.8a), aguardando a bênção ainda maior, embora não consumada, do estado intermediário, preferido por Paulo ao estado terreno, em que a vida ressurreta já começou (5.8b). Ao que tudo indica, o apóstolo considera esse estado interino um novo degrau da condição ressurreta, que teve início na terra (provavelmente à semelhança de João em Ap 20.4).[46] O povo de Deus deve desejar agradá-lo não importa qual seja sua condição escatológica, pois o início dos acontecimentos dos últimos tempos reforça sua coragem na terra ou o consola na existência celestial pré-consumada. Em outras palavras, a exortação prática de "agradar" a Deus tem por fundamento reconhecer as realidades escatológicas "já e ainda não", sobretudo a da ressurreição e a do templo, e o agir pela fé nas realidades invisíveis.

Paulo conclui esse primeiro parágrafo de 2Coríntios 5 com mais uma referência à ressurreição final futura, apresentando mais uma razão para os coríntios encorajarem uns aos outros a agradar a Deus: "Pois é necessário que todos compareçamos diante do tribunal de Cristo,

---

[45]Sobre isso, veja Beale, *Temple*, p. 81-122.

[46]Sobre isso, veja G. K. Beale, *The book of Revelation: a commentary on the Greek text*, NIGTC (Grand Rapids: Eerdmans, 1999), p. 972-1026.

para que cada um receba retribuição por suas obras no corpo, de acordo com o que praticou, seja o bem, seja o mal" (2Co 5.10). É preciso haver uma ressurreição corporal (todos devem "[comparecer] diante [...] de Cristo") tanto dos crentes quanto dos descrentes (destes os que estão associados à comunidade da aliança) para que os santos verdadeiros sejam recompensados por suas obras no corpo e os pseudossantos, julgados pelas obras pecaminosas feitas na terra. Ambos terão de ser ressuscitados para receber em forma corpórea o que lhes é devido pelo que praticaram no corpo físico. Os que desejam agradar a Deus em Cristo agora devem ser motivados a continuar fazendo isso, aguardando a recompensa do Pai celestial ("Muito bem, servo bom e fiel" [Mt 25.21,23]).[47]

Em 2Coríntios 5.11-13, Paulo afirma que, com base na questão anterior (viver confiantes em meio às aflições "pela fé, e não pelo que vemos", na realidade da ressurreição como fundamento para agradar a Deus), os leitores deviam avaliar seu apostolado pela fé, e não por "aparências", uma vez que ele mesmo anda pela fé, e não pelo que vê, e persevera em meio ao sofrimento a fim de agradar a Deus.

Em seguida, 5.14-17 inicia outra seção em que, como já observado, identifica mais uma vez os cristãos com a morte e a ressurreição de Cristo, o que é mencionado claramente como "nova criação". Como essa seção da carta é tão importante para este livro, vou analisá-la separadamente no próximo capítulo.

A referência à ressurreição no clímax de 2Coríntios

A última referência à ressurreição está no fim da carta para fundamentar a autoridade apostólica de Paulo, o aspecto principal que o apóstolo deseja comprovar ao longo de toda a epístola de 2Coríntios (13.3,4, TA):

> Visto que buscais uma prova de que Cristo fala por meu intermédio. E ele não é fraco para convosco, mas poderoso entre vós. Porque, embora tenha sido crucificado em fraqueza, ele vive pelo poder de Deus. Pois nós também somos fracos nele, mas para convosco viveremos com ele pelo poder de Deus.

Assim como Cristo morreu em fraqueza, mas vive por causa do poder de Deus ao ressuscitá-lo dos mortos, também Paulo e sua equipe de ministério são fracos, contudo "viverão" no meio dos coríntios com Cristo por causa do poder de Deus.[48] Com base no versículo 5, fica ainda mais evidente que Paulo está falando não apenas da ressurreição final, mas também da vida ressurreta no presente, em que o apóstolo desafia seus ouvintes a que se "provem" para saber se "Jesus Cristo habita em vós" — isto é, o Cristo ressurreto. Por isso, a maneira correta de avaliar a autoridade apostólica de Paulo não é rejeitá-lo porque ele parece "fraco" conforme os padrões humanos (cf. 2Co 10.10; 11.6), mas, em vez disso, entender que ele é um profeta que, à semelhança de Jesus, persevera corajosamente em meio a aflição e fraqueza, mesmo tendo experimentado o poder ressuscitador de Deus, que se completará na vinda definitiva

---

[47]Não posso comentar aqui a respeito da natureza da recompensa, mas basta por ora dizer que em outras partes Paulo afirma que o resultado da fé verdadeira no fim dos tempos é a salvação, nenhuma outra "recompensa" além da salvação.

[48]Embora alguns entendam que o tempo futuro "viveremos" se refira ao fim dos tempos e à ressurreição final, Victor Paul Furnish (*II Corinthians*, AB 32A [New York: Doubleday, 1984], p. 568, 571) sustenta que o tempo futuro "viveremos" é um futuro lógico ou futuro iminente, que se refere à visita de Paulo aos leitores prestes a acontecer (cuja tradução [de Furnish] do v. 4b também segui acima: "viveremos para convosco"); de outro modo, poderia ser uma referência ao futuro geral da perspectiva do tempo em que Paulo estava escrevendo, um sentido próximo de um futuro gnômico.

de Cristo. Por isso, a ressurreição "já e ainda não" é um aspecto importante em vários trechos de toda a carta, sobretudo em seu ápice, para dar provas da autoridade profética de Paulo, questionada por alguns da igreja de Corinto.

A ressurreição em Gálatas

A Epístola aos Gálatas contém poucas referências explícitas à ressurreição, porém o conceito estabelece a moldura da carta. De todas as cartas ou livros do NT, Gálatas é a única que começa já no primeiro versículo com uma referência à ressurreição de Jesus:[49] "Paulo, apóstolo, enviado não da parte de homens nem por meio de homem algum, mas por Jesus Cristo e por Deus Pai, que o ressuscitou dos mortos" (1.1). A epístola conclui com uma menção à ressurreição usando a linguagem de "nova criação": "Pois nem a circuncisão é alguma coisa, nem a incircuncisão, mas o ser uma nova criação" (Gl 6.15). Uma análise mais detalhada desse versículo está reservada para um capítulo posterior, que dissertará sobre a ressurreição como o início da nova criação, em cumprimento das profecias de Isaías do novo cosmo vindouro. A questão aqui é que essa ideia forma a moldura da carta, indicando sua importância para o entendimento de toda a epístola. Isso fica claro quando se tem em vista a tese geralmente aceita de que as introduções das epístolas paulinas apresentam os temas a ser desenvolvidos no decorrer da carta,[50] e que as conclusões dessas epístolas funcionam como recapitulação dos temas principais do conteúdo geral.[51]

A primeira referência à ressurreição no corpo do texto de Gálatas é 2.19,20:

> Pois, pela Lei, eu morri para a Lei, a fim de viver para Deus. Já estou crucificado com Cristo. Não sou mais eu quem vive, mas Cristo vive em mim. E essa vida que vivo agora na carne, vivo pela fé no Filho de Deus, que me amou e se entregou por mim.

Embora a palavra "ressurreição" (o substantivo *anastasis* ou sua forma verbal) não ocorra, o verbo "viver" (*zaō*) ocorre. Esse verbo, como vimos em outras cartas de Paulo, é um sinônimo de vida ressurreta. Além disso, como também já vimos repetidas vezes nos textos de Paulo, quando se menciona a ideia de ser identificado com a morte de Cristo (como neste caso: "crucificado com Cristo"), o contraste se faz com a terminologia relacionada à "vida", a identificação com a vida de Cristo, que só pode ser a contínua vida ressurreta dele (como neste caso: "Cristo vive em mim [...] vivo pela fé no Filho de Deus"). A inserção da palavra "agora" ("E essa vida que vivo agora [*nyn*] na carne") é uma referência temporal à chegada escatológica do fim dos tempos que havia afetado o próprio ser de Paulo.[52] Isso talvez expresse parte do entendimento do apóstolo de que a ressurreição final profetizada para acontecer no fim do mundo já havia chegado com a morte e a ressurreição de Cristo e com todos os que se identificam com a morte e a ressurreição dele. O mesmo padrão da identificação do crente com a morte e a ressurreição de Cristo ocorre mais adiante, em Gálatas 5.24,25:

---

[49]Romanos é semelhante, uma vez que a ressurreição de Cristo é mencionada na introdução em 1.4.

[50]Para essa função nas ações de graças introdutórias de Paulo, veja Peter T. O'Brien, *Introductory thanksgivings in the letters of Paul*, NovTSup 49 (Leiden: Brill, 1977). Apesar de Gálatas não conter ações de graças, a introdução funciona de modo semelhante a uma visão geral prévia dos temas que a epístola desenvolverá.

[51]Veja Jeffrey A. D. Weima, *Neglected endings: the significance of the Pauline letter closings*, JSNTSup 101 (Sheffield: Sheffield Academic Press, 1994), em que Gálatas provavelmente deve ser considerado exemplo mais evidente da tese apresentada por Weima.

[52]A maioria dos usos paulinos da palavra "agora" (*nyn*) denota o tempo da mudança escatológica das eras; p. ex., observem-se os exemplos mais explícitos em Rm 13.11; 16.26; 2Co 6.2; Ef 3.5,10; Cl 1.26; 2Tm 1.10; veja tb. Jo 4.23; 5.25; 1Jo 2.18; 4.3.

Agora, os que são de Cristo Jesus têm crucificado a carne com suas paixões e desejos. Se vivemos pelo Espírito, andemos também pelo Espírito.

"Viver pelo Espírito" refere-se ao Espírito como o agente da vida do novo tempo, vida que "os que são de Cristo Jesus" desfrutam porque se identificam não apenas com sua morte, mas também com sua vida ressurreta. A Lei não pode ser o agente que "vivifica" (Gl 3.21), mas somente o Espírito, que "guia" (5.18) o indivíduo à "fé em Cristo", pode produzir o fruto de fidelidade e santidade (Gl 5.22,23; veja tb. 3.21,22). A vida ressurreta ininterrupta ocorre "pelo Espírito" (Gl 5.25).[53] Como observamos antes, Paulo termina a carta identificando essa vida ressurreta com uma "nova criação", o que, de novo, serve de contraste para a identificação com a morte de Cristo em Gálatas 6.14.

Essa vida inicial da nova época dos últimos tempos será consumada fisicamente, mais uma vez, por meio do Espírito no fim da presente era: "Quem semeia para o Espírito, do Espírito colherá a vida eterna" (6.8).

No capítulo 9, examinaremos a função retórica e ética das referências de Paulo à ressurreição inaugurada e à nova criação em Gálatas 5 e 6. Aqui, farei uma breve reflexão sobre o papel que a alusão do apóstolo à ressurreição final desempenha. Pode-se ver isso ao observar os dois versículos seguintes a Gálatas 6.8:

> Não nos cansemos de fazer o bem, pois, se não desistirmos, colheremos no tempo apropriado. Portanto, enquanto tivermos oportunidade, façamos o bem a todos, especialmente aos da família da fé.

Paulo ressalta aqui que os cristãos não devem "se cansar" nem "desistir" de "fazer o bem" no tempo presente, pois o empenho deles certamente culminará na ressurreição física e definitiva, que acabou de ser mencionada no versículo 8. Isso é bem semelhante a 1Coríntios 15, passagem em que a exposição extensa acerca da ressurreição final dos santos é a base para eles serem "firmes e constantes, sempre atuantes na obra do Senhor, sabendo que nele o vosso trabalho não é inútil" (v. 58). A ideia é que, quando se sabe no meio da batalha que a vitória futura está garantida, essa garantia leva o combatente iminentemente vitorioso a ter ainda mais motivação para lutar. O mesmo princípio se aplica à luta do cristão contra o pecado e os vários obstáculos que necessariamente enfrenta neste mundo caído.

A ressurreição em Efésios[54]

A primeira referência à ressurreição em Efésios está no trecho de 1.20-22:

> ... que efetuou em Cristo, ressuscitando-o dentre os mortos e fazendo-o sentar-se à sua direita nas regiões celestiais, muito acima de todo principado, autoridade, poder, domínio e de todo nome que possa ser pronunciado, não só nesta era, mas também na vindoura. Também sujeitou todas as coisas debaixo de seus pés, e o deu como cabeça sobre todas as coisas à igreja, que é seu corpo, a plenitude daquele que a tudo enche em todas as coisas.

---

[53] Mais uma indicação de que o "viver" de Gálatas 5.25 refere-se à vida da nova criação é o fato de que o verbo "andar" em Gálatas 5.25 e 6.15,16 é o incomum verbo *stoicheō*.

[54] Neste livro, tenho como pressuposto que Paulo escreveu todas as epístolas tradicionalmente atribuídas a ele, incluindo, neste caso, Efésios. Como o escopo deste projeto nos impede de desenvolver uma defesa da autoria paulina, veja D. A. Carson; Douglas J. Moo, *An introduction to the New Testament*, 2. ed. (Grand Rapids: Zondervan, 2005 [edição em português: *Introdução ao Novo Testamento* (São Paulo: Vida Nova, 1997)] para uma exposição sobre esse assunto.

O que se observa em primeiro lugar é que a ressurreição de Cristo o colocou em uma posição de governo celestial. Esse governo é descrito como um domínio "já e ainda não" ("não só nesta era, mas também na vindoura"). A realeza do Cristo ressurreto é mencionada como cumprimento inicial do governo ideal escatológico de Adão delineado em Salmos 8: ("Tudo puseste debaixo de seus pés" [8.6]). A passagem de Salmos 8.6 é um desenvolvimento direto de Gênesis 1.26-28. Aqui, Paulo identifica a existência ressurreta de Cristo como o governo de uma nova criação que foi prevista no salmo. Isso é notável quando nos lembramos de que, conforme argumentado no início deste livro sobre Gênesis 1 e 2 e seu desenvolvimento em outros trechos do AT, a realeza e a nova criação caminham unidas.[55] Também já observamos em outras passagens do NT que a ressurreição de Cristo é identificada com o governo de seu reino e com a nova criação (lembrando que a ressurreição em si é a essência da nova criação para a humanidade).[56]

Em Efésios 2, Paulo continua identificando os crentes com a ressurreição e a realeza de Cristo: "[Deus] deu-nos vida juntamente com Cristo [...] e nos ressuscitou juntamente com ele, e com ele nos fez assentar nas regiões celestiais em Cristo Jesus" (2.5b,6). Em seguida, os crentes são identificados imediatamente como uma nova criação em Cristo: "Somos criação [*poiēma*] dele, criados [*ktizō*] em Cristo Jesus para as boas obras" (Ef 2.10); "para em si mesmo criar [*ktizō*] dos dois um novo homem" (Ef 2.15b). O "novo homem" (*kainos anthrōpos*) é Cristo, o novo Adão escatológico, coletivo e representativo, com quem os crentes se identificam ou a quem estão unidos. Essa mesma ideia é retomada mais adiante em Efésios 4.22-24:

> ... no sentido de que, quanto à vossa maneira anterior de viver, vos despojeis do velho homem que se corrompe segundo as concupiscências do engano, e vos renoveis no espírito da vossa mente, e vos revistais do novo homem, que tem sido criado à semelhança de Deus em justiça e santidade procedentes da verdade.

Se, com base em Efésios 2.15, fica claro que o "novo homem" é a posição do crente no Messias coletivo e representativo, então essa mesma ideia provavelmente se aplique a Efésios 4.24, embora a ênfase na segunda passagem talvez esteja no vínculo existencial dos santos em relação a essa posição. Por outro lado, se isso estiver correto, o "velho homem" designa, no mínimo, a posição do indivíduo no velho mundo e, provavelmente, a parte dele no velho Adão coletivo e representativo desse mundo.[57] A associação ativa do crente com a posição do "novo homem" está sendo constantemente "renovada" até o "dia da redenção", para o qual os cristãos foram "selados" pelo "Espírito Santo de Deus" (Ef 4.30). A identificação com Cristo como o novo Adão é ainda mais clara pelo fato de Paulo dizer que "o novo homem [...] [foi] criado à semelhança de Deus em justiça e santidade procedentes da verdade" (Ef 4.24).[58] Isso também é confirmado em Efésios 5.1, em que Paulo exorta os leitores a ser "imitadores de Deus".

A terminologia relacionada à "nova criação" continua em Efésios 5, em que se diz que os santos tinham sido "anteriormente trevas, mas agora sois luz no Senhor. Assim, andai como filhos da luz (pois o fruto da luz consiste em toda bondade, justiça e verdade)" (Ef 5.8,9).

---

[55]Veja, p. ex., a análise de Gênesis 1 e 2 e Salmos 8 no cap. 1.

[56]Veja, p. ex., cap. 7.

[57]Muitas versões em língua inglesa, como a NIV e a NASB, traduzem *anthrōpos* por *self* ["eu"], e a tradução resultante é *old self* ["velho eu"] e *new self* ["novo eu"]. Isso, porém, impede a provável identificação histórico-redentora com o velho Adão e o novo Adão que já vimos, os "homens" representantes respectivamente da velha e da nova criação.

[58]A locução "à semelhança de" não consta do grego, mas é provavelmente uma boa tradução expandida com base no provável paralelo a Colossenses 3.10, em que se diz a respeito dos crentes: "e vos revestistes do novo homem, que está sendo renovado para o verdadeiro conhecimento segundo a imagem [*kat' eikona*] daquele que o criou".

Por que Paulo usaria esse contraste entre trevas e luz em referência aos cristãos? Considerando que, no contexto anterior de Efésios, Paulo tinha em mente a nova criação, não é estranho encontrar um contraste da luz brilhando nas trevas, segundo o modelo da primeira criação, em que ocorreu o mesmo contraste. Além do mais, essa oposição não é inesperada aqui, uma vez que já observamos que em 2Coríntios 4.6 ("Das trevas brilhará a luz") Paulo aplica Gênesis 1.3 às pessoas que saíram das trevas da incredulidade e passaram para a luz da nova criação. E assim como 2Coríntios 4 também se refere à "glória de Cristo" como a "imagem de Deus" (v. 4) da nova criação, também a menção de "bondade, justiça e verdade" como definição de "o fruto da luz" reitera uma referência à imagem de Deus em Efésios 4.24, passagem em que aparecem as mesmas palavras. "Fruto" também é parte do que provém inevitavelmente da luz que brilha em Gênesis 1 (veja Gn 1.11,12,28,29). Na verdade, tanto Gênesis 1.28 como Efésios 5.9 aplicam a ideia de "frutificar" à obediência humana a Deus (sobre isso, veja a análise das alusões diretas a Gn 1.28 em Cl 1.6,10 no cap. 13).

O ambiente da nova criação em Efésios 5.8,9 é intensificado pela continuação da mesma antítese de trevas e luz em Efésios 5.11-14:

> E não vos associeis às obras infrutíferas das trevas [*skotos*]; pelo contrário, exponham-nas; pois é vergonhoso até mesmo mencionar as coisas que eles fazem em segredo. Mas todas essas coisas se tornam manifestas quando são expostas pela luz [*phōs*], pois tudo o que se manifesta é luz [*phōs*]. Por isso se diz:
>
> > "Desperta [*egeireō*], tu que dormes,
> > levanta-te [*anistēmi*] dentre os mortos [*tōn nekrōn*],
> > e Cristo brilhará sobre ti".

A sugestão de alguns estudiosos de que o versículo 14 se baseia em uma combinação de Isaías 26.19; 51.17; 60.1-3 parece provável:[59]

Isaías 26.19: "Os teus <u>mortos</u> [*hoi nekroi*] <u>viverão</u> [LXX: "levantarão", *anistēmi*];
Os seus corpos <u>ressuscitarão</u> [*egeirō*].
Despertai e exultai, vós que habitais no pó,
pois teu orvalho é como o orvalho do amanhecer,
e a terra dará à luz os seus mortos".

Isaías 51.17a: "Desperta [*exegeirō*]! Desperta [*exegeirō*]!
Levanta-te [*anistēmi*], ó Jerusalém".

Isaías 60.1: "Levanta-te, resplandece, porque é chegada a tua <u>luz</u> [*phōs*],
e a glória do S<small>ENHOR</small> nasceu sobre ti".

Isaías 60.2: "Eis que as <u>trevas</u> [*skotos*] cobrirão a terra,
e a escuridão cobrirá os povos;
mas o S<small>ENHOR</small> resplandecerá sobre ti,
e sobre ti se verá a glória dele".

Isaías 60.3: "Nações virão para a tua <u>luz</u> [*phōs*],
E reis, para o resplendor da tua aurora".

---

[59] Veja Hans Hübner, *Vetus Testamentum in Novo* (Göttingen: Vandenhoeck & Ruprecht, 1997), p. 460-1, citando Isaías 26.19; 51.17; Salmos 44.24 e mencionando também Isaías 60.1-2, como uma base idiomática para parte de Efésios 5.14; veja tb. Peter T. O'Brien, *The Letter to the Ephesians*, PNTC (Grand Rapids: Eerdmans, 1999), p. 375-6, que considera os mesmos três textos de Isaías (acrescentando também Is 51.9; 52.1) como a inspiração desse versículo. As traduções dos textos de Isaías do hebraico para o inglês aqui seguem a NASB, com as palavras equivalentes da LXX inseridas em alguns pontos.

Isaías 26.19 é uma profecia da ressurreição de Israel; Isaías 51 exorta profeticamente o povo de Deus a sair do Exílio, e Isaías 60 ordena o Israel dos últimos tempos a "levantar-se" e "resplandecer" e ser restaurado do exílio, refletindo a luz escatológica de Deus da nova criação, invadindo e dissipando as trevas da velha criação e iluminando os gentios, que haviam se abrigado confortavelmente nas sombras do velho cosmo. É provável que Paulo tenha combinado esses textos entendendo que eles se interpretassem um a outro; a ressurreição dos santos no *escathon* é a luz inicial da nova criação, quando o povo de Deus será restaurado para ele. Esse contexto de Isaías é comparável unicamente a Efésios 5.8-14, passagem em que o povo de Deus na nova criação tem de ser uma luz que brilha nas trevas da velha criação com o intuito de tornar os gentios parte integrante da nova ordem. O mandamento em Efésios 5.14 diz respeito àqueles que começaram a desfrutar da luz do Cristo ressurreto na nova era para que a possam refletir para outros gentios que jazem em densas trevas (ou se refere a esses gentios que jazem nas trevas para que venham para a luz pela primeira vez). O texto de Efésios 5.8-14 indica o cumprimento inicial na igreja das três profecias de Isaías.

A última referência ao conceito de ressurreição em Efésios está no versículo final da epístola. Paulo fala da nova criação incorruptível dos cristãos em Cristo, que durará para sempre: "A graça esteja com todos os que amam nosso Senhor Jesus Cristo de forma incorruptível" (Ef 6.24).[60] Essa conclusão é outra maneira de se referir à existência ressurreta espiritual e inicial dos cristãos, que faz parte da nova criação "incorruptível" e será consumada com a existência ressurreta física incorruptível.

De que modo esse retrato de Efésios da identificação do cristão com Cristo como um Adão ressurreto e parte da nova criação influencia a motivação ética do indivíduo? Paulo diz que, graças a essa identificação ("por isso", *oun* [4.25]), as pessoas devem "abandonar" os pecados como a mentira, a ira, o roubo, a palavra destruidora e "toda amargura, cólera, ira, gritaria e calúnia" (Ef 4.25-31). Novamente, aqui se vê o padrão do "indicativo seguido pelo imperativo".

Sobre isso perguntamos outra vez: por que Paulo explica reiteradamente a seus ouvintes o que Deus fez por eles e quem eles são em Cristo antes de lhes dizer o que têm obrigação de fazer como súditos do rei divino? Um fundamento para a motivação ética do indivíduo é ele saber que começou a ser ressuscitado da morte e a fazer parte da nova criação. Por que a nova criação é uma base para poder seguir os mandamentos de Paulo e viver em santidade? É porque, sem o poder da ressurreição da nova criação, as pessoas são incapazes de obedecer aos preceitos de Deus. Agostinho afirmou: "Dá-me a graça para fazer o que ordenas, e ordena-me o que desejas!" (*Conf.* 10.29). De modo semelhante, João Calvino disse: "Aquilo que Deus ordena pela boca de Paulo, ele realiza interiormente".[61] Se as pessoas não forem "vivificadas" e se tornarem parte da nova criação, elas permanecerão mortas "em suas transgressões", porque estão sob a influência controladora do mundo ímpio, sob o domínio do Diabo e se manterão cativas para agir apenas conforme a própria natureza pecaminosa (Ef 2.1-6). Esse "estado de morte" significa que as pessoas não têm o desejo nem a capacidade de iniciar a vida em comunhão com Deus e agradá-lo.

Os que já começaram a desfrutar a vida ressurreta e a nova criação têm o poder para obedecer a Deus. Quando se sabe que Deus dará a força e a capacidade para obedecer, esse conhecimento não produz inércia, mas, sim, cria o desejo de fazer o que Deus quer. Paulo

---

[60] A NASB traduz *en aphtharsia* por *with incorruptible love* ["com amor incorruptível"], porém a nota de rodapé traz apenas *in incorruption* ["de forma incorruptível"], o que me parece melhor porque está mais próximo do texto grego e, ao que parece, concentra-se na existência espiritual incorruptível do povo ressurreto que vive na forma inaugurada da nova criação.

[61] John Calvin, *Commentaries on the Epistles of Paul the apostle to the Galatians, Ephesians, Philippians, Colossians, and 1 and 2 Thessalonians, 1 and 2 Timothy, Titus, Philemon* (Grand Rapids: Baker Academic, 1984), p. 298.

sabia disso por experiência da graça de Deus: "Mas pela graça de Deus, sou o que sou, e sua graça para comigo não foi inútil; antes, trabalhei mais do que todos eles; contudo, não eu, mas a graça de Deus comigo" (1Co 15.10, NIV). Ele aplicava a mesma ideia aos outros cristãos (2Co 9.7,8). Saber que temos a capacidade moral para obedecer gera em nós o desejo de andar de acordo com os preceitos de Deus.[62]

A ressurreição em Filipenses

Em Filipenses 1.19-22, primeiramente, Paulo analisa a ressurreição em decorrência de sua perspectiva sobre seu encarceramento em favor do evangelho:

> Pois sei que isso resultará em salvação [ou "libertação"] para mim, pela vossa súplica e pelo socorro do Espírito de Jesus Cristo, segundo a minha intensa expectativa e esperança de que em nada serei decepcionado; pelo contrário, com toda a ousadia, tanto agora como sempre, Cristo será engrandecido no meu corpo, seja pela vida, seja pela morte. Pois para mim o viver é Cristo, e o morrer é lucro. Mas, se o viver na carne resulta para mim em fruto do meu trabalho, não sei então o que escolher.

Há muito debate para saber se o uso que Paulo faz de *sōtēria* ("salvação, libertação") no versículo 19 refere-se à libertação física da prisão ou se diz respeito à libertação espiritual. Cinco observações, entre outras, indicam fortemente a ideia de que Paulo tem em mente que a sua própria perseverança na fé o levará à sua salvação escatológica.

1. Existe um paralelo conceitual entre Filipenses 1.12 e 1.19.
2. A "libertação" ocorrerá independentemente do que acontecerá com Paulo (Fp 1.20b).
3. Filipenses 1.19 é uma alusão a Jó 13.16.[63]
4. Em outras passagens, Paulo usa os termos "intensa expectativa" (*apokaradokia*) e "esperança" (*elpis*) para se referir à salvação final (veja, p. ex., Rm 8.19,24,25).
5. A combinação de "esperança" e "vergonha" é utilizada no mesmo tipo de contexto (Rm 5.4,5).

Portanto, ao que parece, Filipenses 1.19 expressa a mesma realidade que 2Timóteo 4.18, cujo foco não está na esperança de libertação física do velho mundo na vida presente: "O Senhor me livrará de toda obra má e me levará a salvo para seu reino celestial" (cf. 2Tm 4.6).[64]

Assim, a "salvação" em Filipenses 1.19 não é a libertação do cárcere, mas uma salvação concebida espiritualmente. É uma salvação "intensamente aguardada e esperada", o que a coloca em uma categoria escatológica. O "socorro do Espírito de Jesus Cristo" é para capacitar o apóstolo a ser um instrumento mediante o qual Cristo seja "engrandecido" no seu corpo, quer isso ocorra na vida física, quer na morte. É bom lembrar que em outros trechos do NT esse Espírito é enviado pelo Cristo ressurreto (At 2.33; 1Co 15.45; Tt 3.5,6; cf. Gl 4.6), ideia que está remotamente em vista aqui, conforme estudaremos. Para Paulo, "viver" não significa viver como a humanidade descrente comum; pelo contrário, "viver é Cristo" (Fp 1.21). É provável que essa oração gramatical seja equivalente à declaração em Gálatas 2.20: "Cristo vive

---

[62]Explico em mais detalhes a relação da nova criação com o padrão indicativo-imperativo em Paulo e em outros textos do NT mais adiante no livro (cap. 24).

[63]"E isso resultará na minha salvação" (LXX) refere-se à posição salvífica de Jó perante Deus; observe-se também a nuance de *sōtēria* em Filipenses 1.28; 2.12.

[64]Para essa análise de Filipenses 1.19, veja Moisés Silva, *Philippians*, BECNT (Grand Rapids: Baker Academic, 1992), p. 76-9.

em mim",[65] que, como vimos, envolve uma referência à vida ressurreta de Cristo que habita em Paulo. Se essa é a ideia, então o "Espírito" mencionado anteriormente é o agente que dá a vida ressurreta perene, como vimos em outras passagens dos textos de Paulo (Rm 1.4; 8.11,14; 1Tm 3.16; cf. 1Pe 3.18). Contudo, Paulo entende que "morrer é lucro", uma vez que morrer implica, claramente, a intensificação da existência ressurreta espiritual, quando a alma imaterial ou espírito deixa o corpo velho e caído e é elevada para a presença celestial de Cristo. Apesar de Paulo manifestar ansiedade quanto ao que escolher, ele prefere morrer para estar mais perto de Cristo, porém reconhece que a vontade de Deus é que ele permaneça um pouco mais na terra parar ministrar ao povo de Deus (Fp 1.23-26).

A primeira referência explícita à ressurreição de Cristo em Filipenses está em 2.9, passagem que menciona a sua exaltação: "Deus o exaltou grandemente e lhe deu o nome que está acima de todo nome". Essa é uma referência à ascensão, que foi uma etapa intensificada do início da existência ressurreta terrena de Jesus. O pensamento é bastante semelhante a Efésios 1.20-22, uma vez que ambos os textos afirmam que o resultado da ressurreição/ascensão de Jesus é colocá-lo "acima de todo nome", ideia que nos dois textos indica que ele é soberano sobre todas as autoridades terrenas e celestiais (sobre as que estão "no céu, na terra e debaixo da terra"). De novo, temos uma associação clara entre a ressurreição (portanto, nova criação) e a majestade, como vimos muitas vezes em outros textos paulinos.

Como seguidores fiéis do Senhor exaltado e como "filhos de Deus", os leitores dessa carta devem resplandecer "como estrelas no mundo, mantendo firmemente a palavra da vida, para que, no dia de Cristo, eu [Paulo] tenha motivo de me gloriar de que não foi em vão que corri ou trabalhei" (Fp 2.15,16). A locução "palavra da vida" transmite provavelmente a ideia de "a palavra que leva à vida" (um genitivo de resultado). Isto é, a mensagem sobre o evangelho leva à posse da existência ressurreta, que é a vida eterna para o que crê.[66] Fica bem claro que "vida" indica vida ressurreta quando se reconhece que a oração gramatical imediatamente anterior, "resplandeceis como estrelas no mundo", é uma alusão a Daniel 12.3 (veja tabela 8.2).

Tabela 8.2

Daniel 12.3 (GA)	Filipenses 2.15,16a
"E os que entendem resplandecerão como estrelas do céu [*phanousin hōs phōstēres tou ouranou*] e os que se tornam fortes nas minhas palavras [brilharão] como as estrelas do céu."	"Resplandeceis como estrelas no mundo [*phainesthe hōs phōstēres en kosmō*], mantendo firmemente a palavra da vida."

Reconhecer a alusão a Daniel 12.3 é importante porque essa passagem dá continuidade à profecia sobre a ressurreição dos últimos tempos mencionada em Daniel 12.2: "Muitos dos que dormem no pó da terra ressuscitarão, uns para a vida eterna, e outros para vergonha e desprezo eterno". O texto de Daniel 12.3 segue descrevendo a recompensa daqueles que participam da ressurreição final. Talvez até a referência de Paulo à "vida" seja eco de "a vida eterna" de Daniel 12.2, o que, claro, é a eterna vida da ressurreição.[67]

---

[65]Ibidem, p. 82.

[66]Observe-se que o ouvir da "palavra" também leva à "vida" para aqueles que nela creem em João 5.24; Atos 13.46,48.

[67]Na verdade, a referência posterior em Filipenses àqueles "cujos nomes estão no livro da vida" (Fp 4.3) é provavelmente também uma alusão a Daniel 12.1,2: "Todo aquele cujo nome estiver escrito no livro será liberto [...] [ressuscitarão] para a vida eterna". Salmos 69.28 também poderia estar combinado com a referência de Daniel 12.1,2, mas o salmo se refere aos "riscados do livro da vida". Para a combinação de Salmos 69.28 e Daniel 12.1,2 na expressão "livro da vida" em Apocalipse 3.5; 13.8; 20.12; 21.27, veja Beale, *Revelation*, p. 278-82, 701-3, 1032-3.

Consequentemente, os filipenses são aqueles que começaram a vivenciar a ressurreição profetizada em Daniel 12.2 e, por ainda viverem em um mundo de trevas com pessoas "corruptas e perversas", precisam "resplandecer como estrelas" agora, "mantendo firme a palavra que leva [outros] à vida da ressurreição".[68] A exortação de Paulo: "mantendo firmemente a palavra da vida, para que, no dia de Cristo, eu tenha motivo de me gloriar", parece referir-se a perseverar até o dia final, quando Cristo se manifestará no fim da história, e os filipenses serão revelados como aqueles que verdadeiramente acreditaram na mensagem do apóstolo. Essa revelação é evidente pela passagem deles com êxito pelo "dia" em que Deus "julgará [...] por meio de Cristo Jesus" (Rm 2.16) e Jesus "também os firmará" "até o fim [...] no dia de nosso Senhor Jesus Cristo", quando ele for "revelado" de modo final e pleno (1Co 1.7,8). Será nesse tempo que os cristãos, que começaram a ser espiritualmente ressuscitados, "chegarão à ressurreição dos mortos" (Fp 3.11) de forma consumada, no momento em que Jesus se revelará do céu e "transformará o corpo da nossa condição de humilhação para ser semelhante ao corpo de sua glória" (Fp 3.21).

O dia da ressurreição final é um farol escatológico que ilumina a história e para o qual os cristãos devem se voltar em busca de orientação em sua peregrinação terrena (Fp 3.10-14):

> ... para conhecê-lo, bem como o poder da sua ressurreição e a participação nos seus sofrimentos, identificando-me com ele na sua morte, para ver se de algum modo consigo alcançar a ressurreição dos mortos. Não que eu já a tenha alcançado, ou que seja perfeito; mas vou prosseguindo para alcançar aquilo para que também fui alcançado por Cristo Jesus. Irmãos, não penso que eu mesmo já o tenha alcançado; mas faço uma coisa: esquecendo-me das coisas que ficaram para trás e avançando para as que estão adiante, prossigo para o alvo, pelo prêmio do chamado superior de Deus em Cristo Jesus.

Observe-se a ordem das coisas no versículo 10. Paulo quer conhecer "o poder da sua ressurreição" antes da "participação nos seus sofrimentos". Por quê? Uma resposta plausível é que o Espírito que ressuscitou Jesus passou a habitar em seus seguidores e a capacitá-los, e ele é o poder que precisam experimentar antes de tudo para ser capazes de perseverar nas provações. Quando perseveram nas provações, eles estão experimentando "a participação nos seus sofrimentos" e estão sendo "identificados com ele na sua morte". O resultado de perseverar em meio ao sofrimento pelo poder da ressurreição concedido ao crente é a obtenção da ressurreição física definitiva dentre os mortos (v. 11). Embora Paulo não tenha obtido essa ressurreição final, ele deseja avançar para poder "alcançá-la", já que esse foi o propósito para o qual Cristo o "alcançou" inicialmente no caminho de Damasco (v. 12). Embora o apóstolo não tenha experimentado ainda a ressurreição final, ele "avança" em direção a ela assim como o atleta faz quando se aproxima da linha de chegada da corrida (v. 13). Na verdade, a comparação com o atleta fica mais clara no versículo 14: "... prossigo para o alvo, pelo prêmio do chamado superior [a ressurreição] de Deus em Cristo Jesus". O "prêmio" é a posse definitiva do corpo ressurreto, e é o desejo por ela que motiva Paulo a agradar ao Senhor nesta vida.

A ressurreição em Colossenses

Colossenses 1 e 2

A primeira referência à ressurreição em Colossenses ocorre em 1.18a, que afirma que Cristo é o "primogênito dentre os mortos". Isso significa que ele é "o começo" da nova criação "para

---

[68]Esse segmento se baseia no texto de Daniel: "os que se tornam fortes nas minhas palavras [brilharão] como as estrelas do céu", que é tradução do hebraico para o GA: "Os que levam a multidão à justiça [brilharão] como estrelas".

que em tudo tenha o primeiro lugar" (Cl 1.18b). Os que se identificam com ele[69] também virão posteriormente a nascer como seres ressurretos no início da nova criação. Eles têm nascido ao serem ressuscitados da morte espiritual para a vida espiritual, identificando-se com a própria ressurreição de Cristo (Cl 2.12,13):

> ... tendo sido sepultados com ele no batismo, com quem também fostes ressuscitados pela fé na atuação de Deus, que o ressuscitou dentre os mortos. E a vós, quando ainda estáveis mortos nas vossas transgressões e na incircuncisão da vossa carne, Deus vos deu vida juntamente com ele, perdoando todas as nossas transgressões.

Novamente, como já observamos várias vezes, a ressurreição de Cristo está intimamente ligada à sua realeza: "Tendo despojado os principados e poderes, ele os expôs em público e triunfou sobre eles nele" (Cl 2.15). Embora pareça, à luz de Colossenses 2.14, que esse trecho se concentra na morte de Cristo, o "triunfo" pode incluir uma referência à ressurreição.

Colossenses 3.1-11

É provável que Paulo entendesse a ressurreição dos crentes não simplesmente como metáfora, mas como ressurreição verdadeira e literal. A ressurreição deles, entretanto, ocorre em dois estágios, primeiro espiritualmente (Cl 3.1) e, depois, fisicamente, na consumação (Cl 3.4). Se eles estão experimentando o começo da ressurreição literal, então fazem parte do início da nova criação.

Depois de explicar que os cristãos são identificados com a ressurreição de Cristo (Cl 2.12,13), em Colossenses 3.1, Paulo afirma que, com base ("portanto", *oun*) nessa condição de ressurretos ("já que fostes ressuscitados com Cristo"), os colossenses têm de buscar "as coisas de cima, onde Cristo está assentado à direita de Deus".

A menção de "Cristo [...] assentado à direita de Deus" é uma alusão a Salmos 110.1, e é uma associação explícita entre sua ressurreição e sua realeza. Essa alusão ocorre muitas vezes em outros trechos do NT, em que se refere à posição exaltada de Cristo no céu por causa da ressurreição.[70] Salmos 110.1 diz: "O Senhor disse ao meu Senhor: 'Assenta-te à minha direita, até que eu ponha teus inimigos debaixo dos teus pés'". A primeira oração gramatical: "o Senhor disse ao meu Senhor", parece indicar que o rei a quem essas palavras são dirigidas é um rei divino, cuja divindade é ainda mais ressaltada por sua atribuição: "Tu és sacerdote para sempre" (Sl 110.4, tb. em associação direta com "a destra" no v. 5). No mínimo, Davi se refere a um rei vindouro superior a ele, pois chama esse rei de "meu Senhor [*Adonai, e* não Yahweh ou *Elohim*]". Isso indica fortemente a natureza messiânica original do salmo, e assim foi interpretado por Jesus (Mc 12.35-37).

O judaísmo antigo aplicava Salmos 110.1 a indivíduos consagrados, líderes humanos, ao Messias davídico futuro ou a seres sobrenaturais (o Melquisedeque celestial, Enoque ou o Filho do Homem). O judaísmo posterior aplicava a passagem a indivíduos consagrados ou

---

[69]Observe-se a "fé em Cristo" dos leitores (Cl 1.4), que os fez identificarem-se com Cristo ("nos transportou para o reino do seu Filho amado" [v. 13]) e até mesmo a se unirem com ele ("em quem" [v. 14]; veja os v. 13,14, que estão diretamente ligados a Cristo como "a imagem do Deus invisível" no v. 15). O tema da identificação dos colossenses com Cristo como seu representante continua em Colossenses 1.22,24,27,28; 2.6,10-13,19; 3.1,3,4,10.

[70]Veja as citações explícitas em Mt 22.44; Mc 12.36; Lc 20.42; At 2.34,35; Hb 1.13; veja as alusões em Mt 26.64; Mc 14.62; 16.19; Lc 22.69; Rm 8.34; 1Co 15.25; Ef 1.20; Hb 1.3; 8.1; 10.12,13; 12.2; 1Pe 3.22. Veja mais informações em David M. Hay, *Glory at the right hand: Psalm 110 in early Christianity*, SBLMS 18 (Nashville: Abingdon, 1973).

ao Messias.⁷¹ O aspecto central em Salmos 110.1 não é apenas a obtenção de uma posição soberana de governo; antes, o foco está na realização *inicial* desse governo: "Assenta-te à minha direita, até que eu ponha teus inimigos como estrado de teus pés". O versículo 2 do salmo dá mais informações a respeito desse governo inaugurado: "O Senhor estenderá de Sião o cetro do teu poder, dizendo: 'Domina sobre teus inimigos'". Isso se harmoniza perfeitamente com a ideia abrangente do NT de que Cristo começou seu reinado messiânico durante seu ministério, sua morte, ressurreição e exaltação. O salmo 110 mostra de forma impressionante que a escatologia "já e ainda não" foi profetizada no próprio AT.

A ideia de um reino inaugurado também é adequada no contexto imediato. Em Colossenses 2.10, Paulo diz que Cristo é "o cabeça de todo principado e poder"; de forma semelhante, em 2.15, ele afirma que "[Cristo] tendo despojado os principados e poderes, ele os expôs em público e triunfou sobre eles por meio dela [a cruz]". Cristo conquistou a vitória decisiva sobre os poderes do anjo maligno, e também é assim que Salmos 110.1 é aplicado em 1Coríntios 15.25; Efésios 1.20; 1Pedro 3.22; e, possivelmente, Apocalipse 3.21 (cf. *1Clem.* 36.5; Pol. *Fp.* 2.1). Embora a batalha decisiva tenha sido vencida na cruz e na ressurreição de Cristo, o inimigo ainda não está completamente derrotado. O texto de Colossenses 1.20 afirma que Deus havia planejado "reconciliar consigo mesmo todas as coisas, havendo feito a paz pelo sangue da sua cruz [a de Cristo]". Essa reconciliação completa ainda não havia se cumprido no tempo em que Paulo escreveu aos colossenses, o que fica claro porque ele tem de advertir seus leitores para a influência prejudicial dos falsos mestres (Cl 2.8,18-23), que fazem parte do "domínio das trevas" (Cl 1.13) e mediante quem os "principados e poderes" demoníacos invisíveis ainda operam, apesar de terem sido derrotados decisivamente.

Por isso, Paulo incentiva os leitores: "Pensai nas coisas de cima, e não nas que são da terra" (Cl 3.2), no sentido de viverem na terra à luz da identificação deles com o Cristo ressurreto no céu. Isso deveria impedir que fossem influenciados pelo ensinamento falso e idólatra descrito em Colossenses 2.8,18-23, cuja origem real está no velho cosmo ("os elementos do mundo" [2.8,20]), que está passando, e não no novo cosmo, que foi inaugurado por meio de Cristo.

Os colossenses morreram para o velho mundo ("morrestes"), e a nova vida ressurreta deles está "oculta em Cristo", que é "a sua vida" conforme seu Senhor ressurreto, com quem estão unidos (Cl 3.4,5). A identificação com a morte e a ressurreição de Cristo é uma repetição daquilo que já foi afirmado em Colossenses 2.12,13,19. O motivo da repetição, que é praticamente sempre o motivo por que Paulo recorre à morte e à ressurreição de Jesus, é fundamentar suas tentativas de persuadir os leitores a obedecer a seus mandamentos éticos. Por isso, em Colossenses 3.5a, com base em Colossenses 3.1-4, ele exorta os cristãos: "considerai os membros do vosso corpo terreno mortos" para uma lista de pecados que resume o modo de vida ímpio anterior dos leitores (Cl 3.5b-9a). Em seguida, Paulo menciona o fundamento para eliminar essa conduta pecaminosa (Cl 3.9b,10).

> ... pois já vos despistes do velho homem com suas ações más, e vos revestistes do novo homem, que se renova para o pleno conhecimento segundo a imagem daquele que o criou.

Essa passagem será objeto de uma análise mais profunda em um capítulo posterior, em que defendo a posição adotada aqui sobre esses versículos.⁷² Por ora, basta ressaltar o que eu disse anteriormente. O fato de os colossenses terem se despido "do velho homem" significa que eles não mais se identificam com o velho Adão e o mundo caído e morto. Em vez disso, eles se "revestiram do novo homem", o que indica que passaram a se identificar com o Último Adão

---

⁷¹Para o uso da passagem no judaísmo, veja ibidem, p. 21-33.
⁷²Sobre esse assunto, veja cap. 24.

ressurreto e a nova criação. Essa interpretação se baseia em parte na tradução de *anthrōpos* por "homem" em vez do pronome "si". Todo cristão deve agir como o "novo homem" da nova era, que, a partir da dimensão futura, adentrou o presente, e não como o "velho homem" da antiga era pecaminosa que está morrendo.

A ressurreição em 1 e 2Tessalonicenses

Quando se refere à conversão dos tessalonicenses, Paulo diz que eles se converteram "dos ídolos a Deus para servir ao Deus vivo e verdadeiro, esperando do céu seu Filho, <u>a quem ele ressuscitou dentre os mortos</u>, Jesus, que nos livra da ira vindoura" (1Ts 1.9,10). Mais adiante na mesma carta, o apóstolo lembra seus leitores de que, se creem "que Jesus morreu e ressuscitou", podem ter certeza de que os santos falecidos estão agora identificados com Cristo ("os que dormem em Jesus" e que estão "em Cristo") e serão ressuscitados fisicamente dos mortos na vinda definitiva de Cristo (1Ts 4.14-17):

> Porque, se cremos que Jesus morreu e ressuscitou, assim também Deus tornará a trazer com ele os que dormem em Jesus. Pois dizemos isto a vós pela palavra do Senhor: que nós, os que estivermos vivos até a vinda do Senhor, não precederemos os que dormem. Porque o mesmo Senhor descerá do céu com alarido, com voz de arcanjo e com a trombeta de Deus; e os que morreram em Cristo ressuscitarão primeiro; depois, nós, os que estivermos vivos, seremos arrebatados juntamente com eles nas nuvens para encontrar o Senhor nos ares, e assim estaremos sempre com o Senhor.

No fim, os crentes vivos serão "arrebatados juntamente" na sua ressurreição do corpo com seus irmãos falecidos. Isso está resumido em 1Tessalonicenses 5.10: "... que morreu por nós, para que, quer despertos, quer dormindo, com ele vivamos". O propósito de Paulo fazer suas declarações em 4.14-17 e 5.9,10 é "consolar" as pessoas acerca dos cristãos que já haviam morrido. Paulo conclui a carta com uma oração para que os tessalonicenses alcançassem essa ressurreição consumada: "E o mesmo Deus de paz vos santifique em tudo; e todo o vosso espírito, e alma, e corpo sejam <u>plenamente conservados</u> irrepreensíveis para a vinda de nosso Senhor Jesus Cristo" (1Ts 5.23). Isso nos lembra de que a ressurreição (mencionada aqui como "conservação") não é tão somente a ressurreição do corpo, mas também a regeneração da esfera imaterial da humanidade ("espírito e alma"), que começa no primeiro momento em que a pessoa crê em Jesus.

Em 1Tessalonicenses, Paulo se concentra na realidade futura da vida da ressurreição na era vindoura, embora haja uma passagem em que reflete a respeito da realidade inaugurada. À primeira vista, ou mesmo à segunda, 1Tessalonicenses 3.7,8 não parece se referir à vida da ressurreição, mas, quando observa-se através da lente da escatologia inaugurada, a passagem ganha um aspecto diferente: "Por isso, irmãos, em toda a nossa tribulação e perseguição fomos encorajados a vosso respeito, por sabermos da sua fé; pois agora <u>realmente vivemos</u>, visto que vocês estão firmes no Senhor" (NIV).[73] É difícil determinar o significado da expressão "realmente vivemos". Ela representa a tradução para o inglês das versões NASB e NIV do termo grego *zōmen* (lit., "nós vivemos"). Esse verbo é paralelo ao "fomos encorajados" anterior, no versículo 7, embora não seja sinônimo dela. "Realmente vivemos" pode ser uma interpretação do que significa ser "encorajado"; isto é, a preocupação de Paulo com os leitores

---

[73]Para uma análise mais completa dessa passagem em seu contexto, veja G. K. Beale, *1-2 Thessalonians*, IVPNTC (Downers Grove: InterVarsity, 2003), p. 103-6, texto resumido neste estudo. Pode ser que 1Tessalonicenses 5.10 ("com ele vivamos") também inclua uma referência à etapa inicial da ressurreição (veja ibidem, p. 154-5).

agora foi dissipada graças à notícia da firmeza da fé deles no Senhor (no v. 9, "alegria" tem o mesmo sentido). Porém, isso pode implicar que "vivemos" é apenas uma simples figura de linguagem equivalente a não estar ansioso (cf. JB: "now we can breathe again" ["agora podemos respirar novamente"]; NEB: "it is the breath of life to us" ["é o sopro de vida para nós"]). Em outras partes, Paulo é revigorado pelo crescimento espiritual dos seus leitores (Rm 15.32; 1Co 16.18; 2Co 7.2,3,13; Fm 7,20),[74] mas não está claro se esses paralelos gerais esclarecem a passagem de 1Tessalonicenses 3.8.

A menção de "viver", porém, provavelmente não seja linguagem figurada, mas, em vez disso, refira-se à verdadeira "vida" redimida na relação com Deus, o oposto da "morte", que é a separação de Deus (Ef 2.12). Como Paulo pode dizer que "agora realmente vive" se ele já desfrutava a vida espiritual antes? Dando continuidade ao raciocínio de 1Tessalonicenses 2.17-20, a persistente convicção de seus leitores acerca da verdade é um ingrediente essencial da própria fidelidade inabalável de Paulo a Cristo no desempenho da tarefa de sua vida nova de anunciar as boas-novas do Messias de Israel além das fronteiras dessa nação. A vida salvífica de Paulo "em Cristo" (cf. 1Ts 1.1; 2.14) não é simplesmente uma realidade passada experimentada no momento de sua conversão, mas uma condição contínua, em que ele ganha confiança por causa da confirmação renovada de que seus recém-convertidos continuam firmes na realidade da nova vida deles. Como está evidente também em 2.17-20, o resultado bem-sucedido da vida deles em Cristo é um fruto que demonstra a autenticidade da própria vida de Paulo em Cristo. O segmento "agora realmente vivemos" expressa essa confiança: "<u>visto que</u> vós [os tessalonicenses] estais firmes <u>no Senhor</u>", e não mudaram de opinião quanto ao seu compromisso com Cristo, como o apóstolo temia em 3.3-5.[75]

O fato de que Paulo está falando sobre a certeza a respeito de sua própria vida redimida é confirmado também pela frequência com que o apóstolo emprega em outras partes o mesmo vocábulo *zaō* ("viver") para se referir à vida verdadeira no Messias.[76] Essa vida não é senão a "vida no Cristo ressurreto", uma existência ressurreta inaugural, com a qual muitos outros usos paulinos do termo são compatíveis (p. ex., Gl 2.20: "Não sou mais eu quem vive, mas Cristo <u>vive</u> em mim). A natureza da vida de Paulo como vida ressurreta também é sugerida pelo seu uso do verbo *zaō* posteriormente em 1Tessalonicenses: Cristo "morreu por nós [e veio à vida], para que, quer despertos, quer dormindo, com ele <u>vivamos</u>" (1Ts 5.10). O paralelo em 4.14 revela que a presente vida ressurreta do crente será consumada em escala maior no futuro ("cremos que Jesus morreu e ressurgiu", portanto cremos que "Deus trará [no dia final da ressurreição] aqueles que dormiram em Jesus").[77] A oração gramatical "dando-nos boas notícias [ou evangelho]" em 1Tessalonicenses 3.6, que menciona o relatório sobre a vitalidade constante da fé dos tessalonicenses, dá a entender ainda mais que Paulo teve maior consciência de sua existência verdadeira: receber notícias da perseverança deles é uma experiência vivificante do evangelho para ele, essencial para seu crescimento e sua segurança da verdadeira existência ressurreta no Messias.[78] O fato de Paulo poder dizer aos

---

[74]Cf. I. Howard Marshall, *1 and 2 Thessalonians*, NCB (Grand Rapids: Eerdmans, 1983), p. 96.

[75]Apesar de muitas vezes *ean* ser traduzido por "se", no sentido de provável cumprimento de uma condição no futuro, a tradução de *ean* da NIV, *since* ["visto que"], é boa, pois o contexto indica que a atual condição de fidelidade dos leitores é a base lógica para "realmente vivemos" (veja Wallace, *Greek grammar*, p. 696-9).

[76]Cerca de dezoito vezes; os demais usos dele normalmente se referem a diversos aspectos da vida física propriamente dita ou figuradamente à vida vivida longe da relação de aliança com Cristo.

[77]Ao que parece, os dois usos de *zaō* em 1Tessalonicenses 4.15,17 se referem principalmente à existência física dos cristãos.

[78]Para uma ligação semelhante com o v. 6, veja Ernest Best, *The First and Second Epistles to the Thessalonians* (Peabody: Hendrickson, 1972), p. 143.

coríntios: "estais em nosso coração para juntos morrermos ou vivermos" (2Co 7.3), também sugere que os crentes sustentam a vida ressurreta uns dos outros "no Messias" mediante a constante vitalidade espiritual deles.[79]

A única referência evidente à ressurreição em 2Tessalonicenses está em 2.1, quando Paulo fala da "nossa reunião [*episynagōgē*] com ele" no tempo da vinda definitiva de Cristo. É provável que seja um paralelo com 1Tessalonicenses 4.14-17, que retrata Deus "trazendo" os crentes "juntamente" com Jesus no fim dos tempos ao ressuscitá-los.

A ressurreição em 1 e 2Timóteo e Tito

A única referência à ressurreição em 1Timóteo ocorre em 3.16: "Sem dúvida, grande é o mistério da fé: Aquele que se manifestou em carne foi vindicado pelo Espírito, visto pelos anjos, pregado entre as nações, crido no mundo e recebido acima na glória". A "vindicação pelo Espírito" é entendida em geral como uma referência à ressurreição de Jesus, a qual o "vindicou" da sentença errada proferida contra ele pelo tribunal humano. Isso fez que Jesus fosse recebido "acima na glória".

O primeiro versículo de 2Timóteo fala da "promessa de vida que está em Cristo Jesus". É provável que essa seja a promessa da vida ressurreta, sobretudo porque 2Timóteo 1.9,10 fala do "propósito [de Deus] e graça que nos foi dada em Cristo Jesus desde toda a eternidade, mas agora tem sido manifestada pela aparição de nosso Salvador Jesus Cristo, o qual aboliu a morte e trouxe à luz a vida e a imortalidade pelo evangelho". É esse evangelho da morte e ressurreição de Cristo que havia sido confiado a Paulo e Timóteo (2Tm 1.11-14), uma responsabilidade que deve ser transmitida a outros (2Tm 2.2), o evangelho em favor do qual Timóteo tem de estar disposto a sofrer (2.2-7), uma vez que o próprio Paulo também sofre por ele (2.8,9: "Lembra-te de Jesus Cristo, ressurreto dentre os mortos, descendente de Davi, de acordo com o meu evangelho, pelo qual sofro..."). Paulo reitera que "suporta" as dificuldades a fim de que os eleitos de Deus "alcancem a salvação [...] com glória eterna" (2Tm 2.10), o que é explicado por 2.11,12: "Esta palavra é digna de confiança: Se já morremos com ele, também com ele viveremos; se perseverarmos, com ele também reinaremos". A identificação com a morte de Cristo e a perseverança por meio do sofrimento terá como resultado sua ressurreição e realeza. Observe-se mais uma vez que significativamente a ressurreição e a realeza aparecem juntas.

Essa verdade acerca da ressurreição futura dos crentes é absolutamente imprescindível, uma vez que alguns da igreja de Éfeso a estavam negando. Himeneu e Fileto "se desviaram da verdade afirmando que a ressurreição já aconteceu, e com isso perverteram a fé de alguns" (2Tm 2.17,18).

Assim como 2Timóteo, a carta a Tito começa com "a esperança da vida eterna, a qual Deus, que não pode mentir, prometeu antes dos tempos eternos" (Tt 1.2). Assim como em 2Timóteo 1.1, é provável que se deva identificar essa esperança com a promessa da vida eterna da ressurreição. Isso é sugerido mais adiante ao observar-se que, em Tito 1.3 (assim como em 2Tm 1.1,9-14), quando a mensagem da morte e da ressurreição de Cristo é confiada a Paulo e Timóteo, Paulo imediatamente diz que "no tempo apropriado manifestou *também* a sua palavra na pregação que me foi confiada..." (cp. esp. o paralelismo entre 2Tm 1.9,10 e Tt 1.2,3). A menção repetida da "esperança da vida eterna" em 2Timóteo 3.7 dá continuidade ao mesmo tema da introdução.

Por fim, Tito 3.5 declara: "Ele nos salvou, não com base em atos de justiça que houvéssemos praticado, mas segundo a sua misericórdia, mediante o lavar da regeneração e da

---

[79]Veja ibidem, p. 142. Best compara também com 2Coríntios 4.11,12.

renovação realizado pelo Espírito Santo". A menção de "regeneração" (*palingenesia*) diz respeito ao ato de reanimar um indivíduo e, do ponto de vista conceitual, é equivalente à ideia de trazer a pessoa de volta à vida. Como acabamos de ver anteriormente nos escritos de Paulo (p. ex., no estudo de Rm 7.4-6) que a identificação com a vida ressurreta de Cristo pode ser chamada de estar em "novidade do Espírito", assim também aqui "regeneração" é chamada de "renovação [...] pelo Espírito Santo". Mais uma vez descobrimos que o Espírito é o agente da ressurreição da nova criação. E, como tantas vezes em outras partes dos escritos de Paulo, essa ressurreição começa nesta vida em seu aspecto espiritual e será consumada na vida da ressurreição física plena da era vindoura, que Tito 3.7 chama de "vida eterna", da qual são "herdeiros" aqueles que agora são regenerados, embora essa "vida eterna" comece no presente.[80] Dessa perspectiva, a ideia teológica tradicional de "regeneração" deve ser entendida como um conceito intensamente escatológico.

Por que a ressurreição é tão dominante nos textos de Paulo?

Richard Gaffin discorreu sobre como a ressurreição de Cristo é central para a teologia de Paulo.[81] A minha pesquisa exposta há pouco confirma a avaliação de Gaffin. Por que Paulo é tão consumido pela ideia da ressurreição? Alguém poderia responder normalmente que, juntamente com a morte de Cristo, a ressurreição é um elemento imprescindível da tradição apostólica inicial, transmitida a Paulo depois que ele se tornou um cristão. Existe, porém, uma razão mais específica por que a mente de Paulo está impregnada da ressurreição. Até hoje, a resposta mais plausível é a de Seyoon Kim.[82]

Kim sustenta que a cristofania do caminho de Damasco é a razão por que o novo mundo conceitual de Paulo foi dominado pela ressurreição de Cristo. A experiência de Paulo com o Cristo ressurreto no caminho de Damasco foi um acontecimento escatológico em que o apóstolo experimentou o reino e a nova criação, duas ideias que, como vimos, estão indissociavelmente ligadas à ressurreição de Jesus e dos crentes.

Isso fica evidente ao considerar a cristofania do caminho de Damasco uma aparição da ressurreição, que era o começo dos "últimos dias". Na verdade, Kim defende de forma convincente que a aparição do Cristo ressurreto no caminho de Damasco causou um impacto tão forte e tão definitivo na mente de Paulo que passou a ser a ideia central de seu pensamento em seus escritos. Kim sustenta que as principais ideias de Paulo são influenciadas por esse acontecimento avassalador em sua vida. Como a ressurreição é equivalente ao reino da nova criação, ambos passaram a funcionar como uma única lente através da qual o apóstolo explica todas as suas principais ideias. Reflexões importantes sobre o acontecimento do caminho de Damasco estão em todas as cartas de Paulo, o que nos dá a ideia do quanto esse acontecimento transformador marcou a vida do apóstolo. Vários contextos das cartas de Paulo mostram a impressão indelével deixada pela experiência que transformou sua mente (p. ex., Rm 10.2-5; 1Co 9.1; 15.8-10; 2Co 4.4-6; 5.14-17; Gl 1.13-17; 3.12-14; Fp 3.6-9; Ef 3.1-3). Isso é apenas a ponta do *iceberg* da cristofania da ressurreição no caminho de Damasco que jaz no fundo de boa parte do pensamento de Paulo.[83]

Cristo se manifestou a Paulo (1Co 15.8; At 9.17; 26.16), e Paulo o viu (1Co 9.1). Isso foi um nascimento "fora do tempo" para Paulo (1Co 15.8). Que tipo de nascimento foi esse?

---

[80]A Carta de Paulo a Filemom não menciona a ressurreição.
[81]Richard B. Gaffin Jr., *The centrality of the resurrection: a study in Paul's soteriology* (Grand Rapids: Baker Academic, 1978).
[82]Kim, *Origin of Paul's gospel*.
[83]O restante desta seção baseia-se, em maior parte, em Kim, *Origin of Paul's gospel*, p. 1-71.

Provavelmente, foi ao mesmo tempo uma conversão e um chamado para o apostolado profético, sendo este o foco de 1Coríntios 15.8. Foi o mesmo tipo de aparição que os outros apóstolos viram (1Co 15.5-11). É definido como um "apocalipse/revelação" de Cristo a Paulo do Filho de Deus exaltado (Gl 1.12,16). Como esse sintagma ("um apocalipse de Jesus Cristo") de Gálatas 1.12 ocorre em outras partes do NT apenas para se referir à segunda vinda de Cristo (1Co 1.7; 2Ts 1.7; 1Pe 1.7,13; Ap 1.1),[84] ele dá a entender que Gálatas 1.12 está dizendo que Cristo foi revelado a Paulo na forma em que voltará no fim dos tempos — em sua forma de rei, exaltada e ressurreta da nova criação. Isso é um exemplo clássico do futuro escatológico invadindo o presente, fazendo do presente um tempo escatológico.

Paulo recebeu uma iluminação espiritual interior a partir dessa aparição apocalíptica (2Co 4.6), talvez do mesmo tipo que João recebeu no livro de Apocalipse. Particularmente, foi um momento de decisão, em que Paulo abandonou sua justiça própria farisaica a fim de obter o conhecimento e a justiça de Cristo (Fp 3.2-12). Há um debate para saber se essas duas passagens se referem apenas ao chamado apostólico de Paulo. É provável que elas também indiquem e incluam a conversão. Nessa ocasião, Paulo recebeu o conhecimento de Cristo como "Senhor". Foi o momento em que Paulo passou do conhecimento falso acerca do Messias para o verdadeiro conhecimento de Cristo (2Co 5.16,17; Gl 3.13; 1Tm 1.12-16).[85] O fato de Paulo também ter se tornado um cristão no momento do seu primeiro encontro com Cristo é indicado ainda pelas primeiras experiências teofânicas e o comissionamento profético de Isaías e de Moisés, que bem podem incluir a conversão desses dois profetas (p. ex., veja Êx 3; Is 6). A importância da experiência de Isaías fica evidente em Atos 28.23-28, em que Lucas descreve Paulo como agente que desempenha o mesmo ministério de endurecer Israel de que Isaías foi encarregado na sua geração (conforme Is 6). Em Romanos 11.8, Paulo faz alusão a Isaías 6.9,10 ("olhos para não ver e ouvidos para não ouvir") e a Deuteronômio 29.4, quando argumenta que o endurecimento de Israel, ocorrido mediante o ministério de Isaías, continua até os dias de Paulo e no contexto de seu próprio ministério a Israel (veja Rm 11.11-25).

O aspecto de comissão da experiência de Paulo no caminho de Damasco é ressaltado em 1Coríntios 9.1; 15.1-11 e, claro, como vimos no capítulo anterior, o chamado é enfatizado na narrativa de Atos 26. Foi um comissionamento oral, uma vez que foi igual às outras aparições do Cristo ressurreto aos demais apóstolos. Os outros apóstolos também receberam seu comissionamento por uma aparição do Cristo ressurreto.[86] Nesse chamado apostólico, Paulo considerava-se um Isaías ou um Jeremias dos últimos dias, que deveria ser o profeta do Messias anunciando luz para as nações, o que é manifesto nas alusões a Jeremias 1.5 e a Isaías 49.1-6 juntos em Gálatas 1.15: "Mas quando Deus, que desde o ventre de minha mãe me separou e me chamou...". Sem dúvida, demorou anos para Paulo entender como realizar essa comissão (Gl 1.15-18).

Dos textos mencionados acima, quatro em especial merecem uma análise mais aprofundada aqui, em especial para observar quanto era importante para Paulo sua visão inicial do Cristo ressurreto.[87]

---

[84]Contudo, Apocalipse 1.1 inclui o conteúdo do livro completo de Apocalipse, que contém a aparição final de Cristo.

[85]Sem dúvida, os que negam a autoria paulina das Epístolas Pastorais não se convenceriam pelo argumento com base em 1Timóteo 1.12-16, mas é inquestionável que essa passagem se refere ao encontro de Paulo com Cristo no caminho de Damasco como uma experiência de conversão.

[86]Também Mateus 28.16-20; Lucas 24.36-50; João 20.19-23 (cf. aqui a possível tipologia Adão-nova criação); 21.15,19; Atos 1.8.

[87]De novo, a análise desses quatro textos se baseia em Kim, *Origin of Paul's gospel*, p. 3-32.

2Coríntios 4.6

Nesse texto, Paulo descreve a experiência de conversão comum do cristão usando a própria conversão como modelo. As comparações das tabelas 8.3 e 8.4 entre 2Coríntios 4 e Atos 26 revelam que, na primeira passagem, Paulo está refletindo a respeito de sua experiência no caminho de Damasco.

A menção combinada de "luz" e "glória" como o reino de "Deus", que "brilha" em oposição às "trevas", como o reino em que Satanás governa, reflete a experiência de Paulo no caminho de Damasco.[88] A oração gramatical "brilhou em nosso coração" refere-se à revelação divina histórica e objetiva do Cristo ressurreto, que invadiu o coração de Paulo e fez a luz salvífica se difundir nesse coração espiritualmente em trevas, que havia sido cativo do domínio de Satanás. Isso colocou Paulo "face a face" com Cristo. O foco, entretanto, está mais no ministério apostólico de Paulo e sua comissão, como indicam o contexto anterior (2Co 4.1-5) e o posterior (2Co 4.7-15). Particularmente, o propósito de Deus ao fazer brilhar a luz no coração de Paulo era que o ofício apostólico dele fosse usado como instrumento pelo qual Deus iluminaria outros: Deus "é aquele que brilhou em nosso coração para iluminação do conhecimento da glória de Deus". Deus fez brilhar luz no coração de Paulo não apenas para o regenerar, mas também para que o apóstolo irradiasse essa luz para os outros. Paulo afirma isso aqui como parte de seu argumento em curso para mostrar a autenticidade de seu apostolado.

Tabela 8.3

Atos 26.13,17,18	2Coríntios 4.4,6
26.17,18: "... *egō apostellō se anoixai ophthalmous autōn, tou epistrepsai apo skotous eis phōs kai tēs exousias tou satana epi ton theon*".	"... *en hois ho theos tou aiōnos toutou etyphlōsen ta noēmata tōn apistōn eis to mē augasai ton phōtismon tou euangeliou tēs doxēs tou Christou [...] ho theos ho eipōn; ek skotous phōs lampsei, hos elampsen en tais kardiais hēmōn pros phōtismon tēs gnōseōs tēs doxēs tou theou en prosōpō [Iēsou] Christou.*"
26.13: "... *eidon [...] ouranothen hyper tēn lamprotēta tou hēliou perilampsan me phōs*" (cf. At 22.9).[a]	

[a]Nesta tabela e nas seguintes, a sublinha representa paralelos lexicográficos e cognatos, o pontilhado indica paralelos conceituais próximos (o mesmo padrão será utilizado ao longo do livro).

2Coríntios 5.16,17

Nesse texto, Paulo declara: "Assim, de agora em diante não reconhecemos ninguém segundo a carne. E ainda que tenhamos conhecido Cristo segundo a carne, agora não o conhecemos mais desse modo. Portanto, se alguém está em Cristo, é nova criação; as coisas velhas já passaram; eis que surgiram coisas novas".

Vou examinar essa passagem de modo mais aprofundado no próximo capítulo, mas alguns comentários são necessários aqui no que se refere à relação do texto com a experiência passada de Paulo. "Conhecer Cristo segundo a carne" significa avaliar Cristo de acordo com uma concepção judaica mundana que esperava um Messias apenas militar. Esse foi o critério com que Paulo avaliou Jesus anteriormente, e é por isso que o havia rejeitado, uma vez que Jesus não veio como um Messias de Israel glorioso e triunfante. Mais uma vez, Paulo está apresentando sua experiência e universalizando-a a todo cristão autêntico. De fato, o propósito dele aqui é persuadir os coríntios a avaliar seu apostolado da mesma maneira que avaliaram Jesus: eles professavam crer em Jesus como o Messias e por isso não julgavam Jesus pelos padrões judaicos, como Paulo havia feito em sua incredulidade. Porém, os coríntios *estavam*

---

[88]Nos outros dois relatos no livro de Atos do evento no caminho de Damasco também se diz que Paulo viu uma luz celestial brilhando ao redor do Cristo ressurreto (At 9.3; 22.6).

rejeitando Paulo porque o avaliavam pelos padrões mundanos, comparáveis àqueles que causaram a rejeição de Jesus por Israel. Paulo está afirmando que, se os coríntios o julgarem segundo o verdadeiro padrão de julgamento divino, pelo qual aceitam Jesus, eles também aceitarão a autoridade profética dele.

Os versículos 16 e 17 afirmam que a morte e a ressurreição de Cristo (veja os v. 14,15 e o "assim" e o "portanto" introdutórios dos v. 16, 17) são o ponto de mudança escatológica da antiga era para a nova (observe-se as expressões "de agora em diante" no v. 16 e "nova criação" no v. 17). Essa nova era invade a vida do indivíduo no momento da conversão, e foi isso que ocorreu no caso de Paulo, quando ele também recebeu sua comissão apostólica. Foi no momento em que Paulo se tornou "nova criação" que ele foi "reconciliado" com Deus (v. 18 [é provável que Paulo se inclua na oração gramatical "Deus [...] nos reconciliou consigo mesmo"]). Foi no caminho de Damasco e em seu encontro com o Cristo ressurreto que Paulo começou a vivenciar essa reconciliação.

Tabela 8.4

Atos 26.13,17,18	2Coríntios 4.4,6
26.17,18: "... te envio, para lhes abrir os olhos a fim de que se convertam das trevas para a luz, e do poder de Satanás para Deus".	"... entre os quais o deus deste século cegou a mente dos incrédulos para que não vejam a luz do evangelho da glória de Cristo [...] Deus, que disse: 'Das trevas brilhará a luz', é o mesmo que brilhou em nosso coração para iluminação do conhecimento da glória de Deus na face de Cristo."
26.13: "Vi no caminho uma luz do céu, que brilhava mais do que o sol, resplandecendo em torno de mim" (cf. At 22.9)".	

Romanos 10.2-4

Paulo entende a tragédia de Israel à luz de sua conversão. O que o apóstolo afirma a respeito de Israel havia sido verdadeiro em relação a ele e corresponde à sua declaração autobiográfica em Filipenses 3.4-9 (veja tabela 8.5).

Tabela 8.5

Romanos 9.31,32; 10.2-4	Filipenses 3.4-9
9.31,32: "Mas Israel, buscando a lei da justiça, não alcançou essa lei. Por quê? Porque não a buscaram pela fé, mas com base nas obras". 10.2-4: "Porque posso testemunhar de que eles têm zelo por Deus, mas não com entendimento. Pois, não conhecendo a justiça de Deus e procurando estabelecer a sua própria, não se sujeitaram à justiça de Deus. Pois Cristo é o fim da lei para a justiça de todo aquele que crê".	"... embora eu mesmo pudesse até confiar na carne. Se alguém pensa que pode confiar na carne, muito mais eu; circuncidado no oitavo dia, da nação de Israel, da tribo de Benjamim, hebreu de hebreus; quanto à lei, fariseu; quanto ao zelo, perseguidor da igreja; quanto à justiça que há na lei, irrepreensível. Mas o que para mim era lucro, passei a considerar perda por causa de Cristo. Mais do que isso, considero todas as coisas perda diante do valor insuperável do conhecimento de Cristo Jesus, meu Senhor, pelo qual perdi todas as coisas. Eu as considero esterco para que possa ganhar Cristo, e ser achado nele, não tendo justiça própria que procede da lei, mas, sim, a que procede da fé em Cristo, a saber, a justiça que vem de Deus com base na fé."

Tanto o Paulo pré-cristão quanto o Israel descrente tinham "zelo" pela lei de Deus, "mas não com entendimento" do Messias e da justiça que vem somente pela fé, e não por obras. Quando Cristo se manifestou a Paulo, este recebeu o verdadeiro "conhecimento do Messias Jesus" (Fp 3.8) como o "fim da lei" (Rm 10.4). Israel estava na mesma condição que Paulo antes de se tornar cristão.

Efésios 3.1-13
A passagem enfatiza que Paulo recebeu sua comissão apostólica para levar o evangelho aos gentios, que inclui o "mistério" de que os gentios estão na mesma condição que os crentes judeus: "Os gentios são coerdeiros, membros do mesmo corpo e coparticipantes da promessa em Cristo Jesus por meio do evangelho" (v. 6). Isso mostra provavelmente que judeus e gentios constituem a continuação do verdadeiro Israel na era escatológica, assunto que não trataremos aqui, pois será desenvolvido mais adiante (veja cap. 19).

Conclusão
A cristofania do caminho de Damasco era para Paulo tanto seu conhecimento regenerador do evangelho (em decorrência da conversão) quanto sua comissão de apóstolo para os gentios. Nesse sentido, observe-se novamente Gálatas 1.16: (1) "para revelar seu Filho em mim" e (2) "para que eu o pregasse entre os gentios". Esse aspecto duplo de conversão/comissão repercute em Gálatas 2.7: "encarregado da pregação do evangelho aos incircuncisos" (cf. Rm 1.1 ["chamado para ser apóstolo, separado para o evangelho de Deus"] e 1.5; veja tb. os prólogos das outras cartas de Paulo).[89]

As passagens que acabamos de analisar indicam que a aparição do Cristo ressurreto foi uma influência fundamental em Paulo. Essa influência não diminuiu, mas se intensificou por todo o resto da vida do apóstolo porque ele refletiu mais sobre essa experiência tendo em mente quatro elementos:

1. as Escrituras judaicas;
2. tradições interpretativas com base nas Escrituras judaicas;
3. a tradição acerca de Jesus que Paulo recebeu dos primeiros cristãos;
4. visões apocalípticas constantes do Cristo exaltado no céu.

A impressão deixada na mente de Paulo pela cristofania do caminho de Damasco como acontecimento de ressurreição e o seu significado profundo formaram uma estrutura em que o apóstolo raciocinava normalmente quando discorria em suas cartas sobre a teologia cristã e suas implicações. De fato, a ressurreição de Cristo como nova criação foi a fonte geradora da maior parte dos conceitos teológicos paulinos. Já vimos que isso ocorreu com o conceito de regeneração, e vou sustentar que também se aplica a doutrinas como justificação, reconciliação, santificação, antropologia, eclesiologia, imagem de Deus, a Lei, o Espírito, cristologia e missiologia.

Com efeito, é uma afirmação ousada dizer que a maioria das doutrinas paulinas tem origem, em última análise, em sua meditação constante sobre a ressurreição de Cristo como nova criação e a ampliação do reino que Jesus já havia começado a estabelecer. No entanto, estou propondo essa ideia não como um "centro", e sim mais como uma influência geradora

---

[89] Novamente, veja Kim, *Origin of Paul's gospel*, p. 3-27, 57.

orgânica, como uma bolota está para o carvalho.⁹⁰ Essa é a imagem com que concebo a centralidade do enredo do NT, formulado em capítulos anteriores: *A vida de Jesus, suas provações, sua morte pelos pecadores e principalmente sua ressurreição pelo Espírito deram início ao cumprimento do reino escatológico "já e ainda não" da nova criação, que é concedido pela graça por meio da fé, resultando em uma comissão universal para que os fiéis promovam esse reino de nova criação, bem como em juízo para os descrentes, tudo isso para a glória do Deus trino e uno.* A ressurreição como nova criação e realeza é uma — e eu entendo que é *a* — parte fundamental dessa ideia. Demonstrar que essa é a fonte geradora da maioria dos conceitos importantes de Paulo, bem como dos conceitos do NT em geral, será a tarefa dos capítulos restantes deste livro.

---

⁹⁰Tomei essa metáfora emprestada de Richard B. Hays, *The conversion of the imagination: Paul as interpreter of Israel's Scripture* (Grand Rapids: Eerdmans, 2005), p. 181. Hays a emprega para se referir à influência geradora de Deuteronômio 32 em todo o livro de Romanos. Outras metáforas para a ressurreição da nova criação como a influência que estrutura o pensamento de Paulo são (1) as varetas de um guarda-chuva, que fornecem a estrutura básica e, em seguida, são cobertas com tecido; (2) um esqueleto, que dá forma e sustentação à carne do corpo.

9

Expressões paulinas mais explícitas sobre a ressurreição como nova criação e reino inaugurados dos últimos tempos

Concluí no capítulo anterior que, em virtude da experiência pessoal de Paulo com o Cristo ressurreto, a ideia de ressurreição domina os textos do apóstolo. Vimos que apesar de Paulo raramente usar a própria locução "nova criação" ou termos sinônimos, o conceito é transmitido reiteradamente por diversas referências à ressurreição. Conforme já observamos a respeito dos Evangelhos, está claro que a ressurreição é um conceito da nova criação porque o corpo ressurreto é um corpo criado de novo, o corpo que o povo de Deus receberá como parte da nova criação final e eterna. Nesse sentido, o corpo ressurreto de Cristo foi o primeiro corpo criado de novo a passar para o outro lado da nova criação. A nova criação futura retornou ao velho mundo mediante o corpo ressurreto de Jesus. Isso ocorre com os seguidores de Jesus mediante a obra do Espírito, o agente que faz a nova criação começar a penetrar no coração deles e lhes dá esperança da consumação que começou neles (cf. Rm 8.18-25).

Está evidente em vários trechos importantes dos escritos de Paulo que ele realmente pensava às vezes de modo mais explícito na ressurreição de Cristo (incluindo a aparição ressurreta que ele presenciou) como um acontecimento da nova criação: 2Coríntios 5.17; Gálatas 6.15; Colossenses 1.15-18. É nessas expressões mais explícitas que nos concentraremos agora. Esses textos são apenas a ponta do *iceberg* que indica que o conceito paulino da ressurreição de Cristo e dos crentes como nova criação se difunde por todos os escritos do apóstolo. Esse aspecto é uma parte essencial do enredo bíblico-teológico geral do NT, como observamos nos dois últimos capítulos.

O conceito paulino de ressurreição como o início da nova criação dos últimos tempos: 2Coríntios 5.14-18

Já tratei brevemente dessa passagem antes, mas agora vou examiná-la de modo mais aprofundado. Em 2Coríntios 5.14-18, Paulo diz:

Pois o amor de Cristo nos domina, tendo concluído que, se um morreu por todos, logo, todos morreram. E ele morreu por todos para que os que vivem não vivam mais para si mesmos, mas para aquele que por eles morreu e ressuscitou. Assim, de agora em diante não reconhecemos ninguém segundo a carne. E ainda que tenhamos conhecido Cristo segundo a carne, agora não o conhecemos mais desse modo. Portanto, se alguém está em Cristo, é nova criação; as coisas velhas já passaram, eis que surgiram coisas novas. Mas todas essas coisas procedem de Deus, que nos reconciliou consigo mesmo por meio de Cristo e nos confiou o ministério da reconciliação.

O versículo 14 afirma que os crentes são identificados com a morte de Cristo; desse modo, considera-se que eles morreram para o velho mundo e para a sua participação no velho mundo. Estar em Cristo significa ter a vida da ressurreição e viver essa vida para ele, e não para nós mesmos (v. 15). Viver para Cristo, e não para nós mesmos, é avaliar as coisas da vida de maneira diferente de como os descrentes avaliam (v. 16). Isto é, viver para Cristo é viver por sua palavra, e não pela palavra do mundo. No versículo 17 descobrimos por que os cristãos têm de avaliar as coisas desse modo tão radicalmente diferente daquele do mundo velho e não regenerado da humanidade: "Portanto, se alguém está em Cristo, é nova criação; as coisas velhas já passaram, e surgiram coisas novas". A questão é que viver para Cristo, e não para nós mesmos, é avaliar de modo diferente das pessoas da velha criação precisamente porque vivemos na nova criação.

Será que os coríntios estão vivendo o verdadeiro começo das profecias escatológicas da nova criação ou são simplesmente *semelhantes* ao que essas profecias predisseram? Particularmente, será que o versículo 17 afirma que os cristãos são apenas *semelhantes* à nova criação dos últimos tempos ou que são *o verdadeiro* começo da nova criação profetizada? A regeneração dos cristãos é simplesmente comparada a ser nova criação ou essa regeneração é de fato o começo da nova criação dos últimos tempos? A profecia específica em mente é a da nova criação predita em Isaías 43 e 65 (veja tabela 9.1).

Embora a questão seja discutida, é provável que 2Coríntios 5.17 se refira à profecia mais famosa de Isaías sobre a nova criação vindoura, como em geral os comentaristas reconhecem.[1] Alguns não concordam com a ideia de que as profecias da nova criação estão de fato se cumprindo porque parece que Paulo não está aplicando a profecia à mesma situação literal que Isaías tem em mente. Ou seja, como Paulo poderia estar descrevendo o verdadeiro início do cumprimento de Isaías 43 e 65 se a velha terra ainda permanece, e os cristãos ainda têm o velho e decaído corpo em que existem? Mas Isaías predisse uma renovação completa do céu e da terra, e isso ainda não aconteceu. Sem dúvida, é por isso que alguns se sentem obrigados a concluir que Paulo está apenas comparando a condição regenerada dos crentes com a nova criação futura, que ainda não começou: os crentes deixaram sua antiga condição de incredulidade e morte espiritual e agora são novas criaturas em espírito, mas isso não deve ser entendido como parte da nova criação propriamente dita profetizada por Isaías. Entretanto, os adeptos dessa posição futurista poderiam dizer: "Isso não é o que a profecia de Isaías tinha em mente". Consequentemente, para as profecias de Isaías se cumprirem literalmente, será que a antiga terra não precisa ser destruída a fim de dar lugar à nova criação na segunda vinda de Cristo? Além do mais, para os crentes fazerem parte da nova criação, será que eles não teriam de possuir um corpo ressurreto e criado de novo? Portanto, esses comentaristas entenderiam

---

[1] Para uma análise mais profunda sobre a legitimidade da alusão a Isaías 43, 65 e 66, em 2Coríntios 5.17, bem como um exame da posição dos que não enxergam alusão específica a Isaías, veja cap. 15, seção "A visão paulina da reconciliação como nova criação e restauração do exílio". Isaías 66.22, passagem quase idêntica a Isaías 65.17, também pode ser incluída na alusão.

a alusão de Paulo a Isaías 43 e 65 não como um sinal de alguma forma de cumprimento, mas apenas como pura analogia.

Tabela 9.1

Isaías 43.18,19; 65.17 (LXX)	2Coríntios 5.17
43.18,19: "Não vos lembreis das primeiras coisas [*ta prōta*], nem considerais as antigas [*ta archaia*]. Eis que faço novas coisas [*idou poiō kaina*]". 65.17: "Pois haverá um novo [*kainos*] céu e uma nova [*kainē*] terra, as coisas passadas [*tōn proterōn*] jamais serão lembradas".	"Se alguém está em Cristo é nova criação [*kainē ktisis*]; as coisas velhas [*ta archaia*] já passaram, eis que [*idou*] surgiram coisas novas [*kaina*]."

Todavia, parece realmente haver motivos para entender que Paulo não está dizendo que nossa nova criação em Cristo é apenas semelhante à profecia de Isaías da nova criação vindoura, e sim que ela é de fato o cumprimento inicial dessa profecia. Um dos motivos que favorecem esse entendimento é que essas *profecias* do novo céu e da nova terra em seus respectivos contextos originais, a não ser que o contrário seja claro pelo contexto neotestamentário, devem continuar sendo consideradas profecias da consumação futura ou da realidade inicial dessas profecias já inauguradas. O fato de Paulo considerar que os cristãos estão cumprindo a profecia de Isaías é apoiado ainda mais por sua declaração resumo em 2Coríntios 1.20: "Pois, tantas quantas forem as promessas de Deus [no AT], nele [Cristo] está o sim". A questão é reiterada em 2Coríntios 7.1: "Amados, visto que temos essas promessas, purifiquemo-nos de toda impureza do corpo e do espírito". Essa declaração sobre promessas se refere mais de imediato ao templo e às promessas do AT de restauração (2Co 6.16-18), cujo cumprimento inicial Paulo enxergava na igreja de Corinto. As duas menções ao cumprimento inicial de promessas formam a moldura de 2Coríntios 2—6 e provavelmente não dizem respeito apenas às profecias do templo no final de 2Coríntios 6, mas também às outras promessas proféticas importantes discutidas em 2Coríntios 2—5, incluindo a da "nova aliança" e da "nova criação".

É provável que as promessas cujo cumprimento inicial os coríntios estavam experimentando incluíssem as promessas de Isaías de nova criação, uma vez que eram exatamente isso — promessas proféticas, algumas das mais famosas do AT. Pedro se refere especificamente a Isaías 65.17 e 66.22 como promessa: "Nós, porém, segundo sua promessa, aguardamos novos céus e nova terra, nos quais habita a justiça" (2Pe 3.13). O que Pedro vê se cumprindo de forma consumada nos céus e terra futuros, Paulo entende que já começou a se cumprir. A menção final de Paulo ao surgimento de "coisas novas" no final de 2Coríntios 5.17 realça ainda mais esse cumprimento inaugurado. Além disso, visto que as profecias de Isaías diziam respeito à renovação do cosmo por inteiro, a participação inicial dos crentes no cumprimento dessas profecias em 2Coríntios 5.17 indica que a renovação espiritual inicial deles não apenas se completará na ressurreição física, mas também é parte de uma renovação futura mais abrangente de toda a criação caída. Isso é confirmado por Romanos 8.18-23, passagem em que, conforme observamos, a nova vida espiritual da ressurreição dos santos nada mais é que uma etapa inicial da ressurreição final e nova criação deles, que também faz parte da renovação de todo o cosmo (veja cap. 8, seção "A ressurreição em Romanos").

Por essa perspectiva, parece que somos obrigados a concluir que de alguma forma Paulo entende que as profecias de Isaías da nova criação não são meras analogias, e sim que estão começando a ser cumpridas nos cristãos de Corinto. Contudo, se esse é o caso, como o entendimento dele sobre como a nova criação começou corresponde à perspectiva hermenêutica que Isaías tinha em mente? A ideia de Isaías foi de um novo céu e uma nova terra físicos, enquanto Paulo tem em mente a nova condição espiritual do indivíduo crente. Mais uma vez, como podemos viver na nova criação se ainda estamos na velha terra? A velha terra não tem de ser destruída para dar lugar à nova criação na segunda vinda de Cristo? E os crentes não têm de ter um corpo criado de novo para poder estar na nova criação?

A resposta é que a nova criação está aqui em parte, mas não em sua plenitude. Essa ideia nós já vimos repetidas vezes. Aliás, como o povo de Deus vai entrar na forma final da nova criação física no fim da história do mundo? Os crentes vão entrar nessa forma final quando seus corpos forem ressuscitados. Entretanto, como vimos no uso de Daniel 12.2 em João 5, os profetas do AT não apenas predisseram uma ressurreição corpórea, mas também esperavam que um espírito humano renovado viesse a fazer parte dessa ressurreição. O que é um pouco distinto tanto em João 5 quanto em 2Coríntios 5 é a concepção da ressurreição escatológica como um cumprimento inicial em etapas: em primeiro lugar, o espírito da pessoa é realmente ressuscitado da morte espiritual nesta era e, na próxima, será ressuscitado o seu corpo, em que habitará o novo espírito dessa pessoa.[2] Porém, é somente o tempo exato da profecia que ocorre um pouco inesperadamente; a verdadeira natureza da profecia se cumpre de acordo com o verdadeiro entendimento do profeta.

Assim, a nova criação em 2Coríntios 5.17 começou espiritualmente com a ressurreição de Cristo dentre os mortos, mas será consumada espiritual e fisicamente na segunda vinda de Cristo, com a renovação de todo o cosmo. Fica evidente em 2Coríntios 5.14,15 que a "nova criação" de que fala o versículo 17 se refere à existência ressurreta inicial dos crentes:

> Pois o amor de Cristo nos domina, tendo concluído que, se um morreu por todos, logo, todos morreram. E ele morreu por todos para que os que vivem não vivam mais para si mesmos, mas para aquele que por eles morreu e ressuscitou.

O versículo 17 diz: "Portanto, se alguém está em Cristo [isto é, no Cristo ressurreto], é nova criação". Os crentes são identificados tanto com a morte de Cristo quanto com a ressurreição dele. Essa identificação é espiritual e invisível, portanto considera-se que os crentes morreram para o castigo espiritual do pecado e foram ressuscitados espiritualmente. Depois, no dia final, eles deixarão o velho corpo e vestirão o novo. Segundo o versículo 17, a ressurreição de Cristo mencionada no versículo 15 é o início da nova criação, da qual os crentes fazem parte, uma vez que também são identificados com a ressurreição de Cristo (como também é visto em Cl 1.18; Ap 3.14). A nova criação até já começou no aspecto físico na forma do corpo ressurreto de Cristo, o primeiro corpo recriado da nova criação. De acordo com 1Coríntios 15, Cristo é o primeiro a ter experimentado a ressurreição consumada e a nova criação individual consumada. Dessa forma, ele é "as primícias" de todo o povo de Deus que será ressuscitado no fim dos tempos. Assim, a presente identificação dos crentes com a ressurreição de Cristo é a identificação com a nova criação, pois sua ressurreição foi o próprio início da nova criação escatológica.

Observe-se também que nas profecias de Isaías a ênfase está na mente dos que se tornam parte da nova criação: eles pensam nas coisas e as avaliam de modo diferente porque existe uma nova criação ("Não vos lembreis das coisas passadas nem considereis as antigas" [Is 43.18]; "As coisas passadas não serão lembradas nem serão mais recordadas" [Is 65.17]). Os israelitas, a quem Isaías se dirige, não deviam permitir que as ideias do velho mundo (a idolatria, os pecados pelos quais foram escravizados etc.) lhes dominassem a mente. Pelo

---

[2] Diferentemente de João 5, o texto de 2Coríntios 5.14-17 não trata de forma explícita da "ainda não" consumada nova criação vindoura, embora em outros trechos de suas cartas Paulo trate desse aspecto (p. ex., Rm 8.18-23).

contrário, a mente deles tinha de ser ocupada com ideias do novo mundo, com novos padrões de pensamento e avaliação. Do mesmo modo, Paulo provavelmente entende que a existência da nova criação em Cristo dos cristãos é a base para eles não avaliarem as coisas pelos padrões do velho mundo: "Assim, de agora em diante não reconhecemos ninguém segundo a carne. E ainda que tenhamos conhecido Cristo segundo a carne, agora não o conhecemos mais desse modo" (2Co 5.16).[3]

Que diferença faz para a vida cristã o fato de a nova criação dos últimos dias ter começado?

Se os crentes são apenas semelhantes a uma nova criação, podem até achar que não precisam viver nem pensar de modo radical como novas criaturas. Mas, se eles são o verdadeiro início da nova criação do fim dos tempos, devem agir como novas criaturas, isto é, viver para Cristo encarando toda a realidade da perspectiva da palavra dele, e não da perspectiva do mundo. Assim como a borboleta não pode retornar ao casulo e viver novamente como lagarta, todos aqueles que fazem parte do início do cumprimento da profecia da nova criação em Cristo também não podem voltar a ser incrédulos, de modo que agirão aos poucos e com segurança como pessoas que começaram a fazer parte da nova criação. Com base na realidade de que os crentes em Cristo são nova criação, Paulo pode lhes dar ordens. Isto é, eles têm poder para obedecer a essas ordens graças à capacidade de nova criação inerente a eles.

O povo de Deus pensa de forma diferente do mundo? Será que os crentes fixam sua mente em coisas do velho e decaído mundo, ou seja, em pensamentos pecaminosos e mundanos? Ou têm o desejo de ler a Palavra de Deus a fim de pensar mais como ele? Se um indivíduo jamais teve o desejo de ler as Escrituras, ele deve se perguntar se de fato é uma nova criatura. As imagens e mensagens sexuais na televisão, no rádio, nos filmes do cinema, em vídeos e

---

[3]Essa análise de 2Coríntios 5.17 é oposta à de Moyer V. Hubbard, *New creation in Paul's letters and thought*, SNTSMS 119 (Cambridge: Cambridge University Press, 2002), p. 133-87. Hubbard acredita que a "nova criação" nessa passagem é uma referência apenas a uma realidade "soterioantropológica", e não "soteriocosmológica". Para Hubbard, a terminologia da "nova criação" é metafórica apenas para a salvação pessoal, que não faz parte da nova criação cosmológica profetizada no AT. Aqui não há espaço suficiente para fazer um crítica significativa, mas deve se observar que: (1) as duas categorias "soterioantropológica" e "soteriocosmológica" não são mutuamente excludentes e se sobrepõem com facilidade; (2) Hubbard não considera alusões aos famosos textos cosmológicos da "nova criação" de Isaías 65.17 e 66.22 em 2Coríntios 5.17, que defendi como prováveis alusões; (3) Hubbard não faz menção da ressurreição de Cristo em 2Coríntios 5.15, que representa o começo da nova criação de fato, uma vez que a ressurreição é o meio pelo qual os seres humanos participariam da nova criação vindoura; assim, os que estão "em Cristo" (v. 17) fazem parte dessa nova criação inicial. Embora seja verdade que eles não fazem parte corporalmente da nova criação, seu espírito ressurreto tornou-se parte dessa nova criação, pois a ressurreição cosmológica envolve a ressurreição tanto do espírito quanto do corpo. Consequentemente, Hubbard conclui — de forma equivocada, na minha opinião — que 2Coríntios 5.17 não faz parte da escatologia cósmica inaugurada. Faço a crítica semelhante à mesma conclusão de Hubbard em seu capítulo sobre Gálatas 6.15 (sobre essa passagem, veja a análise a seguir, neste capítulo). Veja tb. Douglas J. Moo, "Creation and new creation", *BBR* 20 (2010), p. 39-60. A argumentação de Moo está de acordo com minha análise de 2Coríntios 5.17 e Gálatas 5.15 (a seguir) e faz a mesma crítica a Hubbard (veja, p. ex., p. 51, 58). Para a crítica de outros especialistas que têm o mesmo tipo de postura de Hubbard, mas em relação a outras passagens paulinas referentes à "nova criação", veja John W. Yates, *The Spirit and creation in Paul*, WUNT 2/251 (Tübingen: Mohr Siebeck, 2008), p. ex., p. 122-3, 160, 172-3, 176-7. Mais recentemente, veja T. Ryan Jackson, *New creation in Paul's letters: a study of the historical and social setting of a Pauline concept*, WUNT 2/272 (Tübingen: Mohr Siebeck, 2010), esp. p. 83-114, 115-49. A crítica de Jackson da visão de Hubbard sobre 2Coríntios 5.17 e Gálatas 6.15 é mais extensa e mais incisiva. Sua análise de 2Coríntios 5.14-17 dá apoio mais aprofundado de vários ângulos às minhas conclusões sobre essa passagem.

nas revistas incomodam um cristão? Se não, essa pessoa deve se perguntar: "Será que realmente sou nova criação?". O desejo dos santos de ler a Palavra de Deus e pensar como ele, bem como sua falta de desejo de pensar como o velho mundo, deveria crescer aos poucos, mas sem dúvida crescer, para que assim eles se tornem cada vez mais imitadores de Deus (Ef 5.1), e não imitadores do mundo.

É por isso que Paulo diz em 2Coríntios 5.16 que os crentes verdadeiros devem avaliar as coisas de modo diferente, e que essa avaliação distinta começa "de agora em diante". Esse "de agora em diante" é uma referência ao fim dos tempos, que começou com a ressurreição de Cristo, o início da nova criação. Fica claro que o "agora" (*nyn*) de 2Coríntios 5.16 se refere à mudança das eras para o fim dos tempos com base em 2Coríntios 6.2, em que a mesma palavra se refere ao cumprimento inicial de outra profecia de Isaías a respeito do fim dos tempos.[4]

Existe uma luta pela lealdade ideológica do cristão. Embora os santos façam parte da nova criação, ela ainda não chegou plenamente. Na plenitude futura da nova criação, não haverá influências pecaminosas (Ap 21.1—22.5), mas agora as influências pecaminosas ainda disputam a lealdade do povo de Deus porque os crentes ainda vivem fisicamente no velho mundo caído, onde Satanás e o mal ainda não foram destruídos definitivamente. Há uma batalha pela mente dos cristãos. A passagem de 2Coríntios 4.4-6 afirma que Satanás "cegou a mente dos incrédulos" (v. 4) e ele tenta pôr os cristãos no nevoeiro sempre que pode. Mas esse nevoeiro começa a se dissipar consideravelmente para os crentes verdadeiros, que foram transferidos das trevas espirituais para a luz da nova criação: "Porque Deus, que disse [em Gn 1.2-4]: 'Das trevas brilhará a luz', foi ele mesmo quem brilhou em nosso coração, para iluminação do conhecimento da glória de Deus na face de Cristo" (v. 6). O efeito de sermos nova criação será destruirmos "especulações e toda arrogância que se levanta contra o conhecimento de Deus, levando cativo todo pensamento à obediência de Cristo" (2Co 10.5).

A concepção paulina de morte e ressurreição como o início da nova criação dos últimos tempos: Gálatas 5.22-25; 6.15-17

Introdução[5]

Dos escritos de Paulo, o segundo texto mais claro acerca da nova criação é Gálatas 6.15: "Pois nem a circuncisão nem a incircuncisão são coisa alguma, mas o ser nova criação". Até agora, as análises do contexto veterotestamentário da "nova criação" no versículo 15 e sua relação com o versículo 16 ("Paz e misericórdia estejam sobre todos que andarem conforme essa regra, e também sobre o Israel de Deus") têm sido gerais e não focalizaram nenhuma passagem do AT específica. Aqui, procuro demonstrar quatro pontos que ainda não foram suficientemente observados:

1. Gálatas 6.15,16 seleciona e desenvolve ideias e metáforas explícitas da nova criação do texto de Gálatas 5.22-26.
2. *Stoicheō* em Gálatas 6.16 é uma palavra repleta de nuances da "nova criação".
3. O contexto mais provável da locução "paz e misericórdia" é a promessa do AT, em Isaías 54, de restauração de Israel.
4. À luz dos três pontos anteriores, as "marcas" de Jesus no corpo de Paulo em Gálatas 6.17 fazem perfeito sentido.

---

[4]Como vimos no cap. 8, a palavra "agora" (*nyn*) é muitas vezes usada dessa forma (Jo 5.25; Rm 3.26; Ef 3.5; 1Jo 2.18).

[5]Esta seção baseia-se em G. K. Beale, "Peace and mercy upon the Israel of God: the Old Testament background of Gal. 6,16b", *Bib* 80 (1999): 204-23, e ao mesmo tempo é um resumo desse trabalho.

A análise a seguir também incluirá a relação de Gálatas 6.15,16 com o contexto da carta em geral e, em particular, com o desenvolvimento lógico do argumento de Paulo no capítulo 6.

A relação escatológica de Gálatas 6.14,15 com 5.22-26

O texto de Gálatas 5.22-26 é provavelmente mais bem entendido através da lente da nova criação, que em 6.15,16 se desenvolve de forma ainda mais explícita. "O fruto do Espírito" em Gálatas 5.22 é uma alusão geral à promessa do AT de que o Espírito produzirá fertilidade abundante na nova era vindoura.[6] De modo específico, focaliza-se, antes de tudo, as reiteradas profecias de Isaías de que na nova criação o Espírito será portador de abundante fertilidade, que o profeta interpreta muitas vezes como atributos de uma vida consagrada, tais como justiça, santidade e confiança no Senhor, assim como alegria e paz. Por exemplo, Isaías 32.15-18a declara:

> Até que se derrame sobre nós o Espírito lá do alto,
> e o deserto se torne um campo fértil,
> e o campo fértil seja conhecido como um bosque.
> Então a justiça habitará no deserto,
> e a retidão morará no campo fértil.
> E a obra da justiça será paz,
> e o serviço da retidão será tranquilidade e segurança para sempre.
> Então, meu povo habitará em morada de paz.

Da mesma maneira, outras passagens em Isaías fazem a mesma relação entre o derramamento escatológico do Espírito e os frutos metafóricos das características de uma vida consagrada.[7] A concessão da vida da ressurreição é outra maneira de o AT entender que o Espírito é o agente ativo realizador da nova criação dos últimos dias. Essa função do fim dos tempos do Espírito também se reflete em geral no pensamento de Paulo, incluindo Gálatas, especialmente na passagem de 5.25.

O AT profetizava que o Espírito Santo seria dado como dádiva no fim do mundo, e um dos seus benefícios será a ressurreição dos santos dentre os mortos. A relação que mencionei há pouco entre o Espírito e a fertilidade no AT e em Gálatas 5.22 implica que o Espírito é o doador da vida ao povo de Deus (veja esp. Is 32.15-18a; 44.2-4; 61.1-3,11; cf. tb. "vida" em Is 4.3 com o "Espírito" em 4.4). O texto de Ezequiel 36.26-28 é o mais claro, em que o Espírito de Deus será o agente dos últimos tempos que cria "um novo espírito" e "um coração de carne" novo a fim de que Israel "<u>viva</u> na terra". Igualmente, em Ezequiel 37.13,14, Deus diz: "E quando eu vos abrir as sepulturas e vos fizer sair [...] porei em vós meu Espírito, e vivereis"; mas isso é parte de uma descrição metafórica do retorno de Israel do cativeiro. Como foi discutido anteriormente neste livro, embora a referência de Ezequiel 37 não seja tão explícita quanto a de Ezequiel 36, ela certamente inclui a regeneração espiritual do povo de Israel quando este voltar para a terra e implica provavelmente também a ressurreição dessas pessoas. Tanto o

---

[6]Para uma análise mais abrangente do contexto veterotestamentário do "fruto do Espírito" e de sua ligação com a nova criação em Gálatas 5.22, veja o cap. 16: "O papel escatológico do Espírito no pensamento de Paulo".

[7]Veja Isaías 11.1-5 e também a ligação semelhante entre o Espírito e seus frutos em Isaías 44.2-4; 61.1,3,11; e provavelmente 4.2-4. Para a fertilidade como figura das características de uma vida consagrada na nova era vindoura, veja Isaías 27.6; 37.31,32; 45.8; 51.3; 58.11 (cp. 55.10-13 com 56.3; 60.21; 65.8,17-22), embora o Espírito não apareça nesses textos. A fertilidade escatológica retratada em Joel 2.21,22 está indissociavelmente ligada ao derramamento do Espírito em 2.28,29. Veja tb. Oseias 14.2-8; cf. Jeremias 17.7,8.

judaísmo antigo quanto o posterior seguiram e desenvolveram a ideia veterotestamentária do Espírito como o agente da ressurreição dos últimos dias.[8]

O primeiro santo israelita a ser ressuscitado na era do *escathon* foi Jesus, a quem o Espírito separou no início do ministério e ressuscitou fisicamente da morte no fim de seu ministério (Rm 1.4; cf. 1Tm 3.16). Esse mesmo Espírito ressuscita as pessoas espiritualmente no presente (Rm 8.6,10-16;[9] cf. 6.4,5) e as ressuscitará fisicamente na segunda vinda de Cristo (Rm 8.11). Na verdade, Paulo entende que o Espírito Santo é quem produz a ligação existencial dos crentes com o novo mundo vindouro, de modo que participam das bênçãos desse mundo futuro por meio do Espírito Santo.[10]

A ideia do Espírito como realidade escatológica e de sua associação com a doação de vida aparece em Gálatas. Ao escrever sobre a escatologia em Gálatas, Moisés Silva observa a natureza escatológica do Espírito em Gálatas 3.2-5,14; 4.4-6,29; 5.5,25; e 6.8.[11] Uma das locuções que deixam isso mais claro é *tēn epangelian tou pneumatos* ("a promessa do Espírito") em 3.14, que se refere ao cumprimento inicial das promessas abraâmicas entre os gentios. Nesse versículo, a locução genitiva deve ser entendida com função apositiva: "a promessa que é o Espírito".[12] À luz da revelação do NT, a promessa abraâmica nada mais era do que a promessa de que o Espírito de Deus faria dos gentios seu próprio povo por meio de seu Espírito (cp. Gl 3.16 com 3.26-29). Gálatas 4.4-6 ressalta que isso é um cumprimento escatológico, ao declarar que "a plenitude dos tempos" é o tempo em que "Deus enviou ao nosso coração o Espírito de seu Filho".

O entendimento paulino da função dos últimos dias do Espírito como criador de uma nova humanidade está evidente em Gálatas 4.29; 5.25. Richard Hays[13] e Karen Jobes[14] alegam que a citação de Isaías 54.1 em Gálatas 4.27 dá continuidade ao tema do cumprimento das promessas abraâmicas entre os gentios elaborado anteriormente em Gálatas 3.26-29 (e 4.4-6). A própria menção de "a estéril" em Isaías 54.1 refere-se a Sara e é um desdobramento de Isaías 51.2 ("Olhai para Abraão, vosso pai, e para Sara, que vos deu à luz"), que, por sua vez, faz alusão à bênção abraâmica como base para a futura restauração profetizada do cativeiro. Contudo, Paulo não se limita a considerar os cristãos gentios os primeiros a cumprir a promessa abraâmica, pois em Gálatas 3.16 ele afirma que Cristo resume em si o verdadeiro descendente israelita de Abraão, em quem os gentios, por causa de sua fé nele, estão incluídos.

A conclusão impressionante é que Cristo, como o primeiro a cumprir a promessa abraâmica mediante sua morte e ressurreição, também é o que primeiro cumpriu a profecia de Isaías 54.1, de modo que ele é "primogênito" (cf. Cl 1.18; Ap 1.5) da "estéril", Sara. Por isso, Paulo "entendia que a ressurreição de Jesus Cristo é o nascimento miraculoso que transformaria

---

[8]P. ex., *1En* 49.3; 61.7; *Or. Sib.* 3.771; b. ʿ*Abod. Zar.* 20b; *Rab.* de Ct 1.1.9; *Midr. Tanḥ* de Gn 2.12.

[9]Observe-se aqui a combinação de "Espírito" (*pneuma*) com "viver" (*zaō*) ou "vida" (*zōē*).

[10]Esse parágrafo e o anterior estão fundamentados em Geerhardus Vos, "The eschatological aspect of the Pauline conception of the Spirit", in: Richard B. Gaffin Jr., org., *Redemptive history and biblical interpretation: the shorter writings of Geerhardus Vos* (Phillipsburg: P&R, 1980), p. 91-125.

[11]Moisés Silva, "Eschatological structures in Galatians", in: Thomas E. Schmidt; Moisés Silva, orgs., *To tell the mystery: essays on New Testament eschatology in honor of Robert H. Gundry*, JSNTSup 100 (Sheffield: JSOT Press, 1994), p. 140-62.

[12]Conforme Vos, "Eschatological aspect", p. 103. Entretanto, ele poderia ser um genitivo objetivo ("[Deus] prometeu o Espírito") ou um genitivo adjetivo ("Espírito prometido"), ou ambas as possibilidades poderiam ser incluídas no genitivo apositivo.

[13]Richard B. Hays, *Echoes of Scripture in the letters of Paul* (New Haven: Yale University Press, 1989), p. 118-21.

[14]Karen H. Jobes, "Jerusalem, our mother: metalepsis and intertextuality in Galatians 4.21-31", *WTJ* 55 (1993): 299-320.

a Jerusalém estéril na Jerusalém mãe fiel".[15] De acordo com Gálatas 3.16, Jesus é o filho, ou "o descendente", que Deus prometeu a Abraão, portanto é o filho escatológico de Sara. Nesse aspecto, "a nação que Deus prometeu suscitar do ventre morto de Sara e a população da nova Jerusalém profetizada por Isaías são as pessoas que nasceram pela ressurreição de Jesus, e não os que foram circuncidados".[16] Todos os que se identificam com Jesus pela fé também fazem parte do cumprimento da descendência prometida de Abraão, de modo que em Gálatas 4, imediatamente antes da citação de Isaías 54 no versículo 27, Paulo refere-se à "promessa" (v. 23) e imediatamente depois da citação pode chamar os cristãos de "filhos da promessa" (v. 28), "nascidos segundo o Espírito" (v. 29).[17] Essa é outra forma de assegurar o que já havia sido afirmado em Gálatas 3.26-29, mas agora o Espírito é enfatizado, até mais claramente do que em Gálatas 3.14 e 4.6, como o agente que faz vir à existência os filhos de Abraão, o mesmo agente que ressuscitou Jesus da morte (cf. Rm 1.4).[18]

As duas últimas referências que relacionam o Espírito com a vida ocorrem em Gálatas 5.25 e 6.8. O vínculo mais explícito está em Gálatas 5.25: "Se vivemos pelo Espírito, [*zōmen pneumati*], estejamos de acordo com o Espírito" (TA). Fica claro que esse versículo se refere à vida da ressurreição inaugurada do crente com base em duas observações. Primeira, em Gálatas 5.24 os que se identificam com Jesus (lit., "que são de Cristo Jesus") "crucificaram a carne juntamente com suas paixões e desejos", o que provavelmente diz respeito à identificação deles com a própria crucificação de Cristo e seus efeitos presentes neles. Por isso, é natural que, depois de mencionar a identificação do crente com a crucificação de Cristo, Paulo falasse da identificação do crente com a ressurreição de Cristo. Em segundo lugar, Gálatas 2.19,20 estabelece um precedente para um padrão crucificação-ressurreição em que o crente é identificado com Cristo: "Pois, pela Lei, eu morri para a Lei, a fim de viver para Deus. Já estou crucificado com Cristo. Não sou mais eu quem vive, mas Cristo vive em mim. E essa vida que vivo agora na carne, vivo pela fé no Filho de Deus, que me amou e se entregou por mim".[19]

A análise até aqui revela que Gálatas 5.22-25 é uma passagem acerca da nova criação com forte nuance escatológica, e essa nova criação é produzida pela atuação do Espírito. Esse entendimento nos permite reconhecer sua ligação escatológica com Gálatas 6.14-16.

A conclusão de Gálatas 6.11-17 resume um dos temas principais, ou provavelmente o tema central da carta: Cristo, e não a Lei, é o que define a identidade do novo povo de Deus.[20] Depois

---

[15]Ibidem, p. 314 (mas veja passim). Moisés Silva acredita que há "muito que dizer" em favor da opinião de Jobes ("Eschatological structures in Galatians", p. 156).

[16]Jobes, "Jerusalem, our mother", p. 316.

[17]Cf. Silva, "Eschatological Structures in Galatians", p. 156.

[18]Observando que, exceto Romanos, Gálatas é a única carta que se concentra, em seu início, na ressurreição de Cristo (Gl 1.1), Silva (ibidem, p. 145-6) sugere que essa excepcionalidade pode ter sido concebida para preparar o leitor para entender melhor a citação de Isaías 54 no cap. 3.

[19]Em Gálatas 5.5, Paulo diz: "Pois nós, pelo Espírito mediante a fé, aguardamos a esperança da justiça". Essa é provavelmente outra passagem em que o Espírito é o agente para a nova vida de Cristo, mas aqui a nova vida é classificada como o ato de "aguardar" a revelação final da justiça divina. Parece que Gálatas 6.8 é o único texto da carta que menciona uma referência exclusivamente futura ao Espírito: aquele que se identifica com o modo de existência carnal agora sofrerá a deterioração no fim, e o que se identifica com o modo de existência do Espírito no presente herdará a "vida eterna" no último dia.

[20]A tese de que Gálatas 6.11-17 resume os temas principais da epístola foi defendida de modo mais incisivo por Jeffrey A. D. Weima em "Gal. 6:11-18: a hermeneutical key to the Galatian Letter", *CTJ* 28 (1993): 90-107; ibidem, "The Pauline letter closings: analysis and hermeneutical significance", *BBR* 5 (1995): 177-98. Weima enfatiza quatro temas principais em toda a Epístola de Gálatas que ele vê resumidos em Gálatas 6.11-17, mas todos focalizam a ideia central da identificação com Cristo: (1) orgulhar-se na carne *versus* orgulhar-se em Cristo; (2) evitar a perseguição por causa da identidade com Cristo *versus* aceitar a perseguição por se identificar com Cristo; (3) identificar-se com a circuncisão ou a incircuncisão *versus* identificar-se com Cristo; (4) o velho mundo *versus* a nova criação, o primeiro tem o foco na Lei e na carne, o segundo, em Cristo. Hans Dieter Betz afirma:

de enfatizar sua autoria da carta, Paulo declara que seus opositores tornam a circuncisão obrigatória a fim de não serem "perseguidos por causa da cruz de Cristo" (v. 12). O motivo ("para", *gar*) por que não querem ser perseguidos por causa da cruz é que prefeririam se vangloriar na obediência à Lei (p. ex., circuncisão na carne) a gloriar-se em Cristo (v. 13). Paulo, no entanto, afirma no versículo 14 que prefere se orgulhar na cruz, com a qual se identifica pela fé. Consequentemente, ele não tem mais lugar no velho "mundo", visto que esse lugar foi destruído (i.e., o mundo foi "crucificado" para ele, e ele foi "crucificado para o mundo"). Os versículos 15 e 16 explicam por que Paulo se orgulha somente na cruz: nem circuncisão nem incircuncisão importam para Deus, uma vez que fazem parte do velho mundo, que está desaparecendo. O que de fato importa, contudo, é a "nova criação", pois sua inauguração é a nova etapa histórico-redentora, que tornou obsoleta a anterior caracterizada pela Torá. Na era antiga, a Torá era a representação plena da revelação divina, mas agora sua posição elevada foi ultrapassada pela "nova criação", que expressa o auge da revelação de Deus em Cristo, e esta era apenas indicada na antiga era da Torá (veja, p. ex., Gl 3.23-25). A "nova criação" é o outro lado da moeda da crucificação. A crucificação de Jesus está indissociavelmente ligada à sua ressurreição, uma vez que era necessário primeiro haver a crucificação para ocorrer a ressurreição, que, em outra passagem, Paulo considera ser uma nova criação.[21]

A referência à "nova criação" em Gálatas 6.15 é provavelmente uma alusão a Isaías 65.17: "Crio novos céus e nova terra" (também quase idêntico a Isaías 66.22 e semelhante a Isaías 43.19),[22] especialmente porque a única outra ocorrência dessa expressão nos textos de Paulo é uma alusão ao(s) mesmo(s) texto(s) de Isaías.[23] A alusão é indicada também pelas referências anteriores analisadas neste capítulo, e vou explicar depois (cap. 20) que em Gálatas 6.16 existe uma alusão a uma profecia da nova criação de Isaías 54. Portanto, Paulo entende que a nova criação profetizada por Isaías teve início mediante a morte de Cristo (Gl 6.14) e sua ressurreição (esta é presumida na "nova criação", da qual o contexto de Gálatas também dá testemunho, começando em 1.1-4 e de novo no fim, em 6.16).

Em parte, a mensagem de Paulo é que sua identificação com a morte de Cristo é a verdadeira origem de sua separação do velho mundo, corruptível e pecaminoso, bem como o exato início do afastamento do apóstolo do velho mundo (v. 14). A separação de Paulo do velho cosmo significa que ele começou a ser consagrado para outro mundo, que no versículo 15 ele chama de "nova criação". Portanto, a morte de Cristo está indissociavelmente ligada à nova criação, o que obrigatoriamente leva à ressurreição de Cristo e dos crentes. Essa implicação provavelmente está incluída no raciocínio do apóstolo no versículo 15 com base no versículo 16 à luz de minha análise imediata nesta seção e na seguinte. A morte de Cristo nos versículos 14 e 15 é entendida de modo bem claro como absolutamente imprescindível para a inauguração da nova criação, e a ressurreição está apenas implícita. Gálatas 1.4, ao falar de Cristo como aquele "que se entregou pelos nossos pecados para nos resgatar deste mundo mau", expressa praticamente a mesma ideia de Gálatas 6.14,15. A morte de Cristo é o meio pelo qual as pessoas são libertadas do velho cosmo caído.

Portanto, a "nova criação" em Gálatas 6.15 juntamente com 6.16 é uma maneira de falar não apenas dos efeitos da morte de Cristo, mas também da vida da ressurreição mencionada

---

"Todo o argumento da carta culmina na regra do v. 15" (*Galatians*, Hermeneia [Philadelphia: Fortress, 1979], p. 321). Veja tb. Frank J. Matera, "The culmination of Paul's argument to the Galatians: Gal. 5:1—6:17", *JSNT* 32 (1988): p. 79-91. Matera defende que os dois últimos capítulos de Gálatas resumem temas anteriores da carta e são o auge de todo o argumento de Paulo.

[21]Veja G. K. Beale, "The Old Testament background of reconciliation in 2 Corinthians 5—7 and its bearing on the literary problem of 2 Corinthians 4:14—7:1", *NTS* 35 (1989): 550-81.

[22]Esses dois textos de Isaías também podem estar incluídos na alusão.

[23]Veja Beale, "Old Testament background of reconciliation", p. 553-7.

em Gálatas 5.25. Os dois textos são fundamentais no entendimento de Paulo de que tanto a profecia de Isaías 54.1 quanto a da "nova criação" em Isaías 65.17 começaram a se cumprir. Isso fica evidente em Gálatas 2.19,20 e, particularmente, 5.24,25, em que a menção da crucificação é seguida imediatamente pela referência à vida da ressurreição. O mesmo padrão duplo pode ser identificado em Gálatas 6.14-16, especialmente porque Gálatas 5.22-25 também se concentra no tema da nova criação. Em Gálatas 5.22-25, o efeito da nova criação naqueles que dela participam é que eles não se tornam "orgulhosos", não "se provocam uns aos outros", nem têm "inveja uns dos outros" (Gl 5.26), que é um desdobramento negativo dos atributos positivos do "fruto do Espírito", em particular "paz, paciência, bondade [...] amabilidade e domínio próprio" (Gl 5.22,23). Portanto, a função de dividir da Lei foi afastada para que ela não seja "contra essas coisas", como manter a paz na nova ordem (Gl 5.23). Do mesmo modo, Gálatas 6.15,16 afirma que na "nova criação" a circuncisão, que representa a função divisora da Lei (veja a seguir), não significa nada, de forma que o efeito sobre os que habitam o novo cosmo é "paz e misericórdia" (Gl 6.16), um desdobramento de "paz" e "bondade" de Gálatas 5.22,23, aspectos característicos da nova criação.

O uso de "andar" (stoicheō) em Gálatas 6.16 como termo intimamente ligado à nova criação

Outra ligação escatológica ainda mais decisiva entre os trechos de Gálatas 5.22-25 e 6.14-16 é o emprego comum de *stoicheō* em Gálatas 5.25 e 6.16,[24] verbo em geral traduzido por "andar". Gálatas 6.16 continua explicando a nova criação de Gálatas 6.15. A menção de "essa regra" (*kanōn*) no início do versículo 16 deve referir-se ao princípio regulador da "nova criação", que acabou de ser mencionado no versículo 15.[25] Portanto, os crentes devem "andar" mediante esse princípio regulador da nova criação, assim como em um texto anterior da epístola tinham de "andar pelo Espírito" (Gl 5.25).[26] Algumas versões em língua inglesa traduzem *stoicheō* por "*walk*" ["andar"] (RSV, NASB, KJV), enquanto outras traduzem por "*follow*" ["seguir"] (NRSV, NIV, JB), outras por "*take for their guide*" ["adotar como seu guia"] (NEB, assim como Moffatt) e ainda outras por "*live by*" ["viver por"] (NLT). Contudo, *stoicheō é uma palavra que não parece ser precisamente sinônima de peripateō*, a palavra comum de Paulo para "andar". De forma curiosa, nenhuma das traduções mencionadas traz "*be in line with*" ["estar de acordo com"], que é a melhor tradução para todos os usos do verbo no NT.[27]

Para entender melhor a noção de *stoicheō*, precisamos nos lembrar do principal tema de Gálatas. Cristo anulou a parte da lei que separava judeus de gentios a fim de que eles se tornassem um. Os gentios não precisam mais se adaptar aos símbolos da Torá nem aos costumes da nação de Israel (como a circuncisão, as leis alimentares e as comemorações do calendário

---

[24]Encontrei corroboração para isso em Matera, "Culmination of Paul's argument", p. 88. Matera sustenta que *stoicheō* em 6.16 "ecoa" o uso anterior em Gálatas 5.25 e que a "regra" de 6.16 diz respeito a depender do Espírito (em 5.25), e não da circuncisão.

[25]Para o uso de "nova criação" no judaísmo em comparação com Gálatas 6.15, veja Bruce D. Chilton, "Galatians 6:15: a call to freedom before God", *ExpTim* 89 (1978): 311-3. Veja tb. G. K. Beale, "The Old Testament background of Rev 3.14", *NTS* 42 (1996): 133-52, em especial para os usos de Isaías 43.18; 65.16,17 no judaísmo.

[26]É possível traduzir tanto Gálatas 5.25 quanto 6.16 por "andar no domínio" do Espírito ou da nova criação, respectivamente, já que *kanōn* significa "domínio" em sua única outra ocorrência no NT (2Co 10.13,15,16; observem-se as interpretações variantes em que a palavra também aparece em Filipenses 3.16 [veja o aparato NA[27]], que possivelmente pode se referir a "domínio"). Se essa for a ideia, então o foco seria nos crentes que agora vivem no domínio do Espírito e da nova criação.

[27]Veja análise a seguir; tb. G. Delling, "στοιχέω, κ.τ.λ.", in: *TDNT* 7: 666-9; BAGD (p. 679) reconhece essa como a primeira definição plausível.

judaico) para ser israelitas verdadeiros. Não precisam se identificar com o Israel geográfico para ser o verdadeiro Israel. Precisam tão somente se identificar com Jesus, aquele para quem a Torá apontava o tempo todo (Gl 2.23-25). Precisam ser circuncidados não na carne, mas no coração, pela morte de Cristo, que é a verdadeira circuncisão deles, uma vez que os corta do velho mundo e os separa para o novo (Gl 3.1-5; 5.1-6,11,12; 6.12-15; cf. Cl 2.10-14). Não precisam manter as leis alimentares, já que foram definitivamente purificados por Cristo. O único feriado litúrgico no novo calendário é o dia da ressurreição, quando eles adoram a Deus.[28] Por isso, o mundo velho e caído é caracterizado conforme a identidade nacionalista da Lei, ao passo que o único sinal de identidade da nova criação é Cristo.

A natureza antagônica dos sinais de identidade da velha e da nova criação é enfatizada pela comparação de Gálatas 5.6 com 6.15:

5.6: "Porque em Cristo Jesus nem a circuncisão, nem a incircuncisão valem coisa alguma; mas, sim, a fé que atua pelo amor".

6.15: "Pois nem a circuncisão nem a incircuncisão são coisa alguma, mas o ser nova criação".

As palavras sublinhadas nesses versículos revelam seu contraste positivo em relação ao sinal da circuncisão, que pertence ao velho mundo. É significativo que, em Gálatas 5.6, o sintagma "em Cristo Jesus" de fato faça parte do elemento positivo da diferença que conclui o versículo, de modo que o sentido resultante é: "Nem circuncisão nem incircuncisão significam coisa alguma, mas a fé em Cristo Jesus que opera pelo amor". Esse contraste positivo em Gálatas 5.6 é paralelo à parte positiva da oposição em 6.15, de modo que "fé em Cristo Jesus" é paralelo a "nova criação" e provavelmente seu sinônimo. Por isso, o mundo velho e caído é caracterizado pelos sinais de identidade da Torá (p. ex., a circuncisão), que promove as divisões pecaminosas inerentes à criação caída, ao passo que o único sinal de identidade da nova criação é Jesus, o Messias.[29]

Portanto, sob essa ótica, a questão principal de Gálatas 5.16 é que os crentes têm de viver mediante o poder de Cristo, o início da nova criação, e por meio de seu Espírito, que lhes foi enviado.

Paulo crê que todo o velho mundo, e não apenas uma parte dele, sofreu um golpe fatal. Evidentemente, a etapa inicial da destruição se concentra, principalmente, nos aspectos espirituais e seus sinais (físicos) nacionais de separação relacionados. É provável, contudo, que o apóstolo defendesse a concepção de que o auge desse processo inicial seria também algum tipo de destruição radical do cosmo físico, visto que em outras passagens ele vê o restabelecimento da terra fisicamente transformada,[30] incluindo corpos ressurretos fisicamente renovados (veja, p. ex., Rm 8.18-25; 1Co 15.20-58).[31]

---

[28]Veja em T. David Gordon, "The problem at Galatia", *Int* 41 (1987): 32-43. Gordon afirma que a questão principal de Gálatas é que os gentios não necessitam mais identificar-se com os sinais da Torá para ser parte do verdadeiro povo de Deus.

[29]Sobre o paralelismo entre Gálatas 5.6 e 6.15, veja Ulrich Mell, *Neue Schöpfung: Eine traditionsgeschichtliche und exegetische Studie zu einem soteriologischen Grundsatz paulinischer Theologie*, BZNW 56 (Berlin: de Gruyter, 1989), p. 298-9. Mell também indica o paralelo em 1Coríntios 7.19. Betz (*Galatians*, p. 319) defende aqui que para o cristão estar em uma "nova criação" tem de estar "em Cristo", de acordo com Gálatas 2.19,20; 3.26-28; 4.6; 5.24,25.

[30]Observe-se 2Pedro 3.10,12, em que os "elementos" (*stoicheia*) físicos do cosmo são destruídos pelo fogo e serão transformados em "novos céus e nova terra" (3.13). De forma curiosa, apenas dois versículos adiante, "Paulo" e "todas as suas cartas" são mencionados (3.15,16), o que reflete alguma ligação consciente com a tradição paulina.

[31]Mell (*Neue Schöpfung*, p. 316-7, 324) também afirma que a "nova criação" de Gálatas 6.15 não pode ser uma referência limitada apenas à humanidade, mas refere-se sobretudo à transformação soteriológica do mundo todo. Entretanto, Mell não desenvolve a ideia nem a relaciona a *stoicheō* ou *stoicheia*.

Sobre esse aspecto, devemos nos lembrar de que a ressurreição de Cristo, que é o início da nova criação, não é simplesmente uma realidade espiritual, mas também física, de forma que seu lugar físico no velho mundo foi destruído e transferido para o novo mundo. Do mesmo modo, os crentes começaram a desfrutar a ressurreição espiritual por meio do Espírito. Se os crentes foram ressuscitados da velha criação, o lugar espiritual deles nesse antigo mundo foi destruído, como Paulo testemunha que lhe aconteceu (Gl 6.14, por meio da "cruz de nosso Senhor Jesus Cristo", diz Paulo, "o mundo está crucificado para mim, e eu para o mundo"). Posteriormente, a ressurreição espiritual dos santos será consumada na ressurreição física. Esse mesmo conceito de duas etapas, "já e ainda não", se aplica à destruição do cosmo. Isso significa que Paulo não está usando figura de linguagem ao falar do início da destruição do mundo e da reconstituição do novo mundo, uma vez que ele acreditava que os elementos constituintes tanto do velho quanto do novo mundo eram de fato de natureza espiritual e física (e mesmo o "espiritual" era uma realidade de fato, e não metafórica, para Paulo). Se o apóstolo está realmente fazendo alusão a Isaías 65.17 e 66.22 em Gálatas 6.15, então isso reforçaria sua opinião de que a "nova criação" da qual fala é uma referência abrangente a todo o novo cosmo, parte do qual começou a ser inaugurado com a ressurreição de Cristo e a ressurreição espiritual dos santos. Até a destruição parcial ou a reconstituição dos elementos em um desses mundos é uma realidade ontológica, e não figurada.

Vamos ter de aguardar um capítulo posterior (cap. 20) para entender que as conclusões que acabaram de ser expostas são apoiadas pela observação de que a menção de "paz e misericórdia" em Gálatas 6.16 é uma alusão a Isaías 54.10, que é parte de uma profecia de que Israel será abençoado na nova criação. Até a presente análise, observa-se que essa profecia é aplicada a todos os crentes da região da Galácia.

De que forma exata Gálatas 6.17 corrobora a análise anterior

Visto que na nova criação deve reinar a "paz" (v. 16b), Paulo roga que "ninguém" [evidentemente, ninguém que se chame "irmão"] o "importune". O apóstolo diz com clareza que a razão de seu pedido é que ele traz no corpo "as marcas de Jesus". Por um lado, os que pertencem à antiga era insistem em "ostentar na carne" identificando-se com o sinal da "circuncisão", da qual se "orgulham" (v. 13). Por outro lado, tendo em vista que Paulo deseja "se orgulhar" somente "na cruz de nosso Senhor Jesus Cristo", pela qual foi "crucificado para o mundo", e que a circuncisão não significa mais nada (v. 15), ele quer se identificar apenas com o sinal da nova criação, que é o próprio Messias Jesus. Portanto, a declaração de Paulo, no versículo 17, de que ele traz "no corpo as marcas de Jesus" é outra maneira de dizer que ele não deseja ser identificado com o sinal da antiga era (a circuncisão), mas com o único sinal da nova era: Jesus e seu sofrimento na cruz.[32]

---

[32] Essa ideia é diferente da posição de muitos comentaristas, que normalmente recorrem ao emprego de *stigma* como sinônimo de marca ou tatuagem nos escravos para lhes identificar o dono (p. ex., veja Richard N. Longenecker, *Galatians*, WBC 41 [Nashville: Thomas Nelson, 1990], p. 299-300). Se estiverem em mente as nuances desse significado, elas foram modeladas pela ideia de identificação aqui exposta. James Dunn se aproxima de minha conclusão, mas não chega a relacionar sua visão do v. 17 com a antiga e a nova criação: "Paulo [...] estabelece um contraste entre uma identidade definida conforme a circuncisão e outra centrada na cruz de Cristo" (*The Epistle to the Galatians*, BNTC [Peabody: Hendrickson, 1993], p. 347); de maneira semelhante, Donald Guthrie, *Galatians*, NCB (Camden: Thomas Nelson, 1969), p. 163; F. F. Bruce, *The Epistle of Paul to the Galatians: a commentary on the Greek text*, NIGTC (Grand Rapids: Eerdmans, 1982), p. 275-6 (citando tb. 2Co 4.11 em apoio à sua tese); Timothy George, *Galatians*, NAC 30 (Nashville: B&H, 1994), p. 442; Ronald Y. K. Fung, *The Epistle to the Galatians*, NICNT (Grand Rapids: Eerdmans, 1988), p. 314.

Conclusão

Nesta seção, afirmei que a referência de Paulo à "nova criação" em Gálatas 6.15,16 deve ser entendida no contexto dos temas e passagens de Isaías sobre a "nova criação", dos quais há ecos também em trechos anteriores de Gálatas, sobretudo em Gálatas 5.22-26. A comprovação do contexto isaiânico do conceito de nova criação em Gálatas 6.15,16 está de acordo com outra referência de Paulo à "nova criação" em 2Coríntios 5.17 e com a alusão de João à "nova criação" em Apocalipse 3.14, passagens cujo pano de fundo é Isaías 43, 65 e 66.[33] O texto de Gálatas 6.14-16 ressalta que a morte de Cristo é imprescindível para o próprio começo da nova criação, não havendo dúvidas de que a ressurreição está incluída nesse conceito de nova criação. A passagem de 2Coríntios 5.14-17 também entende que a morte e a ressurreição de Cristo estão essencialmente ligadas à nova criação.

Por fim, de todos os textos de Paulo, Gálatas 6.15,16 é aquele em que o apóstolo fala mais claramente sobre a "nova criação".[34] Esses dois versículos destacam o que foi dito em outras palavras ao longo de toda a Epístola aos Gálatas. Meu argumento é que essa ideia de "nova criação" também domina, de um modo ou de outro, a maior parte do pensamento paulino.

A concepção paulina de ressurreição como a nova criação inicial dos últimos tempos: Colossenses 1.15-20

Os comentaristas escreveram mais a respeito do famoso suposto poema de Colossenses 1.15-20 do que sobre qualquer outra passagem da carta.[35] Aqui só me será possível fazer uma breve análise da passagem.[36] Se a conclusão da maioria dos especialistas de que Paulo se referia a um hino já existente for correta, então o apóstolo o adaptou para torná-lo adequado ao contexto do que estava escrevendo. Já que não temos o contexto do hino para poder interpretar o uso de Paulo, temos de nos concentrar no modo em que o apóstolo emprega essas palavras em seu contexto. Mais precisamente, os versículos 15-20 são uma explicação dos versículos imediatamente anteriores (v. 13b,14): "do seu Filho amado, em quem temos a redenção, isto é, o perdão dos pecados".

Os versículos da passagem podem ser divididos, de forma geral, em duas partes: a supremacia de Cristo sobre a primeira criação (Cl 1.15-17); a supremacia de Cristo sobre a nova criação (Cl 1.18-20). Observe-se as tabelas 9.2 e 9.3 para os quadros dos paralelos desses textos, primeiro em grego e, então, na tradução correspondente.

---

[33]Como exposto em Beale, "Old Testament background of reconciliation"; ibidem, "Old Testament background of Rev 3.14".

[34]Conforme se observou antes, trataremos em mais detalhes do contexto isaiânico de nova criação (i.e., Is 54.10) para Gálatas 6.16 em um capítulo posterior (veja cap. 20, seção "O cumprimento inicial das profecias da restauração de Israel na igreja de acordo com Paulo"). Para uma análise mais aprofundada de Gálatas 6.15,16, veja Jackson, *New creation in Paul's letters*, p. 83-114. A obra de Jackson apoia meu estudo da passagem de várias maneiras.

[35]Para saber sobre restrições importantes sobre essa passagem se basear num hino já existente, veja Peter T. O'Brien, *Colossians, Philemon*, WBC 44 (Waco: Word, 1982), p. 32-7.

[36]Para uma análise do poema, seu contexto e significado debatidos, veja a bibliografia citada em G. K. Beale, "Colossians", in: G. K. Beale; D. A. Carson, orgs., *Commentary on the New Testament use of the Old Testament* (Grand Rapids: Baker Academic, 2007), p. 869-70 [edição em português: *Comentário do uso do Antigo Testamento no Novo Testamento* (São Paulo: Vida Nova, 2014)]; e para uma investigação mais completa de Colossenses 1.15-20, veja ibidem, p. 851-5; veja tb. G. K. Beale, *Colossians and Philemon*, BECNT (Grand Rapids: Baker Academic, no prelo).

Tabela 9.2
A preeminência de Cristo na primeira criação e na nova: Colossenses 1.15-20

Na primeira criação	Na nova criação
v. 15: *"hos estin eikōn tou theou tou aoratou"*.	v. 19: *"hoti en autō eudokēsen pan to plērōma katoikēsai"*.
v. 15: *"prōtotokos pasēs ktiseōs"*.	v. 18: *"prōtotokos ek tōn nekrōn"*.
v. 17: *"kai autos estin pro pantōn"*.	v. 18: *"kephalē/arché [...] hina genētai en pasin autos prōteuōn"*.
v.16: *"hoti en autō ektisthē ta panta en tois ouranois kai epi tēs gēs"*.	v. 20: *"kai di' autou apokatallaxai ta panta eis auton [...] eite ta epi tēs gēs eite ta en tois ouranois"*.

Observação: Agradeço a meu antigo aluno Tim Sweet pela elaboração destas tabelas. Os paralelos mais completos podem ser consultados no texto grego completo de Colossenses 1.15-20 em N. T. Wright, *The climax of the covenant: Christ and the law in Pauline theology* (Minneapolis: Fortress, 1992), p. 104.

Tabela 9.3
A preeminência de Cristo na primeira criação e na nova: Colossenses 1.15-20

Na primeira criação	Na nova criação
v. 15: Ele é a imagem do Deus invisível	v. 19: Porque foi da vontade de Deus que nele habitasse toda a plenitude
v. 15: o primogênito sobre toda a criação	v. 18: Ele é também o primogênito dentre os mortos
v. 17: Ele existe antes de todas as coisas	v. 18: cabeça/princípio [...] para que em tudo tenha o primeiro lugar
v. 16: porque nele foram criadas todas as coisas nos céus e na terra	v. 20: e por meio dele reconciliasse consigo mesmo todas as coisas consigo [...] tanto as que estão na terra como as que estão no céu

1. Assim como Cristo já era a "imagem do Deus invisível" na época da primeira criação (Cl 1.15), também no começo da nova criação a "plenitude" da divindade "habitou nele" de forma que ele fosse a representação perfeita de Deus em "forma corpórea" (Cl 1.19; 2.9).
2. Assim como Cristo foi o "primogênito de toda [primeira] criação", ele também é o "primogênito" da nova criação por ter sido ressuscitado "dentre os mortos" (Cl 1.18). Esse texto é um dos exemplos mais claros do NT de que a ressurreição de Cristo era entendida como o início de uma nova criação que ainda seria muito maior (i.e., com muito mais pessoas ressuscitadas da morte).
3. Assim como Cristo existia "antes de todas as coisas" criadas na primeira criação (Cl 1.17), ele também passou a ser o "cabeça" e o "princípio" a fim de "que tenha o primeiro lugar entre todas as coisas" na nova criação (Cl 1.18).
4. Assim como "foram criadas todas as coisas [...] nos céus e na terra" por meio de Cristo na primeira criação (Cl 1.16), Cristo também "reconciliou consigo mesmo todas as coisas, tanto as que estão na terra como as que estão no céu" (Cl 1.20).

Esses paralelos demonstram que Paulo acreditava que as últimas coisas da nova criação tiveram por modelo as primeiras coisas da Criação de Gênesis porque o Último Adão finalmente havia chegado e realizado o que o primeiro deveria ter feito. Os efeitos da obediência e da desobediência de cada Adão tiveram implicações não somente para a humanidade, mas também para o resto do cosmo.

É provável que a descrição de Cristo como "imagem de Deus" e de "primogênito de toda a criação" tenha base adâmica, isto é, significa que Paulo está retratando Cristo como um "Último Adão", que é o cabeça e o supremo soberano tanto da primeira quanto da segunda criação. Mas as evidências e a explicação mais detalhada dessa interpretação vão ser apresentadas em um capítulo posterior.[37]

Por que Paulo escreveu essa parte introdutória de Colossenses? Muito provavelmente para levar os colossenses a se concentrarem na própria identificação deles com Cristo como uma nova criação, o que é mencionado mais adiante em Colossenses 3.9-11. Com essa identificação, os leitores são incentivados a prestar atenção no ensino paulino da nova criação e sua ética, a fim de não serem enganados pelos falsos mestres que estavam tentando fazê-los cumprir normas de conduta agora obsoletas, pois eram parte integrante do mundo velho e caído que está desvanecendo.[38]

Conclusão

Este capítulo demonstrou que Paulo concebia claramente a ressurreição de Cristo como o início da nova criação dos últimos dias. A passagem de Colossenses demonstra que o apóstolo entendia que o reinado de Cristo praticamente se sobrepõe a essa nova criação.

---

[37]Veja cap. 13, seção "A imagem do Último Adão nos textos de Paulo".
[38]Para esse propósito e para uma análise mais completa, veja Beale, *Colossians and Philemon*.

10

A ressurreição como nova criação e reino inaugurados dos últimos tempos nas Epístolas Gerais e em Apocalipse

O que descobrimos nos Evangelhos e em Paulo nos capítulos anteriores deste livro também descobriremos nas Epístolas Gerais e em Apocalipse: a ressurreição de Cristo é o início da nova criação e do reino do fim dos tempos, uma parte importante do enredo do NT que propus e que menciono reiteradamente.

A ressurreição "já e ainda não" e o reino da nova criação nas Epístolas Gerais
Hebreus

A Epístola aos Hebreus praticamente começa com uma referência à ascensão de Jesus ("Ele se assentou à direita da Majestade nas alturas"), logo depois de "ter realizado a purificação dos pecados" (1.3b). A informação de que Deus "designou [Jesus] herdeiro de todas as coisas" (1.2) é mencionada novamente em 1.4, trecho em que a epístola afirma que Cristo herdou "um nome mais excelente". O versículo 3, situado entre as duas declarações sobre a herança, afirma que Jesus é a expressão exata de Deus ("o resplendor da sua glória e a representação exata de sua natureza") governando todas as coisas pela "palavra de poder", tendo se assentado "à direita" de Deus. Os versículos 1-4 usam uma linguagem adâmica clássica, que já vimos tantas vezes em Gênesis 1 e 2 e em outras passagens nos dois Testamentos:

1. o "filho" de Deus (que é o primeiro Adão) veio "nesses últimos dias"
2. como a imagem de Deus,
3. como governante e
4. herdeiro da terra,
5. como uma nova criação (lembrando o conceito de que a ascensão é um estágio intensificado da existência da ressurreição de Cristo [p. ex., veja At 2.31-35]), que é o início da nova criação.[1]

---

[1]Com muita frequência os teólogos falam da "humilhação" de Cristo (referindo-se ao sofrimento, à morte e ao sepultamento de Cristo) e do seu estado de exaltação (sua ressurreição, ascensão, sua posição à destra de

Esses conceitos adâmicos são desenvolvidos explicitamente em Hebreus 2.6-9 em relação à morte de Jesus e a posição dele de "glória e honra".

Hebreus 1.5 é o fundamento para Jesus na condição de herdeiro (v. 2,4) ser o cumprimento de duas profecias: Salmos 2.7 ("Tu és meu filho, hoje te gerei") e 2Samuel 7.14 ("Eu serei seu pai, e ele será meu filho"). Vimos que esses dois trechos são partes de importantes profecias que eram desdobramentos, de várias maneiras, do tema da realeza adâmica de Gênesis 1.26-28.[2] Essas profecias não se referem ao nascimento de Jesus por meio de Maria, mas, sim, falam de seu nascimento como uma nova criação e de sua entronização como rei na sua ressurreição, o que está de acordo com a explicação de Paulo na sinagoga, registrada em Atos 13.32-34, de que Salmos 2.7 é uma profecia da ressurreição de Jesus. A profecia de 2Samuel é aplicada aos que se identificam com Jesus em Apocalipse 21.7, passagem que inclui a noção de governar (vencer), herdar e ser "filhos" de Deus.

A ressurreição demonstra não apenas a realeza de Jesus, mas também seu sacerdócio: "Temos um grande sumo sacerdote que adentrou os céus, Jesus, o Filho de Deus" (Hb 4.14). A passagem de Salmos 2.7, além de apoiar a herança régia de Jesus em Hebreus 1.2-4, é apresentada como evidência que sustenta o fato de Jesus ter se tornado "sumo sacerdote" no momento de sua ressurreição. Da perspectiva conceitual, isso também tem analogia com Gênesis 1 e 2, onde vimos que Adão, sendo um rei à imagem de Deus, também era sacerdote. É bem pouco provável que seja coincidência a primeira menção de sacerdócio em Hebreus estar em 2.17, imediatamente depois do retrato de Jesus como figura do "Último Adão" (cf. Hb 2.6-9). A ressurreição também indicava com clareza o sacerdócio eterno de Cristo, o que fica evidente de acordo com o texto de Hebreus 7.16,17: Cristo "tem se tornado [sacerdote da ordem de Melquisedeque] não com base na lei de um mandamento humano, mas segundo o poder de uma vida indestrutível. Porque dele se dá este testemunho: 'Tu és sacerdote para sempre, segundo a ordem de Melquisedeque'". Por isso, Jesus "permanece sacerdote para sempre" e "vive para sempre para interceder" por seu povo (Hb 7.24,25).

Em Hebreus 8, o autor reúne de forma clara o que estava implícito nos capítulos anteriores: a realeza e o sacerdócio de Cristo estão associados e resultam da ascensão dele: "O ponto principal do que estamos dizendo é este: temos um sumo sacerdote que se assentou à direita do trono da Majestade no céu" (v. 1). Em Hebreus 9.11, fica evidente que a ascensão de Cristo o levou a ser sacerdote em uma nova criação: "Mas Cristo se manifestou como sumo sacerdote das boas coisas por vir, entrou no tabernáculo maior e mais perfeito, não erguido por mãos humanas, isto é, não desta criação". Ele se tornou sacerdote em um templo da nova criação (cf. da mesma forma Hb 9.24). Mais uma vez, Hebreus 10.12,13 ressalta a combinação de sacerdócio e realeza na pessoa única de Jesus: "Mas quando este sacerdote acabou de oferecer, para sempre, um único sacrifício pelos pecados, assentou-se à direita de Deus.[3] Daí em diante, está esperando até que os seus inimigos sejam colocados como estrado dos seus pés".

A última oração gramatical de Hebreus 10.13 ("até que os seus inimigos sejam colocados como estrado dos seus pés") é a quinta vez na carta que se faz alusão a Jesus como cumprimento do salmo 110. Apenas em Hebreus 1.13 recorre-se a Salmos 110.1 ("Assenta-te à minha direita, até que eu ponha teus inimigos por estrado dos teus pés") para enfatizar a realeza inaugurada

---

Deus durante a era entre os adventos, e de sua vinda definitiva em glória. A existência da ressurreição de Cristo continua em estágios de glória intensificada com a ascensão, seu reinado à destra de Deus e sua volta em glória (veja Wayne Grudem, *Systematic theology* [Grand Rapids: Zondervan, 1994], p. 616-20) [edição em português: *Teologia sistemática*. (São Paulo: Vida Nova, 2011)].

[2]Veja, no cap. 1, a seção: "A expectativa reiterada da nova criação de um rei adâmico ao longo de todo o Antigo Testamento".

[3]Sobre isso, veja tb. Hb 12.2.

de Jesus, como se faz também aqui em Hebreus 10.13. Hebreus menciona Salmos 110.4 ("O Senhor jurou e não se arrependerá: 'Tu és sacerdote para sempre'") três vezes (em 5.6; 7.17,21) para enfatizar o sacerdócio eterno de Jesus. O uso reiterado desse salmo mostra novamente quanto o autor está preocupado em combinar na única pessoa de Jesus os ofícios de rei e sacerdote. Além disso, o apelo constante a Salmos 110.1,4 mostra que essa passagem foi provavelmente a influência principal que o levou a combinar as duas funções em uma só pessoa.[4] A combinação das duas funções é reforçada na sequência de citações em Hebreus 1, que começa com Salmos 2 e termina com Salmos 110, e os dois são citados paralelamente em Hebreus 5.5,6. Além disso, ambos os textos introduzem a exposição em Hebreus 1: no versículo 2 há uma alusão a Salmos 2.7, e Cristo "sentado à direita da Majestade nas alturas", no versículo 3, provavelmente é uma alusão a Salmos 110.1.[5]

Uma referência mais explícita a Jesus começando uma nova criação por sua ascensão como o sacerdote escatológico ocorre em Hebreus 10.19-21, em que se afirma que Jesus na condição de "grande sacerdote sobre a casa de Deus inaugurou [ou 'renovou']" para seu povo um "novo e vivo acesso" ao santuário celestial. Esse "vivo acesso" nada mais é do que a vida nova da ressurreição na presença de Deus em seu templo, vida nova que, como vimos anteriormente em Hebreus, foi inaugurada na ressurreição/ascensão de Jesus (4.14; 6.20; 7.16,17; 8.1; 9.11) e será consumada em seu retorno definitivo. Os crentes que se identificam com o Jesus ressurreto e exaltado como a nova criação inaugurada entram na presença de Deus no Santo dos Santos, apesar de ainda não estarem isentos de pecado. O único acesso que eles têm à nova criação celestial e, portanto, à presença divina é por meio de Jesus, visto que somente uma pessoa sem pecado pode entrar no Santo dos Santos sem ser destruída pela presença direta do Deus Santo.

O fato de Deus ter preservado a descendência abraâmica ao livrar Isaque da morte foi um "tipo" da ressurreição dos mortos vindoura, da qual Jesus foi o primeiro (Hb 11.17-19). Os dois últimos capítulos concluem a epístola com mais duas referências à ressurreição. O texto de Hebreus 12.23 se refere à "igreja dos primogênitos", assim denominados porque se identificam com Jesus, o "primogênito" dentre os mortos.[6] Hebreus 2.10-14 também confirma essa ideia, pois os cristãos são chamados de "muitos filhos" levados à glória pelo "autor [Jesus] da sua salvação" e denominados "irmãos" de Jesus e "filhos" dados por Deus a Jesus.[7] A ideia de que de alguma forma invisível os leitores de Hebreus "chegaram" ao reino celestial ("monte Sião" e "Jerusalém"), onde existe a "igreja dos primogênitos", deve incluir a ideia de que eles próprios fazem parte dessa congregação de primogênitos. É possível que, neste trecho, "primogênitos" se refira a todos aqueles que desfrutarão a ressurreição assim como o seu progenitor primogênito, Jesus. Entretanto, tendo em vista a ênfase anterior em Hebreus para que os leitores se identificassem com a ascensão de Jesus e sua entrada no tabernáculo celestial, é provável que a condição deles de "primogênitos" tenha sido inaugurada mediante essa identificação presente com a ressurreição/ascensão de Jesus, e que essa condição de exaltados se intensifique com a morte e a exaltação em Sião e Jerusalém celestiais, entre "os espíritos dos justos aperfeiçoados" (Hb 12.22,23).

---

[4]Com base em Salmos 110, os textos judaicos seguintes também combinam os dois ofícios em uma só figura: *T. Rúb.* 6.8-11; *Rab.* de Gn 55.6; *Rab.* de Dt 2.7; *S. Eli. Rab.* 94; *b. Ned.* 32b; o Tg. de Sl 110.4 interpreta o escolhido para o eterno sacerdócio de Melquisedeque como aquele que é "designado como príncipe do mundo vindouro".

[5]Sou grato a Dan Brendsel, meu assistente de pesquisa, por essas duas últimas observações em Hebreus 1.

[6]Cf. Hb 1.6; cf. "primogênito dentre os mortos" em Cl 1.18; Ap 1.5; em Rm 8.29, Paulo relaciona Jesus como "primogênito" a seus "irmãos".

[7]A respeito dessa ligação com Hebreus 12.23, veja Paul Ellingworth, *The Epistle to the Hebrews: a commentary on the Greek text*, NIGTC (Grand Rapids: Eerdmans, 1993), p. 679.

Os leitores foram mencionados como os que entraram no "Santo dos Santos" por meio de seu precursor Jesus (10.19-22; 4.14-16). Com base nessa entrada, pode se dizer que eles se identificam com "Sião e [...] a Jerusalém celestial" e com as outras realidades em 12.22,23 porque o "Santo dos Santos" era o centro de tudo isso.[8] Por exemplo, o fato de os crentes terem chegado ao "monte Sião" e à "Jerusalém celestial" provavelmente indica que eles se tornaram parte dessas localidades por serem cidadãos do monte Sião e da Jerusalém celestiais. Os crentes na terra são identificados agora com as realidades celestiais dos versículos 22 e 23, das quais usufruem de algum modo. Essa identificação fica evidente quando se lê Hebreus 12.24, que afirma que eles também "chegaram" "a Jesus, o mediador de uma nova aliança, e ao sangue da aspersão [de Jesus]", que é uma recapitulação das realidades cultuais com que, segundo Hebreus, os crentes já começaram a se identificar na existência terrena atual (p. ex., 10.10-14,19-22).[9] Hebreus 12.24 é o clímax dos versículos 18-24 e, portanto, da epístola toda.[10] A função culminante desse versículo confirma ainda mais que o "Santo dos Santos" é o foco principal das realidades celestiais mencionadas em 12.22,23, uma vez que essas realidades apontam e conduzem a esse clímax. Contudo, embora os crentes tenham começado a se identificar com a cidade celestial (como tb. em Gl 4.26: "a Jerusalém do alto [...] é a nossa mãe"), a forma definitiva dessa "Jerusalém celestial" ainda está "por vir" (Hb 13.14; bem como Ap 3.12; 21.2).

A última menção à ressurreição em Hebreus está em 13.20, e é uma alusão a Isaías 63.11 da LXX (veja tabela 10.1):

Tabela 10.1

Isaías 63.11 (LXX)	Hebreus 13.20
"Onde está aquele que levantou do mar o pastor [Moisés] das ovelhas [Israel]?" (Alguns manuscritos da LXX trazem "o grande pastor".)[a]	"O Deus de paz, que trouxe dentre os mortos o grande Pastor das ovelhas."

[a] Manuscritos 564 Bo Eus. eccl.

Jesus é o Moisés superior, a quem Deus libertou da morte no êxodo superior, juntamente com seu povo.[11] Assim como o Êxodo foi concebido como uma nova criação,[12] ele também é seguido por um novo Êxodo ainda mais monumental e pela nova criação na ressurreição de Jesus. Assim como o primeiro êxodo devia conduzir ao estabelecimento do templo temporário (p. ex., Êx 15.17; Is 63.18), também Isaías 63.15 ("Atenta dos céus e vê da tua santa e gloriosa

---

[8] Para o Santo dos Santos como a parte central do templo, de Jerusalém, da Terra Prometida e do mundo inteiro, veja G. K. Beale, *The temple and the church's mission: a biblical theology of the dwelling place of God*, NSBT 17 (Downers Grove: InterVarsity, 2004).

[9] Veja tb. F. F. Bruce, *The Epistle to the Hebrews*, NICNT (Grand Rapids: Eerdmans, 1990), p. 360.

[10] Conforme sustenta Ellingworth em *Hebrews*, p. 81.

[11] Mesmo a expressão "a aliança eterna" no fim de Hebreus 13.20 ocorre aproximadamente seis vezes no AT para se referir à nova e eterna relação que Deus terá com seu povo escatológico no êxodo dos últimos tempos e na restauração final do cativeiro do pecado (Is 55.3; 61.8; Jr 32.40; 50.5; Ez 16.60; 37.26). Talvez a referência à "aliança eterna" de Isaías 61.8 seja o foco principal, porque faz parte de uma profecia do segundo êxodo (veja Is 61.1-3) assim como a alusão a Isaías 63.11.

[12] Veja mais em G. K. Beale, "The eschatological conception of New Testament theology", in: K. E. Brower; M. W. Elliott, orgs., *"The reader must understand": eschatology in Bible and theology* (Leicester: Apollos, 1997), p. 47. Observe-se, p. ex., Sabedoria 19.6 a respeito do primeiro Êxodo: "Pois a criação toda foi formada de novo segundo sua espécie".

morada") e 64.1 ("Oh! Se fendesses os céus e descesses") profetizam que o segundo êxodo do fim dos tempos (Is 63.11) também acarretará a descida do santuário celestial de Deus à terra, onde residirá para sempre. Como Hebreus narra em seus primeiros capítulos, Jesus conduziu seu povo a esse tabernáculo-monte celestial (Hb 6.19,20; 9.11,12,23,24; 10.19-22; 12.22-24).

Tiago

Apesar de não falar em parte alguma da ressurreição de Cristo, a Epístola de Tiago sem dúvida faz alusão à ressurreição dos crentes. De acordo com Tiago 1.12, o "homem perseverante" que é "aprovado [...] receberá a coroa da vida, que o Senhor prometeu aos que o amam". A expressão "coroa da vida" poderia, talvez, ser mais bem traduzida por "a coroa, que é vida" ("vida" como um genitivo apositivo). A "coroa" se refere ao prêmio do atleta nas corridas da Antiguidade, sendo aqui nada mais que a vida da ressurreição no fim dos tempos. O versículo 18 indica que essa vida escatológica já começou na existência dos crentes: "Segundo sua vontade, ele nos gerou pela palavra da verdade, para que fôssemos como os primeiros frutos de suas criaturas". O povo de Deus começa a participar da nova criação mesmo antes de sua ressurreição física no fim dos tempos. "Segundo sua vontade", Deus "nos gerou pela palavra da verdade" na conversão, assim como gerou a primeira criação em Gênesis 1 pela sua palavra e pelo exercício de sua vontade.[13] A afirmação de Tiago é o equivalente conceitual da aplicação paulina de Gênesis 1.3 à regeneração dos santos em 2Coríntios 4.6: "Porque Deus, que disse: 'Das trevas brilhará a luz', foi ele mesmo quem brilhou em nosso coração, para iluminação do conhecimento da glória de Deus na face de Cristo". A menção de "segundo sua vontade" talvez seja também uma alusão à atividade criadora de Deus, visto que é linguagem comum empregada em outras passagens para designar a liberdade absoluta de Deus e sua determinação no ato de criar (p. ex., veja Sl 113.11, LXX [115.3, TM]; Jó 23.13; Ap 4.11).[14]

A designação dos crentes como "os primeiros frutos das suas criaturas [ou 'criação']"[15] indica que a nova criação escatológica dos cristãos é a primeira manifestação da irrupção mais ampla do restante da nova criação,[16] talvez outra semelhança impressionante com Paulo em Romanos, em que o apóstolo afirma que "a criação aguarda ansiosamente a revelação dos filhos de Deus" no corpo ressurreto deles (Rm 8.19; cf. 8.21); a mesma carta também declara que os crentes já têm em si "os primeiros frutos do Espírito" (Rm 8.23). Em Tiago 1 e Romanos 8, assim como Adão e Eva foram a coroa da criação, também a ressurreição dos santos é o fato decisivo que tem de acontecer para que surjam os demais elementos da nova criação. Não está claro se os crentes como "primeiros frutos" são uma referência à própria condição de nova criação inaugurada ou à sua ressurreição física final. Não obstante, visto que a parte inicial de Tiago 1.18 afirma que a nova criação dos crentes já aconteceu, é possível que "primeiros frutos" (*aparchē*) seja uma referência a essa nova criação. Romanos 8.18-23 é uma confirmação secundária dessa conclusão; na passagem, "primeiros frutos" se refere à existência ressurreta inicial dos santos, que tem sido realizada por meio do

---

[13]Observe-se nesse sentido que Hebreus 11.3 afirma de modo semelhante que "o Universo foi criado pela palavra de Deus", e 2Pedro 3.5 diz de forma semelhante: "Pela palavra de Deus os céus passaram a existir há muito tempo e a terra foi formada" (tb. Sl 33.6).

[14]Segundo Ralph P. Martin, *James*, WBC 48 (Waco: Word, 1988), p. 39, que alista esses usos em Filo.

[15]A palavra *ktisma* em outras passagens refere-se à criação ou às criaturas feitas por Deus e que são parte da criação; veja Sabedoria 9.2; 13.5; 14.11; Eclesiástico 36.14; 38.34; 3Macabeus 5.11; 1Timóteo 4.4; Apocalipse 5.13; cf. Apocalipse 8.9 (segundo Peter H. Davids, *The Epistle of James: a commentary on the Greek text*, NIGTC [Grand Rapids: Eerdmans, 1982], p. 90).

[16]Assim tb. Martin, *James*, p. 40.

Espírito.¹⁷ À semelhança de Paulo, Tiago considera os cristãos "a parte da criação que foi colhida primeiro por Deus como parte da nova criação".¹⁸ Aqueles que Deus "gerou" como "primeiros frutos" criados de novo produzirão a "paz" como "o fruto da justiça" (Tg 3.18). Conforme estudaremos, a paz é uma das principais condições que resultam da nova criação. Os crentes, como parte da nova criação, transbordarão de paz.¹⁹

No contexto dessa análise, é natural que Tiago se refira a Deus em 1.17 como o "Pai das luzes", uma vez que "Deus", ou o "Senhor", é muitas vezes mencionado como o criador da luz, sobretudo a luz da criação.²⁰ Em particular, o nome de Deus em Tiago 1.18 é provavelmente uma alusão à criação divina da "luz", ou dos luminares (Gn 1.14-16; Sl 136.7; Ez 32.8). Com base nessas passagens do AT, o judaísmo antigo se referia a Deus como "o príncipe das luzes" (CD-A V:17-18; cf. 1QS III:20; 1QM XIII:10).²¹ Alguns comentaristas tentam saber se Tiago está empregando a terminologia da "nova criação" ou simplesmente a da "redenção", e às vezes escolhem a segunda.²² Porém, é provável que Tiago não faça distinção entre essas categorias, mas entenda que a obra redentora e regeneradora de Deus nos cristãos é literalmente o início da nova criação e que há mais por vir. Assim, a "criação divina" (das luzes [no v. 17]) é equiparada à "nova criação" no versículo 18.²³

1 e 2Pedro
1Pedro

Em comparação com Tiago, 1Pedro tem bem poucas referências tanto à ressurreição de Cristo quanto à dos crentes.

1Pedro 1

Como observamos em outros textos, o termo ser "regenerado" faz parte da ideia da ressurreição de acordo com 1Pedro 1.3-5:

> Bendito seja o Deus e Pai de nosso Senhor Jesus Cristo, que nos regenerou para uma viva esperança, segundo a sua grande misericórdia, pela ressurreição de Jesus Cristo dentre os mortos, para obtermos uma herança que não perece, não se contamina nem se desvanece, reservada nos céus para vós, que sois protegidos pelo poder de Deus mediante a fé para a salvação preparada para ser revelada no último tempo.

Deus "regenerou" os santos "para uma viva esperança [...] pela ressurreição de Jesus". O verbo "regenerar" indica nova criação, assim como a ressurreição de Jesus é capaz de transmitir reiteradamente a ideia de que ele é o "primogênito" (Rm 8.29; Cl 1.18; Hb 1.5,6; Ap 1.5). Aqui a metáfora é aplicada possivelmente aos crentes, pois em outras partes Jesus como o "primogênito" é identificado com as pessoas que ele representa nessa função (Rm 8.29; cf. Hb 1.6; 12.23). Pedro afirma que somos regenerados por meio de uma realidade fundamental:

---

¹⁷O termo "primeiros frutos" (*aparchē*) também é usado duas vezes em 1Coríntios 15.20,23 em referência à ressurreição de Cristo como a fase inicial da ressurreição de todos os santos no fim das eras.

¹⁸Davids, *James*, p. 90.

¹⁹Sobre a relação da nova criação e a reconciliação no pensamento de Paulo, veja mais adiante o cap. 15.

²⁰Para o último, veja Gênesis 1.3-5,14-18; Jeremias 31.35 com referência à luz da primeira criação; e Isaías 30.26; 60.1,19,20; 2Coríntios 4.6; Apocalipse 22.5 com referência à luz da nova criação.

²¹Segundo Martin, *James*, p. 38.

²²P. ex., Martin Dibelius; Heinrich Greeven, *A commentary on the Epistle of James*, tradução para o inglês de Michael A. Williams, Hermeneia (Philadelphia: Fortress, 1975), p. 103-7.

²³Martin, *James*, p. 39.

"pela [gr., *dia*] ressurreição de Jesus Cristo dentre os mortos" (1Pe 1.3).[24] Como eles foram regenerados pela ressurreição de Cristo? A resposta mais simples é que, ao crerem, os crentes foram identificados com Cristo e entraram em união com ele e com a realidade da sua ressurreição como o "primogênito". Essa identificação lhes permitiu serem considerados eles próprios "regenerados" na ressurreição. O conceito é bem parecido com o de Romanos 6.4-8 (sobre isso, veja a análise no cap. 8). A associação direta entre "regenerado" e a ressurreição de Cristo confirma que o verbo transmite a ideia de ressurreição, que, como estudamos, é a nova criação; na verdade, o verbo relevante (*anagennaō*) pode ser traduzido por "dado novo nascimento", como fazem algumas versões em língua inglesa("*given new birth*")[25] (o que tem respaldo em 1Pe 2.2, em que "recém-nascido" [*artigennētos*] ocorre como sinônimo).

Os cristãos foram "regenerados" para dois objetivos. Primeiro, foram "regenerados" a fim de se caracterizarem como aqueles que têm uma "viva esperança" (1Pe 1.3). Não se está falando da esperança das pessoas que apenas existem fisicamente neste mundo. O adjetivo "viva" provavelmente explique a natureza ou a orientação da "esperança": é uma esperança lançada com foco no resultado final da sua existência ressurreta presente, que é a ressurreição corporal consumada no fim da história. O segundo objetivo do novo nascimento dos crentes é que eles obtenham "uma herança que não perece, não se contamina nem se desvanece, reservada nos céus para vós" (1Pe 1.4). Os que vão receber essa herança são também os que são "protegidos pelo poder de Deus mediante a fé para a salvação" (1Pe 1.5). É provável que a herança seja a plena consumação da salvação deles pela ressurreição física em um cosmo criado de novo, uma ideia, novamente, comparável apenas com Romanos 8.18-25 (veja tb. Ef 1.13,14). Fica evidente que se trata de uma herança em uma nova criação pelas expressões "não perece, não se contamina nem se desvanece". Apocalipse 21.1,4 também ressalta o contraste qualitativo entre a velha e a nova criação: "Então vi um novo céu e uma nova terra. Pois o primeiro céu e a primeira terra já passaram" (v. 1); "não haverá mais morte, nem pranto,

---

[24] É possível que em 1Pedro 1.3 as palavras "pela ressurreição" modifiquem o sintagma imediatamente anterior, "uma esperança viva", em vez do "que nos regenerou", o que levaria à seguinte tradução interpretativa: "que nos regenerou para uma viva esperança, que é uma viva esperança pela ressurreição" (veja, p. ex., Paul J. Achtemeier, *1 Peter*, Hermeneia [Minneapolis: Fortress, 1996], p. 95; Thomas R. Schreiner, *1,2 Peter, Jude*, NAC 37 [Nashville: Broadman, 2003], p. 62; Peter H. Davids, *The First Epistle of Peter*, NICNT [Grand Rapids: Eerdmans, 1990], p. 52). A ideia é de que a ressurreição de Cristo inspira a "esperança viva". É melhor, porém, entender que ambas as orações preposicionais modificam o particípio verbal "que nos regenerou" (tb. D. E. Hiebert, "Peter's thanksgiving for our salvation", *SM* 29 [1980] 89; J. Ramsey Michaels, *1 Peter*, WBC 49 [Nashville: Nelson, 1988], p. 19). O motivo para isso é que normalmente as orações preposicionais não modificam outras orações preposicionais, mas, sim, as formas verbais mais próximas. Além disso, a única outra vez que a expressão *di' anastaseōs Iēsou Christou* ocorre no NT é na própria Primeira Carta de Pedro, em que claramente modifica uma forma verbal e designa a instrumentalidade dos batizados que estão sendo "salvos" (1Pe 3.21). Ademais, se "ressurreição" modifica "esperança viva", então uma oração relativa provavelmente seria empregada (como se observou acima na tradução interpretativa dessa opção), e a repetição do verbo "regenerar" no v. 23 é claramente seguida por um sentido instrumental: "regenerados pela palavra viva e permanente de Deus" (segundo Wayne Grudem, *The First Epistle of Peter*, TNTC [Leicester: Inter-Varsity, 1988], edição em português: *Comentário bíblico de 1 Pedro* [São Paulo: Vida Nova, 2016] Nos dois casos a ideia transmitida é igualmente estranha da perspectiva conceitual. Assim, a ideia no v. 3 é a de que Deus "fez com que fôssemos regenerados [...] pela ressurreição". Leonhard Goppelt (*A commentary on 1 Peter*, tradução para o inglês de John E. Alsup, edição de Ferdinand Hahn [Grand Rapids: Eerdmans, 1993], p. 84) e J. N. D. Kelly (*The Epistles of Peter and Jude*, BNTC [Peabody: Hendrickson, 1999], p. 48) entendem que tanto "regeneração" como "esperança" acontecem "pela ressurreição de Jesus", e John Elliott (*1 Peter*, AB 37B [New York: Doubleday, 2000], p. 334-5) faz a ligação do novo nascimento, da esperança e da salvação com a ressurreição de Cristo.

[25] BAGD, p. 58; Achtemeier, *1 Peter*, p. 94. Filo (*Aet.* 8) também usa a forma substantiva da palavra para se referir à crença estoica na conflagração cíclica e no "renascimento" do mundo (*anagennēsis kosmou*, "um mundo renascido"). Filo também usa muitas vezes *palingenesia* para designar a mesma coisa, bem como a terra renovada depois do dilúvio de Noé (sobre isso, veja a nota abaixo neste capítulo na seção "1Pedro 3").

nem lamento, nem dor, porque as primeiras coisas já passaram" (v. 4b). Muitos comentaristas observaram acertadamente que o contexto para entender a "herança" em 1Pedro 1 é a Terra Prometida destinada a ser a herança de Israel, que o povo de Deus perdeu por causa do pecado. No entanto, o que os comentaristas não observaram é que essa herança tem se tornado uma prefiguração de uma herança no novo cosmo impossível de ser perdida.[26]

Fica evidente que essa "herança" e a "salvação" se concentram na existência da nova criação "para ser revelada no último tempo" (1Pe 1.4,5) pela conclusão do capítulo 1, nos versículos 19-25. Nessa passagem, os leitores são informados de que Cristo "se manifestou no fim dos tempos em favor" deles, os quais "por intermédio dele [Cristo] creem em Deus, que o ressuscitou dentre os mortos" (v. 20,21). Existe uma "salvação pronta para ser revelada no último tempo" (1.5), mas esse último tempo foi inaugurado na primeira vinda do Messias. O foco desse início escatológico é a morte, a ressurreição e a glória de Cristo, pois nenhum outro aspecto da vinda de Cristo é mencionado. "Por intermédio dele [Cristo] credes em Deus" é quase um equivalente conceitual do período anterior "que nos regenerou para uma viva esperança, segundo a sua grande misericórdia, pela ressurreição de Jesus Cristo dentre os mortos" (1Pe 1.3). Portanto, mais uma vez, está em mente a ideia de identificação dos santos com a ressurreição de Cristo. Diretamente associada com 1Pedro 1.20,21 está a afirmação de que os crentes "têm purificado as [suas] almas em obediência à verdade" e que foram "regenerados" (1Pe 1.22,23); essas duas realidades deveriam capacitá-los a se "amar uns aos outros" (1Pe 1.22).[27]

A referência a "regenerados" em 1Pedro 1.23 retoma a mesma ideia de nova criação pela identificação com a ressurreição de Cristo em 1.3 (em que ocorre o mesmo verbo, *anagennaō*). E, como também em 1Pedro 1.3,4, afirma-se que essa condição de nova criação não é "perecível, mas imperecível", visto que eles nasceram da "semente", que é "a palavra viva e eterna de Deus" (1Pe 1.23). Isso se opõe ao "modo de vida [...] perecível [...] recebido como herança dos vossos pais" (1Pe 1.18), e é uma continuação implícita da "herança que não perece" mencionada antes (1Pe 1.4).

Como em Tiago 1.18, o contexto conceitual para a ideia de "regeneração" de Pedro é o relato de Gênesis 1, em que Deus cria todas as coisas pela sua "palavra", incluindo Adão, o primogênito dos seres humanos (veja tb. Hb 11.3; 2Pe 3.5). O adjetivo "viva" indica que a "palavra" de Deus tem vida e por isso é capaz de dar vida. Pedro defende sua afirmação de 1.23 recorrendo a Isaías 40.8: "Toda carne é como a relva, e toda a sua glória, como a flor da relva. Seca-se a relva, e cai a sua flor, mas a palavra do Senhor permanece para sempre" (1Pe 1.24,25a). Isso se refere não apenas à imarcescível palavra de Deus em Isaías, mas também ao contexto mais abrangente da restauração e da nova criação vindouras de Deus, em que ele criará realidades que nunca perecerão, entre elas seu povo criado de novo, pessoas que "correrão e não se cansarão" e "andarão e não se fatigarão" (Is 40.31).[28]

---

[26] A menção de "coerdeira da graça da vida" (i.e., "graça que leva à vida [da ressurreição]" como genitivo de destino) em 1Pedro 3.7 provavelmente se refere à mesma herança da ressurreição física em um cosmo renovado, como faz 1Pedro 3.9: "fostes chamados [...] a fim de receber bênção como herança", e essa bênção futura herdada é uma referência aos crentes "que amam a vida e veem dias felizes" (1Pe 3.10). A última construção faz parte de uma citação de Salmos 34.12-16 que conclui nos v. 20-22 com "[Deus] preserva-lhe todos os ossos [...] O Senhor redime a vida dos seus servos, e nenhum dos que nele se refugiam será condenado".

[27] Os particípios *hēgnikotes* ("tendo separado em dedicação") e *anagegennēmenoi* ("tendo sido regenerados") em 1Pedro 1.22,23 têm a função de dar a base para o mandamento de amar.

[28] Observe-se que as imagens da nova criação mesmo em Isaías 40.3,4 no que se refere à atividade criadora de Deus no "deserto" se expandem mais explicitamente como metáforas da "nova criação" em Isaías 41.18-20 e, especialmente, em 43.18-21, uma das expressões mais claras da nova criação em todo o trecho de Isaías 40—66. Deus é mencionado reiteradamente como o Criador da primeira criação em Isaías 40 (v. 12,22,26,28) com o propósito de afirmar sua onipotência para gerar um novo cosmo. Quanto ao tema central da restauração como nova criação em Isaías 40—66, veja, no cap. 15, a seção "A visão paulina da reconciliação como nova criação e restauração do exílio".

Pedro conclui o capítulo aplicando a seus leitores a profecia de Isaías da palavra criadora de Deus: "E essa é a palavra que vos foi pregada [*euangelizō*] [como boas-novas]" (aqui o verbo *euangelizō*, usado duas vezes em Isaías 40.9, é uma alusão continuada a Isaías 40 e a aplicação da passagem aos ouvintes). Portanto, a profecia de Isaías de restauração e nova criação pela palavra de Deus começou a ser cumprida entre os leitores de Pedro. Como observamos anteriormente (p. ex., 2Co 5.13-21), aqui também o começo do cumprimento das promessas de restauração está indissociavelmente ligado à nova criação e à ressurreição.

1Pedro 2

Com base ("portanto", *oun* [2.1]) no fato de que os cristãos foram "regenerados" pela "palavra viva" de Deus (1.23-25) em cumprimento de Isaías, Pedro novamente ordena que, "como recém-nascidos", "desejem" a palavra de Deus, porque eles têm "se despido" de todo tipo de pecado da vida anterior (1Pe 2.1,2). Foi a "palavra viva" que os regenerou como nova criação, e eles precisam saber que essa mesma palavra os fará "crescer" como novas criaturas. Pedro compara os novos crentes a "recém-nascidos", que necessitam de leite para crescer. Porém, eles não são nenês da velha criação. São literalmente "os recém-nascidos" de uma nova criação real, e a palavra de Deus é literalmente o ingrediente essencial para eles crescerem bem.

O texto de 1Pedro 2.4,5 fala dos cristãos como aqueles que chegam "a ele [Jesus], a pedra viva". Por causa da identificação deles com Cristo, a "pedra viva", eles também se tornaram "pedras vivas". A palavra "viva" se refere a Cristo como "vivo" no sentido de ser uma pessoa viva, ressurreta, e a identificação dos santos com ele revela a condição ressurreta deles já no presente (isso está de acordo com as associações dos dois usos anteriores da forma participial de *zaō* em 1.3,23). Qual é a ligação entre os leitores serem uma nova criação em 1Pedro 1.21—2.2 e fazerem parte de um templo em 2.4-6? A associação clara da nova criação com o templo, na verdade a equiparação dos dois, é um tema bíblico predominante nos dois Testamentos[29] de que 1Pedro 1 e 2 testemunha mais uma vez. O templo de Israel era símbolo do cosmo e apontava para o novo céu e a nova terra vindouros. Isso é parte do motivo por que Jesus se refere à sua ressurreição em João 2.19-22 como a edificação do novo templo, visto que a ressurreição é uma nova criação.

1Pedro 3

A alusão mais explícita à ressurreição de Cristo em 1Pedro está em uma das passagens mais difíceis do NT a respeito da "pregação" de Cristo "aos espíritos em prisão, os quais, em outro tempo, foram rebeldes [...] durante a construção da arca [de Noé]" (1Pe 3.18-22). A passagem começa e termina mencionando a ressurreição de Cristo (v. 18,21b,22). O versículo 18 diz que Cristo foi "morto na carne, mas vivificado pelo Espírito,[30] pelo qual também foi e pregou aos espíritos em prisão". É improvável que isso seja uma referência a Cristo indo ao "inferno", entre a morte e a ressurreição, para pregar aos descrentes, pois o verbo "vivificar" muito provavelmente se refere à ressurreição[31] e os versículos 21b e 22 mencionam "a ressurreição e a ascensão de Jesus Cristo, que está à direita de Deus nos céus, depois de anjos, autoridades

---

[29]Sobre isso, veja Beale, *Temple*; tb. o cap. 18 adiante.

[30]Michaels (*1 Peter*, p. 205) está provavelmente correto em dizer que "no Espírito" é uma tradução melhor do dativo *pneumati* porque aparece em paralelismo antitético com o dativo *sarki* ("na carne"), embora reconheça que existe não apenas um sentido de esfera, mas também de instrumental no dativo *pneumati*: Cristo foi ressuscitado corporalmente "em uma esfera em que o Espírito e o poder de Deus são manifestados sem impedimento nem limitação humana [...] Jesus Cristo é libertado da morte".

[31]P. ex., o verbo "vivificar" (*zōopoieō*) ocorre em outras passagens somente em referência a "ressuscitar dos mortos" (duas vezes no Evangelho de João e sete vezes nos escritos paulinos, embora Gl 3.21 possa incluir ou não uma referência à vida da ressurreição).

e poderes terem sido sujeitos a ele". Portanto, é provável que a "pregação aos espíritos em prisão" seja uma referência a Cristo proclamando sua vitória na ressurreição e a derrota de todas as forças satânicas e antagônicas quando ele foi elevado ao céu.[32]

Em 1Pedro 3.20,21, afirma-se que o "batismo" é a realidade neotestamentária que "salva", e "corresponde" aos que foram "salvos por meio da água" na arca de Noé. O "batismo" é definido também como "a promessa de uma boa consciência para com Deus por meio da ressurreição de Jesus Cristo".

O ritual do batismo, em que a pessoa entra e sai da água, simboliza a ressurreição de Cristo, mediante a qual ele emergiu da sepultura e da morte, fato com que o indivíduo batizado se identifica. Dessa perspectiva de identificação, os crentes têm a base para recorrer a Deus para obterem "uma boa consciência" porque "Cristo morreu uma única vez pelos [seus] pecados" (1Pe 3.18), e, agora, imitando seu sofrimento, podem "se armar também com o mesmo propósito [sofrimento]" (1Pe 4.1 [cf. 3.16-18]).[33] Isso é confirmado pelo importante paralelo de Hebreus 10.19-24, em que o versículo 22 é bem marcante: "Aproximemo-nos com coração sincero, com a plena certeza da fé, tendo o coração purificado de má consciência e o corpo lavado com água limpa" (observe-se tb. a lavagem interna em 1Pe 1.2,22, ambas relacionadas diretamente com a morte de Cristo). O imperativo em Hebreus se baseia nos fatos da morte e da ressurreição de Cristo. A "boa consciência" decorre da obra purificadora do Espírito na vida da pessoa que se identificou com a morte de Jesus e demonstrou obediência ao evangelho.[34] Desse modo, o batismo de que Pedro fala envolve a referência à morte de Cristo, mas focaliza sua ressurreição.

Por isso, esse emergir simbólico dos crentes na ressurreição corresponde ao emergir em segurança de Noé e sua família das águas, que causaram a morte dos que ficaram fora da arca. Será coincidência a emersão da terra das águas no fim do Dilúvio ser retratada como uma segunda nova criação na narrativa de Gênesis[35] e também o fato de que fosse assim considerada no judaísmo antigo?[36] Na verdade, o retrato da nova terra saindo das águas se

---

[32]Para uma boa explicação dessa posição com mais detalhes, veja Michaels, *1 Peter*, p. 194-222, que também analisa outras perspectivas e apresenta fontes pertinentes que as apoiam.

[33]Parece que a mesma ideia está presente em 1Pedro 2.24: "Ele mesmo levou nossos pecados em seu corpo na cruz, para que morramos para o pecado e vivamos para a justiça; por suas feridas fostes sarados". Aqui a oração gramatical "viver para a justiça" provavelmente seja equivalente a "promessa de uma boa consciência diante de Deus" em 3.21, uma vez que "boa consciência" está indissociavelmente ligada com "bom procedimento" em 3.16. Além disso, "viver para Deus", em consequência da menção anterior da morte de Cristo na cruz e em oposição a "morramos para o pecado", refere-se à vida da ressurreição do crente, que é vivida para Deus; surpreende como isso é quase idêntico a Romanos 6.11,13b, trecho associado com o "batismo" em Romanos 6.3,4: "Considerai-vos mortos para o pecado, mas vivos para Deus em Cristo Jesus" (v. 11); "mas apresentai-vos a Deus como vivos dentre os mortos, e os vossos membros a Deus como instrumentos de justiça" (v. 13b).

[34]Seguindo Michaels, *1Peter*, p. 216.

[35]Sobre isso, veja Derek Kidner, *Genesis*, TOTC (Downers Grove: InterVarsity, 1967), p. 92-3, 100; Nahum M. Sarna, *Genesis*, JPSTC (Philadelphia: Jewish Publication Society, 1989), p. 49-51; Claus Westermann, *Genesis 1—11*, tradução para o inglês de John J. Scullion (London: SPCK, 1984), p. 50-2, 417, 423, 433, 450-1, 457, 462. Para vários aspectos da narrativa de Noé como recapitulações da narrativa da criação e de Adão em Gênesis 1—3, veja esp. Kenneth A. Mathews, *Genesis 1—11:26*, NAC 1A (Nashville: Broadman & Holman, 1996), p. 350-423, bem como Allen P. Ross, *Creation and blessing: a guide to the study and exposition of the book of Genesis* (Grand Rapids: Baker Academic, 1988), p. 189-205; Warren Austin Gage, *The gospel of Genesis: studies in protology and eschatology* (Winona Lake: Carpenter Books, 1984), p. 8-16; John H. Walton, *Genesis*, NIVAC (Grand Rapids: Zondervan), p. 330-52 (veja tb. a bibliografia nessa obra mais adiante).

[36]O termo *palingenesia* ("regeneração") em Filo, *Moisés* 2.65, e em *1Clem.* 9.4, refere-se à restauração da terra depois do Dilúvio. O contexto de Filo também menciona a terra imediatamente depois do Dilúvio como "renovada" (*neas*) e Noé e seus familiares como "inauguradores de um segundo ciclo" (*Moisés* 2.64,65),

encontra em descrições do antigo Oriente Próximo,[37] do AT[38] e judaicas da criação original e da segunda nova criação,[39] a última começando depois do dilúvio de Noé.[40] Por isso, o surgimento da arca das águas do Dilúvio sobre o monte Ararate, o ressurgimento de Cristo da morte e a identificação dos crentes com o ressurgir de Cristo dentre os mortos são retratos da nova criação. Mais uma vez, a ressurreição e a nova criação têm de ser entendidas como dois lados da mesma moeda. A alusão a Salmos 110.1 em 1Pedro 3.22 ("à direita de Deus") também sugere que a ressurreição de Cristo é parte integrante da sua soberania sobre "as autoridades e os poderes" todos. Por isso, novamente vemos que a nova criação e a realeza são realidades que se sobrepõem.

1Pedro 4 e 5

Como no caso de 1Pedro 3.18-21, tem havido muito debate acerca de 1Pedro 4.6, sobretudo porque uma linha interpretativa identifica os "mortos" como os "espíritos" no inferno a quem Cristo "pregou" em 1Pedro 3.18-20. Porém, minha interpretação de 3.18-20 discorda dessa opinião a respeito da controvertida passagem. Por isso, é provável que 1Pedro 4.6 se refira

---

"nascido [*ginomai*] para ser à semelhança do poder e da imagem de Deus" (*Moisés* 2.65). Filo também usa a palavra para designar a crença estoica da cíclica conflagração e do "renascimento" do mundo (*Aet.* 9, 47, 76, 85, 93, 99, 107). De modo intercambiável com esses usos, Filo (*Aet.* 8) também emprega *anagennēsis kosmou* ("um mundo regenerado"). Filo também usa *palingenesia* para se referir ao "renascimento" de uma pessoa após a morte, quando o ser imaterial é separado do material (*Querubins* 114). Mateus 19.28 emprega a mesma palavra para a renovação da terra no *escathon*, e Tito 3.5 se refere aos crentes "salvos [...] mediante o lavar da regeneração [*palingenesia*] e da renovação realizados pelo Espírito Santo". Na verdade, a própria palavra *palingenesia* pode ser traduzida por "renovação" (BAGD, p. 752).

[37]O começo do governo do deus-Sol egípcio (Rá) no início da criação é identificado com o surgimento de uma colina primeva: "Rá começou a aparecer como rei [...] quando estava na colina [primitiva], que é Hermópolis". Veja J. B Pritchard, *Ancient Near Eastern texts relating to the Old Testament* (Princeton: Princeton University Press, 1969), p. 3-4. Pritchard cita uma passagem semelhante sobre o começo da criação: "Ó [divino] Atum-Kheprer, tu eras exaltado na colina (primitiva); subistes como o pássaro-*ben* na pedra-*ben* na Casa-*ben* [templo] em Heliópolis". As pirâmides egípcias eram analogias dessas colinas primitivas (ibidem, p. 3). Veja tb. Richard J. Clifford, *Creation accounts in the ancient Near East and in the Bible*, CBQMS 26 (Washington: Catholic Biblical Association of America, 1994), p. 105-10. Clifford (ibidem, p. 45-6, 62-4) observa ideias semelhantes de colinas primitivas nas cosmogonias suméria e mesopotâmia.

[38]Veja Beale, *Temple*, p. 92-3, 148-52. O monte do Éden, apesar de não ser representado surgindo do mar (mas cf. Gn 1), provavelmente representava o lugar de onde a criação habitável devia se estender (observe-se a geografia de Gn 2, através da qual a água fluía do Éden evidentemente em sentido descendente, e observe-se que em Ez 28.13-16 há menção de "Éden, o jardim de Deus" como a "montanha santa de Deus"). Igualmente, a descrição de Daniel 2 de uma pedra que se transforma em montanha e enche a terra representa uma imagem semelhante para a nova criação dos últimos tempos, embora essa pedra não surja do mar.

[39]O judaísmo também sustentava que "o mundo foi criado de Sião [...] o mundo foi criado a partir de seu centro" quando Deus "lançou uma pedra no oceano, da qual o mundo então se estabeleceu" (*b. Yoma* 54b). Essa pedra se tornou "a pedra angular com a qual o Senhor do mundo selou a boca do grande abismo do início" (*Tg. de Ps.-J.* de Êx 28.29), do qual a nova terra surgiu e se espalhou até que o continente principal da criação se formasse. Curiosamente, a pedra que sustentava o Santo dos Santos era concebida pelo judaísmo posterior como aquela sobre a qual "todo o mundo foi alicerçado", visto que Deus havia começado a criar o mundo a partir daquele ponto no princípio (*Rab.* de Ct 3.10.4; *Pirqe R. El.* 35; *Midr. Tanḥ. Yelammedenu* [Êxodo] 11.3; bem como *Midr. Tanḥ.* de Lv. 10; veja tb. Joan R. Branham, "Vicarious sacrality: temple space in ancient synagogues", in: Dan Urman; Paul V. M. Flesher, orgs., *Ancient synagogues: historical analysis and archaeological discovery*, StPB 47 [Leiden: Brill, 1995], vol. 2, p. 325).

[40]P. ex., o pico do monte Ararate foi a primeira parte da criação que veio à tona depois do Dilúvio e foi o lugar de onde Noé e sua família se espalhariam para repovoar a terra, lugar do qual Filo diz que "quando a terra emergiu de suas abluções mostrou-se renovada" (*Moisés* 2.64).

aos cristãos já falecidos, o que significa que, embora tenham sofrido o julgamento físico ou terreno ("julgados segundo os homens na carne"),[41] eles "vivam segundo Deus pelo Espírito". Assim como Jesus foi injustamente "morto na carne, mas vivificado no Espírito", também os verdadeiros crentes injustamente "julgados na carne" serão "vivificados no Espírito". Aos olhos do mundo, a "morte" deles parecia apenas mais uma confirmação do veredicto errado lançado sobre os cristãos, mas eles serão vindicados do veredicto do mundo pela sua ressurreição futura, assim como Jesus (cf. 1Tm 3.16). O paralelismo entre 3.18 e 4.6 indica que os crentes seguem o destino do seu "Supremo Pastor" (5.4), de modo que depois da morte desfrutarão a ressurreição.[42] Da perspectiva humana, esse acontecimento escatológico (*telos*) do juízo final (1Pe 4.5) e da ressurreição (4.6) poderia acontecer a qualquer momento ("já está próximo" [4.7]), e consequentemente os crentes têm de estar preparados.

O último capítulo de 1Pedro também está em sintonia com a ideia de incorruptibilidade e em última análise de vida da ressurreição. A referência aos fiéis recebendo "a imperecível coroa da glória" (1Pe 5.4) lembra 1.4, que se referia à sua "herança que não perece, não se contamina nem se desvanece". A "coroa" é a recompensa por completar a corrida vitoriosamente, e aqui a coroa é a recompensa da "herança", que, conforme argumentei em 1.4, era a ressurreição no novo céu e na nova terra. Os que "confiam as almas ao fiel Criador, praticando o bem" (1Pe 4.19) herdarão essa coroa eterna.

2Pedro

A Segunda Carta de Pedro não tem nenhuma menção direta à ressurreição, mas a ideia está provavelmente incluída em 1.3,4a: "Seu divino poder nos tem dado tudo o que diz respeito à vida [*zōē*] e à piedade por meio do pleno conhecimento daquele que nos chamou por sua própria glória e virtude, pelas quais ele nos tem dado suas preciosas e sublimes promessas". Provavelmente, a construção "tudo o que diz respeito à vida" inclui não apenas a vida nesta terra, mas também tudo o que está relacionado à vida na nova terra, o que, sem dúvida, seria uma referência à vida ressurreta. Fica claro que em 1.3,4a está em mente a vida do novo mundo vindouro pela menção no versículo 4 de que a "vida" do versículo 3 faz parte das "promessas", e a única outra vez que essa palavra exata para "promessa" (*epangelma*) ocorre no NT é em 1Pedro 3.13, passagem que se refere à promessa da nova criação vindoura: "Porém, segundo sua promessa [*epangelma*], aguardamos novos céus e nova terra, em que habita a justiça". Um sinônimo de "promessa" (*epangelia*) também ocorre em 3.4,9, referindo-se à vinda definitiva de Cristo. Portanto, na segunda vinda de Jesus, Deus criará um novo cosmo, em que seu povo não "perecerá" (3.9), mas encontrará vida nova (ressurreição) e todos serão "achados em paz por ele, imaculados e irrepreensíveis", para que no novo mundo "habite a justiça" (3.13,14). Na verdade, "promessa" em outras passagens se refere à promessa da vida ressurreta ou ao

---

[41] O castigo podia ser o de morte como parte do juízo de Deus pronunciado contra Adão e toda sua descendência, ou podia ser o castigo do mundo ímpio por acusar injustamente os cristãos e de executar juízos injustos contra eles. Qualquer uma dessas perspectivas poderia ter apoio em 1Pedro 4.17, passagem que afirma que o "julgamento [tem de] começar com a casa de Deus [...] primeiro". Três argumentos favorecem a segunda perspectiva (geralmente segundo Achtemeier, *1 Peter*, p. 288-91): (1) 1Pedro 4.14-16 parece apoiar a segunda perspectiva, uma vez que nesse texto "sofrer como um cristão" está relacionado evidentemente com a perseguição injusta e o julgamento pelos poderes do mundo; (2) 1Pedro 3.18 parece dar apoio à mesma visão, já que a expressão de que Cristo foi "morto na carne" refere-se ao seu castigo injusto imposto pelas autoridades terrenas malignas (esse é o caso sobretudo à luz de 1Pe 2.18-23; 3.16-18); (3) 1Pedro 4.4 fala dos descrentes "difamando" os cristãos.

[42] Talvez Pedro entenda que os crentes "vivendo no e(E)spírito" envolva a existência deles imediatamente depois da morte, embora o paralelismo com Cristo "vivificado no e(E)spírito" em 1Pedro 3.18 indique que o foco é a ressurreição física dos santos.

menos inclui referências importantes à ressurreição (At 13.32-34; 26.6-8; 1Tm 4.8; 2Tm 1.1; Tt 1.2; Tg 1.12; 1Jo 2.25; cf. Hb 11.17-19). Novamente, observamos a forte correlação da ressurreição com a nova criação.

Está claro que a prometida "vida" da ressurreição de 2Pedro 1.3 já irrompeu do futuro por causa da declaração de 1.4 de que "as promessas" capacitam os santos a se tornarem "participantes da natureza divina, tendo escapado da corrupção que há no mundo por causa da cobiça". Seu livramento da corrupção ocorreu na conversão, e o texto dá a entender que já escaparam do mundo para um novo mundo. Finalmente, eles entrarão de forma plena nesse mundo por meio da ressurreição física "para a vida eterna" na segunda vinda de Cristo (Jd 21; cf. 24).

As epístolas joaninas

A primeira alusão à ressurreição está em 1João 2.17: "O mundo está passando, bem como seus desejos; mas aquele que faz a vontade de Deus vive para sempre". Há um sentido real em que o velho mundo está se desvanecendo, como já foi observado em 2.8: "... as trevas estão passando e já brilha a verdadeira luz". Porém, em que sentido o velho mundo "está passando"? O contraste entre a luz e as trevas é comum nas descrições da primeira criação e da nova criação vindoura (p. ex., para a primeira, veja Gn 1; para a nova criação, veja Is 60.1-3 [cf. 58.10,11]; Jo 1.1-10; 2Co 4.4-6; Ef 5.8,9,13,14 [a última dessas passagens se refere à ressurreição]). A luz que "já brilha" em 1João 2.8 deve se referir à "Luz" divina de 1.5,7, luz que se manifestou com a revelação de Jesus Cristo (1.1-3), o que em 1João 2.8 está implícito e em 2.17 é retratado mais explicitamente como a irrupção da nova criação em meio à antiga. Primeira João 2.17 conclui com um contraste entre o desvanecimento da velha criação e o raiar da nova: "Mas aquele que faz a vontade de Deus permanece para sempre". Ou seja, os que fazem parte da nova criação de Deus não estão "desaparecendo", mas "permanecem para sempre" em cumprimento da "promessa" de Deus da "vida eterna" (1Jo 2.25).

Essa promessa foi feita no "princípio" (1Jo 2.24) do ministério de Jesus. É preciso voltar ao Evangelho de João para entender o contexto dessa promessa, uma vez que grande parte das epístolas joaninas tem por base esse Evangelho.[43] O contexto imediato confirma a relevância do Evangelho de João para entender essa promessa, pois o uso escatológico de "hora" em 1João 2.18 ("última hora") é exclusivo da literatura joanina, tanto no Evangelho quanto em Apocalipse.[44] Além do mais, esse uso escatológico no Evangelho de João, Apocalipse e em 1João 2.18 se baseia no emprego de "hora" (*hōra*) associado unicamente com últimos tempos no livro de Daniel.[45] Ademais, a característica "já e ainda não" em alguns usos de "hora" também são exclusivos do Evangelho de João e de 1João 2.18. Na análise anterior de João 5.24-29, vimos que "hora" não só tem o contexto de Daniel, mas também faz uso de "vida eterna", que remonta a Daniel 12.2, a única ocorrência da locução em todo o AT canônico. Concluí, em particular, que tanto "hora" quanto "vida eterna" em João 5.24-29 são uma alusão ao

---

[43]Sobre isso, veja Raymond E. Brown, *The Epistles of John*, AB 30 (Garden City: Doubleday, 1982), p. 34-5, 69-130, 757-9. Observe-se, p. ex., o prólogo de ambos os livros, bem como os temas luz e trevas, verdade e mentira, e amor e ódio.

[44]Para o uso escatológico de "hora" (*hōra*) no Evangelho de João, veja cap. 4; tb. Stefanos Mihalios, *The Danielic eschatological hour in the Johannine literature*, LNTS 346 (New York: T&T Clark, 2011). Para os usos de "hora" (*hōra*) em Apocalipse, veja G. K. Beale, *The book of Revelation: a commentary on the Greek text*, NIGTC (Grand Rapids: Eerdmans, 1999), em Apocalipse 3.3,10; 9.15; 11.13; 14.7,15; 17.12; 18.10, 17, 19.

[45]Sobre esse assunto, veja a análise mais ampla no cap. 4 e em Beale, *Revelation*, nos comentários sobre Ap 3.10; 14.7; 17.12; 18.10,17,19.

texto de Daniel 12.1,2 da LXX. Tanto em Daniel 12 quanto em João 5, "vida eterna" se refere claramente à vida da ressurreição que permanece para sempre.[46]

Observa-se ainda que João 5.24 está especificamente em mente em 1João 2.17,25 com base em 1João 3.14, em que o apóstolo diz: "passamos da morte para a vida", uma reprodução quase literal do que Jesus disse sobre a ressurreição em João 5.24, que não ocorre em nenhum outro trecho do NT: "ele passou da morte para a vida".[47] Portanto, 1João 2.17,18,25 mostra a associação íntima de "vida eterna" com "hora", muito semelhante à de João 5.24-29, sendo possível concluir com segurança que "vida eterna" tem o mesmo contexto de Daniel 12 que está por trás de João 5.24, ou seja, a vida eterna da ressurreição. Esse sentido de 1João 2.17,25 reforça o conceito de nova criação que já vimos em 2.8,17, pois a ressurreição dos seres humanos é conceitualmente igual à nova criação da humanidade. Assim, a luz da nova criação está raiando na escuridão do velho cosmo com a ressurreição inaugurada do povo de Deus e o fruto do amor que esse povo manifesta (2.5-11,17,18,24,25). Em contraste com o raiar dessa luz, 1João 3.15 diz: "Todo o que odeia seu irmão é homicida; e sabeis que nenhum homicida tem a vida eterna permanente em si" (3.15). Assim como no Evangelho de João (Jo 11.24,25),[48] também em 1João a participação dos crentes no começo da existência da ressurreição ocorre por causa da identificação deles com Cristo, aquele que tem a vida eterna da ressurreição, como declara 1João 5.11-13:

> E o testemunho é este: Deus nos deu a vida eterna, e essa vida está em seu Filho. Quem tem o Filho tem a vida; quem não tem o Filho de Deus não tem a vida. Eu escrevo essas coisas a vós que credes no nome do Filho de Deus, para que saibais que tendes a vida eterna.

Igualmente, 1João 5.20 afirma: "Sabemos também que o Filho de Deus já veio e nos deu entendimento para conhecermos aquele que é verdadeiro; e estamos naquele que é verdadeiro, isto é, em seu Filho Jesus Cristo. Este é o verdadeiro Deus e a vida eterna". Por isso, "Deus enviou seu Filho unigênito ao mundo para que vivamos por meio dele" (4.9b).

A referência de João a ser "nascido de novo" também é uma alusão à era do novo cosmo que irrompe no presente. Ele diz que as pessoas descritas a seguir "têm sido nascidas [tempo perfeito de *gennaō*] de Deus":

1. "todo aquele que crê que Jesus é o Messias" (5.1a);
2. todo aquele que "pratica a justiça" (2.29);
3. os que não cometem o "pecado" de apostatar-se de Cristo e formam a verdadeira comunidade da fé (3.9; 5.18);
4. os que amam seus irmãos na fé (4.7; cf. 5.1b);
5. todo aquele que tem "fé" genuína e, assim, "vence o mundo" (5.4).

Visto que o Evangelho de João também usa reiteradamente a mesma palavra (*gennaō*) para o mesmo conceito, é provável, mais uma vez, que tenhamos de voltar a esse Evangelho para compreender melhor o conceito de "nascer" (conforme Jo 1.13; 3.3-8).[49] Na verdade, "nasceram [...] de Deus" ocorre somente em João 1.13 e repetidas vezes em 1João (3.9a,9b;

---

[46]"Vida eterna" em outros trechos do Evangelho de João também pode se referir claramente à mesma ideia: 6.40,47,54; 10.28, e esses usos provavelmente esclareçam os outros em 3.15,16,36; 4.14; 5.39; 6.27; 12.50; 17.2,3.

[47]A única diferença entre as duas passagens é o verbo no singular em João e no plural em 1João.

[48]"Disse-lhe Marta: 'Sei que ele [Lázaro] ressuscitará na ressurreição, no último dia'. Jesus disse a ela: 'Eu sou a ressurreição e a vida; quem crê em mim, mesmo que morra, viverá'".

[49]A mesma palavra designa um conceito semelhante em 1Coríntios 4.15; Gálatas 4.24,29; Filemom 10, e observem-se os sinônimos para a mesma ideia em Tiago 1.18 e 1Pedro 1.3,23.

4.7; 5.1a,4,18a,18b; cf. 2.29; 5.1b); portanto, os versículos da epístola talvez se baseiem no versículo do Evangelho.

A elaboração mais aprofundada dessa ideia no Evangelho de João está no diálogo bastante conhecido entre Jesus e Nicodemos, em João 3, em que o verbo ocorre oito vezes. Resumo aqui a análise que fiz dessa passagem no capítulo 7. Em João 3, Jesus diz que é preciso "nascer de novo" pelo Espírito para ver "o reino de Deus" e entrar nele (v. 3,5). Nicodemos reage à explicação de Jesus perguntando: "Como pode ser isso?" (v. 9). Jesus responde: "Tu és o mestre em Israel e não entendes essas coisas?" (v. 10). Nicodemos deveria ter entendido o que Jesus lhe dizia, pois, supostamente, tinha por base o AT, a fonte principal do ensino de Nicodemos. De particular interesse nesse aspecto, é a declaração de Jesus de que "se alguém não nascer da água e do Espírito não pode entrar no reino de Deus" (v. 5). Vários comentaristas têm reconhecido que a fonte das palavras de Jesus é a passagem de Ezequiel 36.25-27:[50]

> Então aspergirei água pura sobre vós, e ficareis purificados; eu vos purificarei de todas as vossas impurezas e de todos os vossos ídolos. Também vos darei um coração novo e porei um espírito novo dentro de vós; tirarei de vós o coração de pedra e vos darei um coração de carne. Também porei o meu Espírito dentro de vós e farei com que andeis nos meus estatutos; e obedecereis aos meus mandamentos e os praticareis.

A referência combinada a "água" e "Espírito" é única em todo o AT como parte integrante de uma profecia da vida ressurreta futura de Israel. Essa é uma das passagens do AT que, conforme observamos anteriormente, contribuem para o testemunho profético da ressurreição dos mortos, e é ampliada em Ezequiel 37.1-14, a conhecida visão profética do vale dos ossos secos. A visão de Ezequiel 37 em geral é considerada uma descrição metafórica da volta de Israel do exílio por meio da figura da ressurreição. Eu havia concluído antes, entretanto, que ela diz respeito à ressurreição espiritual propriamente dita do povo de Israel em seu retorno à terra, pois é um desenvolvimento de Ezequiel 36.25-27, que transmite com clareza a ideia de renovação espiritual de Israel no tempo em que a nação seria restaurada do cativeiro.[51] De modo inverso, à luz de Ezequiel 37, a profecia da renovação espiritual de Israel em 36.25-27 também pode ser entendida como ressurreição espiritual e o início da participação da nova criação.

É sobre essa ressurreição espiritual de Israel profetizada que Jesus está conversando com Nicodemos. Portanto, mediante a expressão "nascer de novo", João 3 transmite a ideia de ser ressuscitado para uma nova vida espiritual em cumprimento da promessa de Ezequiel 36. Como confirmação dessa ideia, Jesus imediatamente discorre acerca de sua própria ressurreição e ascensão para que "todo aquele que nele crê [que se identifica com ele] não pereça, mas tenha a vida eterna" (Jo 3.11-16) mediante a participação em sua vida ressurreta (cf. Jo 11.23-26).

Se, como já defendi, o conceito de "nascer de novo" tem origem no Evangelho de João, especialmente em João 3, então é provável que a ideia de 1João não seja apenas de "novo nascimento espiritual", mas também a de que esse nascimento indica a entrada na vida da ressurreição do novo mundo eterno que virá. Provavelmente, não é coincidência o fato de que a combinação das ideias de "nascer de novo" e "entrar no reino" em João 3 tenha paralelo em 1João 5.4, em que a oração gramatical "o que é nascido de Deus" está diretamente relacionada a "a vitória que tem vencido o mundo". No tempo da consumação dessa "vitória", quando Jesus se manifestar pela última vez, "seremos semelhantes a ele, pois o veremos como ele é" (1Jo 3.2).

---

[50]Veja, p. ex., D. A. Carson, *The Gospel according to John*, PNTC (Grand Rapids: Eerdmans, 1991), p. 194-5.

[51]P. ex., no cap. 7, a seção "A ressurreição já e ainda não dos últimos dias e o reino da nova criação nos Evangelhos".

Apocalipse

A RESSURREIÇÃO E O REINO DA NOVA CRIAÇÃO EM APOCALIPSE 1.5

A ressurreição de Jesus Cristo é um dos primeiros elementos mencionados na introdução do livro de Apocalipse: "Jesus Cristo, a fiel testemunha, o primogênito dos mortos e o príncipe dos reis da terra" (1.5). Observe-se, mais uma vez, que a consequência imediata da ressurreição de Cristo é ele tornar-se rei universal.

Sem dúvida, os comentaristas têm razão em considerar Salmos 89.27,37 a base para a afirmação de que Cristo é a "fiel testemunha", o "primogênito" e "príncipe dos reis da terra", pois os três termos ocorrem no salmo. Contudo, em geral não se discute a importância dessa alusão. O contexto imediato do salmo fala de Davi como um rei "ungido" que reinará sobre todos os seus inimigos e cuja descendência será estabelecida em seu trono para sempre (Sl 88.19-32, LXX; o judaísmo entendia Sl 89.27 [TM] da perspectiva messiânica [*Rab.* de Êx 19.7]). João considera Jesus o rei davídico ideal em um nível escatológico mais elevado, cuja morte e ressurreição resultaram em sua realeza eterna e na realeza de seus "amados" filhos (cf. Ap 1.5b), ideia que é desenvolvida em Apocalipse 1.6. É provável que "a fiel testemunha" também se baseie em Isaías 43.10-13 (veja mais na análise de Ap 3.14 a seguir).

"O primogênito" é uma referência à alta e privilegiada posição de Cristo por causa da ressurreição dos mortos (isto é, uma posição relacionada à ideia de primogenitura do AT, em especial no contexto de sucessão real [Sl 89.27-37 desenvolve essa ideia com base em 2Sm 7.13-16; Sl 2.7,8]). Cristo obteve essa posição de soberania sobre o cosmo não no sentido de ser reconhecido como o primeiro ser criado de toda a criação nem de ser a origem da criação, mas de ser o inaugurador da nova criação mediante sua ressurreição, como explica Apocalipse 3.14 (sobre isso, veja a seguir; cf. a mesma terminologia e mesma ideia em Cl 1.18). Repetidas vezes vimos que a ressurreição como nova criação é uma realidade sobreposta ao reino, e Apocalipse 1.5 é outro exemplo disso.

Nesta parte do livro, a soberania de Cristo sobre "os reis da terra" indica seu governo não sobre seu povo redimido,[52] mas sobre seus inimigos derrotados, visto que a locução quase idêntica *hoi basileis tēs gēs* ("os reis da terra") tipicamente se refere aos opositores do reino de Deus em outros trechos de Apocalipse (6.15; 17.2; 18.3,9; 19.19; cf. 16.14). Isso inclui não só os reinos e os povos representados por eles, mas também os poderes satânicos por trás desses reinos. É possível que o domínio de Cristo no presente resulte na conversão de alguns desses reis derrotados, o que talvez seja a ideia de 21.24, em que "os reis da terra" entram na cidade celestial.

A RESSURREIÇÃO COMO NOVA CRIAÇÃO EM APOCALIPSE 3.14

O texto de Apocalipse 1.5 é desenvolvido em 3.14, em que a alusão ao salmo 89 continua, repetindo desse modo a associação entre a ressurreição de Jesus e o seu reinado (veja tabela 10.2).

Tabela 10.2

Apocalipse 1.5	Apocalipse 3.14
A fiel testemunha	O Amém, a testemunha fiel e verdadeira
O primogênito dos mortos e o príncipe dos reis da terra	O princípio da criação de Deus

---

[52]Contra Paul S. Minear, *I saw a new earth: an introduction to the visions of the Apocalypse* (Washington: Corpus, 1969), p. 14; Elisabeth Schüssler Fiorenza, "Redemption as liberation: Apoc 1:5f. and 5:9f.", *CBQ* 36 (1974): 223.

"A fiel testemunha" de Apocalipse 1.5 é apresentada com mais detalhes em 3.14 como "o Amém, a testemunha fiel e verdadeira", e "o primogênito dos mortos" é interpretado como "o princípio da [nova] criação de Deus". Porém, 3.14 faz alusão a alguns outros textos importantes do AT além do salmo 89, e o versículo demanda uma análise um pouco mais profunda, pois, assim como Gálatas 6.15,16, 2Coríntios 5.17 e Colossenses 1.15-18, essa passagem é um dos textos neotestamentários mais explícitos no entendimento da ressurreição de Jesus como nova criação.

A promessa de uma nova criação pelo Deus fiel de Israel em Isaías 65.16,17 ("o Deus do Amém [...] o Deus do Amém [...] crio novos céus e uma nova terra") está por trás principalmente do título "o Amém, a [...] fiel e verdadeira", e também funciona como o contexto para o trecho "o princípio da criação de Deus". A ideia de Deus e de Israel como "fiel testemunha" da nova criação em Isaías 43.10-12 forma o pano de fundo do "testemunho". Essas alusões do AT são usadas para indicar que Cristo é o verdadeiro Israel e o divino "Amém, a testemunha fiel e verdadeira" da sua própria ressurreição como "o princípio da [nova] criação de Deus", o cumprimento inaugurado das profecias isaiânicas da nova criação. Se a relevante tradição exegética judaica baseada em Gênesis 1.1 ou Provérbios 8.22,30 (ou somente em Pv 8.22) também estivesse em mente, ela teria de ser vista como agora aplicada à nova criação dos últimos dias, o que não é inconcebível.

Concepções antigas do contexto veterotestamentário de Apocalipse 3.14

L. H. Silberman,[53] com base em um artigo anterior de C. F. Burney,[54] defende que a expressão "o Amém" em Apocalipse 3.14 é uma tradução equivocada do hebraico ʾāmôn ("mestre artífice"), termo empregado para designar a Sabedoria em Provérbios 8.30 e que se refere à Torá no *Midrash Rabá* de Gênesis 1.1. Silberman também argumenta que os títulos de Apocalipse 3.14, "a testemunha fiel e verdadeira" e "o princípio da criação de Deus" se originam respectivamente do hebraico de Provérbios 14.25 (ʿēd ʾĕmet, "testemunha fiel") e 8.22 (rēʾšit darkô, "o princípio dos seus caminhos"). Para fundamentar seu argumento, Silberman mostra que o *midrash* equipara a expressão "o princípio dos seus caminhos" à do "mestre construtor", visto que ambas se aplicam à Torá.[55] Silberman conclui propondo que Apocalipse 3.14 deve ser interpretado conforme o antecedente hebraico: "Assim diz o Mestre Construtor, a testemunha fiel e verdadeira, o primeiro de sua criação".

J. A. Montgomery apresenta a proposta mais ou menos semelhante de que Apocalipse 3.14 se baseia em Provérbios 8.22,30.[56] Ele defende particularmente que João mudou, seguindo o padrão rabínico, a vocalização de ʾāmôn ("mestre construtor") de Provérbios 8.30 para ʾāmēn. Isso significa, então, que João entendia "sabedoria" naquela passagem como o "Amém" e o empregou imediatamente como um título de Cristo em Apocalipse 3.14. De modo mais simples que Silberman e Montgomery, outros propuseram que Colossenses 1.18 e Apocalipse 3.14 são paralelos e que os dois se baseiam diretamente em Provérbios 8.22 e são empregados de forma polêmica contra as ideias judaico-gnósticas acerca de Jesus como um poder intermediário, e não como o supremo poder.[57] Outros têm negado que o texto de Apocalipse tenha alguma base

---

[53] L. H. Silberman, "Farewell to O AMHN: a note on Rev. 3:14", *JBL* 82 (1963): 213-5.

[54] C. F. Burney, "Christ as the APXH of creation (Prov. viii 22, Col. i 15-18, Rev. iii 14)", *JTS* 27 (1926): 160-77.

[55] De acordo com a análise de Silberman está L. P. Trudinger, "'O AMHN (Rev. III:14) and the case for a Semitic original of the Apocalypse", *NovT* 14 (1972): 277-9.

[56] J. A. Montgomery, "The education of the seer of the Apocalypse", *JBL* 45 (1926): 73.

[57] P. ex., Colin J. Hemer, *The letters to the seven churches of Asia in their local setting*, JSNTSup 11 (Sheffield: JSOT Press, 1986), p. 186-7.

em Colossenses 1.15,18 e veem apenas uma referência a Provérbios 8.22, em que a ênfase de *archē* está sobre a prioridade temporal de Cristo em relação à criação original.⁵⁸

Apocalipse 3.14 como referência ao Cristo ressurreto e como alusão às profecias isaiânicas da nova criação

A proposta de Silberman mencionada anteriormente e outras semelhantes são possíveis. Entretanto, além das dificuldades para datar essa tradição judaica, outros fatores colocam a tese de Silberman em dúvida. Em primeiro lugar, seja qual for a relação de Apocalipse 1.5 e 3.14 com Colossenses 1.15-18, os dois versículos devem ser interpretados sobretudo à luz de seus contextos imediatos no livro de Apocalipse. Nesse sentido, 3.14 foi concebido para ser um desenvolvimento literário do título de Cristo em 1.5, assim como cada uma das outras autoapresentações de Cristo no início de cada carta às sete igrejas se baseia em alguma declaração ou alguma descrição de Cristo no capítulo 1. Como se observou anteriormente, fica claro que, em Apocalipse 1.5, Jesus como "testemunha fiel" e "primogênito dos mortos" está relacionado não à criação original, mas a seu ministério, sua morte e sua ressurreição. A segunda parte da autodescrição de Jesus em Apocalipse 3.14, "o princípio da criação de Deus", é evidentemente o desenvolvimento da locução "primogênito dos mortos" em Apocalipse 1.5, que naquele contexto também vem imediatamente depois de "testemunha fiel".⁵⁹

Ao contrário do que a maioria dos comentaristas pensa, essa referência não associa Jesus à criação original em Gênesis 1. É uma interpretação da ressurreição de Jesus de Apocalipse 1.5.⁶⁰ A ressurreição de Jesus é considerada o começo da nova criação, tema paralelo a Colossenses 1.15b,18b. Compare "primogênito de toda a criação" (*prōtotokos pasēs ktiseōs*) em Colossenses 1.15b, que provavelmente se refere à criação original de Gênesis, com "o princípio, o primogênito dentre os mortos" em Colossenses 1.18b (*archē, prōtotokos ek tōn nekrōn*). O último sintagma se refere à ressurreição como um novo início cósmico (como fica claro pela ligação não só com Cl 1.15-17, mas tb. com 1.19,20,23). Essa expressão é paralela a 2Coríntios 5.15,17, em que Paulo entende que a ressurreição de Jesus efetua uma "nova criação", o último versículo em alusão a Isaías 43.18,19; 65.17 (cf. a associação com *hōste* ["a fim de que"]; tb. Ef 1.20-23; 2.5,6,10).

A conclusão de que o título "o princípio da criação de Deus" em Apocalipse 3.14 é um desenvolvimento interpretativo de "primogênito dos mortos" de Apocalipse 1.5 se confirma ao observar-se que *archē* ("princípio") e *prōtotokos* ("primogênito") estão em geral relacionados no sentido e sobretudo são usados juntos como praticamente sinônimos em Colossenses 1.18b (*archē, prōtotokos ek tōn nekrōn*) para designar o posto soberano de Cristo na nova era,

---

⁵⁸Traugott Holtz, *Die Christologie der Apokalypse des Johannes*, TUGAL 85 (Berlin: Akademie-Verlag, 1971), p. 143-7.

⁵⁹Que essa segunda expressão em Apocalipse 3.14 desenvolve "primogênito dos mortos" em 1.5 fica evidente porque as autoapresentações de Cristo no começo de cada uma das outras cartas se fundamentam em alguma descrição dele do cap. 1 e, já que "testemunha fiel" em Apocalipse 3.14a claramente se baseia em 1.5a, parece provável que Apocalipse 3.14b utiliza a locução imediatamente seguinte "primogênito dentre os mortos" em 1.5. A locução "princípio da criação de Deus" em Apocalipse 3.14 não ocorre no cap. 1, por isso precisa ser considerada uma interpretação de algum elemento daquele capítulo, e "primogênito dos mortos" em 1.5 é o candidato mais provável e mais próximo.

⁶⁰Assim tb., apenas Burney, "Christ as the APXH", p. 177; S. MacLean Gilmour, "The Revelation to John", in: Charles M. Laymon, org., *The interpreter's one-volume commentary on the Bible* (Nashville: Abingdon, 1971), p. 952. Martin Rist entende que as duas ideias da criação original e da nova criação estão incluídas ("The Revelation of St. John the divine [introduction and exegesis]", in: George A. Buttrick, org., *The interpreter's Bible* [Nashville: Abingdon, 1957], vol. 12, p. 396).

em consequência da ressurreição. Além disso, os títulos de Cristo em Apocalipse 22.13 usam *archē* ("princípio") de forma intercambiável com *prōtos* ("primeiro"). Não é inconcebível que *hē archē* ("o princípio") seja um desenvolvimento interpretativo não somente de *ho prōtotokos* ("o primogênito") em Apocalipse 1.5, mas também da locução imediatamente seguinte *ho archōn* ("o Príncipe"). Nesse caso, pode ser um jogo de palavras interpretativo: *rē'šit* ("princípio") e *rō'š* ("príncipe") se baseiam na mesma raiz, e tanto *archē* (aproximadamente 75 vezes) quanto *archōn* (aproximadamente 90 vezes) normalmente são traduções de *rō'š* na LXX.[61]

Assim, Cristo como o "primogênito dos mortos e Príncipe dos reis da terra" em Apocalipse 1.5 é interpretado em 3.14 como o inaugurador soberano da nova criação. Por consequência, o título "princípio da criação de Deus" se refere não à soberania de Jesus sobre a criação original, mas à sua ressurreição como a prova de que ele é a inauguração da nova criação e soberano sobre ela. A variante *ekklēsias* ("igreja") para *ktiseōs* ("criação") é posterior, já que seu apoio em manuscritos é fraco (encontrada apenas em ℵ*) e pode ter sido uma interpretação errada não intencional de *ktiseōs* (a tradução resultante em ℵ* é "o início da igreja"). No entanto, a variante pode não ter sido acidental, visto que o escriba pode muito bem ter tentado adequá-la ao paralelo com Colossenses 1.15,18, em que Cristo como "primogênito de toda a criação" é interpretado como Cristo, "o cabeça do corpo, que é a igreja". No mínimo, a variante de leitura teria passado a representar uma interpretação antiga do versículo em que Cristo é o princípio não da criação original, mas da igreja recém-criada ou da nova era da igreja.

Muitos comentaristas chegaram à conclusão de que por trás do título *ho amēn* está Isaías 65.16 ("o Deus do amém" ['*āmēn*]"), embora raramente se apresente uma análise exegética em apoio dessa tese, e a ligação isaiânica jamais está relacionada à ideia da criação em Apocalipse 3.14.

Entretanto, há fortes evidências de que o texto de Isaías é a fonte primária dos títulos de Apocalipse 3.14. Sete linhas de evidências sustentam uma alusão a Isaías 65.16.

(1) *ho amēn* ("o Amém") é um equivalente semítico do grego "fiel" (*pistos*), bem como de "verdadeiro" (*alēthinos*), o que fica evidente, principalmente, pela tradução comum da LXX das formas verbal e nominal da raiz '*mn* ("ser fiel") por *pistos*, mas também às vezes por *alēthinos*.[62] Portanto, o nome tríplice pode ser uma tradução expandida e independente do "Amém" de Isaías.

(2) Juntamente com Apocalipse 1.5 (e sua alusão a Sl 89.37), a tradição textual de Isaías 65.16 e seu contexto representam uma fonte suficiente de termos e ideias provavelmente existentes no primeiro século da qual podem ter sido extraídos os títulos de Apocalipse 3.14.[63] Primeiro, o texto hebraico se refere duas vezes a Deus como "o Deus da verdade ['*āmēn*]", que é traduzido por uma das seguintes formas nas diferentes versões do AT grego: (1) *ton theon ton alēthinon* (LXX); (2) *en tō theō pepistōmenos* (Áquila; Jerônimo; manuscrito 86 têm *pepistōmenos*); (3) *en tō theō amēn* (Símaco e Teodócio apresentam *amēn* como tradução do segundo "Amém" de Is 65.16). Respectivamente, essas três traduções se referem a Deus como "verdadeiro", "fiel"[64] e o "Amém".[65]

---

[61]Para mais evidências de que *archē* pode abranger as duas ideias de "começar" e "líder soberano" em Colossenses 1.18, Apocalipse 3.14 e em outros trechos, veja Burney, "Christ as the APXH", p. 176-7; Holtz, *Christologie*, p. 147.

[62]Veja Edwin Hatch; Henry A. Redpath, *A concordance to the Septuagint and the other Greek versions of the Old Testament* (Graz: Akademische Druck- u. Verlagsanstalt, 1954).

[63]Cf. 3Macabeus 2.11, em que Deus é chamado de "fiel [...] verdadeiro" (*pistos* [...] *alēthinos*).

[64]Áquila e Jerônimo apresentam a tradução literal "fielmente", e parece que o ms. 86 traduz por "o fiel".

[65]Se isso expressa uma fórmula litúrgica, ainda assim teria como base a fidedignidade de Deus, de forma que "Amém" ainda seria aplicável a Deus.

Diante desse contexto, o título *ho martys ho pistos kai alēthinos* ("a testemunha fiel e verdadeira") em Apocalipse 3.14 é mais bem entendido como uma tradução interpretativa de *'āmēn* ("Amém" = *amēn*) de Isaías 65.16.[66] Talvez "Amém" tenha sido colocado primeiro, seguido por "fiel e verdadeira", a fim de mostrar que a última locução é uma extensão interpretativa do "Amém" de Isaías.

A formulação poderia ser uma tradução independente e ampliada do texto de Isaías; ou, do mesmo modo, "fiel" de Apocalipse 1.5 pode ter sido tomado e agora entendido à luz do "Amém" de Isaías. A palavra "verdadeiro" foi tirada de Apocalipse 3.7, em que já aparecia como uma tradução de "fiel" de 1.5, e foi acrescentada como parte da expansão em 3.14. Outra possibilidade ainda é que as diferentes traduções da LXX, Áquila, Símaco e Teodócio, já existissem no primeiro século em formas de versões primitivas ou representassem tradições exegéticas de Isaías 65.16 anteriores e que a tradução de Apocalipse 3.14 tenha sido "desencadeada" e redigida por influência dessas versões ou tradições anteriores.

É difícil determinar se a tradução ampliada foi feita de modo independente ou não. A segunda possibilidade é atraente porque parece mais do que coincidência todas as quatro versões gregas de Isaías 65.16 terem praticamente as mesmas traduções ampliadas como a de Apocalipse 3.14. De qualquer modo, a articulação do nome celestial de Cristo mediante exegese de textos do AT tem afinidades com a prática do judaísmo de formular nomes pessoais para anjos com base em exegese de trechos do AT.[67]

O que fortalece a ideia de que as três interpretações gregas de alguma forma existiam antes do século 2 d.C. é que o hebraico *'mn* pode ter sua pontuação vocálica de três formas possíveis, que correspondem ao menos a duas, e talvez três, das leituras das versões da LXX e ao texto de Apocalipse 3.14.

(3) "Amém" normalmente é, em ambos os Testamentos, a resposta de uma pessoa a uma palavra de Deus ou a uma oração. Às vezes se refere às declarações fidedignas de Jesus nos Evangelhos. Porém, uma observação que ressalta a associação entre Isaías 65.16 e Apocalipse 3.14 é que essas são as duas únicas passagens da Bíblia em que "Amém" é um nome.

(4) A "bênção" do "Deus da verdade", que é mencionada apenas de forma geral em Isaías 65.16, é entendida com precisão no versículo seguinte como a da nova criação que ele produzirá: "Eis que crio novos céus e nova terra" (Is 65.17).[68] Do mesmo modo, a referência a Jesus como "o princípio da criação de Deus" logo depois da alusão de Isaías 65.16 ("o Amém, a testemunha fiel e verdadeira") alude provavelmente à profecia da nova criação em Isaías 65.17, que também vem logo depois de Isaías 65.16. Por isso, Cristo é considerado o começo "da *nova* criação".

(5) O fato de essa seção de Isaías ser o foco talvez seja também porque João estivesse meditando em Isaías 62.2; 65.15 no contexto imediato de 2.17; 3.12, além de se concentrar em outros textos relacionados de Isaías em Apocalipse 3.7,9.

(6) A alusão a Isaías 65.16 também é corroborada por Apocalipse 21.5, em que aquele que estava "assentado no trono" diz: *idou kaina poiō panta* ("Eis que faço novas todas as coisas!"), uma referência a Isaías 43.19; 65.17, e, em seguida, diz sobre essa declaração que ela é *hoi logoi pistoi kai alēthinoi eisin* ("essas palavras são fiéis e verdadeiras"). Por sua vez,

---

[66]De modo semelhante, Mathias Rissi, *The future of the world: an exegetical study of Revelation* 19.11—22.15, SBT 2/23 (London: SCM, 1972), p. 21; H. Schlier, "αμῆν", in: *TDNT* 1:337, embora nenhum desses autores citem as versões da LXX para apoiar seus argumentos.

[67]Veja Saul M. Olyan, *A thousand thousands served him: exegesis and the naming of angels in ancient Judaism*, TSAJ 36 (Tübingen: Mohr Siebeck, 1993).

[68]Observe-se também a ligação do v. 16 com o v. 17 nas expressões paralelas da segunda linha de cada versículo: "os sofrimentos passados já estão esquecidos / as coisas passadas não serão lembradas".

essa declaração é um desenvolvimento da alusão anterior a Isaías 65.17 em Apocalipse 21.1 ("Eu vi um novo céu e uma nova terra"). Dessa perspectiva, não é por acaso que em Apocalipse 21.6 Deus ou Jesus é chamado de "o princípio" (*hē archē*). Isso indica que a desejada consumação da nova criação de Apocalipse 21.1,5 já foi inaugurada pela ressurreição de Jesus (em Ap 3.14), pois os dois versículos fazem alusão exatamente às mesmas profecias isaiânicas de nova criação. Tais alusões são indicadas também pelas três vezes que a expressão *pistos kai alēthinos* ("fiel e verdadeiro") ocorre em outras partes do livro. Uma serve de declaração introdutória da verdade de que Deus "tornará novas todas as coisas" (Ap 21.5), e a segunda (Ap 22.6) funciona igualmente como conclusão enfática do mesmo discurso sobre a nova criação em Apocalipse 21.5—22.5 (embora em Ap 21.5 e 22.6 as palavras estejam no plural).[69]

(7) Embora o salmo 89, que serve de contexto para "testemunha fiel", tenha sido, provavelmente, transferido de Apocalipse 1.5 para 3.14, existe mais um contexto veterotestamentário para a ideia de "testemunha fiel", sobretudo quando aparece na expressão de Apocalipse 3.14, em que é mais enfatizada que Salmos 89.37. A LXX de Isaías 43.10 afirma: "Vós [Israel] sereis minhas testemunhas, e eu sou testemunha, diz o Senhor Deus, e o meu servo a quem escolhi". Da mesma forma, Isaías 43,12,13 (LXX) é paralelo a 43.10 e apresenta a leitura: "Vós [Israel] sois minhas testemunhas, e eu sou testemunha, diz o Senhor Deus, desde o princípio [*kagō martys legei kyrios ho theos eti ap' archēs*]".[70]

O que surpreende em Isaías 43 (LXX) é que Israel, Deus e o Servo sejam todos chamados de "testemunhas". Na verdade, o *Targum* de Isaías interpreta "Meu servo" como "Meu servo, o Messias". Do que exatamente Israel, Deus e o Servo, ou Messias, são testemunhas? No contexto, fica evidente que são, antes de tudo, testemunhas da ação passada de Deus na redenção do povo no Êxodo (Is 43.12,13,16-19) e, acima de tudo, são testemunhas do ato divino vindouro de restauração do exílio, que deve seguir os padrões da redenção anterior do Egito. Isaías 43.18,19 (LXX) fala da restauração vindoura como nada menos que uma nova criação: "Não vos lembreis das primeiras coisas, nem considerai o início das coisas. Eis que crio novas coisas". Portanto, Israel, Deus e o Messias devem ser testemunhas da restauração futura e da nova criação. Isaías 44.6-8 também afirma que Israel é "testemunha" tanto do ato passado de Deus de criação quanto de sua libertação futura da nação do exílio. Tanto Isaías 43.10-13 quanto 44.6-8 também ressaltam a ideia de que se trata de testemunho contra os ídolos, que não podem ser comparados com o verdadeiro Deus e seus atos soberanos.

Especialmente digno de nota é que o testemunho de Israel, de Deus e do Servo (Messias) em Isaías 43.10-13 diz respeito aos acontecimentos "desde o princípio" (*ap' archēs* [assim como Is 44.8]), que estão associados com a nova criação futura, da qual eles igualmente têm de testemunhar. A locução "desde o princípio" e formulações semelhantes de *arché*, em diversos contextos de Isaías na LXX, referem-se ao "princípio" na primeira criação (40.21; 42.9; 44.8; 45.21; 48.16) ou o "princípio" em que Deus criou Israel como nação no Êxodo (41.4; 43.9,13; 48.8,16; 51.9; 63.16,19). Entretanto, o propósito em declarar que Deus é "testemunha [...] ainda [também, mesmo] desde o princípio" na LXX de Isaías 43.12,13 (*kagō martys* [...] *eti ap' archēs*) é enfatizar o testemunho dos atos redentores de Deus no passado como novas criações, a base para seu ato futuro de redenção como uma nova criação mais elevada. Deus

---

[69]Philip Mauro quase chega a sugerir o cumprimento inicial da profecia de Isaías 65 da nova criação em Apocalipse 3.14 como uma possibilidade, mas sua análise é breve (*The Patmos visions: a study of the Apocalypse* [Boston: Hamilton, 1925], p. 129-30). Em 2Coríntios 5.14-17, Paulo também entende que a ressurreição de Cristo inaugurou a nova criação profetizada por Isaías 43.19; 65.17 (veja G. K. Beale, "The Old Testament background of reconciliation in 2 Corinthians 5—7 and its bearing on the literary problem of 2 Corinthians 4:14—7:1", *NTS* 35 [1989]: 550-81).

[70]Embora falte a alguns manuscritos da LXX a palavra *martys* em 43.12, a expressão *legei martys* pode ser inferida ou presumida.

foi testemunha de seus atos passados de criação do cosmo e da criação de Israel como nação no Êxodo (o que, segundo observamos, também foi concebido como uma nova criação),[71] e ele ainda será, mais uma vez, testemunha de outra criação.

Portanto, a ênfase está em Israel, Deus e o Servo na condição de "testemunhas" da nova criação vindoura como outro "início" na história da nação e na história cósmica. A "testemunha" de Isaías 43.10,12 deve ser entendida como uma "testemunha verdadeira" por causa do contraste imediatamente anterior com Isaías 43.9, em que as "testemunhas" (*martyras*) das nações (= falsos ídolos ou falsos profetas) recebem a ordem de Isaías para falar a "verdade" (*alēthē*). A palavra *alēthēs* ressalta a exortação de que as testemunhas são verdadeiras. Não é por acaso que o judaísmo considerava a testemunha de Isaías 43.12 uma testemunha verdadeira, pois ela é explicitamente contraposta aos que dão "falso testemunho" em trechos dos *midrashim* (*Rab.* de Lv 6.1; 21.5).

Conclusão

Em Apocalipse 3.14, o que está em mente não é Jesus como o princípio, a origem ou a fonte da criação original, mas, sim, Jesus como o inaugurador da nova criação. O sintagma *tēs ktiseōs* ("da criação") é mais bem interpretado como um genitivo partitivo, embora talvez estejam implícitas no conceito de *hē archē* três ideias: (1) inauguração, (2) supremacia sobre, e (3) prioridade temporal. As duas últimas ideias ficam evidentes quando se observa o paralelo de Colossenses 1.18 e especialmente de Apocalipse 1.5, em que o "primogênito dos mortos" é explicado logo em seguida como "príncipe dos reis da terra".[72] Provavelmente, a menção de "testemunha" em Apocalipse 3.14 tenha o foco mais na profecia da nova criação de Isaías 43, visto que parece estar interpretando a alusão ao salmo 89 em Apocalipse 1.5: Jesus como a "fiel testemunha", o "primogênito" e "príncipe dos reis da terra" em cumprimento do salmo 89 é interpretado como a soberana testemunha divino-humana da nova criação, da qual Jesus é o cabeça de ponte, em cumprimento de Isaías 43.

Alguns comentaristas que supõem que *tēs ktiseōs tou theou* ("da criação de Deus") se refere à criação original não gostam da tradução de "princípio" por *archē* porque eles acham que ela obriga considerar Jesus um ser criado com o restante da criação.[73] Contudo, interpretar a expressão como uma referência à nova criação resulta em entendimento diferente do que defendi. Sem dúvida, a mensagem sobre a nova criação (Ap 21.5) e a do livro em geral (Ap 22.6) é descrita como "fiel e verdadeira" porque vem de Jesus, que é "fiel" e "verdadeiro" (Ap 19.9,11; 3.14; 1.5).

Ernst Lohmeyer sustenta que a expressão "princípio da criação de Deus" em Apocalipse 3.14 se refere a Cristo como Senhor da comunidade da igreja recém-criada, mas não de toda a nova criação.[74] O Códice Sinaítico pode ser uma testemunha antiga desse tipo de interpretação (observamos anteriormente sua variante interpretativa, em que Cristo é "o princípio da igreja"). Isso ocorre porque Lohmeyer interpreta Apocalipse 3.14 à luz de Colossenses 1.18, o que para ele está relacionado exclusivamente à criação da igreja. No entanto, mesmo que se aceite como argumento que Colossenses 1 é a única solução para a interpretação de Apocalipse 3.14, Colossenses 1.18 não deveria restringir-se apenas à comunidade da nova igreja, uma vez que está relacionado com a criação cósmica em Colossenses 1.15-17. O contexto

---

[71]P. ex., Sabedoria 19.6.
[72]Para "princípio" com o sentido de prioridade temporal na literatura judaica e grega, veja Holtz, *Die Christologie*, p. 145-6.
[73]Veja, p. ex., George Eldon Ladd, *A commentary on the Revelation of John* (Grand Rapids: Eerdmans, 1972), p. 65.
[74]Ernst Lohmeyer, *Die Offenbarung des Johannes*, 3. ed., HNT 16 (Tübingen: Mohr Siebeck, 1970), p. 38.

seguinte de Colossenses 1.19,20,23 revela que Paulo entende a posição de Jesus abrangendo toda a criação, e não apenas a igreja. Jesus e a igreja são o início da nova criação, mas não a esgotam. Em apoio a Lohmeyer, contudo, poderia ainda argumentar-se que Jesus é considerado Senhor apenas da igreja porque ele é apresentado assim na visão inaugural de Apocalipse 1.12-20. Sem dúvida, isso está correto em parte, mas, como em Colossenses, embora Jesus e sua comunidade sejam o princípio de uma nova criação, eles não a esgotam, como revela Apocalipse 21.1-5. Além disso, também fica claro com base em Apocalipse 1 que Jesus é rei e Senhor universal, principalmente em Apocalipse 1.5, que é o fundamento principal para o trecho de 3.14. Também foi demonstrado que Apocalipse 3.14 tem plena ligação com 21.1,5, passagem que focaliza a nova criação universal.[75] Portanto, ressurreição, nova criação e realeza caminham lado a lado.

A RESSURREIÇÃO EM OUTRAS PARTES DE APOCALIPSE 1—3

Todo o trecho de Apocalipse 1.13—3.22 é um relato da aparição do Cristo ressurreto a João (Ap 1.13-20). Em seguida, manifestando-se ao apóstolo e comunicando-se com ele, Jesus envia mensagens proféticas às sete igrejas (Ap 2.1—3.22). Na narrativa da ressurreição do capítulo 1, Jesus é retratado como rei, sacerdote e juiz, o que mais uma vez liga sua ressurreição com a realeza. Cristo é o soberano reinante, o "Filho do Homem", que começou a cumprir a profecia de Daniel 7 a respeito do "Filho do Homem" que reinaria sobre todo o mundo (Ap 1.13). Suas vestes estão associadas não apenas com as de um rei, mas também especialmente com as de um sacerdote (Ap 1.13b). A imagem da "espada" também comunica a ideia de que Jesus é o juiz do fim dos tempos (Ap 1.16, em alusão a Is 11.4; 49.2), o que é claramente aplicado dessa forma em Apocalipse 2.12,16; 19.15. A alusão a Isaías 11.4 indica que o juízo tinha de ser uma função essencial do rei messiânico vindouro (veja Is 11.1-4). Isso se cumpre em Jesus, o rei messiânico ressurreto.[76] É importante recordar que Adão era o rei-sacerdote da primeira nova criação que julgaria a serpente.[77] Além disso, vimos que Daniel 7.13,14 é um dos textos do AT que desenvolve Gênesis 1.28 e que "o Filho do Homem [Adão]" é um desenvolvimento de Adão. O mar caótico e os animais híbridos mutantes que dele surgem transmitem a ideia de descriação, o que implica a mudança para uma nova criação organizada depois do julgamento deles (cf. Dn 7.22), no governo do Filho do Homem (Dn 7.13,14) e dos santos (Dn 7.18,22,27).[78]

Nessa seção introdutória de Apocalipse, há referências específicas e explícitas à ressurreição de Jesus. Mais uma vez, em Apocalipse 1.18 Jesus afirma que a soberania régia é consequência de sua ressurreição: "Estive morto, mas agora estou vivo para todo sempre e tenho as chaves da morte e do Hades". A noção de realeza é enfatizada por 3.7, que amplia 1.18: Jesus é aquele que "tem a chave de Davi; o que abre e ninguém pode fechar, e o que fecha e ninguém pode abrir" (para a ideia de autoridade soberana, bem como de ecos

---

[75]A análise acima sobre o contexto veterotestamentário de Apocalipse 3.14 é um resumo de G. K. Beale, "The Old Testament background of Rev 3.14", *NTS* 42 (1996): 133-52. Para mais comentários dos significados alternativos de *archē*, veja Moses Stuart, *Commentary on the Apocalypse* (Andover: Allen, Morrell & Wardwell, 1845), 2:97-100.

[76]Para uma análise mais aprofundada de Apocalipse 1.13-16, bem como para todos os outros assuntos no restante deste capítulo, veja Beale, *Revelation*.

[77]A hipótese de que Gênesis 1—3 talvez esteja em mente é indicada pela alusão clara em Apocalipse 2.7 ao comer "da árvore da vida, que está no paraíso de Deus". Gênesis 1.28 também tem em comum com Isaías 11.1,2 a metáfora botânica aplicada ao crescimento humano (observe-se o verbo comum *prh* em Gn 1.28 e Is 11.1 do texto hebraico, e o uso de *auxanō* na LXX em Gn 1.28 e nas versões de Áquila e Símaco em Is 11.1), o que pode ter facilitado a associação das duas passagens.

[78]Veja o cap. 1.

sacerdotais, veja Is 22.20-23, que é citado em parte em Ap 3.7).[79] Mais duas vezes nas cartas de Apocalipse, a ressurreição de Jesus está ligada claramente à sua realeza.[80]

A promessa em Apocalipse 2.7 feita "ao vencedor" de "comer da árvore da vida" diz respeito a herdar a vida eterna no novo céu e na nova terra, o que é assim esclarecido por Apocalipse 22.2,14,19. Em 2.8, a ressurreição de Jesus da morte é uma prova de sua natureza eterna: ele é o "primeiro e o último". Porque Jesus possui a vida eterna da ressurreição, aquele que for "fiel até a morte", identificando-se com o modelo da própria experiência de Jesus, herdará a mesma recompensa que ele, "a coroa da vida" (i.e., "a coroa que é a vida [da ressurreição]", um genitivo apositivo [2.10]).[81] Em parte, a coroa transmite a ideia de realeza, que também é a recompensa que Jesus obteve na ressurreição. Apocalipse 2.11 também explica que "a coroa da vida" é a invencibilidade à "segunda morte", que é explicada mais adiante como imunidade ao juízo final (sobre isso, veja Ap 20.11-15; 21.8). Isso pode ser mais bem entendido como um prêmio a ser entregue por completo na ocasião da morte física, mas já desfrutado parcialmente, pois em 3.11 há uma ordem aos membros da igreja de Filadélfia que "conservem o que têm", isto é, a "coroa", como se explica logo em seguida.[82]

Mais uma vez descobrimos que a ideia de nova criação (manifesta na ressurreição) deve ser relacionada com a realeza, uma combinação que observamos pela primeira vez em Gênesis 1 e 2 e depois repetidas vezes em outras partes do AT e do NT.

A RESSURREIÇÃO COMO NOVA CRIAÇÃO E REINO EM APOCALIPSE 4 E 5

Os capítulos 4 e 5 são fundamentais para todo o livro de Apocalipse. Eles dão sequência aos capítulos 1—3 e são a fonte da qual fluem os demais capítulos do livro. A questão principal dos capítulos 4 e 5 é: o propósito punitivo e redentor de Deus para o mundo começa a ser cumprido com a morte e a ressurreição de Cristo, por cujo reino o propósito de Deus para a criação será completamente executado, e a glória divina, realizada. O propósito pastoral desse ponto é garantir aos cristãos que estão sofrendo que Deus e Jesus são soberanos, e os acontecimentos que esses crentes estão enfrentando fazem parte do plano soberano que culminará na sua redenção e justificação de sua fé mediante a ressurreição deles e o castigo a seus perseguidores.

A referência à ressurreição mais conhecida de todo o livro talvez seja a de Apocalipse 5.5,6:

> Então um dos anciãos me disse: "Não chores, pois o Leão da tribo de Judá, a raiz de Davi, venceu para abrir o livro e romper os sete selos". Então vi em pé, entre o trono (com os quatro seres viventes) e os anciãos, um Cordeiro, que parecia estar morto, e tinha sete chifres e sete olhos, que são os sete Espíritos de Deus enviados por toda a terra.

---

[79]Sobre esse assunto, veja Beale, *Revelation*, p. 283-5.

[80]Apocalipse 2.27: "assim como eu recebi autoridade de meu Pai" por "vencer"; Apocalipse 3.21: "Eu venci e me assentei com meu Pai no seu trono". Além disso, mais adiante no livro Jesus é retratado como um "filho, um menino, que dominará todas as nações com cetro de ferro; e seu filho foi arrebatado para Deus e para o seu trono" (Ap 12.5, em cumprimento da profecia do reino messiânico de Sl 2.7-9). Esse "vencer" de Jesus é sinônimo de sua ressurreição; veja Apocalipse 5.5,6.

[81]A mesma ideia dupla se reflete em Apocalipse 3.21: "Ao vencedor, eu lhe concederei que se assente comigo no meu trono, assim como eu venci e me assentei com meu Pai no seu trono", bem como em Apocalipse 2.26,27. Portanto, pelo fato de a ressurreição de Jesus resultar em uma posição de domínio, a ressurreição dos crentes também resulta na mesma condição.

[82]Em *Odes de Sal.* 20.7, os crentes são exortados na era presente a "se vestirem da graça do Senhor de maneira generosa para entrar em seu paraíso e fazer para si mesmos uma coroa de sua árvore"; essa coroa é tanto uma realidade passada quanto presente para o santo (*Odes Sal.* 1.1-3; 17.1; cf. *Mart. Is.* 9.18).

Em Apocalipse 3.21, Cristo diz: "Assim como eu venci e me assentei com meu Pai no seu trono"; a imagem e o comentário em 5.5-14 provavelmente são uma expansão disso. O próprio texto de 3.21 é um desenvolvimento de 3.14, que faz parte do padrão de cada uma das sete cartas, em que a conclusão de cada epístola normalmente se relaciona de alguma forma essencial com a autoapresentação de Cristo no início de todas elas. Neste caso, Cristo na sua ressurreição como a testemunha da nova criação (Ap 3.14) é interpretado como o Senhor ressurreto que reina no trono de seu Pai, em Apocalipse 3.21. O status de Cristo como ressurreto e elevado ao céu continua enquanto ele governa como rei por toda a era da igreja. Isso talvez seja um indício de que os capítulos 4 e 5 estão vinculados ao tema da nova criação. De novo, o relato do capítulo 5 mostra que a ressurreição de Jesus o exaltou a uma posição de soberano sobre todo o cosmo, que ele exerce de vários modos nos capítulos seguintes (6—19). Particularmente, a ressurreição de Cristo implica sua posição de realeza e soberania e dá continuidade a ela, como fica evidente por sua posse do "livro", símbolo do governo soberano de Deus (Ap 5.7) e por sua identificação com o trono de Deus (5.12,13). Por isso, aqueles a quem ele redimiu também partilham de sua realeza e de seu sacerdócio: "Foste morto, e com o teu sangue compraste para Deus" pessoas de toda a terra, "e os constituíste reino e sacerdotes para nosso Deus; e assim reinam sobre a terra" (Ap 5.9,10).[83]

No capítulo 5, a ressurreição de Cristo e seus efeitos sobre ele e sobre seu povo no que diz respeito à realeza e ao sacerdócio fazem parte de um retrato do início da nova criação, conforme indicado anteriormente. Entretanto, em que parte do capítulo 5 é possível ver a nova criação? Talvez no capítulo 4 já exista uma predição da nova criação. As três pedras preciosas em 4.3 são um resumo e uma predição da lista mais completa de pedras preciosas em Apocalipse 21.11,19,20, em que a glória de Deus se revela não somente no céu, como em 4.3, mas também na forma consumada em toda a nova criação. Em Apocalipse 21, as pedras e seu esplendor fazem parte do retrato da nova criação (veja tb. Ap 21.18-23). Juntamente com as pedras, o arco-íris também é um indício inicial de que essa visão produzirá uma nova criação em uma escala mais elevada do que a dos dias de Noé, lembrando que o arco-íris foi o primeiro sinal revelador da nova criação que surgiu depois do dilúvio de Noé. Será que a presença do arco-íris seria o primeiro sinal celestial da nova criação que havia sido inaugurada em Cristo e será consumada no fim da história?

Em que outra passagem a ideia de nova criação aparece nos capítulos 4 e 5? Fica evidente que a nova criação é inaugurada com a obra redentora de Cristo com base em Apocalipse 3.14, conforme defendi, mas também é perceptível pelo uso de "novo" em 5.9 para designar essa obra. A palavra "novo" (*kainos*) na expressão "cântico novo" (5.9) é outro elemento que associa a obra redentora de Cristo com o início de uma nova criação, visto que:

1. a visão do capítulo 5 decorre da menção explícita da obra de criação de Deus em Apocalipse 4.11, por isso tem de estar relacionado de alguma forma com a criação;
2. os hinos seguintes em 5.12,13 acerca de Cristo e de sua obra redentora são claramente paralelos ao hino em 4.11 sobre a obra de criação de Deus (veja 5.12);
3. das seis ocorrências da palavra "novo" em Apocalipse, três se referem à criação renovada vindoura no capítulo 21 (v. 1,2,5), duas designam algum aspecto do novo cosmo (3.12; e 2.17 à luz de 3.12), e uma se refere novamente ao "novo cântico" (14.3);

---

[83]No texto de Apocalipse 5.9, vemos a atividade sacerdotal de Cristo de apresentar a si mesmo como sacrifício e oferta de sangue. Isso é um desenvolvimento da mesma noção de sacerdócio em Apocalipse 1.5, que, assim como em 5.9,10, também está ligada à ideia da soberania real de Cristo e à realeza e ao sacerdócio dos cristãos (Ap 1.6). Sobre isso, veja Beale, *Revelation*, p. 190-6, 358-64. Para o uso do tempo presente em "estão reinando" em vez de "reinarão", veja a discussão logo a seguir.

4. das sete vezes que se menciona "novo cântico" no AT, quatro estão associadas com o ato de criação de Deus ligado à sua soberania e à libertação de Israel (cf. Sl 33.1-22; 96.1-13; 149.1-9; Is 42.5-13);
5. o "novo cântico" em algumas dessas referências do AT é associado pelo judaísmo à era messiânica vindoura e à nova criação.[84]

Fica claro no capítulo 5 que o reino é visto como presente para Cristo,[85] bem como para os santos (tb. 5.10a, esp. à luz de 1.6).[86] Por isso, o reino da nova criação já invadiu o mundo presente e decaído por meio da morte e da ressurreição de Cristo.

Como o tema da criação se harmoniza tanto com o capítulo 4 quanto com o 5? A soberania de Deus na criação (cap. 4) é a base para sua soberania no juízo e na redenção (cap. 5), o que estimula o louvor de todas as criaturas. Os hinos finais de Apocalipse 4.11 e 5.9-13 corroboram a inteira ligação entre os dois capítulos, pois esses hinos funcionam como resumos interpretativos de cada capítulo.[87] O paralelismo impressionante entre os dois hinos mostra que o primeiro está diretamente relacionado ao segundo,[88] e o vínculo provável é que o primeiro serve de base para o segundo.[89]

Os paralelos revelam que João pretendia traçar uma relação interpretativa bem próxima entre Deus como criador e Deus como redentor mediante sua obra em Cristo. Isso indica que a redenção do Cordeiro é continuação da obra de criação divina,[90] mas em uma nova proporção. A criação que havia caído é trazida de volta à relação com o Criador quer pela obediência voluntária, quer pela sujeição obrigatória, como deixam claro os capítulos seguintes.[91] As ligações textuais entre os hinos dos capítulos 4 e 5 também significam que o controle de Deus sobre toda a criação mencionado em Apocalipse 4.11b é realizado especificamente por Cristo mediante sua morte e ressurreição, e pelo Espírito, o que resulta no início de uma nova criação. A ressurreição e o reinado de Cristo, bem como a consequente redenção, tornam-se a cabeça de ponte da nova criação.

UM PANORAMA DA RESSURREIÇÃO EM APOCALIPSE, ESPECIALMENTE NOS CAPÍTULOS 6 A 22

Ao que tudo indica, a ressurreição dos crentes é descrita em três estágios no livro de Apocalipse. Primeiro, vimos que os crentes na terra são identificados implicitamente com as realidades exclusivas do Cristo ressurreto. Assim, por exemplo, vimos que, em consequência

---

[84]*Rab.* de Nm 15.11; *Mid. Tanh.* de Gn 1.32; *b. 'Arak.* 13b; curiosamente, *Rab.* de Êx 23.11 aplica Salmos 98.1 à era messiânica profetizada no texto da nova criação de Isaías 65.16.

[85]Embora alguns tentem sustentar que a entronização de Cristo no cap. 5 se refere a uma entronização futura (p. ex., imediatamente antes de um suposto milênio), é evidente que o cap. 5 descreve a ascensão de Cristo depois de sua ressurreição (sobre isso, veja mais informações em Beale, *Revelation*, p. 312-69).

[86]É provável que a mesma ideia se aplique a Apocalipse 5.10b ("e eles estão reinando sobre a terra"), embora possível que a variante textual do tempo futuro ("reinarão") seja original; se for, Apocalipse 5.10a e 5.10b formariam uma clássica expressão do "já e ainda não" (veja Beale, *Revelation*, p. 361-4).

[87]Veja Minear, *I saw a new earth*, p. 67; David R. Carnegie, "Worthy is the Lamb: the hymns in Revelation", in: Harold H. Rowdon, org., *Christ the Lord: studies in Christology presented to Donald Guthrie* (Downers Grove: InterVarsity, 1982), p. 250-2.

[88]Observe-se especialmente *axios ei* ("digno és tu") em Apocalipse 4.11a e 5.9 (cf. 5.12), bem como *axios* ("digno") + *ektisas ta panta* ("criaste todas as coisas") em Apocalipse 4.11, e *axios* ("digno") + *pan ktisma* ("toda a criação") em Apocalipse 5.12,13.

[89]Veja Carnegie, "Worthy is the Lamb", p. 248-9.

[90]Ibidem, p. 249. A semelhança entre *ktizō* ("criar" [4.11]) e *poieō* ("fazer" [5.10]) também sugere essa ligação interpretativa.

[91]Heinrich Kraft, *Die Offenbarung des Johannes*, HNT 16A (Tübingen: Mohr Siebeck, 1974), p. 102.

da ressurreição, Cristo vivencia de forma intensificada o reino anterior, e os crentes que vivem na terra no presente também são identificados com esse reino (p. ex., Ap 1.5,6,9). Em outras palavras, a "vitória" dos crentes está associada com a "vitória" de Cristo (p. ex., veja a conclusão de cada uma das sete cartas).

A segunda etapa da existência ressurreta dos cristãos é, mais claramente, a ascensão da alma deles ao céu. Isso é o que Apocalipse 6.9-11 provavelmente descreve. Na passagem, os que foram mortos estão "debaixo do altar" no céu e são recompensados com "uma túnica branca".[92] O quadro em 6.9 dos crentes exaltados "que tinham sido mortos" (tempo perfeito do grego) é um sinal que os identifica com o Cordeiro "morto" (tempo perfeito do grego) de 5.6. Parece que isso os identifica não apenas com a morte do Cordeiro, mas também com a vida da ressurreição do Cordeiro, que é o foco mais amplo do que a morte em Apocalipse 5.6.[93] O fato de eles serem descritos vestidos de túnicas brancas na existência pós-terrena os identifica ainda mais com a existência ressurreta do Cordeiro, uma vez que ele também foi retratado vestido com uma túnica branca em sua existência ressurreta e majestosa no céu (1.13,14). No entanto, a diferença entre eles e o Cordeiro é que, apesar de terem experimentado uma forma de vida da ressurreição no espírito, ainda não tinham sido ressuscitados fisicamente.

Quase idêntico a 6.9-11, o texto de 20.4 diz que João viu "as almas dos que haviam sido degolados [...] eles reviveram" e "se assentaram" em "tronos" celestiais, por isso experimentaram a "ressurreição" e o reino mais elevado (20.6). Há muita controvérsia acerca do significado do "milênio" em Apocalipse 20, mas, se a extensa defesa que apresentei em outro texto estiver correta, os versículos 4-6 se referem à ressurreição espiritual dos crentes no momento da morte física, o que ocorre em todo o período entre as vindas de Jesus.[94] O quadro dos crentes que faleceram anteriormente diante do trono celestial em Apocalipse 7.14-17 e o da multidão de crentes em Apocalipse 14.1-5 são paralelos a Apocalipse 6.9-11 e 20.4-6, embora provavelmente representem uma perspectiva "já e ainda não" da multidão de crentes ressurretos. É possível que os 24 anciãos usando coroas e assentados em tronos em Apocalipse 4.4 sejam santos exaltados representantes de todo o povo de Deus e sua realeza (embora possam ser seres angelicais, representantes da igreja e de seu status privilegiado) no período interadventício.

O terceiro modo com que a ressurreição é retratada consiste em um acontecimento consumador. A descrição em geral não trata diretamente da ressurreição física, mas são apresentadas outras ideias intimamente associadas e sobrepostas ao estado final. A representação mais literal está em Apocalipse 20.12,13,15:

> Vi os mortos, grandes e pequenos, em pé diante do trono, e abriram-se alguns livros. Então, abriu-se outro livro, o livro da vida, e os mortos foram julgados pelas coisas que estavam escritas nos livros, segundo as suas obras. O mar entregou os mortos que nele havia, e a morte e o além entregaram também os mortos que neles havia. E eles foram julgados, cada um segundo as suas obras. [...] E todo aquele que não se achou inscrito no livro da vida foi jogado no lago de fogo.

---

[92] Apocalipse 14.13 é bem semelhante: "'Bem-aventurados os mortos que desde agora morrem no Senhor!' 'Sim', diz o Espírito, 'para que descansem de seus trabalhos, pois suas obras os acompanham'".

[93] Essa identificação é enfatizada por parte da tradição textual de Apocalipse 6.9 (1611ᶜ 2351 𝔐k syʰ**), que traz o acréscimo secundário *tou arniou* logo depois de *dia tēn martyrian* ("por causa das testemunhas do cordeiro"); uma parte pequena da tradição do Texto Majoritário também lê "Jesus Cristo" em vez de "o Cordeiro" (veja H. C. Hoskier, *Concerning the text of the Apocalypse* [London: Bernard Quaritch, 1929], 2 vols., 2:179).

[94] Sobre esse assunto, veja Beale, *Revelation*, p. 984-1021, argumento que N. T. Wright (*The resurrection of the Son of God* [Minneapolis: Fortress, 2003], p. 472-5, edição em português: *A ressurreição do Filho de Deus* [São Paulo: Paulus, 2013]) acha não convincente, mas não apresenta, de minha perspectiva, motivos suficientes para sua discordância. Para uma crítica mais persuasiva da minha posição, veja Grant R. Osborne, *Revelation*, BECNT (Grand Rapids: Baker Academic, 2002), p. 696-719 [edição em português: *Apocalipse* (São Paulo: Vida Nova, 2014)].

O "mar" e "a morte e o Hades entregaram os mortos" para que todos ficassem "em pé diante do trono" é uma referência à ressurreição geral de todas as pessoas da humanidade (de acordo com Jo 5.28,29, At 24.15 e Ap. 20.5a). Algumas dessas pessoas serão castigadas "no lago de fogo", outras, cujo nome está "inscrito no livro da vida", serão recompensadas com a "vida". A referência aos "inscritos no livro da vida" é uma alusão a Daniel 12.1,2: "Naquele tempo, o teu povo, todo aquele cujo nome estiver escrito no livro, será liberto. Muitos dos que dormem no pó da terra ressuscitarão, uns para a vida eterna, e outros para vergonha e desprezo eterno". O "livro da vida" em Apocalipse 20.15 é mais bem entendido como genitivo apositivo, "o livro que é vida", esclarecido anteriormente em 20.12: "abriu-se outro livro, o livro da vida".[95]

O que há no "livro da vida" que os perdoa e lhes dá vida? O título completo do livro é "o livro da vida do Cordeiro que foi morto" (13.8 [21.27 traz a leitura: "livro da vida do Cordeiro"]). A informação acrescentada "do Cordeiro" é um genitivo de posse ou de origem (de preferência, "o livro da vida que pertence ao Cordeiro"). A "vida" que é dada aos crentes em associação com esse livro provém da identificação deles com as obras de justiça do Cordeiro (note como o Cordeiro é "digno", e, assim, qualificado para "abrir o livro", em 5.4-9 [cf.5.12]), especialmente a sua morte, o que significa que também são identificados com sua vida ressurreta (cf. Ap 5.5-13). Eles não sofrem a condenação do juízo de seus pecados, pois o Cordeiro já a sofreu por eles: foi morto no lugar deles (tb. esp. 1.5; 5.9; veja ainda 13.8). O Cordeiro reconhece diante de Deus todos os inscritos no livro (3.5) e que se identificam com sua justiça e sua morte.[96]

A descrição das duas testemunhas em Apocalipse 11.11,12 é polêmica. Argumentei em outro texto que essa passagem se refere à justificação final do povo de Deus, o que provavelmente inclui a verdadeira ressurreição, e ainda estou convicto dessa minha conclusão:[97]

> Depois dos três dias e meio, o sopro de vida, que provém de Deus, entrou neles, e eles ficaram em pé, e os que os viram foram tomados de grande temor. Então, ouviram uma alta voz do céu, que lhes dizia: "Subi vós para cá". E eles subiram ao céu em uma nuvem; e seus inimigos os viram.

Se as duas testemunhas não são dois indivíduos profetas, mas uma expressão figurada da igreja testemunhante em seu papel profético, então esse retrato da ressurreição representa sua justificação final diante dos olhos de seus perseguidores no fim da história. A imagem da ressurreição provém de Ezequiel 37.5,10. O texto de Ezequiel 37.1-14 é uma profecia referente à restauração de Israel por Deus do Cativeiro Babilônico. O estado de cativeiro da nação derrotada é comparado a corpos mortos, dos quais restam apenas ossos secos. Porém, a restauração do povo à terra e a Deus seria como a vivificação de ossos secos. Assim como as testemunhas, Israel é considerado "morto" pelos perseguidores, mas em seguida volta a viver (Ez 37.9).

A libertação mencionada em 11.11,12 poderia ser literalmente a ressurreição física da morte. Entretanto, ainda que essa ideia esteja provavelmente implícita, parece que o foco não é esse, uma vez que a vitória das testemunhas não implicou a morte (literal) de todas elas. A ascensão das testemunhas garante de modo figurado uma libertação final e decisiva, bem como a justificação do povo de Deus no fim dos tempos. Esse foco figurado é reforçado pela profecia de Ezequiel, que emprega a terminologia metafórica de ressurreição para falar da

---

[95] O mesmo significado básico para "o livro da vida" ocorre em Apocalipse 3.5; 13.8; 17.8, que, para mim, significa vida ressurreta, porque todos os versículos são alusões a Daniel 12.1,2.

[96] É possível que os crentes passem pelo "julgamento" de Apocalipse 20.12,13, mas não são condenados nele porque suas obras são consideradas "boas" por terem sido feitas "no Senhor", o que pode estar implícito em Apocalipse 1.9; 14.13 (isso pode estar de acordo com 2Co 5.10).

[97] Beale, *Revelation*, p. 596-602.

restauração de Israel do cativeiro. Entretanto, já vimos que a profecia de Ezequiel não é totalmente figurada, pois ela se refere de fato à ressurreição espiritual propriamente dita, que, por implicação, será seguida pela ressurreição física.[98] É provável que isso seja parte da razão por que o judaísmo quase todo entendia Ezequiel 37 como uma profecia da ressurreição física.[99]

Como Ezequiel profetiza a restauração a Deus de toda uma nação fiel, João vê o cumprimento em todos os fiéis da igreja, e não apenas em dois indivíduos fiéis. João aplica o texto de Ezequiel à igreja restaurada porque ele considera seus membros finalmente libertos da peregrinação terrena do cativeiro e do sofrimento. Isso demonstra que eles são o verdadeiro povo de Deus (cf. Ez 37.12,13). Essa libertação final e completa da escravidão deve ser não apenas espiritual, mas também física. A interpretação de que a ressurreição física talvez esteja em mente em um plano secundário é apoiada também por João 5.24-29, em que Ezequiel 37 é utilizado para indicar a ressurreição inaugurada (espiritual) (Ez 37.4,6,12-14 no v. 25) seguida pela ressurreição consumada (física) no *escathon* (Ez 37.12 no v. 28: "todos os que estão nos sepulcros ouvirão a sua voz"), além de claras menções da ressurreição espiritual e física de Daniel 12.1,2 (v. 24,28,29).[100] Do mesmo modo, Mateus 27.52 utiliza Ezequiel 37.12,13 para descrever a ressurreição física ("Os sepulcros se abriram, e muitos corpos de santos que haviam morrido foram ressuscitados").[101] Vimos, na verdade, que a ressurreição física provavelmente estava implícita no próprio texto de Ezequiel 37.

Além das descrições de Apocalipse 11 e 20, outras imagens do estado final na nova criação implicam a ressurreição. Isso fica particularmente evidente pelo relato do novo cosmo em Apocalipse 21.1—22.5. O trecho da passagem em que a ressurreição fica mais explícita nesse sentido é Apocalipse 21.1-4, em que João viu "um novo céu e uma nova terra. Pois o primeiro céu e a primeira terra já passaram". Uma vez que mais adiante os redimidos são retratados como habitantes desse novo cosmo e como parte dele (21.2-4,6,24-27; 22.4,5), presume-se que eles têm um novo corpo, criado de novo. Essa hipótese tem apoio no fato de que a alusão clara a Isaías 65.17 em Apocalipse 21.1,4 já ocorreu em 3.14, trecho em que, conforme vimos, aplicava-se à ressurreição de Jesus como o início da nova criação. Uma vez que o povo de Jesus é claramente mencionado como parte do cosmo renovado, também em cumprimento de Isaías 65.17, é provável que também seja considerado cumprimento dessa profecia do mesmo modo que Jesus (isto é, mediante a ressurreição física). Entre o povo de Deus na nova ordem "não haverá mais morte", pois a morte fazia parte das "primeiras coisas" que "já passaram" (Ap 21.4). Os habitantes do cosmo renovado serão "somente os inscritos no livro da vida do Cordeiro" (Ap 21.27) e eles são considerados herdeiros da "vida" da ressurreição prometida do livro[102] (sobre esse tópico, veja a análise anterior de Apocalipse 20.12-15). Essa vida da ressurreição os qualifica para herdar tudo o que desfrutam no estado eterno (eles "herdarão essas coisas"), em especial um relacionamento vivo com Deus (Ap 21.2-7). "A água da vida" que eles bebem tem o mesmo sentido (Ap 22.17).

---

[98]Sobre isso, veja cap. 7.

[99]Ezequiel 37.10 foi interpretado dessa forma em *Or. Sib.* 2.221-224; 4.181,182; *Pirqe R. El.* 33; bem como em Ireneu, *Haer.* 5.15.1; várias partes da visão de Ezequiel 37.1-14 foram interpretadas assim em *Pesiq. Rab.* Piska 1.6; *Rab.* de Gn 14.5; *Rab.* de Lv 14.9; *Rab.* de Dt 7.6; para a mesma perspectiva em relação a Ezequiel 37.5, cf. os tratados do *Talmude de Jerusalém*: Šeqal. 3.3I; Šabb. 1.3[8.A]^L.

[100]Isso seria ainda mais significativo se fosse reconhecida a autoria comum de João e Apocalipse.

[101]É provável que Ezequiel 37.6,14 também seja usado em Apocalipse 20.4, embora essa passagem seja muitíssimo controversa.

[102]Lembrando que o contexto de Daniel 12.1,2 que serve de base para o "livro da vida" trata claramente da vida da ressurreição.

Outros textos em Apocalipse que narram o estado final dos redimidos possivelmente também implicam a ressurreição deles (15.2-4; 19.7-9).[103] Particularmente em Apocalipse 15.2, os santos agora estão "em pé" diante do trono de Deus no céu (onde existe o mar celestial análogo ao mar terreno em Ap 4.6). Talvez o termo traduzido por "em pé" (*hestōtas*) inclua a ideia de ressurreição, pois essa passagem está ligada com Apocalipse 4.6; 5.5-9 — observem-se as ideias comuns do mar de vidro associado com o fogo; a "vitória" do Cordeiro e dos crentes (*nikaō*), que tocam harpas e cantam um cântico redentor; em meio a tudo isso, em Apocalipse 4 e 5, está o Cordeiro "em pé" (*hestēkos*) (5.6), o que manifesta sua ressurreição.[104] Isso é também sugerido por 10.5,8, se a figura angélica que está "em pé sobre o mar" for identificada com Cristo, sendo equivalente ao anjo do Senhor do AT.[105]

No fim de Apocalipse, os cristãos são exortados a participar dessa vida da ressurreição consumada: "Quem quiser, receba de graça a água da vida" (Ap 22.17 [cf. o trecho quase idêntico de 21.6; veja tb. 22.14]).[106]

Conclusão

Neste capítulo e nos três anteriores, procurei demonstrar da perspectiva exegética e bíblico-teológica que a ressurreição de Cristo é o início da nova criação e do novo reino. A condição de Cristo ressurreto e elevado ao céu continua por todo o período entre os adventos, assim como sua condição de ser nova criação e rei. Todos os que creem em Cristo também são identificados com sua condição ressurreta e régia da nova criação. Essa identificação começa espiritualmente na era presente, e fisicamente, na era vindoura. A ideia da ressurreição como o início do reino da nova criação e a continuação dessa realidade por toda a era é fundamental para minha tese do capítulo 5 de que o reino da nova criação e sua ampliação constituem o principal degrau no enredo das Escrituras para a concretização da glória divina. A esta altura é importante repetir o enredo do NT que formulei anteriormente: *A vida de Jesus, suas provações, sua morte pelos pecadores e principalmente sua ressurreição pelo Espírito deram início ao cumprimento do reino escatológico "já e ainda não" da nova criação, que é concedido pela graça por meio da fé, resultando em uma comissão universal para que os fiéis promovam esse reino de nova criação, bem como em juízo para os descrentes, tudo isso para a glória do Deus trino e uno.* Isso foi uma revisão do enredo narrativo do AT que formulei anteriormente: *O Antigo Testamento é o registro da ação de Deus, que restaura progressivamente do caos seu*

---

[103]É o caso em Apocalipse 19.7-9 à medida que a metáfora do "casamento" nessa passagem é desenvolvida em Apocalipse 21.2, que, segundo argumentei, faz parte da nova criação e está associada com as noções da ressurreição.

[104]Para o mesmo conceito de "em pé" em Apocalipse 7.9, veja Beale, *Revelation*, p. 424-8, na introdução de Apocalipse 7 (veja tb. sobre Ap 15.3). Em Apocalipse 15.3, duas canções distintas não são entoadas, mas apenas uma (observe-se o *kai* explicativo, "isto é," "ou seja"): os santos louvam a vitória do Cordeiro como o cumprimento tipológico do que a vitória no mar Vermelho indicava (reforçado pelo Cântico de Moisés mencionado por Jesus [= Josué] [cf. Dt 32.44]). Em *Midr.* de Sl 145.1; 149.1, o cântico à beira do mar de Êxodo 15.1 está relacionado ao canto escatológico dos santos na era vindoura (cf. *Tg.* de Ct 1.1; veja Louis Ginzberg, *The legends of the Jews*, tradução para o inglês de Henrietta Szold [Philadelphia: Jewish Publication Society, 1909-1938], 7 vols., 3:34-5, 6:11). Além disso, há referências no judaísmo posterior que afirmam que o cântico de Êxodo 15.1 implica a ressurreição dos cantores israelitas para cantar uma vez mais na nova era (*b. Sanh.* 91b; *Mek. de Rabbi Ishmael, Shirata* 1.1-10). Isso poderia ser mais uma indicação de que Apocalipse 15.2,3 é uma cena da ressurreição.

[105]Segundo defendido em Beale, *Revelation*, p. 537-9, 547-50.

[106]Veja igualmente "fontes da água da vida" em Apocalipse 7.17. As promessas aos "vencedores" na conclusão de cada uma das cartas são provavelmente promessas "já e ainda não" da vida da ressurreição eterna e da realeza vitoriosa com Deus (sobre esse tema, veja Beale, *Revelation*, p. 223-310).

reino escatológico de nova criação sobre um povo pecador por sua palavra e seu Espírito, mediante promessa, aliança e redenção, o que resulta em uma comissão mundial dos fiéis para que promovam esse reino e o juízo (derrota ou exílio) aos infiéis para a glória de Deus.

Os últimos quatro capítulos são absolutamente imprescindíveis para entender o restante do livro, pois tudo o que vem a seguir é uma tentativa de demonstrar que todos os principais conceitos do NT são facetas do diamante da ressurreição de Cristo, que é o começo do "reino 'já e ainda não' da nova criação dos últimos tempos".[107]

---

[107]Sobre esse aspecto, veja Richard B. Gaffin Jr., *The centrality of the resurrection: a study in Paul's soteriology* (Grand Rapids: Baker Academic, 1978), p. 114-34. A ideia seminal de Gaffin no que diz respeito à ressurreição de Cristo me influenciou anos atrás, e estou tentando ampliá-la de várias maneiras neste livro. Gaffin sustenta que, no pensamento de Paulo, a ressurreição de Cristo foi sua "redenção" — isto é, a libertação da morte. Além do mais, Gaffin argumenta que a "justificação, adoção, santificação e glorificação quando aplicadas a Cristo não são atos separados e distintos; antes, cada um retrata uma faceta ou aspecto diferente do *único ato*" de ter sido ressuscitado e redimido da morte (ibidem, p. 127). Quando os crentes são identificados com o Cristo ressurreto, também são identificados com ele nesses mesmos aspectos.

QUARTA PARTE

A NARRATIVA DA IDOLATRIA E DA RESTAURAÇÃO DA IMAGEM DE DEUS NA NOVA CRIAÇÃO INAUGURADA DOS ÚLTIMOS TEMPOS

11

O pecado como idolatria — o processo de assemelhar-se à imagem adorada, seja para ruína, seja para restauração do adorador

Os quatro capítulos anteriores expuseram de forma exaustiva o entendimento neotestamentário de que a nova criação e o reino do fim dos tempos começaram com a primeira vinda de Cristo, especialmente por meio de sua ressurreição e da ressurreição dos que se identificam com ele. A ressurreição e o reinado deles se iniciam espiritualmente nesta era e se completarão fisicamente no final da história. Agora, porém, voltaremos um pouco para entender por que as pessoas precisavam ser criadas de novo em Cristo. Este capítulo explica que, por causa da entrada do pecado no mundo, todas as pessoas se tornaram idólatras e adoram a si mesmas ou outra coisa da criação em vez do Criador. Por isso, em vez de se assemelhar à imagem de Deus, como foi o caso de Adão antes da Queda, as pessoas adoram alguma imagem da criação e a ela se assemelham.[1] Desse modo, a imagem de Deus na humanidade tornou-se distorcida. Os dois capítulos posteriores a este vão relatar como a vinda de Cristo como o novo e Último Adão começou a corrigir o que o primeiro Adão fez de errado. A obra de Cristo começa a reconquistar para a humanidade aquilo que foi perdido: os seres humanos começam a ser recriados e a refletir a imagem de Deus em vez de se assemelharem à criação caída, um processo que se completará na vinda definitiva de Cristo. Portanto, deve-se considerar que o pecado tem origem na idolatria. Por isso, o foco deste capítulo é o pecado da idolatria, e não o pecado de forma geral, pois entendemos que a idolatria é a origem dos demais pecados. Portanto, o foco sobre o pecado na declaração do meu enredo do NT é explicado principalmente como idolatria. Entretanto, é claro que poderia se falar muito mais sobre o tema do pecado.

---

[1] Este capítulo é um resumo de G. K. Beale, *We become what we worship: a biblical theology of idolatry* (Downers Grove: IVP Academic, 2008) [edição em português: *Você se torna aquilo que adora* (São Paulo: Vida Nova, 2014)]. Agradeço a meu aluno pesquisador Mike Daling por ter-me ajudado a resumir o livro.

Gênesis 1—3 e a idolatria
Adão como imagem e semelhança do Criador

Apesar de Gênesis 3 não designar o pecado de Adão e Eva especificamente como "idolatria", precisamos investigar mais para saber se nessa passagem não está presente algum conceito de idolatria. Quando Adão deixou de ser leal a Deus e de refletir sua imagem, ele passou a reverenciar outra coisa em lugar de Deus e se assemelhou a seu novo objeto de culto. Portanto, no cerne do pecado de Adão estava a idolatria.

Segundo afirma Gênesis 1.28, Adão e Eva tinham de dominar toda a terra: "Deus os abençoou e lhes disse: 'Frutificai e multiplicai-vos; enchei a terra e sujeitai-a; dominai sobre os peixes do mar, sobre as aves do céu e sobre todos os animais que rastejam sobre a terra'". Gênesis 1.27 estipula o meio pelo qual a comissão e o objetivo do versículo 28 deviam ser cumpridos: a humanidade cumprirá sua comissão sendo "a imagem de Deus"[2]. Parte da tarefa de Adão de refletir a imagem de Deus implicava refletir a realeza de Deus ao atuar como seu vice-regente na terra.

Gênesis 2 retrata o primeiro casal estabelecido no templo arbóreo de Deus como sua imagem para o refletir. Adão e Eva e seus descendentes foram criados para ser a imagem de Deus a fim de refletir seu caráter e sua glória, bem como encher a terra com essa glória e esse caráter (Gn 1.26-28).

Assim como o filho de Adão nasceu conforme a "semelhança" e a "imagem" de Adão (Gn 5.1-3) e se parecia com o pai humano em fisionomia e caráter, também Adão era um filho de Deus que tinha de refletir a imagem do seu pai divino. Isso significa que o mandamento para que Adão enchesse a terra, a dominasse e reinasse sobre ela sugere que ele devia povoar a terra, não somente com descendentes, mas com descendentes portadores da imagem que deveria refletir a glória de Deus.[3]

O pecado adâmico da adoração de ídolos

Gênesis 3, porém, relata que Adão e Eva pecaram e deixaram de refletir a imagem de Deus. Violaram o mandamento divino de não comer do fruto "da árvore do conhecimento do bem e do mal". Adão não cumpriu a tarefa para a qual havia sido comissionado, o que implicou não ter mantido longe do templo-jardim o que fosse impuro e hostil a Deus. Apesar de Gênesis 2 e 3 não dizer explicitamente que a tarefa de Adão de governar e subjugar significava proteger o jardim contra a serpente satânica, a implicação é clara na passagem.[4] Assim, ao permitir que a serpente entrasse no jardim, Adão permitiu que o pecado, o caos e a desordem invadissem o santuário e a vida dele e de sua mulher. Em vez de subjugar a serpente e lançá-la para fora do jardim, Adão permitiu que ela o dominasse. Em vez de desejar estar próximo de Deus e

---

[2] A mesma relação existe entre Gênesis 1.26a e 1.26b. Veja William J. Dumbrell, *The search for order: biblical eschatology in focus* (Grand Rapids: Baker Academic, 1994), p. 18-20.

[3] Sobre essa tema, veja cap. 1. A partir daqui, vou me referir normalmente a Adão, e não a Eva, pois Adão era o vice-regente e, em última instância, o responsável por cumprir a comissão de Gênesis 1.28 (veja Rm 5.12-19), e também era o sumo sacerdote do santuário do Éden. Não pretendo demonstrar isso aqui, apenas chamo a atenção para o fato de que, além de Romanos 5.12-19, a passagem de Colossenses 1.15-19 também considera Cristo o Último Adão com autoridade sobre a nova criação, o que parece indicar que o primeiro Adão tinha autoridade sobre a primeira criação. Essa perspectiva neotestamentária tem origem em Gênesis 1—3 (p. ex., veja James B. Hurley, *Man and woman in biblical perspective* [Grand Rapids: Zondervan, 1981]).

[4] Sobre isso, veja mais em G. K. Beale, *The temple and the church's mission: a biblical theology of the dwelling place of God*, NSBT 17 (Downers Grove: InterVarsity, 2004), p. 66-71, 86-7; Meredith G. Kline, *Kingdom prologue: Genesis foundations for a covenantal worldview* (Overland Park: Two Age Press, 2000), p. 54-5, 65-7.

refletir a imagem dele, Adão "e sua mulher esconderam-se da presença do Senhor Deus, entre as árvores do jardim" (Gn 3.8 [tb. Gn 3.10]).

Em vez de ampliar a presença divina do santuário-jardim refletindo-o quando eles e seus descendentes saíssem de lá, Adão e Eva acabaram sendo expulsos do jardim. Somente no templo do Éden, Adão e Eva tinham de refletir o descanso de Deus.[5] Fora do jardim, para onde os dois foram exilados, só conseguiram encontrar o cansaço do trabalho (Gn 3.19). Adão e Eva desobedeceram à ordem de Deus em Gênesis 1.28, de forma que não estavam mais em íntima proximidade do Criador para ser capazes de refletir a imagem viva dele conforme foram planejados e, por isso, deveriam sofrer a morte (Gn 3.19).

Não há nenhuma palavra ou expressão explícita que se refira ao pecado de Adão como idolatria, mas parece que a ideia está indissociavelmente ligada à transgressão dele. A "idolatria" (adoração de ídolos) deveria ser definida como o ato de reverenciar qualquer coisa que não seja Deus. No mínimo, a lealdade de Adão passou de Deus para ele mesmo, e provavelmente para Satanás, uma vez que passou a assemelhar-se ao caráter da serpente de algumas maneiras. A serpente era mentirosa (Gn 3.4) e enganadora (Gn 3.1,13). Do mesmo modo, quando Adão foi questionado por Deus: "Comeste da árvore da qual te ordenei que não comesses?" (Gn 3.11), ele não responde de maneira transparente. Ele responde: "A mulher que tu me deste deu-me da árvore, e eu comi" (Gn 3.12). Adão estava de forma enganosa culpando Eva pelo pecado dele, o que transferia sua responsabilidade para a mulher, ao contrário do testemunho bíblico de que Adão, e não Eva, foi o responsável pela Queda (veja, p. ex., Rm 5.12-19). Além disso, Adão, assim como a serpente, não confiava na palavra de Deus (sobre Adão, veja Gn 2.16,17; 3.6; sobre a Serpente, veja Gn 3.1,4,5). A mudança de Adão de deixar de confiar em Deus para confiar na serpente significava que ele não refletia mais a imagem de Deus, mas a da serpente.[6]

Também parece que há um elemento de autoadoração, pois Adão decidiu que sabia mais do que Deus sobre o que era melhor para ele, e porque confiava em si mesmo, uma criatura, em vez de confiar no Criador. Provavelmente ele tenha ouvido as palavras tentadoras da serpente dirigidas a Eva: "No dia em que comerdes desse fruto, vossos olhos se abrirão, e sereis como Deus, conhecendo o bem e o mal" (Gn 3.5). Em seguida, em Gênesis 3.22,23a, Adão é expulso do jardim, pois em certo sentido as palavras da serpente se tornaram verdadeiras:

> Então disse o Senhor Deus: "Agora o homem tornou-se como um de nós, conhecendo o bem e o mal. Não suceda que estenda a mão e tome também da árvore da vida, coma e viva eternamente". Por isso, o Senhor Deus o mandou para fora do jardim do Éden, para cultivar o solo do qual fora tirado.

Adão podia se tornar como Deus e se assemelhar a ele apenas obedecendo-lhe e confiando nele. Entretanto, havia um sentido em que Adão se tornara semelhante a Deus que não era bom; na verdade, era blasfemo. Adão usurpou a autoridade de criar uma lei moral, o que é prerrogativa exclusiva de Deus. Como eu disse anteriormente, ter "o conhecimento do bem e do mal" diz respeito a fazer julgamentos. A árvore que tinha esse nome era o local em que

---

[5] Para a tese de que o Éden era um templo, veja o cap. 18 adiante.

[6] Do mesmo modo, a citação equivocada de Eva na passagem de Gênesis 3.2,3 sobre a ordem de Deus dada em Gênesis 2.16,17, e que Adão não corrigiu, refletia a modificação pretendida pela serpente da mesma ordem no v. 4: "Com certeza, não morrereis", o que já estava implícito na pergunta da serpente em 3.1. Para uma elaboração sobre esse assunto, veja o cap. 1, seção "A comissão de Adão na primeira criação e a transferência dessa responsabilidade a outras personagens semelhantes a ele", na parte inicial dessa seção. Na realidade, o questionamento da palavra de Deus pela serpente (3.1) e a negação do mandamento de Deus (3.4) eram a anulação do verdadeiro efeito da palavra de Deus, e as modificações de Eva ao mandamento de Deus eram um reflexo da atitude ímpia da serpente, que também representava a negação da verdade plena desse mandamento.

Adão tinha de confessar a conformidade com a lei de Deus ou a transgressão dela (sobre isso, veja o cap. 1). Por isso, como rei-sacerdote, ele devia pronunciar sentença contra tudo o que não se conformasse aos justos estatutos de Deus. Adão, todavia, não só estava presente quando Eva, sua aliada da aliança, foi enganada pela serpente, mas também concluiu por si mesmo que a palavra de Deus estava errada, e a palavra do Diabo, certa. Fazendo isso, talvez Adão estivesse refletindo outra característica da serpente, que havia exaltado o código de conduta dela acima dos preceitos do padrão de justiça de Deus, além de opor-se a eles. Se não for isso, porém, certamente Adão estava decidindo por si que a palavra de Deus estava errada. É exatamente neste ponto que Adão se pôs no lugar de Deus — isso é adoração do eu.

A interpretação de Gênesis 3 em Ezequiel 28 apresenta o pecado como a reorganização da existência em torno do próprio indivíduo. A consequência disso é que o indivíduo procura ser seu próprio criador, restaurador e sustentador.[7] A ideia de que Adão estava cometendo o pecado da autoadoração parece confirmar-se em Ezequiel 28, trecho em que há dois pronunciamentos sucessivos de sentença contra o rei de Tiro (Ez 28.1-10,11-19). A primeira sentença declara o rei culpado do pecado de autoadoração arrogante, pelo qual seria castigado. De forma surpreendente, parece que a segunda sentença contra o rei é contra alguém no jardim do Éden que havia pecado e sido expulso de lá. Os comentaristas divergem quanto à identificação dessa figura: uns consideram que se trata de um anjo caído (em geral Satanás), outros, em número maior, acham que é Adão. Seja quem for (Adão, em minha opinião), o pecado e o juízo do rei de Tiro são analisados principalmente através da lente do pecado e do juízo da figura do Éden, em vez de seu próprio pecado, de modo que essa figura mais antiga passa a ser representante do rei de Tiro, e o pecado e juízo deste são considerados uma espécie de recapitulação do pecado primordial. Assim, todos os pecados envolvem a idolatria.[8] A adoração de ídolos envolve muitas vezes a autoadoração, já que as pessoas do mundo antigo, por exemplo, adoravam vários deuses a fim de garantir o próprio bem-estar físico, econômico e espiritual.[9]

O conceito veterotestamentário de tornar-se semelhante à imagem dos ídolos adorados

Em vários trechos no AT, as nações gentias ou o Israel idólatra são descritos como pessoas que têm "olhos, mas não veem; ouvidos, mas não ouvem; e coração, mas não entendem".

---

[7] Não apenas a LXX identifica Adão como a figura gloriosa que habita no Éden primordial em Ezequiel 28.14, mas também é possível que o texto hebraico de fato estabeleça essa identificação (como sustenta, p. ex., Dexter E. Callender Jr., *Adam in myth and history: ancient Israelite perspectives on the primal human*, HSS 48 [Winona Lake: Eisenbrauns, 2000], p. 87-135, 179-89). A metáfora no hebraico de Ezequiel 28.14a *'at-kĕrûḇ mimshaḥ hassôkēk* ("foste ungido o querubim que cobre") pode bem ser entendida como um símile suprimido: "foste [como] o ungido querubim que cobre", semelhante a afirmações metafóricas como, por exemplo, "o Senhor é [como] meu pastor" (Sl 23.1). Mais dois elementos dão a entender que essa figura é Adão no Éden: (1) fala-se do rei de Tiro por meio dessa figura representativa, e seria mais coerente se a figura representativa fosse humana, e não angélica, pois o que está sendo representado é humano; (2) Ezequiel 28.18 afirma que o pecado da figura gloriosa no Éden "profanou teus santuários", o que é uma alusão ao Éden como um templo sendo profanado. O único relato que temos sobre o santuário do Éden ter se tornado impuro por causa do pecado é a narrativa sobre Adão em Gênesis 2—3, de forma que o rei está sendo identificado com o pecado e o castigo de Adão. Pelo contrário, a figura de Adão às vezes é identificada com o rei de Tiro e seu pecado, particularmente o pecado de se exaltar como Deus. Na verdade, em Ezequiel 28, a oração gramatical "o teu coração elevou-se" (*gābah libbĕkā*) aplica-se tanto ao rei de Tiro (v. 2,5) quanto a Adão (v. 17), bem como a descrição de estar envolvido em "comércio" (v. 5,16,18).

[8] Do mesmo modo, Ezequiel 22.1-16 afirma que a idolatria de Israel (v. 1-4) levou a nação a cometer toda espécie de pecado (v. 5-13), o que, por sua vez, trouxe juízo sobre a nação (v. 14-16).

[9] G. Ernest Wright, *God who acts: biblical theology as recital* (London: SCM, 1964), p. 25.

Essas descrições dizem respeito a órgãos do sentido espirituais, e não físicos. Sempre que se considerasse que os órgãos do sentido espirituais não estavam funcionando, podia se falar em "mau funcionamento dos órgãos do sentido". Quando essa metáfora é empregada, ela designa não apenas o pecado em geral, mas também um tipo particular de pecado: a idolatria. Pode-se demonstrar isso com algumas passagens do AT.

Salmo 115 (// Salmo 135)

Talvez o exemplo mais claro de descrição de pessoas que se tornam semelhantes aos ídolos que adoram seja Salmos 115.4-8 (// Sl 135.15-18):

> Os ídolos deles são de prata e ouro,
> obra das mãos do homem.
> Têm boca, mas não podem falar;
> têm olhos, mas não podem ver;
> têm ouvidos, mas não podem ouvir;
> têm nariz, mas não conseguem cheirar;
> têm mãos, mas não podem apalpar;
> têm pés, mas não podem andar;
> nem som algum lhes sai da garganta.[10]
> Tornem-se semelhantes a eles aqueles que os fazem
> e todos os que neles confiam.[11]

O texto de Salmos 115.4-8 (// Sl 135.15-18) termina com a ideia culminante de que as nações que fabricam e adoram ídolos se tornarão semelhantes a esses mesmos ídolos. Por isso, o leitor deve concluir que o castigo dos adoradores de ídolos será torná-los semelhantes aos ídolos descritos na passagem — isto é, seres com boca, mas incapazes de falar, com olhos, mas impossibilitados de enxergar, e assim por diante. A declaração em Salmos 135.14 de que "o Senhor julgará seu povo" torna isso mais explícito, introduz os versículos 15-18 e mostra que se pode associar Israel com a sentença condenatória do versículo 18. Assim, a descrição das nações (e implicitamente Israel) com as palavras "têm ouvidos, mas não ouvem" — e outras semelhantes — é mais bem entendida como uma metáfora da idolatria se referindo às nações desobedientes para enfatizar que serão punidas pela idolatria sendo castigadas da mesma maneira que seus ídolos: elas serão destruídas. Um aspecto dessa sentença de juízo também abrange a ideia de que os idólatras começaram a se assemelhar à natureza inanimada de seus ídolos. Embora os idólatras pensassem que estavam se consagrando ao que é a fonte da vida e que os abençoaria com bênçãos vivificantes, na realidade, seus ídolos eram sem

---

[10] O paralelo do salmo 135 acrescenta a oração gramatical "nem há fôlego algum em sua boca" (v. 17) e omite o seguinte trecho de Salmos 115.7: "Eles têm nariz, mas não conseguem cheirar; têm mãos, mas não podem apalpar; têm pés, mas não podem andar; nem som algum lhes sai da garganta".

[11] Filo (*Decálogo* 72-75) emprega as palavras de Salmos 115.5-7 para afirmar que "o verdadeiro horror" da idolatria é que os idólatras deveriam ser admoestados a se tornarem tão sem vida quanto as imagens que adoram, embora Filo acredite que os próprios idólatras detestariam essa admoestação e "abominariam a ideia de parecer com eles [os ídolos]", o que para ele mostra o profundo grau de impiedade dessa adoração pervertida. Filo talvez revele a verdade psicológica de que, no plano da consciência, os idólatras não desejam se assemelhar ao que veneram, mas na realidade é exatamente isso que acontece às pessoas como castigo pela adoração obstinada de imagens sem vida. Filo elabora mais a respeito desse castigo em *Leis Esp.* 2.255,256, em que afirma, mais uma vez em provável alusão a Salmos 115.8: "Portanto, deixe-o [o idólatra] a fim de que fique também semelhante a essas obras das mãos dos homens. Porque é certo que aquele que honra objetos sem vida não participa da vida, caso tenha se tornado discípulo de Moisés e ouvido muitas vezes dos lábios proféticos".

vida e vazios, e lhes trariam apenas a morte. Parte da sentença de morte era que os idólatras se assemelhariam a seus ídolos espiritualmente mortos. Por isso, os idólatras são retratados exatamente como os ídolos: têm ouvidos físicos, mas não espirituais; têm olhos físicos, mas não espirituais, e assim por diante.

Isaías 6

Essa ideia de idólatras se tornarem semelhantes espiritualmente a seus ídolos ocorre em outras passagens. Observe-se, por exemplo, a semelhança entre Isaías 6.9b,10 e Salmos 115.4-6a (// Sl 135.15-17a), conforme mostra a tabela 11.1.[12]

Tabela 11.1

Isaías 6.9b,10a	Salmos 115.4-6a (// 135.15-17a)
(Cf. Is 2.8b,20b: "eles adoram a obra de suas mãos"; "os seus ídolos de prata e os seus ídolos de ouro, que fizeram para adorar".)	"Os ídolos deles são de prata e ouro, obra das mãos de homem."
"Continuai ouvindo, mas sem entender; e continuai vendo, mas sem perceber. Torna o coração deste povo insensível, os seus ouvidos, surdos, e os seus olhos, cegos, para que não veja com os olhos, não ouça com os ouvidos [...] e não se converta."	"Têm boca, mas não falam; têm olhos, mas não veem; têm ouvidos, mas não ouvem."

Quando se examina a mensagem mais ampla de Isaías 6.9,10, parece que há não apenas uma semelhança textual com Salmos 115 (e Sl 135), mas também uma função contextual da fraseologia de mesmo valor. Deve-se lembrar que a perícope da idolatria de Salmos 115.4-8 (// Sl 135.15-18) conclui com a ideia central de que as nações que fazem e adoram ídolos se tornarão parecidas com esses mesmos ídolos. Tal princípio encontrado no salmo 115 também ocorre em Isaías 6.

O texto de Isaías 6 contém linhas de pensamento que remontam ao início da história de Israel, até mesmo ao início da própria história do mundo, e também contém linhas de pensamento que se desenrolam até o NT. O contexto mais completo é Isaías 6.8-13, que declara o seguinte:

> Depois disso, ouvi a voz do Senhor, que dizia: "A quem enviarei? Quem irá por nós?". Então, eu disse: "Estou aqui, envia-me".
> Ele declarou: "Vai e diz a este povo:
> 'Continuai ouvindo, mas sem entender;
> e continuai vendo, mas sem perceber'.
> Torna o coração deste povo insensível,
> os seus ouvidos, surdos,
> e os seus olhos, cegos,

---

[12] É possível que Isaías 6 seja textualmente dependente desses dois salmos (ou de um deles), mas é mais provável que, se há uma relação literária, um ou ambos os salmos estejam desenvolvendo Isaías e tornando a ideia da idolatria mais explícita. Não há consenso sobre a datação do salmo 115, se foi escrito no final do período pré-exílico ou no pós-exílio, embora a maioria dos estudiosos entenda que o salmo 135 seja posterior ao exílio (para um resumo breve das diferentes posições, veja Rikki E. Watts, *Isaiah's New Exodus in Mark* [Grand Rapids: Baker Academic, 1997], p. 191). Portanto, a probabilidade é que os dois salmos tenham sido compostos depois de Isaías 6.

> para que não veja com os olhos,
> não ouça com os ouvidos,
> não entenda com o coração
> e não se converta nem seja curado".
> Então eu disse: "Até quando, Senhor?". Ele respondeu:
> "Até que as cidades estejam assoladas e fiquem sem habitantes,
> as casas sem moradores,
> e a terra esteja completamente desolada,
> e o Senhor tenha lançado toda a população para longe dela
> e a terra esteja muito abandonada.
> Mas, se ainda restar nela a décima parte,
> também será submetida ao fogo,
> como o terebinto e o carvalho
> que, depois de derrubados, ainda deixam o toco.
> A santa semente é seu toco".

Nos versículos 5-7, Isaías é declarado perdoado pela graça de Deus, apesar de ser pecador. O profeta, perturbado por estar na presença santa de Deus, diz: "Sou homem de lábios impuros e habito no meio de um povo de lábios impuros" (Is 6.5). Em seguida, um serafim, carregando uma brasa viva do altar, aproxima-se de Isaías e lhe toca a boca com a brasa para simbolizar que Isaías experimentou a graça perdoadora de Deus (v. 6,7). Isaías é declarado perdoado pelo Deus santo e sua vida tem de contribuir para a glória de Deus. Depois que Isaías é perdoado, Deus o escolhe para falar a Israel, que não é santo, e assim o comissiona como profeta. Portanto, Isaías é aquele que reverencia Deus e se assemelha à sua santidade, o que resulta em restauração e em seu comissionamento para atuar como profeta (Is 6.5-7).

Em seguida, pronuncia-se um veredicto contra Israel nos versículos 8-10. Depois do chamado e da respectiva resposta de Isaías (v. 8), o profeta recebe a ordem para "ir" e entregar uma mensagem de Deus ao povo (v. 9). A segunda e a terceira linhas poéticas do versículo 9 continuam com a comissão de Isaías para ordenar ao povo que não entenda a revelação de Deus. As locuções "sem entender" e "sem perceber" fazem parte da ordem.[13] No versículo 10, o imperativo é composto, Deus manda de novo o profeta falar ao povo de Israel de tal maneira que os torne "insensíveis" à mensagem espiritual da salvação de Deus, a fim de que não ouçam, não vejam nem entendam espiritualmente. O resultado pretendido era que o povo não "se convertesse" a Deus de seus pecados e não fosse "curado". Como logo veremos, a cegueira e a surdez de Israel nos versículos 9 e 10 é uma descrição do castigo dos idólatras, que têm de refletir exatamente os ídolos que adoram.

Reagindo à contundente mensagem de castigo pela idolatria nos versículos 9 e 10, Isaías pergunta a Deus quanto tempo esse juízo de cegueira e surdez duraria (v. 11b). A resposta divina informa também o efeito e a extensão do castigo de Israel: "Até que as cidades estejam assoladas e fiquem sem habitantes, as casas sem moradores, e a terra esteja completamente desolada" (v. 11b).

A informação sobre a extensão do juízo prossegue no versículo 12: "[até que] o Senhor tenha lançado toda a população para longe dela e a terra esteja muito abandonada". O que estava implícito no versículo 11 se torna explícito no versículo 12: Deus retirará os habitantes de Israel e os enviará para o exílio em outra terra. O exílio físico de Israel e a separação de sua Terra Prometida indicam seu exílio espiritual de Deus, uma vez que a terra dos israelitas era

---

[13] As duas linhas poéticas paralelas no hebraico têm um imperativo seguido por uma forma jussiva, que é equivalente a um imperativo.

onde a presença singular, especial e reveladora de Deus habitava no templo, representando a presença de Deus com seu povo na mediação dos sacerdotes e na adoração deles.

O efeito da destruição e do exílio espirituais e físicos de Israel é explicado no versículo 13: "Mas, se ainda restar nela a décima parte, também será submetida ao fogo, como o terebinto e o carvalho que, depois de derrubados, ainda deixam o toco. A santa semente é seu toco". Tanto dos que permaneceram na terra quanto dos que foram exilados sobreviverá um remanescente ("a décima parte"). Além disso, o versículo 13 indica que o juízo dos versículos 9-12 continua e atinge seu clímax no remanescente restante que voltará do cativeiro. O versículo 13 afirma que os israelitas idólatras se tornarão semelhantes a seus símbolos idolátricos, e seu destino se assemelhará ao fim danoso de seus próprios ídolos, que seria um mero "toco" da bela árvore idolatrada anteriormente. A referência aos ídolos no versículo 13b tem o objetivo de identificar a natureza cultual das árvores queimadas mencionadas anteriormente no versículo 13a. Consequentemente, a comparação poética do castigo de Israel com o da destruição das árvores idolátricas é realçada. Mesmo na condição de tocos caídos, a identidade idólatra dessas pessoas ainda não foi completamente erradicada. A última oração gramatical do versículo é o ápice dessa passagem, visto que a imagem do toco da árvore idolatrada destruída agora é aplicada ao Israel infiel.[14]

Portanto, o que Isaías tinha de fazer segundo o chamado em 6.9,10 era proclamar o juízo de Deus contra Israel por causa da idolatria da nação. Assim, no versículo 9, Deus, por meio de Isaías, determina que o povo idólatra se torne semelhante aos ídolos que se recusou a deixar de amar. No versículo 10, Deus ordena a Isaías que torne o povo semelhante a seus ídolos por meio de sua pregação profética. Isso é um exemplo da *lex talionis* ("lei de talião") — olho por olho. As pessoas são punidas da mesma forma que seus pecados.

---

[14]A maioria dos comentaristas acredita que a representação do remanescente "submetido ao fogo" à semelhança de árvores com um "toco" restante sugere a purificação ou refinamento do Israel fiel. A menção do "toco" como representação da "semente santa" é entendida particularmente como apoio a essa ideia. Entretanto, pode se fazer várias observações que demonstram que essa interpretação é improvável. (1) Em outras partes de Isaías, a imagem de carvalhos e terebintos queimados faz parte de uma descrição da destruição divina dos ídolos. Em particular, em Isaías 1.29-31, ocorre o outro único uso de 'ēlâ ("terebinto") no livro além de em 6.13. Esse paralelismo exclusivo é realçado pela observação de que b'r ("queimar") parece estar intimamente relacionado com 'ēlâ ("terebinto") nas duas passagens. Em Isaías 1.29-31, essas palavras aparecem como parte do relato de Israel sendo julgado por Deus por causa da idolatria. Na verdade, essa passagem também entende que os idólatras se tornam espiritualmente semelhantes aos objetos idolátricos que adoravam: "Pois sereis como um carvalho de folhas murchas e como um jardim sem água" (Is 1.30). Os demais usos de 'ēlâ na literatura profética estão em Ezequiel 6.13 (cf. 6.3-13) e Oseias 4.13 (cf. 4.12-17), e ambos se referem a lugares em que a idolatria é praticada. A outra palavra em Isaías 6.13 é 'allôn ("carvalho"), termo que aparece mais seis vezes no gênero literário profético, três das quais fazem parte de uma descrição da adoração dos ídolos (Is 2.13; 44.14; Os 2.13). A mesma aplicação dessa metáfora do "terebinto queimando" provavelmente ocorre também em Isaías 6.13a, sobretudo por causa da proximidade do contexto paralelo em Isaías 2. (2) A palavra hebraica *maṣṣebet*, traduzida por "toco" na primeira série de traduções não parece significar "toco" nem uma simples "substância de madeira" em nenhum outro texto hebraico bíblico ou extrabíblico. Em outras passagens do AT, a palavra significa "coluna decorativa" (15 vezes), quer para lembrar os mortos, quer para recordar experiências com Yahweh, quer para representar acordos sancionados pelo testemunho divino. O único outro significado é o de "coluna cultual" no sentido de um símbolo idólatra, que corresponde à maior parte dos usos (21 vezes). (A palavra *maṣṣebet* é uma forma feminina singular variante de *maṣṣēbā*; a primeira só aparece em 2Sm 18.18. O estudo de vocábulo aqui inclui também a forma singular *maṣṣēbâ*, que ocorre com mais frequência. Ambas as formas provavelmente devem ser consideradas a mesma palavra hebraica.) Os demais usos em fontes extrabíblicas hebraicas, judaico-aramaicas e siríacas não ultrapassam esses limites semânticos. Veja Samuel Iwry, "*Maṣṣēbāh* and *Bāmāh* in 1Q Isaiah^a 6 13", *JBL* 76 (1957): 226-7. É improvável que uma palavra aparentemente tão comum para designar um pilar cultual no tempo de Isaías pudesse ter sido empregada para significar o "toco" de uma árvore, principalmente porque outras palavras mais comuns para "toco" talvez estivessem prontamente acessíveis ao autor (cf. *gēza'* em Is 11.1; 40.24; Jó 14.8; '*iqqār* em Dn 4.15,23,26 [4.12,20,23, TM]). (3) A única outra ocorrência da locução "semente santa" no AT está em Esdras 9.1,2, em que a locução tem sentido negativo e conotação idólatra, apoiando ainda mais a mesma ideia em Isaías 6.13.

Em resumo, as orações em Isaías 6.9,10 que descrevem Israel, por exemplo, com ouvidos, mas sendo incapaz de ouvir, são mais bem entendidas como metáforas da idolatria aplicadas à nação desobediente para enfatizar que ela seria julgada pela adoração de ídolos ao receber o castigo da mesma maneira que eles: ela será destruída. Outro aspecto dessa sentença de juízo é que os idólatras haviam começado a se assemelhar à natureza inanimada de seus ídolos. Isso é desenvolvido ainda mais em Isaías 6.13b, que parece ser mais bem entendido como uma identificação da nação como símbolo de idolatria (ou "toco cultual").[15]

Em outros trechos de Isaías, o profeta entende que idólatras são exclusivamente as pessoas que têm ouvidos, mas não conseguem ouvir, e olhos, mas não podem ver.[16] Outras passagens do AT além de Isaías também empregam essa metáfora em íntima relação com a idolatria.[17]

Êxodo 32

De acordo com Êxodo 32, logo depois que a primeira geração de Israel adorou o bezerro de ouro, Moisés se refere a eles de uma maneira que os faz parecer com bezerros selvagens ou vacas não domadas: eles se tornaram (1) "obstinados" (Êx 32.9; cf. 33.3,5; 34.9) e não obedeciam, mas (2) "estavam descontrolados" porque "Arão os havia deixado assim" (Êx 32.25),[18] (3) por isso "depressa desviaram-se do caminho que lhes ordenei" (Êx 32.8), e precisavam ser (4) "reunidos" novamente "no portão" (Êx 32.26) (5) para que Moisés pudesse "conduzir o povo para o lugar" aonde Deus lhe havia ordenado que fosse (Êx 32.34).[19] Em Êxodo 32.8, a oração gramatical "depressa desviou-se do caminho que lhe ordenei" antecede imediatamente a oração gramatical "fizeram para si um bezerro de fundição". Em seguida, Êxodo 32.9 descreve o povo como "obstinado" para que as três descrições fiquem indissociavelmente ligadas.[20]

---

[15]Para uma discussão mais aprofundada da análise feita até aqui de todo esse capítulo de Isaías 6.9-13, veja G. K. Beale, "Isaiah VI 9-13: a retributive taunt against idolatry", *VT* 41 (1991): 257-78. Os textos a seguir apoiam minha conclusão sobre minha interpretação da idolatria de Isaías 6: John F. Kutsko, *Between heaven and earth: divine presence and absence in the book of Ezekiel*, BJS 7 (Winona Lake: Eisenbrauns, 2000), p. 137-8; Gregory Yuri Glazov, *The bridling of the tongue and the opening of the mouth in biblical prophecy*, JSOTSup 311 (Sheffield: Sheffield Academic Press, 2001), p. 126-58; Watts, *Isaiah's New Exodus*, p. 191-2; David W. Pao, *Acts and the Isaianic New Exodus*, WUNT 2/130 (Tübingen: Mohr Siebeck, 2000), p. 106; Edward P. Meadors, *Idolatry and the hardening of the heart: a study in biblical theology* (New York: T&T Clark, 2006), p. 9, 64-5. Para mais avaliações dos comentaristas sobre minha perspectiva, veja Beale, *We become what we worship*, p. 63-4, nota 49.

[16]Veja Isaías 29.9-14; 42.17-20; 43.8; 44.18. Para a elaboração dessas passagens, veja Beale, *We become what we worship*, p. 41-8.

[17]Praticamente o mesmo fenômeno é observado nos seguintes textos: (1) Jr 5.21 (cf. 5.7,19); (2) Jr 7.24,26 (cf. 7.9,18,26,30,31); (3) Jr 11.8 (cf. 11.10-13); (4) Jr 25.4 (cf. 25.5,6);(5) Jr 35.15; (6) Jr 44.5 (cf. 44.3,4,8,15,17-19); (7) Ez 12.2 (cf. 11.18-21); (8) Ez 44.5 (tb. 40.4a; cf. 44.7-13). Todas essas passagens precisam de uma análise mais detalhada, porém os objetivos deste estudo não nos permitem. Algumas passagens empregam a metáfora da "disfunção do órgão do sentido" em contextos em que não fica muito claro se está em mente a idolatria (Is 1.3; Jr 6.10; 17.23; Mq 7.16; Zc 7.11,12) ou em que ela não é o foco de modo algum, embora essa última categoria use uma metáfora incomum de disfunção comparada com as análises anteriores. Contudo, quase sem exceção, a construção "têm olhos, mas não veem" ou "têm ouvidos, mas não ouvem" em conjunto com outra metáfora de "disfunção de órgãos do sentido" é aplicada a idólatras.

[18]Observe-se em outros trechos do AT a figura de um "bezerro saltando" ou "dançando" (Sl 29.6, embora o verbo utilizado seja diferente do verbo de Êx 32.19; 32.25), e observe-se também Israel no tempo do Exílio reconhecendo que havia sido "castigado como um novilho não domado" que precisava "ser restaurado" (Jr 31.18).

[19]Deuteronômio 32.15-18 talvez retrate também Israel como uma vaca rebelde no episódio do bezerro de ouro e dos atos posteriores de idolatria na terra: "Mas Jesurum engordou e deu coices" (v. 15a), interpretado como Israel "abandonou a Deus" (v. 15b), adorando "deuses estrangeiros" (v. 16), "oferecendo sacrifícios aos demônios" e "a deuses novos" (v. 17), e "esquecendo-se do Deus que te gerou" (v. 18).

[20]Ao resumir o episódio do bezerro de ouro, Deuteronômio 9 repete essa relação tripla no v. 12 (veja tb. v. 16).

De que maneira o pecado da idolatria de Israel é retratado em Êxodo 32? Pode-se dizer que a descrição usa metáforas referentes ao gado. Parece que o Israel infiel é retratado metaforicamente como vacas rebeldes correndo desenfreadas que precisam ser reunidas. Essa metáfora seria meramente coincidência? A probabilidade é que ela seja uma zombaria da narrativa contra os israelitas, caracterizando-os como vacas rebeldes fora de controle porque eles estão adorando um bezerro. Isso é indicado também pelas três expressões mencionadas antes justapostas bem próximas umas das outras: "depressa desviou-se do caminho", "fizeram para si um bezerro de fundição", e "obstinado", em Êxodo 32.8,9.[21] O texto de Oseias 4.16 acrescenta à ilustração como um eco do acontecimento do bezerro de ouro de Êxodo 32: "Se os israelitas são rebeldes como bezerra indomável, poderia o Senhor apascentá-los como um cordeiro na campina?".[22] (A resposta implícita é: não.) Oseias 4.17 prossegue: "Efraim se uniu aos ídolos; deixa-o". A ideia que surge desses dois versículos é que a teimosia de Israel, como um novilho ou uma ovelha rebelde, é a adoração de ídolos, que em Oseias muitas vezes é chamada de "adoração ao bezerro" e é punida por Deus, que os deixa "sem pastor".[23] A primeira geração de Israel e a geração de Oseias haviam se tornado tão espiritualmente sem vida quanto os ídolos de bezerros que adoravam.

A primeira geração de israelitas não se transformou literalmente em bezerros de ouro petrificados como aquele que adoravam, mas, ao que tudo indica, o relato diz que agiam como bezerros obstinados e descontrolados[24] porque estavam sendo ridicularizados por terem se tornado semelhantes à imagem que adoravam: um bezerro espiritualmente teimoso e rebelde. Tornaram-se semelhantes àquilo que veneravam, e essa semelhança estava destruindo-os. A declaração em Êxodo 32.7 de que as pessoas "tinham se corrompido" por causa da idolatria demonstra ainda mais a deterioração espiritual que havia começado no interior delas e tinha transformado o íntimo de seu ser. Não há nenhuma declaração proposicional clara no trecho de Êxodo 32—34 que afirme que Israel ficou semelhante ao bezerro, mas a ideia parece ser transmitida pelo gênero narrativo.

Conclusão

O princípio bíblico-teológico revelado por passagens como Salmos 115, Isaías 6 e Êxodo 32, por exemplo, é que o indivíduo se assemelha àquilo que ele reverencia, seja para a ruína, seja para a restauração. Isaías desejava reverenciar a imagem do Senhor e refletir sua santidade, o que resulta em restauração, ao passo que Israel venerava ídolos e refletia a imagem e a ausência de vida espiritual deles, resultando em ruína.

---

[21] A identificação dos israelitas com seu ídolo em Êxodo 32 talvez seja realçada pelo último retrato de Moisés dando-lhes de beber a água com o pó da imagem do bezerro de ouro que ele havia destruído (Êx 32.20). Embora o propósito desse ato não pareça muito claro, ele pode simplesmente "ter sido para envergonhá-los, fazendo os seus ídolos se tornarem parte deles" (cf. John D. Currid, *A study commentary on Exodus* [Auburn: Evangelical Press, 2000-2001], 2 vols., 2:281-2; para uma proposta semelhante, veja William H. C. Propp, *Exodus 19—40*, AB 2A [New York: Doubleday, 2006], p. 561). Para mais uma análise desse episódio de Êxodo 32.20, veja interpretações da narrativa do bezerro de ouro no judaísmo em Beale, *We become what we worship*, p. 149-60.

[22] Entre os MMM, CD-A I:13 descreve os apóstatas da geração deles assim: "eles são aqueles que se desviaram do caminho", que é uma citação de Êxodo 32.8 (ou Dt 9.12, o paralelo do texto de Êxodo): "eles se desviaram do caminho", uma descrição da rebeldia de Israel ao adorar o bezerro de ouro. Em seguida, CD-A I:13-14 relaciona essa citação com Oseias 4.16: "Esse é o tempo sobre o qual está escrito: 'como uma vaca teimosa, assim Israel se tornou teimoso'". Portanto, esse texto de Qumran entende que a rebeldia em Êxodo 32.8 pode ser comparada ao Israel idólatra correndo solto como vacas. Essa interpretação judaica antiga, acredito, revela o significado implícito de Êxodo 32.8, apesar de ter sido escrito centenas de anos depois.

[23] Para uma elaboração da ligação entre Oseias 4.16,17 e o evento original do bezerro de ouro em Êxodo 32, veja Beale, *We become what we worship*, p. 99-110.

[24] Com frequência, mencionam-se os bois fora de controle (Êx 21.28,29,32,35,36; 23.4; Dt 22.1) ou correndo soltos quando são selvagens e indomados (Nm 23.22; 24.8; Dt 33.17; Jó 39.9,10; Sl 29.6; 92.10).

A idolatria em Romanos 1[25]

As epístolas de Paulo têm algumas referências à idolatria, mas a mais relevante para nosso propósito é a de Romanos 1.[26] Essa passagem revela que o pensamento de Paulo sobre a idolatria é profundamente dominado por alguns dos mesmos textos e ideias do AT já discutidos aqui, entre eles o tema de que os idólatras se tornam semelhantes ao ídolo adorado.

Romanos 1.20-28 é a elaboração mais clara de Paulo a respeito da idolatria:[27]

> Pois os seus atributos invisíveis, seu eterno poder e sua natureza divina são vistos claramente desde a criação do mundo e percebidos mediante as coisas criadas, de modo que esses homens são indesculpáveis. Porque, embora tenham conhecido a Deus, não o honraram como Deus nem lhe deram graças, mas tornaram-se fúteis em suas especulações, e o seu coração insensato se obscureceu. Dizendo-se sábios, tornaram-se tolos e substituíram a glória do Deus incorruptível por imagens na forma de homem corruptível, aves, quadrúpedes e aos répteis. Por isso, Deus os entregou à impureza sexual, ao desejo ardente de seus corações, para desonrarem seus corpos entre si; pois substituíram a verdade de Deus pela mentira e adoraram e serviram à criatura em lugar do Criador, que é bendito eternamente. Amém. Por essa razão, Deus os entregou a paixões desonrosas; pois até suas mulheres substituíram as relações sexuais naturais pelo que é contrário à natureza. Os homens, da mesma maneira, abandonaram as relações naturais com a mulher e arderam em desejo sensual uns pelos outros, homens com homens, praticando atos indecentes e recebendo em si mesmos a devida penalidade por seu erro. Assim como rejeitaram o conhecimento de Deus, o próprio Deus os entregou a uma mentalidade depravada para fazerem coisas que não convêm.

Essa seção introdutória de Romanos afirma que a adoração de ídolos é o pecado que está na raiz de todos os outros pecados. Quando alguém deixa de confiar em Deus para confiar em algum elemento da criação divina, o seu "coração" se torna "obscurecido" e todo tipo de pecado provém dessa idolatria, como Paulo começou a explicar nos versículos 24-28 e continuou nos versículos 29-32.[28] Portanto, o apóstolo vê a idolatria como a raiz e a essência do pecado.[29]

Romanos 1 explica a essência da natureza da idolatria: "substituíram a glória do Deus incorruptível por imagens" (v. 23), "substituíram a verdade de Deus pela mentira" (v. 25a), e "adoraram e serviram à criatura em lugar do Criador" (v. 25b). O castigo justo pela perversão

---

[25]Para o uso no judaísmo do tema do idólatra que se torna semelhante ao ídolo que adora, veja Beale, *We become what we worship*, p. 141-60.

[26]Várias passagens do NT merecem atenção por causa da relação que têm com o conceito de idolatria, entre elas Mt 13.13-15; Mc 4.12; Lc 8.10; Jo 12.40; At 28.26,27; Rm 11.8; 1Co 2.9; Ap 9.20 (todas elas citam Is 6.9,10 ou textos relacionados). Apesar de muitas dessas passagens serem relevantes para a presente análise, a limitação de espaço não permite um exame completo delas.

[27]A visão panorâmica de Paulo da idolatria inclui toda a humanidade que se afastou de Deus para adorar outra coisa, o que parece incluir Adão e Eva (ao que tudo indica, incluídos no texto de Rm 1.20,21): "Pois os seus atributos invisíveis [...] são vistos claramente desde a criação do mundo [...] de modo que esses homens são indesculpáveis. Porque, embora tenham conhecido a Deus, não o honraram como Deus". Não há ponto pacífico entre os comentaristas sobre essa questão. Douglas Moo, p. ex., cita comentaristas de ambos os lados da questão, mas ele mesmo não está convencido sobre o contexto adâmico (*The Epistle to the Romans*, NICNT [Grand Rapids: Eerdmans, 1996], p. 109).

[28]Conforme também Sabedoria 14.12: "Pois a ideia de fabricar ídolos foi o começo da fornicação, a invenção deles foi a corrupção da vida"; Sabedoria 14.27: "Pois a adoração de ídolos inomináveis é o começo, a causa e o fim de todo mal" (veja o contexto de Sb. 13.1—16.1); *L.A.B.* 44.6-10 afirma que todos os Dez Mandamentos são violados quando se pratica algum tipo de idolatria (sobre isso, veja Frederick J. Murphy, "Retelling the Bible: idolatry in Pseudo-Philo", *JBL* 107 [1988]: 279-81).

[29]Em conformidade com Thomas R. Schreiner, *Romans*, BECNT (Grand Rapids: Baker Academic, 1998), p. 88. Sou especialmente grato a meu aluno Mike Daling por me chamar a atenção para essa ideia.

na adoração devida a Deus é a perversão nos outros relacionamentos, o que inclui a homossexualidade, o lesbianismo, a desobediência aos pais e todo tipo de relações desequilibradas com os outros (v. 24-32). Da mesma forma, o juízo da *lex talionis* ("a pena tem de ser adequada ao crime") por não honrar a Deus (v. 21) é "desonrarem seus corpos entre si" (v. 24); semelhantemente, a punição "por rejeitarem o conhecimento de Deus" é o ato em que Deus "os entregou a uma mentalidade depravada" (isto é, uma mente não aprovada por ele) (v. 28).

A punição em si é que as relações antinaturais dos idólatras com outros se assemelham à relação antinatural deles com Deus. Porque suprimiram "a verdade" de Deus, os idólatras também deixam de ter conhecimento e de refletir dos atributos de sua "natureza divina" (v. 18-20). Como consequência, não conseguem reconhecer nem refletir a natureza e os atributos de Deus e, ao contrário, refletem a natureza corruptível da criação (v. 22-25). Assim, eles não são justos como Deus, mas, sim, "injustos" (v. 18,29a), não são "sábios" como refletores da sabedoria de Deus, mas "tolos" (v. 22), não são verdadeiros, mas cheios de "engano" (v. 29), não são bons, mas "inventores de males" (v. 30), não são amorosos, mas "desafeiçoados" (v. 31), e não são misericordiosos, mas "sem misericórdia" (v. 31).

O contexto veterotestamentário de Salmo 106 em Romanos 1.23-25

A descrição da idolatria entre os gentios nessa passagem é um retrato que usa o vocabulário da idolatria de Israel em Salmos 106.20. O salmo diz que os israelitas "substituíram" o objeto da verdadeira adoração, "sua glória" — que é o glorioso Senhor —, por uma imagem idolátrica. Isso é um uso consciente das Escrituras por Paulo.[30] A passagem do salmo é uma alusão ao episódio do bezerro de ouro. Ao referir-se à idolatria do bezerro de ouro, Paulo deseja antecipar sua acusação de idolatria contra Israel (2.22), que faz parte de seu argumento crescente de que gentios e judeus são igualmente pecadores e merecedores de condenação (Rm 3.9-20). Também está implícita a ideia de que mesmo Israel, que deveria exercer o papel de um Adão coletivo refletindo de maneira funcional a imagem de Deus, não cumpriu esse papel.[31] Fica evidente que Paulo tem em mente o episódio do bezerro de ouro também pela forma de expressão paralela em Romanos 1.25, eles "substituíram a verdade de Deus pela mentira", que faz alusão à tradição judaica sobre esse episódio.[32]

Ao utilizar esse exemplo da história de Israel, Paulo explora o contexto do primeiro pecado formal na existência de Israel como nação. Expliquei há pouco que Êxodo 32 retrata o pecado dos israelitas de adorar o bezerro de fundição com metáforas que se referem ao gado rebelde para transmitir a ideia de que Israel se tornara semelhante ao objeto de sua adoração. O Israel infiel foi ridicularizado ao ser descrito metaforicamente como vacas rebeldes correndo soltas que precisavam ser reunidas novamente porque o povo havia se tornado tão morto espiritualmente quanto o bezerro ao qual adorava.

---

[30]Sobre a legitimidade da alusão do salmo 106, veja Morna D. Hooker, *From Adam to Christ: essays on Paul* (Cambridge: Cambridge University Press, 1990), p. 73, 76, 82-3, em que a autora também afirma que a alusão "é aceita em geral" (cf. a margem do NA[27] para Rm 1.23). Para outros autores que percebem essa alusão, veja Beale, *We become what we worship*, p. 205-6.

[31]Sobre esse assunto, veja mais em Beale, *Temple*, p. 81-121.

[32]Sobre a reação de Moisés à idolatria do bezerro, Filo diz que ele "se maravilhou com a apostasia repentina da multidão e [como] eles trocaram [*hypoallassō*] tamanha mentira [*pseudos*] por tão grande verdade [*alētheia*]" (*Moisés* 2.167) (tb. citado em Moo, *Romans*, p. 112); as palavras gregas entre colchetes são exatamente as mesmas usadas por Paulo em Romanos 1.25. Na verdade, Filo traz o inverso do que Paulo afirma ("eles substituíram a verdade de Deus por mentira"), mas transmite a mesma ideia. Sobre as tradições judaicas acerca do bezerro de ouro, veja Scott J. Hafemann, *Paul, Moses, and the history of Israel: the letter/Spirit contrast and the argument from Scripture in 2 Corinthians 3*, WUNT 81 (Tübingen: Mohr Siebeck, 1995), p. 227-31.

Salmos 106.20 declara que Israel "trocou" o objeto de adoração verdadeira (sua [de Israel] "glória"), que era o Senhor glorioso, por uma imagem idólatra. A oração gramatical "assim trocaram sua glória pela imagem de um boi" parece concentrar muito conteúdo, incluindo provavelmente a troca do objeto da adoração deles, bem como a troca da natureza gloriosa do verdadeiro Deus, pela identificação com a natureza de outro deus. As interpretações judaicas posteriores de Salmos 106.20 entendiam a passagem exatamente assim.[33] Os intérpretes judeus posteriores entendiam que os adoradores do bezerro de ouro se assemelharam àquele ídolo.[34]

O contexto veterotestamentário de Jeremias 2 em Romanos 1.21-26

Parece também que parte do discurso paulino em Romanos 1.18-24 provém de Jeremias 2. A possível alusão combinada a Jeremias 2.11 sugere ainda mais que Salmos 106.20 indica a troca da identificação da nação com essa glória de que participava na adoração ao Deus verdadeiro, bem como o reflexo dela no povo.

O texto de Jeremias 2.11 declara: "Por acaso houve alguma nação que tenha trocado os seus deuses, embora nem fossem deuses? Mas o meu povo trocou sua glória por aquilo que é imprestável". Outras nações jamais negariam os próprios deuses; ao contrário, acrescentariam outros a seu panteão. A questão retórica é que Israel é ainda pior do que as outras nações no que diz respeito à idolatria, uma vez que substituiu a adoração do verdadeiro Deus pelo falso. É possível que Jeremias 2.11 por sua vez também seja uma alusão a Salmos 106.20, pois o propósito de Jeremias é dizer que o pecado da idolatria de Israel na época dele nada mais é que a continuação do mesmo pecado que havia começado no início da existência da nação (veja Jr 2.2,3). Na verdade, a referência de Paulo, em Romanos 1.21, aos idólatras que se tornaram "vazios/inúteis [*emataiōthēsan*]" se baseia em uma segunda alusão a Jeremias 2: "Que injustiça vossos pais acharam em mim, para que me deixassem e fossem atrás de coisas inúteis [*tōn mataiōn* = ídolos] e se tornassem inúteis [*emataiōthēsan*]?"(v. 5).[35]

A grande maioria dos comentaristas do AT entende que a referência aos israelitas "trocando sua glória" em Jeremias 2.11 indica apenas a substituição de Deus como objeto da reverência deles por outro deus. Todavia, à luz de sua íntima associação com Jeremias 2.5, o versículo 11b talvez também inclua a ideia de Israel substituir a "glória" de Deus que refletia em sua adoração pela semelhança vã e vergonhosa de outros deuses, os quais a nação passou a refletir: Eles foram "atrás de coisas inúteis [ídolos]" e tornaram-se "inúteis" (Jr 2.5). Jeremias 2.7b,8 continua desenvolvendo esse tema de ir atrás dos ídolos: "Da minha herança fizestes algo abominável [...] os sacerdotes profetizaram em nome de Baal e foram atrás de ídolos imprestáveis". Por causa disso, Deus fará de novo "acusações contra Israel" (v. 9), porque essa idolatria nem sequer tem precedente nas nações vizinhas (v. 10: "Vede se jamais sucedeu coisa semelhante [entre as nações]", isto é, as nações nunca substituíram a adoração do verdadeiro Deus pela adoração de um falso deus). Por isso, a ligação indissociável entre os versículos 5-10 e o versículo 11 indica os israelitas trocando "sua glória" no último versículo

---

[33]Para uma defesa substancial dessas duas ideias em Salmos 106.20, veja Beale, *We become what we worship*, p. 86-92. Em vez da simples palavra "glória", alguns manuscritos da LXX da passagem de Salmos 106.20 trazem "sua glória", e outros, "a glória de Deus" (talvez Paulo tenha se baseado na última), enquanto o *Targum* traz "a glória do seu Senhor".

[34]Veja ibidem, p. 149-60.

[35]NA[27] menciona uma terceira alusão a Jeremias: "todo homem é tolo [*emōranthē*]" (Jr 10.14) em Romanos 1.22, "tornaram-se tolos [*emōranthēsan*]". Os dois textos focalizam idólatras tornando-se tolos. Esta terceira alusão indica ainda mais que Jeremias faz parte da estrutura de pensamento de Paulo.

para incluir a ideia de que refletiram a semelhança de seus ídolos, em vez da gloriosa imagem e semelhança de Deus.[36]

Esse entendimento de Jeremias 2.11 é apoiado ainda mais pela possibilidade de que se trate de uma alusão a Oseias 4.7: "Mudarei sua glória em vergonha". A ideia de "mudar sua glória" em Oseias provavelmente se refira ao castigo irônico de Deus a Israel ao fazê-lo refletir e compartilhar a glória vazia de seus ídolos em vez da glória de Deus. Essa ideia de Oseias 4.7 é enfatizada ainda mais porque o restante do capítulo (v. 10-19) identifica expressamente o pecado de Israel como idolatria. Essa idolatria culmina com a identificação dos israelitas com a "novilha obstinada" que adoram (Os 4.16) e à qual se "unem" (v. 17). Por sua vez, isso é análogo à prostituta e ao homem com quem ela tem relações sexuais (eles se tornam "um", mas de forma ilícita [v. 18]).

Assim, Oseias 4.7, texto desenvolvido em Jeremias 2.11, demonstra que Jeremias inclui uma referência ao castigo irônico de Israel tornar-se semelhante à glória corruptível dos ídolos que adora. Já vimos que isso é sugerido no contexto imediato de Jeremias 2.11, ao mencionar repetidamente outros tipos de castigos da *lex talionis*, sobretudo quando Israel havia "ido atrás das coisas inúteis e se tornado inútil".

Conclusão sobre o contexto veterotestamentário de Romanos 1.21-26

As alusões ao AT em Romanos 1.23-25 podem ser resumidas conforme a explicação da tabela 11.2:

Tabela 11.2

Textos do Antigo Testamento	Romanos 1.25b, 23a
Salmos 106.19,20: "Fizeram um bezerro [...] e adoraram [*prosekynēsan*] uma imagem de fundição. Assim trocaram sua glória pela imagem [*ēllaxanto tēn doxan autōn en homoiōmati*] de um boi que come capim".	1.25b: "Adoraram e serviram [*esebasthēsan kai elatreusan*] à criatura".
Jeremias 2.11b: "Mas o meu povo trocou sua glória [*ēllaxato tēn doxan autou*] por aquilo que é imprestável [*ex hēs ouk ōphelēthēsontai*]" (cf. v. 20-28).	1.23a: "E substituíram a glória [*ēllaxan tēn doxan*] do Deus incorruptível por imagens à semelhança [*en homoiōmati eikonos*] de homem corruptível [*phthartou*] e de aves".
Oseias 4.7: "Eu mudarei sua glória em vergonha [*tēn doxan autōn eis atimian thēsomai*]"[a] (cf. v. 8-18).	Cf. tb. Romanos 1.24: "É por isso que Deus os entregou à impureza sexual, ao desejo ardente de seus corações, para desonrarem [*atimazesthai*] seus corpos entre si"; Romanos 1.26a: "Por isso Deus os entregou a paixões desonrosas [*atimias*]".

Observação: A sublinha representa as mesmas palavras e cognatos, o pontilhado representa paralelos conceituais.
[a]O verbo hebraico (*'āmîr*) tem o significado mais explícito do que "mudarei", embora a palavra grega possa ter o significado traduzido na tabela.

---

[36]Veja C. F. Keil, *The prophecies of Jeremiah*, tradução para o inglês de David Patrick; James Kennedy, K&D (reimpr., Grand Rapids: Eerdmans, 1968), 1:57. Keil entende que "mudar a glória" inclui referência tanto a Deus quanto à sua glória; p. ex., ele entende que "a glória" é aquela "em que o Deus invisível manifestou sua majestade no mundo e no meio do seu povo".

Portanto, Romanos 1.21a, "não o honraram como Deus nem lhe deram graças", é uma forma positiva de falar do ato negativo da adoração de ídolos e prepara o discurso para o próximo segmento em 1.21b, "tornaram-se fúteis em suas especulações", uma alusão a Jeremias 2.5 ("... fossem atrás de coisas inúteis [ídolos] e se tornassem inúteis").[37] Por isso, parece que Paulo segue a ideia de Jeremias de que Israel se tornou tão inútil e vazio quanto os ídolos que adorava.

Portanto, Salmos 106.19,20 e as duas alusões a Jeremias, talvez menos evidentes, estão presentes em Romanos 1, o que indica que Israel se tornou semelhante aos ídolos que adorava.[38] Parece que o abreviamento paulino de Jeremias 2.5 em Romanos 1.22 para "tornaram-se tolos" ainda transmite a ideia de que as pessoas se tornam tão corruptíveis quanto seus ídolos corruptíveis. De fato, a ideia de "trocar" a glória divina pela glória dos ídolos envolve o entendimento, proposto acima, de que Israel abriu mão da "oportunidade de desfrutar da glória do Deus imortal" e de ter "contato direto com a presença maravilhosa de Deus".[39] A implicação é que os israelitas desfrutariam e refletiriam a natureza daquilo que estavam colocando no lugar de Deus. Por isso, Paulo afirma em Romanos 1.23 que a humanidade mudou o objeto de sua adoração, e essa escolha implicava a mudança de sua própria natureza. Isso é o oposto da ideia positiva mencionada em outros trechos das cartas de Paulo — por exemplo, 2Coríntios 3.18: "Mas todos nós, com o rosto descoberto, refletindo como um espelho a glória do Senhor, somos transformados de glória em glória na mesma imagem, que vem do Espírito do Senhor"[40] (veja tb. 1Co 15.48,49 tanto para o aspecto negativo quanto para o aspecto positivo de refletir respectivamente o primeiro e o Último Adão). Portanto, um dos elementos de Romanos 1.23 é que as pessoas se assemelham ao que elas adoram.[41] Peter Stuhlmacher

---

[37] Veja Richard H. Bell, *No one seeks for God: an exegetical and theological study of Romans 1.18—3.20*, WUNT 106 (Tübingen: Mohr Siebeck, 1998), p. 24-5, 94; A. J. M. Wedderburn, "Adam in Paul's Letter to the Romans", in: E. A. Livingstone, org., *Studia Biblica 1978: Sixth International Congress on Biblical Studies, Oxford, 3-7 April 1978*, JSNTSup 3 (Sheffield: JSOT Press, 1980), vol. 3: *Papers on Paul and other New Testament authors*, p. 414. Ambos defendem a presença de uma alusão a Jeremias 2.11.

[38] Também é possível identificar alusões a Gênesis 1—3. Se esse for o caso em Romanos 1.23, então a ideia de refletir ou deixar de refletir a imagem gloriosa de Deus é realçada no versículo (cf. *Rab.* de Gn 11.2; *b. Sanh.* 38b, que afirmam que Adão deixou de refletir a glória de Deus quando pecou). Douglas Moo (*Romans*, p. 109), embora não convencido da existência de um contexto adâmico aqui, reconhece duas alusões possíveis a Gênesis 1—3 em Romanos 1.23: (1) o retrato do mundo animal em três partes ("aves [...] quadrúpedes [...] répteis"); (2) o paralelo consciente de "imagem" (*eikōn*) e "forma" (*homoiōsis*) se baseia em Gênesis 1.26: "Façamos o homem à nossa imagem [*eikōn*], conforme nossa semelhança [*homoiōsis*]". A essas alusões, podem ser acrescentadas mais três: (1) Adão e Eva foram os primeiros idólatras porque transferiram sua lealdade de Deus para a serpente, uma criatura rastejante, cujo caráter enganoso passaram a representar, pois começaram a mentir logo depois da Queda em Gênesis 3.10-13; (2) as ideias combinadas de que os idólatras tinham "conhecimento" e buscavam falsamente a "sabedoria" também pode refletir Gênesis 3.5,6 ("conhecendo o bem e o mal [...] a árvore era desejável para dar entendimento"); (3) o fato de Paulo fazer alusão ao episódio do bezerro de ouro (por meio de Sl 106.20) pode corresponder bem aos ecos adâmicos, uma vez que a tradição judaica muitas vezes associa o pecado da idolatria de Israel no Sinai com a Queda de Adão (veja James D. G. Dunn, *Romans 1—8*, WBC 38A [Dallas: Word, 1991], p. 61; veja tb. Hafemann, *Paul, Moses, and the history of Israel*, p. 228-9). Mas veja Mark A. Seifrid, "Unrighteous by faith: apostolic proclamation in Romans 1:18—3:20", in: D. A. Carson; Peter T. O'Brien; Mark A. Seifrid, orgs., *Justification and variegated nomism* (Grand Rapids: Baker Academic, 2004), vol. 2: *The paradoxes of Paul*, p. 117-8. Seifrid não identifica nenhum eco de Adão em Gênesis 1—3 em Romanos 1, citando outros comentaristas como apoio, mas para mim sua tese não é convincente. Hooker (*From Adam to Christ*, p. 73-84) apresenta um argumento cumulativo para a probabilidade de uma alusão a Adão em Romanos 1.18-25, o que é uma resposta convincente a Seifrid e outros.

[39] Moo, *Romans*, p. 108-9.

[40] Conforme Bell, *No one seeks for God*, p. 130-1; Wedderburn, "Adam", p. 418.

[41] Ibidem.

conclui apropriadamente sua análise de Romanos 1.18-21 da seguinte forma: "Quem vai atrás do que nada é em nada se transforma (Jr 2.5)!".[42]

A inversão: de refletir a imagem dos ídolos para refletir a imagem de Deus no pensamento de Paulo

Acabamos de observar em Romanos 1 que a perversão da relação do indivíduo com Deus (isto é, a idolatria) acarreta o castigo correspondente de perversão da relação do indivíduo com outros seres humanos (p. ex., homossexualidade, lesbianismo, desobediência aos pais, entre outros). Também foi defendido que o pensamento de Paulo sugere a ideia de que as pessoas se tornam espiritualmente sem vida assim como os ídolos que elas reverenciam. Entretanto, as Escrituras também enfatizam que existe a reversão desse estado.

Assim como a primeira parte de Romanos começa falando de adoração pervertida, Paulo inicia a última parte da carta falando da adoração correta. Que a intenção de Paulo é apresentar Romanos 12.1,2 como a antítese de Romanos 1.18-28 fica evidente pelo uso dos mesmos termos em sentido oposto ou pelo uso de antônimos verdadeiros (veja tabela 11.3).

Tabela 11.3

Romanos 1.18-28	Romanos 12.1,2
v. 24: "... para desonrarem seus corpos entre si".	v. 1: "... apresenteis o vosso corpo como sacrifício vivo, santo e agradável a Deus".
v. 25: "... adoraram e serviram à criatura em lugar do Criador".	v. 1: "... o vosso culto espiritual".
v. 25: "... adoraram e serviram à criatura em lugar do Criador".	v. 2: "E não vos conformeis a este mundo, mas sede transformados pela renovação da vossa mente [em Deus]".[a]
v. 28: "Assim com não aprovaram o conhecimento de Deus, o próprio Deus os entregou a uma mentalidade reprovada [uma mentalidade não aprovada por Deus]".	v. 2: "... sede transformados pela renovação da vossa mente, para que aproveis qual seja a boa, agradável e perfeita vontade de Deus".

Observação: A sublinha refere-se às mesmas palavras ou cognatos gregos; o pontilhado representa unicamente paralelos conceituais.

[a]Que a renovação está na esfera da novidade do estado de ressurreição de Cristo fica evidente pelas associações com Romanos 6, em que a novidade da ressurreição de Cristo é mencionada explicitamente: (1) "apresentar[-se]" ao pecado ou a Deus; (2) "viver" diante de Deus; (3) viver uma vida "santa" ou "santificada" (tb. Michael B. Thompson, *Clothed with Christ: the example and teaching of Jesus in Romans 12.1—15.13*, JSNTSup 59 [Sheffield: Sheffield Academic Press, 1991], p. 78-80).

Essa combinação de palavras com as ideias que elas comunicam é rara nos textos de Paulo.[43] Primeiramente, o apóstolo exorta os cristãos a apresentarem o "corpo" em "culto" religioso a Deus, em vez de participar do "culto" litúrgico idólatra em que o "corpo" deles se torna desonrado porque o apresentam de forma imoral a outras pessoas do mesmo sexo. Em segundo lugar, Paulo deseja que seus ouvintes, em vez de "adorar e servir à criatura

---

[42]Peter Stuhlmacher, *Paul's Letter to the Romans: a commentary*, tradução para o inglês de Scott J. Hafemann (Louisville: Westminster John Knox, 1994), p. 36.

[43]Observe-se que o único outro trecho em que a expressão *ta sōmata hymōn/autōn* ocorre é 1Coríntios 6.15 (mas cf. Rm 8.11: *ta thnēta somata hymōn*).

em lugar do Criador" (1.25), "não se conformem a este mundo, mas transformem-se pela renovação" de sua mente (12.2). Em terceiro, ao contrário dos idólatras, que não "aprovam" com a "mente" a adoração divinamente ordenada, Deus quer que seu povo "aprove" com a "mente" a vontade de Deus para eles.[44]

O próprio texto de Romanos 12.2 também é um desenvolvimento de Romanos 8.28,29:

> E sabemos que Deus faz com que todas as coisas cooperem para o bem <u>daqueles que o amam</u>, dos que são chamados segundo o seu propósito. Pois os que conheceu de antemão, também os predestinou para se tornarem <u>conformes à imagem de seu Filho</u>, a fim de que ele seja o primogênito entre muitos irmãos.

Portanto, em Romanos 12.2, ser "transformados [*metamorphoō*] pela renovação da vossa mente" é quase equivalente a "se tornarem conformes [*symmorphos*] à imagem de seu [de Deus] Filho" em Romanos 8.29.[45] Dos oito usos de "imagem" (*eikōn*) nos escritos de Paulo, apenas dois ocorrem em Romanos (1.23; 8.29). Isso dá a entender que a imagem do Filho de Deus, à qual os cristãos estão sendo conformados em Romanos 8, é a antítese da "imagem" mundana que em Romanos 1 a humanidade descrente havia colocado no lugar da glória de Deus. A conclusão que se pode tirar é que os que não "amam a Deus" (8.28) e, por isso, não estão sendo "conformados à imagem de seu Filho" estão amando algum outro objeto terreno de adoração e consequentemente são conformados a essa imagem terrena. Está claro pela antítese intencional entre Romanos 1 e Romanos 12 que, se alguém não se dedicar ao Senhor, necessariamente esse indivíduo se dedicará ao mundo, e tal devoção o leva a tornar-se "conformado ao mundo".[46] Entretanto, fica igualmente claro que a revogação do estado de vacuidade espiritual causado pelo pecado da idolatria é ser conformado à "imagem do Filho de Deus". Isso confirma ainda mais que Romanos 1.21-25 se refere não apenas à idolatria, mas também ao assemelhar-se aos ídolos adorados. Portanto, seja qual for a imagem que o indivíduo preste reverência (a de Deus ou a do mundo), é a essa imagem que ele se assemelha, quer para sua ruína, quer para sua restauração redentora.

A inversão: de refletir a imagem dos ídolos para refletir a imagem de Deus nos Evangelhos

Eu poderia ter analisado o problema da idolatria conforme retratado nos Evangelhos. Contudo, embora a ideia esteja presente nessas obras, ela não é tão explícita quanto nos textos de

---

[44]Veja Thompson, *Clothed with Christ*, p. 81-6, que contém a análise mais desenvolvida da antítese, e há alguns anos foi a inspiração inicial para minhas reflexões sobre essas ligações. Em seguida, veja Seyoon Kim, "Paul's common paranesis (1Thess. 4—5; Phil. 2—4; and Rom. 12—13): the correspondence between Romans 1:18-32 and 12:1-2, and the unity of Romans 12—13", *TynBul* 62 (2011): 109-39, que, de forma independente de Thompson, fez em essência as mesmas observações sobre a ligação entre Romanos 1.18-32 e 12.1,2.

[45]Essa equivalência é indicada ainda mais pela combinação de "renovação" e "imagem" em Colossenses 3.10: "E vos revestistes do novo homem, que está sendo <u>renovado</u> para o pleno conhecimento, <u>segundo a imagem</u> daquele que o criou" (veja tb. Ef 4.22-24). De modo semelhante, 2Coríntios 3.18 afirma que aqueles que desejam estar próximos do Senhor vão assumir a sua semelhança: vão refletir "como um espelho a glória do Senhor" e serão "transformados [*metamorphoō*] de glória em glória na mesma imagem, que vem do Espírito do Senhor".

[46]Em outras passagens, Paulo ressalta que é em Cristo que as pessoas começam a ser transformadas na imagem de Deus (Rm 8.28-30; 12.2; 2Co 2.17; 4.4) em associação com o cumprimento de profecias de alguns dos contextos de Isaías que falam da reversão desse tipo de castigo (p. ex., veja o uso de Is 9.1 em 2Co 4.4; Is 43.18,19; 65.17 em 2Co 5.17; Is 52.11 em 2Co 6.17; Is 43.6 em 2Co 6.18). Esse processo de transformação à imagem divina será concluído no fim da história, quando os cristãos serão ressuscitados e refletirão de forma plena a imagem de Deus em Cristo (1Co 15.45-54; Fp 3.20,21).

Paulo.⁴⁷ Todavia, o contexto das profecias de restauração de Isaías nos Evangelhos pressupõe o contexto do povo de Deus saindo da idolatria e sendo recriado por Deus. Os Evangelhos, portanto, comunicam um interesse diferente na reversão em que o povo deixa de refletir as imagens do mundo para refletir a imagem de Deus. Logo depois da citação de Isaías 6.9,10 em Mateus 13.14,15, Jesus declara: "Mas bem-aventurados os vossos olhos, porque veem, e os vossos ouvidos, porque ouvem" (Mt 3.16). Mateus 13.11 declara que isso é consequência de um dom divino: "A vós é dado conhecer os mistérios do reino do céu" (cf. tb. Lc 8.10). O texto de Lucas 10.21-24 amplia a referência anterior a Isaías 6.9,10 em 8.10, também mencionada em Mateus 13.16,17, ressaltando que a reversão da cegueira e da surdez espiritual para o "ver e ouvir" espiritual é simplesmente dom de Deus.⁴⁸

> Naquela mesma hora, Jesus exultou no Espírito Santo e disse: "Graças te dou, ó Pai, Senhor do céu e da terra, pois ocultaste essas coisas aos sábios e eruditos e as revelaste aos pequeninos; sim, ó Pai, porque isso foi do teu agrado. Todas as coisas me foram entregues por meu Pai; e ninguém conhece quem é o Filho senão o Pai, nem quem é o Pai senão o Filho, e aquele a quem o Filho o quiser revelar". Voltando-se para os discípulos, disse-lhes em particular: "Bem-aventurados os olhos que veem as coisas que estais vendo. Pois vos digo que muitos profetas e reis desejaram ver o que vedes e não viram, e ouvir o que ouvis e não ouviram".

A perspectiva de Jesus sobre Deus ou sobre ele mesmo ser o único capaz de dar visão e audição aos cegos e surdos espirituais está intimamente relacionada ao livro de Isaías. Em Isaías, é o próprio Deus que fez Israel tornar-se semelhante a seus ídolos e que resgatará a nação de sua anestesia idólatra. Enquanto os israelitas "formaram" seus ídolos e os adoraram, tornando-se semelhantes à imagem espiritualmente cega e surda deles, Deus, o único criador de imagens reais (cf. Gn 1.26,27), seria capaz de reverter essa condição e "formá-los" para refletirem sua verdadeira imagem, a fim de que pudessem ver e ouvir espiritualmente.⁴⁹ Assim, as únicas imagens legítimas na terra são os seres humanos que estão refletindo a imagem de Deus.

Em Isaías 6, foi somente pela iniciativa da graça de Deus que o profeta pôde ser transformado da semelhança com o povo idólatra em alguém que reflete a imagem santa de Deus. Entretanto, o livro de Isaías indica que outros seriam transformados da mesma maneira. Isso fica claro em Isaías 29.9-16,18. Em primeiro lugar, Isaías 29.9,10, em cumprimento inicial e parcial de Isaías 6.9,10, afirma:

> Pasmai e maravilhai-vos;
> cegai-vos e ficai cegos;
> estão bêbados, mas não por causa de vinho;
> andam cambaleando, mas não por causa de bebida forte.
> Porque o Senhor derramou sobre vós um espírito de sono profundo
> e fechou vossos olhos, que são os profetas;
> e cobriu a vossa cabeça, que são os videntes.

---

⁴⁷Veja a seção sobre os Evangelhos em Beale, *We become what we worship*, p. 160-83.
⁴⁸Veja tb. Mateus 11.25-27.
⁴⁹Além disso, Atos 17 narra a pregação de Paulo aos atenienses acerca da idolatria deles e de como necessitavam abandonar seus muitos ídolos para voltar-se ao Deus verdadeiro. Próximo da conclusão do discurso (At 17.30,31), Paulo exorta os atenienses a se arrependerem da idolatria. Os que creram na pregação de Paulo abandonaram os ídolos para confiar em Deus, ser restaurados para ele e assemelhar-se a ele, uma vez que agora se tornaram verdadeiramente "seus descendentes [família]" (v. 28). Essa é a ideia principal de Atos 17, uma vez que representa a resposta definitiva, o clímax, de toda a narrativa da Colina de Marte. Veja tb. Pao, *Acts and the Isaianic new exodus*, p. 181-216.

Os versículos 11-14 elaboram mais a respeito da cegueira espiritual do Israel incrédulo, que se assemelha à cegueira espiritual de seus ídolos egípcios. Em seguida, porém, o versículo 18 mostra que haverá a reversão do caráter idólatra de Israel, quando os "surdos ouvirão [...] e os olhos dos cegos verão no meio da escuridão e das trevas".[50]

Além do mais, Isaías estabelece o contraste entre homens "formando" (*yāṣar*) ídolos e Deus "formando" (*yāṣar*) Israel.[51] Isaías 44 enfatiza particularmente a oposição entre Deus como o verdadeiro "criador" (v. 2,21,24) e os fabricantes de ídolos como "criadores" ímpios de imagens falsas. Os versículos 9-17 desenvolvem em detalhes a maneira com que as pessoas fabricam ou "formam" (v. 9,10,12) ídolos. Em seguida, abruptamente, o texto diz que os fabricantes de ídolos e os adoradores são aqueles que "nada sabem nem entendem, porque seus olhos foram cobertos para que não vejam, e o coração, para que não entendam" (v. 18 [veja tb. 19,20,25]). Depois, em claro contraste, Deus diz a Israel: "Eu te formei, tu és meu servo" (v. 21), a fim de que o Senhor "mostre sua glória em Israel" (v. 23 [tb. Is 49.3]) na época de sua restauração (v. 24,26-28). Deus é o oleiro que re-*forma* seu povo pecador e o trans*forma*. De refletores de imagens terrenas de idolatria, Deus recria os israelitas à sua imagem para que reflitam o Senhor e sua gloriosa luz ao se espalharem pela terra como seus representantes e agentes por quem ele faz brilhar sua luz e transforma outros à sua imagem (cf. Is 49.6).

Fica evidente que Jesus tem em mente esse tipo de contexto de restauração de Isaías com base em Mateus 11.2-15:

> Quando João, do cárcere, ouviu falar das obras de Cristo, mandou seus discípulos perguntarem a ele: "Tu és aquele que deveria vir, ou devemos esperar outro?". Jesus lhes respondeu: "Ide e contai a João as coisas que ouvis e vedes: os cegos veem, e os paralíticos andam; os leprosos são purificados, e os surdos ouvem; os mortos são ressuscitados, e aos pobres é anunciado o evangelho. E bem-aventurado aquele que não se escandalizar por minha causa". Ao partirem, Jesus começou a falar às multidões a respeito de João: "Que fostes ver no deserto? Um caniço agitado pelo vento? Mas o que fostes ver? Um homem trajado de roupas finas? Aqueles que vestem roupas finas estão nos palácios dos reis. Então, o que fostes ver? Um profeta? Sim, vos digo, e muito mais do que profeta. Este é aquele de quem está escrito:
>
> > 'Eis que envio à tua frente o meu mensageiro,
> > Que preparará o teu caminho diante de ti'.
>
> Em verdade vos digo que, entre os nascidos de mulher, não surgiu outro maior que João Batista; mas o menor no reino do céu é maior que ele. Desde os dias de João Batista até agora, o reino do céu sofre violência, e os que se utilizam da força apoderam-se dele. Pois todos os Profetas e a Lei profetizaram até João. E, se estais dispostos a aceitar isso, João é o Elias que haveria de vir. Quem tem ouvidos, ouça".

Quando João Batista pergunta se Jesus é "aquele que deveria vir", Jesus responde recorrendo a Isaías 35.5,6 ("os cegos veem, e os paralíticos andam [...] e os surdos ouvem"), que é parte de uma profecia da restauração de Israel (Is 35.1-10). Fica evidente que "ver" e "ouvir" abrangem tanto a restauração espiritual quanto a física com base no fim de Mateus 11.5, que

---

[50] Entre outras profecias isaiânicas que sugerem a restauração do castigo da cegueira e surdez registrado em Isaías 6.9,10, estão Isaías 32.3,4; 42.6,7.

[51] P. ex., Isaías 43 menciona repetidas vezes Deus "formando" Israel para refletir sua "glória" e "louvor" (Is 43.1,7,21) e diz que nenhum deus verdadeiro poderia ser "formado [criado]", uma vez que Yahweh é o único Deus (v. 10). Os adoradores de ídolos são "cegos, apesar de ter olhos e [...] surdos, mesmo tendo ouvidos" (v. 8), mas o Israel dos últimos tempos será "formado" por Deus como parte da nova criação vindoura (v. 18-21).

apresenta em seguida uma citação de Isaías 61.1, outra profecia de restauração: "Aos pobres é anunciado o evangelho [as boas-novas]". A profecia de Isaías 61.1 também conclui com a promessa de que os cegos verão.[52] Curiosamente, Isaías 35.2 diz que os israelitas restaurados "verão a glória do Senhor", e Isaías 61.3 desenvolve esse tema afirmando que "será dada uma coroa em vez de cinzas [...] e vestes de glória em vez de espírito cansado".[53] A frase "quem tem ouvidos, ouça" em Mateus 11.15 é um claro desenvolvimento da figura anterior referente aos "órgãos do sentido" aplicado à audição espiritual. É necessária percepção espiritual para discernir a verdadeira identidade de Jesus (conforme enfatiza Mt 11.6) e a identidade de João Batista. A ideia é que os órgãos de percepção de Israel recém-restaurados também lhe permitirão reconhecer e, por isso, refletir a glória do próprio Deus, em vez de refletir a imagem da criação pecaminosa.

Conclusão

O propósito deste capítulo foi ressaltar que, por um lado, confiar em ídolos "formados" por seres humanos produz cegueira e surdez espirituais, como reflexo dos próprios ídolos. É a idolatria que gera todos os outros pecados cometidos pela humanidade. Por outro lado, confiar em Deus como o único "formador" legítimo de imagens resulta em seres humanos "formados" em algo exclusivamente capaz de refletir a imagem gloriosa de Deus. Ser recriado à imagem de Deus produz justiça crescente. A única esperança de ser libertado do castigo de refletir as imagens espiritualmente mortas do mundo é ser recriado ou transformado por Deus na imagem que reflete a imagem viva de Deus, o que leva à vida espiritual e aos frutos éticos. Deus tem a capacidade de tirar Israel e as nações das trevas da idolatria e do sono profundo, restaurando e recriando-as de novo à sua imagem, como afirma Isaías 29, pondo-lhes novamente olhos para ver e ouvidos para ouvir sua verdadeira palavra. Essa restauração envolverá uma nova criação, que para os seres humanos significa a ressurreição da pessoa por inteiro, primeiro espiritual e, depois, fisicamente. É essa restauração da imagem de Deus que será o objeto de estudo nos dois capítulos a seguir.

---

[52]O texto de Isaías 61.1 (LXX) dá continuidade e elabora mais sobre o tema do órgão da visão: "para curar os aflitos de coração, para proclamar liberdade aos cativos e a recuperação da vista aos cegos". Parece que isso abrange também a cegueira espiritual. O sintagma da LXX "a recuperação da vista aos cegos" é uma ligeira interpretação do texto hebraico: "abrir os olhos daqueles que estão amarrados" (para esse significado do hebraico pĕqaḥ-qôaḥ, veja David J. A. Clines, org., *The dictionary of classical Hebrew* [Sheffield: Sheffield Phoenix Press, 2007], vol. 6, p. 749).

[53]Essa é a tradução interpretativa do texto hebraico na LXX: "dando-lhes uma grinalda em vez de cinzas [...] [e] vestes de louvor em vez de um espírito de fraqueza".

12

A restauração inaugurada dos últimos tempos da imagem de Deus na humanidade
O Antigo Testamento e os Evangelhos Sinóticos

A criação da humanidade à imagem de Deus e a Queda
No capítulo anterior, expliquei que os seres humanos pecaram e distorceram a imagem de Deus da qual eram portadores, passando a refletir a imagem idólatra da criação caída. Expliquei brevemente como a humanidade poderia ser transformada da condição de refletora da imagem de ídolos para a condição de refletora da imagem de Deus conforme ele havia planejado. Neste capítulo, é necessário analisar em mais detalhes como a imagem desfigurada de Deus na humanidade pode ser restaurada.

Em toda a história da igreja tem havido muito debate acerca da definição exata da "imagem de Deus na humanidade". As confissões reformadas associam a imagem de Deus ao "conhecimento, à justiça e à santidade" que Adão tinha no estado anterior à Queda (no Catecismo Menor, pergunta 10; praticamente idêntico ao Catecismo de Heidelberg, pergunta 6). Entende-se que essa imagem depois foi desfigurada por causa da Queda de Adão. Hoje, muitos teólogos ainda definem a imagem de Deus de forma bem parecida com a definição das confissões reformadas. A ênfase está em uma definição ontológica — isto é, o que a imagem é no ser do indivíduo. A definição normalmente gira em torno dos aspectos espiritual, moral e intelectual da humanidade, que a distinguem do reino animal.

A dificuldade em elaborar uma definição exata da imagem de Deus é que as Escrituras jamais definem explicitamente o que é a "imagem" ou "semelhança" de Deus na humanidade. No capítulo 1, vimos que Gênesis 1.26-28 afirma que o ser humano devia, como imagem de Deus, funcionar como vice-regente, representando o governo de Deus na terra. Também vimos que o pecado provocou uma distorção nessa imagem de tal modo que o ser humano não poderia refletir Deus da maneira para a qual havia sido criado. No jardim, Adão não discerniu corretamente entre o bem e o mal, o que provocou sua incapacidade de dominar a serpente.

O mandamento de Deus a Adão para não comer "da árvore do conhecimento do bem e do mal" (Gn 2.17) é uma expressão indicando que Adão teria consciência moral.[1]

Portanto, a restauração dessa imagem na humanidade implicará a necessidade do "conhecimento verdadeiro" para discernir entre o bem e o mal e agir corretamente refletindo a imagem de Deus. Por isso, Colossenses 3.10 diz que o crente em Cristo foi renovado "para o pleno conhecimento, segundo a imagem daquele que o criou", e Efésios 4.24 afirma igualmente que o cristão é "criado segundo Deus [isto é, segundo a imagem de Deus] em justiça e santidade procedentes da verdade". Portanto, é legítimo interpretar Gênesis 1.26 à luz desses textos e concluir, como fazem as confissões reformadas, que a imagem de Deus em nossos primeiros pais consistia em ter os atributos morais de "conhecimento, justiça e santidade" de Deus. Para chegar a essa conclusão, contudo, é necessário analisar Colossenses e Efésios conjuntamente e presumir que Efésios 4.24 se refira à imagem de Deus. Para mim, essa conclusão parece válida, mas se trata mais de uma dedução bíblico-teológica do que de uma conclusão exegética.

Embora a inferência que acabei de fazer sobre a imagem divina esteja provavelmente correta, o texto de Gênesis 1.26,27 não apresenta essa definição. Na verdade, esses versículos indicam, sim, que a imagem divina não é algo que os seres humanos são em si, mas algo que eles realizam ao refletir o que Deus faz:

> E disse Deus: "Façamos o homem à nossa imagem, conforme nossa semelhança; domine ele sobre os peixes do mar, sobre as aves do céu, sobre o gado, sobre os animais selvagens e sobre todo animal rastejante que se arrasta sobre a terra". E Deus criou o homem à sua imagem; à imagem de Deus o criou; macho e fêmea os criou.

Se existe alguma indicação de que a humanidade foi criada "à imagem de Deus", é a de que Adão e Eva deviam refletir a imagem divina "dominando" a criação, evidentemente refletindo Deus como o governador supremo. O versículo seguinte, Gênesis 1.28, indica ainda mais que a imagem é algo que os seres humanos realizam, e não o que são: "Deus os abençoou e lhes disse: 'Frutificai e multiplicai-vos; enchei a terra e sujeitai-a; dominai sobre os peixes do mar, sobre as aves do céu e sobre todos os animais que rastejam sobre a terra'". Portanto, qualquer definição da imagem de Deus na humanidade com base nessa parte das Escrituras teria de explicá-la como funcional, e não ontológica. Isto é, a ênfase na explicação da imagem divina é que ele é algo que os seres humanos realizam, e não o que são intrinsecamente. Gênesis 1.28 expande a função de dominar mencionada em Gênesis 1.26: eles não apenas devem "dominar", mas também têm de "se multiplicar", "encher" a terra e sujeitá-la. Tratei desse assunto no capítulo 1, por isso remeto meu leitor ao início daquele capítulo para mais informações.[2]

No capítulo 1, observei que o papel de Adão no Éden é parte do cumprimento inicial da ordem que lhe foi dada em Gênesis 1.26-28. Assim como Deus, depois de sua obra inicial da criação, subjugou o caos, dominou sobre ele (Gn 1.1-10, nos primeiros três dias da Criação) e deu continuidade à obra de criação, enchendo a terra com toda espécie de vida (Gn 1.11-25, nos três últimos dias da Criação), também Adão e Eva, em seu jardim-residência, tinham de refletir as atividades de Deus em Gênesis 1 cumprindo a comissão de "sujeitar" e "dominar a terra" e de "frutificar e multiplicar-se" e "encher a terra" (Gn 1.26,28).[3] Até o "descanso"

---

[1] Além disso, a reiterada declaração de Deus de que a criação era "boa" (Gn 1.4,10,12,18,21,25,31) provavelmente também era algo que o próprio Adão deveria reconhecer.

[2] Veja, no cap. 1, o subtítulo "A comissão de Adão na primeira criação e a transferência dessa responsabilidade a outras personagens semelhantes a ele".

[3] Segundo Warren Austin Gage, *The gospel of Genesis: studies in protology and eschatology* (Winona Lake: Carpenter Books, 1984), p. 27-36. Baseio-me no texto de Gage para a ideia funcional tríplice da imagem divina e sua relação com o NT, ambas elaboradas adiante. Não há consenso se Gênesis 1 retrata Deus criando primeiramente o caos do nada ou se retrata o caos já presente antes da obra de criação de Deus. Aqui, trabalharei com base na primeira hipótese tradicional, mas não posso expor os argumentos por causa do limite de espaço.

de Deus no fim da obra criadora (Gn 2.2,3) devia ser refletido de forma inaugurada no estabelecimento de Adão para residir no jardim por Deus, em vez das áreas inabitáveis fora do jardim.[4] Ao que tudo indica, Deus pretendia um "descanso" ainda superior para Adão se este tivesse sido fiel.

Particularmente, Adão tinha de começar a sujeitar e dominar a criação cultivando o jardim (Gn 2.15), dando nomes aos animais criados (Gn 2.19,20) — como reflexo do ato de Deus de dar nome às partes da criação — e "guardando" o jardim da entrada de elementos impuros, como as serpentes. Assim como a atividade divina de subjugar e dominar manifestava seu intelecto, sua sabedoria e sua vontade, todos esses aspectos provavelmente se refletiam nas mesmas atividades de Adão — por exemplo, a de dar nome aos animais.

Além disso, Adão tinha de criar e encher a terra com sua criação (cf. Gn 2.24; 4.1,2), assim como Deus havia criado e enchido a terra em Gênesis 1. Esse "encher", como argumentei no capítulo 1, não era apenas povoar a terra com os descendentes físicos, mas também com portadores de imagem que refletem a glória de Deus. É provável que os pais de toda a humanidade fossem dotados de aspectos ontológicos da imagem divina (p. ex., "conhecimento, justiça e santidade") para obedecer ao mandamento divino de Gênesis 1.28 e para refletir as atividades de Deus em Gênesis 1 nas próprias atividades deles. Depois da Queda, haveria portadores da imagem descrentes carregando a imagem desfigurada de Deus, que seriam descendentes físicos de pais crentes ou descrentes. Ou seja, alguns que não tinham nenhuma relação com Deus e portavam a mesma imagem distorcida que Adão portava antes de ser restaurado para Deus (Gn 3.20,21) poderiam se voltar para o conhecimento salvador inaugurado de Deus pela influência (podemos ousar dizer "testemunho"?) de outros portadores de imagem redimidos. Logo, a humanidade posterior à Queda, em especial o remanescente redimido, era provavelmente dotada dos aspectos ontológicos da imagem divina para poder obedecer funcionalmente ao mandamento divino de Gênesis 1.28 e começar a refletir as atividades de Deus em Gênesis 1 em suas próprias atividades.

Por isso, no mandamento divino de Gênesis 1.28, a humanidade é comissionada como imagem de Deus a imitar a atividade tríplice do próprio Deus observada em sua criação da terra. Nesse sentido, Adão deveria ser o vice-regente de Deus, governando em lugar dele no posto avançado da terra. Pode-se entender isso pelo costume do antigo Oriente Próximo de que os reis colocavam imagens de si mesmos nos territórios que governavam, mas onde normalmente não estavam presentes. A imagem deles nessas regiões indicava que, embora ausentes, ainda assim eram governantes do local. Esse também foi o caso de Adão, uma imagem viva do rei Yahweh, colocada por Deus no território da terra a fim de mostrar que Deus era o governador supremo do mundo.

O trabalho da humanidade de sujeitar a terra, porém, tornou-se cansativo e vazio (Gn 3.17-19; Ec 1.2,3; Rm 8.19-23). Em vez de sujeitar, Adão foi sujeitado pela própria criação (uma serpente). Em vez de criar e encher a terra com filhos que portassem a imagem da glória de Deus, ele criou e encheu a terra com uma descendência que carregava seu próprio pecado vergonhoso e, em última análise, refletia a imagem da ordem criada caída. O trabalho de Eva de encher a terra tornou-se doloroso (Gn 3.16). Depois da Queda, Adão, Eva e sua descendência tornaram-se incapazes de cumprir o mandato divino original de Gênesis 1.28 e de refletir a imagem de Deus do modo para o qual foram originariamente planejados.[5] Mesmo depois

---

[4]Sobre esse tema, observe-se o segundo verbo de Gênesis 2.15: "E o Senhor Deus tomou o homem e o colocou no jardim do Éden". O verbo "colocou" é uma tradução do verbo hebraico normalmente traduzido por "descansar" (*nûaḥ*) no grau hifil (causativo), que poderia ser traduzido por "ele fez com que descansasse no jardim".

[5]Veja Gage, *Gospel of Genesis*, p. 27.

de serem reintroduzidos ao conhecimento pessoal de Deus, não estavam em condições de cumprir o mandato divino original do modo consumado que Deus pretendia.

Breve panorama das expectativas judaicas de um Adão escatológico que refletiria a imagem de Deus[6]

O judaísmo acreditava que o estado anterior à Queda seria restaurado no fim dos tempos. Nesse momento, um messias deveria vir para inaugurar um novo êxodo segundo o padrão do primeiro Êxodo, liderado por Moisés. Esse novo êxodo vindouro às vezes era imaginado como uma nova criação. Do mesmo modo, os judeus de Qumran esperavam ser a comunidade dos últimos dias a ser restaurada com a "glória de Adão" (1QS IV:23; CD-A III:20; 1QH[a] IV:15; veja tb. 1QH[a] XVI:4-14a). Além disso, os Livros de Adão expressam a expectativa de que Adão fosse ressuscitado no fim da era, mas não como figura messiânica.[7]

Além disso, o AT e o judaísmo viam a história da perspectiva de alguns personagens representativos específicos. Já estudamos no capítulo 1 que Adão, Noé, Abraão, Isaque e Jacó eram os cabeças de sua descendência. Em particular, considerava-se que os quatro últimos desses homens tinham recebido a incumbência da comissão de Adão. No judaísmo posterior, o fracasso de Adão é contrastado com Abraão, Moisés e Elias e, especialmente, com o Messias, que eram considerados aqueles que reverteram os erros de Adão para a humanidade. Em *Rabá* de Deuteronômio 11.3, há uma discussão entre Moisés e Adão sobre quem é o maior. Moisés afirma que é maior porque mantém o brilho no rosto que Adão havia perdido. A ideia no contexto é que a imagem de Deus foi restaurada quando a Lei foi transmitida no Sinai e, depois, perdida de novo no episódio do bezerro de ouro, de modo que a restauração definitiva devia ocorrer no tempo em que o Messias finalmente voltasse. O Messias deveria retirar a maldição de Adão de sobre a humanidade e restaurar as condições de antes da Queda (*T. Levi* 18.10-14). Do mesmo modo, havia uma declaração muitas vezes repetida do judaísmo posterior de que as seis coisas que Adão perdeu seriam restauradas na era messiânica: seu brilho (equivalente à glória e à imagem divinas), sua imortalidade, sua eminência, o fruto da terra e das árvores e os luminares (p. ex., *Rab.* de Gn 12.6; *Rab.* de Nm 13.12). Existem declarações na literatura rabínica que indicam que a imagem divina se perdeu no momento da Queda de Adão (*Rab.* de Gn 8.12; *Rab.* de Nm 16.24; *Rab.* de Dt 11.3). Entretanto, outros textos dessa literatura asseveram que, mesmo depois do pecado original de Adão, a humanidade ainda conservou a imagem de Deus (sobretudo no que diz respeito à moralidade) e ainda devia ser considerada a coroa da criação (p. ex., *b. B. Bat.* 58a; *Rab.* de Lv 34.3; *Rab.* de Gn 24.7; *Mek.* de Êx 20.16).

Essas duas perspectivas diferentes talvez não sejam mutuamente excludentes, uma vez que alguns judeus podiam imaginar que certos aspectos da imagem de Deus se haviam perdido enquanto outros foram conservados. Talvez os rabinos acreditassem que a imagem de Deus tenha sido diminuída ou distorcida, mas não perdida, pelo pecado de Adão.[8]

A narrativa de Jesus como o Adão da nova criação dos últimos tempos que refletiu de forma constante a imagem de Deus e abriu caminho para a restauração dessa imagem na humanidade (nos Evangelhos Sinóticos)

Para começar a entender como a imagem de Deus é restaurada na humanidade, precisamos começar pela primeira vinda de Cristo. Por todo o NT, Cristo é retratado de várias maneiras

---

[6]Para a pesquisa a seguir das expectativas judaicas, usei como base a obra de Seyoon Kim, *The origin of Paul's gospel* (Grand Rapids: Eerdmans, 1982), p. 187-91.

[7]P. ex., *V.A.E.* [Apocalipse] 13.2,3: "Eu [Deus] te levantarei [Adão] no último dia na ressurreição com todos os homens de tua descendência".

[8]Conforme Kim, *Origin of Paul's gospel*, p. 260-2.

como o Último Adão, aquele que veio para realizar o que o primeiro Adão não fez e, assim, representar sua descendência escatológica. Em especial, veremos que Cristo veio para sujeitar e governar, multiplicar, criar, encher e descansar do modo que Deus havia planejado originariamente que a humanidade fizesse. Dessa forma, Cristo estava introduzindo de modo definitivo o início da nova criação e do reino dos últimos dias. Ele não somente recapitulou o que o Adão anterior à Queda deveria ter feito na condição de rei da primeira criação do Éden, mas também foi além disso em fidelidade e obediência para ter êxito na tarefa em que Adão falhou. Por isso, como o Último Adão absolutamente justo, Jesus refletiu plenamente a imagem de Deus e obteve as bênçãos escatológicas e a glória para ter êxito nessa missão, as quais Adão jamais recebeu. Todos os que se identificam com Cristo como o Último Adão também serão beneficiados com essas bênçãos, especialmente a bênção de ter restaurada em si a gloriosa imagem de Deus.

Portanto, um estudo de Jesus como o Último Adão nos Evangelhos Sinóticos é um meio de descobrir o retrato *conceitual* que os Evangelistas fizeram dele como a imagem perfeita de Deus na terra. Essa tarefa, como veremos, é mais fácil quando se trata de Paulo, pois o apóstolo usa claramente a linguagem relacionada a "Adão" e à "imagem" de Deus referindo-se a Cristo e aos crentes, o que não ocorre nos Evangelhos. Entretanto, creio que podemos estabelecer conceitualmente os aspectos funcionais do ministério de Jesus de governar, multiplicar e descansar, cuja origem está nas funções tríplices para as quais Adão foi planejado originariamente a fim de refletir as mesmas atividades tríplices de Deus em Gênesis 1. O foco do estudo a seguir, e que se tornará particularmente evidente, é a descrição de Jesus como o Adão escatológico que inaugura o reino da nova criação. Apesar de não serem tão enfatizadas quanto o governo adâmico de Cristo na nova criação, as funções de multiplicar filhos espirituais e de descansar estão presentes nos Evangelhos.

Este capítulo não é uma pesquisa exaustiva dos Evangelhos Sinóticos. O foco será Mateus, com referências a Marcos e Lucas nas informações em que complementam Mateus. Uma razão para me concentrar em Mateus é que procurarei mostrar como se pode examinar um Evangelho inteiro para entender um tema bíblico-teológico específico. O tema é Cristo como o Adão dos últimos tempos que inaugura um reino de nova criação — que acredito estar basicamente relacionado a Cristo como a imagem de Deus —, um conceito que Paulo escolhe de modo explícito. As descrições de Cristo como figura adâmica em Mateus têm notável sobreposição com as descrições de Marcos e Lucas.

Talvez este seja um dos capítulos mais controversos do livro, pois analisarei uma parte considerável do material dos Sinóticos à luz da categoria conceitual da restauração da imagem funcional de Deus realizada por Jesus. Essa mudança é estranha para uma teologia do NT. Todavia, lembre-se de que este livro não é uma "teologia do Novo Testamento", e sim uma "teologia bíblica do Novo Testamento". Acredito que as informações dos Sinóticos, especialmente acerca do reino, correspondem bem a essa categoria conceitual de Jesus restaurando a imagem funcional de Deus ao inaugurar o reino da nova criação para Israel e para a humanidade. Essa classificação do ministério de Jesus está de acordo com minha formulação anterior do enredo do NT (veja, p. ex., caps. 4-5): *A vida de Jesus, suas provações, sua morte pelos pecadores e principalmente sua ressurreição pelo Espírito deram início ao cumprimento do reino escatológico "já e ainda não" da nova criação, que é concedido pela graça por meio da fé, resultando em uma comissão universal para que os fiéis promovam esse reino de nova criação, bem como em juízo para os descrentes, tudo isso para a glória do Deus trino e uno.* Sustentei que o "reino da nova criação" é o principal degrau para o enredo alcançar a glória divina. Além disso, como vimos no capítulo 1 e em outras partes do livro, o estabelecimento do reino da primeira criação por Adão teria sido um dos principais meios de ele refletir a imagem funcional de Deus. O mesmo princípio se aplica à realização por Jesus daquilo que o primeiro Adão deveria ter feito.

Nesta seção, portanto, tentarei colocar em nossos olhos interpretativos as lentes da concepção de Jesus como o novo Adão régio, que introduz a nova criação dos últimos dias. Já apresentei no panorama do AT, no capítulo 1, quatro episódios importantes da nova criação no AT: a primeira criação em Gênesis 1 e 2, a segunda nova criação da epopeia de Noé, o Êxodo de Israel do exílio no Egito e a restauração de Israel do Exílio na Babilônia. Também vimos nesse capítulo que Noé serviu de figura de um segundo Adão e que o propósito de Israel ser libertado do Exílio era que a nação fosse uma espécie de Adão coletivo. Esses quatro episódios adâmicos e de nova criação serão utilizados como lentes através das quais observaremos Jesus em Mateus e em outras partes dos Sinóticos. De certo modo semelhante às pessoas que usam lentes escuras para sol fixadas nos óculos de lentes comuns, tentaremos usar quatro conjuntos dessas lentes de sol bíblico-teológicas sobre as nossas lentes interpretativas, cada par de lentes com sua própria nuance histórico-redentora. Algumas vezes, o par de lentes da nova criação esclarecerá como Mateus está procurando descrever Jesus; outras vezes, outro par de lentes elucidará a questão, e algumas vezes até dois pares de lentes usados ao mesmo tempo poderão esclarecer o modo pelo qual o autor do Evangelho está tentando retratar Jesus.

O foco especial será a promessa da restauração de Israel como nova criação nos Evangelhos Sinóticos porque ela está indissociavelmente ligada a Jesus na condição de verdadeiro Adão e verdadeiro Israel (isto é, um representante de Israel, que é o Adão coletivo) e, portanto, ligada a Jesus como a imagem consumada de Deus e aquele que prepara o caminho para a restauração dessa imagem nos outros. Desse modo, a breve análise logo a seguir se concentra nas esperanças da restauração de Israel, mas apenas em última instância, visto que essas esperanças estão relacionadas à promessa de uma nova humanidade restaurada em uma nova criação, que por fim reflete plenamente a imagem de Deus.

O problema da cronologia do cumprimento das promessas de restauração a Israel

Antes de começar a examinar Mateus e os demais Evangelhos Sinóticos, é necessário saber quantas promessas proféticas de restauração escatológica de Israel haviam sido cumpridas no chamado período intertestamentário, que antecedeu a época do NT. É importante responder a essa pergunta porque a resposta ajudará a explicar o problema específico de que estão tratando os Evangelhos. Fiquei um pouco tentado a responder a essa pergunta no capítulo 2 e sinto-me tentado de novo a fazer o mesmo aqui. Entretanto, a análise completa desse problema será postergada para capítulos mais adiante. Contudo, uma resposta breve à pergunta é que, em um verdadeiro sentido escatológico, as promessas de restauração não foram cumpridas antes do século 1 d. C. nem durante o próprio século 1.

É verdade que a promessa de restauração parece ter começado a se cumprir na volta do Exílio babilônico, uma vez que Jeremias havia profetizado que, depois de setenta anos de cativeiro, Israel voltaria para a terra (Jr 25.11,12; 29.10). Todas as outras profecias de restauração, entretanto, não foram cumpridas naquele tempo, de forma que o retorno físico de alguns de Judá e Benjamim, embora profetizado por Jeremias, foi em última análise apenas um cumprimento escatológico de restauração sem importância. Alguns comentaristas acreditam que o cumprimento significativo dessas profecias continuou sendo adiado quando Israel rejeitou Jesus, de modo que o cumprimento foi adiado para imediatamente antes e logo depois da volta definitiva de Cristo. Outros acreditam que as profecias de restauração começaram a ser cumpridas verdadeiramente na primeira vinda de Cristo, mas que os discípulos de Jesus e a igreja estabelecida depois de sua ascensão não eram o Israel verdadeiro. Ainda outros estudiosos afirmam que as profecias começaram a ter cumprimento verdadeiro e que os seguidores de Jesus e a igreja fazem parte do verdadeiro Israel. Em capítulos mais adiante, defenderei a terceira perspectiva, e aqui vou pressupô-la, embora em certo grau alguns desses argumentos tenham início neste capítulo. O cumprimento da profecia de Jeremias de restauração mencionada anteriormente é mais bem entendido pelas lentes dessa terceira perspectiva. Esse tema da restauração de Israel é importante porque, como defendi no capítulo 1, Israel era um Adão coletivo, por isso sua restauração está basicamente ligada à restauração da criação toda, incluindo a humanidade afastada de Deus, conforme seguirei argumentando. Também observamos no capítulo anterior que Isaías profetizou que Deus recriará o Israel redimido e a humanidade segundo a sua imagem na época em que restaurar Israel para ele.

O início de Mateus e dos outros Evangelhos apresentam Cristo como o Adão dos últimos tempos que inaugura a nova criação

A genealogia de Mateus começa em 1.1 com *biblos geneseōs*, expressão que pode ser traduzida por "livro da genealogia", "livro do começo" ou "livro da gênese". O texto de Gênesis 2.4 da LXX usa *biblos geneseōs:* "Este é o livro da geração [ou 'o livro da gênese'] do céu e da terra, quando vieram a existir, no dia em que Deus criou o céu e a terra". Do mesmo modo, Gênesis 5.1,2 da LXX diz: "Este é o livro da geração [*biblos geneseōs*] [alguns traduzem por 'genealogia'] do homem [isto é, Adão] no dia em que Deus criou Adão, conforme a imagem de Deus ele o criou. Macho e fêmea ele os criou, abençoou-os; ele os chamou pelo nome Adão no dia em que os criou". Em seguida, aparece a primeira genealogia da Bíblia, começando com Adão e terminando com Noé, no fim de Gênesis 5.

Essas são as duas únicas passagens de todo o AT em que o sintagma *biblos geneseōs* ocorre. A expressão de Mateus, portanto, parece ser uma alusão intencional a essas duas afirmações no início do livro de Gênesis. A questão é que Mateus está narrando o registro da nova era, da nova criação, inaugurada pela vinda, morte e ressurreição de Jesus Cristo.[9] Visto que Mateus relata uma genealogia de Jesus, é provável que a referência a Gênesis 5.1 esteja primariamente em foco e que Jesus esteja sendo retratado com o pincel genealógico de Adão. E assim como Adão criou outros "à sua semelhança, conforme sua imagem" (Gn 5.3), também Cristo criaria.[10]

Também há referência do Espírito Santo na concepção de Jesus (Mt 1.18-20), que é o início da nova criação. Assim como Gênesis 1.2 menciona o Espírito na produção da criação, também Mateus 1.18,20 afirma: "O nascimento [*genesis*] de Jesus Cristo foi assim [...] o que nela foi gerado [*gennēthen*] veio do Espírito Santo". Parece que essa referência focaliza ainda mais o papel de Jesus como o novo Adão, o começo da nova criação.

A genealogia de Mateus (Mt 1.1-17) também ressoa com alusões aos gentios, indicando de forma discreta que a missão de Jesus se concentra não apenas em Israel, mas também no mundo. A menção de Abraão no início da genealogia de Mateus é muito importante por causa da linha gentílica que percorre ela toda: a referência às quatro mulheres gentias (Tamar, Raabe, Rute e Bate-Seba).[11] Normalmente, as mulheres não são mencionadas em genealogias, mas a presença dessas quatro indica que a missão de Jesus não é apenas para Israel, mas deve se estender também para as nações até os confins da terra.

---

[9]W. D. Davies; Dale C. Allison Jr., *A critical and exegetical commentary on the Gospel according to Saint Matthew*, ICC (Edinburgh: T&T Clark, 1988-1997), 3 vols., 1:149-53.

[10]Para mais apoio a essa conclusão sobre o contexto de Gênesis em Mateus 1.1, veja Jonathan T. Pennington, "Heaven, earth, and a new genesis: theological cosmology in Matthew", in: Jonathan T. Pennington; Sean M. McDonough, orgs., *Cosmology and New Testament theology*, LNTS 355 (London: T&T Clark, 2008), p. 39-40, embora seu uso da terminologia de *mythos* associada a esse tema para falar da cosmovisão de Mateus não seja uma escolha feliz (cf. p. 40).

[11]Bate-Seba pode ter sido incluída porque foi casada com um gentio hitita, Urias.

A missão de Jesus aos gentios fica mais clara em Mateus 2.1-12, na narrativa dos magos originários do oriente gentílico, que foram atraídos pela luz da estrela e desejavam ir "adorar" Jesus (v. 2). A oferta dos presentes de "ouro e incenso" dos "tesouros" deles é o começo do cumprimento da profecia de Isaías em 60.3,5,6,10,11,14 (cf. 49.23). Nessas passagens, no futuro escatológico, uma grande "luz" "brilhar[á]" em Israel e "as nações caminharão para a tua luz, e reis, para o resplendor da tua aurora" (v. 3); "as riquezas das nações virão" a Israel, e as nações "trarão ouro e incenso" (v. 5,6) e "prostrando-se" virão a Israel (v. 14). Mateus combinou a ideia de nova criação (luz brilhando para dissipar as trevas) com uma passagem que fala de restauração do cativeiro, realçando com isso a narrativa anterior do nascimento como um acontecimento da nova criação. Essa combinação tem seu cumprimento consumado no novo céu e na nova terra: haverá um "luminar" glorioso (Ap 21.23), e "as nações andarão em sua luz, e os reis da terra lhe trarão a sua glória" (Ap 21.24), e "para ela virão a glória e a honra das nações" (Ap 21.26).[12]

A associação introdutória de "Jesus Cristo" com Abraão no primeiro versículo da genealogia de Mateus (1.1) realça a ideia do interesse universal, especialmente porque esse Evangelho termina com a comissão de "fazer discípulos de todas as nações" (28.18-20):

> E Jesus se aproximou e lhes disse: "Toda autoridade me foi concedida no céu e na terra. Portanto, ide e fazei discípulos <u>de todas as nações</u>, batizando-os em nome do Pai, do Filho e do Espírito Santo; ensinando-lhes <u>a obedecer a todas as coisas que vos ordenei; e eis que estou convosco todos os dias</u> até o final dos tempos".

O texto de Mateus 28.18 retrata Jesus como o Filho do Homem declarando: "Toda autoridade me foi concedida no céu e na terra". Essa declaração é uma alusão à profecia de Daniel 7.13,14 (LXX), em que se diz a respeito do "Filho do Homem": "autoridade lhe foi concedida, e todas as nações da terra [...] o [estavam] servindo". Com base nessa autoridade, Jesus pronuncia a célebre comissão: "Portanto, ide e fazei discípulos de todas as nações, batizando-os [...] ensinando-lhes a obedecer a todas as coisas que vos ordenei; <u>e eis que estou convosco</u> todos os dias até o final dos tempos". Observe-se que Jesus utiliza a mesma fórmula de acompanhamento divino usada por Deus nas aplicações e repetições posteriores da comissão de Adão aos patriarcas e a Israel de sujeitar e dominar a terra, tema sobre o qual falei no capítulo 1. A presença de Cristo com seus seguidores os capacitará a cumprir "a grande comissão" de dominar a terra e a enchê-la com a presença de Deus, uma tarefa que Adão, Noé e Israel não conseguiram realizar.

Nesse sentido, Jesus é uma personificação do "Último Adão", e em parte é por isso que ele se identifica implicitamente com o "Filho do Homem" de Daniel ao dar a comissão universal a seus seguidores em Mateus 28.18: ele é o "filho de Adão", o correspondente ao "Filho do Homem" de Daniel, cumprindo finalmente o que o primeiro Adão devia ter cumprido e que Daniel predisse que o Adão messiânico dos últimos tempos realizaria. Vale lembrar que Daniel 7.13,14 está entre as repetições da comissão de Gênesis 1.28 e, além do mais, a mesma passagem retrata o Filho do Homem à frente do reino de Israel dos últimos tempos, além de retratá-lo como figura de Adão dos últimos dias ("o filho de Adão") e como rei sobre todos os animais e pessoas da terra. Além disso, vimos em Daniel 7 algumas alusões e ecos da primeira criação em Gênesis 1, de modo que Daniel 7 também funciona como profecia do reino *da nova criação*. Essas reverberações servem em maior ou menor grau de contexto dos versículos finais do Evangelho de Mateus.[13]

---

[12]Para um estudo das alusões a Isaías 60 nesses versículos de Apocalipse, veja G. K. Beale, *The book of Revelation: a commentary on the Greek text*, NIGTC (Grand Rapids: Eerdmans, 1999).

[13]Para uma ampliação das ideias deste parágrafo, veja a discussão pertinente no cap. 1 do livro.

Como acabamos de observar, até a fórmula de acompanhamento divino ("Eu estou convosco") ocorre em Mateus 28.20 para indicar que os discípulos serão capacitados para cumprir a comissão. A referência a "todas as nações" (*panta ta ethnē*) é um eco de Gênesis 22.18 (bem como de Gn 18.18), que, por sua vez, é uma das repetições de Gênesis 1.28. A recordação da promessa abraâmica retorna ao tema que está no primeiro versículo do Evangelho de Mateus (1.1), "que as bênçãos prometidas a Abraão e por meio dele para todas as pessoas da terra (Gn 12.3) agora serão cumpridas em Jesus, o Messias".[14]

Desse modo, já no início e, depois, novamente, no fim de seu Evangelho, Mateus retrata Cristo como o filho de Adão, ou o Filho do Homem, que começou a fazer o que o primeiro Adão deveria ter feito e a herdar o que o primeiro Adão devia ter herdado, incluindo a glória refletida na imagem de Deus. Mateus 19.28 indica que a nova criação iniciada em Jesus (veja o comentário anterior sobre Mt 1.1) será consumada por Jesus como o "Filho do Homem [Adão]" no tempo da "regeneração" (*palingenesia*) do cosmo[15]: "Então Jesus lhes disse: Em verdade digo a vós que me seguistes que, na regeneração, quando o Filho do Homem se assentar em seu trono glorioso, vós também vos assentareis em doze tronos, para julgar as doze tribos de Israel".

Os outros Evangelhos têm algumas semelhanças gerais com o começo de Mateus relacionado à nova criação, mas o foco inicial na alusão a Adão em Mateus 1.1 é exclusivo dele. Em vez de começar com Davi e Abraão e registrar sucessivamente os descendentes até o tempo de Jesus, como faz Mateus, a genealogia de Lucas começa com a época de Jesus e registra a linhagem em ordem de ascendência até Adão, encerrando com a passagem: "filho de Adão, filho de Deus" (Lc 3.38). A finalidade é identificar Jesus como o Último Adão, o Filho de Deus.[16] Conforme explicarei um pouco adiante, um motivo para Lucas ter feito isso é a intenção de que os leitores de seu Evangelho vejam Jesus como uma figura adâmica na tentação no deserto (Lc 4.1-13), narrativa que vem logo em seguida. Por sua vez, Marcos inicia seu Evangelho com a expressão "princípio [*archē*] do evangelho de Jesus Cristo" (Mc 1.1 [cf. *en archē* em Gn 1.1, LXX]). Logo depois de sua declaração de abertura, Marcos (1.2,3) faz referência à introdução das profecias de Isaías de um segundo êxodo:

> Conforme está escrito no profeta Isaías:
> "Eis que envio à tua frente meu mensageiro,
> que preparará teu caminho;
> voz do que clama no deserto:
> 'Preparai o caminho do Senhor, endireitai suas veredas'".

Embora não haja nenhuma tentativa de Marcos de descrever conceitos adâmicos, a referência ao precursor profetizado de Jesus, João Batista, pelas lentes do segundo êxodo profetizado por Isaías, também reverbera ideias da nova criação. Sobre isso, vimos que o Êxodo do Egito já era considerado uma nova criação no AT e no judaísmo, e as expectativas de Isaías quanto a um novo êxodo em Isaías 40—66 estão associadas com esperanças de nova criação.[17]

---

[14]D. A. Carson, *Matthew 13—28*, EBC (Grand Rapids: Zondervan, 1995), p. 596. Gênesis 12.3 (LXX) apresenta "todas as tribos da terra".

[15]Sobre isso, veja Pennington, "Heaven, earth, and a new genesis", p. 40-3.

[16]Veja S. Craig Glickman, *Knowing Christ* (Chicago: Moody, 1980), p. 55-8.

[17]Veja, de Rikki E. Watts, *Isaiah's new exodus in Mark* (Grand Rapids: Baker Academic, 1997), p. 53-90. Watts argumenta que a passagem de Malaquias 3.1, embora citada antes de Isaías 40.3 em Marcos 1.2,3, corresponde bem à ideia do segundo êxodo em Isaías 40.3, especialmente porque a própria passagem de Malaquias 3.1 faz alusão a Êxodo 23.20, um texto do primeiro Êxodo que também fala de um precursor preparando o caminho para Israel depois que a nação saiu do Egito. Portanto, Malaquias 3.1 serve de auxílio interpretativo para Isaías 40.3, que se torna mais compreensível quando se descobre que as profecias de Isaías sobre o segundo êxodo, como afirma Watts, são predominantes em todo o Evangelho de Marcos.

À luz do início de Mateus, Marcos e Lucas,[18] não é de admirar que o prólogo do Evangelho de João também comece com explícitas alusões à nova criação (Jo 1.1-13):

> No princípio era o Verbo, e o Verbo estava com Deus, e o Verbo era Deus. Ele estava no princípio com Deus. Todas as coisas foram feitas por meio dele, e, sem ele, nada do que foi feito existiria. A vida estava nele e era a luz dos homens; a luz resplandece nas trevas, e as trevas não a compreenderam [prevaleceram contra ela]. Houve um homem enviado por Deus; seu nome era João. Ele veio como testemunha, a fim de dar testemunho da luz, para que todos cressem por meio dele. Ele não era a luz, mas veio para dar testemunho da luz. Havia a verdadeira luz que, chegando ao mundo, ilumina a todo homem. O Verbo estava no mundo, e este foi feito por meio dele, mas o mundo não o reconheceu. Ele veio para o que era seu, mas os seus não o receberam. Mas a todos que o receberam, aos que creem no seu nome, deu-lhes a prerrogativa de se tornarem filhos de Deus; os quais não nasceram de sangue nem do desejo da carne nem da vontade do homem, mas de Deus.

Essa introdução mostra que Jesus é Deus (v. 1) e que foi o Criador do cosmo no princípio (v. 2,3,10b). O versículo 4 começa a mostrá-lo como o início de outra nova criação na sua encarnação: ele é a origem da "vida" e da "luz" criadora (v. 4) que "resplandece nas trevas". Assim como a primeira luz em Gênesis 1 não foi tragada pelas trevas, também Jesus como a "luz" não foi obscurecido pelas trevas circundantes (v. 5). Portanto, assim como a primeira luz em Gênesis havia brilhado irresistivelmente no mundo, a luz de Cristo "iluminou" as pessoas quando ele chegou ao mundo (v. 5-9). Quando ele veio ao mundo como a origem da nova criação, a maioria de seu próprio povo (Israel) não o recebeu (v. 11), mas aos que o receberam ele deu "a prerrogativa de se tornarem filhos de Deus", porque essa recepção indicava que haviam nascido de Deus (v. 12,13). De acordo com o contexto anterior, os versículos 11 e 12 parecem indicar que, assim como no princípio Deus criou o mundo e Adão, seu "primogênito",[19] agora Cristo como a fonte da "vida" e "luz" criadora (dessa vez não identificada com Adão, mas com Deus) começa a segunda criação ao criar e multiplicar "filhos" novamente.

Portanto, o começo de cada Evangelho gera interesse, de várias formas, na nova criação associada ao relato do início da vida de Cristo ou de seu ministério.

Jesus como o Adão e o Israel do fim dos tempos que restaura o reino para o povo de Deus

Nesta seção, continuarei falando sobre Cristo como figura adâmica, mas, além disso, apresentarei uma análise que o revela recapitulando em si o verdadeiro Israel. Muitos talvez achem que incluir o retrato de Jesus nos Evangelhos como o verdadeiro Israel em um capítulo sobre "a imagem de Deus" é confundir categorias. Entretanto, já argumentei que Israel foi concebido para ser uma figura adâmica coletiva, como fica evidente, por exemplo, na comissão dada a Adão em Gênesis 1.28 que é reiterada aos patriarcas, ao Israel histórico e nas profecias sobre o Israel escatológico. Nesta seção, é necessário manter em mente esse argumento anterior. Lembre-se também que Gênesis 1.28 é uma definição funcional de como Adão devia ser à imagem de Deus. Os próprios nomes "Filho de Deus" e "Filho do Homem" atribuídos a Jesus também eram nomes de Israel e se referiam ao papel adâmico coletivo da nação. Veremos também que é difícil distinguir entre Jesus como Adão e Jesus como Israel em certas narrativas do

---

[18] As referências adâmicas ou à nova criação não aparecem antes do fim de Lucas 3, ao passo que, em Mateus, elas aparecem já no início do Evangelho, mas existem alusões à aliança abraâmica em Lucas 1.55,72,73.

[19] Lembre-se da análise no cap. 1, em que se observou por uma comparação de Gênesis 1.26,27 com Gênesis 5.1-3 que ser criado à imagem e semelhança de Deus implicava ser criado como filho de Deus.

Evangelho, pois as duas ideias estão associadas. A razão dessa combinação de conceitos é que a ideia de Israel no AT também traz consigo em momentos importantes a ideia do papel adâmico. Por isso, Jesus vem como o Adão escatológico, e verdadeiro Israel, que refletirá em sua função a imagem de Deus (p. ex., governando, produzindo filhos para Deus)[20] de um modo que o primeiro Adão não conseguiu.

Jesus como o Filho do Homem do livro de Daniel (Adão)

O título "Filho do Homem" aparece em todos os Evangelhos (cerca de oitenta vezes). Apesar de usado com frequência, o título jamais é empregado por outra pessoa para referir-se a Jesus, mas sempre o é pelo próprio Jesus. Em apenas uma ocasião, há um indício de que os ouvintes talvez tenham ficado em dúvida acerca do significado desse título (Jo 12.34). Hoje, porém, os estudiosos estão confusos a respeito do que Jesus queria dizer com esse título. Nesta análise, não conseguirei fazer justiça ao imenso e complexo debate que o título "Filho do Homem" gerou. Muitos afirmam que é uma invenção da igreja posterior, mas o fato de que — com uma única exceção (At 7.56) — o uso desse título desaparece completamente do NT depois da morte de Jesus indica que o termo era originariamente usado por ele.[21] Se tivesse sido criado pela igreja, seria de esperar que o encontrássemos nas epístolas neotestamentárias.

A autorreferência de Jesus como "o Filho do Homem" é um dos principais meios para ele informar que começou a inaugurar o reino escatológico. Para demonstrar isso, é preciso rever o contexto veterotestamentário de Daniel 7.13, em que ocorre a menção ao "Filho do Homem", e, em seguida, analisar as alusões mais claras ao Filho do Homem da passagem de Daniel nos Evangelhos, bem como a importância do título nesses textos. A intenção aqui não é iniciar um grande estudo de Jesus como o Filho do Homem, mas somente apontar algumas ligações entre Jesus, o Filho do Homem do livro de Daniel, e Adão, bem como a importância dessas ligações.[22]

O CONTEXTO DO TÍTULO "FILHO DO HOMEM" EM DANIEL 7

A expressão "filho do homem" no AT às vezes refere-se exclusivamente a um ser humano (p.ex., Ez; Sl 8). No salmo 8, refere-se ao ser humano e, ao mesmo tempo, à função régia (veja Sl 8.4-8). Entretanto, Daniel 7.13 é a fonte mais provável da locução "Filho do Homem" empregada por Jesus nos Evangelhos. Daniel 7 começa a seção de visões, mas é uma repetição paralela de Daniel 2.

A seção visionária (Dn 7.1-15)

Na visão dessa passagem, quatro animais aparecem em sequência e exercem um poder opressivo cada vez maior, até que, finalmente, o "Ancião de Dias" se assenta para julgá-los e

---

[20]Para essa ideia, p. ex., veja novamente João 1.12,13, trecho analisado brevemente acima. Para a ideia de Jesus recapitular em si o verdadeiro Israel em Mateus 1—4, veja Joel Kennedy, *The recapitulation of Israel*, WUNT 2/257 (Tübingen: Mohr Siebeck, 2008).

[21]Em Apocalipse 1.13; 14.14, aparece a referência a "alguém semelhante a um filho de homem" de Daniel 7, mas não como um título.

[22]Para um estudo mais extenso que analisa as fontes secundárias pertinentes, veja James D. G. Dunn, "The Danielic Son of Man in the New Testament", in: John J. Collins; Peter W. Flint, orgs., *The book of Daniel: composition and reception* (Leiden: Brill, 2001), vol. 2, p. 528-49. As conclusões de Dunn são um pouco diferentes das minhas, mas ele realmente vê a influência importante do "Filho do Homem" de Daniel 7 sobre o uso que Jesus faz da expressão em momentos significativos dos Evangelhos Sinóticos.

eles recebem a sentença. Em seguida, "alguém parecido com Filho de Homem" vem com as nuvens do céu até o Ancião de Dias e recebe domínio eterno sobre todos os povos.

A seção interpretativa (Dn 7.16-28)[23]

A interpretação é que os quatro animais são quatro impérios sucessivos (v. 17,23). Mas como essa seção identifica o Filho do Homem? À primeira vista, pode se pensar que ele não é identificado, pois não se menciona o Filho do Homem na seção interpretativa seguinte. Contudo, os versículos 16-28 são a interpretação da seção visionária dos versículos 1-15, e seria bem improvável não haver interpretação do auge da visão nos versículos 13 e 14, que é o Filho do Homem e seu reino vindouro. Sobre o Filho do Homem, Daniel 7.13,14 afirma que "foi-lhe dado domínio", "um domínio eterno", e um "reino [...] que não será destruído". Do mesmo modo, o versículo 18 diz que os "santos" de Israel "possuirão [o reino] para todo o sempre", o versículo 22 afirma que "chegou o tempo em que os santos possuíram o reino", e o versículo 27 declara que será "um reino eterno". Por isso, é bem provável que a seção interpretativa da visão identifique a figura do "Filho do Homem" com o Israel dos últimos tempos, "os santos do Altíssimo" (v. 18,22,27), que são oprimidos pelo quarto reino e depois vindicados e exaltados para dominar sobre todos os poderes mediante o julgamento de Deus.

Portanto, a ideia central na visão é a vindicação e a exaltação do Filho do Homem, e, na seção interpretativa, são os santos de Israel: a inauguração do reino do Filho do Homem é o reino de Israel, que supera os reinos humanos anteriormente hostis a Deus e opressores de seu povo. Também é importante observar que a "vinda" do Filho do Homem no versículo 13 é uma ida a Deus no céu para receber autoridade, ao invés de uma vinda à terra. Será que em Daniel 7 a figura do "Filho do Homem" é tão somente uma personificação dos "santos do Altíssimo" ou será que ele é um "governante" individual? A primeira resposta a que a seção interpretativa nos conduziu é que ele é identificado com Israel.

Parte da solução para entender a figura é o conceito hebraico de liderança coletiva ou representação,[24] pela qual um indivíduo (normalmente um rei, um sacerdote ou um pai) representa outros e, portanto, os recapitula em si mesmo. Fica evidente que o Filho do Homem foi concebido dessa forma porque os animais representam reis, que por sua vez representam seus respectivos impérios (povos), e existe um paralelismo claro entre o papel dos animais e o do Filho do Homem. Por exemplo, os quatro animais são interpretados no versículo 17 como "reis" (*malkîn*, de *melek*) e, no versículo 23, o quarto animal é descrito como "um [...] reino" (*malkû* [ou "realeza, reino"]).[25] Portanto, isso indica que o Filho do Homem é tanto um indivíduo quanto um representante de uma comunidade.[26]

---

[23]Esta seção reproduz uma seção anterior sobre o Filho do Homem em Daniel 7 (veja, no cap. 6, o subtítulo "A tribulação 'já e ainda não' do fim dos tempos no Novo Testamento").

[24]Para esse conceito, veja H. Wheeler Robinson, *Corporate personality in ancient Israel* (Philadelphia: Fortress, 1980); Aubrey R. Johnson, *The one and the many in the Israelite conception of God* (Cardiff: University of Wales Press, 1960). No entanto, é melhor falar de solidariedade e representação coletivas do que de personalidade coletiva. Para restrições importantes ao conceito, veja Joshua R. Porter, "The legal aspects of the concept of 'corporate personality' in the Old Testament", *VT* 15 (1965): 361-80; John W. Rogerson, "The Hebrew conception of corporate personality: a re-examination", *JTS* 21 (1970): 1-16; Stanley E. Porter, "Two myths: corporate personality and language/mentality determinism", *SJT* 43 (1990): 289-307.

[25]Embora seja possível que "reis" no v. 17 consista no correspondente figurado de "reinos" no v. 23 (conforme BDB 110).

[26]Em meu entendimento de Daniel 7 desenvolvido nesta seção, segui principalmente R. T. France, *Jesus and the Old Testament: his application of Old Testament passages to himself and his mission* (Downers Grove: InterVarsity, 1971), p. 169-71.

Essa dupla identificação da figura do "Filho do Homem" é importante para nosso entendimento do uso que Jesus faz da expressão. Também fica evidente que o Filho do Homem é um indivíduo que atua como representante pelo versículo 13, em que ele vem "com as nuvens do céu". Em outra parte do AT, apenas uma figura cavalga sobre as nuvens, o próprio Yahweh. Isso sugere que o Filho do Homem é uma figura divina a receber autoridade real de Deus no céu. A interpretação mais antiga de Daniel 7.13 deixa essa visão ainda mais explícita. Enquanto uma versão da LXX (Θ) traduz Daniel 7.13 literalmente ("alguém parecido com um Filho do Homem [...] se aproximou do ancião bem idoso"), outra versão (GA) apresenta "alguém parecido com um Filho do Homem [...] se aproximou [dali] como o ancião bem idoso". Talvez essa tradução tenha sido influenciada em parte por Daniel 3.25, em que o ser celestial na fornalha com os amigos de Daniel foi chamado de "parecido com um filho *dos* deuses". Alguns estudiosos acreditam que a variante no GA de Daniel 7.13 seja um erro acidental do copista, mas outros creem que o tradutor para o grego estava interpretando o Filho do Homem como uma figura divina, o que bem poderia ter sido uma tentativa de estender a associação do Filho do Homem vindo "nas nuvens do céu" com o retrato de Deus em outros textos.

O uso da expressão "Filho do Homem" do livro de Daniel nos Evangelhos Sinóticos para indicar o reino escatológico "já e ainda não"

Há três tipos de declarações com a expressão "Filho do Homem" nos Evangelhos Sinóticos:

1. as que se referem a aspectos do ministério terreno de Jesus anterior à Paixão;
2. as que se referem à morte de Jesus;
3. as que se referem à vinda futura de Jesus em glória.

As referências mais claras a Jesus como o Filho do Homem da passagem de Daniel 7.13 estão na terceira categoria, em que se encontram citações de Daniel 7.13 (Mt 24.30; Mc 13.26; 14.62; Lc 21.27). Contudo, talvez seja melhor entender o cumprimento da maioria dessas referências da terceira categoria não no fim da história, mas em 70 d.C., na destruição de Jerusalém. Desse modo, a vinda do Filho do Homem seria entendida como uma vinda invisível para juízo, utilizando o exército romano como agente.[27] A referência em Mateus 25.31 ao "Filho do Homem" que virá "em sua glória" e "se sentará no seu trono glorioso" não é uma citação de Daniel 7.13,14,[28] e sim uma alusão a essa passagem, que se aplica claramente ao fim das eras na vinda definitiva de Cristo.

Muitos estudiosos não identificam Daniel 7 como pano de fundo para as referências do "Filho do Homem" nos Sinóticos, exceto quando a expressão faz parte de uma citação. Entretanto, cada vez mais os especialistas estão reconhecendo que boa parte das menções fora das citações são na verdade alusões a Daniel 7.13. Essas alusões normalmente fazem referência ao "Filho do Homem", que "vem", o que parece uma terminologia suficientemente próxima para reconhecer

---

[27]O projeto deste capítulo não permite uma elaboração da defesa dessa perspectiva; para uma argumentação convincente da citação em Marcos 13, veja France, *Jesus and the Old Testament*, p. 227-39. Se essa ideia estiver correta, é possível que a vinda de Cristo em juízo no ano 70 d.C., como relatam os Sinóticos, seja uma prefiguração tipológica de sua vinda final em juízo. Entretanto, a perspectiva tradicional de que a vinda do Filho do Homem no discurso escatológico sinótico refere-se à vinda definitiva de Cristo certamente é possível. A questão é complexa e ainda merece ser muito mais estudada. Sem dúvida, há muitas declarações sobre a vinda definitiva de Cristo para estabelecer o fim da história em outras passagens de Atos, dos escritos de Paulo e no restante do NT.

[28]Observe-se que Daniel 7.13,14 (TM) diz "alguém parecido com um Filho de Homem estava vindo [...] e foi-lhe dado domínio, e glória e um reino". Veja tb. Mateus 19.28, que é provavelmente uma alusão à mesma passagem de Daniel.

uma alusão ao "Filho do Homem", que "vem" em Daniel 7.13, embora às vezes outras formulações de Daniel 7.13,14 estejam em combinação com o "Filho do Homem".[29] Algumas dessas alusões também se referem à vinda de Cristo depois de sua ascensão no futuro (p. ex., Mc 8.38).[30] Muitas alusões ocorrem nas afirmações acerca do ministério terreno de Jesus.

Marcos 10.45[31]

Uma das passagens mais importantes com a expressão "Filho do Homem" relacionadas ao ministério terreno de Jesus está em Marcos 10.45 (veja tabela 12.1).

Tabela 12.1

Daniel 7	Referências sinóticas
7.13: "Eu estava observando em minhas visões noturnas e vi que alguém parecido com um Filho de Homem estava vindo nas nuvens do céu. Ele se dirigiu ao Ancião de Dias e a ele foi levado".	Marcos 10.45 (// Mt 20.28): "Pois o próprio Filho do Homem não veio para ser servido, mas para servir e dar sua vida em resgate de muitos".
7.14: "E foi-lhe dado domínio, glória e um reino, para que todos os povos, nações e homens de todas as línguas o servissem; o seu domínio é um domínio eterno, que não passará; e o seu reino é tal que não será destruído".	

Em nenhum trecho de Daniel 7 está explicitamente escrito que o Filho do Homem sofre (i.e., "dá a sua vida"), mas, como vimos, ele é identificado com o sofrimento dos santos em Daniel 7.15-27. Portanto, se a identificação representativa entre o Filho do Homem e os santos é plenamente reconhecida, então deve se admitir a possibilidade da ideia do sofrimento do Filho do Homem em Daniel 7. Embora seja verdade não haver o sofrimento vicário, substitutivo, do Filho do Homem em Daniel 7, duas observações são dignas de nota: (1) o padrão geral de sofrimento que conduz a um reino ainda tem de ser considerado possível e (2) o elemento vicário é um desenvolvimento resultante da combinação de Isaías 53.10-12 com Daniel 7. Na primeira parte de Marcos 10.45, Jesus se refere a Daniel 7.13,14 e aplica a passagem à finalidade de seu ministério na terra.[32]

---

[29]Dunn ("Danielic Son of Man", p. 529-30) entende que três elementos fundamentais de Daniel 7.13 em alguns casos são suficientes para reconhecer uma clara alusão (p. ex., "Filho do Homem" + "vindo" + "nas/com as nuvens"), embora afirme que, quando somente a sequência "Filho do Homem" + "vindo" ocorre, "o argumento em favor da relação literária é menos clara".

[30]Embora Jesus talvez esperasse iniciar de forma iminente o cumprimento do reino profetizado no livro de Daniel em Marcos 9, no monte da Transfiguração (cf. esp. Mc 9.3,7,9; observe-se a referência à ressurreição futura de Jesus no v. 9), e provavelmente dar continuidade a ele, em especial com a ressurreição e ascensão e, talvez, até mediante a destruição de Jerusalém. Veja tb. Mateus 10.23, que diz "... não acabareis de percorrer as cidades de Israel antes que venha o Filho do Homem", o que pode se referir à ressurreição ou à ascensão de Cristo, ou talvez à sua vinda em 70 d.C.

[31]Esta subseção sobre Marcos 10.45 e a seguinte sobre Lucas 7 e 19 são resumos de uma análise anterior, mas foram incluídas novamente aqui porque são muito importantes para entender parte do contexto de Daniel para o "Filho do Homem" nos Sinóticos (veja, no cap. 6, o subtítulo "A tribulação 'já e ainda não' do fim dos tempos no Novo Testamento").

[32]France (*Jesus and the Old Testament*, p. 128-30) não identifica nenhuma referência ao sofrimento do "Filho do Homem" em conjunto com os "santos" em Daniel 7, embora eu entenda que as objeções dele não são, em última análise, convincentes.

Entretanto, a plena natureza de Daniel do texto de Marcos 10.45 geralmente passa despercebida. A expressão aparece em um contexto em que o tema da discussão é a posição dos discípulos no reino escatológico (Mc 10.37,40). Cristo afirma que a posição no seu reino ocorre de modo contrário ao dos reinos da terra: não em triunfo exterior sobre as pessoas, mas por meio do sofrimento humilde em favor das pessoas — ou seja, por uma norma paradoxal (v. 42-44; observe-se o contexto mais amplo de "reino" em Marcos 10.14,15,23-25; 11.9,10).

Em Marcos 10.45, Cristo aplica esse princípio paradoxal do reino a ele mesmo. Além da relação contextual próxima de "reino" com o "Filho do Homem", uma alusão a Daniel 7.13,14 fica evidente pela oração gramatical "ele veio".[33] Além disso, a ideia de que Cristo veio não para "ser servido", mas para "servir", parece, nesse contexto, um desenvolvimento paradoxal de Daniel 7.14: foi profetizado que todas as nações o serviriam, mas, antes de isso ocorrer, Cristo revela que ele tem de "servir" essas nações em seu ministério terreno e na cruz (conforme o último período do v. 45).[34]

Portanto, Marcos 10.45 (// Mt 20.28) é a aplicação de uma alusão de Daniel 7.13,14 ao ministério de Jesus anterior à ressurreição. Cristo começou a participar do cumprimento do reino profetizado de Daniel 7.13,14, mas a primeira etapa desse cumprimento ocorre de modo paradoxal em relação às expectativas. Aos olhos do mundo pode não parecer que Jesus esteja começando a cumprir essa profecia, mas os que têm ouvidos para ouvir e olhos para ver são capazes de perceber que de fato ele está fazendo isso.[35]

Lucas 7.34,35; 19.10

Um texto semelhante a Marcos 10.45 é Lucas 19.10: "Porque o Filho do Homem veio buscar e salvar o que se havia perdido". De novo temos o núcleo básico do texto de Daniel 7.13 ("Filho do Homem" + "veio") e, como em Marcos 10.45, a alusão de Daniel 7.13 é aplicada ao ministério terreno de Cristo, incluindo talvez a crucificação. Por isso, Cristo começa a cumprir a profecia do reinado do Filho do Homem com sofrimento, o que está implícito na afirmação de Lucas 19.10, embora sua autoridade real inicial seja velada aos olhos do mundo.

Lucas 7.34,35 (// Mt 11.19) é especialmente interessante em relação a Marcos 10.45 e Lucas 19.10: "O Filho do Homem veio comendo e bebendo, e dizeis: 'É um glutão e beberrão, amigo de cobradores de impostos e pecadores'. Mas a sabedoria é comprovada por todos os seus filhos". O mesmo núcleo de texto alusivo a Daniel 7.13 aparece ("Filho do Homem" + "veio") e é novamente aplicado ao ministério terreno de Jesus. A profecia do Filho do Homem recebendo autoridade em Daniel 7.13,14 ocorre no ambiente do céu, onde ele se apresenta diante do trono de Deus rodeado de miríades de exércitos celestiais (Dn 7.9,10,13). Assim, seria de esperar que, quando a profecia começasse a ser cumprida, essa majestosa comitiva angelical em torno do Filho do Homem estivesse presente. Contudo, seu único séquito no início do cumprimento são "cobradores de impostos e pecadores", exatamente o tipo de pessoa

---

[33] Apesar de isso ser declarado de forma negativa na primeira oração gramatical de Marcos 10.45 ("não veio para ser servido"), a oração gramatical seguinte presume seu uso positivo ("mas [ele veio] para servir").

[34] Neste versículo, Marcos usa *diakoneō* para "servir", enquanto o GA de Daniel traduz por *latreuō* e o Θ apresenta *douleuō*; contudo, *diakoneō* pode bem ser uma interpretação da palavra aramaica equivalente a "servir" e um sinônimo de ambas as interpretações nas duas versões da LXX (observe-se o paralelismo comparativo de *syndoulos* e *diakonos* em Cl 1.7; 4.7; veja tb. Rm15.25-27; 2Co 8; 9.12 [cf. 2Co 8.19,20], em que os grupos de palavras *diakoneō* e *leitourgeō* parecem ser paralelos).

[35] Para interação com outras perspectivas sobre o antecedente veterotestamentário de Marcos 10.45, veja France, *Jesus and the Old Testament*, p. 116-23. Para uma discussão aprofundada da influência combinada de Daniel 7 e Isaías 53 em Marcos 10.45, veja Seyoon Kim, *"The 'Son of Man'" as the Son of God*, WUNT 30 (Tübingen: Mohr Siebeck, 1983), p. 38-60.

que ele veio salvar e que no fim o "serviria" (Dn 7.14). Alguns talvez concluam que esse não poderia ser o cumprimento de Daniel 7. Ainda assim, a "sabedoria" de Deus vira a sabedoria do mundo de cabeça para baixo e "comprova" (Lc 7.35) que, na verdade, Deus achou por bem que a profecia de Daniel 7.13 fosse cumprida desse modo velado, ao contrário das expectativas humanas. Por consequência, os marginalizados no mundo são considerados os mais aptos para formar a corte do Filho do Homem, que está com ele no começo do recebimento de sua autoridade real do livro de Daniel.

Desse modo, em Marcos 10.45, Lucas 19.10 e Lucas 7.34,35, Jesus começa a exercer a autoridade escatológica do reino previsto em Daniel 7.13, vindo como um sofredor para servir e salvar os pecadores a fim de que estes assim possam tornar-se súditos do seu reino e servi-lo. Jesus considera seu cumprimento de Daniel 7 mais como uma aproximação do trono de Deus contrária a todas as expectativas — uma aproximação que ocorre durante todo o seu ministério terreno — do que um acontecimento instantâneo (como talvez pareça no caso de Dn 7) e que acontece com o sofrimento ignominioso, e não com uma investidura majestosa e gloriosa.

Mateus 9.6; 28.18

Em Mateus 9.6 (//Mc 2.10), Jesus decide curar um paralítico "para que saibais [os escribas] que o Filho do Homem tem autoridade na terra para perdoar pecados". Novamente, há um vínculo essencial entre essa declaração e a de Daniel 7.13,14 (GA): "Alguém parecido com o Filho do Homem [...] foi-lhe dada autoridade, para que todas as nações da terra [...] o servissem". Os elementos comuns são três: "Filho do Homem"; "autoridade"; e toda "a terra".[36] Assim como nas passagens sinóticas mencionadas antes, considera-se que a autoridade do reino do Filho do Homem sobre a terra profetizada por Daniel está começando a ser exercida na autoridade de Cristo de perdoar pecados, o que fica demonstrado pela cura milagrosa.

É possível que Mateus 28.18 esteja desenvolvendo isso ainda mais: "E Jesus se aproximou e lhes disse: 'Toda autoridade me foi concedida no céu e na terra'". Apesar de não ocorrer aqui a expressão "o Filho do Homem", a oração gramatical "toda autoridade me foi concedida no céu e na terra" remete a Daniel 7.14 (GA), em que "a ele [o Filho do Homem] foi dada autoridade", que devia começar no céu (observe-se 7.13: "veio com as nuvens do céu" e aproximou-se do trono de Deus no céu para receber a autoridade explicada em 7.14). Além disso, Daniel 7.14 afirma que a sua autoridade deveria se estender também sobre "todas as nações da terra".[37] Jesus proclama a seus discípulos que, por causa de sua ressurreição, recebeu autoridade universal sobre toda a criação. Mateus 9.6 mostra que essa autoridade tinha começado a ser exercida ainda antes, mas só atingiu uma etapa mais ampla nessa época.

Conclusão sobre o Filho do Homem nos Sinóticos

Tanto as citações diretas de Daniel 7.13,14 quanto as alusões a essa passagem falam de Jesus dando início ao cumprimento do reinado do Filho do Homem com seu sofrimento, a libertação do seu povo do pecado, a vitória contra Satanás e seus demônios, a morte, a ressurreição e o juízo contra Israel em 70 d.C. O governo de Cristo será consumado no fim dos tempos, quando ele voltará para executar o juízo final. Minha tese é que, mesmo quando outras alusões a Daniel 7 não estão associadas ao título "Filho do Homem", Daniel 7.13 não está completamente fora da mente do autor neotestamentário.

---

[36]Kim ("*The 'Son of Man'*", p. 89-90) também identifica o paralelo com Marcos 2.10 por causa do mesmo contexto de Daniel 7.

[37]France (*Jesus and the Old Testament*, p. 142-3) também identifica a alusão a Daniel 7.

A aplicação de "Filho do Homem" de Daniel 7 a Jesus também envolve ecos de um governo escatológico adâmico. Como observamos anteriormente nesta seção, vimos no capítulo 1 que Daniel 7.13,14 está entre várias outras repetições, em última análise, da comissão adâmica de Gênesis 1.28,[38] embora seja mais claramente uma alusão à profecia de Gênesis 22.17,18 de um rei do fim dos tempos da linhagem de Abraão, que também é uma das repetições da comissão adâmica. A ligação é particularmente clara porque Gênesis 22.17,18 é a única promessa adâmica repetida que também contém "possuirá a cidade dos seus inimigos", um tema importante também em Daniel 7 no que diz respeito ao Filho do Homem e aos santos de Israel. O domínio do Filho do Homem sobre os animais do mar (representando o inimigo) também reflete a comissão original de Adão para dominar sobre esses animais. A alusão às comissões adâmicas, especialmente a de Gênesis 22.18 em Daniel 7, é confirmada ainda mais porque "todas as nações da terra" (*panta ta ethnē tēs gēs* [Dn 7.14, GA])[39] ocorre exatamente assim apenas cinco vezes em outras partes do AT, quatro delas entre as repetições da comissão de Adão em Gênesis 1.28 (esp. Gn 22.17,18; 26.4, bem como Dt 28.10; Js 4.24). Daniel 7.13,14 também pode aludir parcialmente a Salmos 8.5-8, pois ambos fazem referência ao (1) "filho do homem", (2) como governador sobre toda a criação, (3) e particularmente sobre os animais do mar. Se esse for o caso, a associação adâmica de Daniel 7.13,14 é realçada, já que Salmos 8.5-8 é, em todo o AT, um dos desenvolvimentos mais claros de Gênesis 1.28. Alguns até veem uma alusão direta a Gênesis 1.26,28 (1.26: "domine [...] sobre toda a terra") em Daniel 7.14 ("e foi-lhe dado domínio" sobre "todas as nações da terra").[40]

Se essas associações adâmicas estão presentes em Daniel 7.13,14, então a reiterada aplicação do Filho do Homem do livro de Daniel que Jesus faz a si mesmo é mais um exemplo das numerosas ligações entre Adão e Jesus que já observamos neste capítulo. Neste caso, o vínculo ressalta a realeza adâmica de Jesus.

Jesus como o Filho de Deus adâmico

Assim como na questão do Filho do Homem que acabamos de ver, o objetivo aqui não é fazer um estudo completo de Jesus como "o Filho de Deus" nos Evangelhos, mas, sim, discutir que esse título talvez se refira aos vínculos entre Jesus, Adão e Israel que observamos anteriormente.

FILIAÇÃO RELACIONADA A ADÃO

A expressão "filho de Deus" tem antecedente veterotestamentário. Adão foi concebido como um "filho de Deus", apesar de Gênesis 1—3 não empregar exatamente essa expressão. Gênesis 1.26 afirma que Adão e sua mulher foram criados "à semelhança" e "conforme a imagem" de Deus. Como observamos antes neste capítulo e no capítulo 1, Gênesis 5.1,2 reforça a metáfora da imagem de Gênesis 1.26 quando fala que Adão foi "criado" à "semelhança de Deus" e, em seguida, Gênesis 5.3 aplica essa linguagem à ideia de filiação:

> Este é o livro das gerações de Adão. No dia em que Deus criou o homem, ele o <u>fez à semelhança de Deus</u>. Criou-os macho e fêmea; e os abençoou e os chamou pelo nome de Homem, no dia

---

[38]Para a abordagem completa das passagens e do estudo, veja o subtítulo "A transmissão da comissão de Adão a seus descendentes", no cap. 1.

[39]Aqui, o GA esclarece o que o texto aramaico transmite conceitualmente (o segundo traz: "todos os povos, nações e homens de todas as línguas").

[40]Joyce G. Baldwin, *Daniel*, TOTC (Leicester: Inter-Varsity, 1978), p. 143, 150. Veja tb. N. T. Wright, *The climax of the covenant: Christ and the law in Pauline theology* (Minneapolis: Fortress, 1992), p. 23.

em que foram criados. Adão viveu cento e trinta anos e gerou um filho à sua semelhança, conforme sua imagem, e pôs-lhe o nome de Sete (Gn 5. 1-3).

Gênesis 5.3 informa que Adão "gerou um filho à sua semelhança conforme sua imagem". Esse texto é praticamente idêntico a Gênesis 1.26. O propósito da redação de Gênesis 5.3 é claramente indicar que, se Sete é "à semelhança e conforme a imagem" de Adão, então ele nasceu de Adão, reflete a natureza de Adão e é filho de Adão. A expressão é uma linguagem da "filiação". A ideia explícita de filiação nessa linguagem de Gênesis 5.3 deve formar nosso entendimento da mesma formulação linguística de Gênesis 5.1,2, que remete a Gênesis 1.26. Nesse caso, a linguagem em Gênesis 1.26 indica que Adão é filho de Deus.

A ocorrência seguinte da ideia de filiação divina está em Gênesis 6.2-4, em que se menciona duas vezes "os filhos de Deus". A falta de espaço impede uma discussão dessa polêmica passagem aqui.[41] A ideia de filiação divina ocorre novamente em Êxodo, em que, pela primeira vez, Deus se refere a Israel como seu filho: "Assim diz o Senhor: 'Israel é meu filho, meu primogênito; por isso, eu te disse: "Deixa meu filho ir, para que me cultue"'" (Êx 4.22,23). Em outros textos, Israel também é chamado de "filho" de Deus (Sl 2.7;[42] Os 11.1; Sb 18.13; *Sl. Sal.* 18.4) ou de "primogênito" (Dt 33.17; Sl 89.27;[43] Jr 31.9; *Jub.* 2.20; *4Ed* 6.58; Eo 36.17 [36.11, LXX]; *Sl. Sal.* 18.4).

Por que Israel foi chamado de "filho" e de "primogênito" de Deus? A literatura judaica posterior diz que "Adão foi o primogênito do mundo" (*Rab.* de Nm 4.8).[44] Vimos que o conceito de Adão como filho de Deus é uma conclusão do próprio livro de Gênesis quando se compara Gênesis 1.26 com Gênesis 5.1-3. A razão provável de Israel ter sido mencionado como "filho" ou "primogênito" é que a comissão de Adão havia sido transmitida a Noé e, depois, aos patriarcas e à "descendência" deles, Israel. No capítulo 1, analisei, com certo aprofundamento, como o AT repete constantemente a primeira comissão de Adão de Gênesis 1.28, aplicando-a a Israel. Portanto, a comissão dada a Adão como filho de Deus é transmitida a Israel, de modo que Israel também herdou a condição de filho de Deus. Essa ideia foi entendida bem cedo no pensamento judaico: Isaque pronuncia as seguintes bênçãos para Jacó em *Jubileus* 22.13: "Que o Deus Altíssimo te conceda todas as bênçãos concedidas a mim e a Noé e Adão; que repousem sobre a cabeça sagrada da tua descendência de geração a geração para sempre".[45] Parece que essa é a melhor razão para explicar por que Israel é chamado repetidamente de "filho" e "primogênito".

Também vimos que Israel foi equiparado ao "Filho do Homem" em Daniel 7, o que significava em parte que, segundo a profecia, Israel seria um "filho de Adão" escatológico liderado por um rei adâmico. Igualmente, Salmos 8.4 se refere a esse rei ideal dos últimos tempos como o "filho de Adão". Salmos 80.17 se refere à nação como um todo também como "o filho de Adão": "Que tua mão esteja sobre o homem [Israel] da tua destra, sobre o filho do homem que fortaleceste para ti". A comunidade de Qumran acreditava que ela própria estava começando a cumprir as promessas dos últimos tempos originariamente destinadas ao primeiro Adão.

---

[41]Alguns estudiosos entendem que a expressão se refere aos anjos, e outros acham que fala de uma classe governante de seres humanos.

[42]Esse trecho é aplicado ao rei escatológico vindouro de Israel.

[43]Esse versículo é aplicado ao vindouro rei escatológico davídico de Israel.

[44]Veja outras referências sobre isso em Louis Ginzberg, *The legends of the Jews*, tradução para o inglês de Henrietta Szold (Philadelphia: Jewish Publication Society, 1909-1938), 7 vols., 1:332 (e veja a nota 89 dessa obra).

[45]Observe-se também, apesar de ser uma declaração negativa, *Pesiq. Rab Kah*. Piska 15.1: "O que Deus disse sobre Adão, também o declarou a respeito de seus filhos: eu os coloquei na terra de Israel, dei-lhes mandamentos, mas eles transgrediram meus mandamentos".

Segundo 4Q418, frag. 81 (= 4Q423 8 + 24?), Deus é "sua porção e herança entre os filhos de Adão, [e sobre] sua [he]rança ele lhes deu autoridade" (linha 3). Logo, os membros da comunidade de Qumran são os verdadeiros "filhos de Adão" aos quais Deus concedeu autoridade sobre uma "herança". Também é declarado que Deus "o estabeleceu [...] como primogênito" (linha 5). Os que "herdam a terra" vão "andar" em uma "eter[na] fazenda" (linhas 13-14), provavelmente referindo-se à terra toda como um imenso Éden.[46] Eles "encherão[47] [ao que parece, a terra] e [...] serão saciados [ou 'se saciarão'] com a abundância de bens" (linha 19). Essa descrição da comunidade baseia-se na comissão dada a Adão em Gênesis 1.26,28, que a comunidade de Qumran acreditava ter começado a cumprir.

Portanto, quando se analisa os Evangelhos e se observa que Jesus é repetidamente chamado de "o Filho de Deus", isso provavelmente deve ser entendido à luz dos contextos veterotestamentário e judaico que concebem tanto Adão quanto Israel como o "filho de Deus". O título refere-se a Jesus sendo e fazendo o que o primeiro Adão e Israel deveriam ter sido e feito. Ele não é apenas um filho humano completamente obediente, mas, também, um filho divino, porque é perfeitamente obediente.

O último versículo de Lucas 3 é a ponta do *iceberg* do conceito, a passagem em que se conclui a genealogia de Jesus com "Sete, o filho de Adão, filho de Deus". Isso confirma ainda mais a minha análise de Gênesis 5.1-3. Nela, observei que o fato de Sete ser à "semelhança" e à "imagem" de Adão se baseia na linguagem da filiação, e isso indica que o fato de Adão ser à "semelhança" e à "imagem" de Deus se fundamenta na mesma linguagem. É importante que Lucas termine o terceiro capítulo do seu Evangelho com essa referência, uma vez que, como veremos mais adiante neste capítulo, a narrativa subsequente identifica Jesus como "o Filho de Deus" no deserto sendo tentado com as mesmas tentações que Adão e Israel sofreram, mas alcançando êxito nos aspectos em que eles falharam.

À luz desta análise, fica evidente que tanto "Filho de Deus" quanto "Filho do Homem" são referências à herança da posição, da obrigação e das bênçãos adâmicas prometidas pela obediência. Nesse aspecto, é improvável que seja simples coincidência que "Filho do Homem" e "Filho de Deus" sejam expressões usadas de modo intercambiável no judaísmo antigo e nos Evangelhos.[48]

Vimos há pouco que Daniel 7.13 (GA) afirma que "o Filho do Homem [...] veio como o Ancião de Dias", uma indicação que ele também era um ser divino. "Filho de Deus" seria um título bem apropriado para a ideia do GA acerca do divino "Filho do Homem". Na verdade, também vimos que o ser celestial na fornalha de Daniel 3 foi chamado de um ser "parecido com o filho dos deuses", o que pode ter influenciado a tradução do GA de Daniel 7.13. Outras

---

[46]Uma passagem intimamente relacionada em 4Q475 é evidentemente o texto mais explícito de Qumran que afirma que a terra será o Éden e que Israel ou seu rei dos últimos tempos a herdará na condição de "filho": depois que todo pecado tiver sido eliminado da terra, "o mundo todo será como o Éden e toda [...] terra ficará em paz para sempre, e [...] um filho amado [...] herdará tudo" (linhas 5-6).

[47]A palavra traduzida por "encher" neste caso é um verbo hebraico no grau nifal (e imperfeito) e pode ser traduzida pela forma passiva ("seja enchido") ou, como prefiro, de forma ativa (para a primeira tradução, veja Michael O. Wise; Martin G. Abegg Jr.; Edward M. Cook, *The Dead Sea Scrolls: a new translation* [New York: HarperCollins, 2005], p. 387; para a segunda tradução, veja Florentino García Martínez, *The Dead Sea Scrolls translated: the Qumran texts in English*, tradução para o inglês de Wilfred G. E. Watson, 2. ed. [Grand Rapids: Eerdmans, 1996], p. 391, que parece entender o termo no modo imperativo). O uso mais ativo pode ser classificado como um reflexivo de beneficiação ("encha para si") ou como equivalente aproximado de um piel ou ou hifil ativos (veja Bruce K. Waltke; M. O'Connor, *An introduction to biblical Hebrew syntax* [Winona Lake, IN: Eisenbrauns, 1990], p. 388-94) [edição em português: *Introdução à sintaxe do hebraico bíblico* (São Paulo: Cultura Cristã, 2006)].

[48]A seguir, apresento um resumo do estudo original, porém breve, de Kim, *"The 'Son of Man'"*, p. 1-37.

partes do judaísmo antigo também entendiam o "Filho do Homem" de Daniel 7 como o "Filho de Deus". O texto de 4Q246 (chamado às vezes de 4QpDanA) é uma paráfrase interpretativa de Daniel 7, incluindo Daniel 7.13,14, que interpreta "o Filho do Homem" como "o Filho de Deus" e "o filho do Altíssimo" (a seguir, o texto sublinhado representa as paráfrases interpretativas de partes de Daniel 7):[49]

> **4Q246 I:1** [... um espírito de Deus] repousou sobre eles, ele caiu diante do trono. [= Dn 7.13]
> **4Q246 I:2** [... Ó r]ei, a ira está chegando ao mundo, e teus anos
> **4Q246 I:3** [serão abreviados ... essa] é tua visão, e tudo isso está prestes a acontecer no mundo.
> **4Q246 I:4** [... Entre] grandes [sinais], está vindo tribulação sobre a terra.
> **4Q246 I:5** [... Após muito assassinato] e matança, um príncipe das nações
> **4Q246 I:6** levantará... o rei da Assíria e do Egito
> **4Q246 I:7** ... ele será governante sobre a terra
> **4Q246 I:8** ... serão sujeitos a ele, e todos obedecerão [= Dn 7.14]
> **4Q246 I:9** [a ele. Também seu filho] será chamado O Grande, e será designado pelo seu nome.
> **4Q246 II:1** Ele será chamado o Filho de Deus, eles o chamarão de filho do Altíssimo. [= Dn. 7.13] Mas como os meteoros
> **4Q246 II:2** que viste em tua visão, assim será o reino deles. Eles reinarão apenas alguns poucos anos sobre
> **4Q246 II:3** a terra, enquanto povo pisoteia povo e nação pisoteia nação
> **4Q246 II:4** até que o povo de Deus se levante; então, todos descansarão da guerra.
> **4Q246 II:5** O reino deles será um reino eterno [= Dn 7.14,18,27] e todos os seus caminhos serão justos. Eles julgarão [Dn 7.22]
> **4Q246 II:6** a terra com justiça, e todas as nações farão paz. A guerra cessará na terra,
> **4Q246 II:7** e todas as nações prestarão homenagem a eles. O grande Deus será o seu auxílio,
> **4Q246 II:8** Ele mesmo lutará por eles, entregando os povos em seu poder,
> **4Q246 II:9** destruindo todos diante deles. O governo de Deus será um governo eterno [= Dn 7.27] e todas as profundezas d[a terra pertencem a Ele].

Apesar de o texto estar parcialmente fragmentado, a observação essencial é que, na parte em que Daniel 7.13 diz "alguém como um Filho do Homem", a paráfrase de Qumran traduz por "o Filho de Deus" e "o Filho do Altíssimo". Do mesmo modo, o apocalipse de *4Esdras*, do final do século 1 d.C., fala da visão da "forma de um homem" (13.1-3), que é uma clara referência ao "Filho do Homem" de Daniel 7.13; em seguida, na seção interpretativa subsequente da visão, o "homem" é chamado repetidas vezes de "meu Filho [de Deus]" (*4Ed* 13.32,37,52).[50] De modo semelhante, no judaísmo posterior, *Midrash* de Salmos 2.7 interpreta Salmos 2.7 ("Tu és meu Filho") com um sentido coletivo, como "filhos de Israel", que "são declarados filhos" em outras partes das Escrituras. Duas das passagens acrescentadas para apoiar essa conclusão são Êxodo 4.22 ("Israel é meu filho, meu primogênito") e Daniel 7.13 referindo-se ao "Filho do Homem".

Os Evangelhos também utilizam designações intercambiáveis de Jesus como "o Filho do Homem" e "o Filho de Deus". Os exemplos mais claros disso são Marcos 8.38 (cf. 9.7); 14.61,62; Mateus 16.13-17; João 1.49-51; 3.14-18; 5.25-27. De modo semelhante, Apocalipse 1.13

---

[49] Para mais informações sobre a ligação entre Daniel 7 e 4Q246, veja ibidem, p. 20-2.

[50] Kim ("*The 'Son of Man'*", p. 27-29) também menciona outras visões apocalípticas judaicas que se referem a figuras celestiais tanto como "um homem" quanto como um "filho de deus" ou "primogênito".

retrata Jesus aparecendo como alguém "semelhante a um filho de homem", e o versículo 14 descreve-o com uma referência ao Ancião de Dias de Daniel 7.9: "Sua cabeça e seus cabelos eram brancos como a lã". Em seguida, Apocalipse 2.18 apresenta o Jesus da visão inicial de 1.13-15, mas o chama de "o Filho de Deus", de novo considerando a expressão equivalente a alguém "semelhante a um filho de homem" de Apocalipse 1.13.

A razão provável para equiparar esses dois títulos de Jesus é a quase sinonímia deles no AT e no judaísmo. Adão era um "filho de Deus", e Israel, herdando a incumbência de Adão, era, portanto, um "filho de Deus" e "um filho de homem [Adão]". Igualmente, entendia-se que o rei escatológico de Israel profetizado em Daniel 7 era tanto "filho de homem" quanto "filho de Deus", aquele que representaria coletivamente seu povo para que este pudesse ser chamado de "filho de homem" e "filho de Deus" coletivos.

Portanto, esses dois títulos atribuídos a Jesus enfatizam sua identidade adâmica essencial, mesmo tendo visto que em Daniel 7 a figura também é interpretada como figura divina. Segundo Seyoon Kim, outra importância teológica disso para a missão de Jesus é que:

> com a expressão "o 'Filho do Homem'" Jesus se autodefinia em referência à figura celestial que apareceu a Daniel em uma visão "como um filho de homem". Entendendo que a figura é o representante abrangente do povo de Deus ideal, ou o Filho de Deus representando os filhos de Deus, Jesus considerava-se destinado a realizar o plano celestial revelado a Daniel com antecedência e a criar o povo de Deus escatológico. Assim, como "o 'Filho do Homem'" (= o representante do povo ideal de Deus), Jesus entendia sua missão [...] *Em resumo, com "o 'Filho do Homem'" Jesus pretendia revelar-se de modo discreto como o Filho de Deus que cria o novo povo de Deus (os filhos de Deus) no* escathon, *para que eles chamem Deus, o Criador, de "nosso Pai"*.[51]

Se a conclusão de Kim estiver correta, até mesmo a função do Filho do Homem de criar filhos pode estar em mente, o que reflete uma das principais maneiras em que Adão deveria agir ao refletir a imagem de Deus, de acordo com Gênesis 1.28.

JESUS COMO ISRAEL E FILHO DOS ÚLTIMOS DIAS EM MATEUS 2[52]

Mateus retrata Jesus como aquele que recapitula a história de Israel, pois ele recapitula em si mesmo Israel. Diante da desobediência de Israel, Jesus veio para fazer o que a nação deveria ter feito. Por isso, ele precisava refazer seus passos até o ponto em que o povo havia falhado e, em seguida, continuar obedecendo e realizando com êxito a missão que Israel devia ter cumprido. A matança dos bebês israelitas promovida por Herodes e a viagem de Jesus e sua família para o Egito e de volta à Terra Prometida seguem o mesmo padrão básico do Israel do passado. Mateus expressa esse padrão recorrendo a Oseias 11.1, em que o Evangelista afirma que a viagem para o Egito e o retorno é o cumprimento da profecia de Oseias: "Do Egito chamei o meu Filho" (Mt 2.15). A viagem de Jesus de volta do Egito é identificada com a saída de Israel dessa mesma terra.

A referência a Oseias 11.1 se cumprindo na experiência dos primeiros anos de vida de Jesus tem provocado muito debate. O versículo de Oseias é uma simples reflexão histórica, mas Mateus claramente o entende como uma clara profecia cumprida em Cristo. Alguns estudiosos consideram o uso de Oseias por Mateus uma interpretação errada, que de alguma maneira entendeu o texto como uma profecia, quando, na realidade, era apenas uma reflexão

---

[51]Ibidem, p. 99.

[52]Esta seção baseia-se em um trabalho que apresentei na Affinity Theological Studies Conference em Hoddesdon, Hertfordshire, Inglaterra, entre 2 e 4 de fevereiro de 2011, e será publicado em breve com mais detalhes.

histórica sobre o Êxodo original. Outros entendem que Mateus está usando uma hermenêutica problemática comum em outros escritos no judaísmo — o que os cristãos não podem imitar —, mas que, apesar disso, a conclusão interpretativa é divinamente inspirada. Logo, o procedimento interpretativo está errado, mas o Espírito Santo garantiu que a conclusão fosse correta e imbuída de autoridade. Ainda outros entendem que o procedimento interpretativo não está errado, mas é tão singular que os cristãos atuais não ousam praticar o mesmo procedimento ao tratar de passagens veterotestamentárias semelhantes, que apenas narram um acontecimento histórico.

Normalmente, essas conclusões ocorrem porque Mateus (e outros autores do NT) está sendo julgado pelo que muitas vezes se chama de método interpretativo "histórico-gramatical". Contudo, existem outras abordagens para interpretar a Escritura que são hermeneuticamente íntegras e possíveis. Por exemplo, será que Mateus não está agindo intencionalmente ao não fazer exegese "histórico-gramatical", mas utilizar uma espécie de abordagem bíblico-teológica? Ao que tudo indica, Mateus está interpretando Oseias 11.1 à luz da relação da passagem com o capítulo todo em que se encontra e, como veremos, à luz de todo o livro de Oseias. Em Oseias 11, depois de fazer alusão ao Êxodo de Israel do Egito (v. 1), o profeta narra brevemente a história da nação em sua terra. O povo não reagiu com fidelidade ao livramento divino da escravidão do Egito nem às exortações dos mensageiros proféticos a que a nação fosse leal a Deus, mas adorou os ídolos, apesar da graça de Deus demonstrada a eles (v. 2-5). Por isso, Deus os julgará pela falta de arrependimento (v. 6,7). No entanto, o castigo não será absoluto por causa da compaixão de Deus pela nação (v. 8,9). Segundo o texto, a compaixão de Deus se manifestará na restauração futura de seu povo, que "andará seguindo o Senhor" e "virão tremendo do Ocidente. Os do Egito virão tremendo como um passarinho, e os da terra da Assíria, como uma pomba", de forma que Deus "os estabelecerá em suas casas" na sua terra (v. 10,11).

Portanto, no fim dos tempos, haverá o regresso de Israel de várias terras, entre elas o "Egito".[53] Na verdade, até a figura do leão que descreve Deus tirando Israel do Egito é uma alusão ao primeiro Êxodo, em que o texto bíblico declara que Deus tirou Israel do Egito, e o povo ou o rei são comparados a um leão (v. tabela 12.2).

Tabela 12.2

Números 23 e 24	Oseias 11.10,11
23.22a: "Foi Deus quem os tirou do Egito. Ele é para eles como o chifre do boi selvagem".	"Ele bramará como leão; de fato bramará, e seus filhos virão tremendo como um passarinho do Egito..."
23.24: "Eis que o povo se levanta como leoa e se ergue como leão; não se deitará até que devore a presa e beba o sangue dos que foram mortos".	
24.8: "Foi Deus quem os tirou do Egito. Ele é para eles como o chifre do boi selvagem".	
24.9a: "Agachou-se, deitou-se como leão e como leoa. Quem o despertará?".	

---

[53]Alguns comentaristas dizem que "Egito" é metáfora para Assíria, mas o "ocidente" também é mencionado aqui, o que parece indicar o retorno de várias terras. Esse retorno de muitas terras parece ter apoio também de outras profecias do AT (p. ex., Is 11.11: "O Senhor estenderá de novo a mão para [...] o remanescente do seu povo [...] na Assíria, no Egito, em Patos, em Cuxe, em Elão, em Sinar, em Hamate e nas ilhas do mar"; Is 11.15,16 também prevê a volta futura de Israel tanto do Egito como da Assíria; cf. Is 49.12; 60.4-9).

As passagens de Números juntamente com Oseias 11.11 são os únicos textos do AT em que existe a menção combinada de (1) Deus "tirando" Israel "do Egito" e (2) do libertador ou dos libertados sendo comparados ao leão. Em Números 23, o povo é comparado a um leão, e no capítulo seguinte o rei que lidera Israel é comparado a um leão,[54] mas é possível que a comparação se refira a Deus. A identificação exata do leão em Oseias 11.10 é um pouco difícil de determinar. É possível também que o leão em Oseias 11 represente esse rei futuro profetizado, mas parece dar continuidade a uma descrição do próprio Deus.[55] Entretanto, em ambas as passagens de Números, declara-se que Deus é "<u>para eles</u> ['ele'] como os chifres do boi selvagem", de modo que a imagem do leão logo a seguir (também uma metáfora de poder) seja igualmente aplicada ao povo e ao rei, pois estão identificados com seu Deus, aquele que dá o poder supremo para a libertação. Essa ambivalência talvez também esteja refletida em Oseias 11.10. Contudo, tendo em vista que Israel e seu rei são comparados ao leão em Números 23 e 24, parece que Deus é que é comparado ao leão em Oseias 11, por causa da identificação coletiva entre Israel e seu Deus e porque Deus é o que tira Israel "do Egito" em ambos os textos de Números.

Assim, a mensagem ou objetivo principal de Oseias 11.1-11 é o cumprimento do retorno futuro de Israel das nações, entre elas o "Egito".[56] O propósito geral de Oseias 11 é indicar que a libertação divina dos israelitas do Egito, que os tornou infiéis e ingratos, não é a última palavra sobre o livramento divino deles; embora esse povo venha a ser julgado, Deus o libertará novamente, até mesmo do "Egito". O capítulo começa com o Êxodo do Egito e termina com o mesmo êxodo do Egito, o primeiro referindo-se ao acontecimento passado, e o segundo, a um acontecimento futuro. O padrão do primeiro Êxodo no início da história de Israel se repetirá mais uma vez no fim da história de Israel, no fim dos tempos. É pouco provável que Oseias considerasse esses dois êxodos acidentais ou semelhantes sem nenhuma relação. Ao que tudo indica, o profeta entende que o primeiro Êxodo de Israel (Os 11.1) devia ser recapitulado no tempo do êxodo da nação nos últimos dias.

A referência ao primeiro Êxodo do Egito ocorre em outras partes do livro de Oseias. Parece que o retorno futuro do Egito está implícito nas repetidas profecias que falam de Israel retornando ao Egito no futuro (veja tabela 12.3), ao passo que Oseias 1.10,11 e 11.11 são os únicos textos que afirmam explicitamente um retorno futuro do Egito (entretanto, como vimos, alguns textos em Isaías também são explícitos sobre isso).

Caso alguém tivesse perguntado a Oseias se ele acreditava que Deus é soberano sobre a história e que havia planejado o primeiro Êxodo do Egito como um padrão histórico que prefigura um segundo êxodo do Egito, será que o profeta não teria respondido "sim"? Ao menos, parece que era assim que Mateus entendia Oseias, especialmente ao usar a metáfora do primeiro Êxodo de Oseias 11.1 à luz do contexto mais amplo, em particular de Oseias 11,[57] cujo objetivo principal é o êxodo do Egito nos últimos tempos. Qual seria a melhor linguagem a utilizar para a profecia de Oseias sobre o segundo êxodo e o início de seu cumprimento

---

[54]Fica evidente que o rei individual de Israel é mencionado pelas locuções "seu rei" e "seu reino" em Números 24.7, pelos pronomes "ele" em Números 24.8 e pelas bênçãos e maldições de Números 24.9, que se referem ao rei. Além do mais, a própria passagem de Números 24.9a é uma alusão à profecia do rei escatológico de Judá em Gênesis 49.9: "Judá é um leãozinho [...] Ele se encurva e se deita como um leão e como uma leoa. Quem o despertará?".

[55]Para um estudo dessas alusões em Oseias 11, veja John H. Sailhamer, "Hosea 11:1 and Matthew 2:15", WTJ 63 (2001): 87-96. Essas descrições em Números 23 e 24 podem ser descrições do Êxodo recente de Israel do Egito ou podem ser descrições proféticas de um êxodo futuro do Egito. A alusão a Gênesis 49.9 em ambos os textos de Números podem dar a entender que se trate da segunda hipótese; ou pode haver uma combinação das duas perspectivas.

[56]O texto de Oseias 11.12, que trata do engano e da rebeldia de Israel, é, na verdade, o começo da narrativa negativa que prossegue por todo o cap. 12 de Oseias.

[57]E à luz das esperanças do primeiro Êxodo e do segundo êxodo implícito em outras partes do livro de Oseias.

em Jesus do que a que já estava à disposição e descrevia o primeiro Êxodo? Isso é somente mais um pequeno passo para afirmar que o primeiro Êxodo foi interpretado por Oseias e, com mais clareza, por Mateus, como um padrão histórico que indica a repetição posterior do mesmo padrão na história de Israel. Nesse sentido, o uso que Mateus faz de Oseias 11.1 também pode ser chamado de "tipológico" porque o Evangelista entendia, à luz de todo o capítulo 11 de Oseias, que o primeiro Êxodo em Oseias 11.1 iniciou um processo histórico de pecado e juízo cujo ápice ocorrerá em outro êxodo, definitivo (Os 11.10,11).

Tabela 12.3

Primeiro Êxodo do Egito	Retorno futuro para o Egito (o que implica um retorno futuro do Egito)
Oseias 2.15b: "Ali ela cantará como nos dias da sua juventude, como no dia em que subiu da terra do Egito". [Contudo, essa passagem compara o primeiro Êxodo com um êxodo futuro.]	Oseias 7.11: "Efraim é como uma pomba insensata, sem entendimento; invocam o Egito, vão para a Assíria".
	Oseias 7.16b: "Os seus príncipes caem pela espada por causa da insolência da sua língua; por isso, sofrerão zombaria na terra do Egito".
Oseias 12.13: "Mas o Senhor fez Israel subir do Egito por meio de um profeta, e ele foi preservado por um profeta".	Oseias 8.13b: "Agora se lembrará de sua maldade e os castigará por seus pecados; eles voltarão para o Egito".
	Oseias 9.3: "Não permanecerão na terra do Senhor; mas Efraim voltará ao Egito, e comerão alimento impuro na Assíria".
	Oseias 9.6: "Porque eles fugiram por causa da destruição, mas o Egito os recolherá, Mênfis os sepultará; as urtigas possuirão seus tesouros de prata; espinhos crescerão nas suas tendas".
	Oseias 11.5: "Eles retornarão à terra do Egito".[a]

[a] Algumas versões e alguns comentaristas preferem a tradução: "Eles *não* voltarão para a terra do Egito", mas, não podemos entrar nesse debate aqui.

Ainda há mais a dizer. A aplicação a uma pessoa, Jesus, do que se disse em referência à nação, em Oseias 11.1, também pode ter sido suscitado pela profecia do rei de Israel saindo do Egito, em Números 24, e que parece ser ecoada em Oseias 11.10,11. O próprio livro de Números usa a mesma imagem do leão para referir-se tanto ao povo (Nm 23.24) quanto ao rei (Nm 24.9). A possibilidade de aplicar a linguagem coletiva para referir-se ao indivíduo também é indicada por Oseias 1.10,11, em que o povo de Israel será chamado de "filhos do Deus vivo" no tempo de sua restauração futura, a ser conduzida por "um líder". Até a declaração no final de Oseias 1.11, "E eles subirão da terra", é uma referência ao ato de subir da "terra" do Egito,[58] especialmente porque é uma alusão a Êxodo 1.10 e Isaías 11.16.[59] Afinal,

---

[58] Em Oseias, a palavra hebraica para "terra" ('*ereṣ*) refere-se a Israel (sete vezes), ao Egito (cinco vezes), à terra (duas vezes), à Assíria (uma vez) e ao deserto da peregrinação de Israel (uma vez). Todavia, a ideia de "se levantar da terra" ocorre somente em Oseias 1.11 (2.2, TM) e 2.15 (2.17, TM): o primeiro texto traz "eles se levantarão da terra" (*wĕ 'ālû min-hā 'āreṣ*), e o segundo, "ela [Israel] se levantou da terra ['*ălōtāh mē 'ereṣ*] do Egito", esta referindo-se ao primeiro Êxodo de Israel. Isso identifica as duas passagens, indicando que 1.11 é uma referência a Israel "se levantando da terra" do Egito no tempo de sua restauração futura.

[59] A confirmação de que a expressão em Oseias 1.11 se refere a "se levantar da terra" do Egito é o fato de se tratar de uma alusão a Êxodo 1.10 ou a Isaías 11.16, que têm '*ālâ + min + 'ereṣ* na expressão "eles [ou 'ele' = Israel] se levantaram da terra [do Egito]" (mas Jz 11.13 e esp. 19.30 são quase idênticos a Is 11.16). Outras quinze vezes no AT a mesma terminologia hebraica é usada, mas se refere a Deus fazendo Israel "se levantar

que sentido faz se isso se refere à terra de Israel, visto que nos últimos tempos Israel deve ser levado de *volta à sua terra*? Descrever isso como Israel "subindo da terra" seria, na melhor das hipóteses, extremamente estranho. Se essa é uma referência ao futuro retorno de Israel do Egito, ela corresponde perfeitamente à esperança declarada em Oseias 11.10,11 (e outras dessas referências implícitas observadas antes), e isso confirmaria especificamente que esse êxodo futuro seria dirigido por um líder individual (o hebr. traz lit. "um cabeça"). Parece que Oseias 3.5 fala mais desse retorno conduzido por um líder individual. A passagem faz menção a um rei davídico dos últimos dias: "Depois os israelitas voltarão e buscarão o Senhor, seu Deus, e Davi, seu rei; e, nos últimos dias, tremendo, eles se aproximarão do Senhor...". A imagem de "tremer" para descrever o modo com que os israelitas se aproximam de Deus no tempo de sua restauração é paralela à descrição de como serão restaurados em Oseias 11.10,11, em que também se lê que "virão tremendo do ocidente [...] Os do Egito também virão tremendo como um passarinho" (embora o verbo hebraico usado para "tremer" seja diferente). Isso talvez indique ainda que o entendimento bíblico-teológico de Oseias de que, quando Israel sair do Egito no futuro (de acordo com 1.11 e 11.10,11), será de fato liderado por um rei individual, o que reforça ainda mais a razão de que Mateus poderia ter empregado a metáfora nacional coletiva de Oseias 11.1 e a aplicado a um rei individual, Jesus. Será que Mateus não teria feito essa interpretação bíblico-teológica de Oseias?

Curiosamente, a referência à restauração dos "filhos do Deus vivo" em Oseias 1.10 tem como paralelo neotestamentário mais próximo Mateus 16.16, em que Pedro confessa que Jesus é "o Messias, o filho do Deus vivo". Isso bem pode ser uma alusão a Oseias 1.10,[60] pela qual Jesus é considerado o indivíduo soberano que lidera os filhos de Israel, a quem ele representa.[61] Essa identificação desse filho individual com os filhos coletivos talvez seja a razão de Mateus 2.15 ter empregado a referência do "filho" coletivo de Oseias 11.1 ao indivíduo Jesus. Se essa nuance de realeza existe no contexto, então há um eco sutil do papel adâmico régio de Israel.[62]

Há uma última explicação lógica para entender como Mateus pode interpretar o que foi aplicado à nação em Oseias 11.1 e aplicá-lo ao indivíduo messiânico. Duane Garrett analisou o uso de Gênesis em Oseias e descobriu que repetidas vezes o profeta faz alusão a descrições de Gênesis dos patriarcas individualmente e de outros indivíduos importantes da história de Israel. Às vezes os retratos são positivos e, às vezes, negativos. O profeta aplica essas descrições à nação de sua época. Por exemplo, a iniquidade de Israel na época de Oseias envolvia

---

da terra" (Êx 3.8; 32.4,8; Lv 11.45; Dt 20.1; 1Rs 12.28; 2Rs 17.7,36; Sl 81.10; Jr 2.6; 7.22; Am 2.10; 3.1; 9.7; Mq 6.4); cinco vezes a expressão é usada em referência a Moisés fazendo a mesma coisa (Êx 32.1,7,23; 33.1; Nm 16.13). Talvez a expressão em Oseias 1.11 (2.2, TM) seja uma alusão coletiva a todas essas referências, o que só reforçaria a referência a "se levantar da terra" do Egito na passagem de Oseias. Derek Drummond Bass tem defendido que Êxodo 1.10 é a alusão em Oseias 1.11 (2.2, TM) (*Hosea's use of Scripture: an analysis of his hermeneutics*, tese de doutorado [Southern Baptist Theological Seminary, 2008], p. 128-9). Pode ser que Isaías 11.16 esteja em mente em primeiro lugar, uma vez que é a única outra referência a usar esse tipo de linguagem para referir-se à restauração futura de Israel e a usa juntamente com o retorno da "Assíria", o que Oseias 11.11 também faz juntamente com uma volta do Egito (observe-se a combinação semelhante do Egito com a Assíria em Oseias 7.11; 9.3; 12.1).

[60]Essa alusão é proposta por Mark J. Goodwin, "Hosea and 'the Son of the Living God' in Matt. 16:16b", *CBQ* 67 (2005): 265-83.

[61]A única outra ocorrência de "filhos" juntamente com "Deus vivo" está na literatura judaica antiga, mas não tão próxima da fraseologia de Oseias 1 e Mateus 16: Acréscimos a Ester 16.16 ("filhos do Altíssimo, o mais poderoso Deus vivo"); 3Macabeus 6.28 ("filhos do Deus do céu todo-poderoso e vivo").

[62]Especialmente à luz das alusões de Gênesis 1—3 no livro de Oseias — por exemplo, 2.18; 4.3; 6.7 (embora sejam contestadas por alguns estudiosos); 10.8; e outras alusões a Gênesis em outras passagens (sobre isso, veja logo adiante).

a nação seguir a mesma conduta de desobediência de Adão (Os 6.7) ou de Jacó (Os 12.2-5), e a promessa feita ao indivíduo Jacó, "farei a tua descendência como a areia do mar, que de tão grande não se poderá contar" (Gn 32.12 [cf. Gn 15.5; 22.17, dirigida a Abraão]) agora é aplicada novamente e se dirige diretamente à nação Israel: "Porém o número dos israelitas será como a areia do mar, que não pode ser medida nem contada" (Os 1.10). Do mesmo modo, o vale de Acor, aonde Acã e sua família foram levados para ser executados por causa do pecado dele (Js 7.24-26), é usado por Oseias de modo inverso para indicar que Deus revogaria o castigo de Israel de derrota e exílio, e Israel não seria exterminado por causa de seu pecado, mas teria a esperança de redenção (Os 2.15). Em vez de ir do individual para o coletivo, Mateus vai dos muitos (Israel) para o indivíduo (Jesus), mas utiliza o mesmo tipo de abordagem hermenêutica coletiva "um e muitos" de Oseias para interpretar e aplicar as Escrituras anteriores.[63]

Portanto, Mateus estabelece um contraste entre Jesus, o "Filho" (Mt 2.15), com o "filho" em Oseias (11.1). O último, o filho que saiu do Egito, não foi obediente e recebeu sua punição por isso, mas seria restaurado (Os 11.2-11), enquanto o primeiro fez o que Israel deveria ter feito: Jesus saiu do Egito, foi perfeitamente obediente e não mereceu o castigo, mas o sofreu pelo Israel culpado e pelo mundo, a fim de restaurá-los para Deus. Assim, Jesus fez o que Israel deveria ter feito, mas não o fez.[64] Esse uso de Oseias 11.1 também é um exemplo de como os temas do êxodo eram importantes para Mateus e outros autores do NT para entender a missão de Jesus e da igreja, como continuaremos observando.

JESUS COMO ISRAEL E FILHO DE DEUS EM OUTRAS PASSAGENS DE MATEUS: O BATISMO DE JESUS, SUA PROVAÇÃO NO DESERTO E OUTROS ASPECTOS DE SEU MINISTÉRIO TERRENO

O batismo de Jesus

João Batista cumpre o primeiro anúncio profético da restauração de Israel em Isaías 40—66: "Porque é dele que o profeta Isaías disse: 'Voz do que clama no deserto: "Preparai o caminho do Senhor, endireitai as suas veredas"'" (Mt 3.3 [cf. 3.1-4]).

João batiza Jesus no rio Jordão, juntamente com outros israelitas (Mt 3.5,6,13-17). Qual é a importância da água? Por que é tão importante que Jesus seja batizado com outros judeus nas águas de um rio no início de seu ministério? Parece que a resposta é fácil e clara, se o intérprete estiver atento aos precedentes do AT. Assim como Israel foi liderado por Moisés e teve de passar pelo mar no Êxodo para entrar na Terra Prometida e assim como a segunda geração teve de fazer o mesmo no rio Jordão sob a liderança de Josué, também mais uma vez, como em um segundo êxodo em miniatura, agora que a restauração de Israel é iminente com Jesus, os verdadeiros israelitas precisam se identificar de novo com a água, o Jordão e seu líder profético a fim de começar a viver a verdadeira restauração.[65]

Isso também é cumprimento das profecias de restauração de Israel como um segundo êxodo através da água (Is 11.15; 43.2,16,17; 44.27,28; 50.2; 51.9-11), sobretudo pelos rios (Is 11.15; 42.15; 43.2; 44.27; 50.2). A imagem da divisão das águas em conjunto com a menção do Espírito de Deus e de Deus colocando o povo em uma nova terra parece remontar a Gênesis.

---

[63]Veja, de Duane Garrett, "The ways of God: reenactment and reversal in Hosea" (aula inaugural na posse de Duane Garrett como professor de Antigo Testamento no Gordon-Conwell Theological Seminary, South Hamilton, MA, Estados Unidos, outono de 1996). Veja tb. Bass, *Hosea's use of Scripture*.

[64]Aqui, estou seguindo Peter Enns, *Inspiration and incarnation: evangelicals and the problem of the Old Testament* (Grand Rapids: Baker Academic, 2005), p. 134, embora eu entenda de modo diferente a abordagem hermenêutica usada por Mateus.

[65]Ouvi pela primeira vez essa analogia feita por Joel White, um ex-aluno meu, e, mais tarde, por N. T. Wright.

Gênesis 1.2 refere-se ao "Espírito [*rûaḥ*] de Deus pairando sobre a face das águas", e Gênesis 1.9 diz: "E disse Deus: 'Ajuntem-se em um só lugar as águas que estão debaixo do céu, e apareça a terra seca'. E assim foi". Em seguida, Adão e sua mulher são criados à imagem de Deus para governar a terra, multiplicar-se sobre ela e enchê-la (Gn 1.26-28).

O mesmo padrão ocorre no caso de Noé. Gênesis 8.1-3a afirma, quase no final do dilúvio, que "Deus fez passar um vento [*rûaḥ*, traduzido muitas vezes por 'Espírito'] sobre a terra, e as águas começaram a diminuir [...] e as águas foram recuando de cima da terra". Em seguida, Noé e sua família puderam habitar em terra seca novamente. Será que a pomba que voa acima da água no batismo de Jesus também é um eco da pomba que desceu sobre as águas do dilúvio de Noé, fato que indicava também que as águas estavam se afastando da terra seca, para que a nova humanidade habitasse essa terra e cumprisse a comissão dada originariamente a Adão (sobre isso, veja Gn 9.1,6,7)?[66] Os acontecimentos posteriores do Êxodo do Egito e, uma segunda vez, na travessia do Jordão,[67] bem como as profecias de um êxodo futuro, também estão todos associados à nova criação e são praticamente equiparados a ela, porque são vistos em certa medida como recapitulações da separação inicial de águas e do estabelecimento da humanidade sobre a terra seca em Gênesis 1.[68] Observe-se, por exemplo, Êxodo 15.8,16: "Com o sopro [ou 'vento', *rûaḥ*, traduzido muitas vezes por 'Espírito'] das tuas narinas amontoaram-se as águas, as correntes pararam como o monte; os abismos ficaram congelados no coração do mar [...] até que o teu povo passasse...".[69] Isso pode se harmonizar com as imagens da restauração de Israel como um novo êxodo, porque o próprio Êxodo foi um ato de nova

---

[66]Da perspectiva da crítica narrativa, o verbo hebraico para "pairar" em Gênesis 1.2 foi considerado por alguns estudiosos uma metáfora aviária, uma vez que o mesmo verbo (*rāḥap*) é usado em Deuteronômio 32.11: "Como a águia que desperta sua ninhada e que paira sobre seus filhotes, estende as asas, pega-os e leva-os sobre elas". Isso talvez associe a imagem de Gênesis 1.2 com a da pomba pairando acima das águas caóticas perto do fim do dilúvio de Noé.

[67]No texto de 2Reis 2.8-15, Elias separa as águas do Jordão e anda em terra seca, e, depois de receber o espírito que repousava sobre Elias, Eliseu faz a mesma coisa. A referência no v. 9 à "porção dobrada do teu espírito [de Elias] [*rûaḥ*]" e o cumprimento no v. 15 ("o espírito de Elias repousa sobre Eliseu") referem-se mais provavelmente ao espírito divino que havia dado capacidade e poder ao ministério de Elias, e agora o mesmo espírito estava capacitando Eliseu para sua missão profética. Isso também é indicado ainda mais pelo v. 16, em que o profeta diz: "O Espírito do Senhor o [Elias] tenha arrebatado", referindo-se provavelmente ao espírito divino que havia, conforme seu modo característico, dado capacidade e poder a Elias como profeta durante todo o seu ministério. Isso, portanto, é uma recapitulação em escala menor do segundo êxodo de Israel pelo Jordão, que por sua vez foi uma repetição em escala reduzida do primeiro Êxodo pelo mar Vermelho. O propósito claro do episódio de 2Reis 2 é identificar Elias e Eliseu como profetas semelhantes a Moisés e Josué na liderança do retorno de Israel para adorar Yahweh no cenário da capitulação da nação ao culto de Baal, de modo que, mesmo antes da aplicação de Mateus desse tema do êxodo a Jesus, ele já havia sido aplicado a Eliseu, talvez servindo de precedente para o uso posterior no NT.

[68]Observe-se, por exemplo, *Rab.* de Êx 21.8: "Se eu criei a terra seca para Adão, que era apenas um [citando Gn 1.9] [...] quanto mais eu deverei realizar em favor de uma congregação santa [Israel no êxodo]?".

[69]As versões bíblicas divergem se *rûaḥ* deve ser traduzido por "Espírito" ou "vento" em Gênesis 1.2, mas a maioria prefere "Espírito". Entretanto, todas as traduções que consultei traduziram *rûaḥ* em Gênesis 8.1 e Êxodo 15.8 por "vento" e "sopro", respectivamente. A provável intenção narrativa de apresentar a conclusão dos relatos do Dilúvio e do Êxodo como uma recapitulação da narrativa da Criação deveria convidar o leitor a fazer uma comparação entre o Espírito pairando sobre o caos aquático primevo e o vento de Deus sobre o caos aquático do dilúvio de Noé e das águas do mar Vermelho. O texto de 2Samuel 22.16,17 (// Sl 18.15,16) é semelhante ao de Êxodo 15.8,16, mas agora o cenário se aplica de modo figurado à libertação divina de Davi dos seus inimigos. O relato da separação das águas do Jordão sob a liderança de Josué não menciona a presença do Espírito de Deus ou vento, mas a Arca da Aliança é colocada no meio do Jordão e é a causa da separação das águas; a arca representa a presença de Deus naquele lugar (Js 3.10: "Desse modo sabereis que o Deus vivo está no meio de vós" [veja tb. 3.11,13]).

criação (conforme argumentei no cap. 1) e as profecias do segundo êxodo da Babilônia são retratadas de forma semelhante como uma nova criação (como também defendi no cap. 1).[70]

O batismo de Jesus significa não apenas o começo de um novo êxodo, mas também uma nova criação, pois veio para revogar as maldições da Queda (por meio de suas curas, cruz e ressurreição). O primeiro ato dessa obra foi derrotar o Diabo nas tentações do deserto, às quais Adão e Israel sucumbiram. Depois de ser batizado, Jesus entrou logo depois na terra da promessa para começar sua missão da nova criação/novo êxodo, o que, como veremos mais adiante, nada mais é que uma prefiguração da Terra Prometida definitiva da nova criação. Portanto, Cristo começa a reinar sobre os poderes do mal ao começar a cumprir a comissão adâmica para governar e subjugar, em contraste com o primeiro Adão, que foi governado e subjugado pela serpente.

Pode-se perceber que Mateus 3.16,17 reflete sobretudo Isaías 63.11-15a; 64.1, textos que recordam o primeiro Êxodo como padrão que prefigura outra libertação semelhante a ocorrer no futuro escatológico de Israel (veja tabela 12.4).

Os elementos singulares compartilhados por essas passagens são a travessia das águas pelo povo de Deus com a presença do Espírito Santo e a posterior condução do povo pelo Espírito à terra e por meio do deserto em um importante episódio histórico-redentor.[71] Essa ligação explícita entre o Espírito tirando Israel das águas e colocando-o em terra ("aquele que os guiou pelos abismos [...] no deserto" e "o Espírito do Senhor deu-lhes descanso" [Is 63.13,14]) agora está relacionada a um êxodo nos últimos dias. Isso manifesta uma esperança de certa forma semelhante à de um êxodo dos últimos tempos que aparece em outras partes do AT.[72]

Além disso, por trás de "Este é o meu filho amado" em Mateus 3.17 está Salmos 2.7 ("Tu és meu filho, hoje te gerei"), possivelmente com ecos de Israel ser "filho" de Deus (Êx 4.22;

---

[70] O judaísmo posterior acreditava que tanto a nova criação do mundo pós-diluviano quanto o Êxodo seguiram o modelo da primeira criação, quando Deus separou as águas e criou a terra seca, que seria habitável para a primeira família (tb. *Mek. de Rabbi Ishmael*, Beshallaḥ 3.10-22, que relaciona assim claramente Gn 1.9,10 com a restauração prometida de Israel em Is 51.9,10). Os textos rabínicos *Rab.* de Lv 27.4 e *Rab.* de Ec 3.15 afirmam que transformar o mar em terra seca é uma das coisas que Deus fará quando renovar o mundo no futuro. O texto de *Zohar* 1.4b afirma que Deus "prometeu a si mesmo tragar todas as águas da criação [...] naquele dia em que todas as nações se juntarão contra o povo santo, para que este consiga passar em terra seca". Além disso, *Apoc. El.* 5 diz que parte da tribulação que precede o "novo céu e a nova terra" (v. 38) será o secar das águas da terra: "A terra se tornará seca. As águas do mar se secarão [...] Nós fomos até os lugares profundos do mar, e não encontramos água" (v. 9,14).

[71] A LXX de Isaías 63.11 afirma que Deus "trouxe da terra o pastor [singular] das ovelhas", o que altera o foco para o indivíduo Moisés em correspondência mais próxima com o indivíduo Jesus. Tanto em Isaías 63 quanto em Mateus 3, os israelitas estão na água juntamente com o(s) "pastor(es)". Veja Watts, *Isaiah's new exodus*, p. 102-8; os argumentos de Watts para o mesmo contexto de Isaías em Marcos 1.9-11 na maior parte se aplicam aqui também à mesma versão de Mateus do batismo de Jesus. A influência em Mateus pode até ser um pouco mais clara, visto que Mateus 3.16 usa o verbo *anoigō* ("abrir"), e não *schizō*, de Marcos 1.10, seguindo o uso de *anoigō* em Isaías 63.19 na LXX (64.1 nas versões modernas do texto).

[72] P. ex.,, (1) Isaías 11.1-5 faz alusão a um líder messiânico sobre quem "o Espírito do Senhor repousará" e, em seguida, 11.10 refere-se à mesma figura, que, ao que tudo indica, estará envolvida na restauração não apenas das nações, mas também de Israel, segundo o modelo do segundo êxodo (veja esp. Is 11.11,15,16 — este texto menciona a separação das águas para que o povo "passe pela terra seca"); (2) as passagens de Isaías 43.2,16,17, que se referem a Israel sendo libertado ao passar pelas águas, estão amplamente associadas pela referência ao "Espírito", que dará poder ao Servo de Deus para libertar o povo (Is 42.1) e capacitará o próprio povo de Deus para desfrutar a restauração (Is 44.3-5). De modo semelhante a Isaías, Ezequiel 36.25-27 afirma que, no tempo da restauração dos últimos dias, Deus "aspergirá água limpa" sobre Israel e "porá neles seu Espírito" para que "vivam na terra" (Ez 36.28), que "se tornará como o jardim do Éden" (Ez 36.35 [cf. 37.14]). Veja tb. Isaías 51.9-11.

Os 11.1; Jr 31.9; Sb 18.13; *Sl. Sal.* 17.27).⁷³ "Meu filho amado, em quem me agrado" em Mateus 3.17 é uma alusão a Isaías 42.1, que se torna ainda mais clara depois em Mateus 12.18-21 (em que Is 42.1-4 é citado diretamente), texto que começa com "Aqui está o meu servo [filho], que escolhi; o meu amado⁷⁴, em quem minha alma se agrada; porei sobre ele o meu Espírito". Em relação a isso, a observação a seguir realça em Mateus 3.17 a intenção de associar Jesus à condição de representante de Israel: as palavras "amado" (*agapētos* [e formas verbais relacionadas]) e "agrado" (*eudokeō*) não aparecem nas versões gregas de Isaías 42.1, embora possam ser traduções aceitáveis do hebraico. Porém, mesmo que essas palavras não façam parte da alusão de Isaías 42.1, talvez fossem mais bem entendidas como entrelaçadas na alusão porque em outras partes do AT formam conceitos juntamente com "filho" (*huios*) que se aplicam a Israel. Tudo isso reforça o recurso à passagem do novo êxodo de Isaías 42.1.⁷⁵

Tabela 12.4

Isaías 63.11-15a; 64.1	Mateus 3.16,17; 4.1
Isaías 63.11-15a: "Então, seu povo lembrou-se dos dias passados, de Moisés. Onde está aquele que os fez passar pelo mar com os pastores do seu rebanho? Onde está aquele que pôs o seu Santo Espírito no meio deles, que com o seu braço glorioso conduziu Moisés pela mão direita, que dividiu as águas diante deles para fazer um nome eterno para si e que os guiou pelos abismos? Como o cavalo no deserto, eles não tropeçaram? O Espírito do SENHOR deu-lhes descanso como ao gado que desce para o vale. Assim guiaste o teu povo, a fim de fazer um nome glorioso para ti. Atenta lá dos céus e vê da tua santa e gloriosa morada; onde estão o teu zelo e as tuas obras poderosas?".	Mateus 3.16,17: "Depois de batizado, Jesus saiu logo da água. E eis que o céu se abriu, e ele viu o Espírito de Deus descer como uma pomba e vir sobre ele. E uma voz do céu disse: 'Este é o meu Filho amado, em quem me agrado'". Mateus 4.1: "Então Jesus foi conduzido pelo Espírito ao deserto, para ser tentado pelo Diabo".
Isaías 64.1a: "Oh! se fendesses os céus e descesses".	

Há debate se as profecias do Servo em Isaías 40—53 referem-se a um indivíduo ou a um grupo de israelitas fiéis. Contudo, juntamente com a referência de Salmos 2 ao "Filho" individual e os ecos do Israel coletivo, parece melhor entender que Jesus está identificado com ambos: ele é o filho individual régio que representa os verdadeiros filhos de Israel, e parece que é desse modo que Isaías 42.1 está sendo utilizado, sobretudo se os Cânticos do Servo de Isaías 49.1-8 e 52.11—53.12 forem mais bem interpretados do mesmo modo.⁷⁶ Jesus como o

---

⁷³Watts, *Isaiah's new exodus*, p. 113-4.

⁷⁴"Amado" aqui e em Mateus 3.17 não faz parte da passagem de Isaías 42.1, mas provavelmente foi acrescentado por influência de "amado" (formas de *agapaō*) em Isaías 41.8,9; 44.2, em que Israel, o Servo, é mencionado respectivamente como a "descendência de Abraão que eu amo" e "amado Israel" (mas alguns, como Watts [*Isaiah's new exodus*, p. 113], duvidam disso).

⁷⁵Aqui, sigo basicamente Watts, p. 116-7.

⁷⁶Em Isaías 49.1-8, o objetivo do "Servo", chamado "Israel" (v. 3), é restaurar "Israel" (v. 5), que depois é identificado como "os remanescentes de Israel" (v. 6). Assim, Isaías 49.1-6 profetiza que "Israel" restaurará o remanescente de "Israel"; isso significa que o primeiro Israel ou é um pequeno remanescente que restaura um remanescente maior ou um indivíduo chamado "Israel" que restaura o remanescente. É provável que Isaías 49 e 53 considerem esse Servo, Israel, não um grupo pequeno de justos, mas um indivíduo que representa a nação, o que é apoiado pelos usos e aplicações das profecias do Servo no NT. Tanto Isaías quanto os outros profetas do AT não podem ser considerados esse indivíduo, uma vez que eles jamais cumpriram a missão de Isaías 49.3-6 nem de Isaías 53.

rei individual que recapitula Israel é aquele que está sendo apresentado como o restaurador do Israel obstinado, em cumprimento do salmo 2 e, especialmente, da profecia de restauração do novo êxodo de Isaías 42.1. É uma maneira muito apropriada para identificar Jesus no início do seu ministério e não é incompatível com a concepção régia do primeiro Adão.

Juntamente com esse padrão veterotestamentário do êxodo e, como vimos anteriormente, da nova criação, o fato de o batismo de Jesus fazer parte de sua obra de "cumprir toda a justiça" (Mt 3.15) é uma alusão ao fato de que ele veio para corrigir o que Israel e Adão fizeram errado. Jesus veio para obedecer com êxito, em oposição à desobediência passada de Israel, bem como, em última análise, à desobediência dos antepassados de Israel, a saber, Adão e Noé. "Por meio de seu batismo, Jesus confirma sua determinação de realizar a obra que lhe foi confiada"[77] como o "servo" de Deus de restaurar Israel e ser luz para as nações (observe-se a referência a Abraão em Mt 3.9, que dá continuidade ao subtema da missão de Jesus, que abrange a salvação dos gentios).

Portanto, "toda a justiça" se refere à obediência de Jesus à vontade e aos mandamentos de Deus em todo o seu ministério na condição de Adão e Israel escatológicos, o que culmina com seu ato obediente de sofrer na cruz. A obediência de Jesus tem seu início evidente no batismo e na subsequente provação no deserto. Com essa atitude obediente, Jesus estava cumprindo todas as profecias, todos os tipos e todas as outras formas de predição do AT a respeito dele.

Do mesmo modo, parte da importância do batismo é que Jesus está se identificando com o pecado da humanidade, pelo qual fará expiação e para o que ele é o representante que executará a justiça escatológica completa para os seres humanos.

A provação de Jesus no deserto

Jesus "jejuou quarenta dias e quarenta noites" no deserto durante sua tentação por Satanás. Esse episódio é um eco dos quarenta anos de Israel no deserto. Nesse caso, os quarenta anos foram reduzidos simbolicamente a quarenta dias.[78] Porém, o contexto melhor e mais específico talvez seja Êxodo 24.18; 34.28 (tb. Dt 9.9-11), quando Moisés ficou no monte Sinai (localizado no deserto) durante "quarenta dias e quarenta noites" e "não comeu pão, nem bebeu água". Moisés fez isso de novo quando recebeu os Dez Mandamentos no Sinai pela segunda vez (Dt 10.9,10).[79] Moisés era o representante de Israel no

---

[77]D. A. Carson, *Matthew 1—12*, EBC (Grand Rapids: Zondervan, 1995), p. 108.

[78]A justificativa para isso pode ser Números 13 e 14, em que os representantes de Israel espiaram a Terra Prometida durante quarenta dias (Nm 13.25) e a maioria deles deu um relatório negativo para não entrar na terra, que foi aceito pelos israelitas. A punição de Deus para isso foi a seguinte: "segundo o número dos dias em que espiastes a terra, isto é, quarenta dias, levareis sobre vós as vossas culpas por quarenta anos, um ano por um dia, e sabereis o que significa me desobedecer" (Nm 14.34). Assim, Jesus estaria fazendo na terra o que Israel deveria ter feito: entrar nela e vencer as forças do mal.

[79]Depois que Moisés quebrou as duas tábuas que recebeu no Sinai, ele orou durante "quarenta dias e quarenta noites" para que Deus não destruísse Israel (Dt 9.18,25). Assim também, Elias, seguindo o exemplo de Moisés, jejuou durante "quarenta dias e quarenta noites" peregrinando para o Sinai para presenciar outra teofania (1Rs 19.8). O texto de 1Reis 19.4-8, em que Elias é auxiliado por um anjo no deserto, pode ser incluído no contexto de Marcos 1.12,13, quando Jesus é servido por anjos no deserto (veja Richard J. Bauckham, "Jesus and the wild animals [Mark 1:13]: a Christological image for an ecological age", in: Joel B. Green; Max Turner, orgs., *Jesus of Nazareth: Lord and Christ; essays on the historical Jesus and New Testament Christology* [Grand Rapids: Eerdmans, 1994], p. 8; Bauckham entende que somente o contexto de 1Rs 19 está implícito nos "quarenta dias" em Mc 1.12,13). Além disso, 1Reis 17.3-6 mostra corvos em relação harmoniosa com Elias, sustentando-o. Da mesma maneira, a chuva caiu "quarenta dias e quarenta noites" no Dilúvio (Gn 7.4,12), período em que Noé e sua família foram preservados com segurança na arca. A ideia de preparativos para uma nova criação em Gênesis 7 pode ser ecoada na preparação da inauguração por Jesus de uma nova criação em seu ministério mediante sua perseverança anterior no deserto. Esse pano de fundo pode fazer parte da visão periférica aqui, tendo em vista o possível contexto de Noé para a pomba que pairava no batismo de Jesus proposto acima.

Sinai⁸⁰ quando recebeu a Lei. Como o Israel verdadeiro e o Moisés dos últimos dias, Jesus é o micro-Israel que substituiu a macronação Israel. Cada resposta de Jesus a Satanás é tirada de uma resposta de Moisés à falha de Israel no deserto (Dt 8.3 em Mt 4.4; Dt 6.16 em Mt 4.7; Dt 6.13 em Mt 4.10). Jesus resiste às mesmas tentações a que Israel sucumbira.

Entretanto, o motivo para a genealogia de Lucas terminar com "Adão, filho de Deus" (Lc 3.38) e ser seguida imediatamente pela narrativa da tentação de Jesus é identificar Jesus como o Adão dos últimos tempos, o verdadeiro Filho de Deus, que resiste às tentações às quais Adão e Eva sucumbiram. Pode-se supor que as tentações do Éden estão em mente pelos comentários de Marcos de que, depois de Jesus ter resistido às tentações no deserto, ele esteve "com as feras, e os anjos o serviram" (Mc 1.13). Isso talvez esteja indicado ainda mais pela visão profética de que a humanidade habitará em paz com animais mutuamente hostis no período da nova criação (Is 11; 43; 65), o que também era considerado uma sobreposição ao êxodo dos últimos tempos:

> **Isaías 11.6-9**: "E o lobo habitará com o cordeiro, e o leopardo se deitará com o cabrito. O bezerro, o leão e o animal de engorda viverão juntos; e um menino pequeno os conduzirá. A vaca e a ursa pastarão juntas, e as suas crias se deitarão juntas; e o leão comerá palha como o boi. A criança de peito brincará junto à toca da cobra, e a desmamada porá a mão na cova da víbora. Não se fará mal nem destruição alguma em todo o meu santo monte, porque a terra se encherá do conhecimento do Senhor, como as águas cobrem o mar".
>
> **Isaías 43.20**: "Os animais do campo me glorificarão, os chacais e os avestruzes, porque farei surgir águas no deserto e rios no ermo para dar de beber ao meu povo escolhido".
>
> **Isaías 65.25**: "O lobo e o cordeiro pastarão juntos, o leão comerá palha como o boi; e a comida da serpente será o pó. Não farão mal nem dano algum em todo o meu santo monte, diz o Senhor".

As passagens de Isaías 43 e 65 estão claramente associadas à nova criação (veja Is 43.18,19; 65.17), e o paralelo textual entre Isaías 11.6-9 e 65.25 indica a mesma realidade da primeira passagem. Do mesmo modo, tanto o texto de Isaías 11 quanto o de 43 estão claramente relacionados aos retratos do segundo êxodo (veja Is 11.11,15,16; 43.16,17). De modo notável, o trecho de Isaías 11 citado acima é delimitado por uma referência extensa ao líder messiânico da nova criação e do segundo êxodo: "um ramo [...] do tronco de Jessé" (Is 11.1-5) e "a raiz de Jessé" (Is 11.10). Isaías 11.6-9 é uma continuação da descrição escatológica dos versículos 1-5, mas com foco no estado de harmonia entre os animais e os seres humanos na nova criação. Em seguida, os versículos 10-16 continuam o tema da harmonia no novo cosmo, agora, porém, concentrando-se na paz entre os grupos de povos gentios e judeus, outrora inimigos, que encontram a paz mútua recorrendo "à raiz de Jessé" (o Messias) (v. 10). Assim, Isaías 11.6-16 situa o líder messiânico da restauração futura de Israel com os animais selvagens. Igualmente, Isaías 43.20 identifica Israel no deserto com os "animais" selvagens (*thērion* na LXX, a mesma palavra, no plural, como em Mc 1.13), que "glorificam" ("bendizem" na LXX) a Deus por causa

---

⁸⁰Fica evidente que Moisés foi um representante de Israel no Sinai porque atuou como um sumo sacerdote no topo do monte-templo, onde a arca foi produzida e onde Moisés teve a experiência da presença teofânica de Deus, assim como posteriormente os sacerdotes de Israel também poderiam entrar no Santo dos Santos, na presença da arca e na presença teofânica de Deus (para o Sinai como um monte-templo tripartite, veja o cap. 18). Além disso, o papel de Moisés de representante de Israel é indicado por Êxodo 32.10 (bem como em Dt 9.14), em que se lê que Deus queria destruir Israel e fazer "de ti [Moisés] uma grande nação". Assim, Moisés tinha de ser, potencialmente, o cabeça e o progenitor de um novo povo de Deus.

de suas bênçãos restauradoras concedidas a Israel no *escathon*. Se existe um eco de Isaías 65, talvez seja importante observar que ele remete a Gênesis 3 ao predizer uma recapitulação das condições edênicas no novo cosmo vindouro: "Pois [como] os dias da árvore da vida, [assim] serão os dias do meu povo" (Is 65.22 [LXX] e *Tg.* de Is 65.22, ambos fazendo alusão a Gn 3.22); "a comida da serpente será o pó" (Is 65.25, aludindo a Gn 3.14). Portanto, parece, mais uma vez, que há ligações com Adão e o Éden na profecia de Isaías da nova criação.[81]

A derrota do Diabo no deserto talvez também seja considerada, de forma secundária, o primeiro ato de Jesus de vitória dos últimos dias sobre "os cananeus na Terra Prometida" como o verdadeiro Israel. Pode-se indagar se essa ideia está presente no relato da tentação, visto que o tema principal, como acabamos de ver, é Jesus resistindo à tentação de pecar, ao contrário de Israel, que havia se rendido ao pecado. O tema da tentação certamente é enfatizado porque cada uma das três citações de Deuteronômio se refere ao modo em que Israel deveria ter reagido às suas tentações, mas não reagiu. Contudo, uma análise mais profunda de cada um dos contextos de Deuteronômio revela o objetivo desejado por Deus para o povo de Israel permanecer fiel diante das tentações: "Para que [...] entres na boa terra que o Senhor prometeu e a possuas [...] para que expulses da sua frente todos os teus inimigos" (Dt 6.18,19).[82] É possível que Jesus tivesse em mente esse propósito comum em cada um dos três contextos.

Por isso, a vitória de Jesus sobre a tentação parece tê-lo preparado para vencer aquele que era o príncipe satânico supremo dos cananeus e de todas as nações perversas,[83] bem como para conquistar a terra de uma forma que Israel não havia conseguido. A própria resistência de Jesus a essas seduções satânicas foi exatamente o começo da derrota que ele impôs ao Diabo. O ministério de Jesus de exorcizar demônios dá continuidade à sua guerra santa como o verdadeiro Israel. Os seus exorcismos eram uma expressão da derrota inicial, mas decisiva, que ele impôs a Satanás, que havia posto a criação em cativeiro com o engano de Adão e Eva. Isso talvez seja parte da importância da parábola de amarrar o homem forte (Mt 12.29 // Mc 3.27). Ao expulsar o Diabo e seus anjos, Jesus estava impondo a derrota dos últimos dias a Satanás que Adão deveria ter realizado no primeiro jardim.[84] Em Mateus 4.6, o Diabo procura tentar Jesus citando as Escrituras:

---

[81]Bauckham ("Jesus and the wild animals") também entende que o pano de fundo principal de Marcos 1.13 é Isaías 11 e 65 (apesar de tb. mencionar Jó 5.22,23). Contudo, Bauckham duvida que haja uma "cristologia do novo Adão" em Marcos 1.13, mesmo reconhecendo alusões a Gênesis 2 e 3 em ambas as passagens de Isaías.

[82]Da mesma forma, Deuteronômio 6.13 é seguido logo depois por uma descrição do que aconteceria se Israel seguisse outros deuses na terra: Deus "te eliminará da face da terra" (Dt 6.15) — Israel não a possuirá. Parte da introdução de Deuteronômio 8.3 afirma: "Tereis o cuidado de obedecer a todos os mandamentos [da Lei] que hoje vos ordeno para que tenhais vida, vos multipliqueis, entreis e tomeis posse da terra que o Senhor prometeu com juramento a vossos antepassados" (Dt 8.1).

[83]Essa ideia talvez seja sustentada pelo fato de que o Diabo em outras partes dos Evangelhos é chamado de "Belzebu" (Mt 10.25) ou "Baal-Zebube", nomes variantes de divindades associadas com o deus Baal de Canaã (p. ex., observe-se "Baal-Zebube" em 2Rs 1.2,3,6,16 como referência ao deus dos filisteus, traduzido por "senhor das moscas"). Veja mais informações em Theodore J. Lewis, "Beelzebul", in: *ABD* 1:638-40.

[84]Dan G. McCartney, "*Ecce Homo*: the coming of the kingdom as the restoration of human viceregency", *WTJ* 56 (1994): 10. McCartney também afirma que as pregações de Jesus sobre o reino são expressões de que a vice-regência, perdida com o primeiro Adão, agora estava sendo anunciada, e o poder de Cristo sobre a natureza era outro exemplo do exercício de domínio sobre a terra como vice-regente de Deus, domínio que o primeiro Adão devia ter exercido. Veja tb. Meredith G. Kline, *Kingdom prologue: Genesis foundations for a covenantal worldview* (Overland Park: Two Age Press, 2000), p. 65-7. Kline faz a sugestiva observação de que "a árvore do conhecimento do bem e do mal" em Gênesis 2 refere-se ao dever de Adão de discernir entre o bem e o mal para que, quando a serpente entrasse no jardim, Adão estivesse pronto para castigar a serpente como malfeitora. Kline fundamenta essa ideia em parte citando outros textos que se referem a discernir entre o "bem e o mal" como o exercício de "um tipo de discernimento jurídico-legal" (Is 5.20,23; Ml 2.17), assim como "um rei estava comprometido em emitir decisões judiciais" (2Sm 14.17; 1Rs 3.9,28).

Se és o Filho de Deus, lança-te daqui abaixo [do pináculo do templo]; porque está escrito: "Aos seus anjos dará ordens a teu respeito"; e "eles te sustentarão com as mãos, para que não tropeces em pedra alguma".

Esse texto é uma citação de Salmos 91.11,12. Contudo, Salmos 91.13 prossegue falando sobre o justo sendo cuidado pelos anjos: "Pisarás o leão e a cobra; pisotearás o leão novo e a serpente". Esse versículo talvez seja uma alusão à importante promessa de Gênesis 3.15: "esta te ferirá a cabeça, e tu lhe ferirás o calcanhar".[85] A recusa de Jesus em seguir os conselhos de Satanás nas tentações do deserto foi o começo da vitória sobre o inimigo profetizada no salmo. É provável que Mateus pretenda, em alguma medida, que o leitor tenha conhecimento desse contexto mais amplo do salmo, o qual, juntamente com os três contextos de Deuteronômio mencionados antes, revela ainda mais o tema da vitória de Jesus sobre os opositores.[86]

A citação de Lucas de Salmos 91.12 em seu relato da tentação também tem em mente o contexto seguinte do salmo, visto que poucos capítulos depois o Evangelista faz alusão de fato a Salmos 91.13 em Lucas 10.19: "Eu vos dei autoridade <u>para pisar serpentes</u> [*patein epanō opheōn*] e escorpiões, e autoridade sobre todo o poder do inimigo; nada vos fará mal algum" (Sl 90.13, LXX [91.13, TM] tem "pisarás[87] sobre a serpente e o basilisco, e <u>pisarás</u> [*katapatēseis*] sobre o leão e o dragão"). É útil examinar o contexto mais amplo do versículo em Lucas 10.17-20:

> E os setenta e dois voltaram alegres, dizendo: "Senhor, até os demônios se submetem a nós em teu nome". Ele lhes disse: "Eu vi Satanás cair do céu como um raio. Eu vos dei autoridade para pisar serpentes e escorpiões, e autoridade sobre todo o poder do inimigo; nada vos fará mal algum. Contudo, não vos alegreis porque os espíritos se submetem a vós, mas porque vossos nomes estão escritos no céu".

Entre as forças perigosas mencionadas no salmo, no versículo 6 da LXX está o "demônio" (*daimonion*), palavra usada em Lucas 10.17 em paralelismo com "serpentes e escorpiões" em Lucas 10.19. O contexto imediato do versículo 13 do salmo também enfatiza repetidamente a proteção contra o mal (v. 3-7,10,11,14), que é a ideia na citação de Salmos 91.12 em Mateus e em Lucas nos seus respectivos relatos da tentação de Jesus, bem como no final de Lucas 10.19 ("nada vos fará mal algum"). Por exemplo, os versículos 5 e 6 do salmo (LXX) afirmam: "Não temerás o terror à noite [...] nem o mal [...] e o demônio". A declaração em Lucas 10.17-19 abrange não apenas os poderes malignos em geral, mas também Satanás, uma vez que o versículo anterior diz: "Eu vi Satanás cair do céu como um raio". A que acontecimento específico do ministério de Jesus essa "queda" de Satanás faz referência é uma questão debatida pelos comentaristas, mas talvez seja melhor seguir a opinião de George Ladd de que "a missão de Jesus inteira é que causa a derrota de Satanás".[88]

---

[85]Artur Weiser entende que Salmos 91.13 faz alusão ao "mito cultual [Criação] [...] do deus que mata um dragão e, em sinal de sua vitória sobre o monstro, põe o pé sobre o pescoço dele", o que, então, ele considera aplicável aos santos do AT (*The Psalms: a commentary*, tradução para o inglês de Herbert Hartwell, OTL [London: SCM, 1962], p. 612). É interessante que Weiser reconhece uma alusão a uma importante referência episódica primeva, mas minha perspectiva diverge da dele, pois entendo o salmo como um eco de Gênesis 3.15, que considero representar verdadeiramente a história primeva.

[86]O comentário a respeito dos "anjos que servem" em Marcos 1.13 como uma observação conclusiva sobre a condição de Jesus logo depois de sua provação no deserto indica ainda mais que ele era o prometido de Salmos 91.11,12 (e cf. 91.13).

[87]Neste trecho, a LXX tem *epibēsē* ("tu te assentarás"), mas uma versão grega do AT (Símaco) tem *patēseis* ("pisarás").

[88]George Eldon Ladd, *The presence of the future: the eschatology of biblical realism* (Grand Rapids: Eerdmans, 1974), p. 157.

No entanto, é provável que a resistência de Jesus ao Diabo no deserto seja o primeiro momento de sua vitória decisiva sobre Satanás, visto que é o primeiro acontecimento registrado pelos Evangelhos do encontro de Jesus com o Maligno e a resistência vitoriosa a ele de Jesus. Isso também é indicado pelo fato de que, logo em seguida à bem-sucedida resistência de Jesus ao Diabo, Mateus e Lucas narram o início do ministério de Jesus, que abrange o anúncio da inauguração do reino e o cumprimento inicial das profecias messiânicas do AT. Além disso, tanto a provação de Jesus no deserto quanto o subsequente início de seu ministério estão sob a direção do "Espírito" (veja Lc 4.1,18). A provável ligação entre as duas seções é que a narrativa da tentação provavelmente seja considerada de modo implícito a primeira vitória de Jesus sobre Satanás, o que desdobra na realização positiva de sua missão, incluindo a subjugação contínua dos poderes malignos satânicos.

O aspecto vitorioso desse confronto com Satanás no deserto é realçado pela ligação que Lucas faz entre Jesus e Adão (Lc 3.38—4.1) e pela citação de Salmos 91.12, vista à luz do contexto seguinte e do uso de Salmos 91.13 em Lucas 10.17. A associação com Adão pode estar subentendida em Lucas 10.19 não apenas pela alusão a Salmos 91.13, mas também por um eco de Gênesis 3.15 nela incluído. Ela também pode ser indicada pelo texto paralelo em *Testamento de Levi* (século 2 a.C.), que tem quase a mesma formulação linguística de Lucas 10.19. Observe-se novamente a fraseologia de Lucas: "Eu vos dei autoridade [*dedōka hymin tēn exousian*] para pisar serpentes [*tou patein epanō opheōn*] e escorpiões", comparada à de *Testamento de Levi* 18.10-12: "Ele dará autoridade [*dōsei exousian*] a seus filhos para pisar sobre [*tou patein epi*] os espíritos maus", referindo-se a um sacerdote messiânico que virá, segundo a profecia, e "removerá a ameaçadora espada contra Adão, dando de comer aos santos da árvore da vida". Aqui a referência a "pisar sobre os espírito maus" é provavelmente uma alusão a Gênesis 3.15 por causa das outras alusões claras a Gênesis 3 no contexto imediato. Do mesmo modo, *Testamento de Simeão* 6.6 usa a forma nominal do verbo "pisar" da mesma maneira, mais uma vez, em relação direta com a menção de Adão: o Senhor "sozinho [...] salvará Adão. Então, todos os espíritos enganosos serão entregues para ser pisoteados". De novo, a referência a Adão indica provavelmente outra alusão a Gênesis 3.15 aqui, como no *Testamento de Levi*. As duas referências de *Testamentos dos Doze Patriarcas* (século 2 a.C.) indicam ainda que o paralelo de Lucas 10.17-19 tem em seu espectro de visão a mesma referência de Gênesis 3.15, e parece que todas as três interpretam o "ferirá a cabeça" da serpente como "esmagar com os pés". Esses textos provavelmente não se baseiam um no outro, mas refletem o entendimento mais amplo de como Gênesis 3.15 era entendido no judaísmo antigo e no cristianismo.

Outros aspectos do ministério terreno de Jesus em relação a seu papel de Adão dos últimos tempos

A vitória de Jesus sobre Satanás no deserto inaugurou seu ministério repleto de êxito. Depois de derrotar o Diabo na Terra Prometida, Jesus é visto novamente dando início ao cumprimento das promessas de Isaías de restauração de Israel (Mt 4.12-16). Consequentemente, Jesus começa a reunir as tribos de Israel chamando seus doze apóstolos (Mt 4.18-22), que representam o verdadeiro Israel microcósmico sob a liderança de Jesus — isto é, Yahweh, mas Jesus também é retratado como o Moisés dos últimos dias.[89]

A restauração que Jesus estava iniciando implicava vários tipos de curas, que, segundo a profecia, ocorreriam quando Israel viesse a ter um verdadeiro retorno para Deus no fim dos tempos (Mt 4.23-25; 11.4-6; cf. Is 32.3,4; 35.5,6; 42.7,16). As curas de Jesus também

---

[89]Veja Dale C. Allison Jr., *The new Moses: a Matthean typology* (Minneapolis: Fortress,1993).

representavam a restauração da criação do estado decaído do mundo. As maldições físicas (e espirituais) da Queda começaram a ser desfeitas por Jesus, à medida que restabelecia a nova criação e o reino, que Adão devia ter estabelecido. Vistos na estrutura da nova criação, os milagres de cura de Cristo não somente inauguraram o reino dos últimos tempos, mas também marcaram o início da nova criação, uma vez que as curas eram o início da revogação da maldição do mundo velho e decaído.[90] Os milagres eram um sinal do raiar da nova criação, onde as pessoas seriam completamente curadas. Aqueles que Jesus curou e, em especial, os que foram ressuscitados da morte prefiguravam a ressurreição de Cristo e, em última análise, a própria ressurreição final deles. A ressurreição de Cristo são as primícias da ressurreição de todos os crentes. Os crentes, assim como Jesus, devem ser ressuscitados com o corpo aperfeiçoado e restaurados no fim das eras, quando o novo mundo finalmente se concretizará (veja Mt 19.28,29; para Paulo, veja 1Co 15.20). A ideia reiterada e predominante do reino nos Evangelhos é um dos principais meios que os Evangelistas usam para expressar ideias sobre a nova criação.

A ressurreição de Jesus é outro desenvolvimento da nova criação (p. ex., Mt 27.57—28.15). A ressurreição é conceito desenvolvido da nova criação, uma vez que, como observamos várias vezes, o meio pelo qual o justo deve entrar no novo céu e na nova terra e se tornar parte deles é a recriação divina do corpo. A declaração de Jesus: "Toda autoridade me foi concedida no céu e na terra" (Mt 28.18) faz alusão a Daniel 7.13,14, passagem que profetizava que ao "Filho do Homem" (i.e., "filho de Adão") seria "dado domínio, glória e um reino" para sempre.[91] Em seguida, como observamos na introdução deste capítulo, Jesus logo transmite aos discípulos a conhecida Grande Comissão: "Portanto, ide e fazei discípulos de todas as nações [...] ensinando-lhes [...] e eis que estou convosco todos os dias" (Mt 28.19,20). Esse edito não apenas dá continuidade à alusão à profecia de Daniel 7 (v. 14: "para que todos os povos, nações e homens de todas as línguas o servissem"), mas também, como analisado anteriormente neste capítulo, é por si só uma renovação da comissão dada a Adão em Gênesis 1.26-28.

Jesus como o Filho adâmico que representa os que se identificam com ele como filhos

Assim, Jesus veio para refletir a imagem de Deus, a qual o primeiro Adão e o Adão coletivo, Israel, deviam ter refletido, mas não o fizeram. Jesus governou e subjugou os poderes do mal e da própria criação por sua palavra e poder milagroso; aumentou e multiplicou o número de pessoas que o seguiram, de modo que elas se tornaram sua verdadeira família e filhos e filhas de Deus. Este capítulo se concentrou em Jesus refletindo a imagem por meio de sua atividade de subjugar e governar ao inaugurar a nova criação. Esse aspecto da imagem adâmica de Gênesis 1.28 de "crescer e multiplicar" e "encher a terra" com sua descendência não se expressa com tanta clareza nos Evangelhos como talvez em outras partes do NT (p. ex., nos textos paulinos), assunto que será tratado em certa medida no próximo capítulo e nos seguintes.

Contudo, convém analisar brevemente algumas passagens que podem ser relevantes nos Evangelhos Sinóticos. Em Mateus 12.46-50 se lê:

> Enquanto ele ainda falava às multidões, sua mãe e seus irmãos estavam do lado de fora, querendo falar com ele. E alguém lhe disse: "Tua mãe e teus irmãos estão lá fora e querem falar contigo". Ele, porém, respondeu ao que lhe falava: "Quem é minha mãe? E quem são meus irmãos?". E, apontando com a mão para os discípulos, disse: "Aqui estão minha mãe e meus irmãos! Pois quem fizer a vontade de meu Pai que está no céu, este é meu irmão, irmã e mãe".

---

[90] Veja Ridderbos, *Coming of the kingdom*, p. 65, 115. Ridderbos fala apenas de passagem dos milagres de cura de Cristo como "restauração" da criação e como "renovação" e "recriação".

[91] Veja tb. France (*Jesus and the Old Testament*, p. 142-3), que também identifica a alusão a Daniel 7.

Nesta passagem, Jesus redefine um israelita verdadeiro como "quem fizer a vontade do meu Pai" (o paralelo em Lc 8.21 diz "que ouvem a palavra de Deus e obedecem a ela"). A verdadeira família de Jesus consiste naqueles que creem nele, e não em seus parentes de sangue. Porque Jesus está restaurando não apenas Israel, mas também toda a criação, incluindo os gentios (Mt 15.21-28; 21.40-44), o verdadeiro povo de Deus não pode mais ser caracterizado por nenhum símbolo nacionalista que distinga uma nação de outra. Portanto, para tornar-se um verdadeiro israelita e parte da verdadeira família de Jesus, não é preciso mais cumprir todos os requisitos específicos da Lei de Israel, que distinguiam Israel das demais nações: regras de circuncisão, alimentares,[92] relacionadas ao templo, ao sábado e assim por diante.

Jesus está redefinindo o verdadeiro Israel, o verdadeiro povo de Deus, ao afirmar que a lealdade a ele é a marca característica de um israelita fiel. Ninguém mais precisa ter os símbolos distintivos do velho Israel nacional para fazer parte do novo e verdadeiro Israel. Quase de forma idêntica, Jesus diz, em Mateus 10.34-39 (cf. Lc 14.26), que os membros da verdadeira família de Deus não são os que pertencem a determinada linhagem sanguínea, mas os que depositam a fé em Jesus e são totalmente leais a ele:

> Não penseis que vim trazer paz à terra; não vim trazer paz, mas espada. Porque vim causar hostilidade entre o homem e seu pai, entre a filha e a mãe, entre a nora e a sogra; assim, os inimigos do homem serão os de sua própria família. Quem ama seu pai ou sua mãe mais do que a mim não é digno de mim; e quem ama seu filho ou sua filha mais do que a mim não é digno de mim. E quem não toma a sua cruz, e não me segue, não é digno de mim. Quem tiver achado sua vida irá perdê-la, e quem tem perdido a vida por causa de mim a achará.

A mesma questão essencial aparece em trechos como Mateus 3.9; 19.29; Lucas 11.27,28:

> **Mateus 3.9**: "Não fiqueis dizendo a vós mesmos: 'Abraão é nosso pai!'. Pois eu vos digo que até dessas pedras Deus pode dar filhos a Abraão" (cf. Lc 3.8).
> **Mateus 19.29**: "E todo o que tiver deixado casa, ou irmãos, ou irmãs, ou pai, ou mãe, ou filhos, ou campos, por minha causa, receberá cem vezes mais e herdará a vida eterna" (cf. Lc 18.29).
> **Lucas 11.27,28**: "Enquanto ele dizia essas coisas, uma mulher entre a multidão levantou a voz e lhe disse: 'Bem-aventurado o ventre que te gerou e os seios que te amamentaram'. Mas ele respondeu: 'Antes, bem-aventurados os que ouvem a palavra de Deus e a praticam'".[93]

Não é preciso ser da linhagem de Abraão para ser filho verdadeiro dele, tampouco mudar-se geograficamente para Israel para se tornar israelita; basta apenas ir até Jesus, o verdadeiro Israel, aceitá-lo e recebê-lo. Como veremos, isso se aplica ao templo (Jesus é o templo), à circuncisão (nele fomos circuncidados [Cl 2.11]) e ao descanso do sábado (o verdadeiro e definitivo descanso está nele para sempre, e não simplesmente o descanso físico do sétimo dia). Essa questão de quais são as características essenciais da identidade de um integrante do verdadeiro povo de Deus será analisada de forma mais detida em um capítulo posterior sobre a relação da Lei do AT com Jesus e seus seguidores na nova era que ele iniciou (veja cap. 25).

O ensinamento principal aqui é que Jesus agora é o *locus* e o criador da verdadeira comunidade de crentes tanto judeus quanto gentios. A verdadeira família de Deus tem origem na identificação com Jesus Cristo, que é seu progenitor. No aspecto conceitual, parece que essa

---

[92]Sobre esse tema, veja Mateus 15.11-20; Marcos 7.18-23.
[93]Sobre a análise dessas passagens de Mateus 10; 19; e Lucas 11, eu me baseio em N. T. Wright, *Jesus and the victory of God* (Minneapolis: Fortress, 1996), p. 401-3.

ideia corresponde bem ao aspecto do ministério de Jesus de Último Adão, aquele que tinha de refletir a imagem divina criando um povo para viver na terra e povoá-la. Por isso, Jesus é aquele em quem a família escatológica tem sua origem suprema e cuja tarefa era criar uma nova família de Deus, o que devia ser parte da tarefa do primeiro Adão. De modo semelhante, a designação dos doze apóstolos por Jesus significava não apenas a reconstituição do novo Israel em torno dele, que teria de crescer exponencialmente, mas também a criação de um novo povo para viver em uma nova criação.

A palavra "filhos" é usada corretamente para designar os seguidores de Jesus, porque está relacionada com a ideia de refletir a imagem do Pai celestial. Os filhos refletem a semelhança de seus pais de várias maneiras. Mateus 5.9 afirma: "Bem-aventurados os pacificadores, pois serão chamados filhos de Deus". Jesus elabora ainda mais a respeito disso em Mateus 5.44-48:

> Eu, porém, vos digo: Amai os vossos inimigos e orai pelos que vos perseguem, para que vos torneis filhos do vosso Pai que está no céu; porque ele faz nascer o sol sobre maus e bons e faz chover sobre justos e injustos. Pois, se amardes quem vos ama, que recompensa tereis? Os coletores de impostos também não fazem o mesmo? E, se cumprimentardes somente os vossos compatriotas, que fazeis de especial? Os gentios também não fazem o mesmo? Sede, pois, perfeitos, assim como perfeito é o vosso Pai celestial.

Assim como Jesus, seus seguidores devem mostrar benevolência para com seus inimigos a fim de refletir a bondade que Deus mostra para com as pessoas más. Por isso, eles devem ser "completos" ou "perfeitos" como seu Pai (isto é, devem almejar o alvo da lei dos últimos tempos, que o Pai reflete perfeitamente).[94] Se não o refletirem desse modo, não terão nenhuma recompensa no reino celestial. Jesus amplia essa mesma ideia quando, no Evangelho de Lucas, parece esclarecer que a "recompensa" de Mateus 5.46 é ser considerado "filho" por Deus: "Pelo contrário, amai vossos inimigos [...] e a vossa recompensa será grande, e sereis filhos do Altíssimo" (Lc 6.35). Em seguida, Jesus acrescenta: "Sede misericordiosos, como o vosso Pai é misericordioso" (Lc 6.36). Na era vindoura, os santos "não podem mais morrer; pois são iguais aos anjos e são filhos de Deus, filhos da ressurreição" (Lc 20.36). Se uma característica intrínseca de Deus é ter vida eterna, quando ele transmitir essa vida a seu povo no fim das eras, essas pessoas poderão ser chamadas de "filhos" dele, porque compartilharão e refletirão a vida do próprio Deus.[95] E não somente isso. Uma vez que Cristo foi declarado "Filho de Deus [...] pela ressurreição dos mortos" (Rm 1.4), o seu povo também é designado da mesma maneira pela ressurreição que terá[96] em virtude da identificação com Cristo pela fé (veja mais em Rm 8.14-24,29). Isso não é um paralelo eisegético de Lucas 20, o que fica evidente porque o próprio Jesus é chamado "Filho de Deus" em outras partes de Lucas (1.35; 4.3,9,41; assim tb. em 1.32; 3.22; 8.28; 9.35; 10.22; 22.70), incluindo o contexto imediatamente anterior (20.13, embora a locução exata seja "filho amado").

De modo semelhante, Jesus se refere a seus seguidores tornando-se "filhos da luz" quando "creem na luz" (i.e., creem em Jesus como a revelação de Deus). Ou seja, quando se identificam com Jesus, eles o refletem, bem como sua verdade reveladora. Talvez "filhos de Deus" tenha uma ideia semelhante à do povo de Deus ter semelhança familiar com ele (veja Jo 1.12; 11.52).

---

[94] Segundo Carson, *Matthew 1—12*, p. 161.
[95] Conforme Luke Timothy Johnson, *The Gospel of Luke*, SP 3 (Collegeville: Liturgical Press, 1991), p. 318. Que o atributo da vida divina está em mente em Lucas 20.36 é indicado também pela referência imediata a Êxodo 3.6 em Lucas 20.37. Êxodo 3.6 é expandido em 3.14,15, em que se presume a autoexistência como intrínseca ao ser de Deus, seguido imediatamente de novo pela referência tríplice a Yahweh como o Deus de Abraão, Isaque e Jacó.
[96] Ibidem.

Qual é a base para os seguidores de Jesus se tornarem filhos de Deus? Vimos antes neste capítulo que Jesus entendia a si mesmo como o Filho do Homem de Daniel 7, o qual também era o Filho de Deus e, como tal, o representante abrangente do verdadeiro povo escatológico de Deus, pessoas que, por identificação com ele, passam a ser os filhos de Deus. Em Jesus como o Filho do Homem, os crentes readquiriram a posição de verdadeiros filhos de Adão e filhos de Deus. Por isso, recuperam em Jesus, o Filho do Homem (Adão), a imagem escatológica de Adão. Como veremos no próximo capítulo, em relação à concepção paulina desse conceito, a posição dos cristãos no céu é de completa identificação com Cristo como o Último Adão e a imagem de Deus. Em sua vida terrenas, contudo, essa imagem, que começou a ser restaurada neles, ainda não está completa, mas estará na ressurreição final dos santos.

Conclusão e resumo: Jesus como o rei adâmico dos últimos tempos do reino escatológico de Israel que restaura a imagem de Deus

Analisei aqui a ideia do "reino" nos Evangelhos Sinóticos ao explicar de que forma Jesus é o Filho do Homem e ao examinar outros aspectos do reino. Na parte anterior do capítulo, entretanto, talvez tenha havido mais ênfase em Jesus como o Adão escatológico, aquele que restaurou a imagem de Deus e inaugurou a nova criação. Vimos que, assim como o primeiro Adão foi comissionado para ser um rei como imagem viva de Deus, Cristo é rei. Na verdade, vimos no início dos estudos de Gênesis 1—3 (cap. 1) que o governo de Adão devia ser uma expressão funcional do ser à imagem de Deus. Por isso, o início do exercício da soberania de Jesus nos Evangelhos Sinóticos está relacionado conceitualmente com seu reflexo funcional da imagem divina. Essa ligação com Adão ocorre de diversas maneiras, como estudamos anteriormente neste capítulo. O estudo anterior estabeleceu o tema de Adão e da nova criação em trechos significativos dos Evangelhos Sinóticos, de modo que a ideia do reino nos Sinóticos provavelmente esteja associada no aspecto conceitual à finalidade régia original de Adão, que deveria refletir Deus e seu governo na terra como um vice-regente fiel. Portanto, nos Sinóticos, o reino é um aspecto de Jesus como Adão escatológico e como aquele que está inaugurando a nova criação. Por exemplo, como observamos anteriormente neste capítulo, os milagres de Jesus de cura e de expulsão de demônios são exemplos de seu domínio sobre Satanás e sobre a natureza e representam a reversão em parte da maldição original do primeiro Adão por causa de sua desobediência. Essa maldição afetou o restante da humanidade, pois Adão era seu representante.

Jesus reflete as figuras veterotestamentárias de Adão e de Israel porque, como observamos antes, Israel e seus patriarcas receberam a mesma comissão de Adão em Gênesis 1.26-28. Consequentemente, não é exagero entender Israel como o Adão coletivo que fracassou em seu "jardim do Éden"[97], praticamente do mesmo modo que seu pai primordial, que fracassou no primeiro jardim. Por esses motivos, lembramos mais uma vez que um dos motivos por que Jesus é chamado "Filho de Deus" é que esse era um nome do primeiro Adão (Lc 3.38; cf. Gn 5.1-3) e de Israel (Êx 4.22; Os 11.1). Lembre-se mais uma vez também que a imagem divina que Adão devia refletir se expressava mais em termos funcionais do que ontológicos: Adão tinha de refletir as ações de Deus de subjugar e dominar a criação, de Gênesis 1, criando e enchendo o mundo com sua criação. Portanto, Adão tinha de "dominar e subjugar", "frutificar e multiplicar" (isto é, aumentar a descendência humana da criação), e "encher a terra" com seres portadores de imagem que refletem a glória divina. Vimos ainda que a metáfora da "filiação" em Gênesis 5.1-3 descrevia basicamente alguém que era à "semelhança" e à "imagem" de seu pai, de modo que o próprio Adão devia ser considerado um "filho" de Deus porque ele também foi criado à "imagem" e "semelhança" de Deus (Gn 1.26; 5.1).

---

[97] Observa-se mais uma vez os textos do AT em que a Terra Prometida de Israel é chamada de "jardim do Éden" (Gn 13.10; Is 51.3; Ez 36.35; Jl 2.3).

Igualmente, a expressão "Filho do Homem" de Daniel 7.13 se refere ao Israel dos últimos tempos e a seu rei representante como o filho de Adão, que é soberano sobre os animais (não se pode esquecer de que o Filho do Homem domina os reinos de antigos impérios do mal retratados como animais). Com esse contexto, entende-se por que é natural que "Filho do Homem" fosse um dos modos prediletos de Jesus referir-se a si mesmo.

Portanto, Jesus Cristo é o filho de Adão, ou o "Filho do Homem", que começou a fazer o que o primeiro Adão não fez e a herdar o que o primeiro Adão não herdou, incluindo a glória dos últimos tempos, que é o reflexo perfeito da imagem de Deus. Mas ele também é o verdadeiro Israel dos últimos tempos, para o qual as aplicações de Filho do Homem a Jesus de Daniel 7 também apontam de modo contundente, uma vez que a figura adâmica de "Filho do Homem [Adão]" é interpretada, antes de tudo, no próprio texto de Daniel 7 como os santos de Israel. Entretanto, como estudamos anteriormente neste capítulo, uma leitura atenta de Daniel 7.13 revela que o Filho do Homem também é um rei divino individual que representa Israel coletivamente. Vimos também neste capítulo e no capítulo 1 que Daniel 7 tem múltiplas alusões a Gênesis 1, o que reforça a ideia de um contexto adâmico. Nesse sentido, correndo o risco de ser demasiadamente repetitivo, desejo enfatizar, mais uma vez, que a nação de Israel, como portadora da incumbência de Adão (a comissão de Gênesis 1.28 foi aplicada a Israel repetidamente), era considerada um Adão coletivo e também tinha de refletir a imagem de Deus de modo funcional (veja cap. 1). *Essa identificação é o eixo fundamental para as conclusões bíblico-teológicas deste capítulo e dos outros a seguir.* Logo, os papéis de Jesus de Último Adão e de verdadeiro Israel são os dois lados da mesma moeda histórico-redentora.

Portanto, Jesus veio como o Filho de Deus adâmico dos últimos tempos, representando o Israel coletivo e, ao fazer isso, ele estava fazendo o que Adão devia ter feito, obedecendo plenamente a Deus. Com isso, Jesus estava inaugurando o reino da nova criação e restaurando a imagem funcional de Deus naqueles a quem representa. Porque Jesus foi o perfeito Adão, portanto a imagem perfeita de Deus como o primeiro Adão devia ter sido, todos os que confiam em Jesus e o seguem são identificados com ele na condição do Adão régio do fim dos tempos e da imagem escatológica de Deus.

No capítulo a seguir, analisaremos como esse tema da imagem divina é retomado e desenvolvido no pensamento de Paulo.

Excurso 1 Outros aspectos escatológicos do reino inaugurado dos últimos tempos nos Evangelhos Sinóticos

Os Evangelhos Sinóticos enfatizam, especialmente, Jesus como o rei de Israel que está inaugurando o reino dos últimos dias. Há muito boas análises dessa ideia no ministério de Jesus.[98] Como o assunto já foi desenvolvido por outros estudiosos, o propósito aqui é fazer uma breve descrição de Jesus como o governante do reino dos últimos tempos. O objetivo é resumir alguns desses estudos anteriores e relacioná-los com os temas escatológicos que estudamos até aqui neste capítulo.[99]

---

[98]Para uma boa análise dos diversos aspectos do reino de Deus no ministério de Jesus, veja Peter Stuhlmacher, *Biblische Theologie des Neuen Testaments* (Göttingen: Vandenhoeck & Ruprecht, 1992), vol. 1, caps. 5-8.

[99]Veja, p. ex., Herman Ridderbos, *The coming of the kingdom*, tradução para o inglês de H. de Jongste, edição de Raymond O. Zorn (Philadelphia: P&R, 1962); Thomas R. Schreiner, *New Testament theology: magnifying God in Christ* (Grand Rapids: Baker Academic, 2008), p. 41-79; Ladd, *Presence of the future*. Em especial, veja Ridderbos, *Coming of the kingdom*, p. xi-xxxiv, e Ladd, *Presence of the future*, p. 3-42, para bons panoramas dos debates do século 20 de especialistas em NT sobre a escatologia nos Evangelhos Sinóticos, particularmente acerca das seguintes perspectivas: a espiritualização não escatológica, a escatológica "consistente" (interpretação exclusivamente futurista), a escatológica "realizada" e a "já e ainda não".

Nos Sinóticos, várias menções ao "reino" não são claras quando se trata de saber se elas se referem ao reino inaugurado ou à forma definitiva futura do reino.[100] No entanto, há algumas referências importantes em que se pode identificar com mais clareza um período de tempo, e é para essas que nos voltamos agora. O "reino" jamais tem uma definição clara nos Evangelhos Sinóticos. Por isso, a melhor maneira de entender a ideia do reino é no contexto do reino profetizado de Israel no AT[101] e também no contexto do reinado adâmico de Gênesis 1—3; sobre o segundo já apresentei uma exposição. Vimos neste capítulo e anteriormente no livro que a chegada do reino dos últimos tempos implicaria não somente a derrota dos inimigos de Israel por um líder vindouro, mas também o retorno de Israel à terra e a Deus, quando haverá um novo templo e o derramamento do Espírito de Deus (caps. 2—4). É esse reino que Jesus considera no início de sua inauguração e cujo centro é o próprio Cristo. Como disse George Ladd, o reino que Jesus estava inaugurando implicava, antes de tudo, a irrupção do governo de Deus no meio de seu povo e, em segundo lugar, um reinado sobre um domínio, tudo o que se consumará no fim da história.[102]

Panorama da estrutura de tempo do reino dos últimos tempos nos Evangelhos Sinóticos

D. A. Carson resumiu bem a estrutura do "já e ainda não" do reino que Jesus inaugurou, sobretudo com respeito às parábolas que explicam o reino.[103] O estudo de Carson se restringe ao Evangelho de Mateus, mas suas conclusões são válidas para o âmbito do reino em Marcos e Lucas. O verbo grego no aoristo passivo *hōmoiōthē* ("tem sido comparado a", em Mt 13.24; 18.23; 22.2) e o futuro passivo *homoiōthēsetai* ("será comparado a", em Mt 7.24,26; 25.1) não significam "ser semelhante a" ou "ser comparado com", e, sim, mais precisamente, "tornar-se como" ou "ser como [algo]". O aoristo passivo do verbo se refere ao reino inaugurado no passado, e o futuro passivo, ao reino ainda não consumado.[104]

Essas duas formas passivas do verbo *homoioō* delimitam o âmbito do tempo escatológico das parábolas do reino que introduzem. Entretanto, existem referências no tempo presente em outras parábolas sobre o reino que usam a forma nominal dos verbos mencionados ao apresentar outras parábolas: "o reino do céu é como [*homoia estin*]" (Mt 13.31,33,44,45,47; 20.1). Por isso, Carson alega que as expressões no tempo presente se concentram não no reino presente nem no reino futuro, mas no reino em sua totalidade plena (Mt 13.31,33), em seu valor intrínseco (Mt 13.44,45) e em sua natureza essencialmente graciosa (Mt 20.1).[105] Embora essa seja a nuance do verbo no tempo presente das introduções das parábolas, ele ainda tem restrições temporais. Ou seja, o verbo é uma descrição do reino inteiro, que começou no passado recente, está progredindo no presente e será consumado no futuro. Além disso, é significativo que as outras duas categorias de declarações sobre o reino se refiram explicitamente às formas passada e futura desse reino (usando os verbos no aoristo e no futuro) e parece apropriado haver parábolas que se refiram à forma presente e progressiva do reino. Portanto, embora as parábolas do reino iniciadas por "é como" façam referência à natureza orgânica do reino como um todo, o foco pode bem ser a natureza da forma presente inaugurada do reino (ao menos pode estar incluído nas referências).

---

[100] Veja, p. ex., Mateus 5.19,20; 6.10,33; 9.35; 13.19; Marcos 4.30; 9.1; 10.14; Lucas 1.33; 4.43; 6.20.
[101] Veja Schreiner, *New Testament theology*, p. 45, 49.
[102] Ladd, *Presence of the future*, p. 122-48.
[103] D. A. Carson, "The *homoios* word-group as introduction to some Matthean parables", *NTS* 31 (1985): 277-82.
[104] O aoristo passivo às vezes é usado e traduzido por "aquilo a que ele [o reino] tem se assemelhado"; igualmente, o futuro passivo é traduzido por "aquilo a que ele [o reino] se assemelhará" (para o passivo de *homoioō* como esse, veja At 14.11; Rm 9.29; Hb 2.17).
[105] Alguns estudiosos chamariam esse uso do verbo de "presente gnômico", quando não é tanto o tempo que está sendo indicado, mas um aspecto atemporal ou condição de existência.

Portanto, essas três fórmulas introdutórias para as parábolas se concentram na relação conceitual entre as formas "já" e "ainda não" do reino dos últimos tempos, que havia acabado de ser inaugurado com Jesus e seu ministério.[106]

A natureza inaugurada, inesperada e transformada do reino dos últimos tempos

Não é difícil encontrar exemplos clássicos do aspecto inaugurado do reino. Logo no início de sua "pregação do reino de Deus", Jesus anunciava: "O tempo está cumprido, e o reino de Deus está próximo. Arrependei-vos e crede no evangelho" (Mc 1.14,15). O tempo das profecias do AT sobre o reino estava começando a se cumprir. Do mesmo modo, logo no início do ministério de pregação de Jesus, segundo o Evangelho de Lucas, ele entrou na sinagoga de Nazaré e "levantou-se para fazer a leitura. Entregaram-lhe o livro do profeta Isaías; e ele abriu o rolo" (Lc 4.16,17). Em seguida, leu a passagem de Isaías 61.1,2: "O Espírito do Senhor está sobre mim, porque me ungiu para anunciar boas-novas aos pobres; enviou-me para proclamar libertação aos cativos e restauração da vista aos cegos, para pôr em liberdade os oprimidos e para proclamar o ano aceitável do Senhor" (Lc 4.18,19).

Depois de ler esse trecho de Isaías, Jesus disse: "Hoje se cumpriu esta passagem da Escritura que acabais de ouvir" (Lc 4.21). O trecho de Isaías lido por Jesus fazia parte de uma profecia mais ampla da restauração de Israel do cativeiro nos últimos tempos, ocasião em que todas as nações seriam subordinadas a Israel. Jesus estava mostrando que essa profecia havia começado com o próprio início do seu ministério. Ele é aquele sobre quem está "o Espírito do Senhor", que trazia "boas-novas aos aflitos" e proclamava "libertação aos cativos" e "liberdade aos presos" (Is 61.1). A derrota de Satanás no deserto (Lc 4.1-13) o capacitou para começar a cumprir Isaías 61. Essa derrota foi confirmada ainda pelo poder de Jesus sobre os demônios (Lc 4.33-37). Portanto, a verdadeira e definitiva liberdade e redenção espiritual poderia ser anunciada a Israel, que ainda estava cativo em seu pecado, embora um remanescente tivesse retornado fisicamente do Exílio babilônico.[107] A grande e esperada restauração dos últimos dias estava começando com Jesus, uma restauração indissociavelmente ligada às profecias do reino a Israel.

Talvez um dos aspectos mais surpreendentes do reino de Jesus é que ele não parece o tipo de reino profetizado no AT e esperado pelo judaísmo. Parte da explicação para essa condição inesperada é que o reino havia começado, mas ainda não se consumara, e essa falta de consumação continuaria indefinidamente. Isso é diferente das profecias veterotestamentárias dos últimos dias, cujos acontecimentos preditos deviam ocorrer todos ao mesmo tempo no fim da história. O aspecto inesperado talvez esteja mais explícito nas parábolas de Jesus sobre o reino em Mateus 13. Depois que Jesus contou a Parábola do Semeador e dos Solos, seus discípulos lhe perguntaram: "Por que falas às multidões por meio de parábolas?" (v. 10). Jesus começa a responder: "Porque a vós é dado conhecer os mistérios do reino do céu, mas não a eles" (v. 11).

A referência a "mistério" (*mystērion*) no versículo 11 ocorre entre a narração e a explicação da Parábola dos Solos e faz parte do interlúdio mais extenso dos versículos 10-17. Esse interlúdio introduz não só a interpretação da Parábola dos Solos, mas também uma série de outras parábolas nos versículos 24-52 referentes ao reino. A intenção do interlúdio é enfatizar o propósito das parábolas.

Os versículos 11-17 apresentam as razões que apoiam essa resposta inicial sobre falar por parábolas para comunicar os "mistérios do reino". A palavra decisiva no início da resposta de Jesus à pergunta dos discípulos é "mistérios", que George Eldon Ladd explicou brevemente à luz do contexto de Daniel 2. Ele afirma que "mistério" em Daniel 2 se refere à revelação divina acerca

---

[106] O estudo de Carson contradiz a ideia de que o "reino do céu" é totalmente futuro em Mateus e de que apenas as referências a "reino de Deus" em Mateus estão relacionadas com o momento presente do reino (contra a tese de Margaret Pamment, "The kingdom of heaven according to the first Gospel", *NTS* 27 [1981]: 211-32).

[107] Mais adiante (caps. 15, 19) vou investigar de modo mais aprofundado como a volta de Israel do exílio começou com a vinda e o ministério de Jesus de acordo com a descrição dos Evangelhos Sinóticos e Atos.

de questões escatológicas ocultas ao entendimento humano, mas depois reveladas por Deus ao profeta. Ladd entende que "mistério" tem a mesma ideia geral em Mateus e no restante do NT.[108] O AT, especialmente Daniel 2, havia profetizado que o reino chegaria de forma visível, esmagaria toda oposição, julgaria todos os gentios ímpios e estabeleceria Israel como um reino que governaria sobre toda a terra. O mistério é a revelação de que "na pessoa e na missão de Jesus [...] o reino que virá finalmente com poder apocalíptico, conforme a predição de Daniel, na verdade entrou no mundo de modo antecipado e oculto para operar em segredo nas pessoas e entre elas".[109]

O contexto do mistério e do reino de Daniel 2 é melhor identificado por outras afinidades com o reino em Mateus 13: (1) os mistérios de Daniel e de Mateus têm uma ligação escatológica (observe-se "nos últimos dias" em Dn 2.28); (2) os dois se referem à interpretação inesperada oculta de uma mensagem divina (lembre-se de que a interpretação de Daniel para a estátua gigante do sonho do rei teria sido uma surpresa para o rei porque envolvia o juízo contra o próprio rei); (3) ambos se referem a pessoas (pelo menos em parte) que não entendem a importância da mensagem (provavelmente o rei [apesar da interpretação posterior] e certamente seus intérpretes equivocados), ao contrário do remanescente fiel de Daniel e seus amigos (contraste entre os que entenderão e os "de fora" que não entenderão em Mt 13.11,12); (4) ambos têm foco escatológico na derrota que Deus impõe aos reinos do mundo mau e no estabelecimento de um reino eterno associado com o céu (cp. Dn 2.44 com Mt 13.40-42,49,50); (5) essa derrota é realizada pela pedra eleita (embora não esteja em Mt 13; cp. Dn 2; *4Ed* 13 com Mt 21.42-44; Lc 20.18). Diante de todos esses paralelos mencionados, a referência ao "mistério" em Mateus 13.11 e as parábolas logo em seguida acerca do mistério do reino devem ser entendidas como cumprimento inicial da profecia do mistério/reino de Daniel 2, paradoxal e contrário a todas as expectativas. Esse cumprimento da profecia de Daniel 2 é explicado no panorama a seguir das parábolas do reino em Mateus 13 (v. 24-52).

Além do contexto de Daniel 2 para "mistério", a citação de Isaías 6 em Mateus 13.14,15 explica ainda a resposta inicial de Jesus aos discípulos,[110] como fazem as seguintes parábolas de Mateus 13, que contêm alusões ao AT. Ladd explica que essas parábolas em Mateus 13.24-52 explicam o cumprimento oculto ou inesperado da forma inicial do reino profetizado no AT (observe-se a ideia explícita de algo oculto nos v. 33,44).[111] Enquanto o AT e o judaísmo esperavam que o reino chegasse de uma só vez, "estrondoso", com as manifestações externas de poder e impondo-se à força às pessoas, o reino de Jesus chega primeiro de maneira inaugurada e, ao contrário das expectativas, diz respeito à decisão interna do coração de receber ou não a mensagem do reino (a Parábola dos Solos). Por isso, o crescimento do reino não pode ser medido pela vista, uma vez que cresce invisivelmente (a Parábola do Fermento).[112] Ao contrário das expectativas evidentes do AT e das expectativas do judaísmo, o juízo final ainda não havia chegado, por isso os justos e os ímpios ainda não estão separados, mas continuam coexistindo até o fim da história (a Parábola do Trigo e do Joio). A forma completa do reino não se estabelece de modo imediato e universal, como se esperava, em vez disso começa minúscula e, depois de um processo de crescimento, enche o mundo (a Parábola do Grão de Mostarda). Embora o reino esteja oculto, ele deve ser desejado como um tesouro ou uma pérola de valor inestimável.[113] Jesus começa a manifestar seu

---

[108]Ladd, *Presence of the future*, p. 223-4; de igual modo, A. E. Harvey, "The use of mystery language in the Bible", *JTS* 31 (1980): 333.

[109]Ladd, *Presence of the future*, p. 225.

[110]Os limites deste estudo impedem a análise da citação de Isaías 6.

[111]Sobre esse assunto, veja Ladd, *Presence of the future*, p. 229-42.

[112]Do mesmo modo, em Lucas 17.20,21, Jesus é indagado sobre o momento em que o reino de Deus virá e explica, contrariando as expectativas dos fariseus, que o reino já chegou, mas de modo invisível: "Interrogado pelos fariseus sobre quando o reino de Deus viria, Jesus lhes respondeu: 'O reino de Deus não vem com sinais exteriores; nem dirão: "Está aqui!" ou: "Está ali!" Pois o reino de Deus está entre vós'" (ou "em vós").

[113]Ladd, *Presence of the future*, p. 229-42.

governo dominando as forças inimigas invisíveis (o Diabo e seus agentes demoníacos), em vez de derrotar as forças físicas visíveis do inimigo de Israel, a saber, Roma.

A análise de Ladd de "mistério" em Mateus 13 é perspicaz e convincente. A explicação para a natureza inesperada e invisível do reino é que na fase inicial o reino celeste está entrando no mundo velho e caído. Quando vier o fim definitivo, o mundo inteiro será transformado em um novo cosmo, onde a esfera física e a espiritual estarão completamente sobrepostas e formarão uma única realidade.

Outros exemplos da presença inesperada e transformada do reino escatológico inaugurado
Mateus 11: João Batista, Jesus e o ingresso no reino

Mateus 11.11-13 afirma que o reino chegou e trouxe uma nova revelação:

> Em verdade vos digo que, entre os nascidos de mulher, não surgiu outro maior que João Batista! Mas o menor no reino do céu é maior que ele. E, desde os dias de João Batista até agora, o reino do céu sofre violência, e os homens violentos o tomam pela força. Pois todos os Profetas e a Lei profetizaram até João.

O versículo 11 afirma que João Batista foi o último representante oficial do período vetero-testamentário e que nesse período não houve ninguém maior que ele. Contudo, na nova era do reino, até os menores são maiores que João porque "era melhor ouvir as boas-novas e receber a cura e a vida da salvação messiânica do que ser um grande profeta como João Batista"[114] (esp. à luz de Mt 13.16,17). Isso é verdade, pois o AT havia prometido que as bênçãos da era vindoura seriam infinitamente maiores do que as da era do AT (conforme, p. ex., Jl 2.28; Ez 39.29).

Esse entendimento de Mateus 11.11 é apoiado por: (1) o versículo 11 compara os membros do reino com João; (2) o versículo 12 diz que, desde os dias de João, algo relacionado ao reino de Deus está acontecendo; (3) o versículo 13 afirma que com João terminava uma era — a era da Lei e dos Profetas. Portanto, João pôs fim à Lei e aos Profetas; a partir de João, começa uma nova era que se chama "o reino do céu".[115]

O texto de Mateus 11.12 é particularmente difícil: "E, desde os dias de João Batista até agora, o reino do céu sofre violência [ou 'avança com poder'], e os homens violentos o tomam pela força". O verbo *biazetai* (NASB: "sofre violência") pode ser entendido de várias maneiras,[116] mas provavelmente é melhor não interpretá-lo na voz passiva, e sim na voz média: "o reino do céu <u>exerce sua força</u> (ou "avança com poder"), e "os homens violentos o tomam pela força" se refere à reação radical poderosa e positiva necessária dos que desejam entrar no reino.[117] Essa perspectiva é apoiada ainda pelo texto de Lucas 16.16, que provavelmente é um paralelo interpretativo de Mateus 11.12: "O evangelho do reino de Deus é anunciado, e todo homem entra

---

[114]Ibidem, p. 201.
[115]Ibidem, p. 199-201.
[116]Alguns estudiosos interpretam *biazetai* como verbo passivo (assim como "sofre violência"). Por causa disso, alguns entendem que o passivo se refere (1) ao arrependimento suscitado por Jesus, que "arrancar[ia]" o reino escatológico do céu e forçaria sua chegada; (2) aos zelotes tentando tomar o reino e forçando sua chegada; ou (3) a uma batalha entre espíritos maus e o reino de Deus — isto é, espíritos maus atacando o reino. As duas últimas perspectivas entendem que o reino sofre violência na pessoa de seus servos quando são perseguidos ou seus inimigos tentam impedir que os indivíduos entrem no reino.
[117]A principal objeção a essa visão é que *biastai* no v. 12b tem de ser entendido de forma negativa como "homens violentos", de modo que o verbo anterior *biazō* também deve ser negativo e interpretado como indicativo de ações contrárias ao reino. Porém, não há usos suficientes no NT para identificar o desenvolvimento de um padrão no uso do verbo *biazō* nem do substantivo *biastēs*, utilizados geralmente tanto de modo negativo quanto positivo. Uma vez que Jesus usou metáforas radicais envolvendo a violência física para se referir à reação positiva dos homens ao reino, é coerente que *biastai* apareça entre essas metáforas (cf. Mt 10.34-39; 13.44; Lc 14.26). Parafraseando a perspectiva que defendo: "O reino do céu age poderosamente e exige uma reação poderosa".

nele com violência".[118] Lucas utiliza *euangelizetai* em vez de *biazetai* de Mateus, o que resulta neste sentido: o poder do reino manifesta-se pela pregação do reino — isto é, as palavras de Cristo e suas ações —, que exige uma reação radical daqueles que desejam seguir a Cristo e entrar no reino presente.

Na verdade, Mateus 11.2-6 apoia a ideia de um reino inaugurado: João expressa incerteza se Jesus é o Messias esperado porque Jesus, ao que parecia, não estava cumprindo o juízo consumador nem trazendo com ele o reino conforme as expectativas. Jesus ordena aos discípulos de João que contem a ele que Jesus é o Messias, mas está inaugurando o reino de um modo inesperado (v. 6,15,19). É por causa disso que o povo pode ser tentado a tropeçar em Jesus (v. 6), e são necessários ouvidos espirituais para não tropeçar (v. 15).[119]

A SOBERANIA DE JESUS SOBRE SATANÁS E SUAS FORÇAS DEMONÍACAS

O começo do domínio de Jesus sobre o reino de Satanás é expresso com muito vigor em Mateus 12.24-29:

> Mas os fariseus ouviram isso e disseram: "Este homem expulsa os demônios somente por meio de Belzebu, o chefe dos demônios". Mas Jesus, conhecendo-lhes os pensamentos, disse-lhes: "Todo reino dividido contra si mesmo será destruído; e toda cidade, ou casa, dividida contra si mesma não subsistirá. Se Satanás expulsa a Satanás, está dividido contra si mesmo. Como o seu reino sobreviverá? E, se expulso os demônios por meio de Belzebu, por quem os vossos filhos os expulsam? Por isso, eles mesmos serão vossos juízes. Mas, se é pelo Espírito de Deus que expulso demônios, então o reino de Deus chegou a vós. Como pode alguém entrar na casa do valente e roubar-lhe os bens, sem que primeiro o amarre? Só depois lhe saqueará a casa".

Aqui o foco está na continuação da resposta de Jesus, no versículo 28, aos fariseus que o acusaram de expulsar demônios pelo poder de Satanás. No versículo 28, Jesus afirma que expulsa demônios "pelo Espírito de Deus", evidência de que "o reino de Deus chegou [*ephthasen*] a vós". O versículo 29 é uma metáfora do que Jesus está fazendo com o reino de Satanás ao inaugurar seu reino: ele está no processo de derrotar o governo de Satanás (o texto paralelo de Lc 11.21,22 enfatiza ainda mais a ideia de conflito).

Na mesma perspectiva, Lucas 10.17-19, analisado anteriormente neste capítulo, mas também pertinente aqui, reflete Jesus e seus seguidores derrotando os poderes do mal:

> E os setenta e dois voltaram alegres, dizendo: "Senhor, até os demônios se submetem a nós em teu nome". Ele lhes disse: "Eu vi Satanás cair do céu como um raio. Eu vos dei autoridade para pisar serpentes e escorpiões, e autoridade sobre todo o poder do inimigo; nada vos fará mal algum".

A base para os seguidores de Jesus terem autoridade sobre o domínio dos poderes do mal é a própria derrota que Jesus impôs a Satanás (v. 18). A vitória de Jesus sobre Satanás no versículo 8 pode ter ocorrido na tentação (Mt 4; Lc 4) ou pode ser uma visão antecipatória (passado profético) da cruz ou da segunda vinda. Concordo com Ladd que Jesus via na missão plena de êxito dos setenta evidências da derrota de Satanás e a inauguração do reino de Deus (cf. Lc 10.9,11). O que Jesus diz no versículo 18 talvez se refira ao efeito de todo o seu ministério, culminando na cruz e na ressurreição como sua vitória final e individual sobre Satanás.[120]

---

[118]De acordo com a tradução de Ladd, *Presence of the future*, p. 164
[119]Esse estudo geral de Mateus 11.2-6,11-13 baseia-se principalmente em Ladd, *Presence of the future*, p. 158-66.
[120]Sobre esse assunto, veja Ladd, *Presence of the future*, p. 157. João identifica a vitória de Jesus sobre Satanás na cruz (Jo 12.31-33; 16.11; cf. 16.33). Observe-se a relação da vitória de Jesus sobre Satanás em João 12.31-33 com a inauguração do reino no contexto próximo anterior (Jo 12.13,15,23).

Jesus como Rei messiânico

Ao longo deste capítulo, tem havido referências às expectativas judaicas de um Messias e algumas menções a Jesus como cumprimento dessas expectativas. Esse assunto merece mais análise aqui, embora as restrições do livro não permitam um desenvolvimento extenso. Sem dúvida, as expectativas judaicas de um Messias se baseavam, ao menos em parte, nas profecias do AT acerca de um Messias. Entre esses textos clássicos estão Isaías 9.6,7, Miqueias 5.2-5 e Salmos 110.1-4. O texto de Daniel 9.25,26 prediz a vinda do "Messias", que será "cortado" (a LXX traduz por "será destruído"). Parece que seria possível identificar o "Messias" de Daniel 9 com o "Filho do Homem" de Daniel 7.13. É provável que a comunidade cristã mais antiga tivesse entendido que essa profecia de Daniel 9 havia sido cumprida na morte de Jesus na cruz, apesar de Daniel 9 nunca ser identificado explicitamente dessa maneira.

Veremos mais adiante (cap. 21, seção "A esperada universalização das promessas do Antigo Testamento acerca da terra no próprio Antigo Testamento") que Salmos 72.17 é um desenvolvimento da comissão repetida de Gênesis 1.28 e se aplica ao rei vindouro dos últimos tempos, que dominará sobre todo o mundo, apesar de a palavra "Messias" não aparecer no texto (veja tb. Zc 9.9,10). De modo semelhante, veremos, na mesma seção do livro, que no salmo 2 Deus prometeu ao "Messias" (Sl 2.2,7): "te darei as nações como tua herança, e as extremidades da terra como tua propriedade" (2.8). As metáforas "herança" e "propriedade" são alusões às promessas patriarcais de dar a terra de Canaã a Israel. Conforme estudamos, essas promessas patriarcais também estão ligadas à repetida comissão de Gênesis 1.28.

Por isso, as promessas messiânicas nesses salmos estão relacionadas ao rei vindouro que participará do cumprimento da comissão de Adão, uma comissão que, como vimos, se repete no Pentateuco e em outras partes do AT (veja cap. 1, seção "A transmissão da comissão de Adão a seus descendentes"). Essa conclusão seria reforçada se o "Filho do Homem [Adão]" de Daniel 7 fosse identificado com o "Messias" de Daniel 9.

Ao longo da narrativa dos Evangelhos, Jesus é tratado como o "Messias" ou "Cristo". Ao que tudo indica, essas identificações de Jesus como o Messias estão ligadas, ao menos em parte do tempo e em alguma medida, às expectativas veterotestamentárias mencionadas anteriormente de um rei messiânico como alguém que governaria a terra, cumprindo assim as expectativas que o primeiro rei adâmico não cumpriu. É importante lembrar especialmente o estudo do início deste capítulo[121] sobre a expressão "O livro da genealogia de Jesus Cristo [Messias]" em Mateus 1.1. Descobrimos que há apenas duas passagens em todo o AT em que ocorre a expressão *biblos geneseōs* ("livro da genealogia"): Gênesis 2.4 e 5.1,2, as duas associadas a Adão, particularmente Gênesis 5.1 ("Este é o livro da geração de Adão"). Portanto, a expressão de Mateus parece ser uma alusão proposital a essas duas declarações logo no início do livro de Gênesis, em especial a segunda. Uma vez que Mateus está relatando uma genealogia de Jesus, concluímos que provavelmente a referência de Gênesis 5.1 é o foco principal e que Jesus como o "Messias" está sendo retratado com o pincel genealógico de Adão.[122]

---

[121] Veja no subtítulo anterior "O início de Mateus e dos outros Evangelhos apresentam Cristo como o Adão dos últimos tempos inaugurando a nova criação".

[122] Veja Stuhlmacher, *Biblische Theologie*, vol. 1, caps. 9 e 12, para mais informações acerca de Jesus como "Messias", em que se discute também o contexto judaico para um Messias, assim como a condição de Jesus como "Messias" em relação ao "Filho do Homem". Igualmente, veja ibidem, cap. 14, para uma boa e concisa análise dos títulos de Jesus: "Senhor", "Cristo" e "Filho de Deus".

Excurso 2 Jesus como o rei messiânico e o Último Adão/ Filho do Homem e Filho de Deus, que no Evangelho de João restaura a imagem divina

Creio que as conclusões deste capítulo acerca de Jesus como o rei messiânico e, especialmente, como o Último Adão/Filho do Homem e Filho de Deus, e verdadeiro Israel, que restaura a imagem de Deus na humanidade não seriam alteradas se prosseguíssemos com o estudo desses temas no Evangelho de João. Entretanto, as evidências para nossas conclusões seriam reforçadas e esclarecidas por essa investigação do Evangelho de João. Infelizmente, os limites deste livro não permitem o tipo de estudo que gostaríamos de realizar, incluindo uma interação com a literatura produzida sobre esse assunto.[123]

---

[123] Veja, p. ex., Schreiner, *New Testament theology*, p. 226-9, que chega à mesma conclusão quanto ao Filho do Homem nos Evangelhos Sinóticos, embora use linguagem distinta; igualmente, veja Donald Guthrie, *New Testament theology* (Leicester: Inter-Varsity Press, 1981), p. 282-90 [edição em português: *Teologia do Novo Testamento* (São Paulo: Cultura Cristã, 2011)], que afirma que a perspectiva de João sobre o Filho de Homem está basicamente de acordo com a dos Sinóticos, embora contribua com alguns aspectos que desenvolva mais explicitamente o que está nos Sinóticos. Do mesmo modo, George Eldon Ladd, *A theology of the New Testament* (Grand Rapids: Eerdmans, 1974), p. 264 [edição em português: *Teologia do Novo Testamento* (São Paulo: Hagnos, 2008)] conclui que João "complementa, mas não contradiz a tradição sinótica". A apresentação joanina de Jesus como o "Filho de Deus" sem dúvida é mais clara que a dos Sinóticos, principalmente no que diz respeito ao foco na autoconsciência de Jesus de que ele é o Filho de Deus, mas isso "torna explícito o que estava implícito nos Sinóticos" (ibidem, p. 247; bem como Guthrie, *New Testament theology*, p. 312).

13

A restauração inaugurada dos últimos tempos da imagem de Deus na humanidade

Paulo, Hebreus e Apocalipse

Depois de considerar, no início do capítulo anterior, o aspecto tríplice da comissão adâmica e parte dos antecedentes judaicos mais pertinentes com respeito à glória e à imagem de Adão, agora podemos examinar o entendimento paulino da imagem de Deus em relação à vinda de Cristo e o efeito dela em seu povo. Como no caso dos Evangelhos Sinóticos no capítulo anterior, Paulo entende que Jesus veio fazer o que o primeiro Adão deveria ter feito. Isto é, o estabelecimento da nova criação e do reino por Jesus tinha de acontecer com ele refletindo a imagem funcional de Deus. Ao fazer isso, Jesus representa seu povo, para que essas pessoas também sejam formadas à imagem de Deus dos últimos tempos. Essa ideia, como no capítulo anterior, continua desenvolvendo a penúltima parte da minha proposta de enredo bíblico-teológico da edificação da nova criação e do reino.

O apóstolo Paulo é o único autor do NT que afirma claramente que Cristo é à imagem de Deus e um Adão escatológico[1] e, ao menos uma vez, faz as duas declarações juntas.

A imagem do Último Adão nos textos de Paulo

A imagem do Último Adão em 1Coríntios 15

O texto de 1Coríntios 15.45-54 é a única passagem em que Paulo menciona Jesus tanto como "o último Adão" quanto como um ser segundo uma "imagem". Há muitas dificuldades nessa passagem, mas a intenção aqui é focalizar Cristo como aquele que reconquista a imagem original de Adão e transforma seu povo nessa imagem. O trecho pertinente começa no versículo 35, em que são feitas algumas perguntas sobre o modo e a natureza da ressurreição. O começo da resposta menciona a oposição entre a realidade gloriosa e a realidade não gloriosa da criação (v. 36-41). Os versículos 42-44 aplicam, explicitamente, essas realidades opostas

---

[1] Embora, como veremos adiante, Hebreus 1 e 2 chegue bem próximo de expressar a mesma ideia.

da criação ao contraste entre os corpos humanos perecíveis e os imperecíveis, ressuscitados da morte. Os versículos 45-50 apresentam como o ápice desse contraste a antítese entre o primeiro Adão e o Último Adão:

> Assim, também está escrito: "Adão, o primeiro homem, tornou-se alma vivente". O Último Adão se tornou espírito que dá vida. Mas primeiro não veio o espiritual, e sim o natural; depois veio o espiritual. O primeiro homem foi feito da terra, é terreno; o segundo homem é do céu. À semelhança do homem terreno, assim também são os da terra. E à semelhança do homem celestial, assim também são os do céu. Assim como trouxemos a imagem do homem terreno, traremos também a imagem do homem celestial. Mas digo isto, irmãos: carne e sangue não podem herdar o reino de Deus; nem o que é perecível pode herdar o imperecível.

Há, pelo menos, uma comparação antitética entre as duas figuras dessa passagem no contexto de 1Coríntios 15 (veja tabela 13.1).

Tabela 13.1

Primeiro Adão	Último Adão
resulta em morte (v. 22)	resulta em vida
resulta em corpo perecível (v. 42)	resulta em imperecibilidade
resulta em desonra (v. 43a)	resulta em glória
resulta em fraqueza (v. 43b)	resulta em poder
resulta em corpo natural (v. 44)	resulta em corpo espiritual
"não podem herdar o reino de Deus" (v. 50)	

A comparação[2] pode até se aproximar de uma associação tipológica: o primeiro Adão era um equivalente que prefigurava o Último Adão (Rm 5.14 até utiliza a palavra *typos* ["tipo"] do primeiro Adão, "o qual era um tipo daquele que haveria de vir"). Não há consenso se a tipologia é antes de tudo analogia ou se envolve um elemento de prefiguração. Em outro texto, defendi a última hipótese.[3] Parece que ela se ajusta à passagem em questão.[4] O pecado

---

[2]Lembro-me de ter visto essa comparação em algum texto, mas não consegui encontrá-la. Veja David E. Garland, *1 Corinthians*, BECNT (Grand Rapids: Baker Academic, 2003), p. 733-34, que contém no parágrafo seguinte uma tabela semelhante, mais desenvolvida no aspecto conceitual. (Agradeço a Seth Ehorn, um dos meus orientandos de pesquisa, por ter encontrado a referência de Garland.)

[3]Para o debate, veja os artigos de David L. Baker, G. P. Hugenberger e Francis Foulkes em *The right doctrine from the wrong texts? Essays on the use of the Old Testament in the New*, organização de G. K. Beale (Grand Rapids: Baker Academic, 1994).

[4]Sobre esse assunto, veja G. K. Beale, "Did Jesus and his followers preach the right doctrine from the wrong texts? An examination of the presuppositions of the apostles' exegetical method", *Themelios* 14 (1989): 89-96. Dois indicadores favorecem o elemento de prefiguração aqui: (1) "Porque, assim como a morte veio por um homem, também por um homem veio a ressurreição dos mortos" (v. 21). Isso é apresentado como o motivo por que (*gar*, "pois") o v. 20 afirma que Cristo foi ressuscitado dentre os mortos como "as primícias dos que estão dormindo". Ou seja, Cristo foi ressuscitado dos mortos como progenitor de uma raça da ressurreição *porque* o primeiro Adão morreu e trouxe a morte para seus descendentes. (2) Um "primeiro" Adão implica a necessidade de um segundo ou "Último" Adão (sobre isso, alguns estudiosos têm afirmado que a protologia implica a escatologia). O v. 45 parece formular a lógica nesse segundo ponto, especialmente se a oração conclusiva sobre o "Último Adão" for vista como parte da tentativa paulina de desdobrar o significado original obscuro de Gênesis 2.7. Nesse sentido, a expressão introdutória "está escrito" pode introduzir não só a oração gramatical sobre o primeiro Adão, mas também aquela a respeito do último Adão. Se esse for o caso, Paulo considerava Adão em Gênesis 2.7 um tipo do último Adão (acerca dessa linha de argumentação, veja Richard B. Gaffin Jr., *The centrality of the resurrection: a study in Paul's soteriology* [Grand Rapids: Baker Academic, 1978], p. 79-82).

mortal de Adão exigia basicamente sua anulação em outro Adão, que realizaria um ato doador de vida.[5] E assim como os descendentes terrenos e corruptíveis se assemelham a seu pai corruptível, Adão, também os que estão relacionados com o Último Adão celestial se parecem com este (v. 47-49). A declaração apoteótica desses últimos três versículos afirma que, assim como os redimidos são portadores da "imagem do homem terreno [o primeiro Adão]", eles também serão portadores da "imagem do homem celestial [o Último Adão]" (v. 49).

Portanto, nos versículos 45-49 há referência clara a Cristo como um Adão escatológico e àqueles que portarão sua "imagem".[6] Ao transformar-se em "Espírito doador de vida", Cristo transforma seu povo à sua imagem. A questão não é Jesus ser transformado ontologicamente em puro "ser espiritual". Antes, na sua condição de ressurreto fisicamente, que, sem dúvida, é uma condição transformada em comparação com os corpos anteriores à ressurreição, ele passa a se identificar funcionalmente com o Espírito, aquele que o ressuscitou dos mortos (Rm 1.4). Essa identificação funcional com o Espírito o capacita para realizar a obra de transformação escatológica do Espírito, que ressuscita as pessoas da morte. A ideia é muito semelhante à de Atos 2.32,33, em que, graças à sua ressurreição, Cristo derrama o Espírito e transforma as pessoas em Pentecostes.[7]

A análise a seguir dos crentes serem "transformados" (v. 51,52) porque "se revestirão [ou "vestirão as roupas"] do que é incorruptível" (v. 53,54) é mais um desdobramento da ideia de ser transformado na imagem do Último Adão imperecível (como veremos na análise de Colossenses 3.9,10 mais adiante). É possível que a metáfora das vestes comece no versículo 49, em que a ideia de "trazer a imagem" indica, na verdade, "vestir a imagem" (muito semelhante a alguém usar um brasão ou um emblema).[8] Essa exposição de Cristo e seu povo tornando-se segundo a imagem divina dos últimos tempos pela ressurreição é outro modo de falar da nova criação, visto que a nova criação será um estado incorruptível e imperecível. A imagem caída de Adão é retificada pela ressurreição de Cristo, que, como vimos repetidas vezes, é uma ideia equivalente à da nova criação. Na verdade, Cristo não apenas reconquista a imagem de Deus caída em Adão, mas a restaura para uma etapa escatológica além do que o primeiro Adão vivenciou (isto é, uma etapa de incorruptibilidade).[9]

É improvável que seja coincidência que, como vimos em Gênesis 1 e 2, Adão tenha sido criado à imagem de Deus para agir como um rei fazendo avançar o reino de Deus em uma nova criação, por isso Paulo fala de Cristo e dos que têm a imagem dele como estando no reino de uma nova criação pela existência da ressurreição. Em particular, a implicação clara do versículo 50 é que a ressurreição do povo de Cristo o levará a herdar o reino, visto que a ressurreição de Cristo é descrita antes explicitamente como o acontecimento que inaugura seu

---

[5]Anthony Thiselton chega a uma conclusão semelhante e diz que "a 'antiga' criação *precisa* não somente de 'correção', mas também de um novo começo em uma nova criação" (*The First Epistle to the Corinthians: a commentary on the Greek text*, NIGTC [Grand Rapids: Eerdmans, 2000], p. 182) (grifo do autor). Veja tb. Gaffin, *Centrality of the resurrection*, p. 82, nota 14, seguindo Geerhardus Vos.

[6]Thiselton (*First Epistle to the Corinthians*, p. 1289-90) entende que o v. 49 é uma antecipação de Romanos 8.29 ("Pois os que conheceu de antemão, também os predestinou para se tornarem conformes à imagem de seu Filho, a fim de que ele seja o primogênito entre muitos irmãos").

[7]Gaffin, *Centrality of the resurrection*, p. 85-92.

[8]Thiselton, *First Epistle to the Corinthians*, p. 1289-90. Para as imagens de vestuário nos v. 49-54 e a ideia de que o v. 49 se refere a "vestir" a imagem adâmica de Deus restaurada, que é a existência transformada em um nível mais elevado até mesmo que o do primeiro Adão antes da Queda, veja tb. Jung Hoon Kim, *The significance of clothing imagery in the Pauline corpus*, JSNTSup 268 (London: T&T Clark, 2004), p. 197-200. Para uma linguagem metafórica de "vestir" muito semelhante em referência à imagem de Deus, veja a análise de Colossenses 3.9,10 adiante.

[9]Sobre essa ideia, veja novamente Gaffin, *Centrality of the resurrection*, p. 82, nota 14.

reino no presente, que será consumado na ressurreição de todos "os que pertencem a Cristo na sua vinda" (v. 20-28). O primeiro Adão também teve um confronto com um inimigo em que perdeu e, consequentemente, sofreu a morte, ao passo que, em 1Coríntios 15, o Último Adão obtém a vitória sobre os seus inimigos e sobre o último inimigo, a morte (v. 25-27,54-57). Os crentes que se identificam com a ressurreição de Cristo partilham de sua vitória (v. 54, 57). Em meio à exposição anterior de que a ressurreição de Cristo inaugura o reino (v. 27), é natural que Paulo cite Salmos 8.7 da LXX (8.6, TM) ("Pois ele sujeitou todas as coisas debaixo de seus pés"), que é a elaboração mais clara em todo o AT de Gênesis 1.26-28. O pecado de Adão tornou seu labor vão (Gn 3.17-19), mas a identificação "imutável" do cristão com o Último Adão resulta no "labor" que não é "vão" (1Co 15.58).

A passagem de 1Coríntios 15, portanto, nos apresenta uma contraparte antitética do primeiro Adão de Gênesis 1—3 realmente surpreendente. Isso é um exemplo excelente de que o entendimento de Paulo da imagem de Deus recuperada em Cristo é um aspecto do estabelecimento do reino de nova criação. Apesar de Romanos 5.12-21 não mencionar a imagem de Deus nem a de Adão, o texto é bem parecido com 1Coríntios 15.45-50 no contraste entre Cristo e o primeiro Adão, que é um "tipo daquele [Cristo] que viria" (Rm 5.14). O primeiro Adão desobedeceu e, como representante, trouxe a condenação para todos, ao passo que o Último Adão obedeceu e, como representante, trouxe a justificação para todos os que nele creem. Talvez haja alguma ligação com o conceito da imagem de Deus em Romanos 6.4-6, passagem que certamente está relacionada lógica e tematicamente com a argumentação anterior do capítulo 5. Romanos 6.4-6 diz:

> Portanto, fomos sepultados com ele na morte pelo batismo, para que, como Cristo foi ressuscitado dentre os mortos pela glória do Pai, assim andemos nós também em novidade de vida. Porque, se fomos unidos a ele na semelhança da sua morte, certamente também o seremos na semelhança da sua ressurreição. Pois sabemos isto: o nosso velho homem foi crucificado com ele, para que nosso corpo de pecado fosse destruído, a fim de não servirmos mais ao pecado.

No versículo 4, os crentes são identificados com a morte de Cristo a fim de que andem "em novidade de vida", assemelhando-se, assim, a Cristo, que "foi ressuscitado dentre os mortos pela glória do Pai". O versículo 5 explica isso nos trechos: "unidos a ele na semelhança [*homoiōma*] da sua morte" e "da sua ressurreição". O versículo 6 afirma que a identificação com Cristo significa que nosso "velho homem" (isto é, a identificação anterior com o velho Adão) foi destruída em Cristo, de modo que a nova existência é citada como "novidade de vida" (v. 4), que é a identificação com Cristo (identificado em Rm 5 como o oposto do velho Adão ou, por implicação, pelo novo Adão) na sua nova existência ressurreta.

Parece que a identificação dos crentes com a "semelhança" com Cristo aqui é desenvolvida mais adiante em Romanos 8.29: "Pois os que conheceu de antemão, também os predestinou para se tornarem conformes à imagem de seu Filho, a fim de que ele seja o primogênito entre muitos irmãos". Em Romanos 8.12-30, a linguagem figurada referente ao cristão ser à "imagem" de Cristo (Rm 8.29), ter "filiação" (Rm 8.14,15,19,23) e "glória" (Rm 8.17,18,21,30) é um eco muito significativo da narrativa da Criação de Gênesis 1. Como observamos no capítulo 1, Adão era filho de Deus criado à sua imagem para refletir sua glória.[10] A ideia resumida em Romanos 8.29 é esta: ao ser ressuscitado, Cristo foi declarado o Filho de Deus (Rm 1.4), que, como Último Adão, representa plenamente a imagem de Deus e reflete sua glória, e os

---

[10]Nesta parte, sigo J. R. Daniel Kirk, *Unlocking Romans: resurrection and the justification of God* (Grand Rapids: Eerdmans, 2008), p. 135, 137, 139, 141-43, 148-9, que me lembrou das ligações entre Gênesis 1 e Romanos 8.

crentes estão unidos com o Cristo ressurreto, portanto refletem também a imagem e a glória de Deus (e de Cristo) e se tornam filhos adotivos.[11] "Glória" e "imagem" praticamente como sinônimos aqui está de acordo com esse uso intercambiável das duas palavras em outros trechos dos escritos paulinos (1Co 11.7; 2Co 3.18; 4.4) e em outras partes do NT (Hb 1.3), no AT (Sl 106.20) e no judaísmo (Filo, *Leis Esp*. 4.1644; 4Q504, frag. 8, I:4).[12]

A imagem do Último Adão em Colossenses 1.15-18 e 3.9,10

O assim chamado poema de Colossenses 1.15-20 tem recebido mais atenção dos comentaristas do que qualquer outra passagem da epístola. Analisarei, em primeiro lugar, essa passagem e, depois, Colossenses 3. Aqui, posso apenas apresentar uma análise breve de Colossenses 1.15-18 e mencionar algumas das principais linhas de interpretação no passado.[13] Se está correta a conclusão da maioria dos especialistas de que Paulo faz alusão a um hino que já existia, então o apóstolo o adaptou para adequá-lo ao contexto do que escreveu.[14] Como não temos o contexto do hino preexistente para com ele interpretar o uso paulino, precisamos nos concentrar no modo em que Paulo usa o fraseado desse hino no contexto de sua epístola. À medida que investigarmos o hino, veremos que seus temas são desenvolvimentos do contexto anterior. Mais diretamente, os versículos 15-20 são uma explicação dos versículos 13b e 14: "seu Filho amado, em quem temos a redenção, isto é, o perdão dos pecados".[15]

Esses versículos podem ser divididos de modo geral em duas seções: a supremacia de Cristo sobre a primeira criação (v. 15-17) e a supremacia de Cristo sobre a nova criação (v. 18-20), que analisei no fim do capítulo 9.

> Ele é a imagem do Deus invisível, o primogênito sobre toda a criação; porque nele foram criadas todas as coisas nos céus e na terra, as visíveis e as invisíveis, sejam tronos, sejam domínios, sejam principados, sejam autoridades; tudo foi criado por ele e para ele. Ele existe antes de todas as coisas, e nele tudo subsiste.
>
> Ele também é a cabeça do corpo, que é a igreja; é o princípio, o primogênito dentre os mortos, para que em tudo tenha o primeiro lugar. Por isso, foi do agrado do Pai que nele habitasse toda a plenitude, e por meio dele reconciliasse consigo mesmo todas as coisas consigo, tanto as que estão na terra como as que estão no céu, tendo feito a paz pelo sangue de sua cruz.

---

[11] Veja tb. ibidem, p. 143.

[12] Cf. tb. Romanos 3.23; *V.A.E.* [*Vita*] 12.1; 16.2; 17:1. *V.A.E.* [*Apocalipse*] 20.2; 21.6, em que "glória" aparece sozinha, mas é equivalente à imagem de Deus; observe-se, p. ex., *V.A.E.* [*Apocalipse*] 20.2: "Tu [a serpente] me privaste [Eva] da glória com a qual fui vestida".

[13] Para mais informações sobre o poema e seu contexto e significado, veja Peter T. O'Brien, *Colossians, Philemon*, WBC 44 (Waco: Word, 1982), p. 31-2; N. T. Wright, *The Epistles of Paul to the Colossians and to Philemon*, TNTC (Grand Rapids: Eerdmans, 1986), p. 63-80; John M. G. Barclay, *Colossians and Philemon: a commentary*, NTG (Sheffield: Sheffield Academic Press, 1997), p. 56-68; Michael Wolter, *Der Brief an die Kolosser, der Brief an Philemon*, ÖTK (Gütersloh: Mohn, 1993), p. 70-1; James D. G. Dunn, *The Epistles to the Colossians and to Philemon: a commentary on the Greek text*, NIGTC (Grand Rapids: Eerdmans, 1996), p. 83-104; Hans Hübner, *An Philemon, an die Kolosser, an die Epheser*, HNT 12 (Tübingen: Mohr Siebeck, 1997), p. 55; para uma bibliografia útil sobre o hino, veja Petr Pokorný, *Colossians: a commentary*, tradução para o inglês de Siegfried S. Schatzmann (Peabody: Hendrickson, 1991), p. 56-7; Eduard Lohse, *A commentary on the Epistles to the Colossians and to Philemon*, tradução para o inglês de William R. Poehlmann; Robert J. Karris, edição de Helmut Koester, Hermeneia (Philadelphia: Fortress, 1975), p. 41.

[14] Para críticas importantes à tese de que essa passagem baseia-se em um hino já existente, veja O'Brien, *Colossians, Philemon*, p. 32-7.

[15] O restante dessa seção sobre Colossenses é uma breve revisão de G. K. Beale, "Colossians", in: G. K. Beale; D. A. Carson, orgs., *Commentary on the New Testament use of the Old Testament* (Grand Rapids: Baker Academic, 2007), p. 851-5, 865-8 [edição em português: *Comentário do uso do Antigo Testamento no Novo Testamento*, tradução de C. E. S. Lopes et al. (São Paulo: Vida Nova, 2014)].

Um contexto adâmico para o retrato de Cristo: "a imagem de Deus"

Vários comentaristas entendem corretamente que a referência a Cristo como a "imagem do Deus invisível" (Cl 1.15) é, ao menos em parte, uma alusão a Gênesis 1.27: "Deus criou o homem à sua imagem; à imagem de Deus o criou" (LXX: "Deus criou o homem conforme a imagem de Deus"). A linguagem de Paulo aqui é praticamente idêntica à que ele usa em outro texto em referência ao "homem" ser "a imagem e a glória de Deus" (1Co 11.7, em que a alusão a Gn 1.27 é clara).[16] O pensamento do apóstolo pode ter sido conduzido a essa referência não somente por causa da alusão repetida a Gênesis 1.28 no contexto anterior (Cl 1.6,10), mas também por causa da menção de "Filho" no versículo 13: o pronome relativo "quem" (*hos*), como o do versículo 14 ("quem", *hō*), tem como antecedente "seu Filho amado", no versículo 13. Filiação, como estudamos anteriormente, às vezes está ligado indissociavelmente à ideia de imagem de Deus de Gênesis 1. Por exemplo, como já observamos nos capítulos anteriores, em Gênesis 5.1-4, a ideia de Adão ser segundo a imagem de Deus significa que ele era filho de Deus, pois, quando o filho de Adão nasceu, o texto bíblico afirma que Adão "gerou um filho à sua semelhança, conforme sua imagem" (Gn 5.3).

O judaísmo antigo às vezes estabelecia uma ligação estreita entre a ideia de filiação de Adão e a de Adão ser feito à imagem de Deus; algumas vezes chegava até a dizer que ele é a imagem do Deus "invisível". O livro *Vida de Adão e Eva* [*Apocalipse*] (cerca de 100 d.C.) se refere a Deus como o "Pai invisível" de Adão, porque "ele é tua imagem" (35.2,3). Filo (*Plantio* 18-19), que enfatiza apenas o aspecto da "imagem", também ressalta que Adão foi criado "para ser uma reprodução genuína daquele Espírito temível, o Divino e Invisível" e foi "criado conforme a imagem de Deus [Gn 1.27], não porém conforme a imagem de qualquer coisa criada".[17] Como um segundo Adão, Noé é descrito recebendo a comissão adâmica original de Gênesis 1.28 e, por isso, declara-se que nasceu "para ser a semelhança do poder de Deus e a imagem visível da natureza invisível [*eikōn tēs aoratou*]" de Deus (Filo, *Moisés* 2.65[18] [cf. Cl 1.15: *eikōn tou theou tou aoratou*]).

Paulo interpreta de modo independente a ideia veterotestamentária da imagem adâmica na mesma linha do judaísmo ou segue a trajetória interpretativa iniciada no judaísmo antigo. Em qualquer dos casos, o apóstolo entende que Cristo era a imagem de Deus antes da criação e ainda o é, mas agora essa imagem teve sua função realçada de modo histórico-redentor. Cristo veio em forma humana e cumpriu o que o primeiro Adão não havia cumprido; consequentemente, como ser humano ideal e divino, Cristo reflete a imagem que Adão e os outros personagens bíblicos deveriam ter refletido, mas não o fizeram.

Em Colossenses 1.15, também se observa uma clara ligação com Gênesis 1.26,27 porque exatamente o mesmo trecho "que é a imagem de Deus" ocorre em 2Coríntios 4.4, em que Paulo provavelmente se refere a Cristo como a imagem imaculada do que o primeiro Adão deveria ter sido, já que 2Coríntios 4.6 ("Das trevas brilhará a luz") cita Gênesis 1.3 como outra explicação de 2Coríntios 4.4.[19] Além disso, assim como em Colossenses 3.10, 2Coríntios 3.18 afirma que os cristãos são "transformados" nessa "imagem". Também é impressionante a semelhança entre Colossenses 1.15 e Romanos 8.29. O segundo texto ecoa Gênesis 1.27

---

[16] Sobre 1Coríntios 11.7, veja Gordon D. Fee, *First Epistle to the Corinthians*, NICNT (Grand Rapids: Eerdmans, 1987), p. 515.

[17] Igualmente, Filo diz: "a Divindade invisível estabeleceu na alma invisível a impressão de si mesma, a fim de que nem a região terrestre ficasse sem um quinhão da imagem de Deus" (*Pior* 86-87).

[18] Tradução minha; a edição da LCL traduz: "nascido para ser à semelhança do poder de Deus e imagem da sua natureza, o visível do Invisível".

[19] Em Filipenses 2.6,7, em que se lê que Cristo "existiu na forma de Deus [...] e, tornando-se semelhante aos homens", ao que parece tem a mesma importância de 2Coríntios 4.4.

(observe-se a alusão a Gn 3.17-19 em Rm 8.20): Cristo é "a imagem" (à qual os crentes são "conformados") e o "primogênito". No contexto de Colossenses 1.15-17, afirma-se, com certeza, a preexistência de Cristo, mas o foco do versículo 15a é seu estado presente de primogênito e imagem de Deus ("ele é a imagem").[20]

Portanto, a ênfase nessa primeira oração de Colossenses 1.15 está em Cristo como revelação encarnada do Deus invisível. Essa ênfase na revelação encarnada também está indicada em Colossenses 1.12-14, em que o contexto da redenção do êxodo foi aplicado à redenção do povo de Deus por meio de seu Filho. Na verdade, o versículo 15 continua a descrever o "Filho", que efetuou a redenção e o perdão dos pecados por seu povo.[21] Do mesmo modo, 1Coríntios 15.45-49 afirma que Cristo é portador da imagem celestial do Último Adão, que os cristãos refletirão plenamente na parúsia. Considerar Colossenses 1.15 sobretudo à luz do contexto de Gênesis é uma linha de interpretação seguida por muitos comentaristas, embora alguns resistam energicamente a ela.[22] Mas é difícil não ver que "imagem" em Colossenses 1.15 tem o mesmo contexto e o mesmo significado de "imagem" em Romanos 8.29, 2Coríntios 4.4 e 1Coríntios 15.45-49.

Entretanto, mesmo que a ideia aqui fosse somente Cristo ser à imagem de Deus antes do início da Criação, a identificação com a ideia de ser o Adão ideal se mantém: se o Cristo exaltado foi a expressão plena da imagem de Deus, então ele sempre havia sido a imagem divina. Portanto, "aquele que pode ser definido conforme a terminologia adâmica (Gn 1.27) também pode ser considerado existente antes de Adão e ter estado ao lado do Criador, bem como ao lado da criação".[23] Esse padrão está presente em Filipenses 2.6,7, em que Cristo "existia em forma de Deus" antes da encarnação e depois se fez "semelhante aos homens", duas expressões que os comentaristas agora consideram ter identificação adâmica.[24] N. T. Wright observou que é correto que Cristo em seu estado divino antes da encarnação pudesse ser considerado a imagem de Deus, pois a tarefa do homem ideal que representaria Israel e salvaria o mundo é uma tarefa que o AT também atribui a Deus. De fato, a gloriosa autoridade do homem ideal (em cumprimento de Gn 1.26-28; Sl 8; Dn 7.13,14) é (de acordo com Is 45) perfeitamente adequada para o próprio Deus.[25] É bem provável que a descrição da condição de Cristo anterior à encarnação com a palavra "imagem" seja um modo de retratá-lo "como, digamos, um homem em potencial".[26] Assim como 2Coríntios 8.9 pode mencionar o Messias preexistente por seu nome encarnado posterior "Senhor Jesus Cristo", o mesmo também acontece no caso de chamar o Cristo preexistente de a "imagem" humana de Deus, "da mesma forma que poderíamos dizer 'a rainha nasceu em 1925'"[27] ou "'o primeiro-ministro estudou Economia na Universidade de Oxford'".[28]

Portanto, parece melhor entender que Cristo como "imagem" de Deus em Colossenses 1.15 indica sua filiação e "revelação [encarnada] do Pai, bem como sua preexistência — tanto

---

[20]Muitos comentaristas acreditam que a descrição figurada da Sabedoria no judaísmo e em Provérbios 8.22-27 (como "o princípio dos seus feitos" antes da Criação) está por trás de Colossenses 1.15-17. Para uma análise desse possível pano de fundo, veja Beale, "Colossians", p. 855, 857. Nesta obra, afirmo que esse pano de fundo não seria necessariamente mutuamente exclusivo com o adâmico de Gênesis 1, mas outros estudiosos são inflexíveis em afirmar que apenas o pano de fundo da Sabedoria está em mente, e não o de Adão em Gênesis.

[21]Assim tb. N. T. Wright, *The climax of the covenant: Christ and the law in Pauline theology* (Minneapolis: Fortress, 1992), p. 109.

[22]Veja, p. ex., Jean-Noël Aletti, *Saint Paul, Épître aux Colossiens: introduction, traduction et commentaire*, EBib 20 (Paris: Gabalda, 1993), p. 94-116.

[23]Andrew T. Lincoln, "Colossians", in: *NIB* 11:597.

[24]Veja, p. ex., Wright, *Climax of the covenant*, p. 56-98 (esp. p. 57-62, 90-7).

[25]Ibidem, p. 95.

[26]Ibidem. Essa é uma conclusão de Wright em relação a Cristo ser segundo a "forma de Deus" em Filipenses 2.6.

[27]Ibidem, p. 116.

[28]Ibidem, p. 98.

funcional quanto ontológica".[29] Entretanto, como veremos, a ideia de preexistência de Cristo também está em mente porque o restante de Colossenses 1.15-17 indica que a existência de Cristo no começo da primeira criação está em mente. A mesma ideia dupla ocorre em João 1.1-18, Filipenses 2.6-11 e Hebreus 1.2—2.9.

Contudo, no caso improvável de que em Colossenses 1.15 não esteja presente a ideia de um contexto adâmico de Gênesis 1, a segunda parte da passagem (1.18), que assegura o papel de Cristo na nova criação, provavelmente indicaria que ele é o novo Adão e, por implicação, representa a imagem divina do modo que o primeiro Adão devia representar. Isso é ressaltado também por Colossenses 3.10,11 (sobre esse texto, veja a seguir), em que Cristo é provavelmente retratado como a imagem do "novo homem", segundo o qual os crentes estão sendo renovados. Se existe ligação entre Colossenses 1.15 e 3.10, o que é provável, o entendimento da natureza adâmica da imagem em Colossenses 1.15 é uma implicação natural.

Um contexto adâmico para o retrato de Cristo: "o primogênito"

A menção logo a seguir na segunda linha de Colossenses 1.15 de Cristo como o "primogênito [*prōtotokos*] sobre toda a criação" ressalta e explica mais a ideia de que ele era uma figura adâmica, segundo a imagem de Deus, e o "filho" de Deus. O AT afirma repetidas vezes que o primogênito de toda família israelita alcançava autoridade ao receber os direitos da herança. O judaísmo antigo remontava esse conceito ao primeiro Adão, visto que Adão era o primogênito de toda a criação humana.[30] Por aplicação semelhante, Cristo é o Último Adão, o primogênito não apenas de toda a humanidade na nova criação (sobre isso, veja Cl 1.18 adiante), mas também de "toda [todas as coisas na velha] a criação".

Até Israel foi chamado de "primogênito" de Deus (*prōtogonos*).[31] A nação foi assim chamada provavelmente porque recebeu o mesmo mandato (Gn 1.28) de Adão e de Noé, que era uma personificação do segundo Adão. Por isso, como já observamos repetidas vezes, Israel era uma figura adâmica coletiva incumbida de cumprir os mesmos propósitos de Adão. Colossenses 1.15 revela Cristo recapitulando em si os propósitos da duas figuras veterotestamentárias, sendo, portanto, um governador do modo que Adão e Israel deviam ter sido, refletindo a imagem de Deus (veja Gn 1.28).

Portanto, é compreensível que Salmos 88 na LXX (Sl 89 nas traduções em português) falava que o vindouro rei messiânico escatológico de Israel tinha Deus por "pai" e era o "primogênito [*prōtotokos*]" e herdeiro de uma posição "mais elevada do que os reis da terra", e de um "trono" que dura "para sempre" (Sl 88.27-29,36,37, LXX).[32] É provável que "primogênito" em

---

[29]O'Brien, *Colossians, Philemon*, p. 44, embora "ontológico" não exclua necessariamente "funcional". É melhor referir-se aqui à existência de Cristo na época da "primeira criação" e na época da "nova criação", o que envolve as categorias funcional, ontológica e temporal.

[30] Veja, p. ex., *Rab.* de Nm 4.8, em que a razão por que os "primogênitos" israelitas foram redimidos pelos levitas e receberam o "direito de herança" é que "Adão foi o primogênito do mundo" e serviu de sacerdote, assim como sua descendência representativa até que os levitas fossem estabelecidos.

[31]Consequentemente, Israel foi "comparado a um primogênito [*prōtogonos*]" (Eo 36.17 [36.11, LXX]); Israel também era o "primogênito, filho único" de Deus (*4Ed* 6.58), seu "filho amado e [...] primogênito" (*Sl. Sal.* 13.9, e "primogênito e único filho" (*Sl. Sal* 18.4). Também Filo, *Fuga* 208: "Israel, o filho nascido livre e o primogênito" [*prōtogonos*], embora a referência seja a Jacó, que é chamado de "Israel" e é o progenitor de Israel, representando e encarnando coletivamente a posterior nação de Israel. Veja Robert W. Wall, *Colossians and Philemon*, IVPNTC (Downers Grove: InterVarsity, 1993), p. 67-8. Wall entende tanto a lei de primogenitura quanto o "primogênito" Israel como partes do contexto da expressão paulina.

[32]Veja J. B. Lightfoot, *Saint Paul's Epistles to the Colossians and to Philemon*, ed. rev., CCL (Grand Rapids: Eerdmans, 1961), p. 147. Lightfoot também cita o paralelo de Hebreus 12.23: "igreja do primogênito", que provavelmente indica que a igreja ocupa uma posição exaltada para herdar as bênçãos escatológicas.

Colossenses 1.15 inclua uma alusão a essa passagem do salmo.³³ Paulo afirma que Cristo é o cumprimento da profecia do salmo. O judaísmo posterior entendia que o salmo 88 poderia referir-se ao rei escatológico vindouro com base na analogia com Êxodo 4.22, em que, sobre a nação, Deus diz: "Israel é meu filho, meu primogênito" (*Rab.* de Êx 19.7, cujo contexto identifica principalmente o patriarca Jacó com "Israel", que em seguida é comparado por analogia ao Messias vindouro). Nesse sentido, também pode haver algum tipo de relação implícita em Salmos 88 com Adão como rei primogênito sobre a terra. O que indica ainda mais uma alusão ao salmo 88 é o uso da palavra *christos* duas vezes no salmo (Sl 88.39,52, LXX) para se referir a Israel e ao uso da forma verbal (*chriō*) em referência a Davi e, implicitamente, ao descendente davídico vindouro que será o rei escatológico representante da nação (veja Sl 88.20-29,35-37, LXX). Embora "Cristo" como nome próprio não ocorra no poema de Colossenses 1.15-20, ele ocorre repetidas vezes no contexto próximo (Cl 1.1-4,7,24,27,28).³⁴

A outra referência a Cristo como existente "antes de todas as coisas" (Cl 1.17a) ressalta ainda mais o papel dele de "primogênito" de toda a criação (Cl 1.15). As três descrições de Cristo nos versículos 15-17 ("imagem de Deus", "primogênito", "antes de todas as coisas") são, portanto, modos diferentes de se referir a Cristo como o Adão dos últimos tempos, uma vez que eram formas comuns de se referir ao primeiro Adão ou aos que eram figuras adâmicas incumbidas com a mesma tarefa de Adão, fosse Noé, fossem os patriarcas, fosse a nação de Israel. Assim como a prioridade temporal de Adão não era o foco principal de sua finalidade, mas contribuiu para o plano fundamental de ser ele um governante do mundo, também esses títulos de Colossenses não tinham a intenção de apenas indicar a prioridade temporal de Cristo em relação à velha criação, mas de enfatizar especialmente sua soberania sobre ela.³⁵ A ideia pré-temporal não indica que Cristo era a primeira parte da criação, mas que ele "nasceu antes dela",³⁶ o que o distingue do restante da criação. A distinção de Cristo da criação é realçada pela afirmação de que ele é o Criador.³⁷

É essa questão de soberania mundial que Salmos 88 na LXX (Sl 89) enfatiza com respeito ao rei messiânico "primogênito". Particularmente, a oração gramatical "eu o farei primogênito" em Salmos 88.28 na LXX (Sl 89.27) é seguida imediatamente pela expressão "mais elevado do que os reis da terra", o que revela, no mínimo, que as duas ideias, de prioridade temporal e soberania, são indissociavelmente ligadas, se a última não for explicação da primeira.³⁸

---

³³Veja T. K. Abbott, *A critical and exegetical commentary on the Epistles to the Ephesians and to the Colossians*, ICC (New York: Charles Scribner's Sons, 1905), p. 210; os seguintes comentaristas também veem um eco do salmo: E. K. Simpson; F. F. Bruce, *Commentary on the Epistles to the Ephesians and the Colossians*, NICNT (Grand Rapids: Eerdmans, 1957), p. 194; O'Brien, *Colossians, Philemon*, p. 43.

³⁴Do mesmo modo, Filo surpreendentemente se refere à figura angélica de grau hierárquico superior (aquele "que é o primogênito entre os anjos, um arcanjo por assim dizer") como "o primogênito de Deus [...] 'o Princípio' [...] o Homem segundo a imagem dEle [...], que é Israel"; e aqueles que querem ser representados por essa figura angélica podem se tornar "filhos de Deus" (citando Dt 14.1; 32.18) e "filhos da imagem invisível dele [...] [que] é a imagem primogênita de Deus" (*Confusão* 145-147 [veja tb. Filo, *Sonhos* 1.215; *Agricultura* 51; *Confusão* 62-63]). O anjo provavelmente foi concebido para ser o representante celestial de Israel.

³⁵Igualmente, a importância dos "primogênitos" israelitas era que ganhavam autoridade sobre a casa e a herança, e cada uma das referências de Filo ao anjo do mais alto escalão chamado "primogênito" também enfatiza isso (exceto *Sonhos* 1.215).

³⁶Corretamente de acordo com C. F. D. Moule, *The Epistles of Paul to the Colossians and to Philemon*, CGTC (Cambridge: Cambridge University Press, 1957), p. 76, no sentido de "geração eterna do filho".

³⁷E. F. Scott, *The Epistles of Paul to the Colossians, to Philemon and to the Ephesians*, MNTC (London: Hodder & Stoughton, 1948), p. 21.

³⁸Como sugeriu Teodoro de Mopsuéstia, citado em Abbott, *Epistles to the Ephesians and to the Colossians*, p. 211; igualmente, Apocalipse 1.5, também fazendo alusão a Salmos 88.27-29,36, ressalta que a ressurreição de Cristo o colocou em uma posição de soberania.

Essa posição de autoridade também se fundamenta no reconhecimento de que Cristo é o Criador soberano do mundo (Cl 1.16, em que aparece um *hoti* introdutório) e sustenta soberanamente sua contínua existência (Cl 1.17b). Portanto, Cristo incorpora perfeitamente a posição soberana que Adão e seus imperfeitos sucessores humanos deviam ter tido. Cristo é, ao mesmo tempo, o divino e perfeito Criador de todas as coisas, separado daquilo que criou e soberano sobre essa criação, fato que é particularmente realçado pela oração gramatical "tudo foi criado por ele e para ele" no final de Colossenses 1.16.[39]

Como é amplamente sabido, Colossenses 1.15-17 fala da soberania de Cristo sobre a primeira criação, e Colossenses 1.18-20 afirma a soberania dele na segunda, a nova criação que foi inaugurada. Nesse sentido, o título idêntico de "primogênito" é aplicado de novo a fim de indicar mais uma vez o domínio de Cristo sobre a nova ordem por causa de sua ressurreição da morte (Cl 1.18c). Sua prioridade na nova criação implica sua majestade e domínio sobre ela (para paralelos relevantes, veja Hb 1.2-5; 2.5-9). Mais uma vez, vemos a ideia de que a ressurreição de Cristo é o começo da nova criação e também o indicador de sua soberania real sobre ela.

As razões que explicam a posição de Cristo de soberano na nova era são mencionadas em Colossenses 1.19,20: (1) ele é a plena expressão de Deus (ampliada em Cl 2.9 como "pois nele habita corporalmente toda a plenitude da divindade") e (2) ele inaugurou o processo de restabelecimento da relação harmoniosa da criação consigo mesma e com Deus (i.e., "reconciliando"). Paulo retrata Cristo como Deus e Adão encarnado dos últimos tempos para confirmar que "Jesus cumpre os propósitos que Deus havia designado *tanto* para ele *quanto* para a humanidade".[40] O plano original para a humanidade alcança sua realização plena no Último Adão. A falha do primeiro Adão deixou uma lacuna de obediência necessária para a humanidade alcançar seu aperfeiçoamento escatológico, de modo que até a desobediência do primeiro Adão apontava tipologicamente para a obediência de outro Adão.

A IMAGEM DO ÚLTIMO ADÃO EM COLOSSENSES 3.9,10

Com base ("portanto", *oun* [v. 5]) na identificação dos crentes com a morte e a ressurreição de Cristo (Cl 3.1-4), Paulo os exorta a viver como novas criaturas ressurretas, e não como os que pertencem ao velho mundo (Cl 3.5—4.6). Em Colossenses 3.9,10 Paulo diz:

> Não mintais uns aos outros, pois já vos despistes do velho homem com suas ações más, e vos revestistes do novo homem, que se renova para o pleno conhecimento segundo a imagem daquele que o criou.

O contexto de Gênesis 1 da "imagem de Deus" em Colossenses 3.10

A primeira alusão clara ao AT nesse trecho aparece em Colossenses 3.10. O apóstolo Paulo descreve os verdadeiros cristãos como aqueles que se revestiram do novo homem: "... vos revestistes do novo homem [*anthrōpos*], que se renova para o pleno conhecimento <u>segundo a imagem daquele que o criou</u> [*kat' eikona tou ktisantos auton*]".[41] Essa alusão está relacionada

---

[39] Sobre a última locução, veja Dunn, *Epistles to the Colossians and to Philemon*, p. 90-1.
[40] Wright, *Paul to the Colossians and to Philemon*, p. 70-1.
[41] Isso é uma referência a Gênesis 1.26,27: "E disse Deus: '<u>Façamos o homem à nossa imagem</u>...'. E Deus <u>criou o homem à sua imagem; à imagem de Deus o criou</u>" (p. ex., cf. v. 27b: *ton anthrōpon kat' eikona theou epoiēsen auton*; enquanto Paulo usa *ktizō* para "criar", a LXX de Gn 1.26,27 usa *poieō*, mas Áquila, Símaco e Teodócio preferem *ktizō* no v. 27). Veja nota de margem de NA[27]; Lohse, *Epistles to the Colossians and to Philemon*, p. 142; Joachim Gnilka, *Der Kolosserbrief*, HTKNT (Freiburg: Herder, 1980), p. 188; observe-se tb. a alusão à mesma passagem de Gênesis em Colossenses 3.11. Assim tb. Lightfoot, *Epistles to the Colossians and*

com a alusão anterior a Gênesis 1.16,17 em Colossenses 1.15 (Cristo como "a imagem do Deus invisível"), bem como com a repetição da alusão a Gênesis 1.28 em Colossenses 1.6,10, que retrata os cristãos começando a cumprir a parte da comissão de Adão em Gênesis 1 que ordena "multiplicai-vos e frutificai" (p. ex., Cl 1.6: "e também está em todo o mundo, frutificando e crescendo").[42] Dessa maneira, Gênesis 1.26-28 está na mente de Paulo em vários trechos da epístola.

O texto de Gênesis 1.26-28 é uma referência a Adão e Eva como a coroa da criação, criados à imagem de Deus para ser vice-regentes de Deus sobre o mundo e para multiplicar seus descendentes como portadores da imagem divina. É provável que essa passagem de Gênesis focalize os seres humanos como refletores funcionais da imagem de Deus, embora o aspecto ontológico da imagem talvez esteja em mente de forma secundária.[43]

A ideia em Colossenses 3.10 é que os crentes, que começaram a ser identificados com a ressurreição de Cristo,[44] são os que começaram a se identificar com a nova criação em Cristo. A criação da humanidade segundo a imagem de Deus para governar, sujeitar, ser frutífera e multiplicar (Gn 1.26-28) agora se aplica não somente a Cristo, mas também a seu povo, uma vez que ele e seu povo entraram no âmbito da nova criação e começaram a fazer aquilo que Adão não conseguiu fazer. A ênfase aqui é a nova criação conforme a imagem divina, mas a ideia de governar não está distante (cf. Cl 3.1) nem a de se multiplicar (Cl 1.6,10). É importante lembrar que parte de "dominar e sujeitar" de Gênesis 1.26-28 envolvia "frutificar, multiplicar e encher" a terra não apenas com filhos naturais, mas também, depois da Queda, com filhos espirituais, que se uniriam a Adão ao refletir a imagem de Deus e em seu domínio soberano sobre a terra. Essa ideia corresponde muito bem à identificação dos crentes com a ressurreição e a majestade soberana de Cristo em Colossenses 3.1, que faz parte da base para a seção exortativa iniciada em Colossenses 3.5 e que continua até Colossenses 3.10.

Assim, os crentes foram identificados com Cristo (o novo homem) e não são mais identificados com o "velho homem" (Cl 3.9,10).[45] Com base nisso, Paulo os exorta a pararem de se identificar com as características da vida antiga no "velho homem/Adão" e, em vez disso, a assumirem as características próprias da nova vida no Último Adão. Por isso, a imagem segundo a qual estão sendo renovados é a imagem de Cristo, especialmente à luz da ligação com Colossenses 1.15,16, e "aquele que os criou" conforme essa imagem é Deus.[46] Entretanto, essa imagem aqui pode ser simplesmente a imagem de Deus, segundo a qual a nova humanidade é criada, e a criação dela segundo a imagem de Cristo pode estar especificamente em mente em segundo plano.

Mesmo a referência a serem renovados "para o pleno <u>conhecimento</u> [*epignōsis*]" em Colossenses 3.10 pode ser eco do contexto de Gênesis, em que o "conhecimento" está no cerne

---

to Philemon, p. 215-6; A. T. Robertson, *Paul and the intellectuals: the Epistle to the Colossians*, revisão e edição de W. C. Strickland (Nashville: Broadman, 1959), p. 503; Simpson; Bruce, *Epistles to the Ephesians and the Colossians*, p. 272; Norbert Hugedé, *Commentaire de L'Épître aux Colossiens* (Geneva: Labor et Fides, 1968), p. 175-7; G. B. Caird, *Paul's letters from prison: Ephesians, Philippians, Colossians, Philemon*, NClarB (London: Oxford University Press, 1976), p. 205, chamando-a uma "citação"; Arthur Patzia, *Colossians, Philemon, Ephesians*, GNC (San Francisco: Harper & Row, 1984), p. 61; Lincoln, *Ephesians*, p. 644; Margaret MacDonald, *Colossians and Ephesians*, SP 17 (Collegeville: Liturgical Press, 2000), p. 138, 146.

[42]Veja tb. a análise de Colossenses 1.6,9 sobre esse assunto e outros em Beale, "Colossians", p. 842-6.

[43]Veja ibidem.

[44]Isto é, "eles se vestiram com as roupas do novo homem", que é o Cristo ressurreto.

[45]Consequentemente, os particípios de Colossenses 3.9,10 que muitas vezes são traduzidos por "despojando" e "se revestindo" não são imperativos, o que seria um uso muito raro do particípio; antes, devem ser entendidos de forma indicativa, como se falassem de uma realidade presente.

[46]Seguindo Hugedé, *Colossiens*, p. 177; David M. Hay, *Colossians*, ANTC (Nashville: Abingdon, 2000), p. 126; Daniel Furter, *Les Épîtres de Paul aux Colossiens et à Philémon*, CEB (Vaux-sur-Seine: Edifac, 1987), p. 173.

da Queda (cf. Gn 2.17: "Mas não comerás da árvore do conhecimento do bem e do mal").[47] "A negligência da humanidade em agir de acordo com o conhecimento [*epignōsis*] de Deus ao não confessá-lo em adoração é o elemento central na análise anterior de Paulo da difícil condição humana."[48]

Relaciona-se com isso a observação de que a segunda alusão a Gênesis 1.28 em Colossenses 1, "frutificando [...] crescendo", é seguida imediatamente por "no conhecimento [*epignōsis*] de Deus" (v. 10). Isso relaciona ainda mais o ser conforme a imagem de Deus com a atividade de conhecer Deus e sua vontade, pois Gênesis 1.28 faz parte do modo funcional que a humanidade tinha de refletir a imagem divina. O "conhecimento" que Adão e sua mulher tinham de Deus envolvia também lembrar-se da palavra de Deus dirigida a Adão em Gênesis 2.16,17, fato de que a mulher de Adão não se lembrou e que Adão não reconheceu em Gênesis 3.2,3.

Ser "renovado para o conhecimento da imagem" de Deus garante que os crentes colossenses não sejam enganados "por argumentos persuasivos" (Cl 2.4) nem tornem-se "cativos por [...] engano vazio" (Cl 2.8) do mesmo modo que Adão e Eva o foram pela conversa enganosa da serpente.[49]

O contexto de Gênesis 3 para as metáforas paulinas de "vestimenta"

A figura do despir-se das roupas velhas e se vestir com roupas novas em Colossenses 3.9,10 pode refletir um contexto de troca de roupa relacionado ao rito do batismo (segundo alguns comentaristas), mas não há certeza sobre isso.[50] Além disso, a representação do vestir e tirar as roupas, embora fosse generalizada na Antiguidade, não é provavelmente o cenário aqui.[51]

À luz das duas alusões à "imagem" divina e ao "conhecimento" de Gênesis 1—3 em Colossenses 3.10, é possível que as referências à roupa em Colossenses 3.9,10 sejam uma alusão a Gênesis 3. As informações de Gênesis 3.7 mostram que logo depois de cair em pecado, Adão e Eva tentaram cobrir sua nudez pecaminosa com seus próprios meios: "Costuraram folhas de figueira e fizeram para si tangas". Porém, como expressão clara do início da restauração deles para Deus depois da Queda (esp. à luz de Gn 3.20), Gênesis 3.21 diz: "O Senhor Deus fez roupas de peles para Adão e sua mulher, e os vestiu [LXX: *endyō*]". A conclusão clara é que as primeiras vestes deles foram tiradas e substituídas por roupas divinamente criadas, sugerindo que as roupas fabricadas por eles mesmos tinham relação com o estado alienado e a vergonha pecaminosa deles (Gn 3.7-11) e eram insuficientes para cobrir aqueles que já começaram a ser reconciliados com Deus.[52]

Colossenses 3.9,10 também se refere aos crentes, que "se despiram" (*apekdyomai*) do "velho homem [pecaminoso]" e "vestiram as roupas" (*endyō*) do "novo homem", o que indica o

---

[47]Seguindo Dunn, *Epistles to the Colossians and to Philemon*, p. 221-2.

[48]Ibidem, p. 222; seguido por MacDonald, *Colossians and Ephesians*, p. 138

[49]Não por acaso, a última vez que "conhecimento" foi usado em Colossenses ocorreu nesse contexto de engano em 2.2,3 (*epignōsis* seguido por *gnōsis*).

[50]O costume de trocar de roupa como parte do rito do batismo só é atestado depois do século 2 d.C. (sobre esse assunto, veja Lincoln, *Colossians*, p. 643), mas Levítico 16.23,24 pode ter influenciado a prática posterior.

[51]Mesmo os paralelos dos ritos de iniciação aos mistérios de Ísis e do gnosticismo são posteriores ao século 1, pertencem a um círculo diferente de ideias e não têm nenhum paralelo textual literal com a ideia de despir e vestir uma pessoa (sobre isso, veja O'Brien, *Colossians, Philemon*, p. 189).

[52]As tangas de Adão e Eva não eram trajes apropriados para eles usarem na santa presença de Deus, e isso fica claro porque "o homem e sua mulher esconderam-se da presença do Senhor Deus", pois ainda consideravam-se nus (Gn 3.8-10); esta interpretação das roupas em Gênesis 3.8 é adotada também por *Or. Sib.* 1.47-49.

relacionamento de nova criação inaugurada deles com Deus.[53] As imagens não são exatamente as de "tirar" e "pôr", como em muitas traduções, mas estão relacionadas à linguagem do vestuário. Os cristãos tiraram as roupas representadas pelo primeiro Adão (o "velho homem"), com as quais nem Adão nem eles poderiam entrar na presença de Deus, e vestiram-se do Último Adão (o "novo homem"), em quem foram "renovados".[54] Ao vestir as novas roupas, eles começaram a retornar para Deus, e o retorno pleno será consumado no futuro.[55] Por isso, todo ser humano ou está na condição do primeiro e antigo Adão caído, a "encarnação coletiva da humanidade não regenerada", ou está na condição do novo e Último Adão ressurreto, "a encarnação coletiva da nova humanidade".[56]

Alguns textos do judaísmo antigo e do cristianismo expressam a convicção de que Adão e Eva estavam vestidos com roupas gloriosas antes da Queda, perderam essa glória e tentaram erroneamente cobrir sua desonrosa vergonha com folhas de figueira. Alguns estudiosos também acreditavam que as novas roupas dadas a Adão e Eva em Gênesis 3.21 tinham na verdade algum grau de glória ou designavam Adão o primeiro sumo sacerdote ou apontavam para uma herança superior das gloriosas vestes definitivas da imortalidade. A primeira e a terceira ideias talvez estejam por trás das imagens de vestuário de Colossenses 3.10. Outros também acreditavam que as vestes gloriosas que o Diabo tinha quando ainda era um anjo santo, antes de sua queda, foram dadas a Adão e Eva.[57]

Em Colossenses 2.11, as velhas roupas dos crentes são mencionadas como "carne pecaminosa", que foi "despojada" (*apekdysis*), em oposição à nova condição deles, caracterizada por Paulo como "não feita por mãos" (*acheiropoiētos*) — isto é, foi criada divinamente fazendo-os "ressuscitados" e "vivificados com Cristo" (Cl 2.12,13).[58] Isso é coerente com o uso de "feito por mãos humanas" em outras passagens referindo-se à realidade pecaminosa, idólatra e perecível do velho mundo, ao contrário da realidade "já e ainda não" da nova criação "não feita por mãos humanas".[59] Também está de acordo com a ideia de que as primeiras roupas de Adão e Eva foram feitas por mãos humanas, enquanto as vestes novas foram criadas divinamente, e não por mãos humanas.

---

[53] A NRSV e a NLT utilizam metáforas de vestuário: "vós tirastes as roupas [...] e vestistes" (cf. do mesmo modo NJB, NET); veja Efésios 4.22-24 para uma terminologia bem próxima, e também *Barn.* 6.11,12, que cita ainda Gênesis 1.26,28.

[54] Também entendem que há oposição entre a figura do primeiro Adão e a do último: John Calvin [João Calvino], *Commentaries on the Epistles of Paul the apostle to the Philippians, Colossians, and Thessalonians* (reimpr., Grand Rapids: Baker, 1999), p. 211; E. K. Simpson; F. F. Bruce, *Commentary on the Epistles to the Ephesians and the Colossians*, NICNT (Grand Rapids: Eerdmans, 1957), p. 272-4; Herbert M. Carson, *The Epistles of Paul to the Colossians and Philemon*, 2. ed., TNTC (Grand Rapids: Eerdmans, 1966), p. 84; Peter T. O'Brien, *Colossians, Philemon*, WBC 44 (Waco: Word, 1982), p. 190-1.

[55] Assim tb. Ralph P. Martin, *Colossians and Philemon*, NCB (reimpr., London: Oliphants, 1974), p. 107; N. T. Wright, *The Epistles of Paul to the Colossians and to Philemon*, TNTC (Grand Rapids: Eerdmans, 1986), p. 138. Os dois também observam contraste entre a identificação com o velho Adão e com o novo.

[56] O'Brien, *Colossians, Philemon*, p. 190-1. A segunda forma de identificação é esclarecida por Romanos 6.5-11; 13.14; Gálatas 3.27.

[57] Para referências judaicas que apoiam as afirmações desse parágrafo, veja G. K. Beale, *Colossians and Philemon*, BECNT (Grand Rapids: Baker Academic, no prelo). P. ex., para as gloriosas vestimentas perdidas de Adão, veja a versão armênia de *V.A.E.* 44(20).1,4,5; 44(21).1,2.

[58] Para a ideia de "carne" equivalente à antiga era caracterizada por incircuncisão, veja Beale, "Colossians", p. 860-2.

[59] P. ex., templos feitos por mãos humanas da antiga era (Mc 14.58; At 7.48; 17.24; Hb 9.11,24), ao contrário do novo templo escatológico, que é equivalente à morada de Deus na nova criação com seu povo ressurreto (Mc 14.58; 2Co 5.1). Sobre outro aspecto importante da oposição entre "feito por mãos humanas" e "não feito por mãos humanas", veja G. K. Beale, *The temple and the church's mission: a biblical theology of the dwelling place of God*, NSBT 17 (Downers Grove: InterVarsity, 2004), p. 152-3, 309-12, 375-6.

A tradição cristã antiga também entendia que a remoção das roupas velhas e o vestir as novas representam uma condição nova e convertida na nova criação do Éden dos últimos dias.[60] *Vida de Adão e Eva* [*Apocalipse*] 20.1-5 (obra judaica produzida entre 100-200 d.C.) expressa a convicção de que, depois de perder "a justiça com que [ele] havia sido vestido [*endyō*]", Adão fez para si um "avental" (*perizōma*) de uma folha de figueira para "cobrir" sua nudez e vergonha, e na sua morte foi vestido com roupas dadas por Deus, o que indica o início de sua restauração para Deus (veja tb. a versão armênia de *V.A.E.* 48[40].2,3,5b,6; veja os caps. 47-48 [*Vita*]).[61]

Esse contexto judaico e cristão antigos, especialmente os usos de Adão de Gênesis e da escatologia são muito semelhantes ao uso paulino de Gênesis 3 e reforçam a presença de uma alusão às roupas de Gênesis 3 em Colossenses 3.9,10 e até mesmo sua aplicação inaugurada. Isso é evidente porque muitos dos textos mais relevantes mencionados anteriormente relacionados a Gênesis 1—3 ou à nova criação também falam de uma nova condição espiritual ou histórico-redentora inaugurada, mas não consumada para o povo de Deus, principalmente

---

[60]P. ex., *Odes Sal.* 11.10-14; *Mart. Is.* 9.6-18; igualmente *T. Levi* 18.10-14; *Apoc. El.* 5.6; *4Ed* 2.33-48; *Ev. Verd.* 20.28-34; bem como os textos judaicos a seguir, mas sem menção do Éden: *Jos. Asen.* 14.12[13]-15[17]; 15.5[4],6[5]; *Apoc. Ab.* 13.14; *2En* 22.8-10.

[61]Essas vestes provavelmente representavam o novo status da vida redimida, que seria consumada na ressurreição (*V.A.E.* [*Apocalipse*] 28.1-4; 43.1-4). No AT, o despir-se das roupas velhas e o vestir as novas representa o perdão dos pecados (Zc 3.4,5) ou a nova relação escatológica que o povo de Yahweh devia ter com ele depois do retorno da Babilônia (Is 52.1,2; 61.3,10). Além disso, no AT as pessoas vestiam roupas novas quando eram investidas em cargos de autoridade (p. ex., José em Gn 41.41-44; Eliaquim em Is 22.21; Daniel em Dn 5.29) além de paralelos no antigo Oriente Próximo de modo geral. Sobre esse assunto, veja William N. Wilder, "Illumination and investiture: the royal significance of the Tree of Wisdom", *WTJ* 68 (2006): 51-70. Wilder demonstra que o vestir-se no antigo Oriente Próximo, no AT, no judaísmo e no NT muitas vezes representava o novo status do indivíduo, quase sempre em relação ao novo status de seu cargo de autoridade.

Na verdade, a construção exata de "vestir-se" (*endyō*) seguido por "despir-se" (*ekdyō*) ocorre em Isaías 52.1,2 (LXX) juntamente com as imagens da ressurreição: "Desperta, desperta, põe a tua veste [*endyō*] de força, ó Sião. Põe as tuas vestes de glória, ó Jerusalém, cidade santa [...]. Sacode o pó, levanta-te [...] despe [*ekdyō*] as correntes do teu pescoço, ó filha cativa de Sião". Do mesmo modo, exatamente a mesma construção "despir-se" (*ekdyō*) seguida por "vestir-se" (*endyō*) representa várias condições sacerdotais ou sumo sacerdotais (Nm 20.26,28; Ez 44.19; veja tb. Lv 16.23,24; *m. Yoma* 3.4,6; 7.4 [equivalente hebraico]) ou representa a mudança de uma condição anterior para uma nova (*T. Zeb.* 4.10; Jt 10.3,4; cf. 16.7-9), especialmente a de um libertador (Jt 10.3,4; *L.A.B* 27.12 [mas não em grego]), um governante (1Mc 10.62), ou uma nova condição salvífica (*Odes Sal.* 11.10,11 [tb. não no texto grego]). Particularmente notável é a referência no judaísmo, novamente com *endyō* + *ekdyō*, à remoção das roupas velhas e ao vestir as novas (Br 5.1-4, aludindo a Is 61.3,10). Em geral, o judaísmo entendia que a troca de determinadas roupas por outras mais gloriosas representava uma mudança de relacionamento (*Jub.* 31.1,2; *L.A.B.* 40.6) ou sobretudo de status, no sentido de ser um sacerdote (Josefo, *G. J.* 5.236; *2En* 71.21,22; cf. Eo 45.6-10; 50.11; 4Q213b 4-6; *T. Levi* 8.2-7) ou um líder (*L.A.B.* 20.2,3). Do mesmo modo, *O pastor*, de Hermas, refere-se aos crentes se despojando dos desejos maus e "se vestindo" (*endyō*) com desejos virtuosos (44.1; 61.4; 106.3).

A maioria desses usos mencionados do AT, do judaísmo e do cristianismo antigo se refere não somente a um novo status, mas também a um status que implica uma herança, quer seja a herança da vida eterna com Deus e o reino em uma nova criação (o foco dos textos associados com Gênesis 1—3), quer as bênçãos e os privilégios escatológicos mais gerais de um novo ofício (sacerdócio ou governança). Mesmo no antigo Oriente Próximo ou no AT, receber uma túnica do pai ou ser despido por ele indicava respectivamente herança e deserdação. Sobre isso, veja Gordon P. Hugenberger, *Marriage as a covenant: biblical law and ethics as developed from Malachi*, VTSup 52 (Leiden: Brill, 1994), p. 198-9. Hugenberger também desenvolveu a ideia de roupas como símbolo de herança em trechos específicos do AT e do NT (sobre isso, veja o seu texto: "A neglected symbolism for the clothing of Adam and Eve (Gen. 3:21)" [pesquisa apresentada no encontro anual da Tyndale Fellowship, Cambridge, julho de 1996]).

da perspectiva da ressurreição, da nova criação ou da incorruptibilidade. O próprio Paulo em outros textos expressa praticamente a mesma oposição de vestes em relação a Adão e a Cristo no que diz respeito a "herdar" as vestes gloriosas na consumação dos tempos (mais claramente em 1Co 15.50-54). Será coincidência que ocorram menções da "herança" dos crentes dada por Deus no contexto de Colossenses (1.12; 3.24), uma delas inserida entre uma alusão a Gênesis 1.28 (em Cl 1.10b) e Gênesis 1.26,27 (Cl 1.15)?[62] Praticamente a mesma metáfora das vestes ocorre em Gálatas 3.27 e está associada ainda mais estreitamente à ideia de receber uma "herança" (Gl 3.29).

Parece que Paulo emprega a metáfora das "roupas" de Gênesis 3 de modo analógico: os crentes se despojam das roupas do velho Adão caído e se vestiram com os trajes do Último Adão, com que o próprio Adão havia sido vestido por antecipação para indicar a restauração de seu relacionamento com Deus. A oração gramatical "vos revestistes do novo homem", em Colossenses 3.10, é explicada logo em seguida com outra oração gramatical: "que se renova para o pleno conhecimento segundo a imagem daquele que o criou". A metáfora das roupas é um dos recursos para dizer que os crentes recuperaram a imagem de Deus.

Por que em Colossenses 1 Paulo retrata Cristo como o Último Adão e como a imagem de Deus? E por que em Colossenses 3 ele descreve os cristãos como identificados com Cristo como o Último Adão, a imagem de Deus e o "novo homem"? Muito provavelmente é para fazer os colossenses se concentrarem na própria identificação deles com Cristo como a nova criação e no ensino apostólico paulino, a fim de que não fossem enganados pelos falsos mestres que estavam tentando persuadi-los a observar regras de conduta obsoletas, parte do mundo velho e caído que está passando.[63]

A imagem do Último Adão em 2Coríntios

Em 2Coríntios 3 e 4, Paulo afirma que, quando alguém "se converte ao Senhor, o véu é retirado" (2Co 3.16). Quando isso ocorre, "todos nós, com o rosto descoberto, refletindo como um espelho a glória do Senhor, somos transformados de glória em glória na mesma imagem, que vem do Espírito do Senhor" (2Co 3.18). Os que confiam em Cristo voltam a ter um relacionamento íntimo com Deus e começam a refletir a glória de sua imagem. Na verdade, "glória" e "imagem" são praticamente sinônimos no versículo 18, como também em 1Coríntios 11.7 (o homem "é a imagem e a glória de Deus"). A menção de "Cristo" no versículo 14 é o mais provável antecedente de "Senhor" nos versículos 16-18, de modo que é na glória e na imagem de Cristo que os crentes estão sendo transformados. Isso mais provavelmente se refere ao primeiro Adão, que cessou de refletir a glória de Deus depois de pecar. Portanto, ele não perdeu a imagem divina por completo, mas ela ficou distorcida por perder seu aspecto glorioso de imagem divina.

---

[62]Por muitas das referências judaicas desta seção sobre o vestir-se, sou grato a meu orientando de pesquisa Ben Gladd e, especialmente, a Keith Williams, cujo levantamento e lista de referências a roupa no judaísmo (o último com respeito à pesquisa dele relacionada a Gálatas 3.27) me alertaram para os vários usos contextuais de algumas dessas referências e a relação delas com Colossenses 3. Depois que concluí esta seção, tomei conhecimento da obra de Jung Hoon Kim, *The significance of clothing imagery in the Pauline corpus*, JSNTSup 268 (London: T&T Clark, 2004), que faz as mesmas observações básicas sobre o contexto de "vestir-se" de Colossenses 3.9,10 com base na maior parte dos mesmos textos bíblicos, judaicos e cristãos.

[63]Sobre isso, veja Beale, "Colossians", p. 860-3, e o estudo mais completo em Beale, *Colossians and Philemon*.

O fato de que essa é a concepção de Paulo se confirma também por textos como Romanos 3.23: "Porque todos pecaram e [portanto] estão destituídos[64] da glória de Deus".[65] No capítulo anterior sobre o pecado como idolatria, vimos que Romanos 1.18-25 tinha como parte de seu contexto a Queda de Adão e Eva no Éden, quando "substituíram a glória do Deus incorruptível pela imagem" de ídolos. Isso significou que deixaram de refletir a gloriosa imagem de Deus e passaram a refletir a futilidade dos ídolos. Expliquei anteriormente neste capítulo que o judaísmo também entendia que Adão e Eva perderam a glória de Deus quando pecaram (*V.A.E.* [*Apocalipse*] 20.1-5).[66] Portanto, o pecado de Adão o fez perder o reflexo glorioso de Deus. Ao desenvolver Romanos 1, Romanos 3.23 refere-se provavelmente ao efeito causado por Adão sobre a humanidade caída, que também havia deixado de refletir a glória de Deus. Romanos 3.24 afirma que essa glória é recuperada em Cristo, e Romanos 5.12-19 mostra mais claramente Cristo como o Último Adão anulando o que o primeiro Adão fizera.

A argumentação de 2Coríntios 3 tem seu clímax na transformação dos crentes na gloriosa imagem de Cristo, e 2Coríntios 4.1-6 dá continuidade à ideia. Com base nesse trecho culminante (observe-se o "portanto" em 2Co 4.1), Paulo afirma em 2Coríntios 4.1 que ter esse "ministério" de transmitir a mensagem do evangelho que produz a transformação do convertido na imagem de Cristo não o "desanima". Em vez disso, "recomenda[-se]" à consciência dos outros como arauto fiel da palavra de Deus (2Co 4.2). Essa recomendação baseia-se, particularmente, na "manifestação da verdade", que no contexto é a revelação da imagem e da glória de Cristo, nas quais os que recebem a mensagem de Paulo são transformados. Essa manifestação pela pregação de Paulo, porém, está encoberta "para os que estão perecendo [...] entre os quais o deus deste século cegou a mente dos incrédulos, para que não lhes resplandeça a luz do evangelho da glória de Cristo, o qual é a imagem de Deus" (v. 3,4). Enquanto os que estão com a "face descoberta", os que creem, contemplam "a glória do Senhor" (2Co 3.18) e são "transformados de glória em glória" na mesma imagem, os descrentes, debaixo do "véu", não enxergam "a glória de Cristo, que é a imagem de Deus" (2Co 4.4). Por isso, 2Coríntios 4.4 é o oposto de 2Coríntios 3.16-18 e, mais uma vez, praticamente equipara a "glória" de Cristo com sua "imagem".

Portanto, é pela mensagem de Paulo que a luz da imagem de Cristo transforma os que a recebem (2Co 3.16—4.2), apesar de o Diabo cegar alguns para que não consigam enxergar nem serem transformados pela gloriosa imagem de Cristo (2Co 4.3,4). O apóstolo apresenta dois motivos para ele recomendar sua mensagem apostólica a outros. O primeiro está no versículo 5: "Pois não pregamos a nós mesmos, mas a Jesus Cristo, o Senhor, e a nós mesmos como vossos servos por causa de Jesus". Isto é, ele se recomenda não como o conteúdo de sua mensagem nem como centro de atenção, mas somente como um mensageiro pelo qual Cristo é pregado. A segunda razão por que Paulo recomenda seu ministério é que, mediante sua mensagem, Deus brilha a luz da nova criação por meio de Paulo para os outros a fim de que vejam a "iluminação do conhecimento da glória de Deus na face de Cristo" (v. 6). Ou seja, Paulo elabora mais a respeito de 2Coríntios 3.16—4.2 ao dizer que mediante sua mensagem as pessoas podem reconhecer "a glória de Cristo, o qual é a imagem de Deus" (2Co 4.4), e serem transformadas por ela.

---

[64]Para o sentido de "estar destituído" para o verbo grego *hystereō*, veja BDAG, p. 1043-4.

[65]Igualmente, veja Romanos 8.18,21; Filipenses 3.21. Veja tb. C. Marvin Pate, *The glory of Adam and the afflictions of the righteous: Pauline suffering in context* (Lewiston: Mellen Biblical Press, 1993), p. 67-89, em que o autor cita fontes judaicas que testificam que Adão perdeu sua glória por seu pecado, mas que essa glória seria recuperada no *escathon*.

[66]Esse texto judaico diz que Eva "foi afastada de sua glória, com a qual se vestia"; um capítulo depois, Eva confessa que seu pecado e o de Adão "nos rebaixou da grande glória" (*V.A.E* [*Apocalipse*] 21.2).

A natureza transformadora de 2Coríntios 4.6: "Porque Deus, que disse: 'Das trevas brilhará a luz', é o mesmo que brilhou em nosso coração", é originária de seu contexto veterotestamentário em Gênesis 1.3, a que o apóstolo se refere. Assim como Deus fez a luz inundar as trevas irresistivelmente na primeira criação, ele também começou a fazer o mesmo na nova criação com os seres humanos cegos. Fica evidente um pouco adiante, em 2Coríntios 5.17, que as profecias veterotestamentárias da nova criação em 2Coríntios 4.6 são concebidas no início do cumprimento: "Portanto, se alguém está em Cristo, é nova criação; as coisas velhas já passaram; eis que surgiram coisas novas". Uma série de referências da nova criação à vida ressurreta de Cristo e à sua renovação fornece uma das ligações entre 2Coríntios 4.6 e 5.17 (veja 2Co 4.7,10-12,14,16-18; 5.1-4,14,15). O contexto de Gênesis 1.3 em 2Coríntios 4.6 também indica a ideia de que a imagem de Cristo e de Deus em 2Coríntios 3.18 e 4.4 tem seu antecedente em Adão como a imagem de Deus em Gênesis 1.26,27. É em Cristo agora que uma pessoa pode ser transformada na imagem e na glória de Deus, a mesma glória que o primeiro Adão refletia, mas perdeu em Gênesis 3 (não se deve esquecer de que a perda da glória distorceu a imagem de Deus em Adão, mas não a destruiu).

Evidentemente, um dos principais modos que Paulo concebe a conformação dos crentes à imagem do Último Adão na atual etapa do *escathon* inaugurado é mediante o sofrimento ao seguir o exemplo de Jesus. Assim como a própria vida de Jesus foi caracterizada pelo sofrimento que culminou na ressurreição física final, também o seu povo segue esse padrão. Essa ideia de sofrimento como importante meio para o indivíduo ser transformado no sofrimento e na gloriosa imagem do Messias está em 2Coríntios 4.4—5.6, mas também se observa em outros textos de Paulo.[67]

Referências importantes à imagem de Deus em outros textos de Paulo

Alguns entendem que há uma referência importante a Adão em Filipenses 2.5-11:

> Tende em vós a mesma atitude que houve em Cristo Jesus, que, existindo em forma de Deus, não considerou o fato de ser igual a Deus algo a que devesse se apegar, mas esvaziou a si mesmo, assumindo a forma de servo e sendo feito semelhante aos homens. Sendo encontrado em forma humana, humilhou a si mesmo, tornando-se obediente até a morte, e morte de cruz. Por isso, Deus o exaltou grandemente e lhe deu o nome que está acima de todo nome; para que ao nome de Jesus se dobre todo joelho dos que estão nos céus, na terra e debaixo da terra, e toda língua confesse que Jesus Cristo é o Senhor, para glória de Deus Pai.

N. T. Wright representa muitos intérpretes ao afirmar que os versículos 6-11 estão repletos de referências e ecos a Adão. Wright diz que essas referências são praticamente certas e que há um amplo consenso de que essa passagem é um exemplo de "cristologia adâmica".[68] A favor dessa tese, ele apresenta seus argumentos principais com um efeito geral cumulativo:

1. Um tema comum aparece na obediência de Cristo até a morte em Romanos 5.12-21; Filipenses 2.6-11. A passagem de Romanos se refere explicitamente a Cristo como figura adâmica.

---

[67]Essa ideia de sofrimento em relação à imagem divina nos escritos de Paulo merece mais elaboração, mas as limitações de espaço do presente estudo não permitem. C. Marvin Pate (*Glory of Adam*) desenvolveu essa ideia nos textos de Paulo mais do que qualquer outro pesquisador.

[68]Wright, *Climax of the covenant*, p. 58-9 (para a argumentação mais completa, veja p. 57-62, 87-98). Veja tb. Pate, *Glory of Adam*, p. 185-91, que cita ainda diversos especialistas que insistem em algumas versões de contexto adâmico para Filipenses 2.6-11.

2. Há uma ligação com 1Coríntios 15.20-28 (que cita o trecho adâmico de Sl 8.6 [8.7, LXX] no v. 27) na referência à exaltação de Cristo em Filipenses 2.10,11 (à luz dos temas ecoados em Fp 3.20,21).
3. O tema de senhorio e exaltação em Filipenses 2.9-11 tem nuances de Gênesis 1.27,28.
4. "O tema de um personagem humilhado e, em seguida, exaltado, que recebe grande autoridade e poder ao lado do único Deus do monoteísmo judaico nos remete inevitavelmente a Daniel 7."[69]
5. Os trechos "sendo feito semelhante aos homens" (v. 7b) e "encontrado na forma de homem" (v. 8a) têm como base a metáfora da "imagem de Deus" de Gênesis 1.26,27.

Estou aberto a aceitar que há alusões adâmicas na passagem de Filipenses, mas não há nenhuma alusão textual clara a nenhuma passagem veterotestamentária adâmica, seja Gênesis 1, seja o salmo 8. A única alusão clara é a Isaías 45.23 em Filipenses 2.10,11, que não é um texto adâmico. Wright (e outros) na verdade está recorrendo a ideias únicas, e não a expressões textuais em Filipenses 2, que ele acredita poderem remontar apenas a passagens adâmicas. Certamente, isso é possível, e pode se tentar argumentar nesse sentido, mas não é tão claro quanto as outras referências a Adão em outros textos de Paulo (p. ex., Rm 5.12-21; 1Co 15.20-28, 45-49). Em vez de apresentar alusões temáticas claras, talvez seja melhor entender um contexto adâmico mais implícito. Ou seja, esse contexto não é expresso claramente por Paulo, pois o apóstolo pode apenas ter pressuposto a rede de associações com Gênesis 1—3,[70] uma vez que era um leitor bastante profundo e experiente das Escrituras do AT. Isso não excluiria uma associação semântica com textos adâmicos veterotestamentários, mas Paulo talvez não tenha tomado consciência dessas ligações ou não pretendia que seus leitores e ouvintes tomassem conhecimento delas. Em todo caso, reconhecer os ecos ao AT e o enriquecimento de sentido que produzem poderia muito bem revelar os pressupostos subjacentes ou implícitos de Paulo, que sustentam o fundamento para as afirmações explícitas na passagem de Filipenses 2.

Então, qual seria a importância das associações adâmicas implícitas, se é que estão presentes?[71] Apesar de Wright focalizar demais as alusões explícitas ou os ecos a Adão, suas conclusões sobre a importância desses ecos podem ser consideradas, da mesma forma, o fundamento implícito de suas declarações explícitas sobre Cristo no texto a seguir:

Adão, em sua arrogância, pensou em tornar-se como Deus; Cristo, na sua humildade, se tornou humano [...]

A obediência de Cristo não se resume simplesmente na substituição da desobediência de Adão. Não implica meramente a substituição de um tipo de humanidade por outra, mas, sim, a solução para o problema agora inerente ao primeiro tipo, a saber, o pecado. A tentação de Cristo não estava relacionada a ele agarrar a proibida igualdade com Deus, mas a agarrar-se a seus direitos e, assim, eximir-se da tarefa a ele atribuída, a responsabilidade de desfazer as consequências do ato de Adão de agarrar-se à proposta da serpente.[72]

Wright prossegue e conclui que a exaltação de Cristo não só faz alusão a Isaías 45.23, mas também ecoa Gênesis 1.26-28, Salmos 8.4-8 e Daniel 7.14, passagens que se referem à condição

---

[69]Wright, *Climax of the covenant*, p. 58.
[70]Veja Moisés Silva, "Philippians", in: Beale; Carson, orgs., *Commentary on the New Testament use of the Old Testament*, p. 843. Silva entende que há "uma inegável rede de associações entre Filipenses 2 e Gênesis 1—3".
[71]Veja Gordon D. Fee, *Pauline Christology: an exegetical-theological study* (Peabody: Hendrickson, 2007), p. 372-93. Citando outros que apoiam sua perspectiva, Fee duvida que haja alguma alusão a Adão em Filipenses 2.6-8.
[72]Wright, *Climax of the covenant*, p. 91-2.

final da exaltação gloriosa do homem obediente, o que "é totalmente apropriado para o próprio Deus", conforme ratifica a alusão a Isaías 45.23 aqui.[73] Prefiro dizer que a importância da alusão isaiânica é o modo de Paulo identificar Cristo com Yahweh e sua gloriosa exaltação escatológica profetizada por Isaías. Paulo entende que a ressurreição e a ascensão de Cristo são o cumprimento inaugurado daquela profecia. A rede de possíveis associações adâmicas veterotestamentárias em toda a passagem sustenta o retrato anterior em Filipenses 2.6-8 de Cristo como alguém na imagem humana de Deus que veio para redimir a humanidade. Era necessário que ele tivesse a imagem humana de Deus para redimir aqueles que refletiam a imagem caída e distorcida e lhes recuperasse a imagem de Deus, o que Filipenses 3.21 desenvolve de maneira mais explícita. A conclusão que identifica Cristo com Yahweh retoma a referência anterior à preexistência divina de Cristo em Filipenses 2.6.[74] É importante assinalar que a ressurreição e a ascensão de Cristo o conduziram à sua condição majestosa e soberana (Fp 2.9-11), e a continuação desse estado ressurreto elevado ao céu se sobrepõe à sua realeza e imagem adâmica da nova criação.

Mais uma passagem merece estudo em relação ao entendimento de Paulo da imagem adâmica de Deus. Vimos em um capítulo anterior que, em Romanos 1, a idolatria reflete a imagem da criação, em vez da imagem do Criador. Depois vimos em Romanos a revogação desse processo, pela qual a "renovação" (Rm 12.1,2) em Cristo faz os indivíduos começarem a ser "conformes à imagem de seu Filho, a fim de que ele seja o primogênito entre muitos irmãos" (Rm 8.29). Mais uma vez, a menção de "filho" e de "primogênito" remete à metáfora adâmica (como acabamos de ver na análise de Colossenses), de modo que a imagem distorcida em Adão é recuperada em Cristo, uma figura do "Último Adão". A ligação com o primeiro Adão também é evidente, porque também vimos que Romanos 1.19-25 contém alusão ao pecado de Adão. Como também estudamos, no fim das eras Cristo completará o processo de criação de seu povo conforme a imagem escatológica dele, ocasião em que ele "transformará o corpo da nossa humilhação, para ser semelhante ao corpo da sua glória" (Fp 3.21).[75] Como em Romanos 8.29, também em Filipenses 3.21, à luz do contexto de Filipenses 2, os seguidores de Cristo se tornam conformes à imagem de seu Senhor.

Os estudos em Filipenses 2 e Romanos indicam ainda que a mente de Paulo estava repleta de escatologia. Cristo veio na imagem de Deus para recuperar essa imagem na humanidade caída. Ele é identificado como uma figura adâmica, juntamente com seu povo redimido, pois Deus "faz as últimas coisas como as primeiras" (*Barn*. 6.13). Fica evidente que a era escatológica está começando com a primeira vinda de Cristo porque ele e seu povo são vistos como reiniciadores da história do modo que ela começou originariamente, sendo conformes à imagem divina adâmica (o povo de Cristo sendo conformado à imagem restaurada), assim como foi o primeiro homem, que começou a era da primeira criação em Gênesis 1 e 2. Dessa vez, porém, está garantida por decreto divino uma consumação plena de êxito para a inauguração irreversível dessa nova era.

Conclusão sobre a imagem de Deus nos textos de Paulo

Jesus é o Adão dos últimos tempos, aquele que reflete perfeitamente a imagem de Deus na nova criação, que ele inaugurou por sua vida, morte e ressurreição. Os que creem em Cristo,

---

[73]Ibidem, p. 95.

[74]Para uma boa análise da relação da preexistência divina de Cristo com a sua humanidade, veja ibidem, p. 90-8.

[75]O texto de Filipenses 3.21 provavelmente desenvolve a referência ao próprio Cristo, "existindo em forma de Deus [...] e sendo feito semelhante aos homens" (Fp 2.6,7).

o Último Adão, começam a ser transformados na imagem de Deus. Por que Paulo enfatiza essa ideia repetidas vezes e mais explicitamente do que qualquer outro autor do NT? A razão mais provável é que esse conceito de Cristo como a imagem de Deus e o Último Adão estava fundamentado na aparição de Cristo a Paulo no caminho de Damasco.[76] Ali Paulo viu o Messias ressurreto e exaltado refletindo a imagem divina e, depois de refletir sobre o acontecimento, concluiu que Jesus era o esperado Adão messiânico dos últimos dias, que teria a imagem gloriosa de Deus e capacitaria outros a recuperar a glória dessa imagem. Uma das evidências de que Paulo elaborou essa concepção com base em sua experiência da cristofania do caminho a Damasco é que ele faz alusões à cristofania no meio de sua discussão sobre a imagem de Cristo. Isso se vê com mais clareza nos paralelos entre 2Coríntios 4.4-6 e Atos 26, o último dos três relatos de Atos que narram o encontro de Paulo com o Cristo ressurreto no caminho de Damasco (veja tabelas 13.2 e 13.3).

Tabela 13.2

Atos 26.13,17,18	2Coríntios 4.4,6
26.17,18: "*egō apostellō se anoixai ophthalmous autōn, tou epistrepsai apo skotous eis phōs kai tēs exousias tou satana epi ton theon...*".	4.4: "... *en hois ho theos tou aiōnos toutou etyphlōsen ta noēmata tōn apistōn eis to mē augasai ton phōtismon tou euaggeliou tēs doxēs tou Christou*".
26.13: "*hemeras mesēs kata tēn hodon eidon [...] ouranothen hyper tēn lamprotēta tou hēliou perilampsan me phōs...*" (cf. At 22.9).	4.6: "*ho theos ho eipōn; ek skotous phōs lampsei, hos elampsen en tais kardiais hēmōn pros phōtismon tēs gnōseōs tēs doxēs tou theou en prosōpō [Iēsou] Christou*".

Observação: Nas duas tabelas, os paralelos cognatos e lexicais são indicados pela sublinha, e os paralelos conceituais próximos, pelo pontilhado.

Tabela 13.3

Atos 26.13,17,18	2Coríntios 4.4,6
26.17,18: "... te envio, para lhes abrir os olhos a fim de que se convertam das trevas para a luz, e do poder de Satanás para Deus".	4.4: "... entre os quais o deus deste século cegou a mente dos incrédulos para que não vejam a luz do evangelho da glória de Cristo, o qual é a imagem de Deus".
26.13: "Vi no caminho uma luz do céu, que brilhava mais do que o sol, resplandecendo em torno de mim" (cf. At 22.9).	4.6: "Deus, que disse: Das trevas brilhará a luz, foi ele mesmo quem brilhou em nosso coração, para iluminação do conhecimento da glória de Deus na face de Cristo".

O efeito cumulativo dos paralelos é um forte indício da interdependência dos dois relatos (se a narrativa de Paulo for muito próxima da de Lucas, ou se a de Lucas foi baseada na de Paulo).[77] Assim, é provável que a análise de Paulo de Cristo ser a imagem de Deus dos últimos tempos tenha origem em seu reconhecimento do Jesus ressurreto como a imagem de

---

[76]A argumentação mais completa em defesa dessa perspectiva é a de Seyoon Kim, *The origin of Paul's gospel* (Grand Rapids: Eerdmans, 1982), p. 137-268.

[77]"O deus deste século cegou a mente dos incrédulos" em 2Coríntios 4 é paralelo a "trevas [...] o poder de Satanás" em Atos 26; "glória" em 2Coríntios 4.13 é paralelo à "luz" em Atos 26; "para iluminação" em 2Coríntios 4.6 é paralelo a "para abrir os olhos" em Atos 26, em oposição a "para que não vejam" em 2Coríntios 4.4.

Deus no caminho de Damasco. Isso reforça mais a tese de que o Cristo ressurreto é o Adão escatológico conforme a imagem de Deus; portanto, os que estão identificados com Cristo têm a mesma condição, porque começaram a ser transferidos para a nova criação mediante a ressurreição inaugurada.

A restauração da imagem em Hebreus à luz do contexto judaico e do Antigo Testamento

O texto de Hebreus 1.3 é uma clara referência a Jesus como a imagem de Deus: "o resplendor da sua glória e a representação exata de sua natureza". O contexto anterior e o posterior da passagem apoiam essa visão, associando-a claramente com as ideias que observamos no pensamento de Paulo também ligadas a Cristo como a imagem de Deus. O versículo anterior, Hebreus 1.2, diz que Jesus é o "Filho [de Deus] a quem designou herdeiro de todas as coisas" — uma alusão a Salmos 2.7,8: "Ele me disse: Tu és meu filho [...] Pede-me, e te darei as nações como tua herança, e as extremidades da terra como tua propriedade".[78] Essa alusão antecipa a clara citação de Salmos 2.7 em Hebreus 1.5, apenas dois versículos depois, em que novamente o "filho" mencionado no salmo é visto como o próprio Jesus. As ideias associadas de filiação e herança tanto em Salmos 2.7 quanto em Hebreus 1.2 têm clara nuance adâmica, o que é realçado pelo fato de Cristo também ser chamado de "primogênito" em Hebreus 1.6,[79] nome que Paulo, como já vimos, relaciona indissociavelmente a Adão e a Cristo como o Último Adão, além de associá-lo também a Cristo como a Sabedoria divina.[80] Embora aqui esteja em mente o contexto da Sabedoria, assim como possivelmente em Colossenses 1.15-18, parece que o texto também traz em si um contexto adâmico.[81] Isso é evidente, pois a comissão de Gênesis 1.26,28, que incluía "dominar [...] a terra", foi aplicada aos patriarcas com a linguagem de "possuirá a porta dos inimigos dela [descendência de Abraão]" e "todas as nações da terra serão abençoadas" (Gn 22.17,18), e a segunda passagem está diretamente ligada a receber "todas estas terras" (Gn 26.3,4).[82] Isso é uma clara linguagem de "herança". O texto de Salmos 2.8 provavelmente é um desenvolvimento parcial da repetição de Gênesis 1.26,28 nas promessas aos patriarcas, talvez especialmente Gênesis 22.17,18 e Salmos 72.17, em que

---

[78]Veja, p. ex., Harold W. Attridge, *The Epistle to the Hebrews*, Hermeneia (Philadelphia: Fortress, 1989), p. 40.

[79]Veja meu estudo de Gênesis 1—3 no cap. 1 Surpreendentemente próximo do texto de Hebreus 1.2-6 é o de Qumran 4Q418, frag. 81 [= 4Q423 8 + 24?]), que relaciona a "filiação" de Israel e seu status de "primogênito" com o mundo inteiro como "herança" de Adão e com o tempo escatológico em que o "esplendor" e a "beleza" de Deus seriam manifestados (veja a tradução em Florentino García Martínez; Eibert J. C. Tigchelaar, *The Dead Sea Scrolls study edition* [Grand Rapids: Eerdmans, 2000], 2 vols., 2:871-3). Uma passagem estreitamente relacionada em 4Q475 afirma que, depois que todo pecado for extinto da terra, "todo o mundo será como o Éden, e toda [...] a terra terá paz para sempre, e [...] um filho amado [...] herdará tudo" (seguindo ibidem, 2:957). Veja tb. 1QH[a] IV:14-15, em que Deus dará à "semente" (*zrʻ*) de Israel "toda a glória de Adão como herança [juntamente com] vida longa". CD-A III:19-20 também fala dos fiéis recebendo no futuro "toda a glória de Adão" (sobre isso, veja mais em Beale, *Temple*, p. 156).

[80]Vimos essa mesma associação de ideias (filho, imagem, primogênito) no pensamento de Paulo ligada à personificação da sabedoria de Provérbios 8 e no judaísmo antigo (Beale, "Colossians", p. 855), e os comentaristas provavelmente indicam corretamente esse contexto em Hebreus 1.3 (p. ex., Hugh Montefiore, *A commentary on the Epistle to the Hebrews*, BNTC [London: A&C Black, 1964], p. 36-7; F. F. Bruce, *The Epistle to the Hebrews*, NICNT [Grand Rapids: Eerdmans, 1990], p. 47-8; Attridge, *Hebrews*, p. 42-3; Luke Timothy Johnson, *Hebrews*, NTL [Louisville: Westminster John Knox, 2006], p. 68-70).

[81]Veja Harald Sahlin, "Adam-Christologie im Neuen Testament", *ST* 41 (1987): 30. Sahlin entende que "o esplendor da sua glória" em Hebreus 1.3 faz alusão a Gênesis 1.27 e também à descrição da Sabedoria em Sabedoria 7.25-27, que segundo ele também foi inspirado em Gênesis 1.27.

[82]Veja tb. Gênesis 12.3; 13.16; 15.5; 28.14; veja mais informações no cap. 1.

um rei individual recebe a promessa de ter soberania sobre todas as nações da terra.[83] Assim como Hebreus 1.2, Romanos 4.13 aplica de maneira explícita essas promessas a toda a terra (Abraão "seria herdeiro do cosmo"). Essas promessas também são aplicadas ao novo cosmo inteiro em Hebreus 11.13-16, em que não por coincidência Gênesis 22.17 é citado como apoio parcial (talvez com Gn 32.12). Também em relação a esse tema, Hebreus 6.12-17 cita a promessa abraâmica de Gênesis 22.17, em que os leitores de Hebreus têm esperança, ligada diretamente com o que Jesus começou a cumprir. Essas duas referências, de Hebreus 6 e Hebreus 11, provavelmente são desenvolvimentos da declaração introdutória de Hebreus 1.2, sobretudo porque o mesmo verbo para "herdar" (*klēronomeō*) e sua forma nominal (*klēronomos*) são usados em Hebreus 1.2-4 (os dois aplicados a Sl 2.7,8) e em Hebreus 6.12,17.[84]

A ênfase adâmica de Hebreus 1.2,3 também é indicada pelas ligações entre Cristo, no capítulo 1, e a extensa citação do Adão ideal do salmo 8 em Hebreus 2.5-9, que é aplicada a Cristo. Essas ligações mostram que a citação do salmo 8 é outra explicação da identidade de Cristo no capítulo 1.[85] O texto de Salmos 8 é a interpretação mais clara e mais elaborada de Gênesis 1.26-28 de todo o AT, e sua aplicação a Cristo o confirma explicitamente como aquele que cumpre as expectativas relacionadas ao Adão ideal dos últimos tempos.

Assim, mais uma vez, Cristo é retratado como o portador da "glória" escatológica de Adão e "a representação exata" de Deus, e ele alcançou a posição de soberano que o primeiro Adão havia perdido. Nessa posição, Cristo também é capaz de "trazer muitos filhos à glória" (Hb 2.10), para que sejam identificados com sua posição adâmica e desfrutem os benefícios dela. A evidente natureza escatológica de Hebreus 1.1-6 (na verdade, do livro todo) é apresentada por Hebreus 1.2, em que se lê que Deus revelou essas coisas por meio de Cristo

---

[83]William Lane (*Hebrews 1—8*, WBC 47A [Dallas: Word, 1991]), seguindo H. Langhammer, aproximou-se mais dessa observação, indicando uma notável semelhança entre a mudança do nome de Abraão e sua "designação" como "pai de muitas nações" em Gênesis 17.5, e Cristo ser "designado herdeiro de todas as coisas" e "herdando um nome mais excelente" (Hb 1.2,4), ambos em associação direta com Salmos 2.7,8. Paul Ellingworth (*The Epistle to the Hebrews: a commentary on the Greek text*, NIGTC [Grand Rapids: Eerdmans, 1993], p. 94-5), faz uma observação semelhante ("Cristo agora recebeu de Deus um bem que havia sido prometido somente ao povo do período do AT e aguardado somente por esse povo") e a associa à herança da Terra Prometida. Também vimos que o rei ideal escatológico de Salmos 72.17 ("nele sejam abençoados os homens; todas as nações o chamem bem-aventurado") será o cumprimento específico da semente prometida que abençoaria as nações de Gênesis 22.17,18. Salmos 2.7 faz parte dessa tradição interpretativa do AT, que, assim como Salmos 72.17, atribui a promessa patriarcal a um rei dos últimos tempos, que terá como "herança" e "propriedade" as nações (desenvolvendo também Gn 22.17,18, em que o hebraico do v. 17 pode ser traduzido por "sua descendência possuirá [*yāraš*] o portão dos inimigos dela", e o verbo *yāraš* pode ser traduzido por "herdar"). O salmo 2 pode estar utilizando essas duas nuances da palavra hebraica quando se refere tanto à "herança" como à "propriedade" paralelamente. O uso duplo do grego *klēronomia* ("herança") e *kataschesis* ("propriedade") na LXX de Salmos 2.8 também ocorre em combinação em outras passagens que se referir à ideia de "herança" em ligação, de uma forma ou outra, com a Terra Prometida (Nm 35.8; 36.3; Ez 46.16,18; veja tb. Ez 44.28). Igualmente, o hebraico *naḥălâ* ("herança") e *'āḥuzzā* ("propriedade"), ambos encontrados no hebraico de Salmos 2.8, ocorrem juntos em outras passagens e se referem à ideia de "herança" em associação direta com a Terra Prometida (Nm 22.7; 32.32; 35.2,8; Ez 44.28; 46.16,18). Outras combinações em hebraico e grego em que as palavras que significam "herança/propriedade" ocorrem em referência à Terra Prometida estão em Deuteronômio 25.19; 26.1; Juízes 2.6; Ezequiel 36.12.

[84]Johnson (*Hebrews*, p. 67) também entende que a combinação de "filho" com "herança" em Hebreus 1.2 está estreitamente associada com a promessa da herança da terra dada a Abraão e, nesse sentido, cita Hebreus 6.13,14.

[85]Observem-se as seguintes ligações entre Hebreus 1 e a citação de Salmos 8 em Hebreus 2.5-9: (1) a atribuição de "glória" a Cristo (Hb 1.3), Adão (2.7) e, novamente, a Cristo (2.9); (2) a soberania manifestada com a imagem dos inimigos postos debaixo dos pés do rei (Hb 1.13 [desenvolvendo 1.3b]; 2.8); (3) a condição de soberania de Cristo superior à condição dos anjos (Hb 1.4; 2.5); (4) "todas as coisas" (*ta panta*) sujeitadas ao reino de Cristo (Hb 1.3; 2.8a,8b; veja tb. 2.10, em que a expressão está relacionada àquilo sobre o que Deus é soberano).

"nestes últimos dias". Vimos no capítulo 2 que a forma precisa dessa expressão (*ep' eschatou tōn hēmerōn toutōn*, mas sem o último *toutōn* ["estes"]) ocorre quatro vezes no AT, todas elas traduções do hebraico "nos últimos dias" (*bě 'aḥărît hayyāmîm*) de Números 24.14; Jeremias 23.20; 25.19 (49.39, TM); Daniel 10.14.[86] Ao que parece, a passagem messiânica de Números 24 pode estar em mente em primeiro plano, uma vez que a formulação textual no final de Hebreus 1.2 (o "Filho, a quem designou herdeiro de todas as coisas") é uma alusão a Salmos 2.7,8 referente ao "filho" messiânico que receberá como "herança" as nações e as "extremidades da terra". Tanto Números 24.14-20 quanto Salmos 2.8,9,[87] utilizam "cetro" (*šēbeṭ* [Nm 24.17; Sl 2.9]) como uma imagem para o Messias, que "esmagará" as "nações" (Nm 24.17; Sl 2.9), as "dominará" e receberá como "herança" (Nm 24.18; Sl 2.8). Isso realça a natureza escatológica de Hebreus 1.2.

A herança de Cristo e sua condição de a imagem divina se sobrepõem à sua posição de majestade e soberania no céu (Hb 1.3b,13 em alusão a Sl 110.1). Por isso, mais uma vez, sua existência ressurreta contínua,[88] que como vimos é a nova criação, faz parte integrante de sua realeza, herança e da condição de ser à imagem de Deus.

A restauração da imagem no livro de Apocalipse

Expliquei em uma obra anterior que em Apocalipse uma "marca" na testa e na mão identifica um indivíduo comprometido com a besta, e uma marca diferente também distingue os seguidores do Cordeiro (v. Ap 13.16—14.1).[89] Essas marcas sugerem que os seguidores de Cristo e os seguidores da besta são identificados com a imagem (= natureza) de seu respectivo líder.[90] Cada grupo também porta o "nome" do seu respectivo líder (quer da besta, quer do Cordeiro de Deus). Vimos ainda que portar ou refletir o nome de alguém significa refletir o caráter dessa pessoa. Argumentei que esse pode ser o modo conceitual com que Apocalipse transmite a ideia de seres humanos caídos portando a imagem da humanidade caída e enganada, e do povo de Deus recuperando a imagem de Cristo e do Pai e tornando-se conforme essa imagem (veja Ap 14.1). Portanto, o indivíduo se assemelha àquilo que reverencia, quer para a ruína, quer para restauração. Os que portam o "novo nome" de Cristo (Ap 2.17; 3.12) demonstram que entraram em relacionamento matrimonial escatológico com Deus por meio de Cristo e que se tornaram um só com ele, por isso compartilham dos atributos de sua imagem e o refletem. Nesse sentido, o "nome" de Deus e do Cordeiro está escrito na "testa" deles, pois o texto os retrata completamente restaurados ao jardim restabelecido do Éden na nova criação, onde "não haverá mais maldição" (veja Ap 22.1-5). Assim, eles recuperam a posição que Adão

---

[86]Daniel 10.14 (GA), apresenta a leitura *ep' eschatou tōn hēmerōn*; a versão de Teodócio de Daniel 10.14 é quase idêntica.

[87]Aqui o foco são os textos em hebraico e em grego de Números e Salmos 2.

[88]A ressurreição de Cristo é indicada também em Hebreus 1.5a, em que a citação de Salmos 2.7 ("Hoje te gerei") refere-se ao estado ressurreto contínuo de Cristo (i.e., seu estado da ascensão), assim como em Atos 13.33, embora no texto de Atos a referência seja ao começo do estado ressurreto de Jesus (a oração gramatical "tu és meu filho" de Salmos 2.7 é atribuída a Jesus em seu batismo [Mt 3.17; Mc 1.11; Lc 3.22], mas as palavras "hoje" e "gerei" são omitidas). Para algumas interpretações da oração gramatical em Hebreus 1.5a e para a própria conclusão do autor de Hebreus, em harmonia com a minha perspectiva dessa passagem, veja Ellingworth, *Hebrews*, p. 113-4; veja, de forma igual, Ben Witherington, *Letters and homilies for Jewish Christians: a socio-rhetorical commentary on Hebrews, James and Jude* [Downers Grove: IVP Academic, 2007], p. 126).

[89]Para um desenvolvimento do parágrafo seguinte, veja G. K. Beale, *We become what we worship: a biblical theology of idolatry* (Downers Grove: IVP Academic, 2008), p. 254-64 [edição em português: *Você se torna aquilo que adora: uma teologia bíblica da idolatria* (São Paulo: Vida Nova, 2014)].

[90]Para o sentido de *charagma* não apenas de "marca" ou "selo", mas também "imagem", veja BDAG, p. 1077.

perdeu e são elevados a uma proximidade ainda maior de Deus, condição que jamais será perdida. Eles "verão sua face" e assim refletirão a gloriosa luz dessa face (cf. Ap 21.10,11; 22.4,5) e, consequentemente, refletirão a imagem dele segundo a intenção original.

Conclusão: a restauração da imagem de Deus no Novo Testamento

Cristo veio como o Adão dos últimos tempos para fazer o que o primeiro Adão deveria ter feito e para refletir de modo perfeito a imagem de seu Pai e dar condições para que seu povo tenha essa imagem restaurada em si. Ao fazer isso, Cristo está reiniciando a história, que é a era da nova criação a ser consumada com êxito em sua última vinda.

Quinta parte

A narrativa da salvação como nova criação inaugurada dos últimos tempos

14

A justificação inaugurada dos últimos dias

Este capítulo analisará a narrativa histórico-redentora da salvação, antes de tudo por meio das lentes do conceito "já e ainda não" de justificação. A salvação será examinada à luz da justificação como a justiça do fim dos tempos que deveria ser característica da nova criação, especialmente em relação à morte e à ressurreição de Cristo e à identificação dos santos com a morte e a ressurreição de Cristo. Portanto, além da ideia da imagem de Deus examinada nos dois capítulos anteriores, defenderei que a justificação é mais bem entendida como um aspecto da nova criação introduzido pela morte de Cristo e sobretudo por sua ressurreição. Consequentemente, o foco deste capítulo estará na parte da minha proposta de enredo do NT que trata da morte e da ressurreição de Cristo por seu povo como elemento absolutamente fundamental na edificação do reino da nova criação.

A justificação como atribuição[1] da justiça representativa de Cristo aos crentes

Convém iniciar com uma definição de justificação.[2] A definição a seguir provém da declaração de abertura do capítulo XI, "Da justificação", da Confissão de Fé de Westminster, uma confissão bastante influente na tradição protestante reformada:

---

[1] Para o uso da palavra "atribuição" a fim de explicar "imputação", veja Mark A. Garcia, "Imputation and the Christology of union with Christ: Calvin, Osiander, and the contemporary quest for a reformed model", *WTJ* 68 (2006): 219-51. Garcia primeiro explica o modelo da "atribuição cristológica", que ele considera a solução para entender a "atribuição soteriológica [ou justificação]" relacionada à união com Cristo. O que vale com respeito a uma das naturezas é atribuído à pessoa de Cristo como um todo. A humanidade e a divindade de Cristo, e as características exclusivas dessas naturezas, devem ser mantidas distintas. Contudo, as duas naturezas pertencem inseparavelmente à pessoa de Cristo. O que se afirma que é verdade para uma natureza, também é verdade, por causa da realidade da unidade da pessoa, para a pessoa inteira e, portanto, de algum modo se aplica à outra natureza (ibidem, p. 245). A atribuição soteriológica é entendida por analogia com a atribuição cristológica. "A justiça característica de Cristo, que é própria somente dele, é 'atribuída' aos crentes *somente na* realidade da união deles com Cristo e *por causa dela*. Essa justiça 'atribuída', própria somente de Cristo, é 'imprópria' mas verdadeiramente nossa, por causa da realidade da união" (ibidem, p. 246). Assim, "a imputação é a *atribuição* ao crente da justiça que é própria de Cristo, mas verdadeira posse individual do crente no contexto de sua união com Cristo, o 'fundamento' para essa atribuição" (ibidem, p. 246).

[2] Para uma visão geral mais ampla dos debates acerca do significado de justificação e sua importância para Paulo desde meados até o final do século 20, veja Peter T. O'Brien, "Justification in Paul and some crucial issues of the last two decades", in: D. A. Carson, org., *Right with God: justification in the Bible and the world* (Grand Rapids: Baker Academic, 1992), p. 69-81.

Os que Deus chama eficazmente, também justifica livremente. Essa justificação não consiste em Deus infundir neles a justiça, mas em perdoar os seus pecados e em considerar e aceitar as suas pessoas como justas. Deus não os justifica em razão de qualquer coisa neles operada ou por eles feita, mas somente em consideração da obra de Cristo; não lhes imputando como justiça a própria fé, o ato de crer ou qualquer outro ato de obediência evangélica, mas imputando-lhes a obediência e a satisfação de Cristo, quando eles o recebem e se firmam nele pela fé, que não têm de si mesmos, mas que é dom de Deus.

Introdução

Atualmente, existe um debate sobre a imputação e sua relação com a "justificação pela fé". Muitos protestantes ainda consideram a imputação da "obediência ativa e passiva" representativa de Cristo fundamental para entender a justificação pela fé. Contudo, muitos outros têm demonstrado ceticismo acerca da "imputação positiva" ou a chamada imputação da justiça alcançada pela "obediência ativa" de Cristo. Se tiverem de escolher entre a "obediência ativa" de Cristo imputada e a "obediência passiva" dele, alguns acadêmicos acreditam que somente a última pode ter apoio nas Escrituras. Recentemente, D. A. Carson expôs muito bem as várias perspectivas atuais sobre essa questão:

> Para muitos protestantes dos dias atuais, a doutrina da imputação se transformou no pilar da ortodoxia no que diz respeito à justificação. Para outros, a imputação deve ser abandonada por ser uma relíquia obsoleta de um sistema que dá atenção demais à expiação penal substitutiva e muito pouca atenção a outros "modelos" do que a cruz realizou. Para outros ainda, entre eles N. T. Wright, a imputação deveria ser abandonada, embora (ele sustenta) tudo o que os teólogos reformados querem conservar dessa categoria, Wright acredita preservar nas categorias mais amplas que propõe. E para outros, como Robert Gundry, o que deve ser rejeitado certamente não são todos os aspectos da imputação, mas asseverações da justiça imputada de Cristo.[3]

Assim, a doutrina tradicional da imputação da obediência ativa de Cristo em relação à justificação atualmente está sendo reavaliada e debatida.[4] A questão não é meramente um debate entre acadêmicos; ela tem sido discutida intensamente entre alguns membros de algumas denominações presbiterianas evangélicas.[5]

Aqui não vou poder fazer um levantamento das alterações dessa doutrina desde o período da Reforma nem descrever quão difundida essa doutrina tradicional era nos círculos

---

[3] D. A. Carson, "The vindication of imputation: on fields of discourse and semantic fields", in: Mark A. Husbands; Daniel J. Treier, orgs., *Justification: what's at stake in the current debates* (Downers Grove: InterVarsity, 2004), p. 46-7. Carson menciona os estudiosos que representam cada posição listada.

[4] Além de N. T. Wright, tenho em mente em particular o debate entre Robert H. Gundry e Thomas C. Oden em *Books and Culture*: Gundry, "Why I didn't endorse 'The gospel of Jesus Christ: an evangelical celebration' ... Even though I wasn't asked to", *Books and Culture* 7, n. 1 (2001): 6-9; Oden, "A calm answer to a critique of 'The gospel of Jesus Christ: an evangelical celebration'", *Books and Culture* 7, n. 2 (2001): 1-12, 39; Gundry, "On Oden's answer", *Books and Culture* 7, n. 2 (2001): 14-5, 39. Observe-se também o debate entre D. A. Carson e Robert Gundry na Conferência Teológica de Wheaton, de 2004. Para a parte escrita do discurso de Gundry, veja "The non-imputation of Christ's righteousness", in: Husbands; Treier, orgs., *Justification*, p. 17-45. Veja tb. John Piper, *Counted righteous in Christ: should we abandon the imputation of Christ's righteousness?* (Wheaton: Crossway, 2002); ibidem, *The future of justification: a response to N. T. Wright* (Wheaton: Crossway, 2007). Piper argumenta em favor da visão reformada tradicional e em sua última obra citada avalia negativamente a posição de Wright.

[5] Veja E. Calvin Beisner, org., *The Auburn Avenue theology, pros and cons: debating the federal vision* (Ft. Lauderdale: Knox Theological Seminary Press, 2004), que representa o debate entre alguns presbiterianos evangélicos nos Estados Unidos.

protestantes. Entretanto, creio que é bom dizer que ela foi amplamente propagada e até chegou a ser a visão predominante, apesar de nem todos a adotarem.[6]

Neste capítulo, espero dar uma pequena contribuição para o debate. Na seção inicial do capítulo, vou analisar, antes de tudo e de forma breve, as passagens geralmente mais citadas como apoio da ideia de creditar, ou "atribuir", a justiça de Cristo aos crentes. Em segundo lugar, vou investigar as expectativas quanto à obediência de Adão conforme a apresentação de Gênesis 1 e 2, sua reelaboração e reaplicação a outros personagens nos primeiros e últimos capítulos de Gênesis e, por fim, sua repetição e reaplicação mais adiante em outras partes do AT. Em terceiro lugar, vou analisar brevemente duas passagens do NT, 1Coríntios 15 e Efésios 1 e 2, que descrevem Cristo como a imagem do "último Adão" com a linguagem das expectativas do AT e explicam como sua posição de figura escatológica da nova criação se relaciona com os crentes em Cristo. Efésios 1 e 2 em particular é um texto que, pelo que tenho de informação, não exerceu nenhum papel importante no debate sobre a justificação. A maior parte do restante do capítulo tratará do aspecto de justificação do fim dos tempos "já e ainda não", principalmente no que diz respeito à morte de Cristo e, acima de tudo, sua ressurreição.

Textos tradicionalmente citados para apoiar a imputação da obediência ativa de Cristo aos crentes

Os quatro textos tradicionalmente citados para apoiar essa doutrina são Romanos 5.15-19, 1Coríntios 1.30, 2Coríntios 5.21 e Filipenses 3.9. Todos, em minha perspectiva, sustentam a ideia da justiça de Cristo transmitida representativamente aos que nele creem.[7] Meu objetivo aqui é fazer um breve exame dos textos que acredito apoiarem o conceito da atribuição da justiça de Cristo aos santos.

Embora Romanos 5.15-19 focalize a morte de Cristo como "um só ato de justiça" que resultou em "justificação", é possível que esse único ato sirva de ápice da obediência de todo o ministério de Cristo, de modo que também possa estar em mente, em segundo plano, toda a sua vida de justiça.

A passagem de 2Coríntios 5.21 tem o mesmo foco de Romanos 5.15-19 com implicações iguais: "Aquele que não tinha pecado Deus tornou pecado em nosso favor, para que nele fôssemos feitos justiça de Deus". Isso confirma que Cristo foi identificado com a culpa que não era dele e sofreu o castigo que não merecia.[8] O versículo afirma que isso ocorreu para que

---

[6]Para um panorama sobre aqueles da tradição reformada que afirmam que a imputação é uma parte de uma compreensão adequada da justificação, veja Heinrich Heppe, *Reformed dogmatics set out and illustrated from the sources*, tradução para o inglês de G. T. Thompson, revisão e organização de Ernst Bizer (London: Allen & Unwin, 1950), p. 548-51; Benjamin B. Warfield, *Biblical and theological studies*, edição de Samuel G. Craig (Philadelphia: P&R, 1952), p. 262-9; Michael F. Bird, "Incorporated righteousness: a response to recent evangelical discussion concerning the imputation of Christ's righteousness in justification", *JETS* 47 (2004): 253-6; as duas últimas obras também mencionam alguns representantes da tradição protestante que não apoiam a imputação.

[7]Para discussões recentes dessas passagens, entre outras, que focalizam o mesmo tema, veja Piper, *Counted righteous in Christ*, p. 52-119.

[8]A oração gramatical "Ele o fez pecado [*hamartia*]" provavelmente deveria ser traduzida por "Ele o fez uma oferta de pecado", uma vez que o singular *hamartia* tem geralmente esse sentido no AT (p. ex., veja os diversos usos semelhantes em Levítico e Números). Fica evidente que esse é o sentido paulino do emprego da palavra porque, apesar de usar a palavra muitas vezes em suas epístolas, o apóstolo nunca a emprega da mesma maneira que aqui, pois em outras passagens a palavra se refere à transgressão moral, mas não aqui (não fosse assim, Paulo estaria considerando Cristo um pecador). Que a palavra significa "oferta pelo pecado" também é provável porque Paulo está provavelmente aludindo a Isaías 53.10, em que se descreve o Servo entregando "a si mesmo como uma oferta de culpa". A LXX traduz o hebraico "oferta de culpa" (*'āšām*) por *hamartia*. A alusão é sugerida ainda mais porque o contexto de Isaías 53 é o único trecho do AT em que se prediz que um líder profético de Israel não seria culpado de pecado (53.9), mas suportaria a punição do pecado de outros (53.4-6,8,12),

os pecadores, por quem Cristo suportou a pena, "nele [em Cristo]" fossem "feitos justiça de Deus". Isso significa, então, que eles seriam considerados "não culpados" e não merecedores da punição, apesar de terem sido pecadores. Todavia, "ser feito justiça de Deus em Cristo" evidentemente implica mais que a condição de "não culpado"; significa também ser identificado com "a justiça de Deus", não só no Cristo morto, mas explicitamente no Cristo ressurreto, para que alguns aspectos positivos da justiça de Cristo sejam atribuídos aos crentes. Alguns estudiosos alegam que esse texto não tem relação alguma com a própria justiça de Cristo, que representa seu povo, uma vez que fala "da justiça de Deus". Mas essa é "a justiça de Deus em Cristo". Por isso, o próprio Cristo reflete a justiça de Deus, e essa justiça é atribuída aos crentes "em Cristo". Veremos neste capítulo que isso implica, no mínimo, identificar-se com a justa justificação de Cristo por Deus e assim a própria posição de justificado do Cristo ressurreto, que havia revogado a sentença de culpa do mundo atribuída a ele e demonstrado que foi justo em sua vida terrena.

Alguns contestam que Filipenses 3.9 seja um texto que confirma a atribuição da justiça de Cristo aos santos, pois é uma passagem que fala da "justiça que vem de Deus [e não de Cristo] pela fé". Assim, como no caso de 2Coríntios 5.21, alega-se que esse versículo é uma referência à justiça de Deus, portanto não se deve pensar que a própria justiça de Cristo seja atribuída aos crentes neste caso. Acredito que uma resposta possível e satisfatória a essa pergunta seja dizer que, com base na fé em Cristo, Deus declara os crentes justos, e essa "não [é] minha própria justiça procedente da Lei", mas, sim, a justiça que advém porque os santos desistiram de sua justiça imperfeita "por amor de Cristo" (3.7) a fim de "ganhar Cristo" (3.8 [o que provavelmente inclui a justiça de Cristo]) e serem "achado[s] nele" (3.9a [Será que isso também não incluiria a identificação com a própria justiça de Cristo?]).

Portanto, a "justiça que vem de Deus" é mediada para os crentes pela identificação e unidade deles com a justiça de Cristo. O Cristo com quem eles estão identificados é aquele que foi "obediente até a morte" (Fp 2.8) para que seu povo "achado nele" provavelmente seja identificado com essa obediência, que atingiu seu auge na cruz. "A justiça que vem de Deus" é contraposta a "não tendo minha própria justiça procedente da Lei", de modo que é uma justiça positiva com a qual o Paulo crente está agora identificado. E, como em 2Coríntios 5.21, é com a justiça de Deus que o indivíduo está identificado, justiça que em si mesma provavelmente também se deva identificar com Cristo, visto que Paulo recebeu essa condição porque "ganhou Cristo" e foi "achado em" Cristo (Fp 3.8,9). Dizer que a justiça de Deus nessa passagem não está também associada com Cristo (portanto, com os crentes) seria uma perspectiva descritiva muito superficial. Como veremos mais adiante, Deus declarou Jesus justo (i.e., isento de culpa, justificado), e é esse status de justo que o próprio Jesus tem; e os que estão em união com ele compartilham com ele do status de Cristo justificado (isento de culpa).

O texto que considero a confirmação mais forte da imputação positiva da justiça de Cristo aos crentes é 1Coríntios 1.30: "Mas vós sois dele, em Cristo Jesus, o qual, da parte de Deus, se tornou para nós sabedoria, justiça, santificação [ou 'santidade'] e redenção". A identificação e a união dos crentes com Cristo significam que "nele" eles são considerados detentores da mesma (perfeita) sabedoria, justiça, santidade e redenção que Cristo teve.[9] Isso não significa

---

com o emprego do termo "pecado" para significar "oferta pelo pecado", a fim de redimi-los e declará-los justos (53.11). Essa alusão a Isaías 53 prepara o leitor para a alusão a Isaías 49.4 em 2Coríntios 6.1 ("não recebais a graça de Deus em vão") e para a citação de Isaías 49.8 em 2Coríntios 6.2. Para mais argumentos em favor da alusão de Isaías 53 em 2Coríntios 5, veja G. K. Beale, "The Old Testament background of reconciliation in 2 Corinthians 5—7 and its bearing on the literary problem of 2 Corinthians 4:14—7:1", *NTS* 35 (1989): 559-60; Scott J. Hafemann, *2 Corinthians*, NIVAC (Grand Rapids: Zondervan, 2000), p. 247-8.

[9]Talvez seja melhor traduzir o v. 30 de forma interpretativa por "Mas pela realização dele vocês estão em Cristo Jesus, que se tornou para nós sabedoria de Deus, *que é* justiça e santificação e redenção", de modo que essas três realidades formem o aposto do que é "sabedoria" (tb. G. D. Fee, *The First epistle to the Corinthians*, NICNT [Grand Rapids: Eerdmans, 1987], p. 85-6). Isso, contudo, não tem tanta influência na discussão seguinte.

que os crentes tenham esses atributos na existência individual terrena deles, mas, sim, que eles são representados por Cristo, aquele que se tornou todas essas coisas por eles, graças à condição deles de identificação em unidade com ele (i.e., eles "estão em Cristo"). O "para nós" (*hēmin*) do versículo se refere à posição/condição deles "em Cristo Jesus" e à identificação com os atributos dele em favor deles e para o benefício dos crentes.[10]

Os que se opõem a essa análise acham difícil ver como Cristo foi redimido pessoalmente do mesmo modo que os crentes devem ser redimidos. Eles alegam que o versículo fala de Cristo redimir as pessoas, mas não de ele mesmo ser redimido do pecado em lugar deles, como seu representante, pois seria heterodoxo e contrário ao pensamento paulino conceber o próprio Cristo redimido do pecado, mesmo como representante de seu povo. Então, argumenta-se que as referências a sabedoria, justiça e santidade no versículo também não devem ser consideradas representativas. Essa perspectiva, sem dúvida, enfraquece a ideia de que 1Coríntios 1.30 apoia a avaliação positiva da justiça de Cristo atribuída ao cristão. O versículo diria respeito tão somente aos crentes se tornarem sábios, justos, santificados e redimidos por meio de Cristo, e os três primeiros atributos são características da piedade que devem caracterizar cada vez mais a vida dos crentes verdadeiros, mas não são obtidos completamente por causa da posição do crente em Jesus, que é verdadeiramente completo nessas qualidades.

Todavia, um estudo de vocábulo da palavra grega traduzida por "redenção" resolve esse aparente problema. O termo para "redenção" em 1Coríntios 1.30 é *apolytrōsis*, que faz parte do grupo de cognatos de "redenção" (*lytroō, lytrōsis*). À exceção do verbo *lytroō* ("redimir"), as outras formas ocorrem poucas vezes na LXX. Um dos principais usos do verbo é para se referir a Deus libertando Israel da opressão do Egito (cerca de 15 vezes), embora esteja presente a ideia de libertar indivíduos de várias formas da opressão (cerca de 15 vezes), bem como a de libertação da opressão da Babilônia (cerca de 5 vezes). Apesar de haver alguns usos em que "redimir" implica a libertação de pessoas de seus pecados, os usos mencionados há pouco se referem somente à libertação da opressão, e não do pecado da pessoa. À luz do contexto da LXX, seria bem normal o uso de "redenção" em 1Coríntios 1.30 em referência à libertação de opressão, sobretudo no caso de Cristo. Seria uma referência a seu livramento, na verdade salvação da morte e da escravidão aos poderes do mal por sua ressurreição.

Chama particularmente a atenção o uso que Isaías faz de "redenção" em 63.4 para falar da redenção de Israel da opressão das nações inimigas, sobretudo o verbo "redimir" em 63.9 ("Ele os redimiu") em referência à libertação de Israel por Deus no Êxodo. Essa ideia é mantida em Isaías 63.11: "Onde está aquele que os trouxe do mar com o pastor do seu rebanho?", falando da libertação divina de Moisés do exército egípcio e das águas do mar. Isso é impressionante porque Hebreus 13.20 faz alusão a Isaías 63.11 e aplica a libertação redentora do mar Vermelho à libertação de Cristo da morte pela ressurreição: "O Deus da paz, que trouxe dentre os mortos nosso Senhor Jesus, o grande Pastor das ovelhas...". Os próprios usos paulinos dos cognatos de "redenção" se referem não apenas à libertação do pecado (Rm 3.24; Ef 1.7; Cl 1.14; Tt 2.14), mas também à libertação da morte mediante a ressurreição (Rm 8.23; e provavelmente Ef 1.14; 4.30).[11]

Portanto, não há problema em entender que Cristo foi "redimido" (i.e., libertado da morte pela ressurreição) e que sua libertação completa e absoluta representou a libertação da morte para aqueles que creem nele e se encontram "nele". Outra coisa que também indica que

---

[10]Para *hēmin* como dativo de vantagem em 1Coríntios 1.30, veja, p. ex., Anthony C. Thiselton, *The First Epistle to the Corinthians: a commentary on the Greek text*, NIGTC (Grand Rapids: Eerdmans, 2000), p. 191.

[11]Para um desenvolvimento dessa ideia da ressurreição como a redenção de Cristo, veja Richard B. Gaffin Jr., *The centrality of the resurrection: a study in Paul's soteriology* (Grand Rapids: Baker Academic, 1978), p. 114-6.

todos os atributos de 1Coríntios 1.30 são plenamente verdadeiros para os santos por causa da identificação deles com Cristo é que a "santidade" (*hagiasmos*) mencionada na passagem é provavelmente desenvolvimento da primeira menção dela em 1Coríntios 1.2: "à igreja de Deus em Corinto, aos santificados [*hēgiasmenois*] em Cristo Jesus". Alguns talvez desejem argumentar que o fato de Cristo tornar-se "santidade" (ou "santificação") por nós se refere a uma santidade real que é parcial e progressivamente desenvolvida nas pessoas durante a presente era, e não a uma realidade imputada ou posicional aperfeiçoada.[12] Alguns estudiosos acreditam que a mesma ideia se aplica à "sabedoria" e à "redenção". Em caso positivo, a menção de "justiça" seria paralela e faria referência a uma justiça que é desenvolvida nos crentes parcial e progressivamente, e não à justiça perfeita de Cristo. Essa é, por exemplo, a objeção de N. T. Wright, o qual afirma que, se 1Coríntios 1.30 fala da justiça perfeita de Cristo imputada ao crente, então "nós também devemos estar dispostos a falar da sabedoria de Cristo imputada; da santificação de Cristo imputada; e da redenção de Cristo imputada".[13] O emprego do tempo perfeito no texto grego de 1Coríntios 1.2 diz respeito a uma ação passada que se completou plenamente e seus efeitos continuam no presente.[14] Os dois versículos apresentam os crentes posicionados "em Cristo Jesus", e o versículo 2 vê os santos como plenamente santificados ou considerados completamente santos, mesmo que na terra todos eles sejam pecadores, como o restante da epístola explicará.

Portanto, é natural entender da mesma forma a declaração de 1Coríntios 1.30 de que Cristo "se tornou 'santificação'" para os santos. Isto é, o versículo 30 explica que os santos foram completamente santificados (1.2), porque Cristo é perfeitamente santo, e a posição deles "nele [em Cristo]" como seu representante permitiu que fossem considerados completamente santos. Também vimos que é natural entender "redenção" (i.e., libertação redentora) da mesma forma, e não há razão para não entender "sabedoria" da mesma maneira. Ou seja, Cristo é a expressão perfeita da sabedoria divina, e aqueles que estão identificados com Cristo são representados por essa sabedoria (que, como vimos em outro trecho, faz parte da cristologia adâmica, porque Cristo é o sábio escatológico definitivo que Adão deveria ter sido).[15] Assim, a ideia de "justiça" também corresponde muito bem a esse quadro. Na verdade, *hagiazō*, o verbo da mesma raiz do substantivo "santidade", ocorre em 1Coríntios 6.11 juntamente com

---

[12]Conforme Piper (*Counted righteous in Christ*, p. 86), que afirmaria isso sobre "santidade" em 1Coríntios 1.30, embora ainda sustente que "justiça" se refere a uma justiça posicional ou imputada; nesse caso, a série de termos nesse versículo não se refere aos conceitos paralelos posicional e imputado, contrários ao argumento que está sendo apresentado aqui. Por isso, a ideia seria a de que os crentes têm unidade com Cristo, e alguns aspectos dessa unidade são posicionalmente representativos ou relacionados à imputação, enquanto outros têm efeito direto sobre a vida real dos crentes na terra. Concordo com esse conceito, mas não vejo nenhuma necessidade de recorrer a ele em 1Coríntios 1.30.

[13]N. T. Wright, *What Saint Paul really said: was Paul of Tarsus the real founder of Christianity?* (Oxford: Lion Publishing, 1997), p. 123.

[14]Os efeitos presentes do ato passado funcionando como a condição posicional plenamente santificada dos santos ou como os efeitos iniciais, mas parciais, da santidade verdadeira na vida deles (embora o primeiro seja mais provável).

[15]Sobre esse assunto, veja o cap. 1, em que analiso Adão e a sabedoria, bem como o cap. 13, em que trato de Cristo como uma figura adâmica sábia em Colossenses 1.15-18; veja tb. Seyoon Kim, *The origin of Paul's gospel* (Grand Rapids: Eerdmans, 1982), p. 258-60. Paulo identifica Cristo com "o Último Adão" em 1Coríntios 15.45, e em 15.46-54 fala da imagem desse Último Adão em relação ao reflexo final dessa imagem nos crentes, o que pode ter alguma relevância para esta análise. Sobre o último aspecto, veja Benjamin L. Gladd, *Revealing the mysterion: the use of mystery in Daniel and Second Temple Judaism with its bearing on First Corinthians*, BZNW 160 (Berlin: de Gruyter, 2008), p. ex., p. 267-9. Gladd sustenta que em 1Coríntios 15 utiliza-se o "mistério" divino para se referir à sabedoria divina como um forte argumento contra a sabedoria mundana dos coríntios, e isso inclui a referência a "mistério" em 1Coríntios 15.51, que nesta passagem está indissociavelmente ligado ao tema da imagem de Adão.

dikaioō, forma verbal correspondente ao substantivo "justiça", e os dois se referem a um ato concluído em favor dos santos: "Assim fostes alguns de vós. Mas fostes lavados, santificados e justificados [ou 'declarados justos'] em nome do Senhor Jesus Cristo e no Espírito do nosso Deus". Assim como os crentes foram completa e definitivamente "lavados", eles também foram completamente "santificados" e "justificados". Todos os atributos mencionados em 1Coríntios 1.30 têm expressão escatológica completa e perfeita em Cristo, e essa manifestação completa dos últimos dias das características de Cristo é atribuída aos crentes, que compartilham esses atributos graças à sua posição de união com Cristo. Assim, por exemplo, a perfeição ética deve ser alcançada apenas na nova criação e, uma vez que Cristo inaugurou essa "santidade" tão completa, ela é atribuída aos crentes, apesar de não a terem alcançado ainda.

Essa ideia dos crentes representados pelos atributos de Cristo é reforçada pela primeira parte do texto de 1Coríntios 1.30, que diz que foi "da parte de Deus" (*ex autou*, "por causa dele" ou "dele") que eles "estão em Cristo Jesus", e, porque eles estão "nele", compartilham nessa posição de suas características perfeitas listadas no texto. A ideia de ação causativa de Deus ao colocá-los em Cristo talvez seja um desdobramento das menções imediatamente anteriores em 1Coríntios 1.26-28 sobre a eleição deles. Por isso, eles têm de se gloriar não das próprias capacidades (v. 29,31), mas, sim, dos benefícios advindos de sua posição graças à representação deles por Cristo e às infalíveis capacidades dele.

Alguns se opõem à ideia de que esses atributos sejam os de Cristo, uma vez que 1Coríntios 1.30 diz que essas características são "de Deus". Por isso, alega-se que "a justiça em que Cristo se tornou por nós não é sua própria justiça, mas a de Deus".[16] Essa objeção é ilusória, visto que a ideia completa é que "Cristo Jesus [...] se tornou por nós sabedoria <u>da parte de Deus, e justiça</u> [...]". É claro, pois, que essa é a justiça de Deus, mas Cristo é plenamente identificado com a justiça de Deus e, por isso, ela pertence a Cristo; assim também os crentes são plenamente identificados com a justiça de Deus, uma vez que ela foi totalmente manifesta em Cristo — isto é, também é a justiça de Cristo. Conforme estudamos, essa ideia também se parece com o raciocínio presente em Filipenses 3.9, em que "achado nele [Cristo]" e "não tendo minha própria justiça" resultam em ser identificado com "a justiça que vem de Deus" e é manifesta em Cristo. Vimos a mesma ideia em 2Coríntios 5.21. Na verdade, essa análise de 1Coríntios 1.30 indica ainda mais a probabilidade da minha conclusão anterior de que em 2Coríntios 5.21 e Filipenses 3.9 a "justiça de Deus" seja identificada com o próprio Jesus. A justiça de Cristo é, então, atribuída aos santos.

Portanto, a passagem de 1Coríntios 1.30 é mais bem entendida como apoio ao conceito de que os santos são representados pela justiça perfeita de Cristo e são considerados plenamente justos assim como ele.[17] Essa é a justiça adequada somente para a nova criação eterna dos

---

[16]Gundry, "Why I didn't endorse", p. 7.

[17]De modo coerente com essa conclusão, David Garland afirma que a "justiça" é uma referência jurídica ao "estado de ser inocentado e participar do caráter justo de Cristo" (*1 Corinthians*, BECNT [Grand Rapids: Baker Academic, 2003], p. 80); assim tb. Thiselton (*First Epistle to the Corinthians*, p. 193), que também observa que a forma verbal é usada em outros trechos do livro somente no sentido jurídico declarativo de "considerar justo" ou "absolver". Do mesmo modo, Gordon Fee afirma que "justiça" é um termo mais forense do que ético que "salienta a posição imerecida de retidão do crente diante de Deus" (*First Epistle to the Corinthians*, NICNT [Grand Rapids: Eerdmans, 1987], p. 86). O entendimento de Thiselton (*First Epistle to the Corinthians*, p. 190-5) de estar "em Cristo Jesus" de os quatro atributos com que os santos são identificados em 1Coríntios 1.30 se referindo a um estado completo ou definitivo por causa da "solidariedade coletiva", e não se referindo à "existência cristã individual", é compatível com a minha análise aqui apresentada. Uma evidência antiga dessa interpretação se encontra em *Diogneto* (final do século 2 d.C.): "Em quem nos foi possível, a nós desobedientes e ímpios, ser justificados, senão somente no Filho de Deus? Oh, que doce troca; oh, a incompreensível obra de Deus; oh, as bênçãos inesperadas, que a pecaminosidade de muitos seja ocultada em um único homem justo, enquanto a justiça de um justifica muitos pecadores!" (9.4,5).

últimos tempos. Creio que Romanos 5.15-19, 1Coríntios 1.30, 2Coríntios 5.21, Filipenses 3.9, passagens tradicionalmente citadas em relação à imputação positiva da justiça de Cristo, têm exatamente esse sentido, mas é possível dizer muito mais em defesa dessa doutrina. Para ela nos voltamos agora.

As expectativas quanto à obediência de Adão e a aplicação dessas expectativas a outras figuras adâmicas e por último a Cristo

Nesta parte da análise, é importante recapitular o estudo de Gênesis 1.28 do capítulo 1, pois vou argumentar que essa passagem serve de importante pano de fundo para entender a obra justificadora de Cristo. A comissão de Gênesis 1.26-28 incluiu os elementos a seguir, especialmente como estão resumidos no versículo 28:

1. Deus os abençoou;
2. frutificai e multiplicai-vos;
3. enchei a terra;
4. sujeitai a terra;
5. dominai sobre toda a terra.

Também parece que o fato de Deus ter criado Adão à sua "imagem" e "semelhança" é o que capacita Adão a realizar as partes específicas da comissão. Como um portador de imagem, Adão devia refletir o caráter de Deus, o que implicava espelhar a glória divina. Juntamente com a proibição de Gênesis 2.16,17, a essência da comissão era sujeitar e dominar a terra, enchendo-a com a glória de Deus, especialmente com a descendência portadora da imagem gloriosa. No capítulo 1, expliquei em mais detalhes o que essa comissão acarretava e que bênçãos escatológicas mais elevadas que Adão teria recebido se tivesse obedecido. A essência dessa recompensa era a incorruptibilidade eterna e irreversível da vida física e espiritual, que seria desfrutada em um cosmo incorruptível, livre de todo mal e de toda ameaça de pecado.

Adão, porém, não cumpriu a tarefa para a qual havia sido comissionado. Também vimos no capítulo 1 uma longa lista de passagens do AT que indicam que a comissão de Adão foi transmitida a outras figuras adâmicas (p. ex., Noé, os patriarcas e Israel), mas todas elas deixaram de cumprir a comissão. No entanto, começando com os patriarcas, a reiterada comissão adâmica foi associada com a promessa de uma "semente" que "abençoar[ia]" as nações, sugerindo, portanto, que a comissão seria finalmente cumprida em algum momento pela semente de Abraão. O não cumprimento do mandato divino continuaria até que surgisse essa semente, o "último Adão", que enfim cumpriria a comissão em nome da humanidade.

As reafirmações da comissão adâmica de Gênesis 1, começando por Abraão, são transmitidas como promessa de algum ato positivo que ocorrerá ou de algum mandamento cujo propósito é produzir obediência positiva. Tanto as reiterações em forma de promessa quanto as imperativas dizem respeito à ação positiva de "multiplicar e frutificar" e "espalhar-se" da semente, conquistar e possuir ou herdar verdadeiramente uma terra. Diante disso, não seria estranho se o NT jamais falasse do Último Adão, Jesus, nesses mesmos termos positivos? Bem, é verdade que o NT entende que parte da obediência de Cristo à comissão adâmica é a sua obediência até a morte. Sem dúvida é disso, no mínimo, que falam as passagens de Romanos 5.12-17, Filipenses 2.5-11 e Hebreus 2.6-10. Jesus não somente fez o que o primeiro Adão deveria ter feito, mas também fez muito mais: ele foi obediente até a morte em favor de seu povo no processo de alcançar sua grandiosa vitória da ressurreição e exaltação.

Deve-se reconhecer que Paulo, por exemplo, fala mais acerca da chamada obediência passiva de Cristo na morte do que sobre a própria obediência ativa de Cristo na redenção das pessoas. Não obstante, além das já mencionadas passagens referentes à atribuição da justiça de Cristo aos santos, há alguns trechos do NT em que Jesus como Último Adão é retratado sem menção de sua morte, mas, ao contrário, como tendo cumprido o que Adão deveria ter realizado. Por exemplo, analisei a tentação de Cristo no deserto (Mt 4.1-11; Lc 4.1-13) da perspectiva de Cristo tanto como o "último" Adão quanto como figura do verdadeiro Israel (i.e., o Adão coletivo), que obedece exatamente nos aspectos em que Adão e Israel desobedeceram (veja cap. 12).

Do mesmo modo, Paulo às vezes retrata Cristo como o Último Adão que recebeu a vitoriosa posição e a recompensa de um reino glorioso e incorruptível, evidentemente porque cumpriu todas as exigências de obediência esperadas do primeiro Adão, sobretudo a de conquistar e possuir. Em 1Coríntios 15.27 e Efésios 1.22, Paulo diz que Cristo cumpriu o papel ideal de Salmos 8.6 que se esperava do primeiro Adão: "Ele [Deus] sujeitou todas as coisas sob seus pés [de Cristo]". A oração gramatical que conclui Efésios 1.23: "Aquele que enche tudo em todas as coisas" se aplica aqui a Cristo e provavelmente reflete o mandamento "enchei a terra" de Gênesis 1.28, que fazia parte da comissão original dada a Adão. Em 1Coríntios 15.45, Paulo se refere a Cristo explicitamente como o "último Adão", que alcançou a bênção maior da incorruptibilidade que o primeiro Adão não conseguiu obter. Tanto a passagem de 1Coríntios quanto a de Efésios identificam os crentes com as bênçãos incorruptíveis de Cristo (1Co 15.49-57) ou com sua posição de ter todas as coisas sujeitas a ele (Ef 2.5,6). As mesmas implicações são expressas em Hebreus 2.6-17, mas nesta passagem a morte de Cristo é que se destaca, e a ressurreição recebe pouca atenção (mas cf. Hb 2.9: "coroado de glória e honra").

Paulo entende que o próprio Cristo cumpriu definitivamente e plenamente a comissão adâmica de Salmos 8. É provável que isso implique a convicção de Paulo, à luz do contexto de Salmos 8, de que o próprio Cristo, sozinho e de modo perfeito, reinou, sujeitou e multiplicou a descendência espiritual (embora falte esse elemento no salmo 8), e encheu a terra com a glória de Deus, com toda a plenitude que um ser humano poderia ter realizado no tempo de uma vida. Essa é uma ideia escatológica inaugurada, visto que a obediência fiel de Cristo como o Último Adão é a única coisa que poderia ter levado à recompensa de ser introduzido na nova criação e no governo soberano dessa criação. Isto é, seu corpo ressurreto foi literalmente o início da nova criação dos últimos dias e de seu reino obediente nessa nova criação, o que se esperava do primeiro Adão, mas jamais se obteve dele. Assim como os crentes são identificados com a posição celestial ressurreta de Cristo e com sua exaltação real, eles também são identificados com a recompensa da majestade exaltada de Cristo na nova criação e com a obediência fiel que continua caracterizando esse reinado da nova criação, obediência que é o auge de sua obediência vitoriosa na terra e que o levou à recompensa celestial. Isso representa a invasão da nova criação futura no presente. Não é uma nova criação completa, uma vez que cada crente na terra não é um rei perfeitamente obediente, nem desfruta sua recompensa plena de ressurreição consumada como desfrutará no fim dos tempos. Apesar disso, eles são identificados com Cristo como o Último Adão, que foi completamente obediente.

A ideia de Cristo fazer o que Adão deveria ter feito e ter alcançado a gloriosa e abençoada posição que Adão deveria ter herdado, e, então, os crentes terem se identificado com essa gloriosa posição, não só é conceitualmente próxima da ideia de atribuir obediência positiva de Cristo aos crentes, mas também a sugere.[18]

---

[18]Veja Peter Stuhlmacher, *Biblische Theologie des Neuen Testaments* (Göttingen: Vandenhoeck & Ruprecht, 1999), vol. 2, p. 15-6; Stuhlmacher entende que o conceito de justificação está presente em Efésios 2.1-10, apesar de o vocabulário da justificação não ser empregado.

A justificação em relação à morte e à ressurreição como realidade "já e ainda não" dos últimos dias

Na seção anterior, analisei principalmente, ainda que de forma breve, a obediência fiel representativa de Cristo como o Último Adão e sua recompensa de entrar na nova criação como um conceito escatológico inaugurado. O restante deste capítulo tem como objetivo continuar comentando sobre a natureza escatológica da justificação, principalmente no que diz respeito ao modo em que a etapa inaugurada como realidade dos últimos tempos se relaciona com o modo em que ela se consumará. Por isso, vou me concentrar mais na natureza futura da justificação. A seção não é um ensaio exaustivo sobre a natureza da justificação em geral, mas um estudo de como a morte escatológica de Cristo e, sobretudo, sua ressurreição — e a ressurreição dos crentes, representados por Cristo — nos ajudam a entender melhor tanto a "etapa escatológica inaugurada" quanto a "etapa escatológica consumada" da justificação. Continuarei argumentando aqui em favor da imputação da justiça positiva de Cristo ao crente com o foco no modo em que o crente é identificado com a ressurreição de Cristo, mas também vou tratar da natureza justificadora da morte de Cristo e da identificação dos crentes com essa morte.

A natureza escatológica inaugurada da justificação

Minha análise anterior de Cristo como o último e justo Adão e seu papel como representante dos santos é um bom exemplo do *escathon* invadindo a história. O papel de Cristo como o Último Adão ressurreto indica que uma nova criação começou e invadiu a era antiga da criação caída. A ideia de que a justiça completa pode ser alcançada por um ser humano estava reservada para os seres humanos somente na nova criação eterna. Isso começou em Cristo e, por meio dele, de forma vicária, para seu povo.

A CRUZ DE CRISTO DÁ INÍCIO AO JUÍZO ESCATOLÓGICO

O outro lado da moeda dessa escatologia inaugurada relacionada à justiça representativa de Cristo é que o juízo final, que deveria ocorrer exatamente no fim da história, adiantou-se na história com a cruz de Cristo. Isso é declarado em Romanos 3.21-26:

> Mas agora a justiça de Deus tem sido manifesta, sem a lei, testemunhada pela Lei e pelos Profetas; isto é, a justiça de Deus por meio da fé em Jesus Cristo para todos os que creem; pois não há distinção. Porque todos pecaram e estão destituídos da glória de Deus, sendo justificados gratuitamente pela sua graça por meio da redenção que há em Cristo Jesus, a quem Deus ofereceu publicamente como propiciação, por meio da fé, pelo seu sangue. Isso ocorreu para demonstrar sua justiça, pois, em sua paciência, Deus deixou de punir os pecados anteriormente cometidos; para demonstração da sua justiça no tempo presente, para que ele seja justo e também justificador daquele que tem fé em Jesus.

Deus "em sua paciência" "deixou de punir os pecados anteriormente cometidos", que, de acordo com as expectativas veterotestamentária e judaica, seriam punidos no último grande julgamento. Esse grande julgamento, porém, começou a ser executado no Messias em favor de seu povo (v. 25) perante o mundo espectador, o que mostra que, apesar de adiar o julgamento por um tempo, Deus pune, sim, o pecado e é vindicado como justo. Esse é o caso, embora o castigo sofrido por Jesus seja a favor dos que creem (v. 22,26). Portanto, o julgamento escatológico começou em Jesus, mas será consumado no julgamento dos descrentes no fim das eras, imediatamente antes do estabelecimento da nova criação. Por isso, o juízo final ocorre em etapas para "todo o mundo", que é "responsável" diante de Deus pelo pecado (Rm 3.19):

o pecado dos crentes é julgado primeiro na morte de Cristo no século 1, e os não crentes sofrem esse julgamento cada um em si mesmo no ápice da história.

Outra confirmação de que Romanos 3 está falando do julgamento escatológico que começa com Jesus a favor dos fiéis é evidente na *inclusio* que consiste no vocabulário temporal do fim dos tempos que serve de moldura do trecho dos versículos 21-26. O versículo 21 começa com "agora" (*nyni*), e o versículo 26 contém a mesma palavra em uma construção expandida, "o tempo presente [agora]" (*tō nyn kairō*). O primeiro "agora" do versículo 21 ressalta que a "justiça de Deus" se manifestou recentemente, foi "testemunhada" profeticamente pelo AT e indica que essa justiça faz parte do cumprimento escatológico profético (o que é indicado ainda mais pela declaração semelhante em Rm 16.25,26). O "agora", portanto, indica o início das expectativas dos últimos dias. Igualmente, "o tempo presente [agora]" do versículo 26 também está ligado ao clímax da demonstração da justiça de Deus em comparação ao período de história redentora anterior, quando "Deus deixou de punir os pecados anteriormente cometidos".

Embora haja usos variados da palavra "agora" no NT (um uso lógico, uma referência ao mero tempo presente, entre outros), o uso escatológico de "agora" para estabelecer o começo de uma era diferente da antiga ocorre em outros trechos dos escritos paulinos e do NT. Paulo associa "agora" a "tempo" outras seis vezes, a maioria delas associada claramente a contextos dos últimos dias.[19] O uso de "agora" sozinho em geral pode ter a mesma associação temporal.[20] Por isso, o uso paulino do "agora" escatológico em Romanos 3.21,26 está naturalmente de acordo com seus outros usos semelhantes e realça um contexto escatológico inaugurado para entender a justificação.

A justificação inaugurada em relação à redenção de Cristo e sua morte propiciatória na cruz

Esta seção dá continuidade ao exame e à discussão de Romanos 3.21-26. O foco especial aqui é como a menção de Paulo de "propiciação" e de "redenção" nos versículos 24 e 25 se relaciona com o "sendo justificados" do versículo 24.

> ... sendo <u>justificados</u> gratuitamente pela sua graça por meio da <u>redenção</u> que há em Cristo Jesus, a quem Deus ofereceu publicamente como <u>propiciação</u>, por meio da fé, pelo seu sangue. Isso ocorreu para demonstrar sua justiça, pois, em sua paciência, Deus deixou de punir os pecados anteriormente cometidos.

---

[19] O uso em Romanos 8.18 indica a parte do período de tempo em que a existência ressurreta do povo de Deus está começando (Rm 8.10,11), assim como sua experiência do Espírito do fim dos tempos (Rm 8.5-17,22,23); Romanos 13.11,12a é bem direto sobre essa questão: "Fazei isso, conhecendo o tempo, que já é hora de despertardes do sono; porque a nossa salvação agora está mais próxima do que no início, quando cremos. A noite já está avançada, e o dia se aproxima"; 2Coríntios 6.2 refere-se ao tempo presente, quando a profecia dos últimos dias de Isaías acerca de Deus ajudando seu servo começava a ser cumprida (Is 49.8), dando continuidade à referência anterior ao "agora" da vida ressurreta inaugurada e da nova criação, quando se farão juízos corretos e criteriosos a respeito de Cristo (2Co 5.14-18); o "agora" de 2Tessalonicenses 2.6 é o tempo em que "o mistério da impiedade já está atuando", que é um cumprimento inicial da profecia do opositor dos últimos dias de Daniel 11.36 (para a análise da ressurreição e do Espírito em Rm 8, veja cap. 8; para mais informações acerca de 2Co 5.14—6.2, veja caps. 9 e 15; para mais estudos de 2Ts 2, veja cap. 6); o uso em Romanos 11.5 e em 2Coríntios 8.14 não é explicitamente escatológico, mas pode adquirir esse sentido.

[20] Os exemplos mais evidentes desse uso de "agora" (*nyn*) são Romanos 16.25,26, Efésios 3.5,10 e Colossenses 1.26; fora dos textos de Paulo, veja João 4.23; 5.25; 12.31; 1João 2.18; 4.3; com respeito à forma variante de "agora" (*nyni*), veja Romanos 7.6; 1Coríntios 15.20; Efésios 2.13; Colossenses 1.22; fora dos escritos paulinos, observe-se Hebreus 9.26: "De outra forma, seria necessário que ele sofresse muitas vezes, desde a fundação do mundo. Mas agora, na consumação dos séculos, ele se manifestou de uma vez por todas para aniquilar o pecado por meio do sacrifício de si mesmo".

Em primeiro lugar, é necessária uma explicação acerca do contexto anterior de Romanos. O trecho de Romanos 1.18—3.8 leva à conclusão de que tanto os incrédulos judeus quanto os incrédulos gentios estão "debaixo do pecado" (Rm 3.9) e que "ninguém será justificado diante dele [de Deus] pelas obras da lei" (Rm 3.20),[21] uma vez que "pela lei vem o pleno conhecimento do pecado" (Rm 3.20), e não da justiça. Isso leva a concluir que "todo o mundo se torne responsável diante de Deus" (Rm 3.19). Por outro lado (*nyni de*, "mas agora"), Romanos 3.21 afirma, em seguida, que "a justiça de Deus se manifestou, sem a lei, testemunhada pela Lei e pelos Profetas". Essa justiça vem "por meio da fé em Jesus Cristo para todos os que creem" (Rm 3.22). Paulo então declara mais uma vez o motivo por que a justiça tem de proceder da fé em Cristo, e não do próprio esforço do indivíduo para cumprir a Lei: "Porque todos pecaram e [portanto] estão destituídos da glória de Deus" (Rm 3.23). Apesar desse fato,[22] porém, Romanos 3.24 realça que esses pecadores ainda podem ser "justificados gratuitamente pela sua [de Deus] graça". O uso que Paulo faz do termo "justificado" (*dikaioō*) foi influenciado pelo AT, especificamente pela LXX, e tem a ideia de ser "declarado justo", e não de "ser feito justo" (em um sentido ético).[23] Todo o teor do contexto antecedente, começando em Romanos 1.17 e culminando em 3.20, enfatiza que os seres humanos estão condenados e são merecedores da ira de Deus por causa do pecado deles. Portanto, a ideia de "justificados" em Romanos 3.24 se refere principalmente à ira e ao veredicto de condenação anteriores e parece indicar que os crentes em Cristo agora são declarados legalmente justos e não correm mais risco de condenação.[24] Esse conceito de declaração jurídica de justificação também tem o apoio da expressão paulina equivalente: "o homem ao qual Deus credita [ou 'julga'] justiça sem obras" (Rm 4.6 [tb. 4.3,5,9-11,22-24]).[25]

Consequentemente, para Paulo, "justificação" é um termo forense, em especial no texto de Romanos 3.25. Por isso, o apóstolo afirma em Romanos 3.19-24 que o povo pecador sob a condenação é "declarado" (e não "feito") justo por meio da fé em Jesus Cristo. Essa justificação de Romanos 3.24 é "gratuita" ("gratuitamente"),[26] e é atribuída "pela graça de Deus". Portanto, os que são justificados não contribuem com nada para sua justificação, mas a

---

[21]As "obras da lei" não devem ser interpretadas somente como esforço de crentes antes da conversão a fim de cumprir a lei; antes, o conceito também inclui obras da lei feitas por crentes na sua experiência posterior à conversão. Isso fica evidente com base em, p. ex., Romanos 4.6-8, que cita Salmos 32.1,2: "Assim também Davi fala da bem-aventurança do homem a quem Deus atribui a justiça sem as obras: 'Bem-aventurados aqueles cujas iniquidades são perdoadas, cujos pecados são cobertos. Bem-aventurado o homem a quem o Senhor não atribuirá culpa'". Essa é uma referência às obras de um crente (Davi), que, como Paulo afirma, não podem justificar ninguém. Igualmente, parece que Tito 3.5-7 transmite o mesmo conceito.

[22]Parece que "ser justificado" em Romanos 3.24 é um particípio adverbial que indica uma ideia concessiva em relação a Romanos 3.23: "todos [aqueles que creem] [cf. v. 22] pecaram e estão destituídos da glória de Deus, embora sejam justificados".

[23]A LXX traduz coerentemente o hebraico *ṣādaq* pelo grego *dikaioō* em sentido declarativo jurídico, "pronunciar/declarar justo"; ainda que o verbo no grau hifil ("fazer justo") não seja causativo em todo o AT, mas, sim, declarativo ("declarar justo") (veja G. Schrenk, "δικαιόω", in: *TDNT* 2:212-4). Pode-se concluir que é essa a ideia de Paulo em toda a passagem de Romanos 3—6 com o emprego da palavra pela citação de Salmos 51.4 em Romanos 3.4: "Para que sejas justificado em tuas palavras". O equivalente hebraico por trás do termo *dikaioō* da LXX é o verbo *ṣādaq* no grau qal que claramente também tem o sentido de "declarar justo", e não de "fazer justo".

[24]Para saber a importância do contexto anterior de Romanos em relação à justificação e à propiciação em Romanos 3.25, veja Leon Morris, *The apostolic preaching of the cross* (Grand Rapids: Eerdmans, 1955), p. 167-70.

[25]A ideia da fé ser contada como justiça em Romanos 4.3,5,9-11,22-24 implica o sentido de fé *na obra redentora de Cristo* ser contada como justiça, como deixam mais claro Romanos 3.25 e 4.24,25. Para mais análise do conceito declarativo jurídico de "justificar" no NT, veja, a seguir, a subseção "Os significados de *dikaioō*".

[26]A palavra grega *dōrean* poderia ser traduzida por "por nada" (Gn 29.15; Êx 21.2,11; Is 52.3; Jo 15.25; Gl 2.21) ou "de graça" ou "sem motivo" (Sl 35.7; 109.3; 119.161; Lm 3.52), como às vezes ocorre na LXX, o que destaca ainda mais o fato de que a justificação acontece pela graça divina.

recebem passivamente pela fé, que também é um dom (veja, p. ex., Rm 4.16; 9.16; Ef 2.8,9). A causa da justificação dos crentes não está neles, mas na "livre graça" de Deus. A pena de morte que Cristo sofreu declara os crentes isentos de culpa e não merecedores de condenação, e eles recebem o crédito da justiça de Cristo.[27]

"Redenção" em Romanos 3.24

No restante de Romanos 3.24 e em 3.25, Paulo explica o meio pelo qual a justificação ocorre: mediante a "redenção" e a "propiciação". Antes de tudo, Paulo afirma que "ser justificado" ocorre por meio "da redenção que há em Cristo Jesus". A palavra "redenção" (*apolytrōsis*) significa simplesmente "libertação" ou "libertação mediante um valor ou preço". Alguns preferem a primeira definição, pois o mesmo termo é usado para referir-se à redenção de Israel do Egito, o que, ao que tudo indica, não implicou preço nenhum. Além disso, alguns defendem que na LXX a palavra em geral não tem a ideia de "resgate mediante um preço".[28] Além do mais, e de acordo com essa tese, alega-se que a palavra empregada em outras partes do NT não tem nenhum sentido de "libertação mediante um valor" nem de "pagamento de resgate".

Alguns, entretanto, argumentam que "libertar mediante um valor" é evidente no pensamento de Paulo. Em primeiro lugar, "libertar mediante um preço" é o significado usual do grupo de cognatos (do qual faz parte *apolytrōsis*) de *lytron* ("redenção" ou "pagamento de resgate") no grego helenístico (p. ex., referindo-se à libertação de escravos mediante um valor).[29] Em segundo lugar, fica evidente que "libertar por um preço" também está em mente quando se observa que os seres humanos receberam a justificação "gratuitamente" (sem custo algum para eles), apesar de o trecho seguinte de Romanos 3.24 indicar que houve um custo para outra pessoa (i.e., Cristo). Em terceiro, também se pode conceber que a redenção do Êxodo implicou o preço do derramamento do sangue do cordeiro pascal, sobretudo quando se observa que esse acontecimento tornou-se um tipo do derramamento do sangue de Cristo. Assim, por exemplo, 1Coríntios 5.7 afirma que "Cristo, nosso cordeiro da Páscoa, já foi sacrificado", e é provável que essa ideia também não esteja fora da mente do autor quando Paulo diz um pouco mais adiante: "Pois fostes comprados por preço" (1Co 6.20) (veja tb. a aplicação da redenção do Êxodo na referência a Êx 19.5; Dt 14.2 em Tt 2.14, que é introduzida por "que se entregou por nós"). Do mesmo modo, 1Pedro 1.18,19 liga claramente o antecedente da redenção do Êxodo com o sangue de Cristo, que foi o preço da redenção dos crentes: "sabendo que não fostes redimidos [*lytroō*] com coisas perecíveis, como prata ou ouro, da vossa maneira fútil de viver, recebida dos vossos pais. Mas fostes redimidos pelo precioso sangue, como de um cordeiro sem defeito e sem mancha, o sangue de Cristo".

A quarta evidência indicando que Paulo concebe a redenção de Cristo como a absolvição da penalidade ou da dívida pelo pagamento de um valor está em 1Timóteo 2.6. Nesse texto, Cristo é aquele "que [como 'homem', v. 5] se entregou em resgate [*antilytron*][30] por todos" — a ideia transmitida aqui é a de um preço pago. Esse preço foi a morte de Cristo. Por sua vez, isso é

---

[27] Esse último aspecto da imputação positiva não é o foco de Romanos 3.24,25, mas tratei dele anteriormente neste capítulo e vou desenvolvê-lo um pouco mais no restante do capítulo em relação à ressurreição de Cristo e à identificação dos crentes com essa ressurreição.

[28] Isso é contestado por Morris, *Apostolic preaching of the cross*, p. 12-20.

[29] Veja ibidem, p. 22-6.

[30] A palavra *antilytron* não é usada em nenhuma outra passagem do NT e não aparece na LXX, em Josefo, Filo, nos pais apostólicos, nos livros pseudepigráficos gregos nem nos apócrifos do NT; por isso, antes de tudo, 1Timóteo 2 e as outras formas da palavra no NT fornecem o contexto para determinar seu significado. A forma *lytron* ocorre em Mateus 20.28 e Marcos 10.45: "Pois o Filho do Homem não veio para ser servido, mas para servir e dar sua vida em resgate [*lytron*] de muitos".

provavelmente elaborado com base em Marcos 10.45 (// Mt 20.28): "O Filho do Homem não veio para ser servido, mas para servir e dar sua vida em resgate [*lytron*] de muitos". Marcos 10.45 é uma alusão a Isaías 53.12 ("derramou a sua vida até a morte [...] ele levou sobre si o pecado de muitos"), juntamente com ecos de Isaías 53.10-12. É provável que Paulo tenha conhecimento desse antecedente do livro de Isaías quando faz alusão a Marcos (ou à tradição pré-sinótica em que Marcos se baseia). Em toda a passagem de Isaías 53, o Servo sofre e se entrega como substituto para pagar a pena de culpa de Israel a fim de redimir e justificar esse povo. Por esse ângulo, a menção de Cristo servindo em Marcos 10.45 talvez ecoe a figura do Servo de Isaías 53.11, assim como 1Timóteo 2.6.[31]

Quando a palavra "redenção" (*apolytrōsis*) é empregada em outras partes, ela está associada diretamente com o sangue de Cristo ("redenção por seu sangue" [Ef 1.7]) ou seu perdão.[32] A passagem de Colossenses 1.14 também se baseia no contexto do Êxodo de Israel do Egito.[33] Tendo em vista os usos do termo em 1Coríntios 6, 1Pedro 1, e 1Timóteo 2, as ocorrências em Efésios 1 e Colossenses 1 de *apolytrōsis* também parecem referir-se ao sangue de Cristo (i.e., à sua morte) como o preço da redenção.[34]

À luz do uso do grupo de cognatos de "redenção" no NT, especialmente por Paulo, parece plausível que a oração gramatical "por meio da redenção que há em Cristo Jesus" de Romanos 3.24 seja uma referência à morte de Cristo como o preço da libertação dos crentes sob a condenação de Deus. Isso é provável porque a oração gramatical seguinte, "a quem Deus ofereceu como propiciação [...] pelo seu sangue [i.e., sua morte]" (Rm 3.25)[35], é uma explicação do que a redenção implica. Alguns especialistas em gramática até alegam que a construção grega "no seu sangue" ou "pelo seu sangue" é um dativo que indica preço.[36] A questão principal aqui é que Cristo tinha de dar algo para que ocorresse a redenção do povo, e ele deu a própria vida, que é basicamente o preço da redenção.

Cristo como o "tampa de misericórdia"[37] em Romanos 3.25

Antes de tentar explicar mais precisamente como a "redenção" de Romanos 3.24 é o meio pelo qual a justificação se efetiva, devo analisar a referência à "propiciação" em Romanos

---

[31] Seguindo R. T. France, *The Gospel of Mark: a commentary on the Greek text*, NIGTC (Grand Rapids: Eerdmans, 2002), p. 420-1. France fala a respeito do contexto de Isaías para Marcos 10.45 e também identifica um eco do texto de Marcos em 1Timóteo 2.6.

[32] O texto de Efésios 1.7 diz: "Nele temos a redenção por seu sangue, o perdão dos nossos pecados" (cf. Cl 1.20); observe-se também *apolytrōsis* em Colossenses 1.14, que provavelmente inclui referência a seu "sangue" (Cl 1.20,22).

[33] Sobre isso, veja mais detalhes em G. K. Beale, "Colossians", in: G. K. Beale; D. A. Carson, orgs., *Commentary on the New Testament use of the Old Testament* (Grand Rapids: Baker Academic, 2007), p. 848-50.

[34] Isso também ocorre em Hebreus 9.15: "tendo sofrido a morte para a redenção das transgressões" (veja o contexto anterior do v. 14, em que "o sangue de Cristo" aparece como referência antecipatória da morte de Cristo no v. 15). A menção à "redenção" em algumas passagens faz alusão à redenção ainda futura dos crentes por meio da ressurreição (Rm 8.23; Ef 1.14; 4.30, em que "valor" não é o foco primário).

[35] Veja Morris, *Apostolic preaching of the cross*, p. 117-24. Morris mostra que a esmagadora maioria dos 98 usos de "sangue" no NT se refere a morte, e, nas várias partes em que o "sangue" de Cristo é especificamente mencionado, o sentido é a sua morte. É mais provável que "sangue" aqui em Romanos 3.25 modifique não "fé", mas, sim, "propiciação" ("Deus ofereceu como propiciação [...] pelo seu sangue").

[36] Veja, p. ex., BDF § 219(3), que sustenta que *en* + o dativo (*en tō autou haimati*) deve ser entendido como "no preço do seu sangue" (por isso tb. o mesmo comentário sobre a expressão muito semelhante em Ap 5.10).

[37] Tradução mais literal de *mercy seat* [assento ou lugar de misericórdia], muitas vezes traduzido em nossas versões bíblicas por propiciatório. O autor justamente está argumentando que nem *expiação*, nem *propiciação* deveria ser a melhor tradução para o termo em Romanos 3.25, razão pela qual preferimos manter a neutralidade do termo inglês. A NVI traduz "propiciatório" por "tampa da arca". (N. do E.)

3.25. A oração gramatical "a quem Deus ofereceu como propiciação [*hilastērion*] [...] pelo seu sangue" é central para entender a natureza da redenção e, portanto, da justificação. A palavra *hilastērion* tem sido muito debatida desde o século passado. Alguns entendem que ela implica a ideia de "propiciação": o perdão do castigo do pecado mediante um substituto que assume o castigo (p. ex., KJV, NASB, ESV e HCSB, A21 [sacrifício propiciatório], NVI, ARA). Outros preferem a ideia de "expiação": o perdão ou a remissão dos pecados pela morte de Cristo, mas sem o conceito de substituição penal, embora também sem nenhuma explicação sobre como o pecado é remetido para outro lugar (p. ex., NRSV e NIV). A versão NET Bible traz "assento ou [lugar] de misericórdia". Algumas traduções inglesas são ambíguas e trazem, por exemplo, "sacrifício de adunação"[38] (NRSV e NIV) ou "sacrifício para reconciliação" (p. ex., NJB). Creio que a melhor tradução seja "tampa de misericórdia" (não como adjetivo, mas como substantivo), referindo-se à tampa dourada da Arca da Aliança.[39] Esse é o sentido da palavra na única outra ocorrência de *hilastērion* no NT (Hb 9.5). A mesma palavra grega ocorre 28 vezes na LXX e quase sempre se refere à tampa da Arca da Aliança (NVI) — isto é, "a tampa de misericórdia da arca" (também sempre como substantivo neutro singular no acusativo).[40]

Provavelmente Paulo esteja se referindo à tampa da arca no Santo dos Santos, uma vez que ele inicia a perícope dizendo que a declaração de justiça, sobre a qual falará logo em seguida, foi "testemunhada pela Lei e pelos Profetas" (Rm 3.21). Portanto, o antecedente de *hilastērion* deve vir da "Lei e os Profetas", e não do uso pagão da palavra, que normalmente se referia a uma oferta propiciatória para propiciar os deuses (obter o favor deles; torná-los propícios). Era na tampa da arca que, todo ano no Dia do Perdão, o sumo sacerdote aspergia o sangue. Como é provável que essa seja a alusão de Paulo, talvez referindo-se especificamente ao uso em Levítico 16,[41] é importante estudar o significado da tampa da arca e do sacrifício nessa passagem sobre o Dia do Perdão, o que também implica uma análise do significado da palavra hebraica para adunar, fazer adunação [sacrifício reconciliatório para expiação e propiciação] (*kipper*) e

---

[38]Adunação (do latim *adunatio*, composto a partir de *ad* + *una*, "à uma", com o sentido de reconciliação entre o ofensor e o ofendido) traduz o inglês atonement (formado a partir de *at* + *one* e com o mesmo sentido latino) é o termo que mais bem descreve o que ocorre no ato do sacrifício, ou seja, por meio daquela morte, acontece tanto a expiação do pecado quanto a propiciação do pecador, que recebe favor divino e tem a ira de Deus aplacada por aquele sacrifício. A expiação e a propiciação presentes na adunação ou sacrifício reconcilitório promovem a reconciliação entre Deus e o pecador. (N. do E.)

[39]A oração gramatical "a quem [*hon*] Deus ofereceu como tampa de misericórdia da arca [*hilastērion*]" é um acusativo duplo em que "quem" (Cristo) é o objeto, e "tampa de misericórida da arca" é o complemento do objeto, e os dois juntos funcionam como um predicado nominal em que o complemento do objeto informa ainda mais alguma coisa sobre o objeto "quem" (Cristo) (Daniel B. Wallace, *Greek grammar beyond the basics* [Grand Rapids: Zondervan, 1996], p. 184-7).

[40]Apenas cinco vezes a palavra não se refere claramente à tampa da arca no Santo dos Santos. Cinco vezes no livro de Ezequiel (Ez 43.14,17,20) o termo se refere à prateleira maior do altar do holocausto no pátio do templo dos últimos tempos. Ali, parece que o motivo da referência à "tampa da arca" como parte do altar do holocausto é que não há Santo dos Santos nem Arca da Aliança na descrição que Ezequiel faz do templo dos últimos dias (mas Ez 43.14 faz distinção entre uma "pequena tampa da arca" e uma "grande tampa da arca" situada no mesmo altar). Parece que o tradutor da LXX transferiu a função da tampa da Arca da Aliança para a prateleira maior do altar do holocausto. A única passagem em toda a LXX em que *hilastērion* não se refere a um lugar cultual é 4Macabeus 17.21,22, em que a palavra se refere ao pequeno grupo de mártires macabeus que foram um "pagamento de resgate pelo pecado da nossa nação. Pelo sangue desses fiéis e a morte expiatória/propiciatória (ou seja, adunatória) [*hilastērion*] deles, a Providência divina preservou Israel". Mas, mesmo aqui, a tradução "a tampa da arca de sua morte" é muito literal e pode se referir à morte deles como o lugar cultual figurado em que a ira substitutiva foi manifesta, muito semelhante ao uso de Romanos 3.25.

[41]Conforme tb. Thomas R. Schreiner, *Romans*, BECNT (Grand Rapids: Baker Academic, 1998), p. 192.

do substantivo correspondente, "resgate" (*kōper*), de cujo grupo de cognatos no hebraico faz parte a "tampa de misericórdia" (*hilastērion* = *kappōret*).

A estreita associação entre "adunar, fazer expiação" e "tampa de misericórdia" ocorre em Levítico 16.11-19,[42] em que Arão recebe a ordem de "aspergir sangue" na "tampa da arca" a fim de "fazer adunação [expiação e propiciação]" "por si mesmo e por sua família", bem como "por todos os filhos de Israel". Também se lê que essa adunação deve ser "pelo lugar santíssimo", "pela Tenda do Encontro" e pelo "altar" (v. 16-18), mas esta última tivesse de ser feita no Lugar Santo, do lado de fora do Santo dos Santos. É evidente que a adunação também realiza a consagração, uma vez que, conforme os versículos 16-18, se faz a adunação "pelo Lugar Santo" e "pela Tenda do Encontro", possivelmente para purificá-la e consagrá-la (assim como na expiação do altar do pátio em Lv 16.19). A pressuposição é que o pecado humano de alguma maneira contaminou o templo (talvez impedindo-o de funcionar), de tal modo que precisa ser purificado para voltar a funcionar.[43] Em seguida, Levítico 16.33 resume e afirma que a adunação é feita por todos esses grupos de pessoas e objetos do templo. Do mesmo modo, em Ezequiel 43.14-27 (NASB), "tampa da arca" ocorre cinco vezes, e "fazer adunação" uma vez. A adunação se faz aspergindo sangue no altar (incluindo a tampa da arca), para que o altar seja "purificado" (Ez 43.20,22,23,26) e "consagrado" (Ez 43.26).

O significado do verbo hebraico *kipper* ("adunar, fazer adunação") é debatido. Alguns estudiosos preferem a ideia de "resgate", um pagamento que livra a parte culpada de um castigo justo pela parte ofendida e a apazigua, restaurando assim a paz na relação.[44] Outros preferem a ideia de "purificar", uma vez que o verbo às vezes é entendido com o efeito da "adunação" (p. ex., Lv 16.33a; Ez 43.20-26). Na realidade, em todos os contextos em que o verbo ocorre é muito difícil escolher uma ideia em detrimento da outra, visto que uma delas pode ser o foco principal enquanto a outra está implícita ou é ecoada de forma secundária. Por que, então, o verbo *kipper* aparece em contextos tanto de impureza grave (em que não foi cometido nenhum pecado evidente) quanto de pecado involuntário? "A resposta, de forma sucinta, é que os pecados involuntários e as impurezas graves têm uma característica em comum: ambos acarretam perigo (o que exige resgate) e ambos contaminam (o que exige purificação). O verbo [*kipper*] ocorre nos dois contextos, pois se refere à purificação [*kōper*], em que o sangue do sacrifício serve tanto para resgatar quanto para purificar."[45]

Por isso, a tampa de misericórdia da arca é o local em que se faz a adunação [a obra reconciliatória] e o castigo é aplicado (representado pelo sangue do animal substituto), além de ser o lugar em que ocorre a purificação por meio do sangue. A presença de Deus está

---

[42]Em que "fazer adunação" ocorre quatro vezes, e "tampa da arca", quatro vezes.

[43]Veja Robert Jewett, *Romans*, Hermeneia (Minneapolis: Fortress, 2007), p. 287.

[44]A aceitação desse pagamento depende totalmente da escolha da parte ofendida, e o pagamento é um castigo menor do que o originariamente previsto. Entre os textos relevantes com esse sentido, veja Êxodo 21.28-32; 30.11-16; Números 35.30-34; Salmos 49.7,8.

[45]Jay Sklar, "Sin and impurity: atoned or purified? Yes!", in: Baruch J. Schwartz et al., orgs., *Perspectives on purity and purification in the Bible* (London: T&T Clark, 2008), p. 31. Meu estudo acima sobre o aspecto duplo de resgatar e purificar presente na adunação [morte reconciliatória] baseia-se no artigo de Sklar. Seu convincente artigo fundamenta-se em sua dissertação publicada: *Sin, impurity, sacrifice, atonement: the priestly conceptions*, HBM 2 (Sheffield: Sheffield Phoenix Press, 2005). Para uma pesquisa recente sobre a adunação e as teorias da adunação [conhecidas em português como "teorias da expiação"] no AT, veja Christian A. Eberhart, "Atonement. I. Old Testament/Hebrew Bible", in: Hans-Josef Klauck et al., orgs., *Encyclopedia of the Bible and its reception* (Berlin: de Gruyter, 2010), vol. 3, p. 23-31. A vantagem da perspectiva de Sklar é que ela consegue unir teorias da adunação que antes eram rivais. Veja tb. David Peterson, "Atonement in the Old Testament", in: David Peterson, org., *Where wrath and mercy meet: proclaiming the atonement today* (Carlisle: Paternoster, 2001), p. 5-15, seguindo Sklar e outros.

acima da tampa da arca, e ali Deus aceita essa adunação com duas funções: expiar o pecado e propiciar a ira justa de Deus sobre o pecador. É evidente que a adunação também efetua a consagração mediante a purificação, pois, como vimos antes em Levítico 16.16-18, faz-se a adunação pelo "Lugar Santo" e pela "Tenda do Encontro" (assim tb. em 16.33).[46] Contudo, Levítico 16 igualmente diz que essa adunação [obra reconciliatória] na tampa da arca é para Arão, sua família e todo o Israel (v. 11-15,33). Mesmo o bode expiatório, que "levará sobre si todos os pecados deles [de Israel]" (v. 21,22) e deveria ser enviado para o deserto, é o resultado do sangue do bode morto borrifado na tampa de misericórdia, e comunica a ideia de uma figura substitutiva, provavelmente carregando o castigo da nação.[47]

Como esse antecedente histórico nos ajuda a entender Romanos 3.25? As duas ideias veterotestamentárias possíveis de adunação na tampa da arca são a de "resgate" e a de "purificação", ainda que a ideia de "consagração" provavelmente esteja incluída em "purificação". Será que Paulo tem em mente todas essas ideias? O contexto de Romanos 3.25, como me empenhei em demonstrar anteriormente, não se concentra principalmente na necessidade de purificação ou de consagração, mas no fato de que a humanidade pecadora merece a ira condenatória de Deus. Assim, Paulo recorre a esse aspecto da adunação na tampa da arca que trata do resgate mediante o sangue de um substituto que recebe a pena (por isso, a vantagem de mencionar o sangue de Cristo apenas algumas palavras mais adiante em Rm 3.25).[48] Cristo agora é o lugar em que a ira do castigo de Deus é derramada pelos seres humanos pecadores que merecem a condenação. O que no antigo templo se fazia no recôndito do lugar santíssimo agora é "oferecido publicamente". Parte do núcleo do templo, a tampa da arca é identificada com Jesus, provavelmente retratado como o início do templo escatológico,[49] para o qual a arca do antigo templo apontava (de modo que, talvez, haja uma nuança de Cristo como a adunação, que consagra o novo templo).[50] Do mesmo modo, o sacrifício animal, cujo sangue era aspergido na tampa da arca, indicava o grandioso e maior sacrifício de Cristo. A presença de Deus acima da antiga arca também irrompeu como parte do novo templo, de

---

[46]Vimos igualmente que a adunação [ou reconciliação] da tampa de misericórdia da arca em Ezequiel 43.14-26 também produzia purificação e consagração.

[47]Seguindo Peterson, "Atonement in the Old Testament", p. 14-5.

[48]Para boas respostas a algumas das principais objeções contra considerar *hilastērion* uma referência à tampa da arca em Êxodo, Levítico e Números, veja Schreiner, *Romans*, p. 193-4.

[49]Talvez Paulo considerasse a tampa da arca não simplesmente o centro do templo, mas a tenha empregado como uma metonímia: parte importante do templo que representa o todo.

[50]No que diz respeito a focar na identificação de Jesus com a tampa da arca como uma revelação do novo templo, agradeço a Daniel P. Bailey, "Jesus as the mercy seat: the semantics and theology of Paul's use of *hilasterion* in Romans 3:25", *TynBul* 51, n. 1 (2000): 155-8, que é um resumo da sua dissertação com o mesmo título. Veja igualmente Wolfgang Kraus, *Der Tod Jesu als Heiligtumsweihe: Eine Untersuchung zum Umfeld der Sühnevorstellung in Römer 3,25-26a*, WMANT 66 (Neukirchen-Vluyn: Neukirchener Verlag, 1991). Kraus argumenta, em parte com base em Levítico 16, que a tampa da arca era o local em que se realizava a adunação [reconcilicação] para dedicar o templo da presença de Deus, o que implica que a tampa da arca em si em si representava o templo. Em seguida, o autor entende que Jesus é a tampa da arca, que, como o lugar escatológico de adunação, consagra o novo templo, representando a presença de Deus. Parece que Kraus não reconhece que a a adunação na tampa da arca em Levítico é feita por todo o povo e realça a ideia de consagração do templo, o que considero uma omissão, porque Paulo no contexto de Romanos 3 enfatiza a ideia de que a humanidade merece a ira divina, e tampa de misericórdia da arca resolve esse problema. Parece que as ideias de "consagração" não são predominantes, ou, pelo menos, não são mutuamente excludentes da adunação pela humanidade. Contudo, a opinião de Kraus sobre a tampa da arca ser uma representação do novo templo é um bom *insight*. Veja Daniel P. Bailey, "Review of *Der Tod Jesu als Heiligtumsweihe*, by Wolfgang Kraus", *JTS* 45 (1994): 247-52, que também critica Kraus por enfatizar principalmente a noção de consagração de Levítico 16. Agradeço a Bailey por chamar-me a atenção para a obra de Kraus e por ter me ajudado a compreendê-la melhor.

forma que ele é aquele que está revelando ou "oferecendo publicamente" o cumprimento da nova aliança, da qual a tampa de misericórdia da arca e seu sacrifício eram prefigurações.[51] Isso está de acordo com o propósito geral dos sacrifícios de Levítico de preservar Israel como povo consagrado para Deus (Êx 19.5,6) e permitir que Deus continuasse habitando em seu tabernáculo no meio deles (Êx 29.38-46).[52]

Conclusão para Romanos 3.24,25

Em resumo, vimos anteriormente que "a redenção que há em Cristo Jesus" é o meio pelo qual a justificação se realiza. A menção seguinte de Cristo como "propiciatório" explica ainda mais a "redenção" ou é mais uma explicação de como a justificação se realiza. É difícil saber qual sentido está em foco, mas, visto que o propiciatório nessa passagem recorre ao aspecto da expiação veterotestamentária que trata do resgate, é mais provável que o propiciatório explique ainda mais a redenção, que, como vimos, também tem conotações de resgate por meio de um preço. Por isso, Paulo diz em Romanos 3.24,25 que a declaração de justiça da parte de Deus e a isenção de culpa, atribuídos sem nenhum ônus pela graça, ocorre pela libertação redentora da condenação por meio de Cristo, libertação que por sua vez vem do sofrimento por Cristo do castigo furioso do pecado como o substituto do povo pecador e como a revelação do propiciatório do novo templo.[53] Com base no fato de que Cristo sofreu a ira merecida por seu povo é que Paulo pode afirmar que os crentes "serão salvos da ira de Deus por meio dele [Cristo], a ira que os incrédulos sofrerão" (Rm 5.9; tb. 1Ts 1.10).

Essa ideia de substituição penal redentora em Romanos 3.25 como parte do meio de realização da justificação se confirma mais adiante em Romanos 4.24,25, que explica a importância da justificação do crente mediante a morte e a ressurreição de Cristo:

> ... mas também por nossa causa, a quem a justiça será atribuída, a nós que cremos naquele que ressuscitou dos mortos a Jesus, nosso Senhor. Ele foi entregue à morte por causa das nossas transgressões e ressuscitado por causa da nossa justificação.

A frase "ele foi entregue à morte por causa das nossas transgressões" é uma alusão a Isaías 53.12 (LXX): "ele foi entregue por causa dos pecados deles". Isaías 53 é uma passagem do AT que fala mais claramente do Servo dos últimos tempos, que sofrerá o castigo que os israelitas merecem a fim de libertá-los com a salvação (veja esp. v. 4-11) e particularmente os "justificar" (v. 11).[54]

---

[51]Mas ao contrário de Charles Talbert (*Romans*, SHBC 24 [Macon: Smyth & Helwys, 2002], p. 113), a tampa da arca não deve ser equiparada precisamente à presença de Deus, uma vez que essa presença estava imediatamente acima da tampa (LXX de Êx 25.22; Lv 16.2; Nm 7.89). Consequentemente, é improvável a conclusão de Talbert de que a ideia principal em Jesus ser a tampa da arca seja indicar que ele é a presença reveladora de Deus. Filo (*Moisés* 2.95,96) diz que o propiciatório é um "símbolo [...] do poder gracioso de Deus", que provavelmente expressa a ideia de que a misericórdia de Deus é demonstrada pela provisão da tampa da arca como local de adunação [expiação e propiciação] pelos pecados de Israel.

[52]Sobre esse propósito geral, veja Peterson, "Atonement in the Old Testament", p. 3.

[53]Bailey ("Jesus as the mercy seat", p. 157) apresenta a proposta plausível de que Romanos 3.24,25 faz alusão em parte a Êxodo 15.13 (LXX): "Na tua justiça [*dikaiosynē*] guiaste teu povo, o qual redimiste [*lytroō*]; em teu poder o chamaste à tua santa morada" (o v. 17 desenvolve "santa morada" referindo-se a ela como a "morada preparada que fizeste [...] um santuário [...] feito por tuas mãos").

[54]Adolf Schlatter (*Romans: the righteousness of God*, tradução para o inglês de Siegfried S. Schatzmann [Peabody: Hendrickson, 1995], p. 118) entende a alusão de Isaías e o uso paulino dela como o desenvolvimento de Jesus como o propiciatório em Romanos 3.25; do mesmo modo, N. T. Wright ("Romans", in: *NIB* 10:475) vê uma alusão a Isaías 53.6,12 em Romanos 4.25, "resumindo toda a linha de raciocínio desde 3.21". Entre outros comentaristas que veem em Romanos 4.25 uma alusão a Isaías 53.12 estão Schreiner, *Romans*, p. 243; F. F. Bruce, *The Epistle of Paul to the Romans*, TNTC (Grand Rapids: Eerdmans, 1963), p. 118-9; C. E. B. Cranfield, *A critical and exegetical commentary on the Epistle to the Romans*, ICC (Edinburgh: T&T Clark, 1975), 2 vols., 1:251-2;

Podem-se observar vínculos conceituais entre Romanos 3.25 e a alusão a Isaías 53 em Romanos 4.25 ao menos de quatro maneiras. Primeira, o Servo Sofredor tinha de se "entregar como oferta pelo pecado ['āshām]" (Is 53.10) como "ovelha" ou "cordeiro" (Is 53.7), o que é um provável desenvolvimento da menção repetida da oferta de animais pelo pecado, incluindo cordeiros,[55] em Levítico e Números, bem como em Ezequiel 40—44.[56] Ao que parece, o Servo é interpretado como a grande oferta escatológica pelo pecado para evitar que a ira fosse derramada por causa da culpa pecaminosa de Israel — a grande oferta da qual as ofertas pelo pecado de Levítico e Números eram prefigurações.[57]

Essa relação atesta a ideia de que tanto as ofertas pelo pecado de Levítico quanto a profecia do Servo de Isaías 53 também são um desdobramento do sangue do cordeiro pascal, que havia desviado a ira do anjo da morte.

Pode-se observar uma segunda ligação de Romanos 3.25 com 4.25 entre a obra do Servo e a de Levítico e Números. Isaías 53 reitera que o Servo levou sobre si os pecados de Israel: "Ele tomou sobre si nossas enfermidades" e "carregou as nossas dores" (v. 4), "levará sobre si as maldades deles" (v. 11) e "levou sobre si o pecado de muitos" (v. 12). O livro de Levítico usa mais ou menos o mesmo vocabulário tanto para o povo pecador que "levará [nāśā'] sua iniquidade ['āôn]" (cerca de 10 vezes) ou de "pecado (ḥēṭĕ')" (cerca de 5 vezes), ou de um animal sacrificial, que "levará [nāśā'] a iniquidade ['āôn]" (Lv 10.17; 16.22). Ao que parece, o Servo é interpretado como o portador perfeito do pecado de Israel de Levítico, conceito semelhante ao que vemos em Romanos 3.25.

Pode-se perceber uma ligação entre os sacrifícios de Levítico e Isaías 52 e 53, o que sugere mais um vínculo conceitual entre Romanos 3.25 e 4.25. Isaías 52.15 diz que o Servo Sofredor "aspergirá muitas nações" como parte de sua missão de redimir seu povo. A palavra hebraica empregada para "aspergir" (nāzâ) é a comumente usada em Levítico e Números para se referir a "aspergir" sangue no povo e nas várias partes do templo como oferta pelo pecado para resgatar o povo da culpa (no contexto, veja Lv 4.6,17; 5.9) ou para purificar visando à consagração (igualmente veja Êx 29.21; Lv 6.27; 8.30; 14.7,51; Nm 19.4); contudo, como vimos antes, é provável que nesses casos estejam em mente, até certo ponto, tanto a oferta pelo pecado quanto o resgate da culpa e a purificação/consagração. Três desses usos ocorrem na passagem fundamental de Levítico 16.14-19, mencionada anteriormente com respeito à oferta pelo pecado tanto para resgate da culpa quanto para purificação/consagração. À luz

---

Jewett, Romans, p. 342; os três últimos incluem, provavelmente com razão, Isaías 53.6 (LXX) como parte da alusão ("o Senhor o entregou por nossos pecados"). Peter Stuhlmacher (Paul's Letter to the Romans: a commentary, tradução para o inglês de Scott J. Hafemann [Louisville: Westminster John Knox, 1994], p. 71, 75) também, como eu, identifica uma alusão a Isaías 53.11 e 53.12 (nesse caso, Paulo provavelmente esteja aludindo a uma combinação de versões, visto que o v. 11 da LXX mostra claramente o Servo sendo justificado, enquanto o TM apresenta o povo pecador sendo justificado); assim tb. Cranfield, Epistle to the Romans, 1:251-2; Douglas J. Moo, The Epistle to the Romans, NICNT (Grand Rapids: Eerdmans, 1996), p. 288, o último, porém, mais cauteloso quanto a Isaías 53.11. Veja tb. James D. G. Dunn, Romans 1—8, WBC 38A (Dallas: Word, 1988), p. 241. Dunn entende que Romanos 4.25 faz alusão à descrição do Servo Sofredor de todo o texto de Isaías 53.

[55] Para entender os sacrifícios pela culpa, especialmente de cordeiros, veja Levítico 5.6; 14.12,13,17,21,24,25,28; Números 6.12; e para carneiros, veja Levítico 5.15,16,18,19; 6.6; 19.21,22.

[56] A palavra 'āšām traduzida por "sacrifício pela culpa" ocorre 35 vezes em Levítico, Números e Ezequiel; também aparece dessa forma quatro vezes em 1Samuel 6.3-17, em que se refere ao sacrifício pelo pecado que os filisteus necessitavam fazer por terem capturado a Arca da Aliança a fim de evitar a praga da ira que havia surgido entre eles.

[57] A palavra 'āšām também pode ser traduzida simplesmente por "culpa", e, em contextos não cultuais, se refere quase sem exceção à culpa que acarreta juízo (veja, p. ex., o substantivo em Gn 26.10; Sl 68.22 [68.21, TP] e a forma verbal em Gn 42.21; 2Cr 19.10; Sl 5.11 [5.10, Traduções em Português {TP}]; 34.22 [34.23, TP]; Is 24.6; Jr 2.3 Ez 22.4; Os 5.15). Esses usos não cultuais indicam a probabilidade de que os usos cultuais também impliquem alguma forma de juízo nos sacrifícios pela culpa.

das duas últimas observações (o cordeiro como oferta pelo pecado e o portador da iniquidade), que também ligam Isaías 53 com os sacrifícios de Levítico, o Servo aqui em Isaías 52.15, ao que tudo indica, deve ser considerado aquele que realiza a aspersão sacrificial dos últimos tempos para as nações, da qual as aspersões de Levítico eram prefigurações.[58]

A quarta observação que indica ligação conceitual entre Romanos 3.25 e 4.25 é o fato de o *Targum* de Isaías 53.5 dizer que Deus "construirá o santuário que foi [...] entregue por nossas iniquidades", cuja última locução é uma paráfrase interpretativa do hebraico de Isaías 53.5, que afirma que o Servo foi "esmagado por nossas iniquidades".[59] Assim, a construção do templo dos últimos tempos por Deus está claramente relacionado ao sofrimento do Servo e à ideia de ser entregue por causa das iniquidades (construção linguística muito semelhante a Rm 4.25a).[60] Do mesmo modo, argumentei que o sofrimento de Jesus em Romanos 3.25 implicava o estabelecimento de um novo templo por Deus.

Exceto o elemento do templo, muitos outros antes chegaram a essa conclusão a respeito de Romanos 3.24,25, mas eu cheguei a ela fazendo um percurso exegético e bíblico-teológico no AT bem diferente.

O restante deste capítulo se concentra mais na ressurreição em relação à justificação do que na morte de Cristo. A razão disso, por um lado, é que a morte de Cristo já foi muito mais discutida em sua relação com a justificação e como ele sofreu essa morte para que os pecadores pudessem ser justificados, considerados sem culpa. Por outro lado, a ressurreição teve relativamente pouca análise em sua relação com a justificação. O restante deste capítulo tenta reparar isso.

A RESSURREIÇÃO DE CRISTO INAUGURA A JUSTIFICAÇÃO ESCATOLÓGICA

Além da justificação pela morte de Cristo como juízo dos últimos dias inaugurado em favor dos santos, quero dar atenção a outro aspecto inaugurado da justificação. Vimos bem claramente nos capítulos anteriores que a ressurreição é um dos conceitos escatológicos mais significativos do NT. Aqui o foco será um aspecto particular da ressurreição: a ressurreição que ocorrerá no fim do mundo já começou na ressurreição física de Jesus. A própria ressurreição de Jesus foi um acontecimento dos últimos tempos que o "inocentou" ou o "justificou" do veredicto errado pronunciado contra ele pelos tribunais do mundo. A justificação do povo de Deus contra os veredictos injustos de seus acusadores deveria ocorrer no *eschathon*,[61] mas ela foi adiantada para a ressurreição de Cristo e aplicada a ele. Todos os que creem em Cristo são identificados com a ressurreição dele, que o justificou para ser completamente justo, e essa identificação também justifica e declara completamente justos os cristãos.

1Timóteo 3.16

A passagem de 1Timóteo 3.16 é particularmente pertinente à questão da justificação de Cristo:

> Por confissão comum, grande é o mistério da piedade:
> Aquele que se manifestou em carne,
> foi justificado [declarado justo, *dikaioō*] pelo Espírito,
> visto pelos anjos,

---

[58]Talvez também no contexto esteja o mesmo uso de "aspergir" (*nāzâ*), mas aspergir com "água" ou "óleo" para purificar/consagrar (Lv 8.11,30; 14.16,27; Nm 8.7; 19.18-21).

[59]Bruce (*Romans*, p. 119) observa a semelhança entre a redação de Romanos 4.25a e a do *Tg.* de Is 53.5.

[60]Embora no *Targum* a nação de Israel seja o Servo Sofredor.

[61]Conforme profetizado em Isaías 40—53, passagem examinada mais adiante neste capítulo. Para saber sobre a ressurreição com a função de justificação do povo de Deus em Daniel 12.1,2 e em 2Macabeus, bem como em outras partes do judaísmo, veja J. R. Daniel Kirk, *Unlocking Romans: resurrection and the justification of God* (Grand Rapids: Eerdmans, 2008), p. 15-24, 93-6.

pregado entre as nações,
crido no mundo
e recebido acima na glória.

A oração gramatical "foi justificado pelo Espírito" se refere ao ato do Espírito de ressuscitar Jesus da morte (como em Rm 1.4). Isso foi uma justificação/absolvição contra o veredicto errôneo[62] pronunciado contra ele pelo tribunal humano pecador e uma declaração de sua justiça.[63] Em relação a isso, Geerhardus Vos afirma:

> A ressurreição de Cristo foi a declaração definitiva de Deus de que Cristo é justo. O retorno dele à vida é em si o testemunho de sua justificação. Deus, interrompendo as forças da morte que agiam sobre ele, declarou que o castigo supremo e definitivo do pecado havia chegado ao fim. Em outras palavras, a ressurreição anulou a sentença de condenação.[64]

Atos 17.31

O texto de Atos 17.31 expressa uma ideia parecida: "Pois determinou um dia em que julgará o mundo com justiça por meio do homem que estabeleceu com esse propósito, dando provas disso a todos ao ressuscitá-lo dentre os mortos". A prova de que Deus julgará o mundo no último dia pelo agente humano que ele designou é o fato de esse agente do julgamento ter ressuscitado da morte. Ou seja, a lógica pressupõe que a ressurreição de Cristo demonstrou que ele é justo e, por isso, aquele que exercerá justiça no juízo final.

Isaías 50

A ideia de justificação escatológica por Deus contra um veredicto injusto tem precedente em Isaías. O Cântico do Servo em Isaías 50, por exemplo, retrata o Servo obediente ao chamado de Deus para sofrer perseguição injusta (v. 4-6) e acusações sem fundamento (v. 8,9) das quais será inocentado por Deus (v. 7-11) e considerado verdadeiramente justo. A esse respeito, os versículos 8 e 9 afirmam: "Aquele que me justifica [*dikaioō*] está perto; quem contenderá comigo? [...] Quem me condenará?". Deus ajuda o Servo (v. 7,9) a revogar a falsa condenação, justificando assim seu Servo nos últimos dias.

Isaías 53

A famosa passagem do Servo Sofredor de Isaías 53 apresenta a mesma ideia de forma conceitual, e a LXX especifica que Deus "justificará [*dikaioō*] o justo [o Servo]"[65] da injusta

---

[62]Quanto à sentença injusta contra Cristo, veja Mt 27.24; Mc 15.4; Lc 23.24; Jo 18.29-31; 19.4; At 13.27-29; 1Tm 6.13. Sobre a acusação injusta de que Jesus era um "enganador", veja Mt 27.63; Jo 7.12; Justino Mártir, *Dial.* 69; sobre esta questão, veja Stuhlmacher, *Biblische Theologie*, 1:147, que também analisa o contexto judaico em que essas acusações foram feitas.

[63]Para uma argumentação convincente da justificação pelo Espírito nesse sentido, veja, Gaffin, *Centrality of the resurrection*, p. 119-22. Veja tb. Kirk, *Unlocking Romans*, p. 222, que concorda com Gaffin e cita outros que concordam em geral. Atos 13.27-30 provavelmente se refere à mesma absolvição, mas sem a terminologia técnica de "justificação".

[64]Geerhardus Vos, *The Pauline eschatology* (1930; reimpr., Grand Rapids: Baker Academic, 1979), p. 151.

[65]Nesse trecho, o hebraico traz "o Justo, meu Servo, justificará muitos", cujo correspondente na LXX é *dikaiōsai dikaion*, que é mais bem traduzido por "absolver [justificar] o justo" (tb. Lancelot C. L. Brenton, *The Septuagint with Apocrypha: Greek and English* [1851; reimpr., Peabody: Hendrickson, 1986]; tb. com uma tradução quase idêntica, Albert Pietersma; Benjamin G. Wright, orgs., *A new English translation of the Septuagint* [New York: Oxford University Press, 2007]). Apesar de ser possível traduzir o grego "o justo para justificar", essa tradução seria desajeitada e não estaria de acordo com o paralelismo dos dois infinitivos anteriores. Aqui a LXX provavelmente interpreta o hebraico dizendo que aquele que justificará será ele mesmo justificado, o que pode ter sido inspirado pela passagem anterior do Servo em Isaías 50.8 ("aquele que me absolve está perto").

perseguição jurídica que sofrerá (cp. v. 11, com v. 7-9,12), mostrando que afinal ele é absolutamente justo. Essa justificação consiste em permitir que o Servo desfrute a vitória mesmo depois de sua morte e apesar dela (v. 10-12; p. ex. v. 12a: "Eu lhe darei uma porção com os grandes, e ele repartirá o despojo com os poderosos"). Apesar de ter de morrer (v. 5,8,9), o Servo receberia essa vitória, que incluía ver a vida após sua morte dolorosa: "Ele verá a sua posteridade [LXX: "posteridade duradoura"], prolongará os seus dias [...] verá [a luz]"[66] (v. 10,11). Embora essa passagem de Isaías 53.10,11 não seja citada no NT, sem dúvida essa vitória seria entendida como a ressurreição, uma vez que o NT faz alusão a grande parte do contexto de Isaías 53 referente ao sofrimento do Servo e a aplica a Cristo em todos os seus textos. Como Isaías diz em outras partes que o Espírito seria o agente de poder e capacitação do ministério do Servo (Is 11.2; 42.1; 48.16; 61.1), é razoável pensar que esse Espírito teria um papel na justificação desse ministério.

Tudo isso se aproxima bastante do que 1Timóteo 3.16 afirma. É possível que 1Timóteo 3.16 seja uma alusão a Isaías 53.11 (LXX, ou Is 50.8).[67] Porém, mesmo que não haja alusão, Isaías ainda continua sendo o precedente mesmo antes da época de Paulo, pois entende que a "justificação/absolvição" do Messias consiste, ao menos em parte, no fato de ele retomar sua vida bem-aventurada depois de sua morte.[68]

Os significados de dikaioō

Analisamos há pouco o significado de "justificar" (*dikaioō*) em relação à morte de Cristo em Romanos 3.24,25. Neste ponto, é adequado fazer outro comentário a respeito dos significados possíveis de *dikaioō*, especialmente no que diz respeito à ressurreição de Cristo. Além de nossa análise anterior, é importante observar que o léxico padrão do grego do NT apresenta o seguinte conjunto de significados:

1. "assumir uma causa jurídica, demonstrar justiça, fazer justiça, representar uma causa";
2. "dar um veredicto favorável, justificar/inocentar";
3. "fazer que alguém seja absolvido de acusações pessoais ou institucionais, que não devem mais ser consideradas pertinentes nem válidas, tornar livre, puro";
4. "demonstrar que algo/alguém está moralmente certo, provar que está certo".[69]

Todos os usos de Paulo podem ser reduzidos a "justificar/inocentar" ou "declarar justo", ambos referindo-se a dar um veredicto favorável, o que representa a essência dos quatro significados mencionados acima. Essa tradução se aplica tanto a Cristo quanto aos crentes em 1Timóteo 3.16. A diferença evidente é que a ressurreição justifica a inocência de Cristo, revogando assim a sentença injusta contra ele. Os santos, por sua vez, foram acusados e culpados de pecado justamente e sentenciados à morte, mas foram justificados pela obra de Cristo, que os declara não culpados e justos, porque ele sofreu a pena da morte que mereciam e lhes concedeu a própria justiça dele, *que foi confirmada por sua ressurreição*. O último aspecto acerca da justiça de Cristo em associação com sua ressurreição sendo atribuída aos santos precisa de mais fundamentação, o que vou tentar apresentar nas seções a seguir.

---

[66]1QIsa\[a], 1QIsa\[b] e 4Q58 acrescentam "luz" depois de "ele verá": "ele verá a luz". A LXX traz a forma quase idêntica "para lhe mostrar a luz".

[67]Veja Stuhlmacher, *Biblische Theologie*, 2:22. Stuhlmacher observa que, embora o TM de Isaías 53.11 fale do "Servo" que "justificará muitos", a LXX traz Deus como quem "justifica o justo [o Servo] que serve bem a muitos", o que depois leva ao estabelecimento do Servo em sua posição vitoriosa (Is 53.12). Dessa perspectiva, Stuhlmacher entende que a tradução da LXX é aludida em 1Timóteo 3.16.

[68]Michael F. Bird faz a mesma observação com base em Isaías 53.11, "Justification as forensic declaration and covenant membership: a *via media* between reformed and revisionist readings of Paul", *TynBul* 57, n. 1 (2006): 115.

[69]BDAG, p. 249.

Michael Bird também se concentrou acertadamente na absolvição de Cristo de uma sentença errada mediante a ressurreição, com a qual os crentes são identificados: "Portanto, os crentes são justificados somente porque partilham da solidariedade corporativa com o Messias justificado e porque o que é verdade a respeito dele é verdade também para o povo de Deus",[70] pois essas pessoas estão "em Cristo",[71] embora, como vimos há pouco, diferentemente de Cristo, elas mereciam a sentença de culpa.

Romanos 4.25

A relação entre o crente e a ressurreição de Cristo como um acontecimento "justificador" está refletida em Romanos 4.25:

> ... Ele foi entregue à morte por causa das [dia] nossas transgressões e ressuscitado por causa da [dia] nossa justificação.

Alguns comentaristas entendem que os dois usos de *dia* são idênticos ("por causa de"), enquanto outros entendem que o primeiro *dia* é causal ("por causa de"), e o segundo, final ou com o sentido de propósito ("para", "visando a"). Outros comentaristas propõem que a ressurreição de Cristo é citada depois da menção de que Cristo morreu vicariamente pelos pecados porque a ressurreição dele foi a confirmação de que sua pena de morte em favor dos pecadores foi eficaz, visto que Cristo já não estava mais preso pela pena de morte.

Embora haja controvérsia acerca da última oração gramatical desse versículo por sua aparente falta de precisão, Richard Gaffin oferece, provavelmente, a análise mais convincente. Gaffin afirma que a solução é fazer justiça a ambos os lados do paralelismo no contexto da teologia paulina como um todo. A morte de Jesus por causa "das nossas transgressões" o identificou com os crentes no castigo por causa dessas transgressões. Semelhantemente, a ressurreição de Cristo "por causa da nossa justificação" o identifica com os santos na sentença de justificação, que era necessária para a comprovação de sua justiça. Qual é exatamente o conteúdo dessa comprovação de justiça dele? Gaffin responde, tendo em mente que a ressurreição de Jesus é o foco de sua solidariedade com os santos na justificação. Ele diz que "a hipótese implícita em Romanos 4.25b é que a ressurreição de Jesus é a sua justificação".[72] Por isso, quando os crentes são identificados com a ressurreição de Cristo, que o justificou, eles também são justificados[73] e declarados tão justos quanto ele.

A natureza escatológica consumada futura da justificação em relação à ressurreição

Para entender melhor a justificação inaugurada dos crentes, é necessário também considerar como ela está relacionada ao fim das eras e à própria ressurreição dos crentes. Os três itens a seguir representam os aspectos "ainda não" da justificação do crente, que ainda serão consumados no futuro. No restante deste capítulo, argumentarei que há três aspectos da justificação futura dos últimos tempos:

---

[70]Bird, "Justification as Forensic Declaration", p. 115.
[71]Ibidem, p. 120.
[72]Gaffin, *Centrality of the resurrection*, p. 123.
[73]Gaffin reconhece que sua pergunta foi proposta antes por, entre outros, Heinrich Heppe, que, citando Romanos 4.25 como apoio, declara: "Assim como o Filho foi entregue à morte, o Pai de fato condenou todos os nossos pecados nele; ao ressuscitar Cristo da morte, o Pai também absolveu Cristo da culpa do nosso pecado e a nós em Cristo [...] Por isso, a ressurreição de Cristo é a nossa justiça, pois Deus nos contempla na perfeição em que Cristo ressuscitou" (*Reformed dogmatics*, p. 499).

1. a demonstração pública da justificação/absolvição mediante a ressurreição física definitiva;
2. a justificação/absolvição dos santos mediante o anúncio público diante de todo o mundo;
3. a demonstração pública para todo o cosmo da justificação/absolvição dos crentes por meio de suas boas obras.

Esses três aspectos podem ser descritos conforme a tabela 14.1.

Tabela 14.1

Ação	Meio	Local
justificação/absolvição	ressurreição física dos crentes	exibida publicamente
justificação/absolvição	declaração de Deus	declarada publicamente perante o mundo todo
justificação/absolvição	boas obras demonstradas pelos crentes ressuscitados fisicamente	demonstrada publicamente diante de todo o cosmo

A ressurreição definitiva como justificação/absolvição dos santos

O povo de Deus é inocentado da sentença de condenação merecida por seus pecados quando crê em Cristo no período que antecede a volta definitiva dele.

A JUSTIFICAÇÃO/ABSOLVIÇÃO DO CRENTE É DEFINITIVA

Por um lado, essa justificação ocorreu de uma vez por todas e é definitiva. É definitiva no sentido de que os santos são declarados sem culpa perante Deus, uma vez que Cristo sofreu o castigo pelo pecado deles. Também são declarados justos de modo igualmente definitivo, pois Cristo obteve a justiça representativa por eles em sua pessoa ressurreta e foi plenamente inocentado de injustiça (provando que sempre havia sido justo), uma absolvição com a qual os santos também são identificados. Por isso, Deus declara que eles têm a mesma justiça (por imputação ou atribuição) que Cristo tinha em toda a sua vida e ainda tem.

A JUSTIFICAÇÃO/ABSOLVIÇÃO DO CRENTE ESTÁ INCOMPLETA

Por outro lado, há um sentido em que essa justificação não está completa, em especial porque o mundo não reconhece a justificação/absolvição que Deus proveu a seu povo. Assim como ocorreu com Jesus, o mundo ímpio julga a fé dos santos em Deus e sua obediência a ele erradas, fato que se manifesta na perseguição do povo de Deus. Como aconteceu com Cristo, assim também acontece com seus discípulos: a ressurreição final deles justificará a veracidade de sua fé e confirmará que a obediência deles era um desdobramento necessário dessa fé.[74] Ou seja, apesar de terem sido declarados justos aos olhos de Deus quando creram, o mundo continuou declarando-os culpados. A ressurreição física deles será a prova irrefutável da legitimidade de sua fé, que já os havia declarado justos durante sua vida terrena.

Essa ideia segue o padrão da própria absolvição de Cristo da sentença injusta contra ele anunciada. Cristo havia sido perfeitamente inocente durante sua vida terrena de perseguição, a qual o levou à morte, antes de sua ressurreição justificadora. Do mesmo modo, os santos já terão sido declarados plenamente justos por Deus antes de sua morte e ressurreição, a qual confirmará que a condição anterior deles de justificados era de fato verdadeira, apesar

---

[74]Para um argumento semelhante, veja Kirk, *Unlocking Romans*, p. 221.

do veredicto do mundo a respeito da fé deles. É claro que a justificação da condição deles de justos é diferente em um aspecto importante da justificação da posição de Cristo como justo: eles eram originariamente culpados de pecado, e sua justificação não é uma defesa da justiça inata deles, mas, sim, a identificação deles com a justiça de Cristo (que lhes foi atribuída) e a justificação de que as obras que realizaram pelo Espírito, embora não perfeitas, foram obras fiéis, e não más, como o mundo as julgara.

Romanos 5.18b

A relação entre a justificação dos santos e a ressurreição final deles também está expressa em Romanos 5.18b: "Por um só ato de justiça veio a justificação que produz vida[75] a todos os homens". Isso diz respeito à concepção de que aqueles que são verdadeiramente justificados vão receber a vida da ressurreição, que começa espiritualmente no presente (Rm 8.6,10,11) e se completará com a vida física regenerada no futuro (Rm 8.11,13,23). Essa "vida" não é simplesmente uma consequência necessária da justificação; ela também demonstra que aquele que foi ressuscitado já foi justificado na era passada. É sobretudo a forma final da ressurreição física que consiste na confirmação final da fé justificadora genuína, cuja realidade o mundo e os poderes do mal negaram. A ressurreição final revela que os santos estavam certos afinal em depositar sua fé justificadora em Cristo e viver em obediência a ele, e isso mostra que o mundo estava errado.

Romanos 1.4 e 8.14-23

De acordo com Romanos 1.4, a ressurreição física de Cristo foi uma "declaração judicial constitutiva de filiação":[76] Cristo "foi declarado Filho de Deus com poder pela ressurreição dos mortos, segundo o Espírito de santidade, Jesus Cristo, nosso Senhor". Embora Cristo já tivesse o status de "Filho de Deus", a ressurreição comprovou isso de forma decisiva e definitiva, sinalizando o começo de uma nova era escatológica.[77] Atos 13.27-41 indica que a ressurreição de Cristo demonstrou que ele era o "Filho" de Deus e revogou a sentença injusta contra ele, incluindo a recusa em reconhecê-lo como tal. As autoridades governantes de Jerusalém "não o reconheceram" e por isso o "condenaram" (v. 27), mesmo sem encontrar "nenhuma acusação digna de condenação à morte" (v. 28). Esse veredicto errado foi revogado quando Deus "ressuscitou Jesus", cumprindo Salmos 2.7: "Tu és meu Filho, hoje te gerei" (v. 33). A ressurreição de Jesus o inocentou em relação à sentença injusta dos líderes de Israel e de Pilatos (v. 27,28), revelando afinal que ele era o verdadeiro Filho de Deus.

Do mesmo modo que Cristo em Romanos 1.4 (e At 13.27-41), os cristãos ganham o status de "filhos adotivos" em Cristo quando creem nele e são identificados com Cristo como Filho de Deus (Rm 8.14-17; Gl 4.4-7; Ef 1.5,14). Contudo, também está claro pelo texto de Romanos 8.19-23 que essa filiação é somente uma etapa inicial para os santos:

---

[75]Não é raro interpretar a locução "justificação de vida" em Romanos 5.18 como genitivo de resultado (p. ex., Douglas J. Moo, *Romans 1—8*, WEC [Chicago: Moody, 1991], p. 355, cita outros especialistas como apoio). Consequentemente, essa interpretação é apoiada por Romanos 5.21b: "assim também a graça reine pela justiça para a vida eterna, por meio de Jesus Cristo, nosso Senhor".

[76]Gaffin, *Centrality of the resurrection*, p. 118. Gaffin explica a natureza forense da declaração em Romanos 1.4.

[77]Veja Geerhardus Vos, "The eschatological aspect of the Pauline conception of the Spirit", in: Richard B. Gaffin Jr., org., *Redemptive history and biblical interpretation: the shorter writings of Geerhardus Vos* (Phillipsburg: P&R, 1980), p. 104-5. Vos entende que a expressão "pela ressurreição dentre os mortos" em Romanos 1.4 designa oposição entre duas eras: "A ressurreição é característica do começo de uma nova ordem, assim como o nascimento na carne é característico de uma antiga ordem de coisas"; assim como Jesus obteve sua filiação terrena "segundo a carne", "da semente de Davi", a ressurreição também indica uma nova condição de filiação.

Porque a criação aguarda ansiosamente a revelação dos filhos de Deus. Pois a criação foi sujeita à inutilidade, não por sua vontade, mas por causa daquele que a sujeitou, na esperança de que também a própria criação seja libertada do cativeiro da corrupção para a liberdade da glória dos filhos de Deus. Pois sabemos que toda a criação geme e sofre até agora, como se sofresse dores de parto. E não somente ela, mas também nós, que temos os primeiros frutos do Espírito, também gememos em nosso íntimo, aguardando ansiosamente nossa adoção, a redenção do nosso corpo.

Nesta passagem, está evidente que, embora os crentes já desfrutem o status oficial de filhos em Cristo por causa da obra do Espírito de ressuscitá-los espiritualmente da morte (Rm 8.9,10; cf. 8.23), essa filiação não foi revelada publicamente ao cosmo (Rm 8.18,19). Entretanto, chegará o tempo em que a filiação deles será declarada de forma suprema e conclusiva pela ressurreição física do corpo deles, como afirma enfaticamente o versículo 23 (mas observe-se tb. Rm 8.11). Isso segue o padrão da declaração jurídica da filiação do próprio Jesus pela sua ressurreição física em Romanos 1.4,[78] que é reforçado pela lembrança de que o processo de filiação adotiva no mundo greco-romano era um procedimento essencialmente jurídico. Essa filiação do povo de Deus será demonstrada física e publicamente de uma forma que nunca se viu antes, o que é enfatizado pelo versículo 19 ("a revelação dos filhos de Deus") e pelo versículo 21 ("a liberdade da glória dos filhos de Deus"). Essa declaração conclusiva de filiação identifica-os ainda mais com Jesus e demonstra ainda mais que já foram justificados por Cristo.

Portanto, a demonstração de filiação adotiva pela ressurreição final representa um padrão de pensamento semelhante ao da justificação da condição legalmente justa do crente pela ressurreição.[79]

Romanos 8.29,30

O texto de Romanos 8.29,30 também indica o vínculo bem estreito entre justificação e ressurreição:

> Pois os que conheceu de antemão, também os predestinou para se tornarem conformes à imagem de seu Filho, a fim de que ele seja o primogênito entre muitos irmãos. E os que predestinou, a eles também chamou; e os que chamou, a eles também justificou; e os que justificou, a eles também glorificou.

A combinação de filiação (v. 29), justificação e glorificação (v. 30) apoia a ideia de que a justificação conduz à glorificação. A glorificação em Romanos 8.30 provavelmente deva ser entendida à luz de Romanos 8.17,18,21, pois essa é a última vez que Paulo mencionou "glória" (três vezes). Nesse trecho, a menção de glória se refere claramente à glória da ressurreição final do corpo dos santos (como Rm 8.21-23 esclarece). Portanto, embora "glorificação" ocorra imediatamente depois de "justificação", sem nenhuma declaração a respeito da relação exata entre as duas, é provável que o versículo 30 inclua a noção de que a justificação resultará na

---

[78]Para saber sobre essa ligação entre a declaração jurídica da filiação de Cristo pela ressurreição e a declaração da filiação dos crentes mediante a ressurreição deles, veja, Gaffin, *Centrality of the resurrection*, p. 118.

[79]Vos, *Pauline eschatology*, p. 152. Veja tb. Heppe, *Reformed dogmatics*, p. 552-3. Heppe analisa a associação muita próxima entre justificação e filiação; p. ex., ele afirma, citando Heidegger: "Essa concessão do direito à vida [que vem por meio da justificação] coincide realmente com adoção e não se distingue dela, a não ser que na justificação a vida eterna seja considerada uma dívida e, na adoção, uma herança; no primeiro caso, Deus desempenha o papel de um juiz, no segundo, o de um Pai" (p. 552). Para saber sobre o estreito vínculo entre justificação e a filiação, mas não uma equiparação das duas, veja John Gill, *A body of doctrinal divinity* (London: M. & S. Higham, 1839), p. 518-9.

glorificação final dos santos no corpo ressurreto deles. Outra maneira de dizer isso é afirmar que a ressurreição gloriosa final dos verdadeiros santos é uma declaração escatológica originária necessariamente da condição anterior de justificados deles.[80]

Romanos 8.32-34

Ainda resta mais uma passagem importante para examinar, que está no contexto imediato posterior de Romanos 8.17-30. O trecho é Romanos 8.32-34:

> Aquele que não poupou o próprio Filho, mas o entregou por todos nós, como não nos dará também com ele livremente todas as coisas? Quem fará alguma acusação contra os escolhidos de Deus? É Deus quem os justifica. Quem os condenará? Cristo Jesus é quem morreu, sim, quem ressuscitou dentre os mortos, o qual está à direita de Deus e também intercede por nós.

Para o propósito de nossa pesquisa, o vocabulário de importância fundamental está nos versículos 33 e 34, que fazem alusão à versão grega de Isaías 50.8 (tabela 14.2).

Tabela 14.2

Isaías 50.8 (LXX)	Romanos 8.33,34
"Pois, aquele que me justificou [*ho dikaiōsas*] se aproxima. Quem é o que me condena[a] [*tis ho krinomenos*]? [...] Quem é o que me condena [*tis ho krinomenos*]?"	"É Deus quem os justifica [*ho dikaiōn*]. Quem os condenará? [*tis ho katakrinōn*]?"

[a]Para a tradução de *krinō* por "condenar, julgar, fazer julgamento, punir, contender", veja Johan Lust; Erik Eynikel; Katrin Hauspie, *Greek-English lexicon of the Septuagint* (Stuttgart: Deutsche Bibelgesellschaft, 1996), 2 vols., 2:267-8.

É provável que, como acreditam muitos comentaristas,[81] o texto de Romanos se refira claramente à passagem mencionada de Isaías, o que é confirmado pelo fato de que em nenhum outra parte da LXX o verbo "justificar" (na verdade, em sua forma participial) ocorre em relação sintática com o período "Quem é o que me condena?". O verbo *dikaioō*, traduzido acima por "justificar", pode ser facilmente traduzido por "inocentar".[82]

Essa parte do Cântico do Servo de Isaías 50 foi estudada há pouco com relação à justificação/absolvição de Jesus ter sido profetizada por Isaías. Vimos que o Servo foi obediente ao chamado divino para sofrer perseguição injusta (v. 4-6), bem como acusação injusta (v. 8,9), embora viesse a ser justificado por Deus (v. 7-11) e afinal reconhecido como justo. Concluí que a ressurreição de Jesus foi o meio que Deus usou para justificá-lo ao revogar a condenação falsa e injusta.

Agora, porém, Paulo aplica essa profecia a respeito da justificação do Servo aos crentes! O que foi profetizado acerca da justificação do Servo aplica-se, então, à justificação dos crentes. O motivo provável dessa aplicação é que Cristo, como o Servo, representou seu povo com sua

---

[80]Parece que também nos versículos imediatamente seguintes (Rm 8.31-34) a menção da morte e da ressurreição de Cristo como a base para a libertação dos crentes da condenação é significativa (sobre isso, veja a análise que vem logo a seguir). Kirk (*Unlocking Romans*, p. 154) chega a uma conclusão parecida no que se refere à importância de Romanos 8.30-34.

[81]P. ex., Bruce, *Romans*, p. 169; Cranfield, *Epistle to the Romans*, 1:437-38; Dunn, *Romans 1—8*, p. 503; Brendan Byrne, *Romans*, SP 6 (Collegeville: Liturgical Press, 1996), p. 276. Veja tb. Jewett, *Romans*, p. 541; Ernst Käsemann, *Commentary on Romans*, tradução para o inglês e organização de Geoffrey W. Bromiley (Grand Rapids: Eerdmans, 1980), p. 248. Tanto Jewett quanto Käsemann citam outros que veem uma clara referência a Isaías 50.8, embora eles mesmos sejam hesitantes quanto à possibilidade de um eco.

[82]Veja Lust; Eynikel; Hauspie, *Greek-English lexicon*, 2:115.

obediência ao submeter-se ao sofrimento injustamente imposto, apesar da justificação que se seguiu à acusação e à condenação falsas. Enquanto a justificação de Cristo ocorreu por meio de sua ressurreição, a dos crentes ocorre mediante a morte e a ressurreição de Cristo. Fica evidente que as duas estão em mente como a base da justificação/absolvição dos crentes porque a menção da justificação e da ausência de condenação deles nos versículos 33b e 34a está inserida entre a menção da morte de Cristo e a de sua ressurreição. O versículo 32 se refere a Deus, que "o entregou por todos nós", e também pergunta: "Como não nos dará também com ele livremente todas as coisas?". Esse ato de dar "todas as coisas" que estão "com ele" certamente abrange a referência à identificação deles com o Cristo ressurreto, por meio de quem virão todas as bênçãos futuras da nova criação, que foi inaugurada pela ressurreição de Cristo.[83] O versículo 34b reitera essa referência dupla à morte e à ressurreição de Cristo: "Cristo [...] morreu [e] ressuscitou dentre os mortos" e "está à direita de Deus", e é mais uma explicação de como eles são identificados "com Cristo" no versículo 32. Isso revela ainda mais que o ato de dar "todas as coisas" no versículo 32 inclui a identificação dos crentes com os benefícios da posição de soberania ressurreta e elevada ao céu de Cristo à destra de Deus.[84]

> [Deus] "o entregou por todos nós..." (v. 32a)
> "... como [Deus] não nos dará também com ele [o Cristo ressurreto] livremente todas as coisas?" (v. 32b)
>
> "É Deus quem os justifica" (v. 33b)
> "Quem os condenará?"(v. 34a)
>
> "Cristo Jesus [...] morreu" (v. 34b)
> "[Cristo Jesus] ressuscitou dentre os mortos, o qual está à direita de Deus..." (v. 34c)

A importância da menção dupla à morte e à ressurreição de Cristo, antes (v. 32), e, depois (v. 34b), da menção de justificação/absolvição e ausência de condenação dos santos por Deus (v. 33,34b) é que a sentença de culpa do mundo contra eles e a perseguição injusta deles pelo mundo começaram a ser anuladas no sofrimento e na condenação de Cristo em favor dos santos. Além disso, a identificação "já e ainda não" deles com a condição ressurreta de Jesus no papel do Servo obediente, que anulou a sentença de culpa do mundo contra ele, já começou a anular o veredicto do mundo contra os cristãos, uma sentença de culpa expressa particularmente na perseguição relatada em Romanos 8.35-39. Ao contrário da perseguição pelo

---

[83]A pergunta "Como não nos dará também com ele livremente todas as coisas?" provavelmente envolve a ressurreição final esperada em Romanos 8.18-25, e isso também pode estar relacionado diretamente à ideia de não ser condenado no futuro, nem no presente, sendo essa a ênfase dos v. 30-34. Surpreendentemente, Byrne (*Romans*, p. 276) diz que, quando o v. 32 é considerado à luz da lista seguinte (v. 35-39) e particularmente à luz de 1Coríntios 3.21-23, em que o apóstolo afirma que "todas as coisas lhes pertencem" com foco na herança do mundo vindouro, "todas as coisas" em Romanos 8.32 provavelmente se refere à herança física da terra (já antecipada em Rm 4.13). Essa herança pertence aos cristãos na qualidade de "coerdeiros com Cristo" (Rm 8.17; cf. "com ele [Cristo]" no v. 32), e em Romanos 8.17b-23 essa posição de herdeiros está focalizada na obtenção do corpo ressurreto na nova criação (igualmente, veja *ta panta* em 2Co 5.17,18, embora enfatizando a escatologia inaugurada com referência específica à "nova criação", iniciada por meio da ressurreição de Cristo). Também Dunn (*Romans 1—8*, p. 502), que entende que a nova criação vindoura está em mente. Do mesmo modo, também Cranfield (*Epistle to the Romans*, 1:436-7), mas no final ele entende que Romanos 5.10 é o paralelo mais próximo, em que "salvo pela vida" é o foco, uma referência a ser salvo pela vida ressurreta dele.

[84]Agradeço a meu aluno de pós-graduação Mitch Kim por contribuir com a essência desse parágrafo, que se encontra em um trabalho não publicado de um seminário de doutorado no Wheaton College Graduate School em abril de 2008.

mundo e da situação em que os cristãos são "condenados à morte todo o dia" (Rm 8.35,36), a ressurreição física definitiva dos santos representa a etapa apoteótica da sua justificação contra a avaliação injusta deles feita pelo mundo. Fica evidente que a ressurreição física dos santos no *escathon* está em mente aqui pelo trecho "Aquele [Deus] que não poupou o próprio Filho [o Cristo ressurreto] [...] nos dará também com ele livremente todas as coisas?" (Rm 8.32), que, como observamos antes, desenvolve o tema da redenção do corpo de Romanos 8.17-25. No momento em que receberem a "imortalidade" e a "vida [ressurreta] eterna", eles também serão "glorificados" e receberão "honra" diante dos que os maltrataram e os humilharam injustamente (Rm 2.7,10; 8.30).[85]

O trecho "nem anjos, nem principados [...] poderão separar" os crentes "do amor de Deus" em Cristo (Rm 8.38,39) indica que Satanás e seus exércitos demoníacos estão entre os que trataram os cristãos com crueldade e os acusaram injustamente, aqueles cuja calúnia será anulada na justificação/absolvição da ressurreição final. Ninguém, nem mesmo Satanás, "intentará acusação contra os eleitos de Deus", nem agora (Rm 8.33 [veja tb. Ap 12.7-10]), nem no último dia. É provável que a consumação da incapacidade de acusar os fiéis de Deus esteja incluída em Romanos 16.20: "O Deus de paz em breve esmagará Satanás debaixo dos vossos pés". Nesse dia, o Diabo será "lançado no lago de fogo e enxofre" (Ap 20.10), o que significa que ele não terá função acusatória nem condenatória no julgamento final. Não é por coincidência que Apocalipse 20.11-15 (que examinaremos adiante) é um retrato do julgamento na ressurreição final, quando não apenas Satanás estará claramente ausente, mas também os ressuscitados cujos nomes estão "escritos no livro da vida" serão dispensados do julgamento descrito na passagem.

A ressurreição física definitiva dos santos os justifica diante do mundo espectador porque implica "tomar a forma corporal"[86] ou "encarnação"[87] da identificação espiritual prévia deles com a ressurreição justificadora de Cristo. Essa identificação com a ressurreição justificadora de Cristo não era enxergada nem reconhecida pelos poderes do mal durante a era pré-consumação, mas, apesar disso, os declarava plenamente justos porque eles tinham sido identificados com a justiça que Cristo demonstrou ter. Isto é, a ressurreição espiritual, que é visível apenas aos olhos da fé (2Co 4.6-11,16-18), será visível na forma consumada da ressurreição física (2Co 4.14; 5.1-5) para todos os olhos, o que é fundamental para as pessoas serem julgadas favoravelmente por Cristo no fim[88] e justificadas diante daqueles que as julgaram de forma injusta e as perseguiram.

2Coríntios 4.16

O texto de 2Coríntios 4.16 apresenta um paradigma importante para entender essa ideia da justificação inicial invisível e da justificação posterior visível: "Por isso não desanimamos. Ainda que o nosso homem exterior esteja se desgastando, o nosso homem interior está sendo renovado a cada dia". À luz disso, a existência do crente tem dois lados: o "homem interior", que é o aspecto imaterial e invisível, e o "homem exterior", o aspecto corporal visível. Por isso, apesar de 2Coríntios 4.16 fazer referência à renovação progressiva da ressurreição, podemos falar mais amplamente e declarar que a identificação dos crentes com a ressurreição de Cristo nesta era (tratada anteriormente nesta seção) diz respeito ao "homem interior" do

---

[85]Veja Bird, "Justification as forensic declaration", p. 122, obra com a qual concordo em grande parte quanto à importância de Romanos 8.

[86]A palavra no original em inglês é *enfleshing*. (N. da R.)

[87]Bird (ibidem) emprega essa palavra para se referir à ressurreição como "a encarnação da justificação dos santos".

[88]Sobre esse assunto, veja a análise de 2Coríntios 4.6—5.10 adiante.

crente e, portanto, que a existência e a identificação inicial com a ressurreição são as primeiras evidências da justificação. A concessão de vida espiritual é a revogação da sentença de morte espiritual porque o crente foi liberto da execução dessa sentença. Contudo, apesar de terem sido declarados isentos de culpa em relação a toda a pena do pecado, espiritual e física, os cristãos não foram libertos da pena da morte física do pecado que se aplicou a eles, pena cujos efeitos de decadência ainda sofrem. Isso significa que a ressurreição física dos crentes é a revogação definitiva da pena da morte, a verdadeira sentença de que eles já tinham sido declarados absolvidos/justificados. A retirada da execução da pena da morte física é a parte final dos efeitos "já e ainda não" da justificação escatológica de duas etapas: (1) a ressurreição do "homem interior" seguida pela (2) ressurreição do "homem exterior".[89] Richard Gaffin se refere a essa dupla justificação como "justificado pela fé" e "ainda por ser justificado por vista".[90] Uma vez que a revogação completa da pena de morte ainda está no futuro, há um sentido em que a justificação/absolvição plena dessa pena também ainda tem de ser efetuada, embora essa realização seja em última análise um efeito da declaração anterior de justificação da penalidade completa do pecado, que provém da fé. A tabela 14.3 procura expressar essa justificação dupla:

Tabela 14.3

justificação pela fé	ressurreição do "homem interior"	declarado inocente da pena do pecado
justificação pela vista	ressurreição do "homem exterior"	liberto da pena dos efeitos do pecado no corpo, inocentado/absolvido da injusta sentença do mundo

Aqui talvez seja útil uma ilustração. Suponha que um homem foi condenado injustamente por um crime e começou a cumprir sua pena de prisão. Quando se produziram novas provas que demonstram a inocência dele, o juiz anulou a sentença anterior e declarou o homem inocente. Entretanto, por causa dos necessários documentos administrativos, a liberação do preso só acontece três semanas depois. Desse modo, a justificação do prisioneiro ocorre em duas etapas: (1) a sentença de "inocente" declarada pelo juiz e (2) a posterior liberação física da prisão, privação de liberdade essa por causa da pena da antiga sentença de culpa, a qual fora definitivamente revogada três semanas antes e cujos efeitos plenos se realizam agora.[91]

A ressurreição final e as boas obras ligadas à justificação/absolvição dos santos

Acabamos de observar que a ressurreição física dos crentes é uma manifestação visível, consumada da condição escatológica presente e invisível deles de justificados. As "boas obras" fazem parte dessa "justificação demonstrada" final. Poucos textos falam de uma justificação futura dos últimos tempos dos cristãos. Romanos 2.13, por exemplo, diz: "Pois, diante de Deus, não são justos os que somente ouvem a Lei, mas os que a praticam serão justificados".[92] Paulo também fala reiteradas vezes de os crentes se apresentarem "diante do tribunal" de Deus ou de

---

[89] O texto de Romanos 8.10,11,23 se refere ao mesmo tipo de processo em duas etapas (de acordo com Richard B. Gaffin Jr., *By faith, not by sight: Paul and the order of salvation* [Waynesboro: Paternoster, 2006], p. 86).
[90] Ibidem, p. 88.
[91] Pelas ideias dos dois últimos parágrafos, sou grato a Gaffin (ibidem, p. 86-92).
[92] Isso se refere a uma justificação futura (que o contexto de Rm 2.3-10,15,16 indica claramente), e não, como alguns sustentam, ao princípio de que, se as pessoas são justificadas por observar a Lei, é pelo cumprimento perfeito da Lei que experimentarão essa justificação.

Cristo (Rm 14.10,12; 2Co 5.10). Tiago 2.14-26 também fala da estreita ligação entre justificação e boas obras (p. ex., veja 14: "o homem é justificado pelas obras, e não somente pela fé"). É provável que esse texto também tenha como foco a justificação final no fim dos tempos.[93]

Como se pode dizer que os crentes são julgados pelas obras e ainda assim justificados pela fé? Há muito mais que dizer sobre isso do que o espaço e a finalidade aqui permitem em relação às obras justas dos crentes associadas com essa etapa consumada e de demonstração da justificação. A análise que faço logo a seguir é tão somente o começo de uma resposta à pergunta, que será examinada com mais profundidade na conclusão deste capítulo.

Alguns podem ficar surpresos ao descobrir que não é incomum na tradição reformada falar do que costuma ser chamado, com alguma variação, de "justificação dupla", ou uma justificação anterior pela fé e uma justificação posterior por obras; ou a "primeira justificação" e a "segunda justificação".[94] Uma ilustração comum talvez ajude a esclarecer. Nos Estados Unidos, algumas lojas de atacado de comida exigem que as pessoas paguem uma taxa anual para ter o privilégio de comprar comida em seus estabelecimentos. Depois de pago o valor, o cliente tem de apresentar um cartão que comprova que ele pagou a taxa. Esse cartão dá acesso à loja aos clientes associados, mas ele não é a razão fundamental pela qual a pessoa tem seu acesso ao estabelecimento. A taxa paga é a razão fundamental, e o cartão é a prova de que a taxa foi paga. Podemos chamar o valor pago de a "condição causal necessária" do acesso ao estabelecimento e chamar o cartão comprovante simplesmente de "uma condição necessária".[95] O cartão é a manifestação externa, ou prova, de que o preço foi pago, de forma que tanto o dinheiro pago quanto o cartão são necessários para ter acesso às lojas, mas eles não têm o mesmo valor condicional para obter acesso ao estabelecimento. Podemos chamar a taxa paga de condição de "primeira ordem", ou "definitiva", e o cartão, de condição de "segunda ordem".[96]

Do mesmo modo, a morte penal justificadora de Cristo é o preço pago "de uma vez por todas" (Hb 9.12; 9.26-28),[97] e as boas obras realizadas no contexto da fé cristã são as evidências inevitáveis dessa fé na avaliação judicial final. A obra de Cristo é a "condição causal necessária" da justificação, e as obras do crente são uma "condição necessária" para a justificação. Jonathan Edwards foi muito feliz ao referir-se à obra de Cristo como "justificação causal" e à obediência do crente no fim das eras como "justificação demonstrativa".[98] Essas provas

---

[93]Não há espaço para demonstrar isso aqui, mas veja Douglas J. Moo, *The Letter of James*, PNTC (Grand Rapids: Eerdmans, 2000), p. 134-6, 144; veja tb. ibidem, *The Letter of James*, TNTC (Grand Rapids: Eerdmans, 1985), p. 99-101. Para uma análise mais aprofundada da passagem de Tiago 2, veja mais adiante a discussão quase no fim deste capítulo.

[94]Para uma análise proveitosa, veja Heppe, *Reformed dogmatics*, p. 562-3. Veja tb. John Owen, *Justification by faith* (Grand Rapids: Sovereign Grace Publishers, 1971), p. 137-52. Owen entende que há duas etapas: (1) uma justificação absoluta no início da fé e (2) a perseverança na condição justificada quando se exerce a fé em Cristo como o advogado que faz petição ao Pai para que sua morte propiciatória garanta perdão para os pecados ainda cometidos. Veja tb. Francis Turretin, *Institutes of elenctic theology*, tradução para o inglês de George Musgrave Giger, edição de James T. Dennison Jr. (Phillipsburg: P&R, 1994), vol. 2, p. 685. Turretin enxerga diversas etapas temporais da justificação: (1) o estado justificado do crente na origem da fé; (2) o perdão de pecados específicos durante o curso da vida do santo, com base na sua condição justificada anterior e contínua; (3) a declaração dessa justificação feita imediatamente depois da morte; (4) depois publicamente no último dia "uma concessão da recompensa conforme a justificação anterior".

[95]Sobre isso, Jonathan Edwards propõe "uma distinção entre condicionalidade causal e condicionalidade não causal" (Samuel T. Logan, "The doctrine of justification in the theology of Jonathan Edwards", *WTJ* 46 [1984]: 32).

[96]Para a última categoria, veja ibidem, p. 38.

[97]Embora, ao enfatizar aqui a morte justificadora de Cristo, eu não pretenda excluir sua vida obediente imputada e sua ressurreição justificadora como parte dessa justificação de uma vez por todas.

[98]Logan, "Doctrine of justification", p. 39. Por outro lado, é possível chamar isso de "justificação interna", que é vista ou reconhecida somente por Deus e a comunidade dos crentes, e "justificação externa", que será manifesta a todo o mundo no *escathon* a sentença interna por meio das obras do crente.

reveladoras não são apenas parte de um processo judicial, mas também provas que revogam a sentença injusta do mundo contra a fé dos crentes e as obras realizadas em obediência a Cristo. Isso não quer dizer que *dikaioō* deva ser traduzido por "produzir provas judiciais", mas que o verbo transmite a ideia de "justificar", e nesse contexto ela se baseia na existência das boas obras.

Evidentemente, as boas obras são apenas parte dessa "justificação demonstrativa" final, uma vez que, como também já vimos, a ressurreição dos crentes também constitui parte dessa manifestação escatológica consumadora. Não é possível apresentar aqui nem mais adiante, na conclusão do capítulo, uma análise completa de "boas obras" em relação à justificação. Por isso, a análise a seguir se limita à relação dessas obras com a ressurreição dos santos. Em particular, as passagens seguintes revelam um vínculo indissociável entre a ressurreição corporal dos crentes e o julgamento final deles de acordo com as obras. Creio que essa relação esclarece melhor a questão de que os crentes podem ser julgados por obras (p. ex. 2Co 5.10) e ainda ser justificados pela fé.

2Coríntios 4.6—5.10

Essa passagem estabelece uma estreita ligação entre a ressurreição final dos santos e o julgamento deles conforme as obras. Como vimos rapidamente antes, a ressurreição espiritual na presente era, não reconhecida aos olhos do mundo (2Co 4.6-11,16-18), será manifesta na forma definitiva da ressurreição corporal (2Co 4.14; 5.1-5). De particular importância aqui é o texto de 2Coríntios 5.1-10.

> Pois sabemos que, se a tenda terrena que é nossa casa for destruída, temos um edifício da parte de Deus, uma casa eterna no céu, não feita por mãos humanas. Enquanto estamos na casa terrena, gememos, desejando ser revestidos da nossa habitação celestial, pois, se de fato estivermos vestidos, não seremos achados despidos. Porque, enquanto estamos nessa tenda, gememos e somos afligidos, pois não queremos ser despidos, mas, sim, revestidos, para que aquilo que é mortal seja absorvido pela vida. Foi Deus mesmo quem nos preparou para isso, e deu-nos o Espírito como garantia. Portanto, estamos sempre confiantes, sabendo que, enquanto presentes no corpo, estamos ausentes do Senhor, porque vivemos pela fé, e não pelo que vemos. Assim, estamos confiantes e preferimos estar ausentes do corpo e presentes com o Senhor. Por isso também temos o objetivo de agradá-lo, quer no corpo, quer fora dele. Pois é necessário que todos compareçamos diante do tribunal de Cristo, para que cada um seja recompensado por suas obras no corpo, de acordo com o que praticou, seja o bem, seja o mal.

Com base na ("portanto", *oun* [5.6]) ressurreição consumada descrita nos versículos 1-5, os crentes devem estar "sempre confiantes" (v. 6), "porque [na presente era]", afirma o versículo 7, "vivemos pela fé, e não pelo que vemos" (reconhecendo nossa ressurreição espiritual presente e sobretudo sua inevitável expressão final na ressurreição do corpo). Logo, tanto os versículos 1-5 quanto o versículo 7 apresentam a base para o ser "sempre confiantes" do versículo 6, isto é, confiança no fato da ressurreição, especialmente em como ela se realizará corporalmente no futuro. Em seguida, o versículo 8 repete a ideia de estar "confiantes", que, novamente, baseia-se nos versículos 1-5 no que diz respeito à ressurreição vindoura. Tal confiança é necessária em virtude da aflição (2Co 4.7-12,16,17). O versículo 9 continua o raciocínio afirmando que, tendo em vista (*dio*, "por isso") que estão "sempre confiantes" (v. 6,8) por causa da convicção na ressurreição corporal vindoura (v. 1-5), os crentes devem se esforçar "para agradá-lo [a Deus]". A coragem inspirada pela confiança na ressurreição vindoura motiva o crente a ser agradável a Deus. Como Deus agirá com benevolência em favor dos crentes, ressuscitando-os da morte, eles agora devem ser motivados a demonstrar sua gratidão fazendo tudo o que o agrada.⁹⁹ O versículo 10 oferece mais um motivo por que os cristãos devem desejar agradar a Deus: "pois" (*gar*) é necessário que todos se apresentem (em corpos ressurretos) perante o tribunal divino "para que cada um seja recompensado". Eles devem ser motivados a agradar a Deus fazendo boas obras, porque terão de prestar contas de como viveram.

Uma questão raramente observada nessa passagem é que agradar a Deus, e por isso fazer boas obras, baseia-se em última análise não apenas na certeza da ressurreição futura, mas também no fato de que a existência ressurreta já começou. Por conseguinte, é do poder renovador dessa existência ressurreta inaugurada (tb. 2Co 4.16), que revela identificação e solidariedade com a existência ressurreta de Cristo agora (2Co 4.10,11; 5.14,15) e de forma antecipatória também no último dia (2Co 4.14), que surge o desejo de agradar a Deus e praticar boas obras.

Tendo isso em vista, Paulo acreditava que os crentes verdadeiros, identificados verdadeiramente com a ressurreição de Cristo agora e futuramente com a ressurreição corporal dele no grande julgamento final, "comparecerão", ou "serão manifestados", perante o "tribunal" no *corpo ressurreto*. Considerando o contexto mais amplo do pensamento de Paulo, vemos que essas pessoas serão julgadas não pelo critério de suas obras terem sido perfeitas, mas, sim, de elas terem produzido frutos de boas obras de acordo com a existência ressurreta delas e de sua união com a pessoa do Cristo ressurreto, bem como por causa dessa existência e união.¹⁰⁰ Assim, o que está sendo avaliado é a natureza delas (i.e., sua natureza ressurreta "em Cristo"), da qual as obras são consequência.¹⁰¹ Isso fica mais evidente porque a referência de Paulo ao futuro "edifício da parte de Deus [...] não feito por mãos humanas" dos crentes, com o qual desejam "ser revestidos" (2Co 5.1-4), nada mais é do que o corpo ressurreto deles: eles desejam ser revestidos "para que aquilo que é mortal seja absorvido pela vida" (5.4) e não sejam "achados despidos" (5.3). Portanto, à luz de 2Coríntios 5.1-4, o versículo 10 inclui a ideia de que o que "veste" uma pessoa são as boas obras que agradam a Deus, obras indissociavelmente ligadas à natureza ressurreta do indivíduo e dela decorrentes, que se manifestará fisicamente¹⁰² no último dia. Além disso, visto que todos os crentes se apresentarão "diante do tribunal de Cristo", o próprio Cristo ressurreto reconhece a identificação ressurreta deles consigo (veja tb. 1Co 15.22,23) e avalia positivamente tanto os crentes quanto suas obras.

Isso significa que os crentes são ressuscitados primeiro imediatamente antes de receberem "recompensa por suas obras". Anteriormente neste capítulo, vimos que Paulo em outros textos considera a ressurreição dos crentes parte da justificação deles, absolvendo-os da sentença injusta que o mundo pronunciou contra eles e do castigo da morte física resultante de seus pecados contra Deus. Desse modo, os crentes "comparecem" como já publicamente justificados no corpo ressurreto logo antes da avaliação deles diante "do tribunal de Cristo". Nesse sentido, o último julgamento para os crentes, que ocorre segundo suas obras, "reflete e confirma ainda mais a justificação deles, que se manifestou publicamente em sua ressurreição

---

⁹⁹Em 2Coríntios 4.14,15, as mesmas explicações são apresentadas objetivamente, embora se utilize a linguagem de "dar graças" em vez de ser "agradável".

¹⁰⁰Veja tb. Kirk, *Unlocking Romans*, p. 224, 226.

¹⁰¹Sobre essa questão, em 2Coríntios 5.10 (NASB) a mudança do plural "obras" (*ha* [lit., "quais coisas"]) para o singular "seja bem, seja mal" (*agathon eite phaulon*) aparentemente sugere que "a conduta será julgada como um todo" de forma que o caráter, e não atos específicos, será punido ou recompensado (seguindo Murray J. Harris, *The Second Epistle to the Corinthians: a commentary on the Greek text*, NIGTC [Grand Rapids: Eerdmans, 2005], p. 407-8).

¹⁰²Assim como a vida ressurreta de Cristo começou a ser "manifesta" (aoristo passivo de *phaneroō*) espiritualmente pelos santos enquanto estão no corpo terreno (2Co 4.10,11), assim também será "manifestada" plenamente (de novo, aoristo passivo de *phaneroō*) no corpo ressurreto deles no fim dos tempos (2Co 5.10).

corporal".[103] Além disso, observamos antes que os crentes começam a conformar-se à imagem restaurada de Cristo na era presente e, depois, na ressurreição final, passam a ter essa imagem de modo consumado e perfeito.[104] Isso significa que, quando comparecerem perante o tribunal com o corpo ressurreto, também estarão na imagem perfeita do Último Adão e em união com ele, o que constitui um testemunho a mais do caráter justo e obediente deles. Essa obediência justa começa no período que antecede a segunda vinda de Jesus, que realmente faz parte do significado de começar a conformar-se à imagem de Cristo nesta era.[105]

Do contrário, os que professam ter sido identificados com a ressurreição de Cristo, mas não produzem esses frutos, serão "achados despidos" — isto é, não ressuscitados "em Cristo" e sem as novas obras que produzem vida. Por isso, eles serão "reprovados" nessa avaliação judicial (2Co 13.5; cf. 1Co 11.19) porque "receberam a graça de Deus em vão" (2Co 6.1) e, por essa razão, ainda estão "em jugo desigual com os incrédulos", em "comunhão com as trevas", caracterizados pela "injustiça" (2Co 6.14) e identificados com o Diabo (2Co 6.15; 11.13-15).[106] Essas pessoas sofrerão o juízo com o mundo dos descrentes, porque "se disfarçam de servos da justiça; o fim deles será de acordo com as suas obras" (2Co 11.15), uma vez que essas obras revelam seu verdadeiro caráter infiel (veja tb. Mt 7.15-23).[107]

Isso significa que 2Coríntios 5.10 não diz respeito a Cristo distribuir recompensas diferentes aos cristãos, todos eles "salvos", segundo as suas diferentes obras. Em vez disso, ensina que alguns serão declarados crentes verdadeiros, ressurretos, produtores de frutos, mas outros, não. Quanto ao último grupo, convém dizer que a passagem transmite a ideia de "justificação ou absolvição demonstrativa" futura pelo julgamento. Uma ideia muito semelhante aparece em 1Coríntios 3.13: "A obra de cada um se tornará manifesta [*phaneros*]; pois aquele dia a demonstrará, porque será revelada pelo fogo, e o fogo testará a obra de cada um". O texto se refere a alguns que são salvos e outros que serão julgados no *escathon*.[108]

1Coríntios 4.3-5

Essa "justificação demonstrativa" futura também ocorre em 1Coríntios 4.3-5. Embora o texto não faça referência à ressurreição, a passagem foi incluída para análise aqui porque emprega a terminologia formal da "justificação" associada a manifestar o que antes era invisível e desconhecido:

> No entanto, pouco me importa se sou julgado por vós, ou por qualquer tribunal humano; de fato, nem eu julgo a mim mesmo. Pois, embora eu esteja consciente de que não há nada contra mim, nem por isso me inocento [justifico], pois quem me julga é o Senhor. Portanto, nada julgueis antes do tempo, até que venha o Senhor, o qual não só trará à luz as coisas ocultas das trevas, mas também manifestará os motivos dos corações dos homens. Então cada um receberá seu louvor da parte de Deus.

---

[103]Gaffin, *By faith*, p. 99-100.

[104]Para o primeiro, veja 2Coríntios 3.18; para o segundo, veja 1Coríntios 15.45-54; veja tb. Romanos 8.29, que inclui as duas etapas.

[105]Quanto a este parágrafo, eu o escrevi com base em Gaffin, *By faith*, p. 99-101.

[106]Embora 2Coríntios 11.13-15 refira-se especificamente aos falsos mestres cristãos judeus, a passagem pode ser aplicada àqueles da igreja de Corinto que os seguiam e assim se identificavam com eles (cf. 2Co 11.3,4).

[107]Para a ligação entre "roupas" e boas "obras" em 2Coríntios 5.1-4, em geral sigo Hafemann, *2 Corinthians*, p. 217.

[108]Para uma análise de 1Coríntios 3.10-17 segundo essa perspectiva, veja Fee, *First Epistle to the Corinthians*, p. 143-5.

Parte do problema da igreja de Corinto era que alguns não consideravam Paulo um apóstolo imbuído de autoridade (1Co 1.11,12; 3.3,4; 4.9-13; 9.3).[109] Apesar de alguns membros da igreja e até um "tribunal humano" concluírem que Paulo não apresentava as características genuínas de um profeta divino (v. 3a), ele não procuraria se defender dessas avaliações negativas a fim de ser considerado "justificado/inocentado" (*dikaioō*) (v. 3b,4a). Em vez disso, Paulo afirma: "... quem me julga [verdadeiramente] é o Senhor" (v. 4b), e a justificação/absolvição definitiva vem somente dele. É claro, porém, que Paulo está se referindo à justificação/absolvição que ocorrerá quando "o Senhor vier" no último dia (v. 5). Nessa ocasião, o Senhor "manifestará os motivos dos corações dos homens", de modo que aquilo que antes não era visto com clareza se tornará claro. Então Cristo examinará esses motivos e os julgará indignos ou dignos de "louvor".[110] No contexto, Paulo tem a si mesmo em mente (e, em segundo lugar, todo o círculo apostólico com todos os crentes autênticos), de modo que a conclusão de 1Coríntios 4.3-5 no contexto é que os motivos de Paulo serão julgados como verdadeiramente adequados aos de um servo profético de Deus e crente verdadeiro (tb. em 1Ts 2.2-4), em oposição às forças mundanas que o rejeitaram por não considerá-lo um mensageiro divino verdadeiro, então o "reconhecimento [virá] da parte de Deus". Os motivos dos outros serão expostos e considerados maus e sofrerão o juízo final (2Co 11.13-15).[111] Essa passagem, portanto, focaliza os motivos por trás das obras, o que de novo torna evidente o caráter de uma pessoa examinada no último dia (i.e., o verdadeiro crente é considerado "pertencente a Cristo" [1Co 3.23]), não meramente as suas obras exteriores. Essa ideia é praticamente igual à de minha conclusão a respeito de 2Coríntios 5.10 em seu contexto.

Mais uma vez, a justificação final torna visível o caráter justificado "em Cristo", que era invisível aos olhos incrédulos na era anterior à volta de Jesus.

APOCALIPSE 20.11-15

Essa é outra passagem importante acerca do julgamento pelas obras em relação à situação do cristão no juízo final. Às vezes a identificação dos santos com a morte e a ressurreição de Cristo na ocasião do juízo final é tão enfatizada que as obras são consideradas excluídas do julgamento "conforme as obras" da maneira que os descrentes devem ser julgados. O texto de Apocalipse 20.11-15 é uma clássica expressão do julgamento segundo as obras:

---

[109]Veja Fee, *First Epistle to the Corinthians*, p. 161-2; Richard B. Hays, *First Corinthians*, IBC (Louisville: John Knox, 1997), p. 65-6. Os dois autores entendem que os coríntios estavam acusando Paulo de ter más intenções em seu ministério.

[110]Na verdade, Paulo menciona apenas o "louvor" que virá, mas provavelmente aqui esteja olhando exclusivamente para a recompensa das boas motivações, presumindo que o juízo contra as más motivações também ocorrerá. Contudo, Thiselton (*First Epistle to the Corinthians*, p. 344) sustenta que "louvor" (*epainos*) contém a ideia geral de "reconhecimento", que incluiria tanto avaliação positiva quanto negativa, apesar de Paulo usar a palavra somente no sentido positivo nas outras oito ocorrências dela.

[111]Em 1Coríntios 4.1-5, o raciocínio de 3.9-17 é retomado, mas as limitações de espaço me permitem apenas resumir minha visão desse último texto. A pessoa que edifica é o líder ou ministro cristão, o edifício é o templo fundamentado em Cristo, os materiais empregados no alicerce (= "a obra de cada um") são os cristãos trazidos à fé e/ou pastoreados pelos ministros (conforme 1Co 9.1), a obra que permanece são os santos pastoreados, que são finalmente redimidos (e, implicitamente, ressuscitados), a obra queimada são as vidas daqueles pastoreados que sofrem o juízo final no fim dos tempos, embora o próprio ministro "[seja] salvo". Por isso, Paulo conclui: "Se alguém [qualquer crente que professa a fé] destruir/corromper [veja 1Co 6.18,19] o santuário de Deus, este o destruirá" no juízo final (3.17). Para mais informações sobre 1Coríntios 3.9-17, veja G. K. Beale, *The temple and the church's mission: a biblical theology of the dwelling place of God*, NSBT 17 (Downers Grove: InterVarsity, 2004); para uma interpretação semelhante, veja Fee, *First Epistle to the Corinthians*, p. 142-5.

Vi também um grande trono branco e o que estava assentado sobre ele; a terra e o céu fugiram de sua presença, e não foi achado lugar para eles. Vi os mortos, grandes e pequenos, em pé diante do trono, e livros foram abertos. Então, abriu-se outro livro, o livro da vida, e os mortos foram julgados pelas coisas que estavam escritas nos livros, segundo as suas obras. O mar entregou os mortos que nele havia, e a morte e o Hades entregaram também os mortos que neles havia. E eles foram julgados, cada um segundo as suas obras. Então, a morte e o Hades foram jogados no lago de fogo. Esta é a segunda morte, o lago de fogo. E todo aquele que não se achou inscrito no livro da vida foi jogado no lago de fogo.

O fato de João ver "os mortos, grandes e pequenos, em pé diante do trono" pressupõe que a última e grande ressurreição tanto dos injustos quanto dos justos finalmente aconteceu (à luz de Ap 20.5; cf. Dn 12.2; Jo 5.28,29; At 24.15). O Cordeiro que está diante de um trono em Apocalipse 5.6, manifestando a existência ressurreta, reforça a mesma ideia no contexto desta passagem, em 20.11-15, em que o versículo 13 deixa claro que as pessoas ressurretas estão diante do trono de Deus.

As orações "livros foram abertos" e "abriu-se outro livro, o livro da vida" combinam alusões a Daniel 7.10 ("livros foram abertos") e a Daniel 12.1,2 ("todo aquele cujo nome estiver escrito no livro, será resgatado [...] para a vida eterna"). O propósito dos "livros" de Daniel 7 é focalizar as obras más do(s) perseguidor(es) do povo de Deus nos últimos tempos, pelas quais ele (e eles) haveria(m) de ser julgado(s). O livro mencionado em Daniel 12.1 também diz respeito ao fim dos tempos, mas é uma figura da redenção. Os que estão "escritos no livro" receberão a vida da ressurreição, enquanto os excluídos do livro sofrerão o juízo final. Portanto, a visão de Apocalipse 20.11-15 assegura que o juízo final e a ressurreição redentora profetizados ocorrerão. A abertura do livro em Apocalipse 5.1-9 se refere em parte ao início do julgamento, mas a imagem ali significa mais amplamente o decreto que implica todos os aspectos do julgamento e da redenção na era anterior ao retorno definitivo de Cristo, bem como o auge do julgamento no fim da história. Esse julgamento é a ênfase aqui em Apocalipse 20.12, embora a salvação final esteja incluída em segundo plano.[112] Assim como em Apocalipse 13.8; 17.8, o "livro da vida" também é mencionado para chamar a atenção para os excluídos dele, apesar de, claro, incluir secundariamente referência aos que foram incluídos no livro.

A oração gramatical "os mortos foram julgados" revela o foco no julgamento e mostra que Apocalipse 20.11-15 é uma ampliação da descrição anterior, mais breve, do juízo final em 11.18 (em que aparece o trecho quase idêntico "o tempo de serem julgados os mortos [chegou]"). Embora Apocalipse 11.18 também se concentre no julgamento dos ímpios, o texto também inclui a "recompensa" aos "servos, os profetas, aos santos e aos que temem o teu [Deus] nome". De modo surpreendente, a mesma locução "pequenos e grandes" se refere a todas as categorias de crentes em 11.18 e a todas as categorias de não crentes em 19.18, de modo que a mesma formulação de 20.12 pode ser uma referência geral tanto a crentes quanto a não crentes. O critério (*kata*, "de acordo com") para o julgamento dos ímpios é o registro de suas obras más "escritas nos livros". Os livros de registro são metáforas da memória de Deus, que nunca falha e no fim dá o relatório das más ações dos ímpios, que são apresentadas diante deles.

Em Apocalipse 20.15, como em 20.12-14, menciona-se mais uma vez o juízo final por questão de ênfase. Todo aquele cujo nome "não se achou inscrito no livro da vida [...] foi

---

[112]Para uma análise completa do contexto veterotestamentário e judaico dos dois livros em Apocalipse, veja G. K. Beale, *The book of Revelation: a commentary on the Greek text*, NIGTC (Grand Rapids: Eerdmans, 1999), comentários sobre Apocalipse 3.5; 13.8; 17.8; 20.12,15.

jogado no lago de fogo". Isso implica que todos os que se acharam inscritos "no livro da vida" são poupados do juízo, ideia que fica clara em Apocalipse 3.5 e 21.27: "De maneira nenhuma riscarei seu nome [do vencedor] do livro da vida" (Ap 3.5); "somente os [vencedores] inscritos no livro da vida do Cordeiro" (Ap 21.27). A implicação de que os inscritos no "livro da vida" serão poupados do mesmo processo de julgamento dos ímpios é assegurada pela forma positiva da declaração em Daniel 12.1 (LXX): "Todo o povo será salvo [i.e, ressuscitado], todo o que for achado inscrito no livro".

O que há no "livro da vida" que poupa os verdadeiros santos? O título completo do livro é "o livro da vida do Cordeiro que foi morto" (Ap 13.8 [cf. 21.27: "livro da vida do Cordeiro"]). A descrição acrescentada é um genitivo de posse ou de origem. A "vida" concedida a eles vinculada ao livro provém da identificação deles com as obras justas do Cordeiro (observe-se que o Cordeiro é "digno", o que o qualifica para "abrir o livro" em Ap 5.4-9 [cf. 5.12]), principalmente a identificação dos crentes com sua ressurreição, que "venceu" a morte (cf. Ap 5.5-13). Os verdadeiros cristãos não sofrem julgamento por suas obras más porque o Cordeiro já o sofreu por eles: foi morto em favor deles (tb. esp. Ap 1.5, 5.9; veja mais 13.8). O Cordeiro confessa perante Deus todos cujos nomes estão escritos no livro (Ap 3.5) e que são identificados com sua justiça (i.e., sua dignidade), sua morte e sua vida ressurreta.

É evidente que a identificação dos crentes com a vida ressurreta do Cordeiro também é pretendida pela inclusão deles no livro com base em três fatos: (1) o próprio nome do livro, "o livro da vida" (sobre isso, veja Ap 3.5; 13.8; 17.8; 21.27); (2) a alusão a Daniel 12.1,2, "todo o que for achado inscrito no livro será resgatado" e "despertará para a vida eterna"; (3) o Cordeiro, que é digno de "abrir o livro" — também uma alusão a Daniel 7.10; 12.1,2 — foi "morto", mas é capaz de possuir "o livro" por "estar de pé" na existência ressurreta (Ap 5.5-9).[113] A conclusão inevitável é que os santos inscritos no livro são identificados com a vida da ressurreição do Cordeiro.

No fim, Deus reconhece os que se refugiaram no Cordeiro e foram registrados no livro para a herança da vida eterna da ressurreição. Conforme estudamos, enquanto Paulo pode conceber os verdadeiros cristãos passarem por uma espécie de julgamento segundo as obras, Apocalipse apresenta outra perspectiva sobre isso ao declarar que as obras dos santos e as obras dos ímpios não são avaliadas de mesma maneira. Antes, os verdadeiros santos serão avaliados segundo seu registro no "livro da vida", o que os identifica com a dignidade perfeita do Cordeiro, sua morte penal e a ressurreição em favor deles. Portanto, os que depositam "sua fé em Jesus" e "morrem no Senhor" podem "descansar de seus trabalhos, pois suas obras [*erga*] os acompanham" (Ap 14.12,13). Consequentemente, qualquer avaliação das obras dos santos no último dia só poderá ser feita reconhecendo-se que eles já são vistos como pessoas identificadas com o Cordeiro ressurreto, e as obras dos santos foram feitas "no Senhor [ressurreto]". Cheguei à mesma conclusão em relação às passagens paulinas que tratam do "julgamento segundo as obras". Os textos paulinos se concentram mais na avaliação das obras dos crentes, e os textos de Apocalipse, mais na identificação deles com dignidade, a morte e a ressurreição de Cristo.

Conclusão

A justificação inicial e a justificação final (ou dupla justificação) estão fundamentadas na união do crente com Cristo. A primeira ocorre por meio da fé; a segunda, pela demonstração tríplice de (1) a ressurreição corporal, (2) a declaração pública de Deus ao cosmo e (3) a avaliação das obras. Até aqui neste capítulo, só foi possível desenvolver o primeiro e o terceiro

---

[113]Entretanto, para saber a diferença entre o livro em Apocalipse 5.2-9 e os livros em 20.12,15, veja ibidem, que trata dessas passagens.

tópicos, o aspecto da ressurreição e, em alguma medida, como as boas obras estão relacionadas à ressurreição e, portanto, à justificação. Em parte, esse é um exemplo clássico da escatologia "já e ainda não". Em especial, estudamos em todo o livro até aqui que a ressurreição de Cristo e a identificação dos crentes com essa ressurreição são o início da nova criação dos últimos tempos. Neste capítulo, procurei demonstrar que a ressurreição de Cristo e a identificação dos crentes com ela são a justificação/absolvição tanto de Jesus como de seu povo. Nesse sentido, a justificação é mais do que um conceito escatológico; é também um aspecto da nova criação dos últimos tempos.

O que Douglas Moo disse sobre Tiago 2 também é um bom resumo do que eu disse até agora nesta seção:

> O crente, em si, sempre merecerá o juízo de Deus: nossa conformidade à "lei áurea" nunca é perfeita como deveria ser (v. 10,11). Mas nossa atitude misericordiosa e nossas ações [= boas obras] contarão como evidências da presença de Cristo em nós. É com base [em última análise] nessa união com Aquele [ressurreto] que cumpriu a Lei por nós perfeitamente que podemos ter confiança de ser justificados no julgamento.[114]

O comentário de Moo serve de boa transição para a última seção deste capítulo, que se concentrará ainda mais diretamente na questão das boas obras em relação à justificação.

A justificação/absolvição escatológica final dos santos mediante a exposição pública de suas boas obras

Desde a época da igreja antiga discute-se a relação da justificação pela fé com o julgamento final pelas obras, do qual se diz que até o crente estará sujeito. Na seção anterior, falei sobre as obras em relação à ressurreição e ao julgamento; nesta, vou analisar mais a questão das obras em relação à justificação. As perspectivas a seguir resumem as possibilidades de interpretação mais recentes e que representam as perspectivas anteriores sobre o assunto.

Várias interpretações sobre como a justificação se relaciona com o julgamento final pelas obras

Antes de fazer uma lista das várias interpretações de como a justificação se relaciona com o julgamento final pelas obras, devo observar que uma maneira de abordar o assunto é dizer simplesmente que, em última análise, os dois são inconciliáveis porque o pensamento de Paulo é contraditório.[115] Apesar de alguns considerarem essa solução convincente, ela não examina de maneira satisfatória como as ideias aparentemente contrárias de Paulo estão relacionadas.

Outros, contudo, entendem que a justificação e o julgamento final pelas obras são compatíveis. Algumas soluções diferentes foram propostas.[116] A justificação e as boas obras podem ser consideradas compatíveis das seguintes maneiras:

1. A justificação pela fé e a justificação (ou julgamento) do crente por obras é hipotético, especialmente em um texto como Romanos 2.13. Isto é, há duas maneiras de

---

[114]Moo, *James* (1985), p. 99.

[115]Veja, p. ex., William Wrede, *Paul*, tradução para o inglês de Edward Lummis (London: Philip Green, 1907), p. 77-8.

[116]A lista a seguir de interpretações alternativas baseia-se em Dane Ortlund, "Justified by faith, judged according to works: another look at a Pauline paradox", *JETS* 52 (2009): 323-39. Vou indicar apenas um ou dois especialistas representativos de cada perspectiva, embora cada um tenha suas variações que não podem ser explicadas aqui.

ser justificado, pela fé ou pelas obras, a última só pode ser alcançada por uma vida perfeita, portanto a humanidade pecadora pode receber apenas a justificação pela fé.[117]
2. A justificação ou o julgamento por obras devem ser analisados com base no entendimento dos propósitos retóricos de Paulo,[118] que são distintos de acordo com as circunstâncias e com os destinatários a que ele responde. Por exemplo, alguns leitores que se sentiam inseguros quanto à salvação de sua alma necessitavam da mensagem da justificação somente pela fé mediante a graça, enquanto outros leitores confiantes demais e com a falsa sensação de segurança de salvação de sua alma necessitavam ouvir que enfrentariam um julgamento de acordo com as obras. Portanto, de acordo com essa visão, não está absolutamente claro como a justificação pela fé e o julgamento segundo as obras estão ligados teologicamente.[119]
3. O julgamento dos santos segundo as obras acontece como uma distribuição de diferentes recompensas por diferentes graus de serviço fiel no fim dos tempos, portanto depois de terem sido justificados pela fé.[120]
4. A justificação final e a absolvição se baseiam somente nas obras.[121]
5. A justificação e o julgamento têm por base a união do crente com Cristo, a justificação ocorre pela fé, e o julgamento consiste na avaliação das obras que necessariamente resultam da verdadeira união com Cristo pela fé e pela capacitação do Espírito Santo.[122]

As limitações de espaço não permitem analisar todas as possibilidades mencionadas. A exposição a seguir reflete mais a última opção, com a qual estou mais de acordo.

Justificação e julgamento final com base na união do crente com Cristo pela fé

A justificação e o julgamento final tem como fundamento a união do crente com Cristo. A justificação ocorre somente pela fé, e o julgamento, com base em uma avaliação das obras, que são o fruto da união de fé genuína com Cristo e capacitada pelo Espírito. A abordagem a seguir concentra-se no significado do julgamento segundo as obras no *eschathon* do povo já justificado somente pela fé.

---

[117]Veja, p. ex., Frank Thielman, *Paul and the law: a contextual approach* (Downers Grove: InterVarsity, 1994), p. 172-4 (a nota 42 apresenta outras interpretações de Rm 2.13).

[118]Sobre isso, veja Neil Elliott, *The rhetoric of Romans: argumentative constraint and strategy, and Paul's dialogue with Judaism*, JSNTSup 45 (Sheffield: JSOT Press, 1990), p. 221-7.

[119]Veja, p. ex., Nigel M. Watson, "Justified by faith: judged by works — an antinomy?", *NTS* 29 (1983): 214-20.

[120]Veja, p. ex., George Eldon Ladd, *A theology of the New Testament*, ed. rev. (Grand Rapids: Eerdmans, 1993), p. 612; Paul Barnett, *The Second Epistle to the Corinthians*, NICNT (Grand Rapids: Eerdmans, 1997), p. 273-7.

[121]Chris VanLandingham, *Judgment and justification in early Judaism and the apostle Paul* (Peabody: Hendrickson, 2006).

[122]Veja, p. ex., Piper, *Future of justification*, p. 184-6. Essa perspectiva é compatível com a de Klyne R. Snodgrass, "Justification by grace — to the doers: an analysis of the place of Rom. 2 in the theology of Paul", *NTS* 32 (1986): p. 72-93. Para Snodgrass, a justificação exclui "obras legalistas" realizadas a fim de ganhar a salvação, mas envolve uma avaliação de obras imperfeitas motivadas pela graça. Essa visão possivelmente também seja compatível com a de N.T. Wright, que, de minha perspectiva, é ambígua, mas pode ser resumida como a justificação pela fé sendo uma espécie de ataque contra divisões etnocêntricas na igreja primitiva, que incluíam obras como uma contribuição para a absolvição final (veja, p. ex., N. T. Wright, *Paul: in fresh perspective* [Minneapolis: Fortress, 2005], p. 111-4). De que modo exato Wright relaciona a justificação pela fé somente com um julgamento final pelas obras não fica claro. Para uma avaliação dos conceitos multidimensionais de Wright em relação à justificação, veja Piper, *Future of justification*, que contém um panorama útil das análises de Wright sobre a justificação. Além de Piper, para uma avaliação negativa das posições de Wright sobre essa questão, veja Peter T. O'Brien, "Was Paul a covenantal nomist?", in: D. A. Carson; Peter T. O'Brien; Mark A. Seifrid, orgs., *Justification and variegated nomism* (Grand Rapids: Baker Academic, 2004), vol. 2: *The paradoxes of Paul*, p. 249-96. Para uma avaliação das várias outras posições divergentes no que diz respeito à relação das obras com a justificação, veja tb. O'Brien, "Justification in Paul", p. 89-95 (O'Brien se identificaria com a quinta visão citada acima).

Textos paulinos relevantes

Alguns textos do NT afirmam que as pessoas serão justificadas pelas obras. Um bem conhecido é Romanos 2.13:

> Pois, diante de Deus, não são justos os que somente ouvem a Lei, mas os que a praticam serão justificados.

Há duas interpretações principais desse versículo. Alguns estudiosos entendem que o tempo verbal futuro ("serão justificados") não se refere a uma ocasião futura, mas expressa o princípio de que, se as pessoas são justificadas por obedecer à Lei, é pela realização perfeita da Lei que obterão a justificação: esse é "o padrão que tem de ser atingido se alguém quer ser justificado".[123] Outros intérpretes acreditam que Romanos 2.13 se refere ao julgamento final, quando os crentes em Cristo que têm "boas obras", embora imperfeitas, "serão justificados" com base nessas obras.[124] Os que se opõem a essa visão e preferem a primeira se baseiam no argumento de que Paulo normalmente usa o verbo *dikaioō* para se referir não à justificação no julgamento final, mas à "sentença de absolvição pronunciada por Deus", que vem somente pela fé do indivíduo (apesar de, como vimos, o verbo ser utilizado no futuro em 1Co 4.4).

A primeira perspectiva, sem dúvida, é possível em razão do uso paulino do verbo grego, mas parece que o contexto imediato, especialmente Romanos 2.3-10, focaliza o julgamento final (por isso, observem-se as expressões sublinhadas a seguir) como a ocasião para "os que praticam [a Lei]" serem "justificados", no versículo 13. Em Romanos 2.3-10 diz o seguinte:

> E tu, ó homem, que julgas os que praticam tais coisas, mas fazes o mesmo, pensas que escaparás do <u>julgamento de Deus</u>? Ou desprezas as riquezas da sua bondade, tolerância e paciência, ignorando que a graça de Deus te conduz ao arrependimento? Mas, segundo tua teimosia e teu coração que não se arrepende, acumulas ira sobre ti <u>no dia da ira e da revelação do justo julgamento de Deus</u>, que retribuirá a cada um segundo suas obras: ele dará a <u>vida eterna</u> aos que, perseverando em fazer o bem, procuram glória, honra e imortalidade; mas dará <u>ira e indignação</u> aos egoístas, aos que obedecem à injustiça em vez de obedecer à verdade. <u>Haverá tribulação e angústia</u> a todo ser humano que pratica o mal, primeiro ao judeu, depois ao grego; mas <u>glória, honra e paz</u> a todo o que pratica o bem, primeiro para o judeu, depois para o grego.

Esses versículos se concentram não apenas na ocasião do julgamento final, mas também no momento da recompensa para aqueles que "praticam o bem" (v. 7,10). O versículo 6 ("que retribuirá a cada um segundo suas obras") parece ser mais bem interpretado nesse contexto com o sentido de que haverá uma avaliação judicial das obras de todas as pessoas; algumas serão consideradas em falta e serão julgadas, outras terão reconhecidas as obras que praticaram e não serão julgadas, mas receberão a vida. Por isso, tendo em mente esse contexto anterior, parece melhor entender a declaração de Paulo no versículo 13, "os que a [Lei] praticam serão justificados", como uma referência ao juízo final, quando os que têm fé em Cristo e tiverem boas obras, embora imperfeitas, serão "justificados", ou "absolvidos", com base nessas obras. Essa ideia de julgamento pelas obras, ainda que não use o vocabulário da "justificação/absolvição", também está presente, mais adiante, em Romanos 14.10,12:

> Mas tu, por que julgas teu irmão? Ou, também, por que desprezas teu irmão? Pois todos compareceremos diante do tribunal de Deus [...] Assim, cada um de nós dará conta de si mesmo a Deus.

---

[123] Moo, *Romans*, p. 144.
[124] Entre os representantes dessa visão estão Cranfield, *Epistle to the Romans*, 1:154-5; Snodgrass, "Justification by grace".

O texto de 2Coríntios 5.10 faz a mesma afirmação, mas, de novo, sem o vocabulário da "justificação/absolvição".[125]

> Pois é necessário que todos compareçamos diante do tribunal de Cristo, para que cada um seja recompensado por suas obras no corpo, de acordo com o que praticou, seja o bem, seja o mal.

É provável que a mesma ideia de apresentar-se perante o tribunal de Deus no corpo ressurreto, como vimos em 2Coríntios 5.10, seja pressuposta em Romanos 14.12-14. Se for este o caso, para o verdadeiro crente a "prestação de contas" que se apresenta a Deus é feita por alguém que acabou de receber a ressurreição corporal redentora, e as obras desse indivíduo são consideradas diretamente ligadas ao Cristo ressurreto.

O TEXTO DE TIAGO 2

O conhecido texto de Tiago 2.14-26 apoia a mesma ideia que acabamos de ver no pensamento de Paulo:

> Meus irmãos, que vantagem há se alguém disser que tem fé e não tiver obras? Essa fé poderá salvá-lo? Se um irmão ou irmã estiverem necessitados de roupas e do alimento diário, e algum de vós lhes disser: "Ide em paz, aquecei-vos e saciai-vos", e não lhes derdes as coisas necessárias para o corpo, que vantagem há nisso? Assim também a fé por si mesma é morta, se não tiver obras. Mas alguém poderá dizer: "Tu tens fé, e eu tenho obras; mostra-me tua fé sem obras, e eu te mostrarei minha fé pelas minhas obras". Crês que Deus é um só? Fazes bem, pois os demônios também creem e estremecem. Mas, ó homem insensato, queres ser convencido de que a fé sem obras é inútil? Não foi pelas obras que nosso pai Abraão foi justificado quando ofereceu sobre o altar seu filho Isaque? Vês que a fé estava atuando com suas obras, e pelas obras a fé foi aperfeiçoada. Assim se cumpriu a Escritura que diz: "Abraão creu em Deus, e isso lhe foi atribuído como justiça", e ele foi chamado amigo de Deus. Vedes então que o homem é justificado pelas obras, e não somente pela fé. De igual modo, a prostituta Raabe não foi também justificada pelas obras quando acolheu os espias e os fez sair por outro caminho? Pois assim como o corpo sem o espírito está morto, também a fé sem obras está morta.

Não há espaço suficiente aqui para uma discussão aprofundada desse texto difícil, mas apresento a seguir um resumo do que entendo constituir seu ensinamento acerca de justificação. A concepção católica romana comum e algumas perspectivas protestantes entendem que não é a fé sozinha que justifica, mas que as obras teriam a mesma importância na justificação do crente. Ou seja, ter fé na morte e ressurreição de Cristo e fazer boas obras constituem igualmente a base para estabelecer uma relação salvífica com Deus e estar em paz com ele. Por isso, entende-se que a passagem ou contradiz o ensinamento de Paulo ou o esclarece.

Entretanto, há outra perspectiva que é igualmente possível e, acredito, mais provável. A solução está em como Tiago 2.14-26 se relaciona com o contexto anterior e o posterior. Em Tiago 1.10,11, há o que parece ser uma alusão ao juízo final ("o rico em meio às suas atividades passará"). Em seguida, Tiago 2.9-13 se concentra no "transgressor da lei", para quem o juízo final virá (v. 13: "Porque o juízo será sem misericórdia para quem não demonstrou misericórdia"). Depois, o versículo 14 pergunta se alguém com fé, mas sem obras, pode ser salvo desse julgamento final ("Essa fé poderá salvá-lo" desse julgamento final?). O versículo imediatamente posterior a Tiago 2.14-26 também menciona o julgamento pelo pecado: "mestres [...] seremos julgados de forma mais severa" (Tg 3.1). A menção em Tiago 3.6 à

---

[125]Sobre essa passagem, veja uma análise mais aprofundada na seção anterior "2Coríntios 4.6—5.10" deste capítulo.

"língua [...] posta em chamas pelo inferno" provavelmente também se refere a esse julgamento. O tema do julgamento é retomado mais adiante na epístola: Deus é capaz de "salvar e destruir" (4.12), e Tiago 5.1-9 adverte aqueles que oprimem os outros de que "a vinda do Senhor está próxima" (v. 8) e "o Juiz está às portas" (v. 9), referências respectivamente à expectativa do fim iminente e do julgamento que ocorrerá no fim. O versículo 12 também adverte as pessoas de não caírem "em condenação".

À luz do contexto, é improvável que Tiago 2.14-16 trate principalmente do problema de como estabelecer uma posição justa diante de Deus nesta vida, mas, em vez disso, está preocupado sobretudo em como a fé e as obras estão relacionadas com o julgamento final no fim da vida do indivíduo. O ensinamento principal é que a fé genuína produzirá boas obras e será acompanhada delas; caso contrário, essa fé está "morta". A fé morta não é genuína e viva, mas uma espécie de crença vazia como a que "os demônios" têm (v. 19), um tipo de reconhecimento puramente cognitivo de quem é Deus, sem o desejo de confiar nele e lhe obedecer.

Portanto, a menção nos versículos 21-24 a ser "justificado" por obras juntamente com a fé provavelmente tenha esse significado escatológico final. Analisei antes o espectro de significados de *dikaioō* e concluí que, nos textos de Paulo, a tradução "absolver/inocentar" é preferível,[126] no sentido tanto de (1) absolver as pessoas da sentença de culpa dos pecados delas e assim estabelecer uma relação com Deus por meio de Cristo nesta era quanto de (2) inocentar essas pessoas perante o tribunal de Deus no fim das eras em relação à injusta sentença declarada pelo mundo (i.e., contra o veredicto injusto do mundo acerca da fé dos crentes como ímpia e acerca do veredicto anterior de Deus de absolvição deles). Este segundo aspecto da justificação está em mente em Mateus 12.36,37, em que Jesus afirma:

> Digo-vos que, no dia do juízo, as pessoas terão de prestar contas de toda palavra frívola que proferirem. Pois pelas tuas palavras serás justificado, e pelas tuas palavras serás condenado.

Tiago e Mateus não apenas têm em mente a justificação/absolvição futura no juízo final, mas também introduzem esse assunto com uma referência às boas obras (Tg 2.14-17) ou aos bons frutos (Mt 12.33; veja tb. Mt 25.31-46).

Uma objeção ao entendimento de que justificação/absolvição em Tiago ocorre no julgamento futuro poderia ser que os versículos 21-25 afirmam que Abraão e Raabe foram "justificados", o que parece situar a justificação deles no passado, e não no futuro. Além disso, Tiago 2.24 diz que a pessoa *"é justificada"*, indicando aparentemente que essa justificação ocorre no período que vai até o fim da história. A melhor forma de entender isso é perceber que as pessoas foram absolvidas não somente pela fé, mas também pelas evidências das obras que realizaram. O contexto da referência ao sacrifício de Isaque por Abraão em Gênesis 22 apoia essa interpretação. Em Gênesis 22.12, a voz do céu diz a Abraão: "Agora sei que temes a Deus, visto que não me negaste teu filho, teu único filho". A obediência de Abraão demonstrou a Deus que esse patriarca tinha a fé justificadora verdadeira, por isso a obediência confirmou a sentença sobre a existência verdadeira dessa fé justificadora. Se não houvesse boas obras, Abraão não teria recebido a declaração de absolvição. Isso porque a falta de obras teria indicado que ele não tinha genuína fé justificadora.[127]

É difícil, entretanto, negar que o foco de Tiago seja a justificação no julgamento final, tendo em vista o contexto anterior e posterior de 2.14-26, de modo que o texto tem de ser interpretado nessa perspectiva. Portanto, a submissão de Abraão ao mandamento de Deus a respeito de

---

[126] O contexto da referência de Gênesis 22.12 em Tiago 2.21 permite, sim, traduzir a expressão por "demonstrou ser justo". Veja Ralph P. Martin, *James*, WBC 48 (Waco: Word, 1988), p. 91-5. Martin traduz o v. 21, p. ex., por "demonstrou ser justo [como indicado] por meio de suas obras" (p. 91).

[127] Seguindo Martin, *James*, p. 94.

Isaque deve ser considerada representativa das muitas boas obras praticadas pelo patriarca, que tiveram essa função justificadora escatológica,[128] como estudamos acima. Portanto, isso também se aplica ao caso de Raabe. O texto de Tiago 2.24 formula um princípio universal com base no exemplo de Abraão: "Vedes então que o homem é justificado pelas obras, e não somente pela fé". Observe-se aqui a presença do plural "obras", que confirma terem sido as muitas boas obras da vida toda de Abraão que confirmaram a natureza verdadeira de sua fé diante de qualquer avaliação negativa. Portanto, são consideradas as obras da *vida toda* de um indivíduo. É verdade que as primeiras boas obras de uma pessoa são de natureza confirmadora, como as de Abraão. Porém, uma vez que essa perspectiva total da vida de obras de alguém é discernida e estabelecida no contexto anterior e posterior do julgamento final em Tiago, passa a ser natural entender que o foco mais amplo do autor são as boas obras realizadas no decorrer da vida do indivíduo que receberão a aprovação justificadora de Deus no final das eras e que podem "salvar" esse indivíduo da condenação final (Tg 2.14, que introduziu nosso parágrafo em análise dos v. 14-26).[129]

Consequentemente, em Tiago 2.21-24, *dikaioō* confirma que "a absolvição final do crente no julgamento se baseia nas obras que ele fez, ou ao menos leva em conta essas obras".[130] Tiago está argumentando que é possível ter o tipo certo de fé (i.e, a fé que produz resultados), não tanto que as boas obras devam ser acrescentadas à fé.[131] Essa fé que resulta em obras frutíferas (tb. Tg 2.22) confirmará a legitimidade da fé justificadora autêntica no julgamento final.

A demonstração pública da justificação/absolvição escatológica definitiva dos santos pela declaração dessa justificação/absolvição diante de todo o mundo

Enquanto a declaração da justificação/absolvição do crente na presente era se dirige somente à comunidade da igreja, a declaração da justificação final da igreja é feita publicamente ao cosmo no próprio fim (cf. Rm 2.13-16). Apesar de Paulo não usar de fato o vocabulário da "justificação" para expor essa mesma questão, o livro de Isaías a emprega. Um dos exemplos mais notáveis é Isaías 45.22-25:

> Olhai para mim e sereis salvos, todos os confins da terra;
> porque eu sou Deus, e não há outro.
> Jurei por mim mesmo,
> a palavra de justiça já saiu da minha boca
> e não voltará atrás.
> Todo joelho se dobrará e toda língua haverá de jurar lealdade.
> De mim se dirá: "A justiça e a força estão somente no Senhor".
> Os homens virão até ele,
> e todos os que se indignarem contra ele serão envergonhados.
> Mas toda a descendência de Israel será justificada e se gloriará no Senhor.

Essa passagem é impressionante porque o versículo 24 diz: "A justiça e a força estão somente no Senhor", afirmação seguida pela declaração: "toda a descendência de Israel será justificada". Toda a humanidade dobrará o joelho, quer pela fé, quer pela força, e nesse contexto cósmico todos verão o povo de Deus como "justificado" por Deus, enquanto outros serão

---

[128] Veja Moo, *James* (2000), p. 136.
[129] O uso de "salvar" em outros textos do livro de Tiago também parece ser nesse mesmo sentido escatológico final (Tg 1.21; 4.12; 5.20; sobre isso, veja Moo, *James* [1985], p. 101).
[130] Moo, *James* (2000), p. 134-5. A análise de Moo de Tiago 2.14-26 ajudou a orientar meu raciocínio sobre esse texto. Veja tb. Martin, *James*, p. 82-101.
[131] Moo, *James* (2000), p. 144.

"envergonhados". Esse é um contexto de que Paulo tinha conhecimento, pois o apóstolo faz alusão claramente a Isaías 45.23,24 em Filipenses 2.10,11.

Isaías 53.11 é outro texto do profeta que prediz a justificação/absolvição de Israel no *escathon*, mas o NT entende que seu cumprimento é do tipo "já e ainda não": "O meu servo justo justificará a muitos e levará sobre si as maldades deles" (cf. At 3.13; Rm 5.19).[132] Reagindo ao anúncio da obra do Servo e à "exaltação" dele, os "reis taparão a boca por causa dele" (Is 52.13,15) e "verão" e "entenderão" o que antes não era visto nem entendido.[133] Isso acontecerá de forma apoteótica no próprio fim da história.

Isaías 54, assim como Isaías 45, também descreve a etapa escatológica final da justificação do povo de Deus. Em Isaías 54.14,15,17, Deus declara:

> Serás estabelecida com justiça;
> ficarás longe da opressão, porque já não temerás;
> e também do terror, porque não se aproximará de ti.
> Embora te ataquem com furor, isso não virá de mim;
> todos os que contenderem contigo cairão por causa de ti.
> Nenhuma arma feita contra ti prosperará;
> e tu condenarás toda língua que te acusar em juízo;
> esta é a herança dos servos do Senhor,
> e a sua vindicação procede de mim.

É verdade, contudo, que Jesus entende Isaías 54.13 ("todos os teus filhos serão ensinados pelo Senhor") começando a se cumprir em seu ministério (Jo 6.45), de modo que se pode até entender Isaías 54.14-17 com um cumprimento inaugurado (embora esses versículos não sejam mencionados em nenhuma parte do NT).

Exatamente no fim dos tempos, todos reconhecerão que o povo de Deus, tanto por sua fé justificadora quanto por suas justas ações resultantes da fé, sempre esteve certo.[134]

Conclusão: a natureza da justificação/absolvição na etapa escatológica consumada futura em relação à etapa inaugurada

Até aqui analisei três aspectos da justificação/absolvição futura: ela ocorre pela (1) ressurreição final, (2) demonstração pública das boas obras do povo de Deus no fim dos tempos diretamente associada com a ressurreição corporal dessas pessoas e (3) demonstração pública por sua declaração diante de todo o cosmo. A pergunta que surge é: como a justificação/absolvição tríplice no fim da história manifesta particularmente pelas passagens que falam do "julgamento segundo as obras" se relaciona com o povo a ser justificado pela fé no meio da história? A sentença de justificação pronunciada na fé inicial seria incompleta? Uma resposta

---

[132] A nota na margem da edição de NA[27] lista esses textos como alusões a Isaías 53.11, o que para mim é improvável, mas, caso contrário, está bem claro que o NT entende que outras referências à passagem de Isaías 53 começaram a ser cumpridas na primeira vinda de Cristo (p. ex., 1Pe 2.22-25).

[133] Isso provavelmente se refere a uma reação tanto de fé quanto de incredulidade à obra do Servo, sendo a última especialmente explícita em Isaías 53.1, que tem aplicação "já e ainda não" (para a aplicação "já", veja Jo 12.37-41).

[134] *Diogneto* 5.14 alude a 2Coríntios 6.8-10, que apresenta uma série de descrições sobre como o mundo vê os crentes de forma distinta de como Deus os vê. Uma das descrições baseia-se especificamente na expressão "por difamação e por boa reputação" (2Co 6.8b), que em *Diogneto* é formulado como "eles são difamados, embora justificados". A "boa reputação" de Paulo (*euphēmia*) é expressa como "eles são justificados" (*dikaiountai*). Nesse caso, a abrangência do tempo se relaciona com a vida presente dos cristãos, de modo que esse autor cristão entendia que a sentença injusta pronunciada pelo mundo deveria ser considerada já anulada, ainda que os de fora da comunidade de fé não reconheçam o fato.

à questão é que o castigo do pecado sofrido por Cristo declara as pessoas inocentes, e as boas obras delas completam o aspecto positivo de sua justificação declarando-as, ou tornando-as, justas (o que em geral se considera uma visão tipicamente católica romana, mas também é encontrada em alguns círculos protestantes). Isso não significa que a própria obediência de Cristo é transferida para seu povo a fim de declará-lo justo, mas que a própria obediência dessas pessoas contribui para que sejam declaradas justas ou para torná-las justas no final. Portanto, segundo essa perspectiva, tanto a morte de Cristo quanto a obediência dos crentes operam juntas como causas da justificação.[135]

Outra versão, de minha perspectiva, melhor no aspecto "ainda não" da justificação/absolvição é que os crentes desta era são declarados ao mesmo tempo inocentes graças à punição vicária de Cristo e completamente justos por causa da transferência da perfeita justiça dele aos cristãos;[136] por isso, no fim desta era, as boas obras dos santos (imperfeitas) justificam/confirmam que eles eram verdadeiramente justificados por Cristo antes. Consequentemente, essa forma final de justificação não está no mesmo nível da justificação pela fé em Jesus, embora esteja ligada a ela. As boas obras são o sinal que absolve os santos no sentido de prova declarativa de que eles já foram verdadeiramente justificados por Cristo. As boas obras demonstram não apenas o verdadeiro status anterior de justificado do indivíduo, mas provavelmente também a injustiça do veredicto do mundo ao rejeitar essas obras como testemunho de Cristo, o que quase sempre resulta em perseguição política. Por um lado, as boas obras são absolutamente necessárias no julgamento escatológico final para demonstrar — e assim justificar — que alguém cria verdadeiramente em Cristo e foi justificadotendo, por isso, permissão para entrar no reino eterno da nova criação. Por outro lado, essas obras em si não levam uma pessoa a obter ingresso no reino eterno, mas esse ingresso é concedido porque essas boas obras são consideradas o sinal externo inevitável daqueles que têm a fé justificadora interna. Portanto, em um sentido, o veredicto escatológico inicial da justificação está incompleto, mas somente no sentido de que ele é uma sentença conhecida apenas por Deus e pela comunidade da fé, que no fim será declarada ao mundo inteiro. Por um lado, a revelação final da sentença tanto pela proclamação universal de Deus quanto pela manifestação na ressurreição e nas obras confirma a declaração anterior do veredicto. Por outro lado, a condição justa de uma pessoa perante Deus por causa da obra de Cristo é consumada na fé inicial dessa pessoa.

Portanto, a justificação inicial e a justificação consumada (ou dupla justificação) se fundamentam na união dos crentes com Cristo (tanto em sua morte quanto em sua ressurreição); a primeira vem por meio da fé, e a segunda, pela demonstração tríplice da ressurreição física, da avaliação das obras[137] e da declaração pública ao mundo.

---

[135]É preciso lembrar, porém, que há variações na visão católica romana. Não se deve esquecer, por exemplo, de que Agostinho defendia a visão exposta acima, mas acreditava que a obediência justificadora do crente era completamente produto da graça divina, embora seja mais comum a tradição católica romana desde Agostinho defender algum tipo de sinergismo significativo pelo qual o crente realiza atos de obediência independentemente da operação interior da graça de Deus.

[136]Certamente, são poucos os textos que apoiam essa perspectiva (p. ex., 1Co 1.30; 2Co 5.21; Fp 3.8,9). Porém, há uma explicação bíblico-teológica e teológico-sistemática maior para essa ideia, que procurei reiteradamente expor na parte anterior deste capítulo. Por exemplo, a identificação dos crentes com o Cristo ressurreto implica a identificação com Cristo como aquele que foi confirmado como verdadeiramente inocente em toda a sua vida, a qual o levou à sua condenação injusta da pena de morte, de modo que os crentes também são identificados com seu status vindicado de completa inocência e justiça.

[137]Uma recente linha de interpretação propõe que "fé" é equivalente a "fidelidade" ou "boas obras realizadas com fidelidade" (parece que essa é a visão de Wright, "Romans", in: *NIB* 10:420). Essa interpretação às vezes se baseia em Gálatas 5.6: "Porque em Cristo Jesus nem a circuncisão nem a incircuncisão valem coisa alguma; mas a fé que atua pelo amor". Assim, a ideia proposta é que a fé se manifesta no amor, o que significa que o amor em si é uma forma de fé. Isso leva à conclusão de que ser "justificado pela fé" significa ser justificado

É importante reiterar que a morte e a ressurreição de Cristo são o começo da nova criação. Por isso, uma vez que a justificação/absolvição vem por meio da morte e ressurreição de Cristo, a justificação é um aspecto da nova criação dos últimos tempos. É preciso fazer um breve comentário sobre como exatamente a morte de Cristo faz parte da nova criação, visto que Paulo normalmente não a associa à nova criação da mesma forma que faz com a ressurreição. Entretanto, Paulo faz de fato essa ligação em Gálatas 6.14,15 (texto que analisei no cap. 9):

> Mas longe de mim orgulhar-me, a não ser na cruz de nosso Senhor Jesus Cristo, pela qual o mundo está crucificado para mim, e eu para o mundo. Pois nem a circuncisão nem a incircuncisão são coisa alguma, mas o ser nova criação.

Parte da ideia do texto de Paulo é que sua identificação com a morte de Cristo é o início da sua separação do mundo velho e caído, bem como da separação do mundo caído dele (v. 14). A sua separação do velho mundo só pode significar que ele começou a ser separado para outro mundo, na verdade uma "nova criação" (v. 15). Portanto, a morte de Cristo é o próprio início da nova criação, que é completada pela ressurreição de Cristo e dos crentes, que provavelmente também está em mente no versículo 15, como o versículo 16 permite entender (e como argumentei no cap. 9). Essa ideia da morte de Cristo como o próprio início da nova criação talvez esteja implícita em outras referências que Paulo faz à morte do Senhor.[138]

---

pela atitude de confiança do indivíduo juntamente com boas obras, como amor, por exemplo, boas obras que na realidade nada mais são do que a "fé concretizada". Veja, p. ex., Norman Shepherd, *The call of grace: how the covenant illuminates salvation and evangelism* (Phillipsburg: P&R, 2000), p. 50-2. Para Shepherd, parte da definição da fé salvífica é obediência aos mandamentos de Deus. John Piper (*Future justification*, p. 204-6) respondeu a essa perspectiva sobre Gálatas 5.6 de modo convincente. Seu argumento merece um resumo mais aprofundado, mas, em essência, ele diz que a voz média do verbo *energoumenē* ("atuando") no texto de Gálatas não tem a ideia de fé se estendendo na forma do amor, de modo que "fé" e "amor" não são em última análise a mesma coisa. Além disso, o particípio grego (*energoumenē*) sem o artigo logo depois do substantivo (*pistis*) é mais bem entendido na função atributiva: "fé, que por meio do amor, se torna eficaz".

Há mais um problema em definir "boas obras" como um tipo de fé. Em todo o NT "fé" e "obras" são distinguidas. Essa distinção é a evidência simples de que as duas não são a mesma realidade. O ônus da prova seria enorme para qualquer um que quisesse argumentar de modo convincente que essa distinção pode ser reduzida a praticamente nada. Veja, p. ex., Romanos 3.28. Seria possível Paulo afirmar que "obras da lei" realizadas por um coração crente justificaria alguém? A menção de Paulo das obras de Davi e de Abraão (que incluem as obras posteriores à conversão) em Romanos 4, vinculada a "obras da lei" em Romanos 3.28, alega que as obras realizadas pelos crentes não contribuem para a justificação. Do mesmo modo, parece que Tito 3.5,7 ("não por méritos de atos de justiça que houvéssemos praticado [...] justificados por sua graça") inclui em seu texto obras de justiça praticadas por um santo que não contribuem para a salvação. Ao que tudo indica, essa também é a visão de alguns pais da igreja, p. ex., *1Clem*. 32.3,4: "Todos, portanto, foram glorificados e engrandecidos, não por si mesmos ou por suas próprias obras ou ações justas, mas pela vontade dele. E assim, nós, tendo sido chamados por sua vontade em Cristo Jesus, não somos justificados por nós mesmos nem por nossa própria sabedoria, nosso entendimento, nossa devoção ou nossas obras realizadas na santidade do coração, mas pela fé, pela qual o Deus Onipotente justificou todos os que existiram desde o início; a ele seja a glória para sempre. Amém". Sem dúvida, seria preciso dizer muito mais sobre essa questão, mas os limites deste projeto não permitem.

[138]Embora seja relevante, não tratei das questões relacionadas às diversas versões da chamada "Nova Perspectiva", pois, dada a amplitude do tema, as limitações deste projeto não permitem analisar suficientemente o assunto neste capítulo nem nos demais. Entretanto, ele é importante, e o examinei em G. K. Beale, "Review of D. A. Carson, P. T. O'Brien, and M. A. Seifrid, orgs. *Justification and variegated nomism* (Grand Rapids: Baker Academic, 2004)", vol. 2: *The paradoxes of Paul*", *Trinity Journal* 29 NS (2008): 146-7. Veja tb. a obra acima citada de Carson; O'Brien; Seifrid, *Justification and variegated nomism* (Grand Rapids: Baker Academic, 2001), vol. 1: *The complexities of Second Temple Judaism*. Para um resumo da visão de Carson, veja D. A. Carson; Douglas J. Moo, *An introduction to the New Testament* (Grand Rapids: Zondervan, 2005), p. 375-85. A literatura sobre esse tema também é vasta e impossível de ser resumida e analisada adequadamente nos limites deste livro.

15

A reconciliação inaugurada dos últimos dias como nova criação e restauração a partir do exílio

Este capítulo examinará a narrativa histórico-redentora da salvação, antes de tudo pelas lentes da reconciliação, que será entendida de acordo com as promessas inauguradas do AT acerca da restauração do exílio e da libertação do exílio no novo êxodo. A reconciliação como retorno do exílio é parte das expectativas veterotestamentárias do início da nova criação. Outros aspectos da salvação poderiam ter sido analisados, mas a justificação (do cap. anterior) e a reconciliação foram escolhidas para ilustrar o método abrangente que estou adotando no livro todo no que diz respeito a como o "reino da nova criação 'já e ainda não' dos últimos tempos" reforça nossas perspectivas das principais doutrinas tradicionais e conceitos do NT. Por isso, assim como o anterior, este capítulo se concentrará na parte do enredo neotestamentário que trata da morte e da ressurreição de Cristo por seu povo como elemento importantíssimo na edificação do reino da nova criação.

Como procurei demonstrar nos capítulos anteriores, quando se pensa em teologia bíblica do NT, uma consideração fundamental é a relação entre o AT e o NT. Ao estudar a teologia bíblica da reconciliação, portanto, talvez se imagine que existe um contexto claro do AT que lance considerável luz sobre a doutrina do NT. Porém, não existe nenhuma palavra hebraica para "reconciliação" no AT, e os especialistas concordam em geral que Paulo tomou essa palavra não do mundo judaico, mas principalmente do mundo greco-romano. Embora o grupo de cognatos de *katallassō/diallassomai* ocorra na LXX e nos escritos de Josefo, ele também aparece nos textos clássicos, helenísticos e da coiné. O emprego desse grupo de cognatos nesses textos está muito bem documentado.[1]

O presente capítulo estudará primeiro os usos explícitos do termo "reconciliação" no NT e em seguida ampliará seu escopo para incluir as referências conceituais à ideia de reconciliação. Uma vez que as palavras traduzidas por "reconciliação" associadas à obra redentora de Cristo ocorrem somente nos textos de Paulo, vou examinar primeiro o entendimento paulino do conceito e, depois, observar outros textos do NT.

---

[1]Sobre esse aspecto, observem-se as várias fontes citadas na seção adiante sobre Paulo.

A visão paulina da reconciliação como nova criação e restauração do exílio

Embora haja muito debate acerca da elaboração da doutrina da reconciliação, são poucas as propostas que estudam o contexto específico do AT desse conceito no pensamento de Paulo.[2] Embora sejam raras as teorias que dão a entender que Paulo tenha extraído seu conceito de reconciliação de algum contexto veterotestamentário específico, há algumas propostas mais gerais que a defendem.[3] Talvez não se tenha investigado mais esse contexto por causa da visão estreita demais de estabelecer paralelos com base semântica em geral excluindo as considerações conceituais.

Ao contrário do quase consenso aparente, em algumas passagens centrais em que Paulo fala explicitamente da reconciliação, parece que existe um pano de fundo específico do AT. Essas passagens centrais são 2Coríntios 5.14-21 e Efésios 2.13-17. Depois de identificar o pano de fundo e o significado de reconciliação nessas duas passagens, é preciso analisar os outros textos paulinos que falam de "reconciliação" (Rm 5.1—6.11; 11.11-31; Cl 1.15-22) em seus respectivos contextos e, por fim, examinar a relação desses textos com 2Coríntios 5 e Efésios 2.[4]

"Reconciliação" em 2Coríntios 5.14-21

Palavras que designam explicitamente a "reconciliação" ocorrem em maior número em 2Coríntios 5.14-21 do que em qualquer outro texto das cartas de Paulo (o verbo e o substantivo para "reconciliação", respectivamente *katallassō* e *katallagē*, aparecem cinco vezes no texto).

> Pois o amor de Cristo nos domina, tendo concluído que, se um morreu por todos, logo todos morreram. E ele morreu por todos para que os que vivem não vivam mais para si mesmos, mas para aquele que por eles morreu e ressuscitou. Assim, de agora em diante não reconhecemos ninguém segundo a carne. E ainda que tenhamos conhecido Cristo segundo a carne, agora não o conhecemos mais desse modo. Portanto, se alguém está em Cristo, é nova criação; as coisas velhas já passaram, eis que surgiram coisas novas. Mas todas essas coisas procedem de Deus, que nos reconciliou consigo mesmo por meio de Cristo e nos confiou o ministério da reconciliação. Ou seja, Deus estava em Cristo reconciliando consigo mesmo o mundo, não levando em conta as transgressões dos homens contra ele, e nos encarregou da mensagem da reconciliação. Portanto, somos embaixadores de Cristo, como se Deus vos exortasse por nosso intermédio. Assim, suplicamos-vos por Cristo que vos reconcilieis com Deus. Aquele que não tinha pecado Deus tornou pecado em nosso favor, para que nele fôssemos feitos justiça de Deus.

Nos capítulos anteriores, procurei demonstrar que vários conceitos neotestamentários estão ligados de uma forma ou de outra à ideia da nova criação escatológica "já e ainda não". O entendimento de Paulo de reconciliação também faz essa associação. A passagem de 2Coríntios 5 foi analisada no capítulo 9 apenas em sua relação com a nova criação; agora, porém, a

---

[2] Uma exceção é Otfried Hofius, "Erwägungen zur Gestalt und Herkunft des paulinischen Versöhnungsgedankens", *ZTK* 77 (1980): 186-99, que argumenta que 2Coríntios 5.18-21 se baseia em Isaías 52 e 53; veja tb. G. K. Beale, "The Old Testament background of reconciliation in 2 Corinthians 5—7 and its bearing on the literary problem of 2 Corinthians 4:14—7:1", *NTS* 35 (1989): 550-81. Observe-se também Mark Gignilliat, *Paul and Isaiah's servants: Paul's theological reading of Isaiah 40—66 in 2 Corinthians 5.14—6.10*, LNTS 330 (London: T&T Clark, 2007). Gignilliat concorda com boa parte do contexto que propus e sobretudo com a questão metodológica do meu artigo, bem como com Hofius no que se refere aos paralelos lexicais e conceituais (sou grato a Dan Brendsel por me lembrar da existência dessa fonte).

[3] Veja, p. ex., Peter Stuhlmacher, *Das Evangelium von der Versöhnung in Christus* (Stuttgart: Calwer, 1979), p. 44-9.

[4] As limitações desta análise permitem apenas um exame principal de 2Coríntios 5 e secundário de Efésios 2.

tarefa é investigar o vínculo entre nova criação e reconciliação nesse trecho. Paulo associa de algum modo a reconciliação com a ideia da nova criação em 2Coríntios 5.17-21, texto em que ocorre sua digressão mais vigorosa e mais extensa acerca da reconciliação. Apesar de alguns comentaristas terem reconhecido essa ligação evidente no plano exegético, nenhum deles conseguiu apresentar razões suficientemente específicas para explicar como a reconciliação e a nova criação estão conceitualmente relacionadas na passagem.[5] Contudo, parece mesmo que existe uma relação conceitual. Particularmente, a tese geral desta análise consiste em mostrar que Paulo entende tanto a "nova criação" em Cristo quanto a "reconciliação" em Cristo (2Co 5.17-21) como o cumprimento inicial da promessa de Isaías e dos profetas de uma nova criação em que Israel voltaria a ter uma relação pacífica com Deus, e que esse tema de fato se estende até o começo de 2Coríntios 7.[6]

A fim de determinar a função desse texto no argumento geral de Paulo, será necessária, inicialmente, uma breve análise do contexto literário mais amplo. O motivo de Paulo ter escrito 2Coríntios é sua rejeição pelos leitores como verdadeiro apóstolo de Deus em favor do evangelho (cf. 2Co 3.1; 5.12; 10.10; 11.6-8,16-18; 13.3,7). O propósito de Paulo em toda a carta, portanto, é demonstrar a autenticidade do seu apostolado divino para que aqueles que o questionaram o confirmassem plenamente. Ele afirma que seu apostolado não pode ser comprovado segundo os padrões mundanos de avaliação (observe-se *kata sarka* ["segundo a carne"] em 5.16; 10.3-7), mas somente com o entendimento de que sua autoridade e seu poder espiritual existem por causa da obra anterior que Deus realizou por meio dele entre os coríntios[7] e por causa da perseverança dele em meio ao sofrimento e à fraqueza, características da vida em Cristo do apóstolo (cf. 4.7-12,16-18; 6.3-10; 10.2-7; 12.7-10; 13.3-7).[8] À luz desse propósito geral, entende-se melhor que a unidade literária de 2Coríntios 5.14-21 reforça a alegação de Paulo de que seus leitores devem aceitá-lo como apóstolo de Deus, e a linguagem exata da reconciliação é utilizada para enfatizar a ideia de aceitação. Isto é, a reconciliação dos coríntios com Paulo também será a reconciliação deles com Deus e com Cristo, uma vez que Paulo é o embaixador legal dos dois (cf. 5.20). Se os coríntios entenderem sua reconciliação passada corretamente, reagirão de modo favorável à mensagem de Paulo. Esse mesmo tema continua em 2Coríntios 6.1—7.6.

Em 2Coríntios 5.17, Paulo declara que um efeito (*hōste*, "consequentemente" ou "por isso") da morte e ressurreição de Cristo (v. 14,15) sobre os leitores da carta é o fato de eles agora serem uma nova criação: "Portanto, se alguém está em Cristo, é nova criação; as coisas velhas já passaram, eis que surgiram coisas novas". No contexto do argumento do autor, a ideia da nova criação já está implícita na menção da morte e ressurreição de Cristo nos versículos 14 e 15, como observamos no decorrer dos capítulos anteriores que a ressurreição de Cristo

---

[5]Veja, p. ex., as proveitosas análises, ainda que gerais, de F. C. Hahn, "Siehe, jetzt ist der Tag des Heils", *EvT* 33 (1973): 244-53; Peter Stuhlmacher, "Erwägungen zum ontologischen Charakter der kaine ktisis bei Paulus", *EvT* 27 (1967): 1-35; ibidem, *Versöhnung, Gesetz und Gerechtigkeit: Aufsätze zur biblische Theologie* (Göttingen: Vandenhoeck & Ruprecht, 1981), p. 133-4, 238-9; Hofius, "Erwägungen zur Gestalt und Herkunft", p. 188; Ralph P. Martin, *Reconciliation: a study of Paul's theology* (Atlanta: John Knox, 1981), p. 108; ibidem, *2 Corinthians*, WBC 40 (Waco: Word, 1986), p. 149-53, 158; Hans-Jürgen Findeis, *Versöhnung, Apostolat, Kirche: Eine exegetisch-theologische und rezeptionsgeschichtliche Studie zu den Versöhnungsaussagen des Neuen Testaments (2 Kor, Rom, Kol, Eph)*, FB (Würzburg: Echter, 1983), p. 157-64, 176.

[6]Para uma análise completa do uso de Paulo do AT e o fluxo de seu raciocínio em 2Coríntios 2.14—7.6, veja Beale, "Old Testament background of reconciliation".

[7]Conforme Scott J. Hafemann, "'Self-commendation' and apostolic legitimacy in 2 Corinthians: a Pauline dialectic?", *NTS* 36 (1990): 66-88.

[8]A mesma consideração tem sido feita por Scott J. Hafemann, *Suffering and ministry in the Spirit: Paul's defense of his ministry in II Corinthians 2:14—3:3* (Grand Rapids: Eerdmans, 1990), p. 58-87.

é outro modo de se referir à nova criação. Portanto, o tema da nova criação aqui também fornece a base para a exortação de Paulo no versículo 16 (sobre isso, veja mais a seguir). Assim, no versículo 16 ele exorta os leitores a não avaliar sua reivindicação de autoridade apostólica segundo os padrões incrédulos e carnais do velho mundo, que para os destinatários já passaram. Eles fazem parte de uma nova criação no Cristo ressurreto e, por isso, devem avaliar todas as coisas pelos padrões espirituais do novo mundo.

Ao explicar a realidade da parte que os leitores têm na nova criação, Paulo se baseia no livro de Isaías. Embora a redação de 2Coríntios 5.17 não seja uma citação *ipsis litteris* de nenhum texto do AT, o versículo tem paralelos únicos e identificáveis com Isaías 43.18,19 e provavelmente com 65.17 (veja tabela 15.1).[9]

Tabela 15.1

Isaías (LXX)	2Coríntios 5.17
Isaías 43.18,19: "Não vos lembreis das primeiras coisas [*ta prōta*], nem considereis as antigas [*ta archaia*]. Eis que faço coisas novas [*idou poiō kaina*]".	"Portanto, se alguém está em Cristo, é nova criação [*kainē ktisis*]. As coisas velhas [*ta archaia*] já passaram; eis [*idou*] que surgiram coisas novas [*kaina*]!"
Isaías 65.17: "Pois haverá novos [*kainos*] céus e nova [*kainos*] terra; e as coisas anteriores [*tōn proterōn*] não serão lembradas de forma alguma".	

Observação: A sublinha representa as mesmas palavras e os cognatos; o pontilhado representa paralelos conceituais.

Particularmente notável é o contraste — não encontrado em nenhuma outra parte na literatura pré-neotestamentária, a não ser em Isaías — entre "as coisas velhas" (*ta archaia*) e "as coisas novas" (*kaina*), ligadas pela palavra "eis" (*idou*) mais a linguagem da "criação".

Em geral os comentaristas têm identificado a alusão de Paulo a Isaías, sobretudo Isaías 43.18,19; 65.17. Entretanto, Victor Paul Furnish representa uma minoria que considera 2Coríntios 5.17 fundamentado, em sua estrutura geral, apenas no conceito de criação do judaísmo apocalíptico.[10] Furnish acrescenta que "as raízes da ideia apocalíptica remontam a Isaías 65.17-25 (cf. Is 42.9; 43.18,19; 48.6; 66.22)".[11] Peter Stuhlmacher entende que essa tradição apocalíptica foi fundamentada em Isaías 43 e 65.[12] Se as origens da ideia no pensamento apocalíptico judaico remontam a Isaías, sem dúvida é possível conceber o mesmo pano de fundo para a ideia de Paulo.[13] É de admirar que não tenha havido nenhuma tentativa específica de ligar o contexto de Isaías geralmente reconhecido em 2Coríntios 5.17 com a análise seguinte

---

[9]Entre os textos judaicos relevantes, os paralelos mais próximos são *1En* 91.16; 1QH^a V:11-12, que também estabelecem um contraste entre a velha criação e a nova; o primeiro texto tem apenas um contraste paralelo geral, enquanto o segundo é tão repleto de lacunas que a redação original é questionável. Para "nova criação", veja tb. *Jub.* 1.29; 4.26; *Or. Sib.* 5.212.

[10]Victor Paul Furnish, *II Corinthians*, AB 32A (New York: Doubleday, 1984), p. 314-5.

[11]Ibidem, p. 315.

[12]Stuhlmacher, "Erwägungen zum ontologischen Charakter", p. 10-3, 20.

[13]Entre os que entendem Isaías 43.18,19 ou 65.17 (ou 66.22), ou ambos, como a base de 2Coríntios 5.17, veja Stuhlmacher, "Erwägungen zum ontologischen Charakter", p. 6; Hans Windisch, *Der zweite Korintherbrief*, 9. ed., KEK 6 (Göttingen: Vandenhoeck & Ruprecht, 1970), p. 189; R. V. G. Tasker, *The Second Epistle of Paul to the Corinthians*, TNTC (Grand Rapids: Eerdmans, 1958), p. 88; Martin, *2 Corinthians*, p. 152; F. F. Bruce, *1 and 2 Corinthians*, NCB (Greenwood: Attic Press, 1971), p. 209; Seyoon Kim, *The origin of Paul's gospel* (Grand Rapids: Eerdmans, 1982), p. 18, nota 2.

sobre a reconciliação nos versículos 18-21. Apresenta-se apenas um vínculo geral entre "nova criação" e "reconciliação" no sentido de que a reconciliação da humanidade realizada por Deus em Cristo começou a reverter a alienação introduzida com a Queda e de que o retorno às condições pacíficas da criação original foi inaugurado na era escatológica da nova criação em Cristo.[14] Só posso supor que não houve nenhuma análise das reconhecidas associações com Isaías porque os comentaristas talvez entendam que Paulo apenas emprega as palavras de Isaías para transmitir suas ideias novas, distintas do contexto do AT. O restante desta análise tentará demonstrar que essa visão, embora possível, é improvável.

Se Paulo de fato tem em mente o contexto de Isaías, então de que maneira ele desenvolve esse contexto veterotestamentário no versículo 17? E como os versículos 18-21 desenvolvem de forma lógica o pensamento do versículo 17? Sem dúvida, pode se conceber que a exposição de Paulo acerca da reconciliação nesses versículos é um assunto novo e isolado, sem associação com a "nova criação" do versículo 17, para o qual Paulo volta sua atenção. Mas isso é improvável, conforme atesta a maior parte da literatura sobre esse texto.

O texto principal a que Paulo faz alusão no versículo 17 é Isaías 43.18,19. O contexto desses dois versículos se refere à promessa de Deus de um tempo futuro em que ele fará os israelitas voltarem do Exílio babilônico e se estabelecerem na terra deles em Israel (Is 43.1-21). O texto de Isaías 43.18,19 é uma exortação a que Israel deixe de refletir sobre seu pecado passado, o juízo e o Exílio, para concentrar-se na promessa divina de restauração. Trata-se de uma reiteração do tema de Isaías 43.1-13, que também expressa uma promessa de restauração, não apenas à terra, mas também à relação com Yahweh como o Criador, redentor, salvador e rei de Israel (cf. Is 43.1,3,7,10,11). Israel deveria ser o "servo" de Deus, "escolhido" para ser restaurado a fim de que todos os israelitas "saibam e creiam em mim e entendam que eu sou Ele" (Is 43.10). Além disso, o retorno prometido de Israel é mencionado tanto como redenção iminente (Is 43.1, cf. v. 14) quanto como criação (Is 43.6,7). Nesse contexto, o papel de Yahweh como "Criador" de Israel (43.1) é realçado, pois ele é retratado como aquele que "criou", "formou" e "fez" a nação para sua "glória" (43.7). O propósito dessa ênfase em Deus como Criador é focalizar não a primeira criação, nem principalmente o primeiro Êxodo, quando a nação foi originariamente criada, mas, sim, a recriação da nação mediante sua volta do Exílio para sua pátria, como Isaías 43.3-7 deixa claro. Isaías 43.14-21 repete a mesma ideia, em que Yahweh novamente se refere a si como "Criador" de Israel (v. 15,21), "redentor" (v. 14) e "rei" (v. 15), e a restauração do exílio (v. 14-17) é descrita com a linguagem da "nova criação". Os israelitas são exortados a não refletir a respeito de sua condição anterior de exilados, quando sofreram a ira divina (Is 43.18, cf. 65.16b-19), mas a pensar na nova criação iminente deles como o "povo escolhido" de Deus, que ele "formou" para si (43.19-21). Essa restauração futura é enfatizada ainda mais como nova criação pelo uso de figuras paradisíacas na representação da volta de Israel: "animais [...] chacais e avestruzes" glorificam a Deus por causa da água que ele fez brotar no deserto para o bem de seu povo que retorna à Terra Prometida (Is 43.19,20). Essa segunda criação também é mencionada como um segundo êxodo (Is 43.2,16,17).

É bem possível que a passagem de Isaías 65.17 também esteja incluída na alusão de Paulo. Em caso afirmativo, a ênfase na restauração como nova criação seria ainda mais forte, uma vez que esse é o propósito de Isaías 65.17-25 em seu contexto (cf. Is 60.1—65.25; 64.8—65.16; veja tb. 66.19-23).

Na verdade, Isaías 43.18,19 é apenas uma da série de perícopes do chamado "Livro da Consolação" (Is 40—55), que explica o retorno do Israel exilado como uma nova criação ou

---

[14]P. ex., Martin, *2 Corinthians*, p. 149-53; Philip E. Hughes, *Paul's Second Epistle to the Corinthians*, NICNT (Grand Rapids: Eerdmans, 1967), p. 201.

ao menos associa totalmente os dois conceitos de restauração e criação.[15] Os textos de Isaías 60.15-22; 65.17-25; 66.19-24 dão continuidade à mesma ênfase temática. O ato criador de Deus da nova criação como restauração também é tratado em outra passagem fora do capítulo 43 como "redenção" divina de Israel[16] e novo êxodo.[17]

Além disso, Isaías 40—66 descreve o Exílio de Israel como uma manifestação da "ira" divina (Is 51.20; 60.10), do "furor/indignação" (Is 47.6; 51.17,22; 54.8; 57.16,17; 64.5,9), do "desamparo/abandono" (Is 49.14; 54.6,7; 62.4), da "rejeição" (54.6), da "ocultação" (54.8; 57.17; 59.2; 64.7) e da decorrente "separação" de Deus da nação (59.2). Todos esses textos pressupõem que o pecado, ou iniquidade, é a causa da condição de abandono de Israel, e essa causa às vezes é declarada explicitamente para ênfase (Is 50.1; 51.13; 57.17; 59.1-15; 64.5-9). A restauração divina de Israel dessa alienação é apresentada não apenas como uma nova criação redentora, mas também como um tempo em que a nação não será "abandonada" (62.12) e será unida novamente com Deus (45.14) e o "conhecerá" (43.10) por causa da sua iniciativa graciosa de reuni-la (54.6-8; 57.18). Deus "apagará suas transgressões" (Is 43.25) e os livrará do cativeiro resultante do pecado (42.6-9; 49.8,9) pela morte sacrificial do Servo, que se torna o sacrifício pela culpa do povo (Is 53.4-12). Portanto, o retorno do Exílio é um período em que a ira cessa e a "paz" é restabelecida entre a nação e seu Deus (cf. 48.18; 52.7; 57.19). Essa paz é consequência da nova criação e característica dela, modelada segundo as condições paradisíacas originais.[18] Na verdade, no contexto de Isaías 43, deve se considerar que a restauração e a nova criação se realizam com o pagamento de um resgate (Is 43.3,4) e o perdão dos pecados (43.22-25). O sofrimento vicário do Servo em Isaías 53 provavelmente tem a mesma função.

Além disso, a passagem de Isaías 60.10 é digna de nota, pois a palavra hebraica *rāṣôn* ("prazer", "favor") é traduzida pelo termo equivalente do *Targum ra'ăwā'* ("aceitação prazerosa"), que em outros textos se refere à "aceitação" de bom grado da parte de Deus (Is 1.11,15; 56.7; 60.7) e especificamente à "aceitação agradável" no sentido de restauração do Exílio (Is 34.16,17; 60.10; 62.4; 66.2). Isaías 60.10 da LXX (na versão de Símaco) traduz o hebraico *rāṣôn por diallagē*, que também se refere à aceitação de Israel por Deus ao restaurá-lo como "reconciliação": "Por causa da minha ira vos feri e em razão da reconciliação vos amei". Essas associações lexicais gerais do AT em Isaías, juntamente com Isaías 43 e 65, talvez possam ser entendidas como parte da possível origem do uso paulino do grupo de cognatos de *katallassō* em 2Coríntios 5.18-20 (e em outros textos de suas cartas) para expressar a aceitação ou reconciliação divina.[19] É possível que esse contexto lexical esteja em mente, uma vez que Isaías 49.8 também usa o hebraico *rāṣôn*, um texto que Paulo cita explicitamente em 2Coríntios 6.2 (sobre isso, veja a seguir).

Portanto, já se pode ver o conjunto de ideias de 2Coríntios 5.14-21 em Isaías 40—66. À luz da visão geral temática de Isaías 40—66, é possível fazer a seguinte proposta: *a "reconciliação"*

---

[15]Isaías 40.28-31; 41.17-20; 42.5-9; 44.21-23,24-28; 45.1-8,9-13,18-20; 49.8-13; 51.1-3,9-11,12-16; 54.1-10 (observe-se v. 5); 55.6-13. Veja Carroll Stuhlmueller, *Creative redemption in Deutero-Isaiah*, AnBib 43 (Rome: Biblical Institute Press, 1970), p. 66-98, 109-61, 193-208; William J. Dumbrell, *The end of the beginning: Revelation 21—22 and the Old Testament* (Homebush West: Lancer, 1985), p. 97-100.

[16]Isaías 44.1-8; 44.24—45.7; 54.1-10. Veja Stuhlmueller, *Creative redemption*, p. 112-34, 196-208.

[17]Isaías 40.3-11; 41.17-20; 44.24-28; 51.1-13; 52.7-10; veja tb. 43.16-21. Cf. Stuhlmueller, *Creative redemption*, p. 66-73, 82-94; Dumbrell, *End of the beginning*, p. 15-8, 97.

[18]Veja Isaías 26.11-19; 27.1-6 (cf. *Targum*); 32.15-18; 45.7,8 (cf. *Targum*); 45.18-25 (Símaco); 55.12 (TM); 60.15-22; 66.12-14,19-23.

[19]Embora Paulo utilize somente o grupo de cognatos de *katallassō*, ele é equivalente ao grupo de cognatos de *diallassō*, de modo queo segundo poderia ter trazido o primeiro à mente de Paulo.

em *Cristo é a maneira de Paulo explicar que as promessas de Isaías de "restauração" da alienação do exílio já começaram a ser cumpridas pela expiação e pelo perdão dos pecados em Cristo*. A separação e a alienação de Deus por causa do pecado foram superadas pela graça divina manifestada em Cristo, que restaurou os crentes a um relacionamento de paz reconciliadora com Deus. A ideia de Paulo em 2Coríntios 5.14-21 é que, se os coríntios são realmente participantes da nova criação e do relacionamento reconciliado com Deus (v. 14-19), então devem se comportar como pessoas reconciliadas (v. 20). Eles estavam agindo como pessoas alienadas de Deus, pois haviam questionado a autoridade divina do apostolado de Paulo. Se essa alienação entre Paulo e seus leitores continuar, passará a ser também alienação de Deus, visto que Paulo representa a autoridade de Deus, e na verdade é Deus que "faz o apelo" por meio do apóstolo (2Co 5.20; cf. 2.14-17; 3.6; 6.7; 10.8; 13.3). Tem de haver harmonia entre a identidade deles como pessoas reconciliadas com sua conduta à luz dessa identidade. Portanto, Paulo acrescenta um imperativo de *katallassō* ("sede reconciliados" [v. 20]) depois dos quatro usos anteriores de particípios e substantivos, o que pode significar a realidade da participação dos leitores nessa condição reconciliada (v. 18,19).[20] Contudo, a primeira pessoa do plural ("nos", *hēmin*) nos versículos 18b e 19b podem referir-se principalmente a Paulo e seu círculo,[21] aos quais Deus confiou o ministério de anunciar reconciliação a seus leitores.

Ademais, ficou evidente pela análise geral de Isaías 40—66 anterior que 43.18,19 (e talvez 65.17) é apenas parte de um tema mais amplo desse trecho que diz respeito à promessa de que a restauração de Israel do Exílio deve ser uma nova criação redentora efetuada mediante o pagamento de um resgate e do perdão dos pecados. Isso deveria resultar na cessação da ira divina e em uma relação pacífica entre Yahweh e seu povo. Paulo faz alusão a Isaías 43.18,19 e 65.17 a fim de associar essa promessa isaiânica com a obra de Cristo. A morte e a ressurreição de Cristo são o início do cumprimento dessa promessa. Como no caso da missão do Servo isaiânico e de acordo com a tradição hermenêutica judaica, Paulo explica a expiação não somente como um meio negativo de acabar com o pecado, mas também como um meio que produz a reunião e a renovação do povo pecador com Deus, o que corresponde a uma nova criação.[22]

Essa ideia está clara, como observamos anteriormente no capítulo, porque Paulo entende a "nova criação" de 2Coríntios 5.17 como um efeito direto (*hōste*, "consequentemente" ou "por isso") da "morte" de Jesus "por todos" mencionada no versículo 15. O versículo 17 também conclui que, além da morte de Cristo, sua ressurreição (tb. mencionada no v. 15) é nova criação, "de modo que" assim que alguém é identificado com essa ressurreição, passa a fazer parte da nova criação.[23] Portanto, a ideia da nova criação já é antecipada na menção da morte e sobretudo da ressurreição no versículo 15, com as quais os cristãos foram identificados. É importante ressaltar mais uma vez que não apenas a ressurreição, mas também a morte de Cristo, se relaciona em parte com a ideia de nova criação, pois representa essa parte inicial do velho mundo (com a qual o Cristo terreno se identificou) que começou a ser destruída (cujo todo será completamente destruído no fim das eras) e assim preparou o caminho para a nova criação manifestada pela

---

[20]Talvez Paulo esteja incentivando os incrédulos presentes e os leitores crentes a se reconciliarem, como 2Coríntios 13.5 possivelmente indica.

[21]Mas a primeira pessoa do plural, "nos" (*hēmas*), no v. 18a pode incluir os leitores; às vezes existe ambiguidade quanto à referência exata do pronome da primeira pessoa do plural em 2Coríntios (p. ex., 1.21,22; 3.18; 5.4-10,16,21; 6.16a; 7.1).

[22]Para possíveis contextos judaicos que associam o Dia da Expiação com a nova criação, veja Kim, *Origin of Paul's gospel*, p. 17, notas 1, 4.

[23]Conforme estudamos em capítulos anteriores, a ressurreição de Cristo também é considerada o início da nova criação em outras partes do NT (veja Cl 1.15,16,18; Ef 1.20-23; 2.5,6,10; Ap 1.5; 3.14).

primeira vez na ressurreição de Cristo. Também vimos em Gálatas 6.14-16 (veja cap. 9) que a morte de Cristo é o próprio começo da "nova criação", pois separa os crentes do mundo velho e caído, e esse velho mundo deles (que começa espiritualmente nesta era): pela "cruz [...] o mundo está crucificado para mim, e eu para o mundo" (v. 14). Isso significa que os crentes não estão em um território neutro ao serem identificados com a morte de Cristo, mas no âmbito inicial da "nova criação" (v. 15). Isso também se aplica em 2Coríntios 5.14-17. Há um paralelo com a própria morte de Cristo em que, imediatamente depois de sua morte e durante três dias antes da sua ressurreição, ele esteve no "paraíso" (Lc 23.43).

Como também observamos anteriormente, a palavra "assim" (*hōste*) em 2Coríntios 5.16 mostra, com base no versículo 15, que uma consequência de os leitores participarem dessa nova criação pela identificação com a morte e a ressurreição de Cristo é que eles avaliarão o apostolado de Paulo de acordo com os padrões espirituais da nova criação (ou nova era [observe-se o "agora", *nyn*]),[24] e não mais segundo os padrões carnais da criação caída (se "de fato" eles estão mesmo "em Cristo" [2Co 13.5]).

Portanto, nos versículos 18-21, Paulo não muda seu raciocínio para um novo tema dissociado do contexto anterior. Nesses quatro versículos finais, o apóstolo deixa claro o que está por trás de sua alusão à nova criação de Isaías no versículo 17. A morte de Cristo pelo pecado humano (2Co 5.14,15,21) eliminou o estado de separação entre Deus e o povo pecador e, no contexto de Isaías, tanto a morte quanto a ressurreição de Cristo podem ser entendidas como o início do verdadeiro Israel, a igreja, na presença de Deus. Entendemos que assim como Cristo, o verdadeiro Israel,[25] foi separado do Pai por causa da sua morte vicária em favor de seu povo (v. 14,15,21) e foi restaurado do exílio da morte para um relacionamento com Deus mediante a ressurreição, assim também a igreja é restaurada do exílio da alienação pecaminosa mediante a identificação coletiva com Cristo. Portanto, à luz do contexto do AT, afirmar que a igreja é nova criação por causa da ressurreição de Cristo (v. 17) também é dizer que a igreja foi "restaurada" para Deus, ou "reconciliada" com ele, de seu antigo exílio e alienação (v. 18-20).[26] De forma simples, Paulo entende tanto a "nova criação" em Cristo quanto a "reconciliação" em Cristo (2Co 5.18-20) como o cumprimento inaugurado da promessa de Isaías de uma nova criação em que Israel seria restaurado para um relacionamento pacífico com Yahweh. O exílio de Israel em Isaías é considerado representativo da alienação da humanidade de Deus, uma vez que Paulo aplica a mensagem de Isaías a Israel principalmente aos gentios.

Os conceitos de nova criação e de reconciliação estão claramente ligados em 2Coríntios 5.18a pela oração gramatical "<u>mas todas essas coisas</u> [*ta de panta*] procedem de Deus, que nos reconciliou consigo mesmo por meio de Cristo". Entende-se que as "novas coisas" (*kaina*) da "nova criação" (v. 17) têm sua fonte criadora em Deus, que trouxe à existência o novo mundo (*ta panta*) e "reconciliou" as pessoas consigo por meio de Cristo (v. 18a). O sintagma *ta de panta* ("mas todas essas coisas") refere-se a nova criação e, retomando-a, provavelmente também resume o raciocínio anterior dos versículos 14-17.[27] A locução "por meio de Cristo" aqui não pode se referir a nada senão à morte e à ressurreição de Cristo (v. 14,15).

---

[24]Talvez não seja coincidência o fato de Paulo empregar *nyn* aqui para designar o começo da nova era, uma vez que Isaías 43.18,19 — texto a que, como vimos, 2Coríntios 5.17 faz alusão — usa a mesma palavra para indicar o período inicial da nova criação profetizada: Isaías 43.19 (LXX) diz: "Eis que farei novas coisas que agora [*nyn*] passarão a existir".

[25]Para uma elaboração da ideia de Cristo ser o "Israel verdadeiro", veja caps. 19-20 (esp. o começo do cap. 19).

[26]Veja J. R. Daniel Kirk, *Unlocking Romans: resurrection and the justification of God* (Grand Rapids: Eerdmans, 2008), p. 30-1. Kirk mostra que a ressurreição foi um aspecto da restauração de Israel tanto em Ezequiel 37 como em Daniel 12, bem como no judaísmo.

[27]Veja Windisch, *Der zweite Korintherbrief*, p. 191.

Isso significa — e convém repetir — que tanto a morte quanto a ressurreição de Cristo são o meio para a "nova criação" (v. 17), e as duas igualmente são o meio para a "reconciliação" (v. 18-21). Portanto, as duas ideias de nova criação e de reconciliação são conceitos quase sobrepostos para Paulo, bem como para Isaías. Ser promovido para a nova criação escatológica é estabelecer um relacionamento pacífico com o Criador, apesar de, como tenho argumentado em todo este livro, a reconciliação ser uma faceta do diamante todo da nova criação. Contudo, a questão é que ambas as ideias são uma coisa só e estão ligadas naturalmente.

Até aqui, a argumentação sobre a concepção paulina de reconciliação se baseia completamente no suposto contexto de Isaías em 2Coríntios 5.17. Na verdade, se é possível sustentar a alegação de Otfried Hofius de que Isaías 53 está por trás de 2Coríntios 5.18-21, então as associações com Isaías são ainda mais significativas.[28] No texto de 2Coríntios 5.18-21, Hofius identifica um padrão duplo de "ato de reconciliação" e "palavra de reconciliação", que, segundo ele, se baseia no retrato do papel redentor do Servo em Isaías 52.13—53.12 e na proclamação da salvação vindoura de Israel em Isaías 52.6-10. Além disso, ele acrescenta uma série de paralelos conceituais específicos entre Isaías 53 e 2Coríntios 5.21.

A tese de Hofius deve ser considerada possível em relação a 2Coríntios 5.21 porque a combinação de ideias de um substituto penal sem pecado, a imputação do pecado a uma figura sem pecado para redimir um povo pecador e a concessão de justiça remontam unicamente a Isaías 53.4-12. Como vimos anteriormente, Isaías 53 tem o papel no argumento do livro de explicar o meio que Yahweh usará para restaurar Israel, e parece que Paulo entendeu isso. Provavelmente não é por acaso que Paulo combinou as alusões a Isaías 43 e 53, uma vez que, como demonstrou Werner Grimm, referências a esses dois capítulos já haviam sido feitas juntas pelos autores dos Evangelhos.[29] Essa tradição exegética pode ter influenciado Paulo a combinar os dois contextos do AT.

Embora eu acredite que o raciocínio se sustenta até este ponto, analisar o contexto posterior de 2Coríntios 6 revela evidências corroborantes de minha proposta de que reconciliação é o modo de Paulo se referir à restauração do fim dos tempos da igreja de Corinto como o verdadeiro Israel.[30] Em 2Coríntios 6, Paulo menciona reiteradamente as referências do AT que profetizam o retorno de Israel do Exílio e as aplica à igreja de Corinto. A citação de Isaías 49.8 em 2Coríntios 6.2 e a cadeia de referências do AT em 2Coríntios 6.16-18 são bons exemplos disso, apesar de haver alusões veterotestamentárias semelhantes que poderiam ser mencionadas e que foram incluídas na tabela 15.2.

A referência ao AT em 2Coríntios 6.2 e, quase sem exceção, as seis passagens veterotestamentárias geralmente aceitas nos versículos 16-18 referem-se em seus contextos específicos à promessa de Deus de trazer de volta o Israel exilado para sua terra. Essa observação é fundamental para examinar o argumento de Paulo, pois permite ver os versículos 16-18 como continuação das promessas de restauração feitas a Israel citadas pelo apóstolo em 2Coríntios 6.2, e antes disso em 5.17, que foram utilizadas como textos-prova para apoiar o apelo de Paulo a que os coríntios se reconciliassem.[31]

---

[28]Veja Hofius, "Erwägungen zur Gestalt und Herkunft", p. 196-9.

[29]Werner Grimm, *Weil Ich dich liebe: Die Verkündigung Jesu und Deuterojesaja*, ANTJ 1 (Bern: Herbert Lang, 1976), p. ex., p. 254, 267 (e p. 275 da segunda edição).

[30]Para uma elaboração mais aprofundada de uma tentativa em demonstrar que a igreja é o Israel escatológico, veja caps. 19-20 mais adiante.

[31]Para uma abordagem ampliada dos textos de restauração do AT a que Paulo alude em 2Coríntios 6.1—7.2, veja Beale, "Old Testament background of reconciliation", p. 550-81. Para uma análise das profecias veterotestamentárias do templo em relação às promessas de restauração de Israel citadas em 2Coríntios 6.16-18, veja cap. 18 mais adiante.

Tabela 15.2

Antigo Testamento	2Coríntios 5.17—6.18
Is 43.18,19 // 65.17	5.17
Is 53.9-11	5.21
Is 49.8	6.2
Sl 118.17,18 (117.17,18, LXX)	6.9
Is 60.5 (Sl 119.32 [118.32, LXX])	6.11b
Is 49.19,20	6.12
Lv 26.11,12	6.16b
Ez 37.27	6.16b
Is 52.11	6.17a
Ez 11.17; 20.34,41	6.17b
2Sm 7.14; Is 43.6; 49.22; 60.4	6.18

"Reconciliação" em Efésios 2.13-17

As conclusões sobre 2Coríntios 5.14-21 são confirmadas por Efésios 2.13-17:

> Mas agora, em Cristo Jesus, vós, que antes estáveis longe, tendes sido aproximados pelo sangue de Cristo, pois ele é a nossa paz. De ambos os grupos fez um só e derrubou a parede de separação ao abolir em seu corpo a inimizade, isto é, a Lei dos mandamentos contidos em ordenanças, para em si mesmo criar dos dois um novo homem, estabelecendo assim a paz, e reconciliar ambos com Deus pela cruz em um só corpo, tendo por ela destruído a inimizade. E ele veio e proclamou paz a vós que estáveis longe e também aos que estavam perto.

Nos versículos 13 e 17, a promessa de restauração de Isaías 57.19 é respectivamente aludida e, depois, citada para explicar o conceito de "reconciliação" presente no versículo 16 (sobre isso, veja tabela 15.3). No contexto original, "vós que estáveis longe" se refere à volta dos israelitas exilados no cativeiro, e "os que estavam perto" é uma referência ao povo que ainda habitava na terra e que seria reconciliado com os exilados no regresso destes. Os exilados agora são identificados com os crentes gentios, e os que haviam permanecido na Terra Prometida, com os crentes de etnia israelita em geral. Como em 2Coríntios 5—7, aqui também se entende que a(s) igreja(s) a que Paulo escreve é(são) o começo do cumprimento das promessas de restauração de Isaías.

A reconciliação de judeus e gentios também é mencionada no trecho: "criar dos dois um novo homem", que é uma continuação do tema da nova criação iniciado em Efésios 2.10 ("somos criação [*poiēma*] dele, criados em Cristo Jesus"). Na verdade, a nova criação veio a existir pela morte de Cristo e, sobretudo, por sua ressurreição (cf. Ef 1.20-23; 2.5,6), como também está claro em 2Coríntios 5.14-17. Fica evidente que esse é o foco da passagem de Efésios 2 pela probabilidade de que a frase "somos criação dele, criados em Cristo Jesus" no versículo 10 seja paralela à oração gramatical do versículo 15b: "para em si mesmo criar dos dois um novo homem", de modo que o "novo homem" não é nenhum outro, a não ser o Cristo ressurreto. Uma conclusão do paralelismo literário é que os conceitos de nova criação, no versículo 15b, de reconciliação, no versículo 16, e a promessa veterotestamentária de restauração, nos versículos 17 e 18, são praticamente sinônimos em Efésios 2: (1) todos os trechos falam dos "dois" (judeu e gentio) existindo em um único organismo ("um novo homem"; "um corpo"; "um espírito"); (2) todos fazem referência à atividade principal que resulta em "paz" ou no fim da inimizade; (3) parece que todos são orações subordinadas finais introduzidas pela preposição *hina* ("para que") do versículo 15b.³² As referências à "paz" (v. 14,15,17), a "ser aproximado" (v. 13) e a destruir a "inimizade" (v. 16) são equivalentes em essência ao conceito de ser "reconciliado" (v. 16). O triplo paralelismo literário nos versículos 15-18 se concentra na reconciliação de seres humanos hostis, gentios e judeus. Os gentios são reconciliados da sua "separação de Cristo", da "exclusão da comunidade de Israel", da separação das "alianças da promessa" e de Deus (Ef 2.11). Portanto, a reconciliação ocorre não somente entre grupos étnicos hostis um ao outro, mas também entre a humanidade pecadora e Deus, duas ideias que são bem resumidas nos versículos 15 e 16: "para em si mesmo [...] reconciliar ambos com Deus pela cruz em um só corpo".

Consequentemente, nessa passagem, assim como em 2Coríntios 5.14-21, os três conceitos de nova criação, reconciliação e de restauração de Israel são praticamente sinônimos. Porém, há uma diferença importante: Cristo é o sujeito da ação reconciliadora em Efésios 2, ao passo que Deus é o sujeito em 2Coríntios 5.³³ Cristo "de ambos os grupos fez um só e derrubou a parede de separação [...] para em si mesmo criar dos dois um novo homem, estabelecendo assim a paz, e reconciliar ambos com Deus pela cruz em um só corpo, tendo por ela destruído a inimizade" (Ef 2.14-16). A reconciliação de Cristo do povo com ele e de uns com os outros é o começo do cumprimento da promessa da restauração de Israel em Isaías 57.19 (veja tabela 15.3).

Tabela 15.3

Isaías 57.19 (LXX)	Efésios 2.17
"... criar o louvor dos lábios; paz, paz para o que está longe e para o que está perto ..."	"E ele veio e proclamou paz a vós que estáveis longe e também aos que estavam perto..."

A citação de Isaías 57.19 inicia-se com as palavras de Isaías 52.7, que também profetiza a restauração de Israel e realça a alusão de Paulo à expectativa de Isaías da restauração: "os pés do que anuncia as boas-novas de paz". Observe-se que "paz" está indissociavelmente ligada com "reconciliação" na passagem de Efésios 2, por isso "paz" é quase sinônimo de "reconciliação".

O cumprimento inicial da restauração prometida em Isaías também é considerado o tempo inicial da nova criação, em que Deus "cria" a humanidade separada em "um novo homem" (Ef 2.15).³⁴ Entretanto, como observamos anteriormente, Cristo é o sujeito dessa nova criação e da reconciliação, de modo que aquilo que o AT prevê que Deus faria a esse respeito é Cristo

---

³²Isso ainda se aplica mesmo que o verbo introdutório no v. 17 seja indicativo enquanto os dois anteriores são subjuntivos. A razão para a diferença verbal pode ser a intenção do autor de usar a citação de Isaías 57.19 nos v. 17 e 18, ambos como um paralelo de v. 15b e v. 16 e como paralelo conclusivo com a mesma alusão a Isaías 57.19 no v. 14, formando assim uma *inclusio*.

³³Seguindo Stanley E. Porter, "Peace, reconciliation", in: *DPL*, p. 699.

³⁴Veja Robert H. Suh, "The use of Ezek. 37 in Eph. 2", *JETS* 50 (2007): 715-33. Suh argumenta que o texto de Ezequiel é a estrutura para o argumento em Efésios 2. Se esse for o caso, isso realçaria o tema da volta do Exílio nos textos de Isaías, uma vez que Ezequiel retrata o retorno do exílio com a imagem da ressurreição dos mortos (sobre isso, veja a ressurreição dos mortos em Ef 2.1-6). Mas não estou convencido dessa tese.

quem realiza. Essa identificação de Cristo fazendo o que o AT profetizou que Deus faria é uma das muitas maneiras de Paulo indicar a divindade de Cristo.

Outro ponto de semelhança entre Efésios 2 e 2Coríntios 5—7 é que a ênfase da reconciliação está tanto na restauração das relações humanas afastadas quanto na reconciliação com Deus do povo afastado.

"Reconciliação" em outras passagens paulinas

A mesma combinação de linguagem da reconciliação com conceitos do AT de restauração e a ideia da nova criação presente nas passagens de 2Coríntios e Efésios provavelmente ocorre também nos contextos de Romanos 5.1—6.11;[35] 11.11-31; Cl 1.15-22. As limitações deste estudo não permitem uma análise substancial desses textos, mas é preciso fazer alguns comentários.

ROMANOS 5

Romanos 5.10,11 menciona a reconciliação três vezes:

> Porque se nós, quando éramos inimigos, fomos reconciliados com Deus pela morte de seu Filho, muito mais, estando já reconciliados, seremos salvos pela sua vida. E não somente isso, mas também exultamos em Deus por meio de nosso Senhor Jesus Cristo, pelo qual recebemos agora a reconciliação.

Aqui está claro que "reconciliação" se refere ao povo sendo restaurado pela morte de Cristo do estado de hostilidade para o relacionamento pacífico com Deus. A ideia implícita é que Cristo sofreu a hostilidade e a ira de Deus na cruz para que aqueles que creem em Cristo e se identificam com sua morte sejam considerados como tendo sofrido também a ira escatológica de Deus, de modo que agora tenham uma relação de paz com ele (observe-se Rm 5.1: "Portanto, justificados pela fé, temos paz com Deus, por meio de nosso Senhor Jesus Cristo").[36] Essa conclusão é prevista em Romanos 5.6-9:

> Ora, quando ainda éramos fracos, Cristo morreu pelos ímpios no tempo adequado. Porque dificilmente haverá quem morra por um justo; embora talvez alguém até ouse morrer por um homem bom. Mas Deus demonstra seu amor para conosco ao ter Cristo morrido por nós quando ainda éramos pecadores. Assim, agora justificados pelo seu sangue, muito mais ainda seremos por ele salvos da ira.

Depois de concluir a primeira seção de Romanos 5 com tripla ênfase na reconciliação nos versículos 10 e 11, Paulo inicia a seção seguinte com um extenso contraste entre o pecado e a morte, introduzidos pelo primeiro Adão, e a justiça e a vida, introduzidas pelo Último Adão (v. 12-19). Mas como essas ideias de reconciliação e de oposição entre os dois Adões se relacionam? A morte de Cristo, que produz a justificação e a reconciliação no passado e a salvação consumada no futuro (v. 6-10), é o motivo por que "exultamos em Deus por meio de nosso Senhor Jesus Cristo", sobretudo porque é por meio dele que "recebemos agora a reconciliação" (v. 11). A exultação por causa da reconciliação é a mensagem principal que Paulo deseja transmitir desde o versículo 1. Por isso, nossa questão sobre as ligações dos versículos 6-11 com os versículos 12-19 pode ser refinada se perguntarmos especificamente como o gloriar-se em Deus por causa da reconciliação se relaciona com o contraste entre os dois Adões.

---

[35]Como veremos no cap. 24, mais adiante, Romanos 6.1-11 está repleto de conceitos da nova criação.

[36]Observe-se novamente a estreita relação conceitual de "paz" com "reconciliação" entre Romanos 5.1 e 5.10,11.

A resposta começa a aparecer na parte inicial do versículo 12: "por esta razão" (*dia touto*). Isto é, gloriar-se em Deus por causa da reconciliação (v. 11) é o que leva Paulo a contrapor os dois Adãos, o que culmina com o alvo dos versículos 12-21: "De modo que, assim como o pecado reinou na morte, assim também a graça reine pela justiça para a vida eterna, por meio de Jesus Cristo, nosso Senhor" (v. 21). Portanto, a ligação desses dois trechos de Romanos 5 é que a reiterada elaboração de Paulo sobre a reconciliação no fim do primeiro trecho o leva a expor o resultado final da reconciliação no segundo: "assim também a graça reine pela justiça para a vida eterna, por meio de Jesus Cristo, nosso Senhor" (v. 21). É preciso lembrar que antes vimos que essa "vida eterna" é a vida ressurreta da nova criação. Ao desenvolver seu argumento em direção ao supremo efeito vivificador da reconciliação, Paulo também remonta à própria origem do "pecado" da humanidade, apenas mencionada de modo geral no início (v. 8), que produziu nos seres humanos a condição de "inimigos" (v. 10) e os tornou merecedores da "ira" (v. 9). A origem do pecado e da inimizade agora é identificada como o pecado original do primeiro Adão, que trouxe a morte, ao contrário do Último Adão, que praticou a justiça e trouxe a "vida eterna" (v. 1).

Consequentemente, Paulo entende que a relação pacífica com Deus produzida pela "reconciliação" nos versículos 9-11 é a restauração não apenas da "ira" divina por causa do pecado, mas da própria ira introduzida pelo pecado do primeiro Adão. O texto de Romanos 5.12-21 identifica essa ira com a "morte" (v. 12,14,15,17) e a "condenação" (v. 16,18). Cristo, o Último Adão, sofreu essa "morte" e "condenação" por nós (v. 6-10) para que os seres humanos pudessem ter uma relação de paz com Deus (v. 1) e, por consequência, desfrutassem da "justiça para a vida eterna, por meio de Jesus Cristo, nosso Senhor" (v. 21). Essa "vida eterna" é a vida que deveria ter sido vivida pelo primeiro Adão na primeira criação, mas agora pode ser vivida mediante a identificação com o Último Adão, que é o início da nova criação.

Portanto, enquanto em 2Coríntios 5 e Efésios 2 a reconciliação é entendida como parte do começo da nova criação e do cumprimento inicial das profecias sobre a restauração de Israel do estado digno de ira do exílio, em Romanos 5, a reconciliação é entendida como a restauração do estado de hostilidade do exílio iniciado pelo primeiro Adão e superado pelo Último Adão. Entretanto, à semelhança dos textos de 2Coríntios e Efésios, Romanos 5 associa a reconciliação com a obra do Último Adão de reintroduzir a vida da primeira criação e, até além disso, de garantir que essa vida será eterna.

ROMANOS 11

A última menção de reconciliação em Romanos ocorre em 11.15: "Porque, se a sua [Israel] rejeição significa a reconciliação do mundo, o que será a sua aceitação, senão vida dentre os mortos?". Esse texto faz parte de uma análise em Romanos 11 sobre a volta dos israelitas a uma relação salvífica com Deus da condição atual deles de "endurecidos" e "cegos" (v. 7-10), bem como de [ramos] cortados de Deus (v. 17-21). O tempo da "rejeição" do Messias por Israel é o tempo em que um número maior de gentios está encontrando a "reconciliação" com Deus. Talvez se deva entender essa reconciliação à luz da exposição anterior que Paulo faz da reconciliação em 5.10,11, que acabamos de analisar. O curioso, porém, é que Paulo conclui Romanos 11.15 falando da "aceitação" do Messias por Israel e que isso é equivalente (ou produz) a ter "vida dentre os mortos". O texto de Romanos 11.15 estabelece um paralelo entre "rejeição" e "aceitação", e as partes secundárias das duas sentenças, um paralelo entre "reconciliação" e "vida dentre os mortos". Assim, ao que parece, "reconciliação" e "vida dentre os mortos" são basicamente sinônimos ou de certa forma conceitos que se sobrepõem. Essa equiparação aproximada não surpreende à luz do que observamos em 2Coríntios 5, Efésios 2 e Romanos 5, em que a reconciliação está ligada indissociavelmente com a vida ressurreta de Cristo da nova criação. A ligação exata entre a reconciliação e a vida da nova criação em todos esses textos, portanto, é que a primeira produz a segunda. Entretanto, fica evidente que as duas são condições sobrepostas porque o ato inicial de reconciliação continua como condição permanente na nova criação eterna.

Colossenses 1

A última passagem que contém o termo reconciliação a ser analisada aqui é Colossenses 1.15-22. No capítulo 9, examinei Colossenses 1.15-18 no que diz respeito à identificação de Cristo como a figura adâmica dos últimos tempos (p. ex., ser "à imagem de Deus" e ser o "primogênito de toda a criação") e sua ressurreição como o começo da nova criação: "É o princípio, o primogênito dentre os mortos, para que em tudo tenha o primeiro lugar" (v. 18). Observe-se que os três últimos versículos (v. 20-22) de Colossenses 1.15-22 enfatizam a estreita ligação de Cristo como o Adão escatológico e o início da nova criação nos versículos anteriores com a obra reconciliadora de Cristo. Colossenses 1.15-22 afirma:

> Ele é a imagem do Deus invisível, o primogênito sobre toda a criação. Porque nele foram criadas todas as coisas nos céus e na terra, as visíveis e as invisíveis, sejam tronos, sejam domínios, sejam principados, sejam poderes; tudo foi criado por ele e para ele. Ele existe antes de todas as coisas, e nele tudo subsiste; ele também é a cabeça do corpo, que é a igreja; é o princípio, o primogênito dentre os mortos, para que em tudo tenha o primeiro lugar. Porque foi do agrado de Deus que nele habitasse toda a plenitude e, havendo feito a paz pelo sangue da sua cruz, por meio dele reconciliasse consigo mesmo todas as coisas, tanto as que estão na terra como as que estão no céu. A vós também, que no passado éreis estrangeiros e inimigos no entendimento por causa das vossas obras más, agora ele vos reconciliou no corpo da sua carne pela morte, a fim de vos apresentar santos, inculpáveis e irrepreensíveis diante dele.

Novamente, como em 2Coríntios 5, Efésios 2 e Romanos 5, a nova criação, a ressurreição e a reconciliação estão estreitamente relacionadas. Do mesmo modo, como nas passagens de Efésios 2 e Romanos 5, "paz" é quase sinônimo de "reconciliar". Colossenses 1.19 explica por que Cristo deve ter "em tudo" "o primeiro lugar" (v. 18) da nova criação. Alguns comentaristas observaram que os termos "agrado" e "habitasse" no versículo 19 se baseiam na LXX de Salmos 67.17,18 (68.16,17, TM) (veja tabela 15.4).[37]

Tabela 15.4

Salmos 67.17,18 (LXX) (68.16,17, TM)	Colossenses 1.19
"Deus se agradou [*eudokēsen*] em habitar [*katoikein*] nele [*en autō* {o templo em Sião}] [...] O Senhor habitará [ali] para sempre [...] no Lugar Santo [*en tō hagiō* {= hebr., *qōdeš*}]."[a]	"Nele [*en autō*] toda a plenitude da divindade foi do agrado [*eudokēsen*] habitar [*katoikēsai*]." (Ou: "Nele ele se agradou que habitasse toda a plenitude".)

[a]A maioria das versões em língua inglesa traduz *qōdeš* por "*holy place*" ["Lugar Santo"] ou "*sanctuary*" ["santuário"] (KJV, NIV, HCSB, NJB, NLT, RSV, NRSV, ESV; bem como *3En* 24.6,7), apesar de algumas traduzirem por "*holiness*" ["santidade"] (p. ex., NASB, NEB). Em português, a A21 traz "santuário" e a NVI, "Lugar Santo".

---

[37]Veja esp. G. K. Beale, "Colossians", in: G. K. Beale; D. A. Carson, orgs., *Commentary on the New Testament use of the Old Testament* (Grand Rapids: Baker Academic, 2007), p. 855-7, que faz um levantamento de comentaristas que defendem essas perspectivas e de outros possíveis contextos veterotestamentários relevantes.

O salmo diz que "Deus se agradou em habitar" no templo em Sião. No texto paulino, Jesus passa a ser identificado com esse templo do AT. Veremos, em um capítulo mais adiante (cap. 18), que outras partes do NT também entendem que Cristo é o templo da presença divina. No texto de Colossenses, particularmente, a habitação de Deus no templo arquitetônico de Sião agora encontra expressão mais plena em Deus habitando em Jesus como o seu templo dos últimos tempos. Como indivíduo, Jesus exemplifica escatologicamente e cumpre tipologicamente tudo o que o templo do AT representava. Entretanto, como vamos ver em um capítulo posterior (de novo, cap. 18), no período que precede a volta de Cristo, a igreja é edificada como parte do templo sobre o fundamento de Cristo. Depois, na consumação, o processo de edificação do templo se completará.

O motivo (*hoti*, "porque" [v. 19]) por que na nova criação Cristo "em tudo" deve ter "o primeiro lugar" (v. 18b) é que ele é a forma intensificada da presença do Santo dos Santos de Deus na terra e, como tal, a expressão perfeita, ou plena, dessa presença (por isso, observe-se a importância de "toda a plenitude"), ele próprio é Deus. Também veremos que a ideia de Cristo como o templo faz parte do conceito de nova criação (p. ex., Jo 2.19-22 retrata a ressurreição de Cristo como a inauguração do verdadeiro templo). Assim, é compreensível que Cristo como o início do templo da nova criação de Deus, a partir do qual o templo se ampliaria por todo o período inaugurado dos últimos tempos, identifique-o naturalmente como a origem da nova criação. Cristo é o centro geográfico-teológico a partir do qual se propaga toda a nova criação. Portanto, isso explica por que Cristo deve ter "em tudo [...] o primeiro lugar" (v. 18b) na nova criação.

Entretanto, de que modo Cristo, como a plena expressão da presença tabernacular de Deus na nova criação, se relaciona com o repetido foco na "reconciliação" de Colossenses 1.20-22? O versículo 20 começa com o ambíguo conectivo "e" (*kai*). É possível que esse versículo apresente um novo tema sem relação com o versículo anterior. Entretanto, é mais provável que a oração gramatical "por meio dele reconciliasse consigo mesmo todas as coisas" se refira a Cristo como a presença tabernacular de Deus na terra, por meio de quem Deus reconcilia os crentes consigo. Quando as pessoas creem em Cristo e se identificam com ele, elas entram no templo da presença de Deus e ali são "reconciliadas" com ele e obtêm "paz". Essa ligação do versículo 19 com o 20 é indicada em Colossenses 2.9,10:

> Pois nele habita corporalmente toda a plenitude da divindade, e nele tendes vos tornado plenos; ele que é a cabeça de todo principado e poder.

Os comentaristas em geral reconhecem que Colossenses 2.9 é um paralelo textual e desenvolvimento conceitual de 1.19: "Pois nele toda a plenitude de Deus agradou-se habitar" (NRSV). Isso é importante porque Colossenses 2.10, "nele tendes vos tornado plenos", é claramente uma consequência de 2.9. Isto é, a plenitude divina de Jesus "torna plenos" os crentes. Não pretendo aqui discorrer a respeito do significado preciso dos crentes serem "feitos plenos", mas diria que eles desfrutam uma plenitude "já e ainda não" em Cristo. Se Colossenses 2.10 é a consequência direta de 2.9, então é mais adequado entender a ênfase reiterada na reconciliação em 1.20-22 como resultado da plenitude da divindade tabernacular em Cristo em 1.19.

Assim como em Romanos 5, também em Colossenses 1.20 a morte de Cristo é o meio pelo qual a reconciliação acontece.[38] A ideia de Deus "fazer a paz" é análoga à da reconciliação

---

[38] Em Colossenses 1.20, é uma ideia "já e ainda não" que Cristo veio para reconciliar "todas as coisas, tanto as que estão na terra como as que estão no céu": a etapa inaugurada dessa reconciliação se aplica aos que creem em Cristo na presente era, mas a etapa consumada implica Cristo reconciliar todas as realidades alienadas por compulsão (embora a última questão sobre a forma consumada da reconciliação seja debatida, analisá-la vai além dos propósitos atuais para estudá-la aqui).

imediatamente anterior no versículo 20. O "sangue" pode ser uma continuidade da reflexão sobre a ideia do templo no versículo 19, visto que o templo do AT é o local em que se ofereciam sacrifícios de sangue para que o povo aplacasse a ira de Deus. O "afastamento" dos seres humanos de Deus e sua "inimizade" contra ele foram superadas por essa obra reconciliadora, de modo que agora surgiu uma condição de paz. De novo, assim como em Efésios 2.14-16 e ao contrário de 2Coríntios 5 e Romanos 5, Cristo é o sujeito do verbo "reconciliar": "Agora ele vos reconciliou no corpo da sua carne" (Cl 1.22a).[39] Considerando que Deus é claramente o sujeito do verbo "reconciliar" no versículo 20, e no versículo 22 o sujeito é Cristo, a identificação de Cristo com Deus como o reconciliador se destaca ainda mais do que em Efésios 2. Ele é a presença tabernacular de Deus na terra, o verdadeiro templo, ao qual o povo pode vir e se reconciliar com Deus e Cristo.

Portanto, Colossenses 1.15-22 une de modo bastante próximo os conceitos de nova criação, ressurreição e reconciliação, bem como o de novo templo. Não é de surpreender que o novo templo em Cristo deva ser o local da reconciliação, uma vez que 2Coríntios 5 e 6 e Efésios 2 também associam estreitamente o templo com a reconciliação (veja 2Co 6.16-18; Ef 2.20-22). O templo era o lugar no AT em que Deus "faz[ia] seu rosto resplandecer" diante do povo e assim lhe "da[va] a paz" (Nm 6.25,26). Na restauração escatológica de Israel, Deus fará "uma aliança de paz", o que inclui o templo como o lugar em que "meu tabernáculo permanecerá com eles; eu serei o seu Deus e eles serão o meu povo" (Ez 37.26,27 [o último versículo é citado em 2Co 6.16b]). O texto de Efésios 2.20-22 é especialmente interessante em relação a Colossenses 1.18-22, pois fala de Cristo como "o fundamento" do templo, de quem "o edifício inteiro [...] cresce para ser templo santo" (Ef 2.21).

"Paz" como conceito de reconciliação no pensamento de Paulo

Já vimos que "paz" expressa o conceito de reconciliação em Efésios 2, Colossenses 1 e provavelmente também em Romanos 5. Paulo emprega a palavra "paz" com frequência em suas outras epístolas e, em variados graus, esses usos em geral expressam a ideia de reconciliação com Deus. Por exemplo, a repetida expressão "paz da parte de Deus" nas introduções das epístolas paulinas provavelmente transmitem essa ideia.[40] Para muitas dessas ocorrências de "paz" há um extenso contexto veterotestamentário. No AT, para os israelitas, a "paz" vinha pelos sacrifícios, e para Paulo, a "paz" vem de Deus por meio da obra sacrificial de Cristo. O que os sacrifícios do AT obtinham temporária e parcialmente, Cristo realizou por completo por meio de seu sacrifício de paz.[41]

---

[39]É possível que o sujeito da atividade reconciliadora em Colossenses 1.22 seja Deus, mas é mais provável que seja Cristo, por três motivos: (1) Cristo é o sujeito das orações principais em Colossenses 1.15,17,18; (2) Cristo desempenha um papel essencial na reconciliação mesmo em Colossenses 1.19,20; (3) as funções divinas são atribuídas a Cristo em Colossenses 1.15-20, e a estrutura de 1.21,22 está indissociavelmente ligada a esses versículos anteriores (cf. Porter, "Peace, reconciliation", p. 698). O paralelo de Efésios 2.16a também indica que Cristo é o sujeito da reconciliação em Colossenses 2.22. Não obstante, é necessário reconhecer que as referências pronominais em Colossenses 1.20-22 são um tanto difíceis de identificar.

[40]Veja Rm 1.7; 1Co 1.3; 2Co 1.2; Gl 1.3; Ef 1.2; Fp 1.2; Cl 1.2; 2Ts 1.2; 1Tm 1.2; 2Tm 1.2; Tt 1.4; Fm 3. Porter ("Peace, reconciliation", p. 699) observa que há poucas evidências de cartas greco-judaicas usando "paz" na introdução, de forma que é improvável que o uso de Paulo reflita somente uma convenção epistolar estilística de introdução sem significado teológico. Logo, o próprio uso de Paulo desse termo provavelmente reflete algum grau da ideia de reconciliação e de relacionamento pacífico com Deus que o apóstolo desenvolve no corpo de algumas de suas cartas.

[41]Veja Stanley E. Porter, "Peace", in: *NDBT*, p. 682-3. Porter observou essa relação entre o sistema sacrificial do AT e o sacrifício de Cristo.

Conclusão sobre a reconciliação como nova criação e restauração do exílio no pensamento de Paulo

Vimos em algumas passagens que a nova criação e a ressurreição de Cristo estão de modo tão íntimo associadas ao conceito de reconciliação que a última deve ser entendida como uma das condições essenciais para a nova criação, e mesmo um aspecto desta (Rm 5; 2Co 5; Ef 2; Cl 1). Ademais, nessas passagens, a reconciliação é entendida como o cumprimento inicial da expectativa do AT com respeito à nova criação ou uma recapitulação intensificada da primeira criação.

Além disso, tendo em vista especialmente a análise anterior de 2Coríntios 6 e Efésios 2, a ideia de reconciliação tem de ser entendida como o cumprimento das promessas veterotestamentárias de restauração de Israel. Por isso, Paulo considera a morte e a ressurreição de Cristo a base para a reconciliação da humanidade no cumprimento inicial das promessas proféticas referentes à restauração na nova criação. Essas promessas já começaram a ser cumpridas, mas ainda não foram consumadas. Pela fé, as pessoas se identificam com o exílio derradeiro da morte em Cristo e com sua ressurreição como o início da nova criação, o que abrange reconciliação e paz com Deus. Com suas ações redentoras, Cristo representou nele mesmo a nação e assim começou a cumprir as esperanças do AT de restauração de Israel ao reconciliar seu povo com Deus. Como vimos, esse contexto veterotestamentário é usado para fazer valer o raciocínio de Paulo em 2Coríntios 5 e 6 de que os leitores precisam ser restaurados ou reconciliados a Jesus na condição de representante legítimo de Deus, o que equivale à reconciliação com o próprio Deus.

O que teria motivado Paulo a conceber a reconciliação pela morte e ressurreição de Cristo como a realização inicial das esperanças proféticas de restauração, especialmente as de Isaías 40—66? Essa pergunta é difícil, pois demanda especulação acerca do contexto mais amplo do pensamento do autor que não está expresso no que ele escreveu. A análise geral dessa discussão, entretanto, será mais persuasiva se puder dar uma resposta convincente a essa pergunta.

No texto de Atos 26.14-18, o autor de Lucas-Atos narra o relato de Paulo a Agripa da comissão que o Cristo ressurreto lhe dera no caminho de Damasco. Existe consenso de que Atos 26.18 se refere claramente a Isaías 42.6,7,16 para explicar a essência da comissão de Paulo: "para lhes abrir os olhos a fim de que se convertam das trevas para a luz, e do poder de Satanás para Deus, para que recebam o perdão dos pecados e herança entre os que são santificados pela fé em mim".[42] Esse texto de Isaías que fala da comissão que Yahweh deu ao Servo para restaurar o Israel exilado agora é aplicado pelo Cristo ressurreto à comissão apostólica de Paulo. Consequentemente, é razoável propor que essa comissão de Cristo a Paulo forneceu o alicerce e a faísca para o desenvolvimento da compreensão e explicação posterior de Paulo da reconciliação como o cumprimento inaugurado das promessas da restauração de Isaías e do AT. Do mesmo modo, também explica melhor a autoidentificação de Paulo com o Servo do livro de Isaías em 2Coríntios 6.2. A estreita associação contextual das alusões do Servo de Isaías em Atos 26.18 e 26.23, que são aplicadas respectivamente a Paulo e a Cristo, expressam a ideia de representação coletiva, ou solidariedade.

Nesse sentido, não é coincidência o fato de que muitos estudiosos tenham visto em 2Coríntios 5.16 uma alusão à experiência de Paulo no caminho de Damasco. Igualmente, muitos comentaristas perceberam uma alusão à mesma experiência em 2Coríntios 4.4-6, de modo que 5.16 talvez desenvolva o que começou no capítulo 4. Isso pode ser ainda mais confirmado pelo

---

[42]Cf. Isaías 42.6,7,16: "Eu te designei [...] luz para as nações; para abrir os olhos dos cegos, para tirar da prisão os presos e do cárcere os que habitam em trevas" (v. 6,7); "Guiarei os cegos [...] farei as trevas se tornarem luz diante deles" (v. 16).

uso comum de figuras da criação nas duas supostas alusões, indicando que Paulo entendia seu primeiro encontro com Cristo como um acontecimento que fazia parte de uma nova criação inaugurada (o que, segundo argumentei, é inspirado pelas associações de restauração com uma nova criação em Is 40—66). Portanto, a análise de Paulo da reconciliação como o início do cumprimento das promessas de restauração do AT em 5.18—7.4 desenvolve naturalmente essa reflexão sobre a "cristofania" do caminho de Damasco, juntamente, sem dúvida, com a tradição cristã antiga relativa a Jesus. Do mesmo modo, a dissertação acerca da reconciliação associada à nova criação e à esperança do AT de restauração em Efésios 2.13-17 também pode vir à mente porque no contexto imediatamente posterior há uma lembrança da experiência do caminho de Damasco.[43] Assim, parte do entendimento de Paulo de reconciliação foi influenciada por seu entendimento da própria reconciliação com Deus por meio de Cristo no caminho de Damasco.[44]

Será que as reiteradas menções de "graça e paz" de Paulo na introdução de suas epístolas e de "paz" na conclusão delas foram assim formuladas por causa do seu entendimento de "paz" e "reconciliação" nas passagens que examinamos até aqui neste capítulo? Será que se trata de simples expressões estilísticas sem propósito específico no início e no fim de suas epístolas? Ao fazer uso dessas expressões, é provável que Paulo tenha em mente a graça de Deus em perdoar a hostilidade e os pecados das pessoas contra ele.[45]

O conceito de reconciliação como cumprimento inaugurado da nova criação e das profecias de restauração a partir do exílio de Israel em outras partes do Novo Testamento

O propósito desta seção é simplesmente citar as obras de outros especialistas que, creio, defenderam de maneira convincente que até livros inteiros do NT, além dos textos de Paulo, são dominados pela ideia de que as profecias isaiânicas da restauração começaram a ser cumpridas. Isso é importante para o atual capítulo, pois minha opinião é que o conceito de reconciliação é entendido por Paulo como o cumprimento inicial das profecias da restauração de Israel. O restante deste capítulo será dedicado à análise de como a noção veterotestamentária de restauração como a aceitação escatológica de Deus do seu povo ocorre além dos escritos paulinos, ainda que as palavras exatas para "reconciliação" não ocorram nesses textos.

Evangelhos Sinóticos e Atos

A expressão dessa esperança de restauração, que inclui um elemento importante da ideia de reconciliação, já foi identificada em outras partes do NT além dos escritos de Paulo. Ademais, já se defendeu que o conceito de restauração, principalmente em Isaías 40—66, forma a estrutura de livros como Marcos,[46] Lucas,[47] Atos[48] e 1Pedro.[49] Isso significa que o conceito de

---

[43] Veja Efésios 3.2-11; cf. igualmente Colossenses 1.23,25, embora não haja nenhuma referência explícita aos textos de restauração do AT.

[44] Sobre isso, veja Kim, *Origin of Paul's gospel*, p. 311-5.

[45] Porter, "Peace, reconciliation", p. 699.

[46] Rikki E. Watts, *Isaiah's new exodus in Mark* (Grand Rapids: Baker Academic, 1997).

[47] Max Turner, *Power from on high: the Spirit in Israel's restoration and witness in Luke-Acts*, JPTSup 9 (Sheffield: Sheffield Academic Press, 1996).

[48] David W. Pao, *Acts and the Isaianic new exodus*, WUNT 2/130 (Tübingen: Mohr Siebeck, 2000); Turner, *Power from on high*. Para uma elaboração do estudo de Turner sobre esse assunto em Lucas e Atos, veja o próximo capítulo.

[49] Mark Dubis, *Messianic woes in First Peter: suffering and eschatology in 1 Peter 4:12-19*, SBL 33 (New York: Peter Lang, 2002), p. 46-62.

reconciliação também ocorre nesses livros, uma vez que, como vimos, essa ideia é um tema essencial incluído no conceito mais amplo de restauração, conforme desenvolvido em Isaías 40—66. Em Marcos e Atos, por exemplo, Jesus é identificado com Yahweh vindo restaurar seu povo para si, tirando-o da separação causada pelo pecado. Os dois livros também entendem que a morte e a ressurreição de Cristo têm o papel central na realização da restauração desse relacionamento. Além disso, tanto Marcos quanto Lucas-Atos recorrem no início a Isaías 40.3 (Mc 1.3; Lc 3.4): "Uma voz está clamando: 'Preparai o caminho do Senhor no deserto; endireitai ali uma estrada para o nosso Deus'". Na verdade, parte de Isaías 40.3 é um tema repetido em Marcos e Atos, visto que "caminho" é mencionado reiteradas vezes mais adiante em Marcos e passa a ser um nome atribuído ao movimento cristão em Atos. A menção de Isaías 40.3 logo no início dos dois livros ressalta a natureza programática das profecias isaiânicas de restauração e o fato de que elas estão começando a cumprir-se. O contexto imediato de Isaías 40.3 é um bom exemplo de que as profecias isaiânicas de restauração estão indissociavelmente ligadas às ideias de reconciliação com Deus e aceitação por ele. O texto de Isaías 40.1 profetiza que o Israel dos últimos tempos será "consolado" por Deus porque "o seu pecado foi perdoado", e por causa disso "ele cuidará do seu rebanho como um pastor; recolherá nos seus braços os cordeirinhos e os levará no colo" e "guiará mansamente as ovelhas que amamentam" (Is 40.11).

Com respeito a Lucas-Atos, Max Turner comentou sobre a importância do contexto da "restauração do exílio" nesses livros em relação ao tema da reconciliação. Em especial, Turner entende que a esperança de restauração atinge seu ápice em Atos 15. Para ele, essas esperanças realizadas são manifestas em uma comunidade "que tem seus pecados perdoados", na liberdade "para servir a Deus [...] sem medo" e "em uma comunidade messiânica de reconciliação, 'paz'"[50] e "união".[51] Observe-se a referência repetida ao "Espírito" nessa narrativa de Atos 15.1-25 e que ela culmina com "paz" e o consenso entre os representantes da igreja primitiva (15.30-33).

Deixarei para apresentar um resumo dos argumentos em favor da ideia de restauração predominante nos Sinóticos e Atos em um capítulo posterior (veja cap. 19). Por enquanto, é suficiente dizer que o conceito de reconciliação como parte do cumprimento inicial das esperanças da restauração de Israel no AT que observamos nos textos de Paulo pode ser visto em outras partes do NT.

Apocalipse

Embora a análise de outros livros do NT que se referem à esperança de restauração do AT (e à qual a ideia de reconciliação está vinculada) tenha de ser deixada para um capítulo mais adiante,[52] o livro de Apocalipse é tão importante para o estudo desse tema que precisa ser mencionado aqui. Até esta parte do capítulo, o foco foi o aspecto inaugurado da restauração em seu relacionamento com o retorno do exílio da incredulidade e do juízo e a reconciliação com Deus. Agora, ao analisarmos Apocalipse, o foco mudará para a consumação da restauração.

O Apocalipse entende que os cristãos, apesar de terem começado a ser restaurados para Deus por meio de Cristo,[53] ainda permanecem em um exílio continuado sob a opressão babilônica (p. ex., Ap 18.2-4; 19.2). Por isso, a seção do livro que retrata com mais clareza a restauração consumada do verdadeiro Israel (= a igreja) do exílio da Babilônia (= o mundo)

---

[50]Turner, *Power from on high*, p. 419.
[51]Ibidem, p. 455.
[52]A respeito desse assunto, veja Dubis, *Messianic woes*.
[53]Veja G. K. Beale, *The book of Revelation: a commentary on the Greek text*, NIGTC (Grand Rapids: Eerdmans, 1999), p. 285-9, comentário de Apocalipse 3.8,9.

se encontra em 21.1—22.5. Veremos mais uma vez que a restauração do povo de Deus sobrepõe-se conceitualmente à ideia neotestamentária de reconciliação, apesar de Apocalipse não usar o termo "reconciliação" para ela. Particularmente, essa última visão de Apocalipse retrata o povo peregrino de Deus terminando sua jornada pelo exílio no mundo e sendo restaurado para Deus e Cristo no templo dos últimos tempos, que é equiparado à nova Jerusalém, ao jardim do Éden renovado e à nova criação.[54]

Em Apocalipse 21.1-8, o primeiro trecho literário dessa última visão, há algumas alusões importantes às passagens veterotestamentárias de restauração que implicam o conceito da reconciliação com Deus. Mais claramente, Apocalipse 21.2 faz alusão a Isaías 52.1,2; 61.10 (LXX), passagens que se referem ao Israel dos últimos tempos voltando para Deus como uma noiva indo ao encontro de seu marido: "Vi a cidade santa, a nova Jerusalém, que descia do céu, da parte de Deus, enfeitada como uma noiva preparada para seu noivo". O acréscimo do termo "nova" à "cidade santa, Jerusalém" em parte provém de Isaías. O texto de Isaías 62.1,2 fala de "Jerusalém" sendo "chamada por um novo nome" no momento da sua glorificação do fim dos tempos. Esse novo nome é explicado em seguida em Isaías 62.3-5 com o sentido de um novo relacionamento íntimo de casamento que Israel terá com Deus. Essa imagem de intimidade do casamento é ainda mais reforçada pela referência a Isaías 61.10 (LXX), que diz de forma semelhante: "Ele me adornou com os ornamentos como uma noiva". Os dois textos de Isaías pressupõem a separação anterior de Israel de Deus e enfatizam o reencontro do povo com seu Deus.

Apocalipse 21.3 também mostra que o exílio do povo de Deus chegará ao fim, porque "o tabernáculo de Deus está entre os homens, e habitará com eles. Eles serão o seu povo, e Deus mesmo estará com eles". A expressão da comunhão completa entre Deus e a humanidade redimida é formulada na terminologia de diversas profecias repetidas do AT. Essas profecias, entre as quais as mais importantes são Ezequiel 37.27 e Levítico 26.11,12, predizem a chegada de um tempo final de restauração em que Deus mesmo "tabernacula[rá] no meio" de Israel e os israelitas serão "um povo para ele", e ele será "seu Deus". O contexto em Levítico prenuncia uma interrupção do exílio da presença tabernacular de Deus (26.37,38), depois da qual Deus restaurará o povo à sua presença na terra deles (26.40-45). O texto de Ezequiel aplica as palavras da presença divina tabernacular de Levítico 26.11,12 ao tempo posterior ao afastamento da nação de Deus e a seu retorno à presença dele em algum momento futuro. Apocalipse 21.3 retrata esse momento futuro final do retorno à presença de Deus.

Apocalipse 21.4 continua o tema do retorno à relação harmoniosa com Deus: "Ele lhes enxugará dos olhos toda lágrima; não haverá mais morte; e não haverá mais pranto, nem lamento, nem dor, porque as primeiras coisas já passaram". Deus "lhes enxugará dos olhos toda lágrima" é uma alusão ao cumprimento futuro de Isaías 25.8 (LXX): "Deus enxugou toda lágrima de todo rosto". A parte inicial de Isaías 25.8 afirma que o remover das lágrimas faz parte do consolo porque a "morte", que antigamente "prevalecia" no cativeiro de Israel, terá fim. Está em mente em Isaías 25 e, portanto, também em Apocalipse 21.4, a ressurreição dos

---

[54]Não será possível demonstrar essa equivalência aqui, mas tentei fazer isso em G. K. Beale, *The temple and the church's mission: a biblical theology of the dwelling place of God*, NSBT 17 (Downers Grove: InterVarsity, 2004), o que será resumido em um capítulo posterior. Veja tb. a análise exegética mais completa de Apocalipse 21.1—22.5 em Beale, *Revelation*, p. 1039-121, da qual o restante deste capítulo é um resumo. Além desses textos, veja as seguintes obras que complementam a abordagem seguinte do uso do AT em Apocalipse 21.1—22.5: Jan Fekkes III, *Isaiah and prophetic traditions in the book of Revelation: visionary antecedents and their development*, JSNTSup 93 (Sheffield: Sheffield Academic Press, 1994), p. 226-76; David Mathewson, *A new heaven and a new earth: the meaning and function of the Old Testament in Revelation 21.1—22.5*, JSNTSup 238 (Sheffield: Sheffield Academic Press, 2006).

redimidos (observe-se Is 25.8: "Engolirá a morte para sempre" [cf. Is 26.19]). Além do fim da morte, Apocalipse 21.4 declara que também não haverá mais "pranto, nem lamento, nem dor". Isso continua refletindo a expectativa de Isaías de que no futuro Israel será poupado da "dor, lamento e pranto" de outrora, sentimentos que terão fugido (Is 35.10; 51.11, LXX). De novo, recorre-se a passagens do AT para indicar que a volta do Exílio dos israelitas resultará em um relacionamento íntimo com Deus; na verdade, Deus os consolará com ternura de suas dores passadas.

Além das alusões do AT que acabamos de observar em Apocalipse 21.2-4, há referência explícita e repetida à nova criação na mesma seção literária:

Apocalipse 21.1: "Então vi um novo céu e uma nova terra. Pois o primeiro céu e a primeira terra já passaram".
Apocalipse 21.4b: "As primeiras coisas já passaram".
Apocalipse 21.5: "Eu faço novas todas as coisas!".

Portanto, há uma pergunta gritante: como as alusões à restauração do AT (que transmitem ideias de reconciliação) examinadas até agora em Apocalipse 21.2-4 se relacionam com essas expressões da nova criação? A resposta está na lembrança de que as três declarações de nova criação são alusões às profecias de Isaías da nova criação: Apocalipse 21.1 = Isaías 65.17 // 66.22; Apocalipse 21.4b = em parte Isaías 43.18 + 65.17b; Apocalipse 21.5 = Isaías 43.19; talvez juntamente com Isaías 65.17. Vimos no começo deste capítulo no estudo de 2Coríntios 5.17 que essas mesmas três predições de nova criação em Isaías são apenas três de uma série de profecias em outras seções de Isaías 40—55, o que explica a restauração do Israel exilado como uma nova criação ou, ao menos, associa integralmente os conceitos de restauração e criação. Mais especificamente, também observamos que cada um dos três textos de Isaías faz parte de um tema mais amplo dos seus respectivos contextos literários cujo foco é a promessa de que a restauração de Israel do exílio será uma nova criação redentora realizada mediante o pagamento de um resgate e o perdão dos pecados. Isso deveria resultar na interrupção da ira divina e no fim do Exílio. Também possibilitaria um relacionamento harmonioso entre Yahweh e seu povo, que resulta da nova criação e é característico dela, cujo modelo segue as condições paradisíacas originais. Concluí que, em 2Coríntios 5.14—6.18, o uso paulino repetido da palavra "reconciliação" faz parte da interpretação do apóstolo de sua citação e alusão de textos do AT sobre a restauração. Para Paulo, "reconciliação" era equivalente a dizer que as esperanças de restauração haviam começado a se realizar. Embora Apocalipse 21 não empregue o termo "reconciliação", parece que nesse texto está presente a mesma noção de retorno à presença graciosa de Deus. Recorre-se exatamente aos mesmos textos de Isaías, os quais são combinados com promessas de restauração à presença íntima de Deus com seu povo, uma presença que produz cura.

O restante dessa última visão de Apocalipse confirma o tema da restauração à presença de Deus. Apocalipse 21.9-27 retrata o povo de Deus como uma cidade gloriosa estruturada na forma de um templo (i.e., um Santo dos Santos cúbico).[55] Primeiro, a "noiva" (v. 2,9), a igreja, é retratada como templo, o que fica evidente ao observar-se as várias alusões a Ezequiel e seus usos específicos na visão final de João. Para meu objetivo aqui, não há necessidade de uma lista detalhada nem de análise de todas a alusões a Ezequiel e a outros textos do AT nessa

---

[55]A visão de Apocalipse 21.1—22.5 representa a nova criação sendo equiparada a uma cidade na forma de um templo e com a semelhança de um jardim. Para mais detalhes sobre essa semelhança, veja Beale, *Temple*; tb. cap. 18 a seguir, que resume o livro.

passagem, algo que já fiz em outra parte.[56] Apesar disso, é possível encontrar um breve panorama das alusões à visão de Ezequiel do templo e da cidade dos últimos tempos na tabela 15.5.

Tabela 15.5

Apocalipse 21.1—22.5	Ezequiel
O tabernáculo de Deus (21.3)	43.7 (+ 37.27 e Lv 26.11,12)
Fórmula da comissão profética (21.10)	40.1,2 e 43.5 (+ 2.2; 3.12,14,24; 11.1)
Glória de Deus (21.11)	43.2-5
Doze portas da cidade nos quatro pontos cardeais (21.12,13)	48.31-34 (+ 42.15-19)
Medição das partes da cidade-templo (21.15)	40.3-5 (e ao longo dos capítulos 40—48)
Cidade com formato "quadrangular", medida por "cumprimento e largura" (21.16)[a]	45.1-5 (+ 40.5; 41.21; 48.8-13 + Zc 2.2; 1Rs 6.20)
Glória de Deus iluminadora (21.23)	43.2,5 (+ Is 60.19)
Água da vida fluindo do templo (22.1,2a)	47.1-9 (+ Gn 2.10; Zc 14.8; e possivelmente Jl 3.18)
Uma árvore com "frutos" e "folhas para cura" em ambas as margens de um rio (22.2b)	47.12

Observação: Esta tabela se baseia em Beale, *Revelation*, esp. p. 1030-117, em que há uma análise mais aprofundada de cada alusão.

[a]Embora a cidade-templo de Apocalipse seja mais precisamente "cúbica", e o templo de Ezequiel, quadrado, a terminologia referente às dimensões de ambas ainda é idêntica em alguns casos (sobre isso, veja tb. ibidem, p. 1073-6).

Tendo em vista os muitos paralelos entre os textos de Apocalipse e Ezequiel, a cidade-templo de João tem muitas características semelhantes às de Ezequiel. Por quê? Porque essa última visão de Apocalipse é o cumprimento da profecia de Ezequiel. Essa análise se baseia não apenas nas muitas semelhanças entre as duas e as alusões comprovadas a Ezequiel, mas também em minha argumentação de que Ezequiel 40—48, por sua vez, é uma profecia do templo escatológico (com o que a maioria dos comentaristas do AT concordaria), que devia ser uma das características essenciais da restauração definitiva de Israel. O cenário da cidade-templo escatológica de João, portanto, retrata o da visão escatológica de Ezequiel. Se Apocalipse 21.1—22.5 é o cumprimento da profecia de Ezequiel, isso significa que o templo de Ezequiel tem de ser completamente estabelecido no novo céu e na nova terra eternos, que também são o cenário da visão final de João. O fato de o povo de Deus ter de ser identificado com o templo de Ezequiel também indica que esse povo tem acesso livre à presença gloriosa de Deus, que, segundo Ezequiel, encheria completamente o templo escatológico e o mundo inteiro (Ez 43.1-5; cf. Ap 21.11,23).

Além disso, em Apocalipse 22.4, o povo de Deus coletivamente é retratado na posição de sumo sacerdote no Santo dos Santos: "Verão a sua face, e na testa deles estará o seu nome". No velho cosmo, a presença de Deus estava, em primeiro lugar, no templo de Israel, e no céu,

---

[56]Veja Beale, *Revelation*, esp. p. 1030-117.

na era posterior à ressurreição. No período da igreja, que antecede a volta de Jesus, embora os cristãos tenham maior acesso à presença do Espírito do que antes, a plenitude escatológica do Pai, do Filho e do Espírito Santo ainda não lhes foi revelada. Agora a presença divina domina plenamente o templo eterno e a habitação dos santos, pois eles "verão a sua face", uma esperança manifestada pelos santos do AT (Sl 11.4-7; 27.4).[57] Todos os membros da comunidade dos redimidos são considerados sacerdotes que servem no templo e têm o privilégio de ver a face de Deus no novo lugar santíssimo, que agora abrange toda a cidade-templo. A afirmação de que "na testa deles estará o seu nome" intensifica a ideia da comunhão íntima com Deus. Não é coincidência que o nome de Deus estava escrito na testa do sumo sacerdote no AT. Ele era o único que podia entrar na presença do Senhor no Santo dos Santos uma vez por ano. Toda a assembleia dos santos terá essa condição privilegiada na nova ordem vindoura. Isso expressa ainda mais a natureza sumo sacedotal do novo povo de Deus e assim sua relação direta, sem nenhum obstáculo, com Deus. Nada desse velho mundo caído poderá impedir os santos de ter acesso permanente à plena presença divina.

Uma última imagem precisa ser analisada, a associação do jardim do Éden com os crentes na nova criação em Apocalipse 22.1-3:

> Então, o anjo mostrou-me o rio da água da vida, claro como cristal, que saía do trono de Deus e do Cordeiro, no meio da praça da cidade. De ambos os lados do rio estava a árvore da vida, que produz doze frutos, de mês em mês; e as folhas da árvore são para a cura das nações. Ali jamais haverá maldição. Nela estará o trono de Deus e do Cordeiro, e seus servos o servirão.

A imagem da água, do rio e da "árvore da vida" e a declaração de que nunca mais haverá "maldição" lembram o jardim do Éden, onde Adão e Eva passeavam na própria presença de Deus. Mas foram amaldiçoados e exilados do jardim e da presença do Senhor por causa do pecado. Agora, todo o corpo de redimidos de todos os tempos é visto retornando a esse jardim, mas um jardim que durará para sempre e onde nenhuma maldição poderá jamais existir.

O propósito da identificação do povo de Deus com o templo, o sumo sacerdote e o jardim do Éden é mostrar a íntima relação dos santos com Deus, relação livre de qualquer obstáculo do velho mundo que antigamente restringia a comunhão plena com Deus. Assim, o objetivo da visão do templo nessa seção é bastante próximo da ideia de reconciliação ou de volta do exílio ou da alienação para desfrutar uma íntima e plena relação com Deus.

Entretanto, algo na visão final de restauração de Apocalipse diverge da visão de Paulo em Romanos 5, 2Coríntios 5, Efésios 2 e Colossenses 1, que estudamos anteriormente neste capítulo. Por um lado, Paulo entende a reconciliação como o cumprimento inaugural das profecias veterotestamentárias de restauração de Israel. Por outro lado, como indiquei no início desta seção, Apocalipse retrata os que já começaram a ser restaurados para Deus por intermédio de Cristo, mas continuam no exílio do sistema "babilônico" deste velho mundo. Apesar de já terem começado a voltar a uma relação de redimidos com Deus, eles não desfrutam a comunhão completa e consumada com o Senhor porque continuam no exílio do mundo caído e de seu próprio corpo decaído. Esse exílio impossibilita o pleno desfrute da presença de Deus por causa da perseguição, das próprias imperfeições ainda presentes e do corpo pecaminoso deles. Esses impedimentos causam também separação parcial da comunhão plena com Deus. Portanto, a ira de Deus sobre o crente foi assumida por Cristo, e o efeito inaugural é que a alienação espiritual de Deus já começou a ser dissipada; o efeito pleno da morte e ressurreição de Cristo, porém, só será vivenciado na consumação, quando as maldições espirituais e físicas serão completamente extintas. A visão que conclui Apocalipse mostra o povo peregrino

---

[57] Cf. Salmos 42.2; veja tb. *4Ed* 7.98; *T. Zeb.* 9.8, ambos são textos pseudepigráficos judaicos.

de Deus chegando ao fim de sua viagem do exílio e sendo restaurado à comunhão plena e desimpedida com o Criador. Os obstáculos da viagem passada que impediam a intimidade com Deus serão removidos no novo céu e na nova terra: "Ele lhes enxugará dos olhos toda lágrima; não haverá mais morte; e não haverá mais pranto, nem lamento, nem dor, porque as primeiras coisas já passaram" (21.4). A essência dessa restauração dos santos é que o corpo e a alma deles foram removidos do velho mundo pela ressurreição e colocados no ambiente da nova criação.[58]

Consequentemente, o desfecho de Apocalipse desenha o quadro da consumação da comunidade restaurada e reconciliada em seu estado glorificado e ressurreto, o que a tornou adequada para desfrutar o relacionamento com Deus sem nenhum obstáculo.

---

[58]A parte da nova criação em que João se concentra em Apocalipse 21.2—22.5 é a dos santos redimidos e ressurretos. Isso fica evidente porque essa visão é dominada principalmente por várias descrições figuradas da comunidade glorificada dos crentes. Em segundo lugar, João 3.14 indicou que a alusão à profecia da nova criação em Isaías 43.18,19 e 65.17 começou a ser cumprida na ressurreição física de Cristo. De acordo com isso, as mesmas alusões de Isaías em Apocalipse 21.1,4,5 se aplicam à comunidade de salvos e possivelmente se referem à comunidade em seu estado ressurreto e glorificado. Entretanto, fica evidente que a nova criação inclui mais do que a comunidade ressurreta pelas construções "novo céu e nova terra" (v. 1) e "eu faço novas todas as coisas!" (v. 5).

Sexta parte

A narrativa da obra do Espírito na nova criação inaugurada dos últimos tempos

16

O Espírito como agente de transformação da nova criação escatológica inaugurada

O propósito deste capítulo é estudar o Espírito divino não em todos os seus diversos papéis, mas, sim, com o foco em sua função escatológica, sobretudo no NT, e particularmente no que diz respeito à sua função de dar a vida da ressurreição. De acordo com o argumento deste livro e o núcleo do enredo do NT proposto até agora, vamos ver mais uma vez que o Espírito é mais bem entendido como um agente essencial da realização da entrada da nova criação e do reino escatológico.

O papel do Espírito como agente de transformação de vida no Antigo Testamento

O Espírito de Deus começou a transformar o caos que existia no início de Gênesis 1: "A terra era sem forma e vazia, e havia trevas sobre a face do abismo, e o Espírito de Deus[1] se movia sobre a face das águas" (Gn 1.2). Supostamente, a obra do Espírito em Gênesis 1.2 foi continuada pela palavra criadora de Deus que ordenou e produziu a criação fértil na narrativa de Gênesis 1. Mais adiante no AT, Jó diz: "O Espírito de Deus me fez, e o sopro do Todo-Poderoso me dá vida" (Jó 33.4). A menção de o Espírito "me fez" não indica a criação do nada, mas a criação da vida de Jó no ventre de sua mãe como resultado das relações sexuais humanas. A declaração seguinte, o Todo-Poderoso "me dá vida", talvez seja uma reafirmação do primeiro verso, ou talvez seja uma alusão à preservação da vida de Jó no ventre e no decorrer da sua existência humana pelo Espírito. Do mesmo modo, em Salmos 104.30, o salmista afirma a Deus com respeito a todas as criaturas vivas não humanas no mar e na terra: "Envias teu Espírito, e são criados". O versículo prossegue falando de Deus: "Assim renovas a face da terra". A passagem diz respeito principalmente à preservação divina de toda a vida animal e vegetal, o que é na realidade um processo criativo contínuo. O Espírito de Deus também prepara

---
[1] Algumas traduções inglesas têm "vento de Deus" em vez de "Espírito de Deus" (p. ex., NRSV, NJPS). Os comentaristas também divergem: Gordon Wenham (*Genesis 1—15*, WBC 1 [Waco: Word, 1987], p. 16-7) prefere "vento de Deus", já Bruce Waltke (*Genesis* [Grand Rapids: Zondervan, 2001], p. 60) prefere "Espírito de Deus" (e recorre a outros comentaristas para argumentos mais profundos a favor dessa tradução).

pessoas particularmente chamadas para desempenhar trabalhos específicos no serviço ao povo de Israel, quer profetizando, quer liderando, quer realizando outras funções especiais.[2]

O AT tem várias referências à obra escatológica do Espírito. Em primeiro lugar, o AT profetiza que o Espírito é o criador de nova vida na era vindoura, assim como o Espírito havia criado vida na primeira Criação. O texto de Ezequiel 36.26,27 afirma:

> Além disso, eu vos darei um coração novo e porei um espírito novo dentro de vós; tirarei de vós o coração de pedra e vos darei um coração de carne. Também porei o meu Espírito dentro de vós e farei com que andeis nos meus estatutos; e sereis cuidadosos em obedecer aos meus mandamentos.

O Espírito transformará os incrédulos em povo de Deus tirando-lhes o "coração de pedra" e dando-lhes "um coração de carne" e "um espírito novo". O contexto antecedente e o seguinte de Ezequiel 36 indicam que isso ocorrerá no Israel dos últimos tempos, quando Deus os restaurará da incredulidade e do exílio e os fará habitar na Terra Prometida transformada. Ezequiel 37.1-14, uma passagem que já citei e analisei de modo detalhado,[3] explica essa promessa. Os versículos 1-10 apresentam o quadro de Deus pondo o "fôlego" (ou "espírito" ou o "Espírito") nos ossos e fazendo que carnes e músculos cresçam ao redor desses ossos mortos para ressuscitá-los e formar um novo povo. A interpretação desse quadro é oferecida nos versículos 11-14: os ossos representam o Israel espiritualmente morto, vivendo no Exílio ("sepulcros") fora da terra (v. 11). Deus ressuscitará o povo de Israel da morte espiritual (v. 12a), soprará nele e lhe dará "vida" por meio do seu "Espírito" (v. 14) e o trará do exílio espiritual e físico de volta para a terra (v. 12b) a fim de que "saibam" que foi Deus quem fez isso (v. 13,14b).

Ezequiel 37.5,9 faz alusão a Gênesis 2.7 (veja tabela 16.1).

Tabela 16.1

Gênesis 2.7 (LXX)	Ezequiel 37.5,9 (LXX)
"E Deus formou o homem do pó da terra e soprou-lhe nas [*kai enephysēsen eis to*] face dele o fôlego de vida [*zōēs*]; e o homem tornou-se alma vivente [*zōsan*]."	37.5: "Assim diz o Senhor Deus a estes ossos: Eis que trarei sobre vós o fôlego da vida [*zōēs*]". 37.9: "Então ele me disse: 'Profetiza ao fôlego; ó filho do homem, profetiza e dize ao fôlego: "Assim diz o Senhor Deus: 'Ó fôlego, vem dos quatro ventos e assopra sobre estes [*kai emphysēson eis tous*] mortos para que vivam [*zēsatōsan*]'"'".

Observação: Para fins de comparações posteriores com paralelos do NT, uso a LXX para as comparações textuais acima (nos trechos em que a redação for mais estreitamente paralela do que no hebraico, a sublinha representa os paralelos léxicos, e os pontilhados, os paralelos menos próximos). Os paralelos hebraicos são suficientes para reconhecer a alusão (p. ex., observe-se o uso comum das formas nominal e verbal de "vida" [*ḥyh*] e do verbo "soprar" [*npḥ*]). Entre os comentaristas que observaram essa alusão estão C. F. Keil, *Prophecies of Ezekiel*, K&D (reimpr., Grand Rapids: Eerdmans, 1970), vol. 2, p. 117-8; Joseph Blenkinsopp, *Ezekiel*, IBC (Louisville: John Knox, 1990), p. 173; Daniel I. Block, *The book of Ezekiel: chapters 25—48*, NICOT (Grand Rapids: Eerdmans, 1998), p. 360, 379; Ian W. Duguid, *Ezekiel*, NIVAC (Grand Rapids: Zondervan, 1999), p. 69; Robert W. Jenson, *Ezekiel*, BTCB (Grand Rapids: Baker Academic, 2009), p. 281-3.

---

[2] Veja Êx 31.3; 35.31; Nm 11.17,25,29; 24.2; 27.18; Dt 34.9; Jz 3.10; 6.34; 11.29; 13.25; 14.6,19; 15.14; 1Sm 10.6,10; 11.6; 16.13; 19.20; 2Sm 23.2; 1Rs 18.12; 22.24; 2Rs 2.16; 1Cr 12.18; 2Cr 15.1; 20.14; 24.20; Ne 9.20,30; Sl 51.11; 143.10; Mq 3.8; o livro de Ezequiel se refere cerca de dez vezes ao Espírito comissionando Ezequiel como profeta.

[3] Veja o cap. 7 (seção "A ressurreição já e ainda não dos últimos dias e o reino da nova criação nos Evangelhos"); cap. 8 (seção "A ressurreição em Romanos").

A importância da alusão é que a volta de Israel à vida por meio do sopro de Deus é uma recapitulação do primeiro ato de Deus de soprar em Adão e lhe dar a vida. Seguindo o processo de formação em duas etapas da criação do primeiro homem em Gênesis 2.7, Ezequiel 37 também retrata duas etapas da criação do Israel restaurado: primeiro, a formação dos corpos e, em seguida, Deus sopra vida neles.[4] Isso, portanto, é um tema de nova criação recapitulado, confirmando que a ressurreição futura de Israel será parte de um ato de nova criação.[5]

Fica mais claro que Ezequiel 37.1-14 se refere ao mesmo tema que Ezequiel 36.25-27 pela linguagem usada: "E porei em vós o meu Espírito, e vivereis; e vos porei na vossa terra" (Ez 37.14a), sendo a primeira oração gramatical uma repetição *ipsis litteris* de Ezequiel 36.27a, e a última, uma paráfrase de Ezequiel 36.28a ("habitareis na terra"). Esse paralelismo dos dois capítulos indica que a profecia da purificação de Israel com água e da nova criação pelo Espírito em Ezequiel 36 é praticamente equivalente à predição da ressurreição pelo Espírito no capítulo 37, que, como vimos antes (no cap. 7), deveria ser entendida como a primeira parcela da ressurreição completa dentre os mortos. O fato de que Israel como um Adão coletivo recém-criado viverá em uma terra renovada semelhante ao "jardim do Éden" (Ez 36.35) torna ainda mais notório o paralelo com a criação do primeiro Adão.

A maioria dos comentaristas entende a passagem de Ezequiel 37 como uma metáfora para o retorno de Israel à terra, mas é preciso ressaltar algo mais: esse texto também é uma profecia de que, quando Deus levar Israel de volta à terra, ele ainda regenerará a nação espiritualmente. A conclusão provável é que em algum momento futuro Deus vai completar esse avivamento espiritual produzindo um avivamento físico — a ressurreição física.[6]

Além de Ezequiel, Isaías prediz que o Espírito também será o agente de vida e fertilidade na nova criação dos últimos dias: "até que se derrame sobre nós o Espírito lá do alto, e o deserto se torne um campo fértil, e este seja considerado um bosque" (Is 32.15). Também em Isaías 44.3-5 Deus afirma:

> Porque derramarei água sobre a terra sedenta
> e torrentes sobre o solo seco;
> derramarei o meu Espírito sobre a tua posteridade
> e a minha bênção sobre a tua descendência;
> eles brotarão como grama,
> como salgueiros junto às correntes de águas.
> Um dirá: "Eu sou do SENHOR";
> e outro se chamará pelo nome de Jacó;
> e aquele outro escreverá na própria mão: "Pertencente ao SENHOR";
> e tomará o nome de Israel com honra.

Esses textos são importantes, mas só poderemos ter mais explicações depois que estudarmos alguns dos usos de "Espírito" no NT à luz do contexto dessas passagens de Isaías. Outros usos escatológicos de "Espírito" em Isaías e em alguns outros profetas, embora às vezes também estejam diretamente associados à vida da nova criação,[7] se referem sobretudo à capacitação especial do Servo messiânico para cumprir sua missão,[8] ou à obra do Espírito no meio do povo

---

[4]Cf. Keil, *Prophecies of Ezekiel*, p. 117-8; Block, *Book of Ezekiel*, p. 379.

[5]Para uma boa análise da relação do Espírito com a nova criação no AT, sobretudo com respeito ao desenvolvimento de Gênesis 2.7 em livros posteriores do AT, entre eles Ezequiel 37, veja John W. Yates, *The Spirit and creation in Paul*, WUNT 2/251 (Tübingen: Mohr Siebeck, 2008), p. 24-41.

[6]Ezequiel 37.14 é enfatizado e ampliado em 39.28,29: depois de restaurar Israel, Deus "terá derramado [seu] Espírito na casa de Israel".

[7]Isaías 11.1-9; 34.16—35.10.

[8]Isaías 11.2; 42.1; 48.16; 61.1.

de Deus para realizar a restauração desse povo,[9] enquanto concede a Israel a capacidade de profetizar como os profetas do passado (Jl 2.28,29).

O papel do Espírito como agente de transformação de vida no judaísmo

Assim como o AT, o judaísmo considerava o Espírito Santo o agente que cria a vida escatológica.[10] Uma das referências mais antigas a essa ideia ocorre em *Testamentos dos Doze Patriarcas*: "E ele dará de comer da árvore da vida aos santos, e o Espírito de santidade estará neles" (*T. Levi* 18.11). A estreita ligação entre a "árvore da vida" e o "Espírito de santidade" mostra provavelmente uma associação do Espírito[11] com a ideia de recuperação da vida que havia sido perdida no primeiro Éden.[12] Assim como Deus "deu vida a todas as coisas" no princípio da criação, também seu Espírito "renova" e "forma de novo" para "tornar vivo de novo", o que produz "vida eterna para sempre (e) sempre" (*Jos. Asen.* 8.10,11).[13] Em particular, tanto o judaísmo antigo quanto o mais recente também refletem sobre o relato de Gênesis de Deus soprando em Adão "o fôlego da vida" (Gn 2.7) e o associam com o Espírito e a nova criação, especialmente o Espírito como o agente que produz a nova criação.[14] Alguns pais da igreja antiga fizeram uma comparação semelhante do Espírito (p. ex., pairando sobre as águas) como o agente da primeira criação com o Espírito que recria os seres humanos como uma nova criação em Cristo.[15]

---

[9]Isaías 34.16; 59.21; Zacarias 12.10. Tanto Ageu 2.5 quanto Zacarias 4.6 se referem ao "Espírito" de Deus capacitando Israel para construir o segundo templo em Jerusalém como parte do que parecia ser o contínuo retorno da Babilônia, que desembocaria no retorno escatológico consumado e na nova criação final. Mas Israel foi desobediente (observe-se, p. ex., as implicações de Zc 6.15) e, por isso, o retorno culminante do fim dos tempos não aconteceu com a edificação do segundo templo.

[10]Assim como no AT, no judaísmo o "Espírito" também pode ser designado como transformador de vida; p. ex., o Espírito foi o agente da Criação em Gênesis 1: "Que todas as criaturas sirvam a ti, pois tu falaste, e elas foram criadas. Enviaste teu Espírito, e ele as formou; não há ninguém que resista à tua voz" (Jt 16.14). Também em *2Br* 23.5.

[11]Porém, a tradução em James H. Charlesworth, *The Old Testament Pseudepigrapha* (New York: Doubleday, 1983-1985), 2 vols., 2:795, usa inicial minúscula, "espírito", indicando que não se trata do Espírito de Deus, embora o contexto favoreça o Espírito de Deus. Por exemplo, em *T. Levi* 18.7: "o Espírito de entendimento e santificação repousará sobre ele [o Messias]" provavelmente seja uma referência ao Espírito Santo (à luz da alusão a Is 11.1,2 neste texto, apesar de Charlesworth também usar inicial minúscula nessa passagem), de modo que o paralelo em 18.11, "o Espírito de santidade repousará sobre eles", talvez também se refira ao Espírito divino, uma vez que o Espírito referido procede do Messias.

[12]Observe-se também, *1En* 61.7, que menciona os que "eram sábios [...] no espírito de vida". Isso pode ser apenas uma referência àqueles que tinham o espírito humano regenerado ou àqueles que tinham a vida criada pelo Espírito de Deus. Além disso, *Apo. Moi.* 43.5 diz: "Santo, santo, santo é o Senhor, na glória de Deus o Pai, pois Ele é digno de receber glória, honra e adoração, com o Espírito eterno doador da vida agora e para sempre. Amém". Entretanto, visto que R. H. Charles põe isso entre parênteses (*The Apocrypha and Pseudepigrapha of the Old Testament* [Oxford: Clarendon, 1913], 2 vols., 2:154), tem-se a impressão de que se trata de uma edição posterior, cuja data é difícil determinar. Embora os textos a seguir não sejam escatológicos, parecem pertinentes: *1En.* 106.17 faz referência aos que no período antediluviano foram "nascidos" "não do Espírito, mas da carne"; *T. Ab.* 18.11: "E Deus enviou um Espírito de vida aos mortos, e eles foram vivificados novamente" (mas Charlesworth [*Old Testament Pseudepigrapha*] não usa inicial maiúscula em "espírito").

[13]Nesse texto, a metáfora é aplicada à conversão da mulher egípcia de José. A passagem de *4Ed* 16.61 afirma, a respeito da criação de Adão, que Deus "formou o homem, pôs um coração no centro de seu corpo e lhe deu fôlego e vida", e que "o Espírito do Todo-Poderoso" fez todas as coisas (aqui Charlesworth [*Old Testament Pseudepigrapha*] não usa inicial maiúscula para "espírito").

[14]Sobre isso, veja Yates, *Spirit and creation*, p. 42-83.

[15]Sobre isso, veja Oskar Skarsaune, *In the shadow of the temple: Jewish influences on early Christianity* (Downers Grove: InterVarsity, 2002), p. 341-4.

O Espírito é particularmente considerado o agente da ressurreição escatológica dos mortos. A *Mishná* diz: "A rejeição do pecado produz santidade, e a santidade leva ao [dom do] Espírito Santo, e o Espírito Santo produz a ressurreição dentre os mortos" (*m. Soṭah* 9.15).[16] A passagem de *Rabá* de Cântico dos Cânticos 1.1.9 também desenvolve essa tradição e apoia a menção conclusiva de ressurreição recorrendo a Ezequiel 37.14: "'A santidade leva ao Espírito Santo [...] O Espírito Santo produz a ressurreição', como diz: 'Porei meu Espírito em vós e vivereis'".

O Espírito também teria capacitado os que viviam na comunidade de Qumran para entender os acontecimentos escatológicos no meio deles, que anteriormente haviam sido um "mistério":

> 1QH^a XX:11a-12: "E eu, o Instrutor, te conheci, ó meu Deus, pelo Espírito que me deste, e escutei fielmente o teu ensino maravilhoso pelo teu Espírito Santo".

> 1QH^a XX:13: "Tu abriste em mim o conhecimento do mistério do teu discernimento, e uma fonte da [Tua] força...".[17]

Parafraseando Isaías 11.2, que profetizou que o Espírito capacitaria o Messias para sua obra, principalmente a de juízo, *1Enoque* 49.2-4 anuncia:

> O Eleito está diante do Senhor. Nele habita o Espírito de sabedoria, o Espírito que dá discernimento, o Espírito de conhecimento e força [...] Ele julgará as coisas secretas.[18]

Fiz uma breve referência ao contexto da nova criação em que Isaías 11.2 está inserido.[19] *Testamento de Levi* 18.7-11, parte do qual acabamos de observar, entende Isaías 11.2 claramente desse modo. O Messias vindouro terá "o Espírito de entendimento e santidade" (uma alusão a Is 11.2), que o capacitará a julgar com justiça (18.9b)[20] e a "abrir os portões do paraíso; ele tirará a espada que ameaça desde o tempo de Adão e permitirá que os santos comam da árvore da vida. O Espírito de santidade estará sobre eles". Portanto, o Espírito do Messias o capacitará para recriar as condições do Éden e transmitir seu Espírito a seu povo, que, por isso, será "santo" (ou "santificado") como ele e também habitará nessa nova criação.

---

[16]Quase idêntico e supostamente fundamentado na tradição da *Mishná*, veja o tratado '*Abod. Za.* 20b do *Talmude Babilônico*.

[17]Conforme tb. 1QH^a XVII:32; 1QS III:7, 4Q444, frag. 1,1 (seguindo a tradução em Michael O. Wise; Martin G. Abegg Jr.; Edward M. Cook, trads., *The Dead Sea Scrolls: a new translation* [New York: HarperCollins, 2005]). Tendo em vista a natureza altamente escatológica da comunidade de Qumran, presume-se que o contexto escatológico dessas passagens esteja implícito.

[18]Apesar de Charlesworth (*Old Testament Pseudepigrapha*) não usar inicial maiúscula em "espírito" nesse texto, à luz de Isaías 11.2, como em *T. Levi* 18.11, trata-se provavelmente de uma referência ao Espírito divino. As afirmações em *1En* 61.11; 62.2 são semelhantes e devem ser entendidas como referências ao Espírito divino. Veja tb. 1QS V:24-25 (na tradução de A. Dupont-Sommer, *The Essene writings from Qumran*, tradução para o inglês de G. Vermes [Oxford: Blackwell, 1961]); *Sl. Sal.* 17.35-38; *Tg.* de Is 11.1-4; *Midr.* de Sl 72.3, que também fazem alusão a Isaías 11.2 para se referir ao Espírito capacitando o Messias para exercer o juízo. Veja, do mesmo modo, *Midr. Tanḥ.* de Gn 9.13; *T. Bab., Sanh.* 93b, que geralmente atribuem "o Espírito do Senhor" ao Messias da era vindoura.

[19]Observe-se Isaías 11.1-5 em associação direta com a profecia da nova criação em 11.6-10. Gênesis 1.28 tem em comum com Isaías 11.1,2 a metáfora botânica aplicada ao crescimento humano (observe-se o verbo *prh* no texto hebraico de Gn 1.28; Is 11.1 e o verbo grego *auxanō*, empregado pela LXX em Gn 1.28 e por Áquila e Símaco em Is 11.1). *Rab.* de Gn 8.1 afirma que Gênesis 1.2 ("e o Espírito de Deus pairava") é equivalente a Isaías 11.2 ("o Espírito do Senhor repousará sobre ele"), ambos se referem à criação de Adão.

[20]Mais uma vez, Charlesworth (*Old Testament Pseudepigrapha*) não usa inicial maiúscula em "espírito". Igualmente, veja *Sl Sal.* 17.37; 18.7, que também faz alusão a Isaías 11.2 e, no contexto dos capítulos 17 e 18, entende que o Espírito capacita o Messias para julgar e fundar um reino consumado para Israel. O judaísmo posterior também aplica Isaías 11.2 ao Messias (*Rab.* de Gn 2.4; 97 [Nova Versão]; *Rab.* de Rt 7.2).

O texto de *Testamento de Judá* 24-25 é semelhante à passagem de *Testamento de Levi*. No primeiro texto, "uma estrela de Jacó" vai "surgir" (24.1 [alusão à profecia messiânica de Nm 24.17]) e "sobre ele" o Pai "derramará o Espírito" (24.2). Depois, o Messias "derramará o Espírito da graça" sobre seus seguidores (24.3). Na posse do Espírito e na transmissão dele ao povo, o Messias é chamado de "fonte da vida de toda a humanidade" (24.4). Isso faz parte do que significa "salvar" o povo (24.6), o que implica que essas pessoas serão "ressuscitadas para a vida" (25.1). Assim como em *Testamento de Levi*, descobrimos que o Espírito tem relação direta com a nova vida da era vindoura.

Vimos em nosso estudo do Espírito no AT que Ezequiel 36.26,27; 37.14 predizem que o Espírito será, respectivamente, o agente pelo qual o povo de Deus se tornará uma nova criação e por quem Deus os ressuscitará dos mortos. Alguns textos judaicos recorrem a Ezequiel 37.14 para afirmar que o Espírito será colocado no povo no fim dos tempos e os ressuscitará para uma nova vida.[21] O texto de Ezequiel 37.14 também é aplicado ao ato de dar vida nova a Adão "no tempo por vir" (*Rab.* de Gn 14.8).[22] Às vezes se explica que Ezequiel 36.26 ("tirarei de vós o coração de pedra") se cumprirá com a vinda futura do Espírito profetizada em Joel 2.28 ("Derramarei o meu Espírito sobre toda a carne").[23] O "coração novo" e o "espírito novo" profetizados em Ezequiel 36.26 também são entendidos expressamente como parte da criação que será "renovada no tempo vindouro" (*Pesiq. Rab Kah.*, Piska 22.5a), renovação a ser realizada pelo Espírito de Deus (Ez 36.27; cf. do mesmo modo *Midr.* de Sl 73.4).

O papel do Espírito como agente escatológico de transformação de vida no Novo Testamento

O papel escatológico do Espírito nos Evangelhos Sinóticos

Apresentei anteriormente uma visão de Jesus como um indivíduo à semelhança de Adão, na verdade, como o Último Adão, que estava iniciando uma nova criação (veja cap. 12). Os relatos dos vários episódios da nova criação nos Evangelhos Sinóticos às vezes foram entendidos como o cumprimento das profecias da nova criação ou das profecias isaiânicas de um novo êxodo, ou das profecias da volta de Israel do Cativeiro Babilônico. A promessa veterotestamentária de um novo êxodo nos últimos dias também expressava nova criação, uma vez que o Êxodo original foi considerado uma nova criação, e sua recapitulação em outro êxodo posterior seria mais uma nova criação. Do mesmo modo, o recurso aos textos de Isaías sobre a restauração também havia transmitido ideias de nova criação.[24] A restauração e a nova criação estavam indissociavelmente ligadas no próprio livro de Isaías, de modo que o retorno do cativeiro também era considerado restauração à presença de Deus em uma nova criação, presença essa que o primeiro Adão desfrutava. Vale a pena repetir esse tema aqui porque uma série de textos sinóticos que foi analisada em associação com essas ideias também contém referências à obra do Espírito, de modo que o Espírito deve ser entendido como o restaurador da nova criação, do novo êxodo e do retorno do cativeiro.

Alguns exemplos da análise anterior demonstrarão bem esse papel do Espírito nos Sinóticos. Vimos que a referência ao *biblos geneseōs* em Mateus 1.1 pode ser traduzida por "livro da genealogia" ou "o livro do princípio", ou "livro da gênese". Também vimos que os dois

---

[21]Veja *Midr. Tanḥ.* de Gn 2.12; *Midr. Tanḥ.* de Gn 12.6; *Midr. Tanḥ. Yelammedenu* de Êx 10; *Rab.* de Gn 96.5; *Rab.* de Êx 48.4; *Rab.* de Ct 1.1.9; *Pesiq. Rab.*, Piska 1.6.

[22]Da mesma forma, recurso semelhante a Ezequiel 36.26 (*Midr.* de Êx 41.7); O Espírito de Deus também dará vida aos "filhos de Adão [...] no mundo vindouro" (Ez 36.26,27, de acordo com *Midr. Tanḥ.* de Lv 7).

[23]Veja *Midr.* de Sl 14.5, citando a passagem de Joel 2.28 logo depois de Ezequiel 36.26.

[24]Sobre essa questão, veja cap. 15, seção "'Reconciliação' em 2Coríntios 5.14-21".

únicos textos da LXX em que a mesma locução ocorre são Gênesis 2.4 e 5.1,2, referindo-se respectivamente ao relato da criação do cosmo e ao da criação de Adão e seus descendentes. Depois, Mateus 1.1b-17 apresenta a genealogia de Jesus, seguida por duas menções ao Espírito Santo, que, como afirma o texto, é responsável pela concepção de Jesus no ventre de Maria (Mt 1.18,20). Mateus refere-se à "geração [*genesis*] de Jesus Cristo" com a frase "o que nela foi gerado [*gennēthen*] é do Espírito Santo" (Mt 1.18,20). Cheguei à conclusão de que Mateus faz alusão à expressão de Gênesis para indicar que a genealogia, cujo ápice é o nascimento de Jesus, consiste no próprio início da nova era, da nova criação. Do mesmo modo que o Espírito estava soberanamente presente no começo da primeira criação (Gn 1.2), assim também o mesmo Espírito está atuante no início do novo mundo, que é o nascimento de Jesus.[25] Portanto, embora a vida, a morte e a ressurreição de Jesus sejam os principais acontecimentos narrados nos Evangelhos que fizeram surgir o reino e a nova criação por meio de Jesus, o nascimento dele é considerado por Mateus o próprio início desse surgimento.

Max Turner chegou à mesma conclusão em referência à narrativa do nascimento de Jesus em Lucas 2.26-35. Turner afirma que, no contexto de Lucas 1 e 2, a narrativa do nascimento indica que a restauração de Israel "já teve início decisivo na concepção do Espírito do Filho de Deus messiânico (1.35) — um ato de poder da nova criação que ao mesmo tempo prefigura a renovação do novo êxodo de Israel (cf. a alusão a Is 32.15-20)".[26] A profecia de Isaías 32.15, que, segundo observamos, trata da restauração escatológica de Israel às condições da nova criação, é aplicada à própria concepção de Jesus, indicando provavelmente que ela é o verdadeiro cumprimento inicial dessa promessa veterotestamentária.

Logo em seguida à narrativa do nascimento em Mateus, o texto de 2.1-11 narra a visita dos magos do oriente, que, guiados pela luz de uma estrela resplandecente, tinham vindo "adorar" Jesus (2.2). Eles trouxeram em seus "tesouros" "ouro e incenso". Concluí antes que esse foi o cumprimento inicial de Isaías 60. Nesse texto do profeta, uma "luz resplandecerá" sobre as "trevas" que "cobrirão a terra" (v. 1,2) e "nações caminharão para a tua luz, e reis, para o resplendor da tua aurora" (v. 3); "as riquezas das nações virão" a Israel, e as nações "trarão ouro e incenso" (v. 5,6) e "se prostrarão" diante de Israel (v. 14). Isaías 60 havia combinado a ideia de nova criação (luz brilhando para dissipar a escuridão) com o conceito de restauração do cativeiro. O fato de Mateus colocar essa alusão logo depois da narrativa do nascimento da nova criação faz bastante sentido, pois corresponde bem ao contexto de Isaías. Não deve causar surpresa que o cumprimento definitivo de Isaías 60 tenha sido retratado na visão que encerra o livro de Apocalipse como o novo céu e a nova terra, onde surgirá um "luminar" (Ap 21.11), e "as nações andarão em sua luz, e os reis da terra lhe trarão a sua glória" (Ap 21.24), e "para ela virão a glória e a honra das nações" (Ap 21.26).

O papel do Espírito de retratar Jesus cumprindo as esperanças do AT de restauração foi observado no relato do batismo de Jesus (Mt 3.13-17, citando mais explicitamente a promessa de restauração de Is 42.1).[27] Não é possível repetir aqui todas as evidências da análise anterior, mas pode se dizer que a descida do Espírito sobre Jesus foi para capacitá-lo a cumprir as profecias da restauração do novo êxodo, as quais também estão ligadas às profecias da nova criação. Argumentei que é improvável tratar-se de coincidência que o Espírito associado à água em separação da terra tenha sido agente fundamental na primeira criação, na restauração de Noé e no Êxodo, e que seria fundamental na restauração futura de Israel. A obra de Jesus é o ápice para o qual esses padrões anteriores apontavam.

---

[25]Wilf Hildebrandt, *An Old Testament theology of the Spirit of God* (Peabody: Hendrickson, 1995), p. 197.

[26]Max Turner, *Power from on high: the Spirit in Israel's restoration and witness in Luke-Acts*, JPTSup 9 (Sheffield: Sheffield Academic Press, 1996), p. 162.

[27]Salmos 2.7 talvez esteja incluído de forma secundária na alusão.

Do mesmo modo, na seção seguinte de Mateus, a ação do Espírito em conduzir Jesus "ao deserto" talvez ainda seja reflexo da obra do Espírito de levar Jesus para restaurar o povo de Deus em um novo êxodo pelo deserto. Observei, no estudo anterior sobre esse assunto, os elementos singulares compartilhados por Isaías 63.11—64.1 e Mateus 3.16—4.1: (1) o povo de Deus passando pelas águas na presença do "Espírito Santo" e, em seguida, (2) o "Espírito" os "guiando" para a terra e (3) para o "deserto", em um grande episódio histórico-redentor. A LXX de Isaías 63.11 afirma que Deus "levantou da terra o pastor [singular] das ovelhas", o que transfere o foco de Deus guiando seu povo (como no texto hebraico) para o indivíduo Moisés liderando o povo, em uma correspondência ainda mais significativa com o indivíduo Jesus.[28]

Também argumentei antes que as curas de Jesus representavam a inauguração do cumprimento das profecias isaiânicas de restauração e de nova criação.[29] A citação mais completa de uma profecia de restauração ocorre em Mateus 12.18-21, que menciona Isaías 42.1-4 e inclui uma referência a Deus dizendo: "Porei nele meu Espírito". Essa citação desdobra ainda mais a breve alusão à mesma passagem de Isaías 42 no relato do batismo de Jesus, em que o "Espírito de Deus desceu sobre ele". Anteriormente, em Mateus 11.3-5, em que Isaías 35.5,6 é citado parcialmente, o Evangelista havia dito que as curas de Jesus representavam o cumprimento contínuo das expectativas de Isaías do retorno de Israel do Exílio.[30] A extensa citação de Isaías 42 em Mateus 12 amplia a alusão a Isaías 35 em Mateus 11.3-5, sobretudo porque afirma expressamente que a citação em Mateus 12 foi parcialmente "cumprida" com as curas de Jesus (12.15-17: "Ele curou a todos [...] para que se cumprisse o que havia sido falado pelo profeta Isaías"). Além do mais, as curas de Jesus vêm imediatamente antes (12.9-15) e depois (12.22) da citação, mostrando que seu cumprimento também está diretamente associado com as curas. O texto afirma com todas as letras que essas curas se realizaram mediante o Espírito que agia por meio de Jesus: "Mas, se é pelo Espírito de Deus que expulso demônios, então o reino de Deus chegou a vós" (12.28), e desenvolve ainda mais a frase "porei nele meu Espírito" no começo da citação da restauração de Isaías 42 alguns versículos antes. Portanto, o ministério de cura de Jesus era o cumprimento das profecias da restauração do Israel dos últimos tempos e foi realizado por obra do Espírito escatológico.

Do mesmo modo, Lucas apresenta Jesus com alguns dos mesmos antecedentes veterotestamentários usados por Mateus: recebendo o Espírito no batismo (Lc 3.21,22), sendo "levado pelo Espírito para o deserto" (Lc 4.1) e começando seu ministério pelo poder do Espírito, narrativa que Lucas fundamenta em uma extensa citação de Isaías 61.1,2 em 4.18,19:[31]

> O Espírito do Senhor está sobre mim, porque me ungiu para anunciar boas-novas aos pobres; enviou-me para proclamar libertação aos cativos e restauração da vista aos cegos, para pôr em liberdade os oprimidos e para proclamar o ano aceitável do Senhor.

É evidente que a profecia de Isaías 61 está sendo cumprida em Jesus ao trazer tanto a restauração espiritual quanto a física, porque logo depois da citação desse texto Lucas relata uma série

---

[28]Veja Rikki E. Watts, *Isaiah's new exodus in Mark* (Grand Rapids: Baker Academic, 1997) p. 102-8, em que as alegações para o mesmo contexto de Isaías em Marcos 1.9-11 na maior parte se aplicam aqui também à versão de Mateus do batismo de Jesus. A influência em Mateus pode até ser um pouco mais clara, visto que Mateus 3.16 emprega o verbo *anoigō* ("abrir") em vez de *schizō*, de Marcos 1.10, seguindo o uso de *anoigō* na LXX de Isaías 63.19 (64.1, TM).

[29]Sobre essa questão, veja cap. 12.

[30]Veja o uso de Isaías 35.5,6 nessa, que por sua vez está ligado à obra escatológica do Espírito em Isaías 34.16, especialmente a obra de produzir a fertilidade da criação vindoura do fim dos tempos (tb. Is 35.1,2).

[31]Veja Turner, *Power from on high*, p. 190-212. Turner trata de boa parte do mesmo contexto para esses relatos de Lucas que examinamos acima e que servem de contexto para as mesmas narrativas de Mateus.

de curas, entre elas a expulsão de demônios e a cura de várias enfermidades (Lc 4.33-41). Vale lembrar que é "o Espírito do Senhor" de Isaías 61.1 que confere a Jesus "autoridade" e "poder" para começar a executar essa obra restauradora da nova criação (veja Lc 4.32,36). De novo, o Espírito é quem amplifica a vida da nova criação.[32]

O que, então, a obra restauradora do Espírito por meio de Jesus tem que ver com a nova criação e a vida da era vindoura? Defendi a tese de que as maldições físicas e espirituais da Queda começam a ser removidas por Jesus. As curas eram sinal da chegada da nova criação, que não era a cura completa do corpo das pessoas, pois ainda morreriam por causa dos efeitos da Queda. Contudo, essas maravilhas prefiguravam a própria cura completa de Jesus em sua ressurreição, bem como o tempo em que seus seguidores serão completamente curados. Esses milagres são um sinal de que as consequências dolorosas do pecado do primeiro Adão sobre a criação estão sendo removidas para preparar o caminho para uma nova criação, que culmina com a cura do próprio Jesus em sua ressurreição. Segundo Paulo, essa ressurreição são as primícias do restante da humanidade redimida, que será ressuscitada, porque Cristo foi ressuscitado primeiro (1Co 15.20-24) como o progenitor da nova criação (1Co 15.39-57). Portanto, se esse é o caso, o Espírito também deve ser considerado um colaborador nesse processo rumo à vida da nova criação.

Em resumo, os Evangelhos Sinóticos apresentam Jesus capacitado pelo Espírito para começar a cumprir as profecias veterotestamentárias de restauração de Israel que também estavam vinculadas ao cumprimento das profecias da nova criação.

O papel escatológico do Espírito em João

Ao menos cinco passagens do Evangelho de João são dignas de análise no que se refere ao Espírito como o doador de vida escatológico: João 3.1-15; 4.7-26; 6.63; 7.37-39; 20.21-23. O texto que afirma com mais clareza que o Espírito concede vida é João 6.63: "O Espírito é o que dá vida, a carne não serve para nada; as palavras que eu vos tenho falado são espírito e vida". É bem provável que isso seja uma referência ao Espírito como o agente da ressurreição, uma vez que a ressurreição "já e ainda não" foi citada repetidas vezes no contexto imediatamente anterior com as palavras "ressurreição" e "vida" (6.39,40,44,47,51,53,54,58). O segundo exemplo notável é João 3.1-15, que relata o famoso diálogo entre Jesus e Nicodemos sobre a questão do "novo nascimento". Já analisei esse texto antes (cap. 7) e concluí que Jesus explica que o "novo nascimento" deve ser entendido como cumprimento da profecia de Ezequiel 36. Esse é o único texto do AT a profetizar que, nos últimos tempos, Deus criará seu povo de novo, pondo neles "água" e o "Espírito". Além disso, vimos que Ezequiel 37.1-14 se refere ao mesmo assunto que Ezequiel 36.25-27 e desenvolve esta passagem, o que fica evidente pelo vocabulário comum entre as duas referindo-se a Deus dar vida às pessoas colocando seu Espírito nelas (Ez 36.27; 37.9,14). Portanto, o paralelismo dos dois capítulos de Ezequiel indica que a profecia sobre Israel ser lavado com água e sobre a nova criação pelo Espírito, no capítulo 36, é praticamente equivalente à predição de ressurreição pelo Espírito no capítulo 37. Isso explica por que Jesus fala de "nascer da água e do Espírito", compara o "Espírito" ao "vento" (como em Ez 37.1-14) e conclui a conversa com Nicodemos falando da "vida eterna". Para Jesus, a ideia de "nascer de novo" na nova era que está chegando é o cumprimento inicial da profecia de Ezequiel 36 e 37[33] de que o Espírito vai criar o novo povo de Deus ressuscitando as pessoas.

---

[32]Para uma análise do papel essencial do Espírito em Lucas de realizar por meio de Jesus o começo do cumprimento das profecias do novo êxodo e restauração, veja ibidem, p. 140-266.

[33]D. A. Carson, *The Gospel according to John*, PNTC (Grand Rapids: Eerdmans, 1991), p. 194-8, chega à mesma conclusão quanto ao contexto de Ezequiel 36 e 37 em João 3.1-15.

A terceira passagem a ser analisada no que se refere ao Espírito como doador de vida é João 7.37-39:

> No último dia da festa, o *dia* mais importante, Jesus se colocou em pé e exclamou: "Se alguém tem sede, venha a mim e beba. Quem crê em mim, como diz a Escritura, 'rios de água viva correrão de seu interior'". Ele disse isso em referência ao Espírito que os que nele cressem haveriam de receber; porque o Espírito ainda não havia sido dado, pois Jesus ainda não fora glorificado.

Há algumas ambiguidades nessa passagem e alguns importantes antecedentes do AT relacionados ao templo, mas essas questões não são essenciais para a finalidade aqui,[34] que é simplesmente observar que existe consenso de que a "água" do versículo 38 representa o Espírito Santo. Isso está explícito no versículo 39: "Ele disse isso [ou seja, 'rios de água viva correrão'] em referência ao Espírito". O versículo 38 pode ser traduzido literalmente por "rios de água da vida". Também poderia ser traduzido por "rios de água viva",[35] ou também pela tradução igualmente possível: "rios de água que dão vida",[36] mas, mesmo se a primeira for preferível, entende-se que a "água" tem o atributo de "vida", o que não se distancia muito da última ideia. À luz do contexto do AT, em que as águas devem fluir do templo dos últimos dias, Jesus é considerado o princípio desse templo, enviando seu Espírito para dar vida. Entretanto, esse aspecto é explicado em outra obra, e os limites da atual discussão não permitem uma elaboração maior.[37]

Se a "água" representa o Espírito que dá "vida" em João 7, podemos concluir que a mesma ideia está em mente quando, em uma passagem anterior, Jesus diz à mulher samaritana que ele é a fonte de "água viva" a "jorrar para a vida eterna" para aqueles que a beberem (Jo 4.10-14). O texto de João 7 expande e interpreta o texto de João 4.

Uma última passagem referente ao Espírito e à vida merece ser estudada, João 20.21-23:

> Então Jesus lhes disse de novo: "Paz seja convosco! Assim como o Pai me enviou, também eu vos envio". E havendo dito isso, soprou sobre eles e disse-lhes: "Recebei o Espírito Santo. Se perdoardes os pecados de alguém, serão perdoados; se os retiverdes, serão retidos".

A ideia de que Jesus é a fonte da água (= Espírito) geradora de vida pode ser deduzida do versículo 22, em que o Cristo ressurreto "soprou sobre eles [os discípulos] e disse-lhes: 'Recebei o Espírito Santo'". Não é por acaso, como alguns comentaristas observaram, que esse ato de soprar é um eco de Gênesis 2.7, em que Deus "soprou" (*emphysaō*, a mesma palavra grega empregada em Jo 20.22) em Adão "o fôlego de vida, e Adão se tornou um ser vivente".[38] No versículo anterior (v. 21), Jesus diz: "Assim como o Pai me enviou, também eu vos envio". Esse é um episódio semelhante à Grande Comissão de Mateus 28.18-20, que, segundo vimos em outra associação, pode ser entendida como renovação da comissão de Adão.[39] A alusão a

---

[34]Para mais informações, veja G. K. Beale, *The temple and the church's mission: a biblical theology of the dwelling place of God*, NSBT 17 (Downers Grove: InterVarsity, 2004), p. 196-8; para uma ideia mais ampla de Jesus e da igreja como o cumprimento inicial das expectativas do AT acerca do templo dos últimos tempos, veja ibidem, passim; bem como o cap. 18 a seguir.

[35]Entendendo *zōntos* como um genitivo com função adjetiva.

[36]Entendendo *zōntos* como genitivo de produto.

[37]Veja Beale, *Temple*, p. 196-8, em que os textos de fundo de Ezequiel 47.1-12, Joel 4.18 e Zacarias 14.8 são analisados brevemente.

[38]Veja, p. ex., Herman Ridderbos, *The Gospel according to John: a theological commentary*, tradução para o inglês de John Vriend (Grand Rapids: Eerdmans, 1997), p. 643 (Ridderbos tb. identifica ecos de Ez 37.5; Sb 17.11); Andreas J. Köstenberger, *John*, BECNT (Grand Rapids: Baker Academic, 2004), p. 575.

[39]Para um desenvolvimento desse último aspecto, veja Beale, *Temple*, p. 169, 175-7.

Gênesis 2.7 sugere que Jesus está capacitando seus seguidores não com a vida física, como no caso de Adão, mas com poder espiritual para fazer o que Adão e outros não conseguiram fazer. Os doze apóstolos são comissionados como vanguarda representante da nova humanidade, o novo Israel.[40] O Pentecostes (veja At 2.1-21) mostra essa vanguarda se expandindo mais com um derramamento maior do Espírito.

Parece que João 20.22 é um desdobramento da promessa do Espírito em João 7, uma vez que essa é a primeira vez em que ocorre a construção "receber o Espírito" aplicada aos seguidores de Jesus desde João 7.39 ("Ele disse isso em referência ao Espírito que os que nele cressem haveriam de receber"). O vínculo com João 7 é percebido ainda mais porque João 7.39 afirmara que o Espírito não seria concedido antes de Jesus ser glorificado ("porque o Espírito ainda não havia sido dado, pois Jesus ainda não fora glorificado"). Pode-se dizer que a glorificação de Jesus havia começado com a ressurreição,[41] embora sua glorificação completa na ascensão ainda não tivesse ocorrido (ou, por outro lado, que a ressurreição, no mínimo, fosse o início de um processo indissociavelmente ligado à glorificação na ascensão).[42] Assim como o sopro de Deus em Adão lhe deu vida e o fez parte da primeira criação, o sopro do Espírito nos discípulos por Jesus também pode ser considerado um ato que os incorpora em uma etapa da nova criação,[43] nova criação que Jesus já havia inaugurado com sua ressurreição.[44] Como seres da nova era, eles têm de anunciar o perdão vivificador que vem somente de Cristo (Jo 20.23), o centro e o fundamento da nova criação. Aqui, portanto, mais uma vez vemos o Espírito como o transformador do povo na vida da nova criação.

O papel escatológico do Espírito em Atos

Vimos em capítulos anteriores e veremos de novo em um capítulo posterior (cap. 19) que tanto o Evangelho de Marcos quanto o livro de Atos estão impregnados da ideia de que as grandes profecias de restauração sobre o retorno de Israel do cativeiro começaram a se cumprir em Jesus e seus seguidores. Já vimos também quanto esse conceito é importante para o entendimento de Paulo da reconciliação em Cristo (veja cap. 15). Agora, porém, o foco é Atos. Vou esperar até o capítulo 19 para explicar as evidências mais significativas de que a volta do exílio é uma ideia importante em Atos, mas aqui analisarei alguns desses antecedentes veterotestamentários de Atos. Uma observação que desejo fazer aqui é que o papel do Espírito

---

[40]Isso se torna mais evidente se o "soprar" for uma alusão também a Ezequiel 37.9, em que o mesmo verbo grego (*emphysaō* ["soprar em"]) de Gênesis 2.7 e João 20.22 é usado para descrever a criação do Israel dos últimos tempos. Ezequiel 37.9 provavelmente faz alusão a Gênesis 2.7, como argumentei no início deste capítulo.

[41]Pode ser realçado ainda que a ressurreição é uma realidade inaugurada da promessa de glorificação de Jesus em João 7.39 porque Deus também glorifica Jesus na sua crucificação (Jo 12.23,28; 13.31; 17.1,5), mas esses textos talvez mesmo de modo implícito têm em mente a ressurreição, sobretudo João 17.1,5 à luz do contexto do "Discurso de Despedida" (Jo 13.31—17.26). Muito mais glória Jesus receberia em sua ressurreição.

[42]Embora seja necessário reiterar que a glorificação de Jesus foi inaugurada na cruz (p. ex., Jo 12.23-33; 13.31,32), de modo que a morte e a ressurreição dele estão indissociavelmente ligadas para efetuar sua glorificação (sobre isso, esp. com respeito à glorificação de Jesus começando com sua morte em Jo 12.32, veja Richard Bauckham, *Jesus and the God of Israel: God crucified and other studies on the New Testament's Christology of divine identity* [Grand Rapids: Eerdmans, 2008], p. 47-9).

[43]Veja G. R. Beasley-Murray, *John*, WBC 36 (Waco: Word, 1987), p. 380-1. Beasley-Murray reconhece a importância dessa passagem na perspectiva da nova criação com base em uma alusão não somente a Gênesis 2.7, mas também a Ezequiel 37.9,10, que profetiza a ressurreição escatológica de Israel no tempo de seu retorno (e desenvolve a referência anterior ao "jardim do Éden" dos últimos tempos para Israel de Ez 36.35).

[44]Portanto, os discípulos não estão "nascendo de novo pelo Espírito" pela primeira vez, mas são os santos do AT que estão sendo transformados em uma etapa histórico-redentora intensificada da ressurreição e da vida da nova criação.

em Atos muitas vezes está diretamente associado ao começo do cumprimento das profecias isaiânicas de retorno do Exílio. Isso foi discutido de modo mais convincente em relação a Lucas-Atos por Max Turner.[45] Em especial, Turner sustenta que em Lucas-Atos o "Espírito é o poder da restauração de Israel, que o limpa e purifica para ser o povo messiânico de Deus" e "transforma" Israel para que este seja "o Servo de Isaías 49".[46]

No que diz respeito a Lucas, Turner se apoia no trabalho de David Moessner e Mark Strauss. Moessner, ao elaborar sua tese com base na pesquisa de outros, argumenta que a narrativa da viagem de Lucas (Lc 10.1—18.14), iniciada pela transfiguração de Jesus (9.28-36), foi fortemente moldada pelo retrato de Moisés e do Êxodo de Deuteronômio. A razão dessa influência é que Lucas está descrevendo Jesus como um novo Moisés que inaugura um novo êxodo a fim de restaurar o Israel escatológico.[47] Parcialmente com base em Moessner, Strauss conclui que a influência mais predominante em Lucas são os temas do novo êxodo de Isaías 40—66.[48] Para Strauss, Lucas recebeu considerável influência do modelo de Isaías do "rei davídico que (à semelhança de Moisés) lidera um novo êxodo escatológico do povo de Deus ao sofrer como o Servo de Yahweh", apesar de não chegar a afirmar que esse seja "*o* tema dominante da obra de Lucas".[49] A citação de Isaías 61.1,2 em Lucas 4.17-19 e a sua interpretação em Lucas 4.20,21, bem como o contexto seguinte, entendem que Jesus é o profeta isaiânico que deveria realizar a salvação, concebida pelo próprio Isaías como um novo êxodo.[50] Para Lucas, o Espírito capacita todas as principais categorias do ministério libertador de Jesus mencionadas no restante de seu Evangelho.[51] Apesar de não rejeitar a obra de Moessner, Turner concorda com a proposta de Strauss de um "paradigma fundamentalmente isaiânico" em Lucas,[52] que, segundo ele, se expressa com mais clareza em Lucas 4.18-21 e implica a ideia de que "o Profeta Soteriológico Ungido pelo Espírito [que] inaugura o 'Novo Êxodo'".[53] Portanto, o Espírito é o agente que transforma a antiga era na época da restauração dos últimos tempos e no novo êxodo, que também é a nova criação, visto que, como vimos, as profecias de Isaías de restauração do novo êxodo são inseparavelmente ligadas às profecias da nova criação.

Depois de examinar em Lucas o tema predominante de restauração e do novo êxodo, realizados pelo Espírito, Turner se volta para o desdobramento desse tema em Atos. Em primeiro lugar, ele ressalta que Atos 1 estabelece o programa para todo o livro, sobretudo no versículo 8 com suas alusões múltiplas às profecias isaiânicas de restauração (veja tabela 16.2).[54]

Turner conclui acertadamente que a finalidade dessas alusões é confirmar o início do cumprimento das profecias isaiânicas da restauração do reino em uma resposta parcial positiva à pergunta do versículo 6 ("Senhor, é este o tempo em que restaurarás o reino para Israel?"). Assim, o versículo 8 não é uma resposta que indica a demora completa na realização das promessas do reino, embora não esteja claro quando é que Lucas entende que essas profecias se consumarão. O fato de que se trata de uma promessa feita aos "doze discípulos"

---

[45]Turner, *Power from on high*.
[46]Ibidem, p. 455.
[47]Veja David P. Moessner, *Lord of the banquet: the literary and theological significance of the Lukan travel narrative* (Minneapolis: Fortress, 1989).
[48]Mark L. Strauss, *The Davidic Messiah in Luke-Acts: the promise and its fulfillment in Lukan Christology*, JSNTSup 110 (Sheffield: Sheffield Academic Press, 1995), p. 275-305.
[49]Ibidem, p. 304.
[50]Ibidem, p. 226, 245, 341-2.
[51]Ibidem, p. ex., p. 341.
[52]Turner, *Power from on high*, p. 245-9; veja tb. p. 428-9.
[53]Ibidem, p. 249.
[54]Vou retornar a esse tema em um capítulo posterior fazendo um resumo da obra de David Pao (veja cap. 19).

(cf. At 1.15-26) reforça o papel deles como núcleo do verdadeiro Israel, que está começando a cumprir as predições isaiânicas.[55]

Tabela 16.2

Isaías (LXX)	Atos 1.8
32.15: "Até que o Espírito venha sobre vós lá do alto, e o Carmelo [= hebr., 'deserto'] se torne em deserto, e o Carmelo seja considerado uma floresta".	"Mas recebereis poder quando o Espírito Santo vier sobre vós."
43.10a: "Vós sois as minhas testemunhas, e eu também sou uma testemunha, diz o Senhor Deus, e o meu servo, a quem escolhi, para que o saibais e creiais".	(Cf. Lc 24.49: "Ora, envio sobre vós a promessa de meu Pai. Mas ficai na cidade até que do alto sejais revestidos de poder"; Lc 1.35: "O anjo respondeu: 'O Espírito Santo virá sobre ti, e o poder do Altíssimo te cobrirá com a sua sombra; por isso a criança consagrada será chamada Filho de Deus'".)
43.12b: "'Sois minhas testemunhas', declara o Senhor, 'E eu sou o Senhor Deus'" (tb. Is 44.8).	
49.6b: "Também te porei [...] para luz dos gentios, de modo que sejas a salvação até a extremidade da terra".[a]	"E sereis minhas testemunhas, tanto em Jerusalém como em toda a Judeia e Samaria, e até os confins da terra."

[a]Observe-se a citação formal de Isaías 49.6 na transição literária de Atos 13.47: "Eu te pus como luz dos gentios, a fim de que sejas para salvação até os confins da terra".

A conclusão de Atos 1.8, portanto, é que "o Espírito virá sobre os discípulos como o poder purificador e restaurador de Israel", uma ideia realçada pela promessa semelhante de João Batista em Lucas 3.16 e reiterada em Atos 1.5,8.[56] Outro sinal da função transformadora do Espírito em Atos 1.8 é o paralelo com Lucas 1.35 e 24.49 (veja tabela 16.2), passagem de que Atos 1.8 é um desenvolvimento. Na verdade, tanto o texto de Lucas 1 quanto o de Lucas 24 também fazem alusão a Isaías 32.15, assim como Atos 1.8. Esses paralelos entre a concepção de Jesus e a predita recepção do Espírito pelos discípulos em Pentecostes dão a entender "que o Pentecostes envolve elementos da nova criação de Israel ou do novo nascimento pelo Espírito (Lc 1.35), bem como a capacitação".[57]

Além das conclusões de Turner acerca da natureza transformadora da obra do Espírito em uma estrutura isaiânica,[58] esse papel do Espírito em Lucas 1.35; 24.49; e Atos 1.8 também é confirmado pelo contexto da profecia em Isaías 32.15-18.[59]

> Até que se derrame sobre nós o Espírito lá do alto,
> e o deserto se torne um campo fértil,
> e o campo fértil seja conhecido como um bosque.

---

[55]Turner, *Power from on high*, p. 300-2.

[56]Ibidem, p. 297-301. Observe-se Lucas 3.16: "Eu vos batizo com água, mas vem aquele que é mais poderoso do que eu, de quem não sou digno de desatar a correia das sandálias; ele vos batizará com o Espírito Santo e com fogo"; e Atos 1.5: "Porque João batizou com água, mas vós sereis batizados com o Espírito Santo dentro de poucos dias".

[57]Ibidem, p. 434 (veja tb. p. 437). Turner restringe essa declaração anterior dizendo que "Lucas não esclarece com detalhes sua pneumatologia, como Paulo, no que diz respeito ao cumprimento de Ezequiel 36 e à nova criação" (ibidem, p. 352).

[58]A respeito disso, veja ibidem, p. 346-7 (veja tb. p. 455).

[59]Turner (*Power from on high*, p. 345) afirma algo semelhante.

> Então a justiça habitará no deserto,
> e a retidão morará no campo fértil.
> E a obra da justiça será paz,
> e o serviço da retidão será tranquilidade e segurança para sempre.
> Então, meu povo habitará em morada de paz.
> Em habitações seguras e em lugares de descanso sem perturbação.

No futuro, o Espírito virá sobre Israel e, ao contrário da condição infrutífera da terra (Is 32.10-14), produzirá muita fertilidade (v. 15). Entretanto, essa fertilidade parece superar a simples abundância material ao incluir também uma espiritualidade frutífera. O Espírito não somente criará vegetação, plantações e árvores no campo, mas também produzirá frutos espirituais nos campos: "Então a justiça habitará no deserto, e a retidão morará no campo fértil" (v. 16). A "obra" ou "tarefa" (supostamente vista como executada pelo Espírito de Deus no "campo fértil" [cf. v. 16]) resulta em "justiça" e também produzirá "paz", "tranquilidade" e "segurança" (v. 17). Portanto, parece que as características mencionadas nos versículos 17 e 18 também são outros produtos resultantes da obra de cultivo do Espírito.

Do mesmo modo, a alusão em Atos 1.8 à reiterada referência de Isaías 43 a Israel como uma "testemunha" dos últimos tempos (43.10,12; veja tb. 44.8) provavelmente deve ser entendida como a capacitação pelo "Espírito" que é "derramado" a fim de transformar a terra seca em terra frutífera e regenerar Israel para produzir frutos espirituais (Is 44.3-5). Além disso, o contexto seguinte de Isaías 43.10-12 indica que o "testemunho" de Israel não é apenas da singularidade do Deus único de Israel (sobre isso, v. 10-15), mas também do novo êxodo vindouro (v. 16,17), que nada mais é do que uma nova criação. Isaías 43.18,19 diz:

> Não vos lembreis das coisas passadas
> nem considereis as antigas.
> Eis que faço algo novo [LXX = "coisas novas"]
> que logo irá acontecer.
> Não percebestes ainda?
> Farei um caminho no deserto,
> e rios no ermo.

O contexto próximo das alusões de Isaías 32 e 43 em Atos 1.8 contribui para o entendimento da natureza transformadora do Espírito em realizar a restauração e o novo êxodo.

Turner também apresenta a interpretação possível de que Atos 2 retrata Jesus na posição exaltada de soberano escatológico, reinando e restaurando Israel mediante a operação do Espírito (v. 30-36). O restante de Atos é um desdobramento da ideia do Espírito como o poder do Messias exaltado restaurando Israel para si e para Deus.[60] É importante enfatizar que é a condição de Jesus ressurreto e exaltado ao céu que estabelece a base do seu reinado por meio do Espírito. Essa base da ressurreição é tratada com mais profundidade em Atos 2.23,24. Cristo não podia ser "detido pelo poder da morte" (At 2.24). Ele primeiro recebeu "do Pai a promessa do Espírito Santo" e depois "derramou" o Espírito sobre os que creram (2.23). Voltou da morte para a vida e foi conduzido à presença celestial de Deus. Essa restauração pela ressurreição era o modo pelo qual Jesus deveria restaurar outros para Deus mediante a atuação do Espírito. O Espírito que o estabeleceu como Senhor elevado ao céu (e que o ressuscitou dos mortos [Rm 1.4]) foi "derramado" sobre seus seguidores para identificá-los com a posição dele de soberano ressurreto, embora ainda tivessem de permanecer na terra. Novamente, vemos a ressurreição em associação muito próxima com o Espírito como a nova

---

[60]Veja ibidem, p. 306, 314-5, 418-21.

criação que havia inaugurado o reinado de Jesus, e seu estado ressurreto da nova criação prossegue em seu reino contínuo como rei dos últimos tempos.[61]

Na realidade, a descida do Espírito em línguas de fogo foi a irrupção da esfera celestial (onde o Jesus ressurreto reinava) na esfera terrena, trazendo um meio de contato escatológico celestial que dá aos crentes poder para expandir o reino de Cristo na terra. "O Espírito era o dom escatológico por excelência, e a posse do Espírito seria *a* marca de quem pertence à comunidade messiânica dos últimos dias."[62] O Espírito é visto como marca escatológica identificadora porque Atos 2.17 diz que o recebimento do Espírito era o início do cumprimento "nos últimos dias" da profecia de Joel 2. Por isso, o envio do Espírito sobre as pessoas pelo Cristo ressurreto, não somente em Atos 2, mas também em capítulos posteriores, identifica essas pessoas com o Jesus ressurreto e, portanto, como pessoas ressurretas. Logo, as diversas funções que aparecem mais adiante em Atos pertencem ao Espírito do Jesus ressurreto. Assim, "o próprio Senhor Ressurreto encontra seu povo no dom de seu Espírito", portanto "o Espírito torna-se semelhante ao Senhor Ressurreto (Lc 12.12/21.15; At 10.14/19; 16.7)".[63]

A ideia central desta seção sobre Lucas e Atos 1.8 e suas alusões às profecias isaiânicas de restauração é que a ressurreição de Cristo representa sua restauração à vida e sua condução à presença celestial do Pai. Isso resulta em Cristo derramando o Espírito do céu. A morte e a ressurreição de Cristo e o recebimento e a dádiva do Espírito constituem o cumprimento inicial das profecias de restauração de Israel (p. ex., Jl 2.28-32).[64] Ao fazer isso, Cristo personificou e representou o verdadeiro Israel recebendo a promessa do Espírito. Ou seja, assim como foi profetizado acerca de Israel, Lucas 24.46-51, Atos 1.8 e 2.31-34 presumem que Cristo começa a cumprir as profecias como o primeiro a ser restaurado da morte para Deus pela ressurreição e o primeiro a receber o Espírito (At 2.31-33), que depois concedeu a outros.[65] O envio do Espírito por Jesus torna as pessoas parte do verdadeiro Israel dos últimos tempos, e esse é o início do cumprimento das promessas de restauração ao povo em Atos 2 e em todo o livro de Atos. Para Turner, as promessas de restauração continuam se desenrolando mais adiante em Atos, especialmente, por exemplo, em Atos 3.19-25; 15.15-21,[66] sem uma alusão específica ao contexto de Isaías, embora com alusão a outros textos do AT.[67]

Desse modo, Atos descreve o Espírito como o principal agente na restauração do povo de Deus.

---

[61]Tendo em mente sobretudo a pergunta de Atos 1.6 e as profecias de nova criação em Isaías que estão ligadas à narrativa sobre Jesus de Atos 2, especialmente Isaías 32.15 (texto aludido em Lc 24.49 e At 1.8 e considerado cumprido em At 2).

[62]James D. G. Dunn, "Spirit, New Testament", in: *NIDNTT* 3:699.

[63]Eduard Schweizer, "πνεῦμα", in: *TDNT* 6:405-6, afirma isso em associação com Lucas 24.49 e Atos 2.33.

[64]Lucas 24 associa diretamente a ressurreição de Cristo (24.46) e sua ascensão (24.51) com a promessa de restauração associada ao Espírito em Isaías 32.15 (Lc 24.49), assunto que já analisamos acima. Além disso, Lucas 24.48 liga a ressurreição de Cristo com a alusão a Isaías 43.10,12 ("vós [Israel] sois testemunhas"), outra profecia de restauração.

[65]Embora Jesus seja identificado com Israel, o seu envio do Espírito em Atos 2.33 o identifica com Deus, que, segundo a profecia de Joel 2.28, enviará o Espírito sobre Israel.

[66]Turner, *Power from on high*, p. 308-15. No entanto, Turner considera que, com base em Atos 15, Lucas entende as promessas de restauração como "cumpridas em grande parte por meio do evento Cristo e da inauguração da comunidade e comunhão messiânicas" (ibidem, p. 419). Entretanto, o tema continua depois de Atos 15 até o final do livro, como veremos em um resumo posterior (no cap. 19) do livro de David Pao, *Acts and the Isaianic new exodus*.

[67]No entanto, à luz das análises de Atos até aqui, outras passagens sobre "enchimento do Espírito" ou "recebimento do Espírito" em Atos provavelmente também devem ser entendidas em alguma medida na perspectiva específica das profecias de "retorno do exílio" de Isaías (veja At 4.8,31; 6.3; 7.55; 8.15,17; 9.17; 10.44,45,47; 11.15,16,24; 13.9,52; 15.8; 19.2,6).

O papel escatológico do Espírito no pensamento de Paulo[68]

Analisei o papel do Espírito como doador de vida escatológico em um capítulo anterior que tratou da ideia da ressurreição "já e ainda não" no pensamento de Paulo (cap. 8). Não há necessidade de repetir essas considerações aqui, uma vez que todas as referências pertinentes relativas ao Espírito em associação com a ressurreição já foram tratadas naquele capítulo.[69] Minha conclusão foi que a ressurreição de Cristo como a nova criação inaugurada era a influência geradora das outras principais ideias teológicas de Paulo. Quando se relê o capítulo, também fica evidente que Paulo quase sempre entende que o meio pelo qual a ressurreição de Cristo e a ressurreição de seu povo ocorrem é a ação mediadora do Espírito. Por isso, mais uma vez, como nos Evangelhos e em Atos, percebe-se que o Espírito é o instrumento pelo qual a ressurreição e, portanto, a nova criação acontecem. Portanto, para Paulo, "o Espírito é a vida da nova *ktisis*".[70] Esse papel do Espírito é um conceito essencialmente escatológico, e Paulo o trata em mais detalhes do que qualquer outro autor do NT.

No capítulo anterior acerca da ressurreição dos últimos tempos no pensamento de Paulo, apresentei apenas brevemente as três metáforas do "pagamento antecipado/garantia", do "selo" e das "primícias". Essas três metáforas são expressões clássicas do entendimento paulino da escatologia "já e ainda não", sobretudo para dizer que a ressurreição já começou e será consumada no futuro. Apesar de alguns comentaristas terem entendido que essas metáforas pertencem a realidades escatológicas, normalmente não se reconhece a ligação integral delas com as realidades escatológicas da ressurreição.[71]

Vimos em 2Coríntios 5.1-10 que o próprio Espírito é a primeira evidência da nova criação, onde está a existência da ressurreição.[72] Em 2Coríntios 5.5, Paulo afirma que foi Deus "quem nos preparou para isso": receber a vida da ressurreição e tornar-se parte do templo eterno (5.1-4); e "deu-nos o Espírito como garantia" dessas realidades. O Espírito não é somente uma expectativa ou promessa dessas realidades, mas a forma inicial delas, conforme o sentido muito claro de "garantia" tanto nos tempos antigos como nos atuais (i.e., o pagamento de parte de um valor maior, cujo restante será pago depois).[73] Embora a carta afirme que o que é mortal será "absorvido pela vida [da ressurreição]" no fim dos tempos (2Co 5.4), essa "vida" já estava atuando nesses leitores (2Co 4.12). O Espírito é a "garantia" da consumação futura da vida da ressurreição (5.5),[74] porque ele concede o início dessa vida no presente, como veremos mais claramente a seguir.

---

[68] Para uma pesquisa introdutória geral e breve da relação do Espírito com a escatologia em Paulo, veja Neill Q. Hamilton, *The Holy Spirit and eschatology in Paul*, SJTOP 6 (Edinburgh: Oliver & Boyd, 1957). Para estudos mais profundos do assunto, veja Geerhardus Vos, "The eschatological aspect of the Pauline conception of the Spirit", in: Richard B. Gaffin Jr., org., *Redemptive history and biblical interpretation: the shorter writings of Geerhardus Vos* (Phillipsburg: P&R, 1980), p. 91-125; Gordon D. Fee, *God's empowering presence: the Holy Spirit in the letters of Paul* (Peabody: Hendrickson, 1994), p. 804-26. Fee apresenta um bom estudo da oposição escatológica entre "carne" e "Espírito", em que carne representa o mundo velho e caído, e Espírito, a nova criação que está chegando.

[69] Veja esp. a seção imprescindível sobre Romanos.

[70] Schweizer, "πνεῦμα", in: *TDNT* 6:416.

[71] P. ex., Fee (*God's empowering presence*, p. 806-7) entende corretamente que as metáforas tratam em geral de escatologia, mas não as relaciona à ressurreição escatológica "já e ainda não".

[72] Veja cap. 8, seção "Referências à ressurreição em 2Coríntios 5". Para afirmações semelhantes a respeito do Espírito, veja Efésios 1.14 e Romanos 8.23.

[73] No grego helenístico, a palavra *arrabōn* pode se referir a "uma 'garantia/um depósito' ou a uma parte do valor paga antecipadamente" (MM 79); p. ex., a palavra pode se referir à garantia dada para que alguém realize uma transação comercial e, depois de concluída a transação, o restante do valor é pago.

[74] Para mais estudos que apoiam a ideia de que a ressurreição futura é o foco de 2Coríntios 5.1-10, apesar de estar ligada à ressurreição espiritual inaugurada, veja cap. 8 (seção "Referências à ressurreição em 2Coríntios 5") e cap. 14 (seção "2Coríntios 4.6—5.10").

Paulo deixa isso mais explícito em 2Coríntios 1.20-22. Ele explica que "as promessas de Deus" (do AT) "são sim" em Cristo, o que significa que elas começaram a cumprir-se na primeira vinda de Cristo. Em seguida, Paulo declara que Deus "nos mantém firmes convosco em Cristo [...] e pôs o Espírito como garantia em nosso coração". Isto é, o Espírito é a primeira evidência de que as promessas dos últimos dias começaram a cumprir-se em Cristo — o Cristo ressurreto — e em seu povo. Isso porque o Espírito é o agente que faz com que os crentes no Cristo ressurreto se identifiquem com ele na condição e na existência do Cristo ressurreto e assim também se identifiquem na participação do cumprimento inicial dessas mesmas promessas que Cristo começou a cumprir. Quando a passagem diz que Deus "nos selou", significa que ele "pôs o Espírito como garantia em nosso coração" (v. 22). O que significa a ideia de que Deus "mantém firmes" e unidas as pessoas "em Cristo" por meio do Espírito? Significa que elas foram unidas com o Cristo ressurreto. Ao menos parte do significado é que entre as "promessas de Deus" que começaram a se cumprir "em Cristo" (v. 20) e das quais os crentes participam está a ressurreição "já e ainda não" dos últimos dias, a respeito da qual Paulo tinha acabado de expor no contexto imediatamente anterior, em 2Coríntios 1.9,10:

> Na verdade, tínhamos em nós a sentença de morte, para que não confiássemos em nós mesmos, mas em Deus, que ressuscita os mortos. Ele nos livrou de tão horrível perigo de morte e continuará nos livrando. É nele que esperamos, e ele ainda nos livrará.

Paulo provavelmente não está falando apenas de libertação da ameaça da morte física em suas viagens missionárias. Antes, a libertação recente da morte física na Ásia era sombra ou uma lição prática da vida da ressurreição que Cristo já havia recebido (indicada na oração gramatical "Deus, que ressuscita os mortos") e que eles "esperavam" receber plenamente no futuro ("É nele que esperamos, e ele ainda nos livrará").[75]

Por isso, o "selo" e a "garantia" em 2Coríntios 1 são o início da dispensação do Espírito das promessas escatológicas de Deus no AT, incluindo a vida da ressurreição inaugurada que os crentes partilham com Cristo. Que a ressurreição está entre as realidades concedidas aos crentes pelo Espírito em 2Coríntios 1.22 é indicado ainda mais pelo fato de que nos capítulos seguintes Paulo descreve repetidas vezes o Espírito como o agente dessa vida da ressurreição (p. ex., 2Co 3.6,18; 4.11,12; cf. 4.16; 5.14-17). O Espírito é uma "garantia" (2Co 1.22; 5.5) porque, entre outras coisas, ele concede no presente a existência ressurreta inaugurada dos últimos tempos, e essa "garantia" (2Co 1.22; 5.5) significa que a vida ressurreta mais plena virá no futuro. No mundo antigo, o "selo" (normalmente uma impressão com cera nos documentos) indicava propriedade, autenticidade ou proteção.[76] Aqui a presença e a obra do Espírito provavelmente indiquem a marca de autenticidade da realidade de que os crentes de Corinto haviam começado a ser participantes verdadeiros das promessas escatológicas, entre elas não somente a ressurreição, mas também promessas como, por exemplo, do próprio Espírito, da nova aliança (3.6), da imagem de Deus (3.18; 4.4-6), da nova criação (5.17), da restauração (5.18—7.4) e do templo (6.16).

Os termos "selo" e "garantia" também aparecem juntos, provavelmente com o mesmo sentido de 2Coríntios 1.22, semelhante a Efésios 1.13,14: "Vós fostes selados nele pelo Espírito Santo da promessa, que é a garantia da nossa herança, para a redenção da propriedade de Deus". De novo, o Espírito é o agente que promove a união das pessoas com o Cristo ressurreto: "selados *nele* pelo Espírito Santo", que por sua vez faz parte da promessa do fim dos tempos. Um dos objetivos da obra do Espírito é a "redenção". Quando Paulo fala de "redenção"

---

[75]Sobre isso, veja Scott J. Hafemann, *2 Corinthians*, NIVAC (Grand Rapids: Zondervan, 2000), p. 64-5.
[76]Veja, p. ex., BDAG, p. 980-1, em referência tanto às formas verbais quanto às nominais da palavra.

(*apolytrōsis*), ele se refere a ela em duas etapas escatológicas, como em tantas outras passagens em que expõe sua escatologia: a redenção espiritual da penalidade do pecado (i.e., o perdão) no presente (Rm 3.24; Ef 1.7; Cl 1.4)[77] e a redenção do corpo do efeito deteriorante do pecado mediante a ressurreição futura (Rm 8.23: "aguardando ansiosamente [...] a redenção do nosso corpo"). Os outros únicos usos futuros da palavra "redenção" (*apolytrōsis*) ocorrem em Efésios 1.14; 4.30. É provável que essas passagens se refiram à consumação da libertação dos efeitos penais do pecado sobre o corpo e, portanto, à ressurreição deste.

A libertação espiritual inaugurada do perdão é mencionada pela primeira vez em Efésios 1.7, e a libertação física consumada, em 1.14. A referência à "redenção da propriedade de Deus" em Efésios 1.14 indica ainda mais a libertação plena do corpo dos que Deus começou a ter como seus (não se deve esquecer que um dos significados de "selado" em Ef 1.13 é "propriedade de"). Os outros únicos usos de Paulo da palavra "propriedade" (*peripoiēsis*) se referem respectivamente à ressurreição final e a ser chamado para possuir a glória de Cristo, o que provavelmente implica uma referência ao corpo ressurreto glorioso dos santos.[78] A indicação futura dessa "redenção" é mais esclarecida em Efésios 4.30: o "Espírito Santo" é aquele "no qual fostes selados para o dia da redenção". Portanto, Efésios 1.13,14 e 4.30 afirmam que os crentes foram "selados com o Espírito Santo da promessa", cuja presença regeneradora é a "garantia" da plena regeneração física, isto é, a "herança" que virá no fim das eras. A menção do "Espírito Santo da promessa" em Efésios 1.13 ressalta que isso é um cumprimento da promessa veterotestamentária do Espírito analisada anteriormente neste capítulo.

A última metáfora "já e ainda não", "primícias" (*aparchē*), ocorre em Romanos 8.23. Muitos entendem "os primeiros frutos do Espírito" como um genitivo apositivo ("os primeiros frutos, que são o Espírito"),[79] mas o contexto dá a entender mais um genitivo de produção ("os primeiros frutos produzidos pelo Espírito") ou, quem sabe, um genitivo de origem ("os primeiros frutos que provêm do Espírito").[80] Portanto, "primeiros frutos" seriam os frutos iniciais da nova criação produzidos pelo Espírito, que se manifestam na ressurreição espiritual do crente.

No AT, os "primeiros frutos" eram ofertados a Deus para indicar que o restante do que estava sendo oferecido também pertencia a Deus. Essas ofertas podiam ser animais, mas a imagem predominante é a da entrega dos "primeiros frutos" da colheita para dizer que todo o restante da safra pertence a Deus.[81] O uso paulino de "primeiros frutos" em outras passagens designa a primeira parte do que virá depois.[82] Para o entendimento do texto de Romanos 8, 1Coríntios 15.20,23 é muito importante. Nesta passagem, a ressurreição de Cristo são "os

---

[77] A palavra *apolytrōsis* também aparece em referência ao passado e ao presente contínuos em 1Coríntios 1.30, em que trata os crentes como identificados com a libertação de Cristo de sua morte (sobre isso, veja cap. 14, seção "A justificação como a atribuição da justiça representativa de Cristo aos crentes").

[78] O texto de 1Tessalonicenses 5.9 refere-se aos cristãos serem "destinados para" o alvo futuro de "possuir [*peripoiēsis*] a salvação", o que no v. 10 é definido como o alvo "para que com ele [Cristo] vivamos", designando a vida da ressurreição final; 2Tessalonicenses 2.14 refere-se ao alvo "para alcançardes [*peripoiēsis*] a glória de nosso Senhor Jesus Cristo", que diz respeito à glorificação escatológica final em Cristo.

[79] Isso é apoiado ainda mais por Efésios 1.13,14: "o Espírito Santo da promessa, que é dado como garantia da nossa herança".

[80] O contexto anterior do Espírito em associação direta com (provavelmente como o agente) a vida da ressurreição (8.5-14) sugere mais um genitivo de produção ou de origem ("os primeiros frutos que provêm do Espírito"). Para o primeiro tipo de genitivo, veja Daniel B. Wallace, *Greek grammar beyond the basics* (Grand Rapids: Zondervan, 1996), p. 104-6, que dá um exemplo em Efésios 4.3 ("a unidade [produzida pelo] do Espírito").

[81] Conforme James D. G. Dunn, *Romans 1—8*, WBC 38A (Dallas: Word, 1988), p. 473. Veja essa referência para mais apoio à ideia exposta acima.

[82] P. ex., Romanos 16.5; 1Coríntios 16.15; 2Tessalonicenses 2.13, falando dos primeiros convertidos em uma área onde mais haverão de converter-se; cf. Romanos 11.16, em que muitos acreditam que a palavra *aparchē* diz respeito às promessas dos patriarcas, que previam que mais israelitas seriam redimidos depois.

primeiros frutos" das demais pessoas que serão ressuscitadas posteriormente. Diante disso, em Romanos 8.23 o novo ser espiritual ressurreto do crente ("os primeiros frutos") criado pelo Espírito é o começo de uma existência física ressurreta maior vindoura e, tendo em mente Romanos 8.18-23, parece até ter sido concebida como a forma inicial de todo o novo cosmo vindouro. A ideia de 1Coríntios 15.20,23 também está em mente no contexto de Romanos 8, em que Cristo é o posto avançado da nova criação, e essa passagem afirma que Cristo é o "primogênito" de outros mais que serão ressuscitados depois (Rm 8.30).[83]

As três metáforas, o "selo", a "garantia" e os "primeiros frutos", dão uma visão do entendimento escatológico "já e ainda não" de Paulo da obra do Espírito, especialmente em relação ao Espírito produzir a vida da nova criação nas pessoas. Essas metáforas focalizam a ideia de que o Espírito é a evidência presente das realidades futuras, sobretudo a ressurreição, portanto oferece a garantia da consumação dessas realidades.[84] O Espírito não é preparatório para a existência futura do fim dos tempos nem apenas uma garantia dela, mas é o próprio começo dessa existência; como Geerhardus Vos comenta com base em uma perspectiva teológica: "A esfera própria do Espírito está em conformidade com o mundo por vir; desse mundo, ele se projeta para o presente".[85]

Apesar de eu ter analisado 1Coríntios 15.45 antes,[86] é apropriado fazer um resumo daquele estudo aqui. O versículo diz: "Assim, também está escrito: 'Adão, o primeiro homem, tornou-se alma vivente'. O Último Adão se tornou espírito que dá vida". Isso não significa que Cristo se tornou apenas um ser espiritual ou que era o Espírito Santo. É mais provável que a ideia seja a de que Cristo veio a ser identificado com a função de doador de vida do Espírito. Provavelmente esse é o motivo de Paulo às vezes chamar o Espírito de "o Espírito de Jesus". O Espírito é o *alter ego* de Cristo, apesar de ser uma pessoa distinta. Os dois têm uma unidade de função no que diz respeito a dar a vida escatológica, mas são duas pessoas distintas. A referência a Cristo tornando-se um "Espírito que dá vida" talvez seja equivalente à de Atos 2.33, em que Pedro relata que Jesus foi "exaltado à destra de Deus" e, "tendo recebido do Pai a promessa do Espírito Santo", "derramou" o Espírito sobre seu povo em Pentecostes e depois sobre outras pessoas em Atos.[87] O texto de Atos 2.17 diz que o Espírito havia sido derramado "nos últimos dias" em cumprimento de Joel, e isso identifica formalmente o derramamento do Espírito por Cristo, em 2.33, como escatológico, o que é realçado por sua ressurreição, pois o AT e o judaísmo esperavam que a ressurreição ocorresse no *escathon*. O fato de Cristo ser chamado de "o último [*eschatos*] Adão" em 1Coríntios 15.45 também reforça a função escatológica de Cristo de "doador de vida". O primeiro Adão devia ter sido um progenitor de filhos vivos espiritual e fisicamente, mas, em vez disso, gerou filhos destinados à morte; o Último Adão realiza esse trabalho dando essa vida incorruptível na nova e eterna criação.

---

[83]Veja Joel White, *Die Erstlingsgabe im Neuen Testament*, TANZ 45 (Tübingen: Francke Verlag, 2007), p. 189-95. White entende "os primeiros frutos" em Romanos 8.23 como uma alusão intertextual de Paulo à sua referência anterior a Cristo como "os primeiros frutos dos que dormiram" em 1Coríntios 15.20. Isso confirmaria que "primeiros frutos" no texto de Romanos refere-se ao começo da existência da ressurreição (embora White argumente de modo razoável que o texto faz referência a Cristo como os primeiros frutos, e não a existência inicial espiritual da ressurreição do crente).

[84]Seguindo a conclusão semelhante de Fee, *God's empowering presence*, p. 806.

[85]Vos, "Eschatological aspect", p. 103 (veja tb. p. 102).

[86]Veja o cap. 8, seção "A ressurreição em 1Coríntios"; veja tb. o excurso "Sobre o possível objetivo de Adão antes da Queda de experimentar plena proteção da morte", no cap. 1.

[87]O texto de 1Coríntios 15.45 demanda muito mais explicações, todavia as limitações de espaço aqui nos impedem de fornecê-las. Um tratamento mais detalhado dessa passagem ocorre nos capítulos anteriores, que acabamos de observar, embora a discussão seja um resumo breve de Richard B. Gaffin Jr., "The last Adam, the life-giving Spirit", in: Stephen Clark, org., *The forgotten Christ: exploring the majesty and mystery of God incarnate* (Nottingham: Apollos, 2007), p. 191-231.

James Dunn observou que o Espírito no pensamento de Paulo não pode ser entendido fora de sua relação com o Cristo ressurreto, o que ressalta os matizes escatológicos e de nova criação da obra do Espírito:

> Para Paulo, o Espírito foi selado com a essência do caráter de Cristo. Por sua ressurreição, Cristo entrou completamente na esfera do Espírito (Rm 1.4; cf. 8.11). De fato, Paulo pode afirmar que Cristo, pela ressurreição, se tornou "espírito que dá vida" (1Co 15.45). Isso equivale a dizer que o Cristo exaltado agora é vivenciado no Espírito, por meio do Espírito e como Espírito. Cristo não pode mais ser vivenciado de forma separada do Espírito: o Espírito é o meio de união entre Cristo e o crente (1Co 6.17); somente os que pertencem a Cristo estão "em Cristo", têm o Espírito, e isso à medida que são guiados pelo Espírito (Rm 8.9,14). Por outro lado, o Espírito agora é usufruído como o poder do Cristo ressurreto — agora, o Espírito não pode ser desfrutado separadamente do Cristo [ressurreto].[88]

Entretanto, há outro ângulo pelo qual é possível observar a ideia de Paulo do papel do Espírito como doador de vida que ainda não foi devidamente examinado: o Espírito é o que produz os frutos da nova criação. Esse é o tema que estudaremos agora.

O Espírito como produtor dos frutos éticos da nova criação

Esta seção focaliza, de modo breve, o contexto veterotestamentário de Gálatas 5.22,23: "Mas o fruto do Espírito é: amor, alegria, paz, paciência, benignidade, bondade, fidelidade, amabilidade e domínio próprio. Contra essas coisas não há lei".

Paulo se refere ao "fruto do Espírito" e, em seguida, enumera alguns exemplos desses frutos ("amor, alegria, paz, paciência" etc.). Até há pouco tempo, os comentaristas não tinham enxergado o contexto veterotestamentário ou judaico dessa imagem tão conhecida, mas agora alguns propõem a existência desse antecedente. Walter Hansen sugeriu que Isaías e algumas outras passagens do AT formam esse contexto. Ao apresentar como prova uma referência a Isaías 32.15-17 e Joel 2.28-32, Hansen afirma que "a promessa do Espírito e a promessa da condição moral frutífera do povo de Deus estão ligadas no AT", e a referência em Gálatas 5.22 "provavelmente foi tirada das metáforas do Antigo Testamento".[89] Também com brevidade, e de modo quase idêntico, John Barclay fez a mesma afirmação, mas com um pouco mais de ênfase em Isaías 32.[90] Além disso, a respeito de Gálatas 5.22, James Dunn tem argumentado que, "se Paulo pretendia trazer à mente a metáfora de um Israel frutífero (classicamente Is 5.1-7), sua mensagem seria que os frutos que Deus procurava em Israel estavam sendo produzidos (somente) por aqueles (inclusive os gentios gálatas) que andavam pelo Espírito".[91] Sylvia Keesmaat identifica o contexto de modo mais geral nas bênçãos da aliança de Levítico e Deuteronômio (p. ex., Lv 26.4; Dt 7.12-17), bem como nas promessas de restauração nos profetas, em que se prediz a condição frutífera de Israel.[92] Mais recentemente, Moisés Silva

---

[88]Dunn, "Spirit, New Testament", in: *NIDNTT* 3:703.

[89]G. Walter Hansen, *Galatians*, IVPNTC (Downers Grove: InterVarsity, 1994), p. 178.

[90]John M. G. Barclay, *Obeying the truth: a study of Paul's ethics in Galatians*, SNTW (Edinburgh: T&T Clark, 1988), p. 121. Além disso, Barclay cita Isaías 5.1-7; 27.2-6; 37.30-32 com uma associação mais distante, bem como uma série de outras passagens do AT além de Isaías que ele "presume" terem formado imagens coletivas com as quais "Paulo estava familiarizado".

[91]James D. G. Dunn, *The Epistle to the Galatians*, BNTC (Peabody: Hendrickson, 1993), p. 308. Para outra proposta igualmente breve, com o acréscimo de Isaías 11.1-5; 32.13-18; 44.2-4; 61.3,11; 65.17-22, veja G. K. Beale, "The eschatological conception of New Testament theology", in: K. E. Brower; M. W. Elliott, orgs., *"The reader must understand": eschatology in Bible and theology* (Leicester: Apollos, 1997), p. 31.

[92]Sylvia C. Keesmaat, *Paul and his story: (re)interpreting the Exodus tradition*, JSNTSup 181 (Sheffield: Sheffield Academic Press, 1999), p. 207-8. Para a esperança anunciada nos profetas, ela cita principalmente Is 27.6; Jr 31.12; Ez 17.23; 34.27; 36.8; Am 9.14 e Zc 8.12.

propôs que "a referência [de Paulo] ao fruto do Espírito (especialmente a paz) em Gálatas 5.22 parece ter como base Isaías 32.14,15".[93]

Além desses cinco breves comentários, os comentários clássicos sobre Gálatas e outras literaturas relacionadas, até onde pesquisei, não propuseram esse contexto veterotestamentário para o "fruto do Espírito". Além disso, as propostas recentes que acabei de mencionar foram expostas apenas brevemente, sem nenhum esforço de fundamentar as sugestões. Na verdade, da maneira que estão, essas propostas parecem promissoras, mas necessitam de mais comprovação. Por exemplo, cada texto do AT indicado como contexto menciona somente o "Espírito" sem incluir referência explícita ao "fruto" (na LXX [*karpos*] ou no TM) ou não faz referência explícita ao "Espírito" nem ao "fruto" (p. ex., em Is 5.1-7, apesar de, assim como em Is 32, estar envolvido o conceito de "fruto").[94]

O propósito desta seção é investigar se a intuição desses comentaristas recentes está correta. Para estudar esse assunto, porém, antes de tudo, vou apresentar e analisar passagens de Isaías diferentes das que foram propostas. Em particular, argumentarei que "o fruto do Espírito" em Gálatas 5.22 e suas manifestações parecem ser uma alusão geral à promessa de Isaías de que o Espírito produzirá fertilidade abundante na nova era vindoura. Defenderei que estão em mente em primeiro plano as reiteradas profecias de Isaías (não apenas Is 32, mas também e sobretudo Is 57) de que na nova criação o Espírito será o gerador da fertilidade abundante, que Isaías sempre interpreta como atributos de uma vida consagrada, como justiça, paciência, paz, alegria, santidade e confiança em Deus, características idênticas ou bem semelhantes às mencionadas em Gálatas 5.22,23.

O contexto veterotestamentário geral em Gálatas 5.22,
especialmente no Antigo Testamento grego

Começamos com uma passagem mencionada por Hansen, Barclay e Silva. A meu ver, essa passagem é apenas "a ponta do *iceberg*". Isaías 32.15-18 diz:

> Até que se derrame sobre nós o Espírito lá do alto,
> e o deserto se torne um campo fértil,
> e o campo fértil seja conhecido como um bosque.
> Então a justiça habitará no deserto,
> e a <u>retidão</u> morará no campo fértil.
> E a obra da <u>justiça</u> será <u>paz</u>,
> e o serviço da <u>retidão</u> será tranquilidade e <u>segurança</u> para sempre.
> Então, meu povo habitará em morada <u>de paz</u>.
> Em habitações seguras e em lugares de descanso sem perturbação.

Aqui vou apenas resumir essa passagem, pois foi comentada anteriormente neste capítulo, na seção sobre Atos, e mesmo antes de forma breve, no capítulo 9.[95] Na restauração vindoura do fim dos tempos, o Espírito descerá sobre Israel e criará fertilidade abundante (v. 15) e uma condição espiritual frutífera (v. 16-18).

---

[93] Moisés Silva, "Galatians", in: G. K. Beale; D. A. Carson, orgs., *Commentary on the New Testament use of the Old Testament* (Grand Rapids: Baker Academic, 2007), p. 810 [edição em português: *Comentário do uso do Antigo Testamento no Novo Testamento* (São Paulo: Vida Nova, 2014)].

[94] Contudo, o manuscrito 91 de Isaías 5.7 (LXX) inclui uma leitura variante: "Eu esperava que ela [a 'planta' de Israel] produzisse fruto [*karpos*]", em vez de "Eu esperava que ela [a 'planta' de Israel] produzisse justiça".

[95] Sobre essa passagem, veja a seção no cap. 9 sobre Gálatas 6.15-17 (no subtítulo "A relação escatológica de Gálatas 6.14,15 com 5.22-26").

Do mesmo modo, outros textos na versão grega de Isaías fazem a mesma associação e às vezes mostram uma ligação ainda mais estreita ou mais explícita entre o derramamento escatológico do Espírito e os frutos figurados das características de uma vida consagrada. O paralelo mais próximo é Isaías 57.15-19.

A relação específica do contexto do Antigo Testamento grego, particularmente de Isaías 57, com Gálatas 5.22

No início da tradição textual do AT grego de Isaías 57.16-21,[96] Deus profetiza que seu "Espírito [*pneuma*] sairá de[le]", e ele "criará" (Is 57.16b, LXX)[97] e produzirá "fruto" (*karpos*) espiritual nos justos. No contexto imediato, esse fruto é interpretado claramente como o fruto de "paz" (*eirēnē* [v. 19]) e resultado da "paciência" (*makrothymia* [v. 15]) e da "alegria" (*chairō* [v. 21]) entre o povo restaurado de Deus.[98] Talvez outros comentaristas não observaram a possibilidade desse antecedente veterotestamentário por não terem dado atenção à possível importância das tradições variantes da LXX nessa passagem e, assim, não perceberam que esse é um dos textos mais densos de toda a LXX de Isaías a respeito do papel escatológico do "Espírito", do qual já tratei mais detidamente em outra obra.[99]

A tradução da LXX de "fruto" em Isaías 57 provavelmente existia tanto antes do tempo de Paulo quanto na época dele e, juntamente com as palavras associadas a ela que também estão em Gálatas 5.22, pode ser entendida agora como parte, ao menos, da provável fonte da qual o apóstolo tomou por empréstimo alguns termos essenciais para compor sua famosa passagem do "fruto do Espírito" em Gálatas 5.22,23: "Mas o fruto do Espírito é: amor, alegria, paz, paciência..." (*ho de karpos tou pneumatos estin agapē, chara, eirēnē, makrothymia...*).[100]

Os dois únicos trechos de toda a tradição do AT e NT em que ocorre a combinação das cinco palavras gregas para "Espírito", "fruto", "paz", "paciência" e "alegria" são Isaías 57.15-19 e Gálatas 5.22. O que reforça isso é que "Deus enviando seu Espírito" também está presente em Gálatas (4.6) e, em todo o NT, essa passagem é singularmente semelhante (mesmo em comparação a Lc 1.35; 24.49; At 1.8) à expressão de Isaías 57.16: "o Espírito procederá de mim".

Portanto, a possibilidade da influência dessa passagem sobre Paulo tem por base os seguintes elementos:

1. Sabemos que Paulo lia tanto a versão hebraica quanto a grega de Isaías (esp. Is 40—66) e tinha bastante familiaridade com essas versões.

---

[96]Juntamente com a tradução principal ou eclética da LXX (conforme citadas na edição de J. Ziegler da LXX de Isaías de Göttingen), essa tradição textual inclui as supostas revisões do AT grego de Áquila, Símaco, Teodocião e outros. Para uma análise de como essas versões da LXX muitas vezes dão testemunho das traduções gregas pré-cristãs, veja G. K. Beale, "The Old Testament background of Rev 3.14", *NTS* 42 (1996): 139-40.

[97]Não fica tão claro que o Espírito de Deus esteja em mente no texto hebraico de Isaías 57.16b, mas é bastante provável.

[98]Sem dúvida é possível que todos esses elementos não fossem meramente representados na tradição antiga da Septuaginta, mas realmente apareceram em um "texto misto" que já não existe mais. Sobre essa possibilidade, veja Moisés Silva, "Old Testament in Paul", in: *DPL*, p. 633. Silva apresenta como exemplo Isaías 10.22,23 em Romanos 9.27,28, que combina traduções exclusivas do Códice A e do Códice B. Também é possível que Paulo, em Gálatas 5, esteja combinando duas tradições da LXX. Para o mesmo fenômeno, observe-se Justino Mártir em relação a Daniel 7.9-14, em que ele combina a versão Grega Antiga e Teodocião (sobre esse tema, veja H. B. Swete, *An introduction to the Old Testament in Greek* [Cambridge: Cambridge University Press, 1902], p. 421-2).

[99]Veja G. K. Beale, "The Old Testament background of Paul's reference to the 'fruit of the Spirit' in Gal. 5:22", *BBR* 15 (2005): 1-38.

[100]Essa seção sobre o contexto do AT em Gálatas 5.22 é um resumo de Beale, "Paul's reference to the 'fruit of the Spirit'", que procura demonstrar a mesma tese com mais profundidade.

2. Paulo de fato cita o texto do grego AT de Isaías 57.19 em Efésios 2.17[101] e cita Isaías 54.1 (LXX) em Gálatas 4.27.
3. A combinação desses termos em Gálatas 5.22 é singularmente comum a Paulo e a Isaías 57.
4. Da mesma maneira, o conceito de "fruto espiritual" ocorre nessas duas passagens, e também com frequência em outras passagens de Isaías, nas quais aparece também a referência ao Espírito de Deus, o que confirma a associação isaiânica, como veremos a seguir.[102]

O fato de que esse paralelo não é apenas formal, mas também material, é corroborado pela observação de que a ideia do Espírito criando frutos de natureza espiritual é uma característica exclusiva do livro de Isaías, no AT, e de Gálatas 5, no NT. Quando essa ideia comum é identificada em um contexto escatológico tanto em Isaías quanto em Gálatas,[103] o conceito torna-se ainda mais singular. Particularmente, as duas passagens estão estreitamente ligadas a contextos que focalizam a nova criação. Na verdade, Isaías 57.15,16 na LXX expressa claramente o tema da nova criação: Deus descerá da sua morada celestial e será "aquele que dá vida aos de coração quebrantado: [...] pois meu Espírito irá diante de mim, e eu ter[ei] criado tudo o que respira". Em Isaías 57, o Espírito é o agente pelo qual Deus cria a nova vida.[104]

Também há outras sugestões de uma nova criação frutífera em Gálatas 5.22-25, principalmente quando entendidas à luz do contexto isaiânico. Depois de mencionar o "fruto do Espírito", Gálatas 5.22,25 afirma que pessoas "frutíferas" "vivem pelo Espírito" e "andam pelo Espírito". Esse tipo de vida mencionado no versículo 25 é mais bem entendido como vida da ressurreição, o que parece refletir a função do Espírito nos últimos tempos de ressuscitar os mortos, conceito presente em outras partes de Gálatas, bem como geralmente em outros escritos de Paulo e no AT, conforme já examinamos neste capítulo.

Em Gálatas 6.15, "nova criação" pode ser um modo de falar da vida da ressurreição pelo Espírito mencionada em 5.25, e deve se entender que ambas começam não somente com a morte de Cristo (Gl 6.14), mas também com sua ressurreição. Além de outras ligações, o vínculo importante entre Gálatas 5.25 e 6.16 está ainda no uso da palavra *stoicheō* para "andar", quando, nos dois casos, a palavra usual para "andar" (*peripateō*) podia muito bem ter sido empregada (p. ex., Gl 5.16) em vez da mais rara *stoicheō* ("estar de acordo com" ou "alinhar-se com").[105] Em relação a Gálatas 5.25, bem como às referências anteriores ao Espírito e ao conceito de vida, Moyer Hubbard afirma de modo correto:

> Se os gálatas receberam o Espírito (3.3,14; 4.6), foram "vivificados" pelo Espírito (3.21,22 com 3.14 e 5.25), "gerados" pelo Espírito (4.29), "vivem" pelo Espírito (5.25), "andam" pelo Espírito (5.16,18,25) e se tornaram "filhos" e "herdeiros" por meio do Espírito no coração deles (4.6,7), Paulo defende que a Lei e a circuncisão já não se aplicam. Toda essa argumentação se resume

---

[101]Mesmo que um intérprete não aceite a autoria paulina de Efésios, a epístola pertence à tradição paulina antiga.

[102]Mesmo que a tradução da LXX de "fruto" em Isaías 57.18 fosse de uma data posterior ao século 1, hipótese improvável, ela mostra que o hebraico de Isaías 57.18 poderia ser traduzido para o grego desse modo interpretativo.

[103]Observe-se no contexto mais amplo de Gálatas a ideia de ser libertado "desta era má" (Gl 1.4), da vinda da "plenitude dos tempos" (4.4) e de uma "nova criação" (6.15).

[104]Veja Rodrigo J. Morales, *The Spirit and the restoration of Israel*, WUNT 2/282 (Tübingen: Mohr Siebeck, 2010), p. 155-9. Morales concorda com a minha perspectiva de que a linguagem de Isaías 57 influenciou a redação de Paulo em Gálatas 5.19-23, especialmente no que diz respeito aos frutos do Espírito. Ele se baseia em meu argumento, reforçando a probabilidade de minha tese.

[105]Para mais informações sobre a ligação entre Gálatas 6.22-25 e 6.15,16, veja o capítulo sobre a ressurreição em Paulo (cap. 9).

perfeitamente no tema: "o motivo da transformação", e é recapitulada de forma sucinta na frase "nem a circuncisão, nem a incircuncisão, mas *a nova criação!*"[106]

Nesse sentido, Gálatas 5.25 e 6.15 também desenvolvem a introdução da epístola (1.1: "Deus [...] que o [Jesus] ressuscitou dos mortos") e o padrão de crucificação e ressurreição presente em Gálatas 2.19,20; 5.24,25.

Conclusão para Gálatas 5.22

Ao que tudo indica, o "fruto do Espírito" em Gálatas 5.22 e suas manifestações são uma alusão geral à promessa de Isaías de que o Espírito produziria fertilidade abundante na era vindoura. O que está em mente, em primeiro lugar, são as reiteradas profecias de Isaías (esp. Is 32 e, sobretudo, Is 57) de que na nova criação o Espírito trará abundante fertilidade, interpretada muitas vezes por Isaías como atributos de uma vida consagrada, como, por exemplo, justiça, paciência, paz, alegria, santidade e confiança em Deus, idênticos ou semelhantes aos mencionados em Gálatas 5.22,23. Portanto, o Espírito é o agente que cria os frutos da nova criação no povo de Deus — isso talvez também deva ser considerado não apenas relacionado ao conceito paulino de "primeiros frutos" da nova criação em Romanos 8.23, mas também um desdobramento dessa passagem. Antes de tudo, o Espírito ressuscita os santos dos mortos espiritualmente, depois cria esses frutos neles.

O efeito retórico e a ênfase temática de Paulo aumentam quando os leitores conseguem se identificar como aqueles que fazem parte do início do cumprimento das promessas escatológicas da nova criação feitas a Israel. Portanto, eles são verdadeiros israelitas com um papel importante nesse drama cósmico histórico-redentor. Se realmente fazem parte desse drama, darão ouvidos às exortações de Paulo.

O papel escatológico do Espírito nas Epístolas Gerais e em Apocalipse

Poucas são as referências explícitas ao Espírito como agente da ressurreição nos demais escritos do NT. Uma possibilidade é 1Pedro 3.18: "Porque também Cristo morreu uma única vez pelos pecados, o justo pelos injustos, para levar-nos a Deus; morto na carne, mas vivificado no Espírito [*pneumati*]". Não há consenso aqui se a palavra *pneumatos* é uma referência ao Espírito divino ou ao espírito humano de Jesus renovado. Uma interpretação correta da cristologia pode indicar que não é o espírito pessoal de Jesus que foi "vivificado", uma vez que esse jamais poderia morrer. Antes, o versículo provavelmente fala de duas esferas da existência de Cristo, a terrena e a escatológica — isto é, a esfera do Espírito. Aqui o Espírito não é considerado explicitamente o meio da ressurreição de Cristo, mas, como entende-se que sua existência ressurreta o situa na realidade do domínio da nova criação dos últimos tempos do Espírito,[107] talvez a ideia esteja implícita.[108] Essa conclusão também pode ser indicada pelas referências em outros trechos em que Paulo considera o Espírito o agente explícito da ressurreição de Cristo (Rm 1.3,4; 1Tm 3.16), especialmente porque esses textos também

---

[106]Moyer V. Hubbard, *New creation in Paul's letters and thought*, SNTSMS 119 (Cambridge: Cambridge University Press, 2002), p. 229 (veja tb. p. 235). Não está claro, porém, por que Hubbard não incluiu a referência ao "Espírito" e à "vida" em Gálatas 6.8. A tentativa desse autor de restringir a "transformação" da "nova criação" em Gálatas 6.15 ao plano antropológico, excluindo assim o cósmico, não parece provável.

[107]Karen Jobes, *1 Peter*, BECNT (Grand Rapids: Baker Academic, 2005), p. 242.

[108]O fato de que a ressurreição de Cristo provavelmente está em mente é indicado por 1Pedro 3.21,22.

fazem um contraste entre "carne" e "espírito"[109] e talvez se baseiem em hinos, que podem ter influenciado Pedro.

Em Apocalipse 11.11,12 também existe uma provável referência ao Espírito como doador da vida. Seja qual for o acontecimento narrado nesse texto, ele justifica as "duas testemunhas" (que representam a igreja)[110] e a mensagem delas diante dos olhos do mundo incrédulo. Não será possível elaborar mais aqui sobre todos os aspectos dignos de atenção nesses dois versículos, mas já tratei do assunto em outro texto.[111] Depois da narrativa da morte das duas testemunhas, Apocalipse 11.11,12 fala do reavivamento da vida delas:

> Depois dos três dias e meio, o sopro de vida da parte de Deus entrou neles, e ficaram em pé, e os que os viram foram tomados de grande temor. Então, ouviram uma forte voz do céu que lhes dizia: "Subi vós para cá". E eles subiram ao céu na nuvem; e seus inimigos os viram.

No versículo 11, "o sopro de vida da parte de Deus entrou neles, e ficaram em pé" tem como base Ezequiel 37.5,10:

> **Ezequiel 37.5**: "Assim diz o SENHOR Deus a estes ossos: 'Eis que <u>farei entrar em vós o fôlego da vida para que vivais</u>'".
>
> **Ezequiel 37.10**: "Assim profetizei como ele me havia ordenado. Então o fôlego de vida entrou neles; e eles viveram e se puseram em pé, um exército muito grande".

A passagem de Apocalipse é particularmente difícil. A representação de ser ressuscitado dos mortos se refere a uma ressurreição de fato ou a uma descrição figurada de ressurreição? O problema se resolve em parte pela observação da maioria dos comentaristas de que Ezequiel 37.5,10 faz parte de uma imagem metafórica do retorno de Israel do Cativeiro Babilônico do fim dos tempos. Contudo, vimos anteriormente[112] que Ezequiel 37.1-14 não era apenas uma metáfora para o retorno de Israel à terra, mas incluía também uma verdadeira regeneração espiritual. Esse renascimento espiritual desenvolve ainda mais a referência à renovação espiritual em Ezequiel 36. Nesse sentido, vimos que "habitar na terra" (Ez 36.28) é uma consequência de Deus ter dado a Israel "um novo coração" e "um novo espírito" (Ez 36.26) e ter posto seu "Espírito" no povo (Ez 36.27). O texto fala de Israel voltando para a terra e sendo regenerado espiritualmente. O fato de Ezequiel 37.1-14 referir-se ao mesmo assunto é indicado pela declaração climática da seção: "E porei em vós o meu Espírito, e vivereis; e vos porei na vossa terra" (Ez 37.14). A primeira oração gramatical é uma repetição *ipsis litteris* de Ezequiel 36.27a ("Porei em vós o meu Espírito") e a última é uma tradução parafraseada de Ezequiel 36.28a ("Então habitareis na terra"). Esse paralelo com Ezequiel 36 indica a probabilidade de que a profecia da ressurreição de Israel em Ezequiel 37 de fato representa um aspecto da ressurreição propriamente dita, que é a ressurreição do espírito — isto é, a renovação do coração por meio do Espírito de Deus.

---

[109]Veja J. N. D. Kelly, *The Epistles of Peter and Jude*, BNTC (Peabody: Hendrickson, 1969), p. 151. Kelly cita esses paralelos, especialmente com respeito à oposição entre "carne" e "espírito", e entende essa oposição da mesma forma que eu. Embora em 1Timóteo 3.16 a locução *en pneumati* possa ser traduzida por "no Espírito" ou "por meio do Espírito", talvez haja alguma ambiguidade proposital nos textos de 1Timóteo e 1Pedro para incluir tanto a noção de meios quanto de esfera. Do mesmo modo, algumas traduções não grafam *pneuma* ("espírito") com inicial maiúscula, como é o caso também em 1Pedro 3.18.

[110]Sobre esse assunto, veja G. K. Beale, *The book of Revelation: a commentary on the Greek text*, NIGTC (Grand Rapids: Eerdmans, 1999), p. 572-608.

[111]Ibidem, p. 596-602.

[112]Capítulo 7 (a seção dedicada à ideia de ressurreição no AT e a seção sobre João). Veja tb. a parte inicial deste capítulo.

Contudo, parece que Apocalipse 11.11,12 descreve mais do que a ressurreição "espiritual". Sabemos por outros textos do NT (1Co 15.52; 1Ts 4.16,17), bem como pelo próprio livro de Apocalipse (20.12-15; e provavelmente 21.1-5), que o povo de Deus será justificado no fim dos tempos,[113] como Cristo foi, pela ressurreição física (veja comentários de Ap 20.12-15; 21.1—22.5). Diante disso, embora o propósito exegético de Apocalipse 11.11,12 seja transmitir um retrato simbólico e ressaltar o sentido figurado da justificação e legitimação proféticas, essas outras passagens de Apocalipse e do NT dão a entender que a forma precisa de justificação será a ressurreição física. Curiosamente, o judaísmo às vezes entendia que Ezequiel 37.1-14, aludido em Apocalipse, era uma profecia da ressurreição física futura definitiva.[114] Como talvez seja o caso dessas interpretações judaicas sobre a profecia da ressurreição de Ezequiel 37, João parece entender que a ressurreição espiritual daquele capítulo tem sua forma consumada na ressurreição física, que também ocorre pela mediação do Espírito.

Conclusão

A intenção deste capítulo foi enfatizar que o papel do Espírito é de doador de vida escatológico ao capacitar as pessoas para entrar na vida da ressurreição da nova criação. Além do papel de doador da vida dos últimos tempos, existem outros aspectos da atividade escatológica do Espírito, mas eles serão abordados em capítulos posteriores, em que o assunto será examinado com outras ideias bíblico-teológicas importantes.[115]

---

[113]Sobre o contexto temporal de Apocalipse 11.3-13 ser o do próprio fim da era anterior à segunda vinda de Jesus, veja Beale, *Revelation*, p. 596-608.

[114]P. ex., *Or. Sib.* 2:221-225; *Rab.* de Gn 13.6; 14.5; 73.4; 96.5; *Rab.* de Dt 7.6; *Rab.* de Lv 14.9; cf. 4Macabeus 18.18,19; veja tb., do cristianismo primitivo, *Odes Sal.* 22.8,9.

[115]P. ex., a igreja como o templo (cap. 17), os gentios tornando-se parte do povo escatológico de Deus (caps. 19-20) e o Espírito e a Lei (cap. 25).

17

O início da edificação dos crentes pelo Espírito no templo transformado da nova criação dos últimos tempos

No capítulo anterior, examinamos o papel escatológico do Espírito, especialmente sua capacidade de dar vida ao ressuscitar e, assim, transformar as pessoas para que se tornem parte da nova criação dos últimos dias. Este capítulo se concentra no que as pessoas ressuscitadas para a vida pelo Espírito têm se transformado: o povo de Deus recém-criado é o templo escatológico de Deus. O próximo capítulo (cap. 18) recua um pouco e descreve em linhas gerais a relação do templo do AT com o do NT. Os capítulos seguintes vão analisar esse novo povo, a igreja, como o cumprimento inicial da restauração profetizada do verdadeiro Israel, que entra na nova criação (caps. 19-20). Em seguida, abordaremos a questão de como as promessas veterotestamentárias sobre a terra se relacionam com a era do NT (cap. 21). Depois disso, há um exame das marcas distintivas da igreja que refletem exclusivamente a nova criação (caps. 22-23), seguido de mais dois capítulos sobre a ideia de vida cristã como uma faceta da nova criação escatológica (caps. 24-25). Os dois capítulos finais (caps. 26-27) são um resumo e uma reflexão teológica dos capítulos anteriores do livro. Todos esses capítulos procuram explicar seus respectivos temas como aspectos da nova criação dos últimos tempos em Cristo, o rei. Neste capítulo e nos seguintes, mencionados há pouco, continuaremos observando como o núcleo do enredo neotestamentário do reino da nova criação se desenvolve.

Veremos agora como o povo de Deus da nova era começou a ser o templo de Deus dos últimos tempos.

A ligação entre a narrativa da igreja e a do Espírito: a descida do Espírito em Pentecostes como o templo escatológico para transformar o povo em templo[1]
Introdução
Embora os Evangelhos de algum modo narrem Jesus estabelecendo a si próprio como o templo dos últimos tempos (p. ex., Jo 2.19-22) e o NT, em outros trechos, refira-se à igreja

---

[1]Este capítulo baseia-se em uma revisão de G. K. Beale, "The descent of the eschatological temple in the form of the Spirit at Pentecost: Part I", *TynBul* 56, n. 1 (2005): 73-102; ibidem, "The descent of the eschatological

como o "templo" dos últimos dias ou o "templo do Espírito Santo" (p. ex., 2Co 6.16), não há nenhuma menção explícita do momento decisivo em que a igreja foi fundada como o templo escatológico. Além disso, o Evangelho de Lucas (e o de Mateus) narra o grande interesse no templo terreno de Israel com respeito a seu uso próprio ou impróprio[2] e, em seguida, prediz sua destruição. Ao contrário de Mateus, Marcos e João, que mencionam a substituição do templo de Israel pelo novo templo reconstruído por Cristo com sua ressurreição (Mt 26.61; Mc 14.58; 15.29; Jo 2.19-22), Lucas jamais informa ao leitor quem ou o que substituirá o templo.

O propósito desta seção é investigar a possibilidade de que Lucas, em Atos 2, esteja narrando o estabelecimento inicial da igreja como o templo dos últimos dias em continuação mais elevada do verdadeiro templo de Deus.[3] Em particular, argumentarei que a presença tabernacular celeste e teofânica de Deus começou a descer sobre seu povo em Pentecostes na forma do Espírito, estendendo desse modo o templo celestial até a terra e edificando-o ao incluir seu povo nele. Isso será demonstrado pela análise de diversas alusões e antecedentes veterotestamentários e judaicos, que em seus respectivos contextos originais estão completamente ligados ao templo. Alguns desses antecedentes e alusões do AT têm mais legitimidade do que outros, mas espero apresentar um argumento com evidências cumulativas que sejam suficientemente persuasivas para fundamentar a proposta. Apesar de não usar as palavras "templo" e "santuário" ou sinônimos delas em Atos 2,[4] a alegação deste capítulo é que o conceito do templo celestial que desce à terra está entrelaçado em todo o sentido implícito da narrativa e constitui parte dele.

Uma série de comentaristas entendeu que a vinda do Espírito em línguas de fogo é uma teofania, mas nenhum deles, até onde sei, propôs que em Atos 2 está em mente um templo escatológico. Estou propondo que Atos 2 retrata não apenas uma teofania, mas também uma teofania em um templo escatológico recém-inaugurado, mediante o qual está sendo estendido para a terra um templo celestial superior ao que havia sido o lugar santíssimo do templo de Israel. Sem dúvida, é verdadeiramente perceptível no AT que a presença teofânica não atuava em associação com o templo celestial nem terreno. No entanto, com frequência o AT relata teofanias tanto no templo celestial quanto no terreno, que era visto como o lugar da presença divina antes da destruição do Templo de Salomão. Na verdade, a presença teofânica era a essência e o centro do Tabernáculo e do Templo de Israel.

Portanto, a proposta de que Atos 2 relata mais do que uma simples teofania, indicando uma teofania no contexto de um novo templo, está de acordo com as teofanias típicas do templo do AT. No Pentecostes, entretanto, isso começa a acontecer em um plano escatológico mais elevado. O fato de alguns textos do AT profetizarem a presença teofânica dos últimos tempos revelada ao povo de Deus em um templo recém-expandido e não arquitetônico reforça o argumento de que é exatamente isso que Atos 2 está apresentando como o início do templo (veja Is 4.2-6; 30.27-30; Jr 3.16,17; Zc 1.16—2.13; cf. Ez 40—46; *Or. Sib.* 5.414-432). À luz da

---

temple in the form of the Spirit at Pentecost: part II", *TynBul* 56, n. 2 (2005): 63-90. Esses artigos foram uma tentativa de fundamentar com argumentos bem mais aprofundados, ao que tudo indica jamais apresentados antes, o que argumentou anteriormente em G. K. Beale, *The temple and the church's mission: a biblical theology of the dwelling place of God*, NSBT 17 (Downers Grove: InterVarsity, 2004), p. 201-15, a tese que se expressa bem no título desta seção.

[2]A esse respeito, Lucas e Mateus se referem muitas vezes ao templo (p. ex., 22 vezes *hieron, naos* e *oikos* são usados dessa forma, enquanto Marcos faz 15 referências desse tipo, em Atos há 25, porém, em Atos *naos* nunca se aplica ao templo de Israel).

[3]Sou grato a Desmond Alexander por ter me chamado a atenção para a relação do Evangelho de Lucas com Atos 2 no que diz respeito a este tema.

[4]Observe-se, entretanto, o uso de "casa" (*oikos*) em Atos 2.1, sobre o qual comentaremos mais adiante.

perspectiva de Mateus, Marcos e João de que o próprio Cristo é a continuação intensificada do verdadeiro templo, a narrativa do templo em Atos 2 deve ser entendida como continuação da obra de Cristo de edificação do templo por meio do Espírito.

As línguas de Pentecostes como teofania de um santuário do Sinai dos últimos dias

Em primeiro lugar, vou tentar estabelecer o contexto do Sinai (que, em grande parte, é um resumo do trabalho de outros); em seguida, vou me empenhar em demonstrar como ele se relaciona com a ideia do novo templo.

O aparecimento de "línguas como de fogo" (At 2.3) é uma manifestação do Espírito vindouro que reflete uma teofania. Mas é possível dizer mais: parece tratar-se de uma teofania associada com a presença divina do templo celestial descendo à terra. Várias observações indicam isso.

O relato de que "de repente, veio do céu um som, como de um vento impetuoso" (At 2.2) e de que apareceram "línguas como de fogo" traz à mente as teofanias típicas do AT. Deus se manifestava nessas teofanias com som de trovão e na forma de fogo. A primeira grande teofania do AT ocorreu no Sinai, sobre o qual "Deus desceu em fogo" e se manifestou em meio de altas "vozes e tochas e uma nuvem densa" e "fogo".[5] A teofania do Sinai foi o modelo para a maioria das aparições divinas posteriores no AT, e em certa medida a vinda de Deus no Sinai está no contexto da vinda do Espírito em Pentecostes.[6]

Deuteronômio 33.2 conta que Deus "veio do Sinai" e "à sua direita, havia o fogo[7] da lei para eles", o que equivale às "palavras" de Deus "recebidas" por Israel (Dt 33.3). O sintagma "como fogo" (*hōsei pyros*) em Atos 2.3 pode ter sido influenciado em parte por Êxodo 24.17 (LXX): "A aparência da glória do Senhor era como fogo ardente [*hōsei pyr phlegon*] no topo do monte" (semelhante a 19.18).

Esse aspecto da presença teofânica de Deus com fogo no relato do Sinai e o modo com que foi desenvolvido no judaísmo antigo são semelhantes a Pentecostes, ocasião em que as pessoas viram "línguas como de fogo" serem distribuídas (At 2.3). Nesse sentido, Fílo, o famoso comentarista judeu do século 1, apresentou uma descrição da manifestação de Deus no Sinai surpreendentemente semelhante à redação de Atos 2: a revelação de Deus veio "do meio do fogo que fluía do céu" como uma "voz" (*phōnē*) semelhante a uma "chama" (*pyr* e *phlox*) que "se transformou em um dialeto [*dialektos*] da língua conhecida de cada um dos ouvintes", o que provocou "perplexidade" (*Decálogo* 46).[8] Além disso, Fílo afirma que, no Sinai, Deus fez um "som invisível" tomar "forma", e esta se transformou em "chamas de fogo [*pyr*]" que "ressoaram como o sopro [*pneuma*] por meio de uma trombeta [que era] uma voz articulada [*phōnē*] tão alta que parecia ser igualmente audível tanto para os mais distantes quanto para os mais próximos" (*Decálogo* 33). Além do mais, Fílo acrescenta que no acontecimento do Sinai a "nova voz miraculosa entrou em ação e se manteve em chamas [*ezōpyrei*]

---

[5]P. ex., Êxodo 19.16-20; 20.18 (LXX); *L.A.B.* 11.5 acrescentam que no Sinai "ventos [...] rugiram", e Fílo afirma que houve "uma rajada de fogo enviada do céu" (*Decálogo* 44), comparável às imagens de Atos 2.2 de "um som como de um vento impetuoso"; Josefo diz que houve "ventos tempestuosos [...] relâmpagos" (*Ant.* 3.80).

[6]Também Jeffrey J. Niehaus, *God at Sinai: covenant and theophany in the Bible and ancient Near East* (Grand Rapids: Zondervan, 1995), esp. p. 371. A obra de Niehaus estabelece o desenvolvimento bíblico-teológico da teofania do Sinai nos dois Testamentos.

[7]Essa é a tradução de alguns manuscritos do Pentateuco samaritano (século 5 a.C.), o exemplar de Deuteronômio 33.2 de Qumran, a Vulgata, bem como 𝔅 (manuscrito hebraico do século 16). Outros manuscritos hebraicos e versões trazem "relâmpago flamejante" (*'ēshĕdāt*) em vez de "lei de fogo" (*'ēsh dāt*). Pelo menos, a expressão "lei de fogo" é atestada nas tradições antigas, mesmo se não for considerada texto original.

[8]Esse paralelo é observado por alguns comentaristas; observe-se a construção idêntica em Atos 2.3,6.

pelo poder de Deus, que soprava [*epipneousa*] nela" (*Decálogo* 35). A versão de Filo não está muito longe do relato de Êxodo que acabamos de ver, em que "vozes" está intimamente associada a "tochas" de fogo: "todo o povo viu as vozes [*haqqôlōt*] e as tochas [*hallappîdim*]" (Êx 20.18).[9] Em outras partes, Filo se refere à "voz" de Deus no Sinai (citando novamente a LXX de Êx 20.18) como "luz" e "brilhante com intenso esplendor" (*Migração* 47).[10] Alguns grupos do judaísmo também falavam da revelação de Deus no Sinai como sendo "na língua santa" (*b. Soṭah* 42a sobre Êx 19.19), "dada com fogo"[11] e "profecia".[12]

A tradição interpretativa judaica de Êxodo 19 afirmava que a voz ou língua de fogo era "dividida" ao aplicar-se às pessoas de todas as nações que a ouviram, mas a rejeitaram e foram julgadas. Com frequência afirma-se que a voz semelhante a fogo de Deus dividiu-se em "setenta línguas" ou "idiomas".[13]

Tanto a tradição judaica quanto o fenômeno análogo de Atos 2 remontam, provavelmente, ao menos em alguma medida, a interpretações judaicas anteriores de textos do AT, especialmente Êxodo 20.18a, relacionados com a revelação da Lei no Sinai.[14] O comentário reiterado de que a revelação do Sinai se dividiu em "setenta línguas" a identifica com a divisão da língua única da humanidade em "setenta línguas" em Babel, talvez sugerindo que esses comentaristas judeus consideravam o Sinai um juízo contínuo sobre as nações. Isso se assemelha à menção das "línguas sendo divididas" em Atos 2.3, que ecoa a forma tradicional de se referir às nações espalhadas em Babel como nações sendo "divididas".[15]

Na verdade, embora seja possível pensar que o relato de Lucas sobre Pentecostes não tenha nenhuma referência direta à teofania do Sinai,[16] há ainda mais evidências que indicam vários tipos de associações e até mais alusões indiretas do que as que acabei de apresentar para demonstrar que Lucas não só tinha conhecimento dos comentários judaicos sobre o Sinai, mas também estava se baseando claramente nas descrições do Êxodo da própria teofania do Sinai em seu retrato de Pentecostes.[17]

Todos esses paralelos indicam que Lucas pretendia, em alguma medida, que seus leitores tivessem em mente a revelação de Deus a Moisés no Sinai como pano de fundo para entender os acontecimentos que culminaram em Pentecostes. Apresentei várias linhas de evidências a favor da identificação entre Sinai e Pentecostes. Alguns argumentos em defesa dessa interpretação talvez não se sustentem sozinhos, mas se tornam mais persuasivos se considerados

---

[9]A LXX traz: "Todo o povo viu a voz [*tēn phōnēn*] e as tochas [*tas lampadas*]", que Filo (*Decálogo.* 46-47) cita como apoio.

[10]Sobre isso, veja A. J. M. Wedderburn, "Traditions and redaction in Acts 2:1-13", *JSNT* 55 (1994): 36-7; Max Turner, *Power from on high: the Spirit in Israel's restoration and witness in Luke-Acts*, JPTSup 9 (Sheffield: Sheffield Academic Press, 1996), p. 283-4. Os dois apresentam paralelos extensos entre o retrato de Filo do Sinai e Atos 2, mais do que a maioria que observou a importância paralela.

[11]P. ex., *Tg. Neof.* de Êx 1; *Tg.* de Ps.-J. 20.1-3. A esse respeito, as palavras reveladoras de Deus em chamas no Sinai podem ser citadas para explicar por que uma "chama [de fogo] ardia ao redor" de um rabino quando este "estava expondo a Escritura" (*Rab.* de Lv 16.4); isto é, o rabino está na tradição profética que se originou com Moisés no Sinai; também de forma idêntica, *Rab.* de Rt 6.4 (= *Rab.* de Ec 7.8.1; *Midr.* de Ct 1.10.2; igualmente *y. Ḥag.* 2.1).

[12]*Midr. Tanḥ.* de Gn 8.23; *Rab.* de Êx 28.6; *Tg.* de Sl 68:34.

[13]Cf. a tradição interpretativa judaica sobre Êx 19 com Atos 2.3: *Midr.* de Sl 92.3; *b. Šabb.* 88b; *Mid. Tanḥ.* Êx 1.22; *Rab.* de Êx 5.9; 28.6 (mas este não menciona "fogo").

[14]N. Neudecker, "'Das ganze Volk die Stimmen...': Haggadische Auslegung und Pfingstbericht", *Bib* 78 (1997): 329-49.

[15]P. ex., *3En* 45.3 se refere a isso como a "divisão de línguas"; assim tb. Deuteronômio 32.8; *L.A.B.* 7.3,5; *Or. Sib.* 3.105; 8.4,5; 11.10-16.

[16]Mas Atos 2.3 pode ser uma exceção.

[17]Quanto a esse tema, veja mais em Beale, "Eschatological Temple: part I", p. 78-82.

à luz de outras linhas de evidências. Apesar de alguns estudiosos duvidarem da existência de um contexto sinaítico,[18] o conjunto de argumentos cumulativos indica a probabilidade da existência desse pano de fundo. Na verdade, como concluiu A. J. M. Wedderburn: "É difícil sustentar que todos esses paralelos sejam mera coincidência — isso sem dúvida extrapola os limites da credulidade".[19]

O desfecho de todas essas ligações de Atos 2 com a revelação do Sinai é a comparação delas com uma observação não feita até agora: aleguei em outra parte que Êxodo 19 e 24 retratam o Sinai como o templo ou tabernáculo do monte em que a presença reveladora de Deus habitava, identificação feita por vários comentaristas do AT.[20] Se essa conclusão estiver correta, ela contribui para as outras evidências deste capítulo de que a teofania em Pentecostes também pode ser entendida como o ingresso do céu na terra por meio de um novo templo que surge.[21] Em apoio a essa tese cito um paralelo em Filo que até agora não foi observado (quando ele comenta sobre Êx 24.1b): afirma-se que Moisés "entrou em uma nuvem escura [no Sinai] para habitar no pátio do palácio/templo[22] do Pai", onde a manifestação de Deus é mencionada como "as línguas de chamas"[23] (*PE* 2.28). Poucas seções depois (*PE* 2.33), Filo interpreta os sacrifícios ofertados por Moisés em Êxodo 24.6 não só como uma "oferta sagrada", mas também como "uma unção [*chrisma*] sagrada [...] a fim de que (os homens [inclusive Israel no Sinai]) sejam inspirados a receber o espírito santo [*to hagion pneuma*]".[24]

Isso é bem semelhante a Atos 2.3, "apareceram línguas como de fogo", e 2.38b, "recebereis o dom do Espírito Santo". Os textos judaicos extrabíblicos mostram que, em Atos 2, Lucas estava interpretando a teofania do Sinai de um modo parecido com o dos intérpretes judaicos antigos. Embora Atos não necessariamente se baseie nas descrições judaicas, o fato de que elas consideravam o Sinai nesses termos nos dá base para enxergar um pano de fundo sinaítico no relato de Lucas do acontecimento de Pentecostes. Tanto o livro de Atos quanto o judaísmo estavam, provavelmente, interpretando de modo semelhante as passagens de Êxodo e Deuteronômio já citadas que falam da teofania de fogo do Sinai.

Alguns cristãos questionam a utilidade das interpretações judaicas do AT para entender o AT e o NT. Mas nós não recorremos frequentemente a comentários da Bíblia de autores contemporâneos nossos para entendermos melhor o texto bíblico? Às vezes julgamos esses comentários úteis porque dão perspectivas que lançam nova luz sobre o texto e nos ajudam a compreendê-lo de um modo muito mais lógico e coerente. As interpretações judaicas antigas do AT funcionam de modo semelhante aos comentários modernos.

Será que não deveríamos aproveitar também o material dos comentaristas antigos como as interpretações judaicas de textos, temas, etc. do AT? Esses comentários judaicos têm a

---

[18]Sobre isso, veja Turner, *Power from on high*, p. 279-80, 284-5. Turner está de acordo com meu argumento e cita outros comentaristas favoráveis, bem como os contrários.

[19]Wedderburn, "Traditions and redaction", p. 38. No entanto, Wedderburn de forma não persuasiva afirma que Lucas não tinha consciência desses paralelos porque estava apenas usando, sem refletir, uma tradição cristã anterior de Pentecostes que os continha.

[20]Para um resumo dessa interpretação, veja o excurso "O Sinai como um templo" mais adiante.

[21]No texto de Ezequiel 1.13, "tochas [*lampas*]" de fogo das quais a "voz da fala" de Deus emana (Ez 1.24) também faz parte da cena do templo celestial que alude em parte à teofania do Sinai.

[22]A tradução de Ralph Marcus tem apenas "palácio" (*Philo, supplement II: questions and answers on Exodus*, LCL [London: Heinemann, 1953], p. 69); para a tradução "palácio/templo", veja Peder Borgen, "Moses, Jesus, and the Roman emperor: observations in Philo's writings and the Revelation of John", *NovT* 38 (1996): 151. Para mais fundamentação dessa tradução de "templo" na referência de Filo, veja Beale, "Eschatological temple: part I", p. 83, nota 27.

[23]Esta última expressão, "línguas como de chamas", é a tradução parafraseada de Marcus (*Philo, supplement II*, p. 69) da versão armênia, mais literal, "faíscas de raios".

[24]O grego entre parênteses representa os equivalentes gregos do armênio de Marcus (ibidem, p. 73-4).

mesma utilidade (e também uso errado) potencial dos comentários contemporâneos, mas também têm o potencial de agrupar tradições orais interpretativas antigas que na verdade têm origem no período do AT. Já vimos e continuaremos estudando no restante deste capítulo algumas interpretações judaicas antigas do templo e do AT que ajudam a esclarecer o que está acontecendo em Atos 2.

"Línguas de fogo" e descrições análogas no Antigo Testamento como uma teofania de um santuário celestial

O Sinai é o único antecedente que descreve a imagem da fala em meio ao fogo. A expressão exata "línguas como de fogo" ocorre em duas passagens do AT. A primeira é Isaías 30.27-30:

v. 27: "Eis que o nome do Senhor vem de longe, ardendo em sua ira e com densa nuvem de fumaça; seus lábios estão cheios de indignação, e sua língua é como um fogo consumidor...".

v. 28: "... sua respiração é como o ribeiro transbordante, que chega até o pescoço, para sacudir as nações em uma peneira e colocar no queixo dos povos um freio que leva à ruína...".

v. 29: "Vós cantareis, como na noite de celebração de uma festa, e tereis alegria de coração, como a de quem marcha ao som da flauta para vir ao monte do Senhor, à Rocha de Israel".

v. 30: "O Senhor fará ouvir a sua voz de majestade e descerá seu braço na fúria da sua ira e na labareda de um fogo consumidor em tempestade forte, dilúvio e granizo".

Essa passagem se refere a Deus "descendo", muito provavelmente de seu templo celestial, o que é reforçado pela observação de que esse templo está situado em um lugar distante (o Senhor "vem de longe" [...] e "o monte do Senhor"); além disso, Deus aparece na "densa [...] fumaça [...] sua <u>língua é como um fogo consumidor</u>,[25] e sua respiração [*rûaḥ* = Espírito] é como o ribeiro transbordante [...] na labareda de um fogo consumidor"; e "O Senhor fará ouvir a sua voz de autoridade". Em outros textos, "o nome do Senhor" (Is 30.27) se refere à presença de Deus bem distante e exaltada "acima de todas as nações [...] acima dos céus" (Sl 113.4); entendia-se que "o monte Sião" (cf. Is 30.29) ficava "no distante Norte" (Sl 48.2); e o trono de Deus ficava muito além dos céus (Sl 113.4-6; cf. Is 14.13). Além disso, a presença de Deus em seu templo celestial é vista em um lugar muito elevado, por isso longe e separada geograficamente da terra.[26] Assim também na passagem de Isaías 30 é significativa a presença teofânica de Deus vir "de longe" (v. 27), *que o versículo 30 identifica como o céu*.

Isaías 30.27-30 alude claramente à teofania prototípica do Sinai.[27] A teofania está claramente associada com "o monte do Senhor" (v. 29c), de onde ou para onde sua presença flamejante e tempestuosa parece descer (v. 30). Isso é significativo porque a mesma expressão, "o monte do Senhor", em outras partes de Isaías refere-se ao templo escatológico de Deus.[28] Talvez a menção da "respiração" (*rûaḥ*) de Deus em Isaías 30.28 seja apenas um recurso antropomórfico para referir-se à palavra de Deus em paralelismo com outras partes do corpo, "lábios" e "língua",

---

[25] A versão de Teodocião da LXX traduz o hebraico aqui por *hē glõssa autou hõs pyr esthion* ("a língua dele como um fogo consumidor"), mas a LXX eclética (edição de Rahlfs) omite "língua" e traduz "a indignação de sua ira devorará como fogo", interpretando o termo "língua" de Deus do hebraico como "a indignação de sua ira".

[26] Dt 26.15; Sl 18.6-13; 102.19; Is 57.15,16 (LXX); 63.15; 64.1; Jr 25.30; Mq 1.2,3; cf., implicitamente, Sl 80.1,14; 92.8; 97.9; 113.4-6; 123.1.

[27] Niehaus, *God at Sinai*, p. 307-8.

[28] Isaías 2.3: "Vinde e subamos ao monte do Senhor, à casa do Deus de Jacó"; cf. 2.2: "o monte da casa do Senhor"; veja igualmente 11.9; 27.13; 56.7; 57.7,13; 65.11.

no versículo 27c-d, ou poderia estar em paralelo com "o nome de Yahweh" no versículo 27a. No segundo caso, a palavra seria mais bem traduzida por "Espírito".

Do mesmo modo, "uma labareda de fogo"[29] ocorre como símbolo de juízo em Isaías 5.24,25 e pode ser uma cena resumida do juízo teofânico que vem do templo celestial à semelhança de Isaías 30,[30] pois também faz alusão à teofania do Sinai (p. ex., cf. "as montanhas tremeram", em Is 5.25).[31]

Nos dois textos de Isaías, a "língua como fogo consumidor" significa o juízo de Deus e poderia ser diferente da mesma imagem em Atos 2 ("línguas como de fogo" [*glōssai hōsei pyros*]), visto que no texto neotestamentário a imagem parece ser sinal apenas de bênção. Entretanto, fica evidente que essa mesma figura das chamas de fogo em Atos também pode aludir tanto à bênção quanto ao juízo pelo contexto do Sinai, em que a teofania de fogo estava associada com a bênção (a entrega da Lei) e com o juízo (para os que se aproximassem demais da teofania ou se rebelassem [cf. Êx 19.12-24; 32.25-29]).[32] Veremos a seguir que o contexto da citação de Joel 2 em Atos 2 confirma o tema duplo de bênção/maldição. Por isso, a associação isaiânica de "línguas de fogo", "Espírito" e "palavra" com a descida da presença teofânica de Deus do templo celestial (esp. Is 30), tudo no contexto do Sinai, tem ligações impressionantes com Atos 2 e reforça as mesmas associações neste trecho.

"Línguas de fogo" e descrições análogas no judaísmo como uma teofania de um santuário celestial

É possível que alguns textos antigos do judaísmo revelem algum conhecimento da imagem veterotestamentária das "línguas de fogo" associada com a teofania divina em um templo celestial ou terreno ou tenham sido influenciados por essa figura. A expressão "línguas de fogo" também ocorre nesses textos judaicos. Talvez essas referências judaicas forneçam os paralelos à expressão "línguas como de fogo" em Atos 2.3, o que nos ajuda a entender melhor qual é o sentido da imagem.

Um paralelo impressionante das línguas de fogo em Atos 2.3 é *1Enoque* 14.8-25, em que ocorre a expressão "línguas de fogo". Nessa passagem, Enoque ascende ao templo celestial em uma visão — ao que parece, um reflexo ou modelo do templo terreno em três partes de Israel. Enoque chegou ao muro do pátio exterior, que estava "cercado de línguas de fogo", e "entrou nas línguas de fogo" (*1En* 14.9,10). Em seguida, entra pelo Lugar Santo e consegue examinar o Santo dos Santos, que é "construído com línguas de fogo" (*1En* 14.15).[33] Igualmente, em

---

[29] O texto hebraico diz "língua de fogo", as versões da LXX de Teodocião, Áquila e Símaco trazem o equivalente grego (*glōssa pyros*).

[30] Além da figura comum de uma "língua de fogo", observe-se também a expressão parcialmente idêntica de "ira ardente" (Is 5.25; 30.27).

[31] Para a alusão ao Sinai, veja Niehaus, *God at Sinai*, p. 308. A cena do templo celestial que vem logo depois em Isaías 6 envolve imagens de fogo da presença de Deus que resultam tanto em bênção (v. 6) como em juízo (v. 13). De modo surpreendente, *Tg*. de Is 6.6 interpreta o texto hebraico "brasa viva na sua [do anjo] mão" como "na sua boca havia uma declaração", e a brasa viva que toca os lábios de Isaías em 6.7 do hebraico é interpretada como "as palavras da minha profecia na tua boca". Isso poderia indicar ainda mais que Isaías 5.24,25 está associado com o juízo divino originário do templo celestial.

[32] Sobre esse assunto, Filo (*PE* 2.28) fala explicitamente que "as línguas de fogo consomem" os que chegam muito perto da teofania do Sinai, mas "acende [...] com vitalidade" os que de maneira obediente mantêm a distância adequada (seguindo a tradução de Marcus, *Philo, supplement II*, p. 69).

[33] A expressão grega *glōssais pyros* ("línguas de fogo") de *1En* 14.9,15 (bem como o versículo quase idêntico de 14.10) é praticamente a mesma de *glōssai hōsei pyros* ("línguas como de fogo") em Atos 2.3.

1Enoque 71.5, Enoque vê uma "estrutura feita de cristais" semelhante a um templo; "e entre esses cristais havia línguas de fogo vivo".

Assim, as "línguas de fogo" em *1Enoque* 14 e 71 formam parte do templo celestial e contribuem para o efeito geral da teofania em chamas no Santo dos Santos, onde "as chamas de fogo o cercavam [Deus] e diante dele havia um grande fogo" (*1En* 14.22). Na "estrutura feita de cristais" (*1En* 71.5), os santos, juntamente com "o Filho do Homem" (71.17), terão "suas moradas" (71.16), uma referência no plural encontrada em outras passagens designando anjos "habitando" em "templos" menores dentro do templo celestial maior (*Apoc. Sf.* A) e normalmente usada para indicar o templo do AT na terra (com seus múltiplos recintos e áreas sagradas).[34] Além disso, quando Enoque ascendeu ao santuário celeste em *1Enoque* 71, ele "exclamou com alta voz pelo Espírito[35] do poder, bendizendo, glorificando e exaltando" (v. 11), o que mais uma vez identifica a obra do Espírito no contexto do templo celestial feito de "línguas de fogo".

O que essa cena celestial teria que ver com a cena terrena de Pentecostes retratada em Atos 2? Por um lado, é possível que a locução "línguas de fogo" em *1Enoque* seja um paralelo com Atos 2 por mera coincidência. Por outro lado, o uso contextual desse grupo de palavras naquele texto pode ter alguma sobreposição com o uso da mesma locução em Atos 2. Pode ser que as passagens de *1Enoque* sejam desdobramentos criativos das referências ao Sinai de Êxodo citadas anteriormente, ou então dos textos de Isaías 5 e 30, bem como de Ezequiel 1, textos que por sua vez são desdobramentos das figuras da teofania no Sinai. Por exemplo, em *1Enoque* 14.18 o trecho "trono sublime — sua aparência [...] semelhante a cristal e suas rodas semelhantes ao sol brilhante; e [eu ouvi?] a voz dos querubins" é claramente uma versão resumida de Ezequiel 1.21-26.[36] Do mesmo modo, os comentaristas reconheceram que *1Enoque* 71.1-17 está repleto de combinações de referências veterotestamentárias de Ezequiel 1 e Daniel 7, assim como a visão anterior de *1Enoque* 14.8–15.2.[37]

À luz desses textos de *1Enoque*, será que a descida do Espírito Santo "do céu" na forma de "línguas de fogo" em Pentecostes deve ser concebida como o início da descida do templo de Deus do céu na forma de sua presença tabernacular? É pouco provável que Atos 2 se baseie em *1Enoque* 14, mas as duas passagens provavelmente estão interpretando Isaías 5 e 30 de modo semelhante e por isso mostram que "línguas de fogo" eram entendidas como uma descrição da presença de Deus no templo celestial. Uma vez que o templo celestial aparece nos textos de *1Enoque* como parcialmente construído de "línguas de fogo", talvez seja apropriado a descida desse templo em Atos ser retratada com a mesma figura. Portanto, é compreensível que, assim como o templo celestial era composto de "línguas de fogo", nas quais o Espírito de Deus agia, o novo templo na terra (o povo de Deus vivificado pelo Espírito), que tem descido do céu, seja retratado no início de sua construção com a mesma figura das chamas. Essa hipótese talvez ganhe força quando analisada à luz de outras observações ao longo desta seção que mostram diferentes ângulos de Pentecostes como fenômeno que manifesta a presença divina teofânica no templo, muitas vezes diante do pano de fundo da teofania do Sinai.

---

[34]P. ex., com respeito ao tabernáculo, cf. Levítico 21.23; e com referência ao templo, cf. Salmos 43.3; 46.4; 84.1-4; 132.5,7; Ezequiel 7.24; Jeremias 51.51.

[35]A maioria das versões traduz por "espírito", ao que tudo indica, uma referência ao espírito humano de Enoque, mas "o espírito de poder" seria um pouco estranho nesse sentido, sobretudo porque o "Espírito" divino foi empregado pela primeira vez em *Similitudes* [*1En*. 67.10] ("Espírito do Senhor"), seguido por *1En* 68.2 ("o poder do Espírito") e *1En* 70.2 ("carruagens do Espírito") (mas os usos em 49.3 e 61.11 também podem se referir ao "Espírito", uma vez que são alusões a Is 11.2); o uso em *1En* 71.11 é quase idêntico à referência divina em *1En* 68.2.

[36]Outras passagens do AT provavelmente aludidas são Daniel 7.9,10 (em *1En* 14.19,20); Isaías 6.1 (em *1En* 14.18a).

[37]Sobre esse tema, veja G. K. Beale, *The use of Daniel in Jewish apocalyptic literature and in the Revelation of St. John* (Lanham: University Press of America, 1984), p. 109-11, e as fontes ali mencionadas.

Além disso, os MMM entendem que o Urim e o Tumim do sumo sacerdote brilhavam gloriosamente com "línguas de fogo" (1Q29, frag. 1,3; frag. 2,3). O Urim e o Tumim eram duas pedras que ficavam no bolso do peitoral do sumo sacerdote (Êx 28.30; Lv 8.8). Ele deveria carregá-las ao "entrar no lugar santo [...] para memorial contínuo diante do Senhor" (Êx 28.29,30). Essas pedras eram provavelmente um dos meios pelos quais ocorria a revelação profética de Deus. Ao que parece, o sumo sacerdote as lançava ou as retirava do bolso de maneira cerimonial, e o modo com que elas saíssem do bolso ou caíssem revelava uma resposta "sim" ou "não" à pergunta feita. Os textos de Qumran (1Q29; 4Q376) entendem que o Urim e o Tumim brilhavam com "línguas de fogo" quando Deus dava sua resposta profética no meio da nuvem teofânica à pergunta do sumo sacerdote se um profeta era verdadeiro ou falso.[38] De modo semelhante, a tradição judaica se referia ao Urim e Tumim como "as Luzes" (*Pesiq. Rab.* Piska 8; cf. *Tg. de Ps.-J.* de Êx 28.30).

Portanto, mais uma vez deparamos com as "línguas de fogo" como um fenômeno que ocorre no "Santo dos Santos" ou, mais provavelmente, no "Lugar Santo" do templo como uma expressão da presença reveladora de Deus.[39] Dessa vez, porém, o foco é o templo terreno, e não o celestial, embora deva se lembrar que o Santo dos Santos era considerado a extensão na terra da presença de Deus no templo celestial.[40] Ainda mais surpreendente é que as "línguas" no texto de Qumran são uma ocorrência não apenas da presença reveladora de Deus, mas também de sua comunicação profética.[41]

Sem dúvida, foi isso que aconteceu em Pentecostes: as "línguas como de fogo" não só eram uma manifestação da presença de Deus no Espírito, mas essa presença também levou as pessoas a "profetizarem" (como At 2.17,18 deixa claro). Além disso, parece que o lugar de onde o Espírito de Deus desceu em Pentecostes não foi apenas "do céu" de um modo genérico, mas do Santo dos Santos celestial ou templo, particularmente quando interpretado à luz dos relatos da teofania veterotestamentária do Sinai, de Isaías 5 e 30 e dos desenvolvimentos posteriores dessas figuras em *1Enoque* 14 e 71 e em Qumran. Ao que tudo indica, Atos 2 desenvolve essas figuras do AT da mesma maneira que *1Enoque* e Qumran.

Portanto, todas essas passagens juntas contribuem coletivamente com base em várias perspectivas para um quadro em Atos 2 que se assemelha a algo bem parecido com a presença teofânica de fogo de Deus como um novo templo celestial que se estende do céu e desce sobre seu povo, fazendo-o parte desse templo.[42]

Pentecostes como cumprimento da profecia de Joel sobre o Espírito

Pedro explica que o episódio teofânico das línguas em Atos 2.1-12 é o início do cumprimento da profecia de Joel de que Deus "derramaria" seu "Espírito sobre toda carne" e todas as classes de pessoas da comunidade da aliança "profetizariam" (Jl 2.28,29). No início da citação de Joel 2.28, Pedro substitui o "depois dessas coisas" (*meta tauta*) do profeta por "nos últimos

---

[38] É possível que aqui não esteja em mente o Urim e o Tumim, mas as duas pedras das ombreiras do sumo sacerdote.

[39] Alguns acreditam que o bolso quadrado que guardava o Urim e o Tumim simbolizava a forma quadrada do lugar santíssimo (acerca disso, veja Beale, *Temple*, p. 39-41).

[40] É preciso lembrar que a Arca da Aliança era chamada de o "estrado" dos pés de Deus, retratado como alguém assentado em seu trono celestial (veja 1Cr 28.2; Sl 99.5; 132.7,8; Lm 2.1; cf. Is 66.1).

[41] *Rabá* de Levítico 21.12 também afirma que, "quando o Espírito Santo repousou sobre Fineias [o sacerdote], seu rosto brilhou como tochas ao redor dele", e isso é explicado por Malaquias 2.7: "Os lábios do sacerdote devem guardar o conhecimento [...] porque ele é o anjo do Senhor dos Exércitos". Assim, de modo surpreendente, a exposição da Lei pelo sacerdote expressada por seus "lábios" é comparada ao "brilho como de tochas". Observe-se, de modo semelhante, *2En* [J] 1.5: "da boca deles [dos anjos *do templo celestial?*] saía fogo" (tb. *2En* [A] 1.5).

[42] Quanto aos comentaristas que perceberam a relação de Isaías 5; 30; *1En* 14; 71; e 1Q29 com Atos 2, mas não identificaram nenhuma relação com o templo celestial, veja Beale, "Eschatological temple: part I", p. 91, nota 49.

dias" (*en tais eschatais hēmerais*). A substituição se baseia em Isaías 2.2 (o único trecho da LXX em que essa locução ocorre exatamente assim):[43] "Nos últimos dias [*en tais eschatais hēmerais*], o monte da casa do SENHOR será estabelecido como o mais elevado dos montes e se levantará acima das montanhas, e todas as nações correrão para ele". Assim, parece que Pedro interpreta a vinda do Espírito em cumprimento de Joel como sendo também o cumprimento inicial da profecia de Isaías do templo do monte dos últimos tempos, que influenciaria as nações e as atrairia para si.

Na era mosaica, apenas os profetas, sacerdotes e reis eram agraciados com o dom do Espírito para servir, muitas vezes no templo (p. ex., os sacerdotes) ou às vezes junto ao templo (i.e., reis e profetas). Antes de tudo, tanto Joel quanto Atos têm em mente não a função regeneradora do Espírito, mas a de capacitar as pessoas a servir em vários papéis. Joel, entretanto, previa um tempo em que todos em Israel receberiam esse dom. Fica evidente que Joel 2 e Atos 2 tinham em mente a capacitação para o serviço ligada, de alguma forma, ao novo templo porque a profecia de Joel desenvolve o texto mais antigo de Números 11.[44]

Em Números 11, Moisés deseja que Deus o ajude a suportar o peso do povo que ele estava conduzindo (v. 11,17 [cf. Êx 18.13-27]). Deus responde ordenando-lhe que reunisse "setenta homens dos anciãos" de Israel e os levasse "até a tenda do encontro, para que estejam ali contigo. Então descerei e [...] tirarei do Espírito que está em ti, e o porei neles" (v. 16,17). Moisés obedece a Deus: "Reuniu setenta homens dos anciãos [...] e os colocou ao redor da tenda. E o SENHOR desceu na nuvem e [...] tirando do Espírito que estava nele [Moisés], colocou-o nos setenta anciãos; e, quando o Espírito veio sobre eles, profetizaram" (v. 24,25). Depois pararam de profetizar, mas dois anciãos em outro local continuaram profetizando. Quando Josué ouve sobre isso, pede a Moisés que os detenha. Moisés se recusa, respondendo: "Quem me dera todos os membros do povo do SENHOR fossem profetas, que o SENHOR colocasse neles seu Espírito!" (v. 26-29).

Por isso, Joel 2 transforma o desejo profético de Moisés em uma profecia formal. Pedro cita a profecia de Joel para mostrar que ela finalmente estava começando a se cumprir naquele dia em Pentecostes. O dom do Espírito, antes restrito aos líderes que auxiliavam Moisés e transmitido a eles no Tabernáculo, torna-se universal para todo o povo de Deus de todas as raças, jovens e velhos, homens e mulheres. Fica evidente que o dom do Espírito em Atos 2 estava vinculado de algum modo ao templo com base em Números 11, que observa duas vezes que os "setenta anciãos" receberam o Espírito ao se reunirem ao redor da "tenda" (i.e., o Tabernáculo). Na verdade, o trecho de Atos 2 em que as "línguas como de fogo [...] repousaram [lit., 'se sentaram'] sobre cada um" e "todos ficaram cheios do Espírito Santo e começaram a falar em outras línguas" (v. 3,4 [os v. 17,18 explicam que "profetizavam"] parece ser uma alusão específica a Números 11.25: "Quando o Espírito veio sobre eles, profetizaram").[45]

Curiosamente, o judaísmo posterior compara o texto de Números 11 acerca do Espírito de Moisés repousando sobre os anciãos com "uma vela que queimava e na qual muitas

---

[43]Sobre esse assunto, veja David W. Pao, *Acts and the Isaianic new exodus*, WUNT 2/130 (Tübingen: Mohr Siebeck, 2000), p. 156-9.

[44]Sobre o desenvolvimento em Joel de Números 11.1—12.8, veja Raymond B. Dillard, "Intrabiblical exegesis and the effusion of the Spirit in Joel", in: Howard Griffith; John R. Muether, orgs., *Creator, Redeemer, Consummator: a festschrift for Meredith G. Kline* (Greenville: Reformed Academic Press, 2000), p. 87-93.

[45]De modo semelhante, veja Números 11.29, que NA[27] cita como uma alusão em Atos 2.18b ("naqueles dias derramarei do meu Espírito, e eles profetizarão"). Além de Números 11.25, Atos 2.3b,4a também pode aludir a Números 11.26, em que o "Espírito veio sobre" alguns dos anciãos, "e profetizaram" (veja tb. Nm 11.17,29; semelhantemente, NA[27] propõe que At 2.3 faz alusão a Nm 11.25). Há algumas evidências na tradição textual de Números 11.26,29 para a tradução "Espírito Santo" de acordo com a mesma expressão em Atos 2.4 (veja John W. Wevers, org., *Septuaginta* [Göttingen: Vandenhoeck & Ruprecht, 1982], vol. 3.1: *Numeri*, p. 167-8). Igualmente, *Tg. Neof.* de Nm 11.17,25,26,29 traz "Espírito Santo".

velas são acesas".⁴⁶ Além disso, Números 11.25 diz que Deus "tirou do Espírito que estava nele [Moisés] e colocou-o nos setenta anciãos". Da mesma forma, o texto de Atos 2.33 diz que Jesus foi o primeiro a ter "recebido do Pai a promessa do Espírito Santo" e, em seguida, "derramou" o Espírito sobre os que estavam em Pentecostes.⁴⁷ Nesse sentido, Jesus pode ser um segundo Moisés.

Mesmo o ato de profetizar dos "setenta" em Números 11 pode ter associações com o ato de profetizar das pessoas em Atos 2. Acabamos de ver que a tradição da teofania do Sinai no judaísmo está relacionada às setenta nações dispersas no episódio de Babel, e eu observei em outro texto que alguns comentaristas consideram a lista de nações representadas em Pentecostes (At 2.9-11) uma alusão resumida às setenta nações da terra em Gênesis 10.⁴⁸ Os "setenta" em Números 11 também podem ter alguma ligação desse tipo. Talvez seja até evidente que a narrativa de Atos funcione como desenvolvimento do relato anterior de Lucas do envio de Jesus dos "setenta" israelitas escolhidos para simbolizar o testemunho inicial às "setenta" nações do mundo (Lc 10.1-12).⁴⁹ Portanto, os vínculos entre as setenta nações representadas em Atos 2 e os "setenta" de Números 11 talvez não sejam coincidências. O judaísmo também combinava o texto de Números 11 com Joel 3.1 (2.28 nas versões modernas) para falar das bênçãos "do mundo vindouro" (*Midr.* de Sl 14.6; *Rab.* de Nm 15.25).

Uma observação final sobre Joel é relevante para o tema do templo em Atos 2. A oração gramatical "o sol e a lua escurecem" em Joel 2.10 ocorre outra vez em Joel 3.15a e também se refere provavelmente à mesma realidade que a de Joel 2.31: "o sol se converterá em trevas, e a lua, em sangue". Em Joel 3.16-18, a aparição de Deus vem de "Sião", está "no monte santo" e é indissociavelmente ligada à "casa do Senhor".⁵⁰ O texto de Joel 3 esclarece o que Joel 2 talvez já tenha deixado implícito duas vezes sobre a origem da destruição cósmica reveladora, pois em 3.17 ela também ocorre associada com "Sião, meu santo monte".⁵¹ A ênfase na presença "tabernacular" de Deus no templo no final de Joel 3 também é expressa pela oração gramatical repetida duas vezes "Yahweh tabernacula [*shōkēn*] em Sião" (3.17,21). Novamente, deparamos com mais uma indicação de que a revelação teofânica associada a Joel 2.30,31 vem do templo dos últimos tempos ou aparece ali, reforçando que a teofania de Atos 2 também provém do santuário celestial.

Um estudo de Craig Evans argumenta que o santuário do último capítulo de Joel talvez esteja dentro da visão periférica de Lucas (ou de Pedro).⁵² Nesse sentido, Evans alegou que todo o contexto do livro de Joel (incluindo o último capítulo) parece estar na visão periférica de Lucas: além da citação de Joel 2 em Atos 2.17-21, outras alusões e ecos de todo o livro de Joel podem ser identificados em Atos 2.1-40 (embora Evans não fale especificamente da menção do santuário de Joel).

---

⁴⁶*Rabá* de Números 15.19, bem como *Rab.* de Nm 13.20; igualmente Filo (*Gigantes* 24-25), que afirma que o Espírito de Moisés na mesma passagem de Números era comparável a um "fogo" que "acende mil tochas".

⁴⁷Veja I. Howard Marshall, "Acts", in: G. K. Beale; D. A. Carson, orgs., *Commentary on the New Testament use of the Old Testament* (Grand Rapids: Baker Academic, 2007), p. 531 [edição em português: *Comentário do uso do Antigo Testamento no Novo Testamento* (São Paulo: Vida Nova, 2014)]. Marshall argumenta que Números 11.25,29 foi um "modelo" para a descrição de Lucas da "descida do Espírito sobre o povo e do discurso resultante dessa descida".

⁴⁸Veja Beale, "Eschatological temple: part I", p. 86.

⁴⁹Seguindo James M. Scott, *Paul and the nations: the Old Testament and Jewish background of Paul's mission to the nations with special reference to the destination of Galatians*, WUNT 84 (Tübingen: Mohr Siebeck, 1995), p. 162-3.

⁵⁰Aqui o *Targum* (= Jl 4.16-18) diz: "santuário do Senhor".

⁵¹Cf. Joel 2.1 ("Sião [...] meu santo monte") e 2.2-11; igualmente 2.31 e 2.32 ("monte Sião").

⁵²Craig A. Evans, "The prophetic setting of the Pentecost sermon", *ZNW* 74 (1983): 148-50.

Outras alusões do AT claramente identificadas em Atos 2 e a associação delas com o templo

Além das evidências apresentadas até aqui neste capítulo, é importante comentar outras citações e alusões do AT em toda a passagem de Atos 2.1-40 geralmente bem identificadas, que não discuti até agora. A minha intenção em comentar essas outras referências bem conhecidas é avaliar como elas estão ou não relacionadas ao tema do templo que identifiquei na parte anterior deste capítulo. As referências do AT são:

1. 1Reis 8.6-13 // 2Crônicas 7.1-3 em Atos 2.2,3
2. Salmos 132.11 em Atos 2.30
3. Salmos 68.18 (67.19, LXX; 68.18, TM) em Atos 2.33,34
4. Salmos 118.16 (117.16, LXX) em Atos 2.32,33a
5. Salmos 110.1 (109.1, LXX) em Atos 2.34,35
6. Salmos 20.6a (em At 2.36)
7. Isaías 57.19 em Atos 2.39
8. Joel 2.32 (3.5, LXX) em Atos 2.21,39

No final deste capítulo (no Excurso 2), essas alusões (pelo menos oito) serão resumidas e incluídas num levantamento de todas as evidências deste capítulo. Veremos que a maioria dessas alusões do AT está ligada diretamente em seu respectivo contexto original ao templo terreno, celestial ou escatológico (mas Sl 110.1 está associado apenas ao sacerdócio). Por isso, parte do significado contextual veterotestamentário dessas referências está associada com a ideia do templo. Será coincidência Lucas mencionar, quase sem exceção, essas outras referências do AT integralmente ligadas à estrutura narrativa mais ampla que focaliza o templo? Por que ele faria isso? Para mim, a melhor explicação é que Lucas estava relatando a descida do templo dos últimos tempos ao longo de Atos 2. As evidências mais fortes disso foram apresentadas na essência deste capítulo até aqui.

Conclusão

Eu tenho argumentado, com base em várias perspectivas, que Atos 2 retrata a descida do templo celestial dos últimos tempos da presença de Deus sobre seu povo na terra. O povo de Deus é incluído no templo de Deus e edificado para ser parte dele, não com materiais físicos de construção, mas ao ser incluído na presença tabernacular de seu Espírito que desceu. As linhas de evidências apresentadas a favor dessa tese só a sustentaram indireta e implicitamente. O objetivo deste capítulo foi citar várias linhas de argumentação, algumas mais fortes que outras, para formar uma defesa cumulativa que indique a possibilidade, a meu ver probabilidade, da presença de um retrato do templo em Atos 2.1-40. De um modo ou de outro, a maioria das alusões veterotestamentárias e as ideias de fundo em Atos 2, juntamente com os indícios da tradição judaica, estão indissociavelmente ligados às ideias ou retratos do templo em seus respectivos contextos. Boa parte dessas evidências está implícita, mas há mais influências explícitas que já foram analisadas.[53]

Em alguma medida, os Evangelhos registram que Jesus começou a lançar o alicerce do novo templo, e outros livros do NT se referem à igreja como a continuação do templo dos últimos tempos identificada com ele. Contudo, em nenhuma passagem o NT apresenta um

---

[53]P. ex., o uso de 1Reis 8.6-13 // 2Crônicas 7.1-3 em Atos 2.2,3; as "línguas como de fogo" em Atos 2 provavelmente são uma alusão a Isaías 30; *1En* 14; 71 (talvez com Is 5 e as referências de Qumran às "línguas de fogo"); o uso de 1Reis 8.6-13 e 2Crônicas 7.1-3 em Atos 2.2,3 acerca do templo também está explícito (sobre isso, veja o excurso referente às alusões do AT no final deste capítulo).

relato evidente e claro do momento decisivo em que a igreja foi estabelecida como o templo. Mateus, Marcos e João observam a substituição do templo por Cristo. Mas Lucas, que no seu primeiro livro havia demonstrado tanto interesse no templo, incluindo a profecia de sua destruição, jamais diz quem ou o que substituirá o templo. Esta seção procurou mostrar que, embora Atos 2 não tenha palavras explícitas que mencionem um "templo" ou "santuário", Lucas retrata de maneira indireta e conceitual, por meio do uso cumulativo de textos do AT nessa passagem, o momento decisivo em que Deus começou a edificar seu povo em seu templo escatológico do Espírito Santo.

Esta conclusão é semelhante à de I. Howard Marshall acerca de Atos 7: "À luz da tipologia pouco desenvolvida que já observamos nesse discurso, parece-me muito provável que Estêvão tenha vislumbrado sua [do segundo templo de Israel] substituição pela nova casa de Deus formada por seu povo".[54] Richard Bauckham também sustentou de forma convincente que a citação de Amós 9.11,12 em Atos 15 é outra evidência do templo inaugurado dos últimos tempos.[55] Por isso, defendi aqui a tese de que o estabelecimento decisivo da igreja como o templo escatológico foi apresentado por Lucas em Atos 2, cujos desdobramentos posteriores Lucas elabora em Atos 7 e 15. Entretanto, os limites de espaço deste capítulo me impedem de acrescentar mais evidências em apoio à conclusão de Marshall e à de Bauckham sobre Atos 7 e 15.[56]

Zacarias 4 (em comparação com 6.12,13) e Ageu 2.5-10 afirmam que o Espírito de Deus será a força atuante da edificação do templo escatológico.[57] O último texto diz, na versão da LXX, que "as coisas preciosas de todas as nações serão trazidas" juntamente com o trabalho de construção. Embora essas passagens não sejam mencionadas em Atos 2, parece que o capítulo 2 do segundo livro de Lucas é o texto neotestamentário mais adequado para entender essas duas profecias do AT no início de seu cumprimento conceitual.[58]

O objetivo retórico de Lucas em relação aos leitores é que percebam que fazem parte do templo dos últimos tempos e que o trabalho evangelístico deles é imprescindível para a continuidade da construção e expansão desse templo. Deve-se lembrar que foi a ressurreição de Jesus como uma nova criação e sua entronização como rei que deram início a seu envio do Espírito para começar o estabelecimento de seu povo como o templo dos últimos tempos. A ideia do templo, portanto, é uma importante faceta do diamante do "reino já e ainda não da nova criação dos últimos tempos".

Excurso 1   O Sinai como um templo

No início deste capítulo, fiz referência ao Sinai como um templo-monte e aqui vou apresentar as evidências dessa ideia.

Primeira evidência: o Sinai é chamado de "monte de Deus" (Êx 3.1; 18.5; 24.13), nome associado com o templo de Israel no monte Sião.[59]

Em segundo lugar, assim como o Tabernáculo e o Templo, o monte Sinai foi dividido em três setores de santidade progressiva — a maioria dos israelitas teve de permanecer no pé do Sinai (Êx 19.12,23), os sacerdotes e os setenta anciãos (os últimos funcionando provavelmente como

---

[54]Marshall, "Acts", p. 571.
[55]Richard Bauckham, "James and the Jerusalem church", in: Bruce W. Winter, org., *The book of Acts in its first century setting* (Grand Rapids: Eerdmans, 1995), vol. 4: Richard Bauckham, org., *The book of Acts in its Palestinian setting*, p. 452-62.
[56]Para uma abordagem mais aprofundada, veja Beale, *Temple*, p. 216-44.
[57]Precisamente, essas duas passagens referem-se ao templo sendo estabelecido depois da restauração do cativeiro dos últimos dias, que poderia ter sido o segundo templo, mas, como aquele templo nunca satisfez as condições profetizadas, as profecias de Zacarias e Ageu ainda aguardariam seu cumprimento escatológico.
[58]Talvez Malaquias 3.1-3 também deva ser incluído.
[59]P. ex., observe-se "monte do Senhor" como praticamente sinônimo de "casa de Deus" em Isaías 2.2,3; Miqueias 4.2.

sacerdotes) puderam subir até certo ponto do monte (Êx 19.22; 24.1), mas somente Moisés pôde ascender ao topo e desfrutar diretamente a presença de Deus (Êx 24.2). Sobre esse aspecto, Deus ordenou a Moisés que estabelecesse "limites ao redor do monte" e o santificasse (Êx 19.23), pois qualquer um, exceto os setenta anciãos, Arão e Moisés, que "tocasse" o monte seria "morto" (Êx 19.12). Em outras partes, esse vocabulário é reservado exclusivamente para o tabernáculo:[60] "Quando o acampamento partir, e Arão e seus filhos houverem acabado de cobrir os objetos santos e todos os utensílios do santuário, os filhos de Coate virão para levá-los, mas não tocarão nos objetos para que não morram. Essas são as coisas da tenda do encontro que os filhos de Coate devem carregar" (Nm 4.15).[61] Todo o aparato do tabernáculo era tão santo que mesmo os "sacerdotes regulares" morreriam se manejassem diretamente qualquer parte dele.

Terceira evidência: assim como havia um altar no pátio exterior do Templo, também foi edificado um altar na parte mais baixa e menos sagrada do Sinai. Além do mais, nesse altar os israelitas "ofereceram holocaustos e sacrificaram bois ao Senhor como sacrifícios pacíficos. Moisés pegou metade do sangue e [...] aspergiu [a metade do sangue] sobre o altar" (Êx 24.5,6). Essa é a terminologia do "sacrifício" encontrada muitas vezes em outros textos quase sempre em associação com o Tabernáculo ou o Templo.[62]

Quarta: a parte mais alta do Sinai não se assemelha ao Santo dos Santos só porque o "sumo sacerdote" temporário de Israel, Moisés, podia entrar ali, mas também porque era o lugar em que a "nuvem" teofânica de Deus e sua presença "habitavam" (Êx 24.15-17).[63] De modo significativo, as únicas outras vezes em todo o AT em que a presença de Deus é mencionada como "habitação nas nuvens" trata-se da presença de Deus acima do Tabernáculo (Êx 40.35; Nm 9.17,18,22; 10.12). Mesmo o verbo "habitar" (*shākan*) poderia ser traduzido por "tabernacular", e a palavra "tabernáculo" (*mishkān*) é o substantivo correspondente a esse verbo (usado com o verbo em três dos quatro textos anteriores). Da mesma forma, 1Reis 8.12,13 diz que Deus "habitaria em uma nuvem espessa" no templo edificado por Salomão. Além disso, as duas "tábuas de pedra" contendo os Dez Mandamentos e "a arca de madeira" em que as tábuas foram guardadas haviam sido produzidas no cume do Sinai (Dt 10.1-5), assim como mais tarde esses objetos encontraram seu lugar no Santo dos Santos do Templo, mais uma vez na presença de Deus.

Quinta evidência: no início de Êxodo, a presença de Deus no Sinai foi descrita como "uma cássia [*sĕneh*] [ou 'arbusto'] ardendo em fogo, mas a cássia não se consumia" (Êx 3.2). À luz dos paralelos textuais já apresentados, essa sarça ardente inconsumível pode ser o equivalente antecipatório da menorá do Lugar Santo no monte Sião, cujas lâmpadas queimavam continuamente.[64] De modo correspondente, o chão ao redor do arbusto ardente é chamado de "o lugar" da "terra santa" (Êx 3.5). A correspondência dessa pequena área no Sinai com o posterior "lugar santo" é vista nas outras únicas ocorrências de "Lugar Santo" em hebraico, quatro delas em referência ao setor do santuário imediatamente exterior ao "Santo dos Santos" (Lv 7.6; 10.17; 14.13; 24.9), e as outras duas indicando o templo em geral (Ed 9.8; Sl 24.3).

Tendo em vista a associação do Sinai com o Templo, talvez não seja por acaso que Apocalipse 11.19 faça alusão ao fenômeno teofânico do Sinai descrevendo a abertura do Santo dos Santos

---

[60]Uma ideia inspirada por Otto Betz, "The eschatological interpretation of the Sinai-tradition in Qumran and in the New Testament", *RevQ* 6 (1967): 94-5, 106.

[61]Veja tb. Levítico 7.20,21; 22.1-9; para uma versão positiva de Números 4.15, veja Êxodo 30.29: "Assim as santificarás [o Tabernáculo e seu conteúdo]; tudo o que tocar nelas será santo" (para a consagração desses objetos cultuais, veja tb. Êx 29.36,37,44; 40.9,10; Lv 8.11; 16.19).

[62]Sempre que os termos "holocaustos" e "ofertas pacíficas" ocorrem juntos (fora de Êx 20; 24) (cerca de cinquenta vezes, quase sempre nessa ordem), às vezes com "altar" (ou então o "altar" está implícito), o Tabernáculo ou o Templo é o local comum.

[63]Sobre Moisés como "sumo sacerdote", veja Filo, *Moisés* 2.75.

[64]Gordon Hugenberger mencionou essa ideia a mim em uma mensagem no primeiro semestre de 1999. Também descobri que essa visão foi proposta por Tremper Longman III, *Immanuel in our place: seeing Christ in Israel's worship* (Phillipsburg: P&R, 2001), p. 57.

celestial no fim da história, quando "a Arca da Aliança" será revelada ("houve relâmpagos, vozes e trovões"). O exemplo mais antigo (160 a.C.) e mais claro da identificação do judaísmo do Sinai com um santuário é *Jubileus* 8.19: "E ele [Noé] sabia que o jardim do Éden era o Santo dos Santos e a habitação do Senhor. E o monte Sinai (estava) no meio do deserto, e o monte Sião (estava) no meio do umbigo da terra. Esses três foram criados como *lugares sagrados* [ênfase minha] um de frente para o outro".

Na verdade, outros já têm observado que a construção do próprio tabernáculo parece ter sido modelada segundo o padrão tripartite do Sinai.[65]

Excurso 2 **Panorama das alusões veterotestamentárias em Atos 2 e dos antecedentes judaicos a elas associados também presentes em Atos 2 e tratados neste capítulo (essas alusões e esses antecedentes aparecem em um contexto referente ao Templo seja de forma direta ou indireta)**

Antigo Testamento (ou judaísmo)	Atos
(1) A torre de Babel, um templo idólatra, e o juízo das línguas que produziu confusão (Gn 11.1-9).	A reversão de Babel no templo de Jerusalém com a criação de línguas que produzem entendimento unificado (At 2.3-8,11).
(2) A divisão da humanidade em setenta nações/línguas a partir do templo idólatra de Babel (Gn 10 e 11).	O começo da unificação da humanidade no templo de Jerusalém, com uma alusão resumida das setenta nações de Gênesis 10 e 11 (At 2.9-11).
(3) A revelação de Deus a Israel no Sinai e a representação da presença de Deus descendo até ali, santificando o monte como um santuário mediante o fogo tempestuoso e sua voz reveladora em chamas (Êx 19 e 20) (descrita por Filo como uma "voz" semelhante a uma "chama" que "se tornou um dialeto"; o judaísmo posterior considerava a voz de fogo de Deus dividida em setenta línguas para as nações.	Ao utilizar muitas das mesmas palavras e expressões que designam a teofania no Sinai, Lucas retrata a revelação de Deus aos crentes em Pentecostes e a cena da presença de Deus descendo no Espírito e estabelecendo uma nova comunidade (i.e., um santuário espiritual) formada por seu povo, com um fogo tempestuoso e sua voz reveladora como "línguas como de fogo" (At 2.1-6).
(4) Relacionada com o ponto anterior, a ascensão de Moisés ao santuário do Sinai ocorre imediatamente antes da entrega da Lei no Sinai.	A ascensão de Jesus ao céu (e a seu santuário?) antecedeu imediatamente a revelação em Pentecostes (At 2.33-35).
(5) A expressão "línguas como de fogo" ocorre nos seguintes textos veterotestamentários e do judaísmo antigo para designar uma manifestação ou revelação teofânica vinda do templo celestial ou terreno, ou acontecendo neles: Isaías 5.24,25; 30.27-30; *1Enoque* 14.8-25; 71.1-17; 1Q29. Às vezes, é uma teofania de bênção ou de juízo, que se manifesta ao povo no céu ou na terra.	A descida do Espírito Santo "do céu" em Pentecostes na forma de "línguas como de fogo" deve ser concebida como a descida da presença tabernacular de Deus (do seu templo celestial?), de modo que o domínio celestial (templo?) se amplia para incluir os santos na terra.

---

[65]Depois de escrever o rascunho desta seção, descobri os seguintes estudiosos que defenderam essa ideia com base em muitas das mesmas observações registradas acima: Nahum M. Sarna, *Exodus*, JPSTC (Philadelphia: Jewish Publication Society, 1991), p. 105; Mary Douglas, *Leviticus as literature* (Oxford: Oxford University Press, 1999), p. 59-64; Peter Enns, *Exodus*, NIVAC (Grand Rapids: Zondervan, 2000), p. 391, seguindo Sarna.

Antigo Testamento (ou judaísmo)	Atos
(6) A profecia do Espírito em Joel 2.28-32 (3.1-5, TM), que faz alusão às figuras da teofania do Sinai e tem um paralelo parcial em Joel 3.15-17, trecho que conclui com uma profecia explícita do templo dos últimos tempos (3.18).	Joel 2.28-32 é citado em Atos 2.17-21.
(7) "Nos últimos dias, o monte da casa do Senhor será estabelecido como o mais elevado dos montes e se levantará acima das montanhas, e todas as nações correrão para ele" (Is 2.2).	Pedro substitui a locução de Joel, "depois disso", pela de Isaías 2.2, "nos últimos dias", a fim de interpretar Joel 2 não simplesmente como uma promessa escatológica, mas também como uma promessa que fale do templo dos últimos tempos para o qual todas as nações (representadas em Pentecostes) afluiriam (At 2.17).
(8) Os "setenta anciãos" receberam o Espírito quando se congregavam ao redor da "tenda" (i.e., o Tabernáculo); em particular, "quando o Espírito veio sobre eles, profetizaram [...] [Moisés disse:] 'Quem me dera todo o povo do Senhor fosse profeta, que o Senhor colocasse neles seu Espírito!'" (Nm 11.25,29). O judaísmo antigo e o posterior comparavam o Espírito de profecia sobre Moisés e os anciãos com um fogo que acendia outros fogos.	"Línguas como de fogo [...] pousaram [lit., 'se assentaram], sobre cada um" (representantes das "setenta nações") e "todos ficaram cheios do Espírito Santo e começaram a falar em outras línguas" (At 2.3,4 [explicado como estar "profetizando" em 2.17,18]). A legitimidade da alusão a Números 11 é reforçada pelo fato de Joel 2.28 também fazer alusão ao mesmo texto de Números. Além disso, a narrativa de Números 11 remete à experiência dos setenta anciãos na teofania do Sinai (Êx 24), o que não deveria surpreender, uma vez que a teofania do Sinai também é desenvolvida em Joel 2 e Atos 2.
(9) No tabernáculo, Deus "tirando do Espírito que estava nele [Moisés], colocou-o nos setenta anciãos" (Nm 11.25).	Jesus, "tendo [primeiro] recebido do Pai a promessa do Espírito Santo", "derramou", então, o Espírito sobre os indivíduos em Pentecostes (At 2.33).

A importância de outras alusões veterotestamentárias em Atos 2, não explicadas neste capítulo, que aparecem de forma direta em um contexto referente ao Templo

Antigo Testamento (ou judaísmo)	Atos
(10) Quando Moisés terminou de construir o Tabernáculo, "a nuvem cobriu a Tenda da Revelação, e a glória do Senhor encheu o Tabernáculo" (Êx 40.34,35); quando Salomão terminou de construir seu templo, "a nuvem encheu a casa do Senhor [...] [e] a glória do Senhor encheu a casa do Senhor", além do fogo que descera (1Rs 8.6-13; 2Cr 7.1-3). O acontecimento é seguido pelos louvores dos indivíduos presentes.	Ao narrar a inauguração de um novo templo celestial na terra, parece que Atos 2.2,3 inclui os textos de Êxodo 40 e 1Reis na sua combinação de alusões ao AT: "De repente, veio do céu um som, como de um vento impetuoso, e encheu toda a casa [...] E apareceram umas línguas como de fogo, distribuídas entre eles". Em seguida, os presentes louvam a Deus.
(11) "Algemas da morte" em associação direta com a libertação originária do templo celestial (Sl 18.4-6 [17.5-7, LXX]; assim tb. 2Sm 22.6).	"Algemas da morte" (At 2.24).

Antigo Testamento (ou judaísmo)	Atos
(12) "O Senhor jurou a Davi [...]: Estabelecerei o fruto do teu corpo sobre o teu trono" (Sl 132.11). Isso dá continuidade à linha de raciocínio anterior: "Entremos em suas habitações; prostremo-nos diante do estrado de seus pés. Levanta-te, Senhor, entra no lugar do teu repouso, tu e a arca do teu poder. Vistam-se de justiça teus sacerdotes, e cantem de alegria os teus santos" (Sl 132.7-9); e, em Salmos 132.14, Deus diz: "Este é o lugar do meu repouso para sempre; aqui habitarei, pois assim eu quis". Cf. 2Samuel 7.12,13 a que Salmos 132.11 alude: "Providenciarei um sucessor da tua descendência depois de ti, que procederá de ti; e estabelecerei o reino dele. Ele edificará uma casa ao meu nome, e para sempre estabelecerei o trono de seu reino".	"Porque ele [Davi] era profeta e sabia que Deus lhe havia prometido com juramento que faria um dos seus descendentes assentar-se em seu trono ..." (At 2.30).
(13) "Quando subiste ao alto [...] recebeste dádivas" (Sl 68.18 [67.19, LXX; 68.19, TM]). *Targum* de Salmos 68.19: "Subiste [...], deste dádivas aos filhos dos homens". A conclusão de Salmos 68.18 ("que o Senhor Deus possa tabernacular ali") estabelece esse versículo em um contexto de santuário, visto que o versículo anterior apoia a ideia de localização no Sinai/santuário: "Os carros de Deus são miríades, milhares de milhares; o Senhor está entre aqueles no Sinai no santuário" (Sl 68.17 [tradução minha]), em que "o Senhor tabernaculará para sempre" (68.16c).	"[Jesus] tendo sido exaltado [...], tendo recebido [...] a promessa [v. 38: 'dom'] do Espírito Santo [...] Porque Davi não subiu aos céus [mas Jesus subiu]" (At 2.33,34). Cristo "derramou" (= "deu") o dom do Espírito (At 2.33b).
(14) "A destra do Senhor me levantou" (Sl 117.16, LXX [118.16 nas traduções em português]). A seção final do salmo (118.19,20), que revela a justificação do salmista, está no contexto do templo.	"Foi a este Jesus que Deus ressuscitou" (At 2.32); "Portanto [Jesus], tendo sido exaltado à direita de Deus..." (At 2.33a).
(15) "O Senhor disse ao meu Senhor: Assenta-te à minha direita, até que eu ponha teus inimigos debaixo dos teus pés" (Sl 110.1; [109.1, LXX]). Cf. Sl 110.4: "O Senhor jurou [...] 'Tu és sacerdote para sempre'", o que sugere um contexto do templo em que um sacerdote realiza sua função.	"O Senhor disse ao meu Senhor: Assenta-te à minha direita, até que eu ponha os teus inimigos como estrado dos teus pés" (At 2.34b,35a)
(16) "Agora sei que o Senhor salva o seu ungido" (Sl 20.6a [19.7a, LXX]) (essa salvação virá do templo celestial [20.1,2,7b]).	"Portanto [...] fique absolutamente certa de que Deus o fez Senhor e Cristo" (At 2.36).
(17) "Paz, paz para o que está longe e para o que está perto" (Is 57.19) (antecedido por "Eu [Deus] habito em um lugar alto e santo" em 57.15).	"Porque a promessa é para vós, para vossos filhos e para todos os que estão longe" (At 2.39).

Antigo Testamento (ou judaísmo)	Atos
(18) "E todo aquele que invocar o nome do Senhor será salvo; pois os que forem salvos estarão no monte Sião e em Jerusalém, como o Senhor prometeu, e aqueles que tiverem recebido boas-novas, aqueles a quem o Senhor chamar" (Jl 3.5, LXX [2.32 nas versões em português; 3.5, TM]). Observe-se o paralelo esclarecedor com Joel 2.28-32 em 3.15-18, o último em um contexto do templo.	"Todo aquele que invocar o nome do Senhor será salvo" (At 2.21). "... a quantos o Senhor nosso Deus chamar" (At 2.39).

Relações no Novo Testamento

Antigo Testamento (ou judaísmo)	Atos
Lucas 3.16 (cf. Mt 3.11) registra a proclamação de João Batista: "Eu vos batizo com água", mas aquele que vier depois dele "vos batizará com o Espírito Santo e com fogo" (uma alusão à profecia da tabernaculação escatológica de Is 4.4 e, possivelmente, Is 30.27,28a).	A vinda do Espírito na forma de "línguas como de fogo" é o cumprimento da profecia de João Batista (At 2.1-4,17,33), que por sua vez inclui a alusão a Isaías 4.4; 30.27-30.

Observação: A primeira comparação e as que começam com o item (10) desta tabela não foram resumidas neste capítulo, mas são analisadas respectivamente em Beale, "Eschatological temple: part I", p. 75-6; ibidem, "Eschatological temple: part II", p. 77-9.

18

A história do santuário do Éden, do templo de Israel, e de Cristo e a igreja como o templo escatológico do Espírito transformado continuamente no reino da nova criação

No capítulo anterior, concluí que o povo de Deus começou a ser transformado no templo escatológico quando o Espírito desceu do templo celestial à terra e formou um povo para torná-lo parte desse templo. Esse templo construído pelo Espírito teve início com a ressurreição, a ascensão e a entronização de Cristo, o que o levou imediatamente a enviar o Espírito para continuar edificando o templo. Nesse sentido, vemos, mais uma vez, que o Espírito e sua obra da edificação do templo estão ligados diretamente à nova criação por meio de sua associação direta com a ressurreição e realeza de Cristo.

Analisei alguns antecedentes do AT para o conceito de templo em Atos 2, mas este capítulo relaciona de forma mais geral o acontecimento de Atos 2 ao templo do AT e do NT. No NT, vimos Cristo como o templo, a igreja como templo e a forma consumada do templo na nova criação eterna. Basicamente, este capítulo tenta estabelecer uma teologia bíblica do templo[1] e relacioná-la ao tema principal do livro: a escatologia "já e ainda não", particularmente no que diz respeito à ressurreição de Cristo como o início do reino da nova criação. Veremos que a ideia do templo é quase equivalente à da nova criação.

Talvez causando um pouco de surpresa, começarei examinando o templo consumado da última visão do livro de Apocalipse e, então, retrocederei até o início do cânon, o livro de Gênesis. Essa última visão apocalíptica em Apocalipse 21.1—22.5 usa passagens proféticas como Ezequiel 37.27; 40—48; e Isaías 54.11,12, e também faz alusão ao jardim do Éden. A passagem de Ezequiel 40—48, por exemplo, prediz o que muitos classificariam como um templo dos últimos tempos literal, e Apocalipse 21 faz alusão reiteradamente a Ezequiel 40—48, mas parece não descrever um templo arquitetônico. Uma vez que muitos não consideram Apocalipse 21

---

[1] Este capítulo é uma breve edição revisada de G. K. Beale, "Eden, the temple, and the Church's mission in the new creation", JETS 48 (2005): 5-31.

uma interpretação "literal" de Ezequiel 40—48, alguns acreditam que a profecia de Ezequiel é comparada à nova criação, mas não se cumpre nela. Outros creem que Ezequiel está se cumprindo, mas de modo alegórico ou espiritualizado. Mas será possível que João, autor do Apocalipse, esteja indicando que Ezequiel será cumprido no novo cosmo e "literalmente", de modo que João mantenha integridade hermenêutica na forma em que usa Ezequiel? A mesma pergunta poderia ser feita no que diz respeito às profecias de Ezequiel 37 e Isaías 54 em relação a Apocalipse 21. Minha convicção é de que João não compara a profecia de Ezequiel às condições da nova criação futura nem a alegoriza, mas a considera "literalmente" cumprida ali.

Para tentar demonstrar isso, tenho de examinar Apocalipse e, especialmente, o contexto veterotestamentário, não apenas de Ezequiel, mas também do templo em geral no AT. Ao fazer isso, tentarei resumir meu livro *The Temple and the Church's Mission*[2] [O templo e a missão da igreja] e apresentar algumas de suas principais linhas de argumentação para lançar luz sobre o problema que acabo de propor.[3] Esse estudo anterior começava no AT e em seguida tratava em ordem canônica do tema do templo nos livros do NT, mas a discussão a seguir será mais geral.

Por isso, começamos com uma análise da última visão de Apocalipse, que revela um problema. Por que João vê "um novo céu e uma nova terra" em Apocalipse 21.1 e ainda em 21.2—22.5 vê apenas uma cidade semelhante a um jardim e na forma de um templo? Ele não menciona todos os contornos e detalhes da nova criação, apenas uma cidade-templo arbórea. Observe-se que as dimensões e as características arquitetônicas da cidade nesses versículos, em grande medida, estão baseadas em Ezequiel 40—48, que é uma profecia sobre as dimensões e os aspectos arquitetônicos de um templo futuro (tb. 21.2,10-12; 21.27—22.2);[4] as pedras preciosas do alicerce em Apocalipse 21.18-21 refletem a descrição não só de Isaías 54.11,12, mas também do Templo de Salomão, que, da mesma forma, era recoberto de ouro e tinha o alicerce feito de pedras preciosas: compare, respectivamente, 1Reis 6.20-22 com 5.17 e 7.9,10 e com as dimensões descritas em Apocalipse 21.16 ("seu comprimento, sua largura e sua altura eram iguais"), que se baseiam nas dimensões do lugar santíssimo em 1Reis 6.20 (em que "comprimento [...] largura [...] e altura" do Santo dos Santos são iguais).

Como explicar a aparente discrepância em que João viu um novo céu e uma nova terra em Apocalipse 22.1 e, depois, apenas uma cidade semelhante a um jardim com a forma e a estrutura de um templo no restante da visão? Por que João não vê um retrato completo do novo céu e da nova terra (vales, montanhas, florestas, planícies, estrelas no céu etc.)? É possível, claro, que João primeiro veja apenas o novo mundo e, em seguida, uma cidade em uma pequena parte desse mundo, e dentro da cidade ele veja aspectos de um jardim e de um templo. Mas essa provavelmente não é a solução, pois, ao que tudo indica, João equipara o "novo céu e a nova terra" à descrição seguinte da "cidade" e do "templo".

Essa equiparação fica evidente pelas considerações a seguir. Em primeiro lugar, é provável que a visão de Apocalipse 21.2 seja uma interpretação da primeira visão do novo céu e da nova terra, e aquilo que João ouve no versículo 3 acerca do tabernáculo seja a interpretação

---

[2] NSBT 17 (Downers Grove: InterVarsity, 2004). O texto que deu origem ao livro é G. K. Beale, "The final vision of the Apocalypse and its implications for a biblical theology of the temple", in: Simon J. Gathercole; T. Desmond Alexander, orgs., *Heaven on earth: the temple in biblical theology* (Carlisle: Paternoster, 2004), p. 191-209, que se baseia em uma palestra apresentada no encontro anual do Biblical Theology Group of the Tyndale Fellowship of Biblical Research na biblioteca da Tyndale House, Cambridge, em julho de 2001.

[3] Na verdade, todas as partes da discussão a seguir são tratadas com mais detalhes no livro, a ser consultado pelos leitores que desejarem mais fundamentação para várias questões.

[4] Para uma descrição e análise mais completa do uso de Ezequiel 40—48 em Apocalipse 21.1—22.5, veja Beale, *Temple*, p. 346-54.

dos versículos 1 e 2. Assim, o novo céu e a nova terra são equiparados na interpretação à nova Jerusalém e ao tabernáculo escatológico. Esse padrão de visões que se interpretam mutuamente ou que são interpretadas por uma declaração, oração ou um cântico seguinte ocorre em outras partes do livro[5] e é uma característica geral do gênero apocalíptico. Em segundo lugar, Apocalipse 22.14,15 afirma que somente os justos "entrarão" na cidade, mas os injustos (cf. Ap 22.11) permanecem perpetuamente "fora" dela. É bem provável que isso não represente os descrentes habitando o espaço imediatamente exterior às muralhas da cidade, ainda assim na nova criação. Mais provavelmente, representa os ímpios habitando completamente fora da nova criação, uma vez que não poderá haver nenhuma injustiça nas condições da nova criação consumada (veja, p. ex., 2Pe 3.13, que, como o texto de Ap 21.1, faz alusão a Is 65.17 e 66.22). Portanto, isso implica que os limites da cidade correspondem exatamente às fronteiras da nova criação. De modo semelhante, Apocalipse 21.27 afirma que "nela [na cidade] não entrará coisa alguma impura nem o que pratica abominação e a mentira". O que confirma ainda mais a equiparação da cidade com a nova criação é Apocalipse 21.8, em que se afirma existir a mesma categoria de ímpios "no lago ardente de fogo e enxofre, que é a segunda morte". Certamente, o lago de fogo e a segunda morte não podem estar dentro da nova criação (veja 21.4); logo, isso identifica a mesma categoria de pessoas de Apocalipse 22.15 fora da nova criação, também fora da nova cidade e, como sugeri acima, do novo templo, uma vez que nenhuma impureza podia entrar no templo de Israel.[6]

A equiparação da nova criação em 21.1 às visões subsequentes de uma cidade na forma de um templo e semelhante a um jardim parece problemática. Alguns talvez atribuam a evidente singularidade da equiparação do novo cosmo a uma cidade semelhante a um jardim e na forma de um templo à natureza ilógica que as visões e os sonhos podem assumir, mas isso seria difícil de aceitar para uma visão que João afirma vir de Deus (cp. Ap 21.9 com 1.1; 22.6). Além disso, qual é a relação dessa visão com os cristãos e o papel deles no cumprimento da missão da igreja, tema já mencionado anteriormente em Apocalipse?

Para resolver essa estranha equiparação da nova criação e da nova Jerusalém com o templo e o jardim, é preciso examinar o propósito do templo no AT e como esse propósito está relacionado com o conceito de templo do NT. Na elaboração dessa análise, fica evidente que os primeiros tabernáculo e templo existiam muito antes da criação de Israel. Na verdade, o primeiro santuário é claramente visível desde o início da história.

O jardim do Éden era um templo na primeira criação

O primeiro santuário ficava no Éden. Mas como poderíamos saber disso? Não havia nenhuma estrutura arquitetônica no Éden, tampouco ocorre a palavra "templo" ou "santuário" para designar o Éden em Gênesis 1—3. Essa declaração pode soar estranha aos ouvidos de muitos. Vários estudiosos recentemente têm discutido isso de uma perspectiva ou outra.[7] As nove observações a seguir, entre outras não mencionadas por falta de espaço, revelam que o Éden foi o primeiro santuário.

Em primeiro lugar, o templo posterior no AT passou a ser o único lugar da presença de Deus, aonde Israel tinha de ir para vivenciar essa presença. O templo de Israel era o lugar em que o sacerdote desfrutava a presença singular de Deus, e o Éden era o local em que Adão

---

[5]Veja G. K. Beale, *The book of Revelation: a commentary on the Greek text*, NIGTC (Grand Rapids: Eerdmans, 1999), comentários de Apocalipse 5.5,6,7-13; 21.1-3.

[6]Sobre Apocalipse 21.27 e seu eco do tema da impureza associado ao novo templo, veja ibidem, p. 1101-2.

[7]Para um bom panorama dessas obras, veja Richard M. Davidson, *Flame of Yahweh: sexuality in the Old Testament* (Peabody: Hendrickson, 2007), p. 47-8.

andava e conversava com Deus. A mesma forma verbal hebraica (hitpael) empregada para declarar que Deus "andava pelo jardim" (Gn 3.8) também se refere à presença de Deus no Tabernáculo (Lv 26.12; Dt 23.14 [23.15, TM]; 2Sm 7.6,7; Ez 28.14).[8]

Em segundo lugar, Gênesis 2.15 afirma que Deus pôs Adão no jardim para "cultivá-lo e guardá-lo". Os dois verbos hebraicos para "cultivar" e "guardar" (respectivamente, ʽābad e shāmar) normalmente são traduzidos por "servir" e "guardar". Quando esses dois verbos ocorrem juntos posteriormente no AT, sem exceção eles significam e designam os israelitas servindo e guardando/cumprindo a palavra de Deus (cerca de dez vezes) ou, com mais frequência, os sacerdotes que servem a Deus no templo e guardam o templo para que nada impuro entre nele (Nm 3.7,8; 8.25,26; 18.5,6; 1Cr 23.32; Ez 44.14).[9] Em Ezequiel 28.13, Adão também é retratado com vestes sacerdotais. Alguns identificam essa figura como Satanás, mas a descrição de Ezequiel 28.13 indica que a figura descrita é Adão. As joias que o "cobrem" segundo Ezequiel 28.13 são enumeradas unicamente em Êxodo 28.17-20, que fala das joias na estola do sumo sacerdote de Israel, que é um ser humano, e não um anjo. Ou a lista de Ezequiel é uma alusão às vestes adornadas do sacerdote humano em Êxodo 28 ou Êxodo 28 tem origem em uma tradição anterior acerca dos trajes de Adão, tradição representada por Ezequiel.[10] Além do mais, uma vez que Ezequiel 28.11-19 se dirige a uma figura que está por trás do "rei de Tiro" (v. 11), que pecou assim como o rei humano, é mais provável que a figura do Éden também seja um ser humano.[11]

Portanto, Adão devia ser o primeiro sacerdote a servir no templo de Deus e guardá-lo. Quando Adão deixa de guardar o templo, pecando e permitindo entrar uma serpente impura que profana o santuário, ele perde sua função sacerdotal, e os dois querubins assumem a responsabilidade de guardar o templo-jardim: Deus "pôs os querubins [...] para guardar o caminho da árvore da vida" (Gn 3.24). A função deles passou a ser lembrada no templo posterior de Israel, pois Deus ordenou que Moisés fizesse duas esculturas de figuras angélicas e as colocasse uma de cada lado da Arca da Aliança no Santo dos Santos do Templo. Assim

---

[8] A forma exata do hitpael usada em Gênesis 3.8 é um particípio (mithallēk), que é precisamente a mesma forma de Deuteronômio 23.14 (23.15, TM) e 2Samuel 7.6. Além desses três usos, a forma participial do hitpael ocorre somente em cinco outros textos, que não têm relação alguma com o Tabernáculo ou com o Templo.

[9] Veja Meredith G. Kline, Kingdom prologue: Genesis foundations for a covenantal worldview (Overland Park: Two Age Press, 2000), p. 54. Kline entende que apenas o verbo "guardar" tem alguma conotação sacerdotal, particularmente no que diz respeito à proteção sacerdotal do templo contra o que é profano (p. ex., o autor cita Nm 1.53; 3.8,10,32; 8.26; 18.3-7; 1Sm 7.1; 2Rs 12.9; 1Cr 23.32; 2Cr 34.9; Ez 44.15,16; 48.11).

[10] Nove das doze joias em Ezequiel 28 também aparecem no texto de Êxodo 28. Na LXX, o texto de Ezequiel tem onze joias em comum com a versão grega de Êxodo 28 (mas o trecho grego de Ezequiel tem um total de catorze joias).

[11] Como observamos no capítulo 11, seção "Gênesis 1—3 e a idolatria", há outras indicações de que a figura do Éden seja Adão. Não só a LXX identifica claramente Adão como a figura gloriosa que habita no Éden primordial em Ezequiel 28.14 (assim como o Tg. de Ez 28.12), mas também é possível que o texto hebraico faça o mesmo (conforme argumenta, p. ex., Dexter E. Callender Jr., Adam in myth and history: ancient Israelite perspectives on the primal human, HSS 48 [Winona Lake: Eisenbrauns, 2000], p. 87-135, 179-89). A frase no texto hebraico de Ezequiel 28.14a, ʼat-kĕrûb mimshaḥ hassôkēk ("tu eras o querubim ungido que cobre"), pode muito bem ser entendida como uma simples metáfora, que é um símile sem o uso de "como": "você era [como] o querubim ungido que cobre", semelhante a afirmações metafóricas, como,. ex., "O Senhor é [como] meu pastor" (Sl 23.1). O que apoia ainda mais a interpretação dessa figura no Éden como Adão é o fato de Ezequiel 28.18 afirmar que o pecado da gloriosa figura "profanou" o Éden. O único relato de que o Éden ficara impuro por causa do pecado é a narrativa sobre Adão em Gênesis 2 e 3. Veja tb. Daniel I. Block, The book of Ezekiel: chapters 25–48, NICOT (Grand Rapids: Eerdmans, 1998), p. 115; Manfred Hutter, "Adam als Gärtner und König (Gen 2:8,15)", BZ 30 (1986): 258-62. Para as tradições judaicas posteriores referentes às joias de Ezequiel 28 como "coberturas" ou "dosséis" para Adão e Eva, veja Beale, Revelation, p. 1087-8.

como os querubins, os sacerdotes de Israel tinham de "vigiar" (a mesma palavra traduzida por "guardar" em Gn 2.15) o templo (Ne 12.45) como "porteiros" (2Cr 23.19; Ne 12.45).

Terceiro, a "árvore da vida", por sua vez, deve ter sido o modelo para o candelabro colocado na área imediatamente exterior ao Santo dos Santos do templo de Israel. O candelabro se parecia com um tronco pequeno de uma árvore com sete ramos que se projetavam, três de um lado, três do outro, e um ramo subindo diretamente do meio do tronco.

Quarto, fica implícito que o jardim do Éden foi o primeiro templo com base também no fato de que o templo posterior de Israel tinha esculturas de madeira que lhe davam uma atmosfera semelhante a um jardim e provavelmente eram reflexos propositais do Éden. De acordo com 1Reis, havia um "cedro [...] esculpido na forma de botões e flores abertas" (6.18); "nas paredes ao redor do templo" e nas portas de madeira do santuário interior havia "esculturas de querubins, de palmeiras e de flores abertas" (6.29,32,35); abaixo dos capitéis das duas colunas postas na entrada do Lugar Santo havia "romãs" esculpidas (7.18-20).

Quinto, assim como a entrada do templo posterior de Israel devia estar voltada para o oriente e situada em um monte (Êx 15.17 [Sião]) e assim como o templo dos últimos tempos de Ezequiel deveria estar voltado para o oriente (Ez 40.6) e ficar sobre um monte (Ez 40.2; 43.12), também a entrada do Éden estava voltada para o oriente (Gn 3.24) e ficava em um monte (Ez 28.14,16).

Sexto, a arca, que guardava a Lei (fonte de sabedoria), no Santo dos Santos remete à árvore do conhecimento do bem e do mal (que também era fonte de sabedoria). Tocar na arca ou na árvore resultava em morte.

Sétimo, assim como do Éden corria um rio (Gn 2.10), o templo pós-exílico (*Car. Arís.* 89-91) e o templo escatológico, tanto em Ezequiel 47.1-12 quanto em Apocalipse 21.1,2, também têm rios que fluem de seu centro (assim como em Ap 7.15-17 e provavelmente Zc 14.8,9).[12] De fato, Ezequiel em geral retrata o monte Sião dos últimos dias (e seu templo) com descrições do Éden procurando mostrar que as promessas originariamente inerentes ao Éden se realizariam no cumprimento de sua visão.[13] A fertilidade e os rios também são descrições do templo de Israel em Salmos 36.8,9:

> Eles se fartarão da abundância da tua casa [templo],
> E tu os farás beber <u>do rio das tuas delícias</u> [lit., "o rio dos teus Édens"];
> pois em ti está a fonte da vida;[14]
> Na tua luz vemos a luz [talvez um jogo de palavras referindo-se à luz do candelabro no Lugar Santo].

O texto de Jeremias 17.7,8 também compara aqueles "cuja esperança está no Senhor" a uma "árvore plantada junto às águas, que estende suas raízes por um ribeiro", por isso "suas folhas verdejam" e ela não "deixa[rá] de dar fruto" (cf. Sl 1.2,3). Em seguida, 17.12,13 se refere ao "lugar do nosso [de Israel] santuário" e praticamente o equipara à "fonte de águas vivas, o próprio Senhor".[15]

Em oitavo lugar, pode se entender que, assim como o templo posterior de Israel, o jardim do Éden faz parte de uma estrutura sagrada tripartite. Nesse sentido, também em associação

---

[12] O judaísmo posterior entendia que da "árvore da vida" fluíam ribeiros (*Rab.* de Gn 15.6; *2En* [J] 8.3,5).

[13] Jon D. Levenson, *Theology of the program of restoration of Ezekiel 40—48*, HSM 10 (Cambridge: Scholars Press, 1976), p. 25-53.

[14] Levenson (ibidem, p. 28) entende essa expressão como uma alusão a Gênesis 2.6,7: "... mananciais subiam da terra e regavam toda a superfície do solo" do qual Adão havia sido criado.

[15] Entre outros comentaristas, veja Callender (*Adam in myth and history*, p. 51-2). Ele cita especialmente Salmos 36 e Jeremias 17 como exemplos do templo de Israel comparado ao Éden.

com a presença de água, é possível até entender que havia um santuário e um lugar santo no Éden correspondendo, de modo geral, aos do templo posterior de Israel. O jardim deve ser considerado não propriamente a fonte de água, mas adjacente ao Éden, visto que Gênesis 2.10 diz: "Do Éden saía um rio para regar o jardim".

Assim, da mesma maneira que os palácios antigos eram ladeados por jardins, o "Éden é a fonte das águas e a residência [o palácio] de Deus, e o jardim é adjacente à residência de Deus".[16] Do mesmo modo, Ezequiel 47.1 diz que a água fluiria de debaixo do lugar santíssimo no templo escatológico futuro e regaria a terra ao redor. De forma semelhante, no templo dos últimos tempos de Apocalipse 22.1,2, descreve-se "o rio da água da vida [...] que saía do trono de Deus e do Cordeiro" e fluía para um bosque semelhante a um jardim, modelado segundo o primeiro paraíso em Gênesis 2, muito semelhante à descrição de Ezequiel.

Se Ezequiel e Apocalipse são desdobramentos do primeiro templo-jardim, tese que defenderei mais adiante, então o Éden, onde a fonte de água está situada, pode ser comparado ao santuário interior do templo posterior de Israel e ao jardim adjacente do Lugar Santo.[17] Mesmo sem levar em conta esses textos bíblicos posteriores, o Éden e seu jardim adjacente constituíam duas regiões distintas. Isso é compatível com minha outra identificação do candelabro do Lugar Santo no templo com a árvore da vida situada no terreno fértil fora do palácio interno da presença de Deus. Além disso, "o pão da presença", também no Lugar Santo, que fornecia o alimento aos sacerdotes, parece refletir o alimento produzido no jardim para o sustento de Adão.[18]

Eu acrescentaria que a terra e os mares além do jardim que Adão tinha de sujeitar eram uma terceira região à parte, de modo geral equivalente ao Pátio Externo do templo de Israel, que, aliás, simboliza a terra e os mares do mundo todo.[19] Portanto, é possível identificar uma gradação tríplice crescente de santidade de fora do jardim para dentro: a região mais exterior que cerca o jardim está relacionada a Deus e é "muito boa" (Gn 1.31), pois é criação de Deus (= o Pátio Externo); o jardim é um espaço sagrado separado do mundo exterior (= o Lugar Santo), onde o servo sacerdotal de Deus o adora ao obedecer-lhe e ao cultivar e guardar o jardim; o Éden é o lugar em que Deus habita (= o Santo dos Santos) como a fonte tanto da vida física quanto espiritual (simbolizada pelas águas).

Em nono lugar, tendo em vista esses diversos paralelos conceituais e linguísticos entre o Éden, o tabernáculo e o templo de Israel, não deveria ser uma surpresa o fato de Ezequiel 28 referir-se ao "Éden, o jardim de Deus [...] o monte santo de Deus" (v. 13,14,16), além de sugerir que havia no Éden "santuários" (v. 18), que, em outras passagens, é uma forma plural de referir-se ao tabernáculo (Lv 21.23) e ao templo de Israel (Ez 7.24; conforme tb. Jr 51.51). A referência ao único templo no plural surgiu provavelmente por causa dos múltiplos espaços sagrados ou "santuários" no complexo do templo (p. ex., Pátio, Lugar Santo, Santo dos Santos).[20] Também é provável, como analisamos há pouco, que Ezequiel 28.14 veja o ser

---

[16] John H. Walton, *Genesis*, NIVAC (Grand Rapids: Zondervan, 2001), p. 167, que também cita outras fontes indicando que os templos antigos tinham jardins adjacentes.

[17] A discussão da diferença entre o Éden e seu jardim se baseia em ibidem, p. 182-3.

[18] Conforme ibidem, p. 182.

[19] Vou analisar isso mais adiante neste capítulo. Para um exame de outros comentaristas que, de várias formas, identificam o jardim do Éden com um templo ou santuário, veja Terje Stordalen, *Echoes of Eden: Genesis 2—3 and symbolism of the Eden Garden in biblical Hebrew literature*, CBET 25 (Leuven: Peeters, 2000), p. 307-12. Stordalen (ibidem, p. 457-9) apresenta mais evidências que apoiam essa identificação.

[20] Havia áreas sagradas ainda menores no complexo do templo — p. ex., do Templo de Salomão (1Cr 28.11) e do Segundo Templo (1Mc 10.43). Filo se refere ao lugar santíssimo como o "Santo dos Santos" (*Interp. Aleg.* 2.56; *Nomes* 192) ou "o lugar mais íntimo dos Santos" (*Sonhos* 1.216).

glorioso que "caíra" como Adão. Por isso, Ezequiel 28.16 também está se referindo ao pecado de Adão: "Pecaste; por isso te lancei como algo profano para fora do monte de Deus [onde ficava o Éden]". A descrição de Ezequiel 28.13 de Adão vestido de roupas ornamentadas com joias como um sacerdote (em alusão a Êx 28.17-20) se harmoniza bem com a menção do Éden como santuário sagrado apenas cinco versículos depois. Ezequiel 28.18 talvez seja a passagem mais explícita de toda a literatura canônica em que o jardim do Éden é identificado como um templo, e Adão, apresentado como sacerdote.

Todas essas observações juntas indicam a probabilidade de que o jardim do Éden tenha sido o primeiro santuário da história sagrada. Adão não só tinha de "guardar" esse santuário, mas também sujeitar a terra, conforme Gênesis 1.28: "Deus os abençoou e lhes disse: Frutificai e multiplicai-vos; enchei a terra e sujeitai-a; dominai sobre os peixes do mar, sobre as aves do céu e sobre todos os animais que rastejam sobre a terra". Assim como Adão deveria começar a dominar e sujeitar a terra, ele também tinha de expandir os limites geográficos do jardim até que o Éden se estendesse por toda a terra e a abrangesse por completo. Isso significava que a presença de Deus limitada ao Éden tinha de ser expandida por toda a terra. A presença de Deus devia "encher" toda a terra.

Nesse sentido, John Walton observa:

> se as pessoas encheriam a terra [de acordo com Gn 1], temos de concluir que a intenção não era que ficassem no jardim em uma situação inalterável. Entretanto, sair do jardim pareceria um problema, pois a terra fora do jardim não era tão acolhedora quanto a de dentro do jardim (de outro modo, o jardim não seria distinto). Talvez, então, devêssemos supor que as pessoas tinham de expandir o jardim pouco a pouco enquanto ocupavam, sujeitavam e dominavam a terra. Estender o jardim era ampliar a provisão de alimentos, bem como estender o espaço sagrado (já que era isso que o jardim representava).[21]

Ao que parece, a intenção era que Adão expandisse as fronteiras do jardim em círculos cada vez mais amplos, estendendo a ordem do santuário do jardim para os espaços inóspitos de fora. A expansão para fora dos limites deveria incluir o objetivo de ampliar a presença gloriosa de Deus. Isso seria realizado especialmente pelos descendentes de Adão, nascidos segundo a imagem dele e, portanto, refletindo a imagem de Deus e a luz de sua presença, à medida que continuassem obedecendo à comissão dada aos seus pais e saíssem para dominar as regiões exteriores até que o santuário do Éden abrangesse toda a terra. Neste início, já podemos perceber o começo de uma resposta à pergunta inicial: Por que Apocalipse 21.1—22.5 equipara o novo cosmo com o templo em forma de jardim? Esse era o plano universal original do santuário do Éden. Entretanto, precisamos identificar o desdobramento de Gênesis 1 e 2 em toda a Bíblia antes de tirar conclusões definitivas.

Como sabemos, Adão não foi fiel e não obedeceu à ordem de sujeitar a terra e expandir o santuário-jardim. Por isso não só o templo-jardim não se expandiu por toda a terra, como também o próprio Adão foi expulso do jardim, deixou de desfrutar da presença de Deus e perdeu sua função de sacerdote de Deus no templo.

Depois da queda de Adão e de sua expulsão do templo-jardim, a humanidade tornou-se cada vez pior, e apenas um pequeno remanescente da espécie humana manteve-se fiel. Deus acabou por destruir toda a terra com o Dilúvio porque todos haviam se pervertido completamente. Apenas Noé e sua família imediata foram poupados. Por isso, Deus começou a criação do mundo outra vez.

---

[21] Walton, *Genesis*, p. 186.

É possível que Deus tenha começado a construir outro templo para seu povo morar e desfrutar de sua presença no tempo de Noé.[22] Entretanto, Noé e seus filhos não foram fiéis e obedientes, de modo que, se Deus tivesse iniciado outro processo de construção de um templo, este teria cessado imediatamente por causa do pecado de Noé e seus filhos. Eles seguiram os passos pecaminosos de Adão. Na verdade, a "queda" de Noé é reminiscente da de Adão, pois os dois pecaram no contexto de um jardim. De acordo com Gênesis 9.20,21, "Noé começou a cultivar a terra e plantou uma vinha. Então, bebeu do vinho e embriagou-se", e isso provocou os demais pecados de seus filhos.

Depois da desobediência de Noé e sua família, Deus começou de novo e escolheu Abraão e seus descendentes, Israel, para restabelecer seu templo.

A comissão de Adão como rei-sacerdote para governar e expandir o templo é transmitida aos patriarcas

Como veremos, depois de Adão não ter cumprido o mandato divino, Deus levantou outras figuras semelhantes a Adão às quais transmitiu sua comissão. Descobriremos que algumas mudanças ocorreram na comissão por causa da entrada do pecado no mundo. Os descendentes de Adão, entretanto, assim como ele, fracassaram. O malogro persistiria até que surgisse um "último Adão", que finalmente cumpriria a comissão em favor da humanidade.

Argumentei no capítulo 1 que a comissão de Adão foi transmitida a Noé, a Abraão e a seus descendentes. As referências em Gênesis a seguir são exemplos do que foi desenvolvido antes com mais detalhes:

> **Gênesis 1.28**: "Deus os abençoou e lhes disse: 'Frutificai e multiplicai-vos; enchei a terra e sujeitai-a; dominai sobre os peixes do mar, sobre as aves do céu e sobre todos os animais que rastejam sobre a terra'".
>
> **Gênesis 9.1,7**: "E Deus abençoou Noé e seus filhos e lhes disse: 'Frutificai, multiplicai-vos e enchei a terra [...] frutificai e multiplicai-vos; povoai plenamente a terra e multiplicai-vos nela'".
>
> **Gênesis 12.2,3**: "E farei de ti uma grande nação, te abençoarei e engrandecerei o teu nome; e assim serás uma bênção. Abençoarei os que te abençoarem e amaldiçoarei quem te amaldiçoar; e todas as famílias da terra serão abençoadas em ti".
>
> **Gênesis 17.2,6,8**: "Estabelecerei minha aliança contigo e te farei multiplicar excessivamente [...] eu te farei frutificar imensamente [...] Darei a terra das tuas peregrinações, toda a terra de Canaã, a ti e aos teus descendentes depois de ti".
>
> **Gênesis 22.17,18**: "Certamente, eu te abençoarei grandemente e multiplicarei grandemente a tua descendência, como as estrelas do céu e como a areia na praia do mar, e a tua descendência possuirá o portão dos inimigos dela [pronome singular]; em tua descendência todas as nações da terra serão abençoadas, pois obedeceste à minha voz".
>
> **Gênesis 26.3**: "Resida nesta terra, e serei contigo e te abençoarei, porque darei todas estas terras a ti e aos teus descendentes; e confirmarei o juramento que fiz a teu pai Abraão".
>
> **Gênesis 26.4**: "Multiplicarei os teus descendentes como as estrelas do céu, e a eles darei todas estas terras; e todas as nações da terra serão abençoadas por meio deles".

---

[22] Essa possibilidade fica evidente pelas afinidades da construção do altar de Noé e das atividades relacionadas com as das ações patriarcais semelhantes no relato subsequente, que na verdade podem ser consideradas construções de templos rudimentares ou em pequena escala (sobre esse tema, veja mais na seção a seguir).

Gênesis 26.24: "E o S{\sc enhor} lhe apareceu na mesma noite e disse: 'Eu sou o Deus de teu pai Abraão; não temas, porque estou contigo. Eu te abençoarei e multiplicarei os teus descendentes por amor do meu servo Abraão'".

Gênesis 28.3,4: "O Deus todo-poderoso te abençoe, te faça frutificar e te multiplique para que te tornes uma multidão de povos. Que ele te dê a bênção de Abraão, a ti e à tua descendência, para que venhas a herdar a terra de tuas peregrinações, que Deus concedeu a Abraão".

Gênesis 28.13,14: "Eu a [a terra] darei a ti e à tua descendência; e a tua descendência será como o pó da terra. Tu te espalharás para o ocidente e para o oriente [...] todas as famílias da terra serão abençoadas em ti e na tua descendência".

Gênesis 35.11,12: "Disse-lhe mais: 'Eu sou o Deus todo-poderoso; frutifica e multiplica-te; uma nação e uma multidão de nações sairão de ti, e reis procederão da tua linhagem; e darei a ti a terra que dei a Abraão e a Isaque; também a darei à tua futura descendência'".

Gênesis 47.27: "Agora, Israel habitava na terra do Egito, em Gósen; nela adquiriram propriedades, frutificaram e se tornaram muito numerosos".

Na verdade, a mesma comissão dada aos patriarcas é reiterada muitas vezes em livros posteriores do AT, tanto para Israel como para o verdadeiro povo de Deus escatológico. À semelhança de Adão, Noé e seus filhos não conseguiram cumprir essa comissão. Então, Deus transmitiu a essência da comissão de Gênesis 1.28 a Abraão (Gn 12.2,3; 17.2,6,8,16; 22.18), Isaque (Gn 26.3,4,24), Jacó (Gn 28.3,4,14; 35.11,12; 48.3,15,16) e a Israel (veja Dt 7.13 e Gn 47.27; Êx 1.7; Sl 107.38; Is 51.2, as quatro últimas referências afirmam o cumprimento inicial em Israel da promessa a Abraão).[23] Deve-se lembrar que a comissão de Gênesis 1.26-28 implica os elementos a seguir, sobretudo como resume 1.28: (1) "Deus os abençoou"; (2) "frutificai e multiplicai-vos"; (3) "enchei a terra"; (4) "sujeitai" a "terra"; (5) "dominai sobre [...] toda a terra".

A comissão se repete, por exemplo, a Abraão: "Eu te abençoarei grandemente e multiplicarei grandemente a tua descendência [...] e a tua descendência possuirá o portão dos inimigos dela [= 'sujeitar e dominar']; em tua descendência todas as nações da terra serão abençoadas" (Gn 22.17,18).[24] Deus expressa o alcance universal da missão ao enfatizar que o objetivo é "abençoar" "todas as nações da terra". Portanto, é natural que, na primeira vez em que a ordem é dada em Gênesis 12.1-3, Deus diga a Abraão: "Sai da tua terra, [...] para que sejas uma bênção [...] e todas as famílias da terra serão abençoadas em ti".

Ao que parece, entretanto, os comentaristas têm negligenciado algo relevante: a comissão adâmica se repete em associação direta com o que parece ser a construção de pequenos santuários. Assim como a comissão de Gênesis 1.28 devia ser cumprida inicialmente por Adão de maneira localizada, expandindo as fronteiras do santuário arbóreo, também não parece ter

---

[23]A primeira vez que percebi isso foi em N. T. Wright, *The climax of the covenant: Christ and the law in Pauline theology* (Minneapolis: Fortress, 1992), p. 21-6, em que a lista de referências de Gênesis acima se baseia. Wright observa que a ordem a Adão em Gênesis 1.26-28 havia sido aplicada aos patriarcas e a Israel; ele também cita outras passagens em que vê Gênesis 1.28 aplicado a Israel (Êx 32.13; Lv 26.9; Dt 1.10,11; 7.13,14; 8.1; 28.63; 30.5,16). Mais tarde também descobri que Cohen (*"Be fertile and increase"*, p. 28-31,39) faz a mesma observação com base em Gary Smith, "Structure and purpose in Genesis 1–11", *JETS* 20 (1977): 307-19, e ambos os autores incluem Noé. Veja em Dumbrell, *Search for order*, p. 29-30, 37, 72-3, 143, a ideia de que as bênçãos condicionais prometidas a Adão são concedidas a Israel.

[24]Observe-se que o aspecto de domínio da comissão é apresentado em outra passagem a Abraão como uma função de "realeza" (Gn 17.6,16), e o mesmo ocorre em relação a Jacó (Gn 35.11).

sido por acaso que a reafirmação da comissão aos patriarcas de Israel resulte nos seguintes elementos: (1) Deus se manifesta a eles (exceto em Gn 12.8; 13.3,4); (2) eles "armam uma tenda" (LXX: "tabernáculo"); (3) no monte; (4) edificam "altares" e adoram a Deus (i.e.,"invocam o nome do Senhor", o que provavelmente envolvia oferta de sacrifícios e orações),[25] no lugar em que a declaração foi repetida; (5) geralmente, o local em que essas atividades acontecem é "Betel", que significa "Casa de Deus" (o único caso de edificação de altar em que esses elementos não estão presentes nem associados à comissão de Gn 1.28 é Gn 33.20). A combinação desses cinco elementos ocorre em outras partes do AT somente para se referir ao tabernáculo ou ao templo de Israel.[26]

Portanto, embora "os motivos para os sacrifícios que eles ofereciam fossem em geral uma teofania e a mudança para um novo lugar",[27] parece que a construção desses lugares sagrados tinha mais importância. Também parece que os patriarcas construíam esses lugares de culto como formas temporárias, miniaturas de santuários que representavam simbolicamente a ideia de que a descendência deles devia se espalhar pela terra a partir de um santuário divino e sujeitá-la a fim de cumprir a comissão de Gênesis 1.26-28. Embora os patriarcas não tenham construído nenhum edifício, esses espaços sagrados podem ser considerados santuários relativamente parecidos com o primeiro santuário não arquitetônico do jardim do Éden, em especial porque muitas vezes existe uma árvore nesses lugares. Posteriormente, também será importante lembrar que uma região geográfica santa ou um território sagrado pode ser considerado um santuário ou templo verdadeiro, mesmo sem haver edifício arquitetônico no lugar.

Portanto, os santuários informais de Gênesis apontavam para o tabernáculo e o templo de Israel, de onde a nação, refletindo a presença de Deus, devia se espalhar por toda a terra. A comissão dos patriarcas, assim como a de Adão em Gênesis 1.28, associada a Gênesis 2, também implicava a construção de um templo.

Pode-se inferir também que esses santuários em miniaturas prefiguravam o templo posterior porque "antes de Moisés, o altar era o único elemento arquitetônico que marcava um lugar como santo" e porque mais tarde "os altares passaram a ser incorporados aos santuários maiores [à estrutura deles], ao tabernáculo e ao templo".[28] O pequeno santuário de Betel também se tornou um santuário maior no Reino do Norte, Israel, mas, depois, transformou-se em um antro de idolatria e foi rejeitado por não ser um templo verdadeiro de adoração a Yahweh (veja Am 7.13; cf. 1Rs 12.28-33; Os 10.5).

O fato de Abraão, Isaque e Jacó terem construído altares em Siquém, entre Betel e Ai, em Hebron, e perto de Moriá, fez com que o terreno da futura terra de Israel tivesse santuários em vários lugares distintos. Essa movimentação peregrina "era semelhante a fincar uma

---

[25]Augustine Pagolu, *The religion of the patriarchs*, JSOTSup 277 (Sheffield: Sheffield Academic Press, 1998), p. 62.

[26]A combinação de "tenda" (*'ōhel*) e "altar" (*mizbaḥ*) ocorre em Êxodo e Levítico somente com respeito ao tabernáculo e ao altar relacionado (p. ex., Lv 4.7,18). "Altar" (*mizbaḥ*) e "casa" (*bāyit*) ocorrem 28 vezes no AT referindo-se ao templo e a seu altar. Raramente, alguma palavra nessas combinações refere-se a outra coisa que não ao tabernáculo ou ao templo. A edificação desses lugares de adoração sobre um monte talvez represente parte de um padrão que culmina no posterior templo de Israel construído no monte Sião (o local do monte Moriá segundo a tradição), que por sua vez passa a ser uma sinédoque para o templo. Não quero dizer que "tenda" nos episódios dos patriarcas seja equivalente ao tabernáculo posterior, mas que remete às associações ligadas ao tabernáculo por causa de sua proximidade do lugar de culto.

[27]Pagolu, *Religion of the patriarchs*, p. 85.

[28]Tremper Longman III, *Immanuel in our place: seeing Christ in Israel's worship* (Phillipsburg: P&R, 2001), p. 16. Alguns comentaristas reconhecem que alguns episódios patriarcais envolvem a construção de pequenos santuários, mas não os associam com o grande templo posterior de Israel (tb., p. ex., H. C. Leupold, *Exposition of Genesis* [Grand Rapids: Baker Academic, 1942], 2 vols., 2:781, 918, comentando Gn 28 e 35).

bandeira para tomar posse da terra"²⁹ para o futuro templo de Deus e Israel, em que o Senhor estabeleceria residência permanente na capital dessa terra. Todos esses santuários menores apontavam para o santuário maior a ser construído em Jerusalém.

Os preparativos para o restabelecimento de um tabernáculo em escala maior e, depois, do templo começaram no Êxodo, ocasião em que Deus mais uma vez produziu o caos em pequena escala na criação e libertou Israel para que este fosse o ponto de partida de sua nova humanidade. A Israel foi dada a comissão, originariamente confiada a Adão, de edificar o templo.

O Tabernáculo de Israel no deserto e o Templo posterior eram a restauração do santuário do jardim do Éden

O que parecia implícito em relação aos patriarcas e a Moisés no Sinai torna-se explícito com o tabernáculo e o templo de Israel. O livro de 1Crônicas narra os preparativos de Davi para a construção do Templo, que Salomão depois executará. Entre as ações preparatórias de Davi estão os mesmos elementos das cinco atividades de construção dos templos em escala menor de Abraão, Isaque e Jacó, o que confirma que as estruturas deles eram, de fato, versões em miniatura, ou prefigurações, do santuário posterior. (1) Davi começa seus preparativos em um monte (monte Moriá). (2) Davi contempla uma teofania (vê "o anjo do Senhor, que estava entre a terra e o céu", conforme 1Cr 21.16; 2Cr 3.1). (3) Nesse local, "Davi edificou um altar ao Senhor...". (4) "e ofertou holocaustos [...] e invocou o Senhor" (1Cr 21.26). (5) Além disso, Davi chama o local de "a casa do Senhor Deus" (1Cr 22.1), porque esse é o lugar do futuro templo de Israel a ser preparado por Davi e construído por Salomão (1Cr 22; 2Cr 3.1). Agora podemos perceber com mais clareza que as atividades de edificação de altares dos patriarcas eram projetos de santuários em escala menor que culminaram na construção em escala maior do templo de Israel.

As considerações a seguir mostram que o tabernáculo de Israel e, depois, o templo foram outro novo templo de outra nova criação.

A morada de Deus no meio do povo de Israel é chamada explicitamente de "tabernáculo" e depois de "templo" pela primeira vez na história da redenção. Nunca antes a presença exclusiva de Deus com seu povo da aliança havia sido chamada formalmente de "tabernáculo" nem de "templo".³⁰ Vimos, contudo, que o jardim do Éden tinha semelhanças essenciais com o templo de Israel, revelando que o templo de Israel era um desenvolvimento do santuário implícito de Gênesis 2.

Outra coisa verdadeira sobre o templo do Éden, ainda não mencionada, é que ele serviu como um pequeno modelo terreno do templo divino no céu que acabaria abrangendo toda a terra. Isso se vê com mais clareza no templo de Israel coforme as considerações a seguir.

Salmos 78.69 diz algo surpreendente acerca do templo de Israel: Deus "edificou o santuário como os lugares altos, como a terra que estabeleceu para sempre".³¹ Isso nos diz que, de algum modo, Deus projetou o templo para que fosse uma pequena réplica de todo o conjunto de céu e terra. Contudo, em Isaías 66.1, Deus proclama: "O céu é o meu trono, e a terra é o estrado dos meus pés. Que <u>casa</u> edificaríeis para mim?". Deus jamais pretendeu que o pequeno templo

---

²⁹Longman, *Immanuel in our place*, p. 20 (de modo semelhante, Pagolu, *Religion of the patriarchs*, p. 70).

³⁰Mas vimos que Jacó chama o lugar de adoração em Gênesis 28.10-22 de "a casa de Deus" (v. 17), "Betel" (v. 19), e diz que a pedra que ele ergueu ali "será chamada casa de Deus" (v. 22).

³¹Do mesmo modo, Deus diz a Moisés: "Eles construirão um santuário para que eu habite no meio deles. Por isso, fareis conforme tudo o que eu te mostrar [do céu, no monte] como modelo do tabernáculo [que tu vês no céu]..." (Êx 25.8,9). Cf. Êxodo 25.40: "Toma o cuidado de fazer tudo conforme o modelo que te foi mostrado no monte".

regional de Israel durasse para sempre, pois, assim como o templo do Éden, o de Israel era um pequeno exemplar de algo muito maior, Deus e sua presença universal, que jamais poderia ser contido por nenhuma estrutura terrena.

O tabernáculo e o templo de Israel eram modelos em miniatura do imenso templo cósmico de Deus que deveria dominar os céus e a terra no fim dos tempos. Isto é, o templo era um modelo simbólico que sinalizava não apenas o cosmo atual, mas também o novo céu e a nova terra que serão completamente cheios da presença de Deus. Fica evidente que o tabernáculo e o templo eram modelos simbólicos em miniatura do templo vindouro que encherá os céus e a terra por causa dos seguintes aspectos figurados dos três setores do templo: o Santo dos Santos, o Lugar Santo e o Pátio Externo.

(1) O Santo dos Santos representava a dimensão celestial invisível, o Lugar Santo representava os céus visíveis, e o Pátio Externo, o mar e a terra visíveis, onde moram os seres humanos.

(2) Pode-se inferir que o Santo dos Santos representava o céu invisível, onde Deus e seus anjos habitam, pelas seguintes informações:

   a. Os dois querubins de escultura em cada extremidade da Arca da Aliança e as figuras dos querubins tecidas na cortina que protege o acesso ao Santo dos Santos refletem os querubins reais do templo celestial que estão de guarda ao redor do trono de Deus.
   b. O fato de não haver nenhuma imagem de Deus no Santo dos Santos e de que este "parecia" vazio indica ainda mais que essa parte representava o céu invisível.
   c. O Santo dos Santos era o lugar de onde o domínio celestial se estendia para o terreno; por isso, a Arca da Aliança era chamada de "estrado dos pés" de Deus; o Senhor era representado assentado em seu trono no céu com seus pés invisíveis apoiados na tampa da Arca da Aliança.
   d. O Santo dos Santos era isolado por uma cortina divisória, o véu, que indicava a separação do Lugar Santo do Pátio Externo, mais um elemento que reforça seu simbolismo do aspecto celestial invisível, isolado da esfera física.
   e. Até o sumo sacerdote, que poderia entrar no Santo dos Santos uma vez por ano, era impedido por uma nuvem de incenso de ver a luz da presença gloriosa de Deus. Isso mais uma vez ressalta o caráter separado desse espaço interior santíssimo como representação da santa e invisível esfera celestial. Por sua vez, a nuvem de incenso talvez tivesse uma associação a mais com as nuvens do céu visível, que indicavam o céu invisível.

(3) Que o Lugar Santo representa o céu visível, ainda separado da terra, pode se concluir das observações a seguir:

   a. As cores das cortinas do Lugar Santo eram azul, púrpura e escarlate, representando as cores variadas do céu; todas as cortinas do tabernáculo eram bordadas com figuras de criaturas aladas, o que reforça a simbologia dos céus visíveis.
   b. O candelabro tinha sete lâmpadas, e o Templo de Salomão tinha dez candelabros; assim, quando as pessoas olhassem para dentro do Lugar Santo, enxergariam setenta lâmpadas, que, diante do fundo mais escuro das cortinas do tabernáculo e do templo, assemelhavam-se às fontes de luz celestiais (estrelas, planetas, Sol e Lua).
   c. Esse simbolismo é realçado quando se observa que a palavra hebraica traduzida por "luz" (mā'ôr) é usada dez vezes no Pentateuco para designar as lâmpadas do candelabro e que, na outra única passagem em que está presente no Pentateuco, Gênesis 1.14-16, ela ocorre cinco vezes e se refere ao Sol, à Lua e às estrelas. O

tabernáculo parece ter sido arquitetado para representar a obra da criação de Deus, que "estende os céus como cortina e os desenrola como tenda para nela habitar" e "criou as estrelas" para ficarem suspensas nessa tenda celestial (Is 40.22,26); do mesmo modo, Salmos 19.1-5 afirma que, "nos céus", Deus "pôs uma tenda para o sol". É bem provável que seja por isso que o Lugar Santo era revestido de ouro (1Rs 6.20,21), no teto, no chão e nas paredes; a intenção talvez tenha sido que o brilho do metal precioso imitasse o reflexo das estrelas do céu (como era o caso nos templos do antigo Oriente Próximo, esp. no Egito).

d. Talvez por causa dessas evidências bíblicas, os judeus do século 1 (particularmente Josefo e Filo) entendessem que as sete lâmpadas do candelabro do Lugar Santo representavam as setes fontes de luz visíveis a olho nu pelas pessoas da Antiguidade, enfatizando que esse segundo recinto do templo simbolizava os céus visíveis.[32] O judaísmo posterior equiparava as sete lâmpadas do candelabro aos "luminares no firmamento celeste" mencionados em Gênesis 1.14-16 (tb. o *Tg. de Ps.-J.* de Êx 40.4; *Rab.* de Nm 15.7; 12.13).[33] Além do mais, Josefo, o historiador judeu do século 1, que havia conhecido o templo pessoalmente, afirmou que a cortina externa do Lugar Santo tinha bordados de estrelas, representando os céus.[34]

(4) O pátio provavelmente representa o mar e a terra visíveis. Essa identificação do Pátio Externo é sugerida ainda mais pela descrição do AT, em que a grande bacia de metal e o altar do pátio do templo são chamados respectivamente de "mar" (1Rs 7.23-26) e de "seio da terra" (Ez 43.14 [o altar provavelmente também foi identificado com o "monte de Deus" em Ez 43.16]).[35] O altar também tinha de ser um "altar da terra" (nas etapas mais antigas da história de Israel) ou um "altar de pedras [não esculpidas]" (Êx 20.24,25), identificando-o, assim, ainda mais com a terra natural. Portanto, parece que o "mar" e o "altar" são símbolos cósmicos que na mente dos israelitas talvez se associassem respectivamente aos mares e à

---

[32]Josefo, *An.* 3.145; *G. J.* 5.217; Filo, *Herdeiro 221-225*; *Moisés*, 2.102-105; *PE* 2.73-81; Clemente de Alexandria, *Strom.*, 5.6.

[33]Por exemplo, uma paráfrase judaica de Êxodo 39.37 (*Targum de Pseudo-Jônatas*) entendia que as sete lâmpadas do candelabro "correspondiam aos sete planetas que se movem em suas órbitas no firmamento dia e noite". Para as sete lâmpadas como símbolo dos planetas ou luminares celestes, veja Mircea Eliade, *The myth of the eternal return*, tradução para o inglês de Willard R. Trask (London: Routledge & Kegan Paul, 1955), p. 6-17; Othmar Keel, *The symbolism of the biblical world: ancient Near Eastern iconography and the book of Psalms*, tradução para o inglês de Timothy J. Hallett (New York: Crossroad, 1985), p. 171-6; Leonhard Goppelt, "τύπος κτλ", in: *TDNT* 8:256-7; para as lâmpadas de óleo simbolizando planetas na Mesopotâmia e no Egito, veja Leon Yarden, *The tree of light: a study of the Menorah, the seven-branched lampstand* (Ithaca: Cornell University Press, 1971), p. 43.

[34]Josefo relata que a "tapeçaria" pendurada na entrada exterior do templo "tipificava o Universo" e sobre ela "fora retratado um panorama dos céus" (*G. J.* 5.210-214). O mesmo também pode ter sido o caso da face externa da cortina que separava o Santo dos Santos do Lugar Santo porque, também de acordo com Josefo, todas as cortinas do templo tinham "cores que pareciam lembrar exatamente aquelas que os olhos veem nos céus" (*Ant.* 3.132). Essa observação também fica evidente com base na análise de Êxodo, em que todas as cortinas do templo foram tecidas com materiais que lembravam as cores variadas do céu.

[35]Veja Jon D. Levenson, *Creation and the persistence of evil: the Jewish drama of divine omnipotence* (San Francisco: Harper & Row, 1988), p. 92-3. As traduções de Ezequiel 43.14 em geral trazem "da base da terra", mas o significado literal é "do seio da terra [ou solo]"; entre os motivos para associar "a lareira do altar" (lit., "Ariel" ['ărîēl]) de Ezequiel 43.16 com "o monte de Deus" está na observação de Levenson de que a mesma palavra misteriosa "Ariel" ocorre em Isaías 29.1, em que se refere "à cidade onde Davi acampava" e é equiparada por paralelismo sinônimo com o "monte Sião" (cp. Is 29.7a com 29.8h), de modo que reverberá as imagens de "monte" (sobre o significado ambivalente da palavra hebraica, veja BDB, 72).

terra[36] (reforçando as metáforas da água havia as dez bacias menores, cinco de cada lado do Lugar Santo [1Rs 7.38,39]). A natureza simbólica do "mar de bronze" é indicada por suas medidas, cerca de 2 metros de altura e 4 metros e meio de diâmetro, e capacidade para cerca de quarenta mil litros de água, que não seriam apropriados para a purificação sacerdotal (nesse sentido, as dez bacias na altura da cintura teriam sido as únicas utilizadas nas purificações práticas do cotidiano). Também parece que a disposição dos doze bois "cercando completamente o mar" e a "flor de um lírio" que decorava a borda representavam um modelo parcial em miniatura da terra e da vida ao redor dos mares da terra (2Cr 4.2-5). Os doze bois também apoiavam a bacia e se dividiam em grupos de três, voltados para os quatro pontos cardeais, o que pode ser muito bem reflexo dos quatro quadrantes da terra.[37] A descrição dos doze bois sustentando o "mar" e os desenhos de leões e touros decorando as estantes das bacias reforçam ainda mais uma identificação "terrena" do Pátio Externo (apesar de tb. haver querubins na decoração dessas estantes). Que o Pátio Externo estava associado à terra visível também pode ser sugerido pelo fato de que todos os israelitas, representando a humanidade como um todo, podiam entrar nesse pátio para adorar.

O efeito cumulativo dessas observações implica que o templo de Israel servia de pequeno modelo terreno do templo de Deus no céu que, por fim, abrangeria a terra toda. Especificamente, o santuário interior da presença invisível de Deus se estenderia para abranger os céus e a terra visíveis. É por isso que os dois últimos recintos do templo, o Lugar Santo e o Pátio Externo, simbolizavam respectivamente o céu visível e a terra, para mostrar que eles serão consumidos pela presença santíssima de Deus.

Quando uma escola, uma empresa ou uma igreja resolve se expandir e construir novas instalações, normalmente um arquiteto faz uma planta da estrutura planejada. Uma igreja que eu frequentava decidiu construir um novo prédio. Eles contrataram um arquiteto, que fez uma planta do novo complexo: um estacionamento com árvores rodeava o grande edifício da igreja, e o telhado do prédio foi cortado para revelar o que se tornariam as salas atuais. Essas plantas arquitetônicas não funcionam apenas como modelos; elas indicam uma tarefa maior, isto é, criar uma estrutura mais ampla no futuro.

O templo de Israel servia exatamente para a mesma finalidade. O templo era um modelo em pequena escala e um lembrete simbólico para Israel de que a presença gloriosa de Deus encheria todo o cosmo, e esse cosmo, e não simplesmente uma pequena estrutura arquitetônica, seria o recipiente da glória de Deus. É muito provável que isso servisse de incentivo para os israelitas serem testemunhas fiéis para o mundo da verdade e da presença gloriosa de Deus, que se estenderia de seu templo para todo o mundo.

O templo era um símbolo para Israel da tarefa que Deus queria que a nação realizasse. A mesma tarefa que Adão (e provavelmente Noé) devia ter realizado, mas não cumpriu, Israel tinha de executar: "multiplicai-vos; enchei a terra e sujeitai-a" (Gn 1.28), expandindo os limites locais do templo (onde habitava a presença reveladora de Deus) para incluir toda a terra. Isto é, Israel tinha de difundir a presença de Deus por toda a terra. Curiosamente, a Terra Prometida, a terra de Israel, foi chamada repetidamente de "jardim do Éden" (cf. Gn 13.10; Is 51.3; Jl 2.3; Ez 36.35), em parte talvez porque cabia a Israel expandir os limites do templo

---

[36]Quanto ao "mar de bronze" de Salomão representar o mar primordial ou as águas do Éden, veja Elizabeth Bloch-Smith, "'Who is the King of Glory?' Solomon's temple and its symbolism", in: Michael D. Coogan; J. Cheryl Exum; Lawrence E. Stager, orgs., *Scripture and other artifacts: essays on the Bible and archaeology in honor of Philip J. King* (Louisville: Westminster John Knox, 1994), p. 26-7. Alguns entendem que representa as águas do caos primitivo que foram subjugadas na Criação.

[37]Levenson, *Creation*, p. 92-3; veja tb. ibidem, *Sinai and Zion: an entry into the Jewish Bible* (San Francisco: Harper & Row, 1987), p. 139, 162.

e de sua própria terra até os confins do mundo da maneira que Adão deveria ter feito. Essa era a tarefa suprema de Israel, o que fica evidente em diversos trechos do AT que profetizam que Deus finalmente fará que os limites sagrados do templo de Israel se estendam e abranjam primeiro Jerusalém (Is 4.4-6; 54.2,3,11,12; Jr 3.16,17; Zc 1.16—2.11), depois todo o território de Israel (Ez 37.25-28) e por fim toda a terra (Dn 2.34,35,44,45; cf. Is 54.2,3).

De modo semelhante, como já examinamos, Deus concedeu a Israel a mesma comissão que havia confiado a Adão e a Noé. Por exemplo, a Abraão, o progenitor de Israel, o Senhor prometeu: "... eu te abençoarei grandemente e multiplicarei grandemente a tua descendência, como as estrelas do céu e como a areia na praia do mar, e a tua descendência possuirá o portão dos inimigos dela" (Gn 22.17).[38] É curioso que Gênesis 1.28 passe a ser tanto uma comissão quanto uma promessa a Isaque, Jacó e Israel.

Israel, porém, não cumpriu esse importante mandato de expandir o templo da presença de Deus por toda a terra. O contexto de Isaías 42.6 e o de 49.6 mostram que Israel devia ter difundido a luz da presença de Deus pelo mundo todo, mas não o fez. Êxodo 19.6 declara que Israel devia ser coletivamente para Deus "um reino de sacerdotes e nação santa", dirigindo-se às nações e atuando como mediador entre Deus e as nações ao levar a luz da revelação de Deus. Em lugar de considerar o templo um símbolo da tarefa deles de estender a todas as nações a presença de Deus, os israelitas o consideravam equivocadamente um símbolo da eleição deles como o único povo verdadeiro de Deus e um sinal de que a presença de Deus tinha de ser limitada a eles como uma nação étnica. Acreditavam que os gentios experimentariam a presença de Deus principalmente pelo juízo.

Por isso, Deus os expulsou de sua terra e os mandou para o Exílio, o que Isaías 45 compara com as trevas e o caos do primeiro estado caótico anterior à Criação de Gênesis 1 (cf. Is 45.18,19). Portanto, Deus havia começado, mais uma vez, o processo de edificação do templo, mas dessa vez planejou que os limites espirituais regionais de todos os templos anteriores do Éden e de Israel afinal se estendessem para abranger os limites de toda a terra. Como isso ocorreu?

Cristo e seus seguidores são um templo na nova criação[39]

Cristo é o templo para o qual todos os templos anteriores apontavam e do qual eram prefigurações (cf. 2Sm 7.12-14; Zc 6.12,13). Cristo é a síntese da presença de Deus na terra como Deus encarnado, continuando, assim, a forma verdadeira do antigo templo, que na verdade prefigurava a presença de Cristo em toda a era do AT. A reiterada afirmação de Jesus de que o perdão agora vem por meio dele, e não mais pelo sistema sacrificial do templo, é um forte indicador de que ele estava assumindo a função do templo. Na verdade, o perdão que ele agora oferece é aquilo que o templo sempre indicou de maneira imperfeita. De fato, o propósito histórico-redentor fundamental dos sacrifícios do templo era indicar tipologicamente Cristo como o autossacrifício supremo, que ele ofereceria pelos pecados do seu povo como sacerdote, na cruz e no templo escatológico. Nesse sentido, nos Evangelhos Sinóticos, Cristo refere a si mesmo reiteradamente como a "pedra angular" do templo (Mc 12.10; Mt 21.42; Lc 20.17). João 1.14 diz que Jesus tornou-se o "tabernáculo" de Deus no mundo.

João 2.19-21 relata a seguinte discussão entre Jesus e os líderes judeus: "Jesus lhes respondeu: 'Destruí este templo, e eu o levantarei em três dias'. Os judeus então disseram: 'Este templo levou quarenta e seis anos para ser edificado, e tu o levantarás em três dias?'. Mas o templo

---

[38]Veja tb. Gênesis 12.2,3; 17.2,6,8; 28.3; 35.11,12; 47.27; 48.3,4; sobre a comissão de Noé, veja Gênesis 9.1,7.

[39]Para o desdobramento do tema do templo no judaísmo que foi elaborado até agora no AT, veja Beale, *Temple*, p. 45-50, 154-67.

ao qual ele se referia era o seu corpo". É importante reconhecer que os judeus imaginavam que Jesus estava falando do templo arquitetônico que ele havia acabado de purificar, pois o assunto dos versículos imediatamente anteriores é sua ação incomum no templo (Jo 2.14-17). Consequentemente, os judeus estavam pedindo que Jesus apresentasse um sinal para comprovar sua autoridade na purificação do templo (Jo 2.18). Jesus, porém, estava falando que ele era o templo: "Ele estava falando do templo de seu corpo" (Jo 2.21). Jesus seria o construtor do templo dos últimos tempos ao levantá-lo na forma de seu corpo, de acordo com as profecias do AT que prediziam que o Messias edificaria o templo dos últimos dias (veja, novamente, 2Sm 7.12-14; Zc 6.12,13).[40]

Como indicamos anteriormente nesta seção, Jesus começou a assumir a função do antigo templo em seu ministério, de modo que, ao ser crucificado, ele estava sendo "destruído" como o próprio templo. Além disso, o "levantar" do templo em "três dias" é uma clara referência à sua ressurreição (Jo 2.22a: "Quando ressuscitou dentre os mortos, seus discípulos se lembraram disso que ele dissera"). Mais uma vez, observamos a expressão da ideia de nova criação, uma vez que constatamos, diversas vezes, que a vida nova e a ressurreição nada mais são do que a nova criação. Além disso, é pertinente para essa passagem de João 2 a observação anterior neste capítulo de que o templo do AT simbolizava toda a criação e apontava para a nova criação como um todo. Dessa perspectiva, o motivo de Cristo se referir à sua ressurreição como um "levantar" do templo é que o propósito do antigo templo sempre foi apontar simbolicamente para o tempo em que a presença especial reveladora de Deus no antigo templo irromperia do Santo dos Santos e encheria toda a nova criação como seu templo cósmico. Consequentemente, a vida de Cristo antes da crucificação começou a cumprir isso (veja Jo 1.14), e sua ressurreição, em especial, como o início da nova criação é o cumprimento inicial intensificado do propósito simbólico do templo de Israel: a nova criação começou em Cristo, ele é a presença tabernacular de Deus da nova criação,[41] que deve se estender ainda mais até ser completa no fim das eras em todo o cosmo, que se tornará o templo da presença consumada de Deus.

Agora, se Jesus é o que o templo sempre indicou profeticamente, então é problemático imaginarmos um possível templo arquitetônico futuro como qualquer coisa além de um cumprimento secundário, mas mesmo isso é improvável. De fato, 2Coríntios 1.20 diz: "Pois, tantas quantas forem as promessas de Deus [no AT], nele [Cristo] está o sim". Cristo é o cumprimento inicial mais importante das profecias do templo dos últimos tempos.

Será que ainda haverá, em cumprimento das profecias do AT, outro templo arquitetônico construído imediatamente antes ou logo depois da segunda vinda de Cristo? Os estudiosos cristãos não estão de acordo em relação a isso. Porém, se haverá a construção de outro templo físico nesse tempo, ele não deve ser considerado o cumprimento principal da profecia do templo dos últimos tempos, mas, sim, parte do cumprimento contínuo, juntamente com Cristo como o cumprimento. Focalizar apenas um templo físico futuro como o cumprimento seria ignorar o fato de que Cristo, em sua primeira vinda, começou a cumprir essa profecia e a cumprirá completamente na nova criação eterna. Por isso, mesmo se um templo físico futuro tiver de ser edificado em Israel, este apontará somente para Cristo e Deus como o templo da nova criação eterna, apresentado em Apocalipse 21.22. Portanto, concentrar-se somente em um templo físico futuro como o cumprimento seria o mesmo que concentrar-se demais na imagem física do templo, sem atentar suficientemente para o que a imagem representa em última análise: Cristo como o verdadeiro templo.

---

[40]Assim como o judaísmo também acreditava que o Messias edificaria o templo vindouro (p. ex., *Tg.* de Is. 53.5 [como interpretação da obra messiânica do Servo]; *Rab.* de Nm 13.2).

[41]Veja *Pirqe R. El.* 1, que interpreta a profecia da nova criação de Isaías 43.16 ("Eis que farei uma coisa nova") como referência à construção e à renovação do templo futuro.

Em meu primeiro ano de doutorado na Inglaterra, minha noiva e eu trocávamos bastante correspondência através do oceano. Eu tinha uma foto dela que ela me dera de presente. Sempre olhava essa foto com muito carinho. Às vezes, até abraçava a fotografia. Agora, depois de trinta e dois anos de casados, se ela entrasse em nossa sala e me visse olhando para aquela foto dia após dia sem jamais olhar para ela, minha esposa concluiria com razão que meu foco estava errado. Eu não precisava mais da foto, porque agora tenho em minha esposa a concretização de tudo o que a foto indicava.

Do mesmo modo, o templo de Israel era uma sombra simbólica que apontava para o "tabernáculo [escatológico] maior e mais perfeito" (Hb 9.11), em que Cristo e a igreja habitariam e seriam parte.[42] Nesse caso, pareceria uma abordagem errada os cristãos aguardarem esperançosos a construção de outro templo em Jerusalém feito de "tijolos e cimento" como cumprimento das profecias do AT acerca do templo. Seria muito dogmático dizer que essa abordagem confunde a sombra com a substância dos últimos tempos? Será que essa abordagem não procura ter a imagem cultual juntamente com a realidade cristológica verdadeira para a qual essa imagem aponta (sobre isso, veja Hb 8.2,5; 9.8-11,23-25)? E isso não pressuporia um retrocesso no progresso da história da redenção? Embora seja possível concordar com a abordagem geral deste capítulo e ainda manter alguma expectativa de um templo arquitetônico, seria incoerente fazer isso.

Um breve estudo de caso de 2Coríntios 6.16-18

Vimos no capítulo anterior que o início da igreja como o templo escatológico ocorreu em Pentecostes. Depois de Pentecostes, as pessoas tornam-se parte de Jesus e do templo quando creem em Cristo, pois o próprio Jesus é o centro desse templo. De acordo com Efésios 2.20-22, os crentes são "edificados sobre o fundamento dos apóstolos e dos profetas, sendo o próprio Cristo Jesus a pedra angular. Nele, o edifício inteiro, bem ajustado, cresce para ser templo santo no Senhor [Jesus], em quem também vós, juntos, sois edificados para a habitação de Deus no Espírito". Nesse sentido, a identificação do cristão com o templo é confirmada pelos seguintes textos:

1. 1Coríntios 3.16: "Não sabeis que sois templo de Deus e que o seu Espírito habita em vós?".
2. 1Coríntios 6.19: "Não sabeis que o vosso corpo é templo do Espírito Santo, que habita em vós?".
3. 2Coríntios 6.16b: "Pois somos templo do Deus vivo" (veja tb. 1Pe 2.5; Ap 3.12; 11.1,2).

A passagem de 2Coríntios 6 precisa de mais explicação com respeito à questão de indicar ou não o cumprimento das profecias veterotestamentárias acerca do templo do fim dos tempos, visto que os dois textos de 1Coríntios não citam explicitamente nenhuma passagem do AT em apoio. Alguns comentaristas falam do templo em 1Coríntios somente como uma metáfora: a igreja é apenas "como" um templo, mas não faz parte do cumprimento inicial das profecias do templo escatológico do AT.[43] Outros argumentam que Paulo compara a igreja

---

[42] A esse respeito, Hebreus 9.9 afirma que o velho tabernáculo e o templo físicos eram um "símbolo" ou "figura" (*parabolē*) do templo escatológico em que Cristo começou a habitar, que é o "verdadeiro" (*alēthinos*) templo (Hb 8.1,2); veja tb. Hebreus 9.6-28. Veja Paul Ellingworth, *The Epistle to the Hebrews: a commentary on the Greek text*, NIGTC (Grand Rapids: Eerdmans, 1993), p. 439-42.

[43] Gordon D. Fee, *First Epistle to the Corinthians*, NICNT (Grand Rapids: Eerdmans, 1987), p. 147. Fee expressa talvez uma hesitação comum: a ideia de que o templo escatológico está em mente em 1Coríntios 3 "é possível, mas de jeito nenhum inquestionável", porém em uma nota de rodapé ele diz que essa perspectiva dos últimos tempos "é provavelmente correta". Veja tb. John R. Levison, "The Spirit and the temple in Paul's Letters to the Corinthians", in: Stanley E. Porter, org., *Paul and his theology*, PS 3 (Leiden: Brill, 2006), p. 189-215. Levison

a um templo, pois entendem que ela é o cumprimento inaugurado do templo esperado dos últimos dias, embora a igreja não seja um edifício material. O problema, como acabamos de observar, é que não há nenhuma referência clara a nenhuma passagem veterotestamentária acerca do templo nos dois textos de 1Coríntios. Além disso, em 2Coríntios 6.16-18, em que aparecem essas referências, ainda existe alguma ambiguidade, pois não há nenhuma fórmula introdutória de cumprimento no começo nem no final da passagem.

Será que, em 2Coríntios 6.16-18, Paulo também está pensando no templo como um dos cumprimentos iniciais da profecia veterotestamentária ou está apenas dizendo que a igreja de Corinto é semelhante a um templo, não sendo o cumprimento das profecias dos últimos dias acerca do templo? É preciso analisar essa passagem de forma mais profunda para esclarecer melhor a questão.

A identificação mais explícita dos crentes com um templo feita por Paulo é 2Coríntios 6.16a: "Pois somos templo do Deus vivo; como ele disse". Paulo cita alguns textos do AT para apoiar a declaração, o primeiro deles uma profecia do templo futuro (veja tabela 18.1). Trata-se de uma alusão a Levítico e a Ezequiel, dois textos que predizem um templo vindouro dos últimos tempos.

Tabela 18.1

Levítico 26.11,12; Ezequiel 37.26,27	2Coríntios 6.16b
Levítico 26.11,12: "Estabelecerei minha habitação no meio de vós [...] Andarei entre vós e serei o vosso Deus, e vós sereis meu povo".	"Habitarei neles e entre eles andarei; eu serei o seu Deus e eles serão o meu povo."
Ezequiel 37.26,27: "Eu [...] porei meu santuário no meio deles para sempre. Meu tabernáculo permanecerá com eles; eu serei o seu Deus e eles serão o meu povo" (cf. Êx 29.45).	

Paulo acrescenta à profecia de Levítico/Ezequiel outras alusões às promessas veterotestamentárias de que um templo seria reconstruído quando Israel retornasse do Cativeiro Babilônico. Essas alusões são extraídas de Isaías e Ezequiel (veja tabela 18.2).

Tabela 18.2

Isaías 52.11; Ezequiel 11.17; 20.41 (LXX)	
Isaías 52.11: "Retirai-vos, retirai-vos, saí daí, não toqueis nada impuro; saí do meio dela; purificai-vos, vós que carregais os objetos do Senhor".	"'Portanto, saí do meio deles e separai-vos', diz o Senhor. 'E não toqueis em nenhuma coisa impura,
Ezequiel 11.17 (LXX): "Eu os receberei [TM: 'vos']".	e eu vos receberei'."
Ezequiel 20.34,41 (LXX): "Eu vos receberei".[a]	

[a]Talvez também haja ecos das passagens a seguir que se referem a Deus "recebendo" Israel de volta: Jeremias 23.3; Miqueias 4.6; Sofonias 3.19,20; Zacarias 10.8,10, a segunda e a terceira também têm em mente o retorno ao templo (cf. Mq 4.1-3,7,8; Sf 3.10,11).

---

refere-se, de modo coerente, ao uso metafórico paulino da imagem do templo em 1 e 2Coríntios e, apesar de reconhecer vários antecedentes veterotestamentários proféticos para alguns usos de Paulo, não considera que os coríntios sejam de fato um templo histórico-redentor do Espírito de Deus em cumprimento das profecias escatológicas de Israel. Para ele, a igreja é apenas semelhante a um templo.

Isaías exorta os israelitas, em tom profético, a "sair" da Babilônia, não o povo futuro em geral, mas especificamente os sacerdotes que carregam os "objetos" santos que Nabucodonosor havia tirado do Templo de Salomão e guardado na Babilônia durante o cativeiro. Os sacerdotes terão de levar os objetos de volta ao templo quando este for reconstruído. Quando Ezequiel fala repetidas vezes de Deus "receber" Israel de volta do cativeiro, a restauração do templo está em mente. Por exemplo, Ezequiel 20.40,41 (LXX) diz: "Pois, no meu monte santo, em minha montanha elevada [...] vos aceitarei, e ali respeitarei suas primícias e as primícias das suas ofertas, em todas as suas coisas santas. Eu vos aceitarei com um cheiro doce [...] e vos receberei das nações em que estáveis dispersos". Quando Deus "receber" Israel de volta, esse povo levará ofertas ao templo no monte Sião.

Curiosamente, Ezequiel 11.16 afirma que, quando os israelitas estavam no cativeiro, Deus lhes serviu "de santuário por um pouco de tempo nas terras para onde foram". Essa afirmação está diretamente ligada a Ezequiel 10.18, em que "a glória do Senhor saiu da entrada do templo" em Jerusalém (do mesmo modo, Ez 11.23). Provavelmente não é coincidência o fato de a gloriosa presença de Deus ter se afastado do templo e, depois, como se lê, ter ficado de forma velada com o remanescente fiel, que tinha ido para o cativeiro. A presença divina voltaria com o povo restaurado e mais uma vez estabeleceria residência em outro templo. É claro que isso não ocorreu no segundo templo construído depois da volta de Israel do modo que foi profetizado a respeito da restauração. O fato de o "santuário" em Ezequiel 11.16, onde Deus devia estar presente com seu povo no Exílio, não ser uma obra de engenharia civil nem de arquitetura provavelmente faz parte do raciocínio hermenêutico de Paulo ao aplicar as profecias veterotestamentárias do templo em toda a passagem de 2Coríntios 6.16-18 ao povo de Deus em Corinto como santuário de Deus.

A última alusão de Paulo que sustenta sua tese de que os coríntios são "o santuário do Deus vivo" é a passagem de 2Samuel 7.14 (veja tabela 18.3).

Tabela 18.3

2Samuel 7.14	2Coríntios 6.18
"Eu serei seu pai, e ele será meu filho."	"'Serei para vós Pai, e sereis para mim filhos e filhas', diz o Senhor todo-poderoso."

O texto de 2Samuel é o principal, mas "filho" foi expandido para "filhos e filhas" por influência de três textos de Isaías que predizem a restauração dos "filhos e filhas" de Israel (Is 43.6; 49.22; 60.4) — o último deles inclui em seu contexto a promessa de que Israel vai adorar de novo em um templo restaurado (Is 60.7,13). A profecia de 2Samuel diz respeito ao rei e ao templo futuros: "Ele [o rei futuro] edificará uma casa ao meu nome, e para sempre estabelecerei o trono do seu reino" (2Sm 7.13). A maioria dos comentaristas concorda que essa profecia de 2Samuel 7 não foi cumprida definitivamente em Salomão e seu templo nem no segundo templo de Israel.

Desse modo, temos em 2Coríntios 6.16-18 uma citação de memória, em *staccato*, de profecias acerca do templo. Será que Paulo está dizendo que a igreja de Corinto começou a cumprir essas profecias ou ele está apenas indicando que a igreja é semelhante ao que essas passagens veterotestamentárias profetizam sobre o templo?

Para responder a essa pergunta, os que têm as Escrituras em alto conceito não deveriam começar com o pressuposto de que o NT interpreta o AT no contexto e com continuidade hermenêutica estrutural, apesar de muitos do meio acadêmico discordarem desse pressuposto? Por isso, se uma passagem do AT citada no NT é uma profecia em seu contexto original, um autor neotestamentário como Paulo também não a consideraria uma profecia e não a entenderia como cumprimento inicial, caso identificasse a profecia com alguma realidade do seu próprio tempo? E mesmo se não houvesse nenhuma fórmula de cumprimento, será que Paulo ainda não a veria como cumprimento? Talvez ele pudesse usar o texto veterotestamentário por analogia, mas, se não houvesse evidências claras do contrário no contexto do NT, a importância do contexto profético da passagem do AT favorece a ideia de cumprimento.[44] Se essa abordagem hermenêutica for correta, então as profecias sobre o templo em 2Coríntios 6.16-18 provavelmente devam ser interpretadas, de algum modo, como o início do cumprimento verdadeiro na igreja de Corinto.

Entretanto, observaremos um pouco mais o contexto anterior de 2Coríntios 6 para saber se essa conclusão provisória será confirmada. Uma das declarações mais impregnadas de teologia de todos os escritos de Paulo ocorre em 2Coríntios 1.20a: "Pois, tantas quantas forem as promessas de Deus, nele [Cristo] está o sim". O termo "promessas" sem dúvida remete às promessas do AT que começaram a ser cumpridas em Cristo. Quais especificamente são essas promessas? Talvez todas as promessas proféticas de Deus estejam implícitas, mas as que estão em primeiro lugar na mente de Paulo são as que ele aborda no contexto seguinte da epístola, particularmente em 1.21—7.1. Entre as promessas proféticas que Paulo tem em mente sem dúvida está a da nova aliança, sobre a qual ele fala no capítulo 3. O fato de 2Coríntios 1.20 e 2Coríntios 7.1 mencionarem "promessas" no plural (o segundo é introduzido por "visto que") indica que Paulo explica, nessa seção, o cumprimento profético de mais do que uma simples profecia. Como se sabe bem, foi profetizado que o estabelecimento de um novo templo deveria fazer parte da restauração de Israel (p. ex., Ez 37.26-28; 40—48).

Evidentemente, alguns comentaristas não associam 2Coríntios 7.1a de forma clara com os versículos anteriores no fim do capítulo 6 (talvez não façam essa ligação de modo inconsciente por causa da quebra de capítulos nas Bíblias em inglês, português e grego). Todavia, a locução "visto que" (*oun*) em 2Coríntios 7.1 enfatiza que as profecias mais importantes na mente de Paulo nos primeiros seis capítulos são as que dizem respeito ao templo, pois elas aparecem repetidas vezes em 2Coríntios 6.16-18, versículos imediatamente anteriores: "... visto que temos essas promessas...". Cristo primeiro cumpriu a promessa do templo (cf. 2Co 1.20), e os leitores de Paulo participam desse cumprimento também, pois estão incluídos na declaração "tendo essas promessas" (7.1). O motivo de Paulo e de os coríntios serem cumprimento da mesma promessa que Cristo faz é que Deus "nos mantém firmes convosco em Cristo", "selando" os crentes e dando o "Espírito como garantia em nosso coração" (2Co 1.21,22). Como Paulo afirma em 1Coríntios, a igreja é "santuário de Deus" onde "o Espírito de Deus habita" (3.16 [cf. 6.19]). Eles apenas começaram a ser o cumprimento da expectativa escatológica do templo, mas chegará o momento em que realizarão plenamente essa esperança.

Será que os crentes de Corinto são de fato o início do templo do fim dos tempos profetizado em Levítico 26, Isaías 52 e Ezequiel 37? Alguns talvez concordem que Paulo entende que a igreja é o cumprimento inicial das profecias do templo, mas sustentam que Paulo alegoriza, visto que os autores do AT deviam ter em mente uma estrutura arquitetônica construída fisicamente como um templo, e não um povo formando um templo. Outros, a fim de evitar classificar Paulo como um alegorista, concluem que ele está apenas fazendo uma comparação. Por isso, não veem o real cumprimento inicial nesse texto, pois para eles é evidente que a igreja de Corinto não corresponde ao que as profecias veterotestamentárias do templo tinham em mente, já que elas são entendidas como edifício físico. Contudo, vimos há pouco que Paulo talvez esteja considerando a igreja um cumprimento real e verdadeiro de várias

---

[44]Ou, se o contexto deixar claro, um autor neotestamentário pode estar afirmando que uma profecia do AT ainda não foi cumprida, mas certamente será no futuro.

profecias do templo, que no próprio AT já haviam começado a ser concebidas como edifício não físico. Consequentemente, é possível interpretar literalmente as palavras de Paulo acerca do cumprimento e, ainda assim, entender que o apóstolo tinha em mente um cumprimento literal que não teria fugido dos parâmetros da real intenção autoral dos profetas. Portanto, o apóstolo não está alegorizando nem está apenas fazendo uma analogia entre uma ideia de templo e a dos cristãos; antes, ele está dizendo que os cristãos são de fato o verdadeiro cumprimento inicial da verdadeira profecia do templo dos últimos tempos.[45]

Com base no que tem sido explicado até agora, acredito que é adequado fechar o círculo e reconcentrar a atenção no problema inicial deste capítulo: como devem ser entendidas as profecias do templo do AT em Apocalipse 21.1—22.5? Em outras palavras, como essas profecias do templo devem ser cumpridas plenamente?

O problema de João ver uma nova criação em Apocalipse 21.1 e, depois, no restante da visão contemplar apenas uma cidade na forma de um templo semelhante a um jardim

Creio que o mistério de Apocalipse 21 e 22 é consideravelmente esclarecido por meu estudo anterior sobre a finalidade dos templos no AT e no NT. O novo céu e a nova terra de Apocalipse 21.1—22.5 agora são descritos como um templo porque o templo, que é sinônimo de presença de Deus, abrange toda a terra por causa da obra de Cristo. No fim dos tempos, o verdadeiro templo descerá completamente do céu e encherá toda a criação (como afirmam Ap 21.1-3,10 e 21.22). Apocalipse 21.1 começa com a visão de João de "um novo céu e uma nova terra" seguida da visão da "nova Jerusalém, que descia do céu" (v. 2), depois ele escuta uma voz alta proclamando que "o tabernáculo de Deus está entre os homens, pois habitará com eles" (v. 3). Como se observou no início da análise deste capítulo, é provável que a segunda visão, no versículo 2, interprete a primeira do novo cosmo e aquilo que se ouve acerca do tabernáculo no versículo 3 seja uma interpretação dos versículos 1 e 2. Nesse caso, a nova criação do versículo 1 é idêntica à nova Jerusalém do versículo 2 e ambas representam a mesma realidade que o tabernáculo do versículo 3.

Consequentemente, a nova criação e a nova Jerusalém não são pura e simplesmente o tabernáculo de Deus. Esse tabernáculo é o verdadeiro templo da presença especial de Deus retratado no capítulo 21 inteiro. É essa presença divina cultual, antigamente limitada ao templo de Israel e depois à igreja, que encherá toda a terra e todo o céu e será sobreposta a eles. Então, o objetivo escatológico de que o templo do jardim do Éden domine toda a criação será finalmente cumprido (tb. Ap 22.1-3).[46]

Por que Apocalipse 21.18 afirma que a cidade-templo será feita de ouro puro? É porque todo o Santo dos Santos e o Lugar Santo do templo de Israel, que tinham as paredes, o chão e o teto revestidos de ouro (conforme 1Rs 6.20-22; 2Cr 3.4-8) se estenderam para abranger a terra inteira. Por isso, os três recintos do velho templo de Israel (Santo dos Santos, Lugar Santo e Pátio Externo) não estão mais no templo de Apocalipse 21: a presença especial de Deus, antes limitada ao Santo dos Santos, agora se estendeu para abranger os céus visíveis e toda a terra, simbolizados antes respectivamente pelo Lugar Santo e pelo pátio. Também é por isso que Apocalipse 21.16 diz que a cidade era "quadrada", na verdade cúbica: o Santo dos Santos tinha forma cúbica (1Rs 6.20). Além disso, fica evidente que a criação inteira se tornou o Santo dos Santos com base em Apocalipse 22.4. Enquanto o sumo sacerdote, cuja

---

[45]Para uma perspectiva semelhante sobre 2Coríntios 6.16, veja Edmund P. Clowney, "The final temple", *WTJ* 35 (1972): 185-6.

[46]Com incrível semelhança, 4Q475 5-6 afirma que a terra se tornará o Éden: depois que todo pecado for extinto da terra, "todo o mundo será como o Éden, e toda [...] a terra terá paz para sempre, e [...] um filho amado [...] herdará tudo".

testa tinha escrito o nome de Deus, era a única pessoa de Israel que podia entrar no Santo dos Santos uma vez por ano e estar na presença do Senhor, no futuro todo o povo de Deus se tornará sumo sacerdote com o nome de Deus na testa e permanecerá na presença dele não apenas um dia no ano, mas para sempre.[47] É o povo de Deus que continuou ampliando as fronteiras do verdadeiro templo no decorrer de toda a era da igreja, enquanto era guiado pelo Espírito, como resultado do plano do Pai manifesto na obra redentora do Filho, que também completa o processo de edificação do templo. Essa ideia de expandir o templo por todo o mundo encontra semelhança notável na comunidade de Qumran, que tinha de honrar a Deus "consagrando-se a ele, de acordo com o fato de que ele os estabeleceu como um Lugar Santíssimo [sobre toda][48] a terra e todos os anjos (4Q418 [= 4Q423 8 + 24?], frag. 81,4).[49]

Por isso, os dois recintos externos do templo desapareceram como um casulo do qual a presença de Deus do Santo dos Santos saiu para dominar toda a criação. Que tipo de uso do AT no NT é esse? Será que João está alegorizando? À primeira vista, equiparar o novo cosmo com uma cidade semelhante a um jardim na forma do Santo dos Santos parece um excelente exemplo de alegoria ou de espiritualização exagerada. Contudo, tendo em vista meu raciocínio até aqui, isso parece improvável. Mas seria isso uma simples comparação dos textos do AT acerca do templo com as condições da nova criação? Sim, esse é ao menos o caso. Será que o uso é cumprimento profético direto ou cumprimento tipológico? Apesar de algumas referências veterotestamentárias específicas em Apocalipse 21.1—22.4 poderem corresponder a uma ou a outra categoria,[50] a visão geral do templo em Apocalipse e as alusões a textos veterotestamentários do templo não são bem representadas por nenhuma dessas categorias. Antes, esse uso talvez seja mais bem explicado como a conclusão ou cumprimento do plano intencional (i.e., o projeto pretendido do templo do AT). Nesse sentido, acho que podemos nos referir a isso como o cumprimento "literal".

Esses autores do AT profetizando o templo na nova criação podem ser comparados de certa forma com pessoas de outro planeta em uma nave espacial a determinada distância da Terra. Elas podem ver a olho nu apenas a Terra e suas diferentes tonalidades, que representam nuvens, mares, e porções de Terra. Eles se comunicam por rádio com o planeta de origem e descrevem o que enxergam dessa distância. Quando, porém, a espaçonave chega mais perto da Terra e começa a descer na atmosfera sobre a cidade de Nova York, por exemplo, os tripulantes conseguem distinguir os rios, as florestas, os vales e especialmente a cidade, seus prédios, casas, ruas, carros e pessoas. Tanto a visão a distância quanto a mais próxima são "reais". A observação de perto revela detalhes que alguém vendo a distância não teria enxergado. A visão de perto proporciona até o que aparenta ser uma realidade diferente daquela observada do ponto distante. Entretanto, as duas descrições são "literais" do que existe de fato.

---

[47]A esse respeito, observe-se que o trono de Deus agora também está no meio do povo de Deus (Ap 22.1,3), enquanto antes o Santo dos Santos (ou, mais especificamente, a arca nele guardada) era o "estrado do trono celestial de Deus", e somente o sumo sacerdote podia se aproximar desse estrado (Is 66.1; At 7.49; cf. Sl 99.5).

[48]A edição bilíngue hebraico-inglês de Florentino García Martínez e Eibert J. C. Tigchelaar (*The Dead Sea Scrolls study edition* [Grand Rapids: Eerdmans, 2000], 2 vols.) preenche corretamente a lacuna com "sobre toda" por causa do paralelismo seguinte com "sobre todos os anjos" (lit., "deuses"), mas na edição anterior inglesa de García Martínez ele não preenche a lacuna e dá outra tradução bem diferente, que não reflete o hebraico tão bem quanto a tradução posterior.

[49]Do mesmo modo, 4Q511, frag. 35, diz: "Deus cria (alguns) sant[os] para si como um santuário eterno [...] E eles serão sacerdotes" (linhas 3,4). Assim, a tarefa deles é "divulgar o temor de Deus nas eras" (linha 6).

[50]P. ex., o cumprimento diretamente profético é indicado por Levítico 26.12; Ezequiel 37.27 em Apocalipse 21.3; Ezequiel 40—48 em toda a visão de João; Isaías 54.11,12 em Apocalipse 21.19,20; o cumprimento tipológico indireto é expresso por 1Reis 6.20 em Apocalipse 21.16.

Do mesmo modo, a imagem verdadeira da profecia do AT é ampliada pelas lentes da revelação progressiva do NT, que aumenta os detalhes do cumprimento no novo mundo inicial que se completará na segunda vinda de Cristo. Isso não significa que a profecia do AT não é cumprida literalmente, mas a verdadeira natureza da profecia da perspectiva do AT fica mais nítida, e os detalhes são esclarecidos, ampliados, na verdade. Essa ilustração da nave espacial não funciona de forma perfeita, pois creio que os profetas do AT também tinham vislumbres ocasionais da "vista de perto", que, ao serem unidos, funcionavam como pecinhas de um quebra-cabeça incompleto. A maioria das visões que tiveram era da vista "distante".

Podemos dizer que muito do que eles viram foi de um ponto de vista "distante", o que depois se torna mais nítido pelos detalhes da revelação progressiva desvendada no cumprimento do plano histórico-redentor, e mostra como as peças visionárias da "observação de perto" anteriores se encaixam no quadro todo do novo tempo. À medida que a revelação progride rumo ao "planeta" da nova criação, o significado de textos bíblicos mais antigos se amplia. Assim, os escritores bíblicos posteriores interpretam os escritos canônicos anteriores de formas que amplificam os textos anteriores. Essas interpretações posteriores podem formular significados de que os autores antigos talvez não estivessem plenamente conscientes, mas que não contrariam sua intenção original natural. Isso quer dizer que os significados originais têm uma "descrição turva",[51] e o cumprimento em geral "dá um *zoom*" ou apresenta uma visão mais próxima da profecia com os pormenores que o profeta não enxergava com a mesma facilidade de longe.

Por isso, minha perspectiva é que Cristo não só cumpriu tudo o que o templo do AT e suas respectivas profecias representam, mas também é o significado desvelado e esclarecido sobre a razão da existência do templo o tempo todo.[52] A instituição do templo por Cristo em sua primeira vinda e a identificação do seu povo com ele como o templo, onde a presença tabernacular de Deus habita, é uma visão ampliada da forma inicial do templo da nova criação. Apocalipse 21 é a imagem muito mais ampliada da forma final do templo que teremos deste lado do novo cosmo consumado. Assim como a vista de longe e a de perto da Terra, essa vista do templo não deve ser mal interpretada, isto é, como se diminuísse um cumprimento literal das profecias veterotestamentárias do templo.

Temos de reconhecer que de fato parece haver algumas profecias dos últimos tempos que falam do que pareceria um templo futuro físico, uma construção arquitetônica, contudo ainda é preciso perguntar como Paulo em 2Coríntios 6.16-18 e João na sua última visão podem identificar Cristo, Deus e a igreja como o cumprimento dessas profecias. É importante também observar que algumas profecias do templo dos últimos tempos descrevem uma estrutura não física. Por isso, há profecias sobre o templo que parecem se referir ao estabelecimento de um edifício arquitetônico futuro do templo e outras que parecem descrever uma estrutura não arquitetônica.[53] Em relação às últimas, algumas concebem o templo se estendendo por toda a Jerusalém (Is 4.5,6; Jr 3.16,17; Zc 1.16—2.13), sobre toda a terra de Israel (Ez 37.26-28; tb. Lv 26.10-13), e até sobre a terra inteira (Dn 2.34,35,44,45), e Apocalipse 21.1—22.5 considera todo o cosmo transformado no templo. Por outro lado, Daniel 8, Daniel 11 e 12 e Ezequiel 40—48,

---

[51]Para mais elaboração desse conceito, veja Kevin J. Vanhoozer, *Is there a meaning in this text? The Bible, the reader, and the morality of literary knowledge* (Grand Rapids: Zondervan, 1998), esp. p. 284-5, 291-2, 313-4, em que o autor analisa "descrição turva".

[52]Parafraseando Clowney, "Final temple", p. 177.

[53]Entre algumas profecias de um templo de estrutura física estão passagens que não fazem nenhuma menção a um estabelecimento inicial de um templo, mas presumem ou observam a existência de um templo dos últimos dias (p. ex., Dn 8.11-13; 11.31).

além de outros textos, parecem profetizar sobre um templo como edifício físico que existirá no fim dos tempos em uma região geográfica específica.[54]

Como conciliar esses textos? Esse é um clássico problema bíblico-teológico. Mas será que algumas passagens que profetizam um templo arquitetônico não representariam a vista "de longe" do templo futuro, e os outros que retratam um templo expandindo não representariam a vista "de perto" do santuário dos últimos tempos?

Para explicar, da perspectiva hermenêutica, algumas visões "de longe" do templo (p. ex., Ez 40—48), talvez outra ilustração seja útil. Em 1900, um pai prometeu que daria ao filho um cavalo e uma charrete quando este crescesse e se casasse. Nos primeiros anos de expectativa, o filho imagina o tamanho da charrete, a forma e o estilo, o belo assento de couro vermelho, bem como o tamanho e a raça do cavalo que puxaria a charrete. Talvez o pai até soubesse dos primeiros testes da invenção do "carro sem cavalo" que estavam ocorrendo em algum lugar, mas formulou a promessa em uma linguagem conhecida para que o filho entendesse com facilidade. Anos mais tarde, suponha-se em 1925, quando o filho se casa, o pai dá ao casal um automóvel de presente, que já havia sido inventado e era produzido em série nessa época.

Será que o filho ficou decepcionado ao receber o automóvel, em vez do cavalo e da charrete? Isso é um cumprimento figurado ou literal da promessa? Na verdade, a essência da palavra do pai permaneceu a mesma: um meio de transporte cômodo e prático. O que mudou foi a forma exata do transporte prometido. O progresso da tecnologia intensificou o cumprimento da promessa de tal modo que não teria sido plenamente entendido pelo filho quando ainda era pequeno. Entretanto, à luz do avanço posterior da tecnologia, a promessa é considerada cumprida fiel e "literalmente" de modo mais excelente do que teria sido concebido antes.

A essência do novo templo continua sendo a glória de Deus; contudo, essa glória não está mais restrita a um edifício físico, mas é revelada abertamente ao mundo em Cristo e na sua habitação posterior pelo Espírito na igreja do mundo inteiro como o templo. O progresso da revelação de Deus tornou superior o cumprimento das profecias evidentes de um templo arquitetônico ao que foi concebido originariamente pela mente finita. Ao que tudo indica, é isso que Ageu 2.9 expressa: "A glória posterior desta casa será maior que a primeira". Essa transformação intensificada de um templo concebido como edifício arquitetônico para um templo não construído fisicamente também é indicada em alguns precedentes veterotestamentários que já viam a possibilidade de existir um templo sem haver uma construção arquitetônica. Dois exemplos são o jardim do Éden, chamado de "santuário" (Ez 28.13-18), e o monte Sinai, entendido como um monte-templo, que serviu de modelo para o tabernáculo.[55]

Antes de tudo, em sua descrição do estado consumado dos novos céus e da nova terra em Apocalipse 21.22, João diz: "Nela não vi templo, pois seu templo é o Senhor Deus todo-poderoso e o Cordeiro". Como recipiente da glória divina no AT, o templo em geral era um edifício

---

[54]Se a profecia detalhada de Ezequiel 40—48 for descartada com uma predição desse tipo, então outras profecias, bem menos descritivas, normalmente classificadas nessa categoria, têm sua importância reduzida. Contudo, veja Charles L. Feinberg, "The rebuilding of the temple", in: Carl F. H. Henry, org., *Prophecy in the making* (Carol Stream: Creation House, 1971), p. 109. Feinberg considera a referência de Ezequiel 40—48 uma referência a uma estrutura física e, por causa de seus detalhes, entende ser determinante para definir as outras profecias mais breves acerca do templo também como previsões de estruturas físicas. Em resposta a essa visão específica de um edifício físico local, veja Beale, *Temple*, cap. 11, em que defendo uma visão figurada no próprio livro de Ezequiel e seu uso em Apocalipse 21.1—22.5. No NT, alguns consideram 2Tessalonicenses 2.4 a profecia mais clara da construção do templo futuro (para uma resposta a essa perspectiva, veja Beale, *Temple*, cap. 8).

[55]Observem-se também as profecias do templo com descrições não arquitetônicas já mencionadas; a maioria aponta para o futuro: Is 4.5,6; Jr 3.16,17; Ez 11.16; 37.26-28 (do mesmo modo, Lv 26.10-13); Dn 2.34,35,44,45; Zc 1.16—2.13.

arquitetônico material, na nova era, esse velho recipiente físico será despido como um casulo e o novo recipiente físico será todo o cosmo. A essência suprema do templo é a gloriosa presença divina. Se isso ocorrerá na forma consumada do cosmo, será que já não começa a ocorrer na etapa inaugurada dos últimos dias? A gloriosa presença divina de Cristo e do Espírito no meio de seu povo constitui a forma inicial do templo escatológico.

Assim, entendemos que as profecias do templo como as de Ezequiel 40—48, Isaías 54 e Ezequiel 37 se cumpriram na visão de Apocalipse 21.1—22.5 no sentido de que essa visão retrata profeticamente o tempo em que o projeto cósmico universal pretendido para os templos do AT, entre eles o do Éden, se completará, ou se realizará. Dessa perspectiva, as profecias não são apenas analógicas à nova criação nem alegorizadas por João; elas são "literalmente" cumpridas.

O imperativo ético de ser o templo escatológico da presença de Deus é expandir esse templo

Cristo, como o Último Adão e verdadeiro rei-sacerdote, havia obedecido perfeitamente a Deus e estendido os limites do templo como nova criação de si mesmo e para outros (em cumprimento de Gn 1.28). Nesse sentido, observe-se que, no auge da última visão de Apocalipse, o trono de Deus agora também está no meio do povo de Deus (Ap 22.1,3), ao passo que antes o Santo dos Santos (ou mais especificamente a arca que ali ficava) era o "estrado do trono celestial de Deus", e somente o sumo sacerdote podia chegar diante desse estrado (Is 66.1; At 7.49; cf. Sl 99.5). Como vimos há pouco, agora todos os crentes são sumo sacerdotes e "vencedores" (Ap 21.7) que "reinarão para sempre" com Cristo e Deus no templo cósmico eterno da nova criação (Ap 22.5). A visão de Apocalipse 21.1—22.5 mostra que aquilo que Êxodo 15.17,18 profetizou acerca do reino eterno de Deus no templo de Israel finalmente será realizado:

> Ó Senhor, tu os conduzirás e os plantarás no monte da tua herança, no lugar, ó Senhor, que preparaste para a tua habitação, no santuário que as tuas mãos estabeleceram. O Senhor reinará para sempre e sempre.

Como vimos no presente capítulo, esses temas indissociavelmente ligados de realeza, sacerdócio, templo e nova criação têm sua origem primária em Gênesis 1 e 2 e são o desdobramento consumado do mesmo conjunto de temas dessa passagem.

Estamos destinados a dar continuidade à tarefa de compartilhar a presença de Deus com outras pessoas até o fim das eras, quando Deus completará essa tarefa, e toda a terra estará debaixo do teto do templo de Deus, ou seja, a presença de Deus encherá a terra de um modo sem precedentes. Essa tarefa cultual de expandir a presença de Deus é manifesta de modo notável em Apocalipse 11. Nesse trecho, a igreja é retratada como um "santuário" (v. 1,2), como "duas testemunhas" (v. 3) e como "dois candelabros" (v. 4), a última imagem, claro, é uma parte integrante do templo. No AT, era necessário haver duas testemunhas para que uma causa tivesse legitimidade no tribunal, e apenas duas igrejas eram fiéis entre as sete de Apocalipse 2 e 3. As "duas testemunhas" e os "dois candelabros" indicam, portanto, que a missão da igreja como templo de Deus é fazer brilhar a luz como de um candelabro de seu testemunho eficiente no mundo tenebroso. A menção de que a igreja que testifica também são "duas oliveiras" (v. 4) indica sua condição sacerdotal e régia:[56] o exercício do testemunho delas também é o modo pelo qual a igreja exerce o sacerdócio mediador e o reinado majestoso.

---

[56] Fica evidente que as "duas oliveiras" representam uma figura sacerdotal e régia porque essa imagem é uma alusão a Zacarias 4, em que as oliveiras representam uma figura sacerdotal e uma figura régia (veja Beale, *Revelation*, p. 576-7).

De um modo surpreendentemente semelhante, essa missão é indicada em 1Pedro 2.4,5, em que Pedro chama Cristo de "pedra viva" do templo, e seu povo são as "pedras vivas [...] edificados como casa espiritual". Além do mais, à medida que "são edificados" e, portanto, se expandem, os cristãos são "sacerdócio santo/real" (1Pe 2.5,9, em alusão a Êx 19.6) e devem "anunciar as grandezas daquele que vos chamou das trevas para sua maravilhosa luz" (1Pe 2.9). Assim como em Apocalipse 11 e 21.1—22.5, também em 1Pedro 2 a imagem do povo de Deus exercendo sua função de reis e sacerdotes no templo dos últimos tempos realça mais uma vez que a ideia do templo é um aspecto essencial do reino da nova criação.

Efésios 2.20-22 afirma que os crentes como igreja de Cristo foram "edificados sobre o fundamento dos apóstolos e dos profetas, sendo o próprio Cristo Jesus a pedra angular. Nele, o edifício inteiro, bem ajustado, cresce para ser templo santo no Senhor, em quem também vós, juntos, sois edificados para a habitação de Deus no Espírito". A igreja está crescendo e se expandindo em Cristo durante todo o período que precede a volta de Cristo (cf. Ef 4.8-16) para que a presença salvadora de Deus e "a multiforme sabedoria de Deus seja[am] manifestada[as]" até "nas regiões celestiais" (Ef 3.10). É pelo exercício dos dons da igreja (Ef 4.18-16) que essa expansão ocorre.[57] Esses dons são concedidos porque todos os crentes, tanto judeus como gentios, são sacerdotes do templo dos últimos tempos, conforme profetizou o AT (Is 56.3-7; 61.6; 66.18-21). Os vários dons capacitam os crentes para exercerem sua função sacerdotal escatológica.

De que forma começamos a desfrutar a presença tabernacular de Deus? Crendo em Cristo, que morreu pelos nossos pecados, ressuscitou dos mortos e reina como o Senhor Deus. O Espírito de Deus vem habitar em nós assim como Deus vivia no seu trono no santuário do Éden e no templo de Israel.

Como a presença de Deus cresce em nossa vida e em nossa igreja? Como isso deveria acontecer com Adão? Esse crescimento ocorreria pela confiança de Adão em Deus e na sua palavra. Do mesmo modo, a presença de Deus se tornará cada vez mais evidente para nós à medida que crescemos pela graça em nossa fé em Cristo e em sua palavra, e na obediência a seus mandamentos.

Será que buscamos a palavra de Deus habitualmente, como Jesus fazia, para sermos fortalecidos cada vez mais com a presença de Deus a fim de cumprir nossa missão de difundir essa presença aos outros que não conhecem Cristo?

A presença de Deus aumenta em nós à medida que conhecemos sua palavra e obedecemos a ela; então difundimos essa presença aos outros vivendo nossa vida na terra com fidelidade. Por exemplo, uma fé alegre e perseverante em meio às tribulações é um testemunho admirável para o mundo descrente. Ao fazer isso no período que antecede a volta de Cristo, os membros de seu corpo "seguem o Cordeiro aonde quer que vá" (Ap 14.4) como um tabernáculo

---

[57]Observe-se a construção linguística estreitamente paralela em Efésios 2.21,22: "Nele, o edifício inteiro, bem ajustado, cresce [...] no Senhor [...] vós, juntos, sois edificados", e 4.15,16: "cresçamos [...] nele [...] a partir de quem o corpo todo, bem ajustado [...] unido [...] efetua o seu crescimento [...] para edificação de si mesmo". Parece que o último texto desenvolve o primeiro no que diz respeito ao templo (agradeço a um dos meus alunos de pós-graduação, Brandon Levering, por identificar essa ligação). Também a citação de Salmos 68.18 em Efésios 4.8, introduzindo a lista de dons, faz parte de um contexto em que Deus derrota os inimigos de Israel e habita em seu templo em Sião (Sl 68.17-19 [67.18-20, LXX; 68.18-20, TM]), texto aplicado a Cristo como o templo em Colossenses 1.19 (veja G. K. Beale, "Colossians", in: G. K. Beale; D. A. Carson, orgs., *Commentary on the New Testament use of the Old Testament* [Grand Rapids: Baker Academic, 2007], p. 855-7) [edição em português: *Comentário do uso do Antigo Testamento no Novo Testamento* (São Paulo: Vida Nova, 2014)]. Isso reforça o vínculo com o templo de Efésios 2.20-22. Parece que a citação do salmo em Efésios 4.8 é aplicada tipologicamente a Cristo. Será que os dons em 1Coríntios 12 também estariam ligados à igreja como um templo em 3.16,17; 6.15-19? Infelizmente, não há espaço para investigar essa questão aqui.

ambulante em sua jornada na terra. Temos de reconhecer que o papel da igreja no enredo escatológico histórico-redentor é o de ser o templo inaugurado, que foi projetado para expandir e difundir a presença de Deus por toda a terra. Esta é a parte do enredo bíblico em que o papel do "testemunho" e da "missão" cristã devem ser entendidos. Os crentes são a imagem de Deus em seu templo com a responsabilidade de refletir a presença e os atributos gloriosos dele no modo de pensar, no caráter, na fala e nas ações. De outra perspectiva, assim como se faziam sacrifícios no templo do AT e como Cristo se sacrificou na cruz no início do templo dos últimos tempos, os cristãos também se sacrificam no templo dos últimos tempos sofrendo quando não fazem concessões em seu testemunho. Agindo assim, a poderosa presença de Deus se manifesta na fraqueza sacrificial deles (p. ex., veja 2Co 4.7-18; 12.5-10). É esse reflexo da gloriosa presença divina que se estende pelos cristãos e influencia outras pessoas que não conhecem Deus, de modo que elas venham a fazer parte desse templo em expansão.

Há poucos anos, eu e minha esposa compramos uma muda de rosa de Sarom e a plantamos no lado norte de nossa casa. A planta deveria atingir cerca de 2 metros de altura, estender-se por pouco mais de 1 metro e dar flores. Entretanto, passados alguns meses, percebemos que nossa planta não estava crescendo, mas começou a produzir botões. Porém, esses botões jamais desabrocharam completamente em flores. O problema era que a planta não estava recebendo luz do sol suficiente. Se não a mudássemos de lugar, essa planta não chegaria a sua altura normal nem daria flores. Do mesmo modo, como igreja não vamos dar frutos, nem crescer e nos expandir pela terra da forma que Deus pretende se não nos mantivermos longe das sombras do mundo e permanecermos na luz da presença de Deus — na palavra dele, na oração e em comunhão com outros crentes, sempre nos lembrando de nosso papel singular na narrativa histórica de Deus. A característica da igreja verdadeira é seu amplo testemunho da presença de Deus: para nossa família, para outras pessoas da igreja, para nossa vizinhança, nossa cidade, nosso país e enfim para toda a terra.

Que Deus nos dê graça para ir por todo o mundo como seu templo expandido e difundir a presença dele, refletindo-a até que ela finalmente encha a terra toda, como de fato encherá, conforme Apocalipse 21. O profeta Jeremias diz que nos últimos tempos "nunca mais se dirá: 'A arca da aliança do Senhor!' [no velho templo de Israel]. Ela não mais lhes virá ao pensamento, nem dela se lembrarão, nem sentirão sua falta nem se fará outra" (Jr 3.16,17), pois o templo dos últimos tempos abrangendo toda a nova criação será incomparável em relação ao antigo.

Conclusão

A profecia do templo dos últimos dias começa na primeira vinda de Cristo e na igreja com a presença reveladora e especial de Deus, a essência do antigo templo, que não se conteve mais no antigo templo e saiu. Cristo foi a primeira expressão dessa presença divina que deixou o antigo templo, e depois seu Espírito habitando a igreja passou a ser a expressão contínua do templo inicial dos últimos dias. Sempre o projeto simbólico do templo tinha de indicar que a presença divina do "Santo dos Santos" acabaria enchendo todo o cosmo, de modo que o próprio cosmo, e não uma pequena casa material, fosse o recipiente dessa gloriosa presença. Mais uma vez, a ocasião do cumprimento dessa profecia é um pouco inesperada. Ela não se cumpre de uma vez só, mas começa com Cristo e depois continua com o Espírito habitando a igreja. Vimos que a igreja de Corinto fazia parte dessa habitação inaugurada. Depois, no ápice de toda a história, a presença inaugurada de Deus habitando e enchendo completamente todo o cosmo, o que parece sempre ter sido o projeto da profecia do templo de Ezequiel 40—48.

Portanto, a essência do templo, a presença gloriosa de Deus, despoja-se de seu casulo arquitetônico do AT manifestando-se em Cristo e depois habitando seu povo e por fim habitando toda a terra. Desse modo, mais uma vez vemos que uma ideia importante do NT, Cristo e a igreja como o templo dos últimos tempos, é outro aspecto da nova criação "já e ainda não".

Este estudo específico do uso do AT no NT é um exemplo do que talvez ocorra com outros usos difíceis do AT no NT em que o cumprimento "literal" não parece estar indicado. Isto é, quanto mais fizermos exegese e teologia bíblica tanto no AT quanto no NT, melhor perceberemos que os autores do NT exercem seu papel no desenvolvimento coerente e sistemático de passagens do AT.

Como a ideia do templo expandido da presença de Deus corresponde ao enredo do NT formulado por mim nos capítulos anteriores? *A vida de Jesus, suas provações, sua morte pelos pecadores e principalmente sua ressurreição pelo Espírito deram início ao cumprimento do reino escatológico "já e ainda não" da nova criação, que é concedida pela graça por meio da fé, resultando em uma comissão universal para que os fiéis promovam esse reino de nova criação, bem como em juízo para os descrentes, tudo isso para a glória do Deus trino e uno.* Vimos na seção anterior deste capítulo que o templo é um aspecto natural do reino da nova criação. Por isso, o imperativo de expandir o templo da presença de Deus por todo o mundo é o principal meio pelo qual "a comissão mundial dos fiéis" (parte imprescindível do enredo observado acima) deve ser cumprida.

Entretanto, quero concluir dando atenção ao principal ensinamento deste capítulo para a igreja: sua missão de ser o templo de Deus, cheio da presença dele, é expandir esse templo da presença do Senhor e encher a terra com sua presença gloriosa até que Deus enfim realize esse objetivo de modo pleno no fim dos tempos. Essa é a missão comum e unificada da igreja. Que, pela graça de Deus, estejamos unidos em torno desse objetivo.

SÉTIMA PARTE

A IGREJA COMO O ISRAEL DOS ÚLTIMOS TEMPOS NA NOVA CRIAÇÃO INAUGURADA

19

A igreja como o Israel escatológico transformado e restaurado

A base de pressupostos para a igreja ser o verdadeiro Israel

Neste capítulo e o seguinte analisarão os principais pontos de que a salvação da igreja e sua existência contínua devem ser concebidas como a restauração inaugurada do Israel dos últimos tempos — o Israel que, como vimos em todo o livro e veremos de novo, faz parte da nova criação dos últimos tempos (esp. em Is 40—66 e na reflexão neotestamentária sobre essa passagem de Isaías). Nesse sentido, esses dois capítulos também desenvolverão a parte do enredo sobre a fidelidade do povo de Deus na sua nova existência da nova criação. Veremos que os gentios, a maioria da igreja, são considerados parte da restauração do Israel fiel dos últimos dias. Antes de elaborar mais sobre o tema da igreja como o cumprimento das promessas de restauração de Israel, preciso analisar a abordagem das Escrituras para entendermos como os gentios fazem parte do verdadeiro Israel escatológico juntamente com um remanescente de crentes judeus.

Examinei em outro texto alguns pressupostos hermenêuticos e teológicos implícitos na abordagem exegética de Jesus e dos autores do NT.[1] Dois desses pressupostos são importantes para entender que Cristo e a igreja podem ser considerados o cumprimento inaugural das promessas de Deus da restauração do cativeiro do Israel dos últimos tempos. O primeiro pressuposto é o conceito de solidariedade corporativa ou representação ou identificação, conhecido às vezes como o conceito de "o indivíduo e os muitos".[2] No AT, os atos dos reis e dos profetas representavam a nação de Israel, e os pais representavam suas respectivas famílias. Considerava-se que as muitas pessoas representadas pelo único rei, profeta ou pai tinham praticado o ato justo ou o ato pecaminoso cometido pelo representante, de tal modo que esses muitos indivíduos também recebiam a bênção ou a maldição que sobrevinha ao indivíduo por suas ações. Um dos melhores exemplos dessa ideia é o pecado e o castigo do primeiro Adão, a quem Paulo considera o representante da humanidade toda, de modo que toda a humanidade é vista como culpada do pecado de Adão e, portanto, merecedora do castigo pelo pecado. Como antítese, Cristo, o Último Adão, praticou um ato de justiça que

---

[1] G. K. Beale, "Did Jesus and his followers preach the right doctrine from the wrong texts? An examination of the presuppositions of the apostles' exegetical method", *Themelios* 14 (1989): 89-96.

[2] Para uma análise concisa das evidências bíblicas deste pressuposto e do segundo, veja ibidem, p. 90, 95.

resultou em vida ressurreta. Esse ato foi representativo para a humanidade que crê em Cristo, de modo que todos os que creem são considerados praticantes do ato de justiça e, portanto, merecedores da vida ressurreta.

O segundo pressuposto, derivado do primeiro, é que Cristo é o verdadeiro Israel e, como tal, ele representa a igreja como a continuação do verdadeiro Israel do AT. Cristo veio para fazer o que Israel deveria ter feito, mas não conseguiu. Aqueles que pela fé se identificam com Cristo, quer judeus, quer gentios, tornam-se identificados com ele e com a identidade dele de verdadeiro Israel escatológico. Essa identificação ocorre do mesmo jeito que já vimos em capítulos anteriores, isto é, as pessoas são identificadas pela fé com Jesus como o Filho de Deus e, por isso, passam a ser "filhos adotivos de Deus". Assim, do mesmo modo que pela fé as pessoas são identificadas com Cristo na sua condição de imagem escatológica de Deus, elas também começam a recuperar essa imagem. Vimos no capítulo 12 que o título de Jesus de "Filho de Deus" é outra maneira de chamá-lo "Israel", uma vez que "Filho de Deus" era um dos nomes atribuídos a Israel no AT.[3] Também vimos que o título "Filho do Homem" de Jesus é ainda outra maneira de referir-se a ele como Israel (Dn 7.13 no contexto do capítulo todo e Sl 80.17).

É importante lembrar que os títulos de Jesus de "Filho do Homem" e "Filho de Deus" refletem as figuras veterotestamentárias de Adão e Israel respectivamente. Isso porque, como observamos anteriormente, Adão e Israel são os dois lados da mesma moeda. Israel e seus patriarcas receberam a mesma comissão que Adão recebeu em Gênesis 1.26-28.[4] Por isso, não é ilógico entender Israel como o Adão coletivo, que deixou de cumprir sua missão em seu "jardim do Éden",[5] assim como seu pai original falhou no primeiro jardim. Nesse sentido, é compreensível que um motivo para Jesus ser chamado de "Filho de Deus" é o fato de este ter sido um título do primeiro Adão (Lc 3.38; cf. Gn 5.1-3) e de Israel (Êx 4.22; Os 11.1), o último também chamado de "primogênito" (Êx 4.22; Jr 31.9). O Messias também havia de ser um "primogênito" segundo a profecia (Sl 89.27). Do mesmo modo, o título "Filho do Homem" de Daniel 7.13 se refere ao Israel dos últimos tempos e a seu rei representante como o filho de Adão, soberano sobre os animais.[6] Assim, Deus havia pretendido que a nação de Israel fosse um Adão nacional e coletivo, que deveria representar o ideal da verdadeira humanidade (veja, p. ex., Dt 4.6-8). Infelizmente, assim como Adão, Israel demonstrou ser infiel.

Essa análise é importante para entender o que significa a igreja formada predominantemente de gentios ser vista como a continuação do verdadeiro Israel. Significa que identificar a igreja com o Israel verdadeiro não é lhe atribuir uma identificação nacional ou localmente restrita, tampouco eliminar a sua identidade gentia. Antes, a igreja também é identificada com o que significa ser o verdadeiro Adão, especialmente na sua identificação com Jesus, o verdadeiro Israel e o Último Adão. Por isso, a igreja como o início do verdadeiro Israel dos últimos tempos significa que ela é identificada com os propósitos originais para Adão, a verdadeira humanidade, cumpridos por Cristo.

---

[3]Observe-se "filho" de Deus em Êxodo 4.22,23; Deuteronômio 14.1; Isaías 1.2,4; 63.8; Oseias 1.10; 11.1, e "primogênito" de Deus em Êxodo 4.22 e Jeremias 31.9; o Messias vindouro de Israel também era conhecido como "primogênito" de Deus (Sl 89.27; cf. "filho" em Sl 2.7).

[4]Sobre isso, veja cap. 18, no subtítulo "A comissão de Adão como rei-sacerdote para governar e expandir o templo é transmitida aos patriarcas".

[5]Observe-se, mais uma vez, os textos do AT em que a Terra Prometida de Israel é chamada de "jardim do Éden" (Gn 13.10; Is 51.3; Ez 36.35; Jl 2.3).

[6]Não se deve esquecer de que, em Daniel, o "Filho do Homem" toma posse dos reinos dos impérios maus, anteriormente descritos como animais; Salmos 80.17 igualmente se refere a Israel como "o Filho do Homem", como figura régia.

Portanto, é importante sustentar que a igreja não é somente semelhante a Israel, mas é de fato Israel. Isso está mais relacionado aos propósitos originais do próprio Israel e às profecias veterotestamentárias de que no *escathon* os gentios farão parte de Israel, não apenas pessoas redimidas que conservam o nome de "gentios" e coexistem lado a lado, mas separadas do povo de Israel redimido. Essas profecias do AT não predisseram que os gentios convertidos a Israel teriam a sua identidade gentia completamente apagada, mas também não previram que os gentios redimidos existiriam lado a lado como povo separado, mas afastados dos israelitas redimidos. Antes, os gentios convertidos seriam identificados com Israel e com o Deus de Israel. Esses gentios convertidos escatologicamente se identificariam com Israel assim como os gentios convertidos no passado, tais como Raabe, Rute e Urias. A identidade gentia deles não foi erradicada, mas passaram a ter uma identidade mais elevada de verdadeiros israelitas.

Entretanto, a única diferença entre os gentios convertidos no passado e os gentios convertidos no *escathon* futuro, que se revela com mais clareza no NT (p. ex., Ef 2.12,19; 3.4-6), é que os do futuro não têm de se mudar para o território de Israel, ser circuncidados, adorar no templo, obedecer às leis referentes aos alimentos, observar dias sagrados, nem precisam seguir outras leis que distinguem Israel das nações.[7] Antes, no período do fim dos tempos, os gentios se identificam com Jesus, o verdadeiro Israel, e tornam-se parte do templo em Jesus, são circuncidados por sua morte e purificados nele. Nessa nova era, Jesus, na condição de verdadeiro Adão/Israel, é a única identificação suprema que transcende as características da identidade gentia e as antigas características nacionalistas de identificação de Israel relacionadas à Lei.

Esse modo de entender como os gentios se tornam parte do verdadeiro Israel do fim dos tempos é um mistério do AT revelado no NT. Por isso, Paulo diz em Efésios 3.3-6 que o "mistério" (*mystērion*) é "que os gentios são coerdeiros, membros do mesmo corpo e coparticipantes da promessa em Cristo Jesus por meio do evangelho" (v. 6). Qual é a essência do "mistério" em Efésios 3? No AT, não estava tão claro que, quando o Messias viesse, a teocracia de Israel seria reconstruída tão completamente que permaneceria apenas como o novo organismo do Messias (Jesus), o verdadeiro Israel. Nele, judeus e gentios seriam unidos em total pé de igualdade pela identificação coletiva.[8] Alguns comentaristas entendem que o mistério consiste na igualdade completa, mas até o que posso determinar, aparentemente ninguém tem enfatizado que a base dessa igualdade é a pessoa de "Cristo Jesus" como o verdadeiro Israel, visto que não há características distintivas nele, somente a unidade.

Também fica evidente que o tema dos gentios agora relacionados com Israel está em mente em Efésios 3.6 com base em Efésios 2.12, em que os gentios que não creem são considerados separados das três realidades a seguir, apresentadas em paralelismo sinônimo: (1) "separados de Cristo", (2) "afastados da comunidade de Israel" e (3) "estrangeiros em relação às alianças da

---

[7] Na teocracia israelita, parece que a norma era os gentios convertidos à fé israelita se mudarem para Israel, embora possa ter havido exceções.

[8] De modo semelhante, William Hendriksen, *Exposition of Ephesians* (Grand Rapids: Baker Academic, 1967), p. 153-5. Os comentários de Hendriksen ajudam a esclarecer a minha própria conclusão, mas ele não é claro se Cristo é o "novo organismo" ou é a igreja. F. F. Bruce (*The Epistles to the Colossians, to Philemon, and to the Ephesians*, NICNT [Grand Rapids: Eerdmans, 1984], p. 314) afirma que o mistério é que a total ausência de discriminação entre judeu e gentio não foi prevista. Robert L. Saucy ("The church as the mystery of God", in: Craig A. Blaising; Darrell L. Bock, orgs., *Dispensationalism, Israel and the church: the search for definition* [Grand Rapids: Zondervan, 1992], p. 149-51) afirma que uma nuance secundária do mistério de Efésios 3 indica um cumprimento não previsto, no sentido de que os gentios estão sendo salvos, mas na maior parte a salvação de Israel está sendo posta em segundo plano, e no sentido de que o AT esperava apenas uma era de cumprimento, mas Efésios retrata duas eras. Eu não vejo nenhuma dessas noções em Efésios 3, embora a última ideia possa estar implicada, mas não o foco, sobretudo quando tem nuances de um conceito "já e ainda não" (sobre isso, veja a seguir).

promessa". Estar separado de Cristo (o Messias) implica estar separado de Israel e excluído das promessas que lhe foram feitas, e Efésios 3.6 apresenta os gentios como participantes tanto do Messias israelita quanto das "promessas", que devem ser as mesmas citadas em Efésios 2.12. É evidente que os gentios podem ser considerados Israel verdadeiro porque a profecia da restauração de Israel em Isaías 57.19 pode ter começado a se cumprir em parte nos gentios que creem no contexto imediatamente anterior (conforme Ef 2.17) e que podem ser considerados parte do templo dos últimos tempos inaugurado de Israel em 2.20-22, também no contexto imediatamente anterior.[9] A palavra "como" (*hōs*) em Efésios 3.5 (o mistério de Cristo "como se revelou agora") é comparativa: transmite a ideia de revelação parcial, e não plena, do mistério no AT.[10]

Portanto, não se trata de uma revelação completamente nova. Ela tem ligações sistemáticas com o AT e se torna mais clara no desvendamento neotestamentário. Por isso, a ideia de Cristo como o verdadeiro Israel e os crentes judeus e gentios em Cristo formarem o verdadeiro Israel dos últimos tempos faz todo o sentido como o significado do "mistério" em Efésios 3.[11] Como na grande maioria dos usos, a palavra "mistério" (*mystērion*) em outras partes do NT indica[12] o início do cumprimento do fim dos tempos do AT, muitas vezes de modo inesperado, a mesma ideia está presente também em Efésios 3.[13] Esse cumprimento inesperado implica uma alteração do entendimento da ocasião em que tal cumprimento ocorrerá: da perspectiva veterotestamentária, parecia que o cumprimento ocorreria de uma só vez, mas a chegada da era escatológica em Cristo revela que o cumprimento é inaugurado por um período não determinado, porém longo, e depois se cumprirá por completo exatamente no fim das eras. Existe, porém, outro aspecto do cumprimento inesperado que era um "mistério" da perspectiva do AT. O início do cumprimento implica uma transformação real de como o cumprimento teria sido entendido antes. No caso de Efésios 3, como acabamos de ver, os gentios se tornam parte de Israel não por meio de peregrinações ao Israel geográfico nem pela adoção dos sinais característicos do Israel teocrático, mas peregrinando até Jesus, o verdadeiro Israel, e se identificando com ele como o sinal supremo do que significa fazer parte do verdadeiro Israel.[14]

Consequentemente, a igreja predominantemente gentia não deve ser identificada com Israel por uma hermenêutica alegorista nem espiritualizante, mas pelo que podemos chamar de uma hermenêutica do "representante legal" ou "coletivo" que está implícita nessa identificação da igreja. Esse pressuposto de Cristo como o verdadeiro Israel e a igreja como o

---

[9] A força cumulativa do argumento desta seção aponta para a direção oposta à opinião de Saucy ("Church as the mystery of God"), que sustenta, entre outras coisas, que o "mistério" não tem nada que ver com os gentios se tornarem parte do verdadeiro Israel.

[10] Diferente de Charles C. Ryrie, "The mystery in Ephesians 3", *BSac* 123 (1966): 29, que alega ter *hōs* uma "força declarativa" de apenas acrescentar mais informações ou que esse termo tem o sentido de "porém". Os dois sentidos seriam significados muito raros da palavra *hōs*, portanto cabe a Ryrie o ônus da prova. O uso comum da palavra e o contexto veterotestamentário em Efésios 2 e 3 juntos constituem obstáculos difíceis de superar para essa visão.

[11] Esta seção se baseia em parte em G. K. Beale, *John's use of the Old Testament in Revelation*, JSNTSup 166 (Sheffield: Sheffield Academic Press, 1998), p. 243-5 (para a análise mais completa de "mistério" em Ef 3, veja p. 242-6).

[12] Veja ibidem, p. 215-72.

[13] Falei sobre esse tipo de uso de "mistério" em Mateus 13.10,11 (veja, no cap. 12, o excurso "A natureza inaugurada, inesperada e transformada do reino dos últimos tempos") e em 2Tessalonicenses 2.3-7 (veja, no cap. 6, o subtítulo "A tribulação 'já e ainda não' do fim dos tempos no Novo Testamento"), e volto a falar disso mais adiante no que diz respeito ao casamento e ao uso de Gênesis 2.24 em Efésios 5.32 (veja, no cap. 25, o subtítulo "O casamento como instituição transformada da nova criação em Efésios 5").

[14] O cap. 21 analisará Jesus como o cumprimento inicial das promessas da terra feitas a Israel. Aqui, o nosso foco é apenas entender Jesus como o representante coletivo do verdadeiro Israel. As duas ideias — Jesus ser a inauguração do cumprimento das promessas da terra e o representante do Israel dos últimos tempos — não são incompatíveis.

verdadeiro Israel é decisivo para entender por que o NT aplica as promessas de restauração escatológica a Cristo e à igreja e por que ambos são considerados o cumprimento inaugural dos últimos tempos da profecia de restauração de Israel. A ideia não é que Cristo e a igreja não se assemelham ao que o Israel restaurado deveria ser, mas são de fato o começo do Israel escatológico restaurado. Particularmente, a ideia é que Jesus como o rei messiânico individual de Israel representava o verdadeiro remanescente contínuo de Israel, e todos os que se identificam com ele tornam-se parte do remanescente israelita que ele representa.

A ideia veterotestamentária de que os gentios se tornarão o verdadeiro Israel dos últimos tempos como antecedente histórico para o pressuposto neotestamentário de que a igreja é o verdadeiro Israel

A ideia de que o Messias representaria o Israel dos últimos tempos e de que os gentios se tornariam parte do verdadeiro Israel do fim dos tempos não é um simples pressuposto neotestamentário; ela tem origem no próprio AT.

Isaías 49

Isaías 49 está entre as afirmações mais claras do AT de que nos últimos tempos o Messias recapitularia em si o verdadeiro Israel. Isaías 49.3-6 diz:

> Ele me disse: "Tu és meu servo, Israel,
> em quem revelarei minha glória".
> Mas eu disse: "Tenho trabalhado à toa,
> gastei as minhas forças em vão e inutilmente;
> entretanto, a minha justiça está com o Senhor,
> e a minha recompensa, com meu Deus".
> E agora diz o Senhor, que me formou desde o ventre para ser o seu Servo,
> para trazer-lhe de volta Jacó, e para reunir Israel diante dele
> (pois sou glorificado aos olhos do Senhor,
> e o meu Deus tem sido a minha força).
> Ele diz: "Não basta que sejas o meu servo
> para restaurares as tribos de Jacó e trazeres de volta os remanescentes de Israel.
> Também te farei luz das nações,
> para seres a minha salvação até a extremidade da terra".

Nessa passagem, o Servo é chamado de "Israel": "Ele [o Senhor] me disse: 'Tu és meu servo, Israel, em quem revelarei minha glória'" (v. 3). A missão do Servo nos últimos tempos é "restaurar as tribos de Jacó e trazer de volta o remanescente de Israel" (v. 6). Ora, o servo não pode ser a nação de Israel inteira, uma vez que a nação contaminada pelo pecado não tem como restaurar a si mesma, nem o Servo pode ser um remanescente fiel da nação, pois o remanescente ainda continua pecando e seria tautológico afirmar que a missão do remanescente era restaurar o remanescente ("o remanescente" no v. 6). Alguns identificaram o Servo com o profeta Isaías, mas não há nenhum indício de que ele tenha cumprido essa missão em algum momento, em especial pelo texto mais elaborado de Isaías 53, e principalmente porque o próprio Isaías também ainda era pecador (assim como era também o remanescente fiel) e carente da missão de cura mencionada nessa passagem. Portanto, a melhor interpretação para o Servo de Isaías 49.3 é a de um Servo messiânico, um indivíduo que restauraria o remanescente de Israel.

No entanto, como a ideia do Servo messiânico recapitular em si o verdadeiro Israel está relacionada aos gentios tornando-se o verdadeiro Israel no *escathon*? Como esse Servo deveria ser a personificação do verdadeiro Israel, todos os que quiserem se identificar com o verdadeiro Israel, quer judeus, quer gentios, têm de se identificar com ele (o que está implícito em Is 53).[15] O AT nunca torna explícita essa relação entre o verdadeiro Israel individual, o Servo (ou o rei de Israel dos últimos tempos) e os gentios que se identificam com ele, mas acredito que essa ligação esteja implícita. Como veremos, o NT deixa bem claro esse vínculo explícito, conforme eu havia começado a sugerir na análise anterior de Efésios 3. O restante do estudo desta seção terá como foco as profecias do AT que afirmam que os gentios convertidos dos últimos tempos serão identificados como verdadeiros israelitas.

Salmos 87

O salmo 87 fala de gentios "nascendo" em Sião no *escathon*, de modo que são considerados israelitas nativos:

> Seu fundamento está nos montes santos.
> O Senhor ama as portas de Sião
> mais do que todas as habitações de Jacó.
> Gloriosas coisas são ditas de ti,
> ó cidade de Deus. Selá.
> "Entre os que me conhecem mencionarei Raabe [Egito] e Babilônia;
> também se dirá da Filístia e de Tiro com a Etiópia: 'Este nasceu ali'".
> Mas a respeito de Sião se dirá: "Todos estes nasceram ali",
> e o próprio Altíssimo a estabelecerá.
> O Senhor, ao registrar os povos, dirá:
> "Este nasceu ali". Selá.
> Então, os cantores como os que tocam instrumentos dirão:
> "A minha origem está em ti".

Entre as "coisas gloriosas" ditas sobre "Sião", a "cidade de Deus" (v. 2,3) estão as nações gentias que serão consideradas "nascidas ali" (v. 4). O advérbio "ali", no versículo 4, onde as nações nascem, é uma referência a "Sião" e à "cidade de Deus" dos versículos 2 e 3. No versículo 6, o trecho "o Senhor, ao registrar os povos" é uma referência ao registro final dos últimos tempos dos gentios "que me [Deus] conhecem" (v. 4), considerados verdadeiros israelitas escatológicos por serem "nascidos ali" (v. 6b),[16] em "Sião" (v. 2,5), a "cidade de Deus" (v. 3). Desse modo, indivíduos de origem étnica e nacional gentia serão considerados mesmo assim israelitas verdadeiros dos últimos tempos ou verdadeiros cidadãos de Sião, pois esse é o lugar de seu nascimento espiritual.[17]

---

[15]Observe-se a obra do Servo de redimir tanto gentios (Is 52.15) quanto israelitas (Is 53.4-12).

[16]Assim também o *Midr.* de Sl 87.7 interpreta Salmos 87.6 referindo-se às "nações que levam os filhos de Israel" para o exílio "pertencendo a Israel".

[17]Veja tb. A. A. Anderson, *The book of Psalms*, NCB (Grand Rapids: Eerdmans, 1972), 2:621-2; Mitchell Dahood, *Psalms*, AB 16, 17, 17A (Garden City: Doubleday,, 1964), 3 vols., 2:300; Thijs Booij, "Some observations on Psalm LXXXVII", *VT* 37 (1987): 16-25; Marvin E. Tate, *Psalms 51–100*, WBC 20 (Dallas: Word, 1990), p. 389; James Luther Mays, *Psalms*, IBC (Louisville: John Knox, 1994), p. 281-2; Craig C. Broyles, *Psalms*, NIBC (Peabody: Hendrickson, 1999), p. 350-1; Samuel Terrien, *The Psalms: strophic structure and theological commentary*, ECC (Grand Rapids: Eerdmans, 2003), p. 622-3; Yohanna I. Katanacho, *Investigating the purposeful placement of Psalm 86*, tese de doutorado (Trinity International University, 2006), p. 150-4; John E. Goldingay, *Psalms*, BCOTWP (Grand Rapids: Baker Academic, 2007), 2 vols., 2:635-41; Christl M. Maier, "Psalm 87 as a reappraisal of the Zion tradition and its reception in Galatians 4:26", *CBQ* 69 (2007): 473-86. Veja tb. J. J. Stewart Perowne, *The book of Psalms* (Andover: W. F. Draper, 1876), 2 vols., 2:134.

Isaías 19

Isaías 19 apresenta uma ideia notavelmente semelhante. Os versículos 18-25 dizem:

> Naquele dia, cinco cidades do Egito falarão a língua de Canaã e farão juramento ao Senhor dos Exércitos. Uma delas se chamará Cidade da Destruição. Naquele dia, haverá um altar dedicado ao Senhor no meio da terra do Egito e uma coluna ao Senhor na sua fronteira. Eles se tornarão sinal e testemunho ao Senhor dos Exércitos na terra do Egito. Pois clamarão ao Senhor por causa dos opressores, e ele lhes enviará um Salvador e Defensor, que os livrará. Portanto, o Senhor se fará conhecido no Egito; naquele dia, os egípcios conhecerão o Senhor. Eles o adorarão com sacrifícios e ofertas, farão votos ao Senhor e os cumprirão. O Senhor ferirá os egípcios; ele os ferirá, mas também os curará. Eles se voltarão para o Senhor, que ouvirá as suas súplicas e os curará. Naquele dia, haverá uma estrada do Egito até a Assíria; os assírios virão ao Egito, e os egípcios irão à Assíria. Os egípcios adorarão com os assírios. Naquele dia, Israel será o terceiro com os egípcios e os assírios, uma bênção no meio da terra, a quem o Senhor dos Exércitos tem abençoado, dizendo: "Bem-aventurado seja o Egito, meu povo, e a Assíria, obra de minhas mãos, e Israel, minha herança".

Esse é outro texto que fala da restauração das nações nos últimos dias, particularmente do Egito e da Assíria. Talvez essas duas nações não fossem vistas como tornando-se parte de Israel, embora sejam restauradas para a salvação. A razão para isso é a menção no versículo 24 de que "Israel será o terceiro com os egípcios e os assírios", as três nações serão "uma bênção no meio da terra". Porém, parece que também há outra indicação de que os egípcios serão identificados como semitas israelitas, porque o versículo 18 diz que eles "falarão a língua de Canaã", afirmação ligada diretamente à oração gramatical seguinte, "farão juramento ao Senhor dos Exércitos". Assim, o juramento de lealdade a Deus é considerado indissociavelmente ligado ao falar em língua hebraica, uma provável maneira de indicar que essa lealdade significa que o falante deve ser considerado um israelita nativo. Além disso, o fato de o Egito ser chamado de "meu povo" reforça essa impressão, uma vez que "meu povo" ('*ammî*) ocorre em outras partes praticamente sem exceção referindo-se ao povo de Deus, Israel (p. ex., em Isaías, exceto Is 19.25, "meu povo" sempre se refere a Israel [25 vezes]). Do mesmo modo, a Assíria como "a obra de minhas mãos" (v. 24) pode ter a mesma conotação, visto que a expressão "obra de minhas mãos" (ou expressões quase equivalentes, com pronomes diferentes) ocorre apenas quatro vezes em outras partes de Isaías, três delas referindo-se a Israel como obra de Deus.[18]

Alguns, porém, imaginam que Salmos 87 refere-se aos judeus exilados das nações gentias listadas, registradas em Sião: p. ex., Hans-Joachim Kraus, *Psalms* 60–150, tradução para o inglês de Hilton C. Oswald, CC (Minneapolis: Fortress, 1993), p. 187-8; James Limburg, *Psalms*, WestBC (Louisville: Westminster John Knox, 2000), p. 295-6; Erich Zenger, "Zion as mother of the nations in Psalm 87", in: Norbert Lohfink; Erich Zenger, orgs., *The God of Israel and the nations: studies in Isaiah and the Psalms*, tradução para o inglês de Everett R. Kalin (Collegeville: Liturgical Press, 2000), p. 123-60; J. A. Emerton, "The problem of Psalm 87", VT 50 (2001): 183-99, esp. p. 197; Frank-Lothar Hossfeld; Erich Zenger, *Psalms 2: a commentary on Ps. 51–100*, tradução para o inglês de Linda M. Maloney, organização de Klaus Baltzer, Hermeneia (Minneapolis: Fortress, 2005), p. 382.

Poucos comentaristas entendem que as nações gentias estão sendo registradas em Sião, mas eles não são claros se esses gentios também são considerados filhos verdadeiros de Sião ou se apenas têm uma posição equivalente à dos israelitas nativos: p. ex., Artur Weiser, *The Psalms: a commentary*, tradução para o inglês de Herbert Hartwell, OTL (London: SCM, 1962), comentário do salmo 87, Charles A. Briggs, *A critical and exegetical commentary on the book of Psalms*, ICC (Edinburgh: T&T Clark, 1986-1987), 2 vols., 2:240-1. Veja tb. Robert Davidson, *The vitality of worship: a commentary on the book of Psalms* (Grand Rapids: Eerdmans, 1998), p. 287-8. Davidson entende que o salmo pode se referir a judeus nascidos em nações diferentes e identificados com Sião ou a gentios que se identificam com Sião como o lar espiritual deles.

[18] A quarta referência é Isaías 5.12, que fala dos poderosos "feitos do Senhor", como também é o caso em Salmos 143.5. A locução, ou expressões quase equivalentes, ocorre quatro vezes em outros trechos de Jó e dos Salmos, mas nunca se refere a uma nação, e sim à nova condição do ser humano ressurreto (Jó 14.15), à criação humana como um todo (Jó 34.19) ou à criação em geral (Sl 19.1; 102.25).

Isaías 56

Isaías 56 desenvolve ainda mais o tema da identificação dos gentios com Israel. Na época da restauração escatológica de Israel (v. 1), os gentios são exortados da seguinte maneira: "Que nenhum estrangeiro que se uniu ao SENHOR diga: 'É certo que o SENHOR me excluirá do seu povo [Israel]'" (v. 3). Nem os israelitas eunucos serão excluídos da presença do Senhor (v. 4). Embora anteriormente os eunucos fossem excluídos da adoração no templo (Dt 23.1) e do sacerdócio, agora eles terão livre acesso ao templo (v. 5). Da mesma forma, ainda que os gentios prosélitos não fossem excluídos da adoração no templo, eles eram proibidos de ser sacerdotes, porque esse ofício era reservado aos homens da tribo de Levi. Na época da restauração de Israel, entretanto, os gentios convertidos (os "estrangeiros que se unirem ao SENHOR") poderão "servi-lo" [o SENHOR] oferecendo "os seus holocaustos e os seus sacrifícios [...] no altar [do SENHOR]" na "casa" dele, isto é, no templo (v. 6,7). Embora o verbo hebraico traduzido por "servir" (*shārat*) possa se referir a alguém ministrando/servindo fora dos limites do templo de Israel, em pelo menos 75 das quase cem ocorrências no AT o verbo se refere a sacerdotes israelitas servindo no templo. Fica evidente que os gentios em Isaías 56.6,7 são aqueles que atuam como sacerdotes pelo fato claro de que eles estão fazendo isso na "casa" de Deus (citada três vezes no v. 7). Além disso, a ministração deles com "holocaustos" e "sacrifícios" no "altar" de Deus também é o modo com que os sacerdotes israelitas ministravam, segundo a descrição de alguns relatos que utilizam o mesmo verbo "servir/ministrar" (*shārat*).[19]

Isaías 66

A ideia de gentios tornando-se sacerdotes israelitas, servindo no templo de Deus dos últimos tempos é desenvolvida ainda mais em Isaías 66.18-21. Essa importante passagem é de difícil interpretação. Portanto, peço que o leitor tenha paciência para me acompanhar no labirinto desse texto. Isaías 66.18-21 diz:

> "Pois eu conheço as suas obras e os seus pensamentos; vem o dia em que ajuntarei todas as nações e línguas; elas chegarão e verão a minha glória. Porei entre elas um sinal e enviarei os que escaparem dali às nações, a Társis, Pute, Lude, Meseque, Tubal e Javã, até as ilhas distantes, que não ouviram da minha fama nem viram a minha glória. Então eles anunciarão a minha glória entre as nações. E eles trarão todos os vossos irmãos de todas as nações, como oferta de cereal ao SENHOR; haverão de trazê-los ao meu santo monte, a Jerusalém, sobre cavalos, e em carruagens, e em charretes, e sobre mulas, e sobre camelos", diz o SENHOR. "Farão como os israelitas quando levam suas ofertas à casa do SENHOR em vasos limpos. Também tomarei alguns deles para sacerdotes e para levitas", diz o SENHOR.

A restauração escatológica do Israel fiel havia sido o foco em Isaías 66.7-14, mas Isaías 66.14b-18a profetiza que também haverá ao mesmo tempo julgamento dos israelitas infiéis e idólatras. Em seguida, Isaías 66.18b-21 muda o foco para o ajuntamento das nações. A última parte do versículo 18 diz que Deus vai reunir as nações para que elas venham ver sua glória; isso é um sinal de que o livro de Isaías está terminando como começou em Isaías 2.2-4, com a previsão de que as nações correrão para Jerusalém no *escathon* a fim de aprender os caminhos de Deus.

Há certa ambiguidade em Isaías 66.19 no que diz respeito à identidade do "elas" na primeira parte do versículo: "Porei entre <u>elas</u> um sinal e enviarei <u>os</u> que escaparem dali às nações".

---

[19]Para o uso desse verbo ligado a "holocaustos", veja 2Crônicas 24.14; 31.2; Ezequiel 44.11; para o verbo relacionado a "sacrifícios", veja Ezequiel 46.24; sobre o verbo associado a "altar", veja Êxodo 28.43; 30.20; Números 3.31; 4.14; Ezequiel 40.46; Joel 1.13; 2.17.

A identidade provável desse grupo são os fiéis de Israel que serão deixados ("os que escaparem") depois do castigo divino de remoção dos israelitas infiéis; o grupo de fiéis começa a ser restaurado imediatamente depois desse castigo — tudo isso acabou de ser descrito nos versículos 7-18a. O grupo representado pelo pronome "elas" do versículo 19 deve ser o dos judeus fiéis que começaram a desfrutar a restauração e agora vão às nações anunciar a renovação de Deus para elas. Assim, o "elas" que "anunciarão a minha glória entre as nações" (v. 19b) também são israelitas restaurados. O versículo 20 é essencial para compreender o fluxo de raciocínio dos versículos 18b-21.

A primeira parte do versículo 20 afirma: "E eles trarão todos os vossos irmãos de todas as nações, como oferta de cereal ao S<small>ENHOR</small>". É provável que o sujeito de "trarão" sejam os israelitas "que escaparam" cuja missão será "ir às nações" e anunciar "a minha glória entre as nações" (v. 19).[20] Mas quem são os "vossos irmãos" mencionados no versículo 20?

Os "irmãos" podem ser outros israelitas restaurados pelos israelitas missionários ou aqueles gentios das nações que respondem positivamente à mensagem da glória de Deus anunciada pelos missionários judeus. Na maioria das vezes, a palavra "irmão" ($'\bar{a}\d{h}$) se refere a irmão de mesma linhagem ou da mesma etnia, o que neste caso seria favorável à identificação de israelitas. A probabilidade, porém, é que os "irmãos" nessa passagem sejam os gentios restaurados, uma vez que esse é o principal assunto até então no fluxo de pensamento dos versículos 18b,19 (observe-se, p. ex., o foco em "ajuntarei todas as nações" no v. 18 e "anunciarão a minha glória entre as nações" no v. 19). Essa identificação também fica evidente em uma segunda observação: em nenhum trecho do livro de Isaías nem nos profetas há menção alguma de israelitas restaurando outros israelitas, embora, como vimos no início deste capítulo, e veremos de novo, exista a ideia de um "Israel individual" que restaura o remanescente de Israel (p. ex., Is 49.2-6; 53).[21] No entanto, a ideia no versículo 20, caso os "irmãos" sejam israelitas, seria a de um remanescente de israelitas fiéis (plural) restaurando outros israelitas (plural). E mesmo que se considerasse em Isaías 49 e 53 que israelitas (plural) estão restaurando outros israelitas (o que é improvável), essa ideia não apareceu até agora em Isaías 66.

Uma terceira observação também indica que "seus irmãos" são gentios convertidos. O versículo 20 termina com uma comparação metafórica: os missionários israelitas que trazem os convertidos das nações são comparados aos "israelitas quando levam suas ofertas à casa do S<small>ENHOR</small> em vasos limpos". Aqui, "os israelitas" representam a nação como um todo, e não apenas parte da nação, que são distinguidos das "ofertas" trazidas ao templo. Assim, essa interpretação parece estar mais de acordo com a metáfora de que os sobreviventes judeus enviados às nações representam todos os redimidos de Israel e, portanto, que os "irmãos" são as nações convertidas, comparadas a uma oferta trazida ao templo. O apóstolo Paulo entendeu a metáfora das "ofertas" no final de Isaías 66.20 precisamente desse modo: ele afirma que é "um ministro de Cristo Jesus entre os gentios, servindo ao evangelho de Deus como sacerdote, para que os gentios sejam aceitáveis a Deus como oferta" (Rm 15.16). Paulo compara a ação de trazer os gentios da primeira parte de Isaías 66.20 a uma oferta a Deus, na última parte desse mesmo versículo.[22]

---

[20] O pronome "eles" talvez seja uma referência aos gentios das nações que responderam à mensagem anunciada pelos missionários judeus no fim do v. 19.

[21] A ideia do "um e os muitos" que depois permitiu Paulo se identificar com o Servo de Isaías 49 (At 13.47; 2Co 6.2) abre a possibilidade no próprio livro de Isaías de que os israelitas sejam comissionados para restaurar outros israelitas.

[22] A margem de NA[27] registra Isaías 66.20 como alusão em Romanos 15.16.

O fato de que os "irmãos" dos israelitas devam ser identificados com crentes gentios não é uma ideia estranha nos profetas do AT, pois no próprio Isaías observamos que gentios restaurados seriam identificados com Israel e considerados também israelitas, o que se aproxima do conceito de "irmão". Nos últimos tempos, os gentios começariam a falar a língua dos hebreus e seriam considerados "meu povo [de Deus]", expressão reservada quase sempre a Israel (cf. Is 19.18,23-25). E eles serão sacerdotes no templo, que nunca podem ser "excluídos do povo de Deus", Israel (cf. Is 56.3,6,7). Zacarias 2.11 faz praticamente a mesma declaração sobre a expressão "meu povo": "Naquele dia, muitas nações se ajuntarão ao Senhor e se tornarão meu povo" (sobre essa passagem, veja mais comentários logo a seguir). Zacarias 8.23 desenvolve essa ideia com base em Zacarias 2: "Naquele dia sucederá que dez homens, de todas as nações de todas as línguas, pegarão na barra das roupas de um judeu, dizendo: 'Iremos convosco, porque temos ouvido que Deus está convosco'". De modo semelhante, Ezequiel 47.22 apresenta uma ideia muito próxima do texto de Isaías 66.20 no que diz respeito aos gentios serem "irmãos" dos israelitas no tempo da restauração escatológica: gentios, "estrangeiros [...] que geraram filhos no vosso [Israel] meio [...] vós [Israel] os tratareis como naturais entre os israelitas" (veja mais comentários logo a seguir). Do mesmo modo, também vimos anteriormente em Salmos 87 que várias nações gentias serão consideradas nascidas em Sião na consumação dos tempos. Se gentios são considerados nascidos em Jerusalém no desenlace final, então eles também podem ser considerados irmãos escatológicos dos israelitas étnicos que creem.

Se é correto entender os "irmãos" de Isaías 66.20 como gentios convertidos, então o versículo 21 também se aplica naturalmente a esses crentes gentios: "Também tomarei [Deus] alguns deles para sacerdotes e para levitas". Ao que parece, não faz sentido dizer que Deus faria de judeus convertidos sacerdotes e levitas, uma vez que os sacerdotes e levitas já vêm de Israel e estariam entre os israelitas reunidos das nações. Alguém talvez argumente que na restauração dos últimos tempos Deus escolherá sacerdotes levitas de outras tribos, em vez da tribo de Levi, mas essa ideia não ocorre em nenhuma outra profecia de restauração de Israel. Também é possível que o versículo 21 retrate a nação de Israel como um todo ocupando o cargo sacerdotal, em uma elaboração de Isaías 61.6 (que por sua vez parece desenvolver a ideia de Êx 19.6). O problema com essa visão é que o versículo 21 afirma que somente uma parte dos judeus que voltarem da Diáspora seria instituída como sacerdotes, e não todos.

É mais provável que Deus faça sacerdotes e levitas dos gentios das nações, o que pode ser outro modo de mostrar que as nações serão identificadas com Israel nos últimos tempos. Essa passagem, então, parece ser mais um desenvolvimento das duas únicas outras ocorrências anteriores de Isaías em que gentios convertidos serão reunidos no templo dos últimos tempos de Deus (Is 2.2-4) e servirão nesse templo como "sacerdotes" (Is 56.3,6,7).[23]

Zacarias

Como foi observado, um dos raros usos de "meu povo" também ocorre em Zacarias 2.11, referindo-se ao tempo da restauração escatológica de Israel (v. 9,10): "Naquele dia, muitas nações se ajuntarão ao Senhor e serão meu povo. Então habitarei no meio de ti, e saberás que o Senhor dos Exércitos me enviou a ti". Chamar as "muitas nações" pelo nome de "meu povo", como temos estudado, é extremamente raro, visto que quase sempre esse nome é reservado para Israel (a expressão ocorre mais três vezes em Zacarias [8.7,8; 13.9], sempre em referência a Israel).[24] Por isso, novamente existe a probabilidade de que as nações de Zacarias 2.11,

---

[23] Veja no próximo excurso, em que se apresenta a história recente das diversas interpretações de Isaías 66.21, que alguns identificam os "sacerdotes e levitas" com os gentios, e outros, com os judeus.

[24] Observe-se "seu povo" em Zacarias 9.16, que também se refere a Israel.

que peregrinaram até Israel (cf. Zc 2.12; 8.22,23), sejam consideradas convertidas a Israel, de modo que adotam o nome "meu povo", uma referência comum a Israel.

Ezequiel 47

Do mesmo modo, Ezequiel 47, também mencionado brevemente neste capítulo, entende que os gentios serão considerados parte da nação na restauração final de Israel. A passagem de Ezequiel 47.21-23 diz:

> "Repartireis essa terra entre vós, segundo as tribos de Israel. Vós a repartireis em herança, por sortes, entre vós e entre os estrangeiros que habitam no meio de vós e que têm gerado filhos no vosso meio; e vós os tereis como naturais entre os israelitas; terão herança convosco, no meio das tribos de Israel. Na tribo onde o estrangeiro habitar, ali lhe dareis a sua herança", diz o Senhor Deus.

A ideia de gentios "estrangeiros" como parte formal da nação de Israel é indicada pelo mandamento dado à nação: "Repartireis esta terra entre vós, segundo as tribos de Israel", o que implicava dar aos "estrangeiros" uma "herança", pois esses estrangeiros deviam ser considerados "naturais entre os israelitas". É possível que os estrangeiros não seriam considerados verdadeiros israelitas ou israelitas nativos; uma vez que a afirmação do versículo 22 traz o comparativo, eles seriam tidos "como" naturais. Entretanto, o melhor contexto para entender esse trecho é o precedente de que os gentios se converteram à fé de Israel na época do AT. Quando pessoas como o remanescente dos egípcios, que saíram do Egito com Israel (Êx 12.38,48-51), ou Raabe (Js 6.25; cf. Mt 1.5), ou Rute (Rt 1.16; 4.10; cf. Mt 1.5) se convertiam à fé israelita, elas eram consideradas membros da nação Israel *tanto quanto um israelita nativo*. É provável que esse seja o mesmo caso em Ezequiel 47. De acordo com o princípio de que "as últimas coisas serão como as primeiras", a condição escatológica do "estrangeiro" em Ezequiel 47.22 ("e vós os tereis [os estrangeiros] como naturais entre os israelitas [*wĕhāyû lākem kĕ'ezrāḥ*]") parece ecoar a condição do estrangeiro bem na origem da história de Israel conforme Êxodo 12.48: ("[o estrangeiro] será como o natural [*wĕhāyá kĕ'ezrāḥ*] da terra").[25] Ezequiel 47.22,23 começa com a ordem: "Repartireis essa terra entre vós, segundo as tribos de Israel" (v. 21). Em seguida, os versículos 22 e 23 definem os membros das tribos de Israel como israelitas naturais, étnicos, e os membros não étnicos, não naturais, das tribos também são mencionados e considerados verdadeiros membros tribais,[26]

---

[25] Observe-se que, como em Êxodo 12.48, no texto de Ezequiel 47.21,22 também está em mente em primeiro plano a "terra" de Israel. Levítico 19.34 talvez esteja incluído no eco: "O estrangeiro que viver entre vós será como um natural da terra. Devereis amá-lo como a vós mesmos".

[26] A palavra hebraica *gēr*, traduzida em Números 19.34 e Ezequiel 47.22,23 por "estrangeiro", pode ser traduzida por "peregrino" ou, melhor, "estrangeiro residente" e é usada com frequência no AT (assim como a forma verbal *gwr*). Quando aplicada a pessoas de fora para residir em Israel, pode indicar alguém que está se convertendo a Israel ou alguém que já se converteu e, por isso, deve obedecer a todas as leis de Israel, assim como todos os israelitas obedecem (Êx 12.49; Lv 18.26; 24.22; Nm 15.15) — p. ex., circuncisão (Êx 12.48), sábado (Lv 16.29), dieta (Lv 17.15), ofertas (Nm 15.14), blasfêmia (Lv 24.16; Nm 15.30) e a Páscoa (Nm 9.14). Por isso, Números 15.15 diz: "Haverá o mesmo estatuto para vós e para o estrangeiro que viver convosco [...] O estrangeiro será como vós diante do Senhor". Não está claro se o uso veterotestamentário da palavra "estrangeiro" (= *gēr* em Ez 47.22) para alguém que morava em Israel indica um integrante de Israel pleno e de direito. Parte da falta de clareza talvez se resolva admitindo que ser "estrangeiro residente" era um processo que se completava com o sinal da circuncisão, de modo que o indivíduo teria direitos iguais aos compatriotas israelitas. Em Israel havia duas categorias distintas de "estrangeiros": os que ficavam apenas temporariamente na terra, chamados de "forasteiros" (*nēkār*), e os que permaneciam mais tempo ou fixavam residência na terra,

uma vez que recebem uma herança de parte da terra de Israel assim como os israelitas naturais recebem.[27]

O que confirma ainda mais o status de israelita dos "estrangeiros" (gērîm) em Ezequiel 47.22 é que no próprio início do estabelecimento da nação até aqueles que eram membros étnicos, naturais, de Israel eram considerados "estrangeiros" (gērîm). A esse respeito, Levítico 25.23 diz: "Não se venderão terras em definitivo, porque a terra é minha. Estais [vós israelitas] comigo como estrangeiros (gērîm) e peregrinos". Portanto, os próprios israelitas nativos foram considerados "estrangeiros residentes" e receberam de Deus o direito de partilhar a terra, mas não eram os donos da terra. Em última análise, os israelitas são inquilinos.[28] Ezequiel 47.22 está declarando precisamente a mesma ideia a respeito dos estrangeiros e descrevendo a parte que lhes cabe na terra de Israel no *escathon*.

Conclusão

Os textos estudados neste capítulo revelam que, em várias passagens, o AT havia profetizado que, quando se convertessem, nos últimos dias, os gentios viriam a Israel e se tornariam israelitas.

Excurso 1   A interpretação de Isaías 66.21 na literatura recente

Isaías 66.21 diz: "'Também tomarei alguns deles para sacerdotes e para levitas,' diz o Senhor". Ao que parece, a vasta maioria dos comentaristas/eruditos dos últimos cinquenta anos entende que "alguns deles" (*mêhem*) em Isaías 66.21 não diz respeito a judeus, mas aos gentios (veja tabela 19.1).

Poucos comentaristas explicam que a locução se refere tanto a judeus quanto a gentios. Esses podem ser alistados na coluna "gentios" da tabela porque entendem a declaração no mesmo sentido surpreendentemente universalista de abrir as portas do sacerdócio para os gentios: Miscall,[29] VanGemeren[30] e Webb[31] (poderíamos acrescentar Watts, mas ele não é claro em sua exposição da passagem).[32]

---

denominados "peregrinos" ou, melhor, "estrangeiros residentes" (*gēr*). Êxodo 12.43-49 é um exemplo clássico dessa distinção. A circuncisão era o sinal de que o "estrangeiro residente" havia se tornado membro da comunidade de Israel, tanto no aspecto social quanto no religioso. A maior parte da informação nesta nota segue K. Kuhn, "προσήλυτος", in: *TDNT* 6.728-29. Apesar de dizer que o "estrangeiro residente" é "totalmente aceito na constituição religiosa do povo judeu", Kuhn restringe sua afirmação dizendo que esse indivíduo "sociologicamente [...] conserva sua antiga [estrangeira] posição e não é completamente equivalente a um cidadão israelita" (p. 729), conclusão que não parece razoável.

[27]Veja tb. D. Kellermann, "גור", in: *TDOT* 2:448. Um texto semelhante a Ezequiel 47.21-23 é Josué 8.33, em que "todo o Israel" é mencionado como "tanto o estrangeiro como o natural [...] estava de um e de outro lado da arca [...] como Moisés, servo do Senhor, anteriormente ordenara, para que abençoassem o povo de Israel". Assim, "todo o Israel" é definido como formado de "o estrangeiro" e "o natural". Deuteronômio 29.9-14 expressa a mesma ideia.

[28]Para mais informações, veja Bruce K. Waltke, *An Old Testament theology: an exegetical, canonical and thematic approach* (Grand Rapids: Zondervan, 2007), p. 542-3.

[29]Peter D. Miscall, *Isaiah*, Readings (Sheffield: JSOT Press, 1993), p. 148.

[30]Willem VanGemeren, "Isaiah", in: Walter A. Elwell, org., *Evangelical commentary on the Bible* (Grand Rapids: Baker Academic, 1989), p. 514.

[31]Barry Webb, *The message of Isaiah: on eagle's wings*, Bible Speaks Today (Downers Grove: InterVarsity, 1996), p. 251.

[32]John D. Watts, *Isaiah 34—66*, WBC 25 (Waco: Word, 1987), p. 365; cf. p. 362.

Tabela 19.1

"Alguns deles" (*mêhem*) em Isaías 66.21 = judeus	"Alguns deles" (*mêhem*) em Isaías 66.21 = gentios
• Berges 1998	• Barker 2003
• Clifford 1988	• Beyer 2007
• Croatto 2005	• Blenkinsopp 2003
• Gardner 2002	• Bonnard 1972
• Grogan 1986	• Brueggemann 1998
• Höffken 1998	• Childs 2001
• Rofé 1985	• Davies 1989
• Snaith 1967	• Goldingay 2001
	• Hailey 1985
	• Herbert 1975
	• Kidner 1994
	• Knight 1985
	• Koenen 1990
	• Koole 2001
	• McKenna 1994
	• McKenzie 1968
	• Motyer 1993
	• Oswalt 1998
	• Penna 1964 (citado por Koole 2001)
	• Sawyer 1986
	• Schoors 1973 (citado por Koole 2001)
	• Scullion 1982
	• Sekine 1989
	• Smith 1995
	• Westermann 1969
	• Whybray 1975
	• Wodecki 1982
	• Wolf 1985
	• Young 1972

Embora a amostra seja pequena, nos comentários mais antigos (antes de 1960) parece haver mais equilíbrio entre os que entendem os judeus como o referente da locução "alguns deles" do versículo 21 e os que optam por gentios (veja tabela 19.2).

James Muilenburg observa a dificuldade interpretativa e deixa o problema sem resolução.[33] Entre os comentaristas ainda mais antigos, podemos acrescentar João Calvino, que entende que o versículo faz referência aos gentios. T. K. Cheyne também inclui Gesenius e Ewald como representantes da segunda coluna da tabela 19.2 (i.e., gentios).[34] Jan Koole observa que os exegetas medievais judeus normalmente entendiam o versículo como referência aos judeus.[35]

---

[33] James Muilenburg, "The book of Isaiah: chaps. 40—66", in: G. A. Buttrick, org., *The interpreter's Bible* (New York: Abingdon, 1956), vol. 5, p. 772.

[34] T. K. Cheyne, *The prophecies of Isaiah*, 6. ed. (London: Kegan Paul, Trench, Trübner, 1898), 2 vols., 2:131.

[35] Jan L. Koole, *Isaiah III/3: chapters 56—66*, tradução para o inglês de Antony P. Runia, HCOT (Leuven: Peeters, 2001), p. 525.

Tabela 19.2

"Alguns deles" (*mêhem*) em Isaías 66.21 = judeus	"Alguns deles" (*mêhem*) em Isaías 66.21 = gentios
• Box 1908	• Alexander 1847
• Dennefeld 1952 (citado por Koole 2001)	• Cheyne 1898
• Dillmann 1898	• Cowles 1869
• Duhm 1892	• Delitzsch 1949
• Kessler 1956-1957 (citado por Koole 2001)	• Feldmann 1926 (citado por Koole 2001)
• Kissane 1943	• Nägelsbach 1871
• König 1926 (citado por Koole 2001)	• Ridderbos 1950-1951
• Slotki 1957	• Skinner 1917
• Volz 1932	
• Wade 1911	

A interpretação do versículo anterior (v. 20) parece determinar a identificação dos que serão escolhidos para sacerdotes e levitas em Isaías 66.21, particularmente a identificação do sintagma "seus irmãos" (*'áhêkem*) no versículo 20. A maioria dos comentaristas acha que a locução "alguns deles" (*mêhem*) do versículo 21 refere-se a um grupo extraído desses "irmãos".[36] Claus Westermann e Joseph Blenkinsopp consideram o versículo 20 uma glosa posterior com o objetivo de corrigir ou atenuar o tom universalista dos versículos 18,19 e 21.[37]

Os favoráveis à interpretação do versículo 21 como referência aos gentios normalmente recorrem ao tom universalista do contexto (esp. v. 18,19). Desse modo, entender que se faz referência aos israelitas estaria em desacordo com o contexto literário imediato.[38] A passagem de Isaías 56.1-8 (reconhecida em geral como a introdução do que se chama de Terceiro Isaías) é citada como preparação para esse mesmo conceito. Alguns propõem que seria desnecessariamente redundante prometer aos israelitas, alguns deles provavelmente levitas, que seriam escolhidos como levitas quando retornassem à terra.[39] Homer Hailey chama atenção para o "também", que indica que Deus proveria representantes gentios além dos sacerdotes e levitas israelitas.[40] Koole observa que o verbo "tomar" (*lāqaḥ*), em "eu tomarei", empregado no versículo 21 "não corresponde à ideia de reabilitação daqueles que já são membros dessa classe".[41] Enquanto John McKenzie acha que esse conceito não tem paralelo no AT,[42] Margaret Barker propõe que os estrangeiros uma vez já serviram no templo (citando 1Cr 9.2, em que os "servos do templo" [*nětînîm*], segundo entendem alguns, eram estrangeiros)[43] e T. K. Cheyne traça um elo geral, sem especificação mais clara, com o final de Zacarias.[44]

---

[36]No entanto, veja, p. ex., P. A. Smith, *Rhetoric and redaction in Trito-Isaiah: the structure, growth, and authorship of Isaiah 56—66*, VTSup 62 (Leiden: Brill, 1995), p. 168. Smith entende que os "irmãos" são judeus, e os escolhidos para ser sacerdotes e levitas seriam gentios.

[37]Claus Westermann, *Isaiah 40—66*, tradução para o inglês de D. M. G. Stalker, OTL (Philadelphia: Westminster, 1969), p. 423, 426; Joseph Blenkinsopp, *Isaiah 56—66*, AB 19B (New York: Doubleday, 2003), p. 311, 315.

[38]Conforme, p. ex., Derek Kidner, "Isaiah", in: D. A. Carson et al., orgs., *New Bible commentary: 21st century edition* (Downers Grove: InterVarsity, 1994), p. 670; Koole, *Isaiah III/3*, p. 525; R. N. Whybray, *Isaiah 40—66*, NCB (Grand Rapids: Eerdmans, 1975), p. 291.

[39]P. ex., Franz Delitzsch, *Biblical commentary on the prophecies of Isaiah*, tradução para o inglês de James Martin, K&D (Grand Rapids: Eerdmans, 1949), 2 vols., 2:513; Whybray, *Isaiah 40—66*, p. 291-2.

[40]Homer Hailey, *A commentary on Isaiah, with emphasis on the Messianic hope* (Grand Rapids: Baker Academic, 1985), p. 528; cf. Koole, *Isaiah III/3*, p. 525; Westermann, *Isaiah 40 — 66*, p. 423.

[41]Koole, *Isaiah III/3*, p. 525.

[42]John L. McKenzie, *Second Isaiah*, AB 20 (Garden City: Doubleday, 1968), p. 208.

[43]Margaret Barker, "Isaiah", in: James D. G. Dunn; John W. Rogerson, orgs., *Eerdmans commentary on the Bible* (Grand Rapids: Eerdmans, 2003), p. 541.

[44]Cheyne, *Prophecies of Isaiah*, 2:131.

Os estudiosos que interpretam o versículo 21 como uma referência aos judeus em geral entendem o versículo como uma subversão do monopólio de Jerusalém do sacerdócio e, portanto, como uma promessa de que o tempo gasto peregrinando em terras estrangeiras não desqualifica o indivíduo para o ministério sacerdotal.[45] Muitas vezes recorre-se ao texto de Isaías 61.5,6 para comprovar a esperança futura de que os gentios seriam meros servos dos israelitas, e apenas os israelitas seriam escolhidos para o sacerdócio.[46] Conforme G. H. Box, "a ideia de tomar *sacerdotes* dentre os gentios é muito ousada para ser atribuída ao Terceiro Isaías".[47] Por fim, J. Severino Croatto propõe uma interpretação singular para os "sobreviventes" ($p\bar{e}l\hat{e}\d{t}\hat{\i}m$) em Isaías 66.19. Para esse autor, Isaías 66.19 não se refere aos israelitas que sobrevivem ao juízo de Deus, mencionado nos versículos anteriores, e depois são enviados para o serviço missionário, mas aos que "fugiram para as nações" (i.e., os judeus da Diáspora), agora convocados a retornar a Jerusalém. De acordo com Croatto, a ênfase de toda a passagem não é missionária nem universalista, mas, sim, particularista e focada na unificação e na exaltação da nação de Israel. Portanto, entender o versículo 21 como uma referência à escolha de gentios para sacerdotes e levitas destruiria "o centro querigmático e teológico do texto".[48] Blenkinsopp, apesar de entender que o versículo 21 se refere aos gentios, interpreta o versículo 20 de um modo que corresponde com a interpretação de Croatto. No versículo 20 (segundo Blenkinsopp, uma interpolação corretora posterior), os gentios apenas fornecem os materiais necessários (i.e., "israelitas repatriados") para os serviços sacerdotais adequados; o versículo 20 concebe apenas israelitas como sacerdotes legítimos.[49]

A minha interpretação no texto da análise anterior se alinha com os que identificam os "sacerdotes" e "levitas" do versículo 21 como gentios, uma interpretação apoiada pela maioria dos comentaristas dos séculos 20 e 21 mencionados anteriormente.

O conceito neotestamentário do verdadeiro Israel dos últimos dias

De várias maneiras, o NT identifica a igreja com Israel.

Nomes e imagens de Israel que o Novo Testamento aplica à igreja[50]

Ao fazer o levantamento das várias maneiras que o NT se refere à igreja como Israel, a questão hermenêutica central é: Por que os autores neotestamentários fazem isso? Será que é simplesmente

---

[45]P. ex., Ulrich Berges, *Das Buch Jesaja: Komposition und Endgestalt*, HBS 16 (Freiburg: Herder, 1998), p. 531; Richard J. Clifford, "Isaiah 40—66", in: James L. Mays, org., *Harper's Bible commentary* (San Francisco: Harper & Row, 1988), p. 596; J. Severino Croatto, "The 'nations' in the salvific oracles of Isaiah", *VT* 55 (2005): 157; Anne E. Gardner, "The nature of the new heavens and new earth in Isaiah 66:22", *ABR* 50 (2002): 18; Edward J. Kissane, *The book of Isaiah* (Dublin: Browne & Nolan, 1943), 2:327; Alexander Rofé, "Isaiah 66:1-4: Judean sects in the Persian period as viewed by Trito-Isaiah", in: Ann Kort; Scott Morschauser, orgs., *Biblical and related studies presented to Samuel Iwry* (Winona Lake: Eisenbrauns, 1985), p. 212; G. W. Wade, *The book of the prophet Isaiah* (London: Methuen, 1911), p. 420-1. Observe-se, porém, o questionamento de Joseph Alexander: "Mas por que a mera dispersão deve ser considerada desqualificadora dos levitas para o sacerdócio?" (*Commentary on the prophecies of Isaiah* [1847; reimpr., Grand Rapids: Zondervan, 1970], 2 vols., 2:478).

[46]Croatto, "'Nations' in the salvific oracles", p. 158; Peter Höffken, *Das Buch Jesaja: Kapitel 40—66*, NSKAT 18/2 (Stuttgart: Katholisches Bibelwerk, 1998), p. 253; cf. tb. as afirmações de Blenkinsopp a respeito do papel dos gentios no v. 21 em *Isaiah 56—66*, p. 315.

[47]G. H. Box, *The book of Isaiah* (London: Pitman, 1908), p. 357.

[48]Croatto, "'Nations' in the salvific oracles", p. 158.

[49]Blenkinsopp, *Isaiah 56—66*, p. 315.

[50]Nesta seção, fui muito bem auxiliado pelo amplo esboço de Charles D. Provan, *The church is Israel now: the transfer of conditional privilege* (Vallecito: Ross House, 1987), p. 3-46. Provan faz um levantamento de muitos nomes e metáforas de Israel que são aplicados à igreja. Embora as evidências exegéticas aduzidas possam divergir em pontos importantes, trabalhei aqui com a estrutura geral de Provan.

para retratar a igreja como semelhante a Israel, mas, na realidade, não há continuação do verdadeiro Israel? Ou essas descrições pretendem mostrar que a igreja é de fato a continuação do verdadeiro Israel? À luz dos pressupostos bíblicos acerca de Israel e dos gentios no *escathon* que acabamos de analisar, a conclusão natural é que os seguintes nomes e imagens israelitas para a igreja indicam que ela é realmente considerada o verdadeiro Israel dos últimos tempos, formada por crentes de etnia judaica e de gentios. A seção principal e final deste capítulo, bem como o excurso, procura apresentar mais evidências disso, mostrando que as profecias de restauração de Israel começaram a ser cumpridas na igreja predominantemente gentia. A maior parte dos nomes e imagens a seguir é do apóstolo Paulo, mas os outros vêm de outras partes do NT.

Paulo

Os cristãos como os amados de Deus, os eleitos, e a igreja

Deus chama Israel de seu "amado" (Dt 32.15; 33.12; Is 44.2; Jr 11.15; 12.7;[51] Sl 60.5 [59.7, LXX]; 108.6 [107.7, LXX]).[52] Este é provavelmente o melhor antecedente para entender por que Paulo chama os crentes da igreja de Tessalônica de "amados de Deus" (1Ts 1.4).[53] A combinação do "amor" de Deus por Israel e a "eleição" deste povo no AT é provavelmente o melhor contexto para a frase mais completa de Paulo em 1Tessalonicenses 1.4: "sabendo, irmãos amados por Deus, de vossa eleição".[54] Além disso, no contexto próximo de 1Tessalonicenses 1.1, Paulo se refere "à igreja [*ekklēsia*] dos tessalonicenses". "Igreja" é uma palavra usada pelo apóstolo com frequência para referir-se a outras congregações de cristãos de outras cidades a que ele escreve. A palavra *ekklēsia* podia ser empregada no mundo grego da época para se referir a um grupo de cidadãos convocados oficialmente, mas na LXX designa Israel, congregado para adoração ou não (veja o texto da LXX de Dt 23.2,3; 31.30; 1Sm 17.47; 1Cr 28.8; Ne 13.1). Provavelmente Paulo utiliza essa palavra com base no uso veterotestamentário dela. É provável que esses nomes para a igreja não sejam simples metáforas para designar com que a igreja se parece, mas, sim, retratos da igreja como a continuação do povo de Deus do AT, o verdadeiro Israel.[55] Essa conclusão é particularmente provável à luz do contexto e da formação veterotestamentária e judaica de Paulo e também por ser uma conclusão provavelmente aplicável aos outros usos paulinos de *ekklēsia*.

Outra referência importante aos cristãos como os "amados" de Deus ocorre em Romanos 9.25: "Chamarei aqueles que não são meu povo de 'Meu povo'; e aquela não é amada, de 'Amada'". Esse texto cita a profecia de Oseias 2.23. Em Oseias, essa profecia era sobre a salvação de Israel, quando a nação seria restaurada, mas Paulo a aplica aos gentios. Essa aplicação fica clara pela observação de Romanos 9.24, em que o apóstolo se refere àqueles "a quem também [Deus] chamou, não só dentre os judeus, mas também dentre os gentios", e depois acrescenta a citação de Oseias 2.23 no versículo 25 para apoiar a ideia de que a profecia de Oseias está sendo aplicada aos gentios. Mais adiante, argumentarei que isso não

---

[51] A versão da LXX desses textos emprega o particípio perfeito na voz passiva de *agapaō* ("amar") referindo-se ao amor de Deus por Israel.

[52] A versão da LXX desses textos usa o adjetivo substantivado *agapētoi* ("amados").

[53] Observe-se que Paulo usa o mesmo particípio perfeito na voz passiva de *agapaō* ("amar") que o das passagens da LXX citadas antes.

[54] Tanto em 1Tessalonicenses 1.4 quanto no AT, *agapaō* e *eklegomai* ocorrem em associação direta (no AT, veja Dt 4.37; 10.15; Sl 46.5; 77.68; Is 41.8; 44.2), mas em 1Ts 1.4 aparece o substantivo *eklogē*. Veja tb. Colossenses 3.12, em que "eleitos" e "amados" também se referem à igreja.

[55] Neste parágrafo, sigo Jeffrey A. D. Weima, "1-2 Thessalonians", in: G. K. Beale; D. A. Carson, orgs., *Commentary on the New Testament use of the Old Testament* (Grand Rapids: Baker Academic, 2007), p. 871-2 [edição em português: *Comentário do uso do Antigo Testamento no Novo Testamento* (São Paulo: Vida Nova, 2014)].

é somente uma comparação analógica da profecia de Oseias aos gentios, mas, sim, o começo de seu cumprimento.

Os cristãos como filhos de Deus, descendência de Abraão, Israel, Jerusalém e judeus circuncidados

Estudamos no capítulo 12 sobre a imagem de Deus, que Jesus referia a si mesmo tanto como o "Filho de Deus" quanto como o "Filho do Homem" porque esses dois títulos remetiam a seu papel de Último Adão. Jesus viera para realizar o que Adão deveria ter feito e capacitar os seres humanos caídos a refletirem a imagem de Deus do modo que foram concebidos originariamente. Vimos ainda que esses nomes de Jesus também eram nomes de Israel, uma vez que a comissão de Adão em Gênesis 1.26-28 tinha sido transmitida a Israel (veja, no cap. 12, a seção "Jesus como o Adão e o Israel do fim dos tempos que restaura o reino para o povo de Deus" e a subseção "Jesus como o Filho de Deus adâmico"). Particularmente, como se observou no início deste capítulo, Israel era chamado reiteradamente de "filho(s)" de Deus (Êx 4.22,23; Dt 14.1; Is 1.2,4; 63.8; Os 1.10; 11.1)[56] e "primogênito" (Êx 4.22,23; Jr 31.9), e o Messias vindouro de Israel também era conhecido como o "primogênito" de Deus (Sl 89.27).

Parece que a identificação dos crentes com Jesus, a síntese do verdadeiro Israel (conforme sustentado antes neste capítulo) com o Filho de Deus, é o melhor motivo para eles serem chamados "filhos de Deus".[57] Se Jesus é o "filho" de Deus, também são filhos aqueles identificados com ele, mas são chamados de "filhos adotivos", pois não são filhos naturais como Jesus, mas filhos adotados na família de Deus (Gl 4.4-7).

A ideia de que o cristão faz parte da família israelita de Deus está bem clara na Carta aos Gálatas. Essa ideia se baseia na noção de que há um Messias, que é identificado com Israel e representa seu povo (como vimos anteriormente em Is 49). Paulo considera Cristo a recapitulação do verdadeiro Israel e entende que todos os representados por Jesus, quer judeus, quer gentios, fazem parte do verdadeiro Israel. O texto de Gálatas 3.16,26,29 transmite esse conceito como mostra a tabela 19.3:

Tabela 19.3

Gálatas 3.16	Gálatas 3.26,29
"Assim, as promessas foram feitas a Abraão e a seu descendente. A Escritura não diz: 'E a teus descendentes', como se falasse de muitos, mas se refere a um só: 'E a teu descendente', que é Cristo."	3.26: "Pois todos sois filhos de Deus pela fé em Cristo Jesus". 3.29: "E, se sois de Cristo, então sois descendência de Abraão e herdeiros conforme a promessa".

Nessas passagens, Paulo considera Cristo o cumprimento do descendente prometido de Abraão e, portanto, todos os que se identificam com ele pela fé são considerados "filhos de Deus" (v. 26) e "descendência de Abraão e herdeiros conforme a promessa" — isto é, também em cumprimento da promessa. É importante lembrar que a menção no AT à "descendência de Abraão" indica reiterada e exclusivamente o povo de Israel, e não os gentios, mas a semente abraâmica israelita deveria abençoar os gentios (p. ex., Gn 12.7; 13.15,16; 15.5; 17.8; 22.17,18; 26.4; 32.12). A mesma ideia se aplica ao judaísmo. A identificação em Gálatas 3.29

---

[56]Sobre as referências de Deuteronômio e Isaías, veja Provan, *The church is Israel now*, p. 6.
[57]É provável que a referência de Paulo aos cristãos romanos como "filhos de Deus" expresse a mesma ideia (Rm 8.14-19). Observe-se igualmente "filhos de Deus" em Filipenses 2.15.

dos crentes "tanto judeus como gregos" (3.28) com a "descendência de Abraão" é, portanto, uma referência aos crentes como a continuação do verdadeiro Israel. De novo, Gálatas 4.28 afirma que os cristãos são "filhos da promessa [a Abraão], à semelhança de Isaque".

Por isso, os fiéis da nova aliança são filhos da "Jerusalém do alto", que é "mãe" deles, de modo que são considerados nascidos na verdadeira Jerusalém (Gl 4.26,31), portanto são verdadeiros hierosolimitas.[58] Ao dizer isso, Paulo talvez tenha sido influenciado pelo salmo 87, que, como vimos antes, profetizava que os gentios deviam nascer na Jerusalém dos últimos tempos e ser filhos da sua mãe, Jerusalém. Como decorrência natural da identificação paulina dos cristãos com Jerusalém está a conclusão de Gálatas 6.16. Depois de dizer que "nem a circuncisão nem a incircuncisão são coisa alguma, mas o ser nova criação" (v. 15), Paulo diz a respeito daqueles "que andam conforme essa regra" de não haver divisões étnicas na nova criação: "paz e misericórdia sejam sobre eles, isto é, sobre o Israel de Deus" (TA). Assim, tanto cristãos judeus quanto cristãos gentios são chamados de "Israel de Deus", uma identificação quase igual à de Gálatas 3.29, em que ambos são chamados de "descendência de Abraão". Alguns comentaristas, contudo, entendem que a bênção de "paz e misericórdia" é pronunciada aqui primeiramente aos cristãos gentios e, depois, aos cristãos judeus. Essa interpretação de Gálatas 6.16 é possível, mas improvável. Os comentaristas cada vez mais reconhecem no "Israel" de Gálatas 6.16 tanto os cristãos judeus quanto os cristãos gentios, sobretudo porque um dos principais assuntos da parte anterior da epístola é que não há mais distinções étnicas entre o povo de Deus.[59] Consequentemente, Paulo conclui a carta dizendo que os crentes judeus e os crentes gentios são o verdadeiro "Israel de Deus" (Gl 6.16).

Com esse pano de fundo em mente, pode se entender melhor por que Paulo se refere à primeira geração de Israel como "pais" dos cristãos de Corinto (1Co 10.1), em contraste com o Israel incrédulo como "Israel conforme a carne" (1Co 10.18). Pela mesma razão, Paulo pode chamar os gentios de "concidadãos" com os "santos" judeus, uma vez que os crentes gentios não são mais "excluídos da comunidade de Israel" (Ef 2.12,19). E assim como os israelitas eram muitas vezes chamados de "judeus" mesmo na época anterior ao NT (p. ex., 15 vezes em Esdras-Neemias) e eram "circuncidados" (p. ex., Gn 17.10-14,23,24), também o gentio que confia em Jesus é considerado "judeu no interior", que tem a verdadeira "circuncisão [...] a do coração" (Rm 2.26-29). Ao contrário dos judeus incrédulos, a quem Paulo chama de "falsa circuncisão", os cristãos filipenses são "a verdadeira circuncisão" (Fp 3.2,3), uma vez que em Cristo os cristãos foram "circuncidados com a circuncisão que não é feita por mãos humanas" (Cl 2.11).

Também veremos neste capítulo que a comissão original de Israel para ser "um reino de sacerdotes", segundo Êxodo 19.6, foi transferida para a igreja em 1Pedro e Apocalipse.

Os cristãos como parte do templo de Deus dos últimos tempos

O capítulo 18 já apresentou as evidências dessa identificação nos textos paulinos, mas é uma identificação muito importante que deve ser mencionada aqui também (veja, p. ex., 1Co 3.10-17; 6.19; Ef 2.20-22).[60]

---

[58]Basicamente a mesma questão aparece em Hebreus 12.22: "Mas tendes chegado ao monte Sião, à cidade do Deus vivo, à Jerusalém celestial". Do mesmo modo, na época do AT dizia-se que os santos eram os "filhos" de Jerusalém (Sl 149.2; Is 51.17,18; Lm 4.2).

[59]No próximo capítulo, procuro explicar isso com mais detalhes (veja, no cap. 20, a seção "Gálatas"); veja tb. G. K. Beale, "Peace and mercy upon the Israel of God: the Old Testament background of Gal. 6.16b", *Bib* 80 (1999): 204-23.

[60]Sobre esse tema, veja mais em G. K. Beale, *The temple and the church's mission: a biblical theology of the dwelling place of God*, NSBT 17 (Downers Grove: InterVarsity, 2004), p. 245-92.

Os cristãos como a noiva de Cristo

No AT, Israel era a esposa de Yahweh (Is 54.5,6; Ez 16.32; Os 1.2), mas Israel se transformou em uma prostituta (p. ex., Ez 16). Paulo se refere à igreja como a noiva de Cristo em 2Coríntios 11.2 e Efésios 5.25-27. Mais adiante, neste capítulo, veremos que o livro de Apocalipse também retrata a igreja como a noiva de Cristo em cumprimento das profecias isaiânicas da restauração de Israel.

Os cristãos como uma vinha ou um campo cultivado

Às vezes, no AT, Israel era chamado de a "vinha" ou o "campo cultivado" de Deus. A famosa parábola da vinha em Isaías 5.1-7 refere-se a Israel e termina dizendo explicitamente que "a vinha do Senhor dos Exércitos é a casa de Israel". Igualmente, Jeremias 12.10 também se refere a Israel como "a minha [de Deus] vinha [...] minha propriedade [...] meu campo aprazível" (assim como Ez 19.10).[61]

A Parábola da Vinha que Jesus contou é outro antecedente pertinente a ser considerado em relação à visão paulina da igreja como uma vinha a ser analisada logo a seguir. A parábola da vinha de Isaías 5 foi desenvolvida explicitamente por Jesus em Mateus 21.33-41 e aplicada a Israel (cf. os paralelos sinóticos, Mc 12.1-12; Lc 20.9-19). Jesus afirma que os "agricultores" (os líderes de Israel) se recusaram a escutar os servos do senhor da vinha (os profetas), que os exortavam a ser administradores fiéis devolvendo ao dono a sua porção da colheita. Além disso, os agricultores maltrataram os mensageiros (os profetas) e depois mataram o filho (Jesus) do senhor da vinha. Jesus declara que, por causa disso, o senhor da vinha (Deus) "dará um fim terrível a esses homens maus e arrendará a vinha a outros agricultores, que no devido tempo lhe entregarão os frutos" (Mt 21.41). Em seguida, Jesus interpreta a parábola ao dizer que "o reino de Deus vos [Israel] será tirado e dado a um povo que dê frutos" (Mt 21.43).[62]

Em 1Coríntios 3, Paulo se define como "o que planta", e a Apolo como "o que rega" a semente da palavra de Deus, mas declara que nem ele nem Apolo, poderiam fazer aquela semente crescer (1Co 3.5-8). Esse crescimento é causado apenas por Deus, e não por seus agentes (1Co 3.6b,7). O versículo 9 chama os crentes de Corinto de "lavoura" e "vinha" de Deus.[63] Apesar de ser possível que Paulo esteja desenvolvendo a Parábola da Vinha de Jesus baseada em Isaías 5,[64] é mais provável que se trate de um paralelo conceitual dessa parábola. Tanto na parábola de Isaías 5 quanto em 1Coríntios 3 aparece a ideia de que Deus é o supremo plantador da vinha e aquele que provê o ambiente e as condições de fertilidade para ela, e

---

[61]O texto hebraico traz literalmente "tua mãe [Israel] era como uma videira no teu sangue", que a NASB, NRSV e ESV traduzem por: "vossa mãe [Israel] era como uma vide em vossa vinha", interpretando, ao que tudo indica, "sangue" como uma metáfora para vinho e, então, por associação uma "vinha". A LXX traz "tua mãe era como uma videira/vinha" (*ampelos*).

[62]Mesmo que Jesus não estivesse pensando especificamente em Israel como a vinha de Isaías 5, no mínimo estava se referindo à associação comum de Israel com a metáfora da vinha na tradição veterotestamentária e judaica.

[63]A palavra *geõrgion* pode ser traduzida por "lavoura" ou "vinha" (p. ex., veja a LXX de Gn 26.14; Pv 6.7; 9.12; 24.5; mas em Pv 24.30 [edição de Rahlfs] e 31.16 é equiparada a "vinha"). Curiosamente, a palavra *geõrgos* ocorre repetidas vezes nos Evangelhos Sinóticos referindo-se aos agricultores que cuidavam da "vinha" (muitas vezes traduzido por "agricultores" ou "vinhateiros" [p. ex., Lc 20.9-16]). BDAG (196) define *geõrgos* como "aquele cuja ocupação é agricultura ou horticultura".

[64]Sobre essa questão, veja David Wenham, *Paul: follower of Jesus or founder of Christianity?* (Grand Rapids: Eerdmans, 1995), p. 204-5.

em seguida vem o juízo destruidor (sobre o juízo em 1Co 3, veja os v. 13-15).[65] Tudo isso está implícito no desenvolvimento de Jesus da parábola de Isaías 5, mas o elemento conclusivo do juízo final também está explícito na parábola de Jesus. Assim como Paulo associa essa metáfora agrícola diretamente com o templo nos versículos 11 e 12, 16 e 17, a interpretação judaica da parábola da vinha de Isaías 5 e a conclusão da parábola em Mateus 21.42-45 também os associam.[66]

Para os objetivos desta seção, é suficiente concluir que Paulo, talvez em uma elaboração sutil da Parábola da Vinha de Jesus, retrata a igreja como a "vinha de Deus". Isso talvez se baseie, em alguma medida, na descrição de Israel como a vinha de Deus pelos profetas do AT.

Os cristãos como parte de uma oliveira

Israel (Is 17.6; Jr 11.16; Os 14.6), os indivíduos ideais de Israel (Sl 128.3) e os líderes de Israel (Jz 9.8,9; Sl 52.8; Zc 4.3,11,12) são retratados reiteradas vezes como uma "oliveira" (LXX: *elaia*).[67] A Sabedoria personificada, que escolheu Israel como habitação, também o chama de uma "linda oliveira" (Eo 24.14), e o sumo sacerdote de Israel, de "uma oliveira carregada de frutos" (Eo 50.10).

Em Romanos 11.17,24, Paulo se refere aos gentios como "oliveira brava" "enxertada entre os outros ramos [...] da oliveira [*elaia*]" cultivada de Israel. O texto provavelmente continua com a metáfora geral do AT de Israel como oliveira. Os gentios agora são considerados identificados com parte dessa oliveira israelita e, portanto, parte da continuação do verdadeiro Israel.

Os cristãos como redimidos da iniquidade e como povo especial de Deus

À luz do que acabamos de ver, é bem natural que Paulo aplique à igreja um dos tão conhecidos epítetos de Israel. Em Tito 2.14, o apóstolo diz que Cristo "se entregou por nós para nos redimir de toda a impiedade e purificar para si um povo especial [*heautō laon periousion*], zeloso de boas obras". A oração gramatical "vós sereis para ele (ou 'para mim') um povo especial" (*autō* [*moi*] *laon periousion*), ou uma variação dela, se repete em todo o Pentateuco (LXX):

> **Êxodo 19.5**: "Agora, portanto, se ouvirdes atentamente a minha voz e guardardes a minha aliança, sereis para mim um povo especial sobre todas as nações".
> **Êxodo 23.22**: "Se ouvirdes de fato a minha voz, fizeres tudo o que eu vos ordenar e guardardes a minha aliança, então sereis para mim um povo especial sobre todas as nações".
> **Deuteronômio 7.6**: "O Senhor, teu Deus, te escolheu para que sejas o seu povo especial dentre todas as nações que estão sobre a face da terra".
> **Deuteronômio 14.2**: "Porque és povo santo para o Senhor, teu Deus, e o Senhor te escolheu para seres o seu povo especial entre todas as nações sobre a face da terra".
> **Deuteronômio 26.18**: "E o Senhor te declarou que serás seu povo especial, como te disse, e que deverás guardar todos os seus mandamentos".

A alusão de Paulo a essa expressão relacionada a Israel é ainda perceptível pela ligação indissociável com a obediência de Israel em todos os casos do AT, o que pode estar resumido na referência conclusiva de Paulo a "zeloso de boas obras". A designação israelita que Paulo emprega é reforçada ainda mais porque em Tito 2.14 ele a antecede com outra descrição

---

[65]Para a alegação de que esses versículos indicam juízo dos não crentes (embora considerados parte da comunidade da igreja) em vez da separação entre as boas e as más obras do crente genuíno, veja, p. ex., Beale, *Temple*, p. 245-52.

[66]Sobre isso, veja ibidem, p. 245-52.

[67]Excepcionalmente, os estrangeiros de Israel são comparados a uma "oliveira" (Jó 15.33; Is 24.13).

alusiva de Israel: "para nos redimir de toda a impiedade", uma referência a Salmos 130.8 ("Ele redimirá Israel de toda a sua impiedade"). Diferente do relato histórico de Israel nas passagens de Êxodo e Deuteronômio listadas há pouco, esta passagem do salmo é uma profecia, que Paulo, ao que tudo indica, considera estar começando a se cumprir na igreja.

É importante dizer em relação a isso que o uso de Paulo da palavra "povo" (*laos*) e sua aplicação tanto a cristãos judeus quanto a cristãos gentios têm importante significado histórico-redentor. Na LXX, essa palavra refere-se predominantemente a Israel como um povo, especialmente porque os israelitas são o "povo de Deus" (p. ex., Êx 19.4-7; Dt 4.6; 32.9,36,43,44). O uso de "povo" (*laos*) na LXX normalmente é uma tradução do hebraico '*am* ("povo").[68] Outros grupos étnicos de fora de Israel em geral são chamados de "nações" (*ethnē*) e raramente de "povo" (*laos*).[69] Paulo pode aplicar o termo (*laos*) à igreja, formada tanto de judeus como de gregos e, fazendo isso, ele vê a igreja como a continuação escatológica do verdadeiro Israel.[70] O apóstolo cita, por exemplo, as profecias de restauração de Israel que usam essa palavra "povo" para se referir a Israel e as aplica à igreja.[71]

Outras descrições veterotestamentárias de Israel aplicadas à igreja nas epístolas gerais e em Apocalipse

O propósito principal desta seção é apresentar resumidamente os trechos mais importantes dos escritos não paulinos que citam várias descrições de Israel no AT e as aplicam à igreja.

Os cristãos como a noiva de Cristo

Além de Paulo, o livro de Apocalipse também se refere repetidas vezes à igreja como a noiva de Cristo. Com isso, o Apocalipse associa esse título diretamente com as profecias do AT que falam de Deus casando-se com Israel novamente nos últimos tempos.

Apocalipse 21.2 diz: "Vi a cidade santa, a nova Jerusalém, que descia do céu, da parte de Deus, enfeitada como uma noiva adornada para seu marido". Apocalipse 21.9,10 desenvolve mais o quadro referindo-se à "noiva, a esposa do Cordeiro [...] a cidade santa, Jerusalém". O novo mundo que Apocalipse 21.1 descreve como substituto do antigo agora é chamado de "a cidade santa, nova Jerusalém". Parte dessa linguagem tem origem em Isaías 52.1b, "Jerusalém, cidade santa", que promete um tempo em que o povo de Deus não sofrerá mais no cativeiro, e sim voltará à presença de Deus para sempre (Is 52.1-10). A alusão de Isaías 52.1b antecipa a linguagem figurada de matrimônio que vem logo em seguida a Apocalipse 21.2b ("adornada para seu marido") com metáforas semelhantes, que ocorrem em Isaías 52.1a: "Põe a tua veste de força, ó Sião; põe as tuas belas vestes, ó Jerusalém". Esse retrato implícito de casamento de Isaías 52.1 é desenvolvido em Isaías 61.10, que por sua vez, como veremos, constitui a base explícita para a figura nupcial no fim de Apocalipse 21.2.

---

[68]Sobre esse tema, veja H. Strathmann, "λαός", in: *TDNT* 4:34-37

[69]Quanto ao uso desses termos, veja Deuteronômio 7.1,6,7,14,16,19,22.

[70]Veja Leonhard Goppelt, *Typos: the typological interpretation of the Old Testament in the New*, tradução para o inglês de Donald H. Madvig (Grand Rapids: Eerdmans, 1982), p. 140-51.

[71]P. ex., veja o uso de Oseias 2.23 e 1.10 em Romanos 9.25,26, e Levítico 26.12 e Ezequiel 37.27 em 2Coríntios 6.16. Da mesma forma, veja o uso das referências do AT que utilizam "povo" (*laos*) em Hebreus 8.10; 10.30 e cf. Hebreus 4.9; 13.12. Strathmann ("λαός", in: *TDNT* 4:54-5) observa muito bem que *laos* às vezes se refere não a um grupo nacionalista de israelitas, mas genericamente a "uma multidão, população". Entretanto, sua tentativa de explicar que o NT emprega essa palavra de modo figurado para aplicar a um novo povo, a igreja, uso que vai além do da LXX, não é muito clara. Sem dúvida, o uso neotestamentário é um desdobramento da LXX, em que a palavra se refere a todos os israelitas, crentes verdadeiros e incrédulos, mas ainda conserva a ideia de "Israel" como um nome para o verdadeiro povo de Deus. Aqui é preciso lembrar a análise da primeira seção deste capítulo de que o próprio AT considerava que os gentios seriam redimidos tornando-se parte de Israel. As evidências dos pressupostos sobre Jesus e todos os crentes como o "verdadeiro Israel" nessa mesma parte do capítulo indicam a visão do AT.

O atributo "nova" acrescentado a "Jerusalém", "cidade santa", também provém do livro de Isaías. Isaías 62.1,2 fala de "Jerusalém", que será chamada "por um novo nome" na época de sua glorificação nos últimos tempos, quando Israel finalmente voltará do cativeiro. Em seguida, Isaías 62.3-5 explica que esse novo nome significa uma nova e íntima relação matrimonial entre Israel e Deus. Desse modo, não é por acaso que o restante de Apocalipse 21.2 acrescenta uma metáfora matrimonial para explicar o significado de "nova Jerusalém". Já em Apocalipse 3.12, a identificação com o "novo nome" de Cristo foi considerada praticamente igual à mesma identificação com "o nome de [...] Deus" e "o nome da [...] nova Jerusalém". Todos os três se referem à presença íntima de Deus e Cristo com seu povo nos últimos dias, conforme Apocalipse 22.3,4 e 14.1-4.[72] Do mesmo modo, Apocalipse 21.3 deduz a mesma ideia da "nova Jerusalém" e da figura de casamento seguinte: "Eis que o tabernáculo de Deus está entre os homens, e habitará com eles. Eles serão o seu povo, e Deus mesmo estará com eles".

As metáforas de casamento nos contextos do AT das duas alusões anteriores de Isaías 52 e 62 aparecem no final de Apocalipse 21.2: a cidade agora é considerada "uma noiva adornada para seu marido". Trata-se de uma terceira alusão clara ao mesmo contexto de Isaías. Em um discurso profético perfeito, Isaías 61.10 (LXX) personifica Sião: "Ele me adornou com os ornamentos de uma noiva" (Is 62.5 tb. emprega "noiva" como metáfora do povo de Israel). Isaías diz nas últimas linhas desse mesmo versículo que haverá alegria para aqueles a quem Deus vestir no período da restauração de Israel nos últimos tempos. O sentido literal do ato de vestir metafórico de Deus é explicado como "salvação" e "justiça", que resultam na libertação do cativeiro. As expressões de Isaías sobre o noivo e a noiva serem vestidos são acrescentadas não para realçar uma ação de Israel garantindo algum aspecto de sua justiça salvadora, mas para enfatizar ainda mais como será o recebimento da salvação e da justiça vindouras de Deus: será como uma nova e íntima relação matrimonial em que o noivo e a noiva celebram com roupas de festa. A mesma questão é confirmada metaforicamente em Apocalipse 21.2 e declarada de modo abstrato em Apocalipse 21.3.

Apocalipse 19.7,8 já fez alusão à mesma passagem para transmitir a mesma ideia acerca da intimidade de Deus com seu povo redimido: "sua noiva já se preparou, e foi-lhe permitido vestir-se de linho fino, resplandecente e puro". Isso esclarece ainda mais que a noiva é uma metáfora para os santos. Ser "preparada como uma noiva adornada para seu marido" (Ap 21.2) comunica a ideia de que Deus está preparando seu povo para ele. Ao longo da história, Deus vem formando seu povo para ser sua noiva, para que esse povo reflita a glória dele nas eras vindouras (conforme Ef 5.25-27), conceito desenvolvido no contexto de Apocalipse 21 (cf. 2Co 11.2).

As três profecias isaiânicas sobre a redenção final de Israel em Apocalipse 21.2 se cumprem na igreja. Isso também é corroborado por Apocalipse 3.12, que identifica os cristãos, tanto judeus como gentios, da igreja de Filadélfia com a "nova Jerusalém". Apocalipse 21.10-14 confirma essa ideia ainda mais. O texto identifica de modo figurado os nomes das tribos de Israel e os nomes dos apóstolos como parte da estrutura da "cidade santa, Jerusalém, que descia do céu da parte de Deus", a qual é equiparada à "noiva, a esposa do Cordeiro" (Ap 21.9).[73]

---

[72]Veja G. K. Beale, *The book of Revelation: a commentary on the Greek text*, NIGTC (Grand Rapids: Eerdmans, 1999), p. 255, 293, que discute o "novo nome" aplicado à igreja em Apocalipse 2.17; 3.12, procedente de Isaías 62.5; 65.15, passagens que profetizam que o "novo nome" significa que Israel terá um novo relacionamento escatológico íntimo com Deus (e, como observado acima, em Is 62.3-5, é retratado como uma nova relação matrimonial: assim como a mulher recebe o novo nome do seu marido, também ocorrerá com Israel no futuro).

[73]Para mais informações das passagens de Apocalipse analisadas nesta seção, veja ibidem, nos comentários dos versículos citados.

Os cristãos como um reino de sacerdotes

Em Êxodo 19.6, Deus diz a Israel: "Vós sereis para mim um reino de sacerdotes", o que provavelmente significava que a nação inteira serviria como mediadora real da revelação divina entre Deus e as nações descrentes (veja tb. Is 43.10-13). Os israelitas não foram fiéis no cumprimento do papel de testemunhar. Por isso, Deus levanta um novo rei-sacerdote, Jesus, e aqueles identificados com ele são um "reino de sacerdotes", conforme as passagens de 1Pedro 2.9 e Apocalipse 1.6; 5.10, que claramente fazem alusão a Êxodo 19.6.

Os meus comentários aqui analisarão apenas Apocalipse 1.6,[74] visto que o entendimento deste texto será suficiente para entender a ideia dos outros dois textos de que a igreja é um "reino de sacerdotes". A morte e a ressurreição de Cristo (Ap 1.5) instituíram uma função dupla, não só para Cristo (cf. Ap 1.13-18), mas também para os crentes. A identificação dos crentes com a ressurreição e o reino de Jesus significa que também são considerados ressurretos e reinando com ele por causa de sua exaltação: ele é o "Príncipe dos reis da terra" (Ap 1.5), e os constituiu "um reino, sacerdotes" (Ap 1.6 [cf. 5.10: "reino e sacerdotes"]). Os crentes não só foram feitos parte do reino de Cristo e súditos dele, mas também foram constituídos reis juntamente com Cristo (observe-se o aspecto ativo do reinado deles em 5.10, o que provavelmente se refere tanto ao presente como ao futuro). Os crentes também compartilham o ofício sacerdotal de Cristo por causa de sua identificação com a morte e a ressurreição dele, pois o derramamento do "sangue" de Jesus (Ap 1.5) também implica a função sacerdotal dele.[75]

Exatamente como a igreja deve desempenhar essas funções sacerdotais e régias ainda não está explícito em Apocalipse, mas não será nenhuma surpresa descobrir que a resposta consiste em entender como o próprio Cristo desempenhou esses dois ofícios. Ele revelou a verdade de Deus ao atuar como sacerdote mediador, com sua morte sacrificial e seu firme e "fiel testemunho" para o mundo, e reinando como rei, paradoxalmente, ao vencer a morte e o pecado derrotando-os na cruz e, depois, ressuscitando (Ap 1.5). Os crentes cumprem espiritualmente as mesmas funções nesta era, seguindo o modelo dele (cf. Ap 14.4), em especial sendo testemunhas fiéis por meio do sofrimento (Ap 1.9) e assim mediando a autoridade e a mensagem sacerdotal e soberana de Cristo para o mundo.[76]

Os cristãos como candelabros e oliveiras

O texto de Apocalipse 11.4 declara que as "duas testemunhas" que "profetizarão" (v. 3) são "as duas oliveiras e os dois candelabros que permanecem diante do Senhor da terra". Como Apocalipse 1.20 deixa claro, "candelabros" referem-se à igreja, e esse é o significado dos "candelabros" em Apocalipse 2.1,5.

As duas figuras, as oliveiras e os candelabros, juntamente com a oração gramatical que encerra o versículo 4, originam-se de Zacarias 4.14 (cf. 4.2,3,11-14). Na visão de Zacarias, os candelabros representavam o segundo templo (os candelabros são parte essencial do templo que provavelmente o representam como um todo em Zc 4). O texto de Zacarias 4.9 afirma que Zorobabel tinha lançado os alicerces do Segundo Templo. Havia duas oliveiras, uma de

---

[74]Em Apocalipse 1.6, o segmento *basileian, hiereis* ("reino, sacerdotes") baseia-se na locução semelhante de Êxodo 19.6 da LXX (*basileion hierateuma* [cf. TM]). Não fica claro se a locução de Êxodo deve ser entendida como "sacerdócio real" ou "reino sacerdotal", mas a diferença não é muito significativa, uma vez que as duas interpretações podem incluir referência aos elementos reais e sacerdotais (veja ainda a análise de Ap 1.6 em ibidem, p. 192-6, em que são citadas fontes secundárias em apoio à interpretação).

[75]Os sacerdotes do AT realizavam a santificação e expiação de Israel aspergindo o sangue de animais sacrificiais (veja Êx 24.8; Lv 16.14-19).

[76]Veja tb. Beale, *Revelation*, comentários de 1.6 (p. 192-6), 1.9 (p. 200-2), bem como de 2.13 (p. 247-8), em que Antipas é chamado de "testemunha fiel" (fontes secundárias são citadas em apoio).

cada lado dos candelabros. Essas oliveiras produziam o óleo para acender os candelabros e são interpretadas como "os dois ungidos que estão perante o Senhor de toda a terra" (Zc 4.14). "Os ungidos" (lit., "os filhos da riqueza"), ao que tudo indica, é uma referência a Josué, o sumo sacerdote, e a Zorobabel, o rei, ou aos líderes proféticos de Israel.

Aqui é suficiente apenas observar que a descrição de Apocalipse 11.4 é um dos modos de identificar a igreja com Israel. Não vou fazer maiores elaborações aqui, pois isso se refere especificamente aos cristãos identificados com uma parte do templo de Israel (p. ex., os candelabros), e já dediquei dois capítulos (17-18) para analisar esse conceito.[77]

Conclusão

Algumas metáforas israelitas mencionadas anteriormente aplicadas à igreja são alusões a textos específicos do AT, enquanto outras não têm nenhum ponto de contato literário específico com o AT, apesar de terem origem no âmbito do uso geral do AT. As metáforas e os nomes de Israel aplicados à igreja e analisados na seção anterior são apenas uma amostra dos exemplos mais significativos do NT. Esses nomes e metáforas são aplicados à igreja provavelmente porque ela é considerada a continuação do Israel dos últimos dias, sobretudo tendo em vista os pressupostos sobre Israel e a igreja tratados na seção inicial e o estudo a seguir das profecias de restauração de Israel que começam a se cumprir na igreja. A discussão anterior também revelou a importante reflexão de que às vezes os judeus incrédulos nativos não são considerados parte do verdadeiro Israel.[78]

O restante deste capítulo e o seguinte observarão consecutivamente como os Evangelhos, Atos, os textos paulinos, as Epístolas Gerais e o Apocalipse entendem que a restauração escatológica de Israel já começou e se completará no fim (esp. na perspectiva de Apocalipse).

A transferência da administração do reino pelo Israel veterotestamentário para o novo povo de Deus dos últimos tempos (Mateus e Lucas)

Depois de ter analisado nas seções anteriores a ideia de que a igreja é o verdadeiro Israel dos últimos tempos, agora examinarei diretamente o assunto principal deste capítulo: os seguidores de Jesus e a igreja que surge como o começo do cumprimento das promessas de restauração de Israel. Os Evangelhos de Mateus e de Lucas mostram Jesus advertindo os israelitas repetidas vezes de que, se eles o rejeitarem, Deus os rejeitará como o verdadeiro povo de Deus e os julgará definitivamente. Jesus começa a anunciar a rejeição de Deus da nação e sua destruição iminente em Lucas 19.41-44:

> Quando se aproximou e viu a cidade, chorou por ela, dizendo: "Se tu conhecesses, neste dia, o que te poderia trazer a paz! Mas agora isso está encoberto aos teus olhos. Pois sobrevirão dias em que os teus inimigos haverão de te cercar de trincheiras, te sitiar e te atacar por todos os lados; e te derrubarão, a ti e aos teus filhos que dentro de ti estiverem. E não deixarão em ti pedra sobre pedra, pois não reconheceste o tempo de tua visitação".

---

[77]Para mais explicações de Apocalipse 11.4 e seu contexto veterotestamentário em Zacarias, veja ibidem, p. 576-9. Para a discussão acerca da identidade das duas testemunhas de Apocalipse 11.3,4, veja ibidem, p. 572-82, em que a conclusão é que as testemunhas representam a igreja.

[78]P. ex., Romanos 2.25-29; 1Coríntios 10.1,18; Filipenses 3.2,3; observe-se também Apocalipse 2.9; 3.9, em que se lê que os judeus incrédulos "dizem ser judeus, mas não são".

Lucas 21 reitera e desenvolve essa predição de juízo sobre Jerusalém (v. 20-24), especificamente a destruição do Templo.[79] Fica evidente que essa destruição também será sinal do castigo da rejeição da nação étnica de Israel como verdadeiro povo de Deus em Mateus 21. Depois de contar a maior parte da Parábola da Vinha (Mt 21.33-40), cujo propósito é explicar sua rejeição por Israel, Jesus conclui provocando a seguinte resposta de seus ouvintes: "Dará um fim terrível a esses homens maus e arrendará a vinha a outros agricultores, que no devido tempo lhe entregarão os frutos" (Mt 21.41). Isto é, Israel deixou de ser receptivo e obediente à revelação de Deus e, por isso, não produzia frutos espirituais. Por causa disso, Deus confiará a administração da vinha a "outros vinhateiros", que representam, mais provavelmente, os gentios. Jesus justifica sua declaração do versículo 41 citando Salmos 118.22, no versículo seguinte (v. 42):

> Jesus lhes disse: "Nunca lestes nas Escrituras:
> 'A pedra que os construtores rejeitaram
> tornou-se a pedra angular;
> isso foi feito pelo Senhor
> e é maravilhoso aos nossos olhos'?".

No versículo 43, que interpreta a conclusão da parábola no versículo 41, novamente a citação do salmo é considerada a justificativa para a rejeição de Israel como intendente de Deus: "Portanto, eu vos digo que o reino de Deus vos será tirado e será dado a um povo que dê frutos". Esse versículo interpreta a conclusão da parábola (veja v. 41): a administração do reino de Deus será tirada das mãos de Israel e dada aos gentios. Mas em que sentido a citação do salmo serve de fundamento para essa transferência da administração do reino?

A citação de Salmos 118.22 menciona um sofredor justo a quem Deus liberta dos opressores. Como resultado de sua libertação, ele entra pela "porta do Senhor", provavelmente o portão do pátio do templo à luz das referências seguintes no salmo sobre a bênção que esse personagem receberá "da casa do Senhor" (v. 26) e por causa da ligação com o "sacrifício festivo com ramos até as pontas do altar" (v. 27). Portanto, a referência à pedra angular rejeitada em Salmos 118.22 pode indicar uma parte do alicerce do templo como metáfora do justo sofredor que foi oprimido não apenas pelas nações (v. 10), mas também provavelmente por indivíduos da comunidade da aliança (retratados figuradamente como "construtores" do templo que o "rejeitaram" como a "pedra angular"). Essa vítima consagrada a Deus, portanto, é provavelmente uma personagem régia da história de Israel, talvez o próprio Davi, que havia sido oprimido tanto pelas nações vizinhas quanto pelos de dentro de Israel. Assim, o propósito da citação do salmo é que a rejeição de Jesus como a "pedra angular" do templo ("a pedra que os construtores rejeitaram") é equivalente à rejeição de Jesus como o verdadeiro templo ("[esta] tornou-se a pedra angular") em processo de construção. Enquanto a pedra angular no salmo era provavelmente uma metáfora para um rei considerado fundamental para a existência do templo, aqui ela é mais do que simples figura de linguagem; é também uma referência efetiva a Jesus, o rei de Israel, tornando-se a pedra fundamental do novo templo.[80]

Por isso, a transferência da administração do reino também inclui a transferência da administração do novo templo, centrada não mais no âmbito de um edifício arquitetônico,

---

[79] Em Lucas 21.6, Jesus diz: "Chegarão dias em que, disso [o templo] que vedes aqui, não ficará pedra sobre pedra que não seja derrubada".

[80] Veja Craig L. Blomberg, "Matthew", in: G. K. Beale; D. A. Carson, orgs., *Commentary on the New Testament use of the Old Testament* (Grand Rapids: Baker Academic, 2007), p. 74. Blomberg identifica os usos judaicos antigos de Salmos 118.22 referindo-se à pedra angular do templo.

mas em Jesus e em todos os que se identificam com ele. Mateus 21.41,43 diz que essa nova constituição do reino (e implicitamente do templo) serão os gentios, mas sabemos com base em outras passagens que um remanescente de crentes da etnia judaica também se identificará com Jesus e se unirá aos gentios formando o novo reino e templo, que é a igreja. Ao explicar mais o versículo 43, Jesus diz no versículo 44: "E quem cair sobre essa pedra será despedaçado, mas aquele sobre quem ela cair será reduzido a pó". Alguns comentaristas observaram corretamente que essa segunda afirmação a respeito da pedra tem um fundo veterotestamentário, dessa vez em Daniel 2.34,35:[81] "Uma pedra soltou-se sem auxílio de mãos e feriu a estátua [...] e esmigalhou[-a]", e ela tornou-se "como a palha das eiras no verão. O vento os levou sem deixar nenhum vestígio". A estátua em Daniel representava os impérios maus do mundo que oprimiam o povo de Deus, e a pedra simbolizava o reino de Israel de Deus que destruiria e julgaria esses reinos incrédulos. Agora, o Israel infiel foi identificado com os reinos pagãos e é castigado juntamente com eles, sendo "despedaçado" e "reduzido a pó".

Portanto, Jesus vê Israel tornando-se semelhante às nações ímpias e, assim, é castigado do mesmo modo que elas. Ou seja, a nação de Israel deixará de existir como o verdadeiro povo da aliança de Deus, assim como as nações pagãs julgadas no *escathon* deixarão de existir. É importante lembrar também que a "pedra" da estátua do livro de Daniel, depois de esmagar a estátua colossal, que representava os reinos maus, "tornou-se uma grande montanha e encheu toda a terra". Jesus se identifica com a pedra de Daniel que esmaga as nações impiedosas, entre elas, nesse caso, Israel, considerado aliado dessas nações. Ainda é indicado que um dos aspectos da nova forma do reino nessa passagem é o templo, centrado em Jesus e no novo "povo que produz fruto", porque a parábola da vinha de Isaías 5, à qual Jesus faz alusão no contexto imediatamente anterior, era interpretada pelo judaísmo antigo como a representação do templo de Israel.[82]

Que Jesus se identifica com a pedra angular do novo templo é ainda mais realçado porque em Daniel 2 a pedra que bateu contra a estátua e depois "encheu toda a terra" representava a pedra fundamental do templo. Aquela pedra fundamental ficou cada vez maior até dominar toda a terra.[83] Outra indicação de que Israel se identificava com as nações, em vez de com Jesus, o verdadeiro Israel de Deus, aparece na pergunta de Pilatos aos judeus: "Crucificarei o vosso rei?", a que os principais sacerdotes responderam: "Não temos rei, a não ser César" (Jo 19.15). A passagem é o desdobramento da declaração anterior da multidão de judeus a Pilatos: "Se soltares este homem [Jesus], não és amigo de César. Todo aquele que se declara rei é contra César" (Jo 19.12). No relato paralelo de Mateus 27.25, os judeus responderam a Pilatos, dizendo: "Que o sangue dele caia sobre nós e sobre nossos filhos", outra expressão radical dizendo que eles se dissociavam de Jesus como o centro do novo Israel que surgia, do reino e do templo.

O primeiro ato de Jesus de reconstituir um novo Israel com ele como cabeça é relatado em Lucas 6.12,13. Na passagem, Jesus sobe o monte e escolhe doze discípulos de um grupo

---

[81]P. ex., Joseph A. Fitzmyer, *The Gospel according to Luke (X—XXIV)*, AB 28A (Garden City: Doubleday, 1985), p. 1282, 1286; John Nolland, *Luke 18:35—24:53*, WBC 35C (Dallas: Word, 1993), p. 953, 955; Darrell L. Bock, *Luke 9:51—24:53*, BECNT (Grand Rapids: Baker Academic, 1996), p. 1604-5. Veja tb. Craig A. Evans, *Mark 8:27—16:20*, WBC 34B (Dallas: Word, 2001), p. 445. Evans entende que a declaração de Jesus em Marcos 14.58, "edificarei outro [templo], não feito por mãos humanas", é uma alusão a Daniel 2.44,45. Alguns manuscritos omitem Mateus 21.44, embora esse trecho provavelmente seja original, mas, se não for, Lucas 20.18 o inclui sem nenhum manuscrito variante distinto.

[82]Veja Beale, *Temple*, p. 185-6; Blomberg, "Matthew", in: *Commentary on the New Testament use of the Old Testament*, p. 72.

[83]Para mais explicação sobre essa tema, veja Beale, *Temple*, p. 144-53, 185-6.

maior de seus seguidores. Isso provavelmente reflete o novo monte Sinai, onde Jesus dá um novo início à história de Israel escolhendo doze pessoas, as quais representam a fase inicial do povo reconstituído de Deus.[84]

O conceito de restauração em Mateus e Lucas já foi analisado rapidamente no capítulo 15 (no subtítulo "O conceito de reconciliação como o cumprimento inaugurado da nova criação e das profecias de restauração do exílio de Israel em outras partes do Novo Testamento") e no 16 ("O papel do Espírito como agente escatológico transformador de vida no Novo Testamento").[85] Portanto, agora nos voltamos para o Evangelho de Marcos e, então, para Lucas a fim de analisar esse assunto, o que vai complementar ainda mais a concepção sinótica sobre ele. Haverá também uma exposição sobre o mesmo tema em Atos.

O cumprimento inicial dos últimos tempos das profecias de restauração de Israel nos seguidores de Jesus e na igreja de acordo com Marcos, Lucas e Atos

Embora os Evangelhos não se refiram diretamente à igreja, é importante observar que eles descrevem Jesus estabelecendo uma comunidade da nova aliança, que Atos e o restante do NT consideram ser o início da igreja que estava surgindo. Marcos, Lucas e Atos entendem que as profecias de restauração de Israel começaram a ser cumpridas em Jesus, em seus seguidores e na igreja cristã primitiva. Procurarei defender essa ideia principalmente em um excurso no fim do capítulo, em que resumirei dois livros que, no meu entender, defendem e demonstram bem a ideia do cumprimento inaugurado das promessas de restauração de Israel nessas obras do NT.

Além dos importantes argumentos do excurso sobre este assunto, há algumas passagens em Lucas-Atos que pretendo dar atenção especial.

O uso de Isaías 42 e 49 em Lucas-Atos e as implicações para Jesus e seus seguidores como o verdadeiro Israel restaurado

Alguns estudiosos sustentam que, quando os gentios se convertem em Atos, tornam-se participantes do início do cumprimento das profecias de restauração de Israel. Apesar desse reconhecimento, esses comentaristas alegam que os cristãos gentios não passam a ser considerados o Israel dos últimos tempos, mas, em vez disso, coexistem com os crentes israelitas e permanecem com sua identidade original de gentios, embora sejam gentios redimidos.[86] Entretanto, o argumento deste capítulo é que a igualdade de condições que os gentios compartilham com os judeus tem de ser entendida como a passagem dos gentios para a condição do verdadeiro Israel dos últimos tempos. Por isso, defendi a tese de que a igreja, formada de crentes judeus e gentios, é o começo do cumprimento das profecias de restauração de Israel. Essa ideia fica evidente no livro de Atos. Assim, depois de ter tratado no início deste capítulo do Servo de Isaías 49 como Israel escatológico, vou analisar as citações dessa profecia em Lucas-Atos na tabela 19.4.

---

[84]Para uma análise mais detalhada, veja R. T. France, "Old Testament prophecy and the future of Israel: a study of the teaching of Jesus", *TynBul* 26 (1975): 53-78.

[85]Veja nessas seções o resumo da obra de Max Turner sobre o Espírito associado ao entendimento de Lucas da restauração.

[86]Sobre essa perspectiva, veja o excurso no final deste capítulo.

Tabela 19.4

Isaías 49; 42	Isaías 49.3,6 em Lucas-Atos
49.3: "Ele me disse: 'Tu és meu servo, Israel, em quem revelarei minha glória'".	**Aplicado a Cristo**: Lucas 2.32: "Uma luz para revelação aos gentios, e a glória de teu povo Israel".
49.5,6: "E agora diz o Senhor, que me formou desde o ventre para ser o seu Servo, para trazer-lhe de volta Jacó, e para reunir Israel diante dele (pois sou glorificado aos olhos do Senhor, e o meu Deus tem sido a minha força). Ele diz, "Não basta que sejas o meu Servo para restaurares as tribos de Jacó e trazeres de volta os remanescentes de Israel. Também te farei luz das nações, para seres a minha salvação até a extremidade da terra'".	Atos 26.23: "Isto é, como o Cristo deveria sofrer, e como ele seria o primeiro que, pela ressurreição dos mortos, anunciaria luz ao povo judeu e também aos gentios". **Aplicado a Paulo (entre outros)**: Atos 13.47: "Porque assim o Senhor nos ordenou: 'Eu te pus como luz dos gentios, a fim de que sejas para salvação até os confins da terra'".
Isaías 42.6b,7: "Eu te designarei como uma aliança para o povo, como luz para os gentios para abrir os olhos dos cegos, para tirar os presos do cárcere e os que habitam em trevas da prisão".	Atos 26.18: "... para lhes abrir os olhos a fim de que se convertam das trevas para a luz, e do poder de Satanás para Deus, para que recebam o perdão dos pecados e herança entre os que são santificados pela fé em mim".
Veja também 42.16, que inclui o período sintático "farei as trevas se tornarem luz para eles".	

[a]A sublinha indica paralelos conceituais, e não lexicais.

As citações em Lucas 2.32 e Atos 26.23 se aplicam à missão de Cristo, que é considerada cumprimento da missão do Servo de Israel de Isaías 49.1-6. Em seguida, Atos 13.47 entende que Paulo e seus colegas são cumprimento da mesma profecia. Provavelmente, o pressuposto de que o único Cristo, Israel o Servo, representa Paulo e os mensageiros proféticos especiais, de modo que eles também participam do que se aplica à função dele, isto é, a missão de Israel de ser luz para as nações. Da mesma maneira, a profecia do Servo de Isaías 42.6,7 é atribuída a Paulo na descrição de Atos 26.18 de sua tarefa missionária na condição de apóstolo de Cristo.[87]

O chamado de Israel em Êxodo e Deuteronômio e sua aplicação à igreja em Atos 15.14

Atos 15.14 também é um texto importante no que diz respeito à questão de se a igreja era considerada o Israel restaurado no livro de Atos. O texto é parte de uma introdução à profecia de restauração de Amós 9.11,12 em Atos 15.16-18, que Tiago entende estar começando a ser cumprida na igreja.[88] Em Atos 15.14, Tiago resume o discurso de Pedro nos versículos 7-11 sobre a salvação dos gentios aludindo a uma frase do AT bem conhecida e repetida referente ao chamado original de Israel e aplicando-a aos crentes gentios (veja tabela 19.5).

---

[87]A identificação de Paulo com o Servo Israel e sua missão é indicada ainda mais pela menção de que Paulo é "servo e testemunha" (At 26.16) ao cumprir a missão do Servo, uma designação dupla também usada para falar da missão de Israel em Isaías 43.10: "Vós sois as minhas testemunhas [...] e o meu servo". Nessa passagem, porém, a comissão é claramente destinada a Israel como nação (assumida pelo indivíduo Servo em Is 49.1-6), e a palavra traduzida por "servo" (*hupēretēs*) em Atos 26.16 é diferente do grego de Isaías (*pais*), embora sinônima. A identificação de Paulo com o Servo talvez seja entendida melhor como uma espécie de assistente profético dessa figura.

[88]Infelizmente, não há espaço para analisar todas as complexidades da citação de Amós e seu uso. Para mais informações, veja Beale, *Temple*, 232-44.

Tabela 19.5

Êxodo e Deuteronômio (LXX)	Atos 15.14
Êxodo 19.5: "Vós sereis para mim um povo especial dentre todos as nações".	"Simão relatou como Deus primeiramente se preocupou em tomar dentre as nações um povo para seu nome."[a]
Êxodo 23.22: "Vós sereis para mim um povo especial dentre todos as nações".	
Deuteronômio 14.2: "O Senhor Deus te escolheu para seres seu povo especial dentre todas as nações" (= quase idêntico a Dt 7.6)	

[a]Veja Jacques Dupont, *ΛΑΟΣ ΈΞ ΈΘΝΩΝ*", *NTS* 3 (1956): 47-50. Dupont entende que a frase de Atos 15.14 é uma fórmula israelita baseada nos textos de Êxodo e Deuteronômio mencionados nesta tabela.

A aplicação das locuções dos textos de Êxodo e Deuteronômio aos gentios em Atos 15.14 seria, no mínimo, uma aplicação por analogia da fórmula do chamado de Israel no AT ao chamado das nações, de modo que as nações sem dúvida são semelhantes a Israel. Entretanto, como tenho defendido ao longo deste capítulo, a aplicação é mais que uma simples analogia; ela é um indicador a mais da verdadeira identidade das nações que creem: elas passaram a ser parte do verdadeiro povo de Deus dos últimos tempos, o Israel escatológico. O segmento de frase do final da citação de Amós 9.12 em Atos 15.17, "todos os gentios, sobre os quais se invoca o meu nome", é muito semelhante ao segmento de Atos 15.14 ("um povo para seu nome") e talvez seja um desdobramento dela. De fato, em todas as outras ocorrências no AT de "todas as nações chamadas pelo meu nome [de Deus]", exceto Amós 9.12, a referência é exclusivamente a Israel.[89] Vimos antes neste capítulo que a maioria desses mesmos textos do AT serve de antecedente para a frase de Tito 2.14 ("purificar para si um povo especial"), quando cheguei à mesma conclusão que aqui. Com exceção de Atos 15.14, toda vez que o livro de Atos menciona "povo" (*laos*) para designar um grupo de pessoas, sempre é Israel (At 4.10,27; 13.17; 26.33; 28.26,27). Isso também é compatível com a observação de que Paulo emprega "povo" do mesmo modo.[90] Como já se disse: "Se alguém vir uma ave que se parece com um pato, grasna como o pato, anda do jeito do pato e dá a impressão de ser um pato, e o NT a chama de pato — então a criatura assim descrita é, com efeito, um pato!".[91]

O cumprimento inaugurado em Atos 2.16-21 do derramamento do Espírito profetizado em Joel 2.28-32

Outra passagem de Atos que deve ser analisada levando em conta a relação da esperança de restauração de Israel com a igreja é o uso de Joel 2.28-32 em Atos 2.16-21 (veja tabela 19.6).

---

[89]Deuteronômio 28.10; Isaías 43.7; Jeremias 14.9; 15.16 (embora o último texto se aplique a Jeremias como profeta para Israel); Daniel 9.19; Joel 3.5 (2.32 nas versões em português); e Baruque 2.15 são os únicos lugares na LXX em que "chamar" (*epikaleō*) + "nome" (*onoma*) é empregado nesse tipo de expressão. Igualmente, observe-se que os únicos usos desse tipo na LXX de "chamar" (*kaleō*) + "nome" (*onoma*), em que talvez o nome de Deus seja implicitamente referido, são aplicados a Israel (Is 43.1; 45.3,4; 62.2; 65.15).
[90]Sobre essa questão, veja minha discussão sobre Paulo no próximo capítulo.
[91]Provan, *The church is Israel now*, p. ii.

Tabela 19.6

Joel 2.28-32	Atos 2.16-21 (a citação do AT está em itálico)
"Depois disso, derramarei o meu Espírito sobre toda a humanidade; vossos filhos e vossas filhas profetizarão, vossos velhos terão sonhos, vossos jovens terão visões; até sobre os servos e sobre as servas derramarei o meu Espírito naqueles dias. Manifestarei maravilhas no céu e na terra, sangue e fogo e colunas de fumaça. O sol se converterá em trevas, e a lua, em sangue, antes do grande e terrível dia do Senhor. E todo aquele que invocar o nome do Senhor será salvo; pois os que escaparem estarão no monte Sião e em Jerusalém, como o Senhor prometeu, e aqueles que o Senhor chamar estarão entre os sobreviventes."	"Mas isto é o que havia sido falado pelo profeta Joel: *'E acontecerá nos últimos dias'*, Deus diz, *'que derramarei do meu Espírito sobre toda a humanidade; e os vossos filhos e as vossas filhas profetizarão, os vossos jovens terão visões, os vossos velhos terão sonhos; e naqueles dias derramarei do meu Espírito sobre os meus servos e sobre as minhas servas, e eles profetizarão. E mostrarei feitos extraordinários em cima, no céu, e sinais embaixo, na terra, e sangue, fogo e vapor de fumaça. O sol se transformará em trevas, e a lua, em sangue, antes do grande e glorioso dia do Senhor. E acontecerá que todo aquele que invocar o nome do Senhor será salvo'.*"

Para os propósitos desta análise, não precisamos de uma exposição completa da passagem de Joel em Atos 2. Em vez disso, vamos nos concentrar em saber se a profecia de Joel trata apenas de Israel, apenas dos gentios, ou de Israel e os gentios, com os gentios mantendo sua identidade de gentios, como um povo distinto de Israel. Depois, com as mesmas questões em mente, vou analisar como Lucas vê o cumprimento da profecia de Joel.

A profecia de Joel anuncia a salvação do remanescente fiel de Israel no fim dos tempos. Em especial, Joel 2.28,29 indica que o Espírito de Deus será distribuído a todos os da comunidade da aliança de um modo superior ao de antes. É provável que essa seja uma referência não ao aspecto regenerador do Espírito, mas aos dons concedidos por ele. Anteriormente, em Israel, os profetas, os sacerdotes e os reis recebiam o Espírito para desempenhar suas funções específicas, mas Joel 2 afirma que no futuro escatológico a distribuição desse aspecto da concessão do Espírito será democratizada. Parece que os versículos 28 e 29 em particular tornam explícito o desejo de Moisés em Números 11.29: "Quem me dera todos do povo do Senhor fossem profetas, que o Senhor colocasse neles seu Espírito!".[92]

Uma dúvida importante, porém, diz respeito ao significado de "toda carne" ($kol-b\bar{a}\acute{s}\bar{a}r$) sobre quem o Espírito será derramado. A maioria dos comentaristas entende que a locução se refere a todo membro da comunidade da aliança que "invocar o nome do Senhor" (cf. Jl 2.32). Mas Walter Kaiser a considera uma referência a todas as categorias de pessoas de todo o mundo, entre elas os judeus e, com um foco mais específico, os gentios. Kaiser chega a essa conclusão com base em que "toda carne" ($kol-b\bar{a}\acute{s}\bar{a}r$) no AT raramente se refere a Israel; na maioria das vezes se refere a "toda a humanidade". Ele também observa que a locução ocorre 32 vezes, das quais 23 designam "toda a humanidade" ou "gentios".[93]

Os dados estatísticos de Kaiser precisam de revisão. A locução "toda carne" ocorre aproximadamente 40 vezes,[94] 19 das quais se referem a "toda a humanidade", 7, a todos os animais, 6, a todos os seres humanos e animais, e 5, a todos em Israel.[95] As últimas referências

---

[92]Veja Raymond B. Dillard, "Intrabiblical exegesis and the effusion of the Spirit in Joel", in: Howard Griffith; John R. Muether, orgs., *Creator, Redeemer, Consummator: a festschrift for Meredith G. Kline* (Greenville: Reformed Academic Press, 2000), p. 87-93. Veja tb. minha análise anterior desse assunto no cap. 17, no subtítulo "Pentecostes como cumprimento da profecia de Joel sobre o Espírito".

[93]Walter C. Kaiser, *The uses of the Old Testament in the New* (Chicago: Moody, 1985), p. 96-8.

[94]Veja N. P. Bratsiotis, "בָּשָׂר", in: *TDOT* 2:319, 327-8.

[95]Os demais usos não são relevantes para esta discussão.

a Israel são particularmente interessantes e importantes, porque todas ocorrem em contextos em que Israel está em mente, o que, como veremos, também é o caso de Joel 2.28-32 (veja Jr 12.12; 45.5; Ez 20.48 [21.4, TM]; 21.4,5 [21.9,10, TM]). Por exemplo, com respeito à última categoria, Jeremias 12.12 faz parte do anúncio do juízo vindouro sobre Israel: "Sobre todas as colinas vazias do deserto vieram destruidores, porque a espada do Senhor devora desde uma extremidade da terra até a outra; não há paz para toda carne". "Toda carne" aqui não se refere a todos os povos do mundo todo, mas a todos os seres humanos residentes em Israel. Portanto, o contexto sempre determinará que uso está em mente.

O contexto de Joel 2.28-32 (3.1, TM) favorece a tradução "todas as classes de Israel" que invocam o nome do Senhor. Isso porque Joel 2.28-32 é uma continuação da narrativa sobre a restauração futura de Israel que começou em Joel 2.18. Nesse aspecto, a identificação dos pronomes de segunda pessoa ("vossos") em Joel 2.28,29 em relação aos mesmos pronomes em Joel 2.19-27 exige um estudo cuidadoso. Esse pronome é usado dez vezes em Joel 2.18-27, e em todas elas se refere claramente a Israel. O mesmo pronome ocorre três vezes em Joel 2.28 ("vossos filhos [...] vossos anciãos [...] vossos jovens"). A continuação imediata do "vosso" em Joel 2.28 corresponde mais naturalmente a Israel, como em Joel 2.19,20,23-27. Além disso, por não haver nenhuma grande interrupção entre Joel 2.18-27, a locução "toda carne" se refere provavelmente a todos de Israel, assim como os usos de "toda carne" que examinamos anteriormente em Jeremias e Ezequiel.[96]

Fica evidente que "Israel" é o único foco de Joel 2.28-32 porque esse trecho é uma recapitulação de Joel 2.18-27. O primeiro indício disso talvez seja o "depois disso" (*'aḥărê-kēn*) introdutório no versículo 28. Essa expressão normalmente se refere a um acontecimento subsequente ao anterior (na literatura profética, veja, p. ex., Jr 21.7; 49.6). Excepcionalmente, a locução pode introduzir acontecimentos que recapitulam acontecimentos do versículo imediatamente anterior (p. ex., Is 1.24,25 em relação ao v. 26, que começa com a locução "depois disso"). Além do mais, locuções muito parecidas podem ter a função de iniciar uma recapitulação. Por exemplo, "depois daqueles dias" em Jeremias 31.33 claramente apresenta os acontecimentos que abrangem o mesmo período do versículo 31, iniciado por "dias virão". Igualmente, Daniel 2.28 se refere aos "últimos dias" da visão de Nabucodonosor, e o versículo 29 refere-se exatamente ao mesmo período com a locução "depois disso" (aram., *'aḥărê dĕnâ*, quase idêntico à locução de Jl 2.28). Portanto, se o contexto justifica, a locução de Joel 2.28 pode muito bem iniciar os versículos que abrangem o mesmo território temporal que os versículos 18-27. O fato de o uso recapitulativo da locução ou de locuções muito semelhantes ocorrer em contextos com tanta ênfase escatológica como os de Jeremias 31.31-33 e Daniel 2.28,29 sugere o contexto de fim dos tempos da locução em Joel 2.28-32.

Nesse sentido, o ponto culminante de Joel 2.18-27 está no versículo 27, em que a descrição anterior da restauração de Israel em extrema fertilidade (v. 21-25) significa que Deus está "no meio de *Israel*" e é quem o abençoa nessa situação de fim dos tempos. De modo semelhante, o auge da passagem de Joel 2.28-32 está no versículo 32, em que um remanescente israelita vai "invocar o nome do Senhor" e "será salvo [...] *no monte Sião*", com a implicação evidente de que Deus está presente ali como o libertador deles. Essa ideia é apoiada ainda mais pela recapitulação posterior de Joel 2.31 em Joel 3.15-17, em que, mais uma vez, "o sol e a lua" escurecem (como em Jl 2.31), em seguida aparece a frase "o Senhor

---

[96]Kaiser (*Old Testament in the New*) vai além, dizendo que a menção dos "escravos e escravas" no v. 29 apoia a ideia de "toda a humanidade" — i.e., uma referência aos gentios de todo o mundo. Porém, de acordo com a ideia contextual de que Israel ainda está em mente em Joel 2.28-32 dando continuidade a Joel 2.18-27, essa referência a "escravos" mais provavelmente implica os escravos na comunidade de Israel, escravos israelitas e escravos gentios inclusive, todos parte da comunidade de Israel.

é o refúgio do seu povo e a fortaleza dos israelitas" e, depois, a conclusão com "então, vós [Israel] sabereis que eu sou o Senhor vosso Deus, que habito em Sião, meu monte santo" (semelhante tanto a Jl 2.27 como a 2.32). Em seguida, Joel 3.18 diz que a consequência de Deus estar presente com Israel é a fertilidade abundante (provavelmente recapitulando Jl 2.21-26). Portanto, está bem claro que Joel 3.15-18 recapitula 2.18-27 e 2.28-32, o que aumenta a probabilidade de que o último também recapitule 2.18-27. Mais uma observação reforça a ideia de que os versículos 28-32 abrangem a mesma região dos últimos tempos da seção imediatamente anterior. Isaías considera reiteradamente que o derramamento do Espírito resulta em um "campo fértil", "justiça" e "paz" (Is 32.15-18), e na produtividade do povo de Deus em meio à fertilidade física (Is 44.3,4; cf. 43.18-21). De fato, Isaías 44.3,4 interpreta "derramarei água sobre o sedento" com "derramarei o meu Espírito sobre a tua descendência". A estreita ligação de Deus produzir a fertilidade material em Israel em Joel 2.21-25 com Deus derramar o Espírito no versículo 28 dá a entender o mesmo vínculo aqui em Joel que o dessas passagens de Isaías. A fertilidade material nos versículos 21-25 é apenas um indicador externo da fertilidade espiritual que sobrevirá a Israel sob a mão abençoadora de Deus, o que se expressa provavelmente em Joel 2.28. Assim como evidentemente ocorre com as profecias de Isaías já mencionadas antes, é provável que também se concretizará a profecia de Joel no tempo da restauração escatológica de Israel.

Tudo o que eu disse tem como objetivo argumentar que Joel 2.28-32 ainda está focalizado somente em Israel e é uma profecia para Israel. Esta conclusão é reforçada ainda mais porque as profecias repetidas em todos os profetas de que o Espírito virá nos últimos tempos jamais são para os gentios, mas apenas para *Israel*. Além de Isaías 32.15 e 44.3, os textos a seguir enfatizam que a profecia da vinda do Espírito se cumprirá somente em Israel: Isaías 11.2; 42.1; 48.16; 59.21; 61.1; Ezequiel 36.27; 37.14; 39.29; e Zacarias 4.6; 12.10.[97] Desses textos, quatro, assim como Joel, contêm referência ao "derramar do Espírito" (Is 32.15; 44.3; Ez 39.29; Zc 12.10). Novamente, todas essas passagens são profecias de restauração, o que indica o mesmo foco em Joel. Fica evidente que a salvação em Joel 2.28-32 ocorre em Israel pela expressão do versículo 32 de que a libertação virá "no monte Sião e em Jerusalém". O judaísmo também entendia que Joel 2.28-32 era uma profecia exclusivamente para Israel.[98]

Como Joel 2 está sendo usado e interpretado em Atos 2? Há algumas variações entre o vocabulário de Joel e o de sua citação em Atos 2,[99] mas apenas uma mudança é muito significativa: a alteração de "depois disso" (LXX: "depois dessas coisas") em Joel para "nos últimos dias". Curiosamente, esse era o significado de "depois disso" em Daniel 2.28,29 e da locução muito semelhante em Jeremias 31.31-33, o que confirma que Pedro interpretava Joel 2.28 não necessariamente como a sequência temporal de Joel 2.18-27, mas como uma referência ao

---

[97]Dessas referências, as seguintes dizem respeito ao Espírito dado ao líder de Israel dos últimos tempos: Isaías 11.2; 42.1; 48.16; 61.1; e Zacarias 4.6. Os versículos restantes listados anteriormente referem-se à vinda do Espírito para a nação de Israel, embora mais provavelmente deva ser interpretada como um remanescente de Israel.

[98](1) *Rab.* de Dt 6.14 associa Ezequiel 36.26 a Joel 3.1 e interpreta ambos como uma referência a Deus, que fará sua "presença divina habitar convosco". (2) Em *Rab.* de Lm 2.4.8 e 4.9.14, Joel 3.1 é combinado com Zacarias 12.10 e Ezequiel 36.29, todos resumidos como "derramamentos" para o bem. (3) Cf. *Midr.* de Sl 138.2, em que Joel 3.1 deve cumprir-se depois do juízo contra os maus e da reconstrução do templo, quando haverá renovação espiritual. (4) *Midr.* de Sl 14.6 associa Joel 3.1 com Ezequiel 36.26, enfatizando renovação e restauração, e os textos a seguir também estão ligados a ele: Deuteronômio 5.29 ("Quem dera o coração deles fosse tal que me temessem e guardassem todos os meus mandamentos sempre"); Números 11.29 ("Quem me dera todo o povo do Senhor fosse profeta"). Da mesma forma, *Tanna debe Eliyyahu* 4.19 combina Joel 3.1 e Ezequiel 36.26 para enfatizar a renovação nos últimos tempos. Alguns textos judaicos de fato dizem que todo o Israel profetizará (*Midr. Tanḥ.* 10.4). Excepcionalmente, *Rab.* de Ec 2.8.1 identifica Joel 3.2 como uma referência à salvação dos gentios.

[99]Para as variações do vocabulário, veja I. Howard Marshall, "Acts", in: G. K. Beale; D. A. Carson, orgs., *Commentary on the New Testament use of the Old Testament* (Grand Rapids: Baker Academic, 2007), p. 589-93.

período dos últimos tempos em geral, que também foi o tema da passagem anterior. Talvez ainda mais significativo seja o fato de que a expressão "nos últimos dias" (*en tais eschatais hēmerais*) de Atos 2.17 ocorre na LXX apenas em Isaías 2.2, de modo que Pedro provavelmente esteja fazendo uma alusão a essa passagem do AT. Argumentei antes (no cap. 17, no subtítulo "Pentecostes como cumprimento da profecia de Joel sobre o Espírito") que a descida do Espírito em forma de línguas de fogo simbolizava o início da descida do templo dos últimos tempos e o começo da união do povo de Deus ao templo dos últimos dias. Assim, não deve surpreender o fato de Pedro referir-se a Isaías 2.2, pois neste trecho a locução introduz uma profecia do templo dos últimos dias de Israel restaurado para onde os gentios convertidos farão sua peregrinação (v. 3,4). Isaías 2.2-4 diz:

> E acontecerá, nos últimos dias, que o monte <u>da casa</u> do Senhor será estabelecido como o monte principal e se levantará acima das montanhas; e todas as nações correrão para ele. Muitos povos irão e dirão: "Vinde e subamos ao monte do Senhor, <u>à casa</u> do Deus de Jacó, para que ele nos ensine os seus caminhos, e andemos nas suas veredas. Porque de Sião sairá a lei, e de Jerusalém, a palavra do Senhor. Ele julgará entre as nações e será juiz entre muitos povos; e estes converterão as suas espadas em relhas de arado, e as suas lanças, em foices. Uma nação não levantará espada contra outra nação, nem aprenderão mais a guerra.

Essa profecia era provavelmente entendida pela perspectiva de Isaías de que os gentios se converterão à fé de Israel, afluirão a Israel e se tornarão israelitas em todos os sentidos, assim como fizeram os gentios convertidos anteriormente, como, por exemplo, Raabe, Rute e Urias. Também vimos na parte introdutória deste capítulo que mais adiante o próprio Isaías profetiza que os gentios serão identificados como israelitas nos últimos tempos[100] e serão feitos sacerdotes que "ministram" no templo dos últimos dias (Is 56.3,6,7). Particularmente, eles se tornarão "sacerdotes levitas" (Is 66.18-21). O NT, e nesse caso Atos 2, bem como os capítulos seguintes de Atos, revelam que os gentios não precisam se mudar geograficamente para Israel para tornarem-se israelitas verdadeiros, não precisam ser circuncidados, tampouco acatar as leis alimentares e outras marcas nacionalistas características da Lei de Israel. Antes, os gentios só precisam dirigir-se a Jesus e nele serem circuncidados espiritualmente (Cl 2.11-13) e purificados (cp. Cl 2.16 com At 11.5-18; 15.9), pois agora ele é a única "marca" que alguém precisa ter para identificar-se com o Israel dos últimos tempos, uma vez que ele personifica Israel em si.

No entanto, estou me adiantando um pouco. A alusão a Isaías 2.2 em Atos 2.17 implica a identificação dos gentios com Israel. Porém, em Atos 2, as primeiras pessoas que chegam à fé e são unidas ao templo espiritual são judeus da Palestina e da Diáspora, bem como prosélitos, portanto Joel 2 se cumpre primeiro nos judeus e nos gentios prosélitos identificados com Israel (At 2.5-11). A descrição de Atos 2.5-11 das nações de onde provinham essas pessoas parece uma lista abreviada das setenta nações resultantes da dispersão de pessoas na Torre de Babel, em Gênesis 10 e 11.[101] A importância dessa descrição é ser um indício a mais de que esses grupos étnicos presentes em Pentecostes representam as terras gentias de origem dessas

---

[100]Isaías 19.18,23-25; cf. Salmos 87; Ezequiel 47.21-23; Zacarias 2.11.
[101]Veja James M. Scott, "Luke's geographical horizon", in: Bruce W. Winter, org., *The book of Acts in its first century setting* (Grand Rapids: Eerdmans, 1994), vol. 2: David W. J. Gill; Conrad Gempf, orgs., *The book of Acts in its Graeco-Roman setting*, p. 483-544; ibidem, *Paul and the nations: the Old Testament and Jewish background of Paul's mission to the nations with special reference to the destination of Galatians*, WUNT 84 (Tübingen: Mohr Siebeck, 1995), p. 162-80. Scott defende essa tese com base nas semelhanças não apenas com Gênesis 10, mas também com as listas judaicas antigas relacionadas a Gênesis 10 (veja tb. a análise dele da história das várias identificações propostas). O argumento de Scott foi antecedido por M. D. Goulder, *Type and history in Acts* (London: SPCK, 1964), p. 152-9.

pessoas, de modo que a bênção do Espírito desfrutada por elas também representa a aplicação dessa bênção às regiões estrangeiras correspondentes. O cumprimento da profecia de Joel 2, portanto, ocorre claramente também nos gentios em Atos 10.44-48 (o relato se repete em At 11.15-18).[102] Nessa passagem, os gentios que creem na mensagem recebem "o dom do Espírito Santo [...] derramado" sobre eles. A reação dos "crentes circuncidados" ao testemunhar esse acontecimento foi de admiração. Por quê? Talvez porque imaginassem que a promessa de Joel era somente para Israel, o que, conforme argumentei, era de fato a intenção de Joel 2. Portanto, a questão com que deparamos é: o derramamento do Espírito significa que os gentios podem receber a promessa de Joel sem se tornarem israelitas ou será que a definição de verdadeiro israelita está sendo entendida de modo mais amplo que antes?

Os comentaristas respondem diferentemente a essa pergunta. Em um empenho em afirmar que os gentios não se identificam com Israel, mas apesar disso recebem o Espírito prometido em Joel, muitas vezes recorre-se a Atos 11.18, em que os judeus concluem: "Então, Deus concedeu também aos gentios o arrependimento para a vida" (tb. se pode recorrer ao testemunho semelhante de Pedro em At 15.7-11). Contudo, a tese de todo esse capítulo é que, ao crer em Cristo, os crentes são identificados com ele, o verdadeiro Israel, e uma vez identificados com ele, são chamados de "pequenos messiânicos" (*christianoi*, i.e., "cristãos" [veja At 11.26]). A última perspectiva parece mais provável, porque Joel 2 é bastante explícito quanto à profecia dirigir-se *somente a Israel*. Essa visão pode explicar como os gentios podem ser parte do cumprimento da profecia sobre Israel sem tentar explicar outro modo em que os gentios podiam cumpri-la e não serem identificados com Israel.[103] Além disso, vimos na introdução deste capítulo que o AT havia profetizado reiteradas vezes que nos últimos dias os gentios seriam convertidos para se identificarem com Israel. Minha abordagem explica como isso poderia ocorrer diante do fato de que os gentios são identificados com Jesus como a continuação do remanescente do verdadeiro Israel.

A esse respeito, é interessante perguntar quem, precisamente, começa a cumprir a profecia de Joel 2. A resposta não é os que primeiro falaram em línguas quando o Espírito foi derramado. Em vez disso, Jesus foi a primeira pessoa a cumprir a profecia de Joel, de acordo com Atos 2.33: "Portanto, tendo sido exaltado à direita de Deus e *recebido do Pai a promessa do Espírito Santo*, ele derramou o que agora vedes e ouvis". Em seguida, os versículos 34 e 35 explicam que a ascensão de Jesus demonstrou que ele era "Senhor e Messias" — isto é, rei de Israel. Portanto, aqueles que se identificavam com Jesus como o rei de Israel são por ele representados e considerados israelitas, quer judeus étnicos, quer gentios prosélitos, como em Atos 2, quer gentios crentes em Jesus que anteriormente talvez nem tivessem sido prosélitos, como em Atos 10 e 11. Consequentemente, a profecia de Joel 2 não foi diluída nem estendida além de seus limites hermenêuticos originais da profecia para Israel. Assim como foi profetizado em Joel 2.32 duas vezes que apenas um "remanescente" (lit., "os que escaparem" e "os

---

[102] Atos 19.6 relata outra ocasião em que o Espírito desce sobre os gentios em Éfeso.

[103] P. ex., alguns tentam explicar que a profecia de Joel é aplicada aos gentios de forma meramente análoga e ainda não cumprida, de modo que os gentios não são considerados Israel cumprindo a profecia israelita de Joel. Mas isso parece um argumento que enfatiza apenas os aspectos favoráveis, porque, se uma citação completa de uma profecia veterotestamentária clara se aplica a algo ou a alguém no NT, o entendimento natural é que esse cumprimento está sendo indicado (e neste caso Pedro até diz: "Isto é o que foi falado pelo profeta Joel"). É sempre possível um uso análogo, mas não é a primeira interpretação natural de uma profecia do AT aplicada a uma situação presente e, portanto, tal uso teria de ser apoiado por evidências no contexto. Outros talvez entendam que Joel 2 se cumpre entre os gentios, mas que eles ainda não são considerados parte de Israel, uma vez que é possível herdar algo de outra pessoa sem necessariamente ser da linhagem dessa pessoa (talvez a herança venha pela adoção, pelo que o nome do filho não é alterado juridicamente). Nesse sentido, veja o próximo capítulo no que diz respeito ao conceito de herança e a ilustração moderna de "Johnny Smith".

sobreviventes") de Israel cumpriria a profecia, assim ela é cumprida primeiro no remanescente de uma pessoa só, Jesus, o Messias, que representava todos os outros judeus que primeiro creram em Atos 2—6 e também eram um remanescente em Israel na época. Depois desse cumprimento inicial, outros judeus e gentios se identificam com Jesus como o remanescente de Israel, ampliando ainda mais o cumprimento da profecia de Joel.

Nesse sentido, convém lembrar que o episódio da vinda do Espírito em Atos 2 também é um cumprimento de Atos 1.8 (conforme analisado no cap. 16, seção "O papel do Espírito como agente escatológico transformador de vida no Novo Testamento"): "Mas recebereis poder quando o Espírito Santo vier sobre vós; e sereis minhas testemunhas, tanto em Jerusalém como em toda a Judeia e Samaria, e até os confins da terra". Essa ligação entre Atos 1.8 e Atos 2 é importante porque Atos 1.8 em si é uma promessa que faz alusão a algumas das grandes promessas de restauração de Israel (veja tabela 19.7).

Vimos na análise anterior do capítulo 16 que essas alusões associadas confirmam o início do cumprimento das profecias de Isaías de restauração do reino como parte de uma resposta positiva à pergunta dos apóstolos em Atos 1.6: ("Senhor, é este o tempo em que restaurarás o reino para Israel?"). Assim, a resposta do versículo 8 não indica total adiamento da realização das promessas do reino, mas significa o cumprimento inaugural prestes a acontecer (em At 2). Lembrar que essa promessa foi feita aos doze apóstolos (cf. At 1.2,15-26) reforça o papel deles de núcleo ou de representantes do remanescente inicial do verdadeiro Israel, que está começando a realização das predições isaiânicas e alcança uma etapa de cumprimento ainda mais elevada em Atos 2. Como acabamos de estudar, a profecia de Joel 2 sobre o derramamento do Espírito para restaurar o Israel dos últimos tempos é análoga a outros textos proféticos que profetizam o mesmo acontecimento em relação a Israel, entre eles a passagem de Isaías 32.15. Portanto, a vinda do Espírito em Atos 2 é considerada o cumprimento tanto de Joel 2 como de Isaías 32, e estes dois trechos reforçam a natureza israelita do cumprimento, uma vez que ambas as profecias dizem respeito à restauração de Israel em seus respectivos contextos.[104] Além disso, vale a pena mencionar que o Servo portador de luz em Isaías 49.6, aludido em Atos 1.8, é chamado de "meu Servo Israel" em Isaías 49.3, que também é contextualmente bem próximo para não ter tido influência alguma sobre o conceito de Lucas de Jesus como o "Servo Israel".

Tabela 19.7

Isaías	Atos 1.8
32.15: "Até que se derrame sobre nós o Espírito lá do alto, e o deserto se torne um campo fértil, e este seja considerado um bosque".	"Mas recebereis poder quando o Espírito Santo vier sobre vós" [o que dá continuidade a Lc 24.49: "Ora, envio sobre vós a promessa de meu Pai. Mas ficai na cidade até que do alto sejais revestidos de poder"];
43.10a,b: "'Vós sois as minhas testemunhas', diz o Senhor, 'e o meu servo, a quem escolhi, para que o saibais e creiais em mim'".	"e sereis minhas testemunhas, tanto em Jerusalém como em toda a Judeia e Samaria, e
43.12b: "'Portanto, sois minhas testemunhas de que eu sou Deus', diz o Senhor" (conforme tb. 44.8).	até os confins da terra" (lembre-se da citação textual de Is 49.6 na transição literária de At 13.47: "Porque assim o Senhor nos ordenou: Eu te pus como luz dos gentios, a fim de que sejas para salvação até os confins da terra", o que confirma a referência a Is 49 em At 1.8).
49.6b: "Também te farei uma luz para as nações, para seres a minha salvação até a extremidade da terra".	

---

[104]Pelo menos, ainda que Isaías 32.15 não seja explicitamente aludido em Atos 1.8, há provavelmente um eco dele, visto que o texto é bastante semelhante a Joel 2.28, e ambos são conceitualmente iguais.

Conclusão

Neste capítulo, defendeu-se, por vários ângulos diferentes, a tese de que o NT identifica a igreja como o verdadeiro Israel dos últimos tempos. Primeiramente, o AT profetiza que os gentios se tornarão israelitas nos últimos dias. Em segundo lugar, o NT claramente se refere à igreja como a "semente de Abraão" e "o Israel de Deus", além de atribuir um grande número de descrições veterotestamentárias de Israel à igreja. Marcos, Lucas e Atos também entendem que as profecias da restauração de Israel começaram a cumprir-se em Jesus, em seus discípulos[105] e na igreja que estava começando. A base teológica da igreja identificada como o verdadeiro Israel está em sua identificação com Jesus, o verdadeiro Israel, que representa a igreja.

Portanto, a salvação da igreja é retratada como a restauração dos últimos tempos de Israel. Essa é uma faceta da escatologia inaugurada em geral e um aspecto particular do reino da nova criação dos últimos dias, uma vez que vimos nos capítulos anteriores que a restauração de Israel está indissociavelmente ligada à nova criação e ao reino de Israel dos últimos dias e seu Messias. A escatologia inaugurada, especialmente como o início da nova criação e sua propagação, é o núcleo da penúltima parte do enredo narrativo do NT que tenho proposto ao longo deste livro: *A vida de Jesus, suas provações, sua morte pelos pecadores e principalmente sua ressurreição pelo Espírito <u>deram início ao cumprimento do reino escatológico "já e ainda não" da nova criação</u>, que é concedido pela graça por meio da fé, <u>resultando em uma comissão universal para que os fiéis promovam esse reino de nova criação</u>, bem como em juízo para os descrentes, tudo isso para a glória do Deus trino e uno.*

Excurso 2   O cumprimento inicial dos últimos tempos das profecias de restauração de Israel nos seguidores de Jesus e na igreja de acordo com Marcos, Lucas e Atos

O propósito deste excurso é resumir dois livros que defenderam de modo claro e categórico que Marcos, Lucas e Atos concebem as profecias de restauração de Israel começando a cumprir-se em Jesus, nos seus seguidores e na igreja primitiva de Atos.

A inauguração das profecias da restauração de Israel no Evangelho de Marcos

Em *Isaiah's new exodus in Mark* [O novo êxodo de Isaías em Marcos], Rikki Watts defendeu, de modo convincente, que as profecias de restauração de Isaías 40—66, entendidas como anúncios de um segundo êxodo, formam o contexto para a compreensão de Marcos do ministério de Jesus, sobretudo porque essas profecias começaram a se cumprir.[106] Não é necessário concordar com todos os aspectos da argumentação de Watts para entender o efeito cumulativo total dos vários tipos de evidências que ele acrescenta em favor de sua tese.[107]

Vou destacar aqui apenas algumas das principais ideias do livro de Watts.[108] Ele argumenta no capítulo 3 de seu livro que as citações do AT em Marcos 1.2,3 sobre a restauração de Israel como um segundo êxodo fornecem a estrutura conceitual para a narrativa de Marcos em geral:

> Conforme está escrito no profeta Isaías:
> "Eis que envio à tua frente meu mensageiro, que preparará teu caminho;

---

[105]Mateus testifica a mesma ideia, mas as limitações de espaço impedem essa análise.

[106]Rikki E. Watts, *Isaiah's new exodus in Mark* (Grand Rapids: Baker Academic, 1997).

[107]Como algumas resenhas do livro também concluíram; veja, p. ex., as resenhas de Joel Marcus (*JTS* 50 [1999]: 222-5) e de Sharon E. Dowd (*JBL* 119 [2000]: 140-1), mas Nick Overduin (*CTJ* 37 [2002]: 131-3) continua cético quanto à probabilidade do argumento de Watts.

[108]Procurei seguir a essência do resumo do próprio Watts na introdução e conclusão do seu livro, expandindo algumas partes.

voz do que clama no deserto:
'Preparai o caminho do Senhor,
endireitai suas veredas'".

O versículo 3 ("voz do que clama...") é uma citação de Isaías 40.3, parte da abertura da proclamação profética da restauração de Israel em Isaías 40—66. Curiosamente, porém, o versículo 2 ("Eis que envio...") é uma referência combinada a Malaquias 3.1 e Êxodo 23.20.[109] O texto de Êxodo fala da soberana condução divina de Israel na caminhada rumo à Terra Prometida no primeiro Êxodo, e Malaquias, usando os termos do Êxodo, prevê outro êxodo, em que o caminho de Deus será preparado para trazer juízo sobre Israel. Tanto Isaías 40.3 quanto as passagens de Êxodo e Malaquias são atribuídas a Isaías ("conforme está escrito no profeta Isaías"). As referências a Êxodo/Malaquias são usadas como interpretação de Isaías e, por isso, estão subordinadas a Isaías para indicar que as expectativas isaiânicas da restauração do segundo êxodo são a influência veterotestamentária predominante em todo o Evangelho de Marcos. A natureza programática da restauração isaiânica e da ideia do segundo êxodo em Marcos é sugerida ainda mais pelo primeiro versículo do Evangelho: "Princípio do evangelho de Jesus Cristo, o Filho de Deus. Conforme está escrito no profeta Isaías...". Isto é, a expectativa de Isaías é considerada a primeira e principal explicação do "evangelho" de Marcos. A narrativa histórica propriamente começa no versículo 4, depois da declaração programática introdutória dos versículos 1-3.

No capítulo 4 de sua obra, Watts explica que João Batista é o cumprimento da profecia de Malaquias de que Elias vai preparar o caminho do vindouro novo êxodo de Deus (Ml 4.5), que deve ser entendido como o cumprimento da expectativa isaiânica mais ampla do novo êxodo/restauração. Por isso, a própria palavra "evangelho" ("boas-novas") em Marcos 1.14,15 (cf. Mc 1.1) expressa a ideia de Isaías da chegada do reino de Yahweh mencionada em Isaías 52.7: "Como são belos sobre os montes os pés do que anuncia as boas-novas, que proclama a paz e anuncia coisas boas [...] que diz a Sião: 'O teu Deus reina!'". Essa proclamação do reino inaugural é indicada pela abertura dos céus e a descida do Espírito (Mc 1.10; cf. Is 63.11—64.1). A voz do céu no batismo de Jesus (Mc 1.11) declara que ele é o verdadeiro "Servo Israel" (Filho de Deus).[110]

No capítulo 5 de seu livro, Watts sustenta que o Evangelho de Marcos tem uma estrutura tríplice: (1) o ministério poderoso de Jesus na Galileia e além dessa região (Mc 1.16—8.21/26); (2) A liderança de Jesus conduzindo seus discípulos "cegos" no "caminho" (Mc 8.22/27—10.45/52); e (3) a chegada apoteótica de Jesus a Jerusalém (Mc 10.46/11.1—16.8). Essa estrutura tríplice reflete a estrutura isaiânica do êxodo e da restauração, em que (1) Israel é libertado da escravidão por Deus como seu guerreiro e salvador; (2) Deus guia os "cegos" no "caminho" da libertação do novo êxodo; e (3) Israel finalmente chega a Jerusalém.

Na primeira seção de Marcos, as curas de Jesus do cego, do surdo e do coxo são sinais do início da restauração do novo êxodo (em cumprimento de Is 29.18; 35.5,6, cf. o cap. 6 do livro de Watts). Os milagres de exorcismo da mesma seção são considerados o epítome das obras poderosas de Jesus, o que é evidente por sua menção repetida e sua proeminência na estrutura do livro (Mc 1.21-28,34,39; 3.3ss.,15,22ss.; 5.1-20; 6.13; 7.24-30; 9.14-29). Nesse sentido, é impressionante que, ao falar sobre a importância dos exorcismos, Jesus faça isso recorrendo à predição de Isaías de que Deus seria um guerreiro para Israel contra seus inimigos na libertação do cativeiro (veja tabela 19.8).

---

[109]É provável que Malaquias 3.1 faça alusão ao texto de Êxodo, e parece que Marcos inclui as duas passagens em sua referência.

[110]Em uma alusão a Isaías 42.1: "Eis o meu servo, a quem sustento; o meu escolhido, em quem tenho prazer. Coloquei o meu Espírito sobre ele". Combinada com essa alusão a Isaías 42, existe também uma referência ao Filho de Deus messiânico davídico profetizado em Salmos 2.7: "Tu és meu Filho".

Tabela 19.8

Isaías 49.24,25 (LXX)	Marcos 3.27
49.24: "Alguém conseguirá tirar o despojo de um gigante? Caso alguém leve um homem cativo injustamente, este será libertado?".	"Pois ninguém pode entrar na casa do homem forte e saquear-lhe os bens sem que primeiro o amarre; então lhe saqueará a casa."
49.25: "Pois assim diz o Senhor: 'Se alguém deve levar um gigante cativo, ele tomará os despojos, e aquele que os toma de um homem forte será libertado. Porque eu defenderei a tua causa e libertarei os teus filhos'".	

Por um lado, os cativos citados em Isaías estavam no Cativeiro Babilônico, e o poder da Babilônia era representado por seus ídolos. Por outro lado, no Evangelho de Marcos, os principais opressores são os espíritos imundos e demônios, que provavelmente eram considerados o poder supremo por trás dos ídolos. Por isso, a libertação das pessoas do poder de demônios por Jesus, expulsando-os delas, parece ser a maneira que Marcos entende que parte do cumprimento inicial da profecia de Isaías de libertação do Exílio e do Cativeiro Babilônico ocorre. Desse modo e de outros em Marcos, Jesus como libertador e restaurador de Israel é identificado com Deus como o agente da restauração profetizado em Isaías.

No capítulo 7 de seu livro, Watts argumenta que a controvérsia sobre Belzebu em Marcos 3.22-30 representa a rejeição definitiva de Jesus pelos líderes de Jerusalém (eles "blasfemaram contra o Espírito Santo") e ecoa a rebeldia contra o Espírito de Deus no primeiro Êxodo, conforme a descrição em Isaías 63.10: "Mas eles se rebelaram e entristeceram seu Santo Espírito; por isso, tornou-se inimigo deles, e ele mesmo os combateu". Assim como Deus tornou-se inimigo dos israelitas rebeldes no deserto, ele também se tornou inimigo daqueles que rejeitam Cristo e o acusam de blasfêmia. Esse episódio resulta no cisma em Israel e no juízo da nação, que começa a ser executado com as parábolas de Jesus, em cumprimento de Isaías 6.9,10 (citado em Mc 4.11-13). O único outro relato de confronto entre Jesus e os líderes "de Jerusalém" antes de sua ida definitiva a Jerusalém é registrado de modo semelhante ao primeiro. Mais uma vez, o segundo relato é considerado cumprimento de outra profecia de Isaías, que desenvolve, por sua vez, Isaías 6.9,10.[111]

O capítulo oito da obra de Watts focaliza a segunda grande seção de Marcos, a chamada "seção do caminho". Essa parte do evangelho é emoldurada pelos únicos milagres de "visão" do Evangelho, que correspondem ao tema da cegueira apresentado na seção. A condução dos discípulos confusos, "cegos" e "surdos", por Jesus ao longo do "caminho" remete a Deus guiando os "cegos" de Israel no "caminho" do novo êxodo em cumprimento de Isaías 42.16: "Guiarei os cegos por um caminho que não conhecem; eu os guiarei por veredas que não conhecem; farei as trevas se tornarem luz diante deles". Até o remanescente fiel restaurado por Jesus, representado por seus discípulos, é cego e surdo, conforme Marcos 8.17,18:

> Ao perceber isso, Jesus lhes disse: "Por que discutis por não terdes pão? Ainda não vedes nem entendeis? O vosso coração está endurecido? Tendes olhos e não vedes? Tendes ouvidos e não ouvis? Não vos lembrais?".

Até os discípulos fazem parte da multidão endurecida de Israel, como já indicou Marcos 6.52: "Pois não haviam compreendido [...] o coração deles estava endurecido". Porém, diferente da aplicação de Isaías 6.9,10 ao Israel descrente em Marcos 4, agora Jesus reformula a citação transformando-a em uma pergunta que antecipa Marcos 7.18: "Então vós também não entendeis?". A reformulação

---

[111]Sobre isso, veja Marcos 7.5-13 e a citação de Isaías 29.13 nessa passagem associada a Isaías 29.9,10.

da citação de Isaías 6, transformando-a em uma pergunta, talvez indique que o remanescente fiel, apesar de ainda afetado pela cegueira, está pouco a pouco, mas seguramente, passando pela restauração ao seguir Jesus. Os milagres de cura dos cegos ocorrem no início (Mc 8.22-26) e no fim (Mc 10.46-52) da seção do "caminho" para simbolizar a condição não espiritual dos discípulos e o fato de que estão passando pelo processo de restauração espiritual.[112] Essa *inclusio* evoca o quadro de Isaías em que Deus guia os cegos pelo caminho da restauração mediante a obra do Servo (cp. Is 42.1 com 42.16,18-20).

Nessa mesma seção intermediária de Marcos, as predições de Jesus de seu sofrimento e sua morte são entendidas como o meio pelo qual a restauração do novo êxodo de Isaías se realizará, uma vez que Isaías 53 previu que o Servo Israel messiânico seria o agente fundamental sob a direção de Deus na execução do novo êxodo por sua morte redentora (veja Mc 10.45).

O último capítulo exegético da obra de Watts fala de Jesus amaldiçoando a figueira e purificando o Templo como se remetesse à ameaça implícita na referência introdutória de Malaquias (Mc 1.2) e na descrição inicial de João Batista como Elias. Além disso, a rejeição e a morte de Jesus baseiam-se no retrato do Servo Sofredor de Isaías 53.

Concluindo, Watts sustenta que as seguintes evidências favoráveis à predominância do segundo êxodo e da restauração do livro de Isaías têm efeito cumulativo:

1. Era uma convenção literária nas obras da Antiguidade utilizar sentenças introdutórias para resumir a estrutura conceitual do texto. Parece que Marcos seguiu essa norma em Marcos 1.1-3, começando com uma passagem isaiânica sobre a restauração do novo êxodo.
2. Pode-se aplicar a Marcos a observação sociológica moderna de que em tempos de conflito interno ou de incerteza a reflexão de um grupo sobre o momento de sua criação é decisivo para o próprio autoconhecimento. O momento de criação de Israel foi o Êxodo, acontecimento que não só lhe moldou a identidade nacional, mas também influenciou os profetas a usá-lo como o modelo para um novo êxodo nas profecias da restauração de Israel da Babilônia. Por isso, não é por acaso que os vários grupos que surgiam em Israel se referiam a seus movimentos com vocabulário relacionado ao novo êxodo, incluindo o cristianismo primitivo, que se autodenominou "o caminho" do novo êxodo.[113]
3. Como Isaías é o profeta mais conhecido da restauração de Israel, é natural que Marcos tenha retratado a restauração do povo de Deus realizada por Jesus recorrendo a esse profeta, particularmente a Isaías 40—66.
4. A estrutura tríplice de Marcos reflete a estrutura de Isaías 40—66 da restauração vindoura.
5. O reiterado recurso de Marcos a Isaías por citação, alusão e um tema singular indica ainda mais que esse Evangelho é dominado pelo contexto de Isaías do segundo êxodo e da restauração.

Watts enfatiza especialmente os dois primeiros aspectos dessa lista porque formam a base para a contribuição original de seu livro.

> Como indica a citação editorial da abertura, a hermenêutica fundamental de Marcos para interpretar e apresentar Jesus baseia-se em duas fontes: A) um plano positivo com que apresenta a identidade e o ministério de Jesus de acordo com o novo êxodo de Isaías [...]; e B) um plano negativo em que a rejeição de Jesus pelos líderes da nação e a atitude dele no templo é elaborada conforme a advertência do profeta Malaquias, que por sua vez estava relacionada com o adiamento do novo êxodo de Isaías [...] Ao que parece, essa perspectiva dupla de salvação e juízo — os dois no contexto do [novo êxodo de Isaías] — fornece a estrutura literária e teológica fundamental do Evangelho de Marcos. Isso não é negar a existência de outras questões (p. ex.,

---

[112]Observe-se particularmente a narrativa do milagre em 8.22-30 imediatamente depois da aplicação da citação de Isaías 6 aos discípulos em 8.17-21.

[113]Veja o resumo em Watts, *Isaiah's new exodus*, p. 3-4.

o discipulado, Mc 13) ou temas do AT (p. ex., Filho do Homem e cristologia), mas sugere apenas que elas [são] apresentadas no plano literário e teológico mais amplo proposto aqui.[114]

A obra de Watts contribui com mais evidências que apoiam a perspectiva de estudiosos como C. H. Dodd[115] e Francis Foulkes[116] de que as citações ou alusões a passagens do AT no NT são indicadores de estruturas hermenêuticas mais abrangentes, enredos ou o contexto literário imediato mais amplo da passagem veterotestamentária referida.

Desse modo, o retrato que Marcos descreve de Jesus e seus discípulos começando a cumprir as profecias de Isaías do segundo êxodo e da restauração de Israel identifica ainda mais o movimento cristão inicial com o Israel escatológico. Como veremos na seção seguinte, o livro de Atos entende que o que começou no ministério de Jesus é o início da própria igreja primitiva. Portanto, assim as origens da igreja são identificadas como o cumprimento inicial das profecias do segundo êxodo do profeta Isaías.

A restauração de Israel como um segundo êxodo cumprido em Jesus, em seus seguidores e na igreja de acordo com Lucas-Atos

Conforme expomos anteriormente, entre as esperanças proféticas da restauração está a ideia de reconciliação com Deus e a aceitação dele. Nesse sentido, David Pao, em *Acts and the Isaianic new exodus* [Atos e o novo êxodo isaiânico], sustenta que a narrativa original do Êxodo de Israel transformada por Isaías (esp. Is 40—55) é um paradigma hermenêutico pelo qual Lucas apresenta "uma 'história' significativa e coerente na estruturação" de diversas tradições relativas ao desenvolvimento inicial do movimento cristão.[117]

No capítulo 1 de sua obra, Pao examina várias abordagens do estudo de Atos e obras anteriores que se concentram no uso do AT (esp. Is) em Lucas-Atos. Enquanto alguns ressaltaram a importância de Isaías e particularmente seu novo êxodo e sua restauração nos Evangelhos de Marcos e Lucas, ninguém ainda havia procurado investigar a possibilidade de que o novo êxodo de Isaías fosse importante para o segundo livro de Lucas. Pao se propõe a demonstrar que o segundo êxodo de Isaías é a estrutura hermenêutica para compreender todo o livro de Atos. Ao fazer isso, Pao elabora seu argumento especialmente com base na obra anterior de Mark Strauss[118] e, sobretudo, de Rikki Watts.[119]

A conclusão de Pao no capítulo 1 inclui uma proposta de que sua reconstrução do uso de Isaías por Lucas é possível à luz do contexto literário e histórico. Pao oferece cinco reflexões para apoiar essa tese:

1. o uso bastante recorrente de Isaías nas obras cristãs do mesmo período;
2. a possibilidade de os leitores de Lucas serem gentios "tementes a Deus" por causa de seu foco nas sinagogas;
3. a menção no próprio livro de Atos a respeito da instrução dos novos convertidos cristãos nas Escrituras do AT;
4. o amplo uso de citações, alusões e padrões escriturísticos em outras partes de Atos;
5. o fato de o programa isaiânico de Lucas ser compreensível confirma a hipótese de que ele tinha em mente um público amplo e que alguns conseguiriam reconhecer o uso de alusões ao êxodo e à restauração de Isaías.

---

[114]Ibidem, p. 4

[115]C. H. Dodd, *According to the Scriptures: the sub-structure of New Testament theology* (London: Nisbet, 1952).

[116]Francis F. Foulkes, *The acts of God: a study of the basis of typology in the Old Testament* (London: Tyndale, 1958).

[117]David W. Pao, *Acts and the Isaianic new exodus*, WUNT 2/130 (Tübingen: Mohr Siebeck, 2000), p. 249. Para um bom resumo da tese completa, veja as p. 249-50. Para uma resenha crítica, veja G. K. Beale, "Review of *Acts and the Isaianic new exodus*, by David W. Pao", *TJ* 25 (2004): 93-101.

[118]Mark L. Strauss, *The Davidic Messiah in Luke-Acts: the promise and its fulfillment in Lukan Christology*, JSNTSup 110 (Sheffield: Sheffield Academic Press, 1995).

[119]Watts, *Isaiah's new exodus*.

Esses aspectos são importantes porque vários especialistas defendem que os autores do NT não se preocupavam se os seus leitores identificariam as referências veterotestamentárias (muito menos um uso contextual dessas referências), em parte porque o nível de instrução dos greco-romanos comuns não lhes permitia ler textos em grego (nem em hebraico), muito menos entender as referências à LXX na forma oral.

No capítulo 2 de sua monografia, Pao desenvolve o significado da citação de Isaías 40.3-5 no início do ministério público de Jesus em Lucas 3.4-6:

> Conforme está escrito no livro das palavras do profeta Isaías:
> "Voz do que clama no deserto,
> 'preparai o caminho do Senhor;
> endireitai suas veredas.
> Todo vale será aterrado,
> todo monte e toda colina serão rebaixados;
> o terreno acidentado será nivelado,
> e o que é íngreme será aplanado.
> E toda carne verá a salvação de Deus'".

Pao defende que essa citação de Isaías fornece a estrutura interpretativa central em que o restante de Lucas-Atos deve ser entendido. A melhor expressão desse paradigma do novo êxodo é o vocabulário do "caminho" (com base sobretudo em Is 40.3) em Atos como um nome para o movimento cristão nascente, que identifica polemicamente a igreja como o verdadeiro povo de Deus no meio do Israel que rejeita o Senhor. Isaías 40.3 diz: "Uma voz está clamando: 'Preparai o caminho do Senhor no deserto; endireitai ali uma estrada para o nosso Deus'". "O caminho" como nome da igreja cristã ocorre seis vezes em Atos (9.2; 19.9,23; 22.4; 24.14,22). Em Isaías 40, "o caminho" é o caminho da restauração/volta de Israel, por isso o próprio nome da igreja incorpora a ideia de que ela estava participando do cumprimento inicial das profecias isaiânicas da restauração. Os vários temas do prólogo de Isaías 41—55 (Is 40.1-11) são bastante desenvolvidos no decorrer dos capítulos seguintes de Isaías e em Atos.

No capítulo 3 de seu livro, Pao analisa o uso das promessas isaiânicas de restauração em Lucas 4.16-30 (Is 61.1,2 + 58.6) e Lucas 24.44-49 (Is 49.6). De acordo com Pao, essas duas passagens são programáticas para a narrativa de Atos. Contudo, mesmo no livro de Atos, Pao encontra evidências do uso programático de Isaías desde o começo. Em Atos 1.8, há pelo menos três alusões a Isaías: "Mas recebereis poder quando o Espírito Santo vier sobre vós; e sereis minhas testemunhas, tanto em Jerusalém como em toda a Judeia e Samaria, e até os confins da terra". Por trás de "quando o Espírito Santo vier sobre vós" está Isaías 32.15 ("... derrame sobre nós o Espírito lá do alto"); "sereis minhas testemunhas" é uma alusão a Isaías 43.10,12 ("vós sois as minhas testemunhas"); "até os confins da terra" foi influenciado por Isaías 49.6 ("Também te farei uma luz para as nações, para seres a minha salvação até a extremidade da terra"). De novo, as três alusões a Isaías fazem parte das profecias de restauração desse profeta, e desse modo destacam o tema da restauração de Israel logo no começo de Atos.

Além disso, três referências geográficas evidentes em Atos 1.8 ("em Jerusalém como em toda a Judeia e Samaria, e até os confins da terra") são teopolíticas, designando as três fases do programa do novo êxodo de Isaías, respectivamente: (1) a chegada da salvação a Jerusalém, (2) a restauração/volta de Israel e (3) a missão para as nações. O começo da realização da última etapa desse plano histórico-redentor é enfatizado em Atos 13.47 (uma importante dobradiça literária no livro), em que a última locução de Atos 1.8 ("até os confins da terra", uma alusão a Is 49.6) é retomada, dessa vez como parte da citação completa de Isaías 49.6: "Também te farei uma luz para as nações, para seres a minha salvação até a extremidade da terra". Desse modo, a passagem, que é aludida implicitamente em Lucas 24.47 ("a todas as nações") e Atos 1.8 ("até os confins da terra"), finalmente aparece de modo apropriado em sua forma completa.

O capítulo 3 do livro de Pao conclui com uma análise da citação de Isaías 6.9,10 no final de Atos (28.26,27). A citação realça a rejeição pelo Israel teocrático da obra profética de Deus de restauração mediante Cristo e seus profetas apostólicos. Colocar essa citação no final de Atos cria uma inversão literário-teológica: Isaías começa com a citação de Isaías 6.9,10 e termina com a salvação dos gentios; Atos inverte esse paradigma.

Pao desenvolve o entendimento de Isaías da restauração, que gira em torno de seis temas fundamentais com papel significativo na primeira metade de Atos. (1) A reconstituição de Israel profetizada começa a ser cumprida em Lucas-Atos com a instituição dos doze apóstolos, que representam as doze tribos reunificadas. A escolha de Matias para recompor o círculo dos doze apóstolos dá continuidade a esse tema da restauração dos últimos tempos de Israel iniciada em Lucas e a reintroduz em Atos. A referência ao testemunho para a "Samaria" depois de "Jerusalém" e "Judeia" e antes de "até os confins da terra" (i.e., os gentios) talvez também expresse a reconstituição dos dois antigos reinos de Israel, o do Sul e o do Norte, em um só. (2) Igualmente, a menção de que em Pentecostes estavam reunidos "judeus [...] de todas as nações debaixo do céu" (At 2.5 [cf. 2.9-11]) tem mais relação com a repetida profecia de Isaías da reunião dos exilados dispersos. Outras referências (3) à vinda do Espírito (cap. 2), (4) ao arrependimento inicial das multidões de Israel (p. ex., At 2.41-47; 5.14; 6.1,7; 11.24; 12.24), (5) à reconstrução do reino davídico (At 15.13-18) e (6) à inclusão dos marginalizados no verdadeiro povo de Deus (como, p. ex., o eunuco etíope [At 8.26-39] remetem ainda mais às profecias isaiânicas da restauração. Nesse sentido, Pao está de acordo com outros especialistas (p. ex., N. T. Wright, Craig Evans e James Scott) de que setores importantes do judaísmo consideravam o exílio de Israel uma realidade ainda presente no século 1, e isso esclarece bem a ênfase de Lucas na inauguração das promessas de restauração de Isaías na chegada de Jesus e do Espírito.

Pao expõe mais o importante tema de Isaías da "palavra de Deus" no capítulo 5 de seu livro. Ele argumenta que a repetida locução "a palavra de Deus" ou "a palavra do Senhor" (mais de vinte vezes, além de outras variantes com "palavra") tem origem no paradigma do novo êxodo de Isaías. A ênfase do livro de Atos no trajeto da poderosa palavra capaz de criar uma comunidade com base nessa palavra se destaca especialmente nas transições literárias principais do livro (p. ex., At 6.7; 12.24; 19.20). Esta ênfase reflete o papel essencial da poderosa palavra de Deus na realização da restauração em Isaías, sobretudo em Isaías 2.3 e seus desenvolvimentos em Isaías 45.22-24; 55.10,11.[120] Apesar da oposição, a palavra abre seu caminho e cumpre seu objetivo de criar a comunidade da igreja, que, ao contrário do *establishment* judaico, é identificada como o verdadeiro herdeiro das promessas de restauração e do novo êxodo de Isaías.

No capítulo 6 do livro de Pao, o foco é a polêmica contra a idolatria. Pao analisa a polêmica anti-idolatria em Isaías 40—55 e a identifica indissociavelmente ligada à polêmica contra as nações que se opõem a Israel (p. ex., Is 40.18-24; 41.4-10; 44.9-20; 46.1-13). Isaías enfatiza a soberania de Yahweh sobre os ídolos e as nações que neles confiam. A polêmica isaiânica contra os ídolos se expressa de forma mais clara em Atos 17, em que ocorrem alusões específicas a Isaías 40—55. Expressões menos explícitas da polêmica são encontradas em outras passagens de Atos: a poderosa palavra de Deus e sua soberania incomparável são confirmadas no juízo contra os que apresentam reivindicações divinas rivais (p. ex., Simão em At 8.4-24; Herodes em At 12.20-24; e Elimas, o mago, em At 13.10,11). Esses episódios estão ligados à ideia de que assim como a idolatria é refutada, o antagonismo das nações também é superado. Isso se baseia no conceito de Isaías de que os ídolos representavam o suposto poder das nações. A irresistível soberania do Jesus ressurreto está incluída na polêmica, que identifica Jesus com Yahweh do novo êxodo de Isaías. É preciso acrescentar aqui que a polêmica contra os ídolos era essencial para as profecias isaiânicas da restauração, uma vez que mostrava que Deus, ao contrário dos

---

[120]Observe-se Isaías 2.3: "Porque de Sião sairá a lei, e de Jerusalém, a palavra do Senhor", que, segundo Pao, "torna-se uma declaração resumida da palavra em Atos" (*Acts and the Isaianic new exodus*, p. 159).

ídolos inúteis, é soberano para anunciar e efetuar a volta de Israel da Babilônia, a terra do cativeiro e dos ídolos. Consequentemente, essa noção da capacidade de Jesus de restaurar seu povo talvez esteja incluída nos ataques contra a idolatria no livro de Atos.

O capítulo 7 de Pao começa com uma análise da tensão entre as profecias isaiânicas da salvação de Israel e o juízo das nações, de um lado, e da salvação das nações, de outro. Pao conclui que ambos são temas importantes em Isaías que não devem ser contrapostos um ao outro. Contudo, reconhece que, de alguma forma, as nações salvas se submeterão ao Israel redimido. Pao conclui que os gentios são "aceitos como parte do povo de Deus", mas sustenta que eles "são aceitos no novo êxodo de Atos como gentios", que existem "ao lado do povo de Israel".[121] Ele declara que, ao contrário do quadro de Isaías ou em desenvolvimento dele, há uma transformação dessa esperança dupla da salvação tanto de Israel como das nações em Atos: não só as nações são incluídas no programa de cumprimento do novo êxodo e postas em pé de igualdade com os israelitas salvos, mas também a salvação dos gentios se torna o foco da narrativa e dirige a trajetória dela em Atos 13—28.

Acrescento aqui, como já observado anteriormente neste capítulo, em considerável desacordo com a avaliação de Pao, que a condição de igualdade que os gentios compartilham com os crentes judeus é mais bem compreendida quando se pensa nos gentios tornando-se o verdadeiro Israel dos últimos tempos. Consequentemente, a igreja, composta de crentes judeus e gentios, é o início do cumprimento das profecias da restauração de Israel.

Conclusão

As obras de Watts e Pao a respeito de Marcos e Lucas-Atos mostram quanto esses livros neotestamentários estão repletos da ideia de que o segundo êxodo dos últimos tempos profetizado em Isaías 40—66 já estava sendo cumprido. Os crentes judeus e gentios formam o verdadeiro Israel que participa desse segundo êxodo.

---

[121]Ibidem, p. 239.

20

A igreja como o Israel escatológico transformado e restaurado (continuação)

O cumprimento inicial das profecias da restauração de Israel na igreja de acordo com Paulo

Em um capítulo anterior, analisei a ideia de que Paulo entendia que a promessa da restauração de Israel nos últimos dias estava começando a se cumprir na igreja. Às vezes fica evidente que o apóstolo entende tratar-se de Deus reconciliando consigo em uma nova criação um povo anteriormente afastado dele (veja cap. 15). No mesmo capítulo, vimos também que o cumprimento inaugurado das promessas da restauração de Israel nos Evangelhos e em Atos reflete o conceito da reconciliação divina com um povo afastado de Deus. Agora, examinaremos outras expressões paulinas que consideram as profecias de restauração de Israel iniciando seu cumprimento na igreja. A conclusão dessas evidências será que a igreja não apenas é semelhante a Israel, mas também é de fato a continuação do verdadeiro Israel dos últimos tempos, o fiel povo de Deus. Essa conclusão é reforçada quando considerada juntamente com a análise introdutória do capítulo anterior sobre os pressupostos dos dois Testamentos acerca dos gentios e do Israel dos últimos tempos, bem como dos nomes, metáforas e profecias israelitas aplicados à igreja. Deve-se ter em mente o aspecto escatológico e de nova criação da restauração como a estrutura de referência da discussão neste capítulo, mas seu foco será a ideia anterior: o conceito da igreja como Israel escatologicamente restaurado.

Nos textos de Paulo, há muitas evidências referentes ao cumprimento "já e ainda não" das promessas de restauração que aqui só posso fazer um resumo bem curto do material mais pertinente na ordem canônica das epístolas paulinas.[1] Espero que esse breve panorama revele como entender as outras profecias da restauração nos escritos paulinos que não serão tratadas aqui.

---

[1] Outras informações relevantes sobre esse tema nos escritos de Paulo serão registradas em notas de rodapé ao longo do estudo. Infelizmente, as limitações de espaço da seção só permitem uma breve consideração de alusões aos textos veterotestamentários da restauração, por isso serão analisadas principalmente as citações.

Romanos[2]

ROMANOS 9.24-26

A primeira passagem relevante é Romanos 9.24-26:

... os quais somos nós, a quem ele também chamou, não só dentre os judeus, mas também dentre os gentios. Como diz ele também em Oseias: "Chamarei aqueles que não são meu povo de 'Meu povo'; e aquela não é amada, de 'Amada'. E sucederá que no lugar em que lhes foi dito: 'Vós não sois meu povo', aí serão chamados filhos do Deus vivo".

Nesta passagem, Paulo cita Oseias 2.23 e 1.10.[3] Nos dois casos, a profecia trata da restauração de Israel do cativeiro. Na época da restauração dos últimos tempos, Israel voltará a ser fiel e será chamado de "meu povo", "amado" e "filhos do Deus vivo", ao passo que antes no cativeiro, em pecado e rebeldia, Israel era chamado de "não meu povo" e "não amado". O que chama a atenção em Romanos 9.25,26 é que não apenas os judeus, mas ainda os gentios, "a quem ele também chamou" (v. 24), são considerados o início do cumprimento dessas duas profecias da restauração em Oseias.

Não há consenso se há somente uma aplicação por analogia das profecias de Oseias sobre a restauração à igreja, visto que esta é formada principalmente de gentios e que as profecias originais dizem respeito somente à restauração de Israel. Desse modo, pode-se muito bem perguntar: não seria espiritualização das profecias, ou talvez até mesmo alegorização, considerar a igreja, predominantemente gentia, a principal parte do cumprimento profético? Os que respondem afirmativamente à pergunta optam, por conseguinte, pelo uso analógico de Oseias 1 e 2 e não enxergam nenhuma ideia de cumprimento. Para apoiar ainda mais a interpretação de ser simples analogia, observe-se a partícula introdutória $h\bar{o}s$ ("como") no versículo 25, que, segundo alegam alguns estudiosos, apenas introduz as referências de Oseias como comparações com a salvação dos gentios na época de Paulo.[4] Muitas vezes tal perspectiva analógica leva a crer que as profecias de Oseias se cumprirão em algum momento escatológico futuro na salvação de uma maioria de israelitas étnicos (uma interpretação comum de Rm 11.25,26).

Contudo, o $h\bar{o}s$ ("como") nem sempre funciona estritamente como indicador de uma mera comparação; ele pode incluir uma comparação de uma situação neotestamentária com uma profecia veterotestamentária que está começando a se cumprir. Fica evidente que essa é sua função provável no versículo 25 porque praticamente a mesma palavra ($kath\bar{o}s$, "assim como") é empregada apenas três versículos adiante, no versículo 29 ("E assim como Isaías profetizou...") para introduzir o começo do cumprimento da profecia isaiânica de que somente um remanescente de Israel será salvo no tempo da restauração final.

Além disso, que os gentios podem ser considerados parte real do cumprimento inaugural de Oseias[5] é uma possibilidade conforme as evidências que apresentei no capítulo anterior e

---

[2]Para uma boa análise e certamente mais detalhada das muitas profecias veterotestamentárias da restauração em Romanos 9—11, veja J. Ross Wagner, *Heralds of the good news: Isaiah and Paul in concert in the Letter to the Romans*, NovTSup 101 (Leiden: Brill, 2001).

[3]Para variantes na citação de Paulo de Oseias 2.23 e 1.10 em relação ao texto de Oseias, veja Thomas R. Schreiner, *Romans*, BECNT (Grand Rapids: Baker Academic, 1998), p. 527; Mark A. Seifrid, "Romans", in: G. K. Beale; D. A. Carson, orgs., *Commentary on the New Testament use of the Old Testament* (Grand Rapids: Baker Academic, 2007), p. 647-8 [edição em português: *Comentário do uso do Antigo Testamento no Novo Testamento* (São Paulo: Vida Nova, 2014)].

[4]Veja Douglas J. Moo, *The Epistle to the Romans*, NICNT (Grand Rapids: Eerdmans, 1996), p. 613, citando alguns especialistas que confirmam essa perspectiva.

[5]Schreiner (*Romans*, p. 528) concorda com esta conclusão e cita outros estudiosos que também estão de acordo.

a linha de raciocínio em todo esse capítulo; particularmente, as profecias do AT de que, na restauração do Israel dos últimos tempos, o Servo messiânico será considerado a soma do verdadeiro Israel (Is 49.3), e de que os gentios também afluirão para Jerusalém e serão redimidos identificando-se com os israelitas. Ademais, o NT (esp. Paulo) considera Jesus o verdadeiro Israel ("a descendência de Abraão") e os cristãos judeus e gentios reunidos em Cristo também são vistos como o verdadeiro Israel (Gl 3.16,26-29). Já analisei outras evidências no NT que atestam as mesmas ideias (p. ex., que a verdadeira circuncisão é a do coração, e não da carne, com a qual os gentios são identificados [Rm 2.25-29]), portanto a igreja pode mesmo ser chamada explicitamente de "o Israel de Deus" (Gl 6.16 [sobre esse tema, veja mais adiante neste capítulo]). Tendo em vista essas ideias, pode se crer que Paulo considera que não apenas os judeus crentes, mas também os gentios cristãos, são de fato o cumprimento da profecia de Oseias da restauração de Israel — visto que os gentios creem em Jesus, o verdadeiro Israel, eles passam a ser identificados como israelitas verdadeiros. O fato de Oseias 1 e 2 aplicar-se também aos "judeus" em Romanos 9.24 não é nenhum problema para eles serem o cumprimento inicial da profecia, pois a profecia era sobre Israel. Portanto, parece improvável que aqui a passagem de Oseias seja aplicada aos judeus por analogia. Além disso, afirmar que de algum modo a profecia é cumprida nos judeus e apenas por analogia aplicada aos gentios seria uma conclusão distorcida e incoerente. Porém, se houver uma base lógica, como a que apresentei antes, para fornecer uma razão hermenêutica possível para considerar os gentios parte do Israel dos últimos tempos, então tanto "judeus" como "gentios" em Romanos 9.24 podem ser considerados o cumprimento inaugurado de Oseias 1 e 2.

O contexto imediato indica essa direção, pois, em Romanos 9.6, Paulo já havia dito que "nem todos os que são de Israel são israelitas", afirmação que focaliza a distinção na etnia israelita entre crentes verdadeiros e os que não creem. Mesmo tendo como foco uma diferenciação entre os israelitas nativos, esse versículo permite que outros sejam considerados parte do verdadeiro Israel, mesmo que não sejam de etnia israelita. Essa visão não restritiva de Romanos 9.6 é fortemente sugerida por Romanos 2.25-29 (que acabamos de considerar). Além do mais, o pressuposto de que os gentios fazem parte do verdadeiro Israel implícito em Romanos 9.25,26 também é indicado no contexto imediato de Oseias 1.10. Oseias 1.11 diz que a restauração de Israel é dirigida por um "cabeça": "Constituirão sobre si um só cabeça [líder] e se levantarão da terra". É provável que isso se refira a um líder dos últimos tempos que governará Israel na restauração dos últimos dias.[6] Essa hipótese é apoiada ainda mais por Oseias 3.5, que fala de "Davi seu rei", que desempenha um papel no "retorno" de Israel "nos últimos dias". Desse modo, a abrangência contextual de Paulo provavelmente inclui a ideia de um libertador messiânico que vai liderar a restauração, com quem o Israel dos últimos tempos será identificado. A aplicação paulina da profecia não só aos judeus, mas também aos gentios, dá a entender que o apóstolo considera os gentios identificados com esse líder messiânico, retratado em outras partes do AT e do NT como um representante individual do Israel escatológico.[7]

---

[6]O *Tg.* de Os 2.2 interpreta esta referência como "um cabeça da casa de Davi".

[7]Essa perspectiva de Paulo da relação do "cabeça" de Israel com a nação teria sido reforçada ainda mais se Paulo tivesse algum conhecimento do uso de Oseias 1.10 por Mateus. A referência à restauração dos "filhos do Deus vivo" em Oseias 1.10 tem seu paralelo neotestamentário mais próximo em Mateus 16.16, em que Pedro professa que Jesus é o "Messias, o Filho do Deus vivo". Essa fala pode ser uma alusão a Oseias 1.10, pela qual Jesus é considerado o filho real que guia os filhos de Israel, a quem ele representa. Essa identificação do filho individual com os filhos coletivos é provavelmente o motivo de Mateus 2.15 aplicar a referência do "filho" coletivo de Oseias 11.1 ao indivíduo Jesus. Sobre Mateus 16.16 como alusão a Oseias 1.10, veja Mark J. Goodwin, "Hosea and 'the Son of the living God' in Matt. 16:16b", *CBQ* 67 (2005): 265-83 (para mais análise dessa alusão, veja cap. 12, seção "Jesus como o Filho de Deus adâmico", que trata do conceito de Cristo como a imagem de Deus em Mateus).

É muito provável que a aplicação paulina aos gentios da designação de Israel em Oseias 1.10, "vós sois filhos do Deus vivo", tenha se originado de sua menção anterior em Romanos 1.4 de que Jesus "foi declarado o Filho de Deus".[8] Essa menção pode ser a base intratextual para chamar os cristãos de "filhos de Deus" em Romanos 8.14,19 (e de "filhos" em Rm 8.15,23),[9] especialmente à luz da associação da filiação deles com a ressurreição (como em Rm 1.4) e tendo em vista as menções mais curtas de Jesus como "filho" de Deus no contexto imediato (Rm 8.3,29,32). Fica evidente que os cristãos são chamados de "filhos de Deus" por causa da identificação deles com Jesus como "o Filho de Deus" não só pelas ligações já observadas, mas também porque Romanos 8.29 explica a razão dessa identificação: "Pois os que conheceu de antemão, também os predestinou para se tornarem conformes à imagem de seu Filho, a fim de que ele seja o primogênito entre muitos irmãos". Por isso, os crentes são chamados de "filhos de Deus" provavelmente porque são "irmãos" de Cristo, o "primogênito" "Filho de Deus". Os cristãos, porém, são "filhos adotivos" (*huiothesia* [Rm 8.15,23]) de Deus pela identificação deles com Cristo na sua condição de "Filho" original. Nessa condição, os cristãos dão continuidade à linha do verdadeiro Israel do AT, quando Israel também era chamado de "filhos adotivos" (*huiothesia* [Rm 9.4]). Nesse sentido, como vimos no capítulo anterior, Israel era chamado de "primogênito" e de "filho" de Deus no AT.[10]

Tudo isso parece estar, ao menos até certo ponto, por trás do raciocínio de Paulo quando ele se refere aos gentios como israelitas restaurados escatologicamente, sobre quem Oseias profetizou que seriam "chamados filhos do Deus vivo".[11]

Romanos 9.27-29

Romanos 9.24-26 se concentra nos gentios crentes como parte do cumprimento das esperanças de restauração de Israel, e os versículos 27-29 focalizam um remanescente de israelitas étnicos crentes que também faz parte desse cumprimento:

---

[8]Observe-se também a referência abreviada a Jesus como "Filho" em Romanos 1.3,9; 5.10; 8.3,29.

[9]Veja Robert Jewett, *Romans*, Hermeneia (Minneapolis: Fortress, 2007), p. 601. Jewett também entende a referência em Romanos 9.28 a "'filhos do Deus vivo' como reminiscente da afirmação de Paulo em Romanos 8.14,19", bem como em 8.15,23, de que os cristãos são filhos de Deus.

[10]Observe-se, p. ex., o "filho" de Deus em Êxodo 4.22,23; Deuteronômio 14.1; Isaías 1.2,4; 63.8; Oseias 1.10; 11.1, e o "primogênito" em Êxodo 4.22,23; Jeremias 31.9; o Messias vindouro de Israel também era conhecido como o "primogênito" de Deus (Sl 2.7; 89.27).

[11]Há outras explicações possíveis para considerar Oseias 1 e 2 uma profecia que inclui os gentios. Quando Oseias se refere a Israel como "Não meu povo" (1.9; 2.23), considera-se Israel identificado com os gentios. Isso fica claro em trechos posteriores do livro, p. ex., em que Israel é identificado com Sodoma e Gomorra (identificação feita tb. em Is 1.9,10; 3.9; Jr 23.14; Lm 4.6; Ez 16.46-56). Por isso, se em Oseias Deus prometeu restaurar Israel, que havia se equiparado a uma nação gentia, a promessa não implicaria a restauração de outras nações gentias? Parece que a resposta é "sim" tendo em vista a clara alusão em Oseias 1.10 a Gênesis 32.12 (essas são as duas únicas declarações de promessa abraâmica que incluem as seguintes expressões: a descendência israelita "como a areia do mar" que "não pode ser contada"). Gênesis 32.12 se refere explicitamente a Gênesis 28.14, texto que fala da "descendência" de Jacó "como o pó da terra", e acrescenta: "pela tua descendência [a de Jacó] todas as famílias da terra serão abençoadas". Diante disso, essa alusão em Oseias 1.10 (se os contextos de Gn 28.14 e o de 32.12 estão em mente), referente à multiplicação de Israel depois de sua restauração, dá a entender que essa restauração incluirá a bênção das nações e, por isso, a restauração delas. Alguns estudiosos acham que Oseias 1.10 alude a Gênesis 22.17,18, mas o vocabulário ali não se aproxima de Gênesis 32.12; a ideia, contudo, é a mesma: a multiplicação de Israel produz a bênção das nações.

Uma vez que a profecia de Oseias 1.10 tem em mente o Reino do Norte, Israel (cf. v. 4-9), e que este não existia mais no tempo de Paulo, pois havia se tornado uma terra gentia (Samaria), também é possível que as pessoas de Samaria que estavam se tornando cristãs fossem consideradas parte do cumprimento da profecia de Oseias.

Isaías exclama acerca de Israel: "Ainda que o número dos filhos de Israel seja como a areia do mar, o remanescente é que será salvo. Porque o Senhor executará a sua palavra sobre a terra, de maneira completa e decisiva". E como antes dissera Isaías: "Se o Senhor dos Exércitos não nos tivesse deixado descendência, teríamos nos tornado como Sodoma, e seríamos semelhantes a Gomorra".

Os versículos 25 e 26 desenvolvem a referência do versículo 24 ao "chamado" dos gentios, e os versículos 27 e 28, por sua vez, desenvolvem a alusão no versículo 24 ao "chamado" dos judeus. Dois textos de Isaías são citados, Isaías 10.22,23 e 1.9, que indicam que no *eschaton* somente um remanescente de Israel será salvo. Essa é mais uma explicação da declaração anterior de Paulo em Romanos 9.6: "Não é o caso de a palavra [promessa] de Deus ter falhado". Nesse versículo, Paulo reage à ideia corrente entre seus contemporâneos judaicos de que a maioria de Israel voltaria para Deus nos últimos dias. O apóstolo começa sua resposta na segunda parte do versículo 6 declarando que nem todos os israelitas nativos são israelitas espirituais verdadeiros, e prossegue nos versículos 7-13 mostrando que o princípio do remanescente estava em vigor, pelo menos, desde o tempo de Abraão. Nos versículos 27 e 28 ele acrescenta ao argumento iniciado no versículo 6 que a profecia do AT, como ilustra Isaías, sempre predisse que apenas um remanescente de Israel seria salvo nos últimos dias, depois do juízo purificador de Deus.[12]

Romanos 10.11-13

Pois a Escritura diz: "Todo o que nele crê nunca será envergonhado". Pois não há distinção entre judeu e grego; porque o mesmo Senhor é o Senhor de todos, rico para com todos que o invocam. Porque: "Todo aquele que invocar o nome do Senhor será salvo".

O versículo 11 é uma citação de Isaías 28.16, trecho que está no contexto de proclamação do juízo contra o Israel incrédulo em algum momento futuro (sobre isso, veja Is 28.9-22). Isaías 28.16 é o único versículo positivo nesse contexto porque manifesta uma bênção para aqueles que "creem" na provisão divina de um refúgio ("uma pedra preciosa como alicerce") em meio ao julgamento. Aquele que "nela confia jamais será abalado" (conforme o texto hebraico), cujo predicativo a LXX interpreta, e é seguida por Paulo, como "não será envergonhado". Tudo isso acontece "em Sião", portanto Isaías 28.16 se refere a alguns israelitas que "confiarão" em meio ao juízo sobre a nação.

O versículo 12 apresenta um motivo por que todos os que creem não serão envergonhados: não há "nenhuma distinção entre o judeu e o gentio"; logo, qualquer pessoa que creia, de qualquer grupo étnico, não será envergonhada no dia do juízo. Essa ideia também aparece em Romanos 3.22, mas, aqui, a ausência de distinção está no fato de ambos os grupos serem igualmente pecadores (Rm 3.22b,23a: "...para todos os que creem; pois não há distinção. Porque todos pecaram"). E o motivo de não haver mais "nenhuma distinção" entre esses dois grupos étnicos é que "o mesmo Senhor é Senhor de todos", "chamando" quem ele quer de qualquer um desses grupos — um desenvolvimento de Romanos 9.24 ("a quem ele também chamou, não só dentre os judeus, mas também dentre os gentios").

---

[12]Para uma abordagem mais detalhada das alusões do AT em Romanos 9.25-29, veja Wagner, *Heralds of the good news*, p. 78-117. Mas eu discordo de algumas conclusões dele. Wagner, p. ex., considera que a referência de Paulo ao conceito do remanescente em Romanos 9 antevê a salvação de um grupo muito maior da nação "de modo definitivo", no fim dos tempos, em Romanos 11.25,26, mas ao mesmo tempo, diz ele, enigmaticamente, que o conceito do remanescente continua até a última passagem (veja p. 276-98).

A razão de Deus ser "rico para com todos que o invocam" (Rm 10.12b) está na profecia de Joel 2.32, que Paulo cita em Romanos 10.13: "Todo aquele que invocar o nome do Senhor será salvo". Como vimos no capítulo 17 e no 19, Joel 2.28-32 é uma profecia da restauração e da salvação de Israel "no monte Sião e em Jerusalém" nos últimos tempos (Jl 2.32). No capítulo anterior, ao tratar de Joel 2.28-32 em Atos 2, fiz todo o possível para explicar que o texto de Joel era uma profecia apenas para Israel, e não para os gentios. Porém, vimos que o modo de Lucas aplicar, depois, essa profecia aos gentios em Atos revela que eles estavam sendo identificados e incorporados com o remanescente escatológico de Israel que estava surgindo. É provável que as mesmas conclusões referentes a Joel 2 em Atos 2 se apliquem a Romanos 10.13,[13] sobretudo porque já observamos a mesma ideia nas passagens paulinas estudadas há pouco nesta seção e na introdução do capítulo: quando os gentios creem, eles não mantêm uma condição independente de gentios redimidos, mas são considerados gentios convertidos à fé de Israel e, apesar da nacionalidade gentia não ser eliminada, eles ganham uma identidade maior, de parte de Israel, porque são identificados com Jesus, a síntese e o representante do verdadeiro Israel.

Romanos 11.25,26

Essa passagem é muito problemática e polêmica para ser analisada adequadamente no espaço limitado deste livro. Na verdade, uma interpretação plenamente satisfatória desse texto ainda aguarda uma monografia completa. Especificamente, há muito debate se o versículo 26 profetiza que a maioria da etnia israelita será salva no fim desta era. Por isso, entendo que a visão geral dos gentios terem de ser identificados como o verdadeiro Israel não deve ser apoiada apenas nessa passagem, mas também em outras, tanto do AT como do NT. Na verdade, creio que essa passagem não se relaciona com a redenção dos gentios, mas diz respeito à salvação de um remanescente do Israel étnico.[14]

2Coríntios

Uma das referências mais claras de Paulo a uma promessa veterotestamentária de restauração está em 2Coríntios 6.1,2:

> E nós, como cooperadores de Deus, também vos exortamos a não receber a graça de Deus em vão. Porque ele diz: No tempo aceitável eu te escutei e no dia da salvação eu te socorri. Agora é o tempo aceitável, agora é o dia da salvação.

---

[13]Veja o estudo sobre o uso de Joel 2 em Atos 2 no cap. 19, subtítulo "O cumprimento inaugurado em Atos 2.16-21 do derramamento do Espírito profetizado em Joel 2.28-32".

[14]Para exemplos da mesma abordagem da passagem que defendo, veja O. Palmer Robertson, "Is there a distinctive future for ethnic Israel in Romans 11?", in: Kenneth S. Kantzer; Stanley N. Gundry, orgs., *Perspectives on evangelical theology: papers from the thirtieth annual meeting of the Evangelical Theological Society* (Grand Rapids: Baker Academic, 1979), p. 209-27; Ben L. Merkle, "Romans 11 and the future of ethnic Israel", *JETS* 43 (2000): 709-21; Anthony A. Hoekema, *The Bible and the future* (Grand Rapids: Eerdmans, 1979), p. 139-47. Essas fontes sustentam que "todo o Israel" em Romanos 11.26 se refere não a uma conversão em massa da nação de Israel no fim do período da igreja, mas a todo o remanescente da nação de Israel (Israel étnico), que é redimido durante o período completo entre os adventos até o fim dos tempos. Outros comentaristas, como João Calvino, raciocinam de modo semelhante, mas sustentam que "todo o Israel" consiste em gentios e judeus. Muitos alegam que Romanos 11.26 na verdade profetiza que a maioria de Israel será salva exatamente no fim do período da igreja (p. ex., John Murray, *The Epistle to the Romans*, NICNT [Grand Rapids: Eerdmans, 1965], 2 vols., 2:96-100; Robert L. Saucy, *The case for progressive dispensationalism: the interface between dispensational and non-dispensational theology* [Grand Rapids: Zondervan, 1993], p. 250-63).

Em 6.1, Paulo retoma seu pensamento de 5.20, em que definiu seu papel de embaixador de Deus como um ofício pelo qual Deus "exorta por nosso intermédio", e o começo do primeiro período de 6.1 ("como cooperadores de Deus, nós também vos exortamos") dá continuidade à descrição desse papel. Isto é, uma vez que é por meio do ofício de embaixador de Paulo que Deus exorta os leitores a se reconciliarem (5.20), Paulo logicamente considera-se, juntamente com seu círculo apostólico, "cooperadores de Deus" na tarefa de exortar os leitores a se reconciliarem com Deus ou a se portarem como povo reconciliado. Entretanto, em vez de falar em "reconciliação" como o objeto da exortação em 2Coríntios 5.20, ele os exorta a "não receber a graça de Deus em vão [*eis kenon*]" (2Co 6.1). A referência de Paulo à "graça" aqui tem como foco "o ministério de reconciliação" (5.18) e "a palavra de reconciliação" (5.19) que Deus lhe confiou para pregar aos coríntios, que provavelmente eram parte essencial do ministério mais abrangente do ministério apostólico de Paulo ao mundo gentio. Na verdade, o uso paulino da palavra "graça" (*charis*) em 2Coríntios 1—5 diz respeito, antes de tudo, não à obra da graça divina na vida de seus leitores, mas ao modo com que Paulo apresentava o evangelho em palavras e atos (2Co 1.12,15; 4.15), como ocorre também em outros textos do apóstolo. A linguagem de 2Coríntios 6.1b é característica de quando Paulo reflete se o seu labor de proclamar o evangelho aos gentios teve efeito salvífico.

Portanto, em 2Coríntios 6.1, Paulo está desenvolvendo o pensamento de 2Coríntios 5.18-20 ao enfatizar que sua exortação aos leitores a se reconciliarem não deve ser em vão, pois essa exortação vem do próprio Deus (2Co 5.20). Na verdade, a reação a esse imperativo não deve ser infrutífera, pois os leitores já se declaravam participantes dessa reconciliadora "graça de Deus" (cf. 2Co 5.14,15,18,19).

Em 2Coríntios 6.2, Paulo recorre a Isaías 49.8 para confirmar ainda mais (observe-se o "pois" ou "porque") sua declaração de que é legítimo porta-voz divino da mensagem de reconciliação. Observamos em um capítulo anterior que Isaías 49.8 faz parte de uma seção de Isaías que associa de modo bem próximo a restauração do Israel exilado com o tema da nova criação (cf. Is 49.8-13), por isso a presença dessa passagem em 2Coríntios 5.17-21 não é uma surpresa.[15] Aliás, Isaías 49.8 é uma referência explícita à restauração de Israel: a primeira parte do versículo (citada por Paulo) está em paralelismo sinônimo com a segunda parte. Isto é, "o tempo aceitável" e "o dia da salvação" (Is 49.8a) são explicados como o tempo da restauração vindoura: "E eu te guardarei e te farei uma aliança para o povo, para restaurares [*lĕhāqîm*] a terra e lhe dares por herança as propriedades destruídas" (v. 8b). Isaías 49.8 repete a promessa da restauração mencionada apenas dois versículos antes, em que o papel do "Servo" inclui "levantar as tribos de Jacó e restaurar [hebr., *lĕhāshîb*; gr., *synachthēsomai*] os preservados de Israel", estendendo a restauração salvadora "aos confins da terra" (Is 49.6). Isaías 49.8 é a resposta de Yahweh à futura reação de desespero do Servo diante do suposto fracasso de sua missão de restaurar Israel (cf. Is 49.4,5). Sua obra de restauração parece ter sido "em vão" (*kenōs*) e ter resultado "em futilidade" (*eis mataion*), "em nada" (*eis ouden*) (v. 4). Mas a resposta de 49.8, continuação do versículo 6, assegura que, embora a obra restauradora do Servo pareça em grande parte ter sido em vão e provocado desprezo e abominação ao Servo (v. 7a), ela teve importante efeito sobre alguns de Israel ("os preservados", ou remanescente [Is 49.6a,8b, TM] e principalmente com respeito às nações (Is 49.6b). Apesar de a maioria de Israel certamente rejeitar a obra de restauração do Servo (Is 49.4-6a,7a), Deus fará que esse empenho tenha um efeito cósmico, a salvação dos gentios (Is 49.6b).

Portanto, Isaías 49.8 é uma confirmação de Deus ao Servo de seu chamado para restaurar Israel (e as nações), prometendo-lhe que fará seu trabalho prosperar, apesar do aparente

---

[15]Veja, no cap. 15, o subtítulo "'Reconciliação' em 2Coríntios 5.14-21".

fracasso. Isaías 49.9 retrata o Servo tentando restaurar Israel à sua terra: "Para dizeres aos presos: 'Saí'; e aos que estão nas trevas: 'Aparecei' (cf. Is 49.8,9)", uma linguagem semelhante à de 2Coríntios 6.14-18.

De forma radical, Paulo atribui a si próprio a profecia do Servo de Isaías para se identificar com esse personagem.[16] Ele é de alguma forma o cumprimento do justo "Servo, Israel" (Is 49.3), que devia proclamar a restauração ao Israel pecador. De acordo com o retrato profético, Paulo anunciou a reconciliação aos gentios, à igreja de Corinto, e isso é o cumprimento das promessas escatológicas da restauração de Israel. Entretanto, ao que tudo indica, muitos da igreja de Corinto não estão reagindo positivamente, pois questionam a própria legitimidade de Paulo como porta-voz de Deus. Apesar de afirmarem que começaram a participar das promessas escatológicas da restauração a Deus, os leitores correm o risco de perder essas bênçãos se continuarem rejeitando Paulo como o mensageiro da reconciliação autorizado por Deus, pois fazer isso também é rejeitar Jesus. Logo, apesar de parecer que seu ministério está a ponto de ser recebido "em vão" (*eis kenon* [cf. Is 49.4]), Paulo recorre a Isaías 49.8 a fim de autenticar sua legitimidade de servo apostólico da restauração e demonstrar que seu ministério dará frutos. De acordo com as nuances do contexto veterotestamentário original, a citação mostra que Deus ajudará Paulo nesse ministério a fim de manifestar uma confirmação divina do chamado do apóstolo para anunciar a reconciliação (cf. 2Co 6.2: "Eu te escutei [...] eu te socorri"). O período em que Paulo considera a oferta desse auxílio e reafirmação é mencionado como *kairos dektos*, traduzido em geral por "tempo aceitável". Entretanto, por causa da locução paralela logo em seguida, *hēmera sōtērias, kairos dektos* é uma expressão mais bem traduzida por "o tempo da aceitação", referindo-se ao período do fim dos tempos em que a oferta de Deus de aceitação ou de "restauração-reconciliação" se estende ao Israel exilado e às nações.

Na verdade, como também já estudamos antes,[17] a referência do texto hebraico a "prazer, favor" (*rāṣôn* [LXX: *dektos*]) é traduzida em Isaías 49.8 pelo equivalente aramaico que consta no *Targum* (*r'w'*), que é explicada pela paráfrase: "Eu receberei a sua oração". Em outros trechos do *Targum* de Isaías, o equivalente aramaico também se refere à "aceitação agradável" de Deus (Is 1.11,15; 56.7; 60.7), especificamente no sentido da restauração do exílio (Is 34.16,17; 60.10; 62.4; 66.2). Assim, 2Coríntios 5.17—6.2 mostra que o entendimento de Paulo de reconciliação é consequência dessa meditação no contexto isaiânico de restauração (como talvez também seja o caso em 6.3—7.1, conforme vou argumentar a seguir).

Portanto, a citação de Isaías 49.8 e o comentário de Paulo sobre essa passagem em 2Coríntios 6.2b se concentram sobretudo no período escatológico do cumprimento profético (cf. as duas ocorrências de *nyn* ["agora"] em 2Co 6.2), em que o servo, Paulo, recebe autoridade divina e confirmação em seu trabalho. Também é um apelo para que os leitores aceitem essa confirmação e que sejam reconciliados, no sentido de "tornarem plena" sua confissão de que são participantes das promessas do AT acerca da restauração (cf. 2Co 13.5,9b,11a).

Pode parecer incomum Paulo aplicar a si mesmo uma profecia que a comunidade cristã primitiva provavelmente aplicava a Cristo. Contudo, não falta precedente. Em Lucas 2.32 e Atos 26.23, Jesus é considerado o cumprimento de Isaías 49.6 (cf. Is 42.6), ao passo que em Atos 13.47 e 26.18a Paulo é identificado respectivamente como o cumprimento de Isaías 49.6 e de 42.7. A razão para essas identificações duplas talvez esteja no conceito de representação coletiva presente no AT, em outras partes dos textos de Paulo e no NT, e que bem pode estar por trás da expressão paulina "Cristo que fala em mim" (2Co 13.3; cf. 2.14-17; 12.9,19). É essa mesma

---

[16]Apesar de Murray Harris discordar e dizer que, "ao citar Isaías 49.8, Paulo está pensando sobretudo na experiência dos coríntios, e não na sua própria" (*The Second Epistle to the Corinthians: a commentary on the Greek text*, NIGTC [Grand Rapids: Eerdmans, 2005], p. 461).

[17]Veja, no cap. 15, o subtítulo "'Reconciliação' em 2Coríntios 5.14-21".

ideia de representação coletiva que permite a Paulo entender o contexto do Servo de Isaías 49 como aplicável a si mesmo sem distorcer o que o apóstolo acreditava ser a intenção original do texto. Além do mais, como o apóstolo estava dando continuidade à missão de Jesus, o Servo, ele podia facilmente aplicar essa profecia do Servo a si próprio, embora não se considerasse equivalente a Jesus, o Servo.

Portanto, Paulo entende que os coríntios estão recebendo as promessas de Isaías 40—66 referentes à redenção dos gentios, um acontecimento que deveria ocorrer juntamente com a salvação de Israel. Dessa perspectiva, o uso de Paulo é compatível com o do contexto de Isaías. Porém, o novo desenvolvimento paulino considera os cristãos judeus e gentios juntos na igreja de Corinto como israelitas autênticos, uma vez redimidos. Fica evidente que Isaías 49.8 faz parte de uma profecia de restauração de Israel, e não das nações, pelo Servo porque, depois do início de Isaías 49.8, citado por Paulo ("no tempo aceitável [...] no dia da salvação"), o papel específico da obra do Servo é voltado para a restauração exclusiva de Israel: "E eu te guardarei e te farei uma aliança para o povo, para restaurares a terra e lhe [Israel] dares por herança as propriedades destruídas". E o contexto imediatamente seguinte continua com o foco apenas na restauração de Israel. Isaías 49.9-17 diz:

> Para dizeres aos presos: "Saí";
> e aos que estão nas trevas: "Aparecei".
> Eles pastarão nos caminhos
> e seus pastos serão em todas as colinas desnudas.
> Nunca sentirão fome nem sede,
> nem o calor do deserto nem o sol os afligirá;
> porque o que se compadece deles os guiará
> e os conduzirá aos mananciais das águas.
> Transformarei todos os meus montes em um caminho;
> e as minhas estradas serão exaltadas.
> Eis que estes virão de longe,
> e aqueles, do norte e do ocidente,
> e os outros, da terra de Sinim.
> Ó céus, gritai de alegria! Exulta, ó terra!
> E vós, montes, exultai de alegria!
> Porque o Senhor consolou o seu povo
> e se compadeceu dos seus aflitos.
> Mas Sião diz: "O Senhor me desamparou,
> o meu Senhor se esqueceu de mim".
> Pode uma mulher esquecer-se do filho que ainda amamenta
> e não se compadecer do filho do seu ventre?
> Mas ainda que ela se esquecesse, eu não me esquecerei de ti.
> Eu te gravei na palma das minhas mãos;
> os teus muros estão sempre diante de mim.
> Os teus construtores voltarão depressa;
> mas os teus destruidores e os teus assoladores fugirão de ti.

De fato, o restante do capítulo 49 (Is 49.18-26) continua com foco exclusivo na restauração de Israel.[18] Portanto, se Paulo tem em mente o contexto imediato de Isaías, o que é provável

---

[18]Apesar de ser verdade que a LXX modifica Isaías 49.8b para que ela se refira à restauração dos gentios, e não de Israel. Uma vez que, como acabamos de ver, o contexto todo de Isaías 49.9-26 tem foco exclusivo na salvação de Israel, e não das nações (como tb. a LXX tem), ainda é provável que Paulo entenda 49.8 à luz desse contexto seguinte. Contudo, mesmo se Paulo tivesse em mente a versão da LXX de Isaías 49.8, é provável, à luz

dada a alusão a Isaías 49.3 ("em vão") em 2Coríntios 6.1, então, ele se considera na função do Servo (talvez como um representante profético de Jesus, o Servo), cuja tarefa é restaurar Israel, que agora é formado de um remanescente de judeus e de uma maioria gentia.

Qual seria a explicação para esse desenvolvimento da aplicação de uma profecia israelita a uma comunidade formada majoritariamente de gentios? Já analisei esse assunto diversas vezes antes, mas vou recapitulá-lo brevemente aqui. Em primeiro lugar, os profetas, entre eles Isaías, não definem o Israel escatológico da perspectiva étnica e nacionalista, mas sobretudo de acordo com o aspecto religioso ou teológico, segundo a fidelidade à aliança com Yahweh (p. ex., Os 1.10,11; 2.23), pois já vimos que o próprio Isaías entende que a salvação dos gentios implica a identificação deles com o verdadeiro Israel dos últimos tempos.[19] É bem possível que Paulo esteja aplicando essa visão profética como argumento para legitimar sua aplicação das promessas de Israel aos gentios, como faz em Romanos 9.24-26 ao citar Oseias 1.10 e 2.23. Portanto, a igreja é o verdadeiro Israel à medida que recebe agora as promessas proféticas destinadas a Israel no AT. Além disso, esse argumento pode ter sido imposto pelo entendimento de Paulo de que Cristo sintetizava em si mesmo Israel e, por isso, representava o verdadeiro Israel de modo jurídico e coletivo (cf. Is 49.3,6 e Lc 2.30-32; At 26.23). Quer judeu, quer gentio, todo aquele que se identifica com Cristo pela fé é considerado parte do Israel genuíno e recebe as promessas que herdou como verdadeiro Israel (2Co 1.20,21). Identificamos o mesmo tipo de aplicação aos gentios das profecias da restauração israelita em Romanos 9.24-26, provavelmente usando o mesmo fundamento.

Portanto, o apelo de Paulo em 2Coríntios 5.20 para que os coríntios se reconciliassem "com Deus" é novamente enfatizado em 2Coríntios 6.1,2, em que "se declara não com menos ênfase que os apóstolos estão servindo a Deus ao estender a oferta de reconciliação".[20] Essa nova ênfase na reconciliação em 2Coríntios 6.1,2 é comunicada pela citação de um texto-prova de Isaías 49 referente à promessa de restauração a Israel. Uma vez que a passagem de 2Coríntios 6.1,2 é uma continuação do apelo inicial em 2Coríntios 5.20 para que os coríntios se reconciliem, ela deve ser considerada parte desse apelo. Por sua vez, o apelo em 2Coríntios 5.20—6.2 se baseia na realidade da reconciliação como uma nova criação e no fato de que os apóstolos (p. ex., Paulo) foram instituídos como os embaixadores oficiais para proclamar essa realidade (2Co 5.17-19). O foco do apelo em 2Coríntios 5.20—6.2 é que os leitores aceitem Paulo como legítimo representante de Deus na propagação do apelo, pois rejeitar o mensageiro da reconciliação implica rejeitar o Deus que reconcilia. Como consequência, as promessas isaiânicas de restauração de Israel são fundamentais para o argumento de 2Coríntios 5.17—6.2.

Deveríamos entender 2Coríntios 6.3-10 como uma continuação do apelo iniciado em 2Coríntios 5.20, porque essa passagem apresenta mais apoio ao apelo, embora nessa seção Paulo não faça nenhuma citação do AT para fundamentar seu argumento, mostrando, em vez disso, a integridade de seu estilo de vida fiel em meio ao sofrimento. Assim, não há nada na conduta de Paulo que sirva de base para rejeitarem a mensagem dele.

---

do contexto geral da minha análise de 2Coríntios nesta seção, que ele ainda veja os israelitas como participantes da aliança prometida a Israel. Observe-se particularmente que, em Isaías 49.8, a LXX altera o texto hebraico "Eu te darei por aliança do povo" para "Eu te dei por aliança das nações". "Aliança" (*diathēkē*), na LXX de Isaías, normalmente se refere à aliança de Deus com Israel (Is 24.5; 33.8; 42.6 [?]; 54.10; 55.3; 56.4; 59.21; 61.8). Isaías 56.6, entretanto, explica que os gentios podem participar da "aliança" de Deus com Israel, o que é parcialmente descrito ali, como vimos no capítulo anterior, na referência aos gentios tornando-se sacerdotes ministrantes no templo. Na verdade, a modificação da LXX de Isaías 49.8b para se referir aos gentios, e não a Israel, pode representar uma interpretação que considera os gentios participantes da salvação israelita.

[19]Conforme Isaías 19.18,24,25; 56.3-7; 66.18-21; veja tb. Sl 87; Ez 47.21-23; Zc 2.11 + 8.20-23.

[20]Victor Paul Furnish, *II Corinthians*, AB 32A (New York: Doubleday, 1984), p. 352.

Em 2Coríntios 6.11-13, Paulo reitera o apelo de 2Coríntios 6.1,2 referente à reconciliação consigo mesmo como o embaixador revestido da autoridade de Deus, mas de novo o termo técnico "reconciliação" não é citado. Por isso, o apóstolo emprega metáforas de reconciliação para resumir a tensão entre ele e seus leitores: Paulo fez propostas para se reconciliarem mediante sua mensagem, suas ações e sua atitude ("temos falado abertamente convosco [...] nosso coração está aberto!" [v. 11]), mas os leitores começaram a fechar o coração para Paulo e sua mensagem ("mas tendes restringido vosso afeto [para conosco]" [v. 12]). No versículo 13, Paulo apela aos leitores para que aceitem suas propostas de reconciliação ("Em retribuição [...] abri também o vosso coração").

Embora alguns achem que os versículos 14-16a são uma abrupta mudança de assunto, eles se enquadram perfeitamente no fluxo de raciocínio do contexto anterior:

> Não vos coloqueis em jugo com os incrédulos; pois que sociedade tem a justiça com a injustiça? Que comunhão há entre luz e trevas? Que harmonia existe entre Cristo e Belial? O que há em comum entre o crente e o incrédulo? E que acordo tem o santuário de Deus com ídolos?

Essas ordens para afastar-se de vários aspectos do mundo ímpio dizem respeito aos relacionamentos dos crentes com os que não são cristãos verdadeiros. Mas como isso está relacionado com o contexto anterior? Não é uma exortação geral para afastar-se do mundo. Antes, Paulo provavelmente tem em mente que os leitores devem se afastar do mundo não avaliando o apostolado dele de acordo com os padrões incrédulos deste mundo, como o contexto anterior também focalizou. É bem provável que Paulo não considere que o mundo incrédulo a que se refere em 2Coríntios 6.14,15 seja aquele situado apenas fora dos limites da igreja, mas que esse mundo é uma força dentro da igreja (cf. 13.5), de cuja influência os crentes deveriam precaver-se. Longe de ser uma interrupção, 2Coríntios 6.14—7.2 antevê a principal oposição a ser exposta nos capítulos 10—13. Um tipo específico de opositores cristãos judeus está se infiltrando na igreja e fazendo a mesma coisa que os judaizantes fizeram na Galácia, opondo-se à autoridade de Paulo e pregando outro tipo de Jesus, diferente daquele que o apóstolo pregava (veja 2Co 11.1-4,13-15,20-23; Gl 1.6-8). Esses oponentes estão tentando conquistar o apoio da congregação ao ensino deles na ausência de Paulo. Em 2Coríntios 6.14—7.2, Paulo mostra que a situação é tão grave que a própria salvação deles está em jogo. Os que são influenciados a resistir à autoridade de Paulo também estão resistindo a seu evangelho e assim pondo em dúvida a própria condição como parte do verdadeiro povo de Deus (cf. 2Co 13.5). Essa seção do capítulo 6 também antecipa o problema contínuo da conduta mundana de alguns membros da congregação (2Co 12.20,21), que provavelmente está relacionado, em parte, com a influência dos falsos mestres, mas não necessariamente limitado a ela. A prática contínua dos pecados registrados em 2Coríntios 12.20,21 também significa rejeição da autoridade do apóstolo, uma vez que ele já havia ordenado aos coríntios que parassem com esse comportamento.

Portanto, deve se entender em geral que "incrédulos" (*apistoi*) em 2Coríntios 6.14 enfatiza os parâmetros incrédulos mundanos de avaliar a autoridade de Paulo empregados pelos falsos apóstolos e aqueles sob a influência deles, assim como alguns leitores que não se arrependiam dos pecados de que Paulo os acusara anteriormente. Essa admoestação sobre a avaliação do apostolado de Paulo de modo mundano pode ser um desenvolvimento da mesma ideia de 2Coríntios 5.16 (cf. *kata sarka*, "segundo a carne").

Essa análise contextual é confirmada por 2Coríntios 7.2, que explica ainda mais que os leitores devem "purificar-se" (2Co 7.1) aceitando Paulo como apóstolo de Deus ("dar espaço para" ele), "reconciliando-se" com Paulo e, finalmente, com Deus. A passagem de 2Coríntios 7.1-4 é a conclusão de uma seção que remonta a 2Coríntios 5.17. A observação mais importante sobre essa discussão geral é que a seção de 2Coríntios 6.16b—7.1b, bem como com 2Coríntios 5.17-19 e 6.2, baseiam-se nas promessas proféticas do AT de restauração de Israel e servem de alicerce para os trechos com imperativos de 2Coríntios 5.20; 6.1,13-16a; 7.1,2. As declarações do apóstolo Paulo em 2Coríntios 7.3,4,7 expressam sua confiança de que os leitores, por terem começado a participar dessas promessas de restauração dos últimos tempos, reagirão positivamente à sua exortação para continuar como parte do cumprimento dessas promessas.

Em 2Coríntios 6.16b-18, Paulo acrescenta uma sequência de citações e alusões do AT.

Como Deus disse:

"Habitarei neles e entre eles andarei;
eu serei o seu Deus e eles serão o meu povo.
Portanto, saí do meio deles e separai-vos", diz o Senhor.
"E não toqueis em nenhuma coisa impura,
e eu vos receberei.
Serei para vós Pai,
e sereis para mim filhos e filhas",

diz o Senhor todo-poderoso.

De que modo essas referências do AT se enquadram no fluxo de argumento que vai até o versículo 16a? Quando analisadas em seus respectivos contextos veterotestamentários, percebe-se que essas referências estão associadas não só às promessas de restauração e da habitação de Deus em um templo com o povo,[21] mas também às proibições referentes à idolatria, ao juízo contra os idólatras e às promessas de libertar os israelitas da idolatria quando forem restaurados.[22] Já tratei das citações de Levítico, Ezequiel e Isaías concernentes ao templo,[23] mas essas referências ao templo fazem parte de promessas mais abrangentes relativas ao restabelecimento do templo como parte da restauração de Israel. A menção a "receberei" no final do versículo 17 origina-se da promessa de Deus de receber Israel de volta à terra (Ez 11.17; 20.34,41), e a referência a "filhos e filhas" diz respeito à reunificação operada por Deus dos filhos e filhas de Israel profetizada em Isaías 49.22; 60.4.[24] Assim, a sequência de referências do AT dá continuidade ao tema da prometida restauração de Israel, que está começando a cumprir-se entre os coríntios.

Curiosamente, quando examinamos o contexto mais amplo, começando em 2Coríntios 5.17 e chegando a 6.18, observamos no capítulo 15 algumas referências veterotestamentárias, e quase todas são profecias de restauração sobre Israel.[25] Vou apresentar de novo essas referências veterotestamentárias aqui, porque são muito importantes para minha argumentação. O quadro mostra a preocupação predominante de Paulo com essa ideia de inauguração dos últimos tempos (veja tabela 20.1).[26]

O auge da análise sobre a restauração "já e ainda não" ocorre em 2Coríntios 7.1: "Amados, visto que temos essas promessas, purifiquemo-nos de toda impureza do corpo e do espírito, aperfeiçoando a santidade no temor de Deus". Já analisei bastante neste livro por que essas

---

[21]Veja Levítico 26.11; 2Samuel 7.2-7,12,13; Ezequiel 37.26-28; 20.40; cf. Salmos 118.17,18,22,23,26,27; Isaías 52.11d.

[22]Veja Levítico 26.1,30; 2Samuel 7.23; Ezequiel 11.18,21; 20.28-32,39; 37.23; e Isaías 52.11 provavelmente deva ser entendido desse mesmo modo geral.

[23]Sobre esse tema, veja, no cap. 18, o subtítulo "Um breve estudo de caso de 2Coríntios 6.16-18".

[24]Uma alusão a 2Samuel 7.14 no versículo 18a apresenta essas alusões, mas não é uma promessa de restauração, e sim está associada com essas promessas.

[25]Para uma lista e análise dessas referências do AT, veja cap. 15 ("'Reconciliação' em 2Coríntios 5.14-21").

[26]Repito aqui a tabela de alusões ao AT do cap. 15 ("'Reconciliação' em 2Coríntios 5.14-21"). Apenas Salmos 118.17,18 em 2Coríntios 6.9, e 2Samuel 7.14, em 2Coríntios 6.18, não tratam diretamente da restauração.

referências veterotestamentárias não se aplicam simplesmente por analogia à igreja, sendo, na verdade, o início de seu cumprimento.[27] Mas a conclusão de que essas referências são promessas inauguradas da restauração israelita torna-se mais precisa e clara quando Paulo conclui: "Visto que temos promessas...". Esse fechamento é uma repetição quase exata da fórmula de 2Coríntios 1.20: "Pois, tantas quantas forem as promessas de Deus [no AT], nele [Cristo] está o sim". As duas declarações da promessa inaugurada formam uma *inclusio* que introduz e conclui o trecho de 2Coríntios 1.21 e 2Coríntios 6.18. Isso significa provavelmente que "promessas" em 7.1 se refere não somente às promessas da restauração e do templo de Israel em 6.16-18, mas também às outras referências da nova criação[28] e restauração em todo o trecho de 2Coríntios 5.21—6.12.[29] Também estão incluídas as promessas do Espírito (1.22), da nova aliança (3.3,6) e da ressurreição (3.6; 5.14,15), todas elas vinculadas às esperanças de restauração do AT.[30] Na verdade, a palavra "promessa" (*epangelia*) ocorre cerca de cinquenta vezes no NT (em torno de 23 vezes nos textos de Paulo), a maioria relacionada às promessas aos patriarcas, apesar de algumas se referirem especificamente às promessas veterotestamentárias do Espírito,[31] da ressurreição[32] e da nova aliança.[33]

Tabela 20.1

Antigo Testamento	2Coríntios 5.17—6.18
Is 43.18,19 // 65.17	5.17
Is 53.9-11	5.21
Is 49.8	6.2
Sl 118.17,18 (117.17,18, LXX)	6.9
Is 60.5 (Sl 119.32 [118.32, LXX])	6.11b
Is 49.19,20	6.12
Lv 26.11,12	6.16b
Ez 37.27	6.16b
Is 52.11	6.17a
Ez 11.17; 20.34,41	6.17b
2Sm 7.14; Is 43.6; 49.22; 60.4	6.18

---

[27]Veja, no cap. 18, o subtítulo "Um breve estudo de caso de 2Coríntios 6.16-18".
[28]Para a ideia de Paulo da nova criação como parte do cumprimento das promessas isaiânicas da restauração, veja cap. 15 ("'Reconciliação' em 2Coríntios 5.14-21"), em que observamos que Isaías 40—55 explica a restauração de Israel como uma nova criação ou associa completamente os dois conceitos.
[29]Para uma análise mais completa do uso paulino do AT e do fluxo de seu argumento em 2Coríntios 2.14—7.6, veja G. K. Beale, "The Old Testament background of reconciliation in 2 Corinthians 5—7 and its bearing on the literary problem of 2 Corinthians 4:14—7:1", *NTS* 35 (1989): 550-81.
[30]Nesse sentido, (1) para o Espírito, veja a análise anterior de Joel 2 em Atos 2 e as outras promessas veterotestamentárias do Espírito; (2) para a nova aliança, veja Jeremias 31.31-33; (3) para a ressurreição, veja Ezequiel 37.1-14, bem como o estudo sobre a ressurreição nos caps. 7 e 16; entre outros textos sobre a restauração estão as referências à ressurreição — p. ex., Isaías 25.7,8; 26.19; veja tb. Daniel 12.1,2.
[31]Lucas 24.49; Atos 1.4; 2.33; Gálatas 3.14; Efésios 1.13.
[32]Atos 26.6-8; 2Timóteo 1.1; 1João 2.25.
[33]Em relação a esse tema, veja Hebreus 9.15-17.

Assim, em 2Coríntios 5.14—7.1, Paulo entende que as diversas promessas de restauração escatológicas começaram a se cumprir na igreja, predominantemente gentia, realçando ainda mais a igreja como a comunidade pactual do Israel dos últimos dias.

Gálatas

Provavelmente a profecia de restauração mais clara em Gálatas seja a citação de Isaías 54.1 em Gálatas 4.27, que precisa ser definida em seu contexto imediato de 4.21-31:

> Dizei-me vós, que quereis ficar debaixo da lei: Não ouvis a lei? Porque está escrito que Abraão teve dois filhos, um da escrava, outro da livre. O que era filho da escrava nasceu de acordo com a carne, mas o que era da livre, mediante uma promessa. Isso é uma alegoria: essas mulheres simbolizam duas alianças. Uma é a aliança do monte Sinai, que dá à luz filhos para a escravidão; esta é Agar. Agar representa o monte Sinai na Arábia e corresponde à Jerusalém atual, pois é escrava com seus filhos. Mas a Jerusalém do alto é livre; e esta é a nossa mãe. Pois está escrito: Alegra-te, ó estéril, tu que não davas à luz; irrompe em gritos de alegria, tu que não tiveste dores de parto; pois os filhos da abandonada são mais numerosos do que os da que tem marido. E vós, irmãos, sois filhos da promessa, à semelhança de Isaque. Entretanto, como naquele tempo o que nasceu segundo a carne perseguia o que nasceu segundo o Espírito, assim também acontece agora. Mas o que diz a Escritura? "Expulsa a escrava e seu filho, pois de modo algum o filho da escrava será herdeiro juntamente com o filho da livre". Portanto, irmãos, não somos filhos da escrava, mas da livre.

Perplexo e preocupado se a sua mensagem centrada no evangelho teria sido recebida pelos gálatas em vão (4.8-20), Paulo recorre ao AT. Se os leitores estão tentados a crer que podem obter a salvação por "fé mais obras" (i.e., "debaixo da lei")(v. 21), Paulo chama a atenção deles para o verdadeiro sentido da Lei que é mais importante para eles. O apóstolo lembra seus leitores que Abraão teve dois filhos, um não regenerado ("nascido de acordo com a carne") e o outro regenerado ("o filho [nascido] [...] da promessa"). As respectivas mães desses filhos também estavam na mesma condição espiritual (4.22,23; para o mesmo tipo de análise dos filhos de Abraão e Isaque, veja Rm 9.7-13). Assim, essas duas mães, Agar e Sara, cada uma com seu próprio filho, representam duas alianças. Uma aliança leva à escravidão da Lei e resulta na morte de seus filhos (representado pelo Sinai), e a outra aliança leva à liberdade e resulta em vida para os filhos da outra mulher (representada pela Jerusalém celestial) (v. 24-26).

Em Gálatas 4.27, Paulo cita Isaías 54.1 para explicar por que "a Jerusalém do alto é livre" e tem filhos vivos no presente (v. 26). Quem são as duas mulheres ("a abandonada" e "a casada") em Isaías 54.1? Em outras partes, Isaías se refere a Jerusalém como amaldiçoada (Is 64.10) e cidade cega e surda que foi chamada de "rebelde desde o nascimento" (Is 48.1-11). Essa Jerusalém não regenerada é provavelmente a representada pela mulher que "é casada" (i.e., que diz ser casada com Yahweh, mas na realidade é uma prostituta espiritual).[34] Essa mulher hierosolimita infiel não dará à luz filhos vivos, mas a Jerusalém estéril, como Sara, terá filhos de vida. Isaías entende que a última mulher é tipologicamente indicada por Sara, como está evidente em Isaías 51.2,3: aos que "buscam o Senhor" no tempo da restauração vindoura:

> Olhai para Abraão, vosso pai,
> e para Sara, que vos deu à luz;
> no tempo em que ele era um só, eu o chamei,
> então, o abençoei e o multipliquei.

---

[34]Assim, Isaías 57.3 refere-se aos filhos de Jerusalém ou Israel como "filhos de uma adúltera e prostituta".

> Porque o Senhor consolará Sião;
> consolará todos os seus lugares destruídos
> e fará o seu deserto como o Éden
> e seu lugar ermo como o jardim do Senhor.
> Nela haverá alegria e felicidade,
> ação de graças e som de cântico.

Sara, outrora estéril, e não Agar, foi a mulher por meio de quem a promessa e a bênção de vida foram transmitidas. Sara agora é apresentada como aquela que corresponde ao reavivamento da vida de Israel de volta do exílio e é indicadora desse reavivamento, que resultará em "alegria e felicidade". O mandamento em Isaías 54.1 para que a "estéril" "cante alegremente" (*euphrainō*) e "exulte" "com alegre [*euphrosynē*] canto" dos filhos escatológicos de Sara, que serão restaurados (Is 51.3), passagem que é desenvolvida no restante de Isaías 54. Paulo está dizendo que essa restauração dos últimos dias dos filhos vivos de Jerusalém está acontecendo "agora" (Gl 4.25) e que a mãe Jerusalém dos últimos tempos já surgiu e deu à luz seus filhos (4.26).[35]

Assim, Gálatas 4.22-27 desenvolve ainda mais o contraste entre o verdadeiro Israel e o falso. Os verdadeiros crentes da Galácia são "filhos da promessa, à semelhança de Isaque" (v. 28), dando continuidade à tipologia de Sara e Isaque em relação ao Israel dos últimos tempos, cuja parte está começando a se formar com os crentes gálatas em cumprimento da profecia de Isaías 54.1. E assim como foi na época de Ismael e Isaque, quando "o que nasceu segundo a carne perseguia o que nasceu segundo o Espírito, assim também acontece agora" (Gl 4.29). Essa é uma referência aos cristãos judaizantes, juntamente com o judaísmo que representam, os quais perseguem o verdadeiro povo de Deus — os cristãos.[36]

O trecho principal e culminante que expressa a completa diferença entre os dois grupos e o deserdamento do Israel físico por Deus está em Gálatas 4.30: "Mas o que diz a Escritura? 'Expulsa a escrava e seu filho, pois de modo algum o filho da escrava será herdeiro juntamente com o filho da livre'". Assim como Ismael nasceu apenas "de acordo com a carne" e era incrédulo, também o Israel incrédulo da época de Paulo estava na mesma condição e, como Ismael, não seria o meio pelo qual a bênção divina da vida espiritual fluiria; na verdade, seria deserdado. A igreja, por sua vez, é o verdadeiro Israel e descendência de Abraão (Gl 3.16,29) e está começando a cumprir a profecia de restauração de Isaías 54.1, sendo identificada como os descendentes espirituais de Isaque e filhos da mulher hierosolimita restaurada do fim dos tempos (v. 31). Uma vez que Cristo já havia sido identificado como o "descendente de Abraão" (3.16), juntamente com os cristãos como "descendência de Abraão" (Gl 3.29), e visto que Isaías 54.1 vem imediatamente depois da grandiosa passagem do Servo Sofredor, aplicada a Cristo em todo o NT, é provável que Paulo considere Cristo o hierosolimita primogênito dos últimos tempos, com quem outros podem se identificar e também se tornar filhos da nova Jerusalém.[37]

A conclusão do argumento sobre o verdadeiro Israel dos últimos tempos em Gálatas ocorre em 6.15,16:

---

[35]Para uma análise mais completa de Isaías 54.1 em Gálatas 4.27, veja Moisés Silva, "Galatians", in: G. K. Beale; D. A. Carson, orgs., *Commentary on the New Testament use of the Old Testament* (Grand Rapids: Baker Academic, 2007), p. 808-9, cujos elementos influenciaram minha interpretação, particularmente acerca da visão de Isaías de uma Jerusalém incrédula e uma fiel.

[36]Não é necessário analisar o tipo de perseguição sofrida pelos cristãos nas mãos dos judaizantes nem a identificação exata deles (p. ex., se eram membros da igreja da região da Galácia ou de fora).

[37]Isso é semelhante a uma observação de Silva ("Galatians", p. 809) com base no texto de Karen Jobes.

Pois nem a circuncisão nem a incircuncisão são coisa alguma, mas o ser nova criação. Paz e misericórdia estejam sobre todos que andarem conforme essa regra, e também sobre o Israel de Deus.

Analisei essa passagem e seu contexto veterotestamentário com um pouco mais de profundidade em outro texto, por isso aqui farei apenas um resumo.[38] No versículo 16b, alguns comentaristas querem interpretar "paz e misericórdia estejam sobre todos" como uma referência primeiro à igreja gentia, mas enxergam a locução seguinte, "e também sobre o Israel de Deus", como uma alusão ao segmento judeu cristão da igreja. Mas é provável que "o Israel de Deus" se refira à igreja toda (gentios e judeus) pelas seguintes razões:

1. Essa interpretação está de acordo com o tema do contexto de toda a Epístola aos Gálatas (veja esp. Gl 3.7,8,26-29; 4.26-31).
2. O objetivo principal de Paulo em 6.15 é enfatizar a ausência de algum tipo de distinção racial na igreja e ressaltar que a igreja é uma nova criação unificada, o que é provavelmente uma alusão a Isaías 43.19; 65.17; 66.22, que predizem uma nova criação, e que Paulo tinha em mente em 2Coríntios 5.17. Desse modo, a igreja inteira da região da Galácia faz parte do cumprimento inicial da profecia de Isaías da nova criação.
3. A "regra" de 6.16 se refere provavelmente aos crentes que vivem sempre à luz do fato de que não existe distinção de raça, gênero ou de espécie alguma na membresia da igreja, o novo Israel.
4. Não há nenhuma referência na carta a algum grupo da igreja identificado como a ala de israelitas naturais redimidos.
5. Ademais, a oração gramatical em 6.16, *eirēnē ep' autous kai eleos* ("paz e misericórdia estejam sobre eles"), é provavelmente um desdobramento do uso de Isaías 54.1-10, texto a que Paulo recorre em 4.27, pois em Isaías 54.10 (LXX) Deus diz a Israel: "A minha misericórdia [*eleos*] não falhará, nem a aliança da sua paz [*eirēnē*] será retirada". Isaías 54.7,8 (LXX) enfatiza ainda: "Com grande misericórdia [*eleos*] eu terei compaixão [*eleeō*] de vós [...] Com infinita misericórdia [*eleeos*] terei compaixão [*eleeō*] de vós". Em Isaías 54.5 está presente a ideia de que Israel é a criação de Deus dos últimos tempos e, portanto, ele é o Deus de Israel: "Pois ele é o Senhor que vos criou [*ho poiōn*] [...] ele é o Deus de Israel". Logo, os paralelos de Isaías 54.10 com Gálatas 6.15,16 parecem claros para indicar uma alusão.[39] Por isso, a conclusão é que *kai* em 6.16 (muitas vezes aqui traduzido por "e") é mais bem traduzido por "até/mesmo": "paz e misericórdia estejam sobre eles, até o Israel de Deus". Assim, tanto os crentes gentios quanto os crentes judeus são identificados como o cumprimento da profecia de Isaías 54 sobre "paz e misericórdia" sobre o povo único de Deus, o Israel dos últimos tempos. Os cristãos gentios fazem parte desse cumprimento da profecia de restauração de Isaías 54. O *kai* indica uma explicação a mais do "eles" anterior: a igreja toda, como o verdadeiro Israel espiritual, é a herdeira dessa profecia.

---

[38] G. K. Beale, "Peace and mercy upon the Israel of God: the Old Testament background of Gal. 6,16b", *Bib* 80 (1999): 204-23.

[39] Veja a discussão anterior de Gálatas 6.15,16 em relação à ideia de a igreja ser parte da nova criação dos últimos tempos (cap. 9); veja esp. Beale, "Peace and mercy", em que se discute que outras possíveis alusões estão em mente em Gálatas 6.16 juntamente com Isaías 54.10 (Sl 84.10,11, LXX [85.9,10 nas versões em português]; Jeremias 16.5, que também profetizam a restauração de Israel). Exceto essas passagens, a combinação de "paz" e "misericórdia" assim tão próximas não ocorre em outros trechos da LXX.

A importância de Isaías 54 para Gálatas 6.15,16 é que a passagem do AT é aplicada à igreja aqui assim como o foi em Gálatas 4, como o início do cumprimento da profecia da restauração israelita. E, sem dúvida, o propósito dele em Gálatas 4 é mostrar que a maioria do Israel nativo havia sido rejeitada e que a igreja predominantemente gentia é o novo herdeiro, o verdadeiro Israel dos últimos dias. A questão é basicamente a mesma tanto em Gálatas 6.15,16 como em Gálatas 4.21-31.

Entretanto, tendo em vista que o significado comum de *kai* é "e" e que a palavra "Israel" em outras partes do NT sempre se refere à nação, os israelitas nativos, alega-se que o ônus da prova é daqueles que sustentam que *kai* em Gálatas 6.16 é apositivo e se refere tanto a cristãos gentios como a cristãos judeus.[40] Em resposta, Charles Ray aplicou a Gálatas 6.16 a regra linguística para *kai* formulada por Kermit Titrud: embora *kai* ocorra muitas vezes no NT (cerca de nove mil vezes) com vários significados, em vez de presumir que o significado mais comum é o que se aplica ("geralmente conectivo"), deve se optar pelo significado "que contribui com o mínimo de informações novas para o contexto total" (princípio às vezes chamado de "a regra da máxima redundância"). Particularmente, Titrud defendia que, à luz da regra da máxima redundância, se o sentido apositivo for uma opção viável para *kai*, então ela deve ser considerada seriamente.[41] Isso significa que o contexto geral de Gálatas tem de ser levado em conta para identificar "Israel" em Gálatas 6.16. Identificar "Israel" apenas com o grupo cristão da nação étnica seria introduzir uma nova ideia à carta: considerando que Paulo em toda a epístola enfatizou a unidade entre redimidos judeus e gentios, seria não apenas uma ideia nova, mas muito estranha, ressaltar no final da carta uma bênção para os judeus e para os gentios separadamente.[42] Em última análise, o contexto imediato deve determinar o sentido do uso de qualquer palavra.

---

[40]P. ex., S. Lewis Johnson, "Paul and the 'Israel of God': an exegetical and eschatological case study", in: Stanley D. Toussaint; Charles H. Dyer, orgs., *Essays in honor of J. Dwight Pentecost* (Chicago: Moody, 1986), p. 181-96. Para outros que seguem uma linha semelhante à de Johnson, veja a análise dele e de Richard N. Longenecker, *Galatians*, WBC 41 (Nashville: Thomas Nelson, 1990), p. 274. Johnson (p. 188) até concorda com a afirmação de Ellicott de que é improvável Paulo empregar *kai* com "sentido tão acentuado e explicativo". Várias gramáticas, contudo, reconhecem o sentido explicativo ou apositivo de *kai* como uma categoria de uso explícita no NT e em Paulo. BAGD (p. 393), p. ex., até precede a entrada do *kai* "explicativo" (expresso como "e, então, isto é, a saber") com a expressão "frequentemente" (incluindo a subcategoria "progressivo" ["até"]), citando Romanos 1.5; 1Coríntios 3.5; 15.38 como exemplos paulinos (veja tb. p. 392, I.d). Curiosamente, Maximilian Zerwick (*Biblical Greek: illustrated by examples* [Rome: Scripta Pontificii Instituti Biblici, 1963], p. 154) cita o apositivo ("isto é") como categoria explícita para *kai* e em seguida cita Gálatas 6.16 como o único exemplo paulino (embora seguido de um ponto de interrogação). Igualmente, BDF 229, § 442.9 (citando, p. ex., 1Co 12.15; 15.38); J. H. Moulton, org., *A grammar of New Testament Greek* (Edinburgh: T&T Clark, 1963); Nigel Turner, *Syntax*, p. 334-5 (citando, p. ex., Rm 1.5; 8.17); Alexander Buttmann, *A grammar of the New Testament Greek* (Andover: W. F. Draper, 1873), p. 401 (citando 1Co 3.5; 15.38). Veja tb. Romanos 5.14. Aproximadamente oitenta vezes no NT *kai* tem o significado apositivo na construção sintática de artigo + substantivo + *kai* + substantivo, conhecido como a regra de Granville Sharp (veja Daniel B. Wallace, *Greek grammar beyond the basics* [Grand Rapids: Zondervan, 1996], p. 270-7). Mesmo entre as primeiras descrições do uso em LSJ (p. 857) constata-se o seguinte: "para acrescentar um termo que restringe ou define". Herbert Smyth diz que o "*kai* conjuntivo frequentemente tem nuance de ênfase ou de intensidade" com o sentido de "a saber" (*Greek grammar* [Cambridge: Harvard University Press, 1920], p. 650, § 2869).

[41]Veja Kermit Titrud, "The function of *kai* in the Greek New Testament and an application to 2 Peter", in: David Alan Black, org., *Linguistics and New Testament interpretation: essays on discourse analysis* (Nashville: Broadman, 1992), p. 240, 248, 255. Titrud dá muitos exemplos por todo o ensaio do *kai* apositivo no NT.

[42]Também Charles A. Ray Jr., "Identity of the 'Israel of God'", *TTE* 50 (1994): 105-14. A análise conceitual de Ray é boa, mas talvez não seja acurada quando se refere a esse caso particular como um exemplo da "regra da redundância máxima" tendo em vista o modo pelo qual a locução foi formulada originariamente na discussão linguística (sobre isso, veja Moisés Silva, *Biblical words and their meaning: an introduction to lexical semantics* [Grand Rapids: Zondervan, 1983], p. 153-6); não obstante, parece que o princípio da "regra da redundância máxima" em geral se aplica a Gálatas 6.16. Para o espectro completo das várias identificações possíveis do "Deus de Israel", veja Frank J. Matera, *Galatians*, SP 9 (Collegeville: Liturgical Press, 1992), p. 233.

Aqui, assim como em 2Coríntios 5.14—7.1, é preciso ressaltar que a igreja, ao cumprir as profecias da restauração dos últimos tempos de Israel, também está cumprindo as profecias isaiânicas da nova criação.

Efésios

Paulo cita outra profecia de restauração em Efésios 2.17. O contexto imediato é importante, claro. Os versículos 13-18 dizem:

> Mas agora, em Cristo Jesus, vós, que antes estáveis longe, tendes sido aproximados pelo sangue de Cristo, pois ele é a nossa paz. De ambos os grupos fez um só e derrubou a parede de separação ao abolir em seu corpo a inimizade, isto é, a Lei dos mandamentos contidos em ordenanças, para em si mesmo criar dos dois um novo homem, estabelecendo assim a paz, e reconciliar ambos com Deus pela cruz em um só corpo, tendo por ela destruído a inimizade. E ele veio e proclamou paz a vós que estáveis longe e também aos que estavam perto. Pois por meio dele ambos temos acesso ao Pai em um só Espírito.

Já analisei essa passagem antes e, com muito mais brevidade, o seu uso do AT (no subtítulo "'Reconciliação' em Efésios 2.13-17" do cap. 15). Contudo, esse texto é tão importante para o meu argumento neste capítulo que convém recapitular o que disse antes e também expandir um pouco as explicações sobre as alusões ao AT da passagem. Em toda a passagem aparece o tema repetido do fim da separação e alienação dos gentios e a aproximação deles com Deus por meio de Cristo (Ef 2.13,16,17,18), bem como do início da comunhão deles com os cristãos judeus (Ef 2.15,16,18).[43] A obra de Cristo de anular os efeitos danosos e segregativos da Lei[44] (Ef 2.14,15a) tem três objetivos:

1. "para em si mesmo criar dos dois [judeu e gentio] um novo homem" (v. 15);
2. "[para] reconciliar ambos com Deus pela cruz em um só corpo" (v. 16);
3. "Ele veio e proclamou paz a vós que estáveis longe e também aos que estavam perto" (v. 17). "Pois por meio dele ambos temos acesso ao Pai no mesmo Espírito" (v. 18).[45]

Há um paralelismo entre essas três orações que, no texto grego, indicam propósito: "criar", "reconciliar" e "proclamar a paz". Esses verbos, apesar de não serem sinônimos, em geral são análogos, por isso referem-se a conceitos intimamente relacionados. As três menções repetidas de dois grupos que foram unidos, ou se tornaram "um", são mais precisamente sinônimas. Isso indica que as três orações finais no grego estão falando sobre a mesma ideia fundamental de pessoas unindo-se em um relacionamento com Deus por meio de Cristo. Assim, a ideia transmitida por "criar", "reconciliar" e "proclamar a paz" nesse contexto diz respeito a unir judeus e gentios em um relacionamento com Deus por meio de Cristo.

É notável que o versículo 17 cite Isaías 57.19, uma promessa de restauração dirigida a Israel: "Paz sobre paz aos que estão longe e aos que estão perto".[46] "[Ele] proclamou a paz" no início de Efésios 2.17 parece ser uma alusão a Isaías 52.17 ("o que proclama a paz"), uma profecia de que no futuro viria alguém que seria o mensageiro especial de Deus para anunciar

---

[43] Não vou tratar aqui da questão da "parede de separação" nem da "lei dos mandamentos" em Efésios 2.14,15, pois vou analisá-la em um capítulo posterior.

[44] A ideia aqui diz respeito tanto à separação de Deus quanto à separação gentia de Israel.

[45] O texto com sublinha realça os verbos paralelos, e o pontilhado realça as expressões paralelas da unidade de judeus-gentios.

[46] Paulo aqui está provavelmente citando a LXX, e não o TM.

a restauração de Israel. Os dois textos de Isaías são profecias da restauração de Israel (e não dos gentios). Outro indicador do foco em Israel fica evidente quando se observa em outra parte do AT que o recurso linguístico de pessoas "longe" e outras "perto" é sempre empregado em referência aos israelitas, alguns na terra de Israel, e outros, bem distantes dela (2Cr 6.36; Is 33.13; Ez 6.12; Dn 9.7).[47] Além disso, a única outra possível alusão a Isaías 57.19 no NT, Atos 2.39, provavelmente considera que "todos os que estão longe" sejam os judeus da Diáspora.

A alusão a Isaías 57.19 em Efésios 2.17 já havia sido prevista no versículo 13 ("que antes estáveis longe, tendes sido aproximados"), de modo que a referência isaiânica forma uma *inclusio* dessa unidade literária dos versículos 13-18 (os v. 17,18 formam a última subunidade). A importância dessa *inclusio* é indicar que se deve considerar a passagem toda como o cumprimento da profecia de restauração em Isaías 57.19. Também é digno de nota o paralelismo dos verbos "criar", "reconciliar" e "proclamar a paz", e a sobreposição conceitual abrangente deles indica uma ideia anterior[48] de que a visão paulina da reconciliação e a do cumprimento inaugurado das profecias de restauração estão estreitamente relacionadas, se não são praticamente sinônimas. Ou seja, as pessoas voltando a relacionar-se com Deus depois da separação é equivalente ao início da volta de Israel do exílio. Vimos isso em 2Coríntios 5.14—6.2, em que, de forma notável, também observamos que o começo do cumprimento da profecia de Isaías da nova criação era quase o outro lado da moeda das promessas de restauração inauguradas, todas indissociavelmente ligadas ao entendimento paulino de reconciliação.

O ensinamento principal a ser ressaltado aqui é que Isaías 52.7 e 57.19 eram profecias sobre restauração de Israel, e não das nações, pois aqui os gentios, juntamente com um remanescente de crentes judeus, são vistos em processo de restauração como o Israel dos últimos tempos, uma ideia observada repetidamente em todo este capítulo e no anterior. Particularmente, "os que estavam perto" nessa passagem são judeus, embora em exílio espiritual na própria terra, e "os que estavam longe" são gentios, considerados israelitas exilados fora da terra. A razão por que os gentios podem ser considerados dessa maneira também já foi analisada diversas vezes anteriormente.

Também não é coincidência o fato de que no próprio parágrafo seguinte (Ef 2.19-22), depois de mencionar a nova criação, a reconciliação e a restauração do exílio, Paulo se refira a gentios e judeus formando um templo, pois vimos em 2Coríntios 5.14—7.1 o mesmo fenômeno: crentes formando um templo, depois da menção de sua reconciliação e de que eles haviam começado a cumprir as profecias da nova criação e restauração. Parte do motivo disso é que Isaías havia profetizado que no tempo da restauração de Israel os gentios crentes seriam identificados com Israel e se tornariam sacerdotes no templo juntamente com os judeus (Is 56.3-7; 66.21) em uma nova criação (Is 65.17; 66.22).

O cumprimento inicial das profecias da restauração de Israel na igreja conforme as Epístolas Gerais e Apocalipse

Hebreus

O livro de Hebreus menciona repetidas vezes a "nova aliança". Trata-se de uma alusão à profecia da "nova aliança" de Jeremias 31.31-34. À luz do contexto anterior (Jr 30.1—31.29), a profecia de Jeremias da nova aliança era parte do que devia acontecer a Israel em sua restauração do fim

---

[47]É possível que a passagem de Isaías 33.13 se refira tanto a judeus, que estão perto, quanto a gentios, que estão longe, especialmente à luz de Isaías 33.12 ("os povos serão queimados"). Porém, exceto Isaías 33.12, o restante do contexto de Isaías 33.1-16 está relacionado à bênção ou ao juízo sobre Israel.

[48]Veja o cap. 15, nas seções "'Reconciliação' em 2Coríntios 5.14-21" e "'Reconciliação' em Efésios 2.13-17"; a última também examina Efésios 2.17 em seu contexto imediato.

dos tempos. Nosso propósito aqui não permite um estudo detalhado do uso da nova aliança de Jeremias em Hebreus, por isso o foco será em saber se ela começou a ser cumprida, e, em caso positivo, qual é a natureza do cumprimento. O trecho de Hebreus 8—10 faz alusão repetidas vezes à nova aliança de Jeremias 31.31-34 e a cita de forma mais completa em 8.7-10:

> Pois se aquela primeira aliança não tivesse defeito, nunca se teria buscado lugar para a segunda. Porque ele diz, repreendendo-os:
>
> "'Eis que virão dias', diz o Senhor,
> 'em que estabelecerei uma nova aliança
> com a casa de Israel e com a casa de Judá.
> Não segundo a aliança que fiz com seus pais,
> no dia em que os tomei pela mão para tirá-los da terra do Egito;
> pois não permaneceram naquela minha aliança,
> e eu não atentei para eles', diz o Senhor.
> 'Esta é a aliança que farei com a casa de Israel,
> depois daqueles dias', diz o Senhor.
> 'Porei as minhas leis na sua mente
> e as escreverei em seu coração.
> Eu lhes serei Deus,
> e eles me serão povo.'"

Hebreus 10.16 cita Jeremias 31.33, novamente, e depois o versículo 17 acrescenta uma citação de Jeremias 31.34: "E não me lembrarei mais de seus pecados e de suas maldades".

As várias interpretações da "nova aliança" de Jeremias

Há muito debate acerca de como Hebreus entende a nova aliança de Jeremias. Há cinco posições sobre o assunto:

1. Há duas novas alianças, uma para a igreja (não prevista por Jeremias) e uma para Israel.
2. A profecia de Jeremias da nova aliança será cumprida somente na maioria dos crentes de etnia judaica em um milênio futuro.
3. A profecia de Jeremias da nova aliança só se aplica à igreja por analogia, não se cumpre nela, e será cumprida literalmente apenas no Israel étnico no futuro ou no chamado milênio.[49]
4. A profecia de Jeremias da nova aliança se cumpre de fato na igreja, mas esta não é considerada o verdadeiro Israel, ainda que esteja herdando as promessas do verdadeiro Israel, o que deixa aberta a possibilidade do cumprimento com o Israel étnico no futuro.[50]
5. A profecia de Jeremias da nova aliança se cumpre de um modo "já e ainda não" na igreja como o verdadeiro Israel, sem nenhum cumprimento futuro no Israel étnico no fim das eras, exceto para os israelitas que creem em Cristo e se tornam parte da igreja durante todo o período entre os adventos, até o fim.[51]

---

[49]Para essas três primeiras perspectivas, que representam normalmente os vários intérpretes dispensacionalistas, veja Hans K. LaRondelle, *The Israel of God in prophecy: principles of prophetic interpretation*, AUMSR 13 (Berrien Springs: Andrews University Press, 1983), p. 114-23. LaRondelle cita esses diversos comentaristas e depois acrescenta sua crítica.

[50]Essa é a perspectiva característica do dispensacionalismo progressivo.

[51]Embora alguns adeptos da última perspectiva ainda vejam a salvação futura da maioria do Israel étnico na vinda definitiva de Cristo, eles entendem que os israelitas étnicos são incorporados na igreja, o verdadeiro Israel, no auge da era da igreja.

A primeira posição é evidentemente improvável porque é difícil explicar como se pode entender que a profecia de Jeremias — com presença clara em todo o livro de Hebreus — se refere a duas novas alianças diferentes. A segunda opinião foi analisada em capítulos anteriores, em que observei algumas partes no AT em que a redenção final de Israel não seria para a nação inteira, mas apenas para um remanescente da etnia judaica.[52] Na verdade, defenderei ainda que em parte nenhuma do AT existe a profecia de que a maioria do Israel étnico será salva na era escatológica (veja a "Conclusão" adiante). É o caso particularmente de Jeremias 31, em que, à luz de 31.7 ("Ó Senhor, salva teu povo, o remanescente de Israel"), o Israel restaurado de 31.31-34 dever ser identificado não com a nação inteira, mas apenas com um remanescente. Quanto à terceira posição, a perspectiva da analogia, também já tratei dela reiteradas vezes em seções anteriores. Observei que, se um escritor neotestamentário cita uma profecia do AT e a aplica a uma realidade presente (como a situação da igreja no tempo em que escreve), a reação padrão é entender que essa profecia está começando a ser cumprida, a menos que outros fatores do contexto imediato deixem claro que a profecia só está sendo aplicada como analogia. Além disso, se existem aspectos no contexto que indiquem cumprimento, a conclusão sobre o cumprimento é reforçada. Esses aspectos de fato são observáveis em Hebreus 8—13. Primeiro, Jesus está começando a cumprir essa profecia da nova aliança em 8.6:

> Mas agora tanto ele alcançou ministério mais excelente quanto é mediador de uma aliança melhor, firmada sobre melhores promessas (cf. Hb 12.24).

Igualmente, observe-se Hebreus 9.15-17:

> Por isso, ele é mediador de uma nova aliança para que, tendo sofrido a morte para a redenção das transgressões cometidas sob a primeira aliança, os chamados recebam a promessa da herança eterna. Pois onde há aliança é necessário que ocorra a morte de quem a fez. Porque uma aliança só é válida quando homens morrem, visto que nunca terá valor enquanto viver quem a fez. Por isso, mesmo a primeira aliança não foi inaugurada sem sangue.

Além disso, há declarações semelhantes de inauguração sobre os crentes da igreja, dos quais se diz que começaram a ser participantes da nova aliança:

> **Hebreus 9.15**: "Por isso, ele é mediador de uma nova aliança para que, tendo sofrido a morte para a redenção das transgressões cometidas sob a primeira aliança, os chamados recebam a promessa da herança eterna".
> **Hebreus 10.29**: "Imaginai quanto maior castigo merecerá quem pisoteou o Filho de Deus e tratou como profano o sangue da aliança pelo qual foi santificado e insultou o Espírito da graça?".
> **Hebreus 12.22-24**: "Mas tendes chegado ao monte Sião, à cidade do Deus vivo, à Jerusalém celestial, às miríades de anjos, à assembleia e igreja dos primogênitos registrados nos céus, a Deus, o juiz de todos, aos espíritos dos justos aperfeiçoados, a Jesus, o mediador de uma nova aliança, e ao sangue da aspersão, que fala melhor do que o sangue de Abel".

Depois de citar a passagem completa de Jeremias 31.33,34 pela segunda vez em Hebreus 10.16,17, o autor conclui: "Agora, onde há perdão para essas coisas, não há mais oferta pelo pecado" (v. 18). O perdão dos pecados prometido na profecia da nova aliança ("... perdoarei

---

[52]Veja, p. ex., no cap. 19, a seção "O cumprimento inaugurado em Atos 2.16-21 do derramamento do Espírito profetizado em Joel 2.28-32", com respeito a Joel 2.28-32; veja neste cap. (no subtítulo "Romanos") uma análise anterior do uso de Isaías 10.22,23 e Is 1.9 em Romanos 9.27-29.

a sua maldade e não me lembrarei mais dos seus pecados" [Jr 31.34]) agora se cumpriu (observe-se tb. Hb 9.28: "Cristo foi oferecido em sacrifício uma única vez, para tirar os pecados de muitos" [NVI]; veja tb. Hb 10.1-14).

Portanto, duas perspectivas alternativas continuam viáveis para entender a nova aliança profetizada por Jeremias. A primeira é que a profecia de Jeremias 31 se cumpriu de fato na igreja, mas isso não faz da igreja o verdadeiro Israel dos últimos tempos. Antes, os limites do cumprimento se estenderam, ou transcenderam, para incluir os gentios,[53] que herdam as bênçãos de Israel, mas ainda continuam distintos de Israel.

A segunda perspectiva possível é que a profecia de Jeremias 31 começou a se cumprir na igreja porque ela é identificada com o Israel dos últimos tempos e passou a ser o início dele.

A NOVA ALIANÇA DE JEREMIAS COMO CUMPRIMENTO INICIAL EM CRISTO E NA IGREJA, QUE É O VERDADEIRO ISRAEL

As duas últimas alternativas de interpretação são mais plausíveis que as três primeiras. Mas qual das duas é preferível? A segunda é preferível. Tenho defendido em todo o livro, em especial no capítulo 19, que o cumprimento inaugurado das profecias da restauração de Israel em Cristo e na igreja indica a probabilidade de que os dois sejam o Israel escatológico. Defendi essa tese pelas seguintes razões:

1. Como acabamos de observar, quando uma profecia é citada e aplicada às pessoas no NT, a reação normal é presumir que a profecia está começando a ser cumprida e não está sendo aplicada às pessoas simplesmente por analogia nem por comparação. Isso implica que a essência da profecia está começando a se cumprir, e, se a profecia diz respeito ao Israel dos últimos tempos, deve se considerar que o cumprimento está ocorrendo no povo que é o Israel escatológico.
2. Essa hipótese natural poderia ser anulada por informações do contexto próximo que apresente evidências contrárias. No presente caso, não há tais evidências. Na verdade, as evidências contextuais corroboram essa hipótese. De novo, é importante nesse aspecto citar Hebreus 12.22-24:

> Mas tendes chegado ao monte Sião, à cidade do Deus vivo, à Jerusalém celestial, às miríades de anjos, à assembleia e igreja dos primogênitos registrados nos céus, a Deus, o juiz de todos, aos espíritos dos justos aperfeiçoados, a Jesus, o mediador de uma nova aliança, e ao sangue da aspersão, que fala melhor do que o sangue de Abel.

Esse texto fala dos cristãos como israelitas dos últimos dias: tendo "chegado ao monte Sião [...] a Jerusalém celestial", que em seguida são descritos como "igreja dos primogênitos",[54] e a "Jesus, o mediador de uma nova aliança". Uma vez que as outras realidades de que os cristãos começaram a participar são realidades características dos israelitas, então também é provável que a nova aliança de Jeremias seja mais uma descrição de uma realidade israelita do fim dos tempos da qual os cristãos participam.

A lógica dessas duas perspectivas mencionadas é semelhante e possível, mas distinta. Em todo o livro, entretanto, e especialmente no capítulo 19[55] e neste (anteriormente), defendi a visão de

---

[53]Sobre isso, veja F. F. Bruce, *The Epistle to the Hebrews*, NICNT (Grand Rapids: Eerdmans, 1990), p. 194-5.

[54]Lembre-se aqui do uso de *ekklēsia* na LXX, que se referia muitas vezes à congregação de Israel e agora se aplica ao povo redimido de Deus em uma nova era, como observamos antes neste capítulo.

[55]Sobre isso, veja, p. ex., a análise de Salmos 87; Isaías 19.18,23-25; 49.3-6; 56.3,6,7; 66.18-21; Ezequiel 47.21-23; Zacarias 2.11. Veja tb. Gálatas 3.16,29; 6.16, bem como o subtítulo "Nomes e imagens de Israel que o Novo Testamento aplica à igreja" no cap. 19.

que o AT profetiza e o NT confirma que os gentios nos últimos tempos se tornarão israelitas por crerem. A conclusão deste capítulo continuará apresentando razões que apoiam esta preferência.

O contexto da nova aliança de Jeremias 31 e seu uso em Hebreus
A natureza da novidade da nova aliança

Agora convém apresentar uma visão geral de como descrever com mais precisão a natureza da promessa de Jeremias 31 e de como ela se cumpriu. A seguir, temos o esboço de uma abordagem que precisa ser mais plenamente desenvolvida em outro texto, uma vez que as limitações de espaço não permitem tal elaboração aqui. A principal diferença entre a nova (ou segunda) aliança e a antiga (ou anterior, ou primeira) é que a primeira aliança não durou e foi abolida (Israel "quebrou" a aliança [Jr 31.32]; a aliança não era "sem defeito" [Hb 8.7]). Em contraste, o cumprimento da nova aliança jamais será abolido, por isso o que começa a ser cumprido nela será finalmente consumado e completo para a eternidade. Nesse sentido, a obra redentora de Jesus "tornou-se garantia de uma aliança melhor" (Hb 7.22 [cf. 8.6]) porque ela estará em vigor "eternamente" (Deus "pelo sangue da aliança eterna trouxe dentre os mortos nosso Senhor Jesus" [Hb 13.20]).[56] Por isso, a principal diferença entre as duas alianças é que a primeira era temporal e foi revogada, e a segunda é válida eternamente.[57]

Será que podemos ser mais exatos quanto ao modo em que a nova aliança se cumpre em relação à antiga? Alguns acreditam que Jeremias promete que o cumprimento da nova aliança produzirá pela primeira vez o seguinte:

1. "Individualização do conhecimento salvador de Deus", de modo que cada indivíduo tenha relação "pessoal e direta" com Deus (Hb 8.11).
2. Internalização da Lei de Deus no coração das pessoas.
3. Perdão definitivo e absoluto dos pecados.[58]

Esses aspectos precisam de alguma modificação. Não importa como definiremos a maneira em que a nova aliança é cumprida, certamente podemos concluir que a diferença entre a antiga e a nova aliança é que a última é eternamente irrefutável, enquanto a primeira não só podia ser anulada, mas também era imperfeita em sua própria essência.

Os três aspectos de cumprimento há pouco mencionados em geral são verdadeiros, mas precisam de mais explicações. Por exemplo, a aliança do Sinai também continha o conhecimento salvífico de Deus por parte do indivíduo e a ideia de que a Lei estaria no coração da pessoa pela fé e produziria obediência verdadeira e fiel (veja, p. ex., Sl 51.10,17; 73.1,13;[59] e todo o sl 119).[60] Havia um remanescente fiel desde o Sinai que perdura por toda a história de Israel e usufrui a condição individual de salvação e tem a Lei gravada no coração. Também podemos supor que o remanescente dos verdadeiros crentes que viviam sob a aliança do Sinai

---

[56]Igualmente, Jeremias 32.40 diz que a nova aliança seria uma "aliança eterna".

[57]P. ex., Jeremias 32.40 diz que na "aliança eterna" dos últimos dias Deus diz "não deixarei de fazer-lhes [a Israel] o bem".

[58]Também LaRondelle, *Israel of God*, p. 115. Igualmente, veja William J. Dumbrell, *Covenant and creation: a theology of the Old Testament covenants* (Nashville: Thomas Nelson, 1984), p. 172-85; ibidem, *The end of the beginning: Revelation 21—22 and the Old Testament* (Homebush West: Lancer, 1985), p. 86-95. Dumbrell chega à mesma conclusão pela perspectiva profética veterotestamentária de Jeremias 31, mas entende que o aspecto de Deus pôr a Lei no coração do povo representa continuidade (p. 80-1).

[59]As passagens de Salmos 51 e 73 são citadas por Dumbrell, *Covenant and creation*, p. 180.

[60]P. ex., Salmos 119.10,11: "Tenho te buscado de todo o meu coração [...] Guardei a tua palavra no meu coração para não pecar contra ti".

seria redimido eternamente com base nas promessas abraâmicas que se desenvolveram e se cumpriram na nova aliança. Desse modo, os dois aspectos de individualização do conhecimento salvífico de Deus[61] e da Lei gravada no coração não são novos aspectos da nova aliança, mas representam continuidade entre as duas alianças. A nova aliança de Jeremias não prometeu a salvação para a maioria do Israel étnico, e sim a um remanescente fiel futuro. Na verdade, o contexto anterior de Jeremias 31 diz que o Israel restaurado do futuro, que viverá a nova aliança, é apenas um remanescente: "Ó Senhor, salva o teu povo, o remanescente de Israel" (Jr 31.7). Da mesma forma, a iniciativa graciosa de Deus em estabelecer um relacionamento com Israel no Sinai tem pontos de contato com a nova aliança, uma vez que Deus exercerá de novo essa iniciativa bondosa com Israel.[62]

A novidade da nova aliança como democratização do ofício sacerdotal de ensinar e principalmente de conhecer as verdades reveladas de Deus

Provavelmente, os dois aspectos já mencionados, a individualização da salvação e a internalização da Lei no coração, não são de modo algum o foco da nova aliança de Jeremias (apesar de muitos estudiosos acharem que sim), pois esses elementos faziam parte da aliança do Sinai, como vimos antes. Conquanto seja verdade que o modo de Jeremias se expressar em 31.33,34 é um pouco vago e que os aspectos da individualização da salvação e a internalização da Lei possam ser incluídos no espectro do texto de Jeremias 31, parece que o foco vai em outra direção. O versículo 34 continua o que está em mente na referência do versículo 33 a Deus pôr a sua "lei [...] no seu coração", do Israel dos últimos tempos: "E não ensinarão mais cada um a seu próximo, dizendo: Conhecei o Senhor; porque todos me conhecerão, do menor ao maior". Pelas informações que tenho, não há nenhuma referência no AT a israelitas em geral ensinando outros israelitas. Um levantamento da palavra hebraica usual para "ensinar" (*lāmad*) mostra que há algumas referências a pais ensinando os filhos no âmbito da família (p. ex., Dt 4.10; 11.19; Ct 8.2), mas normalmente as referências a ensinar fora do contexto da família dizem respeito a Deus ensinando diretamente Israel ou indivíduos mediante sua palavra reveladora (p. ex., Dt 4.1; Jr 32.33),[63] ou muitas vezes a uma pessoa especialmente chamada ou a um grupo autorizado de mestres comissionados para ensinar Israel (p. ex., Dt 4.1,5,14; 6.1; 31.19).[64] Esses mestres poderiam ser Moisés, Davi, Esdras, autores dos livros do AT, uma classe de mestres especialmente instituídos, ou os sacerdotes levitas (Moisés e Esdras também desempenhavam a função sacerdotal).

Portanto, parece que parte da novidade da aliança de Jeremias consiste na democratização do ofício de ensinar ("do menor ao maior" em Israel) nos últimos dias, de modo que todo israelita estará na posição de conhecimento como a dos sacerdotes (e provavelmente também dos profetas) e assim não precisarão mais ser ensinados por nenhum líder nem pela casta sacerdotal. Não há mais necessidade de uma casta de sacerdotes dizendo ao povo: "Conhecei o Senhor", porque, Deus diz: "Todos me conhecerão" (Jr 31.34). Essa condição de conhecedores

---

[61]Jeremias 32.40 enfatiza isso: "Farei com eles uma aliança [...] e porei o meu temor no seu coração, para que nunca se afastem de mim".

[62]Sobre esse aspecto, veja Dumbrell, *Covenant and creation*, p. 177. Observe-se tb. Ezequiel 16.60, que indica algum tipo de continuidade significativa com a nova aliança: "Mas eu me lembrarei da minha aliança, que fiz contigo nos dias da tua mocidade [i.e., no Sinai], e firmarei contigo uma aliança eterna".

[63]Cerca de vinte vezes. Igualmente, há ocorrências da palavra hebraica em relação a Deus ensinando indiretamente (seis vezes).

[64]Cerca de treze vezes. A mesma palavra hebraica é empregada para indicar o ensinamento indireto do mesmo grupo geral (cerca de oito vezes). Veja os sinônimos de *lāmad*, em que os sacerdotes são uma classe especial de mestres em Israel (Dt 24.8; 33.10; 2Cr 35.3; Ne 8.9).

resulta da revelação da Lei de Deus no coração das pessoas (Jr 31.33). O provável motivo dessa democratização é que na nova era todos terão mais acesso à revelação do que mesmo os mestres sacerdotes e profetas de outrora.[65] A ênfase aqui não está tanto no próprio papel de ensinar, mas na condição de conhecimento da revelação que todo crente passa a ter e que antigamente pertencia exclusivamente aos sacerdotes (e profetas). Se isso estiver correto, essa passagem está tratando praticamente do mesmo aspecto de democratização estudado antes em Joel 2.28,29, embora esta passagem focalize a democratização do Espírito em estabelecer todos da comunidade da aliança na posição revelatória do profeta (sobre isso, veja, no cap. 19, o subtítulo "O cumprimento inaugurado em Atos 2.16-21 do derramamento do Espírito profetizado em Joel 2.28-32"). Apesar de continuarem os graus diferentes de conhecimento, maturidade e experiência entre os cristãos, não há mais, quanto ao conhecimento da revelação, diferença categórica básica entre sacerdotes/profetas e o restante do povo de Deus na comunidade da nova aliança.[66]

Além da revelação da Lei de Deus no coração, há um segundo motivo para essa democratização, declarado no fim de Jeremias 31.34: "Perdoarei a sua maldade e não me lembrarei mais dos seus pecados". Porque Deus perdoará o pecado de Israel definitivamente no futuro, não haverá nenhuma necessidade de mediação de sacerdotes humanos para oferecer sacrifícios e ensinar os outros israelitas sobre as complexidades e a importância do sistema sacrificial. Também está em mente a ideia de que os israelitas perdoados desfrutarão de um relacionamento íntimo com Deus, de modo que terão acesso à revelação e à presença de Deus, algo que antes apenas os sacerdotes e profetas tinham. Na nova era, todo o povo de Deus terá mais contato com a revelação e a presença divina do que os sacerdotes e profetas de outrora. Assim, o pleno perdão elimina a necessidade de uma classe particular de sacerdotes humanos para ministrar aos demais.[67] Esse perdão definitivo também é uma característica nova da nova aliança, uma vez que o sistema sacrificial da aliança do Sinai era incapaz de conceder o perdão definitivo e a "perfeição" ou "completude" escatológica do crente, como Hebreus 9.9—10.18 afirma repetidamente.[68] Porém, mesmo com esse cumprimento da nova aliança, a etapa inaugurada se refere provavelmente ao sacrifício de Jesus de perdoar pecados a fim de

---

[65]Por isso, tal condição é bem semelhante a Mateus 11.11, em que Jesus diz que, apesar de João Batista ser o maior profeta do AT, "o menor no reino do céu é maior que ele". Isso porque aquele que testemunhava a revelação plena de Cristo tem um status de revelação maior do que o dos profetas de outrora, que apenas profetizavam e aguardavam a era do cumprimento messiânico. O ensinamento de Jesus em Mateus 11.11-14 é desenvolvido em Mateus 13.17: "Pois em verdade vos digo que muitos profetas e justos desejaram ver o que vedes, e não viram; e ouvir o que ouvis, e não ouviram".

[66]Para a mesma perspectiva sobre o uso de Jeremias 31 em 1João 2.27, veja D. A. Carson, "1-3 John", in: G. K. Beale; D. A. Carson, orgs., *Commentary on the New Testament use of the Old Testament* (Grand Rapids: Baker Academic, 2007), p. 1065-6.

[67]Veja tb. Dumbrell, *Covenant and creation*, p. 182. Dumbrell entende que há um foco maior na democratização do ofício de profetas do que no de sacerdotes.

[68]As limitações de espaço impedem um estudo mais aprofundado sobre como o perdão dos pecados mediante os sacrifícios no AT distingue-se do perdão da nova aliança. Certamente, o livro de Levítico afirma diversas vezes que o perdão vem mediante o sacrifício (p. ex., Lv 4.20,26,31,35; 5.10,13,16,18; 6.7; 19.22). Contudo, por mais que se explique a natureza exata desse perdão e sua eficácia parcial na antiga aliança, fica evidente que Hebreus o entende como incompleto e temporário, porque somente o sacrifício de Cristo trouxe o perdão perfeito ou "completo", que "aperfeiçoou" a condição de pecadores dos crentes. A abordagem comum é entender que os repetidos sacrifícios de animais de outrora eram prefigurações tipológicas do sacrifício definitivo de Cristo, e, como Hebreus 11.40 indica, os santos do AT receberiam perdão final com base no sacrifício de Cristo, para o qual as ofertas de animais apontavam (p. ex., veja John Calvin [João Calvino],*Commentaries on the Epistle of Paul the apostle to the Hebrews* (reimpr., Grand Rapids: Baker Academic, 1984), p. 199-233. Ezequiel 16.60-63 afirma que a "aliança eterna" futura resultará em Deus "te [Israel] perdoando [completamente] por tudo o que fizeste".

que os indivíduos perdoados sejam considerados posicionalmente perdoados (i.e., mediante a identificação com Cristo e sua obra representativa), embora eles ainda continuem em uma existência não isenta de pecado. Essa purificação pessoal definitiva e completa do pecado ocorrerá na etapa consumada do cumprimento de Jeremias, quando os santos receberão corpo e alma ressurretos.[69]

A tese de que a passagem de Jeremias tem em mente a democratização da classe sacerdotal é confirmada também pela afinidade muito próxima de Levítico 26.9-12 com Jeremias 31.31-33 (veja tabela 20.2).

Tabela 20.2

Levítico 26.9-12	Jeremias 31.31-33
v. 9: "Eu me voltarei para vós e vos farei frutificar, e vos multiplicarei, e confirmarei a minha <u>aliança</u> convosco".	v. 31: "'Eis que virão dias', diz o Senhor, 'em que farei uma <u>nova aliança</u> com a casa de Israel e com a casa de Judá...'".
v. 10: "E comereis da colheita antiga até que tenhais de removê-la para dar lugar à <u>nova</u>".[a]	v. 32: "'... não como a [antiga] <u>aliança</u> que fiz com seus pais quando os peguei pela mão para tirá-los da terra do Egito, pois eles quebraram a minha <u>aliança</u>, mesmo sendo eu o marido deles', diz o Senhor".
v. 11: "Além disso, estabelecerei o meu tabernáculo no meio de vós [LXX: "Estabelecerei a minha aliança entre vocês"], e minha alma não os rejeitará".	
v. 12: "Andarei no meio de vós e <u>serei o vosso Deus, e vós sereis o meu povo</u>".	v. 33: "'Mas esta é a <u>aliança</u> que farei [= Lv 26.9] com a casa de Israel depois daqueles dias', diz o Senhor: 'Porei a minha lei na sua mente e a escreverei no seu coração. <u>Eu serei o seu Deus, e eles serão o meu povo</u>'".

[a]A "antiga" e a "nova" aqui se referem à abundância dos grãos, de modo que, com a chegada da aliança escatológica (v. 9), haverá abundância de grãos novos, em contraste com os grãos velhos armazenados (que os grãos estão em mente fica claro com base em Lv 25.22; sobre isso, veja Baruch A. Levine, *Leviticus*, JPSTC [Philadelphia: Jewish Publication Society, 1989], p. 184). A mesma produtividade abundante faz parte da nova aliança de Jeremias, como fica evidente pelo contexto anterior (Jr 31.4,5,12,24-28). O aspecto em comum nesse sentido é a ideia de substituir coisas velhas por novas (sobre a ligação entre Lv 26 e Jr 31 aqui, segui Alan C. Mitchell, *Hebrews*, SP 13 [Collegeville: Liturgical Press, 2007], p. 172).

Essas são as duas únicas passagens do AT que têm em comum (1) o estabelecimento de uma "aliança em Israel"; (2) uma oposição entre "velho" e "novo" indissociavelmente ligada à renovação de uma aliança e às novas condições dos últimos tempos que acompanham essa aliança; e (3) a fórmula de conclusão "Eu serei o vosso/seu Deus, e vós/eles sereis/serão meu povo".[70] Por isso, parece que a passagem de Jeremias ecoa o texto de Levítico. O notável é que a principal manifestação da bênção da nova aliança em Levítico 26 é que Deus estabelecerá seu tabernáculo (i.e., templo) com Israel (v. 11) para estar presente entre eles (v. 12).[71] É significativo que a oração gramatical em hebraico "estabelecerei o meu tabernáculo no meio de vós" (v. 11) seja interpretada pela LXX como "estabelecerei a minha aliança entre vós". Para

---

[69]Essa "perfeição" ou "aperfeiçoamento" final do ser interior dos crentes na consumação dos tempos é indicada em Hebreus 9.9 e 12.23, que falam respectivamente da "consciência" e do "espírito" dos crentes sendo aperfeiçoados.

[70]O único outro trecho no AT em que a "aliança" ocorre com essa fórmula de conclusão é Êxodo 6.5-7, e pode ser que Levítico 26.9-12 esteja desenvolvendo a expressão anterior.

[71]Para mais explicações e confirmações disso, veja G. K. Beale, *The temple and the church's mission: a biblical theology of the dwelling place of God*, NSBT 17 (Downers Grove: InterVarsity, 2004), p. 110-1.

o tradutor grego, a promessa de Deus de estabelecer seu tabernáculo no meio dos israelitas é parte integrante de estabelecer a aliança dele com o povo. Tudo isso, claro, ressalta o que o texto hebraico já declarou: a confirmação de Deus de uma aliança dos últimos tempos (v. 9) resultará no estabelecimento de um tabernáculo (v. 11,12).

Muito importante nessa ligação é que Ezequiel 37.23-27 também contém referência à (1) fórmula "meu povo"/"seu Deus" (v. 23,27) e (2) à "eterna aliança", que é explicada nesse contexto como um tabernáculo eterno: "Porei meu santuário no meio deles para sempre" (v. 26), "Meu tabernáculo permanecerá com eles" (v. 27) e "quando o meu santuário estiver no meio deles para sempre" (v. 28). Em outro texto, mostrei que essa passagem de Ezequiel 37 é uma provável alusão a Levítico 26.11,12. Portanto, temos o texto de Ezequiel que desenvolve a profecia de Levítico sobre a aliança dos últimos tempos expressando-a sobretudo no ato de Deus fazer um tabernáculo e estabelecê-lo no meio de Israel, e Ezequiel enfatiza essa ligação até mais do que Levítico.[72] A "eterna aliança" de Ezequiel é muito próxima da terminologia de Jeremias da "nova aliança", e o pano de fundo de Levítico 26 nas duas passagens as une ainda mais estreitamente para indicar que elas têm uma relação mutuamente interpretativa.

Consequentemente, se Jeremias tem em mente o texto de Levítico (à luz da ligação de Jr 31 com Ez 37), a imagem de Deus estabelecendo um tabernáculo parece implícita em Jeremias com a criação de uma aliança futura.[73] Isso ajudaria a explicar a democratização do sacerdócio que identifiquei em Jeremias 31 e acabei de observar. O propósito seria que nas condições da aliança dos últimos tempos todas as pessoas atuarão como sacerdotes do tabernáculo, tendo acesso à presença direta de Deus. A nova aliança e o tabernáculo dos últimos tempos, portanto, caminham de mãos dadas. Isso também explicaria melhor do que qualquer outra tese que encontrei que o contexto imediatamente anterior da citação de Jeremias em Hebreus 8.8-12 trata do novo tabernáculo em que Cristo habita como um novo sacerdote, em contraste com o templo antigo e imperfeito. A citação de Jeremias é apresentada para apoiar essa perspectiva do antigo e do novo templos em Hebreus 8.1-5 como parte da antiga e da nova alianças.

Sem dúvida, o livro de Hebreus nos diz que Jesus é um novo sacerdote segundo a ordem de Melquisedeque, que se ofereceu como sacrifício "de uma vez por todas", eliminando a necessidade de sacerdotes humanos falíveis e seus sacrifícios temporários e ineficazes (veja Hb 7—10). Ao fazer isso, Cristo tornou obsoletos todos os ofícios e sacrifícios anteriores de Israel. Alguns talvez se oponham afirmando que essa interpretação da democratização do sacerdócio em Jeremias 31.33,34 não é evidente em si, mas é notável que o uso de Jeremias 31.31-34 em Hebreus esteja inserido em contextos que mencionam a superioridade do ministério sacerdotal de Cristo e seu sacrifício definitivo, que tornam o sistema sacerdotal sacrificial do AT obsoleto (veja Hb 8.8-12; 10.16,17). Hebreus 10.14, por exemplo, faz parte da introdução da citação de Jeremias 31.33,34 nos versículos 16 e 17 ao dizer: "Pois com uma só oferta [Cristo] aperfeiçoou para sempre os que estão sendo santificados". Do mesmo modo, Hebreus 10.18 interpreta a ideia de Deus não se lembrar mais dos pecados (10.17) com: "Onde há perdão para essas coisas, não há mais oferta pelo pecado". Além disso, 10.19 conclui que os crentes agora podem ter "confiança para entrar no lugar santo por meio do sangue de Jesus".

---

[72]Para essa relação entre Levítico 26 e Ezequiel 37, veja ibidem.

[73]Entre as fórmulas repetidas de "Vós/eles sereis/serão meu povo, e eu serei vosso/seu Deus", apenas quatro têm relação com a aliança (Êx 6.5-7 e Lv 26.9-12). Em Ezequiel 37.23-28, estão a terceira e a quarta ocorrências em que a fórmula aparece duas vezes, e a "aliança eterna" é expressada especialmente por: "Porei o meu santuário no meio deles para sempre" (v. 26) e "Meu tabernáculo permanecerá com eles" (v. 27) e "quando o meu santuário estiver no meio deles para sempre" (v. 28). Ezequiel 11.20 também liga a fórmula à ideia de Deus habitar com Israel (veja Ez 11.16-20), mas não à aliança. As demais ocorrências da fórmula estão em 2Samuel 7.24; 1Crônicas 17.22; Jeremias 7.23; 24.7; 30.22; 32.38; Ezequiel 14.11; 34.30; Oseias 1.9; Zacarias 8.8.

Jesus é o "grande [sumo] sacerdote", e todos os crentes participam legitimamente do âmbito do tabernáculo celestial, o que sugere que eles têm alguma ligação com o status sacerdotal (10.19-22). No mínimo, todos os crentes agora são representados no céu por Jesus, o sacerdote, portanto, em certo sentido, eles participam desse status sacerdotal ou estão associados a ele no templo celestial (10.19,20).[74]

Comentários finais sobre a natureza do cumprimento da profecia do sacerdócio democratizado de Jeremias 31

Nesse sentido, também é muito importante mencionar o uso do grupo de cognatos *teleioō*, que no livro de Hebreus é normalmente traduzido por "perfeito" e "aperfeiçoar". Os usos referem-se não à perfeição nem ao progresso moral, mas, sim, à plenitude escatológica, especialmente o cumprimento daquilo que o sistema sacerdotal prefigurava, isto é, acesso a Deus no templo dos últimos dias. Com efeito, o verbo *teleioō* e os substantivos a ele relacionados[75] em Hebreus têm o sentido de "completar" ou de "plenitude" e têm significado próximo de "consagrar" ou "separar" (i.e., "santificar", que é uma tradução comum do grego *hagiazō*).[76] Nesse aspecto, Hebreus foi influenciado pelo contexto de Êxodo e de Levítico, em que "encher a mão" é uma expressão idiomática de consagração sacerdotal, traduzida no texto grego do AT por "encher/completar a mão". O verbo sozinho transmite o sentido de "consagrar" um sacerdote, e o substantivo *teleiōsis* designa a "ordenação" sacerdotal.

De acordo com Hebreus, Jesus alcançou essa completude/perfeição dos últimos tempos como sacerdote da ordem de Melquisedeque (Hb 5.9; 7.28; tb. 2.10 em relação a 2.16,17). Os sacerdotes da antiga aliança não podiam mediar o acesso escatológico para o povo de Deus ("completude/perfeição") ao interior do santuário do antigo templo físico (7.11,19; 9.9), que apontava para o santuário escatologicamente "perfeito" dos céus (9.11). O sacrifício sacerdotal de Jesus, entretanto, tornou os crentes "completos", permitindo-lhes "aproximar-se" da presença tabernacular de Deus e obter acesso escatológico ao Santo dos Santos no verdadeiro templo do céu (10.1,14).[77] Por isso, essas pessoas que Cristo conduziu à "perfeição" escatológica (12.2) podem ser chamadas de "completas/perfeitas" (5.14), e toda a congregação de santos redimidos no monte Sião no último dia também é por isso chamada de "os espíritos dos justos aperfeiçoados" por causa da mediação sacerdotal de Jesus (12.22-24). Isso significa que os crentes do AT não podiam ser "aperfeiçoados" separadamente daqueles que viveriam na era do cumprimento e não podiam ter pleno acesso histórico-redentor a Deus antes do cumprimento do *eschaton*[78] (11.40).[79] Portanto, o uso comum do grupo de cognatos *teleioō*

---

[74]Dumbrell (*Covenant and creation*, p. 178) também acredita que uma das descontinuidades entre as duas alianças é que, enquanto a incredulidade de Israel violou a aliança com Deus, na nova aliança ambas as partes serão fiéis e não farão nada que prejudique a relação entre elas.

[75]Veja em Hebreus *teleios* (Hb 5.14; 9.11), *teleiotēs* (6.1), *teleiōtēs* (12.2) e *teleiōsis* (7.11).

[76]Observe-se John Calvin [João Calvino], em Hebreus os substantivos relacionados *hagiasmos* e *hagiotēs*.

[77]Observe-se aqui os vários verbos usados em todo o livro de Hebreus para indicar que os crentes podem "aproximar-se" de Deus. Em praticamente todos os contextos isso diz respeito a aproximar-se da presença de Deus no templo celestial pela obra mediadora de Jesus (veja Hb 4.16; 7.19,25; 10.1 [embora negativo, indica a aproximação positiva no contexto de 10.1-22],19-22; 12.18,22 [esp. à luz de Hb 12.23,24]). O uso em 11.6 é o único cujo contexto imediato não é cultual.

[78]Esse pleno e definitivo acesso a Deus começa na era inaugurada dos últimos tempos, mas será consumado no fim das eras.

[79]A análise anterior do significado do grupo de cognatos de *teleioō* em Hebreus com respeito ao sentido duplo de perfeição escatológica e consagração sacerdotal se baseia em Moisés Silva, "Perfection and eschatology in Hebrews", *WTJ* 39 (1976): 60-71; S. M. Baugh, "Covenant, priesthood, and people in Hebrews", disponível em: http://baugh.wscal.edu/PDF/NT701/NT701_Hebrews_CPP.pdf, que também se baseia em Silva. Veja tb. Scott D. Mackie, *Eschatology and exhortation in the Epistle to the Hebrews*, WUNT 2/223 (Tübingen: Mohr Siebeck, 2007), p. 189-96.

em Hebreus, que tem o sentido de consagração sacerdotal, aplica-se tanto a Cristo quanto aos cristãos. A conclusão desta análise é que todos os crentes têm, no presente, a condição de acesso ao santuário celestial de Deus por meio da obra sacerdotal de Cristo e por isso também têm uma espécie de posição de consagração sacerdotal na identificação com ele. Isso significa, no mínimo, que os crentes têm acesso ao santuário celestial, que antes era privilégio exclusivo do sumo sacerdote, embora nem mesmo ele tivesse o acesso que os cristãos agora têm em Cristo. É nesse sentido que podemos falar de democratização do ofício ou da posição sacerdotal do AT para os crentes da nova aliança.

Esse acesso sacerdotal dos últimos dias a Deus em seu templo é provavelmente o mesmo conceito manifesto na visão de Apocalipse 22.4: "E verão a sua face, e na testa deles estará o seu nome". Esse versículo retrata os crentes depois de terem alcançado seu acesso perfeito a Deus no templo dos últimos tempos; eles agora estão na posição do sumo sacerdote, que tinha o nome de Deus escrito no turbante da sua testa. "O privilégio da consagração para ser aceitável na presença direta de Deus, antigamente reservado apenas para o sumo sacerdote, agora é concedido a todo o povo de Deus."[80]

Essa ideia do aperfeiçoamento dos santos no fim dos tempos, dando-lhes acesso maior a Deus no verdadeiro templo, aparece, não por coincidência, como introdução da segunda citação de Jeremias 31.33,34 em Hebreus 10 (veja 10.14). Isso resulta no cumprimento da profecia de Jeremias porque os crentes agora têm acesso à presença de Deus no templo celestial, algo sem precedente. O texto de Hebreus 10.19-22 diz:

> Portanto, irmãos, visto que temos confiança para entrar no lugar santo por meio do sangue de Jesus, pelo novo e vivo caminho que ele nos abriu através do véu, isto é, do seu corpo, e visto que temos um grande sacerdote sobre a casa de Deus, aproximemo-nos com coração sincero, com a plena certeza da fé, com o coração purificado da má consciência e tendo o corpo lavado com água limpa.

A identificação dos cristãos com Jesus como sacerdote provavelmente os associa de alguma forma com o sacerdócio dele. Jesus é o "grande sacerdote", e os crentes compartilham de sua posição sacerdotal e têm acesso ao santuário dos últimos tempos graças à obra mediadora de Jesus em favor deles. Portanto, essa ligação com os crentes igualmente usufruindo algum tipo de aperfeiçoamento escatológico como sacerdotes consagrados com acesso ao templo celestial apoia a perspectiva de que a profecia da nova aliança de Jeremias incluía a ideia de que todo o povo de Deus da nova era tem algum tipo de posição sacerdotal.[81]

Alguns sustentam que a natureza falível da antiga aliança está apenas no fato de que os israelitas "quebraram a aliança" (Jr 31.32) e "não permaneceram na aliança [de Deus]" (Hb 8.9).[82] A violação da aliança por Israel de fato ocorreu, mas esse não é o único motivo para

---

[80]G. K. Beale, *The book of Revelation: a commentary on the Greek text*, NIGTC (Grand Rapids: Eerdmans, 1999), p. 1114.

[81]Provavelmente, essa ideia de completude/perfeição do fim dos tempos designada pelo grupo de cognatos de *teleioō* implica, em segundo plano, a perfeição moral do caráter dos santos nos últimos tempos à luz dos usos contextuais em Hebreus relacionados ao perdão (tb. à luz de Hb 11.1-17 e do "aperfeiçoamento" da consciência em Hb 9.9).

[82]Veja Donald A. Hagner, *Hebrews*, NIBC (Peabody: Hendrickson, 1990), p. 122-3. Hagner sustenta que a antiga aliança não era eternamente duradoura só por causa da falta de fé e desobediência de Israel; de outro modo, não haveria nada inerente ou sistematicamente defeituoso nela. Da mesma forma, Scott J. Hafemann (*2 Corinthians*, NIVAC [Grand Rapids: Zondervan, 2000], p. 133-6) entende que o único problema com a falibilidade da antiga aliança foi a desobediência e a infidelidade de Israel. A alegação de Hafemann, como a de Hagner, parece presumir que a nova aliança seria cumprida na maioria de israelitas étnicos, que não infringiriam a aliança como a maioria da nação havia feito antes no Sinai. Contudo, como já vimos nesta seção, Jeremias 31.7 diz que somente um "remanescente" desfrutaria da nova aliança.

a aliança não poder mais continuar para sempre. Tendo em vista as deficiências intrínsecas do antigo sacerdócio e do sistema sacrificial recém-observados, que eram parte da antiga aliança, esse pacto tinha de ser considerado temporário, e não válido eternamente, e preparava o caminho para a aliança válida eternamente que Cristo produziu. Na verdade, mesmo se não tivesse havido a desobediência humana, as debilidades inerentes dos aspectos sacerdotais e sacrificiais da antiga aliança teriam exigido uma nova aliança.[83] A natureza sistemática temporária da aliança do Sinai também é sugerida em 2Coríntios 3.5-7, que parece indicar que, mesmo antes da reação pecaminosa de Israel a esse pacto, a aliança sinaítica se destinava não a dar vida, mas a "matar" e ser um "ministério de morte". Portanto, isso reforça ainda mais o caráter preparatório da antiga aliança para a nova aliança eterna de vida.

Conclusão sobre o uso da profecia da nova aliança de Jeremias 31 em Hebreus

A conclusão desta longa seção sobre Hebreus é que a igreja começou a cumprir a profecia da restauração e da nova aliança de Jeremias 31. Por isso, é provável que a igreja deva ser entendida como o Israel escatológico desfrutando as bênçãos da nova aliança. Essas bênçãos focalizam principalmente todos aqueles da comunidade da nova aliança que desfrutam da condição revelatória vivenciada apenas pelos sacerdotes no AT.

1Pedro

A Primeira Carta de Pedro fala do começo do cumprimento das promessas de restauração de Israel na igreja, mas estas são manifestas com mais clareza na identificação da igreja com Cristo como a pedra angular do templo do fim dos tempos e dos crentes como pedras do templo edificado em Cristo. O texto de 1Pedro 2.4-7a declara:

> Chegando-vos a ele, a pedra viva, rejeitada pelos homens, mas eleita e preciosa para Deus, vós também, como pedras vivas, sois edificados como casa espiritual para serdes sacerdócio santo, a fim de oferecer sacrifícios espirituais aceitáveis a Deus, por meio de Jesus Cristo. Por isso, a Escritura diz: "Eis que ponho em Sião uma pedra escolhida e preciosa. Quem nela crer não será desapontado". Assim, para vós, os que credes, ela é preciosa.

Todavia, os que rejeitam Cristo, rejeitam-no como a reconstituição do templo e perdem o direito à sua parte como sacerdotes nesse templo (1Pe 2.7b,8). Não vou entrar em mais detalhes sobre Cristo e a igreja como o templo, pois já expliquei antes que ambos dão início ao cumprimento das promessas do templo escatológico. Conforme estudamos, a construção do templo dos últimos dias ocorreria com outras promessas da restauração e seria um dos sinais reveladores do começo da restauração. Por estarem identificados com Cristo como a "pedra [angular] viva" do templo, os crentes também são "pedras vivas" do templo. A menção específica de "viva" mostra que o Cristo "vivo" ressurreto representa seu povo, por isso os crentes também são pessoas "vivas" ressurretas.[84] Consequentemente, a igreja não só constitui parte desse templo, mas também dá continuidade ao papel do verdadeiro Israel, conforme declara 1Pedro 2.9,10:

> Mas vós sois raça eleita, sacerdócio real, nação santa, povo de propriedade exclusiva de Deus para que anuncieis as grandezas daquele que vos chamou das trevas para sua maravilhosa luz. Pois antes não éreis povo; agora, sois povo de Deus; não tínheis recebido misericórdia; mas agora, recebestes misericórdia.

---

[83]Sobre isso, veja William L. Lane, *Hebrews 1—8*, WBC 47A (Dallas: Word, 1991), p. 211. Lane entende que a citação de Jeremias 31.31-34 indica "o caráter imperfeito e provisório da antiga aliança e suas instituições (Hb 8.6-13)". Veja tb. Bruce, *Hebrews*, p. 193-4.

[84]Sobre essa questão, veja Karen Jobes, *1 Peter*, BECNT (Grand Rapids: Baker Academic, 2005), p. 148-9.

Já expliquei um pouco do contexto veterotestamentário das referências da citação anterior (veja cap. 19). A locução "geração eleita" (*genos eklekton*) vem de Isaías 43.20 (LXX), uma profecia de que Israel será restaurado em uma nova criação (Is 43.18,19). A oração gramatical "para que anuncieis as grandezas daquele que vos chamou" provém do versículo imediatamente seguinte a Isaías 43.20: eles "anunciarão as minhas grandezas" (Is 43.21, LXX), mas Pedro a parafraseou de acordo com a LXX de Isaías 42.12 ("eles anunciarão as suas grandezas"). Esses trechos de Isaías 42 e 43 fazem parte das profecias de restauração e anunciam a nova criação (esp. Is 43.18-21), que deve ocorrer na época da restauração de Israel. A sequência "sacerdócio real, nação santa, povo de propriedade exclusiva de Deus" vem de Êxodo 19.5,6 (LXX): "Vós sereis um povo especial para mim [...] um sacerdócio real e nação santa" (praticamente igual a Êx 23.22). Deus atribui esses nomes a Israel para designar quem é Israel e como essa nação tinha de agir. Agora, os leitores cristãos de Pedro são considerados parte do Israel restaurado dos últimos dias, que começaram a cumprir as profecias do templo e da nova criação e a agir como sacerdotes no templo (ideia bem semelhante ao que foi dito anteriormente, na seção sobre Hebreus). É importante observar que na ideia de templo, sacerdócio e nova criação, também está incluído o conceito de que os crentes são um reino: eles são "sacerdócio real" (1Pe 2.9), que usa de Êxodo 19.6 não apenas a ideia de sacerdócio, mas também de realeza.[85] Tenho demonstrado reiteradamente em todo o livro que os conceitos de ressurreição escatológica, nova criação, templo e realeza estão indissociavelmente ligados e são aspectos uns dos outros.

Em 1Pedro 2.10, as profecias de Oseias 1.9 e 2.23 aplicadas à igreja são as mesmas duas profecias que Paulo aplicou aos judeus e gentios em Romanos 9.25,26. Como já analisei em outra parte como Paulo usa esses textos veterotestamentários, não repetirei a análise aqui, senão dizer que Pedro está provavelmente usando-os do mesmo modo: para indicar que a igreja começa a cumprir as profecias escatológicas de Oseias da restauração de Israel.[86] Na referida análise anterior, sustentei que o pressuposto subjacente à aplicação paulina das profecias da restauração de Israel à igreja é Cristo ser o verdadeiro Israel, que representa a igreja como o verdadeiro Israel, para que a igreja também se identifique como o verdadeiro Israel. Esse pressuposto está quase evidente aqui, uma vez que o texto de 1Pedro 2.10 aparece logo depois de a igreja ser chamada de "pedras vivas" do templo, porque ela é identificada com Cristo como a "pedra viva" do templo. Essa identificação provavelmente também desenvolve a ideia de Cristo cumprindo primeiro as profecias da restauração de Israel (ao ser ressuscitado), o que se aplica também à igreja em um relacionamento corporativo com ele.

Apocalipse

No capítulo 15, examinei como a "reconciliação" é uma forma de Paulo analisar o início do cumprimento da esperança de que Deus traria Israel de novo à comunhão íntima com ele. Observei também que Paulo pode expressar a ideia de reconciliação sem usar o termo técnico "reconciliação". Examinei ainda os Evangelhos e Atos e observei que o conceito de reconciliação também está presente em explicações sobre como as promessas da restauração de Israel no fim dos tempos começaram a ser cumpridas em Jesus e seus seguidores. Naquele capítulo, concluí com o estudo da última visão de Apocalipse, que antevê a consumação das promessas da restauração e as associa com o conceito de reconciliação. Assim, recomendo que o leitor volte a esse estudo para rever o conceito de restauração em Apocalipse. O conceito pode ser analisado em outros trechos de Apocalipse (p. ex., 7; 14.1-4; 20.1-6). Curiosamente,

---

[85]Para as ideias tanto de realeza quanto de sacerdócio, veja Beale, *Revelation*, p. 192-5, no comentário de Apocalipse 1.6, que faz exatamente a mesma alusão a Êxodo 19.6 e também a aplica à igreja.

[86]Para uma análise das alusões ao AT em 1Pedro 2.4-10, veja Jobes, *1 Peter*, p. 144-64.

Apocalipse considera que a antiga "grande Babilônia" é uma representação tipológica de todo o mundo ímpio, de modo que a igreja, começando a ser restaurada do exílio espiritual, ainda vive em situação de exílio físico na terra (p. ex., 17.1-7; 18.1-5), e mesmo a restauração espiritual da igreja não foi consumada. A restauração consumada ocorrerá na ressurreição final, quando a igreja será completamente libertada do exílio da velha terra. Essa ideia está de acordo com o que indiquei repetidas vezes em capítulos anteriores, a saber, que a ressurreição como nova criação também é a maneira de os santos de Deus saírem do exílio e serem restaurados para Deus.

Conclusão: reflexão teológica sobre a aplicação das promessas de restauração a Jesus, a seus seguidores e à igreja

As profecias do AT a respeito da restauração examinadas neste capítulo e no anterior foram escolhidas por serem representativas do modo em que outras profecias de restauração de Israel são usadas no NT. Entre elas, a passagem da "nova aliança" de Jeremias 31 é um exemplo clássico. Essa profecia é mais bem entendida no contexto mais amplo da restauração dos capítulos 29—31. Nesse trecho, Jeremias elabora mais sobre o que acontecerá quando o povo de Israel retornar à Terra Prometida. Outros fatos ocorreriam, além do simples retorno físico de Israel à terra. Por exemplo:

1. Deus vai "restaurar a sorte" da nação (29.14; 30.3,18).
2. "A cidade será reconstruída [...] e o palácio, no devido lugar" (30.18; 31.4).
3. Deus levantará outro rei como Davi para eles (30.9; cf. 30.21, na verdade um Messias, conforme Sl 2.7-9; Dn 7.13; Os 3.5).
4. haverá júbilo sem fim (31.4,7,12,13).
5. haverá uma nova aliança, diferente da firmada com Israel no Sinai (31.31-33), em que não haverá necessidade de uma casta de sacerdotes mestres, pois todos conhecerão a Deus da mesma forma (31.34a).
6. haverá o perdão definitivo dos pecados deles, o que jamais havia acontecido antes (31.34b; cf. Is 53.3-12).
7. Deus será o Deus deles, e eles serão o seu povo.

Essa passagem de Jeremias contém ainda mais relatos, não mencionados aqui, das expectativas gloriosas que estavam indissociavelmente ligadas ao retorno de Israel à terra.

O profetizado retorno à terra se cumpriu, mas foi apenas um remanescente de Judá e Benjamim que de fato voltou, e não a maioria das tribos. Mas nunca fez parte das profecias da restauração que a maioria da nação étnica voltaria para Deus na terra. Embora muitos comentaristas entendam que o AT profetizou a volta da vasta maioria do Israel étnico, há evidências que indicam o contrário, uma esperança de retorno reservada somente para um remanescente de Israel.[87] Na verdade, como observamos antes na análise de Jeremias 31, a

---

[87] A maioria das referências sobre quantos membros de Israel serão restaurados indica um remanescente (Is 1.9; 4.2,3; 10.20-22; 11.11,12; 37.31,32; Jr 31.7b; Ob 17), embora algumas referências falem que "toda a casa" de Israel será restaurada (Ez 20.40; 37.11; igualmente "casa de Israel" em Jr 31.31-34 é muitas vezes entendido assim). Porém, no contexto de cada uma dessas passagens há um esclarecimento de que apenas um remanescente seria restaurado; logo, "toda a casa" ou "a casa" de Israel na verdade se refere ao remanescente todo, e não à totalidade, nem mesmo à maioria, da nação. Por exemplo, Ezequiel 20.35-38 esclarece o v. 40 ("toda a casa de Israel"), dizendo que assim como Deus não permitiu que a primeira geração rebelde entrasse na terra, assim também seria no tempo da restauração (p. ex., observe-se Ez 20.38: "Purgarei de vós os rebeldes e os que transgredirem contra mim; eu os tirarei da terra das suas peregrinações, mas não voltarão à terra de Israel").

profecia de Jeremias anuncia a promessa da restauração, proclamando: "Ó SENHOR, salva o teu povo, o remanescente de Israel" (31.7b), o que deve ser entendido como uma especificação de quem haveria de ser restaurado em Jeremias 31.31-34. O contexto anterior de Jeremias diz que Deus "reuniria" seu remanescente "dentre todas as nações e de todos os lugares para onde vos dispersei" (29.14) e "das extremidades da terra" (31.8). Aparentemente, essa restauração completa do remanescente aconteceria na época do retorno depois dos setenta anos na Babilônia, mas todas as outras coisas maravilhosas profetizadas em Jeremias 31 para ocorrer juntas não se realizaram.

Isso significa que a profecia de Jeremias não se cumpriu e que ele era um falso profeta? Não há nenhuma evidência de que os profetas israelitas posteriores alguma vez tenham tirado essa conclusão a respeito de Jeremias nem de sua profecia sobre a volta de Israel. A razão provável é que sua profecia foi considerada inicialmente cumprida no fim dos setenta anos, mas ainda não consumada; portanto, permaneceu a esperança de que todos os outros aspectos das profecias da restauração, na verdade a maioria das profecias da restauração, serão cumpridos em algum momento futuro.

Além dos acontecimentos profetizados por Jeremias já mencionados que não se cumpriram, outras profecias anunciadas por outros profetas que aconteceriam juntamente com a volta à terra não se cumpriram. Assim como diversas profecias de Jeremias, aspectos importantes do cumprimento de predições de outros profetas também foram adiados. A seguir, apresento algumas profecias importantes não cumpridas que estão associadas à da volta de Israel para a terra:

1. paz entre judeus e gentios (Is 11.1-12; 66.18-23);
2. um templo reconstruído maior do que qualquer outro, com a presença de Deus nele (Ez 40—48);
3. Israel livre do domínio estrangeiro (Sl 2.1-9; Is 2.4; Dn 2.31-45);
4. uma nova criação (Is 65.17; 66.22);
5. um grande derramamento do Espírito Santo sobre Israel (Is 32.15; Ez 39.29; Jl 2.28);
6. milagres de cura (p. ex., Is 35.5,6);
7. uma multidão de gentios redimidos afluindo para Israel (Is 2.3,4);
8. a ressurreição de Israel (Is 26.11-19; Ez 37.1-14).[88]

Nenhuma dessas expectativas se concretizou quando o pequeno remanescente de Israel voltou à terra, apesar de durante um tempo parecer que elas se realizariam, já que Israel de fato havia começado a reconstruir Jerusalém e o templo. Entretanto, a cidade e o templo reconstruídos nunca chegaram a ter a grandeza prevista nas profecias. Essa ausência de cumprimento se deveu à infidelidade e desobediência de Israel (veja Ne 1.6-9). Zacarias 4, por exemplo, profetiza a reconstrução do templo escatológico, assim como Zacarias 6.12-14, mas Zacarias 6.15 afirma que as atividades de reconstrução que Israel havia realizado em sua

---

Assim, "toda a casa de Israel" em Ezequiel 20.40 se refere ao remanescente de Israel, que sobreviveu depois de sua purificação do fim dos tempos. É provável que o texto de Ezequiel 37.11 seja entendido do mesmo modo, uma vez que o tema da restauração continua no versículo. A referência em Ezequiel 39.25 e 39.29, em que Deus "restaura" respectivamente "toda a casa de Israel" e "derrama seu Espírito na casa de Israel", talvez seja mais bem entendida à luz de Ezequiel 20.18-40, em que o mesmo tema da restauração ocorre com a locução "toda a casa de Israel", definida como todo o remanescente.

[88]Sobre Ezequiel 37 ser uma profecia real da ressurreição do espírito regenerado de Israel, veja minha análise anterior (cap. 19, subtítulo "A ideia do Antigo Testamento de que os gentios se tornarão o verdadeiro Israel dos últimos tempos como antecedente histórico para o pressuposto neotestamentário de que a igreja é o verdadeiro Israel", e cap. 16, subtítulo "O papel do Espírito como agente transformador de vida no Antigo Testamento").

volta à terra não teriam êxito, porque elas só poderiam acontecer se os israelitas "obedecessem completamente ao Senhor vosso Deus", o que não fizeram.

Consequentemente, quando Israel retornou da Babilônia, as profecias de restauração poderiam ser consideradas no início de seu cumprimento, nada mais. O motor do cumprimento havia sido ligado, mas rapidamente parou e morreu. Apesar de Israel estar de volta à terra, a maioria das outras promessas de sua restauração não se concretizou. Por isso, as condições escatológicas irreversíveis da restauração não aconteceram. Essa restauração imperfeita seria tipológica da que ainda ocorreria no futuro.

Hoje, debate-se muito nos círculos de estudos judaicos e neotestamentários se o judaísmo e o NT refletem a convicção de que Israel ainda estava no exílio.[89] Uma avaliação equilibrada entende que o próprio judaísmo estava dividido quanto à condição de Israel como exilado no século 1 d.C., apesar de estar de volta à terra fisicamente. Em minha perspectiva, a análise mais provável é que, embora a nação estivesse de volta à terra fisicamente, ela permanecia no exílio espiritual e no exílio físico, visto que ainda era dominada por potências estrangeiras hostis, e a maioria das profecias de restauração ainda não se haviam cumprido. Parece que esse é o testemunho das últimas partes do próprio AT. Embora o povo de Israel tivesse voltado para a terra, a nação continuava pecando porque os israelitas se casavam com as estrangeiras dos povos vizinhos (Ed 9 e 10). Em parte da confissão do pecado de Israel em Neemias 9.36, descobrimos que os israelitas ainda acreditavam ser "escravos" oprimidos no exílio: "Eis que hoje somos escravos, escravos na terra que deste a nossos pais para que comessem do seu fruto e desfrutassem os seus bens". Em Esdras 9.9, eles também dizem: "Pois somos escravos, mas o nosso Deus não nos abandonou na nossa escravidão" (cf. Ne 5.5). O judaísmo antigo acreditava que a verdadeira restauração de Israel ainda não havia ocorrido, apesar do retorno da Babilônia séculos antes (p. ex., Tb 14.5-7). A comunidade de Qumran também acreditava que até aquela época, apesar de estar na própria terra, Israel ainda continuava no exílio.[90]

O NT apoia a ideia de que Israel ainda estava no exílio, pois nos Evangelhos e em outras partes entende-se que as profecias da restauração estão começando a cumprir-se em Cristo e na igreja. O motor histórico-redentor do cumprimento, que havia parado e ficado estagnado durante quase quatrocentos anos, foi consertado, ligado e posto em funcionamento com alto

---

[89]A favor da ideia de que Israel ainda está no exílio, veja N. T. Wright, *The New Testament and the people of God* (Minneapolis: Fortress, 1992), p. 268-72, 299-338; ibidem, *Jesus and the victory of God* (Minneapolis: Fortress, 1996), p. xvi-xvii, 126-9, 428-30; James M. Scott, "Restoration of Israel", in: *DPL*, p. 796-805; Thomas R. Hatina, "Exile", in: Craig A. Evans; Stanley E. Porter, orgs., *Dictionary of New Testament background* (Downers Grove: InterVarsity, 2000), p. 348-51. Outros, como Peter O'Brien ("Was Paul a covenantal nomist?", in: D. A. Carson; Peter T. O'Brien; Mark A. Seifrid, orgs., *Justification and variegated nomism* [Grand Rapids: Baker Academic, 2004], vol. 2: *The paradoxes of Paul*, p. 285-6, 294) negam a ideia, enquanto acertadamente enfatizam que não há um foco exclusivo nas preocupações nacionais de Israel. Para uma apresentação equilibrada da questão, veja Douglas J. Moo, "Israel and the law in Romans 5—11: interaction with the new perspective", in: Carson; O'Brien; Seifrid, orgs., *Paradoxes of Paul*, p. 204-5.

[90]Veja, p. ex., 1QS VIII:13-14, que cita Isaías 40.3 ("No deserto, prepare o caminho de [...] endireitai um caminho no deserto para nosso Deus"). O texto de Isaías 40.3 é usado como base para exortar os fiéis de Qumran a sair "da habitação dos homens perversos" (i.e., Jerusalém) (A. Dupont-Sommer, *The Essene writings from Qumran*, tradução para o inglês de G. Vermes [Oxford: Blackwell, 1961], p. 92). No livro de Isaías, a passagem era uma exortação para sair do Exílio babilônico, de forma que a Jerusalém do século 1 parece substituir a Babilônia como o local do exílio (veja tb. 1QS IX:19-20 para a mesma referência de Is 40.3 usada da mesma maneira). Outros textos do judaísmo antigo que indicam a continuidade do exílio depois do retorno da Babilônia são: CD-A I:3-11; Tobias 14.5-11; Baruque 3.6-8; 2Macabeus 1.27-29; sobre esses textos e outras referências, veja Wright, *New Testament and the people of God*, p. 268-72; Scott, "Restoration of Israel", p. 796-9. O último texto examina as evidências no judaísmo de que o exílio havia terminado completamente e uma significativa corrente da tradição que acreditava no contrário.

desempenho na primeira vinda de Jesus. Ou seja, os aspectos principais das promessas da restauração começam a se cumprir na vinda de Cristo, o que fica particularmente claro quando Jesus e Paulo recorrem às promessas veterotestamentárias da restauração que começam a ser cumpridas no meio deles. Considera-se todas as profecias da restauração estudadas há pouco como o início do cumprimento decisivo em Cristo no que diz respeito às profecias sobre o Messias, o reino escatológico, o templo dos últimos tempos, o Espírito, a nova criação, bem como em relação às promessas de cura, de perdão definitivo dos pecados, da ressurreição, da derrota de governantes maus e da unidade entre judeus e gentios. Em 2Coríntios 1.20, Paulo afirma: "Pois, tantas quantas forem as promessas de Deus [no AT], nele [Cristo] está o sim", e isso a respeito do início do cumprimento das promessas veterotestamentárias. Em 2Coríntios, Paulo tem em mente sobretudo as profecias da restauração escatológica do Espírito vindouro (1.21,22; 3.6,8,18), da nova aliança de Jeremias (Jr 3), da nova criação (5.17) e do templo do fim dos tempos (6.16—7.1). De fato, em um texto ao qual já recorri algumas vezes, 2Coríntios 7.1, Paulo diz que os coríntios naquele momento "têm essas promessas". O apóstolo também tem em mente, sobretudo em Romanos 9—11, a estrutura de Deuteronômio 32 de (1) a eleição de Israel e o cuidado de Deus com esse povo; (2) a rebeldia de Israel; (3) o juízo divino, incluindo o exílio; (4) o livramento final e a justificação de Israel por Deus; e (5) o convite aos gentios para participarem da redenção de Israel. Como a restauração divina de Israel ainda não havia acontecido no período do Segundo Templo, o exílio do povo continuou até o tempo de Cristo, quando a libertação definitiva começou a acontecer.[91]

À luz do que acabamos de analisar sobre o exílio, a restauração e seu cumprimento inicial em Cristo e na igreja, podemos voltar a nos concentrar nos Evangelhos, em Atos e Paulo. Uma vez que as promessas da restauração nos Evangelhos foram identificadas com a terminologia do "novo êxodo", Jesus é considerado o inaugurador do cumprimento dessas profecias.[92] E, como vimos repetidas vezes, se o novo êxodo nada mais é do que a recapitulação da criação original, os autores dos Evangelhos e outras testemunhas do NT também podem se referir ao cumprimento das promessas da libertação do cativeiro como o cumprimento da nova criação em Jesus, seus seguidores e na igreja do século 1, o que havia sido profetizado em Isaías 40—66.[93] É desse modo que o retrato da igreja como o Israel restaurado se encaixa na parte principal do enredo narrativo referente à nova criação; e a ideia do reino não está fora disso, uma vez que, como vimos em capítulos anteriores, no tempo da restauração de Israel seu reino seria restabelecido por um líder messiânico dos últimos tempos (veja, p. ex., no cap. 2, o subtítulo "Os últimos dias no Antigo Testamento").

Neste momento, precisamos nos deter na análise de três perspectivas diferentes sobre a vinda de Jesus em relação ao início do cumprimento decisivo e irreversível das profecias de restauração no ministério dele. Na primeira perspectiva, alguns estudiosos entendem que essas profecias não se cumprem de modo significativo em Jesus, a não ser imediatamente antes, durante e depois de sua segunda vinda em um reino milenar. Essa visão é conhecida como "dispensacionalismo clássico". Na segunda perspectiva, a do "dispensacionalismo

---

[91]Sobre isso, veja Scott, "Restoration of Israel", p. 800-5.

[92]Além dos trechos pertinentes da obra de N. T. Wright já indicados, veja Willard M. Swartley, *Israel's Scripture traditions and the Synoptic Gospels: story shaping story* (Peabody: Hendrickson, 1994), p. 44-153; Rikki E. Watts, *Isaiah's new exodus in Mark* (Grand Rapids: Baker Academic, 1997) — as duas obras analisam os padrões repetitivos do segundo êxodo nos Evangelhos Sinóticos.

[93]Sobre a ideia dupla de que a morte e a ressurreição de Cristo cumprem tanto as promessas da nova criação quanto as profecias da restauração de Israel, veja G. K. Beale, "The Old Testament background of reconciliation in 2 Corinthians 5—7 and its bearing on the literary problem of 2 Corinthians 4:14—7:1", *NTS* 35 (1989): 550-81; veja tb. ibidem, "The Old Testament background of Rev 3.14", *NTS* 42 (1996): 133-52.

progressivo", entende-se que houve cumprimento significativo na primeira vinda de Jesus, mas foi a igreja que experimentou esse cumprimento, e não a nação Israel, e Israel como nação usufruirá o cumprimento depois, na ocasião da última vinda de Cristo, especialmente em um reino milenar. A igreja, apesar de começar a cumprir as profecias de Israel, não deve ser considerada "Israel". Desse modo, os dispensacionalistas progressivos, à semelhança dos dispensacionalistas clássicos, sustentam que existe uma diferença entre igreja e Israel e que a maioria do Israel étnico será salva no fim dos tempos.

A justificativa do dispensacionalismo progressivo para a igreja cumprir essas profecias do fim dos tempos a respeito de Israel, apesar de não ser considerado o Israel escatológico, é vista na seguinte ilustração.[94] Digamos que o menino Johnny Smith, de 6 anos de idade, é meu vizinho. Ocorre uma tragédia, os pais de Johnny morrem em um acidente de carro, e minha esposa e eu convidamos Johnny para morar conosco, mas ele não muda de sobrenome. Nós começamos a amá-lo, e eu resolvo legar parte do meu patrimônio a ele, bem como aos meus três filhos biológicos. Quando eu morrer, Johnny receberá parte do meu patrimônio, mas isso não faz dele um Beale "natural". Ele receberá parte do meu patrimônio como Johnny Smith, e meus filhos naturais recebem parte do meu patrimônio como "Beales". Do mesmo modo, a igreja herda as promessas feitas a Israel, mas ela permanece gentia, seus membros não são considerados "israelitas". Um remanescente dos israelitas nativos, legítimos, crerá em Cristo nesse tempo da igreja, e a sua herança das promessas será como parte da igreja. Quando Cristo voltar pela última vez, a maioria dos israelitas nativos, étnicos, também crerá nele, por isso herdará as mesmas promessas da igreja, mas as receberão como israelitas étnicos, e não como parte do cumprimento da igreja.[95]

A terceira perspectiva, ao contrário das duas formas de dispensacionalismo, é que o cumprimento ocorreu com a primeira vinda de Jesus, que, como verdadeiro Israel, começou a cumprir as promessas. A igreja, então, participa desse cumprimento como a continuação do verdadeiro Israel mediante sua identificação pela fé com Jesus como a continuação do Israel autêntico. De acordo com essa visão, tudo o que resta ser cumprido é a consumação dessas profecias em um novo céu e uma nova terra, o que ocorrerá na vinda definitiva de Cristo.

Uma ilustração que pode esclarecer a última perspectiva é semelhante à que acabei de apresentar para o dispensacionalismo progressivo. De novo, suponha que o menino Johnny Smith more ao lado de minha casa. Tragicamente, seus pais morrem em um acidente de carro, e eu e minha esposa resolvemos adotar Johnny de acordo com o processo legal. Ele passa a morar conosco e tem o nome mudado para "Johnny Beale". Nós amamos o Johnny e, já que ele é legalmente um de nossos filhos verdadeiros, deixarei parte do meu patrimônio a ele, bem como aos meus três filhos biológicos. Quando eu morrer, Johnny vai receber parte do meu patrimônio, e isso porque ele é legalmente um filho do Beale, assim como meus outros filhos, embora estes também sejam Beales "naturais".

---

[94]O dispensacionalismo progressivo é difícil de ser resumido por causa das modificações de postura dos especialistas que defendem essa perspectiva. Por isso, tenho certeza de que nem todos os dispensacionalistas progressivos abraçariam a seguinte ilustração, mas eu a ouvi pela primeira vez de um crítico que se alinha com essa escola de pensamento. Para análises representativas, veja Saucy, *Progressive dispensationalism*; Craig A. Blaising; Darrell L. Bock, *Progressive dispensationalism* (Grand Rapids: Baker Academic, 1993). Infelizmente, não há espaço suficiente para uma avaliação sólida dessa perspectiva, mas posso afirmar que os argumentos dos capítulos anteriores, e especialmente no capítulo precedente e neste, sobre a igreja ser o verdadeiro Israel estão em conflito com o dispensacionalismo progressivo. Isso também se aplica ao capítulo seguinte, que trata das promessas da terra de Israel começando a se cumprir em Cristo e na igreja.

[95]Isso acontecerá no final da chamada grande tribulação com a vinda definitiva de Cristo. Sustentei antes neste capítulo que não há trecho algum em toda a Bíblia que sustente a esperança da salvação da maioria do Israel étnico no fim dos tempos.

Do mesmo modo, a igreja herda as promessas feitas a Israel porque ela foi "adotada" por Deus, e seus membros são legalmente "filhos adotivos" e representados por Jesus Cristo, o verdadeiro Israel. Qualquer israelita étnico/natural que crê em Jesus também é considerado verdadeiro Israel e parte da igreja, mas não é a genealogia dele que o torna assim, mas sua fé em Cristo. Isso se aplica a todos os crentes do período entre a primeira e a segunda vindas, até que Cristo volte para destruir o antigo cosmo e criar um novo, onde as profecias que começaram a ser cumpridas em Jesus e na igreja serão consumadas.

As duas ilustrações do Johnny Smith são compreensíveis e funcionam em seus próprios termos. A pergunta fundamental, sem dúvida, é esta: Qual das duas ilustrações tem o apoio mais claro dos dados do NT? A tese deste capítulo e do livro é que Jesus, recapitulando em si Israel, começa a herdar as profecias feitas à nação, e todos os que se identificam com Jesus são adotados o verdadeiro Israel (que é, lembremos, o Adão coletivo), por isso nessa condição herdam as promessas. Identificar a igreja com Israel não é uma identificação estreita nem limitada, pois, como observei em capítulos anteriores, o próprio Israel como "filho de Deus" e "filho de Adão" era um Adão coletivo, que deveria representar a verdadeira humanidade na terra. Também não se deve esquecer que os títulos de Jesus de "Filho de Deus" e "Filho do Homem" eram títulos israelitas e adâmicos. Consequentemente, Cristo como o verdadeiro Israel e o Último Adão representa a igreja, de forma que a igreja passa a ser o verdadeiro Israel escatológico e parte do Adão dos últimos tempos.[96] Portanto, longe de ser restritivo, "verdadeiro Israel" é na verdade um nome que significa verdadeira humanidade.

---

[96]Sobre Israel e Cristo como figuras adâmicas, veja a primeira parte do cap. 12.

21

A relação das promessas da terra de Israel com o cumprimento das profecias de nova criação e de restauração de Israel em Cristo e na igreja

Não é possível pensar nas promessas de restauração de Israel sem pensar também na Terra Prometida de Israel. As duas promessas, na maior parte do tempo, estão indissociavelmente ligadas pelos profetas do AT. Na ocasião da restauração do Exílio babilônico, Israel devia voltar para a terra, onde construiria um grande templo e entraria em comunhão íntima com Deus, bem como desfrutaria de outras promessas concomitantes (que resumi no cap. 18).

Entretanto, surge um problema quando tentamos descobrir no NT como essa promessa pode ter começado a se cumprir em Cristo e na igreja. Quando Cristo vem e realiza sua obra salvífica e restauradora, ele não faz as pessoas que nele creem voltarem a uma terra física como indicação de sua redenção. Tampouco há menção de cristãos retornando para a Terra Prometida de Israel quando o NT descreve a igreja como o início do cumprimento das promessas de restauração de Israel. Essas promessas da terra parecem estar ausentes. Os redimidos não vão a um lugar geográfico para ser redimidos; antes, eles correm para Cristo e Deus a fim de obter a restauração salvadora. Alguns textos, como Mateus 5.5 e Romanos 4.13, referem-se aos seguidores de Cristo como aqueles que herdarão a terra (cf. Ef 6.2,3).[1] Também há referência a cristãos que desfrutarão o "descanso" que Israel devia ter desfrutado na Terra Prometida, mas nessas passagens o "descanso" é o foco, e a terra de Israel, ao que parece, é prefiguração do descanso espiritual. Do mesmo modo, Hebreus 11.13-16 declara que a esperança maior de Abraão não era a de uma terra propriamente dita no velho planeta, mas a de uma "cidade celestial". Contudo, parece que nenhuma dessas referências está ligada claramente às promessas de Israel retornar à Terra Prometida no planeta atual. Além disso, as referências que há no NT à terra parecem espiritualizadas.

---

[1] A importância dessa passagem será explicada em mais detalhes em um trecho posterior deste capítulo.

Portanto, é um problema hermenêutico relacionar as promessas do AT ao NT. Será que as promessas de terra quanto ao cumprimento físico e literal foram desaparecendo para se realizarem de algum modo espiritual? Então, na melhor das hipóteses, essas promessas mais antigas seriam tipológicas da herança da salvação espiritual em Cristo?

Nesta seção, argumentarei que as promessas da terra se cumprirão de modo físico, mas o início desse cumprimento é sobretudo espiritual antes da consumação definitiva em um novo céu e em uma nova terra completamente físicos. A maneira física com que essas promessas da terra começaram a cumprir-se é o próprio Cristo inaugurando a nova criação com a sua ressurreição física. Relacionado a esse acontecimento, veremos que as promessas abraâmicas referentes à terra são promessas para a "descendência" dele, associadas em última análise à herança da terra por Israel. Essa explicação está de acordo com a orientação geral deste livro, de que "tantas quantas forem as promessas de Deus [no AT], nele [Cristo] está o sim" (2Co 1.20). Já analisamos muitas dessas promessas e descobrimos que, mesmo em seu contexto veterotestamentário, elas abrangiam não apenas o aspecto físico, mas também o espiritual. Observamos ainda que essas promessas começaram a cumprir-se espiritualmente e serão consumadas fisicamente na nova criação final. Esse cumprimento em duas etapas pode ser chamado de "cumprimento em partes", em que temos visto que mesmo a etapa inicial espiritual é "literal", porque a promessa do AT também tinha literalmente uma dimensão espiritual. Por exemplo, vimos que a promessa de ressurreição no AT implica também o espírito da pessoa ser ressuscitado com o corpo, mas o NT entende que essa ressurreição espiritual ocorre primeiro. Assim, este capítulo procura demonstrar que as promessas da terra e seu cumprimento são parte fundamental do enredo que trata da ressurreição de Jesus como a nova criação já e ainda não do fim dos tempos.

Em primeiro lugar, vamos examinar as passagens mais importantes referentes às promessas da terra no AT e, em seguida, daremos atenção a uma nova avaliação das evidências do NT.

A esperada universalização das promessas do Antigo Testamento acerca da terra no próprio Antigo Testamento

O início exato da promessa da terra ocorre em Gênesis 1 e 2. No meu livro *The temple and the church's mission* [O templo e a missão da igreja] (brevemente resumido no cap. 18), sustentei que o Éden era um santuário-jardim, e Adão era seu sumo sacerdote. No mundo antigo, os templos abrigavam a imagem do seu respectivo deus. Adão era essa imagem posta no santuário do Éden. A missão dele era "encher a terra" com a glória de Deus na condição de portador da imagem divina juntamente com seus filhos como portadores da imagem de Deus (parece que essa é a conclusão de Gn 1.26-28). Portanto, Adão devia expandir as fronteiras do Éden, onde estava a presença de Deus, e devia fazer isso juntamente com seus descendentes até que elas abrangessem toda a terra, de modo que a glória de Deus seria refletida em toda a terra pelos portadores da imagem.[2]

A comissão de Adão e Eva de multiplicar seus descendentes, governar, dominar e "encher a terra" foi transmitida a Noé e depois reiterada aos patriarcas e a Israel. Consequentemente, o encargo pelo qual Adão era responsável foi transmitido a Abraão e sua descendência, Israel, para serem considerados um "Adão coletivo". A nação foi concebida para representar a verdadeira humanidade. Iniciando com os patriarcas, a comissão foi combinada com uma promessa que se cumpriria em algum momento em um "descendente", mas Israel não

---

[2] Para a argumentação completa, veja G. K. Beale, *The temple and the church's mission: a biblical theology of the dwelling place of God*, NSBT 17 (Downers Grove: InterVarsity, 2004).

conseguiu realizar a missão. Por isso, a promessa foi continuamente reafirmada de que viria um tempo escatológico em que essa comissão seria cumprida em Israel. A parte da comissão de expandir o Éden até abranger toda a terra também perdurou, mas agora a terra de Israel passou a ser concebida como o Éden de Israel.³ Essa definição da terra de Israel como o Éden foi reforçada pelas reiteradas descrições da "terra que dá leite e mel"⁴ e frutos deliciosos (p. ex., Nm 13.26,27; Dt 1.25; Ne 9.25).⁵

A solução para entender por que Israel devia expandir as fronteiras de seu território para abranger a terra é que Israel era um Adão coletivo e, assim como coube ao primeiro Adão ampliar os limites do Éden, onde estava a presença divina, Israel também tinha de realizar a mesma tarefa. Particularmente, o Éden não era uma porção de terra qualquer, mas o primeiro tabernáculo, que Adão devia expandir. Da mesma forma, a terra de Israel tinha de ser expandida porque em seu centro em Jerusalém ficava o templo, que abrigava o Santo dos Santos, onde a presença de Deus habitava. No capítulo 18 (no subtítulo "O tabernáculo de Israel no deserto e o templo posterior eram a restauração do santuário do jardim do Éden"), expliquei que o templo de Israel simbolizava os céus invisíveis e visíveis (respectivamente o santuário interior e o Lugar Santo) e a terra (o pátio). A finalidade do simbolismo era indicar o fim dos tempos, quando a presença reveladora especial de Deus sairia do Santo dos Santos e encheria os céus visíveis e a terra. Por isso, há profecias que falam sobre a presença de Deus sair do Santo dos Santos, cobrir Jerusalém (Is 4.4-6; Jr 3.16,17; Zc 1.16—2.11), expandir-se por toda a terra de Israel (Ez 37.25-28) e, por fim, pela terra inteira (Is 54.2,3; Dn 2.34,35,44,45). De modo notável, as passagens de Jeremias 3, Isaías 54 e Daniel 2 fazem alusões explícitas ou às promessas patriarcais ou a Gênesis 1.28 quando falam da expansão da terra. Da perspectiva dos autores veterotestamentários, é difícil saber se a expansão completa do território de Israel ocorreria mediante força militar ou por outros meios pacíficos (p. ex., as nações se rendendo voluntariamente a Israel e a seu Deus). Pelo menos sabemos que Israel tinha de aumentar sua posse inicial da Terra Prometida por meio de ações militares (cf. Dt 9.1; 11.23; 12.29; 18.14). Contudo, outros textos preveem um meio mais pacífico pelo qual as nações da terra se sujeitarão a Israel no *escathon* (p. ex., Am 9.11,12; Is 2.3,4; 11.10-12), com a possível implicação de Israel possuir as terras dessas nações.

É essa teologia de expansão templo-terra que está por trás de outras profecias da expansão universal da terra de Israel. De modo notável, embora sem relação com o templo, na época da ressurreição definitiva dos mortos (Is 26.16-19), que coincidirá com a nova criação sendo habitada pelos ressurretos, Isaías 26.15 profetiza: "Senhor, tu aumentaste a nação! Aumentaste a nação e te fizeste glorioso! Alargaste todos os limites desta terra". Portanto, a alusão a Gênesis 1.28 ("frutificai e multiplicai"; e "enchei a terra"), certamente pelas lentes das promessas abraâmicas, leva à expansão da terra do Israel. O surpreendente é que essa expansão cósmica está ligada diretamente à ressurreição de Israel dos últimos tempos, dando a entender que o cumprimento da missão de Gênesis 1.28 para se expandir ocorre pela ressurreição das pessoas. Esse padrão de multiplicar e encher a terra é o mesmo que vimos em Gênesis 1.28 e Gênesis 2, em que os mandamentos de Gênesis 1.28 têm de ser cumpridos concretamente na expansão do santuário do Éden. Também vimos essa mesma fórmula de Gênesis 1 e 2 na prometida expansão de Israel sobre a terra e na expansão do templo de Jerusalém.

A ideia de expandir as fronteiras de Israel para abranger toda a terra não só está implícita em Isaías 26.18,19 ("livramento para a terra" [veja esp. a LXX] e "a terra dará à luz os seus

---

³Como é chamado em alguns trechos do AT: Gênesis 13.10; Isaías 51.3; Ezequiel 36.35; Joel 2.3.
⁴A expressão com essas mesmas palavras ocorre catorze vezes no Pentateuco e cinco em outras partes do AT.
⁵Essa ideia também é reforçada pelas ricas descrições da fertilíssima terra de Canaã em Deuteronômio 8.7-9; 11.9-15.

mortos"), mas também é dita explicitamente em Isaías 27.2-6. Nessa passagem, Israel é retratado no *escathon* como a "vinha deliciosa" (como o jardim do Éden)[6] que Deus protegerá e com a qual ele estará em "paz". Essa vinha se expandirá e cobrirá a terra toda: "Dias virão em que Jacó lançará raízes; Israel florescerá e brotará; eles encherão de fruto a face da terra" (Is 27.6). O texto ecoa Gênesis 1.28: "Frutificai [...] enchei a terra".

Portanto, as promessas abraâmicas representam um importante desenvolvimento de Gênesis 1 e 2, antecipando a expansão da terra de Israel. Uma vez que minha conclusão sobre Gênesis 1 e 2 é que a terra sagrada do Éden devia ser expandida para abranger toda a criação, não seria surpresa ver esse tema desenvolvido nas promessas aos patriarcas. E de fato é exatamente isso que vemos. Embora a forma inicial da promessa abraâmica diga respeito apenas a Canaã, ela está inserida em um contexto global: "todas as famílias da terra serão abençoadas" (Gn 12.1-3). A reafirmação seguinte (Gn 13.14-17) ainda tem em vista as fronteiras de Canaã, mas acrescenta que Deus fará "a tua descendência como o pó da terra; de maneira que, se o pó da terra puder ser contado, então também poderá ser contada a tua descendência" (Gn 13.16). Pode-se interpretar isso como linguagem figurada, de modo que os descendentes israelitas serão muito numerosos, mas ainda caberão nos limites da Terra Prometida. Entretanto, por causa da natureza escatológica da promessa, é mais provável que, embora de modo figurado, ela se refira a um número de israelitas tão grande que não caberiam na terra.[7] Se a última hipótese estiver correta, então a passagem indica aquilo que foi declarado explicitamente, em alguns trechos mencionados antes, sobre a expansão universal do Israel dos últimos tempos. Essa ideia também se harmoniza com a de Gênesis 1 e 2 de expandir o espaço sagrado do Éden até a descendência de Adão e Eva "encher a terra".

Os desenvolvimentos posteriores dessas promessas patriarcais no AT deixam mais clara a natureza sugestiva do aspecto universal delas. Salmos 72.17 ("nele sejam abençoados os homens; todas as nações o chamem bem-aventurado"), por exemplo, desenvolve a promessa de Gênesis 22.18 ("em tua descendência todas as nações da terra serão abençoadas").[8] Isso é importante porque o abençoado é o rei israelita dos últimos tempos (o indivíduo descendente de Abraão),[9] que governará "de mar a mar, e desde o rio até as extremidades da terra" (Sl 72.8). Isso é uma ampliação explícita das fronteiras originais da Terra Prometida, que se estendiam "desde o mar Vermelho até o mar dos filisteus, e desde o deserto até o rio [Eufrates]" (Êx 23.31).[10] Gênesis 15.18 resume: "desde o rio do Egito até o grande rio, o rio Eufrates". O salmo começa com o "rio" (aparentemente do Egito), mas troca "rio Eufrates" por "as extremidades da terra". Mais uma vez, a promessa patriarcal referente à terra de Israel é universalizada pelo salmo. Zacarias 9.10 cita Salmos 72.8, que desenvolve a mesma ideia

---

[6]Curiosamente, a forma participial do substantivo correspondente a "delicioso" (*ḥemed*) ocorre em descrições do Éden em Gênesis 2.9; 3.6.

[7]A mesma ideia está implícita em Gênesis 15.5 ("Conta as estrelas, se é que consegues contá-las [...] Assim será a tua descendência") e Gênesis 22.17,18 ("eu te abençoarei grandemente e multiplicarei grandemente a tua descendência, como as estrelas do céu e como a areia na praia do mar"). Gênesis 28.14 liga diretamente multiplicação com bênçãos para toda a terra: "e a tua descendência será como o pó da terra. Tu te espalharás para o ocidente e para o oriente, todas as famílias da terra serão abençoadas em ti e na tua descendência" (Gn 26.3,4 é uma passagem quase idêntica).

[8]Para uma argumentação convincente de que Salmos 72.17 alude a Gênesis 22.18, veja C. John Collins, "Galatians 3:16: what kind of exegete was Paul?", *TynBul* 54, n. 1 (2003): 75-86.

[9]Para a alegação de que "descendência" em Gênesis 22.17b,18 se refere a um descendente, um indivíduo régio que representa a "descendência" coletiva (em 22.17a), veja ibidem, p. 84-6.

[10]A única outra passagem do AT em que ocorre a dupla menção de "mar" juntamente com "rio" mais a referência a uma região geográfica é Deuteronômio 3.16,17, passagem que descreve as fronteiras da terra a ser concedidas aos rubenitas e aos gaditas.

do rei escatológico de Israel: "E o seu domínio se estenderá de mar a mar, e desde o rio até as extremidades da terra".

Salmos 2 também é semelhante a Salmos 72. Deus promete dar ao Messias (Sl 2.2,7) "as nações como tua herança, e as extremidades da terra como tua propriedade" (Sl 2.8). A expressão "dar [...] como herança" (*nātan* + *naḥălâ*) em Deuteronômio é uma expressão comum na promessa de Deus de dar a terra de Canaã a Israel (p. ex., Dt 4.21,38; 12.9; 15.4; 19.10; 21.23; 24.4; 25.19; 26.1; 29.8). Igualmente, a "propriedade" (*'ăḥuzzâ*) se refere a Israel herdar a terra da promessa (Gn 17.8; Nm 32.32; Dt 32.49). Aqui em Salmos 2, a promessa de Deus da terra de Canaã como um bem é ampliada para "as extremidades da terra". Assim como em Salmos 72, a promessa é feita a um indivíduo israelita nos últimos tempos, em cujo reinado as fronteiras originais da Terra Prometida serão ampliadas para abranger toda a terra.

A esperada universalização das promessas do Antigo Testamento acerca da terra no judaísmo

Talvez não surpreenda o fato de que o judaísmo às vezes interprete as promessas abraâmicas da terra em sentido universal (*Mek. Beshallah* 25.27 sobre Êx 14.31). Do mesmo modo, *Jubileus* 32.16-19 reflete sobre o episódio da construção embrionária de um templo por Jacó (Gn 28.12-22), um desenvolvimento das promessas abraâmicas anteriores, e deixa ainda mais claro que se trata da construção de um templo: "Jacó planejou edificar um lugar e construir um muro ao redor do pátio, santificando-o para que fosse eternamente santo para ele e seus filhos" (*Jub.* 32.16). *Jubileus* 32.18b,19 afirma: "Haverá reis entre seus descendentes [Jacó]" e "governarão em toda parte onde houver pegadas do ser humano. E eu [Deus] darei à sua descendência toda a terra debaixo do céu e eles governarão em todas as nações como desejaram. Depois disso, toda a terra será reunida, e eles a herdarão para sempre". Essa é uma interpretação de Gênesis 28.14: "E a tua descendência será como o pó da terra. Tu te espalharás para o ocidente e para o oriente, todas as famílias da terra serão abençoadas em ti e na tua descendência". Além disso, Gênesis 28.14 também é interpretado por Isaías 54.2,3 como uma referência à terra de Israel se expandindo além de suas fronteiras para as nações do mundo.

De igual modo, desenvolvendo diretamente as promessas abraâmicas, *Jubileus* 19.15-25 diz que os inumeráveis descendentes dos patriarcas vão "encher a terra" (v. 21,22) e "servir para estabelecer o céu, fortalecer a terra e renovar todas as luzes acima do firmamento" (v. 25). De modo notável, os descendentes de Abraão dos últimos tempos servirão de instrumento para estabelecer os novos céus e a nova terra, não apenas para encher as antigas fronteiras da Terra Prometida de Israel. O capítulo 22 de *Jubileus* também faz referência às bênçãos abraâmicas, que já haviam sido derramadas sobre Adão e Noé (v. 13) e transmitidas a Jacó e seus descendentes, entre elas a promessa de que Jacó iria "herdar toda a terra" (v. 14).[11]

Eclesiástico 44.21 também fala dos descendentes de Abraão como aqueles que herdarão a terra:

> Portanto o Senhor assegurou-lhe [a Abraão] por juramento que as nações seriam abençoadas pela sua posteridade; que lhe multiplicaria como o pó da terra, exaltaria sua descendência como as estrelas, fazendo que <u>herdassem de mar a mar e do rio até as extremidades da terra</u>.

De modo significativo, a última oração gramatical dessa passagem parece citar Salmos 72.8 (ou Zc 9.10),[12] que aplica a mesma terminologia cósmica universal ao rei israelita dos últimos tempos empregada aqui à descendência coletiva.

---

[11] O texto de *1En* 5.7 fala dos "eleitos" da geração antediluviana como aqueles que "herdarão a terra".
[12] Veja a análise de Salmos 72.8 na seção anterior.

Assim, tanto o AT quanto o judaísmo entendiam que as promessas da terra de Israel incluíam a ideia de que as fronteiras da Terra Prometida se expandiriam para abranger toda a terra.

A esperada universalização das promessas do Antigo Testamento acerca da terra no Novo Testamento

Referências futuras

Todas as menções explícitas da Terra Prometida de Israel no NT se referem de diversas maneiras à consumação definitiva dessas promessas em um novo cosmo.

MATEUS 5.5

Ao que tudo indica, Mateus 5.5 é a primeira passagem neotestamentária a entender que a promessa da terra de Israel se refere a toda a terra: "Bem-aventurados os humildes, pois herdarão a terra". O versículo é uma alusão a Salmos 37.11: "Mas os humildes herdarão a terra". Nesse salmo, "herdar a terra" é uma expressão que se repete (v. 3,9,18,22,29,34). A herança da terra está em um contexto escatológico — por exemplo, "a herança deles permanecerá para sempre" (v. 18) e "os justos herdarão a terra e habitarão nela para sempre" (v. 29). Além disso, os "ímpios" serão eliminados definitivamente, não herdarão a terra eterna (v. 9-11,28).

É improvável que Jesus esteja se referindo simplesmente à Terra Prometida de Israel em Mateus 5.5. Parece que ele está interpretando a herança eterna da terra no salmo da perspectiva de outras promessas veterotestamentárias da universalização da terra analisadas antes. O que reforça ainda mais essa interpretação é o paralelo nas Bem-Aventuranças de que os "bem-aventurados" herdarão "o reino dos céus" (Mt 5.3,10). Logo, "terra" no versículo 5 forma um paralelismo com "reino dos céus" dos versículos 3 e 10; portanto, a "terra" aqui abrange mais do que as velhas fronteiras da Terra Prometida e têm a mesma extensão do "reino dos céus". Isso é talvez um modo de dizer que os "bem-aventurados" herdarão o novo céu e a nova terra, e não um mero reino celestial etéreo.

Um notável paralelo com essa ideia de Mateus 5 está em *Mishná Sanhedrin* 10.1: "Todos os israelitas têm um quinhão no mundo vindouro, pois está escrito: <u>Todo o teu povo também será justo, herdará a terra para sempre; o ramo que plantei, a obra das minhas mãos, para que eu seja glorificado</u>". O "mundo vindouro" refere-se à nova criação, que será herdada pelos israelitas. Essa declaração recorre a Isaías 60.21:

> E todo o teu povo será justo;
> herdarão a terra para sempre;
> serão ramos plantados por mim,
> obra das minhas mãos,
> para que eu seja glorificado.

No contexto de Isaías 60.21, a "terra" se refere à "cidade de Sião" (v. 14), seus "portões" (v. 11,18), e à "terra" de Israel (v. 18). Isaías 65.17,18 e 66.20-22 ligam de modo indissociável a Jerusalém dos últimos tempos com a nova criação vindoura. A ideia de que os israelitas "herdarão a terra para sempre" (no segundo verso de Is 60.21) certamente se refere à menção inicial do "mundo vindouro", e não apenas à Terra Prometida restrita a um local. Por isso, essa passagem da *Mishná* entende que a "terra" a ser herdada por Israel está associada a toda a nova criação.

ROMANOS 4.13

Esse versículo diz: "Porque não foi pela lei que Abraão, ou sua descendência, recebeu a promessa de que ele havia de ser herdeiro do <u>mundo</u>; ao contrário, foi pela justiça da fé". Nessa passagem, a palavra grega não é *gē* (como em Mt 5.5), que pode significar "uma terra" ou

"Terra", mas *kosmos*, que designa toda a terra, incluindo muitas vezes o céu. A declaração de Paulo aqui é uma clara universalização das promessas abraâmicas quanto à terra. A justificativa implícita na visão de Paulo de que se trata do mundo inteiro está, muito provavelmente, nos vários textos do AT observados acima, em que se entendia que a promessa da terra de Israel dizia respeito ao mundo todo (p. ex., Sl 2.8; 72.8; Is 26.19; 27.6; 54.2,3). Vimos também que essas passagens são elas mesmas alusões às promessas abraâmicas da terra ou a Gênesis 1.28 (no caso de Is 27.6).[13]

Hebreus 11.8-16

Pela fé, Abraão obedeceu quando foi chamado, partindo para um lugar que receberia por herança; e partiu, sem saber para onde ia. Pela fé, viveu como um estrangeiro na terra da promessa, como se estivesse em terra estranha, habitando em tendas com Isaque e Jacó, herdeiros com ele da mesma promessa. Porque ele esperava a cidade que tem fundamentos, da qual Deus é o arquiteto e construtor. Pela fé, até a própria Sara, que era de idade avançada, recebeu o poder de conceber um filho, pois considerou fiel aquele que lhe havia feito a promessa. Portanto, também de um homem já sem vigor físico nasceu uma descendência tão numerosa quanto as estrelas do céu e incontável como a areia na praia do mar. Todos esses morreram mantendo a fé, sem ter recebido as promessas; mas tendo-as visto e acolhendo-as de longe, declararam ser estrangeiros e exilados na terra. Os que dizem essas coisas mostram que estão buscando uma terra natal [*patris*]. E, se estivessem pensando na pátria de onde saíram, teriam oportunidade de voltar. Mas agora almejam uma pátria melhor, isto é, a celestial. Por isso, também Deus não se envergonha de ser chamado o seu Deus, porque já lhes preparou uma cidade.

Novamente, a promessa abraâmica da terra é vista como uma referência, em última análise, não à terra de Canaã (eles não estavam "pensando na pátria de onde saíram" [v. 15]), mas à "cidade que tem fundamentos" (v. 10), "a celestial", uma "cidade" preparada por Deus (v. 16), que é sua verdadeira "terra natal" (v. 14). Essa cidade é o "monte Sião [...] a cidade do Deus vivo, a Jerusalém celestial" (Hb 12.22), "pois aqui não temos cidade permanente, mas buscamos a que virá" (13.14). A "cidade" vindoura não é uma simples cidade geograficamente localizada; ela é equivalente à "terra natal" vindoura (11.14). Essa "terra natal" não é outra senão toda a nova terra vindoura,[14] o que se confirma analisando o conceito da nova criação em relação à nova Jerusalém escatológica em Apocalipse 21.1—22.5.[15]

---

[13]Efésios 6.1-3 é semelhante a Mateus 5. Nessa passagem da carta de Paulo, o apóstolo ordena que os filhos obedeçam e honrem aos pais: "para que vivas bem e tenhas vida longa sobre a terra". Esse trecho faz parte de uma citação de Êxodo 20.12, que promete aos filhos obedientes ter "vida longa na terra" da herança prometida de Israel em Canaã. Paulo universaliza de modo bem evidente essa promessa, o que não surpreende, pois ele também faz isso claramente em Romanos 4.13. A referência à terra, aqui, talvez seja à nova terra eterna. Ao que tudo indica, o quinto mandamento, originariamente uma referência à Terra Prometida, é aplicado tipologicamente aos cristãos, que viverão muito tempo na nova terra (à luz de Ef 1.14; 4.30, que pode incluir referência à ressurreição final do povo de Deus e à vida ressurreta na era da consumação).

[14]Também pode ser pertinente analisar Hebreus 3 e 4 em ligação com Hebreus 11. Aqui, o "descanso" que Josué pode ter dado a Israel e que as gerações israelitas posteriores podem ter recebido é transferido e prometido aos leitores de Hebreus, que, se perseverassem na fé, receberiam de herança o descanso como recompensa escatológica.

[15]Boa parte da análise acima sobre a "terra" em todo o AT e o NT é um resumo de Mark Dubis, "The land in biblical perspective", pesquisa apresentada no Encontro Anual da Evangelical Theological Society (Valley Forge, 17 de novembro de 2005), particularmente as discussões sobre as promessas abraâmicas referentes às implicações de uma multidão inumerável; Salmos 2; 72; os textos judaicos (embora a elaboração sobre essas passagens seja minha); Mateus 5; Romanos 4; 8 (imediatamente abaixo); Hebreus 1 (imediatamente abaixo); Hebreus 3 e 4; 11; e Apocalipse 11.5 (mas a elaboração é minha). O restante da discussão se baseia em minha própria obra, incluindo seções de Beale, *Temple*, que também é resumido no cap. 18.

Apocalipse 21.1—22.5

No início do capítulo 18, perguntei por que a visão final de Apocalipse apresentava a nova criação (21.1,5) como um templo (21.3 [mais exatamente, um Santo dos Santos; veja os v. 16-18]), uma cidade (21.2,10-27) e um jardim do Éden (22.1-3). À primeira vista, esse quadro parece uma alegoria apocalíptica excêntrica ou uma espiritualização. Contudo, esforcei-me para mostrar que João está reunindo pelo menos três promessas veterotestamentárias em somente uma. Primeiramente, o plano original para o jardim do Éden em Gênesis 1 e 2 era que Adão expandisse as fronteiras do jardim para abranger todo o cosmo. Em segundo lugar, o Éden era um templo-jardim que Adão, o sumo sacerdote, devia estender para incluir o cosmo inteiro. Terceiro, algumas promessas escatológicas da cidade de Jerusalém a representavam expandindo-se para abranger toda a terra de Israel e até todo o planeta Terra. A expansão devia ocorrer porque a presença especial de Deus no templo de Jerusalém tinha de irromper do Santo dos Santos e espalhar-se por toda a cidade; em seguida, a cidade-templo é descrita em expansão para abranger a Terra Prometida e, depois, a Terra Prometida amplia-se para abranger toda a terra.[16]

Desse modo, o retrato que João apresenta da nova criação inteira como uma cidade, um templo e um jardim é exatamente o que o AT havia antecipado em várias passagens. Por isso, o projeto original do Éden de jardim-templo (e depois o do templo de Israel como a recapitulação do modelo do tabernáculo do Éden) e o da cidade, Jerusalém, são apresentados consumados nessa última visão apocalíptica.[17] A intenção de Deus sempre foi fazer da criação inteira sua morada e Santo dos Santos. Isso está bastante relacionado com as promessas universalizadas da terra de Israel. Vimos anteriormente neste capítulo que a Terra Prometida devia se estender por toda a terra e que a razão provável dessas profecias no AT é Israel ser o Adão coletivo, cuja terra era o novo Éden, e cujo projeto era exatamente igual ao do Éden: estender-se sobre toda a terra pela ação de seu povo fiel. Assim como o Santo dos Santos, também moldado segundo o jardim do Éden, tinha de expandir-se para abranger a cidade de Jerusalém, a cidade-templo se ampliaria para abranger a Terra Prometida e, por fim, a terra-templo seria ampliada para envolver toda a terra. O Éden original, o templo antigo de Israel, a velha terra e a antiga cidade jamais atingiram o objetivo universal para o qual foram concebidos. Dessa forma, todos tornaram-se realidades tipológicas imperfeitas apontando para uma época em que voltarão a ser realidades escatológicas, cujo projeto atingirá sua meta definitiva.

Não repetirei aqui as evidências exegéticas para essa interpretação de Apocalipse 21 e 22, uma vez que já fiz um resumo delas no capítulo 18.[18]

Outro texto de Apocalipse profetiza que o mundo todo será a herança de Cristo: "O reino do mundo passou a ser de nosso Senhor e de seu Cristo, e ele reinará pelos séculos dos séculos" (Ap 11.15). Não é por acaso que esse texto é uma alusão a Salmos 2.2,8, que, como acabamos de observar, predizia que o Messias de Israel herdaria o mundo inteiro em cumprimento do propósito original das promessas da terra de Israel.

---

[16]Veja tb. W. D. Davies, *The Gospel and the land: early Christianity and Jewish territorial doctrine* (Berkeley: University of California Press, 1974), p. 150-4. Davies afirma que, no AT e no judaísmo, o templo, Jerusalém e a terra de Israel eram realidades inseparáveis porque o templo podia ser considerado a quintessência de Jerusalém, e Jerusalém podia ser considerada uma extensão do templo, e Jerusalém passou a ser a quintessência da terra, e a terra, uma extensão de Jerusalém; assim, o anseio por uma dessas realidades é assimilada pelo anseio por cada uma das outras.

[17]A menção de "Sião" em Apocalipse 14.1 da descrição do Cordeiro e de seus santos "em pé no monte Sião" é praticamente intercambiável com a "nova Jerusalém" em Apocalipse 21 e tem a mesma ideia de consumação futura.

[18]E, desejo reiterar, o cap. 18 é um resumo de Beale, *Temple*, obra em que as evidências exegéticas são muito mais aprofundadas e apresentadas de modo exaustivo.

Referências "já e ainda não" às promessas da terra

Não há menção direta da inauguração do cumprimento das promessas da terra de Israel, mas a sua ideia bíblico-teológica provavelmente está presente. No plano conceitual, se as promessas da terra são cumpridas por completo nos novos céus e terra e se a ressurreição de Jesus deu início à nova criação (p. ex., 2Co 5.17), então é em Jesus, como o posto avançado da nova criação, que as promessas da terra também começam a se concretizar.

HEBREUS 1.2

Hebreus 1.2 mostra que, na primeira vinda de Jesus, Deus "nos falou pelo Filho, a quem designou herdeiro de todas as coisas e por meio de quem também fez o mundo". É provável que "todas as coisas" se refira também ao mundo (implicitamente em forma renovada)[19] por dois motivos: (1) a expressão é seguida por "mundo", que pode ter alguma ligação com "todas as coisas"; (2) a declaração de Hebreus 1.2 é uma alusão a Salmos 2.7,8, tratado antes neste capítulo: "Tu és meu Filho [...] darei as nações como tua herança, e as extremidades da terra como tua propriedade". Portanto, de acordo com Hebreus 1.2, "nestes últimos dias" — isto é, na primeira vinda de Jesus — Jesus apareceu como "Filho" de Deus, e naquele tempo Deus o [Jesus] "designou herdeiro de todas as coisas". O momento provável dessa indicação para herdeiro da terra como o Filho de Deus foi a ressurreição de Cristo, talvez com base na analogia com Romanos 1.4: Jesus foi "declarado Filho de Deus com poder pela ressurreição dos mortos, Jesus Cristo, nosso Senhor". Em capítulos anteriores, argumentei de modo mais aprofundado que essa ressurreição é o começo da nova criação, o que aproxima esse texto de Romanos 1 ao de Hebreus 1.2. Por isso, Hebreus 1.2 explica que o início da promessa da terra, ampliada por Salmos 2.8 para o mundo todo, está em Cristo, ao menos por nomeação jurídica formal na história. Como a ressurreição de Jesus é o início da nova criação,[20] conforme observa-se em vários trechos de todo o NT, as promessas da terra de consumação cósmica começam na ressurreição dele, como uma colina despontando da renovação vindoura do mundo (sobre isso, observe-se Hb 13.20: "Deus [...] trouxe dentre os mortos nosso Senhor Jesus, o grande Pastor das ovelhas").

ROMANOS 8

Em uma seção anterior, vimos que Romanos 4.13 se refere a Abraão como "herdeiro [klēronomos] do mundo" (veja o oposto disso em 4.14, em que a mesma palavra "herdeiro" ocorre). Romanos 8.17 desenvolve essa referência: "se somos filhos, também somos herdeiros [klēronomoi], herdeiros [klēronomoi] de Deus, e coerdeiros [synklēronomoi] com Cristo, se sofrermos com ele, para que também com ele sejamos glorificados". A ligação entre Romanos 4.13,14 e 8.17 é evidente porque essas são as únicas passagens de Romanos em que ocorre a palavra grega traduzida por "herdeiro". Os crentes são "herdeiros" de que em Romanos 8? Os versículos 18-23 respondem:

> Pois considero que os sofrimentos do presente não são dignos de comparação com a glória que será revelada em nós. Porque a criação aguarda ansiosamente a revelação dos filhos de Deus. Pois a criação foi sujeita à inutilidade, não por sua vontade, mas por causa daquele

---

[19]Uma referência implícita a um mundo renovado pode ser também indicada em Hebreus 1.10-12 e 12.26-28.
[20]Observe-se que *Midr.* de Sl 2.9 interpreta Salmos 2.7 ("Hoje te gerei") com o sentido de "tenho de criar o Messias — uma nova criação". O Talmude (*b. Sukkah* 52a) entende que Salmos 2.7 é uma referência à ressurreição futura do Messias. Em outros trechos do NT, Salmos 2.7 é considerado cumprido na ressurreição de Cristo (At 13.33).

que a sujeitou, na esperança de que também a própria criação seja libertada do cativeiro da corrupção para a liberdade da glória dos filhos de Deus. Pois sabemos que toda a criação geme e sofre até agora, como se sofresse dores de parto. E não somente ela, mas também nós, que temos os primeiros frutos do Espírito, também gememos em nosso íntimo, aguardando ansiosamente nossa adoção, a redenção do nosso corpo.

A ressurreição física definitiva dos crentes é expressa no versículo 19 ("a revelação dos filhos de Deus") e no versículo 23 ("a redenção do nosso corpo"). Da mesma forma, "a glória" que os cristãos experimentarão é outro modo de falar dessa última ressurreição (v. 18,21). A ressurreição física dos crentes mediante o Espírito ocorrerá da mesma forma que a ressurreição de Cristo (cf. Rm 8.11). Essa ressurreição é considerada o eixo da renovação completa de toda a criação (v. 19,21), de modo que a ressurreição física é outra maneira de falar a respeito da etapa final da nova criação dos cristãos. Portanto, ao menos parte do que receberão como "herdeiros" é um corpo ressurreto, que participa da nova criação e é a explicação para a maneira em que o restante da criação será "libertada[o] do cativeiro da corrupção" (v. 21). Romanos 8.32 indica que os cristãos são herdeiros também de toda a criação, em que a identificação dos santos com Cristo significa que Deus nos "dará com ele [Cristo] <u>todas as coisas</u>".

A menção de "herdeiros" em Romanos 4.13,14 e 8.17 indica provavelmente que a esperança futura da ressurreição corporal dos crentes e da renovação do cosmo está fundamentada na promessa de que Abraão, juntamente com sua descendência, seria "herdeiro do mundo". Outro vínculo com a promessa a Abraão é sua convicção de que teria um "descendente", o que implicava fé em Deus, "que dá vida aos mortos e chama à existência as coisas que não existem" (Rm 4.17). Com efeito, Romanos 4.17 e 8.11 são as únicas passagens de todos os textos de Paulo em que aparecem juntos "dar vida" (*zōopoieō*) e "morto" (*nekros*): "aquele que ressuscitou Cristo Jesus dentre os <u>mortos</u> também <u>dará vida</u> aos vossos corpos mortais" (Rm 8.11). Isso indica ainda que Romanos 8.11,18-23 é um desenvolvimento de Romanos 4.13,14,17. Portanto, a fé de Abraão em que sua descendência haveria de herdar o mundo incluía a fé na capacidade de Deus ressuscitar os mortos, uma ideia desenvolvida no aspecto escatológico em Romanos 8.[21]

Essa ressurreição futura desejada intensamente já começou de modo invisível, mas real, uma vez que o Espírito habita nos crentes e iniciou a renovação do fim dos tempos no interior deles: "embora o vosso corpo esteja morto por causa do pecado, o espírito está vivo por causa da justiça" (Rm 8.10 [cf. Rm 8.6,13]). Os crentes agora têm "os primeiros frutos do Espírito". Isto é, o Espírito começou a obra de ressurreição e nova criação neles mesmos antes da ressurreição corporal final.[22] Por isso, em Romanos 8, as promessas da terra, que no AT esperava-se terem abrangência universal, são consideradas por implicação iniciadas em Cristo, o herdeiro (cf. Gl 3.16-18), e também nos crentes, que se identificam com sua ressurreição e se tornam herdeiros (cf. tb. Gl 3.29) e começam a desfrutar parte da herança deles da nova criação por meio de sua existência ressurreta.

Efésios 1.13,14

Nele, também vós, depois de ouvirem a mensagem da verdade, o evangelho da vossa salvação, e tendo também crido nele, fostes selados nele pelo Espírito Santo da promessa, que é a garantia da nossa herança, para a redenção da propriedade de Deus, para o louvor da sua glória.

---

[21]Provavelmente não é por acaso que, como vimos antes neste capítulo, Isaías 26.15-19 associe o cumprimento de "multiplicai e enchei" de Gênesis 1.28 por suas repetições nas promessas patriarcais com a ressurreição dos mortos no *escathon*.

[22]Sobre esse aspecto inaugural da ressurreição, veja o cap. 8, especialmente a seção "A ressurreição em Romanos".

Essa passagem apresenta a terminologia que o AT usa para referir-se à herança de Israel da Terra Prometida. Efésios 1.3-14 fala sobre a redenção em Cristo tendo como pano de fundo a redenção de Israel:

1. Deus escolheu os israelitas para serem filhos (p. ex., Dt 4.37; 10.15; cf. Ef 1.3-6).
2. Deus redimiu Israel pelo sangue do Cordeiro pascal (p. ex., Êx 15.13; Dt 15.15; cf. Ef 1.7-12).
3. O Espírito atuou entre o povo de Israel e o conduziu a começar a herdar a Terra Prometida (p. ex., Ne 9.20; Is 63.14 + Dt 3.28; 4.38; 15.4; cf. Ef 1.13,14).

A referência em Efésios 1.13,14 ao Espírito como a "garantia da nossa herança [*klēronomia*]" provavelmente ecoa a herança prometida da terra, que Israel jamais possuiu de forma completa (observe-se que *klēronomia* é usada diversas vezes na versão LXX do Pentateuco para se referir à terra da herança de Israel). Fica evidente que os cristãos começaram a participar dessa herança em Efésios 1.11: "temos alcançado herança". Isso se confirma ainda mais em Efésios 1.13,14, em que se lê que a posse da herança é evidente porque os crentes foram "selados nele [o Cristo ressurreto] pelo Espírito Santo da promessa", que é "a garantia da nossa herança". Ou seja, o próprio Espírito é considerado o começo dessa herança, e não apenas uma garantia da promessa de que a herança chegará. O Espírito, que estará presente de forma plena em todo o futuro cosmo novo, habita parcialmente o interior dos crentes, por isso eles começaram a obter a herança da nova terra. A presença do Espírito nos crentes talvez abranja também uma referência ao início da ressurreição deles, visto que, conforme estudamos antes, o Espírito era o agente da ressurreição. Em caso afirmativo, parte da herança que os santos estão recebendo atualmente é a participação inicial deles na existência da ressurreição, que será consumada no fim dos tempos na forma definitiva da nova criação do corpo deles em um cosmo criado de novo.[23] Esse é um conceito paralelo de Romanos 8.23, em que os santos têm "os primeiros frutos do Espírito", entre eles ao menos a obra do Espírito de produzir nos santos a vida ressurreta inicial, que, como vimos neste capítulo, faz parte do que eles herdarão completamente no fim dos tempos.

Colossenses 1.12-14

> ... dando graças ao Pai, que vos capacitou a participar da herança dos santos na luz. Ele nos redimiu do domínio das trevas e nos transportou para o reino do seu Filho amado, em quem temos a redenção, isto é, o perdão dos pecados.

Esse trecho de Colossenses 1 faz parte da oração gramatical iniciada no versículo 9. Paulo começa orando para que seus leitores sejam "cheios" da sabedoria de Deus a fim de poderem "viver de maneira digna do Senhor para agradá-lo em tudo" (v. 10a). Esse alvo será alcançado pelos crentes quando estiverem "frutificando [...] crescendo no conhecimento de Deus", sendo "fortalecidos com todo o poder [...] dando graças ao Pai" (v. 10b,11). Os versículos 12b-14 apresentam o motivo da ação de graças, que tem origem na terminologia do Êxodo de Israel e da herança subsequente da Terra Prometida.

Apesar de ser pouco provável que esteja em mente uma passagem veterotestamentária específica sobre o Êxodo e a herança da terra, a ampla tradição de relatos do Êxodo de Israel parece ter influenciado a terminologia de Colossenses 1.12-14, um padrão que acabamos de ver em Efésios 1.13,14. "Em Cristo" os crentes têm "a redenção" (*apolytrōsis*) (Cl 1.14) e foram "libertados" (*rhyomai* + *ek*) da escravidão do mal (Cl 1.13). Israel também havia sido

---

[23]Isso também faz parte da ideia de Efésios 4.30: "no qual [o Espírito] fostes selados para o dia da redenção".

"libertado" da escravidão do Egito e "redimido" dali (veja *rhyomai* + *ek* e *lytroō* em Êx 6.6, LXX).²⁴ É curioso o fato de as profecias sobre o segundo êxodo da libertação de Israel do exílio também usarem vocabulário relacionado à "redenção" (Is 44.22-24; 51.11; 52.3; 62.12; cf. 41.14; 43.1,14).

Além disso, as profecias do segundo êxodo utilizam a metáfora de "tirar [Israel] das <u>trevas</u>" (*skotos*).²⁵ Essas profecias também retratam Israel sendo restaurado das "trevas" (*skotos*) do Exílio para a luz (*phōs*) (Is 9.2 [9.1, LXX]; 42.6b,7,16; 58.10; 60.1-3), o que pode ser um desenvolvimento da oposição entre "trevas" (*skotos*) e "luz" (*phōs*), parte da narrativa do primeiro êxodo (Êx 10.21-23; 14.20). A libertação dos israelitas do Egito também lhe deu condições de tornarem-se "santos" (*hagios*) (Êx 22.31 [22.30, LXX]; Lv 11.44,45; 19.2; 20.7,26; Nm 15.40; 16.3) e receberem uma "parte da herança" em Canaã. Na verdade, os termos "parte" e "herança" (*meris* + *klēros*) ocorrem juntos quinze vezes com esse sentido na versão da LXX de Números, Deuteronômio e Josué (muitas vezes referindo-se aos levitas, que não tinham "parte" nem "herança" na terra como as outras tribos [p. ex., Dt 10.9]).

Assim como os israelitas "libertados" da escravidão egípcia tornaram-se "santos", e as tribos depois receberam "parte da herança" na Terra Prometida, também a igreja foi "libertada de" (*rhyomai* + *ek*; *apolytrōsis*) uma escravidão maior que a do Egito ("trevas" satânicas, *skotos*) e foi "capacitada [...] para ter <u>parte</u>" em uma maior "herança dos santos na luz" (*meris* + *klēros* + *hagios* + *phōs*).²⁶ Essa herança não era outra senão a do "reino do seu [de Deus] Filho amado" (Cl 1.13).

O que levou Paulo a aplicar as metáforas do Êxodo à salvação da igreja? Provavelmente, o apóstolo entendia que o povo de Deus em Cristo está passando por um êxodo semelhante ao de Israel quando saiu do Egito, mas em uma escala mais elevada (que começa espiritualmente nesta era e se consuma com a ressurreição física). É provável que Paulo tenha chegado a essa aplicação por causa das profecias do segundo êxodo de Isaías, que utilizaram e desenvolveram parte da mesma linguagem do primeiro Êxodo. Em outros trechos de suas epístolas, o apóstolo considera as profecias do segundo Êxodo de Israel e de sua volta para a terra começando a cumprir-se na primeira vinda de Cristo e na formação das primeiras igrejas cristãs.²⁷ Além disso, o foco de Paulo nos temas de restauração do AT fica evidente pela descrição dele de seu próprio chamado com o vocabulário do segundo êxodo de Isaías 42.7,16 (analisado há pouco), bem como pelos termos notavelmente semelhantes a Colossenses 1.12-14: "para lhes abrir os olhos a fim de que se convertam das trevas para a luz, e do poder de Satanás para Deus, para que recebam o perdão dos pecados e <u>herança</u> entre os que têm sido santificados pela fé em

---

²⁴Veja tb. Deuteronômio 7.8; 13.5 (13.6, LXX); 2Samuel 7.23; 1Crônicas 17.21; Salmos 106.10 (105.10, LXX); Acréscimos a Ester 13.16 (4.17g, LXX [edição de Rahlfs]); cf. Deuteronômio 24.18; dez outras vezes a LXX usa *lytroō* para referir-se à redenção de Israel do Egito; assim tb. Êxodo 14.30 (*rhyomai* + *ek*). Alguns comentaristas também veem a libertação de Israel do Egito como contexto para a passagem de Colossenses em estudo.

²⁵Veja tb. Salmos 107.10-14 (106.10-14, LXX), em que o sinônimo para "guiar" é "redimir" (*lytroō*) no v. 2; Isaías 42.7; cf. 42.16; 49.9.

²⁶Vários comentaristas também entendem que a expressão "participar da herança" de Colossenses 1.12 tem como contexto a distribuição dos lotes da terra a Israel em Canaã.

²⁷Veja G. K. Beale, "The Old Testament background of reconciliation in 2 Corinthians 5—7 and its bearing on the literary problem of 2Corinthians 4:14—7:1", *NTS* 35 (1989): 550-81; James M. Scott, *Adoption as sons of God: an exegetical investigation into the background of* ΥΙΟΘΕΣΙΑ *in the Pauline corpus*, WUNT 2/48 (Tübingen: Mohr Siebeck, 1992), p. 167-71, 179; Sylvia C. Keesmaat, "Exodus and the intertextual transformation of tradition in Romans 8:14-30", *JSNT* 54 (1994): 29-56. De fato, Paulo acaba de fazer uma alusão composta em Colossenses 1.9 a eventos importantes associados com o primeiro e o segundo êxodos (respectivamente Êx 31.3 e Is 11.2 [cf. 11.3-16]). Nos dois capítulos anteriores particularmente me empenhei em chamar atenção para o cumprimento inicial das profecias de restauração de Israel na igreja.

[Cristo]" (At 26.18). De fato, é possível que Paulo esteja refletindo sobre esse aspecto de seu chamado em Colossenses 1.12-14. Observe-se aqui que a ideia de "herança" em Atos 26.18 está incluída na comissão de Paulo para ser agente no cumprimento do novo êxodo.

Paulo usa as imagens do Êxodo como analogia ou, mais provavelmente, de modo tipológico. No último caso, o padrão histórico-redentor de Israel de libertação do Egito e recebimento de uma herança na Terra Prometida prefigurava o do Israel escatológico, a igreja.[28] Ao que tudo indica, Paulo não foi o único de seu tempo a fazer essa exegese tipológica. O judaísmo antigo aplicava a ideia da promessa da "parte da herança" de Israel em Canaã a um prêmio eterno dos últimos tempos; essa aplicação provavelmente era feita de acordo com a argumentação tipológica.[29] Paulo parece entender que a herança prometida de Canaã tem seu cumprimento inaugurado dos últimos tempos nos que creem em Cristo e, portanto, estão "nele" (Cl 1.14), de modo que foram "ressuscitados com Cristo, [...] onde Cristo está assentado à direita de Deus" (Cl 3.1). Como no caso de Atos 2, a localização geográfica do trono escatológico de Davi ("à direita de Deus" [v. 34]) é o céu, com Cristo, com quem os crentes são identificados. Esse trono terá lugar definitivo no novo cosmo, por isso não se trata de interpretação alegórica nem de espiritualização irracional das promessas da terra dos últimos tempos no AT. Se assim for, as referências a partes do cumprimento das promessas da terra (neste caso, o lugar geográfico do trono de Davi e a "porção" de Israel na "herança") que nunca se cumpriram na época do AT não são simplesmente tipológicas, mas cumprem-se de modo claro e definitivo na terra propriamente dita do novo cosmo: a nova Jerusalém, o novo Israel, o novo templo e o novo Éden. Esse cumprimento consumado ocorrerá depois da destruição dos antigos céus e terra (Ap 21.1-5). O que Israel jamais alcançou, a igreja começou a alcançar no Cristo ressurreto e possuirá perfeita e definitivamente no futuro.

Outras passagens do Novo Testamento relacionadas à inauguração das promessas da terra

Bruce Waltke observou de modo bastante útil que, em virtude do NT empregar muito pouco a palavra "terra", é preciso estudar os termos que lhe são mais estreitamente relacionados e que dizem respeito a partes significativas da propriedade de Israel nessa terra. Esses termos são: "Jerusalém", "Sião", "templo" e "trono de Davi".[30] Analisei os três primeiros com respeito ao cumprimento final deles no novo céu e na nova terra. Já sustentei que as profecias sobre o templo começaram a ser cumpridas em Jesus e na igreja (veja cap. 18). Isso também se aplica à Jerusalém dos últimos tempos. Paulo afirma que "a Jerusalém do alto", a verdadeira Jerusalém dos últimos tempos, é "nossa mãe" (Gl 4.26). De igual modo, Hebreus 12.22 afirma sobre os crentes: "tendes chegado ao monte Sião, à cidade do Deus vivo, à Jerusalém celestial". De alguma forma, os cristãos alcançaram esse destino, apesar de ainda peregrinarem pela terra como exilados (Hb 11.13). Como isso pode ser assim? Visto que Cristo já se tornou o

---

[28]Em apoio a um uso tipológico e restrito desse uso, veja G. K. Beale, "Colossians", in: G. K. Beale; D. A. Carson, orgs., *Commentary on the New Testament use of the Old Testament* (Grand Rapids: Baker Academic, 2007), p. 848-50, que serve de base para esta seção sobre Colossenses 1.12-14.

[29]P. ex., James Dunn (*The Epistles to the Colossians and to Philemon: a commentary on the Greek Text*, NIGTC [Grand Rapids: Eerdmans, 1996], p. 76-7) acrescenta 1QS XI:7-8 (Deus "lhes deu uma herança na porção dos santos") como um notável paralelo a Colossenses 1.9-12; semelhantemente, 1QH^a XIX:11b-12; observe-se tb. Sabedoria 5.5 ("sua herança está entre os santos"); *T. Abr.* [A] 13.13 (sobre isso, veja Petr Pokorný, *Colossians: a commentary*, tradução para o inglês de Siegfried S. Schatzmann [Peabody: Hendrickson, 1991], p. 52, incluindo as referências adicionais).

[30]Bruce K. Waltke, *An Old Testament theology: an exegetical, canonical, and thematic approach* (Grand Rapids: Zondervan, 2007), p. 559 [edição em português: *Teologia do Antigo Testamento* (São Paulo: Vida Nova, 2015)].

verdadeiro Israel e, assim, também a "nova Jerusalém", todos os que se identificam com ele também se tornam parte da nova Jerusalém. Apocalipse 3.12 diz que Cristo agora tem um "novo nome", o "nome da cidade do meu Deus, a nova Jerusalém".

Fica evidente que Cristo começou a cumprir as profecias sobre o Israel do fim dos tempos e da nova Jerusalém, sendo propriamente o novo Israel e a nova Jerusalém, porque a referência ao "novo nome" em Apocalipse 2.17; 3.12 é uma alusão à profecia repetida de Isaías de que no *escathon* o povo de Deus terá um "novo nome" (Is 62.2; 65.15). Em especial, Isaías 62.2 trata da nova posição de Israel no futuro (cf. *kaleō* ["chamar"] + *to onoma sou to kainon* ["novo nome"] nesse texto e também em Is 56.5).[31] Por metonímia, os santos de Israel são chamados de "Sião" e "Jerusalém" (Is 62.1), que serão chamados "por um novo nome" (novos nomes individuais, e não diferentes). Por isso, o "novo nome" designa a futura condição de realeza de Israel (Is 62.3), a restauração à presença pactual de Yahweh (Is 62.4a; cf. a mesma importância para "nome" em Is 56.4-8; 65.15-19) e enfatiza particularmente o novo relacionamento conjugal de Jerusalém com Yahweh: ele se "deleitará nela", e a terra de Jerusalém será chamada de "casada" (cf. Is 62.4b,5, que também se refere a Israel como "noiva" e a Deus como "noivo"). Assim como Yahweh entrará em estreita relação pactual com "Jerusalém", também seus "filhos se casarão" com ela (Is 62.5b). Isso talvez explique por que os cristãos recebem um "novo nome" em Apocalipse 2.17: eles são identificados com Cristo, que começou a cumprir a profecia de Isaías da verdadeira Jerusalém renovada dos últimos tempos (= o "novo nome"). Na verdade, Apocalipse 3.12 diz, pela mesma razão, que nos crentes que "venceram" será escrito "o nome de meu Deus e o nome da cidade do meu Deus, a nova Jerusalém [...] e meu novo nome".

Em referência à expansão da verdadeira Jerusalém e suas implicações para a expansão do templo, lemos o seguinte no diálogo de Jesus com a samaritana em João 4.19-24:

> E a mulher lhe disse: "[...] Nossos pais adoraram neste monte, e vós dizeis que Jerusalém é o lugar onde se deve adorar". Então Jesus lhe disse: "Mulher, crê em mim, a hora vem em que nem neste monte nem em Jerusalém adorareis o Pai. Vós adorais o que não conheceis; nós adoramos o que conhecemos, porque a salvação vem dos judeus. Mas virá a hora, e de fato já chegou, em que os verdadeiros adoradores adorarão o Pai em Espírito e em verdade; porque são esses os adoradores que o Pai procura. Deus é Espírito, e é necessário que aqueles que o adoram o façam em espírito e em verdade".

Agora, os verdadeiros adoradores não adoram em um lugar específico — Jerusalém —, mas adoram "em Espírito e em verdade". O local da verdadeira adoração tornou-se universal para abranger qualquer lugar em que o Espírito habite nos verdadeiros adoradores. A palavra "Espírito" deve ter letra inicial maiúscula, pois se refere provavelmente ao Espírito dos últimos tempos, cuja vinda foi profetizada e sobre quem Jesus havia acabado de falar em João 4.10-18 com a metáfora da "água viva". Mais adiante Cristo identifica explicitamente essa

---

[31] Cf. talvez Isaías 56.5, que provavelmente também é aludido em Apocalipse 3.12 juntamente com Isaías 62.2; 65.15, especialmente em vista da atitude judaica para com os cristãos gentios em Filadélfia e da ênfase na residência permanente no templo eterno mencionado no início de Apocalipse 3.12: "Que nenhum estrangeiro, que se uniu ao Senhor, diga: 'o Senhor me separará do seu povo' [...] Pois [àqueles] que abraçam a minha aliança, a eles darei, na minha casa e dentro dos meus muros, um memorial e um nome melhor do que o de filhos e filhas; darei a cada um deles um nome eterno que nunca deixará de existir" (Is 56.3-5). Para "memorial", a LXX registra que o gentio receberá "um lugar com um nome". Assim, Apocalipse 3.12, à luz de seu contexto veterotestamentário, é outro exemplo de Jerusalém, Sião e do templo como realidades que se sobrepõem, combinando os três lugares importantes da terra em uma só realidade.

"água viva" com a dádiva do Espírito (Jo 7.37-39).³² O termo "verdade" em João 4.24 inclui provavelmente a ideia de que em Jesus a verdade das realidades escatológicas inauguradas passaram a ter cumprimento superior a seus equivalentes do AT.³³ Jerusalém e o templo, que no AT apontavam para renovação de toda a terra, finalmente começaram a cumprir seu propósito universal. Esse plano será enfim consumado em toda a nova criação descrita em Apocalipse 21.1—22.5.

Por que essa universalização já começou? Porque a primeira vinda de Cristo inaugurou a nova criação, que para ele como indivíduo teve o auge com sua ressurreição, a qual estabeleceu o verdadeiro templo (Jo 2.19-22). Como resultado de sua ressurreição, Jesus concedeu seu Espírito vivificador a fim de capacitar seu povo na terra para começar a participar da nova criação (p. ex., Jo 20.19-23; At 2.29-36). Essas realidades espirituais invisíveis da nova criação serão consumadas na terra física e visível de todo o planeta. É preciso, porém, lembrar que o início da nova criação no próprio Cristo é físico, porque ele ressuscitou com o corpo que terá para sempre na nova criação. Deve-se lembrar também que a ressurreição da nova criação para os crentes começa quando são ressuscitados da morte espiritual para a vida da nova criação (Jo 5.24-29). Essa fase espiritual da ressurreição dos crentes, a ser seguida pela ressurreição física no último dia, continua sendo um cumprimento literal inicial, visto que as profecias veterotestamentárias da ressurreição (p. ex., Dn 12.2) previam uma ressurreição literal do indivíduo como um todo, tanto espiritual quanto fisicamente.

Do mesmo modo, o fato de 1Pedro 2.4-7 retratar Cristo e seu povo como parte do templo também é um início de cumprimento das promessas da terra, sobretudo porque é o início do cumprimento da profecia de Isaías 28.16 de que a "pedra angular" do templo seria colocada em "Sião".³⁴ Não é por acaso que o judaísmo acreditava que o templo e Jerusalém eram o centro da terra. Agora Jesus e seu povo começaram a assumir essa posição como o posto avançado do novo templo, da nova Jerusalém e da nova criação.³⁵

Por fim, é preciso tecer alguns comentários sobre o "trono de Davi" profetizado. O antigo trono de Davi localizava-se em um lugar específico da geografia de Israel, mas as profecias neotestamentárias do restabelecimento do trono de Davi no tempo do *escathon* começaram em Cristo com sua ressurreição e ascensão. Atos 2.29-36 é uma das passagens do NT que expressa com mais clareza essa ideia. Pedro diz:

> Irmãos, deixe-me dizer-vos com clareza que o patriarca Davi morreu e foi sepultado, e o seu túmulo está até hoje entre nós. Por ser profeta e saber que Deus lhe havia prometido com juramento que faria um dos seus descendentes assentar-se em seu trono, Davi previu isso e falou da ressurreição de Cristo, que não foi deixado no túmulo nem sua carne sofreu deterioração. Foi a este Jesus que Deus ressuscitou; e todos somos testemunhas disso. Portanto, tendo sido exaltado à direita de Deus e tendo recebido do Pai a promessa do Espírito Santo, derramou o que agora vedes e ouvis. Porque Davi não subiu aos céus, mas ele próprio afirma:

---

³²Aqui também "água viva" tem sua fonte identificada no templo profetizado dos últimos tempos (veja Beale, *Temple*, p. 197-200).

³³P. ex., Jesus é o "pão verdadeiro [ou maná] do céu" (Jo 6.32) e a "videira verdadeira" (Jo 15.1), da qual Israel era apenas uma pálida prefiguração (Sl 80.8-16; Is 5.2; Jr 2.21; Ez 17.6-10; Os 10.1); em relação ao último, Jesus cumpre as profecias dos últimos dias acerca de Israel tornando-se uma vinha produtiva para sempre (p. ex., Os 14.7; Mq 4.4; cf. Is 27.2-6).

³⁴Observe-se que, além da identificação do templo em 1Pedro 2, a "pedra angular" em Isaías 28.16 faz parte do templo profetizado. Isso fica evidente porque Isaías 28.16 é um desenvolvimento intertextual de Isaías 8.13-16, que se refere a Deus como "santuário" em quem se deve confiar ("temer") e que é descrito como uma "rocha".

³⁵Para referências judaicas que apoiam essa perspectiva, veja Beale, *Temple*, p. 333-4.

"O Senhor disse ao meu Senhor:
'Assenta-te à minha direita
até que eu faça de teus inimigos um estrado para teus pés'."

Portanto, toda a casa de Israel fique absolutamente certa de que esse Jesus, a quem vós crucificastes, Deus o fez Senhor e Cristo.

Em um capítulo anterior (cap. 16), tratei da descida do Espírito em Pentecostes como o início da descida do templo escatológico. À luz de Atos 2.29-36, o Jesus ressurreto e elevado aos céus é o cumprimento inaugurado da promessa do Messias davídico, cuja ressurreição é o começo da construção do templo dos últimos dias (p. ex., Jo 2.19-22). Ele também é o rei do templo celestial e o fez descer mediante seu Espírito. Por isso, Jesus está assentado no trono davídico profetizado, o lugar do templo no céu, e está estendendo esse templo na terra. Desse modo, as profecias referentes aos locais do templo e do trono davídico, partes fundamentais da terra de Israel, começaram a ser cumpridas em Jesus e seu Espírito. Podemos ver, desse modo, que as promessas da terra começaram a ser cumpridas na ressurreição física de Jesus, não somente como um pequeno monte de terra inicial surgindo de todo o continente da nova criação vindoura, mas também como a localização geográfica do templo e o lugar do trono de Davi.[36]

Conclusão para a teologia bíblica das promessas da terra

Bruce Waltke argumentou que "o Novo Testamento redefine a terra de três maneiras: primeira, *espiritualmente*, em referência à pessoa de Cristo; segunda, *transcendentalmente*, em referência à Jerusalém celestial; e terceira, *escatologicamente*, em referência à nova Jerusalém depois da segunda vinda de Cristo".[37] Em geral, a "terra no Antigo Testamento é um tipo da vida cristã em Cristo".[38] Essa definição pode parecer um tanto próxima da alegorização ou de uma espiritualização indevida, embora Waltke afirme que Cristo tem a autoridade para redefinir a intenção autoral divina do AT dessa maneira. Eu desenvolveria melhor o comentário de Waltke: a terra de Israel era um tipo da nova criação porque seu verdadeiro propósito era que Israel (como Adão coletivo) fosse fiel e expandisse as fronteiras de seu território para abranger toda a terra. Uma vez que Israel não conseguiu fazer isso, sua velha terra ainda continuou apontando para essa expansão universal completa em uma nova criação em um momento futuro.

De outra perspectiva, entretanto, há um sentido literal em que a ressurreição de Cristo e a identificação da igreja com a ressurreição dele começaram a cumprir as promessas veterotestamentárias da terra universal. É verdade que o NT não menciona explicitamente que Cristo ou a igreja começaram a cumprir as promessas da terra de Israel. Contudo, o NT de fato afirma que Cristo já começou a cumprir as profecias dos últimos tempos dos esperados "Israel", "Jerusalém", "Sião", "templo" e "trono de Davi"; todos estes deviam ser partes importantes da propriedade na nova terra vindoura de Israel. Porque essas profecias dizem respeito a partes essenciais do cenário futuro de Israel, o cumprimento inicial delas por Cristo é de certa forma uma realização inicial de parte das promessas da terra.

Mas de que modo específico Cristo começou a cumprir essas profecias da terra? Por um lado, ele começou a cumpri-las de modo físico com sua própria ressurreição física. Por outro

---

[36]Waltke, *Old Testament theology*, p. 559, 571, chamou minha atenção para a ligação das promessas da terra com Jesus como o início do cumprimento das promessas de um rei davídico vindouro no trono.

[37]Ibidem, p. 560.

[38]Ibidem.

lado, essas profecias continuaram a ser cumpridas mediante seu reino presente e invisível no céu e por meio de seu reino invisível na igreja pelo Espírito na terra. Contudo, mesmo que essas promessas tenham começado a se cumprir em Cristo de modo invisível ou espiritual, da perspectiva profética do AT essas realidades espirituais eram consideradas parte da forma física ou geográfica dessas profecias ou estavam indissociavelmente ligadas a elas. Por exemplo, a presença espiritual do Messias reinando no trono de Davi foi profetizada como parte da realidade física desse reino quando ele se cumprisse. Outro exemplo: a presença espiritual tabernacular de Cristo devia ser parte do templo físico do cosmo quando este se tornasse uma realidade. Assim, da perspectiva do AT, o cumprimento desses vários aspectos das promessas da terra devia incluir aspectos espirituais e físicos, que tinham de estar indissociavelmente ligados e deviam acontecer juntos, de uma só vez. Outra maneira de dizer isso é afirmar que uma parte essencial do cumprimento das promessas da terra física incluía o aspecto espiritual. Se a presença espiritual (e não meramente física) do Messias não estivesse associada, por exemplo, com a esfera territorial de seu reinado davídico, esse reinado não existiria. Um reino geográfico e físico sem a presença espiritual de um rei é vazio e, em última análise, não é reino nenhum; isso se aplica às outras profecias associadas com a terra.[39] Mas a parte espiritual e a material dessas várias promessas sobre a terra associadas não ocorreram de uma vez. A forma invisível ou espiritual dessas profecias começou em Cristo, e elas serão concluídas na forma física quando ele voltar definitivamente.[40]

Portanto, se os aspectos espirituais e físicos dessas promessas sobre características importantes da terra futura de Israel tinham de estar interligados e, da perspectiva do AT, deveriam ocorrer simultaneamente e se Cristo começou a cumprir essas profecias de modo espiritual e invisível, podemos dizer que as profecias sobre a terra física realmente começaram a ter cumprimento parcial em Cristo. Assim, quando uma dimensão começa a ser cumprida, deve ser vista como cumprimento inicial "literal", ainda que o aspecto material do cumprimento na terra de fato não tenha começado.

O que dizer do povo do Messias que o acompanharia nesses cumprimentos? De modo geral, como os santos estão identificados com Cristo, eles também o estão com os cumprimentos iniciais dessas promessas da terra. Se o AT profetizou que tanto o espírito quanto o corpo seriam ressuscitados literalmente, a ressurreição espiritual inicial nesta era é considerada o cumprimento literal, mas não completo, dessas profecias da ressurreição.

Portanto, a identificação de uma pessoa com Cristo e a ressurreição espiritual em Cristo nesta era é um cumprimento inicial invisível, mas literal, das profecias da ressurreição, que serão consumadas exatamente no fim dos tempos na ressurreição física e que todos os olhos verão. Ao iniciar o cumprimento literal das profecias da ressurreição em sua identificação com a ressurreição de Cristo, os crentes começam a cumprir as promessas da terra universal

---

[39] Pode-se responder a esse argumento dizendo que um rei sem reinado físico não tem sentido e, em última análise, não é rei de fato. Contudo, o NT deixa claro que, embora o reino de Cristo seja invisível, seu governo inaugurado é exercido na terra toda (Ap 1.5; 2.26,27) por meio da sua igreja, que é capacitada para começar a reinar pelo Espírito de Cristo mesmo na velha terra (Ap 1.6; 5.10) (sobre esse tema, veja G. K. Beale, *The book of Revelation: a commentary on the Greek text*, NIGTC [Grand Rapids: Eerdmans, 1999], p. 192-6, 360-4). O livro de Atos pode ser resumido corretamente como o governo de Cristo por meio de sua igreja na terra, capacitada pelo Espírito dele (p. ex., At 1.8).

[40] Apesar de Cristo ter de fato começado a cumprir as profecias do AT sobre a ressurreição ao ressuscitar fisicamente dos mortos, conforme tenho defendido em todo este livro. No entanto, sua pessoa fisicamente ressurreta ocupa hoje uma dimensão invisível, em que ainda está cumprindo as profecias da "nova Jerusalém", da "Sião" dos últimos tempos, do "templo" e assim por diante, e seus seguidores na terra participam desses cumprimentos inaugurados pelo Espírito enviado dessa dimensão celestial invisível.

de modo invisível e espiritual semelhante ao modo de Cristo. Por isso, na identificação dos santos com a ressurreição de Cristo, eles também passam a ser identificados de modo invisível com ele na condição de novo templo, nova Jerusalém, nova Sião, novo Israel e de reis que governam com o rei davídico. Todos esses elementos, conforme observamos, são aspectos importantes da posse escatológica de Israel. Essas realidades que se aplicam a Cristo são atribuídas aos que ele representa.

No entanto, existe uma diferença significativa entre Cristo e os santos no início do cumprimento dessas promessas: Cristo foi ressuscitado fisicamente, mas os santos, apenas espiritualmente. Embora o governo atual de Cristo seja invisível no céu, lá ele está reinando com seu corpo fisicamente ressurreto. Cristo está cumprindo as profecias associadas da terra tanto fisicamente, no corpo ressurreto, como espiritualmente, no aspecto invisível celestial. Por exemplo, como rei ressurreto em exercício, ele cumpre seu reinado davídico do céu por seu Espírito mediante seu povo na terra. Assim, Cristo começou uma fase mais avançada e mais intensa do que os crentes no que diz respeito ao cumprimento inaugurado da profecia da ressurreição e das profecias da terra.[41]

Para ter mais detalhes e esclarecimento de como tudo isso funciona dessa forma, o leitor precisa voltar às análises anteriores deste capítulo sobre como Cristo e seus seguidores podem ser o cumprimento inaugurado literal, mas invisível, do templo, da nova criação, da nova Jerusalém e do novo Israel. Por exemplo, uma vez que Jesus recapitula em sua pessoa o verdadeiro Israel, todos os que se identificam com ele e são representados por ele são considerados, no sentido posicional ou jurídico, de fato o verdadeiro Israel, mas não se pode ver essa realidade com os olhos físicos. A identificação deles com Jesus como rei messiânico nesse sentido é com a ressurreição dele como nova criação, e a identificação dos cristãos com o novo templo, a nova Jerusalém e o novo Israel é um aspecto decorrente da nova criação. Mas alguém poderia argumentar que, conforme estudamos anteriormente no capítulo, se o AT considerava o novo templo, a nova Jerusalém e a nova terra de Israel vindouros uma expansão cósmica universal desses antigos elementos, essas realidades se sobrepõem à nova criação cósmica. Portanto, as promessas da terra de Israel e seu cumprimento, o objeto principal deste capítulo, se sobrepõem na identidade à nova criação cósmica. Consequentemente, mais uma vez, percebemos o papel central do reino da nova criação,[42] que, como vimos reiteradas vezes em capítulos anteriores, é parte fundamental do enredo histórico-redentor.

Portanto, em todas essas maneiras, Cristo e a igreja passam a ser identificados com o cumprimento inicial das promessas associadas ao cenário do Israel dos últimos tempos e, portanto, às promessas da terra.

Excurso A questão da analogia ou do cumprimento

Será que o NT está apenas fazendo uma comparação ou está descrevendo o cumprimento inaugural literal e real das profecias sobre a expansão universal da terra de Israel? Eu responderia a essa pergunta com um pressuposto fundamentado em muita exegese de como outras passagens proféticas do AT são usadas em diversos textos neotestamentários: Será que aqueles que valorizam as Escrituras não deveriam partir da hipótese de que o NT interpreta o AT contextualmente e com integridade hermenêutica? Consequentemente, se uma passagem

---

[41]Do mesmo modo, ele está expandindo o templo da igreja na terra por meio de seu Espírito.

[42]Deve-se lembrar que, neste capítulo, o trono do reino davídico também deveria ser um aspecto central da terra na nova criação escatológica.

veterotestamentária citada no NT é uma profecia em seu contexto original, o autor neotestamentário não a veria também como tal e já se cumprindo inicialmente se ele identificasse essa profecia com alguma realidade de sua época? Mesmo se não houvesse nenhuma fórmula de cumprimento, a passagem ainda não seria vista como cumprimento? É possível que um autor neotestamentário usasse o AT por analogia, mas a importância do contexto profético da passagem do AT favorece a ideia de cumprimento, se não houver nenhuma evidência do contrário no contexto do NT.[43] Se essa abordagem hermenêutica for correta, as profecias analisadas neste capítulo sobre a terra de Israel expandindo-se para abranger todo o planeta têm seu cumprimento "já e ainda não" no NT.[44]

---

[43]Ou, se o contexto deixar claro, o autor neotestamentário estaria afirmando que uma profecia do AT ainda não havia se cumprido, mas certamente se cumpriria no futuro.

[44]Isso incluiria as passagens tipologicamente proféticas já analisadas.

OITAVA PARTE

AS MARCAS CARACTERÍSTICAS DA IGREJA COMO ASPECTOS DO ENREDO DA NOVA CRIAÇÃO INAUGURADA DOS ÚLTIMOS TEMPOS

22

A transformação de nova criação da igreja das marcas características de Israel

A guarda do domingo como Sabbath *pela igreja como realidade "já e ainda não" da nova criação dos últimos tempos*

Minha tese em todo este livro é que as principais ideias do NT podem ser mais bem entendidas quando estudadas sistematicamente pelas lentes do reino escatológico da nova criação inaugurado por Cristo, o que propus como núcleo do enredo narrativo do NT. Passo a falar agora de como essas lentes influenciam nosso entendimento de alguns aspectos importantes que distinguem a igreja fiel do mundo, em especial as reuniões de seus membros. Esse aspecto do povo fiel de Deus é outro elemento de minha proposta de enredo. Neste capítulo e no próximo, tratarei especificamente de cinco características distintivas da igreja fiel: as reuniões semanais (aos domingos) das igrejas locais, o sacramento do batismo, o sacramento da ceia do Senhor, o ofício do presbítero e o cânon do NT. Essas características eclesiásticas são transformações de alguns dos principais elementos de identificação de Israel.

A primeira característica distintiva da igreja está relacionada com o dia de culto. Por que o culto mudou do último dia da semana no AT para o primeiro dia da semana na comunidade da nova aliança? A razão normalmente apresentada pelos teólogos é que a ressurreição de Cristo aconteceu no primeiro dia da semana e, por isso, a igreja celebra sua existência em identificação com o Cristo ressurreto reunindo-se no dia da semana em que teve início a existência ressurreta de Cristo.

Essa questão do sábado foi e continua sendo debatida de forma calorosa. Por exemplo, há muitas divergências nos seguintes aspectos: (1) se Gênesis 2.3 expressa um mandato da Criação para que a humanidade descanse no sétimo dia; (2) se o mandamento do sábado israelita ainda vale para a igreja; (3) se o "descanso" de Hebreus 3 e 4 já começou ou ainda pertence ao futuro? Portanto, mais uma vez peço paciência ao leitor, porque esses assuntos são difíceis, e os contornos da argumentação a seguir exigem muita atenção.

Descanso sabático em Gênesis 2.2,3?

Antes de investigarmos mais a fundo por que o culto semanal mudou de sábado para domingo,[1] precisamos analisar o conceito veterotestamentário de dia de descanso. Como acabei de observar, há muita discussão para saber se o domingo é a continuação do sábado de Israel, até mesmo a continuação do descanso sabático como mandamento da criação ou ambas as coisas. Vou argumentar basicamente que o sábado continua sendo uma ordenança da Criação, porém transformada.

A ideia do descanso sabático origina-se implicitamente no AT mesmo antes da instituição oficial da observância do sábado de Israel em Êxodo 20.8-11. Ao analisar a imagem de Deus,[2] vimos que a comissão de Adão em Gênesis 1.28 como imagem de Deus (Gn 1.26,27) envolvia claramente refletir a atividade divina narrada em Gênesis 1 ao menos de duas maneiras: (1) assim como Deus subjugou o caos e dominou sobre ele no princípio da Criação, Adão também deveria subjugar a terra e dominá-la; (2) assim como Deus criou e encheu a terra, Adão deveria "frutificar, multiplicar e encher a terra". Porém, Gênesis 2.2 menciona mais uma atividade de Deus bem no fim de sua obra da Criação: "No sétimo dia, ele descansou de toda a sua obra". Adão não recebeu nenhuma ordem clara para imitar a Deus e descansar no sétimo dia de cada semana, mas muitos veem em Gênesis 2.3 uma comissão na Criação para que a humanidade descanse nesse dia: "E Deus abençoou e santificou o sétimo dia, porque nele descansou de toda a obra que havia criado e feito". Todavia, é possível que Deus tenha abençoado e santificado o sétimo dia para celebrar seu próprio descanso, não tendo relação alguma com o descanso dos seres humanos.

No entanto, parece mais provável que Gênesis 2.3 implique uma ordem para que Adão e a humanidade celebrassem a cada sete dias o descanso apoteótico de Deus em seu trabalho criador. Algumas considerações apoiam essa ideia. Primeira, será que Adão, criado à imagem de Deus, não deveria refletir o objetivo divino de descansar no final do processo de criação, uma vez que ele claramente deve refletir as duas primeiras atividades criadoras (observadas há pouco) que levam a esse objetivo? Uma resposta negativa a essa pergunta parece demandar um ônus maior para provar a tese contrária. Que a afirmação sobre o "sétimo dia" em Gênesis 2.2,3 pode incluir Adão e Eva em seu escopo parece ser a conclusão do reconhecimento de que o relato do que Deus realmente criou em Gênesis 1 chega a seu ápice com a criação da humanidade no sexto dia.[3] Em seguida, Gênesis 2.1,2 continua dizendo que, no final do sexto dia, Deus já havia "completado a obra que havia feito". Parece que a natureza indefinida da declaração de que "Deus abençoou e santificou o sétimo dia" favorece essa inclusão, envolvendo, portanto, o ser humano como coroa da criação. Seria quase uma visão hermenêutica muito estreita não incluir ao menos Adão no âmbito de aplicação de Gênesis 2.3.

A esse respeito, Meredith Kline afirma: "O princípio da imitação de Deus deveria concretizar-se no padrão geral da história do trabalho do reino do homem porque essa história" foi caracterizada e formada por ciclos de sete dias em que Adão tinha de imitar o padrão das

---

[1] Logicamente, reconheço que nem todos na igreja cristã aceitam essa mudança, de modo que a própria mudança é assunto de debate (p. ex., observe-se a posição dos adventistas do sétimo dia).

[2] Veja o cap. 1 no subtítulo "A comissão de Adão na primeira criação e a transferência dessa responsabilidade a outras personagens semelhantes a ele", e cap. 12 no subtítulo "A criação da humanidade à imagem de Deus e a Queda".

[3] Conforme W. Stott, "σάββατον", in: *NIDNTT* 3:406. Brevard Childs sugere a mesma interpretação: "Toda a narrativa da Criação no cap. 1 concentra-se na santificação do sétimo dia, da qual apenas a última parte tem sido usada em Êxodo [20.11]" (*The book of Exodus*, OTL [Louisville: Westminster, 1976], p. 416).

atividades divinas na semana da Criação.[4] Ao longo de cada ciclo semanal, a humanidade teria de "realizar seis dias de trabalho até o sétimo dia da conclusão", e este indicava tipologicamente o descanso eterno do fim dos tempos sem "manhã e tarde", em que Deus já havia entrado ao completar sua atividade criadora.[5] Por isso, a atividade humana "devia corresponder ao curso da obra criadora de Deus como um movimento que começa com o trabalho iniciado e vai até o trabalho consumado".[6] "Dessa forma, a humanidade é lembrada de que a vida não é uma existência sem objetivo, mas há um alvo além"[7] desta história temporal e terrena das semanas que consiste em um descanso sabático escatológico e eterno.[8] Esse objetivo escatológico em Gênesis 2.2,3 é apenas subentendido, mas veremos que outras passagens bíblicas posteriores desenvolvem esses versículos de Gênesis exatamente dessa forma escatológica.

A segunda observação indicativa de que Gênesis 2.3 contém uma ordem aos seres humanos é que a palavra hebraica correspondente a "abençoar" no AT normalmente se restringe aos seres vivos[9] e em geral não se aplica a alguma coisa abençoada ou santificada apenas por amor a Deus. Por isso, parece que Gênesis 2.3 se dirige ao ser humano como uma ordenança da Criação para que ele considere o sétimo dia de cada semana "bendito e santificado" por Deus. Isso também é indicado pelo fato de que os únicos usos do verbo traduzido por "abençoar" *em Gênesis 1 e 2, sem considerar 2.3*, referem-se a Deus abençoando seres vivos não humanos (1.22) ou seres humanos (1.28). Somente em Gênesis 14.20 o verbo começa a ser usado em referência a Deus ("bendito seja o Deus Altíssimo"). Fora de Gênesis 2.3, o objeto "abençoado" nunca é indefinido. Jó 42.12 é o único trecho no AT em que os dias são "abençoados" e a bênção é dirigida a seres humanos ("E o Senhor abençoou os últimos dias de Jó mais do que os primeiros").

Com relação ao verbo "santificar" ou "separar", na grande maioria dos muitos usos da palavra hebraica (*qādash*),[10] o objeto "santificado" é claramente identificado, a saber, Deus, pessoas ou objetos religiosos (a arca, vestimentas etc.). Os usos verbais podem se referir a Deus sendo "santificado/separado"[11] ou a seres humanos "santificados/separados", sobretudo

---

[4]Meredith G. Kline, *Kingdom prologue: Genesis foundations for a covenantal worldview* (Overland Park: Two Age Press, 2000), p. 78. Assim também, defendendo praticamente a mesma posição, Gerhard F. Hasel, "Sabbath", in: *ABD* 5:851; Gordon J. Wenham, *Genesis 1—15*, WBC 1 (Waco: Word, 1987), p. 36; Walter Brueggemann, *Genesis*, IBC (Atlanta: John Knox, 1982), p. 36; Bruce K. Waltke, *An Old Testament theology: an exegetical, canonical, and thematic approach* (Grand Rapids: Zondervan, 2007), p. 67.

[5]Kline, *Kingdom prologue*, p. 78.

[6]Ibidem.

[7]Geerhardus Vos, *Biblical theology: Old and New Testaments* (Grand Rapids: Eerdmans, 1948), p. 140.

[8]Ibidem. Veja tb. Kenneth A. Mathews, *Genesis 1—11:26*, NAC 1A (Nashville: Broadman & Holman, 1996), p. 181; Bruce K. Waltke, *Genesis* (Grand Rapids: Zondervan, 2001), p. 68. Ambos consideram que a ausência da menção à "manhã" e à "tarde" no sétimo dia em Gênesis 2.2,3 tem a mesma importância escatológica; assim tb. Brueggemann, *Genesis*, p. 36. Entre outros que veem uma ideia de descanso do fim dos tempos indicada em Gênesis 2.2,3 estão Martin Luther [Martinho Lutero], *Lectures on Genesis*, LW 1 (Saint Louis: Concordia, 1958), p. 80; C. F. Keil; F. Delitzsch, *Biblical commentary on the Old Testament* (reimpr., Grand Rapids: Eerdmans, 1971), vol. 1: *The Pentateuch*, p. 69-70.

[9]Wenham, *Genesis 1—15*, p. 36. No Pentateuco, a grande maioria dos usos da palavra (*bārak*) é aplicada a seres humanos abençoados, mas às vezes a palavra se refere a Deus como "bendito" (p. ex., Gn 9.26; 14.20; 24.27,48; Êx 18.10; Dt 8.10). No Pentateuco, porém, não existe nenhum caso em que alguma parte da criação seja "abençoada" por causa de Deus, mas às vezes Deus abençoa não as próprias pessoas, mas as coisas relacionadas às pessoas (p. ex., Gn 27.27; 49.25; Êx 23.25; Dt 7.13; 26.15; 28.4,5,12; 33.11,13). Mesmo quando Deus abençoa os seres humanos, ele torna prósperos os diversos aspectos do ambiente ao redor desses humanos ou aumenta o número de seus descendentes.

[10]Aqui estão incluídos tanto as formas verbais quanto os substantivos.

[11]Dos 45 usos da raiz do verbo no grau hifil, 25 ocorrências referem-se a Deus sendo "santificado".

com propósitos cultuais. Particularmente, o uso da raiz piel da palavra hebraica *qādash* em Gênesis 2.3, aliás muito comum em todo o AT,[12] quase sempre se refere a separar pessoas ou coisas para uso religioso humano. Entretanto, os únicos dias mencionados como "separados" ou "santos" no AT são os sábados e vários dias de festa. Em todos os casos, os dias são explicitamente "santificados" para que as pessoas os guardem. É o caso da observância do dia de sábado[13] e de outros dias festivos.[14] Apesar disso, às vezes o texto esclarece que esses dias santos são "santos para o Senhor" e fica evidente que o povo devia observá-los como "santos". Por exemplo, Êxodo 31.14 afirma que o sábado é "santo para vós [Israel]", e 31.15 diz que ele é "santo ao Senhor". Do mesmo modo, Neemias 8.9,10 diz que um dia especial de festa é "santo ao Senhor", mas o versículo 11 declara simplesmente que ele é "santo", e os versículos 10 e 12 deixam claro que o povo deveria guardar esse dia porque era "santo". Todas as referências aos sábados e dias festivos até aqui citadas, cuja maioria visa principalmente à observância humana, incluem tanto os seres humanos quanto Deus, que deviam considerá-los santos. Assim, afora Gênesis 2.3, todos os outros dias sagrados envolvem em seu escopo as pessoas e, ao menos implicitamente, o próprio Deus. Por isso, Claus Westermann afirma que é preciso ter um "instinto exegético" para perceber que o sétimo dia não é solene apenas para Deus, mas "deve [também] de uma forma ou outra significar algo relacionado às pessoas", pois "o verbo 'santificar' expressa ideia de culto [em outras passagens do AT] e não pode referir-se a um dia destinado [somente] para o próprio Deus".[15]

É provável que esse padrão de referência aos seres humanos e a Deus em relação aos dias santificados também seja válido para Gênesis 2.3, uma vez que essas outras ocorrências de "santificar um dia" são as únicas análogas ao uso em Gênesis 2.3. Particularmente significativo é o uso em Neemias 8.11, que, conforme observei há pouco, refere-se apenas indefinidamente a uma festa como "este dia é santo", cujo contexto inclui em sua perspectiva os seres humanos e Deus (veja Ne 8.10-12). Mesmo a grande maioria dos usos da raiz verbal no grau piel (o caso de Gn 2.3) que denotam a separação de pessoas ou objetos cultuais para uso humano, também tem em vista em última análise o propósito do culto de servir e adorar a Deus (às vezes essa ideia dupla está explícita [p. ex., Êx 28.3,41; 29.1,44; 30.30; 40.13; Ez 20.12,20]). A declaração indefinida em Gênesis 2.3 parece ter a mesma perspectiva dupla dos exemplos anteriores.

Logo, o contexto imediato de Gênesis 2.3 e o padrão dos usos de "santificar um dia" em outros textos do AT indicam que o sétimo dia é "abençoado" e "separado" para que as pessoas o guardem e celebrem.[16] De acordo com Isaías 45.18, a terra foi criada para ser habitada

---

[12]Essa raiz verbal específica ocorre cerca de 75 vezes no AT.

[13]Veja Dt 5.12; Jr 17.22,24; Ez 20.20; 44.24 ("sábados"); Ne 13.22 (todos no grau piel); Is 58.13b (adjetivo); Êx 16.23; 31.14,15; 35.2; Is 58.13a (todos na forma substantiva).

[14]O quinto ano do jubileu (Lv 25.12), "luas novas e festas fixas" (Ed 3.5, no grau pual), "dias santificados" (Ne 10.31 [10.32, TM], como substantivo), uma "festa" santa (Is 30.29, no hitpael; Ne 8.9,10,11, em formas adjetivas). Além disso, nos sábados e em outros dias de festa, devia haver "santa convocação" (Lv 23.3,7,36; Nm 28.18,25,26; 29.1,7,12, todos na forma substantiva). Esses dias são também chamados "assembleia santa" (com a forma substantiva em Lv 23.2,4,8,21,24,27).

[15]Claus Westermann, *Genesis 1—11*, tradução para o inglês de John J. Scullion (London: SPCK, 1984), p. 170.

[16]Entre os comentaristas que sustentam a ideia de um dia "abençoado e separado" para os seres humanos em Gênesis 2.3 estão os seguintes: John Calvin [João Calvino], *Genesis* (Edinburgh: Banner of Truth, 1965), p. 105-7; Luther [Lutero], *Lectures on Genesis*, p. 79-81; Keil; Delitzsch, *Pentateuch*, p. 69-70; Umberto Cassuto, *A commentary on the book of Genesis*, tradução para o inglês de Israel Abrams (Jerusalem: Magnes Press, 1961), vol. 1: *From Adam to Noah: a commentary on Genesis I—VI*, p. 64, 68; Walther Eichrodt, *Theology of the Old Testament*, tradução para o inglês de J. A. Baker, OTL (Philadelphia: Westminster, 1961-1967), 2 vols., 1:133; Gerhard von Rad, *Genesis*, OTL (Philadelphia: Westminster, 1972), p. 62-3 (Von Rad não acha que Gn 2.3 seja um mandato explícito para o descanso do ser humano, mas conclui dizendo que "ele tem 'existência' tangível

pelos seres humanos: "Porque assim diz o Senhor, que criou os céus, o Deus que formou a terra e a fez; ele a estabeleceu e a criou não para ser lugar vazio, mas a formou para ser habitada". Será que esse propósito da terra criada centrado no ser humano indica também que o trabalho de seis dias de Deus seguido de um sétimo dia divinamente "abençoado" e "santificado" deveria regular a existência humana na face da terra? Criou Deus somente o espaço físico em que os seres humanos deviam viver ou também criou o plano temporal que regularia a existência deles? Entendo que todas as evidências deste capítulo até aqui apoiam uma resposta afirmativa a essas perguntas. Gênesis 1.14, que relata parte do quarto dia da Criação, é mais um indício de que Deus criou uma estrutura temporal para a vida dos seres humanos: "E disse Deus: Haja luminares no firmamento celeste para fazer separação entre o dia e a noite; sirvam eles de sinais tanto das estações como dos dias e dos anos". A expressão "tanto das estações" (*ûlĕmôʿădîm*) é mais bem traduzida por "tanto das festas" ou "tanto das festas e estações [de culto]".[17] Vimos que em outras passagens do AT a ideia de "santificar" muitas vezes diz respeito a separar pessoas, coisas e determinados dias como sagrados para fins cultuais, por isso é natural entender que, ao santificar o sétimo dia em Gênesis 2.3, Deus o inclui entre os dias de festa de Gênesis 1.14, que faz parte das divisões de tempo em que os seres humanos devem viver nessa passagem.

Por isso, a guarda de todo sétimo dia devia trazer à lembrança o sétimo dia do descanso de Deus e evidentemente levar a humanidade a lembrar-se do descanso sabático definitivo e eterno, sem "manhã nem tarde", que não mais precisaria se repetir. Em outras palavras, o objetivo último da humanidade era entrar no descanso perfeito em que o próprio Deus já entrou (Gn 2.2). Deus está incluído no âmbito de Gênesis 2.3 porque o dia é dedicado a ele, portanto "abençoado" e "santificado" para trazer à lembrança seu descanso supremo. Parece que esse dia de descanso não cessou, mas continua no curso da história primitiva (uma vez que não é como os outros dias da Criação, que tiveram manhã e tarde; e, como veremos, Hb 3 e 4 mostra que o descanso de Deus continua ao longo do tempo e pode ser compartilhado).

A instituição do sábado em Israel

Esta análise de Gênesis 2.3 é apoiada também pelo mandamento do sábado transmitido tempos depois a Israel. Em primeiro lugar, esse mandamento é o único dos dez que começa com "lembra-te" (Êx 20.8). É possível que esse verbo esteja se projetando para o futuro, quando

---

e protológica, e é escatologicamente esperado em Hebreus" [p. 63]); ibidem, *Old Testament theology*, tradução para o inglês de D. M. G. Stalker, OTL (New York: Harper, 1962-1965), 2 vols., 1:148. Entre os comentaristas mais recentes que reconhecem um mandato criacional em Gênesis 2.3 estão Brueggemann, *Genesis*, p. 35-6; Westermann, *Genesis 1—11*, p. 169-72; Nahum M. Sarna, *Genesis*, JPSTC (Philadelphia: Jewish Publication Society, 1989), p. 15; Victor P. Hamilton, *The book of Genesis: chapters 1—17*, NICOT (Grand Rapids: Eerdmans, 1990), p. 143; Mathews, *Genesis 1—11:26*, p. 180; John E. Hartley, *Genesis*, NIBC (Peabody: Hendrickson, 2000), p. 50-1; Waltke, *Genesis*, p. 67, 73; John H. Walton, *Genesis*, NIVAC (Grand Rapids: Zondervan, 2001), p. 157-61; Wenham, *Genesis 1—15*, p. 36.

[17]Em apoio a essa tradução, veja David J. Rudolph, "Festivals in Genesis", *TynBul* 54, n. 2 (2003): 23-40. Rudolph observa que a grande maioria dos usos de *môʿēd* no AT refere-se a um contexto de culto, e sobretudo a forma plural de *môʿēd* sempre indica "festividades de culto" nas oito vezes em que a palavra aparece de novo no Pentateuco. Das 26 formas plurais no AT, 22 significam "festividades de culto". Além disso, exatamente a mesma forma lexical *lĕmôʿădîm* em Gênesis 1.14 refere-se a "festividades" religiosas nos outros cinco usos no AT (embora um deles seja Sl 104.19, que se refere a Gn 1.14). Curiosamente, a forma plural da palavra em Levítico 23.2 inclui referência ao sábado em Levítico 23.3, e a forma singular em Números 28.2 inclui referência ao sábado em Números 28.9,10. Rudolph também observa que algumas versões da Bíblia em inglês traduzem essa palavra no plural em Gênesis 1.14 por "festividades" ou, ampliando a ideia, "festividades e estações" (p. ex., GNB, NJB, NEB, REB), conforme se vê em léxicos do hebraico e dicionários teológicos.

Israel deverá "lembrar-se" de guardar o sábado "como te ordenou o Senhor, teu Deus" no passado no Sinai (Dt 5.12). Se, porém, conforme tenho afirmado, o sábado era uma ordenança da Criação dada primeiramente a Adão, então faz muito sentido pensar que o mandamento "lembra-te do dia de sábado para santificá-lo" seja uma referência a Gênesis 2.3.[18] A tese de que o mandamento do sábado para Israel remete a Gênesis 2.3 tem sua corroboração na apresentação do motivo para guardar o sábado (Êx 20.8-10): "o Senhor fez em seis dias o céu e a terra, o mar e tudo o que neles há, e no sétimo dia descansou" (20.11a). Isso, então, torna-se a base também para a declaração: "Por isso, o Senhor abençoou o dia de sábado e o santificou" (20.11b), uma óbvia referência que remete a Gênesis 2.3.[19] No contexto imediato de 20.8-10, quando Deus "abençoou o dia de sábado e o santificou" (20.11b), a intenção era que Israel, e não principalmente Deus, se lembrasse do dia de sábado e o santificasse.

Portanto, se é evidente que Êxodo 20.8-10 consiste em um desdobramento interpretativo da descrição mais resumida de "abençoar" e "santificar" de Gênesis 2.3,[20] é provável que a ação de Deus ao consagrar o sábado em Gênesis 2.3 não se refira, antes de tudo, à sua celebração do dia por meio do descanso. Esse é o caso em especial porque em Gênesis 2.3 e Êxodo 20.11 o descanso de Deus no sétimo dia se distingue de seu ato de consagrar esse dia; a distinção é realçada em ambas as passagens pelo fato de o descanso ser a base para a santificação do dia.[21] Está claro que o dia é "santificado" para Israel guardá-lo, e não para que Deus o guardasse descansando (conforme tb. Êx 31.13-15; 35.2; Lv 23.3). Contudo, o dia é uma forma de honrar a Deus, de modo que ele também é considerado, implicitamente, alguém que continua a guardar o sétimo dia como um dia especial.

Dessa perspectiva, Êxodo 20.11 mostra a aplicação de Gênesis 2.3 para Israel e também a responsabilidade da nação de imitar os seis dias do trabalho criador de Deus trabalhando durante seis dias, bem como de imitar o descanso divino no sétimo dia ao não trabalhar no último dia de cada semana. O fato de Israel ter de imitar o descanso de Deus é outro elemento que associa o mandamento de Êxodo 20 com Gênesis 2.2,3, em que, como argumentei, Adão foi feito à imagem de Deus para refletir a obra divina de sujeitar, dominar, frutificar e multiplicar, bem como o ato de descansar.[22] Os que não consideram Gênesis 2.3 uma ordem transmitida a Adão devem concluir que o quarto mandamento é uma nova aplicação da passagem, e não uma interpretação que esclarece melhor sua intenção antropológica. No entanto, em vista da tendência geral do argumento sobre Gênesis 2.3 até aqui, é bastante natural ver o quarto mandamento como uma explicação de Gênesis 2.3 como uma ordem para a humanidade na Criação. Em trechos anteriores deste livro, tentei demonstrar o conceito bíblico-teológico de Israel como Adão coletivo.[23] Portanto, é bem mais natural que um mandato criador de descanso transmitido a Adão devesse ser levado adiante e aplicado também a Israel, o Adão coletivo.

---

[18]Essa era uma perspectiva às vezes defendida pelos intérpretes puritanos. Para opiniões mais recentes, veja Childs, *Exodus*, p. 416. Childs também diz que o sábado para Israel mencionado em Êxodo 16.22-30 pressupõe a existência do sábado anterior à outorga da Lei no Sinai (p. 290).

[19]Hasel ("Sabbath", in: *ABD* 5:851) cita outros exemplos de vocabulário comum a Gênesis 2.2,3 e Êxodo 20.9-11: "sétimo dia", "fazer" e "obra". Essas duas passagens são as únicas em que os dois verbos hebraicos, "abençoar" e "santificar", ocorrem em estreita associação.

[20]O que significaria que a passagem de Êxodo não é mera aplicação de Gênesis 2.3 nem uma interpretação estranha ou fora de contexto.

[21]Kline, *Kingdom prologue*, p. 79.

[22]Conforme Vos, *Biblical theology*, p. 139-40.

[23]Veja, p. ex., o cap. 1 no subtítulo "As diferenças entre a comissão de Adão e o que foi transmitido a seus descendentes" e "Conclusão", e o cap. 18 no subtítulo "O tabernáculo de Israel no deserto e o templo posterior eram a restauração do santuário do jardim do Éden".

O testemunho neotestamentário a respeito do sábado

As evidências do NT podem reforçar ainda mais minha conclusão sobre Gênesis 2.3. Em Marcos 2.27, respondendo à acusação dos fariseus de que seus discípulos haviam infringido a lei do sábado por colher espigas nos campos, Jesus diz: "O sábado foi feito por causa do homem, e não o homem por causa do sábado". Isso parece uma referência genérica ao papel de toda a humanidade de observar o sábado, e não simplesmente ao quarto mandamento dado a Israel. Isso é realçado ainda mais no versículo imediatamente seguinte, em que Jesus refere-se a si mesmo como o "Filho do Homem" (equivalente a "filho de Adão") em vez de o "filho de Davi", título que poderia perfeitamente ter sido empregado, uma vez que ele acabara de mencionar Davi como exemplo de alguém que havia transgredido a guarda do sábado por motivo justo.[24] Jesus é o Último Adão, que, de maneira fiel, domina sobre a criação como o primeiro Adão deveria ter feito, e celebra com fidelidade o sábado da maneira que o primeiro Adão deveria ter celebrado.

Hebreus 3 e 4 são uma referência ao descanso presente ou ao descanso escatológico futuro?

Hebreus 3.7—4.11 é outra passagem do NT que ajuda a entender a importância do *shābat* para a igreja:

> Portanto, assim diz o Espírito Santo:
>
> "Hoje, se ouvirdes a sua voz,
> não endureçais o vosso coração, como na época em que me provocaram,
> como no dia da provação no deserto,
> onde vossos pais me tentaram, pondo-me à prova,
> ainda que, durante quarenta anos, tenham visto as minhas obras.
> Por isso me indignei contra essa geração
> e disse: 'Estes sempre erram em seu coração,
> e não chegaram a conhecer os meus caminhos'.
> Assim, jurei na minha ira:
> 'Não entrarão no meu descanso'".

Irmãos, cuidado para que não haja em qualquer um de vós um coração perverso e incrédulo, que vos afaste do Deus vivo; antes, exortai uns aos outros todos os dias, durante o tempo que se chama "Hoje", para que nenhum de vós seja endurecido pelo engano do pecado. Porque temos nos tornado participantes de Cristo, se mantivermos a nossa confiança inicial firme até o fim, enquanto se diz:

> "Hoje, se ouvirdes a sua voz,
> não endureçais vosso coração, como na época em que me provocaram".

Quem foram os que ouviram e o provocaram? Não foram todos os que saíram do Egito conduzidos por Moisés? E contra quem se indignou por quarenta anos? Não foi contra os que pecaram, cujos corpos caíram no deserto? E a quem jurou que não entrariam no seu descanso? Não foi aos desobedientes? Desse modo, vemos que não puderam entrar por causa da incredulidade. Portanto, ainda que permaneça a promessa de entrarmos em seu descanso, temamos que algum de vós pareça ter falhado. Porque de fato as boas-novas foram pregadas a nós, assim como a eles; mas a palavra que ouviram de nada lhes aproveitou, porque não foi acompanhada de fé nos que a ouviram. Pois nós, os que temos crido, entramos no descanso, conforme ele disse:

---

[24]De acordo com Kline, *Kingdom prologue*, p. 79-80.

> "Assim, jurei na minha ira:
> Não entrarão no meu descanso",

embora as suas obras estivessem completas desde a fundação do mundo.
Pois em certo lugar, ele assim se referiu ao sétimo dia: "E, no sétimo dia, Deus descansou de todas as suas obras"; e nessa mesma passagem, diz outra vez: "Não entrarão no meu descanso". Portanto, visto que restam alguns para entrar, e aqueles a quem antes foram pregadas as boas-novas não entraram por causa da desobediência, ele determina outra vez um dia, chamado Hoje, depois de passado tanto tempo, ao dizer por intermédio de Davi como já havia sido falado antes:

> "Hoje, se ouvirdes a sua voz,
> não endureçais vosso coração".

Pois Deus não teria falado depois disso a respeito de outro dia, se Josué lhes houvesse dado descanso. Portanto, ainda resta um repouso sabático para o povo de Deus. Pois assim como Deus descansou de todas as suas obras, aquele que entrou no descanso de Deus também descansou das suas. Portanto, esforcemo-nos por entrar naquele descanso, para que ninguém caia no mesmo exemplo de desobediência.

Esse trecho de Hebreus precisa ser analisado antes de tirarmos conclusões sobre sua pertinência em relação à questão do sábado. Trata-se de uma passagem difícil, por isso peço a paciência do leitor ao acompanhar meu raciocínio.

O trecho de 3.7-19 explica que a exortação a perseverar "até o fim" na "firme esperança" (3.6) é continuidade de uma exortação do próprio AT. A razão dessa exortação aos leitores é que os israelitas também haviam recebido um encorajamento semelhante para perseverar, tanto na peregrinação do deserto quanto depois, na geração do salmista (autor do salmo 95, citados várias vezes em Hb 3 e 4 [3.8-11,13,15; 4.3,7]). Em outras palavras, a ordem para que Israel se mantivesse na fé e seu fracasso no cumprimento dessa ordem apontavam para a era cristã, quando ocorreria uma resposta positiva, primeiro com Cristo (3.6a), depois com seu povo verdadeiro. A primeira geração de israelitas do deserto não entrou no "descanso de Deus" por causa da incredulidade (3.8-10,15-19). O salmo 95 dirige-se a gerações posteriores de israelitas, dizendo que havia chegado o tempo ("hoje") para crerem e entrarem no descanso de Deus, ao contrário de seus antepassados infiéis (3.7,8; 4.7,8). Mas eles também não foram fiéis nem entraram no descanso de Deus (cf. 4.6). O descanso que Israel obteria deveria ser a Terra Prometida (com Jerusalém e o templo como pontos centrais desse descanso),[25] mas, embora a segunda geração e as outras que vieram depois tenham entrado na terra, elas não foram fiéis e, por isso, não desfrutaram o "descanso" que deveria ocorrer ali (p. ex., Hb 4.8: "Pois Deus não teria falado depois disso a respeito de outro dia, se Josué lhes [a segunda geração] houvesse dado descanso").

Assim, a promessa de que o povo de Deus entraria em seu descanso permaneceu sem cumprimento até a época do autor de Hebreus, que repete a exortação do salmista. O tempo para o povo de Deus atender a exortação ainda é "hoje", visto que o descanso ainda não foi obtido. Vale a pena observar que o ato de perseverar "até o fim" para os crentes tornarem-se "participantes de Cristo" está em paralelo com "entramos no seu descanso" (4.1), de modo que ser identificado com Cristo no final dos tempos está indissociavelmente ligado com

---

[25]Sobre esse tema, veja G. K. Beale, *The temple and the church's mission: a biblical theology of the dwelling place of God*, NSBT 17 (Downers Grove: InterVarsity, 2004), p. 60-3; Andrew T. Lincoln, "Sabbath, rest, and eschatology in the New Testament", in: D. A. Carson, org., *From Sabbath to Lord's Day: a biblical, historical, and theological investigation* (Grand Rapids: Zondervan, 1982), p. 207-10.

"entrarmos no seu descanso". O estreito paralelismo indica que o próprio Cristo alcançou o descanso definitivo do fim dos tempos, e os que são identificados com ele participarão desse descanso definitivo.

Há um debate hermenêutico acalorado sobre o momento do descanso nessa seção de Hebreus. Alguns entendem que o "descanso" já se completou, por isso o crente alcançou em Cristo o descanso definitivo e completo, em vez de um descanso que ainda está por vir. A segunda perspectiva hermenêutica diz que nessa passagem o "descanso" é uma realidade inaugurada para os que creem, mas não é completo nem definitivo — uma compreensão mais razoável e possível do que a primeira. Não podemos entrar aqui em todos os detalhes complexos desse debate,[26] mas nossa abordagem, que representa uma terceira posição, interpreta todas as referências ao "descanso" nesse trecho de Hebreus como algo ainda não alcançado. Entretanto, como veremos a seguir, há outras passagens em diferentes livros do NT que de fato confirmam a ideia de que o descanso foi inaugurado para os cristãos, embora não esteja consumado. Meu objetivo aqui é demonstrar que Hebreus 3 e 4 concebe apenas uma forma futura e consumada desse descanso.

Entretanto, dois versículos no contexto de Hebreus parecem se referir, à primeira vista, a uma concretização inicial do "descanso" para os cristãos:

Hebreus 4.3: "Pois nós, os que temos crido, entramos no descanso".
Hebreus 4.10: "Pois assim como Deus descansou de todas as suas obras, aquele que entrou no descanso de Deus também descansou das suas".

Em uma primeira leitura, parece que Hebreus 4.10 indica que o "descanso" começou a ser desfrutado no passado. Todavia, é mais provável que tenhamos aqui um caso do que se chama de perfeito profético, pelo qual um autor bíblico considera o fato futuro tão certo de acontecer que fala dele usando um tempo verbal no passado, como se já houvesse acontecido.[27] Fica evidente que Hebreus 4.10 também é futuro porque a frase "[o cristão] descansou das suas [obras]" faz referência não a tornar-se cristão na presente era e deixar de praticar as obras ímpias de um incrédulo, mas, sim, a descansar da prática das "boas obras" ao longo da vida cristã, em uma analogia com as boas obras da criação, que Deus cessou de praticar no sétimo dia. Portanto, trata-se de um descanso que ocorrerá depois do fim da vida do cristão e no fim dos tempos.

Isso faz de Hebreus 4.3 a única referência restante possível no livro de Hebreus a um descanso no presente. A referência em 4.10 pode ser a chave para entender o tempo presente em "entramos no descanso" de 4.3. Trata-se aparentemente de um presente com nuance

---

[26]Veja Lincoln, "Sabbath", p. 197-220. Lincoln vê o "descanso", especialmente em Hebreus 4.3,10, como inaugurado na experiência dos cristãos. Para ele, isso significa que a observância semanal de um dia sabático foi abolida porque o sábado apontava para esse descanso, que agora está cumprido. Veja tb. Richard B. Gaffin Jr., "A Sabbath rest still awaits the people of God", in: Charles G. Dennison; Richard C. Gamble, orgs., *Pressing toward the mark: essays commemorating fifty years of the Orthodox Presbyterian Church* (Philadelphia: Committee for the Historian of the Orthodox Presbyterian Church, 1986), p. 33-51. Gaffin interpreta o "descanso" como realidade totalmente futura, com a implicação de que a ordenança do sábado continua até que sua importância como indicador se cumpra na volta final de Cristo.

[27]Em 4.10, o verbo "descansou" (*katepausen*) é um aoristo que, no contexto, indica o tempo passado, e a locução que o acompanha, "aquele que entrou" (*eiselthōn*), também no contexto, é mais bem interpretada como indicadora de tempo passado. No entanto, ambas são usadas em um aspecto perfeito consumado, como já explicado.

futura.²⁸ O que aproxima 4.3 ainda mais de 4.10 é que o contexto imediatamente seguinte de 4.3 também deixa subentendido que os cristãos descansam das obras análogas às boas obras da criação de Deus, das quais ele descansou no sétimo dia (conforme 4.3b-5). E, com base na análise prévia em 4.1-8, lemos a conclusão em 4.9: "Portanto, ainda <u>resta</u> um repouso sabático para o povo de Deus". A orientação exclusivamente futura de 4.3 também é indicada pelo contexto próximo de 3.7—4.11, em que todos os outros elementos da passagem dizem respeito a um "descanso" futuro. Os cristãos são retratados em toda parte como peregrinos que ainda andam pelo deserto do mundo, mas peregrinam com o alvo de alcançar definitiva e verdadeiramente o último "descanso" escatológico na verdadeira terra prometida da nova criação consumada por vir.

Foi necessário resumir Hebreus 3.7—4.11 a fim de enxergar que tipo de esclarecimento a passagem traz à teologia bíblica do sábado. Hebreus 4.3-6 tem pertinência especial nesse aspecto:

> Pois nós, os que temos crido, entramos no descanso, conforme ele disse:
>
> "Assim, jurei na minha ira:
> Não entrarão no meu descanso",
>
> embora as suas obras estivessem completas desde a fundação do mundo.
>
> Pois em certo lugar, ele assim se referiu ao sétimo dia: "E, no sétimo dia, Deus descansou de todas as suas obras"; e nessa mesma passagem, diz outra vez: "Não entrarão no meu descanso". Portanto, visto que restam alguns para entrar, e aqueles a quem antes foram pregadas as boas-novas não entraram por causa da desobediência...

Reiterando um aspecto importantíssimo: Hebreus 4.3b-5 diz que o "descanso" que Israel não obteve e no qual "restam alguns para entrar" é o "descanso" primeiramente alcançado por Deus quando ele "descansou de todas as suas obras" (4.4), uma citação de Gênesis 2.2, antecipada pela alusão à mesma passagem em 4.3 ("embora as suas obras estivessem completas desde a fundação do mundo"). Se Israel tivesse sido fiel, teria entrado no descanso que Deus havia começado a usufruir no sétimo dia da Criação. Mas Israel foi infiel, por isso Deus disse: "Não entrarão no meu descanso" (4.5), mas ainda "restam alguns para entrar" (4.6).

Além disso, quero ressaltar que 4.9-11 é igualmente importante ao referir-se ao descanso de Deus em Gênesis 2.2 e ao descanso dos cristãos:

> Portanto, ainda resta um repouso sabático para o povo de Deus. Pois assim como Deus descansou de todas as suas obras, aquele que entrou no descanso de Deus também descansou das suas. Portanto, esforcemo-nos por entrar naquele descanso, para que ninguém caia no mesmo exemplo de desobediência.

---

²⁸Para uma lista de comentaristas que interpretam 4.3 como descanso alcançado no presente e outros que afirmam que o tempo presente tem uma nuance exclusivamente futura, veja Paul Ellingworth, *The Epistle to the Hebrews: a commentary on the Greek text*, NIGTC (Grand Rapids: Eerdmans, 1993), p. 246; Craig R. Koester, *Hebrews*, AB 36 (New York: Doubleday, 2001), p. 270-1, 278. Ellingworth e Koester preferem a segunda interpretação, a exemplo de Luke Timothy Johnson, *Hebrews*, NTL (Louisville: Westminster John Knox, 2006), p. 124-6. Entretanto, o "descanso" é considerado abrangendo o presente por William L. Lane, *Hebrews 1—8*, WBC 47A (Dallas: Word, 1991), p. 99. Koester (*Hebrews*, p. 272-3, 279-80) e Johnson (*Hebrews*, p. 130) também entendem o "descanso" de 4.10 como referência ao futuro, ao passo que Lane (*Hebrews 1—8*, p. 101-2) o interpreta também como uma experiência na vida presente do cristão. F. F. Bruce é um comentarista que não se posiciona claramente sobre a época exata em que começa o "descanso" para o povo de Deus; veja seus comentários sobre Hebreus 4.10 em *The Epistle to the Hebrews*, NICNT (Grand Rapids: Eerdmans, 1990), p. 110.

O "repouso sabático" que "permanece" para o crente (v. 9) é o descanso "das suas [boas] obras" assim como "Deus descansou de suas obras", outra referência a Gênesis 2.2, passagem citada na íntegra primeiramente em 4.4. É nesse mesmo "descanso" que os cristãos devem se esforçar para entrar no fim das eras (4.11). O descanso para os que creem não é apenas análogo ao descanso divino na Criação; é o descanso que o próprio Deus desfrutou e continua desfrutando, o descanso em que os cristãos entram definitiva e plenamente no *escathon*.[29] A igualdade do descanso é realçada pela menção repetida de que o descanso futuro para o povo de Deus é chamado "meu [de Deus] descanso" (3.11; 4.3,5; tb. 4.10), que começou a ser desfrutado por Deus no sétimo dia da Criação.

Hebreus 3 e 4 e sua relação com o debate sobre um mandato sabático da Criação em Gênesis 2.3

A passagem de Hebreus 3 e 4 não fornece uma evidência clara de que Gênesis 2.3 seja um mandato criacional para a humanidade descansar todo sétimo dia, mas esclarece o texto de Gênesis como um mandato dos últimos tempos para os seres humanos. O texto de Hebreus 3 e 4 fornece uma indicação clara de que o "descanso" de Deus depois dos seis dias da Criação deveria ser imitado pela humanidade, ou seja, Deus planejou que seu povo concluísse suas boas obras nesta vida e, no fim da história, entrasse no mesmo descanso que ele desfrutou quando concluiu suas boas obras da Criação. Em outras palavras, o descanso de Deus em Gênesis 2.2 deve ser imitado por seu povo na consumação escatológica. Não se trata de um novo propósito para a humanidade instituído apenas no início da história de Israel; é mais provável que seja um propósito inerente e implícito em Gênesis 2.2. Como portador da imagem divina, Adão foi planejado para cumprir esse propósito de descanso escatológico.

Portanto, Hebreus 3 e 4 apresenta fortes evidências a favor de um dos pontos que argumentei na introdução da análise do AT neste capítulo: o descanso de Deus em Gênesis 2.2,3 aponta para o descanso escatológico de seu povo. Mas será que o texto hebraico esclarece meu argumento de que Gênesis 2.3 é um mandato da Criação para que a humanidade celebrasse o descanso de Deus todo sétimo dia ao longo do curso da história? Certamente não há referência clara a respeito disso. No entanto, se Gênesis 2.2 aponta de modo implícito para o objetivo humano dos últimos dias de descansar, imitando o próprio Deus, então o passo para Gênesis 2.3 como uma referência ao descanso da humanidade a cada sete dias não é tão longo assim. Mesmo que 2.3 não seja um mandato para a humanidade descansar a cada sete dias, ao menos o objetivo do descanso dos últimos dias para os seres humanos incluído em Gênesis 2.2 também está presente em 2.3b, que repete o fraseado de 2.2 com respeito ao descanso de Deus. Ademais, Hebreus 4.9 faz referência a um "descanso sabático [*sabbatismos*]" que ainda "permanece" para o povo de Deus. O que chama a atenção em tudo isso é que o "descanso" de Deus em Gênesis 2.3 (que Hb 3.9,10 associa diretamente com o descanso de Deus em Gn 2.2) não é mencionado em outro trecho do AT, a não ser em Êxodo 20.11 e 31.17, em que é considerado o fundamento para o descanso de Israel no sábado (*sabbaton*).[30] Portanto, a única ligação entre o descanso de Deus em Gênesis 2.2,3 e a forma substantiva de "sábado" em todo o AT está nesses dois textos do Pentateuco, em que "sábado" se refere a todo sétimo

---

[29] A esse respeito, veja Gaffin, "Sabbath rest", p. 30.
[30] Observe-se o uso de *sabbaton* em Êxodo 20.8,10 e 31.13-16, em que aparece como sinônimo de "sétimo dia". Além disso, a grande maioria dos usos de "sábado" (*sabbaton*) no AT refere-se ao sétimo dia, em que Israel devia descansar.

dia como o descanso obrigatório de Israel.[31] Nesse sentido, a observância do sábado de Israel pode fazer parte do horizonte de Hebreus 4.

Conclusão sobre a importância de Hebreus 3 e 4 para o conceito de sábado

Em resumo, Hebreus 4 define "descanso" para os cristãos como: (1) escatológico; (2) inteiramente futuro; (3) um "descanso sabático"; (4) fundamentado no descanso de Deus na Criação. Com base nisso, é possível inferir outros dados sobre a observância semanal do sábado. Em primeiro lugar, à luz dos dois primeiros pontos, na observância semanal do sábado, especialmente de Israel, está incluído um sinal ou indicador de um descanso definitivo do tempo do fim. Caso contrário, a única alternativa é que o autor de Hebreus inventou de modo criativo o termo "descanso sabático" em referência ao descanso do fim dos tempos e, por conta própria, relacionou esse descanso com Gênesis 2.2,3. Isso é possível, porém é mais provável que ele tenha sido influenciado pelo uso que o próprio AT faz de Gênesis 2.2,3 (Êx 20.11; 31.17) para fundamentar o descanso semanal do sábado para Israel. Nesse caso, parece que até certo ponto o descanso semanal do sábado para Israel passou a fazer parte do campo de visão periférica do autor de Hebreus em 4.9,10, quando ele se refere ao "descanso sabático" em clara associação com o descanso de Deus de Gênesis 2.2.

Outra implicação da conclusão específica de que o "descanso" é inteiramente futuro é que a ordenança da Criação de um sábado semanal e o sábado semanal de Israel não cessaram na era da igreja. Se a realidade escatológica do descanso sabático definitivo não chegou completamente, é improvável que o sinal tipológico indicador desse descanso definitivo tenha cessado. Ou seja, se o sábado semanal tinha como uma de suas funções apontar para o descanso consumado, e esse descanso ainda não chegou, então o sábado semanal deve continuar.

O sábado semanal como uma ordem da Criação para a humanidade é a última inferência possível com base na conclusão de que o "descanso" de Hebreus 3 e 4 se fundamenta no descanso de Deus na Criação. Vimos que o autor de Hebreus vê em Gênesis 2.2 não somente um relato do descanso de Deus no sétimo dia da Criação, mas também um alvo e um mandato escatológicos para que a humanidade participe do descanso de Deus e o desfrute[32] (isto apoia meu argumento anterior neste capítulo de que em Gn 2.2 está implícita a ideia de que a humanidade deve imitar o descanso de Deus no fim da era). O autor de Hebreus sem dúvida teria enxergado o mesmo alvo e o mesmo mandato escatológicos na menção repetida de descanso de Deus em Gênesis 2.3. Isso se aproxima bastante da descoberta de um mandato criacional em Gênesis 2.2,3. Dizer que o descanso de Deus em Gênesis 2.2,3 deveria ser considerado um objetivo e um mandato escatológicos para Adão, conforme afirmei, está a um passo de ver nesses versículos um mandato da Criação de que Adão deveria observar todo sétimo dia como sinalizador do objetivo e do mandato do fim dos tempos. Mas ainda está a um passo.

---

[31]A palavra *sabbatismos* de Hebreus 4.9 não ocorre na LXX nem em nenhum outro trecho do NT; entretanto, aparece no grego extrabíblico designando o sábado de Israel (Plutarco, *Supers.* 3 [*Mor.* 166A]); Justino, *Dial.* 23.3; Epifânio, *Pan.* 30.22; *Mart. de Pe. e Paulo* 1; *Con. Apos.* 2.36.2 (aqui sigo Lincoln, "Sabbath", p. 213). Da mesma maneira, a forma verbal, *sabbatizō*, empregada cinco vezes no AT, também se refere ao sábado de Israel (Êx 16.30; Lv 23.32) e ao sétimo ano, quando a terra deveria descansar (Lv 26.34,35; 2Cr 36.21).

[32]Hipólito vê Gênesis 2.3 e o sábado semanal referindo-se basicamente ao fim dos tempos, quando "o sábado pode vir, o descanso, o dia sagrado 'em que Deus descansou de todas as suas obras'. Porque o sábado [semanal] é tipo e símbolo do futuro reino dos santos, quando eles "reinarão com Cristo" (*Comm. Dan.*, frag. 2.4). De modo semelhante, *Barn.* 15.3-5,9 interpreta o término da criação de seis dias mencionado em Gênesis 2.2,3 basicamente como referência ao tempo em que "o Senhor dará fim a todas as coisas" (15.4), e o sétimo dia de descanso de Gênesis 2 se refere ao tempo "em que seu Filho vem [e] destruirá o tempo do ímpio e julgará os incrédulos" e criará um novo cosmo, "e então de fato descansará no sétimo dia [i.e., pela eternidade]" (15.5).

Contudo, à luz dos argumentos cumulativos nesta seção sobre Gênesis 2.3 ser um mandato da Criação, podemos considerar as evidências de Hebreus compatíveis com essa conclusão.[33]

Conclusão sobre a observância do descanso dominical da igreja como realidade da nova criação do fim dos tempos

Até aqui, no árduo estudo deste capítulo, concluímos que a observância de um descanso sabático no final de cada semana é um indicador do fim dos tempos. O sábado semanal se fundamenta no descanso de Deus em seu trabalho criador e ainda deve ser observado pela igreja até a segunda vinda de Cristo, quando essa observância cessará. Alguns, porém, argumentam que a ordenança do sábado era específica para Israel e não tem mais pertinência para a igreja como ordenança semanal. O principal motivo dessa alegação é que Cristo já veio e alcançou o descanso prefigurado pelo sábado de Israel, e os que confiam em Cristo também nele cumpriram plenamente o descanso sabático. Andrew Lincoln defende essa ideia de modo mais aprofundado em sua exposição de Hebreus 3.7—4.11. Seu principal argumento, já observado aqui, é que Hebreus 4.3 e 4.10 referem-se respectivamente aos crentes entrando no descanso e como já tendo começado a entrar. Assim, os crentes se identificam plenamente com o descanso de Cristo, alcançado plenamente em sua ressurreição e ascensão. Para Lincoln, isso significa que a observância semanal do sábado de Israel não está mais em vigor, uma vez que tudo o que ele prefigurava foi cumprido em Cristo e nos cristãos, que alcançam o descanso da salvação em Cristo.

Também procurei demonstrar com algum nível de detalhamento que a passagem de Hebreus 4.3,10 é mais bem interpretada não como referência a um descanso inaugurado pelo qual os crentes usufruem descanso pleno mediante a realização desse descanso por Cristo, mas a um descanso consumado que ainda virá no fim dos tempos. Todo o contexto em Hebreus 3.7—4.11 sustenta a ideia de um descanso inteiramente futuro para os cristãos. Se esse for o caso, não há nenhum motivo convincente para contestar a ideia de que ainda existe um sábado semanal em vigor para o povo de Deus da era presente. Porém, ainda que se entenda Hebreus 3 e 4 como uma afirmação de um descanso sabático "já e ainda não" dos últimos tempos, isso não significa que o sábado semanal cessaria, pois o descanso do fim dos tempos ainda *não foi consumado.*

Outros textos do NT indicam a probabilidade de que, mesmo para os cristãos, o descanso inaugurado em Cristo já começou, mas ainda não está completo.[34] Cristo, como o Último Adão, entrou de forma plena no descanso sabático escatológico mediante sua ressurreição, descanso indicado tanto por Gênesis 2.3 quanto pela ordenança do sábado para Israel. Os que creram em Cristo são representados pelo pleno descanso sabático de sua ressurreição e, assim, estão identificados com a posição de Cristo em relação ao descanso; portanto, no sentido posicional, começaram a participar desse descanso. Eles também começaram a desfrutar existencialmente esse descanso por causa da verdadeira vida da ressurreição inaugurada, que também provém da vida da ressurreição de Cristo, transmitida a eles por intermédio do Espírito vivificador.

---

[33] A análise anterior de Hebreus 3 e 4 segue a interpretação de Gaffin, "Sabbath rest", mas eu a complementei em alguns aspectos.

[34] Essa ideia parece estar expressa em Mateus 11.28,29, em que Jesus diz: "Vinde a mim, todos os que estais cansados e sobrecarregados, e eu vos aliviarei. Tomai sobre vós o meu jugo e aprendei de mim, pois sou manso e humilde de coração; e achareis descanso para vossa alma". Esse descanso também pode estar subentendido em Hebreus 3.14, em que a referência aos "participantes de Cristo" perseverando "até o fim" é paralela à dos crentes que participam do descanso perseverando até o fim (Hb 4.1,6,11). Logo, participar de Cristo e do descanso são ideias paralelas nesse contexto, e isso pode indicar que, no fim das eras, os crentes participarão do descanso que Cristo conquistou no final de sua vida na terra. Contudo, mesmo que essas passagens não expressem o conceito de descanso inaugurado, a conclusão bíblico-teológica desse descanso ainda é uma inferência possível.

Mas o descanso deles ainda não está completo, pois sua existência ressurreta começou apenas no sentido espiritual e ainda não se consumou fisicamente. A concretização final e individual de seu descanso ocorrerá no fim dos tempos, quando experimentarem a ressurreição física. Por isso, o sinal semanal do descanso permanece para os crentes sobre a face da terra até que tudo o que ele prefigura esteja totalmente cumprido no fim das eras na ressurreição física dos santos. Portanto, os que afirmam que o descanso sabático semanal foi anulado porque os cristãos começaram a desfrutar o descanso salvífico em Cristo não parecem muito coerentes em sua escatologia "já e ainda não". Dizer que o reconhecimento especial de um dia entre os sete como continuação do sábado foi anulado expressa evidentemente uma escatologia super-realizada.[35] A observância do sábado está associada a um sistema já e ainda não, de modo que o sinal semanal não deixará de existir enquanto não ocorrer o pleno cumprimento do que ele simboliza. Conforme explicarei adiante, não é a ordenança do sábado israelita em si que continua valendo para a igreja, mas a ordenança da Criação, que também foi parcialmente expressa como base da observância do sábado de Israel. Essa é uma importante qualificação sobre como enxergamos a aplicação da lei do sábado de Israel no NT.

É importante lembrar que Hebreus apresenta uma visão do descanso sabático de todo o cânon bíblico, e isso implica que o descanso de Deus deveria ser imitado por seu povo em algum momento futuro. Isso tem sido confirmado com base em Gênesis 2.2,3 e, implicitamente, em seu uso no texto de Êxodo 20.8-11, bem como na afirmação de que a geração do deserto, a de Josué e as gerações seguintes de israelitas poderiam ter entrado nesse descanso divino definitivo, em que a igreja entrará verdadeiramente em algum momento futuro.

Contudo, mesmo que se concorde com esse raciocínio até aqui sobre a relevância do sábado e sua importância escatológica, ainda restam problemas não resolvidos. Primeiro, será que o NT não diz claramente que a lei do sábado de Israel não tem mais validade para a igreja? Segundo, se a lei do sábado continua em vigor, a igreja não teria obrigação de cumpri-la do mesmo modo que Israel e não incorreria nas mesmas penalidades pela desobediência, entre as quais estava a pena capital para os desobedientes? Terceiro, se a observância do descanso sabático continua, por que a igreja não a cumpre no sábado, em vez de domingo, o primeiro dia da semana?

O Novo Testamento aboliu definitivamente a ordenança do sábado?

A primeira objeção diz respeito à alegação de que alguns textos paulinos ensinam que o sábado de Israel não está mais em vigor:[36]

---

[35] Um representante conhecido dessa posição é Lincoln, "Sabbath", p. 214-6.

[36] P. ex., Lincoln ("Sabbath", p. 214) argumenta que o sábado dos judeus não se aplica à era da igreja, uma vez que Hebreus considera claramente a Lei do AT e a antiga aliança com suas instituições completamente abolidas por Cristo e sua obra. Lincoln, porém, jamais analisa a pertinência para a nova aliança do mandato da Criação em Gênesis para que a humanidade observasse o sétimo dia em celebração do descanso de Deus, pois ele não entende que Gênesis 2.3 apresente esse mandato. Há uma omissão importante nesse aspecto, já que Lincoln simplesmente presume que Gênesis 2.3 não é um mandato criacional para a humanidade — ele não apresenta argumentos contra essa visão. Outra omissão notável, porém, é que Lincoln reconhece que Gênesis 2.3 indica um descanso sabático eterno para a humanidade (p. 198-9), mas ele não está convencido de que a falta de consumação desse descanso na era da igreja significa que o sinal do dia de sábado deve continuar, particularmente no domingo (p. 216). Em grande parte, isso se deve à sua negação de que em Gênesis 2.3 exista um mandato da Criação de um dia de descanso sabático e de que não há evidências neotestamentárias de que esse mandato exista (p. 216). Contudo, até aqui e mais adiante, tenho procurado apresentar uma base lógica bíblico-teológica de um mandato válido para os crentes do NT. É preciso lembrar que mesmo os não sabatistas não apresentam explicação exegética de por que a igreja mudou o dia de culto do povo de Deus, passando-o do sábado para o domingo, embora eu creia que a explicação bíblico-teológica (a ressurreição de Cristo) seja possível.

Romanos 14.5,6: "Uma pessoa considera um dia mais importante do que outro, mas outra considera iguais todos os dias. Cada um esteja inteiramente convicto em sua mente. Aquele que observa um dia, para o Senhor o faz. E quem come, para o Senhor come, porque dá graças a Deus; e quem não come, para o Senhor deixa de comer, e dá graças a Deus".

Gálatas 4.9,10: "Agora, porém, que já conheceis a Deus, ou melhor, sendo conhecidos por ele, como podeis voltar para esses princípios elementares fracos e sem valor, aos quais de novo quereis servir? Guardais dias, meses, tempos e anos".

Colossenses 2.16,17: "Assim, ninguém vos julgue pelo comer, ou pelo beber, ou por causa de dias de festa, ou de lua nova, ou de sábados, os quais são sombras do que haveria de vir; mas a realidade é Cristo".

Entende-se melhor cada um desses textos pela observação de que o "dia de sábado" é o descanso sabático conforme praticado especificamente em Israel, uma vez que a maioria dos comentaristas concorda que as três passagens tratam de falsos ensinamentos que implicavam um retorno às antigas leis de Israel, desconsiderando a realidade de que a vinda de Cristo havia alterado essas leis. Além do mais, fica demonstrado que esse é o caso porque o que está sendo anulado não é apenas o sábado de acordo com os modos específicos com que Israel tinha de observá-lo, mas todo o sistema sabático não apenas de "dias" sabáticos, mas também de "meses, tempos e anos" (Gl 4.10), além de "dias de festa, ou de lua nova, ou de sábados" (Cl 2.16). Isso incluiria a observância do ano sabático (o solo devia descansar a cada sete anos) e do ano do jubileu (depois de sete semanas de anos, devia haver restauração da propriedade a quem a houvesse perdido). Portanto, a anulação do dia de descanso sabático era parte da anulação de todas as leis de Israel que tratavam dos padrões sabáticos e de outras leis, como as leis sobre alimentos (Cl 2.16).[37] Portanto, o plural "sábados" (*sabbatōn*) em Colossenses 2.16 abrange provavelmente não apenas o sábado no final de cada semana, mas também todo o sistema de dias sabáticos observado em várias ocasiões. É preciso lembrar que a anulação dessas leis ocorreu porque Cristo as cumpriu tipologicamente.

Será que a ideia central dessas passagens não é que a igreja não está mais obrigada a observar o dia sabático? Sim e não. Sim, no sentido de que as instituições de Israel eram tipos que apontavam para Cristo, uma "sombra do que estava por vir", que era Cristo, a "realidade" dessas sombras (Cl 2.17). De modo geral, os ritos externos da Lei (normas sobre alimentos, circuncisão, sábados etc.) não eram mais necessários porque a finalidade histórico-redentora deles era funcionar como "sombras do que haveria de vir" em Cristo (Cl 2.17). De um modo ou de outro, Paulo entendia que as diversas expressões externas da Lei do AT apontavam para o advento do Messias, que já havia chegado, de modo que a função tipológica das várias instituições israelitas terminou. Cristo havia cumprido plenamente tudo isso.

Contudo, também temos de responder "não". É verdade que o dia de sábado conforme ordenado a Israel para guardar, e como parte de todo o sistema de festas e ritos sabáticos do calendário da nação, havia cessado porque Cristo (o alvo para o qual essas coisas apontavam) havia chegado. Se, porém, conforme tenho argumentado, a ordenança do sábado para Israel

---

[37] A falsa "filosofia" judaico-helenística (Cl 2.8) concentra-se na obediência a regulamentos sobre "comer ou beber [...] ou por causa de dias de festa, ou de lua nova, ou de sábados" (2.16), que dizem respeito a "mandamentos [...] como não toques, não proves, não manuseies" (2.20b,21). Esse discurso é judaico, e não pagão, o que fica evidente em *Car. Arís.* 142: Deus "cercou-nos [os judeus] de todos os lados com regras de pureza, que afetam igualmente o que comemos, bebemos, tocamos, ouvimos ou vemos". Igualmente, a combinação de "festa", "sábado" e "lua nova" ocorre repetidas vezes na LXX designando as festas que faziam parte especificamente do sistema jurídico de Israel, a que todos os israelitas deviam obedecer (1Cr 23.31; 2Cr 2.4; 31.3; Ne 10.34 [10.33, versões em português]; Is 1.13,14; Ez 45.17; Os 2.13 [2.11, versões em português]; 1Ed 5.52; Jt 8.6; 1Mc 10.34).

se baseia em parte no mandato da Criação de Gênesis 2.2,3, então parte dessa ordenança não cessou. Seu alvo escatológico era não somente o descanso da ressurreição definitiva de Cristo e o descanso salvífico inaugurado dos crentes em Cristo, mas também o descanso definitivo e completo do povo de Deus no novo céu e na nova terra,[38] alvo que, como afirmei, está presente no texto de Gênesis 2.2,3. O próprio Cristo cumpriu plenamente o alvo para o qual apontava o sábado israelita, que é o descanso do rei messiânico, aquele que representaria o verdadeiro Israel finalmente alcançando o descanso. Essa interpretação de que o sábado israelita cessou porque se cumpriu em Cristo é semelhante à de outras leis específicas de Israel que tiveram cumprimento tipológico em Cristo — por exemplo, a circuncisão como meio para incorporação na comunidade da aliança de Israel (os cristãos agora são circuncidados em Cristo com respeito ao velho mundo ao serem "cortados" na morte),[39] as leis alimentares para os israelitas manterem a pureza ritual (agora os cristãos estão purificados pelo sangue de Cristo),[40] e o templo (cumprido em Cristo como o novo templo).[41] Com efeito, todo o sistema de leis de Israel, que era a síntese da sabedoria divina na antiga era, apontava para Cristo e foi cumprido por ele, a revelação superior da sabedoria de Deus na nova era.[42]

No que diz respeito especificamente à tipologia do templo, o sábado mantinha um vínculo indissociável com a adoração no templo e, por isso, fazia parte dessa tipologia cumprida na edificação do novo templo em Cristo, que reina no trono e descansa nesse templo como o Messias do fim dos tempos de Israel.[43] Entretanto, o aspecto do sábado israelita que mantinha

---

[38]O judaísmo acreditava que o sábado semanal apontava para o descanso eterno da nova criação (veja *V.A.E.* [*Vita*] 51.1,2: "Homem de Deus, não estenda o luto por seus mortos mais que seis dias, pois o sétimo dia é sinal da ressurreição, o descanso da era vindoura, e, no sétimo dia, o Senhor descansou de todas as suas obras"; veja tb. *m. Tamid* 7.4; *b. Roš Haš.* 31a; *b. Ber.* 57b; *Mek.* de Êx Shabbata 2.38-41; *Midr.* de Sl 92; *Pirqe R. El.* 19; '*Abot R. Nat.* 1; *Rab.* de Gn 44.17; *S. Eli. Rab.* 2). Outros textos talvez pressuponham que o descanso do tempo do fim pode ter sido sinalizado pelo sábado semanal (*4Ed* 8.52; *2Br* 73-74). Em *Apoc.* de Mois. 43.3, Sete é avisado de que "no sétimo dia" ele deverá "descansar e alegrar-se, pois nesse dia Deus se alegra (sim) e nós anjos (também) com a alma do justo que morreu na terra". Havia também variantes da perspectiva sobre a história mundial e sua consumação segundo o modelo da semana da criação divina de sete dias (os dados acima sobre o judaísmo seguem a discussão de Lincoln, "Sabbath", p. 199-200).

[39]Colossenses 2.11-13.

[40]Colossenses 2.16,17.

[41]Colossenses 1.19 (sobre isso, veja G. K. Beale, "Colossians", in: G. K. Beale; D. A. Carson, orgs., *Commentary on the New Testament use of the Old Testament* [Grand Rapids: Baker Academic, 2007], p. 855-7).

[42]Colossenses 2.3; cf. 1.15-20 (sobre isso, veja ibidem, p. 851-5).

[43]Nesse aspecto, é de particular importância que a construção associando "sábado", "lua nova" e "festa" presente em Colossenses 2.16 apareça em outras passagens do AT, geralmente como parte da descrição da liturgia e do culto do templo; como já observado de modo geral, veja de novo 1Crônicas 23.31; 2Crônicas 2.4; 8.13; 31.3; Neemias 10.33; 13.22; Ezequiel 45.17; 1Esdras 5.52 (de uma perspectiva de adoração no templo); é provável que as outras ocorrências em Isaías 1.13,14; Oseias 2.11; Judite 8.6; 1Macabeus 10.34 tenham como pressuposto um contexto litúrgico no templo. Assim também, Levítico 26.2 baseia-se na ligação indissociável entre o sábado e o contexto do templo: "Guardareis os meus sábados e reverenciareis o meu santuário. Eu sou o Senhor". Outras referências ao sábado também o relacionam ao contexto da adoração no templo (p. ex., Lv 24.8; Nm 28.9,10; 1Cr 9.32). Jon Laansma faz a mesma observação, acrescentando passagens como Levítico 23.3; Ezequiel 46.4,5 ("*I will give you rest": the "rest" motif in the New Testament with special reference to Matthew 11 and Hebrews 3—4*, WUNT 2/98 [Tübingen: Mohr Siebeck, 1997], p. 68). Veja o cap. 25 sobre o templo de Israel e suas leis como explicação para o entendimento da relação das outras leis de Israel com o NT. Do mesmo modo, é provável que o "comer" e o "beber" em Colossenses 2.16 tenham como parte de seu contexto as ofertas de bebidas e de alimentos que deviam ser apresentadas no templo, embora as mesmas palavras gregas encontradas em Colossenses (*brōsis* e *posis*) não ocorram nessas referências do AT (p. ex., veja sobre as ofertas de "alimentos" em Lv 3.11,16, e mais sete vezes somente em Levítico; as ofertas de "bebida" são apresentadas também no mesmo contexto do templo [p. ex., Êx 25.29, e muitas vezes ao longo do Pentateuco]). Na verdade, a combinação de ofertas de "carne" e de "bebida" são bem frequentes no Pentateuco (na LXX, veja "oferta queimada" [*holokautōsis*] e "ofertas de bebidas" [*spondē*] [p. ex., treze vezes em Números, principalmente nos caps. 28—29]). "Ofertas de cereais" é uma locução que também aparece muitas vezes associada à oferta de bebida.

o mandato da Criação permanece na era da igreja porque ele apontava não só para o descanso do Messias como representante de Israel, mas também para o descanso definitivo de seu povo, descanso que não se consumou na primeira vinda de Cristo. Assim, o mandato da Criação e seu objetivo, que antecede o sábado de Israel e era parcialmente manifesto pelo sábado da nação, continua depois que as instituições de Israel se cumprem em Cristo e nele são abolidas. João Calvino escreveu sobre isso:

> Portanto, quando ouvimos que o sábado foi revogado pela vinda de Cristo, precisamos distinguir entre o que pertence ao governo perpétuo da vida humana e o que pertence mais propriamente às figuras antigas [i.e., aquilo que era especificamente de Israel], cujo uso foi abolido quando a verdade se cumpriu [na vinda de Cristo].[44]

Com base nas duas versões da lei sobre o sábado, em Êxodo 20.8-11 e Deuteronômio 5.12-15, fica evidente que parte da observância do sábado de Israel se fundamentava em um mandato da Criação e parte na observância exclusiva da nação. A primeira apresenta como base do sábado de Israel o descanso de Deus depois da Criação, e a segunda recorre à libertação da nação do Egito, quando Deus redimiu os hebreus do trabalho escravo e lhes concedeu o descanso que veio com a liberdade. A celebração sabática da redenção do Êxodo também apontava para a redenção do êxodo mais importante do fim dos tempos por meio de Cristo, cumprida em sua morte e ressurreição como o Cordeiro pascal (p. ex., Jo 19.34-37; 1Co 5.7,8). Portanto, em diversos aspectos, o sábado apontava para Cristo e por ele foi cumprido, mas o aspecto do sábado de Israel que se baseava no mandato da Criação de Gênesis 2 e o refletia continua válido na era da igreja. "Criação e redenção são motivos para sua observância [do sábado de Israel], um deles vale para todos os homens [inclusive Israel], o outro, especificamente para Israel".[45] Geerhardus Vos sintetiza bem a relação entre o mandato criacional do sábado de Israel e o da igreja:

> O sábado [...] tem passado pelas várias etapas do desenvolvimento da redenção, permanecendo o mesmo em essência, mas modificado em sua forma, conforme exigiram as circunstâncias em cada ponto [época].[46]

> Com base na obra de Cristo, fomos libertados de tudo isso [as diversas leis relacionadas ao sábado de Israel e as celebrações sabáticas tipológicas], mas não do sábado como instituição originária da Criação.[47]

Portanto, os aspectos nacionalistas das leis de Israel que o distinguem inequivocamente dos gentios, incluindo o modo em que o sábado era guardado e o dia em que era observado, não têm continuidade.[48] Por exemplo, a regra que dizia que os israelitas não podiam executar nenhum tipo de trabalho no sábado, sob pena de condenação à morte (Êx 35.2; Nm 15.32-36), não continua em vigor na prática do sábado na nova era.[49] Em vez disso, nesta era,

---

[44]Calvin, *Genesis*, p. 106-7.
[45]Stott, "σάββατον", in: *NIDNTT* 3:406.
[46]Vos, *Biblical theology*, p. 139.
[47]Ibidem, p. 143.
[48]Todos os dias sagrados que eram celebrados no calendário de Israel se cumpriram em Cristo, incluindo as formas singulares com que Israel celebrava o sábado. Teremos de esperar uma análise mais aprofundada da questão (veja cap. 25) para compreender melhor por que os elementos especificamente nacionalistas da Lei de Israel não continuam na era da nova aliança.
[49]Nesse sentido, veja em Êxodo 16.23-26; 34.21; 35.3 as exigências severas relacionadas à proibição de qualquer trabalho no dia de sábado.

a forma de celebração sabática ocorre no primeiro dia da semana com a reunião da igreja para adorar. Essa reunião semanal de culto comemora a inauguração do descanso por Cristo e aponta para o descanso escatológico dos santos reunidos em adoração a Deus e a Cristo por meio da palavra dele, bem como de hinos de louvor, oração e comunhão no fim dos tempos. Por isso, na presente era, os santos se reúnem no dia sabático para adorar a Cristo e a Deus com palavra, louvores, música, oração e comunhão, atos que prefiguram a adoração superior no novo cosmo. Isso preserva o modelo da criação de um dia entre os sete que é "abençoado" e "separado" dos demais (Gn 2.2,3).

A igreja deve guardar o sábado do mesmo modo que Israel guardava?

É claro que se alguém pudesse argumentar de modo convincente que o mandato da Criação abrangia a interrupção de todo trabalho no sábado, a exemplo de Israel, então isso permaneceria na nova era. Todavia, não é fácil defender essa ideia. Argumentar nesse sentido é complicado, pois seria difícil transferir para os dias da igreja todas as leis específicas do sábado de Israel. Por exemplo, deve se condenar à morte um cristão que infringir a lei do sábado, já que essa era a pena imposta aos israelitas infratores? Até os sabatistas mais rigorosos, que afirmam que o sábado cristão tem como modelo o sábado de Israel, não acreditariam que a morte seria a punição adequada para os que deixam de guardar o sábado. Minha breve resposta a essa pergunta precisa novamente voltar à discussão de Gênesis 1. O descanso de Deus no sétimo dia da Criação não significou falta de atividade, mas apenas o término da obra de criação. Depois de trazer a criação à existência, ele continuou sustentando-a pelo exercício de sua soberania.[50] Além disso, em apoio a esse último aspecto, há quem seja convincente alegando que a criação de Deus era um processo de construção de um templo, ao fim do qual ele se sentou em seu trono e descansou como rei de seu templo cósmico inaugurado. Isso se assemelha a algumas descrições posteriores no AT que dizem que, depois de Israel ter derrotado seus inimigos com a força divina, o templo foi construído em Jerusalém para que Deus ali pudesse "descansar" como rei soberano (p. ex., 1Cr 28.2; 2Cr 6.41; Sl 132.7,8,13,14; Is 66.1; Jt 9.8; *Tg. Onq.* de Êx 25.8; cf. as implicações semelhantes de Êx 15.17,18). Tendo em vista que o templo de Israel era um modelo reduzido de toda a criação, é adequado comparar o descanso de Deus no templo de Israel, depois da vitória sobre os inimigos da nação, com seu descanso no sétimo dia, após ter subjugado e dominado o caos informe da criação.

Assim, entende-se melhor o descanso como o desfrutar de uma posição de domínio soberano em um templo cósmico depois de ter subjugado as forças do caos. É possível comparar o descanso de Deus na sede de seu governo no lugar santíssimo do templo a um presidente dos Estados Unidos que passa a residir na Casa Branca. Primeiramente, há todo o trabalho de campanha eleitoral e, depois de eleito, o presidente vai morar na Casa Branca não para ficar ali sentado em uma cadeira confortável, relaxar e não fazer nada. Em vez disso, o novo presidente começa a morar na Casa Branca para "restabelecer-se" (descansar das atividades da campanha) e começar a exercer a presidência, como o chefe do executivo do país. Deus, é claro, não estava fazendo campanha eleitoral nos seis dias da Criação, mas estabelecendo

---

[50]Será que João 5.16,17 remete a algum aspecto dessa ideia quando Jesus responde aos que o acusavam de violar o sábado por curar um paralítico? Jesus respondeu: "Meu Pai trabalha até agora, e eu trabalho também", colocando-se em condição de igualdade com Deus (veja Stott, "σάββατον", in: *NIDNTT* 3:409). O judaísmo entendia corretamente que, depois de encerrar suas obras da Criação, Deus continuou em atividade sustentando-as, dando vida e executando juízos temporais (veja Lincoln, "Sabbath", p. 203).

seu templo cósmico para que este fosse sua "santa sede", de onde, após criar o mundo, ele o governaria.[51]

Deus "abençoou o sétimo dia e o santificou" para que seu povo celebrasse a posse de seu reinado e o início do domínio sobre o templo cósmico que ele criara. Antes da era mosaica, pelo menos, o povo de Deus celebraria o sétimo dia do início do governo de Deus provavelmente com atos de adoração. Desde a vinda de Cristo, comemora-se não apenas o majestoso descanso de Deus depois da Criação, mas também o descanso de Cristo à direita de Deus, descanso que ele alcançou como rei messiânico. Essa comemoração também ocorre com atos de culto na assembleia dos santos aos domingos. Como se observou antes, as atividades da reunião semanal devem simbolizar e seguir o modelo do descanso real dos santos no fim das eras escatologicamente reunidos em adoração a Deus e a Cristo por meio da palavra dele, bem como de hinos de louvor, oração e comunhão.[52] Depois da reunião de culto no domingo, os santos podem "trabalhar", mas imitando conscientemente a administração da criação segundo Deus e Cristo, um "trabalho" consciente a ser executado nos outros dias da semana, pois não se deve esquecer que os crentes começaram a obter o descanso do próprio Cristo. Contudo, é preciso lembrar que os crentes ainda estão envolvidos na construção do templo de Deus sobre a terra. Eles precisam interromper suas práticas de "boas obras" da construção do templo durante toda a semana[53] com essa celebração especial do término das atividades de Deus e de Cristo na construção do templo e da posição de realeza subsequente. Desse modo, o dever "essencial" do dia do "descanso" sabático para a igreja é a celebração da obra criadora e do descanso de Deus e de Cristo na assembleia de adoradores.

Coube a Adão e seus descendentes, depois de dominar a oposição (i.e., a serpente), concluir esse templo e entrar no descanso do templo em que Deus já entrara. Aqui não temos espaço para repetir minha longa alegação de que Gênesis 1 deve ser interpretado como um templo cósmico construído por Deus, onde ele descansou como rei soberano depois de derrotar as forças do caos. Pela mesma razão, não posso me aprofundar aqui no propósito adâmico de construção do templo relativamente a seu reinado.[54]

A relação entre o descanso sabático da igreja inaugurado em Cristo e a observância semanal do sábado

É importante a esta altura reafirmar e enfatizar que Cristo cumpriu plenamente o descanso escatológico do Último Adão sinalizado em Gênesis 2.2,3, depois de ter edificado seu templo

---

[51] Essa ilustração foi tirada de John H. Walton, *The lost world of Genesis one: ancient cosmology and the origins debate* (Downers Grove: IVP Academic, 2009), p. 73. Walton (p. 76) também dá o exemplo de um computador que, depois de comprado, precisa ser instalado (posicionando corretamente o equipamento, ligando os fios, instalando os programas etc.). Depois do trabalho de instalação, interrompe-se esse trabalho para iniciar a nova atividade de usar de fato o computador. Deus fez a mesma coisa preparando o cosmo e, depois disso, começou a reinar sobre ele e a administrá-lo. Veja em Walton, p. 72-7, a análise do tipo de "descanso ativo" que Deus passou a desfrutar a partir do sétimo dia da Criação.

[52] O modelo dessas atividades litúrgicas do fim dos tempos é fornecido por passagens em todo o livro de Apocalipse que mostram os santos no céu reunidos em volta de Deus ou do Cordeiro e de sua palavra com oração, cânticos e louvores (p. ex., 5.9-14; 11.15-17; 14.1-5; 15.2-4; 19.1-7).

[53] Hebreus 4.10 diz que no final dos tempos a pessoa que entrou plenamente no descanso de Deus descansou de suas boas obras, assim como Deus descansou de suas boas obras da Criação.

[54] Sobre essas duas ideias, veja Beale, *Temple*, p. 81-93, em que também há uma bibliografia como base do argumento. Além disso, veja sobre o projeto de construção de um templo por Deus em Walton, *Lost world*, p. 72-92, 102-7 (veja tb. a monografia mais detalhada de Walton sobre o mesmo assunto, *Genesis one as ancient cosmology* [Winona Lake: Eisenbrauns, 2011]).

dos últimos tempos com a ressurreição (p. ex., Jo 2.18-22). E, ao fazer isso, Cristo inaugurou o descanso sabático agora para todos os que nele confiam, identificam-se com sua ressurreição e são, portanto, representados por ele em sua condição de descanso. O descanso espiritual inaugurado que os santos obtêm no presente pela identificação com o descanso da ressurreição de Cristo continua todos os dias da semana, e não apenas no domingo. Contudo, os crentes ainda não obtiveram o descanso pleno do último dia como pessoas fisicamente ressurretas, uma vez que ainda não está completa a expansão do templo de Cristo por eles mediante o Espírito. Portanto, ainda existe para a igreja a observância especial de um dia no domingo, cujo propósito é aguardar a consumação do descanso do último dia no novo céu e na nova terra. A observância do domingo é uma continuação da ordenança da Criação a respeito do descanso sabático registrada em Gênesis 2.3, cujo objetivo também era a expectativa de um descanso espiritual e físico consumado.

Essa perspectiva sobre o sábado é uma conclusão bíblico-teológica, pois nenhum texto do NT diz que Cristo obteve o descanso dos últimos dias em sua ressurreição nem que esse descanso representa os que se identificam com ele.[55] Alguns textos, porém, afirmam de forma inequívoca que os crentes alcançarão esse descanso consumado no final da história (Hb 4.1,3,6,9,10).[56]

O dia sabático de culto mudou do sábado para o domingo?

Quando se defende a permanência da validade do descanso sabático para a igreja, surge ainda um problema: explicar por que ele passou do último para o primeiro dia da semana. Não existe prova exegética dessa mudança, e não há prova inequívoca de que a ressurreição de Cristo consumou o descanso para ele e o inaugurou para os crentes. Mas a mudança de fato aconteceu. Mesmo os que não concordam com um descanso sabático semanal, mas concordam que o domingo é o dia normativo para o culto semanal da igreja, não apresentam provas exegéticas ou teológicas que justifiquem a passagem do dia de adoração do último para o primeiro dia da semana. No NT, existem apenas indicadores eventuais, mas não inequívocos, de que o culto semanal da igreja acontecia no domingo (At 20.7; 1Co 16.2). A maioria dos não sabatistas afirma a validade do culto no primeiro dia da semana porque foi nesse dia que Cristo ressuscitou da morte.[57] Por isso, desde tempos muito antigos a igreja se reúne no primeiro dia da semana para celebrar a ressurreição de Cristo. Os não sabatistas até admitem que, apesar de não ter continuado com o sábado judaico, a igreja manteve a "divisão [israelita] do tempo com base no sábado do AT", o que é evidente no fato de que a igreja primitiva se refere ao "primeiro dia da semana [de sete dias]", ou seja, o dia posterior ao sábado de Israel.[58] A respeito disso, Lincoln é categórico em afirmar:

> Portanto, apesar da radical descontinuidade observada na prática da igreja primitiva de se reunir no primeiro dia para comemorar sua comunhão com o Senhor ressurreto, existe também uma clara continuidade com o povo de Deus do AT porque essas reuniões eram semanais, e não mensais ou anuais. Nesse aspecto, a igreja primitiva reconhecia a sequência sabática do tempo.[59]

---

[55]Embora, conforme já observado, isso pareça ser indicado por Mateus 11.28,29 e estar implícito em Hebreus 3.14; 4.1,6,11.

[56]Cf. Apocalipse 14.13: "Então, ouvi uma voz do céu que dizia: 'Escreve: "Bem-aventurados os mortos que desde agora morrem no Senhor". 'Sim', diz o Espírito, 'para que descansem de seus trabalhos, pois suas obras os acompanham'".

[57]Observem-se os textos dos Evangelhos que repetem que Cristo ressuscitou "no primeiro dia da semana" (Mt 28.1; Mc 16.2,9; Lc 24.1; Jo 20.1,19).

[58]Lincoln, "Sabbath", p. 200-1.

[59]Ibidem, p. 201.

Isso é uma concessão surpreendente de um não sabatista. Se a igreja primitiva manteve a "sequência sabática do tempo", por que essa ampla continuidade do calendário não incluiu o mesmo dia especial de culto e comemoração entre os sete que fazem parte dessa continuidade? O fato é que a igreja primitiva tinha esse dia de adoração semanal. A alegação de Lincoln pressupõe muita descontinuidade. Minha discussão em todo este capítulo até agora aponta para o domingo como o dia sabático herdado do AT, não somente no plano semanal, mas sobretudo como continuação do mandato da Criação de que, dos sete dias, o sétimo fosse "abençoado" e "santificado".

Enquanto os não sabatistas creem que o dia do culto congregacional mudou do sábado para o domingo por causa do acontecimento cataclísmico da ressurreição de Cristo, os sabatistas também afirmam que a observância do dia sabático foi mudada pela mesma razão. Ambas as perspectivas afirmam que a ressurreição de Cristo marcou o início da nova criação e do "descanso" consumado de Cristo como rei. As duas também afirmam que a ressurreição de Cristo foi a inauguração do descanso dos crentes em sua identificação posicional com a ressurreição de Cristo e o início da experiência pessoal deles da vida da ressurreição. A continuação de um dia de descanso semanal não apenas celebra esse descanso passado, mas também aponta para a vinda final de Cristo, quando os próprios crentes ressuscitarão fisicamente e terão a plena fruição do mesmo descanso que Cristo já conquistou por completo. Os sabatistas, porém, continuam chamando esse dia comemorativo de "sábado", uma vez que o sábado semanal simboliza o que ainda não se cumpriu de forma consumada e definitiva. Não se trata de uma simples transposição da ordenança do sábado de Israel; é a continuação da expressão da ordenança da Criação (em parte expressa no sábado de Israel), que estipulava que a humanidade descansasse no sétimo dia. Esse sétimo dia do mandato da Criação foi mudado para o primeiro dia por causa da importância já mencionada da ressurreição de Cristo, que foi consumadora do sábado e inauguradora do descanso sabático para seu povo. É provável que esse dia sabático transferido para o domingo seja identificado com o "dia do Senhor" (*kyriakē hēmera*) de Apocalipse 1.10 (conforme identificado no *Did.* [14.1],[60] por Inácio [In. *Mg.* 9.1] e por autores patrísticos posteriores).[61]

A conclusão do artigo de Lincoln, que defende uma posição não sabatista, também corresponde bem, ou até melhor, a uma perspectiva sabatista. No que diz respeito à posição do Catecismo de Heidelberg de que a importância constante do quarto mandamento de Israel reside na prática das boas obras pelos cristãos mediante o Espírito e no começo da experiência do "sábado eterno" nesta vida, ele declara:

> Essa teologia sugere que, quando se reúnem no dia do Senhor, os cristãos celebram o verdadeiro descanso sabático que Cristo alcançou com sua morte e ressurreição, e, de acordo com a Palavra de Deus e pela exortação mútua, eles terão ânimo para permanecer nesse descanso a fim de que a participação deles na sua plenitude escatológica seja garantida.[62]

Quando o dia do Senhor é considerado também a continuação do sábado, a natureza histórico--redentora dessa celebração do "verdadeiro descanso sabático" se manifesta com mais clareza ainda e com o reconhecimento de sua origem em Gênesis 2.2,3. Porém, ao continuar na nova era, o sábado passa por uma transformação. Em primeiro lugar, a celebração do sétimo dia em Gênesis 2.3 e a ordenança sabática de Israel são transferidas para o primeiro dia da semana

---

[60]Embora a passagem não declare especificamente que se trata do primeiro dia da semana ou domingo.
[61]Conforme Stott, "σάββατον", in: *NIDNTT* 3:411-2. Stott (p. 412-5) apresenta uma longa bibliografia sobre questões do sábado nos dois Testamentos; veja tb. uma bibliografia mais curta em Wenham, *Genesis 1—15*, p. 34.
[62]Lincoln, "Sabbath", p. 216-7.

por causa da ressurreição de Cristo. Em segundo, a observância do sábado de acordo com o modelo de Israel, com todos os detalhes de suas exigências, deixa de existir, e há um retorno ao mandato da Criação. A observância desse mandato é um dia de celebração do descanso de Deus de sua obra criadora, a celebração de que Cristo alcançou esse descanso, do qual os crentes também começaram a participar, e a expectativa do descanso pleno e futuro dos cristãos. Além disso, a vinda de Cristo cumpre o mandamento singular do sábado israelita, uma vez que ele é o Messias de Israel, que realiza o êxodo israelita do fim dos tempos e representa o verdadeiro Israel e o templo do fim dos tempos. Cristo cumpre todos os tipos de Israel, incluindo aqueles para os quais o sábado israelita apontava.

Conclusão

Minha tese em todo este livro é de que ideias importantes do NT são aspectos da morte e da ressurreição de Cristo como a nova criação e o reino do fim dos tempos. Vimos que isso se aplica também ao conceito do sábado. A obra de Deus ao edificar a primeira criação como seu templo terminou com o descanso do Criador no sétimo dia, que, conforme vimos, era sinal de seu reinado. O descanso de Deus prefigurava o descanso final da humanidade, que depois dele deveria concluir sua boa obra de servir a Deus na face da terra. Isso foi cumprido primeiramente por Cristo, filho de Adão, que, depois de concluir a obra de edificação do templo e de redenção em seu ministério, morte e ressurreição, descansou à direita de Deus como rei em glória ressurreta. Conforme vimos, o atual estado ressurreto de Cristo é uma condição da nova criação. Todos os que creem se identificam com seu descanso da nova criação e da ressurreição. Mas esse descanso não estará consumado para eles como indivíduos enquanto não receberem o corpo da ressurreição e se tornarem parte consumada da nova criação. Até lá, os cristãos ainda devem observar o dia sabático como sinal que aponta para seu definitivo descanso da ressurreição. O dia sabático passou do sábado para o domingo porque esse é o dia em que Cristo ressuscitou e obteve descanso como rei da nova criação.[63]

---

[63]Veja em John M. Frame, *The doctrine of the Christian life* (Phillipsburg: P&R, 2008), p. 513-74, uma minuciosa análise teológica do sábado no AT e no NT, que se harmoniza de modo geral com a abordagem deste capítulo, mas diverge em alguma medida sobre quais atividades exatamente se aplicam à observância do sábado do NT.

23

A transformação de nova criação da igreja das marcas características de Israel

O batismo, a ceia do Senhor, o ofício eclesiástico e o cânon do Novo Testamento

Neste capítulo, continuaremos vendo que os elementos importantes da eclesiologia são aspectos do enredo escatológico da nova criação.¹ Esses elementos também revelam que a igreja, como povo fiel de Deus — outro aspecto importante do enredo —, é distinta do mundo.

Os sacramentos eclesiásticos do batismo e da ceia do Senhor como indicadores das realidades da nova criação dos últimos tempos

O batismo e a ceia do Senhor, a que N. T. Wright se refere como "símbolos" associados à "narrativa" bíblica,²também estão repletos de ideias da nova criação.

O batismo

O batismo representa a identificação do crente com a morte e a ressurreição de Cristo:³ o velho eu ou "velho homem" (na posição de Adão) foi crucificado com Cristo, e com ele os cristãos ressuscitaram em "novidade de vida" (p. ex., Rm 6.3-11). Além disso, duas outras importantes análises neotestamentárias do batismo o comparam respectivamente com a salvação pela água tanto de Noé (1Pe 3.20,21) quanto de Israel no Êxodo (1Co 10.1,2), realidades já tratadas

---

¹As seções seguintes deste capítulo sobre batismo, ceia do Senhor e o ofício de presbítero são uma revisão de G. K. Beale, "The eschatological conception of New Testament theology", in: K. E. Brower; M. W. Elliott, orgs., *"The reader must understand": eschatology in Bible and theology* (Leicester: Apollos, 1997), p. 39-44.

²N. T. Wright, *The New Testament and the people of God* (Minneapolis: Fortress, 1992), p. 447-8.

³Sobre o fundamento do batismo na morte e na ressurreição de Cristo, veja Oscar Cullmann, *Baptism in the New Testament*, tradução para o inglês de J. K. S. Reid, SBT 1 (Chicago: Allenson, 1950), p. 9-22.

antes aqui como partes importantes do enredo veterotestamentário geral da recriação.⁴ Também importante nesse sentido é a descrição da salvação em Tito 3.5 com figuras do batismo e da nova criação: "Ele nos salvou [...] mediante o lavar da regeneração [*palingenesia*] e da renovação realizadas pelo Espírito Santo".⁵

Precisamos tratar agora da possível relação entre batismo e circuncisão.

O batismo e a circuncisão em Colossenses 2.11-13

Colossenses 2.11-13 é a única passagem do NT que associa esses dois conceitos. Qual é a relação entre os dois nessa passagem? Para tentar responder a essa pergunta precisamos fazer uma breve análise de Colossenses 2.9-13. O vínculo entre batismo e circuncisão nesse texto é muito debatido, pois não é claro. Assim como na difícil questão e discussão do sábado no capítulo anterior, peço, mais uma vez, a paciência do leitor para acompanhar as profundas ligações exegéticas e bíblico-teológicas nessa passagem complexa.

O contexto de Colossenses 2.9-13

... Pois nele habita corporalmente toda a plenitude da divindade, e nele tendes vos tornado plenos; ele que é a cabeça de todo principado e poder. E nele também fostes circuncidados com a circuncisão que não é feita por mãos humanas, o despojar do corpo da carne pela circuncisão de Cristo; tendo sido sepultados com ele no batismo, no qual também fostes ressuscitados pela fé na atuação de Deus, que o ressuscitou dentre os mortos. Quando ainda estáveis mortos nas vossas transgressões e na incircuncisão da vossa carne, Deus vos deu vida juntamente com ele, perdoando todos os nossos pecados.

Paulo diz aos leitores que eles devem voltar os olhos para Cristo "em quem estão ocultos todos os tesouros da sabedoria e da ciência", para que não sejam enganados "por argumentos persuasivos" (2.3,4). Eles devem continuar confiando em Cristo, como confiaram no início, e firmar-se cada vez mais na fé "para que ninguém vos torne cativos por meio de filosofias e sutilezas vazias, segundo a tradição dos homens, conforme os princípios elementares do mundo, e não de acordo com Cristo" (2.6-8). A palavra "filosofias" (*philosophia*) e as locuções "sutilezas vazias", "tradição dos homens" e "princípios elementares do mundo" têm de ser interpretadas à luz do contexto seguinte no capítulo 2. O que está especificamente em vista é a compreensão errada do sentido e da aplicação da Lei do AT na nova era. Parece que isso é parte das doutrinas judaicas errôneas que se concentravam na Lei, em vez de em Cristo, como a síntese da revelação divina.⁶

---

⁴Veja no cap. 1, no subtítulo "Os episódios de juízo cósmico e de nova criação repetidos no Antigo Testamento", um tratamento mais completo da relação entre esses dois eventos do AT; Meredith G. Kline, *By oath consigned: a reinterpretation of the covenant signs of circumcision and baptism* (Grand Rapids: Eerdmans, 1968), p. 63-83. Nesse cenário do AT, o batismo pode ser visto como "um sinal da provação escatológica" (ibidem, p. 79). Posteriormente, em apoio a Kline, Wright observou que a tipologia do Êxodo e a morte e a ressurreição de Cristo estão associadas com o batismo, sendo este "o modo de entrar para o povo escatológico [...] porque ele tinha relação com Jesus, que havia levado a história de Israel a seu destino e, como Messias, recapitulou em si o povo de Israel (*New Testament and the people of God*, p. 447).

⁵Não é por acaso que Filo usa o termo *palingenesia* (*Moisés* 2.65) para se referir à renovação da terra após o Dilúvio, e Josefo (*Ant.* 11.66) utiliza essa palavra em referência ao retorno de Israel do cativeiro. Igualmente, Sabedoria 19.6 descreve o Êxodo como o momento em que "a criação inteira foi, mais uma vez, formada em sua própria forma nova" (veja tb. 19.18).

⁶Veja N. T. Wright, *The Epistles of Paul to the Colossians and to Philemon*, TNTC (Grand Rapids: Eerdmans, 1986), p. 23-30.

O versículo 10 muda o foco para Cristo, que começou a cumprir tudo o que era representado pela habitação de Deus no AT: ele é o templo do fim dos tempos.⁷ Os cristãos são escatologicamente "completos" "em Cristo" porque participam do cumprimento do AT que ele realizou. Por exemplo, fazem parte do novo templo em Cristo (v. 10a; e veja tb. o v. 9) e participam do governo dele no reino messiânico que iniciou (v. 10).

Os versículos 11-13 apresentam outra instituição do AT que é um tipo cujo cumprimento está em Cristo e nos que nele creem. A referência à "circuncisão que não é feita por mãos humanas" (2.11) subentende uma oposição à "circuncisão feita por mãos humanas", que Paulo menciona em Efésios 2.11 ("circuncisão feita no corpo por mãos humanas"). Na LXX, a ideia de "feita pela mão/feita por mãos" (*cheiropoiētos*) está sempre associada aos ídolos e, no NT, sem exceção, é uma referência negativa, com conotações idolátricas.⁸ Portanto, a referência implícita à "circuncisão feita por mãos humanas" em Colossenses 2 reforça ainda mais a ideia de que continuar confiando nas "sombras" veterotestamentárias é idolatria, visto que elas já se cumpriram.⁹

A função tipológica das leis e das instituições do Antigo Testamento

O motivo mais claro do desaparecimento dos tipos e instituições do AT na era da igreja é explicado em Colossenses 2.17, que, com 2.9-15, serve de base para a refutação dos falsos ensinamentos idólatras em Colossos. Não repetirei tudo o que disse no capítulo anterior sobre Colossenses 2.16,17 para que meus comentários aqui se concentrem mais no tema da circuncisão.

Os ritos externos (leis sobre alimentos, dias especiais de festas cultuais, sábados, circuncisão etc.) da Lei deixaram de ser necessários porque a finalidade histórico-redentora deles era funcionar como "sombras das coisas que haveriam de vir, isto é, do corpo [material] de Cristo" (Cl 2.17 [tradução minha]), que já veio. De um modo ou de outro, Paulo entendia que as diversas expressões externas da Lei do AT prefiguravam o Messias vindouro, que agora já veio. Portanto, a função prefigurativa e preparatória da Lei chegou ao fim, pois a "substância" messiânica que ela indicava já chegara. A ideia aqui é muito semelhante à de Mateus 5.17: Jesus "cumpriu" a "Lei" e "os Profetas" ao cumprir com suas palavras e ações as profecias textuais inequívocas do AT, as prefigurações (p. ex., o cordeiro da Páscoa), as instituições (p. ex., os sacrifícios e o templo), o sentido supremo da Lei e a autoridade verdadeira e permanente do AT.¹⁰

Hebreus 8.5 e 10.1 também falam respectivamente do Tabernáculo e dos sacrifícios como "sombras" que apontavam para o verdadeiro templo do fim dos tempos e para o sacrifício definitivo e único de Cristo. Colossenses 2.17 e os textos de Hebreus são expressões clássicas da visão tipológica do NT sobre o AT. Nesse contexto de Colossenses, são enfatizadas particularmente as leis sobre alimentos (2.16,21,22), destinadas a tornar a pessoa pura para participar do culto no Tabernáculo ou no Templo.¹¹ Por isso, parece que Paulo entende essas

---

⁷Argumentos exegéticos em favor dessa conclusão podem ser encontrados em G. K. Beale, "Colossians", in: G. K. Beale; D. A. Carson, orgs., *Commentary on the New Testament use of the Old Testament* (Grand Rapids: Baker Academic, 2007), p. 855-7 [edição em português: *Comentário do uso do Antigo Testamento no Novo Testamento* (São Paulo: Vida Nova, 2014)]. Veja tb. o cap. 15, subtítulo "Colossenses 1".

⁸Sobre isso, veja tb. G. K. Beale, *The temple and the church's mission: a biblical theology of the dwelling place of God*, NSBT 17 (Downers Grove: InterVarsity, 2004), p. 224-5.

⁹Essa identificação com a idolatria é desenvolvida ainda mais em Colossenses 2.18,22,23; sobre isso, veja Beale, "Colossians", p. 860-2.

¹⁰Para conhecer toda a argumentação, veja D. A. Carson, *Matthew 1—12*, EBC (Grand Rapids: Zondervan, 1995), p. 140-5.

¹¹Sobre essa visão acerca do propósito original das leis alimentares, veja, p. ex., K. Kohler, "Dietary laws", in: I. Singer, org., *The Jewish encyclopedia: a descriptive record of the history, religion, literature, and customs of the Jewish people from the earliest times to the present day* (New York: Funk & Wagnalls, 1903), vol. 4, p. 596; veja tb. H. Rabinowitz, "Dietary laws", in: *EncJud* 6:120-40.

leis específicas como sombra do tempo em que os crentes seriam purificados pela obra redentora de Cristo para torná-los aptos a adorar no verdadeiro templo, edificado sobre Cristo e formado pelos cristãos.[12]

A função tipológica da circuncisão do Antigo Testamento

A primeira expressão inequívoca desse conceito "da sombra para a substância" em Colossenses está em 2.11-13, que introduz o tema de 2.17. Nos versículos 11-13, parece que Paulo entende o rito externo da circuncisão como indicador da realidade redentora superior de Cristo e seus seguidores "circuncidados" ou "cortados" do velho mundo pecaminoso e separados para um novo mundo. Por isso, Paulo fala em 2.11 da redenção dos crentes como algo que consiste em serem "circuncidados com a circuncisão que não é feita por mãos humanas", que ocorreu por meio da "circuncisão de Cristo" (i.e., sua morte).[13] "Incircuncisão [*akrobystia*] da vossa carne [*sarx*]" (v. 13a) representava a incredulidade pecaminosa da qual o indivíduo precisava ser "circuncidado". A expressão "incircuncisão da vossa carne" é provavelmente uma alusão por analogia a Gênesis 17.10-27 (LXX), em que "a carne [*sarx*] da vossa/sua incircuncisão [*akrobystia*]" ocorre quatro vezes (veja tb. Gn 34.24, LXX; Lv 12.3; Jt 14.10). Ali, a ideia da narrativa é que os que estão no relacionamento pactual com Deus devem expressar esse relacionamento sendo "circuncidados na carne de sua incircuncisão". Isso era um símbolo para indicar que o verdadeiro israelita era aquele cujo coração havia sido cortado da incredulidade e do pecado (Dt 10.16; Jr 4.4b; 9.26; Ez 44.7,9),[14] separado para Deus (Jr 4.4a [veja ainda Gn 17 a seguir]). De modo semelhante, Paulo compara a circuncisão física com a realidade espiritual do relacionamento da nova aliança com Cristo. Quando são identificados pela fé com a morte de Cristo, os crentes são "cortados" do velho mundo e, em seguida, ressuscitados e separados para a nova vida (a ideia de 2.12,13).[15] É provável que a referência de Paulo ao "despojar do corpo da carne" também faça parte da alusão a Gênesis 17, em que "carne" pertence à descrição do estado pecaminoso simbólico imediatamente anterior à circuncisão.

Contudo, ao que tudo indica, Paulo está apresentando mais do que uma analogia aqui. Sua provável relação com outro contexto veterotestamentário fora de Gênesis indica que ele considerava a circuncisão na carne uma prefiguração da circuncisão espiritual vindoura que seria realizada pelo Messias em favor do Israel escatológico. Paulo estaria desenvolvendo o significado da circuncisão que apontava para o fim dos tempos já mencionado em Deuteronômio. A maioria dos israelitas, embora fisicamente circuncidada, precisava "circuncidar" o "coração" espiritual (Dt 10.16 [cf. Jr 4.4; 9.25,26]). A ordem para "circuncidar o coração" diz respeito tanto a remover-se do velho modo de vida (i.e., em Dt 10.16, de um coração "obstinado", em

---

[12]Veja 1.19 em Beale, "Colossians".

[13]A "circuncisão de Cristo" pode ser um genitivo objetivo (Cristo como o objeto da circuncisão) ou um genitivo subjetivo ("circuncisão por Cristo"). A primeira hipótese pode ser indicada pelo fato de que a morte de Cristo é mencionada duas vezes no v. 12 logo a seguir. É difícil decidir, mas prefiro a segunda hipótese porque a ideia predominante dos v. 11a e v. 12-14 é o que ocorreu com os colossenses (de acordo com Martin Salter, "Does baptism replace circumcision? An examination of the relationship between circumcision and baptism in Colossians 2:11-12", *Themelios* 35 [2010]: 24-5, em que o autor discute ambas as hipóteses).

[14]Assim tb. Josué 5.8,9, em que a circuncisão da segunda geração de Israel simboliza Deus tirando "do meio dos israelitas a humilhação do Egito". Há diversas interpretações do simbolismo dessa passagem, mas acho que a melhor identificação é a de que a circuncisão refere-se ao contraste com a geração israelita que saiu do Egito, foi infiel e desobediente no deserto e morreu ali por causa da incredulidade (Js 5.4-7) (veja Richard S. Hess, *Joshua*, TOTC [Downers Grove: InterVarsity, 1996], p. 119-22). A circuncisão da segunda geração representava o "corte" deles da identificação com o estado de incredulidade.

[15]Como outra hipótese, se a "circuncisão de Cristo" fosse um genitivo objetivo, a ideia seria a de que, quando os crentes são identificados pela fé com a morte de Cristo, que o "cortou" do velho mundo e o levou à ressurreição, eles também são "cortados" do velho mundo e, depois, ressuscitados (a ideia de 2.12,13).

última análise, equivalente à morte espiritual) quanto a separar-se para uma nova condição de vida. Isso está ainda mais claro em Jeremias 4.4a: "Circuncidai-vos ao Senhor [para viver] e circuncidai o coração [o velho coração pecaminoso que leva à morte]". Aqui, no versículo 4a, circuncisão significa separar-se para Deus, e não de uma condição negativa, como se vê em 4.4b. Contudo, Deuteronômio profetiza que, na época da restauração dos últimos dias de Israel, não serão os israelitas, mas o próprio Deus que "circuncidará o teu coração, e o coração da tua descendência, a fim de que ames o Senhor [...] para que vivas" (Dt 30.6).[16] Parece que essa circuncisão futura está focada mais na separação para amar a Deus do que na separação do mundo pecaminoso, embora sejam dois lados da mesma moeda. Nesse aspecto, Deuteronômio 30.6 se assemelha a Jeremias 4.4a: a circuncisão futura será a separação para uma nova esfera em que o indivíduo será capaz de amar a Deus e ter vida. O próprio texto de Gênesis 17 indica que a circuncisão é um ato de separar-se para uma esfera positiva de bênçãos (esp. v. 5-16), uma vez que, nesse âmbito, ela é "o sinal da aliança" (v. 10,11), que é "perpétua" (v. 7,13,19). A aliança representada pela circuncisão é o compromisso de Deus de que ele fará Israel "multiplicar-se de modo extraordinário" (v. 2 [tb. v. 4-7]).

O próprio Paulo apresenta em outra passagem a ideia de que a circuncisão representa o separar-se para uma realidade positiva: Abraão "recebeu o sinal da circuncisão, como selo da justiça da fé que teve quando ainda não era circuncidado" (Rm 4.11). Embora não se use aqui a palavra "vida", a ideia de que a circuncisão significava "justiça" aproxima-se bastante do espectro da vida, pois a justiça de Abraão está associada no contexto à nova vida (4.17-25).[17] De modo semelhante, Paulo entende que a circuncisão exterior da carne deve significar positivamente a circuncisão interior "do coração, realizada pelo Espírito, não pela letra" (Rm 2.25-29). Novamente, isso se aproxima bastante de simbolizar vida, pois, em outras passagens, Paulo contrapõe "letra" e "Espírito" em contextos de nova vida (Rm 7.6; esp. 2Co 3.6: "... não da letra, mas do Espírito; porque a letra mata, mas o Espírito dá vida").[18]

Desse modo, fica claro com base em diversas passagens do AT e do NT que a circuncisão física não deveria ser apenas símbolo do efeito de ser cortado do domínio da maldição, mas também um símbolo externo de uma realidade de vida espiritual interior positiva ou de bênção para os santos israelitas. Além disso, provavelmente o texto de Deuteronômio 30.6 à luz do contexto do simbolismo positivo da circuncisão física implica que a circuncisão física era uma prefiguração do tempo escatológico em que a circuncisão espiritual ocorreria em escala maior e resultaria na vida da era por vir. Portanto, em Colossenses 2.11-13 Paulo vê a circuncisão de Cristo (de modo implícito) e a dos crentes como a separação não somente da morte, mas também para a vida da ressurreição. Depois da morte e da ressurreição de Cristo, não se exige mais a prática do rito físico da circuncisão, pois a realidade do fim dos tempos que ele indicava havia chegado, e seu propósito prefigurativo havia se cumprido. Meu objetivo ao indicar o duplo significado da circuncisão até aqui foi preparar o leitor para entender a circuncisão como paralelo muito próximo do batismo, que também significa separação do velho mundo para a vida (i.e., em Cristo).

A relação entre circuncisão e batismo

Os comentaristas têm observado o estreito vínculo entre "circuncisão" e "batismo" em Colossenses 2.11-13. Os dois são, no mínimo, análogos: assim como a "circuncisão" do crente é comparável à "circuncisão de Cristo" (i.e., os crentes são cortados da identidade que tinham

---

[16] Veja a referência clara ao cumprimento dessa promessa nos últimos dias em Deuteronômio 4.27-31; 31.29; cf. possivelmente 32.29; Levítico 26.41.

[17] Em alguns trechos de Romanos, Paulo entende que a esfera da vida da ressurreição sobrepõe-se à esfera em que os santos praticam a "justiça" (p. ex., 6.13).

[18] Embora o caso dativo ocorra em Romanos 2.29, e o genitivo, em 2Coríntios 3.6.

com o velho mundo e com o velho eu pecaminoso) (v. 11),[19] também o "batismo" significa "ter sido sepultado com ele" (referindo-se à identificação do crente com a morte de Cristo), mas também representa os cristãos sendo "ressuscitados com ele" (v. 12).[20] Se, conforme argumentei, o contexto de Deuteronômio está em foco, então a circuncisão espiritual não se refere simplesmente à identificação com a morte de Cristo, mas também inclui a vida da ressurreição, pois o texto da circuncisão espiritual em Deuteronômio 30.6 declara que os israelitas do fim dos tempos seriam circuncidados para ser separados para essa vida. Essa inclusão de "vida" na ideia da "circuncisão que não é feita por mãos humanas" no versículo 11 é indicada também pelo versículo 13: "Quando ainda estáveis mortos nas vossas transgressões e na incircuncisão da vossa carne, Deus vos deu vida juntamente com ele". Receber "vida juntamente com ele" indica o processo de sair do domínio da "incircuncisão da carne". Conceitualmente, isso equivale à menção anterior em 2.11 de ser circuncidado espiritualmente. Contudo, é preciso lembrar que essa circuncisão espiritual, à luz do uso que Paulo faz de Deuteronômio 30.6 e Gênesis 17, abrange não somente a morte, mas também a vida espiritual.

Assim, tanto a circuncisão espiritual quanto o batismo em Colossenses 2.11-13 referem-se à identificação com a morte e a ressurreição de Cristo, embora seja fato que no versículo 12 Paulo associa claramente essa ideia dupla de morte/vida apenas ao batismo. Portanto, a circuncisão física do AT como tipo foi cumprida na circuncisão espiritual escatológica e não tem mais importância para o ingresso na comunidade da nova aliança. Em vez disso, a "circuncisão que não é feita por mãos humanas" e o "batismo", ambos espirituais, são realidades presentes que indicam o ingresso na comunidade da aliança.[21] Se a circuncisão espiritual em Cristo é o cumprimento do tipo da circuncisão física, bem como é praticamente equiparada ao batismo espiritual, parece razoável que esse batismo também seja considerado cumprimento do tipo físico da circuncisão. Pode-se fazer outra dedução: se por trás do batismo espiritual está o ritual físico do batismo (como sustenta a maioria dos comentaristas), então pode se dizer que a equivalência da circuncisão física tem seu cumprimento tipológico também no ritual físico do batismo.

A associação indissolúvel ou a realidade sobreposta entre a "circuncisão" espiritual e o "batismo" espiritual fica evidente nos versículos 11 e 12a:

> E fostes circuncidados
> também
> nele
> por meio de uma circuncisão que não é feita por mãos humanas
> por meio do despojar do corpo da carne
> por meio da circuncisão de Cristo
> por terem sido sepultados com ele no batismo.

O principal verbo nessa oração é traduzido por "fostes circuncidados" (*perietmēthēte*), e ele é modificado por seis orações adverbiais no grego. O primeiro e o segundo modificadores ("também" e "nele") simplesmente explicam de outra forma o que os versículos 11 e 12 estão

---

[19]Ou, como alternativa, "o remover de Cristo" de seu lugar no velho mundo, conforme a locução seguinte, "a circuncisão de Cristo", podendo ser um genitivo objetivo.

[20]O dativo *en hō* no v. 12 pode referir-se ao dativo imediatamente anterior "no batismo" (*tō baptismō*), por isso é o batismo em que "fostes ressuscitados", embora seja possível ter como antecedente a locução "com ele" (*autō*) mais distante, e nesse caso a expressão no dativo em foco seria traduzida por "em quem fostes também ressuscitados". Porém, mesmo que o foco fosse apenas ser "ressuscitado em Cristo", ainda assim é provável que, a exemplo da morte, também a ressurreição em Cristo esteja implícita no contexto do batismo.

[21]Aqui, é provável que "batismo" seja uma referência à identificação espiritual com Cristo, mas, como veremos adiante, é possível que o ritual físico do batismo esteja no pano de fundo da passagem.

apresentando, além dos versículos 9 e 10, ou seja, que os crentes são identificados com Cristo: eles foram "circuncidados também nele". As quatro orações seguintes dos versículos 11 e 12a explicam um pouco do conceito de que os crentes "foram circuncidados" em Cristo. As quatro orações adverbiais definem os meios pelos quais os crentes foram circuncidados.[22] Isto é, eles foram circuncidados (1) mediante uma circuncisão espiritual ("sem mãos", i.e., por Deus ou Cristo), (2) pelo "despojar do corpo da carne" (que tira o indivíduo de sua antiga identificação com o mundo pecaminoso) e (3) por se identificarem com a própria morte de Cristo, apresentada tanto como "a circuncisão de Cristo" quanto (4) como serem "sepultados com ele no batismo".

Como alternativa igualmente possível, essas quatro orações adverbiais indicariam como os santos "foram circuncidados":

> E fostes circuncidados
>> também
>> nele
>> na forma de uma circuncisão que não é feita por mãos humanas
>> na forma do despojar da carne pecaminosa
>> na forma da circuncisão de Cristo
>> na forma de ser sepultado com ele no batismo

Por isso, cada oração adverbial descreveria o modo em que foi praticada a ação do verbo referente à circuncisão. É difícil saber se a melhor alternativa é o meio ou o modo, mas o sentido de ambas é muito próximo. Em ambas as hipóteses, as locuções estariam especificando a ação do verbo "circuncidar", de modo que seriam consideradas não um conceito separado do ato de circuncidar, mas sobreposto a ele.

Qual seria, caso ela exista, a ideia dominante entre o verbo "fostes circuncidados", no início do versículo 22, e essas quatro locuções modificadoras seguintes? É provável que "fostes circuncidados" seja a principal ideia dominante ou lógica. As quatro últimas orações apoiam a ideia do verbo "fostes circuncidados", indicando o meio ou o modo pelo qual a ação verbal foi praticada. As orações subordinadas se sobrepõem, estando as três primeiras ligadas à circuncisão espiritual, e a última, ao batismo espiritual. Portanto, uma vez que as três orações adverbiais seguintes à oração gramatical "em quem também" (*en hō kai*) são explicadas como meios ou modos pelos quais eles "foram circuncidados",[23] é provável que a oração gramatical

---

[22]A expressão "pelo [ou no] despojar do corpo da carne" pode modificar a que a antecede, "circuncisão que é feita não por mãos humanas", indicando o meio ou a maneira em que a ação precedente é realizada; por outro lado, a expressão "pela [ou na] circuncisão de Cristo" poderia modificar e indicar especificamente o meio ou a maneira em que a ação precedente, "pelo despojar da carne pecaminosa", é realizada. Essas alternativas não afetam meu argumento geral nesta seção, que a seguir se concentrará na relação do particípio adverbial "tendo sido sepultados" com o verbo principal, "fostes circuncidados".

[23]Essas três orações estão no dativo no grego, e as duas últimas são antecedidas pela preposição *en*, que, além de indicar meio ou modo, pode indicar tempo, aposto ou local. Mas essas três opções são improváveis, como se vê muito bem quando tentamos traduzi-las hermeneuticamente (p. ex., observem-se as três opções com respeito à segunda oração gramatical "no despojar do corpo da carne": "quando vos despojais" ou "que é o despojar" ou "na esfera do despojar". No entanto, um dativo de meio ("por meio do [ou 'com o'] despojar") ou modo ("despojando-vos") traz naturalidade e fluência não somente para os dois últimos *en* + orações dativas, mas também para a primeira oração gramatical dativa independente (que poderia ter as mesmas alternativas de significado do *en* + orações dativas há pouco observadas) (por que os usos respectivamente temporal, apositivo ou locativo são construções sintagmáticas improváveis nessa primeira oração dativa, veja Daniel B. Wallace, *Greek grammar beyond the basics* [Grand Rapids: Zondervan, 1996], p. 152-7). Outra coisa que também apoia o meio ou o modo como melhores opções é que a primeira e a terceira orações dativas são dativos cognatos (e a segunda é praticamente sinônima), cuja força está em "enfatizar a ação do verbo" (ibidem, p. 168-9) em relação ao modo em que ela é praticada ou ao meio pelo qual ela ocorre (embora Wallace enfatize o modo).

imediatamente seguinte, "sepultados com ele no batismo", também seja o meio ou modo pelo qual eles "foram circuncidados".[24] Além disso, visto que as três primeiras orações adverbiais do versículo 11 parecem ser equivalentes lexicais no aspecto conceitual ("circuncisão [...] despojar [...] circuncisão") ao "fostes circuncidados" inicial, então, de acordo com essas três orações antecedentes, é provável que "sepultados no batismo" designe o mesmo que o conceito espiritual de "fostes circuncidados" no versículo 11a. Da perspectiva sintática, se "tendo sido sepultados" é uma qualificação do verbo "fostes circuncidados", então é um aspecto dessa ação verbal e essencialmente equivalente a ele. Ou, de outro modo, "sepultados no batismo" poderia talvez ser considerado uma ideia lógica subordinada incluída no conceito mais amplo de circuncisão espiritual, pois é o "meio" de realizar essa circuncisão ou o modo pelo qual é feita.[25] *Assim, é provável que o batismo espiritual seja equivalente à circuncisão espiritual nessa passagem ou, ao menos, seja considerado parte integrante, mas subordinada, da circuncisão.*[26] *No último caso, pode se concluir que batismo e circuncisão não são exatamente equivalentes. No entanto, há tanta sobreposição entre os dois (ambos representam morte e ressurreição) que podem ser considerados equivalentes de forma geral.*[27]

É importante reafirmar minha conclusão no início desta seção: se a circuncisão espiritual nesta passagem é o cumprimento daquilo que a circuncisão física representava, então o batismo espiritual, o equivalente conceitual da circuncisão espiritual nesta passagem, também deve ser considerado o cumprimento tipológico da circuncisão do AT. Isso não é o mesmo que dizer que o ritual físico do batismo para ingresso na comunidade da aliança seja equivalente ao ritual físico da circuncisão, uma vez que o batismo espiritual é o foco dessa passagem. Se, porém, como é provável, o batismo físico aqui faz parte do pano de fundo do batismo

---

[24]"Tendo sido sepultados" é uma tradução do particípio adverbial no aoristo passivo (*syntaphentes*), que indica não uma ação que precede o verbo principal ("fostes circuncidados"), mas uma ação geralmente simultânea (que costuma ocorrer quando um particípio aoristo adverbial modifica um verbo no aoristo do indicativo [sobre isso, veja ibidem, p. 624-5]). No entanto, com esse elemento de tempo geralmente simultâneo, o particípio também pode indicar mais especificamente o meio ou o modo pelo qual a ação do verbo principal é executada. (Wallace diz que "mesmo que um particípio seja classificado como temporal, isso não significa necessariamente que esta seja sua única força. Muitas vezes está presente uma ideia secundária de meio ou causa" [ibidem, p. 624, nota 30], mas eu diria que às vezes o elemento temporal também pode ser secundário.) O contexto é um dos principais indicadores da função de um particípio adverbial, e, como o particípio aqui é estruturalmente paralelo às orações adverbiais anteriores que indicam o meio ou modo do verbo principal, então também é provável que a função do particípio seja a mesma. Se o que está em mente é um particípio de meio, então ele define como a ação do verbo principal é praticada (ibidem, p. 629). É possível que este seja um particípio de finalidade, mas isso seria muito raro para um aoristo (ibidem, p. 636). Aqui os outros usos lógicos do particípio não seriam tão prováveis quanto meio ou modo. Salter ("Does baptism replace circumcision?", p. 25-8) classifica o particípio somente como temporalmente simultâneo, mas essa classificação é muito limitada. Veja um estudo mais profundo dessa difícil questão das locuções adverbiais em Colossenses 2.11,12 em G. K. Beale, *Colossians and Philemon*, BECNT (Grand Rapids: Baker Academic, no prelo), onde também se podem encontrar análises mais exegéticas sobre os v. 11-13 e interações com a literatura secundária, sobretudo com respeito à relação da circuncisão com o batismo, e minha posição sobre a equivalência dos dois conceitos.

[25]O mesmo se pode dizer das três primeiras orações adverbiais, embora seja mais evidente que se trate de equivalentes conceituais de "fostes circuncidados".

[26]Salter ("Does baptism replace circumcision?", p. 26-8) conclui que a circuncisão está subordinada ao batismo e dele faz parte com base no fato de que, nos v. 11-13, o batismo inclui tanto a morte quanto a ressurreição, ao passo que a circuncisão representa somente a morte. Todavia, minha posição quanto ao aspecto da equivalência ou coincidência (i.e., subordinação) do batismo em relação à circuncisão se baseia não somente na estrutura sintática das quatro orações adverbiais, mas também no contexto da circuncisão no AT, em que ela evoca tanto a ruptura de uma condição pecaminosa quanto a separação para uma condição de vida (tese que discuti anteriormente [Gn 17; Dt 10.16; Js 5.8,9; Jr 4.4; 9.26; Ez 44.7,9], incluindo as alusões específicas de Paulo ao AT, que associam a circuncisão espiritual com a vida [Gn 17; 30], mas é possível que ele também mantivesse o aspecto da circuncisão que significa separar-se da esfera da maldição ou do pecado [como, p. ex., em Dt 10.16a; Jr 4.4b]).

[27]Contra Salter ("Does baptism replace circumcision?"), que nega a equivalência.

espiritual, então mesmo a liturgia do batismo é vista de modo secundário com função equivalente à do ritual físico da circuncisão veterotestamentária, pois é provável que este ritual do AT esteja por trás da ideia de circuncisão espiritual nesta passagem. Consequentemente, é provável que tanto a circuncisão física quanto a espiritual sejam respectivamente identificadas com o batismo físico e o espiritual nesta passagem.[28] Além disso, o fato evidente de que, da perspectiva sociológica, a circuncisão e o batismo são elementos indicadores do ingresso na comunidade do povo de Deus no AT e no NT, respectivamente, significa que é natural esperar que o batismo seja o equivalente neotestamentário da circuncisão do AT.

A circuncisão (física e espiritual) e seu equivalente no batismo (físico e espiritual) são outro exemplo da transformação de uma das mais evidentes características distintivas de Israel.

A CIRCUNCISÃO E O BATISMO COMO SINAIS DE UMA PROMESSA DUPLA

O que também aproxima muito a circuncisão do AT e o batismo do NT na passagem de Colossenses (e no NT de modo geral) não é só que os dois são o principal sinal de ingresso em sua respectiva comunidade da aliança, mas também o fato de ambos expressarem sinais de dupla promessa implicando bênção e maldição. Meredith Kline tem desenvolvido essa ideia com mais profundidade.[29] Por um lado, a circuncisão representava o "cortar da carne" para indicar que a carne pecaminosa em volta do coração havia sido cortada, com o sentido de regeneração do coração e de separação da pessoa para o Senhor. Por outro lado, a circuncisão também representava "ser cortado" do Senhor. Se uma criança israelita chegasse à fé, o que prevalecia era o sinal de bênção. Se, porém, a criança crescesse na incredulidade, vigoraria o sinal de maldição. O batismo também está associado com um sinal de dupla promessa. Como vimos em Colossenses 2.12, o batismo significa ser identificado tanto com a maldição da morte de Cristo quanto com sua ressurreição para a vida. O imergir na água representa a maldição da morte, e o emergir da água simboliza a ressurreição para a vida.[30]

---

[28]Salter (ibidem, p. 15-29), que conclui que, embora a circuncisão deva ser considerada, conceitualmente, parte subordinada do batismo (opondo-se à minha visão de que eles são equivalentes ou quase isso), deseja ser "cauteloso" com a aplicação dessa conclusão à igreja de todas as épocas e lugares, porque a passagem de Colossenses é "polêmica", "voltada sobretudo para os falsos ensinos, e não para a apresentação de uma teologia do batismo para a igreja" (p. 28-9). De fato, ele vê esse aspecto polêmico parcialmente como base para julgar ilegítima a visão de "circuncisão = batismo" quanto à sua aplicabilidade para a igreja atual. Sua abordagem deixa de considerar que o falso ensino em Colossos faz parte da tribulação dos últimos dias que se estende por toda a era da igreja. Por consequência, a solução que Paulo oferece para o problema também se estende pela era da igreja (sobre isso, veja a seção seguinte sobre o ofício de presbítero em relação à tribulação escatológica do engano).

[29]Kline, *By oath consigned*, do qual se pode oferecer aqui somente um breve resumo, embora alguns aspectos talvez se afastem um pouco da tese de Kline. Sua posição em *By oath consigned* está resumida em seu livro posterior *Kingdom prologue: Genesis foundations for a covenantal worldview* (Overland Park: Two Age Press, 2000), p. 312-8, 361-5. Esta parte do capítulo se baseia na premissa de que Kline nos indica a direção correta quanto à circuncisão e ao batismo como sinais de dupla promessa de maldição e bênção. Veja Duane A. Garrett, "Meredith Kline on suzerainty, circumcision, and baptism", in: Thomas R. Schreiner; Shawn D. Wright, orgs., *Believer's baptism: sign of the new covenant in Christ*, NAC Studies in Bible and Theology (Nashville: B&H Publishing, 2006), p. 257-84. Garrett escreveu uma dura crítica a Kline e defendeu ideias possíveis, embora, de minha perspectiva, insuficientes para abalar o cerne da posição de Kline. Por exemplo, mesmo que Kline estivesse errado ao ressaltar mais o juízo do que a bênção na circuncisão e no batismo, isso não anularia a ideia de que o juízo, em certo grau, está incluído juntamente com a bênção. Infelizmente, as limitações de espaço nos impedem de interagir mais com as críticas de Garrett como merecem.

[30]Observe-se também Romanos 6.3-6, em que ser batizado na morte [de Cristo] (v. 3) é equivalente a ser "sepultados com ele na morte pelo batismo" (v. 4) e a "nosso velho homem foi crucificado com ele" (v. 6). Por isso, a liturgia da imersão visível em água implícita nessa metáfora refere-se à identificação com a maldição a que Cristo foi submetido, embora, mais do que um modo visível de batismo, o foco central seja a união com ele.

Minha análise na seção anterior concentrou-se apenas no aspecto duplamente positivo da circuncisão, que significa ser separado de uma condição amaldiçoada para um estado de bênção. Essa é a dupla natureza do sentido positivo que o sinal representava para o israelita que cria em Deus. Mas e quanto ao israelita que era circuncidado e continuava na incredulidade? Acho que Kline desenvolve uma tese promissora ao propor que a circuncisão do israelita incrédulo significava que ele não era cortado ou separado da maldição, mas permanecia debaixo dela: a implicação é que o israelita era cortado ou separado do Deus vivo. A conclusão de Kline é uma dedução bíblico-teológica possível feita com base no fato de que as alianças têm o sinal de dupla promessa: de maldição e de bênção. Aplicado ao batismo, o sinal representa para o verdadeiro crente ser tirado do velho mundo pela identificação com a morte de Cristo e separado para o novo mundo por meio de sua ressurreição. É esse duplo sentido positivo da circuncisão (ser cortado do antigo mundo e separado para uma nova vida) que está no centro do argumento em Colossenses 2 e é precisamente paralelo com o batismo nesse aspecto.

E os cristãos que professam a fé, mas são falsos cristãos, pseudocrentes, que não perseveram, apesar de terem sido batizados? Como membros da comunidade visível da aliança, eles estão externamente identificados na liturgia com a morte e a ressurreição de Cristo. No entanto, para essas pessoas, o significado espiritual interior dos sinais externos não se concretiza. Elas não vencem a maldição da morte com a ressurreição de Cristo, porque não vivenciam a realidade simbolizada pelos sinais da morte e ressurreição vicárias de Cristo no ato litúrgico de seu batismo. Todavia, alguém poderia dizer que elas estão, em parte, identificadas espiritualmente apenas com o símbolo batismal da maldição da morte, mas não espiritualmente com o símbolo da ressurreição, por isso permanecem no estado de morte espiritual. Portanto, elas continuam em seus pecados e em estado de condenação, pois também não vivenciam a realidade plena do símbolo da maldição batismal representado pela morte substitutiva de Cristo em favor delas.[31] Portanto, espiritualmente elas passam pela experiência da morte, que é a realidade interior do sinal exterior da maldição do batismo.

Esse sinal de dupla promessa é apoiado no fato de que o NT às vezes entende o batismo no contexto dos principais acontecimentos histórico-redentores que manifestaram bênção e maldição. Em 1Coríntios 10.1,2, Paulo declara que "nossos pais estiveram todos debaixo da nuvem, e todos passaram pelo mar [Vermelho]. Todos foram batizados em Moisés na nuvem e no mar". Aqui, o batismo de Israel é um modo de falar da identificação do povo com Moisés na redenção deles do Egito realizada por Deus. O "mar" evoca ideias de bênção sobre os que foram redimidos através das águas e de maldição para os egípcios condenados pelas mesmas águas.

Um cenário semelhante é aludido em Mateus 3.11-17, que narra o episódio do "batismo" de Jesus no rio Jordão. João Batista batiza Jesus nas águas do rio Jordão juntamente com outros israelitas (Mt 3.5,6,13-17). Por que parece ser tão importante que Jesus fosse batizado em um rio, juntamente com outros judeus, no início de seu ministério? Em um capítulo anterior, argumentei que existe um antecedente do AT para entender esse episódio.[32] Assim como no Êxodo, Israel foi conduzido por Moisés e teve de atravessar o mar Vermelho, e assim como a segunda geração de Israel teve de passar pela mesma experiência no rio Jordão sob a liderança de Josué, em uma espécie de reedição do Êxodo, assim também, mais uma

---

[31]Em 1Coríntios 15, Paulo diz aos leitores que, se Cristo não ressuscitou, "é inútil a vossa fé" (v. 14) e "ainda estais nos vossos pecados" (v. 17), condição esta que, segundo Paulo, não se aplica aos verdadeiros cristãos. Mas aplica-se aos pseudocrentes, pois, em última análise, o batismo a que foram submetidos os identifica somente com a maldição da morte vicária que Cristo sofreu em favor dos verdadeiros crentes, mas não por eles, de modo que permanecem debaixo de maldição.

[32]Veja o cap. 12, subtítulo "Jesus como Israel e Filho de Deus em outras passagens de Mateus: o batismo de Jesus, sua provação no deserto e outros aspectos do seu ministério na terra".

vez, agora que a restauração de Israel por intermédio de Jesus era iminente, os verdadeiros israelitas precisavam se identificar com as águas, com o Jordão e com seu líder profético para começar a desfrutar da verdadeira restauração.[33] Nesse aspecto, vemos que o episódio mostra que Jesus está começando a cumprir as profecias de restauração de Israel como um segundo êxodo através das águas (Is 11.15; 43.2,16,17; 44.27,28; 50.2; 51.9-11), particularmente através de "rios" (Is 11.15; 42.15; 43.2; 44.27; 50.2). Assim, o sinal de bênção/maldição do mar Vermelho provavelmente é transferido para o batismo de Jesus por João (quando o Espírito desce sobre Jesus), o que se confirma em Mateus 3.11,[34] em que o batismo de João é retratado como prefigurando um batismo superior: o próprio Cristo "batizará com o Espírito Santo e com fogo". É provável que tenhamos aqui uma referência ao Espírito de bênção e ao fogo do juízo, que é descrito mais adiante com duas figuras no versículo 12b: "E ele recolherá o seu trigo no celeiro, mas queimará a palha com fogo que não se apaga".[35]

Já mencionei a circuncisão da segunda geração de israelitas em Josué 5.2-9, que representava o fato de Deus ter removido "a humilhação do Egito" (v. 9). Argumentei que isso indicava que a segunda geração foi separada do estado de pecado da geração do deserto, identificada com o Egito.[36] Provavelmente essa circuncisão da segunda geração em Josué 5.2-9 é uma interpretação narrativa do que significou eles haverem atravessado as águas divididas do Jordão (5.1). Em outras palavras, a travessia do Jordão foi outro êxodo e, como o primeiro, separou Israel de uma esfera anterior de pecado e morte (i.e., se o povo tivesse permanecido nessa esfera). O episódio da circuncisão em Josué 5 interpreta a travessia do Jordão de modo bem semelhante. Menciono essa questão aqui para ressaltar que a travessia do Jordão como acontecimento do Êxodo é identificada com o significado da circuncisão, mas realça apenas o sentido positivo da circuncisão. Esse contexto aproxima o sentido do sinal da aliança da circuncisão com o significado do Êxodo como cenário de fundo do batismo de Jesus.

Do mesmo modo, 1Pedro 3.20,21 menciona Noé e sua família sendo "mantidos seguros por meio da água" dentro da arca, e esta água "correspondia ao batismo". A exemplo do mar Vermelho, as águas do grande dilúvio foram sinal de bênção para os que se encontravam na arca, mas de juízo para os que estavam do lado de fora e pereceram nas águas. Em 1Coríntios 10 e 1Pedro 3, o batismo está associado apenas ao sinal de bênção, mas a ideia de juízo está no contexto das alusões ao AT.[37]

Como aquilo que estudamos até agora nesta seção se relaciona com o batismo de infantes? Essa questão certamente não pode ser resolvida em minha conclusão, mas apresentarei algumas

---

[33]De forma curiosa, a segunda geração de israelitas também é circuncidada em associação direta com a passagem pelas águas divididas do Jordão (Js 5.1-9).

[34]É interessante notar que 1QS III:4-9 refere-se ao ingresso na comunidade de Qumran por meio do batismo, mencionado como "águas que purificam" e "mares ou rios", em cujo momento o Espírito "purificará" o batizando. Parece que o melhor contexto para entender o batismo de Qumran é o do Êxodo de Israel através do mar Vermelho e, mais tarde, pelo Jordão sob a liderança de Josué. Parece que a comunidade de Qumran entendia que esse batismo incluía uma referência a um novo êxodo, sobretudo à luz da comparação de Isaías 37.25 (que menciona os "rios" do primeiro Êxodo) com Isaías 11.15,16; 41.18; 43.2,19,20; 44.27; 50.2, passagens que se referem ao "rio" ou "rios" de um segundo êxodo (mas a literatura de Qumran não menciona claramente esses textos de Isaías na explicação das imagens da água).

[35]Apesar de termos estudado anteriormente que a vinda do Espírito com fogo em Atos 2 é em si um sinal de bênção e juízo (veja, no cap. 17, o subtítulo "A ligação entre a narrativa da igreja e a do Espírito: A descida do Espírito em Pentecostes como o templo escatológico para transformar o povo em templo").

[36]Isso também está indicado em Juízes 2.10, em que a segunda geração se distingue da seguinte porque esta "não conhecia o SENHOR, nem o que ele havia feito por Israel", assemelhando-se à primeira geração do deserto.

[37]Para uma explicação mais completa da importância desses contextos veterotestamentários para essas duas passagens do NT sobre o batismo como sinal de dupla promessa, veja Kline, *By oath consigned*, p. 65-73.

sugestões que acredito serem pertinentes ao debate. Primeira, a circuncisão e a libertação no mar Vermelho, assim como a travessia do Jordão pela segunda geração de israelitas, tiveram a participação de crianças pequenas, por isso parece natural incluí-las no sinal do batismo da nova aliança, uma vez que tanto a circuncisão quanto a libertação do Êxodo através das águas são dois dos mais importantes cenários do AT pelos quais o NT interpreta o batismo. Segunda, o NT revela uma ampliação dos grupos de pessoas que participam das bênçãos escatológicas (mulheres e gentios passam a ser incluídos), motivo por que, no caso de um sinal de participação da aliança, seria estranho se houvesse um estreitamento do velho em relação ao novo, segundo o qual um importante grupo (infantes) agora fosse excluído. Terceira, é fato inegável que as crianças eram submetidas ao sinal da circuncisão. Se, como tenho procurado demonstrar ao longo deste capítulo, o batismo é o equivalente histórico-redentor e tipológico da circuncisão, então parece natural que o equivalente neotestamentário da circuncisão, que é o batismo, seja aplicado também às crianças. É preciso lembrar também que, mesmo no caso de "batismo de adultos" ou "batismo dos que creem", o rito não necessariamente indica apenas a salvação, mas, como sinal da aliança, o batismo transmite a ideia tanto de bênção quanto de maldição. Somente a vida de perseverança determina qual aspecto do sinal das águas se confirma no indivíduo batizado.

A questão da ligação entre circuncisão e batismo, sobretudo no que diz respeito aos infantes, torna-se complexa segundo o debate de a igreja dever ou não ser definida apenas como comunidade de regenerados ou considerada um grupo que se reconhece, a exemplo do AT, como a comunidade da nova aliança formada tanto por crentes verdadeiros quanto por aqueles que professam a fé, mas de fato são pseudocristãos. Além disso, a questão ainda se complica pelo grau de correspondência que existe entre a circuncisão como tipo e o batismo como antítipo — um tema bem difícil. O espaço aqui me permite apenas indicar qual tese acredito que as evidências do AT e do NT sobre esse assunto apoiam, mas não é possível apresentar um estudo completo do debate.

A ceia do Senhor

À semelhança do batismo, a ceia do Senhor (ou Eucaristia) remete a metáforas da nova criação. Ela fazia parte do culto semanal de adoração em que os cristãos se lembravam da ressurreição de Cristo no primeiro dia da semana, a qual, como já vimos, inaugurou o descanso sabático dos últimos tempos planejado para Adão na primeira criação.[38] A Última Ceia de Cristo e a refeição eucarística da igreja primitiva estavam evidentemente ligadas à Páscoa de Israel e, portanto, ao Êxodo.[39] Talvez não seja coincidência que a tradição judaica associasse a Páscoa à Criação

---

[38] Justino Mártir (*Dial.* 138) diz que as oito pessoas preservadas das águas pela arca "eram um símbolo do oitavo dia [domingo, o primeiro dia da semana], em que Cristo apareceu quando ressurgiu dos mortos. [...] Pois Cristo, sendo o primogênito de todas as criaturas, tornou-se o cabeça de outra raça regenerada por ele através das águas e da fé"; por isso, os pais da igreja consideravam o domingo "o oitavo dia que vai da 'semana' presente para a era futura", de modo que é natural pensar que os crentes já estavam provando "da vida da nova criação no pão e no vinho da Eucaristia" (Geoffrey Wainwright, *Eucharist and eschatology* [reimpr., New York: Oxford University Press, 1981], p. 77, provavelmente observando o comentário de Justino). "A mais antiga explicação para a celebração do domingo é que se trata do dia da ressurreição (*Barn.* 15.9)" e, segundo Justino (*1Apol.* 67), os cristãos também acreditavam estar celebrando tanto a primeira criação, situada no primeiro dia da semana da Criação, quanto a ressurreição de Cristo, que ocorreu no primeiro dia da semana (Peter G. Cobb, "The history of the Christian year", in: Cheslyn Jones et al., orgs., *The study of liturgy*, ed. rev. [New York: Oxford University Press, 1992], p. 457).

[39] Veja Joachim Jeremias, *The eucharistic words of Jesus*, tradução para o inglês de Norman Perrin (New York: Scribner, 1966), p. 15-88. Jeremias vê um cenário da Páscoa trazendo à tona um contexto de *Heilsgeschichte* e de "promessa e cumprimento" para a Última Ceia de Jesus (veja p. 88). Em 1Coríntios 5.6-8, Paulo menciona Cristo como sacrifício da Páscoa e fala de celebrar "a festa, não com fermento velho", mas com o "novo", que

original e à futura destruição e renovação do cosmo, quando o Messias haveria de vir,[40] e o reino de Deus seria estabelecido.[41] Essa associação torna natural o fato de que todos os relatos da Última Ceia nos Sinóticos incluam o que Jesus disse a respeito do cálice: "Desde agora não mais beberei deste fruto da videira até aquele dia em que beberei o vinho novo convosco no reino de meu Pai" (Mt 26.29) (cf. Mc 14.25; Lc 22.18 ["até que venha o reino de Deus"]). Isso poderia ser uma referência figurada que remete à fertilidade prometida da nova criação vindoura, que seria oficialmente inaugurada pela ressurreição.[42] Isso também é indicado pela menção de que o beber ocorrerá quando o reino vier, mais um cumprimento parcial do reino inaugurado do fim dos tempos. Ao que tudo indica, essas palavras de Jesus começaram a se cumprir em suas aparições aos discípulos após a ressurreição.[43]

A refeição pascal em Israel estava indissociavelmente ligada ao acontecimento da Páscoa e lembrava Israel de sua redenção no Êxodo, que apontava para a nova criação. A refeição equivalente no NT, a ceia do Senhor, é o antítipo que cumpre o tipo representado pela refeição de Israel. Profundamente ligado a essa tipologia da refeição da Páscoa está Cristo como o Cordeiro pascal, que cumpre o que era prefigurado pelo cordeiro da Páscoa de Israel.[44] Parece que 1Coríntios 5.6-8 dá apoio tanto à refeição da Páscoa quanto à tipologia do cordeiro pascal[45] (observem-se as partes grifadas):

Jeremias acredita remeter às palavras do próprio Jesus na Última Ceia: "Isto é o meu corpo dado em favor de vós" (Lc 22.19), que o estudioso considera uma interpretação escatológica dos pães usados na Páscoa (p. 59-60). Veja tb. Gordon D. Fee, *First Epistle to the Corinthians*, NICNT (Grand Rapids: Eerdmans, 1987), p. 218. Fee entende que existe uma possível alusão à ceia do Senhor em 1Coríntios 5.8 e cita outros pesquisadores que fazem a mesma observação. De modo semelhante, João 19.31-36 retrata os soldados romanos decidindo não quebrar os ossos de Jesus na cruz como antítipo dos ossos do cordeiro da Páscoa, que não foram quebrados no Egito nem posteriormente, um evento que aponta para Cristo como principal meio de redenção na nova era.

[40]É interessante observar que o hino midráshico "Quatro Noites", em várias versões do *Targum*, é inserido em Êxodo 12, que dá instruções para a refeição da Páscoa; esse acréscimo explica quais eventos aconteceram ou acontecerão no futuro na mesma noite da Páscoa. Esses eventos não são outros senão alguns dos elementos que constituem o enredo bíblico-teológico mencionado nos caps. 2, 3, 5 (e seguintes). No *Targum*, eles são os principais vínculos entre o início e o fim da narrativa bíblica: (1) a criação do mundo em Gênesis 1; (2) a relação pactual de Deus com Abraão, descrita de modo figurado com imagens de conflagração cósmica; (3) a Páscoa do Êxodo; (4) a chegada do tempo em que a terra será dissolvida, quando o Messias virá para redimir Israel (segundo *Tg. Neof.* de Êx 12; tb. *Tg. de Ps.-J* de Êx 12; cf. as várias traduções em Martin McNamara e Robert Hayward, *Targum Neofiti 1: Exodus*, e Michael Maher, *Targum Pseudo-Jonathan: Exodus*, ArBib 2 [Collegeville: Liturgical Press, 1994]; J. W. Etheridge, *The Targums of Onkelos and Jonathan ben Uzziel on the Pentateuch, with the fragments of the Jerusalem Targum from the Chaldee* [New York: KTAV, 1968], p. 479-81; Martin McNamara, *The New Testament and the Palestinian Targum to the Pentateuch*, AnBib 27 [Rome: Pontifical Biblical Institute, 1966], p. 210-1). Veja outras esperanças escatológicas, inclusive a nova criação, associadas à Páscoa em Jeremias, *Eucharistic words*, p. 58-9, 206-7.

[41]Veja McNamara, *New Testament*, p. 210. McNamara analisa o manuscrito Paris 110 de *Targum de Pseudo-Jônatas*, que acrescenta o trecho das "Quatro Noites" em Êxodo 15.18, que diz: "O Senhor reinará eterna e perpetuamente".

[42]O AT e o judaísmo tinham a expectativa de grande fertilidade na criação vindoura, incluindo especificamente "vinhas" muito frutíferas que produziriam "vinho novo" (p. ex., Is 62.8,9; 65.17-22; Os 14.7,8; Zc 9.17; 10.7).

[43]De acordo com Atos 10.41, os apóstolos "comeram e beberam com ele depois que ressuscitou dentre os mortos" (conforme A. J. B. Higgins, *The Lord's Supper in the New Testament*, SBT 6 [Chicago: Allenson, 1956], p. 62).

[44]Veja Peter Stuhlmacher, *Biblische Theologie des Neuen Testaments* (Göttingen: Vandenhoeck & Ruprecht, 1992), vol. 1, p. 130-43, que discute a Última Ceia de Jesus como uma reencenação da refeição da Páscoa, que recordava a redenção de Israel do cativeiro egípcio, mas que agora indica a libertação do cativeiro de Israel dos últimos tempos pela morte de Jesus.

[45]João 19.36 também indica que Jesus é o cumprimento tipológico daquilo que era prefigurado pelo cordeiro da Páscoa.

O vosso orgulho não é bom. Não sabeis que um pouco de fermento faz com que toda a massa fique fermentada? Removei o fermento velho, para que sejais massa nova sem fermento, assim como, de fato, sois. Porque Cristo, nosso cordeiro da Páscoa, já foi sacrificado. Portanto, celebremos a festa, não com o fermento velho, nem com fermento da maldade e da perversidade, mas com os pães sem fermento da sinceridade e da verdade.

Entretanto, 1Coríntios 11.20-34 afirma que, ao participar da mesa do Senhor, os santos devem julgar a si mesmos a fim de participarem de modo digno desse momento, pois, do contrário, serão julgados por Deus no presente. Qualquer que seja o caso (e o foco está sobre o último), os verdadeiros crentes recebem agora uma forma de seu julgamento escatológico na ceia do Senhor para não serem "condenados com o mundo" no juízo final (1Co 11.32).[46] Por isso, a ceia do Senhor contém uma forma inicial do juízo final, que se consumará no fim dos tempos. Consequentemente, de acordo com a conclusão de Geoffrey Wainwright, a ceia do Senhor é "uma projeção do futuro [...] da vinda do Senhor [...] que vem para julgar e recriar. [...] Ela inclui um momento presente de juízo e renovação, que é a projeção do cataclisma[47] que inaugurará o reinado universal e incontestável de Deus".[48]

O ofício eclesiástico de presbítero como necessidade escatológica por causa da tribulação de engano do fim dos tempos e por causa da nova criação

A origem do ofício de presbítero está relacionada provavelmente, ao menos em parte, à tribulação inaugurada dos últimos dias. Analisei em um capítulo anterior como a esperada tribulação escatológica havia começado na igreja primitiva, mas não estava consumada. É importante retomar essa discussão brevemente aqui para observar que ela forma um cenário para o surgimento do ofício eclesiástico de presbítero.

A inauguração da tribulação escatológica na comunidade da aliança

O AT prediz que uma tribulação final precederá a aurora do novo cosmo. Por exemplo, Daniel 12.1-3 profetiza um tempo de grande aflição antes da ressurreição culminante dos justos e ímpios. Já observei que Daniel se refere à tribulação vindoura como aquela em que haverá mentira na comunidade da aliança e perseguição dos que não fizerem concessões. Além disso, outros textos do AT e do NT afirmam que na tribulação final ocorrerá o colapso de várias partes da ordem natural do cosmos, e isso culminará na completa destruição dos céus e da terra.[49] À luz desse cenário, é possível entender que a tribulação final é apenas um prelúdio inseparável da destruição derradeira e da recriação do cosmo. Os fenômenos reais de dissolução cósmica não são a característica comum da fase inicial da tribulação; antes, o falso ensinamento e o engano estão entre as manifestações predominantes dessa etapa inicial. Todavia, já vimos que fenômenos físicos reais de ruptura cósmica se manifestaram na ocasião da morte de Cristo:

---

[46]A exata natureza escatológica desse juízo para o crente não pode ser estudada a fundo aqui, mas abrange, no mínimo, o juízo penal do corpo mediante doença ou morte. Embora esse juízo do crente seja chamado "disciplina" (1Co 11.32), Paulo a concebe como parte do juízo final vindouro, quando o corpo do incrédulo, juntamente com a alma, passará por uma segunda morte, que será eterna.

[47]Nesse aspecto, *Did.* 10.6, que faz parte da conclusão das instruções sobre a Eucaristia iniciadas em 9.1, diz: "Que a graça [= Cristo] venha, e este mundo passe".

[48]Wainwright, *Eucharist and eschatology*, p. 151 (sobre esse tema do juízo, veja tb. p. 80-3). Veja um estudo mais completo da Eucaristia e de sua "natureza de nova criação dos últimos tempos 'já e ainda não'" defendida no presente estudo, em ibidem, esp. p. 37-41, 68-70, 77, 80-3, 106, 147-54.

[49]Para exemplos neotestamentários, veja Marcos 13.8; Lucas 21.11,23-26 ("terremotos" e "fome", que são "o princípio das dores", inauguradas antes do fim desta era). Passagens do AT e especialmente alguns textos do judaísmo antigo que relatam eventos cataclísmicos semelhantes da natureza podem ser vistos em Dale C. Allison Jr., *The end of the ages has come: an early interpretation of the passion and resurrection of Jesus* (Philadelphia: Fortress, 1985), p. 5-25.

"... e houve trevas sobre toda a terra" (Mt 27.45) e "a terra tremeu, e as rochas se partiram. Os sepulcros se abriram" (Mt 27.51,52a). Essas manifestações concretas da destruição inicial ocorrerão de novo bem no fim da história, quando o corpo de Cristo, a igreja em todo o mundo, passará por perseguição universal e apoteótica à semelhança do que aconteceu com Cristo (veja Ap 11.3-13; 20.7-10). A evidente perspectiva profética do AT quanto à tribulação vindoura era que (1) haveria engano e perseguição no mesmo período geral das (2) convulsões da natureza. Todavia, o NT entende que esses fenômenos ocorrerão em etapas em que o primeiro aspecto predomina durante toda a era, mas depois os dois convergirão no próprio fim.[50]

Em todos os Evangelhos Sinóticos, nos textos de Paulo, em 1Pedro e Apocalipse, o falso ensino, o engano e o sofrimento dos cristãos por causa da perseguição[51] constituem um aspecto essencial da tribulação inaugurada do fim dos tempos. Quando os santos se recusam a fazer concessões ao falso ensinamento, quase sempre enfrentam perseguição (cf. Dn 11.30-35; Ap 2.8-17). Todo tipo de sofrimento faz parte do sistema em que um mundo caído está desaparecendo em meio a um novo mundo inaugurado.[52] É importante observar que até a perseguição dos santos tem de ser estudada no contexto da resistência dos santos a transigir com o falso ensinamento, seja dentro da comunidade da aliança, seja fora (nesse caso, p. ex., quando as autoridades romanas ameaçavam matar os cristãos se eles não transigissem e adorassem os ídolos, em especial o imperador).

Os presbíteros e a tribulação escatológica

A origem da eclesiologia, em particular no que diz respeito à estrutura hierárquica da igreja, deve ser considerada, ao menos em parte, no contexto da tribulação do falso ensino dos últimos dias.[53] Por um lado, os "presbíteros" ou "bispos" são necessários para preservar a pureza doutrinária da comunidade da aliança, sempre influenciada ou ameaçada pela infiltração de movimentos secretos de oposição. Tito 1.5-16 diz que esse é o principal motivo para a ordenação de presbíteros nas igrejas de Creta, e parece que em 1 e 2Timóteo a lógica é a mesma (cf. 1Tm 1.3-7,19,20; 4.1-7 com 3.1-15; 5.11-17; 6.20,21; cf. 2Tm 2.14-18,23-26; 3.1-13).

Por outro lado, uma estrutura de autoridade eclesiástica como essa assegurava à comunidade cristã que ela se manteria na verdade e na vida do reino, capacitando-a permanecer firme no cumprimento de sua missão de testemunhar ao mundo, o que também é um tema importante nas Epístolas Pastorais.[54] Esse elemento positivo da missão faz parte do papel igualmente positivo e mais amplo da responsabilidade da igreja de cumprir a comissão adâmica original de sujeitar os confins da terra e da comissão semelhante de Israel de serem sacerdotes

---

[50]A esse respeito, veja o cap. 6.

[51]Por isso, nos Evangelhos Sinóticos, o sofrimento está relacionado a ser discípulo do Filho do Homem, cujo sofrimento pessoal origina-se da profecia de Daniel 7 (veja tb. Sl 8; 11—12), em que o Filho do Homem, representante do verdadeiro Israel, precisa ser confrontado com o engano e sofrer por não fazer concessões (entre os paralelos mais próximos nos Sinóticos, cf. Mt 8.18-22; Mc 8.31; 14.21,53-65); Paulo também associa os sofrimentos da igreja como "corpo" de Cristo à sua identificação com "as aflições de Cristo" (Cl 1.24), bem como Hebreus (cp. 9.26 com 12.1-7), Tiago (cp. 1.2-4 com 5.1-11), 1Pedro (cp. 1.5,6,20 com 2.19-23; 3.14—5.10) e Apocalipse (cp. 1.5,6 com 1.9, e 5.6 com 6.9).

[52]Cp. Romanos 8.18-23 com 8.35-39. No primeiro texto, o sofrimento dos crentes, e de toda a criação, é visto como consequência da participação em uma nova criação que surge da antiga criação corrompida, retratada pela imagem do sofrimento das dores de parto.

[53]Nesse sentido, observem-se as claras referências em 1Timóteo 4.1-3; 2Timóteo 3.1 (cf. 3.2-9) à tribulação do engano inaugurada nos últimos tempos na comunidade eclesiástica.

[54]Royce Gordon Gruenler ("The mission-lifestyle setting of 1Tim 2:8-15", *JETS* 41 [1998]: 215-38) tem argumentado que a missão é o tema dominante e a preocupação das Epístolas Pastorais, ressaltando sobretudo a importância de 1Timóteo 1.10-16; 2.1-4, entre outras passagens.

e luz de testemunho para o mundo.⁵⁵ Com certeza, Atos ressalta essa missão escatológica de levar a luz da nova criação mais do que qualquer outro livro do NT.⁵⁶ Com efeito, a menção de diáconos em Atos 6 e de presbíteros em Atos 20 serve, ao menos em parte, para indicar o papel que eles têm em acelerar a propagação do reino e, em especial no segundo texto, também para encorajar os presbíteros a defenderem a igreja do falso ensinamento.

Há algumas implicações interessantes dessa ideia de que, durante a era entre os adventos, a tribulação escatológica e a nova criação continuam ao longo dela, e não apenas em alguns momentos específicos. Por exemplo, um estudioso argumenta que, em 1Timóteo 2.11-15, as proibições contra as mulheres ensinarem com autoridade na igreja de Éfeso eram uma reação ao fato de algumas delas terem se deixado influenciar pelo falso ensino desenfreado que havia ali. Entretanto, muitas vezes se afirma que, já que esse problema do falso ensino era um fenômeno local e único, e foi o que ocasionou a proibição de Paulo, então essa proibição não se aplica a outras igrejas de lugares e épocas em que, ao longo desta era, não houver falsos ensinamentos.⁵⁷ Contudo, se o falso ensinamento faz parte da tribulação inaugurada do fim dos tempos, que se estende por todo o período anterior à parúsia final de Cristo, então as proibições de Paulo são uma resposta não somente a um problema local, mas também a esse problema porque ele é uma expressão da tribulação mais abrangente do tempo do fim. Uma vez que a tribulação inaugurada dos últimos dias significa que as igrejas serão afetadas ou ao menos ameaçadas pelos falsos ensinamentos e pela mentira, as proibições de Paulo sempre se aplicam. Portanto, elas fazem parte da ética escatológica pertinente a toda a era da igreja, durante a qual a tribulação escatológica do falso ensinamento está de fato influenciando as igrejas ou ameaçando corrompê-las.

Pela mesma razão, o ofício de presbítero não é uma resposta a condições circunstanciais ou temporárias singulares,⁵⁸ mas deve sua existência à tribulação escatológica atual e ininterrupta do falso ensinamento e do engano. Além disso, vimos que o ofício foi criado também para proteger a doutrina da igreja, de modo que ela permaneça saudável enquanto cumpre sua missão ao mundo de expandir as fronteiras invisíveis da nova criação. Esse ofício é necessário enquanto a nova criação não se consumar.

De modo geral, parece que o ofício de presbítero na igreja é a continuação do cargo de ancião em Israel. Enquanto os anciãos de Israel tinham autoridade civil e religiosa, os presbíteros da nova aliança têm plena autoridade religiosa sobre a esfera do novo Israel, a igreja. Algumas observações indicam essa equivalência. Além de empregar a mesma palavra, "anciãos" ou "presbíteros" (*presbyteroi*), o livro de Atos justapõe reiteradas vezes a locução "autoridades e anciãos" de Israel (4.5,8), "principais sacerdotes e anciãos" (4.23; 23.14; 25.15) ou "os anciãos e os escribas" (6.12) a "apóstolos e presbíteros" da igreja (15.2,4,6,22,23; 16.4). Assim como "reuniram-se em Jerusalém as autoridades, os anciãos e os escribas"

---

⁵⁵Veja Frank Hawkins, "Orders and ordination in the New Testament", in: Jones et al., orgs., *Study of liturgy*, p. 344-5, que me ajudou a consolidar meus pensamentos sobre esses fatores negativos e positivos que levaram à instituição dos ofícios eclesiásticos no NT.

⁵⁶P. ex., Atos 1.6-8; 2.17—3.26; 13.47; 26.16-18. Veja sobre a relação da escatologia de Atos com a ideia de ressurreição e nova criação em G. K. Beale, "Eschatology", in: *DLNTD*, p. 330-45.

⁵⁷Veja, p. ex., Gordon D. Fee, "Issues in evangelical hermeneutics, part III: the great watershed-intentionality and particularity/eternality: 1 Tim 2:8-15 as a test case", *Crux* 26 (1990): 31-7. Fee mostra que 1Timóteo está repleto de referências aos falsos ensinos, e essa é uma circunstância que deve dirigir a interpretação da epístola. Infelizmente, Fee parte da premissa de que esses falsos ensinos são evidências de uma situação única e local, à qual Paulo reage parcialmente com a proibição do ensino por mulheres em 1Timóteo 2.11,12. Por isso, segundo a perspectiva de Fee, essa proibição não pode ser generalizada para todas as épocas e lugares, uma vez que se trata de uma resposta com o único propósito de atender a uma situação restrita e local.

⁵⁸Contra os argumentos de Gordon D. Fee em "Reflections on church order in the Pastoral Epistles, with further reflection on the hermeneutics of ad hoc documents", *JETS* 28 (1985): 141-51.

judeus para deliberar sobre a legitimidade do recente movimento cristão (4.5-23), também em Jerusalém se reuniram "apóstolos e presbíteros [...] por causa daquela questão", a saber, o ensinamento judaico-cristão de que os novos convertidos gentios precisavam guardar a Lei de Moisés (15.1-6). A função dos anciãos judeus em Atos 4 e dos presbíteros cristãos em Atos 15 parece ser praticamente idêntica. Tanto anciãos como presbíteros ocupam um cargo oficial em sua respectiva comunidade de aliança para decidir sobre a legitimidade de um ensinamento teológico novo.

Atos 15 pode ser esclarecido pelo estudo anterior de que o cargo de presbítero foi criado, ao menos em parte, para ajudar a proteger a saúde teológica da igreja no meio de uma tribulação do fim dos tempos inaugurada caracterizada por ensinos enganosos. Por isso, não parece coincidência que, imediatamente antes do relato do Concílio de Jerusalém em Atos 15, Paulo e Barnabé tenham exortado os crentes "a continuar na fé, dizendo que em meio a muitas tribulações nos é necessário entrar no reino de Deus" (14.22). E o versículo logo a seguir afirma: "E, nomeando-lhes presbíteros em cada igreja e orando com jejuns, consagraram-nos ao Senhor em quem haviam crido" (14.23). Isso é importante porque é a primeira menção da nomeação de presbíteros fora de Jerusalém e remete diretamente ao debate que precisava ser julgado pelos presbíteros de Jerusalém em Atos 15. Esse debate não era outro senão um falso ensinamento que, caso não fosse proibido, destruiria o movimento cristão inicial. Assim, a relação dos presbíteros em Atos 14 com "tribulações" e falsos ensinamentos remete ao papel escatológico deles de orientar a igreja em meio às ameaças teológicas do fim dos tempos. Do mesmo modo, essa ligação indissociável entre falso ensinamento e presbíteros é desenvolvida em Atos 20.27-32, em que Paulo diz:

> Porque não deixei de vos anunciar todo o conselho de Deus. Portanto, tende cuidado de vós mesmos e de todo o rebanho sobre o qual o Espírito Santo vos constituiu bispos, para pastoreardes a igreja de Deus, que ele comprou com o próprio sangue. Eu sei que, depois da minha partida, lobos cruéis entrarão no vosso meio e não pouparão o rebanho; e dentre vós mesmos se levantarão homens falando coisas perversas para atrair os discípulos para si. Portanto, estai atentos, lembrando-vos de que durante três anos, dia e noite, não cessei de aconselhar com lágrimas cada um de vós. Agora, pois, consagro-vos a Deus e à palavra da sua graça, que é poderosa para vos edificar e vos dar herança entre todos os santificados.

Ao estabelecer os alicerces da igreja de Éfeso, Paulo explicou aos leitores "todo o conselho de Deus" (v. 27 [cf. v. 20]). Parte desse conselho era lembrá-los de que "o Espírito Santo vos constituiu bispos, para pastoreardes a igreja de Deus", sobretudo tendo "cuidado de vós mesmos e de todo o rebanho" (v. 28). Eles devem estar "atentos" contra os falsos mestres que "dentre vós mesmos se levantarão" (v. 29,30). Eles deviam estar atentos sendo fiéis à "palavra" de Deus (o evangelho e as Escrituras que dão testemunho dele [v. 31,32]). É verdade que a iminência dos falsos ensinamentos era um problema local, mas também fica implícito que a função dos bispos de proteger a igreja de Éfeso contra o erro também é função dos presbíteros de todas as igrejas, visto que a referência à comunidade dos efésios é generalizada em "a igreja de Deus, que ele comprou com o próprio sangue" (v. 28).[59] Essa declaração, provavelmente, pretendia ir além do problema local da igreja de Éfeso, o que é apoiado ainda pela minha observação anterior sobre a razão de Paulo e Barnabé nomearem "presbíteros em cada igreja" em Atos 14.23.

---

[59]Esse alcance universal é sinalizado pela conclusão no v. 32, em que, se os presbíteros forem fiéis à advertência de Paulo, receberão "herança entre todos os santificados".

Portanto, mais uma vez, descobrimos que um conceito neotestamentário importante, o ofício de presbítero, é uma característica importante da escatologia inaugurada. A origem desse ofício deve ser entendida da perspectiva do início da tribulação do fim dos tempos, bem como da nova criação (mas a tribulação é o foco aqui).

O cânon do Novo Testamento como fundamento da igreja produzido escatologicamente

O cânon do NT como realidade dos últimos dias não é equivalente ao sábado, ao batismo, à ceia do Senhor e ao ofício de presbítero, pois estes são identificadores da igreja do fim dos tempos. Em vez disso, o argumento aqui é que o cânon do NT deve ser visto como o fundamento escatológico para a igreja, que está indissociavelmente ligado com Jesus como o início da nova criação e do reino messiânico. É praticamente como se ele fosse uma característica ou sinal da igreja, pois as Escrituras do NT devem ser parte integrante da reunião da igreja.[60] Todavia, o cânon neotestamentário não está no mesmo nível que as outras características estudadas neste capítulo.

As evidências de Lucas-Atos[61]

Algumas alusões a profecias do AT se referem aos últimos dias como a época em que Deus haverá de promulgar uma nova "lei" e uma nova "palavra", o que, segundo o NT, assume tanto forma oral quanto escrita. Em Lucas 24.44-47, por exemplo, Jesus relaciona seu ministério à profecia do AT:

> Depois lhes disse: "<u>São estas as minhas palavras</u> que vos falei enquanto ainda estava convosco: era necessário que se cumprisse tudo o que estava escrito sobre mim na Lei de Moisés, nos Profetas e nos Salmos". Então lhes abriu o entendimento para compreenderem as Escrituras e disse-lhes: "Está escrito que o Cristo sofreria e, ao terceiro dia, ressuscitaria dentre os mortos; e que em seu nome se pregaria o arrependimento para perdão dos pecados a <u>todas as nações</u>, começando por Jerusalém".

Não apenas a morte e a ressurreição (= nova criação) de Cristo, segundo a passagem, foram profetizadas, mas também foi profetizado que "se pregaria o arrependimento para perdão dos pecados a todas as nações, começando por Jerusalém". A proclamação redentora da "palavra do Senhor" a "todas as nações", começando por Jerusalém nos últimos tempos (depois da ressurreição inicial dos mortos), pode ser uma alusão a Isaías 2.2,3.

> Nos últimos dias,
> acontecerá que o monte da casa do Senhor
> será estabelecido como o monte principal
> e se levantará acima das montanhas,
> e todas as nações correrão para ele.
> Muitos povos irão e dirão:
> "Vinde e subamos ao monte do Senhor,
> à casa do Deus de Jacó;
> para que ele nos ensine os seus caminhos,

---

[60] A esse respeito, veja, p. ex., Cl 4.16; 1Ts 5.27; Ap 1.3; cf. 2Ts 3.14; 1Tm 5.17; 2Tm 2.15.

[61] Esta seção tem como base um breve resumo de Charles E. Hill, "God's speech in these last days: the New Testament canon as an eschatological phenomenon", in: Lane G. Tipton; Jeffrey C. Waddington, orgs., *Resurrection and eschatology: theology in service of the church; essays in honor of Richard B. Gaffin Jr.* (Phillipsburg: P&R, 2008), p. 203-54, esp. 209-11.

e andemos nas suas veredas".
Porque de Sião sairá a lei,
e de Jerusalém, a palavra do Senhor.

A alusão é reforçada porque Lucas 24.49 ("Ora, envio sobre vós a promessa de meu Pai. Mas ficai na cidade <u>até que do alto sejais revestidos de poder</u>") faz parte de uma alusão a Isaías 32.15 ("até que se derrame sobre nós o Espírito lá do alto"), texto que é mais desenvolvido em Atos 1.8, que, como também vimos, faz alusão a Isaías 32.15; 49.6.[62] A proclamação da palavra escatológica em Isaías 2.3 é desdobrada mais adiante no mesmo livro: "Ó Jerusalém, mensageiro de boas-novas a Jerusalém" (40.9); "porque a lei sairá de mim, e estabelecerei a minha justiça como luz dos povos" (51.4) (veja tb. 45.22-24; 55.10,11).

A expressão "a palavra de Deus" (ou "do Senhor"), repetida mais de vinte vezes em Atos, deve originar-se de Isaías, em especial em 2.2,3 e em seu desenvolvimento posterior em Isaías 40—55. Particularmente digno de nota é o retrato de Atos do trajeto da "palavra" na criação de uma comunidade com base nessa mesma palavra, o que é enfatizado em importantes transições literárias do livro (p. ex., 6.7; 12.24; 19.20). Essas expressões se referem à palavra profética registrada no AT pregada em sua forma inicial do cumprimento em Cristo. Portanto, trata-se de uma palavra oral que tem por base a palavra profética escrita (p. ex., At 8.26-36, em que Is 53.7,8 é lida pelo eunuco etíope e, em seguida, interpretada com a explicação de Filipe de que ela havia se cumprido em Cristo; veja tb. At 17.11; 18.24-28). Apesar da oposição, a palavra segue seu caminho e atinge o objetivo de criar a comunidade eclesiástica, que, ao contrário da instituição judaica, é identificada como a verdadeira herdeira das promessas do novo êxodo feitas em Isaías.[63]

Jesus se dirige aos apóstolos em Lucas 24 e Atos 1.8 dizendo que a missão da "palavra" de Deus dos últimos tempos começa com eles, por isso Isaías 2.2,3 é fundamental para a missão deles. Além de ser fundamental,

por extensão natural a profecia [em Is 2.2,3] de uma nova lei, uma nova palavra do Senhor saindo de Jerusalém, faz parte do fundamento da antiga aliança para um novo "cânon" das Escrituras, em que se preserva a nova revelação da palavra e com base no qual ela continuará propagando-se.[64]

Certamente essa nova "lei" e "palavra" divina anunciada pelos apóstolos é tanto oral como escrita, e na última forma se torna o cânon da igreja. De acordo com Isaías, a proclamação da palavra escatológica viria por meio do Servo messiânico, e o NT afirma que isso começa a se cumprir em Jesus (observe-se Is 52.7 e 61.1,2, que são respectivamente aludidos em At 10.36 e citados em Lc 4.16-22). Mas o NT faz alusão a alguns desses mesmos textos de Isaías e os aplica aos apóstolos, uma vez que estes são considerados os que dão continuidade à proclamação iniciada por Jesus (veja At 10.43 em relação a 10.36). Nesse aspecto, Paulo muda o singular de Isaías 52.7 ("Como são belos sobre os montes os pés <u>do que anuncia as boas-novas</u>"), que ele entendia provavelmente ser uma referência original ao Servo, para o plural em Romanos 10.15 ("Como são belos os pés <u>dos que anunciam coisas boas!</u>"). Portanto, a missão de Jesus, o Servo isaiânico, tem de ser cumprida pelos apóstolos.[65]

---

[62]Sobre isso, veja o cap. 16, subtítulo "O papel escatológico do Espírito em Atos".

[63]A maior parte deste parágrafo representa um brevíssimo resumo de David W. Pao, *Acts and the Isaianic new exodus*, WUNT 2/130 (Tübingen: Mohr Siebeck, 2000), cap. 5.

[64]Hill, "God's speech", p. 211.

[65]Observe-se que, em Efésios 2.17, Paulo faz referência a Isaías 57.19 ("paz, paz para o que está longe e para o que está perto") juntamente com a alusão a Isaías 52.7 ("do que anuncia as boas-novas de paz") para falar de Jesus como aquele que cumpriu a profecia de Isaías: "Ele veio e proclamou a paz para vós que estáveis longe e também para os que estavam perto".

Do mesmo modo, outras comissões do Servo em Isaías são aplicadas a Paulo e por ele assumidas (veja Is 49.6 em At 13.46,47, e Is 42.6,7 em At 26.17,18). Atos 26.17,18 e 26.23 chamam especialmente a atenção porque o último texto aplica Isaías 42.6 e 49.6 a Jesus, e o primeiro aplica Isaías 42.6 a Paulo.[66] Consequentemente, para Isaías, o *escathon* seria marcado pelas nações afluindo para a casa do Senhor, pela saída da palavra do Senhor de Jerusalém e pelo derramamento do Espírito do alto; a narrativa de Lucas-Atos mostra que esses acontecimentos começam a se cumprir em Jesus, nos apóstolos e na formação da igreja primitiva. Também vimos que Isaías 40—66 é dominado por profecias da nova criação; assim, o conceito de nova criação provavelmente deve estar incluído no contexto de Isaías que acabamos de observar.

Assim, Paulo e os apóstolos levam adiante o testemunho do fim dos tempos iniciado por Jesus, de modo que são "testemunhas comissionadas para transmitir com autoridade a palavra do Messias às nações", o que inclui não apenas seus depoimentos orais, mas também o testemunho escrito que, imbuído de autoridade, preserva a palavra deles, que hoje temos na forma de uma coletânea de documentos conhecida como cânon do NT.[67]

As evidências de Hebreus

Nesse aspecto, Hebreus 1.1,2 é outro texto importante:

> No passado, por meio dos profetas, Deus falou aos pais muitas vezes e de muitas maneiras; nestes últimos dias tem nos falado pelo Filho, a quem designou herdeiro de todas as coisas e por meio de quem também fez o mundo.

Se a revelação dos profetas do AT não foi apenas oral, mas também assumiu a forma escrita de uma coleção de livros canônicos, parece-me que a grandiosa revelação escatológica por intermédio do "Filho" também não seria apenas oral, mas assumiria a forma de uma coleção de escritos com autoridade. Conforme já analisei, é provável que não seja coincidência o fato de a revelação superior estar indissociavelmente ligada com as promessas da terra cósmica, da nova criação e do reinado messiânico,[68] que são elementos fundamentais do enredo neotestamentário que apresentei.

Também está claro que os apóstolos consideravam sua palavra escrita uma parte indispensável da comissão escatológica autorizada de levar adiante o testemunho de Cristo (para algumas evidências importantes, veja o excurso mais adiante sobre "A forma escrita do testemunho escatológico dos apóstolos").

As evidências do livro de Apocalipse

Outro exemplo da base escatológica para a redação de um livro neotestamentário como Escritura divina é o livro de Apocalipse.

Em Apocalipse 1.19, Cristo ordena que João escreva, dizendo: "Portanto, escreve as coisas que tens visto, tanto as do presente como as que acontecerão depois destas". Esse versículo pode ser traduzido de diversas formas, embora a que pareça mais provável em uma paráfrase interpretativa seja esta: "Portanto, escreve as coisas que viste [a visão apocalíptica do livro], e

---

[66] Observe-se que Lucas 2.30-32 também faz alusão a Isaías 42.6,7,16; 49.6 e os aplica ao ministério de Jesus. Para comparações desses textos, incluindo as de Atos 13 e 26, veja cap. 7, subtítulo "A cristofania do caminho de Damasco como uma aparição da ressurreição".

[67] Hill, "God's speech", p. 217-8.

[68] Sobre essa questão, veja, no cap. 21, o subtítulo "Referências 'já e ainda não' às promessas da terra".

o que elas significam, e as coisas que devem acontecer nos últimos dias do já e ainda não".[69] Por conseguinte, a visão de João é "apocalíptica" (visão revelada do céu); é simbólica, ou figurada, dependente de interpretação; e trata de escatologia. Logo, o versículo 19 é uma declaração do tríplice gênero de todo o livro.

Apocalipse 1.19,20 é a conclusão da visão do capítulo 1. A terceira parte da fórmula no versículo 19, "as [coisas] que acontecerão depois destas" (*ha mellei genesthai meta tauta*),[70] remete ao fraseado do versículo 1, "as coisas que em breve devem acontecer" (*ha dei genesthai en tachei*), e está baseado em Daniel 2.28,29a,45-47, "as coisas acontecerão nos últimos dias" (*ha dei genesthai ep' eschatōn tōn hēmerōn*).[71] Tendo em vista que as referências de Daniel 2 tratam "depois destas coisas" (*meta tauta*) como sinônimo de "nos últimos dias" (*ep' eschatōn tōn hēmerōn*) (sobre isso, veja nota 72 e tabela 23.1), João também pode estar usando "depois destas coisas" (*meta tauta*) como referência escatológica, em particular o período geral dos últimos dias que havia começado, estava em andamento e continuaria no futuro até a consumação. Essa referência não seria exclusivamente futura, mas também coerente com a perspectiva inaugurada do fim dos tempos no contexto imediato de todo o capítulo 1 de Apocalipse e no NT de modo geral.[72] Uma comparação entre o texto de Daniel e o de Apocalipse pode ajudar a realçar a equivalência entre o "últimos dias" de Daniel 2.28 e o "depois dessas coisas" de Daniel 2.29,45 e Apocalipse 1.19c (veja tabela 23.1).

Tabela 23.1

Daniel 2.28,29,45

LXX	Teodócio	Apocalipse 1.19
Daniel 2.28: "*ha dei genesthai ep' eschatōn tōn hēmerōn*" ("o que deve acontecer nos últimos dias"). Daniel 2.29: "*hosa dei genesthai ep' eschatōn tōn hēmerōn*" ("o que deve acontecer nos últimos dias"). Daniel 2.45: "*ta esomena ep' eschatōn tōn hēmerōn*" ("as coisas que serão nos últimos dias").	Daniel 2.28: "*ha dei genesthai ep' eschatōn tōn hēmerōn*" ("o que deve acontecer nos últimos dias"). Daniel 2.29: "*ti dei genesthai meta tauta*" ("o que deve acontecer depois destas coisas"). Daniel 2.45: "*ha dei genesthai meta tauta*" ("o que deve acontecer depois destas coisas").	"*ha mellei genesthai meta tauta*" ("o que está para [que deve] acontecer depois destas coisas").

Uma evidência dessa declaração importantíssima de que a última oração de Apocalipse 1.19 é uma expressão sobre os "últimos dias" é que o "depois disso" (*'aḥărê děnâ*) do TM de Daniel 2.29 forma um paralelismo sinônimo com o "nos últimos dias" de Daniel 2.28, e isso é um forte indicador de que a primeira expressão tem nuance escatológica.[73] As traduções para o grego confirmam a natureza equivalente dessas expressões ao empregá-las para traduzir o TM. A versão de Teodócio usa "depois destas coisas" (*meta tauta*) em Daniel 2.29,45, ao passo que, nos mesmos versículos, a LXX traduz por "nos últimos dias" (*ep' eschatōn tōn hēmerōn*), deixando

---

[69] Veja as várias traduções possíveis de Apocalipse 1.19 e a explicação da paráfrase acima em G. K. Beale, *The book of Revelation: a commentary on the Greek text*, NIGTC (Grand Rapids: Eerdmans, 1999), p. 152-70.

[70] Embora *mellei* substitua o *dei* de Daniel na maioria dos manuscritos do v. 19, *dei* está presente em alguns: ℵ* (C) *pc* (*dei mellein*), 2050 latt (*dei*). Cf. Josefo, *Ant.* 10.210.

[71] A maior parte da linguagem do texto se assemelha a Daniel 2.45 (Θ): "as coisas que devem acontecer depois destas coisas" (*ha dei genesthai meta tauta*). Sobre isso, veja ainda Beale, *Revelation*, p. 152-5.

[72] Sobre essa perspectiva, com respeito a Apocalipse, veja o restante desta seção.

[73] Veja C.F. Keil, *Biblical commentary on the book of Daniel*, tradução para o inglês de M. G. Easton, K&D (reimpr., Grand Rapids: Eerdmans, 1971), p. 111-2.

mais claro o sentido de último dia implícito no "depois disso" (*'aḥărê dĕnâ*) do texto aramaico.[74] Portanto, em Daniel 2, "depois destas coisas" (*meta tauta*) é uma locução escatológica sinônima de "nos últimos dias" (*ep' eschatōn tōn hēmerōn*), mas não tão explícita quanto ela.

Igualmente em Apocalipse, "depois destas coisas" (*meta tauta*) pode ser uma expressão escatológica condensada em 1.19 (bem como em 4.1b: "Sobe aqui, e eu te mostrarei as coisas que devem acontecer depois destas coisas"). Em outras palavras, no que diz respeito a 1.19 (e 4.1), "depois destas coisas" (*meta tauta*) provavelmente não funciona como simples indicador de transição literária ou temporal geral para a próxima visão, mas é, sim, uma alusão específica descrevendo o fim dos tempos, o "depois disso" escatológico sobre o qual falou Daniel.[75] Assim, a ordem de Cristo para que João escrevesse o livro de Apocalipse em 1.11 é reiterada e expandida em 1.19, explicando que João devia "escrever" sobre os últimos dias agora inaugurados.

O "portanto" no início de 1.19 explica por que João devia escrever sobre a visão escatológica que ele teve. A razão está nos versículos 12-18. João é comissionado a escrever às igrejas porque a visão inicial que recebeu revela que a confiança dos santos ("não temas" [v. 17b]) se fundamenta na investidura de Cristo como juiz cósmico dos últimos dias, o sacerdote do fim dos tempos e soberano escatológico da igreja por causa de sua vitória sobre a morte pela ressurreição. Por exemplo, Jesus se descreve como aquele que começa a cumprir a profecia de Daniel 7.13,14 de que um "Filho do Homem" reinaria eternamente sobre um reino mundial. Essa ideia é expandida em Apocalipse 1.5, em que Jesus se autodenomina o "Príncipe dos reis da terra". O relato que ele faz de sua ressurreição em 1.17,18 também é um desenvolvimento de 1.5, em que refere a si mesmo como o "primogênito dos mortos". Portanto, a ressurreição de Jesus deu início à ressurreição dos santos do fim dos tempos. A "espada afiada de dois gumes" que sai da boca de Jesus em 1.16 origina-se das profecias de Isaías 11.4 e 49.2, que o retratam como juiz escatológico que começou a cumprir essa expectativa de julgamento messiânico.[76]

Portanto, a razão de João "escrever" o livro inteiro de Apocalipse sobre os últimos dias já e ainda não é que esses dias haviam sido inaugurados pelo próprio Jesus como o rei, o Filho do Homem e a nova criação ressurreta, que também consumará esses últimos dias. Além disso, João está escrevendo sobre o cumprimento dos "últimos dias" mencionados por Daniel,[77]

---

[74]Observe-se também que Atos 2.17 traduz o "depois disso" (*'aḥărê-kēn*) de Joel 2.28 (= 3.1, LXX: *meta tauta*) por "nos últimos dias" (*en tais eschatais hēmerais*).

[75]A equivalência semântica entre "depois destas coisas" (*meta tauta*) e a ideia escatológica de "últimos dias" tem importância para as perspectivas anteriores sobre Apocalipse 1.19. Alguns futuristas têm defendido que 1.19 serve de esboço cronológico do livro, de modo que "o que acontecerá depois destas coisas", no final do versículo, é considerado exclusivamente uma referência futura ao fim da história. No entanto, conforme já argumentei, se "depois destas coisas" (*meta tauta*) refere-se à era escatológica, que João entende como inaugurada, então 1.19 não pode expressar uma fórmula cronológica tão exata. Por isso, a terceira oração gramatical em 1.19 faria referência ao período escatológico que abrange a inauguração no passado, no presente e no futuro.

[76]Veja uma elaboração aprofundada desse parágrafo em Beale, *Revelation*, p. 211-3.

[77]Outro indício de que as palavras de Daniel 2.29a,45 servem de base para Apocalipse 1.19b pode ser confirmado não somente pelas semelhanças textuais entre os versículos, mas também pelas semelhanças entre os respectivos contextos. Nesse aspecto, Apocalipse 1.20 é importante: "Este é o mistério das sete estrelas, que viste na minha mão direita, e dos sete candelabros de ouro: as estrelas são os anjos das sete igrejas, e os sete candelabros são as sete igrejas". A palavra "mistério" (*mystērion*) muito provavelmente origina-se de Daniel 2.29,47. Ambas as referências, em Daniel e Apocalipse, têm contextos quase idênticos. Em Daniel 2, Deus é louvado duas vezes como o perfeito revelador de mistérios (*mystēria*), e as referências ocorrem no início e no fim da interpretação divinamente inspirada que Daniel faz do sonho de Nabucodonosor. Assim também, em Apocalipse 1, a figura divina do Filho do Homem começa a interpretação da visão inicial de João revelando (e sendo o revelador de) o "mistério" (*mystērion*) dos candelabros. Além disso, a visão de João descreve um "mistério" que contém (1) o cumprimento inaugurado do ofício do "Filho do Homem" de Daniel (cf. Dn 7.13) como rei messiânico, de cujo cumprimento inicial participam, (2) por ironia, a igreja sofredora e a pecadora e (3) os anjos que guardam as igrejas (cf. tb. v. 6,9).

que, conforme vimos, dizem respeito principalmente ao estabelecimento do reino e do templo da nova criação. Todos esses temas estão associados ao reino da nova criação, um aspecto fundamental do enredo do NT que tenho desenvolvido ao longo deste livro.

Uma vez que a comissão dada a João para escrever baseia-se em Daniel 2.28,29,45, não somente em Apocalipse 1.19 (a introdução aos caps. 2—3), mas também em 1.1 (a introdução ao livro), 4.1 (a introdução ao trecho de visões em 4.2—22.5) e 22.6 (o início formal da conclusão do livro), deve se considerar que João foi comissionado a escrever a palavra de Deus sobre os últimos dias, assim como Daniel, com a diferença de que o apóstolo está explicando que os últimos dias de Daniel já começaram e serão consumados. Do mesmo modo, João recebe a mesma missão profética dada a Ezequiel (veja 1.10; 4.2a; 17.3a; 21.10a), que também estava muito preocupado com a escatologia (p. ex., veja Ez 40—48, trecho a que João faz alusão várias vezes em Ap 21.9—22.5).[78] Assim, temos aqui outro exemplo de um documento escrito do NT produzido pela realidade de uma escatologia que surgia.

Conclusão

Assim como Israel tinha seu livro revelado por Deus, o novo Israel, a igreja também tem seu livro, que é um desenrolar escatológico "já e ainda não" do significado do livro de Israel. Em última análise, ambos são um só livro, com cada etapa histórico-redentora ao longo do AT sendo interpretada progressivamente no NT. Como, porém, a Bíblia é um livro escrito em última instância por um só autor divino, o NT interpreta o AT e vice-versa. A decisão de registrar por escrito a mensagem do NT, além da mensagem oral, deve ter sido parcialmente motivada por sua natureza de palavra de Deus, por sua função como parte do alicerce da igreja e pelo desejo de preservar a mensagem enquanto durasse o período dos últimos tempos, visto que os apóstolos tinham consciência de que o período poderia estender-se além do tempo de vida deles.[79] O contexto do AT para o livro escatológico da igreja origina-se em parte de Isaías 2.1-3 e Isaías 40—55, e a nova criação também pode ser um antecedente, uma vez que esses trechos de Isaías estão relacionados com as profecias da nova criação.

Excurso A forma escrita do testemunho escatológico dos apóstolos

Paulo apresenta os melhores exemplos. Em 1Tessalonicenses 2.13, ele diz aos leitores: "recebestes de nós a palavra de Deus, não como palavra de homens, mas como a palavra de Deus, como de fato é, a qual também atua em vós, os que credes". Em 2Tessalonicenses 3.1, ele ora "para que a palavra do Senhor seja divulgada e glorificada, como também aconteceu em vosso meio". É evidente que a mensagem oral de Paulo imbuída de autoridade se expressa também na forma escrita igualmente imbuída de autoridade: "Portanto, quem rejeita isso [as instruções da carta de Paulo] não rejeita o homem, mas Deus, que vos dá o seu Espírito Santo" (1Ts 4.8); "Eu vos suplico pelo Senhor que esta carta seja lida a todos os irmãos" (1Ts 5.27); "Assim, irmãos, ficai firmes e conservai as tradições que vos foram ensinadas oralmente ou por carta nossa" (2Ts 2.15); "Se alguém desobedecer às nossas instruções nesta carta, observai-o atentamente e não vos associeis com ele, a fim de que se envergonhe" (2Ts 3.14).

A correspondência com os coríntios expressa as mesmas ideias: "Se alguém se considera profeta ou espiritual, reconheça que as coisas que vos escrevo são mandamentos do Senhor. Mas, se alguém não reconhece isso, tal pessoa não será reconhecida" (1Co 14.37,38); "É diante de Deus que falamos em Cristo" (2Co 12.19); "Visto que exigis uma prova de que Cristo fala por meu intermédio..." (2Co 13.3); "Por isso, escrevo essas coisas estando ausente, para que, quando

---

[78]Sobre Apocalipse 21.9—22.5, veja Beale, *Revelation*.
[79]A esse respeito, veja Hill, "God's speech", p. 232-3.

estiver presente, não tenha de usar de rigor, segundo a autoridade que o Senhor me deu para a edificação, e não para a destruição" (2Co 13.10). Essas declarações realçam a ironia do apóstolo em 2Coríntios 11.17: "O que digo, não o digo conforme [ou "com base em"] o Senhor, mas como se fosse por loucura" (é lógico que a ironia de Paulo está justamente no fato de que, nessa carta, ele está falando "conforme o Senhor").

Em Efésios 3, Paulo diz que o "mistério" da profecia do AT lhe foi "revelado", e ele não apenas faz uma explicação oral de que esse mistério se cumpre em Cristo, mas também "escreve" sobre isso na carta, e quando os destinatários a "leem" podem "entender" sua "compreensão do mistério de Cristo" (v. 3,4). A esse respeito, Paulo se coloca na mesma categoria dos "santos apóstolos e profetas", a quem o mistério "se revelou [...] pelo Espírito" (v. 5) e, no seu caso, parte de seu testemunho apostólico sobre o mistério é registrada em forma de carta imbuída de autoridade.

Pedro também, em 2Pedro 3.15,16, considera os textos de Paulo tendo a mesma autoridade que os escritos do AT:

> Vede como salvação a paciência de nosso Senhor; assim como o nosso amado irmão Paulo também vos escreveu, segundo a sabedoria que lhe foi concedida, a exemplo do que faz em todas as suas cartas, falando acerca dessas coisas, nas quais há aspectos difíceis de entender, que os ignorantes e inconstantes distorcem, como fazem também com as demais Escrituras [do AT], para a própria destruição deles.

Existem até fragmentos de uma coleção de evangelhos do tempo de Paulo que detinham a mesma autoridade do AT. Em 1Timóteo 5.18, Paulo diz: "Porque a Escritura diz: 'Não amarres a boca do boi quando ele estiver debulhando' [Dt 25.4]; e: 'O trabalhador é digno do seu salário' [Mt 10.10; Lc 10.7]".

O livro de Apocalipse é uma das mais claras provas de um livro do NT que se considera palavra de Deus em forma escrita. João recebe treze vezes a ordem de escrever (p. ex., 1.11,19; o início de cada carta). O que ele escreve nas cartas dos capítulos 2 e 3 é tanto a palavra de Cristo quanto as palavras do Espírito (p. ex., 2.1,7, linguagem padrão que se repete em todas as cartas). Em diversos pontos ao longo do livro, ele recebe ordens para escrever o que também é considerado palavra do Espírito (14.13) ou de Deus (19.9; 21.5). A forma escrita de Apocalipse é tão imbuída de autoridade que suas palavras não devem ser alteradas, sob pena de maldição, como está claro em 22.18,19.

> Dou testemunho a todo o que ouvir as palavras da profecia deste livro: se alguém lhes acrescentar alguma coisa, Deus lhe acrescentará as pragas escritas neste livro; e se alguém tirar alguma coisa das palavras do livro desta profecia, Deus lhe tirará a sua parte da árvore da vida e da cidade santa, descritas neste livro.[80]

Por isso, o livro de Apocalipse em sua forma escrita é chamado de "as palavras da profecia deste livro", que devem ser guardadas (22.7 [tb. 22.9]) e seguidas (22.18,19). A conclusão forma uma excelente *inclusio* com a introdução ao livro: "Bem-aventurados os que leem e também os que ouvem as palavras desta profecia e guardam as coisas que nela estão escritas, porque o tempo está próximo" (1.3). A conclusão clara aqui é que a natureza imbuída de autoridade do livro exige que ele seja lido e relido nas comunidades cristãs e receba atenção (i.e., seja obedecido, pois é a palavra de Deus).

Esta explicação do testemunho apostólico escrito e revestido de autoridade mostra que o testemunho escatológico dos apóstolos é não somente oral, mas também escrito.

---

[80] O contexto desses versículos está relacionado a distorções do livro de Apocalipse por falsos ensinamentos, um cenário semelhante ao de Deuteronômio 4.2, em que Moisés faz praticamente a mesma advertência aos falsos mestres que distorcem seu testemunho escrito da Lei (veja Beale, *Revelation*, p. 1150-4).

NONA PARTE

A VIDA CRISTÃ COMO A VIDA DA NOVA CRIAÇÃO INAUGURADA DOS ÚLTIMOS TEMPOS

24

A vida cristã como o início da vida transformada da nova criação
O padrão indicativo-imperativo dos últimos tempos e o retorno progressivo do exílio

Os capítulos anteriores, particularmente 19 e 20, concentraram-se em Deus constituindo seu povo da nova aliança, o Israel do fim dos tempos, como nova criação escatológica em cumprimento das profecias do AT. Os capítulos 22 e 23 focalizaram a nova criação e o reino como características distintivas dessa nova comunidade fiel da aliança. Todos esses elementos são partes essenciais do enredo que formulei. Este capítulo se concentrará mais na conduta que essa recém-criada comunidade de fé da aliança deve ter e por que deve agir assim. Podemos chamar essa nova vida de "vida cristã em desenvolvimento", ou "vida da nova criação" ou "santificação" (como a teologia sistemática tradicionalmente a denomina). Uso o termo "santificação" para referir-me à vida cristã em desenvolvimento, separada da antiga criação para ser a nova criação escatológica. Portanto, a vida da ressurreição é inerente à continuação da vida cristã, pois nela o crente é transportado do velho mundo caído para a nova criação. Quando as pessoas começam a tornar-se parte da nova criação, a justiça escatológica se estabelece na vida delas, justiça prometida como elemento integrante do novo céu e da nova terra.[1] Quando isso ocorre, elas passam a ser parte viva do enredo histórico-redentor, em que não são apenas uma parte da nova criação, mas também estão envolvidas na expansão dela em sua própria vida.

Esta seção e a seguinte tratarão do controverso problema de como o indicativo se relaciona com o imperativo em diversos trechos do NT, sobretudo nos escritos de Paulo. Em outras palavras, como a condição de estar em Cristo se relaciona com a maneira com que o cristão se comporta? Os cristãos são definidos basicamente por aquilo que fazem, por aquilo que são ou por ambos?

Uma série de passagens das epístolas do NT analisa essa questão. Passagem por passagem, observaremos que aquilo que uma pessoa é no Cristo ressurreto serve de base para o modo

---

[1] A esse respeito, veja 2Pedro 3.13, provavelmente formulado com base em uma combinação de alusões a Isaías 61.21; 65.17 (veja tb. Is 66.22a).

com que ela deve se comportar. Muitas passagens apresentam essa base de formas diversas: às vezes apenas com as expressões "em Cristo", "redimidos", "salvos", "reconciliados", "justificados", "lavados", "santificados", "ser nova criação", "ressuscitados" ou "nascidos de novo" e assim por diante. Esta seção se concentra na descrição das pessoas especificamente como parte da nova criação do fim dos tempos na condição de seres ressurretos que, com base nisso, recebem ordens. Na verdade, todas essas descrições são facetas de uma condição geral da nova criação, compartilhada por todos os crentes, uma ideia que este livro tem procurado elaborar de diferentes ângulos.

A tese desta parte é que apenas os indivíduos da nova criação e do reino têm capacidade de obedecer aos mandamentos. Agostinho formulou sua famosa oração com base nos textos que estamos prestes a estudar: "Dá-me o que ordenas e ordena o que quiseres" (*Conf.* 10.29). Já tratei desse assunto de forma rápida,[2] mas agora vou me concentrar nele. O objetivo aqui não é interpretar exaustivamente essas passagens, mas buscar entender como o estar em Cristo serve de base para o crente ser capaz de obedecer aos mandamentos de Deus. Os textos a seguir são apenas amostras de muitas outras passagens.

Paulo

Romanos 6

Em Romanos 6.4-11, Paulo diz:

> Portanto, fomos sepultados com ele na morte pelo batismo, para que, como Cristo foi ressuscitado dentre os mortos pela glória do Pai, assim andemos nós também em novidade de vida. Porque, se fomos unidos a ele na semelhança da sua morte, certamente também o seremos na semelhança da sua ressurreição. Pois sabemos isto: o nosso velho homem foi crucificado com ele, para que nosso corpo de pecado fosse destruído, a fim de não servirmos mais ao pecado. Pois quem está morto está liberto do pecado. Agora, se já morremos com Cristo, cremos que também viveremos com ele, sabendo que, tendo sido ressuscitado dentre os mortos, Cristo já não morre mais; a morte não tem mais domínio sobre ele. Pois, quanto à sua morte, morreu para o pecado de uma vez por todas; mas, quanto à sua vida, vive para Deus. Assim, também, considerai-vos mortos para o pecado, mas vivos para Deus em Cristo Jesus.

Os crentes foram identificados com a morte e a ressurreição de Cristo (v. 4,5,8-11), por isso começaram a experimentar a existência da ressurreição, que continuará por toda a eternidade vindoura (o aspecto inaugurado fica mais claro nos v. 4b e 11b). Como estudamos em capítulos anteriores, essa ressurreição é o início da nova criação, e Paulo até utiliza um termo quase sinônimo de nova criação no versículo 4b ("novidade de vida" [*kainotēs zōēs*]).[3] Também é importante observar aquilo com que os cristãos não estão identificados: seu "velho homem foi crucificado com ele [Cristo]" (v. 6). Muitas versões em inglês traduzem por "nosso velho eu foi crucificado com ele" (p. ex., NRSV, NIV, NAB, TNIV), mas a tradução melhor e literal de *palaios anthrōpos* aqui é "velho homem" (NVI, ARA, KJV, NET).[4] Essa tradução harmoniza-se bem com o contexto, pois Paulo acabou de falar sobre o primeiro, ou velho, "Adão"

---

[2]Veja, p. ex., no cap. 9, o subtítulo "Que diferença faz para a vida cristã o fato de a nova criação dos últimos dias ter começado?".

[3]Conforme estudamos em um capítulo anterior, o Espírito é o agente da vida da ressurreição, por isso Paulo diz em Romanos 7.6: "Servimos <u>em novidade do [por meio do] Espírito</u> [*en kainotēti pneumatos*], e não na caducidade da letra", desenvolvendo um pouco mais Romanos 6.4b.

[4]As versões em inglês NASB e ESV têm "velho eu", mas reconhecem a alternativa "velho homem" em nota de rodapé. A NEB faz uma boa paráfrase interpretativa: "o homem que fomos".

(5.14), a quem ele também se refere como "homem" (*anthrōpos* [5.19]), em contraste com Cristo, também chamado de "homem" (*anthrōpos* [5.15]) e de quem o primeiro Adão era um tipo (5.14b). Traduzir *palaios anthrōpos* por "velho eu", e não por "velho homem", implica obscurecer a identificação com o velho Adão e com o novo Adão, Cristo. À luz de Romanos 5 como contexto, a mensagem de Romanos 6 é que os crentes originariamente faziam parte do velho mundo e se identificavam com o velho Adão ("homem"), que representava esse mundo com seu pecado e sua condenação. Mas agora a participação dos crentes no velho mundo foi removida, pois estão identificados com o novo homem, Cristo. Uma vez que ele morreu para o velho mundo e ressuscitou como novo homem, seus seguidores também morreram e ressuscitaram com ele, e agora são novas pessoas.

Essa identificação com a ressurreição de Cristo como nova criação é imprescindível para entender como os santos podem ser obedientes a Deus. Sua existência como nova criação, sobre a qual Paulo fala em Romanos 6.4-11, é o fundamento que torna os crentes capazes de não pecar e servir a Deus no trecho de 6.12-14.

> Portanto, não reine o pecado em vosso corpo mortal a fim de obedecerdes aos seus desejos. E não apresenteis os membros do vosso corpo ao pecado como instrumentos de injustiça; mas apresentai-vos a Deus como vivificados dentre os mortos, e os vossos membros a Deus como instrumentos de justiça. Pois o pecado não terá domínio sobre vós, pois não estais debaixo da lei, mas debaixo da graça.

O "portanto" remete aos versículos 2-11 e à ideia culminante e principal no versículo 11, que afirma que os crentes estão "mortos para o pecado, mas vivos para Deus, em Cristo Jesus". Sobre essa base, reiterada no versículo 13b ("como vivificados dentre os mortos"), os leitores de Paulo podem ter certeza de sua capacidade de não deixar o pecado reinar na vida deles e de não praticar a "injustiça", sendo antes "instrumentos de justiça". A existência da ressurreição que eles têm em Cristo lhes dá a capacidade de andar "em novidade de vida" (v. 4b). Essa conclusão já foi brevemente prevista não apenas no versículo 4b, mas também em 6b,7.

Conforme vimos, Ezequiel 36 e 37 é parte do contexto para entender a ressurreição como o poder que rompe o domínio do pecado e da morte em Romanos 6—8. Em Ezequiel 36.25-29 Deus declara:

> Então aspergirei água pura sobre vós, e ficareis limpos; eu vos purificarei de todas as vossas impurezas e de todos os vossos ídolos. Além disso, eu vos darei um coração novo e porei um espírito novo dentro de vós; tirarei de vós o coração de pedra e vos darei um coração de carne. Também porei o meu Espírito dentro de vós e farei com que andeis nos meus estatutos; e sereis cuidadosos em obedecer aos meus mandamentos. Então habitareis na terra que dei a vossos antepassados, e sereis o meu povo, e eu serei o vosso Deus. Além disso, eu vos salvarei de todas as vossas impurezas.

Em Ezequiel 37.12-14, Deus fala ao profeta:

> Portanto, profetiza e dize-lhes: "Assim diz o Senhor Deus: 'Eu abrirei as vossas sepulturas e vos farei sair das vossas sepulturas, ó meu povo; e vos trarei à terra de Israel. Quando eu vos abrir as sepulturas e vos fizer sair, sabereis que eu sou o Senhor, ó meu povo. E porei em vós o meu Espírito, e vivereis; e vos porei na vossa terra. Então sabereis que eu, o Senhor, disse e cumpri isso', diz o Senhor".

Observe-se que em 36.26 o "Espírito" de Deus dará "um coração novo" e um "espírito novo", o que é definido como a vida da ressurreição em 37.12-14. Essa nova vida da ressurreição é a base para o povo de Deus do fim dos tempos obedecer ao Senhor: "... farei com que andeis nos meus estatutos; e sereis cuidadosos em obedecer aos meus mandamentos" (36.27). Romanos 6—8 vê a profecia de Ezequiel começando a cumprir-se na vida dos cristãos.[5]

Efésios

Efésios 4.20-32 também apresenta o padrão de necessidade de ser uma nova criatura como fundamento para o crente ser capaz de obedecer aos mandamentos divinos da nova criação:

> Mas vós não aprendestes assim de Cristo, se de fato o ouvistes e nele fostes instruídos, conforme a verdade que está em Jesus, no sentido de que, quanto à vossa maneira anterior de viver, vos despojeis do velho homem que se corrompe segundo as concupiscências do engano, e vos renoveis no espírito da vossa mente, e vos revistais do novo homem, que tem sido criado à semelhança de Deus em justiça e santidade procedentes da verdade. Por isso, abandonai a mentira, e cada um fale a verdade a seu próximo, pois somos membros uns dos outros. Irai-vos, mas não pequeis; e não se ponha o sol sobre a vossa ira nem deis lugar ao Diabo. Aquele que roubava, não roube mais; pelo contrário, trabalhe, fazendo com as mãos o que é bom, para que tenha o que repartir com quem tem necessidade. Não saia da vossa boca nenhuma palavra impura, mas só a que for boa para a edificação conforme a necessidade do momento, a fim de que transmita graça aos que a ouvem. E não entristeçais o Espírito Santo de Deus, com o qual fostes selados para o dia da redenção. Toda amargura, cólera, ira, gritaria e calúnia sejam eliminadas do meio de vós, bem como toda maldade. Sede bondosos e tende compaixão uns para com os outros, perdoando uns aos outros, assim como Deus vos perdoou em Cristo.

Paulo lembra a seus leitores o que eles haviam aprendido inicialmente quando creram em Cristo (v. 20,21). Naquele tempo, foram instruídos assim: "despojai-vos do velho homem [...] e vos renoveis no espírito da vossa mente, e vos revistais do novo homem, que tem sido criado à semelhança de Deus em justiça e santidade procedentes da verdade" (v. 22-24). Portanto, é no passado que o "velho homem" foi abandonado, "o espírito" foi renovado e o "novo homem" revestiu os que creem. Paulo está pressupondo que seus destinatários foram "renovados" e são "novos homens".[6] É importante ressaltar que "despir", "renovar" e "revestir" não são mandamentos presentes para os que já se converteram, como algumas vezes pensam alguns comentaristas. As orações "despir-se [...] serem renovados [...] e revestir-se" designam o que os cristãos foram instruídos a fazer no início, quando creram e confiaram em Cristo. Logo, Paulo está se dirigindo a cristãos que no passado se despiram do "velho homem", renovaram-se "no espírito" e se revestiram do "novo homem". Além disso, no grego os três verbos em questão não são imperativos, mas infinitivos, e revelam o conteúdo do que foi "ensinado" aos santos (v. 21) na época da conversão. Esses verbos podem ter tido no passado um sentido imperativo, pois faziam parte da apresentação do evangelho e da exortação que os crentes receberam no início de sua fé.

O versículo 22 também dá evidências de que os verbos se referem ao que aconteceu no passado, pois nele se lê que o "velho homem" é uma referência à "vossa maneira anterior de viver [...] que se corrompe segundo as concupiscências do engano". Essa oração que descreve a corrupção refere-se não à existência presente dos cristãos, mas à "maneira anterior de viver

---

[5]Para uma explicação da legitimidade do contexto e da importância de Ezequiel para a interpretação do entendimento de Paulo sobre a ressurreição pelo Espírito em Romanos 6—8, veja o subtítulo "A ressurreição em Romanos" no cap. 8.

[6]Apesar de não descartar a possibilidade de que alguns talvez não tenham sido assim transformados no passado: "se de fato o ouvistes e nele fostes instruídos" (v. 21).

[deles]", quando ainda eram incrédulos. Ademais, eles são pessoas cujo "novo homem" foi "criado" à imagem de Deus, mais um indicador de que se identificaram com Cristo, "o novo homem definitivo", o Último Adão. Tudo isso ficará ainda mais claro quando examinarmos Colossenses 3 mais adiante nesta seção.

Algumas traduções dos versículos 22 e 24 têm "o velho eu" e "o novo eu", mas isso anula as alusões e o contexto histórico-redentor. As locuções gregas devem ser traduzidas por "o velho homem" (*ton palaion anthrōpon*) e "o novo homem" (*ton kainon anthrōpon*); essa tradução tem equivalência mais formal e corresponde notavelmente à oposição entre a época antiga e a nova época escatológica.[7] Desse modo, as locuções aqui são as mesmas de Romanos 6. Assim como naquela passagem, estas são referências histórico-redentoras de duas eras representadas por duas pessoas totalmente decisivas, o primeiro Adão e Jesus, que é o novo homem ou o Último Adão.

O estilo e o vocabulário dos versículos 22 e 24 remetem a Efésios 2.15 e o desenvolvem, em que lemos que Cristo aboliu "em seu corpo a inimizade, isto é, a Lei dos mandamentos contidos em ordenanças, para <u>em si mesmo criar dos dois [judeu e gentio] um novo homem</u>, estabelecendo assim a paz". Por isso, "um novo homem" em Efésios 2.15 é formado de cristãos judeus e cristãos gentios, mas esses dois são "um novo homem" porque Cristo os criou "em si mesmo". Judeus e gentios eram dois grupos, separados um do outro, mas, depois de serem criados em Cristo, são "um novo homem", pois o próprio Cristo é "o novo homem". Efésios 1.22 já havia se referido a Cristo como o "novo homem", em que a alusão ao Adão ideal do fim dos tempos é aplicada ao governo do Cristo ressurreto, e os santos são identificados com essa posição de domínio adâmico (Ef. 2.5,6).[8] Além disso, Efésios 5.29-32 retrata Cristo como o Adão da nova criação, cuja esposa, os crentes da igreja, são "membros do seu corpo" (v. 30, com v. 31 que cita Gn 2.24 como apoio). Isso sustenta ainda mais a ideia de que Efésios 2.15 fala de um Adão coletivo, o indivíduo Cristo, que representa os que creem e fazem parte de seu corpo. O primeiro Adão histórico não é claramente mencionado em Efésios, mas a referência ao "velho homem" em Efésios 4.22 não só alude à existência perversa "anterior" dos crentes (p. ex., Ef 2.1-3,11,12), mas também remete de forma indireta ao "velho homem" por quem eles eram representados (o primeiro Adão).

Paulo muda o foco dos versículos 22-24, a condição de nova criação de seus leitores, para uma série de mandamentos nos versículos 25-32, usando a conjunção grega de transição *dio* ("por isso"). Essa palavra indica que o que vem antes serve de base para o texto a seguir. Assim, com base no fato de que o crente é um "novo homem", que rompe com o poder determinante do pecado do velho mundo, o apóstolo passa a dar instruções aos leitores. O "indicativo" da nova criação deve preceder o "imperativo" para agir como nova criação. Sem o poder da nova criação, não há condição de obedecer e agradar a Deus.

De fato, a oração gramatical "por isso, abandonai [*apothemenoi*] a mentira", no versículo 25, é uma continuação da anterior, "despojai-vos [*apothesthai*] do velho homem", no versículo 22. A ideia é que, uma vez abandonado o "velho homem", os pecados que o caracterizavam também começam a ser abandonados. À medida que cresce como ser da nova criação inaugurada, o crente se despoja mais dos traços que caracterizavam a antiga existência do "velho homem".

---

[7]As versões KJV, NET, A21, ARA, ARC e NVI traduzem por "velho/novo homem". A NAB, NRSV e TNIV traduzem por "velho/novo eu" e a RSV, NTLH e NEB trazem "velha/nova natureza", que também é menos indicado que as versões que empregam "homem". A NASB e a ESV decidiram por "velho/novo eu" no texto, mas apresentam no rodapé a alternativa "velho/novo homem". Em português, as seguintes versões optam por "velho/novo homem".

[8]Para uma análise e fundamentação dessa alusão, veja cap. 4.

Colossenses: o velho homem e o novo homem em Colossenses 3

Colossenses 3.1-12 tem muitas semelhanças com Efésios 4.20-32.

> Portanto, se fostes ressuscitados com Cristo, buscai as coisas de cima, onde Cristo está assentado à direita de Deus. Pensai nas coisas de cima, e não nas que são da terra; pois morrestes, e a vossa vida está escondida com Cristo em Deus. Quando Cristo, que é a nossa vida, for revelado, também sereis revelados com ele em glória. Portanto, considerai os membros do vosso corpo terreno mortos para imoralidade, impureza, paixão, desejo mau e avareza, que é idolatria; é por causa dessas coisas que a ira de Deus sobrevém aos filhos da desobediência. Nelas também andastes no passado, quando ainda vivíeis nessas coisas; mas, agora, abandonai tudo isto: raiva, ira, maldade, difamação, palavras indecentes do falar. Não mintais uns aos outros, pois já vos despistes do velho homem com suas ações más, e vos revestistes do novo homem, que se renova para o pleno conhecimento segundo a imagem daquele que o criou — uma renovação em que não há distinção entre grego e judeu, circuncidado e incircunciso, bárbaro e cita, escravo e homem livre, mas Cristo é tudo em todos. Portanto, como santos e amados eleitos de Deus, revesti-vos de um coração de compaixão, bondade, humildade, mansidão e paciência.

Com base ("portanto", *oun* [v. 5]) na identificação dos crentes com a morte e a ressurreição de Cristo (v. 1-4), Paulo exorta os colossenses a viverem como novas criaturas ressurretas, e não como as que pertencem ao velho mundo (3.5—4.6). Depois de expor uma lista com exemplos de pecados que os crentes não devem cometer, o texto apresenta novamente, nos versículos 9 e 10, a base para eles serem capazes de se abster da prática desses pecados. Paulo lhes diz especificamente "não mintais uns aos outros". De maneira quase idêntica a Efésios 4.22-25, Colossenses 3.9,10 diz que os verdadeiros crentes não devem mentir porque já se despiram "do velho homem" e se revestiram "do novo homem" (não "velho eu" e "novo eu", como em algumas versões bíblicas em inglês).[9]

Desse modo, os versículos 1-4 afirmam que a base para não viver no pecado é a condição de ressurretos dos crentes, e a mesma base é novamente apresentada nos versículos 9 e 10 como a condição de nova criação. Embora o "novo homem" não seja perfeito, os santos estão amadurecendo em sua existência como nova criação: o "novo homem [...] se renova [...] segundo a imagem daquele que o criou" (v. 10b). Por isso, a "imagem" em que eles estão sendo renovados é a de Cristo, sobretudo à luz da ligação que remete a 1.15 (retratando Cristo como "a imagem do Deus invisível"), e aquele que os criou segundo essa imagem é Deus. Assim como em Efésios 2.15, Cristo é novamente identificado com o "novo homem" em quem os crentes "grego e judeu" existem (bem como outros grupos de pessoas; Cl 3.11: uma renovação na qual "Cristo é tudo em todos"). Até a referência em 3.10 ao "que se renova para o pleno conhecimento [*epignōsis*]" pode ser um eco do contexto de Gênesis, em que o "conhecimento" estava no centro da Queda (cf. Gn 2.17: "Não comerás da árvore do conhecimento do bem e do mal").[10]

À luz das duas alusões anteriores à "imagem" e ao "conhecimento" em Colossenses 3.10 originárias de Gênesis 1—3, as metáforas "despir-se" e "revestir-se" de Colossenses 3.9,10 podem ser uma alusão a Gênesis 3. Gênesis 3.7 declara que Adão e Eva, imediatamente depois de pecarem, tentaram cobrir a nudez pecaminosa por iniciativa própria: "Costuraram folhas de figueira e fizeram para si tangas". Contudo, em uma evidente manifestação do

---

[9] As razões para apoiar a tradução de *ton palaion anthrōpon* e *ton kainon* [*anthrōpon*] em Colossenses 3.9,10 por "o velho homem" e "o novo homem" (em contraposição a "o velho eu" e "o novo eu") são apresentadas neste capítulo na discussão anterior de Efésios 4.22-24.

[10] Sobre isso, veja James D. G. Dunn, *The Epistles to the Colossians and to Philemon: a commentary on the Greek text*, NIGTC (Grand Rapids: Eerdmans, 1996), p. 221-2.

início da restauração deles para Deus depois da Queda (esp. à luz de 3.20), Gênesis 3.21 diz: "E o S%%ENHOR%% Deus fez roupas de peles para Adão e sua mulher, e os vestiu [*endyō*]". A clara implicação disso é que as primeiras roupas foram tiradas e substituídas por outras feitas por Deus, o que indica que as roupas de confecção humana estavam associadas à condição dos dois de alienação e vergonha pelo pecado (Gn 3.7-11) e não eram suficientes para cobrir os que começavam a se reconciliar com Deus.[11]

Colossenses 3.9,10 também se refere aos crentes, que "se despiram" (*apekdyomai*) do "velho homem [pecaminoso]" e "vestiram as roupas" (*endyō*) do "novo homem", o que indica o relacionamento de nova criação inaugurada deles com Deus.[12] As imagens não são exatamente as de "tirar" e "pôr", como em muitas traduções, mas estão relacionadas à linguagem do vestuário. Os cristãos tiraram as roupas representadas pelo primeiro Adão (o "velho homem"), com a qual nem Adão nem eles poderiam entrar na presença de Deus, e vestiram-se do Último Adão (o "novo homem"), em quem foram "renovados".[13] Ao vestir suas novas roupas, eles começaram a voltar para Deus, e esse retorno se consumará no futuro.[14] Ao que tudo indica, Paulo está usando a linguagem do "vestir-se" de modo semelhante a Gênesis 3: as novas roupas com que o próprio Adão foi vestido para indicar seu relacionamento restaurado com Deus são uma analogia e um prenúncio dos cristãos sendo vestidos com as novas roupas do Último Adão.

Por isso, o ser humano está na condição do velho e decaído primeiro Adão, a "personificação" coletiva "da humanidade não regenerada" ou na condição do novo e ressurreto Último Adão, a "personificação" coletiva "da nova humanidade".[15]

Os particípios no grego quase sempre traduzidos por "despir-se" (*apekdysamenoi*) e "revestir-se" (*endysamenoi*) em Colossenses 3.9,10 provavelmente não são ordens, portanto são mais bem entendidos como uma descrição da realidade do que aconteceu no passado: "uma vez que vos despistes do velho homem [...] e uma vez que vos revestistes do novo homem".[16] À luz das imagens de vestuário pretendidas nessas palavras, uma tradução melhor ainda seria "uma vez que vos despistes do velho homem [...] e uma vez que vos vestistes do novo homem". Com base nisso, Paulo está exortando os crentes a deixarem de identificar-se com as características comuns da vida anterior no primeiro Adão e a assumirem os aspectos da nova vida no Último Adão. Novamente, assim como em Efésios, o motivo de Paulo ordenar a seus leitores que deixem de lado os aspectos pecaminosos é que eles já deixaram definitivamente

---

[11]As tangas de Adão e Eva não eram trajes apropriados para eles usarem na santa presença de Deus, e isso fica claro porque "o homem e sua mulher esconderam-se da presença do S%%ENHOR%% Deus", pois ainda consideravam-se nus (Gn 3.8-10); esta interpretação das roupas em Gênesis 3.8 é adotada também por *Or. Sib.* 1.47-49.

[12]A NRSV e a NLT utilizam metáforas de vestuário: "vós tirastes as roupas [...] e vestistes" (cf. do mesmo modo NJB, NET); veja Efésios 4.22-24 para uma terminologia bem próxima, e também *Barn.* 6.11,12, que cita ainda Gênesis 1.26,28.

[13]Da mesma forma, John Calvin [João Calvino], *Commentaries on the Epistles of Paul the apostle to the Philippians, Colossians, and Thessalonians* (reimpr., Grand Rapids: Baker, 1999), p. 211; E. K. Simpson; F. F. Bruce, *Commentary on the Epistles to the Ephesians and the Colossians*, NICNT (Grand Rapids: Eerdmans, 1957), p. 84; Peter T. O'Brien, *Colossians, Philemon*, WBC 44 (Waco: Word, 1982), p. 190-1. Esses comentaristas observam um contraste entre a figura do primeiro Adão e a do Último Adão.

[14]Assim tb. Ralph P. Martin, *Colossians and Philemon*, NCB (reimpr., London: Oliphants, 1974), p. 107; N. T. Wright, *The Epistles of Paul to the Colossians and to Philemon*, TNTC (Grand Rapids: Eerdmans, 1986), p. 138. Os dois também observam o contraste entre a identificação com o velho Adão e a com o novo Adão.

[15]O'Brien, *Colossians, Philemon*, p. 190-1. A segunda forma de identificação é esclarecida por Romanos 6.5-11; 13.14; Gálatas 3.27.

[16]Esses dois particípios gregos no aoristo são provavelmente adverbiais de causa (modificando o verbo "não mintais") e podem ser traduzidos por "porque vos despistes [...] e porque vos revestistes".

de lado o homem velho não regenerado e se vestiram do novo homem recriado, o que lhes dá o poder para obedecer aos mandamentos divinos.[17] Portanto, com base no fato de que o leitor é um "novo homem", Paulo novamente dá algumas ordens a todos os leitores (v. 12-17).

Tito

Em Tito 3.5-8, lemos:

> Ele nos salvou, não com base em atos de justiça que houvéssemos praticado, mas segundo a sua misericórdia, mediante o lavar da regeneração e da renovação realizado pelo Espírito Santo, que derramou amplamente sobre nós por Jesus Cristo, nosso Salvador, para que, justificados por sua graça, fôssemos feitos herdeiros segundo a esperança da vida eterna. Esta palavra é digna de crédito; e quero que proclames essas coisas com firmeza para que os que creem em Deus sejam cuidadosos em aplicar-se às boas obras. Essas coisas são excelentes e proveitosas para os homens.

Embora a linguagem do "velho homem" em contraposição ao "novo homem" não seja empregada aqui, os termos que transmitem a mesma ideia de nova criação são usados: "da regeneração e da renovação [...] pelo Espírito Santo" (v. 5b),[18] que, juntamente com "justificação" (v. 7a), são a base para os cristãos serem "salvos" (v. 5a) e "feitos herdeiros segundo a esperança da vida eterna" (v. 7b). Tudo isso é apresentado em oposição ao velho modo de vida pecaminoso (v. 3). Com base nessa condição de nova criação e justificação, que levará os leitores à vida eterna, Paulo os exorta a que "sejam cuidadosos em aplicar-se às boas obras" (v. 8), algumas das quais são especificadas nos versículos 9-14. Mais uma vez, diante da análise dos textos paulinos até aqui nesta seção, não é por acaso que Paulo estabelece a nova criação como o fundamento para a expectativa de que os cristãos praticarão "boas obras".

As implicações de "velho homem" e "novo homem" no pensamento de Paulo

Antes de prosseguir para mais textos pertinentes de outras partes do NT, é importante refletir sobre as implicações teológicas e antropológicas da análise que acabamos de ver. Concluí que em Romanos 6, Efésios 4 e Colossenses 3 os crentes fazem parte de uma nova criação inicial. Isso significa que a participação deles na velha criação foi "deixada de lado", e eles, embora não sejam uma nova criação plenamente aperfeiçoada, estão se desenvolvendo em sua existência da nova criação. Como ainda vivem fisicamente no velho mundo material e seu ser de nova criação não está completo, o pecado ainda os persegue. Contudo, devagar, mas com segurança, eles estão se desenvolvendo cada vez mais em sua existência da nova criação. Isso significa que, aos poucos, estão livrando-se da sombra pecaminosa do "velho homem" que ainda permanece sobre eles, embora o velho homem já tenha morrido. Na realidade, os crentes verdadeiros ainda fazem parte da velha criação porque ainda têm o corpo físico, que está perecendo e um dia morrerá, a menos que o Senhor volte antes. Todavia, a parte

---

[17]Uma análise exegética completa do contexto veterotestamentário em Gênesis 1—3 de "despir-se do velho homem" e "vestir-se do novo homem" pode ser vista no cap. 13, no subtítulo "A imagem do Último Adão em Colossenses 1.15-18; 3.9,10"; G. K. Beale, "Colossians", in: G. K. Beale; D. A. Carson, orgs., *Commentary on the New Testament use of the Old Testament* (Grand Rapids: Baker Academic, 2007), p. 866-8 [edição em português: "Colossenses", in: G. K. Beale; D. A. Carson, orgs., *Comentário do uso do Antigo Testamento no Novo Testamento*, tradução de C. E. S. Lopes et al. (São Paulo: Vida Nova, 2014)].

[18]Veja tb. Gálatas 4.29, que faz referência a Ismael, "o que nasceu segundo a carne", e Isaque, "que nasceu segundo o Espírito". Do mesmo modo, veja a linguagem de "nascer de novo" em contraposição à de "nascido da carne", em João 3.5-8.

invisível do indivíduo, isto é, sua alma, ou seu "espírito" (terminologia usada em Ef 4.23) ou "o nosso homem interior está sendo renovado a cada dia" (2Co 4.16). Para entender a realidade desse "homem interior" cada vez mais renovado, é preciso "não fixarmos o olhar nas coisas visíveis, mas naquelas que não se veem; pois as coisas visíveis são temporárias, porém as que não se veem são eternas" (2Co 4.18). Portanto, "vivemos pela fé, e não pelo que vemos" (2Co 5.7) quando cremos que nossa existência da ressurreição e da nova criação é real e está se desenvolvendo.

É imprescindível esclarecer aqui que Paulo não está dizendo que tanto o "velho homem" quanto o "novo homem" existem juntos em uma pessoa, de modo que os dois travam uma batalha dentro de cada cristão. Os que defendem essa visão declaram que às vezes o "velho homem" vence a batalha, e às vezes é o "novo homem" quem vence. Alguns chegam a dizer que o "velho homem" pode dominar um cristão a maior parte do tempo de forma que o "novo homem" praticamente não se revela. Outros acreditam que Romanos 7.15-25 sustenta esse quadro dualista:

> Não entendo o que faço, pois não pratico o que quero, e sim o que odeio. E, se faço o que não quero, concordo com a lei, reconhecendo que ela é boa. Agora, porém, não sou mais eu quem faz isso, mas o pecado que habita em mim. Porque eu sei que em mim, isto é, na minha carne, não habita bem algum; pois o querer o bem está em mim, mas não o realizá-lo. Pois não faço o bem que quero, mas o mal que não quero. Porém, se faço o que não quero, já não sou eu quem o faz, mas o pecado que habita em mim. Assim, descubro este princípio em mim: quando quero fazer o bem, o mal está presente em mim. Porque, no que diz respeito ao homem interior, tenho prazer na lei de Deus; mas vejo nos membros do meu corpo outra lei guerreando contra a lei da minha mente e me fazendo escravo da lei do pecado, que está em meus membros. Desgraçado homem que sou! Quem me livrará do corpo desta morte? Graças a Deus por Jesus Cristo, nosso Senhor! Desse modo, com a mente eu mesmo sirvo à lei de Deus, mas com a carne, à lei do pecado.

Há bastante debate se o trecho de Romanos 7 refere-se a um conflito no interior do cristão ou no do incrédulo. Acho mais provável que Paulo esteja falando aqui não de uma luta presente em sua vida cristã, mas de um conflito que caracterizou sua vida antes da conversão. Nesse sentido, o "eu" nesse trecho poderia representar Paulo antes de converter-se, o Adão incrédulo, o Israel incrédulo no Sinai, a humanidade incrédula ou o povo judeu incrédulo.[19] É provável que Paulo esteja se vendo como representante pessoal do conflito que a maior parte do Israel incrédulo experimentou até a vinda de Cristo, embora o foco principal seja a reação de incredulidade de Israel à Lei do Sinai, com a qual Paulo identifica a si mesmo e também todos os israelitas que não creem.[20] Em um plano secundário, Paulo também está se identificando com a experiência de Adão, refletida por Israel mais tarde.[21] Paulo diz que esse

---

[19]Douglas J. Moo, "Israel and Paul in Romans 7:7-12", *NTS* 32 (1986): 122. Entretanto, Moo identifica um foco inicial na experiência de Paulo como não cristão.

[20]Moo (ibidem) defende essa perspectiva, mas se concentra em mostrar que Romanos 7.7-12 é mais bem compreendido dessa maneira.

[21]Conforme Dennis E. Johnson, "The function of Romans 7:13-25 in Paul's argument for the Law's impotence and the Spirit's power, and its bearing on the identity of the schizophrenic 'I'", in: Lane G. Tipton; Jeffrey C. Waddington, orgs., *Resurrection and eschatology: theology in service of the church; essays in honor of Richard B. Gaffin Jr.* (Phillipsburg: P&R, 2008), p. 30-4. É possível entender que o conflito de Israel reflete a condição de Adão por causa da identificação desse povo como um Adão coletivo que recebe por herança o mandato de Adão mencionado em Gênesis 1.28, mas também deixa de obedecer (ao longo de toda esta obra, tenho defendido essa ideia; p. ex., veja, no cap. 1, os subtítulos "As diferenças entre a comissão de Adão e o que foi transmitido a seus descendentes" e "Conclusão"; veja tb., no cap. 14, o subtítulo "As expectativas quanto à obediência de Adão e a aplicação dessas expectativas a outras figuras adâmicas e finalmente a Cristo").

conflito não mais existe para os israelitas que, assim como o apóstolo, agora creem em Cristo (sobre esse tema, veja Rm 7.24—8.3).

Não posso apresentar aqui um exame aprofundado da passagem, mas as observações a seguir indicam que esse trecho de Romanos é a descrição de um não convertido,[22] particularmente de Paulo como representante do Israel incrédulo antes de encontrar-se com Cristo. As expressões de Romanos 7 a seguir, que Paulo usa ao falar de si mesmo (atribuídas ao "eu" em Rm 7), indicam claramente essa conclusão, pois em outros trechos de suas epístolas elas são uma referência característica aos incrédulos: (1) "sou carnal" (7.14);[23] (2) "vendido como escravo do pecado" (7.14);[24] (3) "quem me livrará do corpo desta morte?" (7.24);[25] (4) "porque eu sei que em mim, isto é, na minha carne, não habita bem algum" (7.18 [em contraste a 8.9]);[26] (5) "desgraçado [*talaipōros*] homem que sou" (7.24).[27] Alguns entendem que o "eu" de Romanos 7 é um "cristão que está lutando", mas a descrição não é de alguém que tem capacidade para praticar tanto o bem quanto o pecado, mas de alguém que pode apenas ansiar por fazer o bem, mas na realidade não o consegue (7.15-23). Por isso, 7.7-25 é uma exposição dos que estão no estado não redimido da "carne" apresentado em 7.5, e 8.1-39 é uma exposição da condição dos verdadeiros cristãos, apresentada em 7.6. Isso fica evidente na repetição de ideias e termos de 7.5 em 7.7-25 e na ausência de conceitos e termos de 7.6 em 7.7-25.[28]

Se Romanos 7 está descrevendo um conflito interno não do cristão, mas de um israelita incrédulo, qual é a natureza desse conflito? Paulo já havia dito que os judeus descrentes conhecem a verdade de Deus, mas não a praticam. Apesar de muitas vezes infringirem a Lei de Deus (Rm 2.21-27), eles conhecem "a vontade [de Deus]", aprovam "as coisas essenciais", são "luz dos que estão nas trevas" e têm "na lei a formulação do conhecimento e da verdade" (Rm 2.17-20). Embora tenham "zelo por Deus", "não se sujeitaram à justiça de Deus" [na Lei]" (Rm 10.2,3). É provável que o "eu" em conflito descrito por

---

[22]Agradeço a meu ex-colega T. David Gordon o acesso a um trabalho não publicado do final da década de 1980 que resume o pensamento de alguns estudiosos representantes desse ponto de vista (p. ex., Kümmel, Käsemann, Ridderbos, Ladd e Achtemeier) e que influenciou esta análise de Romanos 7. Em tempos mais recentes, Dennis Johnson apresentou uma explicação mais detalhada ("Function of Romans 7:13-25", p. 3-59), fazendo uma profunda expansão independente da análise de Gordon e incluindo uma boa bibliografia de estudiosos representantes de ambas as posições sobre Romanos 7.

[23]Especificamente, Paulo utiliza "carne" (*sarx*) em Romanos 8.3-13 para designar a humanidade incrédula, como costuma acontecer em outras ocorrências em seus textos. Sobre a oposição entre "carne" e "Espírito" quando Paulo ressalta que a humanidade se encontra no velho mundo ou na nova criação, veja Gordon D. Fee, *God's empowering presence: the Holy Spirit in the letters of Paul* (Peabody: Hendrickson, 1994), p. 816-22.

[24]Paulo usa o vocabulário e a ideia de "vender" ou "redimir" em outros trechos como metáforas do comércio ou da escravidão para transmitir a ideia de que Cristo "compra" ou "redime" os incrédulos, que estão em dívida ou cativeiro espiritual. Essas metáforas não são usadas em relação à vida dos que já são cristãos (1Co 6.20; 7.23; Gl 3.13; 4.4,5); do mesmo modo, essas figuras de Romanos 6 referem-se aos incrédulos escravizados pelo pecado ou aos crentes escravizados pela justiça (Rm 6.6,12,14,16-20,22).

[25]Em nenhuma outra passagem dos textos paulinos os crentes clamam perguntando quem os livrará da morte do corpo, uma vez que os cristãos, cujo corpo morrerá, têm esperança de que em Cristo o corpo deles será ressuscitado dos mortos no final.

[26]Ao mesmo tempo que Paulo diz em 7.18 que "em mim [...] não habita bem algum", ele diz em 8.9 que o "Espírito de Deus habita em vós [os crentes]", e isso é um bem que habita o cristão. Paulo completa Romanos 8.9 concluindo que "se alguém não tem o Espírito de Cristo, não pertence a Cristo".

[27]Observe-se também o cognato *talaipōria* ("desgraçado") em Romanos 3.16; Tiago 5.1, passagens que se referem à condição dos descrentes.

[28]Johnson, "Function of Romans 7:13-25", p. 28-9.

Paulo em Romanos 7 se baseie em uma personificação representativa dessa condição de incredulidade do judeu.[29]

Se essa linha de raciocínio estiver correta, como penso que está, Romanos 7 não deve ser usado para apoiar a ideia de que os cristãos experimentam um conflito em seu interior entre o "velho homem" e o "novo homem". Portanto, essa passagem não é um grande obstáculo para o quadro antropológico que retrata o cristão apenas como o novo "homem" inaugurado do fim dos tempos.

Conclusão sobre a vida cristã no pensamento paulino

A conclusão de meu estudo de Romanos 6, Efésios 4 e Colossenses 3 é que, quando as pessoas se identificaram com Cristo, a posição delas na velha criação pecaminosa foi destruída, e começaram a fazer parte de uma nova criação (veja tb. Gl 6.14,15). Se os leitores de Paulo fossem ao mesmo tempo "velho homem" e "novo homem", teríamos uma esquizofrenia psicológica e histórico-redentora. O verdadeiro crente não é mais um "velho homem" incrédulo, mas um "novo homem" que crê. Uma vez que o "novo homem" não atingiu a perfeição, o pecado ainda habita os crentes por causa do poder do Maligno, da influência do mundo, dos efeitos nocivos de viver com um corpo decaído e do ser interior imperfeito dos próprios crentes. O que importa, porém, é que a grande batalha chegou ao fim, pois os crentes experimentaram a morte decisiva em Cristo e a vitória também decisiva pela identificação com a ressurreição dele. É verdade que o pecado permanece, mas o poder do novo homem é dominante, e aos poucos (talvez), mas certamente, subjugará os impulsos pecaminosos, embora a perfeição nunca seja alcançada antes da ressurreição definitiva do corpo no fim desta era.

C. S. Lewis retrata essa realidade teológica em sua obra *A viagem do Peregrino da Alvorada*. O personagem Eustáquio é um menino muito mimado que se encantou tanto com o tesouro de um dragão que acabou se transformando no próprio dragão. A ideia de Lewis é que a transformação de Eustáquio em um dragão representava a ideia de que o coração do menino era da mesma natureza que a do dragão. Em uma cena posterior, Lewis retrata Aslam, o leão messiânico, levando Eustáquio para o alto de uma montanha, em cujo topo há um jardim (remetendo ao jardim do Éden) e um grande lago com degraus de mármore que conduziam até a água (uma alusão à cena de batismo). Aslam diz a Eustáquio que tire a roupa, livre-se de sua pele de dragão e entre na água. Eustáquio percebe que não está vestindo roupa alguma, a não ser a pele do dragão. Então, começa a tirar uma camada de pele, assim como uma cobra se livra de sua velha pele. Mas ainda assim ele continua parecido com um dragão e com pele de dragão. Então, tira mais uma camada, mas continua com o aspecto de um dragão; depois de tirar a terceira camada de pele, ele não consegue mudar o

---

[29]Veja ibidem, p. 51-3. Johnson, depois de citar algumas passagens de Romanos mencionadas em nosso estudo, apresenta citações notáveis de escritores pagãos antigos que testemunham a ideia de que os gentios tinham o senso do que é certo, mas violavam esse senso com seus atos. Algumas dessas referências mantêm um paralelo próximo da linguagem de Paulo em Romanos 7.15 — p. ex., "Todo pecado envolve uma contradição. Pois, se aquele que está em pecado não deseja pecar, mas ser justo, é claro que [...] ele não está fazendo o que deseja, e o que não deseja ele faz" (Epíteto [55-135 d.C.]). Observe-se também que os gentios não crentes "praticam as coisas da lei por natureza", com "os seus pensamentos ora acusando-os, ora defendendo-os" (Rm 2.14,15). Esse conflito vivido pelos gentios não cristãos pode ser um eco, caso Adão esteja por trás do foco de Paulo na condição pecaminosa de Israel (tenho consciência da divergência entre os comentaristas quanto a quem está em vista em Rm 2.14,15: os cristãos gentios ou os gentios incrédulos, mas minha posição está mais de acordo com a segunda possibilidade representada, p. ex., por Douglas J. Moo, *The Epistle to the Romans*, NICNT [Grand Rapids: Eerdmans, 1996], p. 148-57; Thomas R. Schreiner, *Romans*, BECNT [Grand Rapids: Baker Academic, 1998], p. 119-26).

fato de que continua sendo um dragão. Por mais que tente, Eustáquio não consegue mudar sua natureza de dragão.

Por fim, Aslam diz a Eustáquio que se deite, pois vai remover-lhe a pele de dragão de uma vez por todas:

> A primeira incisão que ele fez foi tão funda que pensei ter atingido meu coração. E quando começou a retirar a pele, senti a pior dor da minha vida [...].
>
> Bem, tirou-me toda a pele animal — do modo que eu pensava que havia feito [...] — e a pele ficou ali em cima do mato: mas era muito mais espessa, mais escura e mais dura que as outras camadas. [...] Então ele me pegou e [...] me lançou na água. [...] Depois disso [...] transformei-me de novo num garoto.
>
> Passado um momento, o leão me tirou de lá e me vestiu.[30]

Mais tarde, Eustáquio reencontra os amigos e se desculpa por seu comportamento mau e mimado: "Infelizmente, eu fui muito bestial".[31] Referindo-se ao comportamento posterior de Eustáquio, Lewis conclui:

> Seria excelente e quase totalmente verdadeiro dizer que, "daquele momento em diante, Eustáquio passou a ser um garoto diferente". Para ser bem exato, ele começou a ser um garoto diferente. Mas tinha recaídas. Havia dias em que era muito desagradável. Mas não vou observar a maior parte desses dias. A cura havia começado.[32]

A descrição de Lewis é, sem dúvida, a tentativa de representar o retrato bíblico da realidade de que as pessoas, com base na capacidade inata delas, nada podem fazer para remover seu coração velho, decaído e pecaminoso e criar um novo coração por si mesmas. Somente Deus pode levá-las de volta ao Éden e criá-las de novo segundo o Último Adão; e quando ele faz isso, a inclinação dos desejos e do comportamento da pessoa começa a mudar e a refletir a imagem do Deus que a recriou para uma nova criação. A perfeição não ocorre de imediato, mas há um avanço gradual na prática do que agrada a Deus. Em outras palavras, as pessoas que foram transformadas em nova criação continuam se desenvolvendo como nova criação até que, no fim da era, esse desenvolvimento alcance plena maturidade na ressurreição final do corpo e do espírito.

Consequentemente, apesar de haver altos e baixos na vida cristã, os cristãos podem ter certeza de que pouco a pouco vencerão o pecado remanescente na vida deles, mas essa vitória jamais se completará na presente era. Na condição de nova criação "já e ainda não", os crentes podem ser comparados a um quebra-cabeça incompleto. Todos já tivemos a experiência de montar um quebra-cabeça e chegar a uma etapa em que a maior parte das peças centrais e algumas laterais já está encaixada. Apesar disso, ainda há algumas peças importantes que não conseguimos encaixar para completar a figura. Deus tem edificado os crentes como nova criação na essência de seu ser interior e invisível, mas essa essência do cristão ainda não está perfeita, nem seu corpo, enquanto a ressurreição final não ocorrer, quando todas as partes do crente serão reunidas por Deus em Cristo (cf. Fp 1.6; 1Jo 3.2).

É essa perspectiva teológica e antropológica do "novo homem" que Paulo e outros autores do NT usam como base retórica para exortar os crentes e encorajá-los a continuar no caminho da piedade. O indicativo da nova criação (ou estado ressurreto em Cristo) é sempre apresentado como o fundamento para os crentes poderem cumprir os mandamentos de Deus. A questão

---

[30]C. S. Lewis, *The voyage of the dawn treader* (New York: Harper Trophy, 1994), p. 115-6 [edição em português: *A viagem do peregrino da alvorada*, 4. ed. (São Paulo: WMF Martins Fontes, 2010)].

[31]Ibidem, p. 117.

[32]Ibidem, p. 119-20.

é: porque têm poder para obedecer e agradar a Deus, os cristãos devem ser encorajados a fazê-lo quando as ordens de Deus lhes são apresentadas. Às vezes, esse fundamento para a obediência é complementado com outro, a saber, uma vez que Deus designou que seu povo escatológico da nova criação será fiel, os crentes devem ser motivados ainda mais a agradá-lo, pois ele lhes dará a capacidade de executar seu plano (p. ex., Ef 2.10: "Somos criação dele, criados em Cristo Jesus para as boas obras").[33] Em outras vezes, esse fundamento se vê em Deus realizando no cristão tanto o "querer como o realizar" para que este coloque sua obediência em prática. Em Filipenses 2.12,13, Paulo diz:

> Assim, meus amados, como sempre obedecestes, não somente na minha presença, porém muito mais agora na minha ausência, realizai a vossa salvação com temor e tremor; porque é Deus quem realiza em vós tanto o querer como o realizar, segundo a sua boa vontade.

Nesta passagem, Paulo ordena a seus leitores que continuem obedientes no desenvolvimento da salvação deles e em seguida explica que a base que os capacita para isso é a ação de Deus neles que produz o "querer e o realizar" (isso talvez seja um desenvolvimento de Fp 1.6,29). Aqui, a ordem está invertida: primeiro vêm os mandamentos, depois a base para cumpri-los.

Alguns talvez digam: "Já que tenho o poder, não preciso ser motivado a obedecer, pois o poder de Deus atuará em mim, quer eu esteja motivado a obedecer, quer não. Posso simplesmente me sentar e não fazer nada, pois Deus haverá de atuar em mim". Ao contrário, os que não estão motivados a obedecer aos mandamentos de Deus são os que não têm poder para isso e estão "mortos em [suas] transgressões e pecados" (Ef 2.1), dominados pelos poderes do mal (Ef 2.2) e "por natureza [decaída]" praticam o pecado (Ef 2.3).

Em vez disso, os verdadeiros santos devem estar psicologicamente motivados a cumprir os preceitos de Deus, pois sabem que ele lhes deu o poder para segui-los. Os mandamentos em si não significam que o indivíduo tem força inata para obedecer (ao contrário do que afirmava Pelágio e, depois, Erasmo); os mandamentos apenas estabelecem o padrão esperado. Antes, Paulo combina tantas vezes os mandamentos com a condição dos crentes de estar em Cristo porque a base para cumprir os mandamentos está no poder de Cristo e de Deus, que fornece a motivação para obedecer.[34]

Esse tipo de motivação pode ser comparado à vontade que meu vizinho tem de retirar a neve da entrada de carros de sua casa. Ele tem na garagem um potente removedor de neve e, quando a neve se acumula alguns centímetros, ele sai, liga o removedor de neve e logo a entrada da casa está limpa. Mas eu tenho apenas uma pá enferrujada. Depois que a neve se acumula alguns centímetros, não tenho vontade nenhuma de sair para retirá-la. Depois que cai um pouco mais de neve e eu continuo dentro de casa, minha esposa, com toda a educação, me dá uma ordem subentendida, perguntando: "Quando você vai sair para limpar a entrada da casa?". Porém, eu não tenho vontade alguma de atender à ordem dela. Continuo deixando a neve se acumular até ela parar de cair e então saio ainda sem vontade para fazer a limpeza. Não tenho motivação para retirar a neve porque também não tenho como retirá-la de um modo eficiente. Meu vizinho tem toda a vontade do mundo porque ele tem como retirar a neve com eficiência. Quando uma pessoa tem condições de fazer alguma coisa, a motivação é consequência.

---

[33] 1Tessalonicenses 3.12,13 funciona da mesma forma em relação a 4.1; bem como 5.15 em relação a 5.23,24 (em que primeiro ocorre uma série de ordens e, depois, o fundamento para a obediência); 2Tessalonicenses 2.13,14 em relação a 2.15; 2.16,17 em relação a 3.1,2; 3.3 em relação a 3.4.

[34] Sobre esse tema, veja Martin Luther [Martinho Lutero], *The bondage of the will: a new translation of De servo arbitrio (1525), Martin Luther's reply to Erasmus of Rotterdam*, tradução para o inglês de J. I. Packer; O. R. Johnston (Westwood: Revell, 1957).

Sempre viajo de avião para diversos lugares. No entanto, se eu tivesse de ir andando ou de bicicleta, não teria vontade alguma de ir para esses lugares, já que isso exigiria uma absurda quantidade de tempo e esforço. Contudo, como posso entrar num avião e voar para meu destino, sinto-me motivado a viajar. Quando se tem condições de fazer algo, o desejo de fazer isso logo aparece.

Isso também se aplica aos mandamentos das Escrituras dirigidos aos crentes. O cristão autêntico, que é verdadeira nova criação, tem a capacidade moral de agradar a Deus e, portanto, costuma estar motivado a cumprir as ordens divinas quando as recebe. Os cristãos devem querer agradar a Deus, pois ele é seu Pai, que os criou e adotou como filhos. Por isso, Paulo e outros autores do NT afirmam de forma reiterada a participação de seus leitores nas realidades escatológicas quando os exortam a ser obedientes a Deus.[35]

Outros textos do Novo Testamento que abordam a relação entre o indicativo e o imperativo

Tiago

Outros autores do NT dão testemunho da participação dos crentes na nova criação como fundamento para a capacidade deles de cumprir as ordens de Deus. Tiago 1.18-22 é outro exemplo clássico:

> Segundo a atuação de sua vontade, ele nos gerou pela palavra da verdade para que fôssemos como os primeiros frutos de suas criaturas. Meus amados irmãos, sabei disto: todo homem deve estar pronto a ouvir, ser tardio para falar e tardio para se irar. Porque a ira do homem não produz a justiça de Deus. Portanto, livrando-vos de toda impureza e todo vestígio de maldade, recebei com humildade a palavra em vós implantada, poderosa para salvar a vossa alma. Sede praticantes da palavra, e não somente ouvintes que enganam a si mesmos.

O imperativo do versículo 19, "sabei [*iste*] disto", parece ser o modo de Tiago chamar a atenção para sua declaração anterior de que Deus gerou os cristãos segundo a vontade dele (não a vontade autônoma dos destinatários da carta). Em seguida ele ordena que ouçam e falem com atitude sábia e sejam tardios "para se irar". No versículo 21, Tiago retoma parte de seu retrato da regeneração: com base no fato ("portanto", *dio*) de que nasceram de novo (v. 18), eles devem se livrar "de toda impureza e todo vestígio de maldade"[36] e receber "a palavra em vós implantada". Ou seja, assim como a palavra de Deus foi o meio pelo qual eles receberam a regeneração inicial (v. 18), eles também devem continuar dependendo da mesma palavra, uma vez que ela continuará sendo o agente que preserva a condição deles de novas criaturas (v. 21b). Ao mesmo tempo, a nova criação também é a base da capacidade deles de "deixar de lado" seu antigo modo de vida (v. 21a). E, enquanto eles permanecerem nessa condição de nova criação, ela será a base para que sejam "praticantes da palavra,[37] e não somente ouvintes"

---

[35]Veja Herman Ridderbos, *Paul: an outline of his theology* (Grand Rapids: Eerdmans, 1975), p. 253-8, cuja análise sobre o indicativo em relação ao imperativo segue as mesmas linhas deste capítulo até aqui. Veja ainda Peter Stuhlmacher, *Biblische Theologie des Neuen Testaments* (Göttingen: Vandenhoeck & Ruprecht, 1992), vol. 1, p. 374, que diz, p. ex., que "em Paulo, o indicativo da justificação provê o fundamento para o imperativo" de andar segundo o Espírito.

[36]O particípio adverbial grego traduzido por "livrando-vos" (*apothemenoi*), que modifica o imperativo aoristo "recebei", provavelmente explica que o "livrar-se" do pecado constitui um processo simultâneo ao recebimento da "palavra [...] implantada". Nesse sentido, o particípio pode ser adverbial de tempo ou, mais provavelmente, um particípio circunstancial, que "comunica uma ação que, em algum sentido, é coordenada com o verbo finito" e, "com efeito, 'pega carona' no modo do verbo principal" (Daniel B. Wallace, *Greek grammar beyond the basics* [Grand Rapids: Zondervan, 1996], p. 640 [veja tb. p. 641-6]); por isso, o particípio assume aqui sentido imperativo.

[37]Em toda essa passagem, a "palavra" é provavelmente a palavra de Deus no AT, como fica claro pela referência à "lei" (1.25) e à "lei real" que faz parte da "Escritura" (2.8); assim cair e então 2.11; 4.5,6.

(v. 22). Assim, vemos de novo o padrão da nova criação seguido pelas ordens (v. 18 → v. 19, e v. 21 → v. 22), pois a condição de nova criatura é a base para obedecer às ordens.[38] Fica mais evidente que a nova criação é o foco de Tiago porque os crentes nascidos de novo são "uma espécie de primícias da criação divina [ou 'criaturas' divinas] — isto é, a renovação inicial de toda a criação que será totalmente renovada. A ideia é muito parecida com a de Romanos 8.18-23, em que os cristãos, que começaram a desfrutar a vida da ressurreição por meio do Espírito (veja 8.11-15), são chamados "os primeiros frutos do Espírito" e aguardam a ressurreição física, ocasião em que toda a criação será renovada.

1Pedro

A mensagem de 1Pedro 1.22—2.3 é semelhante à de Tiago.

> Visto que tendes a vossa alma purificada pela obediência à verdade que leva ao amor fraternal não fingido, amai intensamente uns aos outros de todo o coração. Pois fostes regenerados não de semente perecível, mas imperecível, pela palavra de Deus, que vive e permanece.
>
> > Porque
> > "toda carne é como a relva,
> > e toda a sua glória, como a flor da relva.
> > Seca-se a relva,
> > e cai a sua flor,
> > mas a palavra do Senhor permanece para sempre".
>
> E essa é a palavra que vos foi proclamada. Portanto, deixando toda maldade, todo engano, fingimento, inveja e toda difamação, desejai o puro leite da palavra, como bebês recém-nascidos, a fim de crescerdes por meio dele para a salvação, se já provastes a bondade do Senhor.

Em primeiro lugar, o texto afirma que os leitores demonstraram "obediência à verdade" (1.22). Qual verdade? Aquela de que se falou no contexto imediato de 1.18-21: eles foram "resgatados [...] pelo precioso sangue, como de um cordeiro sem defeito e sem mancha, o sangue de Cristo" (v. 18,19), que veio realizar sua obra de redenção "no fim dos tempos" (v. 20); por intermédio de Cristo eles creram "em Deus, que o ressuscitou dentre os mortos e lhe deu glória", o que também intensificou a "fé e esperança em Deus" (v. 21).

Pela "obediência" a essa "verdade" escatológica, os leitores de Pedro tiveram a "alma purificada". O verbo "purificar" (*hagnizō*) ocorre na LXX, nos Evangelhos e em Atos para designar uma cerimônia religiosa pela qual as pessoas se separavam ou se consagravam a Deus para diversos propósitos de servi-lo.[39] A natureza moral ou espiritual da consagração fica evidente aqui porque ela ocorria "pela obediência à verdade" e também porque os outros dois únicos usos do verbo "purificar" na literatura epistolar indicam igualmente atos mediante os quais os cristãos se consagram espiritual e moralmente (Tg 4.8; 1Jo 3.3). Por trás desse ato de separação também pode estar um aspecto cerimonial, visto que Pedro diz mais adiante que o "batismo [...] não é a remoção da impureza da carne, mas a promessa de uma boa consciência para com Deus por meio da ressurreição de Jesus Cristo" (3.21).[40]

---

[38]Veja tb. Douglas J. Moo, *The Letter of James*, PNTC (Grand Rapids: Eerdmans, 2000), p. 85-8, e Luke Timothy Johnson, *The Letter of James*, AB 37A (New York: Doubleday, 1995), p. 197-205. Os dois comentaristas concordam de modo geral com a ideia de que ser "gerado" no v. 18 é o fundamento que possibilita a aceitação e a prática da palavra nos v. 21 e 22; os dois também atribuem sentido imperativo ao particípio "livrando-vos".

[39]Também Karen Jobes, *1 Peter*, BECNT (Grand Rapids: Baker Academic, 2005), p. 123, citando como apoio os exemplos de uso em Êxodo 19.10; Números 6.3; Josué 3.5 e outras passagens.

[40]Veja ibidem, p. 123-4, que serviu de base para essa análise da palavra "purificar".

Um dos propósitos dessa purificação é permitir "o amor fraternal não fingido", que é o mandamento do fim de 1.22: "amai intensamente uns aos outros de todo o coração". Mas será que essa ação purificadora dos crentes mediante a "obediência à verdade" ocorre por alguma capacidade inata e independente? De acordo com 1.1,2, a obra do Espírito de separar os crentes é a causa que produz a obediência deles: os cristãos são "eleitos com base na presciência de Deus Pai, pela santificação do Espírito, para a obediência [*hypakoē*][41] e a aspersão do sangue de Jesus Cristo". Isso provavelmente é uma referência à conversão dos leitores. Portanto, à luz também da referência à regeneração em 1.23 (que desenvolve a mesma palavra e a mesma ideia de 1.3 referindo-se à causa da conversão), a "obediência" dos cristãos em 1.22 provavelmente focaliza a etapa inicial da vida de conversão,[42] mas pode incluir em segundo plano a obediência pós-conversão.[43]

Como em 1Pedro 1.2, o versículo 22 é seguido imediatamente por uma declaração de que a capacidade interior de obedecer e amar tem Deus por base: "Fostes regenerados não de semente perecível, mas imperecível" (v. 23a). Essa geração divina é outro desenvolvimento de 1.3, em que Deus "nos regenerou [...] segundo a sua grande misericórdia", um novo nascimento provavelmente realizado pelo Espírito (em 1.2). Em 1.23, o instrumento dessa regeneração é a "palavra de Deus, que vive e permanece".[44] A "palavra de Deus" como agente do novo nascimento é identificada imediatamente com as Escrituras nos versículos 24 e 25a (Is 40.6-8), cuja ideia principal é que essa palavra não perece, mas "permanece para sempre". No final do versículo 25, Pedro acrescenta um breve comentário, a saber, que "essa" palavra, como representante das Escrituras do AT, é a "palavra que vos foi proclamada".[45] Embora nem Tiago nem 1Pedro expliquem exatamente como a palavra de Deus é o agente causador do novo nascimento dos crentes, é provável que o Espírito de Deus use a palavra para causar esse novo nascimento.[46] E, como essa "palavra" é imperecível e eterna, o amor alicerçado na regeneração por meio dela crescerá e durará para sempre.[47]

No versículo imediatamente seguinte (2.1), com base em sua natureza da nova criação ("portanto", *oun* [2.1a]), os crentes são os que "deixam de lado" os vários pecados característicos do modo de vida antigo e pecaminoso. E, quando "deixam de lado"[48] o velho modo de vida (2.1a) por terem sido "regenerados" (1.23), eles devem agir como "bebês recém-nascidos" e desejar "o puro leite da palavra, a fim de crescerdes por meio dele para a salvação" (2.2). Isso é praticamente idêntico ao que acabamos de ver em Tiago 1.21: "recebei com

---

[41]Esta é a mesma palavra grega traduzida por "obediência" em 1.22.

[42]De acordo com Thomas R. Schreiner, *1, 2 Peter, Jude*, NAC 37 (Nashville: Broadman, 2003), p. 92-3.

[43]Segundo Wayne Grudem, *The First Epistle of Peter*, TNTC 17 (Leicester: Inter-Varsity, 1988), p. 86-90 [edição em português: *Comentário bíblico de 1Pedro* (São Paulo: Vida Nova, 2016)].

[44]Nesse aspecto, o particípio adverbial "fostes regenerados" (*anagegennēmenoi*), que modifica o verbo principal "amai" no versículo anterior, indica a causa ou a base desse amor.

[45]O trecho das Escrituras que é o foco principal pode ser Isaías 40—54, cujo cumprimento inicial está em Cristo, embora Pedro não se limite a esse trecho em suas citações e alusões em toda a epístola (veja 2.22-25), mas também inclua, p. ex., partes mais antigas de Isaías (2.6,8; 3.14,15), do Pentateuco (1.16; 2.9), Oseias (2.10), Salmos (2.7; 3.10-12) e Provérbios (3.13; 4.18).

[46]Parece que essa ideia faz parte da mensagem de 1Tessalonicenses 1.5,6: "Porque o nosso evangelho não chegou a vós somente com palavras, mas também com poder, no Espírito Santo e com absoluta convicção. Sabeis muito bem como procedemos em vosso favor quando estávamos convosco. E vos tornastes nossos imitadores e do Senhor, recebendo a palavra com a alegria que vem do Espírito Santo, mesmo em meio a muita tribulação". Veja tb. Atos 16.14 e, talvez, Efésios 6.17; Tito 3.5.

[47]Sobre esse tema, veja Grudem, *First Epistle of Peter*, p. 90-3.

[48]O particípio grego traduzido por "deixando" (*apothemenoi*) pode ser adverbial de tempo ou estar relacionado com o verbo principal que modifica, "desejai", mas é mais bem interpretado como um particípio circunstancial (que também assume o modo imperativo do verbo imperativo principal que modifica), assim como o interpretei em Tiago 1.21 na análise anterior (conforme também Jobes, *1 Peter*, p. 135; Grudem, *First Epistle of Peter*, p. 93).

humildade a palavra em vós implantada, poderosa para salvar a vossa alma". Pedro também afirma que assim como a palavra de Deus foi o meio pelo qual os leitores foram inicialmente regenerados (1.23), eles também precisam continuar sendo espiritualmente alimentados com a mesma palavra, como "bebês recém-nascidos", uma vez que a palavra continuará sendo o meio pelo qual poderão sustentar-se e crescer em sua condição de nova criação.[49] Pedro reconhece que não se deve presumir que todos os crentes que professam a fé têm de fato a experiência da transformação interior (2.3).

O padrão que se observa ao longo desta seção se repete mais uma vez aqui: uma ordem (amar [1.22b]) fundamentada em uma nova transformação espiritual interior, indicada com as palavras "fostes regenerados" (1.23), que também é o fundamento para que os crentes deixem seu modo de vida antigo e ímpio (2.1) e anseiem pelo "puro leite da palavra" a fim de crescerem "para a salvação".[50]

1João

A última passagem a ser analisada sobre a nova criação como base para a obediência aos mandamentos de Deus é 1João 5.1-4.

> Todo aquele que crê que Jesus é o Cristo é nascido de Deus; e todo aquele que ama o Pai ama também o que dele é nascido. Assim sabemos que amamos os filhos de Deus: se amamos a Deus e guardamos seus mandamentos. Porque o amor de Deus está nisto: em guardarmos seus mandamentos, e seus mandamentos não são um peso. Pois todo o que é nascido de Deus vence o mundo; e esta é a vitória que vence o mundo: a nossa fé.

O versículo 1 afirma que "todo aquele que crê que Jesus é o Cristo" é alguém já "nascido de Deus". A presente condição de nascido de novo é consequência de uma ação geradora no passado que também precede o ato de crer, por isso é o fundamento deste.[51] Parece que o estado de nascido de novo também é a condição para amar a Deus e os outros (v. 1b,2a) e para cumprir os mandamentos dele (v. 2b,3a).[52] João diz que "seus [de Deus] mandamentos não são um peso" (v. 3b) evidentemente por causa do poder regenerador que têm os que nasceram de novo.

Do mesmo modo, "todo o que é nascido de Deus" recebe a capacidade de vencer o mundo (v. 4a). Portanto, uma vez que "a vitória que vence o mundo" é definida como "a nossa fé" (v. 4b), isso significa que ser "nascido de Deus" também é o solo de onde a fé surge.[53]

---

[49] A expressão grega *to logikon adolon gala* pode ser traduzida por "o leite puro da palavra" ou "o puro leite espiritual". Independente da tradução, trata-se de uma expressão condensada que inclui uma referência à palavra pregada, ou oral (1.25b), à palavra das Escrituras (1.23-25a) e ao Espírito e a Cristo, que alimentam por essa palavra (sobre isso, veja Jobes, *1 Peter*, p. 130-41). Quanto à probabilidade de que a expressão faça referência às Escrituras, veja Grudem, *First Epistle of Peter*, p. 95-6. É provável que a expressão seja um desenvolvimento de "a palavra de Deus" pregada e registrada por escrito de 2.23-25 não somente por causa da proximidade do contexto, mas também pela linguagem semelhante entre *logos* em 1.23 e *logikos* de 2.2 (veja mais em Schreiner, *1, 2 Peter, Jude*, p. 100-1).

[50] Schreiner (*1, 2 Peter, Jude*, p. 90) identifica o mesmo padrão de indicativo-imperativo.

[51] "É nascido" (*gegennētai*) é uma forma verbal grega no passivo perfeito, que costuma ressaltar a condição presente ou resultante produzida por uma ação no passado e, provavelmente, estabelecida em segundo plano, sobretudo à luz do versículo 4. Portanto, o sujeito caracterizado no presente como "aquele que crê" (*pisteuōn*, um particípio presente com função substantiva) tem a condição contínua de nascido de novo por causa de um ato de geração no passado.

[52] Não há nenhuma palavra de ligação lógica formal entre o v. 1a e os v. 1b-3a, mas é provável que exista alguma relação lógica, e um vínculo causal parece possível.

[53] Para uma análise de 1João 5.1-4 que concorda com a deste livro, sobretudo com respeito ao renascimento espiritual como base para crer, amar e a guardar os mandamentos, veja Robert W. Yarbrough, *1-3 John*, BECNT (Grand Rapids: Baker Academic, 2008), p. 268-75. F. F. Bruce (*The Epistles of John*, NICNT [Grand Rapids:

Conclusão

Assim como nos textos de Paulo, também nas Epístolas Gerais é preciso ser transformado em nova criação para ser capaz de obedecer aos mandamentos de Deus.

O retorno contínuo do exílio como base para a vida cristã

Acabamos de estudar que a nova criação inaugurada é o fundamento da capacidade de cumprir as ordens de Deus. Em capítulos anteriores, observamos que a salvação pode ser retratada como a igreja começando não somente a ser uma nova criação, mas também dando cumprimento inicial às profecias do retorno de Israel do Exílio, embora essa restauração tenha sido considerada o outro lado da moeda da nova criação e, assim, completamente ligada a ela.[54] A maioria dos estudos do NT sobre esse assunto, sobretudo feito pelos estudiosos de Paulo, tem se concentrado na ideia de que a restauração começou em Cristo e na igreja.[55] Entretanto, pouco se tem feito para ver a vida pós-conversão em curso como uma vida daqueles que ainda estão saindo do exílio. Essa é uma perspectiva importante, pois, se as promessas de restauração não se cumpriram totalmente, os crentes em certo sentido ainda se encontram no processo de saída do exílio.

Esse foco na condição dos cristãos ainda vivendo no exílio precisa de muito mais estudo e merece mais elaboração do que é possível aqui.[56] Contudo, vou examinar dessa perspectiva alguns textos relevantes.

"O Caminho" em Atos dos Apóstolos

A importância da citação de Isaías 40.3-5 em Lucas 3.3-6 aparece no início do ministério público de Jesus:

> E ele [João] percorreu toda a região do Jordão, pregando o batismo de arrependimento para perdão de pecados; como está escrito no livro das palavras do profeta Isaías:
>
> > "Voz do que clama no deserto,
> > preparai o caminho do Senhor;
> > endireitai suas veredas.
> > Todo vale será aterrado,
> > e todo monte e colina serão aplanados;
> > o que é sinuoso se endireitará,
> > e os caminhos acidentados serão nivelados;
> > e toda carne verá a salvação de Deus".

David Pao argumentou acertadamente que essa citação apresenta a estrutura hermenêutica indispensável em que se deve entender o restante de Lucas-Atos. A citação de Isaías é o início de um longo trecho de Isaías que profetiza a chegada de um novo êxodo pelo qual Israel será

Eerdmans, 1970], p. 117) concorda que "a nova vida transmitida à família de Deus" dá a seus membros o desejo e o poder de obedecer a Deus e também o poder para vencer o mundo. Colin Kruse (*The Letters of John*, PNTC [Grand Rapids: Eerdmans, 2000], p. 172) é explícito somente a respeito do mandamento para os crentes amarem não ser um peso para eles, "pois nasceram de Deus".

[54]Veja, p. ex., os caps. 15, 19, 20.

[55]Veja, p. ex., no cap. 19, o subtítulo do Excurso 2: "A inauguração das profecias da restauração de Israel no Evangelho de Marcos".

[56]Esse é um tema bastante promissor para futuras pesquisas que ainda não realizei. Apresento aqui apenas minhas primeiras ideias sobre o assunto.

libertado do Cativeiro Babilônico.⁵⁷ Os vários temas do prólogo (Is 40.1-11) de Isaías 41—55 são desenvolvidos extensamente ao longo dos capítulos seguintes de Isaías e em Atos. A melhor expressão desse paradigma do novo êxodo é o termo "Caminho" (originário antes de tudo de Is 40.3) em Atos como nome do movimento cristão inicial, que identifica de modo polêmico a igreja como verdadeiro povo de Deus em meio à sua rejeição de Israel. Observe-se a repetição da referência ao movimento cristão em Atos como "o Caminho", referência que ocorre na maior parte das vezes em contextos de perseguição ou oposição:

Atos 9.2: "E [Paulo] pediu-lhe [ao sumo sacerdote] cartas para as sinagogas de Damasco, a fim de que, caso encontrasse alguns do Caminho, tanto homens como mulheres, pudesse conduzi-los presos a Jerusalém".

Atos 19.9: "Mas, quando alguns deles se endureceram e se mostraram descrentes, falando mal do Caminho diante do povo, [Paulo] afastou-se deles e separou os discípulos, instruindo-os diariamente na escola de Tirano".

Atos 19.23: "Por esse tempo, houve um considerável tumulto acerca do Caminho".

Atos 22.4: "Persegui este Caminho até a morte, algemando e mandando prender tanto homens como mulheres".

Atos 24.14: "Mas declaro-te que, segundo o Caminho, a que chamam de seita, sirvo o Deus de nossos pais, crendo em tudo o que está de acordo com a Lei e os Profetas".

Atos 24.22: "Félix, porém, que era bem informado a respeito do Caminho, adiou a questão, dizendo: 'Quando o comandante Lísias chegar, decidirei a vossa causa'".⁵⁸

Esse nome do movimento cristão, "o Caminho", indica, portanto, que os cristãos eram o verdadeiro Israel do fim dos tempos começando a cumprir as profecias da volta do exílio. Eles estavam no "Caminho" de saída do exílio, voltando para Deus. O nome "o Caminho" indica que é possível começar a participar dessa jornada de restauração crendo em Cristo e se unindo aos outros que já haviam crido e estavam andando pelo "Caminho", avançando em sua jornada do novo êxodo. "O Caminho", portanto, designa tanto os primeiros a segui-lo quanto os que já lhe pertenciam há algum tempo, de maneira que o nome incluía referência a um modo de vida cristã em curso como parte da jornada de restauração.

Paulo exorta a igreja a continuar saindo do exílio

Já apresentei um estudo substancial e até repetitivo de 2Coríntios 5.14—7.1, argumentando que Paulo entende seu conceito de reconciliação da perspectiva do cumprimento inicial das profecias da nova criação e da restauração de Israel do exílio. Vimos que esse trecho de 2Coríntios é repleto de citações e alusões relacionadas às promessas de restauração de Israel.⁵⁹

---

⁵⁷Veja David W. Pao, *Acts and the Isaianic new exodus*, WUNT 2/130 (Tübingen: Mohr Siebeck, 2000), cap. 2. Veja um resumo e uma avaliação do livro de Pao, no cap. 19 desta obra, no subtítulo "A inauguração das profecias de restauração de Israel no Evangelho de Marcos"; tb. G. K. Beale, "Review of *Acts and the Isaianic new exodus*, by David W. Pao", *TJ* 25 (2004): 93-101.

⁵⁸Além desses, veja talvez ainda Atos 18.25,26: "Ele era instruído no caminho do Senhor e, fervoroso de espírito, falava e ensinava com precisão as coisas concernentes a Jesus, ainda que conhecesse somente o batismo de João. Ele começou a falar corajosamente na sinagoga. Mas, quando Priscila e Áquila o ouviram, levaram-no consigo e lhe expuseram com mais precisão o caminho de Deus". A esse respeito, observe-se "o caminho do Senhor" em Lucas 3.4, citando Isaías 40.3. Veja tb. Atos 16.17.

⁵⁹A lista de referências do AT não será mencionada novamente aqui, pois já a apresentei e analisei no cap. 15 (subtítulo "'Reconciliação' em 2Coríntios 5.14-21") e no cap. 20 (subtítulo "2Coríntios"). A única alusão na lista que pode não ter relação com o retorno do exílio é Salmos 118.17,18, embora ali esteja presente uma ideia de vitória e restauração de alguém (provavelmente um rei de Israel) que foi oprimido pelas nações.

A sequência de referências veterotestamentárias em 2Coríntios 6.16-18 merece ser retomada aqui, pois são excelentes exemplos das profecias do "retorno do exílio" sendo inauguradas na igreja, além de concluírem essa seção dominada pelo cenário de restauração do exílio:

E que acordo tem o templo de Deus com ídolos? Pois somos templo do Deus vivo; como ele disse:

"Habitarei neles e entre eles andarei;
eu serei o seu Deus e eles serão o meu povo.
Portanto, saí do meio deles e separai-vos", diz o Senhor.
"E não toqueis em nenhuma coisa impura,
e eu vos receberei.
Serei para vós Pai,
e sereis para mim filhos e filhas", diz o Senhor todo-poderoso.

Com base no fato de que os crentes são o "templo de Deus" (v. 16a), em cumprimento das profecias de restauração do templo (v. 16b), os leitores são ordenados: "Saí do meio deles e separai-vos [...] e não toqueis em nenhuma coisa impura" (v. 17). Essa citação é de Isaías 52.11: "Retirai-vos, retirai-vos, saí daí, não toqueis nada impuro; saí do meio dela; purificai-vos, vós que carregais os objetos do Senhor". Isso era uma ordem para Israel sair do Cativeiro Babilônico quando chegasse a hora da restauração (um desdobramento de Is 52.2: "Sacode o pó que está sobre ti; levanta-te, ó Jerusalém cativa; liberta-te das correntes do pescoço"). A ordem de Isaías 52.11 dirige-se particularmente aos sacerdotes, os encarregados de levar "os objetos do Senhor", que deviam ser reconduzidos ao templo a ser reconstruído na época da restauração.

Ao que tudo indica, a ordem de Isaías para que Israel saísse da Babilônia começou a ser cumprida quando o remanescente das tribos de Judá e Benjamim voltaram depois de setenta anos de cativeiro (é importante notar que a maioria do povo não deu atenção à ordem profética). Mas até esses israelitas que retornaram se mostraram infiéis, e a restauração deles foi, em última análise, física, e não o verdadeiro cumprimento escatológico e irreversível[60] até a vinda de Jesus. Assim, Israel havia retornado fisicamente do Exílio, mas permanecia no cativeiro espiritual. Jesus anuncia a restauração definitiva, que é espiritual e continua sendo anunciada depois da ascensão dele. Mas depois que as pessoas creem e começam a sair do exílio, unindo-se ao movimento do "Caminho", elas continuam caminhando pela estrada da restauração, como vimos na seção anterior.

Portanto, Paulo entende que Isaías 52.11 tem relevância permanente como ordem para o verdadeiro Israel, a igreja. Portanto, de acordo com Isaías 52.11, ele concebe a igreja de Corinto como um grupo de sacerdotes que participam da restauração e da reconstrução do templo. Porém, por um lado, Paulo está se dirigindo a cristãos professos que estão agindo como incrédulos, pois rejeitam o apostolado dele e se associam com os "falsos profetas", que se disfarçam "de apóstolos de Cristo", mas na realidade são servos de Satanás (2Co 11.13-15). É bem provável que Paulo esteja falando a um público "professo" misto, pois alguns que alegam ser santos genuínos se transformaram em seguidores tão ardorosos dos falsos apóstolos incrédulos e satânicos que de fato estão se revelando não serem cristãos autênticos. Paulo está exortando esses pseudocristãos a experimentarem a restauração pela primeira vez.

Por outro lado, alguns daqueles a quem Paulo se dirige com as mesmas ordens em 2Coríntios 6.17 são cristãos verdadeiros e precisam passar pelo choque da realidade de sua fé

---

[60]Conforme afirmei antes, p. ex., no cap. 12, no subtítulo "O problema da cronologia do cumprimento das promessas de restauração a Israel".

genuína e parar de agir como incrédulos (p. ex., "O que há de comum entre o crente e o incrédulo?" [2Co 6.15b]). Eles estão acolhendo o ensino dos falsos apóstolos, que afirmam que Paulo não é um verdadeiro porta-voz profético de Deus. Paulo está ordenando a essas pessoas que continuem sua jornada de restauração de volta para Deus, uma jornada que, para elas, já começou verdadeiramente no passado. Por isso, os imperativos de Paulo a esse grupo pretendem motivar os cristãos verdadeiros, mas confusos, a permanecerem em sua peregrinação de restauração, que teve início quando começaram a crer. A conduta deles deve ser compatível com a daqueles que de fato estão na estrada da restauração.

As ordens em 2Coríntios 6.17 servem para incentivá-los a prosseguir no processo de restauração. Eles têm de "sair do meio e separar-se" dos falsos mestres, cujo fim "será de acordo com as suas obras" (2Co 11.15). Em 2Coríntios 7.1 fica ainda mais evidente que Paulo está, sem dúvida, dirigindo-se a um grupo importante que considera ser formado por verdadeiros crentes: "Amados, visto que temos essas promessas, purifiquemo-nos de toda impureza do corpo e do espírito, aperfeiçoando a santidade no temor de Deus". Com base no cumprimento das "promessas" de restauração nos cristãos de Corinto mencionados em 6.16-18, Paulo lhes dá outra ordem. Os que começaram a ser restaurados como sacerdotes no templo dos últimos tempos e, portanto, fazem parte do próprio templo, precisam se purificar "de toda impureza do corpo e do espírito" (7.1). Em outras palavras, eles não devem tocar "em nenhuma coisa impura" (6.17). Deixar-se seduzir por falsos mestres contaminará todo o ser deles ("carne e espírito"). Como sacerdotes, eles devem se purificar cada vez mais, "aperfeiçoando a santidade no temor de Deus" (7.1). O uso combinado de "purificar", "aperfeiçoar" e "santidade" remete ao vocabulário sacerdotal do AT.[61] Os leitores têm de continuar consagrando-se a Deus como sacerdotes, perseverando no serviço dele no templo restaurado e mantendo-se na jornada de restauração a Deus.[62]

Portanto, Paulo identifica a necessidade de encorajar os que começaram a retornar do exílio a continuar fazendo isso. O ato ininterrupto de sair do exílio e abandonar a velha bagagem forma uma lente através da qual o apóstolo entende a natureza progressiva da vida cristã, ou santificação.

João exorta a igreja a continuar saindo do exílio

Assim como no AT Israel estava no Cativeiro Babilônico, também no livro de Apocalipse a "Babilônia" é um sistema religioso e econômico ímpio que domina o mundo, incluindo suas instituições políticas (p. ex., 17.18). A igreja vive no exílio neste mundo dominado

---

[61] No cap. 20, vimos que, à luz da LXX, o verbo *teleioō* e suas formas nominais em Hebreus, normalmente traduzidos por "aperfeiçoar" e "perfeito", têm a ideia de "completar" ou "plenitude/conclusão" (mas sem incluir a forma verbal exata *epiteleō* de 2Co 7.1) e tem sentido muito próximo de "consagrar" ou "separar" (i.e., "santificar", que é uma tradução típica do verbo grego *hagiazō* e de algumas das formas nominais dessa raiz). O acréscimo de "purificar" (*katharizō*) a "aperfeiçoar" e "santidade" em 7.1 aumenta a probabilidade da ligação com a linguagem e as figuras do sacerdócio. A palavra *katharizō* é muitas vezes empregada no contexto de coisas ou pessoas (incluindo sacerdotes que são purificados com a finalidade de se qualificarem para o culto aceitável associado ao templo: aproximadamente 25 vezes no Pentateuco, 6 vezes em Esdras-Neemias [5 com respeito à purificação sacerdotal], e 7 vezes nos Apócrifos [6 delas referindo-se ao santuário]). A combinação dos verbos *katharizō* e *hagiazō* ocorre somente cinco vezes na LXX, em que quatro se referem à "purificação" do "altar" do templo, que, então, o "santifica" (Êx 29.36,37; Lv 8.15; 16.19), e uma vez indica a purificação dos sacerdotes que os capacita a "santificar o sábado" (Ne 13.22).

[62] Para uma análise mais aprofundada do tema veterotestamentário da restauração do exílio em 2Coríntios 5.14—7.1, veja G. K. Beale, "The Old Testament background of reconciliation in 2 Corinthians 5—7 and its bearing on the literary problem of 2 Corinthians 4:14—7:1", *NTS* 35 (1989): 550-81.

pela Babilônia universal. Esse sistema babilônio mundial exerce controle sobre as nações ao seduzi-las a viver de acordo com sua conduta pecaminosa: "Porque todas as nações têm bebido do vinho da paixão de sua imoralidade; os reis da terra se prostituíram com ela, e os comerciantes da terra se enriqueceram à custa da riqueza de seu luxo" (18.3 [cf. 14.8]). Aqui, o comportamento abominável das nações e dos reis é uma referência figurada à aceitação das exigências religiosas e idólatras da Babilônia. A cooperação do rei e da nação com a Babilônia garante-lhes a segurança material (cf. 13.16,17).[63] Onde quer que a igreja habite na terra, ela ainda estará vivendo em lugares sob a influência da "Babilônia" (cf. Ap 17.1,15; 18.4). Israelitas fiéis como Daniel e seus três amigos tiveram de viver "na Babilônia", mas não eram obrigados a ser "de Babilônia" e, nesse aspecto, mantiveram a fidelidade. Por meio de João, um anjo ordena às igrejas do século 1 em situação semelhante a não se deixarem amoldar aos padrões mundanos da Babilônia. Em Apocalipse 18.4-8, João relata:

> Ouvi outra voz do céu dizendo: "Saí dela, povo meu, para que não sejais participantes dos seus pecados e para que não incorrais em suas pragas. Porque seus pecados se acumularam até o céu, e Deus se lembrou das maldades dela. Retribuí-lhe de acordo com o que ela vos deu, em dobro, conforme as suas obras; dai-lhe bebida em dobro no cálice em que ela vos deu de beber. Causai-lhe tanto tormento e tristeza quanto a glória e o luxo que ela buscou para si; pois, no coração, ela diz: 'Estou assentada como rainha, não sou viúva e de modo algum passarei por tristeza'. Por isso, no mesmo dia virão as suas pragas: a peste, o pranto e a fome; ela será destruída no fogo; pois o Senhor Deus que a julga é forte".

A ideia dessa passagem é que o povo de Deus deve separar-se do sistema babilônico e parar de cooperar com ele para não sofrer o mesmo juízo. A menção do juízo vindouro da Babilônia em 18.1-3 e 18.5-8 é o fundamento do versículo 4 para ordenar que os crentes inconstantes não participem da transigência idólatra com o sistema e para incentivar os crentes leais a se manterem no caminho de fidelidade. A revelação do pecado e do castigo da Babilônia deve motivar os verdadeiros crentes a continuarem não se deixando seduzir por ela e a não cooperarem com sua conduta pecaminosa.

A ordem para separar-se dos caminhos da Babilônia segue o padrão das reiteradas exortações de Isaías e Jeremias, em especial Jeremias 51.45: "Saí do meio dela, ó povo meu" (veja tb. Is 48.20; 52.11; Jr 50.8; 51.6). Esses profetas exortaram Israel a se separar da idolatria da Babilônia, abandonando-a e retornando a Israel no tempo apropriado da restauração. Como em Apocalipse 18, em Jeremias 51 e em outros paralelos veterotestamentários, o juízo vindouro que a Babilônia sofrerá constitui a base da exortação dos profetas para que o povo de Deus se separe (veja sobretudo Jr 51.35-45).[64]

A ordem é para dissociar-se de Babilônia antes que o juízo venha, mas o próprio juízo trará aos santos verdadeiros a liberdade completa em relação ao mundo. O objetivo de separar-se não é apenas "não ser participantes dos seus pecados', mas também escapar do juízo

---

[63]Confirma-se uma interpretação econômica pela alusão a Isaías 23.17b, que considera Tiro uma grande potência no comércio marítimo no tempo de Isaías: Tiro "se prostituirá com todos os reinos da face da terra"; em Apocalipse 17.2a também se faz alusão a Isaías 23.17b com o mesmo sentido econômico: "Os reis da terra se prostituíram com ela". Para uma análise mais detalhada de Apocalipse 18.3, veja G. K. Beale, *The book of Revelation: a commentary on the Greek text*, NIGTC (Grand Rapids: Eerdmans, 1999), p. 895-7.

[64]O juízo que dá origem à ordem de Jeremias 51 é retratado com figuras de desolação comparáveis a Apocalipse 18.2: "[a Babilônia] tornou-se morada de demônios, prisão de todo espírito imundo e de toda ave impura e abominável". Em Jeremias 51.37, lemos: "A Babilônia se tornará em [...] morada de chacais, objeto de horror [...] sem habitantes".

vindouro (não incorrer "em suas pragas"), a exemplo de Jeremias 51.[65] Enquanto em Jeremias a ordem para separar-se implicava livramento tanto físico quanto moral/espiritual, a ordem de Apocalipse 18.4 implica apenas o livramento moral/espiritual.[66]

Como vimos no caso de Isaías 52.11 em 2Coríntios 6.17, a ordem praticamente idêntica de Jeremias para Israel sair da Babilônia parece ter começado a se cumprir quando uma parcela de Israel voltou do Exílio babilônico. Entretanto, seu cumprimento escatológico ainda não é definitivo e irreversível enquanto Cristo não voltar. Jesus anunciava a restauração inaugurada definitiva, que é de natureza espiritual, e que a igreja continuou proclamando depois que ele voltou para o céu. Contudo, mesmo depois que as pessoas creem e começam a sair do exílio, unindo-se ao movimento do "Caminho", elas continuam andando na estrada da restauração, separando-se ainda mais do cativeiro e de sua influência idólatra. A consumação da restauração delas se dará quando elas ressuscitarem dentre os mortos[67] e, portanto, estiverem plenamente separadas do Exílio babilônico, tanto física quanto espiritualmente.

Resumo

Embora o NT se concentre no início da restauração em Cristo, há algum desenvolvimento no aspecto constante da saída do exílio parcial a que os cristãos ainda estão sujeitos. Os crentes ainda são pecadores, por isso nem todas as "coisas velhas" que caracterizavam seu cativeiro anterior "já passaram" (isso fica implícito à luz de 2Co 5.17). Por isso, os crentes precisam de ânimo para continuar caminhando como santos piedosos pela estrada que os leva à plena restauração para Deus e Cristo no novo céu e na nova terra. As passagens dos escritos de Paulo e do livro de Apocalipse focalizaram principalmente a necessidade de os cristãos continuarem progredindo no retorno para Deus, porque estiveram envolvidos com o pecado de um modo que não deveriam.

Há pelo menos dois outros sentidos em que os cristãos ainda estão parcialmente no exílio. Primeiro, a igreja vive fisicamente como peregrina no mundo como um lugar de exílio (Ap 18.4) e aguarda a chegada definitiva ao lar na cidade e na terra eternas (Hb 11.13-16; Ap 21.1—22.5). Segundo, associado a este primeiro aspecto, os cristãos têm um corpo físico que faz parte do velho mundo em que estavam em exílio espiritual. Apesar de terem rompido definitivamente com seu cativeiro espiritual, esse rompimento não ocorreu no corpo deles. O corpo dos cristãos será destruído na morte ou no fim dos tempos e recriado na ressurreição, quando a igreja será enfim plenamente restaurada para Deus. No aspecto conceitual, isso faz parte da ideia da última visão de Apocalipse 21.1—22.5. Por fim, essa necessidade de sair do exílio pode ser teologicamente definida como a necessidade de permanecer em "santificação" e na "perseverança dos santos".

---

[65]Cp. Apocalipse 18.4b, "para que não incorrais em suas pragas", com Jeremias 51.45b, "salve cada um a própria vida da ardente ira do Senhor".

[66]O imperativo de Apocalipse 18.4 também lembra muito o de Isaías 52.11: "saí do meio dela". O acréscimo desse eco de Isaías fica evidente pela expressão imediatamente anterior no texto de Isaías, "não toqueis nada impuro [*akathartos*]", que se refere aos ídolos da Babilônia. A exortação em Apocalipse 18.4 segue imediatamente a tríplice referência à Babilônia como "impura" (*akathartos*), que também está associada à idolatria (veja 18.2). Esse cenário é importante porque, como vimos acima, Paulo também se refere a Isaías 52.11 ao exortar os crentes a continuarem saindo do exílio. Veja outras informações sobre o contexto do AT em Apocalipse 18.4 em Beale, *Revelation*, p. 897-9.

[67]Veja Apocalipse 20.12-15, que se refere à ressurreição tanto de justos quanto de ímpios (sobre esse assunto, veja Beale, *Revelation*, p. 1032-8).

Conclusão: o propósito dos mandamentos no Novo Testamento

A maior parte do conteúdo a seguir tem origem na análise deste capítulo sobre as implicações da nova criação.

(1) Os mandamentos devem ser interpretados no contexto do "indicativo em relação ao imperativo". Em outras palavras, a condição de nova criação dos cristãos (ou de início do retorno do exílio) em Cristo é apresentada de modo recorrente como o fundamento para a obediência aos mandamentos. Essa nova condição escatológica capacita os crentes para obedecer aos imperativos. Assim, os mandamentos são dados àqueles que têm poder para lhes obedecer.

(2) Os mandamentos e advertências são meios que Deus usa para liberar o poder dos regenerados a fim de que vivam de modo justo. Sem os mandamentos, as pessoas regeneradas não têm nada a que possam responder positivamente. É provável que Deus sempre confronte seu povo com os mandamentos das Escrituras para liberar a capacidade regenerada dos cristãos à obediência e para fazer que cresçam como povo da nova criação.

(3) As ordens servem para capacitar o povo recém-criado a aprender a viver em uma nova criação e a crescer como novos filhos na família de Deus. Um corolário dessa afirmação é que os mandamentos protegem o povo de Deus contra a prática dos pecados característicos do modo de vida do "velho homem".

(4) O estudo acima implica que os mandamentos convencem os regenerados de que não estão vivendo segundo o padrão de Deus a fim de começarem a viver de acordo com esse padrão, se de fato são regenerados (veja, p. ex., as implicações de Ef 4.30 em relação à análise acima sobre 4.20-32; veja tb. 1Pe 2.1-3).

(5) Os mandamentos condenam os não regenerados que professam a fé e vivem na comunidade da aliança, mas não guardam os mandamentos. Essa condenação pode levar esses indivíduos a perceber que de fato são incrédulos e a crer no evangelho (veja, p. ex., as declarações condicionais em 2Co 13.5; Ef 4.21; 1Pe 2.3).

Por causa do Espírito escatológico que nelas vive, as pessoas verdadeiramente regeneradas também são declaradas culpadas quando não obedecem. Vimos que o Espírito de Deus deveria ser um dom do fim dos tempos e que uma de suas principais funções escatológicas é dar vida aos mortos, espiritualmente nesta era e fisicamente no fim da história. A primeira já foi inaugurada, mas a outra ainda aguarda ser consumada. Ao regenerar uma pessoa, o Espírito continua habitando nela, fazendo-a crescer na nova vida da ressurreição até que seja alcançado o objetivo da ressurreição consumada. Esse alvo também implica a perfeição ética definitiva. A obra inicial do Espírito de separar uma pessoa da velha criação pecaminosa para a nova (2Ts 2.13) será completada no fim dos tempos (1Ts 5.23,24 [embora aqui o sujeito seja Deus, e não o Espírito]; 1Pe 1.2-5).[68]

Portanto, quando os cristãos pensam em coisas impuras ou as praticam, deve haver imediatamente um conflito e a dissonância com o Espírito Santo neles residente, que tem a função escatológica de fazer o crente atingir o objetivo da justiça definitiva na nova criação eterna. A profundidade dessa dissonância pode ser mais bem compreendida quando nos lembramos de como é chamado o Espírito dos últimos dias no crente e a que ele está associado. O Espírito é mencionado reiteradas vezes como "Espírito *Santo*",[69] e o "Espírito" está ligado indissociavelmente a vários atributos, como "verdade" (Jo 14.17; 15.26; 16.13), "amor"

---

[68] É provável que, até certo ponto, a obra de santificação inaugurada do Espírito em 1Pedro 1.2 esteja associada a "uma herança que não perece, não se contamina nem desvanece" (v. 4), e à "salvação preparada para ser revelada no último tempo" (v. 5).

[69] São 93 vezes na Bíblia, 90 das quais ocorrem no NT, particularmente nos Evangelhos, em Atos e nos textos de Paulo.

(Rm 5.5; 15.30; Gl 5.22), "justiça" (Rm 14.17 [cf. 8.4,13]; Gl 5.5), "pureza" (2Co 6.6), "paz" (Rm 8.6; 14.17; Gl 5.22) e "bondade" (Gl 5.22), sendo também descrito por eles ou a eles conduzindo. O AT profetizou igualmente que, no *escathon*, o Espírito haveria de produzir "frutos" éticos da nova criação,[70] como "justiça" e "paz" (Is 32.15-17 [cf. 42.1]), e "os [o povo de Deus] levarei a agirem segundo os meus estatutos [...] e a obedecerem cuidadosamente às minhas leis" (Ez 36.27).[71] Quando os cristãos entristecem o "Espírito Santo de Deus", com o qual foram "selados para o dia da redenção" e para alcançar o objetivo da justiça (Ef 4.30), também deveriam entristecer-se. O profano não deve conviver com o santo, por isso tem de haver um alto nível de conflito interior nos crentes cheios do Espírito quando pecam. Podemos chamar isso de "discórdia escatológica", que, para o verdadeiro cristão, leva inevitavelmente ao convencimento do pecado e ao arrependimento.[72]

Esse é um bom exemplo da natureza prática da escatologia inaugurada para a vida cristã.

(6) Os mandamentos revelam o padrão divino de prestação de contas, o que ele espera tanto de regenerados quanto de não regenerados. Os imperativos em si não significam que as pessoas têm a capacidade inata de cumprir as ordens. Antes, os mandamentos revelam por si mesmos apenas o que Deus espera que seu povo faça.[73] De fato, argumentei anteriormente neste capítulo e resumi no primeiro destes seis pontos que o contexto mais amplo dos mandamentos revela que os verdadeiros crentes têm a capacidade regenerada de cumprir os mandamentos.

Excurso   As implicações para a "certeza" em relação ao viver cristão contínuo como vida transformada da nova criação

Uma das conclusões constantes ao longo desta seção é que os que começaram a fazer parte da nova criação inevitavelmente vão progredir e crescer nesse novo estado de vida, e isso significa que crescerão na vida espiritual. Não se trata de opção. Não é algo que pode acontecer ou não. Todas as passagens estudadas acima (e muitas outras) afirmam que os crentes verdadeiros serão necessariamente e cada vez mais caracterizados pela obediência. Pode ser que o processo seja lento, mas certamente acontecerá, conforme a declaração de Efésios 2.10: "Somos [nova] criação dele, criados em Cristo Jesus para as boas obras, que Deus preparou de antemão para que andássemos nelas".

Vimos em um capítulo anterior sobre a justificação "já e ainda não"[74] que aqueles que foram justificados pela fé em Cristo ainda precisarão do distintivo das boas obras no tempo da ressurreição e do juízo finais para obter o ingresso no novo céu e na nova terra. Essa conclusão se opõe à ideia popular de que a única coisa necessária à salvação é a fé, que pode ser ou não acompanhada

---

[70]Sobre esse assunto, veja G. K. Beale, "The Old Testament background of Paul's reference to the 'fruit of the Spirit' in Gal. 5:22", *BBR* 15 (2005): 1-38.

[71]Observe-se também Ezequiel 36.25b: "eu vos purificarei de todas as vossas impurezas e de todos os vossos ídolos", obra também atribuída ao Espírito nos v. 26 e 27.

[72]Agradeço a Allen Mawhinney, que muitos anos atrás foi o primeiro a me chamar a atenção para essa função escatológica do Espírito.

[73]Conforme Lutero, em *The bondage of the will* [A escravidão da vontade], que argumenta contra a afirmação de Erasmo de que os mandamentos pressupõem que as pessoas têm um grau significativo de vontade independente para cumpri-los.

[74]Veja, no cap. 14, os subtítulos "A ressurreição final e as boas obras ligadas à justificação/absolvição dos santos" e "A demonstração pública da justificação/absolvição escatológica definitiva dos santos pela declaração dessa justificação/absolvição diante de todo o mundo". Veja tb., no cap. 15, o subtítulo "O conceito de reconciliação como o cumprimento inaugurado da nova criação e das profecias de restauração do exílio de Israel em outras partes do Novo Testamento".

de boas obras.[75] Assim, essa perspectiva popular tende a interpretar a ideia de que os crentes precisam ser caracterizados pelas boas obras como "salvação por obras", segundo a qual as pessoas obtêm a salvação praticando mais boas obras do que obras pecaminosas.

Em resposta, expliquei naquele capítulo que a base suprema de nossa justificação está na fé depositada na obra de Cristo, e as boas obras são a evidência necessária que no último dia confirmará a veracidade de nossa justificação. Por isso, a necessidade das obras para a salvação final não tem de incluir a ideia de obter a salvação mediante a prática de boas obras. As evidências deste capítulo enfatizam, do mesmo modo, que, para alguém ser considerado verdadeiramente parte da nova criação inicial, ele precisa refletir a mudança do modo de vida ímpio para o piedoso, crescendo no viver de retidão durante o restante de sua existência terrena.

Todavia, esse quadro antropológico gera uma pergunta: Se as obras são um distintivo necessário para os cristãos, quantas boas obras o indivíduo precisa praticar para ter segurança da salvação? É lógico que as Escrituras não apresentam uma fórmula para responder a essa pergunta. Mas Paulo apresenta, sim, uma resposta abrangente e muito clara. Em 1Coríntios 6.9-11, por exemplo, o apóstolo diz:

> Não sabeis que os injustos não herdarão o reino de Deus? Não vos enganeis: nem imorais, nem idólatras, nem adúlteros, nem efeminados, nem homossexuais, nem ladrões, nem avarentos, nem bêbados, nem caluniadores, nem os que cometem fraudes herdarão o reino de Deus. Assim fostes alguns de vós. Mas fostes lavados, santificados e justificados em nome do Senhor Jesus Cristo e no Espírito do nosso Deus.

Depois de chegar à fé, as pessoas não devem permanecer no modo de vida pecaminoso próprio de sua vida anterior à conversão. Por exemplo, adúlteros, homossexuais, beberrões ou ladrões, uma vez convertidos a Cristo, devem parar definitivamente de viver nesses tipos de pecado. Essas pessoas não se tornam perfeitas, mas se arrependem de cometer esses pecados que as escravizavam. Elas ainda pecam, mas o poder da escravidão pecaminosa foi rompido. Como o antigo coração corrompido delas foi retirado e trocado por um coração espiritual, agora desejam cada vez mais agradar a Deus obedecendo a seus mandamentos em vez de agradarem a si mesmas. Mas elas não obedecem a Deus perfeitamente, uma vez que ainda há pecados e desejos recalcitrantes aos quais sucumbem. Apesar disso, talvez aos poucos, mas com toda a certeza, elas desejem cada vez mais progredir na prática das coisas que agradam a Deus.

```
           Confiança na promessa
             divina de salvação
                   /\
                  /  \
                 /    \
                /      \
               /        \
              /          \
             /_____\
       Boas obras      Convencimento pelo Espírito
```

Em um sentido, quanto mais o cristão amadurece e se aproxima do Deus santo, mais consciente ele se torna de que ainda é um terrível pecador. Um adepto do movimento puritano disse certa vez: "Não sou o que um dia já fui, e não serei o que hoje sou". Em outras palavras, os

---

[75] A esse respeito, veja Zane C. Hodges, *The Gospel under siege: a study on faith and works* (Dallas: Redención Viva, 1981). Hodges é um dos principais acadêmicos que propõem essa teoria.

verdadeiros cristãos não são mais dominados pela velha natureza pecaminosa, pois são nova criação. Contudo, não importa quanto o cristão tenha progredido até o atual momento de sua vida, ele deve continuar crescendo em santidade no futuro, de modo que, à medida que cresce na fé, não será no futuro o cristão que foi no passado.

Portanto, a pergunta que não quer calar é: Se os cristãos não atingem a perfeição e pecam em diferentes modos e graus, e até os santos mais justos tornam-se cada vez mais conscientes de quão pecadores são, como podem estar seguros de que têm uma relação salvadora genuína com Deus? Não existe uma resposta simples a essa pergunta, mas há o que se pode chamar de resposta cumulativa originária de diferentes ângulos de observação. Podemos entender a segurança do crente por três ângulos, e cada um deles contribui para um aspecto da segurança.

Cada vértice do triângulo representa uma verdade acerca de como um cristão adquire segurança.

Confiança na promessa divina de salvação por meio de Cristo

Em primeiro lugar, Deus promete em todo o NT que aqueles que depositam sua fé em Cristo e sua obra redentora terão a segurança interior de que verdadeiramente receberam o benefício da obra de Cristo (o vértice superior do triângulo). Essa verdade pode ser encontrada em várias passagens do NT, mas 1João 5.9-15 é um exemplo clássico:

> Se recebemos o testemunho dos homens, o testemunho de Deus é superior: Ele deu testemunho de seu Filho. Quem crê no Filho de Deus tem o testemunho em si mesmo; quem não crê em Deus, torna-o mentiroso, pois não crê no testemunho que Deus dá de seu Filho. E o testemunho é este: Deus nos deu a vida eterna, e essa vida está em seu Filho. Quem tem o Filho tem a vida; quem não tem o Filho de Deus não tem a vida. Eu vos escrevo essas coisas, a vós que credes no nome do Filho de Deus, para que saibais que tendes a vida eterna. E esta é a confiança que temos diante dele: se pedirmos alguma coisa segundo sua vontade, ele nos ouve. E se sabemos que nos ouve em tudo o que pedimos, sabemos que já alcançamos o que lhe temos pedido.

Deus "dá testemunho" de que a "vida eterna" vem pela fé em "seu Filho", e "quem crê no Filho de Deus tem o testemunho em si mesmo" (v. 9-12). Esse "testemunho" não é outro senão o testemunho interno do Espírito (veja, p. ex., 1Jo 2.20,27).[76] Podemos ter a certeza de que é verdadeiro o testemunho de Deus de que temos vida no Filho, pois, do contrário, Deus seria mentiroso (o que ele não pode ser [v. 10]). A mensagem do evangelho acerca do Filho é elaborada em toda a Primeira Carta de João e "escrita" para que os que creem "no nome do Filho de Deus saibam que têm a vida eterna" (v. 13, NVI). Esses crentes genuínos têm "confiança" em que Deus ouve a oração dos que oram "segundo sua vontade" e concederá "o que lhe temos pedido" (v. 14,15). No contexto, um desses pedidos implícitos é que, se eles pediram vida no Filho, então, com base na promessa que Deus faz de conceder essa vida, eles podem ter segurança de que o Pai lhes tem dado o que pediram. Por isso, mais certeza da fé genuína provém dessa confiança dos cristãos no modo em que Deus responde às orações.

Em suma, nessa passagem de 1João, a segurança da verdadeira fé procede (1) do testemunho interior do Espírito; (2) da credibilidade da palavra de Deus de que ele dará vida no Filho aos que creem; (3) da confiança de que Deus ouve as orações fiéis dos que pedem salvação no Filho e responde a elas.. De fato, o propósito de toda a Primeira Carta de João é transmitir essa segurança (v. 13).

Boas obras

O papel das "boas obras" é o segundo ângulo pelo qual se observa a natureza da segurança (o vértice inferior esquerdo do triângulo). Como já estudamos, quem já ressuscitou de verdade (Ef 2.4-6)

---

[76] P. ex., veja Kruse, *Letters of John*, p. 102-4, 108; Yarbrough, *1-3 John*, p. 148-53, 165-8, embora afirme que o "Santo" no v. 20 pode ser Deus, Cristo, o Espírito ou uma combinação dos três.

e assim tornou-se parte da nova criação será inevitavelmente e cada vez mais caracterizado pelas boas obras (Ef 2.10), em vez de se comportar como "morto" escravizado por "transgressões e pecados" (Ef 2.1-3). Da mesma forma, 2Pedro 1.3,4 explica que os cristãos têm o "divino poder" e refletem a imagem de Deus (a "natureza divina") e nesse fundamento devem crescer nos frutos da piedade (v. 5-8). Assim, com base no fato de que os crentes devem ter essas características espirituais, os versículos 10 e 11 apresentam a seguinte conclusão:

> Portanto, irmãos, sejam cada vez mais diligentes em assegurar-se de vosso chamado e eleição; porque, fazendo isso, não tropeçareis jamais. Pois assim vos será amplamente concedida a entrada no reino eterno do nosso Senhor e Salvador Jesus Cristo.

Como os crentes podem "assegurar-se" do "chamado e eleição" de Deus (v. 10a)?[77] O versículo 10b explica a base dessa segurança: "fazendo isso" (os frutos espirituais dos v. 5-8), de modo que poderão ter a segurança de que não tropeçarão jamais, o que reforça a base da segurança no versículo 10a. O versículo 11 reitera o 10: "assim [da mesma forma]", cultivando esses frutos espirituais, poderão ter certeza de que lhes "será amplamente concedida a entrada no reino eterno". Portanto, a certeza do "chamado e eleição" e da "entrada no reino eterno" aumenta com o crescimento na prática das coisas espirituais.

Por isso, a segurança que o crente tem de verdadeiramente fazer parte da nova criação vem ao olhar para sua vida passada e contemplar as mudanças ocorridas desde que se converteu. Aqueles que cresceram como cristãos desde a infância talvez não tenham diferenças tão radicais entre o passado e o presente. Contudo, não podem caracterizar-se pelos tipos de pecado alistados por Paulo em 1Coríntios 6.9,10.[78] Tais pessoas também adquiriram certo grau de segurança com esse reconhecimento. Todos os cristãos, em um grau maior ou menor, deveriam poder olhar para trás e contemplar o progresso obtido na vida espiritual durante o curso de sua vida cristã (lembrando também que, à medida que ocorre o crescimento, aumenta também a consciência do pecado remanescente). Essa observação deve reforçar a confiança dos cristãos de que são verdadeiramente convertidos.

Com o passar do tempo, se os crentes que professam a fé não mudarem a forma de vida ímpia da sua antiga vida de incredulidade, não deveriam ter a segurança de que se converteram de fato. Talvez até sejam cristãos verdadeiros, mas não deveriam ter a confirmação disso. Consequentemente, a confiança que essas pessoas alegam ter segundo o vértice superior do triângulo é negada pelo vértice inferior esquerdo, e estabelece a dissonância de que a profissão de fé deveria ser questionada. Possivelmente, essa falta de segurança cause nessas pessoas um choque da realidade de sua fé a ponto de mudarem ou até mesmo começarem a crer verdadeiramente.

Convencimento pelo Espírito

A presença de convencimento do pecado nos cristãos que professam a fé é o terceiro vértice pelo qual entender a segurança. Como vimos anteriormente (no subtítulo "Conclusão: o propósito dos mandamentos no Novo Testamento"), as pessoas que fazem parte da nova criação devem ser convencidas da realidade do pecado delas por causa da presença do Espírito escatológico que habita nelas. Quando essas pessoas pensam em coisas impuras ou as praticam, deveria haver de imediato conflito e dissonância com o Espírito Santo que reside nelas e atua para levar o crente a atingir o objetivo da justiça completa do fim dos tempos. Portanto, aqueles que são convencidos do pecado vão manifestar arrependimento e mudar seu comportamento pecaminoso. Os que

---

[77] Aqui a palavra grega traduzida por "assegurar-se" é *bebaios*, que também pode transmitir as ideias de "certo, constante, bem fundamentado, firme", e em três dos outros sete usos no NT ela se refere aos cristãos que têm "certeza" de sua esperança (2Co 1.7; Hb 6.19) e têm "firme confiança" (Hb 3.14). Portanto, *bebaios* é praticamente sinônimo de "segurança".

[78] Sobre essa questão, veja a análise anterior neste excurso.

não têm nenhuma convicção do pecado que habita neles também não devem ter a certeza de que são de fato santos.

Portanto, os cristãos fiéis em crescimento devem ter diversos motivos de segurança com base nesses três ângulos, que têm força cumulativa e reforçam o senso geral de confiança acerca da realidade de sua existência cristã. E se um cristão não for perseverante no progresso da prática de boas obras e uma área de sua vida não estiver submissa ao Senhor da nova criação? Essa pessoa deve estar sob grande convencimento do pecado e, sendo assim, isso é um bom sinal de que o Espírito de fato está presente nela, produzindo a convicção de culpa. Ela não deve duvidar de que conhece a Deus, a menos que, com o passar do tempo, essa convicção de pecado não se transforme em arrependimento e abandono da prática pecaminosa específica.

Por outro lado, essa confiança não deve existir nos que professam crer em Jesus, mas não demonstram nenhuma mudança perceptível no modo de vida nem têm convicção da necessidade de mudar sua conduta pecaminosa.

Em geral, quanto mais a pessoa se aproxima de Deus à medida que sua fé cresce, mais ela desejará agradá-lo com o que faz e mais se convencerá dos pecados que permanecem em sua vida. Consequentemente, ela terá segurança cada vez maior à medida que avança na vida cristã.[79]

---

[79]Evidentemente, poderíamos dizer muito mais sobre o conceito de segurança. Para um artigo excelente e equilibrado que resume muitas questões importantes e debatidas, veja D. A. Carson, "Reflections on Christian assurance", *WTJ* 54 (1992), p. 1-29.

25

A vida cristã como o início da vida transformada da nova criação

O papel da Lei e do casamento

Este capítulo demonstrará como a Lei do AT e a instituição do casamento — linhas narrativas essenciais do enredo desenvolvido em todo este livro — estão relacionadas com o viver cristão e a fidelidade como um aspecto da nova criação inaugurada.

A relação entre a vida cristã e a obediência à Lei na nova criação inaugurada

Há muito tempo os cristãos debatem sobre quais partes da Lei do AT, se há alguma, foram ratificadas no NT. No passado, muitos classificaram a Lei segundo três categorias: cerimonial, civil e moral. Embora não tenha nenhum fundamento exegético, essa divisão em geral é muito útil para compreender a Lei. Muitos acadêmicos discordam dessa classificação tripartite e a consideram simplista demais. Tentar encaixar a Lei em uma dessas três categorias é um procedimento bem complexo e exige uma argumentação com diversas nuances, o que não posso desenvolver aqui. Não há dúvida, por exemplo, de que a Lei toda é moral, mas existem trechos dela que realçam a função nacionalista (civil) e a função cerimonial (do templo), ao passo que outras parecem mais exclusivamente morais e não incluem essas funções. Mesmo assim, entendo que a classificação tripartite é uma forma que em geral ajuda a pensar na Lei.

Entre os cristãos, há três principais posições sobre a relação do AT com o NT. A descrição que faço a seguir de cada perspectiva é um resumo geral, visto que em cada uma há transformações de pontos de vista, e o objetivo aqui é apenas apresentar os elementos mais básicos de cada posição. Assim, correndo o risco de simplificar demais, tentarei fazer um breve resumo de cada posição.

Uma perspectiva é conhecida como teonomia, que afirma que a Lei toda é transportada para o NT. Essa posição entende que as leis cerimoniais (de sacerdócio, sacrifícios etc.) encontram cumprimento tipológico em Cristo, mas as leis morais e civis são transferidas e se aplicam à igreja. Algumas formas de teonomia também defendem que os cristãos devem agir para inculcar essas partes da lei no governo dos países em que vivem.[1]

---

[1] Para conhecer uma perspectiva clássica dessa forma de teonomia, veja Greg L. Bahnsen, *Theonomy in Christian ethics* (Nutley: Craig Press, 1979).

A segunda posição é representada pela Confissão de Westminster (Artigo XIX, "Da Lei de Deus"), que declara que somente os trechos da Lei de natureza estritamente moral, representados pelos Dez Mandamentos, são transferidos para a igreja, pois as leis cerimoniais foram cumpridas tipologicamente em Cristo, e as leis civis de Israel deixaram de vigorar quando a nação de Israel foi destruída em 70 d.C.[2]

A terceira posição é a do dispensacionalismo clássico. Segundo essa perspectiva, nenhuma parte da Lei foi transferida para a era da igreja.[3]

Em minha perspectiva, a posição mais convincente é a segunda, em que somente o que podemos chamar de parte estritamente moral da Lei parece aplicável à igreja. O argumento mais claro que apoia essa visão é que a maior parte dos Dez Mandamentos é transferida, citada e aplicada aos santos que vivem na era da igreja. Jesus resume os Dez Mandamentos, ou toda a lei moral, como "amar a Deus e ao próximo". Observe-se, por exemplo, Mateus 22.36-40:

> "Mestre, qual é o maior mandamento na Lei?" Jesus lhe respondeu: "'Amarás o Senhor teu Deus de todo o coração, de toda a alma e de todo o entendimento'. Este é o maior e o primeiro mandamento. E o segundo, semelhante a este, é: 'Amarás o teu próximo como a ti mesmo'. Toda a Lei e os Profetas dependem desses dois mandamentos".

O primeiro mandamento de Jesus é um resumo da primeira parte dos Dez Mandamentos, que regulamenta as relações entre Deus e os seres humanos, e o segundo é um resumo de como as pessoas devem se relacionar umas com as outras.[4] O que torna provável que essas duas declarações sejam um resumo dos Dez Mandamentos é que, ao dizer "quem ama o próximo tem cumprido a lei" (Rm 13.8), Paulo explica que está pensando nas leis morais da última parte dos Dez Mandamentos e cita quatro dos seis mandamentos que formam esse trecho: "Não adulterarás; não matarás; não furtarás; não cobiçarás" (Rm 13.9). Em Efésios 6.2, ele cita um quinto mandamento: "Honra teu pai e tua mãe". Em resposta ao jovem rico sobre quais mandamentos era importante obedecer, Jesus menciona os mesmos mandamentos citados por Paulo, mas acrescenta "não darás falso testemunho" e omite "não cobiçarás" (Mt 19.16-22). Portanto, juntos, Jesus e Paulo citam os seis mandamentos relacionados ao amor pelo próximo.

Embora seja verdade que os quatro primeiros mandamentos não são citados no NT, é provável que estejam resumidos na declaração de Jesus de que "o maior e o primeiro mandamento" no AT é "amarás o Senhor teu Deus de todo o coração, de toda a alma e de todo o entendimento" (Mt 22.37,38). Também observamos em um capítulo anterior que o mandamento do sábado (Êx 20.8-11) faz parte de uma ordenança da criação que continua em vigor na era da igreja.

Portanto, podemos dizer ao menos que as leis morais não relacionadas às chamadas funções civis e cultuais foram transferidas para a era da igreja. Por que essa parte da Lei de Israel foi transferida, mas as partes cerimoniais e civis não se aplicam? A razão por que as leis cerimoniais não se aplicam é a mesma para cada uma das três posições acima: elas são tipologicamente cumpridas em Cristo. Por exemplo, ele é o sacrifício e o sacerdote verdadeiro e definitivo do fim dos tempos, de modo que torna desnecessário um sacerdócio que ofereça sacrifícios. Mas por que somente as leis morais que não tem aplicação civil continuam no

---

[2]Embora a Confissão de Westminster (Artigo XIX.4) continue afirmando que os crentes do NT não são obrigados a guardar as leis civis, as quais "não obrigam ninguém além do que exige a sua equidade geral". Essa declaração tem sido objeto de debate e não será analisada aqui.

[3]Veja, p. ex., Charles C. Ryrie, *Dispensationalism today* (Chicago: Moody, 1967). À semelhança das duas outras posições, o dispensacionalismo afirma que as leis cerimoniais foram tipologicamente cumpridas em Cristo.

[4]Paulo afirma que "toda a lei se resume" no mandamento "amarás ao próximo como a ti mesmo" (Gl 5.14); da mesma forma que Romanos 13.8-10.

período do NT e não as que tratam das funções civis? Ao responder a essa pergunta, creio que as lentes da nova criação inaugurada em Cristo podem nos ajudar.

A influência da nova criação inaugurada em Cristo sobre a importância da Lei do Antigo Testamento

A Lei, especialmente no pensamento de Paulo, é um excelente exemplo de um conceito bíblico importante que não apenas se relaciona com a nova era, mas também pode ser mais bem entendido à luz do início da destruição da velha criação e do surgimento da criação renovada. Nesse sentido, a ideia de Lei está associada com a ideia de reconciliação (conforme a análise do cap. 15). A passagem que melhor revela essa ligação é Efésios 2.13-18. Os versículos 14 e 15 são fundamentais e afirmam que Cristo uniu judeus e gentios quando "derrubou a parede de separação ao abolir em seu corpo a inimizade, isto é, a Lei dos mandamentos contidos em ordenanças". É provável que isso diga respeito a Cristo ter anulado não toda a Lei, mas somente parte dela, como entendo que o restante de Efésios sustenta, uma vez que Paulo sempre cita a lei moral do AT e faz alusões a ela, mas isso não acontece no caso de leis cultuais ou civis. Cristo aboliu da Lei o que dividia judeus e gentios para que se tornassem um povo. Agora, os gentios não precisam mais adotar usos e costumes das leis nacionais de Israel para se tornarem verdadeiros israelitas. Por exemplo, eles precisam ser circuncidados não fisicamente, mas no coração, pela morte de Cristo, que é sua verdadeira circuncisão, uma vez que ela os remove do velho mundo e os separa para o novo (veja Cl 2.10-14; Gl 6.14,15). Os gentios não precisam peregrinar até o templo de Israel para se aproximar de Deus; eles têm de peregrinar somente até Jesus, o verdadeiro templo, e os cristãos efésios faziam parte dele (veja Ef 2.20-22). Nisso está a importância de definir "mistério" em Efésios 3.6, a saber, "os gentios são coerdeiros, membros do mesmo corpo e coparticipantes da promessa".

A passagem paralela a Efésios 2.13-18 em Colossenses 2 define as "ordenanças" (*dogma*) de Efésios 2.15 que Cristo aboliu como expressões nacionalistas exteriores da Lei: alimentos, bebidas, dias de festa, luas novas ou sábados (veja Cl 2.15-17,20,21). Colossenses 2.20-22 até se refere a essas "ordenanças" utilizando a forma verbal de *dogma*: "[Por que] vos sujeitais a mandamentos [*dogmatizō*], como 'não toques, não proves, não manuseies'? Todas essas coisas desaparecerão com o uso, pois são preceitos e doutrinas de homens". Observe-se que Colossenses 2.20 afirma que eles morreram *apo tōn stoicheiōn tou kosmou* ("para os elementos deste mundo"). O sentido de *stoicheia* (plural de *stoicheion*, que ocorre somente em Gl 4.3,9; Cl 2.8,20) nos textos de Paulo é objeto de muitos debates. Muitos entendem se tratar de uma referência a poderes demoníacos, o que é possível. No entanto, no mundo grego, o sentido mais comum de *stoicheia* está ligado aos quatro elementos básicos do cosmo: ar, fogo, água e terra.[5] Como esse sentido básico poderia ter importância para Colossenses 2?[6] A velha e decaída ordem cósmica se baseava em "elementos" cósmicos. Esses elementos eram morais ou espirituais e incluíam "elementos de divisão entre a humanidade", controlados fundamentalmente pelo Diabo e suas forças do mal.

---

[5]Conforme ilustrado, p. ex., em 2Pedro 3.10,12, mas, nesta passagem, os "elementos" do cosmo são destruídos pelo fogo.

[6]Para conhecer uma lista das possíveis identificações de *stoicheia* como poderes demoníacos, os quatro elementos do Universo e os poderes sobrenaturais de algum modo associados aos quatro elementos, entre outras possibilidades, veja C. E. Arnold, "Returning to the domain of the powers: STOICHEIA as evil spirits in Galatians 4:3, 9", *NovT* 38 (1996): 55-76, que inclui uma extensa bibliografia. Em particular, a expressão "elementos do mundo" (*stoicheia tou kosmou*) no grego helenístico da época de Paulo referia-se, pelas informações que tenho, exclusivamente aos quatro elementos considerados componentes do mundo (sobre isso, veja Dietrich Rusam, "Neue Belege zu den στοιχεῖα τοῦ κόσμου (Gal 4,3.9; Kol 2,8.20)", *ZNW* 83 (1992): 119-81.

Entretanto, agora que Cristo veio e inaugurou um novo cosmo, o antigo cosmo começou a ser destruído. O único elemento ou pedra fundamental da nova criação é Cristo. E já que existe um só Cristo, em quem a nova criação consiste e sobre quem ela é edificada, pode haver apenas um povo da nova criação que subsiste na criação renovada. Em que sentido pode se dizer que o velho mundo já começou a ser destruído? Os elementos de divisionismo que sustentavam a estrutura pecaminosa do velho mundo foram definitivamente dizimados por Cristo, que os substituiu como única coluna de sustentação da nova criação. É isso que Paulo tem em mente em Gálatas 6.14-16, ao dizer que por meio da cruz de Cristo "o mundo está crucificado para mim, e eu para o mundo. Pois nem a circuncisão nem a incircuncisão são coisa alguma, mas o ser nova criação. Paz e misericórdia estejam sobre todos que <u>andarem conforme os elementos</u> (*stoichēsousin*) dessa regra,[7] e também sobre o Israel de Deus". Em outras palavras, os que conduzem a vida com base nos "elementos" estruturais de Cristo, que é a nova criação inaugurada, são participantes da nova criação e desfrutarão a paz e a unidade prometidas para o novo céu e a nova terra.

Podemos retratar Cristo como um filtro hermenêutico através do qual a Lei deve passar para chegar à nova criação. As partes da Lei de natureza nacionalista não passam por esse filtro.[8] As partes da Lei de natureza moral e não étnica conseguem atravessar o filtro. Parece que esse é o significado em 1Coríntios 7.19: "A circuncisão nada é, e também a incircuncisão, mas <u>o que importa é</u> a observância dos mandamentos de Deus". O texto é paralelo a Gálatas 5.6 e 6.15, que começam com a mesma declaração negativa acerca da circuncisão e depois acrescentam uma oração adversativa de cunho positivo, respectivamente: "mas a fé que atua pelo amor" e "mas o ser nova criação". Os "mandamentos" a ser observados em Cristo, na nova criação, resumem-se à declaração "ama o teu próximo" (cp. Gl 5.6 com 5.14) e estão em contraste com o que distingue as pessoas pela etnia, portanto isso excluiria as partes da Lei que distinguem os israelitas como um grupo racial singular.[9]

Essa ordem renovada em Gálatas 6 e Efésios 2, bem como em Colossenses 2, pela qual judeus e gentios estão unidos e em paz, está baseada em Isaías 11 e 60, em que também há profecias de que judeus e gentios seriam unificados e viveriam em paz uns com os outros no novo cosmo vindouro.[10] Em Isaías 11.6-9, por exemplo, há uma descrição profética de animais hostis na velha criação que viverão em paz uns com os outros na nova criação vindoura (p. ex., Is 11.6: "O lobo habitará com o cordeiro, e o leopardo se deitará com o cabrito. O bezerro, o leão e o animal de engorda viverão juntos"). A relação harmoniosa entre os animais em Isaías 11 e 66 remete ao desfile pacífico dos animais diante de Adão em Gênesis 2.19,20[11] e à

---

[7]Esta é minha paráfrase interpretativa do verbo grego, uma vez que ele pode muito bem estar em contraste positivo com a referência negativa aos "princípios elementares [*stoicheia*] do mundo" em Gálatas 4.3, em que a expressão se refere à função negativa da Lei como parte do cosmo decaído e corrompido em harmonia com o sentido cosmológico da palavra em relação à Lei conforme minha análise do termo em Colossenses.

[8]Essas leis de foco nacionalista cessaram em Cristo, pois se cumpriram tipologicamente nele. Em outras palavras, uma vez que elas servem para regulamentar as relações civis na terra [de Israel], deixaram de vigorar quando Cristo veio, porque ele é o cumprimento inicial das promessas da terra (sobre isso, veja cap. 21). Do mesmo modo, as leis que regulamentam o culto no templo se cumpriram tipologicamente em Cristo, porque ele é o cumprimento de tudo o que o templo simbolizava.

[9]O paralelismo entre 1Coríntios 7.19, Gálatas 5.6 e 6.15 é indicado por Daniel P. Fuller, *The unity of the Bible: unfolding God's plan for humanity* (Grand Rapids: Zondervan, 1992), p. 348-9.

[10]A referência à "nova criação" em Gálatas 6.15 faz alusão mais diretamente a Isaías 65.17; 66.22 (a respeito desse tema, veja, no cap. 9, o subtítulo "A concepção paulina de morte e ressurreição como o início da nova criação dos últimos tempos: Gálatas 5.22-25; 6.15-17").

[11]Em Isaías 11.6,8, a referência a um menino pequeno que vive em paz com os animais pode também remeter ao relacionamento pacífico de Adão com os animais no primeiro paraíso.

entrada tranquila dos animais na arca, na presença de Noé, preparando-se para a segunda nova criação ao término do Dilúvio. Os versículos imediatamente seguintes a Isaías 11 revelam que a unidade entre esses animais outrora inimigos aponta para a comunhão dos últimos tempos que existirá entre judeu e gentio, a coroa da criação. Em Isaías 11.10-12, lemos:

> Naquele dia,
> as nações recorrerão à raiz de Jessé,
> que será uma bandeira para os povos;
> e seu descanso será glorioso.
> Naquele dia, o Senhor
> estenderá de novo a mão para resgatar
> o remanescente do seu povo que for deixado
> na Assíria, no Egito, em Patros, em Cuxe, em Elão, em Sinar, em Hamate
> e nas ilhas do mar.
> Levantará uma bandeira para as nações
> e ajuntará os desterrados de Israel;
> e reunirá os dispersos de Judá
> desde os quatro cantos da terra.

Em Isaías 65 e 66 repete-se o mesmo padrão, porém um pouco mais amplo, em que o trecho de 11.6-9 é resumido em um versículo (65.25), e, em seguida, 66.18-23 explica que um remanescente fiel do Israel étnico se unirá aos gentios considerados israelitas verdadeiros (veja, p.ex., Is 66.20).[12] Não deverá haver divisão nenhuma entre os povos na nova criação, assim como não deveria haver na primeira. As divisões nacionalistas no velho mundo instigam relações de inimizade porque produzem o orgulho nacionalista. É claro, por exemplo, que as muitas leis que distinguiam o povo de Israel dos gentios se tornaram fonte de irritação e hostilidade para os gentios (leis sobre alimentos, leis acerca do sábado etc.).[13] Às vezes, essas leis distintivas faziam com que o povo fosse ridicularizado e perseguido, como ocorreu no Exílio da Babilônia. Da mesma forma, as mesmas leis acerca de alimentos foram causa de hostilidade e perseguição na época de Antíoco Epifânio (p. ex., 4Mc 5.1-38) e de ridicularização durante o domínio romano (p. ex., Filo, *Embaixada* 362). Ademais, essas distinções nacionalistas transformaram-se em objetos de fé idólatra sob influência das forças demoníacas, o que provocava hostilidade ainda maior. Por isso, essas leis separatistas entre os povos precisavam ser anuladas, preservando-se apenas as leis morais por se harmonizarem com a nova criação.

Poderia ser mais simples pensar que as leis nacionalistas do AT foram deixadas de lado porque em Cristo agora o povo da aliança de Deus está constituído não como entidade nacionalista, mas como igreja transnacional. Porém, a comunidade da nova aliança se transforma em uma entidade transnacional porque foi transformada para fazer parte de uma nova criação, e isso implica não apenas crentes da etnia judaica que vivem em uma localização específica do Oriente Médio, mas também os gentios espalhados por todo o mundo criado.

Portanto, as várias diferenças raciais entre os redimidos da nova criação ainda serão visíveis na forma final, mas sua antiga identificação nacionalista e os costumes nacionalistas idólatras

---

[12]Para um exame mais detido de Isaías 66.18-22, veja o cap. 19, subtítulo "A ideia do Antigo Testamento de que os gentios se tornarão o verdadeiro Israel dos últimos tempos como antecedente histórico para o pressuposto neotestamentário de que a igreja é o verdadeiro Israel".

[13]Observe-se, p. ex., os problemas que Daniel enfrentou por recusar-se a comer os alimentos impuros na Babilônia (veja Dn 1). É provável que Daniel tenha evitado os alimentos da Babilônia por estarem associados a propósitos idólatras, mas o que primeiramente motivou as leis alimentares de Israel era evitar que a nação se contaminasse com os alimentos impuros associados aos costumes idólatras dos cananeus.

devem ser esquecidos e absorvidos pela identificação de todos com Cristo, o cabeça de ponte e a única característica distintiva da nova criação.¹⁴ É provável que a falta de antagonismo entre os animais e a ausência de divisões entre os seres humanos seja uma recapitulação das primeiras condições paradisíacas do Éden, o que fica implícito pela menção de "novos céus e nova terra" em Isaías 65.17; 66.22.¹⁵ Em outras palavras, o cosmo vindouro é chamado "novo" porque não é apenas uma volta às condições do primeiro mundo anterior à entrada do pecado e de seus efeitos, mas também um aperfeiçoamento dele. Por exemplo, ao contrário do mundo anterior à Queda, o novo cosmo é incorruptível, portanto é uma renovação irreversível não somente do mundo decaído, mas até do mundo anterior à Queda.

Portanto, como as profecias veterotestamentárias da nova criação começaram a se cumprir em Cristo, não pode mais haver nenhuma distinção nacionalista entre judeus e gentios; o único elemento distintivo é Cristo, e nele os dois agora estão unidos. Dessa forma, as características nacionalistas envolvidas na Lei que distinguiam judeus e gentios não estão mais em vigor. É por isso que Paulo cita apenas a lei moral, ou, quando cita outros aspectos da Lei do AT (como as leis civis), ele a usa de modo tipológico ou não teocrático na igreja, a comunidade da aliança (p. ex., veja esse uso de Dt em 1Co 5.13). Efésios e Colossenses 2 concentram-se nos aspectos cerimoniais da Lei, que eram aspectos nacionalistas de identificação para os israelitas e, portanto, já não vigoram, pois agora Cristo é o único sinal de identificação para o verdadeiro povo de Deus.

Portanto, de acordo com esse critério de obsolescência das leis de Israel como sinais de identificação e distinção entre judeus e gentios, parece provável que as leis civis ou jurídicas não têm como passar pelo filtro da nova criação representado por Cristo e, assim, não podem entrar na esfera da nova criação. Agora que o reino de Cristo começou a se estender sobre toda a criação, e não somente sobre a terra de Israel, as leis referentes à regulamentação da vida naquela terra não são mais necessárias. E, uma vez que já não existe uma terra teocrática de Israel, as leis que regulamentavam a vida nela são igualmente desnecessárias.

Por consequência, entender como Cristo instituiu a nova criação ajuda a discernir quais partes da Lei do AT relacionam-se com a nova era e quais não têm ligação com ela.¹⁶ Todavia, há mais coisas que precisamos dizer sobre a razão por que as leis civis de Israel não são transferidas para a nova era.

As perspectivas negativas e positivas de Paulo acerca da Lei à luz da nova criação escatológica

Os textos de Paulo fazem inúmeras referências à Lei, em especial Romanos. O foco aqui é o uso da Lei em Romanos porque será suficiente para explicar a ideia desta seção. Assim como

---

¹⁴As distinções raciais entre os povos não serão eliminadas na nova criação consumada, mas a identificação da humanidade redimida com o verdadeiro Adão/Israel transcende todas as diferenças nacionalistas de antes. No AT, temos o precedente da conversão de egípcios e cananeus à fé israelita, pela qual esses estrangeiros foram tão incorporados à nação de Israel que passaram a ser considerados israelitas, e não mais egípcios e cananeus. Suas características étnicas egípcias e cananeias permaneceram, mas abandonaram os costumes idólatras e passaram a identificar-se muito mais com Israel.

¹⁵Além disso, a duração da vida no novo cosmo é mencionada em Isaías 65.22 (LXX) assim: "Os dias do meu povo serão como os dias da árvore da vida [i.e., no Éden]" (cf. o TM: "Os dias do meu povo serão como os dias de uma árvore").

¹⁶De novo, reconheço que a irrefutabilidade da seção anterior depende, em certo grau, da validade das distinções cerimoniais, civis e morais na Lei e da premissa de que se pode identificar o que é "moral" e distingui-lo do que é "civil" e "cerimonial". Parece que Paulo faz pelo menos uma dupla distinção entre as leis que eram distintivas de identificação nacionalista (civis e cerimoniais) e as de essência mais moral, que não fazem divisão entre judeus e gentios na nova era.

em outros textos paulinos, em Romanos algumas referências à Lei são negativas e outras, positivas. Romanos 3.19,20, por exemplo, tem um tom negativo:

> Agora, sabemos que tudo o que a lei diz é para os que estão debaixo da lei, para que toda boca se cale e todo o mundo fique sujeito ao julgamento de Deus. Porque ninguém será justificado diante dele pelas obras da lei; pois pela lei vem o pleno conhecimento do pecado.

No entanto, Romanos 8.4 é um dos diversos textos da epístola que se referem favoravelmente à lei: Deus enviou seu Filho "para que a justa exigência da lei se cumprisse em nós, que não andamos segundo a carne, mas segundo o Espírito". A tabela 25.1 compara essas visões negativas e positivas que se alternam em Romanos.

Tabela 25.1

A era presente em Romanos	A era vindoura em Romanos
obras/carne	fé/espírito
desobediência à lei	obediência à lei
2.17-25	2.12-16,26-29
3.19,20	3.21—4.25
5.12-14	5.15-21
7.7-13	7.1-6; 8.4
9.31-33; 10.1-3,5	9.30; 10.4,6-13
13.12b,13	13.8-12a; 14

Alguns estudiosos têm concluído que Paulo se contradiz, e não há solução que possa explicar como essas perspectivas aparentemente antagônicas se harmonizam na mente de Paulo.[17] Contudo, uma vez que esses tipos de declarações são estabelecidas no contexto da era da nova criação escatológica "já e ainda não", as afirmações contrastantes de Paulo sobre a Lei fazem muito sentido. Não se deve esquecer de que a era da nova criação invadiu a vida dos crentes por meio da obra escatológica de Cristo e do Espírito, fazendo-os parte de Jesus, o Último Adão. Os incrédulos, contudo, não participam das realidades da nova era e ainda estão vivendo na velha era, dominados pela solidariedade que têm com o velho Adão decaído.

Por consequência, como já vimos, os que foram ressuscitados e criados pelo Espírito para ser uma nova criação inicial têm o poder do Espírito, que lhes concede novos desejos e a força moral para começar a cumprir a lei. Em contraste, os incrédulos não têm o Espírito escatológico e não fazem parte da nova criação, não tendo portanto desejo nem capacidade de obedecer à Lei. A visão contrastante da Lei em Paulo é um excelente exemplo de como a nova criação escatológica inaugurada esclarece o que, de outra forma, poderia ser considerado uma incoerência no pensamento paulino.[18]

O casamento como instituição transformada da nova criação em Efésios 5

Em um capítulo anterior, procurei mostrar que Efésios 1.19b-23 retrata Cristo como aquele que começou a cumprir as esperanças proféticas de um Adão dos últimos tempos:[19]

---

[17]Veja, p. ex., Heikki Räisänen, *Paul and the law*, 2. ed., WUNT 29 (Tübingen: Mohr Siebeck, 1987), p. 83.

[18]Esta seção baseia-se em C. Marvin Pate, *The end of the age has come: the theology of Paul* (Grand Rapids: Zondervan, 1995), p. 143, embora ele não analise as implicações da nova criação.

[19]Veja, no cap. 14, o subtítulo "As expectativas quanto à obediência de Adão e a aplicação dessas expectativas a outras figuras adâmicas e finalmente a Cristo".

Essas coisas estão de acordo com a atuação da força do seu poder, que efetuou em Cristo, ressuscitando-o dentre os mortos e fazendo-o sentar-se à sua direita nas regiões celestiais, muito acima de todo principado, autoridade, poder, domínio e de todo nome que possa ser pronunciado, não só nesta era, mas também na vindoura. Também sujeitou todas as coisas debaixo de seus pés, e o deu como cabeça sobre todas as coisas à igreja, que é seu corpo, a plenitude daquele que a tudo enche em todas as coisas.

A autoridade exaltada de Cristo nos versículos 20 e 21 é expressa pela referência a Salmos 8.6: "Tudo puseste debaixo de seus pés". Nessa associação, a expressão final do versículo 23, "daquele que a tudo enche em todas as coisas", provavelmente remete à frase "enchei a terra" de Gênesis 1.28, o que era parte da comissão original de Adão. Paulo entende que o próprio Cristo cumpriu de maneira definitiva a comissão adâmica do salmo 8. Isso indica provavelmente que a convicção de Paulo, diante do cenário de Salmos 8, de que o próprio Cristo, individual e perfeitamente, dominou, subjugou e multiplicou a descendência espiritual (embora o último elemento esteja ausente no salmo 8) e encheu a terra com a glória de Deus do modo mais pleno que um ser humano poderia fazer durante seu tempo de vida.[20]

Depois de instruir os maridos a amarem a esposa como Cristo amou a igreja (Ef 5.25-27), nos versículos 28-33 Paulo exorta especificamente os maridos a amarem a esposa assim como amam a si mesmos:

> Assim, o marido deve amar sua mulher como ao próprio corpo. Quem ama sua mulher, ama a si mesmo. Pois ninguém jamais odiou o próprio corpo; antes, alimenta-o e dele cuida, assim como Cristo faz com a igreja, porque somos membros do seu corpo. Por isso o homem deixará pai e mãe e se unirá a sua mulher, e os dois serão uma só carne. Esse mistério é grande, mas eu me refiro a Cristo e à igreja. Entretanto, também cada um de vós ame sua mulher como a si mesmo, e a mulher respeite o marido.

No versículo 31, Paulo cita Gênesis 2.24, que faz parte da conclusão da narrativa de Adão e Eva. A expressão introdutória de Gênesis 2.24, "por isso", indica que esse versículo se baseia no trecho anterior. É provável que trechos de toda a seção de Gênesis 2.15-23 estejam em mente na composição dessa base,[21] o que significa que o versículo imediatamente anterior, Gênesis 2.23, apresenta parte da fundamentação. Por isso, o fato de a mulher ser parte do corpo de Adão contribui para a fundamentação da ordem "o homem deixará seu pai e sua mãe e se unirá à sua mulher, e eles serão uma só carne". Em outras palavras, como Adão e Eva eram um, todos os casamentos que viessem depois deveriam alcançar a mesma unidade. Esses casamentos deveriam ter como modelo a mesma unidade de Adão e Eva e se esforçar por atingi-la.[22]

---

[20] Há três outras passagens em que Cristo é considerado aquele que alcançou a posição da realeza adâmica de Salmos 8.6: "Tudo puseste debaixo de seus pés" (veja 1Co 15.25-27; Hb 2.6-9; de forma mais resumida, Fp 3.21).

[21] De igual modo, parece que essa ideia é sugerida, p. ex., por Gordon Wenham, que diz que o v. 24 "não é uma continuação das observações do homem no v. 23, mas um comentário do narrador, aplicando os princípios do primeiro casamento a todos os casamentos" (*Genesis 1—15*, WBC 1 [Waco: Word, 1987], p. 70). Da mesma forma, Gordon Hugenberger diz que o v. 24 é o "auge de um resumo de todo o conteúdo de Gênesis 2.18-24" (*Marriage as a covenant: biblical law and ethics as developed from Malachi*, VTSup 52 [Leiden: Brill, 1994], p. 152). Nesse aspecto, é provável que parte do papel da mulher no contexto fosse desempenhado como "auxiliadora adequada" (Gn 2.18), ajudando Adão a cultivar e guardar o jardim (Gn 2.15) e a lembrar-se da ordem de Deus e obedecer a ela (Gn 2.16,17).

[22] Veja Hugenberger, *Marriage as a covenant*, p. 151-6. Hugenberger conclui que Gênesis 2.24 "apresenta um paradigma normativo do casamento".

A declaração em Gênesis 2.24 é dirigida a todos os que desejam se casar. Trata-se de uma declaração anterior à Queda e, apesar de ainda ser válida para a situação conjugal posterior à Queda, significa que a criação anterior a ela era o contexto e o ambiente ideais em que deveria acontecer o "deixar e unir-se".

O ensinamento de Paulo em Efésios 5.28-33 remete a essa união de uma só carne entre marido e mulher em Gênesis 2.24 como a base para o marido amar sua esposa (veja Ef 5.31, que cita Gn 2.24). O texto de Efésios vai além da passagem de Gênesis dizendo que os maridos devem manter a unidade com a esposa porque é isso que Cristo faz em relação à igreja (cf. Ef 5.29,30). Portanto, os crentes são "membros do seu corpo [de Cristo]" (v. 30). Em seguida, Efésios 5.31 cita Gênesis 2.24 em apoio a Efésios 5.30. Mas como Gênesis 2.24 sustenta a ideia de Efésios 5.30 de que "somos membros do seu corpo [de Cristo]"? Efésios 5.32 é a resposta: Gênesis 2.24 é chamado de "mistério", e a passagem de Gênesis é vista como referência "a Cristo e à igreja". Essa resposta não é evidente e, por isso, precisa de explicação.

Em primeiro lugar, Paulo diz em Efésios 5.32 que Gênesis 2.24 não trata principalmente da relação entre o marido e a mulher, mas entre Cristo e a igreja. E esse relacionamento descrito por Gênesis 2.24 é um "mistério" (*mystērion*) descrito como "grande". Por que essa declaração de Gênesis 2 é um mistério? Paulo está dizendo que o que parecia ser um padrão descritivo apenas para a instituição humana do casamento agora é, à luz da vinda de Cristo e da formação de sua igreja, uma descrição aplicável não apenas ao casamento de um homem e uma mulher. O modelo em que um homem deixa sua família e torna-se um com sua mulher tem em si o reflexo de um casamento ainda mais grandioso: Cristo deixando o lar celestial e o Pai e se fazendo um com a igreja. Até o fim da história, os cristãos devem olhar para seu casamento assim: o marido deve sacrificar-se pela esposa para refletir o que Cristo fez, e a mulher deve respeitar o marido (ou confiar nele) a fim de refletir o que a igreja fez (e deve fazer) em relação a Cristo.

Esse entendimento não seria evidente para o escritor veterotestamentário nem para o leitor de Gênesis 2.24, mas agora, retrospectivamente, do outro lado da cruz de Cristo e de sua ressurreição e pela revelação do Espírito (cf. Ef 3.5), pode se entender que esse sentido teria se desenvolvido naturalmente do texto de Gênesis. Cristo é o supremo "homem" escatológico (o Adão ideal), e a igreja é a suprema noiva escatológica (p. ex., 2Co 11.2,3; Ap 19.7-9; 21.2,9-27). A identificação de Cristo como figura adâmica do fim dos tempos também pode estar indicada em Efésios 5.23,24, em que a mulher deve ser submissa (*hypotassō*) ao marido, pois este é o "cabeça" (*kephalē*), assim como a igreja está "submissa" a Cristo por ser ele o "cabeça". Essa combinação das palavras gregas traduzidas por "ser submissa" e "cabeça" ocorre em outros trechos das cartas paulinas apenas em Efésios 1.22; ali o mesmo verbo grego, traduzido por "sujeitar", faz parte de uma alusão a Salmos 8.6 (8.7, LXX), que, conforme acabamos de estudar, era aplicado a Cristo como aquele que havia começado a cumprir as expectativas relacionadas ao Adão escatológico.

A grande maioria dos usos que o NT faz da palavra "mistério" (*mystērion*) está relacionada ao início do cumprimento escatológico de profecias do AT,[23] como vimos no estudo de Mateus 13.10,11[24] e de 2Tessalonicenses 2.3-7[25] (veja tb. Rm 11.25; Ef 3.3,9).[26] Se "mistério" tem um sentido profético associado a Gênesis 2.24, então a passagem de Gênesis deveria ser considerada uma profecia tipológica, conforme boa parte de meu argumento no caso de Oseias 11.1

---

[23]Veja G. K. Beale, *John's use of the Old Testament in Revelation*, JSNTSup 166 (Sheffield: Sheffield Academic Press, 1998), p. 215-72.

[24]Veja, no cap. 12, o excurso "A natureza inaugurada, inesperada e transformada do reino dos últimos tempos".

[25]Veja, no cap. 7, o subtítulo "2Tessalonicenses 2 e a grande tribulação".

[26]Veja, no cap. 19, o título "A base de pressupostos para a igreja ser o verdadeiro Israel".

em Mateus 2.15,[27] segundo o qual um padrão histórico (nesse caso, casamentos recorrentes) da história do AT prefigura ou prenuncia algum acontecimento redentor na era do NT.[28]

Como o uso de *mystērion* em Efésios 5.32 pode estar relacionado com o uso em Efésios 3? Os dois textos dizem respeito à unidade de grupos distintos de pessoas: judeus e gentios em Efésios 3, e mulheres e homens casados em Efésios 5. Paulo está interessado em dizer não somente que Cristo inaugurou a unidade de nova criação da humanidade fragmentada em geral (judeus e gentios), mas também que ele começou a reconstruir relacionamentos rompidos especificamente na família.[29] Vimos na seção anterior sobre a Lei que não pode haver divisão de grupos de pessoas na nova criação, tampouco deveria haver divisões na primeira criação. Do mesmo modo, não devia haver divisão alguma entre Adão e Eva nem entre todos os casais que os sucedessem na vida no paraíso anterior à Queda. O efeito da queda no pecado foi essa separação entre Adão e Eva (Gn 3) e nos casamentos posteriores. No que diz respeito ao "mistério" da unidade de judeus e gentios em relação a Cristo e da unidade entre marido e mulher também em relação a Cristo, Paulo entende que o modo em que Cristo cumpriu as expectativas e os padrões históricos do AT é um tanto inesperado e misterioso da perspectiva veterotestamentária, embora desdobre algumas linhas naturais de continuidade.[30]

É bem apropriado para Paulo recorrer a um texto da Criação anterior à Queda relacionado à unidade no casamento como protótipo da unidade entre Cristo e a igreja na nova criação. Por isso, marido e mulher agora devem ser motivados a manter a unidade inicialmente vivida por Adão e Eva na criação original e a unidade que todos os seres humanos deviam desfrutar antes da Queda (Gn 2.24). Essa unidade deve ser preservada não somente por ser o propósito original do casamento segundo Gênesis 2.24, mas também porque agora maridos e esposas têm o modelo de Cristo e da igreja a ser seguido como paradigma das relações matrimoniais entre os que vivem na nova criação, para a qual Gênesis 2.24 apontava em última instância.[31] Assim como não devia haver divisões entre marido e mulher na criação original, também na nova criação essa unidade deve ser preservada.[32]

Esse é um conceito bem prático que deve ser lembrado por maridos e esposas cristãos. É verdade que o casamento tem como propósito a realização do amor (físico, espiritual e emocional), a propagação da espécie e a santificação. Quando surgem problemas na relação conjugal, marido e mulher devem lembrar-se de que existe um propósito histórico-redentor supremo para o casamento, que transcende a relação humana deles. À medida que o marido ama incondicionalmente a mulher, e esta reage com amor fiel, ambos são atores em um palco histórico-redentor encenando uma peça diante do público deste mundo. Quando marido e mulher desempenham seus papéis nesse palco do modo planejado por Deus, eles estão

---

[27]Veja, no cap. 12, o subtítulo "Jesus como Israel e Filho dos últimos dias em Mateus 2".

[28]Veja Markus Bockmuehl, *Revelation and mystery in ancient Judaism and Pauline Christianity*, WUNT 2/36 (Tübingen: Mohr Siebeck, 1990), p. 204. Bockmuehl entende Efésios 5.32 como exegese inspirada de Gênesis 2.24, apresentando um sentido mais profundo de natureza profética e tipológica (e cita outros que de modo geral concordam com essa visão). Entre os que duvidam de um sentido tipológico estão Andreas J. Köstenberger, "The mystery of Christ and the church: head and body, 'one flesh'", *TJ* 12 (1991): 94; Thorsten Moritz, *A profound mystery: the use of the Old Testament in Ephesians*, NovTSup 85 (Leiden: Brill, 1996), p. 142-6.

[29]Ideia que também descobri depois em Köstenberger, "Mistery", p. 94.

[30]Nesse aspecto, quanto aos elementos de continuidade, veja G. K. Beale; Benjamin L. Gladd, *Hidden but now revealed: a biblical theology of divine mystery* (Downers Grove: InterVarsity, 2014).

[31]Moritz (*Profound mystery*, p. 146, nota 124) quase chega a dizer isso, o que é incoerente com sua relutância em endossar uma visão tipológica de Gênesis 2.24.

[32]A última parte desta seção sobre o "mistério" do casamento baseia-se em Beale, *John's use of the Old Testament*, p. 246-7.

ensinando ao mundo que os observa[33] a seguinte lição: Cristo deixou o Pai para amar sua noiva e tornar-se um só corpo com ela, e os que respondem com fé podem tornar-se parte dessa noiva coletiva. Fazendo isso, as pessoas deixarão a esfera do velho mundo e ingressarão no novo. Os cônjuges cristãos fazem parte da nova criação, e a ética que rege o casamento deles é uma recapitulação do plano original para o matrimônio no Éden, que prefigurava Cristo e a igreja. Quando o conflito invade o relacionamento conjugal e a divisão começa a ocorrer, os cônjuges precisam lembrar-se de que fizeram um pacto um com o outro diante de Deus, prometendo amar um ao outro, permanecer fiéis a esse pacto, continuar sendo uma só carne e, assim, manter a paz da nova criação da qual fazem parte.[34] Ao contrário das divisões e conflitos que permanecem em todas as partes da velha criação, marido e mulher precisam refletir a unidade pacífica que deveria ser uma característica da vida de Adão e Eva no Éden antes da entrada do pecado (e que teria sido a característica de todos os casamentos, em imitação da vida conjugal de Adão e Eva se o pecado não tivesse ocorrido). Essa unidade pacífica, que deveria existir no primeiro casamento da história, tem de caracterizar todos os que vivem na etapa inaugurada da nova criação em Cristo.

Consequentemente, na essência do casamento cristão está a ética da nova criação, que tem o propósito supremo de apontar para o relacionamento de Cristo, o Último Adão, com a igreja, a nova Eva, na nova criação.

---

[33]Esse mundo que os observa provavelmente inclui os "principados e autoridades nas regiões celestiais", a quem foi proclamada a "sabedoria" do "mistério" da unidade entre judeus e gentios "por meio da igreja" (Ef 3.9,10). Esses "principados e autoridades" são provavelmente malignos (à luz de Ef 6.10-12). O propósito dessa proclamação em Efésios 3 era lembrar essas autoridades de que suas tentativas de dividir os crentes foram definitivamente anuladas pela obra de Cristo, como deixam evidente as ações em favor da unidade da igreja. De modo semelhante, quando marido e mulher superam as divisões entre eles, suas ações fazem a mesma proclamação aos poderes do mal e ao mundo em geral.

[34]Para a ideia de que o casamento em Gênesis 2 é um "pacto", veja Hugenberger, *Marriage as a covenant*.

Décima parte

Conclusão

26

A relação das realidades escatológicas inauguradas e consumadas com as realidades análogas vivenciadas pelos santos do Antigo Testamento

Esta conclusão tem três objetivos. Primeiro, olharemos para trás a fim de observar como cada uma das realidades "escatológicas 'já e ainda não' do reino da nova criação" estudadas no livro corresponde à sua equivalente no AT. Isto é, como essas ideias do NT estão relacionadas ao povo da época do AT? Por exemplo, como as tribulações de Israel correspondem às tribulações relatadas no NT, que são consideradas parte da tribulação dos últimos dias? Como as realidades inauguradas do NT representam uma transformação das realidades do AT?

O segundo objetivo é analisar a continuidade e descontinuidade na etapa escatológica inaugurada de cumprimento profético.

O terceiro objetivo é olhar adiante e relacionar cada uma das ideias inauguradas com a consumação. De que modo o começo de cada realidade dos últimos dias tem sua consumação no fim da história?

Este capítulo servirá para unir e resumir as várias linhas temáticas analisadas no decorrer do livro, especialmente com respeito aos vários aspectos da escatologia inaugurada apresentados no livro todo em relação ao enredo neotestamentário nele enfatizado. Não vou repetir aqui todas as várias maneiras em que os seguintes temas deste capítulo estão relacionados ao enredo bíblico-teológico desenvolvido no decorrer do livro, mas oferecerei alguns comentários breves (veja a seção "A nova criação e o reino" abaixo). Alguns temas que antes receberam menos atenção serão destacados para mostrar que estão relacionados com o enredo bíblico-teológico observado ao longo do livro. Algumas ideias teológicas que outros consideram importantes não foram abordadas no livro nem o serão nesta conclusão, uma vez que não as considero integrantes do enredo bíblico-teológico. Neste capítulo, não tentarei comprovar a maioria das declarações referentes ao AT e à escatologia inaugurada do NT, pois já fiz isso em todo o livro.[1]

---

[1] Os leitores que desejarem mais fundamentação das questões abordadas neste capítulo geralmente vão encontrá-la nos capítulos anteriores do livro, em que há mais elaboração sobre as mesmas afirmações; muitas delas eu tento indicar adiante. Este capítulo, contudo, também desenvolverá um pouco mais alguns temas discutidos anteriormente.

De modo geral, a época do AT foi um período de expectativas proféticas, e a era do NT é o começo do cumprimento dessas expectativas. O fim das eras é o cumprimento definitivo e consumado do que havia sido inaugurado anteriormente. Cada um dos aspectos inaugurados corresponde em algum grau aos aspectos da vida sob a antiga aliança. Mas a pergunta que não quer calar é: Como a igreja, a comunidade da aliança que vive em uma nova era, experimenta certas realidades de modo diferente da comunidade da aliança que viveu realidades semelhantes? Em seguida veremos como as realidades consumadas correspondentes se relacionam com as realidades inauguradas.

As realidades do NT são qualitativamente diferentes das correlativas veterotestamentárias mais próximas porque são o cumprimento inicial das profecias dos últimos tempos. Isto é, o AT antevê, e o NT começa a cumprir. Mas como o fato de essas realidades do fim dos tempos fazerem parte do cumprimento dos últimos dias as torna qualitativamente diferentes das suas correlativas veterotestamentárias? Veremos que muitas realidades inauguradas da era da nova aliança são transformações escatológicas de realidades da antiga aliança. Outra pergunta importante: Como as realidades proféticas inauguradas chegam à conclusão no fim das eras? O restante deste capítulo procura explicar de modo breve as semelhanças e diferenças entre a velha era e a nova.[2]

Os últimos dias[3]

A realidade do Antigo Testamento

O AT profetiza que vários acontecimentos ocorrerão nos últimos dias, a maioria deles não se cumprindo no próprio AT. Entre as profecias veterotestamentárias dos últimos dias a se cumprirem no período futuro do fim dos tempos está a vinda do Messias, ou rei davídico, o reino, a restauração de Israel, a nova criação, a ressurreição, o Espírito, a nova aliança, a derrota do inimigo do povo de Deus, a tribulação final e o templo dos últimos tempos. Muitas outras passagens do AT também têm o foco na escatologia, mas não usam a terminologia exata dos "últimos tempos".

Ao que parece, algumas profecias tiveram cumprimento inicial na era do AT. Porém, esses cumprimentos aparentes eram fracos e sem importância, porque não alcançaram uma condição escatológica irreversível. Ainda se esperava o futuro cumprimento real e irreversível. A restauração de Israel,[4] o templo e a participação na nova criação são bons exemplos disso. No entanto, esses cumprimentos sem importância representam uma escatologia inaugurada inicial evidente na própria era do AT. A seguir, no material sobre a restauração, o templo e a nova criação, vou elaborar mais a respeito da natureza dessa inauguração inicial evidente, mas, em última análise, irreal.

A correspondente realidade inaugurada dos últimos tempos

O NT usa repetidas vezes e de forma precisa a mesma locução "últimos dias" conforme aparece nas profecias do AT, apesar de utilizar também outras expressões sinônimas. Muitos desses

---

[2]A maior parte das comparações e dos contrastes será feita entre Israel e a igreja, e não envolverá a comunidade da aliança anterior a Israel.

[3]Para uma análise mais detalhada sobre o tema desta seção, veja os caps. 2-4.

[4]P. ex., Deuteronômio 4.30 e 31.29 profetizam que a restauração dos últimos tempos de Israel começará provavelmente no tempo do retorno do remanescente da Babilônia. Nesses casos, o NT entenderia que o que supostamente começou a cumprir-se não produziu condições irreversíveis, e essas condições permanentes de restauração começaram a ser inauguradas de fato na primeira vinda de Cristo e serão finalmente consumadas na segunda vinda dele.

usos provavelmente são ecos da locução veterotestamentária, enquanto outros parecem ser alusões específicas a textos específicos do AT que utilizam a locução "últimos dias". A ideia escatológica da terminologia é geralmente idêntica à do AT, com apenas uma diferença: no NT, os últimos dias profetizados pelo AT são considerados inicialmente cumpridos com a primeira vinda de Cristo. Tudo o que o AT profetizava que aconteceria nos últimos tempos começou a cumprir-se em Jesus e na igreja primitiva e continua até a vinda final de Cristo. Em especial, isso indica que as seguintes expectativas dos últimos tempos do AT foram postas em marcha pelo ministério terreno, a morte e a ressurreição de Cristo, bem como pela formação da igreja cristã: a grande tribulação, o domínio de Deus sobre os gentios, a derrota dos inimigos de Israel e a libertação dos israelitas de seus opressores, a restauração de Israel, a ressurreição de Israel, a nova aliança, o Espírito prometido, a nova criação, o novo templo, um rei messiânico e o estabelecimento do reino de Deus.

A correspondente realidade consumada dos últimos tempos

O período dos últimos tempos que começou com Cristo e a igreja primitiva e continua durante toda essa era será consumada na vinda final de Cristo e no juízo final, quando o velho cosmo será destruído, e o novo cosmo, criado. As realidades escatológicas inauguradas observadas no parágrafo anterior também serão consumadas nessa época, tema que será explicado a seguir.

A nova criação e o reino

Nesta parte, a análise se concentrará na nova criação, e uma seção posterior abordará a ideia específica do reino de maneira mais precisa.

A realidade do Antigo Testamento

Vimos no capítulo 1 que houve episódios cíclicos do que parecia ser uma etapa inicial da nova criação que não chegou à conclusão.[5] Estudamos isso com a narrativa do dilúvio de Noé, a narrativa do Êxodo, a do segundo êxodo de Israel pelo rio Jordão e do retorno da Babilônia, que Isaías 40—66 havia mencionado repetidas vezes como um novo êxodo e uma nova criação. Todavia, esses cumprimentos parciais repetidos representam o que parece ser o início de uma nova criação inaugurada escatológica na própria era do AT. Observamos que a essência do enredo do AT era o reino de uma nova criação e a obrigação do povo de Deus de estender esse reino por todo o mundo. O padrão de juízo na forma de (1) caos cósmico seguido por (2) nova criação, (3) comissão de realeza para a glória divina, (4) queda em pecado e (5) exílio forma os principais acontecimentos da história redentora do AT. Esse padrão é observado pela primeira vez em Gênesis 1—3 e, depois, em outros episódios com esses mesmos cinco elementos narrativos; portanto, esses episódios são recapitulações da narrativa da criação primeva.

Com base na observação desse modelo que se repete, cheguei à conclusão de que o enredo narrativo do AT é mais bem resumido assim: *O Antigo Testamento é o registro da ação de Deus, que restaura progressivamente do caos seu reino de nova criação sobre um povo pecador por sua palavra e seu Espírito, mediante promessa, aliança e redenção, o que resulta em uma comissão mundial dos fiéis para que promovam esse reino e o juízo (derrota ou exílio) aos infiéis para a glória de Deus.* A volta ao estabelecimento do reino da nova criação é fundamental e ocorre por meio da palavra de Deus e do Espírito, que opera pela promessa, pela aliança e pelo

---

[5]Veja especialmente a tabela 1.2, no título "Os episódios de juízo cósmico e de nova criação repetidos no Antigo Testamento".

juízo. O objetivo de tudo isso é a glória de Deus dos últimos tempos. Contudo, apesar de em alguns momentos ter parecido que esse reino e a nova criação haviam sido restabelecidos, o cumprimento essencial nunca se realizou.

A ressurreição de Cristo e de seu povo como a correspondente realidade inaugurada da nova criação dos últimos tempos

Os repetidos recomeços de um movimento de retorno ao reino da nova criação nunca se consumaram de forma irreversível na era do AT. O que parecia realizado desvanecia e murchava como flores sem água. A primeira vinda de Cristo como o Último Adão régio é outro início da nova criação, mas, diferente dos demais, esse não foi interrompido por causa do pecado. Nosso livro está empenhado, sobretudo, em demonstrar que a morte de Cristo e particularmente sua ressurreição foram uma ampliação do domínio da nova criação iniciado no ministério de Jesus, e, depois, a identificação da igreja pelo Espírito com sua ressurreição também a tornou parte dessa realeza da nova criação como corregente. Nesse sentido, com base no enredo do AT, formulei o seguinte enredo para o NT, com a ressurreição como a realeza da nova criação e sua expansão como o principal degrau para a glória divina final dos últimos tempos: *A vida de Jesus, suas provações, sua morte pelos pecadores e principalmente sua ressurreição pelo Espírito deram início ao cumprimento do reino escatológico "já e ainda não" da nova criação, que é concedido pela graça por meio da fé, resultando em uma comissão universal para que os fiéis promovam esse reino de nova criação, bem como em juízo para os descrentes, tudo isso para a glória do Deus trino e uno.* De fato, por esse ângulo, como argumentei anteriormente, fica evidente que a ideia geral de escatologia é definida melhor, mais especificamente, como um movimento em direção ao reino da nova criação para a glória suprema de Deus.

Fica evidente que o estabelecimento e a expansão do reino da nova criação de Jesus são o principal meio para a realização da glória de Deus na minha afirmação anterior de que Gênesis 1—3 e a última visão de Apocalipse (21.1—22.5) formam uma *inclusio* para toda a Bíblia (veja, no cap. 1, o subtítulo "Os episódios de juízo cósmico e de nova criação repetidos no Antigo Testamento"). Gênesis 1—3 apresenta Adão como um rei cuja missão era expandir o reino da nova criação para a glória de Deus, e o ensinamento principal de Apocalipse 21 revela como aquilo que Adão deveria ter feito se realizou de modo definitivo. Outros aspectos teológicos importantes estão incluídos no começo e no fim dessa *inclusio* das Escrituras, mas o movimento rumo ao reino da nova criação para a glória divina forma seus principais contornos, como sustentei em todo o livro.

A forma inaugurada do reino nos Evangelhos é um cumprimento inicial das profecias do reino do AT, mas ocorre de maneiras e formas inesperadas: invisível, em vez de visível; pequeno, em vez de grande; durante um período longo de tempo, em vez de rapidamente; em vitória e juízo sobre os inimigos espirituais, em vez dos adversários físicos.

A correspondente realidade consumada dos últimos tempos

A nova criação que começou com o ministério terreno de Cristo, e foi ampliada com a ressurreição dele e o envio de seu Espírito para atuar na igreja, será consumada no fim dos tempos. A manifestação dessa consumação será a ressurreição física dos santos e a renovação do céu e da terra. A recriação do cosmo é profetizada em 2Pedro 3.13; Apocalipse 21.1—22.5. A última passagem retrata especialmente uma recapitulação intensificada do jardim do Éden como o templo final e a nova Jerusalém, onde Cristo reinará com seu povo ressurreto. A *inclusio* de um rei-sacerdote reinando sobre uma criação original imaculada é um dos indicadores mais claros de que o movimento para esse reino da nova criação é o principal degrau de transição no enredo bíblico para produzir a glória definitiva e eterna de Deus. No fim da história, o reino de Deus se manifestará de forma visível sobre toda a nova criação, depois do juízo final contra o inimigo e da recompensa para os súditos fiéis do reino.

Conclusão para a nova criação em relação aos outros temas a ser analisados

As outras realidades escatológicas profetizadas pelo AT e que começaram a cumprir-se no NT devem ser consideradas subordinadas a essa estrutura mais global de movimento em direção ao reino da nova criação para a glória divina e/ou integradas com ela. De fato, cada uma das ideias está tão indissociavelmente ligada a esse conceito que elas deveriam ser consideradas elementos essenciais dele.

No restante deste capítulo, analisarei outras realidades escatológicas, algumas mais explícitas no NT, porém originárias do AT. Todos os principais conceitos escatológicos estudados até agora no livro terão algum tipo de resumo no restante do capítulo. Os conceitos do fim dos tempos que ainda precisam ser examinados são o novo êxodo, a salvação e justificação, a reconciliação, a regeneração, a imagem de Deus (incluindo a filiação adâmica), a salvação e a restauração da igreja como o verdadeiro Israel, a santificação (i.e., a vida cristã em progresso), o sábado, o batismo, a ceia do Senhor, o ofício eclesiástico de presbítero, o cânon das Escrituras, a Lei e o casamento. Esses conceitos serão relacionados ao núcleo do enredo bíblico — o governo da nova criação e sua expansão — como tenho defendido até aqui[6] e como continuarei argumentando que eles são mais bem entendidos como aspectos subordinados à realidade da nova criação. Conforme indicado na introdução deste capítulo, outras ideias não enfatizadas anteriormente no livro receberão mais atenção para entender como se relacionam com o enredo (p. ex., juízo). Não expus muito o grandioso alvo do enredo — a glória de Deus —, mas tratarei do tema no próximo capítulo, que conclui o livro.

Certamente, é concebível que muitas das ideias citadas no parágrafo anterior se sobreponham tanto ao conceito do reino da nova criação que, em última análise, sejam apenas sinônimas dele. Nesse caso, todas essas ideias poderiam ser retratadas como um diamante com diversas facetas. No entanto, creio que o conjunto das evidências indique que o reino de Cristo da nova criação seja o próprio diamante, e as outras ideias seriam facetas dele. Tudo isso precisa ser entendido no contexto do enredo do NT que propus, em que o reino da nova criação juntamente com o mandato para expandi-lo é o principal degrau ou linha que leva à glória de Deus. Independente de ser possível alcançar um acordo sobre isso, minha esperança é que os leitores entendam que todas essas realidades são interligadas e inerentemente escatológicas.[7]

No restante do capítulo, minha intenção é apresentar com mais clareza o aspecto inaugurado do NT de cada uma das ideias já mencionadas em relação à realidade veterotestamentária correspondente e à realidade consumada dos últimos tempos, como já comecei a fazer com a "escatologia" e a "nova criação" até agora.

Um rei e um reino

A realidade do Antigo Testamento

Deus começou a reinar por meio de seu vice-regente, Adão, até a Queda de Adão. Essa realeza foi retomada de modo mais formal posteriormente com os reis e o reino de Israel, meios pelos quais Deus governava a nação. Durante esse período, porém, a maioria dos reis de Israel

---

[6]P. ex., no cap. 5, defendi explicitamente o predomínio da realeza da nova criação sobre esses conceitos.
[7]Para uma análise metodológica mais aprofundada da natureza de um enredo bíblico-teológico em relação aos "centros" e à preferência pelo enredo como expus acima, veja cap. 5.

não conseguiu cumprir sua comissão. Mesmo os poucos reis fiéis não conseguiram alcançar o ideal. Além disso, nesse período havia esperanças de um rei escatológico que viria para cumprir a comissão real do modo que Deus havia planejado.

Assim, a realeza israelita era imperfeita comparada à realeza messiânica profetizada, que cumpriria plenamente o plano divino para a realeza. Os reis israelitas eram prefigurações tipológicas do rei messiânico ideal que viria. Da mesma forma, o reino de Israel alternava entre juízo e bênção dependendo da fidelidade de seus reis, que dirigiam coletivamente o reino da nação. Na maior parte do tempo, esse castigo assumia a forma de opressão estrangeira em graus variados, até que, num clímax, o Reino do Norte e o do Sul foram derrotados de uma vez respectivamente pela Assíria e pela Babilônia, onde a nação foi exilada.

A correspondente realidade inaugurada dos últimos tempos

Enquanto na era do AT a monarquia e o reino de Israel foram caracterizados pela infidelidade, na nova era, Jesus é o rei perfeitamente fiel dos últimos tempos, que representa e abençoa os que fazem parte de seu reino invisível. Além disso, no período do AT havia reiteradas profecias de um líder messiânico ideal vindouro, e os Evangelhos apresentam Jesus como o cumprimento inaugurado dessas profecias. Por isso, a era do AT foi um período de profecia direta acerca de um líder escatológico e de prefigurações tipológicas desse líder, enquanto a do NT é uma época de cumprimento e realização dessas prefigurações.

Cristo inaugurou sua realeza e seu reino na primeira vinda, quando começou a subjugar os poderes do mal e a governar o coração das pessoas que chamou para participar de seu reino. Essa etapa do reino representou um período misterioso ou transformado de cumprimento, uma vez que havia apenas um governo espiritual, e não um governo físico e plenamente visível de Cristo, nem ocorreu a derrota definitiva e completa e o juízo do inimigo. Na ressurreição e ascensão, a realeza de Jesus foi ampliada a ponto de agora ele estar "assentado no trono de Davi" no céu. De lá, Jesus manifesta sua soberania na terra por meio do Espírito, que atua mediante seu corpo na terra (como se observa em todo o livro de Atos). Ele "reinará" sobre a terra "até que [Deus] tenha posto todos os inimigos debaixo de seus pés" (1Co 15.25, em alusão a Sl 110.1). Portanto, no tempo de sua ressurreição e ascensão, Cristo era "o Príncipe dos reis da terra" (Ap 1.5). Mas, mesmo depois da ascensão, o reino de Cristo mediante o Espírito na esfera da igreja é invisível aos olhos descrentes, embora seja percebido pelos crentes mediante a fé no poder espiritual invisível, mas real, do reino presente.

A correspondente realidade consumada dos últimos tempos

Cristo voltará no fim dos tempos, "julgará o mundo" (At 17.31) e, em seguida, o destruirá e criará um novo cosmo. Nesse momento, Cristo ("o Cordeiro") reinará juntamente com o Pai, e os santos "reinarão" com eles "pelos séculos dos séculos" (Ap 21.22; 22.3-5) nos novos céus e nova terra. Apesar de ainda haver alguma oposição ao governo invisível, espiritual e inaugurado de Cristo no velho mundo, não haverá absolutamente nenhuma resistência ao seu reinado no novo mundo; nem sequer a morte pode atingir o rei e seus corregentes, pois a morte será anulada (1Co 15.25-29; Ap 21.4; 22.3). Cristo governará sobre todos os cantos e rincões do novo cosmo. Esse governo será tanto espiritual quanto físico porque Cristo estará fisicamente presente na nova terra e agirá como rei.

O retorno de Israel do Exílio

A realidade do Antigo Testamento

Como já observamos, é notável que algumas predições do AT concernentes aos últimos tempos evidentemente começaram a ser cumpridas na própria época do AT. A promessa do retorno de Israel do Exílio é um bom exemplo desse fenômeno. Deuteronômio 4.27-29, por exemplo, profetiza que, quando Israel tornar-se mau e idólatra,

> o Senhor vos espalhará entre os povos, e sereis minoria entre as nações para as quais o Senhor vos conduzirá. Lá servireis a deuses feitos por mãos humanas; deuses de madeira e pedra, que não veem nem ouvem, não comem nem cheiram. Mas de lá buscareis o Senhor, vosso Deus, e o achareis, quando o buscardes de todo o coração e de toda a alma. Quando estiverdes aflitos e todas essas coisas tiverem sobrevindo a vós, nos últimos dias retornareis ao Senhor, vosso Deus, e ouvirei sua voz.

Parece que essa profecia escatológica começou a ser cumprida no auge da idolatria e do pecado de Israel que o levaram diretamente para o Exílio. Em seguida, setenta anos depois, veio a restauração, que começou com apenas uma pequena parte das tribos de Judá e Benjamim retornando à terra. Contudo, somente um remanescente muito pequeno dos que retornaram também "retornaram" para a fé em Deus. A maioria dos que voltaram não era fiel a Deus. Logo depois da volta, os líderes da restauração até disseram que a condição dos israelitas na terra ainda era de cativeiro: "pois somos escravos" que ainda estamos em "nossa escravidão" (Ed 9.9; bem como Ne 9.36). Embora Israel tivesse retornado fisicamente para sua terra, ainda continuava na escravidão física e espiritual. O cativeiro físico era evidente porque a nação continuava sob o domínio estrangeiro, primeiro os persas, depois os gregos e, finalmente, os romanos. O templo da restauração começou a ser construído, mas ficou evidente que não era o glorioso templo esperado no período da restauração (veja Ed 3.12; Ag 2.3), principalmente quando Jesus renunciou o templo e profetizou que ele seria destruído em 70 d.C.

O motor da restauração escatológica de Israel começou a funcionar com o retorno físico do Exílio babilônico,[8] mas depois entrou em colapso durante o chamado período do Segundo Templo, e os cumprimentos associados com as profecias de restauração ocorreram e assim aguardavam sua realização em um período posterior. Desse modo, o motor foi ligado, mas depois enguiçou ou, ainda pior, parou de funcionar e quebrou.

A correspondente realidade inaugurada dos últimos tempos

Como já observei muitas vezes, as profecias veterotestamentárias de vários acontecimentos a ocorrer nos últimos dias começaram a cumprir-se decisivamente com a vinda de Cristo e o estabelecimento da igreja. Uma dessas profecias que Jesus e a igreja começam a cumprir é a da tão esperada restauração de Israel.

O cumprimento da restauração do Israel dos últimos tempos que supostamente começara de modo débil e morreu no período antigo é posto em marcha de modo claro por Jesus, que representa o verdadeiro Israel tanto com sua vida quanto na sua restauração da morte pela ressurreição. O retorno do exílio começou com o ministério, a morte redentora e a ressurreição de Cristo e com a vinda do Espírito, que opera por meio da igreja. A aplicação das profecias de Israel à igreja indica que a igreja está começando a cumprir a restauração para Deus do verdadeiro Israel escatológico mediante sua identificação com Jesus, o verdadeiro Israel. A obra restauradora de Cristo foi sobretudo a restauração espiritual da alma para uma relação salvífica com Deus. E, como também já vimos, a natureza constante da vida cristã é uma continuação da peregrinação do retorno do exílio espiritual. Tudo isso ainda faz parte de uma restauração

---

[8] É importante lembrar que Jeremias predisse que a restauração começaria depois dos "setenta anos" do cativeiro de Israel (cp. Jr 25.11,12 com 29.10). A profecia foi cumprida em parte no retorno físico do remanescente de Israel, mas as verdadeiras promessas física e espiritual dessa profecia permaneciam sem cumprimento, como acabamos de explicar.

inaugurada do exílio. Curiosamente, portanto, o padrão escatológico de restauração começa no próprio período do AT e floresce no NT, de modo que o retorno físico da Babilônia passa a ser considerado prefiguração tipológica do retorno verdadeiro iniciado em Jesus.

A correspondente realidade consumada dos últimos tempos

Como no caso do reino, o cumprimento inaugurado da restauração foi espiritual e não se realizará completamente na forma física e espiritual antes da criação do novo cosmo. No fim das eras, a restauração de Israel, o padrão tipológico físico do que começou no AT e alcançou uma ampliação antitípica na inauguração em Jesus e na igreja, chegará a seu cumprimento final. Depois da destruição do antigo cosmo, haverá a ressurreição final do corpo físico dos santos, que habitarão a nova criação física e eterna. Embora os crentes tenham começado a ser restaurados para Deus espiritualmente nesta era, o corpo deles continua sendo parte do velho mundo decadente, que está afastado de Deus. A ressurreição final dos crentes, que os introduz no novo cosmo, é o fim da peregrinação e o retorno completo e definitivo do exílio. Não é apenas uma restauração física completa, mas também uma restauração espiritual plena, pois a restauração espiritual anterior tinha sido apenas inaugurada. Isso significa que os crentes serão transformados em seres físicos e espirituais perfeitos. Será uma transformação de acordo com o modelo profetizado em Filipenses 3.20,21:

> Mas a nossa cidadania está no céu, de onde também aguardamos ansiosamente um Salvador, o Senhor Jesus Cristo, que transformará o corpo da nossa condição de humilhação para ser semelhante ao corpo de sua glória.

É importante também lembrar que mesmo a ressurreição e a ascensão de Jesus foram sua restauração consumada individual do exílio da morte ao recapitular e representar Israel. O rei foi à frente de seu povo ao ser completamente restaurado, e essas pessoas o acompanharão na ressurreição do próprio corpo delas no fim dos tempos como israelitas escatologicamente verdadeiros. Nesse sentido, 1Coríntios 15.22,23 mostra que Cristo foi o primeiro a viver a consumação da existência ressurreta, que será seguida pela ressurreição do seu povo no fim da história, ressurreição essa que será a volta definitiva para seu Deus. Logo, a proclamação de Jesus do verdadeiro retorno do exílio espiritual dos últimos dias se consuma depois com o retorno físico no novo cosmo.

O livramento divino como segundo êxodo em relação ao retorno do exílio

A realidade do Antigo Testamento

A libertação de Israel do Egito no Êxodo foi recapitulada, em grau menor, quando a segunda geração de israelitas atravessou o rio Jordão, cujas águas foram divididas por Josué. Assim como a primeira geração teve de passar pelas águas para chegar à Terra Prometida (embora não tenha conseguido por causa do pecado), também a segunda geração teve de seguir o mesmo caminho rumo à terra da herança.

Vimos que Isaías havia profetizado a restauração de Israel do Cativeiro Babilônico para sua terra e que essa libertação seguiria o padrão do antigo Êxodo de Israel do Egito. Por isso, esse "segundo"[9] êxodo é uma das formas com que Isaías 40—66 retratou a restauração de Israel. Consequentemente, tudo o que comentei anteriormente a respeito da restauração de Israel dos

---

[9] Ou talvez eu deva dizer "terceiro" êxodo à luz da segunda geração de Israel que atravessou as águas divididas do rio Jordão em terra seca.

últimos dias ter sido inaugurada, mas adiada e, finalmente, interrompida se aplica à profecia do segundo êxodo de Israel da Babilônia. Ou seja, porque essa restauração começou a ser verdadeiramente cumprida, o pálido início de libertação da Babilônia tornou-se um padrão de prefiguração. Posteriormente, a profecia de Isaías do êxodo do Israel dos últimos tempos foi retomada em verdadeiro sentido escatológico com a vinda de Jesus.

A correspondente realidade inaugurada dos últimos tempos

Vimos que tanto o Evangelho de Marcos quanto o livro de Atos usam a ideia de segundo êxodo como um dos principais recursos para explicar respectivamente a vinda de Jesus e o fenômeno do crescimento constante da igreja.[10] Outros livros do NT também recorrem significativamente a esse contexto (esp. Lucas). Retrata-se Jesus conduzindo o povo de Deus em um êxodo espiritual da escravidão espiritual. Esse êxodo é um dos modos pelo qual o NT descreve a restauração do Israel escatológico do exílio, conforme acabei de expor acima. Jesus começa a demonstrar sua soberania derrotando os poderes espirituais do mal, libertando as pessoas do cativeiro desses poderes. Sua morte e ressurreição foram etapas ampliadas da continuação desse êxodo e da conquista da vitória sobre os poderes do mal, libertando seu povo da escravidão desses poderes e da morte. Na condução desse êxodo, Jesus é uma representação escatológica tanto de Moisés[11] quanto do Cordeiro pascal.[12] Contudo, embora esse êxodo dos últimos dias tenha começado de modo irreversível, ainda não se consumou para o povo de Deus.

A correspondente realidade consumada dos últimos tempos

Esse êxodo escatológico, que começou apenas espiritualmente e de modo invisível, será enfim consumado no fim da história, quando o próprio povo de Deus derrotará, de forma definitiva, os adversários e deixará esse velho mundo para entrar no novo mundo físico e eterno. Essa etapa futura e final do êxodo dos últimos tempos é retratada em Apocalipse 15.2-4:[13]

> Vi algo como um mar de vidro misturado com fogo; e os que haviam vencido a besta, a sua imagem e o número do seu nome estavam em pé junto ao mar de vidro com harpas de Deus. Eles cantavam o cântico de Moisés, servo de Deus, e o cântico do Cordeiro, dizendo:
>
> "Grandes e admiráveis são as tuas obras,
> ó Senhor Deus todo-poderoso;
> justos e verdadeiros são os teus caminhos,
> ó Rei das nações!
> Senhor, quem não te temerá e não glorificará o teu nome?
> Pois só tu és santo;
> por isso, todas as nações virão e se prostrarão diante de ti,
> pois os teus atos de justiça têm sido manifestos".

---

[10] Veja, no cap. 19, o subtítulo "Conclusão".

[11] Veja Dale C. Allison Jr., *The new Moses: a Matthean typology* (Minneapolis: Fortress, 1993).

[12] Veja, p. ex., João 19.36; 1Coríntios 5.7. Também vale lembrar minha análise anterior da instituição da ceia do Senhor por Cristo no cenáculo como correspondente à refeição da Páscoa.

[13] Para informações sobre o rico contexto do Êxodo desses versículos, veja G. K. Beale, *The book of Revelation: a commentary on the Greek text*, NIGTC (Grand Rapids: Eerdmans, 1999), p. 789-800.

A entrada no novo mundo eterno é retratada em Apocalipse 21.1-5, em que ocorrem algumas alusões às profecias isaiânicas da nova criação,[14] que no contexto original estão indissociavelmente ligadas à esperança de um novo êxodo e da restauração do exílio.[15]

A reconciliação como retorno do exílio

A realidade do Antigo Testamento

Os verdadeiros santos ao longo do período do AT também participaram da "reconciliação" da mesma forma que, como logo veremos, foram "justificados" em antecipação da obra justificadora de Cristo na cruz e na ressurreição. Também vimos que as profecias escatológicas da restauração de Israel parecem ter sido inauguradas externamente depois de setenta anos de cativeiro na Babilônia. Contudo, a maioria dos que retornaram não era fiel, e Israel continuou no exílio espiritual e teológico. Apesar de terem retornado à terra deles, os israelitas ainda continuavam em cativeiro espiritual e físico (às potências estrangeiras que os governavam). Desse modo, os israelitas não foram restaurados nem reconciliados à presença de Deus do modo que os profetas, como Isaías, Jeremias e Ezequiel, haviam profetizado. Por isso, a restauração física inicial passou a ser um padrão tipológico que prefigura a restauração e a reconciliação verdadeiras e futuras.

A correspondente realidade inaugurada dos últimos tempos

Em um capítulo anterior, observamos que a reconciliação com Deus por meio de Cristo deve ser entendida em parte como a igreja participando da restauração de Israel do exílio anunciada pelos profetas (cap. 15). A realidade plena desse retorno foi a libertação da morte espiritual e da alienação de Deus para a restauração à presença salvadora de Deus. Isso ocorre quando a pessoa crê em Cristo e se identifica com ele, o verdadeiro Israel, que foi restaurado à presença do Pai pela ressurreição do cativeiro da morte. Por isso, a restauração de Israel que havia começado superficialmente no aspecto físico, mas não espiritual, no tempo do retorno da Babilônia alcançou cumprimento em maior escala com a vinda de Cristo e com a igreja. Todavia, como acabamos de observar, a restauração que Cristo iniciou pode ser contemplada apenas com os olhos da fé e permanece velada aos descrentes.

A correspondente realidade consumada dos últimos tempos

Estudamos anteriormente neste capítulo que, no retorno definitivo do exílio, os crentes seriam libertados do velho corpo que tinham durante seu exílio terreno no velho mundo. Em seguida, eles seriam restaurados à plena presença divina do fim dos tempos pela ressurreição física, pela qual entrarão no novo e eterno mundo. Isso também se aplica à reconciliação. Os crentes começam a ser reconciliados espiritualmente com Deus mediante a fé na morte e ressurreição de Cristo e, depois, no fim dos tempos, serão reconciliados plenamente com a presença íntima de Deus, tanto espiritual como fisicamente.

---

[14]Observe-se, p. ex., Isaías 65.17; 66.22 (em Ap 21.1); 43.18; 65.17 (em Ap 21.4); 43.19 (em Ap 21.5). Para várias possíveis alusões ou ecos do êxodo de Israel em Apocalipse 21.1-4, esp. com respeito ao contexto da frase "e o mar já não existe" (21.1b), veja ibidem, p. 1043-51. Nesse sentido, às vezes o êxodo foi retratado como a remoção das águas.

[15]Para saber mais sobre essa ligação indissociável em algumas passagens de Isaías, veja G. K. Beale, "The Old Testament background of reconciliation in 2 Corinthians 5—7 and its bearing on the literary problem of 2 Corinthians 4:14—7:1", *NTS* 35 (1989): 555-7.

Salvação e justificação[16]
A realidade do Antigo Testamento

Os crentes do AT desfrutaram de salvação genuína. Davi e Abraão são exemplos representativos dos santos do AT sobre quem Paulo afirma que foram "justificados pela fé" (Rm 4.1-8,22,23; Gl 3.6-9; cf. Tg 2.23).

A correspondente realidade inaugurada dos últimos tempos

É claro que tanto os crentes do AT quanto os do NT usufruíam a salvação espiritual do pecado. A diferença é que no período mais antigo essa experiência de salvação era uma antecipação da salvação que seria obtida no espaço e tempo da história dos últimos dias em Cristo. A inauguração dessa salvação no NT revela que "a ideia cristã de salvação é basicamente um conceito escatológico".[17] Romanos 3.24-26, texto sobre o qual desenvolverei um pouco mais a seguir, é uma evidência clássica desse fato e diz respeito especificamente à doutrina da justificação em relação aos crentes da antiga aliança e da nova aliança. Observe-se particularmente o versículo 25: "Deus ofereceu [Cristo] publicamente como propiciação, por meio da fé, pelo seu sangue. Isso ocorreu para demonstrar sua justiça, pois, em sua paciência, Deus deixou de punir os pecados anteriormente cometidos". Outras passagens do NT indicam a mesma ideia:

> **Hebreus 11.13**: "Todos esses [santos do AT] morreram mantendo a fé, sem ter recebido as promessas; mas tendo-as visto e acolhendo-as de longe, declararam ser estrangeiros e exilados na terra".
>
> **Hebreus 11.39,40**: "E todos eles [os santos do AT], embora recebendo bom testemunho pela fé, não obtiveram a promessa; visto que Deus havia providenciado algo melhor a nosso respeito, para que, sem nós, eles não fossem aperfeiçoados".

De modo semelhante, Apocalipse 12.7-13 diz respeito à condição de salvos dos crentes em relação a Satanás no tempo pré-cristão e como isso mudou com a vinda de Cristo:

> Então, houve guerra no céu: Miguel e seus anjos batalhavam contra o dragão. E o dragão e seus anjos lutavam, mas estes não prevaleceram e perderam seu lugar no céu. E foi expulso o grande dragão, a antiga serpente, chamada Diabo e Satanás, que engana todo o mundo. Ele e seus anjos foram lançados à terra. Então, ouvi uma forte voz no céu, que dizia: "Agora chegaram a salvação, o poder, o reino do nosso Deus e a autoridade do seu Cristo; porque o acusador de nossos irmãos já foi expulso; ele, que dia e noite os acusava diante do nosso Deus. Eles o venceram pelo sangue do Cordeiro e pela palavra do seu testemunho e, mesmo diante da morte, não amaram a própria vida. Por isso, alegrai-vos, ó céus, e todos vós que neles habitais. Mas ai da terra e do mar! Pois o Diabo desceu até vós com grande ira, sabendo que pouco tempo lhe resta".

Os versículos 7-12 descrevem os equivalentes celestiais dos acontecimentos terrenos registrados nos versículos 1-6, que sintetizam radicalmente a vida e a ressurreição de Cristo (v. 2-5), seguidos pela fuga da igreja da perseguição (v. 6; veja tb. v. 13-17). O ensinamento central desses versículos é que a morte e a ressurreição de Cristo resultam tanto na vitória de Cristo e dos santos sobre o acusador satânico quanto no reino messiânico inaugurado do fim dos tempos. Provavelmente, é a ressurreição de Cristo que desencadeia o efeito da vitória de Miguel

---

[16]Para uma análise mais completa da justificação, veja cap. 14.

[17]Veja George R. Beasley-Murray, "The eschatology of the Fourth Gospel", *EvQ* 18 (1946): p. 102. Esse artigo dá um breve panorama da escatologia "já-ainda-não" no Evangelho de João.

no céu e a derrota dos poderes satânicos. O restante de Apocalipse 12 e de todo o livro revela que a morte e a ressurreição de Cristo reduziram significativamente o papel de enganador do Diabo e anularam seu papel de caluniador. Essa redução e anulação são o significado da descrição de Miguel e seus anjos lançando o Diabo e seus anjos para fora do céu. O "lugar" que o Diabo perdeu era até então sua posição celestial privilegiada de acusação, que antes lhe havia sido concedida por Deus como um privilégio (veja mais no v. 10b).

O versículo 10 explica o significado da ascensão de Cristo e da expulsão do Diabo do céu (v. 3-9) como a tão esperada inauguração do reino messiânico profetizado (p. ex., Sl 2; Dn 2 [veja 12.5,7]): "Agora chegaram a salvação, o poder, o reino do nosso Deus e a autoridade do seu Cristo". A segunda parte do versículo 10 repete que o Diabo "já foi expulso" do céu. Agora, porém, o Diabo é chamado de "acusador de nossos irmãos [...] que dia e noite os acusava diante do nosso Deus". As acusações do Diabo eram incessantes. Com base nessa descrição e no retrato de Satanás em Jó 1.6-11; 2.1-6; Zacarias 3.1,2, pode se concluir que Deus havia permitido ao Diabo acesso ao céu a fim de que este acusasse seu povo de pecado. Vários textos do AT retratam Satanás acusando os santos de infidelidade, com a implicação de que eles não mereciam a salvação e as bênçãos generosas de Deus.[18]

À luz de Apocalipse 12.11, parece que as acusações do versículo 10 se dirigem à aparente ilegitimidade da participação dos santos na salvação. A acusação do Diabo se baseia no pressuposto correto de que a penalidade do pecado exige o castigo da morte espiritual, e não a recompensa salvadora. As acusações são contra todos os santos do AT que não recebem a merecida punição no momento de sua morte, mas, ao contrário, são recebidos na presença gloriosa de Deus no reino celestial invisível. Até a morte de Cristo, talvez parecesse que as acusações do Diabo eram legítimas, uma vez que Deus havia deixado entrar em sua presença salvadora todos os crentes mortos sem lhes exigir a penalidade correspondente ao pecado deles. Satanás tinha autorização para fazer essas queixas porque havia um grau de verdade nas acusações. Porém, o pleito do Diabo era injusto mesmo antes da morte de Cristo, pois os pecados de que ele acusava os santos e pelos quais exigia punição eram provocados em grande parte por suas mentiras. Por isso, ele é chamado tanto de "enganador" quanto de "acusador" nos versículos 9 e 10. Portanto, os santos do AT eram protegidos do perigo da condenação dessas acusações.[19]

A morte e a ressurreição de Cristo expulsaram o Diabo dessa posição privilegiada de acusação que antes lhe havia sido concedida por Deus. Isso porque a morte de Cristo é a pena que Deus exigia pelos pecados de todos os que foram salvos pela fé. Romanos 3.25 diz que os santos da antiga aliança não foram julgados por seus pecados, pois "em sua paciência, Deus deixou de punir os pecados anteriormente cometidos", mas em Cristo Deus finalmente puniu esses pecados na cruz (Rm 3.19-28). Essas pessoas, quando morriam, tinham permissão para entrar na presença de Deus no céu na condição de "justificadas", apesar do pecado delas e mesmo sem esse pecado ter sido punido. Deus estava adiando o castigo escatológico para finalmente exigi-lo na morte de Cristo. Nesse sentido, podemos dizer que os verdadeiros crentes do AT foram justificados por antecipação quanto ao juízo futuro de suas transgressões pela morte redentora de Cristo. As Escrituras dizem explicitamente que os santos do AT eram "justificados" dessa maneira (v. Rm 4.1-3,6; Gl 3.6-9). Assim, os santos do AT eram, em última análise, protegidos das acusações de Satanás por causa da morte vindoura de Cristo em lugar deles, o que enfim anularia essas acusações.

---

[18]Veja Zacarias 3.1-5,9; cf. *Rab.* de Nm 18.21.
[19]Veja *1En* 40.7 com 40.9-41.2.

O Cristo sem pecado tomou sobre si de modo vicário a ira que ameaçava os santos para que fossem libertados da ira final vindoura e "declarados justos" ou "justificados". Consequentemente, ninguém pode fazer "acusação contra os escolhidos de Deus", nem "anjos", nem "principados", nem "poderes" (Rm 8.33,34,38), por causa dos efeitos salvadores da morte e da ressurreição de Jesus (Rm 8.32,34).[20] A ressurreição de Cristo também era considerada fundamental para a justificação porque os crentes poderiam ser identificados com a justiça aceitável perante Deus somente por causa de sua identificação com o Último Adão *ressurreto*, que havia sido perfeitamente obediente e continuou mantendo essa condição de obediência perfeita. Ele foi ressuscitado como o Último Adão completamente justo, a imagem gloriosa de Deus. Portanto, a morte e a ressurreição de Cristo indicam uma importante mudança histórico-redentora na relação dos crentes da velha aliança com as acusações de Satanás contra a posição de salvos deles em comparação com os que vivem na nova aliança. O princípio da justificação pela fé domina tanto o AT quanto o NT.

Os crentes começaram a ser "salvos" da escravidão de Satanás e do juízo final pela morte e ressurreição de Cristo. Cristo veio e sofreu o castigo dos últimos tempos referente àquele pecado, portanto o preço finalmente foi pago. Contudo, é claro que Satanás ainda está ativo em seu trabalho de cegar os descrentes (At 26.18; 2Co 4.3,4), de tentar seduzir o povo de Deus ao pecado e de buscar prejudicar esse povo (2Co 11.14; 12.7; Ap 2.9,10).

A correspondente realidade consumada dos últimos tempos

Quando chegar o momento do juízo final da humanidade, Satanás também será julgado, de modo que jamais exercerá algum tipo de influência prejudicial sobre a igreja (p. ex., Ap 20.10). Portanto, a derrota inicial de Satanás ocorreu na morte e na ressurreição vitoriosas de Cristo, e a derrota total do Diabo ocorrerá no fim da história, quando Cristo vier para consumar seu reino na vitória final sobre as forças do mal. A salvação inaugurada dos santos também é salvação da morte espiritual, sobre a qual Satanás reina (Ef 2.1-5), e essa salvação se completará no fim, quando os crentes também serão libertos da morte física pela ressurreição.

Assim como a salvação inaugurada dos últimos dias deve ser entendida pelas lentes da justificação, também há uma etapa de consumação da justificação (p. ex., 1Ts 1.10: "Jesus, que nos livra da ira vindoura"). Os crentes são declarados definitivamente "justificados" ou "absolvidos" nesta era mediante a fé na morte e ressurreição de Cristo. Anteriormente neste livro, julguei necessário lançar mão da terminologia meio inconveniente "justificado/absolvido" para expressar com clareza o elemento de absolvição da justificação. Os cristãos são inocentados porque a morte vicária de Cristo em favor deles lhes retira o castigo do pecado, por isso são declarados "não culpados" no julgamento de seus pecados. Além disso, os crentes são declarados justos porque Cristo obteve a justiça representativa por eles em sua pessoa ressurreta, como a imagem perfeita do Último Adão, e *foi absolvido da injustiça (revelando que era justo desde o começo), uma absolvição com que os santos também são identificados por representação*. Portanto, são absolvidos do justo veredicto condenatório de Deus contra eles.

Apesar da natureza definitiva da justificação pela fé de um indivíduo na era presente, há um aspecto consumador da justificação dos crentes, que ocorrerá na última vinda de Cristo. No capítulo sobre a justificação, defendi que existem três aspectos da futura "justificação" ou "absolvição":

1. demonstração pública da justificação/absolvição mediante a ressurreição física definitiva;
2. justificação/absolvição dos santos mediante o anúncio público diante de todo o mundo;

---

[20]Esta análise de Apocalipse 12.7-12 se baseia em um estudo mais extenso em Beale, *Revelation*, p. 650-60.

3. demonstração pública para todo o cosmo da justificação/absolvição dos crentes por meio de suas boas obras.

Em primeiro lugar, os cristãos são "justificados/absolvidos" diante de todos os olhos por sua ressurreição corporal. É verdade que os cristãos foram declarados absolutamente não culpados da total penalidade física e espiritual do pecado, mas ainda não foram libertados da pena da morte física do pecado pronunciada contra eles, dos efeitos corruptores do pecado que sofrem na presente era. A ressurreição do corpo é a revogação definitiva dessa pena de morte, em cujo veredicto eles já haviam sido declarados absolvidos. A remoção da execução do castigo da morte física é a última etapa do efeito duplo "já e ainda não" da justificação: (1) ressurreição do "homem interior" seguida pela (2) ressurreição do "homem exterior".[21] Richard Gaffin refere-se a essa dupla justificação como "justificado pela fé" e "ainda por ser justificado diante dos olhos".[22] Se a completa anulação da pena de morte ainda está no futuro, há um sentido em que a plena justificação/absolvição dessa pena também espera realização, mas essa realização é, em última análise, um efeito do pronunciamento anterior de justificação pela fé da pena completa pelo pecado. No fim de tudo, a ressurreição corporal deles também os absolve do veredicto injusto pronunciado contra eles durante seu tempo de vida na terra.

Em segundo lugar, no tempo do juízo final, Deus anuncia publicamente a todos os seres do cosmo que seu povo foi justificado/absolvido e, por isso, está isento desse grande juízo final. Embora os santos tenham sido declarados justos diante de Deus e da comunidade da aliança nesta era, o mundo os condenou no que diz respeito tanto à esperança deles em Cristo quanto à lealdade deles em viver de acordo com os valores da palavra de Deus. O julgamento do mundo se manifestou na execução de morte, na prisão e no ostracismo social e econômico dos santos, bem como em outras formas de desprezo. No tribunal final dos últimos tempos, o povo de Deus terá o reconhecimento perante todos de que sempre esteve certo, e sua fé justificadora e suas ações retas serão confirmadas, ao passo que o veredicto de "culpado" do mundo contra eles será enfim e para todo o sempre anulado.

Em terceiro lugar, como alguém pode ser declarado definitivamente "justificado/absolvido" pela morte e ressurreição de Cristo e, ao mesmo tempo, ser "justificado por obras"? Defendi a tese de que a justificação por obras de fato ocorre no tempo da ressurreição final do crente. No auge da era da igreja, as boas obras dos cristãos (que são imperfeitas) justificam/confirmam que eles já foram justificados por Cristo. Essa forma final da justificação não está no mesmo nível da justificação anterior pela fé em Jesus, mas está completamente relacionada a ela. As boas obras são o distintivo que absolve os santos ao apresentar provas declarativas de que foram realmente justificados por Cristo no passado. As boas obras não só demonstram a condição anterior e genuína de justificado de um indivíduo, mas também revelam provavelmente o veredicto injusto do mundo ao rejeitar essas obras como testemunho de Cristo. É preciso lembrar também que os cristãos já justificados se apresentarão diante do "trono do julgamento" *com o corpo ressurreto*. Eles não serão julgados com base na perfeição de suas obras, mas com base na produção de fruto de boas obras conforme a existência e o caráter ressurreto deles e em consequência desse caráter e existência, que vêm da união com o Cristo ressurreto. Sem dúvida, essa existência da ressurreição nada mais é que a existência da nova criação. Por isso, a absolvição que os santos recebem pelo corpo ressurreto deles é uma absolvição por serem parte da nova criação.

---

[21]Nesta parte, eu me baseio em Richard B. Gaffin Jr., *By faith, not by sight: Paul and the order of salvation* (Waynesboro: Paternoster, 2006), p. 86.

[22]Ibidem, p. 88.

Excurso **O papel da morte de Cristo na parte do enredo do Novo Testamento constituído pelo reino da nova criação**

Ao longo de todo o livro, grande parte da análise tem sido dedicada à ressurreição de Cristo como o início do reino de nova criação, que, conforme concluí, é o principal meio para atingir o alvo do enredo: a glória de Deus. Alguns leitores talvez aleguem que subestimei indevidamente a morte de Cristo. Certamente, mostrei que a morte de Cristo é imprescindível para a realização da justificação (cap. 14) e da reconciliação (cap. 15), mas, em ambos os casos, também procurei explicar o papel importante da ressurreição nessas ideias redentoras. A morte de Cristo, porém, não foi analisada com tanta ênfase quanto a ressurreição nos outros capítulos do livro.

É verdade que a ressurreição de Cristo representa um avanço histórico-redentor maior na realização da salvação escatológica do que a sua morte. Nesse sentido, a ressurreição de Cristo alcança uma inauguração da nova criação ou da redenção mais completa do que a de seu ministério ou sua morte. Entretanto, quero ressaltar que a morte de Jesus é evidentemente imprescindível não apenas na realização da justificação, da reconciliação e da redenção, mas também em associação com a ressurreição dele para a inauguração da nova criação.

Argumentei que Gálatas 6.14-16, um dos quatro textos da "nova criação" mais notáveis no NT, afirma explicitamente que a morte de Cristo em si foi essencial para inaugurar a nova criação dos últimos tempos. Sem dúvida, a ressurreição está implícita nessa passagem, mas a morte de Cristo está explícita. O ensinamento de Paulo é que a identificação dele com a morte de Cristo consiste no verdadeiro começo de sua separação do velho mundo corruptível e pecaminoso, bem como no exato início do afastamento do velho mundo dele (v. 14). A separação de Paulo do velho cosmo o consagra para outro mundo, que no versículo 15 ele chama de "nova criação". Gálatas 1.4 está bem próximo do ensinamento de 6.14,15: Cristo "se entregou a si mesmo pelos nossos pecados, para nos livrar deste mundo mau". Ao que tudo indica, em associação com essa passagem paulina, Ireneu diz em *Contra Heresias* 5.23.2: "O Senhor, portanto, recapitulando em si mesmo esse dia [o dia da morte do primeiro Adão], submeteu-se a seus sofrimentos no dia anterior ao sábado, isto é, o sexto dia da Criação, em que o homem foi criado; concedendo-lhe, portanto, uma segunda criação por meio de sua paixão, que é aquela [criação] a partir da morte". (Sou grato a meu aluno Daeil Chun pela referência a Ireneu.)

Imediatamente antes da ressurreição física de Jesus, parece que ele foi transportado ao "paraíso" (Lc 23.43). Será que, enquanto o corpo de Jesus jazia no túmulo durante três dias, seu espírito vivia na esfera da nova criação do "paraíso"? Em caso afirmativo, será que a identificação histórica e de posição dos crentes somente com a morte de Cristo também implica algum sentido em que se considera que eles também estão no próprio começo da nova criação? Para responder afirmativamente a essas perguntas, seriam necessárias mais evidências exegéticas do que a passagem de Lucas citada. Portanto, deixaremos isso para que outros examinem e pesquisem mais a respeito.

Do mesmo modo, 2Coríntios 5.14-17 entende que a morte de Cristo (v. 14,15) e depois sua ressurreição (v. 15) conduzem à "nova criação" (v. 17). Por um lado, isso estabelece ordem e progresso histórico-redentores, com a ressurreição como o auge da redenção e nova criação. Por outro lado, a ressurreição e a nova criação sem a morte de Cristo seriam vazias e sem sentido.

Além disso, Efésios 2.14-16 enfatiza, de modo repetido, a morte de Cristo como o meio para criar o "novo homem" de judeu e gentio, o que resulta em "paz" e "reconciliação". Essa referência ao "novo homem" continua desenvolvendo o tema da ressurreição como nova criação de Efésios 1.20-23; 2.2-7,10.

Contudo, há outras maneiras em que a morte de Cristo está associada à nova criação. Isso é natural, pois vimos antes (cap. 12) que muitos dos aspectos mais fundamentais do ministério de Jesus são retratados nos Evangelhos Sinóticos como episódios do raiar da nova criação. Nesse sentido, as curas de Cristo eram consideradas o começo da anulação dos efeitos físicos da Queda de Adão e a prefiguração da cura completa na ressurreição física de Cristo e dos crentes em que todos os efeitos da maldição são abolidos. Mateus, por exemplo, afirma que o ministério de cura de Jesus (Mt 8.13-16) era um cumprimento inicial de Isaías 53.4 ("Ele tomou sobre si as nossas enfermidades e carregou as nossas doenças" [8.17]). Assim também 1Pedro 2.24 afirma, em alusão a Isaías 53.5, que Cristo "levou nossos pecados em seu corpo na cruz, para que morrêssemos para o pecado e vivêssemos para a justiça; pelas suas feridas fostes sarados". É significativo que, em 1Pedro 2.24, novamente a morte de Cristo está indissociavelmente ligada à ideia de que os crentes vivem "para a justiça", o que os identifica com a vida da ressurreição. Certamente seria estranho se a morte de Cristo não fosse considerada o acontecimento culminante que leva à nova criação que nasce nele, sobretudo porque, como acabamos de observar, sua morte está indissociavelmente ligada à sua ressurreição. De fato, a obediência de Cristo até a morte deveria ser entendida como a causa que produz o efeito do Pai ressuscitá-lo dentre os mortos. Assim, a morte de Cristo produz a aurora da nova criação.

A morte de Jesus para justificar os crentes está ligada à nova criação de outra maneira. Lembre-se que "justificar" significa na realidade "declarar justo/absolver". Nesse sentido, pelo menos mais um texto do NT entende que a justiça plena só ocorre na nova criação. Em 2Pedro 3.13, o apóstolo diz:

> Nós, porém, segundo sua promessa, aguardamos novos céus e nova terra, nos quais habita a justiça.

É provável que Pedro esteja combinando Isaías 60.21 ("E todo o teu povo será justo; herdarão a terra para sempre") com Isaías 65.17 ("Pois crio novos céus e nova terra" [bem como Is 66.22]). Pedro está predizendo novamente, usando as palavras de Isaías, que o povo de Deus será completamente justo no estado final da nova criação dos últimos tempos. Dessa perspectiva, a morte substitutiva de Cristo, que declara justo o indivíduo, deve ser considerada teologicamente fundamental para a introdução dos santos na etapa inicial da nova criação. Eles serão declarados e feitos justos de fato e de modo consumado quando a própria nova criação enfim chegar em sua plenitude.

O NT menciona a morte de Cristo de forma explícita muito mais do que a expressão "nova criação", que ocorre raras vezes. No entanto, a menção da vida da ressurreição de Cristo e dos crentes, que conforme observamos é a nova criação, ocorre mais do que a referência à morte de Cristo e à relação dos crentes com essa morte, embora as estatísticas de uso das palavras em si nem sempre indiquem o grau de importância de um conceito bíblico.[23] A razão para a vida da ressurreição ser mencionada mais vezes no NT talvez seja porque ela é o objetivo para o qual a morte operou e representa mais um avanço histórico na realização da redenção.

É relativamente raro Paulo associar de modo explícito a morte de Cristo ou a morte dos crentes com a ideia da nova criação (embora, segundo vimos, isso ocorra em 2Co 5.14-17; Gl 6.14,15; Ef 2.13-15). Entretanto, é provável que, na maioria das vezes em que se mencione a morte de Cristo, esteja incluída em algum grau a ideia de uma separação inicial do velho mundo, o que Gálatas 6.14,15 (cf. Gl 1.4) e 2Coríntios 5.14-17 consideram claramente um elemento imprescindível para o início da nova criação. Comprovar essas alegações exigiria um texto muito extenso, algo que este projeto não permite, visto que as evidências exegéticas explícitas para isso são escassas.

---

[23]Por uma contagem aproximada, as palavras que se referem à vida da ressurreição de Cristo e/ou dos crentes ocorrem em cerca de 150 versículos do NT, e as palavras referentes à morte ocorrem aproximadamente em 95 versículos (com base em uma pesquisa de palavras nos campos semânticos de "vida" e "morte" em Johannes P. Louw; Eugene A. Nida, orgs., *Greek-English lexicon of the New Testament: based on semantic domains*, 2. ed. [New York: United Bible Societies, 1989], 2 vols.). A contagem é aproximada porque, p. ex., as palavras traduzidas por "vida" podem estar empregadas negativamente para a morte de Cristo ou dos santos, além de outros fatores complicadores, como os trechos em que formas verbais, substantivos ou adjetivos das palavras que signifiquem "vida" aparecem juntas no mesmo versículo, dificultando qualquer contagem precisa. Além disso, os conceitos de vida da ressurreição ou de morte podem ser expressos sem o uso de um de seus principais sinônimos.

Minha ideia aqui é que a morte de Cristo e a relação dos crentes com ela está absolutamente ligada ao conceito de nova criação. A morte de Cristo abre o caminho para a nova criação, o que tem alguns paralelos com a expectativa do Messias no judaísmo.[24]

Observamos repetidas vezes que a nova criação e o reino são dois lados da mesma moeda. Por isso, não é de surpreender o entendimento de que a própria morte de Jesus estabeleça o reino dele. E é exatamente isso que Hebreus 2.14,15 indica em clara associação com a identificação de Cristo como Adão escatológico (2.6-9). Hebreus 2.14,15 diz:

> Portanto, visto que os filhos compartilham de carne e sangue, ele também participou das mesmas coisas, para que pela morte tornasse ineficaz aquele que tem o poder da morte, isto é, o Diabo, e livrasse todos os que estavam sujeitos à escravidão durante toda a vida, por medo da morte.

Mesmo antes da ressurreição de Cristo, sua morte em si foi o meio que ele podia "tornar ineficaz" o poder do Diabo e libertar os que estavam escravizados a esse poder. O poder de Cristo de algum modo está associado com a autoridade de seu ofício adâmico. Por isso, sua morte é uma vitória sobre Satanás, talvez entendida como o ato de despojar o reino do Diabo tomando seus súditos cativos.[25] Colossenses 2.14,15 chega praticamente à mesma conclusão:

> ... e, apagando a escrita de dívida, que consistia em mandamentos contra nós e nos era contrária, removeu-a do nosso meio, cravando-a na cruz. Tendo despojado os principados e poderes, ele os expôs em público e triunfou sobre eles na cruz.

O versículo 14 diz que os pecados que merecem punição foram "removidos" "na cruz". Isso significa que aqueles por quem Cristo morreu estavam em condição não condenatória imediatamente depois que Cristo morreu por eles, mesmo antes da ressurreição. Essa condição é um elemento essencial para o crente ser transferido para o começo do novo mundo. O versículo 15 prossegue em afirmar que os poderes malignos (provavelmente espirituais) tornaram-se ineficazes na cruz, pela qual Cristo "triunfou sobre eles".[26]

De modo semelhante, o Evangelho de João associa claramente a glória de Deus com Jesus julgando o "príncipe deste mundo" mediante sua morte e até antes da ressurreição, ao manifestar, assim, a vitória de Cristo na cruz (Jo 12.28-34).

Em toda esta seção, nosso foco tem sido a morte de Cristo como a "justificação ativa" (o que foi realizado por Cristo em favor do crente no momento de sua morte), em contraste com a justificação passiva, mas fundamentalmente ligada a ela (quando os crentes recebem pela fé, de modo individual, o que Cristo realizou ativamente em sua morte na cruz). Essas duas ideias às vezes não são claramente distintas nos textos de Paulo.

---

[24] Sobre esse tema, veja *4Ed* 7.28-32, em que "o Messias" vem para a terra por um período prolongado e depois morre com todos os outros seres humanos, ocasião em que "o mundo voltará ao silêncio primordial durante sete dias, como no princípio" (v. 30) (tradução para o inglês de James H. Charlesworth, *The Old Testament Pseudepigrapha* [New York: Doubleday, 1983-1985], 2 vols., 1:537). Embora se diga que a "era" vindoura ocorrerá depois disso, o autor identifica a morte do Messias até com o princípio da primeira criação em Gênesis 1.

[25] Isso está de acordo com a ideia de *Christus Victor* (sobre esse tema, veja Gustaf Aulén, *Christus Victor* [New York: Macmillan, 1969]), segundo a qual a morte de Cristo na cruz foi um triunfo sobre o Diabo e os poderes do mal e libertou as pessoas mantidas cativas por eles em pecado.

[26] A nota de rodapé da NASB registra, no fim do v. 15, a tradução "having triumphed over them through it" [tendo triunfado sobre eles por ela] (i.e., a cruz). A locução grega *en autō* no final desse versículo parece ter como antecedente "a cruz" ("por ela") no final do v. 14, mas pode se referir a "Deus" ("por ele"), caso em que ainda poderia referir-se à obra de Deus por meio de Cristo na cruz, embora possivelmente se refira à obra de Deus pela ressurreição. Não há espaço aqui para elaborar mais sobre essa questão de debate.

O papel capacitador do Espírito

A realidade do Antigo Testamento

O Espírito de Deus esteve ativo em Israel tanto quanto na igreja. Na época passada, o Espírito capacitava profetas, sacerdotes e reis para executarem suas tarefas, e essa capacitação poderia lhes ser retirada (cf. Sl 51.11). Era uma função de capacitação mediante a qual o Espírito transmitia habilidades para que o indivíduo desempenhasse as comissões desses três papéis. Muitas vezes, esses papéis eram realizados em ligação com o templo, sobretudo no caso de sacerdotes e reis, bem como, às vezes, no dos profetas (p. ex., Is 6; Ez 1—2).

A correspondente realidade inaugurada dos últimos tempos

O Espírito capacitou Cristo para desempenhar as três funções, a saber, de profeta, sacerdote e rei. Em sua ascensão ao céu, Cristo enviou seu Espírito sobre todo o seu povo, capacitando-os para serem profetas, sacerdotes e reis ao se identificarem com Cristo pela fé. Para ser mais preciso, o Espírito capacitou a igreja para assumir a função de revelação, que era desempenhada pelos profetas, sacerdotes e reis no AT. Contudo, esse papel de revelação é ainda maior do que qualquer pessoa do AT poderia alcançar, pois a revelação culminante de Cristo foi superior a qualquer outra revelação na era anterior da predição profética.[27] Além de elevar as pessoas a essa posição nova e ampliada de revelação de profeta, sacerdote e rei em Cristo, o Espírito também distribui uma série de dons individuais a diferentes pessoas. Todos têm alguns dons, mas nem todos têm os mesmos dons (veja Rm 12.6-8; 1Co 12—13; Ef 4.7-13; 1Pe 4.9-11). Todos esses dons, em maior ou menor grau, são maneiras pelas quais os crentes operam como corpo e em sua posição de profetas, sacerdotes e reis.[28]

Portanto, o Espírito era seletivo ao capacitar as pessoas no AT, mas na era nova houve a democratização do Espírito entre o povo de Deus. Há pelo menos dois motivos para essa democratização. Primeiro, enquanto o Espírito capacitava somente profetas, sacerdotes e reis no AT, na nova era todo o povo de Cristo é capacitado pelo Espírito porque todos os crentes estão "em" Jesus, o supremo profeta, sacerdote e rei. Segundo, enquanto no AT muitas vezes o Espírito capacitava os profetas, sacerdotes e reis em algo relacionado ao templo, na nova era todo o povo de Cristo emprega seus dons no serviço do templo porque todos "estão" em Jesus, o verdadeiro templo.[29]

A correspondente realidade consumada dos últimos tempos

No tempo da consumação, o Espírito completará sua obra de estabelecer todo o povo de Deus na posição reveladora de profetas, sacerdotes e reis, uma obra que começou em Pentecostes e continua durante toda a era da igreja. O Espírito completará essa obra tríplice ressuscitando os crentes dos mortos e os estabelecendo no novo céu e na nova terra.

Atualmente, os cristãos são sacerdotes (1Pe 2.5; Ap 1.6; 5.10) e habitam no Lugar Santo do templo invisível (Ap 1.12,20; 2.1,5; 11.1-4). Entretanto, quando receberem o corpo da ressurreição, estarão na posição do sumo sacerdote, habitando o Santo dos Santos na nova criação e na intimidade gloriosa de Deus e sua presença reveladora especial (Ap 22.4,5).

Os indivíduos do povo de Deus começaram a ser profetas, mas seu conhecimento profético não é escatologicamente completo, e eles não têm pleno entendimento de como a profecia do

---

[27]Veja uma elaboração desse tema na análise de Mateus 11.11-13 (no cap. 12, o excurso de subtítulo "Outros exemplos da presença inesperada e transformada do reino escatológico inaugurado"), em que os crentes são vistos em uma posição de revelação superior até mesmo à de João Batista.

[28]Isso fica particularmente evidente nas funções capacitadas pelo Espírito em 1Coríntios 12—14; Efésios 4.7-13.

[29]Veja, no cap. 17, a análise acerca do papel do Espírito na criação da igreja como o templo em Atos 2.

AT será finalmente cumprida (cf. 1Co 13.12). O cumprimento definitivo terá detalhes antes desconhecidos, o Espírito capacitará os santos para estarem na plena presença reveladora de Deus, e eles então entenderão a etapa final do cumprimento.

Embora os crentes tenham começado a reinar com Cristo como reis em meio à oposição (Ap 1.6,9; 2.26,27; 5.10), a realeza deles alcançará sua forma definitiva no novo céu e nova terra, onde reinarão com Cristo sem nenhum elemento de oposição (Ap 22.1,5).

A ressurreição como regeneração ou nova criação pelo Espírito[30]

A realidade do Antigo Testamento

Além da função do Espírito de capacitador, qual seria o papel dele na nova criação e na renovação espiritual? Minha análise anterior neste livro do papel do Espírito de dar nova vida refere-se às profecias do AT de que o Espírito ressuscitaria as pessoas na era escatológica (veja Ez 36 e 37). Embora o AT aguardasse a obra do Espírito de ressurreição escatológica, não é verdade que os santos do AT passaram da condição de incrédulos carnais para uma nova condição espiritual? Isso certamente é verdade, mas essa nova condição espiritual jamais é chamada de "ressurreição" ou "nova criação" na era do AT, como é depois chamada no NT. Os israelitas receberam a ordem: "Circuncidai o vosso coração e não sejais mais obstinados" (Dt 10.16) e "criai em vós um coração novo e um espírito novo; por que haverias de morrer, ó casa de Israel?" (Ez 18.31). Contudo, a maioria da nação jamais obedeceu a esse mandamento, mas presumimos que o remanescente fiel obedeceu. Isso é muito próximo da terminologia da nova criação, em especial porque o contexto de Deuteronômio (p. ex., Dt 30.6) e o de Ezequiel (p. ex., Ez 36.36; 37.1-14) usam a mesma terminologia nas profecias que serão cumpridas em Israel nos últimos dias. De modo notável, Gálatas 4.29 afirma que os crentes do AT de fato eram "nascidos segundo o Espírito": "Entretanto, como naquele tempo o que [Ismael] nasceu segundo a carne perseguia o que nasceu segundo o Espírito [Isaque], assim também acontece agora". O texto de Gálatas apresenta uma notável continuidade entre a obra regeneradora do Espírito nos crentes do AT e o que mais tarde vemos ocorrer nos crentes do NT.

A correspondente realidade inaugurada dos últimos tempos

O AT prevê a obra do Espírito da ressurreição escatológica do corpo e do espírito, e na era da igreja essa profecia começa a ser cumprida. O papel do Espírito anunciado pelos profetas do AT de dar nova vida começou a ser cumprido no Jesus elevado ao céu, que enviou seu Espírito para capacitar e regenerar os que eram acrescentados à igreja (p. ex., At 2.30-33; 1Co 15.45).[31] O NT apresenta muitas evidências de que o Espírito começou a criar a vida da nova criação nos crentes. A etapa inaugurada da vida escatológica da ressurreição é espiritual. É uma forma de cumprimento inesperado, uma vez que o corpo não é ressuscitado com o espírito, mas a ressurreição física ocorreria depois no fim dos tempos. Trata-se de um cumprimento em etapas, que era uma transformação temporal da profecia do AT que aparentemente predizia que a ressurreição da alma e do corpo ocorreria ao mesmo tempo. Outro cumprimento inesperado e transformado da profecia da ressurreição foi o Messias ter experimentado ressurreição física separadamente daqueles que representava, e estes experimentarem essa ressurreição somente depois de um período intermediário específico (cp. 1Co 15.4 com 15.20-23).

Porém, já vimos que o Espírito regenerava as pessoas no AT exatamente como no NT. Isso gera um problema. O NT retrata a regeneração das pessoas como parte de ser uma nova criação

---

[30]Para mais elaboração desta seção, veja os caps. 8 e 16.

[31]Veja Richard B. Gaffin Jr., "The last Adam, the life-giving Spirit", in: Stephen Clark, org., *The forgotten Christ: exploring the majesty and mystery of God incarnate* (Nottingham: Apollos, 2007), p. 191-231.

escatológica pela identificação com a ressurreição de Cristo, que foi o início da nova criação. A ressurreição escatológica e a nova criação começaram apenas com a vinda de Cristo e não existiam no período do AT. Como os israelitas poderiam ser "nascidos segundo o Espírito" no período antes de Cristo?

Parece que a resposta mais razoável é que os santos do AT foram renovados espiritualmente com base na vinda futura da nova criação e da ressurreição. De modo semelhante, como estudamos anteriormente nesta seção, Romanos 3.25 diz que os crentes do AT não foram punidos por seus pecados porque, "em sua paciência, Deus tolerou os pecados anteriormente cometidos", mas em Cristo ele finalmente puniu aqueles pecados na cruz (Rm 3.19-28). Essas pessoas receberam a permissão para entrar na presença de Deus no céu quando morreram apesar de seus pecados porque Deus estava adiando a pena desses pecados até a vinda de Cristo.

A correspondente realidade consumada dos últimos tempos

No fim das eras, o Espírito ressuscitará fisicamente todo o povo de Deus, tornando-o, assim, parte da nova criação, e fará esse povo habitar a nova criação para sempre.[32] Por isso, a nova criação inicial do coração deles (ou "homem" interior, ou espírito) em si está completa, uma vez que foi inaugurada anteriormente. De igual modo, o que também começou espiritualmente nesta era será completado pela ressurreição física do corpo na era vindoura.

O templo e a missão da igreja[33]

A realidade do Antigo Testamento

Desde os primórdios, Deus tem habitado com seu povo em vários tipos de templo-habitação. O Éden foi o primeiro santuário, de onde Adão deveria expandir a presença de Deus por toda a terra, mas não teve êxito. Naquela ocasião, Adão e Eva foram expulsos da presença imediata de Deus em seu templo. O restabelecimento do templo havia começado formalmente de novo com Noé e os patriarcas, e estes construíram altares em jardins nos montes da Terra Prometida como réplica daquele templo primordial e para indicar a morada futura de Deus no grande Templo de Jerusalém. Mesmo com a fundação do grande Templo de Jerusalém, apenas o sumo sacerdote podia se apresentar na presença de Deus uma vez por ano no Dia do Perdão. No templo, predominavam os sacrifícios para o perdão dos pecados do povo, que separavam os indivíduos de seu Deus, cuja presença gloriosa reveladora se restringia ao aposento posterior do templo, no Santo dos Santos.

O próprio Templo de Jerusalém representava os céus visíveis e invisíveis e a terra. Esse simbolismo cósmico do templo apontava para o céu e a terra escatológicos, que se tornariam o templo cósmico de Deus, onde sua presença reveladora imediata habitará todo o Universo. Outras profecias também previam o templo definitivo de Deus na nova criação (p. ex., Ez 40—48). O simbolismo cósmico do templo incluía a ideia de que alguns indivíduos de Israel deviam estar cientes de que Deus havia planejado estender sua presença tabernacular sobre toda a terra. Por isso, eles deviam ter consciência de que foram destinados para ser agentes nessa ampliação do templo e, por isso, motivados para ser um "reino de sacerdotes" (Êx 19.6), atuando como mediadores entre as nações e Deus, expandindo-se para difundir a presença do templo divino sobre as nações. Portanto, o simbolismo cósmico do templo representava a missão de Israel para o mundo. As reiteradas tentativas de construir o templo de Deus fracassaram e se tornaram prefigurações tipológicas do verdadeiro templo escatológico vindouro.

---

[32]Sobre esse assunto, veja todas as implicações de Isaías 44.3-5; Ezequiel 37.1-14; veja tb. 1Coríntios 15.45 em comparação com 15.35-58.

[33]Para uma análise mais elaborada do tema desta seção, veja o cap. 18.

A correspondente realidade inaugurada dos últimos tempos

O templo escatológico aguardado pelos profetas do AT foi inaugurado verdadeira e irreversivelmente em Jesus. Sua encarnação representava o início da saída da presença de Deus do Santo dos Santos: "E o Verbo se fez carne e tabernaculou entre nós; e vimos a sua glória, como a glória do unigênito do Pai" (Jo 1.14). Jesus inaugurou especialmente o templo dos últimos tempos por meio de sua ressurreição (Jo 2.19-21). Em João 2.19-21, Jesus indica que sua ressurreição é a reconstrução do templo, pois a ressurreição é o começo da nova criação cósmica (conforme tenho sustentado no decorrer deste livro), para a qual apontava simbolicamente o antigo templo de Israel. Em Pentecostes, Jesus enviou seu Espírito para incorporar a igreja em seu templo (At 2). Por isso, todos os que se identificam com Jesus são identificados com sua ressurreição, e o Espírito os edifica em Jesus como o templo. É por isso que Paulo, Pedro e João (em Apocalipse) se referem à igreja como o templo de Deus.

Durante o período entre os adventos, a igreja evangeliza, os que creem são acrescentados ao templo, e assim o templo se expande com a presença espiritual de Deus no meio de cada vez mais pessoas, do modo em que deveria ter sido de início no Éden e em Israel. Portanto, a missão de Adão e de Israel de expandir o templo da presença de Deus é retomada por Cristo e pela igreja. Eles cumprem enfim a tarefa que Adão e Israel deixaram por fazer. Por isso, entender a igreja como o templo de Deus dos últimos tempos implica entender que a missão da igreja é difundir a presença de Deus por toda a terra com o evangelho. As profecias do templo foram cumpridas de modo transformado e inesperado. Ou seja, elas começaram a ser cumpridas não em uma estrutura arquitetônica, o que algumas profecias veterotestamentárias aparentemente predisseram, mas em Cristo, no seu ministério terreno, depois na ressurreição e mais tarde pela habitação do Espírito no povo de Deus.

A correspondente realidade consumada dos últimos tempos

Quando Jesus voltar pela última vez como Último Adão, ele completará com êxito a construção desse templo e a expansão da presença de Deus destruindo o velho cosmo. Nessa ocasião, o templo escatológico invisível que havia começado a ser edificado espiritualmente durante a era da igreja resistirá à destruição do velho mundo e se tornará parte da construção física definitiva visível do novo cosmo, e tudo será o templo de Cristo e de Deus (Ap 21.22). Nesse templo cósmico, a glória divina habitará para todo o sempre em todos os lugares imagináveis da nova criação. Esse templo universal é um cumprimento da função tipológica do templo do AT porque é uma transformação do simbolismo do cosmo do velho templo. Várias seções do antigo templo de Israel que simbolizavam elementos dos novos céus e terra vindouros terão sua realização correspondente nesse novo cosmo, quando ele enfim chegar. O antigo templo de Israel não passava de um modelo pequeno do cosmo vindouro que seria expandido e transformado na nova criação inteira. Em Cristo, a missão original do santuário do Éden é finalmente cumprida em favor de seu povo, que começou a expandir o templo durante a era entre os adventos de Cristo.

Cristo como a imagem de Deus: o Último Adão, o Filho do Homem e o Filho de Deus
A realidade do Antigo Testamento

Analisei em alguns detalhes como o primeiro Adão devia reinar, multiplicar-se e encher a terra (veja, p. ex., a primeira parte do cap. 1). Nessa condição, ele tinha de ser um filho fiel a Deus e refletir plenamente a imagem de seu Pai divino. Vimos que Adão fracassou lamentavelmente. A comissão que lhe havia sido entregue foi transferida para Noé e os patriarcas, que tinham de agir como um filho adâmico de Deus e fazer o que Adão deveria ter feito. Nesse sentido, a comissão foi transferida para Israel como nação, que também tinha de agir como um filho coletivo de Deus, ou um Adão coletivo. À semelhança de Noé e dos patriarcas, Israel também não conseguiu realizar a missão, mas, a começar com os patriarcas, uma promessa foi acrescentada à transmissão da comissão adâmica. Essa promessa era a de que um "descendente" finalmente realizaria a bênção que Adão devia ter realizado. Assim, o AT também profetizava que essa promessa seria cumprida no Israel escatológico.

A correspondente realidade inaugurada dos últimos tempos

Cristo veio para restaurar a imagem desfigurada de Deus na humanidade realizando completamente a tarefa confiada a Adão. Ele cumpriu essa restauração por meio de seu ministério de obediência, cura, ensino e, finalmente, por sua morte e ressurreição, o ponto culminante.[34] Ao fazer isso, Cristo estava atuando como um Adão escatológico verdadeiramente fiel, um filho de homem (i.e., de Adão) e filho de Deus. Nesse aspecto, a cristologia é escatologia (ou vice-versa) porque as atividades de Cristo estão centralizadas como atividades escatologicamente constitutivas (p. ex., em seu papel de Filho do Homem e de Filho de Deus).[35]

A correspondente realidade consumada dos últimos tempos

No fim da história, Cristo voltará pela última vez para consumar todas as coisas. Nesse sentido, ele terá completado seu governo adâmico nessa era histórico-redentora (1Co 15.20-28). Particularmente, ele completará a multiplicação de seus descendentes dando-lhes a vida da ressurreição física (1Co 15.20-33) e consumará a vitória e o governo que começou a conquistar do inimigo (incluindo a morte) em sua primeira vinda (1Co 15.24-27). Então ele será visto novamente como o "filho" adâmico de Deus completamente fiel (1Co 15.28).

A imagem de Deus: a filiação adâmica de Cristo em relação aos crentes

A realidade do Antigo Testamento

Todas as pessoas em toda a história, mesmo antes de começar um relacionamento redentor com Deus, ainda são a imagem de Deus, embora essa imagem esteja distorcida (p. ex., Gn 9.6; Tg 3.9) por causa do pecado representativo de Adão. Vimos que o NT se refere a Cristo como o Último Adão, o Filho do Homem (i.e., Adão) e Filho de Deus que veio para restaurar a imagem desfigurada de Deus naqueles que nele creem e com ele se identificam.[36] Os que se identificam com a filiação adâmica de Cristo também passam a ser identificados como "filhos adotivos" de Deus (p. ex., Rm 8.15,23). Isso é parte essencial do começo da nova criação.

Mas será que os santos antes de Cristo também não compartilhavam da restauração redentora da imagem de Deus?

A correspondente realidade inaugurada dos últimos tempos

Não há evidências bíblicas claras que tratem da questão se os santos do AT estavam na etapa inicial da imagem de Deus restaurada. Contudo, há alusões ao AT no NT que parecem tratar disso em alguma medida.

Em minha análise de Colossenses 3, no capítulo sobre a imagem de Deus (cap. 13, subtítulo "A imagem do Último Adão em Colossenses 1.15-18; 3.9,10") argumentei que o ensinamento

---

[34] Sobre esse assunto, veja a primeira parte do cap. 12, em que me esforcei bastante para demonstrar isso conceitualmente nos Evangelhos Sinóticos.

[35] Sobre isso, veja Beasley-Murray, "Eschatology of the Fourth Gospel", p. 101.

[36] Veja a primeira parte do cap. 12. Grande parte de minha análise sobre a cristologia está naquele capítulo.

de Colossenses 3.9,10 é que os crentes abandonaram sua identificação com o velho mundo e com Adão e começaram a identificar-se com a ressurreição de Cristo: " já vos despistes do velho homem" e "vos revestistes do novo homem", o Cristo ressurreto, o Adão escatológico. Eles são aqueles que começaram a ser identificados com a nova criação em Cristo. Aqui, a ênfase está na nova criação à imagem divina.

As referências ao vestir-se na passagem de Colossenses podem ser uma alusão a Gênesis 3. O texto de Gênesis 3.7 diz que, logo depois de pecar, Adão e Eva tentaram, sem êxito, cobrir sua nudez pecaminosa por seus próprios esforços: "Costuraram folhas de figueira e fizeram para si tangas". Entretanto, em uma evidente manifestação do início da restauração deles para Deus depois da Queda (esp. à luz de Gn 3.20), Gênesis 3.21 diz: "O SENHOR Deus fez roupas de peles para Adão e sua mulher, e os vestiu [LXX: *endyō*]". A clara implicação é que as primeiras roupas foram removidas e substituídas por roupas divinamente confeccionadas, indicando que as roupas feitas por mãos humanas estavam associadas com o estado alienado deles e sua vergonha pelo pecado (Gn 3.7-11), e era uma cobertura insuficiente para quem estava começando a se reconciliar com Deus. As novas roupas dadas a Adão e Eva em Gênesis 3.21 provavelmente tinham algum grau de glória ou apontavam para uma herança superior das vestes gloriosas finais da imortalidade, ideias que parecem estar por trás da metáfora das roupas em Colossenses 3.10.

Concluí a análise anterior dizendo que Paulo parece estar usando a metáfora das "roupas" de Gênesis 3 por analogia e, podemos acrescentar, talvez tipologicamente também: entende-se que os crentes descartaram as roupas do velho e decaído Adão e se vestiram com as vestes do Último Adão, com as quais o próprio Adão havia sido vestido de maneira profética para indicar sua relação restaurada com Deus e seu estado renovado segundo a imagem divina.

O máximo que se pode dizer é que os santos da antiga aliança, seguindo o padrão do primeiro Adão, começaram a experimentar uma renovação verdadeira da imagem de Deus, mas essa renovação era uma antecipação da renovação que Cristo, o Último Adão, realizaria em seu povo da nova aliança. Também existe uma ligação entre o povo de Deus ser conforme a imagem de Deus e também fazer parte do novo templo de Deus. Se Cristo é o templo de Deus e os cristãos fazem parte desse templo e vivem no contexto dele, então é adequado que eles, assim como Adão, no santuário do Éden, e Cristo, como o Último Adão no santuário do fim dos tempos, sejam criados segundo a imagem renovada de Deus para serem estabelecidos como imagens de Deus em seu novo templo.

A correspondente realidade consumada dos últimos tempos

Quando Cristo voltar definitivamente e ressuscitar seu povo dos mortos, essas pessoas serão ressuscitadas segundo a plena imagem dos últimos tempos do Último Adão (1Co 15.45-54), uma vez que foram identificadas com a imagem dele no período entre a primeira e a segunda vindas e no fim serão completamente conformadas a ele (Fp 3.21; 1Jo 3.2). Os crentes começaram a refletir a imagem gloriosa de Cristo no período da igreja (2Co 3.18) e a refletirão completamente, tanto espiritual como fisicamente, no dia final (2Ts 1.10,12).

A aliança

Em determinados trechos deste livro, falei sobre a aliança (p. ex., cap. 20, subtítulo "Hebreus"), mas não a tratei como um assunto principal. A análise aqui é uma tentativa limitada de relacionar mais claramente a chamada teologia da aliança com o argumento geral deste livro. De que modo a aliança se relaciona com os crentes que viveram antes de Cristo e com os que vivem na era cristã?

A realidade do Antigo Testamento

No início do capítulo 1, expliquei a comissão de Deus a Adão em Gênesis 1—3 para que este fosse vice-regente e sumo sacerdote de Deus. O foco era a ideia de dominar e sujeitar a criação, que se tornou evidente na questão se Adão executaria o mandamento de Deus em Gênesis 2.16,17. O texto de Gênesis 3 revela que isso também implicava saber se Adão guardaria fielmente o santuário do jardim das ameaças à sua existência pacífica. Eu me empenhei em demonstrar que havia vários indícios das bênçãos escatológicas ampliadas que Adão desfrutaria se tivesse obedecido fielmente e realizado sua comissão. Entre essas bênçãos ampliadas estavam:

1. o fim das ameaças do mal;
2. vida espiritual e física incorruptível e eterna;
3. realeza infinita e absoluta;
4. descanso físico e espiritual eterno;
5. vida no ambiente de uma criação incorruptível;
6. Adão, seus descendentes e o cosmo no estado consumado refletindo de modo mais grandioso a glória de Deus.

Essas bênçãos dependiam da obediência de Adão ao mandamento de Gênesis 2.16,17, em especial e inicialmente no seu encontro com a serpente predadora. Essa seria a prova culminante de sua lealdade a Deus. Com esse ato de fidelidade, Adão teria recebido as bênçãos intensificadas, que também teriam sido transmitidas para seus descendentes, que nasceriam como filhos da vida, e não da morte. Isso significa que Adão era uma figura representativa para sua descendência, implicação a que Paulo chega em Romanos 5.12-21.

Minha tentativa de contribuição para apoiar o argumento tradicional de que existia "uma aliança de obras" no Éden é o acréscimo dessas bênçãos ou condições elevadas. É possível falar das condições anteriores à Queda como uma criação original e das condições ampliadas ainda por vir como uma etapa consumada e escatologicamente intensificada de bem-aventurança final e definitiva. O período que conduziria ao recebimento dessas condições ampliadas seria o momento em que se decidiria se Adão obedeceria ou desobedeceria a Deus (tradicionalmente chamado de período "probatório" ou "provação"). Essas condições elevadas são um sinal indicador de que Adão tinha uma relação pactual com Deus e seria recompensado pela obediência fiel. Portanto, se Adão obedecesse fielmente, receberia bênçãos eternas superiores, mas, se desobedecesse, receberia a maldição da morte. A identificação das bênçãos ampliadas com a condição de obediência fiel de Adão é um indício de que jamais houve a intenção de que Adão continuasse indefinidamente nas condições em que vivia antes da Queda. Em vez disso, deveria haver uma bênção culminante ou um juízo culminante em resposta à sua obediência ou desobediência. Embora a palavra "aliança" não seja usada em Gênesis 1—3 para definir o relacionamento entre Deus e Adão, argumentei que o conceito de aliança está presente nessa passagem.

No capítulo 1, também estabeleci um padrão por todo o AT em que a comissão pactual de Adão foi transmitida adiante a figuras histórico-redentoras representativas, como Noé, Abraão, Isaque, Jacó e Israel e seus reis. Nenhuma delas foi capaz de cumprir a comissão adâmica a elas transmitida. Ao mesmo tempo, também observei que, com a transferência sucessiva da comissão a partir de Abraão, estava associada uma promessa de que um "descendente" desempenharia a comissão adâmica. Mesmo no AT, esse "descendente" era identificado com um rei escatológico (veja Gn 22.17,18 e seu uso em Sl 72.17, que, no contexto de um salmo, se refere ao rei israelita ideal dos últimos tempos).[37]

A correspondente realidade inaugurada dos últimos tempos

O NT identifica Jesus como esse rei escatológico (Hb 2.5-16) e "descendente" de Abraão (Gl 3.16) que realizou a missão de Adão.[38] Jesus cumpriu plenamente a comissão adâmica (i.e., a aliança de obras) e nisso representa os descendentes espirituais dele, para que também sejam identificados com ele nessa obediência, embora não tenham participado pessoalmente dela.[39]

Nesse sentido, a aliança mosaica foi principalmente uma reedição da aliança adâmica, mas, assim como a abraâmica, mosaica estava associada a promessas de salvação por meio de um líder messiânico vindouro que faria o que Adão não conseguiu fazer. Os mandamentos dessa "antiga aliança" não seriam obedecidos, e a "nova aliança" seria uma reedição da adâmica, mas com o foco principal no Messias cumprindo a aliança adâmica em lugar de seu povo. Essa tarefa do Messias envolveria sua morte por causa das violações da aliança praticadas pelo povo e sua ressurreição para a identificação deles com sua imagem adâmica gloriosa.[40]

Dessa perspectiva, o conceito da aliança é uma linha essencial do enredo bíblico-teológico, estando indissociavelmente ligada à questão se Adão herdaria a bênção ampliada de reinar sobre uma nova criação. O primeiro Adão fracassou e não conseguiu obter essa bênção, mas o Último Adão foi fiel e herdou aquelas bênçãos escatológicas, representando assim seu povo, a fim de que os indivíduos desse povo fossem herdeiros juntamente com ele.

A correspondente realidade consumada dos últimos tempos

Estudamos em um capítulo anterior acerca de Gênesis 2 e 3, passagem citada de novo há pouco, em que as bênçãos intensificadas concedidas pela obediência pactual de Adão teriam seis aspectos. Na realidade, eram bênçãos escatológicas prometidas que o primeiro Adão perdeu e o Último Adão herdou. Porém, o último Adão, que realizou perfeitamente o que o primeiro Adão deveria ter realizado, recebeu todas essas bênçãos ampliadas e consumadas em sua ressurreição e ascensão e nisso representou os indivíduos de seu povo para que se identificassem com a obtenção dessas bênçãos. Portanto, para todos os efeitos, a consumação chegou pessoalmente para Cristo em sua ressurreição e ascensão ao céu. Nesse sentido, podemos afirmar que o "fim" consumado já chegou para Cristo como indivíduo. Os cristãos são identificados de forma vicária com Cristo, seu representante para a obtenção dessas bênçãos, mas não desfrutam existencialmente a forma consumada das bênçãos (p. ex., a ressurreição do corpo e a perfeição do espírito).

---

[37]Veja tb., p. ex., Salmos 8.

[38]Para uma análise de Efésios 1.22 relacionada a esse tema, veja, no cap. 14, o subtítulo "As expectativas quanto à obediência de Adão e a aplicação dessas expectativas a outras figuras adâmicas e finalmente a Cristo".

[39]Alguns teólogos se referem a isso como uma "aliança da graça", pela qual Cristo, como o Último Adão, concordou em se sujeitar à "aliança de obras" a fim de realizar o que o primeiro Adão não conseguiu fazer. Cristo fez isso em favor daqueles que ele representava, na condição de que cressem nele, e assim são identificados com o seu cumprimento da aliança adâmica (veja Louis Berkhof, *Systematic theology* [Grand Rapids: Eerdmans, 1976], p. 214, 270-1).

[40]As referências à "antiga" e à "nova" aliança como foco principal aqui são as de Jeremias 31.31-34; 32.40; 33.20,21; Ezequiel 37.26; e as referências à "aliança" em Hebreus 7—12. Embora eu tenha abordado esses textos em capítulos anteriores, é preciso muito mais análise para comprovar a tese, o que os limites do projeto não permitem. Para uma teologia bíblica da aliança em todas as Escrituras, veja Scott W. Hahn, *Kinship by covenant: a canonical approach to the fulfillment of God's saving promises*, AYBRL (New Haven: Yale University Press, 2009).

Entretanto, quando se diz que Cristo herdou plenamente essas bênçãos e que o "fim" consumado já chegou para ele, isso demanda alguma restrição. É verdade que Cristo entrou na dimensão invisível da nova criação com seu corpo ressurreto recém-criado, mas essa esfera da nova criação celestial ainda não se consumou fisicamente. Ela será consumada nesse aspecto quando o velho cosmo for destruído e a dimensão celestial da nova criação passar a ser a única dimensão real: "Vi [...] a nova Jerusalém, que descia do céu, da parte de Deus" (Ap 21.2).[41]

Lembre-se de que durante o período entre a primeira e a segunda vindas de Cristo, os seguidores de Jesus são identificados com essas bênçãos consumadas mediante a representação de Cristo e começaram a participar de uma etapa inaugurada das bênçãos. No advento final do Messias, seu povo desfrutará de modo existencial e pessoal da consumação das bênçãos que Cristo já herdou:

1. os crentes reinarão como reis com Cristo;
2. com espírito e corpo ressurretos e incorruptíveis;
3. em um novo cosmo incorruptível;
4. não haverá oposição satânica a seu governo;
5. em sua nova existência eles refletirão perfeitamente a glória de Deus; e
6. encontrarão descanso completo e eterno.

Nesse momento, o próprio reino de Cristo também alcançará consumação ainda maior porque ele reinará *no ambiente de um cosmo definitivo e consumado.*

Então, a nova aliança será consumada. As bênçãos consumadas da aliança que Cristo já havia herdado pessoalmente por causa da obediência fiel, representando seu povo, serão consumadas individualmente entre seu povo na forma definitiva do novo cosmo.

As marcas características da comunidade da aliança

Explicamos, anteriormente (esp. caps. 22-23),[42] que existem algumas características distintivas da verdadeira comunidade da aliança de Deus.

Jesus como a suprema marca característica da igreja como o verdadeiro Israel[43]

A REALIDADE DO ANTIGO TESTAMENTO

Na época do AT, o indivíduo se tornava parte do verdadeiro Israel nascendo na comunidade e depois respondendo positivamente à revelação de Deus ou vindo de fora da comunidade para a terra de Israel e unindo-se à comunidade israelita mediante a fé na revelação de Deus e a identificação com as características distintivas dessa comunidade (a circuncisão, obediência às leis alimentares, a adoração no templo etc.).

---

[41]Quando Deus destruir o velho cosmo, ele recriará o novo por meio dos elementos do antigo mundo destruído, uma analogia com o corpo ressurreto, que será a ressurreição e a renovação do velho corpo. Por isso, há uma espécie de continuidade entre a velha criação e o velho corpo e a nova criação e o novo corpo. Qual é a relação da criação divina do novo cosmo por meio dos elementos destruídos do velho cosmo com o quadro da nova criação e da nova Jerusalém descendo do céu para a terra? Uma explicação possível é que a dimensão invisível que Apocalipse 21.2 retrata baixando do céu está de algum modo associada com o ato criador de Deus, e os dois se combinam para formar a "nova criação". Isso também é indicado pela justaposição das alusões às profecias da nova criação de Isaías 65.17 e 66.22 em Apocalipse 21.1 (como também das alusões à nova criação em Is 43.18,19 em Ap 21.4,5), em que o foco é a atividade criadora de Deus e o retrato da descida da nova Jerusalém em 21.2.

[42]Embora os caps. 19-21 também se enquadrem de modo geral nessa categoria.

[43]Esta subseção é um resumo dos caps. 19 e 20.

O AT profetizava que nos últimos dias os gentios fariam peregrinação para Israel e se tornariam parte de Israel, em vez de serem apenas um povo redimido que conservaria o nome de "gentios". Contudo, essas profecias do AT não previam que a identidade gentia desses convertidos a Israel seria completamente apagada, embora viessem a se identificar com Israel e com o Deus de Israel. Esses gentios convertidos no período escatológico seriam identificados com Israel como outros gentios no passado se identificaram, como, por exemplo, Raabe, Rute e Urias, mas não teriam de adotar as características nacionalistas de identidade dos israelitas étnicos, como os gentios convertidos adotaram antes. A identidade gentia deles não seria erradicada, mas viriam ainda a ter uma identidade superior como verdadeiros israelitas.[44]

A CORRESPONDENTE REALIDADE INAUGURADA DOS ÚLTIMOS TEMPOS

A única diferença, porém, entre os gentios convertidos do passado e os do *escathon* futuro, revelada com mais clareza no NT (p. ex., Ef 2.12,19; 3.4-6), é que o último grupo não tem de se mudar para o Israel geográfico. Parece que os profetas do AT predisseram que nos últimos tempos os gentios convertidos fariam peregrinação para Israel. Mas o NT revela que esses gentios não precisam se mudar para o Oriente Próximo, serem circuncidados, adorar no templo, obedecer às leis alimentares, guardar dias santos nem seguir outras normas que distinguem a nação de Israel das demais. Em vez disso, foi revelado que no período dos últimos tempos os gentios que se identificam com Jesus, o verdadeiro Israel, se tornariam parte do verdadeiro Israel e do templo em Cristo e seriam circuncidados por sua morte e purificados nele. Jesus como o verdadeiro Adão/Israel é a única e definitiva característica distintiva que transcende as características de identificação dos gentios ou as antigas marcas nacionalistas israelitas de identificação da Lei.

Essa revelação neotestamentária é chamada de "mistério" em Efésios 3.6. O mistério é que "os gentios são coerdeiros, membros do mesmo corpo e coparticipantes da promessa em Cristo Jesus por meio do evangelho" (cf. o contexto de Ef 3.3-6). A essência desse mistério tem dois aspectos: (1) o Messias reconstituiu o verdadeiro Israel dos últimos tempos; (2) no período do fim dos tempos, os gentios agora se identificam com Jesus, o verdadeiro Israel, e não precisam fazer peregrinação à terra de Israel nem se identificar com as características distintivas nacionalistas da antiga nação teocrática. Em vez disso, os gentios agora se tornam verdadeiros israelitas ao se dirigirem a Jesus.

Essas duas verdades inauguradas dos últimos tempos não eram tão claras da perspectiva profética do AT "como agora tem sido revelada pelo Espírito aos seus santos apóstolos e profetas" (Ef 3.5). Efésios 3.4 chama essa falta de clareza de "mistério". Aqui, vemos novamente uma transformação das expectativas proféticas, que surge da perspectiva profética veterotestamentária, mas a supera, uma vez que o Messias era considerado aquele que representaria Israel como seu rei dos últimos tempos (Dn 7.13-27; Is 49.3-6; 53), assim como os reis ao longo de toda a história de Israel representaram a nação. Esse elemento representativo messiânico era ao menos parte da semente que se desenvolveu e se tornou a verdade mais plenamente amadurecida do "mistério" de Efésios 3.3-6.

A CORRESPONDENTE REALIDADE CONSUMADA DOS ÚLTIMOS TEMPOS

Na segunda vinda de Cristo e no fim das eras, todo o Israel escatológico, tanto os crentes judeus quanto os crentes gentios, terá sido restaurado de volta a Deus por Jesus, o verdadeiro Israel.

---

[44]Para mais explicações, veja, no cap. 19, o subtítulo "A ideia do Antigo Testamento de que os gentios se tornarão o verdadeiro Israel dos últimos tempos como antecedente histórico para o pressuposto neotestamentário de que a igreja é o verdadeiro Israel".

Essas pessoas terão a ressurreição física definitiva do corpo e da alma e entrarão e habitarão na Terra Prometida e na nova Jerusalém, que nada mais é do que a nova criação totalmente completa. Portanto, esses santos da nova aliança se juntarão aos santos da antiga aliança, que também serão ressuscitados em Cristo. Essa conclusão não deve ser entendida como uma perspectiva limitada e estreita, pois deve se lembrar que Israel tinha de ser o Adão coletivo. Assim, o Israel dos últimos tempos também será um Adão dos últimos tempos, identificado com Jesus como o verdadeiro Israel e Último Adão representante deles.

A Terra Prometida de Israel como marca característica do verdadeiro Israel[45]

A REALIDADE DO ANTIGO TESTAMENTO

Quando fosse restaurado do exílio, o povo de Israel tinha de retornar para a terra, onde edificaria um templo enorme e entraria em comunhão íntima com Deus, bem como desfrutaria outras promessas concomitantes (resumidas no cap. 18). No tempo do retorno para a Terra Prometida, ela se expandiria para abranger o mundo todo na nova criação, de modo que toda a terra se tornasse equivalente à terra de Israel. Vimos que essa promessa não foi cumprida na era do AT.

A CORRESPONDENTE REALIDADE INAUGURADA DOS ÚLTIMOS TEMPOS

Alguns comentaristas acreditam que o retorno de Israel para a terra não ocorrerá de modo algum antes da última vinda de Cristo, o Messias. Outros acreditam que essa profecia jamais se cumprirá literalmente. Minha tese neste livro é que a promessa de fato começou a ser cumprida em Cristo e na igreja. Como, porém, se pode dizer que isso começou concretamente, uma vez que o retorno físico da nação para a terra geográfica real não aconteceu na primeira vinda de Cristo? E o NT não menciona explicitamente que Jesus ou a igreja começou a cumprir as promessas de terra de Israel. Além disso, é bom lembrar que, com a chegada do cumprimento, a terra de Israel devia se expandir e cobrir todo o novo mundo, o que certamente não ocorreu em Cristo nem pelo trabalho da igreja na presente era.

Entretanto, uma vez que a ressurreição de Jesus, o verdadeiro Israel escatológico, é o início da nova criação, ele deve ser considerado o próprio começo da promessa da terra.[46] A identificação da igreja com a ressurreição de Cristo também a identifica como participante com ele do cumprimento inicial da mesma promessa da terra.[47] Além disso, o NT realmente afirma que Cristo começou a cumprir as profecias dos últimos dias da restauração de "Israel", "Sião", do "templo" e do "trono de Davi". Cada uma dessas realidades proféticas deveria ser uma porção importante de propriedade na nova terra vindoura de Israel. Uma vez que essas profecias pertenciam a partes essenciais da paisagem futura de Israel, o cumprimento inicial deles de alguma forma por Cristo é uma realização inicial de parte das promessas de terra.

Essas promessas foram cumpridas tanto física (a ressurreição de Cristo e seu reinado físico no céu) quanto espiritualmente (seu reinado invisível do céu exercido por meio do Espírito na igreja sobre a terra).[48] Consequentemente, existe um sentido real em que a promessa da terra começa a ser cumprida em Cristo e nos crentes, que estão identificados com a ressurreição dele e com ele reinam no seu templo.

---

[45]Esta seção é um resumo muito breve do cap. 21.

[46]Veja a análise de Hebreus 1.2 no cap. 21, no subtítulo "Referências 'já e ainda não' às promessas da terra".

[47]Observamos que alguns textos sugerem isso, entre os quais Romanos 8.18-23; Efésios 1.13,14; Colossenses 1.12-14 (sobre essas passagens, veja, no cap. 21, a seção "Referências 'já e ainda não' às promessas da terra").

[48]Deve-se lembrar que juntamente com a dimensão física sempre havia a dimensão espiritual no cumprimento "literal" das profecias do AT referentes ao Espírito, e a presença de Deus é um elemento fundamental.

A CORRESPONDENTE REALIDADE CONSUMADA DOS ÚLTIMOS TEMPOS

As promessas da terra que começaram a ser cumpridas em Jesus e na igreja serão consumadas na nova criação, onde o templo e a terra se sobrepõem e são vistos como abrangendo todo o território da nova criação. Nessa época, todas as profecias acerca de Israel, da terra, do trono de Davi, do templo e do reino que se sobrepõem e começaram a ser cumpridas em Cristo e na igreja serão consumadas.[49]

A observância do sábado

A REALIDADE DO ANTIGO TESTAMENTO E A CORRESPONDENTE REALIDADE INAUGURADA DOS ÚLTIMOS TEMPOS

A observância semanal do sábado era um sinal escatológico com base no descanso de Deus na criação e foi concebido para ser guardado desde o começo da existência humana e por todo o período do AT.[50] O mandamento do sábado ainda deve ser guardado pela igreja até a segunda vinda de Cristo, quando essa prática semanal cessará. Por isso, essa ordenança semanal é obrigatória para todas as formas da comunidade da aliança no decorrer da história.

Alguns, porém, argumentam que o mandamento do sábado era exclusivamente para Israel, em vez de uma ordenança antes da existência da nação, e não é mais obrigatória para a igreja. Minha resposta é que o descanso do sábado de Israel se baseava, em parte, no sábado como ordenança da criação em Gênesis 2.2,3 e, parcialmente, na ideia de recordação do Êxodo. Defendi que o dia do sábado como Israel tinha de observar exclusivamente com todas as suas detalhadas exigências e como parte de todo o sistema de observâncias e festas sabáticas do calendário da nação cessou, porque o alvo para o qual ele apontava (Cristo) chegou. Portanto, todas as formas detalhadas em que Israel tinha de guardar o sábado estão relacionadas às leis exclusivas de Israel como nação e celebravam sua libertação, mas, quando Cristo veio, ele cumpriu o que o primeiro Êxodo indicava. Portanto, somente o sábado como ordenança da criação é transferido para a era do NT, uma ordenança que, conforme argumentei, existia antes da criação da nação Israel. Não apenas as leis detalhadas do sábado, mas também toda a Lei de Israel, que era a síntese da sabedoria divina na Antiguidade e distinguia Israel como nação singular, apontavam para Cristo e foram cumpridas nele, a revelação superior da sabedoria divina na nova era. Mas o sábado como ordenança da criação, que precedia o modo singular de Israel observá-la, e que fazia parte da razão de Israel guardar o sábado, continua sendo relevante para a igreja.

Esse sábado agora é observado não no dia da semana chamado sábado, mas no domingo, o primeiro dia da semana, porque esse é o dia em que Cristo, como o Último Adão glorificado, ressuscitou dos mortos, inaugurou a nova criação e começou a desfrutar o descanso sabático.

---

[49] Em geral, a minha análise das promessas da terra aqui e no cap. 21 está de acordo com o argumento de Gary M. Burge, *Jesus and the land: the New Testament challenge to "Holy Land" theology* (Grand Rapids: Baker Academic, 2010), esp. p. 125-31. Burge sustenta que "o NT realoca as propriedades da terra santa e as descobre no próprio Cristo" (p. 129) e no seu corpo, a igreja, durante a época que precede a volta de Jesus. Entretanto, Burge entende que as promessas da terra são cumpridas na época interina inaugurada; não vê nenhuma consumação física das promessas da terra na nova criação, nem entende que a etapa inaugurada de cumprimento em Cristo e na igreja seja o começo do cumprimento das promessas da terra da nova criação. Burge tampouco observa a origem veterotestamentária para a universalização das promessas da terra. Veja tb. o livro mais antigo de Walter Brueggemann, *The land: place as gift, promise, and challenge in biblical faith* (Philadelphia: Fortress, 1977), p. 167-96. Brueggemann segue em geral W. D. Davies, *The Gospel and the land: early Christianity and Jewish territorial doctrine* (Berkeley: University of California Press, 1974), ao afirmar que Jesus é o foco principal das promessas da terra. Embora Brueggemann entenda que Davies espiritualiza a terra excessivamente, a explicação de sua própria visão é ambígua.

[50] Veja a análise no cap. 22, no título "Descanso sabático em Gênesis 2.2,3?".

Os crentes em Cristo começam a desfrutar esse descanso por causa de sua identificação com a ressurreição dele e celebram a consumação desse descanso no fim dos tempos separando o domingo como dia de adoração e comunhão, o que cumpre a obrigação da igreja de guardar o sábado. Portanto, para a igreja, a observância do sábado comemora o descanso de Deus depois de sua obra da criação e olha para o futuro para a consumação do descanso que começou a ser desfrutado em Cristo, o qual também o repouso inicial de Deus em Gênesis 2 prefigurava.

A CORRESPONDENTE REALIDADE CONSUMADA DOS ÚLTIMOS TEMPOS

Cristo começou a desfrutar o completo descanso do sábado quando foi elevado ao céu e se assentou à destra de Deus no trono celestial, onde reina em sua forma corporal ressurreta. Os crentes estão identificados com o descanso completo de Cristo por sua representação deles, mas começam a entrar nesse descanso individual e espiritualmente apenas na era da igreja. Quando ressuscitarem fisicamente no fim dos tempos, eles também desfrutarão o pleno descanso do sábado no corpo e no espírito totalmente ressurretos. Ao que tudo indica, o AT não havia previsto que o Messias desfrutaria o pleno descanso do sábado em sua ressurreição e ascensão e que seu povo desfrutaria esse descanso apenas em parte no período entre a primeira e a segunda vindas de Jesus e, depois, na forma consumada. Mais uma vez, isso representa um cumprimento transformado e temporal "já e ainda não".

Símbolos rituais do ingresso na comunidade da aliança: circuncisão e batismo[51]

A REALIDADE DO ANTIGO TESTAMENTO E A CORRESPONDENTE REALIDADE INAUGURADA DOS ÚLTIMOS TEMPOS

Durante a maior parte da história redentora, a comunidade da aliança de Deus tem tido símbolos que representam o ingresso de uma pessoa na comunidade. A circuncisão e o batismo são dois sinais que indicam o ingresso respectivamente na comunidade da aliança de Israel e na comunidade da aliança da igreja.

Dois antecedentes veterotestamentários importantes para o entendimento neotestamentário do batismo são o livramento de Noé e sua família pelas águas do Dilúvio e o livramento de Israel pelas águas do mar Vermelho. Expliquei que esses dois cenários estão associados com ideias de nova criação, especialmente os dois episódios analisados no capítulo 1 que faziam parte das recapitulações da Criação em Gênesis 1. Esses antecedentes serviram para reforçar o conceito de batismo da nova criação, que simboliza a identificação com a morte de Cristo (submerso na água) e com a ressurreição dele (emerso da água) — o começo da nova criação.

Também argumentei que a circuncisão é outro antecedente veterotestamentário que esclarece o sentido do batismo. No AT, a circuncisão física simbolizava a realidade da circuncisão espiritual do coração, portanto da vida espiritual. Esse símbolo indicava que o verdadeiro israelita era aquele cujo coração havia sido cortado (separado) da incredulidade e do pecado e experimentado a regeneração (cf. Dt 10.16; Jr 4.4). Esse simbolismo em Deuteronômio também abrangia a ideia de que a circuncisão física de Israel apontava para os últimos tempos, quando Deus "circuncidaria o coração", o que resultaria em "vida" (Dt 30.6). Essa vida escatológica é muito próxima da ideia de vida da ressurreição dos últimos tempos. Na verdade, defendi que as duas são a mesma coisa.

A circuncisão e o batismo eram os principais sinais para o ingresso respectivamente na comunidade da velha aliança e na da nova aliança, e ambos expressavam um sinal de duplo juramento que significavam bênção e maldição. Com base nas alusões a Gênesis 17.10-27

---

[51]Para um desenvolvimento mais aprofundado do assunto desta seção, veja, no cap. 23, o subtítulo "Batismo".

e a Deuteronômio 30.6 em Colossenses 2, argumentei que a circuncisão não só é análoga ao batismo, mas também era um indicador tipológico da circuncisão espiritual escatológica (de fato profetizada em Dt 30), equiparada ao batismo. Nessa passagem de Colossenses 2, o batismo significa a identificação com Cristo, mas o rito do batismo em água provavelmente também está no contexto. Por isso, a circuncisão do AT tem sua transformação tipológica no antítipo do batismo por causa da morte e da ressurreição de Cristo. Consequentemente, a circuncisão espiritual é praticamente idêntica ao batismo espiritual. Como o batismo em água serve de antecedente para a referência ao batismo espiritual em Colossenses 2, a circuncisão física provavelmente está também por trás da circuncisão espiritual no mesmo texto. Portanto, nessa passagem a circuncisão física e a espiritual estão identificadas com o batismo físico e espiritual.

Também concluí que a aplicação do sinal do ingresso na aliança a infantes também continua na era do NT, o que é indicado pelos antecedentes de circuncisão e do livramento do Êxodo, que também incluíam as crianças pequenas. Isso também é apoiado pelo fluxo geral da história redentora em que as bênçãos neotestamentárias dos últimos tempos abrangem grupos de pessoas mais amplos do que no AT. Dessa perspectiva, imaginar que um grupo significativo de pessoas — infantes — é excluído da admissão à nova comunidade da aliança parece ser oposto à natureza mais ampla do NT de inclusão da bênção. É importante lembrar que mesmo o batismo na condição de profissão de fé é um sinal da aliança que indica antecipadamente a bênção e o juízo[52] e que o fator decisivo para a bênção ou para a maldição é a perseverança da pessoa batizada. Portanto, os infantes não são considerados definitivamente "salvos" pelo batismo, mas por meio dele ingressam no domínio em que bênçãos ou maldições lhes podem sobrevir, dependendo da resposta deles à revelação da comunidade eclesiástica da aliança em que são criados.

A CORRESPONDENTE REALIDADE CONSUMADA DOS ÚLTIMOS TEMPOS

Vimos que o contexto de nova criação do batismo no dilúvio de Noé e no Êxodo de Israel através do mar Vermelho confere ao batismo do NT um elevado sentido de nova criação inaugurada pela morte e ressurreição de Cristo, simbolizadas no rito do batismo. Do mesmo modo, observei que no AT a circuncisão da carne representava a "circuncisão do coração", que levaria à vida dos últimos tempos e também a prefiguraria. Além disso, a circuncisão é considerada análoga ao batismo em Colossenses 2, bem como é equiparada a ele. Por isso, tanto a circuncisão quanto o batismo dizem respeito à vida da nova criação, a primeira funcionando como tipo dessa vida, e o segundo, como cumprimento do tipo e expressão simbólica da confissão de ingresso do batizado na nova criação. Essa indicação simbólica do verdadeiro início da nova criação no recebimento do batismo se consumará no fim dos tempos, em que o indivíduo batizado será ressuscitado — o estado final de nova criação dessa pessoa.

Além disso, tanto a circuncisão quanto o batismo transmitem a dupla noção pactual de maldição e bênção. Os que perseveram na fé recebem a bênção, ao passo que os que não perseveram recebem a maldição. Com relação ao batismo, os que permanecem na fé serão finalmente ressuscitados na carne porque foram identificados com a morte substitutiva de Cristo em seu favor e com a ressurreição dele. Essas pessoas também recebem a bênção da vida da ressurreição, para a qual a circuncisão apontava e cujo antítipo é o batismo (i.e., elas serão separadas do velho mundo para o Senhor na vida da nova criação). Os que se batizaram, mas não perseveraram na fé, demonstrando assim que são pseudossantos da comunidade da

---

[52]Aqui, deve-se lembrar que parte do contexto para o batismo está nas águas do dilúvio de Noé e no mar Vermelho no Êxodo, e ambos envolveram juízo e redenção.

aliança, sofrerão a maldição que é parte do sinal do batismo: serão identificados somente com o aspecto da morte que ele representa. Como não estão identificados com a morte de Cristo em seu favor, eles têm de sofrer essa maldição de morte eterna. O aspecto da circuncisão que simboliza ser cortado do Senhor também se cumprirá tipologicamente nos últimos dias naqueles que não permanecerem fiéis até o fim.

Uma refeição comunitária[53]

A REALIDADE DO ANTIGO TESTAMENTO E A CORRESPONDENTE REALIDADE INAUGURADA DOS ÚLTIMOS TEMPOS

Israel e a igreja tinham em comum uma refeição comunitária como parte de seu culto. Os israelitas celebravam a refeição da Páscoa para comemorar o livramento da nação no Êxodo, e os cristãos celebram a ceia do Senhor para comemorar a morte redentora de Cristo e lembrar que ele voltará para consumar a salvação que inaugurou. A Última Ceia de Cristo e a refeição eucarística da igreja primitiva estavam claramente ligadas à Páscoa de Israel e, por isso, ao Êxodo. A refeição pascal de Israel, por estar tão intimamente associada com o acontecimento da Páscoa do Êxodo, lembrava o povo de sua redenção no acontecimento do Êxodo e apontava para a nova criação. No NT, a refeição equivalente (a ceia do Senhor) à Páscoa é a correspondência antitípica, que cumpre o tipo da refeição de Israel. Do mesmo modo, indissociavelmente ligado a essa tipologia da refeição da Páscoa, Cristo, como o Cordeiro pascal definitivo, cumpre aquilo para que o cordeiro pascal de Israel apontava (veja Jo 19.36; 1Co 5.6-8). Assim como a morte de Cristo é o cumprimento transformado do que o cordeiro pascal indicava, a ceia do Senhor também é o equivalente transformado da refeição pascal da antiga aliança. Observamos que o judaísmo associava a Páscoa com a primeira criação e o fim vindouro dessa criação, bem como a renovação da criação, quando o Messias viria e estabeleceria o reino divino. Essa tradição se baseia na ideia bíblica de que o próprio Êxodo, do qual a Páscoa fazia parte, era uma recapitulação da Criação e, portanto, era retratado como um episódio da nova criação.[54] Assim, estabelecer a ceia do Senhor de acordo com os moldes da refeição da Páscoa talvez implique, em algum grau, uma ideia continuada da nova criação escatológica.

A CORRESPONDENTE REALIDADE CONSUMADA DOS ÚLTIMOS TEMPOS

Na minha análise anterior da Eucaristia, expliquei que a refeição da Páscoa era seu equivalente tipológico no AT. Vimos que a Páscoa tinha nuances que indicavam uma nova criação vindoura. Da mesma forma, a ceia do Senhor instituída por Cristo na Páscoa tinha conotações dos últimos tempos. A respeito do cálice, Jesus disse: "Desde agora não mais beberei deste fruto da videira até aquele dia em que beberei o vinho novo convosco, no reino de meu Pai" (Mt 26.29) (cf. Mc 14.25; Lc 22.18 ["até que venha o reino de Deus"]). Além disso, todas as vezes que a igreja celebrava a ceia do Senhor, ela "proclamava a morte do Senhor, até que ele venha" (1Co 11.26). Portanto, mesmo um vislumbre em direção ao passado nessa refeição para a morte de Cristo implicava a ideia secundária da lembrança de que ele voltaria e de que nessa ocasião a forma inaugurada da ceia do Senhor cessaria.

A Eucaristia contém ideias escatológicas de nova criação, reino e volta de Cristo, elementos que foram inaugurados em seu ministério terreno e em sua ascensão. A inauguração da nova criação e do reino, como argumentei em todo este livro, será aperfeiçoada no *escathon*, quando

---

[53]Para uma análise mais aprofundada do tema desta seção, veja, no cap. 23, "A ceia do Senhor".
[54]Sobre esse tema, veja, no cap. 1, a seção "Os episódios de juízo cósmico e de nova criação repetidos no Antigo Testamento".

Cristo voltar definitivamente. Uma vez que a ceia do Senhor tem diversas conotações escatológicas inauguradas, é provável que na volta de Cristo ocorra a segunda e principal refeição escatológica que Cristo inaugurou. Será a última parte do banquete escatológico profetizado em Isaías 25.6: "Neste monte, o Senhor dos Exércitos dará a todos os povos um rico banquete, banquete de vinhos envelhecidos; de comidas gordurosas com tutano e de vinhos envelhecidos, bem puros".[55] Esse último banquete ocorrerá no tempo em que Deus "tragará a morte para sempre" e "enxugará as lágrimas de todos os rostos" (Is 25.8), o que Apocalipse entende que acontecerá na forma definitiva do novo céu e da nova terra (Ap 21.4; conforme tb. 7.17).[56]

Em 1Coríntios 11.27-32, a ceia do Senhor também tem uma ideia "já e ainda não" de juízo:

> Por essa razão, quem comer do pão ou beber do cálice do Senhor de maneira indigna será culpado de pecar contra o corpo e o sangue do Senhor. Examine, pois, o homem a si mesmo, e dessa forma coma do pão e beba do cálice. Pois quem come e bebe sem discernir o corpo corretamente, come e bebe para a própria condenação. Por causa disso há entre vós muitos fracos e doentes, e muitos que dormem. Mas, se julgássemos corretamente a nós mesmos, não seríamos condenados. Quando, porém, somos julgados, somos corrigidos pelo Senhor para não sermos condenados com o mundo.

Aquele que participa da ceia do Senhor "de maneira indigna será culpado de pecar contra o corpo e o sangue do Senhor" (v. 27). O versículo 29 explica que participar indignamente implica comer e beber "sem discernir o corpo corretamente"; os crentes, pelo contrário, devem se "examinar" (v. 28) para verificar se "julgaram" a si mesmos corretamente (v. 31). "Por causa disso há entre vós muitos fracos e doentes, e muitos que dormem" (v. 30), os que comeram e beberam "sem discernir corretamente" (v. 29b).[57] Visto que eles não se examinaram corretamente, são "julgados" no presente, para não serem "condenados com o mundo" no *escathon* futuro (v. 31,32). Portanto, os coríntios estavam começando a passar pelo juízo divino, que deveria ser entendido como "disciplina" (v. 32), e não punição final, uma vez que os que estavam sofrendo eram crentes genuínos. Porém, esse juízo, que se inicia na comunidade da aliança com o sofrimento dos crentes, será consumado pelo juízo e condenação dos de fora da comunidade no mundo no juízo final.[58]

Os líderes "presbíteros" da comunidade da aliança[59]

A REALIDADE DO ANTIGO TESTAMENTO E A CORRESPONDENTE REALIDADE INAUGURADA DOS ÚLTIMOS TEMPOS

Defendi que o ofício de presbítero na igreja, o novo Israel, é em alguma medida a continuação da função do ancião em Israel. Os presbíteros da nova aliança só têm plena autoridade religiosa

---

[55]Parece que esse é o mesmo banquete mencionado em Lucas 13.28,29: "Ali haverá choro e ranger de dentes, quando virdes Abraão, Isaque, Jacó e todos os profetas no reino de Deus, e vós, lançados fora. Muitos virão do oriente e do ocidente, do norte e do sul, e se sentarão à mesa no reino de Deus".

[56]Sobre isso, veja Beale, *Revelation*, p. 1049-50.

[57]"Discernir o corpo" refere-se, provavelmente, a examinar a relação do indivíduo com o restante do "corpo" da igreja. Para uma explicação mais aprofundada de 1Coríntios 11.27-32, veja Gordon D. Fee, *First Epistle to the Corinthians*, NICNT (Grand Rapids: Eerdmans, 1987), p. 558-67, obra que segui aqui.

[58]Isso está paralelo com "o juízo a começar com a casa de Deus" que será consumado no juízo final no fim dos tempos para "aqueles que desobedecem ao evangelho de Deus" (1Pe 4.17). Isso também se harmoniza com 1Coríntios 6.1-6, em que Paulo afirma que "os santos julgarão o mundo" no fim dos tempos (v. 2), indicando que os cristãos de Corinto deviam começar a desempenhar esse papel ao julgar os processos entre eles.

[59]Para mais elaboração do tema desta seção, veja, no cap. 23, a seção "O ofício eclesiástico de presbítero como necessidade escatológica por causa da tribulação do engano do fim dos tempos e por causa da nova criação".

sobre a esfera do novo Israel, a igreja, enquanto os anciãos israelitas tinham autoridade civil e, às vezes, aparentemente, alguma autoridade religiosa na teocracia.[60]

A base histórico-redentora e as circunstâncias que levaram à instituição dos presbíteros na comunidade da nova aliança foi a tribulação inaugurada dos últimos tempos, especialmente porque essa tribulação se manifestava na forma de ensinamento falso e apostasia. O falso ensino e a apostasia que estavam ocorrendo eram um cumprimento inicial das profecias veterotestamentárias da tribulação vindoura dos últimos tempos, que seria mais intensa do que qualquer outra que Israel já sofrera (veja, p. ex., Dn 7—12).[61] A nova comunidade necessitava de líderes para proteger a fé da igreja inexperiente a fim de mantê-la saudável doutrinariamente, expandindo-se e se espalhando com solidez. A expansão saudável resultaria no início do cumprimento da comissão adâmica original (também transferida para Israel) de sujeitar a terra e ser um agente portador da luz, difundindo a esfera das dimensões invisíveis da nova criação.

A CORRESPONDENTE REALIDADE CONSUMADA DOS ÚLTIMOS TEMPOS

No novo céu e na nova terra, não haverá necessidade de um grupo de "presbíteros" para proteger a fé da comunidade, pois lá não haverá falso ensino nem apostasia: "Nela não entrará coisa alguma impura nem o que pratica abominação ou mentira" (Ap 21.27; cf. 21.8; 22.15). Além disso, todo membro da comunidade consumada da aliança estará na posição de sumo sacerdote de Israel, a mais alta autoridade cultual de Israel. Na verdade, todos os santos estarão em posição mais elevada do que a dos antigos sumos sacerdotes: eles "verão a sua face, e na testa deles estará o seu nome" (Ap 22.4). Enquanto os sumos sacerdotes de Israel podiam entrar no Santo dos Santos uma vez no ano, mas não podiam olhar diretamente para a gloriosa *shekiná* de Deus, todos os crentes na forma definitiva da nova terra (que é a expansão do lugar santíssimo)[62] não só estarão na presença imediata de Deus contínua e eternamente, mas também contemplarão diretamente sua face.[63]

O cânon bíblico da comunidade da aliança

A REALIDADE DO ANTIGO TESTAMENTO E A CORRESPONDENTE REALIDADE INAUGURADA DOS ÚLTIMOS TEMPOS

A comunidade do AT tinha uma coletânea crescente de Escrituras que se completou por volta de 400 a.C. Essas Escrituras eram a palavra de Deus revestida de autoridade, que orientava os santos em suas convicções e ações éticas.

Assim como Israel tinha seu livro das Escrituras inspiradas por Deus, a igreja também tem o seu livro, que é um desdobramento "já e ainda não" do significado do livro de Israel, que ainda permanece como Escrituras para a igreja. Em última análise, os dois livros são um só, e

---

[60] Sobre isso, veja, p. ex., as passagens em que os presbíteros estão ligados indissociavelmente aos sacerdotes na execução de determinadas funções (Êx 24.1,9; Lv 4.15; 9.1; Nm 16.25; Dt 31.9; 2Cr 5.4; Ez 7.26). Eles são capacitados pelo "Espírito" para "profetizar" (Nm 11.24,25), confirmam a legitimidade das profecias anteriores (Jr 26.17-23) e têm alguma capacidade para o papel de mestres (Dt 32.7). No século 1 d.C., os anciãos de Israel compartilhavam com os sumos sacerdotes autoridade em questões religiosas de forma mais explícita (sobre isso, veja J. B. Taylor, "Elders", in: J. D. Douglas, orgs., *The illustrated Bible dictionary* [Leicester: Inter-Varsity, 1980], vol. 1, p. 434-5).

[61] Veja a discussão no cap. 23 sobre a razão de a tribulação dos últimos dias do ensino falso e da apostasia sobre a igreja ser pior do que qualquer coisa que tenha acontecido antes na história de Israel.

[62] Sobre esse aspecto, veja o cap. 18.

[63] Para a ideia de que todos os santos ocupam a posição ampliada de sumo sacerdote no novo cosmo, veja Beale, *Revelation*, p. 1113-4.

cada parte histórico-redentora — do AT ao NT — interpreta progressivamente a anterior. Mas, visto que a Bíblia é um só livro, escrito em última instância por um único autor divino, o NT interpreta o AT e vice-versa. Sustentei que parte da motivação para registrar a mensagem oral do NT por escrito foi a natureza de palavra de Deus dessa mensagem, seu papel como parte do fundamento da igreja e o desejo de preservá-la por todo o período do fim dos tempos, já que os apóstolos tinham consciência de que esse período poderia se estender além do tempo de vida deles.[64] Uma vez que o antecedente do AT para o livro escatológico da igreja origina-se em parte de Isaías 2.1-3 e Isaías 40—55, também podem estar relacionadas a esse contexto ideias da nova criação escatológica, pois essas seções de Isaías contêm profecias da nova criação.

Por isso, a tarefa da igreja de cumprir a missão adâmica de encher a terra com a presença de Deus envolve enchê-la com a luz da verdade de Deus, que está contida nos dois Testamentos. Nesse sentido, as Escrituras são absolutamente necessárias para realizar a comissão adâmica, reiterada por Cristo em Mateus 28.18-20 (observe-se esp. o último versículo):

> E Jesus se aproximou e lhes disse: "Toda autoridade me foi concedida no céu e na terra. Portanto, ide e <u>fazei discípulos de todas as nações</u>, batizando-os em nome do Pai, do Filho e do Espírito Santo; <u>ensinando-lhes a obedecer a todas as coisas que vos ordenei; e eis que estou convosco todos os dias até o final dos tempos</u>".

As Escrituras são a base necessária sobre a qual a igreja pode "fazer discípulos" de novos crentes, já que as pessoas se tornam discípulos em parte (e basicamente) pela igreja, que os ensina "a obedecer a todas as coisas que [Cristo] vos ordenei". No início, "todas as coisas que Cristo ordenou" foram preservadas oralmente e depois foram preservadas por escrito nos Evangelhos, que são parte das Escrituras do NT. Essas Escrituras revelam a verdade de Deus, que é necessária e suficiente para a salvação, a santificação e para honrar a Deus.

A CORRESPONDENTE REALIDADE CONSUMADA DOS ÚLTIMOS TEMPOS

No final da peregrinação da igreja na terra, o seu fiel cumprimento da comissão adâmica, confirmado pelo Último Adão, será decisivo para cumprir a profecia do AT de que "a terra será cheia do conhecimento do SENHOR, como as águas cobrem o mar" (Is 11.9 [cf. Hc 2.14, trecho quase idêntico]). Essa difusão do conhecimento será completada pelo próprio Cristo na sua segunda vinda. Por mais cheia de revelações para a vida saudável da igreja que as Escrituras sejam, os crentes ainda não têm a revelação plena, que será concedida no final. Pedro até reconhece que nos escritos de Paulo "há algumas coisas difíceis de entender" (2Pe 3.16). De modo semelhante, o próprio Paulo diz em 1Coríntios 13.9-13 que, no período entre os adventos de Cristo, a igreja tem conhecimento seguro e suficiente para seu bem-estar, mas ainda é um conhecimento "parcial", que será completado quando Cristo voltar e ressuscitar os crentes como seres ressurretos plenamente "maduros":

> Porque em parte conhecemos e em parte profetizamos; mas, quando vier o que é perfeito [escatologicamente completo], então o que é parcial será extinto. Quando eu era criança, falava como criança, pensava como criança, raciocinava como criança; mas, assim que me tornei um homem, acabei com as coisas de criança. Porque agora vemos como por um espelho, de modo obscuro, mas depois veremos face a face. Agora conheço em parte, mas depois conhecerei

---

[64]Sobre esse tema, veja Charles E. Hill, "God's speech in these last days: the New Testament canon as an eschatological phenomenon", in: Lane G. Tipton; Jeffrey C. Waddington, orgs., *Resurrection and eschatology: theology in service of the church; essays in honor of Richard B. Gaffin Jr.* (Phillipsburg: P&R, 2008), p. 232-3.

plenamente, como também sou plenamente conhecido. Portanto, agora permanecem estes três: a fé, a esperança e o amor. Mas o maior deles é o amor.

Essa passagem é uma clássica declaração de conhecimento "já e ainda não" da verdade de Deus. Paulo teria entendido que essa verdade estava contida no AT e que a revelação na comunidade do NT estava desdobrando essa verdade, a qual estava em processo de registro inspirado por Deus. Quando chegar a consumação das eras, o conhecimento da igreja deixará de ser parcial. Quando crescermos e nos tornarmos "homens" maduros (i.e., seres humanos completamente maduros no corpo ressurreto), "conheceremos plenamente" a revelação de Deus.[65] Nesse tempo, ficaremos "face a face" com Deus,[66] que nos revelará o que até então não sabíamos.

Conclusão

As características distintivas do sábado, do batismo em relação à circuncisão, da Eucaristia, do presbiterato e do cânon bíblico são entendidas de modo diferente por diversos estudiosos cristãos e denominações. Essas questões são debatidas porque as Escrituras não são tão claras a respeito delas quanto sobre outras ideias mais centrais para o entendimento do evangelho. Mesmo a questão de Jesus ser ou não o representante supremo da igreja como o verdadeiro Israel é debatida. Contudo, minha análise acima é uma tentativa de entender essas questões mediante uma abordagem bíblico-teológica, sabendo que nem todos estarão de acordo com minhas conclusões. Muito mais poderia ser dito acerca desses assuntos, especialmente o batismo (p. ex., suas formas) e a ceia do Senhor.[67] Tentei analisar esses temas da perspectiva da escatologia inaugurada, sobretudo no que diz respeito ao começo do reino da nova criação, a fim de descobrir quanto essa perspectiva pode esclarecer o assunto. Deixarei o tema do cânon bíblico para outro momento e lugar, porque ele tem dificuldades particulares que não posso tratar adequadamente aqui.[68]

A natureza contínua da vida do crente genuíno (santificação) em relação à nova criação

A realidade do Antigo Testamento e a correspondente realidade inaugurada dos últimos tempos

Qual é a natureza do crescimento espiritual ou da experiência dos santos na era antiga e na nova? A teologia sistemática classificou a natureza progressiva da vida do crente de "santificação", um termo que me é muito apropriado para empregar. A vida dos santos é uma vida "separada" do velho mundo e do pecado para o serviço de Deus. Assim como os que viveram na antiga época usufruíam uma forma de salvação inicial genuína, que antecipava a experiência de salvação na nova época, eles também viviam a santificação, em especial porque o crescimento espiritual constante é a continuação da experiência inicial de salvação. Defendi a ideia de que a santificação no NT transmite a ideia de um crente que se separa

---

[65] Claro que Paulo não imagina que os cristãos no fim dos tempos serão oniscientes como Deus, mas apenas que adquirirão uma porção mais completa da verdade reveladora do que tinham antes.

[66] As expressões "face a face" e "conhecendo plenamente" são notavelmente semelhantes a "ver sua [de Deus] face" em Apocalipse 22.4, que descreve todos os santos no novo cosmo e na presença imediata de Deus, que "os iluminará" (Ap 22.5).

[67] P. ex., o debate sobre a transubstanciação e a consubstanciação, bem como as várias perspectivas protestantes, como a presença espiritual e o memorialismo.

[68] Porém, para um exemplo de um resumo da minha própria abordagem, veja Herman Ridderbos, *Redemptive history and the New Testament Scriptures*, tradução para o inglês de H. de Jongste, revisão de Richard B. Gaffin Jr. (Phillipsburg: P&R, 1988).

continuamente e cada vez mais da velha criação para a nova criação e produz frutos dignos de alguém que participa da nova criação. O mesmo conceito de ser espiritual renovado está presente em Salmos, por exemplo. Em Salmos 51.2,7-10, Davi clama:

> Lava-me completamente da minha iniquidade
> e purifica-me do meu pecado.
> Purifica-me com hissopo, e ficarei limpo;
> lava-me, e ficarei mais branco do que a neve...
> esconde teu rosto dos meus pecados
> e apaga todas as minhas iniquidades.
> Ó Deus, cria em mim um coração limpo
> e renova em mim um espírito inabalável.

Todo o extenso salmo 119 refere-se a vários aspectos da condição espiritual do salmista, que dificilmente poderia ser descrita em termos espirituais mais intensos mesmo em referência ao crente do NT:

119.28: "Minha alma chora de tristeza;
   Fortalece-me segundo tua palavra".
119.32: "Percorrerei o caminho dos teus mandamentos,
   Quando ampliares meu coração".
119.36: "Inclina meu coração para teus testemunhos,
   E não para a cobiça".
119.40: "Anseio por teus preceitos;
   Vivifica-me por tua justiça".
119.92: "Se eu não tivesse prazer na tua lei,
   Teria morrido na minha angústia".
119.93: "Nunca me esquecerei dos teus preceitos,
   Pois tu me tens vivificado por meio deles".
119.97: "Como amo tua lei!
   Ela é minha meditação o dia todo".
119.98: "Teu mandamento me faz mais sábio do que meus inimigos,
   Pois está sempre comigo".
119.99: "Tenho mais entendimento do que todos os meus mestres,
   Porque teus testemunhos são minha meditação".
119.143: "Tribulação e angústia me sobrevêm;
   Mas teus mandamentos são meu prazer".

Por um lado, a experiência contínua do salmista e de outros do seu tempo não está ligada ao crescimento em termos histórico-redentores da nova criação nem de não ser mais um "velho homem" mas em ser um "novo homem" no Messias, o Último Adão. Apesar disso, todas as outras descrições dessa experiência são praticamente idênticas às do santo cristão. É a relação restaurada do indivíduo com Deus mediante a graça que dá a realidade "indicativa", que capacita o crente a obedecer aos mandamentos de Deus. No salmo 119, o salmista ora: "Dá-me entendimento para que eu aprenda teus mandamentos" (v. 73); "O coração deles se tornou insensível como a gordura; mas eu tenho prazer na tua lei" (v. 70); "Desvenda-me os olhos, para que eu veja as maravilhas da tua lei" (v. 18). Os adversários do salmista em sua própria comunidade não podiam orar desse modo porque não desfrutavam essa relação renovada com Deus por meio da qual fluía a graça divina.

Isso indica que a experiência do verdadeiro israelita era uma antecipação do futuro relacionamento renovado do cristão com Deus por meio de Cristo.

A correspondente realidade consumada dos últimos tempos

O processo de separação do povo de Deus do velho mundo para a nova criação será concluído na ressurreição final, quando todos os santos serão completamente separados para a nova criação, tanto espiritual como fisicamente. Os frutos de justiça da nova criação que eles começaram a produzir no velho mundo[69] ficarão maduros no novo cosmo, onde haverá uma colheita eterna porque a produção do fruto espiritual perfeito não terá fim.

Sobre esse tema, por exemplo, Salmos 1.3 compara o santo à "árvore firmemente plantada junto às correntes de águas, que dá seu fruto no tempo certo e cuja folhagem não murcha. Tudo o que ele fizer prosperará". Isso é um retrato da vida contínua do santo do AT que tem uma vida vibrante com Deus (como tb. se vê em Jr 17.7,8). Ezequiel 47.12 faz alusão à descrição do salmo 1 e a aplica às condições férteis arbóreas da nova criação apoteótica:

> Junto do rio, em ambas as margens, crescerá todo tipo de árvore que dá fruto comestível. A sua folha não murchará nem o seu fruto faltará. Dará novos frutos nos seus meses, porque as suas águas fluem do santuário. O seu fruto servirá de alimento, e a sua folha, de remédio.[70]

Ezequiel 47.1-12 é um retrato concebido para ser uma recapitulação do jardim do Éden, do qual o próprio texto de Salmos 1.3 pode muito bem ser um eco. À luz da alusão de Ezequiel ao salmo, podemos concluir que o que o salmista estava vivendo era um antegozo da fertilidade da nova criação vindoura? Que o crente de Salmos 1.3 está experimentando de modo antecipado as condições da nova criação vindoura, também está indicado em Apocalipse 22.1,2, texto que alude a Ezequiel 47.12. Apocalipse 22.1,2 diz:

> Então, o anjo mostrou-me o rio da água da vida, claro como cristal, que saía do trono de Deus e do Cordeiro, no meio da praça da cidade. De ambos os lados do rio estava a árvore da vida, que produz doze frutos, de mês em mês; e as folhas da árvore são para a cura das nações.

Tanto Ezequiel 47 como Apocalipse 22.1,2 retratam uma recapitulação do jardim do Éden original, mas com a fertilidade ainda mais intensificada. Por isso, Apocalipse 21.3 afirma que "jamais haverá maldição" nessa forma final do Éden, diferentemente do que ocorreu no primeiro Éden. Os crentes recebem a vida eterna da "árvore da vida", árvore a que todos os redimidos têm acesso e da qual Adão foi cortado. Apesar de Ezequiel 47 e Apocalipse 22 não dizerem que os próprios crentes são como árvores que dão fruto, mas que são "curados" pelo fruto,[71] a ideia transmitida é a de que receberão saúde eterna, não apenas fisicamente no corpo renovado, mas também espiritualmente. A robusta e eterna saúde espiritual deles indica a ideia de que produzirão frutos espirituais para sempre, uma vez que está implícito metaforicamente que eles comerão as "folhas" e receberão a cura medicinal do corpo e da alma, portanto vida abundante.[72]

Essa implicação de que os redimidos ingerem as folhas e estão intimamente identificados com a capacidade frutífera da árvore em Apocalipse 22.2 se revela com clareza em

---

[69]Sobre esse tema, veja G. K. Beale, "The Old Testament background of Paul's reference to the 'fruit of the Spirit' in Gal. 5:22", *BBR* 15 (2005): 1-38.

[70]O trecho sublinhado representa uma linguagem exclusiva de Salmos 1.3 ou paralelos conceituais apenas com esse trecho do salmo.

[71]O texto de Ezequiel 47.12 afirma apenas que as "folhas [da árvore eram] para a cura", o que no contexto não deveria limitar-se aos animais, mas parece ser especialmente para os seres humanos, à luz de Gênesis 2.22, passagem à qual faz alusão, e de Apocalipse 22.1,2, que alude a Ezequiel 47.12 (os dois textos, de Gênesis e Apocalipse, referem-se à árvore ou às suas folhas como benefício para os seres humanos).

[72]O judaísmo antigo identificava os santos com as árvores do Éden. Veja, p. ex., *Sl. Sal.* 14.3,4 (que alude a Sl 1.3); 1QH^a XIV:14-19; *2En* 8-10; para mais informações a respeito dessas referências, veja Beale, *Revelation*, p. 235-6, 1108, e para uma análise mais completa das alusões do AT em Apocalipse 22.1-3, veja ibidem, p. 1103-13.

Apocalipse 2.7: "Ao que vencer, eu lhe permitirei comer da árvore da vida, que está no paraíso de Deus".[73] O texto de Apocalipse 22.19 identifica o crente professo de forma ainda mais íntima com a própria "árvore da vida": "E se alguém tirar alguma coisa das palavras do livro desta profecia, Deus lhe tirará a sua parte da árvore da vida e da cidade santa, descritas neste livro". O texto poderia apenas se referir à "parte da árvore da vida" da qual o crente perseverante come metaforicamente, como ocorre em Apocalipse 2.7 e está implícito em 22.2. Mas a linguagem de não herdar sua "parte da árvore da vida" juntamente com o não herdar "sua parte da cidade santa" indicam uma identificação mais estreita com a árvore do que apenas o comer dela, algo de que o falso crente não participará, mas o santo genuíno, sim. Isso, juntamente com a estreita associação ao acesso à "água da vida" em Apocalipse 22.17, como em Salmos 1.3 e Ezequiel 47.12, indica ainda mais a identificação dos santos com a própria árvore.

A lei nos dois Testamentos em relação à vida do crente

A realidade do Antigo Testamento e a correspondente realidade inaugurada dos últimos tempos[74]

De que modo o povo de Deus nos dois períodos de aliança se relaciona com a Lei? Uma conclusão da minha análise anterior da Lei em relação ao viver cristão foi que os descrentes não têm o desejo nem a capacidade de obedecer à Lei de Deus e apenas são condenados por ela. Os que estão em Cristo, na nova criação, têm tanto o desejo quanto a capacidade de cumprir a Lei. Parece que isso também se aplica à vida sob a antiga aliança, como fica evidente nos versículos do salmo 119 citados anteriormente que falam do grande prazer do salmista na Lei. Ao contrário dos ímpios (Sl 119.50-53), o salmista não apenas se deleita na Lei, mas de fato a cumpre como característica de sua vida (p. ex., Sl 119.22: "Tira de mim a humilhação e o desprezo, pois tenho guardado teus testemunhos"; Sl 119.44: "Assim, obedecerei continuamente à tua lei"). Essas declarações do salmista aqui e na seção anterior são apenas a ponta do *iceberg* do salmo 119, de todo o Saltério e do AT em geral.

No capítulo acerca da Lei, também observamos que os chamados aspectos moral, civil e cerimonial da Lei deveriam ser guardados pelos israelitas, mas, com a vinda de Cristo, as leis civis e cerimoniais (i.e., as leis que distinguiam Israel como nação) são cumpridas nele como a nova criação, enquanto as leis morais continuam tendo a mesma força obrigatória sobre os cristãos. As leis cerimoniais e civis funcionam como indicadores tipológicos de Cristo na era nova (p. ex., as leis sobre o sacrifício anual do Dia da Expiação se cumpriram de uma vez por todas em Cristo como o sacrifício escatológico definitivo e, ao mesmo tempo, como o sacerdote supremo e definitivo).

---

[73]A promessa de "comer da árvore da vida" provavelmente representa uma realidade inaugurada que será consumada no paraíso final, uma vez que a igreja de Éfeso foi identificada claramente com o "candelabro" do templo (Ap 1.20; 2.1,5), que no templo de Israel era um memorial simbólico da árvore da vida, uma vez que o candelabro era confeccionado para lembrar uma amendoeira (veja tb. Beale, *Revelation*, p. 235-6). Nesse sentido, será que as sete lâmpadas dos candelabros podem estar relacionadas à afirmação dos hinos em 1QH^a XV:24: "Brilharei com a luz sétupla no Éden que tu criaste para tua glória"? (Sobre isso, veja A. Dupont-Sommer, *The Essene writings from Qumran*, tradução para o inglês de G. Vermes [Oxford: Blackwell, 1961], p. 224.) Além disso, em *Barn*. 11.10,11 a imagem de comer das árvores da nova criação (tb. Ez 47.1-12; cf. Ap 22.2) é usada para descrever a presente experiência do batismo; *Odes Sal*. 11.16-24 refere-se aos que atualmente estão identificados com a bênção das árvores do paraíso (assim tb. 20.7).

[74]Para mais elaboração do tema desta seção, veja, no cap. 25, o subtítulo "A relação entre a vida cristã e a obediência à Lei na nova criação inaugurada".

A correspondente realidade consumada dos últimos tempos

No fim desta era, o propósito da Lei do AT se consumará. Por um lado, os descrentes de todas as épocas têm estado sob condenação da Lei por violarem-na.[75] A punição deles começou durante sua vida de separação de Deus[76] e, depois da morte, a separação se intensifica com algum grau de sofrimento acrescentado. Esse castigo inaugural será consumado no último dia (Jo 12.48).[77] Portanto, Deus "determinou um dia em que julgará o mundo com justiça" (At 17.31) com base em sua Lei.[78] Finalmente, os não crentes mortos serão "julgados pelas coisas que estavam escritas nos livros, segundo as suas obras"[79] e "lançados no lago de fogo"[80] (Ap 20.11-15). Os que não creem que Cristo levou sobre si o castigo deles por transgredirem a Lei terão de sofrer essa maldição final.[81]

Por outro lado, o propósito profético positivo da Lei alcançará seu alvo pleno na segunda vinda de Cristo. Provavelmente, é isso que Mateus 5.18 quer dizer: "Pois em verdade vos digo: Antes que o céu e a terra passem, de modo nenhum passará uma só letra ou um só traço da Lei, até que tudo se cumpra". Isso "simplesmente significa que todo o propósito divino nas Escrituras tem de se realizar, nenhum jota ou til deixará de ser cumprido".[82] Em referência específica à Lei mais estreitamente entendida como preceitos a ser obedecidos, Jesus cumpriu a Lei perfeitamente em sua primeira vinda, seu Espírito motiva seu povo a começar a cumprir a Lei durante a era entre as duas vindas, e os indivíduos desse povo serão ressuscitados e aperfeiçoadas na observância da Lei no novo céu e na nova terra.

Mas a que parte da Lei os salvos obedecerão no novo cosmo? Vimos que na primeira vinda de Cristo ele cumpriu as partes tipológicas da lei cerimonial e da lei civil (o último sacerdote, templo, sacrifício etc.). Também explicamos que apenas as partes não nacionalistas da Lei de Israel são transferidas da antiga era para a nova. Em essência, isso significa que as partes puramente morais da Lei se aplicam (mas é preciso lembrar que as expressões mais nacionalistas da Lei tinham uma dimensão moral). O motivo por que não pode haver nenhuma lei nacionalista para ser obedecida na igreja durante o período entre os adventos é que a igreja em Cristo é o princípio da nova criação, e o AT profetizou que não haveria distinções étnicas nem nacionalistas na nova era (Is 11.6-12). Observamos Cristo como o "filtro" da nova criação pelo qual as chamadas identificações nacionalistas da Lei (ou os chamados aspectos civil e cerimonial da Lei) não poderiam passar para acessar a forma inicial da nova criação. Somente as leis não nacionalistas ou puramente morais poderiam passar pelo filtro

---

[75] Observe-se Romanos 4.15: "Porque a lei produz a ira".

[76] Cf. João 3.18,36; Romanos 1.18-32; Gálatas 3.10; Tiago 2.10.

[77] Aqui, o juízo do "último dia" baseia-se na violação do "mandamento" de Cristo, que é a completa interpretação dos últimos tempos da Lei (cf. Mt 5.17).

[78] Cf. Romanos 3.19: "Agora, sabemos que tudo o que a lei diz é para os que estão debaixo da lei, para que toda boca se cale e todo o mundo fique sujeito ao julgamento de Deus".

[79] Os segmentos de frase "abriram-se alguns livros" e as "coisas que estavam escritas nos livros" (Ap 20.12) baseiam-se em Daniel 7.10b, em que o inimigo do fim dos tempos é julgado por suas obras injustas encontradas nos "livros abertos" no julgamento final; a expressão repetida de que as pessoas serão julgadas "segundo suas obras" (Ap 20.12,13) tem como base a locução reiterada no AT de que Deus julga "segundo as obras" (LXX de Sl 27.4 [28.4, TM]; 61.13 [62.12, TM]; Pv 24.12; Jr 27.29 [50.29, TM]; cf. Jr 17.10 ["segundo os seus caminhos"]). A importância do contexto do AT é que as obras injustas pelas quais as pessoas serão julgadas teriam sido consideradas ações que violaram a Lei.

[80] Apocalipse 21.8 entende que os que violam partes importantes da Lei do AT ("incrédulos, abomináveis, homicidas, imorais, feiticeiros, idólatras e todos os mentirosos") serão lançados "no lago ardente de fogo e enxofre, que é a segunda morte".

[81] Veja Gálatas 3.10-14.

[82] D. A. Carson, *Matthew 1—12*, EBC (Grand Rapids: Zondervan, 1995), p. 146.

cristocêntrico e permanecer em vigor para o povo de Deus da nova aliança obedecer. Foi assim que a Lei se transformou escatologicamente para os cristãos com base no que havia sido durante a época de Israel.

Mas será que o povo de Deus ainda estará obrigado a obedecer à lei moral na eternidade? Não existe nenhuma afirmação clara nas Escrituras quanto a isso, mas esses mandamentos provavelmente continuarão, e o povo de Deus obedecerá a eles perfeitamente de sincero coração para todo o sempre.[83] Apesar de não haver nenhuma afirmação direta nas Escrituras de que Adão tinha a Lei de Deus escrita em seu coração, acredito que isso é provável e que ele teria continuado a obedecer à Lei perpetuamente se houvesse sido fiel. Caso essa hipótese seja razoável, então é possível pensar que o mesmo princípio se aplica a todo o povo de Deus no novo mundo eterno.

O contínuo retorno do exílio e o êxodo contínuo como retrato da vida de crescimento dos crentes

A realidade do Antigo Testamento e a correspondente realidade inaugurada dos últimos tempos[84]

Observamos anteriormente que o começo da salvação de uma pessoa pode ser entendido como o cumprimento inicial do retorno do exílio de Satanás e da escravidão do pecado para a presença de Deus. Mas esse retorno continua para o santo verdadeiro porque não estará completo antes de haver o retorno pleno para Deus no corpo da ressurreição no novo céu e na nova terra. Os santos não se livram de toda a sua bagagem espiritual quando passam a conhecer Cristo, mas continuam se despojando dela à medida que progridem na estrada da restauração para o destino final do novo cosmos. Esse é outro ângulo para entender a vida em progresso dos crentes, que Paulo e os outros autores do NT às vezes chamam de "santificação". E como o retorno do exílio é descrito também como um segundo êxodo, a peregrinação da igreja por todo o período entre os adventos de Cristo também pode ser considerada uma saída da Babilônia, e não apenas o início da libertação do pecado e da escravidão de Satanás. Esse retrato também envolve o do contínuo despojar-se da bagagem pecaminosa que resta da vida anterior de exílio e incredulidade. Esse progressivo e longo retorno do exílio não foi predito no AT, de modo que seu cumprimento se transforma temporalmente em um longo e quase interminável período "já e ainda não". A natureza da restauração constante também se transforma porque a expectativa do AT era a de um retorno tanto espiritual quanto físico, mas na era inaugurada é apenas um retorno espiritual, que não pode ser visto por olhos incrédulos.

Os israelitas que foram restaurados para uma relação salvadora com Deus antes da restauração culminante em Cristo também continuaram por um caminho de restauração antecipatório pelo restante da caminhada deles com Deus.

A correspondente realidade consumada dos últimos tempos

Na ressurreição final do corpo no "último dia" (p. ex., Jo 6.39,40,44,54), a peregrinação dos santos pela terra no êxodo contínuo da escravidão do Egito e da Babilônia "espirituais" (cf. Ap 11.8; 18.4) finalmente terminará, tanto espiritual quanto fisicamente. Uma vez que o povo de Deus ainda não está completamente aperfeiçoado como novas criaturas tanto no aspecto

---

[83]É claro que as normas acerca de pais e mães, e maridos e esposas não serão relevantes, pois não haverá casamento nem geração de filhos no estado eterno.

[84]Para mais explicação sobre o tema desta seção, veja, no cap. 24, o subtítulo "O retorno contínuo do exílio como base para a vida cristã".

espiritual quanto físico, ele ainda está em exílio parcial, mas continua fazendo progresso na estrada da restauração para o país de seu destino final (p. ex., Hb 11.13-16). Quando essas pessoas experimentarem a ressurreição final e forem estabelecidas na nova criação plena, terão chegado completamente ao lar na Terra Prometida eterna do novo céu e da nova terra, onde estarão a nova Jerusalém e o novo templo.[85] A longa e árdua jornada delas de saída do exílio enfim terminará e elas desfrutarão o descanso eterno.

O casamento na nova era[86]
A realidade do Antigo Testamento e a correspondente realidade inaugurada dos últimos tempos

Embora nem todas as pessoas se casem (veja 1Co 7), o casamento é uma instituição estabelecida no princípio da criação que continuará até o fim dos tempos. O texto central para nossa abordagem do casamento foi Efésios 5, em que Paulo cita Gênesis 2.24. A descrição da passagem deveria ser característica de todos os casamentos da antiga época, mesmo depois de o pecado ter entrado no mundo: um homem deixava a autoridade de sua família original e se unia a uma esposa, e juntos constituíam uma nova família (tornavam-se "um"). Paulo usa esse texto de Gênesis em Efésios 5.31 para recorrer à realidade do casamento na criação anterior à Queda como um padrão tipológico que, para ele, indica a unidade de Cristo, como marido, com a igreja, sua noiva, no começo da nova criação. Paulo deseja que maridos e mulheres na nova criação inaugurada conservem a união planejada antes da Queda para os seres humanos viverem, que deve seguir o padrão da união de Adão e Eva antes do pecado (Gn 2.23). Essa unidade é importante porque ela não apenas é a finalidade original do casamento segundo Gênesis 2.24, mas também é uma parábola histórico-redentora da relação de Cristo com a igreja perante os olhos do mundo, principalmente durante a era da igreja. Ao viver essa parábola matrimonial, maridos e esposas podem ensinar ao mundo quanto Cristo ama seu povo e quanto seu povo deve corresponder a esse amor e assim tornar-se um com ele.

Efésios 5.32 afirma que Gênesis 2.24 não trata primariamente da relação de maridos e mulheres, mas da relação de Cristo com a igreja, e esse relacionamento é um "grande mistério". Paulo está dizendo que o que parecia ser um padrão descritivo apenas da instituição humana do casamento descreve agora algo muito superior, especialmente à luz da vinda de Cristo e da formação de sua igreja. O padrão de um homem deixando seus pais para tornar-se uma só carne com sua mulher de Gênesis 2.24 contém a imagem de espelho de um casamento superior: o Messias deixando seu Pai e seu lar celestial para unir-se à igreja. Até a consumação dos tempos, os crentes têm de entender o casamento deles assim: a mulher deve "respeitar" fielmente (Ef 5.33) o marido para refletir o que a igreja fez (e deve fazer) em relação a Cristo, e o marido deve entregar-se por sua esposa a fim de refletir o que Cristo fez (Ef 5.25).

Essa concepção de casamento não estaria evidente para o escritor do AT ou o leitor de Gênesis 2.24. Agora, porém, do outro lado da cruz e da ressurreição de Cristo e pela revelação do Espírito (cf. Ef 3.5), pode se compreender que esse sentido desdobra-se organicamente do texto de Gênesis. Cristo é o supremo "homem" escatológico (o Adão ideal), e a igreja é a suprema noiva escatológica (p. ex., 2Co 11.2,3; Ap 19.7-9; 21.2,9-27). Desse modo, o entendimento

---

[85]Na verdade, como estudamos nos caps. 18 e 21, esses dois locais são sinônimos da Terra Prometida da nova criação.

[86]Para mais informações acerca desta seção, veja, no cap. 25, o subtítulo "O casamento como instituição transformada da nova criação em Efésios 5".

da instituição veterotestamentária do casamento transformou-se escatologicamente à luz da vinda de Cristo e de seu relacionamento com a igreja.

Portanto, o casamento é para a presente era uma ética da nova criação, que está baseada em uma recapitulação do mandamento ético original acerca do casamento na criação original e aponta para o relacionamento de Cristo com a igreja.

A correspondente realidade consumada dos últimos tempos

Quando a era da igreja terminar, também cessará a necessidade do casamento de homem e mulher, já que seu propósito histórico-redentor não mais será necessário. O plano supremo do casamento, conforme predito em Gênesis 2.24, era indicar para as pessoas a relação de Cristo com a igreja. Esse propósito deixará de ser necessário quando todos que Deus escolheu tiverem entrado na sua família da aliança. Então virá a ressurreição da noiva, a igreja, e todos desfrutarão a relação matrimonial consumada com Cristo, relacionamento prefigurado antes pelo casamento de um homem com uma mulher. Talvez seja por isso que Cristo diz que "na ressurreição [final] não se casarão nem se darão em casamento; mas serão como os anjos no céu" (Mt 22.30).

Tribulação manifesta em forma de engano, provações, perseguição e destruição cósmica

A realidade do Antigo Testamento

Os santos do AT não vivenciaram a grande tribulação que a igreja começou a sofrer, mas viveram em uma época de expectativa dessa tribulação escatológica.

Entretanto, os santos israelitas sofreram o engano de falsos profetas, a apostasia, a perseguição do interior da comunidade da aliança e das nações estrangeiras e o exílio, que foi intenso. Daniel 7—12 profetizava uma tribulação e perseguição ainda mais intensas nos últimos dias (p. ex., observe-se o incomparável "dia da tribulação" em Daniel 12.1, GA).

O povo de Deus também sofreu as provações da interrupção dos padrões normais de funcionamento do cosmo: o cataclismo do dilúvio de Noé é um exemplo clássico, bem como as várias anomalias cósmicas das pragas do Egito, que foram consideradas calamidades incomparáveis e superiores a qualquer outra até aquele momento da história (Êx 9.18,24; 10.6; 11.6). Houve tribulações severas, extremamente cruéis, descritas como Deus fazendo a Israel "o que nunca fiz e jamais farei coisas semelhantes a essas" (Ez 5.9). A opressão e o exílio de Israel foram profetizados como "tempo de angústia para Jacó", um "dia" tão "terrível" que era "sem comparação" (Jr 30.7). Aqui também estão incluídas as ocasiões em que a presença teofânica de Deus se manifestava em juízo com nuvens tempestuosas, chuva, trovão e granizo de maneira semelhante às pragas do Êxodo. A angústia vindoura que Joel anuncia sobrevirá a Israel como "dia de trevas e de escuridão, dia de nuvens e de espessa escuridão! [...] Nunca houve antes nem haverá depois nos anos por vir de muitas gerações" (Jl 2.2). Essas realidades do AT de incomparável tribulação têm paralelos com a da era do cumprimento.

No mínimo, essas experiências de Israel foram prefigurações de uma tribulação maior por vir. Vimos no capítulo 1 (no subtítulo "Os episódios de juízo cósmico e de nova criação repetidos no Antigo Testamento") que esses sofrimentos faziam parte de um padrão recapitulativo do caos cósmico. De forma notável, algumas dessas tribulações foram descritas como tão graves que nunca ocorreram antes e jamais aconteceriam de novo. Provavelmente, a linguagem em certa medida é figurada, mas revela que o período do AT teve sua porção de provações comparáveis ao que ocorreria na era escatológica. Daniel 12.1 profetiza "um tempo de tribulação como nunca houve desde que existiu nação até então". A declaração é uma alusão a Jeremias 30.7[87] e possivelmente a Ezequiel 5.9, mas talvez haja ecos das expressões bem semelhantes de Êxodo 9—11 referentes às incomparáveis pragas egípcias. A angústia mencionada em Daniel 12.1 é principalmente aquela provocada por um adversário dos últimos tempos e se manifesta no engano dentro da comunidade da aliança e na perseguição de "muitos" que não fizerem concessões. A fórmula "tribulação como nunca houve" também ocorre na descrição da perseguição de Israel pelo exército grego (no início do século 2 a.C.). Por exemplo, 1Macabeus 9.27 afirma: "Havia, pois, grande angústia em Israel, tal como nunca houve desde o tempo em que deixou de haver profetas entre eles".[88] Nessa tribulação, Israel sofreu uma grande derrota militar, "os ímpios" dominavam em Israel e havia fome. Na época, isso provavelmente foi entendido como o início do cumprimento da profecia de Daniel 12.1 do "dia da angústia", embora não tenha havido nenhum livramento significativo de Israel, o que Daniel 12.1,2 também havia profetizado. Por isso, esse acontecimento em si tornou-se uma prefiguração do cumprimento posterior dos últimos tempos de Daniel 12.1,2. A profecia da tribulação de Daniel 12.1 focaliza o engano e a perseguição vindouros, mas provavelmente também abrange alguma ideia de devastação cósmica, uma vez que a ressurreição dos perversos e a dos justos é mencionada em Daniel 12.2, o que de um modo significativo pressupõe o fim do mundo natural. Essa inclusão da devastação do cosmo em Daniel 12.1 se baseia também em sua alusão a outras passagens veterotestamentárias anteriores que falam de interrupções importantes da ordem regular da natureza, o que indica provações para aperfeiçoamento dos fiéis e juízo dos que são obstinados.

Mas o que torna a tribulação da igreja "grande" de um modo que Israel jamais sofreu?

A correspondente realidade inaugurada dos últimos tempos

No capítulo 6 (subtítulo "O Filho do Homem e a grande tribulação"), analisei as profecias do AT acerca da tribulação dos últimos tempos (esp. Dn 7—12), que começaram a se cumprir nas provações sofridas por Jesus e pela igreja.

Em primeiro lugar, a tribulação da igreja é um cumprimento da profecia do AT que nunca se cumpriu no AT, o que torna a tribulação maior porque o que havia sido profetizado nunca acontecera em uma escala tão intensa. Mas esse assunto precisa ser complementado com os dois pontos a seguir.

Em segundo lugar, a tribulação da igreja é mais intensa que a de Israel porque faz parte da "grande tribulação" do fim dos tempos, que Cristo, representando o verdadeiro Israel, começou a sofrer, cujo ápice foi sua morte. Como estudamos, as provações e a morte de Jesus como tribulação formam um elemento muito importante do enredo do NT. A igreja como o verdadeiro Israel coletivo participa do sofrimento dessa tribulação em todo o período de sua existência até a volta de Jesus e assim segue nos passos de seu Senhor. Observe-se, por exemplo, Apocalipse 1.9: "Eu, João, vosso irmão e companheiro na tribulação, no reino e na perseverança em Jesus, estava na ilha de Patmos por causa da palavra de Deus e do testemunho de Jesus". Foi por meio de tribulação que Cristo perseverou e, ao contrário do esperado, começou a estabelecer seu reino, e seu povo compartilha dessas mesmas três realidades ao mesmo tempo (observe-se de novo, em Ap 1.9, que aqueles que compartilham dessas três realidades estão "em Jesus").[89]

---

[87]Observe-se a linguagem comum do "tempo da tribulação" e de sua singularidade.

[88]Isso provavelmente é uma referência a uma provação provocada em última análise pelos invasores gregos. Veja tb. As. de Mois. 8.1, que provavelmente se refere ao rei grego Antíoco Epifânio.

[89]Para uma explicação mais completa de Apocalipse 1.9, veja, no cap. 6, a seção "A ideia da grande tribulação no livro de Apocalipse".

Em Colossenses 1.24, Paulo apresenta essa mesma ideia: "Agora me alegro nos meus sofrimentos por vós e completo no meu corpo o que resta do sofrimento de Cristo, por amor do seu corpo, que é a igreja". Alguns comentaristas entendem corretamente que "as tribulações do Messias" se baseiam no contexto dos sofrimentos esperados do Messias profetizados em Daniel 7 e 9, bem como em Isaías 53. Aqui, Paulo não está dizendo que pode acrescentar algo ao sofrimento expiatório de Cristo, mas, sim, que ele faz parte desse sofrimento ao participar das tribulações messiânicas e completar "o que resta" das coisas que, segundo as profecias, o povo do Messias sofrerá por seguir Jesus. O apóstolo participa do "corpo" coletivo de Cristo nas decretadas tribulações do fim dos tempos que foram modeladas segundo as tribulações de Cristo. Portanto, a tribulação foi mais intensa do que no AT porque foi vivida não por um simples ser humano ou crente, mas por Jesus, o homem messiânico divino. A grandeza de Jesus implica a "grandeza" da "tribulação" e por isso é uma provação que jamais ocorrera antes.

Terceiro, o AT também profetizou um adversário dos santos e do líder messiânico dos últimos tempos (mais uma vez, veja Dn 7—12) que enganaria as pessoas da comunidade da aliança. A Primeira Carta de João se refere a essa figura como "o anticristo", que já veio em "espírito" (1Jo 4.1-6) e começou a agir por meio de "muitos anticristos", que chegaram na "última hora" (2.18; veja tb. 4.1-6). A principal ação deles é o engano acerca da verdade (p. ex., 2.21-26) em cumprimento da profecia de Daniel. A presença real do espírito do anticristo na comunidade da aliança pela primeira vez torna a tribulação dos últimos dias mais intensa que a do engano na comunidade de fé israelita.[90]

O fato de que a grande tribulação poderia começar sem a presença física do anticristo, mas com a presença de seus falsos profetas enganadores, revela que a profecia se cumpriu de modo diferente do esperado. Isso fica muito evidente em 2Tessalonicenses 2.3,4, passagem em que Paulo prediz que o profetizado "homem da impiedade" ainda não veio, mas seus previstos falsos profetas auxiliares já chegaram. Isso foi um começo, mas não o cumprimento completo de Daniel 11.30-32,37. A ideia de que os falsos profetas do adversário dos últimos dias estavam presentes sem a presença de seu líder era um "mistério" para Paulo: "o mistério da impiedade já está atuando" (2Ts 2.7). Esse cumprimento diferente do esperado era uma transformação temporal da profecia, pois, sem dúvida, da perspectiva de Daniel, parecia que tudo isso haveria de acontecer ao mesmo tempo.[91]

Contudo, como vimos que ocorreram incomparáveis provações de cataclismo cósmico na era do AT, assim também elas ocorrem na época neotestamentária dos últimos tempos. A fórmula da "tribulação como nunca houve" do AT também aparece em uma alusão em Mateus 24.21 (// Mc 13.19), que por sua vez profetiza sobre o futuro: "Porque haverá uma tribulação muito grande, como nunca houve desde o princípio do mundo até agora, nem jamais haverá". A maioria dos comentaristas reconhece que essa fraseologia provém de Daniel 12.1. O contexto próximo de Mateus 24.21 define essa tribulação como tribulação de engano (esp. pelos "falsos Cristos e falsos profetas") e apostasia, mas ela também está ligada a perturbações catastróficas do cosmo. O tempo em que a profecia de Mateus começou a ser cumprida é um assunto muito debatido. Alguns entendem que ela se cumpriu na destruição de Jerusalém em 70 d.C., outros entendem que ela ocorrerá somente no fim da história, imediatamente antes da segunda vinda de Cristo, e ainda outros acreditam que ocorreu em 70 d.C., como acabamos de observar, mas que esse acontecimento de cumprimento também se torna tipológico

---

[90]Para um estudo mais aprofundado do contexto de Daniel 8—12 da "última hora" em 1João 2.18, veja, no cap. 6, os subtítulos "1João e a grande tribulação" e "A relação de 1João 2 e 3 com 2Tessalonicenses 2".

[91]Para um estudo mais completo da natureza da tribulação em 2Tessalonicenses 2.1-7, veja, no cap. 6, o subtítulo "2Tessalonicenses 2 e a grande tribulação".

do próprio fim. Eu prefiro a primeira perspectiva, mas a terceira pode ser incluída e não são mutuamente excludentes.[92]

Do mesmo modo, a vinda do Espírito em Atos 2 é retratada da perspectiva da destruição cósmica (At 2.2-4,19,20), como analisei em outro texto.[93] Nesse capítulo de Atos, a descrição não diz respeito principalmente ao futuro, mas refere-se em parte à vinda do Espírito no juízo inaugurado do velho mundo,[94] que se consumará no fim dos tempos.

A correspondente realidade consumada dos últimos tempos

No fim da era da igreja, haverá um aumento de intensidade da "grande tribulação". Cristo passou por uma tribulação inaugurada durante sua vida, sofrendo tribulações específicas e tentativas de engano, que se consumaram com o ataque letal de Satanás na cruz. Do mesmo modo, a igreja, o corpo de Cristo, sofrerá o começo das tribulações escatológicas. Nem todos os setores da igreja sofrerão essas tribulações, mas os que não forem afetados diretamente ainda assim serão ameaçados por elas. Depois, essa tribulação parcial será consumada no fim dos tempos com uma tentativa de exterminar completamente a comunidade da aliança em toda a terra. Portanto, a tribulação que começou nos últimos dias na igreja será consumada na conclusão da história tornando-se mais intensa, mais severa e mais universal do que qualquer outra tribulação sofrida pelo povo de Deus. Entre essas tribulações haverá principalmente engano e perseguição. Porém, assim como a ressurreição de Cristo venceu a tribulação da morte, também a igreja será ressuscitada antes de ser definitivamente aniquilada (Ap 20.7-15).[95]

Contudo, não são apenas as tribulações do engano e da apostasia que terão seu ápice no fim da história. As tribulações cósmicas parciais da interrupção da ordem regular da natureza também se intensificarão naquele tempo.[96]

A devastação cósmica dos últimos dias completa e definitiva da terra e o julgamento de todo o sistema mundial são tratados em Apocalipse 16.19-21:

---

[92]Sobre a fórmula "tribulação como nunca houve" aplicada à fome de 70 d.C. e ao crime que aconteceu em Jerusalém durante o cerco, veja Josefo, G. J. 5.442.

[93]Veja mais em G. K. Beale, "The descent of the eschatological temple in the form of the Spirit at Pentecost: part I", *TynBul* 56, n. 1 (2005): 97-9.

[94]A citação da última parte da profecia de Joel em Atos 2.19,20 é importante aqui: "Mostrarei feitos extraordinários em cima no céu, e sinais embaixo na terra, e sangue, fogo e vapor de fumaça. O sol se transformará em trevas, e a lua, em sangue, antes que venha o grande e glorioso dia do Senhor". Alguns entendem que isso ainda não se cumpriu em Pentecostes, uma vez que aparentemente esses sinais não aconteceram "literalmente" no mundo físico. No entanto, Pedro não dá nenhuma indicação do não cumprimento dessa parte de Joel; ele diz que tudo o que está acontecendo em Pentecostes é o cumprimento do "que havia sido falado pelo profeta Joel" (At 2.16). Portanto, de alguma forma, até essa figura de dissolução cósmica de Joel 2 começa a ser cumprida, parte da qual pode ser vista com os olhos (At 2.2-4; cf. tb. o sinal cósmico da escuridão na ocasião da morte de Cristo [Mt 27.45]), mas parte do cumprimento provavelmente esteja em uma dimensão espiritual invisível (p. ex., a linguagem de juízo é entendida parcialmente como indicação do juízo de Israel [novamente, veja Beale, "Eschatological temple: part I", p. 97-9]), embora, é claro, a primeira parte da citação de Joel indique ou inclua bênção). Para uma análise mais profunda dessa terminologia de conflagração cósmica no AT, veja a seção "Juízo" a seguir.

[95]Sobre esse tema, veja Beale, *Revelation*, p. 1021-38.

[96]Daniel 12.1 não só profetiza o ápice da "tribulação" final, mas também partes do judaísmo antigo predizem o mesmo clímax da história. O *Rolo da Guerra* de Qumran profetiza que haverá uma batalha final entre as forças das "trevas" e as da "luz" e que esse conflito "será um tempo de tribulação para o povo redimido por Deus, e entre todas as suas aflições não haverá nada igual do começo até o fim na redenção final" (1QM I:1-12). Sobre isso, veja tb. G. K. Beale, *The use of Daniel in Jewish apocalyptic literature and in the Revelation of St. John* (Lanham: University Press of America, 1984), p. 59-60.

A grande cidade partiu-se em três, e as cidades das nações caíram; Deus lembrou-se da grande Babilônia e lhe deu o cálice do vinho do furor da sua ira. Todas as ilhas fugiram, e os montes desapareceram. E do céu caiu sobre os homens pesados granizos; as pedras pesavam quase um talento; e os homens blasfemaram contra Deus por causa da praga de granizo, pois sua praga era extremamente severa.

Como parte da introdução dessa descrição, a fórmula da "tribulação como nunca houve" aparece pela última vez na literatura canônica em Apocalipse 16.18 para descrever a devastação final: "Houve relâmpagos, estrondos e trovões; também houve um grande terremoto, tão forte como nunca havia ocorrido desde que o homem existe sobre a terra".

Os relâmpagos, os trovões e o terremoto citados em Apocalipse 16.18 são imagens que retratam o juízo final. Essas imagens se baseiam em grande parte em Êxodo 19.16-18, trecho que relata a teofania do Sinai. Outros textos do AT e do judaísmo também aludem às mesmas imagens de Êxodo para representar o juízo final, o que também ocorre em Apocalipse 4.5; 8.5; 11.19.[97] A oração gramatical "houve um grande terremoto" ocorre em Apocalipse 6.12 como parte de uma cena do juízo final. A referência a Êxodo em Apocalipse 16.18 está de acordo com as alusões anteriores de Êxodo, que serviram de padrão para as primeiras seis taças de Apocalipse 16.

Portanto, esses aspectos da destruição cósmica agora são aplicados tipologicamente ao juízo final no fim da história mundial. A intensificação da aplicação é revelada em Apocalipse 16.18 com o trecho: "tão forte como nunca havia ocorrido desde que o homem existe sobre a terra". Não é por acaso que esse fraseado origina-se de Daniel 12.1: "naquele tempo [...] uma tribulação como nunca houve desde que existiu nação sobre a terra até então" (cf. Θ). Daniel retrata a "tribulação" no fim da história, quando o "povo [de Deus] será resgatado" e passará pela ressurreição para a vida, mas os ímpios serão ressuscitados para "vergonha e desprezo eterno" (Dn 12.1,2). A ligação com Daniel 12 indica ainda mais que Apocalipse 16.18 é uma descrição do fim da "grande tribulação", que chega a seu ápice no juízo final e no fim do cosmo atual.

Além disso, a conveniência da alusão a Daniel fica evidente porque a própria fraseologia de Daniel é uma aplicação tipológica de Êxodo 9.18,24. Êxodo 9.18 (LXX), por exemplo, afirma: "nessa hora [...] uma grande saraivada, como nunca ocorreu no Egito desde o dia da sua fundação até hoje" (uma fórmula semelhante ocorre como descrição de duas outras pragas em Êx 10.6,14; 11.6). A angústia do granizo do Êxodo também está em mente, uma vez que Apocalipse 16.21 conclui com "uma grande praga" de granizo.[98]

Juízo

O tema do juízo já foi analisado logo acima com a exposição do aspecto da tribulação que envolve a interrupção de partes da ordem regular do cosmo (parcialmente nos tempos do AT e do NT e de forma culminante no fim desta era). Além disso, o juízo foi tratado há pouco na análise da justificação, como resumo da análise anterior da justificação no livro. Portanto, esta discussão do juízo final será mais limitada.

A realidade do Antigo Testamento

Com frequência, o AT fala do juízo de Deus sobre os inimigos do seu povo e também sobre seu próprio povo quando este persiste em pecar e merece juízo. Várias passagens do AT

---

[97]Para uma análise do contexto de praticamente a mesma locução introdutória de Apocalipse 16.8 em Apocalipse 8.5, veja Beale, *Revelation*, p. 457-60.

[98]Sobre a concepção de que Apocalipse 16.18 em seu contexto imediato dos v. 17-21 se refere à devastação final e ao juízo contra a terra, veja ibidem, p. 841-6.

descrevem o juízo de uma nação específica na história usando termos geralmente reservados para a destruição do cosmo.[99] Um exemplo clássico é Isaías 13.10-13 (introduzido em Is 13.1 como "o oráculo acerca de Babilônia"), que trata do juízo vindouro da Babilônia:

> Pois as estrelas do céu e suas constelações
> não deixarão brilhar a sua luz.
> O sol escurecerá ao nascer,
> e a lua não fará resplandecer a sua luz.
> Punirei o mundo por sua maldade,
> e os ímpios, pelo seu pecado;
> acabarei com a arrogância dos orgulhosos
> e abaterei a soberba dos cruéis.
> Tornarei os homens mais raros do que o ouro puro;
> sim, mais do que o ouro fino de Ofir.
> Portanto, farei estremecer o céu,
> e a terra se moverá do seu lugar,
> por causa do furor do Senhor dos Exércitos
> no dia de sua ira ardente.

Nessa passagem, a terminologia sobre o fim do mundo é aplicada não ao próprio fim do mundo, mas à destruição da Babilônia pela Pérsia. Essa linguagem descreve a derrota não somente da Babilônia (Is 13.10-13), mas também de Edom (Is 34.4) e do Egito (Ez 32.6-8), nações inimigas de Israel (Hb 3.6-13) e do próprio Israel (Jl 2.10,30,31; cf. *Or. Sib.* 3.75-90). O AT tem outros exemplos da linguagem figurada da "interrupção cósmica".[100] Curiosamente, *Midrash* de Salmos 104.25 diz: "Onde o termo 'terremoto' ocorre na Escritura, ele denota o caos entre [a queda de] um reino e [a ascensão de] outro". Também há passagens em que as mesmas metáforas poderiam ser entendidas literalmente como a destruição real do mundo inteiro (Sl 102.25,26; Is 24.1-6,19-23; 51.6; 64.1,[101] Ez 38.19,20; Ag 2.6,7).[102]

Normalmente, essa espécie de terminologia é utilizada de modo figurado para se referir ao fim histórico da existência de uma nação pecadora pelo juízo divino e o início da dominação de um novo reino vitorioso. Deus executa o juízo usando uma nação para derrotar outra em uma guerra. Embora a nuance de juízo predomine, às vezes há um aspecto positivo que resulta na libertação ou na purificação do remanescente fiel (esp. quando Israel é o objeto do juízo). Essa linguagem figurada ocorria porque os profetas tinham uma concepção literal do fim da história e a aplicavam metaforicamente aos finais de diversas épocas ou reinos na era do AT. Se essa explicação para o uso das metáforas que descrevem juízos locais por toda a história estiver correta, então podemos afirmar que os profetas imaginavam que esses juízos eram semelhantes ao que aconteceria no fim dos tempos na destruição "literal" do mundo pela mão judicial de Deus. Assim, esses juízos restritos provavelmente também eram vistos até certo grau como prefigurações da futura conturbação final e universal do cosmo. Por

---

[99] P. ex., Isaías 13.10-13; 24.1-6,19-23; 34.4; Ezequiel 32.6-8; Joel 2.10; 2.30,31; 3.15,16; Habacuque 3.6-11; possivelmente tb. Salmos 68.7,8; Jeremias 4.23-28; Amós 8.8,9.

[100] P. ex., 2Samuel 22.8-16 // Salmos 18.7-15 (referindo-se figuradamente à vitória de Davi sobre seus inimigos); Eclesiastes 12.1-5 (em referência à morte humana); Isaías 2.19-21; 5.25,30; Jeremias 4.23-28; Ezequiel 30.3,4,18; Amós 8.7-10; Miqueias 1.4-6.

[101] Embora esse texto possa ser uma referência a uma teofania local futura com base no modelo da teofania do Sinai, inaugurando uma nova época escatológica, assim como a revelação no Sinai inaugurou uma nova época.

[102] Além disso, essa linguagem literal pode descrever eventos de teofanias locais passadas no monte Sinai (Êx 19.18; Dt 4.11; Sl 68.7,8; 77.18).

exemplo, quando Isaías fala do juízo da Babilônia executado pela Pérsia com linguagem do "fim do mundo", é provável que esteja incluindo a ideia de que esse juízo local é um pequeno exemplo do que será a destruição macrocósmica.[103]

Além das metáforas de "conflagração cósmica" para referir-se à destruição universal da terra, existem referências diretas ao juízo divino universal e final (p. ex., Sl 96.13: "O Senhor [...] vem julgar a terra, e julgará o mundo com justiça, e os povos, com sua fidelidade").[104] No entanto, as referências a um juízo *eterno* são raras no AT, mas ocorrem.[105]

A correspondente realidade inaugurada dos últimos tempos

Vimos que o NT descreve o juízo final em seu início, que começou na crucificação de Cristo, quando ele sofreu o juízo final como substituto de seu povo, por quem ele morreu. Nesse sentido, o juízo final foi antecipado, isto é, trazido do fim da história para a cruz de Cristo, no século 1.[106]

O juízo final já começou também em outro sentido. A Bíblia diz que sobre aqueles que rejeitam Jesus nesta era "permanece a ira de Deus" (Jo 3.36) e que eles "já estão condenados" (Jo 3.18), tão certo é o juízo vindouro que paira sobre eles. Essa forma inicial do juízo não é simplesmente uma declaração presente do juízo futuro e certo que virá sobre essas pessoas; elas também existem em uma condição de "morte" espiritual, uma etapa inicial do castigo vindouro (cp. Jo 5.24 com 5.29). Romanos 1.18 é outro exemplo do começo do juízo final sobre o incrédulo: "Pois a ira de Deus se revela do céu contra toda impiedade e injustiça dos homens". Essa ira escatológica manifesta-se na presente era quando Deus "entrega" essas pessoas obstinadas e impenitentes a mais pecados e rebeldia (Rm 1.24-32).

A correspondente realidade consumada dos últimos tempos

O NT permanece profetizando o juízo final, universal vindouro[107] em continuação de algumas passagens do AT (veja seção anterior). Esse juízo será precedido imediatamente pela ressurreição dos justos e dos injustos, e estes serão ressuscitados para o juízo (esp. Jo 5.28,29). O juízo final de todos os seres humanos incrédulos de toda a história do mundo será antecedido imediatamente pela destruição completa da última geração de pessoas ímpias sobre a terra (2Pe 3.7b). O juízo inaugurado da morte como separação de Deus iniciado na era anterior à consumação se efetivará com a conclusão da pena de morte. Sobre isso, 2Tessalonicenses 1.7b-9 afirma:

> O Senhor Jesus será revelado do céu com seus anjos poderosos em chama de fogo, punindo os que não conhecem Deus e os que não obedecem ao evangelho de nosso Senhor Jesus. Estes sofrerão como castigo a destruição eterna, longe da presença do Senhor e da glória do seu poder.

---

[103] Veja G. B. Caird, *The language and imagery of the Bible* (Philadelphia: Westminster, 1980), p. 256-60. Caird me fez pensar a respeito da aplicação da terminologia escatológica a vários eventos no AT. Ele sustenta que, uma vez que os autores bíblicos acreditavam em um começo e em um fim literal da história, eles usaram a linguagem do fim de maneira metafórica, aplicando-a a eventos no meio da história. Concordo com Caird, mas creio que a descrição desses eventos com a terminologia escatológica também sugere que esses acontecimentos são tão parecidos com o fim propriamente dito que apontam para esse fim, funcionando como uma antecipação dele (o que Caird parece sugerir [veja p. 256]).

[104] Assim tb., p. ex., 1Samuel 2.10 e Salmos 82.8; 98.9.

[105] Veja Daniel I. Block, "The Old Testament on Hell", in: Christopher W. Morgan; Robert A. Peterson, orgs., *Hell under fire* (Grand Rapids: Zondervan, 2004), p. 43-65. Block analisa Daniel 12.1-3 nesse sentido e entende que Isaías 66.24 indica a mesma ideia.

[106] Expliquei isso anteriormente neste capítulo, na seção "Salvação e justificação".

[107] P. ex., Mateus 25.31-46; Atos 17.31; Romanos 2.5,6,8,12; Hebreus 9.27; 10.27.

Em todo o livro de Apocalipse há reiteradas referências ao juízo final. Algumas retratam o início do juízo final descrevendo o juízo de Deus da última geração de incrédulos na terra juntamente com o início da destruição da própria terra (Ap 6.12-17; 11.13-18; 16.16-21).[108] Às vezes, o foco está na derrota da última geração de inimigos na velha terra, que em seguida é descrita juntamente com a execução do juízo final no "lago de fogo" (Ap 19.17-21; 20.8-10).[109] Os textos também focalizam a declaração e a execução do juízo no "lago de fogo" de todos os ímpios que já existiram (Ap 20.11-15).[110] A execução do juízo final ocorre imediatamente depois da derrota final dos inimigos terrenos e da destruição do cosmo. Esse juízo envolverá não só todos os ímpios, que não estão em Cristo, mas também Satanás (Ap 20.10)[111] e suas forças demoníacas.[112]

Outros conceitos teológicos não analisados neste livro

Alguns temas que constituem partes da minha proposta de enredo bíblico-teológico do NT e foram analisados anteriormente não receberam uma abordagem como assuntos distintos neste livro. Lembre-se mais uma vez do enredo que formulei: *A vida de Jesus, suas provações, sua morte pelos pecadores e principalmente sua ressurreição pelo Espírito deram início ao cumprimento do reino escatológico "já e ainda não" da nova criação, que é concedido pela graça por meio da fé, resultando em uma comissão universal para que os fiéis promovam esse reino de nova criação, bem como em juízo para os descrentes, tudo isso para a glória do Deus trino e uno.*

Este livro não desenvolveu formalmente uma teologia de Deus,[113] o sujeito do enredo do AT. Apesar disso, vimos que Deus é sempre o protagonista que realiza soberanamente os atos do enredo do AT. Contudo, no NT Jesus se une a Deus como sujeito do enredo (embora eu não tenha afirmado explicitamente que Deus é parte do sujeito) e ainda é o Filho fiel que realiza a vontade de seu Pai. É claro, Deus está ativo e age em toda a história do NT. Além do mais, Deus é o alvo explícito desse enredo. É o alvo da glória de Deus que formará o tema principal do próximo e último capítulo.

Também não dediquei capítulos especificamente aos temas da "graça" e da "fé", ambos componentes importantes do enredo do NT. Gostaria muito de ter espaço neste projeto para desenvolver esses conceitos! Se o enredo que formulei estiver correto, é a graça divina que capacita o indivíduo para ver e crer na obra da nova criação e de edificação do reino de Cristo em sua morte e ressurreição.

Apesar de eu ter exposto a ideia de "cumprimento" (outro componente do enredo) em todo este projeto, a próxima seção deste capítulo tratará com mais atenção desse assunto.

---

[108] Às vezes o foco está somente na derrota e no juízo da última geração de adversários do povo de Deus sem menção a uma devastação cósmica (Ap 14.14-20; 18.1-24).

[109] Apesar de apenas o falso profeta e a besta serem lançados ao lago na passagem anterior, e somente Satanás, na última passagem.

[110] Acerca disso, veja tb. Apocalipse 21.8; talvez se possa acrescentar 20.10. Os limites de espaço não permitem uma análise aqui sobre se esse é um juízo que resulta em aniquilação eterna ou no castigo consciente incessante dos ímpios. Para uma análise mais aprofundada dessa questão em apoio à última posição, embora interagindo com a chamada visão "aniquilacionista", veja Morgan; Peterson, orgs., *Hell under fire* (Grand Rapids: Zondervan, 2004).

[111] Sobre os textos de Apocalipse citados neste parágrafo como apoio da ideia de juízo culminante dos últimos tempos, veja Beale, *Revelation*, no comentário correspondente de cada trecho.

[112] Cf. 2Pedro 2.4; Judas 6, textos quase idênticos, e o último afirma: "Os anjos que não mantiveram seus domínios, mas deixaram sua própria habitação, ele os tem confinado nas trevas em algemas eternas, para o juízo do grande dia". Esses dois textos também indicam que o juízo desses seres maus começou na época do AT, continuou na época do NT e seguirá até o juízo culminante no final da história.

[113] P. ex., um estudo de cada um dos atributos de Deus.

Outros temas também merecem análise, mas não há espaço suficiente para isso. Entre esses assuntos estão eleição, oração, comunhão dos santos e vários temas escatológicos (p. ex., as questões do milênio e a natureza do castigo final como sofrimento eterno ou aniquilação).[114] Talvez tenha ficado a impressão de que o tema da ética não foi tratado, mas ele é discutido nos dois capítulos sobre a vida cristã (caps. 24-25), embora talvez sem tantos detalhes quanto alguns gostariam.

Essas omissões apenas ressaltam que é praticamente impossível escrever uma teologia bíblica do NT "exaustiva"! No entanto, procurei focalizar neste livro o que considero as principais ideias dessa teologia, à medida que se relaciona com nossa proposta de enredo neotestamentário.

Conclusão: cumprimento inaugurado diferente do esperado e como transformação orgânica da profecia do Antigo Testamento

Este capítulo é uma tentativa de relacionar as realidades inauguradas dos últimos tempos do NT analisadas em todo o livro com as realidades correspondentes do AT e as realidades consumadas futuras, que não haviam recebido muita atenção até aqui.

Em todo esse estudo, tenho refletido sobre como as realidades inauguradas da nova aliança representam uma transformação das realidades do AT correspondentes. Muitos cumprimentos de profecia do AT começam a ser realizados de maneira não prevista, mas a continuidade não significa um rompimento entre a profecia e seu cumprimento. Por exemplo, quase sempre há uma transformação temporal. O que parecia ter sido previsto no AT para ocorrer como um cumprimento de uma só vez, no fim da história, acontece inesperadamente em dois estágios ou de modo surpreendente: um cumprimento inaugurado e um consumado. Às vezes a transformação vai além do inesperado temporal. Isto é, a realidade ou a natureza do que começa a ser cumprido parece ser diferente do que foi profetizado. Há ocasiões em que o aspecto temporal inesperado de duas etapas demanda que a realidade cumprida pareça diferente da profecia original. Por isso, como o cumprimento inaugurado não é completamente o que foi profetizado e como a etapa consumada não foi atingida, o início do cumprimento talvez seja apenas parte da realidade profetizada. Por exemplo, pode ser que haja uma profecia de uma realidade física que começa a ser cumprida apenas de modo espiritual ou invisível.

Um dos exemplos mais claros disso é o cumprimento inicial da profecia da ressurreição: ela começa a ser cumprida de fato de modo espiritual e invisível, mas é consumada de maneira física e visível. Porém, como a etapa consumada ainda está por vir, da perspectiva do AT o cumprimento inaugurado não é o que parece ter sido profetizado literalmente. Mas, da perspectiva da consumação, é possível entender que a etapa inaugurada era um começo literal do cumprimento final consumado.

Alguns cumprimentos inaugurados são ainda mais radicalmente inesperados do que outros e são transformações completas do modo que foram profetizados. Bons exemplos disso são Cristo e a igreja como o verdadeiro Israel, e Cristo e a igreja como o templo escatológico. Outros exemplos dessa transformação profunda da profecia do AT são os cumprimentos tipológicos do AT no NT (p. ex., Cristo como o Cordeiro Pascal; a refeição da Páscoa como um tipo da ceia do Senhor; e o casamento). Nesse sentido, um acontecimento veterotestamentário narrado ou

---

[114]Outros temas teológicos poderiam ser acrescentados à lista: Criação, providência, predestinação e a natureza da vontade humana, perseverança, iminência escatológica, a Trindade, a relação da humanidade com a divindade de Cristo e a identidade de Jesus como Messias e Filho de Davi. A questão do divórcio e da escravidão, entre outras, também poderia ser incluída aqui. A lista continua, mas alguns desses tópicos pertencem mais apropriadamente a uma teologia sistemática.

um padrão de acontecimentos torna-se realmente transformado e é considerado profecia de um acontecimento no NT.

Outro exemplo dos tipos de cumprimentos veterotestamentários transformados são aqueles em que a palavra "mistério" ocorre em clara associação, embora essas transformações muitas vezes sejam indicadas sem o uso de "mistério". O termo "mistério" (*mystērion*) ocorre 28 vezes no NT. Uma característica notável em várias dessas ocorrências é que a palavra está ligada diretamente a citações ou alusões do AT. Nesses casos, pelo menos, "mistério" aparece para indicar duas coisas: (1) a profecia do AT está começando a ser cumprida e (2) esse cumprimento é inesperado da perspectiva anterior do AT. Com respeito ao último ponto, é evidente que os diversos autores neotestamentários estão interpretando textos do AT à luz do acontecimento de Cristo e segundo a orientação do Espírito, o que resulta em novas perspectivas interpretativas. Não vou examinar todas essas referências, uma vez que isso já foi feito em outros estudos,[115] mas é suficiente aqui refletir sobre os usos da palavra "mistério" que foram analisados em alguns trechos ao longo do livro.

Vimos exemplos representativos desses usos de "mistério" em relação a como o NT entende a inauguração da tribulação dos últimos tempos (2Ts 2.3-7), o reino (Mt 13.10-52), a igreja como o verdadeiro Israel (Ef 3.2-6) e o casamento como ética da nova criação (Ef 5.28-33). A primeira passagem acerca da tribulação representa um cumprimento inesperado porque ocorre em duas etapas. A etapa inaugurada envolve a vinda inicial do "homem da impiedade" (ou do "anticristo" na passagem paralela de 1Jo 2.18,22), embora esse "homem" ainda não tenha chegado em carne e osso, como acontecerá no fim da história. Assim, o adversário dos últimos tempos profetizado em Daniel 8 e 11 que tentará enganar o povo de Deus já começou a ter cumprimento, mas por meio de seus falsos mestres profetizados, que estão em carne e osso entre os crentes. Contudo, mesmo aqui existe uma transformação inesperada temporal ou um cumprimento em duas etapas. Há um sentido real, espiritual e individual em que o adversário maligno está atuando no presente. Em 1João 4.3, o autor diz que o "espírito do anticristo" está presente, "a respeito do qual tendes ouvido que haveria de vir, e agora já está no mundo".[116] Que o adversário do fim dos tempos esteja *espiritualmente presente fora de sua presença corporal* é um entendimento transformado de como teria se entendido o cumprimento da profecia de Daniel. Nessa passagem, a profecia tratava de um inimigo do fim dos tempos, pessoal e encarnado que apareceria de modo bem visível para enganar e perseguir o povo de Deus.

Vimos também que a forma inicial do cumprimento das profecias do reino em Mateus 13 é um "mistério" (veja Mt 13.11): tanto porque o cumprimento estava ocorrendo em duas etapas quanto porque houve uma transformação no modo em que as profecias estavam começando a se realizar em comparação com a forma com que foram preditas no AT. Esperava-se que o reino fosse chegar de forma bem visível e imediata para abranger o mundo inteiro, e que os ímpios seriam julgados, enquanto os justos, recompensados. Jesus explica que os "mistérios do reino" são que o reino chegou, mas cresce de modo invisível como o fermento, que começa

---

[115]Veja, p. ex., G. K. Beale, *John's use of the Old Testament in Revelation*, JSNTSup 166 (Sheffield: Sheffield Academic Press, 1998), p. 215-72; Benjamin L. Gladd, *Revealing the* mysterion*: the use of* mystery *in Daniel and Second Temple Judaism with its bearing on First Corinthians*, BZNW 160 (Berlin: de Gruyter, 2008), e veja a bibliografia pertinente nessa obra. No que se refere ao conceito de "mistério" no pensamento de Paulo, veja D. A. Carson, "Mystery and fulfillment: toward a more comprehensive paradigm of Paul's understanding of the Old and the New", in: D. A. Carson; Peter T. O'Brien; Mark A. Seifrid, orgs., *Justification and variegated nomism* (Grand Rapids: Baker Academic, 2004), vol. 2: *The paradoxes of Paul*, p. 393-436. Veja tb. Beale; Gladd, *Hidden but now revealed*.

[116]Aqui, o termo grego para "o qual", *ho*, é neutro, mas o espírito deve ser entendido como pessoal, assim como as referências ao Espírito de Deus são neutras gramaticalmente, embora ele seja uma pessoa, e não uma coisa.

como realidade bem pequena ("semelhante à semente de mostarda"), e que os injustos e os justos continuarão a viver lado a lado nessa forma inicial do reino antes da chegada do juízo e da recompensa.

Embora o cumprimento do reino comece de um modo transformado em relação ao esperado, ele ainda deve ser entendido como um cumprimento do AT. Isto é, existe um elemento transformado que aparentemente representa descontinuidade, mas ainda há continuidade. A conclusão das parábolas do reino em Mateus 13 afirma: "Todo escriba que tornou-se discípulo do reino do céu é semelhante a um chefe de família, que tira do seu tesouro coisas novas e velhas" (v. 52). A questão é que os mestres do reino "têm de cuidar da casa de Deus com os recursos do ensinamento novo e definitivo de Jesus acerca da inauguração escatológica do reino de Deus, que cumpre as antigas Escrituras de Israel".[117] O novo não é um acréscimo completamente "novo" à revelação do AT, mas faz parte da revelação do próprio antigo. O foco da revelação, entretanto, é o novo que começou a cumprir-se e a renovar e transformar o antigo.[118] Portanto, "as promessas veterotestamentárias do Messias e do reino, bem como a Lei e devoção no AT, têm seu cumprimento na pessoa de Jesus", que causou a "transformação".[119] Isso foi antecipado em Mateus 5.17, em que Jesus declara: "Não penseis que vim abolir a Lei ou os Profetas; não vim abolir, mas cumprir". As profecias foram entendidas e transformadas pelas lentes da pessoa de Jesus: ele cumpre todo o AT porque cumpre as predições diretas; os acontecimentos apontam tipologicamente para ele; Cristo apresenta o significado pleno e pretendido do AT; e "cumpre" perfeitamente as exigências da Lei com obediência perfeita.[120] Isso resulta em formas imprevistas de cumprimento do AT. Às vezes, ocorre um cumprimento direto, mas é igualmente comum um cumprimento não previsto. Um exemplo clássico desse último caso é o uso de Oseias 11.1 em Mateus 2.15, que analisei antes no livro.[121]

Outros exemplos de usos neotestamentários de "mistério" ocorrem em Efésios 3 (a igreja como o verdadeiro Israel escatológico) e Efésios 5 (o casamento). Os dois representam entendimentos novos e mais completos das passagens do AT que são claramente proféticas (profecias do Israel dos últimos tempos) ou antecipações tipológicas do futuro (Gn 2.24).

Portanto, o foco desses usos de "mistério" está no tipo de cumprimento, que muitas vezes é diferente do que o leitor da era anterior a Cristo das profecias veterotestamentárias poderia ter esperado. Essas referências a "mistério" são a ponta do *iceberg* hermenêutico, em que em muitos outros trechos do NT ocorre a mesma espécie de cumprimento transformado, mas sem o uso da palavra "mistério". Os pressupostos cristológicos e escatológicos do NT,[122] com base na revelação dos atos de Cristo na história e na reação histórica a esses atos, são a justificativa dessas interpretações. Na verdade, da perspectiva de Cristo e dos autores do NT, esses cumprimentos inesperados não seriam considerados deturpação da passagem do AT nem atribuição de sentido estranho ao texto veterotestamentário, mas desenvolvimentos naturais transformados dessa passagem. Sobre esse aspecto, William Sanford LaSor observou:

> De certa forma, ele [o *sensus plenior*, o significado pleno] está fora e além da situação histórica do profeta, portanto não pode ser obtido por exegese histórico-gramatical. Porém, ele faz

---

[117] David L. Turner, *Matthew*, BECNT (Grand Rapids: Baker Academic, 2008), p. 355.
[118] D. A. Carson, *Matthew 13—28*, EBC (Grand Rapids: Zondervan, 1995), p. 333.
[119] Ibidem.
[120] Veja ibidem, p. 141-5.
[121] Veja, no cap. 12, "Jesus como Israel e Filho dos últimos dias em Mateus 2".
[122] Sobre isso, veja G. K. Beale, "Did Jesus and his followers preach the right doctrine from the wrong texts? An examination of the presuppositions of the apostles' exegetical method", *Themelios* 14 (1989): 89-96.

parte da história da redenção e, por isso, pode ser controlado pelo estudo das Escrituras em sua totalidade.

Talvez uma ilustração deixe [isso] claro [...] Uma semente comum contém em si tudo o que se desenvolverá na planta ou árvore a que ela organicamente está ligada: todos os ramos, todas as folhas e todas as flores. Contudo, por mais que investiguemos com os métodos científicos disponíveis não descobriremos o que está nessa semente. Mas uma vez que a semente brotou e se desenvolveu na sua plenitude, podemos ver como a semente se tornou realidade [...] [e] temos a revelação suficiente nas Escrituras para impedir que nossas interpretações do *sensus plenior* se tornem totalmente subjetivas.[123]

Acho melhor falar de "desenvolvimento orgânico transformado" do que de *sensus plenior* porque esse termo latino tem sido entendido e mal entendido de muitas maneiras. Geerhardus Vos também comparou o que parece ser cumprimento posterior transformado ao desenvolvimento orgânico de uma árvore. Assim como uma semente de maçã se desenvolve em um pequeno caule e depois se transforma em uma macieira com galhos e folhas, e assim como a árvore produz botões, que depois desabrocham em flores, a revelação bíblica se desenvolve assim.[124] E ninguém "diz que no sentido qualitativo a semente é menos perfeita do que a árvore".[125] A macieira em flor não se parece com a semente da qual se desenvolveu, mas as duas continuam organicamente relacionadas e devem ser classificadas como o mesmo organismo. Jesus como o Cordeiro pascal é um bom exemplo disso. De acordo com o Evangelho de João, a decisão dos soldados de não quebrar as pernas de Jesus na crucificação (Jo 19.33) foi o cumprimento do relato histórico da preservação dos ossos do cordeiro da Páscoa em Êxodo 12.46 (Jo 19.36).[126] É provável que João não teria insistido que tanto os leitores originais quanto o escritor de Êxodo tenham compreendido essa narrativa histórica acerca do cordeiro da Páscoa como um indicador da morte do Messias. Entretanto, João acredita que essa ideia profética está ali invisível em forma de semente no texto de Êxodo, esperando ser revelada em um momento posterior.[127]

Será que Moisés teria ficado surpreso com a maneira de João entender o cordeiro da Páscoa? É possível. Mas talvez ele entendesse como João chegou a essa perspectiva tipológica, uma vez que o próprio Moisés provavelmente tivesse a compreensão de que alguns aspectos dos acontecimentos da vida dos patriarcas e de Israel tinham natureza prefigurativa, apontando para acontecimentos futuros. Por exemplo, será que Moisés não teria percebido que a ida de Abraão para o Egito por causa da fome, o sofrimento do faraó com as pragas e a saída de Abraão do Egito (Gn 12.10-20) tinham paralelos com a posterior saída de Israel do Egito, de modo que os primeiros acontecimentos tenham sido concebidos para apontar para os posteriores? Na verdade, em alguns casos de tipologia, que os estudiosos entendem como interpretações únicas apenas da perspectiva retrospectiva do NT, há evidências no próprio texto do AT de que o autor veterotestamentário tinha algum grau de conhecimento de que a história que estava narrando apontava para o futuro. Nesses casos, o autor neotestamentário está elaborando com base na já existente visão tipológica inicial do próprio texto do AT e desenvolvendo-a mais à luz da revelação progressiva do evento Cristo. Procuramos mostrar esse fenômeno com o uso de Oseias 11.1 em Mateus 2.15 (sobre isso, veja, no cap. 12, o subtítulo "Jesus como Israel e Filho dos últimos dias em Mateus 2"). Há outros casos em

---

[123]William Sanford LaSor, "Prophecy, inspiration, and *sensus plenior*", *TynBul* 29 (1978): 55-6.
[124]Geerhardus Vos, *Biblical theology: Old and New Testaments* (Grand Rapids: Eerdmans, 1948), p. 7, 17.
[125]Ibidem, p. 7.
[126]Veja tb. Números 9.12 e Salmos 34.20.
[127]Veja Carson, "Mystery and fulfillment", p. 427.

que o mesmo fenômeno pode ser identificado (p. ex., veja Is 7.14 em Mt 1.21-23; Is 22.22 em Ap 3.7), e outras pesquisas provavelmente revelarão novos exemplos.

Esse tipo de abordagem para entender textos bíblicos anteriores pode ser chamada adequadamente de interpretação "canônica" (*versus* interpretação "histórico-gramatical"), pela qual as partes posteriores da revelação do cânon bíblico explicam, interpretam, desdobram e desenvolvem partes anteriores "mais obscuras". Se está correto o pressuposto de que Deus, em última análise, é o autor do cânon, então as partes posteriores das Escrituras explicam a "descrição obscura" de partes anteriores. Se um texto posterior do AT ou do NT estiver de fato desdobrando a ideia de um texto anterior, então o significado desenvolvido pelo texto posterior estava originariamente incluído no "significado obscuro" do texto anterior, cuja "semente" agora havia se desenvolvido naturalmente de modo que tanto a forma anterior quanto a posterior da árvore ainda devem ser identificadas como o mesmo organismo.

Portanto, as interpretações não previstas de passagens do AT no NT podem ir além da intenção original do autor veterotestamentário humano. Entretanto, o sentido original do texto do AT permanece em foco mesmo quando o autor do NT desenvolve esse significado original além do que poderia parecer o "significado superficial" da passagem anterior. Parte do que pode ser desenvolvido é o significado divino mais amplo do texto anterior, sentido esse de que o autor humano não tinha consciência, mas que não está em contradição com o significado humano original. No que diz respeito a Paulo, James Dunn analisa da seguinte maneira:

> Em todos os casos Paulo entendia a novidade como um desdobramento novo e final da antiga promessa [...] Sem essa promessa antiga, a nova teria sido tão estranha e diferente que não teria sido reconhecida nem pregada por Paulo como evangelho [...] Em resumo, podemos dizer que era a continuidade na descontinuidade, o auge apocalíptico da história da salvação que constituía a essência de seu evangelho.[128]

Por isso, o uso que faço de "transformação" ao falar de significados transformados de passagens do AT no NT deve ser entendido como um desdobramento e uma transformação orgânicos, à luz da metáfora orgânica da revelação bíblica, e não se deve entender como a ideia de uma completa descontinuidade. Entretanto, o próprio fato, por exemplo, de que algumas passagens afirmam que o cumprimento de um trecho do AT é um "mistério" revelado (até então oculto) indica alguma medida de descontinuidade significativa e de novidade de compreensão.[129] Com relação a isso, não é compreensível que o cumprimento normalmente apresente os detalhes que talvez não tenham sido precisamente previstos pelo profeta do AT?

A seguir, daremos atenção ao grande alvo das questões histórico-redentoras que têm sido o tema deste livro.

---

[128] James D. G. Dunn, "How new was Paul's gospel? The problem of continuity and discontinuity", in: L. Ann Jervis; Peter Richardson, orgs., *Gospel in Paul: studies on Corinthians, Galatians and Romans for Richard N. Longenecker*, JSNTSup 108 (Sheffield: Sheffield Academic Press, 1994), p. 367. Porém, para restrições quanto ao entendimento de Dunn da terminologia acima no contexto mais amplo de seu artigo, veja Carson, "Mystery and fulfillment", p. 434.

[129] Veja Carson, "Mystery and fulfillment", p. 415. O artigo de Carson explica bem as continuidades e descontinuidades entre a revelação do AT e a do NT, especialmente com respeito à ideia conceitual de "mistério" relacionada a essa tensão.

27

O propósito da narrativa histórico-redentora e as implicações para a vida cristã na era escatológica "já e ainda não" da nova criação

Qual seria o propósito supremo tanto do aspecto inaugurado quanto do aspecto consumado da história da redenção? A parte inicial deste capítulo tentará responder a essa pergunta. Em seguida, apresento mais uma reflexão final sobre as implicações práticas do poder transformador da nova criação para a vida e a pregação cristãs.

O propósito da nova criação "já e ainda não": a glória e a adoração de Deus

A finalidade desta seção é resumir as obras de outros autores que sustentam que a glória de Deus é o grande alvo de toda a história da redenção. Grande parte da argumentação deste livro é que o reino da nova criação, em seus aspectos multifacetados, é o principal degrau para esse grande objetivo. A glória de Deus é o ápice do enredo do NT, desenvolvido sobre o do AT, que defendi em todo este livro: *A vida de Jesus, suas provações, sua morte pelos pecadores e principalmente sua ressurreição pelo Espírito deram início ao cumprimento do reino escatológico "já e ainda não" da nova criação, que é concedido pela graça por meio da fé, resultando em uma comissão universal para que os fiéis promovam esse reino de nova criação, bem como em juízo para os descrentes, tudo isso para a glória do Deus trino e uno*.

O desejo e o propósito de Deus em toda a história é glorificar a si mesmo.[1] Essa ideia é sugerida primeiramente em Gênesis 1.28, em que o propósito da criação da humanidade por Deus segundo a sua imagem é que os seres humanos reflitam essa imagem. Isso significa que a humanidade refletiria os atributos gloriosos de Deus e "encher[ia] a terra" de portadores da imagem que refletem a glória divina. Estudamos que textos como Salmos 8, por exemplo, interpretam Gênesis 1.28 na declaração de que a criação da humanidade segundo a imagem de Deus teve como propósito fazer o "nome" de Deus "majestoso" em toda a terra (Sl 8.1,9).

---
[1] O restante desta seção baseia-se consideravelmente em John Piper, *Desiring God: meditations of a Christian hedonist* (Portland: Multnomah, 1986), p. 227-38.

Portanto, o grande objetivo de criar esses portadores da imagem era que toda a terra fosse cheia da glória do Senhor (assim tb. Is 11.9; Hc 2.14).

De fato, todos os acontecimentos importantes histórico-redentores do registro bíblico são planejados para o grande alvo da glória de Deus. Em Babel, os seres humanos queriam "fazer um nome" para si, em vez de fazer o nome de Deus glorioso, por isso foram castigados ao serem espalhados pela terra (Gn 11.1-8).[2] Embora não esteja explícito no AT, a vida de Abraão foi uma vida "que deu glória a Deus" (Rm 4.20,21).

O Êxodo de Israel do Egito também ocorreu para a glória de Deus: "Serei glorificado por meio do faraó" (Êx 14.4,18 [cf. 9.16]). A própria preservação do Israel pecador no deserto após a fuga do Egito foi para a glória divina: "Eu agi por amor do meu nome" (Ez 20.22). Quando Deus deu a Lei a Israel no monte Sinai, "a glória do Senhor" foi revelada ali (Êx 24.16,17). O próprio Sinai era um monte santuário que apontava para o Tabernáculo a ser erguido logo em breve a fim de que Deus habitasse no meio de Israel no deserto. O propósito maior do Êxodo de Israel — a outorga da Lei e a posterior preservação de Israel — era Deus demonstrar sua glória em Israel com o seu tabernáculo (Êx 40.34,35):[3]

> Então a nuvem cobriu a tenda do encontro, e a glória do Senhor encheu o tabernáculo, de maneira que Moisés não podia entrar na tenda do encontro, pois a nuvem repousava sobre ela, e a glória do Senhor enchia o tabernáculo.

O propósito da conquista de Canaã e o estabelecimento de Israel nessa terra era que a nação futuramente estabelecesse o reino de Davi e edificasse um templo a fim de que o "nome" glorioso de Deus e sua presença se manifestassem ali (2Sm 7.5-30; veja tb. 1Rs 8.1-21).[4] Quando Salomão dedicou o templo, o santuário se encheu com "a glória do Senhor", o que não é outra coisa senão a revelação divina de que aquele era o lugar escolhido para Deus habitar (1Rs 8.10-12).[5] Posteriormente, Salomão interpretou esse espaço sagrado da habitação gloriosa de Deus como a "casa" que é "chamada por teu nome" e "edificada para teu nome" (1Rs 8.41-45). Assim, a gloriosa presença divina e o nome de Deus no templo são praticamente sinônimos, uma equiparação natural, visto que é comum no AT o nome de uma pessoa representar a essência do caráter dessa pessoa, e essa ideia é especialmente aplicável ao nome de Deus.[6]

Deus declara que o Exílio e a restauração prometida ocorreram "por amor do meu nome" e "por amor de mim [...] Não darei a minha glória a nenhum outro" (Is 48.9-11). Parte da restauração implicava a reconstrução de Jerusalém e do templo, que, novamente, era para glorificar a Deus: "Edificai o templo [...] e serei glorificado" (Ag 1.8).[7]

Toda a vida e o ministério de Jesus foram para a glória de Deus: "Eu te glorifiquei na terra" (Jo 17.4 [cf. 7.18]). E Deus glorificou Jesus, indicando assim a própria divindade de Jesus

---

[2] Como veremos logo a seguir, o nome de Deus representa seus atributos gloriosos, portanto ambos são praticamente sinônimos.

[3] Veja tb. Levítico 9.23; Números 16.19,42; 20.6.

[4] Veja tb. Deuteronômio 12.5,11,21; 14.23,24; 16:2,4,6,11; 26.2; cf. Êxodo 15.13,17,18. Mesmo o começo da monarquia pecaminosa de Israel estava ligado de alguma forma com o "grande nome" de Deus (1Sm 12.19-23).

[5] Observe-se tb. 1Reis 8.13-18. Além disso, observe-se "a glória do Senhor" como referência à sua gloriosa presença no primeiro templo (Ez 3.12; 10.4,18; 11.23).

[6] P. ex., Isaías 48.9-11 equipara o "nome" à "glória" de Deus: "Refreio minha ira por amor do meu nome [...] por amor de mim [...] por amor de mim, agirei [...] Não darei a minha glória a nenhum outro". A glória divina e o nome de Deus ocorrem em paralelismo sinônimo em Salmos 72.19; 102.15; 148.13; Isaías 42.8; 43.7; 59.19. Do mesmo modo, os dois estão indissociavelmente ligados na expressão "a glória do nome [de Deus]" (provavelmente deve ser entendido como um genitivo apositivo: "a glória que é meu nome") em Salmos 66.2; 79.9; 96.8.

[7] Veja tb. Zacarias 1.16—2.5; Ageu 2.7-9; cf. 2Crônicas 36.23; Malaquias 2.2.

(Jo 8.54; 11.4; 12.23; 13.31; 17.5,10,24). A morte de Jesus glorificou especialmente a Deus (Jo 12.28-34). Na segunda vinda de Jesus e no juízo dos incrédulos, ele será "glorificado nos seus santos" (2Ts 1.9,10).

Vimos anteriormente no livro que todos os principais acontecimentos bíblicos mencionados logo acima foram planejados para trazer glória a Deus e se moviam em direção ao ápice escatológico de Deus habitando em um templo na nova criação.[8] Esse movimento, porém, foi interrompido por causa do pecado do povo de Deus. Em seguida, o começo de outro movimento aparentemente escatológico teria início, mas novamente cessaria por causa do pecado.

Esses ciclos se repetiram até a vinda de Cristo. Ele inaugurou uma nova criação dos últimos dias por meio de seu ministério terreno, sua morte, ressurreição e o envio do Espírito. Esse movimento em direção ao reino definitivo da nova criação não cessará desta vez; não será revertido, mas continuará crescendo em todo o período entre os adventos até Cristo voltar pela segunda vez para julgar e criar a forma definitiva do novo céu e da nova terra, tudo para a glória escatológica de Deus. Essa é a mensagem principal da visão de Apocalipse 4 e 5, que relata a vitória "já e ainda não" de Deus e de Cristo, que realizará a glória do Pai e do Filho.[9] "A ele sejam glória e domínio pelos séculos dos séculos. Amém" (Ap 1.6b).

Uma vez que a glória de Deus é o grande alvo dos últimos tempos do enredo histórico-redentor,[10] podemos concluir que o alvo de Deus em tudo é glorificar a si mesmo e desfrutar essa glória para sempre. Uma vez que esse é o objetivo de Deus, ele também deveria ser o nosso. Portanto, o principal fim da humanidade é glorificar a Deus ao desfrutá-lo para sempre.[11] Desse modo, todas as pessoas deveriam se perguntar: "Em tudo o que penso, digo e faço, será que glorifico a Deus ou a mim mesmo?"[12] e "Será que desfruto mais a mim mesmo e a criação do que desfruto o próprio Deus?" Por isso, a teologia bíblica, conforme a entendo, nos apresenta o imperativo não apenas de estender o reino da nova criação de Deus, mas também de amar a Deus e adorá-lo para a sua glória!

O poder transformador da nova criação para a vida e a pregação cristãs

Aqui, vou expor uma das principais implicações práticas e pastorais deste livro: se a nova criação dos últimos tempos de fato começou, como isso deve influenciar o modo em que os cristãos vivem?[13] Lembre-se de que, para o cristão, ser uma nova criação significa começar a vivenciar a ressurreição espiritual dos mortos, que será consumada na ressurreição física no fim dos tempos. Essa etapa da ressurreição espiritual é o começo do cumprimento da profecia

---

[8]Isso abrangia até a edificação de pequenos tabernáculos pelos patriarcas (sobre esse tema, veja cap. 18).

[9]O final de Apocalipse 4 e o de Apocalipse 5 relatam que a soberania de Deus na história efetuará a glória de Deus e de Cristo respectivamente. Veja, mais especificamente, G. K. Beale, *The book of Revelation: a commentary on the Greek text*, NIGTC (Grand Rapids: Eerdmans, 1999), p. 311-69. Nessa obra, entendo que o ensinamento principal das duas visões é que "Deus e Cristo são *glorificados* porque a ressurreição de Cristo demonstra que eles são soberanos sobre a criação para julgar e redimir" (p. 145-6).

[10]Sobre isso, veja tb. Romanos 11.36: "Porque todas as coisas são dele, por ele e para ele. A ele seja a glória eternamente! Amém".

[11]Essa minha afirmação é originária da resposta à Pergunta 1 do Catecismo Maior de Westminster, que diz, na realidade: "O último e supremo fim do homem é glorificar a Deus e desfrutá-lo para sempre". Piper (*Desiring God*, p. 13-4) provavelmente está certo ao interpretar "e [...] desfrutá-lo" do Catecismo como "ao desfrutá-lo". Igualmente, veja Mateus 5.14; 1Pedro 4.11.

[12]É preciso refletir sobre essa pergunta à luz de 1Coríntios 10.31: "Portanto, quer comais, quer bebais, quer façais outra coisa qualquer, fazei tudo para a glória de Deus".

[13]Sobre esse tema, veja, p. ex., no cap. 9, a seção "Que diferença faz para a vida cristã o fato de a nova criação dos últimos dias ter começado?" e o cap. 24.

do AT sobre a ressurreição do povo de Deus, pela qual tanto o espírito como o corpo serão ressuscitados. Portanto, embora seja apenas uma ressurreição espiritual, não se trata de uma ressurreição metafórica ou figurada, mas de uma inicial ressurreição dos mortos literal.

Estudamos, por exemplo, que, em todas as suas epístolas, Paulo considera os verdadeiros crentes aqueles que já começaram a vivenciar de fato a existência da ressurreição escatológica. Essa afirmação paulina é absolutamente fundamental, visto que suas muitas ordens e exortações pressupõem que os verdadeiros santos sejam capazes de obedecer porque têm o poder da ressurreição para fazê-lo. É por isso que Paulo e outros autores enfatizam a participação do leitor nas realidades escatológicas quando os exortam a obedecer a Deus. Os que são cristãos meramente professos, mas não verdadeiramente regenerados, não têm nenhum desejo de perseverar em fazer a vontade de Deus, pois não receberam o poder da nova criação para obedecer. Os santos escatológicos genuínos têm tanto o desejo como a capacidade de obedecer e agradar a Deus. Apresentei vários exemplos que ilustram como a capacidade de fazer algo cria na pessoa o desejo de fazê-lo.

É importante que todos os cristãos entendam essa ideia, mas os que ensinam e pregam na igreja devem ter consciência especial da nova criação inaugurada dos últimos tempos. Essa consciência deve influenciar tudo quanto eles expõem da palavra de Deus. É de particular importância que os pastores esclareçam para suas respectivas congregações o poder escatológico da ressurreição que os crentes têm, pois a consciência desse poder permite aos crentes entender que têm a capacidade de cumprir os mandamentos de Deus. Com base nisso, os "mandamentos [de Deus] não são um peso" (1Jo 5.3). E, conforme estudamos, é o Espírito vivificador de Deus que capacita seu povo para cumprir seus mandamentos, que, de outro modo, seriam muito difíceis de obedecer.

Essa estrutura "já e ainda não" dos últimos tempos para entender quem somos e o que Deus consequentemente espera de nós não pode ser comunicada de modo eficiente em apenas alguns sermões ou lições da escola dominical; antes, ela tem de estar entrelaçada na base do ensino e da pregação expositiva do pastor ao longo dos anos. Somente dessa forma, a ideia pode ser absorvida de maneira eficaz pela graça de Deus. A conhecida declaração em forma de oração de Agostinho resume bem isso: "Concede o que ordenas e ordena o que quiseres" (*Conf.* 10.29).

Consequentemente, a interpretação neotestamentária do AT foi escrita "para nossa instrução" porque "sobre [nós] o fim dos tempos já chegou", dando-nos a capacidade de permanecer firmes e de resistir à tentação (1Co 10.11-13).[14]

Eu poderia escrever um livro sobre teologia prática e pregação com base nesse tema, mas tenho de deixar essa tarefa para outros, dado o tamanho que este livro já atingiu.

Enfim, a conclusão deste livro é: a Deus seja a glória.

---

[14] Essa é uma paráfrase bastante interpretativa de 1Coríntios 10.11-13.

Bibliografia

ABBOTT, T. K. *A critical and exegetical commentary on the Epistles to the Ephesians and to the Colossians*. ICC (New York: Charles Scribner's Sons, 1905).
ACHTEMEIER, Paul J. *1 Peter*. Hermeneia (Minneapolis: Fortress, 1996).
ALETTI, Jean-Noël. *Saint Paul, Épître aux Colossiens: introduction, traduction et commentaire*. EBib 20 (Paris: Gabalda, 1993).
ALEXANDER, Joseph A. *Commentary on the prophecies of Isaiah* (1847; reimpr., Grand Rapids: Zondervan, 1970). 2 vols.
ALEXANDER, T. Desmond. *From Eden to the New Jerusalem: an introduction to biblical theology* (Grand Rapids: Kregel, 2008).
ALKIER, Stefan. *Die Realität der Auferweckung in, nach und mit den Schriften des Neun Testaments*. Neuetestamentliche Entwürf zur Theologie 12 (Tübingen: Narr Francke Attempto Verlag GmbH & Co., 2009).
ALLISON JR., Dale C. *The end of the ages has come: an early interpretation of the Passion and resurrection of Jesus* (Philadelphia: Fortress, 1985).
_____. "Eschatology". In: *DJG*. p. 206-9.
_____. *The new Moses: a Matthean typology* (Minneapolis: Fortress, 1993).
ANDERSON, A. A. *The book of Psalms*. NCB (Grand Rapids: Eerdmans, 1972). 2 vols.
ANSBERRY, Christopher B. *Be wise, my son, and make my heart glad: an exploration of the courtly nature of Proverbs*. Tese de doutorado (Wheaton College Graduate School, 2009).
ARNOLD, C. E. "Returning to the domain of the powers: STOICHEIA as evil spirits in Galatians 4:3, 9". *NovT* 38 (1996): 55-76.
ATTRIDGE, Harold W. *The Epistle to the Hebrews*. Hermeneia (Philadelphia: Fortress, 1989).
AUNE, David E. "Apocalypticism". In: *DPL*. p. 25-35.
_____. "Early Christian eschatology". In: *ABD* 2:594-609.
AVERBECK, Richard E. "The cylinders of Gudea (2.155)". In: HALLO, William. W.; YOUNGER JR., K. Lawson, orgs. *The context of Scripture: archival documents from the biblical world* (Leiden: Brill, 2000). vol. 2: *Monumental inscriptions from the biblical world*. p. 418-33.
BAHNSEN, Greg L. *Theonomy in Christian ethics* (Nutley: Craig Press, 1979).
BAILEY, Daniel P. "Jesus as the mercy seat: the semantics and theology of Paul's use of *hilasterion* in Romans 3:25". *TynBul* 51, n. 1 (2000): 155-8.
_____. "Review of *Der Tod Jesu als Heiligtumsweihe*, by Wolfgang Kraus". *JTS* 45 (1994): 247-52.
BALDWIN, Joyce G. *Daniel*. TOTC (Leicester: Inter-Varsity, 1978).
BANDSTRA, A. J. "History and eschatology in the Apocalypse". *CTJ* 5 (1970): 180-3.

BARCLAY, John M. G. *Colossians and Philemon: a commentary*. NTG (Sheffield: Sheffield Academic Press, 1997).
_____. *Obeying the truth: a study of Paul's ethics in Galatians*. SNTW (Edinburgh: T&T Clark, 1988).
BARKER, Margaret. "Isaiah". In: DUNN, James D. G.; ROGERSON, John W., orgs. *Eerdmans commentary on the Bible* (Grand Rapids: Eerdmans, 2003). p. 489-542.
BARNETT, Paul. *The Second Epistle to the Corinthians*. NICNT (Grand Rapids: Eerdmans, 1997).
BARR, James. *The concept of biblical theology: an Old Testament perspective* (Minneapolis: Fortress, 1999).
BARRETT, C. K. "The background of Mark 10:45". In: HIGGINS, A. J. B., org. *New Testament essays: studies in memory of Thomas Walter Manson, 1893-1958* (Manchester: Manchester University Press, 1959). p. 1-18.
_____. "The eschatology of the Epistle to the Hebrews". In: DAVIES, W. D.; DAUBE, D., orgs. *The background of the New Testament and its eschatology: studies in honour of C. H. Dodd* (Cambridge: Cambridge University Press, 1956). p. 363-93.
BARTHOLOMEW, Craig G.; GOHEEN, Michael W. *The drama of Scripture: finding our place in the biblical story* (Grand Rapids: Baker Academic, 2004).
_____; _____. *O drama das Escrituras: encontrando o nosso lugar na história bíblica* (São Paulo: Vida Nova, 2017). Tradução de: The drama of Scripture: finding our place in the biblical story.
_____. "Story and biblical theology". In: BARTHOLOMEW, Craig G.; HEALY, Mary; MÖLLER, Karl; PARRY, Robin, orgs. *Out of Egypt: biblical theology and biblical interpretation*. Hermeneutics Series 5 (Grand Rapids: Zondervan, 2004). p. 144-71.
BARTHOLOMEW, Craig G.; HEALY, Mary; MÖLLER, Karl; PARRY, Robin, orgs. *Out of Egypt: biblical theology and biblical interpretation*. Hermeneutics Series 5 (Grand Rapids: Zondervan, 2004).
BASS, Derek Drummond. *Hosea's use of Scripture: an analysis of his hermeneutics*. Tese de doutorado (Southern Baptist Theological Seminary, 2008).
BAUCKHAM, Richard. *The climax of prophecy: studies on the book of Revelation* (Edinburgh: T&T Clark, 1993).
_____, org. *The Gospels for all Christians: rethinking the Gospel audiences* (Grand Rapids: Eerdmans, 1998).
_____. "The great tribulation in the Shepherd of Hermas". *JTS* 25 (1974): 27-40.
_____. "James and the Jerusalem church". In: BAUCKHAM, Richard, org. *The book of Acts in its first century setting* (Grand Rapids: Eerdmans, 1995). vol. 4: *The book of Acts in its Palestinian setting*. p. 415-80.
_____. *Jesus and the God of Israel: God crucified and other studies on the New Testament's Christology of divine identity* (Grand Rapids: Eerdmans, 2008).
_____. "Jesus and the wild animals (Mark 1:13): a Christological image for an ecological age". In: GREEN, Joel B.; TURNER, Max, orgs. *Jesus of Nazareth: Lord and Christ; essays on the historical Jesus and New Testament Christology* (Grand Rapids: Eerdmans, 1994). p. 3-21.
BAUGH, S. M. "Covenant, priesthood, and people in Hebrews". Disponível em: http://baughwscal.edu/PDF/NT701/NT701_Hebrews _CPP.pdf.
BAYER, Hans F. "Christ-centered eschatology in Acts 3:17-26". In: GREEN, Joel B.; TURNER, Max, orgs. *Jesus of Nazareth: Lord and Christ; essays on the historical Jesus and New Testament Christology* (Grand Rapids: Eerdmans, 1994). p. 236-50.
BAYLIS, Albert H. *From creation to the cross: understanding the first half of the Bible* (Grand Rapids: Zondervan, 1996).
BEALE, G. K. *1-2 Thessalonians*. IVPNTC (Downers Grove: InterVarsity, 2003).
_____. *The book of Revelation: a commentary on the Greek text*. NIGTC (Grand Rapids: Eerdmans, 1999).
_____. "Colossians". In: BEALE, G. K.; CARSON, D. A., orgs. *Commentary on the New Testament use of the Old Testament* (Grand Rapids: Baker Academic, 2007). p. 841-70.

_____. "Colossenses". In: BEALE, G. K.; CARSON, D. A., orgs. *Comentário do uso do Antigo Testamento no Novo Testamento*. Tradução de C. E. S. Lopes et al. (São Paulo: Vida Nova, 2014). Tradução de: Commentary on the New Testament use of the Old Testament.
_____. *Colossians and Philemon*. BECNT (Grand Rapids: Baker Academic, no prelo).
_____. "The descent of the eschatological temple in the form of the Spirit at Pentecost: part I". *TynBul* 56, n. 1 (2005): 73-102.
_____. "The descent of the eschatological temple in the form of the Spirit at Pentecost: part II". *TynBul* 56, n. 2 (2005): 63-90.
_____. "Did Jesus and his followers preach the right doctrine from the wrong texts? An examination of the presuppositions of the apostles' exegetical method". *Themelios* 14 (1989): 89-96.
_____. "Eden, the temple, and the church's mission in the new creation". *JETS* 48 (2005): 5-31.
_____. "The eschatological conception of New Testament theology". In: BROWER, K. E.; ELLIOTT, M. W., orgs. *"The reader must understand": eschatology in the Bible and theology* (Leicester: Apollos, 1997). p. 11-52.
_____. "Eschatology". In: *DLNTD*. p. 330-45.
_____. "The final vision of the Apocalypse and its implications for a biblical theology of the temple". In: GATHERCOLE, Simon J.; ALEXANDER, T. Desmond, orgs. *Heaven on earth: the temple in biblical theology* (Carlisle: Paternoster, 2004). p. 191-209.
_____. "Isaiah VI 9-13: a retributive taunt against idolatry". *VT* 41 (1991): 257-78.
_____. *John's use of the Old Testament in Revelation*. JSNTSup 166 (Sheffield: Sheffield Academic Press, 1998).
_____. "The Old Testament background of Paul's reference to the 'fruit of the Spirit' in Galatians 5:22". *BBR* 15 (2005): 1-38.
_____. "The Old Testament background of reconciliation in 2 Corinthians 5—7 and its bearing on the literary problem of 2Corinthians 4:14—7:1". *NTS* 35 (1989): 550-81.
_____. "The Old Testament background of Rev 3.14". *NTS* 42 (1996): 133-52.
_____. "The Old Testament background of the 'last hour' in 1 John 2:18". *Biblica* 92 (2011): 231-54.
_____. "Peace and mercy upon the Israel of God: the Old Testament background of Galatians 6,16b". *Bib* 80 (1999): 204-23.
_____. "Review of *Acts and the Isaianic new exodus*, by David W. Pao". *TJ* 25 (2004): 93-101.
_____. "Review of CARSON, D. A.; O'BRIEN, P. T.; SEIFRID, M. A., orgs. *Justification and variegated nomism* (Grand Rapids: Baker Academic, 2004). vol. 2: *The paradoxes of Paul*". *Trinity Journal* 29 NS (2008): 146-9.
_____. "Review of *The end of the beginning*, by William J. Dumbrell". *Themelios* 15 (1990): 69-70.
_____, org. *The right doctrine from the wrong texts? Essays on the use of the Old Testament in the New* (Grand Rapids: Baker Academic, 1994).
_____. *The temple and the church's mission: a biblical theology of the dwelling place of God*. NSBT 17 (Downers Grove: InterVarsity, 2004).
_____. *The use of Daniel in Jewish apocalyptic literature and in the Revelation of St. John* (Lanham: University Press of America, 1984).
_____. *We become what we worship: a biblical theology of idolatry* (Downers Grove: IVP Academic, 2008).
_____. *Você se torna aquilo que adora: uma teologia bíblica da idolatria* (São Paulo: Vida Nova, 2014). Tradução de: We become what we worship.
_____; GLADD, Benjamin L. *Hidden but now revealed: a biblical theology of divine mystery* (Downers Grove: InterVarsity, 2014).
BEASLEY-MURRAY, George R. "The eschatology of the Fourth Gospel". *EvQ* 18 (1946): 97-108.
_____. *John*. WBC 36 (Waco: Word, 1987).
BEETHAM, Christopher A. *Echoes of Scripture in the Letter of Paul to the Colossians*. BIS 96 (Leiden: Brill, 2008).

Beisner, E. Calvin, org. *The Auburn Avenue theology, pros and cons: debating the federal vision* (Ft. Lauderdale: Knox Theological Seminary Press, 2004).

Bell, Richard H. *No one seeks for God: an exegetical and theological study of Romans 1.18—3.20*. WUNT 106 (Tübingen: Mohr Siebeck, 1998).

Belleville, Linda. "'Born of water and Spirit': John 3:5". *TJ* 1 (1980): 125-41.

Berges, Ulrich. *Das Buch Jesaja: Komposition und Endgestalt*. HBS 16 (Freiburg: Herder, 1998).

Berkhof, Louis. *Systematic theology* (Grand Rapids: Eerdmans, 1976).

_____. *Teologia sistemática* (Ribeirão Preto: Luzpara o caminho, 1990). Tradução de: Systematic theology.

Best, Ernest. *The First and Second Epistles to the Thessalonians* (Peabody: Hendrickson, 1972).

Betz, Hans Dieter. *Galatians*. Hermeneia (Philadelphia: Fortress, 1979).

Betz, Otto. "Der Katechon". *NTS* 9 (1963): 276-91.

_____. "The eschatological interpretation of the Sinai-tradition in Qumran and in the New Testament". *RevQ* 6 (1967): 89-107.

Bird, Michael F. "Incorporated righteousness: a response to recent evangelical discussion concerning the imputation of Christ's righteousness in justification". *JETS* 47 (2004): 253-75.

_____. "Justification as forensic declaration and covenant membership: a *via media* between Reformed and Revisionist readings of Paul". *TynBul* 57, n. 1 (2006): 109-30.

Bitner, Bradley J. *The biblical theology of Geerhardus Vos*. Dissertação de mestrado (Gordon-Conwell Theological Seminary, 2000).

Black, Jeremy. "Ashur (god)". In: Bienkowski, Piotr; Millard, Alan, orgs. *Dictionary of the ancient Near East* (Philadelphia: University of Pennsylvania Press, 2000). p. 36.

Blaising, Craig A.; Bock, Darrell L. *Progressive dispensationalism* (Grand Rapids: Baker Academic, 1993).

Blenkinsopp, Joseph. *Ezekiel*. IBC (Louisville: John Knox, 1990).

_____. *Isaiah 56—66*. AB 19B (New York: Doubleday, 2003).

Bloch-Smith, Elizabeth. "'Who is the King of Glory?' Solomon's temple and its symbolism". In: Coogan, Michael D.; Exum, J. Cheryl; Stager, Lawrence E., orgs. *Scripture and other artifacts: essays on the Bible and archaeology in honor of Philip J. King* (Louisville: Westminster John Knox, 1994). p. 18-31.

Blocher, Henri. *In the beginning: the opening chapters of Genesis*. Tradução para o inglês de David G. Preston (Downers Grove: InterVarsity, 1984).

Block, Daniel I. *The book of Ezekiel: chapters 25—48*. NICOT (Grand Rapids: Eerdmans, 1998).

_____. "The Old Testament on Hell". In: Morgan, Christopher W.; Peterson, Robert A., orgs. *Hell under fire* (Grand Rapids: Zondervan, 2004). p. 43-65.

Blomberg, Craig L. "Matthew". In: Beale, G. K.; Carson, D. A., orgs. *Commentary on the New Testament use of the Old Testament* (Grand Rapids: Baker Academic, 2007). p. 1-109.

_____. "Mateus". In: Beale, G. K.; Carson, D. A., orgs. *Comentário do uso do Antigo Testamento no Novo Testamento*. Tradução de C. E. S. Lopes et al. (São Paulo: Vida Nova, 2014). Tradução de: Commentary on the New Testament use of the Old Testament.

_____. "The unity and diversity of Scripture". In: *NDBT*. p. 64-72.

Bock, Darrell L. *Luke 9:51—24:53*. BECNT (Grand Rapids: Baker Academic, 1996).

Bockmuehl, Markus. *Revelation and mystery in ancient Judaism and Pauline Christianity*. WUNT 2/36 (Tübingen: Mohr Siebeck, 1990).

Booij, Thijs. "Some observations on Psalm LXXXVII". *VT* 37 (1987): 16-25.

Borgen, Peder. "Moses, Jesus, and the Roman emperor: observations in Philo's writings and the Revelation of John". *NovT* 38 (1996): 145-59.

Box, G. H. *The book of Isaiah* (London: Pitman, 1908).

Branham, Joan R. "Vicarious sacrality: temple space in ancient synagogues". In: Urman, Dan; Flesher, Paul V. M., orgs. *Ancient synagogues: historical analysis and archaeological discovery*. StPB 47 (Leiden: Brill, 1995). vol. 2. p. 319-45.

Bratsiotis, N. P. "בָּשָׂר" In: *TDOT* 2:313-32.
Brendsel, Daniel J. "Centers, plots, themes, and biblical theology" (Trabalho apresentado no Seminário de Doutorado sobre Interpretação Teológica das Escrituras, Wheaton College, 18 de dezembro de 2008).
_____. "Plots, themes, and responsibilities: the search for a center of biblical theology reexamined". *Themelios* 35, n. 3 (2010): 400-12.
Brenton, Lancelot C. L. *The Septuagint with Apocrypha: Greek and English* (1851; reimpr., Peabody: Hendrickson, 1986).
Briggs, Charles A. *A critical and exegetical commentary on the book of Psalms.* ICC (Edinburgh: T&T Clark, 1986-1987). 2 vols.
Brown, Colin. "Resurrection". In: *NIDNTT* 3:259-309.
Brown, J. K. "Creation's renewal in the Gospel of John". *CBQ* 72 (2010): 275-90.
Brown, Raymond E. *The Epistles of John.* AB 30 (Garden City: Doubleday, 1982).
Broyles, Craig C. *Psalms.* NIBC (Peabody: Hendrickson, 1999).
Bruce, F. F. *1 and 2 Corinthians.* NCB (Greenwood: Attic Press, 1971).
_____. *1 & 2 Thessalonians.* WBC 45 (Waco: Word, 1982).
_____. *The book of the Acts.* NICNT (Grand Rapids: Eerdmans, 1954).
_____. *The Epistle of Paul to the Galatians: a commentary on the Greek text.* NIGTC (Grand Rapids: Eerdmans, 1982).
_____. *The Epistle of Paul to the Romans.* TNTC (Grand Rapids: Eerdmans, 1963).
_____. *Romanos: introdução e comentário* (São Paulo: Vida Nova, 1979). Tradução de: The Epistle of Paul to the Romans.
_____. *The Epistle to the Hebrews.* NICNT (Grand Rapids: Eerdmans, 1990).
_____. *TheEpistles of John.* NICNT (Grand Rapids: Eerdmans, 1970).
_____. *The Epistles to the Colossians, to Philemon, and to the Ephesians.* NICNT (Grand Rapids: Eerdmans, 1984).
_____. "Eschatology in Acts". In: Gloer, W. Hulitt, org. *Eschatology and the New Testament: essays in honor of George Raymond Beasley-Murray* (Peabody: Hendrickson, 1988). p. 51-63.
Brueggemann, Walter. *Genesis.* IBC (Atlanta: John Knox, 1982).
_____. *The land: place as gift, promise, and challenge in biblical faith* (Philadelphia: Fortress, 1977).
Buchanan, G. W. "Eschatology and the 'end of days'". *JNES* 20 (1961): 188-93.
Bullock, C. Hassell. *Encountering the book of Psalms: a literary and theological introduction* (Grand Rapids: Baker Academic, 2001).
Bultmann, Rudolf. *Theology of the New Testament.* Tradução para o inglês de Kendrick Grobel (London: SCM, 1952-1955). 2 vols.
Burge, Gary M. *Jesus and the land: the New Testament challenge to "Holy Land" theology* (Grand Rapids: Baker Academic, 2010).
Burney, C. F. "Christ as the APXH of creation (Prov. viii 22; Col. i 15-18; Rev. iii 14)". *JTS* 27 (1926): 160-77.
Buttmann, Alexander. *A grammar of the New Testament Greek* (Andover: W. F. Draper, 1873).
Buzzard, Anthony. "Acts 1:6 and the eclipse of the biblical kingdom". *EvQ* 66 (1994): 197-215.
Byrne, Brendan. *Romans.* SP 6 (Collegeville: Liturgical Press, 1996).
Cadbury, Henry J. "Acts and eschatology". In: Davies, W. D.; Daube, D., orgs. *The background of the New Testament and its eschatology: studies in honour of C. H. Dodd* (Cambridge: Cambridge University Press, 1956). p. 300-21.
Caird, G. B. *The language and imagery of the Bible* (Philadelphia: Westminster, 1980).
_____. *Paul's letters from prison.* NClarB (Oxford: Oxford University Press, 1976).
_____; Hurst, L. D. *New Testament theology* (Oxford: Clarendon, 1994).
Callender Jr., Dexter E. *Adam in myth and history: ancient Israelite perspectives on the primal human.* HSS 48 (Winona Lake: Eisenbrauns, 2000).

CALVIN, John. *Commentaries on the Epistle of Paul the apostle to the Hebrews* (reimpr., Grand Rapids: Baker Academic, 1984).
_____ [João Calvino]. *Hebreus*. Série Comentários Bíblicos (São José dos Campos: Fiel, 2012). Tradução de: Commentaries on the Epistle of Paul the apostle to the Hebrews.
_____ . *Commentaries on the Epistles of Paul the apostle to the Galatians, Ephesians, Philippians, Colossians, and 1 and 2 Thessalonians, 1 and 2 Timothy, Titus, Philemon* (reimpr., Grand Rapids: Baker Academic, 1984).
_____ . *Commentaries on the Epistles of Paul the apostle to the Philippians, Colossians, and Thessalonians* (reimpr., Grand Rapids: Baker Academic, 1999).
_____ . *Genesis* (Edinburgh: Banner of Truth, 1965).
CARLSTON, Charles E. "Eschatology and repentance in the Epistle to the Hebrews". *JBL* 78 (1959): 296-302.
CARNEGIE, David R. "Worthy is the Lamb: the hymns in Revelation". In: ROWDON, Harold H., org. *Christ the Lord: studies in Christology presented to Donald Guthrie* (Downers Grove: InterVarsity, 1982). p. 243-56.
CARROLL, John T. *Response to the end of history: eschatology and situation in Luke-Acts*. SBLDS 92 (Atlanta: Scholars Press, 1988).
CARROLL R. M. Daniel. "Blessing the nations: toward a biblical theology of mission from Genesis". *BBR* 10 (2000): 17-34.
CARSON, D. A. "1-3 John". In: BEALE, G. K.; CARSON, D. A., orgs. *Commentary on the New Testament use of the Old Testament* (Grand Rapids: Baker Academic, 2007). p. 1063-7.
_____ . "1-3 João". In: BEALE, G. K.; CARSON, D. A., orgs. *Comentário do uso do Antigo Testamento no Novo Testamento*. Tradução de C. E. S. Lopes et al. (São Paulo: Vida Nova, 2014). Tradução de: Commentary on the New Testament use of the Old Testament.
_____ . "Current issues in biblical theology: a New Testament perspective". *BBR* 5 (1995): 17-41.
_____ . *The gagging of God: Christianity confronts pluralism* (Grand Rapids: Zondervan, 1996).
_____ . *O Deus amordaçado: o cristianismo confronta o pluralismo* (São Paulo: Vida Nova, 2013). Tradução de: The gagging of God.
_____ . *The Gospel according to John*. PNTC (Grand Rapids: Eerdmans, 1991).
_____ . *O comentário de João* (São Paulo: Shedd, 2007). Tradução de: The Gospel according to John.
_____ . "The *homoios* word-group as introduction to some Matthean parables". *NTS* 31 (1985): 277-82.
_____ . "Locating Udo Schnelle's *Theology of the New Testament* in the contemporary discussion". *JETS* 53 (2010): 133-41.
_____ . *Matthew 1—12*. EBC (Grand Rapids: Zondervan, 1995).
_____ . *Matthew 13—28*. EBC (Grand Rapids: Zondervan, 1995).
_____ . "Mystery and fulfillment: toward a more comprehensive paradigm of Paul's understanding of the Old and the New". In: CARSON, D. A.; O'BRIEN, Peter T.; SEIFRID, Mark A., orgs. *Justification and variegated nomism* (Grand Rapids: Baker Academic, 2004). vol. 2: *The paradoxes of Paul*. p. 393-436.
_____ . "New Testament theology". In: *DLNTD*. p. 796-814.
_____ . "Reflections on Christian assurance". *WTJ* 54 (1992): 1-29.
_____ . "The vindication of imputation: on fields of discourse and semantic fields". In: HUSBANDS, Mark A.; TREIER, Daniel J., orgs. *Justification: what's at stake in the current debates* (Downers Grove: InterVarsity, 2004). p. 46-78.
_____ ; MOO, Douglas J. *An introduction to the New Testament*. 2. ed. (Grand Rapids: Zondervan, 2005).
_____ ; _____ . *Introdução ao Novo Testamento* (São Paulo: Vida Nova, 1997). Tradução de: An introduction to the New Testament

CARSON, D. A.; O'BRIEN P. T.; SEIFRID, M. A., orgs. *Justification and variegated nomism* (Grand Rapids: Baker Academic, 2004). vol. 1: *The complexities of Second Temple Judaism*.

CARSON, Herbert M. *The Epistles of Paul to the Colossians and Philemon*. 2. ed. TNTC (Grand Rapids: Eerdmans, 1966).

CASSUTO, Umberto. *A commentary on the book of Genesis*. Tradução para o inglês de Israel Abrams (Jerusalem: Magnes Press, 1961). vol. 1: *From Adam to Noah: a commentary on Genesis I—VI*.

CAZELLES, Henri. "Sacral kingship". In: *ABD* 5:863-6.

CHARLES, R. H. *The Apocrypha and Pseudepigrapha of the Old Testament* (Oxford: Clarendon, 1913). 2 vols.

CHARLESWORTH, James H. *The Old Testament Pseudepigrapha* (New York: Doubleday, 1983-1985). 2 vols.

CHEYNE, T. K. *The prophecies of Isaiah*. 6. ed. (London: Kegan Paul, Trench, Trübner, 1898). 2 vols.

CHILDS, Brevard S. *Biblical theology of the Old and New Testaments: theological reflection on the Christian Bible* (Minneapolis: Fortress, 1993).

_____. *The book of Exodus*. OTL (Louisville: Westminster, 1976).

CHILTON, Bruce D. "Galatians 6:15: a call to freedom before God". *ExpTim* 89 (1978): 311-3.

CLEMENTS, R. E. *God and temple* (Philadelphia: Fortress, 1965).

CLIFFORD, Richard J. *Creation accounts in the ancient Near East and in the Bible*. CBQMS 26 (Washington: Catholic Biblical Association of America, 1994).

_____. "Isaiah 40—66". In: MAYS, James L., org. *Harper's Bible commentary* (San Francisco: Harper & Row, 1988). p. 571-96.

CLINES, David J. A., org. *The dictionary of classical Hebrew* (Sheffield: Sheffield Phoenix Press, 2007). vol. 6.

CLOWNEY, Edmund P. "The final temple". *WTJ* 35 (1972): 156-89.

COBB, Peter G. "The history of the Christian year". In: JONES, Cheslyn et al., orgs. *The study of liturgy*. Ed. rev. (New York: Oxford University Press, 1992). p. 455-72.

COHEN, Jeremy. *"Be fertile and increase, fill the earth and master it": the ancient and medieval career of a biblical text* (Ithaca: Cornell University Press, 1989).

COHN, Norman. *Cosmos, chaos, and the world to come: the ancient roots of apocalyptic faith* (New Haven: Yale University Press, 1993).

COLLINS, C. John. "Galatians 3:16: what kind of exegete was Paul?". *TynBul* 54, n. 1 (2003): 75-86.

CRAIGIE, Peter C. *Deuteronomy*. NICOT (Grand Rapids: Eerdmans, 1976).

CRANFIELD, C. E. B. *A critical and exegetical commentary on the Epistle to the Romans*. ICC (Edinburgh: T&T Clark, 1975). 2 vols.

CROATTO, J. Severino. "The 'nations' in the salvific oracles of Isaiah". *VT* 55 (2005): 143-61.

CULLMANN, Oscar. *Baptism in the New Testament*. Tradução para o inglês de J. K. S. Reid. SBT 1 (Chicago: Allenson, 1950).

_____. *Christ and time: the primitive Christian conception of time and history*. Tradução para o inglês de Floyd V. Filson (Philadelphia: Westminster, 1950).

CURRID, John D. *A study commentary on Exodus* (Auburn: Evangelical Press, 2000-2001). 2 vols.

CURTIS, Byron G. "Hosea 6:7 and the covenant-breaking like/at Adam". In: ESTELLE, Bryan D.; FESKO, J. V.; VANDRUNEN, David, orgs. *The law is not of faith: essays on works and grace in the Mosaic covenant* (Phillipsburg: P&R, 2009). p. 170-209.

CURTIS, Edward M. "Image of God (OT)". In: *ABD* 3:389-91.

DAHOOD, Mitchell. *Psalms*. AB 16, 17, 17A (Garden City: Doubleday, 1964). 3 vols.

DAVIDS, Peter H. *The Epistle of James: a commentary on the Greek text*. NIGTC (Grand Rapids: Eerdmans, 1982).

_____. *The First Epistle of Peter*. NICNT (Grand Rapids: Eerdmans, 1990).

DAVIDSON, Richard M. *Flame of Yahweh: sexuality in the Old Testament* (Peabody: Hendrickson, 2007).

_____. *Typology in Scripture: a study in hermenuetical τύπος structures*. AUSDDS 2 (Berrien Springs: Andrews University Press, 1981).

DAVIDSON, Robert. *The vitality of worship: a commentary on the book of Psalms* (Grand Rapids: Eerdmans, 1998).
DAVIES, John A. "Solomon as a new Adam in 1 Kings". *WTJ* 73 (2011): 39-57.
DAVIES, W. D. *The Gospel and the land: early Christianity and Jewish territorial doctrine* (Berkeley: University of California Press, 1974).
_____; ALLISON JR., Dale C. *A critical and exegetical commentary on the Gospel according to Saint Matthew*. ICC (Edinburgh: T&T Clark, 1988-1997). 3 vols.
DE GRAAF, S. G. *Promise and deliverance*. Tradução para o inglês de H. Evan Runner; Elisabeth Wichers Runner (St. Catherines: Paideia, 1977-1981). 4 vols.
DELITZSCH, Franz. *Biblical commentary on the prophecies of Isaiah*. Tradução para o inglês de James Martin. K&D (Grand Rapids: Eerdmans, 1949). 2 vols.
DELLING, G. "στοιχέω, κ.τ.λ". In: *TDNT* 7:666-9.
DEMPSTER, Stephen G. *Dominion and dynasty: a biblical theology of the Hebrew Bible*. NSBT 15 (Downers Grove: InterVarsity, 2003).
DIBELIUS, Martin; GREEVEN, Heinrich. *A commentary on the Epistle of James*. Tradução para o inglês de Michael A. Williams. Hermeneia (Philadelphia: Fortress, 1975).
DILLARD, Raymond B. "Intrabiblical exegesis and the effusion of the Spirit in Joel". In: GRIFFITH, Howard; MUETHER, John R., orgs. *Creator, Redeemer, Consummator: a festschrift for Meredith G. Kline* (Greenville: Reformed Academic Press, 2000). p. 87-93.
DODD, C. H. *According to the Scriptures: the sub-structure of New Testament theology* (London: Nisbet, 1952).
DOUGLAS, Mary. *Leviticus as literature* (Oxford: Oxford University Press, 1999).
DOWD, Sharon E. "Review of *Isaiah's new exodus in Mark*, by Rikki E. Watts". *JBL* 119 (2000): 140-1.
DRIVER, S. R. *A critical and exegetical commentary on Deuteronomy*. ICC (1895; reimpr., Edinburgh: T&T Clark, 1996).
DUBIS, Mark. "The land in biblical perspective" (Pesquisa apresentada no Encontro Anual da Evangelical Theological Society [Sociedade Teológica Evangélica], Valley Forge, PA, 17 de novembro de 2005).
_____. *Messianic woes in First Peter: suffering and eschatology in 1 Peter 4:12-19*. SBL 33 (New York: Peter Lang, 2002).
DUGUID, Ian W. *Ezekiel*. NIVAC (Grand Rapids: Zondervan, 1999).
DUMBRELL, William J. *Covenant and creation: a theology of the Old Testament covenants* (Nashville: Thomas Nelson, 1984).
_____. *The end of the beginning: Revelation 21—22 and the Old Testament* (Homebush West: Lancer, 1985).
_____. *The faith of Israel: a theological survey of the Old Testament*. 2. ed. (Grand Rapids: Baker Academic, 2002).
_____. "Genesis 2:1-17: a foreshadowing of the new creation". In: HAFEMANN, Scott J., org. *Biblical theology: retrospect and prospect* (Downers Grove: InterVarsity, 2002). p. 53-65.
_____. *The search for order: biblical eschatology in focus* (Grand Rapids: Baker Academic, 1994).
DUNN, James D. G. "The Danielic Son of Man in the New Testament". In: COLLINS, John J.; FLINT, Peter W., orgs. *The book of Daniel: composition and reception* (Leiden: Brill, 2001). vol. 2. p. 528-49.
_____. *The Epistle to the Galatians*. BNTC (Peabody: Hendrickson, 1993).
_____. *The Epistles to the Colossians and to Philemon: a commentary on the Greek text*. NIGTC (Grand Rapids: Eerdmans, 1996).
_____. "How new was Paul's gospel? The problem of continuity and discontinuity". In: JERVIS, L. Ann; RICHARDSON, Peter, orgs. *Gospel in Paul: studies on Corinthians, Galatians and Romans for Richard N. Longenecker*. JSNTSup 108 (Sheffield: Sheffield Academic Press, 1994). p. 367-88.
_____. *Romans 1—8*. WBC 38A (Dallas: Word, 1991).
_____. "Spirit, New Testament". In: *NIDNTT* 3:693-707.

Dupont, Jacques. "ΛΑΟΣ 'ΕΞ 'ΕΘΝΩΝ". *NTS* 3 (1956): 47-50.
Dupont-Sommer, A. *The Essene writings from Qumran*. Tradução para o inglês de G. Vermes (Oxford: Blackwell, 1961).
Eberhart, Christian A. "Atonement. I. Old Testament/Hebrew Bible". In: Klauck, Hans-Josef et al., orgs. *Encyclopedia of the Bible and its reception* (Berlin: de Gruyter, 2010). vol. 3. p. 23-31.
Eichrodt, Walther. *Theology of the Old Testament*. Tradução para o inglês de J. A. Baker. OTL (Philadelphia: Westminster, 1961-1967). 2 vols.
_____. *Teologia do Antigo Testamento* (São Paulo: Hagnos, 2005). Tradução de: Theology of the Olf Testament.
Eliade, Mircea. *The myth of the eternal return*. Tradução para o inglês de Willard R. Trask (London: Routledge & Kegan Paul, 1955).
_____. *Mito do eterno retorno*. Tradução de José A. Ceschin (São Paulo: Mercuryo, 1992). Tradução de: The myth of the eternal return.
Ellingworth, Paul. *The Epistle to the Hebrews: a commentary on the Greek text*. NIGTC (Grand Rapids: Eerdmans, 1993).
Elliott, John H. *1 Peter*. AB 37B (New York: Doubleday, 2000).
Elliott, Neil. *The rhetoric of Romans: argumentative constraint and strategy, and Paul's dialogue with Judaism*. JSNTSup 45 (Sheffield: JSOT Press, 1990).
Ellis, E. Earle. "II Corinthians V.1-10 in Pauline eschatology". *NTS* 6 (1960): 211-24.
_____. "Present and future eschatology in Luke". *NTS* 12 (1965): 27-41.
Emerton, J. A. "The problem of Psalm 87". *VT* 50 (2001): 183-99.
Enns, Peter. *Exodus*. NIVAC (Grand Rapids: Zondervan, 2000).
_____. *Inspiration and incarnation: evangelicals and the problem of the Old Testament* (Grand Rapids: Baker Academic, 2005).
Etheridge, J. W. *The Targums of Onkelos and Jonathan ben Uzziel on the Pentateuch, with the fragments of the Jerusalem Targum from the Chaldee* (New York: KTAV, 1968).
Evans, Craig A. *Mark 8:27—16:20*. WBC 34B (Dallas: Word, 2001).
_____. "The prophetic setting of the Pentecost sermon". *ZNW* 74 (1983): 148-50.
Fee, Gordon D. *The First Epistle to the Corinthians*. NICNT (Grand Rapids: Eerdmans, 1987).
_____. *1Coríntios* (São Paulo: Vida Nova, a ser publicado); Tradução de: The First Epistle to the Corinthians.
_____. *God's empowering presence: the Holy Spirit in the letters of Paul* (Peabody: Hendrickson, 1994).
_____. "Issues in evangelical hermeneutics, part III: the great watershed-intentionality and particularity/eternality: 1 Timothy 2:8-15 as a test case". *Crux* 26 (1990): 31-7.
_____. *Pauline Christology: an exegetical-theological study* (Peabody: Hendrickson, 2007).
_____. "Reflections on church order in the Pastoral Epistles, with further reflection on the hermeneutics of ad hoc documents". *JETS* 28 (1985): 141-51.
Feinberg, Charles L. "Jeremiah". In: Gaebelein, Frank E., org. *The expositor's Bible commentary* (Grand Rapids: Zondervan, 1986). vol. 6. p. 357-694.
_____. "The rebuilding of the temple". In: Henry, Carl F. H., org. *Prophecy in the making* (Carol Stream: Creation House, 1971). p. 91-112.
Fekkes, Jan. *Isaiah and prophetic traditions in the book of Revelation: visionary antecedents and their development*. JSNTSup 93 (Sheffield: Sheffield Academic Press, 1994).
Findeis, Hans-Jürgen. *Versöhnung, Apostolat, Kirche: Eine exegetisch-theologische und rezeptionsgeschichtliche Studie zu den Versöhnungsaussagen des Neuen Testaments (2Kor, Rom, Kol, Eph)*. FB (Würzburg: Echter, 1983).
Fiorenza, Elisabeth Schüssler. "Redemption as liberation: Apoc 1:5f. and 5:9f." *CBQ* 36 (1974): 220-32.
Fishbane, Michael. *Text and texture: close readings of selected biblical texts* (New York: Schocken, 1979).

FITZMYER, Joseph. A. *The Gospel according to Luke (X—XXIV)*. AB 28A (Garden City: Doubleday, 1985).

FOULKES, Francis F. *The acts of God: a study of the basis of typology in the Old Testament* (London: Tyndale, 1958).

FRAME, James E. *A critical and exegetical commentary on the Epistles of St. Paul to the Thessalonians*. ICC (New York: Scribner, 1912).

FRAME, John M. *The doctrine of the Christian life* (Phillipsburg: P&R, 2008).

FRANCE, R. T. *The Gospel of Mark: a commentary on the Greek text*. NIGTC (Grand Rapids: Eerdmans, 2002).

_____. *Jesus and the Old Testament: his application of Old Testament passages to himself and his mission* (Downers Grove: InterVarsity, 1971).

_____. "Old Testament prophecy and the future of Israel: a study of the teaching of Jesus". *TynBul* 26 (1975): 53-78.

FRANCIS, Fred O. "Eschatology and history in Luke-Acts". *JAAR* 37 (1969): 49-63.

FRANKLIN, Eric. "The ascension and the eschatology of Luke-Acts". *SJT* 23 (1970): 191-200.

FULLER, Daniel P. *The unity of the Bible: unfolding God's plan for humanity* (Grand Rapids: Zondervan, 1992).

FUNG, Ronald Y. K. *The Epistle to the Galatians*. NICNT (Grand Rapids: Eerdmans, 1988).

FURNISH, Victor Paul. *II Corinthians*. AB 32A (New York: Doubleday, 1984).

FURTER, Daniel. *Les Épîtres de Paul aux Colossiens et à Philémon*. CEB (Vaux-sur-Seine: Edifac, 1987).

GAFFIN JR., Richard B. *By faith, not by sight: Paul and the order of salvation* (Waynesboro: Paternoster, 2006).

_____. *The centrality of the resurrection: a study in Paul's soteriology* (Grand Rapids: Baker Academic, 1978).

_____. "The Last Adam, the life-giving Spirit". In: CLARK, Stephen, orgs. *The forgotten Christ: exploring the majesty and mystery of God incarnate* (Nottingham: Apollos, 2007). p. 191-231.

_____. "A Sabbath rest still awaits the people of God". In: DENNISON, Charles G.; GAMBLE, Richard C., orgs. *Pressing toward the Mark: essays commemorating fifty years of the Orthodox Presbyterian Church* (Philadelphia: Committee for the Historian of the Orthodox Presbyterian Church, 1986). p. 33-51.

GAGE, Warren Austin. *The gospel of Genesis: studies in protology and eschatology* (Winona Lake: Carpenter Books, 1984).

GARCIA, Mark A. "Imputation and the Christology of union with Christ: Calvin, Osiander, and the contemporary quest for a reformed model". *WTJ* 68 (2006): 219-51.

GARDNER, Anne E. "The nature of the new heavens and new earth in Isaiah 66:22". *ABR* 50 (2002): 10-67.

GARLAND, David E. *1 Corinthians*. BECNT (Grand Rapids: Baker Academic, 2003).

GARRETT, Duane. *Hosea, Joel*. NAC 19A (Nashville: Broadman & Holman, 1997).

_____. "Meredith Kline on suzerainty, circumcision, and baptism". In: SCHREINER, Thomas R.; WRIGHT, Shawn D., orgs. *Believer's baptism: sign of the new covenant in Christ*. NAC Studies in Bible and Theology (Nashville: B&H Publishing, 2006). p. 257-84.

_____. "The ways of God: reenactment and reversal in Hosea" (Aula inaugural na posse de Duane Garrett como professor de Antigo Testamento no Gordon-Conwell Theological Seminary, South Hamilton, MA, Estados Unidos, outono de 1996).

GAVENTA, Beverly R. "The eschatology of Luke-Acts revisited". *Encounter* 43 (1982): 27-42.

GEORGE, Timothy. *Galatians*. NAC 30 (Nashville: B&H, 1994).

GESE, Hartmut. "Tradition and biblical theology". In: KNIGHT, Douglas A., org. *Tradition and theology in the Old Testament* (Philadelphia: Fortress, 1977). p. 301-26.

GESENIUS, W. *Hebrew grammar*. Edição e ampliação de E. Kautzsch. Tradução para o inglês de A. E. Cowley (Oxford: Clarendon, 1970).

GIGNILLIAT, Mark. *Paul and Isaiah's servants: Paul's theological reading of Isaiah 40—66 in 2 Corinthians 5.14—6.10*. LNTS 330 (London: T&T Clark, 2007).
GILES, Kevin. "Present-future eschatology in the book of Acts (I)". *RTR* 40 (1981): 65-71.
_____. "Present-future eschatology in the book of Acts (II)". *RTR* 41 (1982): 11-8.
GILL, John. *A body of doctrinal divinity* (London: M. & S. Higham, 1839).
GILMOUR, S. MacLean. "The Revelation to John". In: LAYMON, Charles M., org. *The interpreter's one-volume commentary on the Bible* (Nashville: Abingdon, 1971). p. 945-70.
GINZBERG, Louis. *The legends of the Jews*. Tradução para o inglês de Henrietta Szold (Philadelphia: Jewish Publication Society, 1909-1938). 7 vols.
GLADD, Benjamin L. *Revealing the mysterion: the use of mystery in Daniel and Second Temple Judaism with its bearing on First Corinthians*. BZNW 160 (Berlin: de Gruyter, 2008).
GLAZOV, Gregory Yuri. *The bridling of the tongue and the opening of the mouth in biblical prophecy*. JSOTSup 311 (Sheffield: Sheffield Academic Press, 2001).
GLICKMAN, S. Craig. *Knowing Christ* (Chicago: Moody, 1980).
GNILKA, Joachim. *Der Kolosserbrief*. HTKNT (Freiburg: Herder, 1980).
GOLDINGAY, John E. *Daniel*. WBC 30 (Dallas: Word, 1989).
_____. *Psalms*. BCOTWP (Grand Rapids: Baker Academic, 2006). 2 vols.
GOLDSWORTHY, Graeme. *According to plan: the unfolding revelation of God in the Bible* (Leicester: Inter-Varsity, 1991).
_____. *Introdução à teologia bíblica: o desenvolvimento do evangelho em toda a Escritura* (São Paulo: Vida Nova, 2018). Tradução de: According to plan.
GOODWIN, Mark J. "Hosea and 'the Son of the Living God' in Matthew 16:16b". *CBQ* 67 (2005): 265-83.
GOPPELT, Leonhard. *A commentary on 1 Peter*. Tradução para o inglês de John E. Alsup. Edição de Ferdinand Hahn (Grand Rapids: Eerdmans, 1993).
_____. *Teologia do Novo Testamento* (São Leopoldo/Petrópolis: Sinodal/Vozes, 1982). Tradução de: Theology of the Nw Testament.
_____. *Theology of the New Testament*. Tradução para o inglês de John E. Alsup. Edição de Jürgen Roloff (Grand Rapids: Eerdmans, 1981-1982). 2 vols.
_____. "τύπος κτλ". In: *TDNT* 8:246-59.
_____. *Typos: the typological interpretation of the Old Testament in the New*. Tradução para o inglês de Donald H. Madvig (Grand Rapids: Eerdmans, 1982).
GORDON, T. David. "The problem at Galatia". *Int* 41 (1987): 32-43.
GOULDER, M. D. *Type and history in Acts* (London: SPCK, 1964).
GOWAN, Donald E. *Eschatology in the Old Testament* (Philadelphia: Fortress, 1986).
GRAYSON, A. Kirk. *Assyrian rulers of the third and second millennia BC (1114-859 BC)*. RIMA 2 (Toronto: University of Toronto Press, 1991).
GRIMM, Werner. *Weil Ich dich liebe: Die Verkündigung Jesu und Deuterojesaja*. ANTJ 1 (Bern: Herbert Lang, 1976).
GRUDEM, Wayne. *The First Epistle of Peter*. TNTC 17 (Leicester: Inter-Varsity, 1988).
_____. *Comentário bíblico de 1Pedro* (São Paulo: Vida Nova, 2016). Tradução de: The First Epistle of Peter.
_____. *Systematic theology* (Grand Rapids: Zondervan, 1994).
_____. *Teologia sistemática: atual e exaustiva*. 2. ed. (São Paulo: Vida Nova, 2011). Tradução de: Systematic theology.
GRUENLER, Royce Gordon. "The mission-life-style setting of 1 Timothy 2:8-15". *JETS* 41 (1998): 215-38.
GUNDRY, Robert H. "The non-imputation of Christ's righteousness". In: HUSBANDS, Mark A.; TREIER, Daniel J. *Justification: What's at stake in the current debates* (Downers Grove: InterVarsity, 2004). p. 17-45.
_____. "On Oden's answer". *Books and Culture* 7, n. 2 (2001): 14-5, 39.

_____. "Why I didn't endorse 'The gospel of Jesus Christ: an evangelical celebration' ... Even though I wasn't asked to". *Books and Culture* 7, n. 1 (2001): 6-9.
GUNKEL, Hermann. *Schöpfung und Chaos in Urzeit und Endzeit: Eine religionsgeschichtliche Untersuchung über Gen 1 und Ap Joh 12* (Göttingen: Vandenhoeck & Ruprecht, 1895).
GUTHRIE, Donald. *Galatians*. NCB (Camden: Thomas Nelson, 1969).
_____. *New Testament theology* (Downers Grove: InterVarsity, 1981).
HAFEMANN, Scott J. *2 Corinthians*. NIVAC (Grand Rapids: Zondervan, 2000).
_____. *Paul, Moses, and the history of Israel: the letter/Spirit contrast and the argument from Scripture in 2 Corinthians 3*. WUNT 81 (Tübingen: Mohr Siebeck, 1995).
_____. "'The righteousness of God': an introduction to the theological and historical foundation of Peter Stuhlmacher's biblical theology of the New Testament". In: STUHLMACHER, Peter. *How to do biblical theology*. PTMS 38 (Allison Park: Pickwick, 1995). p. xv-xli.
_____. "'Self-commendation' and apostolic legitimacy in 2 Corinthians: a Pauline dialectic?". *NTS* 36 (1990): 66-88.
_____. *Suffering and ministry in the Spirit: Paul's defense of his ministry in II Corinthians 2:14—3:3* (Grand Rapids: Eerdmans, 1990).
HAGNER, Donald A. *Hebrews*. NIBC (Peabody: Hendrickson, 1990).
HAHN, F. C. "Siehe, jetzt ist der Tag des Heils". *EvT* 33 (1973): 244-53.
HAHN, Scott W. *Kinship by covenant: a canonical approach to the fulfillment of God's saving promises*. AYBRL (New Haven: Yale University Press, 2009).
HAILEY, Homer. *A commentary on Isaiah, with emphasis on the Messianic hope* (Grand Rapids: Baker Academic, 1985).
HAMILTON, James. "The glory of God in salvation through judgment: the center of biblical theology?". *TynBul* 57, n. 1 (2006): 57-84.
_____. *God's glory in salvation through judgment: a biblical theology* (Wheaton: Crossway, 2010).
HAMILTON, Neill Q. *The Holy Spirit and eschatology in Paul*. SJTOP 6 (Edinburgh: Oliver & Boyd, 1957).
HAMILTON, Victor P. *The book of Genesis: chapters 1—17*. NICOT (Grand Rapids: Eerdmans, 1990).
_____. *The book of Genesis: chapters 18—50*. NICOT (Grand Rapids: Eerdmans, 1995).
HANSEN, G. Walter. *Galatians*. IVPNTC (Downers Grove: InterVarsity, 1994).
HARRIS, Murray J. *The Second Epistle to the Corinthians: a commentary on the Greek text*. NIGTC (Grand Rapids: Eerdmans, 2005).
HARTLEY, John E. *Genesis*. NIBC (Peabody: Hendrickson, 2000).
HARTMAN, Lars. *Prophecy interpreted: the formation of some Jewish apocalyptic texts and of the eschatological discourse Mark 13 par*. ConBNT 1 (Lund: Gleerup, 1966).
HARVEY, A. E. "The use of mystery language in the Bible". *JTS* 31 (1980): 320-36.
HASEL, Gerhard F. *New Testament theology: basic issues in the current debate* (Grand Rapids: Eerdmans, 1978).
_____. *Teologia do Novo Testamento: questões fundamentais no debate atual*. Tradução de Jussara Marindir Pinto Simões Árias (Rio de Janeiro: JUERP, 1988). Tradução de: New Testament theology.
_____. *Old Testament theology: basic issues in the current debate*. (Grand Rapids: Eerdmans, 1972).
_____. "Sabbath". In: *ABD* 5:850-6.
HATCH, Edwin; REDPATH, Henry A. *A concordance to the Septuagint and the other Greek versions of the Old Testament*. (Graz: Akademische Druck-u. Verlagsanstalt, 1954).
HATINA, Thomas R. "Exile". In: EVANS, Craig A.; PORTER, Stanley E., orgs. *Dictionary of New Testament background* (Downers Grove: InterVarsity, 2000). p. 348-51.
HAWKINS, Frank. "Orders and ordination in the New Testament". In: JONES, Cheslyn et al., orgs. *The study of liturgy*. Ed. rev. (New York: Oxford University Press, 1992). p. 339-47.
HAY, David M. *Colossians*. ANTC (Nashville: Abingdon, 2000).

_____. *Glory at the right hand: Psalm 110 in early Christianity*. SBLMS 18 (Nashville: Abingdon, 1973).
Hays, Richard B. "Can narrative criticism recover the theological unity of Scripture?". *JTI* 2 (2008): 193-211.
_____. *The conversion of the imagination: Paul as interpreter of Israel's Scripture* (Grand Rapids: Eerdmans, 2005).
_____. *Echoes of Scripture in the letters of Paul* (New Haven: Yale University Press, 1989).
_____. *First Corinthians*. IBC (Louisville: John Knox, 1997).
_____. *The moral vision of the New Testament: community, cross, new creation; a contemporary introduction to New Testament ethics* (San Francisco: HarperSanFrancisco, 1996).
Hemer, Colin J. *The letters to the seven churches of Asia in their local setting*. JSNTSup 11 (Sheffield: JSOT Press, 1986).
Hendriksen, William. *Exposition of I and II Thessalonians* (Grand Rapids: Baker Academic, 1979).
_____. *Exposition of Ephesians* (Grand Rapids: Baker Academic, 1967).
Heppe, Heinrich. *Reformed dogmatics set out and illustrated from the sources*. Tradução para o inglês de G. T. Thompson. Organização e revisão de Ernst Bizer (London: Allen & Unwin, 1950).
Hess, Richard S. *Joshua*. TOTC (Downers Grove: InterVarsity, 1996).
Hiebert, D. E. "Peter's thanksgiving for our salvation". *SM* 29 (1980): 85-103.
Higgins, A. J. B. *The Lord's Supper in the New Testament*. SBT 6 (Chicago: Allenson, 1956).
Hildebrandt, Wilf. *An Old Testament theology of the Spirit of God* (Peabody: Hendrickson, 1995).
Hill, Charles E. "God's speech in these last days: the New Testament canon as an eschatological phenomenon". In: Tipton, Lane G.; Waddington, Jeffrey C., orgs. *Resurrection and eschatology: theology in service of the church; essays in honor of Richard B. Gaffin Jr.* (Phillipsburg: P&R, 2008). p. 203-54.
Hill, David. "The Spirit and the church's witness: observations on Acts 1:6-8". *IBS* 6 (1984): 16-26.
Hirsch, E. D. *Validity in interpretation* (New Haven: Yale University Press, 1967).
Hodges, Zane C. *The Gospel under siege: a study on faith and works* (Dallas: Redención Viva, 1981).
Hoekema, Anthony A. *The Bible and the future* (Grand Rapids: Eerdmans, 1979).
_____. *A Bíblia e o futuro* (São Paulo: Cultura Cristã, 2018). Tradução de: The Bible and the future.
Höffken, Peter. *Das Buch Jesaja: Kapitel 40—66*. NSKAT 18/2 (Stuttgart: Katholisches Bibelwerk, 1998).
Hofius, Otfried. "Erwägungen zur Gestalt und Herkunft des paulinischen Versöhnungsgedankens". *ZTK* 77 (1980): 186-99.
Holtz, Traugott. *Die Christologie der Apokalypse des Johannes*. TUGAL 85 (Berlin: Akademie-Verlag, 1971).
Hooker, Morna D. *From Adam to Christ: essays on Paul* (Cambridge: Cambridge University Press, 1990).
Horton, Michael S. *Covenant and eschatology: the divine drama* (Louisville: Westminster John Knox, 2002).
Hoskier, H. C. *Concerning the text of the Apocalypse* (London: Bernard Quaritch, 1929). 2 vols.
Hossfeld, Frank-Lothar; Zenger, Erich. *Psalms 2: a commentary on Ps. 51—100*. Tradução para o inglês de Linda M. Maloney. Organização de Klaus Baltzer. Hermeneia (Minneapolis: Fortress, 2005).
Hubbard, Moyer V. *New creation in Paul's letters and thought*. SNTSMS 119 (Cambridge: Cambridge University Press, 2002).
Hübner, Hans. *An Philemon, an die Kolosser, an die Epheser*. HNT 12 (Tübingen: Mohr Siebeck, 1997).
_____. *Biblische Theologie des Neuen Testaments* (Göttingen: Vandenhoeck & Ruprecht, 1990-1995). 3 vols.
_____. *Vetus Testamentum in Novo* (Göttingen: Vandenhoeck & Ruprecht, 1997).
Huey Jr., F. B. *Jeremiah, Lamentations*. NAC 16 (Nashville: Broadman, 1993).

HUGEDÉ, Norbert. *Commentaire de L'Épître aux Colossiens* (Geneva: Labor et Fides, 1968).
HUGENBERGER, Gordon P. *Marriage as a covenant: biblical law and ethics as developed from Malachi.* VTSup 52 (Leiden: Brill, 1994).
_____. "A neglected symbolism for the clothing of Adam and Eve (Genesis 3:21)" (Pesquisa apresentada no encontro anual da Tyndale Fellowship, Cambridge, julho de 1996).
HUGHES, Philip E. *Paul's Second Epistle to the Corinthians.* NICNT (Grand Rapids: Eerdmans, 1967).
HURLEY, James B. *Man and woman in biblical perspective* (Grand Rapids: Zondervan, 1981).
HURST, L. D. "Eschatology and 'Platonism' in the Epistle to the Hebrews". *SBLSP* 23 (1984): 41-74.
HUTTER, Manfred. "Adam als Gärtner und König (Gen 2:8,15)". *BZ* 30 (1986): 258-62.
IWRY, Samuel. "*Maṣṣēbāh and Bāmāh* in 1Q Isaiah[a] 6 13". *JBL* 76 (1957): 225-32.
JACKSON, T. Ryan. *New creation in Paul's letters: a study of the historical and social setting of a Pauline concept.* WUNT 2/272 (Tübingen: Mohr Siebeck, 2010).
JENSON, Robert W. *Ezekiel.* BTCB (Grand Rapids: Baker Academic, 2009).
JEREMIAS, Joachim. *The eucharistic words of Jesus.* Tradução para o inglês de Norman Perrin (New York: Scribner, 1966).
JEWETT, Robert. *Romans.* Hermeneia (Minneapolis: Fortress, 2007).
JOBES, Karen H. *1 Peter.* BECNT (Grand Rapids: Baker Academic, 2005).
_____. "Jerusalem, our mother: metalepsis and intertextuality in Galatians 4.21-31". *WTJ* 55 (1993): 299-320.
JOHNSON, Aubrey R. *The one and the many in the Israelite conception of God* (Cardiff: University of Wales Press, 1960).
JOHNSON, Dennis E. "The function of Romans 7:13-25 in Paul's argument for the Law's impotence and the Spirit's power, and its bearing on the identity of the schizophrenic 'I'". In: TIPTON, Lane G.; WADDINGTON, Jeffrey C., orgs. *Resurrection and eschatology: theology in service of the church; essays in honor of Richard B. Gaffin Jr.* (Phillipsburg: P&R, 2008). p. 3-59.
JOHNSON, Luke Timothy. *The Gospel of Luke.* SP 3 (Collegeville: Liturgical Press, 1991).
_____. *Hebrews.* NTL (Louisville: Westminster John Knox, 2006).
_____. *The Letter of James.* AB 37A (New York: Doubleday, 1995).
JOHNSON, S. Lewis. "Paul and the 'Israel of God': an exegetical and eschatological case study". In: TOUSSAINT, Stanley D.; DYER, Charles H., orgs. *Essays in honor of J. Dwight Pentecost* (Chicago: Moody, 1986). p. 181-96.
JOÜON, Paul. *A grammar of biblical Hebrew.* Tradução para o inglês e revisão de T. Muraoka. SubBi 14 (Rome: Editrice Pontificio Istituto Biblico, 1991-1993). 2 vols.
KAISER, Otto. *Isaiah 1—12.* Tradução para o inglês de John Bowden. 2. ed. OTL (Philadelphia: Westminster, 1983).
KAISER, Walter C. *The uses of the Old Testament in the New* (Chicago: Moody, 1985).
KÄSEMANN, Ernst. *Commentary on Romans.* Tradução para o inglês e organização de Geoffrey W. Bromiley (Grand Rapids: Eerdmans, 1980).
KATANACHO, Yohanna I. *Investigating the purposeful placement of Psalm 86.* Tese de doutorado (Trinity International University, 2006).
KEEL, Othmar. *The symbolism of the biblical world: ancient Near Eastern iconography and the book of Psalms.* Tradução para o inglês de Timothy J. Hallett (New York: Crossroad, 1985).
KEESMAAT, Sylvia C. "Exodus and the intertextual transformation of tradition in Romans 8:14-30". *JSNT* 54 (1994): 29-56.
_____. *Paul and his story: (re)interpreting the Exodus tradition.* JSNTSup 181 (Sheffield: Sheffield Academic Press, 1999).
KEIL, C. F. *Biblical commentary on the book of Daniel.* Tradução para o inglês de M. G. Easton. K&D (reimpr., Grand Rapids: Eerdmans, 1971).
_____. *Prophecies of Ezekiel.* Tradução para o inglês de James Martin. K&D (reimpr., Grand Rapids: Eerdmans, 1970). vol. 2.

_____. *The prophecies of Jeremiah*. Tradução para o inglês de David Patrick; James Kennedy. K&D (reimpr., Grand Rapids: Eerdmans, 1968). 2 vols.
Keil, C. F.; Delitzsch, F. *Biblical commentary on the Old Testament* (reimpr., Grand Rapids: Eerdmans, 1971). vol 1: *The Pentateuch*.
Kellermann, D. "גּוּר" In: *TDOT* 2:439-49.
Kelly, J. N. D. *The Epistles of Peter and Jude*. BNTC (Peabody: Hendrickson, 1969).
Kennedy, Joel. *The recapitulation of Israel*. WUNT 2/257 (Tübingen: Mohr Siebeck, 2008).
Kidner, Derek. *Genesis*. TOTC (Downers Grove: InterVarsity, 1967).
_____. *Gênesis: introdução e comentário* (São Paulo: Vida Nova, 1979). Tradução de: Genesis.
_____. "Isaiah". In: Carson, D. A. et al., orgs. *New Bible commentary: 21st century edition* (Downers Grove: InterVarsity, 1994). p. 629-70.
Kim, Jung Hoon. *The significance of clothing imagery in the Pauline corpus*. JSNTSup 268 (London: T&T Clark, 2004).
Kim, Seyoon. *The origin of Paul's gospel* (Grand Rapids: Eerdmans, 1982).
_____. "Paul's common paranesis (1 Thess. 4—5; Phil. 2—4; and Rom. 12—13): the correspondence between Romans 1:18-32 and 12:1-2, and the unity of Romans 12—13". *TynBul* 62 (2011): 109-39.
_____. *"The 'Son of Man'" as the Son of God*. WUNT 30 (Tübingen: Mohr Siebeck, 1983).
Kirk, J. R. Daniel. *Unlocking Romans: resurrection and the justification of God* (Grand Rapids: Eerdmans, 2008).
Kissane, Edward J. *The book of Isaiah* (Dublin: Browne & Nolan, 1943). 2 vols.
Kline, Meredith G. *By oath consigned: a reinterpretation of the covenant signs of circumcision and baptism* (Grand Rapids: Eerdmans, 1968).
_____. *Images of the Spirit* (Grand Rapids: Baker Academic, 1980).
_____. *Kingdom prologue: Genesis foundations for a covenantal worldview* (Overland Park: Two Age Press, 2000).
_____. *The structure of biblical authority* (Grand Rapids: Eerdmans, 1972).
Koester, Craig R. *Hebrews*. AB 36 (New York: Doubleday, 2001).
Kohler, K. "Dietary laws". In: Singer, I., org. *The Jewish encyclopedia: a descriptive record of the history, religion, literature, and customs of the Jewish people from the earliest times to the present day* (New York: Funk & Wagnalls, 1903). vol. 4. p. 596-600.
Koole, Jan L. *Isaiah III/3: chapters 56—66*. Tradução para o inglês de Antony P. Runia. HCOT (Leuven: Peeters, 2001).
Köstenberger, Andreas J. *John*. BECNT (Grand Rapids: Baker Academic, 2004).
_____. "The mystery of Christ and the church: head and body, 'one flesh'". *TJ* 12 (1991): 79-94.
Kraft, Heinrich. *Die Offenbarung des Johannes*. HNT 16A (Tübingen: Mohr Siebeck, 1974).
Kraus, Hans-Joachim. *Psalms 60—150*. Tradução para o inglês de Hilton C. Oswald. CC (Minneapolis: Fortress, 1993).
Kraus, Wolfgang. *Der Tod Jesu als Heiligtumsweihe: Eine Untersuchung zum Umfeld der Sühnevorstellung in Römer 3,25-26a*. WMANT 66 (Neukirchen-Vluyn: Neukirchener Verlag, 1991).
Kreitzer, Larry J. "Eschatology". In: *DPL*. p. 253-69.
_____. "Parousia". In: *DLNTD*. p. 856-75.
Kruse, Colin G. *The letters of John*. PNTC (Grand Rapids: Eerdmans, 2000).
Kuhn, K. "προσήλυτος". In: *TDNT* 6:727-44.
Kümmel, Werner Georg. *The theology of the New Testament according to its major witnesses*. Tradução para o inglês de John E. Steely (Nashville: Abingdon, 1973).
Kurz, W. S. "Acts 3:19-26 as a test of the role of eschatology in Lukan Christology". *SBLSP* 11 (1977): 309-23.
Kutsko, John F. *Between heaven and earth: divine presence and absence in the book of Ezekiel*. BJS 7 (Winona Lake: Eisenbrauns, 2000).

LAANSMA, Jon. *"I will give you rest": the "rest" motif in the New Testament with special reference to Matthew 11 and Hebrews 3—4*. WUNT 2/98 (Tübingen: Mohr Siebeck, 1997).
LACOCQUE, André. *The book of Daniel*. Tradução para o inglês de David Pellauer (London: SPCK, 1979).
LADD, George Eldon. *A commentary on the Revelation of John* (Grand Rapids: Eerdmans, 1972).
_____. *The presence of the future: the eschatology of biblical realism* (Grand Rapids: Eerdmans, 1974).
_____. *A theology of the New Testament* (Grand Rapids: Eerdmans, 1974).
_____. *A theology of the New Testament*. Ed. rev. (Grand Rapids: Eerdmans, 1993).
_____. *Teologia do Novo Testamento* (São Paulo: Hagnos, 2003). Tradução de: A theology of the New Testament.
LANDY, Francis. *Paradoxes of paradise: identity and difference in the Song of Songs*. BLS 7 (Sheffield: Almond, 1983).
_____. "The Song of Songs". In: ALTER, Robert; KERMODE, Frank, orgs. *The literary guide to the Bible* (London: Collins, 1987). p. 305-19.
_____. "O Cântico dos Cânticos". In: ALTER, Robert; KERMODE, Frank, orgs. *Guia literário da Bíblia* (São Paulo: Unesp, 1997). Tradução de: The literary guide to the Bible.
LANE, William L. *Hebrews 1—8*. WBC 47A (Dallas: Word, 1991).
LARONDELLE, Hans K. *The Israel of God in prophecy: principles of prophetic interpretation*. AUMSR 13 (Berrien Springs: Andrews University Press, 1983).
LASOR, William Sanford. "Prophecy, inspiration, and *sensus plenior*". *TynBul* 29 (1978): 49-60.
LEE, Archie. "Gen. 1 and the plagues tradition in Ps. 105". *VT* 40 (1990): 257-63.
LEMCIO, Eugene E. "The unifying kerygma of the New Testament". *JSNT* 33 (1988): 3-17.
_____. "The unifying kerygma of the New Testament (II)". *JSNT* 38 (1990): 3-11.
LEUPOLD, H. C. *Exposition of Genesis* (Grand Rapids: Baker Academic, 1942). 2 vols.
LEVENSON, Jon D. *Creation and the persistence of evil: the Jewish drama of divine omnipotence* (San Francisco: Harper & Row, 1988).
_____. *Sinai and Zion: an entry into the Jewish Bible* (San Francisco: Harper & Row, 1987).
_____. *Theology of the program of restoration of Ezekiel 40—48*. HSM 10 (Cambridge: Scholars Press, 1976).
LEVINE, Baruch A. *Leviticus*. JPSTC (Philadelphia: Jewish Publication Society, 1989).
LEVISON, John R. "The Spirit and the temple in Paul's Letters to the Corinthians". In: PORTER, Stanley E., org. *Paul and his theology*. PS 3 (Leiden: Brill, 2006). p. 189-215.
LEWIS, C. S. *The voyage of the dawn treader* (New York: Harper Trophy, 1994).
_____. *A viagem do peregrino da alvorada*. 4. ed. (São Paulo: WMF Martins Fontes, 2010). Tradução de: The voyage of the dawn treader.
LEWIS, Theodore J. "Beelzebul". In: *ABD* 1:638-40.
LIGHTFOOT, J. B. *Saint Paul's Epistles to the Colossians and to Philemon*. Ed. rev. CCL (Grand Rapids: Zondervan, 1961).
LIMBURG, James. *Psalms*. WestBC (Louisville: Westminster John Knox, 2000).
LINCOLN, Andrew T. "Colossians". In: *NIB* 11:551-669.
_____. *Ephesians*. WBC 42 (Dallas: Word, 1990).
_____. *Paradise now and not yet: studies in the role of the heavenly dimension in Paul's thought with special reference to his eschatology*. SNTSMS 43 (Cambridge: Cambridge University Press, 1981).
_____. "Sabbath, rest, and eschatology in the New Testament". In: CARSON, D. A., org. *From Sabbath to Lord's Day: a biblical, historical, and theological investigation* (Grand Rapids: Zondervan, 1982). p. 197-220.
LOGAN, Samuel T. "The doctrine of justification in the theology of Jonathan Edwards". *WTJ* 46 (1984): 26-52.
LOHFINK, Gerhard. *Paulus vor Damaskus: Arbeitsweisen der neueren Bibelwissenschaft dargestellt an den Texten Apg 9:1-19, 22:3-21, 26:9-18*. SBS 4 (Stuttgart: Katholisches Bibelwerk, 1966).
LOHMEYER, Ernst. *Die Offenbarung des Johannes*. 3. ed. HNT 16 (Tübingen: Mohr Siebeck, 1970).

LOHSE, Eduard. *A commentary on the Epistles to the Colossians and to Philemon*. Tradução para o inglês de William R. Poehlmann; Robert J. Karris. Edição de Helmut Koester. Hermeneia (Philadelphia: Fortress, 1975).
LONGENECKER, Richard N. *Galatians*. WBC 41 (Nashville: Thomas Nelson, 1990).
LONGMAN III, Tremper. *Immanuel in our place: seeing Christ in Israel's worship* (Phillipsburg: P&R, 2001).
LOUW, Johannes P.; NIDA, Eugene A., orgs. *Greek-English lexicon of the New Testament: based on semantic domains*. 2. ed. (New York: United Bible Societies, 1989). 2 vols.
LUNDBOM, Jack R. *Jeremiah 21—36*. AB 21B (New York: Doubleday, 2004).
LUST, Johan; EYNIKEL, Erik; HAUSPIE, Katrin. *Greek-English lexicon of the Septuagint* (Stuttgart: Deutsche Bibelgesellschaft, 1996). 2 vols.
LUTHER, Martin. *The bondage of the will: a new translation of* De servo arbitrio *(1525), Martin Luther's reply to Erasmus of Rotterdam*. Tradução para o inglês de J. I. Packer; O. R. Johnston (Westwood: Revell, 1957).
_____ [Martinho Lutero]. *Da vontade cativa*. In: LUTERO, Martinho. *Obras selecionadas* (São Leopoldo: Sinodal, 1993). vol. 4: *Debates e controvérsias, II*. Tradução de: The bondage of the will.
_____. *Lectures on Genesis*. LW 1 (Saint Louis: Concordia, 1958).
MACDONALD, Margaret. *Colossians and Ephesians*. SP 17 (Collegeville: Liturgical Press, 2000).
MACKIE, Scott D. *Eschatology and exhortation in the Epistle to the Hebrews*. WUNT 2/223 (Tübingen: Mohr Siebeck, 2007).
MACRAE, George W. "Heavenly temple and eschatology in the Letter to the Hebrews". *Semeia* 12 (1978): 179-99.
MAHER, Michael. *Targum Pseudo-Jonathan: Exodus*. ArBib 2 (Collegeville: Liturgical Press, 1994).
MAIER, Christl M. "Psalm 87 as a reappraisal of the Zion tradition and its reception in Galatians 4:26". *CBQ* 69 (2007): 473-86.
MANSON, William. "Eschatology in the New Testament". In: *Eschatology: four papers read to the society for the study of theology*. SJTOP 2 (Edinburgh: Oliver & Boyd, 1953). p. 1-16.
MARCUS, Joel. "Review of *Isaiah's new exodus in Mark*, by Rikki E. Watts". *JTS* 50 (1999): 222-5.
MARSHALL, I. Howard. *1 and 2 Thessalonians*. NCB (Grand Rapids: Eerdmans, 1983).
_____ ; *1 e 2Tessalonicenses: introdução e comentário* (São Paulo: Vida Nova, 1984). Tradução de: 1 and 2 Thessalonians.
_____. "Acts". In: BEALE, G. K.; CARSON, D. A., orgs. *Commentary on the New Testament use of the Old Testament* (Grand Rapids: Baker Academic, 2007). p. 513-606.
_____. "Atos". In: BEALE, G. K.; CARSON, D. A., orgs. *Comentário do uso do Antigo Testamento no Novo Testamento*. Tradução de C. E. S. Lopes et al. (São Paulo: Vida Nova, 2014). Tradução de: Commentary on the New Testament use of the Old Testament.
_____. *The Epistles of John*. NICNT (Grand Rapids: Eerdmans, 1978).
_____. *New Testament theology: many witnesses, one gospel* (Downers Grove: InterVarsity, 2004).
_____. *Teologia do Novo Testamento: diversos testemunhos, um só evangelho* (São Paulo: Vida Nova, 2007). Tradução de: New Testament theology: many witnesses, one gospel.
_____. "Slippery words I: eschatology". *Exp Tim* 89 (1978): 264-9.
MARTIN, Ralph P. *2 Corinthians*. WBC 40 (Waco: Word, 1986).
_____. *Colossians and Philemon*. NCB (reimpr., London: Oliphants, 1978).
_____. *James*. WBC 48 (Waco: Word, 1988).
_____. *Reconciliation: a study of Paul's theology* (Atlanta: John Knox, 1981).
MARTÍNEZ, Florentino García. *The Dead Sea Scrolls translated: the Qumran texts in English*. Tradução para o inglês de Wilfred G. E. Watson. 2. ed. (Grand Rapids: Eerdmans, 1996).
_____ ; TIGCHELAAR, Eibert J. C. *The Dead Sea Scrolls study edition* (Grand Rapids: Eerdmans, 2000). 2 vols.
MATERA, Frank J. "The culmination of Paul's argument to the Galatians: Gal. 5:1—6:17". *JSNT* 32 (1988): 79-91.

_____. *Galatians*. SP 9 (Collegeville: Liturgical Press, 1992).
_____. *New Testament theology: exploring diversity and unity* (Louisville: Westminster John Knox, 2007).
Mathewson, David. *A new heaven and a new earth: the meaning and function of the Old Testament in Revelation 21.1—22.5*. JSNTSup 238 (Sheffield: Sheffield Academic Press, 2006).
Mathison, Keith A. *From age to age: the unfolding of biblical eschatology* (Phillipsburg: P&R, 2009).
Mathews, Kenneth A. *Genesis 1—11:26*. NAC 1A (Nashville: Broadman & Holman, 1996).
Mattill Jr., Andrew J. *Luke and the last things: a perspective for the understanding of Lukan thought* (Dillsboro: Western North Carolina Press, 1979).
Mauro, Philip. *The Patmos visions: a study of the Apocalypse* (Boston: Hamilton, 1925).
Mayes, A. D. H. *Deuteronomy*. NCB (Grand Rapids: Eerdmans, 1979).
Mays, James Luther. *Psalms*. IBC (Louisville: John Knox, 1994).
McCartney, Dan G. "*Ecce Homo*: the coming of the kingdom as the restoration of human viceregency". *WTJ* 56 (1994): 1-21.
McConville, J. G. *Deuteronomy*. AOTC 5 (Leicester: Apollos, 2002).
McKenzie, John L. *Second Isaiah*. AB 20 (Garden City: Doubleday, 1968).
McNamara, Martin. *The New Testament and the Palestinian Targum to the Pentateuch*. AnBib 27 (Rome: Pontifical Biblical Institute, 1966).
_____; Hayward, Robert. *Targum Neofiti 1: Exodus*. ArBib 2 (Collegeville: Liturgical Press, 1994).
McRay, J. "Charismata in second-century eschatology". In: Lewis, Jack P., org. *The last things: essays presented by his students to Dr. W. B. West Jr. upon the occasion of his sixty-fifth birthday* (Austin: Sweet, 1972). p. 151-68.
Meadors, Edward. P. *Idolatry and the hardening of the heart: a study in biblical theology* (New York: T&T Clark, 2006).
Mell, Ulrich. *Neue Schöpfung: Eine traditionsgeschichtliche und exegetische Studie zu einem soteriologischen Grundsatz paulinischer Theologie*. BZNW 56 (Berlin: de Gruyter, 1989).
Merkle, Ben L. "Romans 11 and the future of ethnic Israel". *JETS* 43 (2000): 709-21.
Metzger, Bruce M. *A textual commentary on the Greek New Testament* (London: United Bible Societies, 1971).
Michaels, J. Ramsey. *1 Peter*. WBC 49 (Nashville: Nelson, 1988).
_____. "Eschatology in 1 Peter III.17". *NTS* 13 (1967): 394-401.
Middleton, J. Richard. *The liberating image: the imago Dei in Genesis 1* (Grand Rapids: Brazos, 2005).
Mihalios, Stefanos. *The Danielic eschatological hour in the Johannine literature*. LNTS 346 (New York: T&T Clark, 2011).
Miller, Patrick D. "Creation and covenant". In: Kraftchick, Steven J.; Myers Jr., Charles D.; Ollenburger, Ben C., orgs. *Biblical theology: problems and perspectives* (Nashville: Abingdon, 1995). p. 155-68.
Minear, Paul S. *I saw a new earth: an introduction to the visions of the Apocalypse* (Washington: Corpus, 1969).
Miscall, Peter D. *Isaiah*. Readings (Sheffield: JSOT Press, 1993).
Mitchell, Alan C. *Hebrews*. SP 13 (Collegeville: Liturgical Press, 2007).
Moessner, David P. *Lord of the banquet: the literary and theological significance of the Lukan travel narrative* (Minneapolis: Fortress, 1989).
Montefiore, Hugh. *A commentary on the Epistle to the Hebrews*. BNTC (London: A&C Black, 1964).
Montgomery, J. A. "The education of the seer of the Apocalypse". *JBL* 45 (1926): 70-80.
Moo, Douglas J. "Creation and new creation". *BBR* 20 (2010): 39-60.
_____. *The Epistle to the Romans*. NICNT (Grand Rapids: Eerdmans, 1996).
_____. "Israel and Paul in Romans 7:7-12". *NTS* 32 (1986): 122-35.

_____. "Israel and the law in Romans 5—11: interaction with the new perspective". In: CARSON, D. A.; O'BRIEN, Peter T.; SEIFRID, Mark A., orgs. *Justification and variegated nomism* (Grand Rapids: Baker Academic, 2004). vol. 2: *The paradoxes of Paul*. p. 185-216.
_____. *The Letter of James*. TNTC (Grand Rapids: Eerdmans, 1985).
_____. *The Letter of James*. PNTC (Grand Rapids: Eerdmans, 2000).
_____. *Romans 1—8*. WEC (Chicago: Moody, 1991).
MORALES, Rodrigo J. *The Spirit and the restoration of Israel*. WUNT 2/282 (Tübingen: Mohr Siebeck, 1992).
MORGAN, Christopher W.; PETERSON, Robert A., orgs. *Hell under fire* (Grand Rapids: Zondervan, 2004).
MORITZ, Thorsten. *A profound mystery: the use of the Old Testament in Ephesians*. NovTSup 85 (Leiden: Brill, 1996).
MORRIS, Leon. *The apostolic preaching of the cross* (Grand Rapids: Eerdmans, 1955).
_____. *New Testament theology* (Grand Rapids: Zondervan, 1986).
_____. *Teologia do Novo Testamento* (São Paulo: Vida Nova, 2003). Tradução de: New Testament theology.
MOULE, C. F. D. *The Epistles of Paul to the Colossians and to Philemon*. CGTC (Cambridge: Cambridge University Press, 1957).
MUILENBURG, James. "The book of Isaiah: chapters 40—55". In: BUTTRICK, George A., org. *The interpreter's Bible* (New York: Abingdon, 1956). vol. 5. p. 422-773.
MURPHY, Frederick J. "Retelling the Bible: idolatry in Pseudo-Philo". *JBL* 107 (1988): 275-87.
MURRAY, John. *The Epistle to the Romans*. NICNT (Grand Rapids: Eerdmans, 1965). 2 vols.
NEUDECKER, N. "'Das ganze Volk die Stimmen...': Haggadische Auslegung und Pfingstbericht". *Bib* 78 (1997): 329-49.
NIEHAUS, Jeffrey J. *God at Sinai: covenant and theophany in the Bible and ancient Near East* (Grand Rapids: Zondervan, 1995).
_____. "In the wind of the storm: another look at Genesis III 8". *VT* 46 (1994): 263-7.
NIELSEN, Anders E. "The purpose of the Lucan writings with particular reference to eschatology". In: LUOMANEN, Petri, org. *Luke-Acts: Scandinavian perspectives*. PFES 54 (Helsinki/Göttingen: Finnish Exegetical Society/Vandenhoeck & Ruprecht, 1991). p. 76-93.
NOLLAND, John. *Luke 18:35—24:53*. WBC 35C (Dallas: Word, 1993).
O'BRIEN, Peter T. *Colossians, Philemon*. WBC 44 (Waco: Word, 1982).
_____. *Introductory Thanksgivings in the Letters of Paul*. NovTSup 49 (Leiden: Brill, 1977).
_____. "Justification in Paul and some crucial issues of the last two decades". In: CARSON, D. A., org. *Right with God: justification in the Bible and the world* (Grand Rapids: Baker Academic, 1992). p. 69-95.
_____. *The Letter to the Ephesians*. PNTC (Grand Rapids: Eerdmans, 1999).
_____. "Was Paul a covenantal nomist?". In: CARSON, D. A.; O'BRIEN, Peter T.; SEIFRID, Mark A., orgs. *Justification and variegated nomism* (Grand Rapids: Baker Academic, 2004). vol. 2: *The paradoxes of Paul*. p. 249-96.
ODEN, Thomas C. "A calm answer to a critique of 'The gospel of Jesus Christ: an evangelical celebration'". *Books and Culture* 7, n. 2 (2001): 1-12, 39.
OLYAN, Saul M. *A thousand thousands served Him: exegesis and the naming of angels in ancient Judaism*. TSAJ 36 (Tübingen: Mohr Siebeck, 1993).
ORTLUND, Dane. "Justified by faith, judged according to works: another look at a Pauline paradox". *JETS* 52 (2009): 323-39.
OSBORNE, Grant R. *Revelation*. BECNT (Grand Rapids: Baker Academic, 2002).
_____. *Apocalipse* (São Paulo: Vida Nova, 2014). Tradução de: Revelation.
OVERDUIN, Nick. "Review of *Isaiah's new exodus in Mark*, BY Rikki E. Watts". *CTJ* 37 (2002): 131-3.
OWEN, John. *Justification by faith* (Grand Rapids: Sovereign Grace Publishers, 1971).

PAGOLU, Augustine. *The religion of the patriarchs*. JSOTSup 277 (Sheffield: Sheffield Academic Press, 1998).

PAMMENT, Margaret. "The kingdom of heaven according to the first Gospel". *NTS* 27 (1981): 211-32.

PAO, David W. *Acts and the Isaianic New Exodus*. WUNT 2/130 (Tübingen: Mohr Siebeck, 2000).

PATAI, Raphael. *Man and temple in ancient Jewish myth and ritual*. 2. ed. (New York: KTAV, 1967).

PATE, C. Marvin. *The end of the age has come: the theology of Paul* (Grand Rapids: Zondervan, 1995).

_____. *The glory of Adam and the afflictions of the righteous: Pauline suffering in context* (Lewiston: Mellen Biblical Press, 1993).

_____ et al. *The story of Israel: a biblical theology* (Downers Grove: InterVarsity, 2004).

PATZIA, Arthur. *Colossians, Philemon, Ephesians*. GNC (San Francisco: Harper & Row, 1984).

PENNINGTON, Jonathan T. "Heaven, earth, and a new genesis: theological cosmology in Matthew". In: PENNINGTON, Jonathan T.; MCDONOUGH, Sean M., orgs. *Cosmology and New Testament theology*. LNTS 355 (London: T&T Clark, 2008). p. 28-44.

PEROWNE, J. J. Stewart. *The book of Psalms* (Andover: W. F. Draper, 1876). 2 vols.

PETERSON, David. "Atonement in the Old Testament". In: PETERSON, David, org. *Where wrath and mercy meet: proclaiming the atonement today* (Carlisle, Reino Unido: Paternoster, 2001). p. 5-15.

PHILO. *PHILO, SUPPLEMENT II: QUESTIONS AND ANSWERS ON EXODUS*. LCL. TRADUÇÃO PARA O INGLÊS DE RALPH MARCUS (LONDON: HEINEMANN, 1953).

PIETERSMA, Albert; WRIGHT, Benjamin G., orgs. *A new English translation of the Septuagint* (New York: Oxford University Press, 2007).

PIPER, John. *Counted righteous in Christ: should we abandon the imputation of Christ's righteousness?* (Wheaton: Crossway, 2002).

_____. *Desiring God: meditations of a Christian hedonist* (Portland: Multnomah, 1986).

_____. *Em busca de Deus* (São Paulo: Shedd, 2008). Tradução de: Desiring God: meditations of a Christian hedonist

_____. *The future of justification: a response to N. T. Wright* (Wheaton: Crossway, 2007).

_____. "The image of God: an approach from biblical and systematic theology". *StudBT* 1 (1971): 15-32.

PITRE, Brant. *Jesus, the tribulation, and the end of the Exile: restoration eschatology and the origin of the atonement*. WUNT 2/204 (Tübingen/Grand Rapids: Mohr Siebeck/Baker Academic, 2005).

POKORNÝ, Petr. *Colossians: a commentary*. Tradução para o inglês de Siegfried S. Schatzmann (Peabody: Hendrickson, 1991).

PORTEOUS, Norman W. *Daniel*. OTL (Philadelphia: Westminster, 1965).

PORTER, Joshua R. "The legal aspects of the concept of 'corporate personality' in the Old Testament". *VT* 15 (1965): 361-80.

PORTER, Stanley E. "Is there a center to Paul's theology? An introduction to the study of Paul and his theology". In: PORTER, Stanley E., org. *Paul and his theology*. PS 3 (Leiden: Brill, 2006). p. 1-19.

_____. "Peace". In: *NDBT*. p. 682-3.

_____. "Peace, reconciliation". In: *DPL*. p. 695-9.

_____. "Two myths: corporate personality and language/mentality determinism". *SJT* 43 (1990): 289-307.

PRITCHARD, J. B. *Ancient Near Eastern texts relating to the Old Testament* (Princeton: Princeton University Press, 1969).

PROPP, William H. C. *Exodus 19—40*. AB 2A (New York: Doubleday, 2006).

PROVAN, Charles D. *The church is Israel now: the transfer of conditional privilege* (Vallecito: Ross House, 1987).

RABINOWITZ, H. "Dietary laws". In: *EncJud* 6:120-40.

RAÏSÄNEN, Heikki. *Paul and the law*. WUNT 29 (Tübingen: Mohr Siebeck, 1987).

RAY JR., Charles A. "The identity of the 'Israel of God'". *TTE* 50 (1994): 105-14.

RIDDERBOS, Herman. *The coming of the kingdom*. Tradução para o inglês de H. de Jongste. Edição de Raymond O. Zorn (Philadelphia: P&R, 1962).

_____. *The Gospel according to John: a theological commentary*. Tradução para o inglês de John Vriend (Grand Rapids: Eerdmans, 1997).
_____. *Paul: an outline of his theology* (Grand Rapids: Eerdmans, 1975).
_____. *Redemptive history and the New Testament Scriptures*. Tradução para o inglês de H. de Jongste. Revisão de Richard B. Gaffin Jr (Phillipsburg: P&R, 1988).
Rissi, Mathias. *The future of the world: an exegetical study of Revelation 19.11—22.15*. SBT 2/23 (London: SCM, 1972).
Rist, Martin. "The Revelation of St. John the divine (introduction and exegesis)". In: Buttrick, George A., org. *The interpreter's Bible* (New York: Abingdon, 1957). vol. 12. p. 347-613.
Robertson, A. T. *Paul and the intellectuals: the Epistle to the Colossians*. Revisão e edição de W. C. Strickland (Nashville: Broadman, 1959).
Robertson, O. Palmer. "Is there a distinctive future for ethnic Israel in Romans 11?". In: Kantzer, Kenneth S.; Gundry, Stanley N., orgs. *Perspectives on evangelical theology: papers from the thirtieth annual meeting of the Evangelical Theological Society* (Grand Rapids: Baker Academic, 1979). p. 209-27.
Robinson, H. Wheeler. *Corporate personality in ancient Israel* (Philadelphia: Fortress, 1980).
Robinson, William C. "Eschatology of the Epistle to the Hebrews: a study in the Christian doctrine of hope". *Encounter* 22 (1961): 37-51.
Rofé, Alexander. "Isaiah 66:1-4: Judean sects in the Persian period as viewed by Trito-Isaiah". In: Kort, Ann; Morschauser, Scott, orgs. *Biblical and related studies presented to Samuel Iwry* (Winona Lake: Eisenbrauns, 1985). p. 205-17.
Rogerson, John W. "The Hebrew conception of corporate personality: a re-examination". *JTS* 21 (1970): 1-16.
Rosner, Brian S. "Biblical theology". In: *NDBT*. p. 3-11.
Ross, Allen P. *Creation and blessing: a guide to the study and exposition of the book of Genesis* (Grand Rapids: Baker Academic, 1988).
Rudolph, David J. "Festivals in Genesis". *TynBul* 54, n. 2 (2003): 23-40.
Rusam, Dietrich. "Neue Belege zu den στοιχεῖα τοῦ κόσμου (Gal 4,3.9; Kol 2,8.20)". *ZNW* 83 (1992): 119-25.
Russell, Ronald. "Eschatology and ethics in 1 Peter". *EvQ* 47 (1975): 78-84.
Ryrie, Charles C. *Dispensationalism today* (Chicago: Moody, 1967).
_____. "The mystery in Ephesians 3". *BSac* 123 (1966): 24-31.
Sabourin, L. "The eschatology of Luke". *BTB* 12 (1982): 73-6.
Sahlin, Harald. "Adam-Christologie im Neuen Testament". *ST* 41 (1986): 11-32.
Sailhamer, John H. "Hosea 11:1 and Matthew 2:15". *WTJ* 63 (2001): 87-96.
Salter, Martin. "Does baptism replace circumcision? An examination of the relationship between circumcision and baptism in Colossians 2:11-12". *Themelios* 35 (2010): 15-29.
Sanders, E. P. *Paul and Palestinian Judaism* (Philadelphia: Fortress, 1977).
Sarna, Nahum M. *Exodus*. JPSTC (Philadelphia: Jewish Publication Society, 1991).
_____. *Genesis*. JPSTC (Philadelphia: Jewish Publication Society, 1989).
Saucy, Robert L. *The case for progressive dispensationalism: the interface between dispensational and non-dispensational theology* (Grand Rapids: Zondervan, 1993).
_____. "The church as the mystery of God". In: Blaising, Craig A.; Bock, Darrell L., orgs. *Dispensationalism, Israel and the church: the search for definition* (Grand Rapids: Zondervan, 1992). p. 127-55.
Schlatter, Adolf. *Romans: the righteousness of God*. Tradução para o inglês de Siegfried S. Schatzmann (Peabody: Hendrickson, 1995).
Schlier, H. "ἀμήν". In: *TDNT* 1:335-8.
_____. "θλίβω, θλῖψις". In: *TDNT* 3:139-48.

SCHOLER, David M. "Sins within and sins without: an interpretation of 1 John 5:16-17". In: HAWTHORNE, Gerald F., org. *Current issues in biblical and patristic interpretation: studies in honor of Merrill C. Tenney presented by his former students* (Grand Rapids: Eerdmans, 1975). p. 230-46.
SCHREINER, Thomas R. *1, 2 Peter, Jude*. NAC 37 (Nashville: Broadman, 2003).
_____. *New Testament theology: magnifying God in Christ* (Grand Rapids: Baker Academic, 2008).
_____. *Paul, apostle of God's glory in Christ: a Pauline theology* (Downers Grove: InterVarsity, 2001).
_____. *Teologia de Paulo: o apóstolo da glória de Deus em Cristo* (São Paulo: Vida Nova, 2015). Tradução de: Paul, apostle of God's glory in Christ.
_____. *Romans*. BECNT (Grand Rapids: Baker Academic, 1998).
SCHRENK, G. "δικαιόω". In: *TDNT* 2:212-4.
SCHWEIZER, Eduard. "πνεῦμα". In: *TDNT* 6:389-455.
SCOBIE, Charles H. H. "The structure of biblical theology". *TynBul* 42, n. 2 (1991): 163-94.
_____. *The ways of our God: an approach to biblical theology* (Grand Rapids: Eerdmans, 2003).
SCOTT, E. F. *The Epistles of Paul to the Colossians, to Philemon and to the Ephesians*. MNTC (London: Hodder & Stoughton, 1948).
SCOTT, James M. *Adoption as sons of God: an exegetical investigation into the background of ΥΙΟΘΕΣΙΑ in the Pauline corpus*. WUNT 2/48 (Tübingen: Mohr Siebeck, 1992).
_____. "Luke's geographical horizon". In: WINTER, BRUCE W., org. *The book of Acts in its first century setting* (Grand Rapids: Eerdmans, 1994). vol. 2: GILL, David W. J.; GEMPF, Conrad, orgs. *The book of Acts in its Graeco-Roman setting*. p. 483-544.
_____. *Paul and the nations: the Old Testament and Jewish background of Paul's mission to the nations with special reference to the destination of Galatians*. WUNT 84 (Tübingen: Mohr Siebeck, 1995).
_____. "Restoration of Israel". In: *DPL*. p. 796-805.
SEEBASS, H. "אַחֲרִית". In: *TDOT* 1:207-12.
SEIFRID, Mark A. "Romans". In: BEALE, G. K.; CARSON, D. A., orgs. *Commentary on the New Testament use of the Old Testament* (Grand Rapids: Baker Academic, 2007). p. 607-94.
_____. "Romanos". In: BEALE, G. K.; CARSON, D. A., orgs. *Comentário do uso do Antigo Testamento no Novo Testamento*. Tradução de C. E. S. Lopes et al. (São Paulo: Vida Nova, 2014). Tradução de: Commentary on the New Testament use of the Old Testament.
_____. "Unrighteous by faith: apostolic proclamation in Romans 1:18—3:20". In: CARSON D. A.; O'BRIEN, Peter T.; SEIFRID, Mark A., orgs. *Justification and variegated nomism* (Grand Rapids: Baker Academic, 2004). vol. 2: *The paradoxes of Paul*. p. 105-45.
SELWYN, E. C. "Eschatology in 1 Peter". In: DAVIES, W. D.; DAUBE, D., orgs. *The background of the New Testament and its eschatology: studies in honour of C. H. Dodd* (Cambridge: Cambridge University Press, 1956). p. 394-401.
SHEPHERD, Norman. *The call of grace: how the covenant illuminates salvation and evangelism* (Phillipsburg: P&R, 2000).
SHIRES, Henry M. *The eschatology of Paul in the light of modern scholarship* (Philadelphia: Westminster Press, 1966).
SILBERMAN, L. H. "Farewell to O AMHN: a note on Revelation 3:14". *JBL* 82 (1963): 213-5.
SILVA, Moisés. *Biblical words and their meaning: an introduction to lexical semantics* (Grand Rapids: Zondervan, 1983).
_____. "Eschatological structures in Galatians". In: SCHMIDT, Thomas E.; SILVA, Moisés, orgs. *To tell the mystery: essays on New Testament eschatology in honor of Robert H. Gundry*. JSNTSup 100 (Sheffield: JSOT Press, 1994). p. 140-62.
_____. "Galatians". In: BEALE, G. K.; CARSON, D. A., orgs. *Commentary on the New Testament use of the Old Testament* (Grand Rapids: Baker Academic, 2007). p. 785-812.

_____. "Gálatas". In: BEALE, G. K.; CARSON, D. A., orgs. *Comentário do uso do Antigo Testamento no Novo Testamento*. Tradução de C. E. S. Lopes et al. (São Paulo: Vida Nova, 2014). Tradução de: Commentary on the New Testament use of the Old Testament.

_____. "Old Testament in Paul". In: *DPL*. p. 630-42.

_____. "Perfection and eschatology in Hebrews". *WTJ* 39 (1976): 60-71.

_____. *Philippians*. BECNT (Grand Rapids: Baker Academic, 1992).

_____. "Philippians". In: BEALE, G. K.; CARSON, D. A., orgs. *Commentary on the New Testament use of the Old Testament* (Grand Rapids: Baker Academic, 2007). p. 835-9.

_____. "Filipenses". In: BEALE, G. K.; CARSON, D. A., orgs. *Comentário do uso do Antigo Testamento no Novo Testamento*. Tradução de C. E. S. Lopes et al. (São Paulo: Vida Nova, 2014). Tradução de: Commentary on the New Testament use of the Old Testament.

SIM, David C. *Apocalyptic eschatology in the Gospel of Matthew*. SNTSMS 88 (Cambridge: Cambridge University Press, 1996).

SIMPSON, E. K.; BRUCE, F. F. *Commentary on the Epistles to the Ephesians and the Colossians*. NICNT (Grand Rapids: Eerdmans, 1957).

SKARSAUNE, Oskar. *In the shadow of the temple: Jewish Influences on early Christianity* (Downers Grove: InterVarsity, 2002).

_____. *À sombra do templo: as influências do judaísmo no cristianismo primitivo* (São Paulo: Vida, 2004). Tradução de: In the shadow of the temple.

SKLAR, Jay. "Sin and impurity: atoned or purified? Yes!". In: SCHWARTZ, Baruch J. et al., orgs. *Perspectives on purity and purification in the Bible* (London: T&T Clark, 2008). p. 1-31.

_____. *Sin, impurity, sacrifice, atonement: the priestly conceptions*. HBM 2 (Sheffield: Sheffield Phoenix Press, 2005).

SMALLEY, Stephen S. *1, 2, 3 John*. WBC 51 (Waco: Word, 1984).

SMITH, Gary V. "Structure and purpose in Genesis 1—11". *JETS* 20 (1977): 307-19.

SMITH, P. A. *Rhetoric and redaction in Trito-Isaiah: the structure, growth, and authorship of Isaiah 56—66*. VTSup 62 (Leiden: Brill, 1995).

SMITH, Robert H. "The eschatology of Acts and contemporary exegesis". *CTM* 29 (1958): 641-63.

_____. "History and eschatology in Luke-Acts". *CTM* 29 (1958): 881-901.

SMYTH, Herbert W. *Greek grammar* (Cambridge: Harvard University Press, 1920).

SNODGRASS, Klyne R. "Justification by grace — to the doers: an analysis of the place of Romans 2 in the theology of Paul". *NTS* 32 (1986): 72-93.

STORDALEN, Terje. *Echoes of Eden: Genesis 2—3 and symbolism of the Eden Garden in biblical Hebrew literature*. CBET 25 (Leuven: Peeters, 2000).

STOTT, W. "σάββατον". In: *NIDNTT* 3:405-15.

STRATHMANN, H. "λαός". In: *TDNT* 4:29-57.

STRAUSS, Mark L. *The Davidic Messiah in Luke-Acts: the promise and its fulfillment in Lukan Christology*. JSNTSup 110 (Sheffield: Sheffield Academic Press, 1995).

STUART, Douglas. *Hosea-Jonah*. WBC 31 (Waco: Word, 1987).

STUART, Moses. *A commentary on the Apocalypse*. (Andover: Allen, Morrell & Wardwel, 1845), 2 vols.

STUHLMACHER, Peter. *Biblische Theologie des Neuen Testaments* (Göttingen: Vandenhoeck & Ruprecht, 1992-1999). 2 vols.

_____. *Das Evangelium von der Versöhnung in Christus* (Stuttgart: Calwer, 1979).

_____. "Erwägungen zum ontologischen Charakter der *kaine ktisis* bei Paulus". *EvT* 27 (1967): 1-35.

_____. *How to do biblical theology*. PTMS 38 (Allison Park: Pickwick, 1995).

_____. *Paul's Letter to the Romans: a commentary*. Tradução para o inglês de Scott J. Hafemann (Louisville: Westminster John Knox, 1994).

_____. *Versöhnung, Gesetz und Gerechtigkeit: Aufsätze zur biblische Theologie* (Göttingen: Vandenhoeck & Ruprecht, 1981).

STUHLMUELLER, Carroll. *Creative redemption in Deutero-Isaiah*. AnBib 43 (Rome: Biblical Institute Press, 1970).
SUH, Robert H. "The use of Ezekiel 37 in Ephesians 2". *JETS* 50 (2007): 715-33.
SWARTLEY, Willard M. *Israel's Scripture traditions and the Synoptic Gospels: story shaping story* (Peabody: Hendrickson, 1994).
SWEET, J. P. M. *Revelation* (London: SCM, 1979).
SWETE, H. B. *An introduction to the Old Testament in Greek* (Cambridge: Cambridge University Press, 1902).
TALBERT, Charles H. *Romans*. SHBC 24 (Macon: Smyth & Helwys, 2002).
TASKER, R. V. G. *The Second Epistle of Paul to the Corinthians*. TNCT (Grand Rapids: Eerdmans, 1958).
TATE, Marvin E. *Psalms 51—100*. WBC 20 (Dallas: Word, 1990).
TAYLOR, J. B. "Elders". In: DOUGLAS, J. D., org. *The illustrated Bible dictionary* (Leicester: Inter-Varsity, 1980). vol. 1. p. 434-5.
TERRIEN, Samuel. *The Psalms: strophic structure and theological commentary*. ECC (Grand Rapids: Eerdmans, 2003).
THIELMAN, Frank. *Paul and the law: a contextual approach* (Downers Grove: InterVarsity, 1994).
_____ . *Theology of the New Testament: a canonical and synthetic approach* (Grand Rapids: Zondervan, 2005).
_____ . *Teologia do Novo Testamento: uma abordagem canônica e sintética* (São Paulo: Shedd, 2007). Tradução de: Theology of the New Testament.
THISELTON, Anthony C. *The First Epistle to the Corinthians: a commentary on the Greek text*. NIGTC (Grand Rapids: Eerdmans, 2000).
THOMAS, Robert L. *Revelation 1—7: an exegetical commentary* (Chicago: Moody, 1992).
THOMPSON, Michael B. *Clothed with Christ: the example and teaching of Jesus in Romans 12.1—15.13*. JSNTSup 59 (Sheffield: Sheffield Academic Press, 1991).
TITRUD, Kermit. "The function of *kai* in the Greek New Testament and an application to 2 Peter". In: BLACK, David Alan, org. *Linguistics and New Testament interpretation: essays on discourse analysis* (Nashville: Broadman, 1992). p. 240-70.
TOUSSAINT, Stanley D. "The eschatology of the warning passages in the book of Hebrews". *GTJ* 3 (1982): 67-80.
TOWNER, Philip. "Response to Prof. Greg Beale's 'The eschatological conception of New Testament theology'" (Pesquisa apresentada na conferência trienal da Tyndale Fellowship sobre Escatologia, Swanick, Derbyshire, julho de 1997).
TRUDINGER, L. P. "Ο AMHN (Rev. III:14) and the case for a Semitic original of the Apocalypse". *NovT* 14 (1972): 277-9.
TURNER, David L. *Matthew*. BECNT (Grand Rapids: Baker Academic, 2008).
TURNER, Max. *Power from on high: the Spirit in Israel's restoration and witness in Luke-Acts*. JPTSup 9 (Sheffield: Sheffield Academic Press, 1996).
TURNER, Nigel. *A grammar of New Testament Greek*. Organização de J. H. Moulton (Edinburgh: T&T Clark, 1963). vol. 3: *Syntax*.
TURRETIN, Francis. *Institutes of elenctic theology*. Tradução para o inglês de George Musgrave Giger. Edição de James T. Dennison Jr. (Phillipsburg: P&R, 1994). vol. 2.
VAN DER PLOEG, J. P. M. "Eschatology in the Old Testament". In: VAN DER WOUDE, A. S., org. *The witness of tradition: papers read at the Joint British-Dutch Old Testament Conference held at Woudschoten, 1970*. OtSt 17 (Leiden: Brill, 1972). p. 89-99.
VANGEMEREN, Willem. "Isaiah". In: ELWELL, Walter A., org. *Evangelical commentary on the Bible* (Grand Rapids: Baker Academic, 1989). p. 471-514.
VANHOOZER, Kevin J. *Is there a meaning in this text? The Bible, the reader, and the morality of literary knowledge* (Grand Rapids: Zondervan, 1998).

_____. *Há um significado neste texto? — interpretação bíblica, os enfoques contemporâneos* (São Paulo: Vida, 2010). Tradução de: Is there a meaning in this text?
VanLandingham, Chris. *Judgment and justification in early Judaism and the apostle Paul* (Peabody: Hendrickson, 2006).
Von Rad, Gerhard. *Genesis*. OTL (Philadelphia: Westminster, 1972).
_____. *Old Testament theology*. Tradução para o inglês de D. M. G. Stalker. OTL (New York: Harper, 1962-1965). 2 vols.
_____. *Teologia do Antigo Testamento*. 2. ed. Tradução de Francisco Catão (São Paulo: ASTE/Targumim, 2006). Tradução de: Old Testament theology.
Vos, Geerhardus. *Biblical theology: Old and New Testaments* (Grand Rapids: Eerdmans, 1948).
_____. "The eschatological aspect of the Pauline conception of the Spirit". In: Gaffin Jr., Richard B., org. *Redemptive history and biblical interpretation: the shorter writings of Geerhardus Vos* (Phillipsburg: P&R, 1980). p. 91-125.
_____. *The eschatology of the Old Testament* (Phillipsburg: P&R, 2001).
_____. "The idea of biblical theology as a science and a theological discipline". In: Gaffin Jr., Richard B., org. *Redemptive history and biblical interpretation: the shorter writings of Geerhardus Vos* (Phillipsburg: P&R, 1980). p. 3-24.
_____. *The Pauline eschatology* (1930; reimpr., Grand Rapids: Baker Academic, 1979).
Vriezen, Th. C. "Prophecy and eschatology". In: *Congress volume: Copenhagen, 1953*. VTSup 1 (Leiden: Brill, 1953). p. 199-229.
Wade, G. W. *The book of the prophet Isaiah* (London: Methuen, 1911).
Wagner, J. Ross. *Heralds of the good news: Isaiah and Paul in concert in the Letter to the Romans*. NovTSup 101 (Leiden: Brill, 2001).
Wainwright, Geoffrey. *Eucharist and eschatology* (reimpr., New York: Oxford University Press, 1981).
Wall, Robert W. *Colossians and Philemon*. IVPNTC (Downers Grove: InterVarsity, 1993).
Wallace, Daniel B. *Greek grammar beyond the basics* (Grand Rapids: Zondervan, 1996).
Waltke, Bruce K. *Genesis* (Grand Rapids: Zondervan, 2001).
_____. "Micah". In: McComiskey, Thomas Edward, org. *The Minor Prophets: an exegetical and expository commentary* (Grand Rapids: Baker Academic, 1993). vol. 2. p. 591-764.
_____. *An Old Testament theology: an exegetical, canonical, and thematic approach* (Grand Rapids: Zondervan, 2007).
_____. *Teologia do Antigo Testamento* (São Paulo: Vida Nova, 2015). Tradução de:An Old Testament theology: an exegetical, canonical, and thematic approach.
_____ ; O'Connor, M. *An introduction to biblical Hebrew syntax* (Winona Lake: Eisenbrauns, 1990).
Walton, John H. *Genesis*. NIVAC (Grand Rapids: Zondervan, 2001).
_____. *Introdução à sintaxe do hebraico bíblico* (São Paulo: Cultura Cristã, 2006). Tradução de: An introduction to biblical Hebrew syntax.
_____. *The lost world of Genesis one: ancient cosmology and the origins debate* (Downers Grove: IVP Academic, 2009).
Wanamaker, Charles A. *The Epistles to the Thessalonians: a commentary on the Greek text*. NIGTC (Grand Rapids: Eerdmans, 1990).
Warfield, Benjamin B. *Biblical and theological studies*. Edição de Samuel G. Craig (Philadelphia: P&R, 1952).
_____. *Selected shorter writings of Benjamin B. Warfield*. Organização de John E. Meeter (Nutley: P&R, 1970-1973). 2 vols.
Watson, Nigel M. "Justified by faith: judged by works — an antinomy?". *NTS* 29 (1983): 209-21.
Watts, John D. *Isaiah 34—66*. WBC 25 (Waco: Word, 1987).
Watts, Rikki E. *Isaiah's new exodus in Mark* (Grand Rapids: Baker Academic, 1997).

WEBB, Barry. *The message of Isaiah: on eagles' wings*. Bible Speaks Today (Downers Grove: InterVarsity, 1996).

WEDDERBURN, A. J. M. "Adam in Paul's Letter to the Romans". In: LIVINGSTONE, E. A., org. *Studia Biblica 1978: Sixth International Congress on Biblical Studies, Oxford, 3-7 April 1978*. JSNTSup 3 (Sheffield: JSOT Press, 1980). vol. 3: *Papers on Paul and other New Testament authors*. p. 413-30.

_____. "Traditions and redaction in Acts 2:1-13". *JSNT* 55 (1994): 27-54.

WEIMA, Jeffrey A. D. "1-2 Thessalonians". In: BEALE, G. K.; CARSON, D. A., orgs. *Commentary on the New Testament use of the Old Testament* (Grand Rapids: Baker Academic, 2007). p. 871-89.

_____. "Galatians 6:11-18: a hermeneutical key to the Galatian letter". *CTJ* 28 (1993): 90-107.

_____. *Neglected endings: the significance of the Pauline Letter closings*. JSNTSup 101 (Sheffield: Sheffield Academic Press, 1994).

_____. "The Pauline letter closings: analysis and hermeneutical significance". *BBR* 5 (1995): 177-98.

WEISER, Artur. *The Psalms: a commentary*. Tradução para o inglês de Herbert Hartwell. OTL (London: SCM, 1959).

WENHAM, David. "Appendix: unity and diversity in the New Testament". In: LADD, George Eldon. *A theology of the New Testament*. Ed. rev. (Grand Rapids: Eerdmans, 1993). p. 684-719.

_____. *Paul: follower of Jesus or founder of Christianity?* (Grand Rapids: Eerdmans, 1995).

WENHAM, Gordon J. *Genesis 1—15*. WBC 1 (Waco: Word, 1987).

_____. *Story as Torah: reading the Old Testament ethically* (Edinburgh: T&T Clark, 2000).

WESTERMANN, Claus. *Genesis 1—11*. Tradução para o inglês de John J. Scullion (London: SPCK, 1984).

_____. *Isaiah 40—66*. Tradução para o inglês de D. M. G. Stalker. OTL (Philadelphia: Westminster, 1996).

WEVERS, John W., org. *Septuaginta* (Göttingen: Vandenhoeck & Ruprecht, 1982). vol. 3.1: *Numeri*.

WHITE, Joel. *Die Erstlingsgabe im Neuen Testament*. TANZ 45 (Tübingen: Francke Verlag, 2007).

WHYBRAY, R. N. *Isaiah 40—66*. NCB (Grand Rapids: Eerdmans, 1975).

WIKENHAUSER, Alfred. "Weltwoche und tausendjähriges Reich". *TQ* 127 (1947): 399-417.

WILCKENS, Ulrich. *Theologie des Neuen Testaments* (Neukirchen-Vluyn: Neukirchener Verlag, 2002-2005). 5 vols.

WILDBERGER, Hans. *Isaiah 1—12*. CC. Tradução para o inglês de Thomas H. Trapp (Minneapolis: Fortress, 1991).

WILDER, William N. "Illumination and investiture: the royal significance of the Tree of Wisdom". *WTJ* 68 (2006): 51-70.

WILLIS, John T. "The expression *be'acharith hayyamim* in the Old Testament". *ResQ* 22 (1979): 54-71.

WILSON, Robert R. "Creation and new creation: the role of creation imagery in the book of Daniel". In: BROWN, William P.; MCBRIDE JR., S. Dean, orgs. *God who creates: essays in honor of W. Sibley Towner* (Grand Rapids: Eerdmans, 2000). p. 190-203.

WINDISCH, Hans. *Der zweite Korintherbrief*. 9. ed. KEK 6 (Göttingen: Vandenhoeck & Ruprecht, 1970).

WINTER, Irene J. "Art in empire: the royal image and the visual dimensions of Assyrian ideology". In: PARPOLA, S.; WHITING, R. M., orgs. *Assyria 1995: proceedings of the 10th anniversary symposium of the Neo-Assyrian Text Corpus Project, Helsinki, September 7-11, 1995* (Helsinki: The Neo-Assyrian Text Corpus Project, 1997). p. 359-81.

WISE, Michael O.; ABEGG JR., Martin G.; COOK, Edward M. *The Dead Sea Scrolls: a new translation* (New York: HarperCollins, 2005).

WITHERINGTON, Ben. *Letters and homilies for Jewish Christians: a socio-rhetorical commentary on Hebrews, James and Jude* (Downers Grove: IVP Academic, 2007).

WOLTER, Michael. *Der Brief an die Kolosser, der Brief an Philemon*. ÖTK (Gütersloh: Mohn, 1993).

Woods, Clyde. "Eschatological motifs in the Epistle to the Hebrews". In: Lewis, Jack P., org. *The last things: essays presented by his students to Dr. W. B. West Jr. upon the occasion of his sixty-fifth birthday* (Austin: Sweet, 1972). p. 140-51.
Wrede, William. *Paul*. Tradução para o inglês de Edward Lummis (London: Philip Green, 1907).
Wright, G. Ernest. *God who acts: biblical theology as recital* (London: SCM, 1964).
Wright, N. T. *The climax of the covenant: Christ and the law in Pauline theology* (Minneapolis: Fortress, 1992).
_____. *The Epistles of Paul to the Colossians and to Philemon*. TNTC (Grand Rapids: Eerdmans, 1986).
_____. *Jesus and the victory of God* (Minneapolis: Fortress, 1996).
_____. *The New Testament and the people of God* (Minneapolis: Fortress, 1992).
_____. *Paul: in fresh perspective* (Minneapolis: Fortress, 2005).
_____. *The resurrection of the Son of God* (Minneapolis: Fortress, 2003).
_____. "Romans". In: *NIB* 10:393-770.
_____. *What Saint Paul really said: was Paul of Tarsus the real founder of Christianity?* (Oxford: Lion Publishing, 1997).
Yarbrough, Robert W. *1-3 John*. BECNT (Grand Rapids: Baker Academic, 2008).
Yarden, Leon. *The tree of light: a study of the Menorah, the seven-branched lampstand* (Ithaca: Cornell University Press, 1971).
Yates, John W. *The Spirit and creation in Paul*. WUNT 2/251 (Tübingen: Mohr Siebeck, 2008).
Zenger, Erich. "Zion as mother of the nations in Psalm 87". In: Lohfink, Norbert; Zenger, Erich, orgs. *The God of Israel and the nations: studies in Isaiah and the Psalms*. Tradução para o inglês de Everett R. Kalin (Collegeville: Liturgical Press, 2000). p. 123-60.
Zerwick, Maximilian. *Biblical Greek: illustrated by examples* (Rome: Scripta Pontificii Instituti Biblici, 1963).
Ziegler, Joseph, org. *Septuaginta* (Göttingen: Vandenhoeck & Ruprecht, 1999). vol. 14.2: *Susanna, Daniel, Bel et Draco*.
Zuck, Roy; Bock, Darrell, orgs. *A biblical theology of the New Testament* (Chicago: Moody, 1994).
_____; _____, *Teologia do Novo Testamento* (Rio de Janeiro: CPAD, 2008). Tradução de: A biblical theology of the New Testament.

Índice de autores

Abbott, T. K. *387*
Abegg Jr., Martin G. *351, 481*
Achtemeier, Paul J. *285, 285-90, 710*
Aletti, Jean-Noël *385*
Alexander, Joseph *565*
Alexander, T. Desmond *91, 504-22*
Alkier, Stefan *205*
Allison Jr., Dale C. *366, 688, 751*
Anderson, A. A. *556*
Ansberry, Christopher B. *82*
Arnold, C. E. *732*
Attridge, Harold W. *399*
Aulén, Gustaf *759*
Aune, David E. *37, 127*
Averbeck, Richard E. *111*

Bahnsen, Greg L. *730*
Bailey, Daniel P. *12, 32, 421-2*
Baker, David L. *380*
Baldwin, Joyce G. *349*
Bandstra, A. J. *148*
Barclay, John M. G. *383, 496*
Barker, Margaret *564*
Barnett, Paul *442*
Barr, James *29, 34, 49, 156*
Barrett, C. K. *139-80*
Bartholomew, Craig G. *73, 158*
Bass, Derek Drummond *58*

Bauckham, Richard J. *150-69, 192, 362, 487, 515*
Baugh, S. M. *621*
Bayer, Hans F. *135*
Baylis, Albert H. *83*
Beasley-Murray, George R. *135, 213, 487, 753-64*
Beetham, Christopher A. *81*
Beisner, E. Calvin *406*
Bell, Richard H. *327*
Belleville, Linda *212*
Berges, Ulrich *565*
Berkhof, Louis *58, 767*
Best, Ernest *255*
Betz, Hans Dieter *271*
Betz, Otto *183, 516*
Beyer, Bryan E. *563*
Bird, Michael F. *407-26, 432-3*
Bitner, Bradley *40*
Black, Jeremy *81*
Blaising, Craig A. *553*
Blenkinsopp, Joseph *478, 563-4, 565*
Bloch-Smith, Elizabeth *534*
Block, Daniel I. *478-9, 524, 791*
Blomberg, Craig L. *155, 575*
Bock, Darrell L. *30, 553-76, 629*
Bockmuehl, Markus *739*
Bonnard, P.-E. *563*
Booij, Thijs *556*

Borgen, Peder *507*
Box, G. H. *565*
Branham, Joan R. *289*
Bratsiotis, N. P. *580*
Brendsel, Daniel J. *12, 154, 237-81, 452*
Brenton, Lancelot C. L. *425*
Briggs, Charles A. *557*
Brown, Colin *207*
Brown, Francis *99*
Brown, J. K. *213*
Brown, Raymond E. *145, 291*
Broyles, Craig C. *556*
Bruce, F. F. *135-83, 216-41, 275-82 387-9, 391-9, 422-54, 615, 707*
Brueggemann, Walter *563, 655-7, 771*
Buchanan, G. W. *98*
Bullock, C. Hassell *84-5, 86*
Bultmann, Rudolf *25, 39, 40, 114*
Burge, Gary M. *771*
Burney, C. F. *295-6*
Buttmann, Alexander *610*
Buzzard, Anthony *134*
Byrne, Brendan *431*

Cadbury, Henry J. *136*
Caird, G. B. *29, 113-4, 115-66, 389, 791*

Callender Jr., Dexter E. *77, 316, 524-5*
Calvino, João *248, 391, 563-99, 618-21, 656-69*
Carlston, Charles *138*
Carnegie, David R. *304*
Carroll, John T. *136*
Carroll R., M. Daniel *51, 62*
Carson, D. A. *30-1, 32-3, 34-6, 44, 86, 131-2, 139-55, 212-3, 245-76, 293, 327-41, 362-9, 372-3, 383-96, 405-6, 418-43, 450-64, 485-97, 513-46, 564-6, 575-82, 595, 608-18, 627-43, 660-8, 677, 708-29, 782-94, 795-6, 797*
Carson, Herbert M. *391*
Cassuto, Umberto *656*
Cazelles, Henri *81*
Charles, R. H. *118*
Charlesworth, James H. *13, 480-1, 759*
Cheyne, T. K. *563-4*
Childs, Brevard S. *30-2, 44, 563, 654-8*
Chilton, Bruce D. *273*
Clements, R. E. *68*
Clifford, Richard J. *289, 563-5*
Clowney, Edmund P. *541-3*
Cobb, Peter G. *686*
Cohen, Jeremy *13, 49, 62, 529*
Cohn, Norman *70*
Collins, C. John *343, 634*
Cook, Edward M. *351, 481*
Cowles, Henry *564*
Craigie, Peter C. *105*
Cranfield, C. E. B. *422-31, 443*
Croatto, J. Severino *563-5*
Cullmann, Oscar *38-9, 153, 675*
Currid, John D. *322*
Curtis, Byron G. *58*
Curtis, Edward M. *48*

Dahood, Mitchell *556*
Davids, Peter H. *283-4, 285*

Davidson, Richard M. *161, 523*
Davidson, Robert *557*
Davies, G. J. *563*
Davies, John A. *81*
Davies, W. D. *136, 339, 638, 771*
Delitzsch, Franz *102, 564, 655-6*
Delling, G *273*
Dempster, Stephen G. *47*
Dennefeld, F. *564*
Dibelius, Martin *284*
Dillard, Raymond B. *512*
Dillmann, A. *580*
Dodd, C. H. *27, 33-4, 590*
Douglas, Mary *517*
Dowd, Sharon E. *586*
Driver, S. R. *100*
Dubis, Mark *468-9, 637*
Duguid, Ian W. *478*
Duhm, B. *564*
Dumbrell, William J. *40-1, 42-7, 50-5, 56, 62-8, 72, 83-4, 89, 159-60, 163, 314, 456, 529, 616-7, 618-21*
Dunn, James D. G. *229-30, 327-43, 383-8, 390, 422-31, 491-4, 496, 706-97*
Dupont, Jacques *579, 627*
Dupont-Sommer, A. *13, 68, 481, 781*

Eberhart, Christian *420*
Edwards, Jonathan *157, 435*
Eichrodt, Walther *95, 656*
Eliade, Mircea *533*
Ellingworth, Paul *138, 281-2, 400-1, 537, 662*
Elliot, Neil *442*
Elliott, John *285*
Ellis, E. Earle *136, 241*
Emerton, J. A. *557*
Enns, Peter *81, 358, 517*
Erasmus, Desiderius *713*
Etheridge, J. W. *14, 687*
Evans, Craig A. *513-76, 592, 627*

Ewald, P. *563*
Eynikel, Erik *431*

Fee, Gordon D. *230-1, 384-96, 408-11, 438-9, 492-5, 537, 687-90, 710-75*
Feinberg, Charles L. *108, 544*
Fekkes III, Jan *470*
Feldmann, F. *564*
Findeis, Hans-Jürgen *453*
Fishbane, Michael *62*
Fitzmyer, Joseph A. *576*
Foulkes, Francis F. *380, 590*
Frame, James *183*
Frame, John M. *674*
France, R. T. *178-80, 344-5, 346-7, 348-67, 418, 577*
Francis, Fred O. *136*
Franklin, Eric *136*
Fuller, Daniel P. *733*
Fung, Ronald Y. K. *275*
Furnish, Victor Paul *243, 454, 603*
Furter, Daniel *389*

Gaffin Jr., Richard B. *28, 41-2, 73, 133-9, 231-4, 257-70, 309-80, 381, 409-24, 427-9, 433-4, 437-92, 495, 661-3, 665-92, 709-56, 761-77, 778*
Gage, Warren Austin *49, 72, 288, 334-5*
Garcia, Mark A. *405*
Gardner, Anne E. *563-6*
Garland, David E. *380, 411*
Garrett, Duane *58, 106, 357-8, 683*
Gaventa, Beverly R. *133-6*
George, Timothy *275*
Gese, Hartmut *33*
Gesenius, W. *51, 563*
Gignilliat, Mark *452*
Giles, Kevin *136*
Gill, John *430, 583*
Gilmour, S. MacLean *296*
Ginzberg, Louis *308-50*

Gladd, Benjamin L. *12, 393, 410, 739-94*
Glazov, Gregory Yuri *321*
Glickman, S. Craig *341*
Gnilka, Joachim *388*
Goheen, Michael W. *73, 158*
Goldingay, John E. *90, 556-63*
Goldsworthy, Graeme *40*
Goodwin, Mark J. *357, 596*
Goppelt, Leonhard *33, 285, 533-71*
Gordon, T. David *274, 710*
Goulder, M. D. *583*
Gowan, Donald E. *96, 105*
Graaf, S. G. de *73*
Grayson, A. Kirk *48*
Greeven, Heinrich *284*
Grimm, Werner *459*
Grogan, G. W. *563*
Grudem, Wayne *280-5, 716-7*
Gruenler, Royce Gordon *689*
Gundry, Robert H. *270, 406-11, 599*
Gunkel, Hermann *165*
Guthrie, Donald *30*

Hafemann, Scott J. *34, 68, 75, 161, 241, 324-7, 328, 408-22, 438-53, 493, 622*
Hagner, Donald A. *622*
Hahn, F. C. *285, 453*
Hahn, Scott W. *57, 767*
Hailey, Homer *563-4*
Hamilton, James *155*
Hamilton, Neill Q. *492*
Hamilton, Victor P. *101, 657*
Hansen, G. Walter *496-7*
Harris, Murray J. *437, 601*
Hartley, John H. *657*
Hartman, Lars *142-83, 187-93*
Hasel, Gerhard F. *44, 92-3, 153-9, 655*
Hatch, Edwin *297*
Hatina, Thomas R. *627*
Hauspie, Katrin *431*
Hawkins, Frank *690*
Hay, David M. *252, 389*

Hays, Richard B. *27, 35, 155-8, 161, 262-70, 438*
Hayward, Robert *687*
Heidegger, J. H. *430*
Hemer, Colin J. *295*
Hendriksen, William *184, 553*
Heppe, Heinrich *407*
Herbert, A. S. *563*
Hess, Richard S. *566-76*
Hiebert, D. E. *285*
Higgins, J. B. *248-85*
Hildebrandt, Wilf *483*
Hill, Charles E. *692-3, 694-7, 777*
Hill, David *135*
Hirsch, E. D. *26*
Hodges, Zane C. *726*
Hoekema, Anthony A. *152-3, 599*
Höffken, Peter *563-5*
Hofius, Otfried *452-3, 459*
Holtz, Traugott *296-7, 300*
Hooker, Morna D. *324*
Hooker, Richard *70*
Horton, Michael S. *73*
Hoskier, H. C. *305*
Hossfeld, Frank-Lothar *557*
Hubbard, Moyer V. *267, 499, 500*
Hübner, Hans *32-3, 226-47, 383*
Huey Jr., F. B. *108*
Hugedé, Norbert *389*
Hugenberger, Gordon P. *57-8, 380-92, 516, 737-40*
Hurley, James B. *314*
Hurst, L. D. *29, 30, 138-66*
Hutter, Manfred *524*

Iwry, Samuel *320, 565*

Jackson, T. Ryan *267-76*
Jenson, Robert W. *478*
Jeremias, Joachim *40, 686*
Jewett, Robert *420-2, 431, 597*
Jobes, Karen H. *270-1, 500, 623-4, 715-6, 717*
Johnson, Aubrey R. *167, 344*

Johnson, Dennis E. *709*
Johnson, Luke Timothy *369-99, 662, 715*
Johnson, S. Lewis *610*
Joüon, Paul *51*

Kaiser, Otto *107*
Kaiser, Walter C. *580-1*
Kalin, Everett R. *557*
Käsemann, Ernst *431, 710*
Katanacho, Yohanna I. *556*
Keel, Othmar *533*
Keesmaat, Sylvia C. *496, 642*
Keil, C. F. *655-6, 695*
Kellermann, D. *562*
Kelly, J. N. D. *501*
Kennedy, Joel *326-43*
Kessler, K. *564*
Kidner, Derek *288, 563-4*
Kim, Jung Hoon *381-93*
Kim, Seyoon *41, 237, 329-36, 347-53, 410-54*
Kirk, J. R. Daniel *209-24, 229, 382, 424-8, 437-58*
Kissane, Edward J. *564-5*
Kline, Meredith G. *655-8, 659-76, 683-5*
Knight, G. A. F. *563*
Koenen, K. *563*
Koester, Craig R. *662*
Kohler, K. *677*
König, E. *524-64*
Koole, Jan L. *563-4*
Köstenberger, Andreas J. *213, 486*
Kraft, Heinrich *304*
Kraus, Hans-Joachim *557*
Kraus, Wolfgang *421*
Kreitzer, Larry J. *37, 127-33, 139-40*
Kruse, Colin G. *130, 727*
Kümmel, Werner Georg *710*
Kurz, W. S. *135*
Kutsko, John F. *321*

Laansma, Jon *668*
Lacocque, André *112*

Ladd, George Eldon *30-9*, *154*, *300-65*, *371-2*, *374-6*, *378*, *410-42*
Landy, Francis, *83*
Lane, William L. *623-62*
Langhammer, H. *400*
LaRondelle, Hans K. *613-6*
LaSor, William Sanford *795-6*
Lee, Archie *72*
Lemcio, Eugene E. *159*
Leupold, H. C. *102*, *530*
Levenson, Jon D. *525-33*, *534*
Levine, Baruch A. *619*
Levison, John R. *537*
Lewis, C. S. *712*
Lewis, Theodore J. *364*
Lightfoot, J. B. *386-8*
Limburg, James *557*
Lincoln, Andrew T. *139*, *220*, *385-9*, *390*, *660-1*, *664-5*, *666-8*, *670-2*, *673*
Logan, Samuel T. *435*
Lohfink, Gerhard *218-9*
Lohmeyer, Ernst *300*
Lohse, Eduard *383-8*
Longenecker, Richard N. *275*, *610*, *797*
Longman III, Tremper *516-30*, *531*
Louw, Johannes P. *758*
Lust, Johan *431*, *758*
Lutero, Martinho *655-6*, *713-25*

MacDonald, Margaret *389-90*
Mackie, Scott D. *621*
MacRae, George W. *140*
Maher, Michael *687*
Maier, Christl M. *556*
Malherbe, Abraham J. *167*
Manson, William *38*, *180*
Marcus, Joel *586*
Marcus, Ralph *507*
Marshall, I. Howard *25-8*, *30-3*, *34-5*, *36*, *127-45*, *160-5*, *169-83*, *185*, *255*, *513-5*, *582*
Martin, Ralph P. *283-4*, *391*, *446-7*, *453-4*, *455*, *564*, *707*
Martínez, Florentino García *351*
Matera, Frank J. *272-3*, *432-46*, *610*
Mathewson, David *470*
Mathison, Keith A. *31*, *40*
Mathews, Kenneth A. *288*, *655-7*
Mattill Jr., Andrew J. *136*
Mauro, Philip *299*
Mawhinney, Allen *725*
Mayes, A. D. H. *98*
Mays, James Luther *556-65*
McCartney, Dan G. *364*
McKenna, D. L. *563*
McKenzie, John L. *563-4*
McNamara, Martin *14*, *687*
McRay, J. *151*
Meadors, Edward P. *321*
Mell, Ulrich *274*
Merkle, Ben L. *599*
Metzger, Bruce M. *230*
Michaels, J. Ramsey *147*, *285-8*
Middleton, J. Richard *48-9*
Mihalios, Stefanos *12*, *291*
Miller, Patrick D. *72*
Minear, Paul S. *294*, *304*
Miscall, Peter D. *562*
Mitchell, Alan C. *619*
Moessner, David P. *488*
Montefiore, Hugh *399*
Montgomery, J. A. *295*
Moo, Douglas J. *245-67*, *323-4*, *327*, *422-8*, *434-41*, *443-6*, *447-50*, *595*, *627*, *709-11*, *715*
Morales, Rodrigo J. *499*
Moritz, Thorsten *739*
Morris, Leon *30*, *416-7*, *418*
Motyer, J. A. *563*
Moule, C. F. D. *387*
Muilenburg, James *563*
Murphy, Frederick J. *323*
Murray, John *599*

Nägelsbach, C. W. E. *564*
Neudecker, N. *506*
Nida, Eugene A. *758*
Niehaus, Jeffrey J. *70*, *505-8*, *509*
Nielsen, Anders E. *136*
Nolland, John *576*

O'Brien, Peter T. *244-7*, *276*, *327-83*, *386-7*, *390-1*, *405-43*, *450*, *627*, *707-94*
O'Connor, M. *351*
Oden, Thomas C. *406*
Olyan, Saul M. *298*
Ortlund, Dane *442*
Osborne, Grant R. *305*
Oswalt, J. N. *768*
Overduin, Nick *586*
Owen, John *434*

Pagolu, Augustine *530-1*
Pamment, Margaret *373*
Pao, David W. *132*, *321-30*, *468-91*, *512-90*, *591-2*, *593*, *693*, *719*
Patai, Raphael *68*
Pate, C. Marvin *41*, *394-5*, *736*
Patzia, Artur *389*
Pelágio *713*
Penna, A. *563*
Pennington, Jonathan T. *339-41*
Perowne, J. J. Stewart *556*
Peterson, David *420-1*, *791-2*
Piper, John *49*, *74*, *169-70*, *406-7*, *410-43*, *449*
Pitre, Brant *176-81*, *385-9*
Pokorný, Petr *383*, *643*
Porteous, Daniel *112*
Porter, Joshua R. *344*
Porter, Stanley E. *157*, *461-6*, *537*, *627*
Pritchard, J. B. *289*
Propp, William H. C. *322*
Provan, Charles D. *565-7*, *579*, *686*

Rabinowitz, H. *677*
Raïsänen, Heikki *736*

ÍNDICE DE AUTORES

Ray Jr., Charles A. *610*
Redpath, Henry A. *297*
Ridderbos, Herman *39, 40-3, 367-71, 486, 564, 710-14, 778*
Rissi, Mathias *298*
Rist, Martin *296*
Robertson, A. T. *389*
Robertson, O. Palmer *599*
Robinson, H. Wheeler *167, 344*
Robinson, William C. *138*
Rofé, Alexander *563-5*
Rogerson, John W. *344, 564*
Rosner, Brian S. *32, 93*
Ross, Allen P. *50-1, 100-2, 200-88*
Rudolph, David J. *657*
Rusam, Dietrich *732*
Russell, Ronald *147*
Ryrie, Charles C. *554*

Sabourin, L. *133*
Sahlin, Harald *399*
Sailhamer, John H. *355*
Salter, Martin *678-82, 683*
Sarna, Nahum M. *288, 517, 657*
Saucy, Robert L. *553-4, 599, 629*
Sawyer, J. F. A. *563*
Schlatter, Adolf *422*
Schlier, H. *192, 298*
Schnelle, Udo *33*
Scholer, David M. *146*
Schoors, A. *563*
Schreiner, Thomas R. *422, 595, 683, 711-6, 717*
Schrenk, G. *416*
Schüssler Fiorenza, Elisabeth *294*
Schweitzer, Albert *38, 40*
Schweizer, Eduard *491-2*
Scobie, Charles H. H. *30-1, 35, 40-1, 42, 92-3, 153-7, 159-63*
Scott, E. F. *387*
Scott, James M. *513-83, 592, 627-42*

Scullion, J. *288, 563*
Seebass, H. *102-12, 116*
Seifrid, Mark A. *327, 443-50, 595, 627, 794*
Sekine, S. *563*
Selwyn, E. C. *147*
Shepherd, Norman *449*
Shires, Henry M. *40*
Silberman, L. H. *295-6*
Silva, Moisés *138, 270, 396, 496-7, 498, 608-10, 621*
Sim, David C. *159*
Simpson, E. K. *387-9, 391, 707*
Skarsaune, Oskar *480*
Skinner, J. *564*
Sklar, Jay *420*
Slotki, I. *564*
Smalley, Stephen S. *145*
Smith, Gary *62, 529*
Smith, P. A. *564*
Smith, Robert H. *136*
Smyth, Herbert *421, 610*
Snaith, N. H. *563*
Snodgrass, Klyne R. *443*
Stordalen, Terje *526*
Stott, W. *654-69, 670-3*
Strathmann, H. *571*
Strauss, Mark L. *488, 590*
Stuart, Douglas *106*
Stuhlmacher, Peter *12, 25-6, 31-2, 33-4, 35-6, 44, 205-9, 327-8, 371-7, 413-22, 424, 426-52, 453-4, 687, 714*
Stuhlmueller, Carroll *89, 456*
Suh, Robert H. *461*
Swartley, Willard M. *162, 628*
Sweet, J. P. M. *199*
Swete, H. B. *498*

Talbert, Charles *421*
Tasker, R. V. G. *454*
Tate, Marvin E. *556*
Taylor, J. B. *776*
Terrien, Samuel *556*
Thielman, Frank *25, 28, 30, 92-3, 153-4, 158-69, 442*

Thiselton, Anthony C. *381, 409-11, 438*
Thomas, Robert L. *192*
Tomás de Aquino *157*
Thompson, Michael B. *328-9*
Tigchelaar, Eibert J. C. *13, 65, 123, 399, 542*
Titrud, Kermit *610*
Toussaint, Stanley D. *139, 610*
Towner, Philip *158-66*
Trudinger, L. P. *295*
Turner, David L. *795*
Turner, Max *135, 468-9, 483-8, 506-77*
Turner, Nigel *610*
Turretin, Francis *434*

Van Der Ploeg, J. P. M. *98*
VanGemeren, Willem *562*
Vanhoozer, Kevin J. *26, 543*
VanLandingham, Chris *443*
Volz, P. *564*
Von Rad, Gerhard *96, 656*
Vos, Geerhardus *28, 31-9, 40-7, 73, 94, 102-33, 184, 231-70, 381, 424-5, 429-92, 655-69, 796*

Wade, G. W. *564-5*
Wagner, J. Ross *73, 595-8*
Wainwright, Geoffrey *686-8*
Wall, Robert W. *386*
Wallace, Daniel B. *229-55, 419-94, 610-81, 714*
Waltke, Bruce K. *100-1, 102-7, 351, 477, 562, 643-6, 655-7*
Walton, John H. *49, 51-6, 99, 102, 288, 526-7, 657-71*
Wanamaker, Charles A. *183*
Warfield, Benjamin B. *58, 407*
Watson, Nigel M. *442*
Watts, John D. *562*
Watts, Rikki E. *162, 318-41, 468-84, 586-90, 628*

Webb, Barry *562*
Wedderburn, A. J. M. *327, 506-7*
Weima, Jeffrey A. D. *244-71, 566*
Weiser, Artur *365, 557*
Wenham, David *154, 569*
Wenham, Gordon J. *51, 62, 477, 655, 737*
Westermann, Claus *49, 288, 563-4, 656-7*
Wevers, John W. *512*
White, Joel *358, 495*
Whybray, R. N. *563-4*
Wikenhauser, Alfred *150*
Wilckens, Ulrich *33-5*
Wildberger, Hans *111*

Wilder, William N. *57, 206, 392*
Willis, John T. *115*
Wilson, Robert R. *72, 90*
Windisch, Hans *454-8*
Winter, Irene J. *48, 515*
Wise, Michael O. *481*
Witherington, Ben *401*
Wodecki, B. *563*
Wolf, H. *563*
Wolter, Michael *383*
Woods, Clyde *140*
Wrede, William *442*
Wright, G. Ernest *316*
Wright, N. T. *38, 62, 73, 138-58, 159-62, 166, 208-9, 213-20, 221-4, 277, 305-49, 358-68, 383-5, 388-91, 395, 406-10, 422-43, 529, 628-75, 676, 707*

Yarbrough, Robert W. *717-27*
Yarden, Leon *533*
Yates, John W. *226-7, 236-67, 480*
Young, E. J. *111, 563*

Zenger, Erich *557*
Zerwick, Maximilian *610*
Ziegler, J. *178, 498*
Zuck, Roy *30-5*

Índice de passagens bíblicas

Antigo Testamento

Gênesis
1 49, 50-1, 54, 62-5,
66-9, 71-2, 77,
82-7, 90-4, 95,
112-63, 150-9,
170, 206-21, 246-7,
279-80. 283-6,
289-91, 296,
302-34, 335-40,
342-70, 371-81,
382-4, 385-6,
388-96, 397,
407-12, 527-35,
545-59, 632-3,
634-8, 654-5,
670-1, 687,
759-72
1 e 2 49, 62, 77, 82,
90-4, 95, 112-63,
221-46, 279-80,
302-38, 381-97,
407, 527-45, 632-3,
634-8
1—3 29, 43-7, 50-3,
55-8, 59, 70-1,
72-6, 77-9, 83,
91-4, 96-8, 99,
116-57, 164-5,
166-70, 173,
201-6, 229-33,
288, 301-14,
327-37, 338-49,
357-70, 372-82,
389-90, 392-6,
399, 477-80,
523-4, 527, 706-8,
745-6, 766
1—11 69
1.1 295, 341
1.1-10 334
1.2 54, 89, 90-8, 161,
339-59, 477-81,
483
1.2-4 218-68
1.3 239-47, 283,
384-95
1.3-5 284
1.4 334
1.5 342
1.9 359
1.9,10 360
1.10 334
1.11,12 59, 89, 247
1.11-25 334
1.12 334
1.14 657
1.14-16 284, 532-3
1.14-18 284
1.16,17 389
1.18 334
1.20 59
1.21 334
1.22 655
1.24 59
1.25 334
1.26 50-2, 53, 79,
80, 112, 314-27,
334-49, 350-1,
370-91, 399, 707
1.26,27 60, 330-34,
342-84, 388-93,
395-6, 654
1.26-28 48-9, 50-3,
60-2, 65-6, 68,
74-6, 77, 80-6,
90-2, 221-33,
235-46, 280,
314-33, 334-59,
367-70, 382-5,
389-96, 400-12,
529-30, 552-67,
632
1.27 83, 314-84,
384-5, 399
1.27,28 396
1.28 50-1, 54-7,
60-1, 62-3, 64-5,
66-8, 69, 71-5,
76-9, 80-1, 85-6,
87-8, 89, 90-1,
95-9, 101-5,
109-12, 116-25,
206-21, 233-4,
247, 301-14,
315-34, 335-40,
341-2, 349-50,
351-53, 371-7,
384-6, 390-1,
393-99, 412-3,
481-9, 527-8,
529-30, 534-35,
545, 633-4,
637-41, 654-5,
707-9, 737-98
1.28,29 247
1.29 89
1.31 59, 334, 526
2 57-8, 60-2, 77, 82,
90-4, 95, 101-3,
112-63, 206-21,
246-79, 280-9,
302-14, 338-64,
381-97, 524-6,
527-30, 531-45,
632-3, 634-8,
655-64, 669,
738-40, 767-72
2—3 316
2.1,2 654

2.2 55, 654-7, 662-3, 664
2.2,3 56, 335, 654-5, 658-63, 664-66, 668-70, 671-3, 771
2.3 55, 125, 653-4, 655-6, 657-9, 663-4, 665-6, 672-3
2.4 339-77, 483
2.6,7 525
2.7 59, 234-81, 478-79, 480-6, 487
2.9 52, 79, 634
2.10 83, 472, 525-6
2.11,12 78
2.15 50-1, 55, 200, 335, 524-5, 737
2.15-23 737
2.16,17 50-1, 54-7, 200-6, 315, 390, 412, 737-66
2.17 52, 61, 77-9, 200, 334-90, 706
2.18 200, 737
2.18-24 737
2.19,20 79, 335,733
2.20 200
2.21-24 58
2.22 780
2.23 737-84
2.23,24 58
2.24 335, 554, 705-38, 737-8, 739-84, 785-95
3 58, 60, 198-9, 206-29, 314-6, 364-6, 390-2, 393-5, 524, 706-7, 739-65, 767-84
3.1 51, 315
3.1-7 50
3.2,3 50, 315-90
3.3 51
3.4 200, 315
3.4,5 315
3.5 52, 78-9, 200, 315

3.5,6 327
3.6 54, 78, 201, 634
3.7 57, 78, 390, 706-65
3.7-11 78, 390, 707-65
3.8 68-9, 83, 98, 315-90, 524, 707
3.8-10 390, 707
3.10 315
3.10-13 327
3.11 315
3.12 315
3.13 198, 315
3.14 364
3.15 104, 120-98, 199, 206, 365
3.16 83, 335
3.17-19 335-82, 385
3.19 83, 315
3.20 206, 390, 765
3.20,21 60, 335
3.21 57, 390-1, 707-65
3.22 52-4, 57, 78-9, 364
3.22,23 54, 315
3.23 55
3.24 78, 524-5
4.1,2 335
4.1-15 198
4.7 83, 99
5 339
5.1 339-70, 377
5.1,2 339-49, 350, 483
5.1-3 53, 314-50, 60, 342-50, 351-70, 552
5.1-4 384
5.3 339-49, 350-84
6—9 72
6.2-4 350
6.4 55
6.17 226
7 362
7.4 362
7.12 362
7.14 79
7.15 226

7.21 79
8.1 359, 481
8.1-3 212, 359
8.17 59
9.1 61-6, 87, 359, 528-35
9.2 79
9.6 764
9.6,7 66, 74, 87, 359
9.7 61, 528-35
9.20,21 528
9.26 655
10 513-7, 583
10—11 517
11 517-83
11.1-8 799
11.1-9 517
12.1,2 51, 71
12.1-3 62-6, 71, 529, 634
12.2 51, 62, 81
12.2,3 61-4, 86, 528-9, 535
12.3 104, 210, 341-99
12.7 567
12.8 530
12.10-20 796
13.3,4 530
13.10 68, 370, 534-52, 633
13.14-17 634
13.15,16 567
13.16 399, 634
14.20 655
15.4 664
15.5 80, 358-99, 567, 634-64
15.18 634
17 67, 678-9, 680-2
17.1,2 67
17.2 61-2, 528-9, 535
17.4-7 679
17.5 400
17.5-16 679
17.6 61-2, 528-9, 535
17.6-10 67
17.7 679

17.8 61-2, 528-9, 535-67, 635
17.10,11 679
17.10-14 568
17.10-27 678, 772
17.13 679
17.16 62, 529
17.19 679
17.23,24 568
18.18 341
18.19 67
22 446
22.1,2 218
22.11,12 218
22.12 446
22.16-18 67
22.17 80, 358, 400, 535
22.17,18 61-2, 64, 80, 349-99, 400, 528-9, 567-97, 634, 767
22.18 62-4, 86, 90, 341-9, 529, 634
24.27 655
24.48 655
26.3 61, 528
26.3,4 62, 399, 634
26.3-5 67
26.4 61-4, 349, 528-67
26.10 423
26.14 569
26.24 61-2, 67, 529
27.27 655
28 530
28.1,2 67
28.1-4 67
28.3 535
28.3,4 61-2, 87, 529
28.4 64-7
28.10-22 531
28.11-19 122
28.12-22 635
28.13,14 61-4, 67, 529
28.14 62-4, 86, 399, 597, 634-5
28.14,15 87, 597
28.15 67

28.17 *531*
28.19 *531*
28.22 *531*
29.15 *417*
30 *682*
31.11-13 *218*
31.13 *219*
32.12 *80, 358, 400,
  567-97*
33.20 *530*
34.24 *678*
35 *530*
35.11 *51, 62, 529*
35.11,12 *61-2, 66,
  529-35*
41.41-44 *392*
42.21 *423*
46.1-4 *218*
46.3 *219*
47.27 *62, 529-35*
48.3 *62*
48.3,4 *62, 87, 535*
48.15,16 *62*
49 *98-9, 103-11, 117*
49.1 *97-9, 100-1,
  102-3, 106-7,
  109-11, 117-41*
49.1-27 *102*
49.2-27 *111*
49.8 *99*
49.8-10 *118*
49.8-12 *99*
49.9 *99, 103-17, 355*
49.9,10 *99*
49.9-12 *99*
49.10 *99, 102-3,
  106-7, 109-17*
49.11 *99*
49.11,12 *99, 103-4*
49.13 *98*
49.17,18 *99*
49.19-21 *98*
49.22 *101-3*
49.25 *655*
49.25,26 *101-3*
49.27 *98*

Êxodo
1.7 *62, 529*

1.10 *356-7*
1.12 *62*
1.20 *63*
3 *258*
3.1 *515*
3.2 *516*
3.2-10 *218*
3.2-13 *218*
3.4 *218*
3.5 *516*
3.6 *206-19, 369*
3.8 *357*
3.10 *51, 219*
3.11 *51*
3.12 *67*
3.13 *218*
3.14,15 *369*
3.14-22 *219*
4.21-23 *51*
4.22 *87, 352-60,
  370-87, 552*
4.22,23 *350, 552-67,
  597*
6.5-7 *619-20*
6.6 *642*
6.10-13 *51*
9—11 *786*
9.16 *799*
9.18 *785-9*
9.24 *785-9*
10.6 *785-9*
10.14 *789*
10.21-23 *642*
11.6 *785-9*
12 *687*
12.38 *561*
12.43-49 *562*
12.46 *796*
12.48 *561*
12.48-51 *561*
12.49 *561*
14.4 *799*
14.18 *799*
14.20 *642*
14.30 *642*
14.31 *635*
15 *82, 159*
15.1 *308*
15.8 *359*

15.10 *212*
15.13 *422, 641, 799*
15.16 *359*
15.17 *241-82, 525*
15.17,18 *81-2, 110,
  545, 799*
15.18 *687*
16.22-30 *658*
16.23 *656*
16.23-26 *669*
16.30 *664*
18.5 *515*
18.10 *655*
18.13-27 *512*
19 *506-7*
19—20 *517*
19.4-7 *571*
19.5 *417, 570-9*
19.5,6 *421, 624*
19.6 *68, 75, 535-46,
  560-8, 573, 624,
  762*
19.10 *716*
19.12 *515*
19.12-24 *509*
19.16 *81*
19.16-18 *789*
19.16-20 *505*
19.18 *790*
19.19 *506*
19.22 *516*
19.23 *515*
20 *516-58*
20.8 *657-63*
20.8-10 *658*
20.8-11 *56, 654-66,
  669, 731*
20.9-11 *658*
20.10 *663*
20.11 *654-8, 663-4*
20.12 *637*
20.18 *505-6*
20.24,25 *533*
21.2 *416*
21.11 *416*
21.28,29 *322*
21.28-32 *420*
21.32 *322*
21.35,36 *322*

22.30 *642*
22.31 *642*
23.4 *322*
23.20 *341*
23.22 *570-9, 624*
23.25 *655*
23.31 *634*
24 *507-16*
24.1 *507*
24.2 *516*
24.5,6 *516*
24.6 *507*
24.8 *573*
24.9 *776*
24.13 *515*
24.15-17 *516*
24.16,17 *799*
24.17 *505*
24.18 *362*
25—40 *79*
25.8, 9 *531*
25.22 *421*
25.29 *668*
25.31-40 *78*
25.40 *531*
28 *524*
28.3 *77-8, 656*
28.17-20 *83, 524-7*
28.29 *289*
28.29,30 *511*
28.30 *511*
28.41 *656*
28.43 *558*
29.1 *656*
29.21 *423*
29.36,37 *516, 721-2*
29.38-46 *421*
29.44 *516, 656*
29.45 *538*
30.11-16 *420*
30.20 *559*
30.29 *516*
30.30 *656*
31.3 *77-8, 478, 642*
31.13-15 *658*
31.13-16 *663*
31.14 *656*
31.14,15 *656*
31.15 *656*

31.17 *663-4*
32 *321-2, 324*
32—34 *161, 322*
32.1 *357*
32.4 *357*
32.7 *322-57*
32.8 *321-2, 357*
32.8,9 *322*
32.9 *321*
32.10 *363*
32.13 *62-3, 529*
32.19 *321*
32.20 *322*
32.23 *357*
32.25 *321*
32.25-29 *509*
32.26 *321*
32.34 *321*
33.1 *357*
33.3 *321*
33.5 *321*
34.9 *321*
34.21 *669*
34.28 *362*
35.2 *656-8, 669*
35.3 *669*
35.31 *77-8, 478*
35.35 *77*
39.10-13 *83*
39.37 *533*
40 *518*
40.9,10 *516*
40.13 *656*
40.34,35 *799*
40.34-38 *74*
40.35 *516*

Levítico
3.11 *668*
3.16 *668*
4.6 *423*
4.7 *530*
4.15 *776*
4.17 *423*
4.18 *530*
4.20 *618*
4.26 *618*
4.31 *618*
4.35 *618*
5.6 *422*
5.9 *423*
5.10 *618*
5.13 *618*
5.15,16 *423*
5.16 *618*
5.18 *618*
5.18,19 *423*
6.6 *423*
6.7 *618*
6.27 *423*
7.6 *516*
7.20,21 *516*
8.8 *511*
8.11 *423, 516*
8.15 *722*
8.30 *423*
9.1 *776*
9.23 *799*
10.17 *423, 516*
11.44,45 *642*
11.45 *357*
12.3 *678*
14.7 *423*
14.12,13 *422*
14.13 *516*
14.16 *423*
14.17 *422*
14.21 *422*
14.24,25 *422*
14.27 *423*
14.28 *422*
14.51 *423*
16 *419-20, 421*
16.2 *421*
16.11-15 *420*
16.11-19 *419*
16.14-19 *423, 573*
16.16-18 *419-20*
16.19 *420, 516, 722*
16.21,22 *420*
16.22 *423*
16.23,24 *392, 390*
16.29 *561*
16.33 *420*
17.15 *561*
18.26 *561*
19.2 *642*
19.21,22 *422*
19.22 *618*
19.34 *561*
20.7 *642*
20.26 *642*
21.23 *510-26*
22.1-9 *516*
23.2 *656-8*
23.3 *656-8*
23.4 *656*
23.7 *656*
23.8 *656*
23.21 *656*
23.24 *656*
23.27 *656*
23.32 *664*
23.36 *656*
24.8 *668*
24.9 *516*
24.16 *561*
24.22 *561*
25.12 *656*
25.22 *619*
25.23 *562*
26 *540, 619-20*
26.1 *605*
26.2 *668*
26.4 *496*
26.9 *62-3, 529, 619*
26.9-12 *619-20*
26.9-16 *67*
26.10 *619*
26.10-13 *543-4*
26.11 *605-19*
26.11,12 *460-70, 472, 538, 606-20*
26.12 *524-43, 571, 619*
26.30 *605*
26.34,35 *664*
26.37,38 *470*
26.40-45 *470*
26.41 *679*

Números
1.53 *524*
3.7,8 *524*
3.8 *524*
3.10 *524*
3.31 *558*
3.32 *524*
4.14 *558*
4.15 *516*
6.3 *715*
6.12 *422*
6.25,26 *466*
7 e 8 *79*
7.89 *421*
8.7 *423*
8.25,26 *524*
8.26 *524*
9.12 *796*
9.14 *561*
9.17,18 *516*
9.22 *516*
10.12 *516*
11 *512-3, 518*
11.1—12.8 *512*
11.11 *512*
11.16,17 *512*
11.17 *478, 512*
11.24,25 *776*
11.25 *478, 512-8*
11.25,26 *512-3*
11.26 *512*
11.26-29 *512*
11.29 *478, 512-9, 580-2*
13 3 14 *362*
13.25 *362*
13.26,27 *633*
14.21 *169*
14.34 *362*
15.14 *561*
15.15 *561*
15.30 *561*
15.32-36 *669*
15.40 *642*
16.3 *642*
16.13 *357*
16.19 *799*
16.25 *776*
16.27 *103*
16.42 *799*
18.3-7 *524*
18.5,6 *524*
19.4 *423*
19.18-21 *423*
19.34 *561*

ÍNDICE DE PASSAGENS BÍBLICAS **841**

20.6 *799*
20.26 *392*
20.28 *392*
22.7 *400*
23 *354-5*
23 2 24 *354-5*
23.10,11 *63*
23.22 *322-54*
23.24 *354-6*
24 *103-4, 113-37, 354-5, 356, 401*
24.2 *478*
24.5 *103*
24.5-7 *103*
24.5-8 *104*
24.6,7 *104*
24.7 *104, 355*
24.7-9 *103*
24.8 *103, 322-54, 355*
24.9 *103, 354-5, 356*
24.14 *103-13, 137, 401*
24.14-19 *102*
24.14-20 *401*
24.17 *103-4, 118-37, 401-82*
24.17-19 *104*
24.18 *137, 401-78*
24.19 *104*
24.24 *113*
27.18 *478*
28 e 29 *668*
28.2 *657*
28.9,10 *657-68*
28.18 *656*
28.25,26 *656*
29.1 *656*
29.7 *656*
29.12 *656*
32.22 *65*
32.32 *400, 635*
35.2 *400*
35.8 *400*
35.30-34 *420*
36.3 *400*

Deuteronômio
1.10,11 *62, 529*
1.25 *633*

1.39 *52*
3.16,17 *634*
3.28 *641*
4 *106*
4.1 *617*
4.2 *698*
4.5 *617*
4.6 *571*
4.6-8 *552*
4.10 *617*
4.11 *790*
4.14 *617*
4.17,18 *79*
4.21 *635*
4.25-29
4.27-29 *749*
4.27-31 *174, 679*
4.29,30 *174*
4.30 *96, 105-6, 108-9, 118-52, 745*
4.31 *105*
4.37 *566, 641*
4.38 *635-41*
5.12 *656-8*
5.12-15 *669*
5.29 *582*
6.1 *617*
6.3 *63*
6.13 *363-4*
6.15 *364*
6.16 *363*
6.18,19 *364*
7.1 *571*
7.6 *570-1, 579*
7.7 *571*
7.8 *642*
7.12-17 *496*
7.13 *62-3, 529, 655*
7.13,14 *62, 529*
7.14 *571*
7.16 *571*
7.19 *571*
7.22 *571*
8.1 *62, 364, 529*
8.3 *363-4*
8.7-9 *633*
8.7-10 *68*
8.10 *655*
9 *321*

9.1 *633*
9.9-11 *362*
9.12 *321*
9.14 *363*
9.16 *321*
9.18 *362*
9.25 *362*
10.1-5 *516*
10.9 *642*
10.9,10 *362*
10.15 *566, 641*
10.16 *678-83, 761-72*
11.8-17 *68*
11.9-15 *633*
11.19 *617*
11.23 *633*
12.5 *799*
12.9 *635*
12.9-11 *81*
12.11 *799*
12.21 *799*
12.29 *633*
13.5 *642*
14.1 *387, 552-67, 597*
14.2 *417, 570-9*
14.23,24 *799*
15.4 *63, 635-41*
15.6 *63*
15.15 *641*
16.2 *799*
16.4 *799*
16.6 *799*
16.11 *799*
17 *82*
17.14-20 *76*
18.14 *633*
19.10 *635*
20.1 *357*
21.23 *635*
22.1 *323*
23.1 *558*
23.2,3 *566*
23.14 *524*
24.4 *635*
24.8 *617*
24.18 *642*
25.4 *698*
25.19 *635, 400*
26.1 *635, 400*

26.2 *799*
26.15 *508, 655*
26.18 *570*
28 *64*
28.1 *64*
28.4,5 *655*
28.10 *64, 349, 579*
28.11 *64*
28.11,12 *63*
28.12 *655*
28.63 *62, 529*
29.4 *258*
29.8 *635*
29.9-14 *562*
30 *773*
30.5 *62-3, 529*
30.5,6 *67*
30.6 *671-2, 679-80, 761-73*
30.16 *62-3, 67, 529*
30.29 *106*
31 *106*
31.9 *776*
31.19 *617*
31.27-29 *108*
31.29 *96, 105-9, 118-52, 174, 679, 745*
31.30 *566*
32 *263, 628*
32.7 *776*
32.8 *506*
32.9 *571*
32.10,11 *161*
32.11 *359*
32.15 *321, 566*
32.15-18 *322*
32.16 *321*
32.17 *321*
32.18 *321-87*
32.29 *679*
32.36 *571*
32.39 *206-8*
32.43 *571*
32.44 *308, 571*
32.49 *635*
33.2 *505*
33.3 *505*
33.10 *617*

33.11 *655*
33.12 *566*
33.13 *655*
33.17 *323-50*
34.9 *77, 478*

Josué
1.2 *85*
1.6 *85*
1.8 *85*
1.11 *85*
3 *75*
3.1 *75*
3.5 *715*
3.10 *359*
3.11 *359*
3.13 *359*
4.24 *64, 349*
5 *685*
5.1 *685*
5.1-9 *685*
5.2-9 *685*
5.4-7 *678*
5.8,9 *678-82*
6.25 *561*
7.24-26 *358*
8.33 *562*
21.44 *75*
21.45 *75*
23.12-16 *76*
23.14,15 *75*
23.16 *76*
24.27 *105*

Juízes
2.6 *400*
2.10 *685*
3.10 *478*
4.5 *52*
6.34 *478*
9.8,9 *570*
11.13 *356*
11.29 *478*
13.25 *478*
14.6 *478*
14.19 *478*
15.14 *478*
19.30 *356*

Rute
1.16 *561*
4 *76*
4.10 *561*

1Samuel
2.6 *207-8*
2.10 *791*
2.18 *81*
2.28 *81*
3.4-14 *218*
6.3-17 *422*
7.1 *524*
10.6 *478*
10.10 *478*
11.6 *478*
12.19-23 *799*
12.22 *74*
14.2 *52, 79*
14.3 *81*
16.13 *478*
17.47 *566*
19.20 *478*
22.6-19 *52, 79*
22.18 *81*

2Samuel
5.1 *58*
6.13 *81*
6.14 *81*
6.17 *81*
7 *80-5, 86, 539*
7.1 *81*
7.1-11 *74*
7.2-7 *605*
7.2-13 *80*
7.5-30 *799*
7.6 *524*
7.6,7 *241, 524*
7.9 *80*
7.9-16 *80*
7.10-16 *82*
7.11 *81*
7.12,13 *519, 605*
7.12-14 *535-6*
7.12-16 *74, 230*
7.12-19 *52*
7.13 *74, 82, 241, 539*
7.13-16 *294*
7.14 *280, 460, 539, 605-6*
7.16 *82*
7.23 *605-42*
7.24 *620*
7.26 *74*
7.27 *74*
7.29 *63, 80*
8.15-18 *81*
14.17 *52, 79, 364*
17.11 *80*
18.18 *320*
19.35 *52, 79*
22.6 *518*
22.8-16 *790*
22.10-12 *177*
22.16,17 *212, 359*
23.2 *478*
24.25 *81*

1Reis
1 e 2 *76*
1.47 *80*
2—11 *77*
2.4 *82*
2.45 *80*
3 *77*
3—10 *76*
3.8 *80*
3.9 *52, 79, 364*
3.28 *79, 364*
4.20 *80*
4.21 *80*
4.23 *80*
4.24 *80*
4.25 *78*
4.30 *77*
4.33 *78-9*
4.34 *77, 80*
5.17 *522*
6—10 *79*
6.2 *78*
6.9 *78*
6.12 *78*
6.14 *78*
6.18 *78*
6.20 *472, 522-41*
6.20,21 *533-42*
6.20-22 *522-41*

6.29 *78, 525*
6.31-35 *78*
6.32 *79, 525*
6.35 *525*
7 *78*
7.9,10 *522*
7.13,14 *78*
7.14 *77*
7.18,19 *78*
7.18-20 *525*
7.22 *78*
7.23-26 *533*
7.24-26 *78*
7.36 *78*
7.38,39 *534*
7.49 *78-9*
8.1-6 *81*
8.1-21 *799*
8.6-13 *514-8*
8.10-12 *799*
8.10-13 *74*
8.12,13 *516*
8.13-18 *799*
8.14 *81*
8.20 *81*
8.22-54 *81*
8.24 *81*
8.25 *82*
8.41-45 *74, 799*
8.55 *81*
8.56 *81*
8.60 *81*
8.62-64 *81*
8.66 *80*
9.1-9 *82*
9.21 *82*
9.25 *81*
10 *82*
10.9 *80*
10.12 *78*
10.21 *79-80*
10.22 *80*
10.23 *80*
10.23,24 *80*
10.24. *80*
10.25 *80*
10.27 *78*
11 *82*
12.28 *357*

ÍNDICE DE PASSAGENS BÍBLICAS

12.28-33 *530*
15.11-15 *82*
17.3-6 *362*
18.12 *478*
19 *362*
19.4-8 *362*
19.8 *362*
22.24 *479*
22.41-44 *82*

2Reis
1.2,3 *364*
1.6 *364*
1.16 *364*
2 *359*
2.8-15 *359*
2.9 *359*
2.15 *359*
2.16 *478*
12.9 *524*
17.7 *357*
17.36 *357*
18—20 *82*
18.31 *78*
22 e 23 *82*

1Crônicas
4.10 *63-7*
9.2 *564*
9.32 *668*
11.1 *58*
12.18 *478*
15.27 *27*
17 *80*
17.9-11 *63, 81*
17.21 *642*
17.22 *620*
17.27 *63, 81*
21.16 *531*
21.26 *531*
22 *531*
22.1 *531*
22.11,12 *68*
22.14 *79*
23.31 *667-8*
23.32 *524*
28 e 29 *79*
28.2 *511, 670*
28.8 *566*

28.11 *526*
28 e 29 *79*
29.10-12 *80*
29.18,19 *80*
29.23-25 *80*

2Crônicas
1—9 *76*
1.9 *80*
1.15 *79*
2—9 *79*
2.4 *667-8*
2.13,14 *78*
3.1 *80, 531*
3.4-8 *541*
4.2-5 *534*
4.20,21 *79*
5.4 *776*
6.13 *81*
6.21-42 *81*
6.36 *612*
6.41 *670*
7.1-3 *514-8*
8.13 *668*
8.14,15 *81*
9.11 *78*
9.20 *79*
9.21 *80*
9.24 *80*
10—36 *82*
15.1 *479*
19.10 *423*
20.14 *479*
23.11 *66*
23.19 *525*
24.14 *559*
24.20 *479*
31.2 *559*
31.3 *667-8*
34.9 *524*
34.29-33 *66*
35.3 *617*
36.21 *664*
36.23 *799*

Esdras
3.5 *656*
3.12 *749*
9 e 10 *627*

9.1,2 *320*
9.8 *516*
9.9 *627*

Neemias
1.6-9 *626*
5.5 *627*
8.9 *656*
8.9,10 *656*
8.10 *656*
8.10-12 *656*
8.11 *656*
8.12 *656*
9.20 *478, 641*
9.25 *633*
9.30 *478*
9.36 *627, 749*
10.31 *656*
10.33 *667*
10.34 *667*
12.45 *525*
13.1 *566*
13.22 *656-68*

Jó
1.6-11 *196*
2.1-6 *754*
5.22,23 *364*
13.16 *249*
14.8 *320*
14.14 *206*
14.15 *557*
15.7,8 *77*
15.33 *570*
19.25 *101*
19.25,26 *206*
22.14 *177*
23.13 *283*
33.4 *477*
34.19 *557*
36.24—42.6 *84*
39.9,10 *322*
42.12 *655*

Salmos
1 *84-5, 780*
1 e 2 *84-5*
1—41 *84*
1.1 *84, 123*

1.1,2 *84*
1.1-3 *85*
1.2 *84-5*
1.2,3 *85, 525*
1.3 *86, 101, 780-1*
1.4 *85*
1.6 *84*
2 *84-6, 137, 281,*
  361-2, 377, 401,
  637, 754
2.1 *84*
2.1-3 *137*
2.1-9 *626*
2.2 *84, 377, 635-8*
2.3 *85*
2.7 *137, 280-1,*
  350-2, 360-77,
  399, 400-1, 429-
  84, 552-87, 597,
  635-9
2.7,8 *137, 294, 399,*
  400-1, 639
2.7-9 *625*
2.8 *85, 137, 400-1,*
  635-7, 638-9
2.8,9 *137, 399, 401*
2.9 *85, 137, 401*
2.12 *84*
5.11 *423*
8 *55, 91, 221-33,*
  236-46, 343-85,
  396, 400-13, 689,
  737-67, 798
8.1 *798*
8.2 *233*
8.2-8 *233*
8.4 *350*
8.4-8 *343-96*
8.5-8 *63-4, 349*
8.6 *220-33, 246,*
  396, 413, 737-8
8.6-8 *53*
8.7 *382-96*
8.8 *112*
8.9 *798*
11 e 12 *689*
11.4-7 *473*
15.1 *110*
16.9,10 *207*

16.10 *215*
18.4-6 *518*
18.6-13 *508*
18.7-15 *790*
18.15,16 *212, 359*
19.1 *557*
19.1-5 *533*
20.1,2 *519*
20.6 *514-9*
20.7 *519*
22 *69*
22.28,29 *207*
23 *114*
23.1 *316, 524*
24.3 *110, 516*
27.4 *473, 782*
29.6 *321-2*
32.1,2 *416*
33.1-22 *304*
33.6 *283*
33.6,7 *212*
34.12-16 *286*
34.20 *796*
34.20-22 *286*
34.22 *423*
35.7 *416*
36 *525*
36.8,9 *525*
37.3 *636*
37.9 *636*
37.9-11 *636*
37.11 *636*
37.18 *636*
37.22 *636*
37.28 *636*
37.29 *636*
37.34 *636*
41 *85*
41.9 *85*
42 *85*
42—72 *84*
42.2 *473*
43.3 *110, 510*
44.24 *247*
46.4 *510*
46.5 *566*
48.2 *508*
49.7,8 *420*
49.14,15 *208*

49.14-16 *207*
51 *616*
51.2 *779*
51.4 *416*
51.7-10 *779*
51.10 *616*
51.11 *478, 760*
51.17 *616*
52.8 *570*
60.5 *566*
61.13 *782*
66.2 *799*
67.17,18 *464*
68.7,8 *790*
68.17 *514-9*
68.17-19 *546*
68.18 *514-9, 546*
68.19 *519*
68.22 *423*
69.28 *250*
72 *53, 86, 635-7*
72.1-4 *86*
72.2 *85*
72.4 *52, 85*
72.5 *86*
72.5-7 *52*
72.6 *86 72.7 85*
72.8 *64, 91, 634-5, 637*
72.8-11 *85*
72.8-14 *52*
72.12-14 *86*
72.16 *86*
72.17 *52, 64, 85, 377-99, 400, 634, 767*
72.19 *52, 64, 85, 799*
73 *616*
73—89 *84*
73.1 *616*
73.2-16 *86*
73.13 *616*
73.17-28 *86*
73.24 *207*
73.24-27 *86*
77.18 *790*
77.68 *566*
78.54 *68*

78.69 *531*
79.9 *799*
80.1 *508*
80.8-16 *645*
80.14 *508*
80.17 *350, 552*
81.10 *357*
82.8 *791*
84.1-4 *510*
84.10,11 *609*
86.9,10 *108*
87 *556-7, 560-8, 583, 603-16*
87.2 *556*
87.2,3 *556*
87.3 *556*
87.4 *556*
87.5 *556*
87.6 *556*
88 *386-7*
88.19-32 *294*
88.20-29 *387*
88.27-29 *386-7*
88.28 *387*
88.35-37 *387*
88.36 *387*
88.36,37 *386*
88.39 *387*
88.52 *387*
89 *53, 294-5, 299, 300-86, 387*
89.1-4 *86*
89.4 *86*
89.19-27 *52*
89.19-37 *86*
89.22-24 *86*
89.25 *86*
89.27 *294, 350-87, 552-67, 597*
89.27-29 *52*
89.27-37 *294*
89.29-33 *86*
89.33-37 *52*
89.36,37 *86*
89.37 *294-7, 299*
89.38-48 *87*
89.49-52 *87*
90 *87-8*
90—106 *84*

90.3-6 *87*
90.4 *150*
90.7-11 *87*
90.13 *365*
90.13-17 *87*
91.3-7 *365*
91.5 e 6 *365*
91.10,11 *365*
91.11,12 *365*
91.12 *365-6*
91.13 *365-6*
91.14 *365*
92.8 *508*
92.10 *323*
95 *660*
95.8-11 *87*
96.1-13 *304*
96.8 *799*
96.13 *791*
97.2-5 *177*
97.9 *508*
98.1 *304*
98.9 *791*
99.5 *511-42, 545*
99.9 *110*
102.15 *799*
102.19 *508*
102.25 *557*
102.25,26 *790*
103.30 *210, 477*
104.3 *177*
104.19 *657*
104.30 *210, 477*
106 *87-8, 324*
106.1-5 *87*
106.6 *87*
106.7-33 *87*
106.10 *642*
106.19,20 *326-7*
106.20 *324-5, 327-83*
106.34-43 *87*
106.44,45 *87*
106.47,48 *87*
107—150 *84*
107 *87-8*
107.2 *642*
107.2,3 *87*
107.3 *87*

107.6 *105*
107.6,7 *87*
107.10-14 *642*
107.13 *105*
107.35 *87*
107.36 *87*
107.37 *87*
107.37,38 *63*
107.38 *62, 87, 529*
107.41 *87*
108.6 *566*
109.3 *416*
110 *280-1*
110.1 *214-51,
　253-80, 281-9,
　401, 514-9, 748*
110.1-4 *377*
110.2 *253*
110.4 *252, 281, 519*
110.5 *252*
113.4 *508*
113.4-6 *508*
113.11 *283*
114 *239*
114.8,9 *238-9*
115 *317-8, 322*
115.1 *238*
115.4-6 *318*
115.4-8 *317-8*
115.5-7 *317*
115.7 *317*
115.8 *317*
116.1-9 *238*
116.8,9 *239*
116.10 *238*
117.16 *519*
118.10 *575*
118.16 *514*
118.17,18 *460, 605-6,
　719*
118.19-20 *519*
118.22 *575*
118.22,23 *605*
118.26 *575*
118.26,27 *605*
118.27 *575*
119 *616, 779-81*
119.10,11 *616*
119.18 *779*

119.22 *781*
119.28 *779*
119.32 *460, 606,
　779*
119.36 *779*
119.40 *779*
119.44 *781*
119.50-53 *781*
119.70 *779*
119.73 *779*
119.92 *779*
119.93 *779*
119.97 *779*
119.98 *779*
119.99 *779*
119.143 *779*
119.161 *416*
123.1 *508*
128.3 *570*
130.8 *571*
132.5 *510*
132.7 *510*
132.7,8 *511, 670*
132.7-9 *519*
132.11 *514-9*
132.13,14 *670*
132.14 *519*
135 *317-8*
135.14 *317*
135.15-17 *318*
135.15-18 *317-8*
135.17 *317*
135.18 *318*
136.7 *284*
143.5 *557*
143.10 *478*
145 *88*
145.1-8 *88*
145.2 *88*
145.9,10 *88*
145.11,12 *88*
145.12,13 *88*
145.14 *88*
145.15,16 *88*
145.18-20 *88*
145.20 *88*
145.21 *88*
146.5-7 *88*
146.6 *88*

146.7 *88*
146.8 *88*
146.9 *88*
146.10 *88*
147—148 *88*
147.2-6 *88*
147.4 *88*
147.8,9 *88*
147.12-14 *88*
147.14-18 *88*
147.18 *212*
148.1-14 *88*
148.6 *88*
148.13 *799*
149.1-9 *88, 304*
149.2 *568*
150 *88*

Provérbios
3.13 *716*
4.18 *716*
6.7 *569*
8 *399*
8.22 *295-6*
8.22-27 *295, 385*
8.30 *295*
9.12 *569*
14.25 *295*
24.5 *569*
24.12 *782*
24.30 *569*
31.16 *569*

Eclesiastes
1.2,3 *335*
1.16-18 *83*
2.4-6 *78*
2.9-11 *83*
2.24,25 *83*
3.1-17 *126*
3.1-18 *83*
3.20 *83*
5.18-20 *83*
7.29 *83*
8.15—9.1 *83*
9.9 *83*
12.1-5 *790*
12.7 *83*
12.11-14 *83*

**Cântico dos
　Cânticos**
1.1 *83, 308*
2.17 *83*
3.7-11 *83*
4.6 *83*
4.15 *83*
5.14,15 *83*
7.10 *83*
8.2 *617*

Isaías
1—39 *89*
1.2 *552-67, 597*
1.3 *321*
1.4 *552-67, 597*
1.9 *598, 614-25*
1.9,10 *597*
1.11 *456, 601*
1.13,14 *667-8*
1.15 *456, 601*
1.24,25 *581*
1.26 *106, 581*
1.29-31 *320*
1.30 *320*
2 *88, 110-1, 320*
2.1-3 *697, 777*
2.1-4 *108-9*
2.2 *106-7, 110-1,
　132-3, 512-83*
2.2,3 *106-7, 110-32,
　515, 692-3*
2.2-4 *558-60, 583*
2.3 *592, 693*
2.3,4 *626-33*
2.4 *107, 626*
2.6 *716*
2.8 *318, 716*
2.13 *320*
2.19-21 *790*
2.20 *318*
2.28,29 *269*
2.30 *790*
3.9 *597*
3.14,15 *716*
4 *88*
4.2,3 *625*
4.2-4 *269*
4.2-6 *504*

4.3 *269*
4.4 *108, 269*
4.4-6 *535, 633*
4.5,6 *543-4*
5 *510-1, 514-69, 570-6*
5.1-7 *496-7, 569*
5.2 *645*
5.7 *497*
5.12 *557*
5.20 *364*
5.20-23 *52*
5.23 *364*
5.24,25 *509*
5.25 *509, 790*
5.30 *790*
6 *219-58, 318-21, 322-30, 374, 589, 760*
6.1 *510*
6.5 *219, 319*
6.5-7 *319*
6.6,7 *219, 319*
6.7 *509*
6.8 *319*
6.8-10 *219, 319*
6.8-13 *318*
6.9 *319-20*
6.9,10 *248, 318-20, 321-3, 330-1*
6.9-12 *320*
6.9-13 *321*
6.10 *319-20*
6.11 *319*
6.11-14 *331*
6.12 *319*
6.13 *320-1*
6.15,16 *609*
6.16 *609*
6.16-18 *459*
6.18 *331*
7.14 *797*
7.14,15 *52*
7.15,16 *52,79*
8.11 *123*
8.13-16 *645*
9 *88*
9.1 *329*
9.1,2 *218-37*

9.2 *217, 642*
9.6,7 *52, 377*
10.20-22 *625*
10.22 *80, 118*
10.22,23 *498, 598, 614*
11 *363-4, 733-4*
11 e 12 *88*
11.1 *301-29, 481*
11.1,2 *301, 480-1*
11.1-4 *301*
11.1-5 *230, 360-3, 481-96*
11.1-9 *479*
11.1-12 *626*
11.2 *85, 210, 425-81, 510-82, 642*
11.2-5 *85*
11.3-16 *642*
11.4 *85, 301, 696*
11.6 *733*
11.6-9 *362-3, 733*
11.6-10 *481*
11.6-12 *782*
11.6-16 *363*
11.8 *733*
11.9 *777-99*
11.10 *360-3*
11.10-12 *633, 734*
11.10-16 *363*
11.11 *354-60, 363*
11.11,12 *625*
11.15 *358*
11.15,16 *354-60, 363, 685*
11.16 *356-7*
13.1 *790*
13.1-13 *72*
13.6 *128*
13.9 *128*
13.10 *126*
13.10-13 *790*
13.19-23 *790*
14 *88*
14.13 *508*
17.6 *570*
18.9 *481*
18.11 *480*
19 *557*

19.18 *557-60, 603-15*
19.18-25 *557*
19.23-25 *560, 615*
19.24 *557*
19.24,25 *603*
19.25 *557*
22.20-23 *302*
22.21 *392*
22.22 *797*
23.17 *722*
24—27 *88*
24.1-6 *790*
24.5 *603*
24.6 *423*
24.13 *570*
24.19-23 *790*
24.23 *126*
25 *470*
25.6 *775*
25.7,8 *134, 606*
25.7-9 *207*
25.8 *207-10, 470-1, 775*
26.11-19 *456, 626*
26.15 *633*
26.15-19 *640*
26.16-19 *633*
26.18,19 *89, 134, 633*
26.19 *130, 207-10, 247, 471, 606-37*
27.1-6 *456*
27.2-6 *496, 634-45*
27.6 *269, 496, 634-37*
27.9 *146, 248*
27.13 *508*
28.9-22 *598*
28.16 *598, 645*
29 *332*
29.1 *533*
29.7 *533*
29.8 *533*
29.9,10 *330, 588*
29.9-14 *321*
29.9-16 *330*
29.13 *588*
29.16 *208*
29.18 *330*

30 *508-9, 510-1, 514*
30.23-28 *89*
30.26 *284*
30.27 *508-9*
30.27,28 *89*
30.27-30 *504-8*
30.28 *508*
30.29 *508, 656*
30.30 *508*
32 *490-6, 497, 500-85*
32.3,4 *331-66*
32.10-14 *490*
32.13-18 *496*
32.14,15 *497*
32.15 *135, 489-90, 582*
32.15 *479-83, 582-5, 626-93*
32.15-17 *496, 725*
32.15-18 *89, 269, 489-97, 582*
32.15-20 *88, 483*
32.16 *490*
32.16,17 *490*
32.16-18 *497*
32.17 *490*
32.17,18 *490*
33.1-16 *612*
33.8 *603*
33.12 *612*
33.13 *612*
34.1-15 *72*
34.4 *790*
34.16 *484*
34.16,17 *456, 601*
35 *88, 484*
35.1,2 *484*
35.1-10 *331*
35.2 *332*
35.5,6 *331-66, 484, 626*
35.6,7 *87*
35.10 *471*
37.25 *685*
37.30-32 *496*
37.31,32 *269, 625*
40 *286-7*
40—53 *361, 424*

40—54 *716*
40—55 *89, 455-71, 606-93, 697, 719-77*
40—66 *89, 107-9, 217-8, 286, 341-58, 456-7, 468-9, 471-88, 498, 551, 602-28, 694, 745-50*
40.1 *469*
40.1-11 *719*
40.3 *341, 469, 627, 719*
40.3,4 *286*
40.3-5 *718*
40.3-11 *89*
40.6-8 *716*
40.8 *286*
40.9 *287, 693*
40.11 *469*
40.12 *286*
40.18-20 *592*
40.18-24 *592*
40.21 *299*
40.22 *286, 533*
40.24 *320*
40.26 *286, 533*
40.28 *286*
40.28-31 *89*
40.31 *286*
41—55 *591*
41.4 *126*
41.4-10 *592*
41.8 *566*
41.8,9 *361*
41.14 *642*
41.17-20 *89*
41.18 *485*
41.18-20 *107, 286*
41.22,23 *107*
41.23 *107*
42 *217, 484, 577-8, 587*
42 e 43 *624*
42.1 *89, 217, 360-1, 362, 425, 483, 582-7, 725*
42.1-4 *361, 484*

42.5-9 *89*
42.5-13 *304*
42.6 *216, 535, 601-3, 694*
42.6,7 *216-7, 331, 467, 578, 642-94*
42.6-9 *456*
42.7 *366, 642*
42.8 *799*
42.9 *299, 454*
42.12 *624*
42.15 *358, 685*
42.16 *216-7, 366, 467, 578, 642-94*
42.17-20 *321*
42.18-20 *589*
43 *89, 208-9, 217-64, 265-76, 299, 300-31, 363, 454-56, 459-90*
43.1 *331, 455, 579, 642*
43.1-13 *455*
43.1-21 *455*
43.2 *358-60, 455, 685*
43.3 *455*
43.3,4 *456*
43.3-7 *455*
43.5-21 *68*
43.6 *329, 460, 539, 606*
43.6,7 *455*
43.7 *331, 455, 579, 799*
43.8 *321-31*
43.9 *66, 300*
43.10 *208-16, 299, 300-31, 455-91, 578-85*
43.10,11 *455*
43.10-12 *66, 295, 490*
43.10-13 *294-99, 573*
43.10-15 *490*
43.12 *300, 491, 585*
43.12,13 *299*
43.13 *299*
43.14 *455, 642*
43.14-17 *455*

43.14-21 *455*
43.15 *455*
43.16 *536*
43.16,17 *358-60, 363, 455-90, 685*
43.16-19 *299*
43.16-21 *89*
43.18 *266-73, 455-71, 752*
43.18,19 *89, 265-96, 299, 329-63, 454-5, 457-8, 460-74, 490, 606-24, 768*
43.18-20 *89*
43.18-21 *208-86, 331, 582, 624* 43.19 *298, 458-71, 609*
43.19,20 *455-99, 685*
43.19-21 *208, 455*
43.20 *363, 624*
43.21 *208, 331, 455, 624*
43.22-25 *456*
43.25 *456*
44 *331*
44.1-8 *89*
44.2 *331-61, 566*
44.2-4 *269, 496*
44.3 *89, 212, 582*
44.3,4 *582*
44.3-5 *360, 479-90, 762*
44.6-8 *66, 126, 299*
44.8 *299, 489*
44.9,10 *331*
44.9-17 *331*
44.9-20 *592*
44.12 *331*
44.14 *320*
44.18 *321-31*
44.19,20 *331*
44.21 *331*
44.21-23 *89*
44.22 *642*
44.23 *331*
44.24 *331, 642*
44.24-28 *89*

44.24—45.7 *89*
44.25 *331*
44.26-28 *331*
44.27 *358, 685*
44.27,28 *358, 685*
45 *55, 385, 447, 535*
45.1-8 *89*
45.3,4 *579*
45.7,8 *456*
45.8 *269*
45.9-13 *89*
45.14 *456*
45.18 *54, 656*
45.18,19 *174, 535*
45.18-20 *89*
45.18-25 *456*
45.21 *299*
45.22-24 *693*
45.22-25 *447*
45.23 *396-7*
45.23,24 *447*
45.24 *447*
46.1-13 *592*
46.10 *101-7*
47.6 *456*
48.1-11 *607*
48.5-19 *74*
48.6 *454*
48.8 *299*
48.9-11 *799*
48.11 *74*
48.12-14 *126*
48.16 *299, 425, 582*
48.18 *456*
48.20 *722*
49 *217, 361, 488, 555-9, 567-77, 578-85, 602-3*
49.1-6 *258, 361, 578*
49.1-8 *361*
49.2 *301, 696*
49.2-6 *559*
49.3 *217-8, 331, 555-78, 585-96, 601-3*
49.3-6 *361, 555, 615, 769*
49.4 *408, 600-1*
49.4,5 *600*

49.4-6 *600*
49.5 *361*
49.5,6 *578*
49.6 *135, 216-7,*
  331, 489, 535-55,
  576-85, 600-1,
  603-93, 694
49.7 *600*
49.8 *408-15, 456-9,*
  460, 600-1, 602-3,
  606
49.8,9 *601*
49.8-13 *89, 600*
49.9 *601-42*
49.9-17 *602*
49.9-26 *602*
49.12 *354*
49.14 *456*
49.18-26 *602*
49.19,20 *460, 606*
49.22 *460, 539,*
  605-6
49.23 *340*
49.24 *588*
49.24,25 *588*
49.25 *588*
49.53 *559*
50 *425-31*
50.1 *456*
50.2 *358, 685*
50.4-6 *425-31*
50.7 *425*
50.7-11 *425-31*
50.8 *425-6, 430-1*
50.8,9 *425-31*
50.9 *425*
51 *248*
51.1,2 *67*
51.1-3 *89*
51.1-13 *89*
51.2 *529*
51.2,3 *64, 89*
51.3 *68, 89, 161,*
  269, 370, 534-52,
  608-33
51.4 *693*
51.6 *790*
51.9 *247-99*
51.9,10 *89, 360*

51.9-11 *358-60, 685*
51.11 *471, 642, 722*
51.11,12 *89*
51.12-16 *456*
51.13 *456*
51.17 *247, 456*
51.17,18 *568*
51.20 *456*
51.22 *456*
52 *540-72*
52 e 53 *423-52*
52.1 *247, 571*
52.1,2 *392, 470*
52.1-10 *571*
52.2 *720*
52.3 *416, 642*
52.6-10 *459*
52.7 *461, 611-93*
52.7-10 *89*
52.11 *329, 460, 538,*
  605-6, 720-3
52.11—53.12 *361,*
  459
52.13 *447*
52.13—53.12 *459*
52.15 *423-47, 556*
52.17 *611*
53 *69, 180-94,*
  347-61, 407-8,
  418-22, 423-47,
  456-9, 555-6, 559,
  769-87
53.1 *447*
53.3 *215*
53.3-12 *625*
53.4 *423*
53.4-6 *407*
53.4-11 *422*
53.4-12 *456-9, 556*
53.5 *146, 423-25*
53.6 *407-22*
53.7 *422*
53.7,8 *693*
53.7-9 *425*
53.8 *407*
53.8,9 *425*
53.9 *407*
53.9-11 *460, 606*
53.10 *407-22*

53.10,11, *207-8, 425*
53.10-12 *180, 346,*
  418-25
53.11 *408-18, 422-3,*
  425-6, 447
53.11,12 *180*
53.12 *407-18, 422-6,*
  423-25
54 *268-71, 272, 447,*
  522-45, 608-9,
  610-33
54.1 *270-3, 499,*
  607-8
54.1-3 *64-7*
54.1-6 *57*
54.1-10 *89, 609*
54.2,3 *89, 535,*
  607-33, 635-37
54.5 *89*
54.5,6 *569, 609*
54.6 *456*
54.6,7 *456*
54.6-8 *456*
54.7,8 *609*
54.8 *456*
54.10 *275-6, 603-9*
54.11,12 *521-2,*
  535-42
54.13 *448*
54.14,15 *447*
54.14-17 *448*
54.17 *447*
55.3 *282, 603*
55.4 *66*
55.5 *66*
55.6 *66*
55.6-13 *89*
55.10,11 *693*
55.10-13 *269*
55.12 *456*
56 *558*
56.1 *558*
56.3 *269, 558-60,*
  583, 615
56.3-5 *644*
56.3-7 *546, 603-12*
56.4 *558, 603*
56.4-8 *644*
56.5 *558, 644*

56.6 *603-44*
56.6,7 *558-60, 583,*
  615
56.7 *456, 558, 601*
57 *497-8, 499, 500*
57.3 *607*
57.7 *508*
57.13 *508*
57.15 *498*
57.15,16 *210, 499,*
  508
57.15-19 *89, 498*
57.16 *498*
57.16,17 *456*
57.16-21 *498*
57.17 *456*
57.18 *499*
57.19 *460-1, 498-9,*
  514-54, 611-2, 693
57.21 *498*
58.6 *591*
58.10 *642*
58.10,11 *291*
58.11 *89*
58.13 *269, 656*
59.1-15 *456*
59.2 *456*
59.19 *799*
59.21 *582, 603*
60 *218-48, 340, 483,*
  733
60.1 *247-84*
60.1,2 *247, 483*
60.1-3 *216-7,*
  218-47, 291, 642
60.1—65.25 *455*
60.2 *247*
60.3 *247, 340, 483*
60.4 *460, 539, 605-6*
60.4-9 *354*
60.5 *340, 460, 606*
60.5,6 *340, 483*
60.7 *456, 539, 601*
60.10 *456, 601*
60.10,11 *340*
60.11 *636*
60.13 *108, 539*
60.14 *340, 483*
60.15-22 *89, 456*

60.19 *472*
60.19,20 *284*
60.21 *269, 636*
61 *484*
61.1 *209-69, 332, 425-85, 582*
61.1,2 *484-8, 693*
61.1-3 *269-82*
61.3 *269, 332-92, 496*
61.5,6 *565*
61.6 *546*
61.8 *282, 603*
61.10 *392, 470, 571-2*
61.11 *269, 496*
61.21 *701*
62 *572*
62.1 *644*
62.1,2 *470, 572*
62.2 *298, 579, 644*
62.2-5 *57*
62.3 *282, 644*
62.3-5 *470, 572*
62.4 *456, 601-44*
62.4,5 *644*
62.5 *572, 644*
62.8,9 *687*
62.12 *642*
63 *208, 360*
63.1-3 *99*
63.4 *409*
63.8 *567*
63.9 *409*
63.10 *588*
63.11 *282-3, 360, 409-84*
63.11,12 *212*
63.11-15 *360-1*
63.11—64.1 *484*
63.13,14 *360*
63.14 *641*
63.15 *282-98, 508*
63.16 *299*
63.18 *282*
63.19 *299, 360, 484*
64.1 *360-1, 508, 790*
64.5 *456*
64.5-9 *456*

64.7 *456*
64.8—65.16 *455*
64.9 *456*
64.10 *607*
65 *208-64, 265-75, 299, 363-4, 454-6*
65 e 66 *209, 734*
65.8 *269*
65.11 *508*
65.15 *572-9, 644*
65.15-19 *644*
65.16 *297-8, 304*
65.16,17 *273-95*
65.16-19 *455*
65.17 *89, 95, 147, 208-10, 264-5, 266-7, 272-3, 275-96, 298-9, 307-29, 363, 454-5, 457-60, 471-74, 523, 606-9, 612-26, 701-33, 735-52, 768*
65.17-22 *269, 496, 687*
65.17-23 *208*
65.17-25 *89, 454-5, 456*
65.21 *87*
65.21-23 *161*
65.22 *208, 364, 701*
65.25 *363-4*
66 *208-64, 276, 558-9*
66.1 *511-31, 542-5, 670*
66.1,2 *241*
66.2 *456, 601*
66.7-14 *558*
66.7-18 *559*
66.12-14 *456*
66.14-18 *558*
66.18 *559*
66.18,19 *559*
66.18-21 *546-58, 583, 603-15*
66.18-22 *734*
66.18-23 *626*
66.19 *558-9*

66.19-23 *455-6*
66.19-24 *89, 456*
66.20 *110, 559-60, 734*
66.20-22 *636*
66.21 *560-2, 612*
66.22 *95, 147, 208-64, 265-7, 272-5, 454-71, 523, 609-12, 626, 701-33, 735-52, 768*
66.24 *791*

Jeremias
1 *216*
1.5 *216-58*
1.7 *216*
1.8 *216*
1.10 *216*
1.19 *216*
2 *325*
2.2,3 *325*
2.3 *423*
2.5 *325-7, 328*
2.6 *357*
2.7,8 *325*
2.9 *325*
2.10 *325*
2.11 *325-6, 327*
2.21 *645*
3 *628-33*
3.14 *67*
3.16 *64-7, 89*
3.16,17 *504-35, 543-4, 547, 633*
3.18 *64-7*
4.4 *678-9, 682, 772*
4.13 *177*
4.23-28 *72, 174, 790*
5.7 *321*
5.19 *321*
5.21 *321*
6.10 *321*
7.9 *321*
7.18 *321*
7.22 *357*
7.23 *620*
7.24 *321*

7.26 *321*
7.30,31 *321*
9.25,26 *678*
9.26 *678-82*
10.14 *325*
11.8 *321*
11.10-13 *321*
11.15 *566*
11.16 *570*
12.7 *566*
12.10 *569*
12.12 *581*
14.9 *579*
15.16 *579*
16.5 *609*
17 *85, 525*
17.7,8 *85, 269, 525, 780*
17.10 *782*
17.12,13 *525*
17.22 *656*
17.23 *321*
17.24 *656*
21.7 *581*
23.2 *87*
23.3 *64, 89, 118, 538*
23.5 *230*
23.14 *597*
23.17-20 *108*
23.20 *96, 108-18, 137, 401*
24.7 *620*
25.4 *321*
25.5,6 *321*
25.11,12 *338, 749*
25.19 *109-37, 401*
25.30 *509*
26.17-23 *776*
26.18 *110*
27.29 *782*
29—31 *625*
29.6 *64*
29.10 *338*
29.10-14 *88*
29.14 *626*
30 *118*
30.1—31.29 *612*
30.3 *625*

30.7 *786*
30.9 *625*
30.9-11 *88*
30.17-22 *108*
30.18 *625*
30.18-24 *88*
30.19 *64, 109-18*
30.21 *625*
30.22 *620*
30.24 *96, 108-9,*
118-38
31 *614-5, 616-7,*
618-9, 620-1,
623-6
31.1 *108*
31.1-15 *88*
31.1-40 *96, 108*
31.4 *625*
31.4,5 *619*
31.7 *614-7, 622-5*
31.8 *626*
31.9 *86, 350-61,*
552-67, 597
31.12 *89, 496, 619*
31.12,13 *625*
31.12-14 *109*
31.18 *321*
31.21-40 *88*
31.23 *110*
31.24-28 *619*
31.27 *109*
31.29 *109*
31.31 *109-38*
31.31-33 *581-2,*
606-19
31.31-34 *109-38,*
225, 581, 612-13,
614-20, 623-5,
626, 767
31.32 *616-22*
31.33 *106-9, 138,*
581, 613-8
31.33,34 *614-20*
31.34 *612-5, 617-8,*
622
31.35 *284*
31.38 *109*
32.33 *617*
32.37-43 *109*

32.37-44 *88, 109*
32.38 *620*
32.40 *282, 616, 767*
33.6 *64*
33.6-26 *88*
33.20,21 *767*
33.22 *64, 80*
35.15 *321*
37.24 *108*
44.3,4 *321*
44.5 *321*
44.8 *321*
44.15 *321*
44.17-19 *321*
45.5 *581*
48.46 *109*
48.47 *106-8, 109*
49.6 *106, 581*
49.39 *108-9, 137*
50.5 *282*
50.8 *722*
51 *722-3*
51.6 *722*
51.8 *64*
51.35-45 *722*
51.37 *722*
51.45 *722-3*
51.51 *510-26*

Lamentações
2.1 *511*
3.52 *416*
4.2 *568*
4.6 *597*

Ezequiel
1 *507-10*
1 e 2 *760*
1.10 *697*
1.13 *507*
1.20,21 *226*
1.21-26 *510*
1.24 *507*
2 *167*
2.1 *216*
2.2 *472*
3.12 *472, 799*
3.14 *472*
3.24 *472*

4.2 *697*
5.9 *785-6*
6.3-13 *320*
6.12 *612*
6.13 *320*
7.24 *510-26*
7.26 *776*
9.3 *68*
10.4 *68, 799*
10.17 *226*
10.18 *539, 799*
10.18,19 *68*
11.1 *472*
11.16 *539-44*
11.16-19 *88, 539*
11.16-20 *620*
11.17 *460, 538,*
605-6
11.18 *605*
11.18-21 *321*
11.19 *226-7, 231-5*
11.20 *620*
11.21 *605*
11.22,23 *68*
11.23 *539, 799*
12.2 *321*
14.11 *620*
16 *569*
16.32 *569*
16.39 *98*
16.46-56 *597*
16.60 *282, 617*
16.60-63 *618*
17.3 *697*
17.6-10 *645*
17.23 *496*
18.31 *761*
19.10 *569*
20.12 *656*
20.18-40 *626*
20.20 *656*
20.22 *799*
20.28-32 *605*
20.33-44 *88*
20.34 *460, 538,*
605-6
20.35-38 *625*
20.38 *625*
20.39 *605*

20.40 *605-25*
20.40,41 *539, 626*
20.41 *460, 538,*
605-6
20.48 *581*
21.4,5 *581*
21.10 *697*
22.1-4 *316*
22.1-16 *316*
22.4 *423*
22.5-13 *316*
22.14-16 *316*
23.29 *98*
28 *83, 316, 524-6*
28.1-10 *316*
28.2 *316*
28.5 *316*
28.11 *524*
28.11-19 *316, 524*
28.12 *77*
28.12,13 *77*
28.13 *83, 524-6*
28.13,14 *83, 526*
28.13-16 *289*
28.13-18 *544*
28.14 *77, 83, 108,*
316, 524-5, 526
28.16 *77, 108. 316,*
525-6, 527
28.17 *77, 316*
28.17-21 *524*
28.18 *108, 316,*
524-7
28.25,26 *88*
30.3 *128*
30.3,4 *790*
30.18 *790*
31 *112*
32.6-8 *790*
32.8 *126, 284*
34.23,24 *230*
34.23-31 *88*
34.27 *496*
34.30 *620*
36 *207-11, 212-25,*
226-69, 293,
478-9, 485-9, 501
36 e 37 *225-6,227,*
485, 703-61

ÍNDICE DE PASSAGENS BÍBLICAS

36—48 *88*
36.8 *496*
36.8,9 *89*
36.9-12 *64*
36.10 *89*
36.10-12 *89*
36.12 *400*
36.25 *211, 725*
36.25-27 *211-93, 360, 479-85*
36.25-28 *226*
36.25-29 *225, 703*
36.26 *211-26, 482, 501-82*
36.26,27 *207-10, 212-21, 231-5, 478-82, 725*
36.26-28 *269*
36.26-35 *207-10*
36.27 *64, 207-11, 227, 482-5, 479, 501-82, 725*
36.28 *207, 360, 479, 501*
36.28-35 *212*
36.29 *582*
36.34,35 *89*
36.35 *68, 85-9, 161, 360-70, 479-87, 534-52, 633*
36.36 *761*
37 *207-8, 212-25, 269-93, 307, 458-79, 522-40, 545, 602-20, 626*
37.1-10 *478*
37.1-14 *130-4, 207-10, 212-26, 227-31, 293, 306-7, 478-9, 485, 501-2, 606-26, 762*
37.4 *307*
37.5 *226-36, 307, 478-86*
37.6 *226-35, 306-7, 501*
37.9 *212, 306, 478-85, 487*
37.9,10 *487*

37.10 *306, 501*
37.11 *478, 625*
37.11-14 *478, 703*
37.12 *307, 478*
37.12,13 *307*
37.12-14 *225, 307*
37.13,14 *269, 478*
37.14 *207-12, 226-35, 236, 307-60, 478-9, 481-2, 485, 501-82*
37.23 *605-20*
37.23-27 *620*
37.23-28 *620*
37.24 *230*
37.25 *307*
37.25-28 *535, 633*
37.26 *282, 620, 767*
37.26,27 *466, 538*
37.26-28 *540-3, 544, 605*
37.27 *460-70, 521-42, 571, 605-20*
37.28 *307, 620*
38 e 39 *174*
38.10-16 *175*
38.14-16 *109*
38.19,20 *790*
38.20 *79*
39.25 *626*
39.28,29 *109*
39.29 *375, 582, 626*
40—44 *422*
40—46 *504*
40—47 *109*
40—48 *162, 472, 521-22, 540-2, 544-5, 547, 626-97, 762*
40.1,2 *472*
40.2 *83, 110, 525*
40.4 *321*
40.5 *472*
40.6 *525*
40.46 *558*
41.21 *472*
42.15-19 *472*
43.1-5 *472*

43.2 *472*
43.2-5 *472*
43.5 *472*
43.7 *472*
43.12 *525*
43.14 *419, 533*
43.14-26 *420*
43.14-27 *420*
43.16 *533*
43.17 *419*
43.20 *419-20*
43.20-26 *420*
43.22,23 *420*
43.26 *420*
44.5 *321*
44.7 *678-82*
44.7-13 *321*
44.9 *678-82*
44.11 *558*
44.14 *524*
44.15,16 *524*
44.19 *392*
44.24 *656*
44.28 *400*
45.1-5 *472*
45.17 *667-8*
46.4,5 *668*
46.16 *400*
46.18 *400*
46.24 *558*
47 *132, 561, 780*
47.1 *526*
47.1-9 *472*
47.1-11 *85*
47.1-12 *68, 83-9, 131-2, 486, 525, 781-2*
47.12 *68, 85, 780*
47.13,14 *85*
47.14-23 *85*
47.21 *561*
47.21,22 *561*
47.21-23 *561-2, 583, 603-15*
47.22 *560-1, 562*
47.22,23 *561*
48.8-13 *472*
48.11 *524*
48.31-34 *472*

Daniel

1 *734*
2 *90, 109-10, 111-2, 175-85, 289, 343-73, 374, 576, 633-95, 696, 754*
2.18,19 *185*
2.27-30 *185*
2.28 *102-10, 111, 374, 581, 695*
2.28,29 *106-9, 581-2, 695-7*
2.29 *110-1, 695-6*
2.31-45 *626*
2.34 *112*
2.34,35 *112, 241, 535-43, 544-76, 633*
2.35 *111-2*
2.37,38 *111-2*
2.38 *112*
2.39 *112*
2.44 *374*
2.44,45 *112-25, 535-43, 544-76, 633*
2.45 *109-11, 695-6, 697*
2.45-47 *695*
2.47 *185, 969*
3 *351*
3.25 *345*
4.12 *320*
4.15 *320*
4.17 *148*
4.20 *320*
4.23 *320*
4.26 *320*
5.29 *392*
7 *52-3, 64, 90, 148-77, 178-9, 180-1, 183-9, 194, 220-1, 301-40, 343-4, 345-6, 347-8, 349-50, 352-3, 367-70, 371-7, 396, 439, 689, 787*
7 e 8 *118*

7—9 *141-87*
7—12 *137-42,*
144-45, 164-74,
175-6, 177-88,
193-5, 196-8,
776-85, 786-7
7.1-14 *176*
7.1-15 *343*
7.2 *90*
7.6 *696*
7.7,8 *150*
7.9 *353, 696*
7.9,10 *179, 347, 510*
7.9-14 *498*
7.10 *126, 220,*
439-41, 782
7.11,12 *176*
7.13 *130-77, 179-80,*
181-2, 343-44,
345-7, 346-7,
348-51, 352-71,
377, 552, 625-96
7.13,14 *52, 64, 90-1,*
112-30,
179-80, 220-1,
301-40, 344-5,
346-47, 348-49,
351-2, 367-85, 696
7.13-27 *769*
7.14 *180, 347-8,*
349-52, 367-96
7.15-27 *346*
7.15-28 *176*
7.16-27 *53*
7.16-28 *344*
7.17 *177, 344*
7.17,18 *178*
7.18 *90, 177, 301-52*
7.21 *113*
7.22 *90, 177, 301-52*
7.23 *113-77*
7.23-27 *178*
7.24 *150*
7.25 *113-41, 183-84*
7.27 *90, 177, 301-52*
8 *113-29, 143, 543,*
794
8—12 *186, 787*
8.11-13 *543*

8.12 *141-3*
8.17 *129*
8.17-26 *113*
8.19 *129-43*
8.23 *188*
8.23-25 *141*
8.24 *183*
8.25 *188*
9 *69, 194, 377, 787*
9.7 *612*
9.19 *579*
9.25,26 *377, 612*
9.26 *180*
9.26,27 *183*
10 *113*
10.14 *112-37, 143,*
401
11 *113-43, 145-83,*
185, 794
11 e 12 *113-26,*
129-41, 184-7,
188-91, 192, 543
11.1—12.13 *112*
11.4 *185*
11.27 *515*
11.28—12.13 *515*
11.29-34 *184*
11.30 *184-8*
11.30-32 *787*
11.30-34 *141*
11.30-35 *183-94,*
198, 669
11.30-39 *191*
11.30-45 *184-5*
11.31 *142-83, 184-5,*
543
11.31,32 *145*
11.32 *145-6, 184-6,*
188-91
11.32-35 *125*
11.33-35 *183*
11.34 *145-84, 188-91*
11.35 *129-43, 191-5*
11.35—12.12 *149*
11.36 *142-83, 184-5,*
415
11.37 *787*
11.40 *129-43, 186*
11.40,41 *113*

11.44 *191*
11.45 *184-8*
12 *129-43, 211-92,*
458, 789
12.1 *113-30, 143-90,*
191-2, 194-5, 196,
439-40, 785-6,
787-9
12.1,2 *129-34, 192,*
207-11, 250-92,
306-7, 424-39,
440-1, 606-45,
786-9
12.1-3 *688*
12.2 *126-29, 130-92,*
207-12, 215-50,
251-66, 291, 439,
786
12.2,3 *230*
12.3 *130, 250*
12.3,4 *125*
12.4 *130, 207*
12.9,10 *125*
12.10 *113-45, 146-50,*
183-6, 188-90,
191-2, 195
12.10,11 *183-4, 194*
12.11 *184*
12.13 *101, 207*
12.24 *307*
12.28,29 *307*

Oseias
1 *357*
1 e 2 *595-6*
1.2 *569*
1.4-9 *597*
1.9 *620-4*
1.9,10 *603*
1.10 *64, 357-8,*
552-67, 571-95,
596-7, 603
1.10,11 *106, 355,*
603
1.11 *356-7, 596*
2.2 *596*
2.10 *716*
2.11 *667-8*
2.13 *320, 667*

2.14-23 *89*
2.15 *356-8*
2.18 *357*
2.21-23 *106*
2.23 *566-71, 595,*
603-24
3.4 *106*
3.5 *96, 106-26,*
357-96, 625
4.3 *357*
4.7 *326*
4.10-19 *326*
4.12-17 *320*
4.13 *320*
4.16 *322*
4.16,17 *322*
4.17 *322-6*
4.18 *326*
5.15 *423*
6.1-3 *89, 207*
6.2 *232*
6.7 *58, 357-8*
7.11 *356-7*
7.16 *356*
8.13 *356*
9.3 *356-7*
9.6 *356*
10.1 *645*
10.5 *530*
10.8 *357*
11 *354-5*
11.1 *350-3 354-5,*
356-7, 358-61,
370, 552-67,
596-7, 738-95,
796
11.1-11 *355*
11.2-5 *354*
11.2-11 *358*
11.5 *356*
11.6,7 *354*
11.8,9 *354*
11.10 *355*
11.10,11 *354-6,*
357-65
11.11 *355-7*
11.12 *355*
12 *355*
12.1 *357*

12.2-5 *358*
12.13 *356*
13.14 *207-8*
14.2-8 *269*
14.4-8 *89*
14.6 *570*
14.7 *645*
14.7,8 *687*

Joel
1.1—2.17 *90*
1.13 *558*
1.15 *128*
2 *491, 509-12, 513-8, 580-2, 583-4, 585-99, 606, 788*
2.1 *128, 513*
2.2 *785*
2.2-11 *513*
2.3 *68, 90, 161, 370, 534-52, 633*
2.10 *126, 513, 790*
2.11 *128*
2.17 *558*
2.18 *581*
2.18-27 *581-2*
2.18—3.21 *90*
2.19,20 *581*
2.19-27 *581*
2.21,22 *269*
2.21-25 *582*
2.21-26 *582*
2.22 *78*
2.23-27 *581*
2.27 *582*
2.28 *106-7, 132-3, 375, 482-91, 511-3, 518-81, 582-5, 626-96*
2.28,29 *132, 269, 480, 511-80, 581. 618*
2.28-32 *107-47, 491-6, 518-20, 579-80, 581-2, 599, 614-8*
2.29 *581*
2.30,31 *126, 513, 790*

2.31 *128, 513-81*
2.32 *514-80, 582-4, 599*
3 *513*
3.1 *106, 513-81, 582*
3.1-5 *518*
3.2 *582*
3.5 *520-72*
3.14 *128*
3.15 *126, 513*
3.15,16 *790*
3.15-17 *518-81*
3.15-18 *520-82*
3.16-18 *513*
3.17 *513*
3.18 *131-2, 133, 472, 582*
3.18-20 *90*
3.21 *513*
4.16-18 *513*
4.18 *486*

Amós
2.10 *357*
3.1 *357*
5.18 *128*
5.20 *128*
7.13 *530*
8.7-10 *790*
8.8,9 *790*
9 *104*
9.7 *357*
9.11 *104*
9.11,12 *104, 515-78, 633*
9.11-15 *90*
9.12 *104, 579*
9.13-15 *104*
9.14 *496*

Obadias
15 *128*
17 *625*

Miqueias
1.2,3 *508*
1.4-6 *790*

3.1,2 *52*
3.8 *478*
4.1 *107-10, 111*
4.1,2 *110*
4.1-3 *538*
4.1-4 *108*
4.1-8 *90*
4.2 *515*
4.4 *78, 108, 645*
4.6 *538*
4.7 *110*
4.7,8 *538*
5 *90*
5.2-5 *377*
6.4 *357*
7 *90*
7.16 *321*

Habacuque
2.14 *777-99*
3.6-11 *790*
3.6-13 *790*

Sofonias
1.7, 14 *128*
3.10,11 *538*
3.19,20 *538*

Ageu
1.8 *74, 799*
2.3 *749*
2.5 *69, 480*
2.5-10 *515*
2.6,7 *790*
2.7-9 *74, 799*
2.9 *544*

Zacarias
1—6 *91*
1.16—2.5 *799*
1.16—2.11 *535, 633*
1.16—2.13 *504-43, 544*
2 *560*
2.2 *472*
2.5 *74*
2.8-11 *74*
2.9,10 *560*
2.11 *560-83, 603-15*

2.12 *68, 561*
3.1,2 *196, 754*
3.1-5 *196, 754*
3.4,5 *392*
3.9 *196, 754*
3.10 *78, 91*
4 *515-45, 573, 626*
4.2,3 *573*
4.3 *570*
4.6 *480, 582*
4.9 *573*
4.11,12 *570*
4.11-14 *573*
4.14 *573-4*
6.12,13 *535-6*
6.12-14 *626*
6.15 *480, 626*
6.15—7.14 *91*
7.11,12 *321*
8 *91*
8.7,8 *560*
8.8 *620*
8.12 *91, 496*
8.20-23 *603*
8.22,23 *561*
8.23 *560*
9—14 *91*
9.9,10 *377*
9.10 *91, 634-5*
9.16 *560*
9.17 *91, 687*
10.7 *687*
10.8 *538*
10.10 *538*
12 *69*
12.3 *64*
12.10 *480, 582*
13.9 *560*
14 *132*
14.4-11 *91*
14.8 *131-2, 472-86*
14.8,9 *132, 525*
14.20,21 *91*

Malaquias
1.1-5 *91*
1.6-14 *91*
2.1-13 *91*
2.2 *799*

2.7 *511*
2.14 *58*
2.14-17 *91*

2.17 *52, 364*
3.1 *341, 587*
3.1-3 *515*

3.1-4 *91*
3.2 *128*
3.5 *128*

3.5-18 *91*
4.1-6 *91*
4.5 *587*

Novo Testamento

Mateus
1—4 *343*
1.1 *339-40, 341-77, 482*
1.1-17 *339, 483*
1.5 *561*
1.18 *339*
1.18-20 *339, 483*
1.20 *339*
1.21-23 *797*
2 *353, 739-95, 796*
2.1-11 *483*
2.1-12 *340*
2.2 *483*
2.15 *357-8, 596, 739-95, 796*
3 *360*
3.1-4 *358*
3.3 *358*
3.5,6 *358, 684*
3.9 *362-8*
3.11 *520, 685*
3.11-17 *684*
3.12 *685*
3.13-17 *358, 483, 684*
3.15 *353-62*
3.16 *330-60, 484*
3.16,17 *360-1*
3.16—4.1 *484*
3.17 *360-1, 401*
4 *376*
4.1 *361*
4.1-11 *200, 413*
4.4 *363*
4.6 *364*
4.7 *363*
4.10 *363*
4.12-16 *366*
4.16 *217*
4.18-22 *366*
4.23-25 *366*

5 *636-7*
5.3 *636*
5.5 *631-6*
5.9 *369*
5.10 *636*
5.14 *800*
5.17 *677, 782-95*
5.18 *782*
5.19,20 *372*
5.44-48 *369*
5.46 *369*
6.10 *372*
6.33 *372*
7.15-23 *438*
7.22 *145*
7.22,23 *187*
7.24 *372*
7.26 *372*
8.13-16 *758*
8.17 *758*
8.18-22 *689*
8.20 *179*
9.6 *348*
9.35 *372*
10 *368*
10.10 *698*
10.23 *346*
10.25 *364*
10.34-39 *368-75*
11 *375*
11.2-6 *376*
11.2-15 *331*
11.3-5 *484*
11.4-6 *366*
11.5 *331*
11.6 *332-76*
11.11 *375, 618*
11.11-13 *375-6, 760*
11.11-14 *618*
11.12 *375*
11.13 *375*
11.15 *332-76*

11.19 *179, 347-76*
11.25-27 *330*
11.28,29 *665-72*
12 *484*
12.9-15 *484*
12.15-17 *484*
12.18-21 *361, 484*
12.22 *484*
12.24-29 *376*
12.28 *484*
12.29 *364*
12.33 *446*
12.36,37 *446*
12.40 *182, 232*
12.42 *82*
12.46-50 *367*
13 *373-4, 375, 794-5*
13.10 *373*
13.10,11 *554, 738*
13.10-17 *373*
13.10-52 *794*
13.11 *330-74, 794*
13.11,12 *374*
13.11-17 *373*
13.13-15 *323*
13.14,15 *330-74*
13.16,17 *330-75*
13.17 *618*
13.19 *372*
13.24 *372*
13.24-52 *374*
13.31 *372*
13.33 *372*
13.39,40 *128*
13.40-42 *374*
13.41 *145-87*
13.44 *372-5*
13.45 *372*
13.47 *372*
13.49 *128*
13.49,50 *374*
13.52 *795*

15.11-20 *368*
15.21-28 *368*
16 *357*
16.13-17 *352*
16.16 *357, 596*
17.9 *182*
17.12 *182*
17.22 *182*
18.23 *372*
19 *368*
19.16-22 *731*
19.28 *159, 289, 341-5*
19.28,29 *367*
19.29 *368*
20.1 *372*
20.18 *182*
20.28 *179-82, 346-7, 417-8*
21 *575*
21.33-40 *575*
21.33-41 *569*
21.40-44 *368*
21.41 *569-75, 576*
21.42 *535*
21.42-44 *374*
21.42-45 *570*
21.43 *569-76*
21.44 *576*
22.2 *372*
22.30 *57, 213, 785*
22.36-40 *731*
22.37,38 *731*
22.44 *252*
23.23 *156*
23.29-39 *98*
24 *142-5, 187-93*
24.1 *241*
24.3 *128*
24.4 *187*
24.4,5 *185*
24.5 *187*

ÍNDICE DE PASSAGENS BÍBLICAS 855

24.6 *128*
24.10 *187*
24.11 *187*
24.11,12 *145-87*
24.12 *187-8, 198*
24.13 *187*
24.13,14 *128*
24.15 *142-93*
24.21 *142-91, 192-5, 787*
24.23 *187*
24.23,24 *185*
24.24 *187*
24.24,25 *141*
24.25 *187*
24.26 *187*
24.30 *193, 345*
24.35-39 *98*
25.1 *372*
25.21 *243*
25.23 *243*
25.31 *345*
25.31-46 *446, 791*
26.2 *182*
26.24 *182*
26.29 *687*
26.45 *182*
26.61 *504*
26.64 *252*
27.24 *424*
27.25 *576*
27.45 *689, 788*
27.51,52 *689*
27.52 *307*
27.52,53 *134*
27.57—28.15 *367*
27.63 *424*
28.1 *672*
28.16-20 *258*
28.18 *340-8, 367*
28.18-20 *486, 777*
28.19,20 *367*
28.20 *128, 341*

Marcos
1.1 *341, 587*
1.1-3 *589*
1.2 *587-9*
1.2,3 *341, 586*

1.3 *469, 587*
1.4 *587*
1.9-11 *360, 484*
1.10 *360, 484, 587*
1.11 *401, 587*
1.12,13 *362*
1.13 *363-4, 365*
1.14,15 *373, 587*
1.16—8.21 *587*
1.21-28 *587*
1.34 *587*
1.39 *587*
2.10 *348*
2.27 *659*
3.3 *587*
3.15 *587*
3.22 *587*
3.22-30 *588*
3.27 *364, 588*
4 *588*
4.11-13 *588*
4.12 *323*
4.30 *372*
5.1-20 *587*
6.13 *587*
6.52 *588*
7.5-13 *588*
7.18 *588*
7.18-23 *368*
7.24-30 *587*
8.17,18 *588*
8.17-21 *589*
8.22-26 *589*
8.22-30 *589*
8.22—10.45 *587*
8.26 *587*
8.31 *182, 689*
8.38 *346-52*
9 *346*
9.1 *372*
9.3 *346*
9.7 *346-52*
9.9 *182, 346*
9.12,13 *182*
9.14-29 *587*
10.14 *372*
10.14,15 *347*
10.23-25 *347*
10.30 *128*

10.37 *347*
10.40 *347*
10.42-44 *347*
10.45 *179-80, 181-2, 346-7, 348, 417-8, 589*
10.46-52 *589*
10.46—16.8 *587*
11.9,10 *347*
12.1-12 *569*
12.10 *535*
12.35-37 *252*
12.36 *252*
13 *145-87, 193, 345, 590*
13.1,2 *241*
13.5 *193*
13.5-13 *193*
13.7 *128*
13.8 *688*
13.9 *193*
13.9,10 *193*
13.11 *193*
13.12 *193*
13.13 *193*
13.19 *191, 787*
13.22 *141*
13.26 *345*
14.21 *182, 689*
14.25 *687, 774*
14.41 *182*
14.53-65 *689*
14.58 *241, 391, 504-76*
14.61,62 *352*
14.62 *252, 345*
15.4 *424*
15.14 *424*
15.29 *504*
16.2 *672*
16.9 *672*
16.19 *252*

Lucas
1 *489*
1 e 2 *483*
1.32 *369*
1.33 *128, 372*
1.35 *369, 483-9, 498*

1.55 *342*
1.72,73 *342*
1.78,79 *217*
2.26-35 *483*
2.30-32 *217, 603-94*
2.32 *217-8, 578, 601*
3 *342-51*
3.3-6 *718*
3.4 *469, 719*
3.4-6 *591*
3.8 *368*
3.16 *489, 520*
3.21,22 *484*
3.22 *369, 401*
3.38 *201, 341-63, 370, 552*
3.38—4.1 *366*
4 *376*
4.1 *366, 484*
4.1-13 *341-73, 413*
4.3 *201, 369*
4.5-7 *201*
4.9 *369*
4.16,17 *373*
4.16-22 *693*
4.16-30 *591*
4.17-19 *488*
4.18 *366*
4.18,19 *373*
4.18-21 *488*
4.20,21 *488*
4.21 *373*
4.32 *485*
4.33-37 *373*
4.33-41 *485*
4.36 *485*
4.41 *369*
4.43 *372*
6.12,13 *576*
6.20 *372*
6.35 *369*
6.36 *369*
7 *346*
7.34 *179-81*
7.34,35 *347-8*
7.35 *181, 348*
8.9,10 *181*
8.10 *323-30*
8.21 *368*

8.28 *369*
9.22 *182*
9.28-36 *488*
9.35 *369*
9.44 *182*
9.58 *179*
10.1-12 *513*
10.1—18.14 *488*
10.7 *698*
10.8 *376*
10.9 *376*
10.11 *376*
10.17 *365-6*
10.17-19 *365-76*
10.17-20 *365*
10.18 *376*
10.19 *365-6*
10.21-24 *330*
10.22 *369*
11 *368*
11.21,22 *376*
11.27,28 *368*
12.12 *491*
13.28,29 *775*
14.26 *368-75*
16.16 *375*
17.20,21 *374*
18.29 *368*
18.30 *128*
19 *346*
19.10 *179-81, 347-8*
19.41-44 *574*
19.46 *241*
20 *369*
20.9-16 *569*
20.9-19 *569*
20.13 *369*
20.17 *535*
20.18 *374, 576*
20.34,35 *128*
20.36 *369*
20.37 *369*
20.42 *252*
21 *145-93, 575*
21.6 *575*
21.9 *128*
21.11 *688*
21.15 *491*
21.20-24 *575*

21.23-26 *688*
21.27 *345*
22.18 *687, 774*
22.19 *687*
22.22 *182*
22.48 *182*
22.69 *252*
22.70 *369*
23.24 *424*
23.43 *458, 757*
24 *489, 693*
24.1 *672*
24.7 *182*
24.36-50 *258*
24.44-47 *692*
24.44-49 *591*
24.46 *491*
24.46-51 *214, 491*
24.47 *591*
24.48 *491*
24.49 *135, 489-91, 498, 585, 693*
24.51 *491*

João
1.1 *342*
1.1-10 *291*
1.1-13 *342*
1.1-18 *386*
1.2,3 *342*
1.4 *342*
1.5-9 *342*
1.9 *131*
1.10 *342*
1.11 *342*
1.11,12 *342*
1.12 *369*
1.12,13 *343*
1.13 *292*
1.14 *535-6, 763*
1.33 *131*
1.49-51 *352*
2 *536*
2.14-17 *536*
2.18 *536*
2.18-22 *672*
2.19-21 *535, 763*
2.19-22 *211-87, 465, 503-4, 645-6*

2.21 *536*
2.22 *536*
3 *211-93*
3.1-15 *213, 485*
3.3 *211-3, 293*
3.3-8 *292*
3.4 *211*
3.5 *211-3, 293*
3.5-8 *708*
3.6 *131*
3.8 *212*
3.9 *293*
3.9,10 *212*
3.10 *293*
3.11,12 *212*
3.11-16 *293*
3.13-15 *212*
3.14 *182, 474*
3.14-18 *352*
3.15 *213*
3.15,16 *292*
3.18 *782-91*
3.36 *782-91*
4 *131, 215, 486*
4.7-26 *485*
4.10,11 *131-2*
4.10-14 *486*
4.10-18 *644*
4.14 *131-2*
4.19-24 *644*
4.21-24 *130*
4.23 *131-94, 244, 415*
4.23,24 *131-2*
4.24 *131, 645*
5 *266-92*
5.16,17 *670*
5.21-29 *146*
5.24 *129, 250-92, 791*
5.24,25 *129*
5.24-29 *130-92, 211-3, 233-91, 292, 307, 645*
5.25 *129-30, 131-68, 194, 244, 415*
5.25-27 *352*
5.25-28 *130, 226*
5.25-29 *144, 224*

5.28 *129-30*
5.28,29 *129, 306, 439, 791*
5.29 *129, 791*
6.27 *292*
6.32 *131, 645*
6.39 *211, 783*
6.39,40 *485*
6.40 *211-92, 783*
6.44 *211, 485, 783*
6.45 *448*
6.47 *485-92*
6.51 *485*
6.53,54 *485*
6.54 *211-92, 783*
6.55 *131*
6.58 *485*
6.63 *485*
7 *132, 486-7*
7.12 *424*
7.18 *799*
7.37-39 *131-2, 485-6, 645*
7.38 *131*
7.39 *487*
8.54 *800*
10.28 *292*
11.4 *211, 800*
11.15 *211*
11.23-25 *211*
11.23-26 *293*
11.24 *211*
11.24,25 *292*
11.38-44 *211*
11.40 *211*
11.52 *369*
12.1 *213*
12.9 *213*
12.13 *376*
12.15 *376*
12.17 *213*
12.23 *130, 376, 487, 800*
12.23-34 *130*
12.23-33 *487*
12.28 *487*
12.28-34 *759, 800*
12.31 *415-87*
12.31-33 *376*

12.32 *182, 487*
12.34 *182, 343*
12.37-41 *447*
12.40 *323*
12.48 *211, 782*
12.50 *292*
13.18 *85*
13.31 *800*
13.31,32 *487*
13.31—17.26 *487*
14.16 *128*
14.17 *724*
14.19 *213*
15 *193*
15.1 *131, 645*
15.19 *193*
15.18—16.11 *193*
15.20,21 *193*
15.25 *416*
15.26 *724*
15.26,27 *193*
15.27 *193*
16 *130-93, 194*
16.1 *193*
16.2 *193-4*
16.4 *194*
16.7 *193*
16.11 *376*
16.13 *724*
16.21 *194*
16.25 *194*
16.32 *131-94*
16.32,33 *193*
16.33 *192, 376*
17.1 *130, 487*
17.2,3 *292*
17.4 *799*
17.5 *487, 800*
17.10 *800*
17.24 *800*
18.29-31 *424*
19.4 *424*
19.12 *576*
19.15 *576*
19.31-36 *687*
19.33 *796*
19.34-37 *669*
19.36 *751-74, 796*
20.1 *672*

20.19 *672*
20.19-23 *258, 645*
20.21 *486*
20.21-23 *485-6*
20.22 *486-7*
20.23 *487*
21.15 *258*
21.19 *258*

Atos
1 *135, 214-20, 488*
1—2 *220*
1.1-11 *213*
1.2 *585*
1.3 *214-20*
1.3-11 *134*
1.4 *135, 606*
1.5 *489*
1.6 *134, 491, 585*
1.6-8 *133-4, 135, 690*
1.7 *134*
1.7,8 *134*
1.7-18 *134*
1.8 *135, 214-6, 258, 489-90, 191, 585-91, 647-93*
1.8-11 *220, 498*
1.9 *220*
1.10 *220*
1.11 *134*
1.15-26 *489, 585*
1.20 *220*
1.22 *134, 214-5, 220*
2 *133-4, 135, 214-5, 220, 490-1, 504-5, 506-7, 508-9, 510-1, 512-3, 514-5, 517-8, 521-80, 582-3, 584-5, 599, 606-43, 685, 760-3, 788*
2—6 *585*
2.1 *504*
2.1-4 *520*
2.1-6 *517*
2.1-12 *511*
2.1-21 *487*
2.1-40 *513-4*

2.1-43 *133*
2.2 *505*
2.2,3 *514-8*
2.2-4 *788*
2.3 *505-6, 507-9, 512*
2.3,4 *512-8*
2.3-8 *517*
2.4 *512*
2.5 *592*
2.5-11 *583*
2.6 *505*
2.9-11 *513-7, 592*
2.11 *517*
2.15-17 *132*
2.16 *788*
2.16-21 *579-80, 599, 614-8*
2.17 *107-32, 491-5, 518-20, 583, 696*
2.17,18 *147, 511-8*
2.17-21 *513-8*
2.17—3.26 *690*
2.18 *512*
2.19,20 *788*
2.20 *128*
2.21 *514-20*
2.22-28 *214*
2.23-34 *490*
2.24 *214, 490, 518*
2.27 *214*
2.29-36 *645-6*
2.30 *82, 514-9*
2.30,31 *214*
2.30-33 *761*
2.30-36 *214-20*
2.31-33 *491*
2.31-34 *491*
2.31-35 *279*
2.32 *519*
2.32,33 *381, 514*
2.33 *234-49, 491-5, 512-8, 519-20, 584, 606*
2.33,34 *514-9*
2.33-35 *517*
2.34 *643*
2.34,35 *214-52, 514-9*

2.36 *514-9*
2.38 *135*
2.39 *514-9, 520, 612*
2.41-47 *592*
3.13 *447*
3.15 *134, 214-5*
3.18 *134*
3.19 *135*
3.19-21 *134*
3.19-25 *491*
3.20,21 *135*
3.21 *135*
3.22-26 *134-5*
3.26 *134, 215*
4 *691*
4.2 *134, 215*
4.5 *690*
4.5-23 *691*
4.8 *491*
4.10 *134, 215, 579*
4.23 *690*
4.25-28 *134*
4.27 *579*
4.31 *491*
4.33 *134, 214-5*
5.14 *592*
5.30 *215*
5.30,31 *134*
6 *690*
6.1 *592*
6.3 *491*
6.7 *592*
6.12 *690*
7 *220, 515*
7.11 *191*
7.48 *391*
7.48,49 *241*
7.49 *542-5*
7.55 *491*
7.55,56 *134, 220*
7.56 *343*
8.4-24 *592*
8.15 *491*
8.17 *491*
8.26-36 *693*
8.26-39 *592*
9 *215*
9.2 *591, 719*
9.3 *259*

9.3-6 *134*
9.4-6 *218*
9.15 *217*
9.17 *257, 491*
9.37-41 *134*
9.40,41 *215*
10 e 11 *584*
10.14 *491*
10.19 *491*
10.34-47 *133*
10.36 *693*
10.40,41 *134*
10.41 *687*
10.43 *693*
10.44,45 *491*
10.44-47 *107*
10.44-48 *584*
10.45 *133*
10.47 *491*
11.5-18 *583*
11.15,16 *491*
11.15-18 *584*
11.18 *215, 584*
11.24 *491, 592*
11.26 *584*
12.20-24 *592*
12.24 *592*
13 *214-5, 694*
13—28 *593*
13.9 *491*
13.10,11 *592*
13.17 *579*
13.23 *82*
13.27 *429*
13.27,28 *429*
13.27-29 *134, 424*
13.27-30 *424*
13.27-41 *429*
13.28 *429*
13.30-37 *134*
13.31 *214*
13.32,33 *136*
13.32-34 *280-91*
13.33 *214, 401-29, 639*
13.34 *215*
13.34-36 *215*
13.35 *215*
13.37,38 *215*

13.38 *215*
13.46 *215-50*
13.46,47 *694*
13.46-48 *134*
13.47 *135, 216-7, 489, 559-78, 585-91, 601-90*
13.48 *215-50*
13.52 *491*
14 *691*
14.11 *372*
14.22 *192*
14.23 *691*
15 *469-91, 515, 691*
15.1-6 *691*
15.1-25 *469*
15.2 *690*
15.4 *690*
15.6 *690*
15.7-11 *584*
15.8 *491*
15.9 *583*
15.13-18 *592*
15.14 *578-9*
15.14-18 *134*
15.15-21 *491*
15.16-18 *104, 578*
15.17 *579*
15.22 *690*
15.23 *690*
15.30-33 *469*
16.4 *690*
16.7 *491*
16.14 *716*
16.17 *719*
17 *215, 330, 592*
17.3 *215*
17.5-8 *186*
17.7 *215*
17.11 *693*
17.18 *215*
17.24 *241, 391*
17.30,31 *135, 330*
17.31 *215, 425, 748-82, 791*
17.31,32 *134*
17.32 *215*
18.24-28 *693*
18.25,26 *719*

19.2 *491*
19.6 *491*
19.9 *591, 719*
19.20 *592*
19.23 *591, 719*
20 *156, 690*
20.7 *672*
20.9-12 *134*
20.20 *154, 691*
20.24 *154*
20.25 *154*
20.26,27 *154-5*
20.27 *691*
20.27-32 *691*
20.28 *691*
20.29,30 *691*
20.31,32 *691*
20.32 *691*
22 *215*
22.4 *591, 719*
22.6 *259*
22.6-11 *134*
22.9 *259-60, 398*
23.6 *215*
23.6,7 *136*
23.8 *215*
23.14 *690*
24.14 *591, 719*
24.15 *215, 306, 439*
24.21 *215*
24.22 *591, 719*
24.25 *136*
25.15 *690*
25.19 *134, 215*
26 *215-6, 219-58, 259, 398, 694*
26.6-18 *134*
26.6,7 *136*
26.6-8 *291*
26.8 *215*
26.13 *216-59, 260, 398*
26.13-18 *217*
26.14 *219*
26.14-16 *218*
26.14-18 *467*
26.15 *219*
26.16 *216-57, 578*
26.16,17 *216*

26.16-18 *219, 690-4*
26.17,18 *259-60, 398, 694*
26.18 *217-8, 578, 467, 601-43, 755*
26.22,23 *134*
26.22-24 *136*
26.23 *215-6, 217-8, 467, 578, 601-3, 694*
26.33 *579*
28.23-28 *258*
28.26,27 *323, 579-92*

Romanos
1 *323-7, 328-9, 394-7, 639*
1.1 *261*
1.1-4 *223*
1.2 *230*
1.3 *597*
1.3,4 *230, 500*
1.4 *133, 227-31, 250-70, 271, 369-81, 382, 424-9, 490-96, 597, 639*
1.4,5 *102-3*
1.5 *261, 610*
1.7 *466*
1.9 *597*
1.17 *416*
1.18 *791*
1.18-20 *323*
1.18-21 *328*
1.18-24 *325*
1.18-25 *327-94*
1.18-28 *328*
1.18-32 *329, 782*
1.18—3.8 *416*
1.19-25 *397*
1.20,21 *323*
1.20-28 *323*
1.21 *323-5, 327*
1.21-25 *329*
1.22 *325-7*
1.23 *323-4, 327-9*
1.24 *323-8*

1.24-28 *323*
1.24-32 *324, 791*
1.25 *137, 323-4,*
  326-8
1.26 *59, 326*
1.28 *323-8*
1.29 *323*
1.29-32 *323*
1.30 *323*
1.31 *323*
2 *443*
2.3-10 *434-44*
2.5,6 *791*
2.6 *444*
2.7 *230, 432*
2.10 *432*
2.12 *791*
2.12-16 *736*
2.13 *434-42, 443*
2.13-16 *447*
2.14,15 *711*
2.15,16 *434*
2.16 *251*
2.17-20 *710*
2.17-25 *736*
2.21-27 *710*
2.22 *324*
2.25-29 *574-96, 679*
2.26-29 *568, 736*
2.29 *679*
3 *415-21*
3—6 *416*
3.4 *416*
3.9 *416*
3.9-20 *324*
3.16 *710*
3.19 *414-6, 782*
3.19,20 *736*
3.19-24 *416*
3.19-28 *754-62*
3.20 *416*
3.21 *416-9*
3.21-26 *197, 414-5*
3.21—4.25 *736*
3.22 *416, 598*
3.22,23 *398, 598*
3.23 *383-94, 416*
3.24 *409-16, 417-8,*
  494

3.24,25 *417-21,*
  422-3, 426
3.24-26 *753*
3.25 *416-8, 420-1,*
  422-3, 754-62
3.26 *268*
3.28 *449*
4 *449, 637*
4.1-3 *754*
4.1-8 *753*
4.3 *416*
4.5 *416*
4.6 *416, 754*
4.6-8 *416*
4.9-11 *416*
4.11 *679*
4.13 *400-31, 631-6,*
  637
4.13,14 *639-40*
4.15 *782*
4.16 *417*
4.17 *225, 640*
4.17-25 *679*
4.18-21 *225*
4.20,21 *799*
4.22,23 *753*
4.22-24 *416*
4.24,25 *223-5,*
  416-22
4.25 *422-3, 426-7*
5 *382, 462-3, 464-5,*
  466-7, 473, 703
5.1 *462-3*
5.1—6.11 *452-62*
5.3 *192*
5.4,5 *249*
5.5 *725*
5.6-9 *462*
5.6-10 *463*
5.6-11 *462*
5.8 *463*
5.9 *422*
5.9-11 *463*
5.10 *230, 432, 597*
5.10,11 *462*
5.11 *463*
5.12 *463*
5.12-14 *736*
5.12-17 *412*

5.12-19 *314-5, 394*
5.12-21 *382-95, 396,*
  463, 766
5.14 *96, 380-2, 610,*
  703
5.14,15 *463*
5.15 *703*
5.15-19 *407-12*
5.15-21 *736*
5.16 *463*
5.17 *230, 463*
5.18 *428-63*
5.19 *447, 703*
5.21 *428-63*
6 *225-8, 238, 328,*
  702-3, 705-8, 711
6—8 *226-7, 231,*
  703-4
6.1-11 *462*
6.2-11 *703*
6.3 *683*
6.3,4 *226-88*
6.3-6 *683*
6.3-11 *675*
6.4 *228-40, 683, 702*
6.4,5 *224-70*
6.4-6 *382*
6.4-8 *285*
6.4-10 *224*
6.4-11 *702-3*
6.5 *224*
6.5-11 *391, 707*
6.6 *224-5, 240, 683,*
  710
6.6,7 *703*
6.7,8 *224*
6.8,9 *224*
6.8-11 *702*
6.9 *223*
6.11 *224-88*
6.12 *710*
6.12,13 *224*
6.12-14 *703*
6.13 *224-8, 288, 679*
6.14 *710*
6.16 *228*
6.16-20 *710*
6.19 *228*
6.22 *710*

6.22,23 *224*
7 *709-10, 711*
7.1-6 *736*
7.4 *226*
7.4-6 *226-57*
7.5 *710*
7.5,6 *227*
7.6 *231-40, 415,*
  679, 702-10
7.7-12 *709*
7.7-13 *736*
7.7-25 *710*
7.14 *710*
7.15 *711*
7.15-23 *710*
7.15-25 *709*
7.18 *710*
7.24 *710*
7.24—8.3 *710*
8 *226-8, 229-31,*
  233-41, 283,
  329-82, 415-32,
  494-5, 637-9
8.1-17 *226*
8.1-39 *710*
8.2 *226*
8.3 *597*
8.3-13 *710*
8.4 *227, 725-36*
8.4-8 *227*
8.5,6 *226*
8.5-14 *229*
8.5-17 *415*
8.6 *226-7, 270, 428,*
  640, 725
8.9 *496, 710*
8.9,10 *227, 429*
8.10 *227, 640*
8.10,11 *415-28, 433*
8.10-16 *270*
8.11 *227-8, 230-1,*
  236-50, 270, 328,
  428-9, 496, 640
8.11-15 *715*
8.12-30 *382*
8.13 *227-31, 428,*
  640, 725
8.13,14 *231-77*
8.13-16 *227*

8.14 *227-31, 250, 496, 597*
8.14,15 *382*
8.14-17 *429*
8.14-19 *567*
8.14-24 *369*
8.15 *597, 764*
8.17 *194, 431, 610-39, 640*
8.17,18 *382, 430*
8.17-23 *431*
8.17-25 *432*
8.17-30 *430*
8.18 *394, 415, 640*
8.18,19 *429*
8.18-23 *226-8, 229-66, 265-83, 495, 639-40, 689, 715-70*
8.18-25 *263-74, 285, 431*
8.19 *227-2, 249, 382, 597, 639*
8.19-23 *335, 429*
8.20 *385*
8.20-22 *229*
8.21 *236-83, 382-94, 430, 640*
8.21-23 *430*
8.22,23 *236, 415*
8.23 *138, 227-9, 242-83, 382, 409-18, 428-33, 492-4, 495, 500-97, 640-1, 764*
8.24,25 *249*
8.26-28 *230*
8.28 *329*
8.28,29 *329*
8.28-30 *329*
8.29 *229-81, 283-4, 329-69, 381-2, 384-5, 397, 437, 597*
8.29,30 *430*
8.30 *382, 430-95*
8.30-34 *431*
8.31-34 *230, 430*

8.32 *431-2, 597, 640, 755*
8.32-34 *430*
8.33 *432*
8.33,34 *431, 755*
8.33-39 *230*
8.34 *252, 755*
8.34-39 *230*
8.35,36 *192, 432*
8.35-39 *431-2, 689*
8.37 *230*
8.38 *755*
8.38,39 *432*
9 *598*
9—11 *595, 628*
9.4 *597*
9.5 *137*
9.6 *596-7*
9.7-13 *607*
9.16 *417*
9.21 *59*
9.24 *566-95, 596-8*
9.24-26 *595-7, 603*
9.25 *566*
9.25,26 *571-95, 596, 624*
9.25-29 *598*
9.27,28 *498*
9.27-29 *597, 614*
9.28 *597*
9.29 *372*
9.30 *736*
9.31,32 *260*
9.31-33 *736*
10.1-3 *736*
10.2,3 *710*
10.2-4 *260*
10.2-5 *257*
10.4 *261, 736*
10.5 *736*
10.6-13 *736*
10.9 *230*
10.11 *598*
10.11-13 *598*
10.12 *599*
10.13 *599*
10.15 *693*
11 *230, 463*
11.5 *415*

11.7-10 *463*
11.8 *258, 323*
11.11-25 *258*
11.11-31 *452-62*
11.15 *463*
11.16 *229, 494*
11.17 *570*
11.17-21 *463*
11.24 *570*
11.25 *738*
11.25,26 *595-8, 599*
11.26 *599*
11.29 *595*
11.36 *137, 800*
12 *228, 329*
12.1 *228, 328*
12.1,2 *228, 328-9, 397*
12.2 *228, 328-9*
12.6-8 *760*
13.8 *731*
13.8-10 *731*
13.8-12 *736*
13.9 *731*
13.11 *244*
13.11,12 *415*
13.12,13 *736*
13.14 *707-36*
14.5,6 *667*
14.7-9 *227*
14.9 *230*
14.10 *434-44*
14.12 *434-44*
14.12-14 *444*
14.17 *725*
15.16 *559*
15.25-27 *347*
15.30 *725*
15.32 *255*
16.5 *229, 494*
16.17-20 *198-9*
16.19 *198*
16.20 *432*
16.25,26 *102-3, 415*
16.26 *198, 244*
16.27 *137*

1Coríntios
1.2 *410*

1.3 *466*
1.7 *258*
1.7,8 *251*
1.8 *137*
1.11,12 *438*
1.26-28 *411*
1.30 *407-8, 409-10, 411-2, 449-94*
2.9 *323*
3 *537-69, 570*
3.3,4 *438*
3.5 *610*
3.5-8 *569*
3.6,7 *569*
3.9 *241*
3.9-17 *439*
3.10-17 *438, 568*
3.11,12 *570*
3.13 *438*
3.13-15 *570*
3.16 *537*
3.16,17 *570*
3.17 *439*
3.21-23 *431*
3.23 *439*
4.1-5 *439*
4.3 *438*
4.3,4 *438*
4.3-5 *438*
4.4 *438-44*
4.5 *438*
4.9-13 *438*
4.15 *292*
5.5 *128*
5.6-8 *686-7, 774*
5.7 *417, 751*
5.7,8 *669*
5.8 *687*
5.13 *735*
6 *418*
6.1-6 *775*
6.2 *775*
6.9,10 *728*
6.9-11 *726*
6.11 *410*
6.14 *231*
6.15 *328*
6.15-19 *546*
6.17 *496*

6.18,19 *439*
6.19 *537-68*
6.19,20 *242*
6.20 *417, 710*
7 *784*
7.19 *274, 733*
7.23 *710*
9.1 *231-57, 258, 439*
9.3 *438*
10 *685*
10.1 *568-74*
10.1,2 *675-84*
10.11 *136, 239*
10.11-13 *801*
10.18 *568-74*
10.31 *800*
11.7 *383-4, 393*
11.14 *59*
11.19 *437*
11.20-34 *688*
11.25 *225*
11.26 *774*
11.27 *775*
11.27-32 *775*
11.28 *775*
11.29 *775*
11.30 *775*
11.31 *775*
11.31,32 *775*
11.32 *688, 775*
12 *546*
12 e 13 *760*
12—14 *760*
12.15 *610*
12.23 *59*
13.9-13 *777*
13.12 *761*
14.37,38 *697*
15 *229-33, 238-45, 266, 379-80, 382, 407-10, 684*
15.1-11 *258*
15.3-11 *232*
15.4 *231, 761*
15.5-11 *258*
15.8 *257-8*
15.8-10 *257*
15.10 *249*
15.12 *231*

15.12,13 *232*
15.12-19 *232*
15.13 *231*
15.14 *231*
15.15 *232*
15.16 *232*
15.17 *232, 684*
15.20 *229-32, 284, 367, 415-94, 495*
15.20-23 *232-3*
15.20-24 *485*
15.20-28 *396, 764*
15.20-58 *274*
15.21 *232*
15.21,22 *235*
15.21-26 *223*
15.22 *232*
15.22,23 *437, 750*
15.23 *229-32, 233-84, 494-5*
15.24 *137, 233*
15.24-27 *235, 764*
15.24-28 *233*
15.25 *252-3, 748*
15.25-27 *233, 382, 737*
15.25-29 *748*
15.26 *233*
15.27 *233, 382, 413*
15.28 *233, 764*
15.29 *232*
15.32 *232*
15.35 *232*
15.35-58 *762*
15.36 *232*
15.36-41 *379*
15.36-57 *233*
15.38 *610*
15.38,39 *59*
15.38-41 *233*
15.39-44 *60*
15.39-53 *59*
15.39-57 *485*
15.40,41 *59*
15.42 *232*
15.42,43 *59*
15.42-44 *59, 379*
15.42-49 *220*
15.42-54 *234*

15.43 *232*
15.44 *232*
15.45 *59, 96, 229-32, 234-5, 249, 410-3, 495-6, 761-2*
15.45-48 *60*
15.45-49 *381-5, 396*
15.45-50 *382*
15.45-54 *329-79, 437, 765*
15.46 *59*
15.46-48 *59*
15.46-54 *410*
15.47 *59*
15.47,48 *59*
15.47-49 *381*
15.48,49 *327*
15.49 *60, 381*
15.49-53 *60*
15.49-54 *236*
15.49-57 *413*
15.50 *59, 235*
15.50-53 *60*
15.50-54 *393*
15.51 *410*
15.51,52 *381*
15.52 *232, 502*
15.53,54 *381*
15.54 *382*
15.54-57 *208-35, 382*
15.57 *234, 382*
15.58 *232-45, 382*
16.2 *672*
16.15 *229, 494*
16.18 *255*

2Coríntios
1 *493*
1—5 *600*
1.2 *466*
1.7 *728*
1.9,10 *235, 493*
1.12 *600*
1.13 *137*
1.15 *600*
1.20 *238-65, 536-40, 606-28, 632*

1.20,21 *603*
1.20-22 *241, 493*
1.21 *606*
1.21,22 *138, 457, 540*
1.21—7.1 *540*
1.22 *493, 606*
2—5 *265*
2—6 *265*
2.14-16 *235, 601*
2.14-17 *457*
2.14—3.18 *236*
2.14—7.6 *453, 606*
2.16 *236*
2.17 *329*
3 *394*
3 e 4 *393*
3.1 *236, 453*
3.2,3 *236*
3.2-6 *238*
3.3 *235, 606*
3.5,6 *235*
3.5-7 *623*
3.6 *225-31, 457-93, 606-28, 679*
3.6,7 *235*
3.8 *628*
3.16 *236, 393, 540*
3.16-18 *394*
3.16—4.2 *394*
3.17,18 *231-6*
3.18 *236-9, 240, 327-9, 383-4, 393-4, 395, 437-57, 493, 628, 765*
4 *236-47, 398*
4.1 *394*
4.1-5 *259*
4.1-6 *394*
4.2 *394*
4.2-4 *239*
4.3,4 *236, 394, 755*
4.4 *237-59, 260, 329-83, 384-5, 394-5, 398*
4.4-6 *218-37, 240-57, 268-91, 398, 467*

4.4—5.6 *395*
4.5 *394*
4.6 *218-37, 236-9, 247-58, 259-60, 283-4, 384-95, 398*
4.6-11 *433-5*
4.6—5.10 *433-5, 444-92*
4.7 *237-8, 395*
4.7-12 *239, 436*
4.7-15 *239-59*
4.7-18 *237, 547*
4.8,9 *238-9*
4.10 *238*
4.10,11 *436-7*
4.10-12 *395*
4.11 *275*
4.11,12 *239-56, 493*
4.12 *238, 492*
4.12,13 *241*
4.13 *238, 398*
4.14 *239, 395, 433-6*
4.14,15 *436*
4.15 *239, 600*
4.16 *239-40, 342, 433-6, 493, 709*
4.16,17 *242, 436*
4.16-18 *239, 395, 433-5*
4.17 *240-2*
4.18 *240-2, 709*
5 *240-1, 242-66, 408-52, 461-3, 464-6, 477-73, 492*
5 e 6 *466-7*
5—7 *460-2, 606*
5.1 *391*
5.1-4 *241, 395, 437-8*
5.1-5 *433-36*
5.1-10 *240, 436-92*
5.2 *242*
5.3 *437*
5.4 *241-2, 492*
5.4-10 *457*
5.5 *241, 492-3, 494*
5.6 *242*

5.7 *242, 709*
5.8 *242*
5.9 *239*
5.10 *243, 306, 434-5, 437-8, 439-44*
5.11-13 *243*
5.12 *453*
5.13-21 *287*
5.14 *264*
5.14,15 *238-66, 395, 436-53, 458, 600-6*
5.14-17 *42, 227-9, 236-8, 240-57, 266-7, 276-99, 458-60, 493, 757-8*
5.14-18 *263, 415, 601*
5.14-19 *457*
5.14-21 *452-3, 456-7, 460-1, 482, 600-1, 605-6, 612, 719*
5.14—6.2 *415, 612*
5.14—6.18 *471*
5.14—7.1 *607-11, 612, 719-21*
5.15 *227-67, 296*
5.16 *136, 267-8, 457-8, 467, 604*
5.16,17 *258-95.17 136, 224-37, 263-4, 265-6, 267-76, 295-6, 329-95, 453-4, 457-8, 459-71, 604-5, 609-39, 723*
5.17,18 *431*
5.17-19 *603-4*
5.17-21 *160, 453, 600*
5.17—6.2 *601-3*
5.17—6.18 *460, 606*
5.18 *458, 600*
5.18,19 *457, 600*
5.18-20 *456-8, 600*
5.18-21 *452-9*
5.18—7.4 *468-93*

5.19 *600*
5.20 *457, 600-3, 605*
5.20—6.2 *603*
5.21 *407-8, 411-2, 449-57, 458-9*
5.21—6.12 *606*
6 *265, 459-67, 537-8, 540*
6.1 *408-37, 600-3, 605*
6.1,2 *599, 603-4*
6.1—7.2 *459*
6.1—7.6 *453*
6.2 *136, 244-68, 408-15, 456-9, 467, 559, 600-1, 604*
6.3-10 *603*
6.3—7.1 *601*
6.6 *571, 725*
6.7 *457*
6.8 *59, 448*
6.8-10 *448*
6.9 *238, 605*
6.11 *460, 603*
6.11-13 *604*
6.12 *460, 603*
6.13 *603*
6.13-16 *605*
6.14 *437, 604*
6.14,15 *604*
6.14-16 *603*
6.14-18 *601*
6.14—7.2 *604*
6.15 *437, 721*
6.16 *457-66, 504-37, 538-41*
6.16-18 *136, 241-65, 459-66, 537-8, 539-40, 543, 605-6, 720*
6.16—7.1 *604*
6.17 *329, 720-1, 723*
6.18 *329, 539, 605-6*
7 *453*
7.1 *265, 457, 540, 604-5, 628, 721*
7.1,2 *605*
7.1-4 *604*

7.2 *604*
7.2,3 *255*
7.3 *238-56*
7.3,4 *605*
7.7 *605*
7.13 *255*
8 *347*
8.9 *385*
8.14 *415*
8.19,20 *347*
9.7,8 *249*
9.12 *347*
10—13 *604*
10.2-7 *453*
10.3-7 *453*
10.5 *268*
10.8 *457*
10.10 *243, 453*
10.13 *273*
10.15 *273*
10.16 *273*
11.1-4 *604*
11.2 *569-72*
11.2,3 *738-84*
11.3 *199*
11.3,4 *437*
11.4 *199*
11.6 *243*
11.6-8 *453*
11.13-15 *199, 437-9, 604, 720*
11.14 *755*
11.15 *438, 721*
11.16-18 *453*
11.17 *698*
11.20-23 *604*
12.5-10 *547*
12.7 *755*
12.7-10 *453*
12.9 *237, 601*
12.19 *601-97*
12.20,21 *604*
13.3 *453-7, 601-97*
13.3,4 *243*
13.3-7 *453*
13.4 *237*
13.5 *437-57, 458, 601-4, 724*
13.7 *453*

13.9 *601*
13.10 *698*
13.11 *601*

Gálatas
1 *216*
1.1 *271*
1.1-4 *272*
1.3 *466*
1.4 *272, 499, 757-8*
1.5 *137*
1.6-8 *604*
1.12 *258*
1.13-17 *257*
1.15 *216-58*
1.15-18 *258*
1.16 *258-61*
2.7 *261*
2.19,20 *244-71, 273-4, 500*
2.20 *249-55*
2.21 *416*
2.23-25 *274*
3.1-5 *274*
3.2-5 *270*
3.3 *499*
3.6-9 *753-4*
3.7,8 *609*
3.10 *782*
3.10-14 *782*
3.12-14 *257*
3.13 *258, 710*
3.14 *270-1, 499, 606*
3.16 *270-1, 567-96, 608-15, 767*
3.16-18 *640*
3.21 *245-87*
3.21,22 *245-99*
3.23-25 *272*
3.26 *567*
3.26-28 *274*
3.26-29 *270-1, 596, 609*
3.27 *393, 707*
3.29 *393, 567-8, 608-15, 640*
4 *271, 610*
4.3 *732-3*
4.4 *136*

4.4,5 *710*
4.4-6 *270*
4.4-7 *429, 567*
4.6 *249-71, 274, 498-9*
4.6,7 *499*
4.8-20 *607*
4.9 *732*
4.9,10 *667*
4.10 *667*
4.21 *607*
4.21-31 *610*
4.22,23 *607*
4.22-27 *608*
4.23 *271*
4.24 *292*
4.24-26 *607*
4.25 *608*
4.26 *282, 568, 607-43*
4.26-31 *609*
4.27 *270-1, 499, 607-8*
4.28 *271, 568, 608*
4.29 *270-1, 292, 499, 608, 708-61*
4.30 *608*
4.31 *568*
5 *498, 784*
5 e 6 *245*
5.1-6 *274*
5.5 *270-1, 725*
5.6 *274, 449, 733*
5.11,12 *274*
5.14 *731-3*
5.15 *267*
5.16 *274, 499*
5.18 *499*
5.19-23 *499*
5.22 *269, 496-7, 498-9, 500, 725*
5.22,23 *210-73, 496-7, 498, 500*
5.22-25 *209-45, 268-71, 273, 499, 733*
5.22-26 *268-9, 276, 497*
5.23 *273*

5.24 *271*
5.24,25 *244-73, 274, 500*
5.25 *231-45, 270-1, 273, 499, 500*
5.26 *273*
6 *733*
6.8 *231-45, 270-1, 500*
6.11-17 *271*
6.12 *272*
6.12-15 *274*
6.13 *272*
6.14 *245-72, 275, 450-99*
6.14,15 *269-72, 450-97, 711-32, 758*
6.14-16 *271-73, 276, 450, 733-57*
6.14-18 *42*
6.15 *224-40, 244-63, 267-8, 272-3, 274-5, 450-99, 500-68, 733*
6.15,16 *229-45, 268-9, 273-6, 295-9, 608-9, 610*
6.15-17 *209-68, 497, 733*
6.16 *268-72, 273-5, 276-99, 568-96, 609-10, 615*
6.17 *268-75*
6.22-25 *499*

Efésios
1 *418*
1 e 2 *407*
1.2 *466*
1.3 *220*
1.3-6 *641*
1.3-14 *229, 641*
1.5 *429*
1.7 *409-18, 494*
1.7-10 *136*
1.7-12 *641*
1.10 *220*
1.11 *641*

1.13 *494, 606*
1.13,14 *138, 242-85, 493-4, 640-1, 770*
1.14 *409-18, 429-92, 494, 637*
1.19,20 *238*
1.19-23 *136, 736*
1.20 *220-52, 253*
1.20,21 *737*
1.20-22 *245-50*
1.20-23 *42, 296, 457-60, 757*
1.20—2.6 *136*
1.22 *220-1, 413, 705-38, 767*
1.23 *413*
2 *246, 452-60, 461-3, 464-6, 467-73, 733*
2 e 3 *554*
2.1 *713*
2.1-3 *225, 705-28*
2.1-5 *755*
2.1-6 *248, 461*
2.1-10 *413*
2.1—3.7 *168*
2.2 *713*
2.2-7 *757*
2.3 *713*
2.4-6 *727*
2.5,6 *296, 413-57, 460, 705*
2.6 *220*
2.8,9 *417*
2.10 *42, 246-96, 457-60, 713-25, 728-57*
2.11 *461, 677*
2.11,12 *705*
2.12 *255, 553-4, 568, 769*
2.13 *415, 611*
2.13-15 *758*
2.13-17 *452-60, 468, 611-2*
2.13-18 *611-2, 732*
2.13-22 *42*
2.14 *461*
2.14,15 *611, 732*

2.14-16 *461-6, 757*
2.15 *225-39, 246,*
   461, 611, 705-6,
   732
2.15,16 *461*
2.15-18 *461*
2.16 *611*
2.17 *461-99, 554,*
   611-2, 693
2.17,18 *611-2*
2.18 *611*
2.19 *553-68, 769*
2.19-22 *612*
2.20-22 *466, 537-46,*
   554, 732
2.21 *241, 466*
2.21,22 *546*
2.22 *241*
3 *553-4, 556, 698,*
   739-40, 795
3.1-13 *261*
3.2-6 *794*
3.2-11 *468*
3.3 *738*
3.3,4 *698*
3.3-6 *553, 769*
3.4 *769*
3.4-6 *769*
3.5 *244-68, 415,*
   554, 738-69, 784
3.6 *553-4, 732-69*
3.9 *738*
3.9,10 *740*
3.10 *244, 415, 546*
4 *708-11*
4.3 *229, 494*
4.7-13 *760*
4.8 *546*
4.8-16 *546*
4.10 *220*
4.13-16 *546*
4.14 *194*
4.15,16 *546*
4.20,21 *704*
4.20-32 *704-6*
4.21 *724*
4.22 *705*
4.22-24 *239-46,*
   329-91, 706-7

4.22-25 *706*
4.23 *709*
4.24 *49, 225-46,*
   247, 334
4.25 *705*
4.25-31 *248*
4.25-32 *705*
4.30 *246, 409-18,*
   494, 637-41, 724-5
5 *57, 246, 554,*
   736-9, 784-95
5 e 6 *168*
5.1 *246-68*
5.8,9 *246-7, 291*
5.8-14 *248*
5.9 *247*
5.11-14 *247*
5.13,14 *291*
5.14 *247-8*
5.16 *194*
5.23,24 *738*
5.25 *784*
5.25-27 *569-72, 737*
5.28-33 *737-8, 794*
5.29,30 *738*
5.29-32 *57, 705*
5.30 *738*
5.31 *738-84*
5.32 *554, 738-9, 784*
5.33 *784*
6.1-3 *637*
6.2 *731*
6.2,3 *631*
6.10-12 *740*
6.11 *194*
6.11-13 *194*
6.13 *194*
6.17 *716*
6.24 *248*

Filipenses
1.2 *466*
1.6 *712-3*
1.12 *249*
1.19 *249*
1.19-22 *249*
1.20 *249*
1.21 *249*
1.23-26 *250*

1.28 *249*
1.29 *713*
2 *396-7*
2.5-11 *395, 412*
2.6 *385-97*
2.6,7 *384-5, 397*
2.6-8 *396-7*
2.6-11 *386-95*
2.7 *396*
2.8 *396, 408*
2.9 *250-88*
2.9-11 *396-7*
2.10,11 *396, 447*
2.12 *249*
2.12,13 *713*
2.15 *250, 567*
2.15,16 *250*
3.2,3 *568-74*
3.2-12 *258*
3.4-9 *260*
3.6-9 *257*
3.7 *408*
3.8 *261*
3.8,9 *408-49*
3.9 *407-8, 411-2*
3.10 *194, 238*
3.10-14 *251*
3.11 *251*
3.12 *251*
3.13 *251*
3.14 *251*
3.16 *273*
3.20,21 *220, 329-96,*
   737-50
3.21 *251, 394-7*
4.3 *250*

Colossenses
1 *251, 300-90, 393,*
   418-64, 466-7,
   473, 641-77
1.1-4 *387*
1.2 *466*
1.4 *252, 494*
1.6 *247, 384-9*
1.7 *180, 347-87*
1.9 *389, 642*
1.9-12 *643*
1.10 *247, 384-9, 393*

1.10,11 *641*
1.12 *393, 642*
1.12-14 *385, 641-2,*
   643, 770
1.13 *253, 641-2*
1.13,14 *252, 276*
1.14 *409-18, 641-3*
1.15 *277-96, 297,*
   384-5, 386-7,
   389-93, 466
1.15,16 *389, 457*
1.15-17 *276-96,*
   300-85, 386-8
1.15-18 *42, 57, 87,*
   206-63, 295-6,
   383-99, 410-64,
   708-64
1.15-19 *314*
1.15-20 *229-76, 277,*
   383-7, 388, 466
1.15-22 *452-62,*
   464-6
1.16 *277, 388*
1.17 *277, 387-8, 466*
1.18 *251-2, 266-70,*
   277-84, 294-5,
   296-7, 300-86,
   388, 457-64, 466
1.18-20 *276*
1.18-22 *466*
1.19 *277, 464, 546*
1.19,20 *301-88, 466*
1.20 *253-77, 418-65*
1.20-22 *464-6*
1.21,22 *466*
1.22 *252, 415-8, 466*
1.23 *301, 468*
1.24 *192-4, 252,*
   387, 689, 787
1.25 *468*
1.26 *244, 415*
1.27 *252*
1.27,28 *252, 387*
1.28 *252*
2 *251, 677-84,*
   732-3, 735-73
2.2,3 *390*
2.3 *237*
2.3,4 *676*

ÍNDICE DE PASSAGENS BÍBLICAS   865

2.4 *390*
2.6 *252*
2.6-8 *676*
2.8 *253-90, 667, 732*
2.9 *277, 465*
2.9,10 *465*
2.9-13 *676*
2.9-15 *677*
2.10 *253, 465*
2.10-13 *252*
2.10-14 *274, 732*
2.11 *241, 368-91, 568*
2.11,12 *682*
2.11-13 *583, 676-8, 679-80*
2.12 *683*
2.12,13 *252-3, 391*
2.12-14 *678*
2.13 *678*
2.14 *252*
2.14,15 *759*
2.15 *252*
2.15-17 *732*
2.16 *583, 667-8*
2.16,17 *667-77*
2.17 *667-77*
2.18 *677*
2.18-23 *253*
2.19 *252-3*
2.20 *732*
2.20,21 *732*
2.20-22 *732*
2.21,22 *677*
2.22 *466*
2.22,23 *677*
3 *57, 206, 383-93, 705-6, 708-11, 764*
3.1 *220-52, 389, 643*
3.1-4 *253-88*
3.1-11 *220, 352*
3.1-12 *706*
3.2 *253*
3.3,4 *252*
3.4 *252*
3.4,5 *253*
3.5 *253, 389*
3.5-9 *253*
3.5—4.6 *388*

3.9 *239*
3.9,10 *57, 239-53, 381-3, 388-9, 390-2, 393, 706-7, 708-65*
3.9-11 *278*
3.10 *49, 239-46, 252, 329-34, 384-6, 388-9, 390-1, 393, 706-65*
3.10,11 *386*
3.11 *706*
3.12 *566*
3.12-17 *708*
3.24 *393*
4.1 *220*
4.7 *180, 347*
4.16 *692*

1Tessalonicenses
1.1 *255, 566*
1.4 *566*
1.5,6 *716*
1.6 *186*
1.9,10 *254*
1.10 *422, 755*
2.2-4 *439*
2.13 *697*
2.14 *186, 255*
2.17-20 *255*
3.3,4 *186*
3.3-5 *255*
3.6 *255*
3.7 *254*
3.7,8 *254*
3.8 *255*
3.9 *255*
3.12,13 *713*
4.1 *713*
4.8 *697*
4.14 *255*
4.14-17 *254-6*
4.15 *255*
4.16,17 *502*
4.17 *255*
5.1-8 *184*
5.1-11 *134*
5.2 *128*

5.2-8 *128*
5.9 *494*
5.9,10 *254*
5.10 *254-5*
5.15 *713*
5.23 *254*
5.23,24 *724*
5.27 *692-7*

2Tessalonicenses
1.2 *466*
1.7 *258*
1.7-9 *791*
1.9,10 *800*
1.10 *765*
1.12 *765*
2 *142-5, 146-83, 188-96, 415, 738-87*
2.1 *256*
2.1,2 *183*
2.1-4 *184*
2.1-7 *787*
2.1-12 *188*
2.2 *128*
2.2,3 *188*
2.3 *141-5, 146-83, 188*
2.3,4 *183-6, 787*
2.3-7 *150, 554, 738-94*
2.3-8 *145*
2.3-10 *141*
2.4 *183, 544*
2.5 *184*
2.6 *415*
2.6,7 *185*
2.7 *146, 202, 787*
2.8 *188*
2.8,9 *188*
2.10 *141-88*
2.13 *229, 494, 724*
2.13,14 *713*
2.14 *494*
2.15 *697, 713*
2.16,17 *713*
3.1 *697*
3.1,2 *713*
3.3 *713*

3.4 *713*
3.14 *692-7*

1Timóteo
1.2 *466*
1.3,4 *137*
1.3-7 *689*
1.6 *137*
1.7 *137*
1.10-16 *689*
1.12-16 *258*
1.19,20 *137, 689*
2 *417-8*
2.1-4 *689*
2.6 *417-8*
2.11,12 *690*
2.11-15 *690*
3.1-15 *689*
3.16 *133, 231-50, 256-70, 290, 424-6, 500-1*
4.1 *135-94*
4.1-3 *689*
4.1-7 *689*
4.4 *283*
4.7 *137*
4.8 *291*
5.11-17 *689*
5.13-15 *137*
5.17 *692*
5.18 *689*
6.13 *424*
6.20,21 *137, 689*

2Timóteo
1.1 *256-91, 606*
1.2 *466*
1.9,10 *256*
1.9-14 *256*
1.10 *244*
1.11-14 *256*
1.15 *137*
2.2 *256*
2.2-7 *256*
2.8,9 *256*
2.10 *256*
2.11,12 *256*
2.14-18 *689*
2.15 *201, 692*

2.16-19 *137*
2.17,18 *256*
2.18 *201*
2.20 *59*
2.23-26 *689*
2.25,26 *137*
3.1 *136-94, 689*
3.1-13 *689*
3.2-9 *137, 689*
3.7 *256*
3.12 *192*
4.6 *249*
4.18 *137, 249*

Tito
1.2 *256*
1.2,3 *256*
1.3 *256*
1.4 *466*
1.5-16 *689*
2.14 *570-9*
3.3 *708*
3.5 *231-56, 289,
  449, 676, 708-16*
3.5,6 *249*
3.5-7 *416*
3.5-8 *708*
3.7 *257, 449, 708*
3.8 *708*

Filemom
3 *466*
7 *255*
10 *292*
20 *255*

Hebreus
1 *281, 400, 637*
1 e 2 *379*
1.1,2 *694*
1.1-4 *279*
1.1-6 *400*
1.2 *137, 280, 399,
  400-1, 639, 770*
1.2,3 *400*
1.2-4 *280, 400*
1.2-5 *388*
1.2-6 *399*
1.2—2.9 *386*

1.3 *252, 383-99,
  400-1*
1.4 *280, 400*
1.5 *82, 280, 399,
  401*
1.5,6 *284*
1.5-13 *137*
1.6 *281-4, 399*
1.8 *139*
1.10-12 *639*
1.13 *252-80, 400-1*
2.5 *400*
2.5-9 *388, 400*
2.5-16 *767*
2.6-9 *138, 280,
  737-59*
2.6-10 *412*
2.6-17 *413*
2.7 *400*
2.8 *400*
2.9 *400-13*
2.10 *138, 400, 621*
2.10-14 *281*
2.14 *138*
2.14,15 *759*
2.16,17 *621*
2.17 *280, 372*
3 e 4 *139, 637-53,
  657-9, 660-1, 663-
  4, 664*
3.6 *139, 660*
3.6-13 *790*
3.7,8 *660*
3.7-19 *660*
3.7—4.11 *659-62,
  665*
3.8-10 *660*
3.8-11 *660*
3.11 *663*
3.13 *660*
3.14 *139, 665-72,
  728*
3.15 *660*
3.15-19 *660*
4 *664*
4.1 *139, 660-5, 672*
4.1-8 *662*
4.3 *139, 660-1,
  662-3, 665-72*

4.3-5 *662*
4.3-6 *662*
4.4 *662-3*
4.5 *662-3*
4.6 *139, 660-2,
  665-72*
4.7 *660*
4.7,8 *660*
4.8 *660*
4.9 *139, 571, 663-4,*
4.9,10 *664-72*
4.9-11 *662*
4.10 *139, 661-2,
  663-5*
4.11 *663-5, 672*
4.14 *280-1*
4.14-16 *282*
4.16 *621*
5.5 *137*
5.5,6 *281*
5.6 *139, 281*
5.8,9 *138*
5.9 *621*
5.14 *138, 621*
6 *400*
6.1 *138, 621*
6.2 *139*
6.4 *138*
6.4-6 *138*
6.5 *138, 228*
6.11 *139*
6.11,12 *139*
6.12 *400*
6.12-17 *400*
6.13,14 *400*
6.17 *400*
6.17,18 *139*
6.17-20 *138*
6.19 *728*
6.19,20 *283*
6.20 *281*
7—10 *620*
7—12 *767*
7.11 *138, 621*
7.16,17 *280-1*
7.17 *139, 281*
7.19 *138, 621*
7.21 *139, 281*
7.22 *616*

7.24 *139*
7.24,25 *280*
7.25 *621*
7.28 *138-9, 621*
8 *280*
8—10 *613*
8—13 *614*
8.1 *137, 252, 81*
8.1,2 *537*
8.1-5 *620*
8.2 *537*
8.5 *537, 677*
8.6 *616*
8.6-13 *623*
8.7 *616*
8.7-10 *613*
8.8-12 *138, 620*
8.9 *622*
8.10 *571*
8.11 *616*
9.1—10.26 *139*
9.5 *419*
9.6-28 *537*
9.8 *138*
9.8-11 *537*
9.9 *138, 537, 619-22*
9.9—10.18 *618*
9.11 *241-80, 281,
  391, 537, 621*
9.11,12 *283*
9.12 *435*
9.14 *418*
9.15 *139, 418, 614*
9.15-17 *606-14*
9.23 *138*
9.23,24 *283*
9.23-25 *537*
9.24 *241-80, 391*
9.26 *138, 415, 689*
9.26-28 *435*
9.27 *139, 791*
9.28 *139, 615*
10 *622*
10.1 *138, 621-77*
10.1-14 *615*
10.1-22 *621*
10.10 *138*
10.10-14 *282*
10.12 *138*

ÍNDICE DE PASSAGENS BÍBLICAS   867

10.12,13 *137,*
   252-80
10.13 *280-1*
10.14 *138, 620-1,*
   622
10.16 *613*
10.16,17 *138, 614-20*
10.17 *620*
10.18 *620*
10.19 *620*
10.19,20 *620*
10.19-21 *281*
10.19-22 *282-3,*
   620-1, 622
10.19-24 *288*
10.22 *288*
10.23 *139*
10.25 *140*
10.26-29 *138*
10.26-31 *139*
10.27 *791*
10.29 *614*
10.30 *571*
10.34,35 *139*
10.35 *139*
10.36-38 *139*
11 *400, 637*
11.1-17 *622*
11.3 *266-83*
11.6 *621*
11.8-16 *637*
11.9-16 *140*
11.10 *637*
11.13 *643, 753*
11.13-16 *400, 631,*
   723-84
11.14 *637*
11.15 *637*
11.16 *139, 637*
11.17-19 *281-91*
11.26 *139*
11.35 *139*
11.39 *139*
11.39,40 *753*
11.40 *618-21*
12.1-7 *689*
12.2 *137-8, 252-80,*
   621
12.14 *140*

12.18 *621*
12.18-24 *282*
12.22 *568, 621-37,*
   643
12.22,23 *281-2*
12.22-24 *283, 614-5,*
   621
12.23 *281-4, 386,*
   619
12.23,24 *621*
12.24 *282, 614*
12.25-29 *139*
12.26-28 *639*
12.27,28 *140*
13.4 *139*
13.12 *571*
13.14 *140, 282*
13.20 *282, 409,*
   616-39
13.21 *139*

Tiago
1 *140, 283*
1.2-4 *689*
1.10,11 *445*
1.12 *147, 283-91*
1.17 *284*
1.18 *140, 283-4,*
   286-92, 714-5
1.18-22 *714*
1.19 *714-5*
1.21 *446, 714-6*
1.21,22 *715*
1.22 *715*
1.25 *714*
2 *434-41, 444*
2.8 *714*
2.9-13 *445*
2.10 *782*
2.10,11 *441*
2.11 *714*
2.13 *147, 445*
2.14 *434-45, 446*
2.14-17 *446*
2.14-26 *434-44,*
   445-6, 447
2.19 *445*
2.21 *446*
2.21-24 *445-7*

2.21-25 *446*
2.22 *447*
2.23 *753*
2.24 *446*
3.1 *147, 445*
3.6 *445*
3.9 *764*
3.18 *284*
4.5,6 *714*
4.8 *715*
4.12 *445-6*
5 *140*
5.1 *710*
5.1-9 *147, 445*
5.1-11 *689*
5.3 *140*
5.7 *147*
5.7-9 *140*
5.8 *445*
5.9 *445*
5.12 *445*
5.20 *446*

1Pedro
1 *284-6, 418*
1 e 2 *287*
1.1,2 *715*
1.2 *140, 716-24*
1.2-5 *724*
1.3 *140, 285-6,*
   287-92
1.3,4 *286*
1.3-5 *284*
1.4 *147, 285-6, 290,*
   724
1.4,5 *286*
1.5 *147, 285-6, 724*
1.5,6 *689*
1.7 *258*
1.9 *147*
1.13 *147, 258*
1.16 *716*
1.17 *147*
1.18 *286*
1.18,19 *417, 715*
1.18-21 *715*
1.19-25 *286*
1.20 *689*
1.20,21 *140, 286*

1.21 *715*
1.21—2.2 *287*
1.22 *286, 715-6*
1.22,23 *286*
1.22—2.3 *715*
1.23 *286-7, 292, 716*
1.23-25 *287*
1.24,25 *286, 716*
1.25 *716*
2 *287, 546, 645*
2.1 *287, 716*
2.1,2 *287*
2.1-3 *724*
2.2 *285, 716*
2.3 *724*
2.4,5 *287, 546*
2.4-6 *287*
2.4-7 *623-45*
2.4-10 *624*
2.5 *241, 537-46, 760*
2.6 *716*
2.7 *716*
2.7,8 *623*
2.8 *716*
2.9 *246, 546-73, 624*
2.9,10 *623*
2.10 *624*
2.18-23 *290*
2.19-23 *290*
2.22-25 *447*
2.24 *288, 758*
3 *287, 685*
3.7 *286*
3.9 *147, 286*
3.10 *286*
3.10-12 *716*
3.13 *716*
3.14,15 *716*
3.14—5.10 *689*
3.15 *147*
3.16 *288*
3.16-18 *288-90*
3.18 *140, 250-87,*
   288-90, 500-1
3.18,19 *140*
3.18-20 *289*
3.18-21 *289*
3.18-22 *287*
3.20,21 *288, 675-85*

3.21 *285-8*
3.21,22 *140, 287, 500*
3.22 *252-3, 289*
3.23 *285*
4.1 *288*
4.1-7 *192*
4.4 *290*
4.5 *147, 290*
4.6 *140, 289-90*
4.7 *147, 290*
4.9-11 *760*
4.11 *147, 800*
4.12,13 *192*
4.12-19 *140*
4.13 *147*
4.14-16 *290*
4.17 *147, 290, 775*
4.18 *716*
4.19 *290*
5.1 *147*
5.4 *147, 290*
5.6 *147*
5.8 *198*
5.10 *147*
5.11 *147*

2Pedro
1.3 *290-1*
1.3,4 *290, 728*
1.4 *290-1*
1.5-8 *728*
1.10 *728*
1.10,11 *728*
1.11 *147*
1.16,17 *140*
1.17-19 *137*
1.19 *104*
2.1-22 *140*
2.3 *147*
2.4 *792*
2.9 *147*
3.2,3 *140*
3.2-7 *194*
3.3 *140*
3.4 *290*
3.5 *283-6*
3.5-7 *98*
3.7 *147, 791*

3.9 *290*
3.10 *128-47, 274, 732*
3.11,12 *147*
3.12 *274, 732*
3.13 *147, 265-74, 290, 523, 701-46*
3.13,14 *290*
3.14 *147*
3.15,16 *274, 689*
3.16 *777*
3.16,17 *140*
3.18 *147*

1João
1.1-3 *291*
1.2 *146*
1.5 *291*
1.7 *291*
2 *142-96*
2.2 *146*
2.5-11 *292*
2.8 *146, 291-2*
2.12-14 *146*
2.13,14 *146*
2.14,15 *292*
2.17 *146, 291-5*
2.17,18 *292*
2.18 *130-1, 141-2, 143-4, 145-6, 150-85, 186-8, 194, 202-44, 268-91, 415, 787-94*
2.18,19 *145*
2.18-23 *142*
2.19 *141-6, 188*
2.20 *727*
2.21-26 *787*
2.22 *144-5, 188, 794*
2.22,23 *141-5*
2.24 *291-2*
2.25 *146, 291-2, 606*
2.26 *145*
2.26,27 *188*
2.27 *618, 727*
2.28 *146-7, 188*
2.29 *293*
3.2 *146, 293, 712-65*

3.2,3 *186*
3.3 *715*
3.4 *145-6, 186-8*
3.7 *188*
3.8 *188*
3.9 *292*
3.14 *146, 292*
3.15 *292*
3.18 *188-98*
3.24 *147*
4 *196*
4.1-3 *185*
4.1-4 *188*
4.1-6 *145, 787*
4.2,3 *144*
4.3 *186-8, 244, 415, 794*
4.7 *293*
4.9 *146*
4.13 *147*
4.17 *148*
5.1 *292*
5.1,2 *717*
5.1-3 *717*
5.1-4 *717*
5.2,3 *717*
5.3 *717, 801*
5.4 *293*
5.9-12 *727*
5.9-15 *727*
5.10 *727*
5.11-13 *146, 292*
5.13 *727*
5.14,15 *727*
5.16 *146*
5.18 *292*
5.20 *146, 292*

2João
1 *188-98*
7-11 *145*

3João
1 *188-98*

Judas
4 *140*
6 *147, 792*
8 *140*

10-13 *140*
14,15 *147*
17,18 *140*
18 *140*
18,19 *194*
21 *147, 291*
24 *147*
25 *147*

Apocalipse
1 *189, 301, 696*
1 e 2 *192*
1—3 *148, 301*
1.1 *258, 523, 697*
1.3 *148, 698*
1.5 *42, 87, 201-70, 294-5, 296-7, 298-9, 300-1, 303-6, 387, 573*
1.5,6 *305, 689-96*
1.6 *148, 294, 303, 573, 624-96*
1.7 *189*
1.9 *149-90, 192, 305-6, 573, 689-96, 786*
1.10 *673*
1.11 *696-8*
1.12 *760*
1.12-18 *696*
1.12-20 *301*
1.13 *189, 301-43, 352*
1.13,14 *305*
1.13-15 *353*
1.13-16 *301*
1.13-18 *573*
1.13-20 *301*
1.13—3.22 *301*
1.14 *353*
1.16 *301, 698*
1.17 *696*
1.17,18 *696*
1.18 *301*
1.19 *694-5, 696-7, 698*
1.19,20 *695*
1.20 *573, 696, 760*
2 *190*

ÍNDICE DE PASSAGENS BÍBLICAS

2 e 3 *545*
2.1 *573, 698, 760*
2.1—3.22 *301*
2.5 *573, 760*
2.7 *301-2, 698, 781*
2.8 *302*
2.8-17 *689*
2.9 *190-2, 574*
2.9,10 *190, 755*
2.9-11 *189*
2.10 *190, 302*
2.11 *302*
2.12 *301*
2.13 *189*
2.16 *301*
2.17 *303, 401, 572, 644*
2.18 *353*
2.18—3.4 *197*
2.20-23 *190*
2.22 *150-90, 192-5*
2.26 *198*
2.26,27 *302*
2.27 *302*
2.28 *104*
3.3 *291*
3.4,5 *192*
3.5 *250, 306, 440*
3.7 *298, 302*
3.7,8 *198*
3.8 *189*
3.8,9 *469*
3.9,10 *198*
3.9 *398, 574*
3.10 *148-89, 190-1, 291*
3.11 *302*
3.12 *282, 303, 401, 572, 644*
3.14 *42, 266-76, 294-5, 296-7, 298-99, 300-1, 303-7*
3.21 *253, 302-3*
4 *800*
4 e 5 *302-8, 800*
4.1 *696-7*
4.1-18 *198*
4.2—22.5 *697*

4.3 *303*
4.4 *305*
4.5 *789*
4.6 *308*
4.11 *283, 303-4*
5 *167-8, 303, 800*
5.1-9 *440*
5.2-9 *441*
5.4-9 *306*
5.5 *103*
5.5,6 *302, 523*
5.5-9 *308*
5.5-13 *306*
5.5-14 *303*
5.6 *305-8, 439, 689*
5.7 *303*
5.7-13 *523*
5.9 *303-4, 306*
5.9,10 *303*
5.9-13 *304*
5.9-14 *671*
5.10 *304, 573*
5.12 *303-4,*
5.12,13 *303-4*
5.13 *148, 283 303*
6—19 *303*
6.9 *305, 689*
6.9-11 *305*
6.10 *190*
6.10,11 *148-90*
6.11 *148-94*
6.12 *789*
6.12-17 *148, 792*
6.15 *294*
6.15-17 *70*
6.16 *98*
7 *191, 308, 624*
7.3-8 *191*
7.9 *308*
7.9-17 *148*
7.12 *148*
7.14 *148-50, 188-91, 192-5*
7.14-17 *305*
7.15-17 *525*
7.17 *308, 775*
8.5 *789*
8.9 *283*
8.13 *190*

9.15 *291*
9.20 *323*
10.5 *308*
10.8 *308*
11 *307, 545-6*
11—13 *194*
11.1,2 *545*
11.1-4 *760*
11.1-13 *186*
11.3 *545-73*
11.3,4 *574*
11.3-13 *502, 689*
11.4 *545-73, 574*
11.7-10 *148-96*
11.8 *783*
11.10 *190*
11.11 *231, 501*
11.11,12 *306, 501-2*
11.11-13 *148*
11.13 *291*
11.13-18 *792*
11.15 *638*
11.15-17 *148, 671*
11.15-19 *148*
11.18 *148, 440*
11.19 *516, 789*
12 *754*
12.1-6 *753*
12.2-5 *753*
12.3-9 *754*
12.4,5 *199*
12.5 *302, 754*
12.6 *753*
12.7 *754*
12.7-10 *432*
12.7-12 *753-5*
12.7-13 *753*
12.7-17 *196*
12.8 *196*
12.9 *196-9*
12.9,10 *196, 754*
12.9-12 *196*
12.10 *196, 754*
12.11 *189-96, 197-99, 754*
12.12 *190-6*
12.13-17 *197, 753*
12.15 *201*
12.15,16 *199*

12.17 *199*
13.1-11 *148*
13.3 *199*
13.5-18 *148*
13.8 *190, 250, 306, 440*
13.12 *190*
13.14 *190*
13.16,17 *722*
13.16—14.1 *401*
14.1 *401, 638*
14.1-4 *572, 624*
14.1-5 *305, 671*
14.3 *303*
14.4 *197, 201, 573*
14.4,5 *191*
14.6 *190*
14.7 *148, 291*
14.8 *722*
14.8-11 *148*
14.11 *148, 673*
14.12,13 *441*
14.13 *306, 672-98*
14.14 *343*
14.14-20 *148*
14.15 *291*
15.2 *308*
15.2,3 *308*
15.2-4 *308, 671, 751*
15.3 *308*
15.4 *107*
15.5 *107*
15.8 *242*
16 *789*
16.8 *789*
16.12-14 *148 16.14 294*
16.15 *148*
16.16-21 *792*
16.17-21 *148*
16.18 *789*
16.19-21 *788*
16.21 *148, 789*
17.1 *722*
17.1-7 *625*
17.2 *190, 294, 722*
17.8 *190, 306, 440*
17.12 *148, 291*
17.14 *148*

17.15 *722*
17.16 *98*
17.16,17 *148*
17.18 *721*
18.1-3 *722*
18.1-5 *625*
18.1-24 *792*
18.2 *722*
18.2-4 *469*
18.3 *294, 722*
18.4 *722-3, 783*
18.4-8 *722*
18.5-8 *722*
18.9 *294*
18.10 *148, 291*
18.17 *148, 291*
18.19 *148, 291*
19.1 *148*
19.1-7 *671*
19.2 *469*
19.3 *148*
19.7,8 *572*
19.7-9 *148, 308*
19.11 *300*
19.11-21 *148*
19.15 *301*
19.17-21 *792*
19.18 *440*
19.19 *294*
20 *305-7*
20.1-6 *624*
20.1-10 *186*
20.4 *242, 305-7*
20.4-6 *305*
20.5 *306*
20.6 *305*
20.7-9 *148-96*
20.7-10 *689*

20.7-15 *788*
20.8-10 *792*
20.9-15 *148*
20.10 *148, 432, 792*
20.11-15 *302, 433-9, 440, 792*
20.12 *250, 306, 440-1*
20.12,13 *305-6*
20.12-14 *440*
20.12-15 *307, 502, 723*
20.13 *439*
20.15 *305-6, 440-1*
21 *70-1, 73, 95, 164-70, 303, 471, 521-2, 541-3, 546-72, 638, 746*
21 e22 *43, 165, 541, 638*
21.1 *147, 285-99, 301-7, 471-4, 522-3, 541-71, 638, 752-68*
21.1,2 *303, 525*
21.1-3 *523*
21.1-4 *307, 752*
21.1-5 *301, 752*
21.1-8 *470*
21.1—22.4 *542*
21.1—22.5 *57, 95, 148-64, 168-9, 170, 213-68, 299, 307, 470-1, 472, 521-2, 523-7, 541-3, 544-5, 546-7, 637-8, 645, 723-46*

21.2 *308, 470-1, 522-71, 572, 638, 768*
21.2-4 *307, 471*
21.2-7 *307*
21.2—22.5 *474, 522*
21.3 *470-2, 542-72, 638, 780*
21.4 *285, 307, 470-1, 523, 775*
21.4,5 *474, 768*
21.5 *298-9, 301-3, 471-4, 638*
21.5—22.5 *299*
21.6 *299, 307-8*
21.7 *280, 545*
21.8 *302, 523, 792*
21.9 *471, 523-72*
21.9,10 *571*
21.9-27 *471, 738*
21.9—22.5 *697*
21.10 *110, 472*
21.10,11 *169*
21.10-12 *522*
21.10-14 *572*
21.10-27 *638*
21.11 *242, 303, 472-83*
21.12,13 *472*
21.15 *472*
21.16 *472, 522-41, 542*
21.16-18 *638*
21.18 *541*
21.18-21 *522*
21.18-23 *303*
21.19,20 *303, 542*
21.22 *536-44*

21.23 *169, 472*
21.24 *294, 483*
21.24-27 *307*
21.26 *483*
21.27 *250, 306-7, 440, 523*
21.27—22.2 *522*
22 *70, 148, 780*
22.1 *522-45*
22.1,2 *85, 472, 526, 780*
22.1-3 *473, 638, 780*
22.1-5 *401*
22.2 *302, 472, 780*
22.3 *545*
22.3,4 *572*
22.3-5 *748*
22.4 *472, 541, 622, 778*
22.4,5 *307*
22.5 *148, 284, 545, 778*
22.6 *299, 300-8, 523, 697*
22.7 *148, 698*
22.9 *698*
22.10 *148*
22.11 *523*
22.12 *148*
22.13 *297*
22.14 *148, 302-8*
22.14,15 *523*
22.15 *523*
22.16 *104*
22.17 *148, 307, 781*
22.18,19 *698*
22.19 *302, 781*
22.20 *148*

Índice de fontes antigas

Apócrifos e Septuaginta

Acréscimos a Ester
13.16 *642*
16.16 *357*

Baruque
2.15 *579*
3.6-8 *627*
5.1-4 *392*

1Esdras
5.52 *668*

Judite
8.6 *668*
9.8 *670*
10.3,4 *392*
10.13 *226*
14.10 *678*
16.7-9 *392*
16.14 *489*

1Macabeus
9.27 *195, 786*

10.34 *668*
10.43 *526*
10.62 *392*
13.52 *110*
16.20 *110*

2Macabeus
1.27-29 *627*
7.9 *129-34, 215*
7.14 *134*
7.22 *226*
7.23 *226*
14.46 *226*

3Macabeus
2.11 *297*
5.11 *283*
6.28 *357*

4Macabeus
5.1-38 *734*
15.3 *129*
17.21,22 *419*

18.18,19 *502*

Eclesiástico
17.11,12 *58*
24.14 *570*
24.28 *77*
36.14 *283*
36.17 *350-86*
38.34 *283*
44.21 *635*
45.6-10 *392*
48.24,25 *122*
50.10 *570*
50.11 *392*

Tobias
14.4,5 *122*
14.5-7 *627*
14.5-11 *627*

Sabedoria de Salomão
5.5 *643*

7.7 *77*
7.17-21 *78*
7.25-27 *399*
7.26 *77*
9.2 *283*
9.2-4 *77*
9.10-12 *77*
10.1,2 *77*
10.4 *77*
10.6 *77*
10.10-12 *77*
10.15—11.14 *77*
13.1—16.1 *323*
13.5 *283*
14.11 *283*
14.12 *323*
14.27 *323*
17.11 *486*
18.13 *350-61*
19.6 *72, 292, 300, 676*
19.18 *676*

Pseudepígrafes do Antigo Testamento

Apocalipse de Abraão
8.2-5 *219*

9.1-5 *219*
11.4-6 *219*
12.6,7 *219*

13.14 *392*
14.1-3 *219*
14.9,10 *219*

19.1-3 *219*
20.1-3 *219*
22.4 *119*

23.2 *119*
24.2 *119*
29.1-13 *123*
29.9-11 *123*
32.5 *119*

Apocalipse de Elias
1.10 *145-86*
1.13 *123*
2.41 *186*
3.1 *145*
3.5 *145-86*
3.13 *145*
3.18 *145*
4.1,2 *186*
4.2 *145*
4.15 *145*
4.20 *145*
4.20-23 *186*
4.25,26 *119-23*
4.28 *145*
4.30 *145*
4.31 *145*
5 *360*

5.6 *145, 392*
5.9 *360*
5.10 *145*
5.14 *360*
5.32 *145*
5.38 *360*

Apócrifo de Ezequiel
frag. 1
introdução *130*

Apocalipse de Moisés
41 *219*
43.3 *668*
43.5 *480*

Apocalipse de Sofonias
A *510*

Ascensão de Moisés
8.1 *786*

2Baruque (Apocalipse Siríaco)
4.6 *220*
6.5-9 *122*
10.2,3 *119*
13.2-6 *119*
21.12 *220*
23.5 *480*
25—27 *175*
25.1-4 *123*
25.1—27.5 *124*
27.15b—28.1a *123*
28—32 *120*
28.5-7 *120*
29.1-8 *120*
29.3 *123*
29.5 *120*
29.8 *120-3*
30.1 *120*
30.1,2 *209*
30.1-3 *134*
30.1-4 *120*
30.3-5 *119*
31—32 *120*
40.3 *120*
44.12 *57*
44.12-15 *209*
48.48-50 *121*
48.49 *220*
50.1-4 *134*
52.7 *220*
54.21 *119*
57.2 *209*
59.1-12 *119*
59.4 *119*
59.8 *119*
70.2-8 *175*
73—74 *668*
74.1-4 *120*
74.2-4 *57, 120*
76.1-5 *119*
76.2 *119*
76.5 *119*
78.5-7 *118*
78.6 *119*
78.7 *118*
82.2-4 *119*
83.5 *119*
83.6 *120*

83.7 *119*
85.10 *120*

1Enoque (Apocalipse Etíope)
5.7 *635*
10.2 *120*
14 *510-4*
14.8-25 *509-17*
14.8—15.2 *510*
27.2 *119*
37.3 *123*
40.7 *754*
40.9—41.2 *754*
46.3 *220*
49.2-4 *481*
49.3 *210-70*
51.1 *134*
61.5-7 *210*
61.7 *270, 480*
61.11 *481*
62.2 *481*
71 *510-4*
71.1-17 *510-17*
71.5 *510*
71.15-17 *121*
90.28-36 *122*
91.5-9 *175*
91.6 *118*
91.16 *454*
93.9 *118*
106.13 *72*
106.17 *480*
108.1 *123*
108.1,2 *121*
108.1-3 *119*

2Enoque (Apocalipse Eslavônico)
Recensão mais breve [A]
1.5 *511*
71.24,25 *119*

Recensão mais longa [J]
1.5 *511*

8—10 *780*
8.3 *525*
8.5 *525*
18.6,7 *120*
22.8-10 *392*
25—33 *150*
30.11,12 *77*
31.1 *58*
33.1-11 *125*
33.11 *125*
50.2 *121*
65.6 *120*
65.6,7 *119*
65.6-11 *57*
66.6-8 *121*
71.21,22 *392*

3Enoque (Apocalipse Hebreu)
24.6,7 *464*
45.3 *506*

4Esdras
2.33-48 *392*
2.34 *124*
2.34,35 *124*
4.26-29 *121*
4.27 *122*
4.30 *119*
5.1-19 *175*
6.13-24 *124*
6.24 *175*
6.25 *124*
6.25-28 *120*
6.27 *124*
6.58 *350-86*
7.14 *220*
7.26 *220*
7.26-37 *120*
7.32 *130*
7.43[113]-45[115] *121-4*
7.75 *130*
7.83 *220*
7.84 *119*
7.87 *119*
7.88-101 *130*
7.95 *120*

7.95,96 *209*
7.95-97 *121*
7.96 *120*
7.97-101 *130*
7.98 *473*
7.113 *119*
8.50 *124*
8.51-55 *121*
8.52 *220, 668*
8.63 *119*
9.2-4 *176*
9.6 *119*
10.59 *119-24*
11.44 *119*
12.9 *119*
12.23-26 *124*
12.28 *124*
12.32-34 *123*
13 *374*
13.1-3 *352*
13.6,7 *110*
13.16-20 *124*
13.18 *220*
13.32 *352*
13.35,36 *110*
13.37 *352*
13.46 *122*
13.52 *352*
14.14-18 *175*
14.20-22 *123*
15.3-19 *175*
16.18-39 *175*
16.61 *480*
16.74 *175*

Apocalipse Grego de Esdras
3.11-15 *125*
3.11-16 *175*

Orações Helenísticas da Sinagoga
12.43-45 *55*

História dos Recabitas
16.7a *130*

José e Asenate
8.10,11 *480*
8.11 *226*
14.6-8 *219*
14.12-15 *392*
15.5,6 *392*

Jubileus
1.23-25 *212*
1.29 *209, 454*
2.20 *350*
4.26 *209, 454*
5.12 *72, 209*
8.19 *517*
18.1,2 *219*
18.10,11 *219*
19.15-25 *635*
19.27 *65*
22 *635*
22.9 *121*
22.10 *121*
22.13 *65, 350*
22.15 *121*
22.29 *121*
31.1,2 *392*
32.16-19 *635*

Liber antiquitatum biblicarum (Pseudo-Filo)
3.10 *119-20, 130*
6.1 *124*
13.8 *55*
13.10 *118*
19.2-4 *122*
19.12,13 *120*
20.2,3 *392*
23.13 *130*
27.8 *122*
27.12 *392*
28.1,2 *122*
40.6 *392*
44.6-10 *323*

Vida de Adão e Eva
Apocalipse
8.1,2 *58*
13.2,3 *209, 336*

20.1-5 *394*
20.2 *383*
21.2 *383*
21.6 *383*
28.1-4 *392*
35.2,3 *384*
41.3 *134*
43.1-4 *392*

Vita
12.1 *383*
16.2 *383*
17.1 *383*
47—48 *392*
47.3 *124*
51.1,2 *668*
51.2 *209, 668*

Escada de Jacó
1.9-11 *121*

Carta de Arísteas
89—91 *525*
142 *667*

Vida dos Profetas
3.11,12 *120*

Martírio e Ascensão de Isaías
3.15-18 *121*
3.30,31 *123*
4.1 *123*
4.1-3 *124*
4.1-12 *123*
9.6-18 *392*
9.13 *123*
9.18 *302*
11.37,38 *119*

Odes de Salomão
1.1-3 *302*
11.10,11 *392*
11.10-14 *392*
11.16-24 *781*
17.1 *302*
20.7 *781*
22.7-12 *221*
22.8,9 *502*
33.7-12 *221*

Pseudo-Focílides
103—115 *130*

Salmos de Salomão
3.12 *129, 215*
13.9 *386*
14.3,4 *780*
17.35-38 *481*
17.37 *361*
18.4 *350*
18.7 *361*

Oráculos Sibilinos
1.47-49 *707*
2.154-171 *125*
2.154-174 *175*
2.221-224 *307*
2.221-225 *502*
2.221-226 *130*
3.63-74 *145*
3.75-90 *790*
3.105 *506*
3.741-744 *119*
3.741-745 *120*
3.745-750 *120*
3.755,756 *120*
3.771 *270*
3.796-807 *125*
4.11 *241*
4.180-190 *209*
4.181,182 *307*
4.187-191 *130*
5.73-79 *124*
5.74-85 *194*
5.212 *454*
5.344-350 *125*
5.361-374 *124*
5.414-416 *65*
5.414-430 *122*
5.414-432 *123, 504*
5.414-433 *123*
5.432 *123*
5.447 *124*
5.447-482 *124*
5.476 *124*
5.505-516 *194*
8.4,5 *506*
8.88-94 *125*
8.217-234 *123*

8.456-459 *123*
11.10-16 *506*
11.270-275 *123*

Testamento de
Abraão
13.13 *643*
18.11 *480*

Testamento de
Adão
3.3,4 *221*

Testamento de
Benjamim
11.2 *118*
11.2,3 *123*
11.3 *118*

Testamento de Dã
5.4 *123*
6 *187*

6.1-6 *145*
Testamento de
Gade
8.2 *123*

Testamento de
Issacar
6.1,2 *123*
6.1-4 *118*

Testamento de Jó
3.1,2 *219*

Testamento de José
19 *118*
19.1-12 *118-23*
19.10 *118*

Testamento de
Judá
18.1-3 *123*
23 *118*

24—25 *482*
24.1 *104*
24.1-6 *125*
25.1 *134*

Testamento de Levi
8.2-7 *392*
10.2 *124*
14.1 *117-8, 123*
14.1-8 *117*
18.3 *104*
18.7 *480*
18.7-11 *481*
18.10-12 *366*
18.10-14 *336-92*
18.11 *480-1*

Testamento de
Moisés
7.1-10 *123*
8.1-5 *175*

Testamento de
Naftali
8.1 *117*

Testamento de
Rúben
6.8 *123*
6.8-11 *281*
6.8-12 *117*

Testamento de
Simeão
6.6 *366*

Testamento de
Zebulom
4.10 *392*
8.2 *124*
9.5 *118*
9.5-9 *123*
9.8 *473*
9.9 *118*

Manuscritos do Mar Morto

CD-A
I.3-11 *627*
I.12-19 *122*
III.19,20 *399*
III.20 *336*
IV.4,5 *124*
V.17,18 *284*
VI.10,1
VI.19 *125*
VII.18-21 *104*
VIII.21 *125*

CD-B
XIX.33,34 *125*
XX.12 *125*

1QHa
IV.14,15 *399*
IV.15 *336*
V.11,12 *454*
VI.13-19 *125*
VIII.1-13 *125*
XI.19-22 *220*

XIV.14-19 *780*
XV.23,24 *68*
XV.24 *781*
XVI.4-14a *336*
XVII.32 *481*
XIX.10-13 *220*
XIX.11-14 *209*
XIX.11b-12 *643*
XIX.12 *134*
XX.11a-12 *481*
XX.13 *481*

1QIsaa
in toto 425

1QIsab
in toto 425

1QM
I.1-12 *788*
I.8,9 *191*
I.8-16 *120*
I.11-17 *191*

XI.6,7 *104*
XIII.10 *284*

1QpHab
II.3-10 *122*
II.5—III.6 *194*
VII.1-17 *125*

1QS
III.4-9 *685*
III.7 *481*
III.20 *284*
IV.3-11 *125*
IV.6-8 *121*
IV.7 *209*
IV.15-20 *119*
IV.21-24 *212*
IV.22,23 *58, 121*
IV.23 *209, 336*
IV.25 *119-21, 209*
V.24,25 *481*
VIII.13,14 *627*

IX.19,20 *627*
XI.7,8 *643*

1Q28a
I.1 *123*

1Q29
in toto 511,517
frag. 1, 3 *511*
frag. 2, 3 *511*

4Q58
425

4Q162
II.1 *124*

4Q163
frags. 4-6,
II.8-13 *118*
frags. 3,4, II.2 *122*
frags. 3,4, III.3-5 *122*

4Q169 frags. 3,4, IV.3 *119* **4Q174** frags. 1, I,21,2.11,12 *123* frags. 1, I,21,2.14-16 *123* frags. 1, I,21,2.18,19 *122* frags. 1, I,21,2.18-21 *137* frags. 1, I,21,2.2,3 *122* frags. 1, II,3,24,5.1-4a *176* **4Q177** II.7-13 *123*	**4Q213b** 4—6 *392* **4Q246** I.1 *352* I.2 *352* I.3 *352* I.4 *352* I.5 *352* I.6 *352* I.7 *352* I.8 *352* I.9 *352* II.1 *352* II.2 *352* II.3 *352* II.4 *352* II.5 *352* II.6 *352*	II.7 *352* II.8 *352* II.9 *352* **4Q252** V.1-5 *102* V.1-7 *117* **4Q266** frag. 3, III.18-21 *104* **4Q376** *in toto* *511* **4Q418** frag. 81 *542* **4Q444** frag. 1, 1 *481*	**4Q475** *in toto 351, 399* 5—6 *541* **4Q504** frag. 8, I.4 *383* frag. 8, I.4-6 *77* **4Q511** frag. 35 *542* **4Q521** frags. 2, II.12 *209* **11Q13** II.1-25 *125* II.4 *125* II.13 *125*

Material targúmico

Targum de Isaías 6.6 *509* 11.1-4 *481* 53.5 *423* **Targum de Miqueias** 7.14 *210* **Targum Neofiti** Gênesis 3.15 *120* 3.23 *55* 49.1 *102* Êxodo 1 *506* 12 *687*	Números 11.17 *512* 11.25,26 *512* 11.29 *512* Deuteronômio 4.30 *105* 32.1 *210* **Targum Onqelos** Gênesis 49.1 *117* 49.9-11 *102* Êxodo 25.8 *670*	Números 24.17 *104* **Targum de Salmos** 68.34 *506* 110.4 *281* **Targum de Pseudo-Jônatas** Gênesis 3.15 *199* 49.1 *102* Êxodo 12 *687* 28.29 *289*	28.30 *511* 39.37 *533* 40.4 *533* Números 24.14 *104* 24.17 *104* Deuteronômio 32.1 *210* **Targum de Cântico dos Cânticos** 1.1 *308*

Tratados da *Mishná* e do *Talmude*

Talmude babilônico '*Abodah Zarah* [Idolatria] 20b *210*	'*Arakin* [Votos de Avaliação] 13b *304*	*Baba Batra* [Último Portão] 58a *336*	*Berakot* [Bênçãos] 57b *668* 63b-64a *68*

Nedarim [Votos] 32b *281* *Pesaḥim* [Festa da Páscoa] 56a *117* *Qiddushin* [Noivados] 39b *210* *Rosh Hashshanah* [Ano Novo] 31a *668* *Shabbat* [Sábado] 88b *506*	*Sanhedrin* [Sinédrio] 38b *327* 91b *308* 93b *281* 97a *175* *Soṭah* [A Adúltera Suspeita] 42a *506* *Sukkah* [Festa dos Tabernáculos] 52a *639*	*Yoma* (= *Kippurim*) [Dia da Expiação] 39b *68* 54b *289* **Talmude de Jerusalém** *Ḥagigah* [Oferta Festiva] 2.1 *506* *Shabbat* [Sábado] 1.3[8.A]L *307*	*Sheqalim* [Siclos Pagáveis] 3.3I *307* **Mishná** *Sanhedrin* [Sinédrio] 10.1 *121* *Soṭah* [A adúltera Suspeita] 9.15 *175* *Tamid* [O Holocausto Diário] 7.4 *668*

Outras obras rabínicas

'Abot de Rabbi Nathan [Pais do Rabino Natã] 1 *668* 4 *68* **Rabá de Deuteronômio** 2.7 *281* 6.14 *582* 7.6 *307, 502* 11.3 *336* **Rabá de Eclesiastes** 1.7.7 *210* 1.4.3 *210* 2.8.1 *582* 3.15 *360* 7.8.1 *506* **Rabá de Êxodo** 5.9 *506* 19.7 *294, 387* 20.3 *210* 21.8 *506* 23.11 *304* 28.6 *506* 48.4 *482*	**Rabá de Gênesis** 1.1 *295* 2.4 *481* 8.1 *481* 8.12 *336* 11.2 *327* 12.6 *336* 13.6 *502* 14.5 *307, 502* 14.8 *482* 15.6 *525* 24.7 *336* 39.11 *71* 44.17 *668* 55.6 *281* 73.4 *502* 95.1 *208* 96 *117* 96.5 *482, 502* 97 *481* 99.5 *117* **Rabá de Lamentações** 2.4.8 *582* 4.9.14 *582* **Rabá de Levítico** 14.9 *307, 502*	16.4 *506* 21.12 *511* 27.4 *360* 34.3 *336* **Mekilta Beshallah** 25.27 *635* **Mekilta de Rabbi Ishmael** *Beshallaḥ* 3.10-22 *360* *Tratado Shirata* 1.1-10 *308* **Mekilta de Êxodo** 20.16 *336* **Mekilta de Êxodo Shabbata** 2.38-41 *668* **Midrash de Êxodo** 41.7 *482* **Midrash de Salmos** 2.7 *639* 2.9 *639*	14.5 *482* 14.6 *513-82* 18.11 *210* 31.7 *117* 46.2 *208* 72.3 *481* 73.4 *482* 87.7 *556* 92 *668* 92.3 *506* 104.25 *790* 138.2 *582* 145.1 *308* 149.1 *308* **Midrash de Cântico dos Cânticos** 1.10.2 *506* **Midrash Tanḥuma** *Gênesis* 1.32 *304* 2.12 *62, 270, 482* 3.5 *62. 71* 5.1 *71* 5.5 *71* 8.23 *506* 9.13 *481* 10.4 *506*

11.9 *208*
12.6 *482*
12.9 *117*

Êxodo
1.22 *506*

Levítico
7 *482*
10 *289*

***Midrash* Tanḥuma-Yelammedenu**
Gênesis
2.12 *62*
12.3 *210*

Êxodo
10 *482*

11.3 *283*
***Rabá* de Números**
4.8 *350-86*
4.20 *68*
11.3 *68*
12.13 *533*
13.2 *536*
13.12 *336*
13.20 *513*
15.7 *533*
15.11 *304*
15.19 *513*
15.25 *513*
16.24 *336*
18.21 *196, 754*

Pesiqta de Rab Kahana
12.19 *72*

15.1 *65, 350*
22.5a *482*
Pesiqta Rabbati
1.4 *210*
1.6 *482*
8 *511*
36.1 *210*

***Pirqe* de Rabino Eliézer**
1 *536*
19 *668*
31 *130, 208*
33 *307*
34 *130, 210*
35 *289*

***Rabá* de Rute**
6.4 *506*

7.2 *481*

Seder Eliyahu Rabbah
2 *668*
21 *210*
22 *210*
86 *208*
94 *281*

***Rabá* de Cântico dos Cânticos**
1.1.9 *210*
2.5 *68*
3.10.4 *289*

Zohar
1.4b *360*

Pais apostólicos

Barnabé
1.7 *149*
4.1 *150*
4.1-4 *145*
4.1-6 *187*
4.9 *145*
4.9-11 *150*
4.11 *149*
4.12-14 *151*
5.6 *149*
5.6,7 *149*
6.8-19 *149*
6.11 *149*
6.11,12 *391, 707*
6.13 *108-49, 165-98, 210, 397*
6.14 *149*
10.11 *150*
11.10,11 *781*
11.11 *149-50*
12.9 *149*
15.3-5 *664*
15.7 *150*
15.9 *664-86*
16.1-10 *149*

16.5 *149*
16.8 *149*
18.1,2 *145*
18.2 *150*
19.10 *151*
21.2,3 *151*
21.6 *151*

1Clemente
9.4 *288*
24.1 *149*

32.3,4
32.4 *151*
35.1-4 *150*
36.5 *253*
43.6 *151*
45.7 *151*
50.4 *150*
50.7 *151*
58.2 *151*
64.1 *151*

2Clemente
5.5 *150*
6.3 *150*

6.3-6 *150*
10.3-5 *151*
11.7 *150*
12.1,2 *150*
12.6 *150*
14.2 *149*
14.5 *150*
16.3 *151*
18.2 *151*
19.3 *150*
19.3,4 *150*
19.4 *150*
20.2-4 *151*

Didaquê
10.6 *688*
14.1 *673*
16.1 *151*
16.3 *151*
16.3,4 *145*
16.3-5 *145*
16.6-8 *151*

Diogneto
5.14 *448*
12.1,2 *149*

Fragmentos de Papias
2 *149*
3.12 *150*
3.16 *150*
14 *150*

Inácio
Aos efésios
11.1 *149*
14.2 *151*
15.3 *149*
16.2 *151*
19.3 *149*
20 *149*
20.1 *149*

Aos magnésios
6.1 *149*
9 *149*
9.1 *673*

Aos filadelfenos
7.2 *149*

Aos tralianos
7.2 *149*

9.2 *149*	2.2 *149*	7.1 *195*	61.4 *392*
Martírio de	5.2 *150*	7.4 *150*	89.3 *149*
Policarpo	6.2 *151*	10.1 *195*	89.5 *150*
11.2 *151*		16.9 *150*	
14.2 *150*	***O pastor*, de**	23.4,5 *150*	89.8 *150*
19.2 *149*	**Hermas**	24.4-6 *195*	92.2 *150*
	3.4 *149*	24.5 *150*	104.3 *151*
Policarpo	6.5 *151*	44.1 *392*	
Aos Filipenses	6.7 *150*	53 *151*	106.3 *392*
2.1 *151*	6.7,8 *195*	53.2 *150*	114.4 *151*

Códices de Nag Hammadi

O Evangelho da	20.28-34 *392*
Verdade	

Apócrifos e Pseudepígrafes do Novo Testamento

Constituições	2.36.2 *664*	***Martírio de Pedro e***
e Cânones	***Evangelho de Tomé***	***Paulo***
Apostólicos	51 *213*	1 *664*

Textos gregos e latinos

Agostinho	**Hipólito**	3.132 *533*	**Filo**
Confessionum libri	*Commentarium*	3.145 *533*	*De aeternitate*
XIII [Confissões]	*in Danielem*	10.210 *695*	*[Da eternidade do*
10.29 *248, 702, 801*	*[Comentário de*	11.66 *676*	*mundo]*
Quaestiones in	*Daniel]*	18.14 *130*	8 *285*
Heptateuchum	2.4 *664*		9 *289*
[Questões sobre o		*Guerra dos judeus*	47 *289*
Heptateuco]	**Ireneu**	2.163 *130*	76 *289*
2.73 *27*	*Contra heresias*	3.374 *130*	85 *289*
	3.9.2 *104*	5.210-214 *533*	93 *289*
Clemente de	5.5.1 *150*	5.217 *533*	99 *289*
Alexandria	5.15.1 *307*	5.236 *392*	107 *289*
Stromata	5.23.2 *757*	5.442 *788*	
[Miscelâneas]	261 *117*		*Da agricultura*
5.6 *533*		**Justino**	51 *387*
	Josefo	*Primeira apologia*	
Epifânio	*Contra Ápio*	67 *686*	*Dos querubins*
Panarion [Refutação	2.218 *209*		114 *159*
de todas as		*Diálogo com Trifo*	
heresias]	*Antiguidades dos*	23.3 *664*	*Da confusão das*
30.22 *664*	*judeus*	106 *104*	*línguas*
	3.80 *505*	138 *686*	62—63 *387*
Eurípedes			
Fragmento 968 241			

145—47 *387*

Do decálogo
33 *505*
35 *506*
44 *505*
46 *505*
46—47 *506*
72—75 *317*

Da fuga e do Achar
208 *386*

Dos gigantes
24—25 *513*

Da embaixada a Gaio
362 *734*

Interpretação alegórica
2.56 *526*
3.246 *58*

Da migração de Abraão
47 *506*

Da mudança de nomes
192 *526*

Da criação do mundo
148 *77*

Do plantio
18—19 *384*

Da posteridade de Caim
124 *159*

Dos sonhos
1.215 *387*
1.216 *526*

Das leis especiais
2.255,256 *317*
4.164 *383*

Perguntas e respostas sobre Êxodo
2.28 *507*
2.33 *507*
2.73-81 *533*

Quem é o herdeiro?
221—225 *533*

Que o pior ataca o melhor
86—87 *384*

Da vida de Moisés
2.64 *289*
2.64,65 *72, 288*
2.65 *159, 288-9, 384, 676*
2.75 *516*
2.102-105 *533*
2.167 *324*

Plutarco
De superstitione [Da superstição]
3 [Mor. 166A] *664*

Outras fontes antigas

Cilindros sumérios de Gudea
Cilindro A
ix.15 *111*

Cilindro B
xvii.15 *111*

Índice de assuntos

A
abençoado 656, 657, 670
Abraão 58, 61-2, 65, 67n68, 270-1, 362, 445-7, 528-9, 639-40
Adão
 como imagem de Deus 314-5, 632
 aliança com 57-8
 como rei-sacerdote 50-1, 53, 60, 206, 301, 524
 como vice-regente 370
 e filiação 349-53
 escatológico 336
 obediência de 412-3
 "período de experiência probatório" de 766
 primeiro *vs.* último 59-60, 379-81, 462-3
 administração (ou mordomia) do reino 574-7
adoção 309n107, 430, 567, 584n103, 597
adoração 92, 324, 328, 390, 670, 768
 dia de 653
 e idolatria 325-7
 e templo 106, 530-1, 558
 em espírito e verdade 131-2, 644
adunação 419-21

afastamento 466
"agora" 415
água 212, 226, 358-9, 473, 479, 525, 683, 711
 como nova criação 772
 e o Espírito Santo 293, 358-9, 485
 e vida 486
 viva 131-2, 486, 644-5
alegorização 130, 144, 522, 541-2, 595, 646
alegria 497, 498, 500, 608
aliança 57-9, 92, 105, 106, 122, 153, 156, 603, 607
 casamento (ou pacto) como 740
 como motivo 162-3
 da graça 767n39
 de obras 58, 163, 766, 767
 de paz 466
 realidades da 766-8
 sinal da 679, 686
alienação 473, 611, 752
alma 56, 130n5, 226, 234, 250, 254, 305, 688n46, 709
altar 530, 533
alusão 26, 29, 32-3, 47, 347
 e o templo 514-20
 no judaísmo 117-8
alusão literária 47

amado 361n74, 566, 595
amém 294-8
amor 83, 153, 496, 498, 724, 739
analogia 614, 663
Ancião de Dias (ou ancião bem idoso ou ancião) 177, 343-4, 351
andar 273-4, 499, 524
animais 79-80, 335, 363, 733
animais selvagens 363
aniquilação 793
ano do jubileu 667
antagonismo 592
anticristo 141-6, 183-6, 200, 787, 794
antiga aliança 622-3, 767
Antigo Testamento
 centro do 92-3
 citações no Novo Testamento 29, 32, 33, 34
 interpretação judaica do 508
 últimos dias no 97-116
antropologia 153, 261
apocalipse 258, 454
apostasia 141, 183-5, 191, 194, 197-8, 292
apóstolos 259, 369, 453, 585, 592

Arca da Aliança (ou arca de madeira ou arca) 81, 419, 516-7, 532, 655
arco-íris 303
arquiteto 534
arrebatamento 127
arrependimento 105, 354
árvore
  da vida 54, 79, 208, 364, 366, 473, 525
  de idolatria 320
  do conhecimento do bem e do mal 51, 77, 79, 200, 314-6, 334, 364n84, 390
ascensão 280, 487, 748, 750
aspergir 423
autoadoração 315-6
autoridade 301, 366
  de Paulo 216, 236, 243, 259-60, 453, 457, 601, 604, 698
  dos anciãos 690
  do Filho do Homem 347-8

B
Babel 71n79, 124n21, 506, 513, 517, 583, 799
Babilônia 539, 588, 720
  Cativeiro da 107, 306
  destruição da 790
  universal 722
batismo 226, 288, 711, 715
  de infantes 685-6
  de Jesus 358-62, 483, 484, 587
  e circuncisão 676-86
  físico *vs.* espiritual 680-3
  realidades do 772-3
batismo de adultos 686
batismo dos que creem 686
bênção 78, 87, 90, 101-2, 106, 149, 635, 655, 683-4, 768
  do estado anterior à Queda 50-61
  e Sinai 508
bênçãos da aliança 496

bens. *Veja* herança
bezerro de ouro 321-2, 324-5, 336
Bíblia
  como drama 73
  como narrativa 158
  como Palavra de Deus 157
bispo. *Veja* presbítero
blasfêmia 561n26, 588
boas obras 428, 434-42, 663, 671, 713
  como vestimenta 437
  da criação 661
  e fé 435, 446-7, 449, 661
  e julgamento 439-41, 443-7
  e justificação 442-3, 725-6, 756
  e segurança 727-8
bondade 273

C
cabeça 738
caminho 588, 589, 591, 718-9
candelabro 532, 533, 545, 573-4
cânon 26, 28, 36, 70, 692-8, 776-8, 797
caos 790
  anterior à Criação 72, 159, 477, 535, 670
  e exílio 98n19, 161, 174, 531
carne 501, 580-1, 608, 678, 710
  cortar da 683
  impureza 721
  união de 737
  vs. espírito 736
casa 625-6n87
casamento 41, 83, 97, 200, 470, 572, 627
  como recapitulação 740
  como transformação 736-40
  na nova era 784-5
casamento misto 627

Catecismo de Heidelberg 673
Catecismo Maior de Westminster 800n11
catolicismo romano 445, 449
cegueira 317-8, 319, 330-2, 394-5, 587-8, 607
ceia do Senhor 686-8, 774-5
certeza 255, 725-9
céu 120, 219-21, 305. *Veja também* novo céu
chamado 598, 728
cilindros sumérios de Gudea 111
circuncisão 272-4, 275, 368, 499, 568, 596, 667, 732-3, 768
  e batismo 676-86
  física *vs.* espiritual 680-3
  realidades da 772-4
comida 83
comissão
  de Ezequiel 697
  de João 694, 696, 697, 698
comissão adâmica 48-70, 689
  e a expansão 527, 534
  e a imagem de Deus 335, 349, 388-90, 412, 654
  e o cumprimento 102-4, 360, 377, 737
  transmitida aos patriarcas 528-31, 632, 766
completude 618, 621-2, 721n61
comunhão 670, 793
comunidade da aliança 680, 682-4, 701, 735, 768-78
confiança 436, 497, 500
confissão 773
Confissão de Westminster 57n39, 405-6, 731
conhecimento 50, 155, 157, 327n38, 333-5, 390, 842
consagração 421, 423, 622, 715, 721n61

consciência 288
conservação 254
consolo 470
contexto literário 31
consumação 37, 94,
    100, 149
    da restauração 469
    do descanso 672
    esperança da 263
    falta de 82, 373
continuidade (ou
    continuação) 32, 34, 47
convencimento pelo
    Espírito Santo 728-9
conversão 219, 255, 258-9,
    260, 283, 590, 716
    de gentios 583-4
    de Paulo 709
coração 207, 226, 501, 726
    circuncisão do 678, 772
    e a lei 616-7
    novo 703, 761
coroa da vida 283, 302
corpo 234, 263, 787
    redenção do 433
corrupção (ou deterioração)
    56, 240, 327, 704
cortado 683-4
cosmo
    destruição do 274-5,
        732-3, 768
    glória do 534
    novo 307, 400
    renovação do 265-6,
        640-1
cosmovisão 158, 159
Criação 54
    boas obras da 661
    como tema 304
    dias da 150
    e Cristo 276-8
    e o Sábado 654-7, 669
    e ressurreição 225
    ordem (ou mandamento
        ou mandato) 334-5,
        653, 658, 663-5, 674
cristãos
    como noiva 569, 571-2
    como sacerdotes 573

como vinha 569-70
cristofania 215-21, 257-8,
    261, 398-9
Cristologia 153, 261, 395,
    500, 590, 764
crucificação 271, 796
culpa 407, 423, 426
culturas 157
cumprimento 38, 75,
    82, 792
    cronologia do 338-9
    "cumprimento em
        partes" 632
    da transformação 793-7
    das promessas 493
    inaugurado 142-3, 179
    secundário 536
cura 366, 370, 484, 626, 628

D
Damasco, caminho de 215-
    21, 237, 251, 257-8, 261,
    398-9, 467-8
datação 26n6, 30, 296
Davi 80-1, 85, 531, 575
deixar de lado (ou livrar-se)
    714-6
"demitologização" 114
democratização 617-21, 760
demônios 365, 373, 376
"depois disso" 694-6
descanso 55, 139, 368,
    631-2, 637n14, 654-7
    consumação do 665, 671
    definição do 663
    e imitação de Deus 663-5
    eterno 124, 125
    presente vs. futuro
        658-65
descendência (ou semente)
    65, 270, 320n14, 597n11,
    640, 764, 797
    abraâmica 104, 281,
        567-8, 596, 608-9,
        634-5, 767
    davídica 387
    de Deus 198-9, 208-9
    escatológica 206, 286,
        412, 632-3

descontinuidade 32, 115
deserdamento 608
"descriação" 90, 105, 159,
    161, 215, 301
deserto 362-6, 484, 531-5,
    662, 799
desobediência 75, 362, 427,
    528, 622n82, 623
    aos pais 324, 328
    de Adão 396
destruição
    de Jerusalém 345
    do cosmo 274-5,
        733, 768
    do templo 185-6,
        504, 575
deterioração 214, 242
Deus
    atributos de 49
    glória de 74, 94, 156,
        157, 169, 206, 242,
        325-6, 413, 534, 544,
        737, 746, 747, 776,
        798-801
    glorificação de 44
    ira de 416, 421, 422, 456,
        473, 791
    justiça de 34, 334-5,
        414, 497
    palavra de 157, 286-7,
        692-3
    presença de 67-9, 75,
        91, 92, 132, 163, 164,
        319, 421n50, 465, 470,
        472-3, 504, 505, 508,
        510, 513-4, 516, 523,
        526-8, 531, 534, 536,
        539, 541-2, 543, 544-8,
        707, 799
    propósito de 154, 169
    sabedoria de 84, 181, 641
    testemunho de 66-7
Dez Mandamentos 724-5,
    731-2, 733, 801
Dia do Perdão 419, 762
Diabo. Veja Satanás
Diáspora 560, 612
Dilúvio 159, 289-30,
    359, 785

como nova criação 772
discipulado 590
dispensacionalismo 628-9, 731
dupla justificação 434-6, 441, 448

E
eclesiologia 261, 689
Éden. *Veja* jardim do Éden
egoísmo 147
eleição 92, 166, 793
elementos 732-3
em pé 308
encarnação 123, 342, 433
engano 122, 148, 175, 184-6, 194-5, 198-9, 200, 201-2, 315, 676
   como tribulação 785-6
   de Satanás 364, 390
   na comunidade da aliança 688-9
enredo 28-9, 31, 35, 92-3, 116, 154-70, 747, 792
   do Antigo Testamento 73
   do Novo Testamento 174, 308, 337, 548, 746
ensino 617
entendimento 108
época 31
era 150, 223
escatologia 38
   definição de 43, 95-7, 99, 113-5, 165-6
   inaugurada 40-1, 71-2, 145, 586, 692, 725
   super-realizada 38n69, 666
escravidão 627-8, 642
Escrituras (ou Escritura) 157, 324, 648, 716, 776-8, 795-6
especulação 30
esperança 148, 285, 493, 660
   da ressurreição 206-10
Espírito Santo 212, 579-81, 760-1
   convencimento pelo 728-9
   de bênção 685

de Cristo 234, 495
derramamento do 107, 115, 132-4, 173, 214, 490, 582, 584-5, 591-2, 626
e água 293, 358-9
e fertilidade 269, 479, 490, 497, 500
e judaísmo 480-2
e nova criação 241, 263
e regeneração 256-7, 708, 761-2
e ressurreição 210, 225-7, 229-31, 250, 269-70, 425, 736
e templo 503-15
e transformação 381, 477-502
e união com Cristo 40
e vida 235, 245, 271, 703
habitação do 724
justiça do 490, 500, 582
papel no Antigo Testamento 477-80
papel no Novo Testamento 482-502
presença do 360-1, 473, 641
promessa do 131-2, 606
testemunho do 727
vindicado pelo 256
espiritualização 646
estado anterior à Queda 234, 336
   bênçãos no 50-61
   e morte 59-60
estado intermediário 120, 242
estrado dos pés 280, 511n40, 532, 542n 47, 545
estrangeiro 561-2
estrela da manhã 104
eternidade 88, 150, 616
Eucaristia. *Veja* ceia do Senhor
evangelho 587, 600
Evangelhos, propósito dos, 169

exaltação 220, 250, 303, 344, 395-6
exegese 36
exílio 162, 174, 535, 592, 608
   como castigo 105, 109, 117-8, 358, 628
   do jardim 315-6
   e a igreja 718-23
   e a vida Cristã 783
   físico *vs.* espiritual 319-20, 478-9, 625, 627
   libertação do 76, 87-8, 299, 338, 588
   propósito do 799
   realidades do 748-50
   restauração do 136, 227, 451-74, 487, 612
   retorno do 212, 217, 218, 221, 248, 338, 373, 484
Êxodo 355
   como nova criação 341, 359-60
   final 354-6, 363
   Veja também novo êxodo
exorcismo 587
expansão 633

F
falsos mestres 141, 144, 187, 194, 197, 253, 689-92
fé 189, 274, 292, 416-7, 616, 717, 727, 792
   e justificação 428-9, 434-5, 442-3
   salvífica 449-50n137
   vs. boas obras 436, 446-7, 448-9, 607
felicidade 608
fertilidade 525, 569, 581-2, 780
   e a nova criação 86, 87
   e o Espírito Santo 269, 479, 489-90, 497, 500
   e o jardim do Éden 83
fidelidade 245, 297-9, 337
Filho de Deus 198, 250, 763-4

Filho do Homem 121, 252,
    351-3, 590, 689n51, 696,
    763-4
    autoridade do 52, 64n60,
        301, 347-8, 367
    como figura adâmica 90,
        112, 137-8, 221n44
    e Israel 350-1
    e tribulação 176-83
    Jesus, o 130, 167, 189,
        220, 340-1, 342-9, 371,
        377, 659
filhos da luz 120, 125,
    176, 369
filhos das trevas 120, 176
filhos de Deus 227, 280,
    350, 356, 369-70, 567,
    595, 597, 639-40
filhos de Israel 357, 361, 559
filhos do Diabo 198
filiação 368-9, 370, 382,
    399, 429-30
    e Adão 349-53
    e ressurreição 597
filosofia 676
fim da era 120, 128, 139,
    152, 214, 223
    e descanso 665, 670
    e justificação 427, 436,
        446-7, 449
    e ressureição 210, 221,
        235, 501, 750, 761
fim dos tempos 37-8, 124-5,
    128, 139, 268, 696, 748
fogo 505-6
fôlego 480, 508
fontes 30
fragmentação 168
fraqueza 237, 243, 547, 623
fruto 101, 245, 246-7,
    438, 446, 576, 634, 641,
    725, 780
    do Espírito 229, 269,
        273, 496-500
futilidade 600
futurologia 38

G
ganância 147

garantia 241, 245, 492-4,
    495, 540, 641
genealogia 339-41, 377,
    482-3
gênero 609
gênero (literário) 25, 92,
    156, 167-8, 695
gentios 248, 270, 496, 732
    como Israel 261, 551-4,
        555-7, 567-8, 595-9,
        608-10, 615-6, 769
    como povo de Deus 593
    como povo separado 580
    conversão dos 583-4
    e judeus 168, 273-4, 626,
        628, 733-5, 768-9
    e o sacerdócio 558,
        559-60, 565
    inclusão dos 686
    julgamento dos 535
    missão aos 339
    reconciliação dos 460-1
    redenção dos 577, 592,
        600-2, 603, 610-2
glória 218, 220, 240, 259,
    331n51, 382, 400, 430
    como reflexo da imagem
        de Deus 393-5
    de Cristo 147, 236
glorificação 94, 309n107,
    430, 487
Gogue 109
graça 249, 319, 354, 416-7,
    463, 599, 792, 801
    e justificação 443,
        449n135
Grande Comissão 69, 340-1,
    367, 486, 548
grandezas 623
grego (língua) 167
guardar 525, 527
guerra 107

H
habitação (ou morada)
    103n38, 271
harmonia 363

herança 242, 280, 351, 399-
    401, 432n83, 584n103,
    608, 632, 636
    da terra 161, 641-3
    da vida 307, 441
    de Cristo 635, 638
    de estrangeiros 561
    de roupas (ou vestes)
        206, 391, 393
    imperecível 147, 285,
        290
    pela igreja 629-30
    recebimento de 121, 125,
        137, 168
herdeiros 639-40
hermenêutica
    pós-moderna 26
história
    fim da 98, 111, 127,
        151, 266
    objetivo da 74, 98
    recomeço da 402
história da redenção 31, 40,
    162, 168-9, 221, 648, 667
homem da iniquidade (ou
    da impiedade ou do
    pecado) 141, 142, 183,
    185, 188, 787, 794
homem exterior 433-4, 756
homem interior 433-4, 756
hora 129-31, 186, 190,
    193-4, 211, 291
hostilidade 734
humanidade
    à imagem de Deus 333-6
    como seres imitadores
        654, 663-4
    objetivo da 53, 388
humildade 156

I
idolatria 106, 394, 558, 592-
    3, 677, 722, 749
    como pecado 88, 165,
        266, 313-4
    criação como 79
    e juízo 190, 354, 605
    em Romanos 323-8

no Antigo Testamento 314-22
reversão da 329-32
igreja 150
  características da 653
  como noiva 471
  como o verdadeiro Israel 551-65, 573, 577-8, 594-616, 623-4, 643
  como templo 149, 240-1, 465, 503-5, 537, 539-41, 545
  criação da 152, 300-1, 343
  e Cristo 297, 738
  e o cânon 692
  e o Sábado 670-2
  exílio da 718-24
  formação 694
  metáforas para a 566
  missão da 762-3
  período da 473
  perseguição da 199
  salvação da 586, 642
  transformação da 794
  transnacional 734
imagem 239, 329, 393-5, 706
imagem de Deus 74, 527, 705, 712, 728
  Adão como 48-50, 53-4, 279
  crentes como 552
  Cristo como 277-8, 279, 336-42, 384-6, 464, 763-5
  e idolatria 329-32
  e o Espírito Santo 493
  humanidade como 65, 313, 333-6, 547, 798
  restauração da 379-402
imitação 268, 654, 658
imortalidade 121, 150, 391, 433
ímpio 440, 756
impureza 723n66
imputação 405n1, 406
  da obediência ativa de Cristo 407-12

de pecado 459
incorruptibilidade 94, 248
incrédulos (ou descrentes) 414, 604, 709-11
indicativo, *vs.* imperativo 224, 248, 714-8
inferno 287
intenção do autor 27-8
interpretação histórico-gramatical 354, 797
intertextualidade 26, 28, 36
ira
  como morte 463
  de Deus 416, 421, 422, 456, 471, 473, 791
  de Satanás 196-7
  do anjo da morte 423
irmãos 559, 597
ironia 179-80, 189, 326, 347-8, 374, 698
Isaque 61, 65, 67, 446, 608, 708n18, 761
Ismael 608, 708n18, 761
Israel
  chamado de 578-9
  como Adão coletivo 69, 98, 338, 342, 357, 371, 638, 709n21
  como gado 321-2, 324
  como imitador 658
  como tema 92
  como testemunha 66-8
  e o Filho do Homem 350-1
  escatológico 64, 643
  incredulidade de 709-11
  Jesus como 353
  nação de 62-4, 576
  restauração de 122, 125, 306, 338-9, 354, 356-8, 455, 479, 555, 558, 572, 577-93
  salvação de 599, 602
  santos de 177-8, 181

J

já e ainda não 152-3, 493
  cumprimento como 36-9
  descanso como 666

hora como 130-1, 194, 291
juízo como 775
justificação como 405, 442
  no Antigo Testamento 96, 253
  nova criação como 165, 275
  reconciliação como 452, 466
  reino como 135, 372
  ressurreição como 210-5, 221, 246, 305, 308n106
  restauração como 605
  templo como 515
  terra prometida como 639-43
  tribulação como 176-94
  últimos dias como 147, 696
  vestuário como 391
  vida eterna como 224
Jacó 62, 65, 97-103, 529, 635-6
jardim do Éden 149, 552, 711
  como tabernáculo 531-5, 633
  como templo 85, 523-8, 530, 541, 638
  exílio do 161, 315-6
  figuras do 78, 83, 101, 108, 473
  restauração do 89, 401
Jerusalém. *Veja também* Nova Jerusalém 193, 281, 345, 643
Jesus Cristo
  antes da encarnação 385
  ascensão de 281, 645
  autoridade de 485
  batismo de 358-62, 483, 484, 587
  como imagem de Deus 384-6
  como Messias 377
  como novo homem 705

como o Filho de Deus
349-58
como o Filho do Homem
343-9
como sacerdote 139,
620, 622
como segundo Moisés
513
como servo 432
como "tampa de
misericórdia" 418-22
como templo 465, 543
como Último Adão 137,
159, 197-8, 200, 233,
278, 336-42, 363,
367-70, 413, 464, 495,
659
como verdadeiro Israel
144, 159, 164, 353-66,
552-4, 567, 596, 648,
768-9, 778
e a igreja 738
e o Espírito Santo 234,
495
exaltação de 220, 250,
303, 395-7
glória de 147
importância de 33
intercessão de 230
justiça de 362, 406-12,
416
ministério terreno de
178-81
morte de 39, 42, 182-3,
197, 238, 270, 272,
276, 467, 469, 491,
678, 757-9, 796
obediência de 449
obra de 166, 435, 457
presença de 128
primeira vinda de 38, 96,
102, 104, 123, 152
realeza de 133, 189,
280-1, 301-2, 490
ressurreição de 39, 42,
210-5, 467, 469, 491
sacrifício de 138
segunda vinda de 38,
147, 665, 673

supremacia de 276-7, 383
Jesus histórico 25
júbilo
judaísmo 36, 152
  alusões no 117-8
  discurso escatológico no
  118-5
  e a ressureição 133, 225,
  307, 502
  e apocalipse 454
  e enredo 30-1
  e o Espírito Santo 480-2
  e o Leão de Judá 103
  expectativas do 336
  sobre a imagem de Deus
  384
  sobre a imortalidade
  55n29
  sobre a realeza 252
  sobre a sabedoria 77
juízo (ou julgamento) 74,
83, 87, 88, 89, 105, 139,
167, 436, 440
  árvore de 79
  da Babilônia 722-3
  das nações 344, 506, 593
  de Adão 56, 315
  dos gentios 535
  e a ceia do Senhor 688
  e a criação 304
  e boas obras 439-41,
  444-7
  e justificação 437
  e o Sinai 509
  escatológico 85, 119-20
  exílio como 358, 628
  final 98, 112, 119, 147-8,
  151, 374, 414-5, 425,
  439n111, 570, 756
  fogo do 109, 815
  como já e ainda não 135,
  775
  na circuncisão 683n29
  no Éden 51
  pela idolatria 317-8,
  319-20, 605
  realidades do 789-92
  sobre a Serpente 301

sobre Israel 345, 587,
588, 598
universal 70-4, 114
justiça 86, 89, 156, 290,
292, 425, 523, 636, 679,
701, 724
  como vestes 392, 572
  de Cristo 362, 406-12,
  416,
  de Deus 34, 334-5, 414,
  497
  e justificação 424, 427,
  449, 449-50n137
  e o Espírito Santo 489,
  500, 582
  instrumentos de 703
  Messias da 117
justificação (segundo
Stuhlmacher) 34, 37n63,
153, 160-2, 261, 309n107,
382, 426-7, 708
  definição de 405-6
  dos últimos dias 405-50
  e a união com Cristo
  443-7
  e boas obras 725-6
  natureza consumada da
  427-34
  natureza escatológica da
  414-27
  realidades da 753-6
justificação (ou absolvição
ou vindicação) 256,
302, 444
  anúncio da 447-8
  ressurreição como
  424-42

L
lago de fogo 306, 782
lágrimas 470
lealdade 156, 191, 368, 557,
603
Leão de Judá 101, 103
lei 92, 227, 408, 416n21,
444, 499, 509, 607, 668,
676, 710
  concepções da 735-6
  e o coração 616-7

e o viver cristão 730-6, 781-3
importância da 732-5
lei cerimonial 730-1, 781
lei moral 730-2, 735
leis alimentares 667-8, 677, 734, 768
leis civis 730-2, 735, 782
Leviatã 91
lex talionis (ou lei do talião ou retaliação) 320, 324, 326
liberdade 236
libertação (ou livramento) 87-8, 249, 355, 493-4, 628
da opressão 409
e vida cristã 783
realidades da 750-2
língua 506, 557, 560
línguas 505-11
de fogo 517-8
literal 522, 542, 545
literatura de sabedoria 82-8, 155, 156
livro da genealogia 339, 377, 482
livro da vida 192n40, 305-6, 433, 440-1
louvor 670
lugar santíssimo (ou Santo dos Santos) 522, 532, 541-2, 633, 638, 670
acesso ao 621, 776
como presença de Deus 465, 471-3, 504, 511, 536, 633
da Jerusalém celestial 282-3
luz 331, 340, 369, 506
celestial 219-21, 532-3
e criação 218, 236, 284, 394
vs. trevas 246-8, 259, 291-2, 342, 483, 642

M
mal 56, 124, 125
maldição 222, 772-3
mar 360n70, 533-4, 684

máxima redundância, regra da 610
Melquisedeque 125, 252, 280-1, 620-1
Messias 117
como o Filho do Homem 377
morte do 69, 182-3
presença do 647
ressurreição do 230, 233
restauração do 628
sofrimento do 194, 395
vinda do 123
mestre construtor 295
milagres 367, 370, 485, 587, 588, 626
milênio 127, 628
misericórdia 156, 275, 609-10
missão 153, 168
missiologia 261
mistério 185, 261, 373-4, 553, 696n77, 698, 732, 738-9, 794-5
do casamento 738, 784
dos gentios 769
monoteísmo 166
monte (ou montanha) 110-1, 508-9, 513, 525, 531, 533, 576-7, 762, 799
Monte Sião. *Veja* Sião
morada (ou habitação) 103n38, 271
morte 56, 206-7, 255, 306, 607
abolição da 233, 307, 470
de Adão 382
do Messias 182-3
e batismo 680, 682
espiritual 478, 684, 752
ira de 463
maldição da 222
pena de 434-5
transformação da 214-5
motivação 438-9, 713-4
mulheres 686, 690

N
nações

bênçãos para as 62, 65, 529
derrota das 110
julgamento das 506
proclamação a 692
restauração das 557, 559, 560
salvação das 593.
Veja também gentios
narrativa, a Bíblia como 158
nascido de novo 211-2, 284-6, 292-3, 485, 702, 717
navios de Quitim 113
Noé 58, 61-2, 65, 67, 527-9, 534
como segundo Adão 62, 69, 98, 338, 386
queda de 622
noiva 471, 569, 571-2, 644, 738, 784-5
a igreja como
nova aliança 41, 282, 493, 540, 568, 606, 612, 767
contexto da 616-23
interpretações da 613-5
profecia da 109, 138, 625
nova criação 39-42, 120, 140, 146, 149, 156, 205, 432n83
a reconciliação como 452-74
a ressurreição como 213, 263-78, 639, 702
a restauração como 600
a terra como 636
e a literatura de sabedoria 82-8
e a realeza 289
e a vida cristã 267-8, 800-1
e o Espírito Santo 242, 263
e os profetas 88-91, 612
esperança da 206-9
expansão como 633
início da 450, 762
no Antigo Testamento 70-4
o Êxodo como 342, 360

o templo como 110-1, 521
os crentes como 623-4
os sacramentos
   como 675
Páscoa como 687
propósito da 798-800
realidades da 745-7
reino da
Nova Jerusalém 41, 160,
   470, 541, 568, 571, 637-8,
   643, 648
"Nova Perspectiva" (em
   Paulo) 450n138
nova terra 522-3, 532,
   541, 544
novo cântico 303-4
novo céu 522, 532, 541, 544
novo êxodo 161, 282, 482,
   484, 488, 490, 589-90,
   628, 718-9
"novo homem" 246, 253, 460
   vs. "velho homem" 702,
   704-11, 779
novo Israel 41, 648
novo nome 644
novo Sião 160, 163
novo templo 41, 160, 163,
   242, 287, 471-2, 544,
   648, 668
Novo Testamento
   centros do 153
   citações do Antigo
      Testamento 29, 32,
      33, 34
   sobre os últimos dias
      127-51
nudez 57, 392
nuvens 177, 345, 516, 532

O

obediência 75, 156, 253,
   546, 570, 616
   à verdade 715-6
   aos pais 637n13
   ativa e passiva 406-13
   de Abraão 67n68, 446
   de Adão 51, 53, 57, 68,
      412-3, 766

de Cristo 337, 362, 382,
   395-6, 412, 449
e a nova criação 801
e capacidade 248-9,
   267-8, 702, 705
e justificação 428-9
e motivação 713-4
falta de 622n82
oferta pelo pecado 407n8,
   423, 456
oliveira 570, 573-4
oração 670, 793
ordenação 621
ossos 207, 478
ouro 78-9, 541

P

paciência 496, 497, 498,
   500
pais 324, 328, 637n13
Palavra 157, 286-7, 692-3,
   716, 717n49, 776
paraíso 757
paralelismo 143, 207, 290
"para sempre" 137, 139
Páscoa 417, 796
   e a ceia do Senhor 687-8
   realidades da 774-5
pastor 360n71
pátio 532, 533-4, 575, 633
pátria 637
Paulo (apóstolo)
   acerca da igreja 594-612
   acerca da imagem do
      Último Adão 379-99
   acerca da lei 735-6
   acerca da reconciliação
      451-68
   acerca da restauração
      642-3
   acerca das mulheres 690
   acerca do Servo do livro
      de Isaías 693-4
   acerca do viver cristão
      702-14
   autoridade de 216, 236,
      243, 259-60, 453, 457,
      601, 603-4, 697-8
   conversão de 709

paz 468-9, 582, 609, 634,
   725, 733
   da nova criação 273,
      275, 284, 456
   e o Espírito Santo
      489-90, 496-8, 500
   entre judeus e gentios
      460-1, 626
   proclamação da 611-2
pecado 56, 71-2, 96, 145,
   162, 186, 362
   coletivo 98
   e o "novo homem" 711-2
   entrada do 462-3, 528
   fim do 124, 125, 225
   idolatria como 313-4,
      316, 323
   imputação do 459
   morte ao 702-3, 726
   pena do 266, 414
   perdão do 138, 426, 616,
      628
pedra 576, 623
pedra angular 535, 575,
   576, 598
pedras vivas 287, 624
Pentecostes 214, 487, 489,
   495, 537, 583, 763
   as línguas de 505-11,
      517-8
   como cumprimento 132-3,
      511-3
perdão 487, 494, 616,
   618, 628
peregrinação 251, 307, 554,
   583, 721, 732, 783
peregrino. Veja estrangeiro
perfeição 618, 621
período intertestamentário
   338
período probatório 766
perseguição 148, 185-6,
   688-9, 785-9
perseverança 189, 245, 453,
   660, 723
"plenitude dos tempos"
   136-7, 270, 499n103
portões 636
povo de Deus 163

povo especial 570-1
pragas 174, 785
presbítero 688-92, 775-6
presença 632, 638
   divina 545, 618
   do Espírito Santo 360-1, 473, 641
   do Messias 647
   o pão da 526
   pactual 644
   tabernacular 621
presente era 138, 150, 187, 736
pressupostos na interpretação 26, 551-2, 554, 624
primícias (ou primeiros frutos) 229, 232, 266, 283-4, 380n4, 494-5, 500, 640-1, 715
primogênito 270, 397, 399, 597, 608
   da criação 296-7, 300, 385-8
   dos mortos 464, 696
   e a ressurreição 284-5, 294, 495
   igreja como 281, 615
   Israel como 350, 552
profanação 185, 186
profetas 88-91, 216-7, 359n67, 375, 512, 617-8, 626, 694, 760-1
promessas 67, 162, 163, 241, 270-1, 290-1, 493, 496, 540
   da restauração 606, 623
   patriarcais 121, 270-1
propiciação 415
propriedade 400n83
protestantismo 445, 449
protologia 95, 165, 380n4
provação 189, 195, 230, 785-6
punição 190-1
pureza 668, 677
purgar 625n87
purificação 191-2, 420-1, 423, 619, 721

Q
quatro animais 343-4
Queda 83, 159, 333-6, 394
   de Noé 528
querubim 78-9, 524-5, 532, 534
questões introdutórias 44
Qumran, comunidade de 64, 122, 176, 220n43, 350, 481, 627, 685n34

R
raça 609, 734
realeza (ou reinado ou monarquia) 48-9, 70, 80, 156, 205, 256, 303, 545, 671
   corrupção da 82
   de Cristo 140, 189-90, 230, 233, 246, 252, 289, 294, 397, 401, 413, 490
   dos crentes 624
   e a literatura de sabedoria 82-8
   e profetas 88-91
   escatológica 85
   expectativa de 74-92
   realidades da 747-8
rebeldia 628
recapitulação 159, 218, 581
   casamento como 740
reconciliação 153, 253, 603-4, 611-2
   como nova criação 160-1, 388, 451-74
   dos gentios 600-1
   realidades da 752
redenção 218, 309n107, 408-10, 440, 572
   de Israel 218, 385, 455
   do corpo 433
   dos gentios 577, 599
   e justificação 422
   e o sábado 669
   e Páscoa 687
   final 125, 302, 614
   Paulo a respeito da 415, 417-8, 493-4, 678

terminologia da 284, 641
reducionismo 155
refinar (purificar) 191-2
regeneração 254, 264, 283, 288n36, 714, 716
   e a ressurreição 163, 213, 239, 269, 479, 761-2
   e o Espírito Santo 207, 256-7, 512, 708
   e os mandamentos 724
   e restauração 501
regras alimentares 368
rei davídico 294
reino 39, 160, 168, 179
   administração do 574-7
   da nova criação 37, 41-4, 160-1, 165-70, 209-11
   de sacerdotes 75
   e o Filho do Homem 346
   etnia do 135
   forma definitiva 150
   inauguração do 370-6
   mistérios do 373
   realidades do 745-7
remanescente 588, 616, 622n81, 626, 734, 744n4
   a igreja como 629
   de Israel 559, 580, 584-5, 597-8, 600, 614
   e o exílio 373, 612
   salvação do 599
renascimento 288-9n36, 501, 716
renovação 240-1, 242, 288-9n36, 329n45, 395, 397, 708
   do cosmo 265-6, 640-1
representação 551
representação coletiva 167, 177-8, 344, 601
resgate 417-8, 420-2, 423, 456
resposta do leitor, método 27
ressurreição 113, 127, 149, 163
   como inauguração 133-4
   como já e ainda não 210-5, 222, 305

como nova criação
 263-78, 628-40, 702
como regeneração 761-2
de Cristo 140, 457, 500,
 515
do templo 536
e batismo 682
e descanso 664-6
e filiação 597
e glorificação 487
e o Espírito Santo 381-2,
 481, 490-1
e o sábado 672-4
esperança da 206-10
final 434-42, 712
física *vs.* espiritual 645
hora da 120-1, 128-30
identificação com a 647,
 706
justificação da 424-7
Paulo a respeito da
 223-62
promessa da 606
restauração 88-9, 91, 96, 99,
 104-5, 107-9, 118-9, 218
 como já e ainda não 605
 como peregrinação 721
 da imagem de Deus
  379-402
 da nova criação 286-7,
  299
 das nações 557, 559, 560
 de Isaías 319
 de Israel 122, 125, 331,
  338, 354, 356-8, 555,
  558, 572, 577-93
 do Éden 94-5
 do exílio 451, 452-74,
  487, 515n57
 do reino 134-6
 do templo 122, 539
 e a vida cristã 719
 e o Espírito Santo 482-5,
  490-1, 493
 e regeneração 501
 Paulo a respeito da 642
 promessa da 265, 268
revelação 115, 543, 544,
 618, 694

retidão (ou justiça) 292,
 523, 636, 679, 701, 724
 como vestes 392, 572
 de Cristo 362, 406-12,
  416
 de Deus 34, 334-5,
  414, 497
 Messias da 117
 e justificação 424, 427,
  449, 449-50n137
 e o Espírito Santo 489,
  500, 582
 instrumentos de 703
rio 473, 525, 634, 684

S
sábado (*Sabbath*) 139, 164,
 368, 734
 abolição do 666-70
 como descanso 654-7
 como mandamento para
  a criação 55-6, 662-4,
  669
 e a igreja 670-1
 eterno 657
 instituição do 657-8
 realidades do 771-2
sábado *vs.* domingo 672-4
 testemunho do Novo
  Testamento 659-65
sabático (ano) 667
sabatismo 670, 672-3
sabedoria 327n38, 399,
 409-11, 668
 de Adão 77-8
 de Deus 83, 181, 641
 escatológica 123, 125
sacerdócio 280-1, 303, 545,
 730-1
 de Cristo 139
 democratização do
  617-23
 dos crentes 573, 623-4
 e os gentios 558, 559-60,
  565
sacrifício 81, 138, 156, 516,
 530, 620, 621, 677, 730-1
Salomão 76-82, 83, 84, 85,
 516, 799

salvação 148, 153, 162, 409,
 449-50n137, 725-6
 como vestimenta 572
 da igreja 586, 642
 das nações 593
 de Israel 124-5, 582,
  599, 602
 de Jerusalém 591
 dos gentios 592
 e a verdade 777
 e batismo 686
 e herança 285-6, 632
 futura 138, 139, 462
 individualização da
  616-7
 o dia da 600
 Paulo, acerca da 216,
  249-50
 promessa de 726-7
 realidades da 753-6
 realizar a (ou pôr em
  ação ou efetuar) 196,
  713
sangue 419-21, 423, 466
 de Cristo 417-9, 421
santidade 334, 335, 408-10,
 500, 656-7, 721
santificação 261, 309n107,
 410-1, 655-7, 658, 701,
 723, 739
 e a verdade 777
 e o Espírito Santo 481
 e o viver cristão 783
 realidades da 778-81
Santo dos Santos. Veja
 lugar santíssimo
santos 176-8, 181, 647
santuário 515, 523, 527,
 530, 539, 545,
Satanás 524
 acusações de 433, 753-4
 derrota de 222, 364-6,
  373, 376, 755
 engano de 198-9, 200
 ira de 196-7
segundo êxodo 221, 341,
 355, 360n72, 455, 586,
 590-3, 642, 750-2

segundo templo 125, 515n57, 573
selo 492-4, 495, 540
semelhança. *Veja* imagem de Deus
separação 457, 461, 611
　da terra prometida 319
　do mundo 272, 274, 604, 757, 758
separado 655-7, 670, 721n61, 778-9
Serpente 50-3, 65, 198-201, 314-5, 365-6
Servo 361, 418, 467, 577, 585, 589, 600-2
　como Israel 555-6
　Paulo acerca do 216, 221, 693
　Veja também Servo Sofredor
Servo Sofredor 180, 423-4, 425-6, 431, 456, 589, 608
setenta 512-3, 518, 749n8
sexo (ou gênero)
Sião 539, 556, 581, 636, 643, 646, 648
Sinai 510, 517-9, 577, 709, 799
　como templo 515-6
　e o Pentecostes 506-7
sinais, do fim do mundo 125
sinergismo 449n135
soberania 304, 387-8
sobreviventes 558-9, 585. *Veja também* remanescente
sofrimento 307, 453, 547, 573
　como punição 83
　de Cristo 256, 288, 347
　do Filho do Homem 179-83, 346
　do fim dos tempos 124, 189, 190, 195
　do Messias 194
　e transformação 395
　eterno 793
　participação nos 251
　propósito do 118, 302

sombra 537, 667
sono, espiritual 202
soteriologia 165, 166
substituição penal 459
surdez 317-8, 319, 330-2, 587, 588, 607

T
Tabernáculo 516, 518, 522, 526, 530-1, 535
　celestial 621
　como jardim 531-5
　estabelecimento do 619
　o Éden como 633
tampa de misericórdia 418-22
tapeçaria 533n34
tema 29-30, 35, 47-48, 155-6
templo 80, 368, 646
　a igreja como 149, 241, 503-5
　água do 132
　adoração no 106
　celestial 510, 622
　como jardim 78, 541-5, 638
　como monte 110-1
　como nova criação 521
　cósmico 670-1
　Cristo como 465
　dedicação do 799-800
　destruição do 185-6, 504, 575
　do fim dos tempos 133, 424
　do último dia 419n40, 547
　e alusão 514-20
　e o Espírito Santo 493, 503-15
　escatológico 85
　formação do 612
　imperativo ético do 545-7
　Jesus como o 368
　localização do 646
　promessa do 265, 623
　realidades do 762-3
　reconstrução do 91, 115, 122, 173, 538, 626, 720

　simbolismo do 633
　Veja também novo templo
tempo do fim 112, 142-3, 206
tenda 103n38, 512, 518, 530
tentação 200-1, 362-6
teocracia 553, 776
teofania 218-9, 362n79, 504, 505-11, 513, 517-8, 530, 531
teologia bíblica 31, 160, 205n2, 337, 451, 800
　do Sábado 662
　do templo 521
"teologia de Deus" 792
teologia sistemática 29, 39
teonomia 730
terra 356, 625, 643
terra (como planeta) 56, 112, 120, 522. *V. tb.* criação; nova terra
terra prometida 68, 75, 76, 87, 139, 161, 631, 762
　como já e ainda não 639-43
　e descanso 660
　física *vs.* espiritual 643-4
　realidades da 769-71
　separação da 319
　universalização da 632-46
terremoto 789-90
tesouro 237, 374
testemunha 66, 697-8, 727
testemunho 189, 201, 295-6, 298-300, 545-6, 591
　de Cristo 694
　do Espírito Santo 727
　Israel como 66, 490
tipologia 114, 356, 380, 796
trabalho 83, 489, 670
transfiguração 346n30, 488
transformação 53, 60, 228, 236, 239, 274n31, 329n46, 375, 381, 384
　casamento como 736-40
　cumprimento da 793-7
　da idolatria 330-1

da imagem 393-5, 397
interior 717
transgressão (ou impiedade ou pecado ou injustiça) 145-6, 183, 185-8, 438, 570-1, 787
trevas
   anteriores à criação 218, 236, 395, 535
   e julgamento 119
   vs. luz 246-8, 259, 291-2, 342, 483, 642
trono 305-6, 386, 645-7
tribunal (de Cristo) 436-7, 444-6, 756
tribulação 116, 129-30, 148, 360n70
   como já e ainda não 145, 176-97
   no judaísmo antigo 175
   e anciãos (presbíteros) 691-2
   dos últimos dias 108, 113, 137, 142, 146, 149, 185, 188-93
   no Antigo Testamento 173-5
   realidades da 785-9
túnicas brancas 305

U

última hora 130, 142-4, 291, 787
últimos dias 209, 357, 401, 512, 581, 624, 695-6
   no Antigo Testamento 96-100

no Novo Testamento 127-51
   realidades dos 744-5
um e muitos 551
união com Cristo 383, 408-9, 411, 437, 441, 443
   e justificação 443-7
unidade (ou união) 469, 737, 738, 784
universalização 632-46

V

"velho homem" 226, 253
   vs. "novo homem" 702-3, 704-11, 779
vencer
verdade 131, 297-8, 300, 724
   e o cânon 777
   obediência à 715-6
verdadeiro Israel 489
   a igreja como o 551-65, 603, 615-6, 623, 624
   e transformação 793
   Jesus como o 144, 159, 164, 200, 648, 768-9, 778
   no Novo Testamento 565-74
   restauração do 469
vergonha 390, 391, 392
vestes (vestir) 57, 206, 241, 305, 381, 390-3, 655, 765
   como boas obras 437
   como justiça 392, 572
   renovação das 706-8
vida 255, 290-1, 306, 441, 607

e água 486
e batismo 680
e circuncisão 772
e o Espírito Santo 271, 477-9, 481-2
fôlego da 480
reconciliação como 463-4
ressurreição como 163, 236-9, 241, 244-5, 250
vida eterna 369, 463, 727
   e o Espírito Santo 485
   e ressurreição 128-9, 212-3, 215, 250, 256-7, 291-2
   já e ainda não 224
   prometida a Adão 54-5, 57, 60, 208
videira e a figueira, a 78
vinha 569-70, 575, 634, 687n42
viver cristão 228
   como retorno do exílio 718-23, 783-4
   e a lei 730-6, 781-3
   e a nova criação 267-8, 800-1
   em Paulo 702-14
vitória 153, 293, 308n104, 712, 755
   de Cristo 305, 308, 364-6, 382
   do Servo 426
   dos crentes 305, 308
   sobre os inimigos 38, 88, 198-9, 376
voz 505, 517

Conheça outras obras do autor

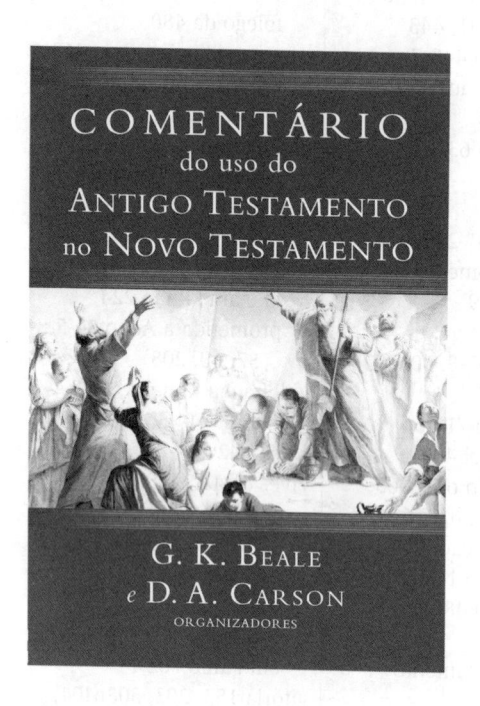

Um exame aprofundado das citações, das alusões e dos ecos do Antigo Testamento presentes de Mateus a Apocalipse.

Nesta grande obra, G. K. Beale e D. A. Carson reuniram uma equipe de especialistas de renome com o propósito de isolar, catalogar e comentar casos presentes no Novo Testamento tanto de citações claras do Antigo quanto de alusões mais sutis às Escrituras hebraicas. O resultado desse trabalho cuidadoso foi este comentário abrangente das passagens do Antigo Testamento que aparecem citadas ou aludidas de Mateus a Apocalipse — uma ferramenta fundamental de consulta para compor a biblioteca de todo estudante do Novo Testamento!

O *Manual do uso do Antigo Testamento no Novo Testamento*, oferece ao leitor um roteiro para o estudo aprofundado do sem-número de referências ao Antigo Testamento presentes no Novo.

G. K. Beale, concentra-se nos métodos corretos de interpretação do uso que o Novo Testamento faz do Antigo, estendendo a alunos e pastores muitos dos conceitos, categorias e percepções necessários para que eles mesmos façam a sua exegese.

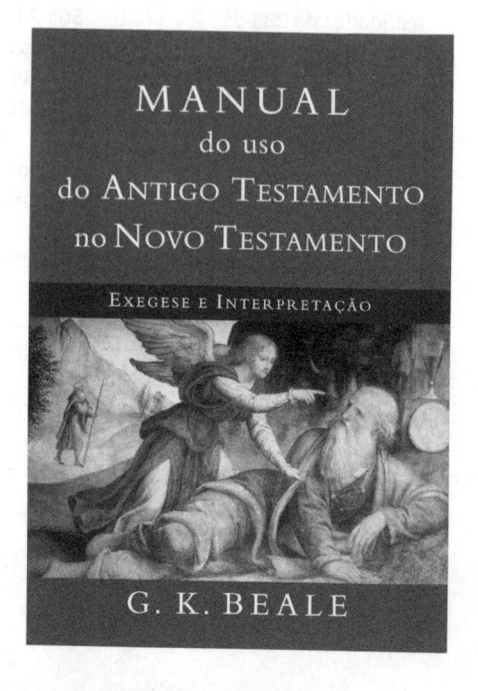

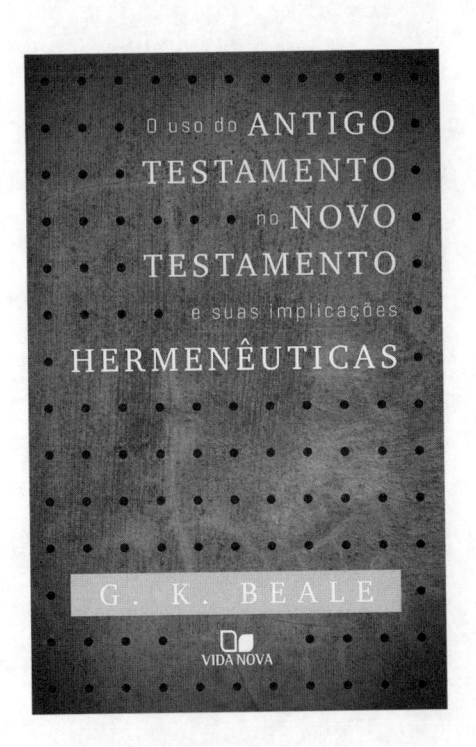

Esta obra é a compilação de três notáveis ensaios de G. K. Beale publicados pela primeira vez em forma de livro, tendo por fio condutor a defesa da sã doutrina no que se refere à inerrância bíblica, ao combate àqueles que resistem a essa doutrina e à cuidadosa explicação da dinâmica hermenêutica do uso do AT no NT.

A essência do entendimento bíblico sobre a idolatria, segundo G. K. Beale, é que adotamos as características daquilo que adoramos.

Tendo como ótica interpretativa Isaías 6, Beale demonstra que esse entendimento da idolatria está presente em todo o cânon bíblico, de Gênesis a Apocalipse.

Esta obra foi composta em Adobe Caslon Pro,
impressa em papel offset 63 g/m², com capa dura,
na Imprensa da Fé, em setembro de 2022.